한 권 으 로 끝 내 는

PC 조립 & 스마트 네트워킹 문제해결

BIBLE

조계원 지음

BM (주)도서출판 성안당

Foreign Copyright:
Joonwon Lee
Address: 3F, 127, Yanghwa-ro, Mapo-gu, Seoul, Republic of Korea
         3rd Floor
Telephone: 82-2-3142-4151
E-mail: jwlee@cyber.co.kr

한 권으로 끝내는
PC 조립&스마트 네트워킹
&문제해결 BIBLE

2017. 3. 27. 초 판 1쇄 발행
2021. 3. 11. 초 판 3쇄 발행

저자와의
협의하에
검인생략

지은이 | 조계원
펴낸이 | 이종춘
펴낸곳 | BM (주)도서출판 성안당

주소 | 04032 서울시 마포구 양화로 127 첨단빌딩 3층(출판기획 R&D 센터)
      | 10881 경기도 파주시 문발로 112 파주 출판 문화도시(제작 및 물류)

전화 | 02) 3142-0036
      | 031) 950-6300
팩스 | 031) 955-0510
등록 | 1973. 2. 1. 제406-2005-000046호
출판사 홈페이지 | www.cyber.co.kr
ISBN | 978-89-315-5471-7 (13000)
정가 | 43,000원

이 책을 만든 사람들
책임 | 최옥현
진행 | 조혜란
본문 디자인 | 조계원
표지 디자인 | 상:想 company
홍보 | 김계향, 유미나
국제부 | 이선민, 조혜란, 김혜숙
마케팅 | 구본철, 차정욱, 나진호, 이동후, 강호묵
마케팅 지원 | 장상범, 박지연
제작 | 김유석

■ **도서 A/S 안내**

성안당에서 발행하는 모든 도서는 저자와 출판사, 그리고 독자가 함께 만들어 나갑니다.
좋은 책을 펴내기 위해 많은 노력을 기울이고 있습니다. 혹시라도 내용상의 오류나 오탈자 등이 발견되면 **"좋은 책은 나라의 보배"**로서 우리 모두가 함께 만들어 간다는 마음으로 연락주시기 바랍니다. 수정 보완하여 더 나은 책이 되도록 최선을 다하겠습니다.
성안당은 늘 독자 여러분들의 소중한 의견을 기다리고 있습니다. 좋은 의견을 보내주시는 분께는 성안당 쇼핑몰의 포인트(3,000포인트)를 적립해 드립니다.

잘못 만들어진 책이나 부록 등이 파손된 경우에는 교환해 드립니다.

머리말

컴퓨터가 대중화된지 30여 년이 지나면서 컴퓨터를 배우는 방법 또한 많이 바뀌고 있습니다. 과거에는 컴퓨터를 아는 사람도 많지 않았고, 컴퓨터에 대한 정보도 귀했습니다.

요즘은 "모르는게 있으면 지식인에게 물어봐"라고 할 정도로 정보 공유 사회가 되었습니다. 덕분에 컴퓨터에 대한 정보는 차고 넘치지만 정작 내게 필요한 지식을 체계적으로 습득하고, 업무에 바로 활용할 수 있는 실무 능력을 단기간에 집중적으로 익히는 데는 한계가 있습니다.

컴퓨터와 디지털에 대한 전반적인 지식 기반이 갖춰져 있지 않거나 컴퓨터 장비에 대한 실무적인 활용 능력이 없다면 컴퓨터 고장이나 네트워크 오류같은 문제에 부딪쳤을 때 신속하게 대처할 수 없으며, 체계적으로 익히지 못한 지식이나 정보는 오히려 문제 해결을 더 어렵게 할 수도 있습니다.

정보화 사회가 진전될수록 개인이 처리해야 할 업무량도 상대적으로 늘어나고 있습니다. 옛날에는 책상 앞에서 가장 오랫동안 일하는 사람이 성실한 사람이라며 인정받았지만, 지금은 다른 사람이 3시간 걸릴 일을 30분 만에 처리할 수 있는 사람이 능력자로 인정받는 세상이 되었습니다.

이 책은 컴퓨터와 모바일 분야의 IT 관련 기술과 정보를 체계화하고, 직접 실습하는 것처럼 생생한 감각으로 구성하여 업무에 바로 활용할 수 있도록 하였습니다. 실습을 거치면 이론은 산지식이 되고, 체계적인 지식이 바탕이 된 실무 능력은 정확한 문제 해결 능력을 키워 줄 것입니다.

이 책을 통해 독자 여러분 모두가 컴퓨터와 모바일에 관한 다양한 활용 능력을 키워 디지털 마스터가 되기를 소망합니다.

도움을 주신 모든 분들께 깊은 감사를 드립니다.

저자 조 계 원

이 책의 구성

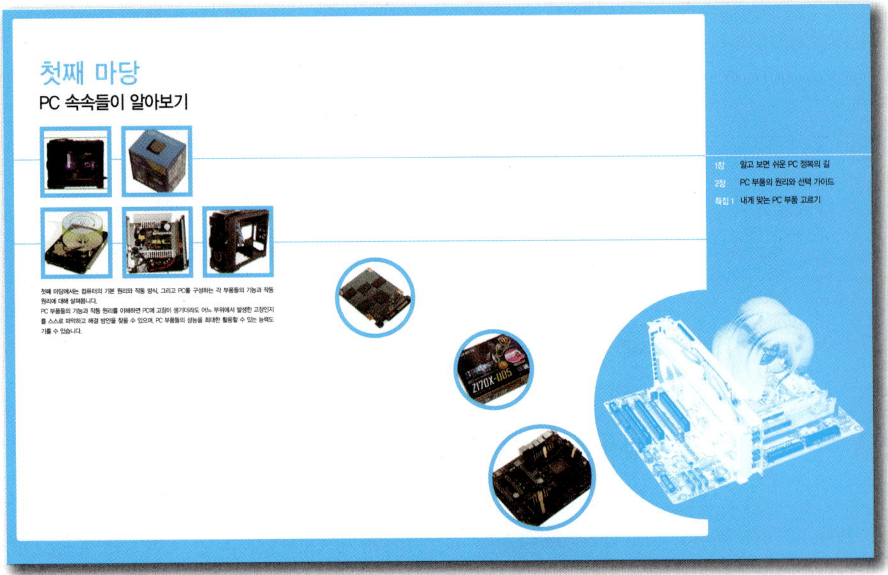

- 이 책은 다섯 개의 마당으로 학습 테마를 분류하여, 총 14장과 4개의 특집으로 구성하였습니다. 먼저 목차를 통해서 전체적인 책의 구성을 파악한 후에 체계적으로 학습하기 바랍니다.
- 다섯 개의 마당은 각 테마별로 연관된 장과 특집을 배치하여, 단계적으로 학습할 수 있도록 구성하였습니다.

- 이 책은 따라서 읽기만 해도 생생하게 실습하는 효과를 느낄 수 있도록 주제별 · 단계별 예제 그림을 다양하게 제공하였습니다.
- 본문 왼쪽 편의 학습 도우미는 용어에 대한 설명이나 학습에 필요한 추가 정보를 제공하며, 보다 상세한 설명이나 문제해결 가이드는 HELP 상자로 제공하였습니다.

이 책의 구성

- 이 책은 이론으로 배운 부분을 단계적인 실습을 통해 익히도록 구성하여 컴퓨터 활용 능력을 극대화하였습니다.

- 실습은 맥락을 쉽게 이해할 수 있도록 실습 범주별로 세부 제목을 사용하였습니다. 또한 실습 구성은 단계별로 설명하기 위해 주로 2단 편집으로 진행하였으며, 실습 예제의 크기와 모양에 따라 1단 편집도 함께 사용하였습니다.

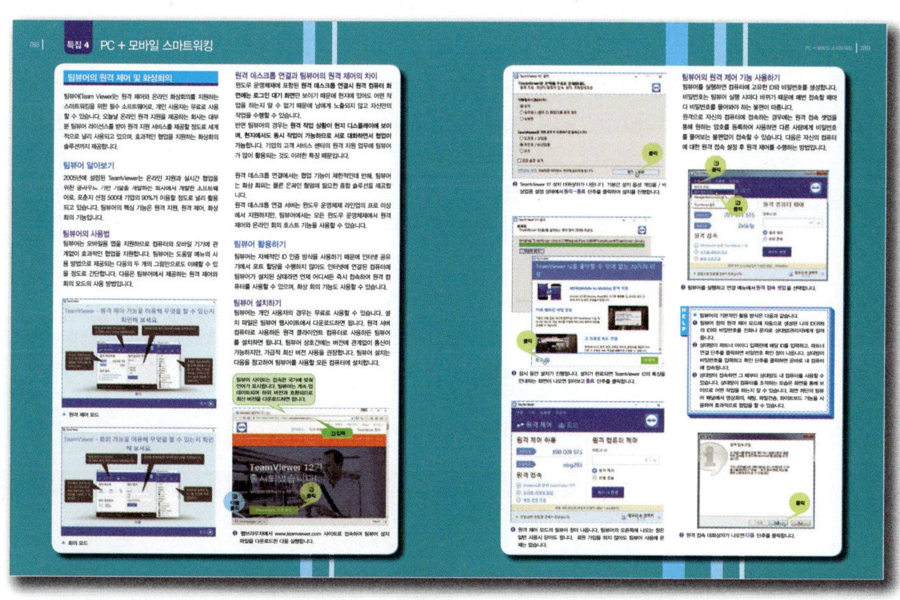

- 이 책은 총 4개의 특집이 제공됩니다. 특집의 구성은 2단으로 편집하여 보다 압축적으로 설명하였습니다.

- 특집은 각 장의 전개 순서에 맞춰 연속적으로 학습할 수 있도록 구성하였습니다. 또한 특정 기능이나 설정과 관련된 요약 설명에는 **풍선 도움말**을 사용하였습니다.

이 책의 구성

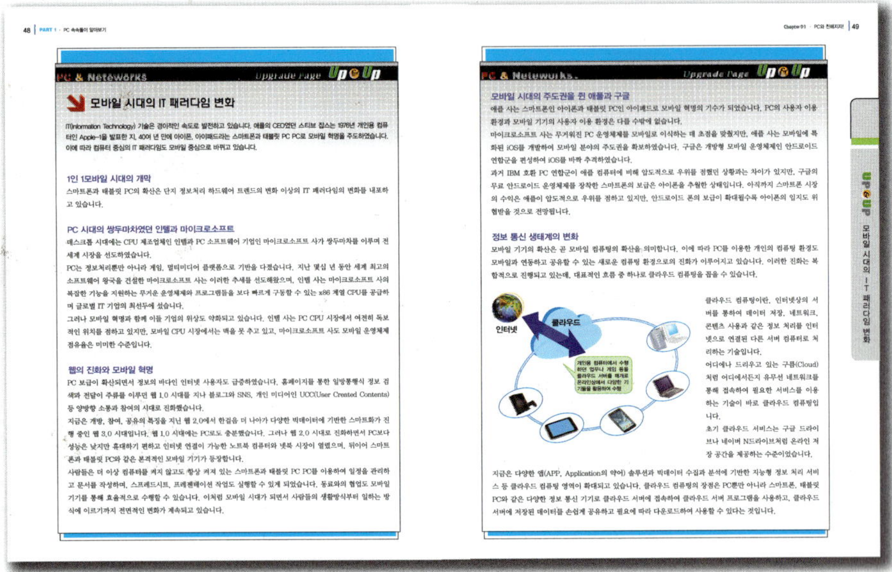

- 이 책의 *Up & Up* 에서는 디지털 마스터로 도약하기 위한 보다 폭넓은 지식과 고급 활용 테크닉을 다루었습니다.
- 중요한 내용이나 핵심적인 활용 테크닉은 Check Point 상자를 통해 설명하였습니다. 또한 컴퓨터 사용 중에 궁금한 사항이 있는 경우, 찾아보기를 활용하면 필요한 내용을 찾아서 익힐 수 있습니다.

실습 소프트웨어

- 이 책의 실습에 사용된 소프트웨어 중 다운로드가 필요한 경우 본문에서 구름 모양으로 나타내었으며, 스마트워크 카페(cafe.naver.com/smartworkcafe)에서 다운로드 할 수 있습니다. 또한 새로운 버전은 지속적으로 업데이트됩니다.
- 소프트웨어의 설치 및 사용 방법은 해당 소프트웨어를 사용하는 실습에서 설명하였습니다. 설치 방법이 간단한 경우, 지면 관계상 스마트워크 카페에서 안내합니다.

Contents

Contents

Contents

Contents

Contents

Contents

둘째마당

나만의 파워 PC 만들기   188

Chapter 03 PC 조립을 위한 사전 준비   190

Contents

Chapter 04 나만의 만능 PC 조립하기 213

① 조립의 전체적인 흐름 파악하기 213

② 나만의 만능 PC 조립을 위해 사용한 부품들 217

Exercise ① 메인보드 체크와 가조립 준비 219

Exercise ② CPU와 쿨러 설치하기-인텔 i7-4770K 221

Contents

Contents

셋째마당

운영체제 설치와 최적화 272

Chapter 05 바이오스 셋업 프로그램 다루기 274

Contents

Contents

Contents

Contents

Contents

넷째마당

컴퓨터 성능 극대화하기 470

Chapter 08 컴퓨터 튜닝 & 오버클러킹 472

Contents

Chapter 09 레이드로 디스크 성능 배가하기   508

Contents

Contents

Contents

다섯째마당 — 스마트 네트워킹   634

Contents

Contents

Chapter 14 보안 네트워킹 및 원격 컴퓨팅 ... 727

Contents

첫째 마당

PC 속속들이 알아보기

첫째 마당에서는 컴퓨터의 기본 원리와 작동 방식, 그리고 PC를 구성하는 각 부품들의 기능과 작동 원리에 대해 살펴봅니다.

PC 부품들의 기능과 작동 원리를 이해하면 PC에 고장이 생기더라도 어느 부위에서 발생한 고장인지를 스스로 파악하고 해결 방안을 찾을 수 있으며, PC 부품들의 성능을 최대한 활용할 수 있는 능력도 기를 수 있습니다.

Chapter 01 알고 보면 쉬운 PC 정복의 길

컴퓨터는 생활과 업무에 유용한 기계이지만 잘못 다루면 손실을 입을 수 있습니다. 하지만 컴퓨터 활용 능력을 높이려면 컴퓨터를 애지중지하는 것보다는 그 속을 과감히 뜯어보고 속속들이 파악하는 것이 좋습니다.

1 컴퓨터를 정복하려면 PC를 뜯어보자

"멀쩡한 PC를 왜 뜯어보라고 하는 거지?"라고 생각하는 분도 있겠지만 이는 컴퓨터를 정복하는 필수 과정이라고 할 수 있습니다. 컴퓨터를 속속들이 살펴보면 쉽게 정복할 수 있습니다.

컴퓨터는 애지중지할 대상이 아닌 단순 소모품

컴퓨터를 뜯어보라는 말이 당황스럽게 들리겠지만, 컴퓨터를 뜯어본다고 해서 부품이 고장 날 염려는 없습니다. 컴퓨터를 정복하는 중요한 첫걸음은 컴퓨터에 대한 선입관부터 바로잡아야 합니다.

컴퓨터의 하드웨어적 고장은 대개 문제 부품만 교체하면 해결할 수 있으며, 필요한 기능의 확장도 특정 부품만 추가하거나 교체해주면 됩니다.

컴퓨터 부품은 설사 고장 나더라도 모든 부품이 호환되고 쉽게 교환할 수 있으므로 걱정할 필요가 없습니다.

쾌적하고 효율적인 컴퓨터 작업을 위해서는 컴퓨터를 제대로 뜯어볼 줄도 알고, 업그레이드도 할 줄 알아야 합니다. 컴퓨터를 잘 알면 데이터 유실이나 해킹 피해와 같은 사고도 미연에 방지할 수 있습니다.

● PC(Personal Computer)
  : 개인용 컴퓨터

컴퓨터 부품의 성능은 하루가 다르게 발전하고, 가격은 떨어지게 마련이므로 시간이 지날수록 하드웨어 부품의 가격도 떨어질 수밖에 없습니다. 따라서 컴퓨터는 고이 모셔두고 골동품처럼 애지중지할 대상이 아니라 이리저리 뜯어보고 손때를 묻히며 최대한 활용해야 본전을 뽑을 수 있는 도구라는 점을 꼭 기억하세요.

지금 이 순간에도 **컴퓨터 기술은 빠른 속도로 발전하고 있지만, 항상 호환성을 기반으로 하기 때문에 컴퓨터의 작동 원리가 바뀌거나 사용 방식과 조립 방식이 크게 바뀌지는 않습니다.** 거의 1년 단위로 두 배씩 빨라지는 CPU의 발전 추세에 맞춰 그때마다 컴퓨터를 통째로 교체한다면 비용을 감당하기 어려울 것입니다.

컴퓨터를 조립할 줄 안다면 자신의 작업 용도에 맞춰 컴퓨터를 구성할 수 있으며, 업그레이드도 최소 비용으로 해결할 수 있습니다.

컴퓨터에 정통하면 업무 능력도 쑥쑥

컴퓨터는 대중화되었지만 활용 수준은 천차만별입니다. 컴퓨터는 제대로 알고 쓰면 보약이 되지만, 모르고 쓰면 재앙에 가까운 피해를 낳기도 합니다. 디지털 세계에서는 소 잃고 외양간 고친다는 속담이 통하지 않습니다.

컴퓨터를 직접 조립해 보고, 운영체제와 드라이버, 프로그램 설치와 구성 작업을 직접 수행해 보면 고장 대응 능력도 자연스럽게 기를 수 있습니다.

고장 난 부품은 교체하면 되고, 운영체제와 소프트웨어는 다시 깔면 되지만, 데이터 손실은 그 값을 따지기 어렵습니다. 여러분 중에서도 컴퓨터에 저장한 중요한 자료를 잘못 덮어쓰거나 지운 뼈아픈 경험을 한두 번쯤은 갖고 있을 것입니다.

보고서 제출 시간이나 중요한 프레젠테이션 시간이 임박했는데 문서가 갑자기 열리지 않거나 프린트되지 않아 조바심을 냈던 적이 있었을 것입니다. 이와 같이 사소한 고장이나 시간 지연이 손실로 이어질 수 있습니다.

컴퓨터 재난은 바로 우리 주변에서 비일비재하게 발생하고 있습니다. 작게는 작업한 데이터를 날리는 일부터 크게는 하드디스크의 데이터를 몽땅 날리는 경우, 아이디나 비밀번호 관리를 소홀히하여 심각한 보안 사고를 겪는 일들도 비일비재하게 일어나고 있습니다.

● CPU(Central Processing Unit) : 컴퓨터 중앙처리 장치

초고속 인터넷으로 컴퓨터 사용 환경이 그 어느 때보다 좋아졌지만 컴퓨터 재난 가능성은 오히려 더 커졌습니다. 기업의 사활이 걸린 중요한 데이터를 해킹당할 수도 있고, 무심코 열어본 메일에 첨부된 바이러스 파일로 인해 전체 시스템 다운이나 데이터 손실을 입을 수도 있으며, 중요한 개인정보를 유출당할 수도 있습니다.

대기업은 이 같은 문제의 심각성을 잘 알고 있기 때문에 훈련된 전산 인력과 방화벽 시스템을 갖추어 최악의 상황이 발생하지 않도록 미연에 방지하고 있지만 여전히 개인 자료 관리의 허점은 남아 있습니다. 반면 전문 전산 관리자나 방화벽 시스템을 갖추지 못한 소규모 회사나 개인들의 컴퓨터 운용 실태를 보면 마치 위험한 곡예비행을 하는 듯합니다.

컴퓨터가 여러 가지 위험에 노출되어 있다고 하더라도 사용하지 않을 수는 없습니다. 오히려 백분 활용하여 고부가가치를 만들어 내야 합니다. 컴퓨터 재난을 예방하고, 컴퓨터를 최적화하는 방법은 그다지 어렵지 않습니다.

공유기만 잘 활용해도 모바일 스마트워킹 능력이 쑥쑥

요즘은 대부분의 컴퓨터를 온라인 환경에서 사용하며, 스마트폰과 태블릿 PC 등과 같은 모바일 디지털 기계도 많이 나오고 있습니다. 따라서 이제는 컴퓨터와 모바일을 연동한 스마트워킹 능력을 함께 익힐 필요가 있습니다.

스마트워킹 솔루션을 구축하는 데 값비싼 장비가 필요한 것은 아닙니다. 주변에서 흔히 볼 수 있는 인터넷 공유기만 잘 활용해도 스마트워킹 솔루션을 어느 정도 구현할 수 있습니다. **인터넷 공유기를 활용하면 네트워크상의 폴더나 파일, 프린터와 같은 자원의 공유는 물론, 원격 시동이나 원격 데스크톱 연결, 모바일 기기와 연동한 다양한 스마트워킹 솔루션을 활용**할 수 있습니다. 최신 공유기 중에는 직접 공유기의 USB 단자에 외장형 저장장치를 연결하여 간이 IP 디스크로 활용할 수 있게 해주는 제품도 있습니다.

예를 들어 무선 인터넷 공유기를 사용하면 무료 와이파이(WiFi)를 사용할 수 있으며, 출장 중에 깜빡 잊고 집에 두고 온 파일이 있더라도 원격지에서 PC, 노트북, 스마트폰, 태블릿 PC와 같은 모바일 장비에서 원격으로 컴퓨터를 켜고 원격 데스크톱 연결을 통해 처리할 수 있습니다.

아이가 있는 워킹맘의 경우에는 IP 카메라를 구입하여 공유기와 연동시키면 집에 있는 아이가 잘놀고 있는지도 확인하고, CCTV 기능을 활용하여 도난 사고도 미연에 방지할 수 있습니다. 그리고 IP 디스크를 사용하면 컴퓨터 본체를 켜지 않고도 인터넷상에서 자유롭게 파일을 공유할 수 있으며, 멀티미디어 파일들은 모바일 기기를 통해서도 실시간으로 재생할 수 있습니다.

● 인터넷 공유기를 이용한 파일 및 프린터 공유, 원격 제어, 스마트워킹 솔루션 등에 관해서는 다섯째마당에서 다룹니다.

이러한 일들을 컴퓨터 전문가만이 할 수 있는 일로 생각하는 분도 있겠지만, 사실 컴퓨터 초보자라도 조금만 관심을 갖는다면 어렵지 않게 활용할 수 있습니다.

2 데스크톱부터 모바일까지 동일한 컴퓨터의 기본 원리

컴퓨터의 내부는 복잡한 기판과 전자 부품으로 이루어져 있기 때문에 접근할 엄두를 못 내는 분들이 많습니다. 디지털 기술의 발전으로 PC 시대를 넘어 스마트폰과 태블릿 등 모바일 시대가 도래하였지만, 컴퓨터 작동의 기본 원리는 변하지 않습니다.

컴퓨터 작동의 기본 원리

컴퓨터는 사람이 정보를 처리하는 맥락과 같은 원리로 작동하는 기계입니다. 컴퓨터의 각 구성 부분들이 담당하는 기능도 인간의 두뇌 및 감각 기관과 매우 유사합니다. 컴퓨터 관련 기술이 제아무리 발전하더라도 **입력 – 처리 · 제어 – 기억 – 출력의 컴퓨터의 5대 기본 원리**는 동일합니다. 다만 컴퓨터의 입력–처리 · 제어–기억–출력을 담당하는 부품들과 소프트웨어들은 빠른 속도로 진화하고 있습니다.

인간은 눈으로 보거나 귀로 들은 것을 대뇌에 전달하고, 두뇌에서 판단합니다. 눈이나 귀로 외부의 정보를 받아들여 대뇌에 전달하는 것을 **입력** 기능이라 하고, 입력된 내용에 내해 CPU 역할을 하는 두뇌에서 **처리**하고 **제어**합니다. 입력되거나 처리된 정보를 보관히는 것을 **기억** 기능이라 합니다. 또한 인간이 두뇌에서 제어하여 입을 통하여 말로 표현하거나 손짓 또는 몸짓으로 표현하는데, 이렇게 두뇌에 있는 정보를 외부로 표현하는 것을 **출력** 기능이라 합니다.

컴퓨터는 인간처럼 신경계를 이용한 정보 전달 방식이 아니라 반도체를 이용한 전자적 신호를 사용합니다. **ON/OFF 전자적 신호는 Yes/No와 같은 1비트의 단순한 정보를 표현할 수 있지만 여러 비트를 묶어 처리하면 복잡한 정보 처리가 가능**합니다. 예를 들어 16비트 CPU는 한꺼번에 16비트의 정보를 처리하며, 64비트 CPU는 한꺼번에 64비트의 정보를 처리할 수 있습니다. 컴퓨터 내부에서 처리되는 이진수 체계의 디지털 정보는 인간과 대면하는 컴퓨터의 입력부와 출력부에서 인간이 알 수 있는 방식으로 입력받으며, 그 결과를 출력합니다. 이러한 과정은 컴퓨터의 입출력 장치와 소프트웨어에 의해 실행됩니다.

지금은 텍스트뿐만 아니라 소리와 사진, 동영상 등 실세계에서 접할 수 있는 모든 종류의 데이터를 컴퓨터상에서 디지털화하여 처리할 수 있습니다.

인간과 PC의 유사한 정보 처리 형태

● 비트로 처리되는 정보량 : 1비트는 Yes, No와 같은 두 가지 정보밖에 표현할 수 없지만 16비트는 65,536개의 정보를 표현할 수 있습니다.

컴퓨터의 5대 기능

컴퓨터가 인간에게 유용한 지적 도구로 기능하기 위해서는 데이터의 입출력과 저장, 처리 과정이 조화를 이루어야 합니다. 컴퓨터는 성능과 용도에 따라 개인용 컴퓨터에서 슈퍼 컴퓨터에 이르기까지 다양한 종류가 있지만 작동 원리는 모두 동일합니다.

컴퓨터의 기본 작업 처리 절차는 입력, 처리 및 기억, 기억(저장), 출력의 다섯 가지 과정으로 이루어시며, 각 단계별로 해당 기능을 담당하는 부품이 구별됩니다.

데이터를 입력합니다

인간이 감각기관을 통해 정보를 입력받듯이 정보를 컴퓨터로 처리하기 위해서는 그 데이터를 컴퓨터에 입력(Input)해야 합니다. 즉, 인간이 오감을 통해 정보를 입력받고 두뇌에서 해석, 처리하듯이 컴퓨터는 다양한 입력 장치를 통해 처리해야할 정보를 받아들입니다.

컴퓨터의 입력 장치는 데이터 유형에 관계없이 공통적으로 입력된 데이터를 디지털화하여 CPU로 전달합니다. 필수적인 컴퓨터 입력 장치로는 키보드와 마우스가 있습니다. 키보드는 문자와 숫자로 된 명령이나 데이터를 타이핑을 통해 입력하는 장치이고, 마우스는 화면상의 개체에 대한 클릭/드래그 조작으로 명령과 데이터를 입력하는 장치입니다.

컴퓨터 부품과 인간의 감각기관

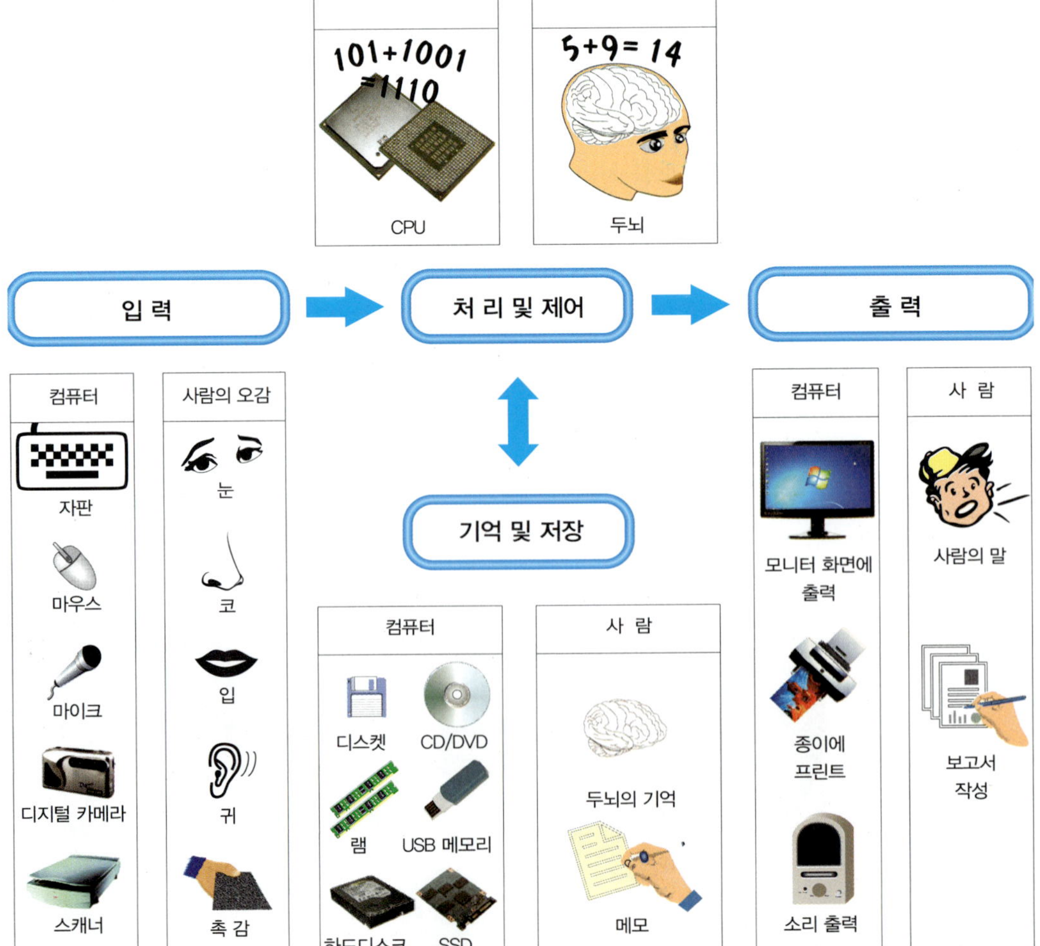

● **RAM(Random Access Memory)** : 데이터가 저장되어 있는 위치에 관계없이 일정한 시간 내에 기억 내용을 읽거나 쓸 수 있는 기억 장치

데이터를 기억합니다

입력받은 데이터를 처리하기 위해서는 일단 기억해서 CPU(중앙처리 장치)로 넘겨주어야 합니다. 예를 들어 5+9를 입력받았다면 그 데이터를 대기시켰다가 중앙처리 장치로 넘겨줘야 합니다. 처리할 내용을 임시로 기억하는 역할은 램(RAM)과 캐시(Cache) 메모리 같은 주기억 장치가 담당합니다.

램은 처리할 명령과 데이터를 일시적으로 기억하는 용도로 사용됩니다. 캐시 메모리는 램보다 고속 · 고가형 메모리로, CPU가 처리할 명령과 데이터는 메모리에서 고속의 캐시 메모리로 대기시키므로 보다 빨리 처리할 수 있습니다.

명령과 데이터를 처리하고 주변장치를 제어합니다

CPU는 입력받은 명령과 데이터를 처리합니다. 명령과 데이터 처리는 컴퓨터 작업 단계 중 가장 핵심적인 과정으로, 프로그램의 명령에 따라 데이터를 처리합니다. CPU 코어는 실제 명령 처리를 수행하는 핵심 장치로 제어 장치, 연산 장치, 레지스터로 구성되어 있으며, 처리 작업을 분담합니다.

❶ **제어 장치** : RAM으로부터 명령과 데이터를 인출하며, 연산 장치를 제어합니다.
❷ **연산 장치** : 덧셈, 뺄셈과 같은 산술 연산과 논리 연산을 수행합니다.
❸ **레지스터** : 연산에 필요한 데이터나 처리 결과를 임시로 저장하는 임시 기억 장소입니다.

사용자 입장에서 볼 때 데이터 처리 작업은 워드프로세서의 문서 편집, 그래픽 편집, 인터넷 검색과 같은 작업을 말합니다. 데이터는 그 내용물(Contents)에 따라 작업할 수 있는 특정 소프트웨어를 필요로 하지만, 내부 처리는 디지털 연산(혹은 이진 연산) 과정이라는 공통성을 가지므로 CPU를 여러 소프트웨어에서 활용할 수 있는 것입니다. 처리한 내용은 제어 장치를 통해 저장하거나 출력하게 됩니다.

데이터를 저장합니다

입력받거나 처리된 데이터는 나중에 재사용하기 위해 보조기억 장치에 저장할 수 있습니다. 보조기억 장치는 일시적으로 기억하는 주기억 장치와 달리, 직접 삭제하기 전까지는 영구 저장되므로 나중에 불러내어 재사용할 수 있다는 특징이 있습니다. 보조기억 장치에는 하드디스크나 CD와 DVD 드라이브와 USB 메모리, CF 카드, SD 카드 같은 다양한 플래시 메모리 등이 활용됩니다. 과거에는 디스켓을 사용하는 플로피 디스크 드라이브도 사용되었지만, 용량도 작고 속도도 느리기 때문에 지금은 거의 사용되지 않고 있습니다.

● PC는 크게 중앙처리 장치와 주변 장치로 분류됩니다. 중앙처리 장치는 제어, 연산, 기억을 담당하는 장치를 말하며, 주변 장치는 입출력 장치와 보조기억 장치를 말합니다.
● 메인보드에서 CPU로 직접 연결되는 RAM(Random Access Memory)은 주기억 장치로, 처리 과정의 데이터를 일시적으로만 기억합니다. 데이터의 영구 기억은 하드디스크나 CD/DVD와 같은 보조기억 장치에서 수행합니다.

데이터를 출력합니다

컴퓨터는 저장된 데이터나 입력된 데이터를 인간이 이해할 수 있는 형태로 출력합니다. 출력 과정은 디지털화된 데이터를 인간이 인식할 수 있는 표현으로 변환하여 나타냅니다. 대표적인 출력 장치로는 모니터와 프린터가 있습니다.

그밖에 소리를 출력하는 스피커, 대형 인쇄물 출력기, 인쇄용 인화지나 필름 출력기, 컴퓨터와 연결하여 영상을 표시하는 TV나 프로젝터도 출력 장치에 속합니다.

3 컴퓨터의 안과 밖

컴퓨터의 내부를 들여다보면 메인보드상에 CPU와 RAM 및 각종 주변 장치가 연결된 것을 볼 수 있습니다. 주변 장치 연결은 슬롯과 커넥터를 이용해서 이루어집니다.

컴퓨터의 내부 구성 요소

컴퓨터 내부를 보면 그래픽카드나 사운드카드 같은 확장 카드는 슬롯을 통해 연결하고, 하드/플로피 디스크 드라이브나 CD/DVD 드라이브 등과 같은 보조기억 장치는 메인보드 커넥터와 보조기억 장치 커넥터에 케이블로 연결된 것을 볼 수 있습니다. 컴퓨터 부품의 발전에 따라 장치 연결에 사용되는 인터페이스도 발전하기 때문에 슬롯과 커넥터의 모양은 달라질 수 있습니다. 컴퓨터의 내외부 부품들의 기능과 동작 원리는 2장에서 자세히 다루므로, 여기서는 PC 내부의 각 부품이 어디에, 어떤 모양으로 배치되어 있고, 어떤 기능의 부품들이 있는지 살펴보기 바랍니다.

PC의 내부 구성 요소

❶ **CPU와 냉각 장치** : 컴퓨터의 핵심 장치인 CPU는 열이 많이 나기 때문에 냉각 장치로 열을 식혀줍니다.

❷ **RAM(메모리)** : CPU가 처리할 명령을 일시적으로 기억하는 휘발성 메모리입니다.

❸ **전면 패널 USB 케이블과 케이스 신호선** : 케이스 전면 패널의 전원 단추와 리셋 단추, 상태 표시등을 사용할 수 있게 해줍니다.

❹ **카드리더기 USB 케이블과 전원 케이블** : FDD를 대체하여 많이 사용되는 내장형 카드리더기는 메인보드의 내부 USB 단자와 연결하여 사용합니다.

❺ **광디스크 드라이브** : 다양한 종류의 CD/DVD 재생 및 기록을 지원하는 보조기억 장치입니다. 보통 ODD(Optical Disk Drive)로 부릅니다.

❻ **그래픽카드** : PC의 화면 출력을 담당합니다. 그래픽카드에는 그래픽 프로세서인 GPU에서 열이 많이 발생하므로 그래픽카드에도 냉각 장치가 장착됩니다.

❼ **SSD(Solid State Disk Drive)** : 하드디스크 드라이브보다 수십 배 빠른 탐색 시간과 고속 쓰기를 지원하는 저장 장치로, 주로 운영체제 구동 드라이브로 사용됩니다.

❽ **그래픽카드 전용 슬롯** : 영상 출력을 위한 그래픽카드 설치에 사용되는 슬롯으로, 지금은 PCI Express 슬롯이 주로 사용됩니다. 메인보드에 따라 빠른 그래픽 처리를 위해 멀티 그래픽카드 설치를 지원하는 둘 이상의 전용 슬롯을 제공하기도 합니다.

❾ **메인보드 칩셋** : 방열판에 가려 직접 눈에는 보이지 않지만, 각종 주변 장치가 CPU와 교신할 수 있게 해주는 핵심 부품입니다.

❿ **SATA 단자** : SATA 인터페이스를 사용하는 SSD, HDD(Hard Disk Drive), ODD를 연결하여 사용할 수 있는 단자입니다.

⓫ **PATA(IDE) 단자** : PATA(IDE) 인터페이스를 사용하는 HDD, ODD를 연결하여 사용할 수 있는 단자입니다. 얼마 전까지는 호환성을 위해 PATA 단자가 제공되기도 했지만 현재의 메인보드에서는 지원되지 않습니다.

⓬ **PCI 슬롯** : PCI 인터페이스의 확장 카드를 사용할 수 있는 슬롯입니다. 과거에는 PCI 슬롯을 사용하는 주변 장치가 많이 있었지만, 지금은 보다 빠르고 작은 PCI Express 슬롯으로 대체되었습니다. PCI Express 슬롯도 PC 외부에서 바로 연결하여 간편하게 사용할 수 있는 USB 인터페이스에 밀려 지원하는 장치가 많이 줄어들고 있는 추세입니다.

⓭ **플로피 디스크 드라이브 단자** : 플로피 디스크 드라이브를 연결할 수 있는 단자로, 간단히 FDD 단자라 부릅니다. 저장 용량이 작고 속도가 느려 사용이 줄어들고 있습니다.

⓮ **내부 USB 단자** : 메인보드 백패널에도 USB 단자가 많이 제공되나 케이스 전면 패널의 USB 단자나 카드리더기의 USB 단자를 추가로 사용하려면 내부 USB 단자와 연결해야 합니다.

⓯ **케이스 신호선 단자** : 케이스 신호선을 연결하여 케이스 전면 패널의 전원 단추와 리셋 단추, 상태 표시등을 사용할 수 있게 해줍니다.

⓰ **파워서플라이** : PC의 각종 부품들이 요구하는 직류 전원을 공급합니다. CPU가 PC의 두뇌라면 파워서플라이는 PC의 심장과 같은 기능을 수행합니다.

⓱ **하드디스크 드라이브** : 용량이 크고 속도도 빠른 보조기억 장치입니다. 간단히 HDD라 부르며, 가격이 저렴하여 많이 사용됩니다.

- **HDD(Hard Disk Drive)** : 하드 디스크 드라이브
- **ODD(Optical Disk Drive)** : 광 디스크 드라이브
- **SSD(Solid State Disk Drive)** : 일종의 반도체 메모리인 낸드 플래시 메모리를 사용한 보조 기억 장치
- **FDD(Floppy Disk Drive)** : 플로피 디스크 드라이브
- **메인보드 칩셋의 변화** : 얼마 전까지만 해도 CPU 부근에 노스브리지 칩셋이 CPU와 RAM, CPU와 그래픽카드 간의 빠른 교신을 담당하고 그 외 주변 장치의 교신은 사우스브리지 칩셋이 담당했는데, 요즘에는 CPU가 노스브리지 칩셋 기능을 내장하면서 단일 PCH 칩셋을 사용하는 메인보드로 바뀌었습니다.

컴퓨터의 외부 구성 요소

일반적으로 컴퓨터의 전면 패널에는 컴퓨터를 켜고 끌 수 있는 전원 단추와 재시동할 수 있는 리셋 단추, USB 단자, 오디오 단자 등이 제공됩니다. 내장형 카드리더기를 설치한 경우에는 PC 전면에서 사용할 수 있으며, 광디스크 드라이브를 설치한 경우에는 PC 전면에서 바로 이용할 수 있습니다. 컴퓨터의 뒷면에는 키보드, 마우스, 모니터, 프린터, 스피커, LAN 등 각종 주변 장지를 연결할 수 있는 단자가 있습니다. 복삽해 보이지만 주변 상치를 연결할 때는 단자의 모양으로 쉽게 구별할 수 있습니다.

❶ **전원 단추** : PC의 전원을 켜거나 강제로 종료할 때 사용합니다.

❷ **상태 표시등** : PC 전원 작동 상태와 하드디스크의 작동 상태를 표시합니다.

❸ **리셋 단추** : PC가 다운되었을 때나 강제로 재시동할 때 사용합니다.

❹ **USB 2.0 단자** : 메인보드에 있는 내부 USB 2.0 단자와 연결하여 케이스 전면에서 USB 2.0 단자를 사용할 수 있게 해줍니다.

PC의 외부 구성 요소

❺ 오디오 단자 : 메인보드의 전면 오디오 단자와 연결하여 케이스 전면에서 스피커나 마이크를 사용할 수 있게 해줍니다.

❻ eSATA 단자 : 외부에서 SATA 인터페이스를 사용할 수 있도록 고안된 단자입니다. 따라서 케이스 전면의 eSATA 단자를 사용하려면 메인보드의 SATA 단자와 연결해야 합니다.

❼ 카드리더기 : 요즘 FDD 대용으로 많이 사용하는 카드리더기는 다양한 형식의 플래시 메모리를 읽을 수 있는 장치입니다. 카드리더기에도 USB 단자가 제공되는데, 이를 사용하려면 메인보드의 내부 USB 단자와 연결해야 합니다.

❽ 광디스크 드라이브 : 광디스크 드라이브는 PC 전면에서 트레이 단추를 사용하여 CD/DVD 같은 광디스크를 넣고 사용합니다.

❾ PS/2 단자 : 메인보드 백패널에 제공되는 PS/2 단자는 키보드나 마우스를 연결할 수 있는 단자로, 지금은 USB 지원 키보드나 마우스가 많이 사용되므로 1개 정도만 제공됩니다.

❿ 광/동축 SPDIF 출력 단자 : 디코더나 리시버 같은 SPDIF 입력을 지원하는 오디오 장치로 디지털 사운드를 출력하여 디코더나 리시버에 연결된 스피커로 소리를 재생할 때 사용합니다.

⓫ eSATA 단자 : 요즘 메인보드는 백패널에도 eSATA 단자를 제공하여 외부에서 SATA 장비를 사용할 수 있게 해줍니다.

⓬ USB 2.0 단자 : 요즘 나오는 디지털 장치는 대부분 USB를 지원합니다. PC가 디지털 장비의 플랫폼으로 기능할 수 있는 것도 USB를 통해 휴대전화, 스마트폰, PMP, 전자사전, 내비게이션 등 각종 디지털 기기와 USB 단자로 연결할 수 있기 때문입니다. 요즘 메인보드 백패널에는 주로 USB 2.0 단자가 제공됩니다.

⓭ USB 3.0 단자 : 최신 메인보드에서 지원하는 USB 3.0 단자는 USB 2.0보다 10배 이상 빠른 속도를 지원합니다. 앞으로는 USB 2.0을 대체하게 될 것으로 예상됩니다.

⓮ LAN 단자 : 네트워크 케이블을 연결하여 네트워크와 인터넷을 사용할 수 있게 해주는 단자입니다. 과거에는 LAN 단자가 랜 카드를 통해 제공되었지만 요즘은 메인보드에 랜 컨트롤러가 내장되어 있기 때문에 메인보드 백패널에서 바로 LAN 단자가 제공됩니다.

⓯ 오디오 단자 : 요즘 나오는 메인보드에는 사운드 컨트롤러가 내장되어, 최대 8채널을 지원하는 HD Audio 규격을 지원하는 스피커 단자, 다른 오디오 장치를 통해 입력을 받을 수 있는 Line-In 단자, 마이크 입력 단자가 제공됩니다.

⓰ DVI 단자 : DVI는 디지털 영상 출력 단자로, PC용 LCD 모니터는 기본적으로 DVI 단자를 제공합니다. 듀얼링크 DVD 단자는 2560×1600의 해상도까지 지원합니다.

⓱ HDMI 단자 : DVI는 음성을 전송하지 못 하는 데 반해, HDMI 단자로 연결하면 HD 화질의 디지털 영상과 음성을 함께 출력할 수 있습니다. HDMI 단자에서도 PC 모니터를 사용할 수 있으며, HD TV와 연결하여 PC의 멀티미디어 콘텐츠를 HD TV로 시청할 수도 있습니다. HDMI 인터페이스를 지원하는 프로젝터를 연결하면 고해상의 화면으로 프레젠테이션을 할 수 있습니다.

⓲ 영상 단자 : 콤포지트나 S-Video, 컴포넌트 영상 출력을 지원하는 단자입니다.

⓳ AC 전원 입력 단자 : 콘센트나 멀티탭에 연결하여 AC 교류 전원을 입력받습니다.

⓴ 전원 스위치 : AC 교류 전원이 파워서플라이로 들어오게 하거나 차단하는 스위치입니다.

- **eSATA(external SATA)** : SATA 저장 장치를 외부에서 연결할 수 있도록 고안된 단자
- **DVI(Digital Visual Interface)** : 표준 디지털 영상 인터페이스
- **HDMI(High Definition Multimedia Interface)** : 고화질 멀티미디어 인터페이스

4 PC 시동 과정 한눈에 보기

호기심은 탐구의 시발점이며, 지적 추진력입니다. PC를 시동하면 어떤 과정을 거쳐 사용자가 원하는 작업을 할 수 있는지 궁금한 분도 많을 것입니다.

PC의 시동 과정

PC 시동 과정을 이해하면 컴퓨터가 지금 어떤 일을 하는지를 보다 구체적으로 알 수 있으며, 어느 단계에서 이상이 생겼는지도 유추할 수 있습니다. PC 시동은 사용자가 PC의 전원 단추를 누르는 것부터 시작합니다. PC의 시동 과정을 그림으로 살펴보면 다음과 같습니다.

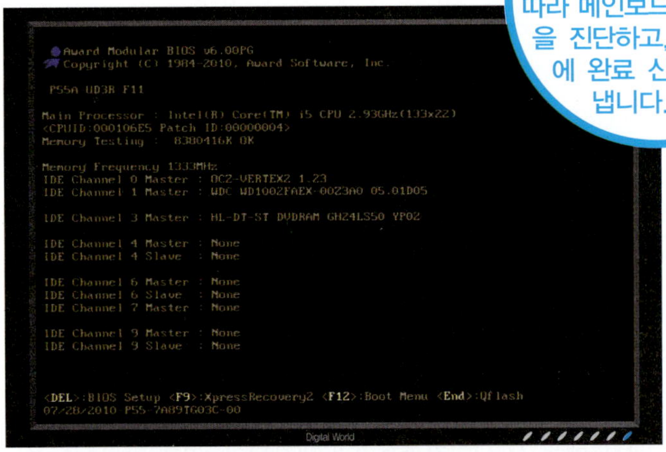

▲ POST 루틴은 먼저 그래픽카드를 체크하여 문제가 없으면 POST 과정을 모니터 화면에 표시합니다. POST 과정에서는 장치 진단 내용이 바이오스 정보, 메인보드 정보, CPU 정보, 메모리 용량과 속도, 보조기억 장치 순으로 표시됩니다. 바이오스 셋업 설정에 따라 POST 화면이 보이지 않기도 합니다.

HELP

● POST 과정에서 오류가 발견되면 보통 에러가 있음을 알리는 비프음이 발생하고, 화면에도 해당 에러 메시지가 표시됩니다. 일단 화면에 POST 정보가 나타나는 상황이라면 오류가 발생하더라도 대부분 해결할 수 있습니다.

● 파워서플라이에 문제가 있는 경우에는 시스템에서 아무 소리도 나지 않고, 모니터 화면에도 아무런 반응이 나타나지 않으므로 이때는 파워서플라이 고장일 수 있습니다. 파워서플라이의 고장 여부를 자가 진단하는 방법은 269쪽을 참고하기 바랍니다.

1

PC의 전원 단추를 눌러 시스템을 시동합니다.

6

운영체제 로더는 운영체제의 커널을 불러드린 후 커널로 제어권을 넘기며, 커널이 부팅을 완료합니다.

5

POST가 끝나면 바이오스는 부트 디스크에서 운영체제 로더를 불러들여 제어권을 넘깁니다.

3

가장 먼저 바이오스는 CPU에게 POST(Power On Self Test) 작업을 지시합니다.

HELP

- PC 시동 과정은 전원 단추를 켜는 1비트 신호로부터 출발하여 바이오스, 운영체제 로더, 운영체제 커널을 거치면서 인간이 친숙하게 사용할 수 있는 작업 환경을 구성합니다.
- 윈도우 XP의 운영체제 로더는 NTLDR 파일이며, 윈도우 비스타부터 윈도우 10까지의 운영체제 로더는 BOOTMGR 파일입니다. 시동이 안 될 때 나타나는 NTLDR / BOOTMGR Missing Error는 POST 과정이 끝난 후 시동 디스크(Boot Disk)에서 운영체제 로더를 찾지 못한 경우에 발생합니다.
- 운영체제 로더가 RAM에 적재되면 그때부터는 제어권이 바이오스에서 운영체제 로더로 넘어가고, 운영체제 로더가 커널을 찾아 메모리에 적재하면 그때 비로소 운영체제 커널이 시스템의 제어권을 갖고 시동 절차를 완료하고 운영체제의 시작 화면이 나오는 것입니다. 보다 자세한 시동 절차는 203쪽을 참고하기 바랍니다.

5 10분 만에 마스터하는 PC 관리 방법

PC 관리를 어렵게 생각하고 잘못 만지면 고장이라도 나지 않을까 생각하는 분도 계시지만 기본적인 개념을 파악하면 전혀 어렵지 않습니다. 사실 PC 고장의 99%는 사전에 예방할 수 있습니다. 이 절에서는 가장 기본적인 PC 관리 방법을 살펴봅니다.

PC고장의 원인

디지털 세계에서 원인 없는 결과는 없습니다. PC 고장도 원인 없이 발생하는 경우는 거의 없습니다. PC 고장은 크게 하드웨어 고장과 소프트웨어 고장으로 구별할 수 있으며, 고장이 나더라도 이에 맞춰 대응하면 됩니다.

하드웨어의 성능 발휘와 고장 예방

하드웨어 세계에서 부품이 저절로 망가지는 경우는 드물며, 부품 간의 접촉 불량에서 오는 경우가 많습니다.

하드웨어 접촉 불량의 핵심 요인은 먼지

부품 간의 접촉 불량을 야기하는 가장 주된 원인은 먼지입니다. 예를 들어 CPU 냉각팬에 먼지가 쌓여 냉각팬이 작동하지 않으면 CPU에 과열이 발생하여 작동을 멈춥니다. 과거에는 CPU가 타버리는 문제까지 발생하기도 하였지만, 다행히 요즘 나오는 CPU는 과열이나 과전류 시 멈추도록 고안되었습니다.

메모리나 그래픽카드도 먼지에 의해 접촉 불량이 발생하거나 다른 고장이 발생하면 PC가 작동을 못하게 되는 건 마찬가지입니다. PC의 시동조차 불가능한 CPU나 메모리, 그래픽카드 오류가 발생한 경우에는 고장 상태를 시각적으로 알려줄 방법이 없으므로 CPU, 메모리, 그래픽카드에 오류가 발생한 경우에는 PC를 시동할 때 POST 과정에서 비프음으로 알려줍니다.

● 고급 메인보드 제품들은 메인보드에 디버그 LED를 장착하여 오류 코드를 표시해 주므로 정확하게 고장 부위를 알아낼 수 있습니다(90쪽 참고).

보통 비프음 종류에 따른 오류 상황은 메인보드 설명서에 제공됩니다. PC 하드웨어 고장을 미연에 방지하려면 PC에 먼지가 쌓이지 않도록 유의해야 하며, 슬롯, 단자와 연결하여 쓰는 부품의 접촉 불량은 지우개로 접촉면의 이물질을 닦아주는 것이 좋습니다.

정전기와 과전류 발생에 유의

사용자의 취급 부주의로 부품이 고장 나는 경우도 간혹 발생하는데, 컴퓨터의 전자 부품들은 정전기에 민감하므로 CPU나 메인보드, 메모리 같은 컴퓨터 부품을 만질 때는 비누로 씻거나 철판 같은 곳에 손을 대서 정전기가 발생하지 않도록 방전시킨 후에 부품들을 다루기 바랍니다. 갑작스러운 정전 등이 발생하였을 때 컴퓨터 고장이 많은 것도 메인보드나 하드디스크 같은 컴퓨터 부품들이 과전류에 민감하기 때문입니다.

파워서플라이를 통한 메인보드 전원 공급뿐만 아니라 별도의 전원 어댑터 등을 통해 전원을 공급받는 컴퓨터 부품들의 고장은 과전류로 인해 발생하는 경우가 많습니다. 과전류로 인해 고장이 나면 부품을 교체해야 하는 경우가 많습니다.

하드웨어의 제성능 발휘

하드웨어의 고장을 미연에 방지하려면 다양한 부품의 사양과 부품의 인터페이스에 대한 이해가 필요합니다. 컴퓨터와 관련된 인터페이스 규격은 다양합니다. PC에는 눈에 보이는 물리적인 단자가 제공되는 PS/2, VGA, DVI, SATA, PATA, USB, IEEE1394, HDMI, MIDI, AC' 97, HD Audio, SPDIF 같은 인터페이스도 있지만, 눈에는 보이지 않는 와이파이(WiFi), 블루투스, 적외선 인터페이스도 있습니다.

동일한 인터페이스라도 지원하는 기능이나 성능은 계속 발전합니다. 예를 들어 PC의 외부 연결 단자로 가장 널리 활용되고 있는 USB 단자의 경우, 등장 초기인 USB 1.1 규격은 불과 1.2Mbps의 속도를 지원하였지만, 그 뒤 USB 2.0(400Mbps), USB 3.0(5Gbps)으로 큰 폭의 속도 향상이 이루어졌습니다.

동일한 용도의 부품이라도 지원하는 기능이나 성능에 차이가 있기 때문에 가격대도 다양합니다. 비싼 돈을 주고 구입한 부품이 성능을 제대로 발휘하려면 해당 부품에 최적화된 드라이버를 사용해야 합니다.

윈도우 10 같은 최신 운영체제는 비교적 최신 드라이버를 제공하지만 최고의 성능을 발휘하려면 구입한 부품과 함께 제공되는 드라이버를 사용하는 것이 좋습니다.

Chapter 01 알고 보면 쉬운 PC 정복의 길

소프트웨어 오류와 대응 방법

소프트웨어는 시스템 소프트웨어(운영체제)와 응용(Application) 소프트웨어로 구분합니다. 이 밖에도 하드웨어 내부에는 해당 하드웨어를 제어할 수 있게 해주는 펌웨어도 있습니다. 각각의 특징은 다음과 같습니다.

소프트웨어와 펌웨어이 특징

시스템 소프트웨어	응용 소프트웨어	펌웨어
하드웨어의 구동과 운영에 필요한 소프트웨어로 흔히 운영체제(OS, Operating Software)로 불립니다. 프로세서, 메모리, 글꼴 등의 시스템 자원을 응용 소프트웨어의 요구에 따라 할당하고 작업이 끝나면 회수합니다.	응용 프로그램 또는 애플리케이션(application)의 앞글자인 App을 따서 간단히 앱으로 부름. 모바일용 애플리케이션 소프트웨어를 앱으로 지칭했으나 지금은 일반 컴퓨터 애플리케이션도 앱으로 통칭하며 하드웨어 플랫폼에 따라 PC용과 모바일용 앱으로 구별됩니다.	하드웨어와 소프트웨어 사이에서 기능하며 하드웨어 입출력이나 작동을 제어하는 특수한 종류의 소프트웨어입니다. 하드웨어의 기본 입출력에 필요한 바이오스(BIOS, Basic Input output System) 프로그램은 펌웨어입니다.
PC용 운영체제에는 마이크로소프트의 Windows, 리눅스, 애플의 Mac OS X 등이 있습니다. 모바일 기기의 운영체제로는 구글의 Android, 애플의 iOS, 인텔, 삼성 등이 만든 타이젠 등이 있습니다. Windows 8부터는 모바일 기기의 운영체제로도 사용됩니다.	응용 소프트웨어는 MS 오피스나 한글 같은 사무용 소프트웨어, 포토샵 같은 그래픽 소프트웨어, 게임, V3나 알약 같은 유틸리티 등 다양한 종류가 있습니다.	펌웨어는 하드웨어 내부에 저장되는데, 전원이 꺼져도 유지되어야 하기 때문에 과거에는 읽기만 가능한 ROM에 저장하였습니다.
	요즘에는 PC용 응용소프트웨어의 모바일 버전도 많이 나오는 추세입니다. 모바일 버전의 경우는 PC보다 상대적으로 작은 메모리와 저장 공간에서 구동할 수 있도록 만들기 때문에 PC용 버전의 기능 중 일부 기능들이 빠지는 경우가 많습니다.	지금은 펌웨어를 ROM에 저장하는 경우는 거의 없으며, 읽기/쓰기가 가능한 EPROM이나 플래시 메모리에 기록하므로 펌웨어의 경우도 업데이트가 가능합니다.

- ● ROM(Read Only Memory) : 읽기만 가능한 메모리
- ● EPROM(Erasable Programming ROM) : 소거 가능한 ROM, 즉 읽기/쓰기가 가능한 ROM
- ● 플래시 메모리(Flash Memory) : 트랜지스터 게이트 방식의 읽기/쓰기 가능 메모리

바이러스와 악성 코드 대응

소프트웨어 오류를 야기하는 요인은 바이러스나 정보 해킹 목적의 악성 코드, 스파이웨어라 할 수 있습니다. 바이러스와 정보 해킹 목적의 악성 코드는 다음과 같은 특징을 갖습니다.

바이러스와 악성 코드 비교표

바이러스	악성 코드 / 스파이웨어
다른 파일로 전염됨.	전염성은 없음.
시스템 자원을 고갈시킴.	시스템 자원 소모를 노리지는 않음.
시스템의 오류나 다운 현상이 발생함.	시스템 작동에는 크게 영향을 미치지 않음.
하드웨어 고장을 유발함.	하드웨어적 피해를 야기하지는 않음.
대량의 불특정 메일을 발송해 시스템 성능이 저하됨.	특정인에게 메일 발송(정보 유출).
정보 해킹을 목적으로 하지는 않음.	중요 정보의 해킹이 목적임.
중요 파일을 훼손하거나 시스템을 무력화시킴.	중요 파일이 유출됨.
주로 파일을 실행하거나 열 때 감염됨.	웹서핑 중 악성 코드로 연결된 링크나 페이지를 열 때 감염됨.

바이러스와 악성 코드 비교표에서도 알 수 있듯이, 바이러스는 시스템을 감염시켜 사용을 방해할 목적이 있는 데 반해, 악성 코드는 사용자의 중요 정보를 빼내는 것에 목적이 있습니다.

백신의 실시간 감시 기능을 사용하면 웬만한 바이러스와 악성 코드는 사전에 예방할 수 있습니다. 단, 실시간 감시를 사용 중이라도 사용자가 파일의 실행을 허용하면 바이러스나 악성 코드는 작동하게 됩니다. 백신이 감지하지 못하는 신종 바이러스와 악성 코드는 얼마든지 있으므로 백신만 의존하지 말고 잘 모르는 파일이나 인터넷 링크는 실행하지 않는 컴퓨터 사용 습관을 갖기 바랍니다.

바이러스나 악성 코드에 감염된 상태에서는 메모리에서 작동하기 때문에 백신 프로그램을 실행해도 치료가 잘 안되는 경우가 많습니다. 이 경우에는 안전 모드로 시작하면 바이러스나 악성 코드가 실행되기 전 상태로 시동할 수 있습니다. 이 상태에서 백신 프로그램을 사용하여 바이러스 검사와 치료를 수행하면 알려진 바이러스는 대부분 치료가 가능합니다.

백신 프로그램이 바이러스를 발견하더라도 새롭게 만들어진 최신 바이러스는 치료가 안 되는 경우가 있습니다. 이 경우에는 백신 제조사에서 해당 신종 바이러스 치료 프로그램을 별도로 제공하기도 합니다.

PC 윈도우용 백신 프로그램은 바이러스의 예방과 치료에 특화되어 있는 편이므로 악성 코드나 스파이웨어에 대한 철통보안 태세를 갖추려면 윈도우 디펜더를 함께 사용하길 권합니다.

- 윈도우 7까지는 전원을 켠 후에 F5 키를 눌러 바로 안전모드로 시동하거나 F8 키를 눌러 고급 부팅 옵션 메뉴를 나타낸 후 안전모드를 선택하여 시동할 수 있습니다.
- 윈도우 8부터는 기능키를 사용한 안전모드 시동은 지원되지 않으므로 유의하기 바랍니다(375~376쪽 참고)

윈도우 운영체제의 고질적인 리소스 관리 문제

그래픽 사용자 환경을 제공하는 윈도우 운영체제는 리소스 관리에 문제가 있는 운영체제라 할 수 있습니다. 리소스란 운영체제가 컴퓨터를 운용할 수 있게 하기 위해 사용하는 각종 자원으로, 시각적 컨트롤을 가능하게 해주는 각종 아이콘과 글꼴 등을 말합니다.

응용 프로그램이 운영체제에 필요한 아이콘이나 글꼴 등의 자원을 요청하면 리소스를 제공합니다. 응용 프로그램이 종료되면 제공했던 리소스를 회수하여 다른 응용 프로그램에 제공해야 하는데, 이게 완벽하지 않으면 불필요한 리소스가 메모리에 남아 시스템 성능에 영향을 미치며, 불필요한 리소스가 디스크에 축적되면 디스크 단편화나 가상 메모리 잠식과 같은 성능의 저하를 야기합니다. 그래픽 사용자 환경을 제공하는 Android나 iOS 같은 모바일 운영체제도 PC 운영체제와 크게 다르지 않으므로, 사용할수록 느려지는 문제로부터 자유롭지 않으므로 시스템을 재시동하여 해결하는 경우도 많습니다.

펌웨어 오류

펌웨어를 과거 롬에 저장할 때는 바이러스가 공격할 수 없었으나 플래시 메모리처럼 읽기/쓰기가 가능한 매체를 사용하면서부터는 바이러스의 공격 대상이 될 수 있다는 점을 유의해야 합니다.

물론 디스크에 저장된 소프트웨어보다는 안전지대에 있다고 할 수 있지만, 바이러스에 의해 펌웨어가 훼손되면 해당 장치 자체가 먹통이 되는 심각한 상황에 빠질 수도 있습니다.

과거 메인보드 바이오스를 훼손시켜 컴퓨터를 먹통으로 만든 일명 체르노빌 바이러스로 명성을 떨친 CIH 바이러스가 그 대표적인 예라 할 수 있습니다.

쾌적하고 안전한 PC 사용 지침

앞에서 설명한 내용을 참고하여 다음의 몇 가지 사항만 유의해도 쾌적하고 안전한 PC 활용이 가능합니다.

❶ **주기적인 먼지 제거** – PC에 먼지가 끼지 않도록 가능한 깨끗한 환경에서 작업하길 권하며, 3~6개월 정도마다 블로어나 전기 청소기 등을 사용하여 먼지를 청소해줍니다. 특히 파워서플라이와 CPU, 그래픽카드, 케이스에 장착된 냉각팬의 먼지 청소에 유의합니다.

❷ **과전류 예방** – PC에 갑작스러운 과전류가 유입되는 것을 예방하려면 과전류 차단형 멀티탭을 사용하는 것이 좋으며, PC를 끌 때는 전원 단추를 직접 눌러 *끄지* 말고 운영체제의 컴퓨터 *끄기*를 사용하는 것이 좋습니다.

❸ **최적의 장치 드라이버 사용** – 컴퓨터에 사용되는 모든 부품들은 해당 부품의 기능과 성능을 발휘할 수 있게 해주는 드라이버를 사용합니다. 드라이버가 없으면 해당 부품을 이용할 수 없으며, 최신 드라이버를 사용해야 부품의 기능과 성능을 최대한 발휘할 수 있습니다. 드라이버 설치 및 업데이트 방법은 383쪽에서 자세히 다룹니다.

❹ **주기적인 운영체제 업데이트** – 30억 이상의 인구가 컴퓨터를 사용하는 시대인만큼 개인정보를 빼내 악용하려는 악의적인 해커들은 윈도우 같은 운영체제의 보안 장벽을 뚫기 위해 골몰합니다. 운영체제 개발사는 운영체제의 개선 및 악의적인 해커들의 침입을 막기 위한 보안 패치 작업을 수시로 진행합니다. 컴퓨터가 뚫리면 바이러스 백신도 무용지물이 되므로 운영체제 업데이트는 필수입니다.

❺ **바이러스 백신 프로그램의 실시간 감시 활성화 및 주기적인 업데이트** – 백신 프로그램은 바이러스가 활동하기 전에 감지하고 실행을 차단할 수 있는 실시간 감시 기능을 제공합니다. 백신 프로그램을 사용할 때는 실시간 감시 기능을 필수로 사용하되, 둘 이상의 백신 프로그램을 설치했더라도 실시간 감시 기능은 하나만 사용해야 시스템의 성능 저하를 막을 수 있습니다. 그리고 백신 프로그램은 최신 바이러스에 대응하기 위해 비교적 빈번히 업데이트되므로 수시로 업데이트 기능을 사용하여 최신 바이러스에 대응할 수 있도록 합니다. 이에 관해서는 423쪽에서 자세히 다룹니다.

❻ **주기적인 최적화** – 최적화란 말 그대로 시스템의 최적 운용을 방해하는 불필요한 요소를 제거하여 시스템이 최적으로 작동하게 만드는 작업입니다. 요즘에는 백신 프로그램에 최적화 툴이 함께 제공되는 경우가 많으므로 이를 활용하면 됩니다. 그리고 고클린, Advanced System Care, CCleaner, 네이버 클리너, 다음 클리너 등과 같은 시스템 최적화에 초점을 맞춘 유틸리티 프로그램도 있습니다. 시스템 관리와 최적화에 관해서는 특집 3에서 자세히 다룹니다.

❼ **잘 모르는 파일 열기 / 웹링크 클릭 유의** – 바이러스나 악성 코드가 활동하려면 사용자의 파일 열기나 클릭 등의 활동이 수반되어야 하기 때문에 교묘하게 현혹하는 메시지로 위장합니다. 실시간 감시 기능이 작동하더라도 최신 바이러스나 악성 코드는 감지되지 않을 수 있으므로 잘 모르는 파일을 다운로드받아 실행하거나, 잘 모르는 메일의 첨부 파일을 열거나, 웹링크는 아예 클릭하지 않는 습관을 갖는 게 중요합니다.

모바일 시대의 컴퓨터는 디지털 베이스캠프

과거 이동형 컴퓨터는 비싼 노트북 컴퓨터가 주류를 이뤘지만, 최근 스마트폰과 태블릿 PC 등 이동성과 컴퓨터 능력을 갖춘 모바일 장비가 급속히 대중화되고 있습니다. 소위 모바일 혁명이 진행 중입니다. 이 때문에 "PC 시대는 끝났다"는 성급한 진단마저 나오고 있지만, PC는 디지털 파워와 연결성을 종합적으로 갖춘 디지털 플랫폼으로서 디지털 장비의 베이스캠프 역할을 수행할 것입니다.

모든 디지털 기기는 컴퓨터로 통합니다

최근 와이파이(WiFi)를 기반으로 한 무선 네트워크 보급과 무선 전송 속도의 비약적인 발전에 따라 이동성에 컴퓨터 기능을 갖춘 제품들이 줄지어 등장하고 있습니다. 휴대전화, 스마트폰, 넷북, 태블릿 PC, MP3 플레이어, PMP, 전자사전, 내비게이션 등 수많은 디지털 장비들이 우리의 생활과 업무를 편리하게 해주고 있습니다. 특히 요즘 나오는 스마트폰이나 태블릿 PC는 컴퓨터 기능과 무선 네트워크 솔루션을 결합한 다양한 디지털 융합(Fusion) 기능으로 꿈의 디지털 시대를 앞당기고 있습니다.

컴퓨터로 하던 일을 모바일 장비가 대신할 수 있을까요?

이제는 인터넷을 검색하거나 메일을 보내는 것과 같은 작업들은 스마트폰이나 태블릿 PC을 활용하면 시간과 장소에 구애받지 않고 거뜬히 처리할 수 있습니다. 그뿐만 아니라 블로그나, UCC, 트위터, 페이스북 같은 소셜 네트워크 소프트웨어를 통해 실시간으로 정보를 주고받는 1인 미디어 시대가 활짝 열리고 있습니다. 예를 들어 스마트폰으로 사진이나 동영상을 찍어 메일로 보내고 자신의 블로그나 트위터, 페이스북에 바로 게시할 수도 있습니다. 앞으로도 PC로 수행하던 많은 작업들을 모바일 기기상에서 보다 많이 처리하게 될 것입니다.

하지만 이동성과 일부 컴퓨터 능력을 갖췄다고 해서 컴퓨터로 하던 일들, 예를 들어 보고서나 프레젠테이션 작성, 디자인 작업, 사진 편집, 동영상 편집, 3D 게임 같은 작업까지 대신하지는 못합니다.

PC를 이용해야 모바일 장비의 활용성도 높아집니다

모바일 장비들은 이동성을 위해 작은 디스플레이나 메모리와 저장 용량의 한계, 타이핑 제약이 있기 때문에 PC처럼 효과적으로 데이터를 만들고 편집 작업을 수행하는 데는 한계가 있습니다. 따라서 신속한 정보 처리 부분은 모바일 기기가 강점을 갖지만, PC는 앞으로도 강력한 데이터 작업 및 편집 도구로 활용될 것입니다.

PC는 외부 디지털 기기와의 편리한 연결을 위해 USB 인터페이스를 제공하므로 다양한 디지털 장비를 간편하게 PC와 연결하여 활용할 수 있습니다. 다양한 디지털 기기의 발전으로 PC의 효용이 줄어드는 게 아니라 오히려 PC로 활용하여 부가가치를 창출할 수 있는 범위가 확장되고 있습니다.

PC는 쓰기 나름입니다. 잘 알고 쓰면 그만큼 부가가치를 누릴 수 있습니다.

PC는 모르고 쓰면 비싼 장난감에 불과하지만 알고 쓰면 비용을 줄이고 업무 생산성을 높이고 새로운 부가가치를 창출할 수 있습니다.

모바일 시대의 IT 패러다임 변화

IT(Information Technology) 기술은 경이적인 속도로 발전하고 있습니다. 애플의 CEO였던 스티브 잡스는 1976년 개인용 컴퓨터인 Apple-1을 발표한 지, 40여 년 만에 아이폰, 아이패드라는 스마트폰과 태블릿 PC로 모바일 혁명을 주도하였습니다. 이에 따라 컴퓨터 중심의 IT 패러다임도 모바일 중심으로 바뀌고 있습니다.

1인 1모바일 시대의 개막

스마트폰과 태블릿 PC의 확산은 단지 정보처리 하드웨어 트렌드의 변화 이상의 IT 패러다임의 변화를 내포하고 있습니다.

PC 시대의 쌍두마차였던 인텔과 마이크로소프트

PC 시대에는 CPU 제조업체인 인텔과 PC 소프트웨어 기업인 마이크로소프트 사가 쌍두마차를 이루며 전 세계 시장을 선도하였습니다.

PC는 정보처리뿐만 아니라 게임, 멀티미디어 플랫폼으로 기반을 다졌습니다. 지난 몇십 년 동안 세계 최고의 소프트웨어 왕국을 건설한 마이크로소프트 사는 이러한 추세를 선도해왔으며, 인텔 사는 마이크로소프트 사의 복잡한 기능을 지원하는 무거운 운영체제와 프로그램들을 보다 빠르게 구동할 수 있는 x86 계열 CPU를 공급하며 글로벌 IT 기업의 최선두에 섰습니다.

그러나 모바일 혁명과 함께 이들 기업의 위상도 약화되고 있습니다. 인텔 사는 PC CPU 시장에서 여전히 독보적인 위치를 점하고 있지만, 모바일 CPU 시장에서는 맥을 못 추고 있고, 마이크로소프트 사도 모바일 운영체제 점유율은 미미한 수준입니다.

웹의 진화와 모바일 혁명

PC 보급이 확산되면서 정보의 바다인 인터넷 사용자도 급증하였습니다. 홈페이지를 통한 일방통행식 정보 검색과 전달이 주류를 이루던 웹 1.0 시대를 지나 블로그와 SNS, 개인 미디어인 UCC(User Created Contents) 등 양방향 소통과 참여의 시대로 진화했습니다.

지금은 개방, 참여, 공유의 특징을 지닌 웹 2.0에서 한걸음 더 나아가 다양한 빅데이터에 기반한 스마트화가 진행 중인 웹 3.0 시대입니다. 웹 1.0 시대에는 PC로도 충분했습니다. 그러나 웹 2.0 시대로 진화하면서 PC보다 성능은 낮지만 휴대하기 편하고 인터넷 연결이 가능한 노트북 컴퓨터와 넷북 시장이 열렸으며, 뒤이어 스마트폰과 태블릿 PC와 같은 본격적인 모바일 기기가 등장합니다.

사람들은 더 이상 컴퓨터를 켜지 않고도 항상 켜져 있는 스마트폰과 태블릿 PC를 이용하여 일정을 관리하고 문서를 작성하며, 스프레드시트, 프레젠테이션 작업도 실행할 수 있게 되었습니다. 동료와의 협업도 모바일 기기를 통해 효율적으로 수행할 수 있습니다. 이처럼 모바일 시대가 되면서 사람들의 생활방식부터 일하는 방식에 이르기까지 전면적인 변화가 계속되고 있습니다.

모바일 시대의 주도권을 쥔 애플과 구글

애플 사는 스마트폰인 아이폰과 태블릿 PC인 아이패드로 모바일 혁명의 기수가 되었습니다. PC의 사용자 이용 환경과 모바일 기기의 사용자 이용 환경은 다를 수밖에 없습니다.

마이크로소프트 사는 무거워진 PC 운영체제를 모바일로 이식하는 데 초점을 맞췄지만, 애플 사는 모바일에 특화된 iOS를 개발하여 모바일 분야의 주도권을 확보하였습니다. 구글은 개방형 모바일 운영체제인 안드로이드 연합군을 편성하여 iOS를 바짝 추격하였습니다.

과거 IBM 호환 PC 연합군이 애플 컴퓨터에 비해 압도적으로 우위를 점했던 상황과는 차이가 있지만, 구글의 무료 안드로이드 운영체제를 장착한 스마트폰의 보급은 아이폰을 추월한 상태입니다. 아직까지 스마트폰 시장의 수익은 애플이 압도적으로 우위를 점하고 있지만, 안드로이드 폰의 보급이 확대될수록 아이폰의 입지도 위협받을 것으로 전망됩니다.

정보 통신 생태계의 변화

모바일 기기의 확산은 곧 모바일 컴퓨팅의 확산을 의미합니다. 이에 따라 PC를 이용한 개인의 컴퓨팅 환경도 모바일과 연동하고 공유할 수 있는 새로운 컴퓨팅 환경으로의 진화가 이루어지고 있습니다. 이러한 진화는 복합적으로 진행되고 있는데, 대표적인 흐름 중 하나로 클라우드 컴퓨팅을 꼽을 수 있습니다.

클라우드 컴퓨팅이란, 인터넷상의 서버를 통하여 데이터 저장, 네트워크, 콘텐츠 사용과 같은 정보 처리를 인터넷으로 연결된 다른 서버 컴퓨터로 처리하는 기술입니다.

어디에나 드리우고 있는 구름(Cloud)처럼 어디에서든지 유무선 네트워크를 통해 접속하여 필요한 서비스를 이용하는 기술이 바로 클라우드 컴퓨팅입니다.

초기 클라우드 서비스는 구글 드라이브나 네이버 N드라이브처럼 온라인 저장 공간을 제공하는 수준이었습니다.

지금은 다양한 앱(APP, Application의 약어) 솔루션과 빅데이터 수집과 분석에 기반한 지능형 정보 처리 서비스 등 클라우드 컴퓨팅 영역이 확대되고 있습니다. 클라우드 컴퓨팅의 장점은 PC뿐만 아니라 스마트폰, 태블릿 PC와 같은 다양한 정보 통신 기기로 클라우드 서버에 접속하여 클라우드 서버에 저장된 데이터를 손쉽게 공유하고 필요에 따라 다운로드하여 사용할 수 있다는 것입니다.

클라우드 컴퓨팅을 통해 개인 PC에서 수행하던 다양한 정보 처리 업무나 게임을 온라인상에서 다양한 기기들을 활용하여 수행할 수 있게 되면서 정보 통신 생태계는 이동 중에도 클라우드 서비스를 활용할 수 있는 모바일 산업과 모바일 솔루션의 비중이 높아지고 있습니다.

클라우드 컴퓨팅의 발전

클라우드도 규모와 솔루션에 따라 성능과 제공되는 서비스에 차이가 있습니다. 구글의 경우, 세계 최대 규모의 구글 데이터 센터와 클라우드 운영체제 기술을 갖추고 있습니다. 구글의 클라우드 서비스는 구글 드라이브 같은 온라인 저장 공간 서비스 외에 웹상에서 워드프로세서, 스프레드시트, 프레젠테이션 같은 오피스 프로그램을 사용할 수 있게 해주는 구글 Docs, 유튜브 서비스, 구글 캘린더 등 다양한 서비스를 제공합니다.

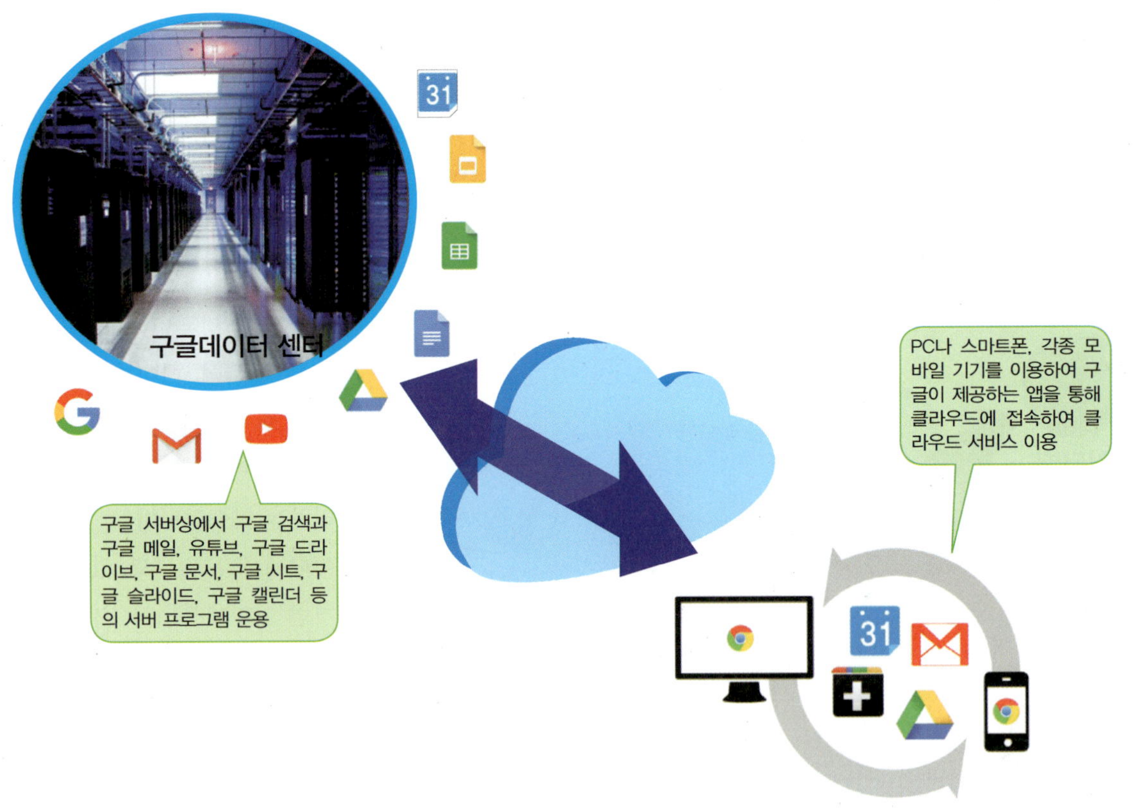

▲ 구글의 클라우드 서비스

구글 데이터 센터는 대륙별로 건설되어 운영 중이며, 방대한 데이터 처리 능력을 바탕으로 세계 제일의 클라우드 서비스를 제공하고 있습니다. 클라우드 서비스 경쟁은 애플이나 마이크로소프트, 페이스북, 아마존 같은 글로벌 기업이 가세하여 치열하게 경쟁하고 있습니다. 국내의 네이버 같은 포털에서도 구글과 비슷한 기능의 클라우드 컴퓨팅을 제공합니다. 네이버의 경우는 구글 드라이브에 대응하는 N드라이브와 네이버 오피스, 네이버 캘린더 등을 서비스하고 있습니다. 최근에는 웍스 모바일 서비스로 한층 업그레이드된 스마트워킹 서비스를 제공합니다.

개인용 클라우드 컴퓨팅

클라우드 컴퓨팅이라고 해서 반드시 대규모 데이터 센터를 갖춰야 하는 것은 아닙니다. 저렴하게 구입할 수 있는 네트워크 저장 장치인 NAS(Network Attached Storage ; 넷하드, IP 디스크)와 인터넷 공유기만으로도 중소기업이나 개인이 유용하게 활용할 수 있는 클라우드 서비스를 이용할 수 있습니다.

개인용 클라우드 컴퓨팅 구성은 인터넷 공유기와 IP 디스크의 조합으로 간단하게 운용할 수 있습니다. IP 디스크는 웹하드 기능을 기본으로 사용할 수 있으며, 온라인으로 동영상이나 음악 파일을 실시간으로 재생할 수 있는 미디어 서비스, 오피스 같은 프로그램에서 온라인으로 바로 파일을 저장하고 수정할 수 있는 WebDAV 서비스, 홈페이지를 운용할 수 있는 MYSQL 서비스와 Apache 서비스, URL 링크 서비스, 클라우드 백업 서비스, FTP 서비스, 네트워크 프린터 서비스 등을 이용할 수 있습니다. 물론 스마트폰이나 태블릿 PC용의 앱을 설치하면 PC와 마찬가지로 활용할 수 있습니다. 최근에 나온 고급 인터넷 공유기는 USB 단자를 내장하여 외장형 저장장치를 간이 IP 디스크로 사용할 수 있게 해주기도 합니다.

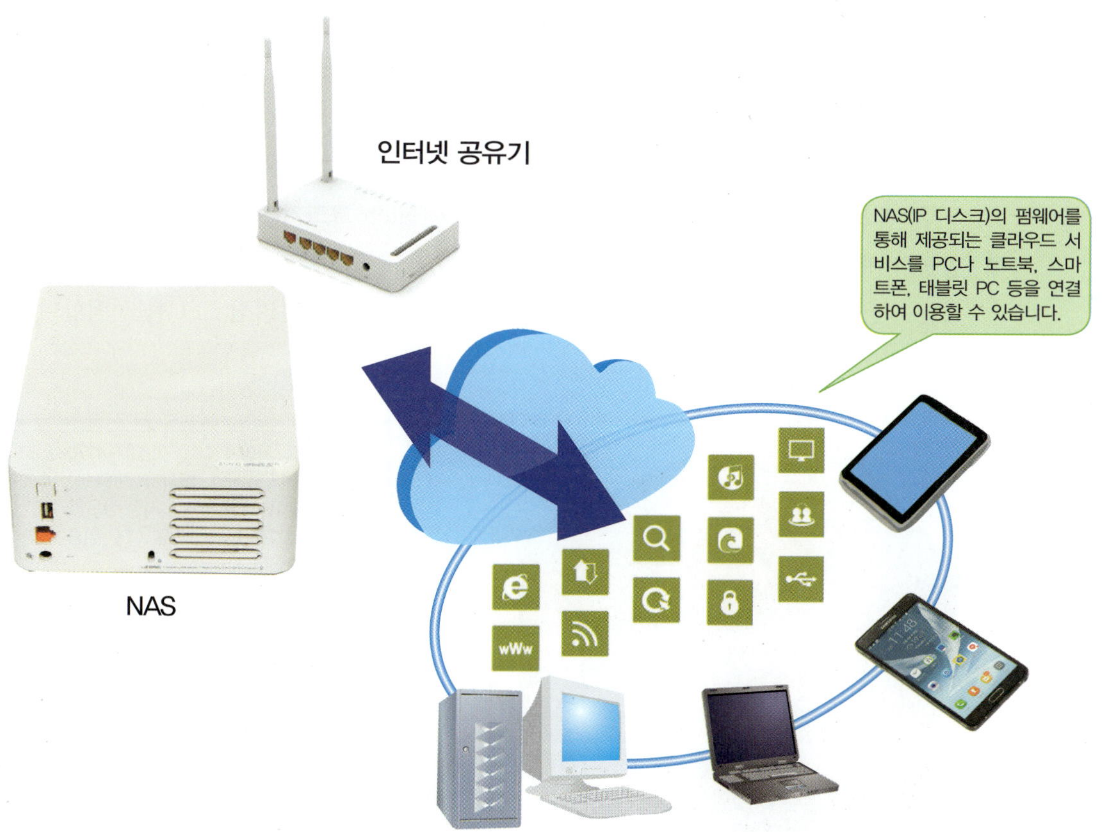

▲ 개인용 클라우드 컴퓨팅 구성과 이용 방식

참고로 이 책은 단순히 PC 조립과 최적화뿐만 아니라 모바일 시대에 발맞춰 보다 효과적인 PC 활용을 위해 네트워킹은 물론 개인용 클라우드 컴퓨팅까지 자유자재로 구성하고 운용할 수 있도록 구성하였습니다.

Chapter 02 PC 부품의 원리와 선택 가이드

이 장에서는 각 PC 부품의 구성 요소와 작동 원리, 종류와 기능, 적당한 부품 구입 방법을 알아봅니다. 각 부품의 작동 원리와 기능을 이해하면 자신에게 필요한 PC 부품을 제대로 고를 수 있고, 웬만한 PC 고장은 스스로 찾아내서 해결할 수 있으며, 각 부품을 가장 효과적으로 활용히는 방법도 알 수 있습니다.

1 알고 보면 빵점 두뇌 – CPU

CPU는 명령 처리와 제어를 담당하는 컴퓨터의 두뇌로, 고밀도로 집적된 마이크로프로세서입니다. 오늘날의 CPU 에는 그래픽 처리, 메모리 컨트롤러, 핵심 주변 장치 컨트롤러도 CPU가 통합 지원하는 추세입니다.

CPU 패키지의 구성 요소

그냥 컴퓨터를 구입하는 경우에는 CPU 보증서만 제공되지만 CPU도 단일 패키지로 판매되는 상품입니다. 정품 CPU 박스에는 CPU와 쿨러(냉각 장치), 보증서가 포함된 설명서가 들어 있습니다. CPU 패키지 박스 측면에 붙어 있는 제품 정보 라벨에는 기본적인 제품 사양과 정품 유무, 제조 공장과 제조 시기를 알 수 있는 FPO/Batch 코드가 있습니다. 동급 CPU라도 제조 공장과 제조 시기에 차이가 있으며, 오버클럭 수율에도 차이가 있기 때문에 오버클럭을 중시 하는 사용자는 FPO/Batch 코드를 보고 수율이 높은 것으로 알려진 CPU를 선택합니다.

*인텔 CPU 패키지와
제품 정보 라벨*

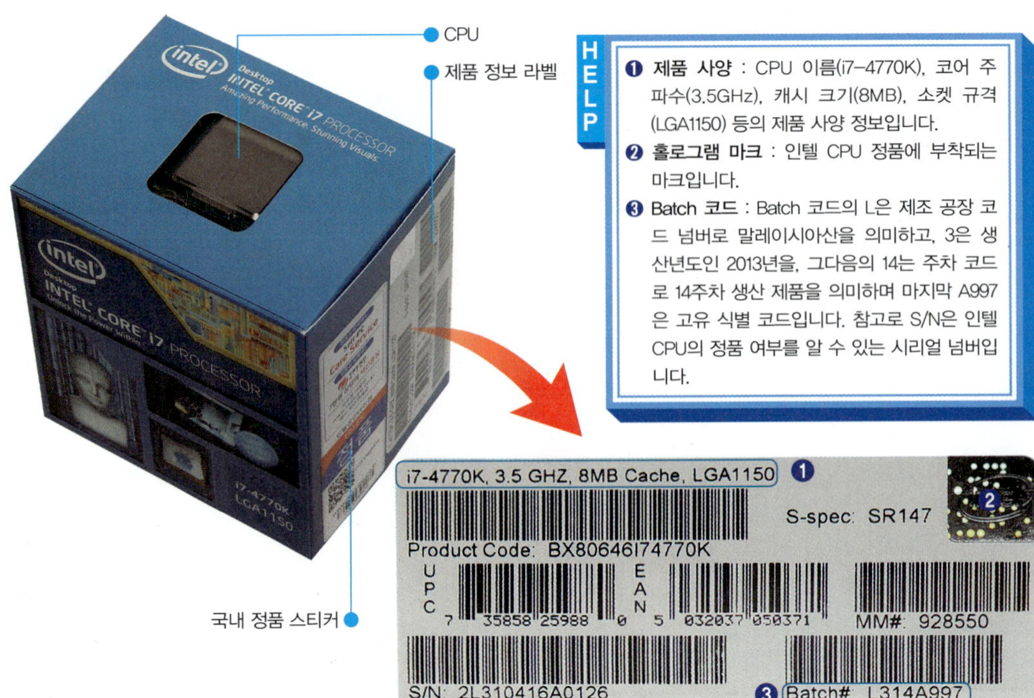

CPU와 쿨러, 메인보드 소켓 살펴보기

이제 인텔 코어 i5 760(린필드) CPU를 예로 들어 CPU와 관련된 구성 요소를 구체적으로 살펴보겠습니다.

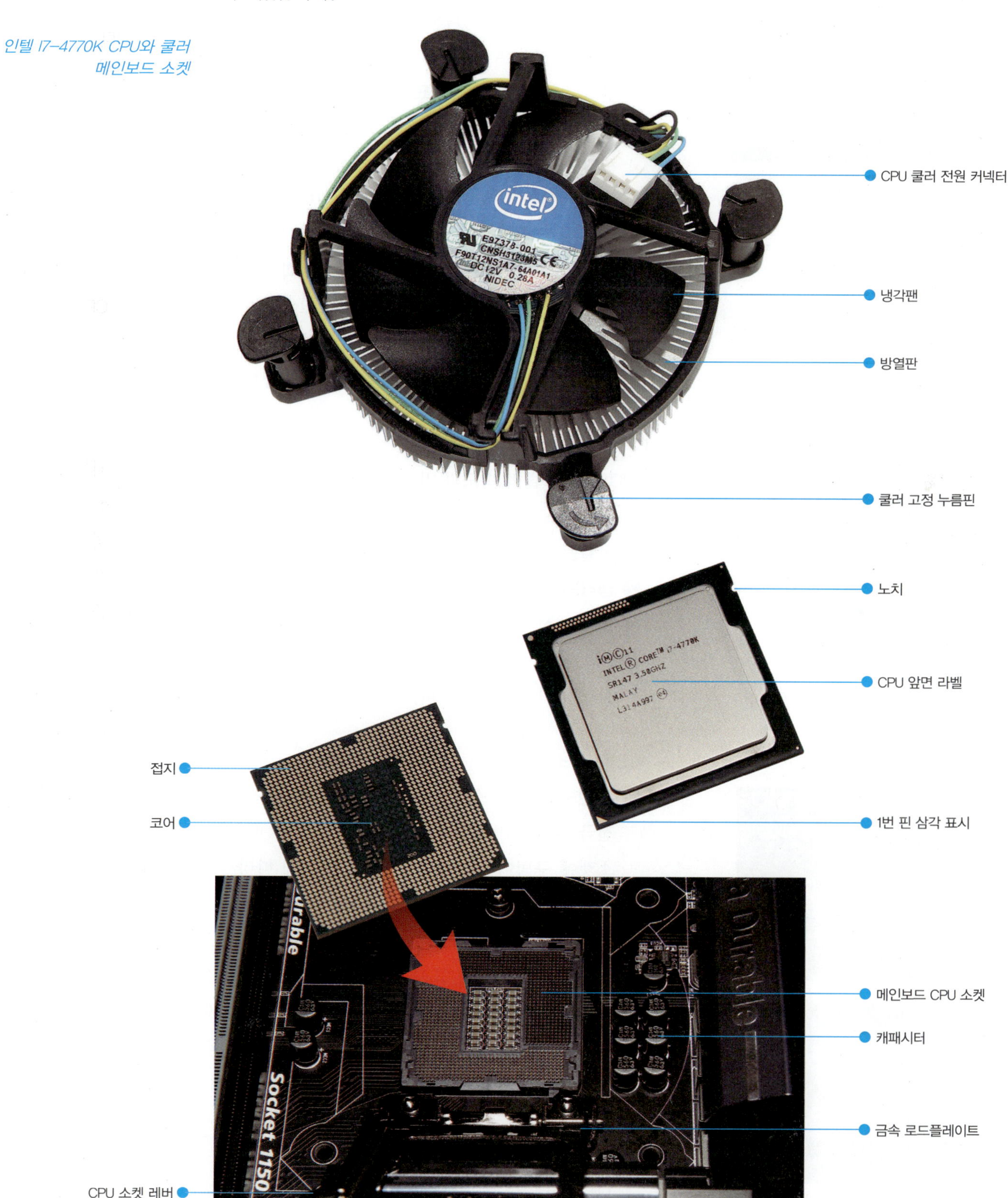

인텔 I7-4770K CPU와 쿨러 메인보드 소켓

▲ 접지형 인텔 CPU(왼쪽)와 핀형 AMD CPU(오른쪽)

● 캐패시터

핀이 돌출된 인텔 CPU 소켓(위)과 접지 구멍이
배열된 AMD CPU 소켓(아래)

CPU의 앞뒷면

❶ **CPU 앞면** : CPU의 발열을 처리하기 위해 열전도성이 좋은 금속 판이 씌워져 있습니다. CPU의 앞면에는 CPU 정보를 나타내는 라벨이 인쇄되어 있습니다. CPU 제조업체, 이름(i7-4770K), 제조 공장(MALAY), CPU 클럭 등이 표시되며, 생산 주차를 확인할 수 있는 Batch 코드가 표시됩니다.

❷ **노치와 1번핀 삼각 표시** : CPU에 있는 노치는 CPU를 메인보드 소켓에 꽂을 때 정확한 방향으로 꽂을 수 있게 해줍니다. 메인보드 소켓에는 이와 짝을 이루는 홈이 있습니다. ▶ 표시가 된 삼각 표시는 1번 핀의 위치를 알려줍니다. AMD CPU는 노치가 없지만 1번 핀 삼각 표시가 있으므로 이를 기준으로 정확히 꽂을 수 있습니다.

❸ **CPU 뒷면** : CPU의 뒷면에는 CPU 코어와 메인보드 소켓이 연결되는 접지(혹은 핀)가 배열되어 있습니다. 인텔의 노트북 CPU나 AMD 계열의 CPU는 핀 방식의 접지를 사용합니다.

CPU 쿨러

CPU의 높은 클럭 속도와 비례하는 고열은 CPU의 오작동과 수명 저하를 야기하므로 방열판과 냉각팬으로 구성된 냉각 장치가 필요합니다.

❶ **방열판** : CPU로부터 열을 빼앗아 빨리 냉각될 수 있게 합니다.

❷ **냉각팬** : 냉각팬은 방열판에 공기를 보내 식히는 기능을 합니다.

❸ **쿨러 고정 누름핀** : 냉각팬을 방열판에 고정시킬 때 사용합니다.

❹ **CPU 쿨러 전원 커넥터** : 메인보드의 냉각팬 헤더와 연결하여 냉각팬이 작동하게 합니다.

메인보드 소켓

❶ **메인보드 CPU 소켓** : 메인보드와 CPU가 연결되는 곳으로, CPU 전극이 접지 방식이면 소켓에 핀이 돌출 배열되며, 핀 방식이면 소켓에 구멍이 배열됩니다. 소켓 규격에 따라 물리적으로 장착할 수 있는 CPU는 제한되기 때문에 메인보드 사양표에는 소켓 규격이 필수적으로 표시됩니다. 인텔 소켓 규격은 LGA1150 형식으로 CPU 핀 수를 함께 표시하는 데 반해, AMD는 소켓 규격에 특정 이름을 부여하고 있습니다.

❷ **CPU 소켓 레버** : CPU를 단단히 고정하는 데 사용됩니다.

❸ **금속 로드플레이트** : CPU를 설치한 후 단단히 지지해주는 덮개입니다. 접지가 구멍 방식인 소켓에는 덮개가 없습니다.

❹ **캐패시터** : CPU 전원부에 안정된 전류 공급을 유지해주는 부품입니다. 전류가 불안정하면 비싼 CPU가 손상을 받기 때문에 캐패시터의 품질도 메인보드를 판별하는 중요 항목입니다.

CPU의 내부

다음은 인텔의 4세대 코어 아키텍처의 하스웰 쿼드코어 CPU의 내부 모습입니다. 4개의 코어 외에도 그래픽 프로세서(GPU, Graphic Processor Unit)와 메모리 컨트롤러, 3차 공유 캐시 메모리 등을 CPU 다이 안에 포함하고 있는 것을 볼 수 있습니다.

하스웰 CPU는 ARM에 모바일 CPU 주도권을 빼앗긴 입지를 회복하기 위해 모바일 AP의 특징인 저전력과 원칩 통합 설계의 SoC를 추구한 인텔의 4세대 코어 아키텍처의 CPU입니다.

인텔의 4세대 코어 아키텍처 하스웰 CPU의 내부

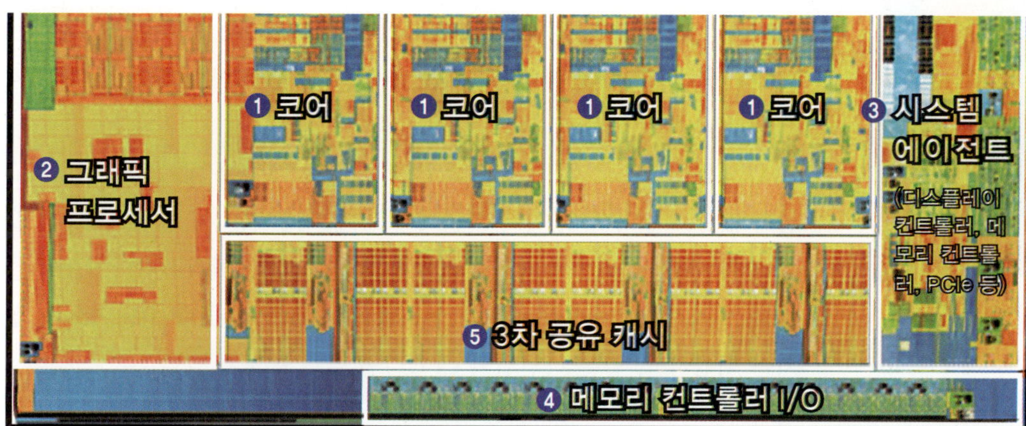

하스웰 쿼드코어의 경우, 22nm 제조 공정으로 177mm의 다이 안에 무려 14억 개의 트랜지스터를 집적하고 있으며, 그래픽 프로세서와 시스템 에이전트(SA, System Agent), 8M의 3차 공유 캐시를 내장하고 있습니다.

❶ **코어** : CPU에서 각종 명령어 처리를 담당하는 핵심 장치로 과거에는 단일 코어 CPU가 사용되었지만, 요즘에는 듀얼 코어 이상의 멀티 코어 CPU가 일반화되었습니다.

❷ **그래픽 프로세서** : CPU 다이 안에 GPU가 포함되어 별도의 그래픽카드 없이도 그래픽 처리를 지원합니다. 하스웰 CPU의 경우, HD4600 GPU가 내장되어 있습니다. 요즘 나오는 CPU 내장 GPU의 성능은 사무용 그래픽은 물론 3D 게임도 쾌적하게 즐길 수 있을 정도로 성능이 크게 향상되었습니다. AMD에서는 아예 GPU를 중심으로 CPU 기능을 통합한 APU 제품을 출시하였는데, AMD APU는 CPU 성능은 다소 떨어져도 그래픽카드를 대체할 수 있는 높은 가성비를 제공하므로 인기를 얻고 있습니다.

❸ **시스템 에이전트** : 시스템 에이전트(SA, System Agent) 모듈은 과거 메인보드의 주변 장치 입출력을 관장하던 노스브리지 칩셋의 기능을 CPU 다이 안에 포함하고 있는 모듈로, 화면 표시용 디스플레이 컨트롤러, 메모리 컨트롤러, PCI Express 컨트롤러 같은 빠른 주변 장치 연결을 지원하는 모듈을 말합니다.

❹ **메모리 컨트롤러 I/O** : 메인보드에 설치된 메모리와 CPU 간의 입출력을 담당하는 모듈입니다.

❺ **3차 공유 캐시** : CPU 내부에 3차 공유 캐시를 두어 명령 처리 과정이 신속하게 이루어질 수 있도록 해주는 모듈입니다. 참고로 1, 2차 캐시도 이 영역에 배열됩니다.

- **모바일 AP** : 모바일 기기에서는 CPU로 부르지 않고 AP라는 용어를 사용합니다. AP란 Application Processor의 약어로 모바일 기기는 소형화가 관건이므로 CPU가 모바일 AP 다이 안에 포함되어 제조되기 때문입니다.
- **시스템 온 칩(SoC, System on Chip)** : 시스템 기능을 얹은 칩을 의미하는데, 최신 모바일 AP는 CPU뿐만 아니라 컴퓨터로 치면 메인보드와 주변 장치에서 제공되는 단일 칩에 집약시킵니다. 즉 AP도 SoC에 포함되는 개념입니다.

CPU의 성능 요소

ⓒ인텔

컴퓨터의 두뇌라 할 수 있는 CPU는 매우 복잡한 기능을 수행할 것 같지만, 기계어로 해석된 이진 신호를 처리하는 고밀도 집적 회로일 뿐입니다. 컴퓨터의 지능적인 작업은 프로그램에 의해 수행되며, CPU는 프로그램에 의해 주어진 명령을 처리합니다.

CPU의 이진 신호 처리는 입출력 장치와 소프트웨어를 통해 인간이 알 수 있는 정보로 변환됩니다. CPU의 성능은 명령 처리 능력이라 할 수 있는데, 구체적으로는 대역폭과 클럭 속도, 클럭당 명령 처리 횟수, 코어 수 등에 의해 결정됩니다.

❶ **대역폭** : 대역폭은 중앙처리 장치가 한 번에 처리하는 비트 수로, 한 번에 많은 비트를 처리할수록 성능이 우수합니다. PC는 8비트 CPU부터 출발하여 현재는 64비트 CPU가 일반화되었습니다.

❷ **CPU의 동작 속도** : CPU의 동작 속도는 클럭 배수에 베이스 클럭(BCLK, Base Clock)을 곱한 값으로 결정되며, 하나의 클럭 펄스에 대응되는 헤르츠(Hz) 단위로 나타냅니다. 따라서 클럭 배수와 클럭 속도가 높을수록 처리 속도가 빨라집니다. CPU 설계 기술의 발전으로 한 클럭당 여러 개의 명령을 처리할 수 있으므로 클럭 속도만으로 실제 성능을 비교하기는 어렵지만, 같은 라인업의 CPU라면 클럭 속도가 높을수록 성능이 더 높은 것을 의미합니다.

❸ **클럭당 명령 처리 수(IPC)** : IPC는 주어진 클럭에서 실행할 수 있는 명령 수로, CPU 처리 성능은 동작 속도×IPC로 계산하며, 동일 클럭에서 보다 많은 명령을 처리할수록 우수합니다. 예를 들어 클럭당 명령 처리 **횟**수가 10이고, 클럭 속도가 3GHz라면, **10(IPC) X 3(GHz) = 30GHz**, 즉 초당 300억 회의 명령을 처리하는 컴퓨터라는 결과를 얻을 수 있습니다.

❹ **MIPS와 GFLOPS** : MIPS는 초당 백만 회의 명령 실행 횟수를 나타내는 단위입니다. CPU 아키텍처가 다르면 명령어의 길이도 다르므로, MIPS는 동종 계열의 CPU 성능 비교에 사용합니다.

GFLOPS는 초당 10억 회의 부동소수점 연산 속도 단위로 실제 컴퓨터의 데이터 처리 작업은 멀티미디어나 3D 데이터 같은 복잡한 데이터 처리가 많으므로 부동소수점 연산 능력을 평가하는 GFLOPS가 MIPS보다 실제 성능에 부합한다고 할 수 있습니다. CPU 안정성 검증 소프트웨어 중에는 GFLOPS 값을 알려주는 종류도 있습니다(501쪽 참고).

❺ **제조 공정** : CPU의 대역폭을 높이거나, 클럭 속도를 높이려면 그만큼 많은 일을 한꺼번에 처리할 수 있도록 집적시켜야 합니다. 현재 지구상에서 가장 정밀한 제작 공정으로 만들어지는 것이 바로 CPU입니다. CPU 제품 사양에는 몇 나노미터(nm) 공정이 사용되었는지가 표시되는데, 미세 공정으로 제작될수록 회로 내부에서 처리 속도를 높일 수 있고, 전력도 적게 소모하는 장점이 있기 때문에 CPU의 성능을 가늠할 때는 제조 공정도 확인해야 합니다. 단 미세 공정일수록 회로폭이 그만큼 조밀해지므로 단위 면적당 발열이 높아지는 단점도 있습니다. 인텔이 2015년에 발표한 브로드웰(Broadwell) 코어부터는 14nm 공정에서 제조되는데, 전자의 크기가 20nm이므로 얼마나 미세한 공정인지 짐작할 수 있을 것입니다. 과거엔 전자의 크기보다 작은 제조 공정이 불가능할 것으로 여겨졌지만, 인텔은 물리적으로 가능한 극미세 제조 공정이 4nm까지 가능할 것으로 보고 있습니다.

- **메가헤르츠(MHz)** : 초당 100만 사이클
- **기가헤르츠(GHz)** : 초당 10억 사이클
- **IPC(Instruction Processing Clock)** : 주어진 클럭에서 실행할 수 있는 명령 수
- **Multi-core** : 둘 이상의 코어가 단일 CPU 안에 집적되어 통합된 코어
- **MIPS(Million Instructions Per Second)** : 초당 백만 회의 명령 실행 횟수
- **GFLOPS(Giga Floating-Point Operations Per Second)** : 초당 10억 회의 부동소수점 연산 속도 단위
- **nm(nano meter)** : 나노미터는 10억분의 1m로 nm으로 표기하며, 마이크로미터(micro meter)는 백만분의 1m로 μm 단위로 표기합니다.

CPU 성능을 향상시키는 아키텍처

CPU 아키텍처는 말 그대로 CPU 설계를 말하며, 아키텍처에 따라 CPU 성능도 차별화됩니다. 과거에는 CPU 아키텍처의 주요 변경이 8비트, 16비트 식으로 한 번에 처리할 수 있는 대역 폭 향상과 클럭 속도 향상에 초점을 맞췄습니다. 32비트를 넘어 64비트 CPU에 이르고 나서부터는 다른 요소들의 설계를 변경하여 CPU 성능을 향상시키는 추세입니다.

멀티 코어 설계

CPU 아키텍처의 멀티 코어로의 설계 변화는 오래전에 적용되었습니다. 클럭 속도를 높이는데는 물리적 한계가 있었기 때문에 단일 코어의 고성능화와 더불어 멀티 코어 아키텍처를 채택하게 됩니다. 코어가 2개이면 듀얼코어, 3개는 트리플코어, 4개는 쿼드코어, 6개는 헥사코어, 8개는 옥타코어, 12개이면 도데카코어입니다. AMD의 서버용 옵테론 62xx 시리즈의 CPU는 이미 16코어를 실현했으므로 PC용의 경우에도 16코어 CPU가 머지 않아 나올 수 있을 것으로 전망됩니다.

캐시 내장 설계와 공용 캐시 도입

캐시 메모리는 SRAM이라고도 하는데, CPU와 메인보드에 설치된 RAM 간의 속도 차이에서 오는 병목 현상을 해결하기 위해 RAM보다 속도가 빠른 캐시 메모리를 CPU에 내장하여 연산에 필요한 명령을 메모리에서 캐시로 미리 가져와서 바로 처리하여 명령어를 주고받는 데 걸리는 지연 시간을 최소화하여 처리할 수 있습니다.

CPU가 명령을 찾을 때는 L1 캐시, L2 캐시, RAM 순으로 찾습니다. 그러므로 한 번 캐시에 기억된 명령은 RAM까지 갈 필요 없이 캐시에서 바로 불러올 수 있어 그만큼 대기 시간이 단축됩니다. 즉, 코어가 처리하기 직전의 명령은 가장 작고 빠른 L1 캐시가 담당하고, L1 캐시보다 느리지만 용량이 큰 L2 캐시는 L1 캐시에 명령하는 일을 담당합니다. L1 캐시는 내부 클럭과 동일한 속도로 동작하며, L2 캐시는 이보다 느리지만 RAM보다 훨씬 빠릅니다.

캐시 내장 기술은 처음부터 존재했던 것은 아닙니다. 386CPU까지는 메인보드에 구성된 외부 캐시 메모리를 사용했습니다. 486CPU에서 처음으로 8KB 내장 캐시를 도입하였고, 펜티엄 Pro에서 처음으로 L2 캐시를 내장하였습니다.

CPU에 캐시를 내장하면 그만큼 제조 단가가 높아지므로, 인텔의 저가형 셀러론 계열 CPU와 AMD의 저가형 샘프론 계열 CPU는 L2 캐시를 빼거나 용량을 축소하여 판매 방식이 현재까지 유지되고 있습니다.

멀티 코어 시대로 진입한 인텔의 코어 아키텍처의 코어 2 듀오 CPU부터 캐시 설계에 공용 캐시 기술을 적용하였습니다. 인텔 코어 2 듀오 CPU는 2개의 코어에 각각 L1 캐시를 내장하고, L2 캐시를 공유하는 설계를 도입합니다. 그 뒤에 나온 코어 2 쿼드 CPU도 동일한 개념의 2차 공용 캐시를 사용합니다.

코어 아키텍처를 계승한 인텔 네할렘 아키텍처의 i3/i5/i7 시리즈 CPU부터는 코어별로 L1, L2 캐시를 사용하고, 공용 캐시로 L3 캐시를 내장하여 처리 속도를 좀 더 향상시켰습니다. AMD도 패넘 II CPU부터 인텔과 비슷한 L3 공용 캐시 기술을 적용하고 있습니다.

- CPU 아키텍처에 관한 절은 처음 학습할 때는 용어가 낯설어 이해하기 어려울 수 있습니다. 이어지는 '컴퓨터의 관제탑–메인보드'절까지 학습하면 종합적으로 이해할 수 있습니다.
- 이 책의 CPU 이미지는 이해를 쉽게 하기 위해 그린 것으로 실제 CPU 내부와는 차이가 있습니다.

- CPU 패키지의 제품 사양표에는 3차 공유 캐시의 용량도 표기됩니다.
- L3 공유 캐시의 용량이 커질수록 CPU 성능도 향상되며, 그만큼 CPU 제조 비용도 높아집니다.

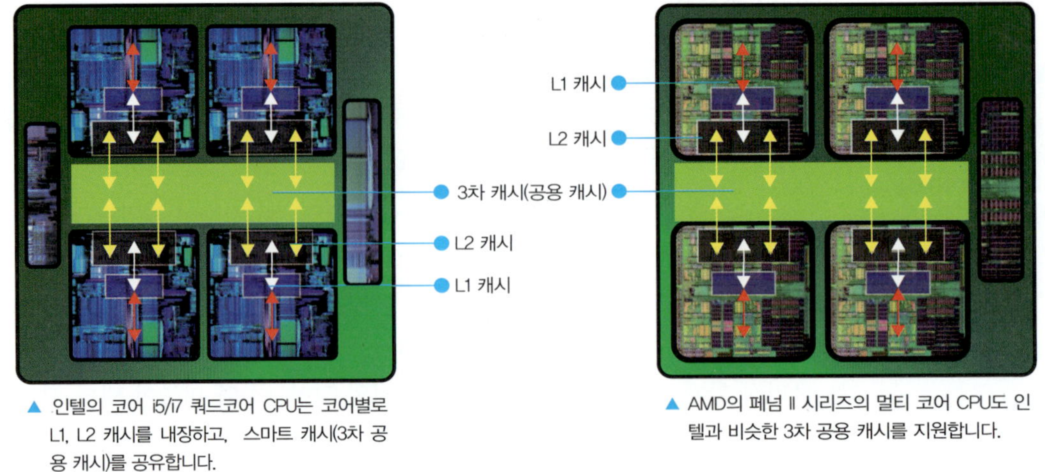

▲ 인텔의 코어 i5/i7 쿼드코어 CPU는 코어별로 L1, L2 캐시를 내장하고, 스마트 캐시(3차 공용 캐시)를 공유합니다.

▲ AMD의 페넘 Ⅱ 시리즈의 멀티 코어 CPU도 인텔과 비슷한 3차 공용 캐시를 지원합니다.

메모리 컨트롤러와 PCIe 컨트롤러의 내장

CPU에 다른 컨트롤러를 내장하는 것은 CPU의 순수 처리 성능 향상과는 무관하지만 PC의 종합적인 성능을 발휘하는 데 영향을 미칩니다. 특히 CPU와 메모리, CPU와 그래픽카드 간의 전송 속도는 PC의 성능에 큰 영향을 미칩니다.

AMD CPU의 경우는 인텔보다 먼저 64비트 CPU부터 CPU 아키텍처를 변경하여 메모리 컨트롤러를 CPU에 내장하고 직렬 방식의 HT(Hyper Transport) 버스를 사용하여 CPU와 메모리 간의 빠른 전송 대역을 확보하였으며, 현재까지 HT 대역폭을 꾸준히 향상시켜왔습니다.

인텔은 AMD와 달리 코어2듀오/쿼드 CPU에 이르기까지 메모리 컨트롤러 내장 방식을 배제하고 메인보드의 노스브리지 칩셋에 메모리 컨트롤러를 두는 방식을 고수했는데, 이로 인한 메모리 병목 현상으로 인해 고속으로 동작하는 CPU의 온전한 성능 발휘가 제약되었습니다.

결국 인텔도 네할렘 아키텍처의 코어 i3/i5/i7 CPU부터는 직렬 방식의 QPI(Quick Path Interconnect) 버스를 적용하고, CPU에 메모리 컨트롤러를 내장하여 CPU와 메모리 간의 빠른 전송 대역을 확보하였습니다. 여기서 한걸음 더 나아가 PCIe 컨트롤러를 내장하여 CPU와 그래픽카드 간의 빠른 전송을 실현하였습니다. 인텔의 3세대 아이비브리지 CPU부터는 PCI Express 3.0 16배속 컨트롤러를 지원합니다.

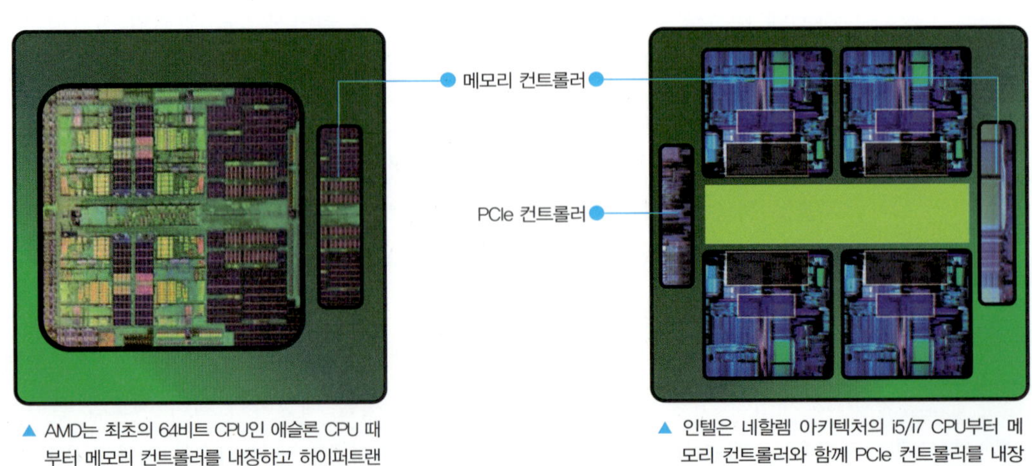

▲ AMD는 최초의 64비트 CPU인 애슬론 CPU 때부터 메모리 컨트롤러를 내장하고 하이퍼트랜스포트를 사용하여 대역폭을 향상시켰습니다.

▲ 인텔은 네할렘 아키텍처의 i5/i7 CPU부터 메모리 컨트롤러와 함께 PCIe 컨트롤러를 내장 지원합니다.

그래픽 프로세서(GPU)의 내장

과거에는 인텔과 AMD 모두 CPU에 그래픽 프로세서(GPU, Graphic Processor Unit)를 내장하진 않았습니다. 그 대신 메인보드의 노스브리지 칩셋에 그래픽 프로세서 기능을 포함시킨 모델을 통해 그래픽카드를 추가하지 않고 사용이 가능하도록 했습니다.

메인보드 칩셋 이름에 그래픽 프로세서가 포함된 것을 의미하는 G나 비디오를 의미하는 V가 붙은 칩셋이 바로 GPU 내장 칩셋입니다. GPU 내장 칩셋이 적용된 메인보드의 백패널에는 그래픽 출력 단자가 포함됩니다.

▲ AMD 880G 칩셋을 사용한 메인보드 백패널의 그래픽 단자   ▲ 하스웰 CPU의 내장 GPU 지원 메인보드 백패널의 그래픽 단자

인텔은 네할렘 아키텍처의 코어 i3(클락데일) CPU부터 그래픽 프로세서를 CPU에 통합하였으며, 이후에는 2세대 코어 아키텍처인 샌디브릿지 코어부터 GPU를 기본으로 내장합니다.

그래픽카드 전문 제조사인 ATI와 합병한 AMD는 고성능 CPU 라인업인 FX CPU 라인업과 별도로 CPU와 Radeon HD 시리즈의 GPU가 융합된 APU 제품인 라노를 출시한 이후 트리니티, 리치랜드, 카베리, 카조리로 APU를 개발해오고 있습니다. AMD는 그래픽카드도 제조 판매하는 업체인 만큼 GPU 기술력만큼은 인텔에 앞선다는 평가를 받고 있으며, 가성비 높은 APU 제품으로 좋은 평가를 받고 있습니다.

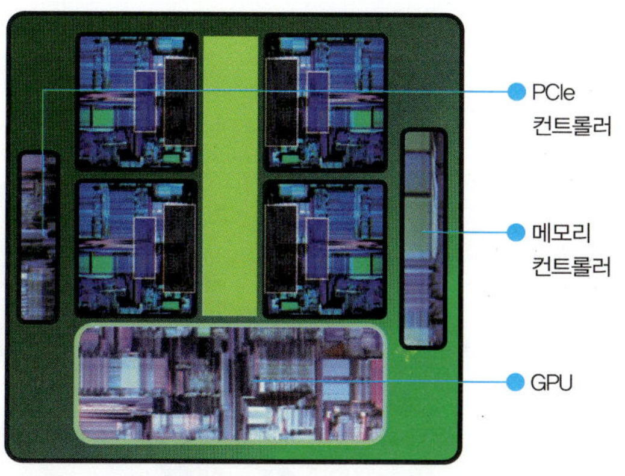

▲ 2세대 코어 아키텍처를 사용한 인텔 코어 i5 2xxx(샌디브릿지) CPU는 쿼드코어를 구현하면서 HD3000 GPU를 내장 지원합니다.

- AMD는 A 시리즈 CPU, 즉 APU 제품에서 GPU를 통합 지원합니다. AMD CPU 라인업은 기존 방식의 CPU 라인업과 GPU를 통합한 APU 라인업으로 구분됩니다.

HELP

- 인텔의 네할렘 아키텍처 CPU는 세대 구분자 없이 코어 i760(린필드)로 표기한 데 반해 샌디브릿지 CPU부터는 2세대 코어 아키텍처를 의미하는 '2'가 추가되어 표기됩니다. 인텔 CPU 네이밍 규칙은 64쪽을 참고하기 바랍니다.
- 인텔의 내장 GPU도 발전을 거듭하여 3세대 아이비브릿지에는 HD4000, 4세대 하스웰에는 HD4600, 5세대 브로드웰은 GPU를 특화하여 HD3000보다 30% 이상 빠른 Iris Pro 6200이, 6세대 스카이레이크에는 HD530이 구성됩니다.
- 그래픽카드 전문 제조업체인 NVIDIA는 ARM과 제휴하여 GPU 기능을 통합한 모바일 CPU 테그라를 발표하고 마이크로소프트 서피스에 탑재하는 등 GPU와 CPU를 통합한 모바일 CPU 개발에 적극적으로 대응하고 있습니다.

- **MMX** : MultiMedia eXtention
- **SIMD** : Single Instruction Multiple Data
- **SSE** : Streaming SIMD Extensions
- **EM64T** : Intel Extended Memory 64 Technology
- **EIST** : Enhanced Intel SpeedStep Technology
- **HTT** : Hyper-Threading Technology

그 밖의 CPU 관련 기술

CPU의 성능을 향상시키는 기술들은 일일이 열거하기 힘들 정도로 많습니다. 관련된 기술들을 특징 중심으로 살펴보면 다음과 같습니다.

❶ **MMX** : 복잡한 부동소수점 계산이 필요한 멀티미디어 명령어를 CPU에 내장하여 멀티미디어 데이터 처리 속도를 향상시킵니다. 펜티엄 MMX CPU(166 이상)에 처음 도입된 기술입니다.

❷ **SIMD** : 복잡한 다중 데이터 처리를 위해 여러 단계의 복잡한 명령을 단일 명령어셋으로 CPU에 내장하여 연산 속도를 향상시키는 기술입니다.

❸ **SSE, SSE2, SSE3, SSE3S, SSE4.1, SSE4.2** : 인텔은 MMX를 SIMD로 발전시킨 SSE 명령어셋을 제공하여 복잡한 멀티미디어와 3D 그래픽 데이터 처리 성능을 향상시켜왔습니다. SSE 뒤에 붙은 숫자는 버전을 표시하며 버전이 높아질 때마다 명령어셋이 확장됩니다. 인텔의 코어 i 시리즈는 SSE4.2를 지원합니다.

❹ **EM64T** : 64비트 처리를 지원하는 인텔의 확장 64비트 메모리 관리 기술입니다.

❺ **3DNOW** : AMD의 3DNOW는 빠른 3D 처리를 의미하는 3D(NO Waiting)에서 나온 말입니다. 인텔의 MMX에 대응하며 K6-2부터 적용되었고, DirectX 7이 3DNOW를 지원하면서 인텔을 앞서는 3D 게임 성능을 발휘했었습니다. 하지만 지금은 더 이상 AMD 고유의 3DNOW 명령어셋은 개발하지 않고 인텔과 같은 SSE 명령어셋을 지원합니다.

❻ **EIST** : 펜티엄 M(Mobile) CPU의 스피드스텝(SpeedStep) 기술을 데스크톱 CPU에 접목한 향상된 절전 기술로, CPU가 수행하는 작업량에 따라 CPU 속도를 조절하여 전력 소모를 줄이는 기술입니다.

❼ **HTT** : 인텔의 전매 특허라 할 수 있는 하이퍼스레딩 기술은 가상 논리 코어 기술로, 물리적으로는 하나의 코어이지만 마치 2개의 코어가 작동하는 것처럼 명령을 처리하는 기술입니다. 인텔에 의하면 최대 30% 수준까지의 명령 처리 성능의 향상을 제공하는 기술이라고 합니다. 하이퍼스레딩 기술은 주로 멀티태스킹이나 멀티미디어 레코딩 작업, 대용량의 이미지 처리 작업 등을 수행할 때 효과적입니다. 인텔은 자사 CPU 제품 라인업에서 상위 제품군의 CPU에는 하이퍼스레딩 기술을 적용한 CPU를 배치합니다. 하이퍼스레딩 지원 여부에 따라 가격 차이가 큰 편입니다.

인텔의 하이퍼스레딩 기술

- 하이퍼스레딩을 지원하는 쿼드코어 CPU를 윈도우 작업 관리자에서 보면 8개의 코어로 나옵니다. 가상 논리 코어와의 구별을 위해 실제 코어는 '네이티브(Native Core)'나 '리얼코어(Real Core)'라고 부릅니다.

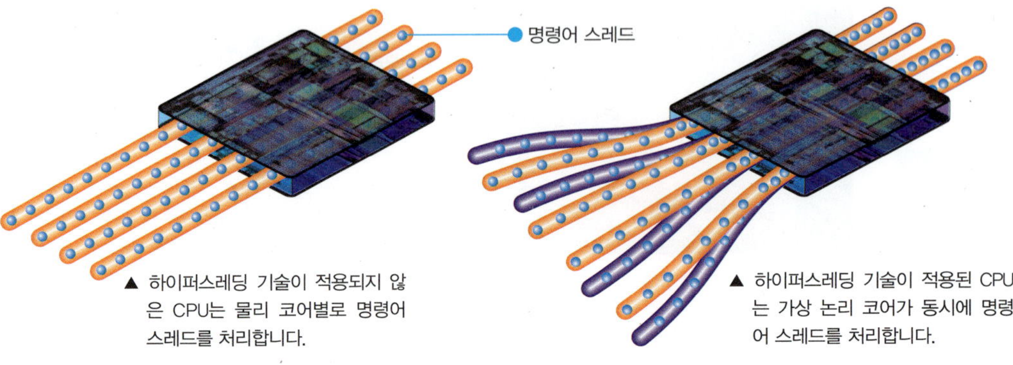

▲ 하이퍼스레딩 기술이 적용되지 않은 CPU는 물리 코어별로 명령어 스레드를 처리합니다.

▲ 하이퍼스레딩 기술이 적용된 CPU는 가상 논리 코어가 동시에 명령어 스레드를 처리합니다.

❽ XD 비트 / NX 비트 : XD 비트나 NX 비트는 CPU 차원의 바이러스 방지 기술로, 특정 체크 비트로 메모리 접근이 허용되지 않은 악성 소프트웨어의 실행을 막기 위한 기술입니다. 인텔은 XD 비트라고 표현하지만, AMD 등 다른 CPU 제조업체는 NX 비트라고 부릅니다. AMD는 애슬론 CPU부터 적용했고, 인텔은 펜티엄 프레스캇 CPU부터 적용했습니다.

❾ Power Now!™ : AMD의 Cool'n'Quiet, Cool Core, Dual Dynamic Power Management 등의 전력관리 기술 용어입니다. Cool'n'Quiet는 인텔의 EIST와 비슷한 기술이고, Cool Core는 사용하지 않는 코어의 전력을 차단하는 기술이며, Dual Dynamic Power Management는 코어와 메모리 컨트롤러, 입출력 주변 장치용 절전 기술입니다.

❿ AMD 터보 코어 / 인텔 터보 부스트 : 인텔의 코어 i 시리즈에 적용된 터보 부스트 기술과 AMD 페넘 II 시리즈부터 적용된 터보 코어 기술은 CPU 코어 이용 상태에 따라 클럭 속도를 조절하는 기술입니다. 코어를 1개나 2개만 사용 중일 때는 쉬는 코어의 전력을 차단하고, 활성 코어의 성능은 높이고 전력은 절감하는 기술입니다.

터보 부스트 코어의 원리
인텔 코어 i7-4770(하스웰)

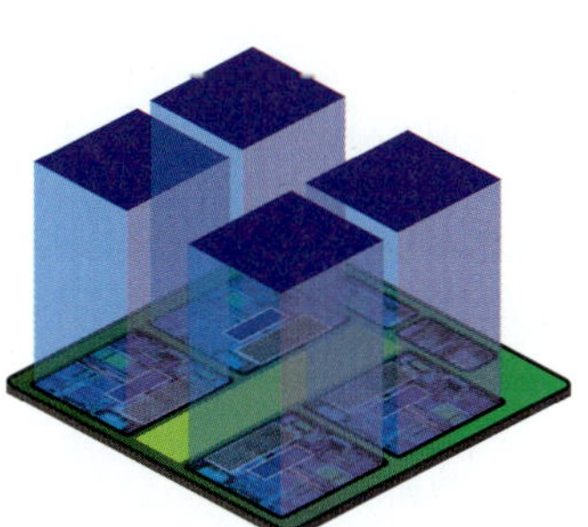

▲ 일반적인 작업 상황에서는 기본 클럭(인텔 코어 i7-4770의 경우, 40배수 클럭 4GHz)으로 작동합니다.

▲ 비디오 렌더링 작업 등으로 풀로드가 걸리면 터보 부스트 클럭인 42배수 클럭이 적용되어 4.2GHz로 작동합니다.

▲ 2코어나 1코어를 사용하는 3D 게임 등을 수행할 때는 최대 44배수 클럭이 적용되어 4.4GHz로 작동합니다.

⓫ AVX : AVX는 인텔의 2세대 코어 아키텍처의 i3/i5/i7 샌디브릿지 CPU에 새로 적용한 고급 벡터 확장 명령어셋입니다. SSE에서는 한 사이클에 128비트 SIMD 명령어를 처리하지만 AVX는 256비트 연산을 처리하므로, 많은 부동소수점 연산이 요구되는 이미지 프로세싱, 비디오와 오디오 프로세싱, 3D 게임 성능의 향상을 가져옵니다. 하스웰 CPU부터는 한층 업그레이드된 AVX 2.0으로 효율을 개선하였습니다.

⓬ FMA : 덧셈과 곱셈을 동시에 처리하는 명령어셋으로, 정수 연산 성능과 부동소수점 연산 성능을 대폭 개선하는 명령어셋입니다.

⓭ FIVR : FIVR은 인텔 하스웰 코어와 브로드웰 코어에 적용된 통합 전압 조정기입니다. 메인보드에서 관리하던 전압 조정 기능을 CPU에 내장시켜 전력 효율을 향상시킨 기술입니다. FIVR 기술이 CPU 성능 발휘에는 제약이 되었는지 스카이레이크 코어에서는 제외되었는데, 2017년에 나올 캐넌레이크 코어에는 적용될 예정입니다.

⓮ SGX : SGX(Software Guard Extensions)는 인텔의 스카이레이크 코어 리비전 버전부터 제공된 CPU 기반 기술로, 소프트웨어에서 SGX를 활용하여 보안성을 높이는 기술입니다.

Check Point · 인텔의 CPU 개발 전략 – 틱톡과 PAO

2006년부터 2016년까지 인텔은 '틱톡(Tick Tock)' 전략으로 CPU를 개발했습니다. 대략 1년은 프로세서의 제작 공정을 개선하는 틱 주기로 1년은 아키텍처를 개선하는 톡 주기를 번갈아가며 발전시켜 왔습니다.

년 도	틱톡 주기	특징	제 품
2006년	톡(Tock)	코어 아키텍처 LGA775 소켓	65nm 제조 공정의 CPU 코어 2듀오(콘로) 노트북 컴퓨터 CPU는 메롬(Merom) 코어 CPU
2007년	틱(Tick)	45nm 제조 공정 LGA775 소켓	High-K Metal Gate 최초로 적용, 코어 2듀오(울프데일) / 코어 2 쿼드(요크필드) / 노트북 컴퓨터 CPU는 펜린(Penryn) 코어 CPU
2008년 말	톡(Tock)	네할렘 아키텍처 LGA1156 소켓	코어 i5/i7(린필드) / 하이퍼스레딩 기술 적용 메모리 컨트롤러와 그래픽 컨트롤러를 CPU에 통합하여 노스브릿지 칩셋은 사라지고, 단일 PCH 칩셋 5x 시리즈 사용
2010년	틱(Tick)	32nm 제조 공정 LGA1156 소켓	코어 i3(클락데일) / 노트북 컴퓨터 CPU는 어랜데일(Arrandale) 최초로 GPU를 멀티칩 패키지 형태로 CPU에 통합
2011년	톡(Tock)	2세대 코어 아키텍처 샌디브릿지 LGA1155 소켓	32nm 제조 공정의 2세대 코어 아키텍처 CPU i3/i5/i7 2xxx(샌디브릿지). 린필드 대비 절전 모드 소비 전력을 1W에서 0.5W로 개선하고 IPC는 30% 수준으로 대폭 향상. PCH 칩셋은 6x 시리즈 지원
2012년	틱(Tick)	3세대 코어 아키텍처 아이비브릿지 LGA1155 소켓	22nm 제조 공정의 3세대 코어 아키텍처 CPU i3/i5/i7 3xxx (아이비브릿지), 3D 트랜지스터(Trigate)를 적용하고 샌디브릿지 대비 GPU 성능은 대폭 향상되었으나 IPC는 5% 향상에 그침. PCI Express 3.0을 지원하였으며 PCH 칩셋은 7x 시리즈 지원
2013년	톡(Tock)	4세대 코어 아키텍처 하스웰 LGA1150 소켓	22nm 제조 공정의 4세대 코어 아키텍처 CPU i3/i5/i7 4xxx(하스웰) FIVR을 내장하여 아이비브릿지 대비 30% 소비 전력을 절감하고 샌디브릿지 대비 IPC는 15% 향상. PCH 칩셋은 8x 시리즈 지원 2015년에 발열 문제를 개선한 후속 하스웰 리프레시 코어 발표
2015년	틱(Tick)	5세대 코어 아키텍처 브로드웰 코어 LGA1150 소켓	14nm 제조 공정의 5세대 코어 아키텍처 CPU로 하스웰 대비 전력 효율 개선 및 GPU 성능은 향상되었지만 IPC는 5% 향상에 그침. 개발 지연으로 노트북 컴퓨터용 CPU만 출시, PC용은 OEM만 공급
2016년		스카이레이크 코어 LGA1151 소켓	14nm 제조 공정의 6세대 코어 아키텍처 CPU i3/i5/i7 6xxx(스카이레이크) 기존 하스웰 대비 성능과 전력 효율을 개선하면서 소켓 규격 변경, DDR3/DDR4 메모리, PCH 칩셋은 100 시리즈 지원
2016년 말		카비레이크 코어 LGA1151 소켓	14nm 제조 공정의 최적화 버전 PCH 칩셋은 200시리즈 지원

인텔 사는 틱 주기에서 극미세 제조 공정을 향상시키고, 톡 주기에서는 CPU 효율을 높이는 아키텍처 개선 방식으로 2단계 개발 주기를 운용했습니다. 예를 들어 2010년 틱 주기에서 새로운 32nm 제조 공정의 클락데일 코어가 나온 뒤에 톡 주기에 이르면 같은 32nm 제작 공정에서 2세대 코어 아키텍처의 샌디브릿지 코어 CPU가 출시됩니다.

다시 2012년 틱 주기로 진입하면 22nm 제조 공정의 3D 트라이 게이트 기술이 적용된 아이비브릿지 코어가 발표되고, 톡 주기인 2013년에는 새로운 아키텍처가 적용된 하스웰(Haswell) 코어가 출시됩니다. 하지만 2014년에 14nm 제조공정으로 계획했던 브로드웰(Broadwell) 코어의 개발이 지연되자 하스웰 코어의 발열 문제를 개선한 하스웰 리프레시 코어로 대신하게 되었고 브로드웰 코어는 2015년에 이르러서야 노트북 컴퓨터용 버전이 발표되었습니다.

결국 10nm 제조공정의 벽에 마주선 인텔은 틱톡 전략을 포기하고 새로운 CPU 개발 전략으로 PAO 전략을 채택하였습니다. 즉 프로세서 개발 단계가 제조공정-아키텍처의 2단계 틱톡에서 제조공정(Process)-아키텍처(Architecture)-최적화 (Optimization) 인 3단계 PAO 전략으로 선회하여 사실상 극미세 제조 공정으로의 전환 주기를 늘렸습니다. 이에 따르면 브로드웰은 P, 스카이레이크는 A, 카비레이크는 O에 해당합니다. 카비레이크 코어는 스카이레이크 코어의 최적화 버전이기 때문에 100시리즈 PCH 칩셋의 메인보드에서도 이상없이 작동합니다.

CPU 선택 가이드

CPU에 따라 지원 소켓이나 칩셋, 지원 메모리 등에 차이가 있기 때문에 적어도 CPU 사양표 상의 정보들은 이해할 수 있어야 필요한 성능의 CPU를 선택하고, 이와 궁합이 맞는 메인보드 와 메모리, 그래픽카드 등을 시행착오 없이 고를 수 있습니다.

이제 앞서 익힌 지식을 바탕으로 CPU 사양표를 보고 CPU를 판별하는 방법을 알아보겠습니다. 다음은 인텔과 AMD의 최상위 데스크톱 CPU인 인텔 코어 i7-6세대 6700K(스카이레이크)와 AMD FX 9590(비쉐라) CPU의 비교 사양표입니다.

● 인 텔 CPU 이름 뒤의 K는 오 버클럭이 가능하도록 배수락 을 해제한 CPU를 의미합니다. AMD의 경우는 배수락을 해제 한 모델은 블랙 에디션 패키 지로 판매합니다.

분 류	인 텔	A M D
제품명	인텔 코어i7-6세대 6700K(스카이레이크)	AMD FX 9590(비쉐라)
제조 공정	14nm	32nm
소켓 규격	LGA1151	AM3+
코어 형태	쿼드 코어	옥타 코어
스레드 형태	스레드 8개	스레드 8개
동작 속도	4GHz(터보 부스트 작동 시 4.2GHz)	4.7GHz(터보 코어 작동 시 5.0GHz)
연산체계(운영 모드)	64(32)비트	64(32)비트
CPU 대역폭	DMI 3.0 8GT/S	시스템 버스 Hyper Transport™ 4GT/s
캐시 용량	L2 캐시 1MB L3 캐시(스마트캐시) 8MB	L2 캐시 2MB X 4 L3 캐시 8MB
GPU 모델명	인텔 HD 530(DirectX 12 지원)	X
GPU 코어 속도	350MHz	X
TDP(설계 전력)	91W	220W(TDP : Thermal Design Power)
전압 범위	0.65V-1.40V	0.975V-1.475V
지원 메모리	DDR4 / DDR3L(OC 지원) 통합 메모리 컨트롤러 (O)	DDR3-1333MHz / 최대 DDR3-1866MHz 통합 메모리 컨트롤러 (O)
기타	가상화(Intel VT) 지원 PCIe 컨트롤러 내장 선더볼트 3 지원(USB-C 단자 지원)	가상화(AMD-V) 지원

제품명

과거에는 286, 386, 486식의 이름을 사용했으므로 쉽게 CPU 성능을 짐작할 수 있었으나 인 텔 펜티엄 이후부터는 제품명에 CPU 아키텍처와 연관된 브랜드 이름을 붙입니다. 보통 브랜 드 이름은 CPU 아키텍처가 바뀔 때 새로 만들어지므로 어느 정도의 세대 구분은 가능합니다. 동일 브랜드의 CPU라도 개발 코드가 다른 것을 볼 수 있는데, 개발 코드에 따라 제품 성능도 차이가 있습니다. 제품명에 나오는 숫자도 해당 CPU 라인업의 세대와 모델, 클럭 속도에 따라 구분되며, 모델 식별을 위한 추가 코드가 사용되기도 합니다.

비교적 최근에 나온 인텔의 코어 아키텍처 CPU는 나름대로 쉽게 구분이 가능한 네이밍 규칙 을 사용하고 있습니다.

인텔 CPU의 경우 제조사 이름과 브랜드 다음에 i3/i5/i7 라인업 유형이 표시됩니다.

인텔 코어 i7-6700K (스카이레이크)

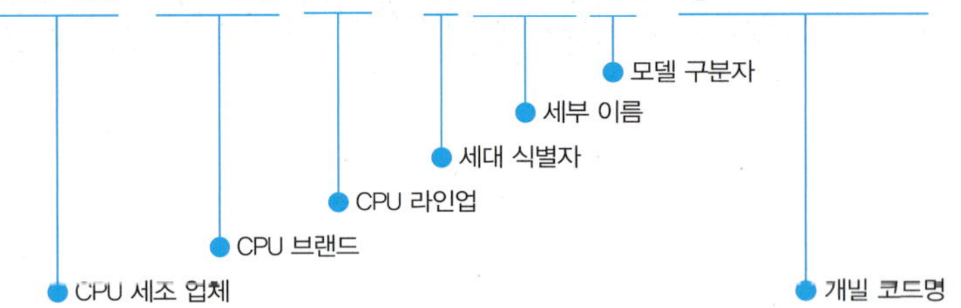

- **펜티엄, 셀러론** : 펜티엄은 과거 486에 이은 586 CPU의 인텔 고유 브랜드이지만, 지금은 인텔이 코어 수와 내장 캐시 크기 등을 낮춘 저가형 CPU 라인업에 사용되며, 셀러론은 펜티엄보다 더 낮은 사양의 최저가 CPU 라인업에 사용됩니다.
- 인텔 노트북 CPU에 사용되는 모델 구분자로는 Q(쿼드코어), X(최상위 익스트림 모델), M(인텔 HDxxxx 계열 내장 GPU), H(인텔 Iris Pro 내장 GPU), U(TDP 15W급 저전력/울트라북용), Y(TDP 11.5W급 초저전력 / 태블릿 PC용) 등이 있으며 QM, XM, HQ식으로 함께 사용되기도 합니다.

i3는 듀얼코어에 하이퍼스레드가 적용된 보급형 CPU이고, i5는 중급형 쿼드코어, i7은 쿼드코어에 하이퍼스레드가 적용된 고급형 CPU이며, 저가형 펜티엄과 최저가형 셀러론 라인업도 나옵니다.

그 다음으로 4자리 숫자로 된 실질적인 제품 고유의 이름이 나옵니다. 맨 앞의 숫자는 아키텍처의 세대 구분 숫자로 6세대 코어 아키텍처를 의미하며, 그다음의 세 자리 숫자는 CPU의 세부 이름을 구분합니다.

데스크톱 CPU에서 같은 라인업이라면 숫자가 클수록 좀 더 높은 속도의 제품입니다. 제품의 세부 이름 뒤에는 모델 식별자로 알파벳 문자가 붙기도 하는데 K는 배수락 해제 모델, S는 저전력 모델, T는 초저전력 모델, R은 Iris Pro 내장 그래픽 모델을 나타냅니다. 맨 마지막에는 제품 개발 코드가 표시됩니다. 제품 개발 코드는 숫자 대신 개발 프로젝트와 연관된 이름이 사용되므로 바로 CPU를 식별할 수 있게 해줍니다.

AMD CPU의 경우는 독자 브랜드 이름을 사용하는데, 개발 코드명에 도시 이름을 많이 사용하는 특징이 있습니다.

AMD FX 9590 (비쉐라)

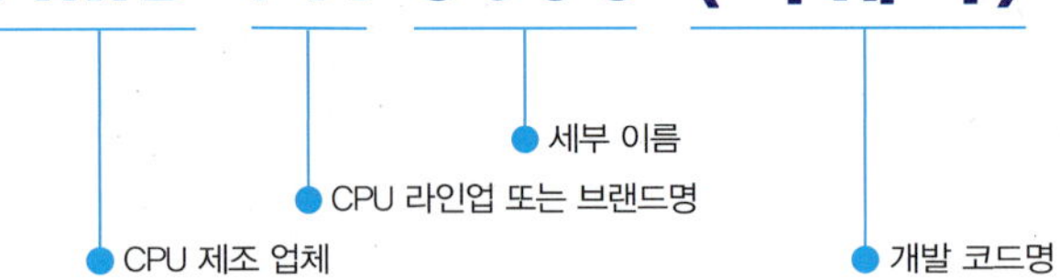

- **애슬론, 샘프론** : AMD의 경우도 고급 CPU 라인의 FX 라인업과 GPU 통합 APU 라인업 외에 애슬론과 샘프론 브랜드를 사용하고 있습니다.
- 원래 애슬론 브랜드는 AMD가 개발한 최초의 64비트 CPU의 고유 브랜드명이었으나 지금은 코어 수와 내장 캐시 크기 등을 낮춘 저가형 라인업에 애슬론 명칭을 사용하고 있으며, 최저가형 CPU 라인업에는 샘프론 라인업을 사용합니다.

AMD CPU의 경우, 제조업체 이름 다음에는 데스크톱 CPU의 브랜드나 라인업을 나타내는 코드가 붙는데, FX가 붙는 모델은 GPU를 내장하지 않은 고성능 라인업을 의미하며, 옵테론은 서버 라인업의 CPU를 의미합니다. A10과 같이 숫자 앞에 A가 붙는 모델은 CPU와 GPU를 통합한 APU를 의미하는데, 숫자가 클수록 최신 APU입니다. 예전에는 라인업 코드 대신 페넘 II, 애슬론 II 같은 브랜드명을 사용하기도 했습니다. FX 계열 CPU 중 배수락이 해제된 모델에는 개발 코드명 앞에 Black Edition이라는 별도의 모델 구분이 이뤄지기도 합니다.

AMD도 세부 이름에 4개의 숫자를 사용하는데, 맨 앞의 숫자는 주로 코어 수를 반영하나 동종 CPU에서 최고 성능 CPU에는 9가 붙기도 합니다. 그 뒤의 세 자리 숫자는 일반적으로 클럭 속도를 고려하여 붙여집니다. 따라서 숫자가 클수록 동종 라인업의 CPU에서는 성능이 더 좋은 CPU를 의미합니다.

소켓 규격

CPU 소켓 규격은 CPU를 메인보드에 설치할 때 필요합니다. 메인보드의 소켓 핀 수와 접점 방식이 일치해야 CPU를 제대로 설치할 수 있으며, 사제 쿨러를 구입하여 설치할 경우에도 설치 가능한 소켓 규격을 확인해야 합니다. 인텔은 데스크톱 CPU에서는 펜티엄 4 프레스캇 이후 접지 방식 CPU를, 노트북 컴퓨터용 CPU에서는 핀 방식 CPU를 사용합니다. AMD는 데스크톱과 노트북 모두 핀 방식 CPU입니다.

소켓의 접점 방식

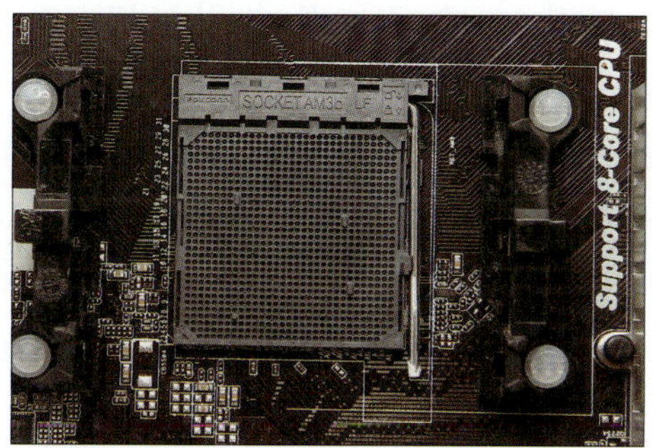

▲ AMD AM3+ 소켓 – 핀 방식 CPU를 꽂을 수 있는 소켓

▲ 인텔 LGA1150 소켓 – 접지 방식 CPU를 꽂을 수 있는 소켓

인텔과 AMD의 주요 CPU 세대별 소켓 규격

인 텔		A M D	
소 켓	사용 가능한 CPU	소 켓	사용 가능한 CPU
Slot 1 (슬롯방식)	펜티엄 II, 펜티엄 III(셀러마인)	소켓A (462핀)	애슬론(선더버드) / 듀론 애슬론 XP(바톤, 써러브레드)
370	펜티엄 III(코퍼마인, 투알라틴) ● 핀방식	754	애슬론 64 셈프론 팔레르모
423	펜티엄 4 윌라밋 코어 / 셀러론 ● 핀 방식	939	애슬론 64(뉴캐슬, 베니스 샌디에이고) 애슬론 64X2(맨체스터, 톨레도) / 셈프론
478	펜티엄 4 노스우드 코어 펜티엄 4 프레스캇 331 이하 초기 버전 ● 핀 방식	AM2	애슬론64(리마, 올리언스), 애슬론64 X2(윈저, 브리즈번) AMD 페넘-X3(톨리만) AMD 애슬론II-X3(라나)
LGA775	펜티엄 4 프레스캇, 펜티엄 D (스미스 필드), 인텔 코어 2 듀오(앨런데일, 콘로, 울프데일), 인텔 코어 2 쿼드(켄츠필드, 요크필드)	AM2+ (AM2와 같은 접지 수)	AMD 페넘II-X4(칼네브, 프로푸스, 데네브) ○ AM2 소켓에도 사용 가능하나 DDR2 듀얼 채널 메모리 성능 발휘 안 됨
LGA1336	인텔 코어 i7 9xx(블룸필드)	AM3 FM2	AMD 페넘II-X6(투반) ● 페넘II 데네브, 헤카, 칼리스토, 레고르 호환 ● FM2는 AMD 라노 APU용 소켓
LGA1156	인텔 코어 i5/i7(린필드), 코어 i3(클락데일)	AM3+	AMD FX-8xxx(잠비지) ○ 잠비지는 불도저 아키텍처
LGA1155	인텔 코어 i5/i7(샌디브릿지) 인텔 코어 i3/i5/i7(샌디브릿지) 인텔 코어 i3/i5/i7(아이비브릿지)	AM3+ FM2	AMD FX-8xxx(비쉐라) ● 비쉐라는 파일 드라이버 아키텍처 ● AMD 트리니티, 리치랜드 APU는 FM2 사용
LGA1150	인텔 코어 i3/5/i7(하스웰 / 하스웰 리프레시)	AM3+	FX-9xxx(비쉐라)
LGA1151	인텔 코어 i3/i5/i7(스카이레이크) 인텔 코어 i3/i5/i7(카비레이크)		

● LGA : Land Grid Array, 인텔 프레스캇 CPU부터 접지 방식으로 변경하면서 소켓 규격에 접지의 격자 배열을 의미하는 LGA가 붙습니다.

● AMD CPU 소켓 규격은 비교적 오랜 기간 지속되므로 CPU 업그레이드에 유리합니다. 물론 소켓 규격이 호환된다고 해서 최신 CPU에서 지원하는 기능이 모두 지원되는지는 사전에 확인할 필요가 있습니다.

코어 수

코어 수에 비례하여 CPU 성능이 높아지는 것은 당연합니다. 단, 앞의 사양표상에서 보면 8개의 코어를 지닌 AMD FX 9590(비쉐라) CPU가 클럭속도는 높지만, 여타 벤치마킹 성능은 인텔 코어 i7-6700K가 훨씬 더 높습니다. 이는 CPU와 GPU, 내장 캐시, 컨트롤러 등 각종 유닛들의 내부 설계 기술과 극미세 제작 공정 등이 복합적으로 작용하기 때문입니다.

동작 속도

- 인텔 코어 i3/i5/i7부터 시스템 버스에 QPI를 적용하면서 FSB 클럭 대신 정규 클럭(Base Clock)을 의미하는 BCLK로 바뀌었습니다.
- 과거에는 배수락을 걸어 오버클러킹 방법을 제한했지만, 지금은 배수락이 풀린 오버클러킹용 CPU가 공식 판매되고 있습니다.

CPU 동작 속도에는 기본 클럭 배수와 베이스 클럭 속도로 산출되는 기본 동작 속도와 함께 터보 부스트/터보 코어 시 동작 속도도 함께 나오는 것을 볼 수 있습니다. 예를 들어 인텔 코어 i7-4770K(하스웰) CPU의 클럭 배수는 40이고, 베이스 클럭(BCLK)이 100MHz이므로 기본 동작 속도는 "40×100=4GHz"가 나옵니다.

CPU 코어 이용 상태에 따라 동작 속도를 조절하는 인텔의 터보 부스트와 AMD의 터보 코어 클럭 기술은 이름만 다를 뿐 비슷합니다. 인텔의 터보 부스트 클럭은 4코어 모두 사용 시 최대 터보부스트 클럭은 41배수로 작동하므로 "42×100=4.2GHz"가 나오며, 2코어나 1코어로 작동 시에는 44배수로 작동하므로 "44×100=4.4GHz"가 나옵니다.

연산체계(운영 모드)

64비트 CPU도 32비트 호환성을 갖기 때문에 32비트와 64비트를 모두 지원합니다. 운영체제도 32비트 버전과 64비트 버전이 있는데, 32비트 운영체제는 물리 메모리 주소 매핑 능력이 2^{32} = 4GB(기가바이트)가 한계인데 반해, 64비트 운영체제에서는 이론적으로는 2^{64} = 16EB(엑사바이트)까지 지원할 수 있습니다. 다만 실제 사용 가능한 메모리는 메인보드에 물리적으로 설치 가능한 메모리 용량으로 제한됩니다.

CPU 대역폭

인텔 CPU가 노스브리지 칩셋의 그래픽과 메모리 컨트롤러를 내장하면서 사양표에는 시스템 버스 대역폭 대신 CPU 대역폭으로 표시됩니다. AMD의 시스템 버스인 HT 대역폭은 비교를 위해 나타낸 것입니다. DMI 3.0 8GT/s는 HT(HyperTransport) 대역폭에 비해 두 배나 넓은 대역폭을 지원합니다. 버스의 세부 특징과 관련 메인보드 칩셋 등에 대해서는 이어지는 "컴퓨터의 관제탑 – 메인보드" 절에서 심층적으로 다룹니다.

캐시 용량

- 인텔 CPU는 TDP를 계속해서 낮춰 저전력 저발열 CPU 전략을 순조롭게 진행하는데 반해, AMD의 잠비지 코어의 TDP는 95W이고 뒤에 나온 8350 비쉐라 코어는 125W이며, 9590 비쉐라 코어는 220W로 고성능을 발휘하는데 그만큼 높은 TDP를 필요로 합니다.

인텔과 AMD 모두 최신 CPU에서는 멀티 코어가 공용으로 사용하는 3차 캐시를 내장하고 있으며 용량도 비슷합니다. 인텔은 3차 캐시를 스마트 캐시라고도 합니다. 같은 세대의 CPU라도 3차 캐시의 유무와 용량에 따라 가격 차이가 나며, 성능에도 차이가 많이 납니다.

TDP

TDP(Thermal Design Power)는 최대 부하 시의 열 설계 전력으로, 소비 전력과는 다른 개념입니다. TDP가 낮을수록 저전압 저발열 CPU이며, CPU의 사용 전압도 낮아집니다. 한편 비

Check Point   CPU가 지원하는 절전 모드 C-States

컴퓨터를 사용하지 않는 시간에도 CPU가 동작하면 그만큼 전력이 낭비됩니다. C-States란, 실시간으로 CPU의 사용 상태를 체크하고 전력 소비량을 줄여주는 실시간 절전 기능입니다. 인텔 CPU는 하스웰 CPU가 나오기 전에는 주로 C1/C1E, C3, C5를 지원했는데, 하스웰 CPU부터는 한층 더 향상된 C6, C7까지 지원하여 전력 낭비를 최소화합니다. 각각의 C-States의 특징은 다음과 같습니다.

C1 상태는 일정 시간 동안 아무 명령이 없을 때 프로세스를 멈추는 기능이며, C1E(Enhanced Halt State)는 작업량에 따라 CPU 전압과 배수를 조절하는 기능입니다. C3 상태로 진입하면 CPU 코어의 동작을 멈추고 L1/L2 캐시도 비활성화시킵니다. C3 단계를 지나 C6 단계로 진입하면 CPU 코어의 전압을 차단하며, 최종 단계인 C7 상태로 진입하면 L3 공유 캐시도 비활성화되고 메모리와 PCI Express 연결을 위한 전력도 차단합니다. 하스웰 CPU가 C7 상태에서 소모하는 전력은 0.05A(암페어)입니다. 단, 이 전력은 파워서플라이에서 지원되어야 제대로 사용할 수 있습니다(162쪽 참고).

숫한 TDP 전류값이라도 제조 공정과 아키텍처가 다르면 전압 범위도 다릅니다. 최소 전압은 낮을수록, 최대 전압 범위가 넓을수록 설계 전력의 효율은 좋다고 할 수 있습니다. 오버클러킹은 CPU에 전압을 더 먹여서 속도를 높이는 작업이라 할 수 있는데, 최소 전압이 낮다면 그만큼 저전압에서 오버클러킹이 가능하므로 발열도 적어지며, 전압 범위가 넓으면 그만큼 오버 전압 설정에 여유가 생깁니다. 전압 설정은 바이오스 셋업 프로그램에서 수행할 수 있습니다.

지원 메모리

현재 대부분의 PC는 DDR3 메모리를 사용합니다. 최신 스카이레이크 코어 CPU부터는 DDR4 메모리를 지원합니다. 63쪽의 인텔과 AMD CPU 비교 사양표에서 인텔 CPU의 사양에는 표준 메모리 속도만 제시된 것일 뿐, 오버클럭 메모리 속도도 폭넓게 지원합니다. 사양표에 나온 통합 메모리 컨트롤러란, 메모리 컨트롤러의 CPU 내장을 의미합니다. AMD는 애슬론 64 CPU부터 메모리 컨트롤러를 내장 지원하며, 인텔도 1세대 코어 아키텍처 i3/i5/i7 시리즈 CPU부터는 메모리 컨트롤러를 내장 지원합니다.

가상화 기술

가상화 기술은 운영체제 안의 다른 운영체제를 설치하고 구동할 수 있는 가상 머신을 만들고 다른 운영체제를 설치하여 독립적으로 운용할 수 있게 해주는 기술입니다. 가상화 기술은 AMD 애슬론 64에서 처음 선보였는데, 지금은 인텔 CPU도 지원합니다. 다른 버전의 윈도우 운영체제뿐만 아니라 리눅스나 Mac OS 같은 다른 운영체제도 가상화 설치를 통해 사용할 수 있습니다.

가격 및 기타 고려 사항

보통 제조업체의 제품 라인업은 보급형(메인스트림)/중급형(퍼포먼스)/고급형(하이엔드)/최고급형(플래그십) 라인업으로 구성됩니다. 인텔 CPU의 경우는 12만 원대 이하의 일반 보급형, 12~20만 원대의 중급형, 20~30만 원대의 고급형, 30만 원대 이상의 최고급형으로 분류할 수 있습니다. AMD의 경우는 인텔과 비슷한 성능의 CPU에 대해 약 80% 수준의 저렴한 가격대로 공급합니다.

정품 CPU 확인 및 AS 방법

인텔 CPU 정품 확인 및 AS 방법

국내의 인텔 공인 대리점은 인텍앤컴퍼니, 코잇, 피씨디렉트 3사가 있는데, 이들 업체는 박스에 정품 마크를 붙여 판매합니다. 따라서 박스만 살펴보아도 정품 여부를 쉽게 알 수 있습니다. 박스는 없고 CPU만 있는 경우, 인터넷(www.realcpu.co.kr)을 통해 정품 확인이 가능하며 전화로도 가능합니다.

국내의 인텔 공인 대리점을 통해 구입하지 않은 CPU라도 정품이 확인되면 택배 AS를 받을 수 있습니다. 이 경우에는 인텔 코리아 홈페이지 검색 창에서 "Live Chat Support"로 검색하여 상담원에게 시리얼 넘버와 Batch 코드를 알려주면 됩니다. 정품이 확인되면 사용자 과실이 아닌 한, 같은 CPU로 교환할 수 있습니다. 단, 국내의 인텔 공인 대리점을 통해 구입하지 않은 CPU는 싱가포르 항공 우송을 통해 교환받게 되며 약 2주가량 소요됩니다.

인텔 CPU 정품 확인 방법

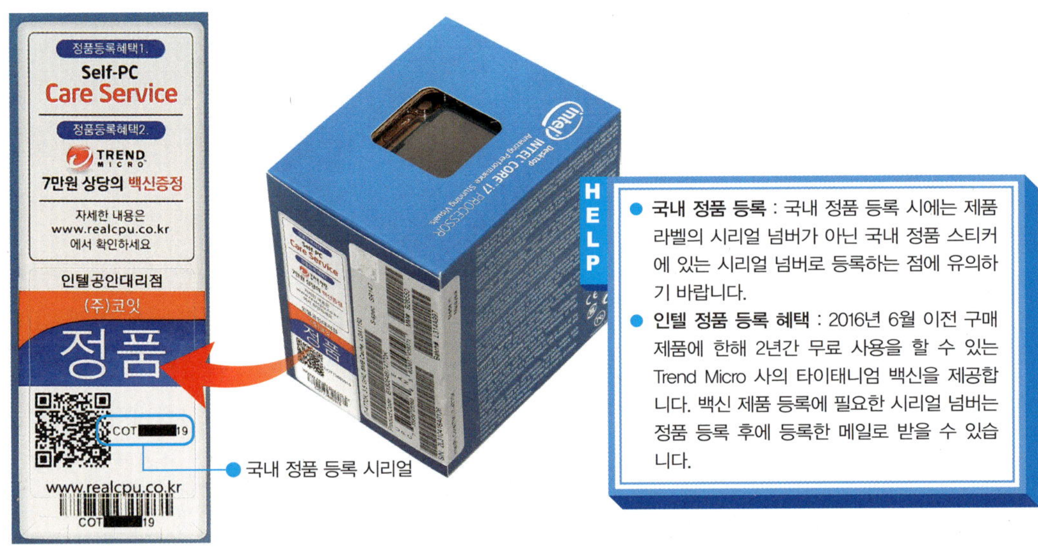

- **국내 정품 등록** : 국내 정품 등록 시에는 제품 라벨의 시리얼 넘버가 아닌 국내 정품 스티커에 있는 시리얼 넘버로 등록하는 점에 유의하기 바랍니다.
- **인텔 정품 등록 혜택** : 2016년 6월 이전 구매 제품에 한해 2년간 무료 사용을 할 수 있는 Trend Micro 사의 타이태니엄 백신을 제공합니다. 백신 제품 등록에 필요한 시리얼 넘버는 정품 등록 후에 등록한 메일로 받을 수 있습니다.

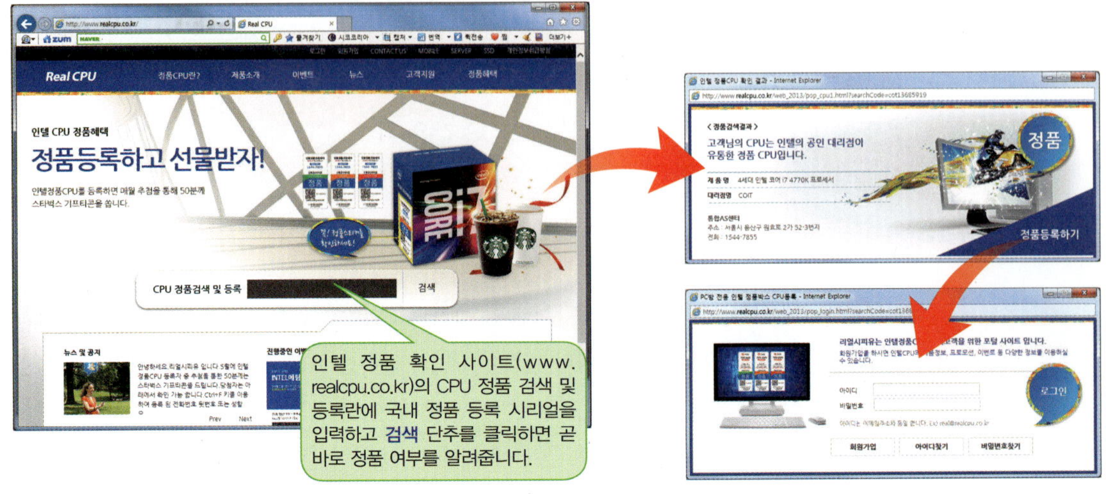

인텔 정품 확인 사이트(www.realcpu.co.kr)의 CPU 정품 검색 및 등록란에 국내 정품 등록 시리얼을 입력하고 **검색** 단추를 클릭하면 곧 바로 정품 여부를 알려줍니다.

AMD CPU 정품 확인 및 AS 방법

AMD CPU A/S 센터
대원 CTS(주)
(02) 1599–3999
제이씨현시스템(주)
(02) 707–5000

국내의 AMD 공인 대리점으로는 대원 CTS, 제이씨현시스템이 있으며, CPU 박스에 정품 스티커를 붙여 판매합니다.

AMD CPU에도 정품 여부를 확인할 수 있는 시리얼 코드가 표시되어 있으므로, 박스를 분실한 경우에는 CPU에 있는 시리얼 번호를 확인하면 됩니다. 예전에는 AMD 코리아 홈페이지에서 정품 확인 기능을 제공하였으나 지금은 시리얼 조회 시스템 운용이 이뤄지지 않으므로 A/S가 필요한 경우 직접 대리점에 연락하여 전화로 정품 여부를 확인해야 합니다.

AMD CPU 정품 확인 방법

Check Point　　**AMD CPU의 주차 코드 확인하기**

AMD CPU도 정품 박스나 CPU 앞면 라벨에서 주차 코드를 확인할 수 있습니다.

❶ AMD CPU의 브랜드명입니다.

❷ CPU를 식별하는 OPN(Ordering Part Number) 코드, 즉 부품 주문 번호로 브랜드, TDP, 모델 번호, 패키지 구분, 코어 전압, 캐시 정보를 담습니다.

❸ CPU 생산 시기를 알 수 있는 주차 코드로 2012년 52주차 제품임을 알 수 있습니다.

❹ 제품 시리얼 코드로 국내 정품 여부를 확인할 수 있는 13자리 코드입니다.

정품 CPU의 AS 기간

일반적으로 대기업 완제품 PC나 노트북의 경우, 무료 AS 기간은 구매일로부터 1년입니다. 반면 인텔과 AMD 모두 정품 CPU 패키지 제품의 경우, 무료 AS 기간은 3년이므로 보다 유리합니다.

단, 사용자의 부주의로 인한 CPU 핀 등의 물리적 손상에 대해서는 무료 AS가 되지 않습니다. CPU 불량에 의한 지나친 발열이나 시스템 다운 유발과 같은 제조 과정에서 발생한 불량일 경우, 무료 AS가 가능합니다.

CPU 전쟁과 변천사

CPU 기술 발전을 주도해온 기업은 인텔이지만, 인텔 호환 CPU 제조업체들이 경쟁에 가세하기도 하고 탈락하기도 하는 양상을 벌여왔습니다. 지금까지 명멸했던 인텔 호환 CPU 제조업체 중 AMD만 인텔과 경쟁하고 있습니다.

인텔 호환 CPU의 등장과 인텔의 반격

인텔(Intel) 사는 16비트 PC 시대를 열었던 8086 CPU 이후 8086 아키텍처의 80286, 80386, 80486 CPU를 연이어 개발하며 성공 가도를 질주하였습니다. 이 때문에 인텔 CPU의 라인업은 사실상 PC CPU의 발전 계보로 통용되었습니다.

인텔 호환 CPU의 등장

PC의 대중화에 따라 AMD, Cyrix 등 호환 CPU 제조업체도 등장하였는데, 이들 업체는 인텔 CPU의 숫자로 된 286, 386, 486 이름을 자사 CPU 이름에 포함시켜 판매하였습니다. AMD는 AMD 386, AMD 486을 시장에 성공적으로 진입시켰으며, Cyrix 사는 Cyrix 386, Cyrix 486으로 인텔을 추격하였습니다.

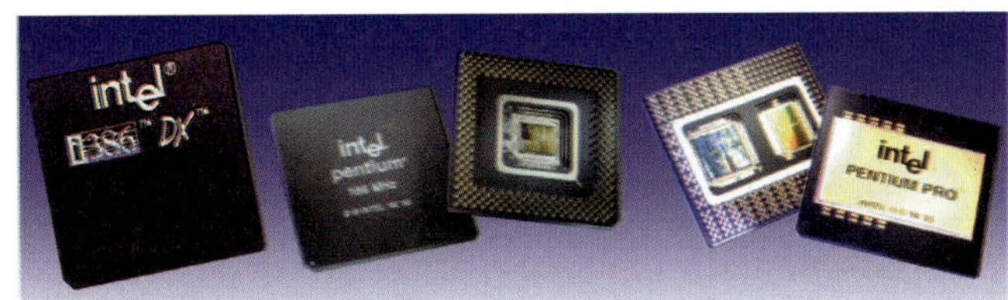

▲ 인텔 마이크로프로세서

▲ AMD와 Cyrix의 인텔 호환 CPU

호환 CPU에 맞선 인텔의 반격

인텔이 자사 CPU에 붙인 386, 486 등의 이름을 호환 CPU 제조업체에서 사용하자, 인텔은 상표권 소송을 걸었으나 패소합니다. 이때부터 인텔은 80486의 후속 버전의 이름을 80586이라는 이름 대신, 펜티엄(Pentium)이라는 독자 브랜드를 사용합니다. 인텔은 제품 측면에서도 호환 CPU와의 차별화를 위해 펜티엄 II에서는 메인보드 소켓에 CPU를 설치하던 방식을 탈피하여 Slot-1이라 불리는 CPU 전용 슬롯을 갖춘 메인보드에 SEC(Single Edge Contact)라는 카트리지로 패키징한 CPU를 만들기까지 했습니다. 카트리지 방식의 CPU는 업그레이드 호환성 문제, 새로운 조립 방식 등의 문제를 야기했지만, 경쟁사에는 혼란을 야기하는 데 성공했습니다. 뒤에 Cyrix 사는 몰락하여 메인보드 제조업체였던 VIA 사로 합병되었으며, VIA 사는 인텔 호환 CPU 사업을 정리합니다.

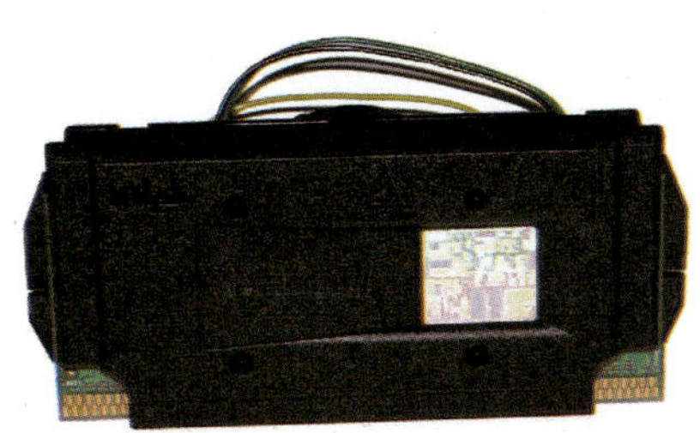

▲ 카트리지 방식의 펜티엄 III 프로세서

CPU 이름에 개발 코드명 포함

인텔은 펜티엄 이후부터는 CPU 설계 변경이나 미세 공정의 변경 시 제작 공정의 개발 프로젝트 코드를 CPU 이름에 포함시켰습니다. 예를 들어 초기 카트리지 방식 펜티엄 II의 코드명은 카트마인이고, 뒤에 나온 슬롯 타입의 펜티엄 III의 코드명은 셀러마인입니다. 그 뒤에 같은 펜티엄 III 아키텍처를 공유하면서도 소켓 방식으로 전환한 코퍼마인과 0.13마이크론 공정의 투알라틴 코어가 나온 다음, 고속 클럭에 초점을 맞춘 넷버스트 아키텍처의 펜티엄 4 윌러밋, 노스우드, 프레스캇 코어로 코드명도 바뀌어왔습니다.

인텔의 턱밑까지 위협했던 AMD

▲ AMD의 듀론(위)과 애슬론 XP CPU(아래)

호환 CPU 제작 업체의 끈질긴 도전과 이에 맞선 인텔의 공격적인 대응 결과 Cyrix는 침몰했지만 AMD는 펜티엄 MMX에 3D Now라는 향상된 MMX 기술로 맞선 K6-2로, 펜티엄 II와 III에는 애슬론(Athlon)으로, 저가형 셀러론에는 듀론(Duron)으로 맞섰습니다. 그리고 펜티엄 4 윌러밋 코어와 노스우드 CPU에 대해서는 애슬론 XP로, 인텔이 저가 시장 공략을 위해 CPU 내장 L2 캐시를 제외한 저가형 셀러론 제품군을 내놓으면 셈프론(Samplon)으로 반격하였습니다.

특히 인텔이 단일 코어 성능에 집중하며 역대 최고 클럭의 CPU로 자신 있게 내놓은 펜티엄 4 프레스캇 시리즈가 프레스핫이라 불릴 정도로 발열 문제로 어려움에 직면하였습니다. 반면, AMD는 인텔 CPU와의 치열한 고클럭 경쟁에서 우회하여 멀티 코어 전략으로 선회하였습니다.

이러한 전략의 성공으로 AMD는 인텔보다 앞서 듀얼 코어 CPU를 개발하였으며, 최초의 64비트 CPU인 애슬론 64를 출시하였습니다. 이렇게 되자 한때 CPU 시장에서는 AMD가 인텔을 추월할 것이라는 전망이 나오기까지 하였습니다.

코어 아키텍처로 인텔의 아성 재구축

넷버스트 아키텍처로 위기에 몰린 인텔은 펜티엄M(도선 코어) 코어를 설계했던 이스라엘의 하이파(Haifa)팀에게 차세대 CPU 설계를 맡깁니다. 하이파팀이 새로 설계한 코어 아키텍처의 코어2듀오(콘로) CPU는 65nm 제조 공정에서 처음 제작되었는데, 저전력 고성능을 실현하며 인텔의 제2의 전성기를 엽니다. 뒤이어 45nm 제작 공정의 코어2듀오 울프데일과 코어2쿼드 요크데일 CPU는 기존 실리콘 게이트 방식보다 발열을 줄이고 효율을 20% 이상 개선한 High-K 메탈 게이트 기술을 적용하여 저전력 저발열 효율을 대폭 향상시킴으로써 오버클럭 확장 성능면에서도 AMD를 능가하였습니다.

뒤이어 인텔의 Hillsboro 프로세서 개발팀이 설계한 네할렘 아키텍처에서는 하이퍼스레딩 기술을 적용한 하이엔드의 i7 블룸필드를 필두로 i5/i7 린필드(45nm 공정), i3 클락데일 코어(32nm 공정)도 성공을 거두며 AMD와의 격차는 더 크게 벌어졌습니다. 네할렘 아키텍처 때부터 인텔의 CPU 라인업은 i3 보급형(듀얼코어 = 2C), i5 중급형(쿼드코어 = 4C), i7 고급형(쿼드코어/8스레드 = 4C/8T) 라인업을 이룹니다. 인텔의 노트북 컴퓨터용 모바일 CPU 라인업도 기본적으로 이러한 라인업을 따르고 있습니다.

최근 동향은 코어 아키텍처를 설계한 Haifa팀이 설계한 2세대 코어 아키텍처의 i3/i5/i7 샌디브릿지 코어로 린필드 대비 30%나 상향된 IPC 성능과 높은 오버클럭 능력으로 AMD와의 성능 격차를 더욱 벌렸습니다.

인텔은 클라데일 코어 이후 2세대 샌디브릿지 코어부터는 GPU 통합 CPU 개발 전략을 고수하고 있습니다. 인텔 CPU는 3세대 아이비브릿지 코어, 4세대 하스웰 코어, 5세대 브로드웰 코어, 6세대 스카이레이크, 7세대 캬비 레이크로 발전해오며 인텔의 아성을 더욱더 굳건히 하고 있습니다. 이제는 AMD와의 성능 경쟁 측면보다는 노스브릿지는 물론 사우스브릿지까지 CPU 내부에서 지원하고, GPU 통합, 저전력 설계 등 모바일 SoC(System On Chip) 시장을 겨냥한 프로세서 개발에 박차를 가하고 있습니다.

최고 성능보다는 가성비로 선회한 AMD

2006년 AMD는 그래픽까지 망라하는 전면적 라인업 구축을 위해 야심차게 그래픽카드 제조회사인 ATI와 합병하였습니다. CPU의 그래픽 기술의 통합을 꾀한 전략적 승부수였지만, 오히려 합병 후유증으로 예정했던 신제품 로드맵마저 차질을 빚은 데다 저전력 고성능 코어 아키텍처로 무장한 인텔의 공세에 밀려 시장의 입지는 크게 좁아졌습니다.

인텔보다 먼저 멀티 코어와 64비트 시대를 열었던 AMD는 계속해서 인텔보다 먼저 헥사코어의 AMD 페넘 II-X6(투반) CPU를 출시했으며, 이어서 옥타코어 CPU인 불도저 아키텍처의 잠비지 코어까지 출시했으나 인텔 CPU보다 많은 코어 수에도 불구하고 성능은 뒤처지면서 격차가 오히려 더 벌어졌습니다.

AMD는 인텔의 GPU 통합 CPU에 맞서기 위해 CPU 라인업과 APU 라인업으로 구분했습니다. FX 계열의 고성능 CPU에서는 GPU를 내장하지 않고 외장 그래픽카드나 GPU 내장 메인보드 칩셋을 사용하게 하고, 중저가 라인업의 APU에는 GPU를 통합 지원합니다. 인텔 CPU에서는 고성능 그래픽 처리를 위해 별도의 그래픽카드를 사용하는 경우에도 GPU가 내장된 CPU를 쓰게 되는 셈이므로 AMD의 CPU와 APU 구분 라인업은 합리적으로 보입니다.

AMD 하이엔드 FX 계열의 주력 CPU로는 잠비지 코어의 뒤를 이어 파일 드라이버 아키텍처를 사용한 비쉐라 코어가 자리 잡았습니다. 하지만 현재 최고 성능의 CPU는 인텔이 주도하고 있기 때문에 AMD는 더 이상의 성능 경쟁은 피하고, 동급 성능의 인텔 CPU에 대해 저렴한 가격 경쟁력으로 대응하는 양상입니다.

AMD는 CPU와 GPU를 통합한 APU를 내놓으면서 뛰어난 GPU 성능과 높은 가성비로 인기를 끌고 있습니다. AMD는 APU가 좋은 반응을 얻자, 최신 카조리 코어의 APU에는 Radeon HD 10000 GPU가 통합되며, 고성능 FX 라인업에도 APU를 포함할 예정입니다.

인텔과 AMD의 세대별 CPU 변천 과정 비교표

오른쪽은 인텔과 AMD의 세대별 CPU 변천 과정을 정리한 표입니다. PC용 CPU의 발전 역사의 두 축은 사실상 인텔과 AMD가 주도해왔기 때문에 두 회사에서 개발한 핵심 CPU 아키텍처의 변천 과정을 정리해보았습니다.

인 텔	A M D	비 고
펜티엄	K6	60~200MHz / ※인텔은 소켓 7
펜티엄 MMX, 펜티엄 프로	K6-2	166~450MHz / ※인텔은 소켓 8
펜티엄 II(클라메스, 데슈츠) / 저가형 셀러론	K7(애슬론 클래식) / 저가형 듀론 (스핏파이어, 모건)	듀론과 셀러론은 L2 캐시를 제거한 저가형 CPU ※인텔은 슬롯 1 방식의 소켓
펜티엄 III(셀러마인, 코퍼마인, 투알라틴)	애슬론(선더버드) / 듀론	클럭 속도 500MHz~1GHz 이상, 애슬론이 먼저 1GHz 돌파 투알라틴은 저전력, 저발열 0.13㎛ 공정 – 노트북 컴퓨터용 펜티엄 M(Mobile) 도선(Thothan) 코어에도 사용
펜티엄 4(윌라밋, 노스우드)	애슬론 XP(바톤, 팔로미노, 써러브레드)	클럭 속도 1GHz~3.4GHz / 인텔이 고클럭 경쟁을 주도하여 펜티엄 4 노스우드코어는 3.4GHz 달성 ※윌라밋은 423 소켓, 노스우드는 핀형 478 소켓
넷버스트 아키텍처 펜티엄 4(프레스캇)	애슬론 64(베니스 샌디에이고 등) / 저가형 셈프론	펜티엄 4 프레스캇은 90nm 공정 넷버스트 아키텍처 적용, 1.5~3.8GHz 동작속도, 정규 클럭으로 3.8GHz라는 높은 클럭을 구현했으나 높은 발열과 전력 소모 ※접지형 LGA775 소켓 채택 AMD 64는 K7의 후속 K8 레벨로 최초의 64비트 지원(32비트 호환), 하이퍼 트랜스포트 기술로 800MHz 시스템 버스 지원
펜티엄 D(스미스 필드, 프레슬러) / 셀러론 D	애슬론 64X2(맨체스터, 톨레도) / 셈프론 D	듀얼코어 / 셀러론D, 셈프론은 L2 캐시 제외한 저가형
펜티엄 4 Xeon(노코나 어윈데일 등)	옵테론(슬리지 해머, 이태리 등)	듀얼 코어 지원/ 제온(Xeon)과 옵테론은 서버용 64비트 CPU
코어 아키텍처 인텔 코어2듀오(앨런데일, 콘로, 울프데일)	애슬론 64X2(윈저) AMD 페넘-X3(톨리만) / AMD 애슬론II-X3(라나)	인텔의 최초 코어 아키텍처로 제작된 인텔 콘로는 65nm 공정에서 제작되었고, 울프데일은 45nm 공정으로 제작됨. AMD의 페넘-X3(톨리만/라나)는 트리플코어(X3), 애슬론II-X3(라나)는 레벨3 캐시 제외 – AMD는 ATI 합병 이후 침체기 ※AM2+ 소켓
인텔 코어2쿼드(켄츠필드, 요크필드) 서버용 : Xeon 쿼드코어	AMD 페넘II-X4(칼네브, 프로푸스, 데네브) 서버용 : 쿼드코어 옵테론	인텔의 듀얼코어 울프데일 코어 2개를 패키징한 방식으로 리얼 쿼드 코어는 아님. 요크필드는 45nm 공정, 메롬, 펜린은 모바일 CPU AMD 페넘은 네이티브 4코어 방식이며 L3 캐시 채택
네할렘 아키텍처 인텔 코어 i7 xxx(린필드, 블룸필드) 인텔 코어 i5 xxx(린필드) 인텔 코어 i3 xxx(클락데일)	AMD 페넘II-X6(투반)	리얼 쿼드코어의 인텔의 코어 i5/i7(린필드/블룸필드), 보급형 인텔 코어 i3(클락데일)은 최초의 32nm 제작공정의 GPU 내장 듀얼코어 ※i3/i5/i7 린필드와 클락데일 CPU는 LGA1156 소켓, i7 900번대 블룸필드 CPU는 트리플 채널을 지원하는 LGA1366 소켓 AMD 페넘II-X6은 리얼 헥사코어 ※AM3 소켓
2세대 코어 아키텍처 인텔 코어 i3/i5/i7 2xxx(샌디브릿지)	불도저 아키텍처 최초의 옥타 코어 AMD FX 81xx(잠베지)	인텔의 네할렘과 같은 i3/i5/i7 라인업을 이루며, 숫자 이름에 2세대 코어 아키텍처를 의미하는 '2'가 앞에 붙음, 32nm 제작공정, HD2000/HD3000 GPU 내장 LGA1155 소켓 ※AMD는 AM3+ 소켓
3세대 코어 아키텍처 인텔 코어 i3/i5/i7 3xxx(아이비브릿지)	불도저의 2세대인 파일드라이버 아키텍처 AMD FX 83xx(비쉐라) AMD A8 5600K(트리니티) AMD A10 6xxx(리치랜드)	인텔 CPU는 3세대 코어 아키텍처를 의미하는 '3'이 앞에 붙음, 22nm 제작 공정, HD4000 GPU 내장 ※LGA1155 소켓(데스크톱용 샌디브리지 소켓과 호환되나 모바일 샌디브릿지 소켓은 비호환) AMD는 그래픽 통합 APU로 인텔의 GPU 내장 CPU에 대응
4세대 코어 아키텍처 인텔 코어 i3/i5/i7 4xxx(하스웰)	파일드라이버 아키텍처의 AMD FX 95xx(비쉐라)	인텔은 4세대 코어 아키텍처를 의미하는 '4'가 앞에 붙음, 22nm 제작공정, HD4600 GPU 내장 ※LGA1150 소켓(기존 소켓과는 비호환)
5세대 코어 아키텍처 브로드웰, 6세대 스카이레이크, 7세대 캬비 레이크	불도저 다음의 차세대 Zen 아키텍처 예정 중. 14nm 제작 공정 적용, SMT 방식의 멀티스레드 지원 예정	인텔은 틱톡 전략에 일부 차질은 있었지만 지속적으로 CPU의 아키텍처와 제작 공정을 향상시켜 왔으며 최근 PAO 전략으로 수정함. AMD는 불도저 아키텍처의 후속작인 Zen 아키텍처의 CPU 개발 중

미래의 새로운 CPU 전쟁 구도

미래의 CPU 시장은 CPU 자체의 고성능도 중요하지만 CPU 내장 통합 기술의 중요성이 부각되고 있습니다. 미래의 CPU는 GPU 통합을 넘어 PCIe 3/SATA 3/USB 3 같은 주변 장치용 확장 버스 컨트롤러, LTE 등 고속 통신 기술과 사운드 통합 처리 기술 내장 등 다양한 기능을 하나의 다이 안에 통합하는 원칩 올인원 시스템, 즉 SoC(System on Chip) 설계가 핵심입니다.

모바일에서는 휴대성을 위해 크기를 대폭 축소해야 하는 점 때문에 일찍부터 모바일 CPU의 최강자인 ARM CPU를 기본으로 SoC를 구성한 모바일 AP가 운용되고 있습니다. 그렇기 때문에 인텔이 뒤늦게 모바일 CPU 경쟁에 뛰어들면서 가장 골몰한 부분이 바로 SoC이며, CPU의 차기 아키텍처의 초점도 SoC에 맞춰져 있습니다. 인텔의 하스웰 CPU의 등장도 이러한 추세를 반영하며, 이후 설계도 SoC에 집중할 것으로 보입니다. 인텔도 모바일 AP로 Atom X 시리즈를 내놓고는 있으나 시장 점유율은 불과 3~4% 수준에 머물고 있습니다. 모바일 CPU 시장에서의 인텔의 부진은 아이러니하게도 모바일 운영체제 시장에서의 마이크로소프트의 윈도우 운영체제의 부진과 궤를 같이합니다.

미래의 CPU 전쟁은 지금까지의 인텔과 AMD 경쟁 구도에서 탈피하여 모바일 CPU가 가세한 SoC 전쟁으로 확전될 것으로 전망됩니다. 당분간은 고성능을 담보하는 데스크톱 CPU 시장이 유지되겠지만 저전력 · 저발열 · 저소음 컴퓨터 시대로의 이행은 필연적이며, 이 시장에서 강점을 갖고 있는 모바일 CPU가 노트북 컴퓨터 시장을 필두로 데스크톱 CPU 시장까지 도전장을 내밀 수도 있습니다.

미래의 모바일 AP 전쟁

2007년 애플의 아이폰 등장과 함께 모바일 시대가 열린 이후 현재까지 영국의 ARM 사가 혁신적인 저전력 기술로 모바일 CPU 시장을 주도하고 있습니다. 사실상 모바일 CPU는 ARM 1인 천하라 해도 과언이 아닐 정도입니다. ARM은 직접 모바일 AP 경쟁에 뛰어들기보다는 유연한 라이선스 정책으로 다른 기업에서도 ARM CPU를 라이선스하여 모바일 AP를 제작할 수 있도록 하고 있습니다.

한편 CPU에 GPU가 내장되면서 그래픽카드 시장을 위협받고 있던 NVIDIA는 모바일 AP 테그라를 개발하였습니다. 마이크로소프트도 x86 계열 CPU뿐만 아니라 ARM 등 다른 아키텍처의 프로세서 지원을 선언하고 자사의 태블릿 PC인 서피스의 CPU로 엔비디아의 쿼드코어 테그라를 선택하고, 윈도우 8 운영체제를 탑재하였습니다. 마이크로소프트의 윈도우 운영체제가 모바일 AP까지 지원하여 성능을 강화한 모바일 AP를 장착한 노트북 컴퓨터와 태블릿 PC 등이 기존 인텔과 AMD CPU를 장착한 컴퓨터들과 경쟁하게 되었습니다.

애플의 아이폰에 탑재되고 있는 A 시리즈 AP, 퀄컴의 스냅드래곤, 삼성의 엑시노스, NVIDIA의 테그라에 사용되는 모바일 AP는 모두 ARM CPU를 라이선스받아 제작된 모바일 AP입니다.

모바일 기기에서는 모바일 CPU를 포함하는 모바일 AP가 중요합니다. SoC 개념에 충실한 올인원 기능의 모바일 AP 설계는 그만큼 부가가치도 큽니다. SoC 설계에서는 휴대전화의 코드 분할 다중 접속(CDMA) 원천 기술을 보유하고 있는 퀄컴이 앞서 나가고 있습니다.

퀄컴의 모바일 AP인 스냅드래곤 시리즈는 모바일 기기 제조업체를 가리지 않고 고성능 스마트폰의 단골 메뉴처럼 탑재되어 한때 50%가 넘는 시장 점유율을 기록하기도 했었습니다. 퀄컴은 자체 모바일 AP 생산 시설인 팹(FAB, fabrication facility 실리콘웨이퍼 제조 시설)이 없기 때문에 SoC 설계만 하고 실제 제작은 삼성전자 같은 팹을 갖춘 업체에서 제작합니다. 삼성전자는 스냅드래곤 모바일 AP를 가장 많이 생산하는데, 스냅드래곤의 가장 강력한 경쟁 상대 중 하나인 모바일 AP 엑시노스를 만드는 업체도 삼성전자라는 점은 아이러니한 일입니다. 이제는 PC CPU 전쟁뿐만 아니라 모바일 AP 전쟁의 향방도 함께 지켜볼 시대가 되었습니다.

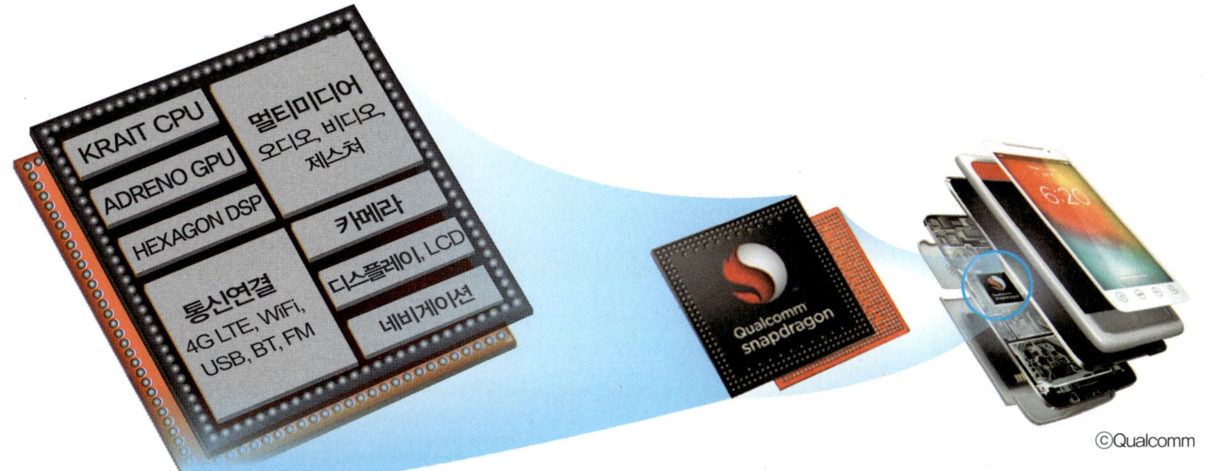

항 목	내 용	비 고
KRAIT CPU	28nm HPm 공정이 적용된 2GHz+ CPU	코어당 최대 2.3GHz의 쿼드코어 CPU HPm : High Performance for Mobile 기술
ADRENO 330 GPU	이전 모델(ADRENO 320) 대비 50% 향상된 고급 그래픽 프로세서	Ultra HD 비디오 캡처, 재생 및 디스플레이 (1080p 4배의 픽셀 밀도)
HEXAGON DSP	초저전력 애플리케이션 및 커스터마이징 프로그래밍을 지원하는 DSP 유닛	음악 재생, 향상된 오디오, 다양한 애플리케이션의 초저전력 작동
통신 연결 (Connectivity)	4G LTE, 최신의 802.11AC 지원 WiFi, USB 3.0 /2.0 연결, 블루투스 4.0+	
멀티미디어	오디오, 비디오는 물론 제스처 지원	
카메라	최대 2,100만 픽셀, 3D 지원	사진/비디오 동시 촬영, 640MB/s 고속 캡처
디스플레이	최대 해상도 2560x2048 지원	1080p HD 지원, 4K 외부 디스플레이 지원

▲ Qualcomm의 모바일 AP Snapdragon의 SoC 구성

2 컴퓨터의 관제탑 – 메인보드

컴퓨터의 모든 기능을 총괄하는 관제탑 역할을 하는 메인보드는 마더보드 또는 주기판이라고도 불리는데, CPU와 PC 내외부에서 다양한 주변 장치들을 연결하고 확장할 수 있게 해줍니다.

메인보드 변화 발전 양상

메인보드는 CPU와 PC 내외부 주변 장치를 연결하고 컨트롤하는 관제탑이라 할 수 있습니다. 메인보드 구성 요소가 어떻게 변천했는지 살펴보면 최신 메인보드의 기능도 쉽게 이해할 수 있습니다. CPU 세대에 맞춰 메인보드 칩셋과 인터페이스도 변화 발전을 거듭해왔습니다. 그러므로 세대별 메인보드 구성 부품과 다양한 인터페이스 단자들을 이해하면, 구형 PC의 조립과 업그레이드, 고장 수리도 어렵지 않게 수행할 수 있습니다.

메인보드도 CPU 발전에 맞춰 계속 변화하고 있습니다. 특히 모바일 시대가 열리면서 CPU의 SoC 구현 추세에 따라 주변 장치 연결 및 컨트롤 기능 등을 CPU 내부에서 직접 지원하는 방향으로 가고 있기 때문에 메인보드 칩셋의 기능과 역할은 점차 축소되고 있습니다.

메인보드 칩셋의 변화

메인보드를 컴퓨터의 관제탑이라고 지칭하는 이유는 바로 메인보드 칩셋의 역할 때문입니다. CPU와 주변 장치 간의 교신 통로를 버스(BUS)라고 부르는데, 이 버스의 교통 정리를 담당하는 핵심 칩셋이 바로 메인보드 칩셋입니다. 메인보드 칩셋은 CPU 제조사에서 제작하여 메인보드 제조사에 공급합니다. 과거 인텔 CPU용 메인보드는 CPU와 메모리, 그래픽카드 간의 빠른 신호 교환이 요구되는 FSB는 노스브리지 칩셋이 컨트롤하고, 그 외 주변 장치와 통신하는 확장 버스는 사우스브리지 칩셋으로 컨트롤하는 이원적 관리 방식을 사용했습니다.

하지만 인텔의 네할렘 아키텍처의 i3/i5/i7 CPU가 메모리 컨트롤러와 PCIe 컨트롤러를 내장하고 버스를 직접 컨트롤하면서부터 노스브리지 칩셋(MCH)이 사라졌으며, 사우스브리지 칩셋(ICH) 기능을 포함하는 단일 PCH 칩셋으로 바뀌었습니다.

인텔 메인보드 칩셋의 변화

▲ 펜티엄 4 프레스캇 CPU용 ASUS의 P5GD2 Pro 메인보드에는 노스브리지와 사우스브리지 칩셋이 있습니다.

▲ 네할렘 아키텍처의 인텔 i5 CPU용 GIGABYTE의 P55A–UD3R 메인보드에는 단일 PCH 칩셋만 있습니다.

- **PCI Express** : PCI를 개선하여 속도를 향상시킨 인터페이스로 PCIe나 PCIe로 표기합니다. PCIe 대역폭은 레인 수에 비례합니다. 1배속은 1레인, 16배속은 16레인을 의미합니다. 1배속은 일반 주변 장치 연결, 16배속은 그래픽카드 연결에 사용됩니다.
- **대역폭과 속도** : 대역폭이란 해당 인터페이스의 사용 가능한 속도의 한계를 결정합니다.
- **PCIe 규격과 속도 표기** : 사양을 표현할 때 PCI Express 3.0 16배속은 PCI Express 3.0 x16로 표기하거나 PCIe 3.0 x16나 PCIe 3.0 x16 처럼 간단히 표기합니다.

그래픽카드 전용 슬롯의 변화

로컬 버스 방식의 그래픽카드 슬롯(= VGA 슬롯)은 PCI, VESA, AGP 슬롯에서 이제는 PCI Express 슬롯으로 완전히 바뀌었습니다. 레인 분할 기술을 지원하는 고급 메인보드는 둘 이상의 그래픽카드 슬롯을 제공하여 멀티 VGA 사용을 지원합니다. AMD의 멀티 VGA 기술은 크로스파이어(CrossFire)라 하고 NVIDIA는 SLI(Scalable Link Interface)라고 합니다. 크로스파이어는 많은 메인보드가 지원하지만, SLI는 하이엔드 메인보드에서 지원하고 있습니다.

그래픽카드 슬롯은 보통 풀레인의 PCIe x16 슬롯이 지원되는 데 반해, 일반 확장 슬롯용으로는 1배속인 1레인의 PCIe x1 슬롯이 제공됩니다.

PCIe 인터페이스 규격은 계속 발전하고 있는데, 상용화된 PCIe 규격에는 1.0의 버그 개선판인 PCIe 1.1과 PCIe 2.0, 아이비브릿지 코어부터 지원하는 최신 PCIe 3.0 규격이 있습니다. 다음의 표에서도 볼 수 있듯이 PCIe 1.1 규격보다 PCIe 2.0 규격은 대역폭이 두 배이며, PCIe 3.0 규격도 PCIe 2.0 규격의 두 배의 대역폭을 제공합니다.

규 격	1레인당 대역폭	최대 대역폭(16레인, 단방향)
PCI Express 1.1	250MB/s	4GB/s
PCI Express 2.0	500MB/s	8GB/s
PCI Express 3.0	1GB/s	16GB/s

최고 성능의 그래픽카드도 PCIe 3.0 16배속 대역폭을 절반도 채 활용하지 못할 정도로 대역폭의 여유가 있기 때문에 둘 이상의 그래픽카드 슬롯을 제공하는 메인보드의 두 번째 그래픽카드 슬롯에는 보통 8레인이 배열되며, 세 번째 그래픽카드 슬롯까지 제공되는 경우에는 4레인이 배열됩니다. 최신 PCIe 3.0 대역폭의 여유 레인은 선더볼트 인터페이스나 M.2 슬롯, SATA Express 대역폭으로 활용됩니다.

보조기억장치 연결 인터페이스의 변화

- **PATA** : Parallel ATA = IDE (Integrated Drive Electronics), HDD나 ODD 연결에 사용된 병렬방식 인터페이스
- **SATA** : Serial ATA
- **FDD** : Floppy Disk Drive, 플로피 디스크 드라이브
- **HDD** : Hard Disk Drive, 하드 디스크 드라이브
- **ODD** : Optical Disk Drive, 광 디스크 드라이브
- **핫플러그인** : Hot Plug-in, 시스템 작동 상태에서도 바로 꽂아 사용할 수 있는 장치나 인터페이스를 지칭하는 용어
- Gbps(=Gb/s)는 초당 1기가비트 전송 속도이며, GB/s는 초당 1바이트 전송 속도입니다.

과거에는 보조기억 장치로 FDD와 HDD가 사용되었지만, FDD는 자취를 감췄고 새로운 고속 저장 장치인 SSD가 대중화되고 있습니다. 이에 따라 메인보드 구성에서 FDD 연결 단자는 사라졌고, HDD 연결 단자도 부피가 큰 병렬 PATA 방식에서 SATA 방식으로 바뀌었습니다.

SATA는 직렬 방식이라 케이블 부피도 작고 기본으로 연결 가능한 드라이브 장치도 6개나 되고 핫플러그인을 지원하며 메인보드 내부의 SATA 단자와 별개로 백패널에도 외장형 SATA 드라이브를 연결할 수 있는 eSATA 단자가 제공됩니다. 최초 규격인 SATA 1은 1.5Gbps 전송 대역을 제공하며, SATA 2는 3Gbps, SATA 3은 6Gbps의 전송 대역폭을 제공합니다.

최근에 나온 SATA Express 인터페이스는 SATA 3.2라고도 하는데, PCIe 레인의 대역폭을 사용합니다. PCIe 3.0 2레인 사용 시 16Gbps의 전송 대역폭을 지원합니다. SATA Express 단자는 SATA 단자 2개와 4핀 PCIe 레인 컨트롤용 보조 단자로 구성되므로 부피를 많이 차지합니다. 한편 노트북 컴퓨터에서 소형 SSD 연결을 위해 등장한 SATA 3.1 지원 mSATA(mini SATA) 슬롯은 PCIe 레인을 사용하는 M.2 SATA 슬롯으로 업그레이드되면서 노트북 컴퓨터뿐만 아니라 PC 메인보드에서도 지원합니다(91, 94쪽 참고).

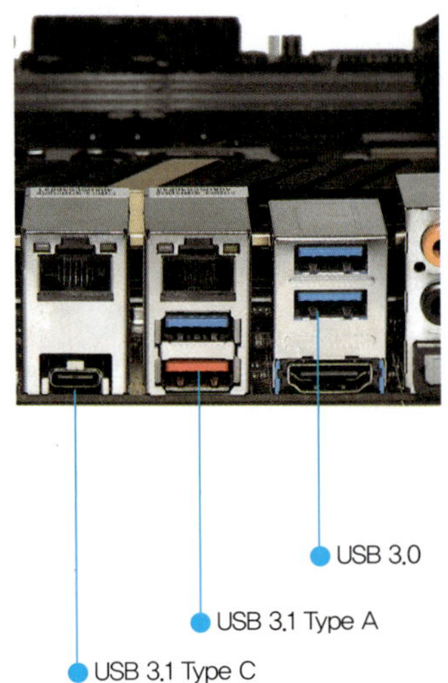

▲ 선더볼트 3.0 USB-C 커넥터

USB 지원 강화

메인보드 칩셋이 발전하면서 가장 많이 늘어난 단자는 USB 단자입니다. 지금은 USB 방식의 외장형 저장 장치, 프린터, CD/DVD 드라이브, 카드리더기 외에도 휴대전화, 스마트폰, PMP, MP3, 전자사전, 게임기 등 각종 디지털 장비들이 USB 단자를 이용하여 PC와 연결됩니다.

USB의 속도도 과거에 비해 현저히 빨라졌는데, USB 인터페이스 등장 시점의 USB 1.1 규격은 초당 12Mbps의 느린 속도를 지원했지만, USB 2.0은 최대 480Mbps, 그 뒤에 나온 USB 3.0은 5Gbps의 전송 속도를 지원합니다. USB 1.1과 USB 2.0 단자는 동일한 단자를 사용하지만 USB 3.0 단자는 USB 2.0 단자와의 구별을 위해 보통 파란색의 단자로 제공되며 하위 호환므로 기존 USB 1.1/2.0 지원 장치도 연결할 수 있습니다.

최근에 등장한 USB 3.1은 PCI Express 대역폭을 활용하여 기본 10Gbps급에서 최대 16Gbps의 전송 속도를 지원하며 화면 출력도 지원합니다. USB 3.1 인터페이스가 나오면서 기존 5Gbps급 USB 3.0은 **USB 3.1 GEN 1**, 즉 1세대 USB 3.1로, 10Gbps급 USB 3.1은 **USB 3.1 GEN 2**로, 16Gbps급 USB 3.1은 **USB 3.1 GEN 3**로 구별하기도 합니다. USB 3.1 연결 단자는 **빨간색 모양의 USB Type A 단자**와 애플 맥북에서 처음 등장한 **USB Type C 단자**도 지원합니다.

전원부와 시스템 쿨링 능력의 강화

메인보드도 CPU의 고성능화에 발맞추어 안정된 전원부 구성과 시스템 쿨링 능력을 강화하는 형태로 발전하고 있습니다. 메인보드 전원부는 특히 CPU에 안정된 전압을 제공해야 하는데, CPU에 충분한 전원을 공급하기 위해 12V CPU 전원 단자도 4핀 방식에서 8핀 방식으로 바뀌었고, 시스템 냉각을 보다 효율적으로 관리하기 위해 CPU 냉각팬 헤더도 4핀으로 늘어나 시스템의 온도에 따라 냉각팬 속도를 자동으로 조절하는 기능도 지원하게 되었습니다.

주변 장치 기능의 통합

과거에는 별도의 확장 카드를 통해 사용된 기능들도 통합되어 온보드(On-Board) 칩셋으로 제공되는 추세입니다. 비교적 일찍부터 랜 카드와 사운드카드는 메인보드의 온보드 칩셋으로 통합되었습니다. 고급형 메인보드는 별도의 칩셋을 통해 추가 SATA 단자나 USB 3.0 단자, LAN 단자를 제공하기도 합니다. 메인보드에 따라서는 무선 랜이나 블루투스 기능까지 지원하거나 캠코더나 디지털 카메라의 영상이나 사진 전송에 사용되던 IEEE1394 단자 등을 지원하는 메인보드도 있습니다.

> ● 메인보드에서 기본 지원하는 오디오 칩셋은 기본적인 기능만 제공합니다.
> ● 게임용으로 특화된 메인보드는 고품질 사운드와 노이즈 가드, 다양한 음원이나 음장 효과, 입체적인 3D 오디오를 지원하기도 합니다.

도태되는 낡은 인터페이스

메인보드는 PC 부품 중 가장 먼저 인터페이스의 세대 교체가 이뤄집니다. 키보드와 마우스 단자로 사용되었던 PS/2 단자는 한 개로 줄었고, 메인보드 백패널에 있던 병렬(LPT) 프린터 단자와 직렬(Serial) 단자는 메인보드 기판의 한 귀퉁이로 밀렸고, PATA(IDE)나 FDD 단자는 메인보드에서 자취를 감췄습니다. 한때는 그래픽카드 확장 슬롯으로도 사용됐고, 오랜 동안 확장카드 설치에 사용되었던 PCI 슬롯도 샌디브릿지 CPU를 지원하는 PCH 칩셋부터는 지원되지 않습니다.

메인보드 핵심 부품 칩셋과 버스 관리 방식의 발전

CPU와 주변 장치 간에 신호를 주고받는 도로를 버스라고 합니다. 메인보드 칩셋은 도로의 소통을 원활하게 하는 교통경찰관처럼 CPU와 주변 장치 간에 원활한 교신이 이루어지도록 버스를 컨트롤합니다. 도로가 비좁으면 제 속도를 낼 수 없듯이, 버스의 대역폭이 좁으면 CPU나 메모리, 그래픽카드, SSD 등의 개별 성능이 아무리 뛰어나더라도 대역폭의 제한 속도에 걸리면 제 성능을 발휘할 수 없습니다. 이 때문에 CPU와 주변 장치 간의 교신 속도를 높이기 위해 CPU와 메인보드 칩셋의 설계도 계속 발전하고 있습니다.

구형 메인보드 칩셋의 버스 관리 방식

초기 인텔이나 AMD의 CPU용의 구형 메인보드 칩셋은 CPU와 가까운 북쪽에 자리 잡고 CPU와 직접 교신하는 노스브리지 칩셋과 이를 매개로 주변 장치와 교신하는 사우스브리지 칩셋에 의한 이원적인 버스 관리 방식을 사용합니다. 노스브리지 칩셋은 CPU와 메모리 간의 FSB와 빠른 속도를 요하는 그래픽 버스를 컨트롤하는 MCH 칩셋이 사용되며, 남쪽에 위치한 사우스브리지 칩셋은 다양한 주변 장치 입출력을 컨트롤하는 ICH 칩셋이 사용됩니다.

- 주요 세대별 CPU와 짝을 이룬 메인보드 칩셋의 특징을 알아봅니다.
- 인텔 메인보드 칩셋의 세대별 특징에 관해서는 103쪽에서 자세히 다룹니다.

구형 메인보드 칩셋의 MCH/ICH 구성

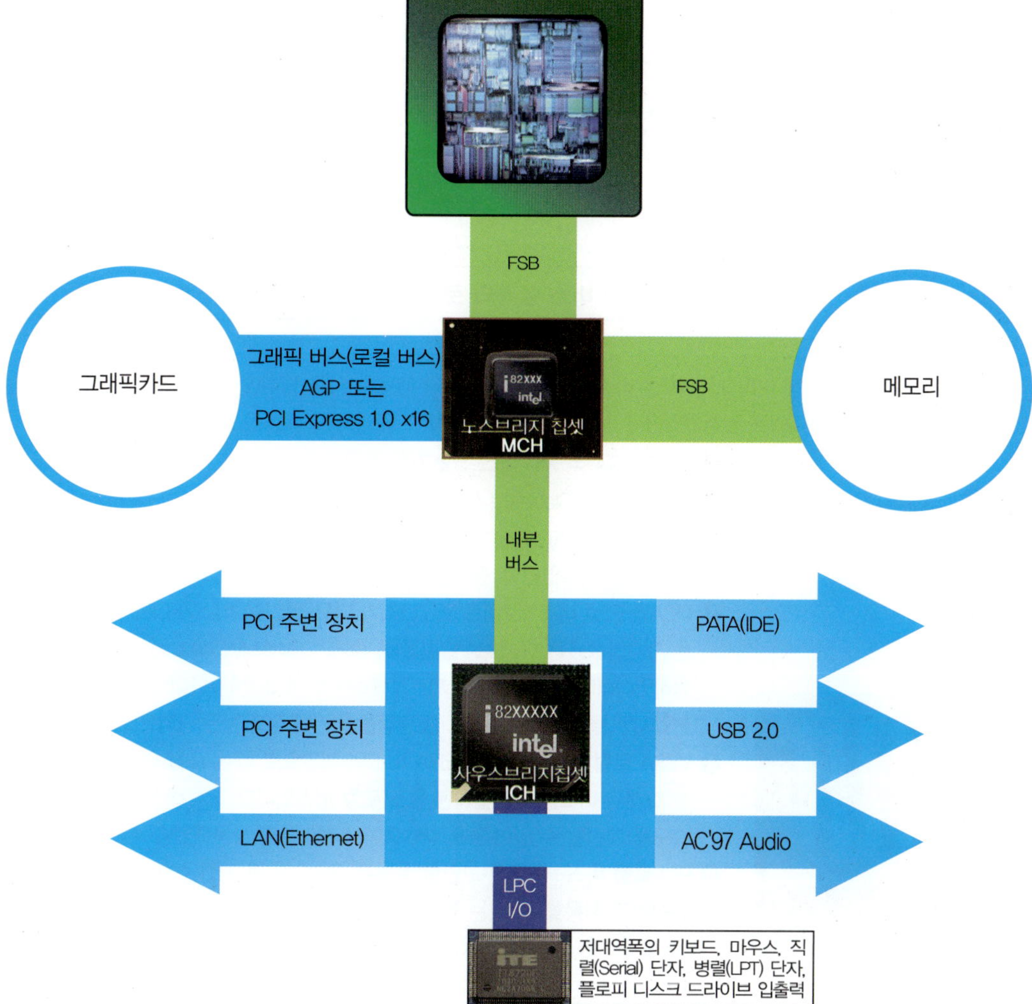

- MCH, ICH : Memory Controller Hub, I/O Controller Hub
- 노스브리지 칩셋에는 빠른 속도를 요하는 메모리 컨트롤러와 그래픽 버스(AGP나 PCIe x16) 컨트롤러가 내장됩니다.
- FSB : FSB는 왕복 64비트 병렬 방식 시스템 버스로 펜티엄 CPU가 사용했습니다.
- 그래픽 버스 : 과거에는 VESA나 PCI, AGP 같은 별도의 로컬 버스가 사용됐으나 지금은 PCI Express 규격이 표준으로 자리 잡았습니다.
- LPC I/O : Low Pin Couter Bus, 속도가 느린 입출력 장치를 연결하는 버스입니다.

인텔의 구형 메인보드 칩셋의 특징과 한계

인텔이 채택했던 MCH/ICH 칩셋을 통한 이원적인 버스 관리 방식에서는 노스브릿지 칩셋을 통해 CPU와 메모리 간의 교신이 이뤄지기 때문에 전송 속도는 FSB 속도의 제약을 받습니다. FSB는 병렬 설계를 사용했기 때문에 대역폭 향상의 물리적 제약을 받습니다. 인텔 코어2듀오 CPU가 나오기 전까지 펜티엄 지원 메인보드의 최대 FSB 대역폭은 겨우 12.8GB/s 수준의 대역폭에 머물렀습니다.

FSB 클럭을 높이면 CPU 동작 속도와 시스템 버스 속도, 메모리 속도까지 동반 상승하므로 과거의 오버클러킹 방법은 FSB 클럭을 높이는 방식을 사용했습니다. 하지만 전압과 발열 문제 때문에 FSB 클럭 속도를 높이는 방식에는 한계가 있습니다.

노스브릿지 칩셋에 내장된 메모리 컨트롤러는 CPU와 메모리 간의 전송을 담당했고, 그래픽 컨트롤러가 그래픽 출력을 담당했습니다. 노스브릿지 칩셋과 그래픽카드 슬롯을 연결하는 버스 설계에는 빠른 그래픽 처리를 위해 일반 확장 버스와 다른 전용 로컬 버스 설계가 사용되었습니다.

로컬 버스 계보는 VESA 로컬 버스에서 PCI를 거쳐 AGP 버스 설계로 이어졌습니다. AGP는 인텔이 고안한 병렬 방식의 로컬 버스 설계로 1배속(266MB/s)에서 시작하여 나중에 8배속(2GB/s)까지 나왔었습니다. 인텔은 AGP에 이어 보다 직렬 방식의 PCI Express를 고안하였는데, 이 방식에서는 레인의 수와 클럭 속도에 따라 대역폭도 비례적으로 향상됩니다. 현재 그래픽 버스에 주로 사용되는 16레인의 PCI Express 3.0 x16은 16GB/s의 전송 대역을 지원합니다. 인텔의 PCI Express 기술이 나오기 전까지는 노스브리지 칩셋(MCH)과 사우스브리지 칩셋(ICH) 사이의 내부 버스는 병렬 방식의 허브 인터페이스(Hub Interface)로 연결되었습니다.

- FSB 대역폭은 FSB 클럭에 FSB 클럭당 처리 수를 곱한 값입니다. DDR은 2배, QDR은 4배의 대역폭입니다.
- FSB 클럭이 400MHz라면 QDR이 적용된 FSB 대역폭은 4배인 1600MHz로, 1600(MHz) X 8(Byte) = 12.8GB/s입니다.
- 병렬 방식의 AGP 1배속은 96비트를 66MHz 클럭으로 처리하여 266MB/s의 대역폭을 제공합니다.
- AGP를 대체한 PCIe 1.0 x16의 경우도 4GB/s로 8배속 AGP의 2배 크기의 대역폭을 제공합니다

Check Point — 메인보드 확장 버스 설계와 로컬 버스 설계의 등장 과정

CPU의 발전과 함께 여러 가지 확장 버스 설계가 등장했으나 때로는 시장 법칙에 따라, 때로는 속도의 법칙에 따라 도태되고 새로운 인터페이스로 변경되었습니다. 지금까지 등장한 버스 규격과 그 특징은 다음과 같습니다.

- 16비트 ISA 슬롯
- 32비트 PCI 슬롯
- AGP 슬롯

▲ 펜티엄 III 메인보드

❶ **8비트 ISA = XT 버스** : 초기의 컴퓨터인 IBM XT PC에서 사용한 버스 설계로, 8비트 ISA(Industrial Standard Architecture) 버스입니다.

❷ **16비트 ISA = AT 버스** : IBM 호환 AT PC에서 사용된 80286 CPU의 성능을 제대로 발휘하도록 설계된 버스입니다. 펜티엄 III 메인보드 시대까지 16비트 ISA 슬롯이 제공됐습니다.

❸ **MCA와 EISA 버스** : 32비트 386 CPU가 나오면서 ISA 버스가 CPU 성능 발휘에 장애가 되자, IBM은 자사의 386 PC에서 ISA 슬롯을 배제하고 32비트 MCA(Micro Channel Architecture) 버스를 적용하였습니다. IBM 호환 PC 제조업체들은 이에 대항하여 32비트 EISA(Extended ISA) 버스를 내놓았지만 둘 다 ISA 주변 장치 호환성을 외면한 점과 높은 가격으로 인해 단명했습니다.

❹ **VESA 로컬 버스** : MCA와 EISA 버스의 대안으로 나온 로컬 버스로 ISA 버스와 함께 쓸 수 있는 그래픽 버스용으로 설계된 원조 로컬 버스입니다. ISA 버스와 함께 쓰면서도 그래픽카드의 속도를 개선할 수 있어 386, 486 PC 시대에 널리 사용되었습니다.

❺ **PCI 로컬 버스** : 인텔이 고안한 설계로 486 CPU와 궁합을 이뤘습니다. 주변 장치를 자동으로 인식하고 사용할 수 있는 플러그 앤 플레이 기능을 지원하며, 33MHz(132MB/s)의 전송 대역을 제공합니다. 펜티엄 시대부터 로컬 버스는 AGP에 물려주고 일반 버스로 자리 잡았습니다.

AMD의 메모리 컨트롤러 내장과 하이퍼 트랜스포트 기술

AMD는 최초의 64비트 Athlon CPU를 개발하면서 인텔을 따라가던 방식에서 탈피하여 독자적인 CPU 아키텍처를 설계합니다. AMD는 병렬 FSB로 노스브리지 칩셋을 경유하여 메모리와 교신하는 방식이 치명적인 병목 구간이라는 것을 간파하고, 이를 해결하기 위해 메모리 컨트롤러를 CPU에 내장하고, 점 대 점(Point to Point) 링크 방식의 직렬 HT(Hyper Transport) 기술로 CPU와 메모리가 직접 통신하는 기술을 적용하였습니다. CPU에 내장된 메모리 컨트롤러와 HT로 메모리가 직접 통신하므로 CPU와 메모리 간 대역폭이 크게 향상되었습니다. HT 3.0 규격의 양방향 대역폭은 5.2GT/s를, 최신 HT 3.1 규격은 6.4GT/s를 지원합니다. 다음은 AMD의 페넘 II-X6 투반 CPU를 지원하는 고급형 칩셋인 AMD890FX 칩셋의 HT 버스 관리 방식을 나타낸 그림입니다. CPU에 메모리 컨트롤러가 내장되므로 노스브리지 칩셋을 거치지 않고 곧바로 CPU와 메모리가 연결되며, 사우스브릿지 칩셋과도 HTX(HyperTransport eXpansion)로 유연하게 연결됩니다. 사우스브리지 칩셋으로는 인텔의 ICH 칩셋과 비슷한 기능의 SB 칩셋을 사용합니다.

AMD CPU와 하이퍼트랜스포트 버스 관리 방식

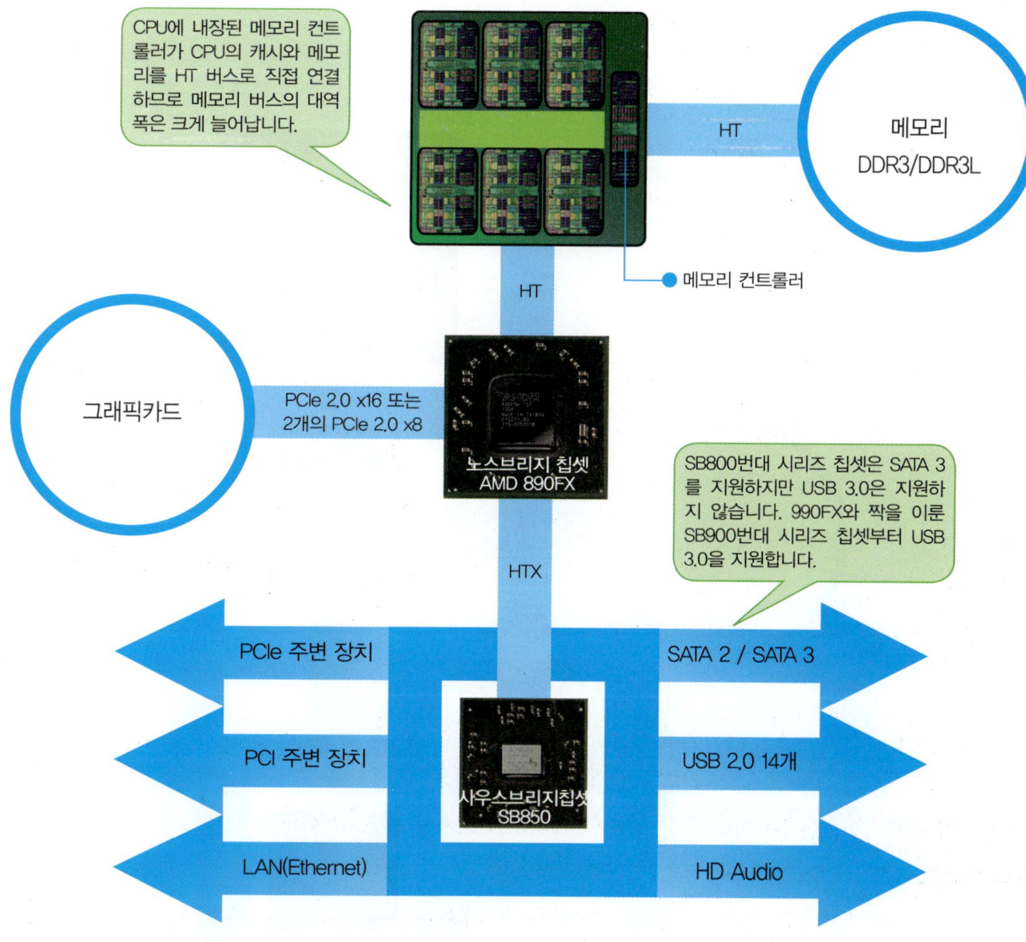

인텔의 새로운 버스 혁신 QPI

버스 컨트롤 기술에 관한 한 AMD에 한수 밀렸던 인텔은 오랜 동안 유지해왔던 병렬 FSB를 청산하고, 직렬 방식의 QPI(Quick Path Interconnect)라는 새로운 버스 관리 기술을 도입합니다. 인텔은 네할렘 아키텍처로 4개의 코어를 한 개의 다이에 집적한 인텔의 첫 네이티브 쿼드코어 프로세서인 i7 블룸필드 CPU에 최초로 트리플 채널을 지원하는 메모리 컨트롤러를 탑재하고, CPU와 메모리가 QPI 버스로 교신하며 지원 대역폭은 4.8GT/s부터 최대 6.4GT/s까지 지원합니다.

다음 그림은 인텔의 블룸필드 CPU와 짝을 이루는 X58 칩셋의 버스 관리 방식을 나타낸 것입니다. CPU에 최대 24GB의 메모리를 활용할 수 있는 트리플 채널 메모리 컨트롤러가 내장되어 직접 메모리와 교신하며, 새로운 노스브리지 칩셋인 X58 칩셋과도 QPI로 연결하여 그래픽 카드를 지원하는 빠른 전송 대역을 확보합니다.

X58 칩셋은 최대 32레인까지 지원하는 PCIe 컨트롤러를 내장하여 레인 분할 기술로 PCIe 2.0 x16 레인 두 개나 PCIe 2.0 x8 레인 4개까지 구성할 수 있습니다. 즉, 4개의 멀티 VGA도 거뜬하게 지원할 수 있습니다. X58 칩셋과 사우스브리지 칩셋과는 DMI로 연결됩니다. 전체 다이어그램을 보면 칩셋 이름만 다를 뿐, 사실상 AMD와 거의 비슷한 버스 관리 방식으로 바뀐 것을 알 수 있습니다.

인텔의 i7 블룸코어 CPU와
QPI 버스 관리 방식

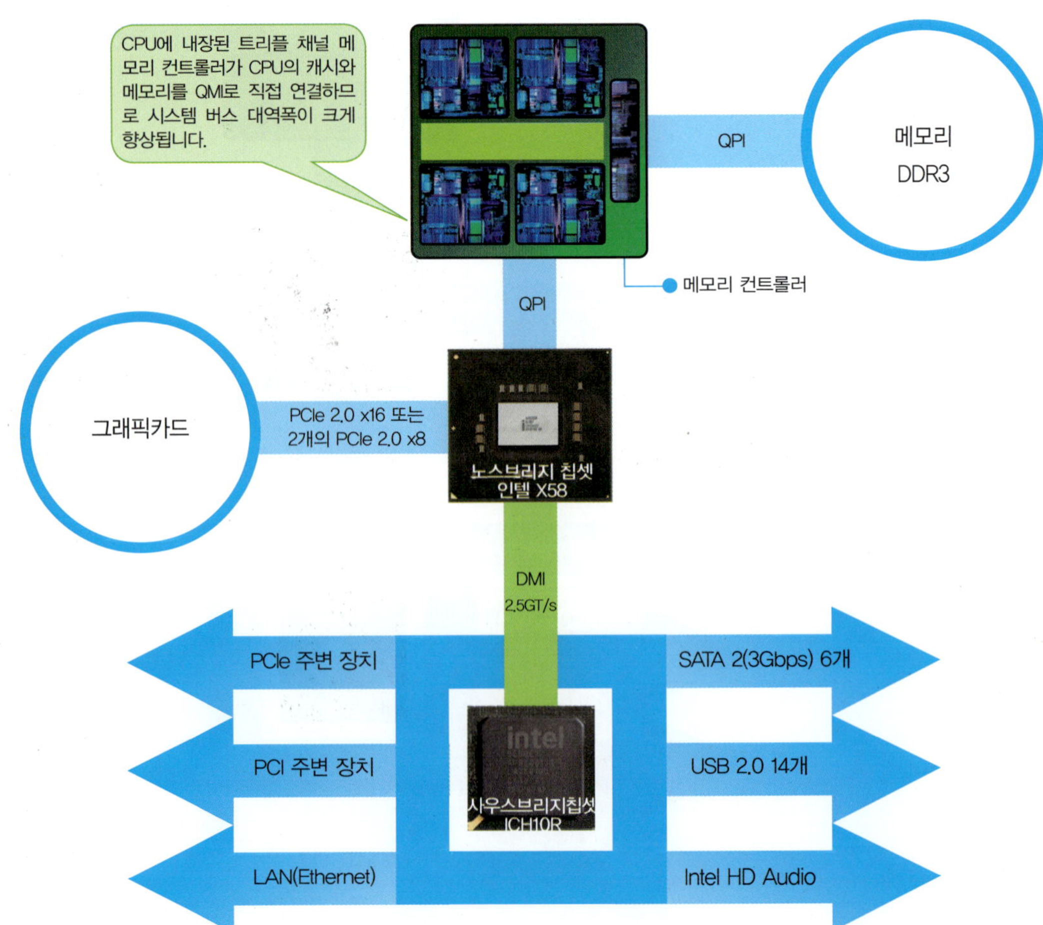

- X58 칩셋은 LGA1366 소켓 규격의 i7 블룸필드 CPU와 짝을 이루는 칩셋입니다.
- X 시리즈 칩셋은 i7 계열의 하이퍼스레드와 트리플 메모리를 지원하는 당시의 최상위 인텔 칩셋입니다.

이원적 버스 관리를 청산한 단일 PCH 칩셋의 등장

인텔은 네할렘 아키텍처의 코어 i5/i7 린필드 CPU부터 메모리 컨트롤러와 PCIe 컨트롤러까지 CPU 안에 통합하여 기존의 노스브리지 칩셋의 기능을 완전히 흡수해 버렸습니다. 따라서 노스브리지와 사우스브리지 칩셋을 통한 이원적인 버스 관리 방식은 청산되고, 인텔 메인보드 칩셋은 단일 PCH 칩셋 시대가 되었습니다.

다음 그림은 코어 i5/i7 린필드 CPU와 짝을 이룬 PCH 칩셋(P55)의 버스 관리 방식을 나타낸 그림으로 노스브리지 칩셋이 사라지고 CPU와 DMI로 연결된 단일 PCH 칩셋 구성으로 바뀐 것을 볼 수 있습니다.

노스브릿지 칩셋의 대부분의 기능을 CPU가 내장 지원하면서 PCH 칩셋에는 주로 사우스브리지 칩셋(ICH) 기능이 포함됩니다. 다음 그림에서 보는 바와 같이 CPU의 PCIe 컨트롤러는 직접 PCIe 2.0 16레인을 컨트롤하고, 내장 메모리 컨트롤러는 직접 메모리와 DMI로 교신합니다. P55 칩셋은 CPU와 2.5GT/s의 대역폭의 직렬 DMI로 연결되며, 8개의 PCI Express 2.0 1배속 레인을 추가로 지원합니다.

당시 고성능 그래픽카드도 PCIe 2.0 x16의 절반 수준의 대역폭이면 대응할 수 있었으므로 동적 레인 분할 기술로 멀티 VGA용 그래픽카드 슬롯이나 SATA 3나 USB 3.0 대역폭을 지원하는 데 활용하였습니다.

이와 같은 레인 분할 기술을 활용하여 대역폭을 차용하는 설계에서는 USB 3.0(5Gbps)과 SATA 3(6Gbps)의 동시 사용 시 병목 현상이 일부 발생할 수 있고, 멀티 VGA 시 대역폭 제한이 발생할 수 있습니다.

인텔의 i5/i7 린필드 CPU와 PCH 칩셋(P55)의 버스 관리 방식

- CPU 내장 PCIe 컨트롤러 설계에서는 레인 분할 기술이 가능하지만 레인 확장은 불가능합니다.
- 인텔의 네할렘 아키텍처의 코어 i5/i7 린필드 CPU와 짝을 이루는 PCH 칩셋은 P55이며, 뒤에 나온 듀얼 코어 i3 클락데일 CPU와 짝을 이루는 보급형 칩셋으로는 H57과 Q57 칩셋이 있습니다(106쪽 참고).
- 네할렘 아키텍처는 블룸필드, 린필드, 클락데일 순으로 시기를 두고 개발되었으며, CPU 대역폭으로 QPI와 DMI가 혼재되었으나 샌디브릿지 CPU부터는 DMI로 통일됩니다.

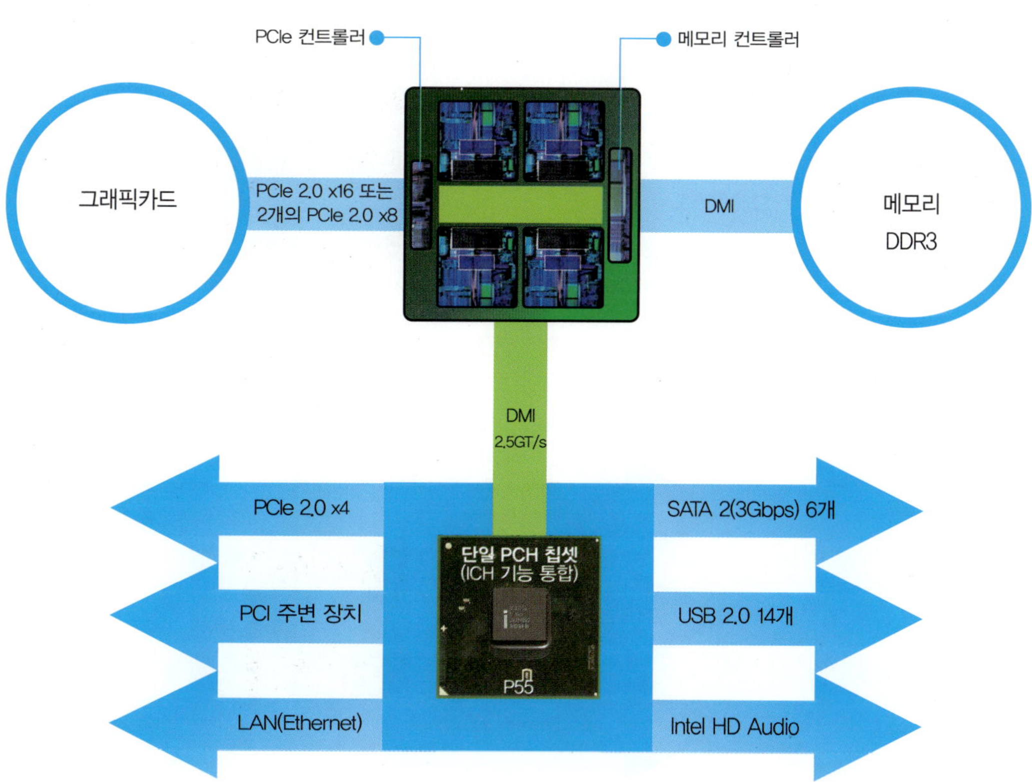

샌디브릿지 CPU 지원 PCH 칩셋

2세대 코어아키텍처인 인텔 코어 i3/i5/i7 샌디브리지 CPU의 내장 메모리 컨트롤러는 최대 32GB의 듀얼 채널 메모리를 지원합니다. 이 CPU와 조합되는 6x 시리즈 PCH 칩셋에는 최상위 P67 칩셋과 H67, H61 칩셋 등이 있습니다. 이 PCH 칩셋들은 기존 DMI보다 두 배나 향상된 DMI 2.0 대역폭으로 CPU와 5GT/s로 연결됩니다.

샌디브릿지 CPU 내부 부품 간 교신은 Ring Bus 설계를 사용하여 효율을 높였으며, 5GT/s로 향상된 DMI 2.0 대역폭을 바탕으로 6Gbps의 SATA 3를 지원하는 2개의 단자와 3Gbps의 SATA 2 규격의 4개의 단자를 메인보드 칩셋에서 직접 지원하고, 느린 PCI 인터페이스는 더 이상 지원하지 않습니다.

인텔은 자사의 선더볼트 인터페이스를 중시했기 때문에 이때까지도 PCH 칩셋에서 USB 3.0을 직접 지원하지 않았습니다. 그렇기 때문에 메인보드 제조사는 중급 이상의 메인보드 제품에는 추가 칩셋을 통해 USB 3.0 인터페이스를 지원했습니다.

최상위 칩셋인 P67 칩셋은 레인 분할 기술로 2개의 PCIe 2.0 x8로 분할하거나 PCIe 2.0 x8과 PCIe 2.0 x4 레인 확장 슬롯을 이용하여 3개의 멀티 VGA 구성도 지원합니다. 고성능에 중점을 둔 P67 칩셋은 내장 GPU 출력은 지원하지 않았습니다.

GPU의 화면 출력을 지원하는 FDI 인터페이스는 H67이나 H61 보급형 칩셋에서 지원하며, 백 패널에 내장 GPU를 지원하는 VGA, DVI, HDMI 단자가 구성되었으며, 동시에 두 개의 독립적인 디스플레이 사용이 가능합니다.

다음은 내장 GPU의 디스플레이 출력을 지원하는 H67 칩셋의 버스 관리 방식을 나타낸 그림입니다.

인텔의 i5/i7 샌디브릿지 CPU와 PCH 칩셋(H67)의 버스 관리 방식

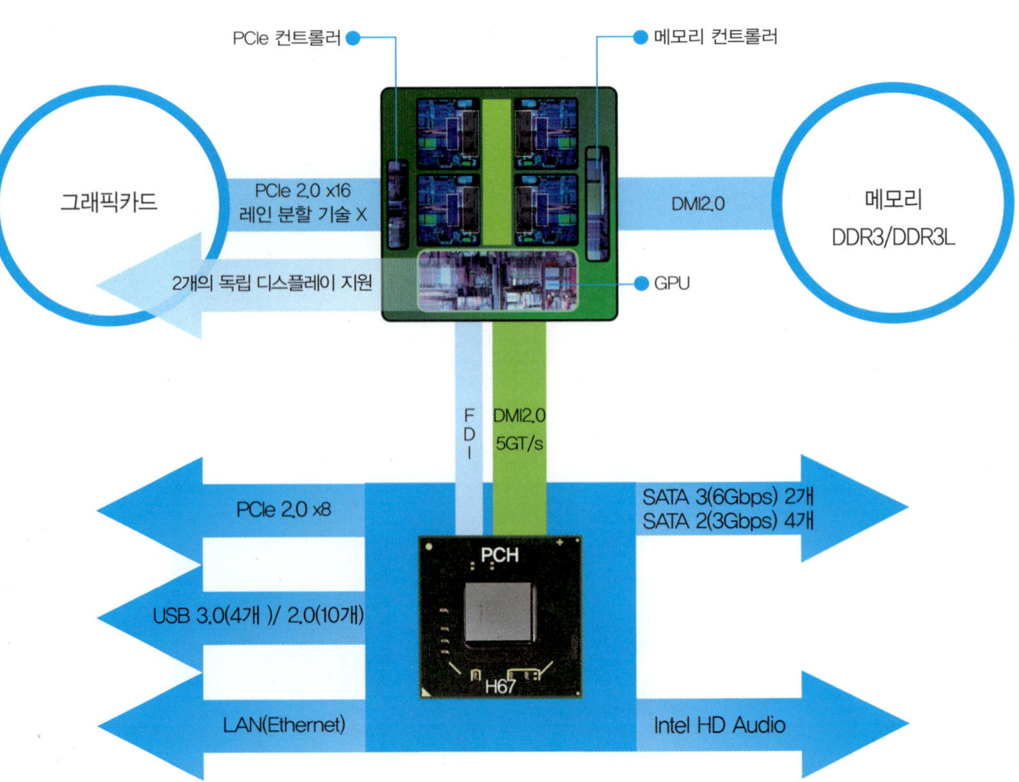

아이비브릿지 CPU 지원 PCH 칩셋

2012년에 32nm 제조 공정을 22nm 제조 공정으로 개선한 아이비브릿지 CPU는 샌디브릿지 아키텍처를 계승하였고, 소켓 규격도 동일하므로 P67 칩셋 메인보드나 Z77 칩셋 패밀리의 메인보드에서도 샌디브릿지 CPU를 사용할 수 있습니다(노트북 컴퓨터용 칩셋은 호환 안 됨). 물론 아이비브릿지 CPU는 **PCIe 3.0 x16**을 지원하는 7x 시리즈 칩셋과 가장 이상적인 궁합을 이룹니다. PCIe 3.0 레인을 선더볼트 4배속 레인으로 분할하여 쓸 수 있도록 지원하며, Intel® **WiDi 무선 화면 출력**도 지원합니다. 최상위 Z77 칩은 FDI 인터페이스를 지원합니다. 7x 시리즈 PCH 칩셋도 CPU와 5GT/s 대역폭의 DMI 2.0을 사용하지만 직접 4개의 USB 3.0을 지원하며, 6개의 SATA 단자 모두 SATA 3 대역폭까지 지원합니다.

다음은 Z77 PCH 칩셋의 버스 관리 방식을 나타낸 그림으로, CPU 레벨에서 독립적인 3가지 디지털 화면 출력을 지원하고 선더볼트 지원 인터페이스를 확인할 수 있습니다.

- 아이비브릿지 CPU와 새로이 짝을 이루는 PCH 칩셋에는 Z77, Z75, H77, Q77, Q75, B75 PCH 칩셋이 있습니다.
- 최상위 Z68 칩셋에서도 FDI를 지원하며, 일반 작업에는 내장 GPU를, 3D 게임시에는 외장 그래픽카드를 사용하여 전력을 절감하는 Lucid사의 Virtu 기술을 지원합니다.
- 내장 GPU를 통해 아날로그 VGA와 DVI, HDMI 단자를 제공하며 동시에 세 개까지 독립적 디스플레이 사용이 가능합니다.

인텔의 i5/i7 아이비브릿지 CPU와 PCH 칩셋(Z77)의 버스 관리 방식

- RST RAID : Intel® Rapid Storage Technology with RAID, 인텔의 고속 레이드 기술
- SCT : Intel® Smart Connect Technology, 인텔의 스마트 연결 기술로 대기 모드에서 자동 업데이트를 지원합니다.
- RST : Intel® Rapid Start Technology with RAID, 인텔의 빠른 시동 기술
- Intel® Smart Response 기술은 18.6GB 이상의 SSD 캐시를 활용한 스토리지 캐싱으로 부팅 속도나 애플리케이션 구동 속도, 데이터 접근 속도를 향상시키는 기술입니다.
- Intel® WiDi : Intel® Wireless Display, Intel® WiDi 지원 TV나 디스플레이에서 무선 화면 출력을 지원하는 기술입니다.

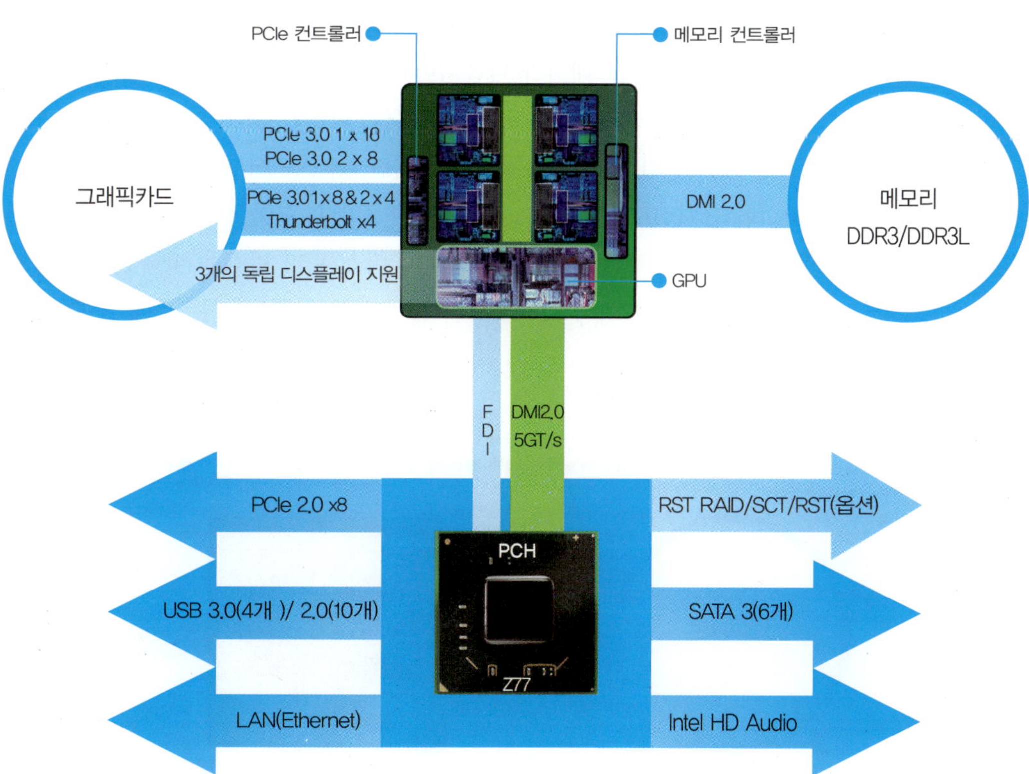

Check Point — **인텔 메인보드 칩셋 라인업의 네이밍 규칙**

인텔 메인보드 칩셋 라인업에도 네이밍 규칙이 있습니다. 보통 CPU 세대 교체 때 지원하는 칩셋 시리즈의 첫 숫자도 1씩 높아져 왔는데, 스카이레이크 지원 칩셋부터는 100시리즈가 시작되었으므로 이후부터는 백 단위 첫 숫자로 구분될 것입니다.

동일 시리즈라도 레인 수(대역폭), 오버클럭, RAID 지원 여부, SATA/USB 규격과 단자 수 등에 차이를 두어 라인업을 구성합니다. 라인업은 크게 일반 소비자용과 비즈니스용으로 구분되며, 일반 소비자용 라인업의 최상위 칩셋에는 P나 Z가 붙고, 그 아래 레벨의 칩셋은 H로 시작합니다. 비즈니스용 라인업은 Q와 그보다 낮은 레벨의 B로 시작하며, 일반용보다 사양은 낮은 편이지만 SBA(Small Business Advantage)와 SBB(Small Business Basic), SIPP(Stable Image Platform Program) 같은 기업용 보안이나 공유 기능이 부가되는데 요즘에는 일반용에 추가되기도 합니다. 동종 라인업에서는 뒷자리 숫자가 클수록 더 나은 사양입니다.

하스웰 CPU 지원 PCH 칩셋

2013년에 제4세대 코어 아키텍처의 하스웰 CPU가 등장하면서 Z87, H87, Q87 PCH 칩셋이 새롭게 짝을 이룹니다. 하스웰 CPU의 최대 특징은 전성비로 지칭되는 저전력 CPU로 아이비 브릿지 보다 한층 더 전력 효율은 개선하면서도 10% 정도의 성능 향상을 실현했습니다.

하스웰 CPU는 3D 그래픽과 HD 비디오를 거뜬히 처리하는 HD4600 GPU를 내장하고, CPU 에 내장된 시스템 에이전트 모듈에서 DVI/HDMI/DP 단자로의 고해상도 디지털 디스플레이를 지원합니다. 하스웰 CPU 레벨에서 많은 기능을 구현하기 때문에 PCH 칩셋의 기능과 역할은 줄어들고 있습니다.

하스웰 라인업의 최상위 Z87 칩셋은 DMI 2.0 대역폭을 바탕으로 PCIe 2.0 x8, 32GB의 듀얼 채널 메모리, 인텔 HD 오디오, 기가비트 랜을 지원합니다. USB 3.0 수요에 발맞춰 최대 6개 의 USB 3.0을 지원하고, 총 14개의 USB 인터페이스를 지원합니다.

한편 후속 개발 예정이었던 데스크톱 브로드웰 CPU의 출시가 지연되면서 하스웰의 발열 기능 을 보완한 하스웰 리프레시가 나옵니다. 하스웰 리프레시 CPU와 짝을 이루고 기존 하스웰과 브로드웰 CPU와도 호환되는 9x 시리즈 Z97, H97, Q97 칩셋 등이 발표됩니다. 9x 시리즈 칩 셋은 8x 시리즈 칩셋과 거의 차이가 없지만, 메인보드 제조업체에 의해 Z97 칩셋의 메인보드 에 10Gbps급의 SATA Express 단자와 M.2 SSD 슬롯이 구성되는 등의 차이는 있습니다.

다음은 하스웰 CPU와 Z87 PCH 칩셋의 버스 관리 방식을 나타낸 그림으로 USB 3.0 지원이 늘어난 것 외에는 아이비브릿지 지원 칩셋과 큰 차이는 없는 것을 알 수 있습니다.

인텔의 i5/i7 하스웰 CPU와 PCH 칩셋(Z87)의 버스 관리 방식

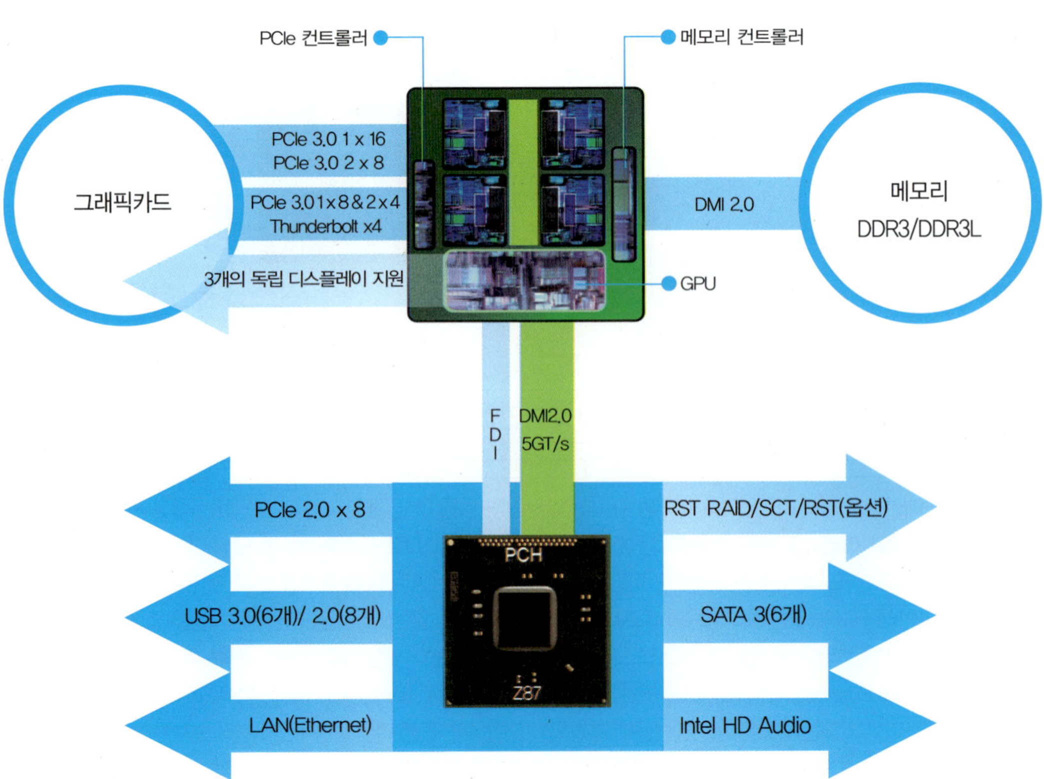

- 인텔의 데스크톱 CPU의 칩 셋 라인업도 노트북 컴퓨터용 CPU 라인업과 큰 차이가 없 습니다.
- 모바일 하스웰 CPU를 지원하 는 최상위 칩셋은 QM87 칩셋 으로 쿼드코어 CPU와 하이퍼 스레드를 지원하는 등 Z87 칩 셋과 동일한 기능을 지원하며 저전력으로 동작합니다.

스카이레이크 CPU 지원 PCH 칩셋

원래 하스웰 코어의 후속은 브로드웰 코어였으나 개발 지연으로 인해 데스크톱용 CPU는 건너뛰었습니다. 6세대 스카이레이크 코어 CPU가 등장하면서 100번대 시리즈의 칩셋인 Z170, H170, H110, Q170, Q150, B150 등의 칩셋과 새롭게 짝을 이룹니다.

100시리즈 칩셋부터는 DDR4와 DDR3L 메모리를 지원하는데, 대부분 DDR4 메모리 슬롯을 장착하는 추세입니다. USB 호스트 컨트롤러는 기존의 EHCI 대신 전력 효율과 가상화 기술 등이 향상된 XHCI가 기본적으로 지원되며, 디지털 디스플레이를 강화하여 백패널에 DP 단자가 제공되는 반면, 더 이상 아날로그 D-Sub 단자는 빠지고, FDI 인터페이스도 없어졌습니다.

100시리즈 칩셋부터는 기존의 DMI 2.0보다 넓은 대역폭의 DMI 3.0이 지원됩니다. DMI 3.0 대역폭을 바탕으로 최대 64GB의 DDR4 메모리를 지원합니다. USB 3.0 수요에 발맞춰 최대 10개의 USB 3.0을 사용할 수 있고 14개의 USB 2.0을 지원합니다.

최상위 Z170 칩셋은 최대 PCIe 3.0 x4(32Gbps) 대역폭의 M.2 슬롯을 지원합니다. 단, M.2 슬롯에서 PCIe 3.0 4레인을 사용할 때는 자동으로 메인보드의 PCIe 3.0 x4 슬롯은 비활성화되므로 멀티 VGA는 2개의 PCIe 3.0 x8 연결만 가능합니다. SATA Express의 경우도 PCIe 3.0 x2(16Gbps) 대역폭을 지원하며, 선더볼트 인터페이스와 USB 3.1 대역폭도 PCIe 3.0 레인을 활용하여 지원합니다.

다음은 스카이레이크 CPU와 Z170 PCH 칩셋의 버스 관리 방식을 나타낸 그림으로, 기존과 확연히 구별되는 인터페이스를 갖고 있습니다.

인텔의 i5/i7 하스웰 CPU와 PCH 칩셋(Z87)의 버스 관리 방식

- **EHCI** : Enhanced Host Controller Interface
- **XHCI** : Extensible Host Controller Interface
- 운영체제 설치 후에 USB 장치를 운용할 때는 EHCI와 XHCI 모두 지원하지만, 운영체제 설치 단계에서는 XHCI는 윈도우 8 이상만 지원하므로 EHCI를 지원하는 윈도우 7 설치에는 설치 전에 XHCI 컨트롤러를 인식시켜줘야 설치할 수 있습니다(355쪽 참고).
- **DP** : Display Port, 영상과 음성, 데이터 전송까지 가능한 디스플레이 연결 방식으로 HDMI가 TV 같은 AV 기기에서 발전한 데 반해, DP는 그래픽카드 제조진영인 VESA에서 고안한 디스플레이 연결 방식입니다(129쪽 참고).

- **RST for PCIe** : Intel® Rapid Storage Technology for PCI Express Storage, 인텔의 PCI Express 저장 장치를 위한 고속 기술
- **SST** : Intel® Smart Sound Technology, 인텔의 스마트 사운드 기술로 인간과 기계의 음성을 통한 상호작용, 음질 저하 없이 최상의 성능과 배터리 수명을 유지하는 기술

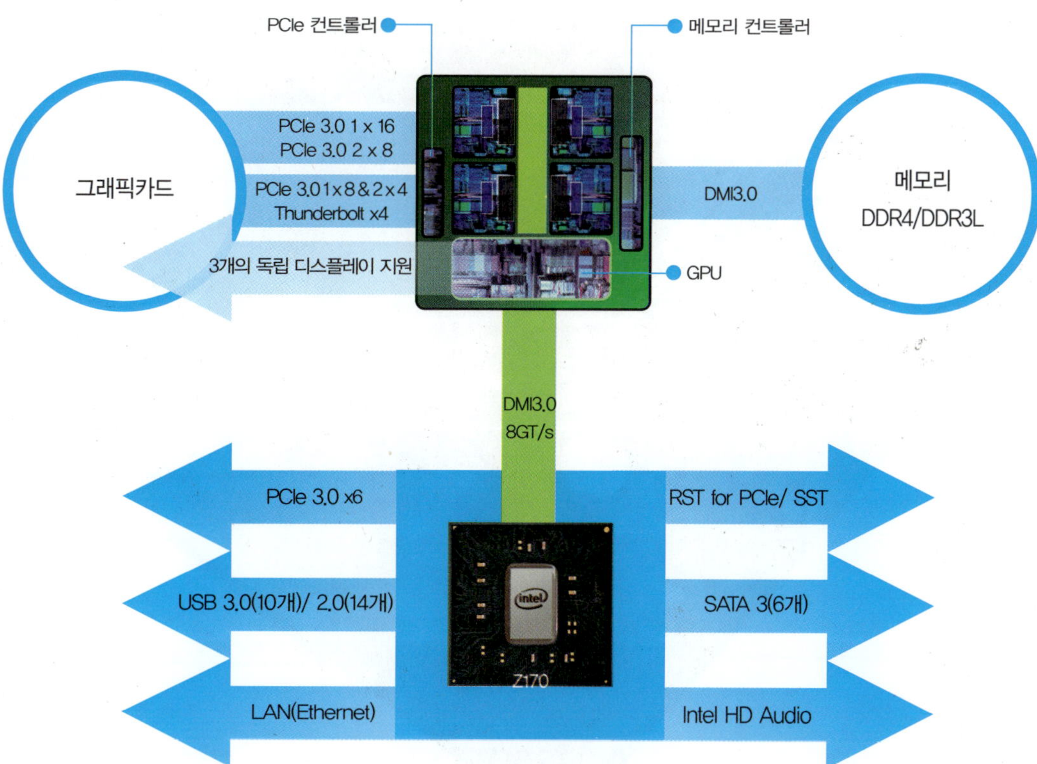

세대별 메인보드 살펴보기

이제 세대별 특징을 반영한 메인보드를 살펴보겠습니다. 메인보드에 따라 지원하는 단자들은 조금씩 차이가 있는데, 빨간색으로 강조한 부품들은 유의하여 살펴보기 바랍니다.

LGA775 소켓의 펜티엄 4 프레스캇 CPU용 메인보드

다음은 LGA775 소켓의 펜티엄 4 프레스캇 CPU를 설치할 수 있는 ASUS의 P5GD2 Pro 메인보드로 무선 랜과 IEEE1394, IDE RAID까지 폭넓게 지원하는 고급형 메인보드입니다.

- **FDD** : Floppy Disk Drive
- **HDD** : Hard Disk Drive
- **PATA** : Parallel ATA
- **SATA** : Serial ATA
- **RAID** : Redundant Array of Independent Disks

펜티엄 프레스캇 CPU 지원 메인보드는 그래픽 카드와 메모리 대역폭을 관리하는 노스브릿지 칩셋과 그 외 주변 장치 연결을 관리하는 사우스브릿지 칩셋을 볼 수 있습니다. 2개의 PATA 단자와 FDD 단자와 함께 4개의 SATA 1 규격의 단자도 제공되는 것을 볼 수 있습니다. 그래픽카드 슬롯은 PCIe 1.0 x16 슬롯이 제공되고 고급 메인보드답게 무선랜과 IEEE1394 단자까지 제공되는 것을 볼 수 있습니다.

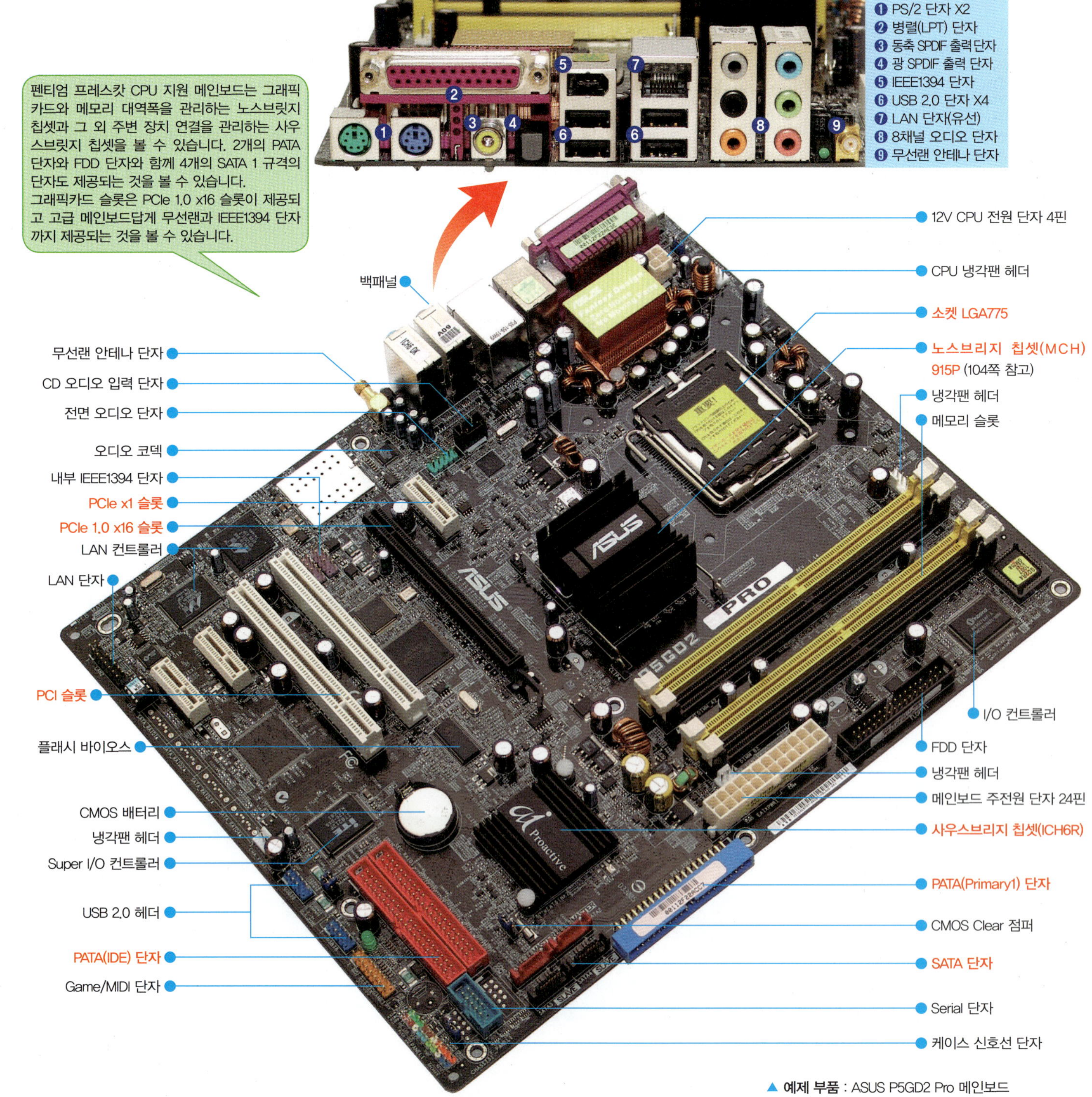

▲ **예제 부품** : ASUS P5GD2 Pro 메인보드

LGA1156 소켓의 인텔 i5 린필드 CPU용 메인보드

다음은 LGA1156 소켓의 인텔 코어 i5/i7 린필드 CPU를 설치할 수 있는 GIGABYTE의 P55A-UD3R 메인보드입니다. 앞의 프레스캇 CPU용 메인보드와 비교해보면 많은 차이가 있는 것을 볼 수 있을 것입니다. 네할렘 아키텍처의 CPU부터 그래픽카드와 메모리 버스 컨트롤러를 CPU에 내장하게 되면서 노스브리지 칩셋은 사라지고, 사우스브리지 칩셋 기능을 포함하는 단일 PCH 칩셋으로 바뀌면서 메인보드의 구성이 크게 바뀐 것을 볼 수 있습니다.

메인보드 박스에는 PCH 칩셋인 P55로 이름붙여진 것을 볼 수 있습니다. 메인보드는 호환성을 위해 1개의 PATA 단자가 제공되지만, FDD 단자는 없어졌고, PCH 칩셋이 직접 지원하는 6개의 SATA 2 단자와 서드파티 칩셋으로 지원되는 2개의 SATA 3 단자가 제공되며, 백패널에서도 eSATA 단자가 제공되는 것을 볼 수 있습니다. 그래픽카드 슬롯은 PCIe 2.0 x16 슬롯이 제공되고 2개의 USB 3.0 단자가 새로 등장한 것을 볼 수 있습니다. 과거에 프린터 연결에 주로 사용되던 병렬 단자는 백패널에서 사라지고, 메인보드 구석으로 밀려난 것 볼 수 있습니다.

▲ 예제 부품 : GIGABYTE P55A-UD3R 메인보드

LGA1150 소켓의 인텔 코어 i7 하스웰 CPU용 메인보드

LGA1150 소켓의 인텔 코어 i5/i7 하스웰 CPU를 설치할 수 있는 GIGABYTE의 Z87X-UD3H 메인보드로, PCH 칩셋의 이름인 Z87로 시작되는 것을 볼 수 있습니다. 4세대 코어 아키텍처의 하스웰 CPU와 짝을 이루는 고급형 메인보드답게 전반적으로 향상된 속도의 인터페이스를 지원하며, 사용자 편의 기능도 많이 개선된 것을 볼 수 있습니다.

메인보드 박스에는 PCH 칩셋인 Z87로 이름붙여진 것을 볼 수 있습니다. PATA와 FDD 단자는 없어졌고, PCI 슬롯도 사라졌습니다.
PCH 칩셋에서 6개의 SATA 3 단자가 지원되며 백패널의 USB 3.0 단자가 대폭 늘어났고, 메인보드 내부에도 USB 3.0 단자가 제공됩니다.
샌디브릿지부터 CPU에 GPU가 내장되면서 백패널에 CPU 내장 GPU의 출력을 지원하는 VGA, DVI, HDMI, DP 단자가 제공되는 것을 볼 수 있습니다.

백패널

- ❶ PS/2 단자
- ❷ USB 3.0 단자 X2
- ❸ VGA 단자
- ❹ DVI 단자
- ❺ 광 SPDIF 출력 단자
- ❻ HDMI 단자
- ❼ DP 단자
- ❽ USB 3.0 단자 X2
- ❾ eSATA 단자 X2
- ❿ LAN 단자(유선)
- ⓫ USB 3.0 단자 X2
- ⓬ 8채널 오디오 단자

전원부
PCIe 3.0 x16 슬롯
LAN 컨트롤러
PCIe 2.0 x1 슬롯
PCIe 3.0 x8 슬롯
오디오 코덱
PCI 슬롯
PCIe 3.0 x4 슬롯
ITE I/O 컨트롤러
(PCIe to PCI Bridge)
전면 오디오 단자
SPDIF 출력 단자
냉각팬 전원 단자 4핀
병렬(LPT) 단자
직렬(COM) 단자
USB 2.0 헤더
USB 3.0 헤더
케이스 신호선 단자
플래시 바이오스 듀얼

12V CPU 전원 단자 8핀
소켓 LGA1150
메모리 소켓
CPU 냉각팬 헤더 4핀
CPU 수냉팬 헤더 4핀
리셋 스위치
CMOS 스위치
바이오스 스위치
파워 스위치
디버그 LED
메인보드 주전원 단자 24핀
USB 3.0 헤더
USB 3.0 허브 칩셋
PCH 칩셋 Z87
ATX 4핀 전원 단자
SATA 3(RAID) 6단자
CMOS 배터리
SATA 3(RAID) 2단자(서드파티)
Super I/O 컨트롤러
CMOS 클리어 점퍼

▲ 예제 부품 : GIGABYTE Z87X-UD3H 메인보드

LGA1151 소켓의 인텔 코어 i7 스카이레이크 CPU용 메인보드

LGA1150 소켓의 인텔 코어 i5/i7 하스웰 CPU를 설치할 수 있는 기가바이트 GA-Z170X-UD5 듀러블에디션 메인보드로, PCH 칩셋의 이름인 Z170으로 시작되는 것을 볼 수 있습니다. 6세대 코어 아키텍처의 스카이레이크 CPU와 짝을 이루는 최고급 메인보드로 오버클러킹을 넉넉하게 지원하는 견고한 전원부와 최신 인터페이스 지원, 돋보이는 사용자 편의 기능들이 눈에 띄는 것을 볼 수 있습니다.

기가바이트의 최상급 메인보드답게 온라인 게임의 랙을 최소화하고 안정된 고속 랜을 위해 두 개의 LAN을 지원합니다. 아날로그 VGA 단자는 없어졌고, eSATA 단자는 백패널에서 사라졌으며, 옵션으로 eSATA 브래킷을 사용하는 방식으로 바뀌고 그 대신 USB 3.1 A타입과 C타입 단자가 새로 추가되었습니다. 메인보드상에서 PCIe 3.0 x4 지원 M.2 슬롯이 제공되며, 6개의 SATA 단자와 PCIe 레인 컨트롤 단자를 묶어 세 개의 SATA Express 단자로 사용할 수 있습니다.
병렬(LPT) 단자는 메인보드에서 사라졌고, 선더볼드 지원을 위한 THP-C(Thenderbolt Add-in Card) 단자가 새롭게 탑재된 것을 볼 수 있습니다.

▲ 예제 부품 : GIGABYTE Z170X-UD5 메인보드

메인보드의 주요 부품 살펴보기

PC 조립과 관리에 정통하려면 바로 메인보드 부품들의 기능과 메인보드 인터페이스들에 대해서도 잘 알아야 합니다. 메인보드에서 제공되는 인터페이스는 세대별로 발전하고 있으므로 같은 기능의 부품이라도 인터페이스 규격에 따라 아예 사용을 못하거나 제성능을 발휘하지 못할 수 있으므로 유의하기 바랍니다.

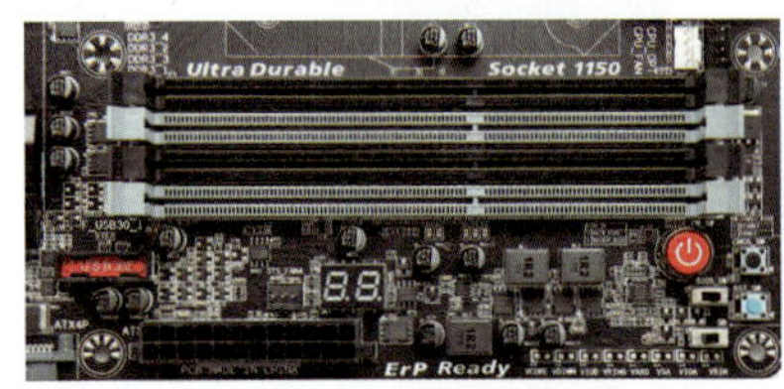

메모리 슬롯

메모리(RAM)를 끼울 수 있는 슬롯입니다. 스카이레이크 지원 메인보드부터는 DDR4 메모리를 지원합니다(114쪽 참고). DDR(Double Data Rate) 메모리는 두 개씩 짝을 이뤄 듀얼 채널로 구성하면 외부 입출력 속도를 두 배로 사용할 수 있습니다.

듀얼 채널을 지원하는 DDR 메모리의 슬롯은 두 개씩 짝을 이뤄 설치할 수 있도록 색상으로 구별되어 있습니다. 트리플 채널 지원 메모리는 듀얼 채널에 비해 1.5배 빠른 외부 입출력 속도를 확보할 수 있습니다. 메인보드의 메모리 슬롯 개 수는 4개나 6개이기 때문에 설치 가능한 물리적인 메모리 용량은 제한됩니다.

첫 번째 VGA 슬롯 PCIe 3.0 x16 ●

두 번째 VGA 슬롯 PCIe 3.0 x8 ●

▲ 첫 번째 VGA 슬롯(오른쪽 PCIe 3.0 x16 슬롯)은 단일 그래픽카드 사용 시 16레인의 대역폭 활용이 가능합니다.

그래픽카드 전용 슬롯

그래픽카드 전용 슬롯은 VGA 슬롯으로 부르는데, 과거에는 로컬 버스 설계의 VESA나 AGP 슬롯이 사용되던 시절도 있었지만 지금은 PCI Express 슬롯이 주로 사용됩니다.

고급 메인보드는 두 개 이상의 그래픽카드를 설치할 수 있도록 추가 그래픽카드용 슬롯이 제공됩니다. 이 경우 첫 번째 그래픽카드용 PCIe x16 슬롯은 16배속의 풀 레인을 지원하지만, 두 번째 그래픽카드용 PCIe 슬롯의 레인 수는 메인보드의 칩셋에 따라 차이가 있습니다.

왼쪽의 GIGABYTE의 Z87X-UD3H 메인보드에서 멀티 그래픽카드를 설치하면 두 번째의 PCIe 3.0 x8 대역폭에 맞춰지므로 두 그래픽카드는 2개의 PCIe 3.0 x8 대역폭을 사용하게 됩니다.

PCIe 2.0 x1 슬롯 ●   ● PCI 슬롯

● PCIe 3.0 x4 슬롯

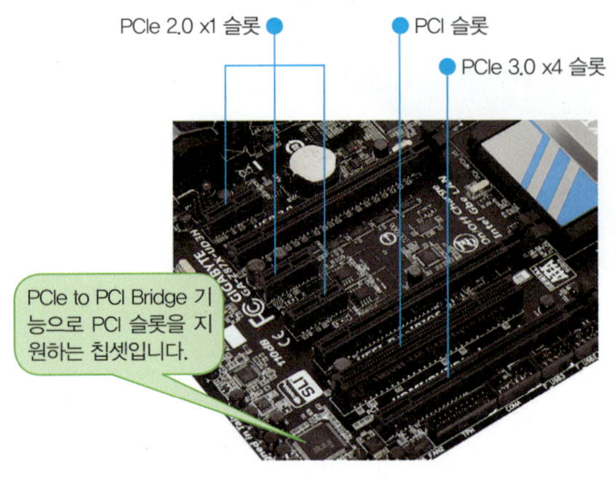

일반 주변 장치용 PCIe x1 / PCI 슬롯

TV 수신카드나 사운드카드 같은 확장 카드 방식의 주변 장치를 사용할 수 있는 슬롯입니다. 메인보드 제조사의 추가 칩셋으로 지원되는 병렬 방식의 PCI 슬롯은 최대 132MB/s의 전송 대역을 지원합니다. 직렬 방식의 PCI Express 2.0은 한 레인(1배속)으로도 500MB/s의 빠른 전송 대역을 지원합니다.

지금은 메인보드가 내장 지원하는 장치가 늘어났고, 굳이 확장 슬롯에 꽂지 않고도 연결만 하면 바로 사용이 가능한 USB 인터페이스의 대중화로 인해 확장 슬롯의 사용 빈도는 줄고 있습니다.

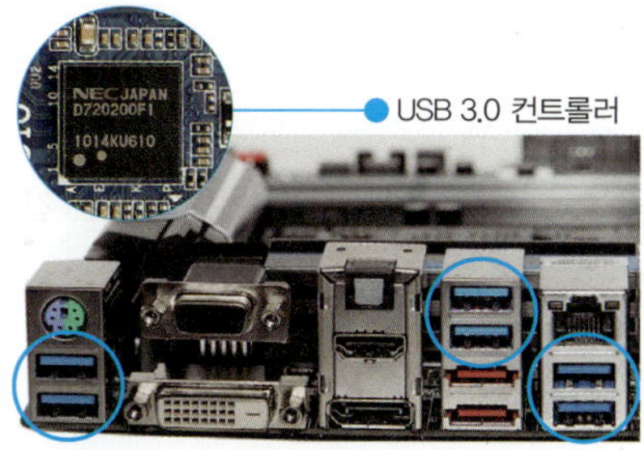

▲ 구형 PCH 칩셋의 메인보드는 별도 칩셋을 통해 USB 3.0을 지원합니다.

▲ 메인보드 백패널의 USB 단자와 메인보드 내부 USB 단자

USB 인터페이스

USB 인터페이스는 이론적으로 최대 128개까지의 주변 장치 연결이 가능하며, 확장 슬롯을 편리하게 연결할 수 있고, 끼우면 바로 사용 가능한 핫 플러그인(Hot Plug-in) 사용 방식을 지원합니다.

USB 주변 장치가 대거 등장하면서 메인보드 백패널뿐만 아니라 메인보드 내부에도 각각 2개의 USB 연결을 지원하는 USB 헤더가 제공되므로 이를 이용하여 케이스 전면 패널의 USB 단자나 USB 단자가 포함된 브래킷을 사용하여 추가 USB 단자를 사용할 수 있습니다.

USB 3.0 단자는 파란색, USB 3.1 A 타입 단자는 빨간색으로 구분되며, USB 3.1 C 타입 단자의 모양은 상하가 동일하므로 어느 방향으로든 연결할 수 있으며, 부피를 작게 차지하기 때문에 작아 맥북이나 울트라북 같은 소형 노트북, 모바일 기기 등에 널리 보급될 전망입니다.

USB 3.0을 네티브로 지원하지 않는 구형 PCH 칩셋의 메인보드에서는 별도의 USB 3.0 컨트롤러 칩셋을 배치하여 USB 3.0을 지원합니다. USB 3.1의 경우는 PCIe 3.0 대역폭을 사용하며, 100시리즈 메인보드 PCH 칩셋에서 지원합니다.

USB 3.0 이상을 지원하는 장치는 제대로 속도를 발휘하려면 USB 3.0 케이블로 USB 3.0 단자에 연결해야 합니다. USB 2.0 단자에 연결하면 대역폭은 USB 2.0으로 제한되는 점을 유의하기 바랍니다.

Check Point 고속 전송 인터페이스 선더볼트와 USB 3.1

2011년에 인텔은 애플과 공동으로 USB와 디스플레이 포트를 대체할 차세대 멀티미디어 인터페이스 기술인 선더볼트(Thunderbolt)를 개발하였습니다. 선더볼트는 데이터 전송뿐만 아니라 영상 신호와 사운드 신호 처리를 지원합니다. 전송 속도도 선더볼트 1이 USB 3.0보다 두 배나 빠른 초당 10Gbps, 선더볼트 2는 20Gbps, 선더볼트 3는 40Gbps를 지원합니다. 인텔은 USB 3.0이 나왔을 때도 선더볼트를 지원하고 USB 3.0은 지원하지 않았었습니다.

하지만 USB 3.0을 지원하는 주변 장치가 대거 등장함에 따라 인텔도 결국 아이비브릿지 CPU부터 USB 3.0에 대한 네티브(Native) 지원을 시작하게 되었습니다.

애플은 맥북에 선더볼트 인터페이스를 지원해왔지만 최신 맥북에서는 USB-C 단자로 전환합니다. 결국 인텔은 선더볼트 확산을 위해 범용성 전략으로 선회하여 선더볼트 3에서는 인터페이스 단자를 USB-C Type 단자로 전환하고 USB 3.1 장치나 선더볼트 3 장치가 연결되면 자동으로 감지하여 작동하도록 개선하였습니다. 애플도 USB-C Type 단자를 통한 선더볼트 지원을 계속할 것으로 보입니다. 앞으로는 빠른 속도의 장점을 활용하는 고급 선더볼트 장비들도 많이 등장하게 될 것으로 예상됩니다.

▲ APPLE MacBook Pro에 탑재된 선더볼트 단자. 오른쪽은 선더볼트 3.0 USB-C 커넥터로, 번개 마크는 선더볼트 로고입니다.

▲ PCIe 레인 컨트롤용 단자

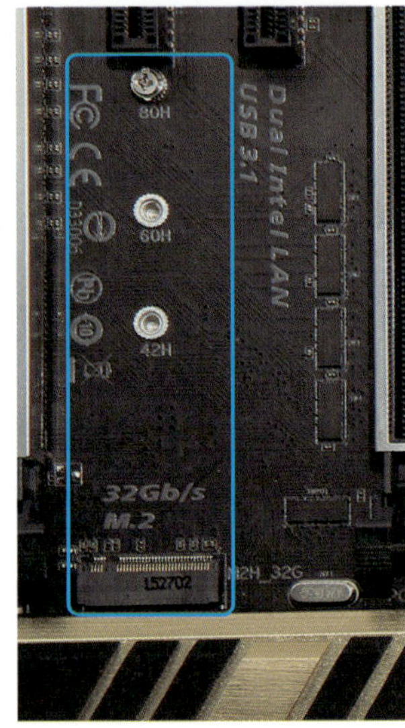

▲ GIGABYTE Z170X–UD5 메인
보드의 SATA Express 단자(위)
와 M.2 슬롯(아래)

스핀들 모터를 회전시켜 데이터를 읽고 쓰는 하드디스크와 달리 전자적 방식의 보조기억 장치인 SSD는 SATA 3 대역폭으로도 감당하지 못할 만큼 빠른 속도로 발전하였습니다. SSD의 크기도 기존의 2.5인치 HDD 규격에 맞춰 제작되었으나 낸드플래시 메모리 소재가 크기를 획기적으로 줄일 수 있기 때문에 굳이 부피를 차지하지 않고 사용하는 방법이 모색되게 됩니다.

소형화가 관건인 노트북 컴퓨터에서는 노트북 컴퓨터에서 보다 작은 SSD를 사용하기 위해 SATA 3에 비해 대역폭은 동일하지만, SATA 3.1 규격의 mSATA(mini SATA) 폼팩터를 구성하고 mSATA용 SSD를 사용했습니다. mSATA용 SSD는 케이스 없이 바로 기판 위에 낸드플래시와 컨트롤러를 구성하여 부피를 최소화했습니다.

그 다음에 2개의 PCIe 레인을 활용하여 빠른 대역폭을 지원하는 SATA3.2로 불리는 SATA Express가 나왔습니다. SATA Express는 PCIe 2.0 2레인에서는 10Gbps, PCIe 3.0 2레인에서는 16Gbps, 4레인에서는 32Gbps를 지원합니다. SATA Express 단자는 두 개의 SATA 단자와 SATA Express 장치 인식용 보조 단자를 묶어 3개의 단자를 사용합니다.

최근에 mSATA 슬롯을 업그레이드한 M.2 슬롯이 등장했습니다. M.2 슬롯에는 4가지 규격, 즉 42/60/80/110mm 크기의 SSD를 설치할 수 있는데, M.2 지원 인터페이스는 ACHI 컨트롤러 방식이냐, NVMe 컨트롤러 방식이냐에 따라 크게 차이가 나는 점을 유의하기 바랍니다.

SATA 1/2/3는 원래 HDD 관리용으로 개발된 AHCI 인터페이스를 사용하는 데 반해, NVMe(Non–Volatile Memory Express)는 처음부터 고속 SSD를 위해 개발된 인터페이스로 PCIe 3.0 레인을 4개(8GT/s X 4 = 32GT/s = 32Gbps)까지 활용할 수 있으므로 SSD를 위한 최대의 대역폭을 지원합니다. 단, NVMe는 인텔의 100시리즈 칩셋부터 지원되므로 7x, 8x, 9x 시리즈의 메인보드의 M.2 슬롯에서는 M.2 NVMe SSD를 사용할 수 없습니다. 100 시리즈 칩셋에서는 SATA Express도 ACHI 컨트롤러 대신 NVMe 컨트롤러를 사용하여 PCIe 3.0 2 레인(최대 16Gbps)를 지원합니다.

SATA와 PATA 인터페이스

과거에는 하드디스크 드라이브(HDD)나 CD/DVD용 광드라이브(ODD) 장치의 인터페이스로 PATA가 사용되었지만, 최신 메인보드에서는 완전히 사라졌습니다. 지금은 HDD, SSD, ODD 장치의 PC 내부 연결에 사용되는 인터페이스는 SATA로 통일되었는데, CD/DVD 사용이 줄면서 느린 ODD 장치도 SATA 대신 필요할 때 연결할 수 있는 USB 방식의 ODD로 대체되는 추세입니다.

4세대 하스웰 CPU 지원 PCH 8x 시리즈 칩셋부터는 기본 구성되는 6개의 SATA 단자 모두 SATA 3 대역폭을 지원하며, 백패널에는 SATA 장치를 연결할 수 있는 SATA 2 규격의 외부 SATA 장치 연결을 위한 eSATA(external SATA) 단자가 제공되었습니다. 하지만 스카이레이크 CPU 지원 100 시리즈 칩셋 메인보드 백패널에서는 SATA 2로 속도가 느리고 사용도 많지 않은 eSATA 대신 USB 3.1 A, C Type 단자로 대체되고, eSATA는 옵션 브래킷을 사용하는 방식으로 전환했습니다.

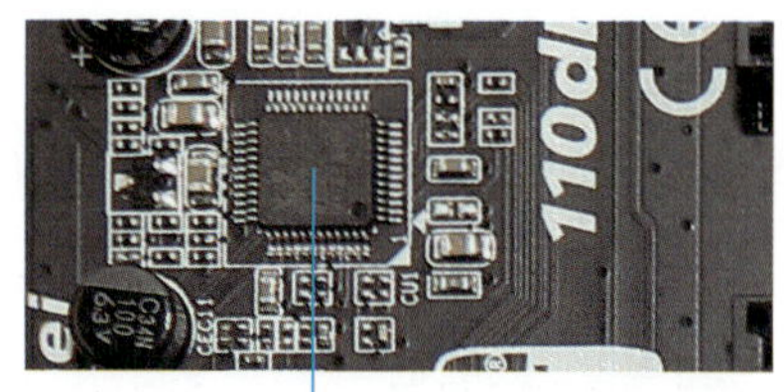

● 오디오 코덱

전면 오디오 단자 ●

각종 사운드 인터페이스

메인보드에 내장된 오디오 코덱 칩이 사운드 카드 기능을 지원합니다. 메인보드 내부에서도 각종 오디오 단자를 사용할 수 있으며, 메인보드의 백패널에서 SPDIF 출력 단자와 8채널 오디오 단자를 사용할 수 있습니다. 요즘 나오는 고급 메인보드의 경우에는 앰프 기능까지 포함시켜 더욱 풍부한 소리를 지원합니다.

SPDIF는 디지털 사운드를 음질 손실 없이 전송하는 인터페이스로, PC 백패널에는 SPDIF 출력 단자가 기본 제공됩니다. PC 시어터를 구성하거나 홈시어터와 PC를 연동하거나 할 때는 극장과 같은 입체적인 사운드 재생이 필요합니다. SPDIF를 활용하면 단일 케이블로 5.1 채널이나 7.1 채널의 입체적인 디지털 사운드를 음질 손실 없이 전송할 수 있습니다.

스피커 채널을 나타낼 때 소수점 '0.1'은 서브 우퍼 스피커를 의미합니다. 요즘에는 그냥 정수로 5.1채널은 6채널, 7.1채널은 8채널로 표현하기도 합니다.

요즘 나오는 그래픽카드는 대부분 디지털 HD TV와 연결할 수 있는 HDMI 인터페이스를 지원합니다. HDMI는 영상과 디지털 사운드를 동시에 전송할 수 있는 인터페이스입니다. 그래픽카드에 포함된 내장 코덱에 의해 DP 단자나 HDMI 단자로 연결하면 소리를 함께 전송할 수 있습니다.

다음으로 메인보드의 전면 오디오(F-Audio) 단자는 케이스 전면 패널 스피커와 마이크 단자를 기능할 수 있게 해주는 단자입니다. PC 케이스 제품에는 AC´97만 지원하는 구형 메인보드와의 호환성을 고려하여 HD AUDIO와 AC´97 오디오 커넥터가 함께 제공하기도 합니다. HD AUDIO 인터페이스를 사용하면 자동 감지 기능을 지원하므로 스피커나 마이크를 연결할 때 어떤 단자에 연결하는지 화면에서 바로 확인할 수 있습니다.

Check Point 구형 그래픽카드의 HDMI 오디오 출력

▲ 그래픽카드의 SPDIF 입력 단자(왼쪽)와 메인보드의 SPDIF 출력 단자 연결(오른쪽) 모습

지금은 메인보드의 SPDIF 출력 단자와 그래픽카드의 SPDIF 입력 단자를 연결하는 불편 없이 드라이버만 설치하면 사용이 가능합니다. 하지만 NVIDIA의 GTX2xx 이하의 그래픽카드는 오디오를 영상과 함께 전송하려면 메인보드의 SPDIF 출력 단자와 그래픽카드의 SPDIF 입력 단자를 연결해야 합니다. 메인보드에서 'SPDIF_I'로 쓰인 것은 입력 단자이며, 'SPDIF_O'로 쓰인 것은 SPDIF 출력 단자입니다.

Check Point 사운드 관련 인터페이스 : SPDIF와 MIDI

▲ 동축 SPDIF 케이블(위)과 광 SPDIF 케이블(아래)

▲ 사운드카드의 MIDI 단자

❶ **SPDIF** : SPDIF(Sony Philips Digital Interface)는 소니와 필립스 사가 디지털 방식 오디오 기기 간의 디지털 사운드 신호 전달을 위하여 만든 규격입니다. SPDIF 인터페이스를 갖춘 장비 간에는 오디오의 재생과 기록이 가능합니다. 이를 테면, MD에 오디오 CD나 MP3 파일의 곡을 저장할 때는 SPDIF 인터 페이스가 사용됩니다.

지금은 5.1채널이나 8채널의 입체적인 디지털 오디오 신호를 전송하고 재생 하는 인터페이스로 주로 활용됩니다. PC의 SPDIF 출력을 홈시어터와 연결 하면 PC에서 재생하는 동영상도 홈시어터를 통해 즐길 수 있습니다. SPDIF 케이블은 구리선으로 된 동축 SPDIF 케이블과 레이저 방식의 광 SPDIF 케 이블이 있습니다.

❷ **MIDI** : 미디(MIDI)는 전자 악기간 신호 교환을 위한 규격으로 전자 악기간의 공통 언어라 할 수 있습니다. MIDI 단자는 메인보드에서는 제공되지 않고 사 운드카드에서 제공됩니다.

PC에서 미디 음악을 재생하거나 편집하려면 MIDI 단자와 전자 악기를 연결 하면 됩니다. 신시사이저 같은 미디 장비를 PC와 연결하고, 앙코르 같은 작 곡 프로그램을 실행한 상태에서 연주하면 곡이 그대로 입력됩니다. 작곡하 시는 분들에겐 신시사이저가 키보드 역할을 하는 셈입니다. 따라서 전문적 인 음악 편집을 위해서는 풍부한 미디 음원이 내장된 사운드카드를 사용합 니다.

LAN 인터페이스

랜 컨트롤러 ●

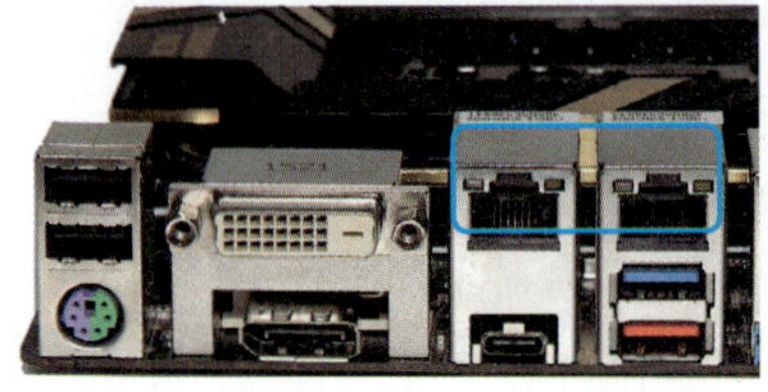

▲ 백패널의 LAN 단자 싱글랜(위), 듀얼랜(아래)

요즘 나오는 메인보드에는 기본적으로 랜 컨트롤러를 내장 지원하며, 백패널에서 랜 단자를 사용할 수 있습니다. 메인보드 내장 LAN의 경 우, 이더넷 규격의 10/100/1000Mbps를 대부분 지원합니다. 고급형 메인보드의 경우, 무선 LAN 기능까지 제공하는 제품도 있습니다.

하이엔드 메인보드 제품 중에는 듀얼 LAN을 지원하는 메인보드 제품 도 있습니다. 과거에는 두 개의 LAN 카드로 공유기를 대신하는 용도 로 사용했는데, 지금은 두 개의 LAN 카드 대역폭을 하나로 묶어 사용 하는 티밍(Teaming) 기능의 사용에 활용됩니다.

티밍 기능을 사용하면 네트워크 대역폭이 그만큼 늘어나게 됩니다. 물론 물리적인 인터넷 속도나 내부 네트워크 속도 이상을 사용할 수 는 없으나 업다운을 분담하면 그만큼 속도 향상의 효과를 가져옵니 다. 이 때문에 온라인 게임의 랙을 최소화하거나 토렌트 이용이 많은 헤비 유저들은 듀얼랜을 지원하는 메인보드를 선호합니다.

한편 노트북 컴퓨터의 경우에는 유무선 LAN 인터페이스가 각각 제공 되며, 근거리 무선 연결을 지원하는 블루투스 인터페이스도 기본으로 제공됩니다. 데스크톱 메인보드 제품에 따라서는 블루투스를 지원하 는 것도 있습니다.

Check Point IEEE1394 인터페이스

▲ 메인보드의 IEEE1394 헤더와 IEEE1394 단자가
있는 브래킷을 연결하여 사용할 수도 있습니다.

❶ IEEE1394 : IEEE1394는 애플 사가 빠른 동영상 전송을 위해 고안한 인터페이스로, 초기에 나온 200Mbps급의 IEEE1394A와 800Mbps급 IEEE1394B, 3.2Gbps급 파이어와이어(Firewire)가 있습니다. IEEE1394 단자의 크기나 모양도 버전에 따라 장치에 따라 차이가 있다는 점을 유의하기 바랍니다. IEEE1394A는 4/6/8핀 단자를, IEEE1394B는 9핀 단자를 사용합니다.
IEEE1394가 처음 등장할 때는 USB보다 빠른 장점을 바탕으로 주로 디지털 캠코더에서 지원하면서 인기가 높아졌습니다.

❷ IEEE1394 인터페이스는 PC 메인보드 칩셋이 기본 지원하는 인터페이스는 아니었지만 비디오나 사진 작업에 빠른 전송 속도를 지원하는 IEEE1394 인터페이스가 인기를 끌자, PC용 IEEE1394 확장 카드 제품도 판매되었고, IEEE1394 인터페이스를 지원하는 메인보드도 나오게 됩니다. 노트북 컴퓨터 중에도 IEEE1394 인터페이스를 지원하는 제품도 있습니다. 지금은 널리 사용되고 있는 USB 3.0이 파이어와이어보다 빠른 5Gbps이므로, 애플 제품을 제외하고는 지원하는 제품이 많지 않습니다.

❸ 메인보드에 IEEE1394 컨트롤러가 제공되는 경우에는 백패널에서 한 개의 IEEE1394 단자를 제공하고, 메인보드 내부에서 추가로 IEEE1394 단자가 제공되기도 합니다. 따라서 필요한 경우에 브래킷을 이용하여 추가 IEEE1394 단자를 사용할 수 있습니다.

Check Point 컴퓨터에서 사용되는 각종 단위

컴퓨터를 공부하다 보면 다양한 단위가 머리를 혼란스럽게 합니다. 이는 컴퓨터가 이진수로 데이터를 처리하기 때문입니다. 속도에는 2^1인 비트(bit)가 용량에는 2^8인 바이트(byte)가 사용되고 천 단위부터는 다음의 단위를 사용하여 간략히 표현합니다. 1000단위는 K(킬로), 100만 단위는 M(메가), 10억 단위는 G(기가), 1조 단위는 T(테라), 1000조 단위는 P(페타), 100경 단위는 E(엑사), 10해 단위는 Z(제타), 1자 단위는 Y(요타)를 사용합니다. 이를 표로 나타내면 다음과 같습니다.

	1	K Kilo	M Mega	G Giga	T Tera	P Peta	E Exa	Z Zetta	Y Yotta
십진수	1	10^3=1000	10^6	10^9	10^{12}	10^{15}	10^{18}	10^{21}	10^{24}
이진수	1	2^{10}=1024	2^{20}	2^{30}	2^{40}	2^{50}	2^{60}	2^{70}	2^{80}

표에서 보듯이 천 단위에서 2.4%의 차이가 발생합니다. 따라서 십진수로 1TB(테라바이트) 용량의 HDD를 실제 컴퓨터에서 인식할 때는 이진수 크기로 인식하므로 2.4%가 적은 크기로 인식합니다.
그리고 미세한 시간이나 길이를 나타낼 때 사용하는 분수 단위도 동일한 원리로 사용하는데, 정수와의 구별을 위해 소문자를 사용합니다.

	1	m milli	μ micro	n nano	p pico	f femto	a atto	z zepo	y yocto
십진수	1	10^{-3}	10^{-6}	10^{-9}	10^{-12}	10^{-15}	10^{-18}	10^{-21}	10^{-24}
이진수	1	2^{-10}	2^{-20}	2^{-30}	2^{-40}	2^{-50}	2^{-60}	2^{-70}	2^{-80}

백패널 단자

메인보드 백패널에는 각종 외부 장치를 연결할 수 있는 다양한 단자가 제공되어 외부 장치와 연결할 수 있게 해줍니다. 이미 앞에서 살펴본 바와 같이 메인보드 세대별로 지원되는 인터페이스가 발전하기 때문에 백패널에 제공되는 단자들도 달라집니다.

위에서부터 차례로 펜티엄 4 노스우드, 펜티엄 4 프레스캇, 인텔 i5 린필드, 인텔 코어 i7 하스웰, 인텔 코어 i7 스카이레이크 CPU용 메인보드의 백패널입니다. 메인보드의 백패널만 보아도 대략 어느 수준의 메인보드인지 가늠할 수 있습니다.

- 마우스나 키보드용 PS/2 단자는 하나로 줄어들었고, 직렬(Serial) 단자와 프린터용 병렬 단자는 사라진 반면, eSATA 단자 USB 3.0 단자가 배열됩니다.
- 2014 하스웰 CPU용 메인보드 백패널에는 디스플레이(VGA/DVI/DP) 단자가 배치되고, 파란색의 USB 3.0단자도 6개나 배열된 것을 볼 수 있습니다.
- 2016 스카이레이크 CPU용 메인보드 백패널에는 USB 3.1 지원 USB Type A와 USB Type C 단자가 새로 등장하고 eSATA 단자는 사라진 것을 볼 수 있습니다.

그 밖의 메인보드 부품 살펴보기

ATX 4P 전원 단자

메인보드 주전원 단자

❶ **메인보드 주전원 단자** : 메인보드에 전원을 공급하는 가장 핵심적인 전원 단자입니다. 펜티엄 4 노스우드용 메인보드까지는 20핀 규격의 주전원 단자가 사용되었고, 펜티엄 4 프레스캇 코어용 메인보드부터 전원 관리를 위한 4개 단자가 추가되어 24핀 규격의 주전원 단자가 제공됩니다.

하이엔드 메인보드 제품에는 멀티VGA 구성 시 안정적인 보조 전원을 공급하기 위한 용도의 ATX4P 전원 단자가 제공됩니다. ATX4P 전원 단자는 SATA 전원 단자를 사용하여 연결합니다.

12V CPU 전원 단자

CPU 냉각팬 전원 단자와 옵션 냉각팬 헤더(수냉용)

❷ **냉각팬 헤더와 12V CPU 전원 단자** : 냉각팬 헤더는 4핀으로 구성되는데, 두 개의 핀은 냉각팬 구동 전원을 공급하고, 나머지 두 개의 핀은 온도 감지에 의한 팬 속도 제어에 사용됩니다. 온도 감지는 메인보드 부품의 센서에 의해 수행됩니다. 메인보드에 따라 3~6개 정도의 냉각팬 헤더가 제공되는데, 3핀 냉각팬 헤더는 냉각팬의 속도 감지만 지원되며, 4핀 냉각팬 헤더는 온도 감지에 의한 팬속도 제어 기능을 사용할 수 있습니다. 요즘 나오는 고급 PC 케이스는 시스템 쿨링 효율을 높이기 위해 전후면 냉각팬은 물론 상단과 측면 냉각팬까지 제공하기도 합니다.

CPU 온도와 메인보드 냉각팬 전원 단자에 연결된 냉각팬의 속도는 CMOS 셋업 프로그램에서 모니터링할 수 있으며, 메인보드 번들로 제공되는 시스템 유틸리티로 모니터링하고 냉각팬 속도를 조절할 수도 있습니다(499쪽 참고).

다음으로 12V CPU 전원 단자는 CPU 전용 12V 전원을 공급하는 단자입니다. 멀티 코어 시대가 되면서 CPU에 보다 충분하고 안정된 전원 공급을 위해 4핀 규격의 단자에서 지금은 8핀 규격의 단자로 바뀌었습니다.

Check Point · 메인보드 캐패시터 품질 확인 방법

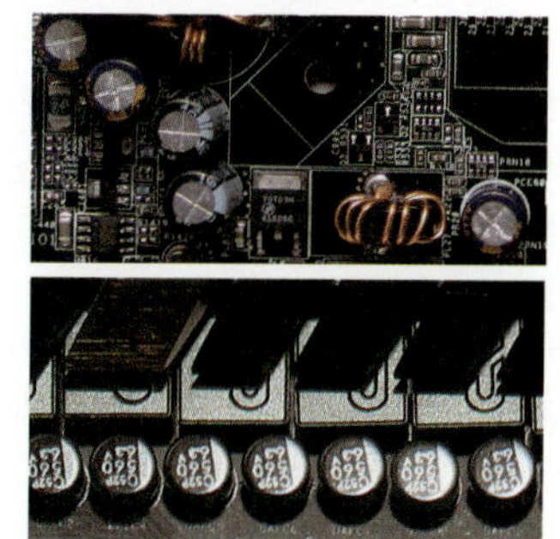

메인보드에서 가장 비싼 부품은 사실 메인보드 칩셋이 아니라 전원부입니다. 전원부에는 안정적으로 전압을 유지 관리하는 원형 모양의 캐패시터(콘덴서)는 전해액을 사용하는 캐패시터와 고체 방식의 캐패시터로 구별됩니다.

상단이 십자형으로 갈라져 있는 전해액 방식 콘덴서는 오버클럭 등으로 과전류가 흐를 때 저항치를 넘어서면 십자형 부위가 터져 누액 현상이 발생할 수 있습니다. 고체형은 캐패시터 상단이 매끈한 캔타입으로 되어 있으며, 터질 염려가 없으며 내구성도 강하지만 그만큼 전해액 콘덴서에 비해 부품 단가가 비쌉니다. 오버클럭을 고려한다면 전원부가 견실한 메인보드를 선택해야 합니다.

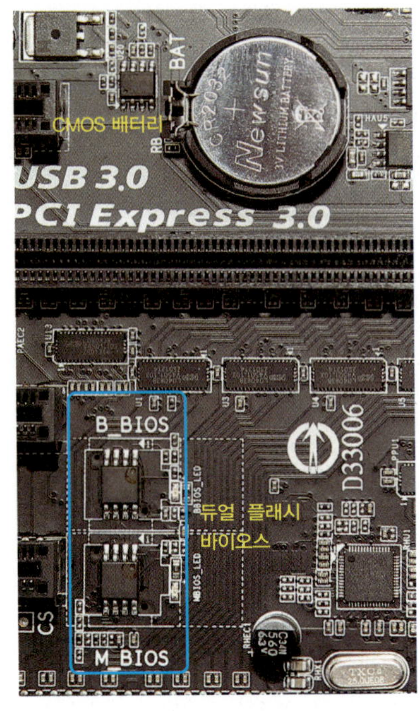

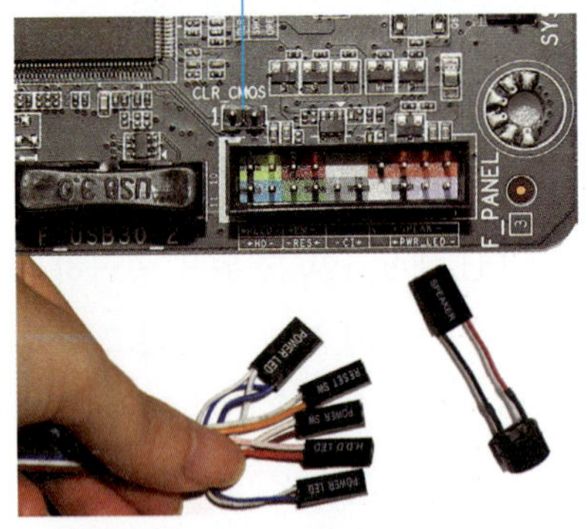

❸ **플래시 바이오스와 CMOS 배터리** : PC를 켜면 펌웨어인 바이오스 셋업 설정에 따라 시스템 진단과 초기화가 이뤄집니다. 과거에는 바이오스를 읽기만 가능한 롬(ROM)에 저장했기 때문에 롬 바이오스로 불렀으나, 지금은 플래시 메모리를 사용하므로 플래시 바이오스라고 부릅니다. 플래시 바이오스는 재기록이 가능하므로 업데이트가 가능합니다. 보통 바이오스는 한 개로 구성되지만, 메인 바이오스(M_Bios)가 오작동하면 백업 바이오스(B_Bios)를 작동시켜 안정성을 높인 듀얼 바이오스 지원 메인보드도 있습니다. 플래시 바이오스에 있는 바이오스 셋업 프로그램으로 메인보드 부품의 진단과 초기화에 필요한 설정을 할 수 있습니다.

바이오스 셋업 정보는 휘발성 메모리인 CMOS에 저장하기 때문에 CMOS 셋업이라고도 부릅니다. PC가 꺼진 상태에서 휘발성 메모리인 CMOS 셋업 정보, 날짜/시간 정보가 유지될 수 있는 것은 수은전지인 CMOS 배터리로부터 전원을 공급받기 때문입니다.

❹ **CMOS 클리어 점퍼** : CMOS 셋업 프로그램에 문제가 생겼거나 바이러스 등으로 인해 지워졌을 때에 대비해 공장 초기값으로 되돌릴 때 CMOS 클리어 점퍼를 사용합니다. 고급형 메인보드는 CMOS 클리어 스위치를 제공하기도 합니다(276쪽 참고).

❺ **케이스 신호선 단자** : 케이스 신호선 단자에는 컴퓨터의 전원을 켜고 끄는 전원(Power) 단추, 재시동하는 리셋(Reset) 단추, 컴퓨터의 전원 상태를 알려주는 Power LED, 하드디스크 작동 상태를 알려주는 하드디스크 LED, 시스템 시동 시 작동 상태를 소리로 알려주는 비프 스피커를 연결하는 단자가 있습니다. 케이스 신호선 단자를 연결해야만 비로소 케이스의 전원 단추로 PC를 켜거나 끄고 재시동할 수 있으며, 컴퓨터의 작동 상태를 알 수 있습니다.

Check Point　메인보드 냉각 기술

CPU와 메인보드에서 발생하는 고열은 시스템에 치명적이기 때문에 발열 문제를 해결하기 위해 CPU 냉각 장치, PC 케이스의 냉각팬, 파워서플라이 냉각팬 등 다양한 냉각 방법이 총동원되고 있습니다. 메인보드 칩셋에 대한 방열판은 물론 CPU 주변 전원부에도 방열판을 씌워 효율적인 냉각을 꾀하고 있습니다. CPU 냉각팬 헤더가 온도 감지와 팬속도 조절 기능까지 지원하는 것도 효율적인 냉각을 위해서입니다. 고가의 메인보드일수록 철저한 냉각 방식을 갖추고 있습니다.

메인보드 선택 가이드

메인보드는 CPU와 짝을 이뤄 컴퓨터의 관제탑 역할을 수행하므로 컴퓨터의 전반적 성능과 다양한 활용에서 가장 중요한 부품입니다. 메인보드를 선택할 때는 지원하는 CPU, 칩셋이 지원하는 인터페이스, 메인보드 제조사가 추가 지원하는 인터페이스를 체크해야 합니다. 예를 들어 미래의 확장성까지 고려한다면 SATA Express나 M.2 SATA 폼팩터를 지원하는지 미리 확인하기 바랍니다. 이제 앞서 익힌 지식을 바탕으로 메인보드 사양표를 보고, 비고의 내용을 참고하여 메인보드 판별 방법을 알아보겠습니다.

▲ Micro-ATX(위)와 ATX 기판(아래)

● ATX 표준을 따르는 메인보드 크기는 305×244(mm)이며, Micro-ATX 표준의 기판 크기는 244×244(mm)이며, Mini ATX는 170×170(mm) 입니다.

▲ Alpine Ridge Intel USB 3.1 컨트롤러

항 목	내 용	비 고
제품명	GIGABYTE Z170X-UD5	● 제조사는 GIGABYTE, 유통사는 제이씨현
폼 팩터	ATX	● ATX(Advanced Technology Extended)는 인텔이 제안한 컴퓨터 케이스와 메인보드, 전원 장치 등에 관한 표준 디자인 규격입니다.
소켓 규격	LGA1151	● LGA1151 소켓 규격으로 6세대 인텔 코어 아키텍처의 i3/i5/i7 스카이레이크 CPU 지원
칩셋	(인텔) Z170 Express Chipset	● 인텔 칩셋의 특징에 관해서는 79쪽을 참고하기 바랍니다.
메모리	듀얼 채널 DDR4 DIMM 슬롯 4개 PC4-27700 (3466MHz) (OC) 최대 64GB 메모리 프로파일 XMP 지원	● DDR4는 DDR3보다 최대 20% 적은 소비 전력, 약 33% 높은 입출력 클럭을 지원합니다. ● OC는 오버클럭을 의미합니다. 메모리 채널과 속도, XMP 지원 등에 대해서는 메모리절에서 상세히 다룹니다.
그래픽	HDMI 단자 1개, 해상도 4096×2160 DP 단자 1개, 해상도 4096×2160 DVI 단자 1개, 해상도 1920×1200 멀티 디스플레이 출력 (DP / HDMI / DVI)	● CPU에 내장된 GPU가 지원하는 메인보드 백패널의 그래픽 출력 단자와 해상도입니다.
멀티 VGA	3-Way AMD CrossFire X 2-Way NVIDIA SLI	● AMD 크로스파이어 연결은 세 개까지 가능합니다. 멀티 VGA 연결에 관해서는 10장에서 다룹니다. ● NVIDIA SLI 연결은 두 개까지 가능합니다.
확장 슬롯	PCIe 3.0 x16 슬롯, PCIe 3.0 x16으로 동작 PCIe 3.0 x8 슬롯, PCIe 3.0 x8로 동작 PCIe 3.0 x4 슬롯, PCIe 3.0 x4로 동작 PCIe 3.0 x1 슬롯 3개 PCI : 지원하지 않음.	● CPU와 가까운 쪽의 PCIe 3.0 x16 슬롯이 PCIe 3.0 16배속을 지원하며, 그 다음이 8배속, 맨 밑에 있는 슬롯은 4레인을 지원합니다.
저장 장치	SATA 3 6Gbps 8개 (메인칩셋 & RAID 0, 1, 5, 10 지원) M.2 슬롯 2개(Max 32Gbps) SATA Express 3개(Max 16Gbps)	● 메인보드 칩셋 Z170에서 SATA 3 단자 8개 모두 지원 ● M.2 슬롯은 NVMe 인터페이스를 지원하며 PCIe 3.0 4 레인의 대역폭을 활용하여 최대 32Gbps 대역폭 지원 ● SATA Express는 PCIe 3.0 2레인의 대역폭 지원
USB	USB 3.1 2개 (Type A, Type C) USB 3.0 7개(내부 4개 / 백패널 3개) USB 2.0 7개(내부)	● Alpine Ridge Intel USB 3.1 컨트롤러로 차세대 인터페이스인 USB 3.1을 PCIe 3.0 x2 레인으로 지원하므로 최대 16Gbps 대역폭을 지원합니다. ● USB 3.1 Type A와 Type C 단자는 백패널에 제공됩니다. USB Type C는 맥북 등에서도 지원되며 다른 장비와의 고속 연결, 고속 충전을 지원하는 차세대 인터페이스입니다. ● 메인보드 칩셋 사양은 USB 3.0과 USB 2.0 최대 가능 갯수를 나타내지만 실제 메인보드 설계에 따라 그 수는 달라질 수 있습니다.

SPDIF 출력 단자
리어오디오 증폭기
라이트닝 튜닝 LED 노이즈 가드

Realtek ALC 1150 · Nippon 케미콘 오디오 캐패시터

▲ Turbo B – Clock 튜닝 IC와 유니메탈 프레임 쉴드

▲ G–Connector 프론트–킷

항 목	내 용	비 고
LAN	듀얼 기가비트 랜(Teaming 지원) Intel LAN (10/100/1000 Mbps) 2개	● 최대 1000Mbps(=1Gbps)를 지원하는 기가비트 랜을 지원하며 하위 규격인 100Mbps와 10Mbps도 지원합니다. ● 티밍(Teaming) 기능을 지원하여 데이터 전송 효율을 극대화하여 랙없이 가능한 대역폭을 최대한 활용하고 CPU에 부담도 주지 않습니다.
오디오	Realtek ALC 1150 HD 오디오(8채널) · 내장 리어오디오 증폭기 적용 · 광 SPDIF 출력 / 내부 SPDIF 출력 단자 지원 · Nippon 케미콘 오디오 캐패시터 라이트닝 튜닝 LED 노이즈 가드 설계	● Realtek ALC 1150 오디오 코덱이 8채널 HD AUDIO를 지원합니다. ● 리어오디오 증폭기는 게이밍 오디오를 향상시켜주며, 하이파이 수준의 음질을 구현하기 위해 스튜디오 클래스의 Nippon 케미콘 오디오 캐패시터 부품을 탑재했습니다. ● 전기적 노이즈 차단을 위해 메인 PCB와 분리된 사운드 PCB 레이어를 독립적으로 디자인한 라이트닝 튜닝 LED 노이즈 가드 설계를 사용했습니다.
부가 기능	12 페이즈 파워팩 10K Hr 듀러블랙 캐패시터 2oz 구리함유 유리섬유 PCB 유니메탈 프레임 쉴드(PCIe 3.0 4 / 8 / 16 슬롯) Turbo B – Clock 튜닝 IC 15μ 금도금 CPU 소켓 디자인 스튜디오 클래스 Nippon 케미콘 오디오 캐패시터 ESD 프로텍션 디자인 for LAN & USB Anti Surge IC 익스트림 히트 파이프 쿨링 익스텐시브 5x 냉각팬 헤더 G–Connector 프론트–킷 스마트 듀얼 UEFI BIOS 디자인 All–in One APP Center	● Z170 칩셋은 스카이레이크 CPU를 지원하는 최상위 칩셋인 만큼 뛰어난 오버클럭 기능을 지원합니다. Turbo B – Clock은 90MHz부터 200MHz까지 정밀한 베이스클럭(BCLK) 조절을 지원합니다. ● 오버클럭의 안정성을 위해 전원부와 시스템 쿨링과 관련된 부가 기능, 즉 12페이즈 파워팩, 10K Hr 듀러블랙 캐패시터, 2oz 구리함유 유리섬유 PCB, 익스트림 히트 파이프 쿨링, 5개의 냉각팬 헤더를 지원합니다. ● 유니메탈 프레임 쉴드는 부피가 크고 무거운 그래픽카드를 견고하게 지지하여 안정된 신호 유지를 가능하게 해주며, 15μ 금도금 CPU 소켓은 부식과 오염을 방지하여 내구성을 높이고, ESD 프로텍션 디자인으로 정전기 방지 성능을 3배가량 향상시켰고, Anti Surge IC 기술로 불완정한 전원 공급이나 정전 등에 대응한 시스템 안정성을 향상시킵니다. ● 간편한 조립을 지원하는 G–Connector 프론트–킷을 제공하여 까다로운 케이블 신호선 연결 작업을 손쉽게 수행할 수 있습니다(581쪽 참고). ● All–in One APP Center는 메인보드 번들 통합 유틸리티 프로그램으로 운영체제 내에서 시스템 성능 모니터링 및 관리, 오버클럭 등의 작업을 수행할 수 있으며, PC와 스마트 기기 간 파일 원격 공유, 원격 관리를 지원하는 홈–클라우드 기능도 제공합니다.
그 밖의 확인 사항	윈도우 7 설치	● 스카이레이크 지원 100 시리즈 칩셋은 USB 컨트롤러오 EHCI 대신 XHCI를 지원하므로 EHCI만 지원하는 윈도우 7 설치 전에 사전 확인 필요(355쪽 참고).

메인보드 사양표가 다른 PC 부품의 사양표에 비해 복잡하기는 하지만 특별히 이해하기 어려운 내용은 없습니다. 단, 메인보드 사양표에서 일반 사용자가 간과하기 쉬운 전원부 구성 부품은 사실 CPU와 메인보드 연결 부품의 쾌적한 사용과 시스템 수명에 직결되는 부품입니다. 특히 오버클러킹 시에는 전압 상승이 동반되므로 메인보드의 전원부 안정성이 아주 중요하므로 메인보드를 선택할 때는 전원부 부품도 꼼꼼히 살펴보기 바랍니다.

메인보드에서 지원하는 인터페이스는 메인보드 칩셋에 의해 대부분 관리되지만, PCI 같은 과거 인터페이스의 호환성 지원이나 메인보드 칩셋이 지원하지 않는 인터페이스는 메인보드 제조업체에서 추가 칩셋을 통해 지원하기도 합니다. 인텔 메인보드 칩셋의 세대별 특징에 관해서는 다음 쪽의 Up&Up을 참고하기 바랍니다.

인텔 메인보드 칩셋의 세대별 특징

전통적으로 인텔 CPU용 메인보드 칩셋은 노스브리지 칩셋(MCH)과 사우스브리지 칩셋(ICH)의 이원적 버스 관리 방식을 사용했으며, 메인보드 칩셋의 기능은 인텔 CPU의 발전에 발맞추어 향상되어 왔습니다. CPU의 변천과 맞물려 메인보드 칩셋이 변화한 맥락을 이해하면 예전 PC는 물론 미래의 PC에도 별다른 어려움 없이 대응할 수 있습니다.

PC CPU 발전사를 주도해온 인텔 CPU와 궁합을 맞추며 발전해온 인텔 메인보드 칩셋을 종합적으로 정리합니다. 메인보드 칩셋의 세대별 특징은 그 세대에서 주력으로 사용된 칩셋을 기준으로 살펴봅니다.

인텔의 펜티엄 4용 메인보드 칩셋의 노스브리지 칩셋(MCH)과 사우스브리지 칩셋(ICH)의 조합에는 845P/ICH2, 865P/ICH5R, 915P/ICH6R, 945P/ICH7R이 있고, 펜티엄 4 CPU의 뒤를 이은 인텔 코어2듀오/쿼드 CPU용 칩셋으로는 965P/ICH8R, P35/ICH9R, P45/ICH10R 칩셋 등이 있습니다.

인텔의 네할렘 이기텍치의 코어 i3/i5/i7 CPU가 노스브리지 칩셋의 기능을 포함하면서, 인텔 메인보드 칩셋은 사우스브리지 칩셋(ICH10R)의 기능을 흡수한 단일 PCH 칩셋으로 새롭게 출발합니다.

메인보드 칩셋	CPU	소켓	지원 메모리	주변 장치 지원	주요 특징
845PE ⓜ i82845 ⓘ ICH4 발표 시기 2002년	넷 버스트 아키텍처 / 펜티엄 4 노스우드 FSB 클럭 : 133MHz	478	FSB 대역폭 : 533MHz (4.2GB/s) DDR SDRAM DDR 266 DDR 333 최대용량 2GB	4배속 AGP(1GB/s) PCI 2.2 지원 PCI Express 미지원 IDE(ATA100)×2 Ports LAN10/100Mbps(Fast Etherhet) 6채널 오디오(AC´97 5.1) USB 2.0(480Mbps)×8	● 펜티엄 4 CPU부터 쿼드펌핑 기술을 지원하여 FSB 클럭의 네 배의 시스템 버스 대역폭(133MHz×4=533MHz)이 제공됩니다. ● 2개의 PATA(IDE) 단자를 제공하여 4개의 보조기억 장치 연결을 지원하며, 랜은 최대 100Mbps급 Fast Ethernet을 지원합니다. ● 845PE 칩셋부터 533MHz 시스템 대역폭을 지원하며 DDR 266/333(MHz) 메모리를 싱글 채널로 지원합니다. ● ICH4는 6개의 USB 2.0 인터페이스와 6채널의 AC´97을 지원합니다. ※ 0.1은 서브우퍼 스피커로 5.1은 6채널과 같은 의미입니다. ● 845 칩셋 이름에서 P(Performance)는 퍼포먼스급을 의미하며 G가 붙은 것은 그래픽코어 지원 칩셋을, E(Extend)가 붙은 것은 동종 칩셋보다 시스템 버스 대역폭 등의 기능이 향상된 칩셋을 나타냅니다. ● 845PE 칩셋 전에 나온 i82850E 칩셋은 533MHz 시스템 버스용의 PC1066 RDRAM을 지원하였습니다.
865PE ⓜ i82865P ⓘ ICH5R 발표 시기 2003년	넷 버스트 아키텍처 / 펜티엄 4 노스우드 프레스캇 519 FSB 클럭 133MHz	478	FSB 대역폭 : 800MHz (6.4GB/s) DDR SDRAM DDR 400 최대용량 4GB	8배속 AGP(2GB/s) PCI 2.3 규격 지원 SATA 1×2 Ports IDE(ATA100)×2 Ports LAN 10/100Mbps, 1Gbps (Gigabit Ethernet) 6채널 오디오(AC´97 5.1) USB 2.0(480Mbps)×8	● 865PE 칩셋은 800MHz의 확장된 시스템 버스 대역폭과 펜티엄 노스우드C CPU부터 코어당 두 개의 스레드를 사용할 수 있는 하이퍼스레딩 기술이 지원됩니다. ● DDR400 메모리의 듀얼 채널 대역폭은 6.4GB/s로 시스템 버스 대역폭과 이상적인 궁합을 이루게 되었습니다(113쪽 참고). ● 1.5Gbps급의 SATA 1 단자가 처음으로 추가되어 100Mbps급 ATA100보다 속도도 향상되었을 뿐만 아니라 HDD 설치도 간편해졌습니다. ● ICH 칩셋 이름에 R이 붙은 칩셋은 레이드 컨트롤러 내장 지원 칩셋을 의미합니다. ICH5R은 2개의 SATA 레이드 0을 지원합니다. ● 1Gbps LAN은 ICH 칩셋이 아닌 MCH 칩셋에서 지원하였습니다.

메인보드 칩셋	CPU	소켓	지원 메모리	주변 장치 지원	주요 특징
915P ⓜ i82915P ⓘ ICH6R 발표 시기 2004년	넷 버 스 트 아키텍처 / 펜티엄 4 프레스캇 520 이상 FSB 클럭 200MHz	775	FSB 대역폭 : 800MHz (6.4GB/s) DDR SDRAM DDR 400 DDR2 SDRAM DDR2 400 DDR2 533 최대용량 4GB	PCI Express 1.0 16배속 PCI 2.3 규격 지원 SATA 1×4Ports IDE(ATA100)×2Ports LAN 10/100Mbps, 1Gbps 8채널 HD AUDIO USB 2.0(480Mbps)×8 ※ 915 칩셋부터 그동안 대역폭의 발목을 잡아온 16비트 코드를 완전히 제거했기 때문에 윈도우 98/Me 같은 16비트 운영체제의 설치는 중단되었습니다.	● 인텔 펜티엄 4 넷버스트 아키텍처의 CPU를 지원한 915 칩셋부터 775 소켓을 사용하며 쿼드펌핑 기술로 FSB 클럭당 처리 속도를 4배로 향상시킨 QDR(Quard Data Rate)을 지원했습니다. DDR2 SDRAM도 지원을 시작했으나 DDR2 533 메모리 듀얼 채널 대역폭은 8.5GB/s의 속도가 나오지만 800MHz 시스템 버스 대역폭은 6.4GB/s이므로 병렬 FSB의 시스템 대역폭의 한계가 극명하게 드러납니다. ● AGP 대신 그래픽 버스로 PCI Express 1.0 16배속이 처음 지원됩니다. PCIe 1.0은 한 레인당 250MB/s를 지원하며, 16레인은 4GB/s 대역폭을 지원합니다. MCH와 ICH도 직렬 기반의 2.0GT/s 대역폭의 DMI로 연결됩니다. ● ICH6R은 레이드 0/1/5를 지원하며, ICH에서 최대 100Mbps의 Fast Ethernet을 지원합니다. PCI Express 1배속 레인을 활용하는 별도의 LAN 컨트롤러로 기가비트(1Gbps) 랜도 지원합니다. 오디오 코덱은 8채널의 HD AUDIO를 지원하는 Azallia 코덱을 지원합니다. ● 후속 925XE 칩셋은 펜티엄D 익스트림 에디션용 1066MHz FSB를 최초로 지원한 칩셋입니다.
945P ⓜ i82945P ⓘ ICH7R 발표 시기 2005년	넷 버 스 트 아키텍처 / 펜티엄 4 프레스캇/ 펜티엄D FSB 클럭 266MHz	775	FSB 대역폭 : 1066MHz (8.5GB/s) DDR2 SDRAM DDR2 667 최대용량 4GB	PCI Express 1.0 1×16 레인 PCI 2.3 규격 지원 SATA 2×4 Ports IDE(ATA100)×2 Ports LAN 10/100Mbps, 1Gbps 8채널 HD AUDIO USB 2.0(480Mbps)×8	● FSB 클럭이 266MHz로 높아져 쿼드펌핑이 적용된 시스템 버스 대역폭은 1066MHz로 늘어났으며, 듀얼코어 CPU인 펜티엄 D CPU까지 지원합니다. ● DDR2 667 메모리의 듀얼 채널 대역폭은 10.6GB/s로 시스템 버스 대역폭 8.5GB/s의 제한을 받으므로 여전히 FSB에 의한 시스템 대역폭이 제한되는 문제가 노정되었습니다. ● SATA 1보다 두 배의 대역폭을 제공하는 3Gbps 대역폭의 SATA 2(SATA 1과는 하위 호환)를 지원하며, 레이드는 0/1/5/10 레벨을 모두 지원합니다. ● 후속 945GC 칩셋은 코어2듀오 CPU까지도 지원하여 업그레이드 능력을 향상시켰으나 코어2쿼드 CPU는 지원이 안됩니다.
P965 ⓜ P965 ⓘ ICH8R 발표 시기 2006년	넷 버 스 트 아키텍처 / 펜티엄 4 프레스캇/ 펜티엄D 코어 아키 텍처 / 코어2듀오 코어2쿼드 FSB 클럭 266MHz	775	FSB 대역폭 : 1066MHz (8.5GB/s) DDR2 SDRAM DDR2 800 최대용량 8GB	PCI Express 1.0 1×16 레인 레인분할 : PCIe 1.0 2×8 레인 PCI 2.3 규격 지원 SATA 2×4 Ports LAN Gigabit Ethernet 8채널 HD AUDIO USB 2.0(480Mbps)×10 QST/SST/PECI ※ QST는 메인보드와 연결된 냉각팬 속도를 조절하는 기술(Queit System Technology) ※ SST는 MCH와 ICH의 온도 센서 정보 전달 기술(Single-wire Serial Technology) ※ PECI(Platform Environment Control Interface)는 QST와 SST가 MCH와 ICH의 온도센서와 함께 동작시키는 기술	● 넷버스트 아키텍처의 최종 완성형 칩셋이자, 세대 교체를 이룬 코어 아키텍처의 CPU까지 통합 지원하는 칩셋입니다. 이때부터 칩셋의 이름 앞에 알파벳 문자가 사용되는데, P(Performance)가 붙은 칩셋은 모든 성능을 활용하는 퍼포먼스급을 의미하고, G가 붙은 칩셋은 그래픽 코어(GMA X3000) 지원 칩셋을 의미하며, Q가 붙은 칩셋은 한 레벨 아래의 그래픽 코어(GMA 3000)가 지원되고 원격 관리 기능이 추가된 사무용 칩셋입니다. ● 처음으로 4GB 메모리 지원의 한계를 극복하여 8GB의 물리 메모리 설치를 지원하였으며, DDR2 800 메모리의 듀얼 채널 대역폭은 12.8GB/s로 시스템 버스 대역폭 8.5GB/s를 훨씬 상회하였습니다. LAN은 ICH 내장 기가비트 이더넷 컨트롤러로 1Gbps LAN을 지원합니다. ● 후속 고급형 모델인 P975 칩셋부터 레인 분할 기술을 지원하여 PCI Express 1.0 x16 대역폭을 두 개의 PCI Express 1.0 x8 대역폭 사용하는 멀티 VGA 구성이 지원됩니다. 이때부터 인텔 메인보드 최상위 칩셋은 레인 분할 기술을 제공하며, AMD 멀티 VGA 기술인 크로스파이어를 기본값으로 지원합니다. NVIDIA SLI 기술은 NVIDIA의 라이선스를 받은 메인보드에서만 지원합니다.

세로쓰기: **Up & Up 인텔 메인보드 칩셋의 세대별 특징**

메인보드 칩셋	CPU	소켓	지원 메모리	주변 장치 지원	주요 특징
P35 ⓜ i82P35 ⓘ ICH9R 발표 시기 2007년	코어 마이크로 아키텍처 / 코어2듀오 코어2쿼드 FSB 클럭 333MHz	775	FSB 대역폭 : 1066MHz (8.5GB/s) DDR2 SDRAM DDR2 800 DDR3 SDRAM DDR3 1066 최대용량 8GB	PCI Express 1.0 1×16 레인 레인분할 : PCIe 1.0 2×8 레인 PCI 2.3 규격 지원 SATA 2×4~6 Ports eSATA 지원 LAN Gigabit Ethernet 8채널 HD AUDIO USB 2.0(480Mbps)×12 QST / ASF / RRT ※ ASF는 인텔의 표준형 시스템 관리 기술로 네트워크를 통해 PC의 전원을 켜고, 끄거나 장치를 모니터링하고 진단하는 기술입니다. ※ RRT(Rapid Recover Technology)는 인텔의 데이터 보호 기술로 하드 드라이브 장애나 데이터 손상 시 시스템 복구 포인트를 제공하고 읽기 전용 볼륨으로 마운트하는 기술입니다.	● 인텔은 2007년 하반기에 새로 개발한 코어 마이크로 아키텍처 CPU의 기능을 최대한 발휘하는 데 역점을 둔 3x 시리즈의 P31, G31, G33, G35, Q33/Q35, X38 등의 칩셋을 출시하였습니다. ● P31은 ICH7과 짝을 이룬 최상위 칩셋이며, G31은 ICH7과, G33은 ICH9와 짝을 이룬 GPU 내장형 칩셋입니다. G35는 ICH8과 짝을 이루고, DirectX 10을 지원합니다. Q33/Q35는 업무용 원격 관리기능이 추가된 사무용 칩셋으로 ICH7과 짝을 이루고 내장 그래픽이 적용된 저가형 칩셋입니다. ● X38 칩셋은 PCI Express 1.0보다 대역폭이 2배 향상된 PCI Express 2.0을 지원하는 하이엔드 칩셋입니다. 칩셋 이름 앞의 X는 eXtreme을 의미합니다. 이때부터 칩셋 이름에 X가 붙는 칩셋은 같은 칩셋 시리즈에서 최상위 칩셋을 의미합니다. ● 이때부터 메인보드 백패널에서 SATA 장치를 연결할 수 있는 eSATA 단자가 제공되었으며 USB 허브처럼 하나의 케이블에 최대 15개의 SATA 단자를 데이지 체인 방식으로 배열할 수 있는 포트 멀티플라이어(Port Multiplier) 기술도 지원합니다. ● ICH의 PATA(IDE) 인터페이스와 PS/2, 9핀 직렬(Serial) 포트와 25핀 병렬(LPT) 포트는 지원이 중단되었지만 메인보드 제조업체에서 호환성을 위해 별도의 컨트롤러로 지원하였습니다.
P45 ⓜ i82P45 ⓘ ICH10R 발표 시기 2008년	코어 마이크로 아키텍처 / 코어2듀오 코어2쿼드 FSB 클럭 333MHz	775	FSB 대역폭 : 1066MHz (8.5GB/s) DDR2 SDRAM DDR2 800 DDR3 SDRAM DDR3 1066 최대용량 8GB	PCI Express 2.0 1×16 레인 레인분할 : PCIe 2.0 2×8 레인 PCI Express 1×6 PCI 2.3 규격 지원 SATA 2×6 Ports eSATA 지원 LAN Gigabit Ethernet 8채널 HD AUDIO USB 2.0×12 QST/ASF/RRT/RWT ※ RWT는 원격 웨이크업 기술(Remote Wakeup Technology)로 인터넷을 통해 원격으로 PC를 켜는 기술입니다.	● 4x 시리즈의 P45, G41, G43/G45, Q43/Q45, X48 등 여러 칩셋이 출시되었는데, 전반적인 성능은 개선되었지만 이들 칩셋 라인업의 용도와 특징은 3x 시리즈의 칩셋과 비슷합니다. ● PCI Express 2.0을 전면 지원하고, 사용 가능한 메모리도 DDR2 메모리의 경우는 16GB까지이며 DDR3 메모리도 지원합니다. 동일 메인보드에서 DDR2 메모리와 DDR3 메모리를 동시 지원은 안 됩니다. DDR3용으로 설계된 메인보드를 사용해야 DDR3 메모리를 사용할 수 있습니다. ● P45 칩셋은 레인 분할 기술로 PCI Express 2.0 x16 레인을 분할하여 2개의 PCI Express 2.0 x8 레인으로 멀티 VGA 연결 시 병목 현상 없이 두 배 수준의 그래픽 성능을 발휘할 수 있습니다. 당시 최상급 그래픽카드도 PCI Express 1.0 16배속에서도 여유가 있었으므로 두 배의 성능을 발휘할 수 있는 PCI Express 2.0 등장과 함께 멀티 VGA 바람이 불었습니다.
X48 ⓜ i82X48 ⓘ ICH10R 발표 시기 2008년	코어 마이크로 아키텍처 / 코어2듀오 코어2쿼드 코어2익스트림 FSB 클럭 400MHz	775	FSB 대역폭 : 1600MHz (12.8GB/s) DDR3 SDRAM DDR3 1066 최대용량 8GB	PCI Express 2.0 2×16 레인 ※ 사우스브리지 칩셋은 ICH10R 칩셋을 그대로 사용합니다. ※ QST/ASF/RWT	● FSB 클럭의 종착점인 400MHz FSB 클럭을 지원한 최초이자, 최후의 칩셋으로 코어2듀오/쿼드 CPU보다는 코어 마이크로 아키텍처의 최상위 CPU인 인텔 QX9770 코어™ 2 익스트림 CPU 지원을 위해 탄생한 칩셋입니다. ● DDR3 1066 MHz 메모리의 듀얼 채널 대역폭은 시스템 버스 대역폭 12.8GB/s를 초과하는 17GB/s를 구현하였습니다. FSB 클럭을 극한으로 높여도 결국 DDR3 1066MHz 메모리 속도를 제대로 발휘할 수 없는 병렬 FSB의 한계도 분명해졌습니다. ● 최상위 칩셋인 X48은 PCI Express 2.0 16 레인을 두 개나 지원하므로 최고 성능의 그래픽카드도 멀티 VGA로 구성하여 최고의 성능을 발휘할 수 있습니다.

메인보드 칩셋	CPU	소켓	지원 메모리	주변 장치 지원	주요 특징
X58 ⓘ ICH10R 발표 시기 2008년 말	1세대 코어 아키텍처–네할렘 아키텍처 / 코어 i7 9xx (블룸필드) 베이스 클럭(BCLK) : 133MHz~	1366	QPI : 4.8~6.4GT/s 단방향 25.6GB/s 양방향 52.2GB/s DDR3 SDRAM DDR3 1066 DDR3 1333 / OC 메모리 최대용량 24GB	PCI Express 2.0 2×16 레인 ※ X58과 짝을 이루는 사우스브릿지 칩셋은 ICH10R 칩셋과 동일합니다. ※ QST/ASF/RWT ※ RST : Rapid Storage Technology, 인텔의 저장 장치 관리 기술로 RST 드라이버를 활용하려면 바이오스 셋업에서 레이드(RAID)를 활성화해야 합니다.	● 인텔의 최상위 블룸필드 9xx CPU를 지원하는 X58 칩셋은 메모리 컨트롤러를 내장 지원하고 PCIe 컨트롤러는 CPU와 QPI로 연결된 X58 칩셋을 통해 지원합니다. ● X58 칩셋은 트리플 채널을 지원하므로 메모리 소켓은 6개가 지원되며, 3개나 6개로 DDR3 메모리를 사용하면 듀얼 채널의 1.5배인 트리플 채널 대역폭을 지원합니다. ● QPI로 연결된 노스브리지 칩셋의 PCIe 컨트롤러는 칩셋 개선만으로도 PCIe 레인 확장이 가능합니다. 보통 X58 칩셋 메인보드는 2개의 PCIe x16 레인을 지원하며, 레인 분할 기술로 4Way 멀티 VGA 연결도 지원합니다. ● 베이스 클럭(BCLK)은 시스템 버스 대역폭과 직접 연동되는 FSB 클럭과 달리 QPI와 독립적인 호스트 클럭으로 작동합니다. 따라서 바이오스 셋업 프로그램에서 오버클럭을 위해 베이스 클럭과 QPI 클럭을 각각 설정할 수 있습니다. ● X58 칩셋과 ICH10R 사이의 내부 버스는 2.5GT/s의 DMI로 연결됩니다.
PCH 칩셋 5x 시리즈 (P55, H55) 발표 시기 2009년 말 H57, Q57 발표 시기 2010년	네할렘 아키텍처 / 코어 i7 8xx 코어 i5 7xx (린필드) 코어 i3 5xx (클락데일) 내장 GPU HD2000	1156	DMI : 2.5GT/s 단방향 10GB/s 양방향 20GB/s DDR3 SDRAM DDR3 1066 DDR3 1333 / OC 메모리 최대용량 16GB	PCI Express 2.0 1×16 레인 ※ 레인분할은 PCIe 2.0 2×8 레인, PCIe 2.0 1×8 레인 & 2×4 레인으로 분할이 가능합니다. PCI Express 1.0×8 SATA 2×6 Ports eSATA 3Gbps 지원 LAN Gigabit Ethernet 8채널 HD AUDIO USB 2.0(480Mbps)×14 ※ QST/ASF/RWT/RST	● 린필드 CPU는 노스브리지 칩셋 기능인 메모리 컨트롤러와 PCIe 컨트롤러를 내장 지원합니다. 노스브릿지 칩셋이 필요 없게 되면서 5x 시리즈 칩셋은 기존의 사우스브리지 칩셋인 ICH10R의 기능을 통합하고 단일 PCH 칩셋으로 정리됩니다. ● 최상위 P55 칩셋은 레인 분할 기술로 멀티 VGA를 지원하지만 CPU 내장 PCIe 컨트롤러이므로 레인 확장은 어렵습니다. CPU와 PCH 칩셋은 2.5GT/s의 DMI로 연결되며, PCIe 1.0 주변 장치, SATA 2, USB 2.0(14개), LAN, 오디오 신호를 주고 받습니다. ● 린필드 CPU에 이어 개발된 i3 클락데일 CPU용 칩셋에는 H57과 Q57 등이 있습니다. 이렇게 하여 순차적으로 개발된 블룸필드, 린필드, 클락데일로 CPU와 궁합을 이루는 5x 시리즈의 칩셋 라인업이 완성됩니다. ● H57은 보급형 i3 클락데일 CPU용 칩셋입니다. 인텔 CPU 중 최초로 내장 GPU를 지원하는 클락데일 CPU는 FDI(Flexible Display Interface)로 VGA, DVI, HDMI 출력을 지원합니다. 비즈니스용 Q57은 FDI를 지원하며, 원격 PC 보조 기술, 도난 방지 기술, 활동 관리 기술 등이 적용된 칩셋입니다.
PCH 칩셋 6x 시리즈 발표 시기 2011년	2세대 코어 아키텍처 코어 i3 / i5 / i7 2xxx (샌디브릿지) 내장 GPU HD3000	1155	DMI : 5GT/s 단방향 20GB/s 양방향 40GB/s DDR3 SDRAM DDR3 1333 / OC 메모리 최대용량 32GB	PCI Express 2.0 1×16 레인 PCI Express 2.0×8 SATA 3×2 Ports SATA 2×4 Ports eSATA 3Gbps 지원 LAN Gigabit Ethernet 8채널 HD AUDIO USB 2.0×14 ※ QST/ASF/RWT/RST	● 샌디브릿지 CPU부터 듀얼 채널 32GB 메모리를 지원합니다. 이와 조합되는 최상위 P67 칩셋은 내장 GPU는 지원하지 않고, 레인 분할 기술과 오버클럭을 지원하는 칩셋입니다. ● H67과 H61은 레인 분할 기술과 오버클럭은 지원되지 않는 대신에 내장 GPU를 지원하는 FDI 인터페이스를 지원하는 칩셋입니다. H61 칩셋은 H67 칩셋에 비해 SATA 3와 RAID 기능 등이 빠진 보급형 칩셋입니다. ● CPU와 PCH 칩셋은 DMI보다 두 배나 넓은 5GT/s의 DMI 2.0으로 연결되고, 넓어진 DMI 대역폭을 바탕으로 SATA 3(6Gbps) 2단자, 5GB/s 대역폭의 PCIe 2.0 x1 레인을 최대 8개까지 지원 가능합니다. ● USB는 이전과 동일한 480Mbps의 USB 2.0을 14개까지 지원하며, USB 3.0은 지원하지 않으며, PCI 지원은 공식적으로는 중단되었으나 메인보드 제조사는 별도의 PCIe to PCI 브리지 컨트롤러 1개 정도의 PCI 슬롯을 지원합니다.

PC & Neteworks　　　　*Upgrade Page* **Up & Up**

메인보드 칩셋	CPU	소켓	지원 메모리	주변 장치 지원	주요 특징
PCH 칩셋 7x 시리즈 발표 시기 2012년	3세대 코어 아키텍처 코어 i3 / i5 / i7 3xxx (아이비브릿지) 내장 GPU HD4000	1155	DMI : 5GT/s 단방향 20GB/s 양방향 40GB/s DDR3 SDRAM DDR3 1600 / OC 메모리 최대용량 32GB	PCI Express 3.0 1×16 레인 SATA 3×6 Ports USB 3.0×4 Ports USB 2.0×10 Ports eSATA 지원 PCIe 2.0×8 LAN Gigabit Ethernet 8채널 HD AUDIO ※ QST/ASF/RWT/RST ※ IRST(Intel Rapid Start Technology) ※ SCT(Intel Smart Connect Technology) ※ Lucid Virtu : 내/외장 GPU 스위칭 기술	● 아이비브릿지 CPU부터 PCI Express 2.0보다 두 배 빠른 PCI Express 3.0이 지원됩니다. DMI 2.0으로 연결된 메인보드 칩셋은 여전히 PCI Express 2.0 레인을 지원하는데, USB 3.0 4개 단자를 칩셋에서 공식 지원하며 USB 2.0은 10개까지 지원합니다. ● 최상위 칩셋의 문자는 P에서 Z로 바뀌었습니다. Z77 칩셋은 오버클럭을 지원하며 내장 GPU도 지원하며 레인 분할 기술에 의한 멀티 VGA도 당연히 지원합니다. H77과 H71은 오버클럭을 지원하지 않으며, H71은 USB 3.0 2단자과 SATA 3 4단자로 제한된 보급형 칩셋입니다. 비즈니스용 B75는 USB 보안 등을 지원하는 SBA(Small Business Advantage)를 지원합니다. ● P67 칩셋에 이어 아이비브릿지 CPU가 나오기 전에 발표된 Z66 칩셋은 샌디비브릿지와 아이비브릿지를 모두 지원하는 칩셋입니다. ● SRT(Smart Response Technology) 기술은 SSD 캐싱 기술로 자주 접근하는 파일을 SSD로 캐싱하여 속도를 향상시킵니다. Z66, Z77 칩셋은 최대 64GB SSD 캐싱을 지원합니다. ● IRST는 최대 절전 상태에서 고속으로 시스템을 재개하는 기술이며, SCT는 대기모드에서도 앱 업데이트를 지원하는 기술입니다.
PCH 칩셋 8x 시리즈 9x 시리즈 발표 시기 2013년 2014년 (하스웰 리프레시)	4세대 코어 아키텍처 코어 i3 / i5 / i7 4xxx (하스웰) 내장 GPU HD4600	1150	DMI : 5GT/s 단방향 20GB/s 양방향 40GB/s DDR3 SDRAM DDR3 1600 / OC 메모리 최대용량 32GB	PCI Express 3.0 1×16 레인 SATA 3×6 Ports SATA 2×0 Ports USB 3.0×6 Ports USB 2.0×14 Ports eSATA 지원 PCIe 2.0×8 LAN Gigabit Ethernet 8채널 HD AUDIO ※ SRT/RST/Lucid Virtu/IRST/SCT	● 하스웰 CPU와 8x 시리즈 칩셋부터 공식적으로 윈도우 XP에 대한 지원을 중단하였습니다. ● SATA 3에 대한 지원을 강화하여 6개의 단자 모두 SATA 3를 지원하며, USB 3.0 단자도 6개를 지원합니다. USB 2.0 단자는 최대 14개까지 지원합니다. 물론 메인보드 디자인에 따라 그 수는 달라질 수 있습니다. ● 하스웰의 발열 문제를 개선한 하스웰 리프레시 CPU와 짝을 이루는 9x 시리즈 칩셋은 8x 시리즈의 칩셋과 큰 차이는 없지만 SATA Express를 지원하고, M.2 슬롯을 메인보드에서 지원합니다. ● 하스웰 리프레시 시스템에서는 M.2 슬롯이 기존의 AHCI 기반의 SATA 3 대역폭으로 지원하는지, PCIe 2.0 2레인의 대역폭인 최대 1GB/s까지 지원하는지 확인해야 합니다.
PCH 칩셋 100시리즈 200시리즈 발표 시기 2015년(100) 2016년(200)	6세대 코어 아키텍처 코어 i3 / i5 / i7 6xxx (스카이레이크) 내장 GPU HD530	1151	DMI : 8GT/s 단방향 32GB/s 양방향 64GB/s DDR4 SDRAM DDR4 2133 DDR4 2400 DDR3L 1600 / OC 메모리 최대용량 64GB	PCI Express 3.0 1×16 레인 SATA 3×6 Ports USB 3.0×4 Ports USB 2.0×10 Ports eSATA 지원 PCIe 3.0 레인 최대 20(카비레이크는 최대 24) LAN Gigabit Ethernet 8채널 HD AUDIO ※ IRST/SST/SRT/DPT ※ Intel Optane™ 메모리는 200시리즈 칩셋부터 지원	● 스카이레이크 CPU는 100 시리즈의 칩셋인 Z170, H170, Q170, Q150, B150 등의 칩셋과 짝을 이루며, 카비레이크 CPU는 200 시리즈 칩셋인 Z270, H270, Q270, Q250, B250과 짝을 이룹니다. 100 시리즈 칩셋도 바이오스 업데이트를 통해 카비레이크 CPU를 사용할 수 있습니다. ● 100시리즈 칩셋부터 DDR3 메모리에 비해 20% 정도의 전력 효율과 성능 향상을 제공하는 DDR4 메모리를 지원하며, 빠른 40Gbps 전송 대역폭을 제공하는 선더볼트 3를 지원합니다. 선더볼트 3는 USB-C 단자를 지원합니다. ● 빠른 8GT/s의 DMI 3.0 대역폭을 바탕으로 주변 장치도 PCIe 2.0 보다 두 배 빠른 PCIe 3.0 1배속을 지원합니다(최대 20개). ● USB 3.0은 최대 10개, USB 2.0은 최대 14개까지 지원합니다. 칩셋 차원의 USB 컨트롤러 지원은 XHCI만 지원하므로 기본 EHCI 드라이버만 지원하는 윈도우 7 설치는 메인보드 제조사의 XHCI 드라이버를 이용하여 설치해야 합니다. ● M.2 슬롯은 NVMe 인터페이스를 기반으로 PCIe 3.0 4레인의 대역폭인 최대 32GB/s까지 지원합니다. SATA Express의 경우는 PCIe 3.0 2 레인 대역폭인 최대 16GB/s를 지원합니다.

3 시스템의 공용 작업장 – RAM

RAM(Random Access Memory)은 자유롭게 읽고 쓸 수 있는 메모리입니다. 메모리는 PC에 설치된 프로그램들이 실제 일을 수행할 수 있는 작업장을 제공합니다. 그렇기 때문에 메모리가 클수록 멀티태스킹에 유리하며, 메모리가 빠를 수록 CPU가 원하는 명령들을 빠르게 제공하여 쾌적하게 작업할 수 있습니다.

메모리의 구성 요소

메모리는 설치하기도 쉽고 일반적인 사용 시 특별히 어려울 게 없는 비교적 단순한 구조의 부품입니다. 하지만 CPU의 성능을 최대한 활용하려면 메모리도 잘알고 다뤄야 합니다.

메모리의 구성 요소
DDR3 SDRAM

메모리 슬롯

메모리를 끼우는 곳으로, 메모리 핀수와 메모리 슬롯의 핀수는 일치합니다. 참고로 메모리는 SIMM 방식과 DIMM 방식으로 나뉘며, 슬롯의 모양에도 차이가 있습니다.

❶ **SIMM 방식** : SIMM형 메모리는 단면 커넥터 방식으로 메모리의 한 라인에만 커넥터가 제공됩니다. 386CPU까지는 30핀 SIMM형 메모리가 사용되었고, 486CPU에서는 72핀 SIMM형 메모리가 사용되었습니다.

❷ **DIMM 방식** : DIMM형 메모리는 양면 커넥터 방식으로 메모리의 양쪽 라인에 커넥터가 제공됩니다. 양면에 커넥터가 사용되므로 단면 방식보다 두 배의 데이터를 전송할 수 있습니다. 64비트 처리를 지원하는 펜티엄 CPU 이상의 PC 메모리는 모두 DIMM 방식입니다.

메모리 방열판

메모리를 보호하고, 고속 클럭으로 동작하는 메모리에서 발생하는 열을 공기 중으로 발산시켜 줍니다. 메모리 방열판은 없어도 크게 영향이 없으나 오버클러킹 시에는 CPU뿐만 아니라 메

● 이 책에서 다른 수식어 없이 메모리로 표현할 때는 바로 RAM을 의미합니다.
● **SIMM**(Single In-line Memory Module) : 단면 커넥터 메모리 모듈
● **DIMM**(Dual In-line Memory Module) : 양면 커넥터 메모리 모듈

모리 속도도 높이는데, 이 경우에는 메모리 방열판을 사용하여 냉각시킵니다. 메모리 오버클러킹을 많이 하는 경우에는 메모리 쿨러를 사용하기도 합니다. 메모리 방열판 사용이 대중화되면서 아예 제품 패키징 시에 방열판을 함께 장착하여 판매되는 메모리 제품도 많습니다.

제품 라벨

제품 라벨에는 정품 여부를 확인할 수 있는 시리얼 정보와 메모리의 종류와 용량, 속도, 제조주차 등의 정보가 표시됩니다. 제품 라벨이 훼손된 경우에는 A/S에 문제가 생길 수 있으므로 유의하기 바랍니다. 다음은 JEDEC 표준을 따르고 있는 삼성 메모리 제품 라벨로 메모리 용량(4GB), 메모리 칩 구성(2Rank×8, 양면 8개의 메모리 칩), 메모리 종류(PC3=DDR3), 대역폭(12800MB/s), 메모리 모듈의 종류(U), CAS latency(11), SPD 리비전 코드(11), 메모리 설계에 적용된 표준 설계(B), 설계 변경 번호(1) 순으로 표시됩니다. 제품 시리얼 번호에 제조 공정 코드가 포함되며, 제조 시기를 알 수 있는 주차코드도 표시됩니다.

- JEDEC(Joint Electron Device Engineering Council) : 반도체 집적 회로의 통일적인 규격을 심의하고 제정하는 세계반도체표준협회
- 삼성전자의 메모리 라벨의 대역폭 표시는 DDR3까지는 메모리 전송 속도를, DDR4에서는 듀얼 채널 메모리 I/O 클럭으로 표시합니다(115쪽 참고).
- 메모리 모듈의 종류 문자에서 E는 ECC 메모리, U는 No ECC 메모리, S는 크기가 작은 노트북 메모리를 의미합니다.
- 비표준 설계에는 A나 B가 아닌 알파벳 끝문자 Z가 붙습니다. 설계 변경 번호는 초기 버전에 0이 붙고, 변경될 때마다 1씩 추가됩니다.

메모리 정품 라벨

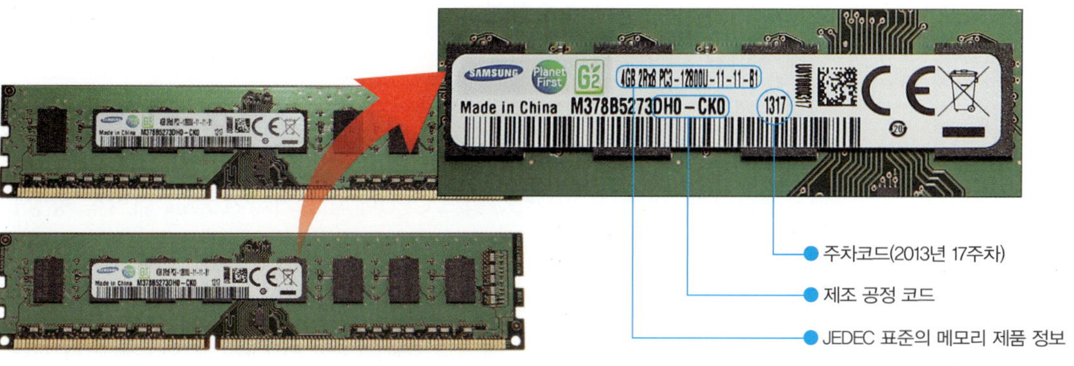

메모리 슬롯의 고정 레버와 홈

메모리 슬롯 양쪽에 있는 고정 레버를 바깥쪽으로 젖히면 메모리 슬롯에 메모리를 끼울 수 있습니다. 수직 방향에서 메모리를 힘주어 꽂으면 고정 레버는 자동으로 메모리 양쪽 귀퉁이에 있는 홈에 물려 메모리가 이탈되지 않게 단단히 고정합니다. 메모리 슬롯에 있는 홈은 좌우 간격이 다르므로 정확한 메모리 삽입 방향을 알려줍니다.

메모리 설치 방법

메모리의 특징과 성능 요소

CPU가 처리하는 명령과 데이터를 하드디스크와 같은 저장 매체 대신 메모리를 사용하는 까닭은 하드디스크보다 메모리에서 가져오는 것이 훨씬 빠르기 때문입니다. 보통 메모리 성능을 확인할 때는 용량과 속도를 주로 봅니다. 그것은 메모리가 클수록 여러 프로그램을 한꺼번에 운용할 수 있으며, 메모리 속도가 빠를수록 그만큼 작업 효율이 개선되기 때문입니다. 단, 리프레시 주기(순환 시간)도 메모리 속도에 적지 않은 영향을 미치므로 유의하기 바랍니다.

RAM은 공용 작업장

윈도우 같은 멀티태스킹 운영체제는 동시에 여러 프로그램을 실행하여 작업할 수 있는데, 메모리는 공용 작업장 구실을 하므로 메모리가 클수록 동시에 운용할 수 있는 프로그램도 많아지고 작업 효율도 개선됩니다. 실제 작업 성능은 메모리 크기가 체감 성능에 가장 큰 영향을 미칩니다.

메모리 속도는 대역폭이 변수

메모리 속도는 CPU와 명령과 데이터를 얼마만큼 신속하게 주고받을 수 있는지를 좌우합니다. 메모리 자체의 속도도 중요하지만, 메모리와 CPU 간의 명령과 데이터를 주고받는 대역폭에 의해 제한될 수 있습니다.

인텔 CPU에 메모리 컨트롤러가 내장되기 전에는 노스브릿지 칩셋을 경유하여 병렬 방식의 FSB(Front Side Bus, 시스템 버스)를 통해 주고받았기 때문에 FSB 대역폭이 메모리 속도를 좌우했습니다. 인텔 코어2듀오/쿼드 CPU에 이르기까지 FSB 대역폭 향상을 위해 FSB 클럭을 높이고, 클럭당 4개의 신호를 전송하는 쿼드펌핑 기술까지 사용하며 대역폭을 늘려왔지만, 병렬 방식에서는 대역폭을 늘리는 데 있어 한계에 봉착하게 되었습니다.

AMD CPU의 경우에는 이미 애슬론 64 CPU부터 메모리 컨트롤러를 CPU에 내장하고 직렬 방식의 HT(하이퍼트랜스포트) 기술로 충분한 대역폭을 제공했습니다.

인텔도 네할렘 아키텍처의 블룸필드 CPU부터 메모리 컨트롤러를 내장하고 직렬 방식의 QPI(4.8~6.4GTS)로 대역폭을 제공합니다. 그 후 린필드 CPU부터는 DMI 1.0(2.5GT/s) 대역폭을 제공하여 QPI보다 크게 느린 문제가 있었으나 샌디브릿지 CPU부터는 DMI 2.0(5GT/s), 스카이레이크 CPU부터는 DMI 3.0(8GT/s)의 넓은 CPU 대역폭을 제공합니다.

전원이 유지되는 동안만 정보를 유지하는 동적 메모리

RAM의 소재인 반도체는 ON/OFF 신호를 일시적으로만 유지할 수 있기 때문에 전원이 꺼지면 정보는 사라지고 맙니다. 그러므로 각 메모리 비트 정보가 소거되기 전에 일정한 주기로 전원을 재공급하는 과정이 반복되어야 합니다. 이를 리프레시(Refresh)라고 하며, 리프레시에 걸리는 시간을 리프레시 주기라고 합니다.

메모리는 리프레시를 통해 정보를 유지하고 기록할 수 있는 특징 때문에 동적 메모리(Dynamic RAM)를 의미하는 DRAM으로 불립니다. 메모리의 최대 속도가 동일하다면 메모리의 내부 클럭이 빠를수록 리프레시 속도도 빠릅니다. 정적 메모리인 SRAM(Static RAM)은 Flip/Flop 회로를 추가하여 리프레시가 필요 없으므로 DRAM보다 훨씬 빠르지만, 추가 회로가 들어가는 만큼 제조 비용이 많이 듭니다.

● 메모리 리프레시 속도는 램 타이밍에 의해 결정됩니다. 또한 메모리 오버클러킹 시에는 램 타이밍까지 조절하기도 합니다.

메모리 속도와 직결되는 램 타이밍

램 타이밍은 간단히 CPU가 처리할 데이터를 저장 장치에서 메모리로 가져오는 데 걸리는 시간으로, 램 타이밍 주기가 짧을 수록 메모리는 고속으로 동작합니다. 램 타이밍은 CL, RCD, RP, RAS의 네 가지 항목의 소요 시간에 의해 결정됩니다. 오버클러킹을 지원하는 메인보드는 바이오스 셋업에서 이들 램 타이밍 요소들에 대한 타이밍 설정이 가능합니다(611쪽 참고).

메모리 전압

메모리도 고속으로 동작하는 반도체 집적 회로인만큼 적지 않은 전압을 소모합니다. 메모리 도 극미세 제조 공정에서 만들어지며, 60nm, 40nm, 30nm, 20nm 등으로 미세화하면서 사용 전압도 낮아지고 있습니다. 60nm DDR2 SDRAM의 경우, 2.5V 수준의 사용 전압을 요구했지만 30nm DDR3 SDRAM은 1.5V, 20nm DDR3L SDRAM은 1.35V, 18nm DDR4 SDRAM 메모리는 1.2V 수준의 전압으로 작동합니다. 메모리 전압이 낮을수록 메모리 오버클러킹에도 유리하게 작용합니다.

메모리 매핑(Mapping)

일련의 비트열로 된 메모리에 주소를 부여하는 것을 메모리 매핑이라고 합니다. 최대 지원 가능 메모리는 운영체제의 주소 매핑 능력에 의해 결정됩니다. 윈도우 XP 32비트 운영체제는 2^{32}=4GB까지만 주소 매핑이 가능하며, 바이오스나 시스템에 설치된 각종 장치 드라이버의 예약 메모리는 사용할 수 없으므로 사용 가능한 실제 메모리는 3.5GB 이하로 제한됩니다. 반면 윈도우 7 64비트 운영체제의 경우에는 이론적으로는 2^{64}=16EB(Exa Byte)까지 메모리 매핑 능력을 제공합니다. 물론 물리적으로 사용 가능한 메모리는 메인보드의 메모리 슬롯 개수와 설치 메모리 용량에 의해 제한됩니다.

에러 정정 기능

시장에서 판매되는 메모리 사양표를 보면 ECC와 REG라는 항목이 있는 것을 볼 수 있는데, 이는 에러 정정 기능입니다. 메모리 오류는 시스템 다운으로 이어질 수 있기 때문에 서버용 시스템에 사용되는 메모리는 에러 정정 기능을 포함하며 가격도 고가입니다. ECC는 데이터 에러 정정 기능이며, REG는 레지스터 에러 정정 기능이 포함된 메모리입니다.

Check Point · **가상 메모리와 램 디스크**

가상 메모리 기술은 하드디스크의 일정 영역을 메모리처럼 주소를 매핑하여 물리 메모리가 부족할 때 가상 메모리에서 가져와서 활용하는 기술입니다. 단, 가상 메모리와 물리 메모리를 번갈아 읽는 스와핑(Swapping, 교체)은 작업 속도를 현저히 떨어뜨립니다.

램 디스크는 메모리를 디스크처럼 활용하는 기술로, 32비트 윈도우 XP는 4GB 이상 주소 매핑은 불가능하므로 그 이상의 물리 메모리는 메모리로는 못쓰고 램 디스크로는 활용할 수 있습니다. 64비트 운영체제를 사용하는 경우라도 SSD의 수명을 늘리기 위해 램 디스크를 활용합니다. 예를 들어 빈번한 파일 입출력이 발생하는 운영체제와 웹브라우저의 임시 폴더나 포토샵의 스크래치 디스크를 램 디스크로 대체하여 사용할 수 있습니다.

● 램 디스크 프로그램은 별도 설치와 램 디스크 설정 작업이 필요한데, 가상 메모리와 램 디스크 설정 및 활용 방법은 특집 3에서 다룹니다.

메모리의 발전 과정과 속도의 발전

메모리도 CPU와 궁합을 맞추며 발전했습니다. 현재 PC에 사용되는 메모리는 모두 DIMM 방식이며, SDRAM, DDR SDRAM, RDRAM 계열로 구분됩니다. 이 중 SDRAM과 RDRAM 계열은 단종되었고, DDR SDRAM은 DDR2, DDR3, DDR4 SDRAM으로 발전해왔습니다.

펜티엄 시대까지 함께한 SDRAM

SDRAM(Synchronous DRAM)은 처음 나올 때 양면 89개씩 합이 168개의 핀으로 구성되었기 때문에 흔히 168핀 램으로 통합니다. 펜티엄 III까지는 FSB 클럭에 일대일 대응되는 메모리 대역폭이 제공되므로, FSB 클럭에 대응한 메모리 이름을 사용하였습니다.

PC66은 66MHz FSB 클럭을 지원하는 펜티엄급 CPU와 PC100은 100MHz FSB 클럭을 지원하는 펜티엄 II급 CPU와 짝을 이룹니다. PC133은 펜티엄 III CPU나 펜티엄 4에서 사용되었습니다.

비운의 메모리 RDRAM

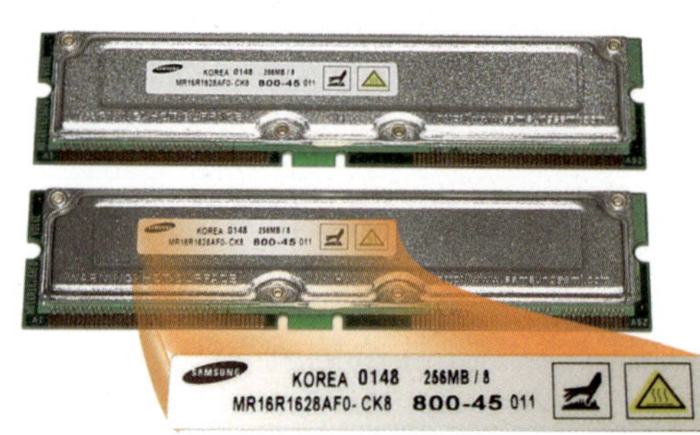

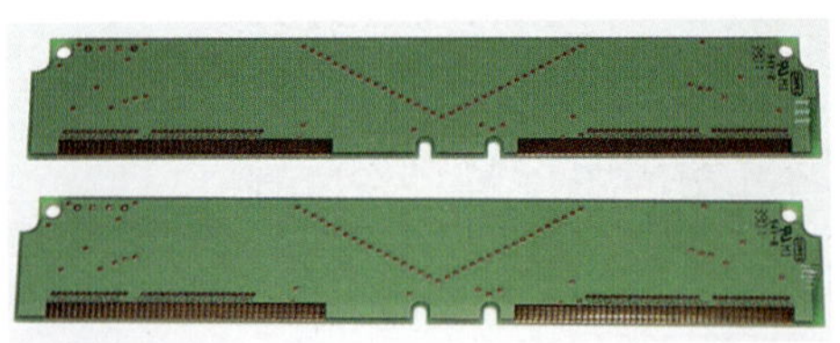

▲ 터미네이터

램버스 사에서 개발한 RDRAM(Rambus DRAM)은 DDR SDRAM보다 먼저 개발되었으며, 듀얼 채널 기술과 직렬 연결 기술을 적용하였습니다. 인텔은 펜티엄 4 노스우드와 짝을 이루는 메인보드 칩셋 중 RDRAM을 지원하는 i82850 칩셋을 먼저 발표하며 RDRAM 지원에 역점을 두었습니다.

두 개의 메모리 홈을 가진 184핀 소켓의 RDRAM은 최초로 직렬 연결 기술로 대역폭을 두 배로 처리했습니다. 그렇기 때문에 반드시 두 개씩 한 조를 이뤄 설치하고, 빈 메모리 슬롯은 종단 장치인 터미네이터를 끼워야 했습니다.

램버스 사는 1999년에 PC800MHz(=1.6GB/s) RDRAM을 발표했고, 2002년에는 PC1066MHz(=4.2GB/s) RDRAM을 발표하여 성능 면에서는 DDR SDRAM을 앞섰습니다. 인텔의 지원과 빠른 속도를 자신감을 얻은 램버스 사는 메모리 제조사들에게 RDRAM을 제조 시 라이선스료를 요구했습니다.

메모리 제조사들은 이에 반발하여 RDRAM 대신 자신들이 회원 단체였던 JEDEC에서 DDR SDRAM을 표준으로 밀었습니다.

듀얼 채널 기술로 메모리 표준이 된 DDR SDRAM

DDR SDRAM은 주파수 다중화 기술을 도입하고, 사용 전압을 2.5V 수준으로 낮추면서도 3.3V 전압의 SDRAM보다 클럭당 두 배의 전송 능력을 제공하였으며, 동일한 DDR SDRAM을 두 개씩 짝을 맞춰주면 RDRAM처럼 대역폭을 두 배로 늘리는 듀얼 채널 기술을 사용합니다.

DDR 메모리는 펄스 신호가 On이 될 때 데이터 전송이 이뤄지는데, 듀얼 채널에서는 펄스 신호를 교대로 사용하여 두 배로 전송하며, 트리플 채널에서는 펄스 신호를 3교대로 사용하여 세 배의 대역폭을 사용할 수 있습니다.

● DDR SDRAM(Dual Data Rate SDRAM) : DDR SDRAM은 AMD CPU용 메인보드에서 먼저 사용되었지만 널리 사용되자 인텔도 결국 DDR SDRAM을 지원하는 메인보드 칩셋을 내놓게 됩니다.

메모리 속도는 시스템 버스 대역폭과 짝을 이루며 발전해왔습니다. 인텔의 펜티엄 4 넷버스트 아키텍처에서는 쿼드펌핑 기술로 FSB 1 클럭에 4개의 신호를 처리합니다. 따라서 FSB 200MHz에서 쿼드펌핑된 시스템 버스 대역폭은 800MHz로, 이를 초당 전송 바이트 수로 환산하면 **200(FSB 클럭)×4(QDR)×8(Byte) = 6400MB/s**입니다.

다음의 1세대 DDR SDRAM 메모리 라벨을 보면 PC3200이라 쓰인 것을 볼 수 있습니다. 이는 메모리 속도가 3200MB/s인 메모리로, 듀얼 채널로 사용하면 **3200(MB/s)×2(듀얼 채널) = 6400MB/s**로 800MHz로 쿼드펌핑된 시스템 버스 대역폭과 정확히 짝을 이룹니다.

1세대 DDR SDRAM

메모리 속도를 계산할 때는 데이터 전송이 메모리의 입출력을 통해 이뤄지므로, 메모리 I/O 클럭을 기준으로 계산합니다. 따라서 3200MB/s의 메모리 속도는 다음과 같이 계산됩니다.

400Mhz(메모리 I/O 클럭)×8(Byte) = 3200MB/s

동일한 원리로 3200MB/s의 메모리 속도를 8로 나누면, 메모리 I/O 클럭이 나옵니다. DDR SDRAM부터는 메모리 라벨의 표기 방식도 메모리가 제공하는 메모리 I/O 클럭 대신 메모리 속도로 바뀌었습니다.

DDR2 SDRAM

DDR2 SDRAM은 메모리 I/O 버퍼를 늘리고 전압도 1.8V 수준으로 낮추면서도 메모리 I/O 클럭을 DDR SDRAM보다 2배로 향상시켰으며, 메모리 길이는 DDR SDRAM과 같지만 소켓의 핀 수는 240핀으로 늘어났고 메모리 홈의 위치도 달라졌습니다. 이 메모리의 메모리 I/O 클럭은 512MHz입니다. 따라서 **533Mhz(메모리 I/O 클럭)×8(Byte) = 4264MB/s**의 속도가 나오며, 듀얼 채널로 사용하면 8512MB/s의 메모리 대역폭을 사용할 수 있습니다. 이는 FSB 266MHz에서 쿼드펌핑된 시스템 버스 대역폭 **266MHz(FSB 클럭)×4(QDR)×8 = 8512MB/s**에 대응합니다. DDR2 SDRAM의 메모리 라벨은 십단위는 절삭하여 간단히 PC2 4200으로 나타낸 것을 볼 수 있습니다. PC2는 DDR2와 같은 의미로 이해하면 됩니다.

DDR2 SDRAM

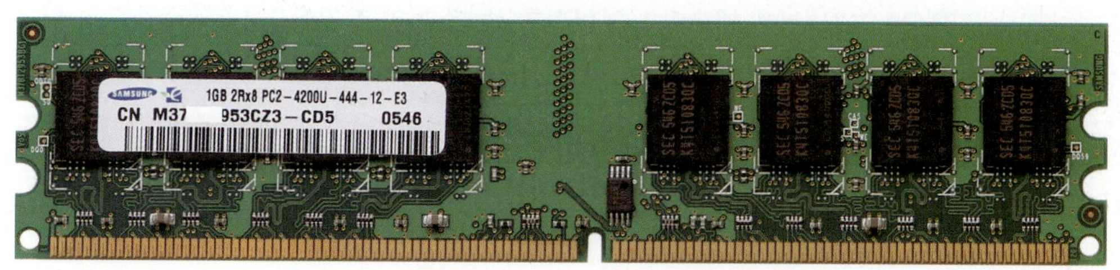

DDR3 SDRAM

DDR3 SDRAM은 메모리 I/O 버퍼를 좀 더 늘리고 전압도 1.5V 수준으로 더욱 낮추면서도 메모리 I/O 클럭은 DDR2 SDRAM보다 2배로 향상시켰습니다. DDR2 SDRAM과 같은 240핀을 사용하지만 메모리 홈 위치도 다르므로 호환은 되지 않습니다.

DDR3 SDRAM으로 처음 선보인 메모리 I/O 클럭은 1333MHz로 **1333Mhz(메모리 I/O 클럭)×**×8(Byte) = 10656MB/s**의 속도를 지원하였는데, 이 메모리의 라벨 표시 속도는 십단위까지 절삭하여 10600으로 나타냈습니다.

이어서 나온 DDR3 메모리는 메모리 I/O 클럭 1600MHz로 **1600Mhz(메모리 I/O 클럭)×8(Byte)** = 12800MB/s**의 속도를 지원했습니다. 이 메모리의 라벨 표시 속도는 12800으로 표시되는 것을 볼 수 있습니다.

DDR3 SDRAM 메모리는 2007년에 등장한 이후 지금도 널리 사용되고 있는 메모리입니다. 메모리 전압을 1.5V에서 1.35V로 낮춘 노트북 컴퓨터용 저전력 메모리도 나왔는데, DDR3L SDRAM 메모리로 부릅니다.

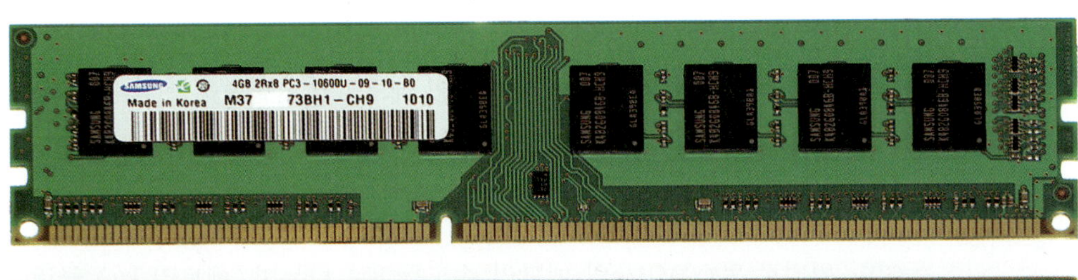

DDR3 SDRAM
10600 / 12800

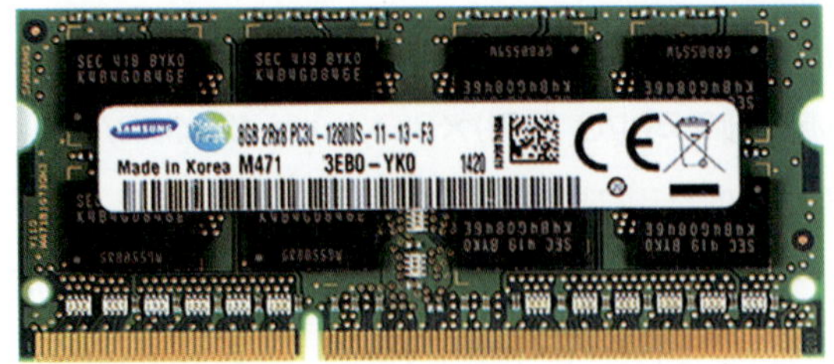

노트북 컴퓨터용 DDR3L
SDRAM
12800 메모리

DDR4 SDRAM

DDR4 SDRAM은 메모리 I/O 버퍼를 좀 더 늘리고 전압도 1.2V 수준으로 더욱 낮추면서도 메모리 I/O 클럭을 향상시킨 저전력 고성능 메모리로, DDR3 SDRAM과 길이는 같지만 메모리 홀의 위치도 다르며, 소켓의 핀 수는 284핀으로 늘어났습니다. 인텔의 5세대 브로드웰 코어의 CPU와 짝을 이룬 X99 메인보드 칩셋부터 DDR4를 지원합니다. DDR4 SDRAM은 스카이레이크 CPU가 등장하면서부터 빠른 속도로 대중화되고 있습니다.

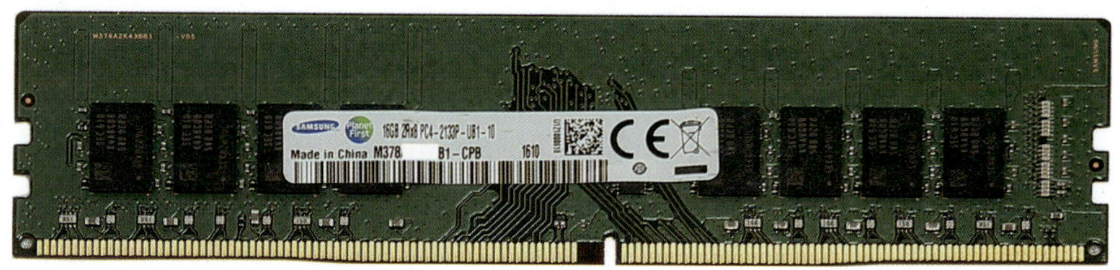

DDR4 SDRAM
10600 / 12800

DDR4 SDRAM은 정규 메모리 I/O 클럭으로 2133MHz, 2400MHz 제품이 나와 있습니다. 메모리 제품 라벨의 표시는 메모리 속도 대신 메모리 I/O 클럭 수치로 바뀌었습니다. DDR4 2133MHz의 메모리 속도는 17000MB/s이며 2400MHz의 메모리 속도는 19200MB/s입니다.

메모리 성능의 비밀

DDR1부터 DDR4까지 발전해오는 동안, 주로 메모리 I/O 클럭을 높여 최대 메모리 속도를 향상시키고 있습니다. 1세대 DDR SDRAM은 내외부 메모리 클럭이 동일하지만, DDR2 SDRAM부터는 주로 외부 메모리 I/O 클럭을 두 배로 높이는 방식으로 성능을 향상시켰습니다. 물론 메모리 속도가 같다면 내부 클럭이 빠를수록 더 빠른 성능을 발휘합니다.

다음은 지금까지 PC 메모리로 주로 사용된 메모리를 정리한 표입니다. 메모리 세대 교체 시기에는 동일한 메모리 대역폭이 공존하면서 세대 교체가 이뤄지는 것도 알 수 있습니다.

DDR 메모리의 종류와 속도

분류	모듈 이름	메모리 I/O 클럭	싱글 채널 대역폭	듀얼 채널 대역폭	비고
DDR	PC-1600	200MHz	1.6GB/s	3.2GB/s	
DDR	PC-2100	266MHz	2.1GB/s	4.2GB/s	
DDR	PC-2700	332MHz	2.7GB/s	5.4GB/s	
DDR	PC-3200	400MHz	3.2GB/s	6.4GB/s	FSB 200MHz QDR 800MHz 대응
DDR2	PC2-3200	400MHz			
DDR2	PC2-4200	533MHz	4.2GB/s	8.4GB/s	FSB 266MHz QDR 1064MHz 대응
DDR2	PC2-5300	667MHz	5.3GB/s	10.6GB/s	
DDR2	PC2-6400	800MHz	6.4GB/s	12.8GB/s	
DDR3	PC3-6400	800MHz			
DDR2	PC2-8500	1066MHz	8.5GB/s	17GB/s	FSB 400MHz QDR 1600MHz 대응
DDR3	PC3-8500	1066MHz			
DDR3	PC3-10600	1333MHz	10.6GB/s	21.2GB/s	
DDR3	PC3-12800	1600MHz	12.8GB/s	25.6GB/s	
DDR3	PC3-17000	2133MHz	17.0GB/s	34GB/s	OC(오버클럭) 메모리
DDR4	PC4-17000	2133MHz	17.0GB/s	34GB/s	
DDR4	PC4-19200	2400MHz	19.2GB/s	39.4GB/s	

Chapter 02 PC 부품의 원리와 선택 가이드

- 그래픽 메모리의 경우는 메모리 이름 앞에 G가 붙습니다. GDDR 메모리의 경우도 메모리 I/O 클럭을 높이는 방식으로 성능을 향상시킵니다.
- 메모리 I/O 클럭은 내외부 메모리 클럭으로 세분하기도 하는데 편의상 제품 라벨에 표시된 메모리 I/O 클럭이나 속도를 기준으로 나타냈습니다.

CPU와 메모리 오버클러킹의 원리

병렬 FSB를 사용한 과거의 시스템에서 CPU 속도는 클럭 배수와 FSB 클럭의 곱으로 계산합니다. 펜티엄 4 시스템의 FSB 클럭은 200MHz를 지원하였는데, 펜티엄 4 프레스캇 670 CPU의 클럭 배수는 19로 **19×200MHz = 3.8GHz**를 실현했습니다.

FSB 클럭은 시스템 버스 대역폭에 직접 작용하므로, 메모리 동작 속도를 함께 높일 수 있으므로 쉽게 오버클럭을 할 수 있을 것으로 보이지만, 당시 기술로는 전압과 발열, 부품의 내구성 문제 때문에 FSB 클럭을 높이는 방식은 사용되지 않았고, 주로 클럭 배수를 높이는 방식의 CPU 오버클럭이 많이 사용되었습니다. 클럭 배수를 높이는 오버클러킹이 유행되자 오버클러킹이 CPU와 시스템 고장을 유발한다고 본 인텔은 배수락을 걸어 오버클러킹을 제한하기도 했습니다.

병렬 FSB 대신 QPI나 DMI를 사용하는 코어 아키텍처 CPU의 경우에는 FSB 클럭 대신 베이스 클럭(BCLK, Base Clock) 개념을 사용합니다. 따라서 이 경우에는 CPU의 동작 속도가 클럭 배수×BCLK 값으로 구해집니다.

CPU 오버클러킹과 비슷한 원리로 메모리 속도는 베이스(BCLK) 클럭에 시스템 메모리 배수(System Memory Multiflier) 값을 곱하여 산출합니다. 오버클러킹 시에는 메모리 오버클러킹도 반드시 고려해야 합니다. CPU 클럭 배수를 높이는 경우에는 메모리 오버클럭과 무관하지만, 오버클럭을 위해 베이스클럭 속도를 높이면 전체적인 CPU 속도도 오버클럭되고, 그만큼 메모리 속도도 비례적으로 오버클럭되는 점을 유의하기 바랍니다. CPU나 메모리 오버 클러킹은 바이오스 셋업 프로그램에서 직접 수행할 수도 있고, 메인보드 제조회사에서 제공하는 유틸리티 프로그램을 이용하여 수행할 수도 있습니다.

> ● 인텔이나 AMD는 배수락을 해제한 CPU를 별도로 판매하는 정책을 취하고 있는데, 인텔은 배수락 해제 모델은 CPU 이름에 K를 붙여 구분하며, AMD는 블랙 에디션(Black Edition)으로 판매합니다.

Check Point   **오버클럭을 지원하는 XMP 메모리**

메모리 제조사 중에는 편리한 메모리 오버클러킹을 지원하는 XMP 메모리를 판매합니다. XMP 메모리를 사용하면 사용자가 일일이 메모리 전압과 램 타이밍을 조절하지 않고도 사전 설정된 최적의 오버클럭 프로파일 값으로 자동 설정됩니다. 보통 오버클럭 메모리는 방열판이 기본 부착된 상태로 판매되며, 메모리 오버클럭에 맞춰 전압과 램 타이밍 등이 최적화된 XMP 프로파일을 제공하므로 쉽게 사용할 수 있습니다(504쪽 참고). 다음은 G.SKILL의 Trident 메모리로 메모리 I/O 클럭을 1200MHz로 높여 1200Mhz(메모리 I/O 클럭)×2(DDR)×8(Byte) = 19200MB/s에 달하는 고속 동작을 지원합니다.

방열판이 적용된 메모리나 램 쿨러가 적용된 메모리는 부피가 커져 사제 CPU 쿨러와 간섭이 생길 수도 있고, 메모리 슬롯을 풀뱅크로 사용할 수 없을 수도 있으므로 유의하기 바랍니다.

메모리 선택 가이드

PC 부품 중 가장 가격의 등락이 극심한 제품을 꼽으라면 단연 메모리를 들 수 있습니다. 메모리 분야는 삼성과 하이닉스 제품이 세계 시장의 절반 이상을 휩쓸고 있는 만큼 메모리 시장 동향은 언론 매체에도 자주 오르내리는 편입니다.

메모리 사양표는 다음과 같습니다.

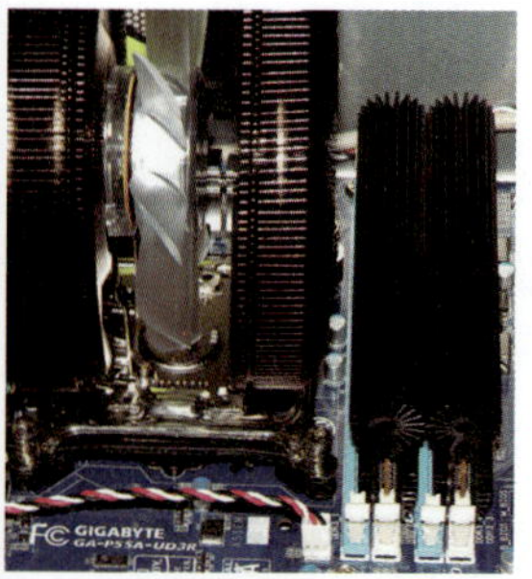

항 목	내 용	비 고
제품명	삼성전자 DDR4 16G PC4-17000 (정품)	제품명에 해외 직구나 비정품과의 구별을 위해 정품 여부를 나타냅니다.
제품 분류	DDR4	
사용 장치	PC용	노트북 컴퓨터용 메모리는 일반 PC용 메모리보다 크기가 2/3가량 작습니다.
패키지 형태	1ea	메모리는 1개(ea) 단위로 판매됩니다. 듀얼 채널 메모리는 짝수로 사용해야 메모리 속도를 두 배로 사용할 수 있으며 트리플 채널 메모리는 3개나 6개를 사용해야 트리플 채널 대역폭을 활용할 수 있습니다.
메모리 용량	16GB	메모리칩을 한쪽면에 배열하면 난면 메모리라 하고, 양쪽면에 배열하여 용량을 두 배로 늘린 메모리는 양면 메모리라고 합니다. 이 제품은 양면 메모리입니다.
동작 클럭	2133MHz	DDR4 메모리 라벨에 표시된 메모리 I/O 클럭 2133MHz를 메모리 속도로 환산하면 2133Mhz(메모리 I/O 클럭)×8(Byte) = 17064MB/s인데, 제품명은 십단위를 절삭하여 17000으로 나타냅니다.
ECC / REG		일반 PC용 메모리에서는 에러 정정 기능인 ECC나 REG 기능을 제공하지 않습니다.
그 밖의 확인 사항	메모리 방열판 포함 여부 A/S 기간과 방식	

메모리를 구입할 때는 자신의 시스템에서 사용 가능한 메모리인지 확인하고, 우선 자신의 작업 용도에 맞춰 메모리 용량을 정합니다. 1차적인 성능은 메모리 용량에 의해 좌우되며, 그 다음에 메모리 속도가 성능을 좌우합니다.

한꺼번에 여러 개의 프로그램을 띄워 놓고 작업하는 멀티태스킹 효율은 우선적으로 물리적인 메모리 크기에 의존하므로 포토샵 같은 그래픽 프로그램이나 프리미어 같은 동영상 편집 프로그램을 많이 사용한다면 메모리 용량에 따라 성능 차이가 많이 납니다.

반면, 3D 게임에서 좀 더 좋은 그래픽 화질과 높은 프레임 수를 얻을려면, 메모리 속도가 중요합니다. 이 때문에 오버클럭 메모리 제품은 아예 게임용 메모리로 홍보하기도 합니다.

메모리 슬롯을 모두 채워 사용하는 풀뱅크 사용 시 메모리 오버클럭은 2뱅크만 사용하는 것에 비해 제한될 수 있는 점도 고려하기 바랍니다.

그리고 메모리 오버클럭을 고려하여 설계된 메모리 방열판의 경우에는 아예 처음부터 2 뱅크용으로 설계되어 4개를 꽂기 어려울 수 있으므로 사전에 확인해야 합니다.

▲ 처음부터 2뱅크용으로 설계된 메모리 방열판은 2개만 설치 가능하므로 유의하기 바랍니다.

4 PC의 영상처리 엔진 – 그래픽카드

그래픽카드는 VGA(Video Graphic Adapter)라고도 불리는데, 모니터 화면에 표시되는 화려하고 역동적인 화면을 만들어내는 숨은 일꾼입니다. 그래픽카드는 3D 게임과 그래픽의 대중화와 고해상도 모니터에 발맞춰 고성능 영상처리 엔진으로 발전해왔습니다. 그래픽카드는 PC의 성능은 물론 체감 속도에 가장 큰 영향을 미치는 필수 부품 중 하나이므로 CPU와 메인보드 못지 않게 신중히 선택해야 합니다.

그래픽카드의 구성 요소

그래픽카드는 화면에 표시되는 화소 정보를 그래픽 메모리에 담아 디스플레이의 화면으로 표시하는 PC의 핵심 부품입니다. 요즘 나오는 그래픽카드에는 3D 게임 산업의 성장으로 CPU 못지 않게 고속으로 동작하는 GPU(Graphic Processor Unit)와 빠른 그래픽 메모리가 사용되기 때문에 높은 전압과 발열을 수반합니다. 그렇기 때문에 고성능 그래픽카드의 기판 위에는 VGA 쿨러가 장착된 상태로 패키징됩니다.

다음은 각각 AMD와 NVIDIA GPU를 사용한 그래픽카드의 외부 구성 요소입니다. 각각의 구성 요소에 대해서는 다음 쪽에서 설명합니다.

그래픽카드의 외부
구성 요소

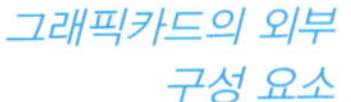

▲ **예제 부품** : 이엠텍 SAPHIRE Radeon HD 7850
이엠텍 XENON 지포스 GTX760 JETSTREAM D5 2GB

그래픽카드의 내부 구성 요소

❶ **VGA 쿨러** : VGA 쿨러는 GPU와 그래픽 메모리에서 발생하는 열을 냉각시키는 장치로, 냉각팬으로 공기를 흡수하여 내부의 히트싱크와 방열판을 이용하여 냉각시킵니다. 냉각팬 헤더는 냉각팬에 전원을 공급하는 단자입니다.

❷ **Display Port 단자** : 비디오표준협회(VESA)에서 정의한 인터페이스로 고해상도와 다중 디스플레이 출력을 지원합니다. 간단히 DP 단자라고 부르기도 합니다. 앞쪽의 그림에서 볼 수 있듯이 AMD 그래픽카드는 두 개의 Mini DP 단자를 지원하는데, 액세서리에 포함된 Mini-DP to DP 케이블을 사용합니다. 지금은 NVIDIA 계열의 그래픽카드도 DP 단자를 지원합니다.

❸ **HDMI 단자** : 고품질의 디지털 영상과 디지털 사운드를 함께 전송할 수 있는 단자로, 스마트 TV와 프로젝터에서도 지원됩니다.

❹ **DVI 단자** : DVI(Digital Video Interface)는 컴퓨터 모니터용 영상 출력 인터페이스로 듀얼링크 DVI-I 단자는 1920×1200픽셀의 해상도를 3D 모니터에서 사용 가능한 120Hz를 지원합니다. 싱글 링크의 경우는 60Hz만 지원됩니다. 듀얼링크 DVI-D 단자는 2560×1600 픽셀의 고해상도를 지원합니다. DVI 인터페이스가 지원되지 않는 구형 CRT 모니터를 사용하는 경우에는 DVI 단자에 DVI to D-SUB 젠더를 사용하여 연결하면 됩니다.

❺ **브래킷과 공기 배출구** : 브래킷은 그래픽카드를 케이스에 고정시키는데 사용되며, 영상 단자가 배열됩니다. 고성능 그래픽카드에는 대형 VGA 쿨러가 장착되므로 GPU에서 발생하는 열을 밖으로 배출할 수 있는 공기 배출구가 브래킷에 구성되어 있습니다.

❻ **그래픽카드 고정 걸쇠** : 그래픽카드 전용 슬롯에 있는 고정 레버에 물려 그래픽카드가 흔들리지 않도록 지지해줍니다.

❼ **PCIe 3.0 x16 슬롯 커넥터** : PCI Express 3.0 16배속 슬롯용 커넥터입니다. 하위 호환되므로 PCI Express 2.0 x16 슬롯에도 연결할 수 있습니다.

❽ **SLI 커넥터 / 크로스파이어 커넥터** : 둘 이상의 그래픽카드를 연결하는 인터페이스입니다. 커넥터가 한 개면 두 개의 그래픽카드, 두 개면 세 개까지 연결할 수 있습니다. NVIDIA에서는 SLI 인터페이스를 사용하고 AMD 그래픽카드에서는 크로스파이어(Cross Fire) 인터페이스를 사용합니다.

❾ **그래픽 메모리** : 일반 DRAM과 달리 GPU가 처리하는 영상 정보를 저장하는 메모리입니다. 그래픽카드에는 주로 GDDR5 메모리가 사용됩니다.

❿ **전원부(캐패시터/쵸크코일/MOSFET)** : 고속으로 동작하는 GPU와 그래픽 메모리에 필요한 전압을 공급합니다. 중고급형 이상의 그래픽카드는 보통 고체 캐패시터와 쵸크코일을 사용합니다. MOSFET은 고주파 노이즈를 차단하는 기능을 합니다.

⓫ **보조 전원 단자** : 그래픽카드에 전원을 공급하는 단자로, 보통 6핀이나 8핀 보조 전원 단자가 1개나 2개가 사용됩니다.

⓬ **GPU** : 그래픽카드의 CPU로 그래픽 프로세서라고도 합니다. 단, CPU와 달리 빠른 영상 정보 처리 능력이 중요하므로 스트림 프로세서가 중요합니다. 그래픽카드의 성능을 따질 때는 동작 속도도 중요하지만, 지원되는 스트림 프로세서 수도 중요합니다.

그래픽카드의 성능을 좌우하는 GPU

GPU(Graphic Processing Unit)는 그래픽카드의 CPU로 지금은 NVIDIA와 맞수였던 ATI를 인수 합병한 AMD가 양분하고 있습니다. GPU는 범용 명령어를 처리하는 CPU와 달리, 영상 정보 처리 기능에 특화되어 있습니다.

NVIDIA와 AMD의 GPU

▲ NVIDIA의 GTX760 GPU

▲ AMD의 HD 7850 GPU

GPU의 성능 요소

GPU의 동작 속도도 CPU처럼 클럭 속도로 나타내는데, 같은 계열의 GPU 내에서는 동작 속도가 빠를수록 성능이 더 높지만, 그래픽카드 성능을 따질 때는 실질적으로 영상을 처리하는 능력, 즉 GPU 아키텍처의 핵심을 이루는 스트림 프로세서와 3D 처리 능력 등을 함께 고려해야 합니다. GPU의 세부 성능은 스트림 프로세서와 셰이더 클럭, 텍스처 매핑 속도(Texture Fill Rate), 3D 그래픽과 멀티미디어 처리 성능에 영향을 미치는 DirectX 지원 능력, 주로 3D 처리에 영향을 미치는 OPEN GL 지원 능력, 물리 엔진, 그래픽 메모리 크기 등 여러 요소를 종합적으로 고려해야 합니다.

GPU의 스트림 프로세서

2차원 영상의 경우에는 특정 화소 위치의 색상 정보만 기록하면 되므로 복잡할 게 별로 없습니다. 하지만 3차원으로 넘어가면 상황이 달라집니다. 3차원 게임이나 3D 그래픽 렌더링 작업을 효율적으로 수행하기 위해서는 버텍스 셰이더, 지오메트리 셰이더, 픽셀 셰이더 같은 3D 명령을 빠르게 처리할 수 있는 스트림 프로세서가 많을 수록 처리 능력도 좋아집니다.

한편, AMD 스트림 프로세서와 비슷한 프로세서를 NVIDIA는 쿠다 프로세서로 나타내는데, AMD와 NVIDIA의 GPU 아키텍처 자체가 다르므로 스트림 프로세서 수로 직접 비교하는 것은 큰 의미가 없습니다. 참고로 ATI는 5-Way로 동작하는 스트림 프로세서를 수에 반영하므로 쿠다 프로세서보다 5배 정도 많은 수로 표시되는 특징이 있습니다.

● 쿠다 프로세서(CUDA processor) : Compute Unified Device Architecture Processor로 NVIDIA는 자사 GPU의 스트림 프로세서를 쿠다 프로세서로 부릅니다.

3차원 영상 처리

3차원은 X, Y 평면 공간에 공간 좌표(Z)가 추가되어 폴리곤 입자를 형성하여 사물을 표현합니다. 폴리곤은 2D 화면의 픽셀과 비슷한데, 폴리곤이 많을수록 정교한 형태 표현이 가능합니다.

한 프레임의 3차원 영상은 버텍스 셰이더 → 지오메트릭스 셰이더 → 픽셀 셰이더 명령을 거쳐 만들어집니다.

버텍스 셰이더 명령은 폴리곤을 연산하고 형태를 만들어 내며, 버텍스 셰이더에서 처리하지 못한 정교한 폴리곤의 점과 선 등을 보완하기 위해 지오메트릭스 셰이더 명령이 사용됩니다.

그 다음 단계로 픽셀 셰이더에 의해 폴리곤에 텍스처를 매핑한 후 광원에 따른 조명과 반사, 음영, 불투명도 등이 처리되어 비로소 한 프레임의 3D 영상이 표현됩니다.

움직이는 3D 영상을 실시간으로 처리하려면 수많은 연산이 이뤄집니다.

과거에는 GPU에 버텍스 셰이더와 픽셀 셰이더 프로세서가 각각 처리했지만, 지금은 GPU의 스트림 프로세서가

통합적으로 셰이더 명령어를 가속 처리합니다. 셰이더 클럭이 높을수록 같은 시간에 보다 많은 프레임을 만들어 내며, 초당 프레임 수가 많을수록 보다 자연스러운 영상 처리가 이뤄집니다.

DirectX 지원

PC 게임의 경우 3차원 그래픽 처리 명령은 마이크로소프트 DirectX와 긴밀히 연동되어 작동합니다. 윈도우용 게임 개발에는 DirectX API가 활용되는데, API란 하드웨어 독립적인 애플리케이션 프로그래밍 인터페이스로 개발자는 하드웨어를 신경 쓰지 않고 DirecxtX API에서 지원하는 명령을 사용하여 제작할 수 있습니다. GPU가 DirectX 11을 지원한다는 것은 DirectX 11의 3D 그래픽 명령어를 GPU에서 가속 처리할 수 있는 것을 의미합니다. 즉, CPU의 범용적인 계산에 의해 처리하려면 시간이 많이 걸리는 것을 GPU에서 하드웨어적으로 가속 처리하므로 CPU의 부하도 줄이고, 영상 프레임도 매끄럽게 재생할 수 있습니다.

예를 들어 DirectX 9.0c를 지원하는 GPU와 DirectX 11을 지원하는 GPU가 있을 때 DirectX 9.0c 지원 게임을 실행할 때는 차이가 없지만 DirectX 11에 최적화된 게임을 실행할 때는 많은 차이가 발생합니다. 이 때문에 그래픽카드 사양표에는 GPU가 지원하는 DirectX 지원 버전이 표시되며, 게임의 경우도 지원 운영체제와 DirectX 버전이 표시됩니다. 윈도우 7과 함께 등장한 DirectX 11은 테실레이션(Tessellation) API를 제공하는데, 폴리곤 수를 자동으로 늘리는 혁신적인 방식으로 3D 그래픽의 디테일 강화는 물론, 카메라의 화각에 따른 원근감과 카메라 아웃 포커싱처럼 사실적인 블러링 처리 등 고품질의 3D 영상 처리를 지원합니다.

- 윈도우 XP는 DirectX 9.0c까지 지원하며 윈도우 비스타는 10.0까지 지원하고, 윈도우 7은 DirectX 11을 지원합니다.
- 마이크로소프트 사의 윈도우 10은 DirectX 12를 지원합니다. DirectX 12는 3D 성능보다는 모바일에 초점을 맞춰 DirectX 11보다 높은 효율, 빠른 프레임, 보다 낮은 CPU 점유율을 특징으로 합니다.

- 테실레이션을 적용하지 않은 위쪽의 용과 돌의 질감은 단순한데 반해, 테실레이션을 사용한 경우에는 현재 해상도에서 가능한 폴리곤을 자동으로 생성하며 그만큼 실감나게 3D 이미지를 표현할 수 있습니다.
- 예제 화면들은 UNIGEN의 Heaven DX11 벤치마크 프로그램의 화면을 캡처하였습니다. 이 프로그램의 사용법은 557쪽에서 다룹니다.

테실레이션 기능은 2D 비트맵과 벡터의 관계로 비교하면 이해가 쉬운데, 3D 영상은 폴리곤 수가 많을수록 정교한 디테일을 구현할 수 있지만, 폴리곤이 많을수록 처리 시간이 많이 걸립니다.

테실레이션 기능을 사용하면 자동으로 디스플레이 해상도에 맞춰 최적의 폴리곤이 생성됩니다. 즉, 테실레이션 API를 사용하면 벡터 디자인처럼 3D 그래픽 디자이너는 폴리곤에 신경 쓰지 않고 작업할 수 있습니다. DirectX 11은 실제 카메라 워킹으로 구현한 듯한 뛰어난 원근감이나 아웃포커싱 테크닉도 손쉽게 구사할 수 있어 한층 세련된 3D 표현을 도와줍니다.

GPU가 테실레이션 API를 지원하려면 테실레이션 가속 셰이더 프로세서가 준비되어 있어야 하는데, NVIDIA나 AMD의 최신 GPU는 DirectX 11의 가속 처리를 지원합니다.

참고로 DirectX API는 디스플레이뿐만 아니라 시스템, 렌더링, 소리, 입력에 이르기까지 두루 사용됩니다. 윈도우 7의 AERO 인터페이스 같은 세련된 화면 처리 기능을 활용할 수 있는 것도 바로 DirectX 11이 기능하기 때문입니다.

물리 엔진

GPU의 3D 처리 기능 중 또 하나 빼놓을 수 없는 요소가 물리 엔진입니다. 물리 엔진은 말그대로 실세계에서 발생하는 물리적 현상을 시뮬레이션하는 엔진이라고 할 수 있습니다. 예를 들어 물체의 충돌이나 폭발 시에 발생하는 파편의 움직임과 불꽃, 빗줄기의 물방울이 튕기는 현상, 바람결에 흔들리는 갈대와 나뭇잎들, 모락모락 피어나는 굴뚝의 연기 같은 물리적 현상을 실제처럼 시뮬레이션하는 엔진입니다.

엔진이라는 표현 때문에 하드웨어를 연상하기 쉬우나 물리 엔진도 DirectX 같은 API이며, 처음에는 물리 명령의 가속 처리를 위한 전용 프로세서를 사용하였습니다. NVIDIA는 2008년에 피직스(PhysX)라는 물리 엔진과 가속 카드 개발사인 Ageia 사를 인수하여 자사 GPU에서 이를 통합 지원하고 있습니다.

NVIDIA가 후원하는 게임들은 대부분 PhysX를 지원합니다. NVIDIA의 GPU가 강자의 입지를 구축한 배경에는 많은 게임들이 바로 NVIDIA GPU에 최적화되어 제작되었으며, 그 핵심에 PhysX라는 뛰어난 성능의 물리 엔진이 있다고 해도 과언이 아닙니다. AMD는 하복 물리 엔진(Havok Physical Engine)을 지원하는데, 온라인 게임으로 유명한 스타크래프트 2에서도 이 하복 물리 엔진을 사용합니다. 하복 물리 엔진은 OpenGL 기반이므로 NVIDIA GPU에서도 지원합니다.

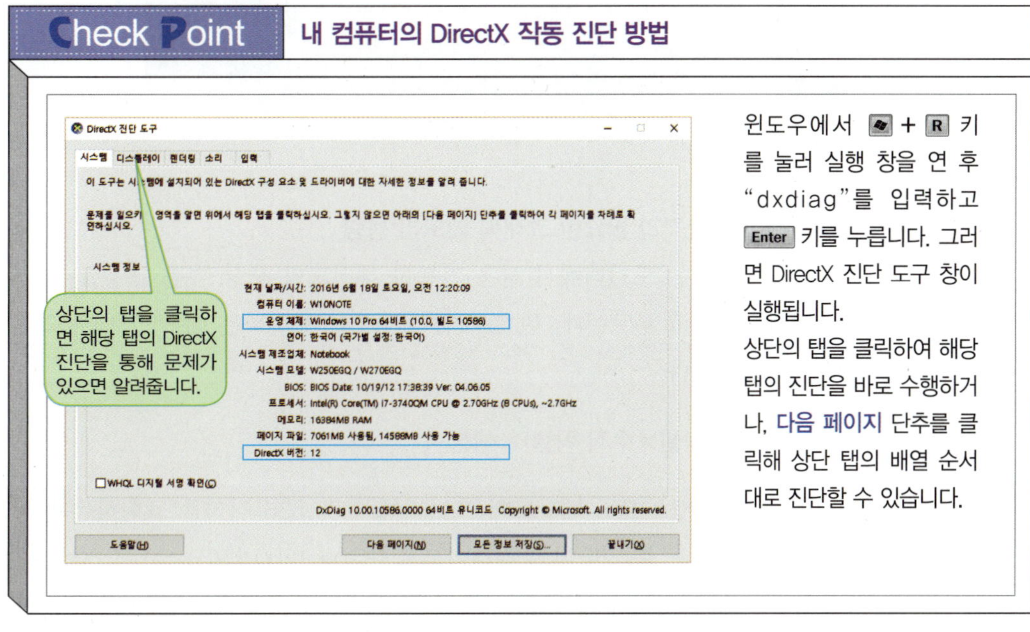

Check Point | 내 컴퓨터의 DirectX 작동 진단 방법

윈도우에서 ⊞ + R 키를 눌러 실행 창을 연 후 "dxdiag"를 입력하고 Enter 키를 누릅니다. 그러면 DirectX 진단 도구 창이 실행됩니다.

상단의 탭을 클릭하여 해당 탭의 진단을 바로 수행하거나, **다음 페이지** 단추를 클릭해 상단 탭의 배열 순서대로 진단할 수 있습니다.

그래픽카드의 또 하나의 성능 변수 그래픽 메모리

그래픽 메모리는 비디오 메모리나 프레임버퍼 메모리라고도 하며, 모니터 화면에 표시되는 영상 정보를 저장하는 데 사용됩니다. 영상 정보를 처리할 때 PC의 메모리를 직접 사용하면 응용 프로그램을 위한 메모리는 그만큼 줄어들기 때문에 그래픽카드에는 자체 메모리가 구성되어 있습니다. CPU 내장 GPU를 사용하는 경우에는 영상 정보 처리에 PC의 메모리를 공유하여 사용하기 때문에 그만큼 PC의 가용 메모리가 줄어듭니다.

그래픽카드의 메모리도 PC에 사용되는 범용 RAM과 마찬가지로 듀얼 채널(DDR) 방식의 메모리가 사용됩니다. 그래픽 메모리의 경우는 GDDR3, GDDR5식으로 그래픽을 의미하는 G가 붙어 일반 DDR 메모리와 구별하여 부릅니다.

그래픽카드의 성능은 그래픽 메모리의 용량과 메모리 버스 크기, 메모리 클럭에도 영향을 받습니다. 메모리 버스는 비트(bit) 수로 표시되며, 메모리 동작 속도는 내부/외부 클럭 혹은 외부 클럭만으로 표시됩니다. 메모리의 경우도 메모리 용량, 메모리 버스 크기, 메모리 동작 속도 모두 다 클수록 성능 발휘에 유리하며, GDDR3보다 뒤에 개발된 GDDR5가 보다 빠른 메모리 전송 속도를 제공합니다.

그래픽 메모리의 구성

- 과거에는 범용 SDRAM을 그래픽카드에 사용하기도 했으나 고속 처리 수요에 따라 GDDR 메모리가 나왔습니다.
- GDDR 메모리는 그래픽 처리에 특화되어 범용 메모리 칩보다 작은 모듈로 제작되며 더 빠른 성능을 제공합니다.

화면 해상도 규격과 필요한 그래픽 메모리 용량

그래픽 메모리는 모니터에서 사용 가능한 해상도와 색상 수를 규정합니다. 모니터의 한 화면을 프레임이라고 부르는데, 한 프레임의 정보를 표현하는 데 필요한 메모리 크기 계산 공식은 다음과 같습니다.

해상도(수평 픽셀×수직 픽셀)×색상 수

예를 들어 1920×1200 해상도의 모니터에서 65,536 컬러를 표현하는데 필요한 그래픽 메모리는 65,536=2^{16} 즉, 2바이트 컬러이므로 1920×1200×2(Byte)=4,608,000바이트이며, 트루 컬러에는 RGB 색상에 각각 1바이트가 사용되므로 1920×1200×3(Byte)=6,912,000바이트가 필요합니다. 한 화면씩 끊어져서 디스플레이되면 부자연스럽기 때문에 연속된 프레임의 정보를 미리 그래픽 메모리에 대기시키는 프레임 버퍼링 기술을 사용하여 자연스러운 화면을 출력합니다. 디스플레이 표준 규격에 따라 해상도가 정의되는데, 다음은 일반적으로 널리 사용되는 해상도를 정리한 표입니다.

디스플레이 해상도 규격 표

해상도 규격	해 상 도	종횡비	비 고
VGA	640×480	4 : 3	그래픽카드를 지칭하는 Video Graphics Array의 약어로, 디스플레이의 가장 기본이 되는 표준 해상도로 사용됩니다.
SVGA	800×600	4 : 3	Super VGA
WVGA	800×480	5 : 3	Wide VGA
SD(480p)	720×480 (853×480)	16 : 9	480p 규격에서 'p'는 순차 주사(Progressive) 영상을 의미합니다. S-video 케이블로는 480p 영상 전송이 가능하지만, 콤포지트 케이블은 480i(intergressive, 비월 주사)를 지원합니다.
XGA	1024×768	4 : 3	XGA+ : 1152×864
HD(720p)	1280×720 (1366×768)		HD TV 해상도는 720p 규격부터 시작하며, Full HD보다 낮은 비규격 해상도입니다.
WXGA	1280×800	16 : 10	플러스 버전인 WXGA+ = Wide XGA 1440×900
SXGA	1280×1024	4 : 3	Super XGA 플러스 버전인 WSXGA+ = Wide Super XGA 1680×1050
UXGA	1600×1200	4 : 3	Ultra XGA
Full HD (1080i, 1080p)	1920×1080	16 : 9	현재 HD 방송은 1080i로 송출되며, 1080p 시청은 블루레이나 HD DVD에서 가능합니다. HDMI 케이블은 1080p 영상과 소리까지 전송하지만 콤포넌트 케이블은 1080i 영상만 지원합니다.
UWXGA	1920×1200	16 : 10	Ultra Wide XGA
QXGA	2048×1536	4 : 3	Quad XGA, D-SUB 단자에서 지원하는 최대 해상도입니다.
WQXGA	2560×1600	16 : 10	Wide Quad XGA
QSXGA	2560×2048	4 : 3	Quad Super XGA
QUXGA	3200×2400	4 : 3	Quad Ultra XGA
UHD	3840×2160	16:9	Ultra High Definition으로, 4K 해상도라 부르기도 합니다.
FUHD	7680×4320	16 : 9	풀 HD 1080p의 16배에 달하는 해상도입니다

다중 디스플레이 기능도 그래픽 메모리 용량이 관건

다중 디스플레이 기능은 한 개의 그래픽카드로 동시에 두 개 이상의 디스플레이를 사용할 수 있는 기능입니다. 다중 디스플레이를 사용하면 주작업 화면과 보조 작업 화면을 사용할 수 있기 때문에 작업의 생산성을 높일 수 있습니다. 예를 들어 웹 검색을 하면서 자료 정리할 때 한쪽 모니터에는 웹 검색 창을 띄우고, 다른 쪽 모니터에서는 워드프로세서를 사용하여 분석 원고를 작성할 수 있어 작업이 한결 수월해집니다.

모니터 다중 디스플레이뿐만 아니라 TV로의 다중 디스플레이도 가능합니다. 예를 들어 PC로 작업을 하면서 거실에 있는 TV로는 동영상을 별도로 출력할 수 있습니다. 118쪽에서 살펴본 이엠텍 XENON 지포스 GTX760 그래픽카드는 4개의 영상 출력 단자에 모두 연결할 경우, 4

대의 디스플레이를 동시에 사용할 수 있습니다. 세 대의 모니터로 서라운드 모니터를 구성하고 한 대는 웹 서핑용으로 구성할 수도 있습니다. DP(DisplayPort) 단자는 줄줄이 꿰어 연결하는 데이지 체인 방식으로 다중 디스플레이 연결을 지원하므로 더 많은 디스플레이 연결도 가능합니다. 멀티 VGA를 사용하면 더 많은 디스플레이 연결이 가능합니다. 다중 디스플레이 기능을 원활하게 사용하려면 각 디스플레이별로 사용하는 해상도와 색상 수를 지원할 수 있어야 하므로 그래픽 메모리가 충분해야 합니다. 그래픽 메모리가 부족한 경우에는 운영체제의 디스플레이 속성에서 해상도를 줄이거나 색상 수를 줄이는 방법을 사용할 수 있습니다.

그래픽 메모리가 커진 핵심 이유는 3D 버퍼링

2D 영상의 경우에는 WQXGA 규격의 2560×1600의 고해상도 프레임도 256MB 정도면 충분하지만 요즘 나오는 그래픽카드의 그래픽 메모리는 저사양 그래픽카드도 512MB 이상의 그래픽 메모리를 제공하는 종류가 대다수입니다.

많은 그래픽 메모리가 필요한 이유는 복잡한 버텍스 셰이딩, 픽셀 셰이딩 등의 3D 정보 처리에 필요한 데이터를 저장하는 3D 버퍼(3차원의 깊이 정보를 담기 위한 z-Buffer, 투명도 정보를 담기 위한 α-Buffer, 매핑 텍스처 정보를 담기 위한 Texture-Buffer 등)로 그래픽 메모리가 사용되기 때문입니다. 원활한 3D 버퍼링이 이뤄지기 위해서는 GPU와 그래픽 메모리 간의 빠른 전송 속도를 필요로 하기 때문에 GPU와 그래픽 메모리 간의 버스 설계도 대부분 128비트 이상 사용됩니다. 그래픽 메모리 버스도 크기가 클수록 한 번에 많은 양을 전송할 수 있으므로 그만큼 속도가 빨라집니다.

둘 이상의 그래픽카드로 극강의 성능을 발휘하는 멀티 GPU 기술

NVIDIA와 AMD 모두 둘 이상의 그래픽카드를 직렬 방식으로 연결하여 멀티 VGA로 그래픽 성능을 배가하는 멀티 GPU 기술을 제공합니다. 멀티 GPU 기술을 사용하면 GPU가 동시에 일을 하게 되어 성능을 향상시킬 수 있습니다. 멀티 GPU 기술은 NVIDIA에서 먼저 개발하여 SLI(Scalable Link Interface)로 명명하였는데, 직렬로 연결되어 두 배 가까운 성능을 제공합니다. AMD도 크로스파이어(CrossFire) 연결 기술을 내놓았습니다.

멀티 GPU 기능을 사용하려면 물리적으로 둘 이상의 그래픽카드를 설치할 수 있어야 하므로 메인보드에서 둘 이상의 그래픽카드 전용 슬롯을 지원해야 사용할 수 있습니다.

SLI나 크로스파이어는 GPU 직렬 연결 기술을 사용하기 때문에 이론상 두 개 연결은 두 배, 세 개 연결은 세 배의 그래픽 처리 성능을 발휘할 것으로 생각되지만, 메인보드 칩셋에 따라 두 번째나 세 번째 그래픽카드 전용 슬롯의 대역폭이 제한되므로 유의해야 합니다.

보통 첫 번째 그래픽카드 슬롯은 풀레인 16배속을 지원하지만 두세 번째 그래픽카드 슬롯은 8레인으로 지원됩니다. 슬롯 모양은 동일하기 때문에 얼핏 봐서는 구별이 안 되지만 자세히 보면 두 번째, 세 번째 그래픽카드 전용 슬롯의 레인은 제한되어 있는 것을 확인할 수 있습니다. 단, 고성능 그래픽카드도 PCIe 3.0 x16 대역폭의 절반도 사용하지 않으므로 레인 분할 기술로 지원되는 두 번째, 세 번째 그래픽카드 전용 슬롯을 이용하여 멀티 GPU 기능을 사용하면 그래픽 성능은 월등히 향상됩니다.

● 첫 번째 그래픽카드 전용 슬롯은 풀레인 구성이 되는데 반해 두 번째, 세 번째 그래픽카드 전용 슬롯의 위쪽 절반은 비어 있으므로 실질적으로는 8레인씩 구성된 것을 확인할 수 있습니다.

SLI나 크로스파이어는 그냥 연결만 하면 되는 것으로 생각하면 오산입니다. SLI나 크로스파이어로 연결하려면 그만큼 충분한 파워를 요구합니다. 예를 들어 최대 사용 전력이 182W이고 권장 파워 용량이 500W인 그래픽카드를 SLI나 크로스파이어로 연결한다면 500W+182W=682W 이상을 감안해야 합니다. 즉, 정격 출력 700W 이상을 지원하는 파워서플라이를 사용해야 안정된 성능을 발휘할 수 있습니다.

둘 이상의 그래픽카드를 연결할 때는 그래픽카드 위쪽에 돌출되어 있는 커넥터(SLI 커넥터/크로스파이어 커넥터)를 전용 케이블로 연결하면 됩니다. SLI나 크로스파이어 연결은 파워 그래픽 사용자들이 선호하는데, 부피가 큰 그래픽카드는 메인보드와 케이스를 사전에 확인하여 SLI나 크로스파이어 연결이 가능한지 신중히 확인해야 합니다.

요즘에는 GPU 제조 공정도 28nm 수준의 극미세 제작 공정에서 만들어지므로 전력 소모도 적어지고, 발열도 낮아져 그래픽카드의 부피도 작아지는 추세입니다.

멀티 VGA를 지원하는 메인보드는 칩셋상에서 크로스파이어는 기본적으로 지원하지만, SLI는 NVIDIA 라이선스를 받아 제작해야 하므로 사전에 지원 여부를 확인해야 합니다.

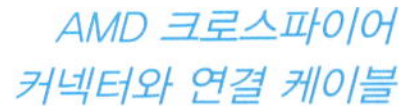

*AMD 크로스파이어
커넥터와 연결 케이블*

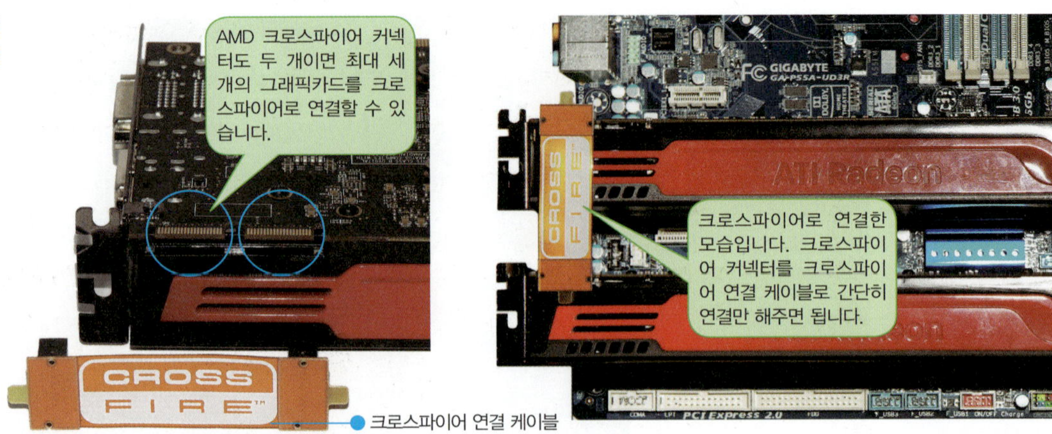

● 크로스파이어 연결 케이블

Check Point — 그래픽카드의 이름으로 성능 식별하기

▲ 이엠텍 XENON 지포스 GTX460 MAXX D5 1GB 쿨맥스4000

▲ 이엠텍 XENON 지포스 GTX760 JETSTREAM D5 2GB

▲ 이엠텍 SAPPHIRE 라데온 HD 6850 D5 1GB

▲ 이엠텍 SAPPHIRE Radeon HD 7850 DDR5 2GB

그래픽카드 제품 이름에 표시되는 GPU 정보와 메모리 크기 정보로 대략적인 성능을 가늠할 수 있습니다.

NVIDIA의 GeForce 시리즈는 'GeForce 7300GT', 'GeForce 8500GT' 형식으로 네 자리 숫자를 사용하여 첫 번째 자리는 주요 성능이 차별화되는 세대 구분자로 쓰고, 둘째 자리는 세부 성능의 차이에 따라 구별하는 방식으로 이름을 붙였습니다. 하지만 GeForce 9900GT 숫자가 올라가면서 더 이상 네 자리 숫자로 세대를 구분하기 곤란해지자, 다시 새로운 G시리즈의 세 자리 숫자로 이름을 짓고, 라인업 문자를 숫자 앞에 배치합니다. G시리즈에서 G나 GT는 보급형(메인스트림용), GTS는 중급형(퍼포먼스용), GTX는 고급형(하이엔드용) GPU에 붙입니다. 예를 들어 G 210, GT 240, GTS 450, GTX960 형식으로 표시합니다. 세 자리중 첫 번째 숫자는 주요 성능이 차별화되는 세대 구분자로 사용되며, 두 번째 숫자부터는 같은 라인업의 성능 차이에 따라 구분합니다. 보통 숫자가 높을수록 최신의 고성능 제품입니다. 세 자리 숫자가 꽉찬 GTX980 이후부터는 다시 네자리 숫자의 GTX1060 GPU가 등장하였습니다.

AMD Radeon 시리즈는 HD 뒤의 네 자리 숫자를 사용하여 GPU를 구분합니다. 맨 앞 자리 숫자는 주요 성능이 차별화되는 세대 구분자이며, 두 번째 자리로 같은 라인업 내에서의 성능을 구분합니다. 그리고 끝의 두 자리가 50으로 끝나는 GPU는 보급형/중급형, 70 이상은 고급형 GPU로 이해하면 됩니다. 예를들어 HD 5850, HD 5870, HD 6850, HD 6870, HD 7850, HD 7870 형식으로 네이밍합니다.

AMD도 숫자가 9,000대를 넘어서자, 다음 세대의 그래픽카드부터는 성능 클래스를 구문하는 R5(보급)/R7(중급)/R9(고급) 문자와 세 자리 숫자로 나타냅니다. 첫 번째 자리는 주요 성능이 차별화되는 세대 구분자로 사용되며, 두 번째 숫자부터는 같은 라인업에서의 성능 차이에 따라 구분합니다.

그래픽카드의 외부 영상 출력

영상 출력 단자

영상 출력 단자는 그래픽카드에서 처리한 영상을 디스플레이에 연결하여 GPU에 의해 처리된 영상 정보를 전송하는 단자들입니다. 영상 정보의 출력 방식에 따라 크게 디지털 방식과 아날로그 방식으로 구분할 수 있는데, 지금은 아날로그 VGA 단자가 사라지고 디지털 방식의 영상 출력 단자가 제공됩니다. 디지털 방식의 영상 출력 단자에는 HDMI와 DVI, DP 단자가 있으며, 아날로그 영상 출력 단자로는 D-Sub 단자나 TV-OUT 단자 등이 있습니다.

영상 단자와 연결 케이블

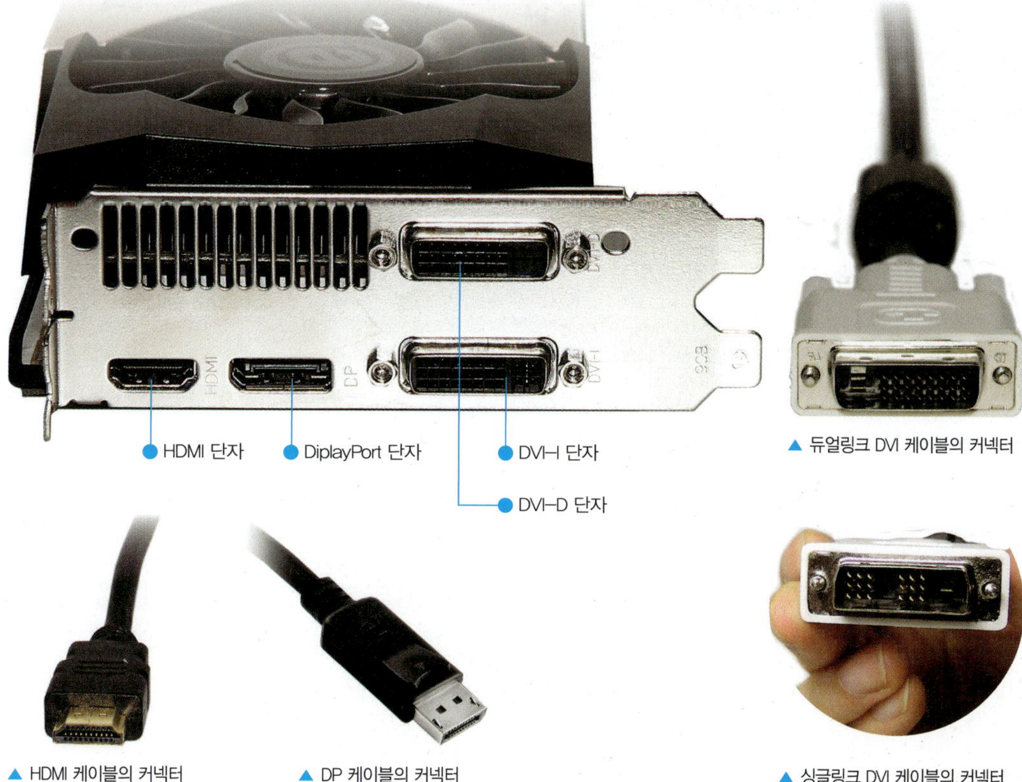

Chapter 02 P C 부품의 원리와 선택 가이드

❶ **Display Port 단자** : 비디오전자표준협회(VESA)에서 정의한 디지털 디스플레이 인터페이스로, PC의 영상·음성 신호를 디스플레이 모니터나 홈시어터 등에 전송하는 인터페이스입니다. 현재 널리 사용되는 DisplayPort 1.2에서는 최대해상도 3840x2160픽셀을 지원하며 3D 영상은 2560x1600픽셀의 해상도로 출력할 수 있습니다. 오디오의 경우도 돌비, DTS, HD Audio는 물론 거의 모든 종류의 오디오 포맷을 전송할 수 있습니다.

❷ **HDMI 단자** : HDMI(High Definition Multimedia Interface) 인터페이스는 고품질 영상과 사운드를 함께 전송할 수 있습니다. 영상은 Full HD(1080p) 영상을 지원하고 디지털 사운드는 돌비 디지털 오디오나 DTS 오디오 전송을 모두 지원합니다. 뿐만 아니라 HDMI 단자로도 컴퓨터용 모니터를 사용할 수 있는데, HDMI 단자가 제공되는 모니터의 경우는 바로 연결하면 되고, HDMI 단자가 없는 경우에는 HDMI to DVI 젠더를 사용하여 디스플레이를 사용할 수 있습니다.

❸ **DVI 단자** : DVI는 영상만 출력할 수 있는 단자로, 싱글 링크 DVH 단자는 1920×1200해상도 60Hz까지 지원하지만 듀얼링크 DVI-D 단자는 3D 모니터를 사용할 수 있는 120Hz를 지원합니다. 듀얼링크 DVI-D 단자는 2560×1600의 고해상도까지 지원합니다. 싱글 링크 DVH 케이블로 DVI-D 단자에 연결해도 1920×1200 픽셀의 해상도밖에 사용할 수 없습니다. 따라서 2560×1600의 고해상도를 사용하려면 반드시 듀얼링크 DVI 케이블을 사용해야 합니다.

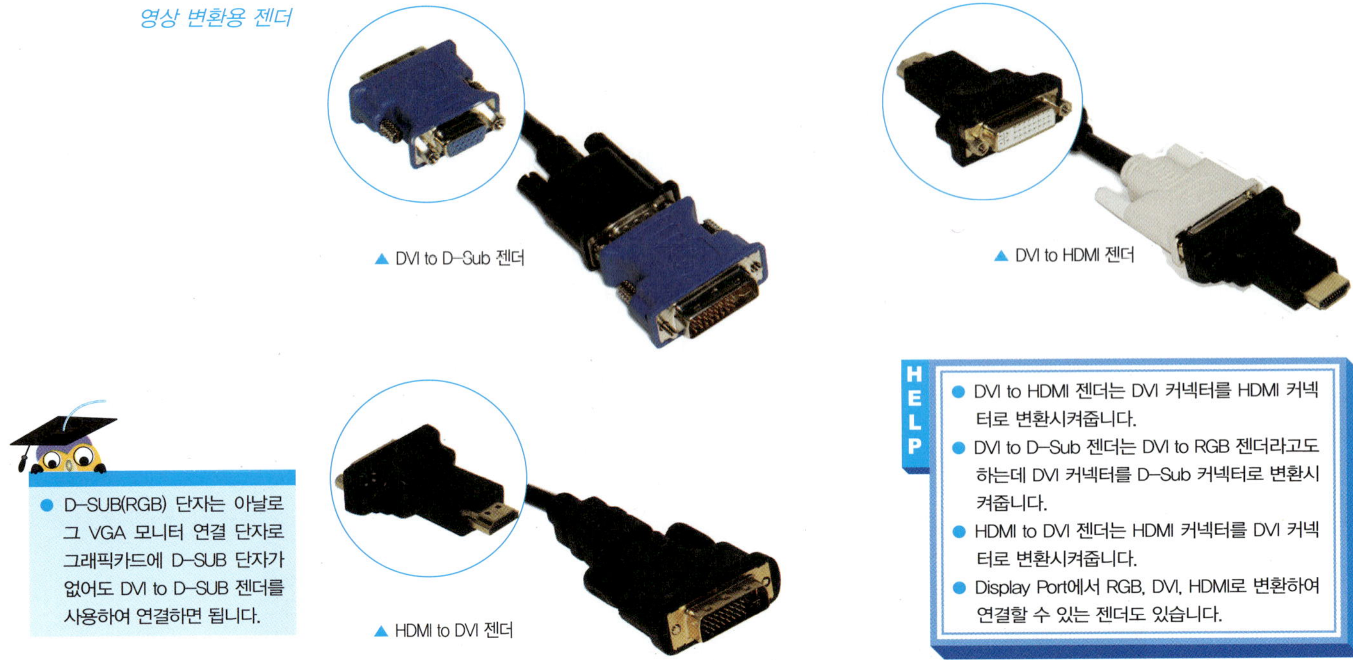

● D-SUB(RGB) 단자는 아날로그 VGA 모니터 연결 단자로 그래픽카드에 D-SUB 단자가 없어도 DVI to D-SUB 젠더를 사용하여 연결하면 됩니다.

HELP
● DVI to HDMI 젠더는 DVI 커넥터를 HDMI 커넥터로 변환시켜줍니다.
● DVI to D-Sub 젠더는 DVI to RGB 젠더라고도 하는데 DVI 커넥터를 D-Sub 커넥터로 변환시켜줍니다.
● HDMI to DVI 젠더는 HDMI 커넥터를 DVI 커넥터로 변환시켜줍니다.
● Display Port에서 RGB, DVI, HDMI로 변환하여 연결할 수 있는 젠더도 있습니다.

그래픽카드의 전원부와 쿨링

그래픽카드의 전원부

GPU도 CPU 못지 않게 일하기 때문에 그래픽카드도 파워서플라이로부터 1개나 2개의 6핀 또는 8핀 보조 전원 단자를 통해 전원을 공급받습니다. 그래픽카드를 구입할 때는 최대 사용 전력과 권장 파워 용량을 반드시 확인해야 합니다. 그래픽카드의 냉각팬 헤더를 통해 VGA 쿨러의 냉각팬에 전원이 공급됩니다. 그리고 메인보드 전원부와 마찬가지로 그래픽카드의 전원부도 꼼꼼히 따져볼 필요가 있습니다. 솔리드 캐패시터 제품이 전압을 안정적으로 유지하고 내구성이 좋으며, 모스펫(MOSFET)과 박스 모양의 쵸크코일(인덕터)은 전류를 안정화시키고 부하가 높아졌을 때 찌~잉하는 고주파 노이즈를 막아줍니다.

그래픽카드의 전원부 구성

● 전원부 부품들을 자세히 살펴보면 메인보드 전원부 부품과 비슷한 것을 알 수 있습니다.

VGA 쿨러와 냉각팬

그래픽카드의 CPU라 할 수 있는 GPU는 많은 양의 영상 정보를 처리하므로 처리 성능도 CPU 못지 않게 고속으로 동작합니다. GPU의 고속 연산에 수반되는 높은 발열뿐만 아니라 그래픽 메모리, 전원부 등에서 발생하는 열을 냉각시키기 위해 VGA 쿨러가 사용됩니다. VGA 쿨러는 효과적인 냉각을 위해 열전도성이 좋은 히트파이프와 방열판을 사용하며, 냉각팬을 이용하여 공기를 빨아들여 그래픽카드의 부품들로 공급합니다.

그래픽카드 제품에 따라서는 기준 모델(Reference Model)보다 높은 클럭으로 오버클러킹된 제품도 있는데, 이러한 제품일수록 안정된 전원부 구성과 효율적인 쿨링에 많은 노력을 기울입니다. 그만큼 쿨링이 중요하기 때문에 그래픽카드에 사용되는 칩셋과 메모리가 동일해도 어떤 쿨러를 사용했는지에 따라 그래픽카드 제품 가격은 영향을 받습니다. 쿨러 전문 제조업체에서는 냉각 효율과 소음 문제를 개선한 VGA 쿨러를 독립적인 패키지로도 제작·판매합니다.

VGA 쿨러

Check Point 그래픽카드의 오디오 출력

요즘 나오는 그래픽카드는 오디오 코덱을 내장 지원하므로 HDMI 단자나 Display Port 단자를 통해 영상과 함께 오디오를 함께 전송할 수 있습니다. 그래픽카드와 함께 제공되는 CD의 그래픽카드 드라이버를 설치하면 오디오 코덱도 자동으로 설치됩니다. NVIDIA는 GTX460 GPU부터 오디오 코덱을 내장 지원하기 시작했습니다. GTX460 이전에 나온 그래픽카드에는 SPDIF 입력 단자가 제공되므로 메인보드의 SPDIF 출력 단자와 연결해주면 별도의 드라이버 설정이 필요 없이 HDMI 출력 시 오디오를 함께 전송할 수 있습니다.

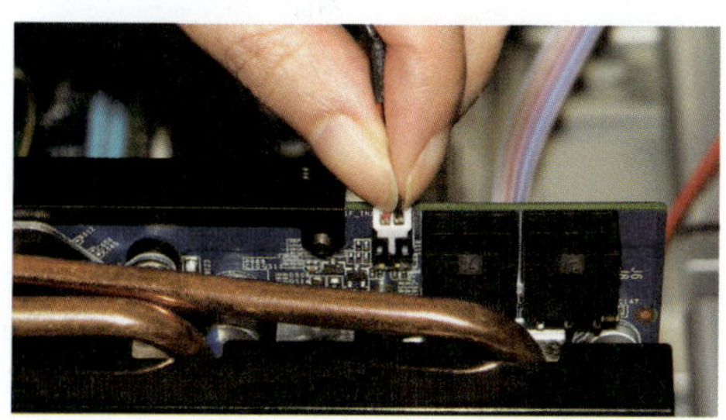

그래픽카드 선택 가이드

시중에 판매되는 그래픽카드는 주로 NVIDIA와 AMD의 GPU를 사용하여 그래픽카드 제조업체의 고유 기술과 노하우를 접목시켜 제작 · 판매합니다. 그래픽카드는 워낙 많은 제품이 빠른 제조 사이클로 출시되고 있지만, 그래픽카드의 성능을 정확히 감별할 수 있으면, 자신이 필요로 하는 작업 용도에 맞춰 적당한 제품을 선택할 수 있습니다. 이제 앞에서 익힌 지식을 바탕으로 그래픽카드 사양표를 보고 자신에게 적합한 그래픽카드를 판별해보기 바랍니다.

항 목	내 용	비 고
제품명	이엠텍 XENON 지포스 GTX960 JETSTREAM D5 2GB	이엠텍에서 GTX960
칩셋 사양	NVIDIA 칩셋 지포스 GTX960 제조 공정 : 28nm	GTX960은 NVIDIA Maxwell 아키텍처의 저전력 고성능 GPU로 28nm 공정에서 제작됩니다.
스트림 프로세서	쿠다 프로세서 1024개	AMD GPU는 5-Way 방식이므로 NVIDIA의 쿠다 프로세서와 설계가 다릅니다. AMD의 스트림 프로세서 수와 비교할 때는 5를 곱하면 됩니다.
코어 클럭	기본 클럭 : 1203MHz 부스트 클럭 : 1266MHz	기본 클럭은 레퍼런스 클럭(1175MHz) 대비 7% 정도 오버클러킹된 제품입니다. 부스트 클럭은 최대 성능 요구 시 자동 지원되는 최고 클럭입니다.
메모리 사양	메모리 종류 : GDDR5(DDR5) 메모리 용량 : 2GB 메모리 클럭 : 7200MHz 메모리 버스 : 128비트	GDDR5 메모리는 오랜 기간 장수하고 있는 메모리로 전력 소모도 적고 효율도 우수합니다.
인터페이스	PCI Express 3.0 x16	메인보드에서 PCIe 3.0 x16을 지원하므로 그래픽카드도 PCIe 3.0 x16을 지원합니다.
냉각 방식	히트파이프 + 쿨러	이 제품의 경우 GPU 사용량이 적은 환경(GPU 60도 이하, 전력 소모량 60W 이하)에서 냉각팬을 정지시키는 0dB TECH를 제공합니다.
외형	길이 246mm / 두께 50mm 카드 크기 : 일반형(O) / LP형( ) DVI-D : 1개 DVI-I : 1개 Display Port : 1개 HDMI : 1개 최대 지원 모니터 수 : 4개	그래픽카드가 긴 경우에는 케이스와 맞지 않을 수 있으므로 케이스 크기와 함께 체크합니다.
부가 기능	멀티 VGA [O] Dual-link[O] HDMI 2.0 [O] HDMI 4K [O] S-video [X] 컴포넌트 [X] 컴포지트AV [X] D-SUB [X] TV-OUT [X]	멀티 VGA는 멀티 GPU, 즉 SLI나 크로스파이어 연결 기능을 의미합니다.
전력 관련	최대 사용 전력 120W 권장 파워 용량 400W 이상 전원 포트 6핀 x1	GPU의 기술 트렌드도 저전력 고성능 GPU 추세로 발전하고 있습니다.
그 밖의 확인 사항	3D Monitor 지원 PureVideo HD™ Technology NVIDIA PhysX™ Ready Microsoft DirectX 10 OpenGL 2.1 Power Play Shader Clock HDCP	3D 모니터는 120Hz 이상의 모니터 주파수를 사용하므로 그래픽카드에서 이를 지원해야 합니다. 퓨어비디오 HD는 HD 영상을 CPU에 부하를 주지 않고 재생하는 기능이며, PhysX는 물리 엔진입니다. OpenGL은 3D 그래픽 작업에 사용되는 API입니다. Power Play : 2D 사용 시에는 낮은 클럭으로 전력을 절감하고, 3D 게임 시 최대 속도를 지원하는 기능입니다.

- 스트림 프로세서의 셰이더 클럭도 3D 성능의 중요 지표이나 사양표에는 나오지 않습니다. GPU-Z를 사용하면 셰이더 클럭을 확인할 수 있습니다(550쪽 참고).
- HDCP : High-bandwidth Digital Content Protection, 영상콘텐츠 보호 기술로 블루레이나 DVD 콘텐츠를 HDCP 비인증 장비에서는 재생을 막고, HDCP 인증 장비에서만 재생될 수 있도록하는 기술입니다. 또한 정품 콘텐츠는 HDCP 지원 장비에서 정상적으로 재생되지만 불법 복제된 해적판 콘텐츠는 고화질 재생이 차단됩니다.

5 넓고 빠를수록 좋은 하드디스크 드라이브

하드디스크 드라이브는 PC에서 필수적으로 사용되는 보조기억 장치로 윈도우 같은 운영체제와 각종 소프트웨어, 데이터를 저장하는 일종의 서재 역할을 합니다. 하드디스크는 메모리의 작업 공간을 보완하는 가상 메모리로도 활용됩니다. 하드디스크는 저장 용량이 클수록 유리하며, 속도가 빠를수록 컴퓨터의 성능에 영향을 미칩니다.

하드디스크 드라이브의 내부

하드디스크 드라이브(HDD)는 자성 매체를 사용한다는 점에서 플로피 디스크 드라이브(FDD)와 공통점을 갖습니다. 하지만 HDD는 FDD에 비해 고속으로 데이터를 읽고 쓸 수 있으며, 대용량을 지원하므로 지금도 PC의 필수적인 보조기억 장치로 활용되고 있습니다. 지금은 4TB급 대용량 하드디스크 드라이브 제품도 10만 원대로 저장 용량 대비 가격이 좋아졌습니다. 하드디스크 드라이브의 내부 구성 요소는 다음과 같습니다.

하드디스크의 내부 구성 요소

- HDD(Hard Disk Drive) : 하드 디스크 드라이브
- FDD(Floppy Disk Drive) : 플로피 디스크 드라이브
- 플로피 디스크는 작은 용량과 느린 속도로 인해 지금은 거의 사용되지 않고 있습니다.
- 과거에는 비싼 하드디스크 가격 때문에 백업이나 영상 저장 매체는 DVD를 활용하였으나 오히려 개별 DVD로 보관하면 찾아보기 불편하기 때문에 백업도 하드디스크를 이용하는 형태로 디지털 기록 문화가 바뀌고 있습니다.

HELP

❶ **디스크 플래터** : 플래터는 알루미늄으로 된 딱딱한 평면 디스크로 실제 데이터가 기록되는 면입니다. 플래터 표면은 전자기로 자화 상태 변경이 가능하도록 마그네틱 산화철로 코팅되어 있습니다. 하나의 하드디스크 드라이브는 많은 정보를 저장하기 위해 3~4장의 플래터를 중첩시켜 제작됩니다.

❷ **트랙과 섹터** : 디스크는 육안으로는 안 보이지만 물리적인 트랙과 섹터로 구획됩니다. 트랙은 데이터가 기록되는 일련의 동심원을 지칭하며, 트랙을 일정한 크기로 분할한 조각을 섹터라고 합니다. 여러 플래터의 동일한 트랙과 섹터 묶음을 실린더라고 부릅니다. 운영체제는 포맷 과정에서 트랙과 섹터를 기반으로 파일시스템을 만듭니다.

❸ **스핀들 모터 회전축** : 고속으로 작동하는 스핀들 모터에 의해 회전축이 돌아가며 플래터를 회전시킵니다. 이 속도는 분당 회전 수(RPM)로 측정되는데, 보통 5400RPM과 7200RPM이 가장 많이 사용됩니다. RPM이 높을수록 액세스 타임도 빨라지고 읽기/쓰기 성능은 향상되며 가격도 비싸집니다.

❹ **액세스 암(Access Arm)** : 액세스 암에는 회전 운동을 직선 운동으로 바꿔주는 스텝 모터가 동작하여 읽기/쓰기 헤드를 위치로 이동시켜 줍니다.

❺ **헤드** : 디스크 플래터와 미세한 간격을 두고 전자기장을 이용하여 자화 상태를 판독하고 변경시킵니다.

❻ **SATA 단자와 SATA 전원 단자** : 메인보드의 SATA 단자와 연결되어 신호를 주고받습니다. SATA 전원 단자는 파워서플라이의 SATA 전원 케이블에 연결하여 하드디스크에 전원을 공급합니다.

하드디스크의 기록 원리

하드디스크는 회전하는 디스크 표면에 있는 데이터에 접근하기 위해 액세스 암이 이동하고 액세스 암 끝에 있는 헤드가 실제 읽기/쓰기 작업을 수행합니다. 디스크는 물리적인 트랙과 섹터로 구획되므로, 데이터를 구별하여 저장할 수 있습니다.

하드디스크의 컨트롤러는 CPU의 명령에 따라 하드디스크 버퍼에 명령어 대기열을 저장하고 파일시스템에 할당된 특정 트랙과 섹터 주소로 액세스 암을 이동하고 명령어에 따라 헤드를 제어하여 읽기/쓰기 작업을 수행하는 원리로 작업합니다. 운영체제가 사용하는 파일시스템은 일정한 섹터를 묶어 클러스터를 사용하기 때문에 파일 기록은 섹터 단위로 하는 게 아니라 클러스터를 단위로 합니다.

보통 한 개의 섹터는 512바이트, 즉 0.5KB 크기인데, 클러스터 크기는 4KB부터 128KB 크기까지 설정할 수 있으며, 포맷 과정에서 클러스터가 구성됩니다. 참고로 윈도우 운영체제를 설치할 때 기본값으로 포맷하면 4KB 크기의 클러스터 단위의 NTFS 파일시스템이 생성됩니다. 그렇기 때문에 영문 한 글자는 1바이트밖에 안 되지만, 이를 텍스트 파일로 저장하면 최소 클러스터 크기가 4KB이므로 파일 크기를 확인해보면 4KB 크기의 파일로 만들어지는 것을 확인할 수 있습니다.

물리적인 하드디스크 기록은 헤드에 의해 특정 클러스터에 속한 섹터의 자화 상태 변경으로 이루어집니다. 과거에는 수평 기록 기술만 사용하여 디스크 표면밖에 활용하지 못했는데, 지금은 GMR 헤드에 의한 수직 기록 기술을 사용하여 기록 밀도를 대폭 향상시키고 데이터의 신뢰성도 높였습니다.

하드디스크의 수직 기록 방식

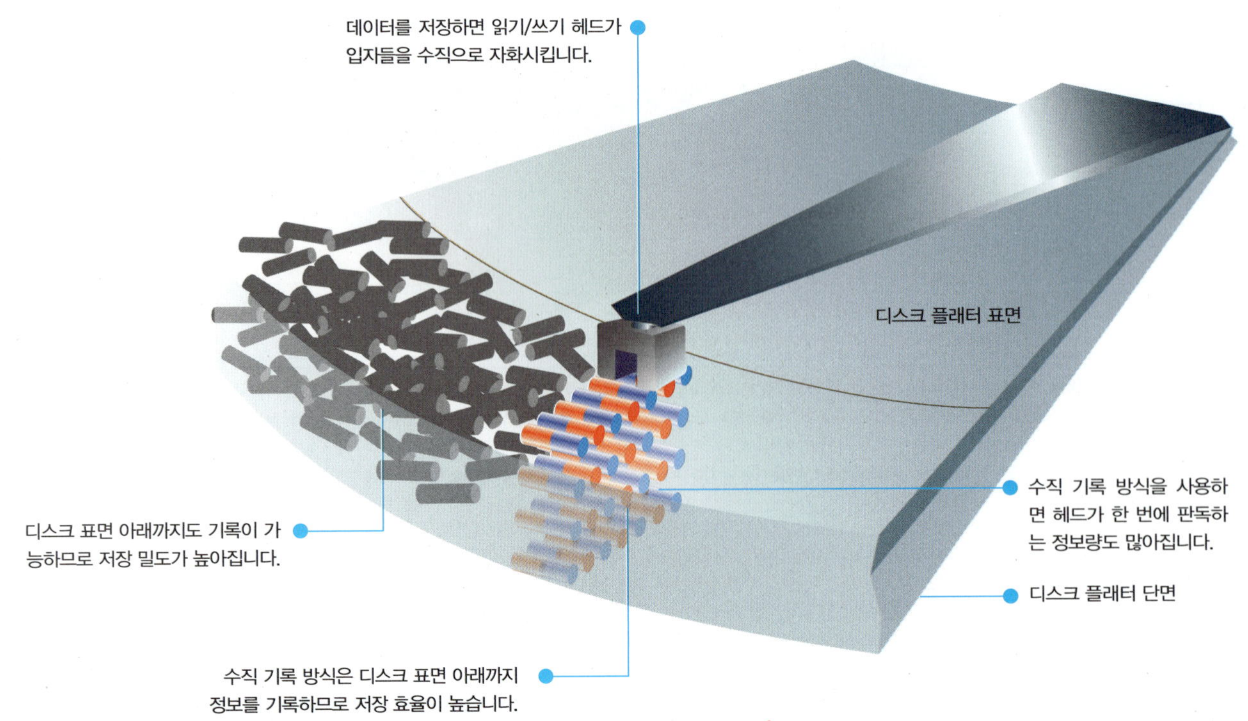

하드디스크의 성능 요소

하드디스크의 내부적 작동에는 액세스 타임과 읽기/쓰기 속도가 성능에 영향을 미치는 요소라 할 수 있습니다. 하드디스크 간이나 다른 기억 장치와의 데이터 전송 속도는 하드디스크의 인터페이스에 의해 결정됩니다.

하드디스크 탐색 시간

하드디스크 탐색 시간은 액세스 타임이라고도 하는데, 원하는 데이터가 위치한 트랙을 찾는 데 걸리는 시크 타임(Seek Time)과 트랙 내의 원하는 섹터에 도달하는 데 걸리는 서치 타임(Search Time)의 합으로 구합니다.

하드디스크 평균 탐색 시간은 헤드에서 가장 멀리 있는 자료를 읽는 속도와 가장 가까이에 있는 자료를 읽는 속도의 평균 시간으로 보통 백만분의 1초인 ms(milli second) 단위로 나타내는데, 5ms의 접근 시간을 가진 드라이브는 10ms의 접근 시간을 가진 드라이브보다 두 배 빠른 것을 의미합니다. 하드디스크 평균 탐색 시간은 하드디스크 체감 성능에서 가장 큰 영향을 미치는 요소로, 하드디스크의 분당 회전 수에 비례하지만, 동일한 RPM이라 하더라도 컨트롤러와 관련 부품, 버퍼 메모리의 크기와 속도 등에 의해 차이가 생깁니다.

하드디스크 제조사의 제품 라인업에서도 하드디스크 평균 탐색 시간이 중요한 기준이 됩니다. 예를 들어 웨스턴디지털 사의 하드디스크는 액세스 타임이 느리고, 전력 소모도 적은 그린 라인업, 가장 빠른 액세스 타임과 내구성을 갖춘 제품은 블랙 라인업, 그린과 블랙의 중간 성능의 제품은 블루 라인업으로 구성하는 제품 전략을 펴기도 합니다.

하드디스크 인터페이스

하드디스크 인터페이스는 하드디스크의 데이터를 외부 장치와 주고받는 전송 대역폭의 속도를 결정합니다. 하드디스크 인터페이스는 주로 메인보드에서 지원하는 드라이브 인터페이스에 맞춰 발전해왔는데, PC에서는 크게 PATA 인터페이스에서 SATA로 발전해왔고, 서버용 하드디스크 인터페이스는 SCSI에서 SAS로 발전하였습니다.

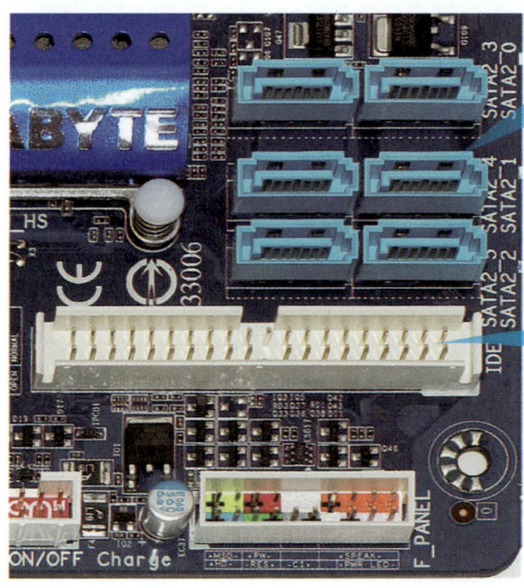

메인보드와 하드디스크의 PATA/SATA 단자

▲ SATA 단자

▲ PATA 단자

● 몇 년 전만 해도 호환성을 위해 메인보드에서 한 개 정도의 PATA 단자를 지원했지만 지금은 사라졌습니다.

❶ **PATA(Parallel ATA)** : PATA를 이해하려면 IDE, EIDE 인터페이스에 대한 이해가 필요합니다. IDE(Intergrated Drive Electronics)는 IBM 호환 PC 초창기에 도입되어 사용된 기술로, 과거 메인보드의 하드디스크 단자는 IDE 0, IDE 1로 표기되었습니다. 80286 CPU를 사용한 AT PC에서 사용했기 때문에 ATA(AT Attachment) 인터페이스라고 부릅니다.

EIDE(Extended Intergrated Drive Electronics)는 IDE 인터페이스를 80486 PC의 32비트 컴퓨팅 환경에 맞게 확장한 규격으로 2개의 IDE 단자를 제공하며, 최대 4개의 하드디스크를 장착할 수 있으며, CD/DVD를 사용하는 광 디스크드라이브를 연결할 수도 있습니다.

EIDE 인터페이스는 ATA를 발전시킨 규격이기 때문에 ATA-2라고도 합니다. 이때까지는 CPU를 이용하여 데이터를 전송하는 PIO(Programed I/O) 방식을 사용했기 때문에 하드디스크 읽기/쓰기 작업이 많을수록 CPU에 부하가 급증하고 속도도 느려지는 문제가 있었습니다. EIDE 인터페이스에서는 Fast ATA 인터페이스부터 DMA(Direct Memory Access) 방식을 지원하여 CPU를 거치지 않고 직접 메모리로 전송하여 멀티태스킹에 따른 하드디스크 전송 속도의 병목을 없앴습니다.

ATA 인터페이스는 Ultra ATA로 계속 발전했는데, 뒤에 나온 직렬 방식의 SATA 인터페이스와 구별하여 병렬(Parallel) 방식을 나타내는 PATA라 통칭하기도 합니다. PATA 인터페이스의 세대별 특징은 다음 표를 참고하기 바랍니다.

▲ 40핀 케이블

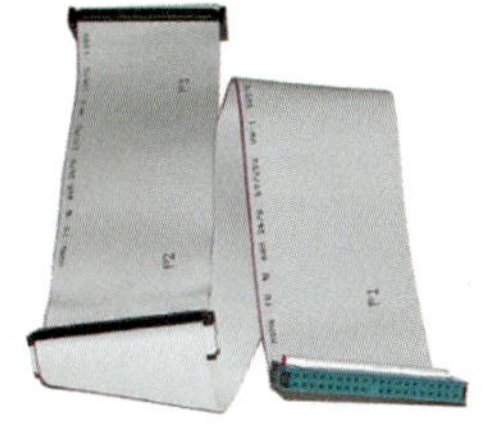

▲ 80핀 케이블

PATA의 세대별 특징

인터페이스		특 징	비 고
PATA	IDE	16비트 80286 CPU를 사용하는 AT 시스템부터 사용 = ATA 인터페이스 단일 IDE 단자에 두 개의 하드디스크 연결 지원 최대 지원 용량 528MB	
	EIDE	IDE의 향상 버전(Enhanced Integrated Drive Electronics) = ATA-2 528MB 이상 기록 가능한 LBA(Large Block Addressing) 모드 지원 Fast ATA : 11.1MB/s(PIO 3), 13.3MB/s(DMA 1) Fast ATA 2 : 16.6MB/s(PIO 4), 16.6MB/s(DMA 2) ATAPI : CD-ROM 드라이브 지원 Ultra ATA 33(=DMA 3 또는 DMA 33) : 33.3MB/s, Ultra ATA 66(=DMA 4 또는 DMA 66) : 66.6MB/s Ultra ATA 100(=DMA 5 또는 DMA 100) : 100MB/s	※ Ultra ATA 33 까지는 40핀 케이블 사용 ※ Ultra ATA 66 부터 노이즈 차폐 기능의 80핀 케이블 사용

❷ **SATA(Serial ATA)** : 병렬 케이블은 제작 비용도 많이 들고 노이즈 문제 때문에 근거리 연결로 제한될 수밖에 없습니다. PC 안에서 주변 장치를 연결할 때는 비좁은 시스템을 더욱 더 비좁게 만들어 조립도 불편하고, 시스템의 원활한 공기 흐름을 방해하기 때문에 PC 부품에도 좋지 않은 영향을 미칩니다. 이러한 문제를 해결하기 위해 하드디스크 인터페이스에도 USB(Universal Serial Bus) 같은 직렬 방식의 SATA가 고안되었습니다.

SATA 인터페이스는 PATA보다 훨씬 빠른 전송 대역폭을 제공하면서도 간편하게 연결할 수 있는 장점을 제공합니다. SATA 인터페이스는 SATA 1, SATA 2, SATA 3식으로 발전해왔는데, SATA가 등장하면서부터는 지원하는 대역폭의 속도 단위를 초당 전송 비트 수인 bps 단위로 표기합니다.

SATA 1은 1.5Gbps, SATA 2는 3Gbps, SATA 3는 6Gbps의 대역폭을 지원합니다. 하드디스크의 실제 전송 속도는 디스크 장치의 읽기/쓰기 성능에 의존하므로 전송 대역폭이 하드디스크 속도와 직결되는 것은 아닙니다. 현재 일반적으로 사용되는 7200RPM급 하드디스크의 전송 속도는 100MB/s 내외이므로, HDD 속도를 고려할 때는 SATA 1 대역폭도 충분히 여유가 있습니다.

HDD 사용 시 꼭 체크해야 할 SATA 컨트롤 모드

PC에서 사용할 수 있는 SATA 컨트롤 모드는 기존 PATA(IDE) 방식과 호환되는 IDE 모드와 최신 NCQ 기능에 의한 지능적인 탐색을 지원하는 AHCI 모드, 그리고 여러 개의 하드디스크를 묶어 사용하는 RAID 모드가 있습니다.

IDE 모드가 워낙 오랫동안 사용되었기 때문에 SATA 단자에 연결하는 경우에도 SATA 컨트롤 모드로 IDE 모드가 제공되는 점을 유의해야 합니다. IDE 모드는 익숙하고 쓰기에 편하지만 보다 효율적으로 하드디스크를 사용하고, 하드디스크 수명도 늘리려면 AHCI 모드 사용을 권장합니다. 특히 SATA 단자에 SSD를 사용하는 경우에는 AHCI 모드 사용이 권장됩니다.

Check Point — 서버용 하드디스크 인터페이스 SCSI와 SAS

SCSI(Small Computer System Interface)는 흔히 스카시라고 하는데, 원래 유닉스 워크스테이션의 주변 장치 연결을 위한 인터페이스로 고안되었습니다. PC에서도 SCSI 카드를 확장 슬롯에 설치하여 사용할 수 있지만, 지금은 SATA가 확고히 자리잡은 PC에서는 사용이 많지 않습니다. SCSI 하드디스크는 주로 입출력이 잦고 안정적인 서비스를 요하는 서버 시스템에 주로 사용됩니다.

PATA나 SATA는 HDD, SSD, ODD 같은 드라이브 장치 연결에 초점을 맞춘 반면, SCSI는 PC 확장 슬롯처럼 각종 주변 장치를 연결하기 위한 인터페이스입니다. SCSI는 처음 고안될 때부터 CPU 부하를 줄이는 버스 마스터링 설계로 DMA 기술을 사용하였습니다. IDE 시절 SCSI-I은 5MB/s의 빠른 전송 능력을 선보이며 출발했고, 항상 비슷한 시기의 ATA 방식보다 좀 더 빠른 전송 능력을 제공하며 발전해왔습니다. SCSI의 본격적인 발전은 SCSI-II에서 이뤄져 초당 320MB/s의 전송 대역까지 지원했습니다.

❶ **FAST SCSI** : SCSI II 시대를 연 것으로, 8비트에서 10MB/s 전송을 지원합니다.
❷ **Wide SCSI** : 16비트 인터페이스를 지원하여 20MB/s 전송을 지원합니다.
❸ **Ultra SCSI** : 32비트 버스 인터페이스를 지원하며 40MB/s 전송을 지원합니다.
❹ **Ultra Wide SCSI** : 64비트 버스 인터페이스를 지원하며 80MB/s 전송을 지원합니다.
❺ **Ultra 160 SCSI** : Ultra Wide SCSI의 두 배인 160MB/s 전송을 지원합니다.
❻ **Ultra 320 SCSI** : Ultra 160 SCSI의 두 배인 320MB/s 전송을 지원합니다.

PC에서 SATA 인터페이스가 성공을 거두자, 병렬 방식의 Ultra 640 SCSI 안은 폐기되고, SCSI의 직렬화가 추진되어 SAS(Serial Attached SCSI)가 등장하게 되었습니다. SAS 1은 1.5Gbps와 3Gbps의 전송 대역폭을 제공하며, SAS 2는 SATA 3와 같은 6Gbps대의 전송 대역폭을 제공합니다. SATA 케이블은 노이즈 문제로 1M 정도가 한계이지만 SAS 2 케이블의 경우는 8M까지 사용할 수 있고 최대 66636개의 장치까지 연결할 수 있습니다. SAS 2 지원 하드디스크는 대부분 10000RPM이나 15000RPM의 고성능 제품들로 나오기 때문에 가격도 고가입니다. 데이터 전송이 빠르고 내구성이 훨씬 더 높은 SSD의 등장으로 기업용 스토리지용으로 SAS HDD 대신 SAS SSD의 사용이 늘어나고 있습니다.

AHCI 모드에서는 NCQ(Native Command Queuing) 기능을 지원하는데, NCQ의 원리는 데이터 입출력 요청을 명령어 대기열에 저장(이를 Queuing이라고 합니다)한 후 데이터 저장에 필요한 최적의 경로를 지능적으로 탐색하는 기능으로, 하드디스크의 경우는 헤드의 움직임을 최소화하므로 그만큼 제품 수명을 늘리고 빨리 읽고쓸 수 있습니다.

NCQ는 디스크 입출력 요청이 많이 발생하는 경우 특히 효과적이며, SSD의 경우에도 입출력 효율을 향상시키는 유용한 기능입니다.

HDD 크기

하드디스크는 3.5인치와 2.5인치용이 있습니다. 보다 큰 플레이트를 사용할 수 있는 3.5인치용이 저장 용량에서 유리하지만 휴대성은 떨어집니다. 그러므로 외장형 HDD는 대부분 2.5인치 HDD를 사용합니다.

하드디스크 선택 가이드

하드디스크 부품은 구성이 간단하기 때문에 특별히 선택하는 데 어려움은 없습니다. 필요한 용량과 버퍼 크기, RPM, 지원 인터페이스 등을 체크하면 됩니다. 읽고/쓰기 작업이 빈번한 작업 용도의 하드디스크는 속도에 우선순위를 두고, 동영상 강의 파일처럼 한 번 보관하면 쓰기 작업 보다는 가끔 읽기만 하는 백업 용도의 하드디스크는 용량에 우선순위를 두고 선택하면 됩니다. 이제 앞서 익힌 지식을 바탕으로 하드디스크 제품 사양표를 보고 자신에게 적합한 하드디스크를 판별해보기 바랍니다.

항 목	내 용	비 고
제품명	Seagate 3TB Barracuda XT ST33000651AS (SATA3/7200/64M)	하드디스크 제품명에는 기본 사양이 대부분 표시되므로 이름만 보면 어느 정도 성능인지 가늠할 수 있습니다.
인터페이스	SATA 3(6Gbps)	최신 SATA 3 인터페이스에서 지원하는 대역폭은 6Gbps 이지만 실제 하드디스크의 탐색 시간이나 전송 속도는 다르므로 유의하기 바랍니다.
디스크 용량	3TB	3TB 하드디스크 공간을 모두 사용하려면 GPT 파티션을 사용해야 합니다(211쪽 참고).
회전 수	7200RPM	범용 하드디스크는 일반적으로 7200RPM을 제공합니다.
버퍼 용량	64MB 캐시 메모리	캐시 메모리가 클수록 디스크 입출력 성능에 유리합니다.
디스크 크기	3.5인치 하드디스크	PC용 하드디스크는 3.5인치 하드디스크를 사용하며 노트북 컴퓨터용이나 PMP, 외장형 하드디스크에는 2.5인치 하드디스크가 많이 사용됩니다.
하이브리드 HDD	미지원	하이브리드 HDD는 운영체제 부팅용 SSD를 포함한 제품을 말합니다.
그 밖의 특징	보증 기간	하드디스크의 경우는 보증 기간 이내에 사용자 과실이 아니면 대부분 새 제품으로 교환해줍니다.

6 고속 저장 장치 SSD

SSD는 스핀들 모터의 회전 운동을 이용하는 하드디스크와 달리 반도체 메모리를 사용하여, 일종의 하드디스크처럼 사용하는 차세대 저장 매체로 하드디스크에 비해 제품 부피가 적고, 저전력과 무소음에 성능과 내구성은 훨씬 뛰어난 강점을 바탕으로 PC 운영체제용 디스크의 세대 교체를 넘어 고속 작업 용도로도 확산되고 있습니다.

SSD의 내부

SSD(Solid State Drive)는 낸드 플래시 메모리를 주로 사용하여 제작됩니다. 원래 SSD는 작은 부피 때문에 고성능 노트북 컴퓨터용 보조기억 장치로 먼저 활용되었습니다.

SSD의 속도가 느렸다면 일반 플래시 메모리와 크게 다를 바가 없지만 빠른 성능의 강점이 부각되면서 PC 운영체제용 디스크로 자리 잡았습니다. SSD를 운영체제용 디스크로 사용하면 하드디스크보다 훨씬 빠르게 시동할 수 있고, 프로그램을 실행할 수 있습니다. 컴퓨터의 처리 성능에는 영향을 미치지 않지만 체감 작업 속도가 향상되어 인기가 높습니다.

SSD의 내부를 살펴보면 다음과 같이 비교적 단순한 구조의 부품으로 구성되어 있는 것을 볼 수 있습니다.

SSD의 내부 구성 요소

▲ **예제 부품** : Toshiba Q Series 128GB

❶ **낸드 플래시 메모리** : SSD의 저장 매체로 사용되는 낸드 플래시 메모리는 직렬 연결 방식으로 구성됩니다. 예제 그림의 Toshiba Q Series 128GB 제품의 경우, 4개의 낸드 플래시 메모리가 120GB의 용량을 구현합니다. 하드디스크와 달리 버퍼 메모리가 보이지 않는데, 그 이유는 빠른 낸드 플래시 메모리의 일부 공간을 버퍼를 활용하기 때문입니다.

❷ **컨트롤러** : 낸드 플래시의 버퍼를 관리하고, 실제 데이터를 읽고 쓰는 핵심 부품이 바로 컨트롤러입니다. SSD의 경우는 컨트롤러에 따라 읽기/쓰기 성능에 차이가 많이 나므로 우선적으로 확인하기 바랍니다.

❸ **SATA 단자와 SATA 전원 단자** : 2.5인치 패키지로 나온 SSD는 SATA 인터페이스를 지원하며, 파워서플라이의 SATA 전원 케이블과 연결하여 전원을 공급받습니다.

SSD 성능의 핵심 부품은 컨트롤러

SSD의 읽기/쓰기 성능은 낸드 플래시 메모리 자체가 감당할 수 있는 물리적인 속도와 함께 컨트롤러가 중요합니다. 낸드 플래시의 최소 저장 단위인 셀에 몇 비트(bit)를 저장할 수 있느냐에 따라 싱글 레벨 셀(Single Level Cell, SLC), 멀티 레벨 셀(Multi Level Cell, MLC), 트리플 레벨셀(Triple Level Cell, TLC)로 구분되며 이를 처리하는 핵심 부품이 바로 컨트롤러입니다.

프리징 현상을 근본적으로 막으려면 낸드 플래시 메모리의 셀에 SLC(Single Level Cel) 방식의 일대일 컨트롤이 이상적이나 그만큼 용량의 희생을 감수해야 합니다. 그렇기 때문에 대부분의 컨트롤러가 셀을 효율적으로 사용하고 용량을 좀 더 늘리기 위해 여러 데이터를 기록하고 입출력할 수 있는 MLC(Multi Level Cel)나 TLC(Triple Level Cel) 방식의 컨트롤러를 사용합니다. SSD의 컨트롤러 기술은 빠르게 발전하여 지금은 SSD로 인한 프리징 문제는 거의 해결되고 있습니다.

● 초기 SSD의 경우 입출력 병목 현상으로 인한 프리징 현상은 시스템이 얼어붙은 것처럼 정지하는 현상입니다. 프리징 현상을 야기하는 원인은 여러 가지가 있지만, 그 중 컨트롤러 제어상의 문제가 꼽힙니다.

SLC, MLC, TLC의 특징

SLC 방식에서는 셀 당 1비트를 저장하므로 SLC 컨트롤러의 에러율이 거의 없고 속도와 내구성이 뛰어납니다.

MLC 방식에서는 셀당 2비트를 저장합니다. SLC보다 MLC 컨트롤러의 에러 가능성이 더 크며, 속도와 수명은 보통입니다.

TLC 방식에서는 셀당 3비트를 저장하므로 저장 효율은 좋지만 에러 가능성도 높고 속도와 수명은 가장 낮습니다.

초고속 SSD를 위한 인터페이스의 발전

SSD의 최근 기술 동향은 부피는 최소화하고 성능은 최대한 높이는 방향으로 전개되고 있습니다. 부피를 줄이기 위해 메인보드상에서 mSATA와 M.2 폼팩터의 슬롯이 등장했는데, 단순히 부피가 작은 SSD 장착용을 넘어 성능을 극대화하는 인터페이스 발전이 이뤄지고 있습니다.

초소형 mSATA의 등장과 주요 특징

노트북 컴퓨터를 중심으로 메인보드에 부피를 최소화한 mSATA(mini SATA) 폼팩터(50x30mm)의 슬롯을 구성하고, mSATA SSD를 연결하여 SATA 대역폭은 패키지형 SSD와 동일하게 활용하는 방식이 인기를 끌었습니다.

mSATA의 인터페이스는 SATA 3에서 좀 더 업그레이드된 SATA 3.1을 지원합니다. SATA 3.1은 SATA 3와 대역폭은 동일하지만 전력 관리 기술과 향상된 트리밍 기술, mSATA에 SSD가 연결되면 자동으로 감지하여 SATA 단자는 비활성화되는 기능 등이 적용되었습니다.

● 케이스로 패키징된 SSD에는 표준형인 2.5인치형과 1.8인치형의 micro-SATA가 있는데, mini SATA와는 다릅니다.

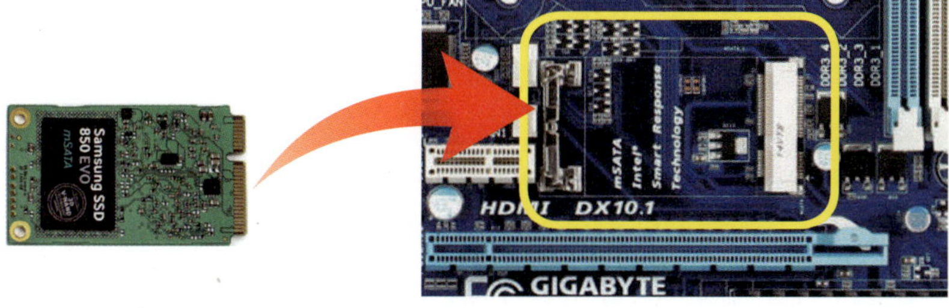

mSATA SSD와 메인보드의
mSATA 슬롯

PC 메인보드의 경우는 샌디브릿지와 짝을 이룬 최상위 Z68칩셋 메인보드부터 mSATA 슬롯을 제공하기 시작하였습니다.

SSD의 고속화 시대를 연 SATA Express

mSATA가 인기를 끌자 mSATA를 업그레이드한 M.2 슬롯과 함께 2개의 SATA 단자와 1개의 PCIe 레인 컨트롤 단자를 사용하는 SATA Express가 등장했습니다.

SATA3.2로 불리는 SATA Express는 말 그대로 고속 SSD의 대역폭을 지원하기 위해 등장한 인터페이스로, PCIe 2.0 레인 두 개를 활용하면 10Gbps를 지원합니다. PCIe 3.0 레인 두 개를 활용하면 16Gbps 대역폭을 지원합니다.

SATA Express 단자는 SATA 단자 2개와 PCIe 레인 컨트롤용 단자를 묶어 3개의 단자를 사용하므로 SATA Express 케이블과 커넥터의 부피는 꽤 큰 편입니다. SATA Express는 SSD의 고속화 시대를 열었지만 부피가 크고 기존 SATA 단자를 사용할 수 없게 만드는 관계로 대중화되지는 못했습니다.

▲ SATA Express 단자(위)와
SATA Express 케이블(아래)

초고속 M.2 슬롯의 등장과 NVMe 컨트롤러

M.2 슬롯은 길이에 따라 4가지 규격, 즉 42/60/80/110mm 크기의 SSD를 설치할 수 있습니다. 인텔의 100시리즈 칩셋부터 고속 SSD의 대중화에 발맞춰 M.2 SSD용 NVMe(Non-Volatile Memory Express) 컨트롤러가 지원됩니다. 100시리즈 칩셋에서는 SATA Express도 ACHI 컨트롤러 대신 NVMe 컨트롤러를 지원합니다.

NVMe는 처음부터 고속 SSD를 위해 개발된 인터페이스로, PCIe 3.0 레인 4개(32Gbps)의 대역폭까지 지원합니다. NVMe 컨트롤러는 인텔의 100시리즈 칩셋부터 지원되므로 7x, 8x, 9x 시리즈의 메인보드의 M.2 슬롯에서는 M.2용 NVMe SSD를 사용할 수 없습니다. 때문에 메인보드에 M.2 슬롯이 제공된다 하더라도 ACHI 컨트롤러 기반의 SSD만 사용할 수 있습니다.

M.2 SSD와 메인보드의
M.2 슬롯

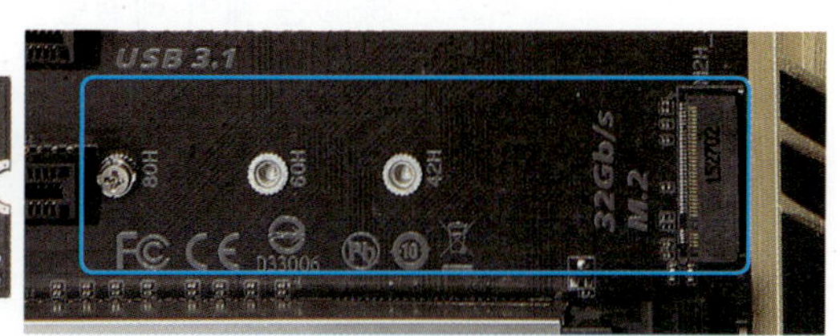

SSD의 효율과 안정성을 높이는 기능들

트림 기능

SSD가 제성능을 발휘하도록 하는 데 필요한 기능에는 트림(TRIM) 기능이 있습니다. 하드디스크는 클러스터의 트랙과 섹터 단위로 읽기/쓰기를 하므로 하드디스크 조각 모음 기능을 사용하여 디스크 단편화를 제거하고 읽기/쓰기 효율을 제고할 수 있습니다.

SSD는 트랙과 섹터 단위가 아닌 블록 단위로 읽기/쓰기 작업을 수행하는데, 한 번 데이터가 쓰여진 블록은 삭제해도 사용 흔적이 남습니다. SSD의 컨트롤러는 파일을 저장할 때 빈 블록을 대상으로 쓰기 작업을 수행하므로 트림 기능으로 삭제한 블록을 초기화해줘야 합니다.

윈도우 7부터는 트림 기능이 기본값으로 활성화되어 작동합니다. 트림 기능의 작동 여부는 윈도우에 관리자 모드로 로그인하여 [윈도우키]+[R] 키를 누르면 나오는 실행 창의 열기 상자에서 CMD 를 입력한 후 [Enter] 키를 누르면 나오는 명령 프롬프트 창에서 fsutil behavior query disable-deletenotify를 입력하고 [Enter] 키를 누르면 DisableDeleteNotify 값이 표시됩니다. 이 값이 0이면 트림 기능이 작동 중임을 의미하고, 1이면 작동하지 않는 상태를 의미합니다.

윈도우의 트림 기능 지원 여부 확인 방법

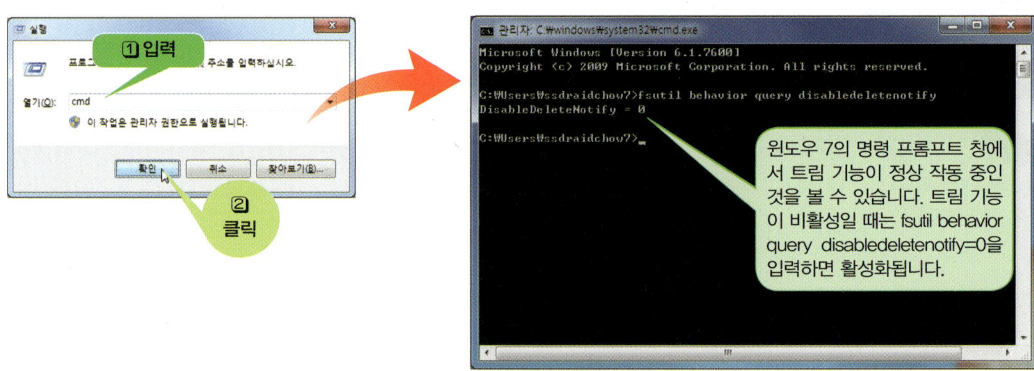

GC 기능

트림 기능이 운영체제의 서비스로 작동하는데 반해, 운영체제의 트림 기능 지원 여부에 관계없이 자동으로 삭제된 데이터의 흔적을 청소하는 GC(Garbage Collection) 기능을 지원하는 SSD가 나오고 있습니다. SSD에서 GC 기능이 제공되면 트림 기능이 없는 윈도우 XP에서도 자동 최적화가 가능합니다.

웨어 레벨링 기술

웨어 레벨링(Wear-Leveling) 기술은 데이터 블록의 기록 회수를 모니터링하여 특정 블록에 치우치지 않고 균등한 빈도로 기록하도록 분배하는 기능입니다. 특정 데이터 블록에 읽기/쓰기 작업이 치우치면 낸드 플래시의 해당 블록이 일찍 망가져 수명이 단축될 수 있으므로 요즘 나오는 SSD는 웨어 레벨링 기술을 대부분 지원하고 있습니다.

노화된 셀의 데이터를 보호하는 Read Only 모드 전환

Read Only 모드 전환 기능은 SSD의 데이터 블록 노화 시 Read Only 모드로 전환하여 더 이상 데이터를 덮어쓰지 못하도록 하여 데이터를 보호하는 기능입니다.

Check Point | SSD 최적화 테크닉

SSD는 HDD와 비슷한 방식으로 사용하면 될 듯하지만 차이점이 많습니다. SSD의 읽기 작업은 무제한으로 사용해도 SSD의 수명에 별로 영향을 미치지 않습니다. 반면, 한 번 쓰기(저장) 작업이 수행된 셀은 삭제(Delete) 명령으로 지워도 트리밍을 통해 초기화되기 전까지는 덮어쓰기식 저장이 안되므로 SSD 수명에도 좋지 않고 작동에도 방해가 됩니다. SSD를 효율적으로 사용하려면 SSD의 빠른 읽기 성능은 최대한 활용하되, 불필요한 공간 낭비를 줄이고 쓰기 작업은 최소화하는 원칙으로 사용하길 권합니다. 물론 SSD의 수명은 최적화하지 않더라도 스핀들 모터와 스텝 모터를 사용하는 하드디스크에 비해 수명이 오래가므로 SSD의 고속 · 저전력의 장점을 희생하면서까지 지나치게 아낄 필요는 없습니다.

❶ **SSD의 빠른 포맷** : SSD를 포맷할 때는 일반 포맷을 사용하지 말고 반드시 빠른 포맷을 사용합니다. 표준 포맷을 사용하면 셀의 이상 유무를 진단하는 과정이 수반되며, 이는 쓰기 작업과 동일합니다.

❷ **SATA 컨트롤 모드** : SATA 단자에서 SSD를 사용할 때 SATA 컨트롤 모드는 프리징 현상을 최소화하고, 트림 기능을 사용할 수 있는 AHCI 모드를 권장합니다. AHCI 모드에서는 NCQ 기능이 기본으로 작동하므로 빈번한 파일 입출력 시에도 데이터가 엉키지 않으므로 일종의 데이터 병목 현상이라 할 수 있는 프리징 현상을 막는 데도 유용합니다. SSD RAID는 성능을 배가할 수 있는 장점이 있지만 SSD RAID의 트림 기능 지원 여부를 사전에 확인할 필요가 있습니다. 스카이레이크 칩셋부터는 PCIe 3.0 레인을 2개 사용하는 SATA Express와 4개를 사용하는 M.2 슬롯을 지원하며, 이들 고속 SSD에 최적화된 NVMe(NVM express)를 지원하여 장치가 연결되면 자동으로 감지하므로 이를 사용하면 됩니다.

❸ **CPU의 C3/C6/C7 절전 모드** : 사용자의 호불호가 갈리는 최적화 방법으로, CPU의 C3/C6/C7 절전 모드는 절전 모드 진입 시 디스크에 메모리의 내용을 기록한 후 CPU의 절전 효율을 극대화해주지만 그만큼 쓰기 작업을 동반하며 공간을 사용합니다. CPU의 C3/C6/C7 절전 모드를 비활성화하려면 CMOS 셋업 프로그램에서 설정하면 됩니다. C3/C6/C7 절전 모드를 비활성화하더라도 프로세서의 유휴 시간에 전원을 절약하는 C1E(Enhanced Halt State) 기능은 사용할 수 있습니다.

❹ **디스크 조각 모음은 절대 금물** : 운영체제의 디스크 검사 기능은 사용해도 무방하지만 하드디스크 조각 모음 기능은 클러스터 단위로 읽기/쓰기 작업 시 필연적으로 발생하는 하드디스크 단편화를 제거하여 속도를 향상시키는 기능입니다. 하드디스크 조각 모음 과정은 많은 읽기/쓰기 작업을 동반하기 때문에 SSD 최적화에는 역효과만 납니다. SSD 최적화는 제조사의 유틸리티나 SSD 최적화 유틸리티를 활용하길 권합니다. 이에 대해서는 626쪽에서 다룹니다.

❺ **가상 메모리는 하드디스크로 변경** : 윈도우 운영체제는 하드디스크 가상 메모리 기능을 제공하여 물리 메모리가 부족할 때 하드디스크의 가상 메모리를 스와핑하여 제공합니다. SSD에 운영체제를 설치한 경우라면 가상 메모리는 하드디스크 드라이브로 변경하는 편이 좋습니다. 가상 메모리 설정 방법은 620쪽을 참고하기 바랍니다. 그리고 포토샵 같은 그래픽 프로그램 중에도 큰 이미지나 여러 이미지 파일 작업을 위해 일종의 가상 작업 메모리로 쓰기 위해 스크래치 디스크를 사용하는데, 이 경우에도 빈번한 입출력이 발생하므로 하드디스크 드라이브로 변경하는 게 좋습니다.

❻ **윈도우와 인터넷 익스플로러의 임시 파일 폴더의 이동** : 윈도우 운영체제의 실행과 프로그램 실행을 위해 Temp 폴더에 다량의 임시 파일들이 생성됩니다. 인터넷 익스플로러는 웹서핑 시 사용자가 연 웹 문서를 캐싱하여 임시 폴더로 저장하는데, 이 역시 작은 크기 파일들의 빈번한 읽기/쓰기 작업을 수반합니다. 메모리가 충분한 경우에는 램 디스크로 활용하여 임시 파일 폴더를 운용하면 운영체제 성능도 개선하고 웹서핑 속도도 향상됩니다. 램 디스크를 만들고 윈도우 운영체제의 임시 폴더와 인터넷 익스플로러 임시 파일 폴더를 램 디스크로 변경하는 방법은 632쪽에서 다룹니다.

❼ **최대 절전 모드 비활성화** : 윈도우 운영체제에서 최대 절전 모드를 사용하면 메모리에 로드된 작업 상태를 운영체제가 설치된 드라이브의 루트 폴더에 숨김 파일 속성의 하이버네이션 파일(HIBERFIL.SYS)로 저장합니다. 나중에 동일한 작업 상태를 복원해야 하므로 하이버네이션 파일은 물리 메모리와 동일한 크기로 만들어집니다. 그렇기 때문에 메모리가 클수록 많은 쓰기 작업을 동반하고 디스크 공간도 많이 차지합니다.

윈도우 7부터는 최대 절전 모드가 기본값으로 사용되는데, 이를 끄려면 윈도우 시작 메뉴의 Windows 검색 상자에 CMD를 입력한 후 CMD 명령이 표시되면 오른쪽 클릭하여 관리자 권한으로 실행을 선택합니다. 명령 프롬프트 창이 열리면 powercfg –h off 명령을 사용하면 됩니다. 최대 절전 모드를 사용하려면 powercfg –h on 명령을 사용하면 됩니다.

❽ **색인 기능 끄기** : 윈도우의 수퍼패치 기능은 빠른 프로그램 로딩을 위해 사용하는 일종의 캐싱 기능으로 빈번한 읽기/쓰기를 유발합니다. 액세스 타임이 빠른 SSD에서는 사용하지 않아도 되므로 색인 기능은 사용하지 않는 것이 좋습니다. 설정 방법은 621쪽에서 다룹니다.

SSD 선택 가이드

SSD도 부품 구성은 간단하지만 고속 디스크 사용을 염두에 두고 구입하는 제품이기 때문에 아무래도 지원하는 속도가 1차적인 선택 기준이 된다고 할 수 있습니다. 때문에 SSD 제조회사에서는 성능과 관련된 사양까지 상세하게 제시하기도 합니다.

이제 앞서 익힌 지식을 바탕으로 SSD 제품 사양표를 보고 자신에게 적합한 SSD를 판별해보기 바랍니다.

항 목	내 용	비 고
제품명	Toshiba Q Series Pro(128GB)	
인터페이스	SATA3(6Gbps)	SATA 3의 대역폭 6Gbps는 초당 전송 바이트 수로 환산하면 750MB/s입니다.
디스크 용량	120GB	하드디스크에 비해 용량이 작기 때문에 SSD는 운영체제용 디스크로 활용합니다.
컨트롤러	Toshiba	SSD의 성능은 컨트롤러에 따라 차이가 나므로 SSD를 선택할 때는 컨트롤러를 확인하기 바랍니다.
메모리 타입	MLC(Multi Level Cell) 토글	SSD는 저장 효율성을 위해 대부분 MLC나 TLC 타입 낸드 플래시를 사용합니다. 토글 방식은 도시바에서 속도 향상을 위해 고안한 메모리 방식입니다.
읽기 속도	554MB/s	
쓰기 속도	512MB/s	
그 밖의 특징	Random 4K read : 85,000 IOPS	IOPS (Input/Output Oprations Per Second)는 초당 입출력 연산 횟수로, 높을수록 운용 성능이 좋다는 것을 의미합니다.
	MTBF : 2,000,000시간	하드디스크의 MTBF는 보통 50만 시간으로 SSD의 수명이 네 배 정도 긴 편입니다.
	NTI ECHO 마이그레이션 소프트웨어	마이그레이션 소프트웨어는 기존 HDD나 SSD를 교체시 운영체제와 소프트웨어 운영환경을 유지한 채 이전할 수 있게 해주는 소프트웨어입니다.
	TRIM 기능 지원	TRIM은 운영체제의 삭제된 셀 영역에 남아 있는 찌꺼기를 자동으로 제거하는 기능으로 윈도우 비스타 이상의 운영체제에서 지원합니다.
	GC 기능 지원	GC(Garbage Collection) 기능은 TRIM과 비슷한 기능으로 운영체제를 거치지 않고 제거합니다.
	디바이스 슬립(DEVSLP) 기능	DEVSLP은 디바이스의 사용 전력을 5mW 이내로 줄여 대기 상태로 진입하는 절전 기능입니다.
	2.5mm 스페이서 Wear-Leveling 지원 Read Only 모드전환 지원 보증기간 3년	노트북을 겨냥한 7mm 두께의 슬림사이즈이며, PC 설치 시 유격을 보완할 수 있는 스페이서 제공 도시바 코리아를 통해 수입된 정품 인증 제품 도시바 스토리지 고객센터 ☎ 02)701-3133

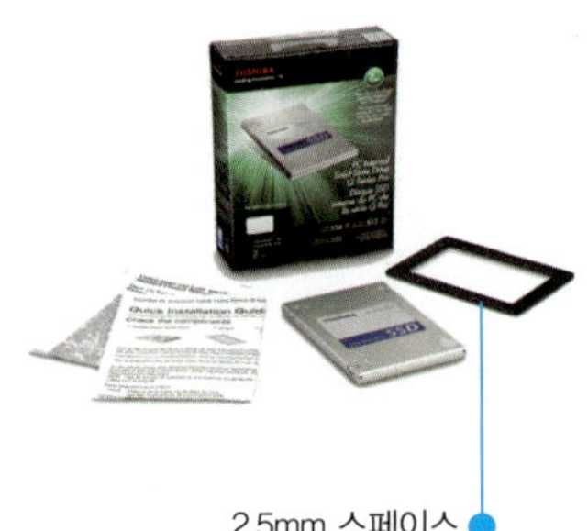

2.5mm 스페이서

SATA 3 대역폭이 SSD 속도의 걸림돌이 되자 NVMe 컨트롤러로 PCIe 3.0 레인의 대역폭을 활용하는 M.2 슬롯이나 SATA Express 인터페이스가 등장하였습니다. 현재 SATA 단자 2개와 PCIe 레인 컨트롤 단자까지 포함해서 세 개의 단자를 사용하는 SATA Express용 SSD 제품은 드문데 반해 크기가 작아 메인보드 기판 위에 간단히 설치할 수 있는 M.2 슬롯을 지원하는 고속 SSD 시장은 급성장하는 추세입니다. 자신이 사용하는 메인보드에서 M.2 슬롯이 지원된다면 고속 SSD 사용을 권장합니다.

7 CD/DVD 재생과 기록을 위한 광디스크 드라이브

광디스크 드라이브(Optical Disk Drive)는 ODD로 부르는데, 각종 규격의 CD/DVD 재생과 CD-R, DVD-R, DVD-RAM 같은 광디스크 매체에 직접 기록할 수 있는 기능까지 제공합니다. 지금은 하드디스크에 비해 저장 용량 대비 가격 경쟁력도 없어지고, 속도가 느린데다 소음도 큰 단점 때문에 지금은 PC나 노트북 컴퓨터에서 공간을 차지하는 SATA 인터페이스의 ODD는 시장에서 밀려나고 대신 간편하게 PC와 노트북 컴퓨터에서 함께 활용할 수 있는 USB 지원 외장형 ODD로 이동하고 있습니다.

광디스크 드라이브의 구성 요소

광디스크 드라이브(ODD, Optical Disk Drive)는 각종 규격의 CD나 DVD를 재생하고 기록 가능한 광디스크 매체에 비디오나 오디오, PC의 일반 데이터를 기록할 수 있습니다.

다음 그림은 PC 케이스에 직접 설치해서 사용하는 내장형 ODD의 구성 요소입니다.

내장형 ODD의 구성 요소

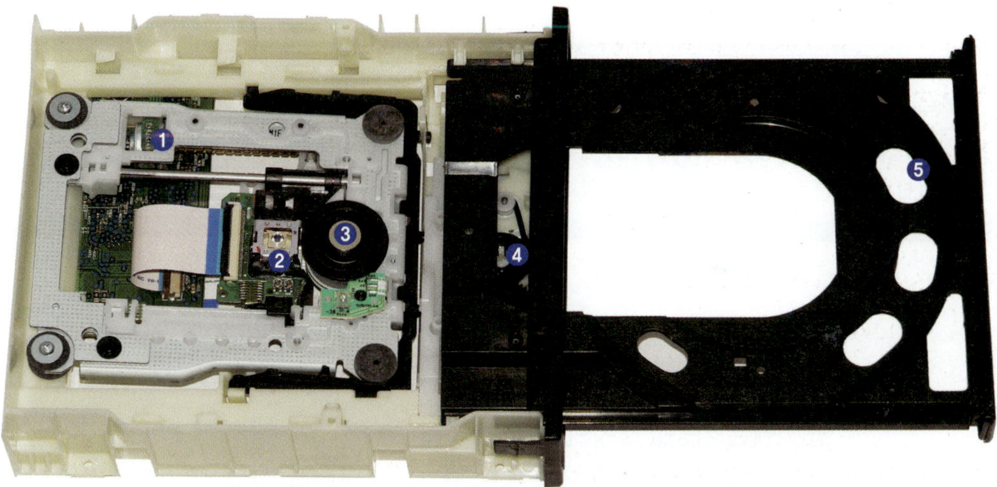

HELP

❶ **스텝 모터** : 헤드가 수직으로 트랙을 가로질러 이동할 수 있게 해주는 모터입니다.

❷ **헤드** : 헤드의 렌즈를 통해 CD/DVD에 레이저 빔을 주사하여 반사된 정보를 통해 데이터를 읽어들이고, 기록할 때는 CD/DVD에 레이저 빔으로 피치를 만드는 방식으로 기록합니다.

❸ **스핀들 모터** : 회전축에 있는 스핀들 모터는 CD/DVD를 회전시켜줍니다.

❹ **트레이 구동 모터** : 트레이를 열거나 닫을 수 있게 해주는 모터입니다.

❺ **트레이** : CD/DVD를 드라이브에 삽입하거나 뺄 수 있습니다.

❻ **컨트롤러** : 뒷면의 PCB 기판에는 데이터의 읽기·쓰기를 제어하는 컨트롤러 등의 부품으로 구성됩니다.

❼ **SATA 단자** : 메인보드의 SATA 단자에 연결하여 데이터를 주고받습니다.

❽ **SATA 전원 단자** : ODD에 전원을 공급합니다.

외장형 ODD의 구성 요소

▲ **예제 부품** : 노트북 외장형 ODD / KSM-24CU

HELP

❶ **스핀들 모터 회전축** : 트레이를 닫으면 스핀들 모터와 맞물려 회전합니다.
❷ **헤드** : 데이터 판독 및 기록　　　　❸ **트레이** : CD/DVD의 장착　　　　❹ **트레이 열림 단추** : 트레이를 열 때 사용하는 단추입니다.
❺ **Eject 홀** : CD/DVD가 열리지 않을 때 클립을 곧게 펴서 구멍 안으로 힘주어 밀면 트레이가 열립니다.
❻ **전원 단자** : USB 단자에 연결하여 ODD에 전원을 공급합니다.
❼ **USB 단자** : 노트북 컴퓨터나 PC의 USB 단자에 연결하여 데이터를 주고받습니다.

위의 그림은 노트북 컴퓨터나 PC의 USB 단자에 연결하여 사용할 수 있는 외장형 ODD의 구성 요소를 나타낸 것으로 ODD 부피가 작아졌고, 트레이를 닫을 때 수동으로 밀어서 닫는다는 점 외에는 기능상의 차이는 없습니다.

외장형 ODD의 전원 공급도 USB 단자를 통하는데, 요즘에는 USB 전원 단자와 데이터 송수신용 USB 단자가 통합되어 하나의 USB 케이블 연결로 가능한 것도 있습니다.

ODD의 작동 원리와 성능 요소

동일한 CD/DVD 매체라도 어떤 형식으로 데이터를 기록하는지에 따라 오디오 CD, 영상 DVD, 데이터 CD/DVD, 비디오 CD/DVD 등으로 구별됩니다. CD/DVD 매체는 트랙과 섹터로 구획된 구조를 사용하지 않습니다. 육안으로는 보이지 않지만 **외곽에서부터 중심 방향으로 데이터가 기록되는 피트가 나선형 트랙으로 배열**됩니다. CD/DVD의 정보를 일정한 속도로 읽어들이려면 바깥쪽 트랙에서는 빠르게, 안쪽 트랙에서는 느리게 회전시켜야 합니다. 이 때문에 **ODD의 구동 모터는 가변 속도로 동작**하게 되는데, 이는 ODD 소음의 원인이 됩니다.

ODD의 성능은 액세스 타임(Access Time)보다는 전송 속도를 중시합니다. 최초로 등장한 오디오 CD의 초당 데이터 전송량이 150KB였는데, 이를 기준으로 2배속, 4배속 형식으로 나타냅니다. 2배속은 초당 300KB의 전송률을 의미합니다.

ODD의 읽기/쓰기 원리

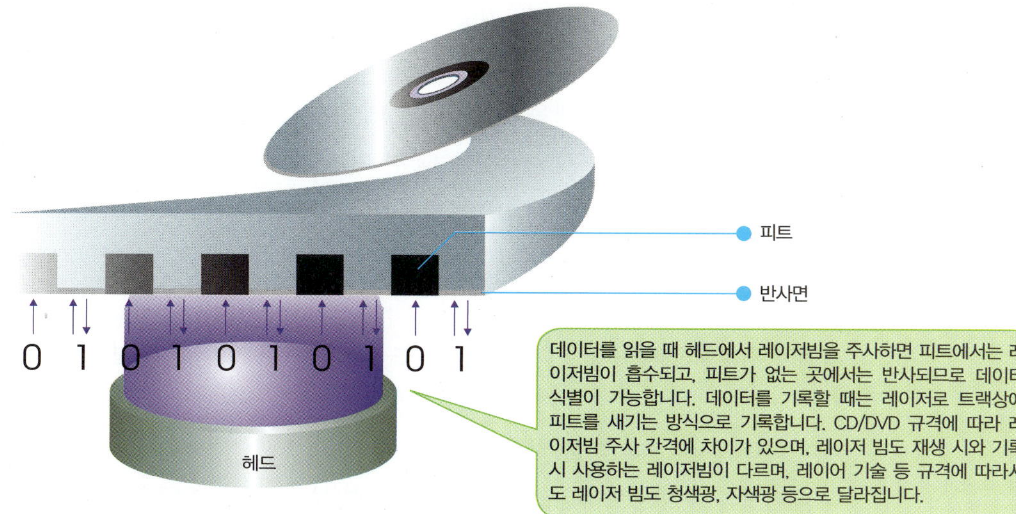

그리고 ODD의 경우는 데이터 기록 시간이 오래 걸리기 때문에 상대적으로 기록 속도가 체감 속도에 더 큰 영향을 미칩니다. 현재 ODD의 읽기 속도는 52배속이 일반적이지만 기록 속도는 매체에 따라 차이가 있으며 CD-R은 24배속, DVD-R은 8배속이 지원되는 편입니다.

ODD의 재생 및 기록 관련 기능

ODD의 경우는 다양한 DVD 규격이 나와 있기 때문에 재생 및 기록이 가능한 DVD 규격도 확인해야 합니다.

다양한 규격과 용량의 광디스크의 비밀

CD/DVD의 재질은 직경 12cm 크기의 폴리카보네이트 재질의 투명 플라스틱을 사용하는데, 긁힘이나 화학적 변형이 가해지지 않는 한 데이터를 영구적으로 유지할 수 있는 매체입니다. 보통은 한쪽 면에 데이터를 기록하고, 데이터가 기록되지 않는 반대면은 기록된 데이터를 보호하기 위해 보호 코팅됩니다.

읽기만 가능한 DVD의 경우는 투명한 은빛을 띠는데 반해, 기록이 가능한 기록을 위해 사용된 염료에 따라 다른 색상을 띱니다. 프탈로시아닌 같은 염료는 레이저빔에 쉽게 반응하므로 데이터를 구분할 수 있는 피트를 기록할 수 있습니다. **기록 가능한 광디스크 매체는 사용 염료와 코팅 재료에 따라 내구성이 결정되며 가격도 차이**가 있습니다.

사용 염료에 따라 다른 색상을 띠는 CD/DVD의 표면

저장 용량을 배가시키는 레이어 기술

하드디스크에서 수직 기록 기술로 저장 밀도를 높인 것처럼 DVD의 경우도 표면에만 데이터를
기록하지 않고 데이터 트랙을 중첩시키는 레이어 기술로 저장 용량을 늘리는 방법을 사용합니
다. 표준 DVD 저장 기술을 사용했을 때 한 면에 기록할 수 있는 용량은 CD-ROM의 7개 분량
에 상당하는 4.7GB의 데이터를 저장할 수 있습니다. 레이어 기술을 적용하면 거의 두 배 정도
의 용량을 저장할 수 있습니다.

레이어 기술이란 데이터를 기록할 수 있는 층을 기록 레이어에 중첩시켜 저장하는 기술로 광디
스크 표면에 데이터를 기록할 수 있는 실버(Silver) 레이어와 그 위에 반투명의 골드(Gold) 레
이어를 중첩시켜 데이터를 저장합니다.

각 레이어의 데이터 트랙은 **스퀴즈(Squeeze) 방식으로 약간 엇갈리게 하여 트랙을 구분**하며, 레
이어별로 다른 전력의 레이저빔을 주사하여 읽기/쓰기 작업을 수행합니다. 가장 최신 규격인
블루레이 디스크는 싱글 레이어가 25GB, 듀얼 레이어는 50GB, 트리플 레이어 규격인 BDXL
은 100GB를 기록할 수 있습니다.

CD/DVD 기록 에러 방지 기술

ODD는 실시간 레코딩 기능을 지원하는데, CD/DVD 기록은 나선형으로 연속된 데이터 트랙
상에 레이저빔으로 태워 물리적인 피트를 만드는 작업이기 때문에 CD/DVD 기록 작업을 "굽
는다"고 표현합니다. CD/DVD에 기록할 때는 버퍼링을 통해 다음에 구울 데이터를 미리 대기
시키고 순차적으로 기록하게 되는데 버퍼가 비워지면 미완성 상태로 기록이 중단되는 **버퍼 언
더 런(Buffer Under Run)** 에러, 즉 데이터 전송 중 끊김 현상이 발생합니다.

이와 같은 버퍼 언더 런 에러를 방지하기 위해 Sanyo 사에서 **번 프루프(Burn Proof)** 기술을 개
발하였습니다. 이 기술은 버퍼가 비워지면 레코딩을 멈춘 채 기록 대기 상태를 유지하고, 버퍼
에 데이터가 채워지면 원래 기록했던 부분으로 가서 이어 굽는 기술입니다. Ricoh 사의 저스
트 링크(Just Link) 기술도 이러한 종류의 기록 에러 방지 기술입니다.

M-DISC™ 기술

M-DISC™ 기술은 광디스크의 레이어에 데이터를 정교하게 새기는 저장 기술로, 하드디스크
의 데이터 보관 기간이 5년이 채 안되고, 일반 DVD는 최대 7년, 블루레이 디스크(BD, Blu-
ray Disc)는 50년 정도입니다.

반면 M-DISC 기술로 저장하면 외부의 온도나 빛, 습도에 대한 내구력을 극대화하여 최대
1,000년이 지나도 데이터를 유지할 수 있는 기술입니다. M-DISC™ 기술로 데이터를 저장할
때는 M-DISC™ 인증 DVD 매체를 사용해야 합니다.

라이트 스크라이브 기술

라이트 스크라이브(Light Scribe) 기술은 말그대로 빛으로 그리는 기술로, CD/DVD의 표면에
사용자가 원하는 이미지나 텍스트를 프린트할 수 있는 기술입니다.

라이트 스크라이브 프린트 기능을 활용하려면 이를 지원하는 CD나 DVD를 사용하면 됩니다. 라이트 스크라이브 인쇄 시에는 데이터 기록면의 반대 표면에 인쇄해야 하므로 뒤집어서 넣고 인쇄하면 됩니다.

ODD 선택 가이드

ODD 관련 기술은 상당 부분 평준화되었기 때문에 유용한 기능과 활용성에 비해 가격은 아주 저렴한 편입니다. ODD 가격은 사실상 블루레이 디스크 기록 여부에 따라 가격 차이가 많이 나는 편입니다. 블루레이 디스크를 지원하지 않는 일반적인 ODD 드라이브의 가격은 저렴한 편입니다.

이제는 ODD를 구매할 때 영상이나 음악 감상보다는 프로그램 설치나 간혹 콘텐츠를 저장하는 정도라면 노트북 컴퓨터에서도 함께 사용할 수 있는 외장형 ODD 사용을 권장합니다.

다음의 ODD 제품 사양표를 기준으로 선택 요령을 알아보면 다음과 같습니다.

항 목	내 용	비 고
제품명	삼성전자 Slim Portable DVD Writer SE-208GB 외장형 (블랙)	
인터페이스	USB 2.0	
제품 분류	외장형 DVD Writer	● 내장형 ODD의 경우에는 SATA 인터페이스를 주로 사용합니다.
패키지 형태	정품 박스	● ODD 제품은 포장을 빼고 좀 더 저렴한 가격의 벌크 제품도 많이 판매되고 있습니다.
읽기 지원 미디어	CD [O] / DVD [O] 블루레이 [X] / HD-DVD [X]	
쓰기 지원 미디어	CD-R, CD-RW, CD-ROM, DVD-R, DVD-RW, DVD-R(DL), DVD+R, DVD+R(DL), DVD-ROM, DVD-RAM 등	● R은 Read Only Memory : 한번만 기록 가능 ● RW는 ReWritable : 재기록 가능 ● 블루레이와 HD-DVD 읽기/쓰기는 지원 안 됨
지원 기능	Light Scribe　미지원 M-DISC™　지원 AV Connectivity　지원 Smart Power Technology　지원 Smart Archive Technology　지원	● AV Connectivity는 동영상, 음악, 사진 파일을 USB 지원 TV에서 바로 감상할 수 있는 기능입니다. ● Smart Archive Technology는 저전력 지원으로 하나의 USB 케이블로 전원 공급과 CD/DVD 읽기/쓰기를 지원합니다. ● Smart Archive Technology는 M-DISC™ 과 유사한 장기 보관에 특화된 기록 기술로 최적의 기록을 위해 기록 속도가 자동 선택됩니다. 이 기술 옵션으로 저장할 때는 번들로 제공되는 Nero Express 프로그램에서 Daiyo Yuden Fusion DVD-R 16X이나 Mitsubishi DVD-R 16X 매체를 권장합니다.
치수	148.6mm x 14mm x 146mm	
무게	208g	
그 밖의 확인 사항	소음 크기 및 소음 제거 기술 적용 여부 번들 CD의 소프트웨어와 지원 운영체제 A/S 기간과 방식	

- **CD** : Compact Disk
- **DVD** : Digital Video Disk
- **Blu-ray DVD** : Blu-ray Digital Video Disk
- **HD-DVD** : High Defintion Digital Video Disk

8 화면 표시 장치 – 모니터

모니터는 PC를 켜고부터 끌 때까지 가장 오랫동안 마주하는 장치입니다. 모니터의 성능은 눈의 건강과도 직결되는 만큼 꼼꼼히 확인하고, 작업 용도에 맞춰 필요로 하는 기능을 충분히 제공하는 모니터를 선택하는 지혜가 필요합니다.

LCD 모니터의 동작 원리

모니터는 전혀 다른 화면 표시 원리를 갖는 CRT 모니터와 LCD 모니터의 두 종류로 구분됩니다. CRT 모니터는 이미 단종된 지 오래이며, 지금은 대부분 LCD(Liquid Crystal Display) 모니터가 주로 사용됩니다.

LCD는 투명 전극 사이에 액정을 넣고 투명 전극의 전압 신호에 따라 액정의 분자 배열을 편광시켜 RGB 컬러 필터를 거쳐 스크린에 색상을 표시합니다. 즉, 전압으로 액정의 배열 상태를 제어하여 화소의 색상을 표현합니다.

LCD의 원리

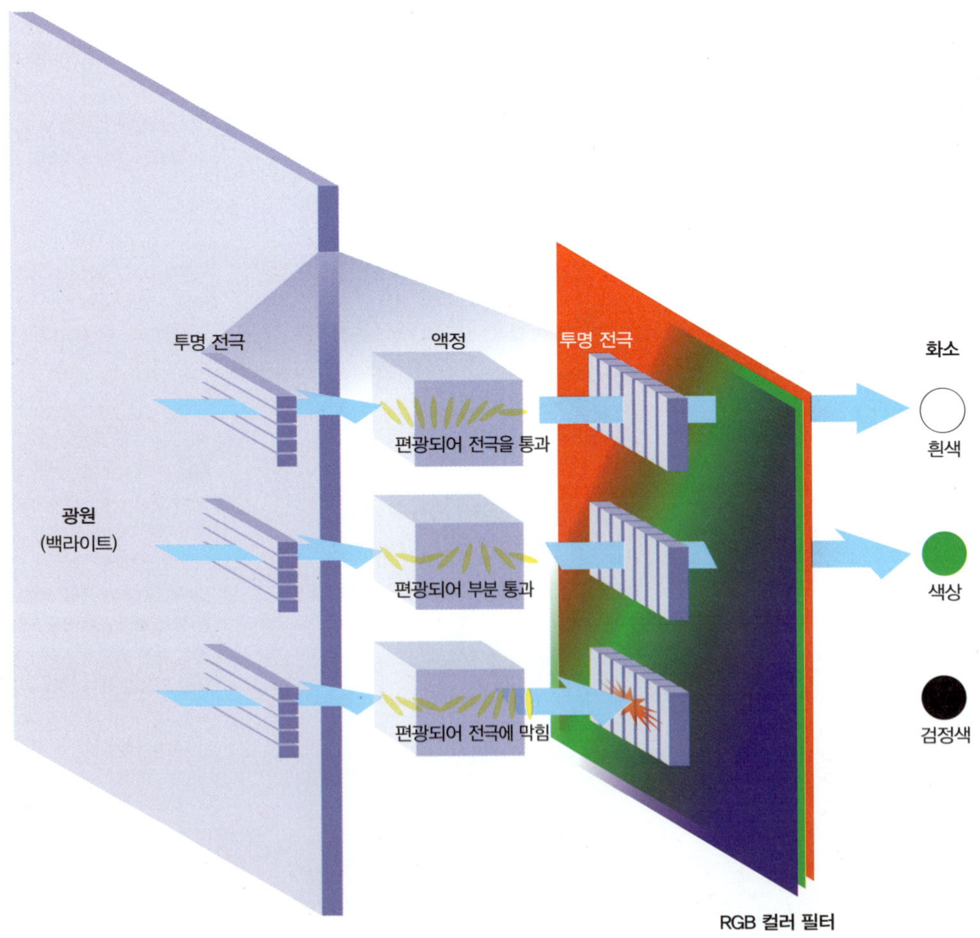

● 액정(Liquid Crystal) : 액정은 분자 배열이 외부 전압에 비례하여 발광되는 수정을 재료로 한 화학 물질입니다.

LCD의 종류

LCD의 종류는 크게 수동 매트릭스 방식과 능동 매트릭스 방식으로 구분됩니다. 능동 매트릭스 방식의 광시야각 패널 기술에는 LG전자가 주로 사용하는 IPS 계열과 삼성전자가 주로 사용하는 VA 계열이 있습니다.

수동 매트릭스 방식

수동 매트릭스 방식(Passive Matrix LCD)은 가로 전극과 세로 전극 사이에 수정 액정을 배열하고 전극의 교차점(화소)의 전기 신호에 따라 백라이트가 액정을 통과할 때 편광되어 RGB 컬러 필터를 거쳐 화소의 특정 색상을 만들어 냅니다. **수동 매트릭스 방식의 원조는 TN 방식**이며, 뒤에 이를 개량한 STN이 나왔고, STN의 개량형인 DSTN 방식도 나왔습니다.

수동 매트릭스 방식은 수정 액정 입자의 특성으로 반응 시간이 빠르다는 장점이 있기 때문에 지금도 게임용 모니터에서 많이 활용되고 있습니다. 수동 매트릭스 방식에서는 전극 방향에 일치하는 정면에서 가장 화면이 가장 선명하게 보이고, 측면에서는 시야각이 제한됩니다.

능동 매트릭스 방식

능동 매트릭스 방식(Active Matrix LCD)은 수정 액정을 둘러싼 유리판에 투명 전극을 그물망처럼 배열하는 것은 수동 매트릭스 방식과 동일하지만 두 전극 사이에 액티브 스위칭 소자인 TFT를 사용하여 전압을 일정하게 유지시킴으로써 안정되고 정교한 화소를 구현합니다.

TFT를 통해 일정한 전압이 공급되므로 수동 매트릭스 방식에서 나타나는 화면의 흐려짐 현상이나 측면에서 잘 보이지 않고 밝은 곳에서 잘안보이는 문제들도 상당 수준 해결했지만 일일이 박막 트랜지스터를 집적해야 하므로 제조 비용이 많이 듭니다.

능동 매트릭스 방식은 크게 IPS 계열, PVA 계열로 구분됩니다. 삼성전자와 LG 디스플레이가 세계 시장을 석권하고 있는데, 삼성은 주로 PVA 계열에서 발전시킨 S-PVA LCD 패널을 제조하며, LG 디스플레이의 경우는 IPS 계열의 S-IPS LCD 패널을 제조하고 있습니다. LED 모니터는 백라이트로 전기 소모가 적고, 발광 효율이 우수한 LED 백라이트가 적용된 것이기 때문에 분류상 TFT LCD에 속합니다.

- **TN** : Twisted Nematic
- **STN** : Super Twisted Nematic
- **DSTN** : Dual Scan Super Twisted Nematic
- **TFT** : Thin Film Transistor, 박막 트랜지스터
- **IPS** : In-Plane Switching
- **VA** : Vertical Alignment

LCD 패널

▲ S-IPS 패널 LCD

▲ 노트북에 많이 사용되었던 TN 패널 LCD

CRT 모니터

- **순차 주사** : Progressive Scan, 전자총이 순차적으로 주사하여 한 번에 한 프레임을 완성하므로 화질 번짐이나 깜박임 없는 영상을 만들어냅니다.
- **비월 주사** : Interaced Scan, 먼저 홀수 라인을 주사한 후 짝수 라인을 주사하여 한 프레임의 영상을 만듭니다.
- 순차 주사 방식은 480p, 1080p 형식으로 'p'가 표시되고, 비월 주사 방식은 480i, 1080i식으로 'i'가 표시됩니다.

CRT(Cathod Ray Tube) 모니터는 전자총으로 전자빔을 모니터 스크린쪽으로 주사하여 색상을 만들어 냅니다. CRT라는 이름도 이에 연유합니다. CRT 방식의 모니터는 전자총을 이용하여 RGB 전자빔을 주사하는 방식을 사용하므로 전력 소모가 높으며, 모니터 스크린과 전자총까지 충분한 거리를 확보해야 하므로 부피가 커지는 문제가 있습니다.

전자총은 스크린의 왼쪽 상단 모서리에서 오른쪽 수평으로 주사하면서 하단에 도달하여 한 프레임의 영상을 만듭니다. 그런 다음 다시 처음 위치로 되돌아가서 같은 동작을 다시 반복하여 화면을 표시합니다. **전자총의 주사 방식에 따라 순차 주사와 비월 주사로 구분**되며 비월 주사에 비해 순차 주사 방식의 화질이 더 우수합니다.

CRT 모니터의 원리

HELP

❶ **전자총** : 그래픽카드의 GPU는 비디오 메모리에 있는 화상 정보를 RAMDAC을 이용하여 아날로그 전압 신호로 보내면 전자총에 의해 RGB 전자빔이 주사됩니다.

❷ **RGB 전자빔** : 이해를 위해 RGB 색상으로 나타냈지만 전자빔은 색상이 없는 광선입니다.

❸ **셰도 마스크** : 전자빔은 셰도 마스크를 통해 초점을 맞추고, 스크린 글라스 안쪽에 도포된 RGB 형광 입자는 전압의 세기에 맞춰 발광하여 여러 색상을 구현합니다.

❹ **도트 피치** : CRT 모니터의 도트 피치(Dot Pitch)는 화소 간의 입자 간격으로 보통 0.18~0.29mm 수준입니다. 도트 피치가 적을수록 높은 해상도를 지원합니다.

❺ **모니터 스크린** : 모니터 스크린은 투명한 유리로 되어 있기 때문에 안쪽에 도포된 형광 입자가 발하는 색상을 그대로 투영시켜 보여줍니다.

모니터 선택 시 체크할 요소

모니터의 기본적인 성능 요소는 당연히 화면 표시 능력과 관련된 요소들이라 할 수 있습니다. 자신의 업무에 필요한 모니터를 선택하고자 할 때는 이들 요소들에 대해 충분히 알고 있어야 시행착오를 겪지 않고 선택할 수 있습니다.

❶ **화면 크기** : 모니터의 화면 크기는 패널 영역의 대각선 길이로 나타냅니다. 과거에는 인치 단위로 나타냈으나 지금은 센티미터 크기도 함께 나타냅니다. 화면 크기와 해상도는 적절하게 조화되어야 눈의 피로를 줄일 수 있습니다.

❷ **화면 비율** : 모니터의 화면 비율로, 과거에는 종횡비가 4 :3 수준의 모니터를 많이 사용했지만 지금은 16 :9나 16 :10인 와이드 모니터가 대세입니다.

❸ **패널 종류** : 능동 매트릭스 방식에서는 광시야각 지원 기술로 삼성전자는 VA 계열의 패널을, LG전자의 경우는 IPS 계열의 패널을 사용합니다. VA(Vertical Alignment) 패널은 명암비와 색 재현성이 우수한 장점이 있고, IPS(In-Plane Switching) 패널은 반응 속도가 빠르고, 178도에서도 선명한 광시야각을 지원합니다. VA와 IPS는 부가 기능에 따라 여러 가지 버전이 존재합니다. 최근에는 VA의 장점은 살리고 부족한 응답 속도를 개선한 PLS(Plane Line Switching) 계열의 패널도 나왔습니다.

❹ **해상도** : 해상도는 가로×세로 픽셀 수로 나타냅니다. 모니터 크기가 동일하다면 해상도가 높을수록 프로그램 작업 창을 넓게 쓸 수 있습니다. LCD 모니터는 CRT 모니터와 달리 지원하는 최대 해상도에서 가장 선명하게 보이고, 해상도를 낮추면 화질이 떨어집니다. 최적 게임 해상도 지원 모니터는 이러한 약점을 보완한 모니터입니다.

요즘에는 3840×2180 픽셀의 UHD 4K 해상도나 3440×1440 픽셀의 고해상도 와이드 모니터도 많이 나오고 있는데, 이들 초고해상도 모니터는 화질이 좋기 때문에 영상 시청 용도로는 괜찮지만, 작업 용도인 경우에는 모니터의 크기에 유의해야 합니다. 고해상도일수록 그래픽카드의 성능도 뒷받침해줘야 합니다.

일반적인 오피스 작업이나 게임은 24인치 크기에 1920×1080픽셀의 HD급 해상도로 충분하며, 작업을 하기에는 포토샵이나 일러스트레이터 같은 그래픽 디자인 프로그램, 프리미어나 에프터 이펙트 같은 동영상 편집 프로그램, 3D 스튜디오나 마야 같은 3D 그래픽 프로그램을 사용하는 경우에는 2560×1440 픽셀의 WQHD 해상도가 좋습니다. 보다 자세한 화면 규격별 해상도는 125쪽을 참고하기 바랍니다.

❺ **응답 속도** : 화면 갱신 속도로 10% 회색(Grey)에서 90% 회색으로 변하는 시간으로 측정하기 때문에 GTG 속도라고도 합니다. 보통 8ms(밀리세컨드, 0.08초) 이하이면 사람은 화면 갱신을 못 느낍니다. 응답 속도가 빠를수록 게임이나 스포츠 영상 화면에 유리합니다.

요즘 나오는 수동 매트릭스 방식의 TN 계열 모니터는 잔상이 거의 없는 빠른 응답 속도와 향상된 화소 제어를 바탕으로 게임용 모니터로 많이 활용되고 있습니다. 패널 종류별로 응답 속도는 차이가 있는데, TN 〉 IPS 〉 PLS 〉 VA 순으로 보면 됩니다.

❻ **모니터 밝기** : 모니터 밝기 단위는 cd(칸델라)를 사용합니다. 1cd는 1m² 공간에 촛불 1개를 켰을 때의 밝기로, 대부분의 모니터는 250~350cd를 지원합니다.

❼ **명암비** : 명암비는 정적 명암비를 의미하며, 가장 어두운 부분과 밝은 부분의 밝기 비율로 비율이 높을수록 더 넓은 대역의 색을 표현할 수 있습니다. 예를 들어 명암비가 1000 :1이라면 1이 가장 어두운 검정색을 의미하며, 1000이 가장 밝은 흰색을 의미합니다.

❽ **동적 명암비** : 동적 명암비의 기본은 어디까지나 명암비입니다. 초당 여러 프레임이 재생되는 동영상에서 화면의 색상에 맞춰 백라이트를 조절함으로써 명암비를 높이는 기술이

● **게임 해상도** : LCD 모니터는 최적 해상도 화소 크기가 정해지므로 저해상도에서는 오히려 화질이 저하됩니다. 게임 해상도 지원이란 바로 이러한 문제를 해결하고 게임의 최적 수행에 필요한 해상도를 지원하는 기능입니다.

적용됩니다. 밝은 화면은 백라이트를 더 높여 밝게 하고, 어두운 화면은 백라이트를 더 낮춰 더 어둡게 하므로, 밝은 프레임의 색상과 어두운 프레임의 명암비를 측정한 동적 명암비는 정적 명암비보다 비율이 더 높게 나옵니다.

❾ 색 재현율 : CIE는 사람이 육안으로 볼 수 있는 모든 색상 공간을 CIE Lab 색상 공간으로 정의했는데, 아직까지 인간이 만든 이미징 장치로 인간의 눈과 동일한 색상 공간을 재현하지는 못합니다. 때문에 색 재현율은 인간이 육안으로 보는 트루컬러 새현율을 의미하는 것이 아니라 특정 색상 공간을 기준으로 모니터를 통해 재현할 수 있는 색상 비율을 의미합니다. 색 재현율은 보통 NTSC1953 색상 공간(Color Space)을 기준으로 나타냅니다. NTSC가 1953년 정의한 색상 공간 규격은 당시 개발되기 시작한 컬러 TV 영상에 포커싱된 색상 공간인데, 당시는 NTSC1953 색상 공간을 100% 지원하는 이미징 장치는 없었습니다. 대부분의 컴퓨터 모니터는 sRGB 색상 공간을 지원하는데, 이는 NTSC1953 색상 공간의 72% 수준의 색상 공간이지만, 육안으로 재현되지 않는 색상 차이를 판별하는 것은 불가능합니다.

색 재현율이 NTSC 72%로 표현되었다면, sRGB 색상 공간을 100% 지원하는 모니터를 의미합니다. sRGB 색상 공간이 컴퓨터에서 작업한 결과물을 인쇄할 때도 보다 근사치로 출력할 수 있으므로 유용합니다. 흔히 모니터로 보이는 색상이 인쇄하면 더 어둡게 나오는 이유는 모니터의 sRGB 색상 공간보다 인쇄에 사용된 CMYK 잉크 색상으로 재현할 수 있는 색상 공간의 한계 때문입니다. 전문 인쇄용 디자인 작업을 목적으로 하는 경우에는 Adobe RGB 색상 공간을 지원하는 모니터도 있는데, 가격은 좀 더 고가입니다.

CIE LAB 색상 공간과 다른 색상 공간의 비교

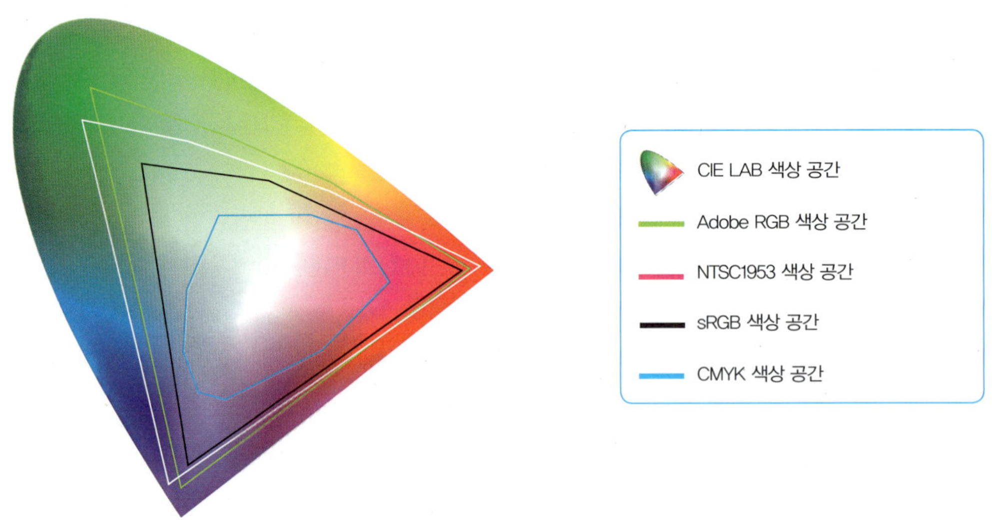

❿ 백라이트 : 과거에는 일종의 형광등 방식인 CCFL을 사용했으나 지금은 대부분의 모니터가 저전력에 밝기와 내구성이 높은 LED 백라이트를 사용합니다.

⓫ 모니터 주파수 : LCD 모니터는 한 화면을 동시에 만들기 때문에 모니터 주파수가 특별히 성능에 영향을 미치지는 않습니다. 보통 일반 모니터의 수직 주파수는 60Hz를 지원하는데, 이는 1초에 60번 갱신되는 것을 의미합니다. 사람의 눈은 1초에 30번 갱신되는 것보다 1초에 60번 갱신된 화면이 오히려 프레임의 변화를 감지하지 못하기 때문에 더 자연스럽

게 느낍니다. 3D 입체 영상은 좌우 눈에 시각차를 둔 화면을 보여주어 좌우 눈으로 본 영상 정보를 뇌에서 종합하여 입체로 해석하게 됩니다. 좌우 눈에 보여질 영상의 수직 주파수가 각각 60Hz 이상은 되어야 눈의 피로를 덜 수 있으므로, 3D TV나 3D 모니터의 수직 주파수는 120Hz 이상을 지원합니다.

⓬ **입력단자** : 모니터의 입력 단자로는 디지털 방식의 HDMI, DVI 단자가 기본으로 지원되며 최신 모니터는 DP(DisplayPort) 단자도 지원합니다. TV 수신 기능을 지원하는 모니터는 추가 영상 단자와 오디오 단자를 제공합니다.

모니터 입력 단자의 특징

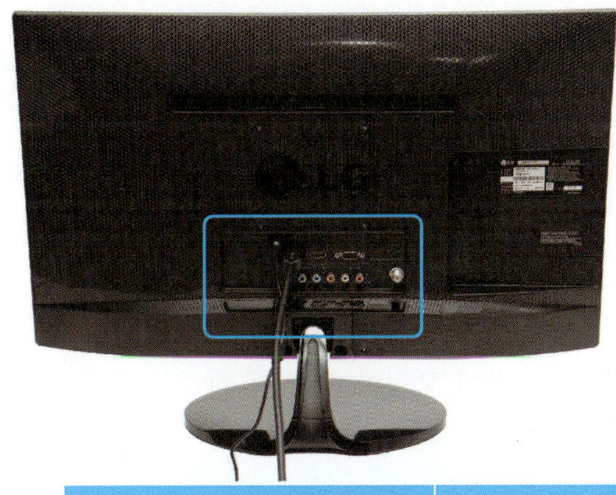
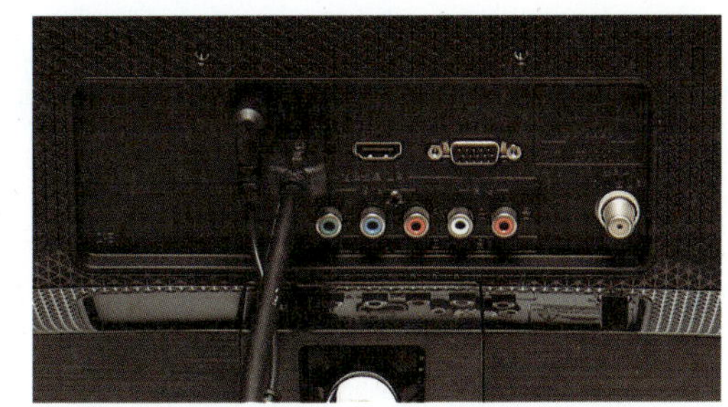

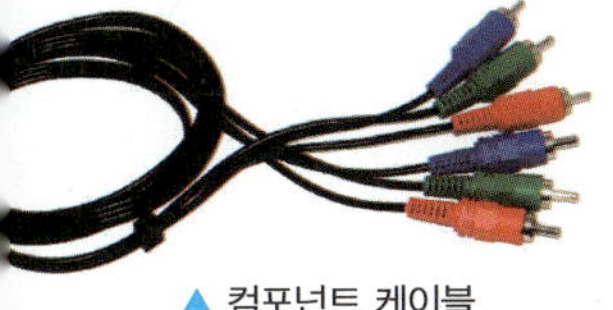
▲ HDMI 케이블

▲ 컴포넌트 케이블

▲ 표준 RCA 케이블

▲ S-video 케이블

입력단자		특 징
D-SUB		보통 VGA 단자로 지칭하는 아날로그 D-SUB 단자로, 최대 해상도는 모니터에 따라 다르지만 2048x1152가 한계입니다.
DVI		모니터의 DVI 단자에는 DVI-D와 DVI-I 커넥터를 모두 연결할 수 있습니다 (129쪽 참고).
HDMI		HDMI 영상을 입력받는 단자입니다. 디지털 캠코더 같은 소형 이미징 장치에서는 Mini HDMI 단자를 사용하기도 합니다. HDMI는 현재 2.0 버전까지 발전했습니다. HDMI 1.3부터 1440p 화질에 3D 영상 재생기 가능한 120Hz가 지원되고, HDMI 1.4부터 4K 영상인 2160p 화질이 30Hz 프레임에서 지원됩니다. HDMI 2.0에서는 60Hz가 지원됩니다. 케이블 규격은 버전에 관계없지만 케이블 제조업체에서 HDMI 버전별 시험을 거쳐 마케팅 차원에서 HDMI 2.0 완벽 지원 형식으로 판매하기도 합니다.
DisplayPort		VESA에 정의한 영상 단자로 오디오 신호까지 함께 전달할 수 있으며, 최대 4096x2160@24Hz 또는 3840x2160@60Hz의 영상을 지원합니다.
BNC		과거 CRT 모니터 시절에 지원되던 단자로 먼거리로 영상을 전달할 수 있는 BNC 케이블로 영상을 입력받을 수 있는 단자입니다.
컴포넌트		콤포넌트 단자는 영상 신호를 아날로그 RGB 신호로 분리하여 입력받으며 HD 영상은 1080i까지 지원합니다. 소리는 따로 입력받기 때문에 보통 옆에 스테레오 오디오 단자가 함께 구성됩니다. TV 수신 기능을 지원하는 모니터는 컴포넌트 단자도 기본 제공합니다.
컴포지트		표준 RCA 케이블의 노란색 커넥터가 영상 전송에 사용됩니다. 480i 수준의 저해상도 영상 전송에 사용되는데, 지금은 점차 지원하지 않는 추세입니다.
S-VHS		비월 주사 방식의 480i보다는 좋은 순차 주사 방식의 480p 수준 영상 전송을 지원합니다. HD에 비해 영상의 품질이 많이 떨어지고 영상만 전송하는 단점 때문에 요즘은 사라지고 있는 추세입니다.
안테나 단자		TV 수신 기능을 지원하는 모니터에는 안테나 단자도 기본으로 제공됩니다. 안테나 단자로는 HD 영상 신호도 입력받을 수 있습니다.

⑬ **시력 보호** : 모니터의 시력 보호 기능에는 플리커 프리, 블루라이트 차단, 눈부심 방지, 색약 지원 기능 등이 있습니다.

시력 보호 기능	특 징
플리커 프리	백라이트와 모니터의 주사율을 제어하여 모니터 영상의 깜박임 현상을 줄여 시력을 보호하는 기술입니다.
블루라이트 차단	청색 파장의 빛에 자외선이 가장 많이 포함되어 있고, 눈의 피로는 물론, 망막에도 영향을 미칠 수 있습니다. 블루라이트 차단 기능은 눈을 보호하기 위해 청색 파장을 줄입니다.
눈부심 방지	원래는 모니터 보호나 보안용 필름에서 제공되던 기능인데, 모니터 패널 코팅 처리를 통해 눈부심 방지 기능을 제공하는 종류도 있습니다.
색약 지원	특정 색상을 구분하지 못하는 색약자들을 위해 구분하지 못하는 어느 한 색상의 범위를 다른 색상으로 표시하여 구별할 수 있도록 해주는 기능입니다.

⑭ **스탠드 기능** : 모니터 스탠드에서 제공하는 기능으로 피벗, 높낮이 조절, 스위블, 틸트, 힌지, 접이식 모니터 기능도 있습니다. 피벗은 모니터를 세로로 돌려서 사용할 수 있는 기능이고, 스위블은 좌우 기울기를 조절할 수 있는 기능이며, 틸트는 앞뒤 기울기를 조절할 수 있는 기능입니다. 힌지는 모니터를 벽에 고정할 수 있게 해주는 부품입니다.

⑮ **부가 기능** : 모니터에서 부가적으로 지원하는 기능들에는 스피커 내장, USB 허브 기능, PIP(Picture In Picture), PBP(Picture By Picture), 터치스크린, 멀티터치 지원, MHL 등이 있습니다. PIP는 화면 안에 작은 다른 화면을 구현하는 기능이고, PBP는 PIP와 동일한 크기로 화면을 분할하는 기능입니다. 패널 보호를 위해 강화 유리를 붙인 모니터는 보통 PC방용 모니터에 적용되고, 터치스크린은 키오스크용 모니터에 주로 지원되며, 멀티터치는 터치스크린의 발전된 기능입니다. MHL(Mobile High-definition Link) 기능은 스마트폰 화면의 모니터의 큰 화면으로 볼 수 있게 해주는 기능으로, MHL 케이블을 구입하여 모니터의 HDMI 단자에 스마트폰과 모니터를 연결하여 볼 수 있습니다.

▲ MHL 케이블 연결 예

⑯ **게임 모드 지원** : 주로 게이밍 모니터에서 추가 기능 단추를 배치하여 지원하는 기능으로, 게임 장르와 특성에 맞춰 모니터의 응답 속도와 명암비를 설정하는 기능입니다. 게이밍 모니터에서는 FPS(First Person Shooting) 게임을 위한 조준선 표시 기능도 제공합니다.

⑰ **FreeSync / G-Sync** : 그래픽카드와 모니터의 주파수를 동조시켜 프레임 저하나 화면이 찢어지는 티어링(Tearing) 현상을 방지하는 기술로, AMD에서는 FreeSync 기술로 구현하고, NVIDIA에서는 G-Sync 기술로 구현합니다.

⑱ **소비 전력 / 대기 전력** : 소비 전력은 모니터 사용 시의 전력이고, 대기 전력은 대기 모드에서 일정 시간 동안 프레임의 변화가 없을 때 자동으로 슬림 모드로 전환되어 키보드나 마우스 이벤트가 발생하면 다시 정상 화면으로 복귀하는 전력입니다. 대기 전력은 사용자의 이벤트에 반응할 수 있는 최소한의 전력입니다.

⑲ **그 밖의 확인 사항** : 평면 패널 대신 곡면(Curved) 패널의 가격이 고가이며, 모니터 디자인 재질도 무광 코팅도 있고 하이그로시 등 다양합니다. 하이그로시 재질은 변색 없이 항상 새것처럼 광택을 유지하지만 반사 재질이라 눈에 피로감을 줄 수 있습니다.

모니터 선택 가이드

모니터 가격은 화면 크기와 지원 해상도, 응답 속도와 밝기, 명암비, 광원 등 여러 요소에 따라 가격에 차이가 납니다. 모니터 고유 기능 외에도 TV 수신, 3D 지원, 부가 기능 등에 따라 가격 차이가 있으므로 자신의 작업 용도를 고려하여 필요한 기능을 지원하는 모니터를 선택하는 지혜가 필요합니다.

다음의 모니터 제품 사양표를 기준으로 선택 요령을 알아보면 다음과 같습니다.

항 목	내 용	비 고
제품 명	LG전자 24MT58DF	
화면 크기	60.4Cm(24인치)	요즘 가장 널리 사용되는 크기는 24인치 형입니다.
화면 비율	와이드(16 :10)	디스플레이 해상도 규격은 125쪽을 참고하세요.
패널 종류	IPS	LG는 IPS 계열이며, 삼성전자는 PVA 계열
해상도	1920 × 1080(FHD)	FHD는 Full HD를 의미합니다.
픽셀 피치	0.2745mm	픽셀 피치가 작을수록 고해상도를 구현할 수 있지만 화면 크기와 해상도 규격에 맞춰 정해집니다.
응답 속도	5ms	보통 8ms 이하이면 우수한 응답 속도입니다.
밝기(m²)	320cd	cd는 국제 단위계의 광도 단위 칸델라(Candela)
명암비 / 동적 명암비	1000 :1/50000 :1	명암비가 우수할수록 선명한 영상을 재현하며, 동적 명암비가 높을수록 색재현력이 우수합니다.
색 재현율		색 재현율은 자연색상의 재현율로 제품에 따라 사양이 표시되지 않는
광원	LED 백라이트	LED 백라이트는 현재 널리 사용되는 일종의 형광등 방식인 CCFL 보다 저전력을 사용하고 내구성이 높은 장점이 있습니다.
스탠드 기능	피벗 [ ] 스위블 [ ] 높낮이 조절 [ ] 틸트 [O] 접이식 [ ] 듀얼 힌지 [ ]	
TV 수신 기능	안테나 단자	안테나 단자이므로 유선 방송 시청에 적합합니다.
부가 기능	스피커 [O] PIP [ ] USB 허브 [ ] 멀티터치 [ ] PBP [ ] 강화 유리 [ ] CCTV용 [ ] 웹캠 [ ] 터치스크린 [ ]	모니터 사용 용도에 따라 필요한 부가 기능이 제공되는지 확인합니다.
3D 입체영상		3D 모니터는 수직 해상도 120Hz가 지원되어야 합니다.
게임 해상도		게임의 최적 수행에 적합한 해상도 지원 여부
입력 단자	D–SUB [O] DVI [O] HDMI [O] DisplayPort [ ] USB [O] BNC [ ] 컴포넌트 [O] 안테나 [O] 컴포지트 [O]	HDMI 단자 2개
전력량	소비 전력 28W / 대기 전력 0.4W	
그 밖의 확인 사항	USB Plug & Play 플리커프리 지원 스피커 5W × 2 게임의 다크맵 모드와 액션 모드 지원 표면 코팅 처리 : Non Glare 적합성 평가 인증 : MSIP–REM–LGE–24MT58DF A/S 기간과 방식	USB Plug & Play 기능은 USB 저장 장치의 영상이나 음악을 바로 재생하는 기능입니다. 다크맵 모드는 어두운 화면의 명암비를 높여 어두운 곳에 숨은 적을 볼 수 있는 기능이며, 액션 모드는 마우스 클릭과 동시에 화면을 표시하는 기능. 1년 / LG전자 서비스센터 1544–7777

9 컴퓨터의 심장 – 파워서플라이

파워서플라이는 컴퓨터의 부품들이 실질적으로 동작할 수 있는 전원을 공급하는 장치로, 사람의 심장과 같은 기능을 합니다.

파워서플라이의 외부 구성 요소

파워서플라이(Power Supply)는 디지털 방식의 데이터 처리를 할 수 있도록 일반 교류 전원을 직류로 변환하여 PC의 각 부품들이 사용하는 다양한 전압의 전원을 공급하는 부품입니다. 중고급 파워서플라이는 모듈러 시스템을 채용하여 필요한 케이블만 꽂아 쓸 수 있는 방식으로 나옵니다. 다음은 파워서플라이의 외부 구성 요소와 그 기능입니다.

파워서플라이의 외부 구성 요소

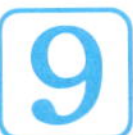

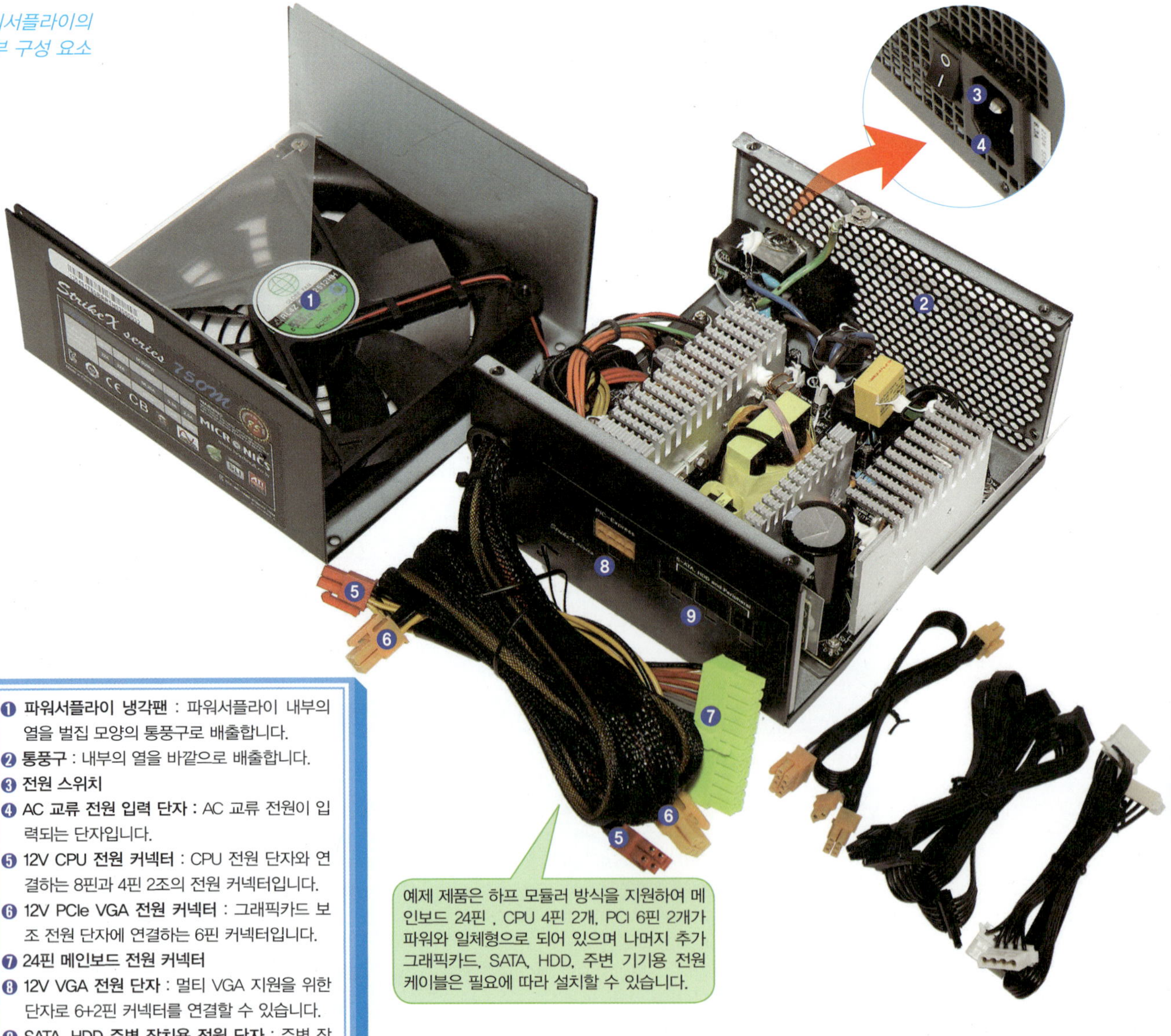

HELP

❶ **파워서플라이 냉각팬** : 파워서플라이 내부의 열을 벌집 모양의 통풍구로 배출합니다.
❷ **통풍구** : 내부의 열을 바깥으로 배출합니다.
❸ **전원 스위치**
❹ **AC 교류 전원 입력 단자** : AC 교류 전원이 입력되는 단자입니다.
❺ **12V CPU 전원 커넥터** : CPU 전원 단자와 연결하는 8핀과 4핀 2조의 전원 커넥터입니다.
❻ **12V PCIe VGA 전원 커넥터** : 그래픽카드 보조 전원 단자에 연결하는 6핀 커넥터입니다.
❼ **24핀 메인보드 전원 커넥터**
❽ **12V VGA 전원 단자** : 멀티 VGA 지원을 위한 단자로 6+2핀 커넥터를 연결할 수 있습니다.
❾ **SATA, HDD 주변 장치용 전원 단자** : 주변 장치 전원을 제공하는 단자입니다.

예제 제품은 하프 모듈러 방식을 지원하여 메인보드 24핀 , CPU 4핀 2개, PCI 6핀 2개가 파워와 일체형으로 되어 있으며 나머지 추가 그래픽카드, SATA, HDD, 주변 기기용 전원 케이블은 필요에 따라 설치할 수 있습니다.

▲ **예제 부품** : 마이크로닉스 스트라이크X 85PLUS MODULAR 750W LED

파워서플라이의 내부 구성 요소와 작동 원리

파워서플라이의 내부 장치를 그 기능에 따라 분류하면 교류 전원 입력부, 교류–직류 정류부, 직류–직류 스위칭 변환부, 직류 전원 출력부로 크게 구분할 수 있습니다. 작동 흐름은 교류 전원 입력부에서 교류 전류를 EMI 필터부와 액티브 PFC로 고주파 노이즈를 처리한 후 교류–직류 정류부에서 정류 다이오드로 + 극성의 전류를 정류하고 평활 캐패시터가 균일한 전압으로 만들어 직류–직류 스위칭 변환부로 보내면 스위칭 트랜스는 컴퓨터 부품이 필요로 하는 ±3.3V, ±5V, ±12V 전원으로 변환하고 직류 전원 출력부의 인덕터 코어로 다시 한 번 고주파 노이즈를 걸러낸 후에 컴퓨터의 각 부품들에 제공하는 원리입니다.

파워서플라이의 내부 구성 요소

HELP

❶ **EMI 필터부** : AC 전원 입력 단자에 있는 EMI 필터부는 AC 교류 전원의 전자파가 파워서플라이 내부 부품에 영향을 미치지 않도록 고주파 노이즈를 걸러내고 안정적인 전류를 파워서플라이 내부로 공급합니다.

❷ **액티브 PFC 회로** : 액티브 PFC 회로도 전력 효율을 높이고, EMI 필터와 함께 고주파 노이즈를 더욱 더 감소시켜줍니다.

❸ **정류 다이오드** : EMI 필터를 통과한 전류는 교류–직류 정류부의 정류 다이오드에 의해 + 극성의 전류로 정류됩니다.

❹ **평활 캐패시터** : 원통 모양의 평활 캐패시터는 기준치 이상의 전압은 방전하고, 기준치 이하의 전압은 충전하여 직류–직류 스위칭 변환부의 스위칭 트랜스부로 보내줍니다. 캐패시터 부품의 용량이 클수록 파워의 안정적인 동작과 고효율이 발휘됩니다. 예제로 사용한 마이크로닉스 EXXTREME 850W 80PLUS Silver 제품은 400V/330μF 용량의 캐패시터 2개가 탑재되어 있는데, 1개만 해도 500W 파워서플라이의 평활 캐패시터 크기입니다.

❺ **스위칭 트랜스** : 직류–직류 스위칭 변환부의 핵심 부품인 스위칭 트랜스는 교류–직류 정류부를 거쳐 전달된 직류 전류를 감압시켜 컴퓨터에서 필요로 하는 ±3.3V, ±5V, ±12V 전원을 만들어냅니다. – 전압은 + 전압을 역류시켜 만듭니다.

❻ **인덕터 코일** : 직류 전원 출력부에 있는 큼지막한 인덕터 코일은 마지막으로 고주파 노이즈를 다시 한 번 걸러 내고, 안정된 전압을 출력하는 기능을 담당합니다. 인덕터 코일도 크고 조밀할수록 노이즈를 효과적으로 차단합니다.

❼ **냉각팬 전원 케이블** : 파워서플라이의 냉각팬에 전원을 공급합니다.

파워서플라이의 성능 및 활용 시 유의 사항

PC는 고도로 정교한 전자 장비로 구성되기 때문에 안정적인 전원 공급이 매우 중요합니다. 시스템에 충분한 전류가 공급되지 않으면 그래픽카드가 작동하지 않거나 스핀들 모터로 작동하는 하드디스크의 베드 섹터 유발 가능성이 커집니다. 이와 반대로 과전압 과전류가 흐르면 부품들이 타버릴 수도 있습니다. 멀쩡하게 작동하던 부품들이 고장을 일으킬 때에는 전원 계통의 문제로 인한 경우가 대부분입니다. 시스템 고장을 예방하기 위해서도 충분하고 안정된 전원 공급 실현은 중요한 문제입니다. 따라서 파워서플라이의 성능 요소는 충분하고 안정된 직류 전원을 PC 부품에 효율적으로 제공하는 게 핵심입니다.

정격 출력에 대한 오해와 진실

안정적인 전원 공급이 필요한 PC에서는 무엇보다 파워서플라이의 정격 출력이 중요합니다. 일반적인 시스템 구성 시에는 정격 출력 500W면 충분합니다. 하지만 그래픽카드를 추가하거나 전력을 많이 소모하는 하드디스크 같은 부품들을 많이 사용하는 경우에는 보다 높은 출력을 지원하는 파워서플라이를 사용하는 게 좋습니다.

흔히 정격 출력이 높을수록 전기를 많이 소비하는 것으로 오해하는 분들이 많은데, 정격 출력이 높은 것은 그만큼 많은 장치의 직류 전력 사용 수요를 감당할 수 있는 것이지, 전기를 많이 소모하는 것과는 무관합니다. 오히려 정격 출력이 높은 제품들이 전력 사용 효율을 높이는 부품들을 채용하기 때문에 전기를 더 절약해줍니다.

80PLUS 인증

소비자가 파워서플라이를 직접 테스트해서 고르기는 불가능하며, 사실상 테스트한다 해도 좋고 나쁨을 판단하기는 어렵습니다. ECOS(www.80plus.org)의 80PLUS 인증은 사용자의 입장에서 충분하고 안정된 직류 전원으로 변환하는지 인증 테스트를 수행하여 인증된 제품에 한해 플래티넘, 골드, 실버, 브론즈, 스탠더드의 5단계의 인증을 부여합니다. 인증 테스트를 통과하기가 쉽지 않기 때문에 스탠더드 등급만 해도 신뢰할 수 있는 제품으로 인정받습니다.

파워서플라이는 교류(AC) 전원을 PC 부품이 요구하는 직류(DC) 전원으로 변환하여 제공하게 되는데, 이 변환 과정 중에 필연적으로 발생하는 전력 손실을 줄이고 전력 효율을 높인 제품인지를 공인하는 게 바로 80PLUS 인증입니다. 스탠더드가 각 부하 시 80%의 전력 효율 기준이므로 80PLUS 명칭도 바로 이에 연유합니다. 다음은 각 전력 부하에 따른 80PLUS 인증 기준으로 주로 50% 부하 테스트를 기준으로 정합니다.

80PLUS 인증 기준

인증 부하(%)	80 PLUS	80 PLUS BRONZE	80 PLUS SILVER	80 PLUS GOLD	80 PLUS PLATINUM
20% 부하	80%	82%	85%	87%	90%
50% 부하	80%	85%	88%	90%	92%
100% 부하	80%	82%	85%	87%	89%

전력 효율을 높여주는 액티브 PFC 회로

액티브 PFC(Active Power Factor Correction)는 능동형 역률 보상 회로로 누설되는 전류를 줄여 전력 효율을 높이는 회로 부품입니다. 단, 전력 효율 개선이 에너지 효율을 높이는 것은 맞지만, 이에 정비례하여 전기료가 절감되는 것은 아닙니다. 누설 전류가 줄어들어 에너지 절약에 기여하는 셈입니다.

액티브 PFC 회로는 고주파 노이즈를 효율적으로 차단하여 안정된 전류를 사용할 수 있게 해주며, 결과적으로 직류 변환 과정에서 낭비되는 전력 손실을 줄여주므로 파워서플라이에는 꼭 필요한 부품입니다. 그렇기 때문에 저가 파워서플라이와 중고급 파워서플라이를 가늠하는 기준으로 삼기도 합니다.

▲ 액티브 PFC 회로

PC 안전의 파수꾼 프리볼트/과전압/과전류/단락 쇼트/과전력/과열/과부하 보호 기능

프리볼트 지원 기능은 100~240V 사이의 교류 전류를 받아들여 직류로 변환할 수 있는 기능입니다. 우리나라는 220V 교류 전압을 사용하고 잘 유지되는 편이므로 220V 전용 파워서플라이 제품이 많이 나와 있습니다. 하지만 프리볼트가 전압의 변동에 유연하게 대응할 수 있기 때문에 과전압 보호에는 유리합니다. PC 부품은 민감한 부품이기 때문에 자칫 과전압, 과전류, 단락 쇼트, 과전력, 과열, 과부하에 노출되면 치명적인 손상을 입게 되므로 이에 대한 보호 회로 내장은 필수 요건이라 해도 과언이 아닙니다.

전원 커넥터별 연결 장치

파워서플라이에서 제공되는 각종 전원 커넥터는 다양한 PC 부품들에 전원을 공급합니다. 고급 파워서플라이는 필요한 전원 케이블만 연결하여 쓸 수 있는 모듈러 케이블 방식을 지원합니다. 사용하는 부품들의 수가 많을 경우에는 파워서플라이가 지원하는 전원 커넥터의 갯수도 확인하기 바랍니다. 각 커넥터별로 연결할 수 있는 장치는 다음과 같습니다.

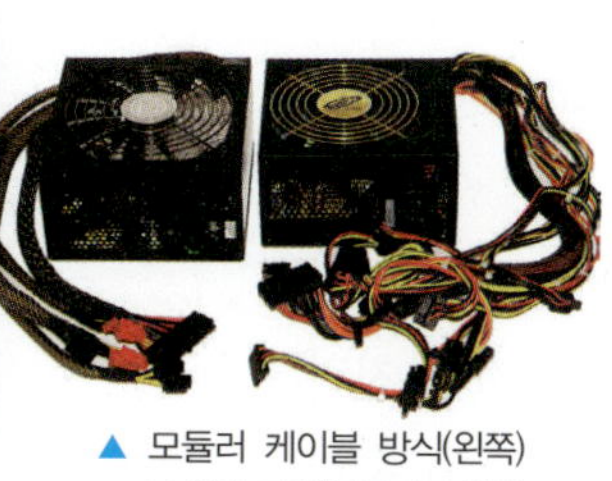
▲ 모듈러 케이블 방식(왼쪽)과 일반 파워서플라이 방식 (오른쪽)

▲ 모듈러 전원 케이블

커 넥 터	이름과 연결장치	커 넥 터	이름과 연결장치
	24핀 메인보드 전원 커넥터 메인보드 주전원 단자에 연결하여 메인보드에 전원을 공급합니다.		**+12V 8핀 전원 커넥터** 메인보드의 12V CPU 전원 단자에 연결하여 CPU에 전원을 직접 공급합니다.
	+12V 8(4+4)핀 전원 커넥터 구형 메인보드의 4핀 CPU 전원 단자와의 호환을 위해 4핀 2개가 제공됩니다.		**PATA 4핀 전원 커넥터** 4핀 PATA 커넥터는 PATA 방식 HDD/ODD나 냉각팬 전원 연결에 활용됩니다.
	SATA 전원 커넥터 SATA 지원 HDD/SSD/OOD 주변 장치에 연결합니다.		**FDD 전원 커넥터** 보통 PATA 4핀 전원 케이블에 한 개가 제공되며 FDD 전원 연결에 활용됩니다.
	PCIe 6+2핀 VGA 전원 커넥터 그래픽카드 보조 전원 단자에 연결하여 GPU와 냉각팬에 전원을 공급합니다.		**모듈러 케이블의 PCIe 6+2핀 VGA 전원 커넥터** 모듈러용도 PCIe 6+2핀 VGA 전원 커넥터와 동일합니다.

접지형 멀티탭과 전원 플러그 사용

멀티탭은 전원 플러그를 연결할 수 있게 해주는 저렴한 부품이기 때문에 소홀히 생각하기 쉬운데, PC에서는 반드시 접지형 멀티탭을 사용하기 바랍니다. 여러분 중에는 PC가 정상 작동 중인데도 만졌을 때 찌릿한 느낌을 받은 분도 있을 겁니다. 이는 미세한 누전이 발생하는 상태로 PC 부품에도 좋지 않은 영향을 미칩니다. 이러한 경우 접지형 멀티탭과 전원 플러그를 사용하면 대부분 문제를 해결할 수 있습니다. 멀티탭에는 외부 과전압 유입 시 퓨즈가 끊겨 과전압이 컴퓨터 시스템으로 흐르는 것을 차단하는 기능이 제공되므로 파워서플라이 전원은 콘센트에 직접 꽂지 말고 멀티 탭을 활용하기 바랍니다.

접지형 멀티탭과
전원 플러그

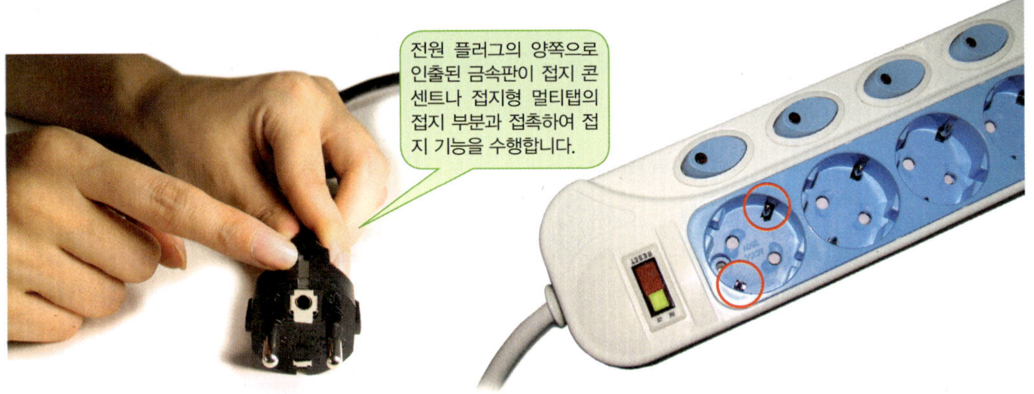

최소 대기 전력 및 CPU의 절전 기능 지원

TV나 셋톱 박스 같은 장치들은 리모콘으로 켜고 끌 수 있도록 대기 전력을 사용합니다. 대기 전력이란, 외부 전원과 연결된 기기의 내외부 신호 대기에 사용되는 전력으로, AC 전원 콘센트에 연결된 전자 기기는 사용하지 않을 때도 대기 전력을 소비합니다. 따라서 전기 절약을 위한 최선의 방법은 멀티탭의 전원 스위치를 끄는 방법입니다.

PC의 경우에도 전원이 연결된 상태이면 랜카드를 통한 원격 시동이나 블루투스 장비 등으로 시스템을 켤 수 있는 대기 전력을 사용합니다. 컴퓨터를 사용하지 않을 때 최소 대기 전력을 지원하는 것도 파워서플라이의 핵심 기능 요소입니다.

CPU 설계에는 실시간 전력 절감 기술이 적용되는데 인텔의 하스웰 CPU는 C1E 절전 단계부터 가장 절전 효과가 높은 C7 단계까지 지원합니다. 하스웰 CPU의 C7 단계의 소비 전력은 0.05A인데, 파워서플라이의 12V CPU 전력 공급을 보조해주는 12V2 레일에서 0.05A 출력을 지원해야 C7 절전 단계로 진입할 수 있습니다. 따라서 하스웰 이후의 CPU 사용 시에는 파워서플라이의 CPU 절전 모드 지원 여부도 확인해야 합니다.

CPU의 C1~C7 States 설정은 운영체제와 별개로 바이오스 셋업에서 설정할 수 있으며, 운영체제와 독립적으로 수행됩니다. 윈도우 운영체제는 절전 모드와 최대 절전 모드 기능을 제공하는데, 절전 모드로 설정하면 메모리 전원 공급을 유지하여 작업 상태를 다시 불러오지만, 최대 절전 모드에서는 메모리 내용을 하드디스크에 저장하고 메모리 전원까지 차단합니다. CPU에서 C7 절전 단계를 지원하면 0.05A만 사용되므로 그만큼 더 절전 효과를 얻을 수 있습니다.

- AVR(Automatic Voltage Regulator): 자동 전압 조정기
- UPS(Uninterruptable Power System): 무정전 전원 장치
- CPU의 절전 기능과 윈도우의 절전 기능의 특징에 대해서는 67쪽과 297쪽에서 다룹니다.

파워서플라이 선택 가이드

파워서플라이는 PC의 각 부품들이 기능하는 데 필요한 직류 전류를 지속적으로 안정되게 제공해야 하고, 우연히 발생할 수 있는 과전류나 과전압 등으로부터 PC 부품들의 손상을 막아주는 부품이므로 검증된 제품을 사용하길 권하며, 사용하는 부품에 충분한 정격 출력의 제품을 선택하기 바랍니다. 특히 오버클러킹을 고려하는 경우에는 특히 안정된 파워서플라이가 필수입니다.

전원을 효율적으로 사용하고 안정성이 검증된 파워서플라이를 고르려면 국제적으로 공인된 80PLUS 인증 여부를 우선적으로 확인하기 바랍니다. 그리고 멀티 VGA 사용을 고려하는 경우에는 필요한 정격 출력 선택에 유의해야 합니다. 멀티 VGA 사용 시 필요한 정격 출력 계산 방법에 대해서는 127쪽을 참고하기 바랍니다.

파워서플라이 제품 사양표를 기준으로 한 선택 요령은 다음과 같습니다.

항 목	내 용					비 고
제품명	마이크로닉스 Classic II 500W +12V Single Rail 85+					
제품 분류	ATX 파워					
정격 출력	500W					
입력 특성	프리볼트(AC 100~240V)					
출력 특성	+5V 20A	+3.3V 20A	+12V 37.5A	−12V 0.3A	+5VSB 2.5A	PC 종료 후에도 계속 공급되는 +5VSB의 소비 전력은 적을수록 좋습니다. SB는 Stan By의 약어로, 대기 전압이며 측정 대기 전력은 0.83W로 준수한 편입니다.
	103W		450W	3.6W	12.5W	
	최대 출력 500Watts					
PFC 회로	Active PFC (역률 99%)					평균 최대 효율 86% 이상
쿨링팬 크기	120mm 극저소음 쿨링팬					자동 팬 컨트롤 지원 제품
부가 기능	케이블 메니지먼트(모듈러 방식)[O] 수동 팬 조절[×] +12V 다중 출력[O]					모듈러 방식을 케이블 연결 식으로 표기하기도 합니다.
전원 커넥터 개수	커넥터 종류		기본 케이블	모듈 케이블		
	메인보드 전원 커넥터		1 (20+4핀)			
	+12V 8핀 CPU 전원 커넥터		1			
	4핀 IDE 전원 커넥터		3			
	SATA 전원 커넥터		6			
	PCIe 6+2핀 VGA 전원 커넥터		2			
	FDD 전원 커넥터		(O)			
	보조 4핀 커넥터		(O)			
	보조 8핀 커넥터		(O)			
인증 사항	KC 자율 안전 확인 인증 CE 인증(유럽 공동체 마크), CB 인증(국제 전기 기기 인증)					KC는 대한민국 통합 인증으로 2013년 7월 1일부터 시행
그 밖의 확인 사항	과전압(OVP), 저전압(UVP), 단락 쇼트 보호(SCP), 과전력(OPP) 보호 회로를 통한 자동 차단 설계 매직 스위치 IC로 무부하 시 0mW에 가까운 입력 전압 구현 하스웰 CPU의 0.05A C7 단계 저전력 대기 모드 지원 A/S 기간과 방식					인텔 C1~C7 절전 기능은 67쪽을 참고하세요.

- 전원 공급 장치 용량은 전력의 단위인 와트(W)로 표기됩니다.
- 전력(W) = 전압(V) × 암페어(A)
- 시간당 전력 사용량(KWh) = KW × H
- 1일 전력 사용량 = KWh × 24

10 PC 부품의 안전과 쾌적한 작동을 책임지는 케이스

케이스는 PC에서 전자적 기능을 담당하지는 않지만, PC 부품들을 안전하게 보호하고 CPU와 그래픽카드 등의 전자 부품에서 발생하는 열을 효과적으로 냉각시켜 쾌적한 작동을 책임지는 PC의 필수 부품입니다.

케이스의 구성 요소

PC를 직접 조립하는 경우, 시행착오를 겪지 않으려면 케이스의 구성 요소들도 꼼꼼히 따져보고 신중하게 선택할 필요가 있습니다. 케이스의 내부 구성 요소를 살펴보면 다음과 같습니다.

케이스의 내부 구성 요소

▲ 예제 부품 : S2 Innovation AXIOM LT

HELP

❶ **상단 통풍구** : 시스템 쿨링을 위한 통풍구입니다. 시스템 쿨링을 강화하기 위해 냉각팬을 추가로 설치할 수 있습니다.
❷ **후면 통풍구와 냉각팬** : 시스템 쿨링을 위한 통풍구와 냉각팬입니다.
❸ **백패널 베젤** : 메인보드 패키지의 백패널 베젤을 끼우는 곳입니다.
❹ **슬롯 가이드** : 메인보드의 확장 슬롯을 사용하는 확장 카드의 브래킷을 슬롯 가이드를 떼어내고 고정합니다.
❺ **파워서플라이 베이** : 파워서플라이를 설치하는 베이로, 요즘에는 하단 설치 방식의 케이스가 많이 나옵니다.
❻ **메인보드 스테이션** : 메인보드를 설치하는 공간입니다. 9개의 돌출 나사 구멍과 메인보드의 나사 구멍을 맞춰 연결합니다.
❼ **eSATA/USB/오디오/냉각팬 전원 커넥터/케이스 신호선 케이블** : 메인보드의 해당 단자에 연결하여 케이스 전면의 eSATA 단자, USB 단자, 오디오 단자 연결, 케이스 냉각팬의 전원 연결, 케이스 신호선 연결 케이블들입니다.
❽ **드라이브 베이** : 2.5/3.5/5.25인치 크기의 HDD/SSD/ODD/FDD와 내장형 카드리더기 등을 설치하는 베이입니다.
❾ **드라이브 고정 레버** : 드라이브를 고정하는 레버입니다. 예제 케이스의 경우 무나사 시스템으로 드라이브를 고정합니다.
❿ **전면 냉각팬** : 먼지 필터를 거친 외부 공기를 흡입하여 케이스 내부에 신선한 공기가 순환되게 합니다.

케이스는 크기에 따라 슬림(미니) 케이스, 미들타워, 빅타워 형식으로 구분합니다. 케이스는 PC 부품의 안정적 작동은 물론 PC 조립의 성패와 미래의 확장성을 좌우하는 만큼 의외로 많은 케이블과 냉각팬 및 효율적인 조립을 위한 창의적인 디자인 기술들이 접목됩니다. 기본적인 기능 외에 주력으로 삼는 기능을 부가시켜 차별화를 꾀하기도 합니다.

다음은 케이스의 외부 구성 요소로 전면 냉각팬 앞에 먼지 집진 장치를 제공하여 PC의 주요 고장 원인 중 하나인 먼지로부터 PC를 보호하는 기능을 부가한 케이스입니다.

케이스의 외부 구성 요소

▲ **예제 부품** : S2 Innovation AXIOM LT

HELP

❶ **케이스 전면 패널** : PC 전원 단추와 리셋 단추, 상태 표시 LED, USB 단자, eSATA 단자, 오디오 단자 등이 제공됩니다. 예제 제품의 경우에는 상단 양 사이드로 배열됩니다.

❷ **외부 드라이브 베이 칸막이** : HDD와 SSD를 간단히 연결할 수 있는 베이로, 일반 케이스 제품과 다른 차별화 요소입니다.

❸ **드라이브 베이 칸막이** : 드라이브를 설치하거나 제거할 때는 드라이브 칸막이를 떼어내고 작업한 다음 다시 끼웁니다.

❹ **싸이클론 먼지 집진 장치** : 일반 케이스 제품과 다른 S2Innovation의 특허 기술로, 먼지는 집진 장치로 걸러내고 청정 공기만 내부로 순환되게 하는 장치입니다.

❺ **백패널 베젤 공간** : 메인보드 백패널을 끼우는 곳입니다.

❻ **파워서플라이 송풍구** : 파워서플라이의 냉각팬이 내부의 열을 바깥으로 배출할 수 있게 마련된 송풍구입니다.

케이스 선택 시 참고 사항

케이스는 PC 조립에 시행착오를 예방하고, 미래의 확장성도 염두에 두고 신중히 선택해야 합니다. 케이스를 선택할 때 참고로 알아두어야 할 사항들은 다음과 같습니다.

❶ **케이스 규격과 크기** : 요즘 케이스는 인텔이 정의한 ATX 표준 규격을 따르므로, 규격이 안 맞아서 조립하지 못하는 문제는 거의 없습니다. ATX 규격을 지원하는 케이스는 보통 슬림 케이스의 M–ATX 규격도 지원하므로 슬림 케이스에서 사용하던 부품들도 사용할 수 있습니다. PC 내부에 설치되는 부품 중 부피를 차지하는 것으로는 사제 쿨러나 그래픽카드가 있습니다. 쿨러는 케이스 폭과 높이를 확인하고, 그래픽카드는 길이를 확인하여 케이스에서 설치 가능한지를 미리 확인하기 바랍니다.

❷ **개폐 방식** : 케이스는 조립할 때만 여는 게 아니라 부품을 확장하거나 손봐야 할 때도 자주 열어봐야 되므로 쉽게 개폐할 수 있는 제품을 선택합니다. 본체는 보통 구석으로 배치하는 경우가 많으므로 드라이버를 사용하지 않고, 간단히 손나사 방식으로 쉽게 개폐할 수 있는 것이 좋습니다.

❸ **시스템 쿨링** : PC의 가장 큰 적은 열입니다. 여름에 열받은 PC가 다운되는 일은 많이 일어납니다. 그만큼 시스템에서 발생하는 열을 효율적으로 냉각시킬 수 있는 케이스가 필요합니다. 특히 오버클러킹을 고려하고 있다면 케이스의 시스템 쿨링 능력을 우선적으로 체크합니다.

❹ **조립성과 확장성** : 사실 실제 조립하기 전에 조립성과 확장성을 눈으로만 판단하기가 쉽지는 않습니다. 따라서 마음에 드는 케이스가 있으면 해당 케이스 제조사 웹사이트의 자료실에서 설명서 파일을 다운로드받아 확인합니다. 요즘에는 무나사 시스템으로 확장 카드나 드라이브 장치를 설치할 수 있는 케이스도 있습니다. PC에서도 2.5인치 SSD나 내장형 카드리더기도 사용하므로 이를 지원하는 드라이브 가이드가 있는지도 확인하고, 요즘은 5.25인치보다는 3.5인치나 2.5인치 드라이브의 사용이 많으므로 이를 충분히 지원하는지도 확인하기 바랍니다.

❺ **케이스 재질과 디자인** : 케이스의 재질은 외부적 충격에 잘 견디고, 열을 효과적으로 냉각시킬 수 있는 알루미늄 샤시 재질을 권장합니다. 전자 부품은 진동에도 민감하므로 케이스의 내부 디자인은 부품을 단단히 고정할 수 있는 튼튼한 설계가 중요합니다. 케이스 받침도 진동을 잘 흡수할 수 있게 되어 있는지 확인하기 바랍니다. 케이스의 외부 디자인은 사용자의 취향에 따라 선택하면 됩니다.

❻ **먼지나 이물질 차단** : 케이스 내부에 불순물이 유입되면 쇼트가 발생하여 치명적인 손상을 입을 수 있으며, 전자 부품들은 먼지가 잘 달라붙는데, 먼지가 쌓이면 부품의 오작동이 유발될 수 있습니다. 특히 외부 공기를 흡입하여 시스템을 냉각시키는 공랭식 케이스는 먼지나 이물질을 효과적으로 차단하도록 만들어져 있는지 확인하는 게 좋습니다.

❼ **사용 편이성** : 메인보드 백패널은 다양한 외부 장치를 연결할 수 있는 단자를 제공하지만, 매번 컴퓨터의 뒷면으로 연결하려면 불편하므로 케이스 전면에서 USB 단자, eSATA 단자, 오디오 단자를 편리하게 활용할 수 있게 디자인되어 있는지도 확인합니다.

케이스 선택 가이드

이제 앞서 익힌 지식을 바탕으로 케이스 제품 사양표를 보고 자신에게 적합한 케이스인지 판별해 보기 바랍니다.

항 목	내 용	비 고
제품명	S2 Innovation AXIOM LT	
케이스 크기	미들 타워	
파워 포함 여부	미포함	
지원 규격	표준 ATX / Micro-ATX	
내부 확장	13.3cm 베이 1개(외부) 8.9cm 베이 최대 4개(내부) 6.4cm 베이 최대 8개(내부)	인치 단위로 드라이브 베이 사양이 표시되는 경우도 있습니다. 13.3cm는 5.25인치, 8.9cm는 3.5인치, 6.4cm는 2.5인치 HDD나 SSD를 장착할 수 있습니다. 내부 드라이브 베이 개수에 최대라고 표시한 이유는 같은 드라이브 베이 공간에 3.5인치나 2.5인치를 설치할 수 있기 때문입니다.
쿨링 시스템	측면 통풍구(×) 전면 통풍구 120mm x 2 상단 통풍구(120mm x 2 쿨러 설치 가능) 후면 통풍구 120mm	이 제품은 상단 통풍구 방향으로 최대 2개의 냉각팬을 추가로 설치할 수 있으며, 측면 통풍구는 제공되지 않습니다.
패널 단자	USB 단자(O)　　　USB 3.0 단자(O) eSATA 단자(×)　　HD Audio(O)	
크기	폭(W) : 193mm　　　높이(H) : 490mm 깊이(D) : 546mm 그래픽카드 장착 : 최대 370mm CPU 쿨러 장착 : 최대 162mm	케이스 크기가 작으면 부피가 큰 사제 쿨러나 그래픽카드를 설치할 수 없는 경우가 있으므로 크기는 꼭 확인하기 바랍니다.
그 밖의 확인 사항	먼지 집진 장치 헤드폰 앰프 (별매) 드라이브 랙 – D–Pot (별매) 윈도우 킷(별매)	S2 Innovation의 특허 기술인 사이클론 먼지 집진 장치를 통해 PC 내부로의 먼지 유입을 차단합니다. 전면 HD Audio에 연결된 헤드폰의 사운드 증폭 기능을 제공하며 패널 단자에는 이를 조절할 수 있는 볼륨 조절 단자와 음소거 단추가 제공됩니다. 케이스 상단에 D–Pot라 불리는 SATA 인터페이스의 드라이브 랙을 제공하여, 3.5인치 HDD나 2.5인치 HDD/SSD를 연결할 수 있습니다. 투명한 아크릴 윈도우와 풀컬러 LED로 시스템 튜닝 효과를 극대화할 수 있는 킷을 별도로 판매합니다.

▲ 헤드폰 앰프

LP형 그래픽카드를 장착한 서버 컴퓨터 케이스

11 표준 입력 장치 – 키보드

키보드는 가장 대표적인 입력 장치로, 컴퓨터로 명령과 데이터를 입력할 수 있는 도구입니다. 키보드는 PC를 켜는 순간부터 끌 때까지 계속 사용하는 입력장치로 작업 생산성에 미치는 영향도 적지 않습니다.

키보드의 구성

키보드의 자판은 다음과 같이 몇 가지 기능 부분으로 구성되어 있습니다. 다음은 게임용 키보드로 인기가 높은 기계식 키보드인 스카이디지털 NKEYBOARD 메카닉 로봇 키보드의 자판으로, ❶~❼까지는 일반적으로 사용되는 한글 106 키보드 자판 구성이며, ❽~❾은 게임의 효과적 수행을 위해 추가로 구성된 것입니다.

키보드의 자판 구성

▲ **예제 부품** : 스카이디지털 NKEYBOARD 메카닉 로봇

● **토글(Toggle)** : 스위치의 ON/OFF처럼 두 상태 중 누를 때마다 다른 상태로 번갈아 전환되는 것을 의미합니다.

H E L P

❶ **기능키** : `F1` 키부터 `F12` 키는 기능을 할당하여 사용할 수 있는데, 응용 프로그램에 따라 기능키 활용은 차이가 있습니다.

❷ **문자키** : 문자키를 누르면 문자키에 새겨진 글자가 입력됩니다. `Shift` 키와 함께 누를 때 문자키의 윗부분에 새겨진 글자가 입력되면 영문은 대문자로 입력됩니다. `Caps Lock` 키가 활성 상태일 때 한글은 관계없지만 영문은 대문자로 입력됩니다. 자판 아래쪽의 `Space Bar` 키는 빈 칸을 입력하여 글자 사이를 띄울 때 사용합니다.

❸ **특수키** : 특수한 기능을 수행하는 키로 동일한 키가 오른쪽에 한벌 더 제공됩니다. `Esc` 키는 실행을 취소하고 빠져 나올 때 사용합니다. `Tab` 키는 문자 입력시 여러 칸을 띄워 맞추거나 표에서 다음 셀로 이동할 때 사용합니다. `Caps Lock` 키는 영문 대소문자 입력 모드를 바꿀 때, `Shift` 키는 영문 대소 문자 입력이나 한글의 된소리 등을 입력할 때 사용하며, `Ctrl` 키와 `Alt` 키는 다른 키와 함께 조합하여 특정 기능을 수행하는 단축키로 주로 사용됩니다. ▦ 키는 윈도우 시작 메뉴 호출키이며, ▤ 키는 팝업 메뉴 호출키입니다. 한자키는 입력한 한글을 한자로 바꿀 때, 한/영키는 한글/영문 입력 모드를 변경할 때 사용됩니다. `Enter` 키는 명령 실행키로 사용되며, 문자 입력 시에는 문단을 바꿉니다.

❹ **Print Screen/ Scroll Lock / Pause Break 키** : 도스 시절에 `Print Screen` 키는 화면을 프린트하고, `Scroll` 키는 화면 스크롤을 중단하거나 계속하고, `Pause` 키는 명령어 실행을 일시적으로 멈추는 용도로 사용되었으나 지금은 기능키처럼 다른 기능을 할당하여 사용됩니다. 윈도우 운영체제에서 `Print Screen` 키는 화면 전체를 캡처하는 용도로 사용됩니다.

❺ **편집키** : 문서를 편집할 때 유용한 키들입니다. 워드프로세서에서 `Home` 키를 누르면 그 줄의 처음으로 이동하고, `End` 키를 누르면 그 줄의 끝으로 이동합니다. 그리고 `Page Up` 키와 `Page Down` 키는 위나 아래로 한 페이지 단위로 이동시켜줍니다.

❻ **방향키(화살표 키)** : 커서를 이동하거나 응용 프로그램상의 개체를 원하는 방향으로 이동할 때 사용합니다.

❼ **숫자키** : 숫자를 입력할 때 사용합니다. 숫자키는 `Num Lock` 키로 토글 방식으로 전환되며, 활성 모드에서는 숫자를 입력할 수 있지만 비활성 모드에서는 편집키와 화살표 키 대용으로 사용됩니다.

❽ **하드웨어 매크로키** : 드라이버 설치 없이 바로 사용할 수 있는 QTLA 하드웨어 매크로키로 4가지 매크로 기능을 제공합니다. Q(Quick ; 빠른 속도로 연속 입력), T(Timing ; 입력 속도 그대로 연속 입력), L(Loop ; 입력 속도 그대로 반복 입력), A(Auto ; 특정 키를 누른 상태로 유지). 매크로키는 게임은 물론 그래픽 작업 등 업무의 생산성 향상에도 도움이 됩니다.

❾ **볼륨 조절키와 게임 모드키** : 볼륨 조절키는 스피커 볼륨을 키보드에서 수행할 수 있으며, 게임 모드키는 ▦ 키를 잠궈 게임 진행시 ▦ 키를 잘못 눌러도 게임을 빠져 나오지 않게 합니다. 토글 키이므로 한 번 더 누르면 원상태로 되돌아옵니다.

키보드 선택 시 참고 사항

키보드를 선택할 때 참고로 알아두어야 할 사항은 다음과 같습니다.

❶ **키보드 자판의 종류** : 원래 QWERTY 자판(문자키 배열이 왼쪽 상단에서 QWERTY 순으로 배열되어 붙여진 이름)의 영문 키보드는 자판 글쇠의 수에 따라 86 키보드와 101 키보드로 구분됩니다. 86 키보드는 숫자 키패드가 생략된 노트북 컴퓨터용 키보드이며, PC용 키보드는 숫자 키패드가 있는 101 키보드가 기본 구성입니다. 한글 키보드의 경우에는 한자 입력키와 한/영키가 추가되므로 각각 2개의 키가 추가된 88 키보드와 103 키보드가 기본 구성입니다. 지금은 윈도우 운영체제가 널리 사용되면서 윈도우 키(⊞)가 2개, 팝업 메뉴 호출 키(▤)가 1개 포함된 106 키보드가 주로 사용됩니다.

기본적인 자판 이외에 특정한 기능들을 수행하는 키를 추가한 다기능 키보드도 있습니다. 다기능 키보드는 주작업 용도를 고려하여 멀티미디어 재생키, 웹 서핑키, 매크로키 등을 추가하여 구성합니다. 다기능 키보드는 기능키가 추가되는 만큼 일반 키보드에 비해 가격이 좀 더 높은 편입니다.

❷ **멤브레인, 펜타그래프, 기계식 키보드** : 키보드는 접점 방식에 따라 여러가지 종류로 구분되는데, 일반적으로 사용되는 종류로는 멤브레인, 펜타그래프, 기계식 키보드가 있습니다.

멤브레인 방식은 키캡의 스위치가 동그란 모양의 러버돔을 통해 접점을 누르는 방식을 사용합니다. 하나로 이어진 러버돔의 반발력이 그다지 좋지 않기 때문에 키감은 썩 좋은 편이 아닙니다. 제조하기 쉽고 가격이 싸기 때문에 가장 많이 사용되는 키보드입니다.

펜타그래프 방식은 멤브레인 방식에 기초하지만, 키캡의 스위치를 없애는 대신, 두께를 얇게 한 슬림형 키보드로 스위치가 러버돔 위로 붙어 있으므로 키감은 약하지만 소음도 가장 적습니다. 노트북 컴퓨터용 키보드는 대부분 펜타그래프 방식을 사용합니다.

기계식 키보드는 키캡의 높이는 멤브레인과 차이가 없으나, 키캡마다 독립적인 스위치가 달려 있어 빠른 반응 속도와 경쾌한 소리와 키감을 맛볼 수 있는 키보드입니다. 빠른 속도의 입력 처리와 기계식 키보드 특유의 타격감 때문에 게임용 키보드로 인기가 높습니다.

▲ 노트북 컴퓨터의 88 키보드

▲ 멤브레인 방식 키보드

▲ 펜타그래프 방식 키보드

▲ 체리 MX 스위치 – 청축

Check Point　기계식 키보드 스위치 구조의 특징

기계식 키보드의 원조는 독일의 체리 사(Cherry社)로 많은 기계식 키보드 제조업체가 체리 사의 MX 스위치를 사용하고 있습니다. MX 스위치의 키압, 스위치 방식에 따른 차이를 색상과 매칭시켜, 청축, 갈축, 적축, 흑축, 백축식으로 구분하고 있습니다. MX 스위치의 특징은 다음과 같습니다.

❶ **청축** : 클릭 방식 스위치로, 키압은 MX 스위치 중 중간 정도이며, 경쾌한 타격감이 특징이나 그만큼 소음도 큰 편이므로 사무실의 업무용보다는 게임용 키보드에서 많이 사용됩니다.

❷ **갈축** : 넌클릭 방식 스위치로 청축에 비해 키압이 좀 더 낮고 소음이 적은 편이지만, 기계식 키보드 특유의 키감은 비슷하므로 업무용으로 기계식 키보드 키감을 원하는 경우에 많이 사용됩니다.

❸ **적축** : 소음이 적은 리니어 방식 스위치로, 키압은 갈축과 동일하지만 좀 더 부드럽고 소음이 적어 사무용을 겨냥하여 만들어진 스위치라 할 수 있습니다.

❹ **흑축** : 리니어 방식 스위치로 키압이 가장 높고, 반발력도 커 타이핑 시 힘이 많이 들어가지만, 소음은 적은 것이 특징입니다. 특유의 키감으로 매니아층을 형성하고 있는 키보드입니다.

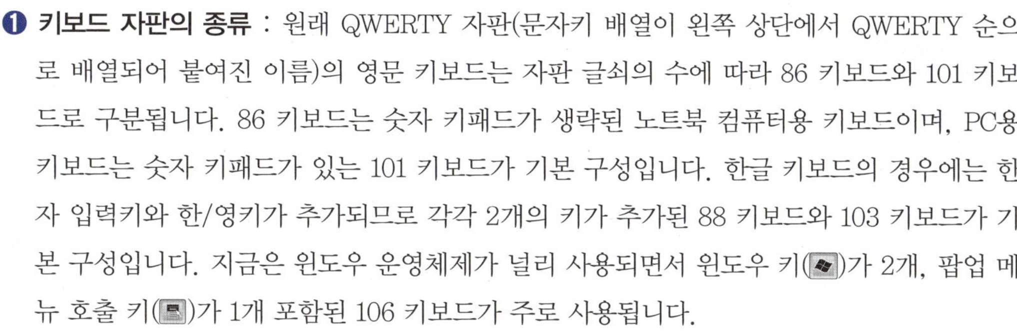

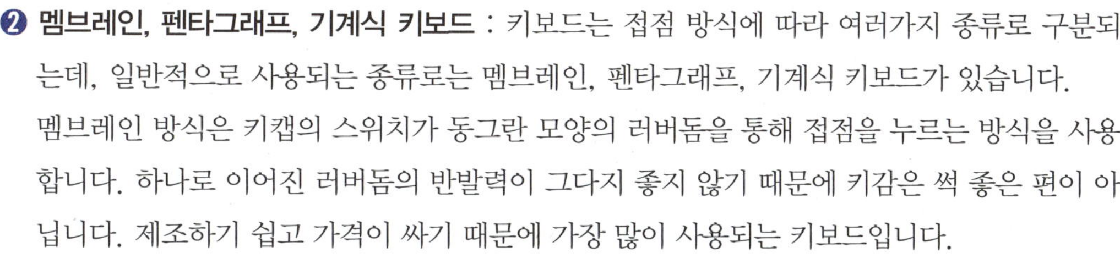

❸ **유선 키보드와 무선 키보드** : 유선 키보드는 PS/2나 USB 케이블로 본체와 연결하여 사용하기 때문에 선이 걸리적 거릴 수 있습니다. 무선 키보드는 본체의 USB 단자에 꽂는 무선 동글로 케이블을 대신하는 방식과 근거리 무선 통신 방식인 블루투스 무선 연결 방식이 있습니다. 동글 방식은 비교적 먼거리까지 지원 되는 반면, 블루투스 무선 연결 방식은 비교적 근거리에서 사용해야 합니다.

무선 키보드는 어디든 자유로이 놓고 쓸 수 있어 편리하며 프레젠테이션 작업 시에도 유용하게 활용할 수 있습니다. 무선 키보드는 별도의 건전지를 사용하는데, 전력 소모는 많지 않으므로 한 번 건전지를 끼우면 1년 이상도 사용할 수 있습니다. 무선 키보드 가격은 유선 키보드에 비해 높은 편입니다.

▲ 무선 동글 방식의 i-rocks 키보드

키보드 선택 가이드

키보드는 컴퓨터 작업 시 가장 많이 사용하기 때문에 입력하기 편한 제품을 고르는 것이 가장 중요합니다. 따라서 가능하다면 먼저 자판을 두드려보고 터치감이 편한지 직접 확인하거나 다른 사람의 사용기를 꼼꼼히 체크하고 고르길 권합니다. 앞서 익힌 지식을 바탕으로 키보드 제품 사양표를 보고 자신에게 적합한 키보드인지 판별해보기 바랍니다.

항 목	내 용	비 고
제품명	스카이디지털 NKEYBOARD 메카닉 로봇 (Blue, 클릭)	제품명에서 클릭은 청축의 스위치 방식입니다.
접점 방식	기계식	
인터페이스	USB	분리형 금도금 USB 케이블 채택
연결 방식	유선	
기능키	게이밍키 멀티미디어키	매크로키는 게이밍키로 분류됩니다. 표준 106키에 게이밍과 멀티미디어키 13개가 추가되어 총 119개의 키로 구성됩니다.
체리키 스위치	청축	게임용을 겨냥하여 제작된 키보드로, 경쾌한 타격감과 소리가 특징입니다.
매크로 기능	하드웨어 매크로	
응답 속도	1ms	1ms는 1000분의 1초의 응답 속도로, 이론적으로는 1초에 1000타까지 입력 가능하지만 운영체제가 지원하는 입력 속도의 제한을 받습니다. 윈도우 운영체제의 문자 입력은 30cps로 초당 30자까지의 문자를 입력받을 수 있습니다.
키보드 크기	일반형/가로 443mm, 세로 170mm, 높이 39mm/무게 1.29Kg	
그 밖의 확인 사항	리얼 USB 무한 동시 입력 지원 계산기 바로 실행 보증 기간 1년	무한 동시 입력 지원은 PS/2 인터페이스에서나 가능했으나 이 제품은 USB 연결로도 106키 전체에 대한 무한 동시 입력을 지원합니다. Num Lock 키를 연속해서 두 번 누르면 자동으로 윈도우의 계산기 프로그램이 바로 실행되어 빠른 계산 작업을 수행할 수 있습니다.

 표준 포인팅 입력 장치 – 마우스

마우스는 키보드만큼 보편적으로 사용되는 표준 포인팅 입력 장치입니다. 마우스는 비교적 저렴한 제품이지만 마우스 없이는 컴퓨터 사용이 불가능할 정도로 필수적인 입력 장치입니다.

마우스 구성 요소

마우스는 크게 볼 마우스와 광 마우스로 구분되는데, 볼 마우스는 마우스에 장착된 둥근 고무공의 움직임을 공에 맞닿아 있는 수평/수직 좌표 센서로 추적하여 위치를 계산합니다. 볼 마우스는 이물질이 끼면 감도가 확연히 떨어지고, 표면도 평탄해야 사용할 수 있습니다. 이러한 불편 때문에 볼 마우스는 단종되었습니다.

반면, 광 마우스는 발광부에 있는 발광 LED로 마우스가 놓여 있는 표면에 빛을 주사하고, 수광부의 광센서로 반사된 빛의 각도를 측정하여 위치를 계산합니다. 표면의 반사 정보를 이용하여 좌표를 계산하기 때문에 반사 재질의 표면은 피해야 합니다.

볼 마우스나 광 마우스 모두 마우스 위쪽에 휠(Wheel)이 장착되어 있습니다. 프로그램의 문서 창에 내용이 많아 전체 내용을 볼 수 없을 때 이 휠을 돌리면 보이지 않는 부분을 두루마기를 펼치듯이 스크롤하여 볼 수 있습니다. 이미지 뷰어에서는 화면을 확대하거나 축소하여 볼 때도 휠을 이용합니다. 휠에는 단추 기능도 있으므로 게임 프로그램에서는 휠 단추도 많이 활용합니다.

볼 마우스와 광 마우스의
구성 요소

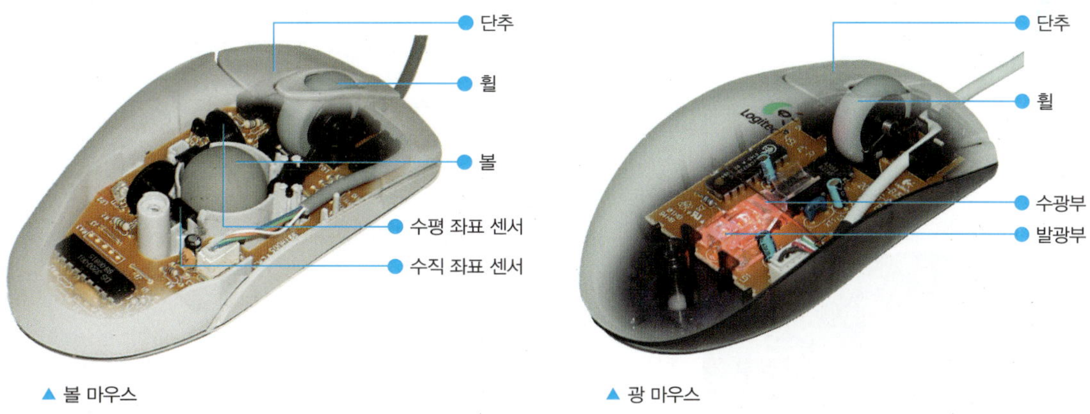

▲ 볼 마우스　　　　　　　　　　　　　　　▲ 광 마우스

마우스 선택 시 참고 사항

정밀한 좌표 추적이 이루어져야 정확하게 클릭, 더블 클릭, 드래그 등의 조작을 수행할 수 있습니다. 따라서 마우스 감도는 작업 생산성에 직결되므로 소홀히 생각하지 말고 자신의 손에 잘 맞고 감도가 좋은 마우스를 선택해야 합니다.

❶ **연결 방식** : 연결 방식에 따라 유선 마우스와 유선 마우스로 구분할 수 있습니다. 유선 마우스는 케이블로 본체의 PS/2나 USB 단자와 연결해서 사용하며, 무선 마우스에 비해 좋

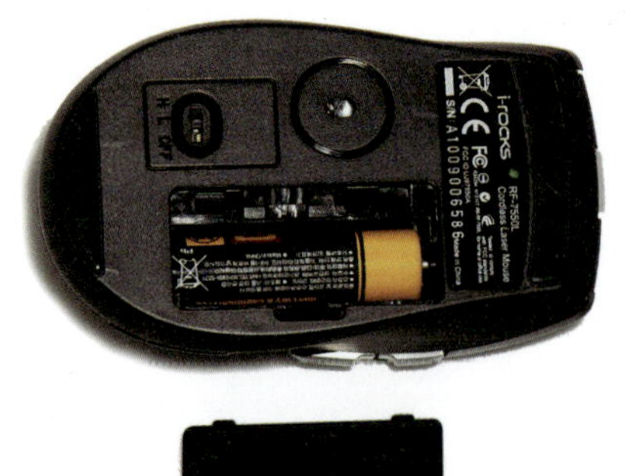

은 감도와 정밀한 컨트롤을 제공하지만, 선이 걸리적 거리는 단점이 있습니다. 무선 키보드는 본체의 USB 단자에 꽂는 라디오 주파수(RF) 방식의 무선 동글로 케이블을 대신하는 방식과 근거리 무선 통신 방식인 블루투스 무선 연결 방식이 있습니다. 동글 방식은 비교적 먼거리까지 지원되는 반면, 블루투스 무선 연결 방식은 1.5미터 내외의 근거리에서 사용해야 합니다.

무선 마우스도 무선 통신을 위해 별도의 건전지를 사용하는데, 무선 키보드에 비해 전력 소모가 많은 편이기 때문에 충전 건전지를 사용하는 게 좋습니다. 마우스 제품에 따라서는 자동으로 충전되는 거치대와 함께 판매되는 제품도 있습니다.

▲ 마우스 해상도 조절 단추

❷ **마우스 감도** : 마우스 감도는 인치당 도트 수(dpi, dot per inch)나 픽셀 수(pixel per inch)의 마우스 해상도로 나타냅니다. 둘 다 마우스의 1인치 움직임이 화면상의 몇 픽셀 거리에 해당하는지를 의미합니다. 마우스 감도는 400/800/1600dpi가 일반적이며 보다 게임용 마우스의 경우는 대부분 3200dpi를 지원합니다. 최근에는 4K 해상도 모니터에 발맞춰 4000dpi의 해상도를 지원하는 4K 마우스도 있습니다.

마우스 해상도가 높을수록 짧은 움직임으로 많은 픽셀을 이동할 수 있습니다. 예를 들어 1600×1200 픽셀 해상도를 사용하는 모니터에서 1600dpi를 지원하는 마우스라면, 마우스의 1인치의 움직임으로 화면의 왼쪽 끝에서 오른쪽 끝까지 이동할 수 있습니다. 게이머들이 고해상도 마우스를 선호하는 이유는 게임 진행을 위해 빠른 이동이 필요하기 때문입니다.

❸ **마우스의 단추 수** : 매킨토시 계열의 마우스 단추가 하나이지만 PC용 마우스는 기본이 2개입니다. 마우스에 단추를 추가하여 기능을 할당할 수 있는데, 인터넷의 발전과 게임 산업의 발전에 따라 마우스 단추를 대폭 늘린 제품도 있습니다. 왼쪽 그림의 마우스의 경우 왼쪽 편에 단추가 두 개 더 있는 것을 볼 수 있습니다. 웹 서핑 시에는 이 단추가 앞으로/뒤로 페이지를 이동하는 기능을 합니다.

▲ 미니 마우스

❹ **마우스 크기** : 노트북 컴퓨터의 터치 패드는 사용이 불편하기 때문에 마우스를 함께 휴대하는 경우가 많습니다. 휴대성을 강화하기 위해 일반적인 마우스 크기보다 크기를 대폭 줄인 미니 마우스도 있습니다. 왼쪽의 미니 마우스는 위에 있는 일반 크기 마우스와 함께 촬영한 사진으로 길이도 짧고 두께도 얇습니다.

마우스 선택 가이드

마우스도 비교적 저가 부품이지만 컴퓨터 작업 시 가장 많이 사용하므로 자기 손에 가장 잘맞는 제품을 선택해야 하므로 가능하다면 미리 조작해보거나 다른 사람의 사용기를 꼼꼼히 체크하고 고르길 권합니다. 이제 앞서 익힌 지식을 바탕으로 마우스 제품 사양표를 보고 마우스를 판별해 보기 바랍니다.

항 목	내 용	비 고
제품 명	스카이디지털 Bloody V5	스카이디지털의 FPS(First Person Shooting) 게임에 최적화된 게임용 마우스는 Bloody 시리즈입니다.
인터페이스	USB	
폴링레이트	1000Hz	폴링레이트란, 반응 속도로 1000Hz는 1ms, 즉 1000분의 1초로 정교한 마우스 제어를 가능하게 해줍니다.
연결 방식	유선	
해상도	200~3200DPI	이 제품의 경우 1번 단추를 누르고 휠을 스크롤시켜 5단계로 해상도를 조절합니다.
버튼 수	8버튼	게임용을 마우스로 FPS 게임의 효과적 수행을 위한 비튼이 제공됩니다(하단 그림 참고).
매크로 기능	하드웨어 매크로	마우스 좌표뿐만 아니라 키보드까지 포함하여 매크로로 저장할 수 있으므로 각종 게임 스킬뿐만 아니라 업무 생산성 매크로를 사용할 수 있습니다.
마우스 크기	길이 126.9mm, 폭 73.1mm, 높이 39.4mm / 무게 110g	게이머 취향과 크기에 따라 높이가 낮은 V2, 높은 스타일의 V3, 넓은 스타일의 V5, 엄지 스타일의 V7 모델로 구분됩니다.
그 밖의 확인 사항	Ultra Core 3 휠 LED 광클 모드 지원 A/S 기간과 방식	3단계의 코어 모드로 코어1은 일반 작업이나 단발 슈팅, 코어 2는 FPS 게임을 위한 2점사와 3점사, 코어 3는 3/4/5 점사를 지원합니다. 슈팅 모드에 따라 1점사 모드는 빨강색, 코어 2는 녹색, 코어 3는 노란색 LED로 나타내줍니다. 무한 샷으로 불리는 광클 샷의 주기와 속도를 설정할 수 있는 광클 모드를 지원합니다.

게임용 마우스의 버튼 기능

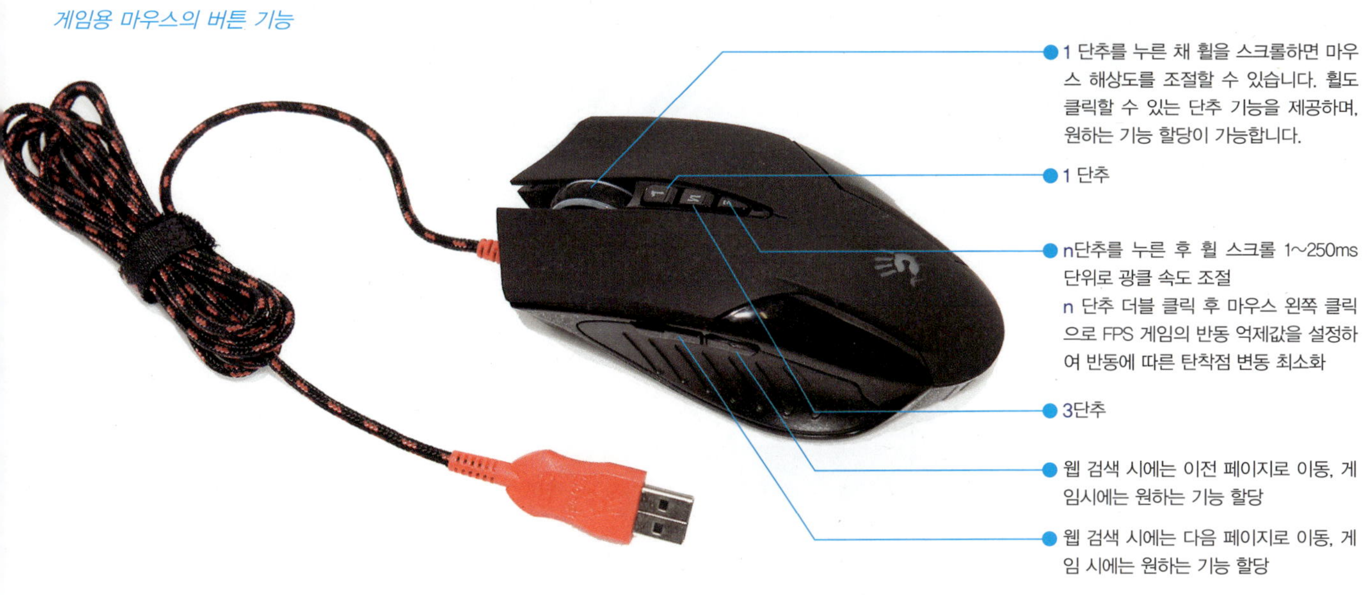

13 보고서부터 사진까지 척척 인쇄하는 프린터

프린터는 PC에서 작업한 문서나 그래픽을 종이나 인화지에 인쇄하는 대표적인 출력 장치입니다.

프린터의 종류

프린터의 종류는 인쇄 방식에 따라 도트 매트릭스 프린터, 잉크젯 프린터, 열전사 프린터, 레이저 프린터로 구분됩니다. 이 중 현재 널리 사용되고 있는 대표적인 프린터는 잉크젯 프린터와 레이저 프린터입니다.

잉크젯 프린터(inkjet printer)

잉크젯 프린터는 가격도 싸고, 크기도 작으며 인쇄 시 소음도 적은 편입니다. 잉크젯 프린터는 노즐을 통해 세밀한 입자 형태의 잉크를 종이에 분사하는 방식으로 인쇄가 이루어집니다. 분사 노즐은 인쇄 도트(dot)를 구현하는 작은 구멍입니다. 이 노즐 구멍의 조밀도가 인쇄 해상도와 직결됩니다. 분사 방식에 따라 버블젯 방식과 열전사 방식으로 구분됩니다.

잉크젯 프린터는 360dpi 이상의 고해상도를 지원하며, 가로 해상도를 기준으로 9600dpi까지 지원하는 제품도 많이 나와 있습니다. 흑백 인쇄와 컬러 인쇄를 별도의 잉크 교체 작업 없이 손쉽게 수행할 수 있고, 전용 인화지를 사용하면 사진 품질로 인쇄할 수 있습니다. 잉크젯 프린터는 가격도 싸므로 대중적으로 사용되고 있습니다.

잉크젯 프린터와 인쇄 원리

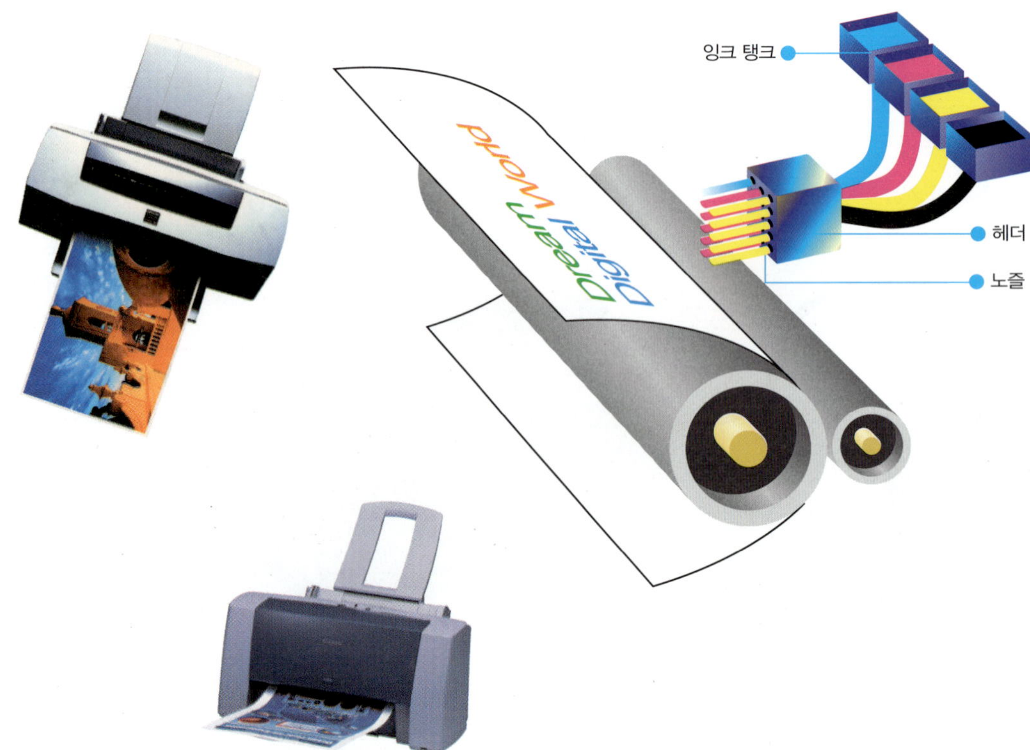

잉크젯 프린터는 잉크 카트리지에서 잉크 탱크로 공급된 잉크를 프린터 헤드부에서 전압차(버블젯 프린터는 버블 압력)에 의해 용지에 전사하는 방식으로 인쇄가 이루어집니다.

레이저 프린터

레이저 프린터는 레이저로 감광 드럼을 노광시켜 토너라는 고체 입자를 용지에 전사하여 인쇄하는 장치입니다. 고체 입자를 사용하기 때문에 잉크젯 프린터와 같은 번짐 현상이 없으며, 출력 속도가 잉크젯 프린터보다 훨씬 빠릅니다.

레이저 프린터의 원리

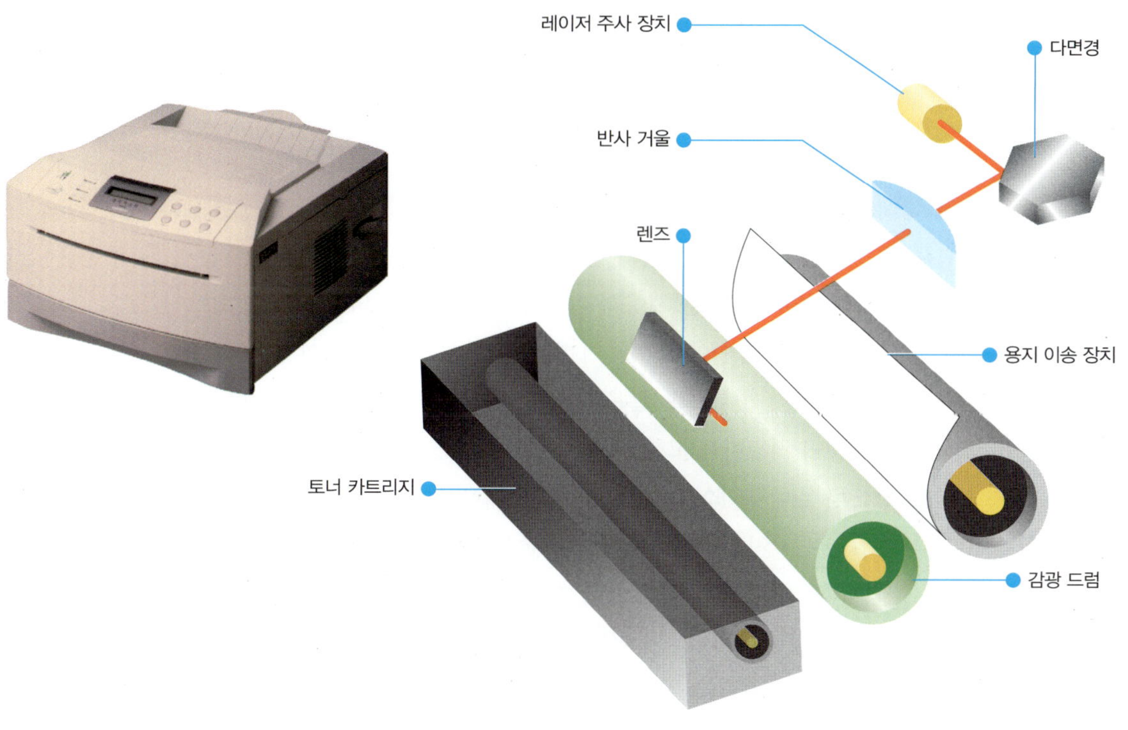

> **HELP**
> 레이저 프린터는 출력할 한 페이지 분량의 정보를 레이저 프린터의 메모리에 저장한 후, 프린터 컨트롤러가 프린터 헤드부를 제어하여 다면경에 레이저를 주사하면 반사 거울과 렌즈를 거쳐 감광 드럼에 프린터의 메모리에 저장한 이미지를 주사합니다. 이를 전문 용어로 노광이라고 하는데, 감광 드럼의 노광된 부위에만 토너 입자가 달라붙어 최종적으로 용지와 감광 드럼이 맞물려 돌아가면서 문서나 이미지를 인쇄합니다.

프린터 선택 시 참고 사항

프린터는 한 번 사면 오랫 동안 사용하게 되는 부품이고, 잉크나 토너 같은 소모품 비용이 지속적으로 들어가므로 주로 사용하는 용도와 원하는 출력 품질, 인쇄 속도, 유지비 등 여러 가지 요소를 고려하여 신중하게 선택해야 합니다.

❶ **인쇄 속도** : 인쇄 속도는 분당 인쇄되는 페이지 수를 의미하는 ppm(page per minute)으로 나타냅니다. 잉크젯 프린터는 라인 단위로 인쇄하므로 속도가 느린 편이며, 컬러 인쇄는 흑백 인쇄보다 세 배 정도 더 시간이 걸립니다. 레이저 프린터는 한 페이지의 정보를 프린터의 페이지 버퍼 메모리에 저장한 후에 한꺼번에 출력합니다. 레이저 프린터는 1페이지를 출력할 때는 페이지 버퍼 메모리에 전송하는 시간만큼 더 걸리지만, 같은 페이지를 여러 장 인쇄할 때에는 페이지 버퍼 메모리에 저장된 정보로 이용하므로 바로 인쇄됩니다.

현재는 다양한 저가형 레이저 프린터 기종이 판매되고 있으며, 전체적인 가격도 매우 낮아지는 추세입니다. 저가형으로 나온 보급형 레이저 프린터는 잉크젯보다는 좀 더 비싸지만, 빠른 속도와 페이지당 저렴한 유지비를 제공하므로 인쇄를 많이 하는 경우에는 레이저 프린터를 권장합니다.

잉크젯 프린터는 레이저 프린터보다 가격이 저렴한 편입니다. 다량의 프린트에는 부적합하지만 컬러 인쇄를 할 수 있으므로 중요한 프레젠테이션을 위한 컬러 시안을 작성할 때 요긴합니다. 물론 컬러 레이저 프린터 제품도 많은 종류가 판매되고 있는데, 컬러 품질도 뛰어나고 일반 용지에서도 잘 인쇄되는 장점이 있지만, 가격이 비싸므로 개인이 구입하기엔 한계가 있습니다.

❷ **인쇄 해상도** : 인쇄 해상도를 측정하는 단위로는 인치당 찍히는 도트의 수를 의미하는 dpi(dot per inch)가 사용됩니다. 현재 레이저 프린터의 경우는 2400dpi, 잉크젯 프린터의 경우에는 9600dpi 수준의 높은 해상도를 제공하는 제품도 있습니다. 같은 해상도라도 서로 다른 인쇄 재료를 사용하는 경우에 재료 특성의 영향을 받습니다.

인쇄 잉크는 종이에 스며들어 번지는 특성 때문에 레이저 프린터의 토너 입자에 비해 입자가 정교하지 못하므로 같은 해상도로 인쇄하면 레이저 프린터가 더 선명합니다. 이 때문에 잉크젯이 지원하는 고해상도 인쇄를 하려면 일반 용지대신 전용 인화지를 사용해야 합니다.

❸ **프린터 인터페이스** : 예전에는 프린터 연결 단자로 주로 병렬(Parallel) 단자를 사용했으나 지금은 USB 단자를 지원하는 제품이 대부분입니다. 10인 이상이 일하는 사무실에서는 네트워크 프린터를 많이 사용하는데, 이 경우에는 랜을 통해 프린터를 사용합니다.

❹ **지원 용지와 미디어** : 프린터 지원 용지 크기에 따라 가격 차이가 많이 납니다. A3 이상을 지원하는 프린터는 잉크젯 프린터나 레이저 프린터 모두 가격이 높습니다. 잉크젯 프린터의 경우는 종이뿐만 아니라 CD/DVD 표면 인쇄 기능을 지원하는 제품도 있습니다.

❺ **용지 취급** : 잉크젯 프린터의 경우는 한꺼번에 많은 양을 인쇄하는 경우가 많지 않으므로 한 번에 급지할 수 있는 용지 매수는 불과 몇십 매 수준입니다. 반면, 레이저 프린터의 경우는 수백 매를 동시에 급지할 수 있는 트레이를 제공합니다.

❻ **인쇄 잉크** : 잉크젯 프린터를 구입할 때는 반드시 해당 프린터에서 사용되는 잉크 가격도 함께 알아보고, 페이지당 저렴한 유지비를 제공하는 제품을 선택하기 바랍니다. 잉크젯에서 선명한 컬러 인쇄를 하려면 전용 인화지를 별도로 구입해야 하는데, 비용이 만만치 않은 편입니다. 이 때문에 정품 잉크 대신 리필 잉크를 사용하는 경우도 많은데, 리필 잉크의 경우에는 오랫동안 사용하지 않으면 잉크가 말라 노즐이 막힐 수 있으므로 유의해야 합니다. 요즘에는 잉크 기술도 발전하여 비정품 무한 잉크 제품도 많이 사용되고 있습니다.

❼ **복합기** : 요즘에는 복사기, 스캐너, 팩스 기능 같은 부가 기능을 올인원으로 제공하는 복합기의 인기가 높습니다. 프린터만 구입하면 복사기나 스캐너, 팩스를 별도로 구입할 필요가 없기 때문에 비용도 절약되고, 사무 공간 또한 효율적으로 사용할 수 있기 때문입니다. 복합기도 레이저 복합기와 잉크젯 프린터 복합기가 있습니다. 복합기에 따라서는 팩스 기능이 제외된 제품이 많으므로 팩스 기능까지 함께 원하는 경우에는 팩스 기능을 지원하는 복합기인지 확인하는 것도 잊지 말기 바랍니다.

14 그밖의 부품들

메인보드에서 기본으로 지원됨에 따라 지금은 PC의 주요 부품 위치에서 밀려났으나 아직 컴퓨터에서 사용되고 있는 PC 부품들에 대해 간단히 살펴보겠습니다.

플로피 디스크 드라이브를 대체한 카드리더기

디지털카메라 사용이 일상화되면서 다양한 종류의 플래시 메모리가 사용되고 있습니다. 이러한 시대의 흐름을 반영하여 각종 플래시 메모리를 읽을 수 있는 카드리더기가 플로피 디스크 드라이브를 대체하고 있습니다. 카드리더기는 외장형과 내장형 카드리더기로 구분되는데, 외장형 카드리더기는 USB 단자에 연결하여 사용하고, 내장형 카드리더기의 경우는 3.5인치 드라이브 베이에 설치하고 메인보드의 내부 USB에 연결하여 사용합니다.

외장형 카드리더기는 플래시 메모리에 대한 읽기/쓰기만을 지원하는데 비해, 내장형 카드리더기는 USB 단자를 추가로 제공하며, 2.5인치 외장형 저장 장치를 사용할 때 별도의 전원 어댑터의 연결 없이도 사용할 수 있는 기능, 자체 전원 스위치를 제공하여 사용하지 않을 때는 꺼 놓을 수 있는 기능 등을 추가로 제공하는 편입니다.

내장형 카드리더기의 구성 요소

▲ 예제 부품 : 스카이디지털 카드리더기 슈퍼리더 얼티밋(블랙)

HELP

❶ **On/Off 스위치** : 카드리더기를 켜고 끌 수 있는 단추입니다. 카드리더기의 여러 드라이브 문자가 내 컴퓨터 창에 모두 나타나면 복잡하므로 사용하지 않을 때는 꺼두었다가 필요한 경우에만 사용할 수 있는 유용한 스위치입니다.

❷ **상태 표시 LED** : 카드리더기에서 읽기/쓰기 작업이 진행 중일 때는 깜박거리며 읽기/쓰기 작업이 진행 중이라는 것을 알려줍니다.

❸ **각종 규격의 플래시 메모리 단자** : 각종 규격의 플래시 메모리를 사용할 수 있는 단자들입니다. 예제 제품의 경우 micro SD, SD, SDHC, MS(메모리스틱), MS Duo, MS Pro, MS Pro Duo, XD, CF(콤팩트 플래시) I/II, MD(Micro Drive)에 이르기까지 현재까지 나와 있는 거의 모든 종류의 플래시 메모리를 지원합니다.

❹ **USB 2.0 단자** : 카드리더기에서도 USB 2.0 단자를 지원합니다. 카드리더기 중에는 eSATA 단자까지 제공하는 것도 있습니다.

❺ **4핀 전원 입력 단자** : 파워서플라이의 4핀 전원 커넥터를 연결하여 USB 2.0 단자에서 전원을 사용할 수 있게 해줍니다. 따라서 2.5인치 외장형 저장 장치는 별도의 어댑터 연결이 필요 없이 곧바로 사용할 수 있습니다.

❻ **USB 커넥터** : 메인보드의 내부 USB 단자에 연결하여 카드리더기에서 USB 단자를 사용할 수 있게 해줍니다.

사운드카드

사운드카드는 PC에서 소리의 입력과 출력을 가능하게 하여 PC를 친숙한 도구로 자리잡는데 기여한 효자 부품이지만, 메인보드에 오디오 코덱이 내장되면서부터 전문 음악 편집이나 보다 뛰어난 음질을 원하는 매니아용, 게이머용 제품으로 고급화되는 추세입니다. 다음은 사운드카드의 구성 요소로, 사운드카드에 스피커 단자와 SPDIF 입출력 단자 등이 구성되어 있지만 기본적으로 메인보드 백패널과 메인보드상에 제공되는 단자와 비슷한 것을 볼 수 있습니다.

사운드카드의 구성 요소

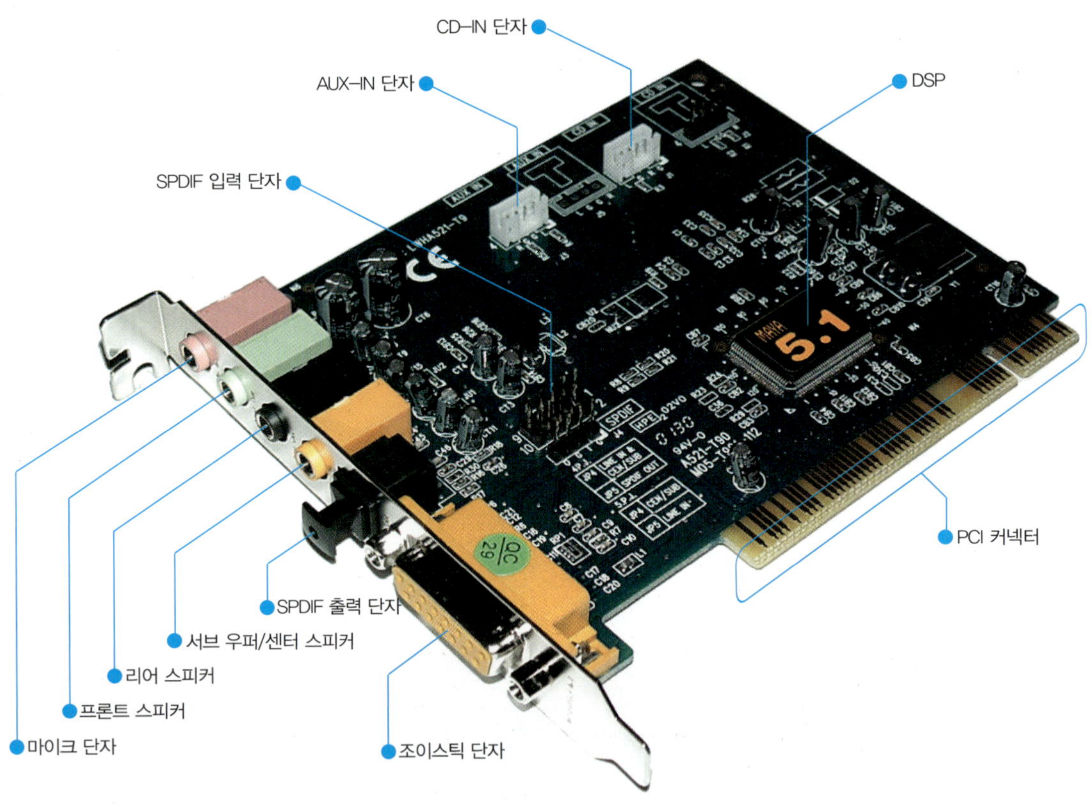

H E L P

❶ 마이크 단자 : 마이크잭을 연결하는 단자입니다.

❷ 프론트 스피커 단자 : 전면 스피커 단자로 2채널 스피커를 사용할 때는 이곳에 연결합니다.

❸ 리어 스피커 단자 : 후면 스피커 단자를 연결합니다.

❹ 서브 우퍼/센터 스피커 단자 : 5.1 채널 스피커의 서브 우퍼와 음성 재생 전용으로 사용되는 센터 스피커 단자를 연결합니다.

❺ SPDIF 입력 단자 : 디지털 오디오 입력을 받아들이는 단자입니다.

❻ SPDIF 출력 단자 : SPDIF 지원 장비로 디지털 사운드를 출력하는 단자입니다. 직접 스피커로 사운드를 출력하지 않고 디코더나 리시버로 디지털 출력을 내보낼 때는 SPDIF 출력 단자를 사용합니다.

❼ 조이스틱 단자 : 조이스틱이나 게임 패드를 연결하거나 미디 케이블을 연결하여 미디 단자로도 사용합니다.

❽ CD-IN 단자 : ODD와 연결하면 사운드카드로 CD나 DVD의 소리를 재생할 수 있습니다.

❾ Aux-IN : CD-IN 단자와 마찬가지로 아날로그 사운드 입력을 받아들여 재생할 수 있는 단자입니다.

❿ PCI 커넥터 : 확장 슬롯을 통해 컴퓨터와 연결합니다. 지금은 PCIe를 지원하는 사운드카드가 나옵니다. 사운드카드를 별도로 설치하여 사용하려면 CMOS 셋업 프로그램에서 메인보드 내장 사운드카드를 비활성화해야 합니다(302쪽 참고).

⓫ DSP(Digital Signal Processor) : 사운드카드에서 가장 핵심적인 부품으로, DSP는 사운드 데이터의 변환을 담당하는 디지털 신호 처리 프로세서입니다. DSP에서 디지털 사운드와 아날로그 사운드의 변환, 사운드 합성을 처리합니다. 그리고 DSP에는 3D 오디오 가속기, ADC&DAC가 내장되어 사운드를 처리합니다.

TV 수신카드

TV 수신카드는 PC에서 TV를 볼 수 있게 해주는 부품입니다. 과거에는 PC의 확장 슬롯에 설치하여 사용하는 확장 카드 방식의 TV 수신카드가 많이 사용되었으나 지금은 간편하게 USB로 연결하여 사용할 수 있는 TV 수신카드가 주로 사용됩니다. TV 수신카드는 TV 수신 뿐만 아니라 실시간 녹화 기능, 실시간 방송도 잠시 멈췄다 이어볼 수 있는 타임시프트 기능 등도 제공합니다. TV 수신카드의 구성 요소는 다음과 같습니다.

TV 수신카드의 구성 요소

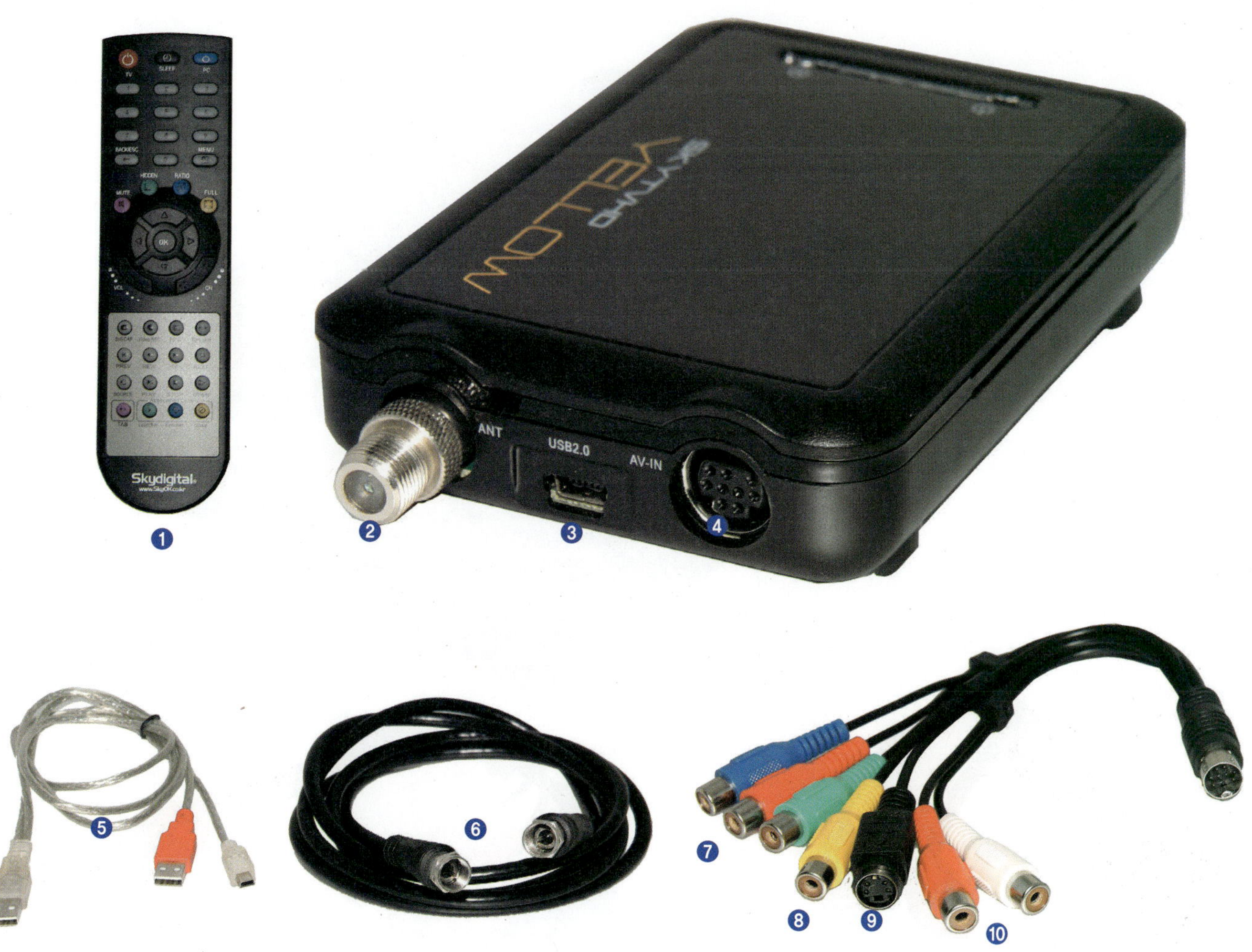

▲ **예제 부품** : 스카이디지털 SKYTV HD YELLOW

> **HELP**
>
> ❶ **리모컨** : TV 채널 변경과 미디어 컨트롤 기능, PC 전원 끄기, 작업 전환, 빠른 실행 기능을 사용할 수 있습니다.
> ❷ **안테나 단자** : TV 채
> ❸ **미니 USB 단자** : PC와 연결하여 TV 수신카드에 전원을 공급하고 데이터 전송 기능을 사용할 수 있습니다. PC의 USB 단자에 연결하는 커넥터가 두 개인 것은 각각 전원 공급과 데이터 전송을 담당하기 때문입니다.
> ❹ **멀티미디어 입력 단자** : 콤포넌트 영상, 콤포지트 영상, S–Video, Stereo 사운드를 입력받아 시청할 수 있습니다.
> ❺ **USB 케이블** : TV 수신카드에 전원 공급 및 영상 저장을 위한 PC에 데이터 전송을 할 수 있게 해줍니다.
> ❻ **안테나 케이블**　❼ **컴포넌트 단자**　❽ **RCA 영상 단자**　❾ **S–Video 단자**　❿ **Stereo 단자**

캡처 카드

PC에서 재생되는 영상과 오디오, 화면 등 모든 것을 실시간으로 캡처할 수 있는 부품입니다. 과거에는 PC의 확장 슬롯에 설치하여 사용하는 확장 카드 방식의 캡처 카드가 많이 사용되었으나 지금은 간편하게 USB로 연결하여 사용할 수 있는 캡처 카드가 많이 사용됩니다. USB 방식은 노트북에서도 캡처가 가능합니다. HDMI 지원 캡처 카드는 HDMI 영상과 오디오의 실시간 캡처가 가능하므로 콘솔 게임기, IP TV 셋탑 박스, DVD 플레이어 등 고화질 영상 기기와 연결하여 실시간 캡처를 할 수 있습니다. 캡처 카드의 구성 요소는 다음과 같습니다.

캡처 카드의 구성 요소

▲ 예제 부품 : 스카이디지털 SKYHD CaptureU3.0 HDMI

HELP

❶ **멀티미디어 입력 단자** : 콤포넌트 영상과 Stereo 사운드를 입력받아 시청할 수 있습니다.
❷ **HDMI 단자** : HDMI를 지원하는 콘솔 게임기, IP TV 셋탑 박스, DVD 플레이어 등과 연결합니다.
❸ **USB 3.0 단자** : 캡처한 영상과 오디오를 PC로 전송하여 저장합니다. Full HD 영상을 실시간 저장하려면 PC의 USB 3.0 단자와 연결해야 합니다.
❹ **USB 3.0 케이블**　❺ **컴포넌트 단자**　❻ **Stereo 단자**

IP 카메라

IP 카메라는 네트워크 카메라로도 불리는데, IP 카메라는 인터넷 공유기와 연결하여 네트워크를 통해 영상을 송출합니다. 외부의 PC나 스마트폰을 통해 IP 카메라의 영상을 실시간으로 확인하고 카메라 방향의 원격제어까지 가능합니다. 영상 및 동작을 감지하여 실시간으로 사진이나 파일을 이메일 또는 FTP로 전송해주므로 원격 CCTV로도 유용하게 활용할 수 있습니다. 가격도 저렴하고, 설치 및 사용법도 간단하므로 어린 자녀를 둔 맞벌이 부부나 워킹맘, 빈집이나 사무실 방범용으로도 많이 활용됩니다. IP 카메라의 구성 요소는 다음과 같습니다.

IP 카메라의 구성 요소

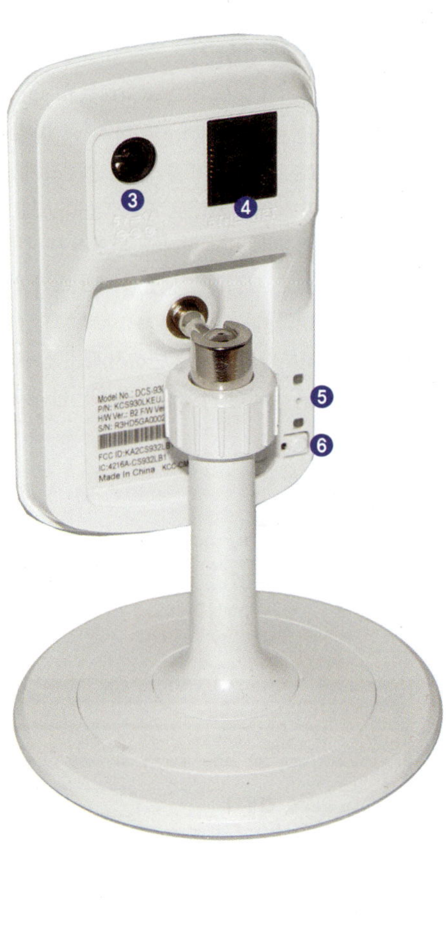

▲ **예제 부품** : DLINK DCS-930L

● IP 카메라의 설치 및 사용 방법에 관해서는 794쪽에서 다룹니다.

❶ **카메라 렌즈** : 영상을 촬영합니다
❷ **내장 마이크** : 오디오를 녹음합니다.
❸ **전원 단자**
❹ **LAN 단자** : 인터넷 공유기와 유선으로 연결할 때 사용합니다.
❺ **리셋 단자** : IP 카메라를 초기화합니다.
❻ **WPS 단추** : 복잡한 세팅 없이 WPS 단추를 클릭하여 손쉽게 유무선 인터넷 공유기와 무선 인터넷 연결을 합니다.

내게 맞는 PC 부품 고르기

내 맘에 쏙드는 PC 부품을 고르려면...

PC도 옷처럼 제대로 맞추지 못하면 불편하고 스트레스를 유발합니다. 저렴한 가격에 기능과 성능을 만족하는 부품을 구입하려면 무작정 구매하기보다는 사전에 자신의 업무에 적합한 사양의 부품을 선정하고, 인터넷을 통해 현재의 가격 시세를 알아본 후에 구매하는 것이 좋습니다.

PC 조립을 위한 좋은 부품을 저렴하게 구입하는 최선의 비결은 사전에 부품의 기능과 성능을 이해하고, 가격 정보까지 알아두는 준비성입니다. 준비만 철저하다면 자신의 호주머니 사정을 고려하여 원하는 부품을 보다 저렴하게 구입할 수 있습니다.

알맞은 PC 부품 선택하기

우리가 PC 조립을 하려고 하는 이유는 완제품 PC보다 저렴한 비용으로 자신이 필요로 하는 강력한 성능의 PC를 만들 수 있기 때문입니다. 내 맘에 쏙드는 조립 PC를 맞추려면 2장에서 다룬 각각의 PC 부품의 기능과 성능을 제대로 알고 자신이 필요로 하는 PC 사양을 정하고 부품을 선택해야 합니다. 무조건 싼 것을 찾다보면 쉽게 고장 날 수도 있고, 고장이 발생했을 때 A/S가 어려울 수 있으므로 유의해야 합니다.

PC 부품의 가격은 하루가 다르게 급변하기 때문에 구입할 부품들을 결정했으면 사전에 정확한 가격 정보를 확인한 후에 구입 방법을 결정해야 합니다.

컴퓨터 정보 다나와

자신에게 알맞은 PC 부품을 구입할 때 가장 유용한 사이트는 다나와(pc.danawa.com) 사이트입니다. 최신 컴퓨터 부품 정보와 가격 정보를 제공하는 웹 사이트는 많이 있습니다. 그중 다나와 사이트는 풍부하고 확실한 제품 정보와 최저가 가격 정보로 인기가 높습니다. 지금은 컴퓨터뿐만 아니라 다양한 상품들을 취급하는 종합 쇼핑몰로 성장했기 때문에 PC 관련 제품은 pc.danawa.com으로 접속하면 됩니다.

다나와 웹 사이트는 확실한 가격 정보와 저렴하게 제품을 구입할 수 있는 공동 구매 이벤트, 새로 나온 신상품 정보, 그리고 PC 시장과 기술 분야의 알찬 정보를 신속하게 제공하므로 컴퓨터 부품을 고를 때 필수 코스로 자리잡았습니다. 특히 자신이 구입할 부품들을 직접 선택하여 최저가에 기초한 온라인 견적을 즉시 뽑아볼 수 있습니다.

그뿐만 아니라 여러 판매점에서 고른 부품을 개별적으로 주문하는 불편을 겪을 필요 없이 장바구니에 담은 후에 다나와를 통해 통합 주문을 할 수 있기 때문에 여러 부품을 구매하려는 분에게 아주 유용합니다.

다나와의 가격 정보는 회원으로 가입한 부품 판매 업체에서 판매 가능한 가격을 입력하면 데이터베이스 시스템에 의하여 자동으로 분류되어 제공됩니다. 판매업자 측에서 최저 판매 가격을 직접 입력하는 것이기 때문에 그만큼 신뢰성이 높습니다. 다만 개별 부품을 다나와 최저가 매장에서 온라인 구입하는 경우에도 현금가이며, 택배비는 별도라는 것에 유의하기 바랍니다.

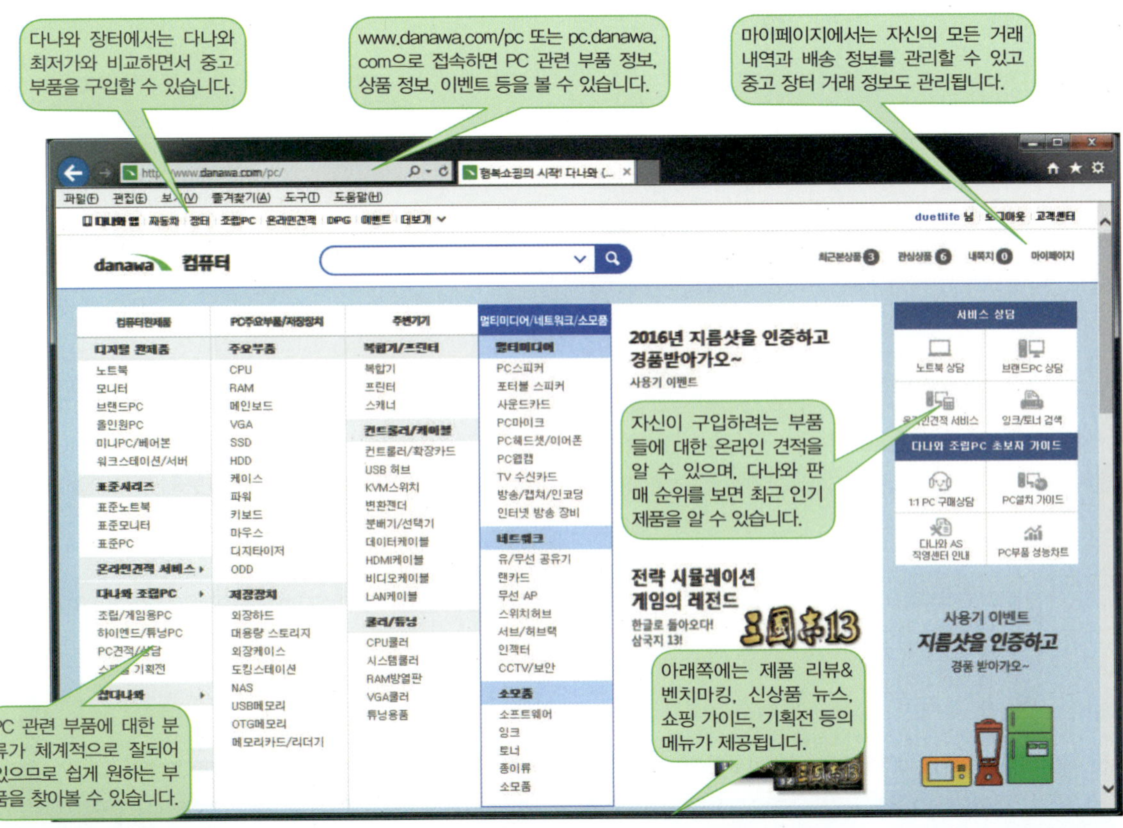

네이버 쇼핑 검색을 활용한 신용카드 최저가 구매

신용카드로 구매할 수 있는 최저가는 네이버 검색 창에서 제품명만 입력하고 검색하면 바로 확인할 수 있습니다. 아무래도 신용카드 구매가이기 때문에 다나와 최저가보다 다소 높은 편이지만, 신용카드 할부 구매와 주말을 앞둔 금요일 가격이 가장 낮은 최저가가 형성되므로 이 때 알뜰 구매를 할 수 있습니다.

조립 PC는 직접 조립해야 최적 활용에 도움이 됩니다

조립 컴퓨터의 매력은 같은 비용 대비 최대의 성능을 얻을 수 있다는 데 있습니다. 부품 선택이 제한된 완제품 PC보다 자신이 필요로 하는 작업에서 PC의 최적 성능을 이끌어내기 위해 조립 PC를 선택한 것인데, 기껏 부품을 골라 놓고 조립을 맡기는 것은 바람직하지 않습니다.

조립 PC 업체에 의뢰하면 깔끔하게 잘 조립해주기는 하지만, 조립 과정 자체가 최적 활용을 위한 학습 과정이며, 나중에 PC에 고장 발생 시나 업그레이드 시 적절하게 대응할 수 있습니다. 그렇기 때문에 다소 귀찮더라도 조립은 자신이 직접하길 권합니다.

한편, 조립 PC 업체에 조립을 의뢰하면 주로 택배로 받게 되는데, 조립 PC 업체에서 배송 포장 시 부피를 줄이기 위해 다른 부품 박스들은 버리거나 접어서 메인보드 박스에 담아 보내줍니다. 이 때문에 여러 설명서들과 소프트웨어 CD들, 그리고 다른 부품 박스 안에 함께 들어 있던 자잘한 부품들이 어떤 부품과 함께 포함된 것인지 혼란스러울 수 있습니다. 나중에 A/S를 의뢰하거나 중고로 부품을 처분하는 경우도 생기므로 조립 의뢰 시엔 제품 박스를 챙겨달라고 요청하기 바랍니다.

내게 맞는 최적의 구입 방식 선택하기

구입할 부품을 결정하고 최저 가격을 확인했다면 이제 필요한 부품을 구입할 차례입니다. 한 번 부품을 구매하면 부품에 객관적으로 문제가 없는 한 바꾸기가 어려우므로 신중히 선택해야 합니다. 컴퓨터 구입 방법은 오프라인 매장을 이용하는 방법과 온라인 구매 방법으로 크게 구별됩니다.

신속하고 편리한 A/S를 원한다면 매장 구매

조립 PC는 저렴하게 자신이 원하는 최적의 맞춤 PC를 만들 수 있지만, 대기업 완제품 PC에 비해 A/S 측면이 약하다는 약점이 있습니다. 컴퓨터 구입처를 선택할 때는 확실한 A/S가 보장되는지 확인하고 견실한 거래처를 선택해야 합니다.

자신의 업무상 신속하고 편리한 A/S를 필요로 한다면 AS 체제를 구비한 컴퓨터 매장을 이용하는 게 좋습니다.

보통 컴퓨터 부품을 구입할 수 있는 매장들은 전자상가나 테크노마트처럼 지역별로 집단 상가를 이루고 있습니다. 이러한 매장이 가까이에 있는 경우에는 매장 구매를 활용하는 게 좋습니다.

▲ 용산 선인상가 컴퓨터 부품 매장

전자상가나 테크노마트 같은 곳에 있는 컴퓨터 매장들에 가봐도 모든 PC 부품을 다 갖추고 영업하는 곳은 드뭅니다. PC 부품의 가격 자체가 워낙 급변하기 때문에 컴퓨터 매장도 재고 부품을 쌓아 두기보다는 그때 그때 고객의 요구에 맞춰 부품 도매상으로부터 필요한 부품을 조달하여 제공합니다. 따라서 무턱대고 컴퓨터 매장을 간다고 해서 자신이 원하는 부품을 구입할 수 있는 것은 아니므로 인터넷을 통해 사전에 부품 정보와 가격 정보를 확인하고 구입하려는 매장에 제품이 있는지도 확인할 필요가 있습니다.

거주 지역 PC 매장의 부품 조달 여건에 따라 실제 구입할 수 있는 가격은 통상 다나와 가격과 차이가 날 수밖에 없습니다. 그러므로 온라인 견적을 토대로 자신이 실제 부품을 구매할 매장에서 견적을 받아보고 흥정하는 것이 바람직합니다.

발품, 말품을 아끼지 마세요

기왕에 컴퓨터 부품을 사려고 나섰다면 발품, 말품을 아끼지 말고 이곳저곳 매장을 들러 요모조모 따져보는 것이 중요합니다. 인터넷으로 알아볼 때 잘 몰랐던 내용은 따로 메모해두었다가 매장에서 직접 물어보기 바랍니다.

자신이 선택한 부품의 설치상의 문제가 없는지, 기능과 성능은 어떠한지, A/S는 확실한지 충분히 알아보고 구입해야 합니다. 무조건 낮은 가격을 제시하는 업체에서 부품을 나누어 구입하는 것보다 확실하고 견실한 업체에서 적절히 흥정하여 함께 구입하는 것이 A/S 측면에서 유리합니다. 물론 정품 박스 제품 구매 시에는 해당 제품 제조업체의 A/S 센터를 이용할 수도 있지만 시간이 더 걸릴 수 있습니다. 견실한 매장은 부품 이상 시 매장에서 바로 교환해주므로 편리합니다.

아울러 컴퓨터 구입처에서 자체적으로 고객 지원 부서가 있는지, 컴퓨터 관련 문제가 생겼을 때 도움을 받을 수 있는 지식과 친절함을 갖추고 있는 지도 중요합니다.

한 번 컴퓨터 거래를 하게 되면 보통 여러 차례에 걸쳐 업그레이드하거나 추가로 구매해야 하는 경우도 생깁니다. 확실한 거래처를 확보해두면 지속적으로 도움을 받을 수 있습니다.

구입 비용 절감에 초점을 맞춘다면 온라인 구매

컴퓨터 부품을 잘 이해하고 다룰 수 있는 컴퓨터 고수가 되면 스스로 문제를 해결하거나 A/S 상황이 발생하지 않을 정도로 조치를 할 수 있습니다.

온라인으로 구입한 제품이라도 무료 A/S 기간 내의 제품이라면 택배 A/S를 통해 교환받거나 무료로 수리할 수 있습니다. 업체에 따라서는 택배비를 요구할 수도 있습니다. 물론 직접 가지고 고객 센터에 방문하면 즉시 조치받을 수 있습니다.

지금은 네이버나 다음의 검색 창에서 부품 이름만 입력하고 검색해도 바로 최저가를 확인할 수 있을 뿐만 아니라 바로 온라인 쇼핑몰과 연동하여 온라인 구매를 진행할 수도 있습니다. 포털 사이트의 검색과 연동되어 있는 쇼핑몰은 신뢰할 수 있습니다.

지금은 컴퓨터 관련 제품별로 인기 블로그나 카페를 운영하는 곳도 많습니다. 회원 수가 많은 블로그나 카페에서는 가장 저렴하게 최신 부품을 구입할 수 있는 공동 구매 이벤트를 하는 곳도 많습니다.

공동 구매를 잘 활용하면 같은 부품을 보다 저렴하게 구입할 수 있습니다. 다만, 시중 인기 제품에 대한 치고빠지기형 공동 구매 사기 사건이 간혹 발생하므로 고가 제품의 공동 구매를 이용하는

때에는 신뢰성 있는 사이트인지, 고객 게시판을 운영하는지, 배송 기간은 어느 정도 소요되는지 등을 꼼꼼히 알아보고 구매해야 합니다.

진정한 최저가 구매는 온라인 장터 구매

시간 여유가 있고, 저렴한 비용으로 보다 고성능의 부품을 사용하길 원한다면 중고 거래도 생각해볼 수 있습니다. 중고 물품은 자신이 원하는 제품이 항상 대기하고 있는 게 아니므로 시간 여유를 갖고 구매하는 것이 좋습니다.

컴퓨터 부품의 중고 매매로 주로 이용되는 사이트는 네이버 중고장터이며, 다나와 중고장터에서도 컴퓨터 관련 제품 거래가 활발히 이뤄집니다. 다나와 중고장터를 이용하면 새제품의 최저가와 비교해보면서 물건을 선택할 수 있습니다. 중고장터에서도 포장도 뜯지 않은 새제품이나 얼마 사용하지 않은 최신 제품을 판매하는 경우도 많습니다.

중고 구매 시에도 에스크로 구매를 이용하면 안심하고 구입할 수 있습니다. 에스크로 서비스를 이용하면 구입자가 직접 판매자에게 대금을 지불하는 대신 은행을 선택하여 입금하고, 나중에 물건을 받고 확인한 후에 구매 승인을 하면 그때 판매자에게 송금이 이뤄지므로 거래 안전을 보장할 수 있습니다.

하지만 대부분의 중고 거래를 보면 빠른 거래를 위해 직거래나 택배 거래를 많이 합니다. 같은 거주 지역이라면 당연히 직거래가 가장 확실하고 안전합니다. 택배 거래를 이용할 경우에는 실시간으로 직접 촬영한 사진을 요청하여 확인해보고, 판매자가 다른 물품을 거래한 적이 있는지를 꼼꼼히 확인해야 합니다.

또한 충격에 민감한 제품인 경우에는 안전한 택배 포장이 중요합니다. 중고 제품 택배 거래 시에 가장 말썽이 많이 생기는 것은 바로 포장 문제로 인해 제품 훼손이나 고장이 발생하는 경우입니다. 택배 물품 배송량이 워낙 많기 때문에 배송 과정에서 거칠게 다뤄질 수 있으므로 사전에 판매자에게 안전하고 튼튼한 포장을 요청하기 바랍니다.

시행착오를 줄이는 PC 부품 구입 종합 점검표

컴퓨터 부품의 종류는 다양하기 때문에 기억력만 믿어서는 안 됩니다. 다음 쪽의 컴퓨터 종합 점검표를 활용하여 최종 점검을 하고 필요한 부품을 구매하기 바랍니다.

처음에 구입할 부품의 사양과 지원되는 하드웨어와 운영체제를 꼼꼼히 따져서 선정했다 하더라도 막상 시장에서 부품을 구입하게 될 때 다른 부품으로 변경하거나 충동 구매하는 경우가 허다합니다. 사전 준비가 되어 있지 않으면, 자칫 부품을 구입하고 나서 후회하는 일이 생길 수 있습니다. 그러다 보면 한 번에 깔끔하게 구입할 수 있는 일을 두 번, 세 번에 걸쳐 가는 경우도 종종 일어납니다.

다음에 제시한 PC 부품 선택 종합 상황표를 참고하여 사전에 구입하려 한 부품에 변동 상황이 발생했을 때에도 점검 사항을 확인하여 시행착오 없이 부품을 구입하기 바랍니다.

PC 부품 선택 종합 점검표

부품 종류	제조사	모델명	주요 사양	수량	가격	추가 점검 사항
CPU	인텔 AMD		코어 수 코어 클럭(GHz) 소켓 규격 FSB 속도 캐시 크기 제조 공정(nm)			1. 전력 소모와 발열 2. 오버 클럭 성능과 안정성 3. 패키지 형태 : 정품 박스, 그레이 유무 4. 지원 메모리와 메인보드 칩셋 확인 5. 작업 용도별 CPU 라인업과 가격대 확인 : 메인스트림(일반 보급형)/퍼포먼스(중고가형)/하이엔드(고가형)/플래그십(최고가형)
메인보드	MSI ASUS GIGABYTE ASRock 이엠텍 유니텍 ECS		칩셋 소켓 규격 지원 CPU FSB 속도(GT/s) 지원 메모리 PCI Express 16 백패널 단자 지원 인터페이스 폼팩터			1. 메인보드 칩셋의 종류 – 지원하는 CPU 확인 2. 그래픽 출력 지원 여부 – 메인보드 칩셋 이름에 G가 붙은 모델은 메인보드에서 그래픽 지원 – 그래픽 포트 확인(DVI, HDMI 단자 체크) 3. 인텔 최신 CPU는 내장 GPU 방식으로 그래픽 출력은 메인보드 백패널의 그래픽 출력 단자(HDMI, DP, VGA, DVI)를 통해 수행되므로 메인보드의 그래픽 포트 확인(HDMI, DP, VGA, DVI 단자 체크) 4. 전원부 구성 : 캐패시터, 모스펫 등 전원부 부품의 성능 확인 5. 전원부 냉각 시스템 : 효과적인 냉각을 지원하는지 확인 6. SATA 3.2(SATA Express) 단자, M.2 SATA 단자 등 최신 인터페이스 지원 여부
메모리	삼성전자 하이닉스		메모리 종류 용량(GB) 동작클럭(MHz) 기타 방열판 등			1. 삼성과 하이닉스 같은 글로벌 제조업체 외에도 CYNEX, EKMEMORY, G.SKIL, GeIL, OCZ, CORSAIR, STCPU 등 다수의 메모리 공급사가 있으며, 오버클럭(O.C) 메모리는 주로 이들 회사가 공급 2. CPU와 메인보드가 지원하는 메모리 종류를 선택 3. ECC와 REG 기능이 포함된 메모리는 주로 서버용 고가 메모리로, 일반 PC에서는 사용하지 않아도 됨. 4. 오버클럭을 염두에 둘 때는 방열판 포함 O.C 메모리 고려 ※방열판 장착 메모리는 공기가 잘 순환되는 개방형 케이스일 때 효과적입니다.
그래픽카드 GPU AMD / NVIDIA	이엠텍 Rextech 사파이어 GIGABYTE 유니텍 MSI Absolute HIS XFX		GPU 코어클럭(MHz) 제조 공정(nm) 메모리(종류/크기/ 클럭/버스) 출력단자(VGA/DVI/ HDMI/콤포넌트) 인터페이스(PCI Express / AGP) 크기와 소비 전력			1. GPU : 가급적이면 고성능, 저전력 GPU를 선택 2. 그래픽 메모리 종류와 메모리 버스 : GDDR3는 외부 I/O 클럭이 2배로 작동하고, GDDR5는 4배로 작동하므로 그만큼 효율이 좋습니다. 그래픽 메모리 버스는 비트 수로 나타내는데, 버스 크기가 클수록 한 번에 많은 양의 전송이 이뤄집니다. 3. 그래픽 메모리 용량 : 512MB가 기준, 최신 3D 게임용은 매끄러운 화면 프레임 처리를 위해 512MB 이상 메모리 권장 4. 스트림 프로세서 수 : AMD는 5–Way 방식이므로 NVIDIA의 CUDA 프로세서 수를 AMD 스트림 프로세서 수로 환산할 때는 5를 곱하여 계산 5. 모니터가 2560×1600의 고해상도를 사용한다면 Dual Link DVI 단자 확인 6. PC 케이스에 설치할 수 있는 크기(카드 길이와 높이 두께 확인) 7. 소비 전력은 최대 사용 전력과 권장 파워 체크(경우에 따라서는 파워서플라이를 교체해야 하는 상황도 발생할 수 있음.) 8. 전원부 안정성 및 쿨링 시스템(히트 싱크 구성 및 냉각팬 소음 체크)
HDD	삼성전자 Western Digital Seagate HitAHCI Fujitsu 도시바		제원(3.5, 2.5, 1.8 ") 인터페이스 디스크 용량 플래터 수 회전 수(RPM) 버퍼 용량(MB)			1. 메인보드 칩셋이 지원하는 인터페이스에 맞춰 구입 – 요즘 나오는 HDD는 대부분 SATA 3 지원 2. 디스크 용량에 따라 속도 차이가 있으므로 운영체제와 데이터 작업용은 500GB~1TB, 데이터 보관용은 2TB 이상 제품 고려 3. 플래터 수는 개 수가 적을수록 읽기/쓰기 효율이 좋음 – 플래터 개수는 사양표에 표시되지 않는 경우가 많으므로 인터넷 검색 활용 4. PC용 범용 HDD는 보통 7200RPM, 32MB 버퍼를 제공하는데, 버퍼가 클수록 쓰기 지연이 적게 발생하므로 동급이라면 64MB 버퍼 권장
SSD	인텔 OCZ 삼성 G.SKILL 기타		제원(2.5, 1.8 ") 인터페이스 디스크 용량 메모리 타입 – MLC / SLC / TLC 읽기/쓰기 속도			1. SSD의 전송 속도를 확인하고 이를 뒷받침하는 인터페이스 지원 여부 확인. 속도를 중시한다면 SATA 3.2 지원 SSD나 M.2 SATA용 SSD 구매 2. SSD 용량은 사용하는 운영체제와 프로그램의 설치 용량의 두 배 정도로 선택 3. SSD는 컨트롤러에 따라 읽기/쓰기 성능에 차이가 있으므로 제품 사용기를 충분히 검토하고 구입 4. 메모리 타입이 SLC인 경우는 프리징도 거의 없고 속도도 빠르지만, 가격이 고가이고 요즘에는 대부분 MLC 방식이나 TLC 방식이며, TLC가 가장 성능이 떨어짐.

PC 부품 선택 종합 점검표

부품 종류	제조사	모델명	주요 사양	수량	가격	추가 점검 사항
ODD	삼성 LG Lite-On 파이오니아 디지털존 BUFFALO		인터페이스 버퍼 메모리 지원 미디어(기록용) 읽기/쓰기 배속 LightScribe지원여부 블루레이 읽기/쓰기			1. 읽기/쓰기 배속 기준은 1배속 CD의 150Kbps입니다. 과거에는 ODD의 속도 경쟁이 한참 진행되었으나 CD/DVD의 나선형 데이터 트랙의 특성 때문에 속도가 높을수록 그만큼 소음도 많이 발생하므로 지금은 읽기 52배속, 쓰기 24배속 수준으로 정착되었습니다. 2. 작업 용도에 따라 CD 표면에 인쇄할 수 있는 LightScribe 기능, 블루레이 지원 ODD를 선택합니다. 단, 블루레이 지원 제품은 가격이 고가입니다.
파워 서플라이	Heroichi AONE FSP CORE NEWZEN POWEREX 스카이디지털 마이크로닉스 빅빔 GMC		파워 제원 및 크기 정격 출력(W) 전원 단자 종류/수량 쿨링팬 크기와 소음 PFC 회로			1. 파워서플라이는 PC의 심장과도 같은 부품이므로 전력 소비도 줄이고 효율이 검증된 80PLUS 인증 제품 권장 2. 파워서플라이 용량은 정격 출력 용량을 사용하는 그래픽카드의 권장 파워 용량과 맞춰 구입. 단 미래의 부품 추가 가능성을 고려하여 충분한 용량을 구입합니다. 특히 HDD의 경우는 전력이 부족할 때 베드섹터가 발생할 수 있습니다. 3. 사용하는 다양한 PC 부품에 전원을 공급할 수 있는 커넥터 종류와 수를 체크하고, 필요한 케이블만 골라서 쓸 수 있는 모듈러 전원 케이블 방식이 편리합니다. 4. 파워서플라이의 쿨링 시스템 : 파워서플라이는 교류 전원을 직접 받아들여 직류 전원으로 변환하는 장치인 만큼 열이 많이 발생하므로 내부 쿨링 시스템과 냉각 팬 크기도 체크합니다. 쿨링 팬이 클수록 소음이 적게 납니다. 5. 전력 효율을 개선하고 에너지도 절감하는 액티브 PFC 지원 여부 등도 확인
케이스	GMC BESTECH 3Rsystem BIGSCORE AONE 스카이디지털 IN WIN S2innovation		케이스 제원 및 크기 지원 파워규격(ATX) LED 상태 표시 창 5.25, 3.5, 2.5 " 베이 팬쿨러 수(통풍구) 먼지 필터 연결 단자(사운드/ USB/eSATA)			1. 케이스는 1차적으로 조립의 편의성, 디자인, 사용 편의성을 고려합니다. 요즘에는 편리한 조립을 지원하는 무나사 시스템을 채택한 케이스도 있습니다. 2. 오버클러킹을 염두에 둔 경우에는 시스템의 냉각이 중요하므로 쿨링 시스템이 잘 갖춰진 케이스를 선택합니다. 3. PC 부품에 먼지가 많이 끼면 오작동과 고장을 유발하므로 케이스 내부에 먼지가 유입되지 않도록 하는 먼지 필터 등 방진 설계가 되어 있는지도 확인합니다.
쿨러	잘만 쿨러마스터 APAHCI 3Rsystem 써모랩 EVERCOOL		쿨러 제원 지원장치 CPU/VGA/ RAM/HDD/시스템 쿨링방식(공랭/수랭)			1. 정품 쿨러는 소음이 많이 나고 냉각 효율이 낮고 소음도 큰 편이므로 소음을 줄이거나 오버클러킹 성능을 높이려면 사제 쿨러 선택을 고려합니다. 2. 가장 많이 활용되는 사제 쿨러는 CPU 쿨러이며, 오버클러킹을 효율을 높이기 해 VGA 쿨러나 RAM 쿨러를 사용하기도 합니다. 3. 냉각 효율이 좋을수록 부피가 큰 쿨러가 많으므로 쿨러 선택 전에 자신의 컴퓨터 케이스와 메인보드에서 충분히 설치할 수 있는지 확인합니다. 4. 쿨러에는 타워(Tower)형과 플라워(Flower)형, 터널형(또는 원통형)이 있습니다. 타워형과 터널형은 쿨링 효율이 높기 때문에 CPU 쿨러에 많이 적용되고, 플라워형은 부피를 줄일 수 있기 때문에 VGA 쿨러에 주로 적용됩니다.
카드리더기	스카이디지털		외장형/내장형 호환 메모리카드 USB 허브 지원			1. 내장형 카드리더기의 경우는 전원 ON/OFF 기능. USB 단자에 전원을 공급하여 2.5인치 외장형 HDD나 USB 방식의 외장형 TV 수신카드에 충분한 전원을 공급하는 제품도 있습니다. 2. 지원하는 플래시 미디어의 종류
키보드	삼성 LG i-rocks 스카이디지털					1. 로지텍, i-rocks, Microsoft, 지피전자, APPLE W3 등 여러 업체 판매 2. 유무선 여부, 인터페이스(PS/2, USB), 접점 방식(멤브레인/펜터그래프), 다기능 키보드 구입을 원할 경우 필요한 기능키 지원 여부(게임/멀티미디어/인터넷)
마우스	삼성 LG i-rocks 스카이디지털					1. 로지텍, i-rocks, Microsoft, 지피전자, WACOM, Razer, Steelseries, 등 여러 업체 판매 2. 유무선 연결 방식, 인터페이스, 마우스 해상도, 마우스 단추 수(3/4/5), 휴대성을 고려하는 경우에는 크기 확인
프린터	삼성전자 HP Canon Epson Lexmark XEROX		인터페이스 프린터 종류(잉크젯/ 레이저 부가 기능(복사기/스 캐너/팩스) 지원 용지			1. 인쇄 해상도(dpi, 인치당 도트 수) 2. 인쇄 속도(ppm, 분당 출력 페이지 수) 3. 지원 용지 규격 4. 복합 기능(스캐너, 복사기, 팩스) 5. 트레이의 거치 용지 매수 6. 지원 인터페이스(병렬 단자, USB, 네트워크)

PC 부품 선택 종합 점검표

부품 종류	제조사	모델명	주요 사양	수량	가격	추가 점검 사항
LCD 모니터	삼성전자 LG전자 BENQ 알파스캔 퍼스트 MOTVCNC 오리온정보 통신		단자(DVI/HDMI) 크기 / 최대 해상도 응답 속도 / 밝기 명암비 / 동적명암비 스탠드(피봇, 틸트 등) 광원 / 시야각 부가기능(3D, TV 수신, 스피커, 웹캠, 터치스크린 등)			1. CRT 모니터는 주로 단종되었으며, LED 프린터는 LCD 프린터지만 광원(백라이트)으로 전원 효율과 발광 효율이 좋은 LED가 사용됩니다. 2. LCD 모니터는 주로 TFT LCD가 사용되므로 크기와 해상도가 핵심 기준이며, 편안한 화면을 위한 응답 속도와 밝기, 명암비를 확인합니다. 색 재현율은 동적 명암비가 높을수록 우수하고, 디자인용은 수동 색상 조절 가능 여부를 확인합니다. 3. 스탠드는 세로로 세울 수 있는 피봇 기능, 좌우로 경사를 조절할 수 있는 틸트 기능 등이 지원되는지 확인합니다. 4. 3D 모니터를 사용하려면 3D 안경 지원 유무를 함께 체크하고, TV 수신 기능 지원 모니터를 구입하는 경우는 HD 지원 여부를 확인합니다.
멀티미디어	스카이디지털	TV 수신 카드 영상 캡처 보드 디지털 멀티미디어 플레이어				1. TV 수신 카드와 영상 캡처 장치는 지원 인터페이스(PCI/PCI Express/USB), 지원하는 영상 입력 단자(RCA, S-video, 콤포넌트 단자, HDMI) 확인 2. 디지털 멀티미디어 플레이어는 유무선 네트워크 지원 여부, 지원 코덱 체크
인터넷 공유기						1. ipTIME, D-Link, ZIO, NEPLE, Axler, XtremeN 등의 제조사가 있습니다. 2. 유무선 지원 여부, 지원 속도(유선 Ethernet 10/100/1000, 무선 802.11 b/g/n)

맞춤형 PC 부품 견적서 만들기

다나와 웹사이트(www.danawa.com)의 관심 상품 견적 서비스를 활용하면 관심 상품의 다나와 평균가와 최저가를 일목요연하게 확인할 수 있는 견적서를 만들 수 있습니다.

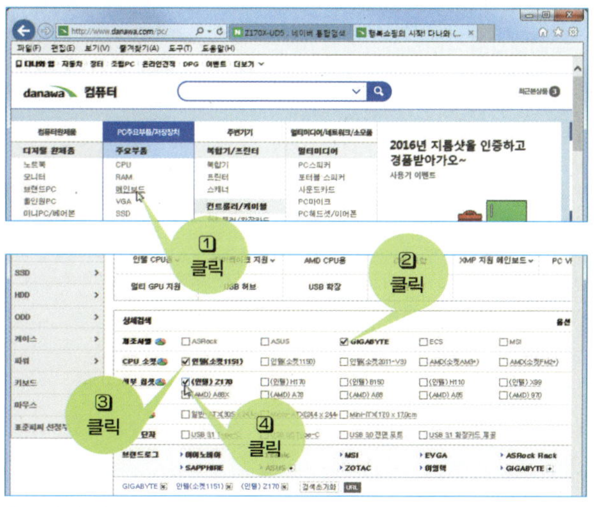

❶ 다나와 웹사이트에 회원 가입을 하고, 로그인한 다음에 원하는 제품을 선택합니다. 위 그림은 메인보드 제품을 선택(①)한 예를 보인 것으로 제조사(②), CPU 소켓(③), 세부 칩셋(④)을 차례로 선택합니다.

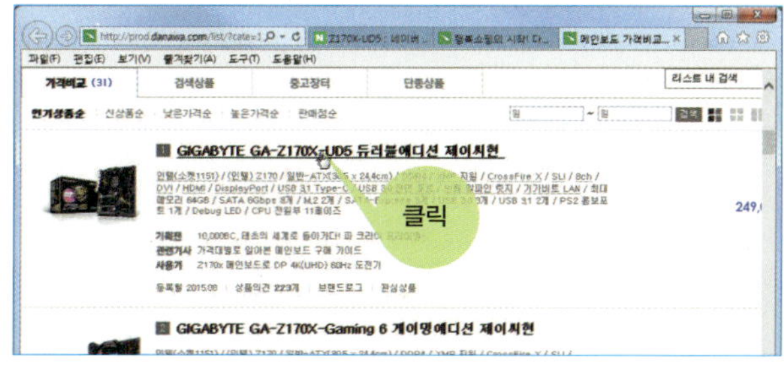

❷ 검색된 제품 목록이 나오면 원하는 상품을 클릭합니다.

❸ 상품이 나오면 관심 상품 아이콘을 클릭(①)한 다음, 관심상품 폴더 선택 팝업에서 관심상품을 클릭(②)합니다. "관심 상품으로 저장되었습니다. 관심상품 보관함으로 이동하시겠습니까?"라는 팝업 창이 나올 때 확인 단추를 클릭(③)합니다. 그러면 ❹단계와 같은 현재까지 선택한 관심 상품 목록을 볼 수 있습니다. 계속 다른 관심 상품을 등록하려면 취소 단추를 클릭합니다.

❹ 지금까지 선택한 관심 상품 목록과 평균가와 최저가가 표시되는 것을 볼 수 있습니다. 관심 상품을 PC 온라인 견적함으로 복사하면 온라인 견적 기능을 이용하여 부품의 수량까지 선택하여 견적을 알아볼 수 있습니다.

둘째 마당

나만의 파워 PC 만들기

둘째 마당에서는 직접 나만의 파워 PC를 조립하는 방법을 살펴봅니다. PC를 직접 조립해보면 그만큼 PC와 친숙해지고, 자신이 원하는 기능들을 자유롭게 확장할 수 있는 능력을 기를 수 있습니다.

PC 분야는 끊임없이 새로운 인터페이스와 기능들이 등장하고 있는데, 대부분 새로운 기능들은 메인보드에 통합되기 때문에 오히려 조립은 더 쉬워집니다.

과거에는 사운드 카드와 랜 카드도 일일이 확장 슬롯에 설치해야 했지만 지금은 메인보드에 통합되었습니다. 지금은 FDD도 사라졌고, ODD도 굳이 PC로 조립하기 보다는 필요할 때 USB 인터페이스의 외장형 ODD를 사용하는 형태로 바뀌어 조립이 더욱 간단해졌습니다.

사실상 최신 PC 조립은 메인보드에 CPU와 RAM, 그래픽카드를 설치하고, SSD나 HDD를 설치하면 되는 형태로 단순화되었습니다. GPU 내장 CPU나 메인보드 칩셋에 GPU를 포함하는 경우에는 그래픽카드까지도 설치하지 않아도 됩니다.

둘째 마당에서는 구형 PC와 새로운 인터페이스의 신형 PC가 공존하고 있는 시대인만큼 구형 인터페이스의 PC도 조립하고 다룰 수 있는 능력까지 자연스럽게 익힐 수 있도록 구성하였습니다.

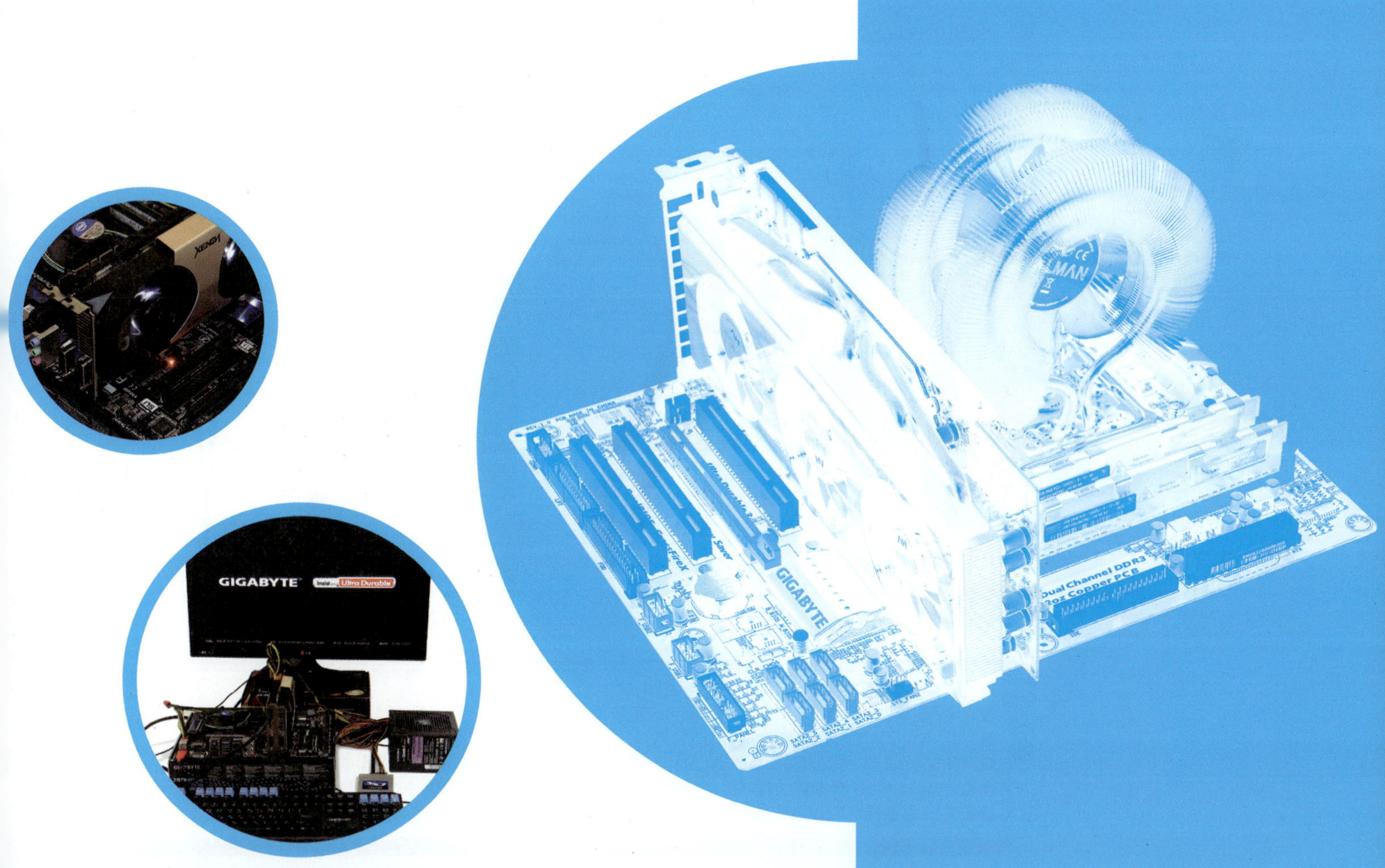

Chapter 03 PC 조립을 위한 사전 준비

PC 조립은 장난감 조립을 할 수 있는 사람이면 누구나 조립할 수 있습니다. 장난감 조립시 중요한 것은 끼울 곳에 잘 맞춰서 끼워 넣고, 본드가 흐르지 않도록 깔끔하게 붙이는 것입니다. PC 조립도 마찬가지입니다. PC 부품은 쉽게 조립하고 끼워 넣을 수 있게 만들어져 있어 끼울 곳에 잘 끼우고 나사를 조일 곳을 잘 조이기만 하면 됩니다.

1 챙기자! 준비물

PC 조립을 시작하기 전에 조립에 필요한 도구들과 조립에 사용할 부품과 설명서들을 잘 정리해 두면 신속하고 효율적으로 조립할 수 있습니다.

필요한 준비물 챙기기

PC 조립을 위해 필요한 준비물은 십자 드라이버와 니퍼, 커터 칼 정도면 충분합니다. 드라이버는 마그네틱 기능이 있는 게 나사를 조이거나 풀 때 편리합니다. 다른 공구는 없어도 큰 문제는 없지만 라디오 펜치나 핀셋, 송곳 등도 있으면 좀 더 편리하게 조립할 수 있습니다.

PC 조립에 필요한 공구

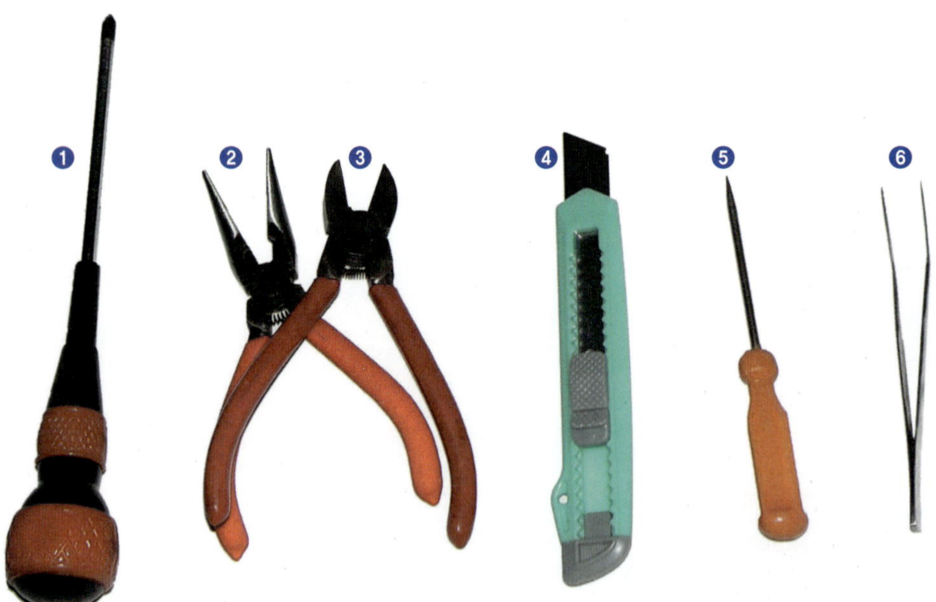

HELP

❶ **십자 드라이버** : 각종 나사를 조이고 풀 때 사용합니다.
❷ **롱노우즈 플라이어** : 라디오 펜치라고도 하는데, 선들을 정리하거나 빡빡한 점퍼 등을 빼낼 때 유용합니다.
❸ **니퍼** : 불필요한 부분을 안전하고 쉽게 절단할 때 사용합니다. PC 조립 후 선들을 정리한 타이 등을 절단할 수 있습니다.
❹ **커터 칼** : 간혹 발생하는 세밀한 절단이나 선처리 작업에 유용합니다. 단, 조심하여 다뤄야 합니다.
❺ **송곳** : 딥 스위치나 커넥터의 이음새를 조정하는 등의 세부적인 변경 작업에 활용할 수 있습니다.
❻ **핀셋** : 신형 컴퓨터 조립에서는 없어졌지만 점퍼나 딥 스위치 설정 시에 유용합니다.

조립에 필요한 부품 분류하여 정리하기

막상 조립을 하다 보면 부품 하나가 없어서 작업 진척도 안 되고, 찜찜한 뒷맛을 남길 수 있으므로 부품을 신중히 분류하여 정리합니다. 조립 시 핵심적인 부품은 케이스와 메인보드, 그래픽카드이며 내용물도 비교적 많으므로 특히 유의하기 바랍니다.

먼저 메인보드와 함께 제공되는 내용물을 살펴보면 다음과 같습니다.

메인보드와 함께
제공되는 내용물

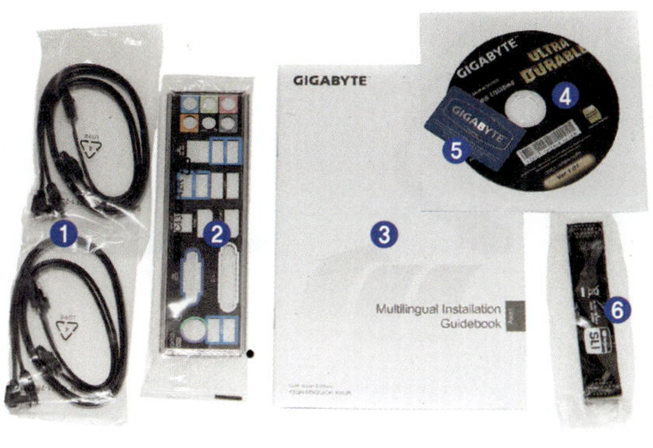

❶ SATA 케이블 : SATA 인터페이스의 하드디스크나 SSD, ODD를 연결할 수 있습니다.
❷ I/O 실드 : 메인보드의 백패널을 통해 먼지가 유입되는 것을 막아줍니다. 베젤(Vessel)이라고도 합니다.
❸ 설명서 : 한글 설명서가 제공되기도 하지만 대개 영문으로 되어 있습니다.
❹ 메인보드 드라이버와 유틸리티 DVD : 각종 장치 드라이버와 PC 관리에 필요한 유틸리티를 설치할 수 있는 DVD입니다.
❺ 로고 스티커 : PC 케이스 부착 스티커입니다.
❻ SLI 연결 케이블 : NVIDIA 그래픽카드로 멀티 VGA 구축 시 연결에 사용되는 케이블입니다.

케이스와 함께 제공되는 내용물은 다음과 같습니다. 실제 조립에 필요한 나사들은 모두 케이스 부품으로 제공됩니다. 조립을 끝낸 후 케이블을 정리할 때 깔끔한 마무리를 위해 케이블 타이나 빵끈 등도 준비해두는 것이 좋습니다.

케이스와 함께
제공되는 내용물

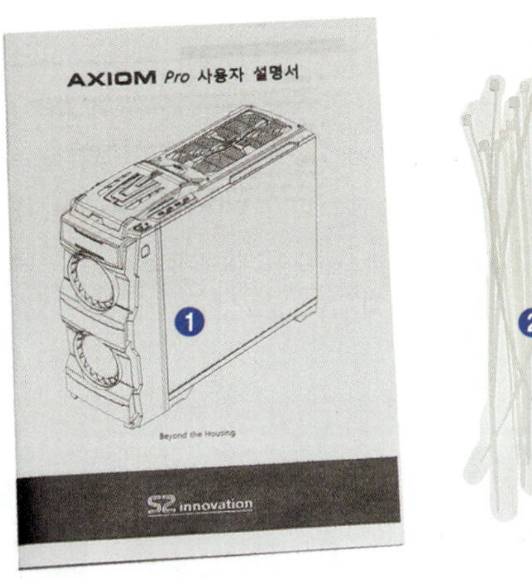
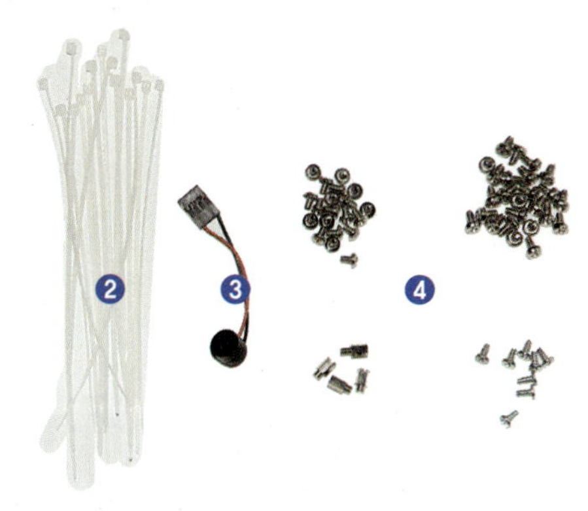

▲ S2 Innovation AXIOM LT 케이스 내용물

❶ 설명서 : 케이스 설명서에는 기본적인 조립 과정이 설명되어 있으므로 조립 전에 반드시 읽어보기 바랍니다.
❷ 케이블 타이 : 케이블 선들을 깔끔하게 정리할 때 사용합니다.
❸ 비프스피커 : 메인보드 케이스 신호선 단자의 스피커 점퍼에 연결하여 오류 시 비프음을 발생하는 스피커입니다.
❹ 나사 : PC 조립은 대부분 육각 나사와 둥근 나사를 사용하며, 그 밖의 나사는 케이스에 따라 다를 수 있습니다.

CPU와 메인보드만큼 값비싼 부품인 그래픽카드 박스의 내용물은 다음과 같습니다.

*그래픽카드와 함께
제공되는 내용물*

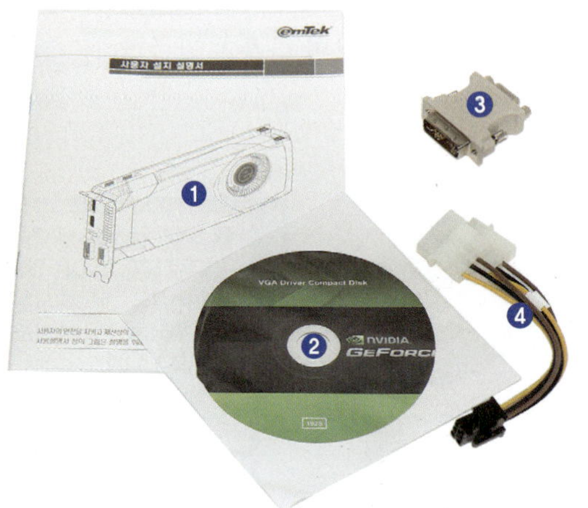

PC 조립이 끝난 후에는 각 부품 설명서와 설치 CD, 영수증 등을 꼼꼼히 챙겨 보관해야 합니다. 가급적이면 부품 박스들도 버리지 않고 보관하는 게 나중에 A/S를 받거나 중고 거래를 할 때 제값을 받을 수 있습니다. 공간이 여의치 않다면 메인보드 박스에 담아서 필요할 때 사용할 수 있도록 하고, 가급적 그래픽카드 상자는 버리지 말고 보관하기 바랍니다.

Check Point · 메인보드 박스는 PC 조립대와 부품 보관에 활용하세요

메인보드 박스는 종이 박스이므로 PC를 안전하게 가조립할 때 유용합니다. 메인보드를 올려 놓고 가조립을 하면 누전도 막고, 기판이 손상되는 것도 방지할 수 있습니다.

PC 조립을 마친 후에는 여분의 나사와 케이블 타이, 각종 케이블, 설명서와 보증서, 각종 부품의 번들 CD/DVD는 메인보드 박스에 함께 넣어 보관합니다. 물론 다른 부품 박스도 가능하면 온전한 상태로 보관하는 게 좋습니다. 특히 그래픽카드와 CPU 상자도 가급적 버리지 말고 보관하기 바랍니다. 공간이 여의치 않다면 다른 부품 내용물은 메인보드 박스에 담아 필요할 때 사용할 수 있도록 합니다.

 2 조립 전에 시행착오를 예방하세요

PC 조립 자체는 사실상 메인보드에 그래픽카드를 설치하는 정도이므로 사운드카드나 랜카드 같은 확장 슬롯을 사용하는 주변 장치까지 설치했던 과거보다 한결 쉬워졌습니다. 하지만 무턱대고 조립만 하다 보면 부품의 기능과 성능을 백분 활용하기도 어렵고, 조립 과정 중에 시행착오를 겪을 수도 있으므로 사전 준비에 철저하기 바랍니다.

시행착오 예방법

각 부품의 설명서는 조립 전에 읽어 보세요

제품 설명서는 조립뿐만 아니라 PC를 사용하는 동안 부딪힐 수 있는 여러 문제를 해결할 수 있는 1차적인 열쇠이며, 사용자가 구입한 케이스나 메인보드 및 각종 부품에 따라 세부적인 차이가 있기 때문에 조립 전에 모든 의문점을 해결하고 시작하는 것이 바람직합니다.

충분한 조립 공간을 확보합니다

PC 부품은 케이스까지 포함하면 적지 않은 부피를 차지합니다. 좁은 공간에서 작업하면 정리하기도 나쁘고, 몸놀림을 잘못하면 부품마저 훼손할 수 있으므로 가급적 충분한 여유 공간을 확보한 상태에서 조립하기 바랍니다. 그리고 조립한 후 테스트까지 감안하여 조립 지점에서 전원 콘센트를 사용할 수 있는지, 모니터를 둘 수 있는 공간은 나오는지 등도 사전에 점검해보기 바랍니다.

조명의 밝기는 충분한가요?

조립 공간의 조명 문제도 중요한 사항입니다. 조립 중에는 기판의 작은 글씨들을 정확히 확인하며 맞추기도 해야 하고, 작은 케이블 신호선 커넥터를 연결하기도 해야 합니다. 작은 PC 부품들을 찾아 헤매는 불편을 감수하지 않고 쾌적하게 조립하기 위해서는 충분한 조명이 필수적입니다.

시간적 여유를 갖고 조립합니다

PC 조립은 초보자도 한두 시간이면 충분히 할 수 있을 정도로 간단하지만, 항상 순탄하게만 일이 진행되는 것은 아닙니다. 시간에 쫓겨 조립하다 보면 연결해야 할 것을 깜박할 수도 있고 엉뚱한 곳에 연결하는 실수를 할 수도 있습니다. 특히 케이스나 메인보드 같은 경우 제품마다 차별화된 연결 방식이 있을 수 있으며, 그에 따른 조립 방법도 일반 방식과 차이가 날 수 있습니다. 이러한 경우 고객 지원 센터에 문의하거나 설명서를 꼼꼼히 검토해야 시행착오를 예방할 수 있습니다. 그리고 구입 업체에 문의가 가능한 주간에 조립하면, 문제에 직면했을 때 바로 전화하여 의문점을 바로 해결하고 진행할 수 있습니다.

부품 정리는 깔끔하게 해두고 시작합니다

조립 전에 부품을 잘 정리해서 조립 과정에서 불필요한 시간 낭비를 하지 않도록 합니다. 부품을 정리할 때의 유의사항은 다음과 같습니다.

부품 교환이나 A/S에 대비하여 제품 포장을 훼손하지 않도록 합니다

고장이 아니더라도 마음에 들지 않아 부품을 교체해야 되는 경우도 있습니다. 포장이 훼손된 제품에 대해서는 교환을 잘 해주지 않으므로 유의해야 합니다.

부품은 하나하나 꼼꼼히 챙겨 정리합니다

부품을 하나하나 꼼꼼히 챙겨야 뒤탈이 없습니다. 특히, 케이스 조립에 사용되는 나사들이나 드라이브 장치를 연결하고 고정하는 데 사용되는 부품들은 사용하기 쉽게 분류해둡니다.

제품 라벨과 보증서는 잘 관리합니다

보증서는 무료 A/S를 위해 꼭 필요하므로 잘 관리하기 바랍니다. 제품 라벨도 무료 A/S 권리를 증명하는 수단이 되기도 합니다. 제품 라벨이 훼손된 경우에는 사용자 부주의라는 오해를 받기 쉽습니다.

제품 설명서는 잘 정리해서 필요한 때 즉시 참고할 수 있게 합니다

제품 설명서는 제품의 설치 방법과 기능 및 다양한 장애 발생 시에 필요한 조치 방법들을 담고 있습니다. 매뉴얼은 조립하는 동안 의문이 생길 때 즉시 참고할 수 있도록 잘 보관해두기 바랍니다.

PC 부품을 다룰 때는...

정전기를 예방합니다

PC는 예민한 전자 부품으로 구성되어 있습니다. PC가 작동할 수 있게 해주는 것도 전기이지만 PC 부품의 가장 위험한 적도 전기입니다. 비누로 손을 씻으면 정전기를 확실히 없앨 수 있습니다. 손을 씻은 다음에는 물기가 손에 남지 않도록 말끔히 닦고 케이스 같은 금속 물체를 만져 정전기를 예방한 후에 시작하기 바랍니다.

기판을 만질 때는 부품을 직접 건드리지 않도록 합니다

메인보드나 RAM, 확장 카드 같은 전자 회로와 전자 부품이 설치된 기판을 다룰 때는 반드시 가장자리의 플라스틱 부분을 잡아야 합니다. 기판의 부품을 직접 만지면 부품이 훼손되거나 정전기의 영향으로 손상될 수 있습니다.

부품에 충격을 주지 않도록 합니다

모든 컴퓨터 부품은 끼워 넣을 곳과 끼워 넣는 곳의 모양과 핀의 수가 다르므로 쉽게 구별하여 조립할 수 있습니다. 그러므로 힘으로 무리하게 끼워 넣으려 하지 말고, 끼워 넣는 방향이 정확한지를 확인한 후에 조립합니다.

운영체제용 드라이브 활용 전략

하드디스크의 가격 파괴와 대용량화, 고속 SSD의 출현으로 사용자의 컴퓨터 운용 폭이 한결 넓어졌습니다. 과거에는 하드디스크가 값이 비싼 데다 용량도 넉넉하지 않아 운영체제용 드라이브에 대한 특별한 고민이 필요 없었지만, 이제는 쾌적한 컴퓨터 사용을 위해서는 운영체제용 드라이브 전략도 꼼꼼히 세울 필요가 있습니다. 운영체제용 드라이브 전략을 세울 때는 다음의 몇 가지 기준을 가지고 전략을 세우는 것이 바람직합니다.

운영체제용 드라이브는 가장 빠른 장치를 사용합니다

컴퓨터의 시동에서 가장 많은 시간을 차지하는 게 운영체제의 로딩에 걸리는 시간이며, 대개의 경우 소프트웨어는 운영체제가 있는 드라이브에 설치하여 사용합니다. 컴퓨터 사용 시 체감 속도에 가장 영향을 미치는 요소 중 하나가 컴퓨터의 시동에 걸리는 시간과 프로그램을 띄우는 데 걸리는 시간입니다.

따라서 빠른 시작과 쾌적한 프로그램 사용을 위해 운영체제 설치용 드라이브는 가장 빠른 인터페이스와 가장 빠른 드라이브 장치를 활용하길 권장합니다. HDD와 SSD가 있다면 운영체제용 드라이브는 SSD를 사용합니다.

최근에는 고속 SSD를 지원하는 M.2 슬롯과 SATA Express 단자까지 나왔으므로 이를 지원하는 시스템이라면 운영체제 드라이브는 최신 인터페이스에 대응하는 SSD 사용을 권장합니다.

둘 이상의 하드디스크를 사용하고 있는 경우에는 하드디스크의 분당 회전 수(RPM)나 버퍼 크기에 따라 속도 차이가 있습니다.

사양이 비슷해도 제조 업체에 따라 전송 속도나 CPU 점유율 등에 차이가 있습니다.

파코즈 하드웨어 웹사이트(www.parkoz.com)의 하드디스크 벤치마크 데이터베이스의 벤치마크 정보를 참고하면 SSD나 HDD의 성능을 알 수 있습니다. 자신의 PC에서 테스트까지 해보면 가장 확실하게 성능을 알 수 있습니다(531 참고).

운영체제와 데이터용 드라이브는 분리하세요

컴퓨터 부품은 날이 갈수록 싸질 뿐만 아니라 언제든지 쉽게 구할 수 있습니다. 하지만 데이터는 한 번 유실되면 다시 복구하기가 쉽지 않습니다. 운영체제를 새로 설치하게 되면 운영체제가 사용하는 폴더와 동일한 폴더는 완전히 지워집니다. 운영체제용 드라이브에서 데이터를 함께 사용하던 중에 바이러스나 악성코드로 인해 시동이 되지 않을 때 당황하여, 백업을 수행하지 않고 운영체제를 새로 설치하게 되면 데이터까지 몽땅 날리는 최악의 상황을 맞이할 수도 있습니다.

운영체제와 데이터용 드라이브를 분리하면 복구 작업도 한결 수월하게 진행할 수 있을 뿐만 아니라 데이터의 보호에도 유리합니다. 물론 데이터 보호를 위한 별도의 백업 전략은 아무리 강조해도 지나치지 않습니다.

운영체제용은 SSD, 데이터용은 HDD를 사용하는 형태가 가장 이상적이지만 하나만 있는 경우라도 파티션 설정을 통해 둘 이상의 드라이브로 분리하여 사용할 수 있습니다. HDD를 하나만 사용하더라도 운영체제 파티션과 데이터 파티션을 구분하여 사용하길 권합니다.

운영체제용 드라이브 공간을 낭비하지 마세요

요즘은 운영체제와 응용 프로그램의 빠른 로딩을 위해 SSD를 사용하는 분들이 늘고 있는데, SSD도 최근에야 128GB와 256GB 제품이 대중화되는 정도입니다.

소프트웨어를 많이 설치하여 사용하는 경우라 하더라도 운영체제와 업무용 소프트웨어를 위한 공간은 넉넉하게 잡아도 30GB 정도면 충분합니다. 운영체제용 드라이브를 콤팩트하게 사용하면 윈도우 운영체제의 시스템 백업 기능을 사용하여 시스템 이미지를 간편하게 백업할 수 있습니다(629쪽 참고).

시스템 백업을 해두면 바이러스와 악성코드로 인해 운영체제와 소프트웨어 사용에 문제가 발생하더라도 10~20분 이내에 간단히 복구할 수 있습니다. 윈도우의 시스템 백업/복구 솔루션과 비슷한 전문 시스템 이미지 백업/복구 유틸리티로는 고스트(Ghost)나 아크로니스 트루이미지(Acronis True Image)가 있습니다.

드라이브 이름은 구별하기 쉬운 영문 이름으로 설정합니다

드라이브를 사용할 때는 구분하기 쉬운 드라이브 이름을 설정해야 합니다. 드라이브 파티션 설정과 포맷 작업을 할 때 드라이브의 볼륨 레이블을 설정할 수 있는데, 구분이 쉽고 기억하기 쉬운 영문 이름으로 설정해야 나중에 문제가 생겼을 때 복구할 드라이브를 정확하게 선택할 수 있습니다.

이미지 백업을 활용하는 복구 프로그램들은 도스 환경으로 시동하여 복구 프로그램을 실행합니다. 복구 프로그램에서 보이는 드라이브 문자는 물리적 연결 순서에 따라 할당되므로 윈도우 운영체제에서 사용하던 순서와 달라질 수 있으며, 드라이브 이름도 한글 이름은 깨지므로 영문 이름 사용을 권합니다. 복구 작업 시에는 복구할 드라이브 이름을 정확히 확인하고 복구해야 엉뚱한 드라이브를 덮어써서 더 큰 재난을 야기하는 불상사를 피할 수 있습니다.

운영체제 설치전 시스템 확인 사항

운영체제를 설치할 때는 HDD나 SSD 같은 보조 기억장치에 설치하게 됩니다. 운영체제 제품의 설치 미디어는 지금까지 DVD로 제공되었지만 내장형 ODD를 사용하지 않는 추세를 반영하여 윈도우 10 패키지 버전은 USB 메모리로 제공됩니다.

SATA 단자의 인터페이스와 대역폭을 확인하세요

운영체제를 설치하려면 메인보드의 SATA 단자를 컨트롤하는 칩셋도 유의할 필요가 있습니다. 얼마 전까지만 해도 SSD는 SATA 단자를 사용했지만, 최근에는 SATA Express 단자와 M.2. 슬롯 같은 초고속 SSD를 지원하는 인터페이스가 새롭게 등장한 점도 유의하기 바랍니다.

CPU와 메인보드 칩셋에 따라 지원하는 인터페이스의 대역폭 차이도 많이 나며, 연결 단자나 슬롯도 달라지므로 자신의 시스템 CPU와 메인보드 사양을 정확히 파악하고, 최적의 부품을 연결해야 최적의 시스템을 만들 수 있습니다.

아래의 그림에서 볼 수 있듯이 인텔의 네할렘 아키텍처의 i5/i7 린필드 CPU와 PCH 칩셋(P55)은 DMI 1.0(2.5GT/s)의 좁은 대역폭으로 연결되었기 때문에 3Gbps 대역폭의 SATA 2 단자 6개를 지원했습니다.

6Gbps 대역폭의 SATA 3를 활용하려면 메인보드 칩셋 제조업체에서 추가 컨트롤러(Marvel9128)를 통해 제공하는 2개의 SATA 3(6Gbps) 단자를 이용해야 합니다. PCH 칩셋은 USB 3.0도 지원하지 않았기 때문에 USB 3.0도 메인보드 제조사에서 써드파티 NEC D720200F1 칩셋을 통해 백패널에 2개의 USB 3.0 단자를 지원했습니다.

인텔의 2세대 코어아키텍처 **샌디브릿지 CPU를 지원하는 6x 시리즈 PCH 칩셋부터 DMI 2.0 (5GT/s)의 대역폭으로 연결되었습니다**. 이때부터 PCH 칩셋에서 2개의 SATA 3 단자를 직접 지원하였습니다(106쪽 참고).

3세대 아이비브릿지 CPU는 처음으로 PCI Express 3.0을 지원하여 PCIe 대역폭을 두 배로 향상시켰습니다. 아이비브릿지 CPU를 지원하는 7x 시리즈 PCH 칩셋도 DMI 2.0으로 연결되지만 새롭게 4개의 USB 3.0 단자를 지원합니다. 이는 인텔이 USB 3.0 지원으로 정책을 선회하였기 때문입니다.

4세대 하스웰 CPU를 지원하는 8x 시리즈 칩셋부터 비로소 6개의 SATA 단자 모두 SATA 3 지원이 이루어졌고, USB 3.0 단자도 6개를 지원합니다. USB 2.0 단자는 최대 14개까지 지원합니다. 물론 메인보드 디자인에 따라 그 수는 달라질 수 있습니다.

▲ **예제 부품** : GIGABYTE P55A–UD3R 메인보드

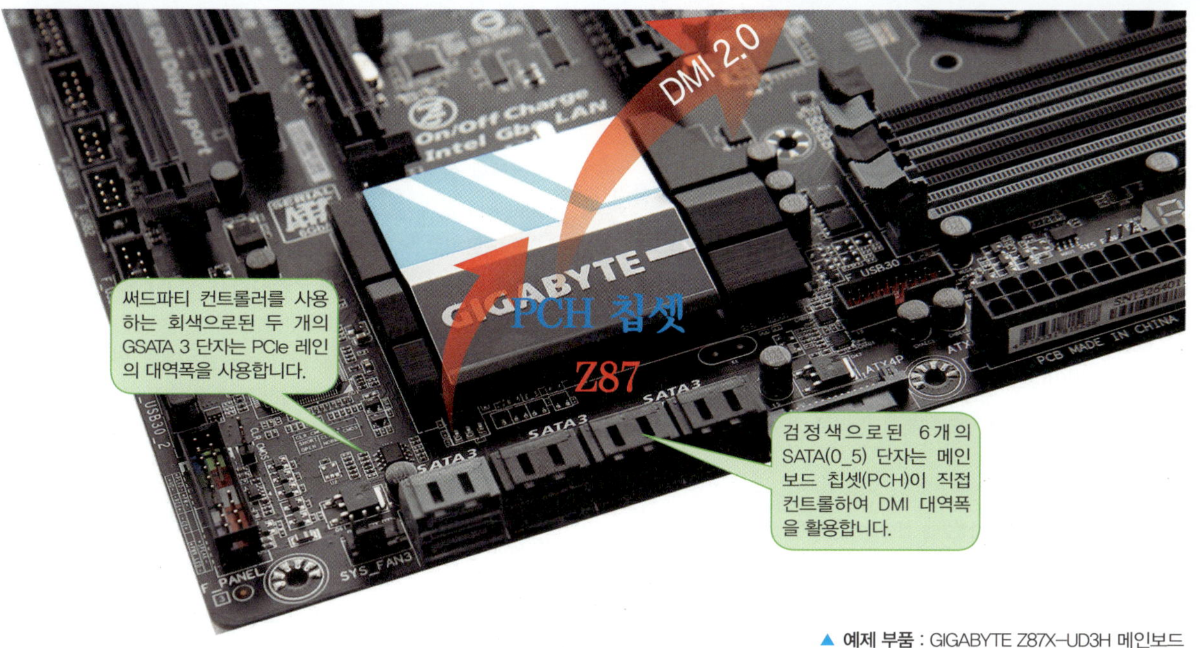

▲ 예제 부품 : GIGABYTE Z87X–UD3H 메인보드

그리고 대부분의 기능은 8x 시리즈 PCH 칩셋과 비슷하지만 하스웰 리프레시 CPU를 지원하는 9x 시리즈 칩셋은 8x 시리즈의 칩셋과 큰 차이는 없습니다. 하지만 SATA 3.2를 지원하는 SATA Express 단자와 M.2 SATA 슬롯이 지원되기 시작했습니다.

하스웰 리프레시 CPU까지는 PCI Express 2.0을 지원했기 때문에 PCH 칩셋을 통해 지원되는 대역폭은 PCle 2.0 2레인의 대역폭인 10Gbps 수준입니다.

하스웰 리프레시 시스템에서는 M.2 슬롯을 기존의 AHCI 기반의 SATA 3 대역폭으로 지원하는지, PCle 2.0 2레인의 대역폭인 최대 10Gbps까지 지원하는지 확인해야 합니다.

인텔의 6세대 코어아키텍처의 스카이레이크 CPU를 지원하는 **100 시리즈 PCH 칩셋부터 DMI 3.0 (8GT/s)의 대역폭으로 연결** 됩니다. 드디어 PCH 칩셋에서도 PCle 3.0 레인을 지원하고, 고속 SSD에 최적화된 NVMe 컨트롤 모드와 같은 신형 인터페이스가지 원됩니다.

M.2 슬롯은 PCle 3.0 4레인(32Gbps), SATA Express 단자는 PCle 3.0 2레인(16Gbps) 대역폭을 지원합니다. 메인보드 디자인에 따라 달라지긴 하지만 USB 3.0은 최대 10개까지 지원합니다. 한편, 칩셋 차원의 USB 컨트롤러 지원은 XHCI만 지원하므로 기본 EHCI 드라이버만 지원하는 윈도우 7.0 설치에 유의해야 합니다.

▲ 예제 부품 : GIGABYTE Z170X–UD5 메인보드

드라이브 인터페이스와 컨트롤 모드 확인

운영체제 설치 시 HDD나 SSD 인식을 위해 바이오스 셋업 프로그램에서 SATA 컨트롤 모드를 IDE, AHCI, RAID 모드 중에서 설정할 수 있습니다(304쪽 참고).

호환성을 위해 IDE 모드가 지원되더라도 구형 방식이므로 핫플러깅 기능을 지원하며, NCQ 기술을 지원하는 AHCI 모드 설정을 권장합니다.

그리고 스카이레이크 CPU와 짝을 이루는 인텔 100시리즈 PCH 칩셋 적용 메인보드에서 M.2 슬롯이나 SATA Express 단자에서 SSD를 사용할 때는 NVMe 컨트롤 모드를 사용하는 점에 유의하기 바랍니다.

레이드(RAID) 모드는 AHCI나 NVMe 컨트롤 모드 기반 위에 둘 이상의 디스크 드라이브를 연결하는 기술로 이해하면 됩니다. 레이드 구성 방식에 따라 레이드 구성 레벨은 여러 가지가 있는데, 디스크 직렬 연결 방식인 Raid 0으로 연결하면 동시 읽기/쓰기 작업이 가능하므로 쓰기 속도를 거의 배 수준까지 향상시킬 수 있습니다.

AHCI나 NVMe로 설정한 디스크에 운영체제를 설치하려면, 해당 모드의 드라이버가 구동되어야 드라이브를 인식하고 운영체제를 설치할 수 있습니다.

운영체제 설치 프로그램이 기본 지원하지 않는 드라이버는 메인보드 제조업체 웹사이트나 번들 CD에서 해당 드라이버를 받아 USB 메모리로 복사하여 준비해둔 다음, 운영체제 설치 시에 드라이버를 적재(Loading)하여 구동시켜야 합니다(355쪽 참고).

운영체제를 RAID 모드로 설치하는 경우에는 먼저 레이드로 사용할 물리적인 디스크를 설치하고, 바이오스 셋업 프로그램에서 RAID 모드를 활성화한 후 레이드 구성 유틸리티를 호출하여 설정하는 절차를 거칩니다. 그 다음에 RAID 드라이버를 USB 메모리에 복사하여 준비해둔 다음, 운영체제 설치 시에 드라이버를 적재(Loading)하여 구동하면 됩니다.

다음은 운영체제별로 설치 시 유의할 부분에 관해 정리한 표입니다. 최신 운영체제는 설치에 문제가 없지만 윈도우 XP나 윈도우 7 설치 시에는 유의해야 할 사항이 많은 것을 알 수 있습니다.

운영체제	내 용	비 고
윈도우 XP	● 윈도우 XP의 경우, ACHI/RAID 드라이버는 한참 뒤에 나왔으므로 기본으로 지원되지 않습니다. 따라서 별도로 AHCI/RAID 드라이버 파일을 로드하여 구동시켜야 합니다. ● 윈도우 XP는 기본 지원되지 않는 써드파티 드라이버는 FDD에서만 선택하게 설계되어 있으므로 FDD를 준비하여 플로피 디스크에 AHCI/RAID 드라이버를 준비해야 합니다. ● 윈도우 XP를 설치할 때 써드파티 드라이버를 선택하려면 F6키를 누르라는 메시지가 상태 표시줄에 나올 때 F6키를 누르고 FDD에 저장해 둔 AHCI/RAID 드라이버를 선택하여 구동하면 됩니다. ● 드라이버가 구동되면 드라이브가 인식되므로 윈도우 XP를 설치할 수 있습니다.	● 윈도우 XP는 2001년 10월 25일 출시후 서비스 팩 3까지 나옴 ● 하스웰 CPU 지원 8x 시리즈 칩셋부터는 공식적으로 윈도우 XP 지원이 중단됨.
윈도우 비스타 윈도우 7	● 윈도우 비스타부터 윈도우 10까지는 ACHI 드라이버는 기본 지원됩니다. 윈도우 7을 RAID에 설치할 때는 해당 ACHI/RAID 드라이버를 USB 메모리에 준비하고 운영체제 설치 시 RAID 드라이버를 구동하면 됩니다. ● 윈도우 7은 최근에 나온 NVMe 드라이버를 지원하지 않습니다. 스카이레이크 시스템에서 운영체제용으로 M.2 슬롯이나 PCI Express용 SSD를 사용한 경우 윈도우 7을 설치할 때는 사전에 NVMe 드라이버도 USB 메모리에 준비했다가 운영체제 설치 시에 드라이버를 적재(Loading)하여 구동시켜야 합니다. ● 윈도우 7은 USB 컨트롤러로 최신 XHCI 대신 EHCI를 지원합니다. 스카이레이크 CPU와 짝을 이루는 100시리즈 칩셋은 기본으로 XHCI 컨트롤러만 지원하므로 윈도우 7을 그냥 설치하면 USB 메모리는 물론 USB 마우스와 USB 키보드도 사용할 수 없습니다. ● 스카이레이크 CPU를 사용하는 시스템에서 USB로 윈도우 7을 설치하려면 메인보드 업체로부터 윈도우 7에서 XHCI 컨트롤러를 사용할 수 있게 해주는 툴을 다운로드하여 USB용 윈도우 7 운영체제 설치 프로그램을 재구성하는 작업이 필요합니다.	● 윈도우 비스타는 2007년 1월 30일 출시 후 서비스 팩 2까지 나옴. ● 윈도우 7은 서비스 팩 1까지 나옴.
윈도우 8 윈도우 8.1	● 윈도우 8/8.1 설치 프로그램은 최신 드라이버를 대부분 지원하므로 특별한 설치 이슈는 없습니다.	● 윈도우 8은 서비스 팩 대신 윈도우 8.1로 발매됨.
윈도우 10	● 마이크로소프트 사는 인텔 6세대 코어아키텍처의 스카이레이크 CPU 이후부터 윈도우 10만 지원하며, 윈도우 7에 대한 지원은 2017년 7월 17일에 종료한다고 발표했습니다. ● 6세대 코어아키텍처 이전 시스템의 경우는 2020년까지 윈도우 7 지원이 계속됩니다. ● 미래의 컴퓨터 작업을 고려한다면 윈도우 10 설치를 권장합니다. 마이크로소프트는 윈도우 10 운영체제의 확산을 위해 윈도우 7/8/8.1 운영체제에 대해 2016년 7월 29일까지 윈도우 10 무료 업그레이드를 진행했습니다.	● 윈도우 10에서 온라인 금융 거래는 대부분 가능하지만 구형 프로그램의 호환성 문제는 있을 수 있으므로 사전 확인 필수

디스크 파티션과 파일시스템의 이해

파티션(Partition)하면 흔히 사무실의 칸막이를 연상하는 분이 많을 겁니다. 사무실의 파티션은 작업 공간을 분할하여 사무실의 작업 능률을 높이기 위해 사용됩니다. 디스크 파티션의 경우도 컴퓨터의 작업 공간을 분할하는 기능으로 이해하면 되는데, 사무실 파티션과 달리 디스크 파티션의 경우는 눈에 보이지 않는 논리적인 구획입니다. 즉, 파티션은 디스크의 공간을 분할하여 좀 더 효율적으로 사용하기 위한 것입니다.

파티션이 왜 필요한가요?

파티션(Partition)을 분할 영역이라는 의미입니다. 디스크 파티션이 설정되어 있어야 비로소 운영체제에 맞는 파일시스템을 구성할 수 있습니다. 이 파일시스템의 구성은 포맷을 통해 수행되며, 포맷을 거쳐 최종적으로 사용자가 접근할 수 있는 드라이브 문자를 할당하여 사용할 수 있습니다.

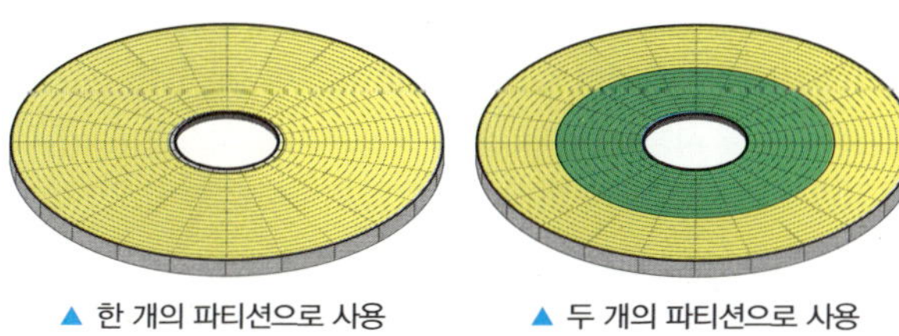

▲ 한 개의 파티션으로 사용　　　▲ 두 개의 파티션으로 사용

요즘은 1테라바이트급 하드디스크도 불과 몇 만 원이면 구입이 가능하므로 큰 부담은 없지만 운영체제용으로 사용할 하드디스크라면 1테라바이트에 달하는 광활한 공간을 하나의 파티션으로 사용하는 것은 바람직하지 않습니다.

컴퓨터 작업 환경에 따라 차이가 있긴 하지만 파티션을 나누면 다음과 같은 부수적인 장점이 생깁니다.

❶ **손쉬운 프로그램과 자료 관리** : 운영체제와 소프트웨어는 다른 파티션을 사용하고, 작업한 데이터는 다른 파티션에서 관리하면 한층 더 체계적으로 관리할 수 있습니다.

❷ **작업 속도의 향상** : 파티션을 사용하면 하드디스크 드라이브의 디스크 헤드가 움직이는 반경이 그만큼 줄어들게 되므로 필요한 파일을 찾는 속도가 그만큼 빨라집니다.

❸ **손쉬운 백업과 복구** : 운영체제와 소프트웨어와 작업 데이터가 구분되어 있으면 백업도 쉬워지며, 복구도 수월합니다. 그리고 대부분의 컴퓨터 바이러스는 실행 파일을 감염시킵니다. 설사 심각한 감염으로 인해 운영체제와 소프트웨어를 다시 설치해야 하는 재난 상황이 발생하더라도 운영체제 파티션만 다시 포맷하고 설치하면 됩니다. 운영체제와 소프트웨어 설치는 비교적 많은 시간을 요하므로 운영체제와 소프트웨어 설치를 마친 후에 시스템 백업을 해두면 나중에 문제가 생겼을 때 즉시 백업 시점의 운영체제와 소프트웨어 운영 환경으로 복귀할 수 있습니다(629쪽 참고).

전통적인 MBR 파티션과 새로운 GPT 파티션

전통적으로 사용되어온 MBR(Master Boot Record) 파티션에서는 최대 2TB까지 파티션을 설정할 수 있기 때문에 3TB 이상의 대용량 하드디스크를 온전히 사용하려면 GPT(GUID Partition Table) 파티션을 사용해야 합니다.

GPT 파티션에 운영체제를 설치하려면 메인보드에서 UEFI(Unified Extensible Firmware Interface) 바이오스가 지원되어야 합니다. UEFI 바이오스에서 UEFI로 시작되는 장치를 선택하여 설치하면 됩니다. GPT 파티션 부팅은 윈도우 7 64비트와 윈도우 8/8.1/10에서 지원합니다.

기존 MBR 파티션보다 GPT 파티션에서의 부팅 속도가 좀 더 빠르기 때문에 좀 더 빠른 시동을 위해 GPT 사용이 늘고 있습니다. 그렇기 때문에 용량이 작은 SSD에도 GPT 파티션을 많이 활용하는 추세입니다. 반대로 UEFI 바이오스에서 MBR 파티션에 기존 바이오스(Legacy BIOS) 방식으로 설치하길 원하는 경우에는 UEFI: 수식어가 붙지 않은 장치를 선택하여 설치하면 됩니다(348쪽 참고).

운영체제와 파일시스템

운영체제에 따라 사용하는 파일시스템은 차이가 있습니다. 파일시스템은 파티션별로 구성이 가능합니다. 다른 파일시스템을 사용하는 운영체제를 동일한 파티션에 설치할 수는 없습니다.

동일한 파일시스템을 사용하는 운영체제라도 한 파티션에 하나만 설치해야 합니다. 그러므로 다른 운영체제를 한 대의 PC에 함께 설치하여 다중 운영체제 사용 환경을 만들려면, 반드시 다른 파티션상에 설치를 해야 합니다.

과거에는 오랫동안 장수한 윈도우 XP상에서 안정화된 결제 솔루션이나 돌아가는 게임 등이 많아 새 운영체제가 나온 뒤에도 윈도우 XP를 사용하기 위해 멀티 부팅을 하는 경우가 많았습니다. 하지만 윈도우 7의 안정성이 검증되면서 멀티 부팅의 필요성은 거의 없어졌습니다. 그뿐만 아니라 윈도우 7 이상의 운영체제는 가상머신 기능을 지원하므로 필요하다면 윈도우 XP는 물론 다른 운영체제도 가상머신으로 설치하여 사용할 수 있습니다(346쪽 참고).

윈도우 운영체제는 FAT32나 NTFS 파일시스템을 사용하지만 리눅스는 Linux Ext 파일시스템을 사용하며, 매킨토시는 HFS 파일시스템을 사용합니다. 다른 파일시스템에 있는 데이터는 직접 읽을 수 없지만 네트워크로 연결되면 파일시스템에 관계없이 이용할 수 있습니다. 웹서버로 리눅스 서버를 많이 사용하는데, 윈도우 PC나 매킨토시 PC의 웹브라우저에서도 아무 문제 없이 접근할 수 있으며, FTP로 접속하면 로컬 드라이브의 폴더나 파일처럼 다룰 수 있습니다.

지금은 다른 파일시스템의 파일을 읽어들일 수 있는 유틸리티도 많이 나와 있으므로 다른 파일시스템을 사용하는 외장형 드라이브의 파일을 불러오는 작업도 어려울 건 없습니다.

FAT와 FAT32, NTFS 파일시스템의 특징

윈도우 운영체제는 파일시스템으로 주로 NTFS를 사용하는데, 과거 도스 시절에는 FAT 파일시스템이 사용되었습니다.
FAT 파일시스템은 디렉토리와 파일 이름으로 8글자 밖에 사용할 수 없어 매우 불편하였기 때문에 윈도우 95 때는 VFAT(Virtual FAT)라는 편법으로 긴 파일 이름(1바이트 영문은 255자, 2바이트 한글은 127자까지 사용 가능)을 지원하기도 했었습니다.

도스에서 사용된 FAT는 16비트 파일시스템으로 한 파티션에서 가능한 최대 크기는 2GB입니다. FAT의 32비트 확장판인 FAT32 파일시스템은 윈도우98 때부터 널리 사용되었으며, 매킨토시와 리눅스 같은 다른 운영체제도 FAT32는 지원합니다. 이같은 호환성 때문에 데이터 저장과 휴대성을 위해 많이 사용하는 USB 메모리와 플래시 메모리는 대부분 FAT32 파일시스템을 사용합니다.
FAT32 파일시스템은 한 파티션에서 가능한 최대 크기는 2TB이며, 파일 크기는 4GB까지만 사용 가능하며, 보안상 취약점이 많아 운영체제용 파일시스템으로서는 윈도우 Me를 끝으로 단명하고 NTFS 파일시스템이 윈도우 운영체제의 파일시스템으로 현재까지 사용되고 있습니다.
서버용 운영체제인 윈도우 NT에서 최초로 FAT32보다 향상된 보안 기능과 대용량 파일 지원 능력을 갖춘 NTFS 파일시스템을 사용하였는데, 지금은 윈도우 XP 이상의 PC 운영체제의 기본 파일시스템으로 사용되고 있습니다.
NTFS 파일시스템은 최대 16EB(Exa Byte=10^{18}=2^{64}Byte) 크기까지 가능하지만 마스터 부트 레코드(MBR)의 인식 가능한 파티션 크기 제한으로 인해 단일 파티션의 최대 크기는 FAT32와 동일한 2TB까지만 가능합니다.
지금까지 설명한 내용을 정리해보면 다음과 같습니다.

	FAT	FAT32	NTFS
최대 크기	2GB	2TB	16EB
파일 이름	8.3 제한 ※파일(폴더) 이름은 8자, 확장자는 3글자로 제한됨.	255 글자	무제한
단일 파일 최대 크기	볼륨 크기까지 가능	4GB	볼륨 크기까지 가능
클러스터 최대 개수	16비트=2^{16}=65536개	65536~4177918개	제한 없음.
지원 운영체제	MS-DOS 윈도우 95	윈도우 95 OSR2 윈도우 98 윈도우 Me	윈도우 NT, 윈도우 2000, 윈도우 XP, 윈도우 비스타, 윈도우 7
비 고	※윈도우95는 VFAT를 사용하여 파일명 8.3 제한 해소 ※정전 등 비정상 종료 시 디스크 오류 발생 가능성 큼.	※정전 등 비정상 종료 시 디스크 오류 자동 복구 기능 제공 ※여러 운영체제가 지원하는 호환성	※안정성과 보안성 향상 : 파일 및 폴더 암호화, 사용자별 관리 기능 강화 ※FAT32보다 디스크 단편화율 낮음.

32GB 이상 플래시 메모리를 위한 exFAT 파일시스템

exFAT(Extended File Allocation Table)는 마이크로소프트 사에서 32GB 이상의 플래시 메모리를 지원하기 위해 FAT32에 대한 하위 호환성을 지원하면서도 안정성과 속도, 4GB 이상의 대용량 파일의 저장이 가능한 exFAT 파일시스템을 개발하였습니다.

exFAT 파일시스템은 운영체제용 파일시스템은 아니고 FAT32처럼 다른 운영체제 간에서도 폭넓은 호환성을 지원하는 파일시스템을 목표로 개발되었습니다. 그러므로 매킨토시의 OSX나 리눅스, iOS나 안드로이드 같은 모바일 운영체제에서도 exFAT를 지원합니다. exFAT는 이론상 64ZB(Zeta Byte=1024EB)까지 기록 가능하지만, 윈도우에서는 512TB까지 사용할 수 있습니다. exFAT는 윈도우 비스타부터 포맷을 지원하며, 윈도우 XP에서도 서비스팩 3을 사용하면 exFAT를 사용할 수 있습니다. exFAT는 다른 운영체제를 사용하는 시스템과의 파일 교환에 적합한 포맷이지만, PC에서 사용하는 SSD나 HDD에 대한 exFAT 포맷은 권장되지 않습니다.

파티션 설정 프로그램 – 디스크 관리자

파티션을 나누고 포맷할 수 있는 프로그램으로 과거에는 도스용 FDISK 명령을 사용했습니다. 윈도우 XP부터는 디스크 관리자에서 직관적으로 파티션 설정과 포맷 작업을 수행할 수 있게 되었습니다.
윈도우의 디스크 관리자에서 디스크 파티션을 나누고 포맷하는 작업은 별로 어렵지 않으므로 한 번 알아두면 자유자재로 디스크 관리 작업을 수행할 수 있습니다.

운영체제용 파티션 전략

운영체제용 파티션 전략을 세울 때는 다음의 몇 가지 기준을 가지고 운영체제용 전략을 세우기 바랍니다. 여러분이 사용하는 드라이브 장치의 여건을 고려하되, 반드시 운영체제와 데이터용 드라이브를 분리하는 원칙만큼은 지키길 권장합니다.

사용할 파티션 선택

MBR 파티션만 있었을 때는 파티션 크기와 갯수 정도만 계획하면 되었지만, GPT 파티션이 등장한 다음부터는 운영체제용 파티션을 어떤 종류로 선택할지부터 정해야 합니다.
운영체제가 윈도우 7 32비트 이하라면 GPT 파티션을 사용할 수 없으므로 고민거리가 안 되지만 윈도우 7 64비트 이상의 운영체제의 설치를 계획한다면 GPT 파티션 사용 여부를 진지하게 검토할 필요가 있습니다.
MBR 파티션은 익숙한 방식이고, GPT 파티션과 비교했을 때 부팅 속도 외에는 디스크 읽기/쓰기 속도에는 영향이 없습니다. GPT 파티션의 경우는 설치 시 바이오스 셋업에서 UEFI로 시동할 수 있도록 설정해야 한다는 점과 내장형 ODD가 아닌 USB 인터페이스의 저장 장치를 이용하여 GPT 파티션에 설치하는 경우 별로 어려운 점은 없습니다.

하나의 하드디스크에 단일 운영체제만 사용하는 경우

PC에 하나의 하드디스크 드라이브만 사용하는 경우에는 운영체제용 파티션과 데이터용 파티션을 나눠서 설정합니다. 하나의 디스크라 하더라도 파티션을 나누면 별개의 드라이브처럼 사용할 수 있으므로 한결 관리하기가 용이합니다.

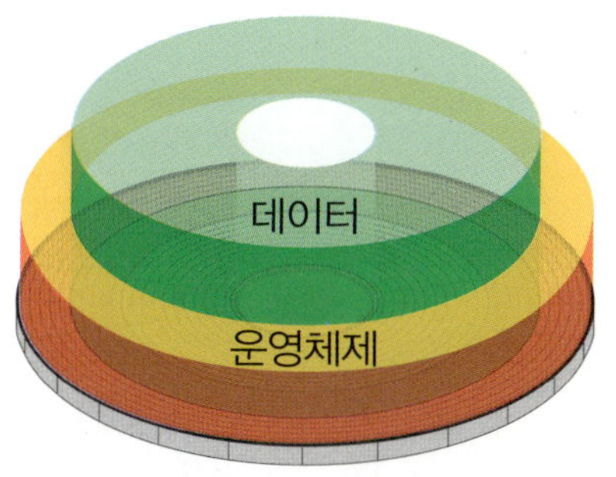

하나의 하드디스크에 두 운영체제를 사용하는 경우

하나의 하드디스크에 두 개의 운영체제를 사용하는 경우에는 각각의 운영체제가 사용하는 파티션을 설정해야 합니다. 멀티 운영체세 설치는 이전 버선의 운영제제를 먼저 설치하고 최신 버전을 뒤에 설치하면 자동으로 멀티 부팅이 가능합니다. 세 번째 파티션은 데이터용 파티션을 구성하면 됩니다.

두 개의 하드디스크에 단일 운영체제를 사용하는 경우

하드디스크를 구입할 때 운영체제용은 용량이 작더라도 빠른 하드디스크를 선택하고, 데이터 보관용은 필요한 용량을 중심으로 선택하기 바랍니다. 하드디스크 용량에 따라 파티션 전략을 세워야 하겠지만 운영체제용 하드디스크는 운영체제용 파티션과 데이

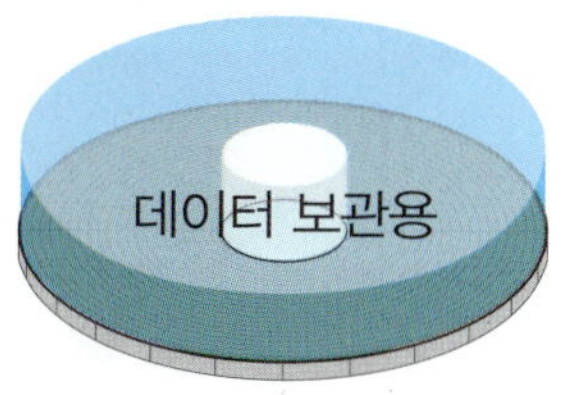

▲ 빠른 하드디스크에 운영체제와 데이터 작업용 파티션을 구성하고 느린 하드디스크는데이터 보관용으로 사용

터 작업용 파티션을 나눕니다. 더 느린 대용량 하드디스크는 데이터 보관용 하드디스크로 사용합니다.

운영체제의 절전 기능을 사용하면 데이터 보관용 하드디스크는 일정 시간 경과 후 하드디스크 파킹이 이뤄지고 최소한의 전력만 유지됩니다. 사용자가 해당 드라이브의 파일을 읽게 될 때 비로소 다시 전원이 공급되어 스핀들모터가 구동된 다음에 디스크헤드가 액세스하기까지 다소 시간이 걸리지만, 사용하는 데 지장은 없습니다.

이처럼 운영체제용 하드디스크의 파티션을 나눠서 데이터 작업용 파티션을 사용하면 데이터 보관용 하드디스크는 절전 상태를 유지하면서도 데이터 작업은 빠르게 수행할 수 있습니다. 데이터 보관용 하드디스크는 필요한 경우 용도별로 파티션을 나눠쓰는 것도 좋습니다.

두 개의 하드디스크에 두 운영체제를 사용하는 경우

흔히 두 개의 하드디스크에 각각 운영체제를 설치하는 게 당연한 것으로 오해하는 분들이 많은데, 이 경우도 더 빠른 하드디스크를 운영체제용 하드디스크로 사용하고, 빠른 하드디스크에 각각의 운영체제용 파티션과 데이터 작업용 파티션을 구성합니다. 그리고 더 느린 대용량 하드디스크는 데이터 보관용 하드디스크로 사용합니다.

데이터 작업용 하드디스크 파티션을 운영체제용 하드디스크에 파

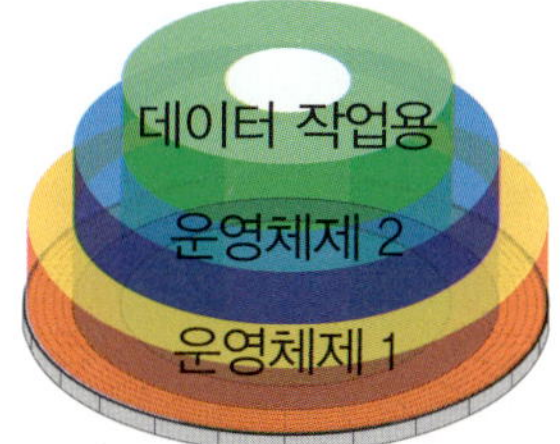

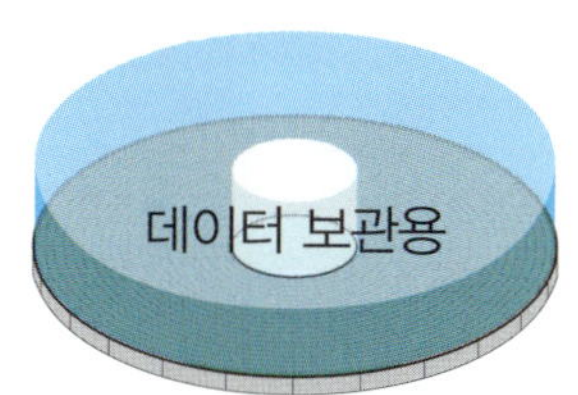

▲ 빠른 하드디스크에 두 운영체제와 데이터 작업용 파티션을 구성하고 느린 하드디스크는 데이터 보관용으로 사용

티션을 구분하여 사용하면 나머지 하드디스크의 절전 기능은 활용하면서 데이터 작업은 빠르게 수행할 수 있습니다.

한 개의 SSD와 1~2개의 하드디스크에 단일 운영체제를 사용하는 경우

SSD는 빠르기는 하지만 빈번한 읽기/쓰기는 SSD의 성능 발휘에는 좋지 않습니다. SSD의 경우는 읽고/쓰기가 빈번할 경우 순간적으로 멈추는 프리징 현상이 발생할 가능성도 높아지기 때문에 SSD는 최대한 운영체제와 프로그램 로딩을 위해 읽는 작업 중심으로 사용하고, 빈번한 읽기/쓰기 작업이 수반되는 데이터 작업은 하드디스크로 운용하는 게 좋습니다.

하드디스크는 물리적인 트랙과 섹터 개념을 사용하여 파일 저장 공간을 구성하지만 SSD의 경우에는 마치 메모리처럼 행렬 매트릭스 방식으로 파일 저장 공간을 구성하고 블록 단위로 읽기/쓰기 작업을 수행합니다.

SSD를 실제 사용할 때는 하드디스크와 동일한 방식으로 사용할 수 있으며, 하드디스크보다 훨씬 빠르고 조용하게 사용할 수 있습니다. SSD의 경우도 윈도우 운영체제에서 제공하는 시스템 백업/복구 기능을 사용할 수 있으며, 이미지 백업 복구 프로그램인 고스트나 아크로니스 트루이미지 등을 사용하여 복구 이미지를 백업해두고 필요한 때 복구할 수 있습니다.

한 개의 SSD와 1~2개의 하드디스크에 단일 운영체제를 사용하는 경우에는 비싼 SSD를 사용하는 목적이 빠른 시동과 빠른 프로그램 로딩에 있으므로 SSD는 운영체제용으로 하드디스크는 읽기/쓰기 작업이 많은 데이터 작업용과 데이터 보관용으로 구분하여 사용하는 게 효율적입니다.

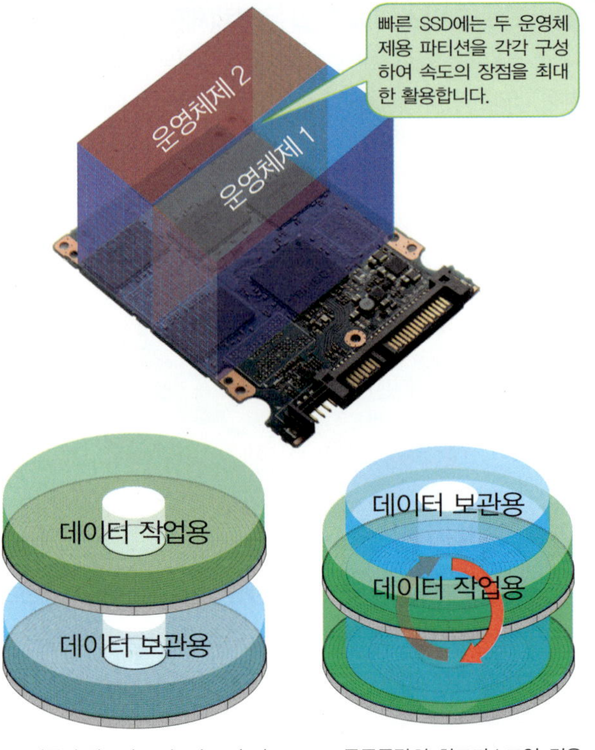

▲ 이종의 하드디스크는 속도가 빠르고, 용량이 작은 것은 데이터 작업용으로 속도가 느리고 용량이 큰 것은 데이터 보관용으로 각각 사용합니다.

▲ 동종동량의 하드디스크인 경우는 HDD 레이드를 구성하고 데이터 작업용과 보관용 파티션을 각각 구성하여 사용합니다.

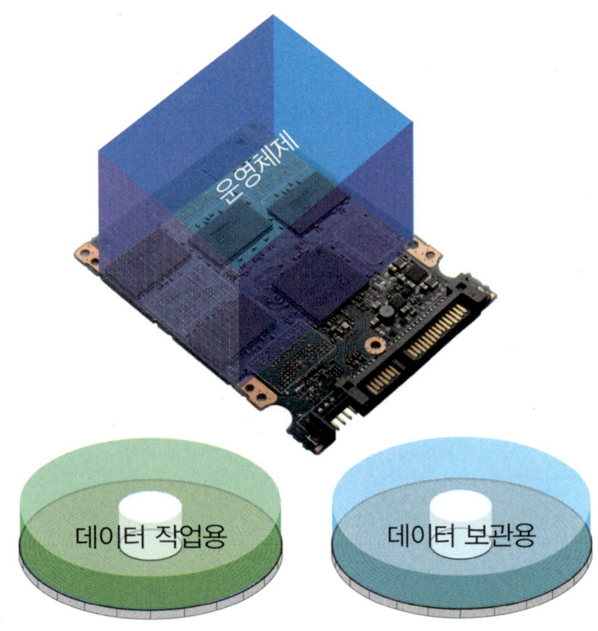

▲ 빠른 SSD에 운영체제용 파티션을 구성하고, 상대적으로 더 빠르고 용량이 적은 하드디스크는 데이터 작업용으로, 용량이 크고 느린 하드디스크는 데이터 보관용으로 사용

동일한 두 개의 SSD와 2개의 HDD에서 단일 운영체제를 사용하려는 경우

SSD를 레이드를 구성하고 SSD 레이드는 운영체제용으로 사용하고 2개의 하드디스크는 앞의 설명과 같은 방식으로 구성합니다.

한 개의 SSD와 2개의 하드디스크에서 두 개의 운영체제를 사용하려는 경우

SSD의 용량이 변수이기는 하지만 SSD의 용량이 허용된다면 SSD를 두 운영체제용으로 파티션을 분할하여 사용하고, 나머지 하드디스크 중 더 빠른 하드디스크는 읽기/쓰기 작업이 빈번히 이뤄지는 데이터 작업용으로 사용하고, 용량이 크고 느린 하드디스크는 데이터 보관용으로 사용합니다.

만약 2개의 하드디스크가 같은 용량의 동종 제품일 경우, 직렬 방식의 RAID 0으로 구성하면 좀 더 성능상의 이점을 누릴 수 있습니다.

SSD를 본격적으로 지원하는 운영체제는 윈도우 7부터입니다. 물론 윈도우 XP에서도 SSD를 사용할 수 있지만, 윈도우 XP에서는 SSD의 자동 최적화 기능인 트리밍 기능이 지원되지 않으므로 유의하기 바랍니다.

▲ SSD 레이드에 단일 운영체제용 파티션 구성

두 개의 SSD와 2개의 HDD에서 두 개의 운영체제를 사용하려는 경우

SSD를 레이드를 구성하고 SSD 레이드는 두 개의 운영체제용으로 파티션을 분할하여 사용하고, 2개의 하드디스크가 같은 용량의 동종 제품이라면 직렬 방식의 RAID 0으로 구성합니다. 단, SSD 레이드에 멀티 운영체제 사용은 권장하지 않습니다.

▲ SSD 레이드에 두 운영체제용 파티션을 각각 구성

- SSD에서 빈번한 읽기/쓰기 작업은 SSD 성능의 하락을 야기할 수 있으므로 하드디스크 드라이브를 활용하는 지혜도 아울러 필요합니다. HDD도 레이드를 구성하면 읽기/쓰기 성능이 두 배 가까이 향상되므로 데이터 작업용 HDD 레이드 구성도 권장합니다.
- SSD 용량이 여유롭지 않은 경우, HDD 레이드를 활용하여 빈번한 읽기/쓰기 작업이 이뤄지는 가상 메모리와 포토샵 등에서 사용하는 스크래치 디스크, 웹브라우저의 인터넷 임시 파일 폴더를 설정하면 비싼 SSD 공간도 확보하고, 수명도 늘릴 수 있습니다.

PC의 시동 과정과 파티션의 작용

PC는 시동 과정을 통해 디스크에 저장된 운영체제를 찾아 로딩하여 작업할 수 있는 운영 환경을 제공하는데, 사실 이 과정은 약속된 루틴으로 디스크의 특정 섹터를 읽는 방식을 사용합니다.

MBR 파티션의 특징

하나의 물리적 디스크에 대해 MBR 파티션은 주 파티션(Primary Partion, 기본 파티션)과 확장 파티션(Extended Partion)으로 구분됩니다. 주 파티션은 최대 4개까지 만들 수 있으나 논리 드라이브를 위한 확장 파티션을 만들 경우에는 3개까지 만들 수 있습니다.

확장 파티션 안에 제한 없이 논리 파티션을 만들 수 있습니다. 단, PC에서 사용 가능한 드라이브 문자는 알파벳 문자로 제한되며 FDD를 위해 예약된 A와 B를 제외하면 최대 24개의 드라이브 문자를 사용할 수 있습니다.

운영체제를 설치할 때는 주 파티션에 설치하는데, 이때 디스크의 첫 번째 섹터에는 마스터 부트 레코드(MBR : Master Boot Record)가 기록되고, 운영체제를 설치하지 않은 다른 주 파티션에는 파티션 부트 레코드(PBR : Partion Boot Record)가 기록되며, 논리 파티션에는 EBR(Extended Boot Record)이 기록됩니다.

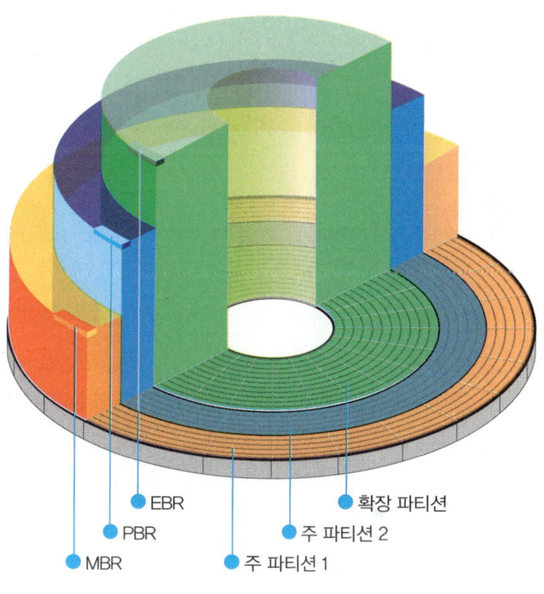

▲ MBR 파티션의 두 개의 주 파티션과 확장 파티션 구성 예

PBR에는 부팅 파티션인지 구별하는 플래그(Active/None)와 파티션 타입 아이디, 파티션의 시작과 끝, 드라이버 볼륨 및 파일시스템 정보가 기록됩니다. MBR에는 추가로 운영체제의 로딩에 사용되는 부트 로더 위치 정보가 기록됩니다.

GPT 파티션의 특징

GPT 파티션은 파티션 엔트리를 128바이트로 늘려 최대 128개의 주파티션을 만들 수 있으므로 확장 파티션은 사용하지 않습니다.
GPT 파티션은 LBA(Logical Block Addressing) 주소 체계를 사용하므로 MBR 파티션의 CHS(Cylinder−Head−Sector) 주소 체계의 2TB보다 훨씬 큰 9.4ZB(Zeta Byte)까지 사용할 수 있습니다.
GPT 파티션에 대한 읽기/쓰기 작업은 윈도우 7 64비트 이상의 운영체제에서 가능하고 32비트 윈도우 7과 비스타, XP는 읽기만 가능하다는 점도 유의하기 바랍니다.
GPT 파티션에도 Protective MBR이 있는데, 이는 GPT를 인식하지 못하는 운영체제가 빈 파티션으로 알고 덮어쓰는 것을 방지하기 위한 용도입니다.

PC 시동 시 운영체제의 로딩 과정

컴퓨터의 전원을 켜면 BIOS가 자가진단 과정을 수행한 후 운영체제를 적재하기 위해 MBR이나 GPT 파티션에서 부트 로더 위치를 알아내고 부트 로더 프로그램을 실행한 후 제어권을 넘겨주도록 설계되어 있습니다.

윈도우 XP의 부트 로더는 NT 로더(NTLDR)가 사용되며, 윈도우 비스타부터 윈도우 10까지는 부트 매니저(BOOTMGR)가 사용되며, 리눅스 계열 운영체제는 LILO나 GRUB가 사용됩니다.

MBR 파티션에서 시동할 때는 BIOS가 POST 과정이 끝나면 바이오스의 부트스트랩 로더가 디스크의 첫 번째 섹 트랙의 첫 번째 섹터에 있는 MBR에서 부트 로더 위치를 알아내서 부트 로더를 실행하고 제어권을 부트 로더에 넘겨줍니다. 부트 로더는 부트 정보 파일(윈도우 XP는 BOOT.INI, 윈도우 비스타부터 윈도우 10까지는 BCD 파일)을 참조하여 운영체제 커널을 로드합니다.

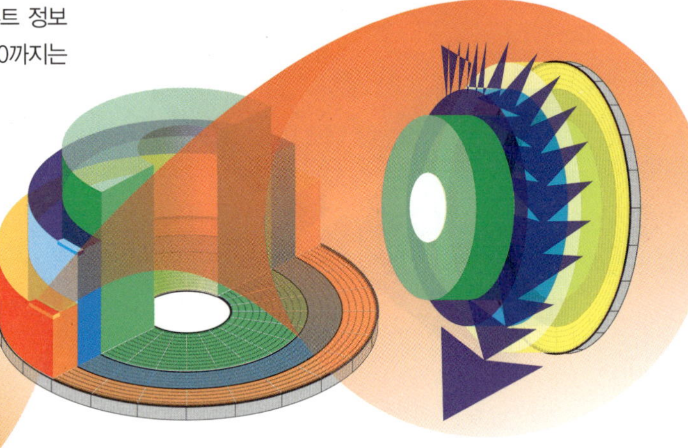

❶ 전원이 켜지면 BIOS는 CPU에게 시스템 진단과 초기화(POST)작업을 지시합니다. POST 과정이 끝나면 MBR이나 GPT 파티션에서 부트 로더 위치를 알아냅니다.

❷ MBR이나 GPT 파티션에서 부트 로더 위치를 알아내고 부트 로더(운영체제 로더)를 메모리에 로드한 후에 제어권을 넘깁니다.

❸ 부트 로더는 부트 정보 파일을 읽어들여 운영체제 커널을 로드하고 제어권을 넘겨줍니다. 이후 시동 과정은 운영체제 커널이 완료합니다.

GPT 파티션에서 시동할 때는 BIOS가 POST 과정이 끝나면 UEFI 펌웨어가 BIOS로부터 제어권을 넘겨받아 GPT 파티션의 맨 앞에 생성되는 EFI 파티션의 GUID를 식별하여 부트 로더를 실행하고 제어권을 부트 로더에 넘겨줍니다. 부트 로더에 의해 운영체제 커널을 로드하는 절차는 동일합니다.

멀티 부팅 운영체제의 경우는 멀티 부팅 메뉴에서 사용자가 운영체제를 선택하면 비로소 해당 운영체제 커널(명령어 처리기)을 로드하는 프로그램이 작동합니다.

윈도우 XP는 NTDETECT.COM 프로그램이 BOOT.INI 파일을 참조하여 운영체제 커널을 로드하고, 윈도우 비스타부터 윈도우 10까지의 운영체제에서는 WINLOAD.EXE 프로그램이 BCD 파일을 참조하여 운영체제 커널을 찾아 메모리에 로딩하여 실행한 후 제어권을 넘겨줍니다.

디스크 관리자를 이용한 파티션 설정과 포맷

이제 앞에서 익힌 지식을 바탕으로 디스크 관리자를 사용하여 실제 파티션을 만들고 포맷하는 작업을 알아봅니다.

포맷은 파일시스템을 만드는 작업

파티션 작업은 작업 공간을 크게 구획을 나누는 작업이며, 실제 폴더와 파일 작업을 수행하려면 포맷 작업을 통해 파일시스템을 구성해야 합니다.

디스크의 한 섹터의 크기는 512바이트 크기인데, 포맷 과정에서는 일정한 섹터를 묶어 클러스터라는 논리적 단위를 만들고, 이 클러스터의 번호를 이용하여 파일을 구별하여 읽고 쓰게 됩니다.

디스크 크기와 밀도에 따라 하나의 클러스터에 포함되는 섹터 수는 차이가 있습니다. 예를 들어 3.5인치 플로피 디스크는 두 개의 섹터(1024바이트)를 한 개의 클러스터 단위로 사용하지만, NTFS 파일시스템의 경우, 기본값으로 4096바이트(4KB)를 하나의 클러스터 단위로 사용됩니다. 운영체제에 따라 사용되는 파일시스템은 다양하지만, 클러스터를 통한 파일 관리 방식은 동일합니다.

파일의 계층적 관리를 위한 출발점 루트 디렉토리

파일을 계층적으로 관리하기 위해 루트 디렉토리 개념을 사용한다는 것도 알아두기 바랍니다. 루트 디렉토리는 최상위 디렉토리로서 드라이브 볼륨에 저장된 디렉토리와 파일을 체계적인 계층 방식으로 관리하는 출발점입니다.

사용자 입장에서 볼 때 섹터나 트랙, 클러스터 같은 복잡한 단위보다는 디렉토리와 파일의 경로가 이해하기 쉽습니다. 루트 디렉토리에는 하위 디렉토리와 파일에 대한 정보, 즉 파일 이름/파일 크기/파일 작성 시간/파일이 위치한 클러스터 번호, 파일 속성 등의 정보가 기록되며, 하위 디렉토리는 자신의 하위 디렉토리와 파일 정보를 관리하는 형태로 계층적 관리가 이루어집니다.

윈도우 운영체제에서는 디렉토리보다 폴더라는 용어를 더 많이 사용하는데, 폴더도 물리적인 디렉토리 계층에 존재하므로 디렉토리 계층을 따라 순차적으로 접근할 수도 있지만, 개별 폴더에 대한 직접 접근도 가능합니다.

예를 들어 바탕화면에 'mywork'라는 폴더를 만들면 디렉토리 경로상으로는 "C:\Documents and Settings\choxp\바탕 화면\mywork"이지만 바탕화면에서 바로 접근할 수 있습니다. 참고로 바탕화면도 사실은 물리적인 디렉토리 경로상에 존재하지만, 윈도우 운영체제에서 논리적인 작업의 출발점으로 삼는 특별한 폴더이기도 합니다.

드라이브 문자의 할당

포맷을 하면 파일시스템이 구성된 드라이브 볼륨(Volume)이 만들어지는데, 드라이브 볼륨은 한 글자의 알파벳으로 된 드라이브 문자를 사용합니다. PC에 연결된 HDD, SSD, ODD, USB 저장 장치 드라이브를 운영체제에서 인식할 때는 "C:, D:, …" 형식으로 알파벳 문자를 사용하여 논리적인 방식으로 인식합니다.

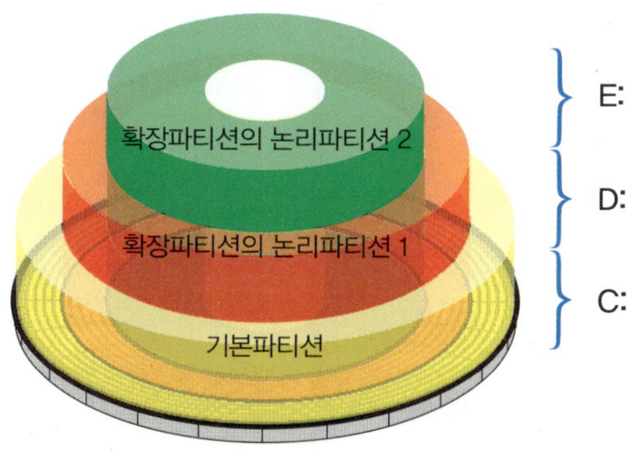

▲ 3개의 파티션을 가진 디스크의 드라이브 문자 할당 예

드라이브 문자는 보통 C:부터 시작되는데, 그 이유는 A와 B 드라이브 문자는 FDD용 예약 문자로 사용되었기 때문입니다. 하지만 지금은 FDD를 거의 사용하지 않으므로 사용자가 원한다면 A:, B: 드라이브도 HDD, SSD, ODD, USB 저장 장치 등에서 드라이브 문자를 사용할 수 있습니다.

윈도우 운영체제의 드라이브 문자 할당 방식

윈도우 운영체제에서 드라이브를 포맷할 때는 현재 시스템에서 사용되고 있는 마지막 드라이브 문자에 이어서 드라이브 문자가 기본값으로 할당됩니다. 사용자가 원한다면 현재 시스템에서 미사용 중인 드라이브 문자를 자유롭게 설정할 수 있습니다.

도스 환경의 드라이브 문자 할당 방식

윈도우 운영체제와 달리 도스 환경에서는 드라이브 문자가 물리적으로 연결된 순서와 주 파티션과 확장 파티션을 구별하여 자동으로 할당됩니다.

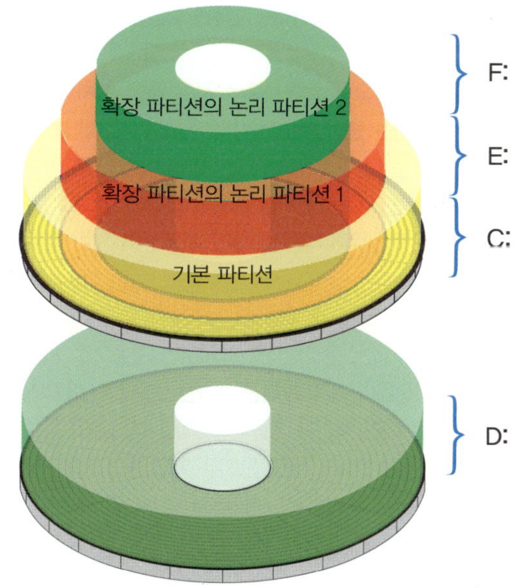

▲ 두개의 디스크를 사용할 때의 도스 환경의 드라이브 문자 할당 예

예를 들어 앞쪽의 "3개의 파티션을 가진 HDD의 드라이브 문자 할당 예"와 같이 하나의 디스크 드라이브를 사용할 때는 주 파티션의 드라이브 문자는 C:, 확장 파티션에 있는 논리 파티션의 드라이브 문자는 다음 순서의 드라이브 문자인 D:, E:가 할당되지만, 두 개 이상의 디스크 드라이브를 사용할 경우, 주 파티션에는 C: 드라이브가 그대로 할당되지만, 확장 파티션에 만든 논리 파티션 드라이브 문자는 다른 디스크 드라이브 장치의 주 파티션 드라이브 문자 뒤로 할당됩니다.

이미지 백업 및 복구 프로그램으로 도스 모드에서 드라이브 복구(Recovery) 작업을 하는 경우 윈도우 운영체제에서 보이는 드라이브 문자의 순서가 다르게 표시되는 이유는 바로 도스 환경의 드라이브 문자 할당 방식의 특징 때문이지 에러 때문이 아닙니다.

드라이브 이름의 설정

드라이브 이름은 볼륨 라벨이라고도 하는데, 드라이브 볼륨을 식별할 수 있는 이름으로 포맷 과정에서 드라이브 이름을 설정할 수 있습니다.

윈도우 환경과 도스 환경의 드라이브 문자 할당 방식에 차이가 있지만 어느 환경에서 드라이브를 액세스하든 이름은 동일하게 인식하므로 드라이브 문자가 바뀌어도 이름으로 구분하면 혼란을 피할 수 있습니다. 단, 이미지 백업 및 복구 프로그램이 도스 환경에서 복구 작업을 진행할 때 드라이브 이름이 2바이트 한글로 되어 있으면 알아볼 수 없게 되므로 드라이브 이름을 설정할 때는 반드시 영문 이름으로 입력하기 바랍니다.

윈도우 운영체제의 디스크 관리 창 다루기

운영체제를 단일 드라이브에 단일 파티션으로 설치하려는 경우에는 굳이 디스크 관리 창에서 파티션 작업을 할 필요는 없습니다. 윈도우 운영체제 설치 프로그램은 파티션 설정 및 포맷 기능을 기본 제공합니다.

새로 PC를 조립하고 운영체제를 설치할 때는 설치 시에 원하는 파티션을 설정하는 편이 더 낫습니다. 특히 GPT 파티션에 운영체제를 설치하려는 데 디스크에 MBR 파티션이 있으면 이를 지우고 설치하기 위해 번거로운 절차를 거쳐야 합니다. 역으로 MBR 파티션에 운영체제를 설치하려는 데 GPT 파티션이 있는 경우에도 이와 마찬가지입니다.

윈도우 7 이상부터는 운영체제를 설치하면 자동으로 시스템 예약 파티션이 생성됩니다. 예약 파티션 크기는 보통 100MB 이상이며 디스크의 크기에 따라 차이가 있습니다. 예약 파티션의 용도는 파일 암호화를 위한 BitLocker 지원, 윈도우 복구 환경 지원, 부팅 정보(BCD) 저장용으로 사용됩니다. BitLocker 암호화를 사용하지 않는다면 윈도우 복구 환경 지원이나 부팅 정보는 일반 파티션에서 사용되므로 문제될 건 없습니다.

시스템 예약 파티션이 생성되어 있는 경우라도 제거할 수는 있지만 비교적 까다로운 작업을 수반합니다. 단, 운영체제 설치 시 파티션을 설정하고 포맷할 때는 클러스터 크기나 드라이브 이름 설정 옵션 등은 사용할 수 없다는 점을 유의하기 바랍니다.

드라이브 이름은 운영체제 설치 후에도 쉽게 변경할 수 있지만 구형 SSD에서 종종 나타나는 프리징 현상을 최소화하기 위해 기본값 클러스터 크기인 4KB 대신 32KB 등으로 설정하려면 다른 윈도우 컴퓨터의 디스크 관리 창에서 사전에 포맷 작업을 수행하면 됩니다.

윈도우의 디스크 관리 창 살펴보기

윈도우 운영체제에서는 ⊞+R 키를 눌러 실행 창을 연 다음 diskmgmt.msc를 입력하고 확인 단추를 클릭하면 디스크 관리 창을 열 수 있습니다. 제어판에서 관리 도구→컴퓨터 관리→디스크 관리를 차례로 선택하여 열 수도 있습니다. 윈도우 8은 왼쪽 아래 모서리, 윈도우 8.1/10은 시작 메뉴에서 오른쪽 클릭하여 바로가기 메뉴를 나타낸 다음 디스크 관리를 선택해도 됩니다.

윈도우 운영체제의 디스크 관리 창에서 제공되는 기능이나 사용법은 거의 비슷하므로 사용하기가 어렵지 않습니다.

예제 그림에서 볼 수 있듯이 레이드를 구성하면 여러 개의 디스크도 하나의 디스크로 표시되며, 한 번 파티션을 구성하면 해당 디스크에서 파티션을 분할하더라도 같은 파티션을 사용합니다.

윈도우 7부터는 eXFAT 포맷, 파티션 크기를 조절할 수 있는 볼륨 축소/확장 기능도 사용할 수 있으며, 디스크 관리 창의 동작 메뉴에서 가상 하드디스크(VHD) 만들기와 연결 기능을 제공합니다. VHD는 가상 컴퓨터의 기반 기술로 이에 관해서는 379쪽에서 다

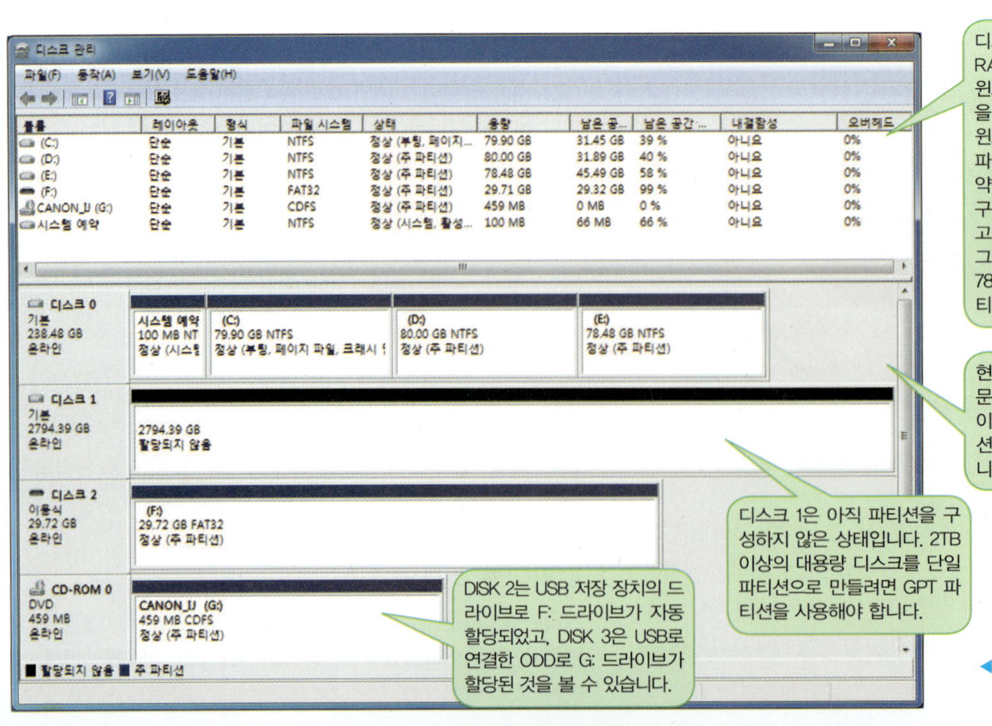

◀ 윈도우 7 64비트 Ultimate K 운영체제의 디스크 관리 창

롭니다. GPT 파티션 작업은 윈도우 7 64비트 이상의 운영체제만 가능합니다. 디스크 관리 창에서 디스크 드라이브의 파티션의 크기는 긴 막대 안의 구획으로 시각화되어 어느 정도로 파티션이 나눠져 있는지를 알 수 있게 해줍니다.

짙은 청색 막대는 주 파티션을 나타내고, 밝은 청색 막대는 확장 파티션을 사용하는 논리 드라이브를 나타냅니다. 포맷을 통해 파일시스템이 구성된 드라이브에는 드라이브 문자와 이름, 크기, 파티션의 상태가 표시됩니다. 아직 파티션이 설정되지 않은 디스크는 검정색 막대로 표시되므로 쉽게 구별할 수 있습니다.

디스크 관리 창에는 SATA나 PATA(IDE) 단자에 연결된 SSD, HDD, ODD 드라이브뿐만 아니라 USB 저장 장치, 램 디스크 드라이브, 윈도우 7부터 지원되는 가상 머신이 사용하는 가상 하드디스크 파일(VHD 파일), 데몬툴즈 같은 프로그램의 CD/DVD 이미지 파일을 이용한 가상 ODD 드라이브까지 모두 표시됩니다.

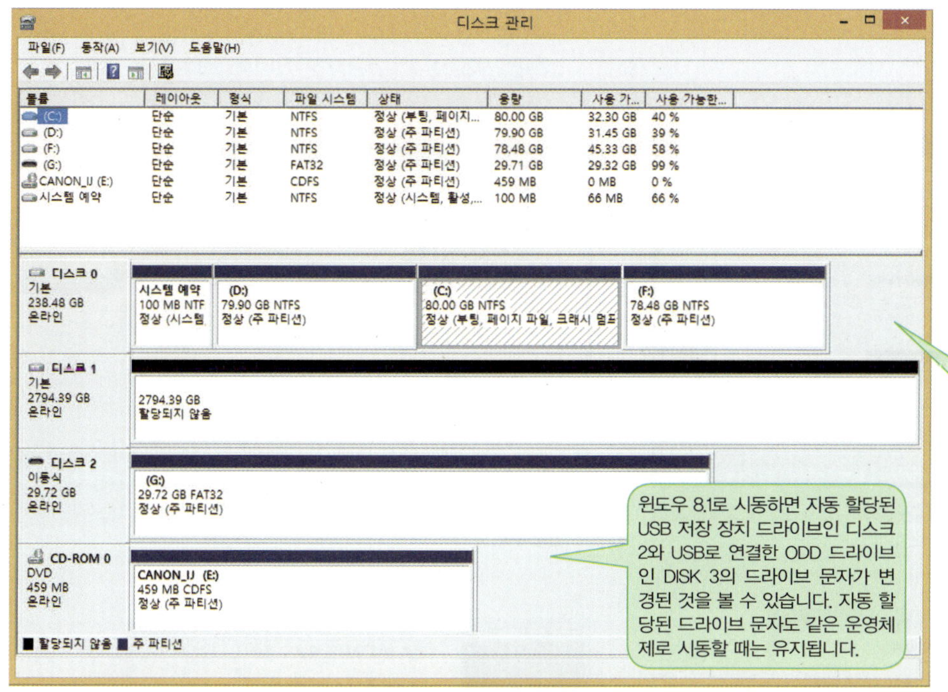

◀ 윈도우 8.1 Pro 운영체제의 디스크 관리 창

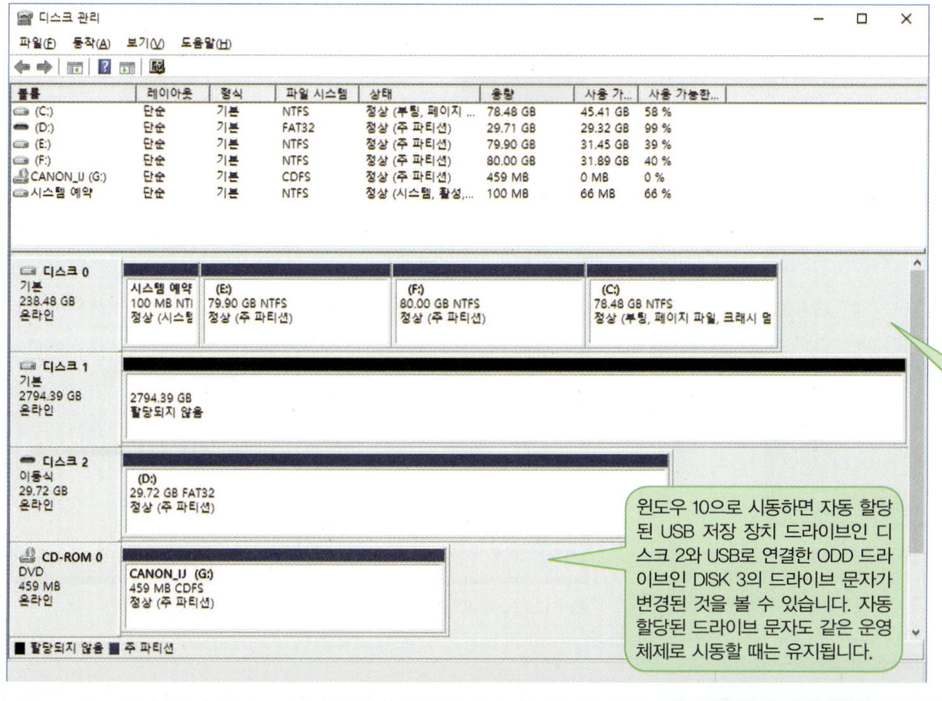

◀ 윈도우 10 Pro 운영체제의 디스크 관리 창

디스크 관리 도구로 파티션 만들고 포맷하기

이제 윈도우에서 새로운 파티션을 만들고 포맷을 하는 방법을 알아
보겠습니다. 윈도우 운영체제에서 파티션을 만들고 포맷하는 작업
은 거의 비슷합니다.

여기서는 윈도우 7 운영체제의 디스크 관리 도구에서 파티션을 만들
고 포맷하는 작업을 알아봅니다. 윈도우 8/8.1/10에서도 동일한 방식
으로 작업하면 됩니다.

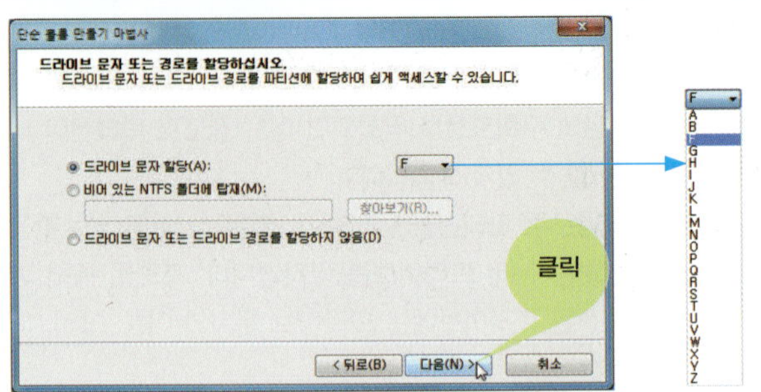

❹ 드라이브 문자 할당 화면이 나오면 다음 단추를 클릭합니다. 기본값 드라
이브 문자는 맨 마지막 드라이브(ODD의 E: 드라이브) 다음 문자로 설정되
며, 그 뒤에 있는 드라이브 문자는 자유롭게 설정됩니다. 윈도우 7에서는
원한다면 사용하지 않는 A:나 B: 드라이브로도 설정이 가능합니다.

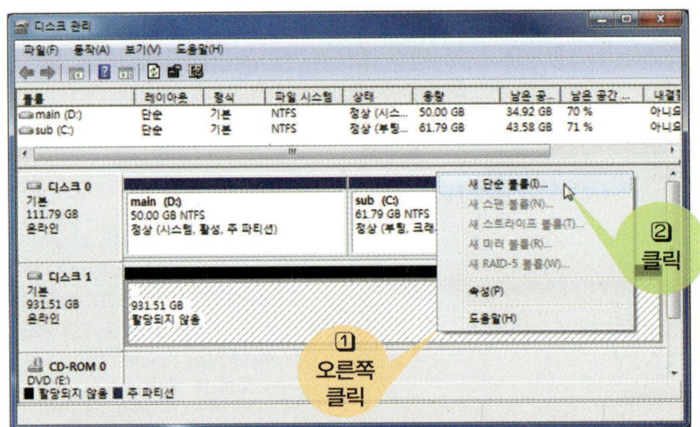

❶ 파티션을 만들 디스크 1의 할당되지 않은 볼륨 위에서 오른쪽 클릭하여 팝
업 메뉴를 연 다음 새 단순 볼륨을 선택합니다.

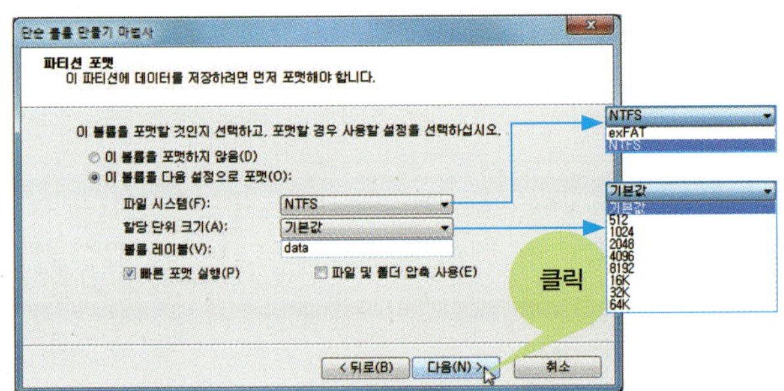

❺ 파티션 포맷 화면이 나오면 필요한 옵션을 설정하고 다음 단추를 클릭합
니다. 이 단계에서 파일시스템, 할당 단위 크기, 볼륨 레이블을 설정할 수
있는데, 윈도우 7부터는 eXFAT 파일시스템으로 포맷할 수 있는 것을 알 수
있습니다.

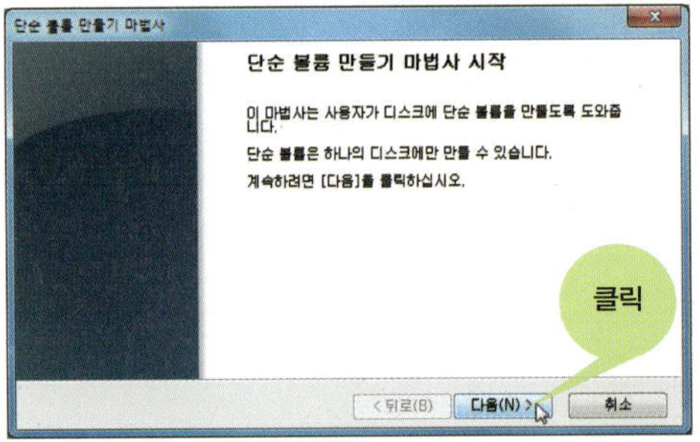

❷ 단순 볼륨 만들기 마법사 시작 화면이 나오면 다음 단추를 클릭합니다.

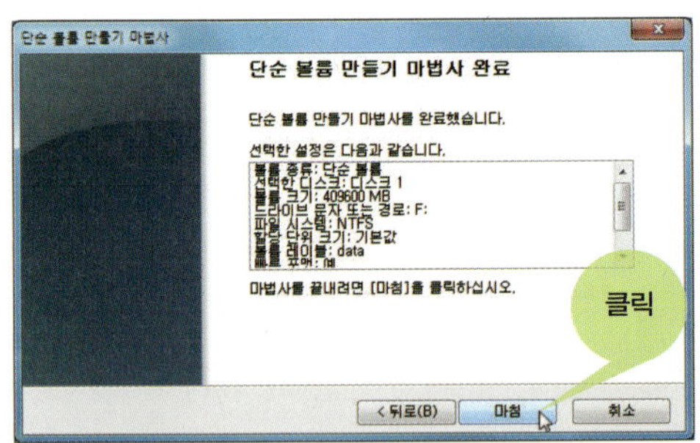

❻ 단순 볼륨 만들기 마법사가 모두 완료되었습니다. 마침 단추를 클릭합니다.

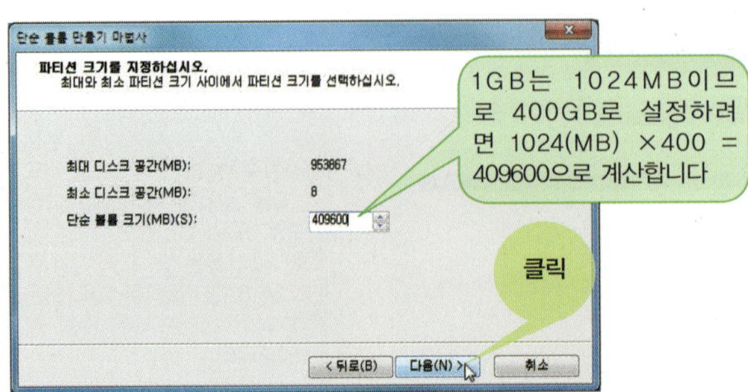

❸ 파티션 크기 지정 화면이 나옵니다. 기본값은 사용 가능한 최대 디스크 공
간 크기입니다. 직접 설정하려면 사용 가능한 최대 공간 크기 범위 이내의
크기 값을 공간 선택 상자에 직접 입력하여 설정합니다. 위의 계산 방법을
참고하여 필요한 크기를 설정합니다. 여기서는 400MB 크기로 설정하였습
니다. 원하는 크기를 설정하였으면 다음 단추를 클릭합니다.

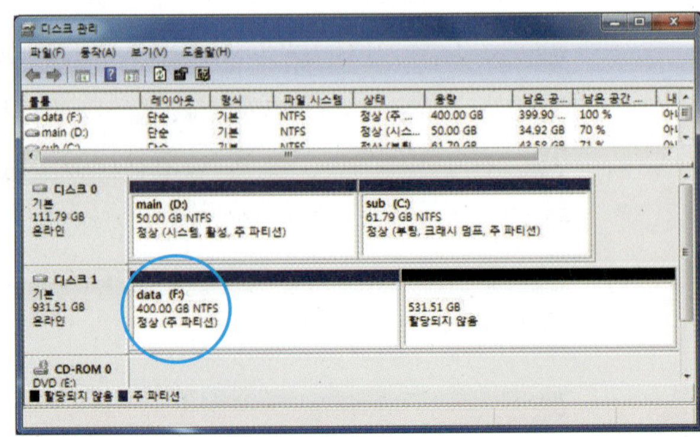

❼ 디스크 1에 400GB 크기의 주파티션이 새로 만들어졌습니다.

디스크 관리 도구로 볼륨 축소/확장 사용하기

윈도우 비스타 이후부터는 파티션을 만든 후에도 디스크 관리 창에서 볼륨 축소/확장 기능을 사용하여 융통성 있게 파티션을 관리할 수 있습니다. 단, NTFS 파일시스템이 아닌 exFAT 파일시스템에서는 볼륨 축소/확장 기능을 사용할 수 없습니다.

여기서는 윈도우 7 운영체제의 디스크 관리 도구에서 볼륨 축소/확장 기능 사용 방법을 알아봅니다. 윈도우 8/8.1/10에서도 동일한 방식으로 작업하면 됩니다.

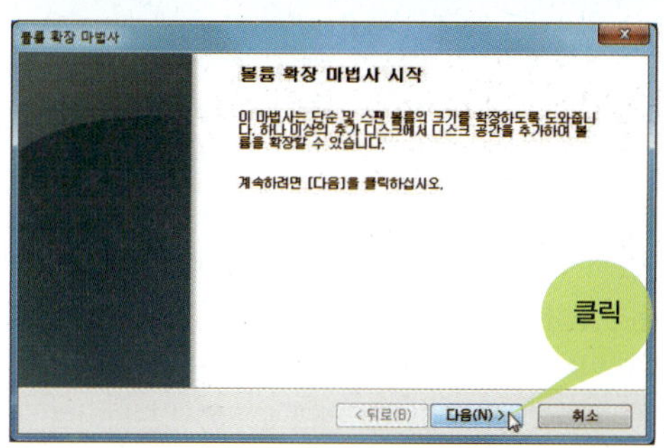

❹ 볼륨 확장 마법사가 시작되면 다음 단추를 클릭합니다.

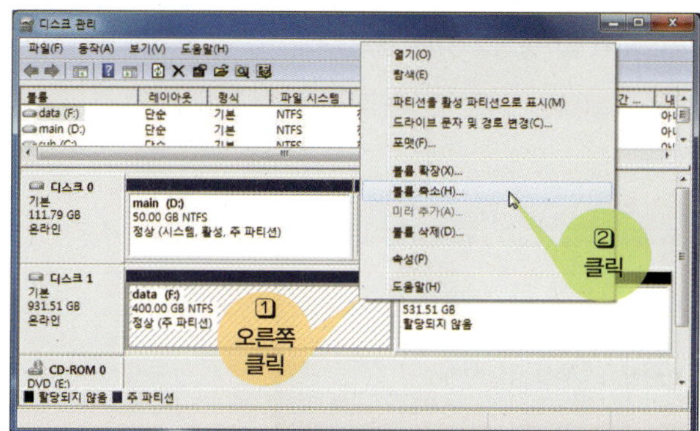

❶ 디스크 1에 새로 만든 400GB 주 파티션 막대 위에서 오른쪽 클릭하여 팝업 메뉴에서 볼륨 축소를 선택합니다.

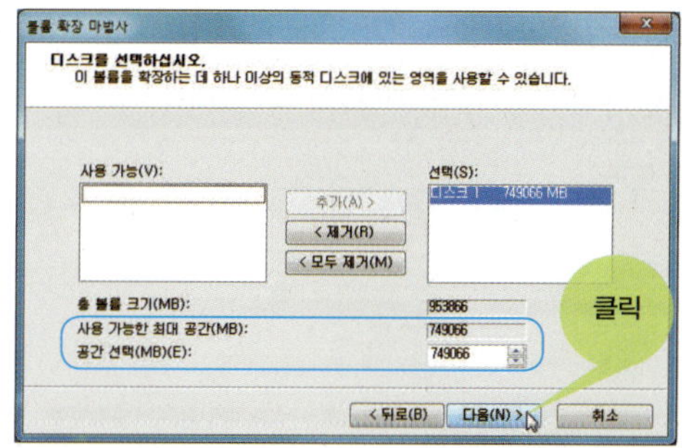

❺ 볼륨 확장 마법사가 나오면 다음 단추를 클릭합니다. 사용 가능한 최대 공간 크기는 비어 있는 파티션 영역이 있을 때만 설정할 수 있으며 윈도우 7이 자동으로 계산해서 기본값으로 알려줍니다. 직접 크기를 설정하려면 사용 가능한 최대 공간 크기 범위 이내의 크기 값을 공간 선택 상자에 직접 입력하여 설정할 수 있습니다.

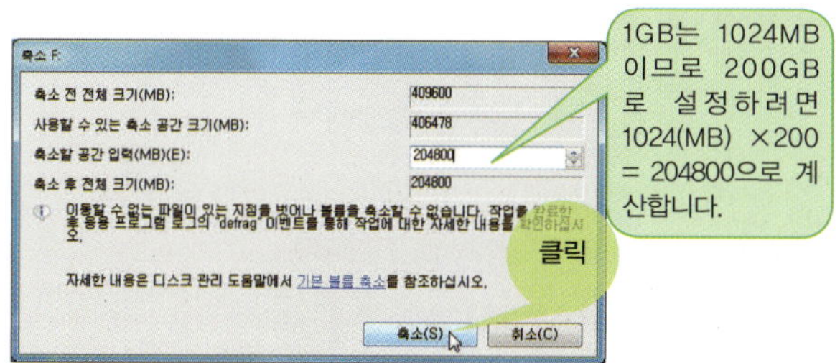

❷ 축소 창이 나오면 축소할 공간 크기로 204800을 입력하고 축소 단추를 클릭합니다. 축소 가능한 크기는 연속된 빈 공간에서만 가능하며, 윈도우 7이 자동으로 계산해서 알려줍니다.

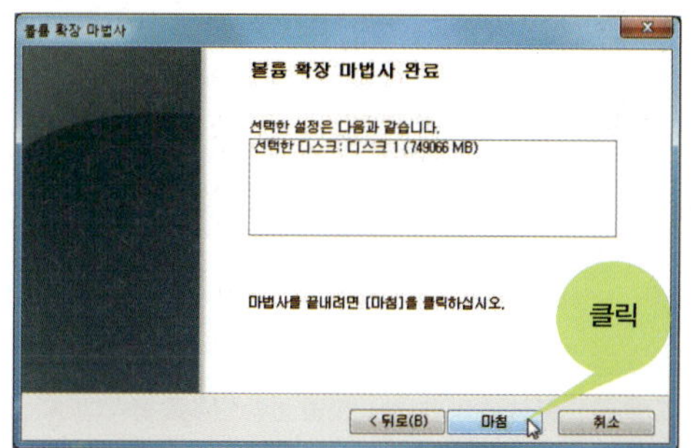

❻ 볼륨 확장 마법사가 모두 완료되었습니다. 마침 단추를 클릭합니다.

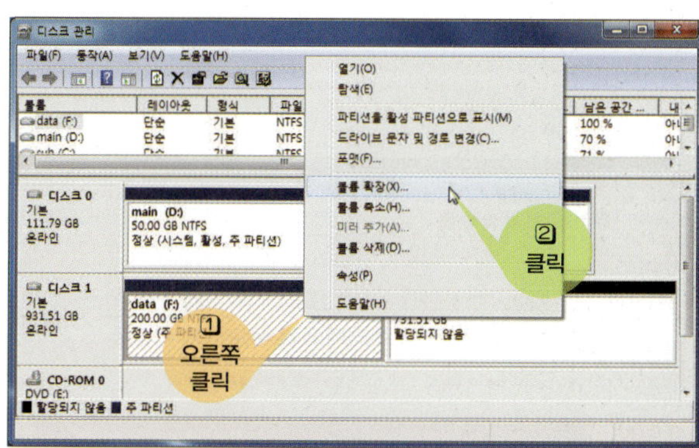

❸ 400GB 주 파티션이 200GB로 축소되어 디스크 관리 창에 나타납니다. 이 방법을 사용하면 윈도우 7이 번들되는 완제품 PC나 노트북 컴퓨터에서 데이터 보관용이나 멀티 운영체제 설치를 위한 별도의 파티션을 쉽게 만들 수 있습니다. 이번에는 축소한 파티션 막대 위에서 오른쪽 클릭하여 팝업 메뉴에서 볼륨 확장을 선택합니다.

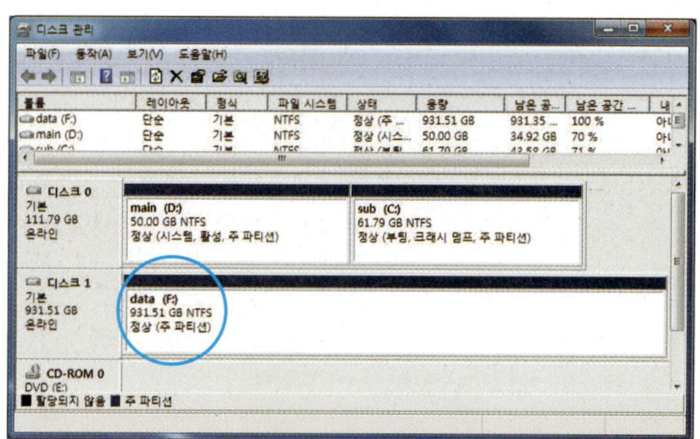

❼ 볼륨을 사용 가능한 최대 공간 크기로 확장한 결과 디스크 1의 전체 볼륨에 파티션이 설정되었습니다. 결과적으로는 사용 가능한 최대 디스크 공간 크기로 주 파티션을 설정하고 포맷할 때와 같은 것을 알 수 있습니다.

디스크 관리 도구로 드라이브 문자 변경하기

원하는 드라이브 문자를 설정해야 할 경우가 종종 발생합니다. 사용되지 않는 드라이브 문자로만 변경할 수 있으므로 이미 사용 중인 드라이브 문자는 먼저 변경한 후에 사용하면 됩니다.

드라이브 문자는 현재 디스크가 연결된 시스템에서만 유효하며 다른 시스템에 연결하면 파티션과 포맷 정보는 유지되지만 해당 시스템의 빈 드라이브 문자 중 가장 앞선 문자로 할당됩니다.

여기서는 윈도우 7 운영체제의 디스크 관리 도구에서 드라이브 문자 변경 방법을 알아봅니다. 윈도우 8/8.1/10에서도 동일한 방식으로 작업하면 됩니다.

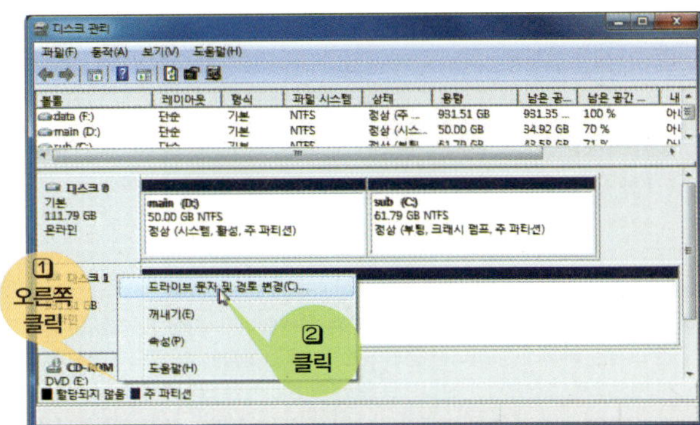

❶ 디스크 관리 창에서 E: 드라이브를 사용 중인 ODD(CD—ROM 0 DVD)에서 오른쪽 마우스 버튼을 클릭하여 팝업 메뉴에서 **드라이브 문자 및 경로 변경**을 선택합니다.

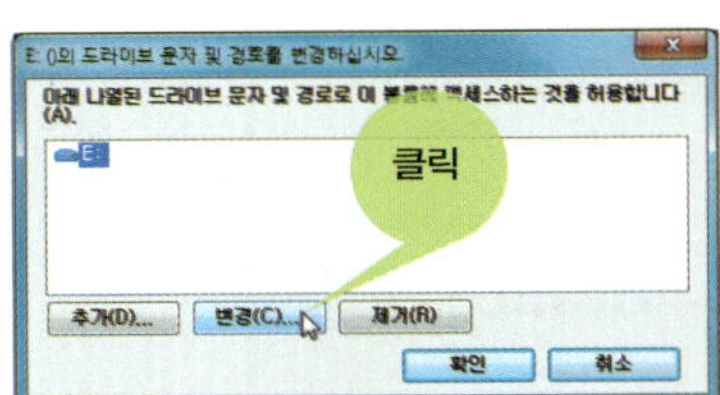

❷ 드라이브 문자 및 경로 변경 대화상자가 나오면 **변경** 단추를 클릭합니다.

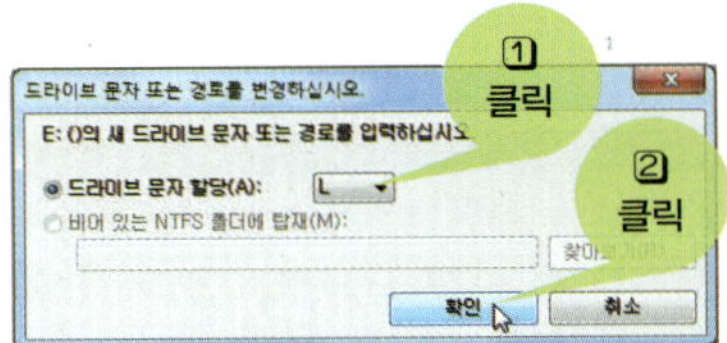

❸ 이제 드라이브 문자 할당 상자를 클릭하여 드라이브 문자를 L로 선택한 다음 **확인** 단추를 클릭합니다.

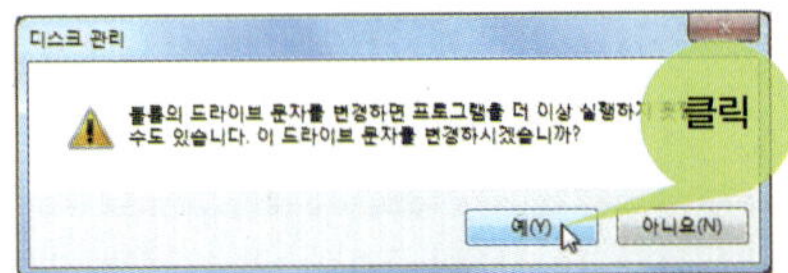

❹ 디스크 관리 경고 대화상자가 나오면 **예(Y)**를 클릭합니다.

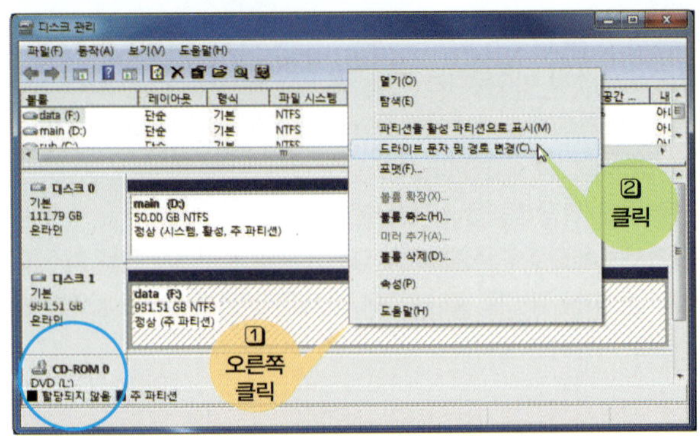

❺ CD—ROM 드라이브가 L: 드라이브로 변경되었습니다. 이제는 F: 드라이브의 주 파티션 막대 위에서 오른쪽 마우스 버튼을 클릭하여 팝업 메뉴에서 **드라이브 문자 및 경로 변경**을 선택합니다.

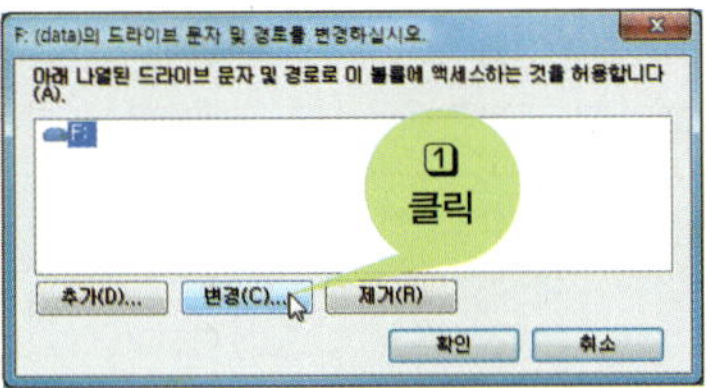

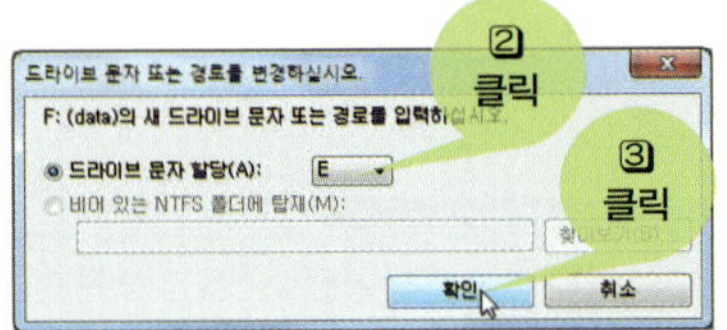

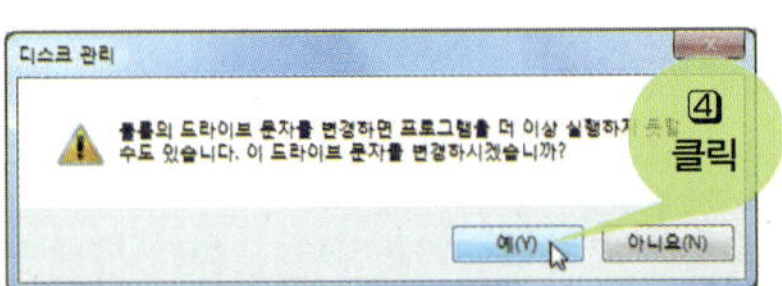

❻ 앞의 ❷—❹단계와 마찬가지로 드라이브 문자 및 경로 변경 대화상자가 나타나면 **변경** 단추를 클릭한 후 드라이브 문자를 E로 선택한 후에 **확인** 단추를 클릭합니다. 디스크 관리 경고 대화상자가 나타나면 **예(Y)**를 클릭합니다.

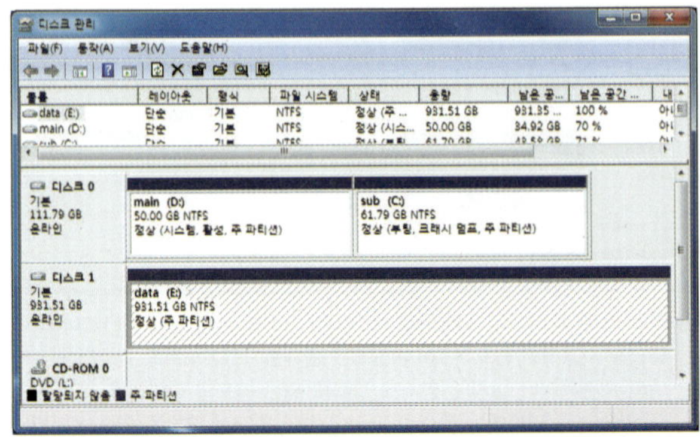

❼ 기존의 E: 드라이브는 L:로, 기존의 F: 드라이브는 E:로 변경되었습니다.

윈도우에서 GPT 파티션 만들고 포맷하기

이번에는 윈도우 10 운영체제의 디스크 관리 도구에서 GPT 파티션을 만들고 포맷하는 작업을 알아봅니다. 윈도우 7 64비트 운영체제와 윈도우 8/8.1에서도 동일한 방식으로 작업하면 됩니다.

HELP ● 현재의 파티션 상태에 따라 가능한 파티션 메뉴가 제공되기 때문에 ❶단계의 팝업 메뉴에서는 MBR 디스크로 변환 메뉴가 나오고 ❸단계에서는 팝업 메뉴에 GPT 디스크로 변환 메뉴가 나옵니다.

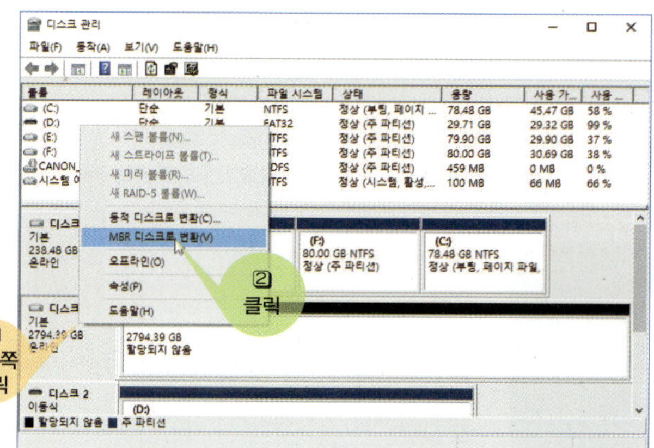

❶ 디스크 관리 창을 열고 3TB 하드디스크의 디스크 1 부분에서 오른쪽 클릭하여 팝업 메뉴에서 MBR 디스크로 변환을 선택합니다.

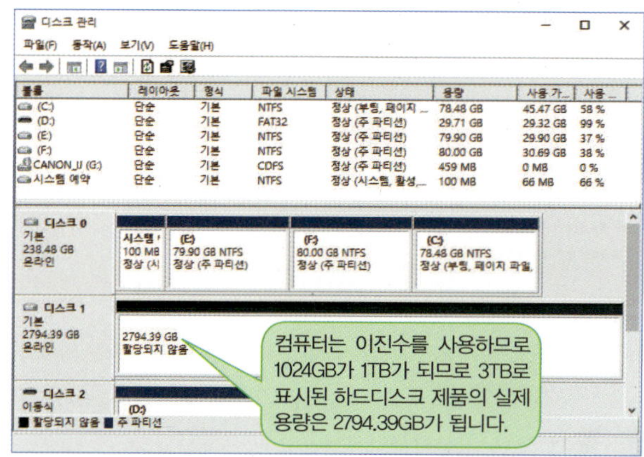

❹ MBR 파티션에서는 분할되어 표시되던 디스크 공간이 GPT 파티션에서는 3TB 공간 전체가 하나의 디스크 공간으로 표시됩니다.

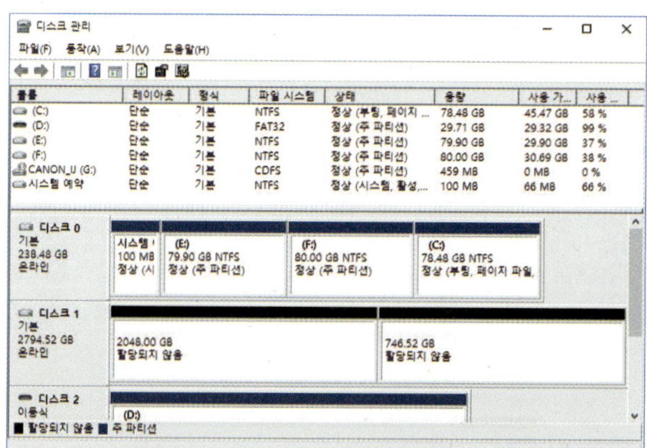

❷ MBR 파티션에서는 3TB 하드디스크 중 최대 2TB(2048GB)까지 파티션이 가능하고, 나머지 영역은 다른 MBR 파티션이 구성됩니다. 할당되지 않음이라 표시되는 이유는 포맷을 통해 파일시스템을 구성하지 않았기 때문입니다.

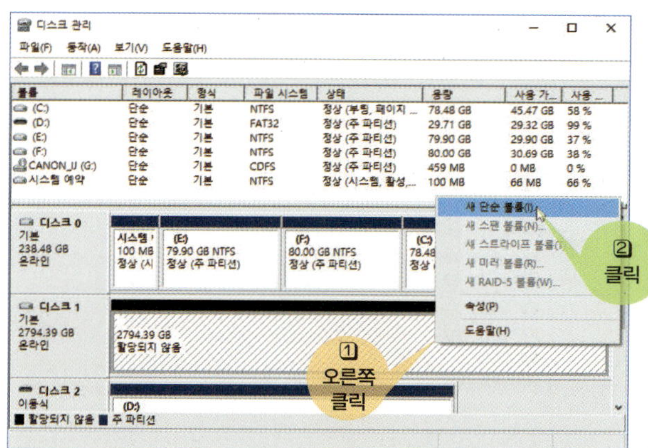

❺ 이제 파티션을 만들 디스크 0의 할당되지 않은 볼륨 위에서 오른쪽 클릭하여 팝업 메뉴를 연 다음 새 단순 볼륨을 선택합니다.

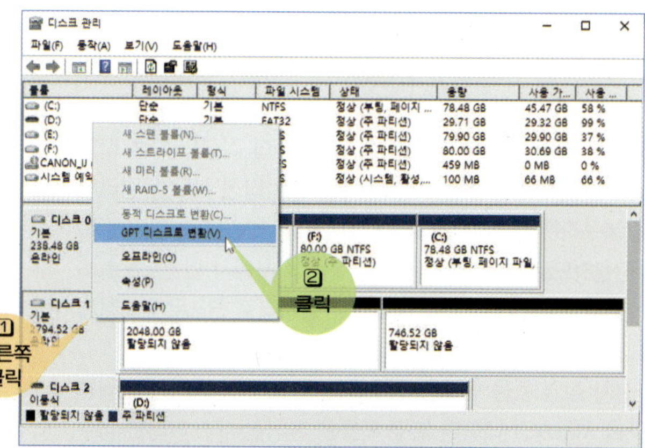

❸ 디스크관리 창을 열고 3TB 하드디스크의 디스크 1 부분에서 오른쪽 클릭하여 팝업 메뉴에서 GPT 디스크로 변환을 선택합니다.

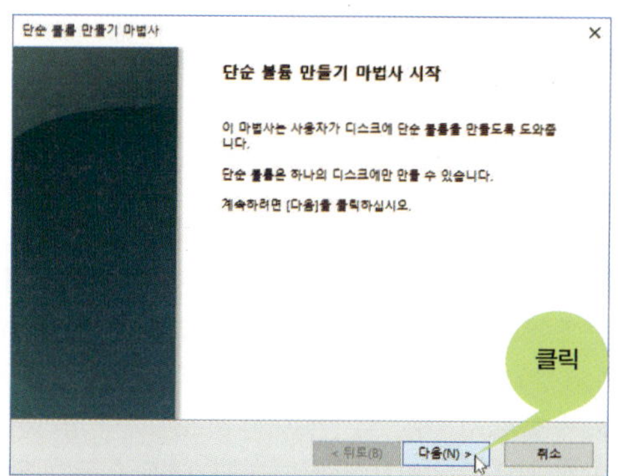

❻ 단순 볼륨 만들기 마법사가 나타나면 다음 단추를 클릭합니다.

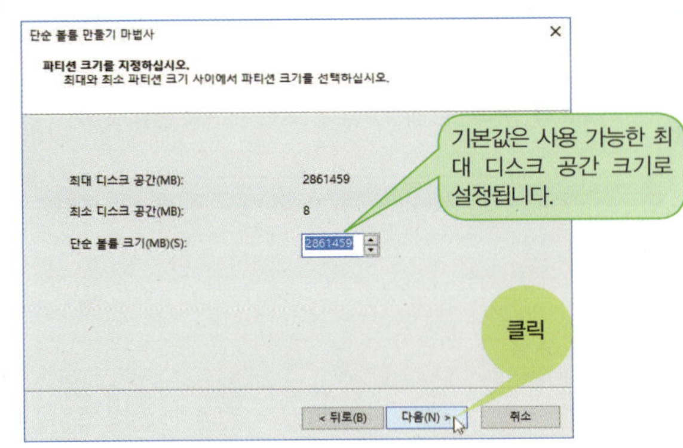

❼ 파티션 크기 지정 화면이 나오면 **다음** 단추를 클릭합니다.

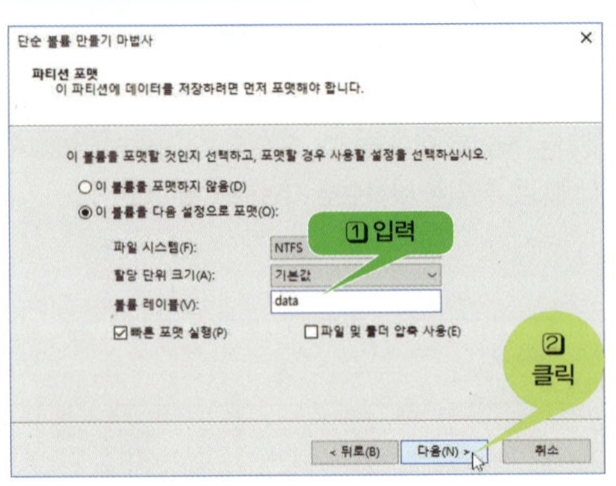

❿ 볼륨 레이블을 원하는 이름으로 설정하고 **다음** 단추를 클릭합니다.

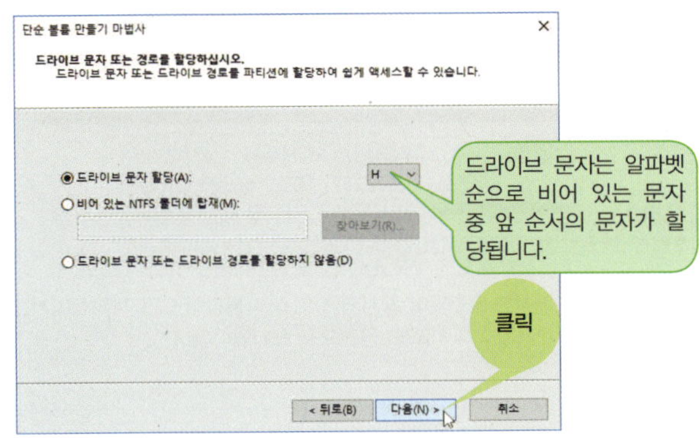

❽ 드라이브 문자 할당 화면이 나오면 **다음** 단추를 클릭합니다.

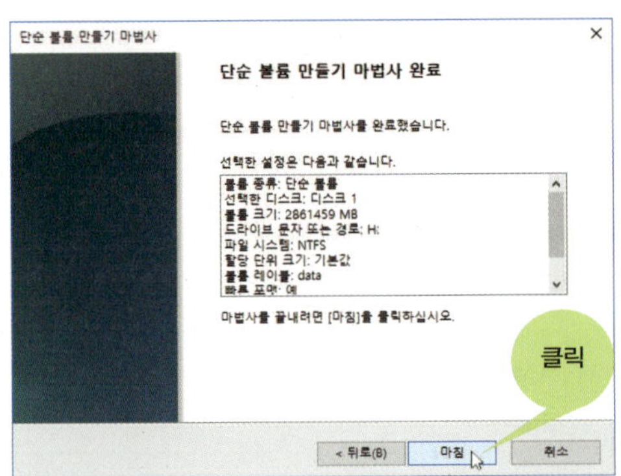

⓫ 단순 볼륨 만들기 마법사가 모두 완료되었습니다. **마침** 단추를 클릭합니다.

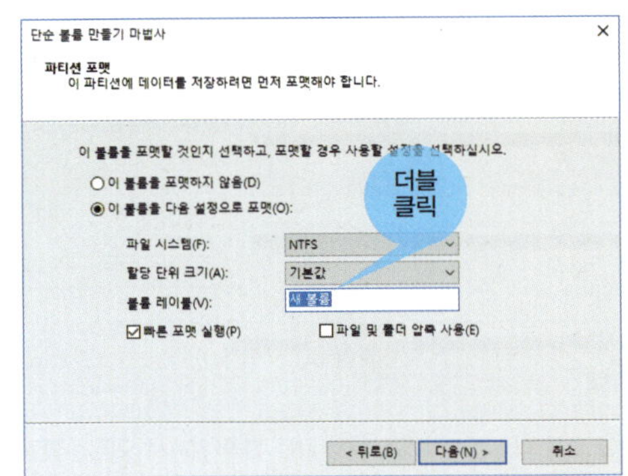

❾ 파티션 포맷 화면이 나오면 빠른 포맷 실행 체크 상태는 그대로 두고, 볼륨 레이블 변경을 위해 **새 볼륨**을 더블 클릭하여 선택합니다.

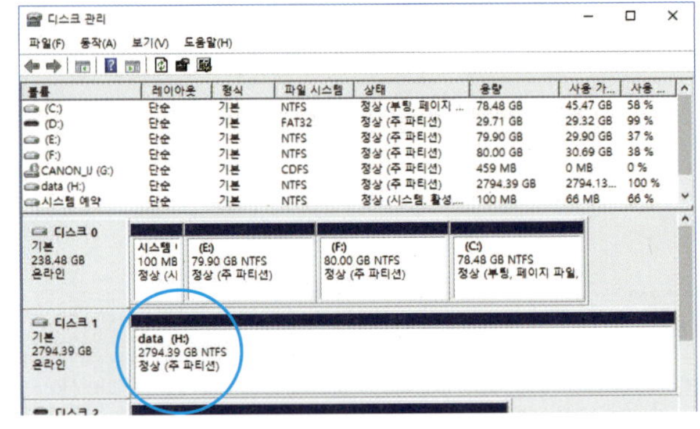

⓬ 앞에서 빠른 포맷 실행 옵션을 사용했으므로 잠깐 동안의 포맷 과정을 거친 후에 디스크 1에 2794.39GB 크기의 파일시스템이 만들어집니다.

Check **P**oint   실수로 파티션을 삭제하거나 포맷한 경우 복구 방법

파티션 삭제나 빠른 포맷의 경우는 데이터가 통째로 사라지는 가장 치명적인 상황이라 할 수 있지만, 더 이상의 다른 작업을 수행하지 않았다면 해당 영역의 데이터가 물리적으로 삭제되거나 덮어 써진 것은 아니기 때문에 파티션 복구 유틸리티와 포맷 복구 유틸리티로 복구할 수 있습니다. 파티션이나 포맷을 복구하는 무료 유틸리티는 많이 나와 있습니다. 파티션 복구에는 EASEUS Partition Recovery 프로그램이 마법사 방식을 지원하므로 쉽고 안정적인데, 같은 회사에서 만든 EaseUS Partition Master Free Edition 프로그램은 파티션 조절 작업 등을 손쉽게 수행할 수 있게 해주는 유틸리티로 윈도우 7 이상의 운영체제 설치 시 자동으로 만들어진 시스템 예약 파티션을 없애고 기존 파티션으로 합칠 때 유용합니다.

파티션을 지운 다음에 그 위에 다시 파티션을 만들고 운영체제 설치 작업 등을 진행한 경우에는 지우기 전 파티션에 있던 데이터의 복구가 어려워집니다. 그리고 빠른 포맷 대신 일반 포맷을 사용하면 데이터 복구 확률은 떨어집니다. 이러한 경우 최대한의 복구를 원하는 경우에는 더 이상의 추가 작업을 하지 말고 데이터 복구 전문업체에 의뢰하는 것이 좋습니다.

Chapter 04

나만의 만능 PC 조립하기

이 장에서는 나만의 만능 PC 조립과 테스트, 마무리에 이르는 전체 조립 과정을 실습 형식으로 알아봅니다. 이 장의 PC 조립 과정은 인텔 코어 i7 4770K (하스웰) CPU 시스템 조립 과정을 중심으로 설명합니다. 조립 능력을 키우면 고장 대응 능력도 배양되는데, 이 장에서는 AMD는 물론 구형 컴퓨터까지도 충분히 대응할 수 있도록 구성하였습니다.

1 조립의 전체적인 흐름 파악하기

PC를 처음 조립하는 경우에는 이 장의 전체 내용을 정독한 후 조립에 도전하기 바랍니다. 과거에 PC 조립을 해본 분이라면 신형 PC의 조립은 무엇을 유의해야 하는지 먼저 확인한 후에 시작해야 시행착오를 줄일 수 있습니다.

PC 조립은 가조립 후 본조립으로

PC 조립은 크게 작동 상태가 정상인지를 점검하는 가조립과 케이스에 설치하여 완성하는 본조립 단계로 구분하여 진행하는 것이 효과적입니다. PC 가조립 상태는 A/S 센터에서 흔히 볼 수 있습니다. A/S를 위해 부품들을 간편하게 연결하여 테스트를 진행할 수 있기 때문에 가조립 상태에서 작동시켜 각종 부품들의 고장 유무를 확인합니다.

PC 조립 시 가조립을 하는 이유는 완전히 조립한 후에 PC에 문제가 발생하는 경우, 원인을 찾고 문제를 해결하는 데 많은 시간이 걸리기 때문입니다. 불과 10분 정도면 가조립을 하고 정상 작동 여부를 바로 확인할 수 있습니다. 본조립 시에도 CPU와 냉각 장치, 메모리 설치 상태 그대로 케이스에 옮겨 조립 작업을 진행할 수 있기 때문에 오히려 편리합니다. 따라서 PC 조립 시에는 반드시 '가조립 후 본조립' 원칙을 세우기 바랍니다.

가조립 PC 동작 화면

PC 가조립 순서

PC 가조립은 다음 순서로 진행해야 합니다.

❶ **메인보드 체크와 가조립 준비** : 자신이 조립할 메인보드를 설명서와 대조하며 부품들의 이름과 위치를 확인한 후 가조립대로 사용할 메인보드 박스 위에 메인보드를 올려 놓습니다.

❷ **CPU와 쿨러 설치하기** : 인텔 CPU는 1세대 코어아키텍처의 코어2듀오 CPU를 지원한 775 소켓부터 접점 방식으로 바뀌었고, AMD는 일관되게 핀 접점 방식입니다. CPU를 설치할 때는 노치와 1번 핀 삼각 표시(▶)를 기준으로 소켓과 CPU의 핀(접점)을 정확히 일치시키고 소켓에 가볍게 내려 놓으면 됩니다. 소켓에 CPU를 설치할 때 무리한 힘을 주면 핀이 손상될 수 있으므로 유의해야 합니다. 새 CPU를 구입한 경우에는 쿨러의 CPU 접촉면에 서멀구리스가 도포된 상태로 제공되므로 그대로 설치하면 됩니다. 사제 CPU 쿨러를 설치하는 경우에는 서멀구리스를 직접 발라야 합니다. 쿨러를 설치한 후에는 CPU 냉각팬 전원 커넥터를 메인보드의 CPU 냉각팬 전원 단자에 연결합니다. CPU 냉각팬이 작동하지 않을 때는 CPU는 단 1분도 버티지 못하고 손상될 수 있습니다. 다행히 요즘 나오는 메인보드는 CPU 냉각팬 전원 단자가 연결되지 않으면 아예 작동되지 않도록 설계되어 있습니다.

❸ **메모리 설치하기** : 듀얼 채널을 지원하는 메모리는 같은 색상의 메모리 슬롯에 두 개씩 한 조로 설치해야 듀얼 채널 대역폭을 사용할 수 있습니다. 물론 한 개만 설치해도 작동은 하지만 듀얼 채널 대역폭은 활용할 수 없습니다. 메모리를 하나만 설치하는 경우에는 반드시 홀수 채널의 메모리 슬롯에 설치합니다.

❹ **그래픽카드 설치하기** : 그래픽카드는 그래픽카드 전용 슬롯인 PCIe 16 배속 슬롯에 설치하면 됩니다. PCIe 규격은 CPU에 따라 다릅니다. 하스웰 CPU는 PCIe 3.0을 지원합니다. 둘 이상의 그래픽카드 전용 슬롯이 제공되는 메인보드는 CPU와 가까운 쪽 슬롯이 16배속 풀대역폭을 지원합니다. 그 다음 슬롯들은 메인보드 칩셋에 따라 8배속이나 4배속을 지원하므로 미리 확인하기 바랍니다. 메인보드 상자 위에서 가조립할 때는 슬롯 끝부분을 박스 가장자리에 밖으로 위치시켜 그래픽카드의 브래킷이 걸리지 않도록 설치합니다.

❺ **보조기억 장치 드라이브 연결하기** : PC의 실제 작동 여부까지 사전에 확인하려면 보조기억장치 드라이브까지 연결하여 가조립 PC상태에서 점검하는 것이 좋습니다. 가조립 PC는 케이스만 없을 뿐, 컴퓨터와 같은 기능을 합니다. 컴퓨터 AS 센터를 가보면 가조립 PC 상태에서 부품의 고장 유무를 점검하는 것을 쉽게 볼 수 있습니다.

가조립 PC 테스트하기

가조립이 제대로 이루어졌는지 확인하기 위해 모니터와 키보드를 연결하고 파워서플라이 전원 커넥터를 연결한 후 테스트하면 됩니다. 이 작업도 사실은 본조립의 예행 연습이기 때문에 나중에 본조립 과정에서 시행착오를 줄여줍니다.

❶ **그래픽카드 단자와 모니터 연결하기** : 가조립 PC가 정상 작동하는지 확인하려면 모니터를 연결하여 직접 작동 상태를 볼 수 있어야 하므로, 그래픽카드와 모니터를 DVI나 DP, HDMI 케이블로 연결하고 모니터 전원의 전원 케이블도 연결해야 합니다.

❷ **파워서플라이 전원 커넥터 연결하기** : 파워서플라이 전원은 아직 콘센트에 연결하지 말고, 스위치도 OFF 상태로 둡니다. 요즘의 파워서플라이는 대부분 프리볼트를 지원하지만, 수동 입력 전원 조절기 방식인 경우, 한국에서는 220V로 설정합니다. 그 다음에 파워서플라이를 가조립한 메인보드 상자 옆에 배치하여 파워서플라이의 전원 케이블을 메인보드의 주전원 단자와 12V CPU 전원 단자, 그래픽카드 전원 단자에 연결합니다.

파워서플라이의 전원 케이블이 그래픽카드의 보조 전원 단자와 규격이 맞지 않은 경우에는 그래픽카드와 함께 제공되는 전원 커넥터를 사용하면 됩니다. 메인보드에 ATX4P 그래픽 보조 전원 단자가 제공되는 제품도 있는데, 고성능 그래픽카드를 두 개 이상 멀티 VGA로 구성한 경우에는 전원 안정을 위해 ATX4P 전원 단자를 SATA 전원 커넥터로 연결합니다.

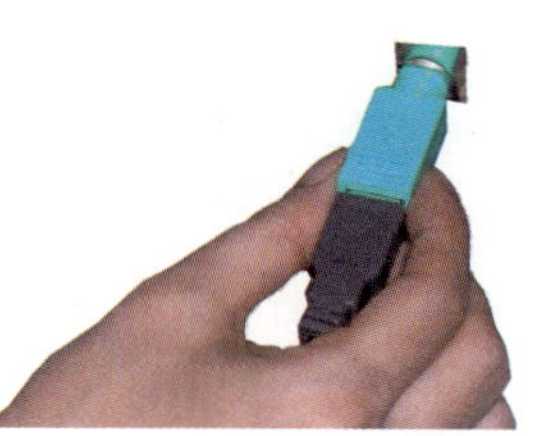

❸ **키보드 연결하기** : 가조립 PC는 화면이 정상적으로 표시되면 이상 없이 조립된 것을 의미합니다. 바이오스 셋업 프로그램도 정상적으로 로딩되고, 보조기억 장치도 제대로 인식하는지 확인해보려면 키보드를 연결해줍니다.

간혹 USB 키보드 중에는 인식되지 않거나 불안정한 경우가 있는데, 이러한 경우에는 USB-PS/2 젠더를 이용하여 PS/2 단자에 연결하면 됩니다.

❹ **가조립 PC 테스트하기** : 가조립 PC 주변에 누전을 일으킬 만한 금속 물체 등이 없는지 신중히 확인하고 파워서플라이 전원을 콘센트에 연결한 후 파워서플라이의 전원 스위치를 ON 쪽으로 누릅니다.

그런 다음, 메인보드의 케이스 신호선 단자에 있는 전원 스위치를 드라이버를 이용하여 통하게 하면 가조립 PC가 작동하며 화면에 시동 과정이 표시됩니다. 여기까지 이상 없이 진행되었으면 파워서플라이의 전원 스위치를 OFF 쪽으로 눌러 전원을 끈 후, 본조립 단계로 진행합니다.

본조립 후 마무리

가조립 PC의 정상 작동이 확인되었으면 본조립을 진행합니다. 이미 가조립을 통해 각종 연결 작업을 해보았다면 본조립은 쉽게 수행할 수 있습니다.

❶ **케이스에 메인보드 설치하기** : 가조립 단계에서 이미 CPU와 메모리는 장착된 상태로 메인보드를 케이스 안에 설치합니다. 케이스에 메인보드를 넣기 전에 메인보드 백패널용 베젤을 먼저 케이스에 결합한다는 점에 유의하기 바랍니다.

케이스에 메인보드를 고정할 때는 케이스 바닥의 나사 구멍과 메인보드의 나사 구멍을 일치시킨 후 나사로 조여주면 됩니다. 케이스에 따라서는 메인보드와 케이스 바닥의 간격을 띄워주는 스페이서를 먼저 끼운 후에 설치해야 하는 경우도 있습니다. 또한 케이스에 따라 제공되는 부가 기능도 차이가 있으므로 사전에 자신이 조립할 케이스의 부가 기능도 미리 확인하기 바랍니다.

❷ **그래픽카드 설치하기** : 그래픽카드는 가조립 시 설치해보았기 때문에 이와 동일한 방식으로 설치하면 됩니다. 단, 그래픽카드에 따라서는 HDMI 출력 시 사운드를 함께 보내기 위해 그래픽카드의 SPDIF 입력 단자와 메인보드의 SPDIF 출력 단자를 SPDIF 케이블로 연결해줘

야 HDMI 영상 출력 시 소리를 함께 보낼 수 있습니다. AMD 그래픽카드나 NVIDIA GTX 460 이상의 제품부터는 오디오 코덱이 내장되므로 별도의 SPDIF 연결은 필요 없습니다.

❸ **보조기억 장치 드라이브 설치하기** : 컴퓨터에서 사용할 보조기억 장치의 드라이브를 설치합니다. 요즘에는 PC에는 SSD, HDD를 설치하고 속도가 느린 ODD 드라이브는 PC 내부에 설치하지 않고 USB 인터페이스로 사용할 수 있는 외장형 ODD가 선호됩니다. 필요하다면 내장형 카드리디기도 드라이브 베이에 설치할 수 있습니다. 요즘에는 SSD 사용이 대중화되었기 때문에 케이스의 SSD를 설치할 위치도 미리 확인해야 합니다. 케이스에는 보통 5.25인치와 3.5인치용 드라이브 베이가 제공되는데, 3.5인치 베이에 2.5인치 SSD를 설치하려면 별도의 가이드를 활용해야 합니다. 만약, 케이스에 2.5인치 SSD 설치 가이드가 제공되지 않는다면 미리 SSD 설치용 가이드를 준비해야 합니다.

❹ **보조기억 장치 드라이브의 케이블 연결하기** : 보조기억 장치를 연결할 때는 인터페이스도 확인해야 하는데, 지금은 대부분 일대일로 연결되는 SATA 방식을 사용하므로 어려울 게 없습니다. SATA 인터페이스 단자 안에는 직각으로 꺾인 홈이 있으므로 방향이 틀리면 아예 삽입도 안되므로 잘못 연결할 염려가 없습니다. 만약 구형 PATA(IDE) 방식 HDD나 ODD를 사용할 때는 마스터/슬레이브 설정에 유의해야 합니다. 이에 관해서는 250쪽의 설명을 참고하기 바랍니다.

❺ **케이스 신호선 등 각종 인터페이스 케이블 연결하기** : 케이스 신호선 연결은 반드시 메인보드 설명서를 참고하여 극성이 바뀌지 않도록 정확히 연결하기 바랍니다.

케이스 전면 패널 오디오 단자용의 케이블을 연결할 때는 최신 HD AUDIO가 지원되면 HD AUDIO 커넥터로 연결하고 지원이 안 될 경우 AC ′ 97 커넥터로 연결합니다. 케이스 전면의 USB 단자는 메인보드의 USB 헤더에 연결해야 사용할 수 있습니다. USB 헤더에는 USB 2.0과 USB 3.0이 각각 제공된다는 점에도 유의하기 바랍니다.

❻ **파워서플라이 설치 및 전원 케이블 연결하기** : 파워서플라이를 맨 마지막 단계에서 설치하는 것보다 먼저 설치하는 게 편리할 수도 있으므로, 케이스에 따라 융통성 있게 대응하기 바랍니다. 가조립 때 전원 단자를 연결해 보았기 때문에 파워서플라이를 케이스 안에 장착하는 것 외에는 특별히 어려울 것은 없습니다. 가조립 때와 마찬가지로 파워서플라이의 전원 케이블을 메인보드의 주전원 단자와 12V CPU 전원 단자, 그래픽카드 전원 단자에 연결하고 새로 장착한 드라이브 장치와 케이스의 냉각팬 전원 커넥터도 빠짐 없이 연결합니다.

❼ **조립 PC 테스트하기** : 케이스 본체 조립이 마무리되면 케이스를 닫기 전에 제대로 작동되는지 테스트합니다. 테스트를 위해 키보드와 모니터를 연결한 후 케이스의 전원 단추를 누르고 테스트합니다. 아직 운영체제를 설치하기 전이므로 가조립 때와 같은 화면이 나오면 정상적으로 조립된 것입니다.

❽ **조립 PC 마무리하기** : 테스트 결과 이상 없으면 PC 내부의 원활한 공기 순환이 이루어질 수 있도록 케이블을 깨끗이 정리합니다. 케이스를 닫은 후에는 외부 주변 장치와 연결되는 백패널과 확장 카드의 단자들을 연결하면 됩니다.

위와 같은 조립의 전체적인 흐름을 염두에 두고 실습을 참고하여 구체적인 PC 조립 방법을 익히기 바랍니다.

② 나만의 만능 PC 조립을 위해 사용한 부품들

PC로 할 수 있는 대부분의 작업과 최신 3D 게임까지 모두 대응할 수 있는 만능 PC 조립을 위해 사용된 부품들을 살펴봅니다.

만능 PC 부품 선택은 어떻게

만능 PC를 위한 부품 선택은 CPU와 RAM, 그래픽카드 같은 성능에 영향을 미치는 부품에 우선순위를 두었고, 운영체제제용 디스크로는 빠른 SSD를 선택하였습니다. 다음은 PC 조립을 위해 사용한 부품들의 특징입니다. 현재 하스웰 CPU가 많이 보급되어 있으나 새로 시스템을 구축하려는 경우에는 8장을 참고하기 바랍니다.

제품 사진	제품명	특징
	CPU 인텔 코어 i7-4770K (하스웰)	4세대 코어아키텍처의 인텔 코어 i7-4770K는 저전력, 고성능에 오버클럭을 지원하는 K시리즈의 고성능 CPU입니다. 터보 부스트 기능, 유휴 시 클럭 속도를 낮추는 EIST 기능, C1E에서 C7에 이르는 절전 기능을 제공합니다. 하이퍼 스레딩 기술로 8스레드를 지원하며, 동종 라인업 중 최상의 CPU입니다.
	메모리 삼성전자 DDR3 4G PC3-12800 × 2	기본 동작 속도가 12800MB/s, 즉 1600MHz의 대역폭을 제공하며, 오버클러킹 성능도 검증된 메모리로 DDR3 듀얼 채널 구성을 위해 2개를 구입하여 8GB의 메모리를 준비하였습니다.
	메인보드 GIGABYTE Z87X-UD3H 메인보드	PCH 칩셋으로 하이엔드 Z87X 칩셋을 사용한 메인보드로 칩셋에서 USB 3.0과 SATA 3를 직접 지원하는 메인보드입니다. 안정된 전원부로 하스웰 CPU의 오버클러킹 성능까지 검증된 메인보드로 CPU의 성능을 최대한 발휘할 수 있는 장점이 있습니다.
	그래픽카드 이엠텍 XENON 지포스 GTX760 JETSTREAM D5 2GB	NVIDIA의 고급 GPU 라인업인 GTX 라인업의 그래픽카드로 현존하는 대부분의 3D 게임을 원활하게 운용할 수 있는 높은 성능을 제공합니다. 듀얼링크 DVI 단자와 싱글링크 DVI 단자 1개, 최신 4K 해상도를 지원하는 Display Port와 HDMI 단자까지 최대 4대의 모니터를 동시에 연결하여 사용할 수 있습니다.
	SSD Toshiba Q Series 128GB	삼성전자에 이어 세계 2위의 낸드플래시 제조업체인 TOSHIBA에서 만든 SSD입니다. 뛰어난 가성비와 빠른 읽기/쓰기 성능, 프리징 현상이 거의 없는 자체 기술의 컨트롤러를 사용합니다.

제품 사진	제품명	특징
	HDD Seagate 3TB Barracuda XT ST33000651AS (SATA3/7200/64M)	데이터용으로 사용하기 위한 하드디스크로 3TB의 대용량과 64MB의 캐시 메모리, SATA 3 인터페이스를 지원합니다.
	ODD USB 슈퍼멀티 드라이브(KSM-24CU)	CD/DVD 감상용이 아니라 CD/DVD 소프트웨어 설치용으로 준비한 USB 지원 ODD입니다. 외장형 ODD이므로 조립에 직접 사용되지는 않고, 조립 후에 운영체제 설치나 메인보드 등 PC 부품의 드라이버 설치용으로 활용합니다.
	파워서플라이 마 이 크 로 닉 스 Classic II 500W +12V Single Rail 85+	PC의 고성능화는 그만큼 안정된 파워서플라이를 필요로 합니다. 단일 그래픽카드 사용 시에는 파워서플라이의 정격 출력 500W로 감당할 수 있습니다. 다나와에서 베스트셀러로 선정된 파워서플라이로 전원 효율이 우수합니다.
	케이스 S2 Innovation AXIOM LT	S2 Innovation 고유 특허의 먼지 집진 장치로 PC 고장의 주범인 먼지를 효과적으로 차단할 수 있는 케이스입니다. 넓은 내부 공간과 독특한 드라이브 베이로 조립하기 편한 케이스입니다. 케이스 상단에 SATA 드라이브의 핫플러깅 연결을 지원하는 D-Pot이 제공되므로, 드라이브 교체가 빈번한 사용자에게 유용합니다.
	키보드 스 카 이 디 지 털 NKEYBOARD 메 카닉 로봇 (Blue, 클릭)	체리 사의 청축 스위치를 적용한 기계식 키보드로, 경쾌한 타격감과 맑은 소리가 특징입니다. 1000분의 1초(1ms)의 빠른 반응 속도와 매크로키, 멀티미디어키로 게임과 업무의 효율성을 모두 만족시켜주는 키보드입니다.
	마우스 스 카 이 디 지 털 Bloody V5	스카이디지털의 FPS(First Person Shooting) 게임에 최적화된 Bloody 시리즈의 게임용 마우스입니다. 1000분의 1초(1ms)의 빠른 반응 속도와 최대 3200dpi의 마우스 해상도를 지원합니다. 마우스 좌표뿐만 아니라 키보드까지 포함하여 매크로 저장할 수 있으므로, 각종 게임 스킬뿐만 아니라 업무 생산성 매크로를 활용할 수 있습니다.

Exercise

1 메인보드 체크와 가조립 준비

조립은 메인보드부터 시작합니다. 메인보드 박스에서 설명서와 메인
보드를 꺼내 조립할 위치에 놓습니다. 그런 다음 메인보드 설명서를
펼쳐 놓고 꼼꼼히 읽어봅니다. 보통 한글 설명서가 제공되는데, 영문
설명서라도 메인보드 그림이 있으므로 어렵지 않게 알 수 있습니다.

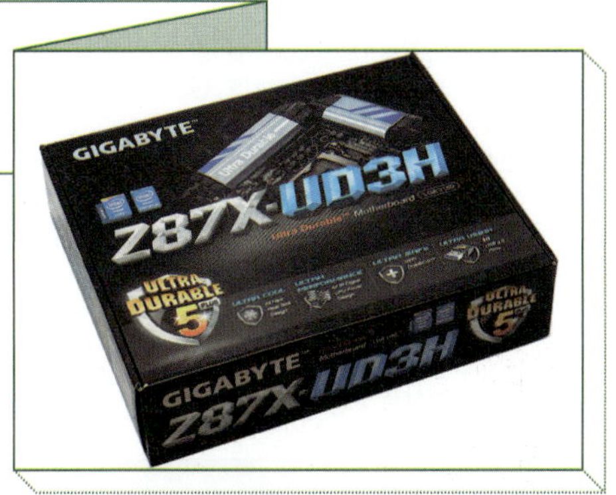

이 실습에 사용한 내용	실습 키 포인트
메인보드 : GIGABYTE Z87X–UD3H 메인보드와 설명서* * 실습에 사용한 메인보드 설명서에는 한글 설명서가 포함되어 있습니다.	메인보드 부품의 기능 이해 및 각 부품들의 위치 파악

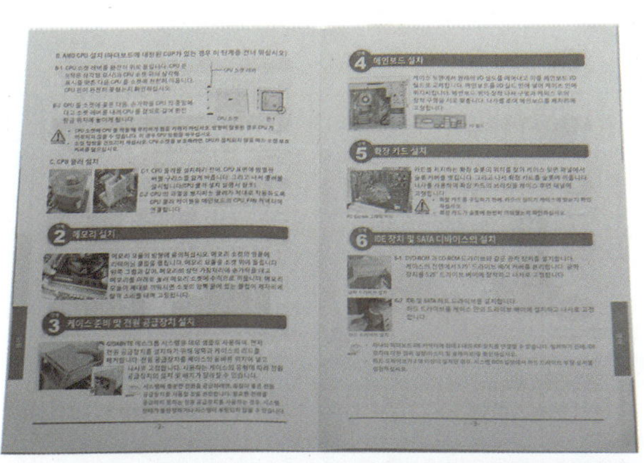

1 메인보드 설명서를 정독하여 해당 메인보드에서의
조립 방법을 미리 확인합니다.

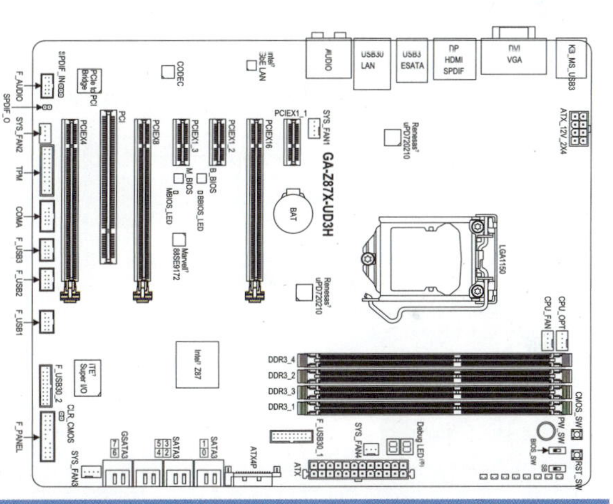

2 설명서를 참고하여 메인보드 부품들을 확인하고
특징도 미리 확인합니다.

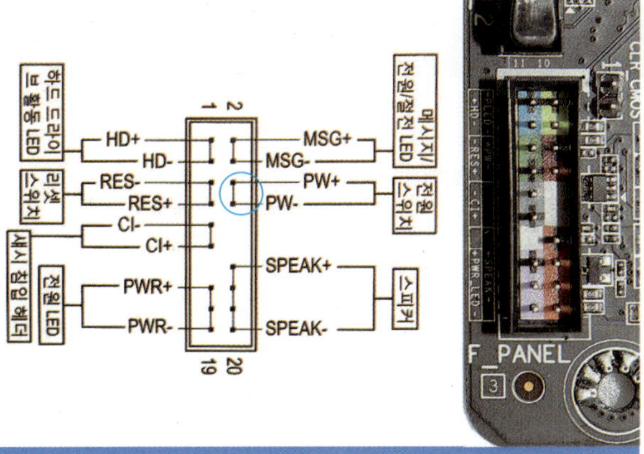

3 본조립 때는 케이스 안이 복잡해지므로 케이스 신
호선 단자를 미리 확인합니다. 가조립 PC 테스트
는 케이스 신호선 단자의 전원 스위치를 드라이버
등으로 연결하여 사용하게 됩니다.

4 메인보드의 주요 부품에 대한 체크가 끝나면 가조
립을 위해 조립대로 사용할 메인보드 박스 위에 메
인보드를 배치합니다. 다음 쪽의 그림은 메인보드
조립을 위해 미리 확인한 주요 특징들입니다.

F_AUDIO 단자는 케이스 전면 패널의 오디오 단자를 HD_Audio 케이블로 연결하면 전면 패널의 오디오 단자에서 헤드셋이나 마이크를 사용할 수 있습니다.

REV:1.0은 메인보드의 제조 버전

USB3.0_2/USB2.0 단자는 케이스 전면 패널의 USB 3.0, USB 2.0 단자와 연결하여 해당 USB 단자를 사용할 수 있게 해줍니다.

단일 그래픽카드를 사용할 경우에는 CPU와 가까운 쪽의 PCIe 3.0 x16 슬롯에 연결합니다. 두 번째 슬롯은 크기는 같지만 8레인만 지원되는 PCIe 3.0 x8 슬롯이며, 세 번째 슬롯은 PCIe 2.0 x4 슬롯입니다.

수은전지는 CMOS RAM에 전원을 공급하여 바이오스 셋업 프로그램의 설정값을 유지시켜줍니다.

8핀 12V CPU 전원 단자

CPU_FAN은 CPU 냉각팬 전원 단자입니다. CPU_OPT는 수냉식 쿨러 등 추가로 4핀 냉각팬 전원 단자를 필요로 하는 경우에 사용합니다.

Marvell 88SE9172 GSATA3와 ESATA 단자에서 SATA 3를 지원하는 서드파티 칩셋

CPU 소켓

디버그 LED 코드 메인보드 상태를 코드로 알려주는 기능으로, 코드별 상태는 사용 설명서에 있습니다.

SATA3로 표시된 6개의 SATA 3 단자는 GIGABYTE 방열판 밑에 있는 인텔 Z87 PCH 칩셋이 지원합니다.

3핀 냉각팬 전원 단자

GSATA3로 표시된 두 개의 SATA 3 단자는 메인보드 제조업체의 서드파티 SATA 컨트롤러로 지원됩니다.

DDR3 메모리 슬롯

CMOS 클리어 점퍼

24핀 메인보드 전원 단자

기가바이트의 최상위 메인보드 제품답게 메인보드에서 바로 사용할 수 있는 전원 단추와 리셋 스위치, CMOS 클리어 스위치, 메인/백업 바이오스의 사용 여부를 제어하는 스위치가 제공됩니다.

F_PANEL 단자와 케이스 신호선을 연결하면 케이스 전면 패널의 전원 단추, 리셋 단추, 전원 LED, HDD LED를 사용할 수 있습니다.

F_USB30_1 단자는 USB 3.0 단자를 사용할 수 있게 해주며, ON/OFF Charge 2 스마트폰 고속 충전 기능을 추가로 제공합니다.

Exercise

2 CPU와 쿨러 설치하기 – 인텔 i7–4770K

메인보드의 CPU 소켓의 핀은 CPU의 접점 수와 일치하며, 정확하게 맞춰 꽂을 수 있도록 1번 핀 삼각 표시와 노치가 있으므로 쉽게 설치할 수 있습니다. 반면, CPU에서 발생하는 열을 냉각시키는 CPU 쿨러를 설치할 때는 세심한 주의가 필요합니다.

이 실습에 사용한 내용	실습 키 포인트
CPU : 인텔 코어 i7–4770K (하스웰) 메인보드 : GIGABYTE Z87X–UD3H 메인보드	CPU의 1번 핀 삼각 표시에 맞춰 연결 CPU 쿨러의 설치와 CPU 냉각팬 전원 단자 연결하기

1 CPU의 1번 핀 삼각 표시와 CPU의 3분의 1 지점에 양쪽으로 움푹 패인 노치 위치를 확인합니다.

2 CPU 소켓 보호 덮개의 앞쪽 돌출 부분을 들어올려서 꺼냅니다. 소켓 핀 손상은 사용자 과실로 처리되므로 주의합니다.

3 메인보드의 CPU 소켓 레버를 누른 후 오른쪽으로 젖혀 걸쇠에서 빼내고 레버를 들어올리면서 덮개도 함께 들어올려서 완전히 젖혀줍니다.

4 CPU 노치와 1번 핀 삼각 표시 방향을 일치시켜 CPU를 메인보드 소켓에 가볍게 놓습니다. CPU는 절대 힘을 주어 누르면 안 됩니다.

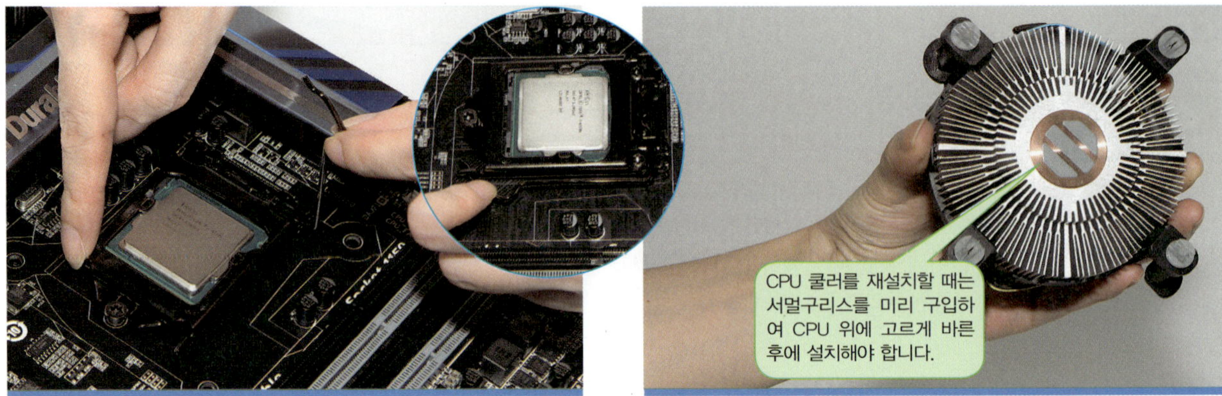

5 덮개(로드플레이트)를 천천히 내려 놓은 후 CPU 소켓 레버를 빼낼 때와 반대로 레버를 바닥으로 내려놓고 레버의 끝을 누르면서 안쪽으로 끝까지 밀어서 고정시킵니다.

6 이제 CPU 쿨러를 설치할 차례입니다. 쿨러 안쪽에 서멀구리스가 도포되어 있는지 확인합니다.

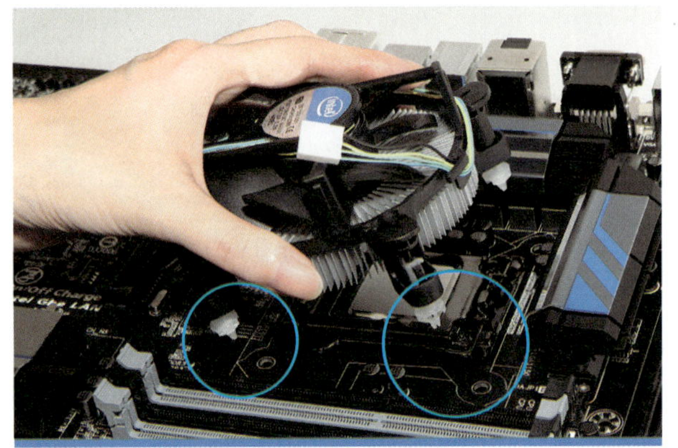

7 CPU 쿨러 고정 누름핀과 메인보드 소켓 주변의 네 개의 구멍 위치를 맞춰 놓습니다.

8 메인보드를 약간 들어 공간을 만든 후 쿨러 고정 누름핀을 대각선 방향으로 동시에 힘껏 눌러 딸깍 소리가 나도록 고정합니다. 반대쪽도 이와 마찬가지로 눌러 고정합니다.

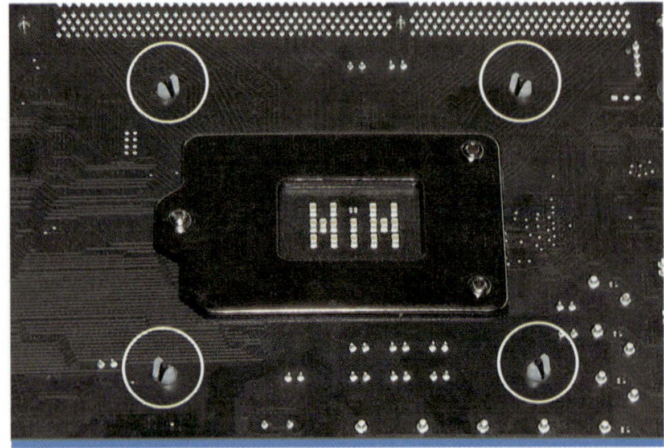

9 메인보드 뒷면에 있는 쿨러 고정 누름핀의 끝이 펼쳐진 상태로 고정되었는지 확인합니다. CPU와 쿨러는 단단히 밀착되어야 냉각 효율이 좋으므로 제대로 펼쳐지지 않은 누름핀은 다시 눌러 펼칩니다.

10 CPU 쿨러 전원 커넥터를 메인보드의 CPU 냉각팬 전원 단자에 연결합니다. 이것으로 CPU와 쿨러의 설치 작업은 완료되었습니다.

AMD CPU와 쿨러 설치 방법

인텔의 CPU 소켓 규격은 여러 차례 변화가 있었지만, AMD는 전통적으로 소켓 방식의 CPU를 고수하고 있습니다. AMD의 CPU에는 접지핀이 배열되고 메인보드 소켓에는 구멍이 배열됩니다. AMD CPU 설치 방법까지 알면 어떠한 컴퓨터라도 자신 있게 조립할 수 있을 것입니다.

AMD CPU 설치하기

AMD CPU 설치 방법도 크게 다르지는 않습니다. 다만 소켓의 이름을 핀 수로 나타내는 대신 AM2, AM2+, AM3 같은 이름 방식으로 바뀐 점만 유의하면 됩니다. AMD CPU 설치는 더 간단합니다. 1번 핀 삼각 표시를 확인하여 소켓에 꽂으면 됩니다. 쿨러 고정 방식은 지렛대형 고정 클립 레버로 고정하는 방식을 사용합니다. 이제 AMD의 베스트셀러 CPU인 AMD FX 8350(비쉐라) CPU와 사제 쿨러 설치 방법을 알아보겠습니다.

1 CPU 뒷면에서 1번 핀 삼각 표시를 확인합니다. AMD CPU에는 노치가 없습니다.

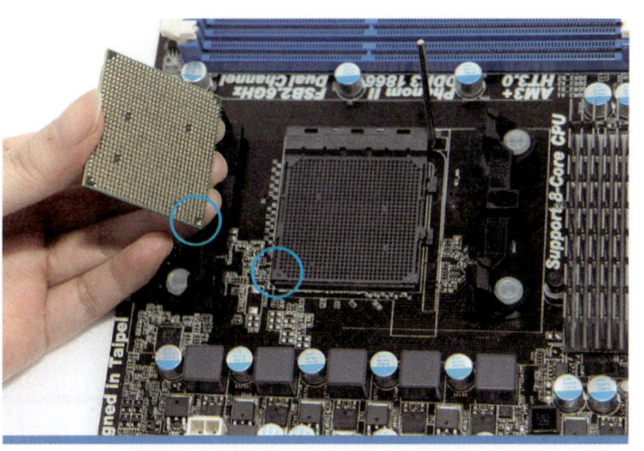

2 CPU 소켓 레버를 젖힌 후 CPU의 삼각 표시와 CPU 소켓의 1번 핀 삼각 표시를 일치시킵니다.

3 삼각 표시가 일치되었으면 CPU를 CPU 소켓의 수직 방향에서 가볍게 놓습니다.

4 CPU 소켓 레버를 메인보드 바닥에 위치시킨 다음 레버의 끝을 누르면서 안쪽으로 끝까지 밀어 고정시킵니다.

5️⃣ 쿨러를 설치하기 전에 CPU 위에 서멀구리스를 도포합니다.

6️⃣ 서멀구리스를 평탄하게 해줍니다. CPU 양 옆의 검정색 쿨러 지지대는 미리 설치해둔 상태입니다.

7️⃣ 이제 CPU 쿨러를 준비합니다. 쿨러의 고정 클립 레버의 위치를 확인합니다.

8️⃣ 먼저 한쪽 방향의 CPU 쿨러 고정 클립 레버를 쿨러 지지대의 홈에 정확히 맞춰 끼웁니다.

9️⃣ 반대쪽에서 CPU 쿨러의 고정 클립 레버를 쿨러 지지대의 홈에 걸릴 수 있도록 힘주어 눌러 고정시킵니다. 이것으로 쿨러 설치는 완료되었습니다.

🔟 CPU 쿨러 전원 커넥터를 메인보드의 CPU 냉각팬 전원 단자에 연결합니다. 이것으로 AMD CPU와 쿨러의 설치 작업은 완료되었습니다.

Exercise

3 메모리 설치하기–DDR3 RAM

메인보드의 메모리 슬롯은 보통 네 개가 제공되며, 트리플 채널을 지
원하는 경우에는 여섯 개의 메모리 슬롯이 제공됩니다. 듀얼 채널과
트리플 채널 지원 메모리를 설치할 때는 같은 색상으로 된 메모리 슬
롯에 설치해야 듀얼 채널 성능과 트리플 채널 성능을 제대로 발휘할
수 있다는 점만 유의하면 어렵지 않게 설치할 수 있습니다.

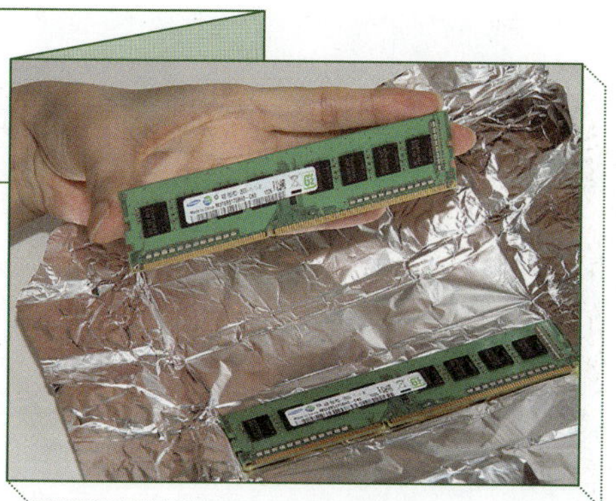

이 실습에 필요한 내용	실습 키 포인트
메인보드 : GIGABYTE Z87X–UD3H 메인보드 메모리 : 삼성전자 DDR3 4G PC3–12800×2	듀얼 채널 메모리의 정확한 연결 방법

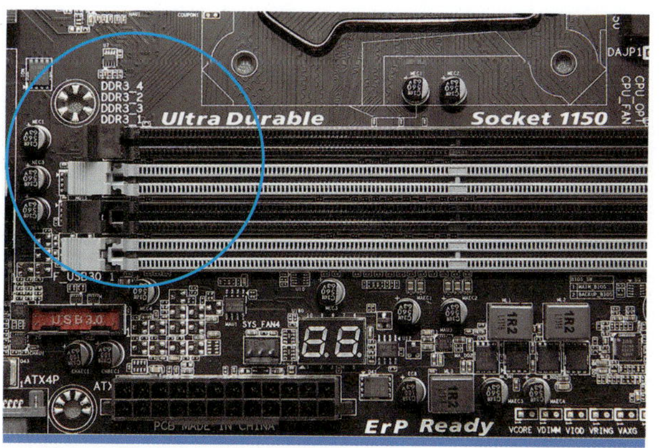

1 메인보드의 메모리 소켓의 채널 번호를 확인합니
다. DDR3 메모리 소켓은 DDR3_1~DDR3_4 형식
으로 표시됩니다.

2 듀얼 채널 메모리를 설치할 때는 같은 색상의 메모
리 슬롯에 설치합니다. 회색으로된 1번, 2번 채널에
메모리를 설치하기 위해 메모리 슬롯의 고정 레버
를 젖힙니다.

3 메모리 슬롯에 연결할 메모리의 홈과 메모리 슬롯의
노치를 확인하여 방향을 일치시킵니다.

4 메모리를 수직 방향에서 힘주어 눌러 메모리 슬롯
양쪽의 고정 레버가 딸깍하고 메모리 양쪽 측면의
홈에 물리도록 합니다.

5 메모리 슬롯 양쪽의 고정 레버가 원위치되었는지 확인하고, 원위치되어 있지 않으면 메모리 슬롯 양쪽의 고정 레버를 안쪽으로 밀어 원위치시킵니다.

● 메모리가 삽입되면 메모리 슬롯 양쪽의 고정 레버는 자동으로 설치된 메모리를 조입니다. 조임 상태가 헐거우면 메모리를 수직으로 누르면서 고정 레버를 들어올려서 조여줍니다.

● 메모리를 한 개만 설치해야 하는 경우에는 홀 수 채널(1번이나 3번 채널)에 연결해야 사용이 가능합니다. 듀얼 채널 메모리는 특성상 짝수씩 한 조가 되어 듀얼 채널을 이룰 때 입출력 대역폭이 두 배로 늘어나 최적 성능을 발휘합니다. 따라서 같은 속도라면 4GB 단일 메모리보다 2GB 두 개의 메모리를 사용할 때 보다 효율이 좋습니다.

6 두 번째 메모리도 수직 방향에서 힘주어 눌러 메모리 슬롯 양쪽의 고정 레버가 딸깍하고 메모리 양쪽 측면의 홈에 물리도록 합니다.

7 메모리 슬롯 양쪽의 고정 레버가 원위치되었는지 확인하고 안쪽으로 밀어 원위치시킵니다. 이것으로 메모리 조립은 완료되었습니다.

8 CPU와 CPU 쿨러, 메모리까지 가조립이 완료된 모습입니다. PC 조립 경험이 많은 분은 이 상태에서 바로 케이스에 넣고 본조립을 진행하면 됩니다.

● 인텔 CPU는 네할렘 아키텍처의 막내라 할 수 있는 i3 클락데일 코어 CPU부터 GPU를 내장 지원합니다. GPU 내장 CPU를 지원하는 메인보드에는 화면 출력 단자가 제공됩니다.

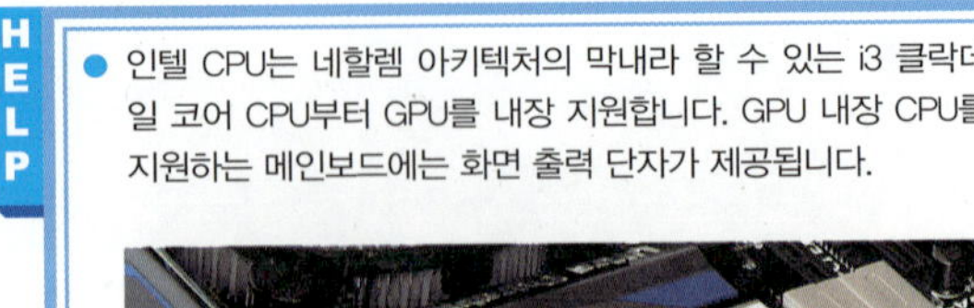

● 그래픽카드를 별도로 설치할 계획이 없는 경우, 내장 GPU를 사용한 CPU와 메모리까지 설치했다면 다음 쪽의 '그래픽카드 설치하기' 실습은 생략하고 다음 단계로 넘어가기 바랍니다.

Exercise

4 그래픽카드 설치하기–PCI Express 3.0 x16

그래픽카드는 CPU와 가까운 쪽의 PCIe x16 그래픽카드 전용 슬롯에 설치합니다. 가조립 단계에서 그래픽카드를 PCIe x16 슬롯에 설치할 때는 슬롯에 배치되어 있는 그래픽카드 고정 레버가 그래픽카드의 홈에 정확히 고정되도록 한다는 점만 유의하면 됩니다.

이 실습에 필요한 내용	실습 키 포인트
메인보드 : GIGABYTE Z87X-UD3H 메인보드 그래픽카드 : 이엠텍 XENON 지포스 GTX760 JETSTREAM D5 2GB	그래픽카드를 슬롯과 그래픽카드 고정 레버에 맞춰 정확히 설치하기

HELP
- 그래픽카드 전용 슬롯이 둘 이상인 경우 CPU 소켓에 가까운 슬롯이 풀 대역폭(PCIe x16)을 지원하며 두 번째 이후 슬롯부터는 메인보드 칩셋에 따라 차이가 있지만 대역폭이 제한되므로 유의하기 바랍니다. 세부적인 특징은 메인보드 설명서를 참고하기 바랍니다.
- 메인보드 박스를 조립대로 활용할 때는 그래픽카드의 브래킷이 박스에 걸려 제대로 설치되지 않을 수 있으므로 메인보드를 배치할 때 그래픽카드 슬롯을 끼우는 방향으로 메인보드 박스의 가장자리에 맞춰 위치시키기 바랍니다.

1 그래픽카드를 설치할 슬롯을 확인합니다.

2 그래픽카드를 PCIe x16 슬롯의 홈에 맞춰 수직으로 정렬합니다.

HELP
- 그래픽카드 전용 슬롯의 고정 레버 모양은 메인보드 제품에 따라 다를 수 있습니다. 하지만 조립 방식은 거의 비슷합니다. 대부분 그래픽카드는 수직 방향에서 아래로 힘주어 누르면 그래픽카드의 홈에 맞물려 그래픽카드가 흔들리지 않도록 지지하게 됩니다.

3 그래픽카드 전용 슬롯의 고정 레버가 그래픽카드의 홈에 딸깍하고 결합될 때까지 수직으로 눌러 끼웁니다.

4 제대로 설치되면 그래픽카드 고정 레버가 그래픽카드 끝의 홈에 끼워져서 그래픽카드 뒤쪽이 들리지 않도록 지탱해줍니다.

5 이것으로 가조립 단계의 그래픽카드 설치가 완료되었습니다.

HELP
- AMD 시스템을 조립하는 경우에도 메모리 설치나 그래픽카드 설치 방법은 동일합니다. 다음은 AMD 시스템에서 그래픽카드까지 가조립한 모습입니다.

HELP
- 나중에 본조립을 위해 가조립한 그래픽카드를 빼낼 때는 메인보드의 그래픽카드 고정 레버를 누른 상태에서 그래픽카드를 가볍게 들어올려 빼냅니다.

Exercise 5 보조기억 장치 연결하기

메인보드에 그래픽카드까지 연결하였으면 가조립은 사실상 완료된 것입니다. 여기서는 최신 보조기억 장치로 각광받고 있는 SSD가 정상적으로 인식되는지 체크해보기 위해 메인보드의 SATA 단자에 연결해보겠습니다.

이 실습에 필요한 내용	실습 키 포인트
메인보드 : GIGABYTE Z87X-UD3H 보조기억 장치 : Toshiba Q Series 128GB / SATA 케이블	SATA 케이블 연결 방법 숙지

1 보조기억 장치(SSD)와 SATA 케이블을 준비합니다. 다른 보조기억 장치를 준비해도 상관없습니다.

2 SATA 케이블의 한쪽 커넥터를 SATA_0 단자에 꽂습니다. 가조립 단계에서는 인식 여부만 확인하므로 아무곳에나 연결해도 상관없습니다.

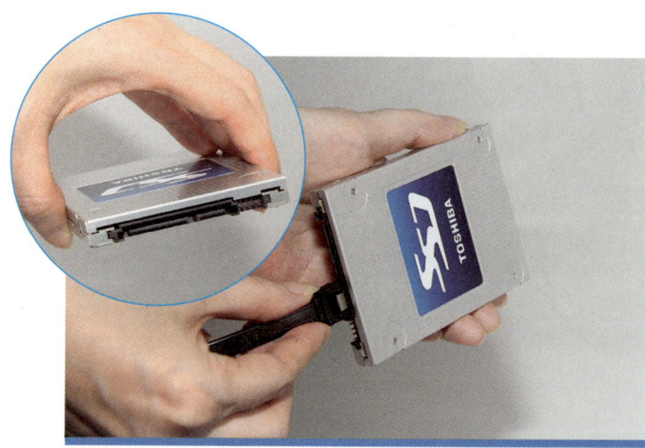

3 SATA 케이블의 다른 쪽 커넥터를 보조기억 장치 (SSD) SATA 단자와 직각으로 꺾인 홈을 일치시켜 연결합니다.

4 SATA 케이블 연결이 완료되었습니다. 보조기억 장치는 흔들리지 않는 안정된 위치로 배치합니다. 특히 HDD를 사용할 경우에는 주의해서 다룹니다.

Exercise

6 가조립 PC 테스트하기

케이스 안에 넣지 않았을 뿐, 가조립 PC도 컴퓨터의 모든 기능을 갖춘 PC입니다. 가조립 PC를 테스트하기 위해 모니터와 키보드를 연결하고 파워서플라이 전원 커넥터를 연결한 후 정상적으로 작동하는지 점검해보겠습니다. 케이블과 전원 커넥터를 정확히 연결해주어야 이상 없이 작동하므로 신중히 연결하기 바랍니다.

이 실습에 필요한 내용	실습 키 포인트
메인보드 : GIGABYTE Z87X–UD3H　　　모니터 : LG전자 24MA53D 파워서플라이 : 마이크로닉스 Classic Ⅱ 500W +12V Single Rail 85+ 키보드/마우스 : 스카이디지탈 NKEYBOARD 메카닉 로봇 / Bloody V5	가조립 PC의 전원 케이블 연결 방법 모니터와 키보드 연결 방법 가조립 PC의 전원 켜는 방법

파워서플라이 연결 준비

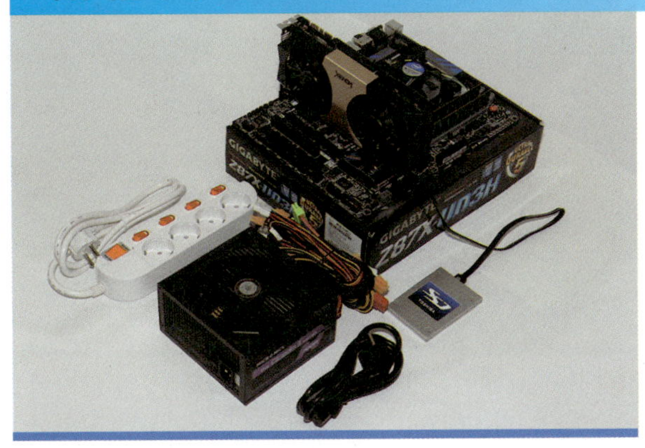

1 가조립 PC의 테스트를 위해 파워서플라이와 멀티탭을 준비합니다.

2 파워서플라이의 전원 스위치는 OFF로 합니다.

12V CPU 전원 커넥터 연결하기

1 파워서플라이의 12V CPU 전원 커넥터를 메인보드의 8핀 12V CPU 전원 단자로 연결합니다.

2 12V CPU 전원 커넥터 연결이 완료되었습니다. 참고로 구형 메인보드 중에는 4핀 12V CPU 전원 단자를 사용하는 것도 있습니다.

그래픽카드 전원 커넥터 연결하기

1 그래픽카드의 6핀 보조 전원 단자에 연결할 파워
서플라이의 PCIe VGA 전원 커넥터를 확인합니다.
2핀을 함께 사용하면 8핀 보조 전원 단자에 대응
할 수 있다는 것을 알 수 있습니다.

2 파워서플라이의 PCIe VGA 전원 커넥터를 그래픽
카드의 보조 전원 단자에 연결합니다. 파워서플라
이에 해당 전원 커넥터가 없으면 그래픽카드에 포
함된 4핀→6핀 변환 전원 커넥터를 사용합니다.

메인보드 주전원 단자 연결하기

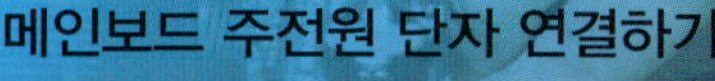

1 메인보드 주전원 단자에 연결할 파워서플라이의
주전원 커넥터를 준비합니다. ATX 메인보드는 24
핀, 구형 ATX 메인보드와 Micro ATX 메인보드는
20핀 방식입니다.

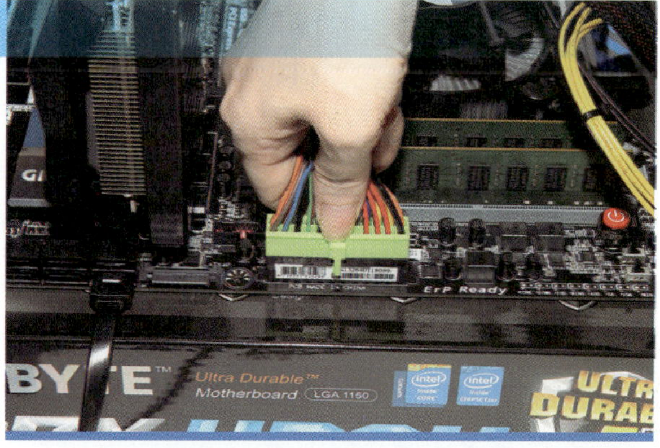

2 파워서플라이의 주전원 커넥터를 메인보드의 주전
원 단자에 수직으로 딸깍하고 걸릴 때까지 힘주어
연결합니다.

키보드와 마우스 연결하기

1 요즘 나오는 키보드는 대부분 USB 인터페이스를
사용합니다. 키보드 케이블의 USB 커넥터를 메인
보드 백패널의 USB 단자에 연결합니다.

2 마우스도 같은 방식으로 마우스 케이블의 USB 커
넥터를 메인보드 백패널의 USB 단자에 연결합니
다. 최신 메인보드의 UEFI 바이오스 셋업 화면에
서는 마우스를 사용할 수 있습니다.

그래픽카드 단자(DVI) 연결하기

1 그래픽카드의 HDMI 단자에 연결할 HDMI 케이블을 준비합니다. HDMI 단자의 모양에 맞춰 HDMI 커넥터를 끝까지 밀어 넣습니다.

2 HDMI 케이블이 그래픽카드의 HDMI 단자에 연결되었습니다.

보조기억 장치 전원 연결하기 / 비프 스피커 연결하기

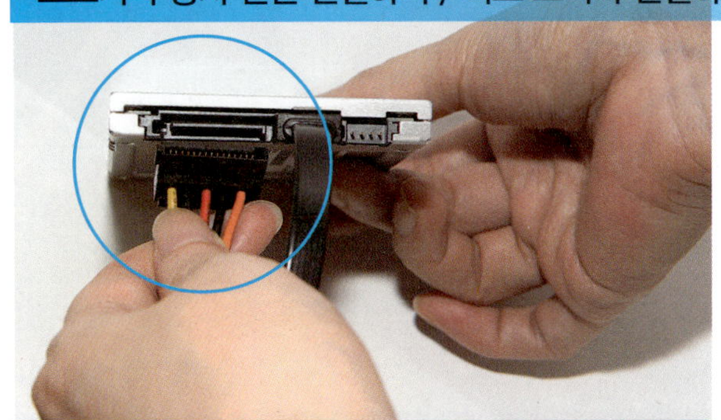

1 파워서플라이의 SATA 전원 커넥터와 SSD의 SATA 단자의 연결 방향을 확인합니다. SATA 단자의 직각으로 꺾인 홈이 일치해야 연결됩니다.

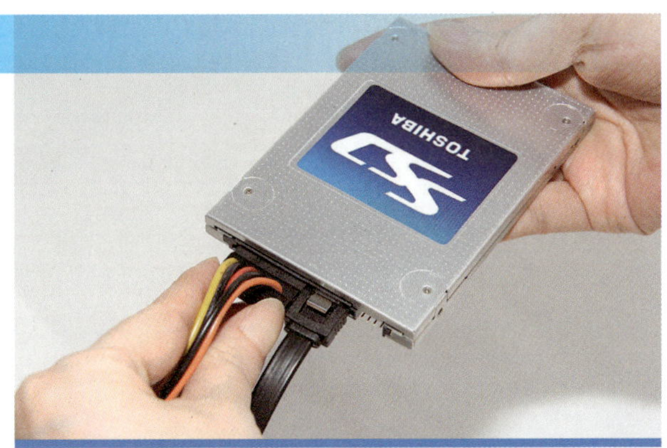

2 SATA 전원 커넥터를 SATA 단자에 끝이 닿을 때까지 밀어 넣어 끼웁니다.

3 메인보드의 케이스 신호선 단자의 스피커 단자 위치를 확인하고 비프 스피커를 연결합니다. 비프 스피커는 극성에 관계없지만 보통 메인보드 바깥쪽 방향으로 글자가 보이게 연결합니다.

4 비프 스피커까지 연결되었습니다. 비프 스피커는 컴퓨터 시동 시 오류가 있으면 삐~삐하는 비프음으로 알려주어 대응할 수 있게 해줍니다. 비프음별 오류 상황은 메인보드 설명서를 참고하기 바랍니다.

5 지금까지 가조립된 모습입니다. 케이스 안에 넣지 않았을 뿐, 가조립 PC도 컴퓨터의 모든 기능을 갖춘 PC입니다.

모니터 단자(HDMI)와 전원 연결하기

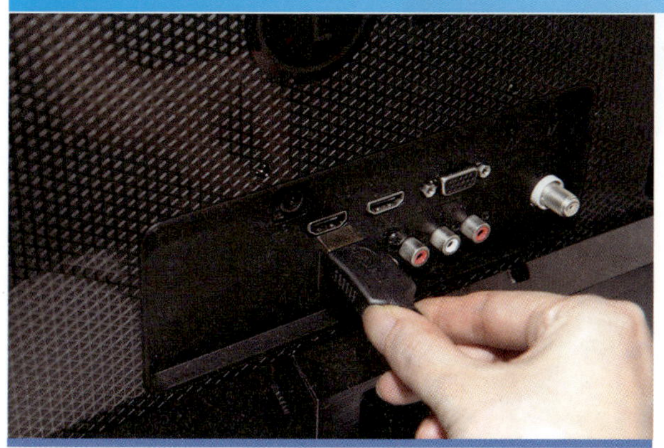

1 모니터 케이블의 커넥터를 모니터의 HDMI 단자에 끼웁니다. DVI 모니터 케이블을 사용한 경우에는 DVI 단자에 연결하면 됩니다.

2 모니터의 전원 단자 위치를 확인하고 해당 전원 단자에 연결합니다.

가조립 PC 시동하기

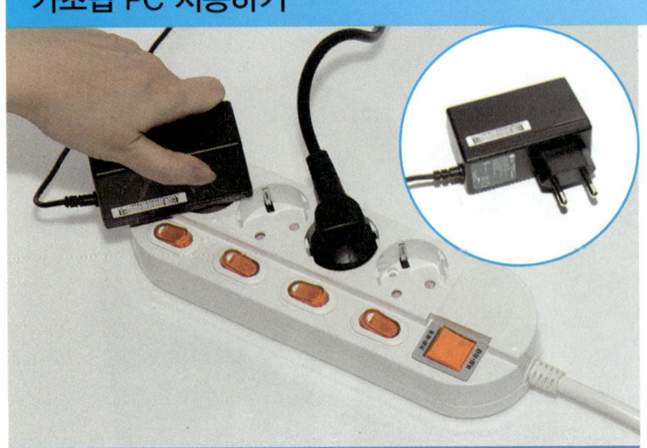

1 모니터와 파워서플라이 전원 케이블의 커넥터를 멀티탭에 연결합니다. 모니터 전원 어댑터의 모양은 그림과 다를 수 있습니다.

2 파워서플라이의 전원 플러그를 연결합니다.

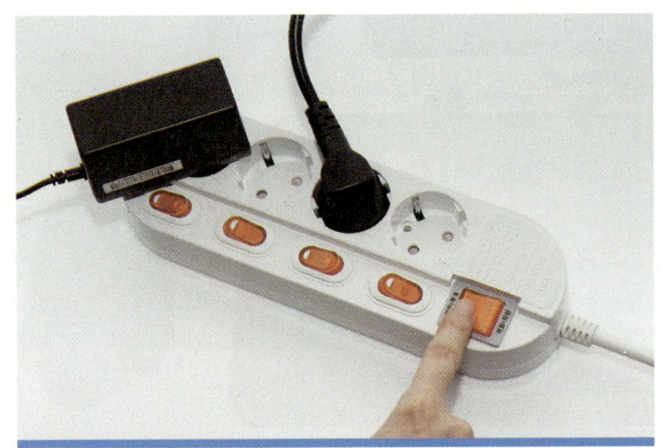

3 멀티탭이 전원 콘센트에 연결되었는지 확인한 후 멀티탭의 전원 스위치를 켭니다.

4 파워서플라이의 전원 스위치를 켭니다.

5 모니터의 전원 단추를 눌러 켭니다. 모니터의 리모콘이 있는 경우에는 리모콘으로 켜도 됩니다.

6 메인보드 케이스 신호선 단자의 파워 스위치를 드라이버로 연결합니다. 그러면 메인보드에 전원이 공급되어 시동이 시작됩니다.

7 이상 없이 조립되었으면 한 번의 경쾌한 비프음과 함께 시동이 시작되며, CPU 냉각팬과 그래픽카드의 냉각팬이 회전합니다.

8 파워서플라이의 냉각팬도 이상 없이 회전하는지 확인하기 바랍니다.

시동 시에는 메인보드 제조사에서 바이오스 셋업의 기본값으로 설정된 로고 화면이 표시됩니다.

9 모니터에는 잠깐 동안 현재 그래픽카드 정보가 나온 후 메인보드 로고 화면이 나옵니다. 여기까지 진행했다면 가조립 PC가 제대로 조립된 것입니다.

보조기억 장치 인식 확인하고 컴퓨터 종료하기
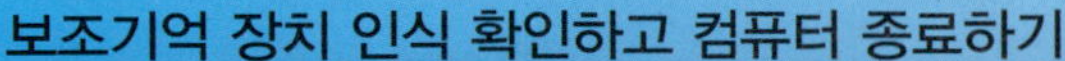

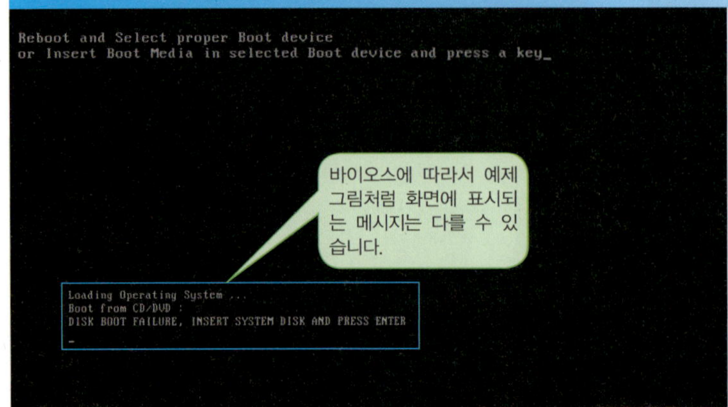

1 메인보드 로고 화면이 표시된 후에 시동 절차가 진행되는데, 아직 운영체제 설치 전이므로 "Insert Boot Media..." 메시지가 나옵니다. 이제 Ctrl + Alt + Delete 키를 눌러 다시 부팅합니다.

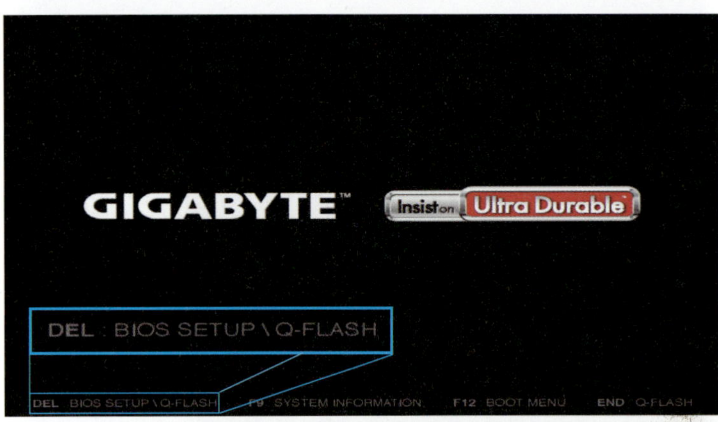

2 메인보드 로고 화면이 나올 때 자세히 보면 바이오스 셋업 프로그램을 호출할 수 있는 기능키가 표시되는데, 키보드로 해당 기능키(AWARD나 AMI는 Delete 키, Phoenix 바이오스는 F2 키)를 눌러 바이오스 셋업 프로그램을 호출합니다.

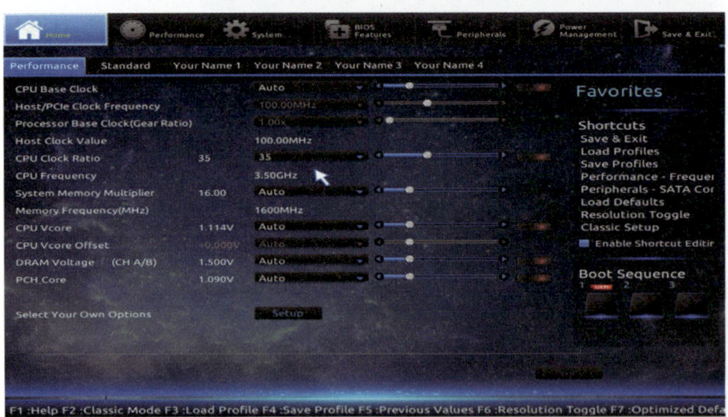

3 바이오스 셋업 프로그램의 화면이 나타납니다.

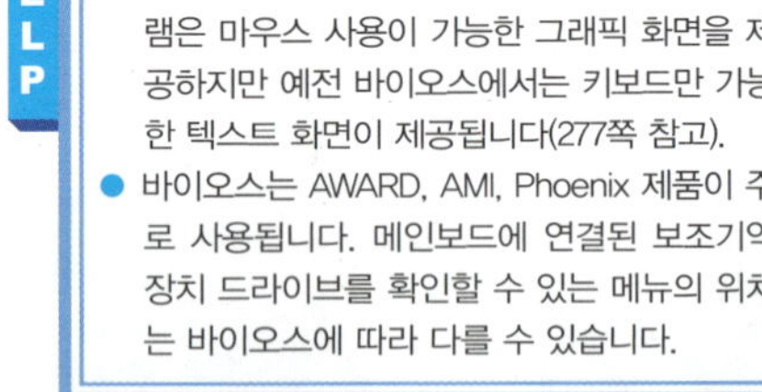

HELP
- 최신 UEFI 바이오스의 바이오스 셋업 프로그램은 마우스 사용이 가능한 그래픽 화면을 제공하지만 예전 바이오스에서는 키보드만 가능한 텍스트 화면이 제공됩니다(277쪽 참고).
- 바이오스는 AWARD, AMI, Phoenix 제품이 주로 사용됩니다. 메인보드에 연결된 보조기억 장치 드라이브를 확인할 수 있는 메뉴의 위치는 바이오스에 따라 다를 수 있습니다.

4 마우스로 Peripherals → SATA Config를 차례로 선택하고 SATA Config 페이지를 열어 가조립 때 연결한 보조기억 장치를 제대로 인식하는지 확인합니다. 정상적으로 인식한 것을 확인하였으면 본 조립을 위해 종료합니다. 아직 운영체제 설치 전이므로 파워서플라이의 전원 스위치를 사용하여 종료하면 됩니다.

Exercise 7 본조립-케이스에 메인보드 설치하기

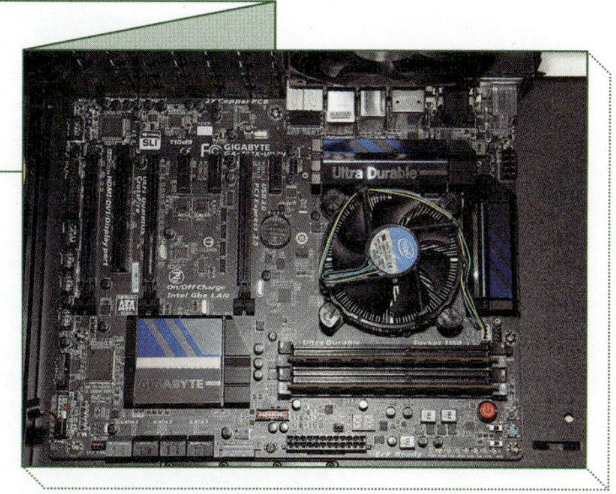

가조립 PC 테스트까지 무사히 마쳤다면 본조립은 사실 어려울 게 전혀 없습니다. 단, 케이스 디자인은 다양하며, 독특한 부가 기능을 제공하는 종류가 있으므로 메인보드를 설치하기 전에 케이스 사용 설명서를 정독한 후 조립 시 유의해야 할 점을 꼼꼼히 살펴보고 본조립을 진행하기 바랍니다.

이 실습에 필요한 내용	실습 키 포인트
CPU와 메모리를 장착한 메인보드 케이스 : S2 Innovation AXIOM LT	케이스의 특징을 파악하여 조립하기 시스템 쿨링을 위한 케이블 정리

케이스 조립 준비

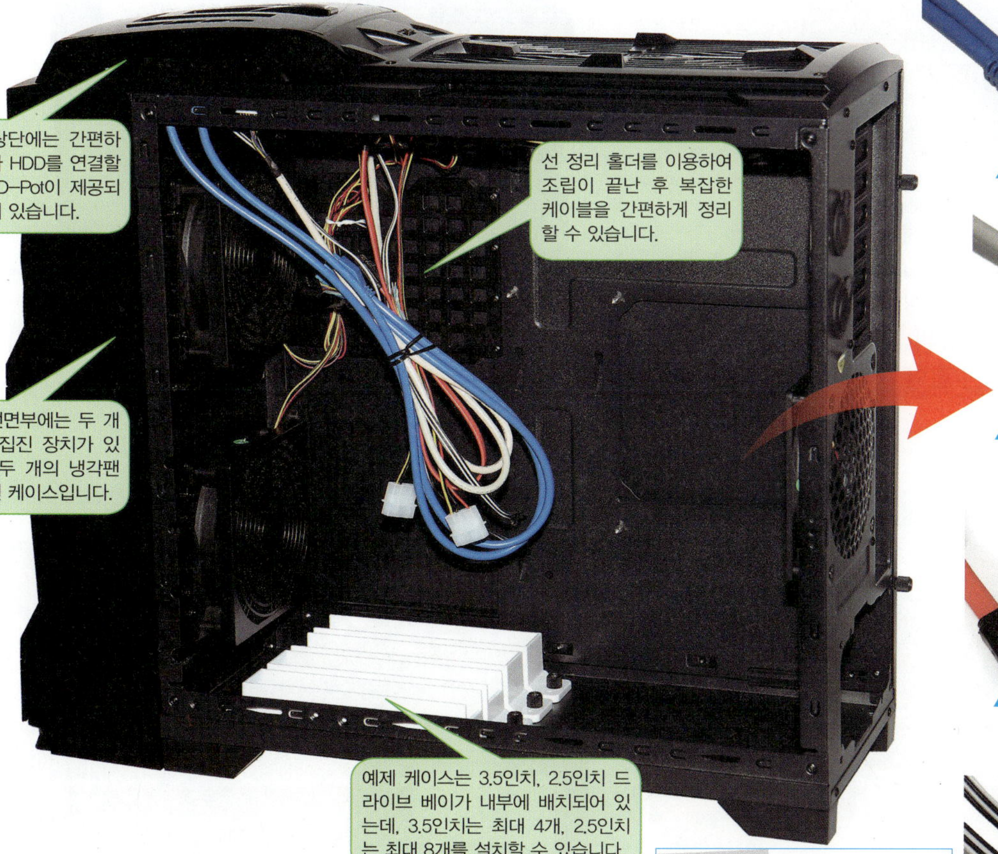
케이스 상단에는 간편하게 SSD나 HDD를 연결할 수 있는 D-Pot이 제공되는 특징이 있습니다.
선 정리 홀더를 이용하여 조립이 끝난 후 복잡한 케이블을 간편하게 정리할 수 있습니다.
케이스 전면부에는 두 개의 먼지 집진 장치가 있고 뒤에 두 개의 냉각팬이 배열된 케이스입니다.
예제 케이스는 3.5인치, 2.5인치 드라이브 베이가 내부에 배치되어 있는데, 3.5인치는 최대 4개, 2.5인치는 최대 8개를 설치할 수 있습니다.

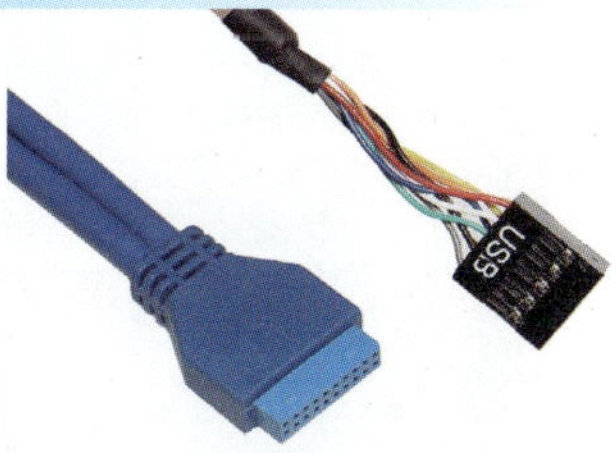
USB

▲ USB 3.0 커넥터(왼쪽), USB 2.0 커넥터(오른쪽)

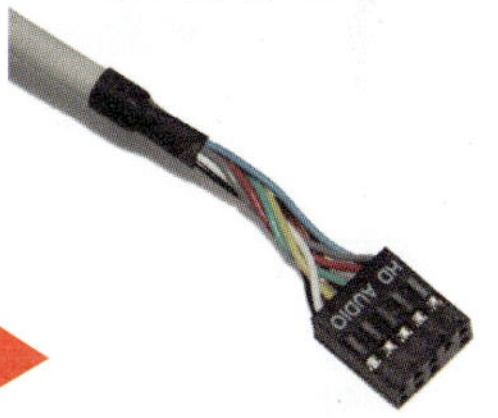
HD AUDIO

▲ HD 오디오 커넥터

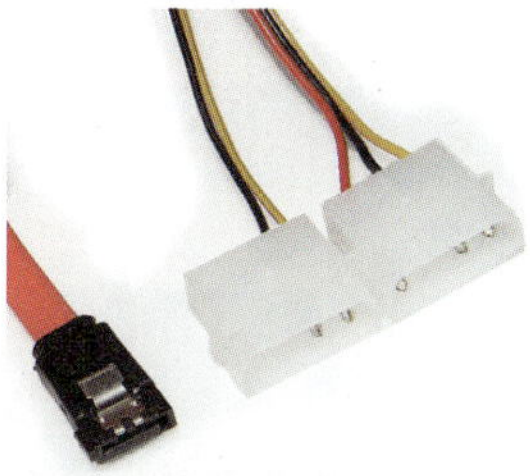

▲ SATA 커넥터와 SATA 전원 커넥터(3핀), 전면 냉각팬 전원 커넥터(2핀).

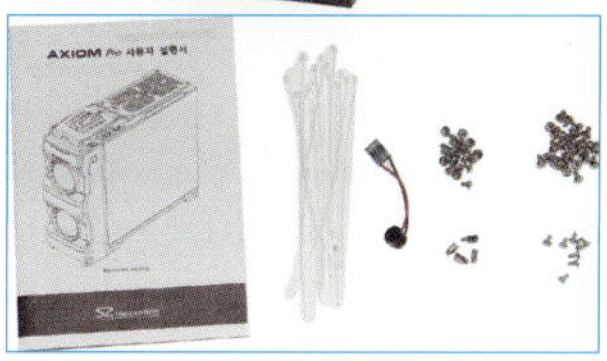
AXIOM

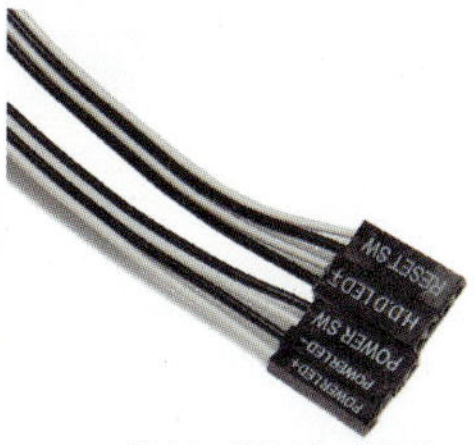
RESET SW
HDD LED
POWER SW
POWER LED

▲ 케이스 신호선 커넥터

1 케이스에 따라 세부 구성과 조립 방식은 차이가 있으므로 자신의 케이스 부품들의 특징을 꼼꼼히 체크하고 조립 순서를 계획합니다.

2 케이스의 양쪽 측면 덮개를 분리하기 위해 케이스 뒷면의 손나사를 돌려 빼냅니다.

3 케이스의 상단을 지지한 상태에서 측면 덮개를 안쪽으로 힘을 가하면서 뒤로 힘있게 당겨 빼냅니다.

4 케이스의 상단을 지지한 상태에서 반대쪽 측면 덮개도 빼냅니다. 이 제품의 경우 주로 열게되는 케이스 방향으로 손잡이 홈이 나와 있어 쉽게 분리할 수 있습니다.

5 케이스의 양쪽 측면 덮개를 모두 분리하였으면 각 부품들을 조립할 위치들을 확인하기 바랍니다.

백패널용 베젤 장착

1 메인보드와 함께 제공되는 백패널용 베젤(I/O 실드)을 준비합니다.

2 메인보드와 함께 제공된 백패널용 베젤을 끼울 케이스의 위치를 확인합니다.

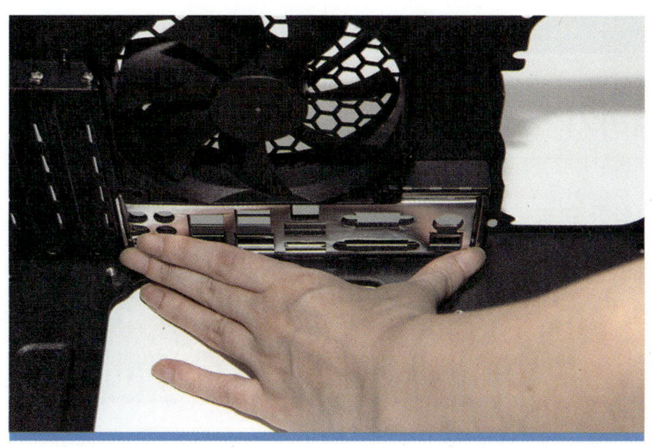

3 메인보드 백패널용 베젤을 케이스 안쪽에서 바깥 쪽으로 네 모서리를 맞춘 다음 힘주어 밀어 백패널 베젤이 정확하게 딸깍하며 끼워지도록 합니다.

4 케이스의 베젤 공간에 메인보드의 백패널 베젤 장착 이 완료되었습니다.

케이스 안에 메인보드 설치하기

1 메인보드를 설치할 너트의 위치를 확인합니다. ATX 폼팩터의 메인보드 설치를 위해 세 군데의 구멍에 스페이서 나사를 설치해야 합니다.

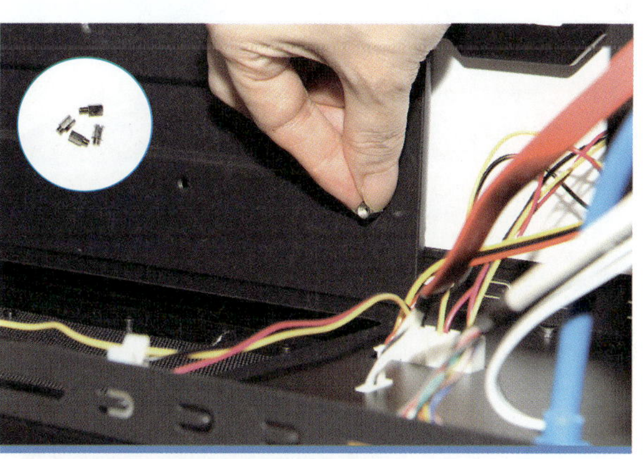

2 케이스 부품에 포함된 스페이서 나사를 메인보드 나사 구멍 위치에 맞춰 끼워줍니다.

3 메인보드의 백패널과 백패널 베젤 구멍을 일치시켜 천 천히 밀어 메인보드 고정나사 구멍이 케이스의 너트와 일치되도록 합니다.

4 메인보드를 나사로 고정합니다. 나사로 고정하는 부품들은 진동이 생기지 않도록 단단히 조여야 소 음도 줄이고, 부품 수명도 오래 갑니다.

Exercise

8 본조립-케이스의 인터페이스 케이블 연결하기

케이스의 인터페이스 케이블은 메인보드의 해당 부품과 정확한 연결이 필요한 작업입니다. 나중에 연결해도 되지만 그래픽카드나 보조기억 장치 등을 설치했을 때 불편할 수 있으므로 먼저 연결해보겠습니다. 제대로 연결되지 않은 부품은 케이스의 전면 패널에서 사용할 수 없으므로 빠짐 없이 연결해야 합니다.

이 실습에 필요한 내용	실습 키 포인트
메인보드 : GIGABYTE Z87X–UD3H 케이스 신호선, 전면 패널의 USB와 SATA 케이블 연결	각종 장치의 인터페이스 케이블 연결 마스터하기

케이스 신호선 커넥터 연결하기

1 케이스 신호선의 커넥터를 확인하고 메인보드의 케이스 신호선 단자를 확인합니다. 가조립 때 비프 스피커는 이미 연결해둔 상태입니다.

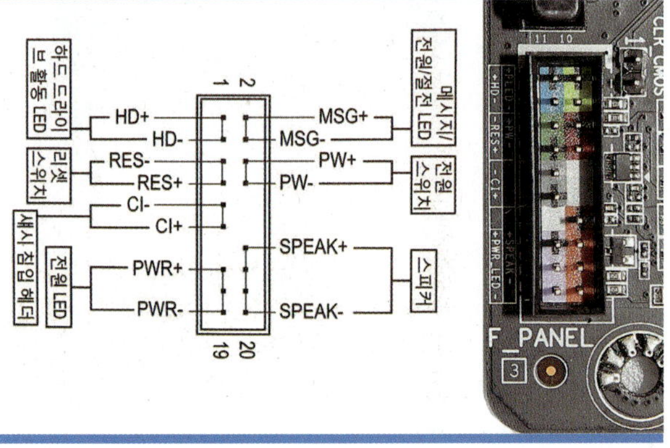

2 케이스 신호선을 연결할 때는 극성에 유의해야 합니다. 예제 케이스 신호선에서 검정색은 –, 흰색은 +입니다.

3 케이스 신호선 커넥터를 안쪽부터 극성에 유의하여 연결합니다. 하나씩 끼우기보다 단자에 맞춰 한꺼번에 정렬하여 꽂으면 쉽게 연결할 수 있습니다.

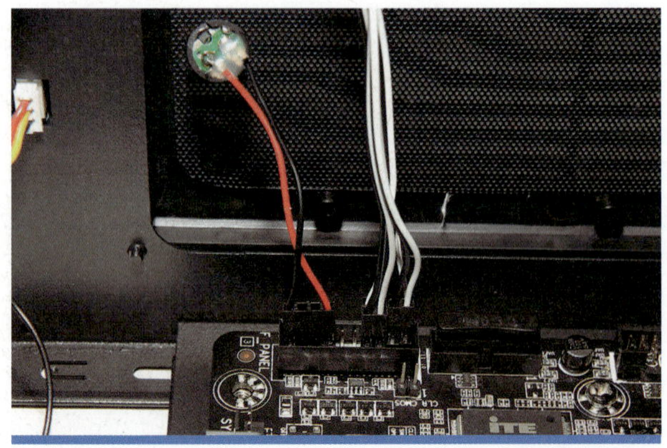

4 케이스 신호선 커넥터 연결 작업이 모두 완료되었습니다. 케이스 신호선 단자의 기능에 대해서는 다음 쪽의 체크포인트를 참고하기 바랍니다.

Check Point   케이스 신호선 단자의 기능

케이스 신호선 단자는 메인보드 한쪽 구석에 있는 조그마한 점퍼형 단자들인데, PC 케이스에서 시스템의 작동 상태를 파악하고, 제어할 수 있게 해주는 중요한 기능을 담당합니다. 케이스 신호선 커넥터를 연결해야 비로소 PC를 켜거나 끄고, 재시동하고, 작동 상태를 알 수 있게 됩니다. 처음 컴퓨터 조립을 하는 경우 케이스 신호선 단자 연결을 어렵게 느끼는 분들이 많은데, 그다지 어렵지 않습니다.

❶ **리셋 스위치** : 케이스의 리셋(Reset) 단추를 기능하게 합니다. 리셋 단추는 시스템의 다운 시 강제로 재시동할 때 사용됩니다.

❷ **전원 스위치** : PC의 전원을 켜거나 끄는 전원 단추를 기능하게 합니다. PC의 전원은 사용자의 실수를 방지하기 위해 켤 때는 바로 시동되지만, 전원 단추를 눌러 끌 때는 3~4초가량 눌러야 꺼집니다. 전원 단추 작동 방식은 바이오스 셋업 프로그램에서 변경할 수 있으며, 윈도우 운영체제에서도 설정할 수 있습니다.

❸ **메시지/전원/절전 LED** : 전원 표시등을 깜박여 시스템의 현재 작동 상태를 알려주는 기능을 합니다. 시스템의 절전 모드일 때는 전원 표시등이 깜박이며 절전 상태라는 것을 알려줍니다.

❹ **하드 드라이브 활동 LED** : HDD LED라고도 하는데, 하드디스크의 활동 상태를 LED 점등으로 알려줍니다. 하드디스크에서 읽고/쓰기 작업 중일 때는 깜빡거리며, 대기 모드 시에는 꺼진 상태로 표시됩니다.

❺ **섀시 침입 헤더** : 케이스의 개폐 여부를 알려주는 기능을 합니다. 케이스에서 섀시 칩입 스위치 센서를 지원하면 사용할 수 있지만, 일반 케이스에서는 별로 사용되지 않습니다.

❻ **전원 LED** : 전원 단추를 눌러 시스템을 켜면 케이스의 파워 표시등을 점등시켜 시스템의 전원이 켜져 있는지의 여부를 알려줍니다.

❼ **스피커** : 비프 스피커를 연결하는 단자로, 보통 4개의 점퍼가 나와 있지만 실제 비프 스피커는 양끝 두 개의 점퍼만 사용합니다. 비프 스피커는 보통 케이스 부품으로 제공됩니다.

케이스 신호선들은 대부분 두 개의 단자 간에 전기를 통하게만 하면 작동하므로, 특별히 극성의 영향을 받지 않지만, 파워 LED 단자와 하드디스크 LED 단자는 +/− 극성을 맞춰 연결해야 제대로 작동 상태를 알려줍니다. 보통 검정색 선은 −이고, 빨간색이나 다른 색상의 선은 +입니다. 보통 메인보드 바깥쪽에서 글자가 보이는 방향으로 연결하면 케이스 신호선 커넥터의 극성이 맞지만 설명서를 확인하고, +/− 극성 표시가 있는 경우에는 극성을 맞춰 연결하기 바랍니다.

Chapter 04 나만의 만능 PC 조립하기

USB 3.0 / USB 2.0 커넥터 연결하기

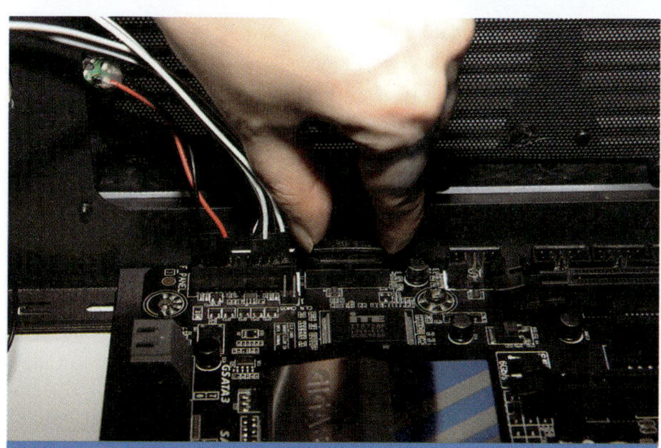

1 케이스 상단의 USB 3.0 단자와 연결된 USB 3.0 커넥터를 준비한 후, 메인보드의 USB 3.0 헤더 위치를 확인하고 보호캡이 있으면 뺍니다.

HELP

● 실습에 사용한 GIGABYTE Z87X-UD3H 메인보드에는 ON/OFF Charge 2라는 스마트폰의 빠른 충전 기능을 지원하는 USB 3.0 헤더가 제공됩니다. PC를 이용하여 빠른 스마트폰 충전 기능 사용을 원하는 경우에는 이 헤더에 연결하면 됩니다. 조립을 끝내고 운영체제를 설치한 다음에 ON/OFF Charge 2 유틸리티를 설치하면 충전 기능을 조절할 수 있습니다.

2 케이스 상단의 USB 단자와 연결된 USB 3.0 커넥터를 메인보드의 USB 3.0 헤더 위에서 수직으로 꽂아 연결합니다.

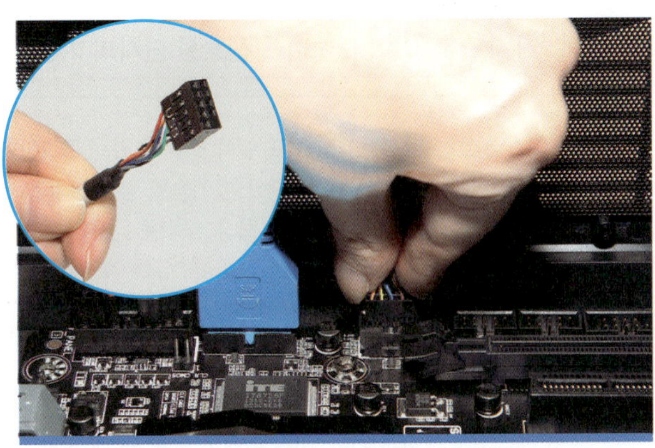

3 케이스 상단의 USB 2.0 단자와 연결된 USB 2.0 커넥터를 메인보드의 USB 2.0 단자에 꽂아 연결합니다.

4 USB 3.0 커넥터와 USB 2.0 커넥터가 모두 연결되었습니다.

5 케이스 상단의 USB 3.0 단자(파란색) 두 개와 2.0 단자 두 개를 모두 사용할 수 있게 되었습니다.

케이스 전면 오디오 단자의 커넥터 연결하기

1 케이스 전면의 오디오 단자에 연결할 HD AUDIO 커넥터를 준비한 후 메인보드에 연결할 F_AUDIO 단자를 확인합니다.

HELP

● 케이스 전면이나 상단의 오디오 단자에 사용할 수 있는 인터페이스에는 AC´97과 HD AUDIO가 있습니다. 어느 것을 연결해도 전면 오디오 단자 사용에는 지장이 없지만 HD AUDIO가 최신 인텔 고음질 오디오 인터페이스이며, 자동 감지 기능을 지원하기 때문에 좀 더 편리하게 사용할 수 있습니다.

● AC´97과 HD AUDIO 커넥터가 함께 제공되는 케이스인 경우, 메인보드의 오디오 단자가 HD AUDIO를 지원하면 가급적 HD AUDIO 커넥터로 연결하기 바랍니다.

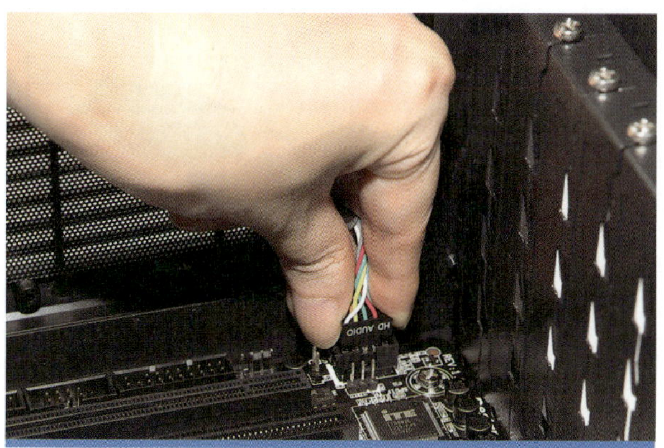

2 케이스 상단의 오디오 단자와 연결된 HD AUDIO 커넥터를 메인보드의 F_AUDIO 단자에 꽂아 연결합니다.

3 케이스 상단의 오디오 단자를 사용할 수 있는 HD AUDIO 커넥터 연결이 완료되었습니다. 백패널의 오디오 단자는 이와 관계없이 사용가능합니다.

케이스 전면 SATA 단자의 커넥터 연결하기

1 케이스 상단의 SATA 단자와 연결된 케이스의 SATA 커넥터를 인텔 Z87 PCH 칩셋이 지원하는 6개의 SATA 단자 중 마지막 단자에 연결합니다.

HELP

- **1** 단계에서 어느 SATA 단자로 연결해도 관계는 없지만 첫 번째 SATA 단자는 시스템 시동에 사용되는 보조기억 장치 연결에 사용하길 권합니다.
- 예제 케이스의 경우는 SATA 연결을 통해 케이스 상단에서 HDD나 SSD를 간편하게 연결하여 사용할 수 있는 기능을 제공합니다. 많은 케이스들이 케이스 전면이나 상단에서 외부 SATA 보조기억 장치 연결용으로 eSATA 단자를 제공합니다. 물론 메인보드 백패널에도 eSATA 단자가 기본 제공되지만, 케이스 앞에서 사용하는 편이 간편하기 때문에 케이스 제품들은 eSATA 단자를 제공합니다.
- SATA 레이드 구성 작업 시 레이드에 사용할 장치를 구별해서 선택할 수 있지만 시행착오 없이 구성하려면 외부 SATA나 eSATA 단자에 다른 보조기억 장치를 연결하지 않은 상태에서 레이드 구성 작업을 수행하기 바랍니다(518쪽 참고).

2 케이스 상단 D-Pot의 SATA 단자를 사용할 수 있는 케이스의 SATA 커넥터 연결이 완료되었습니다. 케이스 신호선, USB 3.0/20, HD 오디오 커넥터까지 모두 연결된 것을 볼 수 있습니다.

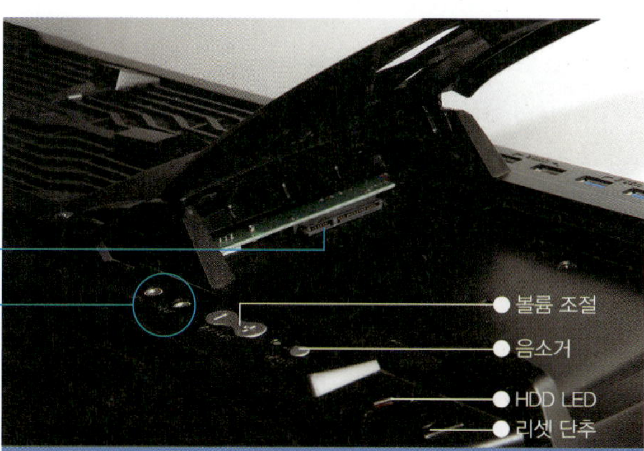

3 케이스 상단의 오디오 단자(마이크와 스피커 단자)와 D-Pot의 SATA 단자를 사용할 수 있게 되었습니다. 예제 케이스는 옵션으로 HD 오디오 증폭, 볼륨 조절과 음소거(Mute) 기능까지 지원합니다.

Exercise

9 본조립–그래픽카드 설치하기

그래픽카드 설치는 이미 가조립 시 수행해보았기 때문에 어려울 게
전혀 없습니다. 단, HDMI 출력을 지원하는 그래픽카드 중에는 사운드
전송을 위해 SPDIF 케이블 연결을 필요로 하는 종류도 있습니다. 이
경우에는 메인보드의 SPDIF 출력 단자와 그래픽카드의 SPDIF 입력
단자를 극성에 맞춰 연결해야 하는 점도 유의하기 바랍니다.

이 실습에 필요한 내용	실습 키 포인트
지금까지 조립한 PC 본체 그래픽카드 : 이엠텍 XENON 지포스 GTX760 JETSTREAM D5 2GB	케이스 내부에 그래픽카드 설치하기

케이스 안에 그래픽카드 설치하기

1 그래픽카드를 설치할 위치의 일반 케이스의 슬롯 칸
막이의 나사를 풉니다. 케이스에 따라서는 슬롯 칸
막이를 흔들어 빼내야 하는 종류도 있습니다.

2 슬롯 칸막이 고정나사를 풀었으면 바깥쪽에서 슬
롯 칸막이를 가볍게 밀어내면서 들어올려 뺍니다.

3 두 번째 슬롯 칸막이도 같은 방식으로 뺍니다.
슬롯 칸막이는 버리지 말고 메인보드 박스 등에 보
관해둡니다.

4 그래픽카드는 부피가 크므로 다른 부품에 걸리지
않도록 유의하고, 슬롯 칸막이를 빼낸 위치와 그래
픽카드의 브래킷을 먼저 맞춥니다.

5 그래픽카드 전용 슬롯과 그래픽카드의 슬롯 커넥터의 방향을 일치시킨 상태에서 수직으로 힘주어 눌러 끼웁니다.

6 정확히 설치하면 그래픽카드 전용 슬롯의 고정 레버가 그래픽카드의 홈에 딸깍하고 결합되며, 슬롯의 접촉면이 같은 간격으로 슬롯과 평행을 이룹니다.

7 이제 그래픽카드의 브래킷의 외부 단자가 연결에 지장이 없는지 확인한 다음 나사로 고정합니다.

8 그래픽카드 설치가 완료되었습니다.

Check Point 메인보드의 SPDIF 단자 연결 시 전극에 유의하세요

▲ 메인보드의 SPDIF 출력(SPDIF_O) 단자와 SPDIF 케이블

❶ 구형 그래픽카드 중에는 HDMI 오디오 출력을 그래픽카드와 메인보드의 SPDIF 출력(SPDIF_O) 단자를 SPDIF 케이블로 연결하여 처리했습니다. 컴퓨터와 함께 쓰는 음악 장비 중에도 SPDIF 출력을 위해 SPDIF 출력 단자를 사용하기도 합니다.

❷ SPDIF 케이블에서 GND(Ground)는 전류가 전혀 흐르지 않는 0 볼트 상태의 접지선이며 오디오 신호는 전류가 흐르는 +극(빨간색 선)을 타고 전달됩니다. 만약 전극을 바꿔 연결하면 과전류로 인한 메인보드 손상이 야기될 수 있으므로 메인보드의 SPDIF 단자 연결 시에는 특히 유의해야 합니다. 메인보드에 따라서는 SPDIF 출력 단자가 +, −, GND 세 개의 전극이 제공되는 것도 있습니다. 이 경우 빨간색 + 선은 보통 1번으로 표시되는 + 전극에 정확히 연결하고, 0V 접지선인 GND는 GND로 연결해야 합니다.

❸ NVIDIA GTX460 이후 GPU와 AMD GPU를 사용하는 그래픽카드는 오디오 코덱을 내장 지원하므로 메인보드 내부의 SPDIF 출력 단자와 그래픽카드 간의 케이블 연결은 필요 없습니다.

Exercise

10 본조립–보조기억 장치 드라이브 설치하기

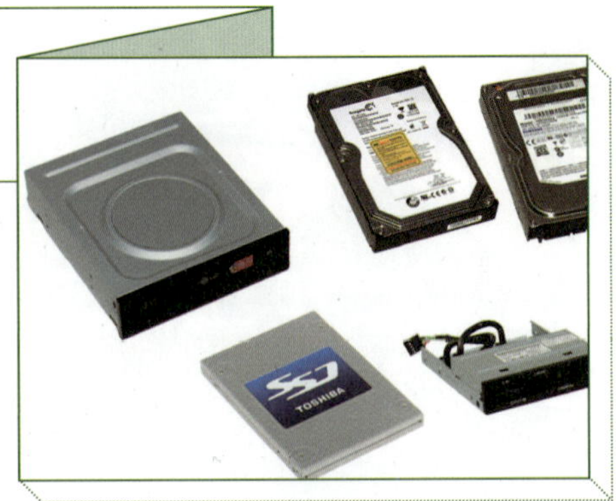

현재 PC에 사용되는 보조기억 장치 드라이브로인 고속 SSD와 HDD, ODD뿐만 아니라 내장형 카드리더기도 드라이브 베이에 설치할 수 있습니다. 케이스에 따라 드라이브 베이의 조립 특징도 다르므로 유의하기 바랍니다. 최신 조립 흐름은 ODD나 카드리더기는 외장형으로 사용하는 추세이므로, SSD와 HDD 설치 위주로 설명합니다.

이 실습에 필요한 내용	실습 키 포인트
지금까지 조립한 PC 본체 SSD : Toshiba Q Series 128GB HDD : Seagate 3TB Barracuda XT ST33000651AS (SATA3/7200/64M)	각종 보조기억 장치 드라이브 설치 방법 마스터

3.5인치 HDD 설치하기

1 케이스의 보조기억 장치 설치 위치를 확인하고 사용 설명서를 읽고 조립 방법을 미리 숙지합니다. 예제 케이스의 경우, 드라이브 베이 대신 3.5인치/2.5인치용 드라이브 트레이가 케이스 내부에 있습니다.

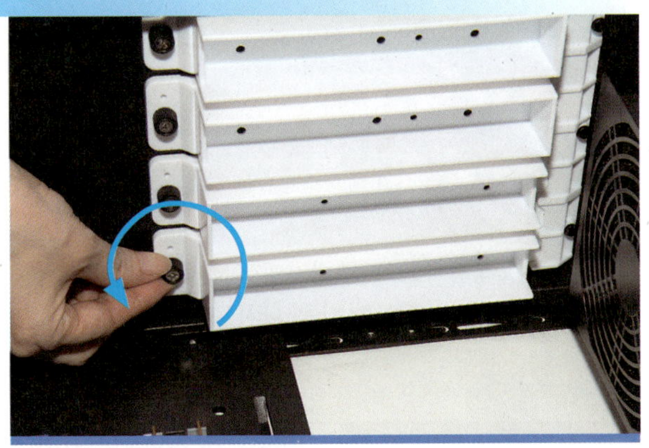

2 이제 맨 안쪽에 위치한 드라이브 트레이의 고정 나사를 풉니다. 이 드라이브 트레이는 HDD를 설치하는 데 사용할 예정입니다.

3 드라이브 트레이를 가볍게 들어올리는 느낌으로 바깥쪽으로 당겨 빼냅니다.

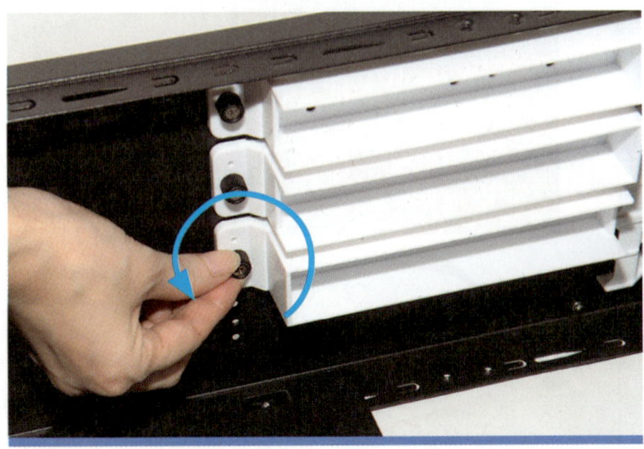

4 앞과 같은 방법으로 SSD를 설치할 드라이브 트레이를 빼냅니다.

5 HDD와 SSD를 설치할 용도의 드라이브 트레이를 빼냈습니다. 트레이 안쪽 영역에도 나사 구멍이 보이는데, 이 나사 구멍은 좀 더 단단하게 드라이브 트레이를 고정하고자 할 때 사용합니다.

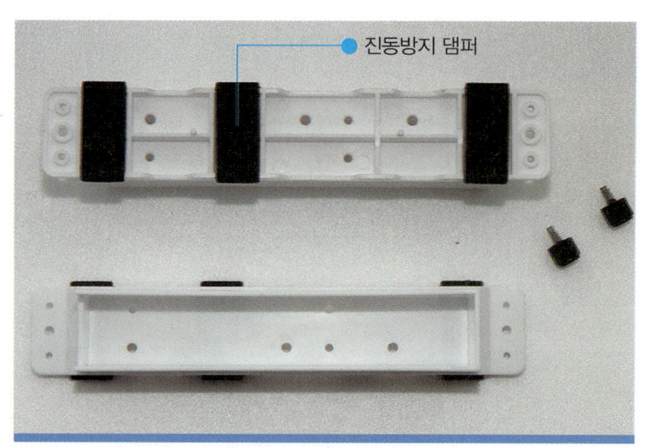

6 이제 드라이브 트레이를 확인합니다. 구멍이 네 개인 곳은 3.5인치/2.5인치 드라이브용이며, 두 개인 곳은 2.5인치 드라이브만 설치할 수 있습니다. 즉, 2.5인치 드라이브는 두 개까지 설치할 수 있습니다.

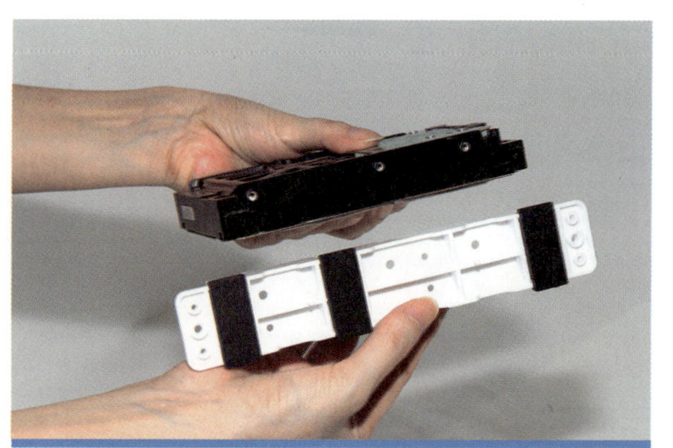

7 이제 3.5인치 HDD를 준비하고 나사 구멍의 위치를 확인합니다.

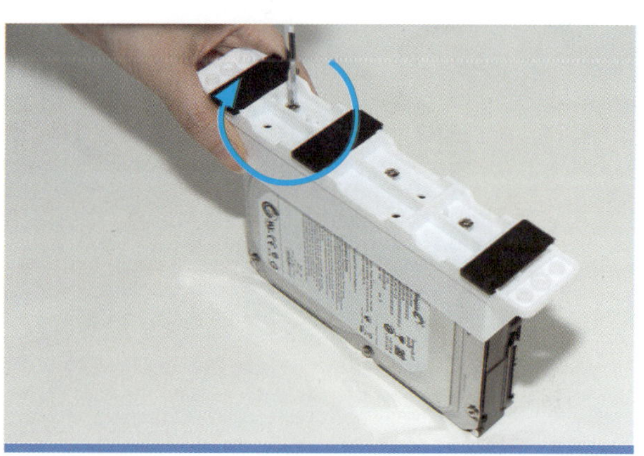

8 나사를 조여 드라이브 트레이에 3.5인치 HDD를 결합시킵니다.

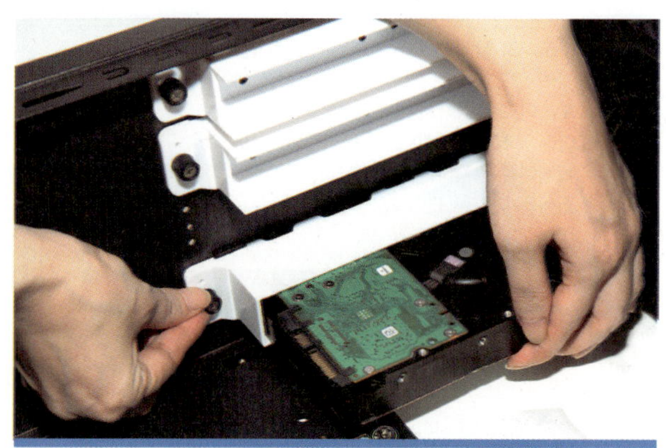

9 3.5인치 HDD를 장착한 드라이브 트레이를 원래 위치로 밀어 넣은 다음 손나사로 고정시킵니다.

10 3.5인치 하드디스크 설치가 완료되었습니다. 냉각팬을 통해 유입되는 외부의 찬 공기로 냉각시키는 구조라는 것을 알 수 있습니다.

2.5인치 SSD 설치하기

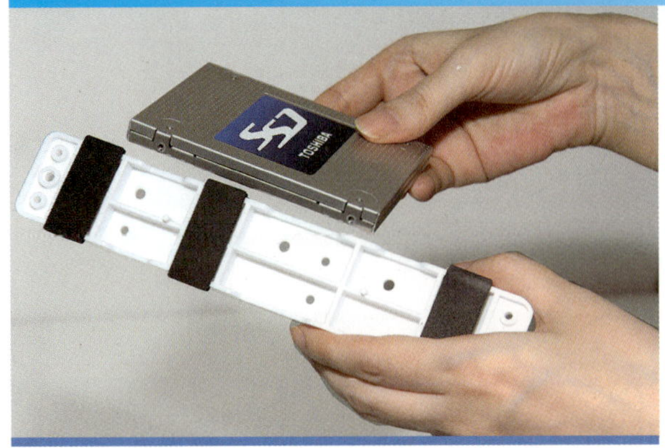

1 2.5인치 SSD를 준비한 후 나사 구멍의 위치를 확인합니다.

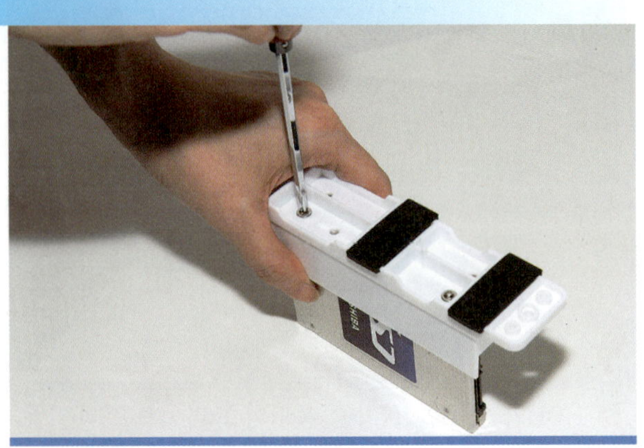

2 나사를 조여 드라이브 트레이에 2.5인치 SSD를 결합시킵니다.

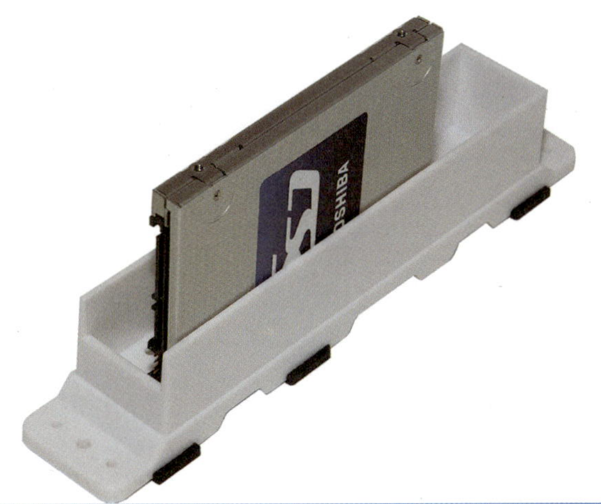

3 드라이브 트레이에 2.5인치 SSD 결합이 완료되었습니다.

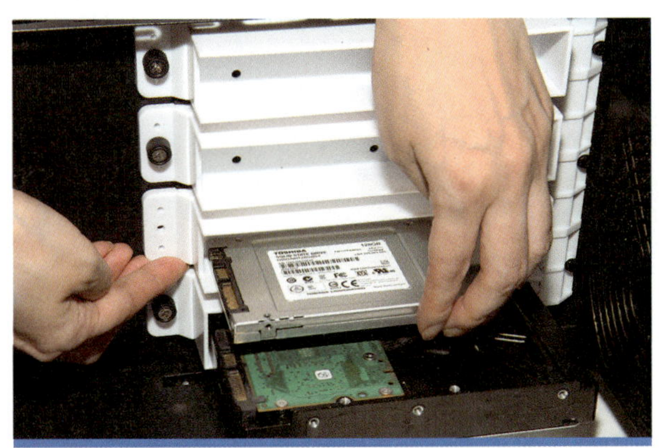

4 2.5인치 SSD를 장착한 드라이브 트레이를 원래 위치로 밀어 넣은 후 손나사로 고정시킵니다.

5 2.5인치 SSD 설치가 완료되었습니다.

HELP

- 보조기억 장치 드라이브도 열이 많이 발생하므로 효율적인 냉각이 필요합니다. 때문에 보통 중상급 케이스들은 냉각팬으로 드라이브를 냉각시키는 설계를 사용합니다.
- 아래는 IN-WIN 케이스의 냉각팬과 일체형으로 구성된 드라이브베이를 조립하는 그림입니다. 케이스에 따라 드라이브 설치 방식은 다양한 편이므로 케이스 설명서를 참조하여 조립하기 바랍니다.

SATA 케이블 연결하기

1 HDD와 SSD를 연결할 두 개의 SATA 케이블을 준비합니다. SATA 케이블은 일대일(Point to Point) 연결 방식이므로 연결이 간단합니다.

2 SATA 케이블의 커넥터를 HDD의 SATA 단자에 꽂습니다. SATA 단자의 직각 홈과 일치되어야 연결되므로 어렵지 않게 연결할 수 있습니다.

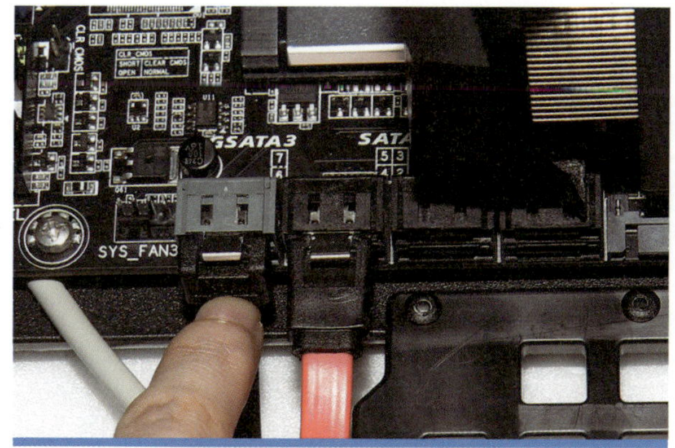

3 이제 HDD와 연결된 SATA 케이블의 다른 한쪽 ㄱ자형 커넥터를 메인보드의 SATA 단자에 연결합니다. 여기서는 써드파티 SATA 컨트롤러가 관리하는 GSATA3 단자 위치로 연결했습니다(304쪽 참고).

4 SATA 케이블의 커넥터를 SSD의 SATA 단자에 연결합니다.

5 SSD와 연결된 SATA 케이블의 다른 한쪽 커넥터를 메인보드의 SATA 단자에 꽂습니다. 여기서는 인텔 PCH 칩셋이 관리하는 6개의 SATA 단자 중 첫 번째 단자 위치로 연결했습니다.

6 이것으로 SATA 케이블 연결이 모두 완료되었습니다. HDD와 SSD 위치를 확실히 구분하기 위해 HDD를 써드파티 사타 컨트롤러가 관리하는 GSATA3 단자로 연결한 점을 유의하기 바랍니다.

PATA 방식 HDD/ODD 연결하기

지금은 SATA 인터페이스가 일반적으로 사용되지만, 간혹 구형 인터페이스인 PATA 인터페이스의 장비를 백업 등을 위해 연결해야 하는 경우도 있습니다.

PATA(IDE) 드라이브 연결

PATA(Parallel ATA)는 직렬 방식인 SATA(Serial ATA)와 달리 40핀으로 이뤄진 병렬 전송 방식을 사용하는데, 구형 HDD, ODD 연결에 사용된 인터페이스입니다. 과거에는 IDE(Integrated Drive Electronics)로 불렸습니다. 얼마전까지만 해도 호환성을 위해 메인보드에 한 개 정도의 IDE 단자가 제공되기도 했는데, 지금은 메인보드에서 더 이상 지원하지 않습니다.

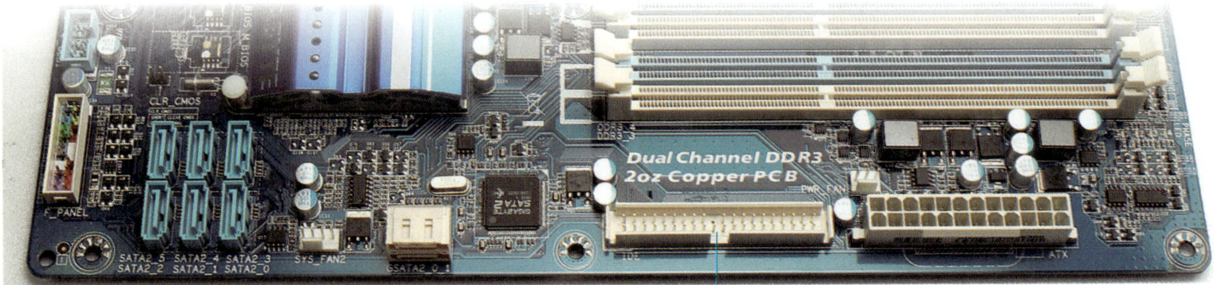

▲ 한 개의 IDE 단자를 지원하는 GIGABYTE P55A-UD3R 메인보드

SATA 단자에 연결된 디스크에 운영체제를 사용하는 중에 기존에 쓰던 IDE 방식의 HDD를 백업 등을 위해 연결한 경우 "NLTDR(또는 BOOTMGR) is missing" 에러 메시지가 나타나면서 시동이 안되는 경우가 있습니다. 이는 IDE HDD가 연결되면서 하드디스크 부트 우선순위가 변경되어 발생하는 것으로, 바이오스 셋업 프로그램에서 하드디스크 부트 우선순위를 원래의 SATA 장치가 1순위가 되도록 설정하면 해결됩니다.

HDD/ODD IDE 케이블 연결 방법

PATA(IDE) 방식은 병렬 케이블을 사용하므로 SATA 케이블에 비해 부피가 크며, 하나의 케이블에 두 개의 드라이브를 연결할 수 있는 커넥터가 제공됩니다. IDE 케이블은 40선 케이블과 80선 케이블의 두 가지 종류가 있습니다. 80선 케이블도 실제 데이터선은 40선인데, 각 선 사이에 노이즈 차폐선이 배열된 것입니다. ATA66 이상의 IDE HDD를 연결할 때는 80선 케이블로 연결해야 제성능을 발휘할 수 있습니다.

IDE 케이블의 1번 선은 빨간선으로 구별되는데, 이를 기준으로 단자의 핀 번호 1 또는 ▲이 표시된 쪽으로 연결하면 됩니다. 메인보드 단자에서는 핀 번호를 어렵지 않게 확인할 수 있으며, 홈이 일치해야 끼워지므로 쉽게 맞출 수 있습니다. HDD나 ODD의 단자에서는 핀 번호가 잘 안 보이는 경우도 있는데, 보통 1번 빨간선을 전원 단자와 가까운 쪽으로 연결하면 됩니다.

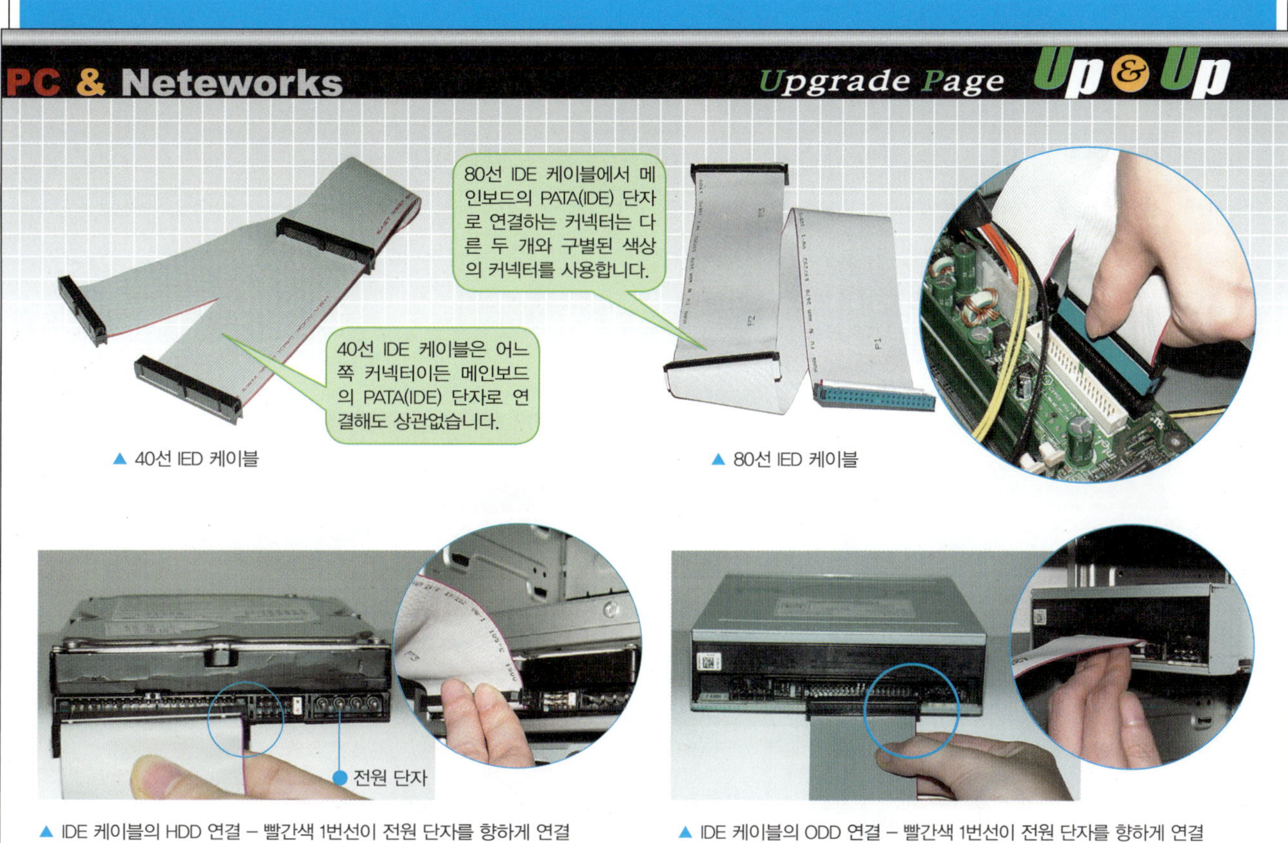

PATA(IDE) 드라이브 장치의 마스터와 슬레이브 점퍼 설정

IDE 케이블에 두 개의 드라이브를 연결할 때는 마스터 장치와 슬레이브 장치를 구별해주어야 합니다. 마스터와 슬레이브 점퍼 설정은 드라이브 장치의 전원 단자 옆에 있는 점퍼를 이용하여 설정합니다.

하드디스크 드라이브 점퍼 설정

하드디스크 드라이브의 점퍼 세팅 방법은 보통 드라이브 장치 윗면 라벨에 표시되어 있으므로 쉽게 알 수 있습니다. 구체적인 점퍼 위치는 제조회사에 따라 약간씩 차이가 있긴 하지만, 별로 어렵지는 않습니다.

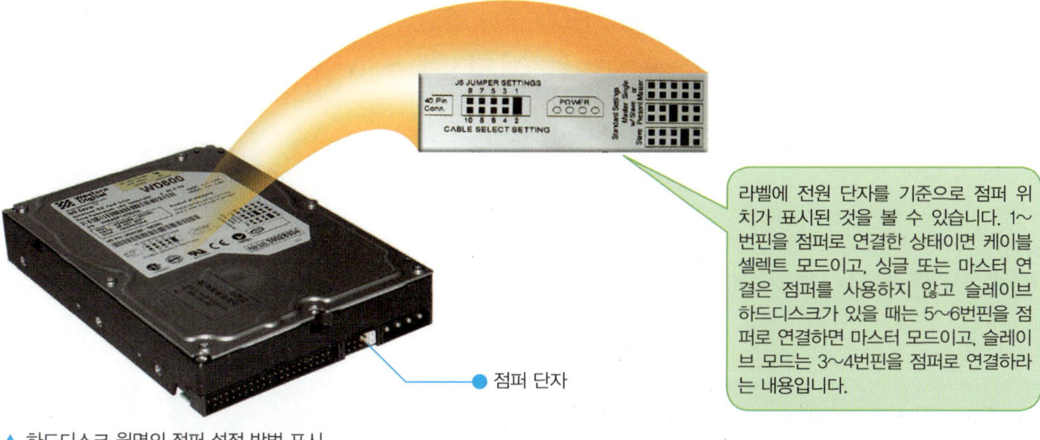

▲ 하드디스크 윗면의 점퍼 설정 방법 표시

HDD의 점퍼 설정 방법은 HDD 윗면 라벨에 표시되므로 쉽게 알 수 있습니다. 점퍼 설정 방식에는 마스터와 슬레이브, 케이블 셀렉트(Cable Select) 모드가 있습니다. 마스터와 슬레이브 모드 점퍼로 설정하면 케이블 커넥터 위치에 관계없이 마스터와 슬레이브로 설정합니다. 반면, 케이블 셀렉트 모드로 점퍼를 설정하면 케이블의 커넥터 위치에 따라 마스터와 슬레이브가 설정됩니다.

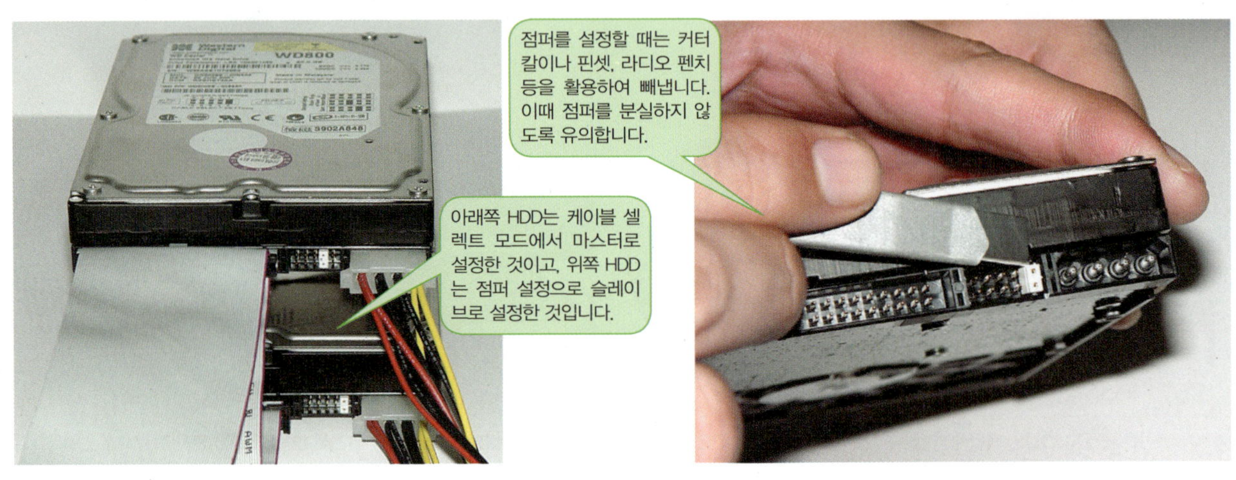

▲ 마스터(아래) 슬레이브(위) 점퍼 설정 예

케이블 셀렉트 모드 점퍼 설정 상태에서 마스터로 사용하려면 케이블의 끝에 있는 커넥터로 연결하고, 슬레이브로 사용하려면 케이블의 중간 커넥터로 연결하면 됩니다. 두 개의 하드디스크 연결을 위해 점퍼를 설정할 때는 앞의 그림처럼 점퍼 설정과 케이블 셀렉트 모드를 함께 쓰면 혼란스러우므로 마스터/슬레이브 점퍼 설정 방식만 사용하거나 케이블 셀렉트 점퍼 설정 방식만 사용하여 연결하는 것이 좋습니다.

광디스크 드라이브 점퍼 설정

ODD의 점퍼 세팅 방법도 장치 뒤쪽의 윗면에 표시되며, HDD 보다 간단하게 되어 있습니다. MA는 마스터 모드, SL은 슬레이브 모드, CS는 케이블 셀렉트 모드로 해당 위치의 단자에 꽂기만 하면 됩니다.

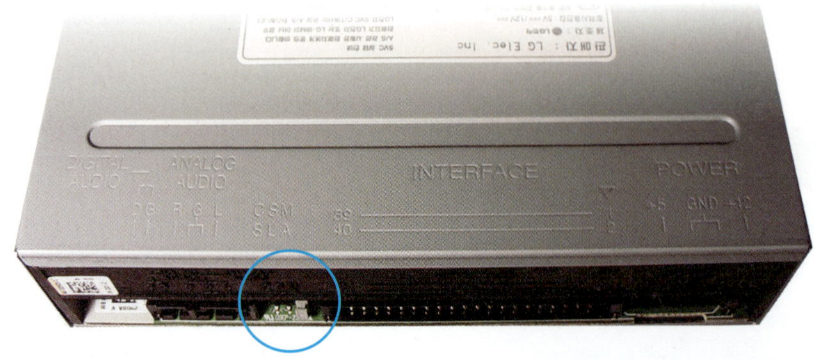

Exercise

11 본조립–파워서플라이 설치하기

이제 전원을 공급하는 파워서플라이를 설치할 차례입니다. 파워서플라이는 간단하게 설치할 수 있습니다. 단, 파워서플라이의 냉각팬은 많은 열이 발생하는 파워서플라이 부품들의 냉각을 위해 사용된다는 점에 유의하기 바랍니다.

이 실습에 필요한 내용	실습 키 포인트
지금까지 조립한 PC 본체 파워서플라이와 전원 케이블	파워서플라이 설치 및 모듈러 방식 전원 케이블 연결하기

1 파워서플라이를 준비합니다. 파워서플라이의 냉각 팬을 CPU의 반대 방향을 향하도록 설치하는 점을 유의하기 바랍니다.

2 파워서플라이를 케이스 하단 뒷면으로 밀어 네 개의 나사 구멍을 일치시킵니다. 참고로 파워서플라이의 냉각팬과 판넬 사이에는 1cm 정도의 공간이 있으므로 통풍에는 지장이 없습니다.

3 파워서플라이를 안쪽에서 밀리지 않도록 지지하면서 육각 나사로 단단히 고정합니다.

4 파워서플라이 장착이 완료되었습니다.

Exercise

12 본조립–전원 케이블 연결하기

이제 컴퓨터의 CPU를 비롯한 각종 부품이 실제 작동하게 하고, 시스템 쿨링에 사용되는 냉각팬을 작동할 수 있게 만드는 각종 전원 케이블을 연결하는 작업을 해보겠습니다. 사람으로 치면 파워서플라이는 심장에 비유할 수 있으며, 전원 케이블은 혈관에 비유할 수 있습니다.

이 실습에 필요한 내용	실습 키 포인트
지금까지 조립한 PC 본체 파워서플라이의 전원 케이블 연결	각종 장치의 전원 단자에 맞춰 파워서플라이의 전원 케이블 연결하기

주전원 단자/12V CPU/PCIe VGA 전원 커넥터 연결하기

1 메인보드의 주전원 단자에 파워서플라이의 주전원 커넥터의 고정 레버가 걸릴 때까지 수직으로 힘주어 꽂습니다.

2 12V CPU 전원 단자에 파워서플라이의 12V CPU 전원 커넥터의 고정 레버가 걸릴 때까지 수직으로 힘주어 꽂습니다.

3 그래픽카드의 보조 전원 단자에 파워서플라이의 PCIe VGA 전원 커넥터의 고정 레버가 걸릴 때까지 힘주어 꽂습니다.

HELP

- 그래픽카드는 보조 전원 단자를 연결하지 않으면 PC의 시동 절차도 더 이상 진행되지 않고 오류 비프음이 발생합니다. 보조 전원 단자를 연결하지 않은 상태에서 계속 PC 전원을 켜두면 그래픽카드와 메인보드의 고장을 유발할 수 있습니다.
- 구형 메인보드나 미니케이스용의 ATX–M 지원 메인보드는 12V CPU 전원 단자가 4핀입니다. 파워서플라이는 대부분 4핀 12V CPU 전원 커넥터도 제공합니다.
- 과거에는 그래픽카드의 보조 전원 단자가 없던 시절도 있었지만 점차 고성능화되면서 등장하였습니다. 대부분의 제품이 6핀 단자를 사용하지만, 고성능 그래픽카드 중에는 8핀 보조 전원 단자를 사용하는 것도 있습니다.
- 파워서플라이에서 보조 전원 단자용 커넥터가 없다면 그래픽카드 제품에 보조 전원 단자 연결에 사용할 수 있는 4핀 → 6핀/8핀 변환 커넥터가 제공되므로 이를 활용하면 됩니다.

SATA 전원 커넥터 연결하기

1 HDD의 SATA 전원 단자에 파워서플라이의 SATA 전원 커넥터를 단자의 직각 홈을 일치시켜 연결합니다.

2 SSD의 SATA 전원 단자에 파워서플라이의 SATA 전원 커넥터를 단자의 직각 홈을 일치시켜 연결합니다.

3 HDD와 SSD의 SATA 전원 단자에 SATA 전원 커넥터 연결이 완료되었습니다.

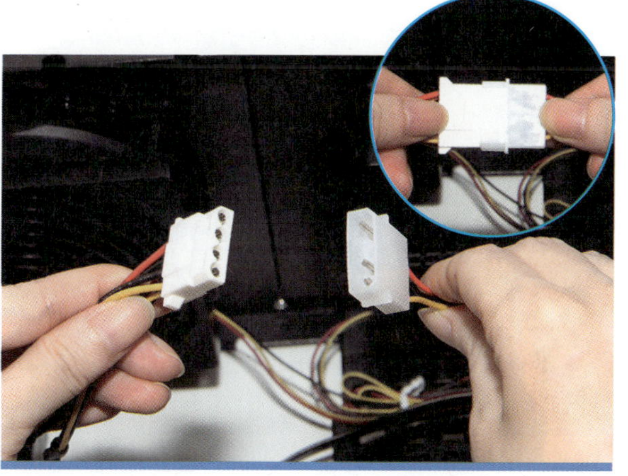

4 케이스 상단의 외부 SATA용 전원 커넥터(3핀)를 파워서플라이의 4핀 전원 커넥터에 연결합니다.

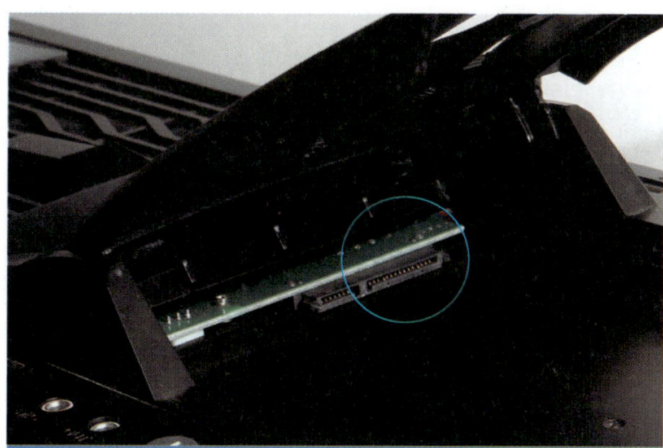

5 케이스 상단 D-Pot의 SATA 전원 단자를 사용할 수 있게 되었습니다. 이것으로 3개의 SATA 보조 기억장치의 전원 커넥터를 모두 연결하였습니다.

HELP

- 일반 케이스의 경우 케이스 전면 패널에서 사용할 수 있는 SATA 단자로는 외부 연결용으로 고안된 eSATA 단자를 제공합니다. eSATA 단자에 연결하는 외장형 보조기억 장치의 경우, 필요한 전원을 별도로 USB 단자에 연결하여 공급받습니다.
- 실습에 사용한 예제 케이스의 경우는 간단히 외부에서 HDD나 SSD를 바로 연결될 수 있도록 고안된 D-POT을 제공합니다. D-POT은 HDD나 SSD를 밀어 넣으면 바로 SATA 연결과 전원 연결이 동시에 이뤄지는 구조입니다.
- D-POT은 도어의 개폐를 감지하는 센서와 상태 LED를 자체 제공합니다. PC 작동 중에도 안전하게 HDD나 SSD를 연결할 수 있는 핫플러그 기능을 제공합니다. D-POT에 연결된 HDD/SSD가 읽기/쓰기 작업 중이면 상태 LED가 주황색으로 점멸합니다. 이때는 조작을 피하고 녹색등일 때 천천히 덮개를 들어올리면 센서가 감지하여 SATA 전원을 차단하고, 덮개를 완전히 들어올리면 디스크가 분리됩니다. HDD의 경우는 뜨거운 편이므로 충분히 냉각된 후에 빼내야 합니다.

케이스의 냉각팬 전원 커넥터 연결하기

1 케이스에 따라 냉각팬 전원 단자 연결도 차이가 있으므로 케이스 냉각팬의 전원 케이블 연결을 확인합니다.

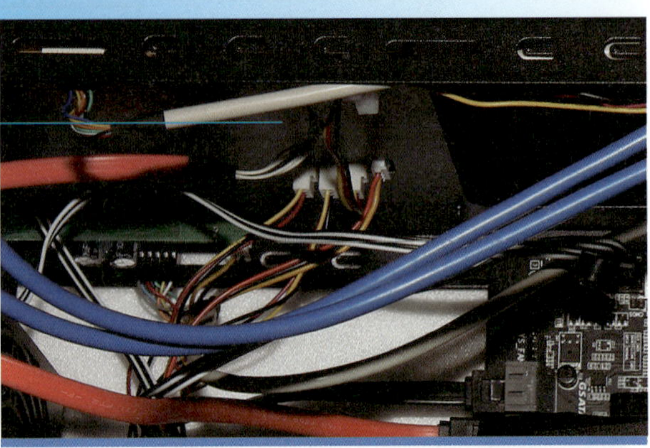

2 이 케이스 경우 전면 두 개, 후면 한 개의 냉각팬의 전원 케이블이 케이스 상단의 한 지점에 집결되어 한꺼번에 컨트롤할 수 있도록 구성된 것을 볼 수 있습니다.

3 케이스 냉각팬의 전원 케이블이 집결된 케이스의 상단을 보면 케이스 냉각팬의 속도를 조절할 수 있는 스위치가 구성되어 있는 것을 볼 수 있습니다.

4 케이스 냉각팬의 속도 조절은 저속·저소음 작업에는 L로, 고속·고성능 작업에는 S로 설정할 수 있습니다.

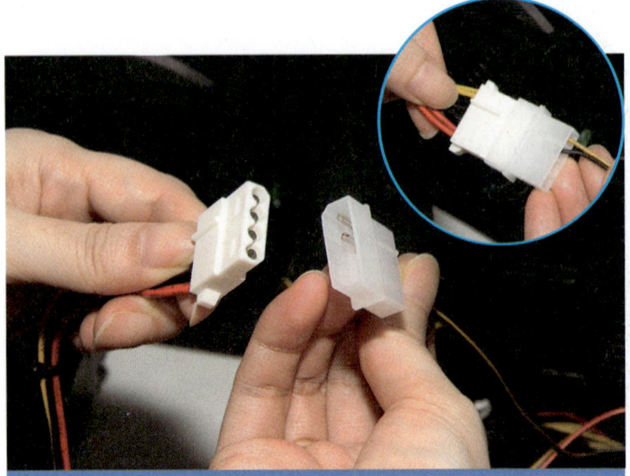

5 케이스 냉각팬의 통합 전원 케이블로 사용되는 2핀 전원 커넥터를 파워서플라이의 일반 4핀 전원 커넥터와 연결합니다.

HELP

- 예제 케이스의 경우는 사용자가 바이오스 셋업이나 전용 유틸리티를 사용하지 않고도 간단히 냉각팬의 속도를 조절할 수 있는 특징이 있습니다.
- 일반 케이스의 경우는 케이스의 냉각팬 전원 커넥터를 메인보드의 냉각팬 전원 단자에 연결하는 방식으로 나옵니다. 3핀 냉각팬 전원 단자는 팬 속도 감지 기능이 제공되고, 4핀 냉각팬 전원 단자는 온도 감지에 의한 냉각팬 속도 조절 기능까지 지원합니다. 이들 기능은 바이오스 셋업에서 설정할 수 있으며, 전용 유틸리티로 설정할 수도 있습니다.

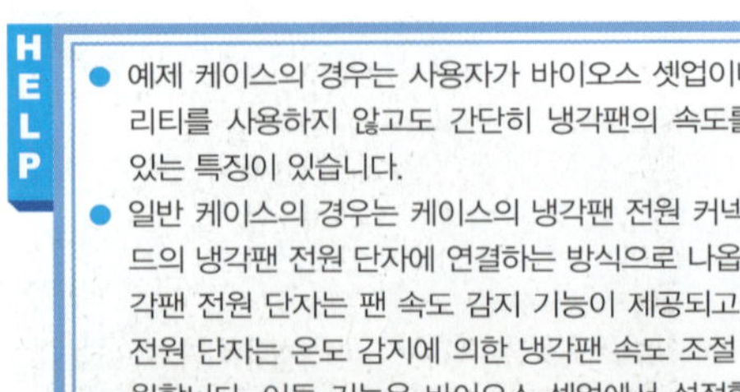

6 이것으로 모든 조립이 끝났습니다. 아직 케이블들이 복잡하게 얽혀 있는데, 정상적으로 작동하는지 테스트를 마친 후에 정리하면 됩니다.

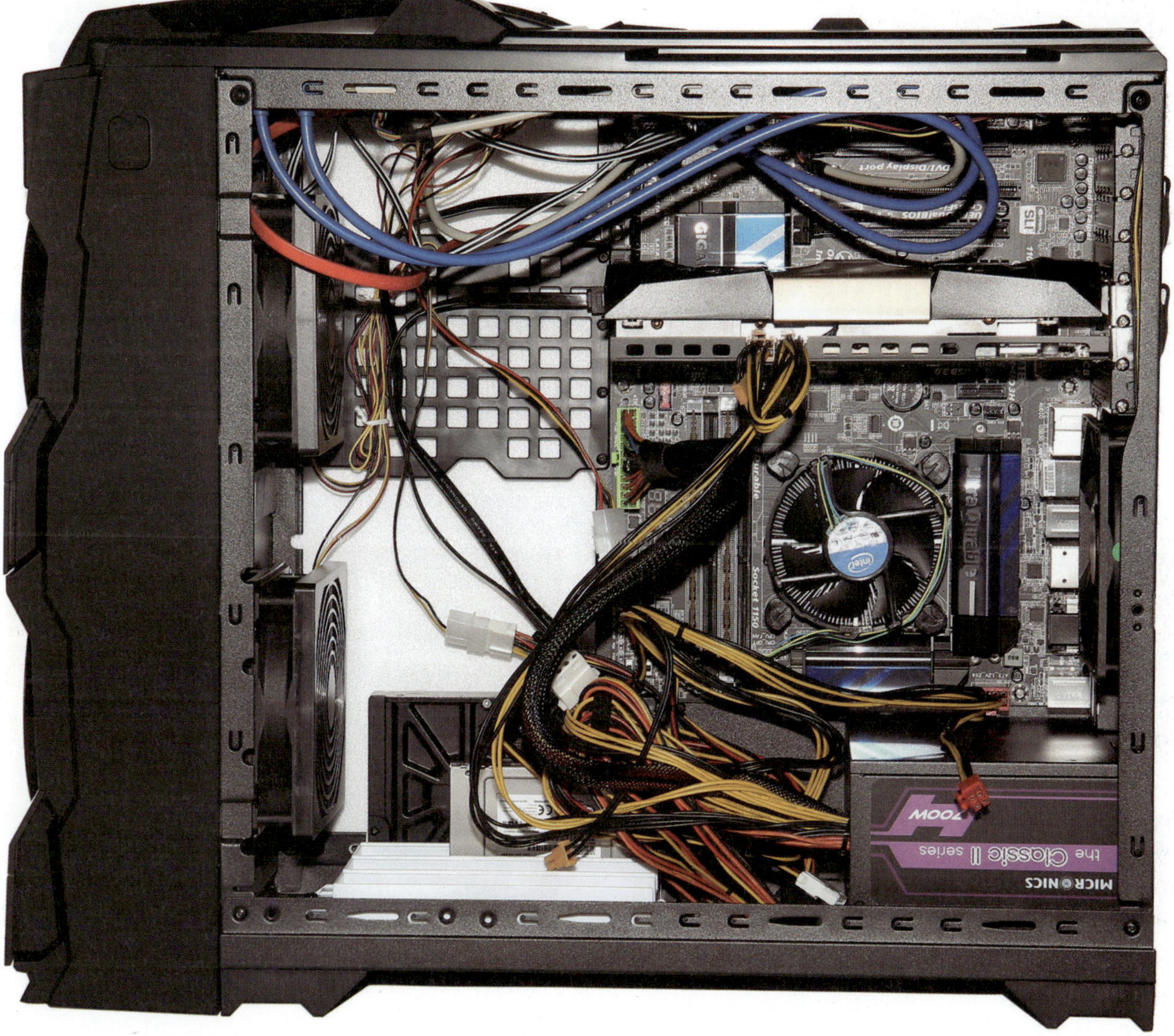

Check Point 내장형 카드리더기의 연결

SATA 인터페이스를 사용하는 보조기억 장치 드라이브와 달리 내장형 카드리더기의 커넥터는 메인보드의 USB 헤더에 연결하며, 전원 단추로 카드리더기의 사용 여부를 제어하므로 전원 케이블도 연결한다는 점을 기억해두기 바랍니다.

Exercise

13 조립 PC 테스트하기

조립한 PC의 테스트를 위해서는 키보드, 모니터 단자를 연결하고, 전원을 켜면 됩니다. 테스트 시 PC 스피커 소리에 귀를 기울이고, 모니터에서 눈을 떼지 말고 시동 과정을 지켜보기 바랍니다. 만약 오류가 발생한다면 당황하지 말고 265쪽을 참고하여 대응하기 바랍니다.

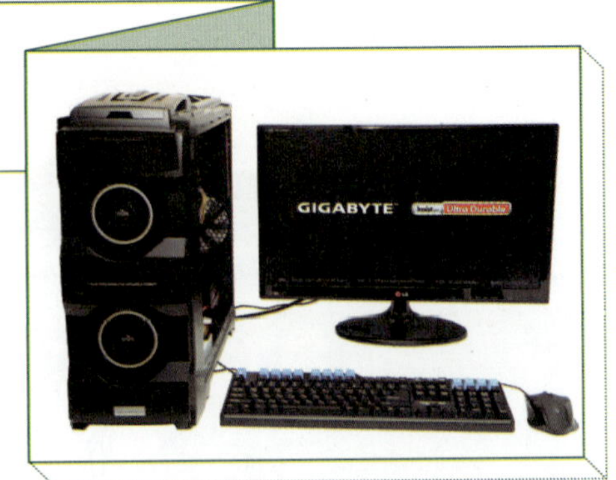

이 실습에 필요한 내용	실습 키 포인트
지금까지 조립한 PC 본체 모니터와 키보드	PC 시동을 위한 모니터와 키보드 연결 조립 PC 작동 확인 방법

키보드와 모니터 연결하고 시동하기

1 메인보드 백패널 USB 단자에 키보드의 USB 커넥터를 연결합니다.

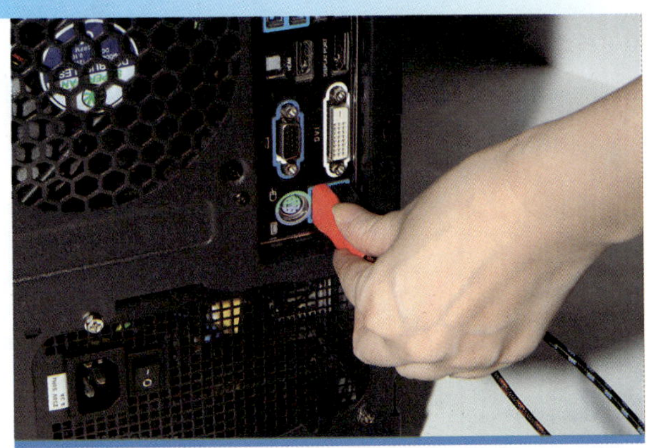

2 메인보드 백패널 USB 단자에 마우스의 USB 커넥터를 연결합니다.

3 모니터 케이블의 HDMI 커넥터를 그래픽카드의 HDMI 단자에 연결합니다.

4 모니터 케이블의 HDMI 커넥터를 모니터의 HDMI 단자에 연결하고, 모니터의 전원 커넥터도 연결합니다.

5 파워서플라이 전원 커넥터를 연결합니다.

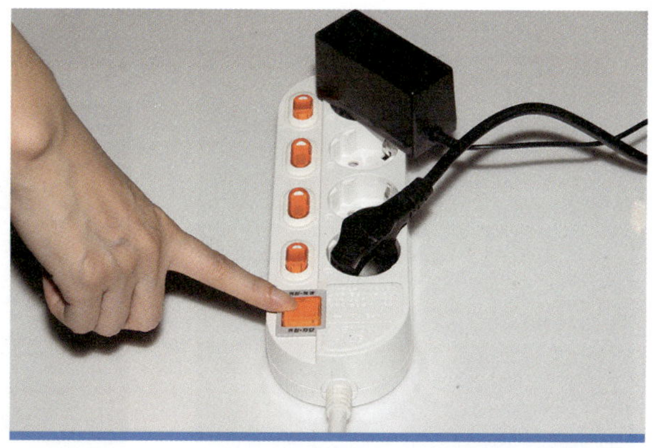

6 파워서플라이 전원 플러그와 모니터의 전원 어댑터 플러그를 멀티탭에 연결한 후 전원을 켭니다.

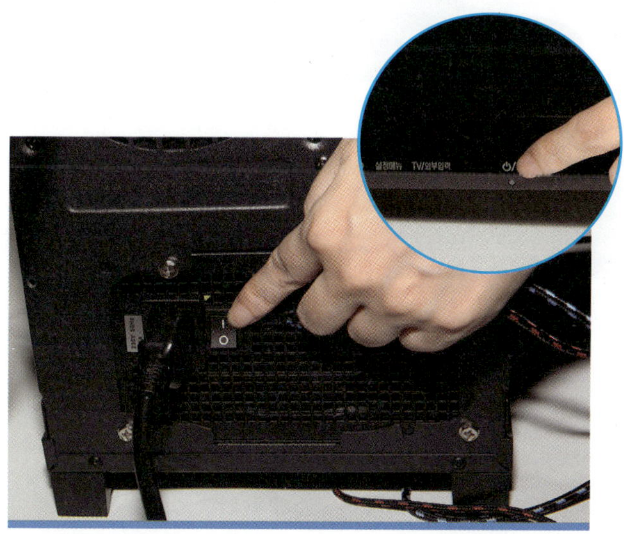

7 모니터의 전원 단추를 눌러 켜고, 파워서플라이의 전원 스위치도 켭니다.

8 드디어 모든 시동 준비가 완료되었습니다. PC 케이스의 전원 단추를 눌러 시동합니다.

9 정상적으로 조립되었으면 한 번의 경쾌한 비프음과 함께 메인보드의 LED가 켜지고 CPU 냉각팬과 그래픽카드 냉각팬, 케이스 냉각팬들이 일제히 회전합니다.

HELP

- 정상적으로 시동되지 않고 아무 소리도 없거나 냉각팬이 작동하지 않으면 메인보드에 전원이 공급되고 있지 않은 것이므로 전원 연결에 문제가 없는지 먼저 체크하기 바랍니다.
- 예제 메인보드는 디버그 LED 코드로 메인보드 상태를 알려주는데, AE는 기존 OS로 부팅을 시도하는 코드로, 정상 작동 상태입니다. 자세한 코드별 상태는 사용설명서에 있습니다.

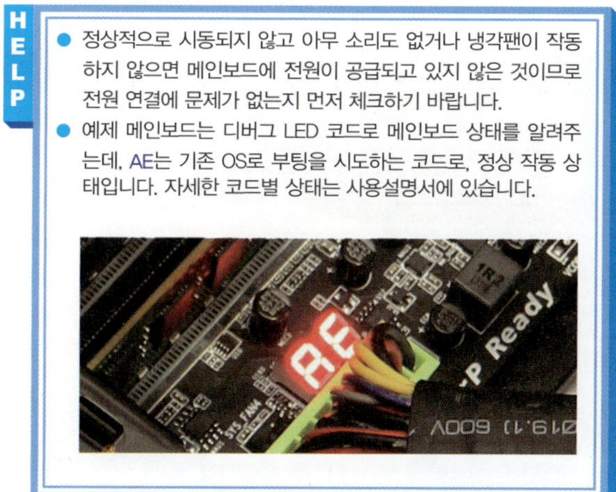

10 메인보드 제조업체의 로고가 화면에 표시됩니다. 여기까지 진행했다면 제대로 조립된 것입니다.

11 이제 가조립 후에 실습해 본 236쪽의 "보조기억장 치 인식 확인하고 컴퓨터 종료하기"와 마찬가지로 바이오스 셋업 프로그램을 호출하여 보조기억 장 치까지 제대로 인식하는지 확인합니다.

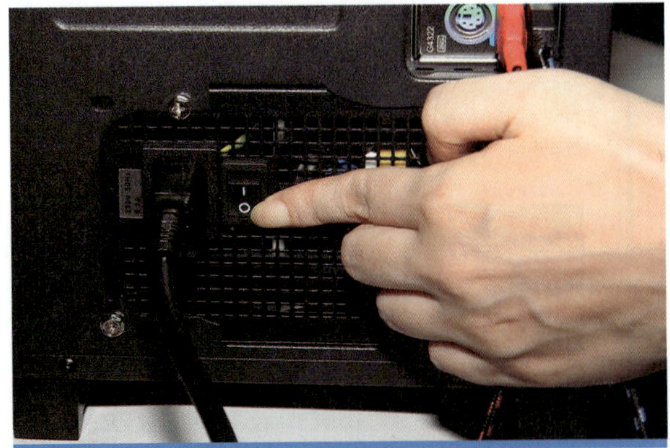

12 보조기억 장치까지 이상 없는 것을 확인했다면 이 제 케이블을 정리하고 조립을 마무리하기 위해 파 워서플라이의 전원 스위치를 눌러 끕니다.

HELP

- 모니터 화면에 아무 것도 나타나지 않고 정상적으로 시동되지 않고 비프 스피커로 '삐익~삑' 하는 에러 출력음이 들릴 경우 엔 바로 전원을 끄고 265쪽의 내용을 차분히 읽어보고 문제를 해결하기 바랍니다.
- 케이스의 전원 단추로 끄면 메인보드로 최소한의 대기 전력이 공급되므로 안전한 마무리 작업을 위해 파워서플라이의 전원 스위치로 끄기 바랍니다.
- 케이블을 정리하다 보면 앞의 실습해서 연결했던 부품들을 다 시 뺐다 끼우는 경우가 흔히 발생합니다. 그러므로 대기 전력 이 공급되는 상황에서 케이블 정리 작업을 하면 문제가 생길 수 있습니다. 케이블 정리 작업을 할 때는 반드시 전원 스위치 를 끄고 작업하기 바랍니다.

Exercise

14 케이블 정리하고 조립 마무리하기

테스트 결과가 정상이면 시스템의 공기 순환이 원활하게 이뤄질 수 있도록 복잡한 선들을 정리하고 마무리해야 합니다. 메인보드에 연결된 CPU와 메모리, 그래픽카드, 보조기억 장치 등은 모두 열을 발산하므로 케이블 정리도 중요합니다. 케이블 정리도 케이스의 특성을 파악하여 가능한 한 메인보드 공간을 침범하지 않도록 이른바 두더지 케이블 작업을 권합니다.

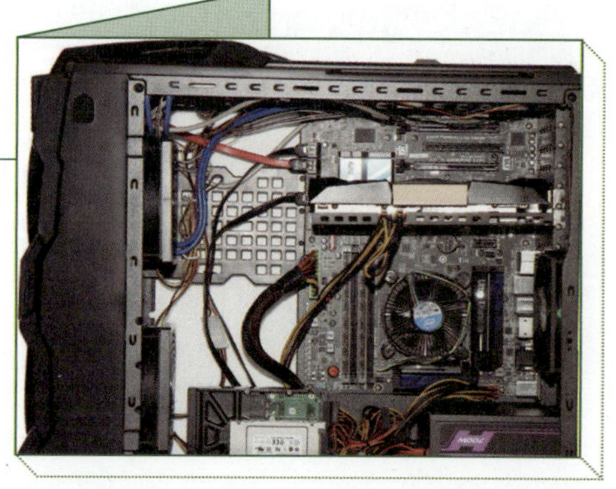

이 실습에 필요한 내용	실습 키 포인트
지금까지 조립한 PC 본체	시스템의 원활한 공기 순환을 위한 각종 케이블 정리 방법

케이블 정리하기

1 케이블 타이나 빵끈 등을 이용하여 냉각팬의 통풍을 방해하지 않도록 케이블을 정리합니다.

2 선 정리 홀더가 제공된 경우에는 선 정리 홀더를 이용하여 케이블들을 바닥으로 고정합니다.

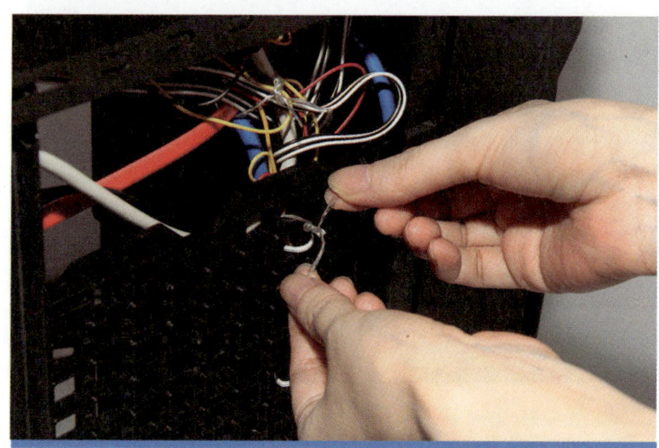

3 선 정리 홀더에 빵끈을 이용하여 케이블을 정리한 모습입니다. 선 정리 홀더가 있으면 간단히 케이블을 정리할 수 있습니다.

4 CPU 쿨러를 자세히 보면 냉각팬 전원 케이블을 정리할 수 있는 홈들이 제공되므로, 이를 이용하여 냉각팬 전원 케이블을 정리합니다.

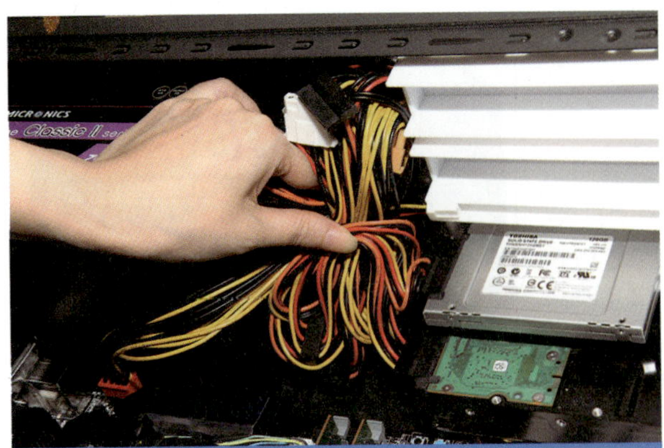

5 파워서플라이의 사용되지 않은 전원 케이블들은 한데 묶어 바닥으로 정리합니다.

6 파워서플라이의 전원 케이블들이 정리되었습니다. 가장 두꺼운 24핀 메인보드 전원 케이블은 가능한 한 바닥으로 정리하였습니다.

7 부피가 큰 전원 케이블들을 케이스 바닥면으로 처리 하였기 때문에 메인보드 위가 시원해진 것을 볼 수 있습니다. 이것으로 케이블 정리는 완료되었습니다.

PC 조립 마무리하기

1 메인보드 바닥쪽의 측면 케이스를 연결 홈에 맞춰 먼저 상단을 맞춘 후에 아래쪽의 홈을 맞춰 결합시 킵니다.

2 위나 아래쪽에 틈이 없는지 잘 살펴본 후에 이상 없으면 케이스 전면으로 끝까지 밀어 닫습니다.

3 케이스를 닫은 후에는 케이스와 함께 제공된 손나 사로 열리지 않도록 고정합니다.

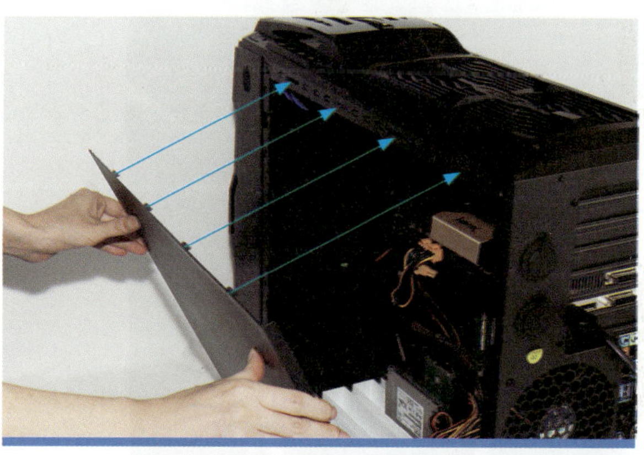

4 반대면 측면 케이스도 연결 홈에 맞춰 먼저 상단을 맞춘 후에 아래쪽의 홈을 맞춰 결합시킵니다.

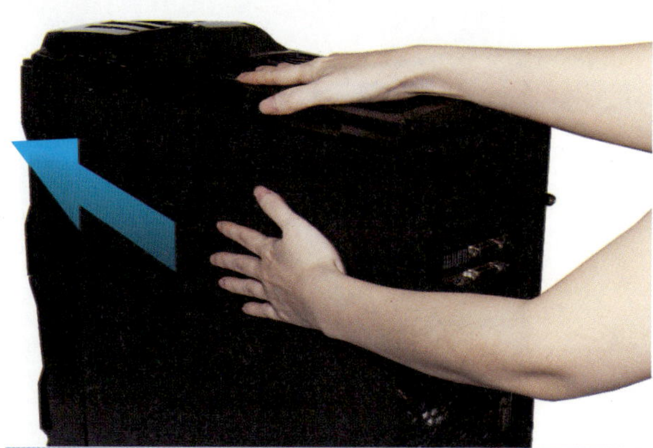

5 위나 아래쪽에 틈이 없는지 잘 살펴본 후에 이상 없으면 케이스 전면으로 끝까지 밀어 닫습니다.

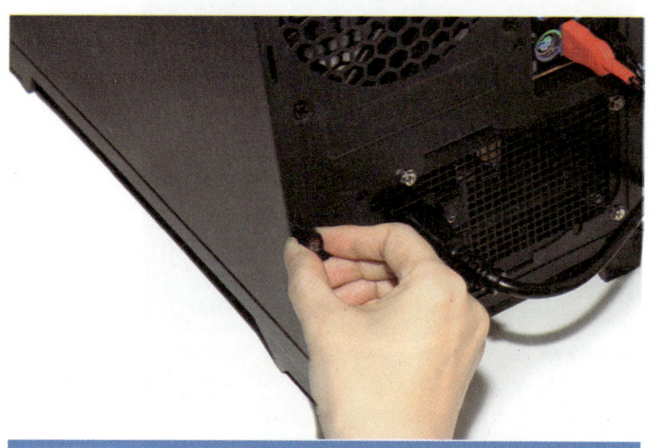

6 케이스를 닫은 다음에는 케이스와 함께 제공된 손 나사로 열리지 않도록 고정합니다.

7 이것으로 모든 PC 조립 작업이 완료되었습니다. 아직 LAN 단자와 오디오 단자 연결은 하지 않은 상태입니다. 조립이 끝난 PC를 실제 작업할 공간에 배치한 후 LAN 단자에 인터넷에 연결된 네트워크 케이블을 연결하면 됩니다.

- 요즘에는 대부분의 가정에서 PC나 노트북 컴퓨터를 한두 대 정도는 사용하는 세상이 되었습니다.
- 노트북 컴퓨터의 경우는 거의 대부분이 ODD를 기본 사양에 포함하지 않고 있습니다. 그러나 드라이버나 소프트웨어는 아직도 CD나 DVD로 많이 제공됩니다.
- 조립 실습에서 SATA 인터페이스의 내장형 ODD 조립은 아예 수행하지 않았는데, 조립 방법은 5.25인치 드라이브 베이에 ODD 본체를 설치하고, SATA 케이블과 SATA 전원 케이블로 연결하면 됩니다.
- USB 인터페이스의 외장형 ODD를 사용하면 PC와 노트북에 함께 활용할 수 있기 때문에 이 책에서는 USB 인터페이스의 ODD 사용으로 대신합니다(347쪽 참고).

③ 조립한 PC에 문제가 생겼어요

힘들여 조립한 PC가 제대로 시동되지 않는다고 해서 그다지 낙담할 필요는 없습니다. 문제를 해결하는 경험을 축적해야 문제를 해결할 수 있습니다.

PC의 시동 절차

PC가 부팅되기 전에 시스템의 장치 상태를 점검하고 시동을 준비하기까지의 과정을 POST(Power On Self Test)라고 부릅니다. 즉, POST 과정은 전원이 켜진 후 시스템 작동에 필요한 자가 진단 및 메인보드 부품들의 사용 준비가 이루어지는 초기화 과정입니다. POST 과정을 이해하면 PC의 문제도 쉽게 파악하고 해결할 수 있습니다.

PC의 전원을 켜면 PC의 두뇌인 CPU가 바이오스를 읽어들인 후 그 루틴에 따라 메인보드에 연결된 각 부품에 대한 진단과 초기화 작업을 진행합니다.

CPU가 이상 없는 경우에는 삑하는 짧은 비프음과 함께 시스템의 시동 과정을 화면에 나타내기 위해 맨 먼저 그래픽카드를 찾습니다. 그래픽카드가 인식되면 아주 짧은 순간에 화면상에 그래픽카드 정보를 표시하거나 곧바로 메인보드 로고 화면이나 POST 화면을 나타내게 됩니다.

시동 시 맨처음 표시되는 그래픽카드 정보

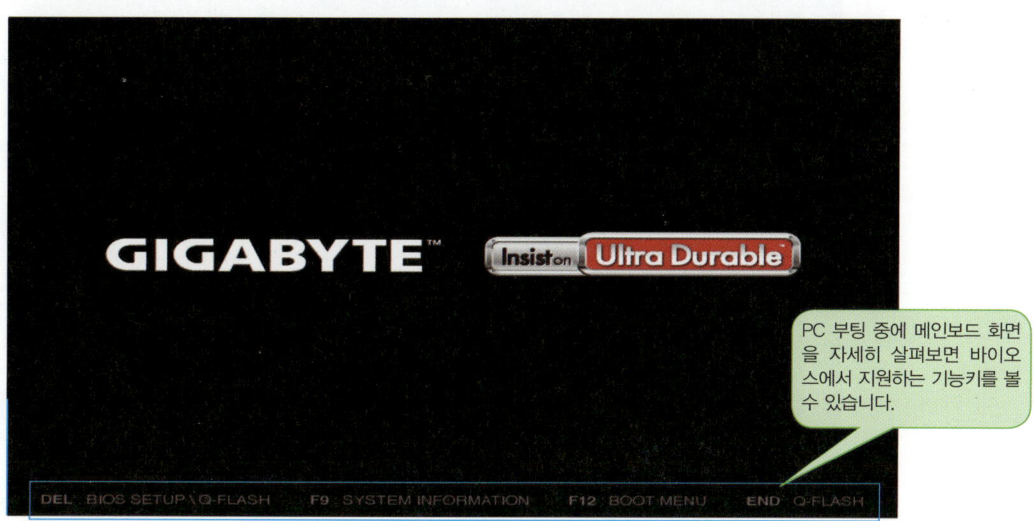

이 예제 화면은 앞서 조립한 PC의 화면은 아닙니다. 최신 메인보드의 바이오스는 빠른 시동을 위해 POST 과정에서 오류가 발견된 경우가 아니면 메시지를 표시하지 않고 곧바로 진행하는 게 많습니다.

그래픽카드가 인식된 후에는 CPU, 메모리, 보조기억 장치 드라이브 순으로 진단과 초기화가 이뤄지며 메인보드 부품의 초기화가 이뤄집니다. 이 과정을 모니터로 볼 수 있으면 시동 과정이 어느 단계에 있는지 쉽게 알 수 있지만, 대개의 경우 기본값으로 메인보드 제조사의 로고가 표시되며, 완제품 PC를 구입한 경우에는 그 회사의 로고가 표시됩니다.

기본값으로 표시되는 메인보드 로고 화면

PC 부팅 중에 메인보드 화면을 자세히 살펴보면 바이오스에서 지원하는 기능키를 볼 수 있습니다.

● 부팅(Booting) : 원래는 어떤 일을 시작한다라는 의미지만, PC의 시동을 일컫는 용어로 통용됩니다.

메인보드 화면을 자세히 살펴보면 몇 가지 사용 가능한 기능키 정보를 볼 수 있습니다. 기능키는 메인보드의 바이오스에 따라 제공 기능이나 이름이 조금씩 차이가 있습니다. 이 책의 조립 실습에 사용한 GIGABYTE Z87X-UD3H 메인보드 로고 화면의 표시 정보는 다음과 같습니다.

❶ DEL BIOS SETUP\Q-FLASH : 바이오스 셋업, 즉 바이오스 셋업 프로그램을 실행하려면 Delete 키를 사용합니다. '\Q-FLASH'는 바이오스 셋업 프로그램에서 메인보드 바이오스를 백업하거나 업그레이드할 수 있는 Q-FLASH 기능에 접근할 수 있다는 걸 의미합니다.

❷ SYSTEM INFORMATION : 시스템 정보를 보여줍니다.

❸ F12 BOOT MENU : 부트 메뉴를 호출하려면 F12 키를 사용하라는 의미입니다. F12 키를 누르면 일시적으로 원하는 시동 드라이브를 선택할 수 있습니다. 다음 번 시동 때는 바이오스 셋업 프로그램에 설정되어 있는 부트 장치(Boot Device) 순서대로 시동됩니다(348쪽 참고).

❹ END Q-FLASH : Q-FLASH 기능을 호출하려면 End 키를 사용하라는 의미입니다. Q-FLASH로 소위 플래싱(Flashing)이라고 불리는 바이오스에 쓰기 작업이 가능합니다. 보통 바이오스 업데이트를 위해 사용하는 기능입니다.

- 메인보드 바이오스에 따라 사용 가능한 기능키와 이름은 다를 수 있습니다.
- 노트북 컴퓨터나 대기업 PC의 경우 복구(Recovery) 기능키가 표시됩니다. 물론 복구 기능을 포함하는 메인보드에서는 해당 기능키가 제공됩니다.
- 메인보드에 따라서는 POST 화면을 볼 수 있는 기능키를 제공하는 제품도 있습니다.

POST 과정 살펴보기

POST 과정에서 그래픽카드, CPU, 메모리, 보조기억 장치 순으로 진단과 초기화 과정이 수행됩니다. 다음은 구형 컴퓨터의 POST 과정을 나타낸 그림입니다. 과거 바이오스에서는 POST 진행 과정을 다음 그림처럼 자세하게 화면에 나타냈지만, 최신 메인보드의 바이오스는 POST 과정의 부품 정보 표시를 최소화하는 추세입니다.

❶ 바이오스 정보 : 바이오스 제조사와 바이오스 버전 정보가 표시됩니다. AWARD 바이오스를 사용한 것을 볼 수 있습니다.

❷ 메인보드 정보 : 메인보드 이름과 바이오스 버전(F2)이 표시됩니다.

❸ 프로세서 정보 : CPU 제조사와 속도(2.93GHz), CPUID가 표시됩니다.

POST 화면
GIGABYTE P55A-UD3R 메인보드

❹ **메모리 테스팅** : 현재 장착된 메모리 크기를 키로바이트(K) 단위로 나타냅니다.

❺ **메모리 프리퀀시** : 현재 장착된 메모리의 동작 속도(1333MHz)를 표시합니다.

❻ **보조기억 장치 드라이브** : 시스템에 연결된 보조기억 장치 드라이브를 찾아 나타냅니다. 현재, SSD(OCZ Vertex2 series SSD)와 HDD(WD 1TB Caviar Black WD1002FAEX), ODD(LG전자 Super-Multi GH-24LS50)가 설치된 것을 알 수 있습니다.

❼ **기능 키 안내** : POST 과정에서 사용할 수 있는 기능 키를 안내합니다.

❽ **메인보드 정보** : 하단의 메인보드 정보에는 제조 주차와 시리얼 코드 등을 나타냅니다.

운영체제의 로딩

보조기억 장치 드라이브까지 진단하고, 그 내용을 표시하는 과정이 순서대로 표시되면 정상적으로 POST 과정이 진행된 것을 의미합니다. POST 과정이 정상적으로 끝나면 시스템의 제어권을 운영체제에 넘겨주기 위해 시동 디스크를 찾아 운영체제 커널의 로딩(Loading)을 시도하게 됩니다. 바이오스는 부트 장치 우선순위로 설정된 순서에 따라 부트 장치를 찾습니다.

메인보드 바이오스와 시스템 설치된 장치에 따라 부트 장치 우선순위는 다를 수 있습니다. 내장형 ODD를 설치한 경우 기본값으로 시동 디스크를 가장 먼저 찾는 곳은 ODD(광디스크 드라이브)입니다. 시동할 때 ODD를 읽도록 하려면 메시지가 표시되는 동안 아무 키나 누르면 됩니다. ODD에서 운영체제를 찾지 못하거나 아무 키도 누르지 않으면 다음 우선순위의 장치에서 부팅을 시도합니다. 운영체제를 설치하지 않은 상황이므로 "DISK BOOT FAILURE…"나 "Insert Boot Media…" 같은 메시지가 표시되면서 화면이 멈춥니다.

<table>
<tr><td>운영체제 부팅 실패 시
메시지 예</td><td>

```
Loading Operating System ...
Boot from CD/DVD :
DISK BOOT FAILURE, INSERT SYSTEM DISK AND PRESS ENTER
_


Reboot and Select proper Boot device
or Insert Boot Media in selected Boot device and press a key_
```

</td></tr>
</table>

CD나 DVD를 이용하여 운영체제를 설치하려면 Boot from CD/DVD 메시지가 나올 때 아무 키나 눌러줘야 운영체제를 로딩하고 설치 프로그램이 실행됩니다. 반면, USB 메모리로 운영체제 설치를 시도하는 경우에는 바로 "Boot from …" 같은 대기 메시지와 대기 시간 없이 바로 운영체제 설치로 진입하는 점에 유의해야 합니다.

바이오스 셋업 프로그램을 이용하면 메인보드와 연결된 장치와 관련된 여러 설정을 할 수 있는데, 부트 우선순위와 부팅 방식도 원하는 대로 설정할 수 있습니다. 특히 유의해야 할 점은 AHCI 모드로 운영체제를 설치하거나 레이드(RAID)를 구성하여 운영체제를 설치하려면 운영체제 설치 전에 바이오스 셋업을 통해 SATA 컨트롤 모드를 확인해야 하며, 미리 AHCI/RAID 드라이버를 준비해야 합니다. 그렇기 때문에 바이오스 셋업 프로그램에 대해 충분히 마스터하고 운영체제를 설치하길 권장합니다. 바이오스 셋업 프로그램은 5장에서 다룹니다.

POST 신호음 체크하기

시스템이 시동되는 화면이나 비프음이 나타내는 세부적인 에러 신호는 메인보드의 바이오스에 따라 조금씩 차이가 있긴 하지만, 하나만 제대로 알아두면 다른 바이오스의 바이오스 셋업 프로그램도 어렵지 않게 다룰 수 있습니다. 대표적인 메인보드 바이오스에는 AWARD, AMI, Phoenix 등이 있습니다.

POST 과정 중에 발생한 오류는 비프 스피커의 신호음을 통해 알 수 있습니다. 신호음이 난다는 것은 일부 오류가 있더라도 메인보드가 정상적으로 기능하고 있다는 것을 의미하므로 당황하지 말고 신호음을 잘 듣고 메인보드 설명서를 참고하여 대처하면 됩니다.

다음은 AWARD 바이오스의 신호음 코드표로 다른 메인보드 바이오스의 경우는 해당 메인보드 설명서를 참고하기 바랍니다.

AWARD 바이오스의
신호음 코드 표

신호음 종류	상황 및 대처 방법
짧은 신호음 1회	시스템이 정상으로 부팅 과정이 순조롭게 진행됩니다.
짧은 신호음 2회	바이오스 셋업 설정에 오류가 발생했습니다. 화면은 표시되므로 바이오스 셋업 프로그램으로 들어가 문제를 바로 잡습니다. 오버클러킹 설정 등으로 바이오스 설정값을 변경하고 시동하는 경우에 발생할 가능성이 높습니다.
긴 신호음 1회, 짧은 신호음 1회	메모리 또는 메인보드에 오류가 발생하였습니다. 메모리 소켓에 메모리가 제대로 꽂혀 있는지 확인합니다. 메모리 하나만 사용할 때는 반드시 1번 소켓에 장착해야 합니다. 메인보드 오류인 경우는 메인보드 자체 부품이나 메인보드에 연결된 다양한 부품의 문제일 수 있습니다. 화면에 에러 메시지가 표시된다면 해당 메시지를 따라 조치를 취하고, 메시지가 표시되지 않는 상황이라면 메인보드 설명서를 참고하여 조치합니다.
긴 신호음 1회, 짧은 신호음 2회	그래픽카드의 보조 전원 단자에 파워서플라이의 전원 커넥터가 올바로 연결되었는지 점검합니다. 모니터 문제일 가능성도 있는데, 모니터 단자와 케이블 커넥터가 이상 없는지, 모니터가 오작동하지 않는지도 함께 점검합니다.
긴 신호음 1회, 짧은 신호음 3회	키보드 오류 상황입니다. 모니터 화면에도 내용이 표시되므로 키보드 연결을 점검합니다.
긴 신호음 1회, 짧은 신호음 9회	바이오스 롬에 오류가 발생한 상황입니다. 바이오스를 초기화하고 다시 부팅을 시도합니다. 바이오스 초기화 방법은 324쪽에서 다룹니다.
긴 연속 신호음	이때는 화면에 아무 것도 표시되지 않습니다. 그래픽카드 오류 신호음으로 그래픽카드가 올바로 설치되지 않았을 때 나오는 신호음입니다. 그래픽카드 슬롯에 정상적으로 설치되었는지 점검합니다.
짧은 연속 신호음	전원 오류가 발생했을 때 나오는 신호음입니다. 파워서플라이가 고장나지 않았는지, 정격 파워가 현재 시스템의 부품들이 요구하는 수준을 충족하는지 점검합니다. 고성능 그래픽카드의 경우 권장 정격 파워가 500W 이상인 경우가 많습니다.

바이오스 제조사에 따라 신호음 코드는 약간씩 차이가 있으며, 같은 회사의 바이오스라도 버전에 따라 신호음 코드도 달라질 수 있지만 메인보드 설명서에 나오므로 어려울 건 없습니다. 일단 정상 신호음인 한 번의 짧은 신호음 외에 연속된 신호음이나 길고 짧은 신호음이 반복되는 것은 오류 상황일 가능성이 높으므로 신중히 듣고 메인보드 설명서를 참고하여 대응합니다.

오류 상황에 대한 조치 방법

CPU와 메모리, 그래픽카드가 제대로 설치된 상태라면 POST 과정에서 오류가 발견되었을 때 보통 에러가 있음을 알리는 비프음이 발생하고, 화면에도 해당 에러 메시지가 표시됩니다. 일단 비프음이 발생하고 화면에 POST 정보가 나타나는 상황이라면 오류가 발생하더라도 대부분 쉽게 해결할 수 있습니다.

비프 신호음을 통해 알려주는 오류는 메인보드 설명서에 신호음에 따른 오류 상황과 조치 방법이 나와 있으므로 이를 참고하면 됩니다. 모니터 화면상에 오류 상황이 표시되는 경우는 어디가 문제라는 것을 바로 알려주므로 해당 부분의 문제를 바로 조치하면 됩니다.

사실 PC 고장의 대부분은 부품 자체의 결함보다는 부품의 잘못된 연결에서 발생합니다. 다음은 몇 가지 오류 상황에 대한 조치 방법입니다.

전원 자체가 들어오지 않는다

❶ 파워서플라이의 전원을 제대로 연결했는지, 멀티탭에 제대로 연결했는지, 전원이 공급되는 상태인지 확인합니다. 멀티탭은 전원 스위치의 LED로 표시되므로 쉽게 알 수 있으며, 파워서플라이의 경우는 쿨러가 작동하며 LED 표시등이 제공되는 것도 있습니다. 파워서플라이 자체가 고장이라면 전원 스위치가 켜져도 아무 반응이 없을 겁니다.

❷ 메인보드의 케이스 신호선 단자의 파워 스위치를 드라이버로 제대로 연결했는지 확인합니다. 여기까지 모두 확인이 되었는데도 메인보드에 전력이 공급되지 않는다면 파워서플라이의 주전원 커넥터가 메인보드의 주전원 단자에 제대로 연결되어 있는지 확인합니다.

❸ 요즘 나오는 파워서플라이는 메인보드 상에서 쇼트가 발생한 경우에는 과전압, 과부하, 과전류 보호 회로가 기능하여 자동으로 전원을 차단합니다. 메인보드 상에 쇼트를 일으키는

Check Point · 파워서플라이의 고장 여부 자가 진단 방법

파워서플라이의 고장 여부를 확인하려면 다른 전원 케이블 연결은 모두 해제하고, 파워서플라이만 AC 전원 콘센트에 연결한 상태에서 메인보드 전원 커넥터의 녹색선(14번선)과 검정색선의 전극을 철사나 클립 등을 이용하여 일시적으로 연결했을 때 파워의 냉각팬이 작동하면 이상이 없는 것이며, 파워의 냉각팬이 작동하지 않으면 고장입니다. 테스트 시에는 약간의 전기가 흐르므로 장갑을 끼고 작업하기 바랍니다. 과전압 과전류로 인해 퓨즈까지 끊어진 경우에는 파워서플라이 부품까지 손상되었을 가능성이 있습니다. 이 경우에는 퓨즈 교체로만 해결이 안 될 수 있으므로 A/S를 받는 것이 좋습니다.

❶ 파워서플라이의 전극을 클립 등으로 연결하여 테스트합니다(설명서의 테스트 전극 위치를 꼭 확인하세요).

❷ 파워서플라이의 냉각팬이 돌아가면 파워서플라이에는 이상이 없는 것입니다.

이물질이 있었다면 메인보드가 손상되었을 가능성이 큽니다. 이 경우에는 바로 다시 전원을 연결하면 안 됩니다. 이때는 차분히 파워서플라이부터 이상 없는지 확인하고, 이상이 없다면 메인보드에 이물질 없는지 확인한 후 다시 작동을 점검합니다. 이때도 아무런 반응이 없다면 메인보드 A/S를 받아야 합니다.

화면은 나오지 않고 거친 삑삑 소리를 연발한다

화면도 안보이는 상황에서 거친 삑삑 소리가 나오는 것은 가장 심각한 에러 상황 중의 하나로 CPU에 이상이 있을 때 흔히 발생합니다.

❶ 상황을 방치하면 CPU가 타버릴 수 있기 때문에 즉시 파워서플라이의 전원을 끄고 CPU를 제대로 연결했는지 확인합니다.

❷ CPU는 CPU 쿨러가 작동하지 않는 조건에서 단 몇 분도 견딜 수 없습니다. 다행히 요즘 파워서플라이는 과전압, 과부하, 과전류 보호 회로를 지원하므로 CPU가 타버리는 경우는 드뭅니다. CPU 쿨러는 제대로 설치했는지, CPU 쿨러를 CPU용 냉각팬 전원 단자에 연결했는지 점검하기 바랍니다.

처음부터 화면이 먹통이고 아무 소리도 나지 않는다

이러한 상황은 그래픽카드의 문제와 메인보드의 비프 스피커 연결이 이뤄지지 않아 신호음 자체를 낼 수 없는 상황이 복합적으로 발생한 것입니다.

❶ 파워서플라이이의 전원을 끄고 241쪽을 참고하여 비프 스피커 연결이 제대로 되었는지 확인합니다.

❷ 원래 비프 스피커 연결과 무관하게 그래픽카드가 정상 작동한다면 화면은 표시되어야 합니다. 화면이 아예 표시되지 않는다면 그래픽카드 문제를 해결해야 합니다. 그래픽카드의 설치는 제대로 되었는지, 그래픽카드 보조 전원 단자의 연결에 문제가 없는지 확인합니다 (254쪽 참고).

❸ HDMI 출력시 사운드 전송을 위해 SPDIF 케이블 연결 방식을 사용하는 그래픽카드의 경우에는 메인보드의 SPDIF 출력 단자와 SPDIF 케이블의 전극이 잘못 연결되지 않았는지 점검합니다(245쪽). 전극 연결이 잘못된 경우에는 메인보드까지 손상될 수 있으므로 유의해야 합니다.

CPU 정보까지는 나오다가 삐익~삑 소리가 계속 난다

❶ 메모리 연결이 잘못되었을 때 이런 소리가 나옵니다. 전원을 끄고 225쪽을 참고하여 메모리를 제대로 연결했는지 확인합니다.

❷ 메모리의 슬롯의 접점은 아주 작은 240개의 접점이 촘촘히 배열되는데, 간혹 먼지 등으로 인해 접촉 불량이 발생할 수 있습니다. 이러한 경우에는 압축 공기 방식의 먼지 제거제나 부드러운 솔을 사용하여 메모리 슬롯을 청소해줍니다.

❸ 메모리의 경우도 접점 부위를 지우개를 이용하여 닦아 주고 다시 설치해봅니다. 메인보드의 슬롯이나 단자에 주변 장치를 연결하여 사용하는 경우, 연결 커넥터의 접촉 부분의 금

속은 지우개로 닦아주고, 슬롯이나 단자 안쪽은 먼지 제거제로 청소하면 접촉 불량의 문제는 웬만큼 해결할 수 있습니다.

메모리 용량이 다르게 표시된다

❶ 듀얼 채널 방식의 RAM을 설치한 경우, DIMM 0(혹은 BANK 0)에는 제대로 연결되었으나 나머지 RAM을 인식하지 못하는 경우입니다. 225쪽을 참고하여 같은 색상으로 된 메모리 슬롯에 제대로 연결해줍니다.

❷ 그래도 계속 문제가 발생하면 위의 ❸을 참고하여 접촉 불량 문제 해결을 시도해보고, 슬롯 자체의 문제일 수 있으므로 메인보드 점검을 받아야 합니다.

메모리까지는 인식되지만 더 이상 시동 절차가 진행되지 않는다

❶ 메모리 진단이 끝나면 드라이브 장치에 대한 진단에 들어갑니다. 원래 디스크 드라이브가 정상이면 POST 화면에 시스템에 설치된 디스크 정보를 나타내주며, 곧바로 다음으로 진행하지만, 이상이 있는 경우에는 내부적으로 디스크 읽기를 시도하기 때문에 오랫동안 반응이 없다가 오류 메시지를 나타내게 됩니다.

❷ SATA 인터페이스의 HDD나 SSD에서 이같은 문제가 발생했다면 물리적인 고장 가능성이 높습니다. 과거의 PATA(IDE) 방식의 HDD나 ODD에서 발생한 문제라면 250쪽을 참고하여 케이블 연결이나 마스터/슬레이브 모드 점퍼 설정을 점검하기 바랍니다.

POST 과정은 정상이나 키보드 입력이 되지 않아요

❶ 바이오스에 따라서는 바이오스 셋업 기본값으로 키보드를 체크하고, 문제가 있으면 POST 과정에서 에러 메시지를 나타내고 필요한 조치를 취하도록 하는 경우도 있지만, 요즘 바이오스 기본값은 키보드 에러는 무시하고 POST 과정을 진행하도록 설정되어 나옵니다. 이 때문에 POST 과정 중에 키보드를 사용하지 못하여 바이오스 셋업 프로그램을 사용할 수 없는 문제가 발생할 수 있습니다. 우선 키보드 케이블의 커넥터가 PC 본체 뒤의 PS/2 단자나 USB 단자에 제대로 연결되어 있는지 점검하기 바랍니다.

❷ 요즘 나오는 메인보드는 기본적으로 USB 연결 장치를 바이오스에서 인식하므로 USB 키보드도 이상 없이 사용할 수 있지만 간혹 POST 과정에서 인식되지 않는 문제가 있습니다. 이러한 경우에는 PS/2 젠더를 사용하여 연결해봅니다.

시스템에서 아무 소리도 안나고 모니터 화면에도 아무런 반응이 없어요

❶ 시스템에서 아무 소리도 나지 않고, 모니터 화면에도 아무런 반응이 나타나지 않는 상황은 파워서플라이 고장이거나 메인보드 고장일 수 있습니다.

❷ 전원을 켰을 때 파워서플라이의 냉각팬은 돌아가는데, CPU 냉각팬이 돌아가지 않는다면 메인보드쪽 문제일 가능성이 높습니다.

❸ 전원을 켰을 때 파워서플라이의 냉각팬이 돌아가지 않는다면 아예 파워서플라이의 전원 공급이 불안정한 상태일 수 있습니다. 파워서플라이의 고장 여부를 자가 진단하는 방법은 269쪽을 참고하기 바랍니다.

Chapter 04 나만의 만능 PC 조립하기

셋째 마당
운영체제 설치와 최적화

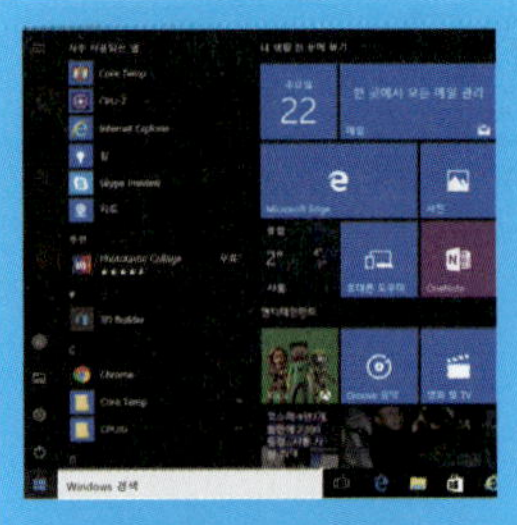

셋째 마당에서는 깡통 PC가 사람의 명령을 받아들이고 처리할 수 있도록 운영체제를 설치하고, 기본적인 작업에 필요한 바이오스 셋업 다루기, 필수 유틸리티의 설치와 활용 테크닉, 시스템 최적화와 최악의 경우에 시스템을 복구하는 방법까지 다룹니다.

지금은 윈도우 PC도 여러 운영체제가 공존하고 있는데, 현재 가장 많이 사용 중인 윈도우 7과 모바일 시대를 겨냥하여 메트로 UI를 도입한 윈도우 8.1, 윈도우 10까지 함께 활용할 수 있도록 구성하였습니다. 여러 버전의 운영체제 특징을 비교하여 익히면 운영체제의 특징을 보다 잘 이해할 수 있으며, 개별적으로 익히는 것보다 효과적입니다. 물론 실무에서도 다른 운영체제를 사용하는 컴퓨터도 어렵지 않게 다룰 수 있습니다.

자신이 조립한 PC에 직접 운영체제를 설치하고 원하는 작업 환경을 만들어 가는 과정을 소화하면 디지털 마스터로 도약할 수 있을 것입니다.

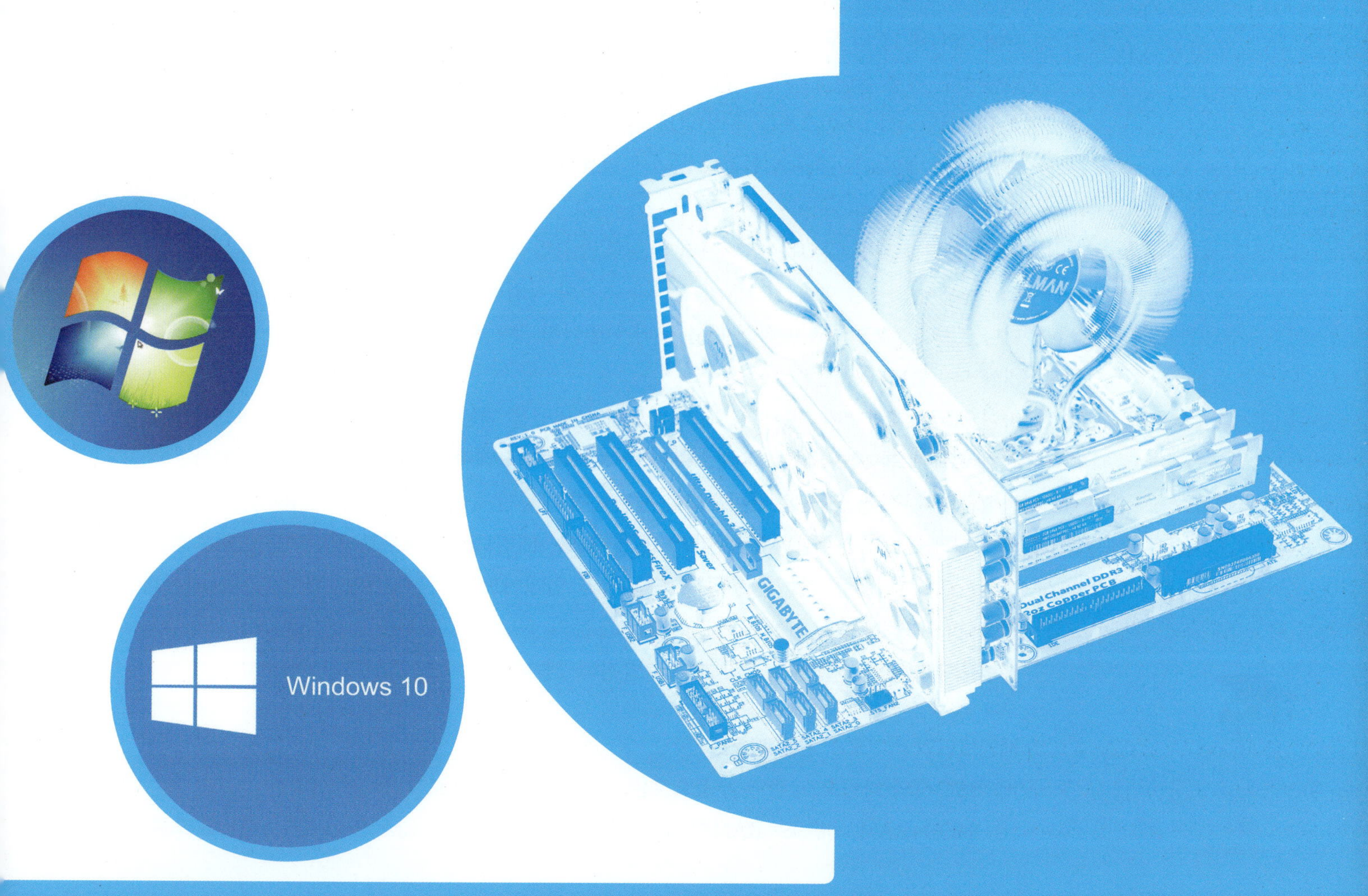
Windows 10

Chapter 05 바이오스 셋업 프로그램 다루기

PC 조립 후 첫 관문은 바로 바이오스 셋업 프로그램으로 자신의 시스템 하드웨어 환경에 맞춰 설정을 조절하는 것입니다. 메인보드에는 바이오스 셋업 프로그램이 제공되어 사용자가 최적화된 시스템 사용 환경을 구성할 수 있게 해줍니다. 바이오스는 바이오스 셋업 설정값을 이용하여 시스템 진단과 초기화 작업을 수행합니다.

1. 바이오스 셋업은 왜 중요한가요?

메인보드의 바이오스 프로그램은 전원이 켜졌을 때 시스템의 이상 유무를 진단하고 바이오스 셋업 설정값에 기초하여 각 장치가 기능할 수 있도록 초기화합니다. 또한 사용자마다 설치하는 장치가 다르므로, 장치가 동작할 수 있는 환경과 동작하는 방식을 바이오스 셋업 프로그램을 통해 융통성 있게 설정함으로써 사용자가 원하는 시스템을 구성할 수 있습니다.

CPU의 배후 조종자는 메인보드 바이오스

흔히 CPU를 PC의 두뇌라고 하지만, 실상은 주어진 명령어를 처리하는 단순한 깡통 두뇌에 불과합니다. 깡통 두뇌의 CPU가 PC를 기동시키도록 하는 배후의 조종자가 바로 메인보드 바이오스(BIOS)입니다. 바이오스를 우리 말로 하면 기본 입출력 시스템(Basic Input Output System)으로 각종 메인보드 부품의 입출력 처리에 필요한 설정 작업을 수행할 수 있는 펌웨어 프로그램입니다.

PC의 전원을 켜면 CPU는 가장 먼저 입출력 장치의 진단과 초기화 프로그램이 들어 있는 바이오스로부터 명령을 받아 시스템의 진단과 초기화 작업을 바이오스가 시키는 대로 수행할 뿐입니다. CPU 성능이 좋아졌다는 것은 두뇌가 좋아진 것이 아니라 일 처리 속도가 더 빨라졌다는 것을 의미합니다.

바이오스는 재기록이 가능한 플래시 메모리가 없었을 때는 읽기만 가능한 롬(ROM)에 저장되었기 때문에 롬 바이오스로 불렸으며, 바이오스의 업그레이드는 롬을 교체하지 않고서는 불가능했습니다. 반면, 지금은 바이오스가 재기록이 가능한 플래시 메모리를 사용하므로 바이오스의 업그레이드가 가능합니다. 따라서 요즘 나오는 메인보드는 대부분 메인보드 바이오스를 업그레이드할 수 있는 기능을 제공하며, 온라인 업데이트도 가능합니다. 바이오스는 기본적인 입출력이 가능하도록 메인보드에 연결된 부품의 진단과 초기화를 담당하는 프로그램이므로 메인보드 칩셋의 변화에 발맞춰 기능도 발전해왔습니다.

- ROM(Read Only Memory) : 읽기만 가능한 메모리
- CMOS-RAM : 저전력으로 사용할 수 있는 금속 산화막 반도체 메모리

메인보드의 바이오스 관련 부품

메인보드상의 바이오스 관련 부품으로는 바이오스 셋업 프로그램에서 설정한 정보를 저장하는 CMOS-RAM, CMOS-RAM의 셋업 정보를 유지시켜주는 CMOS 배터리, CMOS 오류 발

CMOS 관련 부품의 위치는 메인보드 설계에 따라 다르며, 보통 싱글칩 구성인데, 듀얼 바이오스를 사용하여 바이오스 고장 대응 능력을 향상시킨 제품도 있습니다.

생 시 바이오스 설정 정보를 공장 초기값으로 돌릴 수 있는 CMOS 클리어 단자 등이 있습니다. 바이오스에 문제가 생기면 PC는 아예 시동조차 되지 않고 먹통이 되기 때문에 메인 바이오스가 고장 나면 백업 바이오스가 동작하도록 한 듀얼 바이오스의 메인보드도 나옵니다.

CMOS 배터리는 바이오스 셋업 설정값을 유지하는 기능을 담당합니다. 플래시 메모리가 재기록이 가능하긴 하지만 다양한 설정값의 변경이 이뤄질 때마다 수정하여 기록하는 것은 불가능하므로 금속 산화막 반도체 메모리인 CMOS-RAM에 정보를 저장하는 방법을 사용합니다.

CMOS를 이용하여 바이오스 설정값을 저장하는 점 때문에 과거에는 바이오스 셋업이 CMOS 셋업으로 통용되었습니다. CMOS-RAM은 전원이 공급되지 않으면 정보가 지워지는 휘발성 메모리이기 때문에 CMOS 배터리를 통해 전원을 공급받아 정보를 유지합니다. 그러므로 CMOS 배터리를 교체하기 위해 수은 전지를 빼내면 바이오스 설정값은 모두 없어지고 공장 설정값으로 초기화됩니다.

CMOS 클리어 단자는 CMOS 오류로 인해 시동되지 않거나 바이오스 셋업으로 시스템 암호를 설정해 뒀는데 이를 기억하지 못해 컴퓨터를 시동할 수 없는 문제가 생겼을 때 간단히 바이오스 설정값을 공장 초기값으로 돌릴 수 있는 단자로, CMOS 배터리를 빼내지 않고도 간단히 바이오스 셋업값을 초기화할 수 있습니다.

CMOS 클리어 단자는 보통 2핀으로 제공되므로 점퍼가 없어도 드라이버로 연결할 수 있습니다. 과거 메인보드는 3핀 방식도 있는데, 지금은 두 개의 핀으로 제공됩니다. 점퍼가 제공되는 경우도 있는데, 점퍼가 없어도 드라이버 등으로 연결만 해주면 됩니다.

CMOS 클리어 작업은 반드시 파워서플라이 전원을 끈 후 드라이버로 CMOS 클리어 단자를 연결한 상태에서 4~5초가량 유지해야 합니다. 그러면 수은 전지의 전원을 이용하여 CMOS 클리어가 됩니다. CMOS 클리어 후에 다시 컴퓨터를 켜면 공장 초기값으로 시작하게 됩니다. 보다 자세한 내용은 메인보드 설명서를 참고하여 확인하기 바랍니다.

▲ 2핀 방식 CMOS 클리어 단자

고급 메인보드 제품의 경우는 복잡한 CMOS 클리어 점퍼를 대신하는 CMOS 클리어 스위치를 제공하며, 듀얼 바이오스 중에서 시동에 사용할 바이오스를 선택하거나, 싱글 바이오스로 사용할 수 있는 스위치도 제공하므로 바이오스를 다루기가 한결 수월합니다.

바이오스 셋업 프로그램의 기능

바이오스 셋업 프로그램은 메인보드에 연결된 모든 장치의 진단과 초기화, 장치의 설정값을 변경할 수 있는 프로그램입니다. 바이오스 셋업 프로그램을 이용하면 하드웨어의 잠재력을 최대한 이끌어 내어 보다 쾌적하고 빠르게 사용할 수 있습니다. 바이오스 프로그램은 바이오스 셋업 설정 정보를 바탕으로 메모리와 그래픽카드, 보조기억 장치, 키보드 등 메인보드 부품과 메인보드에 연결된 부품들을 진단하고, 사용할 수 있도록 초기화합니다. 만약 문제가 발견되면 경고음이 울린 후 오류 상황을 화면에 나타내거나 비프음으로 알려주므로 어떤 장치에 문제가 발생했는지 알 수 있습니다.

바이오스 셋업 프로그램을 활용하면 시스템을 자신이 원하는 최적의 방식으로 사용할 수 있습니다. 오버클러킹을 통해 시스템의 성능을 끌어올리거나, 시스템의 절전 방식과 냉각팬의 작동 방식을 컨트롤하여 보다 쾌적하게 사용할 수 있고, 하드디스크의 사용 방식, 메인보드 부품들을 활성화하거나 비활성화할 수 있으며, 최적으로 사용하는 데 필요한 여러 가지 설정을 할 수 있습니다. 예를 들어 시스템을 아무나 사용하지 못하도록 시스템에 암호 설정, 부트 장치 우선순위 변경, 부팅 방식의 설정, SATA 컨트롤 모드 설정, 절전 기능 설정 등 시스템의 운용에 필요한 다양한 설정을 바이오스 셋업 프로그램을 통해 수행할 수 있습니다.

② 바이오스 셋업은 어렵지 않나요?

바이오스 셋업 프로그램은 간단하며, 사용 방식도 단순합니다. 하지만 바이오스 셋업을 통해 설정하는 정보는 하드웨어 작동 환경과 관련된 내용이므로 컴퓨터에 설치된 하드웨어나 각종 장치의 인터페이스 규격 등에 관한 사전 지식을 갖고 있어야 자신만의 최적 환경을 만들 수 있습니다.

바이오스 셋업 프로그램 사용법은 단순합니다

컴퓨터 초보자인 경우에는 바이오스 셋업 프로그램에 대한 사전 지식이 없기 때문에 전문가만이 만질 수 있는 것으로 오해합니다. 그러나 사실 바이오스 셋업 프로그램은 낯선 것일 뿐 다루기 어려운 프로그램은 아닙니다. 오히려 그 반대입니다.

바이오스 셋업 프로그램은 몇 개의 키만 가지고 간단히 조작할 수 있습니다. 물론 바이오스 셋업 프로그램의 화면과 제공되는 기능이 바이오스 제조사에 따라 다소 차이가 있으며, 같은 회사의 바이오스라 하더라도 메인보드 칩셋의 발전에 따라 지원 기능도 함께 발전하므로 차이가 있기 마련입니다. 하지만 바이오스 셋업 프로그램을 한번 다뤄보면 다른 바이오스의 바이오스 셋업 프로그램도 어렵지 않게 다룰 수 있습니다.

대부분 키보드의 화살표키를 이용하여 항목을 선택하고, Enter 키를 눌러 해당 항목을 설정하는 방식으로 사용합니다. 이전 단계로 돌아가려면 Esc 키를 누르면 됩니다. 또 조작 방식과 함께 특별한 기능키가 있는 경우도 화면에 나타내주므로 바이오스 셋업 프로그램의 조작 방법은 몇 분 정도면 다룰 수 있습니다. 다음은 UEFI 바이오스가 나오기 전의 텍스트 메뉴 방식의 AWARD, AMI, Phoenix 바이오스 셋업 프로그램 화면을 보인 것입니다. 메인 화면에 조작에 사용되는 기능키에 대한 설명이 나오므로 어렵지 않게 사용할 수 있습니다.

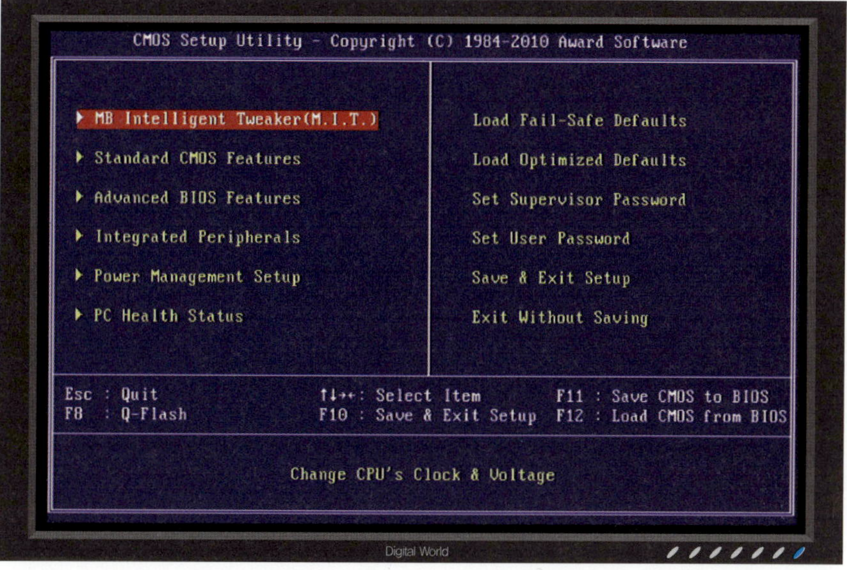

AWARD 바이오스 셋업 화면 – 조립 PC (GIGABYTE P55A–UD3R 메인보드)

● Award 사는 Phoenix에 합병되었습니다. 합병 후에도 Award 바이오스 브랜드로 생산하고 있습니다.

*AMI 바이오스 셋업 화면
– ACER의 완제품 PC*

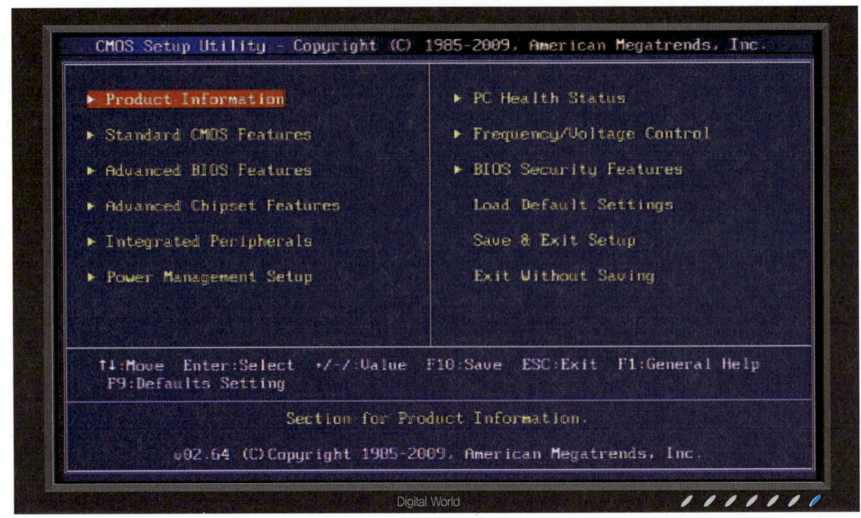

*Phoenix 바이오스 셋업 화면
– 삼성 센스 R71 노트북*

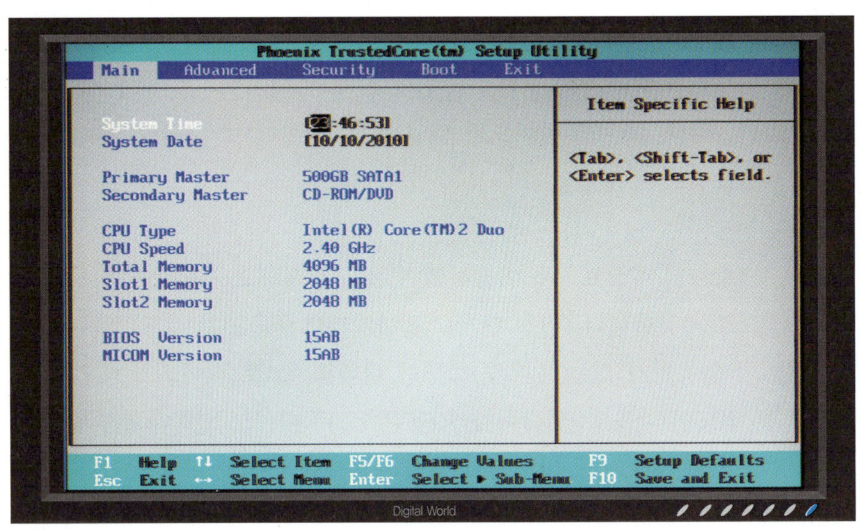

위의 그림에서 볼 수 있듯이 완제품 PC나 노트북 컴퓨터의 경우도 대부분 AWARD, AMI, Phoenix 바이오스 중 하나가 사용되고 있는데, 대부분의 완제품 PC나 노트북 컴퓨터의 바이오스 셋업 프로그램은 시스템 성능을 세부적으로 컨트롤할 수 있는 기능이 제한되기 때문에 오버클러킹 작업 같은 것은 수행할 수 없습니다. 그러므로 완제품 PC나 노트북 컴퓨터는 조립 PC처럼 자신의 취향과 입맛대로 시스템을 변경하여 사용하는 데는 한계가 있습니다.

바이오스 셋업 프로그램의 도움말

바이오스 셋업 프로그램의 사용법은 아주 간단한 편이며, 도움말도 제공하므로 보다 쉽게 사용할 수 있습니다. 다음은 GIGABYTE 메인보드의 AWARD 바이오스와 ACER PC의 AMI 바이오스 셋업 화면에서 F1 키를 눌렀을 때 나오는 도움말입니다. 바이오스 셋업 프로그램의 도움말은 간단하며 기능키의 기능도 어느 정도 비슷하므로 쉽게 익힐 수 있습니다.

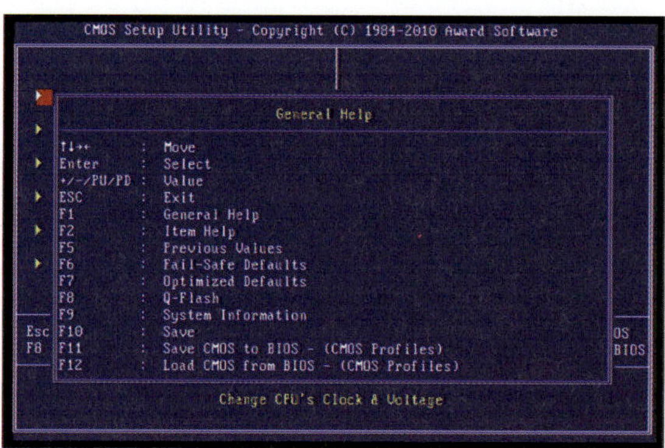

▲ AWARD 바이오스의 도움말

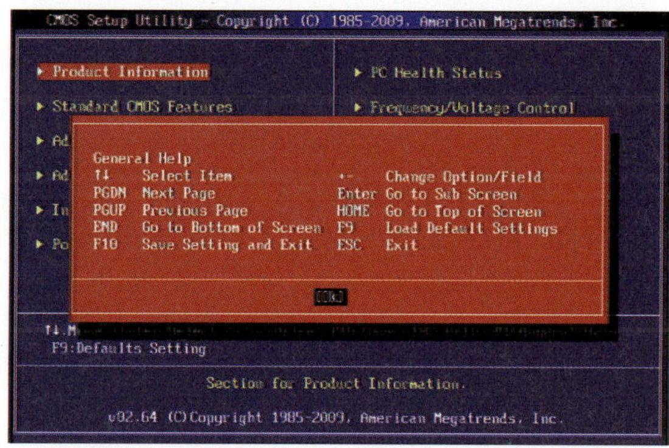

▲ AMI 바이오스의 도움말

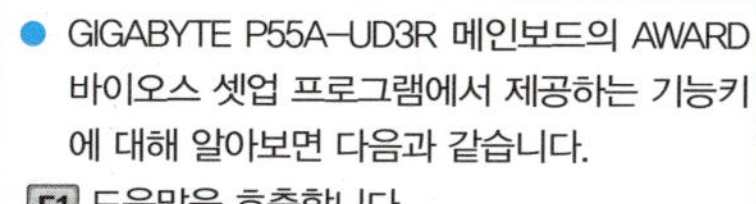

- GIGABYTE P55A–UD3R 메인보드의 AWARD 바이오스 셋업 프로그램에서 제공하는 기능키에 대해 알아보면 다음과 같습니다.

  F1 도움말을 호출합니다.

  F2 하위 메뉴에서 오른쪽의 도움말 창으로 이동합니다. 도움말 창의 내용이 넘쳐서 다 보이지 않는 경우 스크롤시켜볼 수 있습니다.

  F5 현재 선택된 항목의 설정값을 이전 값으로 복원시킵니다.

  F6 CMOS값을 공장 설정값으로 되돌리는 Load Optimized Defaults의 기능키입니다.

  F7 CMOS값을 최적 공장 설정값으로 되돌리는 Load Fail–Safe Defaults의 기능키입니다.

  F8 Q–Flash 유틸리티를 호출하는 기능키로 바이오스의 업데이트, 백업, 저장 등의 작업을 수행할 수 있습니다.

  F9 현재 시스템의 정보를 표시합니다.

  F10 CMOS 값을 저장한 후 종료하는 Save & Exit Setup 기능의 단축키입니다.

  F11 현재까지 설정한 바이오스 설정값을 사용자 프로파일로 저장하는 기능키입니다.

  F12 사용자 저장 프로파일과 최근에 사용된 바이오스 설정을 불러오는 기능키입니다.

- GIGABYTE 메인보드는 시동 시에 **F12** 키를 부트 장치 선택 메뉴 호출 기로 사용하는데, 시동 단계와 바이오스 셋업 프로그램 내부에서의 기능키는 전혀 별개로 사용됩니다.

바이오스 셋업 설정 변경은 신중히

바이오스 셋업 프로그램만 잘 활용해도 시스템을 보다 쾌적하게 사용할 수 있을 뿐만 아니라 메인보드와 연결된 하드웨어의 성능을 최대한 활용할 수 있습니다.

단, 바이오스 셋업 프로그램의 초기값은 대부분의 주변 장치에서 가장 문제 없이 작동하는 기본값으로 설정되어 있으므로 아무렇게나 설정을 변경하는 것은 좋지 않습니다. 바이오스 셋업 프로그램을 이해하고 능숙하게 다루는 데 필요한 하드웨어 지식은 이 책의 2장 내용만 소화해도 충분합니다.

바이오스 셋업 프로그램의 설정 항목들은 정확히 이해하고 설정해야 합니다. 무턱대고 설정값을 변경하면 오히려 부팅이 되지 않거나 시스템에 과부하를 주어 PC 사용 중에 다운되는 역효과가 날 수도 있습니다. 요즘 메인보드에는 바이오스 셋업 설정이 과부하를 유발하면 자동으로 초기 설정으로 돌아가므로 CPU나 메인보드 고장으로 이어지는 경우는 드뭅니다. 과거에는 지나친 오버클러킹으로 CPU가 타버리거나 메인보드가 망가지는 일도 심심치 않게 발생했습니다.

바이오스 셋업에 익숙해지기 전까지는 기본적인 조작 방법과 바이오스 셋업 프로그램의 각 메뉴에 어떤 기능 항목들이 있는지 살펴보고, 해당 기능의 설정을 이해하는 데 초점을 맞추기 바랍니다. 그러고 나서 오버클러킹과 같이 하드웨어에 영향을 많이 미치는 바이오스 셋업 방법을 차근차근 익히길 권합니다.

3 바이오스의 세대 교체 – UEFI 바이오스

기존 바이오스 셋업은 텍스트 메뉴 항목을 키보드로 이동하여 설정했습니다. UEFI 바이오스는 PC의 고질적인 문제였던 느린 시동 문제 해결 외에도 그래픽 사용자 인터페이스 지원, GPT 파티션에서의 시동도 지원합니다.

UEFI 바이오스의 등장 배경

CPU와 메인보드 칩셋의 기능이 나날이 발전하고 있기 때문에 바이오스 셋업 프로그램에서 설정할 수 있는 기능도 계속 발전해왔는데, 가장 극적인 변화는 바로 UEFI 바이오스로 세대 교체가 이루어진 점입니다.

개인용 컴퓨터가 등장하고 오랜 세월이 흘렀고 처리 속도, 저장 용량에서 엄청난 발전이 이루어졌지만 유독 컴퓨터의 부팅 속도는 크게 빨라지지 않았습니다. 컴퓨터는 오랜 기술적 기반을 갖고 있음에도 불구하고 부팅에 시간이 걸려 사용자의 불만을 샀습니다.

이 때문에 부팅 속도에 목마른 사용자들은 가능한 한 빨리 시동하고 작업하기 위해 SSD를 장만하기도 하고, 시스템 최적화 작업을 수행하는 등 많은 노력을 기울였습니다. 하지만 고속 SSD를 장착해도 기존 바이오스의 시스템에서 윈도우 7을 시동하는 데는 30초 이상의 부팅 시간이 필요합니다.

이러한 문제를 해결하기 위해 등장한 게 바로 UEFI(Unified Extensible Firmware Interface) 바이오스입니다. UEFI는 인텔이 제안하여 만든 통합 확장 펌웨어 인터페이스로, 마이크로소프트와 IBM, AMD, 애플, 델, ARM 등이 함께 참여하여 규격을 정했습니다.

UEFI 바이오스의 특징

PC 운영체제에서 UEFI 바이오스를 효과적으로 지원하는 운영체제는 윈도우 8부터입니다. 윈도우 8 이상의 운영체제에서 SSD를 사용하면 불과 몇 초만에 시동할 수 있습니다. UEFI 바이오스는 MBR 파티션뿐만 아니라 GPT 파티션에 운영체제를 설치하여 시동할 수 있습니다. 윈도우 8 이상의 운영체제에서는 MBR 파티션으로 시동하는 것보다 GPT 파티션으로 시동하면 좀 더 빠른 시동이 가능합니다. 시동 속도면에서는 좀 더 빨라지긴 하지만 디스크 읽기/쓰기 성능에 있어서 MBR 파티션과 GPT 파티션 간의 차이는 없습니다.

UEFI 바이오스는 그래픽 사용자 인터페이스를 제공하므로 마우스로도 설정이 가능합니다. 키보드로 조작하는 방식은 기존 사용 방식과 거의 동일하므로 처음 접하더라도 쉽게 적응할 수 있습니다. UEFI 바이오스의 인터페이스가 그래픽 인터페이스로 바뀌면서 메뉴의 위치가 바뀌긴 하지만 바이오스 셋업에서 설정할 수 있는 메뉴 항목들까지 달라지는 것은 아닙니다. UEFI 부팅 메뉴가 추가된 것 뿐, 대부분의 메뉴 항목도 크게 다르지 않습니다.

AMI 바이오스의 UEFI 바이오스 셋업 프로그램은 두 가지 화면 모드를 제공합니다. UEFI 바이오스 특유의 그래픽 사용자 인터페이스의 특징을 살린 윈도우 모드 인터페이스와 기존 바이오스 셋업에 익숙한 사용자를 위해 클래식 모드를 지원합니다.

H
E
L
P

- 4장에서 조립한 GIGABYTE Z87X–UD3H 메인보드는 AMI 사의 UEFI 바이오스를 사용합니다. PC를 조립한 후 전원을 켜고 Delete 키를 눌러 바이오스 셋업 프로그램을 호출하면 위와 같은 윈도우 모드의 바이오스 셋업 화면이 나타납니다.
❶ **주메뉴 영역** : 주메뉴 간 이동에 화살표키를 사용할 수 있으며, 마우스 클릭이나 Enter 키로 해당 메뉴를 엽니다. 주메뉴의 구성은 가장 빈번하게 사용되는 설정 메뉴를 담은 HOME 메뉴 제공이 특징이며, 다른 주메뉴는 기존 바이오스 셋업 프로그램과 비슷합니다.
❷ **탭 메뉴 영역** : 주메뉴에 속한 하위 메뉴 중 추가 하위 메뉴를 갖는 메뉴는 탭 메뉴로 제공됩니다. 탭 메뉴나 하위 메뉴의 이동에 화살표키를 사용할 수 있으며, 마우스 클릭이나 Enter 키로 해당 메뉴를 엽니다.
❸ **하위 메뉴 영역** : 하위 메뉴 항목의 기능 설정을 변경할 수 있습니다. 윈도우 모드에서는 드래그 방식으로 설정값을 변경할 수도 있습니다. 하지만 정확한 값으로 설정하려면 마우스 보다는 키보드를 사용하는 게 좋습니다.
❹ **즐겨찾기 영역** : 자주 사용하는 메뉴를 바로 사용할 수 있게 해줍니다. 즐겨찾기는 사용자가 편집할 수 있습니다.
❺ **Boot Sequence** : 부트 장치를 더블 클릭하거나 선택 상태에서 Enter 키를 누르면 해당 장치로 바로 시동합니다.

- AMI사 UEFI 바이오스 셋업 프로그램의 윈도우 모드 화면(위)과 클래식 모드 화면(아래) 간에 전환하려면 F2 키를 사용합니다.
- 시작 화면 구성은 UEFI 바이오스에 따라 차이가 있습니다.

Exercise

1 기존 바이오스 셋업 프로그램 다루기

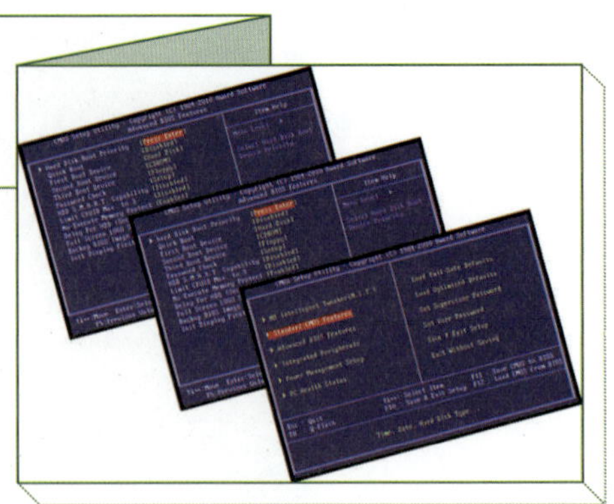

기존 바이오스이든 UEFI 바이오스이든 바이오스 셋업 프로그램은 시스템을 시작할 때 Delete 키나 F2 키를 이용하여 호출할 수 있습니다. 여기서는 AWARD 바이오스를 사용하는 GIGABYTE 메인보드의 바이오스 셋업 프로그램 설정을 변경하여 로고 화면 대신 POST 진행 과정의 화면을 나타내보도록 하겠습니다.

이 실습에 필요한 내용	실습 키 포인트
실습 가능한 기존 PC나 노트북 컴퓨터 ※ 이 책에서는 GIGABYTE P55A–UD3R 메인보드 바이오스의 바이오스 셋업 프로그램을 예로 설명합니다.	바이오스 셋업 프로그램의 조작 방법을 익히고 부팅 화면 표시 방법을 변경

바이오스 셋업 프로그램 실행하기

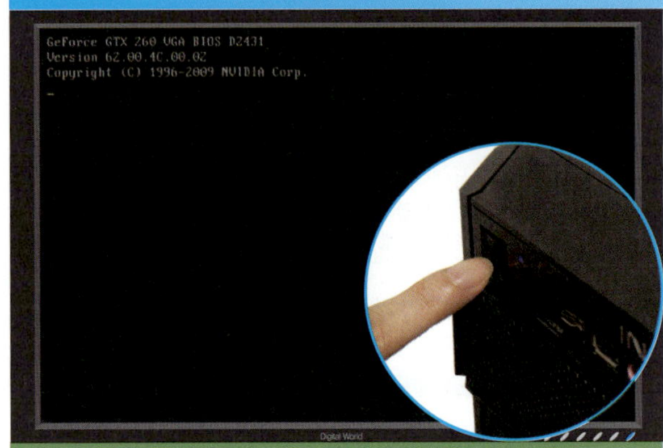

1 PC 케이스의 전원 단추를 눌러 시동합니다. 잠깐 동안 설치된 그래픽카드 관련 정보가 표시된 후 다음 단계의 메인보드 로고 화면이 나옵니다.

2 메인보드 로고 화면에 표시되는 바이오스 셋업 프로그램 호출 단축키(AWARD나 AMI 바이오스는 Delete 키, Phoenix 바이오스는 F2 키)를 누릅니다.

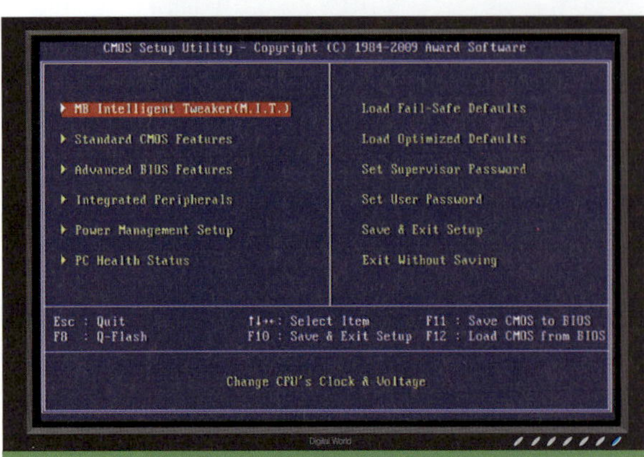

3 바이오스 셋업 프로그램이 시작되고 맨 상단의 메뉴가 선택된 상태로 주메뉴 화면이 나타납니다.

HELP

- 시스템의 전원을 켜고 나서 곧바로 바이오스 셋업 프로그램을 호출하는 단축키를 누르는 것이 좋습니다. 만약, 바이오스 셋업 프로그램을 불러내는 기능키 조작이 늦었다면 리셋 단추를 눌러 재시동하거나 Ctrl + Shift + Delete 키를 동시에 눌러 재시동한 다음, 바이오스 셋업 프로그램을 호출하는 기능키를 누르면 됩니다.
- 처음 화면에는 주메뉴가 표시되고, 현재 선택한 주메뉴의 용도를 하단에 나타내는 것을 볼 수 있습니다. 다른 바이오스의 바이오스 셋업 화면도 이와 크게 다르지는 않으나 메뉴 이름과 하위 메뉴 구성은 조금씩 차이가 있습니다. 하지만 화면에서 조작키를 알려주므로 바이오스 제조사가 달라도 바이오스 셋업 프로그램을 어렵지 않게 호출할 수 있습니다.
- 메뉴 항목을 선택할 때는 화살표키를 사용하며, 화살표키로 선택한 메뉴 항목은 강조가 되므로 쉽게 구별할 수 있습니다. 선택한 메뉴 항목으로 들어가려면 Enter 키를 누르면 됩니다.

로고 화면 대신 POST 화면 나타내기

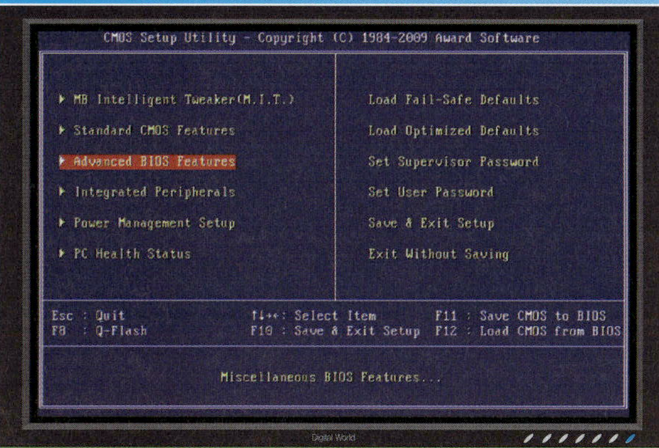

1 ↓ 키로 Advanced BIOS Features 항목을 선택한 다음 Enter 키를 누릅니다.

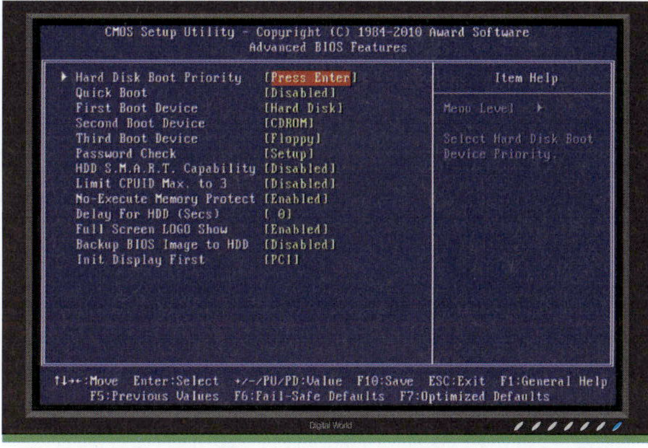

2 Advanced BIOS Features 화면에 하위 메뉴 항목들이 표시됩니다. 아래쪽에 Full Screen LOGO Show 항목이 활성화(Enabled)되어 있는 것을 볼 수 있습니다.

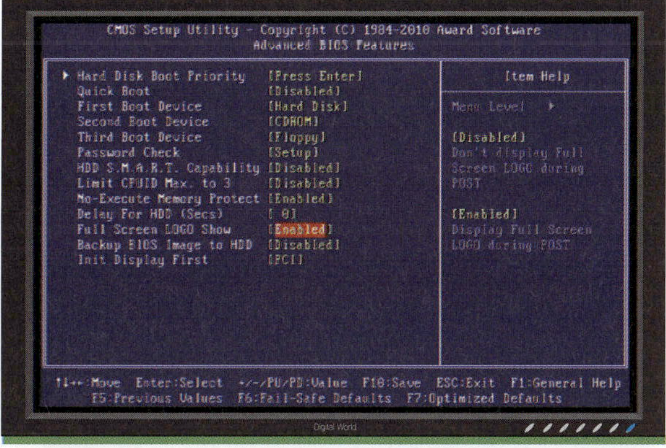

3 ↓ 키로 Full Screen LOGO Show 항목을 선택합니다. 그러면 해당 설정값이 빨간색으로 강조되어 현재 선택 상태임을 나타냅니다.

HELP

- 서브 메뉴 항목 화면 구성을 보면 선택된 서브 메뉴 항목 옆에는 현재의 설정값이 보이며, 오른쪽 Item Help 창에는 현재 선택된 항목에 대한 도움말이 표시됩니다. 영어로 나오지만 이해하는 데 그다지 어려울 건 없습니다.
- 화면 하단에는 항목 이동에는 화살표키(↑, ↓ 키)를 사용하고, 설정값 변경을 위한 선택은 Enter 키를, 설정값을 변경할 때는 + / − 키나 Page Up / Page Down 키를, 현재의 설정값을 저장하려면 F10 키를, 설정을 마치고 빠져 나오려면 Esc 키를 사용하고, 도움말 호출은 F1 키를 사용하라는 설명을 볼 수 있습니다. 바이오스 셋업 프로그램은 이들 키를 이용하면 쉽게 다룰 수 있습니다.
- 특정 항목의 설정값을 변경하려면 화살표키로 선택한 다음 Enter 키를 누르고 설정하면 됩니다. 흐리게 표시된 항목은 현재 상태에서는 설정할 수 없다는 것을 의미합니다. 이전 화면으로 돌아가려면 Esc 키를 누릅니다. Esc 키를 사용해도 변경한 설정값은 유지되므로 나중에 저장하고 종료하면 됩니다.

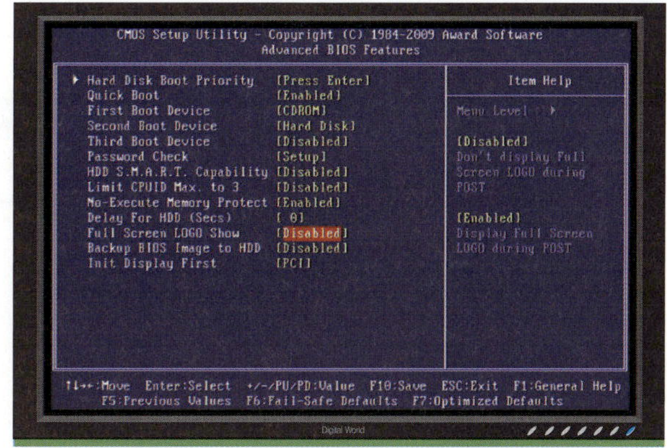

4 Full Screen LOGO Show 선택 상태에서 Enter 키를 누르고 대화상자가 나타나면 ↑ 키로 Disabled 를 선택하고 다시 Enter 키를 눌러 변경된 설정값을 적용합니다.

5 Full Screen LOGO Show 항목의 설정값이 비활성화(Disabled)되었습니다.

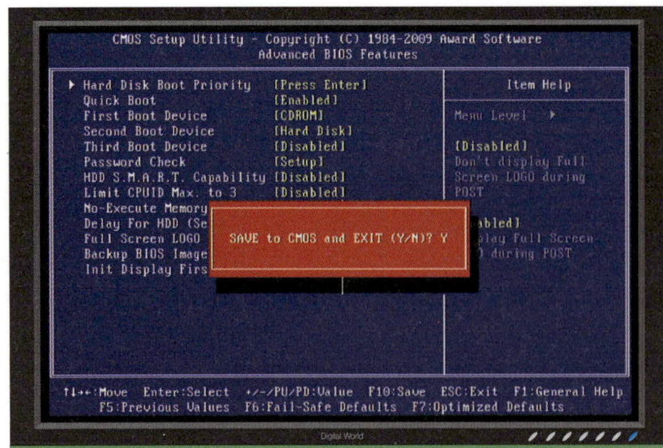

6 변경된 설정값을 저장하고 종료하기 위해 F10 키를 를 누릅니다. 어느 단계에서든 F10 키를 누르면 Save to CMOS and Exit (Y/N)? 대화상자가 나옵니다. 기본값인 'Y(Yes)' 상태에서 Enter 키를 누릅니다.

7 새로운 바이오스 셋업 설정값으로 다시 시동이 시작됩니다. 메인보드 로고 화면은 사라지고 POST(Power On Self Test) 화면이 나타나는 것을 볼 수 있습니다.

Check Point ｜ AMI와 Phoenix 바이오스에서 POST 화면 나타내기

AMI 바이오스 셋업 화면은 AWARD 바이오스와 화면 색상과 메뉴 구성까지 거의 비슷한 편이지만 메뉴 이름이나 위치는 다릅니다. Phoenix 바이오스 셋업 화면은 주메뉴가 상단에 구성되어 있습니다. 키보드를 이용한 조작 방식은 거의 비슷하며, 선택한 기능 항목에 대해 오른쪽에 설명을 제공하므로 어려울 게 없습니다.

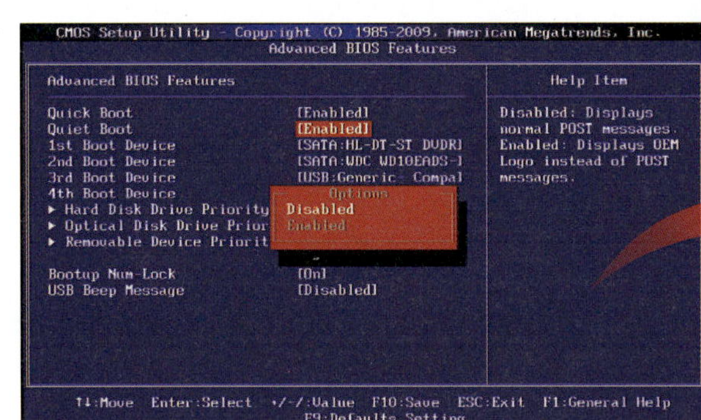

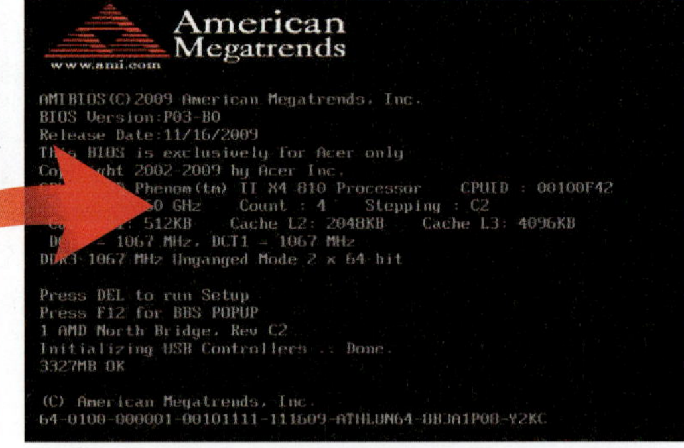

❶ AMI 바이오스 셋업에서는 Advanced BIOS Features → Quiet Boot 메뉴에서 Disabled를 선택합니다.

❷ 바이오스 셋업 프로그램에서 설정을 저장한 후 종료하면, 다시 시동이 시작되어 POST 화면을 볼 수 있습니다.

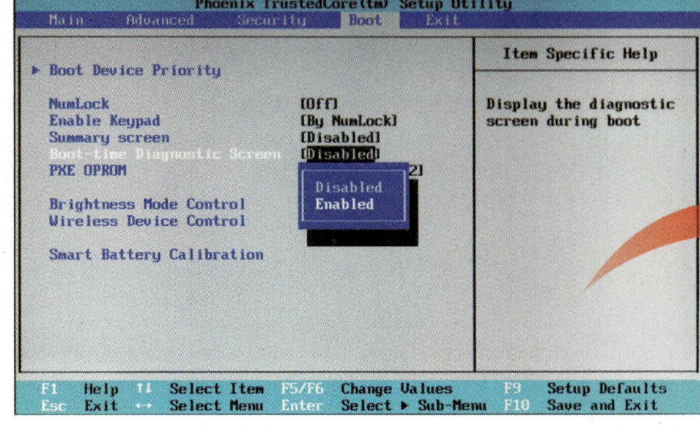

❶ Phoenix 바이오스 셋업에서는 BOOT → Boot-time Diagnostic Screen 메뉴에서 Enabled를 선택합니다.

❷ 바이오스 셋업 프로그램에서 설정을 저장한 후 종료하면, 다시 시동이 시작되어 POST 화면을 볼 수 있습니다.

4 바이오스 셋업 메뉴 정복하기

바이오스 셋업 메뉴 항목들은 메인보드 연결 부품들의 작동과 밀접한 관련이 있습니다. 그러므로 무턱대고 설정을 변경하면 해당 장치의 오작동을 야기할 수 있으며, 최악의 경우엔 시스템이 부팅되지 않는 상황까지 발생할 수 있으므로 자신의 시스템의 하드웨어에 대해 충분히 이해한 이후에 필요한 설정을 하기 바랍니다.

바이오스 셋업 메뉴 정복을 시작하기 전에

● 이 책에서는 기존에 통용되던 'CMOS 셋업'이라는 용어대신 '바이오스 셋업'으로 용어를 통일하여 사용합니다.

● 이 장에서는 4장의 실습을 통해 조립한 AMI사의 UEFI 바이오스를 사용하는 PC의 바이오스 셋업 메뉴를 위주로 설명합니다.

바이오스 셋업 프로그램은 메인보드상의 모든 부품의 운용에 필요한 설정 기능을 제공합니다. 그렇기 때문에 메인보드에 구성된 부품과 제조사에서 추가 구성한 부품에 따라 같은 회사의 바이오스라하더라도 설정할 수 있는 기능에는 차이가 있을 수 있다는 점을 고려하여 익히기 바랍니다. 기존 AWARD나 AMI 바이오스의 첫 화면에 주메뉴가 화면 전체로 배치되는데 반해 기존 Phoenix 사의 바이오스 셋업 메뉴는 주메뉴가 화면 상단에 배치됩니다.

UEFI 바이오스의 클래식 화면 모드도 주메뉴가 화면 상단에 제공되므로 주메뉴간 이동이 보다 간편한 구성입니다.

다음은 기존 AWARD 바이오스 셋업 프로그램의 메뉴 이동 방식을 보인 그림입니다. 수메뉴인 MB Inteligent Tweaker(M.I.T) 선택 상태에서 Enter 키를 눌러 해당 하위 메뉴로 진입하는 방식으로 사용하고 Esc 키로 이전 메뉴로 복귀하는 방식으로 조작합니다.

기존 AWARD 바이오스 셋업 프로그램의 하위 메뉴 접근 방식

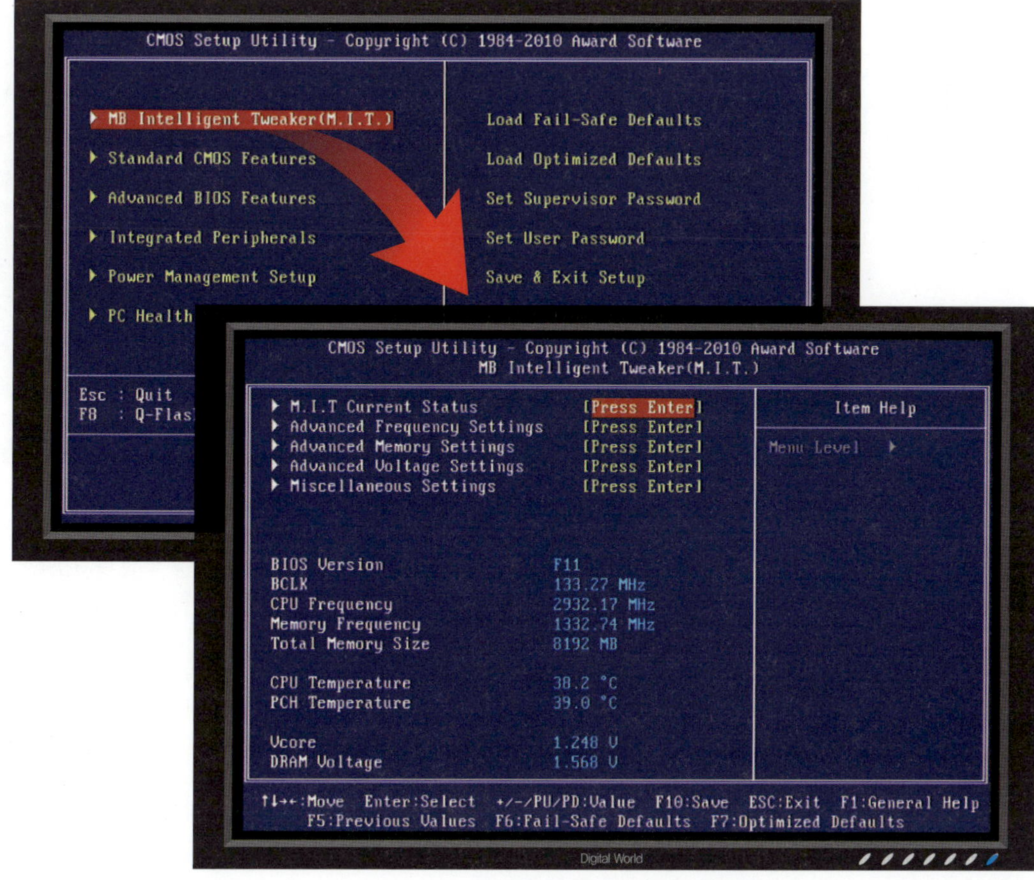

● 기존 AWARD 바이오스 셋업의 주메뉴 화면은 두 개의 창으로 분할되어 있습니다. 왼쪽 창에 주로 메인보드 연결 부품의 설정과 관련된 여러 하위 메뉴가 제공되며, 오른쪽 창에는 안전하게 부팅된 CMOS 설정값 불러오기, 공장 최적화 기본값 불러오기, 바이오스 셋업의 관리자와 사용자 암호 설정, 저장 및 종료하기 메뉴로 구성된 것을 볼 수 있습니다.

주메뉴 화면 하단에 표시되는 조작키에 대한 설명과 몇 가지 기능키가 표시되는데, 보다 자세한 기능키 설명을 보려면 도움말을 호출하는 단축키인 F1 키를 누르면 됩니다. 그러면 바이오스 셋업 프로그램에서 사용할 수 있는 모든 기능키에 대해 확인할 수 있습니다. 그리고 바이오스에 따라서는 Ctrl + F1 키를 누르면 고급 옵션에 접근할 수 있는 기능을 추가로 제공하기도 합니다. 다음은 UEFI 바이오스 셋업 화면에서 상단 주메뉴에서 M.I.T 메뉴 선택 상태의 페이지를 나타낸 것으로, 주메뉴가 상단에 있기 때문에 두 번에 걸쳐 조작하지 않고, 단 번에 원하는 다른 주메뉴로 진입할 수 있습니다. 앞쪽의 텍스트 기반의 AWARD 바이오스 셋업 프로그램의 MB Intelligent Tweaker (M.I.T) 메뉴를 선택했을 때 나오는 페이지와 거의 비슷한 항목들이 제공되는 것을 알 수 있습니다.

기존 AWARD 바이오스 셋업 화면에서는 하단에 표시되던 조작키와 기능키에 대한 설명이 화면 오른쪽 아래 상자에 제공되는데, 기능키는 비슷한 것을 볼 수 있습니다. UEFI 바이오스의 클래식 화면 모드는 아이콘이 추가되고 풀 컬러를 지원하지만, 기존 바이오스 셋업 메뉴 구성과 비슷한 것을 알 수 있습니다. 이 책에서는 기존 바이오스 셋업 메뉴까지 함께 대응할 수 있는 UEFI 바이오스의 클래식 모드의 메뉴 위주로 설명합니다.

AMI 사 UEFI 바이오스의 클래식 화면 메뉴 구성

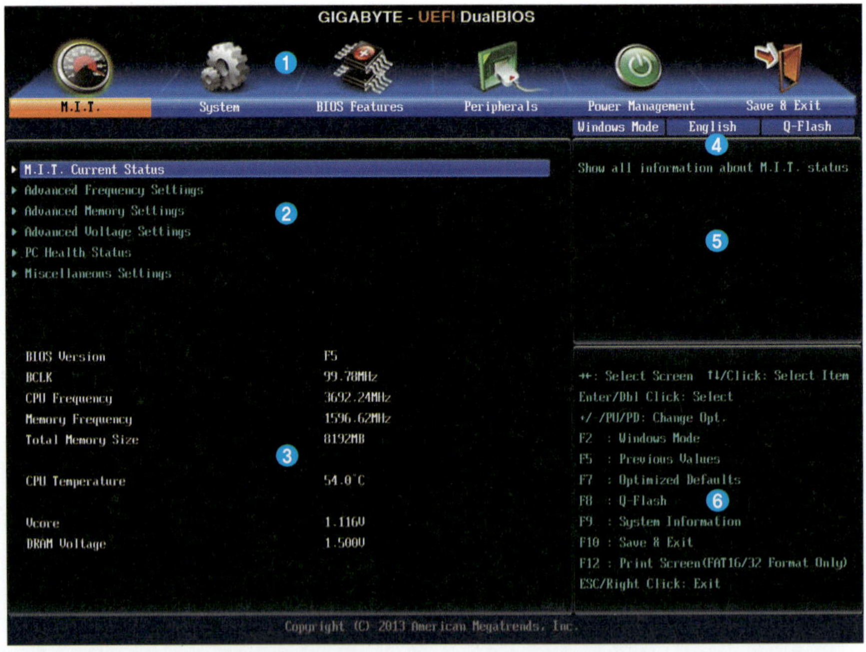

HELP

❶ **주메뉴 영역** : 주메뉴 간 이동에 화살표키를 사용할 수 있으며, 마우스 클릭이나 Enter 키로 해당 메뉴를 엽니다.

❷ **하위 메뉴 영역** : 주메뉴에 속한 하위 메뉴 영역입니다. 메뉴에 따라 하위 메뉴를 한 번 더 열거나 하위 메뉴 항목의 기능 설정을 변경할 수 있습니다.

❸ **시스템 정보** : M.I.T 페이지에서만 제공되는 현재 시스템의 바이오스 버전, 베이스클럭, CPU 속도, 메모리 속도, 메모리 크기, CPU 온도, CPU 전압(Vcore), 메모리 전압 등의 정보를 나타냅니다.

❹ **Windows Mode / English / Q-Flash** : 각각 바이오스 셋업 화면 모드의 윈도우 모드 전환 / 언어 선택 / Q-Flash 호출 기능입니다. Q-Flash 페이지에서는 바이오스 플래싱 작업, 즉 바이오스를 업데이트하거나 바이오스의 백업 및 복구 작업 등을 수행할 수 있습니다.

❺ **도움말 영역** : 선택 메뉴 항목에 대한 도움말을 제공합니다.

❻ **기능키 정보** : 기존 바이오스 셋업 화면에서는 하단에 제공되던 기능키 정보로, 바이오스 셋업 프로그램에서 사용할 수 있는 기능키 정보를 나타냅니다.

```
↔: Select Screen   ↑↓/Click: Select Item
Enter/Dbl Click: Select
+/-/PU/PD: Change Opt.
F2  : Windows Mode
F5  : Previous Values
F7  : Optimized Defaults
F8  : Q-Flash
F9  : System Information
F10 : Save & Exit
F12 : Print Screen(FAT16/32 Format Only)
ESC/Right Click: Exit
```

HELP

F2 토글식으로 윈도우 모드와 클래식 모드 화면으로 전환합니다.

F5 현재 선택된 항목의 설정값을 이전 값으로 복원시킵니다.

F7 CMOS값을 최적 공장 설정값을 불러오는 기능키입니다.

F8 바이오스 업데이트, 백업, 복구 작업을 수행할 수 있는 Q-Flash 유틸리티를 호출합니다.

F9 현재 시스템의 정보를 표시합니다.

F10 CMOS 값을 저장한 후 종료하는 Save & Exit Setup 기능의 단축키입니다.

F12 현재 화면을 캡처하여 USB 메모리에 저장하는 기능키입니다.

Esc / 마우스 오른쪽 클릭 : 주메뉴에서는 BIOS 셋업 프로그램을 종료하고, 하위 메뉴에서는 하위 메뉴 페이지를 종료합니다.

바이오스 셋업 프로그램의 주메뉴 구성

AMI 사 UEFI 바이오스의 클래식 화면을 기존 AWARD 바이오스 셋업의 주메뉴 화면과 비교해 보면 M.I.T, BIOS Features, Peripherals, Power Management는 메뉴 이름까지 비슷하고, System 메뉴에는 Standard CMOS Features 메뉴와 이름은 다르지만 하위 메뉴 항목은 일부 비슷합니다. Save & Exit 메뉴에는 앞의 기존 AWARD 바이오스 셋업의 주메뉴 화면 오른쪽 창의 메뉴 기능들이 하위 메뉴로 제공되고, PC Health Status 메뉴는 UEFI 바이오스 셋업에서는 M.I.T의 서브 메뉴로 포함되는 점이 다릅니다.

각각의 주메뉴에서 사용할 수 있는 개략적인 기능 및 용도는 다음과 같습니다.

주메뉴	기능 및 용도
M.I.T	M.I.T.(MB Inteligent Tweaker) 메뉴에는 시스템의 성능 설정과 관련된 옵션들이 집약되어 있습니다. 시스템 성능 설정은 고급 메인보드에서 지원되며, 대기업 PC나 노트북 컴퓨터 등에서는 시스템 성능을 사용자가 직접 설정할 수 있는 기능이 지원되지 않습니다. 메인보드 제조업체에 따라, 시스템 성능을 설정할 수 있는 주메뉴 이름은 다른데 설정 기능은 비슷합니다. 주로 시스템 성능과 관련된 CPU 클럭과 주파수, 전압 및 CPU 절전 모드, 메모리 클럭과 주파수, 전압 등을 설정할 수 있습니다. 시스템의 오버클러킹 설정은 바로 이곳에서 이루어집니다.
System	시스템의 날짜와 시간 설정에 사용할 기본 언어 선택, 연결된 보조기억 장치 드라이브 정보를 나타냅니다.
BIOS Features	시스템 성능에 영향을 미치는 기능들은 아니고 부트 방식과 부트 우선순위, 화면 표시에 사용되는 그래픽카드 시작 위치 등을 설정할 수 있습니다.
Peripherals	메인보드와 연결된 SATA, USB, 오디오 LAN 등 각종 주변 장치의 활성화/비활성화, 인터페이스 관련 설정 기능들이 집약되어 있는 중요한 메뉴입니다.
Power Management	전원 관리에 필요한 설정 기능들이 집약되어 있는 메뉴입니다. 시스템을 안전하고 쾌적하게 관리하는 데 필요한 시스템 정보와 시스템 온도를 효율적으로 관리할 수 있는 설정 기능들이 집약되어 있는 메뉴입니다
Save & Exit Setup	BIOS 셋업 프로그램에서 변경한 모든 내용을 CMOS에 저장하고 BIOS 셋업을 종료합니다. 현재 BIOS 설정을 프로파일에 저장하거나 공장 최적화 기본값을 불러오거나 변경한 바이오스 설정을 저장하지 않고 종료할 수 있습니다.

주메뉴 – M.I.T.

메인보드의 지능적 트위커를 의미하는 **M.I.T.**(MB Intelligent Tweaker) 메뉴 화면에는 시스템의 성능 설정과 관련된 옵션들이 집약되어 있습니다. 오버클러킹은 바로 이곳에서 설정하면 됩니다. 하이엔드 메인보드의 바이오스는 대부분 시스템의 세부 성능을 설정할 수 있는 기능을 제공하는데, 메인보드의 바이오스에 따라 메뉴 이름은 조금씩 차이가 있습니다. 예를 들어 ASUS는 인공지능 트위커를 의미하는 **AI Tweaker** 메뉴에, AS ROCK은 **OC Tweaker** 메뉴에 시스템 성능 설정 기능들이 집약되어 있습니다. 시스템 성능 설정의 핵심은 '트위커'라는 말에서 연상할 수 있듯이, 시스템 성능을 고무줄을 늘리듯이 조절하는 오버클러킹이라 할 수 있습니다.

오버클러킹은 CPU에게 더 많은 일을 시키려는 것이고, 그러려면 그만큼 밥을 많이 먹여야 합니다. CPU가 먹는 밥은 전기이므로 시스템이 사용자가 설정한 오버클러킹 환경에서 정상적으로 동작할 수 있느냐의 여부는 안정적인 전압의 제공(파워서플라이), 전압 상승에 따른 발열을 효과적으로 줄여주는 냉각(Cooling), 전압 상승을 잘 지탱해주는 메인보드 전원부 등 시스템 구성이 조화를 이뤄야 합니다. 무턱대고 오버클러킹을 하면, 과전압이 발생되어 CPU나 메모리, 메인보드 손상이나 유효 수명을 단축할 수 있기 때문에 주의가 필요합니다. 그러므로 메인보드 설명서는 각종 경고와 주의 문구를 통해 기본 설정 사용을 각별히 권장합니다. 그러면서도 하이엔드 메인보드들은 오버클러킹 능력을 주된 홍보 수단으로 활용하고 있기도 합니다.

M.I.T. 설정 항목

M.I.T. 페이지의 옵션 설정은 시스템의 작동에 직접적인 영향을 미치므로, 정확한 이해에 기초하여 설정해야 합니다. 오버클러킹을 위한 설정 방법은 따로 실습할 예정이므로 여기서는 어떤 기능들이 있는지 차분히 살펴보기 바랍니다.

- 지금부터 다루는 바이오스 셋업 화면은 제4장에서 조립한 GIGABYTE Z87X–UD3H 메인보드 바이오스의 공장 최적화 기본값 설정 화면을 바탕으로 설명합니다.
- 다른 바이오스 설정항목은 비슷하므로 다른 회사의 메인보드 바이오스를 사용하는 경우에도 이 장의 내용을 익히면 어렵지 않게 다룰 수 있게 될 것입니다.

❶ M.I.T. Current Status

CPU의 클럭 배수(Clock Ratio)와 버스클럭(BCLK), 동작 속도, 코어 온도, 메모리 동작 속도와 용량, 램 타이밍 등 현재의 바이오스 셋업 설정 상태에서 시스템의 각종 상태를 한눈에 알아볼 수 있도록 나타내어 줍니다.

```
                                        GIGABYTE - UEFI DualBIOS

    M.I.T.        System      BIOS Features    Peripherals   Power Management   Save & Exit
  Back  M.I.T.\M.I.T. Current Status                    Windows Mode   English   Q-Flash

  CPU Name              Intel(R) Core(TM) i7-4770K CPU @ 3.50GHz
  CPU ID               000306C3            Update Revision        00000009
  BCLK                 99.78MHz            Memory Frequency       1596.63MHz

  CPU Core(s)          1        2        3        4
  Turbo Ratio          37       37       37       37
  Non-Turbo Ratio      35       35       35       35
  Turbo Frequency(MHz) 3692.20  3692.20  3692.20  3692.20
  Non-Turbo Frequency(MHz) 3492.62 3492.62 3492.62 3492.62
  Core Temperature(°C) 57       57       57       57

  DIMM(s)              1        2        3        4
  Installed Size       4096     4096     -        -
  Enabled Size         4096     4096     -        -
  Total Size           8192

                       tCL    tRCD   tRP    tRAS    tRTP    tRRD    tWTR    tRFC
  Memory Channel A     11     11     11     28      6       5       6       208
  Memory Channel B     11     11     11     28      6       5       6       208

                    Copyright (C) 2013 American Megatrends, Inc.
```

BCLK

현재의 베이스 클럭(Base Clock) 상태를 나타냅니다. 이 시스템의 기본값인 BCLK값은 100MHz입니다. 위의 그림에서 99.78MHz로 표시되는데, 이는 현재 작동 상태에서의 실시간 클럭값이기 때문입니다. 다른 장치의 클럭 속도, 전압, 온도, 냉각팬의 속도도 실시간 측정값으로 표시됩니다.

CPU의 동작 속도는 클럭 배수에 베이스 클럭을 곱한 값으로 결정됩니다. 따라서 클럭 배수과 함께 베이스 클럭을 조절하는 오버클러킹 방법이 있는데,

Memory Frequency

메모리 속도를 나타냅니다. 메모리의 기본 사양은 1600MHz 제품으로 현재 실시간 측정 속도는 1596.63MHz임을 알 수 있습니다.

Turbo Ratio
Non-Turbo Ratio
Turbo Frequency(MHz)
Non-Turbo Frequency (MHz)

터보 부스트 클럭 배율과 속도를 나타냅니다. 현재 4코어로된 CPU의 클럭 배수는 35이고, 터보 부스트 클럭 배수는 37입니다. 베이스 클럭 99.78MHz에 35배수를 곱하면 3492.62MHz의 성능이 발휘되며, 터보 부스트 클럭에서는 37배수로 작동하므로 3692.20MHz로 작동합니다.

CPU에서 사용하는 코어 수에 따라 터보 부스트 클럭 배수가 달라지는데, 인텔 코어 i7 4770K(하스웰) CPU는 기본 37배수를 지원하며, 그 이상의 오버클럭도 지원합니다.

참고로 CPU 이름 뒤에 K가 붙는 블랙에디션 CPU는 처음부터 오버클러킹을 고려하여 판매하기 때문에 쿨링 효율이 떨어지는 정품 쿨러 대신 쿨링 효율이 좋은 쿨러와 함께 판매하기도 합니다. 인텔도 i7 6700K (스카이레이크) CPU 제품에서는 기본 쿨러를 제공하지 않습니다. 즉, 오버클러킹 효율을 높이려면 그만큼 좋은 쿨러를 사용해야 한다는 것을 의미합니다.

- 하위 메뉴 중 값을 설정할 수 있는 메뉴는 검정색, 단순히 정보만 표시하는 항목이나 메뉴는 파란색으로 나타냅니다.
- 인텔의 배수락이 풀린 CPU의 이름 뒤에는 K가 붙고, AMD는 BE(블랙에디션)가 붙습니다. 배수락이 풀린 CPU는 같은 이름의 CPU보다 좀 더 비싼 값으로 판매됩니다.

Core Temperature(℃)	CPU의 각 코어의 온도를 나타냅니다. 인텔 코어 i7 4770K(하스웰) CPU는 네 개의 코어를 지원하므로 네 개 코어의 실시간 온도가 표시됩니다. CPU 오버클러킹을 통해 그만큼 CPU가 많은 일을 하게 하려면 전압을 높여주어야 하는데, 전압을 높일수록 그만큼 온도가 상승합니다. 오버클러킹을 할 때는 바로 코어의 온도도 반드시 체크할 필요가 있습니다.
DIMM(s) Installed Size Total Size	DIMM(s)은 양면 방식의 메모리를 지칭합니다. Installed Size는 설치된 메모리 크기로, 현재 1번과 2번 슬롯에 각각 4096MB(=4GB)의 메모리가 설치되어 있으며, 총 메모리 크기(Total Size)는 8192MB(=8GB)라는 것을 알 수 있습니다.
Memory Channel A Memory Channel B 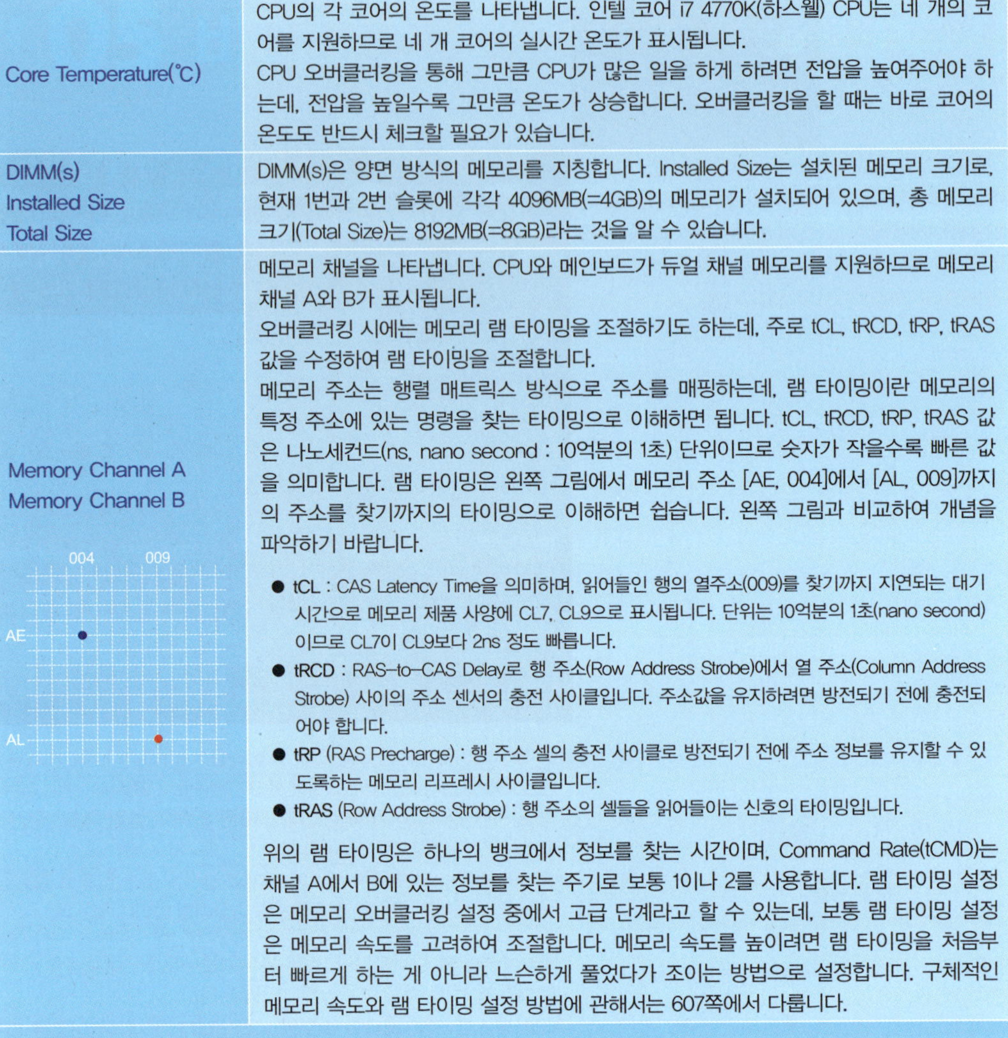	메모리 채널을 나타냅니다. CPU와 메인보드가 듀얼 채널 메모리를 지원하므로 메모리 채널 A와 B가 표시됩니다. 오버클러킹 시에는 메모리 램 타이밍을 조절하기도 하는데, 주로 tCL, tRCD, tRP, tRAS 값을 수정하여 램 타이밍을 조절합니다. 메모리 주소는 행렬 매트릭스 방식으로 주소를 매핑하는데, 램 타이밍이란 메모리의 특정 주소에 있는 명령을 찾는 타이밍으로 이해하면 됩니다. tCL, tRCD, tRP, tRAS 값은 나노세컨드(ns, nano second : 10억분의 1초) 단위이므로 숫자가 작을수록 빠른 값을 의미합니다. 램 타이밍은 왼쪽 그림에서 메모리 주소 [AE, 004]에서 [AL, 009]까지의 주소를 찾기까지의 타이밍으로 이해하면 쉽습니다. 왼쪽 그림과 비교하여 개념을 파악하기 바랍니다. ● tCL : CAS Latency Time을 의미하며, 읽어들인 행의 열주소(009)를 찾기까지 지연되는 대기 시간으로 메모리 제품 사양에 CL7, CL9으로 표시됩니다. 단위는 10억분의 1초(nano second)이므로 CL7이 CL9보다 2ns 정도 빠릅니다. ● tRCD : RAS–to–CAS Delay로 행 주소(Row Address Strobe)에서 열 주소(Column Address Strobe) 사이의 주소 센서의 충전 사이클입니다. 주소값을 유지하려면 방전되기 전에 충전되어야 합니다. ● tRP (RAS Precharge) : 행 주소 셀의 충전 사이클로 방전되기 전에 주소 정보를 유지할 수 있도록 하는 메모리 리프레시 사이클입니다. ● tRAS (Row Address Strobe) : 행 주소의 셀들을 읽어들이는 신호의 타이밍입니다. 위의 램 타이밍은 하나의 뱅크에서 정보를 찾는 시간이며, Command Rate(tCMD)는 채널 A에서 B에 있는 정보를 찾는 주기로 보통 1이나 2를 사용합니다. 램 타이밍 설정은 메모리 오버클러킹 설정 중에서 고급 단계라고 할 수 있는데, 보통 램 타이밍 설정은 메모리 속도를 고려하여 조절합니다. 메모리 속도를 높이려면 램 타이밍을 처음부터 빠르게 하는 게 아니라 느슨하게 풀었다가 조이는 방법으로 설정합니다. 구체적인 메모리 속도와 램 타이밍 설정 방법에 관해서는 607쪽에서 다룹니다.

❷ Advanced Frequency Settings

CPU의 클럭 배수, 고급 CPU 기능 설정, 베이스 클럭(BCLK), 시스템 메모리 배수, 자동 오버클러킹 설정 등 시스템의 핵심 성능을 설정할 수 있습니다.

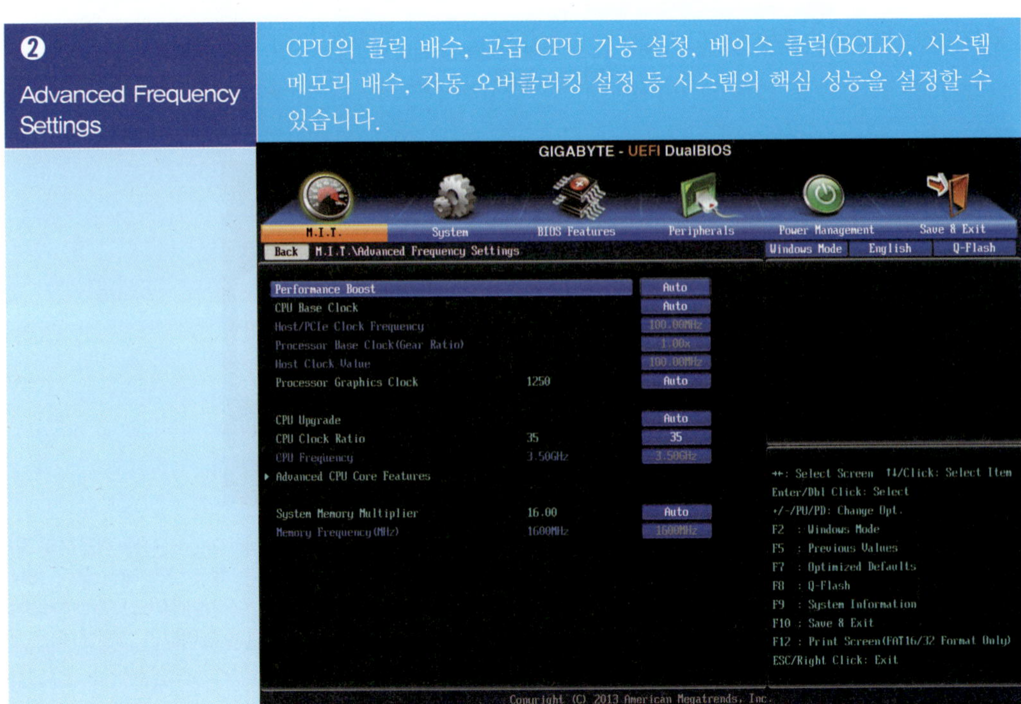

● Advanced Frequency Settings 메뉴 화면에는 시스템 성능을 변경할 수 있는 메뉴를 제공합니다.
● 시스템 성능의 변경은 시스템의 오작동이나 고장을 유발할 수 있습니다. 모르는 기능은 기본값을 사용하기 바랍니다.

- MCH/ICH 방식의 구형 메인보드 칩셋이 사용되던 시절에는 CPU 배수락으로 인해 FSB 클럭을 높이는 방식으로 오버클러킹을 했었습니다. FSB 클럭은 지금의 베이스클럭과 비슷합니다.
- FSB 클럭은 시스템 버스 속도에 직접 영향을 미치는데 반해, 베이스 클럭은 CPU와 메모리, PCIe의 기준 클럭으로 작용합니다.

Performance Boost	CPU의 오버클럭 배수를 Auto(기본값), Medium(43배수), High(44배수), Turbo(45배수), Ultra(46배수), Extreme(47배수)의 6가지 단계로 설정할 수 있습니다. 적절한 쿨링 시스템이 갖춰지지 않은 상태에서 오버클럭 값을 설정하면 시스템에 장애가 발생할 수 있으므로 유의해야 합니다.
CPU Base Clock **Host/PCIe Clock Frequency** **Processor Base Clock (Gear Ratio)** Host Clock Value	오버클러킹의 핵심 요소인 베이스 클럭 속도를 설정합니다. CPU Base Clock 기본값은 Auto이며, 이 상태에서는 다른 설정 항목이 비활성화됩니다. 수동으로 베이스 클럭을 설정하려면 CPU Base Clock 선택 상태에서 Page Down 키나 ─ 키를 눌러 Manual로 전환합니다. 그 다음부터는 Page Up Page Down 키나 ＋ ─ 키를 사용하여 값을 변경할 수 있습니다. Host/PCIe Clock Frequency로 0.01MHz 단위로 설정할 수 있습니다. 베이스 클럭은 호스트인 CPU뿐만 아니라 메모리와 PCIe 컨트롤러에도 작용합니다. Processor Base Clock(Gear Ratio)은 사전 설정된 1/1.25/1.66/2.5호스트 클럭 승수를 설정합니다. HOST Clock Value는 CPU의 베이스 클럭값으로 Host/PCIe Clock Frequency값과 Processor Base Clock (Gear Ratio)값의 곱으로 계산됩니다.
Processor Graphics Clock	CPU 내장 GPU의 클럭을 400MHz~4,000 MHz까지 설정할 수 있습니다. 기본값은 Auto입니다.
CPU Upgrade	CPU의 동작 속도를 사전 설정된 4.3GHz부터 0.1GHz 단위로 4.7GHz까지의 값 중에서 설정할 수 있는 자동 오버클러킹 프로파일 메뉴입니다. 기본값은 Auto입니다. 메인보드 유틸리티에서 오버클러킹을 하는 경우에도 오버클러킹 프로파일이 활용됩니다.
CPU Clock Ratio CPU Frequency	CPU의 클럭 배수를 설정합니다. 과거에는 배수락으로 인해 설정이 불가능했으나 터보 부스트(AMD는 터보 코어) 지원 CPU는 제한된 배수까지 설정할 수 있으며, 배수락이 풀린 CPU는 원하는 클럭 배수값을 설정할 수 있습니다. CPU Frequency는 CPU 속도로 베이스 클럭과 CPU의 클럭 배수를 곱한 값으로 결정됩니다.
Advanced CPU Core Features	CPU가 지원하는 고급 기능을 설정할 수 있는 다음 화면을 나타냅니다. 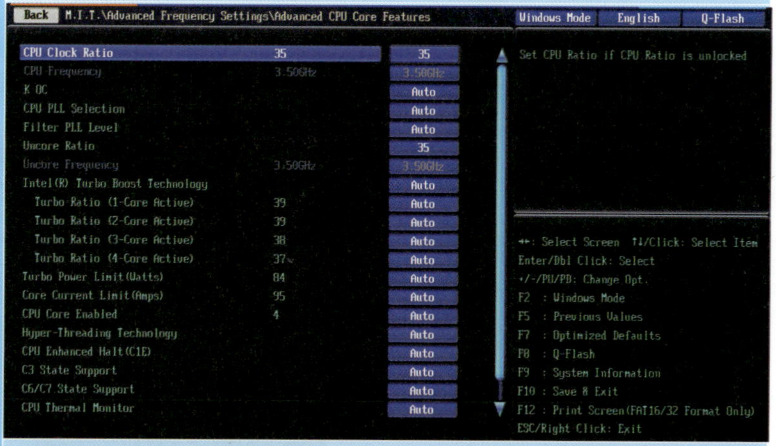

```
Back  M.I.T.\Advanced Frequency Settings\Advanced CPU Core Features      Windows Mode   English   Q-Flash

CPU Clock Ratio                          35          35           Set CPU Ratio if CPU Ratio is unlocked
CPU Frequency                            3.50GHz     3.50GHz
K OC                                                 Auto
CPU PLL Selection                                    Auto
Filter PLL Level                                     Auto
Uncore Ratio                                         35
Uncore Frequency                         3.50GHz     3.50GHz
Intel(R) Turbo Boost Technology                      Auto
   Turbo Ratio (1-Core Active)           39          Auto
   Turbo Ratio (2-Core Active)           39          Auto
   Turbo Ratio (3-Core Active)           38          Auto
   Turbo Ratio (4-Core Active)           37          Auto      ↔: Select Screen  ↑↓/Click: Select Item
Turbo Power Limit(Watts)                 84          Auto      Enter/Dbl Click: Select
Core Current Limit(Amps)                 95          Auto      +/-/PU/PD: Change Opt.
CPU Core Enabled                         4           Auto      F2  : Windows Mode
Hyper-Threading Technology                           Auto      F5  : Previous Values
CPU Enhanced Halt(C1E)                               Auto      F7  : Optimized Defaults
C3 State Support                                     Auto      F8  : Q-Flash
C6/C7 State Support                                  Auto      F9  : System Information
CPU Thermal Monitor                                  Auto      F10 : Save & Exit
                                                              F12 : Print Screen(FAT16/32 Format Only)
                                                              ESC/Right Click: Exit
```

- **CPU Clock Ratio, CPU Frequency** : CPU Clock Ratio를 설정할 수 있습니다.
- **K OC** : 오버클러킹 여부를 설정하는 항목으로 오버클러킹을 하려면 기본값인 Auto로 설정합니다.
- **CPU PLL Selection** : CPU PLL은 CPU 클럭 제너레이터의 전압에 대한 주파수 동조 회로입니다. 동조 방식을 Auto, LCPLL, SBPLL 중에서 선택할 수 있습니다.
- **Filter PLL Level** : PLL 필터를 Auto, Low, High 중에서 선택할 수 있습니다.
- **Uncore Ratio** : 비코어(UnCore), 즉 CPU 이외의 메모리 컨트롤러, PCI Express 컨트롤러, 캐시 등의 작동 클럭을 베이스 클럭에 대한 배수로 설정합니다.
- **Uncore Frequency** : 현재의 Uncore 주파수(Uncore Frequency x 베이스 클럭)를 나타냅니다.
- **Intel(R) Turbo Boost Tech** : 인텔 터보 부스트 기술의 사용 여부를 설정합니다. AMD는 터보 코어 기술이 이에 해당합니다. 기본값은 Auto입니다. Auto나 Enabled 설정 상태에서는 1~4 코어별로 Turbo Ratio값을 개별적으로 설정할 수 있습니다.
- **Turbo Power Limit (Watts)** : 터보 모드에서의 CPU 전력 제한값을 설정합니다. 전력 제한값보다 많은 전력이 소모되면 CPU는 자동으로 동작 속도를 낮춰 전력 소모를 줄입니다. 기본값인 Auto에서는 자동으로 절전 기능과 동작 속도 조절이 이루어집니다.
- **Core Current Limit (Amps)** : 터보 모드에서의 CPU 전류 제한값을 설정합니다. 전류 제한값보다 높은 전류가 흐르면 CPU는 자동으로 동작 속도를 낮춰 전류를 줄입니다. 기본값인 Auto에서는 자동으로 전류 제한과 동작 속도 조절이 이루어집니다.
- **CPU Core Enabled** : 멀티 코어 CPU에 대해 활성화할 코어 수를 설정할 수 있습니다. 기본값인 Auto에서는 모든 코어가 활성화됩니다.
- **Hyper-Threading Technology** : 인텔의 하이퍼 스레드 기술의 사용 여부를 설정합니다. 기본값인 Auto에서는 하이퍼 스레드 기술을 사용합니다.

- 인터넷의 오버클러킹 관련 정보 중에는 모든 전력 관리 옵션의 비활성화(Disabled)를 권하는데, 안정화 테스트를 통과하면 C1E는 활성화해야 대기 모드 절전 기능을 효과적으로 사용할 수 있습니다.
- SPD는 메모리의 설정 정보를 저장하는 EEPROM으로 쓰기가 가능하기 때문에 램 타이밍 값을 수정할 수 있습니다. 이 정보는 CPU–Z 같은 유틸리티로도 확인할 수 있습니다.

Advanced CPU Core Features	● **CPU Enhanced Halt (C1E)** : 시스템 유휴 시간에 CPU 코어 클럭과 전압을 줄여 소비 전력을 줄이는 CPU 절전 기능인 Intel C1E (CPU Enhanced Halt) 기능 사용 여부를 설정합니다. C1은 클럭만 낮추는데 반해 C1E보다 향상된 C1E는 전압까지 낮추므로 절전 효과가 더 뛰어납니다. ● **C3, C6/C7 State SupportState Support** : C1E 보다 향상된 절전 기능인 C3와 C6/C7 사용 여부를 설정합니다. C3는 L1/L2 캐시까지 비활성화하며, C6에서는 코어에 공급되는 전압을 차단하며, C7에서는 L3 공유 캐시/메모리 컨트롤러/PCIe 컨트롤러까지 전원이 차단됩니다. ● **CPU Thermal Monitor** : CPU 온도 감시 기능의 사용 여부를 설정합니다. 사용하면 CPU 과열 시 CPU 코어 주파수와 전압을 감소시켜 온도를 낮춥니다. ● **CPU EIST Function** : CPU 부하에 따라 CPU 전압과 코어 주파수를 조절하여 소비 전력과 발열을 줄이는 인텔 스피드스텝 기술의 사용 여부를 설정합니다.
System Memory Multiflier (SPD) Memory Frequency(MHz)	System Memory Multiflier (SPD)는 시스템 메모리 배수를 설정합니다. 기본값은 Auto로 자동으로 메모리 배수가 적용됩니다. CPU 오버클럭은 베이스 클럭과 배수 조절로 가능하지만 메모리 속도까지 조화를 이뤄야 오버클러킹 효율을 높일 수 있습니다. 메모리의 동작 속도는 베이스 클럭(BCLK)과 메모리 배수를 곱한 값으로 결정됩니다. 보통 베이스 클럭이 100이라면 2000MHz로 오버클럭시키려면 메모리 배수를 20배수로 설정하면 됩니다. 물론 메모리 속도를 2000MHz로 끌어올리려면 그만큼 추가 전압이 필요하고, 추가 전압은 발열을 동반하므로 오버클러킹을 감당할 수 있는 좋은 성능의 메모리와 시스템 쿨링도 필요합니다. 오버클럭으로 인해 빨라진 데이터 갱신 주기를 감당하지 못하고 오류가 발생하면 램 타이밍을 늦춰서 조절하기도 합니다. 램 타이밍 조절 방법에 대해서는 611쪽에서 다룹니다. Memory Frequency(MHz)는 메모리 속도로 바이오스 셋업 화면에는 두 개가 표시되는 것을 볼 수 있습니다. 왼쪽에는 메모리의 원래 속도가 표시되며, 오른쪽에는 현재 시스템의 실제 작동 속도가 표시됩니다.

❸ **Advanced Memory Settings**

시스템 메모리의 성능과 관련된 다양한 설정 항목이 제공됩니다. 시스템 성능 향상을 위해서는 CPU 속도 뿐만 아니라 메모리 속도도 높여줘야 합니다.

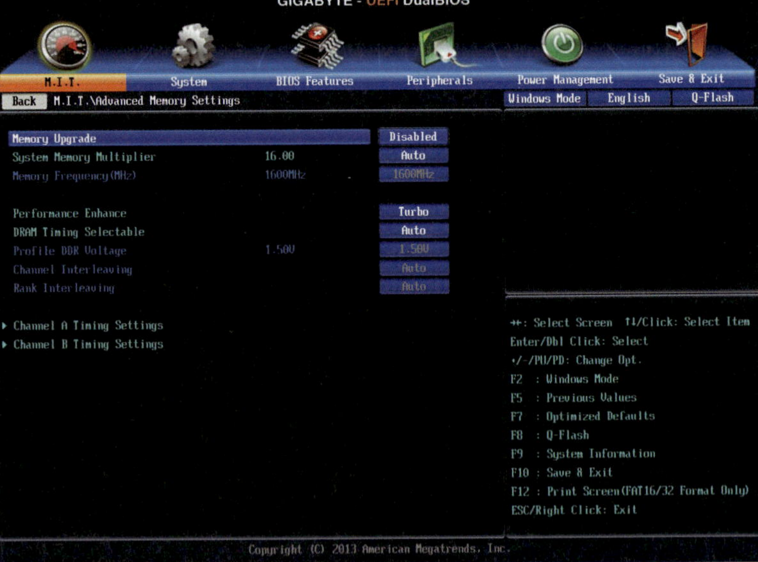

Memory Upgrade	메인보드 제조사에 프로파일이 등록된 XMP 메모리를 사용하는 경우 목록에서 선택하여 설정합니다. 보통 XMP 메모리는 오버클러킹 테스트를 통해 검증된 메모리로 일반 메모리보다 빠른 램 타이밍과 메모리 속도의 프로파일을 사용합니다.
System Memory Multiplier (SPD) Memory Frequency(MHz)	시스템 메모리 배수를 설정합니다. Advanced Frequency Settings 메뉴의 해당 항목과 이름도 같고 기능도 동일하며 어느 쪽에서 설정하든 동일합니다.
Performance Enhance	메모리의 성능을 Normal(기본 성능 수준), Turbo(고급 성능 수준), Extreme(최고 성능 수준)으로 설정할 수 있습니다. 메모리 오버클러킹 시 최대 성능을 목적으로할 때는 Extreme으로 설정하기도 하는데, 메모리 수율이 감당하지 못하면 화면이 출력되지 않는 등의 오류가 발생할 수 있으므로 유의해야 합니다.

DRAM Timing Selectable (SPD)	램 타이밍 제어 방식을 Auto, Quick, Expert 중에서 설정합니다. 램 타이밍을 조절하려면 Quick이나 Extreme을 선택해야 합니다. Quick으로 설정하면 램 타이밍과 관련된 Channel A Timing Settings값을 설정하면 자동으로 Channel B Timing Settings값이 동일하게 변경됩니다. 보통 Quick으로 설정하면 됩니다. Extreme으로 설정한 경우에는 채널 A와 B의 램 타이밍값을 각각 설정할 수 있지만, 굳이 각각 설정할 이유는 없습니다.
Profile DDR Voltage **Channel Interleaving** **Rank Interleaving**	Profile DDR Voltage는 XMP 메모리 사용 시에는 해당 프로파일 설정에 따른 전압이 표시되고, 일반 메모리를 사용하는 경우에는 1.5V로 표시됩니다. Channel Interleaving은 메모리 채널 인터리빙의 사용 여부를 설정하며, RANK Interleaving은 메모리 랭크 인터리빙 사용 여부를 설정합니다. 둘 다 기본값은 Auto로 인터리빙 기술을 사용합니다. 메모리 사양을 보면 1Rank, 4Bank 형식으로 기술되어 있는 것을 볼 수 있는데, 이는 메모리 한 개가 4개의 뱅크를 제공한다는 의미입니다. 메모리 인터리빙 기술은 주소를 보다 빨리 찾기 위해 메모리 뱅크와 랭크를 중첩시켜 주소를 분배하는 기술로 순차적으로 찾는 것보다 속도에 유리합니다.
Channel A Timing Settings	메모리 채널 A의 램 타이밍을 설정할 수 있는 다음 화면이 나옵니다. 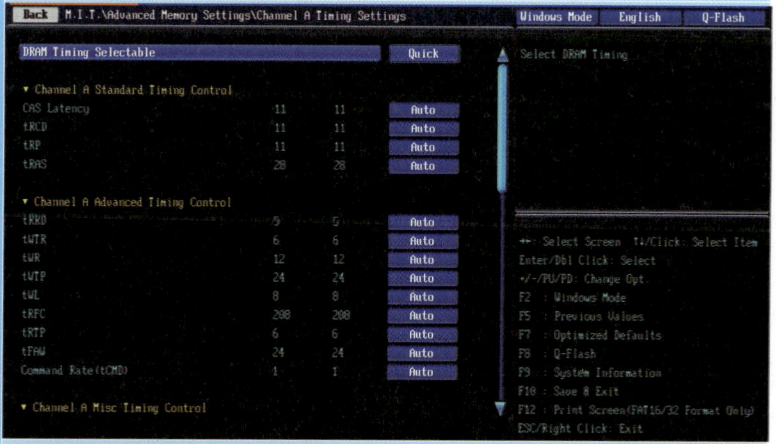 위의 화면은 DRAM Timing Selectable (SPD) 설정이 Quick이나 Expert로 설정되었을 때 나오는 램 타이밍 설정이 가능한 DRAM Timing Selectable 화면입니다. 많은 램 타이밍 설정 항목을 볼 수 있는데, 주로 램 타이밍을 설정할 때는 Channel A Standard Timing Control에 있는 tCL(Cas Latency), tRCD, tRP, tRAS, Command Rate(tCMD) 값을 설정합니다. 각 항목에 왼쪽 숫자는 현재의 값이며, 값을 변경하면 오른쪽에 표시됩니다. 각 항목의 Auto 선택 상태에서 Page Up Page Down 키나 + − 키를 사용하거나 직접 숫자값을 입력하여 설정할 수 있습니다. Advanced Timing Control 섹션과 Misc Timing Control 섹션의 다른 항목들은 제조사에서도 세부 설정을 공개하지 않으므로 기본값인 Auto 그대로 사용하면 됩니다.
Channel B Timing Settings	듀얼 채널 메모리를 사용할 때는 채널 B도 채널 A와 동일한 옵션이 제공됩니다.

Check Point 메인보드 제조사에서 지원하는 자동 오버클러킹 기능

메인보드 제조사들은 사전 설정값에 의한 프로파일 방식의 자동 오버클러킹 기능을 제공합니다. 프로파일 방식의 자동 오버클러킹은 일반인도 쉽게 할 수 있게 도와줍니다. ASUS는 AI 기어, MSI는 OC 부스터, GIGABYTE는 EasyTune 유틸리티로 오버클러킹을 지원합니다.

이들 유틸리티에서는 사전 설정된 오버클럭 프로파일을 선택하는 간단한 조작으로 오버클러킹을 수행할 수 있으며, 이 경우 바이오스 셋업 설정값은 선택한 프로파일에 맞춰 자동 변경됩니다. 자동 오버클러킹도 모든 단계에서 가능한 것은 아니라 시스템의 쿨링, 파워서플라이 성능 등에 따라 차이가 있습니다. 본격적으로 시스템의 성능을 최적으로 발휘하려면 자동 오버클러킹은 가이드라인으로 삼고, 수동 오버클러킹을 함께 익히는 게 효과적입니다.

메모리 배수나 램 타이밍 설정값의 변경은 시스템에 크게 영향을 미치므로 유의해서 설정해야 합니다.

❹ Advanced Voltage Settings

메인보드에 연결된 각 부품들이 사용하는 다양한 종류의 전압 설정 항목이 하위 메뉴로 제공됩니다. 오버클러킹 시에는 필요한 항목의 전압을 정확히 이해하고 다뤄야 합니다.

3D 파워를 설정할 수 있는 다음 화면이 나옵니다. 대부분 기본 설정값인 Auto로 사용하면 됩니다.

3D Power Control

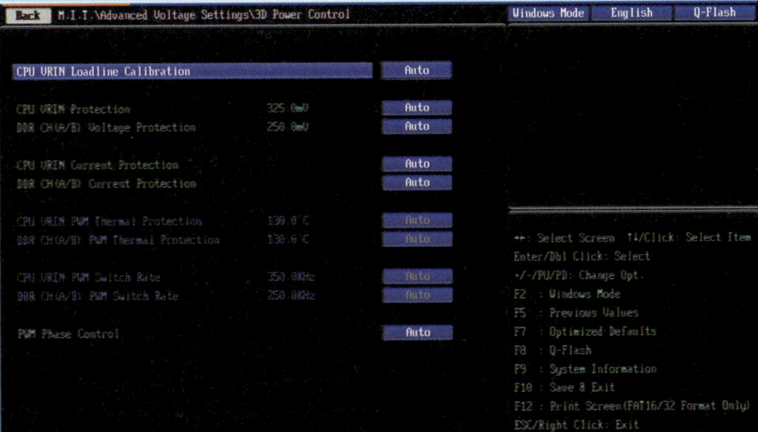

- **CPU VRIN Loadline Calibration** : 로드라인 보정(Load-Line Calibration)은 전압 강하(Vdroop)를 방지하는 기능입니다. 오버클러킹 시 전압 강하 현상이 발생하면 CPU가 필요로 하는 안정된 전압으로 전력을 공급받지 못해 오작동할 수 있습니다. C1E나 C3/C6 같은 CPU 전력 관리 기능과 함께 사용하면 빈번한 로드라인 보정이 역효과가 나므로 오버클러킹 테스트 시 안정적인 전력 관리를 위해 사용했더라도 오버클러킹 완료 후에는 로드라인 보정 기능을 Auto로 설정하길 권장합니다. 로드 라인 보정 수준은 Extreme(익스트림), Turbo(터보), High(높음), Medium(중간), Low(낮음), Standard(표준), Auto가 있습니다. 높은 수준일수록 로드라인 보정은 강하게 작용하며 전력도 많이 소비합니다.
- **CPU VRIN Protection** : 과전압 보호를 위해 CPU VRIN(입력 전압)에 대한 전압 제한을 150.0mV~500.0mV까지 설정할 수 있습니다. 기본값은 Auto로, BIOS가 자동으로 제한합니다.
- **DDR CH(A/B) Voltage Calibration** : 과전압 보호를 위해 채널 A와 채널 B 메모리 전압을 150.0mV~300.0mV까지 설정할 수 있습니다. 기본값은 Auto로 BIOS가 자동으로 제한합니다.
- **CPU VRIN Current Protection** : CPU VRIN 전압에 대한 과전류 보호 수준을 Vcore(CPU에 인가되는 전압)에 대한 과전류 보호 레벨인 Standard(표준), Low(낮음), Medium(중간), High(높음), Turbo(터보) 또는 Extreme(익스트림) 중에서 설정합니다. 기본값은 Auto로, BIOS가 자동으로 보호합니다.
- **DDR CH(A/B) Current Protection** : 메모리 전압에 대한 과전류 방지 수준을 Standard(표준), Low(낮음),Medium(중간), High(높음), Turbo(터보) 또는 Extreme(익스트림) 중에서 설정합니다. 기본값은 Auto로, BIOS가 자동으로 보호합니다.
- **CPU VRIN PWM Thermal Protection** : CPU VRIN 영역에 대한 PWM 열 보호 임계값을 표시합니다.
- **DDR CH(A/B) PWM Thermal Protection** : 채널 A와 채널 B 메모리 영역에 대한 PWM 열 보호 임계값을 표시합니다.
- **CPU VRIN PWM Switch Rate** : CPU VRIN PWM 주파수를 표시합니다.
- **DDR CH(A/B) PWM Switch Rate** : 채널 A 및 B 메모리에 대한 현재 작동 중인 PWM 주파수를 표시합니다.
- **PWM Phase Control** : CPU 부하에 따라 펄스폭을 변조해서 전류를 조정하는 PWM(Pulse Width Modulation) 위상을 eXm Perf(초고성능), High Perf(고성능), Perf(성능), Balanced(균형), Mid PWR(중간 전력), Lite PWR(낮은 전력), Auto 중에서 설정합니다. 기본값은 Auto로, BIOS가 자동으로 구성합니다.

● 전압 강하 현상은 파워서플라이의 불안정한 전원 공급이 근본 원인일 수 있으므로 파워서플라이 성능을 점검하는 게 좋습니다.

CPU 전압을 제어할 수 있는 다음 화면이 나타납니다. CPU 내부의 각 유닛별로 전압을 설정할 수 있다는 점을 유의하기 바랍니다.

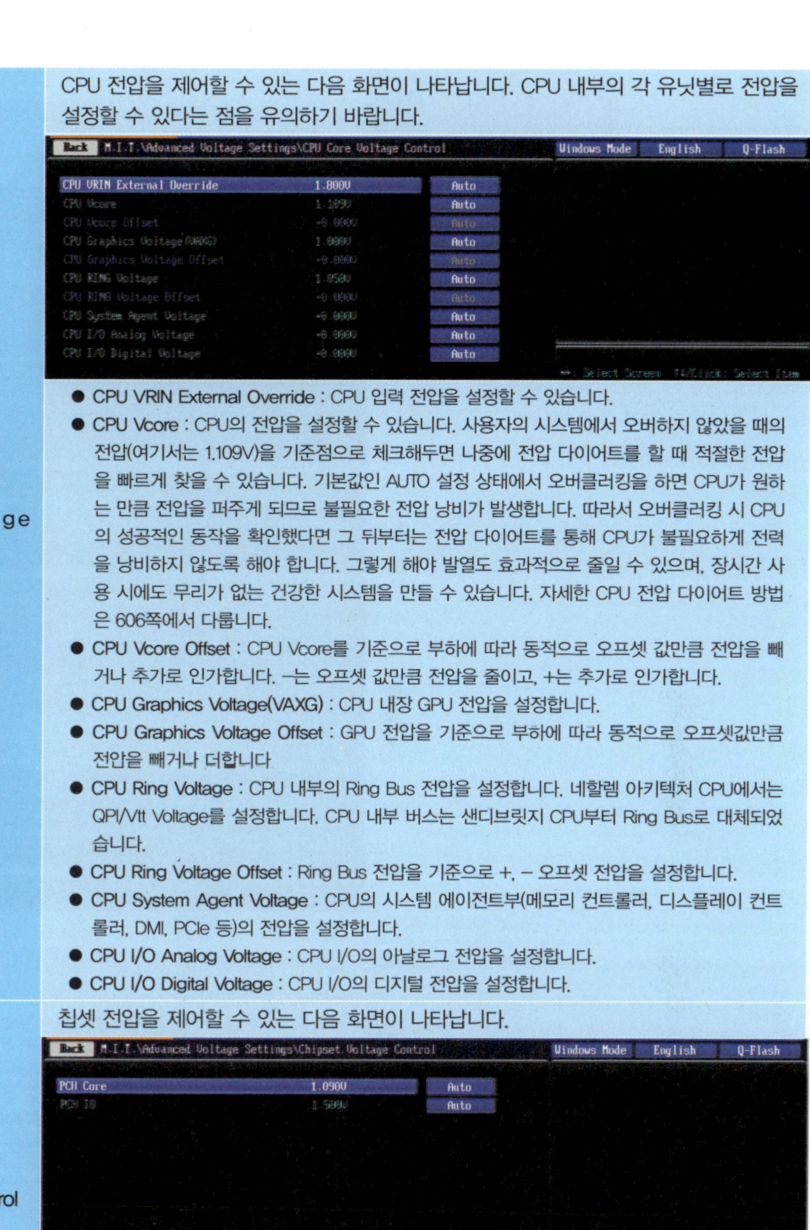

CPU Core Voltage Control

- CPU VRIN External Override : CPU 입력 전압을 설정할 수 있습니다.
- CPU Vcore : CPU의 전압을 설정할 수 있습니다. 사용자의 시스템에서 오버하지 않았을 때의 전압(여기서는 1.109V)을 기준점으로 체크해두면 나중에 전압 다이어트를 할 때 적절한 전압을 빠르게 찾을 수 있습니다. 기본값인 AUTO 설정 상태에서 오버클러킹을 하면 CPU가 원하는 만큼 전압을 퍼주게 되므로 불필요한 전압 낭비가 발생합니다. 따라서 오버클러킹 시 CPU의 성공적인 동작을 확인했다면 그 뒤부터는 전압 다이어트를 통해 CPU가 불필요하게 전력을 낭비하지 않도록 해야 합니다. 그렇게 해야 발열도 효과적으로 줄일 수 있으며, 장시간 사용 시에도 무리가 없는 건강한 시스템을 만들 수 있습니다. 자세한 CPU 전압 다이어트 방법은 606쪽에서 다룹니다.
- CPU Vcore Offset : CPU Vcore를 기준으로 부하에 따라 동적으로 오프셋 값만큼 전압을 빼거나 추가로 인가합니다. −는 오프셋 값만큼 전압을 줄이고, +는 추가로 인가합니다.
- CPU Graphics Voltage(VAXG) : CPU 내장 GPU 전압을 설정합니다.
- CPU Graphics Voltage Offset : GPU 전압을 기준으로 부하에 따라 동적으로 오프셋값만큼 전압을 빼거나 더합니다
- CPU Ring Voltage : CPU 내부의 Ring Bus 전압을 설정합니다. 네할렘 아키텍처 CPU에서는 QPI/Vtt Voltage를 설정합니다. CPU 내부 버스는 샌디브릿지 CPU부터 Ring Bus로 대체되었습니다.
- CPU Ring Voltage Offset : Ring Bus 전압을 기준으로 +, − 오프셋 전압을 설정합니다.
- CPU System Agent Voltage : CPU의 시스템 에이전트부(메모리 컨트롤러, 디스플레이 컨트롤러, DMI, PCIe 등)의 전압을 설정합니다.
- CPU I/O Analog Voltage : CPU I/O의 아날로그 전압을 설정합니다.
- CPU I/O Digital Voltage : CPU I/O의 디지털 전압을 설정합니다.

칩셋 전압을 제어할 수 있는 다음 화면이 나타납니다.

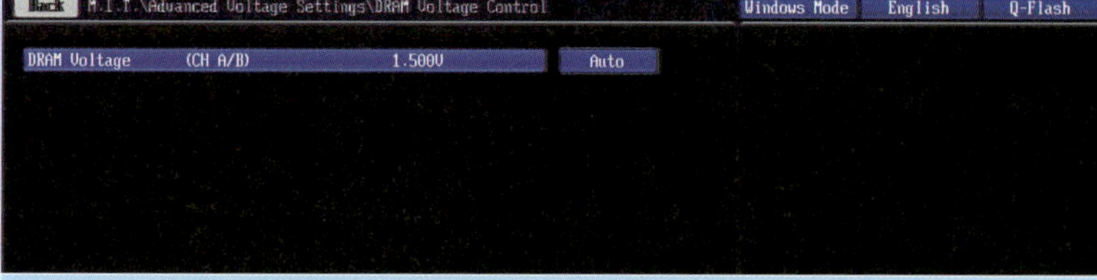

Chipset Voltage Control

- PCH Core : PCH Core 전압을 설정합니다. PCH 칩셋은 시스템 성능에 미치는 영향이 크지 않기 때문에 기본값인 Auto로 사용하면 됩니다. 메인보드 제조사도 안정성을 위해 변경은 하지 말도록 권장합니다.
- PCH IO : PCH의 DMI 입출력부의 전압을 설정합니다. CPU와 달리 PCH 칩셋의 경우에는 크게 두 부분의 전압 설정을 지원합니다.

메모리 전압을 제어할 수 있는 다음 화면이 나타납니다.

Dram Voltage Control

- DRAM Voltage : 오버클러킹 후 전압 조절 시 CPU 전압과 함께 가장 많이 설정하는 전압입니다. CPU는 오버클러킹 시 그냥 Auto로 두면 자기 먹고 싶은 만큼 전압을 소비하는 것처럼 메모리 전압도 AUTO로 두면 자기 먹고 싶은 만큼 많은 전압을 사용하기 때문에 메모리 전압 다이어트도 중요합니다. DDR3 메모리의 경우는 1.8V 수준의 DDR2 메모리에 비해 전압 효율이 많이 개선되어 기본값 전압 수준은 1.5V입니다. 참고로 노트북 컴퓨터용 저전력 메모리로 개발된 DDR3L 메모리는 1.35V, 최근 나온 DDR4 메모리는 1.25V로 낮아졌습니다.

❺ PC Health Status

PC Health Status에는 시스템을 안전하고 쾌적하게 관리하는 데 필요한 시스템 정보와 시스템 온도를 효율적으로 관리할 수 있는 설정 기능들이 제공됩니다.

GIGABYTE - UEFI DualBIOS

Reset Case Open Status	Disabled
Case Open	YES
CPU Vcore	1.116 V
CPU VRIN	1.788 V
DRAM Voltage	1.500 V
+3.3V	3.363 V
+5V	5.130 V
+12V	12.024 V
CPU VAXG	0.012 V
CPU Temperature	55.0 ℃
System Temperature	39.0 ℃
PCH Temperature	38.0 ℃
CPU Fan Speed	1527 RPM
CPU OPT Fan Speed	0 RPM
1st System Fan Speed	0 RPM
2nd System Fan Speed	0 RPM
3rd System Fan Speed	0 RPM
CPU Temperature Warning	Disabled
System Temperature Warning	Disabled
CPU Fan Fail Warning	Disabled
CPU OPT Fan Fail Warning	Disabled
1st System Fan Fail Warning	Disabled
2nd System Fan Fail Warning	Disabled
3rd System Fan Fail Warning	Disabled
CPU/OPT Fan Speed Control	Normal
Slope PWM	0.75 PW...
1st System Fan Speed Control	Normal
Slope PWM	0.75 PW...
2nd/3rd System Fan Speed Control	Normal
Slope PWM	0.75 PW...

항목	설명
Reset Case Open Status Case Opened	케이스 센서를 적용한 경우 사용할 수 있는 보안기능으로 케이스 신호선 단자의 CI(섀시 침입 헤더)와 센서를 연결하여 섀시(케이스) 침입 상태의 기록 여부를 설정합니다. Reset Case Open Status를 Enabled로 설정하고 시동하면 Case Opened 필드값을 'No'로 초기화하고, 누군가 케이스를 열었으면 'Yes'로 바뀌어 침입했다는 것을 나타냅니다.
CPU Vcore CPU VRIN DRAM Voltage 3.3V +5V +12V CPU VAXG	현재 시스템의 각종 전압을 표시합니다. Vcore는 CPU 전압이며, CPU VRIN은 입력 전압, DRAM Voltage는 메모리 전압, 시스템에서 가능한 정확한 전압이 유지되어야 하는 +3.3V, +5V, +12V의 현재 전압 상태를 나타냅니다. 파워서플라이가 가정용 220V 아날로그 교류 전원을 컴퓨터에서 사용할 수 있는 디지털 전원으로 필터링하고 정류하여 제공하는데, 정확히 +3.3V, +5V, +12V로 맞아 떨어지진 않습니다. 좋은 파워서플라이일 수록 +5V와 +12V 전압이 근사치에 가깝고 균일하게 유지됩니다. CPU VAXG는 GPU 코어의 공급 전압을 표시합니다.
CPU/System/PCH Temperature	현재 시스템의 CPU 온도, 시스템(케이스 내부) 온도, 칩셋 온도를 표시합니다.
CPU/CPU OPT/System Fan Speed	현재 CPU 냉각팬 전원 단자와 연결된 CPU 냉각팬의 속도를 RPM 단위로 표시합니다.
CPU/System Warning Temperature	CPU와 시스템 온도의 경고 임계값을 설정합니다. 왼쪽은 섭씨(℃) 온도이고, 오른쪽은 화씨(℉) 온도입니다. 만약 CPU 온도가 임계값을 초과하면 BIOS가 계속해서 경고음을 냅니다.
CPU/CPU OPT/System Fan Fail Warning Slope PWM	CPU 냉각팬을 감지하여 연결되어 있지 않거나 고장이면 시스템이 경고음을 내도록 설정합니다. 기본값은 비활성화(Disabled)입니다. 메인보드 냉각팬 전원 단자에 냉각팬을 연결하여 사용하는 경우에는 활성화하길 권장합니다.
CPU/OPT Fan Speed Control	냉각팬의 속도를 전류 제어 방식으로 온도에 비례하여 조절하는 PWM 기능을 설정합니다. 냉각팬 전원 단자가 4핀 구성이어야 지원됩니다. Normal, Silent, Manual, Disabled 중에서 설정합니다. 기본값인 Normal에서는 CPU 온도가 낮을 때는 냉각팬을 저속으로, 온도가 높으면 고속으로 작동시킵니다. Silent로 설정하면 저속으로 작동시키고, Manual로 설정하면 Slope PWM 항목에서 팬 속도를 직접 제어할 수 있습니다. Disabled로 설정하면 팬 속도 제어 기능을 사용하지 않고 최고 속도로 작동시킵니다.
Slope PWM	냉각팬에 인가하는 전류 값을 0.75~2.50 PWM 값으로 직접 설정합니다. 값이 클수록 냉각팬 속도 증가폭은 커집니다.

● 온도 모니터링 및 속도 조절은 운영체제 설치 후에 메인보드 유틸리티를 사용하여 조절할 수 있습니다. GIGABYTE 사의 메인보드는 APP center 유틸리티로 조절합니다(499쪽 참고).

1st System Fan Speed Control Slope PWM 2nd/3rd System Fan Speed Control Slope PWM	1st System Fan Speed Control은 메인보드의 SYS_FAN1 단자에 연결된 냉각팬을 제어하고 2nd/3rd System Fan Speed Control은 SYS_FAN2, SYS_FAN3 단자에 연결된 냉각팬을 제어할 때 사용합니다. 설정 항목과 기능은 CPU/OPT Fan Speed Control과 동일합니다.

❻ **Miscellaneous Settings**

Miscellaneous Settings 화면에는 간단히 두 개의 설정 항목이 제공됩니다.

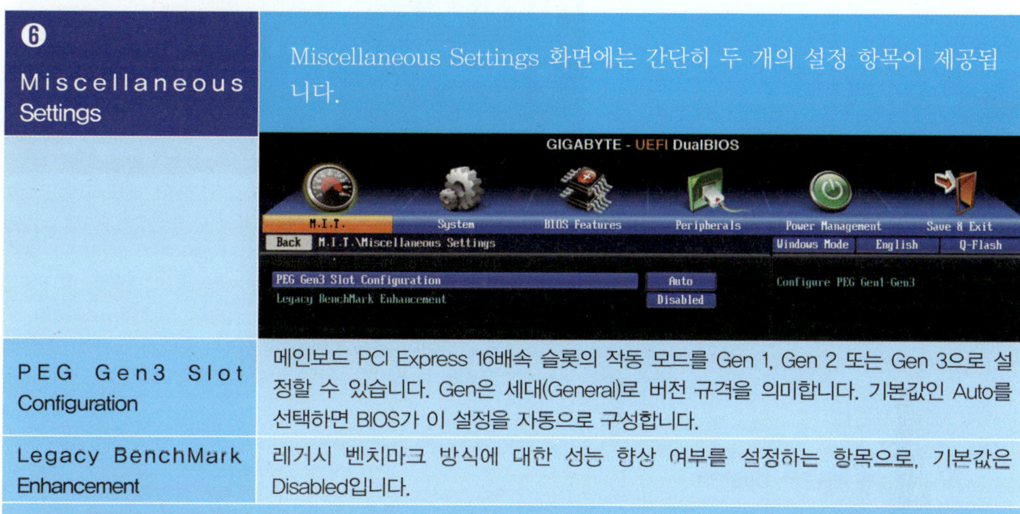

PEG Gen3 Slot Configuration	메인보드 PCI Express 16배속 슬롯의 작동 모드를 Gen 1, Gen 2 또는 Gen 3으로 설정할 수 있습니다. Gen은 세대(General)로 버전 규격을 의미합니다. 기본값인 Auto를 선택하면 BIOS가 이 설정을 자동으로 구성합니다.
Legacy BenchMark Enhancement	레거시 벤치마크 방식에 대한 성능 향상 여부를 설정하는 항목으로, 기본값은 Disabled입니다.

Check Point CPU의 절전 기능과 윈도우의 절전 기능

CPU의 절전 기능은 유휴 상태일 때 전원을 절약하는 기능으로 C0(CPU 작동 상태)에서 유휴 상태로 진입하면 C1 → C1E → C3 → C6 → C7 State로 진입하여 전력 소비를 최소화합니다. C6/C7 상태는 하스웰 CPU에서 처음 지원하는데, C6/C7 상태로 진입할 수 있으려면 파워 서플라이가 C6/C7을 유지하는 최소 전력인 0.05A를 공급할 수 있어야 합니다. 이 때문에 인텔은 테스트를 거쳐 하스웰 인증 파워 서플라이를 발표하기도 했었습니다.

윈도우 운영체제는 ACPI(Advanced Configuration and Power Interface)에 가입하여 메인보드 제조사가 지원하는 ACPI 기반의 절전 기능을 사용합니다. 그 이유는 메인보드에는 CPU 뿐만 아니라 전원을 사용하는 다른 부품들도 있기 때문에 종합적으로 조절하기 위해서입니다. 즉 ACPI가 CPU 절전 기능과 긴밀하게 관련되지만 보다 폭넓은 전원 절약을 실현하는 규격이며, 윈도우 제어판의 전원 옵션을 이용하면 각 장치별로 절전 기능을 설정할 수 있습니다.

ACPI 규격에서 절전 레벨은 S0부터 S5까지 5단계로 구성되며 숫자가 높을 수록 높은 수준의 절전 모드로 진입하지만 현재 PC의 최대 절전 모드는 S3 레벨입니다. S0(PC 작동 상태)에서 S1 대기 모드로 진입하면 CPU와 RAM에 복귀에 필요한 최소한의 전원이 공급되며, 그래픽카드나 보조기억장치와 각종 I/O 단자에는 전원 공급이 차단됩니다. S2 레벨에서는 CPU는 동작을 멈추고, 캐시 전력도 차단됩니다.

S3는 S2보다 향상된 레벨로 S2와 전력 차단은 동일하지만 하드디스크를 이용하여 메모리 정보를 유지하여 복원할 수 있는 레벨로 윈도우에서 최대 절전 모드를 사용하고 원상 복귀하려면 S3 레벨을 지원해야 합니다. S3 상태에서 시스템은 꺼진 상태로 보이며 최소한의 대기전력만 사용하며 전원 단추를 누르면 기존 작업 상태로 신속하게 복귀합니다. 단, 대기 모드나 최대 절전 모드는 파워서플라이가 전원 콘센트에 연결되어 대기 전력을 공급할 수 있는 상태여야 원래의 작업 상태로 복귀할 수 있습니다. 윈도우 7/8.1/10의 기본값은 **시작** 단추를 누르고 **절전**을 선택하면 **대기 모드**로 전환되며, **시스템 종료**를 선택하면 **최대 절전 모드**로 전환됩니다. 메모리 정보를 저장하는 hiberfil.sys 파일은 운영체제 설치 폴더의 루트 디렉토리에 생성됩니다.

● 최대 절전 모드 대신 전원을 완전히 끄려면 명령어 프롬프트 창에서 powercfg -h off 명령을 사용하고, 다시 사용하려면 powercfg -h on 명령을 사용합니다.

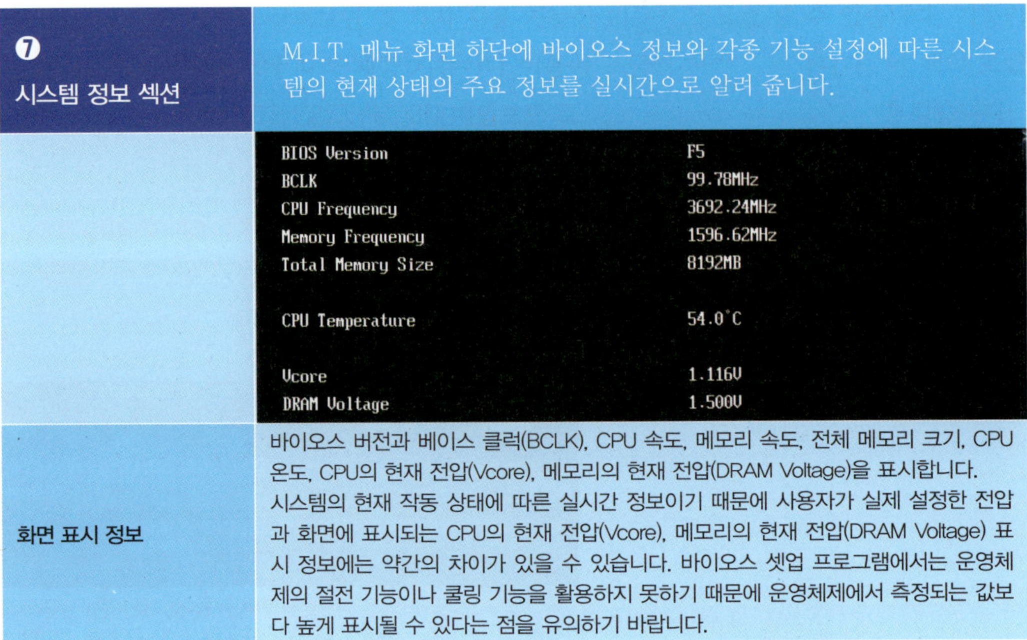

❼ 시스템 정보 섹션	M.I.T. 메뉴 화면 하단에 바이오스 정보와 각종 기능 설정에 따른 시스템의 현재 상태의 주요 정보를 실시간으로 알려 줍니다.

BIOS Version — F5
BCLK — 99.78MHz
CPU Frequency — 3692.24MHz
Memory Frequency — 1596.62MHz
Total Memory Size — 8192MB

CPU Temperature — 54.0°C

Vcore — 1.116V
DRAM Voltage — 1.500V

화면 표시 정보	바이오스 버전과 베이스 클럭(BCLK), CPU 속도, 메모리 속도, 전체 메모리 크기, CPU 온도, CPU의 현재 전압(Vcore), 메모리의 현재 전압(DRAM Voltage)을 표시합니다. 시스템의 현재 작동 상태에 따른 실시간 정보이기 때문에 사용자가 실제 설정한 전압과 화면에 표시되는 CPU의 현재 전압(Vcore), 메모리의 현재 전압(DRAM Voltage) 표시 정보에는 약간의 차이가 있을 수 있습니다. 바이오스 셋업 프로그램에서는 운영체제의 절전 기능이나 쿨링 기능을 활용하지 못하기 때문에 운영체제에서 측정되는 값보다 높게 표시될 수 있다는 점을 유의하기 바랍니다.

주메뉴 – System

System 메뉴 페이지에서는 메인보드 정보 및 바이오스에서 사용하는 언어, 시스템의 날짜와 시간 설정 액세스 레벨을 설정할 수 있습니다.

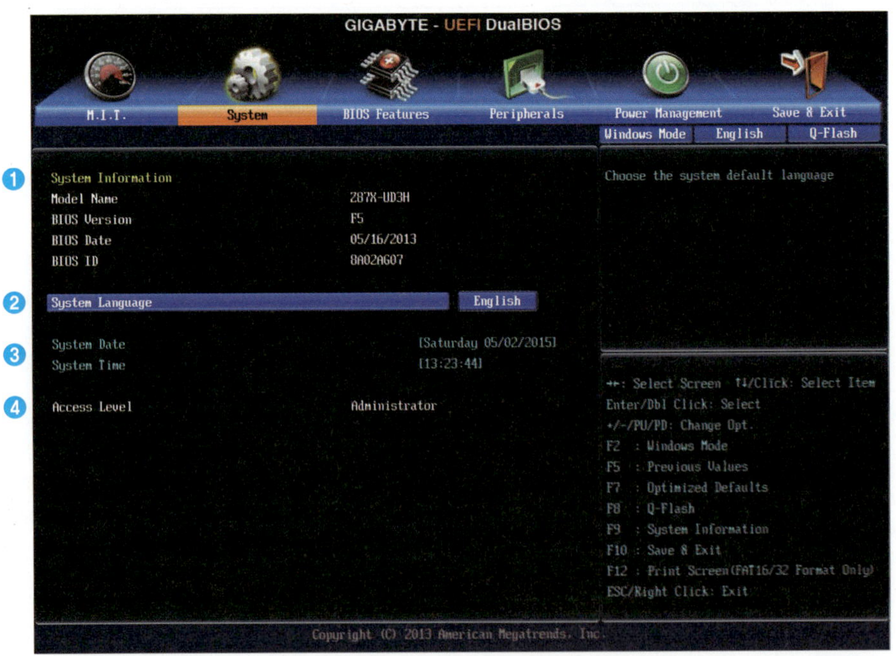

System 설정 항목

❶ **System Information** : 메인보드 모델명, 바이오스 버전, 바이오스 작성일, 바이오스 ID 등의 메인보드 정보를 나타냅니다.

❷ **System Language** : 바이오스 셋업 프로그램에서 사용하는 언어를 설정합니다. 기본값은 영어이며, 한국어도 지원됩니다.

❸ **System Date / System Time** : 시스템의 날짜와 시간을 설정합니다. CMOS 배터리를 교체하거나 CMOS 클리어를 한 경우, 날짜와 시간을 다시 설정할 수 있습니다. 설정 방법은 화살표키로 변경을 원하는 필드를 선택한 후, ⊞ ⊟ 키나 Page Up Page Down 키로 설정합니다.

❹ **Access Level** : 사용하는 비밀번호 유형에 따른 액세스 레벨을 표시합니다. 비밀번호를 설정하지 않은 상태의 기본값은 Administrator이며, 액세스 레벨은 사용자 암호 설정 시에 User로 변경됩니다.

주메뉴 – BIOS Features

바이오스의 고급 기능 메뉴들이 집약되어 있는 메뉴입니다. 부트 방식과 우선순위, 하드디스크 관련 기능과 화면 표시에 사용되는 그래픽카드 시작 위치 등을 설정할 수 있습니다. 설정 항목이 많기 때문에 ⬇ 키로 스크롤해야 다 볼 수 있습니다.

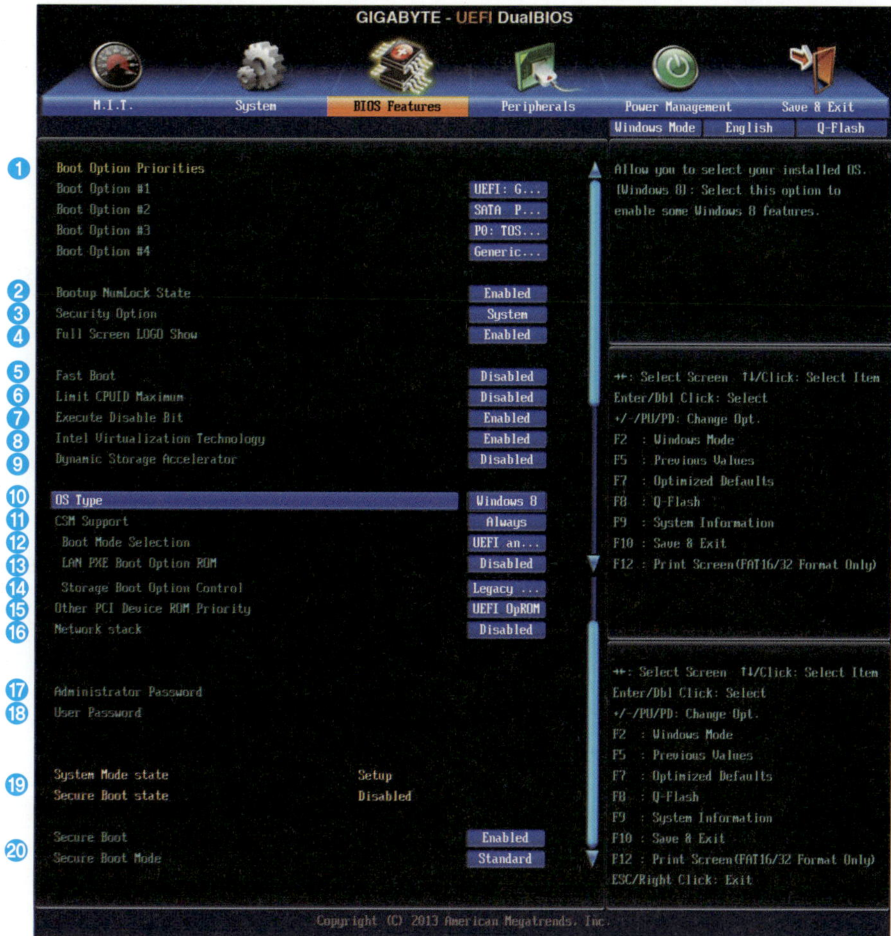

● 기존 바이오스 셋업 메뉴에서는 오랫동안 운영체제를 설치한 디스크로 하드디스크가 사용되어 왔기 때문에 Hard Disk Boot Priority라는 이름으로 표시되기도 합니다.

BIOS Features 설정 항목

❶ **Boot Option Priorities** : 시스템에 연결된 드라이브 장치에서 운영체제를 찾는 드라이브 우선순위를 설정합니다. Boot Option 항목 선택 상태에서 `Enter` 키를 누르면 현재 시스템에서 부팅 가능한 장치 목록이 나오므로 화살표키로 원하는 부트 장치를 선택하고 다시 `Enter` 키를 누르면 설정됩니다.

Boot Option #1부터 #4까지 4개의 부트 장치 우선순위를 설정할 수 있습니다. 운영체제를 로딩할 때는 #1부터 #4까지 순서대로 운영체제를 찾아 로딩합니다. 사용 가능한 부팅 장치에는 HDD, ODD, ZIP, USB-FDD, USB-ZIP, USB-CDROM, USB-HDD, LAN(랜을 통한 원격 부팅)이 있습니다.

GPT 파티션을 지원하는 이동식 저장 장치에는 부팅 장치 이름 앞에 "UEFI:"라는 수식어가 붙습니다. GPT 분할을 지원하는 운영체제에서 부팅하려면 이 장치를 선택하면 됩니다. 윈도우 7 64비트 이상의 운영체제들만 GPT 파티션에 운영체제를 설치할 수 있습니다.

❷ **Bootup NumLock State** : 시동 시 POST 과정이 끝난 다음에 `Num Lock` 키 사용 여부를 설정합니다. 기본값은 Enabled(활성화)입니다.

❸ **Security Option** : 시스템 시동 시에 암호를 체크할 부분을 System과 Setup 중에서 설정할 수 있습니다. 실제 암호는 사용 암호는 아래에 있는 Administrator Password/User Password 메뉴로 설정합니다.

Setup은 바이오스의 바이오스 셋업 프로그램으로 들어갈 때 암호를 입력하며, 기본값인 System 암호를 설정한 경우에는 PC를 켰을 때 Password 화면이 표시되어 암호를 입력받아야 시동할 수 있습니다. 암호를 모르면 시동이 불가능합니다. 암호를 초기화하려면 CMOS 클리어를 하면 됩니다(276쪽 참고).

❹ **Full Screen LOGO Show** : 시동 시 메인보드사 로고의 표시 여부를 설정합니다.

❺ **Fast Boot** : 빠른 시동 기능의 사용 여부를 Fast, Ultra Fast, Disabled 중에서 설정합니다. 기본값은 Disabled이지만 시스템 시동 속도를 좀 더 빠르게 하려면 사용을 권장합니다.

❻ **Limit CPUID Maximum** : CPU ID 최대값의 제한 여부를 설정하는 기능으로 구형 운영체제는 CPUID 최대값을 3까지만 인식하므로 윈도우 NT4 같은 운영체제를 설치하려면 활성화(Enabled)합니다. 참고로 하스웰 CPU는 더 이상 윈도우 XP를 지원하지 않습니다. 윈도우 XP를 설치할 수는 있지만, 지원되지 않는 드라이버가 있어 원활한 사용이 어렵습니다.

❼ **Execute Disable Bit** : 바이러스와 악성 버퍼 오버플로우 공격에 대한 노출을 줄이고 컴퓨터의 보호를 향상시키는 Intel® XD 비트(Excecute Diable Bit) 기능의 사용 여부를 설정합니다. AMD CPU는 NX(No Excute) 비트가 이 기능을 지원합니다. XD 비트나 NX 비트는 실행 코드를 포함하지 않은 실행 불가 메모리 영역을 식별하는 코드로, 악성코드가 실행 불가 메모리 영역에서 실행되는 것을 차단합니다.

❽ **Intel Virtualization Technology** : Intel VT(가상화 기술) 사용 여부를 설정합니다. 가상화 기술을 사용하면 독립된 파티션으로 다른 버전의 윈도우 운영체제는 물론 리눅스, 맥OS X, 모바일 운영체제 같은 다양한 운영체제를 설치하여 독립된 시스템처럼 운용할 수 있습니다.

❾ **Dynamic Storage Acceleratror** : 인텔의 다이내믹 스토리지 액셀레이터 사용 여부를 설정합니다. 기본값은 비활성(Disabled)이며, 활성화하면 디스크 입출력 성능이 하드디스크 드라이브의 부하에 맞춰 조절됩니다.

❿ **OS Type** : 설치할 운영체제 타입을 설정합니다. Other OS, Windows 8, Windows 8 WHQL 중에서 설정합니다. WHQL(Windows Hardware Qualification Lab)은 마이크로소프트의 하드웨어 인증 제품을 의미합니다. Other OS 설정 시에도 윈도우 8.1/10 설치에 문제는 없지만 바이오스가 지원하는 최적 부트 옵션을 활용하려면 설정하길 권장합니다.

⓫ **CSM Support** : 레거시 PC의 부트 프로세스를 지원하는 UEFI CSM(호환성 지원 모듈)의 사용 여부를 설정합니다. 기본값인 Always는 UEFI CSM을 사용하고, Never로 설정하면 새로운 UEFI BIOS 부트 프로세스만 지원하며, 레거시 부트 모드를 선택할 수 있는 Boot Mode Selection, Storage Boot Option Control 메뉴는 구성할 수 없게 됩니다.

⓬ **Boot Mode Selection** : 사용자가 시스템의 시동에 사용할 운영체제의 모드를 설정합니다. 기본값인 UEFI and Legacy는 기존 MBR 파티션과 UEFI 파티션 모두 부팅 가능하며 Legacy Only는 MBR 파티션, UEFI Only는 UEFI 파티션의 운영체제에서 부팅하도록 설정합니다.

⓭ **LAN PXE Boot Option ROM** : LAN 컨트롤러에 대한 레거시 옵션 ROM 활성화 여부를 설정합니다. 기본값은 비활성화(Disabled)인데, 네트워크로 부팅하려면 활성화합니다. 네트워크를 통한 운영체제 설치 작업을 하거나 백업 작업을 할 때 활용됩니다.

⓮ **Storage Boot Option Control** : 부팅에 사용되는 저장 장치 컨트롤러에서 레거시 옵션 Rom(Regacy OpRom)과 UEFI 옵션 Rom(UEFI OpRom)을 사용할지를 설정할 수 있습니다. 설정할 수 있는 항목은 Disabled, Legacy Only, UEFI Only, Legacy First, UEFI First이며, 기본값은 Legacy Only로 레거시 옵션 ROM을 사용합니다. UEFI 운영체제라면 UEFI First로 설정합니다.

⓯ **Other PCI Device ROM Priority** : 다른 PCI 장치 컨트롤러에 대해 UEFI(UEFI OpROM), 레거시 옵션 ROM(Legacy OpROM) 사용 여부를 설정할 수 있습니다.

⓰ **Network stack** : 네트워크를 통해 GPT 파티션에 운영체제를 설치하기 위한 네트워크 부팅을 활성화하거나 비활성화합니다. 기본값은 비활성화(Disabled)입니다. Network stack을 활성화하면 IPv4 PXE 지원의 활성화 여부, IPv6 PXE 지원의 활성화 여부를 설정할 수 있는 메뉴가 밑에 나옵니다.

⓱ **Administrator Password** : 시스템 접근이나 바이오스 셋업 접근을 제어할 수 있는 관리자 암호를 설정하거나 해제합니다. 이 항목을 선택한 상태에서 Enter 키를 누르면 관리자 암호 입력 대화상자가 나옵니다. 관리자 암호로 설정한 후 Enter 키를 누르면 암호 확인을 요청하는 메시지가 나옵니다. 암호를 한 번 더 입력한 후 Enter 키를 누르면 설정됩니다. 암호를 해제하려면 항목을 선택한 후 Enter 키를 누르면 암호를 요청하는 대화상자가 나오면 암호를 입력하고, Enter 키를 누르고, 새 암호 대화상자가 나오면 아무 것도 입력하지 않은 상태에서 Enter 키를 누르면 됩니다.

⓲ **User Password** : 바이오스 셋업을 볼 수 있고, 일부 수정도 할 수 있는 사용자 암호를 설정합니다. 암호 설정 및 해제 방법은 관리자 암호 설정 및 해제 방식과 같습니다. 사용자

● 윈도우 8 이상의 운영체제가 번들되는 대기업 PC나 노트북 컴퓨터의 바이오스에서는 Secure Boot가 기본값으로 활성화됩니다. 만약 윈도우 8을 지우고 윈도우 7으로 설치하려면 Secure Boot를 비활성화(Disabled)해야 합니다.

암호는 관리자 암호를 설정했을 때만 설정할 수 있으며, 사용자 암호가 설정되어 있더라도 관리자 암호를 해제하면, 사용자 암호는 자동으로 없어집니다.

⑲ **System Mode state / Secure Boot state** : 현재의 System Mode와 Secure Boot에 대한 설정 상태 정보를 표시합니다. Secure Boot state는 Disabled로 표시되는데, 이는 다음의 Secure Boot Mode에서 설정해주어야 합니다.

⑳ **Secure Boot / Secure Boot Mode** : ⑩의 OS Tyee에서 Windows 8 이상을 선택한 경우에만 설정 가능합니다. Secure Boot는 컴퓨터에 대한 악성코드나 바이러스 공격을 미연에 차단하는 기능으로, 윈도우 8 이상의 운영체제에서 지원합니다. 이를 사용하려면 Secure Boot Mode를 Custom을 설정합니다. 그러면 밑에 Key Management 설정 메뉴가 표시됩니다. 이를 선택하고 Enter 키를 누르면 설정 페이지가 나오는데, 이 페이지에서 Install default Secure Boot key를 선택하여 적용하면 됩니다. 그러면 Secure Boot state도 Enabled로 바뀌어 적용된 것을 확인할 수 있습니다.

주메뉴 – Integrated Peripherals

주변 장치(Peripherals)라는 메뉴 이름대로 메인보드와 연결된 각종 주변 장치의 활성화/비활성화, 인터페이스 관련 설정 기능들이 집약되어 있는 중요한 메뉴입니다. 메인보드에 연결된 다양한 주변 장치 사용 환경을 설정할 수 있습니다.

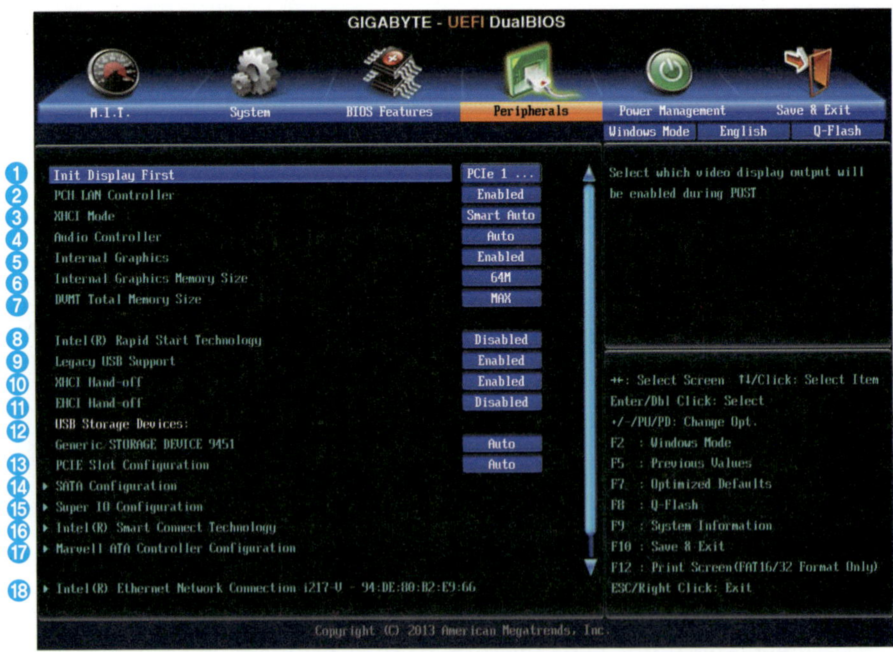

Integrated Peripherals 설정 항목

❶ **Init Display First** : 시동 시 그래픽카드를 찾을 때 첫 번째로 읽어들일 디스플레이, 즉 그래픽카드의 위치를 설정할 수 있습니다. 기본값은 PCIe 1 Slot으로 설정되어 있는데, 없으면 자동으로 PCIe 2와 PCIe 3에서 찾게 됩니다. PCI를 선택하면 PCI 슬롯의 그래픽카드를 첫 번째 디스플레이로 설정합니다.

● 윈도우 7을 USB 저장 장치로 설치할 때는 Auto나 Disabled로 설정합니다. 윈도우 8부터는 XHCI 컨트롤러가 기본 지원됩니다.

● 스카이레이크를 지원하는 100 시리즈 칩셋부터는 XHCI 컨트롤러만 지원하므로 SATA 방식 ODD에서 설치하거나 메인보드 제조사에서 윈도우7 설치용 XHCI 드라이버를 구하여 새로 설치 미디어를 제작해야 합니다.

❷ **PCH LAN Controller** : 온보드 LAN 기능, 즉 메인보드에서 지원하는 랜의 사용 여부를 설정합니다.

❸ **XHCI Mode** : USB의 동작을 제어하는 최신 XHCI 컨트롤러의 작동 모드를 설정합니다. 기본값인 Smart Auto 모드는 사전 부팅 환경에서 BIOS가 XHCI 컨트롤러를 지원하는 경우에 사용할 수 있으며, USB 3.0을 사용하는 XHCI 또는 USB 2.0을 지원하는 EHCI 컨트롤러로 자동 설정합니다. Auto로 설정하면 우선적으로 EHCI 컨트롤러 모드로 사용할 수 있으므로 USB 부팅은 가장 확실합니다. Enabled는 BIOS 부팅 과정 중에 XHCI 컨트롤러로 설정하므로 운영체제에서 XHCI 컨트롤러를 지원해야 USB 3.0 단자가 작동합니다. Disabled로 설정하면 USB 3.0 단자가 EHCI 컨트롤러로 지정되고, XHCI 컨트롤러는 비활성화됩니다.

❹ **Audio Controller** : 온보드 오디오 기능, 즉 메인보드에서 지원하는 오디오 코덱의 사용 여부를 설정합니다. 별도의 사운드카드를 사용하려면 이 항목을 Disabled로 설정합니다.

❺ **Internal Graphics** : CPU에 내장된 GPU의 사용 여부를 설정합니다. 기본값은 Enabled로 그래픽카드에 연결할 수 있는 모니터보다 많은 모니터 연결이 필요한 경우가 아니라면 Disabled로 설정합니다.

❻ **Internal Graphics Memory Size** : Internal Graphics가 Enabled일 때 나타나는 메뉴로, 내장 GPU가 사용할 그래픽 메모리 크기를 32M~1024M(기본값 : 64M)까지 설정할 수 있습니다. 그래픽 메모리로 사용되는 만큼 시스템의 가용 메모리는 줄어들게 됩니다.

❼ **DVMT Total Memory Size** : Internal Graphics가 Enabled일 때 나타나는 메뉴입니다. DVMT(Dyanmic Video Memory Technology)는 동적 비디오 메모리 할당 기술입니다. DVMT로 사용 가능한 크기를 128M, 256M, MAX(기본값 : MAX) 중에서 설정합니다.

❽ **Intel(R) Rapid Start Technology** : Intel Rapid Start Technology의 사용 여부를 설정합니다. 기본값은 Disabled인데, PCH 칩셋이 관리하는 6개의 SATA 단자에서 레이드(RAID)를 사용하는 경우에는 활성화(Enabled)합니다.

❾ **Legacy USB Support** : MS-DOS에서 USB 키보드를 사용할 수 있게 합니다. USB 키보드를 바이오스 셋업 프로그램에서 사용할 수 있는 것도 기본값으로 USB Legacy Function이 활성화되어 기능하기 때문입니다.

❿ **XHCI Hand-off** : XHCI Hand-off를 지원하지 않는 운영체제에 대한 XHCI Hand-off 기능 사용 여부를 결정합니다(기본값 : Enabled).

⓫ **EHCI Hand-off** : EHCI Hand-off를 지원하지 않는 운영 체제에 대한 DHCI Hand-off 기능 사용 여부를 결정합니다(기본값 : Disabled).

⓬ **USB Storage Devices : Generic STORAGE DEVICE 9451** : 이 항목은 USB 인터페이스의 저장 장치를 연결한 경우에만 나옵니다. Generic STORAGE DEVICE 9451 항목의 기본값은 Auto로 USB 저장 장치가 연결되면 바이오스가 자동으로 해당 장치를 인식합니다.

⓭ **PCIe Slot Configuration** : PCIeX4 슬롯의 동작 대역폭을 지정합니다. 기본값은 Auto로 설치한 확장 카드에 따라 BIOS가 자동으로 구성합니다. x1로 설정하면 1배속 모드에서 작동하고, x4로 설정하면 4배속 모드에서 작동합니다.

⓮ Sata Configuration

PCH 칩셋이 관리하는 6개의 SATA 단자의 작동 방식을 세부적으로 설정할 수 있는 다음 화면이 나옵니다.

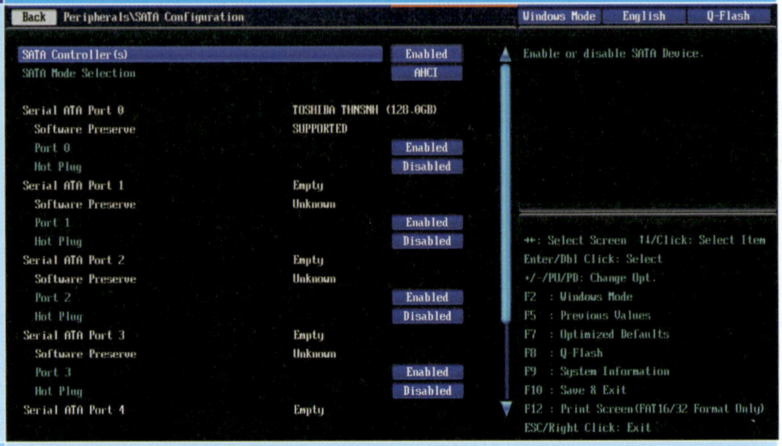

SATA Controler

PCH 칩셋(Z87)이 관리하는 SATA 단자의 컨트롤러 모드 사용 여부를 설정합니다. 기본값은 Enabled로 SATA Controller를 사용합니다.

SATA Mode Selection

SATA Control Mode를 IDE, ACHI, RAID 중에서 설정합니다. 기본값은 ACHI 모드입니다. SATA 컨트롤 모드에는 오래전부터 사용된 IDE 모드도 나오지만 SATA 인터페이스의 HDD나 SSD의 경우는 AHCI 사용이 권장되며, 레이드로 묶어 사용하는 경우에는 RAID로 설정합니다.

운영체제를 RAID나 AHCI 모드로 설치하려면, 바로 여기서 원하는 SATA 컨트롤 모드를 설정합니다.
AHCI 모드는 고급 호스트 컨트롤러 인터페이스로 하드디스크에 효율적으로 액세스하는 고유 명령 대기열(NCQ)을 지원하며, 시스템을 다시 켜는 불편 없이 SATA 장치를 연결하면 즉시 사용할 수 있게 해주는 핫플러깅 기능을 지원합니다.
RAID를 사용하면 둘 이상의 드라이브를 하나의 드라이브처럼 사용하므로 읽기/쓰기 작업을 동시에 처리할 수 있게 되어 전송 속도와 쓰기 속도에 실질적인 향상을 가져옵니다. 따라서 최대 성능을 추구한다면 RAID도 고려해보기 바랍니다.

※ 스카이레이크 CPU를 지원하는 100시리즈 칩셋부터는 기존 SATA 단자에 대해서는 ACHI 컨트롤러를 지원하지만 M.2 슬롯이나 SATA Express용 고속 SSD를 지원하는 NVMe 컨트롤러도 지원합니다.

● 운영체제를 AHCI 모드로 설치하는 방법은 6장에서 다루며, RAID 구성 및 운영체제 설치 방법은 9장에서 다룹니다.

Serial ATA Port 0/1/2/3/4/5

Port 0/1/2/3/4/5 각 SATA 단자별로 사용 여부를 설정할 수 있습니다. 모두 기본값은 활성화(Enabled)로 설정되어 사용합니다. 참고로 예제 그림에서는 4장에서 설치한 TOSHIBA 128GB SSD가 첫 번째 SATA 단자인 Port 0에 설치된 것을 확인할 수 있습니다.
각각의 SATA 단자에 대해 핫 플러그 기능 사용 여부도 설정할 수 있습니다. 기본값은 비활성(Disabled)이므로 케이스 전면 패널에서 SATA 단자나 eSATA 단자를 사용하기 위해 연결한 경우에는 핫 플러그 기능을 활성화(Enabled)해야 합니다.

⓯ Super IO Configuration

슈퍼 I/O 칩셋 정보와 칩셋이 컨트롤하는 직렬 포트를 구성할 수 있습니다.

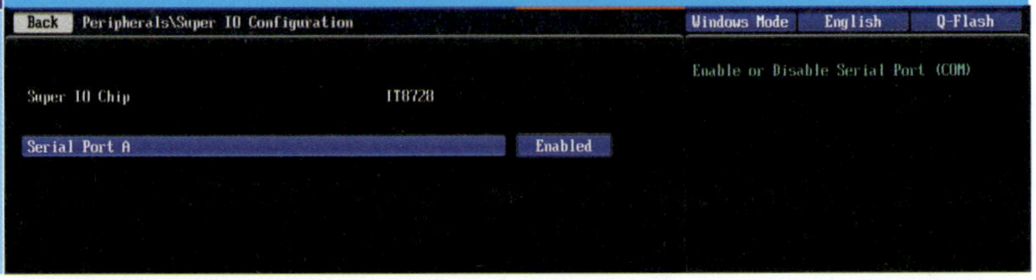

메인보드의 SATA 지원 칩셋
– PCH 칩셋과 써드파티 칩셋

Serial Port A	온보드 직렬 단자, 즉 메인보드에 있는 직렬 단자의 사용 여부를 설정합니다. 기본값은 활성화(Enabled)되어 있지만, 사용할 일은 거의 없습니다. 얼마 전까지도 메인보드의 한쪽 구석에 직렬 단자와 함께 병렬 단자도 구성되었지만, 병렬 포트는 지금은 거의 사용하지 않기 때문에 지원이 중단되었습니다. 직렬 포트를 사용하지 않으면 비활성화(Disabled)로 설정하여 불필요한 초기화를 막고 POST 과정을 좀 더 단축하기 바랍니다.
⓰ **Intel(R) Smart Connect Technology**	인텔의 스마트 연결 기술의 사용 여부를 설정할 수 있습니다. 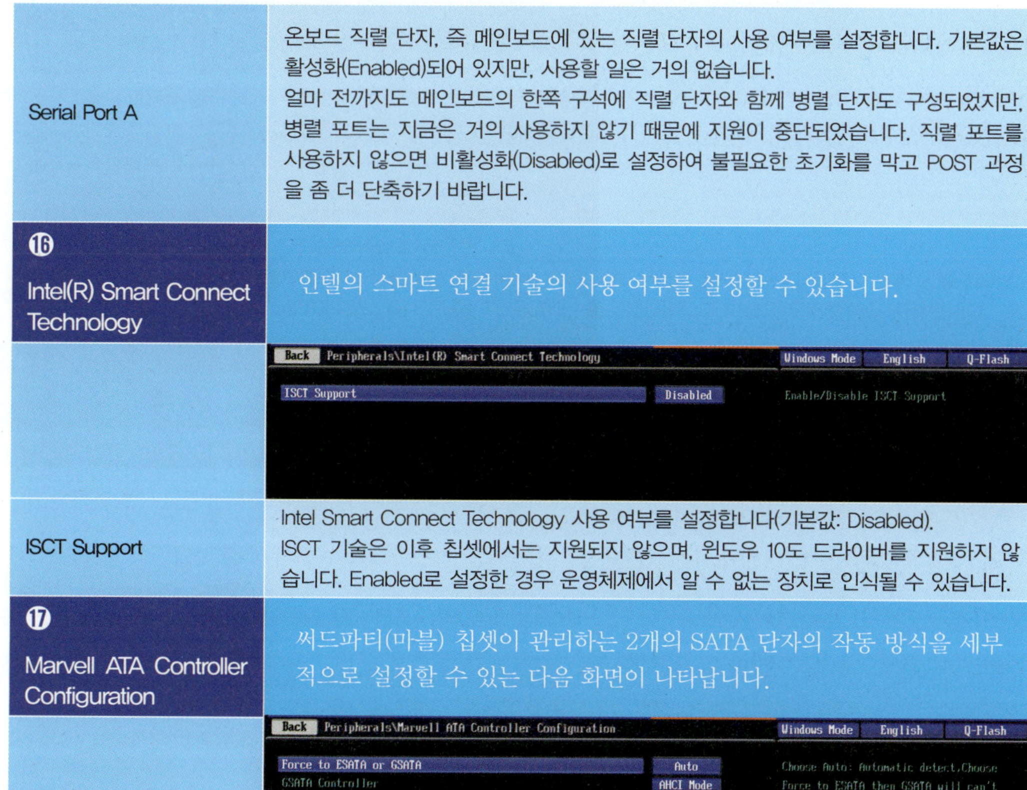
ISCT Support	Intel Smart Connect Technology 사용 여부를 설정합니다(기본값: Disabled). ISCT 기술은 이후 칩셋에서는 지원되지 않으며, 윈도우 10도 드라이버를 지원하지 않습니다. Enabled로 설정한 경우 운영체제에서 알 수 없는 장치로 인식될 수 있습니다.
⓱ **Marvell ATA Controller Configuration**	써드파티(마블) 칩셋이 관리하는 2개의 SATA 단자의 작동 방식을 세부적으로 설정할 수 있는 다음 화면이 나타납니다. 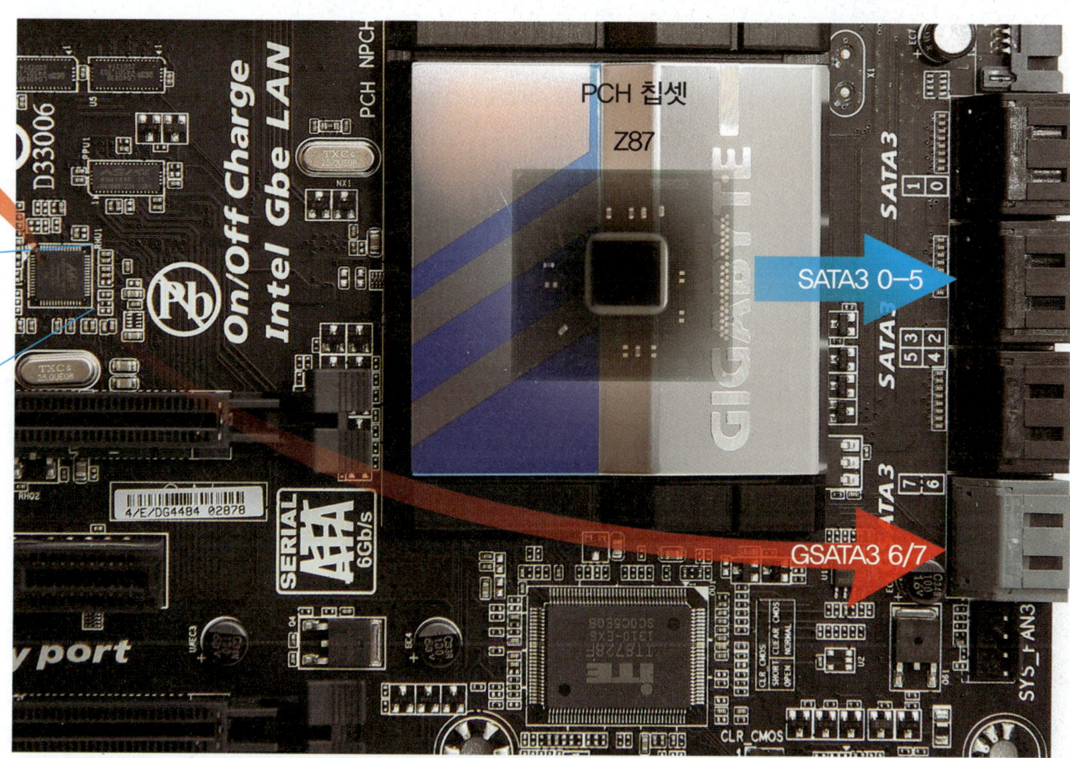

● 써드파티 SATA 컨트롤러가 지원하는 단자(GSATA)에 레이드를 구성한 후에 운영체제를 설치할 때는 AHCI/RAID 드라이버를 먼저 로드해야 합니다. 이 때는 써드파티 SATA 컨트롤러용 AHCI/RAID 드라이버를 USB 저장 장치에 저장해두고 해당 드라이버를 요구할 때 USB의 저장 위치를 지정하여 설치하면 됩니다(529쪽 참고).

항목	설명
Force to ESATA or GSATA	메인보드 제조사에서 활용성이 많은 SATA 단자의 추가 제공을 위해 써드파티 칩셋인 Marvell 88SE9172 칩셋을 통해 메인보드의 GSATA3 6/7 단자와 백패널의 eSATA 단자에서 SATA3를 사용할 수 있게 해줍니다. Marvell 88SE9172 칩셋은 SATA3를 2개 단자만 지원하며, 어느 한쪽이 SATA3를 사용하는 경우 다른 쪽은 SATA2로 연결됩니다. Force to ESATA로 설정하면 eSATA 커넥터가 SATA3를 지원하도록 설정하며, Force to GSATA로 설정하면 GSATA3 6/7 단자가 SATA3를 지원합니다. 기본값인 Auto 상태에서는 바이오스가 연결 순서에 따라 자동으로 구성합니다. 예제 메인보드의 경우 GSATA3 6/7 단자와 eSATA 단자가 동시에 연결된 경우에는 GSATA3 6/7 단자가 우선순위를 갖습니다.
GSATA Controller	GSATA3 6/7 및 eSATA 단자에 대한 Marvell 칩셋의 컨트롤 모드를 IDE, AHCI, RAID 모드 중에서 설정합니다. 기본값 컨트롤 모드는 ACHI 모드입니다. 시스템의 전원이 켜져 있는 상태에서 eSATA 단자에 디스크를 연결하는 핫스왑 기능을 사용하려면 반드시 AHCI 모드로 설정해야 합니다. RAID로 설정하면 GSATA3 6/7 및 eSATA 단자에서 각각 RAID 0이나 RAID 1을 구성할 수 있습니다.
SATA Port0/1	GSATA3 6/7 및 eSATA 단자 4개의 SATA 단자의 현재 상태를 표시합니다. 예제 그림에서는 4장에서 설치한 Segate 3TB HDD가 첫 번째 GSATA 단자인 Port 0에 설치된 것을 확인할 수 있습니다.
⓲ Intel(R) Ethernet Network Connection	
NIC Configuration	이 항목을 선택한 상태에서 서 Enter 키를 누르면 Link Speed와 Wake on LAN을 설정할 수 있는 페이지가 나타납니다. Link Speed 설정에서는 LAN의 연결 속도를 설정합니다. 기본값인 AutoNeg 설정 상태에서는 LAN의 속도를 자동으로 감지하므로 기본값대로 사용하면 됩니다. Wake on LAN 설정은 간단히 WOL 기능이라 부르는데, 이는 LAN을 통해 원격 시동 기능을 사용할 수 있도록 하는 기능으로, 원격 데스크톱 연결 기능을 사용할 때 활용되는 기능입니다(758쪽 참고). 기본값은 활성화(Enabled)로 WOL 기능을 사용합니다.
Blink LEDs (range 0~15 seconds)	LAN 단자에 있는 LED의 깜박임 간격을 설정합니다. 직접 숫자키로 0~15초 사이의 값을 입력하여 설정하면 됩니다.

주메뉴 – Power Management

Power Management 메뉴에는 시스템의 전원 관리에 필요한 다양한 설정 기능들이 집약되어 있습니다.

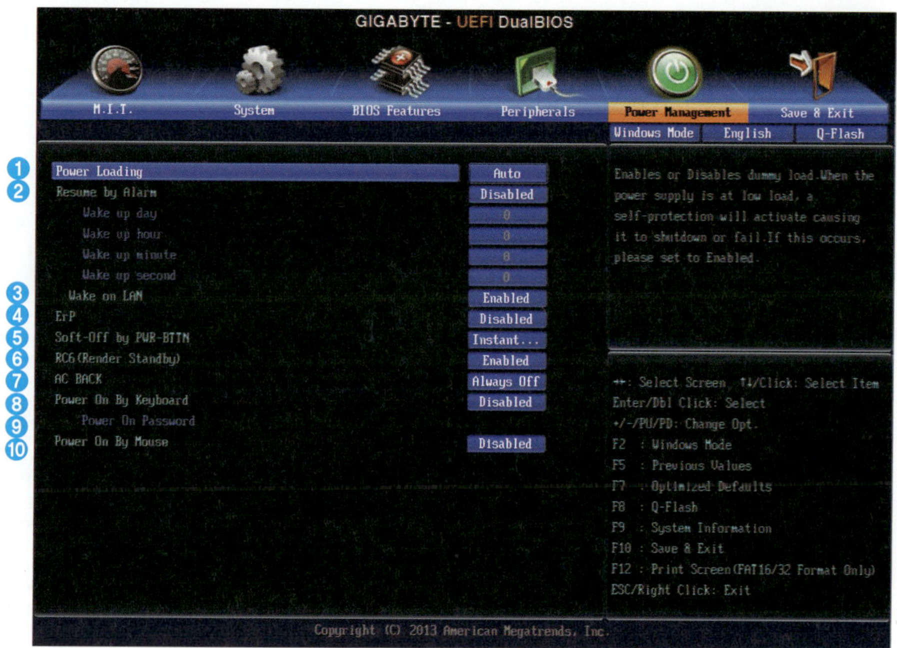

Power Management 설정 항목

❶ **Power Loading** : 파워서플라이가 저부하 시 자체 보호를 위해 셧다운되는 것을 방지하기 위한 의사부하(Dummy Load) 사용 여부를 설정합니다. 활성화(Enabled)하면 셧다운으로 인한 데이터 손실을 방지할 수 있습니다.

❷ **Resume by Alarm** : 원하는 날, 원하는 시각에 시스템 전원을 켜는 알람 기능을 사용할지를 설정합니다. 활성화(Enabled)하면 그 밑에 있는 Wake up day/hour/minute/second 설정 기능이 활성화됩니다. 시스템에 파워서플라이의 대기 전력 공급이 유지되어야 작동합니다.

❸ **Wake on LAN** : PCI 또는 PCI Express 주변 장치(주로 랜 카드)에서 보내는 웨이크-업 신호에 의해 시스템이 켜지는 기능입니다. 원격 시동을 지원하는 인터넷 공유기와 함께 이 기능을 사용하면 원격 시동이 가능합니다. 이 기능을 사용하려면 시스템에 파워서플라이의 대기 전력 공급이 유지되어야 합니다.

❹ **ErP** : 운영체제에서 종료하거나 PC의 파워 단추를 눌러 PC를 종료한 상태에서도 AC 전원을 통해 대기 전력이 공급됩니다. ErP를 활성화(Enabled)하면 극도로 낮은 최소한의 대기 전력만을 사용하기 때문에 Wake on LAN, Power On By Mouse, Power On By Keyboard 기능은 사용할 수 없게 됩니다.
기본값은 비활성화(Disabled)로, 1W의 대기 전력 상태에서도 시스템의 메모리 정보는 유

지할 수 있기 때문에 운영체제의 대기 모드 기능을 사용하는 데는 영향을 미치지 않습니다. 단, 인터넷을 통한 온라인 원격 시동(WOL, Wake On-Line) 기능을 사용하려면 ErP 기능을 비활성화해야 원격 시동 기능을 사용할 수 있습니다.

❺ **Soft-Off by PWR-BTTN** : 전원 단추를 사용하여 MS-DOS 모드에서 컴퓨터를 끄는 방법을 구성합니다. 기본값인 Instant-Off로 설정한 후 전원 버튼을 누르면 시스템이 즉시 꺼집니다. Delay 4 Sec로 설정하면 전원 단추를 4초가량 눌러야 꺼집니다.

❻ **RC6(Render Stanby)** : 전력 소모량을 줄이기 위해 CPU 내장 GPU의 대기 모드 사용 여부를 설정합니다. 기본값은 활성화(Enabled)로, 대기 모드를 사용합니다.

❼ **AC Back** : 정전이 되었다가 전기가 AC 전원이 다시 들어온 후의 시스템 상태를 설정합니다. 기본값인 Always Off 설정 상태에서는 AC 전원이 다시 들어와도 시스템이 꺼진 상태를 유지합니다. Always-On으로 설정하면 AC 전원이 다시 들어오면 자동으로 시스템이 켜집니다. Memory로 설정하면 자동으로 전원이 켜지고 시스템이 꺼지기 전에 메모리에 저장된 최종적인 작업 상태로 복귀하는 기능입니다.

Memory로 설정하면 3초 이내의 순간 정전이 발생한 경우, 잔류 전원에 의해 메모리 정보가 유지되므로 전원 단추를 눌렀을 때 원래의 작업 상태로 복귀가 가능합니다. 하지만 정전 시간이 길어지면 메모리는 방전되기 때문에 그 경우에는 Full-On과 마찬가지로 자동으로 처음부터 재시동됩니다.

❽ **Power On By Keyboard** : 시스템이 대기 모드에서 PS/2 키보드 동작에 의해 켜지도록 할지를 설정할 수 있습니다. 기본값은 비활성화(Disabled)로 설정되며, Password로 설정하면 키보드로 시스템을 켤 때 암호를 입력받습니다.

Keyboard 98은 전원 단추가 포함된 Windows 98 키보드의 전원 단추를 사용할 수 있게 설정합니다. 이 기능을 사용하려면 시스템에 파워서플라이 대기 전력 공급이 유지되어야 합니다.

❾ **Power On Password** : 위의 Power On by Keyboard 설정을 Password로 설정했을 때 활성화되어 최대 5자의 암호를 설정할 수 있습니다. 암호를 설정하면 키보드로 대기 모드의 시스템을 켤 때 정확한 암호를 입력해야 합니다.

암호를 해제하려면 다시 바이오스 셋업 프로그램으로 들어와 이 항목을 선택하고 Enter 키를 누른 다음 아무 입력도 하지 않은 상태로 다시 Enter 키를 누르면 해제됩니다. 키보드 전원 암호는 시스템의 전원 단추로 시동하는 것과 별개로 작동하므로 시스템의 전원 단추로 켜고 끄는 경우에는 영향을 미치지 않습니다.

❿ **Power On By Mouse** : 시스템이 대기 모드에서 PS/2 마우스의 더블 클릭 시 켜지도록 할지를 설정할 수 있습니다. 이 기능을 사용하려면 시스템에 파워서플라이 대기 전력 공급이 유지되어야 합니다.

주메뉴 - Save & Exit

바이오스 설정값을 가장 안정적으로 작동하는 공장 설정값으로 불러옵니다. 보통 바이오스 설정으로 인해 시동 시 문제가 발생할 경우에 사용합니다.

Save & Exit 설정 항목

❶ **Save & Exit Setup** : 이미 실습을 통해 익혔듯이 바이오스 설정값을 저장하고 종료할 때 사용합니다. 주메뉴 화면에서 Save & Exit Setup 메뉴를 선택하여 사용할 수도 있지만, 보다 간편한 방법은 F10 키를 사용하는 방법입니다. 어느 바이오스 셋업 설정 화면이든 F10 키를 누르면 즉시 Save & Exit Setup 대화상자를 호출할 수 있습니다.

❷ **Exit Without Saving** : 바이오스 설정값을 저장하지 않고 기존 설정값으로 되돌리고 종료 합니다.

❸ **Load Optimized Defaults** : 바이오스 설정값을 최적 작동 시험을 통해 검증된 공장 최적화 설정값으로 불러옵니다. Load Optimized Defaults를 선택한 후 Enter 키를 눌러 "Load Optimized Defaults (Y/N)?"를 묻는 대화상자가 나타났을 때 Y 키를 누르고 Enter 키를 누르면 공장 최적화 설정값을 불러올 수 있습니다. 이 기능은 바이오스 설정 작업으로 인 해 시동 시 문제가 발생할 경우, 주로 사용합니다.

❹ **Boot Override** : 이 항목 밑에는 현재 시스템에서 사용 가능한 저장 장치가 표시됩니다. 원 하는 저장 장치로 바로 시동하려면 원하는 저장 장치 항목을 선택하고 Enter 키를 누르거 나 마우스로 항목을 클릭합니다.

❺ **Save Profiles** : 바이오스 설정을 프로파일로 저장하는 기능으로 최대 8개의 프로파일을 만 들 수 있습니다. Load Optimized Defaults를 사용한 후에는 사용자의 시스템에 맞춰 추 가적인 바이오스 셋업 설정을 해야 하는 불편이 따릅니다. 언제든지 F11 키를 사용하면 프 로파일 저장 대화상자를 호출하여 원하는 이름의 프로파일로 저장할 수 있습니다.

❻ **Load Profiles** : 저장해둔 바이오스 설정 프로파일을 불러오는 기능입니다. 시스템이 불안 정하거나 바이오스 설정 변경으로 인해 시스템이 시동되지 않을 때 저장해둔 프로파일을 불러오거나 바이오스에 의해 정상 작동했던 마지막 설정이 자동 저장되므로 이를 불러올 수도 있습니다.

- 최적으로 작동하는 바이오스 설정을 마친 후 Save Profiles 기능을 활용하여 프로파일로 저장해두면 필요할 때 불러올 수 있으므로 유용합니다.
- Save Profiles와 Load Profiles 기 능은 시스템 성능을 향상시키 는 오버클러킹 작업의 효율성 을 극대화해줄 뿐만 아니라 PC 를 시동할 때 원하는 환경으로 시스템을 시작할 수 있는 아주 유용한 기능입니다.

5 바이오스 셋업 최적화와 바이오스 관리

바이오스 셋업 메뉴에 대해 충분히 익혔다면 이제 실무에 적용할 차례입니다. 이제부터는 실습 위주로 시스템의 안정적인 사용과 성능의 극대화를 위한 바이오스 관리 방법과 바이오스 셋업 최적화, 바이오스 셋업 프로파일 저장과 불러오기에 대해 알아봅니다.

바이오스 셋업 최적화 작업이 필요한 이유

바이오스 셋업 프로그램은 메인보드에 연결된 부품들 전반에 걸쳐 사용자가 원하는 대로 설정할 수 있게 해줍니다. 공장 최적화 기본값(Load Optimized Defaults)을 사용한다는 것은 가장 보편적으로 작동할 수 있는 기본값으로 사용한다는 것이지, 사용자의 실제 시스템 환경에 맞춰 최적화된다는 것은 아닙니다.

바이오스 셋업 프로그램을 다루는 이유는 획일적인 기본값에 만족하지 않고 자신의 시스템을 보다 쾌적하게 사용할 수 있도록 최적화함으로써 자신의 스타일에 맞는 최적의 작업환경을 만들 수 있고, 시스템 성능도 향상시킬 수 있기 때문입니다.

바이오스 셋업에 사용하지 않는 불필요한 기능들까지 활성화되어 있으면 불필요한 전력이 공급되며, 시동 시간이나 체감 성능에도 영향을 미치므로 최적의 시스템 사용을 위해서는 자신이 사용하는 컴퓨터 환경에 맞게 최적화하는 것이 좋습니다.

바이오스 셋업을 편리하게 도와주는 프로파일

바이오스 셋업 프로그램에서 제공하는 여러 설정 항목을 애써 설정하고 잘 작동했는데, 오버클러킹 등 추가적인 설정으로 인해 문제가 발생되었을 때 공장 최적화 기본값을 불러오면 처음부터 다시 설정해야 하는 불편이 따릅니다.

요즘 나오는 메인보드 바이오스는 프로파일 저장 및 불러오기 기능을 제공합니다. 바이오스 셋업 프로파일 저장 및 불러오기 기능은 바이오스 셋업 프로그램의 설정 작업을 일일이 다시 수행하는 불편을 줄여줄 뿐만 아니라 자신의 작업하는 기호에 맞춰 다양한 프로파일을 만들어 효율적으로 컴퓨터를 사용할 수 있게 해줍니다.

● 완제품 PC나 노트북 컴퓨터의 메인보드 바이오스의 경우는 바이오스 셋업 프로파일 저장 기능이나 바이오스 업데이트 기능을 제공하지 않는 제품이 많으므로 유의하기 바랍니다.

바이오스 셋업 프로파일을 저장해두면 기능키로 간단히 불러와서 사용할 수 있기 때문에 자신의 작업 환경과 기호에 따라 여러 개의 프로파일을 만들어두고 사용하면 여러 모로 편리합니다. 예를 들어 낮시간에는 일반 소음이 있으므로 쿨러 소음이 다소 있더라도 최대 성능으로 작업할 수 있는 프로파일을 구성하고, 밤시간에는 성능은 다소 낮추더라도 조용히 작업할 수 있는 프로파일을 구성할 수 있습니다. 바이오스 셋업 설정에는 전력 관리 항목들도 있으므로 컴퓨터를 사용하는 동안 최적 성능을 발휘하면서도 사용이 많지 않을 때는 최소 전력만 쓰게하여 절전 기능을 최대한 발휘할 수 있도록 프로파일을 구성하여 작업에 활용할 수 있습니다.

자신의 시스템의 최적 성능을 발휘할 수 있도록 오버클러킹 작업을 하는 경우, 한 번에 성공하는 경우는 드뭅니다. 기존에 잘 작동하던 바이오스 설정값을 프로파일을 저장해두면, 오버클러킹 시 최적의 설정값을 찾아내기까지의 시간을 단축시킬 수 있으며, 오류가 발생하더라도 저장해둔 프로파일을 불러와서 시동하면 되므로 번거로운 재설정 과정을 거치지 않고 기존에 저장해둔 설정으로부터 오버클러킹 설정 작업을 진행할 수 있습니다.

메인보드 바이오스 관리

메인보드 바이오스도 일종의 펌웨어 프로그램이며, 읽기/쓰기가 가능한 플래시 메모리를 사용하므로 백업과 복원, 업그레이드가 가능합니다. 플래시 메모리에 대한 읽기/쓰기 작업은 하드 디스크에서 자유롭게 읽기/쓰기 작업을 수행하는 것과는 차원이 다릅니다.

플래시 메모리에서는 개별 파일에 대한 수정 작업은 할 수 없으며 프로그램 이미지를 이용하여 한꺼번에 기록하는 방식을 사용합니다. 이러한 특징 때문에 플래시 메모리에 바이오스를 기록하는 작업을 플래싱(Flashing)이라고 부릅니다.

바이오스 펌웨어 업그레이드를 통해 기존 비이오스의 기능을 보완할 수 있으며, 경우에 따라서는 기존 바이오스에서 미처 지원하지 못했던 향상된 기능까지 제공되기도 합니다.

메인보드 바이오스에서 바이오스 백업과 복원 기능을 지원하는 바이오스 유틸리티를 제공하는 경우에는 PC 시동 시에 나타나는 주요 단축키로도 호출할 수 있으며, 바이오스 셋업 프로그램에서 직접 바이오스 유틸리티를 호출할 수 있습니다.

메인보드 바이오스 펌웨어 업데이트는 정품 인증 전에

바이오스 업데이트 작업은 운영체제의 정품 인증 전에 수행하는 게 좋습니다. 조립 PC용 운영체제로 많이 사용되는 DSP 방식 운영체제는 원칙적으로 컴퓨터를 바꾸면 사용할 수 없습니다.

메인보드 바이오스를 업그레이드하면 간혹 새로운 시스템으로 인식하여 다시 인증을 받아야 하는 경우도 있으므로 다시 정품 인증을 받아야 하는 불편이 따를 수 있습니다. 따라서 운영체제를 설치한 후에 곧바로 정품 인증을 받기보다는 펌웨어 업그레이드 작업까지 모두 수행한 다음에 정품 인증을 받아야 번거로움을 피할 수 있습니다.

메인보드 바이오스 펌웨어 업데이트 방식

과거에 바이오스 업데이트를 하려면 MS-DOS 모드로 별도 부팅하여 업그레이드 작업을 수행하는 경우가 많았습니다. 요즘에도 그래픽카드나 SSD, HDD의 바이오스 업데이트 작업은 도스 모드에서 부팅한 후에 수행하는 방식이 많습니다.

과거에는 바이오스 업데이트 작업은 일반인들이 수행하기 어려운 작업으로 여겨지기도 했습니다. 하지만 지금은 가장 많은 부품으로 구성된 메인보드의 바이오스 업데이트 작업도 아주 간단해졌습니다. 요즘 나오는 메인보드는 크게 두 가지 방식의 바이오스 펌웨어 업데이트 방법을 제공합니다.

Chapter 05 바이오스 셋업 프로그램 다루기

첫 번째 방법은 운영체제를 실행하지 않고도 바이오스 셋업 프로그램에서 직접 바이오스를 업데이트하고 백업할 수 있는 방법입니다. 이 방법은 운영체제 설치 전에 모든 부품들의 최신 상태와 패치 상태가 유지된 상태에서 설치할 수 있다는 장점이 있으며, 운영체제 설치 후에 곧바로 정품 인증을 받아도 문제가 없습니다.

바이오스 셋업 프로그램에서 바이오스 백업과 업그레이드 작업을 할 때는 메인보드 공급사의 홈페이지에서 최신 메인보드 바이오스를 직접 다운로드받아 준비해야 합니다. 메인보드 바이오스를 업데이트할 때는 USB 지원 플래시 메모리를 준비해야 합니다. 이 점 외에는 처음 접하는 작업이라 낯설다는 점 외에는 특별히 어려울 게 없습니다. 바이오스 업데이트 작업도 한 번만 경험해보면 다음부터는 능숙하게 작업할 수 있으므로 도전해보기 바랍니다.

두 번째 방법은 메인보드 번들 CD로 제공되는 바이오스 백업 및 업데이트 유틸리티를 사용하는 방법으로 운영체제의 익숙한 환경에서 바이오스를 백업하고 온라인으로 업그레이드할 수 있으므로 편리합니다. 이 방법은 운영체제 설치 후에 메인보드 유틸리티를 설치한 다음에 사용할 수 있습니다. 온라인상에서 최신 바이오스를 쉽게 검색하고, 최신 바이오스가 있으면 바로 선택하여 운영체제상에서 업데이트 작업까지 마무리할 수 있습니다. 단, 온라인상에서 실시간 업데이트할 때 다른 프로그램은 실행하지 않도록 유의하고, 시스템의 이상 종료가 발생하지 않도록 유의해야 합니다.

바이오스 업데이트 중에 이상 종료가 발생하면 아예 부팅이 되지 않는 상황이 발생할 수 있습니다. 이와 같은 상황이 발생하더라도 당황하지 말고 318쪽의 "메인보드 바이오스 백업과 복원"을 활용하여 복구하면 됩니다.

메인보드 바이오스를 업데이트한 이후에는 바이오스 셋업 설정값과 프로파일도 모두 초기화되므로 처음부터 다시 설정해야 한다는 점을 유의하기 바랍니다.

메인보드 바이오스의 백업과 복원

바이오스 백업과 복원 기능은 바이오스 셋업 프로파일 저장 및 불러오기와 비슷한 용도의 기능이지만, 최악의 경우를 대비하여 메인보드 바이오스 백업 및 복원 기능도 익혀둘 필요가 있습니다. 바이오스 관리 방법을 잘알고 활용할 수 있어야 시스템 성능을 극대화하는 오버클러킹 작업의 시행착오도 줄일 수 있고, 시동 오류 같은 최악의 상황에도 대응할 수 있습니다.

과거 악명을 떨친 바 있는 CMOS 바이러스인 CIH 바이러스로 인해 부팅이 되지 않아 일대 소동이 벌어진 바 있는데, 바이러스도 일종의 프로그램이므로 하드웨어의 직접적 손상은 불가능하고 바이오스 셋업 정보를 지운다든지, 메인보드 바이오스를 오작동시킬 뿐입니다. 이러한 경우 백업해둔 바이오스가 있다면 원래의 작업 환경뿐만 아니라 바이오스 셋업 프로파일까지도 원래대로 원상 복구할 수 있습니다.

따라서 최종 바이오스 업데이트후 바이오스 셋업 프로파일을 최적으로 설정하여 저장한 후 바이오스 백업을 해두면 최악의 상황에서도 즉시 원상태로 복구할 수 있을 뿐만 아니라 기존의 바이오스 셋업 프로파일 설정도 모두 사용할 수 있습니다.

● CMOS 바이러스로 인해 손상된 바이오스를 복원한 경우에는 안전 모드로 시동하여 바이러스를 치료하면 됩니다. 이에 관해서는 425쪽을 참고하기 바랍니다.

Exercise

2 바이오스 셋업 최적화하고 프로파일 저장하기

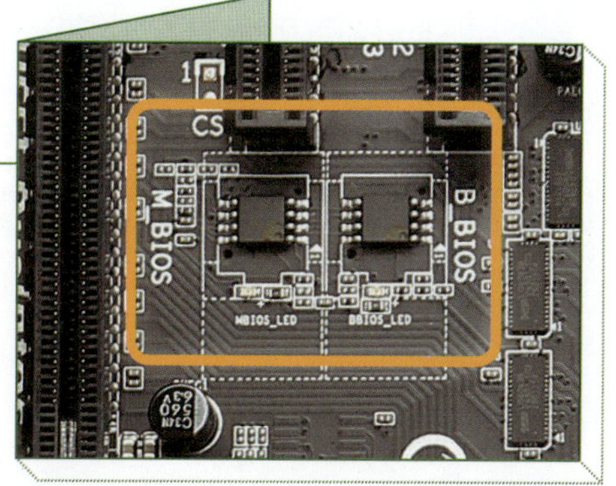

이제 공장 최적화 기본값 상태의 바이오스 셋업 프로그램의 설정값을 일반적인 사용자 환경을 고려하여 최적화하는 실습을 진행해보겠습니다. 오버클러킹 관련 설정은 8장에서 다루므로 제외하였습니다. 오버클러킹 전에 필요한 바이오스 셋업 환경을 준비하는 기초 작업을 수행하는 것으로 이해하면 됩니다.

이 실습에 필요한 내용	실습 키 포인트
이 책은 GIGABYTE Z87X–UD3H 메인보드 바이오스를 예로 설명합니다. 자신의 메인보드 설명서를 참고하여 보완하기 바랍니다.	바이오스 셋업 최적화하기 바이오스 설정 프로파일로 저장하기

UEFI 바이오스 셋업 화면 모드 변경하기

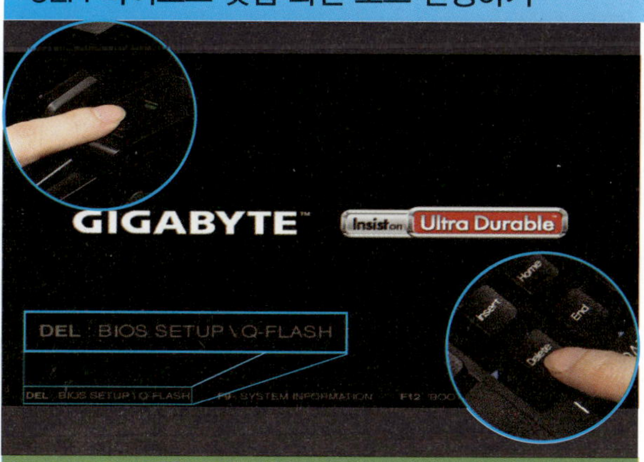

1 PC의 전원 단추를 눌러 시스템을 시동하고 메인보드 바이오스의 로고 화면이 나오면 바이오스 셋업 프로그램을 호출하는 Delete 키를 누릅니다.

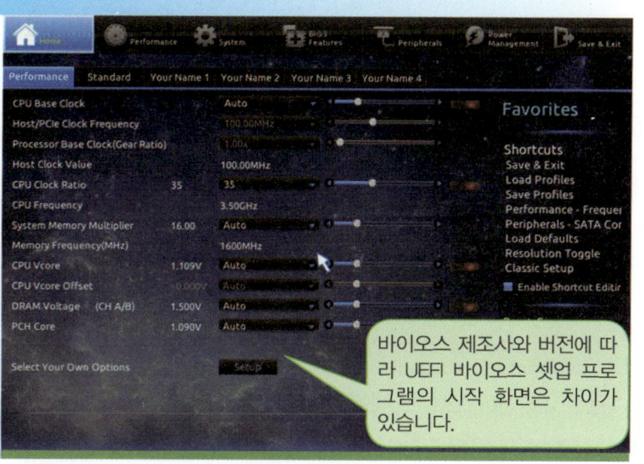

2 바이오스 셋업 프로그램의 기본값 화면인 윈도우 모드 화면으로 시작합니다. 실습을 위해 다음부터는 클래식 모드 화면으로 시작되도록 하겠습니다.

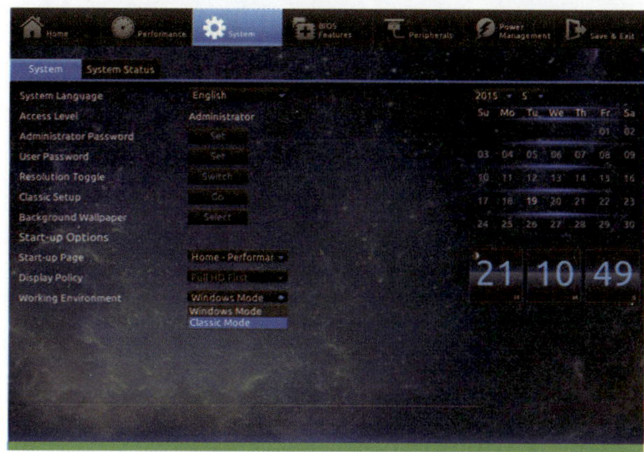

3 System 메뉴 페이지에서 Working Enviornment 항를 선택하고 Enter 키를 눌러 대화상자를 나타낸 다음 Classic Mode를 선택하고, 다시 Enter 키를 누릅니다.

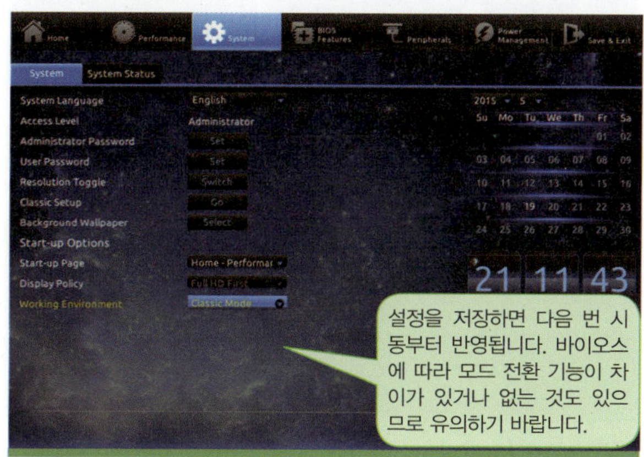

4 클래식 모드로 설정되었지만 아직은 저장 전이므로 윈도우 모드가 유지됩니다. 이제 모드 전환 기능키인 F2 키를 눌러 바로 클래식 모드로 전환합니다.

BIOS Features 페이지 항목 최적화하기

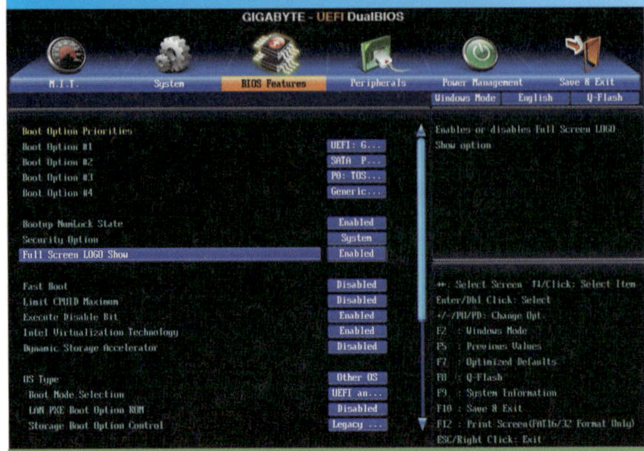

1 클래식 모드 화면이 나타나면 Features 메뉴를 선택한 후 Full Screen LOGO Show를 선택합니다.

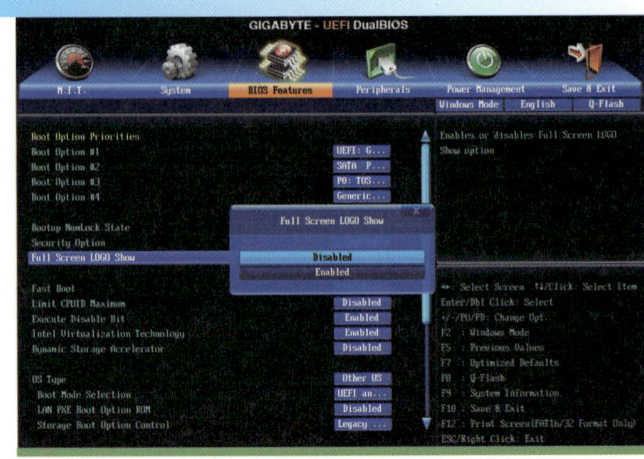

2 Enter 키를 눌러 대화상자를 나타낸 다음 Disabled를 선택한 후, 다시 Enter 키를 눌러 적용합니다.

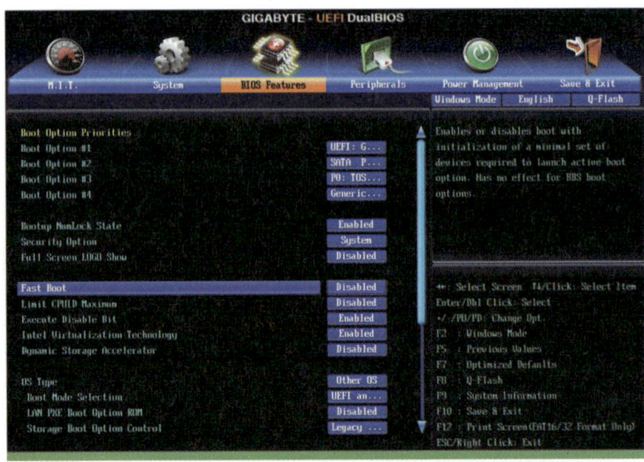

3 Full Screen LOGO Show 기능을 비활성화했으면, 이제 Fast Boot를 선택합니다.

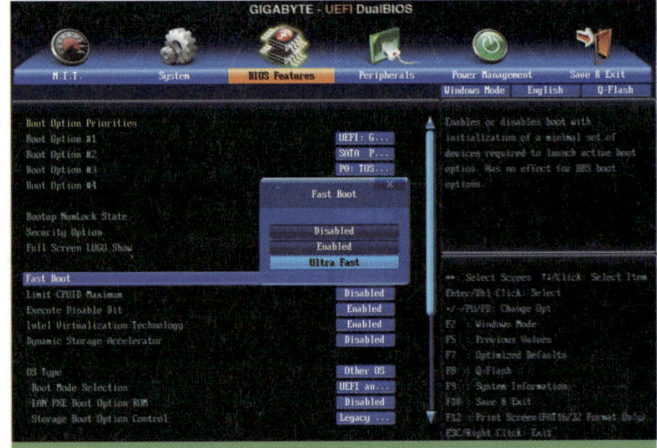

4 Enter 키를 눌러 대화상자를 나타낸 다음 Ultra Fast를 선택한 후, 다시 Enter 키를 눌러 적용합니다.

Peripherals 페이지 항목 최적화하기

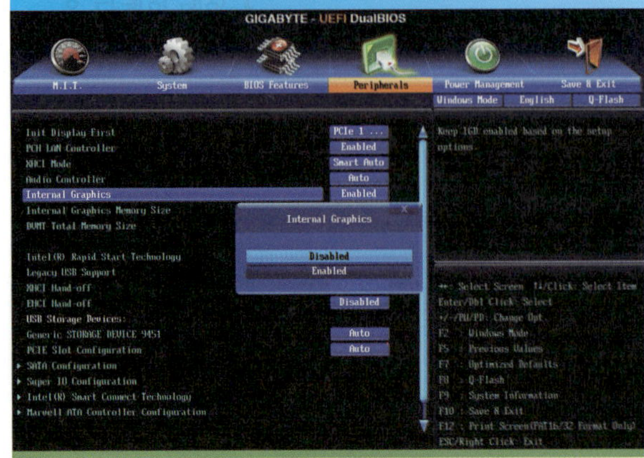

1 이제 Peripherals 메뉴를 선택한 후 Internal Graphics를 선택하고 Enter 키를 눌러 대화상자를 나타낸 다음 Disabled를 선택하고 다시 Enter 키를 눌러 적용합니다.

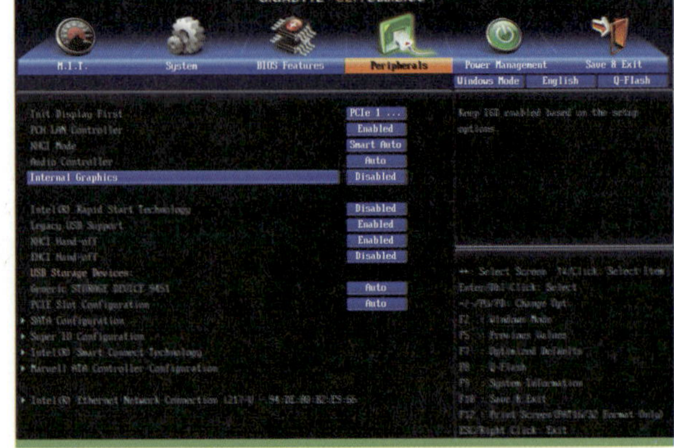

2 PC를 조립할 때 별도의 그래픽카드를 설치한 경우, 이와 같이 Internal Graphics를 비활성화(Disabled)하면 CPU에 내장된 GPU는 사용하지 않게 됩니다.

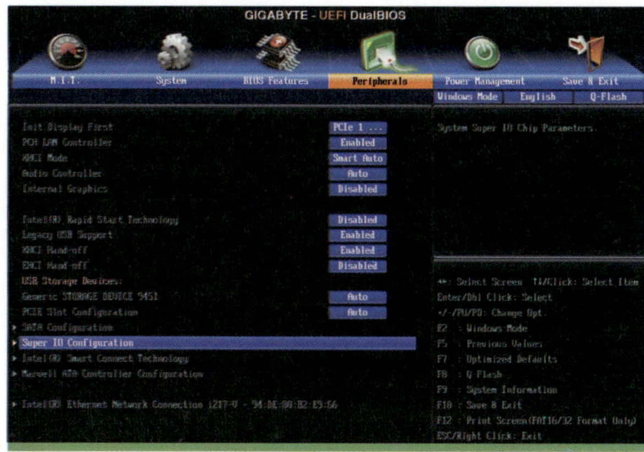

3 이번에는 하위 페이지가 있다는 것을 나타내는 ▶가 붙은 Super IO Configuration을 선택하고 Enter 키를 누릅니다.

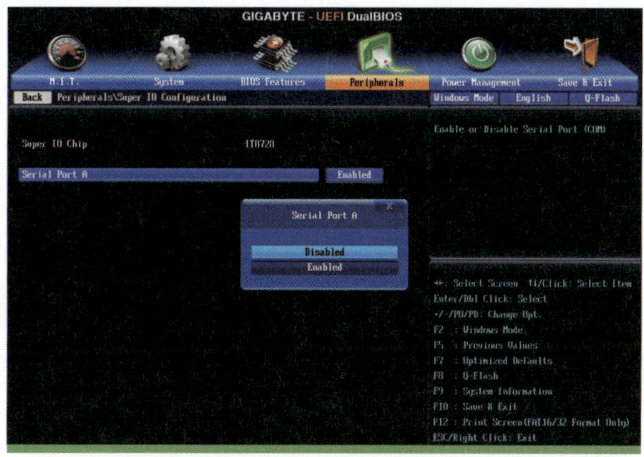

4 Super IO Configuration 페이지가 나타나면 Serial Por A를 선택하고 Enter 키를 눌러 대화 상자를 나타낸 다음 Disabled를 선택하고 다시 Enter 키를 눌러 적용합니다.

PC Health Status 페이지 항목 최적화하기

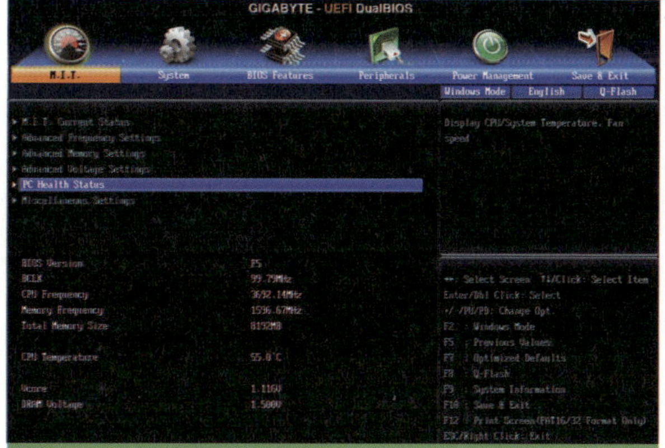

1 M.I.T. 메뉴를 선택한 후 ▶ PC Health Status를 선택하고 Enter 키를 누릅니다.

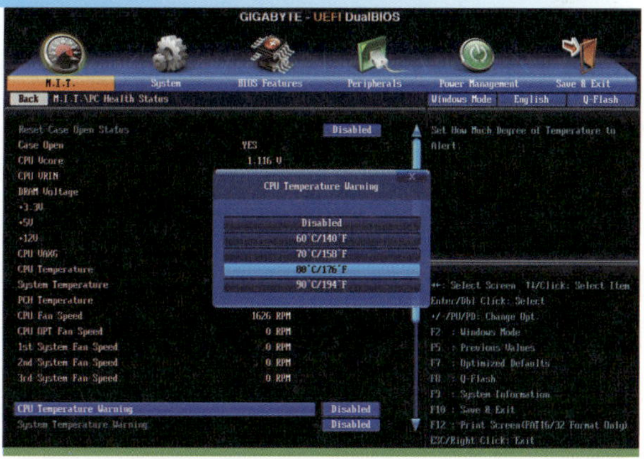

2 PC Health Status 페이지가 나타나면 CPU Temperature Warning를 선택하고 Enter 키를 눌러 대화상자를 나타낸 다음 80℃/176℉를 선택하고 다시 Enter 키를 눌러 적용합니다.

3 CPU Temperature Warning 온도 임계값이 80℃ /176℉로 설정되었으면 System Temperature Warning을 선택하고 Enter 키를 누릅니다.

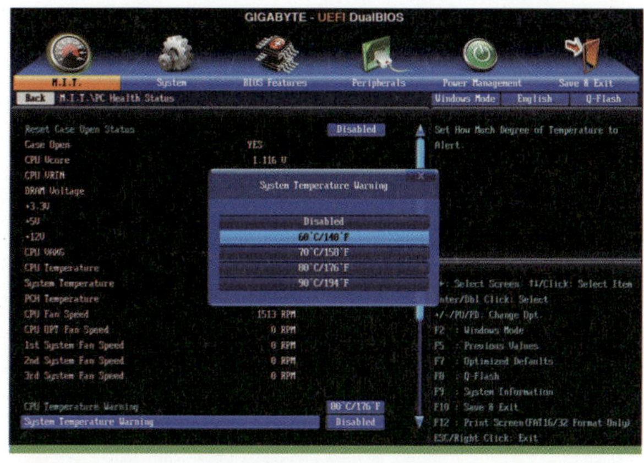

4 대화상자가 나타나면 60℃/140℉를 선택한 후, 다시 Enter 키를 눌러 적용합니다.

5 System Temperature Warning 온도 임계값이 60℃/140°F로 설정되었습니다.

바이오스 셋업 프로파일 저장하기

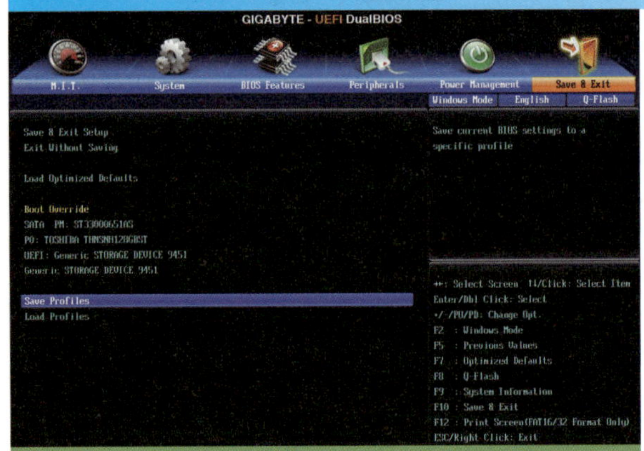

1 Save & Exit 메뉴를 선택한 후 Save Profiles를 선택합니다.

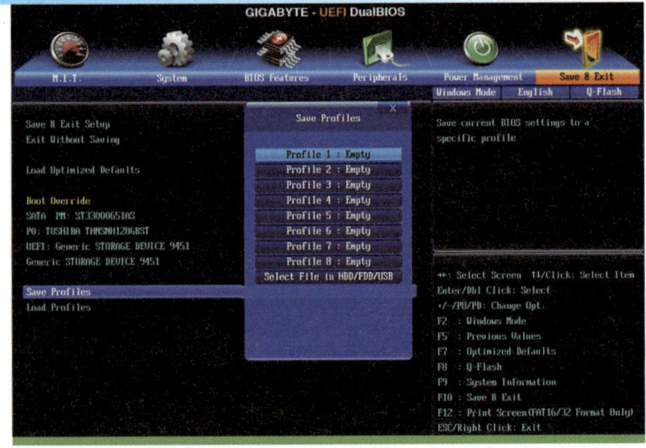

2 Enter 키를 눌러 대화상자가 나오면 맨 위의 Profile 1 : Empty 선택 상태에서 Enter 키를 누릅니다.

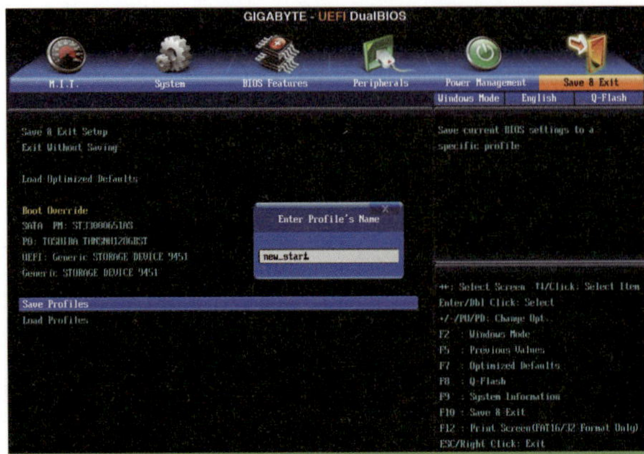

3 Enter Profile' Name 대화상자가 나오면 원하는 프로파일 이름(new_start)을 입력한 후, Enter 키를 눌러 적용합니다.

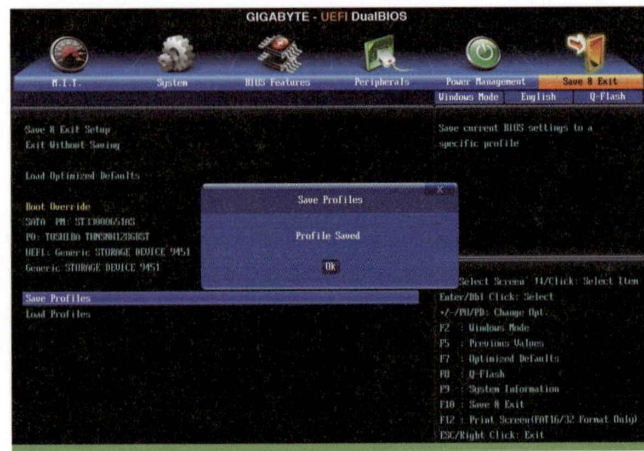

4 프로파일 저장이 완료되었습니다. Enter 키를 눌러 대화상자를 닫습니다.

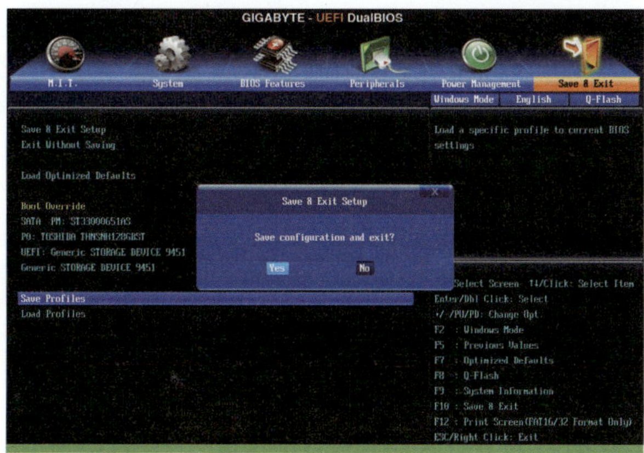

5 이제 지금까지 설정한 바이오스 셋업 설정을 저장한 후하고 종료하기 위해 F10 키를 누릅니다. Save configuration and Exit? 대화상자가 나타나면 'Yes' 상태에서 Enter 키를 누릅니다.

6 변경한 바이오스 셋업 설정값으로 시스템이 다시 시작됩니다. 기존 로고 화면이 사라지고 잠깐 동안 AMI사의 로고가 표시되며 이전보다 빠르게 시동됩니다.

바이오스 셋업 프로파일 불러오기

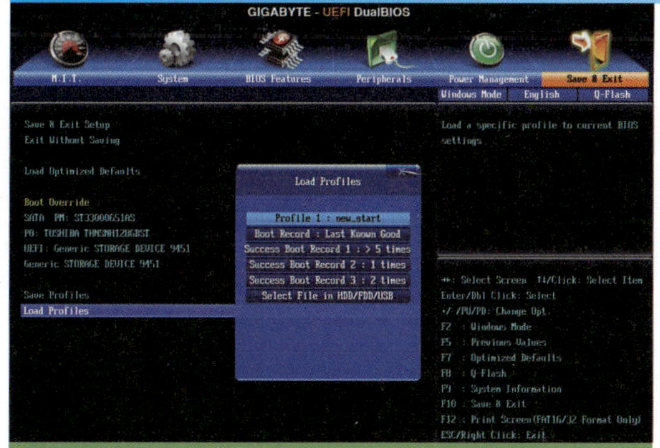

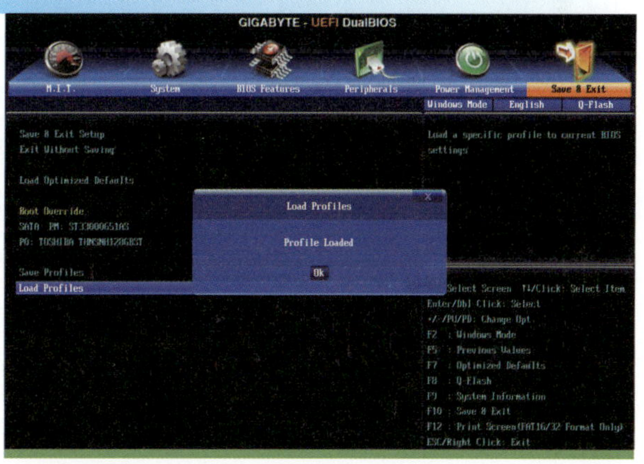

1 바이오스 셋업 프로그램을 호출하여 Save & Exit 메뉴를 선택한 후 Load Profiles를 선택하고 Enter 키를 눌러 대화상자가 나오면 "Profile 1 : new_start"를 선택하고 Enter 키를 누릅니다.

2 프로파일 불러오기가 완료되었다는 Load Profiles 대화상자가 나오면 Enter 키를 누릅니다.

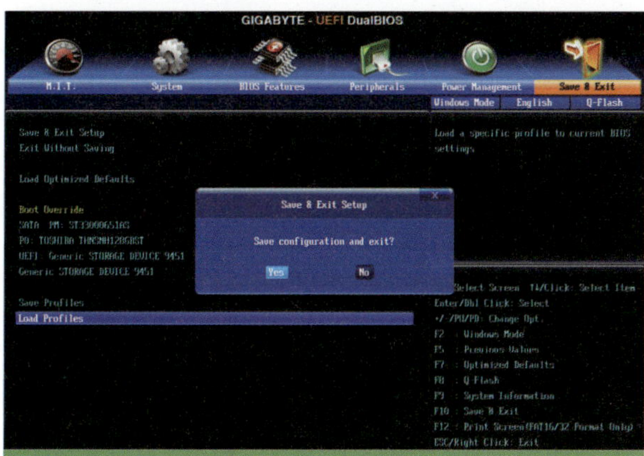

3 불러온 프로파일의 설정을 저장하기 위해 F10 키를 누르고 Save & EXIT Setup 대화상자가 나타나면 'Yes' 상태에서 Enter 키를 누릅니다.

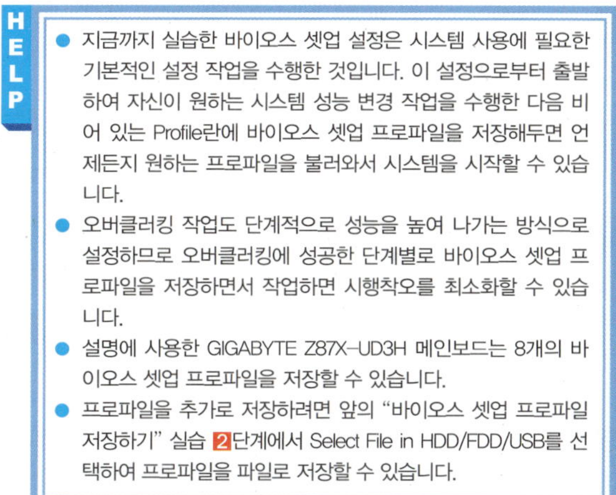

HELP

- 지금까지 실습한 바이오스 셋업 설정은 시스템 사용에 필요한 기본적인 설정 작업을 수행한 것입니다. 이 설정으로부터 출발하여 자신이 원하는 시스템 성능 변경 작업을 수행한 다음 비어 있는 Profile란에 바이오스 셋업 프로파일을 저장해두면 언제든지 원하는 프로파일을 불러와서 시스템을 시작할 수 있습니다.
- 오버클러킹 작업도 단계적으로 성능을 높여 나가는 방식으로 설정하므로 오버클러킹에 성공한 단계별로 바이오스 셋업 프로파일을 저장하면서 작업하면 시행착오를 최소화할 수 있습니다.
- 설명에 사용한 GIGABYTE Z87X-UD3H 메인보드는 8개의 바이오스 셋업 프로파일을 저장할 수 있습니다.
- 프로파일을 추가로 저장하려면 앞의 "바이오스 셋업 프로파일 저장하기" 실습 **2**단계에서 Select File in HDD/FDD/USB를 선택하여 프로파일을 파일로 저장할 수 있습니다.

PC & Neteworks

메인보드 바이오스 백업과 복원

PC 사용 중에 바이오스가 고장 나는 일은 극히 드물기는 하지만, 메인보드 바이오스는 시스템을 사용할 수 있게 해주는 중요한 프로그램인만큼 바이오스를 백업해두면 최악의 상황에서도 바이오스를 손쉽게 복원할 수 있습니다. 이 책은 4장에서 조립한 GIGABYTE Z87X–UD3H 메인보드 바이오스를 예로 설명합니다. 자신의 메인보드 설명서를 참고하여 보완하기 바랍니다.

바이오스 오류는 내 손으로 해결한다

메인보드 바이오스의 고장은 시스템 자체를 시작할 수 없는 가장 치명적인 고장으로 꼽힙니다. 바이오스를 복원해도 바이오스 셋업 프로그램으로 진입할 수 없는 물리적 고장인 경우는 A/S를 받아야 합니다.

잘 사용하던 PC에서 이러한 고장이 발생하는 경우는 드물며, 대개는 CMOS 바이러스에 의한 바이오스 오작동이나 바이오스 셋업 설정 변경 또는 삭제, 시스템이 감당할 수 없는 지나친 오버클럭 설정, 엉뚱한 메인보드 바이오스의 업데이트 같은 문제에서 비롯됩니다.

바이오스 전체를 백업해도 전체 크기는 UEFI 바이오스의 경우 16MB 정도밖에 안 되며, 기존 바이오스의 경우는 2MB 정도의 파일로 만들어집니다. 바이오스를 백업해두면 예기치 않은 바이오스 오류가 발생하더라도 쉽게 대응할 수 있습니다.

대개의 경우 바이오스 오류는 CMOS 클리어를 통해 공장 기본값으로 초기화한 다음 백업한 바이오스로 복원하면 간단히 해결할 수 있습니다. 바이오스 백업을 수행하면 백업 시점에 저장해둔 바이오스 설정이 함께 저장되며, 바이오스 셋업 프로파일을 저장한 상태에서 백업하면 예전에 저장한 바이러스 셋업 파일까지 이상 없이 사용할 수 있습니다.

메인보드 바이오스 백업하기

바이오스 백업은 메인보드 제조사에서 제공하는 윈도우용 유틸리티를 이용할 수 있지만, 바이오스 복원 작업은 시동 시에 바이오스 관리 유틸리티를 직접 실행하거나 바이오스 셋업 프로그램에서 이를 호출하여 간단히 작업할 수 있습니다.

바이오스의 업데이트와 백업, 복원 작업에는 USB 지원 플래시 메모리가 필요하다는 점만 유의하면 쉽게 작업할 수 있습니다.

이제 바이오스 셋업 프로그램에서 바이오스 관리 유틸리티를 호출하여 바이오스를 백업하는 방법을 살펴보겠습니다.

바이오스 백업하기

1 PC의 USB 단자에 USB 저장 장치를 연결하고 PC의 전원 단추를 눌러 시동한 다음 Delete 키를 눌러 바이오스 셋업 프로그램을 호출합니다.

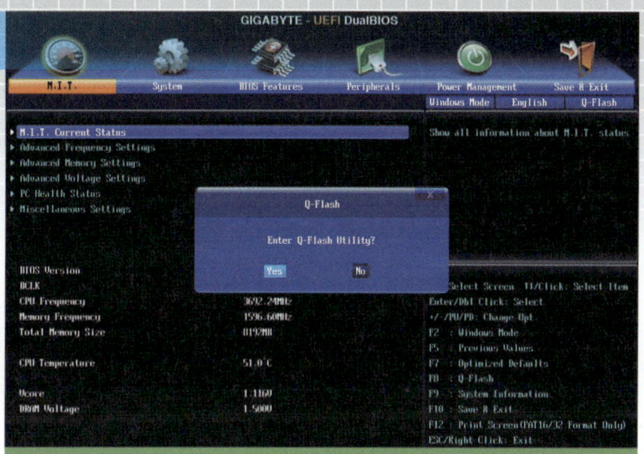

2 바이오스 셋업 주메뉴 화면에서 F8 키를 누른 후 Enter Q-Flash Utility? 대화상자가 나타나면 'Yes' 상태에서 Enter 키를 누릅니다.

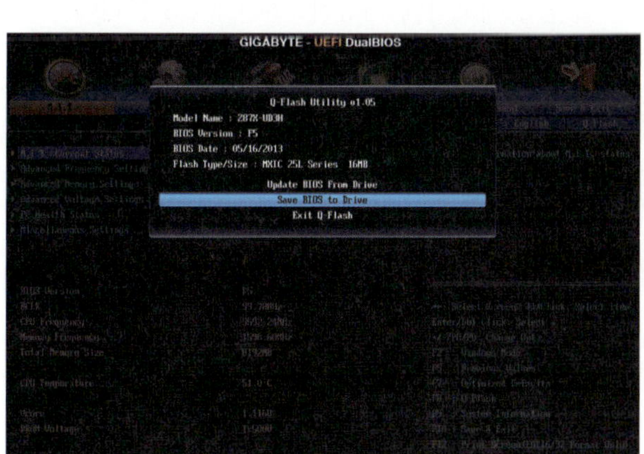

3 Q-Flash Utility 초기화면이 나타나면 Save BIOS to Drive를 선택하고 Enter 키를 누릅니다.

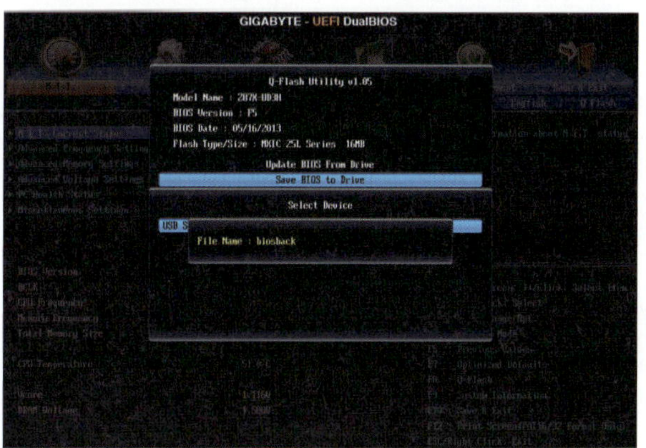

4 백업할 바이오스 파일 이름(8글자까지 가능)을 입력하고 Enter 키를 누릅니다.

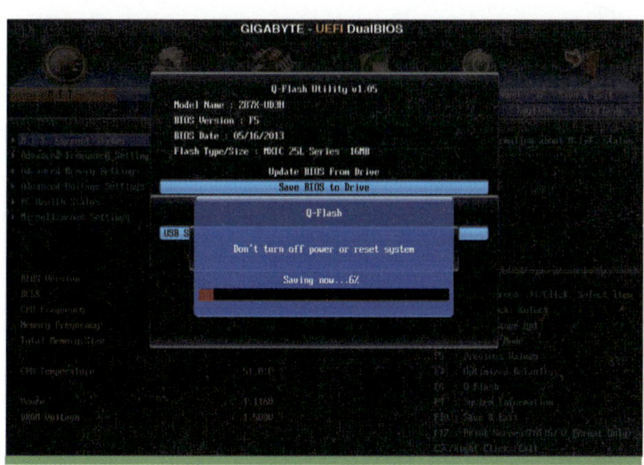

5 바이오스 백업 파일이 저장됩니다. 저장 중에는 절대 전원을 끄거나 리셋 단추를 누르면 안 됩니다.

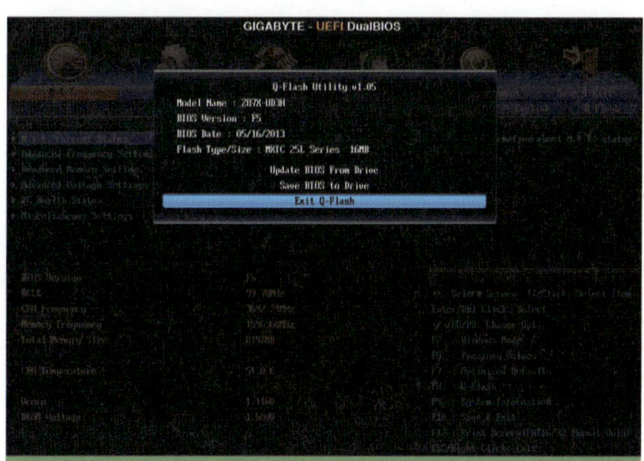

6 저장이 완료된 후 Q-Flash Utility 화면이 나오면 Exit Q-Flash를 선택하고 Enter 키를 누릅니다.

메인보드 바이오스 복원하기

메인보드 바이오스 복원 작업은 앞에서 실습한 바 있는 바이오스 업데이트 작업과 같은 방식으로 수행하면 됩니다. 듀얼 바이오스를 지원하는 메인보드의 메인 바이오스에 불량이 발생하면 자동으로 백업 바이오스에서 리커버리 작업이 진행되어 자동으로 복구되므로 별도의 복구 작업을 수행하지 않아도 시동이 가능하며, 바이오스 셋업 프로그램으로 진입도 가능합니다.

바이오스 복원 작업을 통해 바이오스 셋업 설정 오류 등으로 인해 시스템의 시동이 정상적으로 되지 않는 경우, 기존에 안정적으로 작동한 설정은 물론 바이오스 셋업 프로파일까지 완벽하게 복원할 수 있습니다.

바이오스 복원 작업의 원리는 메인보드 바이오스가 저장된 플래시 메모리의 바이오스 프로그램 전체를 덮어쓰는 작업(흔히 플래싱한다고 말합니다)이므로 작업 중에 전원을 끄거나 리셋 단추를 잘못 누르는 실수만 피한다면 쉽게 복원할 수 있습니다.

요즘 나오는 메인보드 바이오스는 바이오스 셋업 프로파일을 플래시 메모리에 저장하므로 CMOS 클리어 시에도 바이오스 셋업 파일이 유지됩니다. 치명적인 고장이 아니라 단순한 CMOS 암호 설정으로 인해 시동이 안 되는 정도라면 CMOS 클리어 후에 바이오스 셋업 프로파일을 불러오면 기존에 작업한 바이오스 설정값대로 사용할 수 있습니다(317쪽 참고). CMOS 클리어 시에는 바이오스가 공장 기본값으로 초기화되며, CMOS 클리어 작업을 수행하기 전에 파워서플라이의 전원 케이블을 AC 전원 콘센트에서 빼내고 작업을 수행해야 한다는 점도 유의하기 바랍니다. 대개의 경우는 이 방법으로 문제를 해결할 수 있지만 해결이 안 되는 경우, 바이오스 고장을 해결할 수 있는 마지막 보루가 바로 바이오스 복원 작업입니다.

바이오스 백업과 복원 작업이라고 해서 특별히 어려운 것은 없으므로, 바이오스 오류 상황에 대비하여 바이오스 복원 작업 흐름을 익혀 두기 바랍니다.

메인보드 바이오스 업데이트

바이오스 업데이트 작업의 원리도 바이오스 복원 작업과 같은 방식으로 수행하면 됩니다. 메인보드 바이오스를 바이오스 셋업 프로그램에서 직접 업데이트할 때는 미리 업데이트된 바이오스를 메인보드 제조사의 홈페이지에서 직접 다운로드하여 USB 지원 플래시 메모리에 저장한 후에 업그레이드를 진행하면 됩니다. 이 점만 유의하면 바이오스 복원 절차와 동일한 절차로 쉽게 바이오스를 업데이트할 수 있습니다.

메인보드 제조사는 바이오스 업데이트 작업을 간편하게 수행할 수 있는 유틸리티도 제공합니다. 운영체제 설치 후에 메인보드 번들 CD에는 메인보드 드라이버와 유틸리티가 제공되는데, 유틸리티 중에는 바이오스 업데이트 유틸리티도 제공됩니다. 바이오스 업데이트 유틸리티를 활용하면 온라인으로 최신 바이오스가 있는지 확인하고 업데이트를 수행할 수 있으므로 일일이 메인보드 제조사 홈페이지를 방문하여 검색하지 않고도 간단히 업데이트할 수 있습니다. 바이오스의 온라인 업데이트는 395쪽을 참고하기 바랍니다. 메인보드뿐만 아니라 바이오스 기록에 플래시를 활용하는 ODD나 인터넷 공유기 같은 장치들은 온라인 바이오스 업데이트 기능을 제공합니다.

CMOS 클리어하기

1 파워서플라이의 전원을 끄고 케이스를 열어 CMOS 클리어 단자를 확인합니다. CMOS 클리어 단자는 보통 2핀이며, 3핀이면 점퍼를 바꿔 끼면 됩니다.

2 CMOS 클리어 단자를 드라이버로 연결한 상태에서 4~5초가량 기다립니다. CMOS 램의 기존 설정값이 모두 지워지고 공장 기본값으로 초기화됩니다.

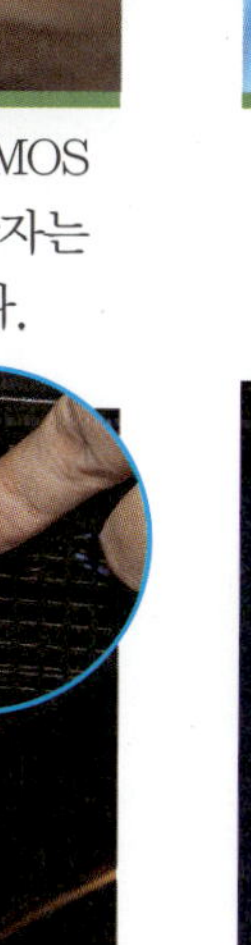

3 파워서플라이의 선원을 스위치를 켜고 PC의 전원을 켭니다.

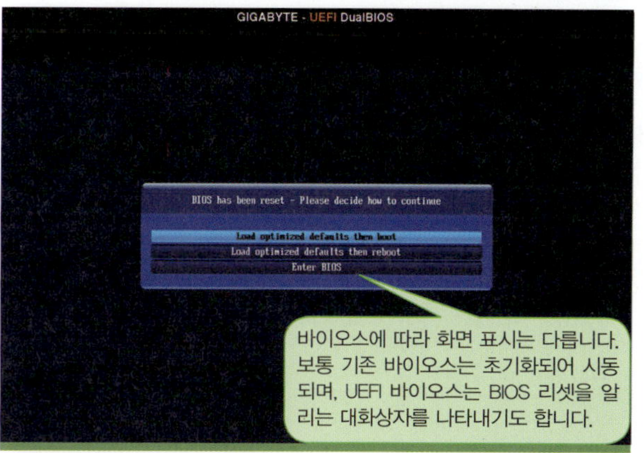

바이오스에 따라 화면 표시는 다릅니다. 보통 기존 바이오스는 초기화되어 시동되며, UEFI 바이오스는 BIOS 리셋을 알리는 대화상자를 나타내기도 합니다.

4 대화상자가 나오면 공장 최적화 기본값으로 바로 시동하는 Load optimized defaults then reboot를 선택하고 Enter 키를 누릅니다.

바이오스 복원하기

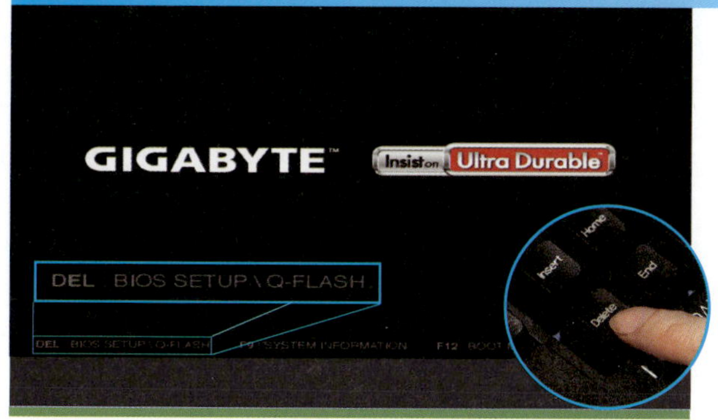

1 시동이 진행되면 Delete 키를 눌러 바이오스 셋업 프로그램을 호출합니다. 공장 기본값인 윈도우 모드의 UEFI 바이오스 셋업 화면이 나옵니다.

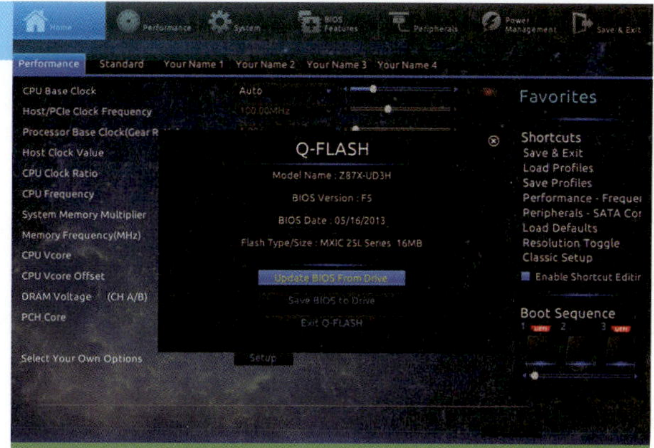

2 다시 F8 키를 눌러 Q-Flash Utility를 호출한 후 Update BIOS FROM Drive 상태에서 Enter 키를 누릅니다.

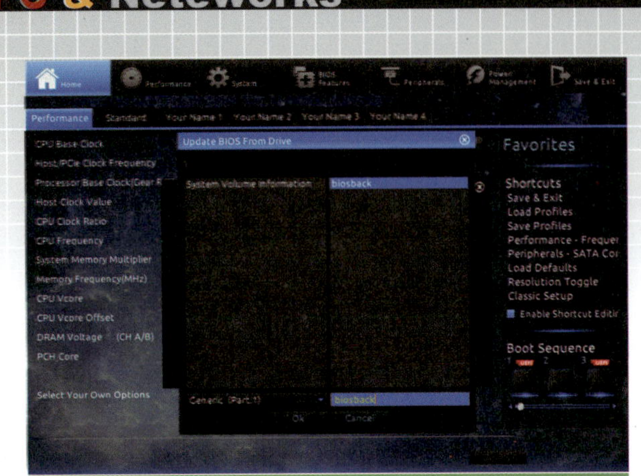

3 USB 저장 매체에 백업했던 biosback 파일을 선택하고 Enter 키를 누릅니다.

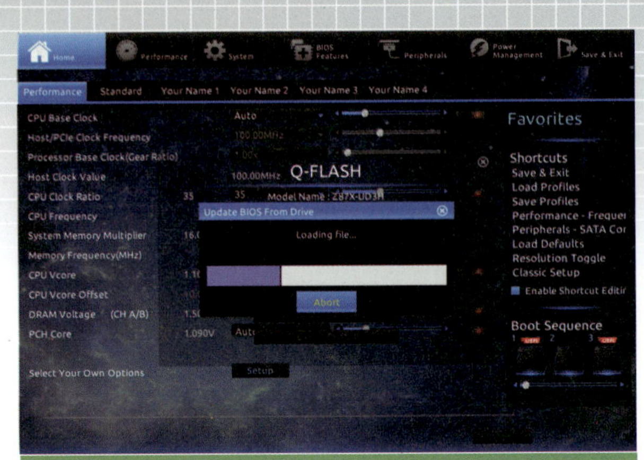

4 업데이트 전에 바이오스 파일 정보를 확인하기 위해 파일에 대한 로딩이 시작됩니다.

5 백업했던 바이오스 정보가 표시됩니다. 이상 없으면 'Yes' 상태에서 Enter 키를 누릅니다.

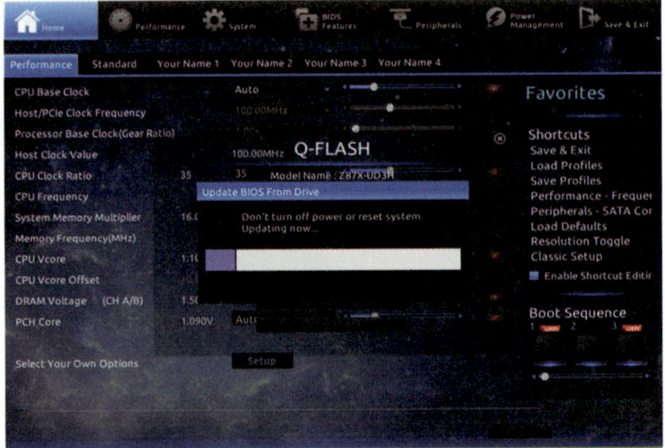

6 바이오스 업데이트 작업이 진행됩니다. 바이오스 복원 작업도 기본 개념은 업데이트와 같으며, 화면에도 업데이트 중으로 표시됩니다.

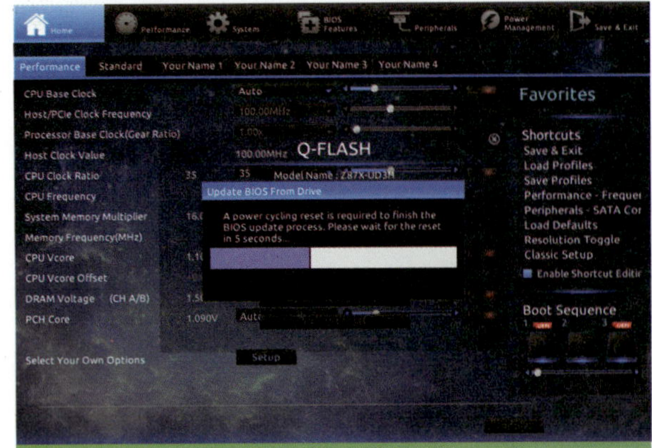

7 업데이트 작업이 끝나면 재설정을 위해 5초 안에 리부팅된다는 메시지가 나타난 후 재시동됩니다. 재시동 후부터는 복구된 바이오스가 기능합니다.

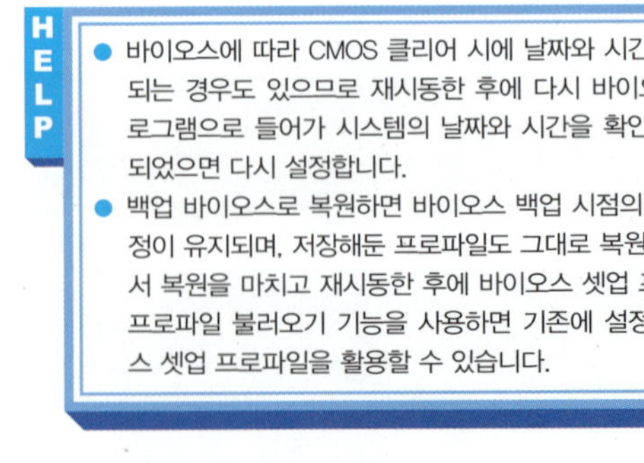

HELP

- 바이오스에 따라 CMOS 클리어 시에 날짜와 시간까지 초기화되는 경우도 있으므로 재시동한 후에 다시 바이오스 셋업 프로그램으로 들어가 시스템의 날짜와 시간을 확인하고 초기화되었으면 다시 설정합니다.
- 백업 바이오스로 복원하면 바이오스 백업 시점의 바이오스 설정이 유지되며, 저장해둔 프로파일도 그대로 복원됩니다. 따라서 복원을 마치고 재시동한 후에 바이오스 셋업 프로그램에서 프로파일 불러오기 기능을 사용하면 기존에 설정했던 바이오스 셋업 프로파일을 활용할 수 있습니다.

Chapter **06** 윈도우 7 / 8.1 / 10 설치하기

드디어 PC에 생명을 불어넣을 시간이 되었습니다. PC가 실질적으로 사용자가 내린 명령을 받아들이고 수행할 수 있기 위해서는 운영체제를 설치해야 합니다. 자신이 조립한 PC에 운영체제를 직접 설치하고 원하는 작업 환경을 만들어 가는 과정은 사실 매우 흥미로운 작업입니다.

1 운영체제는 어떤 기능을 수행할까요?

윈도우 7이나 윈도우 10 같은 제품을 왜 다른 소프트웨어와 구별하여 운영체제라고 부를까요? 운영체제는 컴퓨터 시스템 자체의 운영을 담당하는 핵심적인 소프트웨어로, 시스템의 하드웨어를 컨트롤하고 응용 프로그램이 필요로 하는 다양한 리소스를 제공하여 사용자가 원하는 작업을 수행할 수 있게 해줍니다.

운영체제가 제공하는 주요 서비스

운영체제가 제공하는 주요 서비스는 다음과 같이 몇 가지로 요약할 수 있습니다.

❶ **커널(Kernel) 서비스** : CPU를 제어하여 실질적인 처리를 수행하는 운영체제의 핵심 기능으로 명령을 처리하는 서비스를 말합니다. 커널 서비스의 특징에 따라 단일 작업 운영체제인지, 다중 작업 운영체제인지가 구분됩니다.

MS-DOS는 단일 작업 운영체제이지만, 윈도우 운영체제는 다중 작업 운영체제이며, 멀티태스킹 운영체제라고도 부릅니다.

❷ **입출력(Input/Output) 서비스** : 다양한 주변 장치와 소프트웨어의 입출력을 지원하는 서비스를 말합니다. 컴퓨터에서 사용되는 각종 장치는 운영체제에 장치를 구동하는 드라이버가 등록되어야 운용이 가능합니다. 지금은 플러그 앤 플레이(PnP) 장치가 일반적으로 사용되고 있어 장치를 설치하고 운용하기가 쉬워졌지만, 과거에는 장치의 IRQ(Interrupt Request) 번호를 직접 세팅하고 수동으로 드라이버를 설치해야 하는 등 불편이 많았습니다.

❸ **리소스 관리(Resource Management)** : 리소스란, 응용 프로그램의 수행에 필요한 자원들을 말합니다. 소프트웨어 실행에 필요한 핵심 자원은 메모리이고, 운영체제는 응용 프로그램이 요구하는 메모리 공간을 사용할 수 있게 해주며, 물리적인 메모리가 부족한 경우 디스크의 빈 공간을 부족한 메모리의 대용으로 활용하는 가상 메모리 기술을 사용하여 응용 프로그램이 필요로 하는 메모리 자원을 제공합니다.

그리고 윈도우와 같은 그래픽 사용자 인터페이스를 지원하는 운영체제는 응용 프로그램 실행에 필요한 창, 아이콘, 대화상자, 글꼴 등의 시스템 리소스를 제공합니다. 운영체제에 따라 단순한 리소스 할당 기능부터 리소스 회수와 재할당 등 향상된 리소스 관리 서비스 제공에 이르기까지 리소스 관리 서비스에는 차이가 많으며, 운영체제의 성능과 안정성에도 영향을 많이 미칩니다.

- 플러그 앤 플레이(Plug and Play, PnP) : 주변 장치를 슬롯이나 단자에 연결하면 바로 인식할 수 있게 고안된 것으로 운영체제는 장치 데이터베이스를 통해 이를 지원합니다.
- 운영체제를 설치할 때는 자동으로 장치에 필요한 드라이버를 설치하며, 설치 후에 연결된 장치도 자동으로 인식합니다. 운영체제 설치 시간이 긴 이유도 바로 방대한 장치 데이터베이스에서 장치를 검색하고 필요한 드라이버를 설치하기 때문입니다.

❹ **파일시스템(File System) 서비스** : 파일시스템은 디스크 매체에 데이터의 읽기/쓰기를 위해 고안된 것으로, 포맷을 통해 구성된다는 것은 이미 익힌 바 있습니다. 운영체제의 파일시스템 서비스를 통해 응용 프로그램을 찾아 실행하고, 작업한 데이터를 원하는 파일 이름으로 저장하고 불러올 수 있습니다. 운영체제에 따라 파일시스템의 성능과 안정성, 보안 능력은 차이가 있습니다.

❺ **응용 프로그램(Application Program) 서비스** : 운영체제는 응용 프로그램이 필요로 하는 각종 실행 라이브러리를 갖추고 응용 프로그램에 서비스하며, 개발 환경에서도 라이브러리를 이용하여 쉽게 프로그램을 개발할 수 있게 지원합니다. 윈도우 운영체제는 비주얼 C++ 같은 프로그래밍 언어에서 MFC(Microsoft Foundation Class)라는 클래스 라이브러리를 제공하여 응용 프로그램 개발을 지원합니다.

개발자는 클래스 라이브러리에서 지원되는 기능은 그냥 가져다 쓰고 고유 기능 개발에 집중할 수 있으므로 프로그램 개발 시간을 단축할 수 있습니다. 단, 특정 운영체제용의 라이브러리를 사용하면 그 운영체제를 지원하는 프로그래밍 언어로 개발하고 컴파일해야 합니다. 그러므로 응용 프로그램은 운영체제에 종속되며, 다른 운영체제에서 사용하려면 해당 운영체제용 프로그래밍 언어로 다시 작업해야 합니다.

❻ **사용자 인터페이스(UI, User Interface) 서비스** : 사용자 인터페이스는 운영체제 서비스의 최종 목적지로 인간과 컴퓨터의 의사소통 수단을 말합니다. 아무리 성능이 뛰어난 운영체제라 하더라도 사용하기 어려우면 외면받을 수밖에 없습니다. 사용자 입장에서 볼 때는 복잡한 기능보다 사용하기 쉬운 게 가장 좋은 운영체제라 할 수 있습니다.

사용자 인터페이스 서비스는 셸(Shell)이라고 부르는 명령 해석기를 매개로 구현됩니다. 셸은 MS-DOS 같은 명령어 셸과 윈도우에서 사용하는 그래픽 셸로 크게 구분됩니다.

명령어 셸은 사용자가 도스처럼 직접 명령어를 입력하여 컴퓨터를 제어하는 방식입니다. 반면 윈도우 같은 그래픽 셸을 지원하는 운영체제는 직관적인 그래픽 개체를 조작하여 명령을 수행시킵니다. 예를 들어 사용자는 마우스를 이용하여 필요 없는 파일을 휴지통에 버려 삭제하거나 문서 파일을 선택해서 프린터 아이콘으로 드래그하여 작업한 문서를 인쇄할 수 있습니다. 이처럼 그래픽 개체를 이용하여 직관적인 작업 수행이 가능한 사용자 인터페이스를 GUI(Graphic User Interface)라고 합니다.

운영체제 패키지

시장에서 판매되는 운영체제 패키지에는 운영체제 본연의 기능 외에 유용하게 활용되는 각종 보조 프로그램과 게임 등을 포함하고 있습니다. 마이크로소프트 사의 운영체제 패키지에는 번들되는 프로그램이 많아 사용자 입장에선 공짜로 포함되는 게 많으니 좋겠지만, 그만큼 중소 규모 소프트웨어 개발사가 개발하여 판매할 수 있는 소프트웨어가 없어지는 셈입니다.

세계적으로 자국에서 개발된 워드프로세서 사용자가 다수를 이루는 나라는 대한민국뿐입니다. 마이크로소프트 사에 대항하여 무료 혹은 저가의 소프트웨어를 개발하고 보급하는 리눅스 진영도 있지만 사용 습관을 바꾸기 어려운 소프트웨어의 특성 때문에 영향력은 그다지 높지 않습니다.

윈도우 7 / 8 / 8.1
운영체제 패키지

2 윈도우 운영체제의 세대별 특징

마이크로소프트 사의 윈도우 운영체제도 여러 세대를 거쳐 진화해왔습니다. 윈도우 3.1 이후 윈도우 95, 윈도우 98, 윈도우 Me, 윈도우 XP, 윈도우 비스타, 윈도우 7, 윈도우 8, 윈도우 8.1, 윈도우 10이 등장했습니다. 이 중에는 윈도우 XP나 윈도우 7처럼 사용자의 사랑을 받으며 장수한 운영체제도 있고, 막강한 기능을 제대로 펼쳐보지도 못하고 외면당한 윈도우 비스타나 윈도우 8.1로 대체된 윈도우 8 같은 비운의 운영체제도 있습니다.

소프트웨어의 사용자 경험과 사용자 인터페이스

소프트웨어의 경우, 기존 사용자를 계속 유지하고 확장하기 위해 버전업을 할 때 핵심적으로 지키는 원칙은 기존의 사용자 경험을 유지 · 발전시키는 데 둡니다.

윈도우 95에서 처음 선보였던 윈도우의 시작 단추와 작업 표시줄은 컴퓨터 사용을 간편하게 해주는 혁신적 인터페이스로 각광받았습니다. 그러므로 윈도우에서 시작 단추와 작업 표시줄은 기본틀을 유지한 채 기능이 업그레이드되어 왔습니다.

특히 윈도우 7에서는 시작 단추를 누르면 나오는 시작 메뉴에 Windows 검색 상자를 포함시켜 한 두 글자만 입력해도 프로그램이나 문서 파일을 바로 찾아 열 수 있게 하였으며, 자주 사용하는 프로그램과 실행 중인 작업 창을 효과적으로 관리할 수 있는 작업 표시줄로 더욱 더 완성도를 높였습니다.

윈도우 7은 윈도우 XP의 사용자 인터페이스를 발전적으로 계승하였기 때문에 윈도우 XP에서 지원하는 운영체제 기능들은 대부분 윈도우 7에서도 비슷한 방식으로 사용할 수 있습니다.

윈도우 8의 PC와 모바일 운영체제 통합 전략

2009년, 애플의 아이폰과 아이패드 태블릿 PC의 등장과 함께 본격적으로 모바일 시대가 열리면서 마이크로소프트 사는 윈도우 운영체제를 PC뿐만 아니라 모바일까지 함께 대응하는 전략을 모색합니다.

하지만 윈도우의 대표적인 사용자 인터페이스이자, PC 사용의 출발점이었던 시작 단추가 사라지고 그 대신 모바일까지 함께 대응하기 위한 메트로 UI로 시작 화면이 나오고, 참 메뉴라는 새로운 사용자 인터페이스 요소가 추가되었는데, 오히려 새로운 인터페이스는 새로이 적응해야 했기 때문에 사용자들의 불만을 샀습니다.

마이크로소프트 사의 입장에서 볼 때 윈도우 8은 윈도우 7보다 빠른 부팅 속도와 소프트웨어의 빠른 실행과 보다 강화된 안정성을 제공하고, 없어진 시작 단추 기능의 대체 활용법과 메트로 UI와 참 메뉴에 적응하는 방법도 약간의 시간만 투자하면 되는 문제로 보았겠지만, 예상과 달리 시작 단추 제거 파장은 심각하여 결국 윈도우 8은 사용자의 외면을 받고 말았습니다.

결국 마이크로소프트 사는 시작 단추를 부활시키고 시작 화면도 메트로 UI 대신 바탕화면이 나오도록 개선한 윈도우 8.1을 발표하였습니다. 윈도우 8.1의 시작 단추도 윈도우 7과 달리 시작 단추를 클릭하면 메트로 UI로 전환하고, 메트로 UI에서도 왼쪽 맨 아래 모서리로 이동하여 시작 단추가 나올 때 클릭하면 바탕화면으로 전환됩니다. 바탕화면에서 윈도우 8.1의 시작 단추를 오른쪽 클릭하면 메뉴 이름으로된 베어본 시작 메뉴가 나오는 방식으로 보완되었습니다. 이 시작 메뉴는 사실 윈도우 8에서도 시작 단추는 없지만 왼쪽 하단의 시작 단추 위치에서 오른쪽 클릭하면 나오는 메뉴 이름으로된 베어본 시작 메뉴에 종료 기능이 빠진 점 말고는 비슷합니다. 이 시작 메뉴는 ⊞+X 키로 나타낼 수도 있습니다. 사실 베어본 시작 메뉴를 호출하는 ⊞+X 키는 윈도우 8.1과 윈도우 10에서도 지원하므로 유용하게 활용할 수 있습니다.

윈도우 10의 플랫폼 통합 전략

마이크로소프트 사가 윈도우 8 / 8.1에서 추구하던 PC와 모바일 운영체제 통합 전략은 시장에서는 성공하지 못했지만, 기술적인 완성도는 상당히 높은 속도로 진척되었습니다. 모바일을 겨냥하여 방대하고 무거웠던 운영체제 소스 코드도 최적화되었습니다.

마이크로소프트 사는 태블릿 PC이든 스마트폰이든 운영체제는 윈도우 10을 쓰도록 만들겠다는 전략하에 컨티늄 기술을 적용하여 PC용은 시작 단추를 보다 보강하여 메트로 UI를 시작 메뉴에 품고, 스마트폰이나 태블릿 PC와 같은 모바일 기기에서는 시작 단추 대신 자동으로 메트로 UI가 기능할 수 있도록 하였습니다.

윈도우 10에서 윈도우 8/8.1에서 화면 오른쪽 가장자리로 이동하면 나오는 참 메뉴는 없어졌고, 음성 비서인 코타나, 액티브 X를 없애고 익스플로러보다 훨씬 빨라진 엣지 브라우저 등 최신 기능으로 업그레이드하여 출시했습니다.

그 뿐만 아니라 윈도우 10은 2015년 7월29일 출시하면서 1년 동안 전세계에서 무료 업그레이드를 지원했습니다. 그 결과 단숨에 PC 운영체제의 확고한 기반은 다졌으나 모바일 운영체제 분야에서는 기존 강자인 애플의 IOS와 구글의 안드로이드의 아성을 위협하지는 못했습니다.

윈도우 XP의 주요 특징

2001년 세상에 선보인 윈도우 XP는 윈도우 Me의 사용 편의성과 윈도우 2000의 강력한 안정성과 멀티태스킹 기술이 통합된 운영체제입니다. 2014년 4월 8일 마이크로소프트 사는 윈도우 XP에 대한 공식 지원을 종료하였지만, 아직도 구형 PC에서는 많이 사용되고 있습니다. 윈도우 XP의 특징은 다음과 같습니다.

❶ **뛰어난 안정성과 호환성, 빠른 속도** : 기존 윈도우 운영체제의 최대 약점은 불완전한 리소스 반환으로 인한 시스템 성능 저하와 다운되는 문제였습니다. 윈도우 XP는 응용 프로그램이나 장치 드라이버 오류가 발생해도 다운되지 않고, 오류가 발생한 장치의 수행을 차단하고 문제점을 보고해주며, 오류가 발생한 프로그램도 Windows 작업 관리자에서 강제 종료하고 리소스 회수가 가능합니다.

❷ **사용자 친화성과 편의성** : 윈도우 95에서 처음 선보인 시작 메뉴와 작업 표시줄 인터페이스를 계승하여 윈도우 XP에서는 더욱 효율적으로 개선하였습니다. **시작** 단추만 클릭하면 컴퓨터에서 하고 싶은 거의 모든 작업을 선택할 수 있게 되었으며, **빠른 실행 아이콘**을 이용하여 자주 사용하는 프로그램을 보다 빨리 사용할 수 있습니다. 그리고 동일 프로그램에서 여러 창을 사용할 때는 작업 단추를 그룹으로 표시하여 밀티태스킹 작업노 보다 편리하게 수행할 수 있습니다.

윈도우 XP 한눈에 보기

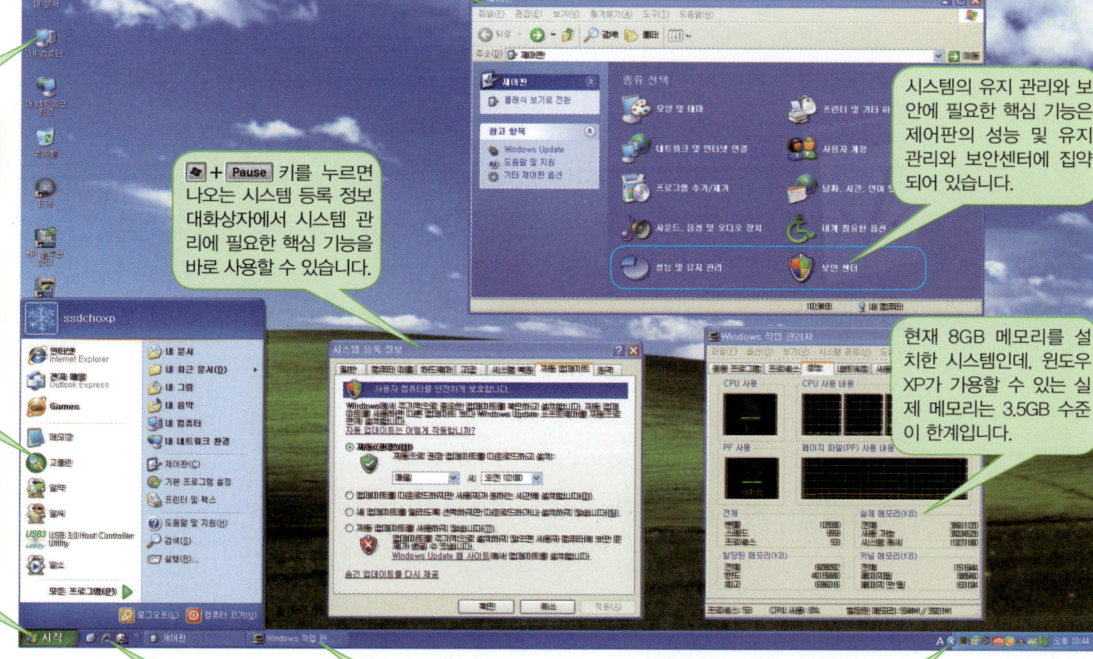

❸ **다중 사용자 지원** : 여러 사용자가 한 대의 컴퓨터를 여러 사람이 이용할 경우에도 사용자마다 개별적인 사용자 환경을 구성할 수 있습니다. **빠른 사용자 전환** 기능을 사용하면 컴퓨터를 재시동하지 않고도 현재 작업을 유지한 상태에서 다른 사용자가 다른 계정으로 로그인하여 사용할 수 있습니다.

❹ **다양한 기능과 유틸리티 지원** : 윈도우 XP는 소프트웨어 개발사에게는 재앙이지만 사용자에게는 편리한 다양한 응용 프로그램 기능을 포함시켰습니다. CD/DVD 레코딩 기능, 서로 떨어진 동료와 공유하는 웹 파일 게시 기능, 윈도우 미디어 플레이어와 비디오 녹화 및 편집 도구(윈도우 미디어 인코더), 회사에서도 집에 있는 컴퓨터를 마음껏 활용할 수 있는 원격 데스크톱 연결 기능 등의 유틸리티와 보조 프로그램을 제공합니다.

윈도우 7의 주요 특징

윈도우 비스타의 실패 이후 마이크로소프트 사는 윈도우 비스타를 대폭 개선하여 2009년에 윈도우 7을 출시했습니다. 윈도우 비스타가 실패한 이유는 안정성과 뛰어난 사용자 인터페이스는 인정받았으나 인터넷 뱅킹 등 호환성 문제와 운영체제에서 너무 많은 메모리와 리소스를 사용하는 무거운 운영체제라는 문제가 부각되었습니다. 비스타의 실패가 약이 되어 윈도우 7은 비스타의 사용자 인터페이스와 신기능을 승계하고 윈도우 XP보다 빠른 성능까지 제공하는 데 성공하였습니다. 윈도우 7의 특징은 다음과 같습니다.

❶ **더욱 지능화되고 세련된 인터페이스** : 윈도우 7은 고도로 지능화되고 세련된 사용자 인터페이스를 제공합니다. 윈도우 7의 시작 메뉴에는 Windows 검색 상자가 추가되어 한두 글자만 입력해도 원하는 프로그램이나 파일을 즉시 열 수 있습니다. DirectX 11에 기반한 Aero 화면 처리로 고급스러운 투명도와 역동적인 생동감을 경험할 수 있으며, 다양한 바탕화면 테마가 제공됩니다. 작업 표시줄 자체가 윈도우 XP의 빠른 실행줄 기능을 제공하므로 자주 사용하는 프로그램을 작업 표시줄에 고정시킬 수 있습니다. 이 아이콘을 오른쪽 클릭하면 최근에 수행한 작업 목록을 나타내고 바로 열 수 있는 점프 목록 기능도 제공합니다. 작업 표시줄은 현재 열려 있는 작업 창의 축소판 미리보기를 제공하므로 원하는 작업 창을 쉽게 선택할 수 있습니다.

❷ **4GB 물리 메모리 제한에서 해방** : 윈도우 7은 32비트 버전과 64비트 버전이 제공되는데, 64비트 버전의 경우에는 32비트 메모리 관리의 한계를 극복하고 64비트 메모리 관리로 4GB 이상의 메모리도 모두 활용할 수 있습니다. 윈도우 XP도 64비트 버전이 나오긴 했으나 많이 사용되지는 않았습니다.

❸ **광범위한 하드웨어 지원** : 윈도우 7은 개발 과정에서 수많은 하드웨어 DB를 구축하였습니다. 그러므로 운영체제 설치하면 대부분의 장치 드라이버도 자동으로 인식하여 설치해주므로 바로 사용할 수 있습니다. 물론 최신 부품의 성능을 최대한 발휘하려면 부품과 함께 제공된 최신 드라이버를 설치하는 게 좋습니다.

❹ **윈도우 XP 가상화 설치 지원** : 윈도우 7은 윈도우 XP 서비스팩 3의 가상화 설치를 지원하여 윈도우 XP를 구매하지 않고도 윈도우 XP를 사용할 수 있도록 지원합니다. 8GB 이상

윈도우 7 한 눈에 보기

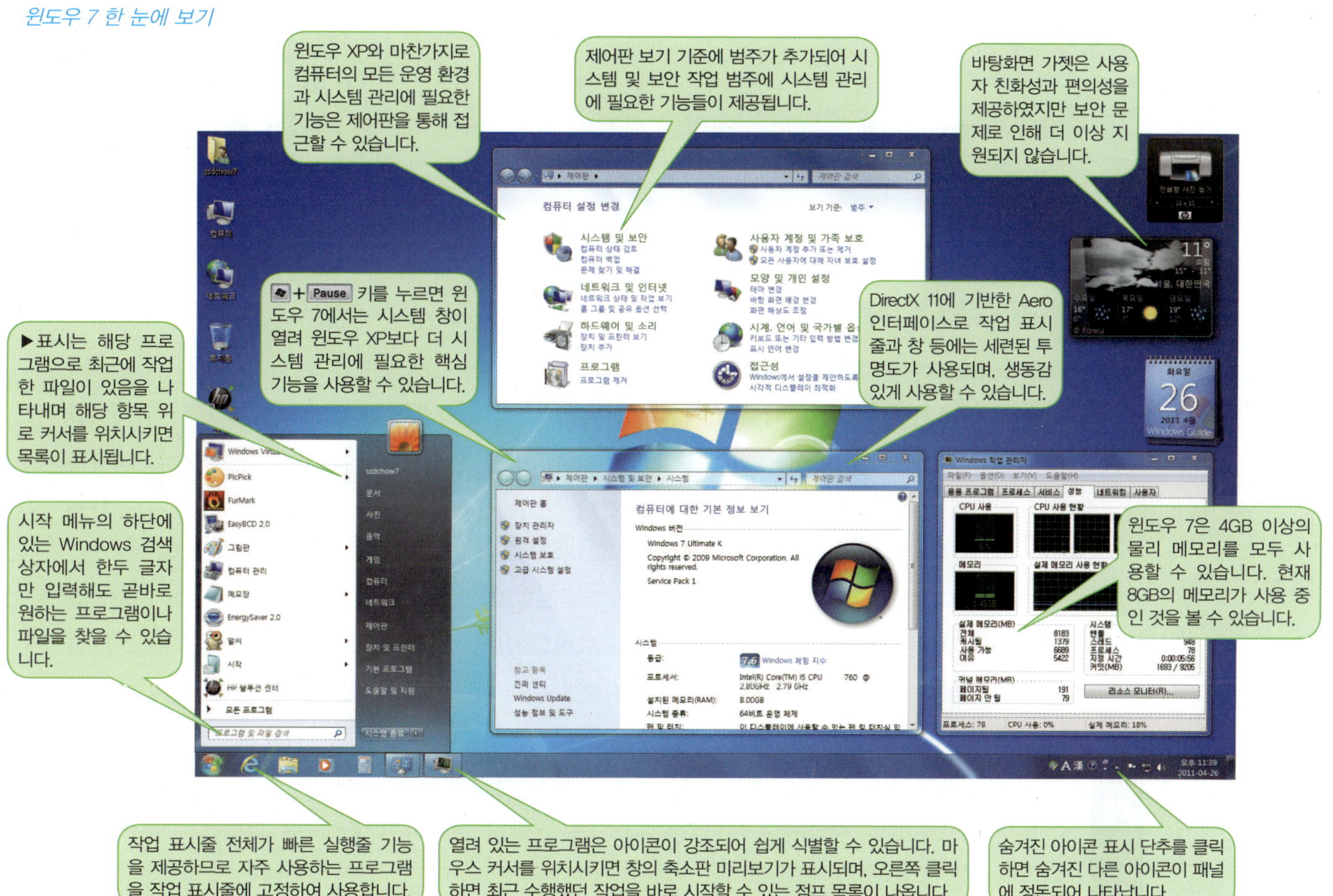

의 메모리를 사용하는 환경이라면 윈도우 XP 가상화 설치 환경에서도 기존에 윈도우 XP로 수행하던 대부분의 작업을 수행할 수 있습니다.

❺ **윈도우 XP보다 월등한 시스템 관리와 최적화** : 윈도우 7의 관리 센터는 시스템의 유지 관리 기능을 통합 지원합니다. 윈도우 7은 고스트나 트루 이미지 같은 상용 프로그램 못지 않은 편리한 시스템 이미지 백업 기능을 제공하므로 최악의 상황에 직면하더라도 백업한 이미지로 복구할 수 있습니다. 그 뿐만 아니라 문제 해결 기능을 제공하여 초보자도 손쉽게 시스템 관리상의 문제를 해결하고 시스템을 최적화할 수 있습니다.

❻ **강력한 보안 강화** : 윈도우 7의 보안 기능은 사용자가 귀찮다고 느낄 정도로 강화되었습니다. 윈도우 XP의 방화벽/백신/자동 업데이트 트리오로 구성되었던 보안 센터는 윈도우 7에서 관리 센터로 통합되었습니다. 시스템에 영향을 미치는 프로그램 실행이나 설치를 예방하여 악성 소프트웨어와 악성코드 실행을 봉쇄하는 사용자 계정 컨트롤, 악성코드와 스파이웨어를 차단하는 윈도우 디펜더 프로그램을 제공합니다. 윈도우 비스타에서 처음 제공된 바탕화면 가젯 기능은 사용자 친화성과 편의성을 제공하였지만, 보안 문제로 인해 더 이상 지원되지 않습니다. 윈도우 7 Professional 이상의 버전에서는 데이터의 분실 또는 도난 시에도 파일을 도용할 수 없도록 하는 강력한 BitLocker 암호화 기능도 제공합니다.

윈도우 8의 주요 특징

윈도우 8은 시동을 하면 기존의 시작단추와 작업 표시줄, 바탕화면으로 구성된 데스크톱 (Desktop) 인터페이스 대신 모바일 기기의 터치스크린 조작에 특화된 메트로 UI(User Interface)의 라이브타일 시작 화면이 나타납니다. 기존과 같은 데스크톱 인터페이스로 진입하려면 라이브타일 중 하나로 제공되는 데스크톱 타일을 클릭해야 합니다. 데스크톱 인터페이스도 기존에 익숙했던 시작 단추는 제거되었고, 참 메뉴가 새롭게 제공됩니다. 윈도우 8 운영체제의 특징은 다음과 같습니다.

● 윈도우 8부터 메트로 UI(Metro User Interface)가 새롭게 제공되면서 기존 사용자 인터페이스는 데스크톱(Desktop) 인터페이스로 구별됩니다.

● 앱(App) : App은 Application의 약어 표현으로, 프로그램이나 소프트웨어와 같은 의미입니다. 주로 모바일 프로그램을 지칭할 때 앱이라는 표현을 많이 사용합니다.

❶ 터치스크린을 지원하는 메트로 UI 도입 : 모바일 운영체제의 필수 기능이라 할 수 있는 터치 인터페이스를 전면적으로 지원하는 메트로 UI와 사각형 모양의 라이브타일은 앱을 실행하는 프로그램 아이콘 기능을 제공하며, 앱이 사진이나 간단한 텍스트의 실시간 표시를 지원하는 경우, 라이브타일 기능을 켜거나 끌 수 있으며 라이브타일의 크기나 배치도 사용자가 구성할 수 있으므로 사용자에 최적화된 맞춤형 시작 화면 구성이 가능합니다.

윈도우 8부터 공존하게 된 메트로 UI와 데스크톱 UI는 실행되는 소프트웨어도 차이가 있습니다. 메트로 UI를 지원하는 앱에는 모바일에 최적화된 비교적 작은 크기의 앱도 포함됩니다. 이 들 앱은 메트로 UI에서는 실행되지만 데스크톱 UI에서는 실행되지 않습니다. 그리고 데스크톱용 앱은 기존 방식의 PC용 소프트웨어로 이해하면되는데, 메트로 UI에서는 실행되지 않습니다. 메트로 UI에서 PC에서 설치된 모든 앱에 접근하여 실행할 수 있지만 메트로 UI에서 실행할 수 없는 데스크톱용 앱을 실행하면 데스크톱 화면으로 바뀌어 실행되는 것을 볼 수 있습니다.

❷ 참 메뉴 지원 : 윈도우 8부터 새로 제공되는 참 메뉴는 화면 오른쪽 위아래 모서리로 마우스 포인터를 이동하면 창의 오른쪽에서 미끄러져 나옵니다. 기능은 다음과 같습니다.

검색 : 마이크로소프트 검색 엔진인 Bing의 검색 기능으로 PC의 앱이나 파일을 찾기와 웹 검색을 지원합니다.

공유 : 친구와 동료 간에 파일이나 사진, 웹페이지 등을 공유할 수 있습니다.

윈도우 8 메트로 UI

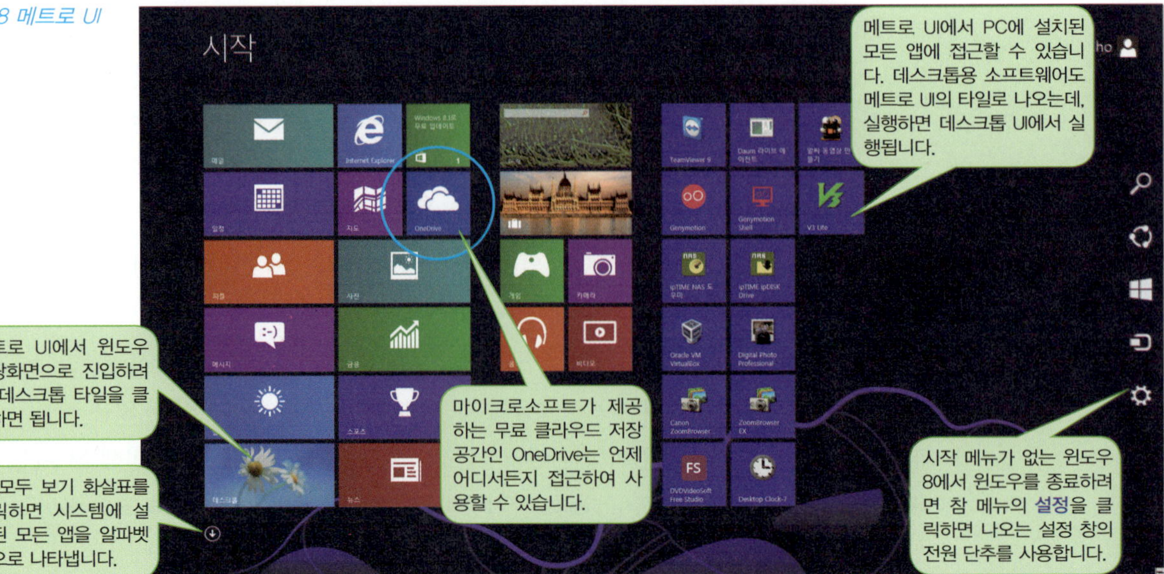

윈도우 8 데스크톱
한눈에 보기

시작 : 데스크톱 모드나 앱 사용 중이라도 언제든지 윈도우 8의 시작 화면, 즉 메트로 UI 시작 화면으로 전환합니다. 사용 중이던 앱이나 데스크톱 모드로 복귀하려면 왼쪽 상단 모서리로 마우스 포인터를 위치시키면 실행 중인 앱이 나오므로 선택하면 됩니다.

장치 : 프린터, 프로젝터, 휴대전화, TV 같은 장치를 사용합니다.

설정 : PC의 네트워크, 소리, 모니터 밝기를 간편하게 조절하며, PC 운용 환경을 통합 설정할 수 있는 PC 설정 기능이 제공됩니다. 시스템을 종료하는 전원 단추도 이곳에 있습니다.

❸ **빠른 부팅 속도와 반응 속도** : 코드 최적화를 통해 윈도우 7보다 훨씬 빠른 부팅 속도와 응용 프로그램 로딩 속도를 제공합니다. UEFI 바이오스의 시스템에서는 전원을 켜면 바로 사용할 수 있을 정도로 빠른 부팅 속도를 제공합니다.

❹ **윈도우 스토어 직접 연동** : 윈도우 스토어와 바로 연동되어 게임, 영화, 음악, 스포츠, 뉴스 등 다양한 인기 앱들을 손쉽게 검색하고 다운로드할 수 있습니다.

❺ **시작 단추 제거** : 바탕화면 작업 표시줄에서 시작 단추가 제거되어, 컴퓨터를 켜면 시작 단추로 시작하고 시작 메뉴에서 종료 단추로 PC를 끄는 데 익숙한 사용자들에게 혼란을 초래했습니다. 시작 단추가 제거되었어도 시작 단추 위치에서 오른쪽 클릭하거나 언제든지 + X 키를 누르면 메뉴 이름으로된 베어본 시작 메뉴를 열어 자주 쓰는 기능들을 사용할 수 있습니다. 윈도우 8.1/10에서도 + X 키로 베어본 시작 메뉴를 사용할 수 있습니다.

윈도우 8.1의 주요 특징

윈도우 8에서 시작 화면이 메트로 UI로 고정되고 시작 단추가 제거된 점이 가장 큰 문제로 손꼽혔는데, 윈도우 8.1은 이 두 문제를 해결하였습니다. 윈도우 8.1은 이밖에도 몇가지 개선사항을 추가하긴 했으나 윈도우 8의 기본적인 환경과 특징은 그대로 유지한 운영체제이며, 윈도우 8 사용자는 무료 업그레이드가 지원됩니다. 윈도우 8.1의 특징은 다음과 같습니다.

❶ **시작 화면 선택 기능** : 윈도우 8에서는 무조건 메트로 UI로 시작되었지만, 윈도우 8.1에서는 기본 시작 화면이 데스크톱 모드로 바뀌었으며, 시작 화면을 선택할 수 있는 기능도 추가되었습니다.

❷ **시작 단추의 부활** : 윈도우 8.1에서 시작 단추가 다시 부활했으나 윈도우 7의 시작 단추와 달리 클릭하면 메트로 UI와 데스크톱 모드를 전환하며, 시작 메뉴를 나타내려면 시작 단추 위에서 오른쪽 마우스 버튼을 클릭합니다. 시작 메뉴 구성도 윈도우 7과는 크게 다르며, 오히려 윈도우 8의 시작 단추 위치에서 오른쪽 클릭하면 나오는 시작 메뉴에 '종료 또는 로그아웃' 메뉴가 추가된 점 외에는 거의 같습니다.

❸ **라이브 타일 설정 기능 강화** : 메트로 UI의 라이브타일을 여러 개 선택하여 한꺼번에 설정할 수 있으며, 타일의 크기도 기존 2단계에서 4단계의 크기 조절(크게 → 넓게 → 보통 → 작게)을 지원하여 세련된 시작 화면 구성을 지원합니다.

❹ **향상된 멀티태스킹과 창분할 기능** : 윈도우 8이나 8.1에서는 실행 중인 앱의 상단으로 마우스 커서를 이동하면 손바닥 모양으로 바뀌면서 창 분할 기능을 사용할 수 있습니다. 윈도우 8.1은 윈도우 8보다 좀 더 편리하고 정교해진 창 분할 기능을 지원하여 윈도우 8에서는 2개의 앱만 멀티태스킹이 가능한 반면, 윈도우 8.1에서는 4개의 앱을 분할된 창에서 동시에 작업할 수 있습니다.

❺ **그 밖의 개선 사항** : 참 메뉴 검색에 검색 엔진 Bing을 사용하여 PC와 웹의 통합 검색 지원, PC 설정 기능 강화, 잠금 화면에서의 사진 슬라이드 쇼, 스토어 기능 개선, 3D 프린팅 지원, 번들 앱의 추가 및 인터넷 익스플로러 11의 기본 탑재 등이 이루어졌습니다.

윈도우 8.1 메트로 UI

● 윈도우 8.1의 기본 제공 앱에는 알람, 계산기, 일정, 카메라, 금융, 푸드, 게임, 헬스, 메일, 지도, 음악, 뉴스, 피플, 사진, 뷰어, 읽기 목록, 녹음기, 스포츠, 여행, 비디오 및 날씨 앱이 있습니다.

윈도우 8.1 데스스톱 한 눈에 보기

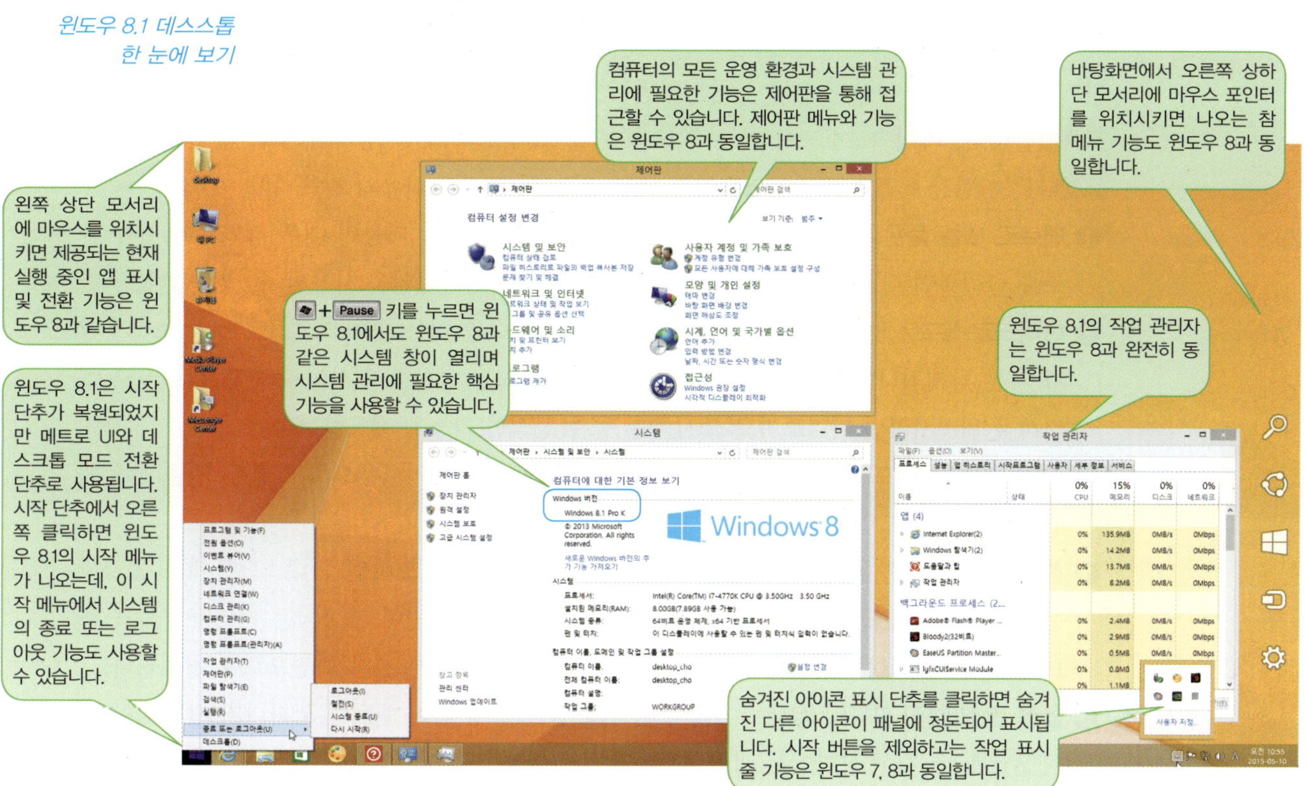

Check Point — 윈도우 8/8.1 메트로 UI의 PC와 태블릿 PC 조작 방식

윈도우 8부터는 기존 윈도우 운영체제와 달리 터치 인터페이스를 전면적으로 지원합니다. 때문에 모바일 기기뿐만 아니라 터치 액정을 장착한 노트북 컴퓨터에서도 터치 조작을 사용할 수 있습니다. PC에서는 메트로 UI와 참 메뉴가 비교적 호응을 받지 못했지만 윈도우 태블릿 PC 서피스 시리즈에서는 메트로 UI의 사용 편의성이 검증되었습니다. 다음은 PC와 태블릿 PC에서 자주 활용되는 몇 가지 핵심적인 조작 방식입니다.

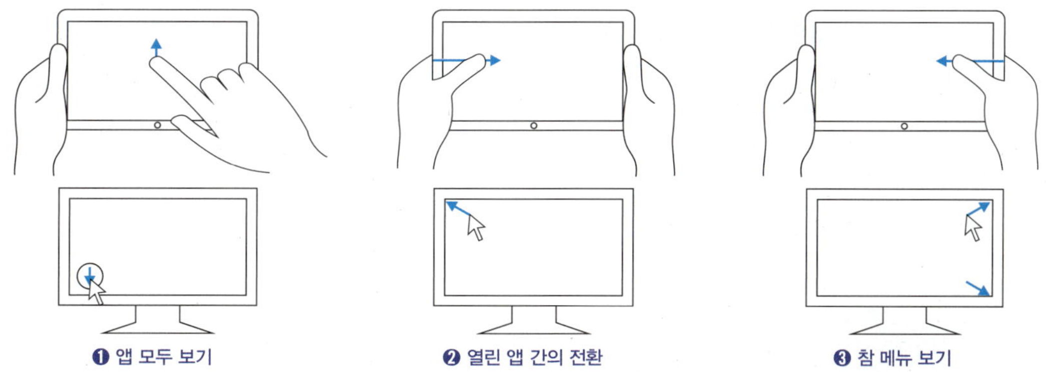

❶ **앱 모두 보기** : 메트로 UI에서 모든 앱을 표시하려면 태블릿 PC에서는 손가락을 접촉한 상태에서 화면 가운데에서 위로 밀면 됩니다. PC에서는 메트로 UI 왼쪽 아래 모서리 근처에 있는 앱 모두 보기 화살표를 클릭합니다.

❷ **열린 앱 간의 전환** : 열려 있는 다른 앱으로 전환하려면 태블릿 PC에서는 화면 왼쪽 가장자리에서 안쪽으로 밀면 됩니다. PC에서는 마우스 커서를 화면의 왼쪽 상단 모서리로 이동하여 현재 열려 있는 앱의 미리보기들이 나올 때 선택합니다.

❸ **참 메뉴 보기** : 태블릿 PC에서는 오른쪽 가장자리에서 안쪽으로 밀면 참 메뉴가 표시됩니다. PC에서는 오른쪽 위아래 가장자리로 마우스 커서를 위치시키면 참 메뉴가 슬라이딩되어 나타납니다. 윈도우 10은 참 메뉴를 제공하지 않습니다.

윈도우 10의 주요 특징

윈도우 8.1에 이어 나올 것으로 예상되었던 윈도우 9 대신 마이크로소프트는 윈도우 10을 발표하였습니다. 마이크로소프트 사는 윈도우 10을 모바일과 PC를 망라한 통합 플랫폼으로 만들겠다는 야심찬 목표로 개발하였습니다. 윈도우 10의 특징은 다음과 같습니다.

❶ **메트로 UI를 품은 시작 메뉴** : 윈도우 10에서는 시작 단추의 기능이 대폭 강화되어 시작 단추를 클릭하면 나오는 시작 메뉴에서 메트로 UI의 라이브타일을 사용할 수 있습니다.

❷ **마이크로소프트 엣지 탑재** : 새로운 웹브라우저 시대를 여는 마이크로스트 엣지 브라우저가 기본 탑재됩니다. 마이크로소프트 엣지 브라우저는 방문한 웹사이트의 탭 위로 마우스 커서를 위치시키면 미리보기로 표시하는 등 혁신적인 기능을 제공합니다.

❸ **iOS와 안드로이드 앱의 윈도우 변환 지원** : iOS와 안드로이드용으로 개발된 앱을 손쉽게 윈도우용 앱으로 변환할 수 있는 개발 툴 지원

❹ **통합 하이브리드 운영체제** : 통합 하이브리드 운영체제로 모바일과 데스크톱에서 동일한 운영체제를 사용합니다. 하드웨어 플랫폼에 따라 최적 화면이 제공되는 컨티뉴 기능으로 PC에서는 데스크톱이, 모바일 기기에서는 메트로 UI가 기본 시작 화면으로 지원됩니다.

❺ **음성 인식 엔진 코타나 탑재** : 애플의 시리와 같은 음성 인식 엔진인 코타나가 탑재되어 웹 및 Windows 검색 상자에서 서비스됩니다. 단, 아직 한국어는 지원되지 않습니다.

❻ **전세계에서 통용되는 윈도우 스토어** : 윈도우 스토어가 각국의 결재 방식을 지원하게 되어, 개인 사용자용 앱이든 기업용 앱이든 윈도어 스토어를 통해 구매할 수 있게 되었습니다.

❼ **가상 데스크톱 지원** : 윈도우 작업 화면을 여러 개를 운용할 수 있는 가상 데스크톱을 지원합니다.

3 운영체제 설치 전 점검 사항

과거에는 운영체제 설치 미디어로 DVD가 제공되었으나 ODD 사용이 점차 줄고 있기 때문에 윈도우 10부터는 DVD 대신 USB 플래시 메모리에 윈도우 10 설치 프로그램을 제공합니다. 운영체제 설치는 의외로 간단하지만 운영체제 설치 미디어가 있는 드라이브로 시동하도록 한다는 점과 GPT 부팅 사용 여부, 운영체제용 드라이브 결정, 레이드 사용 여부, 드라이브 컨트롤 모드 등을 사전에 결정하고, 바이오스 셋업을 통해 사전 설정이 필요한 부분은 미리 설정한 다음에 운영체제 설치 작업을 진행하길 권합니다.

운영체제 설치 전 바이오스 셋업 설정

현재 판매되는 메인보드는 기본적으로 SATA 인터페이스를 지원합니다. SATA에 최적화된 컨트롤 모드는 AHCI 모드이므로 호환성을 위해 지원되는 구형 IDE 모드로 설정하지 않도록 유의해야 합니다. AHCI 모드를 사용하면 지능적인 명령어 대기열로 읽기/쓰기 작업을 효율적으로 처리하는 NCQ 기능을 사용할 수 있고, 전원을 켠 상태에서도 핫플러깅 기능을 지원하므로 SATA 컨트롤러에서는 IDE 모드보다는 AHCI 모드가 권장됩니다. SSD 제조사도 대부분 AHCI 모드 사용을 권장합니다.

SSD 레이드나 HDD 레이드를 구성하여 운영체제를 설치하는 경우도 많은데, SATA 레이드는 기본적으로 AHCI 모드에 기반하여 동작합니다. 인텔은 자사 메인보드 칩셋용의 AHCI/RAID 통합 드라이버를 제공합니다. 써드파티 SATA 컨트롤러는 해당 SATA 컨트롤러 제조사의 AHCI/RAID 드라이버를 사용하면 됩니다. 드라이버는 메인보드와 함께 제공되는 번들 CD로 제공되며, 메인보드 제조사의 웹사이트에서 최신 드라이버를 다운로드해도 됩니다.

● 윈도우 XP는 FDD로만 AHCI/RAID 드라이버를 설치할 수 있으므로 USB 방식 FDD를 준비해야 합니다. 단, 하스웰 코어 CPU부터는 윈도우 XP 자체를 지원하지 않습니다.

운영체제를 설치할 때 AHCI 모드는 윈도우 비스타부터 운영체제 설치 프로그램이 기본 지원하지만, 레이드로 구성한 드라이브는 운영체제 설치 프로그램이 인식할 수 있도록 RAID 드라이버를 로딩해야 하는 점을 유의하기 바랍니다(529쪽 참고).

한편 스카이레이크 CPU와 짝을 이루는 100시리즈 칩셋을 적용한 메인보드는 고속 SSD용 NVMe 모드를 사용하는 M.2 슬롯과 SATA Express 인터페이스가 제공됩니다. 이곳에 SSD를 설치한 경우에는 바이오스 셋업의 드라이브 컨트롤 모드는 ACHI가 아닌 NVMe 컨트롤 모드를 사용합니다. 운영체제를 설치할 때 윈도우 8부터는 NVMe 모드를 바로 지원하지만 윈도우 7을 설치할 때는 별도의 NVMe 드라이버를 로드해야 인식됩니다. 둘 이상의 M.2 슬롯이나 SATA Express 인터페이스에서는 NVMe 모드에서 레이드를 지원합니다.

운영체제의 새 하드웨어 대응 및 기능 개선, 보안 패치를 위한 서비스팩

운영체제가 나온 다음에도 새로운 하드웨어는 계속해서 등장하며, 널리 사용되는 운영체제일수록 해킹 시도는 집요하게 이루어집니다. 서비스팩은 일종의 운영체제 패치 버전으로 운영체제가 최신 하드웨어에 대응하고, 운영체제에 포함된 프로그램의 업그레이드, 새로 발견된 운영체제의 취약점을 보완하는 보안 패치 등을 집약시켜 제공합니다.

윈도우 XP의 경우 서비스팩은 3까지 나왔는데, 간단히 줄여 윈도우 XP SP3라고 합니다. 윈도우 비스타는 서비스팩 2까지 나왔고, 윈도우 7의 경우는 서비스팩 1까지 나왔습니다.

서비스 팩이 나오기 전에 구입한 제품이라도 운영체제의 자체 업데이트 기능이 지원되므로 쉽게 업그레이드할 수 있습니다(412쪽 참고). 윈도우 8의 경우에는 서비스 팩 대신 윈도우 8.1로의 무료 업그레이드가 지원됩니다.

운영체제는 설치로 끝나는 게 아니라 서비스팩 업그레이드와 지속적인 업데이트로 최신 상태를 유지해야 보안 위협으로부터 안전할 수 있습니다.

한편, 윈도우 XP에 대한 마이크로소프트 사의 공식 지원은 2004년 4월에 종료되어 공식적인 취약점 방어를 위한 패치는 중단되었으므로 윈도우 XP를 실행하면 이에대한 안내가 나옵니다. 윈도우 XP 사용자가 아직 많기 때문에 윈도우 XP로 인한 보안 문제를 타개하기 위해 한국인터넷진흥원의 보호나라 웹사이트(www.boho.or.kr)에서 윈도우 XP의 신규 취약점을 악용하는 악성 코드가 발견되면 치료용 전용 백신을 제작·보급하고 있으므로 윈도우 XP를 사용하는 동안에는 이를 활용하기 바랍니다.

운영체제 설치에 필요한 시스템 사양

시스템의 최소 사양은 말 그대로 운영체제의 설치가 가능한 최소 사양을 의미합니다. 운영체제를 실질적으로 활용하고 다양한 응용 프로그램들을 설치하여 구동하려면 최소 사양보다는 높은 사양의 시스템이 필수적으로 요구됩니다.

윈도우 7이 요구하는 시스템 사양

윈도우 7이나 비스타가 요구하는 시스템의 최소 사양은 거의 비슷하므로, 윈도우 비스타가 작동 가능한 시스템은 기본적으로 윈도우 7을 실행할 수 있습니다. 다만, 같은 사양의 시스템이라도 윈도우 7이 윈도우 비스타보다 최적화가 잘 되어 있기 때문에 보다 빠르게 사용할 수 있습니다.

윈도우 7이나 비스타 운영체제는 32비트 버전과 64비트 버전이 각각 제공되는데, 이 버전에 따라 요구하는 시스템 최소 사양은 조금 차이가 있습니다. 32비트 버전과 64비트 운영체제의 가장 큰 차이는 메모리 관리 능력으로, 32비트 운영체제는 최대 4GB의 메모리를 사용할 수밖에 없지만 64비트 운영체제는 사실상 제한이 없습니다.

32비트 운영체제에서 4GB 이상의 물리 메모리를 설치한 시스템이라면 4GB를 초과하는 메모리를 램 디스크로 활용할 수는 있지만, 메모리 본연의 기능이라 할 수 있는 응용 프로그램을 위한 메모리로 직접 활용할 수는 없습니다.

64비트 운영체제는 응용 프로그램을 위한 메모리로 설치된 물리 메모리를 모두 사용할 수 있기 때문에 여러 프로그램을 동시에 사용하는 멀티태스킹에 훨씬 유리합니다.

다음의 윈도우 7 시스템 요구 사양표를 보면 윈도우 7이 요구하는 시스템의 최소 사양은 매우 낮은 것을 볼 수 있는데, 이는 윈도우 7 운영체제 설치와 실행을 위한 최소 환경입니다. 윈도우 비스타보다 최적화되었지만, 윈도우 7 운영체제가 사용하는 기본적인 메모리 점유율은 윈도우 XP에 비해 높고 하드웨어 성능이 좋을수록 윈도우 XP보다 월등한 성능을 발휘합니다.

윈도우 7 시스템 요구 사양

종 류	윈도우 7 32비트	윈도우 7 64비트	참 고
CPU	1GHz	1GHz	
RAM	1GB	2GB	※ 윈도우 7 32비트 버전은 4GB 이상 설치해도 4GB까지만 메모리 본래의 기능으로 사용 가능합니다. 남는 메모리는 램 디스크 등으로 활용할 수 있습니다.
그래픽카드	WDDM 드라이버 1.0 이상을 사용하고, DirectX 9 이상을 지원하는 그래픽카드	WDDM 드라이버 1.0 이상을 사용하고, DirectX 9 이상을 지원하는 그래픽카드	※ WDDM(Windows Vista Display Driver Model) 드라이버는 AERO 인터페이스의 3D 바탕화면 사용을 위해 요구됩니다.
디스크 용량	16GB 이상	20GB 이상	
특정 기능을 위한 추가 요구 사항 ※ 윈도우 7 패키지 박스에 안내되는 추가 요구사항	● 인터넷 액세스 ● 해상도에 따라 비디오 재생을 위해 메모리와 고급 그래픽카드가 필요할 수도 있습니다. ● PC에서 TV 시청, 일시 중지, 되감기, 녹화 재생을 지원하는 윈도우 미디어 센터 기능의 경우, TV 튜너와 추가 하드웨어가 필요할 수 있습니다. ● 윈도우 터치 및 태블릿 PC(Tablet PC)에는 특정 하드웨어가 필요합니다. ● 홈 그룹에는 네트워크와 윈도우 7을 실행하는 PC가 필요합니다. ● DVD/CD 제작에는 호환 가능 광디스크 드라이브(ODD)가 필요합니다. ● BitLocker™에는 TPM 1.2, BitLocker To Go에는 USB 플래시 드라이브가 필요합니다. ● 음악 및 소리에는 오디오 출력이 필요합니다. ● 윈도우 가상화 설치를 위한 윈도우 XP 모드는 추가적으로 1GB RAM과 15GB의 여유 디스크 공간이 필요합니다. Intel VT 또는 AMD-V가 설정된 하드웨어 가상화 가능 프로세서도 필요합니다. ● 이전 윈도우 버전의 기능 중 일부는 윈도우 7에 포함되어 있지 않지만 윈도우 라이브 메일, 포토 갤러리, 메신저, 무비 메이커를 포함한 유사한 프로그램을 윈도우 라이브 패키지로 제공하며, download.live.com에서 무료로 얻을 수 있습니다.		

윈도우 8/8.1이 요구하는 시스템 사양

윈도우 8과 8.1이 요구하는 시스템 사양은 동일합니다. 윈도우 8은 PC 뿐만 아니라 모바일 운영체제까지 겨냥한 하이브리드 운영체제로 개발된 만큼 저사양의 시스템에서 동작할 수 있도록 코드 최적화가 이루어졌습니다.

그러므로 윈도우 8/8.1이 요구하는 시스템 사양은 윈도우 7 보다 높지 않으며 동급 사양이라면 윈도우 8/8.1이 보다 빠르게 작업할 수 있습니다.

윈도우 8/8.1 시스템 요구 사양

종 류	윈도우 8/8.1 32비트	윈도우 8/8.1 64비트	참 고
CPU	1GHz PAE, NX, SSE2 지원	1GHz PAE, NX, SSE2 지원	PAE : 4GB 이상 메모리 주소 지원(CPU의 EM64T 기술(60쪽 참고) NX : 바이러스 방지 기술 SSE2 : 멀티미디어와 3D 처리 명령어 셋
RAM	1GB	2GB	
그래픽카드	WDDM 드라이버 지원 및 DirectX 9 이상 지원하는 그래픽카드	WDDM 드라이버 지원 및 DirectX 9 이상 지원하는 그래픽카드	
디스크 용량	16GB 이상	20GB 이상	
기타	● 터치 기능을 사용하려면 터치 기능을 지원하는 모니터나 태블릿 PC가 필요합니다. ● 모니터는 최소 1024X768의 해상도를 지원해야 합니다.		

윈도우 10이 요구하는 시스템 사양

윈도우 10은 윈도우 8/8.1보다 한 차원 더 진보한 통합 하이브리드 운영체제로 개발되었습니다. 윈도우 10은 모든 디바이스의 플랫폼 전략을 추구하는 만큼 요구하는 시스템 사양은 모바일까지 대응하기 위해 고도로 최적화되었기 때문에 윈도우 8/8.1이 돌아가는 시스템 수준이면 충분합니다.

윈도우 10 운영체제 설치 프로그램의 용량도 윈도우 7에 비해 윈도우 10의 용량이 더 적어졌기 때문에 4GB USB로도 윈도우 10을 설치할 수 있습니다.

마이크로소프트 운영체제 라이선스

마이크로소프트 사는 윈도우 운영체제에 대해 다양한 라이선스 정책을 펴고 있는데, 크게 OEM, FPP, GGK, 볼륨 라이선스 정책을 사용합니다.

❶ **OEM 라이선스** : 대기업 PC나 노트북 컴퓨터에 제공되는 운영체제가 이에 해당하며, 시스템에 라이선스 마크(COA)가 붙어 있습니다. 조립 PC에 설치할 수 있는 DSP 제품도 OEM 라이선스에 해당합니다. 마더보드 정보를 바탕으로 인증하기 때문에 마더보드가 바뀌면 시스템 교체로 간주되므로 유의하기 바랍니다.

❷ **FPP 라이선스** : 처음 사용자용 버전으로 한 PC에 한해 정품 인증 절차를 통해 무제한 인증이 가능합니다. 운영체제 제거를 전제로 언제든지 양도양수도 가능합니다.

❸ **GGK 라이선스** : 기존에 사용 중인 PC 운영체제가 정품이 아닌 경우, 해당 시스템의 운영체제를 합법화해주는 라이선스입니다.

❹ **볼륨 라이선스** : 기업이나 기관 등에서 5대 이상의 PC에 대한 볼륨 라이선스 계약을 통해 제공되는 라이선스입니다.

마이크로소프트 운영체제 제품별 라인업

마이크로소프트 사는 윈도우 운영체제 버전에 따라 라인업을 조금씩 달리해왔습니다.

윈도우 XP의 라인업

윈도우 XP는 윈도우 XP 프로페셔널과 윈도우 XP 홈에디션으로 구별됩니다. 윈도우 XP 홈에디션과 프로페셔널 버전 모두 운영체제 환경과 사용자 인터페이스, 보조 프로그램 등은 거의 동일하지만, 홈에디션에서는 몇 가지 비즈니스 기능이 제한됩니다.

❶ **Windows XP Home Edition** : 말 그대로 가정 사용자를 겨냥한 것으로 가정에서 필요 없는 기능은 제외시켜 좀 더 저렴하게 판매된 버전으로 완제품 PC나 노트북 컴퓨터의 OEM으로 제공되었던 윈도우 XP는 대부분 윈도우 XP 홈에디션입니다.

❷ **Windows XP Professional** : 비즈니스 버전이라고도 부르는데, 윈도우 XP 홈에디션에서는 지원되지 않는 원격 데스크톱 연결 서버 기능, 도메인 계정 지원, 멀티 프로세서 지원, C2 보안 레벨을 충족하는 암호화 파일시스템(EFS) 기능 등을 제공합니다.

윈도우 7의 라인업

윈도우 7의 경우, 6가지 에디션의 패키지 라인업을 이루고 있는데, 주요 리테일 버전에는 Windows 7 Home Premium, Windows 7 Professional, Windows 7 Ultimate가 있습니다. 한글 버전의 경우에는 제품 이름 뒤에 'K'가 붙습니다.

❶ Windows 7 Starter : OEM 전용 넷북이나 저사양 노트북 컴퓨터용 번들로 제공되며, 투명도 같은 세련된 AERO 인터페이스, HD 영상 시청을 위한 H.264 코덱 등과 같이 높은 하드웨어 사양을 필요로 하는 기능은 지원되지 않으며, 다른 에디션은 32비트/64비트용이 나오는 반면, 윈도우 7 Starter는 32비트 버전만 있습니다. 주로 OEM으로 공급됩니다.

❷ Windows 7 Home Basic : 윈도우 7 Starter와 마찬가지로 AERO 인터페이스는 지원하지 않으며, 높은 하드웨어 사양의 기능은 제한됩니다.

❸ Windows 7 Home Premium : AERO 인터페이스나 HD 영상 지원 등 대부분의 기능을 사용할 수 있으나 비즈니스 관련 기능은 제외됩니다. 일반적인 완제품 PC와 노트북 컴퓨터의 OEM으로 많이 사용되며, 개별 패키지로도 판매됩니다.

❹ Windows 7 Professional : 원격 데스크톱 연결 서버, 윈도우 XP 가상화 설치, 윈도우 미디어 플레이어 원격 재생, 파일시스템 암호화 기능 같은 비즈니스 기능까지 사용할 수 있으며 고사양 완제품 PC나 노트북 컴퓨터의 OEM 또는 개별 패키지로도 판매됩니다.

❺ Windows 7 Enterprise : 패키지 판매 버전은 아니며, 기업용 볼륨 라이선스 버전으로 기능은 윈도우 7 Ultimate와 동일하지만 기업용 솔루션인만큼 윈도우 7 Professional과 윈도우 7 Ultimate에서 제공되는 고급 게임은 제외됩니다.

❻ Windows 7 Ultimate : 윈도우 7의 최상위 제품으로 BitLocker™ 암호화, 다국어 언어팩 지원, VHD(Virtual Hard Disk, 가상 하드디스크) 부팅 등 윈도우 7의 모든 고급 기능이 포함되어 있습니다. OEM 라이선싱 또는 개별 패키지로도 판매됩니다.

윈도우 8/8.1의 라인업

윈도우 8에 이르러서는 PC부터 모바일 기기에 이르기까지 다양한 기계에서 작동하는 하이드브리드 운영체제를 꾀하면서도 제품 라인업은 크게 일반 버전과 Pro, Enterprise 버전으로 구분됩니다. 윈도우 8 패키지도 한글 버전의 경우에는 제품 이름 뒤에 'K'가 붙습니다.

❶ Windows 8 : 일반용 버전으로 원격 데스크톱 연결, BitLocker 암호화 같은 비즈니스 기능은 빠져 있습니다. Windows 7 Starter, Windows 7 Home Basic, Windows 7 Home Premium은 Windows 8 일반용 버전으로 업그레이드할 수 있습니다.

❷ Windows 8 Pro : 프로버전은 윈도우 7 Ultimate 버전에 해당하며, 거의 모든 기능을 지원합니다. Windows 7 Professional, Widows 7 Ultimate 제품은 Windows 8/8.1 Pro 버전으로 업그레이드할 수 있습니다.

❸ Windows 8 Enterprise : 패키지 판매 버전은 아니며, 기업용 볼륨 라이선스 버전입니다.

❹ Windows 8 Education : 윈도우 8/8.1 교육용 버전은 학생과 교직원을 위한 일종의 할인 버전으로 일반용과 Pro 대응 버전이 제공되며, 기능은 차이가 없습니다.

윈도우 10의 라인업

윈도우 10의 제품 라인업도 크게 일반 버전과 Pro, Enterprise 버전으로 구분되며 PC/태블릿 PC, 모바일 등 기기별 에디션이 있습니다. 모바일 에디션은 개인 판매용보다는 대량 볼륨 라이선스로 공급됩니다. 윈도우 10 패키지도 한글 버전의 경우에는 제품 이름 뒤에 'K'가 붙습니다.

❶ Windows 10 Home : 일반용 버전으로 원격 데스크톱 연결, BitLocker 암호화 같은 비즈니스 기능은 빠져 있습니다.

❷ Windows 10 Pro : 프로버전은 윈도우 7 Ultimate 버전에 해당하며 BitLocker 암호화, 원격 & 모바일 생산성 향상 등 모든 기능을 지원합니다.

❸ Windows 10 Enterprise : 패키지 판매 버전은 아니며, 중대형 기업용 볼륨 라이선스 버전입니다. 업그레이드는 윈도우 7 이상의 볼륨 라이선스가 있으면 가능합니다.

❹ Windows 10 Education : 윈도우 10 교육용 버전도 학생과 교직원용 버전으로 일반용과 Pro 대응 버전이 제공되며, 기능은 차이가 없습니다.

운영체제의 두 가지 설치 방식

운영체제의 설치 방법에는 업그레이드 설치와 새로 설치하는 방법이 있습니다.

새로 설치하는 방법

새로 설치하는 방법은 새 PC에 운영체제를 설치할 때뿐만 아니라 운영체제를 사용하고 있는 경우에도 알 수 없는 오류나 시스템이 현저히 느려지는 문제가 발생한 경우에 운영체제를 새로 설치하는 방법을 사용하기도 합니다.

운영체제를 사용 중이던 시스템에 운영체제를 새로 설치하는 경우에는 기존 윈도우 운영체제가 사용하던 폴더와 파일을 모두 덮어쓰는 방식으로 새로 설치하므로 윈도우 작업 환경과 데이터를 철저히 백업한 후에 설치해야 합니다.

운영체제를 새로 설치하면, 기존에 사용하던 소프트웨어도 다시 설치해야 하므로 시간이 많이 소요됩니다. 이 때문에 운영체제와 응용 프로그램을 모두 설치하고 최적의 작업 환경을 완료한 후 시스템 이미지를 백업을 하면 문제가 생기더라도 바로 시스템 이미지 백업 시점의 운영체제와 소프트웨어, 작업 환경까지 그대로 복구할 수 있습니다. 이 방법을 효율적으로 활용하려면 운영체제용 파티션을 데이터 작업용 파티션과 구분해 사용하는 것이 좋습니다(629쪽 참고).

업그레이드 설치 방법

업그레이드 설치는 기존의 운영체제를 실행한 상태에서 업그레이드하는 형태로 설치합니다. 예를 들어 윈도우 7 실행 상태에서 윈도우 10으로 업그레이드 설치를 할 수 있습니다. 마이크로소프트사는 현재 시스템의 업그레이드 가능 여부를 사전에 확인할 수 있는 기능을 제공하므로 반드시 사전에 확인하고, Windows 사용자 환경 백업과 데이터 백업 작업도 안전하게 수행한 다음에 업그레이드하길 권합니다.

운영체제는 하드웨어와 궁합을 이뤄야 제대로 설치하고 활용할 수 있으므로 하드웨어 사양에 유의해야 합니다. 구형 하드웨어에 신형 운영체제를 설치할 때는 특히 유의해야 합니다. 예를 들어 구형 윈도우 7 설치 시스템을 윈도우 10으로 업그레이드할 때 윈도우 10용 장치 드라이버가 지원되지 않는다면 시스템은 제대로 작동하지 않게 됩니다.

물론 마이크로소프트 사는 운영체제 업그레이드 작업의 중요성을 잘 알고 있기 때문에 기존 운영체제에서 업그레이드가 실패할 경우에는 기존 운영체제로 복원하는 기능도 제공합니다. 윈도우 운영체제의 업그레이드를 계획 중이라면 다음을 참고하여 사전에 문제가 없는지 점검하기 바랍니다.

❶ **윈도우 XP에서 윈도우 7으로의 업그레이드** : 윈도우 XP 시스템에서 윈도우 7으로 업그레이드가 가능한지는 Windows 7 업그레이드 관리자(www.microsoft.com/ko-kr/download/details.aspx?id=20)를 다운로드하여 미리 확인하기 바랍니다.

❷ **윈도우 7에서 윈도우 8/8.1/10으로의 업그레이드** : 윈도우 7에서 윈도우 8/8.1, 윈도우 10으로의 업그레이드 설치는 설치에 필요한 시스템 요구 사양이 비슷하므로 큰 문제는 없지만 확실히 하기 위해 업그레이드 도우미 사이트(windows.microsoft.com/ko-kr/windows-8/upgrade-assistant-download-online-faq)에서 윈도우 8이나 윈도우 8.1 업그레이드 도우미를 다운로드하여 미리 확인하기 바랍니다.

PC가 쉽게 파악하기 어려운 고장으로 복원 지점을 통한 복구도 안 되고, 일일이 확인하여 대처하는 데 시간이 걸릴 것으로 예상되는 최악의 상황에서 동일 버전의 운영체제를 업그레이드로 설치하는 경우도 있는데, 이 경우는 기존 환경은 유지되지만 악성코드나 바이러스도 있었다면 그대로 작동되며, 기존 레지스트리도 그대로 사용됩니다. 즉, 오류도 그대로 유지되고 느려졌던 PC가 빨라지지도 않으므로 새로 설치하는 방식으로 재설치하는 것이 좋습니다.

운영체제의 업그레이드 설치 시에는 기존 윈도우 운영체제 폴더도 'window.old' 폴더로 유지되므로 정상 작동이 확인된 후에 제거하면 됩니다. 제거하려면 내컴퓨터 창에서 운영체제 설치 드라이브를 오른쪽 클릭하여 팝업 메뉴를 연 다음 **속성**을 클릭합니다. 속성 대화상자가 나오면 **디스크 정리**를 선택합니다. 디스크 정리 대화상자의 삭제할 파일 목록에 '**이전 Windows 설치**'가 나오면 체크하고 디스크 정리를 실행하면 됩니다.

▲ 삼성전자의 노트북 컴퓨터에 사용되는 시스템 복원 미디어로 시스템을 복원하면 하드디스크 내의 내용이 삭제될 수 있다는 문구를 볼 수 있습니다.

Check Point 완제품 PC와 노트북 컴퓨터의 복원(Recovery) 기능

완제품 PC나 노트북 컴퓨터의 경우는 데이터 작업용 파티션을 구분하지 않기 때문에 운영체제가 설치된 드라이브상에서 데이터 작업도 수행하므로 특히 유의해야 합니다. 완제품 PC나 노트북 컴퓨터는 정품 설치 CD 대신 운영체제가 포함된 시스템 복원 CD를 제공하거나 복원 CD 대신 하드디스크상에 복원 이미지를 구성해두고 복원을 원할 때는 특정 키로 복원 기능에 진입할 수 있도록 구성하여 판매합니다.
따라서 완제품 PC나 노트북 컴퓨터 사용 중에 운영체제를 다시 깔기 위해 제품에 포함된 복원 CD나 복원 이미지를 사용하여 복원하면 그동안 작업했던 모든 데이터는 없어지고 제품 출하 시의 운영체제 및 프로그램 구성 상태로 복원되므로 반드시 사전 백업을 철저하게 수행한 후에 복원을 시도해야 합니다.

 운영체제 설치 전 백업 체크 포인트

운영체제를 새로 설치하는 작업은 업그레이드와 달리 기존 운영체제의 폴더와 파일을 덮어쓰고 새로 설치하는 작업입니다. 그렇기 때문에 백업을 해두지 않으면 재앙을 야기할 수 있습니다. 따라서 운영체제 설치 전 백업 체크 포인트를 점검하여 확실한 백업으로 재앙을 미연에 방지한 다음 운영체제를 설치하기 바랍니다.

백업의 핵심은 기존 작업 환경과 자료의 유지

시스템 교체나 운영체제의 재설치 작업시 가장 유의해야 할 사항은 기존에 작업하던 환경과 데이터를 온전히 유지토록 하는 것입니다. 다음의 지침을 참고하면 시스템 교체나 운영체제의 재설치 작업을 진행한 후에도 기존의 작업 환경과 자료를 온전히 유지할 수 있습니다.

백업이 필요한 사항

일반적인 경우, 다음 네가지 범주의 백업 체크 포인트를 점검하고, 자신의 업무 특성에 맞춰 백업 항목을 추가하기 바랍니다.

❶ **Windows 사용자 환경** : 사용자 계정, 전자 메일(아웃룩 · 아웃룩 익스프레스 설정과 메시지, 문서, 인터넷 즐겨찾기, 음악, 비디오, 사진, 기타(바탕화면, 폴더, 파일 등)

❷ **데이터 백업** : 데이터 백업을 혼동 없이 안전하게 수행하려면 데이터 작업용 폴더에 업무별 폴더를 구성하여 데이터를 저장하는 게 좋습니다. 또한 일일이 데이터 백업을 하는 불편을 덜려면 데이터 작업용으로 파티션을 구분하여 사용하는 게 좋습니다.

❸ **기타 확인 사항** : 인터넷 뱅킹용 공인인증서, 인트라넷 및 사이트의 로그인 정보, 메신저의 로그인 정보, 원격 데스크톱 연결 정보 등등

Windows 사용자 환경과 데이터 백업에는 USB 지원 외장 하드디스크 드라이브를 준비하면 됩니다. 인트라넷 및 사이트의 로그인 정보, 메신저의 로그인 정보, 원격 데스크톱 연결 정보는 아래아 한글이나 MS 워드에서 암호를 사용한 문서로 저장합니다. 공인인증서는 시스템에 저장하기보다는 USB 메모리 같은 별도의 저장 장치로 관리하길 권합니다. 인터넷 뱅킹 시 인증서 관리 기능을 사용하여 USB 메모리로 공인인증서를 전송하면 됩니다. 직접 PC에서 복사하려면 운영체제를 설치한 드라이브의 Program Files 폴더에 있는 NPKI 폴더를 공인 인증서를 사용할 USB 메모리로 복사하면 됩니다.

Windows 사용자 환경 전송

윈도우 운영체제는 사용자 환경을 사용자가 일일이 백업할 필요 없이 손쉽게 이전할 수 있는 Windows 사용자 환경 전송 기능을 제공합니다. Windows 사용자 환경 전송 기능은 운영체제의 업그레이드나 시스템 고장 등으로 운영체제를 새로 설치할 때 사용자 환경을 그대로 이전할 수 있으며, 일반 폴더와 파일도 포함할 수 있습니다. 따라서 윈도우 XP부터 윈도우 10에 이르기까지 모든 운영체제가 Windows 사용자 환경 전송 기능을 제공

합니다. Windows 사용자 환경 정보를 전송할 때 사용자 계정, 전자 메일 설정과 메시지, 문서, 인터넷 즐겨찾기, 음악, 비디오, 사진 등의 정보를 취사 선택할 수 있기 때문에 원하는 사용자 환경 정보만 저장할 수 있으며, 불러올 때도 취사선택을 할 수 있습니다. Windows 사용자 환경 전송 기능을 사용하면 환경 정보를 한꺼번에 MIG(Migration) 파일 형식으로 저장합니다. MIG 파일은 Windows 사용자 환경 전송 기능을 통해서만 불러올 수 있습니다. 자세한 Windows 사용자 환경 정보 전송 방법은 다음 실습을 참고하기 바랍니다.

Windows 사용자 환경 전송하기

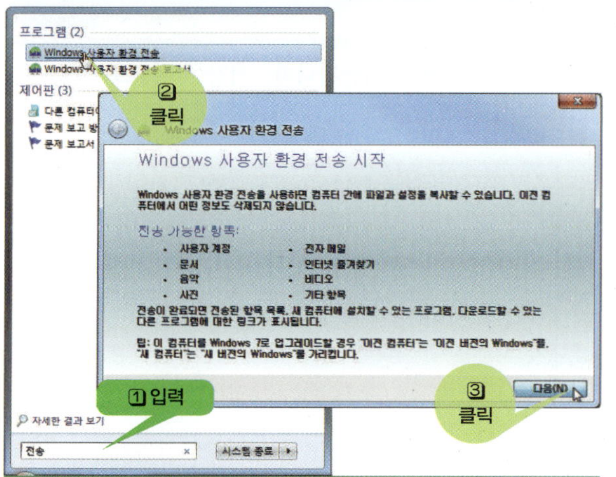

1 시작 단추를 클릭하여 시작 메뉴를 나타낸 다음 검색 상자에 **전송**을 입력하면 나오는 검색 결과에서 **Windows 사용자 환경 전송**을 클릭합니다. 대화상자가 나오면 **다음**을 클릭합니다.

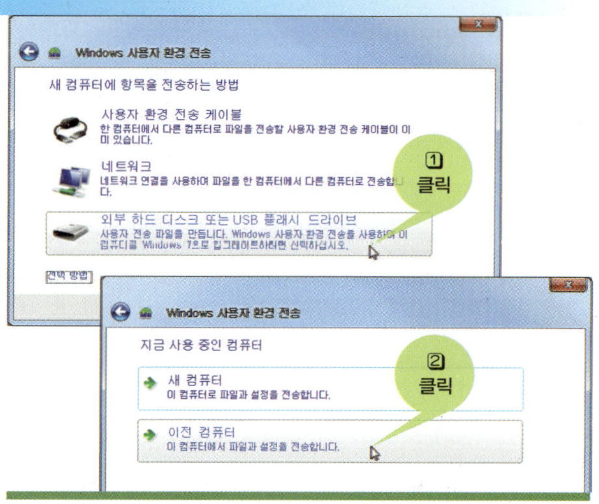

2 새 컴퓨터에 항목을 전송하는 방법은 **외부 하드디스크 또는 USB 플래시 드라이브**를 클릭하고, 지금 사용 중인 컴퓨터는 **이전 컴퓨터**를 클릭합니다. 계속하기 전에 외장형 드라이브를 연결해둡니다.

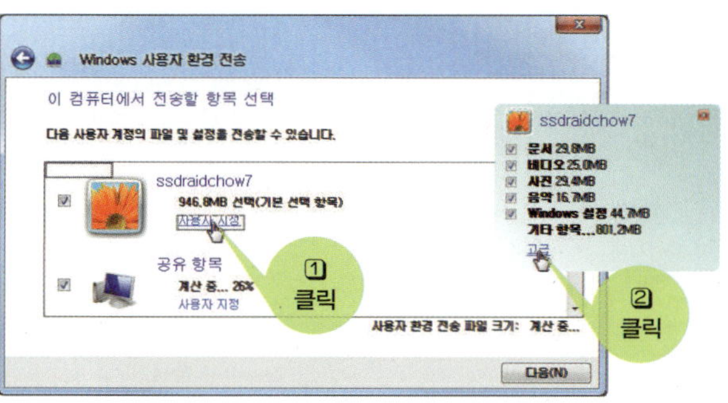

3 이 컴퓨터에서 전송할 항목 선택 상자가 나오면, 전송할 환경 정보를 취사선택하기 위해 **사용자 지정**을 클릭하고, 팝업 메뉴가 나오면 **고급**을 클릭합니다. 기본값으로 진행하려면 **다음** 단추를 클릭하면 되지만 선택 항목을 직접 확인하고 선택하길 권합니다.

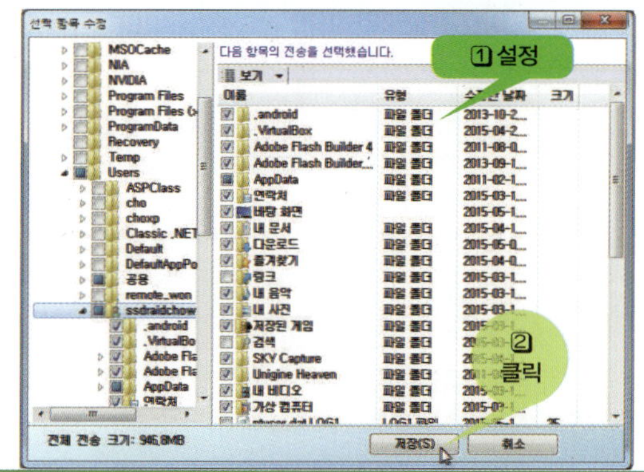

4 선택 항목 수정 대화상자 나오면 필요 없는 항목은 체크를 해제하고, 추가할 항목을 설정한 다음 **저장** 단추를 클릭합니다. 왼쪽 하단에는 현재 선택된 항목들의 전체 전송 크기가 표시되므로 이를 확인하면서 취사선택하기 바랍니다.

5 사용자 환경 전송 파일 저장 대화상자가 나오면 외장 하드디스크를 선택하고 **저장**을 클릭합니다.

6 파일 및 설정이 저장됩니다. 저장이 완료되면 **다음** 단추를 클릭합니다.

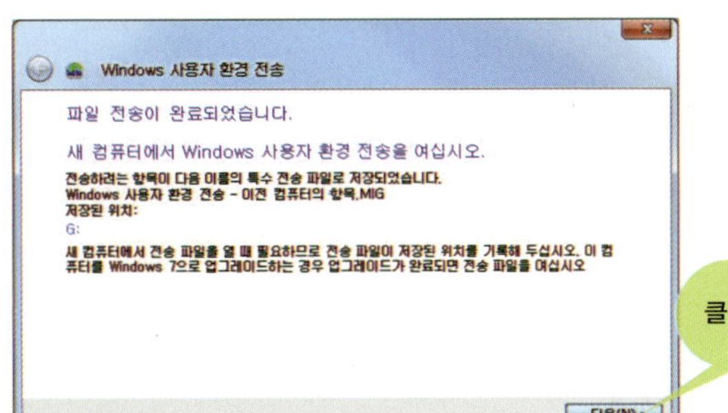

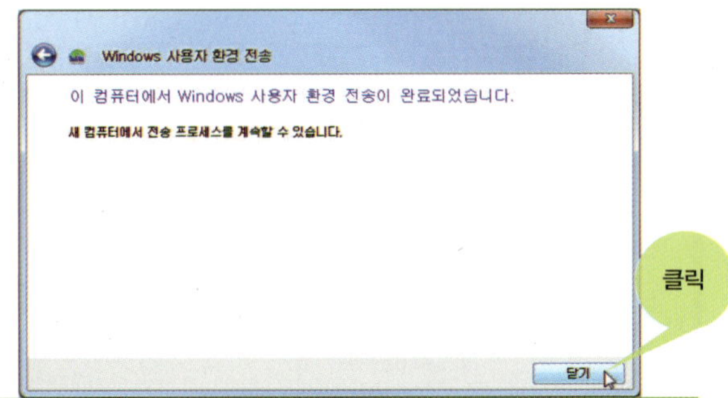

7 파일 전송이 완료되었다는 메시지와 함께 사용 안내 메시지가 나옵니다. **다음** 단추를 클릭합니다.

8 "Windows 사용자 환경 전송이 완료되었습니다."라는 대화상자가 나옵니다. **닫기** 단추를 클릭합니다.

Windows 사용자 환경 가져오기

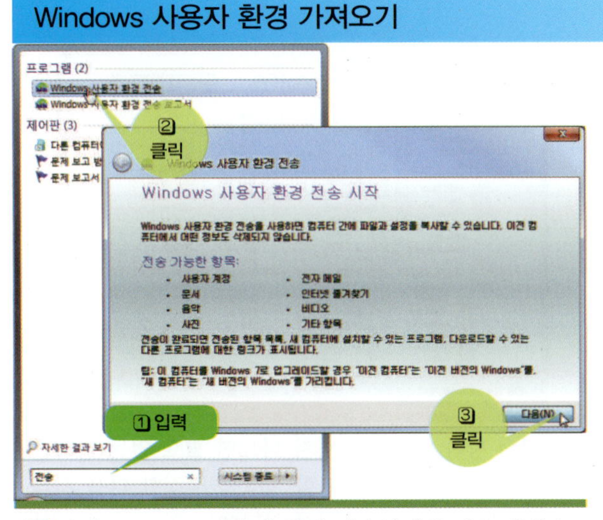

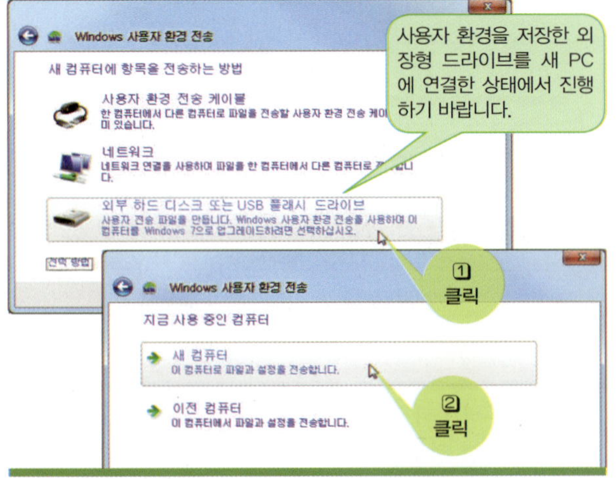

1 앞의 Windows 사용자 환경 전송하기와 같은 방법으로 새 PC에서 **Windows 사용자 환경 전송**을 실행하고 대화상자가 나오면 **다음**을 클릭합니다.

2 새 컴퓨터에 항목을 전송하는 방법은 **외부 하드디스크 또는 USB 플래시 드라이브**를 클릭하고, 지금 사용 중인 컴퓨터는 **새 컴퓨터**를 클릭합니다.

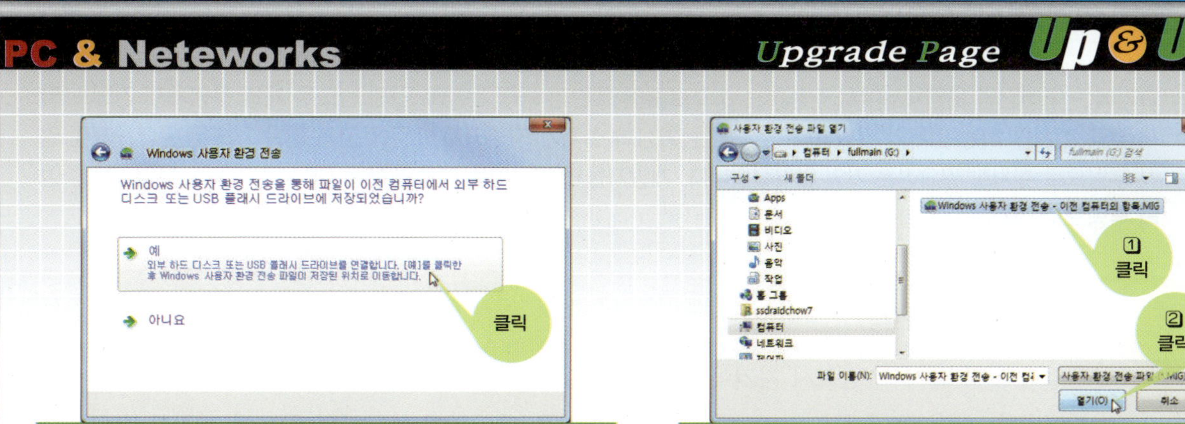

③ 사용자 환경 전송 파일이 외부 하드디스크 또는 USB 플래시 드라이브에 저장되었는지 물으면 **예**를 클릭합니다.

④ 파일 열기 대화상자가 나오면 외장 하드디스크에 저장해둔 사용자 환경 전송 파일을 선택하고 **열기** 단추를 클릭합니다.

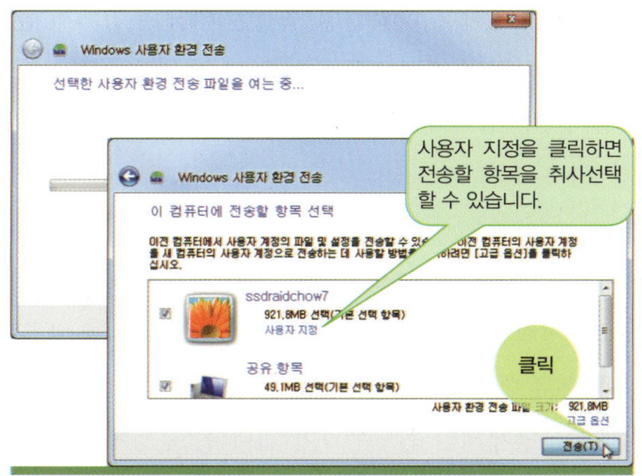

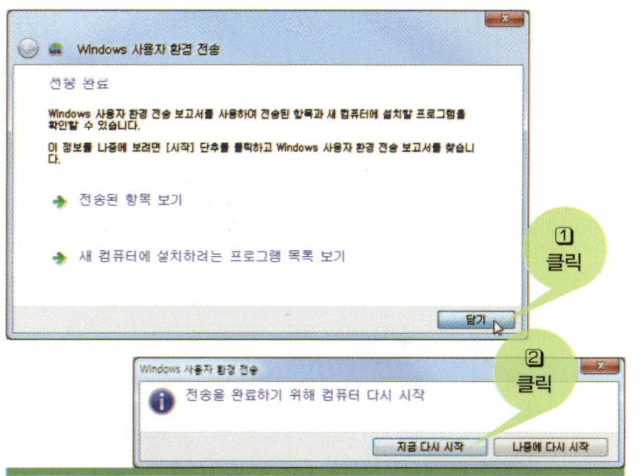

⑤ 선택한 사용자 환경 전송 파일을 연 다음 이 컴퓨터에 전송할 항목 선택 대화상자가 나옵니다. 모두 전송하려면 **전송**을 클릭합니다.

⑥ 전송이 완료되었습니다. **닫기** 단추를 클릭합니다. 전송을 완료하기 위해 컴퓨터 다시 시작 대화상자가 나오면 **지금 다시 시작** 단추를 클릭합니다.

Windows 사용자 환경 전송 방법을 이용하면 사용자 계정을 온전히 사용할 수 있으며, 인터넷 즐겨찾기와 즐겨찾기 모음까지 유지됩니다. 바탕화면의 경우에는 데이터 파일이나 인터넷 바로가기, 프로그램 바로가기는 모두 유지됩니다. 단, 프로그램 바로가기는 다시 프로그램을 설치하고 생성해줘야 합니다.

아웃룩 프로그램이 설치되어 있는 상태라면 아웃룩 메일 설정과 주고받은 메시지까지 그대로 가져오므로 기존 컴퓨터에서 작업하던 환경 그대로 작업을 시작할 수 있습니다. 기본값으로 저장되는 문서, 음악, 비디오, 사진은 사용자 계정 이름의 폴더 안의 내 문서와 내 음악, 내 비디오, 내 사진 폴더입니다.

4 멀티 부팅 설치하기

과거에는 구버전의 운영체제에서 작동하는 소프트웨어 호환성 등의 문제로 인해 윈도우 계열 운영체제 간에도 멀티 부팅 설치를 하는 경우가 많았습니다. 지금은 가상화 설치가 지원되기 때문에 굳이 같은 윈도우 운영체제를 멀티 부팅으로 설치할 필요성은 거의 없어졌습니다. 개발자들의 경우에는 애플의 Mac OS X나 리눅스 운영체제를 멀티 부팅으로 설치하기도 합니다.

멀티 부팅 설치의 원칙

멀티 부팅 설치 시 반드시 지켜야 할 원칙은 같은 파티션에 운영체제를 설치하면 안 된다는 점입니다. 예를 들어 윈도우 7과 윈도우 10을 같은 파티션에 설치하면 처음에 설치한 운영체제는 사용할 수 없게 되므로 반드시 파티션을 분할하여 다른 파티션에 설치하거나 다른 하드디스크에 설치해야 합니다.

윈도우 운영체제가 아닌 다른 리눅스나 맥 OS를 설치하는 경우에도 이 원칙은 동일하며, 다른 파일시스템을 사용하는 운영체제의 멀티 부팅 설치 시에는 파티션의 포맷은 해당 운영체제 설치 시 수행하면 됩니다. 윈도우와 다른 운영체제를 멀티 부팅으로 설치할 때는 윈도우 운영체제를 먼저 설치한 다음에 다른 운영체제를 설치하면 됩니다.

윈도우 운영체제의 멀티 부팅 설치 방식

윈도우 계열 운영체제를 멀티 부팅으로 설치하는 경우에는 낮은 버전의 운영체제를 먼저 설치하면 됩니다. 예를 들어 윈도우 7과 윈도우 10 멀티 부팅 설치의 경우, 윈도우 7 설치 후에 윈도우 10을 설치하면 멀티 부팅 메뉴까지 자동으로 만들어집니다. 멀티 운영체제 설치 후에 기본값으로 시동되는 운영체제는 나중에 설치한 운영체제인 윈도우 7이 됩니다. 운영체제용 드라이브에는 C: 드라이브가 할당되기 때문에 시동한 운영체제의 드라이브 문자는 자동으로 C: 드라이브로 나오는 점을 유의하기 바랍니다.

멀티 부팅 설치 방법과 가상화 설치 방법의 차이

멀티 부팅 설치 방법은 윈도우 XP와 윈도우 7 패키지를 각각 설치하고 독립적으로 사용하는 방법입니다. 멀티 부팅으로 운영체제를 사용하는 경우에는 하드웨어 성능을 백분 발휘하여 운영체제 성능을 발휘할 수 있는 장점이 있습니다. 하지만 다른 운영체제로 작업하려면 다시 시동해야 합니다.

윈도우 7부터는 가상 머신을 통한 가상화 설치를 지원합니다. 윈도우 7이 제공하는 윈도우 XP 모드 설치를 이용하면 윈도우 XP 서비스팩 3를 무료로 사용할 수 있으며, 윈도우 7을 종료하지 않고도 바로 윈도우 XP를 사용할 수 있습니다. 윈도우 XP 모드는 윈도우 7상에서 윈도우 XP 실행에 사용할 메모리를 할당하여 사용하는 방식이므로 멀티 부팅 방식으로 사용할 때에 비해서는 윈도우 7에서 할당한 제한된 자원을 사용하므로 운영체제 성능을 100% 발휘하지는 못합니다. 하지만 메모리 용량 등 하드웨어 성능이 우수하다면 성능상의 약점은 충분히 보완할 수 있습니다.

윈도우 XP 모드를 사용하려면 가상화 기술을 지원하는 코어 아키텍처 1세대 이상의 CPU를 사용해야 합니다. 윈도우 XP 모드는 비즈니스용 라인업의 윈도우 운영체제에서 지원되므로 윈도우 7 Professional 이상 버전을 사용해야 합니다.

● 멀티 부팅 설치 후에 부팅 관리자 메뉴에 표시되는 기본 운영체제와 운영체제 목록을 표시할 시간도 얼마든지 변경이 가능합니다. 이에 관해서는 617쪽에서 다룹니다.

Exercise

1 윈도우 7 설치하기 – AHCI 모드

윈도우 7 설치 CD는 부팅가능한 CD로 제공됩니다. 운영체제를 설치할 때는 최적 성능 발휘를 위해 바이오스 셋업 프로그램에서 SATA 컨트롤 모드는 AHCI 모드로 설정하기 바랍니다. 여기서는 인텔 PCH 칩셋이 관리하는 SATA 단자에 연결된 SSD에 윈도우 7 Ultimate K 운영체제를 설치하는 실습을 해보겠습니다.

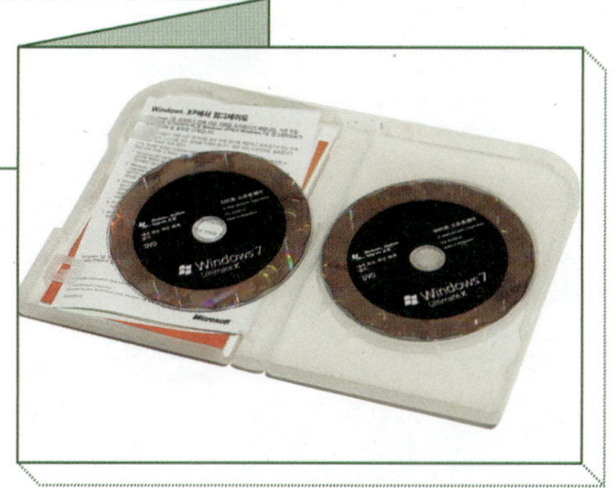

이 실습에 필요한 내용	실습 키 포인트
새 PC : 4장에서 조립한 PC (인텔 코어 i7–4770K(하스웰) CPU, GIGABYTE Z87X–UD3H 메인보드, Toshiba Q Series 128GB SSD, Seagate 3TB HDD 윈도우 7 설치 DVD 64비트 버전	부트 우선순위 및 시동 드라이브 선택 SATA 컨트롤 모드 설정 운영체제 파티션 설정 방법

부트 우선순위 설정 및 SATA 컨트롤 모드 설정하기

HELP
- 메인보드 바이오스에 따라 바이오스 셋업 화면은 차이가 있다는 점을 고려해서 실습하기 바랍니다.
- 운영체제를 설치할 SSD 이외의 SATA 단자에 연결된 보조기억 장치의 연결은 해제하기 바랍니다. 그 이유는 운영체제 부트 로더를 읽어들이는 MBR을 운영체제와 같은 디스크에 구성하기 위함입니다. 운영체제 설치 시 여러 디스크가 있으면 먼저 읽어들이는 디스크에 MBR이 구성될 수도 있습니다. 운영체제 설치 후에 보조기억 장치를 다시 연결하여 사용하면 됩니다.
- 이 실습에서는 부트 메뉴를 직접 호출하여 USB 방식 ODD에서 운영체제를 설치하며, 바이오스 셋업에서 부트 우선순위는 운영체제를 설치할 SSD 드라이브로 설정합니다.

1 USB 지원 ODD를 시스템에 연결하고 윈도우 7 Ultimate K 64비트 설치 CD를 트레이에 넣습니다.

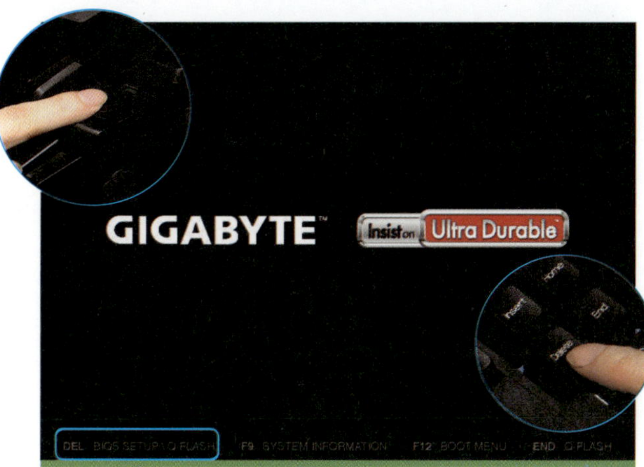

2 PC의 전원 단추를 눌러 시스템을 시동하고 메인보드 바이오스의 로고 화면이 나오면 바이오스 셋업 프로그램을 호출하는 Delete 키를 누릅니다.

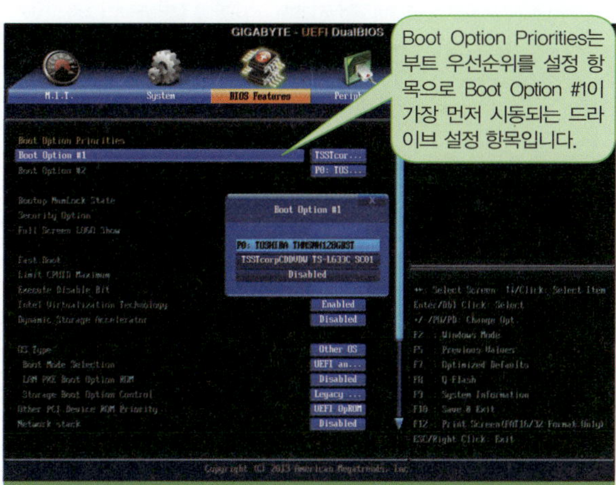

Boot Option Priorities는 부트 우선순위를 설정 항목으로 Boot Option #1이 가장 먼저 시동되는 드라이브 설정 항목입니다.

3 BIOS Features 메뉴에서 Boot Option #1을 선택하고 Enter 키를 눌러 대화상자를 나타낸 다음 P0: TOSHIBA...를 선택하고 Enter 키를 눌러 적용합니다.

4 부트 우선순위가 THOSHIBA 128GB SSD로 설정 되었습니다. 기존 1순위였던 USB 방식 ODD는 2 순위로 바뀐 것을 볼 수 있습니다.

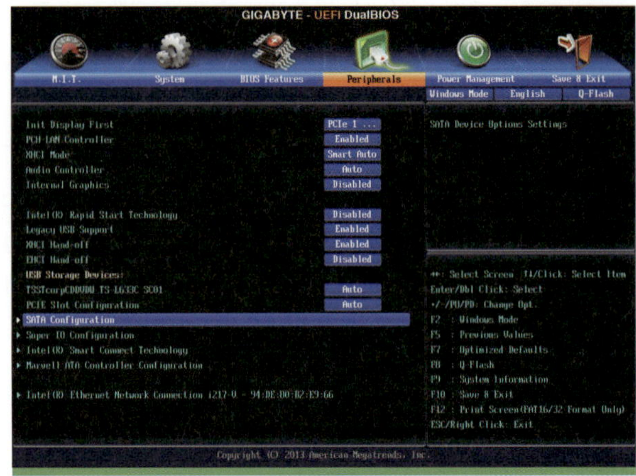

5 이제 Peripherals 메뉴에서 SATA Configuration을 선택하고 Enter 키를 누릅니다.

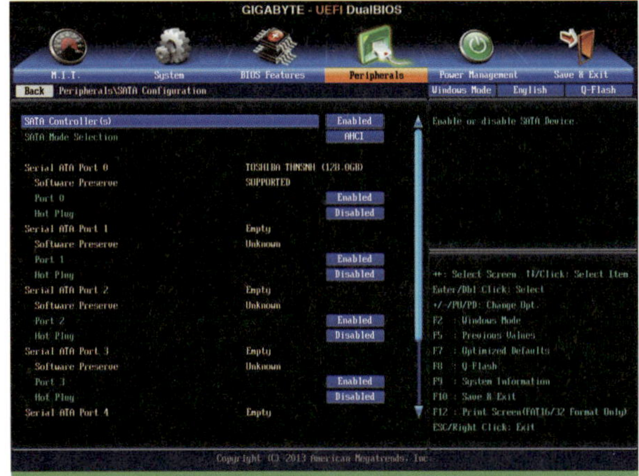

6 SATA Configuration 페이지가 열리면 SATA Mode Selection 항목이 AHCI로 설정되어 있는지 확인하고, 안 되어 있으면 AHCI로 변경합니다.

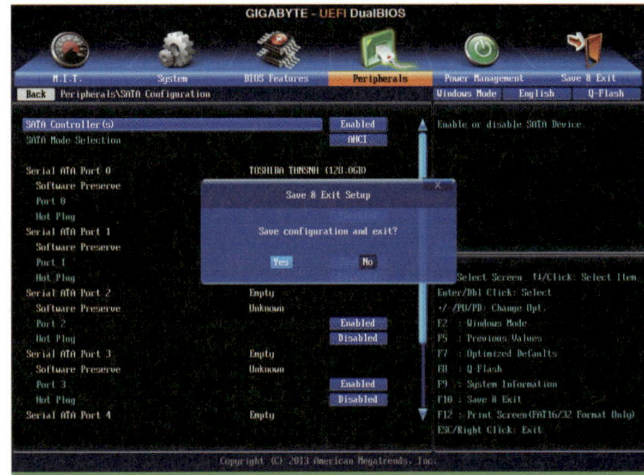

7 이제 바이오스 셋업 설정을 저장하고 종료하기 위해 F10 키를 눌러 Save configuration and Exit? 대화상 자가 나오면 'Yes' 선택 상태에서 Enter 키를 누릅니다.

윈도우 7 운영체제 설치 DVD로 시동하기

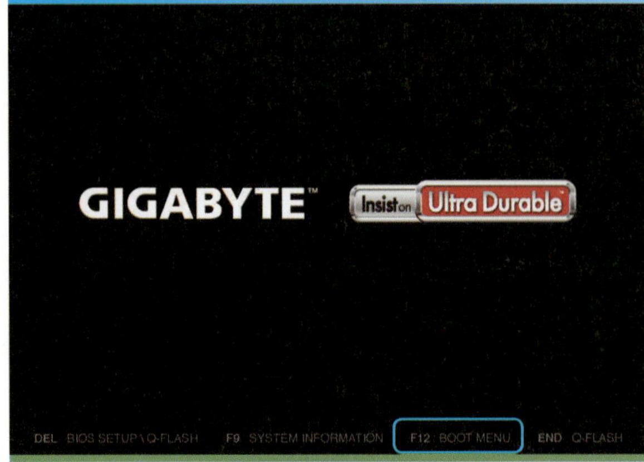

1 시스템이 다시 시작되면 부트 메뉴를 호출하는 기능 키인 F12 키를 누릅니다. 바이오스에 따라 부트 메 뉴 호출 기능키는 다를 수 있습니다.

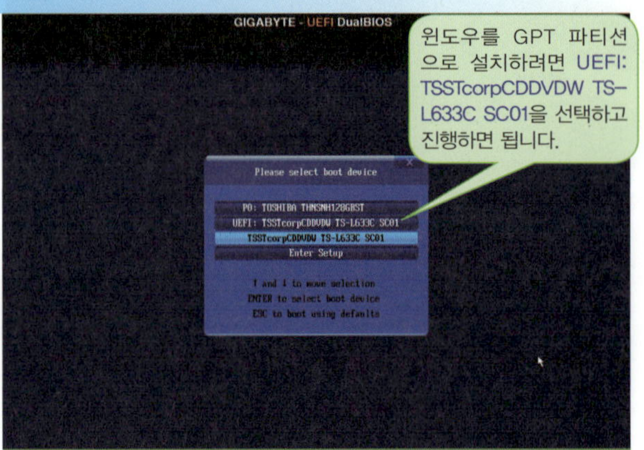

윈도우를 GPT 파티션 으로 설치하려면 UEFI: TSSTcorpCDDVDW TS-L633C SC01을 선택하고 진행하면 됩니다.

2 부트 디바이스 선택 대화상자가 나오면 USB 방식 ODD인 TSSTcorpCDDVDW TS-L633C SC01을 선택하고 Enter 키를 누릅니다.

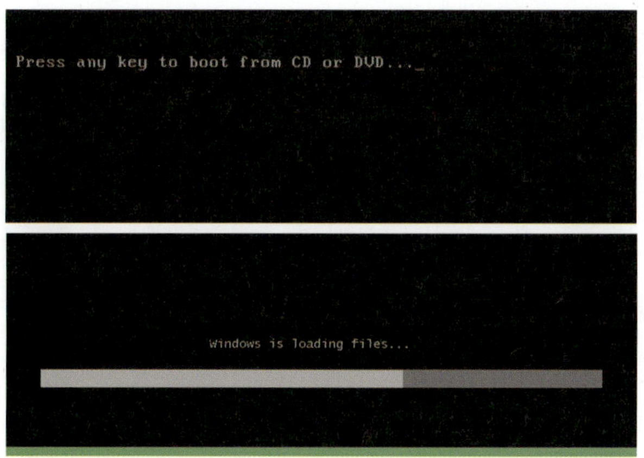

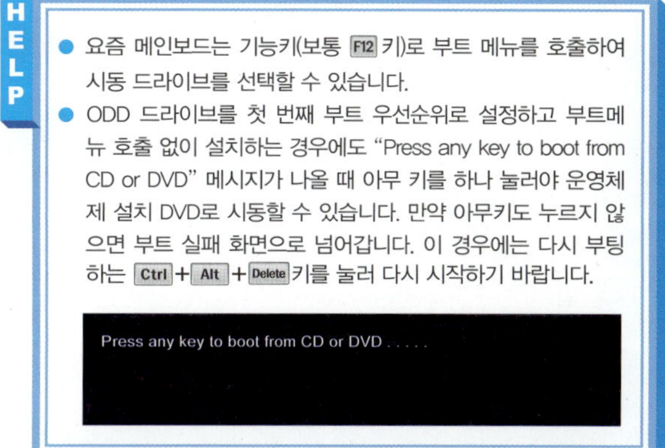

HELP
- 요즘 메인보드는 기능키(보통 F12 키)로 부트 메뉴를 호출하여 시동 드라이브를 선택할 수 있습니다.
- ODD 드라이브를 첫 번째 부트 우선순위로 설정하고 부트메뉴 호출 없이 설치하는 경우에도 "Press any key to boot from CD or DVD" 메시지가 나올 때 아무 키를 하나 눌러야 운영체제 설치 DVD로 시동할 수 있습니다. 만약 아무키도 누르지 않으면 부트 실패 화면으로 넘어갑니다. 이 경우에는 다시 부팅하는 Ctrl + Alt + Delete 키를 눌러 다시 시작하기 바랍니다.

3 "Press any key … or DVD" 메시지가 나올 때 아무 키나 누릅니다. 그러면 운영체제 설치 DVD로 시동되고, 파일 로딩이 몇분 동안 진행됩니다.

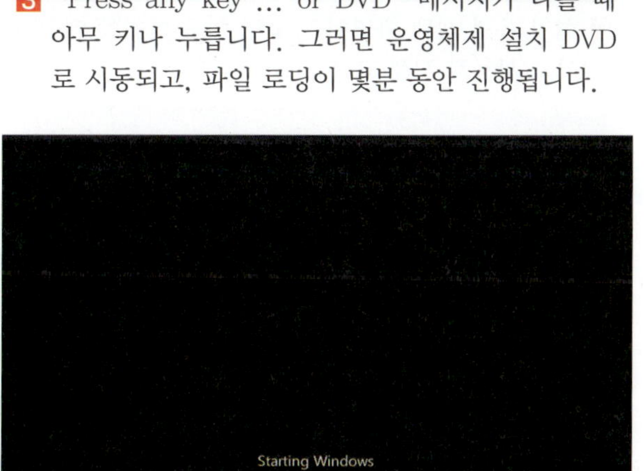

4 윈도우 7 설치를 위한 파일 로딩 작업이 끝나면 윈도우 7 설치프로그램으로 시작됩니다.

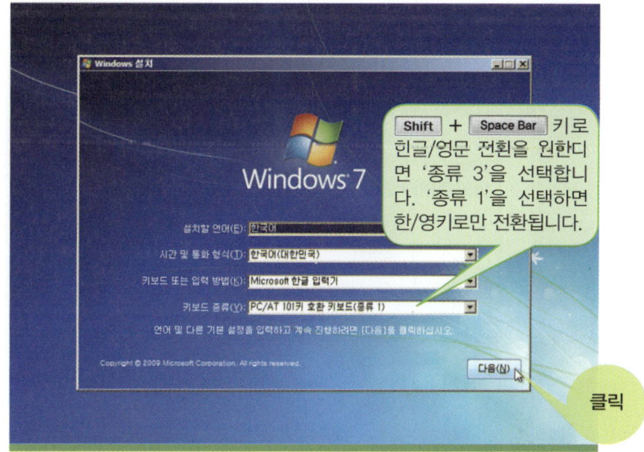

5 Windows 설치 창이 나오면 다른 설정은 그대로 두고, 키보드 종류만 자신이 사용하는 키보드 종류에 맞춰 설정한 후 **다음** 단추를 클릭합니다.

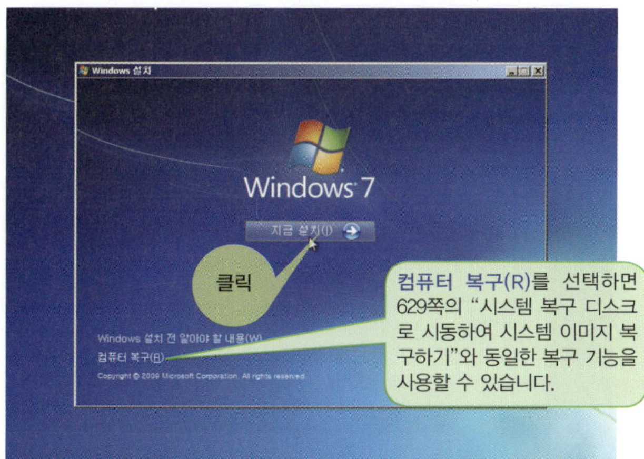

6 Windows 설치 창의 다음 화면에는 설치 전 알아야 할 내용과 컴퓨터 복구 기능을 호출하는 메뉴와 함께 지금 설치 단추가 표시됩니다. 설치를 진행하기 위해 **지금 설치** 단추를 클릭합니다.

7 "설치 프로그램을 시작하는 중…"이라는 화면이 잠시 표시되며, 본격적인 설치 준비를 합니다.

Chapter 06 윈도우 7 / 8.1 / 10 설치하기

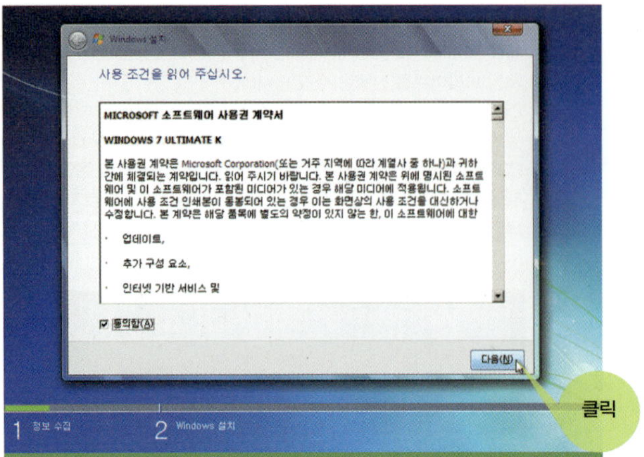

8 Windows 설치 대화상자에 사용권 계약서가 나오면 **동의함**을 체크한 후 **다음** 단추를 클릭합니다.

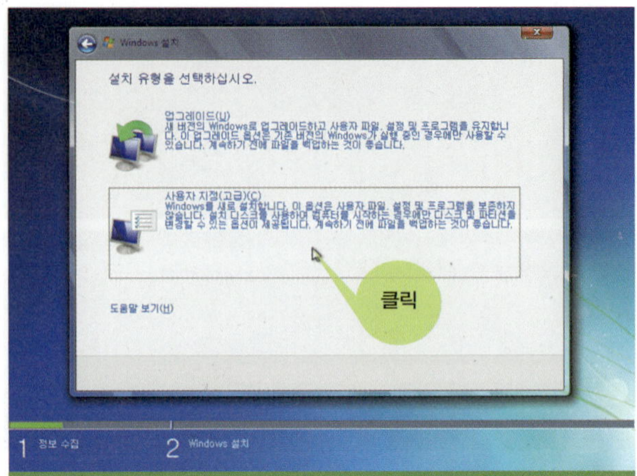

9 설치 유형 선택 화면이 나오면 새로 설치할 예정이므로 **사용자 지정 고급(C)**을 클릭합니다.

윈도우 7 설치용 파티션 선택 및 설정하기

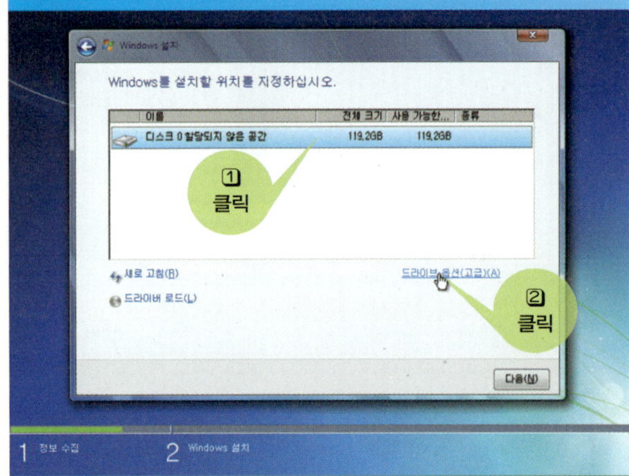

1 설치할 위치(파티션) 선택 화면이 나오면 **디스크 0 할당되지 않은 공간**을 선택한 다음 파티션 설정을 위해 **드라이브 옵션(고급)**을 클릭합니다.

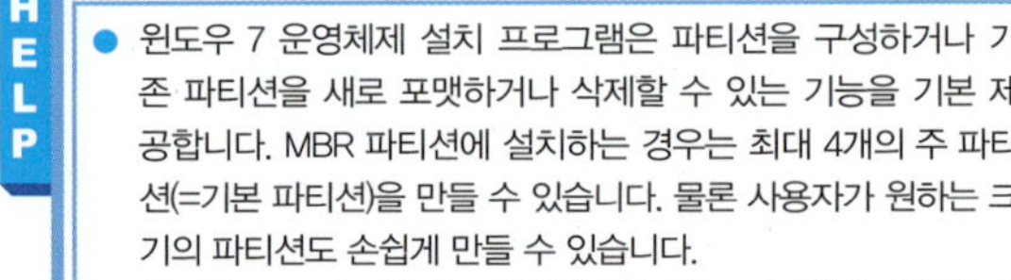

HELP

● 윈도우 7 운영체제 설치 프로그램은 파티션을 구성하거나 기존 파티션을 새로 포맷하거나 삭제할 수 있는 기능을 기본 제공합니다. MBR 파티션에 설치하는 경우는 최대 4개의 주 파티션(=기본 파티션)을 만들 수 있습니다. 물론 사용자가 원하는 크기의 파티션도 손쉽게 만들 수 있습니다.

● 윈도우 7 64비트부터는 운영체제를 GPT 파티션에 설치할 수도 있습니다. GPT 파티션에 설치하려면 UEFI: 라는 접두어가 붙은 장치를 선택한다는 점을 유의하기 바랍니다. 앞의 **윈도우 7 운영체제 설치 DVD로 시동하기** **2**단계에서 UEFI : TSSTcorpCDDVDW TS–L633C SC01를 선택하여 설치를 진행하면 GPT 파티션으로 설치할 수 있습니다. 디스크에 GPT 파티션을 구성하면 최대 128개의 주파티션(=기본 파티션)을 만들 수 있습니다.

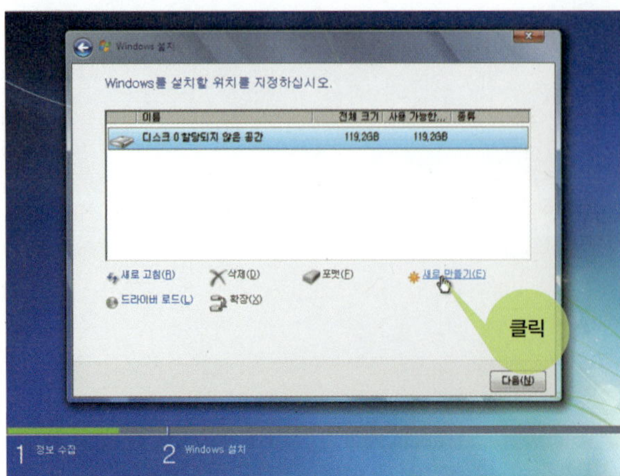

2 파티션을 새로 만들거나 기존 파티션의 삭제, 포맷, 확장을 할 수 있는 드라이브 옵션이 나옵니다. 파티션 구성을 위해 **새로 만들기**를 클릭합니다.

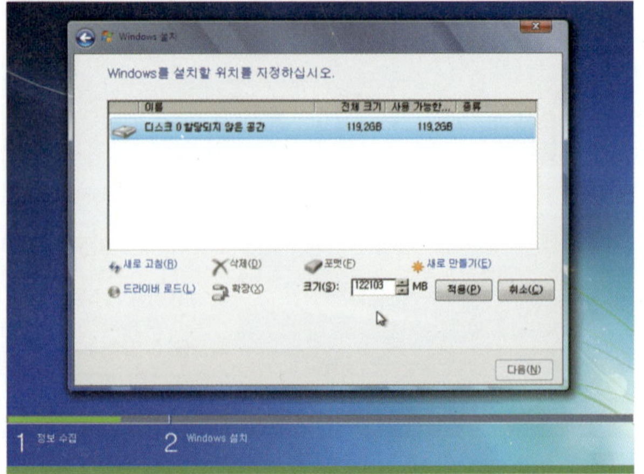

3 파티션의 크기를 설정할 수 있는 옵션이 나옵니다. 기본값의 크기는 디스크의 전체 크기로 자동 설정됩니다.

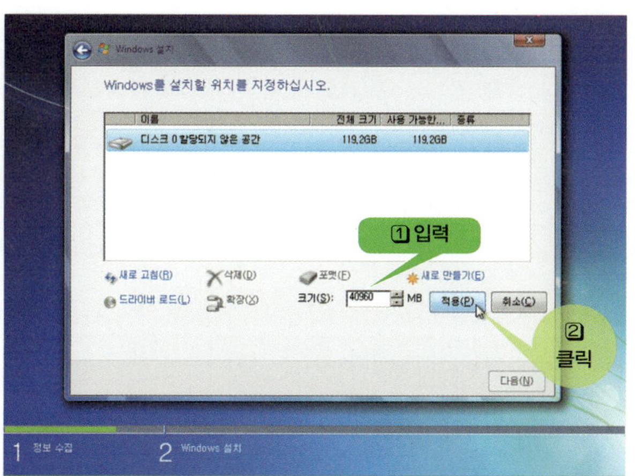

4 파티션 크기를 40960MB(40GB)로 설정하고 **적용**을 클릭합니다.

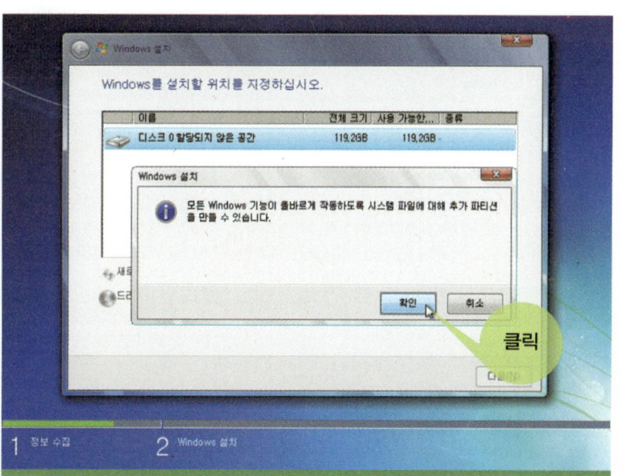

5 시스템 파일에 대해 추가 파티션을 만들 수 있다는 안내 메시지가 나오면 **확인** 단추를 클릭합니다.

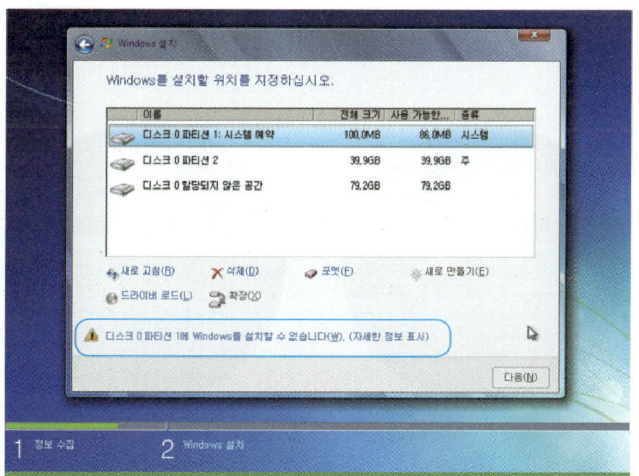

6 100MB 크기의 시스템 예약 파티션이 자동으로 만들어지기 때문에 39.9GB 크기의 파티션이 만들어집니다.

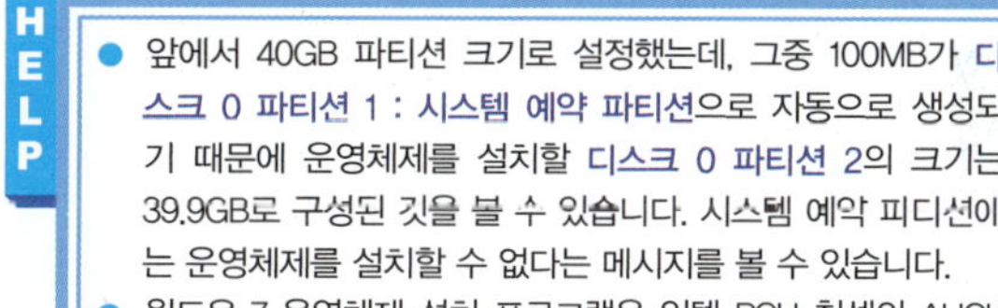

HELP

- 앞에서 40GB 파티션 크기로 설정했는데, 그중 100MB가 **디스크 0 파티션 1 : 시스템 예약 파티션**으로 자동으로 생성되기 때문에 운영체제를 설치할 **디스크 0 파티션 2**의 크기는 39.9GB로 구성된 것을 볼 수 있습니다. 시스템 예약 피디션에는 운영체제를 설치할 수 없다는 메시지를 볼 수 있습니다.
- 윈도우 7 운영체제 설치 프로그램은 인텔 PCH 칩셋의 AHCI/RAID 드라이버는 기본 지원하므로 별도의 드라이버 로드 과정은 필요 없습니다. 윈도우 7 뒤에 나온 윈도우 8/8.1/10의 경우도 인텔과 AMD 칩셋의 AHCI/RAID 드라이버는 지원합니다.
- 써드파티 SATA 컨트롤러가 관리하는 SATA 단자에 연결한 디스크에 운영체제를 설치하는 경우에는 해당 SATA 컨트롤러용 AHCI 드라이버를 설치해야 합니다. ACHI 드라이버와 RAID 드라이버는 한 세트로 제공되기 때문에 ACHI/RAID 드라이버를 ACHI 모드나 RAID 모드에서 사용하면 됩니다.
- 레이드(RAID)에 운영체제를 설치하는 경우에는 필수적으로 드라이버 로드를 클릭한 후에 해당 드라이버를 설치해주어야 정상적으로 디스크를 인식할 수 있습니다.

윈도우 7 파일의 복사와 설치

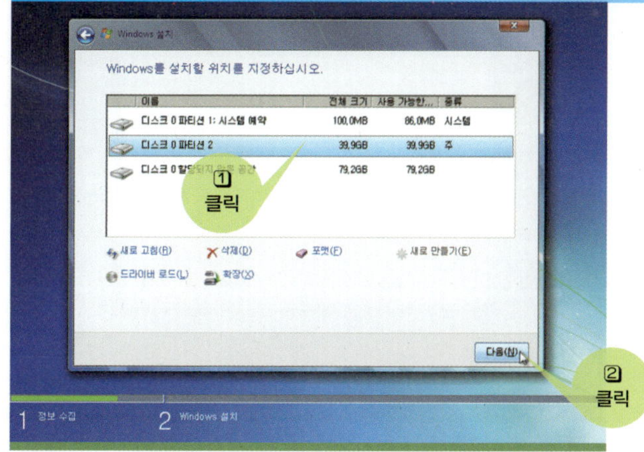

1 이제 윈도우 7 운영체제를 설치하기 위해 **디스크 0 파티션 2**를 선택하고, **다음** 단추를 클릭합니다.

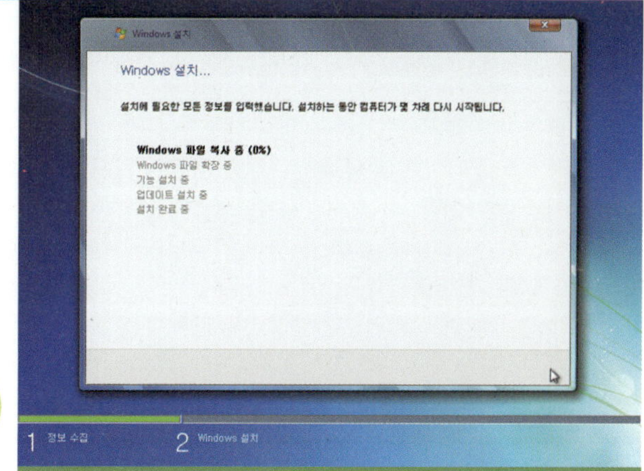

2 이제 본격적인 설치가 진행됩니다. 가장 먼저 Windows 파일 복사가 진행됩니다.

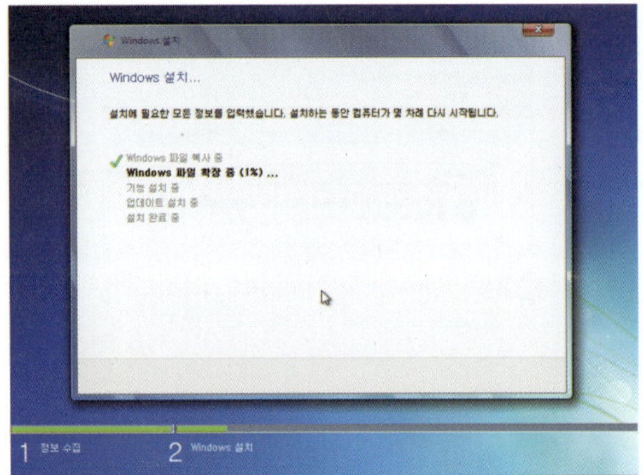

3 파일 복사가 완료되면 자동으로 Windows 파일 확장 중 단계로 들어갑니다. 이 과정이 윈도우 7 설치 중 가장 시간이 걸리는 편입니다.

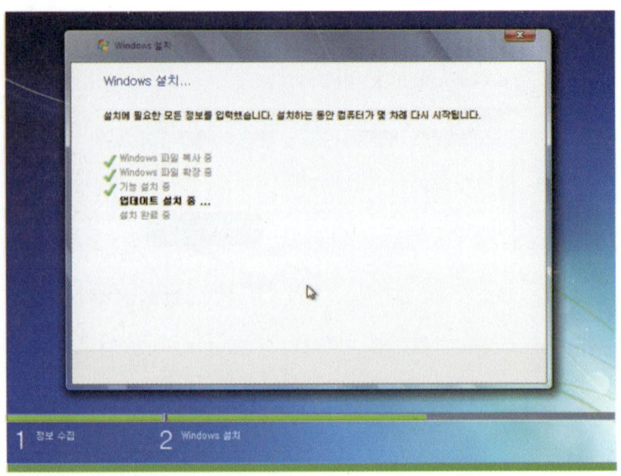

4 기능 설치 중 단계를 지나 업데이트 설치 중 단계까지 자동으로 진행됩니다.

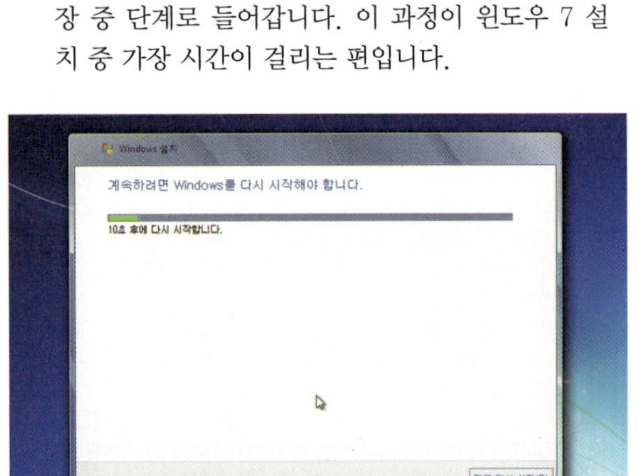

5 업데이트 설치 중 단계를 마치면 Windows를 다시 시작해야 한다는 안내 메시지가 나오고, 자동으로 재시동 카운트다운에 들어갑니다. 이때 **지금 다시 시작** 단추를 눌러 바로 재시작해도 됩니다.

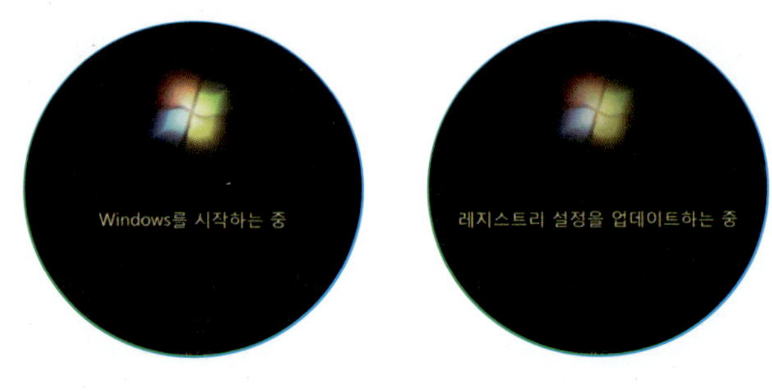

6 재시동됩니다. 이제부터는 설치된 운영체제에 의해 제어됩니다. 잠시 "레지스트리 설정을 업데이트 하는 중"이라는 안내 메시지가 표시됩니다.

7 이제 컬러 화면이 나오면서 "서비스를 시작하는 중입니다."라는 메시지가 잠시 동안 표시됩니다.

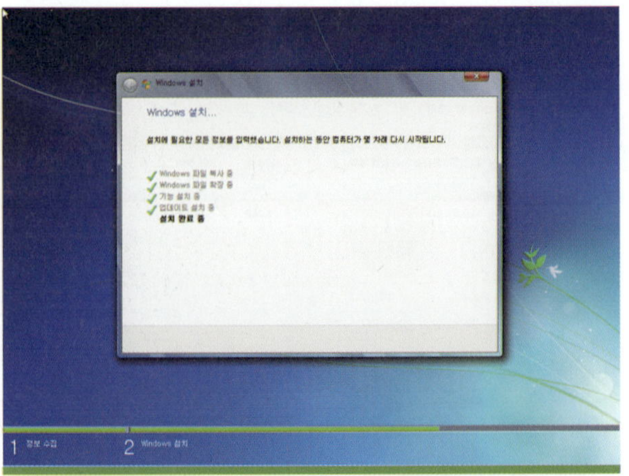

8 이어서 다시 Windows 설치 대화상자가 다시 나오는데, 이제는 마지막 설치 완료 중 단계로 진입한 것을 볼 수 있습니다.

9 윈도우 7 설치 작업이 완료되면 "컴퓨터를 다시 시작한 후에 설치가 계속됩니다."라는 안내 메시지가 표시된 후에 재시동이 이뤄집니다.

10 다시 시동되면 "처음 사용하기 위해 컴퓨터를 준비하는 중입니다"라는 메시지가 나옵니다.

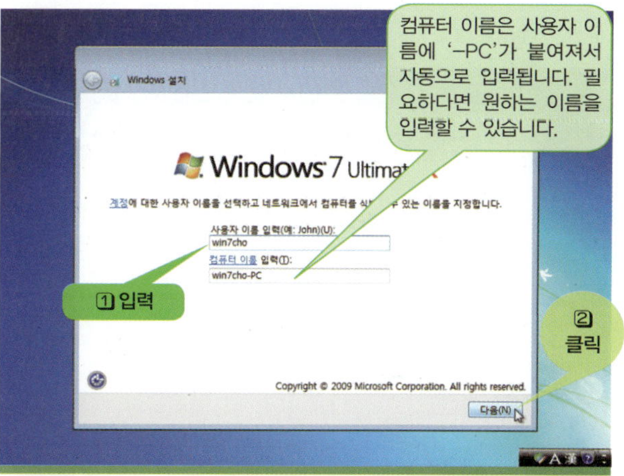

11 이어서 비디오 성능을 확인하는 중이라는 메시지가 표시됩니다.

12 Windows 설치 대화상자가 나오면 원하는 사용자 이름을 입력한 후 **다음** 단추를 클릭합니다.

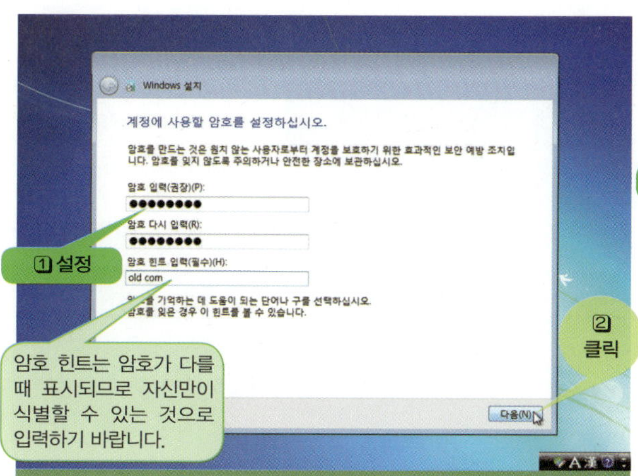

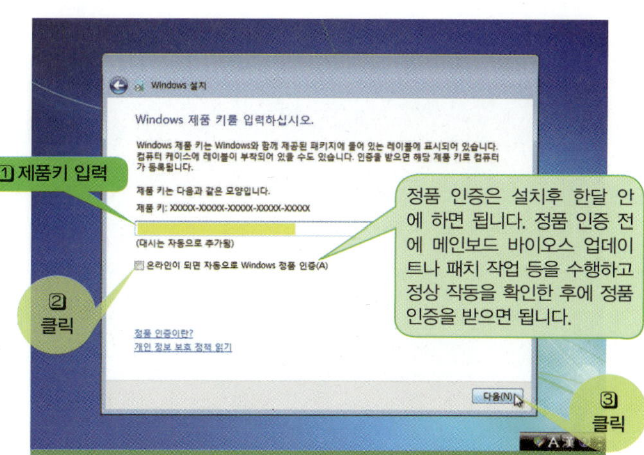

13 계정에 사용할 암호 설정 화면이 나오면 원하는 암호와 암호 힌트를 입력한 후에 **다음** 단추를 클릭합니다.

14 Windows 제품키 입력화면이 나오면 자신이 구입한 윈도우 7의 제품키를 입력한 후, **온라인이 되면 자동으로 Windows 정품 인증** 옵션의 확인 상자를 클릭하여 해제하고 **다음** 단추를 클릭합니다.

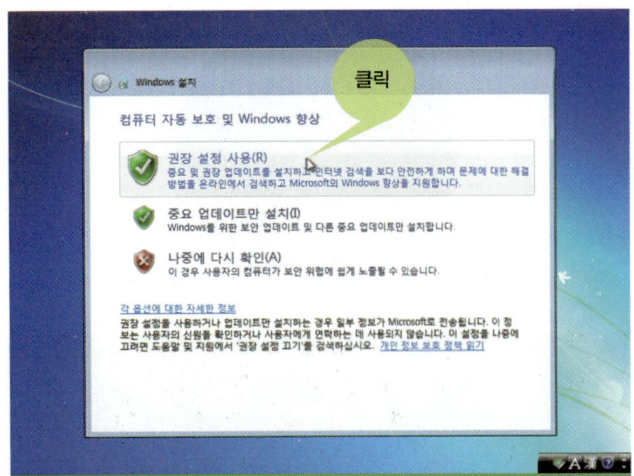

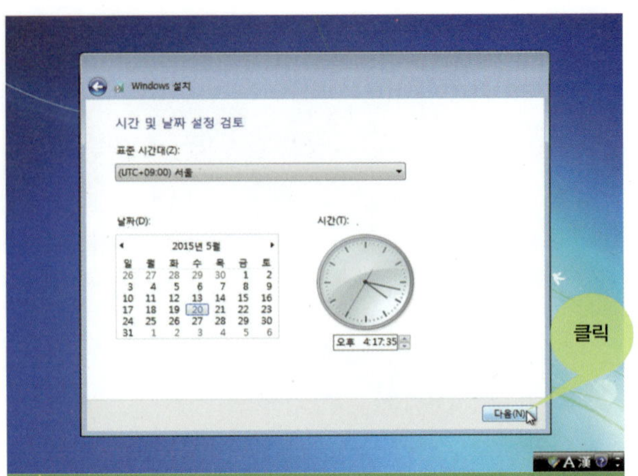

15 컴퓨터 자동 보호 및 Windows 향상 화면이 나오면 **권장 설정 사용**을 클릭합니다. 원한다면 중요 업데이트만 설치나 **나중에 다시 확인**을 선택합니다. 나중에 이 설정은 변경이 가능합니다.

16 시간 및 날짜 설정 검토 화면이 나옵니다. 날짜와 시간이 맞는지 확인하고 **다음** 단추를 클릭합니다.

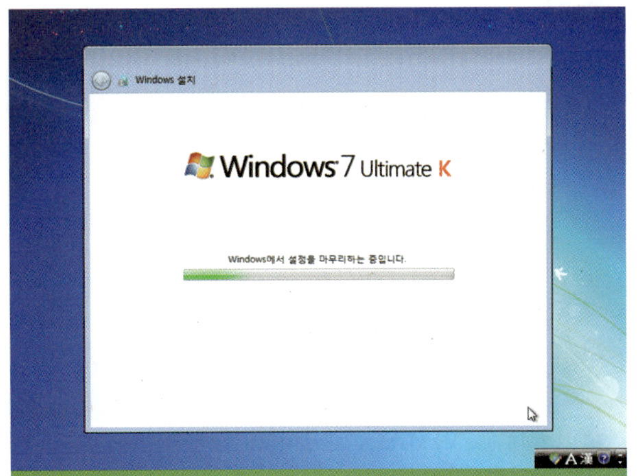

17 "Windows 설정을 마무리하는 중입니다."라는 메시지가 표시됩니다.

18 "윈도우 7을 시작하기 전에 잠시 환영합니다."라는 메시지가 나옵니다.

19 "잠시 동안 바탕화면 준비 중.."이라는 메시지와 함께 바탕화면을 준비합니다.

20 드디어 윈도우 7이 본 모습을 드러냅니다. 이상으로 윈도우 7 설치가 완료되었습니다.

Check Point | 써드파티 SATA 컨트롤러나 NVMe 컨트롤러 사용시 윈도우 7 설치 방법

써드파티 SATA 컨트롤러가 관리하는 SATA 단자에 연결된 SSD나 HDD에 운영체제를 설치하려면 사전에 AHCI/RAID 드라이버를 USB 저장 장치에 복사하여 준비해야 합니다. 스카이레이크 지원 100시리즈 칩셋이 지원하는 NVMe 컨트롤러를 사용하는 M.2 슬롯이나 SATA Express용 고속 SSD에 윈도우 7을 설치할 때도 해당 드라이버를 제조사 홈페이지에서 다운로드받아 윈도우 7 설치시 드라이버를 로드해야 합니다. 윈도우 8부터는 NVMe 컨트롤러를 기본 지원합니다. 다음은 윈도우 7 설치 시 AHCI/RAID 드라이버를 로드하여 설치하는 방법입니다.

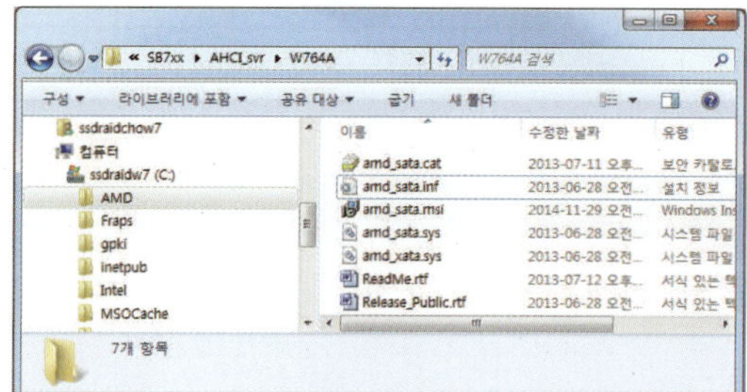

❶ AHCI/RAID 드라이버를 준비합니다. 써드파티 SATA 컨트롤러용 AHCI 드라이버는 메인보드 번들 CD에 제공되며, 최신 버전은 메인보드 제조사에서 다운로드할 수 있습니다.

❷ AHCI/RAID 드라이버 파일들을 USB 플래시 메모리에 저장합니다. 폴더를 만들어 저장해도 됩니다.

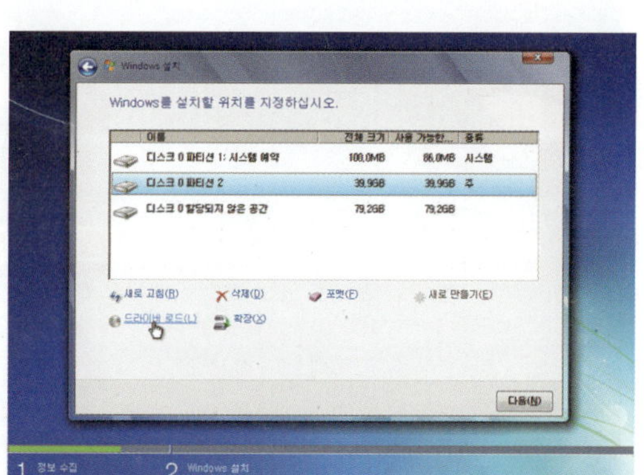

❸ Windows를 설치할 위치를 선택할 때 AHCI 드라이버 설치할 파티션을 선택한 다음, 드라이버 로드를 클릭합니다.

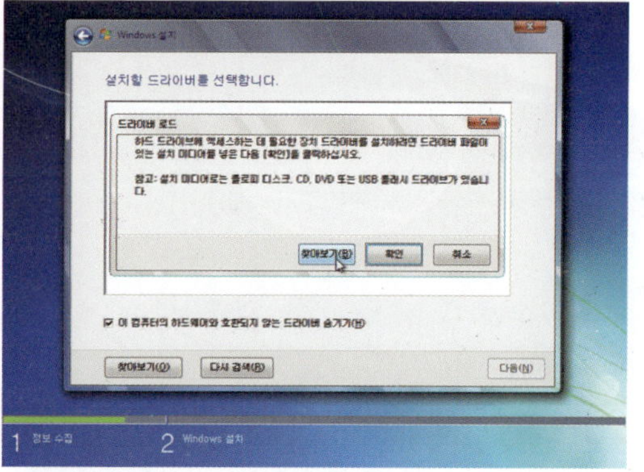

❹ 드라이버 로드 대화상자가 나오면 찾아보기 단추를 클릭합니다. AHCI/RAID 드라이버 파일들을 저장한 USB 플래시 메모리가 연결되어 있는지 확인하기 바랍니다.

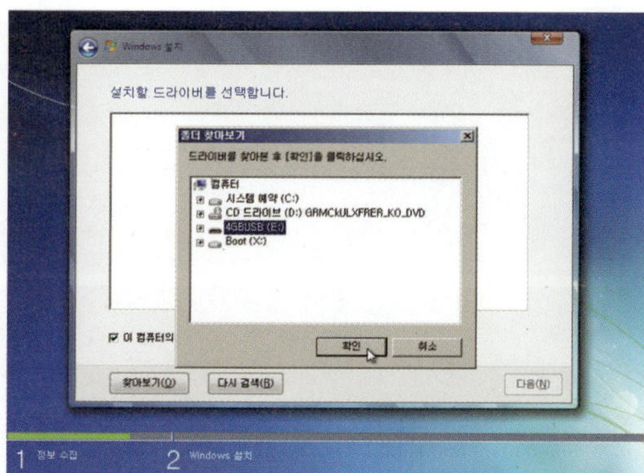

❺ 폴더 찾아보기 대화상자가 나오면 USB에 저장한 AHCI 드라이버가 저장된 위치를 선택하고, 확인 단추를 클릭합니다.

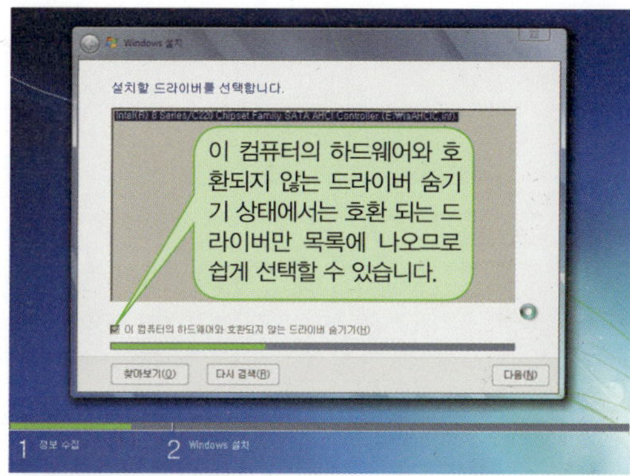

❻ 설치할 AHCI 드라이버가 선택 상태로 표시되고 다음 단추를 클릭하면 잠시 동안 AHCI 드라이버 설치 과정이 진행됩니다. 설치를 마친 다음부터는 351쪽의 "윈도우 7 파일의 복사와 설치"와 동일하게 진행하면 됩니다.

Exercise

2 윈도우 8.1 설치하기

윈도우 8이나 윈도우 8.1의 설치 방법은 사실상 동일합니다. 윈도우 8.1의 설치 방법은 윈도우 7보다 더 간단하며 AHCI 드라이버도 지원하므로 손쉽게 설치할 수 있습니다. 이번에는 앞서 실습한 윈도우 7 Ultimate K를 설치한 SSD의 비어 있는 파티션에 64비트 윈도우 8.1 Pro K 버전을 설치해보겠습니다.

이 실습에 필요한 내용	실습 키 포인트
윈도우 8.1 설치 DVD 64비트 버전 운영체제를 설치할 수 있는 SSD나 HDD	윈도우 7과 다른 파티션에 윈도우 8.1 설치하기

윈도우 8.1 운영체제 설치 DVD로 시동하기

1 USB 지원 ODD를 시스템에 연결하고, 64비트 윈도우 8.1 Pro K 64비트 설치 DVD를 트레이에 넣습니다.

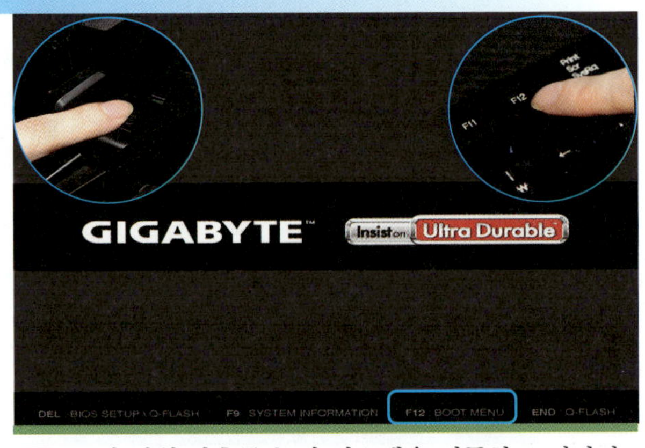

2 PC의 전원 단추를 눌러 시스템을 시동하고 기가바이트 메인보드 바이오스의 로고 화면이 나오면 부트 메뉴를 호출하는 F12 키를 누릅니다.

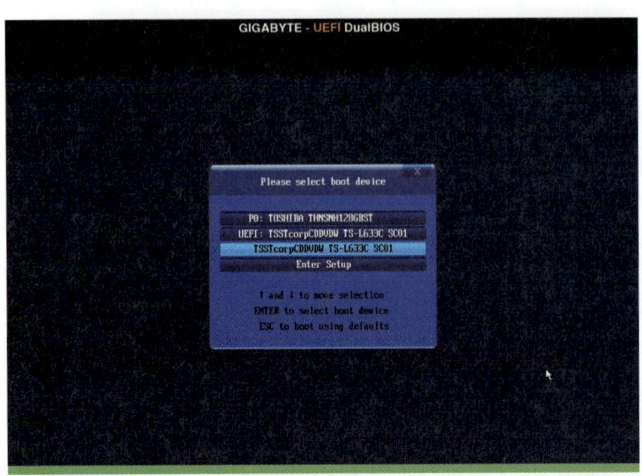

3 부트 드라이브로 ODD(TSSTcorpCDDVDW TS-L633C SC01)를 선택하고 Enter 키를 누릅니다.

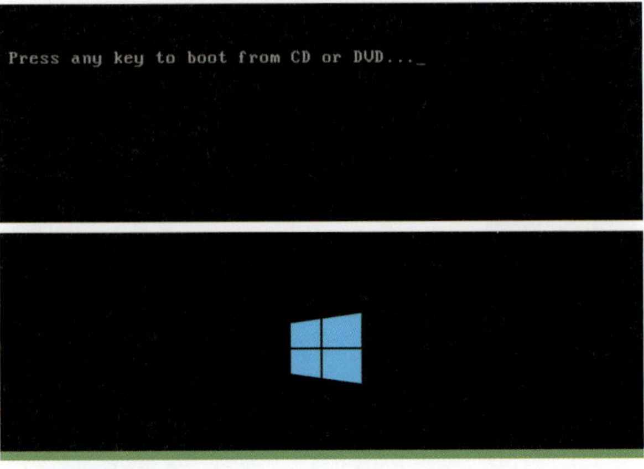

4 "Press any key … or DVD" 메시지가 나올 때 아무 키나 누릅니다. 그러면 윈도우 로고와 함께 64비트 윈도우 8.1 Pro K 설치 DVD로 시동됩니다.

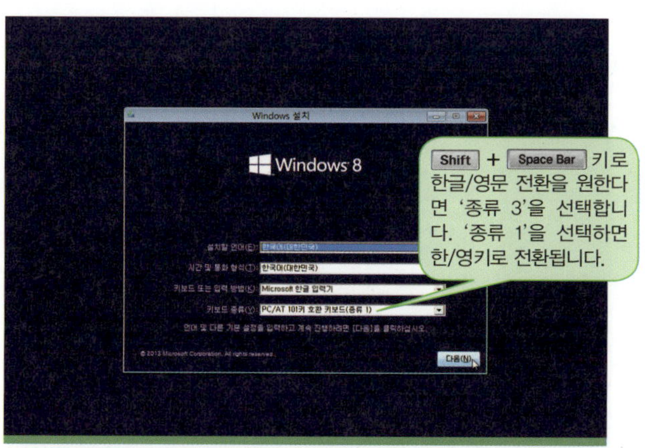

5 Windows 설치 창이 나오면 다른 설정은 그대로 두고, 키보드의 종류만 자신이 사용하는 키보드 종류에 맞춰 설정한 후 **다음** 단추를 클릭합니다.

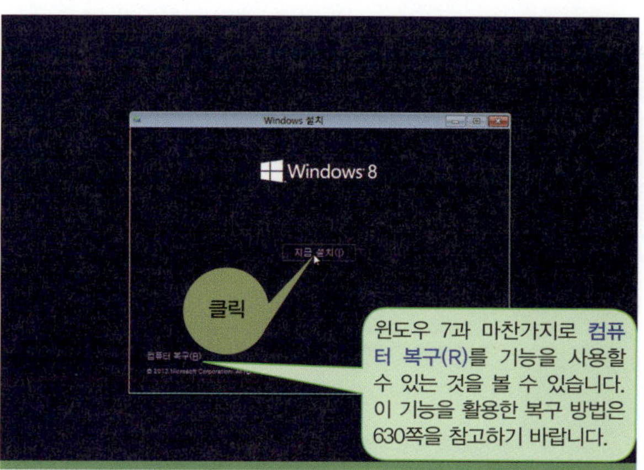

6 Windows 설치 창의 다음 화면에는 설치 전 알아야 할 내용과 컴퓨터 복구 기능을 호출하는 메뉴와 함께 지금 설치 단추가 표시됩니다. 설치를 진행하기 위해 **지금 설치** 단추를 클릭합니다.

7 이제 "설치 프로그램을 시작하는 중…"이라는 화면이 잠시 표시되며 본격적인 설치 준비를 합니다.

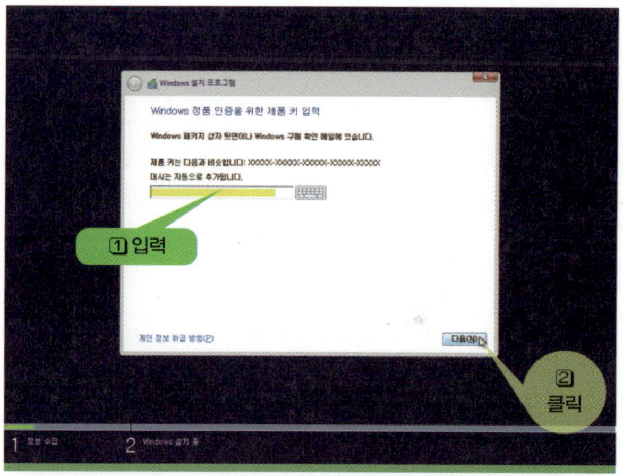

8 제품키 입력 화면이 나오면 제품키를 입력한 후 **다음** 단추를 클릭합니다.

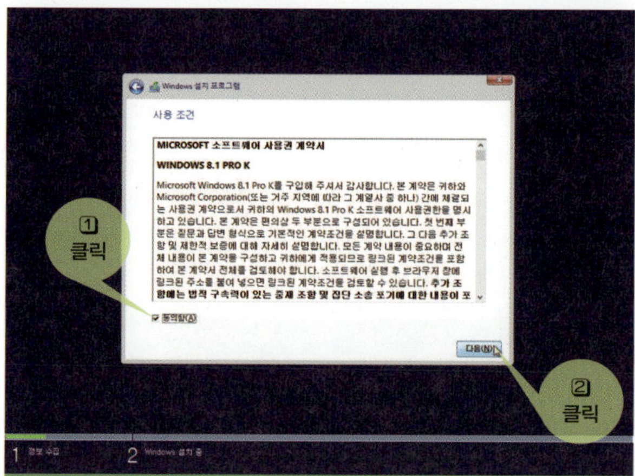

9 Windows 설치 대화상자에 사용권 계약서가 나오면 **동의함**을 체크한 후 **다음** 단추를 클릭합니다.

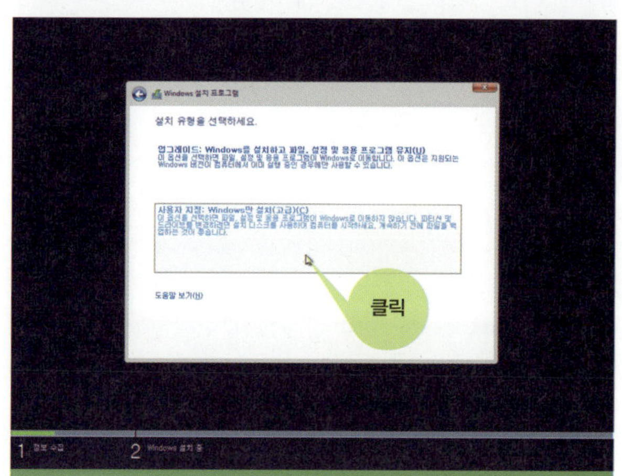

10 설치 유형 선택 화면이 나오면 새로 설치할 예정이므로 **사용자 지정 고급(C)**을 클릭합니다.

윈도우 8.1 설치용 파티션 선택 및 설정하기

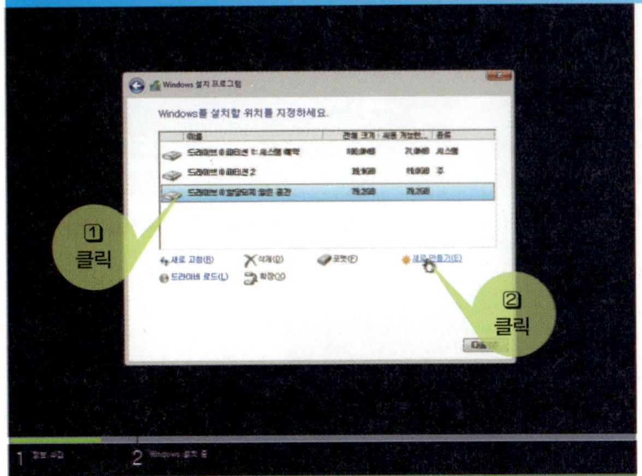

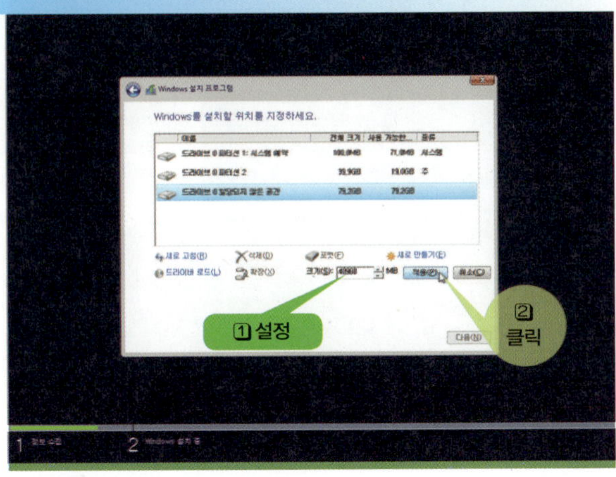

1 설치할 위치(파티션) 선택 화면이 나오면 **드라이브 0 할당되지 않은 공간**을 선택한 다음 파티션 설정을 위해 **새로 만들기**를 클릭합니다.

2 파티션의 크기를 설정할 수 있는 옵션이 나오면 파티션 크기를 40960MB(40GB)로 설정하고 **적용**을 클릭합니다.

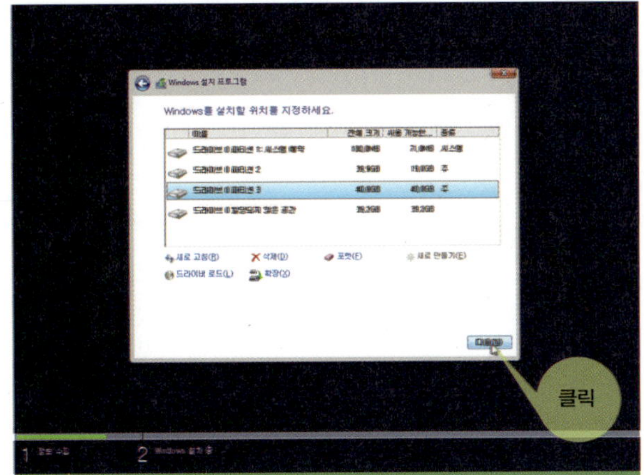

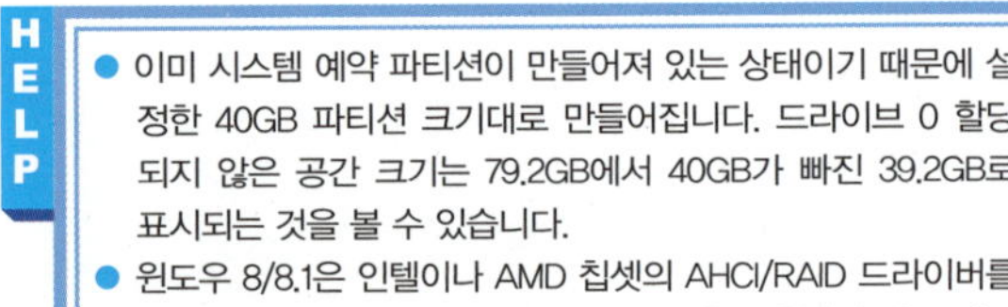

HELP

- 이미 시스템 예약 파티션이 만들어져 있는 상태이기 때문에 설정한 40GB 파티션 크기대로 만들어집니다. 드라이브 0 할당되지 않은 공간 크기는 79.2GB에서 40GB가 빠진 39.2GB로 표시되는 것을 볼 수 있습니다.
- 윈도우 8/8.1은 인텔이나 AMD 칩셋의 AHCI/RAID 드라이버를 내장하고 있으므로 드라이버 로드 기능을 사용하지 않고 바로 다음 단추를 눌러 설치를 진행하면 됩니다.
- 윈도우 8/8.1을 다른 운영체제를 설치하지 않은 단일 파티션에 설치하면 단일 운영체제로 사용할 수 있습니다. 이미 윈도우 7을 설치한 상태에서 다른 파티션에 윈도우 8/8.1을 설치하면 자동으로 멀티 부팅 운영체제로 사용할 수 있습니다.

3 파티션이 만들어지면 **다음** 단추를 클릭합니다.

윈도우 8.1 파일의 복사와 설치

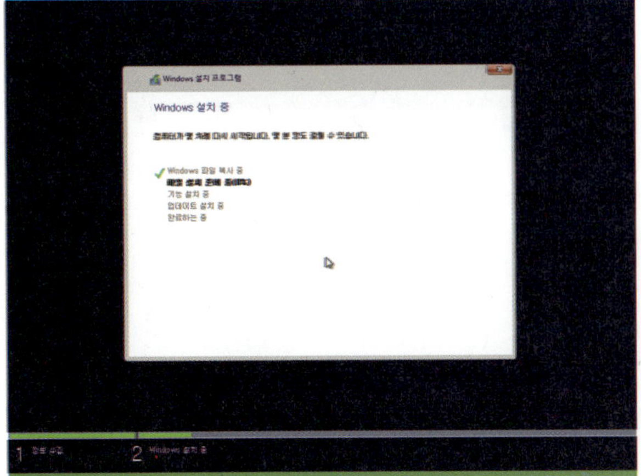

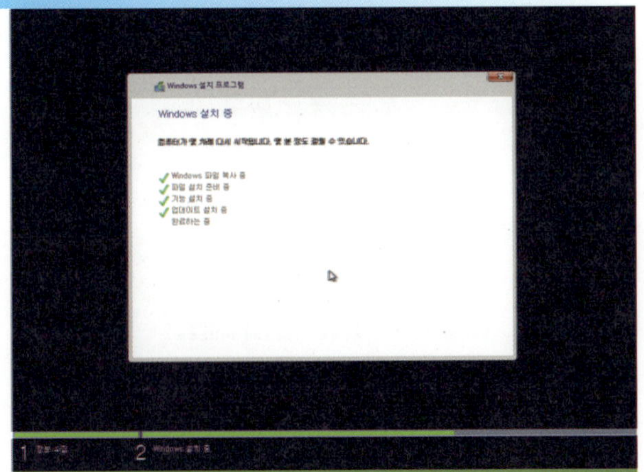

1 이제 본격적인 설치가 진행됩니다. 잠시 Windows 파일 복사가 진행된 후 Windows 파일 확장 중 단계로 들어갑니다.

2 계속해서 기능 설치 중 단계를 지나 업데이트 설치 중 단계까지 자동으로 진행됩니다.

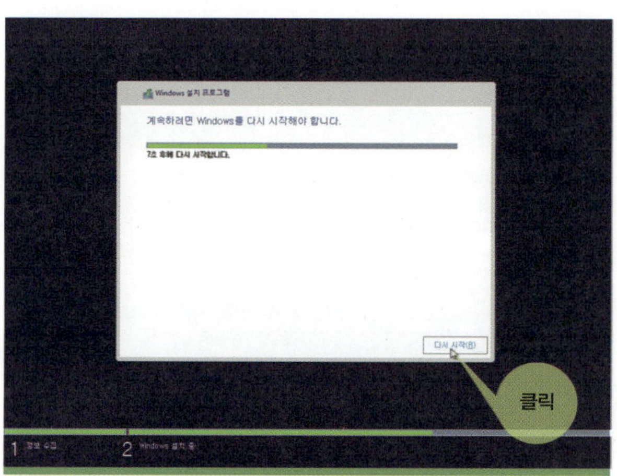

3 업데이트 설치 중 단계를 마치면 자동으로 재시동 카운트다운에 들어갑니다. 이때 **다시 시작** 단추를 눌러 바로 재시작해도 됩니다.

4 재시동됩니다. 이제부터는 설치된 운영체제에 의해 제어됩니다.

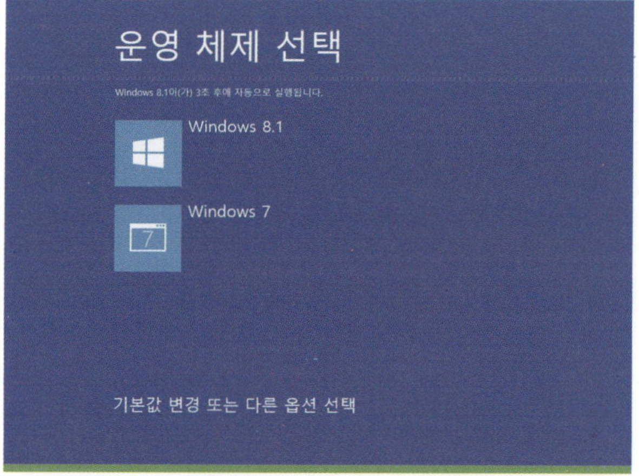

5 재시동 후 운영체제 선택 화면이 나옵니다. 그냥 두면 기본값 운영체제인 Windows 8.1로 시동됩니다.

HELP

- 앞의 **윈도우 7 설치하기 – AHCI 모드** 실습을 통해 첫 번째 주 파티션에 윈도우 7을 설치한 상태에서 윈도우 8.1을 설치했기 때문에 윈도우 8.1 설치 후에 재시동되면 자동으로 멀티 부팅이 구성되어 운영체제 선택 화면이 나옵니다. 기본값 운영체제는 나중에 설치한 운영체제(윈도우 8.1)로 선택되며 30초간 아무 선택이 없으면 기본값 운영체제로 재시동됩니다.
- 윈도우 8부터는 멀티 부팅 운영체제 선택 화면이 텍스트 메뉴가 아닌 그래픽 선택 메뉴로 제공됩니다. 그래픽 선택 메뉴이기 때문에 마우스로도 선택할 수 있습니다.
- 기본값 운영체제를 변경하거나 복구나 복원 기능 등 다른 옵션을 선택하려면 하단에 있는 **기본값 변경** 또는 **다른 옵션 선택**을 선택하면 됩니다.

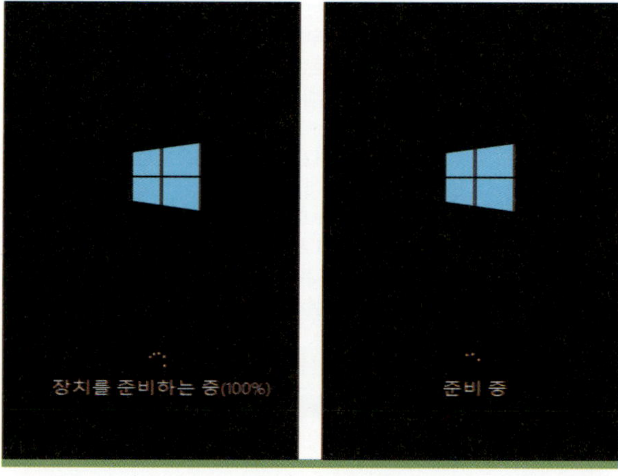

6 윈도우 8.1 설치 프로그램의 시동 과정이 계속됩니다. 잠시 장치를 준비하고 나서 "준비 중"이라는 안내 메시지가 표시됩니다.

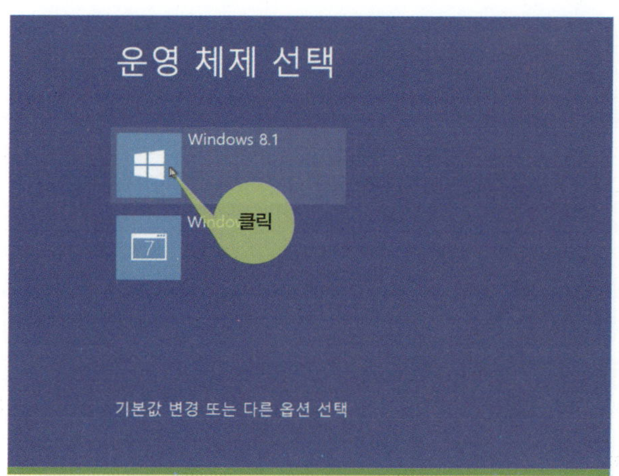

7 다시 운영체제 선택 화면이 나오면 Windows 8.1을 클릭하여 설치를 계속 진행합니다.

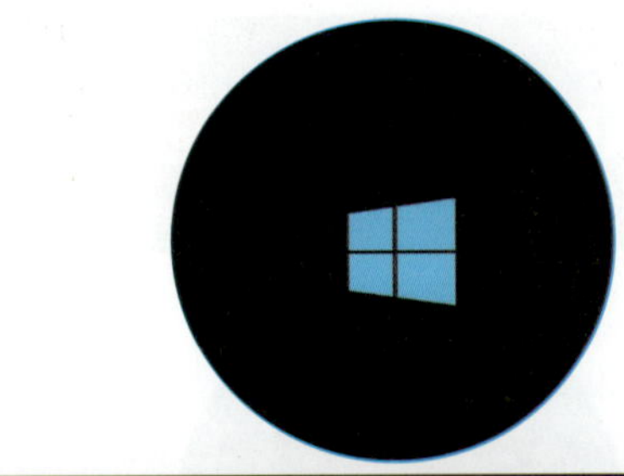

8 재시동 후에 개인 설정, 온라인 연결, 설정, 로그인 등의 기본 사항을 처리한다는 안내 메시지가 잠시 동안 표시됩니다.

9 개인 설정 화면이 나오면 PC 이름을 입력한 후 **다음** 단추를 클릭합니다. PC 이름에는 특수 문자를 사용할 수 없습니다.

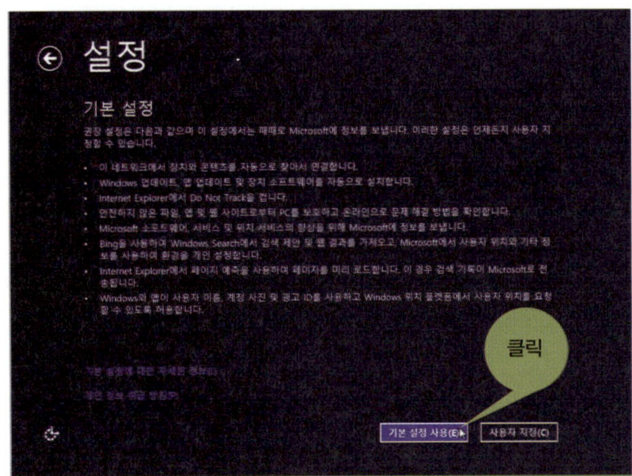

10 설정 화면이 나오면 **기본 설정 사용**을 클릭합니다. 운영체제 설치 후에 설정은 언제든지 변경할 수 있습니다.

11 잠시 동안 "인터넷 연결 확인 중" 화면이 나옵니다.

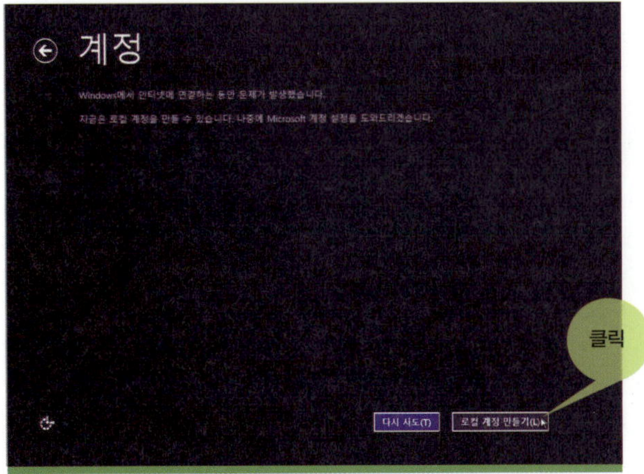

12 인터넷 연결을 찾지 못해 로컬 계정만 만들 수 있다는 안내 메시지가 나옵니다. **로컬 계정 만들기**를 클릭합니다.

- 네트워크 카드가 연결된 경우라도 윈도우 8.1 운영체제 설치 프로그램에 네트워크 카드 드라이버가 없는 경우에는 인터넷 연결을 찾지 못할 수 있습니다. 로컬 계정만 있어도 운영체제 사용에는 문제가 없습니다.
- 운영체제 설치 후에 언제든지 온라인 Microsoft 계정을 만들 수 있습니다. 온라인 Microsoft 계정을 만들면 마이크로소프트 데이터 센터에서 제공하는 One Drive 클라우드 서비스와 윈도우폰/Xbox Live/아웃룩 온라인 서비스 이용, 윈도우 스토어에서 앱 다운로드를 받을 수 있습니다.
- 인터넷이 연결된 상태에서 설치하면 온라인으로 Microsoft 계정을 바로 만들 수 있습니다. 이에 대해서는 윈도우 10 설치 과정에서 실습해 보기로 하겠습니다(358쪽 참고).

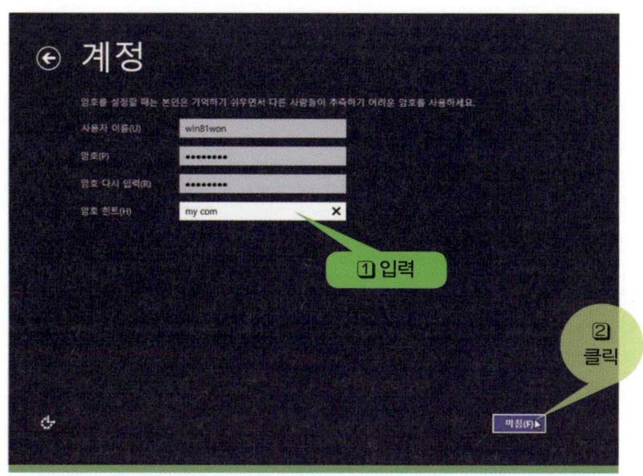

13 계정 화면이 나오면 원하는 사용자 이름과 암호, 암호 힌트를 입력한 후 **마침** 단추를 클릭합니다.

14 그러면 잠시 동안 설정 마무리가 진행된 후, "안녕하세요" 메시지가 나오고 자동으로 설정 작업이 수행됩니다.

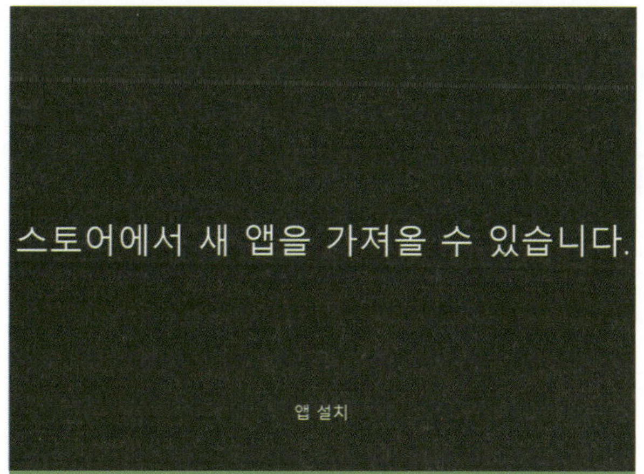

15 이어서 "스토어에서 새 앱을 가져올 수 있습니다." 메시지가 나온 후 다음 화면으로 진행합니다.

16 모든 설치가 완료되면 "이제 시작합니다." 메시지가 나옵니다.

17 드디어 윈도우 8.1 시작화면이 모습을 드러냅니다. 이것으로 윈도우 8.1 설치가 모두 완료되었습니다.

HELP

- 윈도우 8.1에서 기본 지원되지 않은 그래픽 드라이버인 경우에는 표준 드라이버로 시작 화면이 표시되므로 저해상도로 표시됩니다.
- 그래픽카드 드라이버를 설치하면 고해상도 화면을 사용할 수 있습니다.

Exercise

3 윈도우 10 설치하기

윈도우 10의 설치 방법은 윈도우 8.1과 비슷합니다. 여기서는 앞서 실습한 윈도우 7 Ultimate K와 윈도우 8.1 Pro K를 설치한 SSD의 비어 있는 파티션에 64비트 윈도우 10K 버전을 설치해보겠습니다. 이번에는 인터넷을 연결한 상태에서 설치 미디어로 DVD 대신 USB 플래시 메모리를 사용하여 설치해보겠습니다.

이 실습에 필요한 내용	실습 키 포인트
윈도우 10 64비트 버전 – 설치 미디어 USB 플래시 드라이브 운영체제를 설치할 수 있는 SSD나 HDD	윈도우 7, 윈도우 8.1과 다른 파티션에 윈도우 10 설치하기

윈도우 10 운영체제 USB 플래시 드라이브로 시동하기

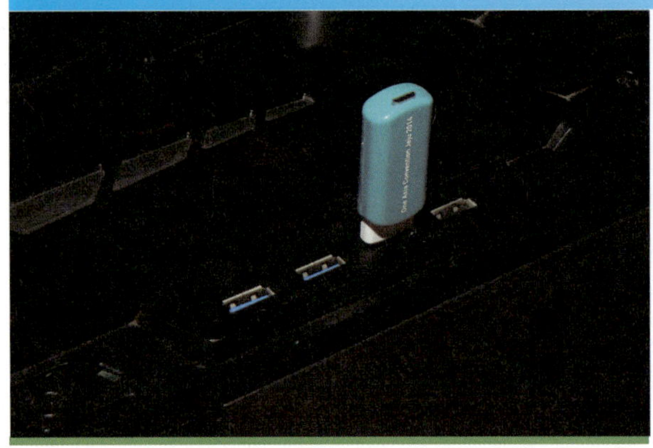

HELP

- 윈도우 10은 윈도우 8.1을 베이스로 하고 있기 때문에 설치 방식도 비슷합니다. 360쪽 윈도우 8.1 설치 실습 12 단계에서 로컬 계정으로 등록하는 실습을 해보았으므로 이번에는 온라인 계정으로 운영체제에 로그인하는 실습을 해보겠습니다.
- 온라인 Microsoft 계정 등록을 하면 본인 인증을 거쳐 본인의 마이크로소프트 이메일 계정을 만들게 됩니다. 온라인 계정으로 로그인할 때는 이메일 계정을 이용하여 로그인합니다.
- 온라인 계정으로 로그인하면 마이크로소프트 사의 데이터 센터에서 제공하는 One Drive 클라우드 서비스와 윈도우폰/Xbox Live/아웃룩 온라인 서비스 이용, 윈도우 스토어에서 앱 다운로드를 받을 수 있습니다.
- 사용자가 원하면 언제든지 로컬 계정을 등록하고, 로컬 계정으로 로그인할 수 있습니다.

1 윈도우 10 설치 프로그램이 있는 USB 플래시 메모리를 시스템에 연결합니다.

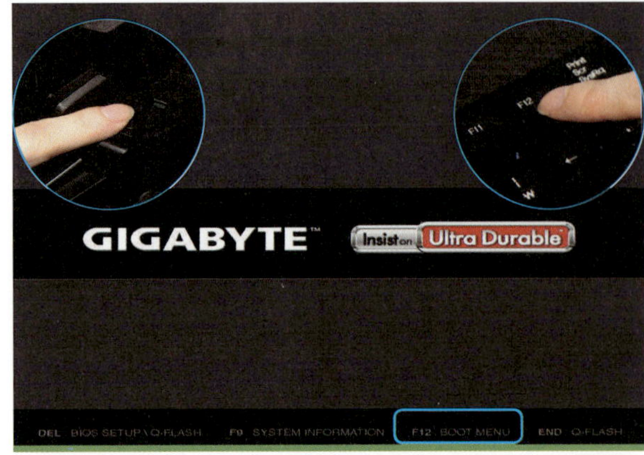

2 PC의 전원 단추를 눌러 시스템을 시동하고 기가바이트 메인보드 바이오스의 로고 화면이 나오면 부트 메뉴를 호출하는 F12 키를 누릅니다.

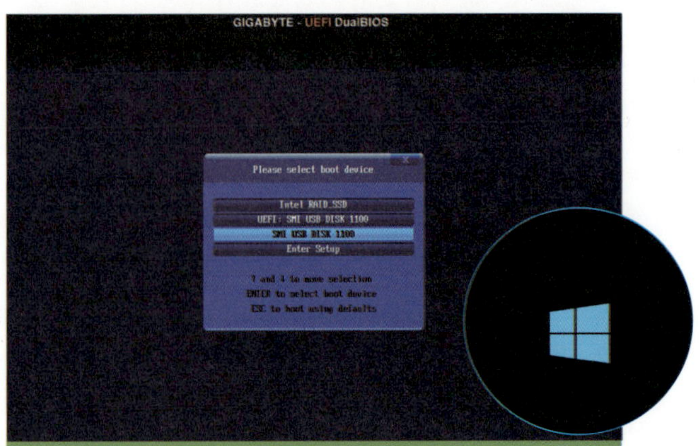

3 부트 드라이브로 USB 플래시 드라이브인 SMI USB DISK 1100을 선택하고 Enter 키를 누릅니다. 윈도우 10 설치 프로그램이 윈도우 로고와 함께 시동됩니다.

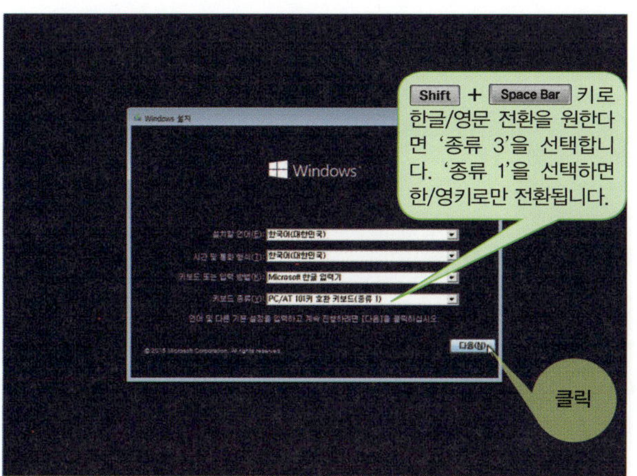

4 Windows 설치 창이 나오면 다른 설정은 그대로 두고, 키보드 종류만 자신이 사용하는 키보드 종류에 맞춰 설정한 후 **다음** 단추를 클릭합니다.

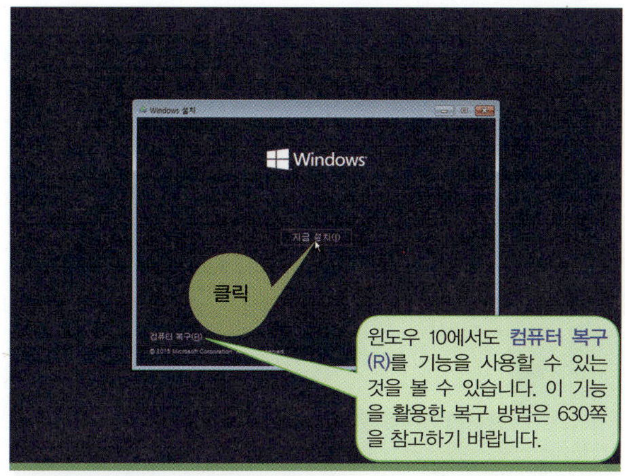

5 컴퓨터 복구 기능을 호출하는 메뉴와 함께 지금 설치 단추가 표시됩니다. 설치를 진행하기 위해 **지금 설치** 단추를 클릭합니다.

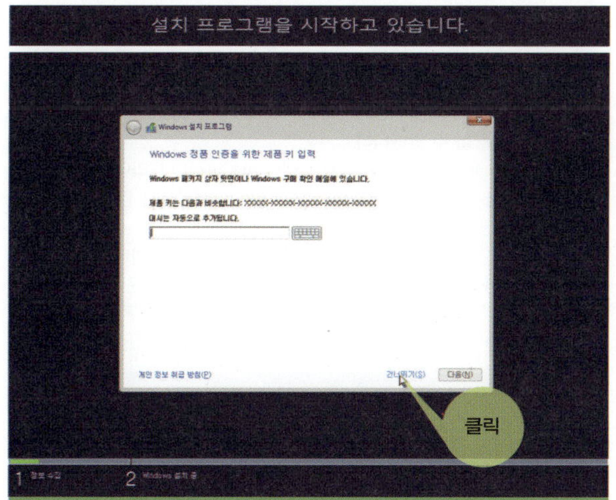

6 잠시 **설치 프로그램을 시작...** 화면이 나온 후에 제품 키 입력 화면이 나오면 제품키를 입력한 후 **다음** 단추를 클릭합니다. 정품 인증을 하거나 윈도우 10을 다시 설치하는 경우라면 **건너뛰기**를 클릭합니다.

HELP

- 정품 윈도우 10 패키지를 구입한 경우에는 패키지와 함께 제공된 제품키를 입력하면 됩니다.
- 윈도우 7/8/8.1에서 윈도우 10으로 무료 업그레이드한 경우도 정품 라이선스는 윈도우 10에서 동일하게 승계되어 적용됩니다. 윈도우 7/8/8.1에서 윈도우 10으로 업그레이드하고 인증을 마친 경우에는 윈도우 7/8/8.1 제품키도 유효하므로 제품키 입력 화면에 해당 정품키를 입력하면 됩니다.
- 윈도우 10으로 업그레이드하면 최초 정품 인증시 등록된 하드웨어 ID를 마이크로소프트의 인증 서버에서 관리합니다. 때문에 동일 하드웨어라면 윈도우 10을 다시 설치할 때 제품키를 입력하지 않아도 최초 정품 인증시 등록된 하드웨어 ID가 있기 때문에 정품 인증에 문제가 없습니다.
- 메인보드를 교체하고 다시 윈도우 10을 설치하는 경우, 기존에 인정받은 윈도우 7/8/8.1 정품이 DSP 라이선스라면 더 이상 인증이 안되므로 유의하기 바랍니다. 윈도우 7/8/8.1 정품이 처음 사용자용이라면 해당 제품키를 입력하고 설치를 진행합니다. 기존에 마이크로소프트 인증 서버에 등록된 하드웨어 아이디 때문에 온라인 정품 인증이 안될 때는 363쪽의 **윈도우 8/8.1/10 전화로 정품 인증 받기**를 참고하여 전화로 인증받으면 됩니다.

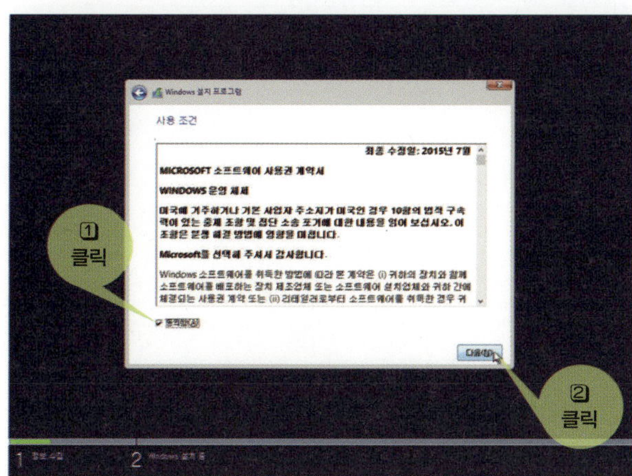

7 Windows 설치 대화상자에 사용권 계약서가 나오면 **동의함**을 체크한 후 **다음** 단추를 클릭합니다.

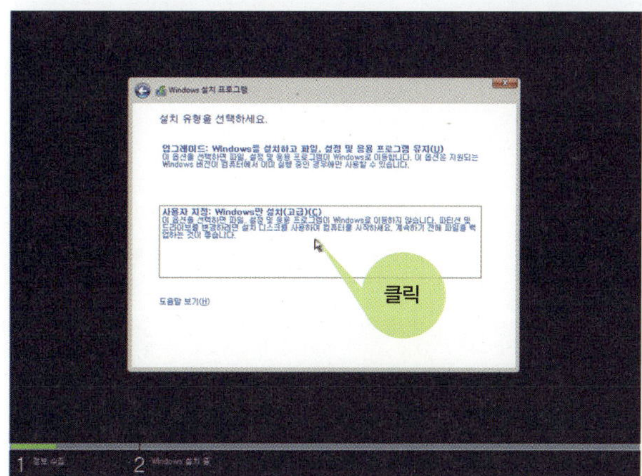

8 설치 유형 선택 화면이 나오면 새로 설치할 예정이므로 **사용자 지정 고급(C)**을 클릭합니다.

윈도우 10 설치용 파티션 선택 및 설정하기

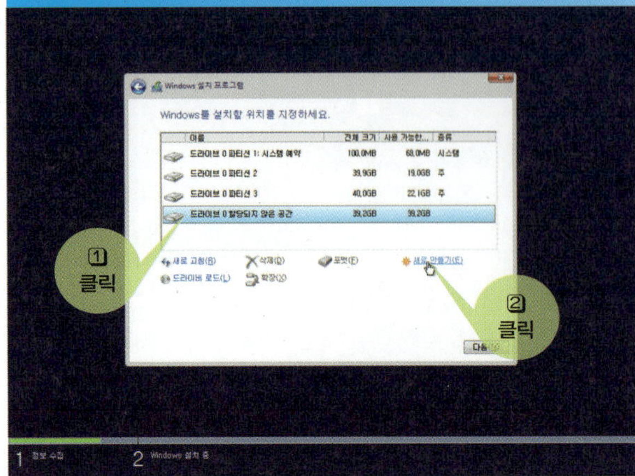

1 설치할 위치(파티션) 선택 화면이 나오면 **드라이브 0 할당되지 않은 공간**을 선택한 다음 파티션 설정을 위해 **새로 만들기**를 클릭합니다.

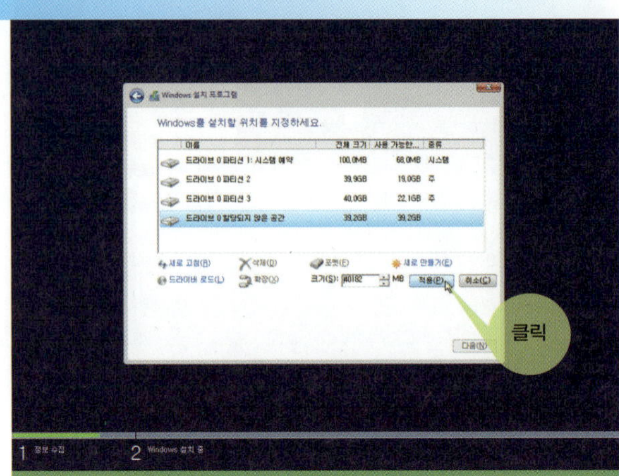

2 기본값으로 설정 가능한 파티션의 전체 크기 (40182MB)가 나옵니다. **적용** 단추를 클릭합니다.

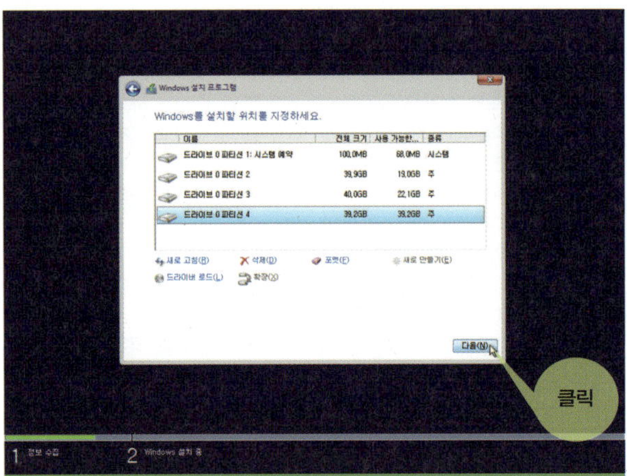

3 파티션이 만들어지면 **다음** 단추를 클릭합니다.

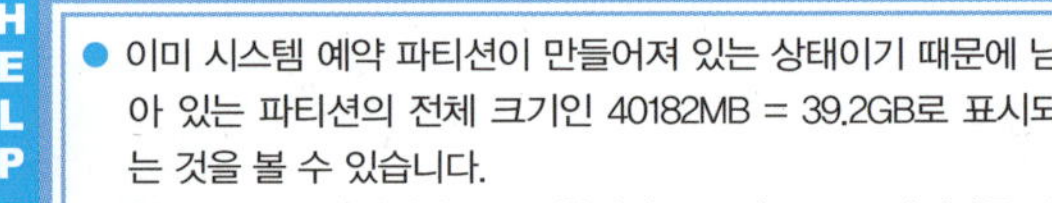

HELP

- 이미 시스템 예약 파티션이 만들어져 있는 상태이기 때문에 남아 있는 파티션의 전체 크기인 40182MB = 39.2GB로 표시되는 것을 볼 수 있습니다.
- 윈도우 10도 인텔이나 AMD 칩셋의 AHCI/RAID 드라이버를 내장하고 있으므로 드라이버 로드 기능을 사용하지 않고 바로 다음 단추를 눌러 설치를 진행하면 됩니다.
- 윈도우 10을 다른 운영체제를 설치하지 않은 단일 파티션에 설치하면 단일 운영체제로 사용할 수 있습니다. 이미 윈도우 7과 윈도우 8.1을 설치한 상태에서 다른 파티션에 윈도우 10을 설치하면 자동으로 멀티 부팅 운영체제로 사용할 수 있습니다.

윈도우 10 파일의 복사와 설치

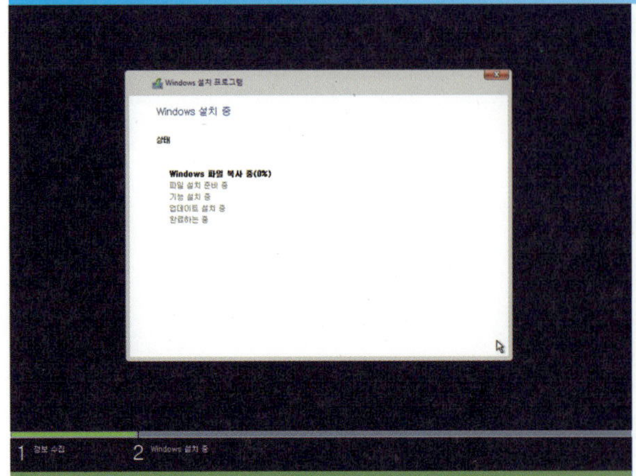

1 설치가 시작되어 Windows 파일 복사가 진행된 후 "Windows 파일 확장 중" 단계로 들어갑니다.

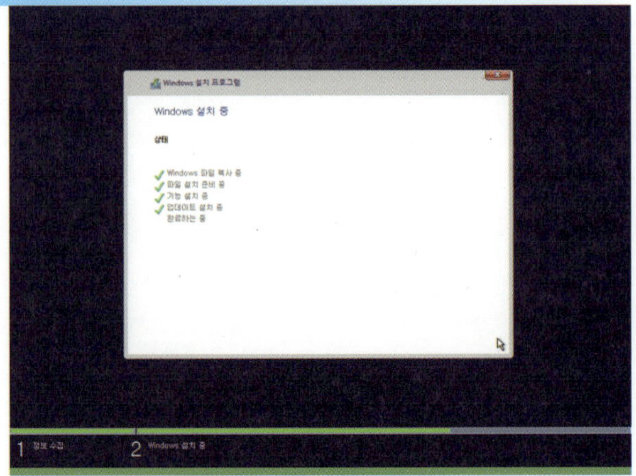

2 계속해서 기능 설치 중 단계를 지나 업데이트 설치 중 단계까지 자동으로 진행됩니다.

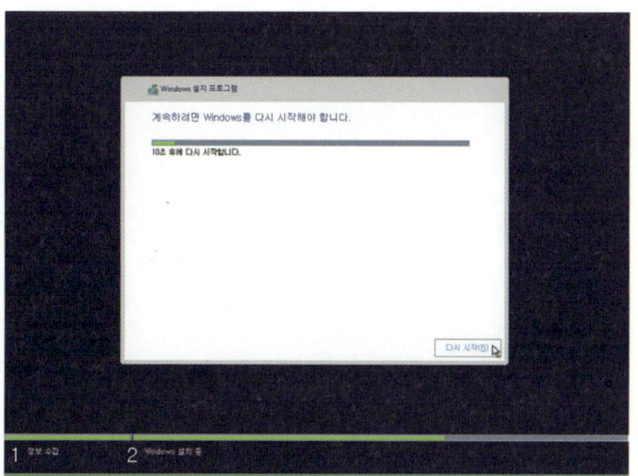

3 업데이트 설치 중 단계를 마치면 자동으로 재시동 카운트다운에 들어갑니다. 이때 **지금 다시 시작** 단추를 눌러 바로 재시작해도 됩니다.

4 재시동됩니다. 이제부터는 설치된 운영체제에 의해 제어됩니다. 재시동될 때 다시 설치 프로그램이 처음부터 시작되는 것을 예방하기 위해 USB 메모리는 제거하길 권합니다.

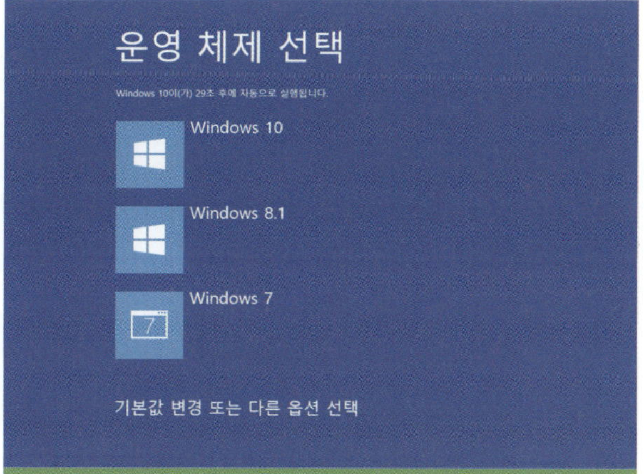

5 운영체제 선택 화면이 나옵니다. 가만히 두어도 기본값 운영체제인 Windows 10으로 시동됩니다.

HELP

● 앞의 실습을 통해 첫 번째 주 파티션에 윈도우 7, 그 다음에 윈도우 8.1을 설치한 상태이기 때문에 윈도우 10을 설치하고 재시동하면 자동으로 멀티 부팅이 구성되어 세 가지 운영체제 선택 화면이 나옵니다. 기본값으로 나중에 설치한 운영체제(윈도우 10)가 선택되며 30초간 아무 선택이 없으면 기본값 운영체제로 재시동됩니다.

● 멀티 부팅 운영체제 그래픽 선택 메뉴 화면에는 Windows 10이 추가되어 나옵니다. 윈도우 10에서도 기본값 운영체제 변경, 복구나 복원 같은 문제 해결 기능을 사용하려면 하단에 있는 **기본값 변경 또는 다른 옵션 선택**을 선택하면 됩니다(631쪽 참고).

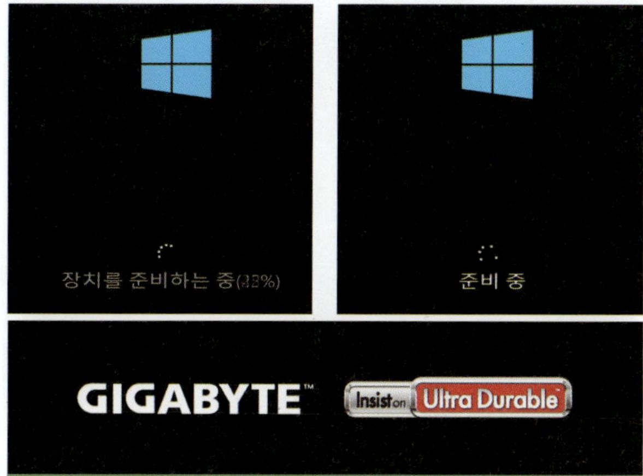

6 윈도우 10 설치 프로그램의 시동 과정이 계속됩니다. 잠시 장치를 준비하고 나서 "준비 중"이라는 안내 메시지가 표시되고 자동으로 재시동됩니다.

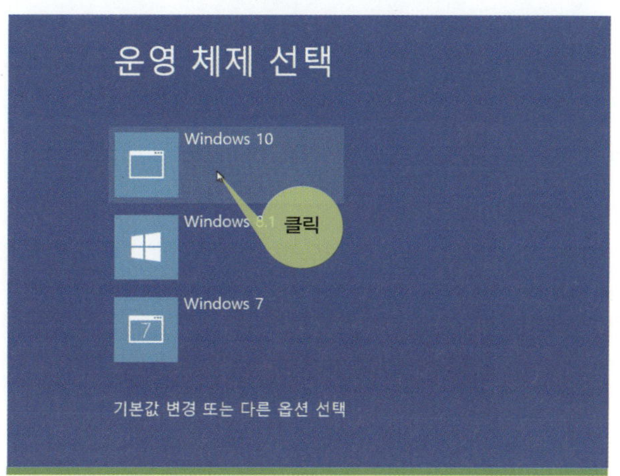

7 다시 운영체제 선택 화면이 나오면 Windows 10을 클릭합니다.

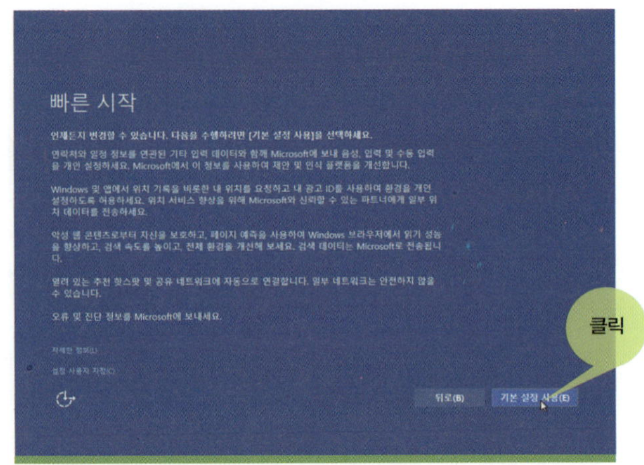

8 다시 제품키 입력 화면이 나옵니다. 정품 등록된 온라인 계정이 있으면 **나중에**를 클릭하고, 새로 등록하려면 제품키를 입력하고 **다음** 단추를 클릭합니다.

9 재시동 후에 빠른 시작을 돕는 권장 설정 화면이 나옵니다. 설정은 나중에 얼마든지 변경할 수 있으므로 **기본 설정 사용** 단추를 클릭합니다.

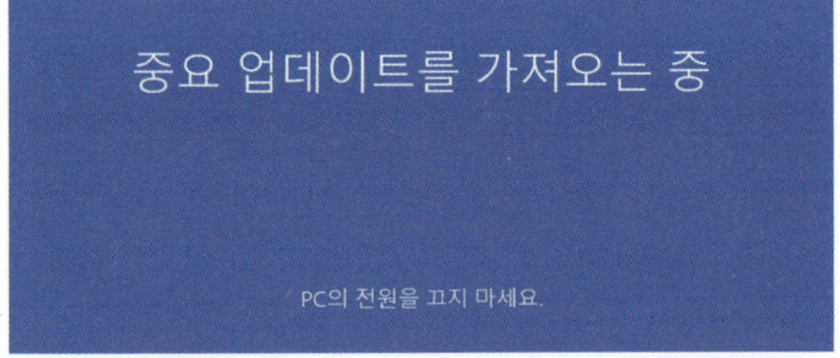

10 이제 잠시 기다리면 자동으로 설정 작업이 수행됩니다.

11 온라인에 연결되어 있으면 중요 업데이트를 가져오는 작업을 진행합니다.

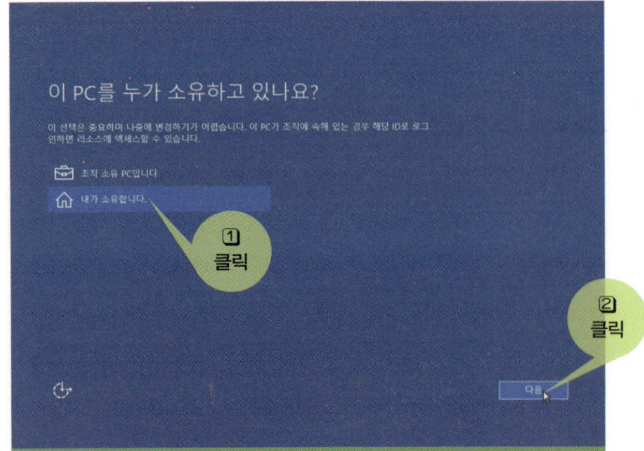

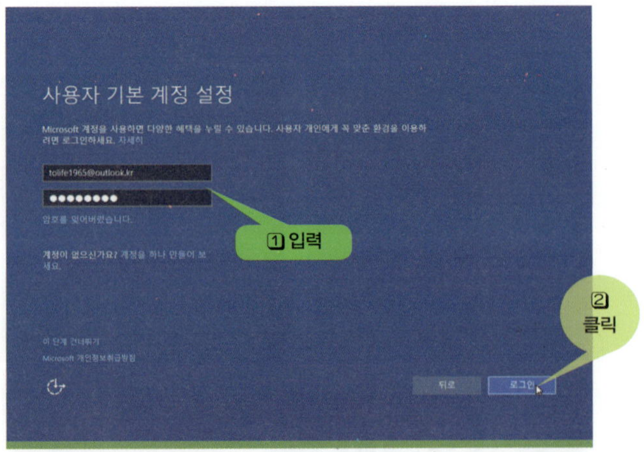

12 이 PC를 누가 소유하고 있는지 묻는 화면이 나오면 소유 상태를 선택하고 **다음** 단추를 클릭합니다.

13 사용자 기본 계정 설정 화면이 나옵니다. 등록된 Microsoft 계정 정보를 입력하고 **로그인** 단추를 클릭하여 368쪽의 윈도우 10 설치 마무리 **1**단계로 진행합니다. Microsoft 계정이 없다면 다음의 온라인 로그인 계정 만들기로 새 계정을 등록합니다.

온라인 로그인 계정 만들기

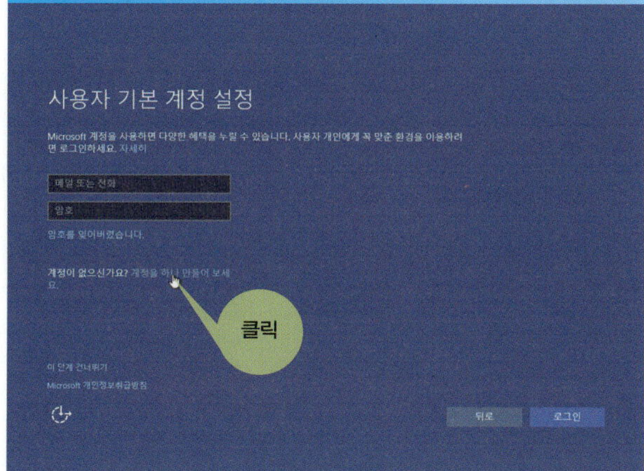

1 새로운 Microsoft 계정을 만들기 위해 **계정이 없으신가요? 계정을 하나 만들어 보세요**를 클릭합니다.

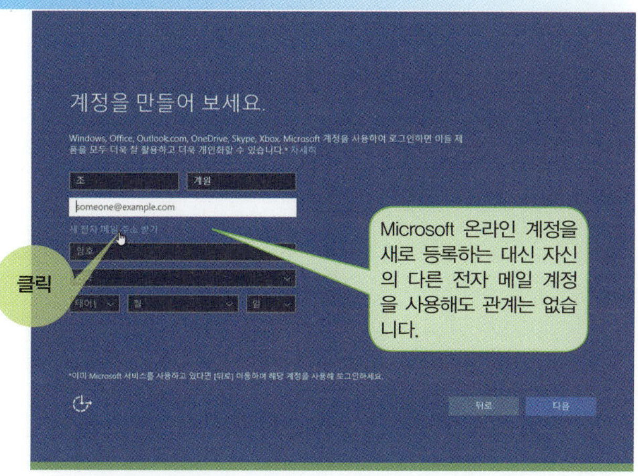

2 **계정을 만들어 보세요** 화면이 나오면, Microsoft 온라인 계정 등록을 위해 **새 전자 메일 주소 받기**를 클릭합니다.

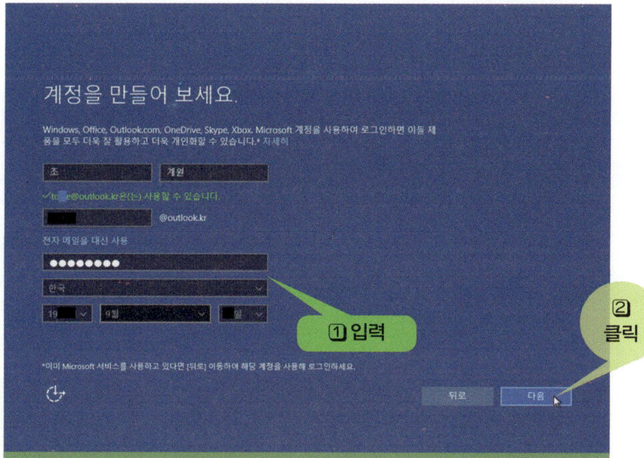

3 이제 Microsoft 온라인 계정에서 사용할 이름, 아이디, 암호, 생년월일을 입력하고 **다음** 단추를 클릭합니다.

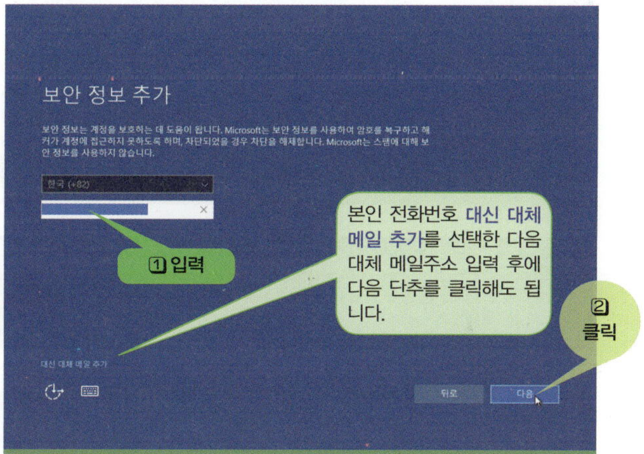

4 본인의 계정 보호를 위한 보안 정보 추가 화면이 나오면 본인 전화번호를 입력하고 **다음** 단추를 클릭합니다.

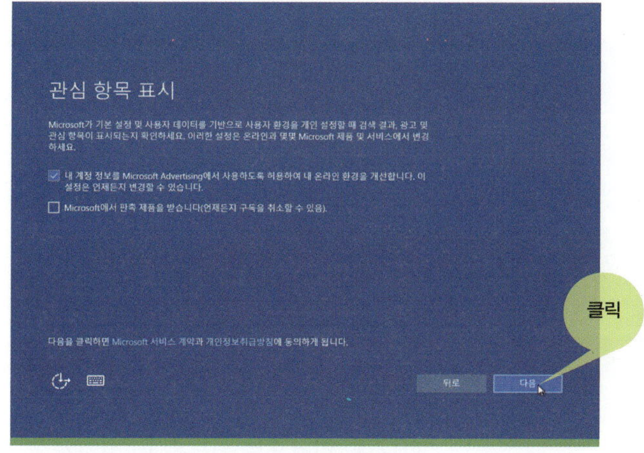

5 관심 항목 표시 여부를 설정할 수 있는 화면이 나오면 필요한 항목을 설정하고 **다음** 단추를 클릭합니다.

6 이제 설정을 적용하기 위해 **잠시 기다려 주세요**라는 안내 메시지가 나온 후 다음 단계의 PIN 암호 설정 화면이 나옵니다.

윈도우 10 설치 마무리

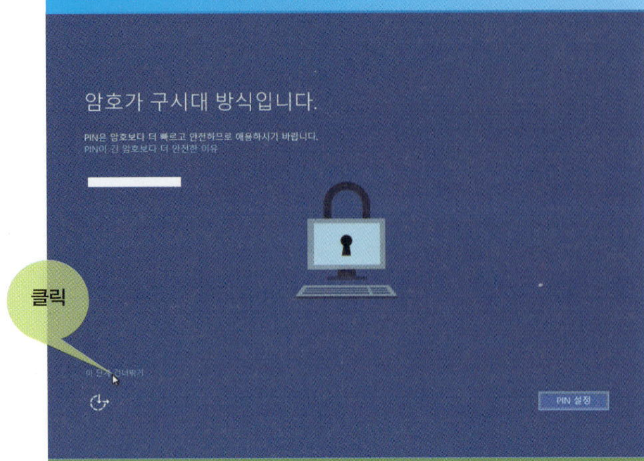

1 암호가 구시대 방식이라며 PIN 암호로 설정하는 화면이 나옵니다. PIN 암호는 나중에 설정해도 되므로 **이 단계 건너뛰기**를 클릭합니다.

2 여기, 저기, 모든 곳에서 파일 가져오기 화면이 나옵니다. OneDrive에 저장하도록 선택하면 휴대전화이나 태블릿 PC에서도 파일을 가져올 수 있습니다. **다음** 단추를 클릭합니다.

3 이제 자동으로 설정 작업이 수행됩니다.

4 자동 설정 작업이 모두 완료되면 자동으로 시작합니다.

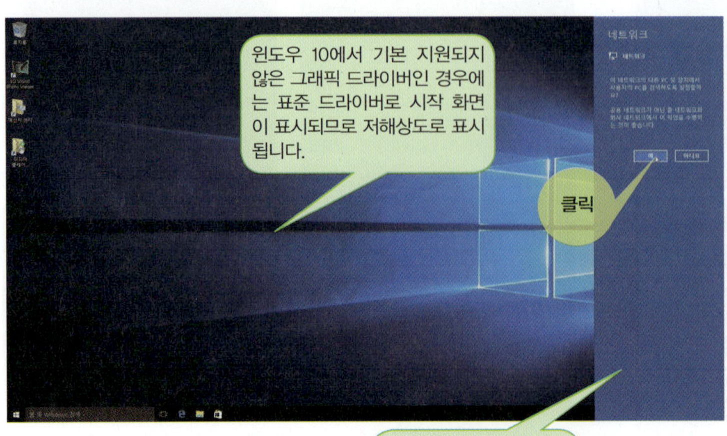

5 드디어 윈도우 10 시작화면이 모습을 드러냅니다. 윈도우 10 설치 프로그램에서 그래픽카드 드라이버를 지원하여 고해상도 화면이 나오는 것을 볼 수 있습니다. 네트워크 연결 상태에서 설치했기 때문에 네트워크 알림 메시지가 화면 오른쪽에서 미끄러져 나옵니다. 이 네트워크의 다른 PC에서 사용자의 PC를 검색할 수 있도록 하려면 **예**를 클릭하고 원치 않으면 **아니요**를 클릭합니다. 이것으로 윈도우 10 설치가 모두 완료되었습니다. 수고하셨습니다

Exercise 4 윈도우 운영체제 정품 인증받기

윈도우 운영체제는 인터넷 연결 상태에서 윈도우 제품키를 입력하고 설치하면 바로 정품 인증이 수행되지만 그렇지 않은 경우는 운영체제 설치 후 한 달 이내에 정품 인증을 받아야 합니다. DSP 제품의 경우는 정품 인증 후에 메인보드 바이오스를 업그레이드하면 새 컴퓨터로 인식하여 정품 인증이 안되므로 먼저 바이오스 업데이트를 마친 후에 정품 인증을 받기 바랍니다.

이 실습에 필요한 내용	실습 키 포인트
윈도우 7 정품 패키지의 제품키 / 인터넷 연결 / 전화 연결 윈도우 8.1 정품 패키지의 제품키 / 인터넷 연결 / 전화 연결 윈도우 10 정품 패키지의 제품키 / 인터넷 연결 / 전화 연결	인터넷을 통한 온라인 인증 및 전화를 이용한 윈도우 정품 인증 방법

윈도우 7 인터넷으로 정품 인증받기

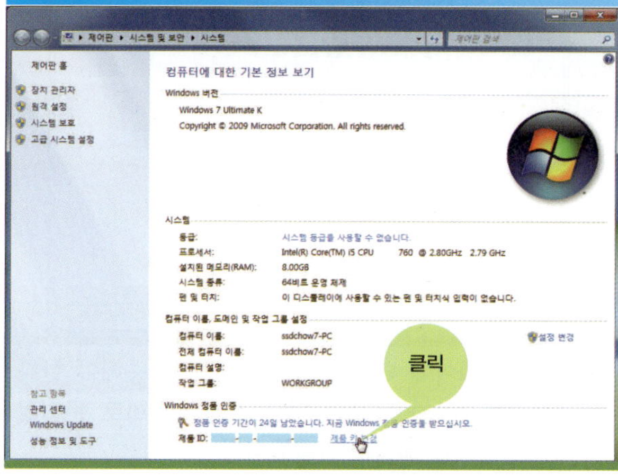

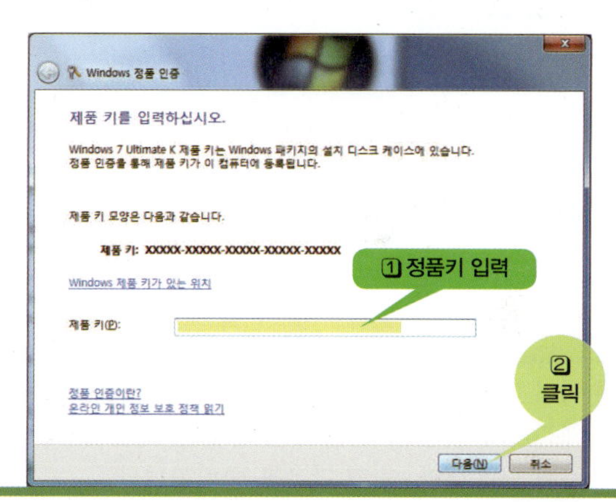

1 윈도우 7에서 ⊞ + Pause 키를 눌러 시스템 창을 열고 맨 아래쪽에 있는 **제품키 변경**을 클릭합니다.

2 Windows 정품 인증 창이 나오면 윈도우 7 패키지에 있는 정품키를 입력한 후, **다음** 단추를 클릭합니다.

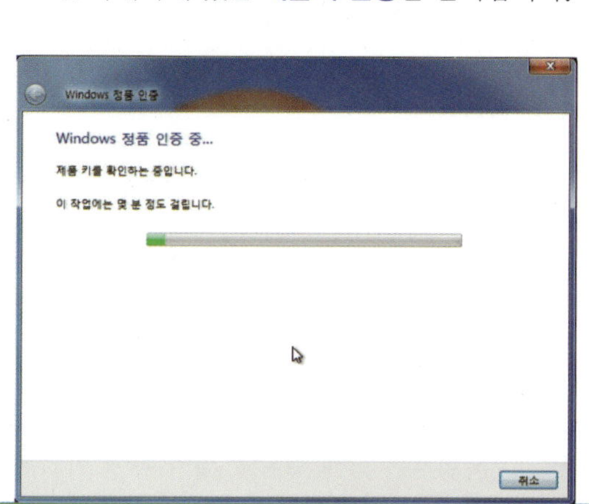

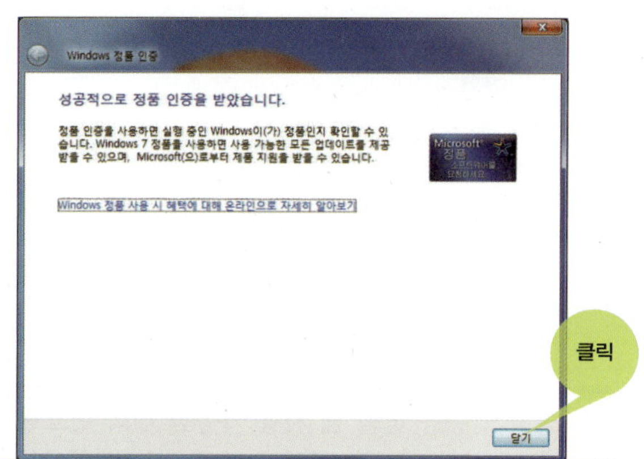

3 이제 온라인으로 제품키를 확인합니다. 인터넷 연결 속도에 따라 다소 시간이 걸릴 수 있습니다.

4 제품키가 확인되면 "**성공적으로 정품 인증을 받았습니다**"라는 메시지가 표시됩니다.

윈도우 7 전화로 정품 인증 받기

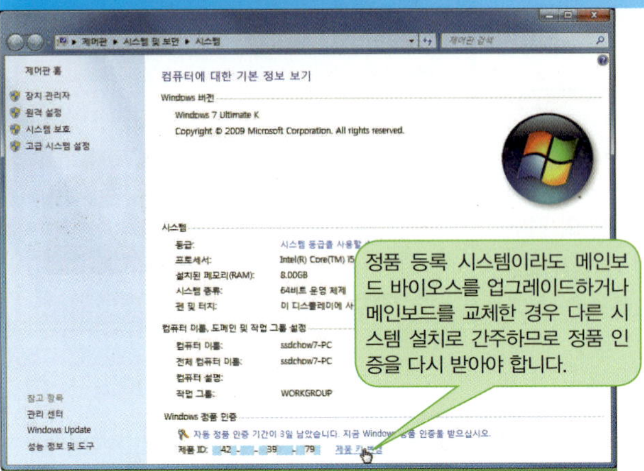

1 메인보드 변경 후에 윈도우 7에서 ⊞ + Pause 키를 눌러 시스템 창을 열고 정품 재인증을 위해 **제품키 변경**을 클릭합니다.

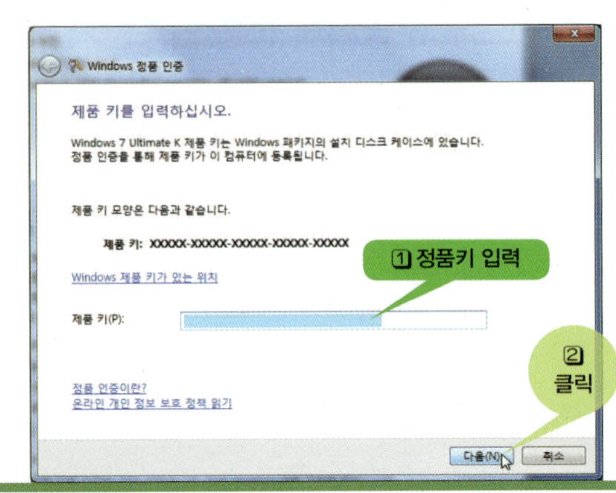

2 Windows 정품 인증 창이 나오면 윈도우 7 패키지에 있는 **정품키**를 입력한 후, **다음** 단추를 클릭합니다.

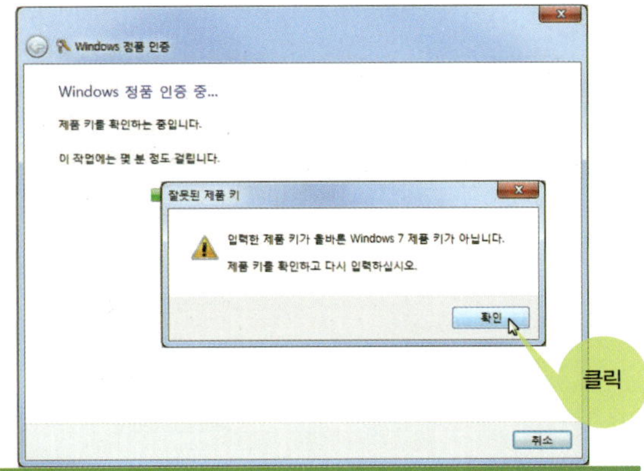

3 이미 정품 등록이 되어 있는 키이기 때문에 입력한 제품키가 올바르지 않다는 잘못된 제품키 대화상자가 나옵니다. **확인** 단추를 클릭합니다.

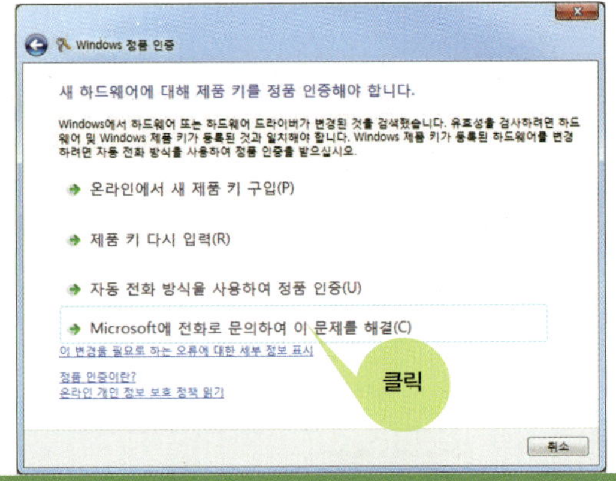

4 새 하드웨어에 대해 제품키를 정품 인증해야 한다는 대화상자가 나오면 **Microsoft에 전화로 문의하여 이 문제를 해결**을 클릭합니다.

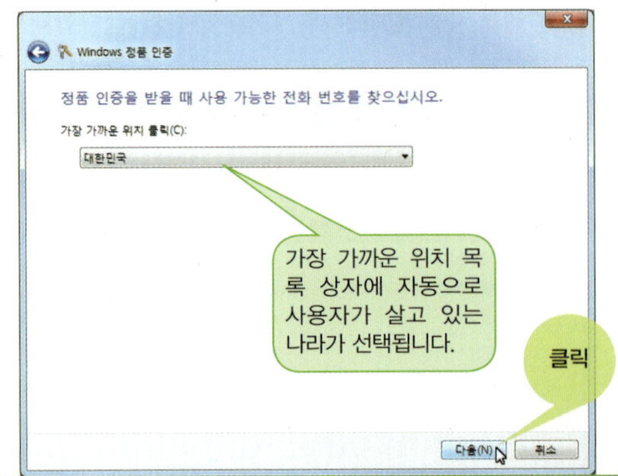

5 정품 인증을 받을 때 사용 가능한 전화 번호를 찾을 때 가장 가까운 위치가 이상 없는지 확인한 후 **다음** 단추를 클릭합니다.

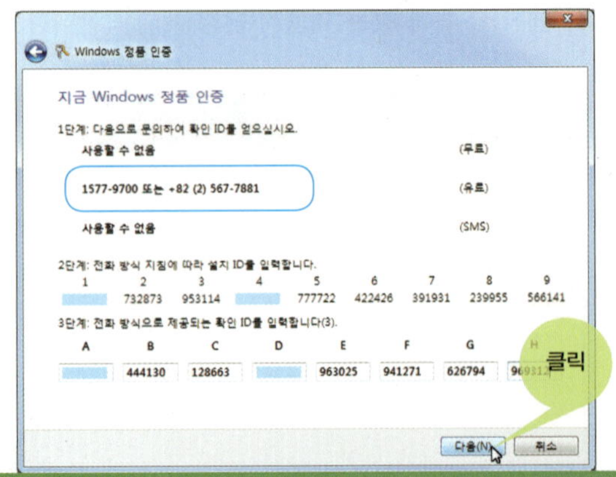

6 마이크로소프트 사에 전화를 걸어 고객 서비스 담당자에게 **2단계의 설치 ID**를 알려주면 고객 서비스 담당자가 확인 ID를 알려줍니다. **3단계의 확인 ID**를 입력한 후 **다음** 단추를 클릭합니다.

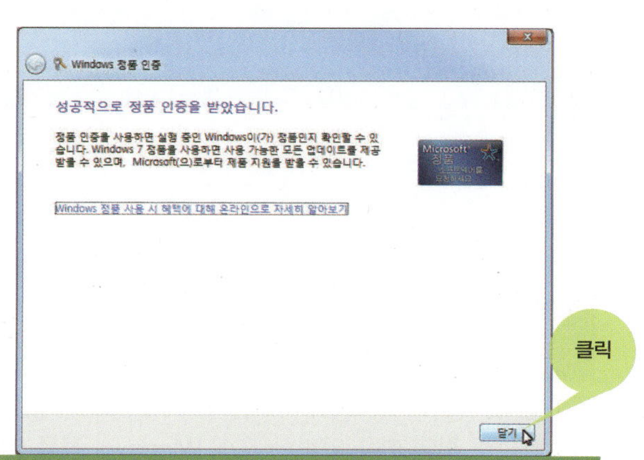

7 Windows 정품 인증 창에 "**성공적으로 정품 인증을 마쳤습니다**"라는 메시지가 표시됩니다. 인증이 완료되면 **닫기** 단추를 클릭하여 창을 닫습니다.

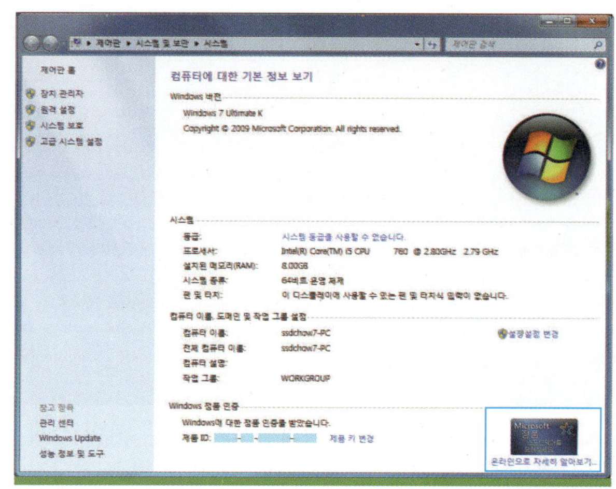

8 정품 인증 후부터는 시스템 창의 오른쪽 아래에 정품 인증 마크가 표시됩니다.

윈도우 8/8.1/10 전화로 정품 인증받기

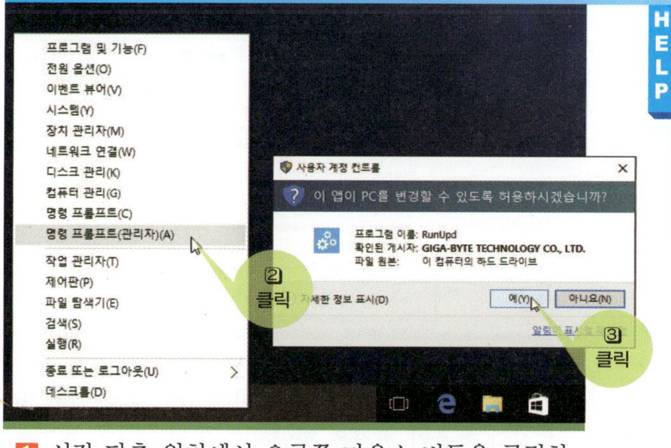

HELP
- 윈도우 8/8.1/10에서 전화로 정품 인증 받기 방식은 윈도우 7과 화면 모양만 달라졌을 뿐 방식은 동일합니다. 윈도우 8, 윈도우 8.1, 윈도우 10의 경우는 모두 같은 방식으로 전화로 정품 인증 받기를 수행할 수 있습니다.
- 여기서는 윈도우 10에서 전화로 정품 인증을 받는 방법을 실습합니다. 화면 그림만 차이가 있을 뿐이므로 윈도우 8/8.1에서도 같은 방식으로 수행하면 됩니다.

1 시작 단추 위치에서 오른쪽 마우스 버튼을 클릭하여 팝업 메뉴를 연 후 **명령 프롬프트(관리자)**를 선택하고, 사용자 계정 컨트롤 대화상자가 나오면 **예**를 클릭합니다.

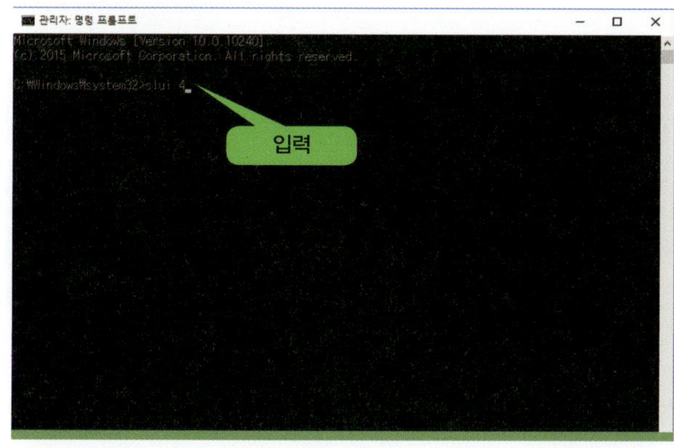

2 관리자: 명령 프롬프트 창이 나오면 slui 4를 입력하고 [Enter] 키를 누릅니다.

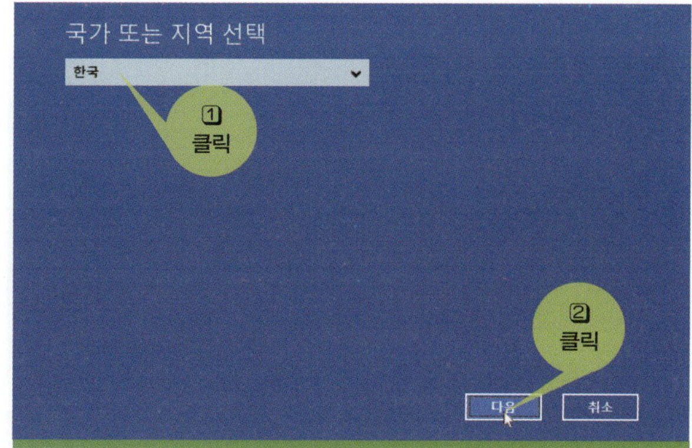

3 국가 또는 지역 선택 대화상자가 나오면 **한국**을 선택하고 **다음** 단추를 클릭합니다.

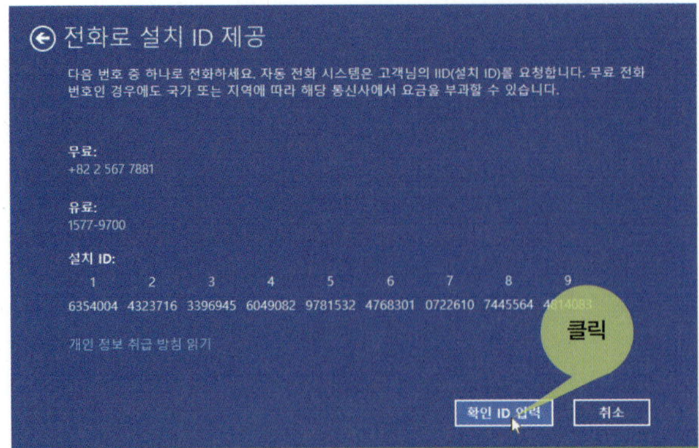

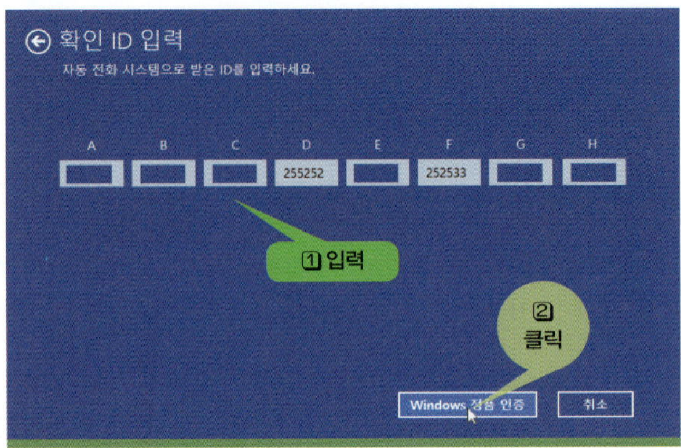

4 마이크로소프트 사에 전화를 걸어 고객 서비스 담당자에게 **설치 ID**를 알려주면, 고객 서비스 담당자가 확인 ID를 알려줍니다. **확인 ID 입력** 단추를 클릭합니다.

5 한국 마이크로소프트 사의 고객 서비스 담당자가 알려준 **확인 ID**를 입력한 후에 **Windows 정품 인증** 단추를 클릭합니다.

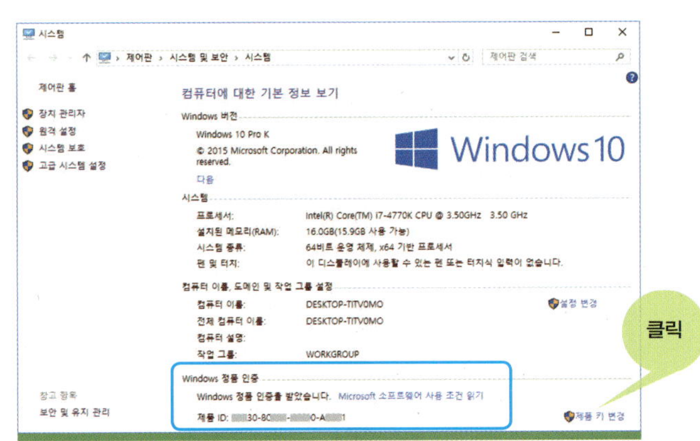

6 "**감사합니다. 완료되었습니다**"라는 메시지가 표시됩니다. **닫기** 단추를 클릭하여 창을 닫습니다.

7 이제 🪟 + Pause 키를 눌러 시스템 창을 열고 정품 인증이 제대로 되었는지 확인합니다. 이제 기존 방식의 제품키 변경을 확인하기 위해 **제품키 변경**을 클릭합니다.

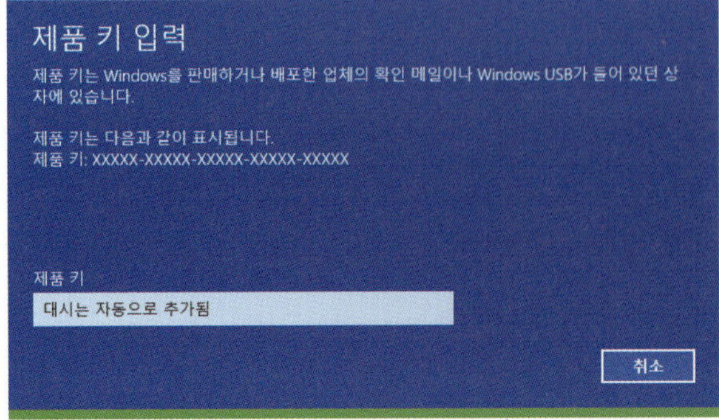

8 361쪽의 윈도우 7 인터넷으로 정품 인증받기 실습 **2**단계와 비슷한 제품키 입력 화면이 나옵니다.

PC & Neteworks Upgrade Page Up & Up

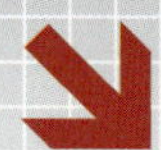

윈도우 운영체제의 멀티 부팅 관리하기

윈도우 운영체제는 기존 운영체제를 설치한 파티션과 다른 파티션에 새 운영체제를 설치하면 자동으로 멀티 부팅이 가능합니다. 프리웨어인 EasyBCD를 사용하면 멀티 부팅 관리 작업도 손쉬워지고, 자유자재로 멀티 부팅을 조절할 수 있으며, 멀티 부팅을 손쉽게 복구할 수도 있습니다.

멀티 부팅의 원리

컴퓨터를 켜면 바이오스는 MBR(마스터부트레코드)을 읽어들여 부트 로더(=운영체제 로더)를 로드하고, 다시 부트 로더는 운영체제 커널을 로드하여 부팅이 이뤄집니다. 윈도우 XP의 부트 로더는 NT 로더(NLTDR)가 담당하며, 윈도우 7부터는 부트 매니저(BOOTMGR)가 담당합니다. 윈도우 XP에서는 NT 로더가 BOOT.INI 파일의 정보를 읽어들여 과거의 윈도우 98/Me/2000 등의 운영체제와의 멀티 부팅 메뉴를 나타냈습니다.

윈도우 비스타부터는 부트 매니저(BOOTMGR)와 BCD(Boot Configuration Data, 부트 구성 데이터) 파일을 통한 부팅 방식으로 바뀌었습니다. 단, 부트 매니저에서 기존 윈도우 운영체제를 선택하면 해당 멀티 부팅 메뉴는 NT 로더가 넘겨 받아 처리합니다.

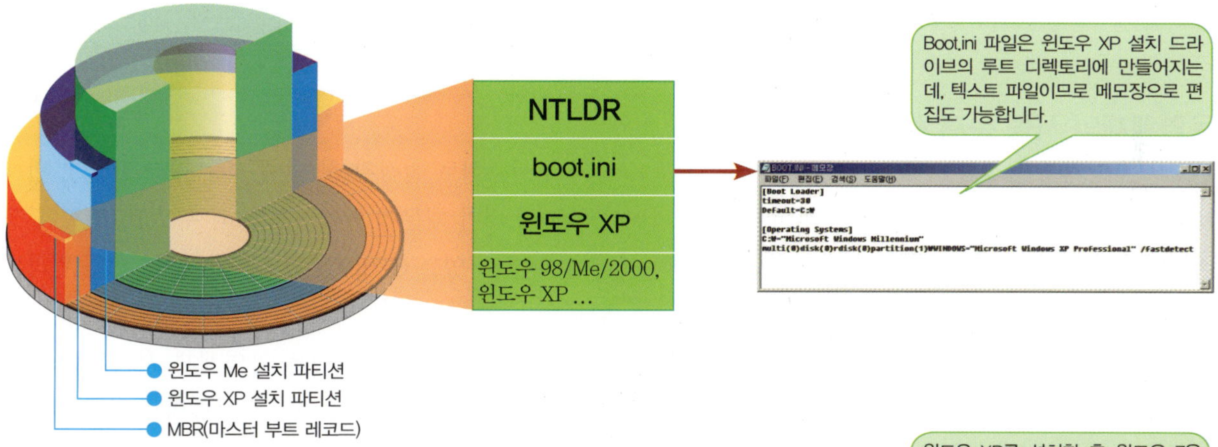

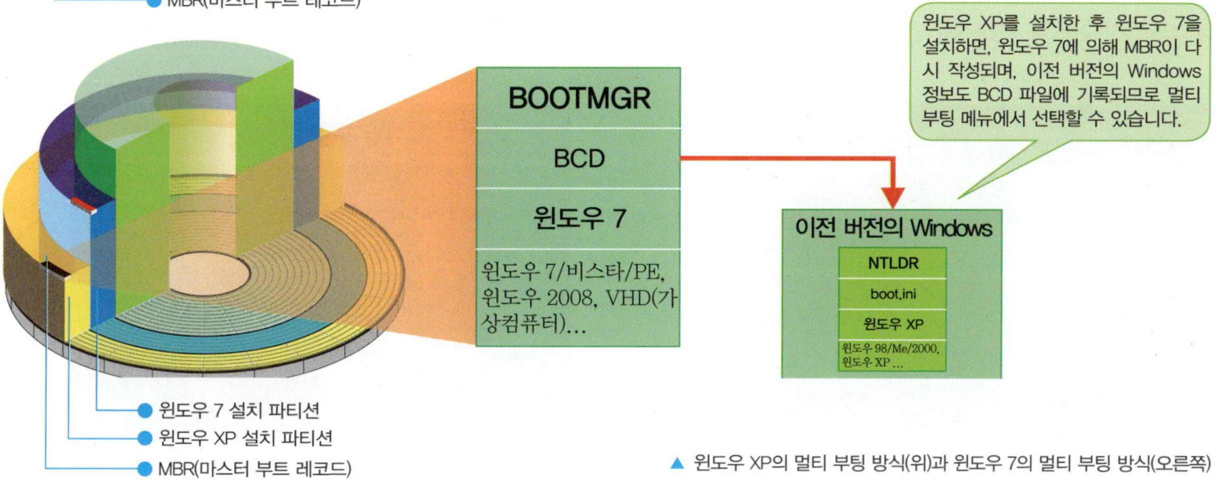

▲ 윈도우 XP의 멀티 부팅 방식(위)과 윈도우 7의 멀티 부팅 방식(오른쪽)

다음의 왼쪽 그림은 윈도우 XP 설치 후에 윈도우 7을 설치한 후에 시동하면 나오는 윈도우 7의 멀티 부팅 관리 방식과 부팅 관리자 메뉴 화면으로 부팅 관리자 메뉴는 나중에 설치한 윈도우 7이 기본값이 됩니다. 이전 버전 Windows로 표시되는 게 바로 윈도우 XP입니다. 오른쪽 그림은 윈도우 7을 설치한 후에 다른 파티션에 윈도우 8.1을 설치하고, 또 다른 파티션에 윈도우 10을 설치했을 때 자동으로 구성된 운영체제 선택 메뉴 화면입니다. 이전의 텍스트 메뉴 방식에 비해 마우스로 선택 가능한 운영체제 선택 메뉴가 제공되는 것을 알 수 있습니다.

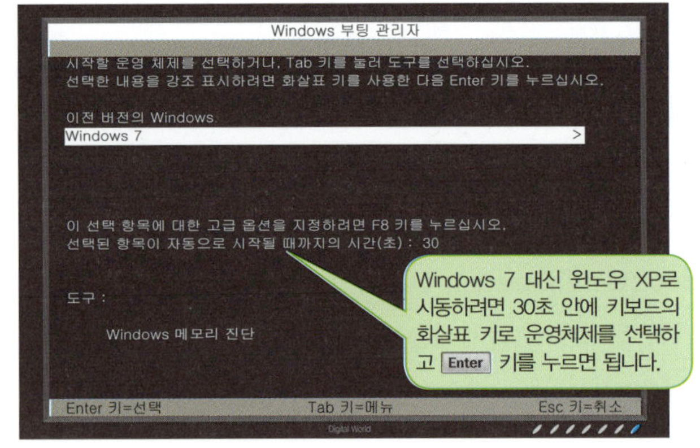

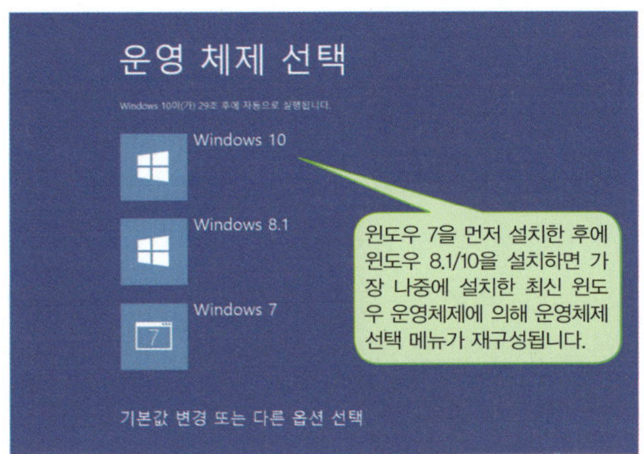

▲ 윈도우 7과 XP의 멀티 부팅 시 부팅 관리자 메뉴 화면   ▲ 윈도우 7 / 8.1 / 10의 멀티 부팅 시 운영체제 선택 화면

운영체제의 시동 문제 해결

윈도우 운영체제를 설치할 때 바이오스 셋업에서 부트 장치 우선순위로 설정된 첫 번째 시동 디스크의 첫 번째 파티션에 MBR이 기록됩니다. MBR의 크기는 512바이트밖에 안 되기 때문에 파티션 정보와 부트 로더 위치 정보 등만 기록됩니다. 윈도우 7 64비트 이상의 운영체제를 설치할 수 있는 GPT 파티션의 경우에도 시동 원리는 비슷합니다.

디스크의 추가나 제거 작업으로 인해 부트 우선순위가 바뀌어 시동이 안되는 것은 운영체제 시동 디스크의 MBR을 찾지 못하기 때문입니다. 이 경우, 바이오스 셋업 프로그램의 부트 우선순위에서 원래의 운영체제 설치 디스크를 1순위로 설정해주면 간단히 해결됩니다(299쪽 참고).

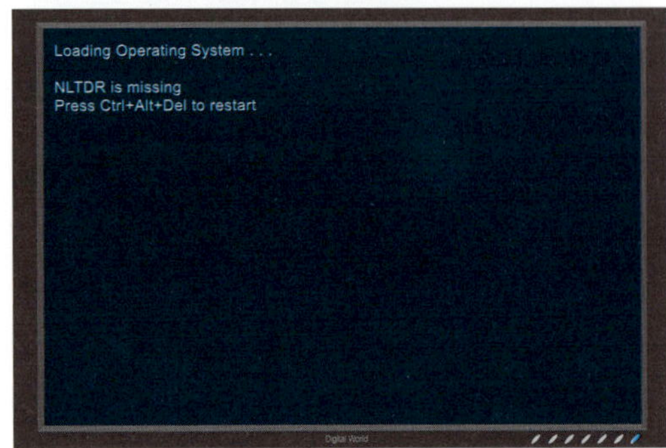

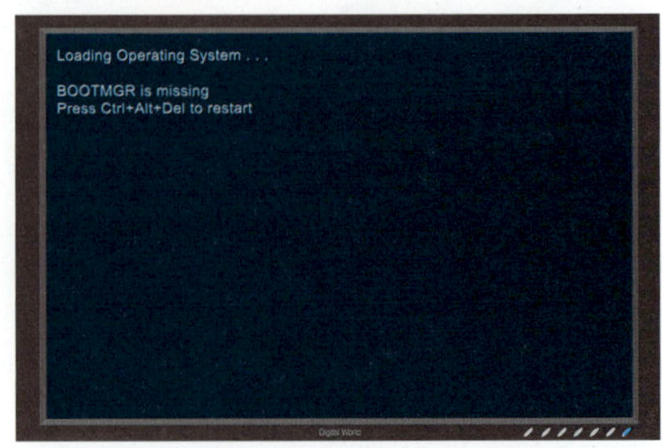

▲ 윈도우 XP 부팅 시 NTLDR missing 오류 화면   ▲ 윈도우 7 부팅 시 BOOTMGR missing 오류 화면

PC & Neteworks — *Upgrade Page* **Up & Up**

부팅 관리자의 고급 부팅 옵션

윈도우 7까지는 시동할 때 F8 키를 누르면 정상적인 시동이 안 되고 시스템에 문제가 발생했을 때 대응할 수 있는 고급 부팅 옵션을 사용할 수 있습니다. 멀티 부팅 시에도 운영체제 선택 후에 F8 키를 누르면 해당 운영체제의 고급 부팅 옵션을 열 수 있습니다.

윈도우 8/8.1/10에서 F8 키로 고급 부팅 옵션 메뉴를 나타내려면, 시작 단추 위치에서 오른쪽 마우스 버튼을 클릭한 후 **명령 프롬프트(관리자)**를 실행하여 명령 프롬프트 창을 열고 bcdedit / set {default} bootmenupolicy legacy 명령을 입력하고 Enter 키를 누르면 됩니다. 이렇게 하면 그래픽 부팅 메뉴도 텍스트 메뉴로 변경되는데 다시 원래대로 돌아가려면 bcdedit /set {default} bootmenupolicy standard 명령을 사용하면 됩니다.

다음은 윈도우 7과 윈도우 10의 고급 부팅 옵션 메뉴 활용 방법은 HELP를 참고하기 바랍니다.

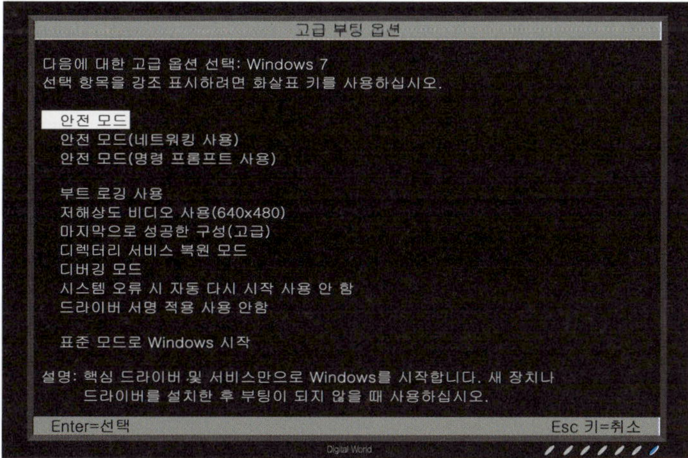

▲ 윈도우 7의 고급 부팅 옵션

▲ 윈도우 10의 고급 부팅 옵션

HELP

- **안전 모드** : 최소한의 드라이버와 운영체제 서비스만 사용하여 시동하는 모드입니다. 드라이버 충돌로 인해 정상 시동이 안 될 때는 안전 모드로 시동하여 해당 드라이버를 제거하고 다시 시동하면 됩니다. 철저한 바이러스 진단 및 치료 작업은 안전 모드에서 수행합니다.
- **안전 모드(네트워킹 사용)** : 네트워크나 인터넷 사용이 가능한 안전 모드로 시동합니다.
- **안전 모드(명령 프롬프트 사용)** : 명령 프롬프트 모드로 시동합니다. 부트 섹터나 MBR을 복구하려는 경우, 이 모드로 시동합니다.
- **부팅 로깅 사용** : 시동 문제 검토를 위해 윈도우 시동 시에 로드한 드라이버를 로그 파일(ntblog.txt)을 windows 폴더에 만듭니다.
- **저해상도 비디오 사용** : 안전 모드와 비슷하지만 표준 VGA 화면 모드로 시동합니다.
- **마지막으로 성공한 구성** : 마지막으로 성공한 시스템 설정(레지스트리 정보와 드라이버 구성 등)을 사용하여 시동합니다.
- **디렉터리 서비스 복원 모드** : 도메인 컨트롤러를 사용하는 네트워크 환경에서 Active Directory 서비스 복원 모드로 시동합니다.
- **디버깅 모드** : IT 관리자나 시스템 관리자용의 문제 해결을 위한 디버깅 모드로 시동합니다.
- **시스템 오류 시 자동 다시 시작 사용 안 함** : 시동 오류시 반복 시동을 하지 않게 합니다.
- **드라이버 서명 적용 안함** : 인증되지 않은 드라이버 로드를 허용하는 모드입니다.
- **표준 모드로 Windows 시작** : 드라이버와 서비스, 시작 프로그램을 정상적으로 적재하여 시동합니다.
- **맬웨어 방지 드라이버 조기 실행 사용 안함** : 악성코드 검사 없이 모든 드라이버 로드를 허용합니다.
- **컴퓨터 복구** : 윈도우 8/8.1/10에서 새로 지원되는 기능으로, 시작 문제 복구 및 시스템 진단, 시스템 복원 도구를 사용할 수 있게 해줍니다.

PC & Neteworks　　　Upgrade Page

시스템 구성 창에서 부팅 옵션 설정하기

윈도우 운영체제는 공통적으로 시스템 구성 창을 제공합니다. 단축키 ⊞ + R 키를 누르면 나오는 실행 창에서 **msconfg**를 입력하고 Enter 키를 누르면 시스템 구성 창을 열 수 있습니다. 시스템 구성 창에서 안전 모드 시동과 부트 부팅 순서, 대기 시간 등을 설정할 수 있습니다. 예를 들어 윈도우 7을 기본 운영체제로 변경하고, 운영체제 목록 표시 시간을 5초로 설정하려면, 다음 그림 설명을 참고하여 수행하면 됩니다.

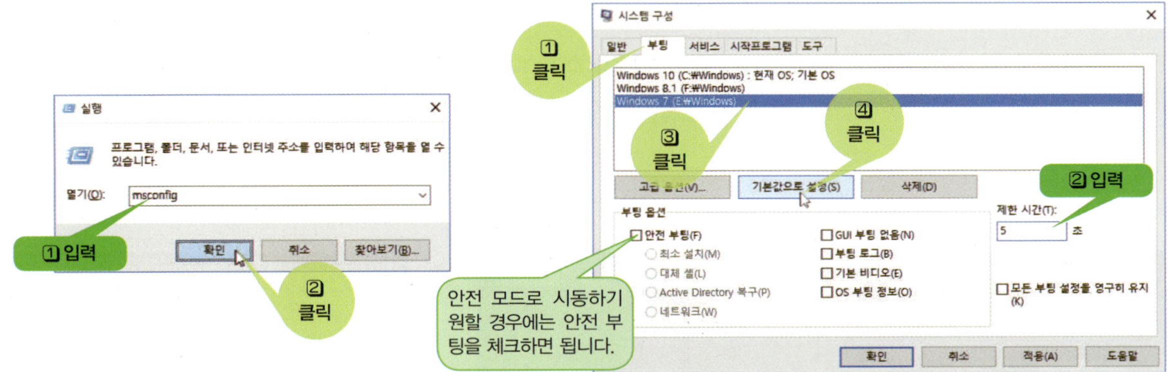

❶ 윈도우 10에서 ⊞ + R 키를 눌러 실행 창을 연 열기 상자에 **msconfig**를 입력하고 **확인** 단추를 클릭합니다. ⊞ + R 키는 윈도우 운영체제에서 실행 창을 여는 공통 단축키입니다.

❷ 시스템 구성 대화상자가 열리면 **부팅** 탭을 선택(①)한 다음 제한 시간을 기본값 30초에서 5초로 입력(②)하고, **Windows 7 (E:₩Windows)**를 선택(③)한 다음 **기본값으로 설정** 단추를 클릭합니다(④).

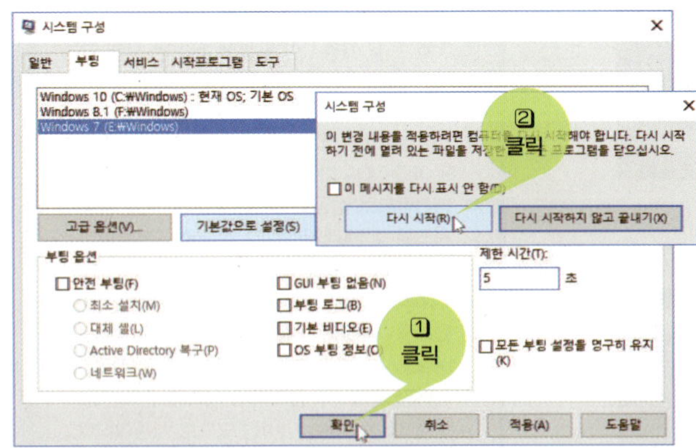

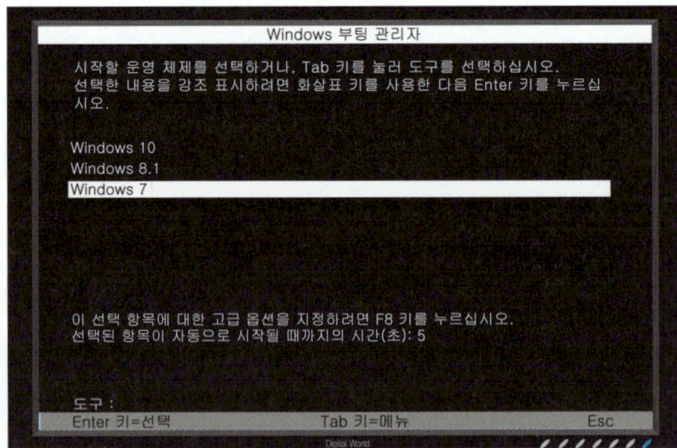

❸ 이제 변경한 부팅 설정을 적용하기 위해 **확인** 단추를 클릭합니다. 변경 내용 적용을 위해 다시 시작할지 묻는 창이 나오면 **다시 시작** 단추를 클릭합니다.

❹ 컴퓨터를 재시동한 다음부터는 Windows 7이 기본 운영체제로 선택되며 운영체제 목록 표시 시간은 5초부터 카운트다운이 시작됩니다. 그래픽 멀티 부트 메뉴는 윈도우 8부터 지원되므로 윈도우 7을 기본 운영체제로 설정하면 텍스트 부트 메뉴로 나오는 점을 유의하기 바랍니다.

윈도우 운영체제는 같은 기능도 다양한 방법으로 설정할 수 있는데, 단축키 ⊞ + Pause 키를 누르면 나오는 시스템 창에서 **설정 변경**을 클릭하여 **시스템 속성** 창을 열고 **고급** 탭 페이지에서 시작 및 복구 섹션에 있는 **설정** 단추를 누르면 나오는 **시작 및 복구** 창에서도 부팅 옵션을 설정할 수도 있습니다.

시동 디스크의 부팅 관련 파일과 폴더 살펴보기

이제 지금까지 설명한 내용을 종합하여 시동 디스크의 부팅 관련 파일과 폴더가 실제로 어떻게 존재하는지 알아보겠습니다. 앞서 설명했듯이 윈도우 비스타부터는 부트 매니저(BOOTMGR)가 BCD(Boot Configuration Data, 부트 구성 데이터) 파일을 읽고 커널을 로드합니다. 디스크의 파티션을 나눠 첫 번째 파티션에 윈도우 7을 설치하고, 다음 파티션에 윈도우 8.1을, 그 다음 파티션에 윈도우 10을 설치하여 멀티 운영체제를 구성하면 윈도우 10이 최종 멀티 부팅 정보를 BCD 파일에 기록합니다.

사용자가 컴퓨터를 켜면 **바이오스→부트 로더(부트 매니저)→BCD 파일을 읽고 부트 메뉴 표시→부트 메뉴에서 선택한 운영체제 커널 로딩** 순으로 시동이 이루어집니다. 시동 디스크의 첫 번째 파티션의 루트 폴더의 파일과 Boot 폴더 내용은 다음과 같습니다.

시동 디스크 드라이브의 부팅 관련 파일과 boot 폴더

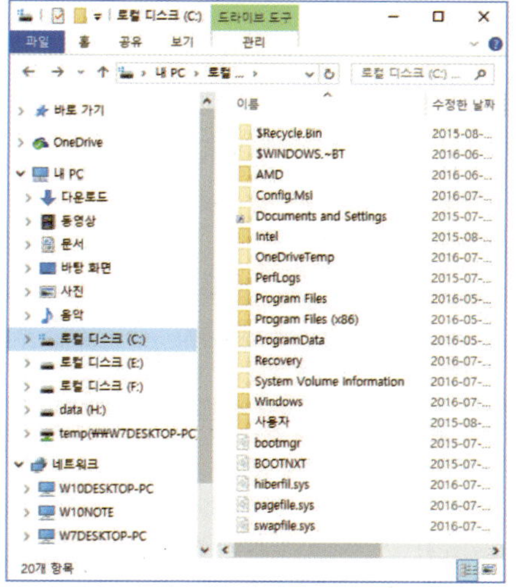

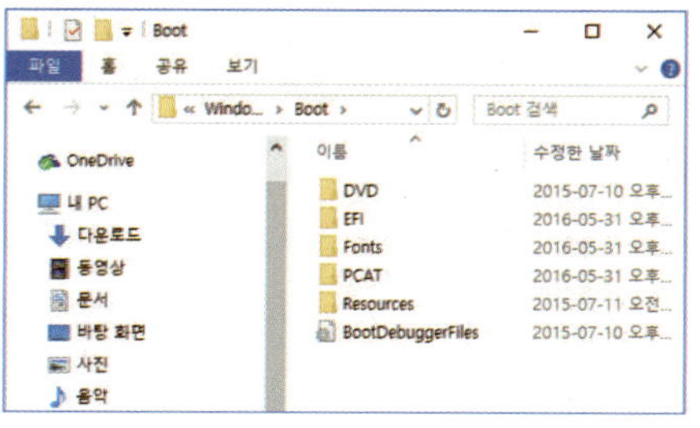

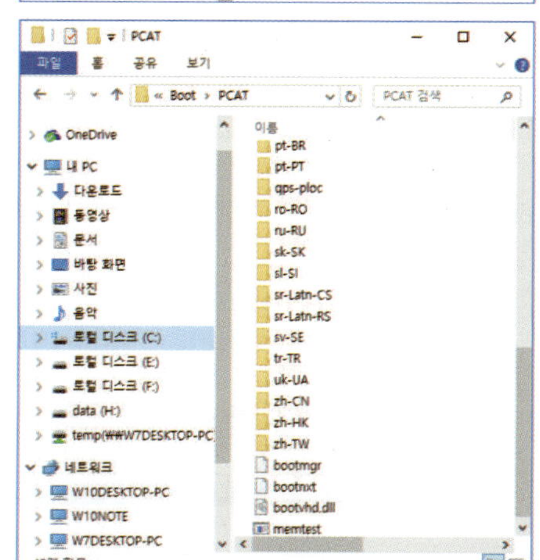

- 윈도우의 운영체제 파일과 숨겨진 파일을 보려면 폴더 옵션 대화상자의 **보기** 탭에서 **보호된 운영 체제 파일 숨기기** 옵션을 해제하고, **숨김 파일, 폴더 및 드라이브 표시** 옵션은 체크하면 됩니다.
- 폴더 옵션 변경 방법은 464쪽을 참고하기 바랍니다.

H E L P

- 윈도우 10으로 시동하면 자신이 설치된 드라이브를 C: 드라이브로 나타냅니다. 현재 상태에서 윈도우 8.1 설치 드라이브는 E: 드라이브, 윈도우 7 설치 드라이브는 F: 드라이브입니다.

- 윈도우 10의 부트 매니저(BOOTMGR) 파일은 루트 폴더에 있는 것을 볼 수 있습니다. 윈도우 10의 부트 정보를 담고 있는 BCD 파일의 경우는 Windows/BOOT 폴더에 있습니다. BCD 파일은 EasyBCD를 사용하여 편집할 수 있습니다.

- 부트 매니저에 의해 커널을 로드하는 프로그램은 WINLOAD.EXE 파일입니다. 이 파일은 루트 디렉터리에 있지 않고 Windows/System32 폴더에 있습니다.

- 숨김 폴더인 $Recycle.Bin은 휴지통 폴더이며, $WINDOWS.~BT 폴더는 업데이트를 위해 자동 다운로드된 윈도우 10 설치 파일들이 보관됩니다.

- 루트 디렉터리에 있는 숨김 파일인 hiberfil.sys는 최대 절전 모드 시 원래 환경으로 복귀할 수 있도록 메모리 정보를 저장하는 시스템 파일로 기본값 크기는 메모리 용량과 같습니다. pagefile.sys는 윈도우 가상 메모리로 사용되는 시스템 파일이며, swapfile.sys는 윈도우 8부터 제공되는 앱 전용 가상 메모리 교체(Swapin)에 사용되는 시스템 파일입니다.

- Windows/Boot 폴더의 EFI 폴더와 PCAT 폴더의 내용은 비슷한데, EFI는 GPT 부팅 시 사용되고, PCAT는 MBR 부팅 시 사용됩니다. DVD 폴더에는 시스템 복구 디스크 제작 시 부팅에 필요한 파일이 있으며, Fonts 폴더에는 각국 언어별 화면용 글꼴 이미지 파일이 있습니다. Resources 폴더에는 현재 서비스되는 리소스들이 보관됩니다.

- Windows/Boot/PCAT 폴더 안의 내용을 보면 각국의 두 문자 약어로된 폴더가 보이는데, 이들 폴더 안에는 부팅 관리자 메뉴에서 해당 언어로 표시할 수 있게 해주는 파일이 제공됩니다. 한글을 지원하는 폴더는 ko-KR 폴더입니다. PCAT 폴더에도 부트 매니저가 제공되는 것을 볼 수 있습니다. memtest.exe 파일은 메모리 진단 프로그램입니다.

- Windows/Boot/EFI 폴더는 PCAT 폴더에 있는 언어 파일의 EFI 버전이 제공되며, GPT 부팅을 관리할 수 있는 EFI용 부트 매니저 파일인 bootmgr.efi, memtest.efi 등의 파일들이 제공되는 점만 다릅니다.

- 부트 바이러스에는 MBR 바이러스, 부트 섹터 바이러스가 대표적이며, 운영체제 커널을 로드하는 NTDETECT.COM 파일이나 WINLOAD.EXE 파일을 감염시키거나 변조를 노리는 바이러스도 많습니다.

EasyBCD를 이용한 부팅 관리

윈도우 운영체제가 지원하는 BCD 파일 편집은 명령 프롬프트(관리자) 창에서 BCDEDIT 같은 도스 명령어를 사용해야 하기 때문에 일반인이 사용하기에는 불편합니다. EasyBCD를 활용하면 시각적인 작업 환경에서 BCD 파일의 수정은 물론, 멀티 부팅 복구 작업도 손쉽게 수행할 수 있습니다.

EasyBCD 기능 알아보기

NeoSmart Technologies 사에서 만든 EasyBCD는 자유 기부로 운영되는 무료 유틸리티입니다. 제작사 웹사이트(neosmart.net)나 스마트워크 카페를 방문하여 EasyBCD 유틸리티를 다운로드하여 설치하고, 다음의 HELP 설명을 참고하여 기본적으로 제공되는 기능을 알아두기 바랍니다. EasyBCD는 그래픽 사용자 인터페이스를 제공하며 다국어 버전으로 업그레이드되어 한글로 볼 수 있기 때문에 어렵지 않게 사용할 수 있습니다. EasyBCD 창의 왼쪽에 있는 주요 기능별 단추를 선택하면 해당 세부 내용과 기능에 접근하고 설정할 수 있습니다.

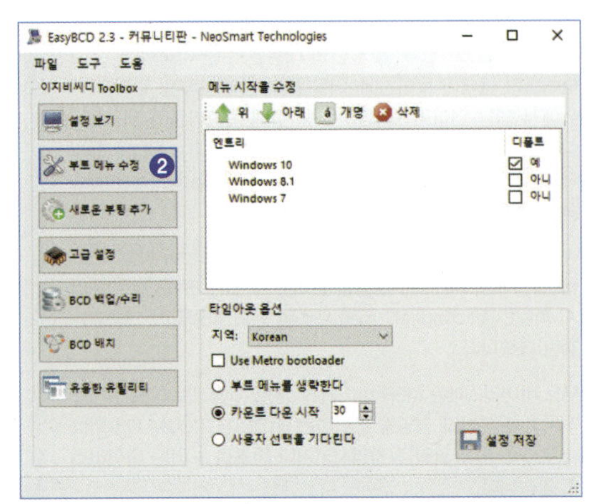

❶ 설정 보기 : EasyBCD를 실행하면 나오는 창으로 현재의 부팅 관리자 메뉴의 설정 상태를 나타냅니다.

- 현재 각각 다른 파티션에 윈도우 7, 윈도우 8.1, 윈도우 10을 설치하여 멀티 부팅을 구성한 상태로 상태 표시 창에 부트 로더에 총 3개의 부팅 명단이 있는데, 메뉴 순서는 디폴트 운영체제인 Windows 10, Windows 8.1, Windows 7 순으로 나오는 것을 확인할 수 있습니다.

- 표시 모드에서 상세를 선택하면 좀 더 상세한 부트 설정 상태를 볼 수 있는데, 내용은 명령 프롬프트(관리자) 창에서 bcedit.exe 명령을 실행한 것과 동일합니다.

❷ 부트 메뉴 수정 : 부트 메뉴에서 운영체제 이름 표시 순서와 디폴트 운영체제 설정, 부팅 대기 시간 설정 등의 부트 메뉴 편집 기능이 제공됩니다.

- 부트 메뉴 표시 순서를 변경하려면 엔트리 목록에서 운영체제 이름을 선택한 다음에 위아래 단추를 클릭하여 원하는 위치로 변경하면 됩니다.

- 엔트리 목록에서 운영체제 이름을 선택한 상태에서 개명 단추를 클릭하여 부트 메뉴에 표시되는 운영체제 이름을 변경할 수 있습니다. 삭제 단추를 클릭하면 컴퓨터 시동 시 멀티 부트 메뉴에서 제외되므로 유의하기 바랍니다.

- 기본값으로 실행되는 운영체제를 변경하려면 엔트리 목록에서 운영체제 이름 옆에 있는 디폴트 확인 상자를 클릭하여 체크하면 됩니다.

- 부트 메뉴를 생략한다를 선택하면 부트 메뉴 표시 없이 기본값 운영체제로 부팅되며, 사용자 선택을 기다린다를 선택하면 사용자가 부팅할 운영체제를 선택할 때까지 부트 메뉴 화면이 유지됩니다.

- 설정을 변경한 후에는 설정 저장 단추를 클릭해야 변경 설정이 적용됩니다.

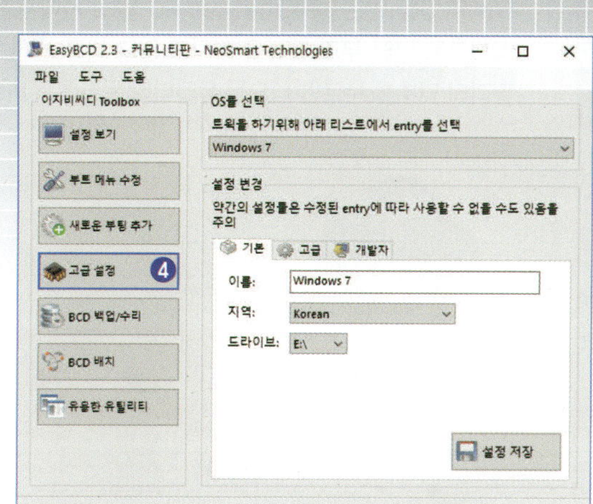

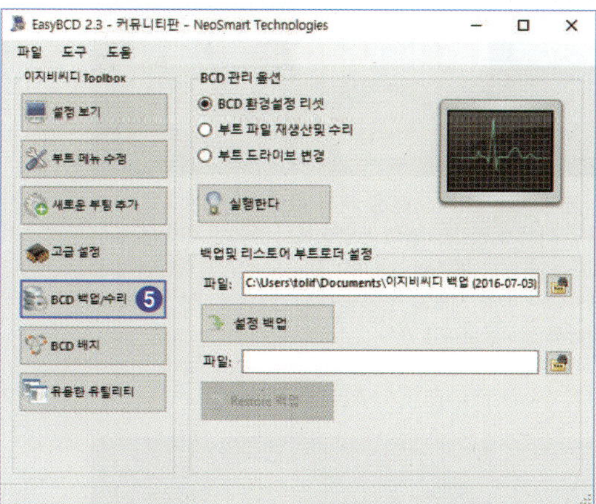

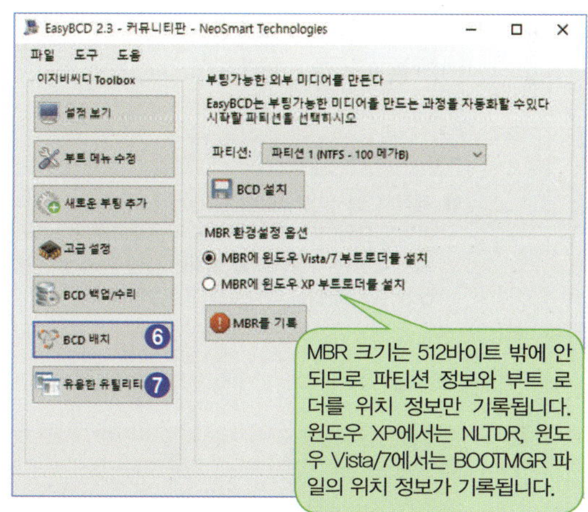

H E L P

❸ **새로운 부팅 추가** : EasyBCD의 핵심 기능으로 부트 메뉴에 새로운 부팅 항목을 추가할 수 있습니다.

● 운영체제는 설치되어 있는데, 멀티 부트 메뉴에 나타나지 않을 때 새로운 부팅 추가 기능을 활용하여 복구할 수 있습니다. 단, 해당 드라이브 위치를 정확히 지정해야 하고, 해당 드라이브에 운영체제가 정상 설치되어 있어야 실제 부팅이 가능합니다.

● EasyBCD에서 부팅을 지원하는 운영체제로는 윈도우 운영체제 버전들 외에도 다양한 리눅스 운영체제와 Mac OS X, NeoGrub(NeoSmart Technologies 사가 직접 제작한 부트 로더)가 있으며, 포터블/외부 미디어용 부트 시스템도 추가할 수 있는데, 예를 들어 가상 컴퓨터에 운영체제를 설치한 VHD 파일을 연결하여 시동 시 부트 메뉴에 나타내고, 곧바로 가상 컴퓨터로 시동하는 고급 테크닉을 사용할 수 있습니다.

❹ **고급 설정** : 부트 메뉴에 등록되었거나 새로운 부팅 추가 기능으로 추가된 운영체제에 대해 이름과 지역, 드라이브 등 세부 설정을 변경할 수 있습니다.

● 사용법은 위에 있는 OS를 선택 목록에서 수정할 운영체제 이름을 선택한 다음 설정 변경의 기본 탭과 고급 탭의 기능을 사용하여 수정합니다. 대개의 경우는 기본 탭에 있는 이름과 지역, 시동할 드라이브 변경을 활용합니다. 지역 선택은 설치한 운영체제의 언어와 동일하게 설정하는 것을 잊지 말아야 합니다. 드라이브 문자 등이 변경되어 시동이 안 되는 경우 해당 운영체제가 위치한 드라이브 문자를 설정해주면 정상적으로 시동할 수 있습니다.

❺ **BCD 백업/수리** : 부트 설정의 백업 및 복구 기능이 제공됩니다.

● 설정을 백업하려면 파일 위치를 지정하고 **설정 백업** 단추를 클릭하면 됩니다. BCD 백업 파일로 설정을 복원하려면 백업 파일을 선택한 다음 **Restore 백업** 단추를 클릭하면 됩니다. 멀티 부팅이 정상일 때 부트 정보를 부트 정보를 백업해두면 특정 운영체제 부팅 오류 시에도 쉽게 대응할 수 있습니다.

❻ **BCD 배치** : 영어로는 Bootloader Setup 단추로 부팅 가능한 외부 미디어를 만들거나 특정 파티션의 MBR에 부트 로더를 기록하는 기능을 제공합니다.

● 파티션을 선택한 상태에서 **BCD 설치**를 선택하면 해당 파티션에 부트 매니저 파일(Bootmgr)과 BCD, Font 파일 등의 부트 시스템을 구성합니다.

● MBR 환경 설정 옵션에서 윈도우 XP 부트 로더와 윈도우 비스타/7(8/8.1/10도 동일) 부트 로더 중에서 선택한 후 **MBR를 기록** 단추로 기록할 수 있습니다.

❼ **유용한 유틸리티** : 부트 메뉴를 거치지 않고 원하는 운영체제로 바로 시동할 수 있게 해주는 iReboot, 시동 디스크 변경 시 해당 디스크에 새로운 부팅 파일을 만들 수 있는 EasyBCD Power Console, 시스템 복구 CD 온라인 구매, 시스템 복원 기능 호출, 시스템 정보, 제어판 호출 단추가 제공됩니다.

Check Point · iReboot로 원하는 운영체제 바로 시동하기

EasyBCD를 만든 NeoSmart Technologies 사에서 만든 iReboot를 설치하면 작업 표시줄의 트레이에 iReboot 아이콘이 생성되므로 멀티 부트 메뉴를 거치지 않고 바로 원하는 운영체제로 재시동할 수 있습니다. iReboot는 EasyBCD의 유용한 유틸리티 단추를 누르면 나오는 유틸리티 목록에서 바로 설치할 수 있습니다.

❶ 제작사 웹사이트(neosmart.net)나 스마트워크 카페를 방문하여를 EasyBCD 유틸리티를 다운로드하거나 EasyBCD 창에서 **유용한 유틸리티**를 클릭한 다음 iReboot 단추로 iReboot 설치 파일을 다운로드하여 설치합니다.

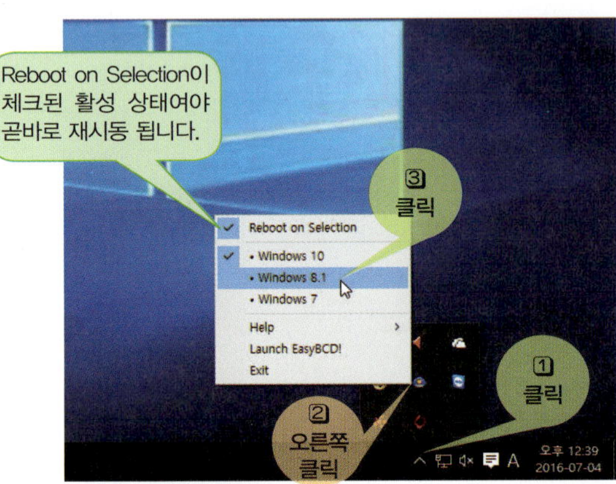

❷ 다른 운영체제로의 시동을 위해 다른 프로그램들을 모두 닫은 다음 작업 표시줄의 트레이에서 **숨겨진 아이콘 표시** 단추를 클릭한 후 iReboot 아이콘을 오른쪽 클릭하여 팝업 메뉴에서 바로 시동할 운영체제(Windows 8.1)를 선택하면 곧바로 재시동됩니다.

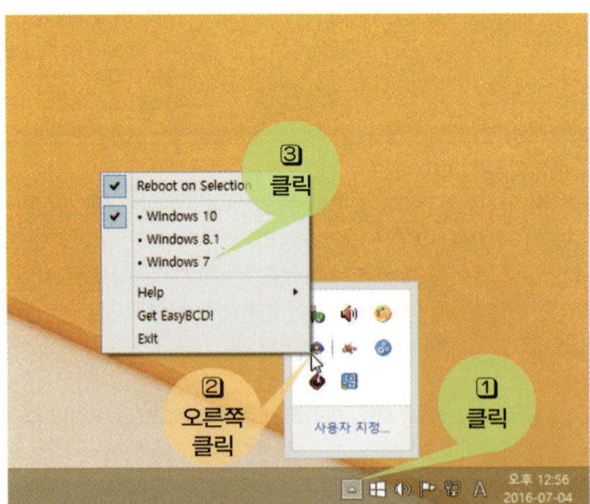

❸ 윈도우 8.1에서도 iReboot 프로그램을 설치한 다음 작업 표시줄의 트레이에서 **숨겨진 아이콘 표시** 단추를 클릭한 후 iReboot 아이콘을 오른쪽 클릭하여 팝업 메뉴에서 바로 시동할 운영체제(Windows 7)를 선택하면 바로 재시동됩니다.

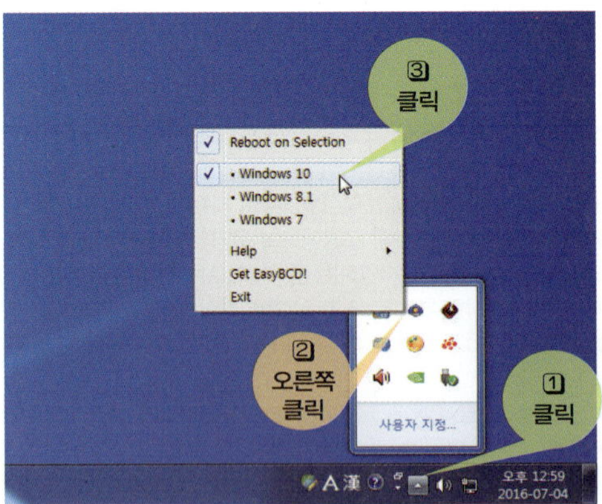

❹ 윈도우 7에서도 iReboot 프로그램을 설치한 다음 작업 표시줄의 트레이에서 **숨겨진 아이콘 표시** 단추를 클릭한 후 iReboot 아이콘을 오른쪽 클릭하여 팝업 메뉴에서 바로 시동할 운영체제(Windows 10)를 선택하면 곧바로 재시동됩니다.

Chapter 07 운영체제 설치 후 필수 작업

이 장에서는 운영체제 설치를 마친 후 PC를 본격적으로 활용하기 위해 필요한 작업들에 관해 알아봅니다. 윈도우 7/8.1/10은 기본 뿌리가 같기 때문에 운영체제 설치 후에 필요한 작업들도 비슷합니다. 이 장에서는 최신 운영체제인 윈도우 10을 중심으로 윈도우 7/8.1에 공통적으로 활용되는 필수 작업들에 관해 알아보겠습니다.

1 운영체제 설치 후 필요한 작업 개요

운영체제를 설치한 후에 곧바로 활용할 수 있다면 금상첨화이겠지만 실제로 사용하기 위해서는 아직까지 손볼 일들이 몇 가지 남아 있습니다. 윈도우 7 / 8.1 /10과 같은 운영체제를 설치한 후에는 본격적으로 자신이 조립한 PC 하드웨어의 기능과 성능을 백분 발휘하여 최적으로 작업할 수 있도록 만들어야 합니다.

1단계 메인보드와 컴퓨터 부품의 드라이버 설치

운영체제에서 작동하는 모든 장치는 해당 장치를 구동하는 드라이버가 사용됩니다. 컴퓨터에서 가장 많은 부품들이 탑재되어 있는 메인보드는 다른 장치를 연결하여 작업할 수 있게 해주는 일종의 하드웨어 플랫폼이자, 관제탑이라 할 수 있습니다.

따라서 메인보드 각종 칩셋들의 드라이버를 먼저 설치한 후, 다른 컴퓨터 부품들의 드라이버를 설치하는 순서로 작업하는 게 좋습니다. 드라이버를 설치할 때는 보통 화면 색상과 해상도가 구현되어야 작업을 하기가 수월하기 때문에 그래픽카드 드라이버를 먼저 설치한 후에 ODD나 프린터 등 다른 부품들의 드라이버를 설치해야 합니다. 장치 드라이버 설치 순서는 시스템에 영향을 미치지 않지만, 제품 설명서를 읽어본 후에 설치하길 권합니다.

2단계 보안 강화와 성능 향상을 위한 운영체제 업데이트

운영체제 업데이트가 중요한 이유는 컴퓨터의 보안상 취약점을 보완하고, 최신 장치 지원 등 성능을 개선하기 위해서입니다. 컴퓨터의 보안 취약점을 통해 해커가 컴퓨터의 제어권을 쥐면, 아무리 뛰어난 백신 소프트웨어를 사용한다고 하더라도 무용지물이 되므로 운영체제 업데이트를 통해 뒷문(Backdoor, 백도어)을 철저히 단속해야 합니다.

현재 윈도우 7은 대규모 업그레이드 세트라 할 수 있는 서비스팩 1까지 나와 있습니다. 윈도우 8의 경우에는 서비스 팩 대신 윈도우 8.1로 버전업된 패키지로 무료 업그레이드가 지원됩니다. 윈도우 10은 서비스 팩보다 더 큰 규모의 윈도우 10 1주년 기념 애니버서리 업데이트를 제공합니다.

윈도우 7/8.1/10은 지속적으로 보안 패치와 중요한 기능 보완이 이뤄지고 있으므로 윈도우의 권장 업데이트 설정을 통해 항상 최신 업데이트를 설치하길 권합니다.

3단계 PC 건강을 지켜주는 백신 소프트웨어 가동

지금은 전 세계 30억 이상의 인구가 인터넷을 사용하는 이른바 국경 없는 디지털 시대입니다. 그중에는 악의적인 목적으로 소중한 개인정보와 자료를 훔치는 행위도 빈번하게 발생합니다. 인터넷에 연결되는 바로 그 순간부터는 바이러스 백신 소프트웨어를 설치하여 철통같은 보안 태세를 확립해야 합니다. 절대 방심은 금물입니다. 어느 순간에 바이러스나 악성 코드가 소중한 개인정보와 자료를 빼내고, 바이러스 유포와 해킹에 활용되는 좀비 PC로 만들기도 하며, 하드디스크 정보를 뒤엉키게 하거나 지워버려 못쓰게 만들 수도 있습니다. 바이러스와 악성 코드 예방은 선택이 아니라 필수입니다.

4단계 PC 활용에 꼭 필요한 필수 유틸리티와 작업 소프트웨어의 설치

필수 유틸리티란, 직접적인 작업에 사용되지는 않지만 컴퓨터 관리 및 컴퓨터의 다양한 기능 활용에 도움을 주는 유틸리티를 말합니다. 과거에는 사용자가 일일이 유틸리티를 찾아 설치하는 불편을 감수해야 했고 유료 유틸리티도 적지 않았습니다. 지금은 개인 사용자는 무료로 사용할 수 있는 이스트소프트사의 알툴즈같은 필수 유틸리티 모음이 있으므로 필수 유틸리티 활용이 쉬워졌습니다. 이 책에서 다룰 필수 유틸리티는 다음과 같습니다.

❶ **알툴즈** : 이스트소프트 사의 필수 유틸리티 모음으로 알집, 알씨, 알약, 알툴바, 알송, 알마인드, 알캡처, 알백, 알키퍼, 알드라이브 등으로 구성됩니다. 이 책에서는 알툴바와 알씨를 살펴봅니다. 알툴바를 제외하고는 개인에 한해 무료 사용이 가능합니다.

❷ **고클린** : 각종 시스템 최적화 도구를 제공하는 유틸리티로, 프리웨어입니다(625쪽 참고).

❸ **Advanced SystemCare** : 세계적으로 2억5천만 이상이 사용하는 강력한 최적화 프로그램으로 셰어웨어입니다(626쪽 참고)

❹ **CCleaner** : 지스트리 최적화로 유명한 유틸리티로 유료인 프로버전도 있으나 무료 버전도 강력한 최적화 기능을 제공합니다(627쪽 참고).

❺ **Recuba** : 강력한 파일 복구 및 보안 삭제 유틸리티로, 개인에 한해 무료 사용이 가능합니다(633쪽 참고).

필수 유틸리티 설치를 마친 다음에는 자신의 작업에 맞춰 아래아 한글과 같은 워드프로세서나 마이크로소프트 오피스 같은 업무용 소프트웨어를 설치하여 사용하면 됩니다. 사람들의 직업과 생활 방식이 다양하므로 소프트웨어는 자신의 업무에 맞춰 사용하면 됩니다.

5단계 신속한 일 처리를 위한 윈도우 작업 환경의 효율화

필수 유틸리티까지 설치한 다음에는 작업 환경을 자신의 취향에 맞게 구성합니다. 윈도우 운영체제는 시작 메뉴와 작업표시줄, 바탕화면과 폴더 창 같은 공통적인 사용자 인터페이스를 제공합니다. 이러한 사용자 인터페이스 요소들을 효율화하고 능숙하게 다루면 작업 생산성에도 도움이 됩니다. 윈도우 7을 사용해본 분이라면 어렵지 않게 윈도우 8/8.1/10을 사용할 수 있습니다. 윈도우 8/8.1에는 모바일을 겨냥한 메트로 인터페이스가 추가되었고, 시작 단추 기능도 기존과 달라 다소 혼란스러운 면도 없진 않지만, 어렵지 않게 적응할 수 있습니다.

● 운영체제 설치 후의 필수 작업 못지 않게 중요한 시스템 관리와 백업 및 복구 작업에 대해서는 특집 3에서 별도로 다룹니다.

 메인보드와 컴퓨터 부품의 드라이버 설치

컴퓨터에 사용되는 모든 장치는 해당 장치를 구동하는 드라이버를 매개로 작동합니다. 드라이버는 장치를 제어하여 작동시키는 용도의 소프트웨어로 우리말로는 제어기라 부르기도 합니다.

메인보드 바이오스와 바이오스 업데이트

PC를 조립한 후 부팅할 때 이루어지는 시스템 진단 및 초기화(POST) 과정을 눈으로 볼 수 있는 것은 CPU, 키보드, 그래픽카드 같은 필수 장치의 기본 입출력에 필요한 드라이버가 메인보드의 바이오스에 의해 지원되기 때문입니다. 바이오스(BIOS)라는 이름도 기본 입출력 시스템(Basic Input Ouput System) 기능에서 연유한 것입니다.

메인보드 부품 및 연결하여 사용하는 부품들의 최적 작동을 위해 메인보드 바이오스도 최신 바이오스로 업데이트할 필요가 있습니다. 단, 바이오스 업데이트 방법은 디스크에 설치하는 드라이버나 소프트웨어와 달리 플래시 메모리에 기록하므로 일반적인 드라이버 업데이트 방식과는 차이가 있습니다.

요즘 나오는 메인보드나 번들 소프트웨어 중에는 온라인으로 바이오스를 업데이트할 수 있는 유틸리티가 제공됩니다. 메인보드 바이오스 업데이트 작업은 운영체제 설치 후에 수행해도 됩니다. 바이오스를 업그레이드하면 바이오스 셋업 설정값이 모두 공장 기본값으로 초기화되므로 하드디스크 드라이브 우선순위나 SATA 컨트롤 모드(IDE/AHCI/RAID) 등도 모두 기본값으로 초기화되므로 다시 설정해줘야 정상적으로 부팅이 가능합니다.

메인보드 바이오스를 업데이트하면 윈도우 운영체제는 새 컴퓨터로 인식하여 정품 인증에 문제가 발생할 수 있습니다. 그러므로 조립 PC용 DSP 패키지의 윈도우 운영체제를 설치할 경우에는 메인보드 바이오스 업데이트 작업은 운영체제 설치 전에 수행하길 권합니다.

메인보드 드라이버 설치는 어떻게 하나요

메인보드 칩셋 부품들도 사실 해당 칩셋을 운용하는 드라이버가 사용되는데, 다른 컴퓨터 부품과 달리 다양한 부품들의 드라이버가 운용됩니다. 장치에 따라서는 운영체제 버전에 따라 드라이버 호환성이 없을 수도 있으므로 메인보드이든 일반 장치이든 **"드라이버는 운영체제 버전에 맞춰 설치한다"**는 핵심 원칙을 항상 유의하기 바랍니다. 메인보드 부품들의 드라이버는 운영체제 설치 시에 많은 드라이버가 자동 설치되지만, 지원되지 않는 것도 있고 구버전도 있어 운영체제 설치 후에는 반드시 메인보드 번들 CD의 최신 드라이버를 설치하기 바랍니다.

요즘 나오는 메인보드는 사운드카드나 랜 카드 기능을 대부분 지원하며, GPU 내장 CPU를 지원하는 메인보드는 그래픽카드 드라이버까지 지원합니다. 메인보드 번들 CD에는 메인보드 칩셋용 드라이버와 메인보드에 연결된 각종 부품과 인터페이스를 지원하는 드라이버와 각종 시스템 관리 작업을 도와주는 유틸리티가 제공됩니다. 설치한 운영체제에 맞춰 드라이버와 유틸리티의 통합 설치를 지원하므로 어렵지 않게 설치할 수 있습니다.

● 꼭 하드웨어 부품의 구동 드라이버만 있는 것은 아닙니다. 예를 들어 가상 CD 프로그램이나 램 디스크 프로그램 같은 경우는 가상 장치 드라이버로 이미지 파일을 CD/DVD처럼 사용하거나 메모리를 디스크처럼 사용할 수 있게 해줍니다.

메인보드 이외의 장치 드라이버 설치

운영체제를 설치할 때 장치 드라이버도 자동으로 설치됩니다. 단, 장치의 성능을 온전히 발휘할 수 있는 드라이버가 설치되기도 하지만, 경우에 따라서는 표준 드라이버로 대체되거나 아예 설치를 못하는 경우도 있습니다. 운영체제 등장 이후에 나온 부품의 경우는 구버전의 드라이버나 표준 드라이버가 설치될 가능성이 높습니다. 이 경우 작동에는 문제가 없더라도 최적 성능을 발휘할 수 있는 드라이버로 업데이트하여 제성능을 활용하는 게 좋습니다. 장치 설치가 안 된 경우에는 직접 해당 드라이버를 설치해야 합니다.

컴퓨터 부품을 구입할 때 함께 제공되는 번들 CD에는 최적 성능을 발휘할 수 있는 드라이버가 포함되므로 이를 설치하면 됩니다. 요즘은 전 세계가 인터넷으로 연결된 시대인 만큼 가장 최신의 드라이버는 해당 부품 제조업체의 홈페이지에 가면 구할 수 있습니다.

부품과 함께 제공되는 번들 CD에는 드라이버뿐만 아니라 해당 장치를 활용할 수 있는 유용한 소프트웨어가 함께 제공되는 편이며, 번들 CD로 드라이버를 설치할 때 유틸리티도 함께 설치할 수 있게 나옵니다.

윈도우 버전과 장치 드라이버

윈도우 운영체제의 버전에 따라 장치 드라이버도 따로 제공되므로 유의하기 바랍니다. 윈도우 7용 드라이버와 윈도우 8/8.1/10용 장치 드라이버가 각각 지원되는 경우도 있으므로 반드시 지원하는 운영체제 버전을 확인하고 운영체제에 맞는 장치 드라이버를 설치하기 바랍니다.

최신 운영체제인 윈도우 10의 경우는 윈도우 8/8.1 장치 드라이버와 대부분 호환되지만, 안되는 경우도 있습니다. 제조업체에서 윈도우 10용 드라이버를 별도로 제공한다면 해당 드라이버를 설치하길 권합니다.

현재 시중에 판매되고 있는 PC 부품들은 대부분 윈도우 8이 출시된 이후에 나온 부품들이므로 장치의 성능을 최대로 발휘하기 위해서는 운영체제가 자동으로 설치한 드라이버 대신 부품 번들 CD나 제조사 웹사이트 다운로드를 통해 최신 드라이버의 설치를 권장합니다.

드라이버 설치의 두 가지 방식

드라이버의 설치 방식은 드라이버 설치 정보 파일인 INF 파일을 이용하는 방식과 드라이버 설치 프로그램을 이용하는 방식이 있습니다.

❶ **설치 정보 파일(INF 파일) 이용 방식** : 설치 정보 파일(INF 파일)을 이용한 드라이버 설치 방식은 주로 칩셋 드라이버 설치에 이용됩니다. 새로운 장치를 설치한 경우, 윈도우 운영체제의 새 하드웨어 검색 마법사를 이용하여 운영체제의 장치 DB와 온라인 검색으로 INF 파일을 찾아 드라이버를 설치할 수 있습니다. INF 파일은 윈도우 운영체제의 장치 관리자에서 드라이버를 업데이트하려는 경우에 INF 파일이 위치한 폴더를 지정하면 드라이버를 설치할 수 있습니다. 한편 플러그앤플레이를 지원하는 USB 장치를 연결하면 운영체제가 자동으로 장치 드라이버를 설치하는데, 이때에도 운영체제의 장치 DB와 온라인 검색으로 INF 파일을 찾아 드라이버를 설치합니다.

❷ **설치 프로그램 방식** : 설치 프로그램은 번들 CD로 제공된 설치 프로그램을 실행하여 드라이버를 설치하는 방식으로, 설치 프로그램이 자동으로 드라이버 설치 및 유틸리티 설치 작업을 수행해주므로 좀 더 쉽게 드라이버를 설치할 수 있습니다. 요즘 나오는 컴퓨터 부품의 번들 CD에는 대부분 설치 프로그램이 제공됩니다.

장치 관리자 살펴보기

윈도우 운영체제는 장치 관리자에서 시스템에 설치된 드라이버를 확인하고, 드라이버의 업데이트나 추가 작업을 수행합니다. 윈동우 운영체제는 공통적으로 제어판에서 장치 관리자를 열 수 있으며, 제어판을 열지 않고도 ⊞+Pause 키를 누르면 나오는 시스템 창에서 장치 관리자를 열 수도 있습니다. 윈도우 8/8.1/10에서는 데스크톱 작업 표시줄의 시작 단추 위치에서 오른쪽 클릭하면 나오는 팝업 메뉴에서 장치 관리자를 실행해도 됩니다.

다음은 4장에서 조립한 PC에 윈도우 7/8.1/10 운영체제 설치 상태에서 장치 관리자를 열어본 것으로, 아직 제대로 설치되지 않은 장치 드라이버가 있는 것을 확인할 수 있습니다. 운영체제 버전이 올라갈수록 자동으로 등록되는 장치 드라이버가 많은 것도 알 수 있습니다.

윈도우 7/8.1/10의 장치 관리자

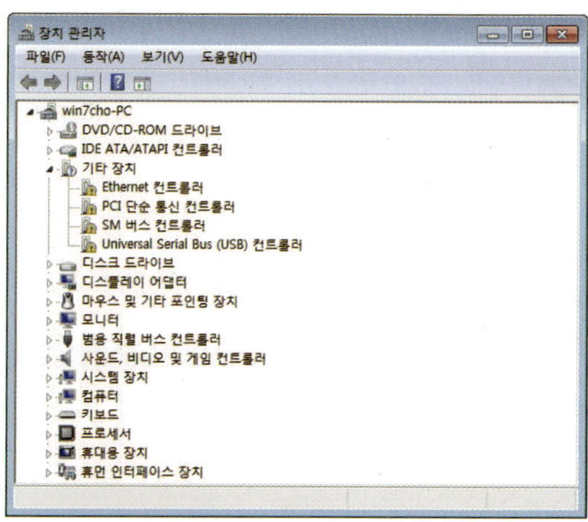

▲ 윈도우 7 장치 관리자

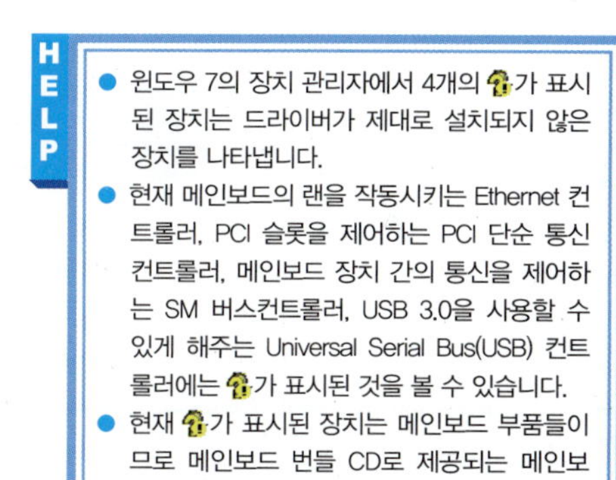

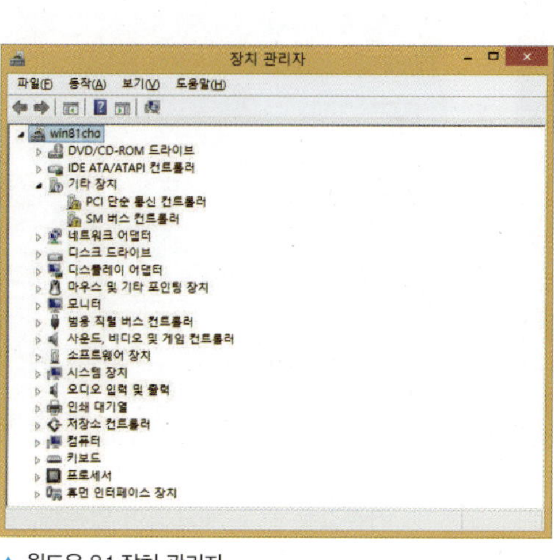

▲ 윈도우 8.1 장치 관리자

● USB 키보드나 마우스, 보조 기억 장치는 복잡할 게 없으므로 연결 즉시 자동 드라이버 설치로 사용이 가능하지만 프린터, 복합기, TV 수신카드, 영상 캡처 장치는 자동 드라이버 설치가 불완전하거나 지원되지 않는 경우가 많으므로 별도로 드라이버를 설치해야 합니다.

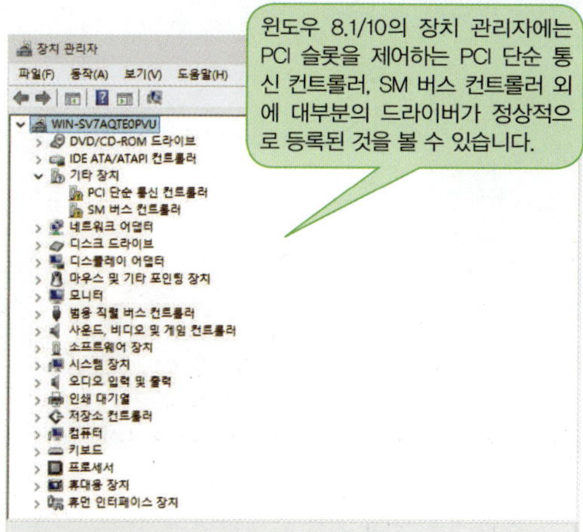

▲ 윈도우 10 장치 관리자

Exercise

1 메인보드 드라이버와 유틸리티 설치하기

메인보드 드라이버와 유틸리티 설치 프로그램은 번들 CD로 제공됩니다. 요즘은 통합 설치 프로그램이 제공되므로 손쉽게 설치할 수 있습니다. 여기서는 4장에서 조립한 GIGABYTE Z87X–UD3H 메인보드 드라이버와 유틸리티 설치를 예로 설명하겠습니다. 메인보드 제품에 따라 설치 화면이나 설치 드라이버와 유틸리티는 차이가 있으므로 설치 진행 과정을 보면서 어떤 흐름으로 설치하는지를 익히기 바랍니다.

이 실습에 필요한 내용	실습 키 포인트
윈도우 7/8.1/10 PC 메인보드 드라이버/유틸리티 설치 CD	메인보드 드라이버와 유틸리티 설치 메인보드 유틸리티 활용 방법

메인보드 드라이버 설치하기 (번들 CD)

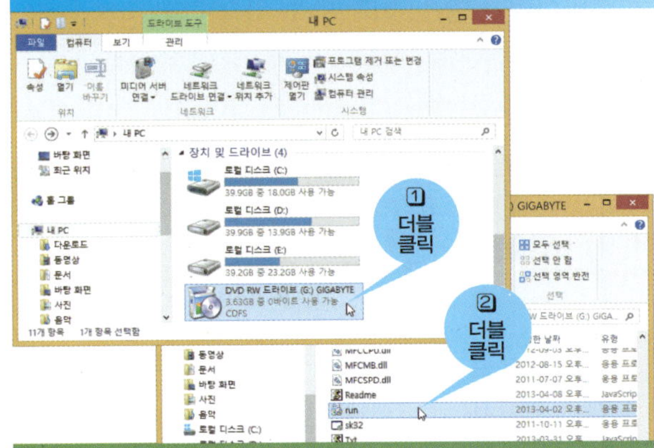

HELP

- 메인보드 드라이버와 유틸리티 설치 실습은 윈도우 8.1 운영체제에서 번들 CD를 이용한 설치를 다룹니다. 번들 CD를 이용한 설치는 윈도우 7/10의 경우도 동일합니다. 윈도우 10용 드라이버와 유틸리티는 제조업체의 사이트에서 온라인으로 설치 프로그램을 다운로드하여 직접 설치하는 방법을 설명합니다.
- 윈도우 7에서는 메인보드와 함께 제공된 CD를 넣으면 자동으로 메인보드 번들 CD의 설치 프로그램이 실행되지만 윈도우 8부터는 보안이 강화되어 CD/DVD 자동 실행은 차단되므로 직접 설치 프로그램을 찾아 실행해야 합니다.
- CD/DVD 드라이브의 루트 폴더에서 텍스트 파일로 된 AUTORUN.INF 파일을 열어보면 Open에 지정된 위치의 파일이 설치 프로그램이므로 위치를 확인한 후, 해당 파일을 더블 클릭하여 실행하면 됩니다.

1 메인보드와 함께 제공된 번들 CD를 넣은 후, DVD RW 드라이브에서 메인보드 드라이버와 유틸리티 설치 프로그램을 더블 클릭하여 실행합니다.

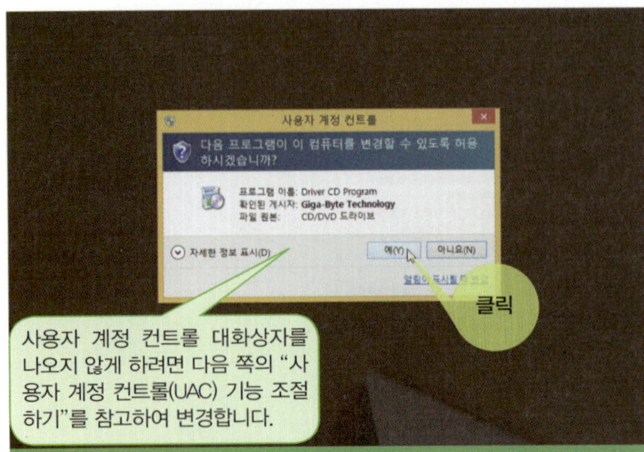

2 사용자 계정 컨트롤 대화상자가 나오면 컴퓨터 변경을 허용하도록 **예**를 클릭합니다.

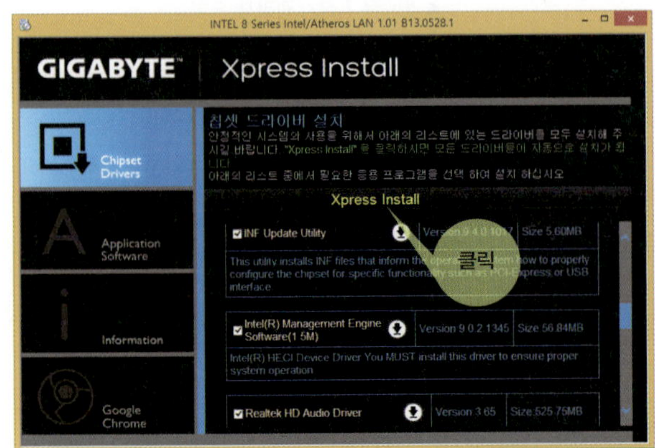

3 칩셋 드라이버 설치 페이지가 나옵니다. 설치할 항목 기본값은 모두 체크되어 있는데, 불필요한 항목은 체크를 해제한 후 Xpress Install 단추를 클릭합니다.

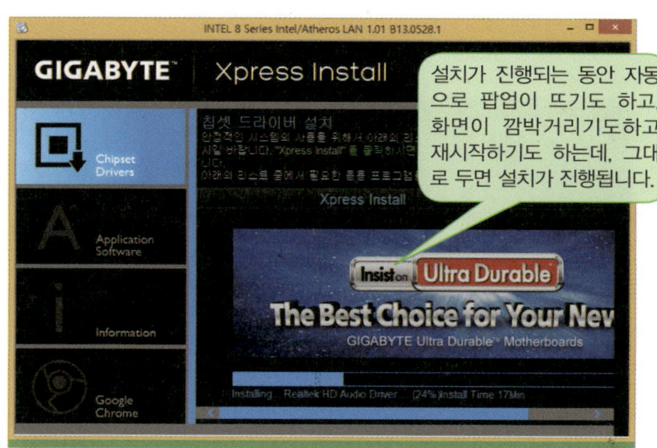

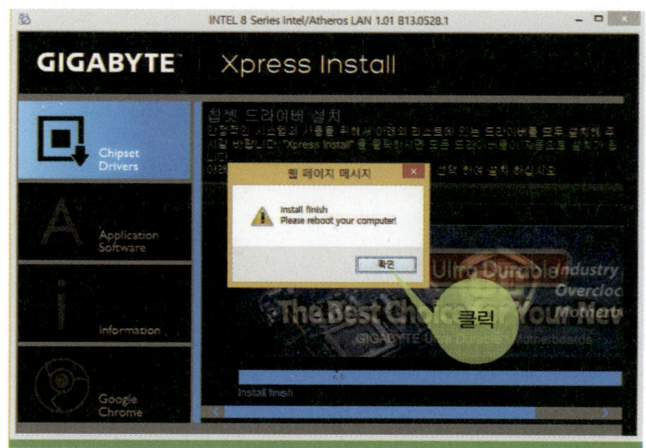

4 설치가 진행됩니다. 그대로 두면 선택한 소프트웨어들이 자동으로 설치됩니다. 하단에는 현재 설치 중인 소프트웨어 이름과 진행 막대가 표시됩니다.

5 설치가 완료되면 시스템 재시동이 필요하다는 메시지 대화상자가 표시됩니다. **확인** 단추를 클릭한 후 시스템을 재시동합니다.

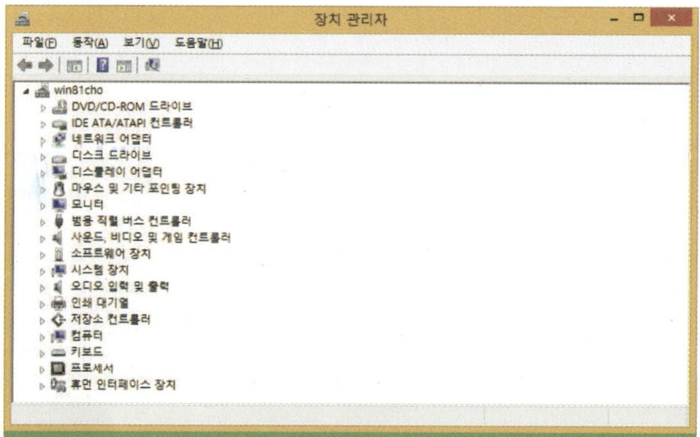

H E L P

● 설치된 드라이버 종류를 구체적으로 확인하려면 해당 장치 이름을 더블 클릭하거나 장치 이름 앞에 나오는 ▷를 클릭하면 됩니다. 385쪽에서 ⚙ 표시가 나왔던 장치 드라이버가 사라지고 모두 정상적으로 설치된 것을 확인할 수 있습니다.

● 메인보드 드라이버와 유틸리티에 따라 재시동 후에 설치가 마무리되는 항목에는 차이가 있습니다. 대부분 대화상자에서 다음 **다음** 단추나 **완료** 혹은 **마침** 단추를 누르는 수준으로 마무리할 수 있습니다.

6 재시동 후에 장치 관리자를 열어 제대로 드라이버 설치가 되지 않은 문제 장치(⚙)가 있는지 확인합니다.

Check Point **사용자 계정 컨트롤(UAC) 기능 조절하기**

사용자 계정 컨트롤 기능은 실행 파일에 의한 컴퓨터의 임의 변경을 막기 위해 윈도우 비스타 때부터 도입된 기능으로, 바이러스나 악성 코드에 의한 시스템 변경을 고려하여 한 번 더 검토할 수 있게 해줍니다(753쪽 참고). 정상 프로그램의 경우에도 시스템에 영향을 미칠 수 있는 프로그램을 실행하면 매번 나오는 사용자 계정 컨트롤 대화상자가 불편할 수 있는데, 이 경우 사용자 계정 컨트롤을 설정하여 사용자 계정 컨트롤 메시지 대화상자가 나오지 않게 할 수 있습니다.

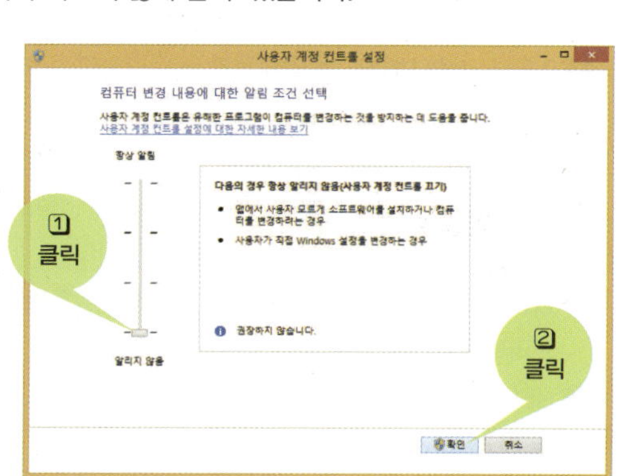

❶ 사용자 계정 컨트롤의 설정을 변경하려면 알림이 표시될 때 변경을 클릭합니다.

❷ 사용자 계정 컨트롤 설정 대화상자가 나오면 **알리지 않음**을 클릭하고 확인 단추를 클릭합니다.

메인보드 유틸리티 설치하기 (번들 CD)

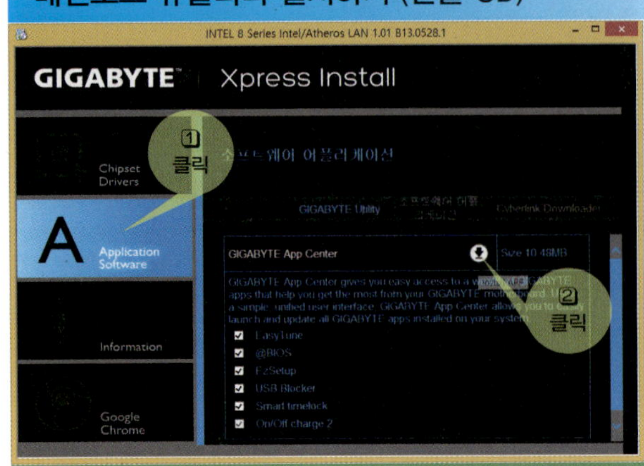

1 이번에는 Application Software를 클릭하여 소프트웨어 애플리케이션 페이지를 열고 설치할 항목을 확인하고 Install 단추를 클릭합니다.

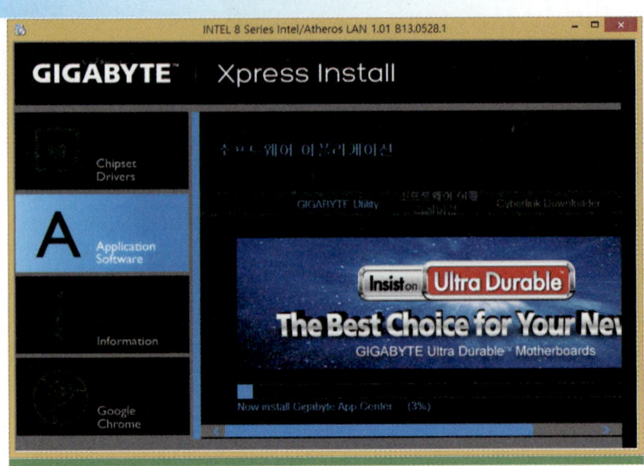

2 설치가 진행됩니다. 그대로 두면 선택한 소프트웨어들이 자동으로 설치됩니다. 하단에는 현재 설치 중인 소프트웨어 이름과 진행 막대가 표시됩니다.

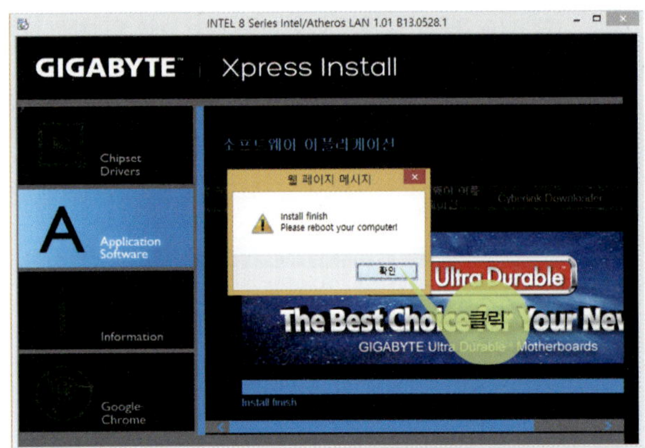

3 설치가 완료되면 시스템 재시동이 필요하다는 메시지 대화상자가 표시됩니다. **확인** 단추를 클릭한 후 시스템을 재시동합니다.

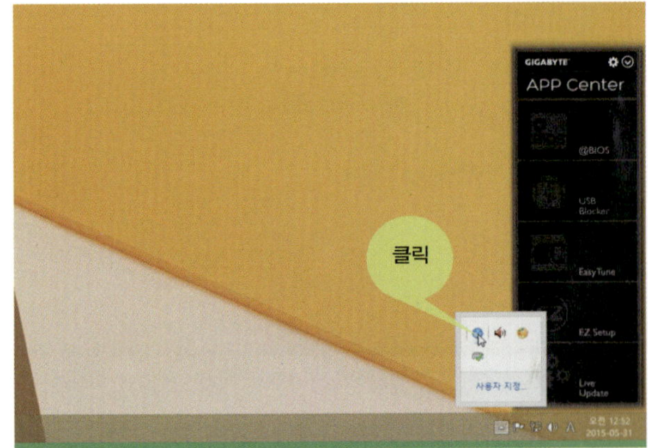

4 재시동 후에 알림 영역에 등록된 App Center 아이콘을 클릭하면 바탕화면의 오른쪽에 메인보드 유틸리티를 실행하는 APP Center 패널이 나옵니다.

Check Point 메인보드 번들 CD로 제공되는 칩셋 드라이버

GIGABYTE Z87X-UD3H 메인보드 번들 CD로 제공되는 주요 칩셋 드라이버들을 알아보면 다음과 같습니다. 다른 회사의 메인보드 번들 CD의 경우에도 이와 비슷한 종류의 드라이버들이 제공됩니다.

❶ **INF Update Utility** : 운영체제가 PCIe나 USB 인터페이스 등의 기능이 적절한지 확인하고 업데이트할 수 있게 해줍니다.

❷ **Realtek HD Audio Driver** : 리얼텍 오디오 드라이버

❸ **Realtek 8111/8168 LAN Driver** : 리얼텍 네트워크 드라이버(윈도우 7용)

❹ **Intel Rapid Storage Technology driver** : 인텔 IRST 드라이버는 인텔 PCH 칩셋이 관리하는 SATA 단자에 연결된 레이드 등의 디스크 관리를 위한 드라이버입니다.

❺ **Marvell AHCI Driver** : 써드파티 SATA 컨트롤러인 Marvell 칩셋용 AHCI 드라이버입니다. 인텔 메인보드 칩셋과 별도로 드라이버가 설치되는 점을 유의하기 바랍니다.

❻ **NEC USB Driver** : NEC Electronics 사의 USB 3.0 호스트 컨트롤러 드라이버입니다. 추가 USB 3.0 단자에서 USB 3.0을 사용할 수 있게 해줍니다.

❼ **ON/OFF charge Driver** : GIGABYTE 메인보드 중에는 모바일 기기 고속 충전 기능을 제공하는 USB 단자가 제공되기도 하는데, 고속 충전 기능을 사용할 수 있게 해주는 드라이버입니다.

Check Point 메인보드 번들 CD로 제공되는 유틸리티 살펴보기

GIGABYTE Z87X-UD3H 메인보드 번들 CD에는 메인보드와 시스템을 운용하는 데 필요한 유틸리티가 제공됩니다. 다른 회사의 메인보드 번들 CD에도 메인보드와 시스템을 운용하는 데 유용한 유틸리티가 제공됩니다.

❶ EasyTune : 시스템 성능을 모니터링하고 변경할 수 있는 유틸리티입니다. 자동 오버클러킹을 사용하려면 이 유틸리티를 이용하면 됩니다.

❷ @BIOS : 온라인으로 메인보드 바이오스를 최신 버전으로 업데이트할 수 있으며 부트 로고 변경 기능도 제공합니다. 바이오스 저장 및 덮어쓰기를 지원하므로 바이오스 백업 및 복구에도 활용할 수 있습니다.

❸ EzSetup : IDE/AHCI/RAID 디스크 모드 변경을 쉽게 해주는 디스크 모드 스위치, SSD를 HDD의 캐싱 기능으로 사용하여 속도를 향상시키는 EZ 스마트 응답, 메모리 캐싱으로 부팅 속도를 향상시키는 EZ 빠른 시작 기능, 자주 갱신되는 앱을 등록하여 최신 업데이트를 사용할 수 있게 해주는 EZ 스마트 연결 기능, 인텔 칩셋이 관리하는 SATA 레이드 배열에 대해 디스크 추가/제거 작업을 쉽게 수행할 수 있게 해주는 XHD 기능을 제공합니다.

❹ USB Blocker : 메인보드의 USB 단자에 연결되는 장치에 대한 선별적인 차단 및 차단 해제 기능을 제공합니다.

❺ Smart timelock : 시스템 사용 시간을 제한할 수 있게 해주는 유틸리티로 규칙적인 컴퓨터 사용 및 자녀들의 컴퓨터 사용 시간을 제한할 때 유용합니다.

❻ On/Off charge 2 : 모바일 기기와의 데이터 동기화 여부를 제어하여 빠른 충전 속도를 선택할 수 있는 유틸리티입니다.

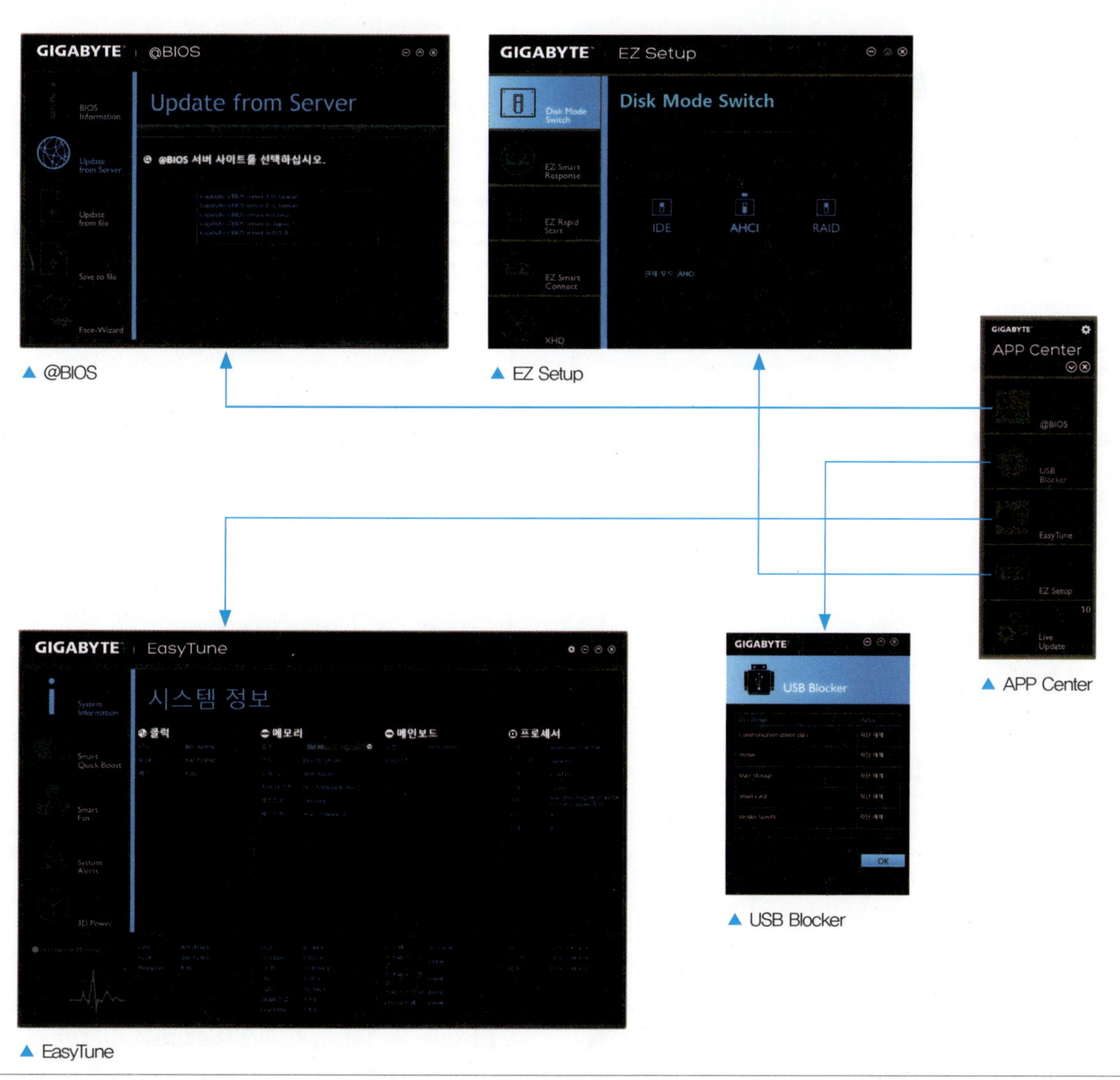

▲ @BIOS

▲ EZ Setup

▲ APP Center

▲ USB Blocker

▲ EasyTune

Check Point 최신 메인보드 드라이버 · 유틸리티의 온라인 업그레이드

이제는 30억 명 이상이 인터넷을 이용하는 시대가 된 만큼 IT 관련 제품 제조업체들은 온라인을 통한 최신 드라이버와 유틸리티 업그레이드 기능을 기본적으로 제공하는 추세입니다.

윈도우 10 이전에 나온 부품들의 번들 CD에는 윈도우 10용 드라이버나 유틸리티 설치 프로그램이 없지만 마이크로소프트 사는 컴퓨터 부품 개발사로부터 광범위한 장치 데이터베이스를 구축하여 윈도우 10 업그레이드나 신규 설치 시 기존 장치들에 대한 드라이버를 지원합니다. 단, 오랜 시간이 지난 과거 부품은 윈도우 10용 드라이버를 지원하지 않는 경우가 많습니다. 드라이버 미지원 시 컴퓨터를 사용하지 못하거나 중대한 오류가 발생할 수 있는만큼, 반드시 윈도우 10으로 업그레이드가 가능한지를 미리 확인한 후에 업그레이드를 진행해야 합니다(340쪽 참고).

윈도우 10 업그레이드 과정에서 기존 메인보드 칩셋과 각종 부품들의 드라이버가 지원되더라도 유틸리티는 별도로 설치해야 하는 경우도 있습니다. 이는 기존 컴퓨터에 윈도우 10을 처음 설치하는 경우도 마찬가지입니다. 이러한 상황에서는 부품 제조업체의 사이트를 방문하여 직접 업데이트해야 합니다. 요즘은 온라인 업데이트 기술이 발전하여 손쉽게 업데이트할 수 있습니다. 이제 다음 실습을 참고하여 GIGABYTE Z87X–UD3H 메인보드의 윈도우 10용 최신 드라이버와 유틸리티를 인터넷을 통해 업그레이드하는 방법을 익혀두기 바랍니다.

최신 메인보드 통합 업데이트 유틸리티 다운로드 후 설치하기 (윈도우 10)

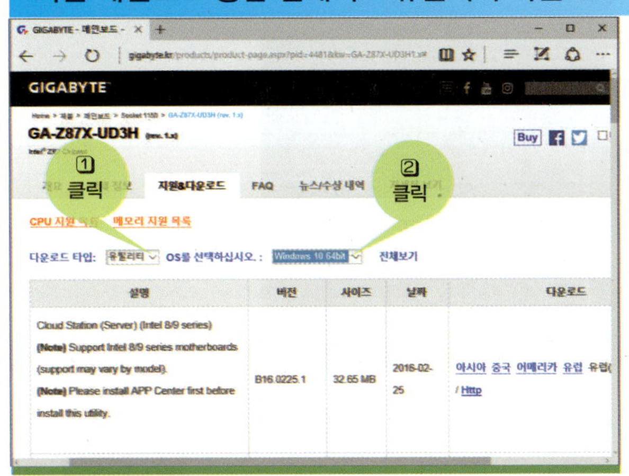

1 메인보드 제조사의 웹사이트에서 메인보드 제품을 검색(Z87X–UD3H)한 다음 다운로드 타입과 자신이 사용하는 운영체제를 선택합니다.

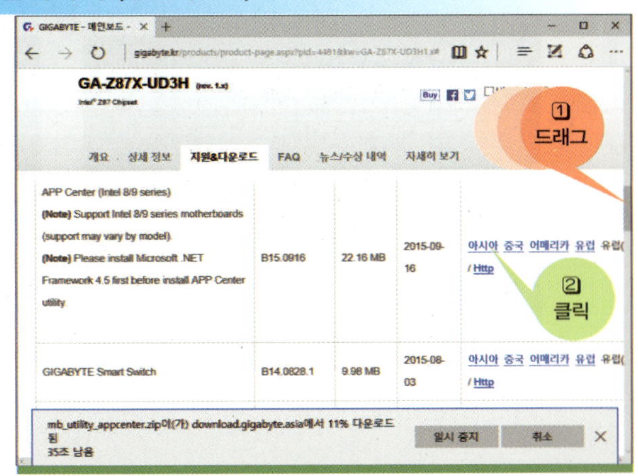

2 유틸리티들이 나오면 스크롤하여 GIGABYTE의 통합 유틸리티인 **APP Center**를 찾은 다음 다운로드 서버(아시아)를 클릭하여 다운로드합니다.

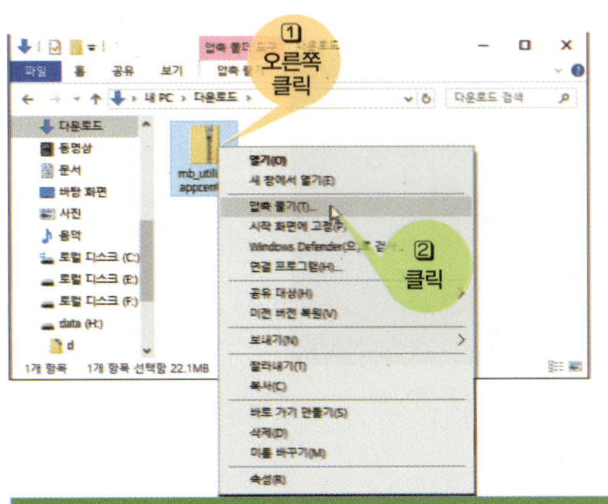

3 다운로드한 압축 파일에 오른쪽 마우스 버튼을 클릭하여 팝업 메뉴를 열고 압축 풀기를 선택합니다.

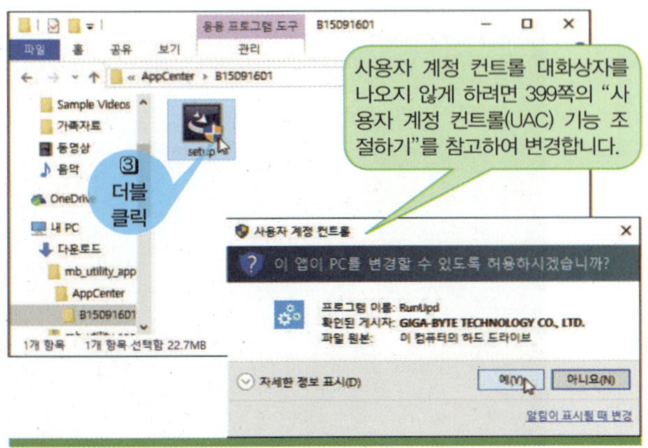

4 압축 해제한 설치 파일(**Setup**)을 실행한 후 사용자 계정 컨트롤 대화상자가 나오면 **예**를 클릭합니다.

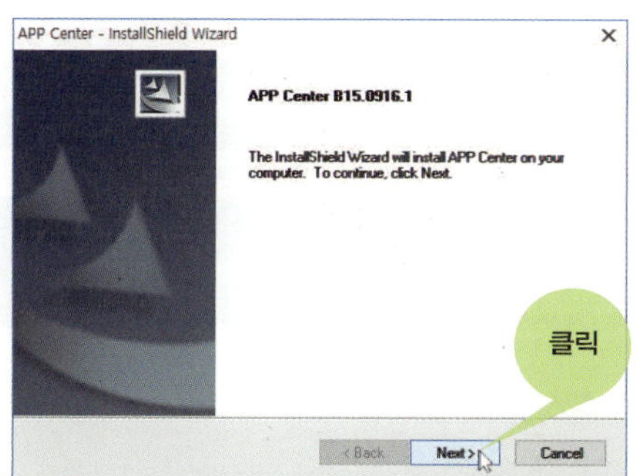

5 APP Center 설치 마법사가 실행되면 Next 단추를 클릭합니다.

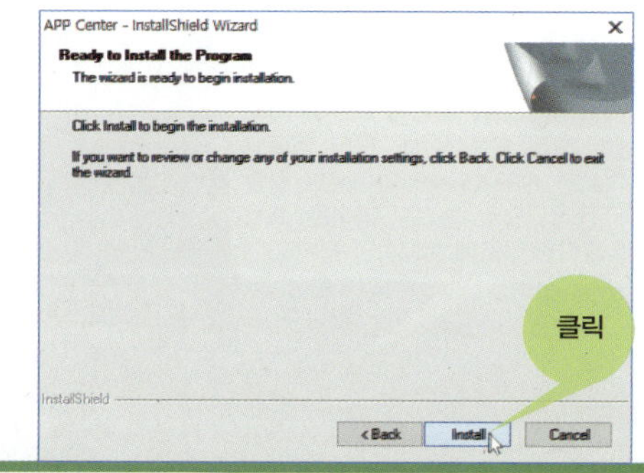

6 설치 준비가 되었다는 대화상자가 나오면 Install 단 추를 클릭합니다.

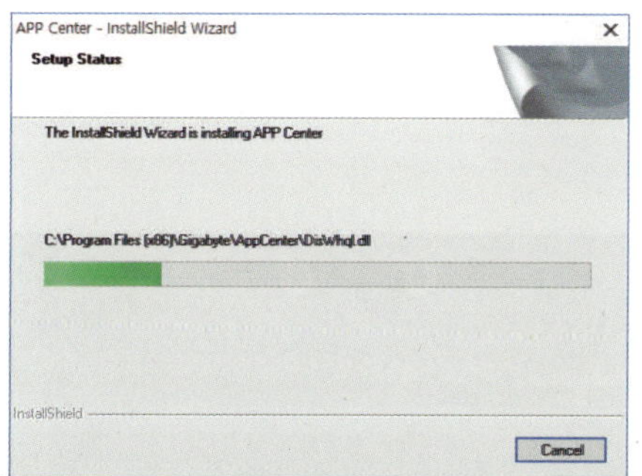

7 잠시 동안 설치가 진행됩니다.

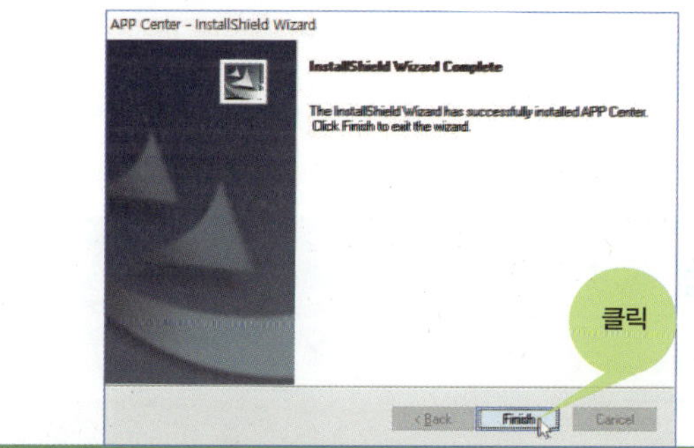

8 설치가 완료되었다는 대화상자가 나오면 Finish 단 추를 클릭합니다.

최신 메인보드 드라이버와 유틸리티 업데이트하기 (윈도우 10)

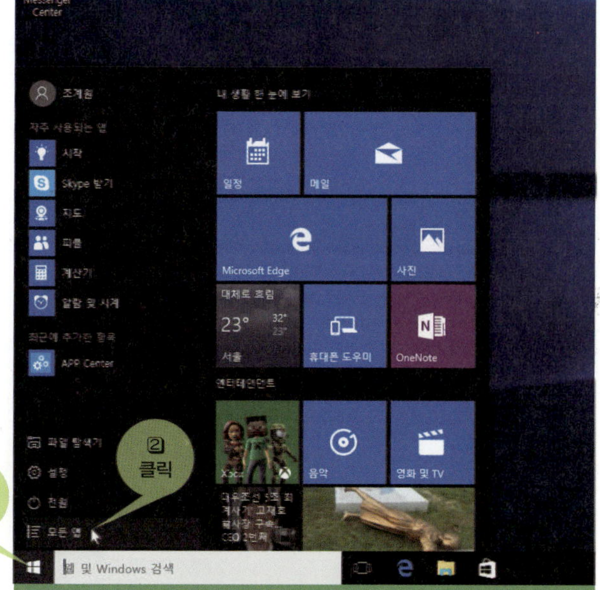

1 설치가 완료되었으면 새로 설치한 APP Center를 실 행하기 위해 시작 단추를 클릭한 다음 **모든 앱**을 클 릭합니다.

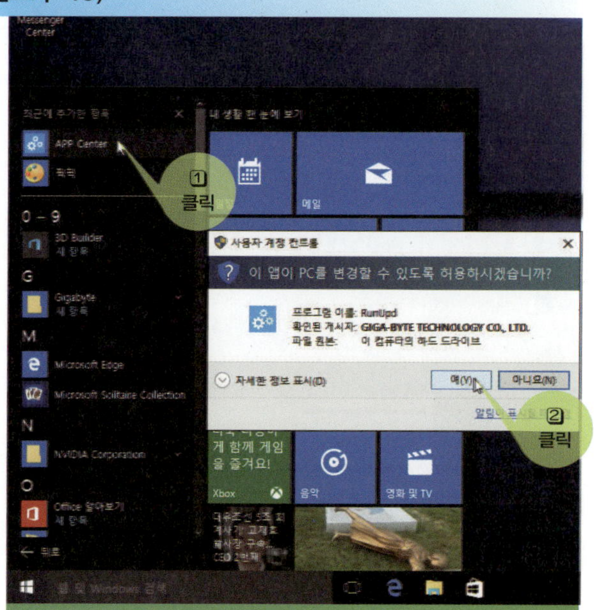

2 새로 추가한 항목에 있는 APP Center를 클릭하여 실행합니다. 사용자 계정 컨트롤 대화상자가 나오 면 **예**를 클릭합니다.

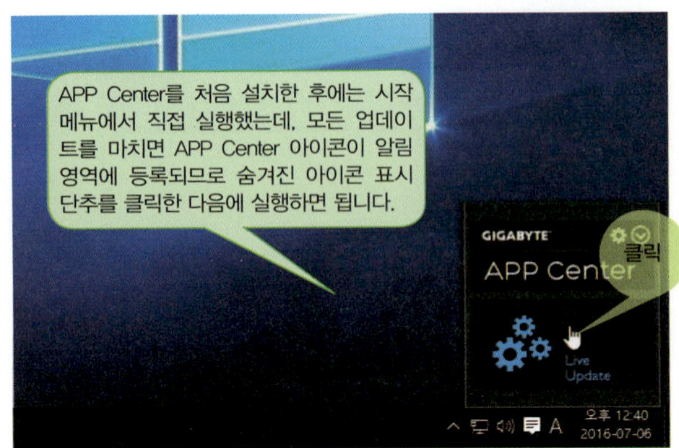

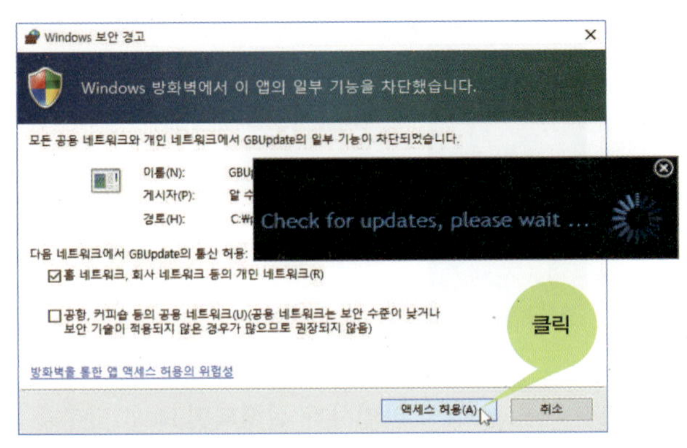

3 바탕화면 오른편에 APP Center 패널이 나오면 Live Update를 클릭합니다.

4 Windows 보안 경고 대화상자가 나오면 **액세스 허용** 단추를 클릭합니다. 그러면 잠시 동안 온라인으로 업데이트를 확인합니다.

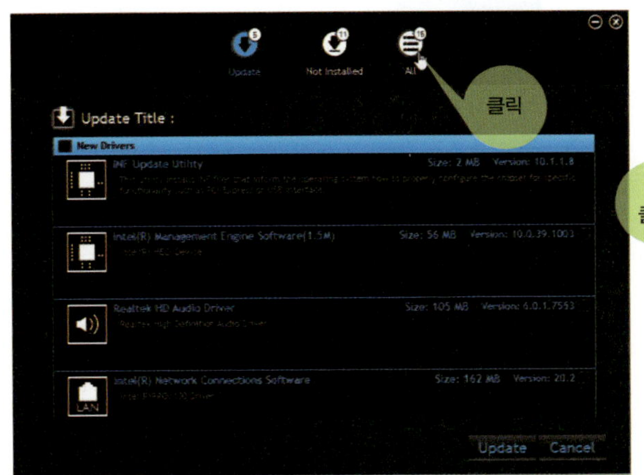

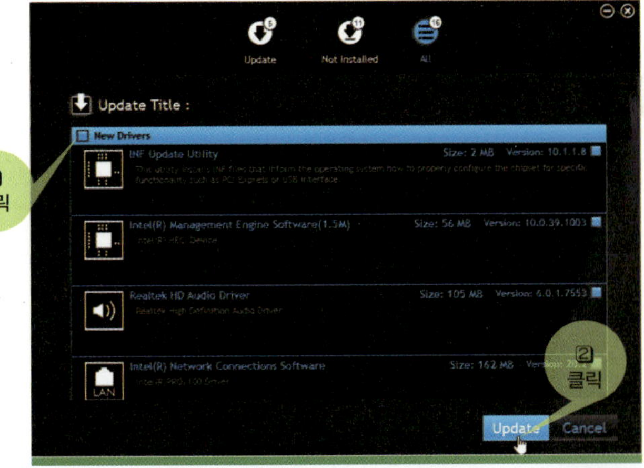

5 업데이트 창이 열리면 드라이버와 유틸리티를 모두 업데이트하기 위해 All을 클릭하며 모든 업데이트 항목을 선택할 수 있게 만듭니다.

6 새로운 유틸리티와 새로운 드라이버의 체크 상자를 클릭하여 모두 선택한 다음 **업데이트** 단추를 클릭합니다.

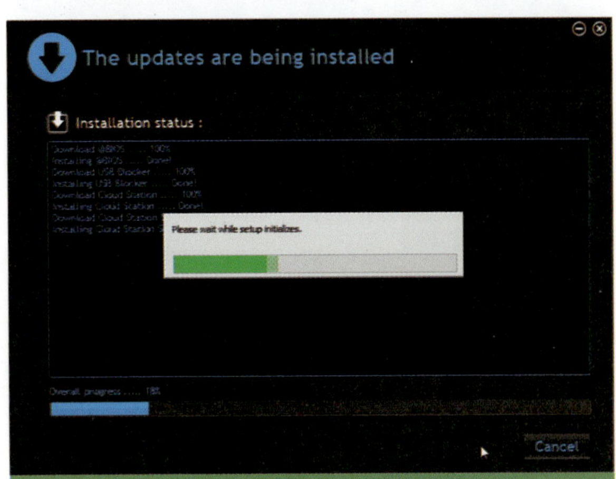

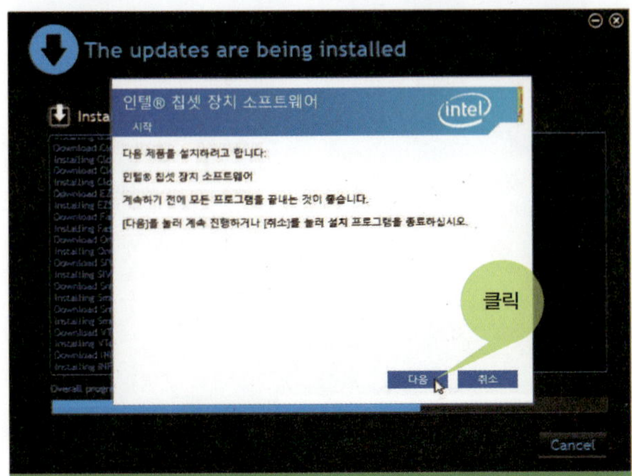

7 자동으로 업데이트 설치가 진행됩니다. 업데이트 항목에 따라 자동으로 설치되기도 하지만, 추가로 대화상자를 나타내는 설치 항목들도 있습니다.

8 설치 도중에 인텔 칩셋 장치 소프트웨어 대화상자가 나옵니다. 이 경우에는 직접 **다음** 단추를 클릭하고 설치를 진행해야 합니다.

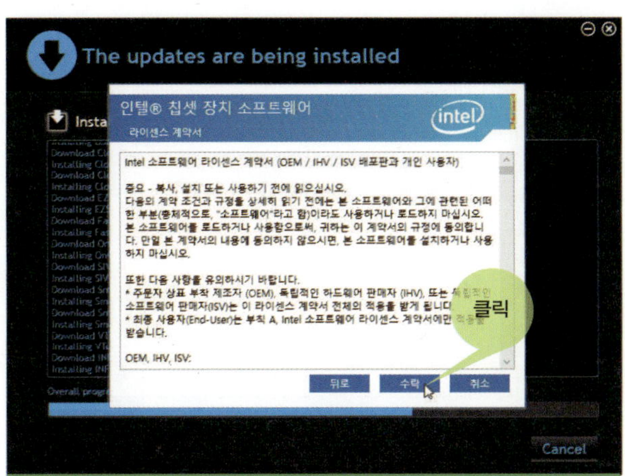

⑨ 라이선스 계약서 대화상자가 나오는 경우에는 **수락**을 눌러야 다음 설치 단계로 진행됩니다.

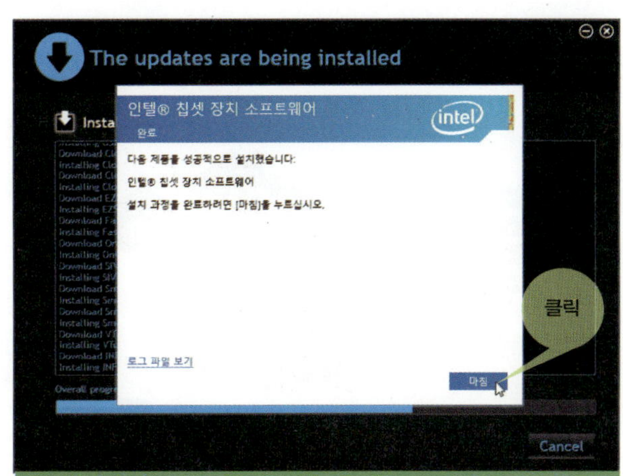

⑩ 인텔 칩셋 장치 소프트웨어 설치가 완료되면 **마침** 단추를 클릭합니다. 그러면 계속해서 다음 설치가 진행됩니다.

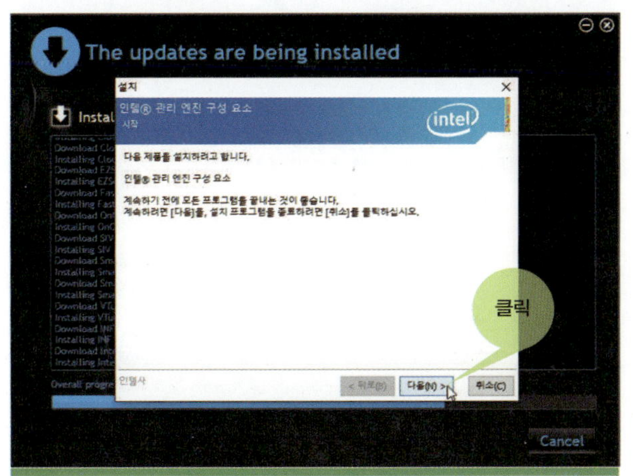

⑪ 다시 설치 진행 중에 인텔 관리 엔진 구성 요소 설치 대화상자가 나옵니다. **다음** 단추를 클릭하고 설치를 진행합니다.

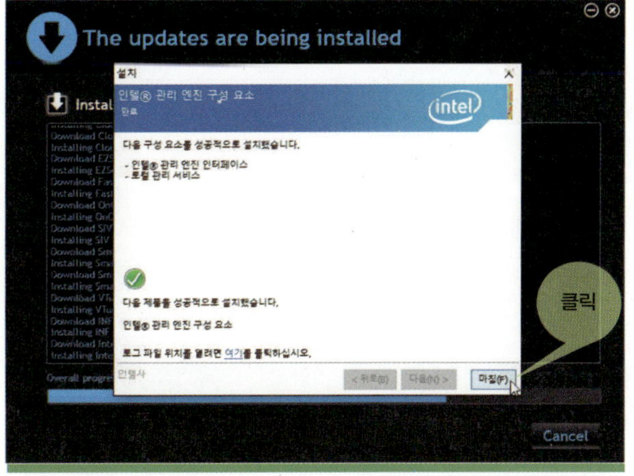

⑫ 인텔 관리 엔진 구성 요소 설치가 완료되면 **마침** 단추를 클릭합니다. 그러면 계속해서 다음 설치가 진행됩니다.

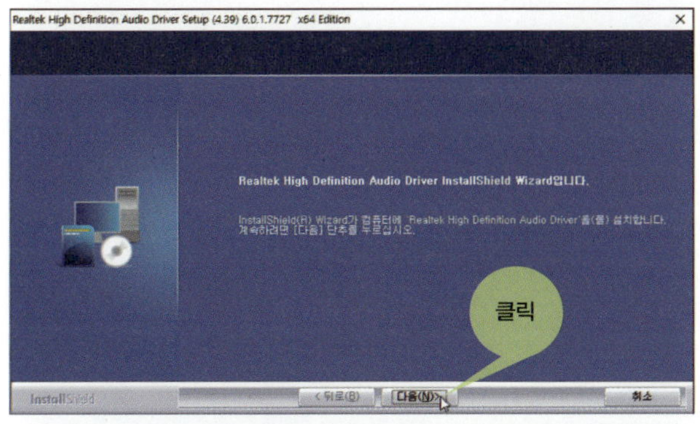

⑬ 계속해서 설치가 진행되는 도중에 리얼텍 오디오 드라이버 설치 마법사가 나옵니다. 이 경우에도 **다음** 단추를 클릭하고 설치를 진행합니다.

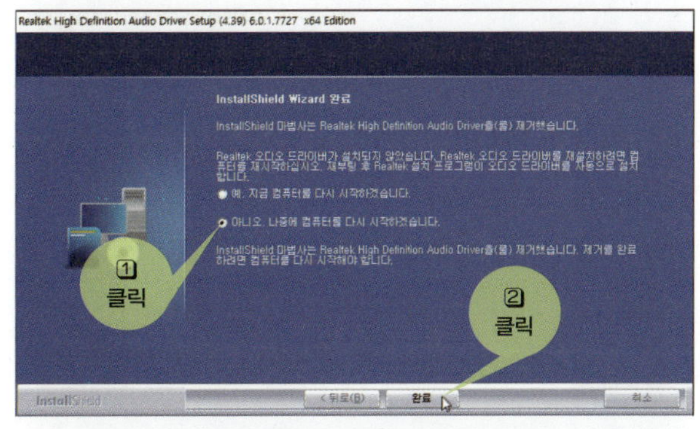

⑭ 리얼텍 오디오 드라이버 설치가 완료되면 다른 항목 설치가 아직 진행 중이므로 "**아니오, 나중에 컴퓨터를 다시 시작하겠습니다**"를 선택한 후에 **완료** 단추를 클릭합니다. 그러면 계속해서 다음 설치가 진행됩니다.

Chapter **07** 운영제제 설치 후 필수 작업

15 계속해서 설치가 진행되는 도중에 인텔 네트워크 연결 설치 대화상자가 나오면 **드라이버 및 소프트웨어 설치** 단추를 클릭하고 설치를 진행합니다.

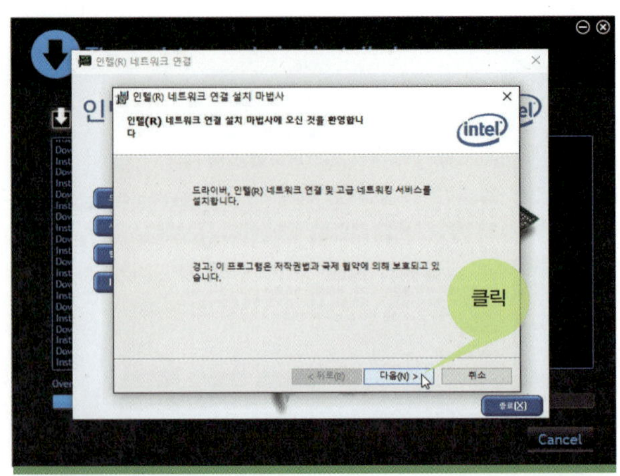

16 인텔 네트워크 연결 설치 마법사가 나오면 **다음** 단추를 클릭하고 설치를 진행합니다.

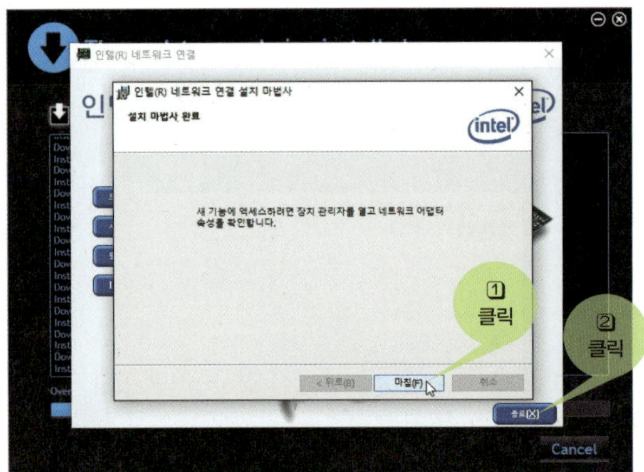

17 인텔 네트워크 연결 설치 마법사가 완료되면 **마침** 단추를 클릭합니다. 인텔 네트워크 연결 설치 대화상자도 **종료** 단추를 클릭하여 닫습니다. 그러면 계속해서 다음 설치가 진행됩니다.

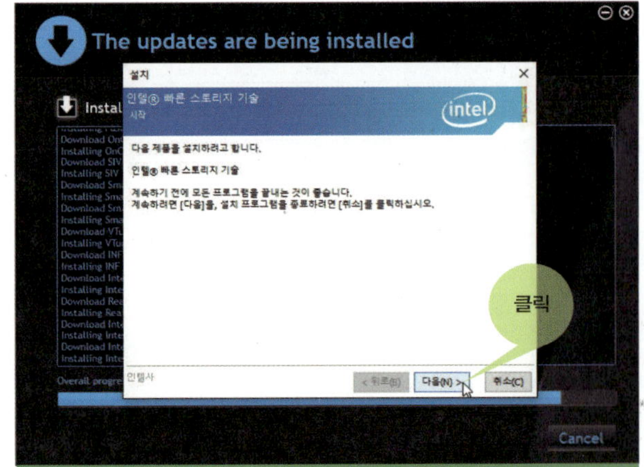

18 다시 설치 진행 중에 인텔 빠른 스토리지 기술 설치 대화상자가 나옵니다. **다음** 단추를 클릭하고 설치를 진행합니다.

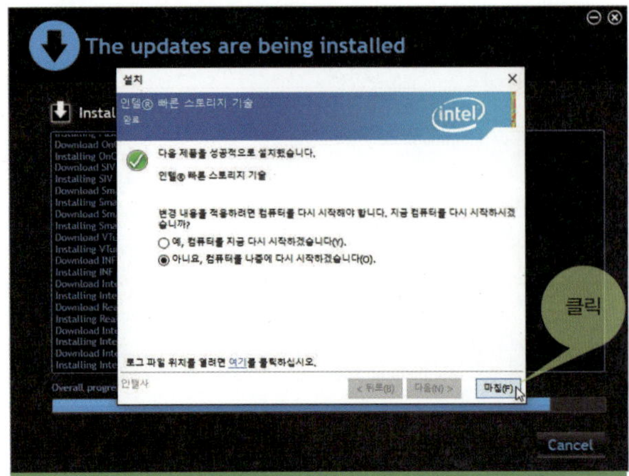

19 인텔 빠른 스토리지 기술 설치가 완료되면 **마침** 단추를 클릭합니다. 그러면 계속해서 다음 설치가 진행됩니다.

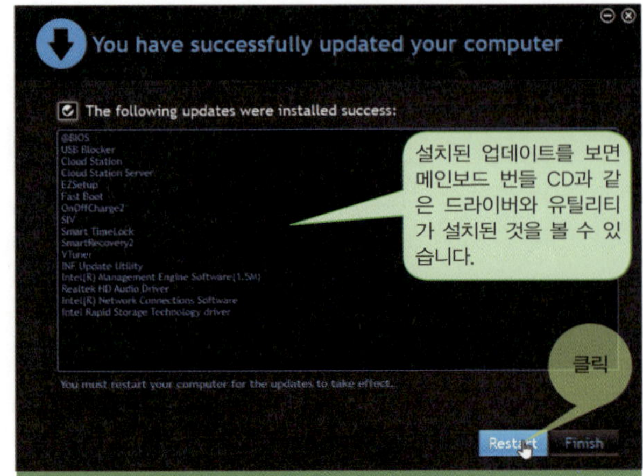

20 모든 업데이트 설치가 완료되고 업데이트된 항목이 표시됩니다. 이제 업데이트의 적용을 위해 컴퓨터를 Restart 단추를 클릭하여 재시동합니다.

메인보드 유틸리티로 바이오스 업데이트하기

1 작업 표시줄의 **숨겨진 아이콘 표시** 단추를 클릭한 다음 App Center 아이콘을 클릭하여 APP Center를 실행한 다음 @BIOS를 클릭합니다.

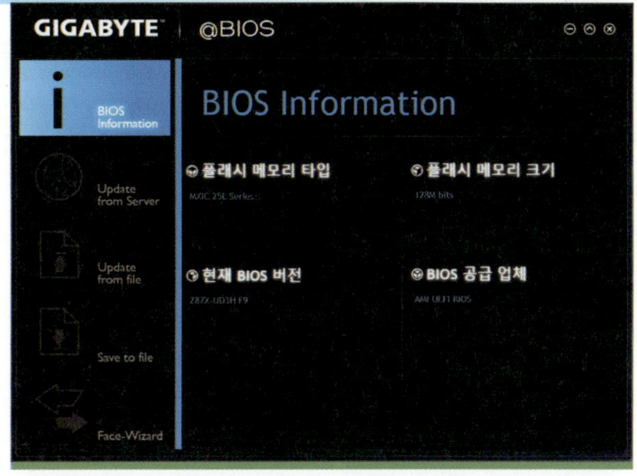

2 @BIOS 창이 열립니다. BIOS Information 탭에는 바이오스의 플래시 메모리 타입, 크기, 버전, 공급업체 등의 정보를 볼 수 있습니다.

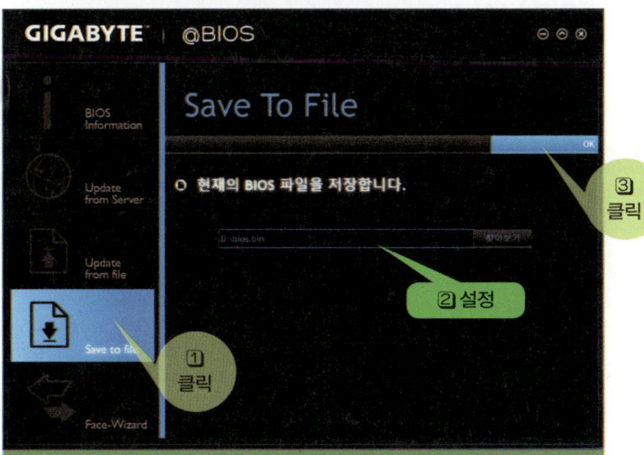

3 바이오스 업데이트 실패에 대비하여 Save to file 탭을 선택하고 원하는 이름과 위치를 설정한 다음 OK 단추를 클릭하여 바이오스를 백업합니다.

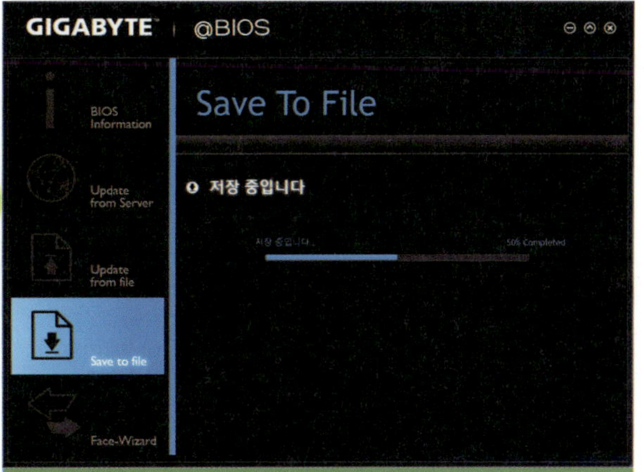

4 현재의 바이오스가 저장됩니다. 바이오스 저장이 완료된 후 성공 메시지가 나올 때까지 기다립니다.

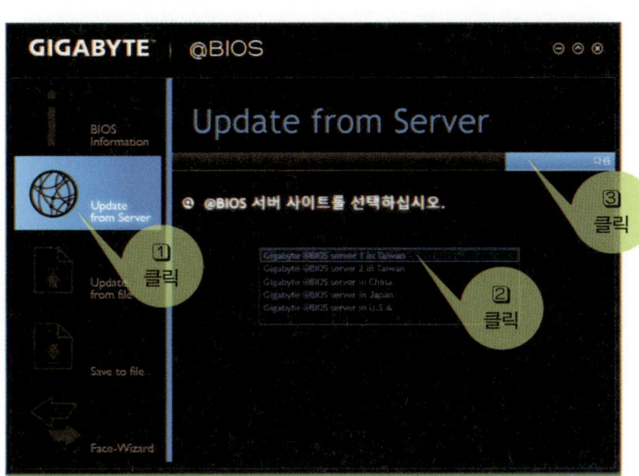

5 이제 Update from Server를 선택하고 최신 바이오스가 있는 서버 사이트를 선택한 후 **다음** 단추를 클릭합니다.

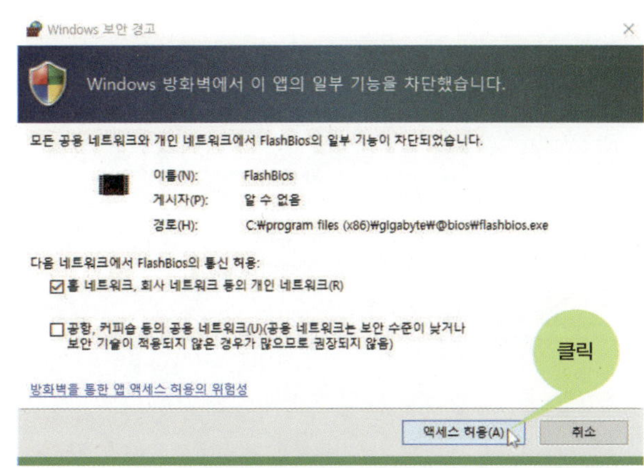

6 **Windows의 방화벽에서…차단했습니다** 대화상자가 나오면 온라인 바이오스 업데이트를 위해 **액세스 허용**을 클릭하고 **다음** 단추를 클릭합니다.

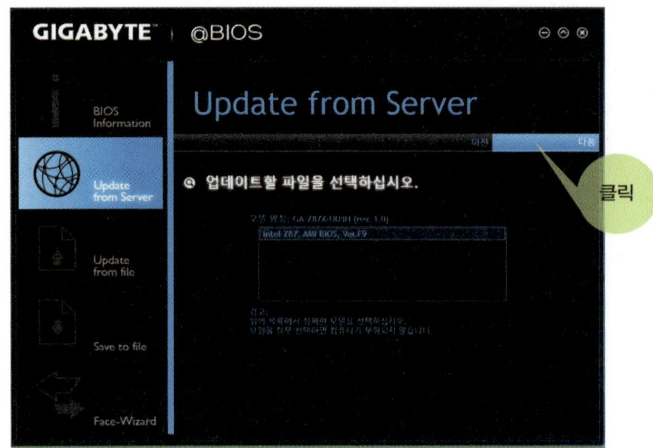

7 "업데이트할 파일을 선택하십시오."라는 안내가 나옵니다. 업데이트할 파일이 하나밖에 없으므로 바로 **다음** 단추를 클릭합니다.

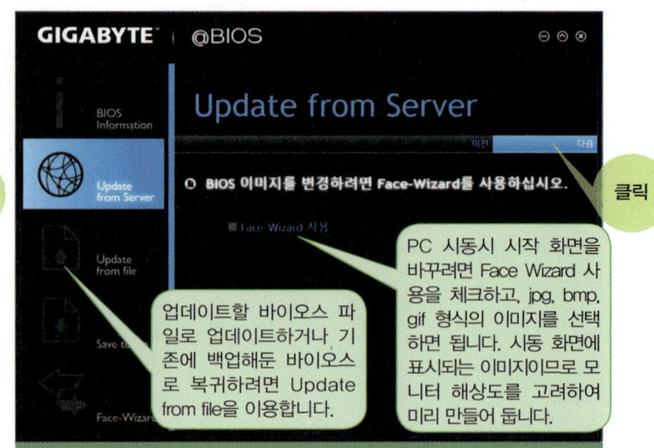

8 "BIOS 이미지를 변경하려면 Face-Wizard 기능을 사용하라."는 안내가 나오면 **다음** 단추를 클릭합니다.

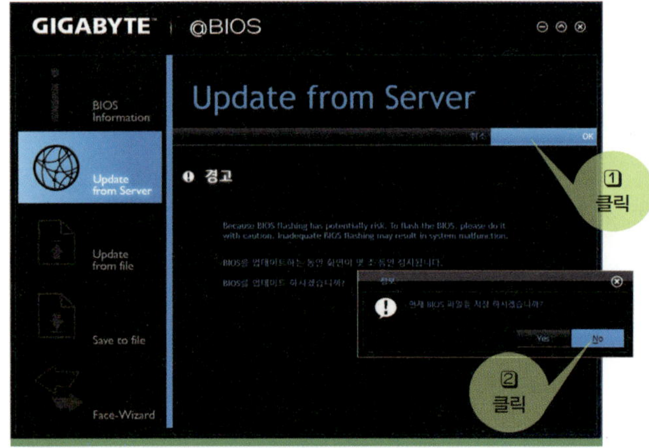

9 BIOS 업데이트 시 화면이 몇초 동안 정지된다는 안내 메시지가 나옵니다. 이제 **OK** 단추를 클릭하고 현재 BIOS를 저장할지 문의하는 정보 대화상자가 나타나면 이미 백업했으므로 **No** 단추를 클릭합니다.

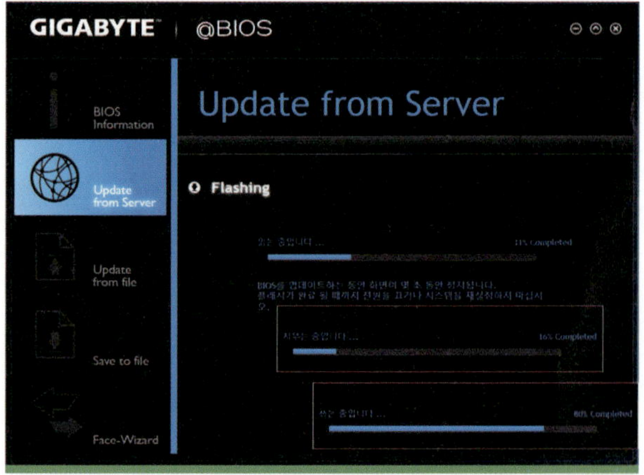

10 이제 바이오스 업데이트가 진행됩니다. 바이오스 기록 작업을 Flashing이라고 합니다. 바이오스를 읽어 들이고, 기존 바이오스를 지우고, 기록하는 작업이 반복적으로 진행되므로 완료될 때까지 기다립니다.

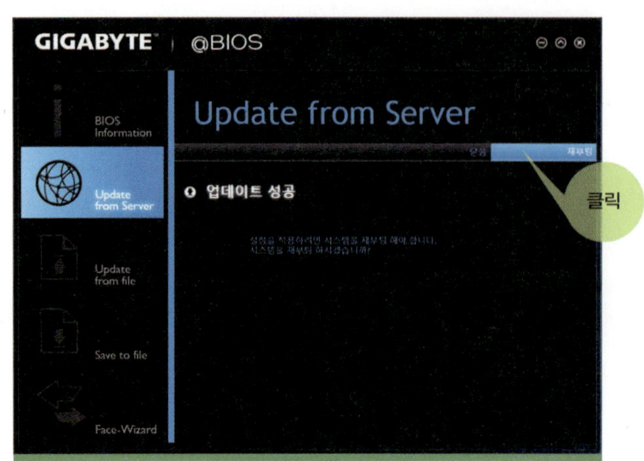

11 업데이트 성공 화면이 나오면 설정을 적용하기 위해 **리부팅** 단추를 클릭합니다.

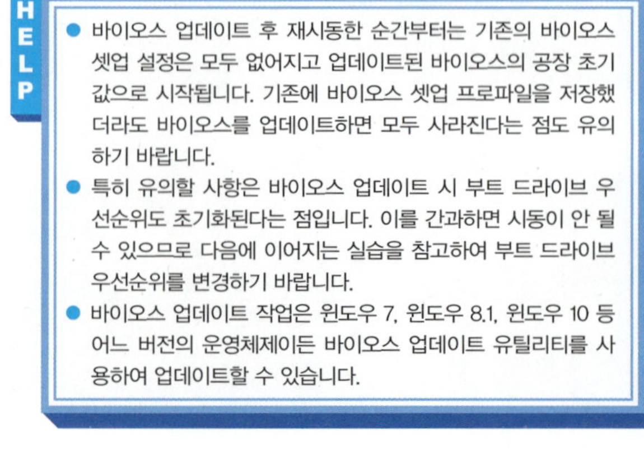

HELP

- 바이오스 업데이트 후 재시동한 순간부터는 기존의 바이오스 셋업 설정은 모두 없어지고 업데이트된 바이오스의 공장 초기값으로 시작됩니다. 기존에 바이오스 셋업 프로파일을 저장했더라도 바이오스를 업데이트하면 모두 사라진다는 점도 유의하기 바랍니다.
- 특히 유의할 사항은 바이오스 업데이트 시 부트 드라이브 우선순위도 초기화된다는 점입니다. 이를 간과하면 시동이 안 될 수 있으므로 다음에 이어지는 실습을 참고하여 부트 드라이브 우선순위를 변경하기 바랍니다.
- 바이오스 업데이트 작업은 윈도우 7, 윈도우 8.1, 윈도우 10 등 어느 버전의 운영체제이든 바이오스 업데이트 유틸리티를 사용하여 업데이트할 수 있습니다.

부트 드라이브 우선순위 변경하기

1 업데이트된 바이오스의 공장 초기값으로 시동이 시작되면 Delete 키를 눌러 바이오스 셋업 프로그램을 호출합니다.

2 업데이트된 바이오스의 기본값인 윈도우 모드의 바이오스 셋업 프로그램 화면이 나옵니다. 클래식 모드 화면으로 전환하기 위해 F2 키를 누릅니다.

3 클래식 모드 화면이 나옵니다. 바이오스가 업데이트되어 버전이 F9로 바뀐 것을 볼 수 있습니다.

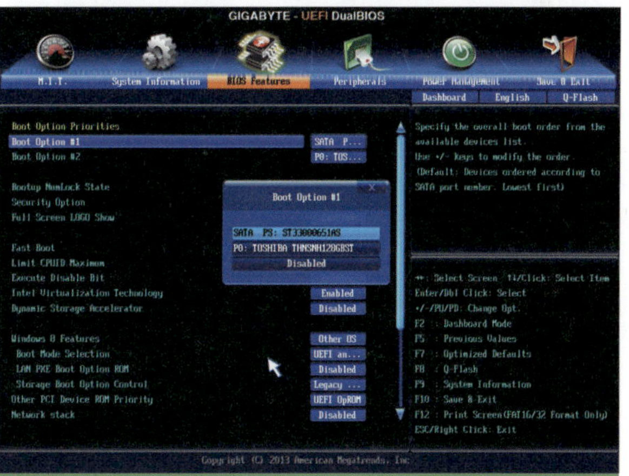

4 상단의 주메뉴에서 Bios Features를 선택한 다음 첫 번째 부트 드라이브를 설정하는 Boot Option #1 선택 상태에서 Enter 키를 눌러 대화상자를 나타냅니다.

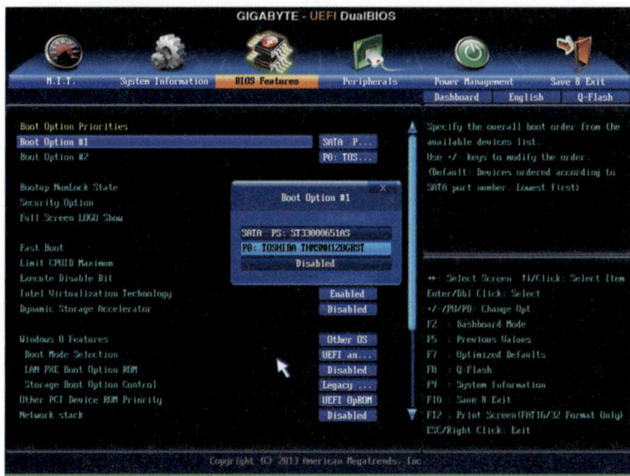

5 부트 드라이브를 운영체제를 설치한 SSD(P0: TOSHIBA THNSNH128GBST로 선택하고 Enter 키를 누릅니다.

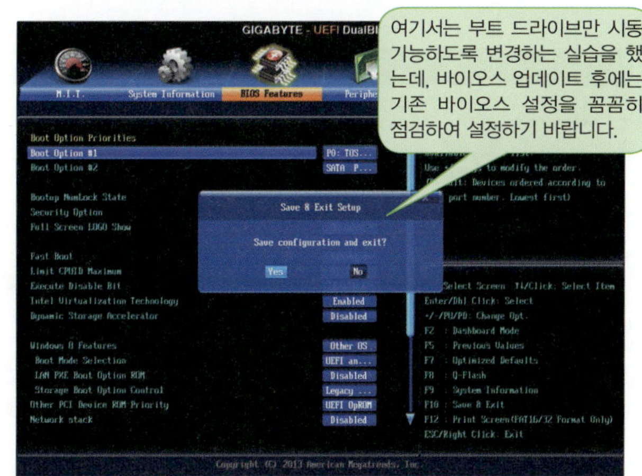

6 첫 번째 부트 드라이브를 SSD로 변경하였으면 F10 키를 눌러 Save & Exit Setup 대화상자를 열고 Yes 선택 상태에서 Enter 키를 눌러 저장하고 시동합니다.

Chapter 07 운영제제 설치 후 필수 작업

Exercise

2 그래픽카드 드라이버 설치하기

메인보드 드라이버 설치 이후에는 넓고 깨끗한 작업 화면을 사용하기 위해 그래픽카드 드라이버를 설치해야 합니다. 그래픽카드 드라이버는 컴퓨터 부품 드라이버 중 가장 자주 업데이트하게 되므로 온라인으로 최신 드라이버를 검색하여 설치해보겠습니다. 그래픽카드 제품에 따라 설치 화면이나 설치 드라이버와 유틸리티는 차이가 있으므로 설치 진행 과정을 보면서 어떤 흐름으로 설치하는지를 익히기 바랍니다.

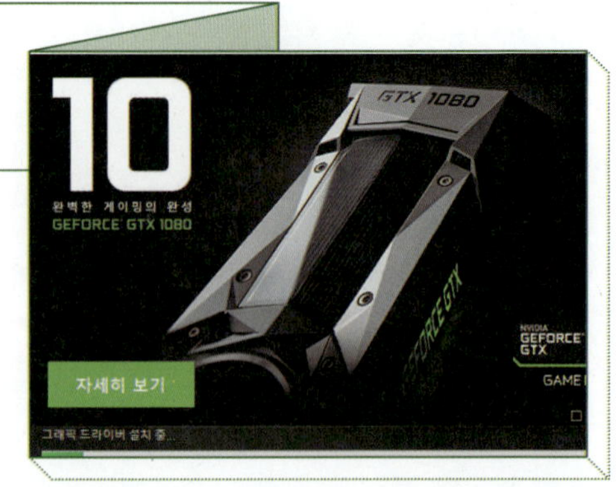

이 실습에 필요한 내용	실습 키 포인트
윈도우 7/8.1/10 설치 PC, 인터넷 연결	그래픽카드 드라이버 설치

그래픽카드 드라이버 검색 및 다운로드하기

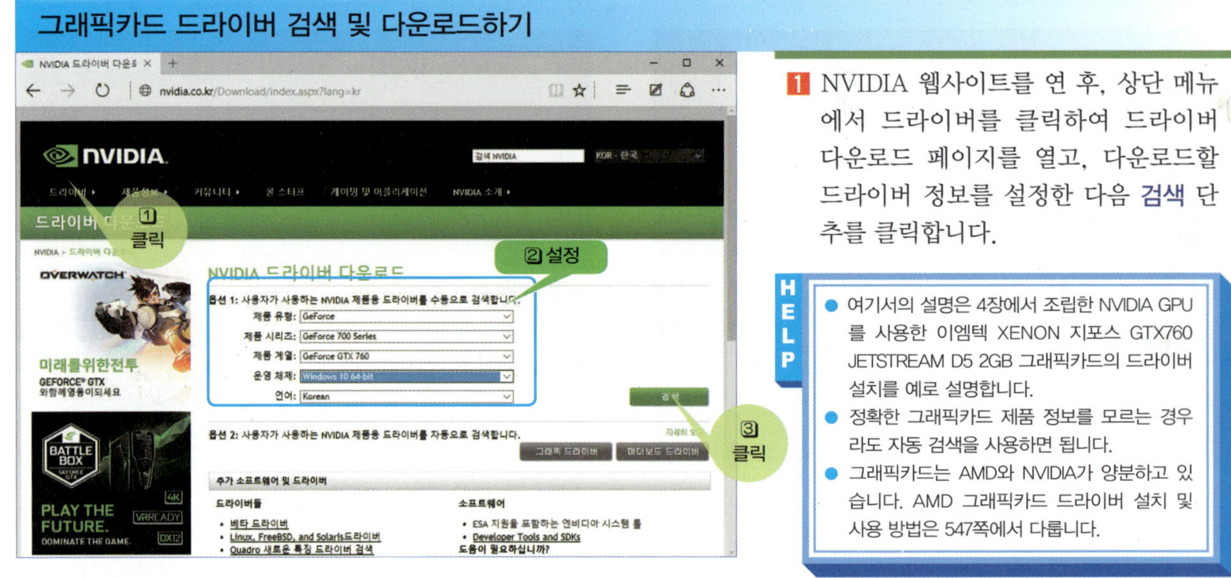

1 NVIDIA 웹사이트를 연 후, 상단 메뉴에서 드라이버를 클릭하여 드라이버 다운로드 페이지를 열고, 다운로드할 드라이버 정보를 설정한 다음 **검색** 단추를 클릭합니다.

HELP
- 여기서의 설명은 4장에서 조립한 NVIDIA GPU를 사용한 이엠텍 XENON 지포스 GTX760 JETSTREAM D5 2GB 그래픽카드의 드라이버 설치를 예로 설명합니다.
- 정확한 그래픽카드 제품 정보를 모르는 경우라도 자동 검색을 사용하면 됩니다.
- 그래픽카드는 AMD와 NVIDIA가 양분하고 있습니다. AMD 그래픽카드 드라이버 설치 및 사용 방법은 547쪽에서 다룹니다.

2 다운로드할 드라이버가 나오면 지원 운영체제를 확인한 후 **다운로드** 단추를 클릭합니다. 그런 다음, 사용 계약서에 대한 **동의 및 다운로드** 단추를 클릭하고 **저장** 단추를 클릭합니다.

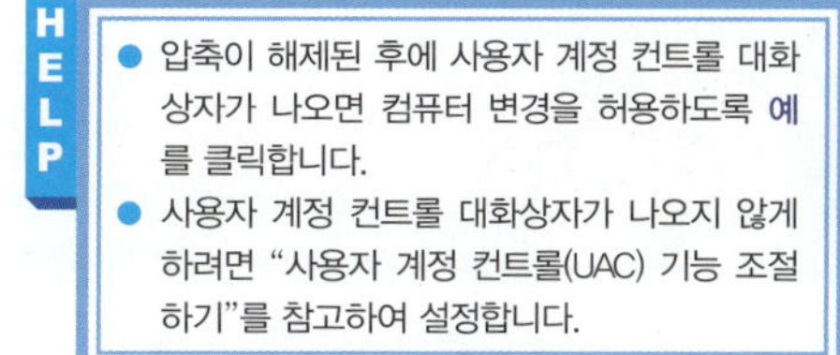

3 다운로드가 완료되면 **실행**을 클릭합니다. 설치 파일은 자동 압축 풀림 파일로 되어 있는데, 압축을 해제할 위치는 기본값으로 두고 **OK** 단추를 클릭하면 잠시 동안 압축이 해제됩니다.

> **HELP**
> - 압축이 해제된 후에 사용자 계정 컨트롤 대화 상자가 나오면 컴퓨터 변경을 허용하도록 예를 클릭합니다.
> - 사용자 계정 컨트롤 대화상자가 나오지 않게 하려면 "사용자 계정 컨트롤(UAC) 기능 조절 하기"를 참고하여 설정합니다.

그래픽카드 드라이버 설치하기

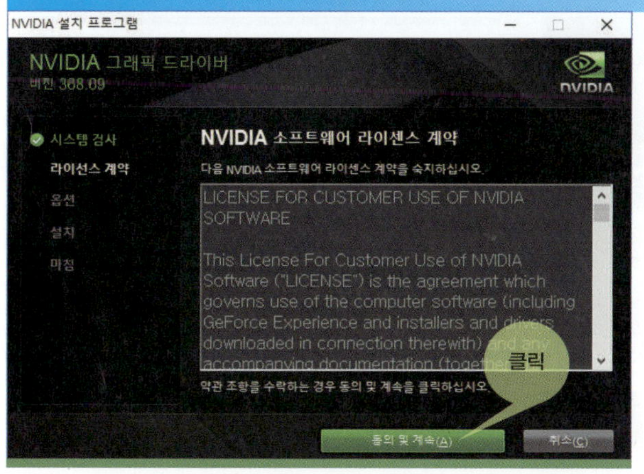

1 압축 해제가 완료되면 자동으로 NVIDIA 설치 프로그램이 실행됩니다. 라이선스 계약 대화상자가 나오면 **동의 및 계속**을 클릭합니다.

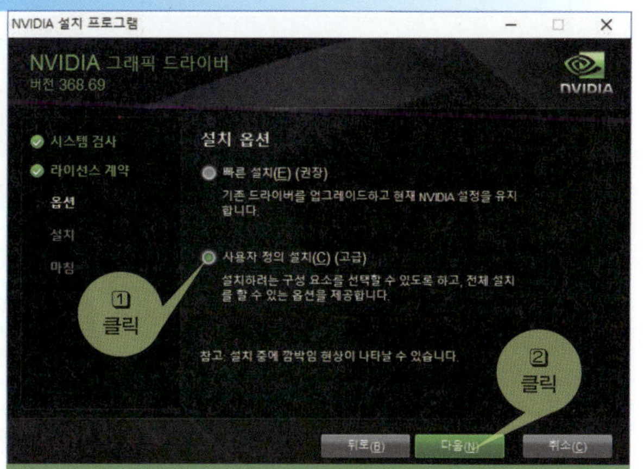

2 설치 옵션 선택 화면이 나오면 어떤 항목들이 설치되는지 살펴보기 위해 **사용자 정의 설치**를 선택하고 **다음** 단추를 클릭합니다.

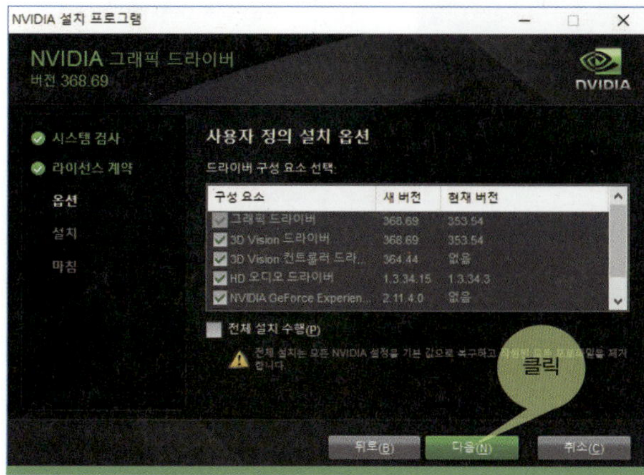

3 **사용자 정의 설치 옵션**이 표시되면 설치 항목들을 살펴보고 **다음** 단추를 클릭합니다. 설치 항목을 변경하지 않으면 빠른 설치와 동일하게 설치됩니다.

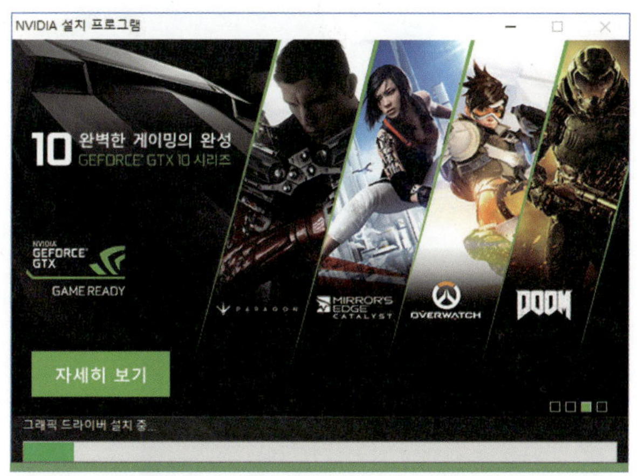

4 드라이버 설치가 진행됩니다. 설치 중에 화면이 몇 차례 깜박이는 것은 정상입니다. 하단에는 현재 설치중인 항목 이름과 진행 막대가 표시됩니다.

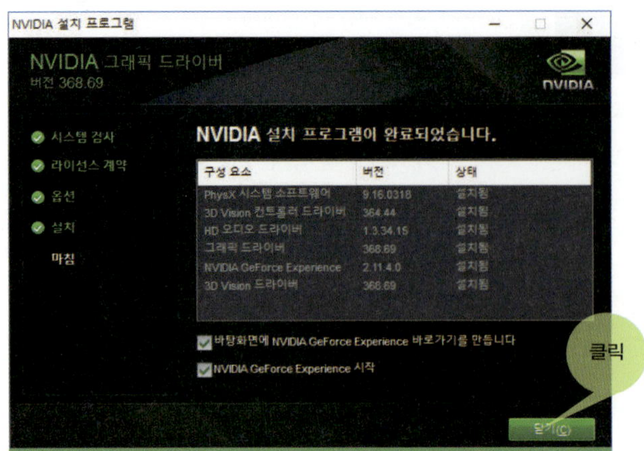

5 설치가 완료되면 **닫기** 단추를 클릭합니다. 여기서도 설치된 항목을 확인할 수 있습니다.

HELP

- 윈도우 10 설치 시에 NVIDIA 그래픽카드를 인식하여 이미 설치된 상태이므로 지금까지의 설치 과정은 사실상 업데이트 설치 과정인 셈이므로 설치가 완료되면 **닫기** 단추가 나옵니다.
- 윈도우 7에서는 표준 드라이버만 설치된 상태이므로, 이 경우에는 그래픽카드 드라이버 설치 과정은 동일하지만 설치가 완료되면 **지금 다시 시작** 단추가 나옵니다. 재시동한 다음부터 새로 설치한 그래픽카드 드라이버와 디스플레이 관리 도구를 사용할 수 있습니다.
- 설치 완료 대화상자 하단에 NVIDIA GeForce Experience 시작 옵션이 체크된 상태에서 닫으면 NVIDIA GeForce Experience가 실행됩니다. 그래픽카드 시장을 양분하고 있는 NVIDIA는 GeForce Experience로 게임에 최적화된 그래픽카드 성능 발휘와 게임 영상 실시간 중계, 스트리밍 재생과 게임 영상 녹화 등 게임 매니아를 위한 기능을 제공합니다. AMD는 AMD Gaming Evolved 프로그램으로 비슷한 기능들을 제공합니다.

6 이제 설치된 내용을 확인합니다. 바탕화면에 GeForce Experience 아이콘이 새로 만들어졌고, 바탕화면의 팝업 메뉴에 NVIDIA 제어판 열기 메뉴가 추가되었으며, 작업 표시줄의 알림영역에서 그래픽카드 아이콘을 클릭하면 NVIDIA 제어판 열기, NVIDIA GeForce Experience 열기, 업데이트 알림 / 확인 기능을 사용할 수 있는 것을 알 수 있습니다.

고성능 그래픽카드의 주 고객은 온라인 PC 게임 사용자입니다. 이 때문에 게임을 보다 효과적으로 즐길 수 있는 NVIDIA Geforce Experience나 AMD Gaming Evolved 프로그램이 등장하였습니다.

HELP

- NVIDIA 제어판에서 그래픽카드와 디스플레이 설정에 필요한 제반 기능들을 조절할 수 있습니다.
- NVIDIA Geforce Experience 창에서는 게임 최적화 드라이버 검색 및 다운로드, Wi-Fi 네트워크를 통해 NVIDIA SHIELD 기기로의 게임 스트리밍(GameStream), 게임 녹화(ShadowPlay), 그래픽카드 LED 조절(LED 비주얼라이저) 기능을 사용할 수 있습니다.

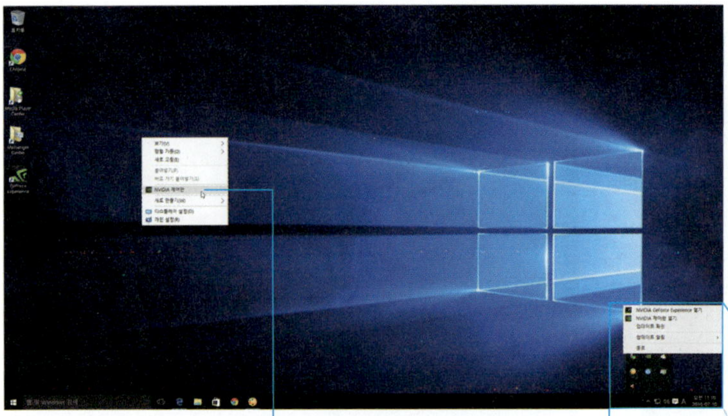

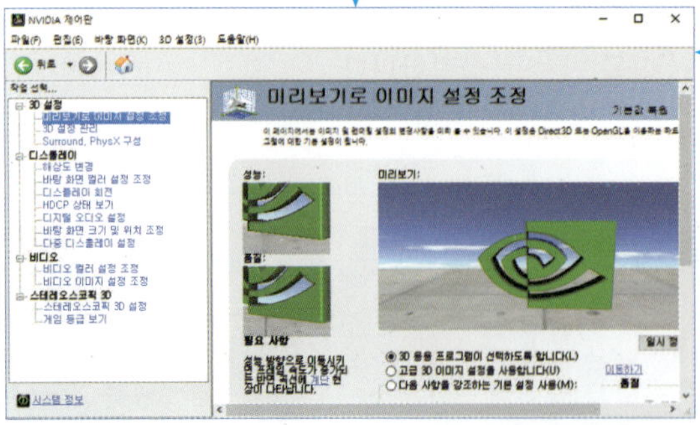

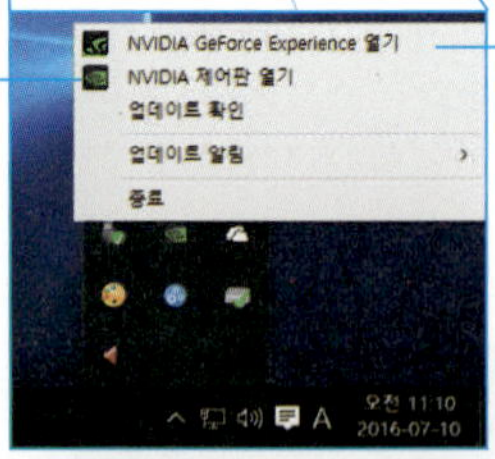

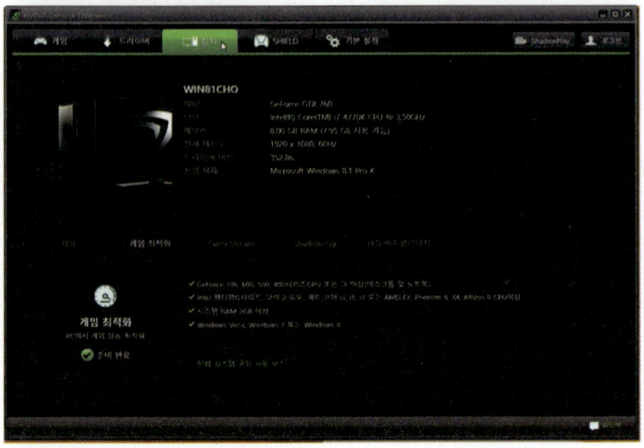

Exercise

3 ODD 드라이버와 유틸리티 설치하기

보통 운영체제에서도 ODD 드라이버를 지원하며, CD/DVD 제작도 지원합니다. ODD 제품에 포함된 번들 CD에는 드라이버와 오디오 CD나 영상 DVD 등 다양한 규격의 CD/DVD를 제작하고 활용할 수 있는 유틸리티가 함께 제공됩니다. ODD 제품에 따라 설치 화면이나 설치 드라이버와 유틸리티는 차이가 있으므로 설치 진행 과정을 보면서 어떤 흐름으로 설치하고, 어떤 유틸리티가 설치되는지를 익히기 바랍니다.

이 실습에 필요한 내용	실습 키 포인트
윈도우 7/8.1/10 설치 PC, ODD 드라이버+유틸리티 설치 CD	ODD 드라이버와 유틸리티 설치 및 펌웨어 업데이트하기

번들 CD의 ODD 유틸리티 설치하기 I

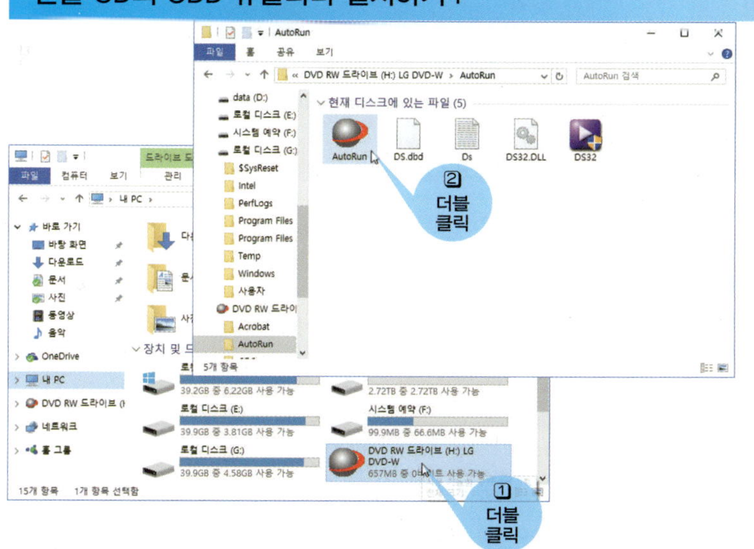

1 ODD 제품 번들 CD를 ODD에 넣은 후, DVD RW 드라이브에서 설치 프로그램을 찾아 더블 클릭하여 실행합니다.

HELP
- 윈도우 10에서 외장형 USB 슈퍼멀티드라이브(KSM-24CU)에 번들로 제공되는 LG DVD Writer Solution의 설치를 예로 설명합니다.
- 사용자 계정 컨트롤 대화상자가 나오면 컴퓨터 변경을 허용하도록 예를 클릭합니다.
- 사용자 계정 컨트롤 대화상자가 나오지 않게 하려면 387쪽의 "사용자 계정 컨트롤(UAC) 기능 조절하기"를 참고하여 설정합니다.
- 윈도우 8 이상부터는 ODD의 자동 실행이 차단되므로 직접 AUTORUN.INF 파일을 더블 클릭하여 설치 파일 위치를 확인하기 바랍니다.

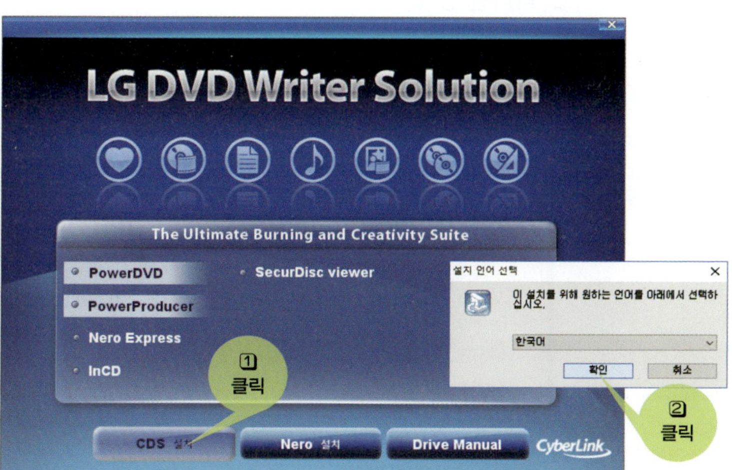

2 LG DVD Wrirter Solution 설치 프로그램이 실행되면 CDS 설치를 클릭한 후 설치 언어 선택 대화상자가 나오면 한국어 상태에서 확인 단추를 클릭합니다.

HELP
- LG DVD Writer Solution 설치는 CDS 설치와 Nero 설치를 사용할 수 있습니다. CDS 설치 시에는 PowerDVD 재생 플레이어와 간편한 DVD 제작 유틸리티인 PowrProducer 설치 및 펌웨어 업데이트 작업을 수행할 수 있으며, Nero 설치 시에는 다양한 CD/DVD 제작 유틸리티인 Nero 솔루션을 설치할 수 있습니다.

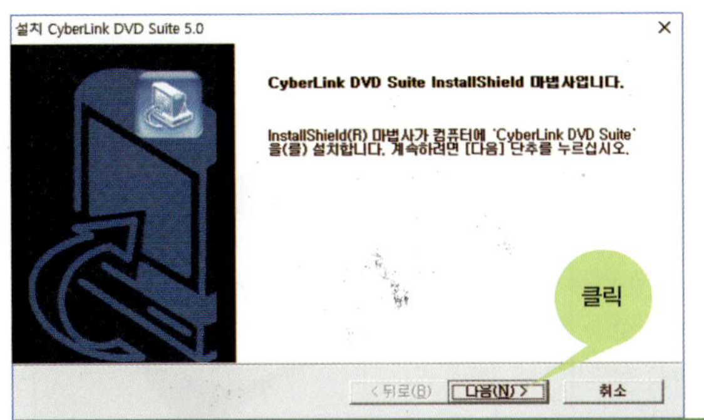

3 설치 마법사(InstallShield(R) Wizard)가 시작되면 **다음** 단추를 클릭합니다.

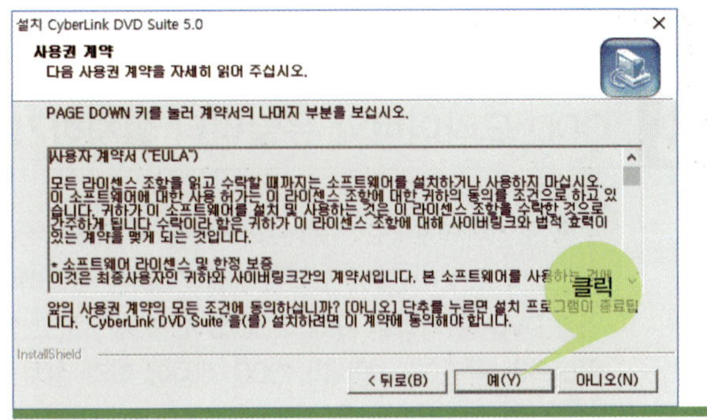

4 사용권 계약 화면이 나오면 **예**를 클릭합니다.

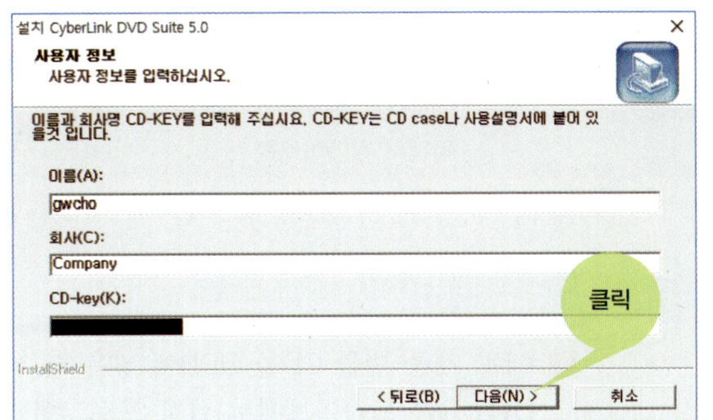

5 사용자 정보 화면에 이름과 회사명, 제품 일련번호 가 자동으로 표시됩니다. **다음** 단추를 클릭합니다.

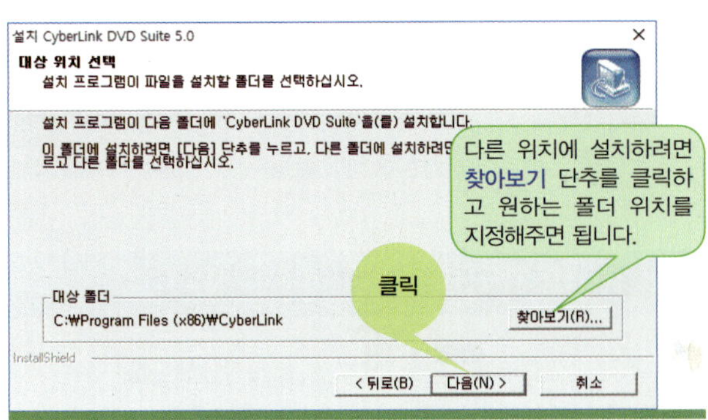

6 대상 위치 선택 화면이 나오면 설치할 대상 폴더를 확인하고 **다음** 단추를 클릭합니다.

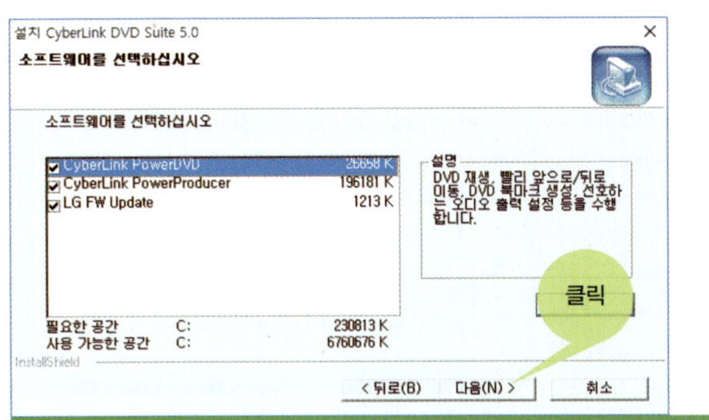

7 설치할 소프트웨어 선택 화면이 나오면 설치되는 소 프트웨어를 확인하고 **다음** 단추를 클릭합니다.

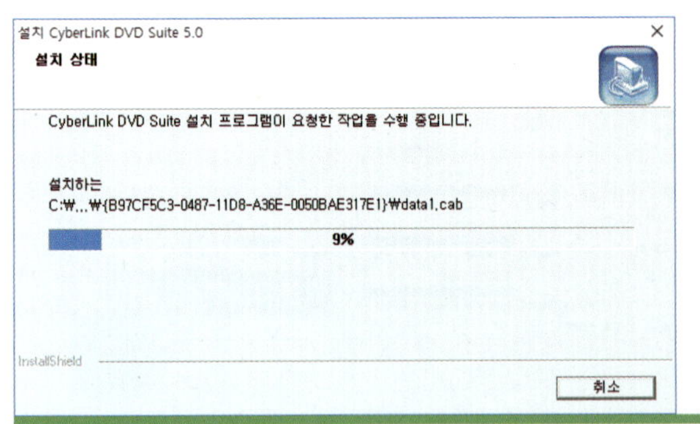

8 설치가 진행됩니다. 모든 설치가 완료될 때까지 기 다리면 됩니다.

9 설치가 완료되면 등록은 뒤에 하면 되므로 Register Now! 체크를 해제하고 **완료** 단추를 클릭합니다.

HELP

● 현재까지의 설치 과정에서 CyberLink PowerDVD와 CyberLink PowerProducer가 설치되고 펌웨어 업데이트 프로그램은 완 료 단추를 누른 다음에 설치되는 점을 유의하기 바랍니다.

● 등록에 필요한 정 보는 이메일로 소 식을 받을 수 있는 사용자 성명과 이 메일을 입력하면 되지만, 등록하지 않아도 이용에는 지장이 없습니다.

ODD 펌웨어 온라인 업데이트하기

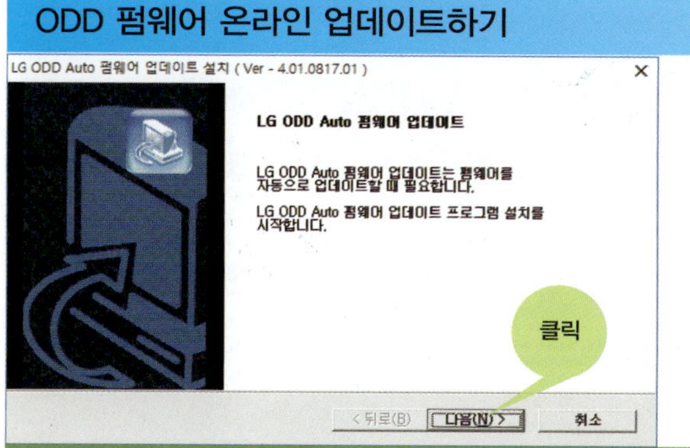

1 계속해서 펌웨어 업데이트 설치 대화상자가 나오면 **다음** 단추를 클릭합니다.

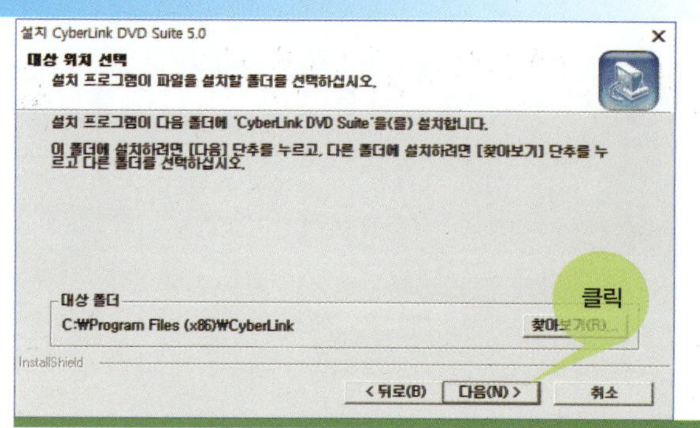

2 펌웨어 업데이트를 위한 LG 도구 모음을 설치할 대상 폴더를 확인하고 **다음** 단추를 클릭합니다.

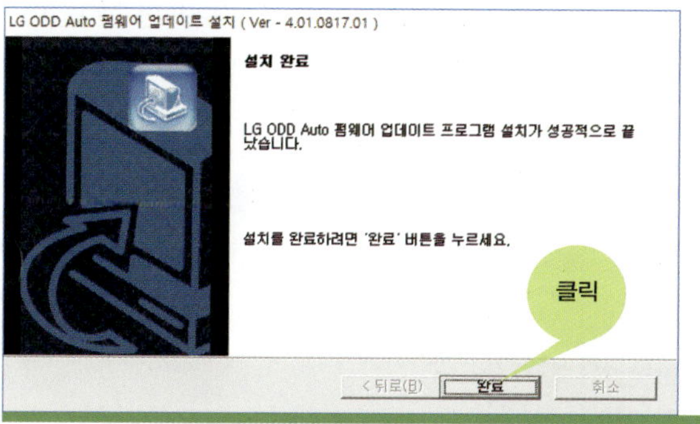

3 펌웨어 업데이트를 위한 LG 도구 모음 설치가 완료되면 **완료** 단추를 클릭합니다.

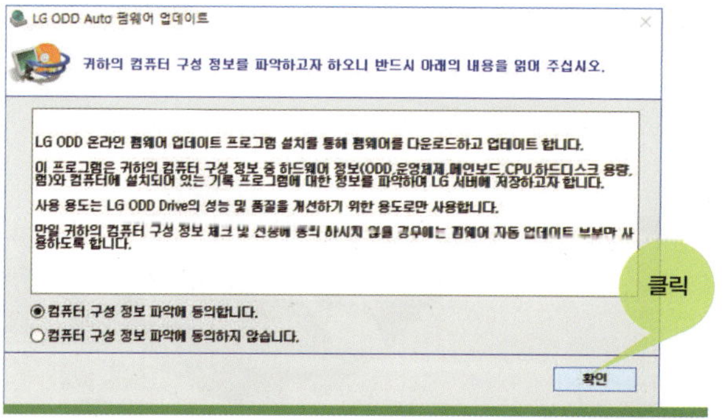

4 펌웨어 업데이트 사용 안내가 나오면 "컴퓨터의 구성 정보 파악에 동의합니다" 체크 상태에서 **확인** 단추를 클릭합니다.

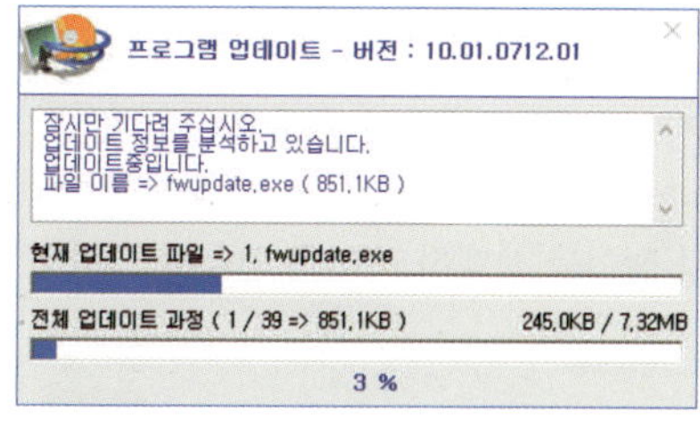

5 펌웨어 업데이트가 진행됩니다.

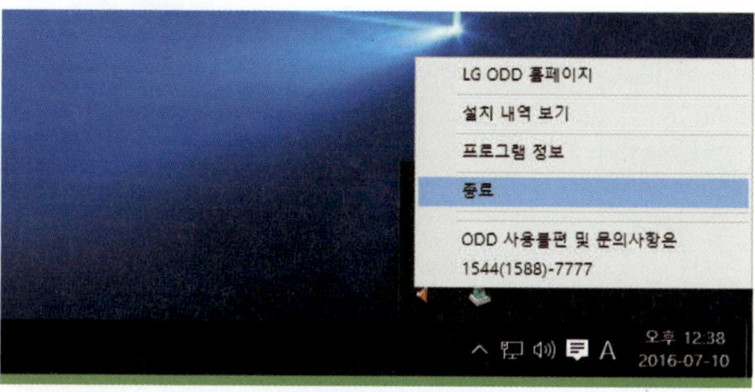

6 작업 표시줄 오른쪽 **숨겨진 아이콘 표시** 단추를 누른 후 아이콘 표시 패널에서 ODD 아이콘을 오른쪽 클릭한 다음 팝업 메뉴에서 **종료**를 선택합니다.

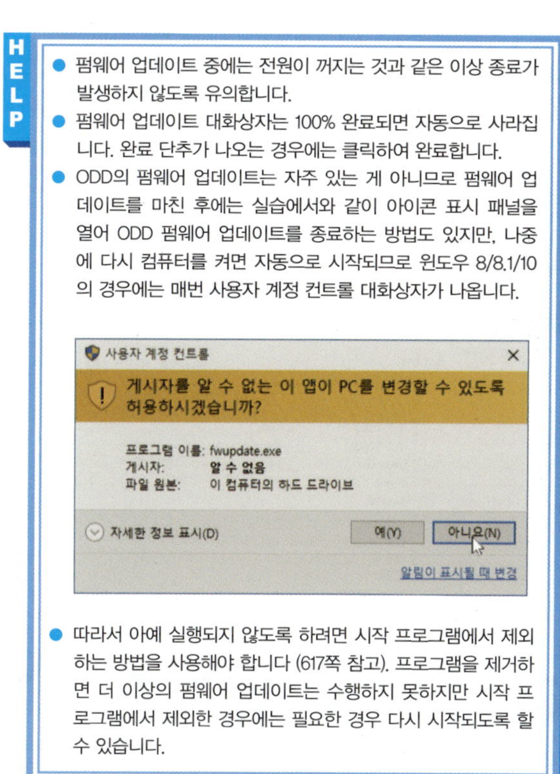

HELP

- 펌웨어 업데이트 중에는 전원이 꺼지는 것과 같은 이상 종료가 발생하지 않도록 유의합니다.
- 펌웨어 업데이트 대화상자는 100% 완료되면 자동으로 사라집니다. 완료 단추가 나오는 경우에는 클릭하여 완료합니다.
- ODD의 펌웨어 업데이트는 자주 있는 게 아니므로 펌웨어 업데이트를 마친 후에는 실습에서와 같이 아이콘 표시 패널을 열어 ODD 펌웨어 업데이트를 종료하는 방법도 있지만, 나중에 다시 컴퓨터를 켜면 자동으로 시작되므로 윈도우 8/8.1/10의 경우에는 매번 사용자 계정 컨트롤 대화상자가 나옵니다.
- 따라서 아예 실행되지 않도록 하려면 시작 프로그램에서 제외하는 방법을 사용해야 합니다 (617쪽 참고). 프로그램을 제거하면 더 이상의 펌웨어 업데이트는 수행하지 못하지만 시작 프로그램에서 제외한 경우에는 필요한 경우 다시 시작되도록 할 수 있습니다.

번들 CD의 ODD 유틸리티 설치하기 II

1 이번에는 LG DVD Wrirter Solution 설치 프로그램 화면에서 Nero 설치를 클릭합니다.

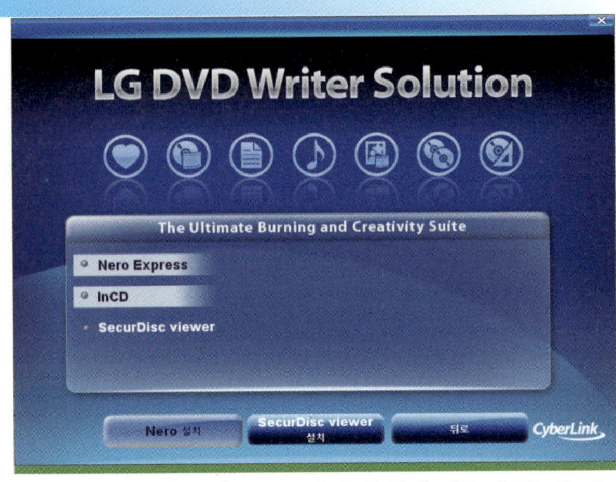

2 Nero Express와 InCD 설치 항목이 나오면 한 번 더 Nero 설치를 클릭합니다.

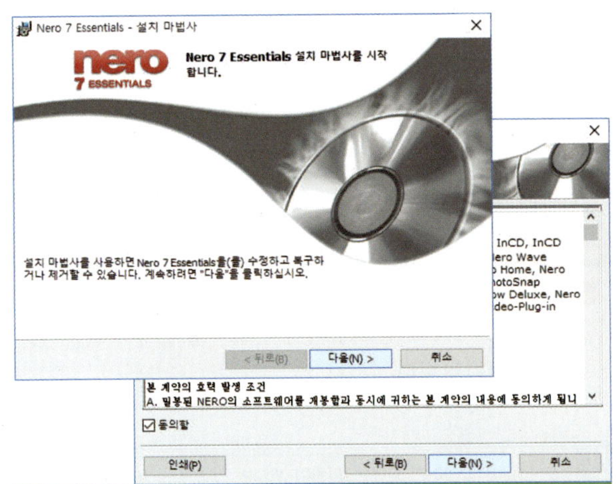

3 Nero 7 Essential 설치 마법사가 시작되면 다음 단추를 클릭하고 사용권 계약 화면이 나오면 예를 클릭합니다.

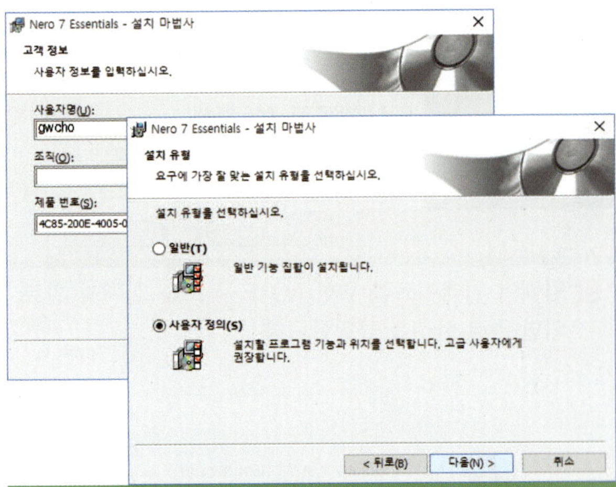

4 고객 정보 화면에 사용자명과 제품 번호가 나오면 다음 단추를 클릭하고 설치 유형 선택 화면이 나오면 사용자 정의를 선택하고 다음 단추를 클릭합니다.

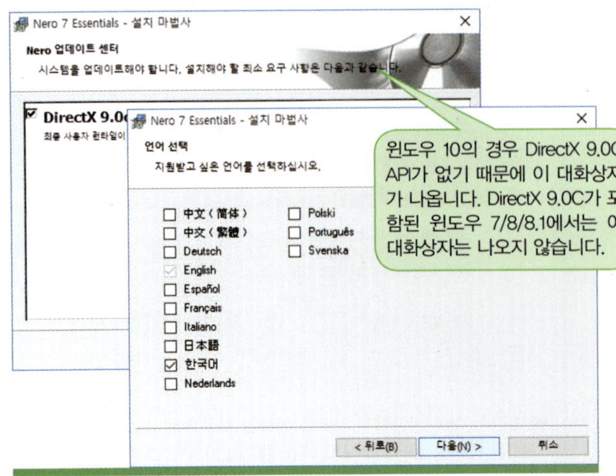

5 DirectX 9.0C 업데이트 안내 대화상자가 나오면 다음 다음 단추를 클릭하고, 언어 선택 화면이 나오면 한국어를 선택하고 다음 단추를 클릭합니다.

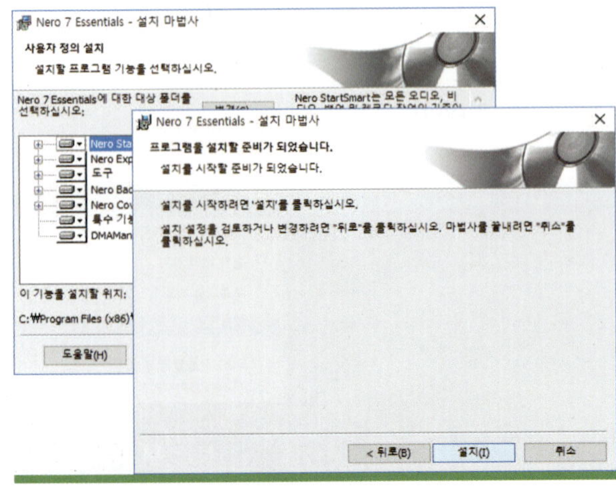

6 사용자 정의 설치 항목들이 나오면 내용을 확인하고 다음 단추를 클릭합니다. 설치 준비가 되었다는 대화상자가 나오면 설치를 클릭다.

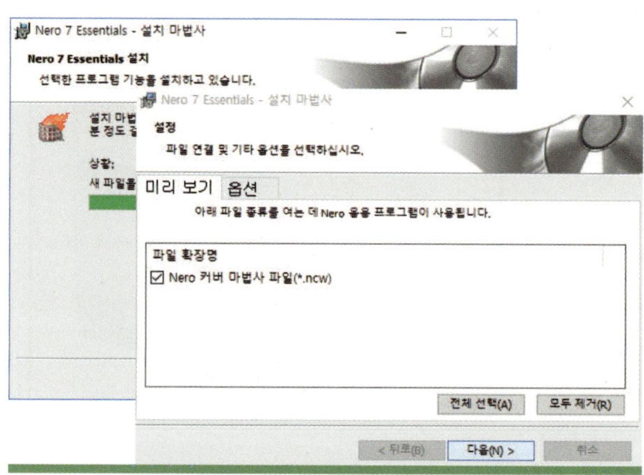

7 설치가 진행됩니다. 설치가 완료된 다음에 설정 화면이 나오면 **다음** 단추를 클릭합니다.

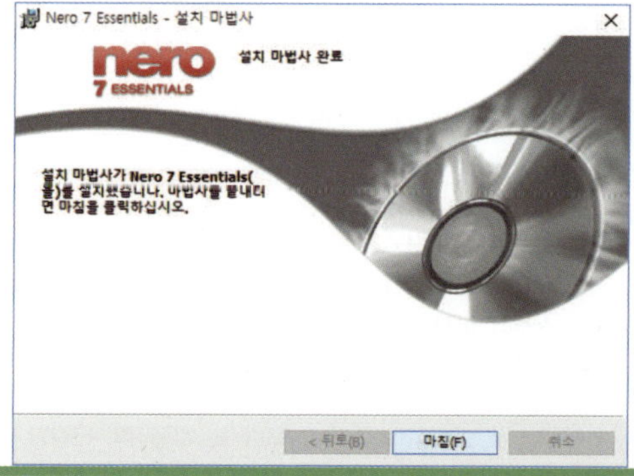

8 설치 마법사 완료 화면이 나오면 **마침** 단추를 클릭합니다. 설치를 마친 다음에는 설치된 유틸리티를 확인하고 어떤 기능이 있는지 살펴보기 바랍니다.

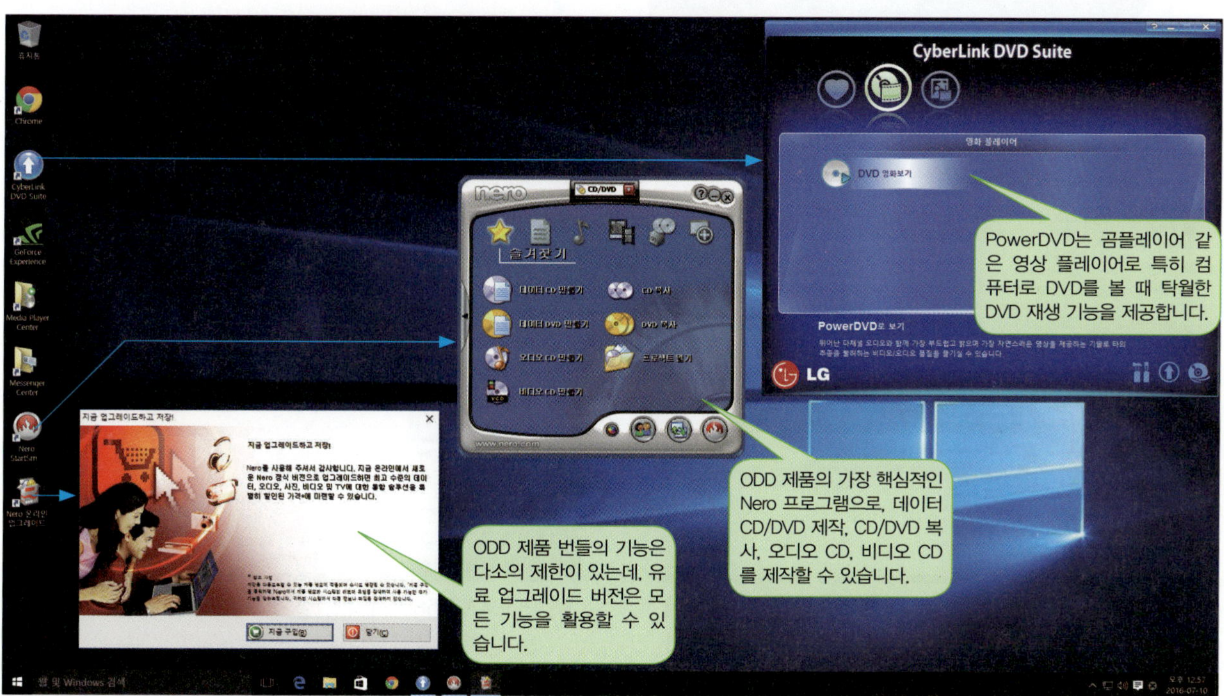

Exercise 4 복합기 드라이버와 유틸리티 다운로드 설치하기

복합기는 가정이나 소규모 사무실에서 널리 활용되는데, 프린터 기능과 함께 스캐너, 복사 기능 등이 포함되며, 기종에 따라 팩스 송수신 기능도 지원하는 제품도 있습니다. 복합기 제품에 따라 설치 화면이나 설치 드라이버와 유틸리티는 차이가 있으므로 설치 진행 과정을 보면서 어떤 흐름으로 설치하고, 어떤 유틸리티가 설치되는지를 익히기 바랍니다.

이 실습에 필요한 내용	실습 키 포인트
윈도우 7/8.1/10 설치 PC, 복합기 드라이버+유틸리티 설치 CD	최신 복합기 드라이버/유틸리티 다운로드 설치

윈도우 7에서 복합기 드라이버와 유틸리티 설치하기

HELP

- 여기서는 윈도우 10에서 캐논 PIXMA E560 복합기의 드라이버와 유틸리티 설치 과정을 알아봅니다. 설치 과정은 다른 운영체제에서도 동일합니다. 번들 CD로는 프린터 드라이버뿐만 아니라 스캐너, 복사 기능 및 이미지 관리와 편집까지 수행할 수 있는 유틸리티까지 설치할 수 있습니다. 다른 복합기나 프린터도 대부분 이와 같은 구성을 따르고 있습니다.
- 최신 잉크젯 방식의 복합기나 프린터는 컴퓨터와 연결할 때 USB 연결뿐만 아니라 WiFi 무선 프린트도 지원합니다. WiFi 무선 프린트는 같은 네트워크상의 같은 공유기의 WIFI를 사용하는 PC와 프린터 간에 무선 프린트를 지원하는 것으로, 구체적인 사용 방법은 678쪽에서 다룹니다.
- 소규모 사무실이나 가정에서는 잉크젯 복합기 활용이 많지만 많은 직원이 근무하는 회사에서 사용하는 업무용 프린터는 레이저 복합기로 주로 네트워크 연결 방식으로 사용합니다. 네트워크 프린터 사용 방법은 723쪽에서 다룹니다.

1 복합기 번들 CD를 ODD에 넣습니다.

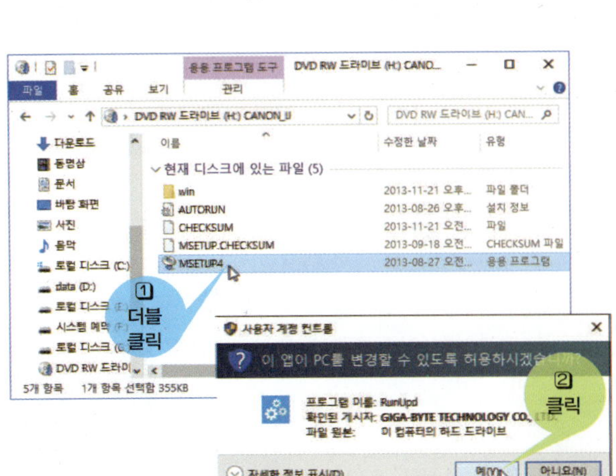

2 DVD RW 드라이브에서 설치 프로그램을 더블 클릭하여 실행합니다. 사용자 계정 컨트롤 대화상자가 나오면 **예**를 클릭합니다.

3 PIXMA E560 시리즈 설치 프로그램이 시작되면 **다음** 단추를 클릭합니다.

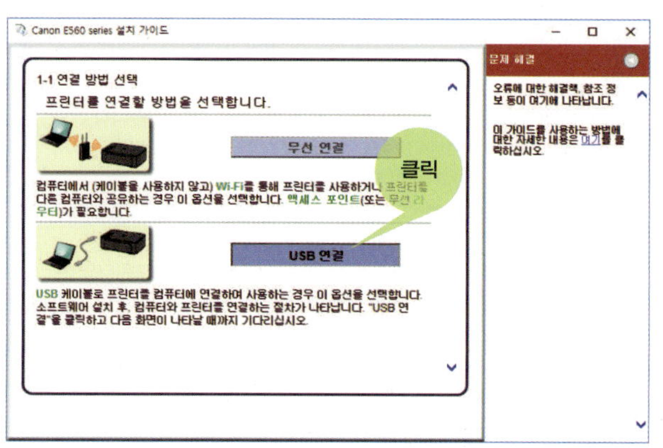

4 연결 방법 선택 화면이 나오면 USB 연결 단추를 클릭합니다. 무선 연결은 678쪽을 참고하기 바랍니다.

5 사용자의 거주지 선택 화면이 나오면 거주하는 대륙을 선택하고 다음 단추를 클릭합니다.

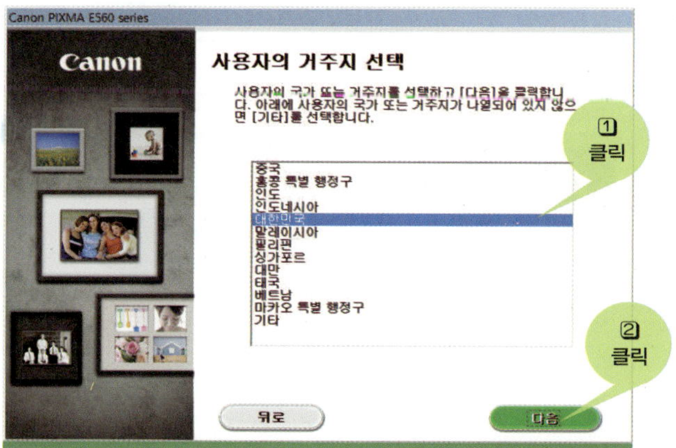

6 계속해서 거주하는 국가를 선택한 후 다음 단추를 클릭합니다.

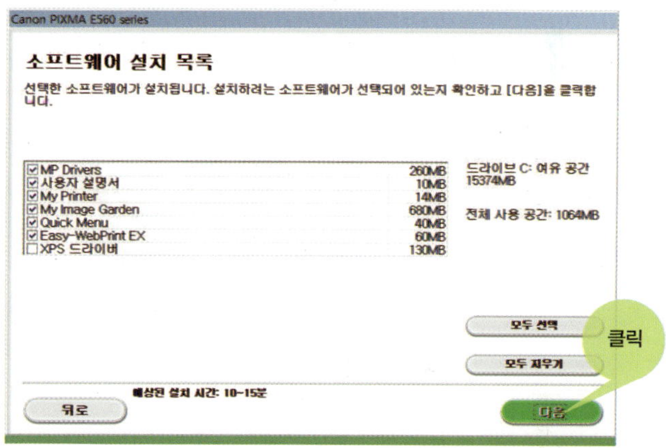

7 소프트웨어 설치 목록이 나오면 기본값 선택 상태에서 다음 단추를 클릭합니다. 설치 항목의 기능에 관해서는 10단계를 참고하기 바랍니다.

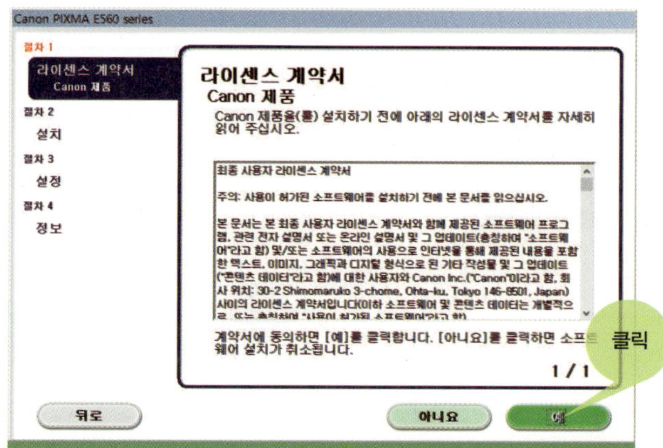

8 이제 본격적인 설치 절차 1단계의 라이선스 계약서 화면이 나오면 내용을 읽어본 후 예 단추를 클릭합니다.

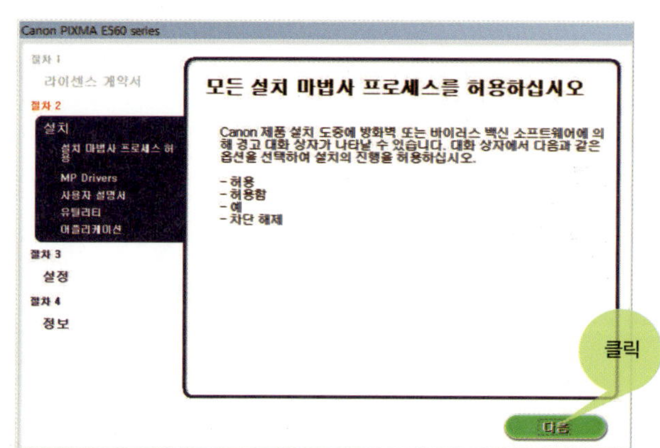

9 설치 절차 2단계로 진행하여 설치 도중에 백신 프로그램 등에 의해 차단될 경우에는 프로세스를 허용하라는 안내문이 나옵니다. 다음 단추를 클릭합니다.

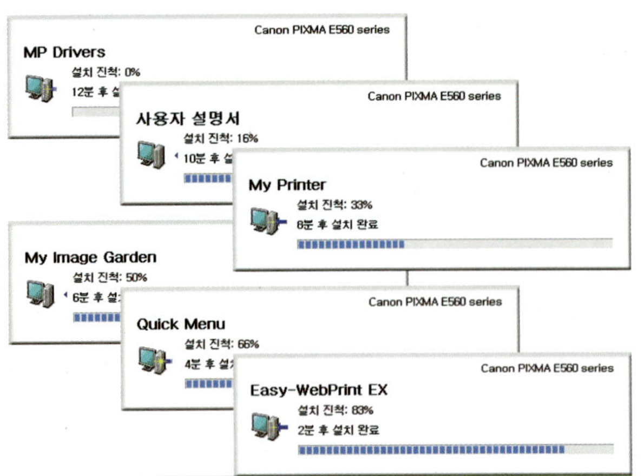

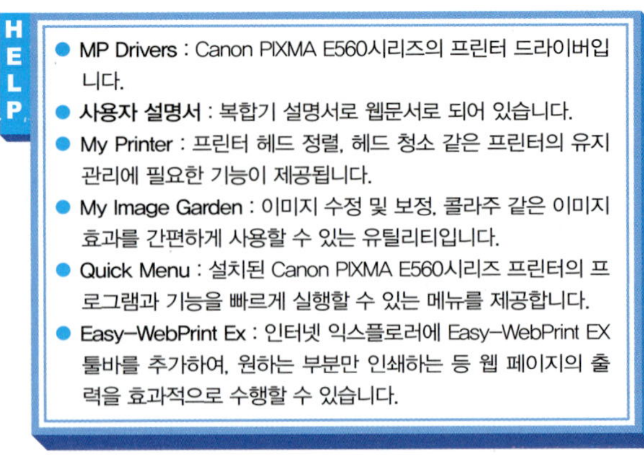

10 이제 **7**단계에서 선택된 설치 항목들이 자동으로 설치됩니다.

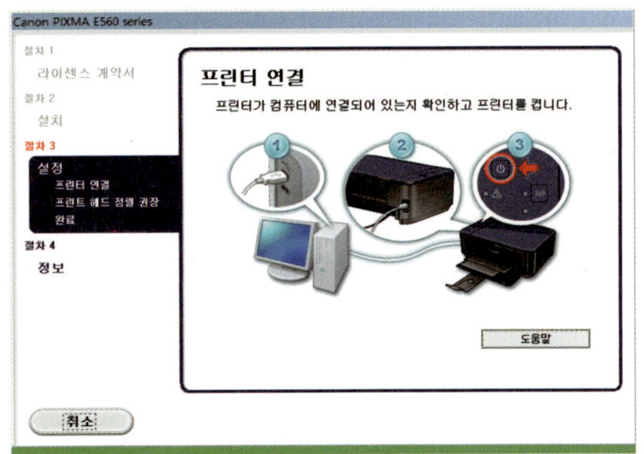

11 설치 절차 3단계의 프린터 연결 화면이 나오면 그림 설명대로 USB 케이블과 전원 케이블을 연결한 후 프린터의 전원을 켭니다.

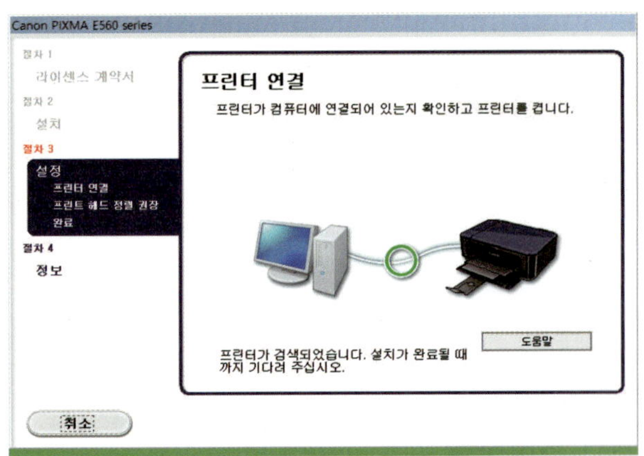

12 설치 마법사가 프린터가 연결되면 자동으로 설치 마무리 작업을 진행합니다.

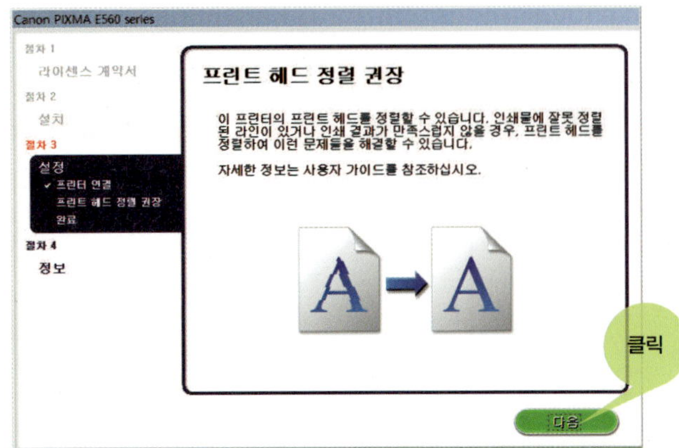

13 설치가 마무리되면 프린트 헤드 정렬 권장 화면이 나옵니다. **다음** 단추를 클릭합니다.

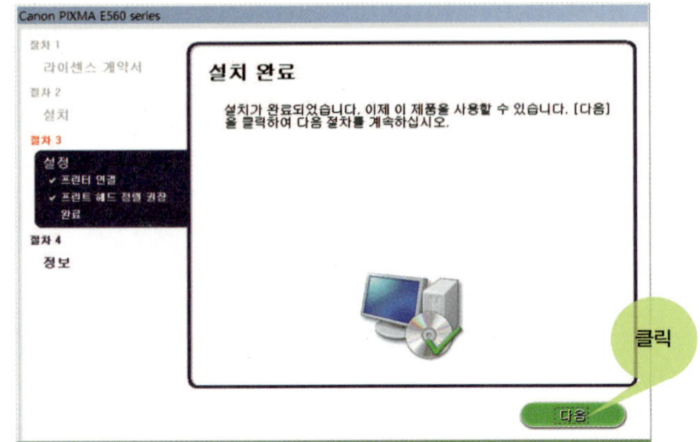

14 설치 완료 화면이 나옵니다. 이것으로 설치는 완료되었지만, **다음** 단추를 클릭하여 설치 절차 4단계로 진행합니다.

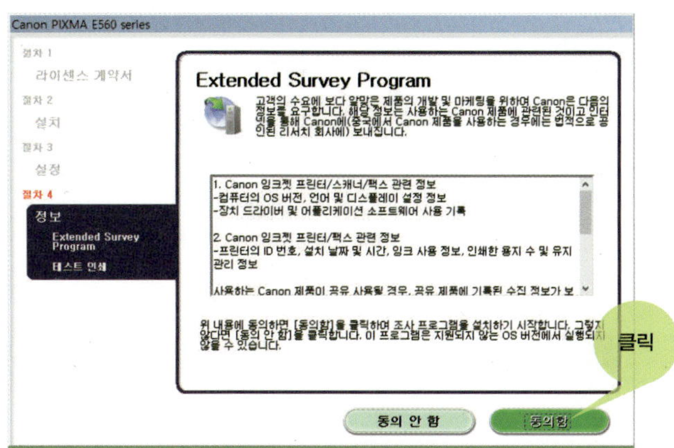

15 설치 절차 4단계의 Extended Survey Program 안내가 나옵니다. 프린터 개선을 위한 자동 서베이에 동의하면 **동의함** 단추를 클릭합니다.

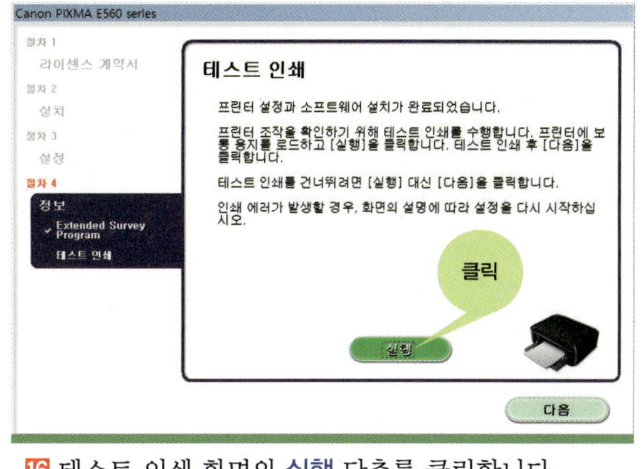

16 테스트 인쇄 화면의 **실행** 단추를 클릭합니다.

17 이상 없이 프린트되면 테스트 인쇄 화면에서 **다음** 단추를 클릭합니다.

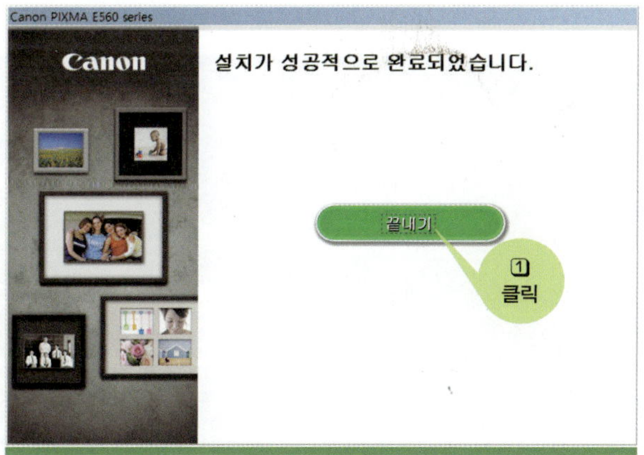

18 설치 완료 화면이 나오면 **끝내기** 단추를 클릭합니다. 그러면 자동으로 웹브라우저가 실행되어 **기기에서 사용 가능한 유용한 기능** 안내 페이지가 나옵니다.

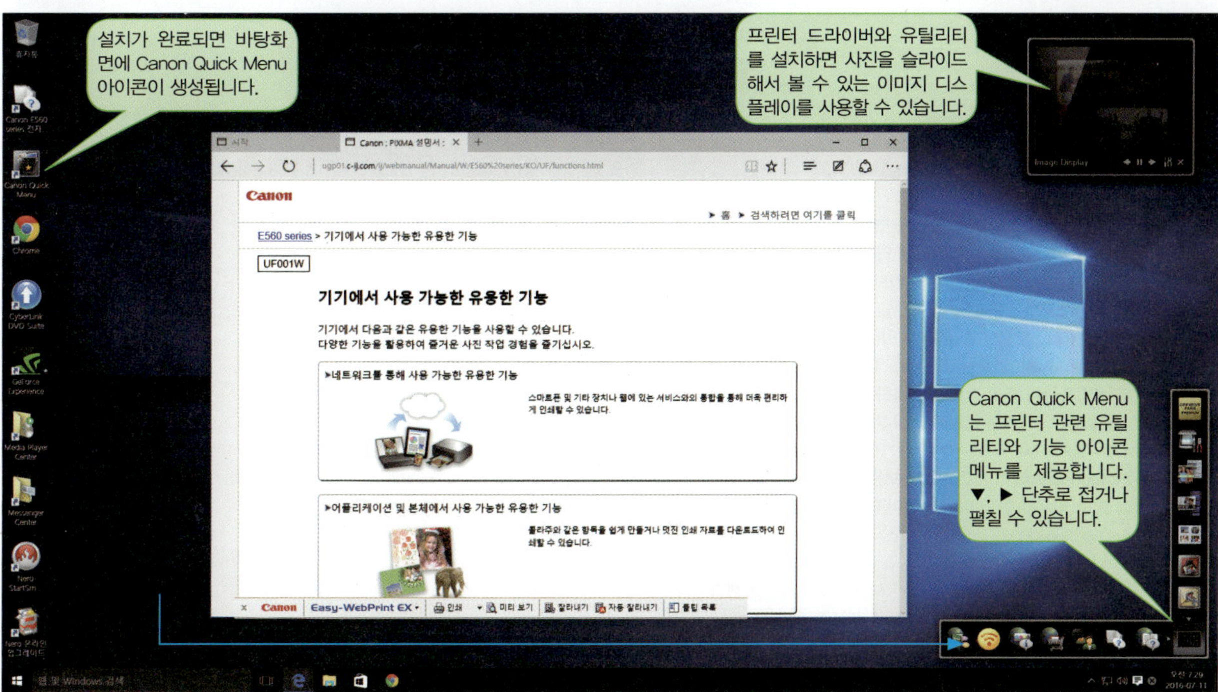

Chapter 07 운영체제 설치 후 필수 작업

복합기 드라이버와 유틸리티 설치 결과 확인 및 기능 살펴보기

1 이제 윈도우 제어판을 열고 **장치 및 프린터 보기**를 클릭합니다.

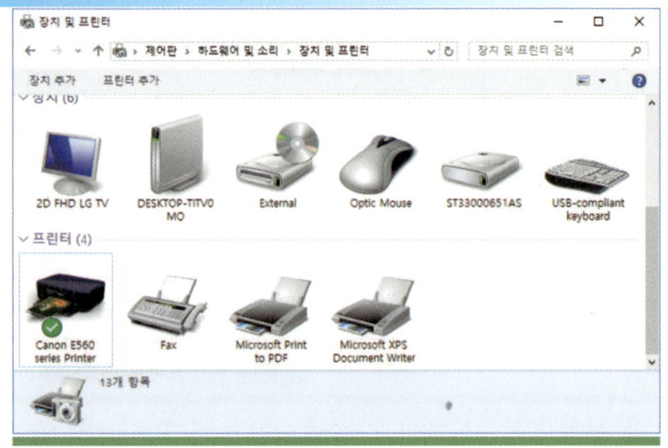

2 새로 설치한 프린터가 기본 프린터(✓)로 설정됩니다. 프린터 유틸리티 기능은 다음을 참고하기 바랍니다.

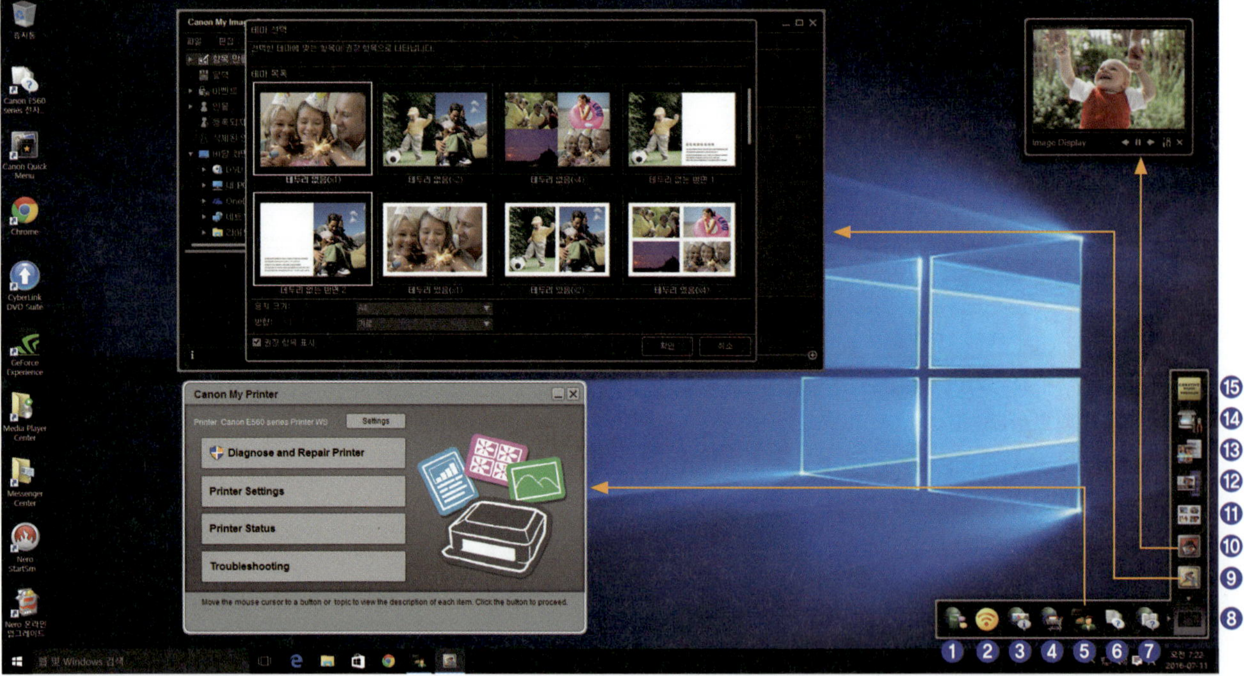

❶ 유용한 기능을 알려주는 페이지를 엽니다.

❷ 알림을 표시합니다. 최신 디자인 카드나 캘린더 정보도 이곳에서 알려주며 바로 다운로드 사이트로 이동할 수 있습니다.

❸ 현재 프린터에서 사용되는 잉크 모델 번호를 표시합니다.

❹ 잉크 및 기타 소모품을 주문할 수 있는 페이지를 엽니다.

❺ My Printer : My Printer는 프린터 오류 개선, 프린터 설정 변경, 프린터 상태 확인, 문제 해결을 할 수 있는 유틸리티입니다.

❻ 기본적인 프린터 조작 방법을 설명하는 전자 설명서를 엽니다.

❼ 인터넷을 통해 상세한 프린터 조작 방법과 문제 해결 방법을 설명하는 전자 설명서를 엽니다.

❽ Canon Quick Menu Main Menu : 아이콘 방식의 퀵메뉴를 알아보기 쉬운 메인 메뉴 패널로 엽니다.

❾ My Image Garden : 사진 수정·보완, 다양한 테마의 이미지 효과를 추가할 수 있는 My Image Garden 유틸리티를 엽니다.

❿ 권장 항목 및 저장된 이미지를 이미지 디스플레이 가젯에서 슬라이드 쇼로 표시합니다.

⓫ My Image Garden을 호출하여 사진의 레이아웃을 지정하고 인쇄합니다.

⓬ My Image Garden을 호출하여 영화 레이아웃을 만들고 인쇄합니다.

⓭ 자동 감지 기능으로 스캐너에 놓인 사진이나 문서를 스캔합니다.

⓮ 스캔 설정 화면을 열어 스캐닝 옵션을 설정할 수 있습니다.

⓯ Creative Park Premium 페이지를 열어 프리미엄 콘텐츠를 다운로드하고 인쇄할 수 있습니다.

3 보안 강화와 성능 향상을 위한 운영체제 업데이트

지금은 30억 명이 넘는 인구가 인터넷을 사용하는 시대입니다. 인터넷을 통해 유용한 정보를 얻고 활용할 수도 있지만 악의적 해커들에 의해 컴퓨터의 보안 구멍은 언제 뚫릴지 모르는 시대이기도 합니다. 쾌적한 컴퓨터 사용을 위해서는 보안 강화와 성능 향상을 위한 운영체제 업데이트가 필수입니다.

운영체제 업데이트가 필요한 이유

PC를 통해 인터넷을 통해 정보를 주고받기 위해서는 자신이 사용하는 컴퓨터에 외부와 정보를 주고받을 수 있는 포트를 사용할 수밖에 없습니다. 방화벽 기능은 외부와 정보를 주고받는 포트를 프로그램이 사용하려할 때 허용 여부를 설정하고, 그 밖의 포트는 불법적인 침입을 방지하기 위해 차단합니다.

해커들은 불법적인 침입 통로를 만들기 위해 합법적인 프로그램을 가장한 트로이 목마 같은 바이러스를 이용합니다. 만약 운영체제의 방화벽 기능이 뚫려 해커가 시스템의 제어권을 쥐게되면 바이러스 백신 프로그램도 무력화됩니다. 해커들은 끊임없이 새로운 침입 통로를 찾고 있으며, 운영체제 개발자들은 해커들이 노리는 보안 허점을 막기 위해 보안 패치를 계속 만들고 있습니다. 따라서 운영체제를 수시로 업데이트해야 불법적인 침입 통로를 원천봉쇄할 수 있습니다.

마이크로소프트 사는 비교적 규모가 큰 대규모 업그레이드의 경우 별도의 서비스 팩을 이용합니다. 윈도우 XP의 경우는 서비스 팩 3까지 나왔으며, 윈도우 비스타는 서비스팩 2, 윈도우 7의 경우는 서비스팩 1까지 나와 있습니다. 윈도우 8은 서비스 팩 대신 버전업이 이루어진 윈도우 8.1을 발매하였고, 윈도우 10은 서비스 팩 대신 발매 1주년 기념으로 대규모 애니버서리 업그레이드를 제공합니다.

윈도우 7 이상의 운영체제는 높은 보안 능력과 안정성을 갖춘 운영체제이므로 보안 패치 업데이트와 바이러스 백신 프로그램의 실시간 감시, 윈도우 디펜더 정도만 잘 활용해도 컴퓨터를 안전하게 사용할 수 있습니다.

윈도우 운영체제는 자동 업데이트와 수동 업데이트를 모두 지원합니다. 자동 업데이트의 경우에 사용자가 특별히 신경 쓰지 않아도 최신 업데이트를 설치할 수 있는 장점이 있지만, 업데이트를 설치한 경우에는 컴퓨터를 켤 때 업데이트가 구성되는 동안 아무 것도 하지 못하고 기다려야 하므로 중요 회의나 프레젠테이션에서 난감한 일이 발생할 수도 있습니다. 출시된 후 오랜 시간이 지난 윈도우 7을 최신 상태로 업데이트하려면 많은 시간이 소요됩니다.

자동 업데이트로 인해 정작 중요한 작업 시간을 방해받지 않기 위해 사용자가 원할 때만 업데이트를 설치하도록 설정하고, 시간 여유가 있을 때 한꺼번에 업데이트를 진행하는 방법이 많이 사용됩니다. 업데이트 설정은 ⊞ + Pause 키로 시스템 창을 열고 Windwos Update 페이지에서 설정할 수 있는데, 자세한 내용은 실습에서 다룹니다(417쪽 참고).

Exercise

5 윈도우 7 SP1 및 익스플로러 11 업데이트하기

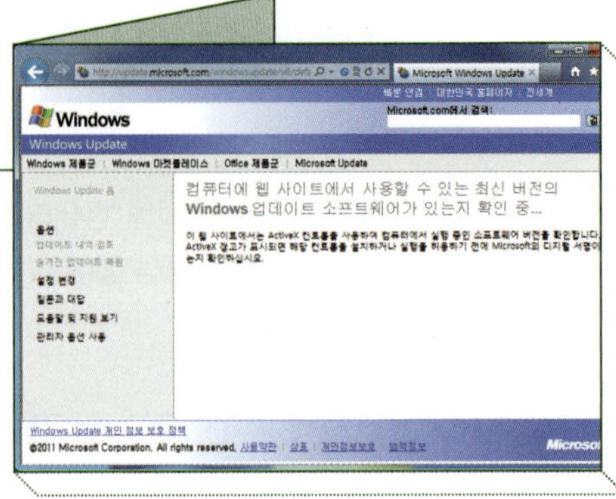

윈도우 7 서비스 팩 1은 Windows 업데이트 기능을 이용하여 간단히 업데이트할 수 있습니다.

윈도우 7에는 익스플로러 8이 기본 설치되지만, 그동안 익스플로러는 향상된 보안 능력과 성능을 갖춘 익스플로러 11로 버전업되었습니다. 여기서는 익스플로러 11 업데이트까지 실습해보겠습니다.

이 실습에 필요한 내용	실습 키 포인트
윈도우 7 설치 PC	윈도우 7 SP1 업데이트 인터넷 익스플로러 11 업데이트

윈도우 7 SP1 업데이트하기

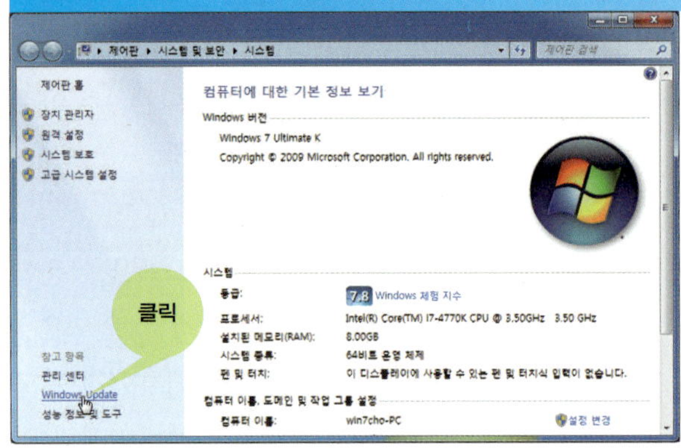

1 윈도우 7에서 ⊞ + Pause 키를 눌러 시스템 창을 열고 Windows Update를 클릭합니다.

HELP

- 윈도우 7 서비스 팩 1은 중요 업데이트로 제공되므로 윈도우 7을 설치한 경우에는 누구나 설치할 수 있습니다.
- 윈도우 업데이트는 중요도에 따라 중요, 권장, 선택적 업데이트로 구분됩니다. 중요 업데이트는 보안과 성능상 반드시 설치할 필요가 있는 업데이트로 업데이트 시에 재시동하는 경우가 많습니다. 따라서 중요 업데이트 작업은 다른 작업을 하지 않을 때 수행하길 권합니다.
- 권장 업데이트는 윈도우와 함께 제공된 소프트웨어를 최신 상태로 사용할 수 있게 해줍니다. 권장 업데이트 설정을 중요 업데이트를 받을 때와 같은 방식으로 권장 업데이트 제공으로 설정하면 중요 업데이트와 같은 방식으로 업데이트할 수 있습니다.
- 선택적 업데이트는 말 그대로 선택적으로 수행할 수 있는 업데이트로 이를테면 각 나라의 언어 팩 같은 경우 굳이 다 설치할 필요가 없기 때문에 특정 외국어 문서를 보거나 편집해야 하는 경우 해당 언어 팩을 설치하여 사용하면 됩니다.

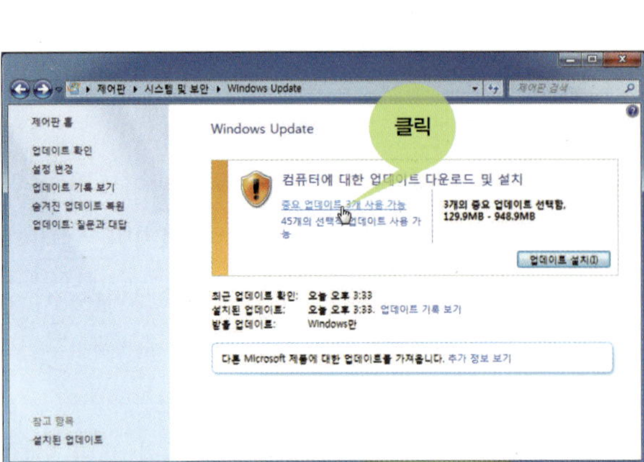

2 Windows Update 창이 나오면 중요 업데이트 내용을 확인해 보기 위해 중요 업데이트 3개 사용 가능을 클릭합니다.

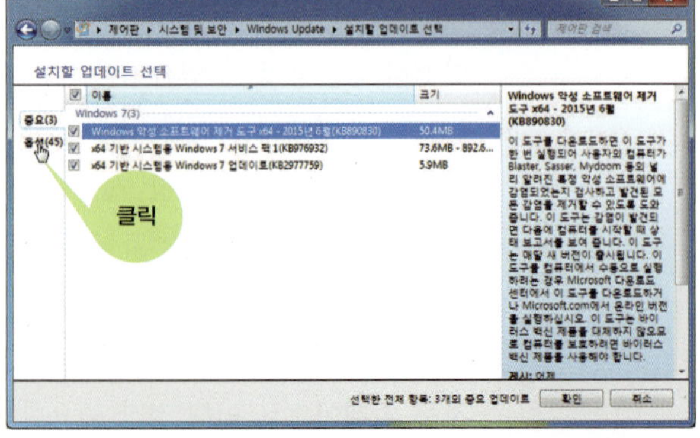

3 윈도우 7 서비스 팩 1과 악성 소프트웨어 제거 도구 등의 중요 업데이트가 있는 것을 볼 수 있습니다. 이번에는 선택적 업데이트를 확인해 보기 위해 옵션(45)을 클릭합니다.

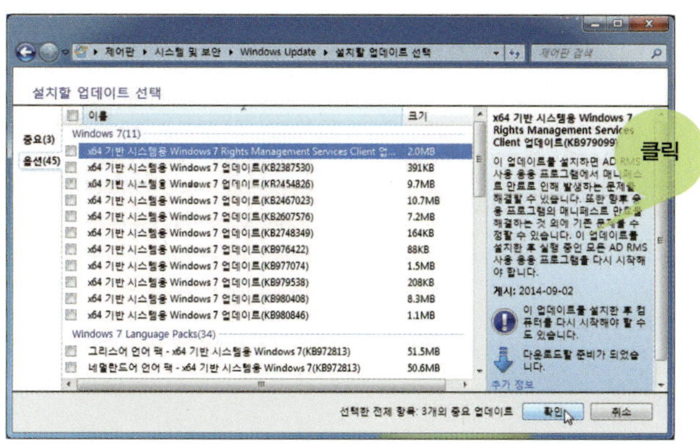

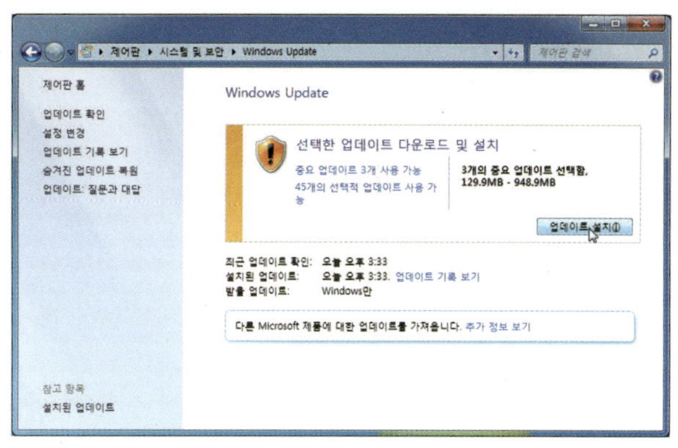

4 선택적 업데이트에 각 나라의 언어팩이 있는 것을 볼 수 있습니다. 내용을 확인했으면 이제 **확인** 단추를 클릭합니다.

5 이제 중요 업데이트에 대한 설치를 위해 **업데이트 설치** 단추를 클릭합니다.

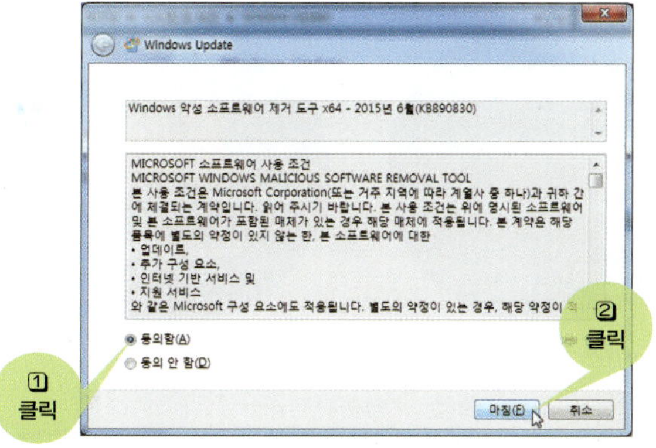

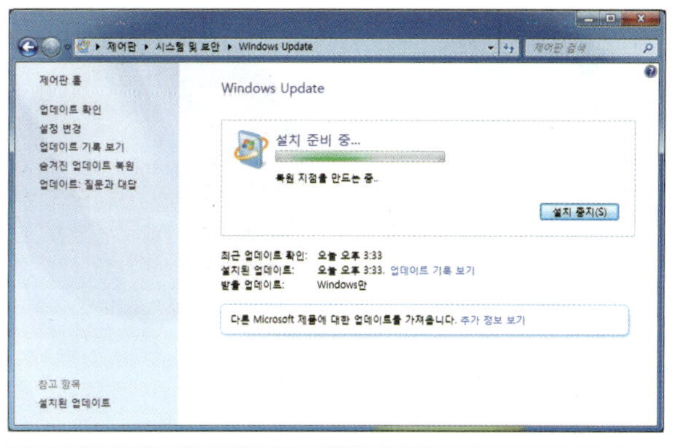

6 Windows 악성 소프트웨어 제거 도구의 사용 조건 약관이 나오면 **동의함**을 체크하고 **마침** 단추를 클릭합니다.

7 설치 준비 중 화면이 나옵니다. 설치 전에 자동으로 복원 지점을 만들므로 설치 후에 문제가 생기면 시스템 복원 기능을 사용하여 설치 전 상태로 복원할 수 있습니다.

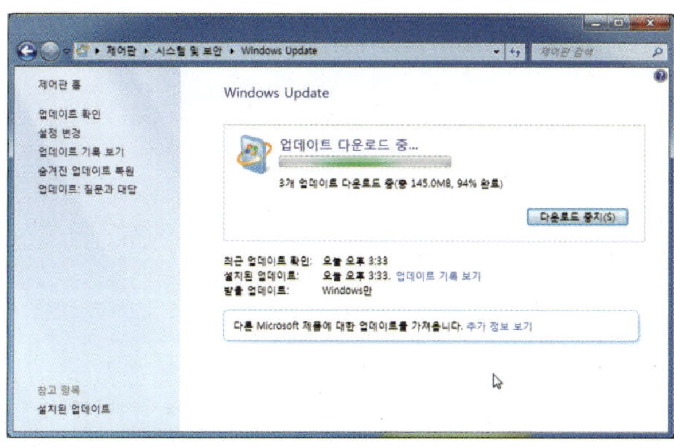

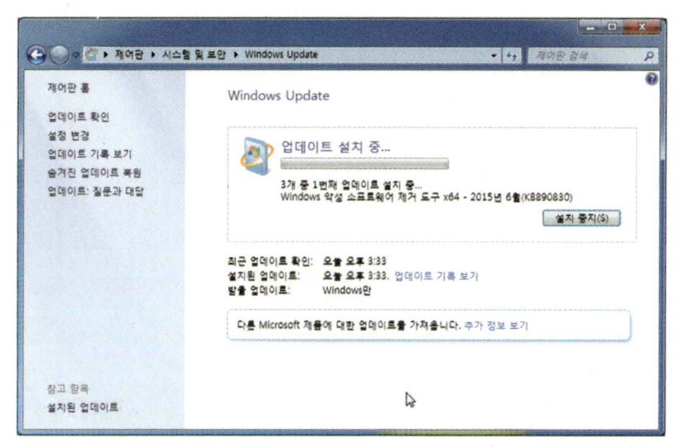

8 이제 업데이트 다운로드 중 화면이 나옵니다. 파일 용량이 크므로 인터넷 속도에 따라 시간이 많이 걸릴 수 있습니다.

9 다운로드가 완료되면 자동으로 업데이트 설치 중 화면이 나옵니다. 먼저 악성 소프트웨어 제거 도구가 설치됩니다.

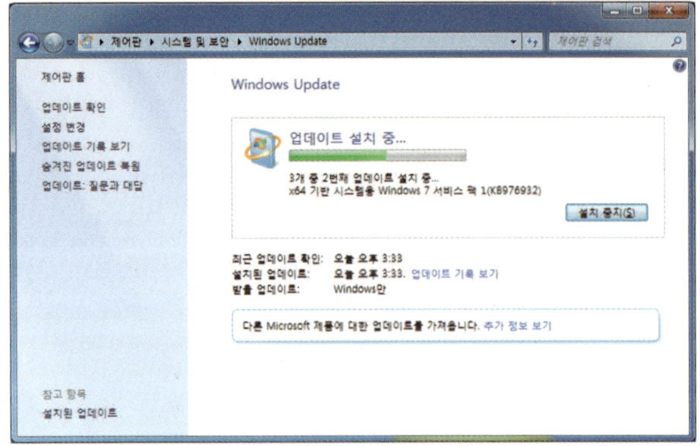

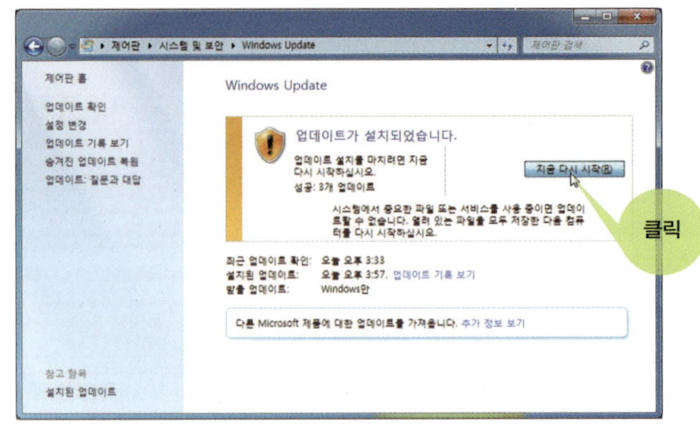

10 이어서 윈도우 7 서비스팩 1이 설치됩니다.

11 "업데이트가 설치되었습니다" 화면이 나오면 **지금 다시 시작** 단추를 클릭합니다.

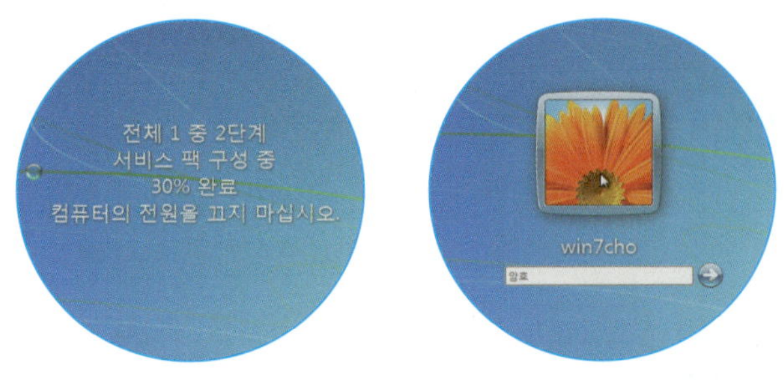

12 그러면 종료하기 전에 서비스 팩 구성 중 화면이 나오고 재시동됩니다.

13 재시동한 다음에 다시 서비스 팩 구성 중 화면이 나옵니다. 끝날 때까지 기다린 다음 윈도우 로그인 화면이 나오면 로그인합니다.

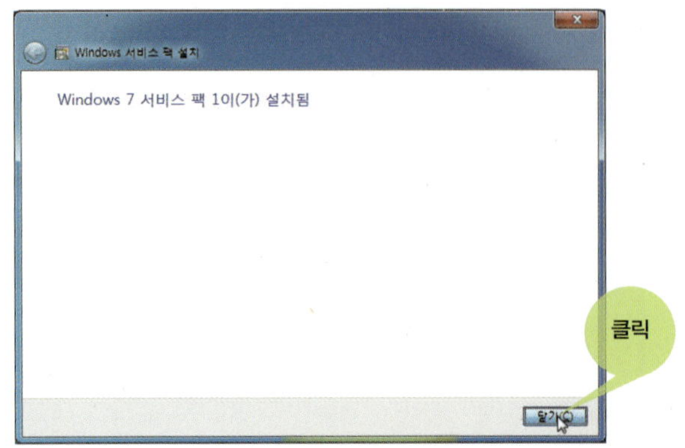

14 윈도우 7이 시작되면 **Windows 7 서비스 팩 1이(가) 설치됨** 대화상자가 나옵니다. **닫기** 단추를 클릭하여 닫습니다.

15 윈도우 7으로 시동된 다음에는 작업 표시줄의 알림 영역에 새 업데이트가 설치되었다는 풍선 도움말이 나옵니다. **풍선 도움말**을 클릭합니다.

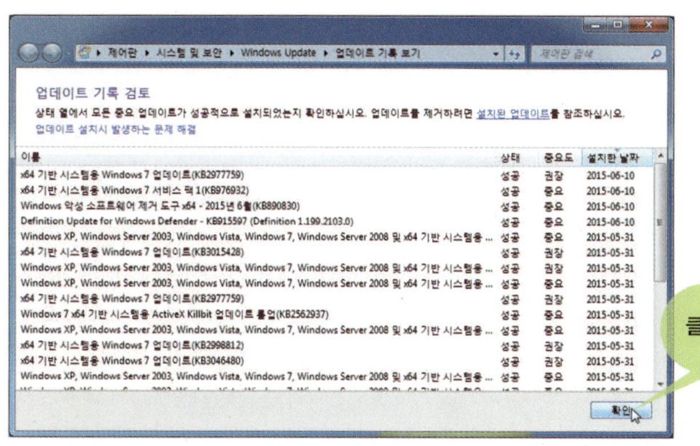

16 업데이트 기록 보기 화면이 나옵니다. 업데이트된 내용을 살펴본 다음 **확인** 단추를 클릭하여 창을 닫습니다.

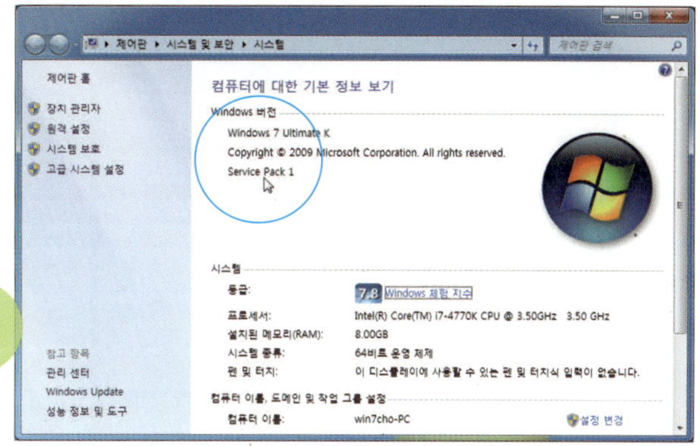

17 다음으로 윈도우 7 서비스 팩 1이 정상적으로 설치 되었는지 확인하기 위해 ⊞ + Pause 키를 눌러 시스템 창을 엽니다. Service Pack 1이 표시되면 정상적으로 설치된 것입니다.

익스플로러 11 업데이트하기

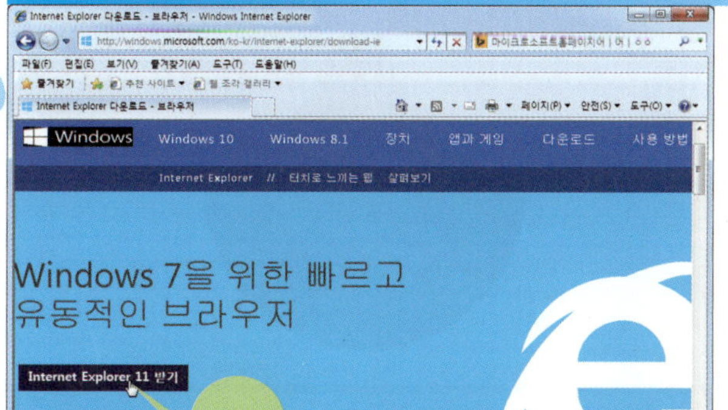

1 웹브라우저를 실행한 후 인터넷 익스플로러 11 다운로드 사이트를 열고 Internet Explorer 11 받기를 클릭합니다.

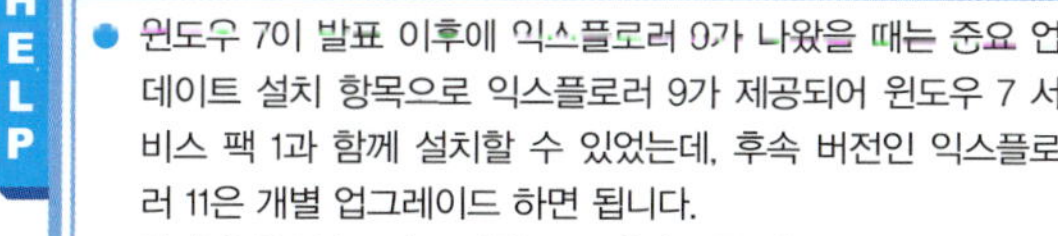

HELP

- 윈도우 7이 발표 이후에 익스플로러 0가 나왔을 때는 중요 업데이트 설치 항목으로 익스플로러 9가 제공되어 윈도우 7 서비스 팩 1과 함께 설치할 수 있었는데, 후속 버전인 익스플로러 11은 개별 업그레이드 하면 됩니다.
- 인터넷 익스플로러 11 다운로드 사이트 주소는 http://windows. microsoft.com/ko-kr/internet-explorer/download-ie 인데 스마트워크 카페를 방문하면 다운로드할 수 있습니다.
- 마이크로소프트사는 수많은 해킹의 표적이된 Active X를 사용하고 속도도 느린 인터넷 익스플로러는 11버전을 끝으로 정리하고 마이크로소프트 엣지 브라우저를 개발하여 윈도우 10부터 기본 브라우저로 제공합니다.
- 윈도우 7을 계속해서 사용할 계획이라면 인터넷 익스플로러 11을 사용하길 권합니다. 윈도우 8/8.1의 인터넷 익스플로러 데스크톱 버전도 익스플로러 11입니다.

2 다운로드 차단 안내 **알림** 표시줄을 클릭한 다음 **파일 다운로드**를 클릭합니다.

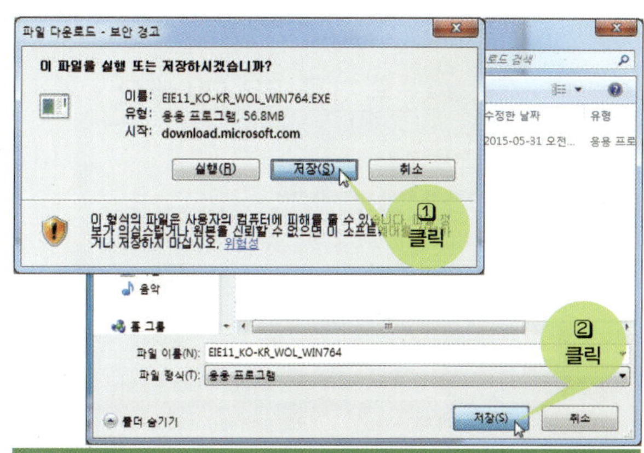

3 파일 다운로드 대화상자가 나오면 **저장** 단추를 클릭한 다음 다른 이름으로 저장 대화상자가 나오면 여기서도 **저장** 단추를 클릭합니다.

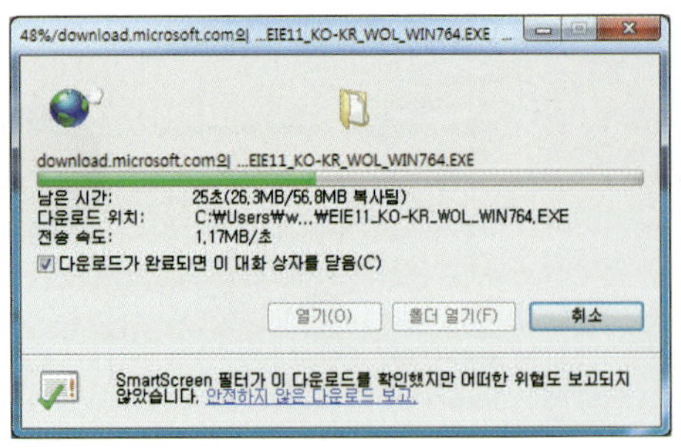

4 파일 다운로드가 진행됩니다. 참고로 윈도우 운영체제의 기본값 파일 다운로드 위치는 사용자 계정의 다운로드 폴더입니다.

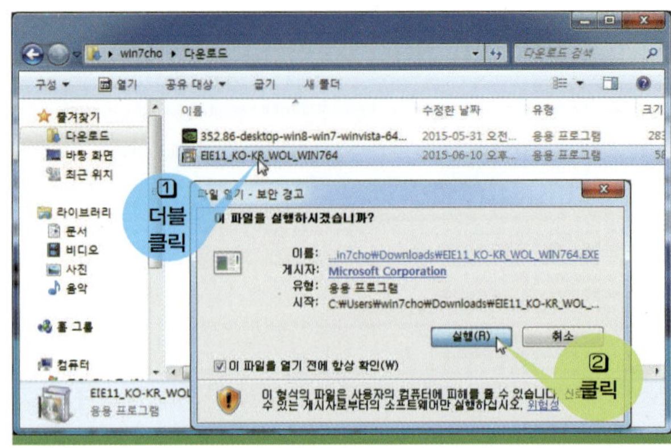

5 이제 다운로드한 **익스플로러 11 파일**을 더블 클릭합니다. 파일 열기 대화상자가 나오면 **실행** 단추를 클릭합니다.

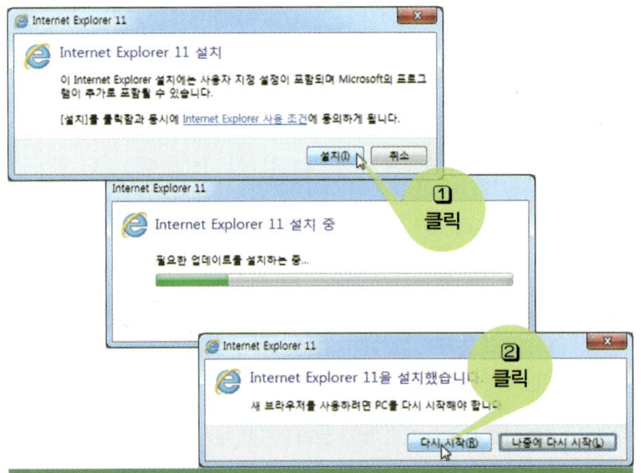

6 Internet Explorer 11 설치 대화상자가 나오면 설치 단추를 클릭합니다. 그러면 자동으로 설치가 진행됩니다. 설치가 완료된 다음에는 다시 시작 단추를 클릭합니다.

7 그러면 종료하기 전에 서비스 팩 구성 중 화면이 나오면 재시동한 다음에 다시 서비스 팩 구성 중 화면이 나옵니다. 업데이트 구성 작업이 자동으로 끝날 때까지 기다립니다.

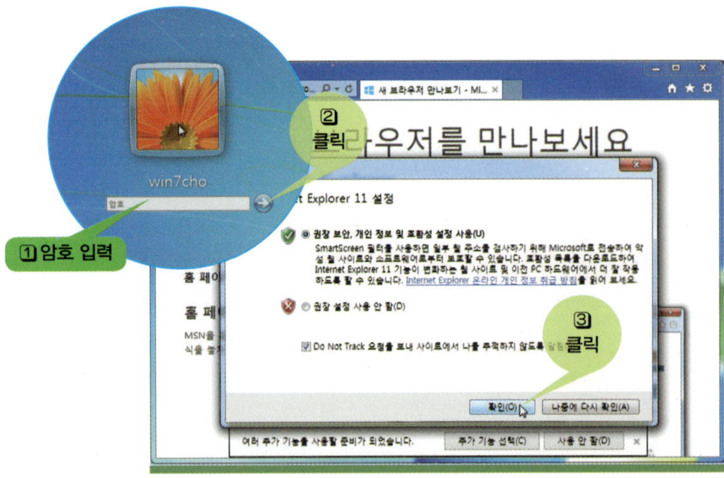

8 업데이트 구성 작업이 완료된 후 윈도우 로그인 화면이 나오면 로그인합니다. 설정 대화상자가 나오면 **권장 보안...** 체크 상태에서 **확인** 단추를 클릭합니다.

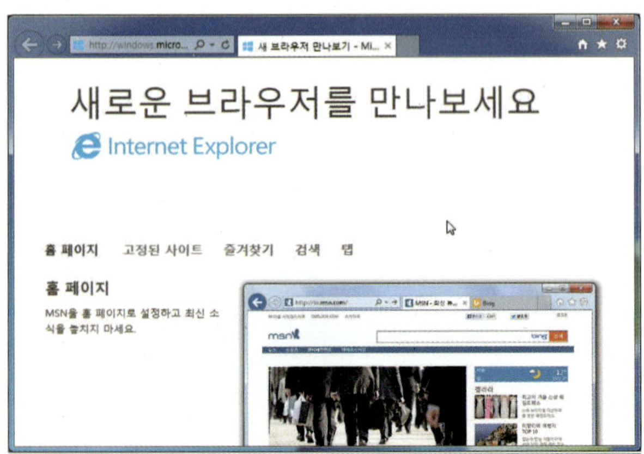

9 인터넷 익스플로러 11 업그레이드 작업이 모두 완료되었습니다.

Exercise

6 윈도우 업데이트 설정 변경하기

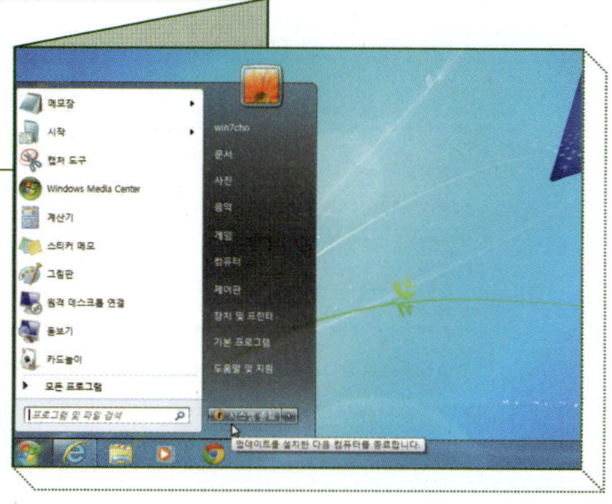

윈도우 운영체제의 업데이트 기본값은 "업데이트 자동 설치"로 설정된 시간에 컴퓨터가 켜있으면 자동으로 업데이트하고, 그외 시간에는 업데이트가 있으면 시스템 종료 단추가 "업데이트를 설치한 다음 컴퓨터를 종료합니다."로 설정되어 무조건 업데이트하게 만듭니다. 업데이트 구성 작업이 끝나기 전에는 컴퓨터를 사용할 수 없으므로 낭패를 볼 수도 있습니다. 여기서는 업데이트 설정을 변경하여 사용자가 원할 때 업데이트를 설치하도록 변경해 보겠습니다.

이 실습에 필요한 내용	실습 키 포인트
윈도우 7 / 8.1 / 10 설치 PC	업데이트 설정 변경하기

윈도우 7 업데이트 설정 변경하기

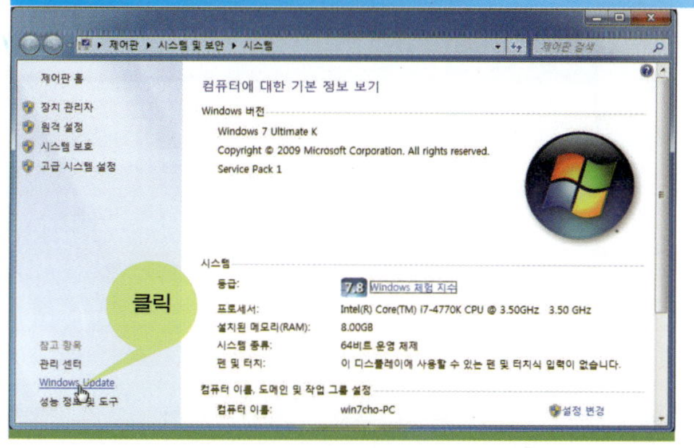

1 윈도우 7에서 ⊞ + Pause 키를 눌러 시스템 창을 열고 Windows Update를 클릭합니다.

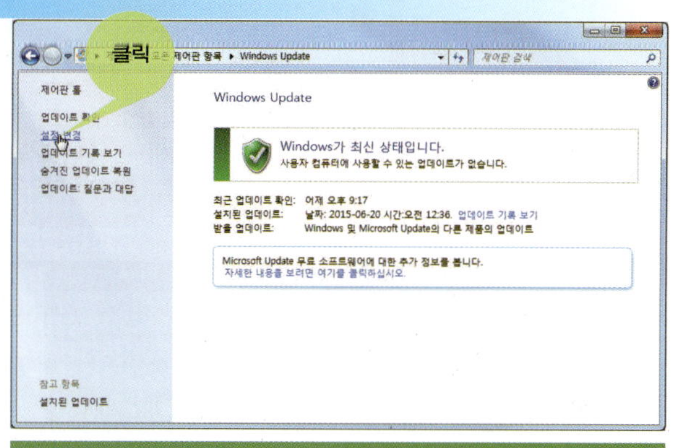

2 Windows Update 창이 나오면 **설정 변경**을 클릭합니다.

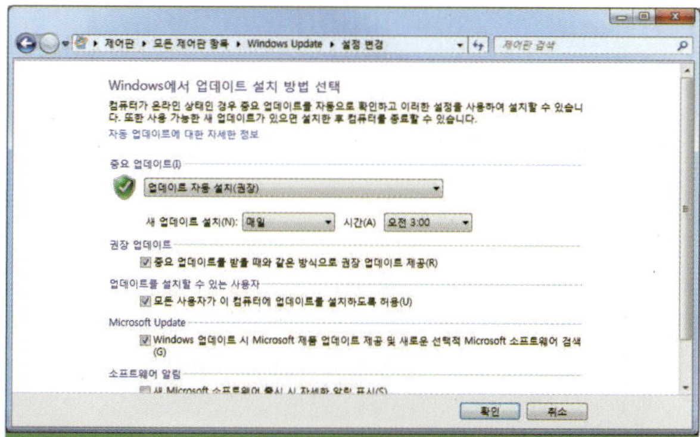

3 Windows 업데이트 설치 방법 선택 창이 나옵니다. 현재 기본값은 **업데이트 자동 설치(권장)**로 설정합니다.

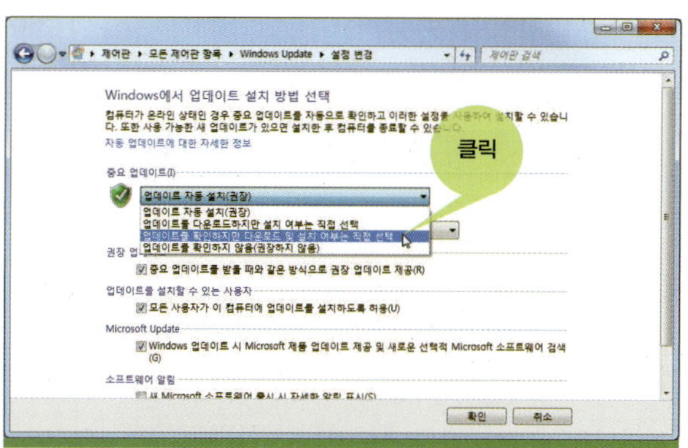

4 **업데이트를 확인하지만 다운로드 및 설치 여부는 직접 선택**을 선택한 후 **확인** 단추를 클릭합니다. 컴퓨터 보안을 위해 "**업데이트를 확인하지 않음 설정**"은 권장하지 않습니다.

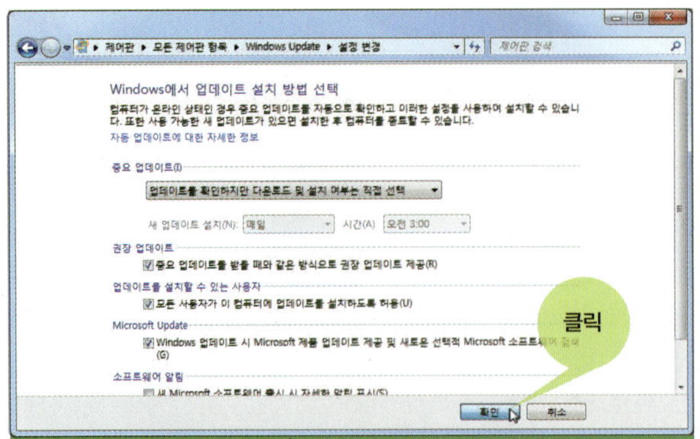

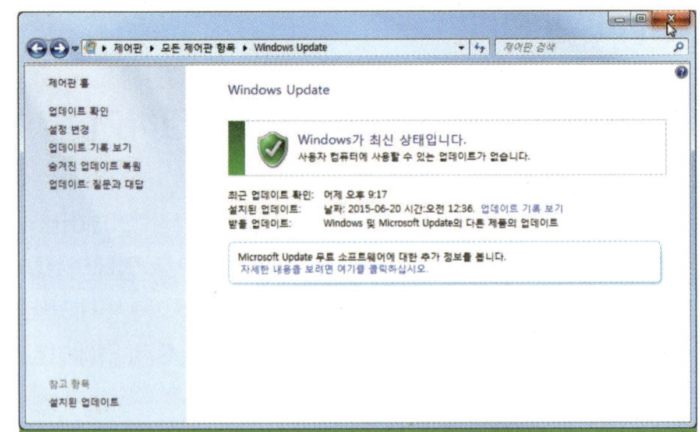

5 업데이트를 확인하지만 다운로드 및 설치 여부는 **직접 선택**으로 설정되었습니다. 이제 **확인** 단추를 클릭합니다.

6 Windows Update 창으로 복귀하면 **확인** 단추를 클릭하여 닫습니다. 이것으로 윈도우 7 수동 업데이트로의 설정 작업은 완료되었습니다.

윈도우 7 업데이트 수동으로 수행하기

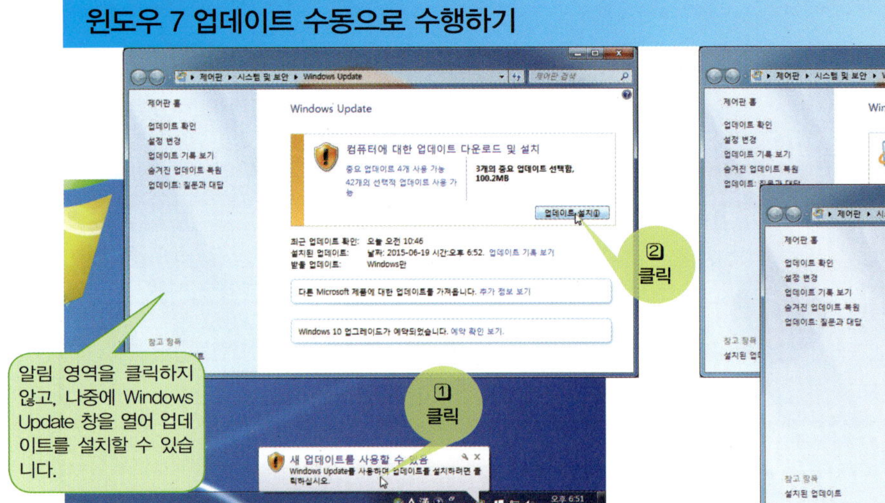

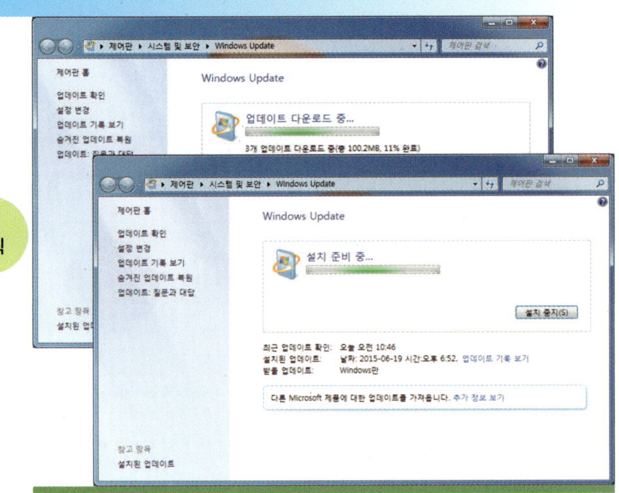

1 작업 표시줄의 알림 영역에 **새 업데이트를 사용할 수 있음** 말풍선이 나오면 클릭합니다. Windows Update 창이 열리면 **업데이트 설치** 단추를 클릭합니다.

2 먼저 업데이트 다운로드가 진행되고, 다운로드가 완료되면 설치 준비 중 화면이 나옵니다. 설치는 자동으로 진행되므로 계속 기다립니다.

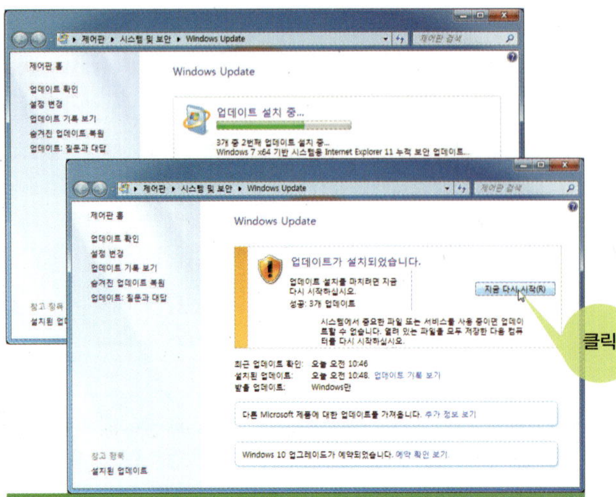

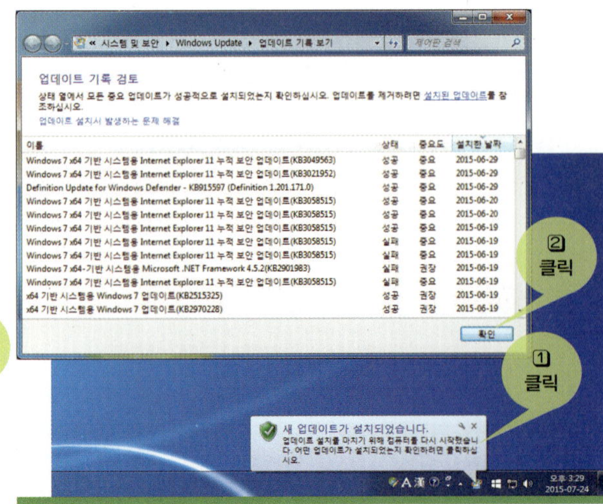

3 업데이트 설치 후에 업데이트가 설치되었다는 화면이 나오면 **지금 다시 시작** 단추를 클릭합니다.

4 재시동 후 알림 영역에 "**새 업데이트가 설치...**" 말풍선이 나오면 클릭하여 업데이트 내역을 확인합니다.

윈도우 8.1 업데이트 설정 변경하기

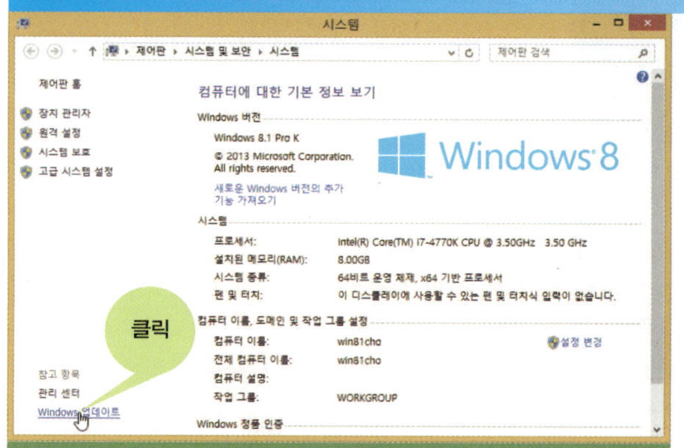

1 윈도우 8.1에서 ⊞ + Pause 키를 눌러 시스템 창을 열고 Windows 업데이트를 클릭합니다.

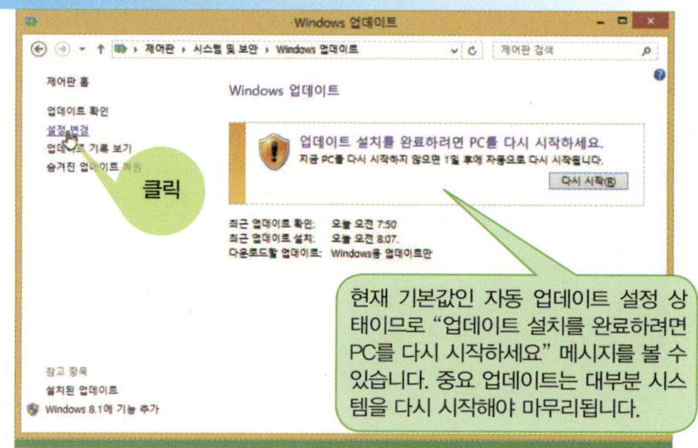

2 윈도우 업데이트 창에서 **설정 변경**을 클릭합니다.

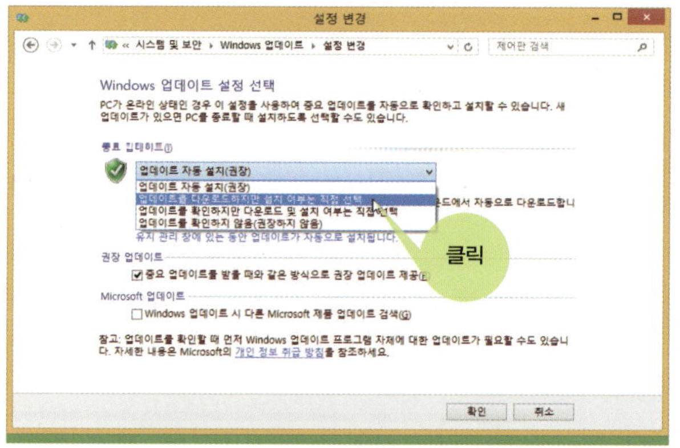

3 설정 변경 창에서 **업데이트를 다운로드하지만 설치 여부는 직접 선택**을 선택합니다.

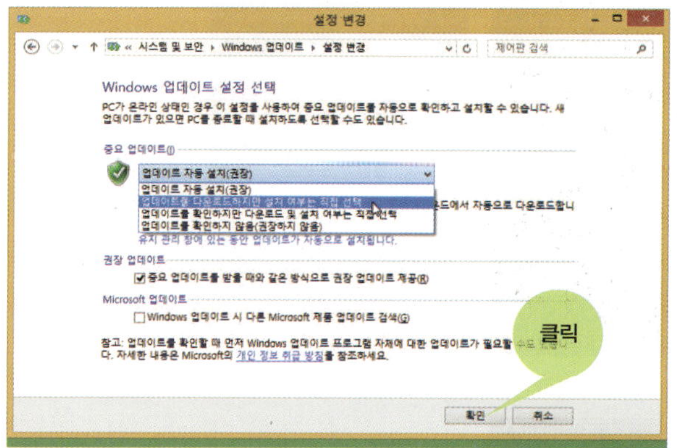

4 설정이 끝나면 **확인** 단추를 클릭하여 설정을 적용합니다.

윈도우 8.1 업데이트 수동으로 수행하기

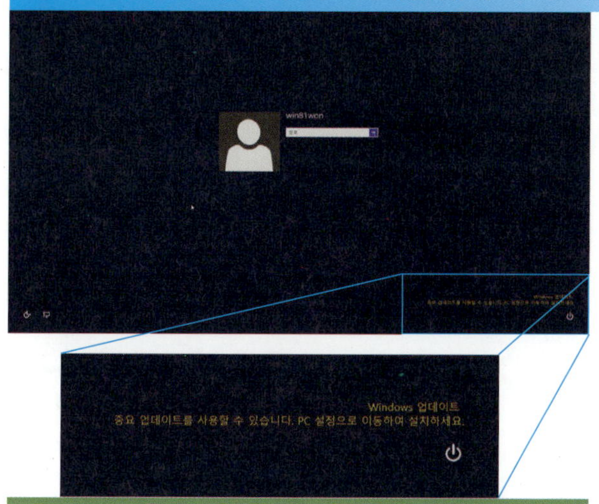

1 윈도우 8.1을 시작할 때 로그인 화면의 오른쪽 아래에 노란색으로 Windows 업데이트 안내가 나오면 내용을 확인합니다.

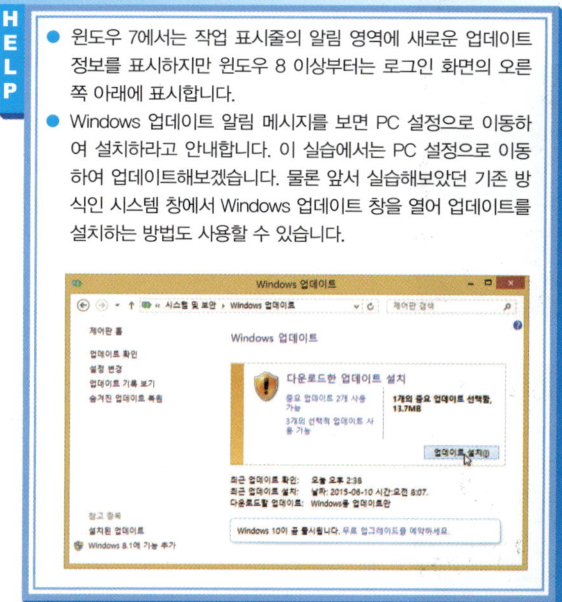

2 윈도우 로그인 후 참 메뉴에서 설정을 선택하여 설정 창을 나타낸 다음 PC 설정 변경을 클릭합니다.

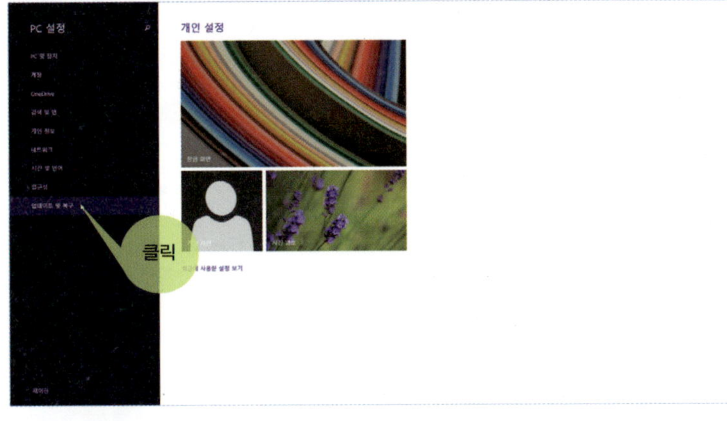

3 PC 설정 창이 나오면 업데이트 및 복구를 클릭합니다.

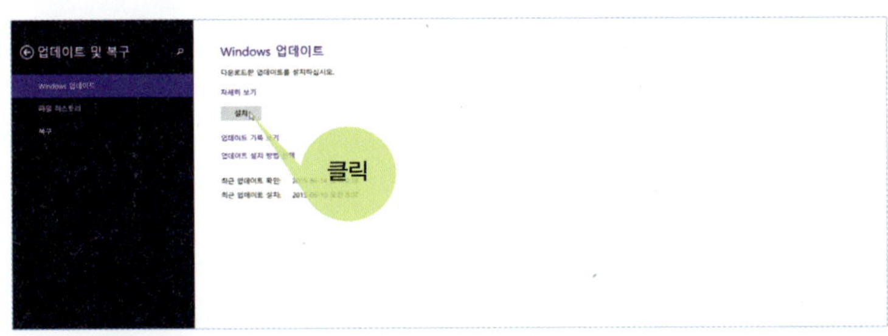

4 업데이트 및 복구 창이 나오면 Windows 업데이트 페이지의 설치 단추를 클릭합니다.

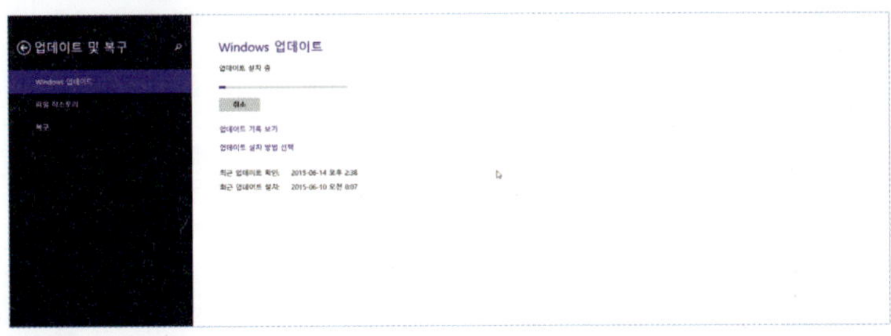

5 업데이트 설치가 진행됩니다. 설치가 끝날 때까지 기다립니다.

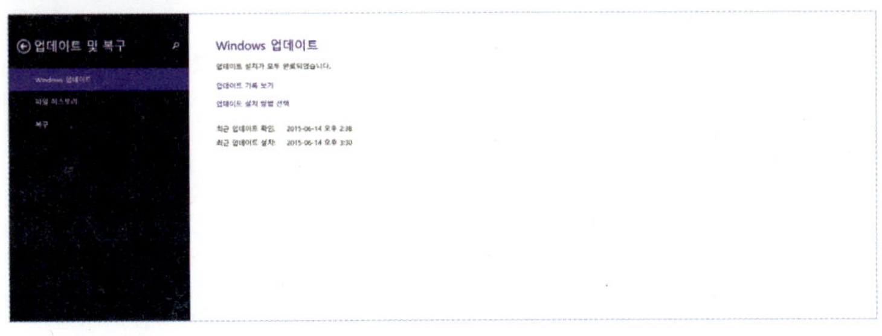

6 업데이트 설치가 모두 완료되었습니다. Alt + F4 키를 눌러 업데이트 및 복구 창을 닫습니다.

윈도우 10 업데이트 설정 변경하기

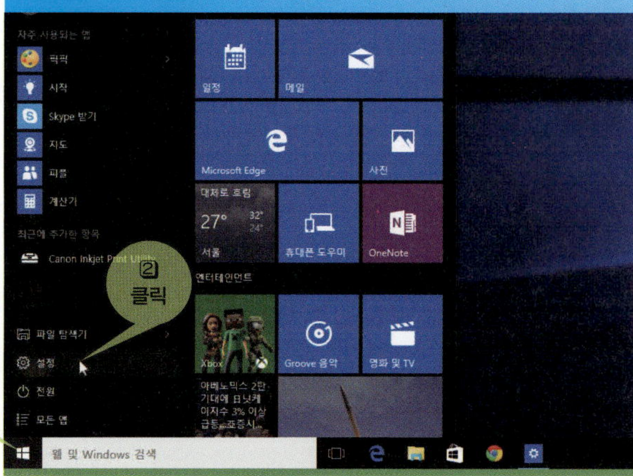

1 윈도우 10에서 **시작** 단추를 클릭하여 시작 메뉴를 열고 **설정**을 클릭합니다.

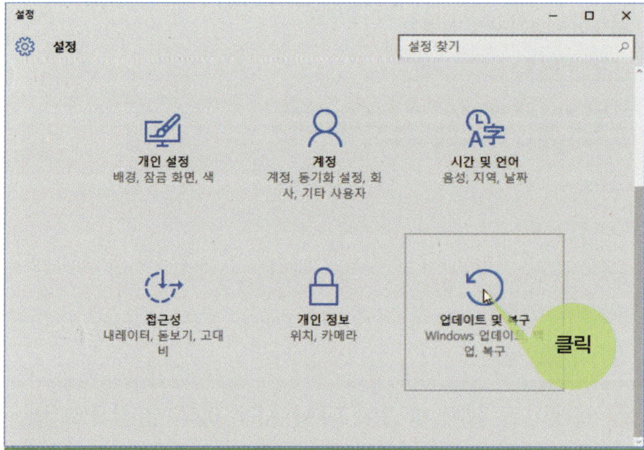

2 설정 창에서 **업데이트 및 복구**를 클릭하여 실행합니다.

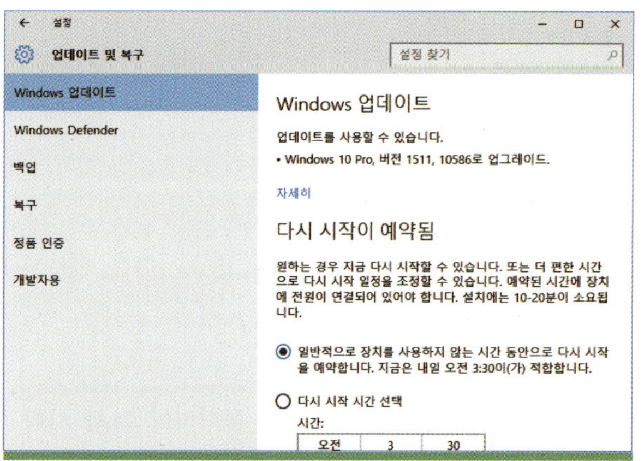

3 Windows 업데이트 페이지가 나옵니다. 기본값 상태에서는 **다시 시작이 예약됨** 상태로 나오고 윈도우가 추천하는 다시 시작 시간이 나옵니다.

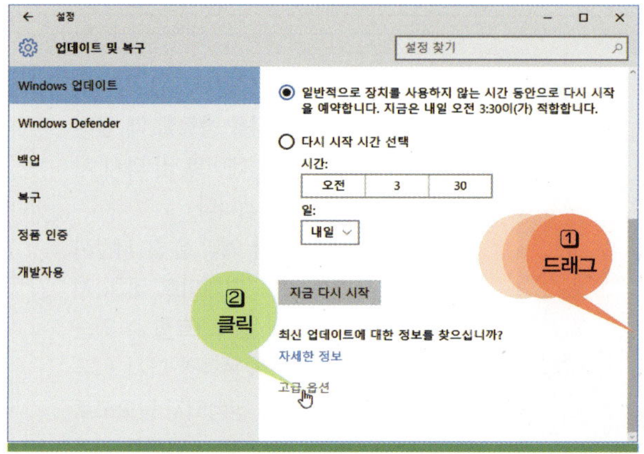

4 업데이트 옵션을 변경하기 위해 아래쪽으로 스크롤하여 **고급 옵션**을 클릭합니다.

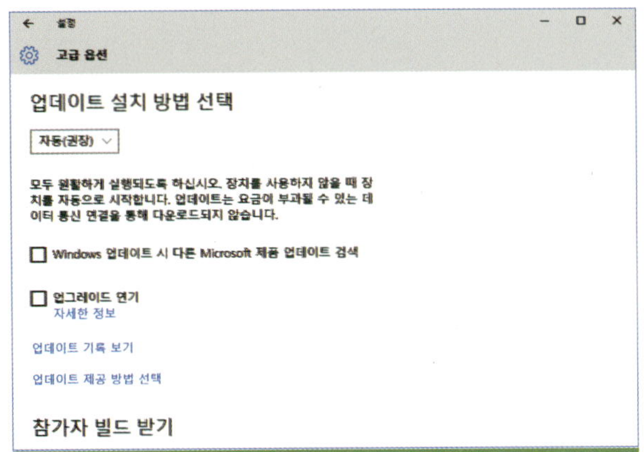

5 고급 옵션 페이지의 업데이트 설치 방법의 기본값은 **자동(권장)**으로 설정되어 있는 것을 볼 수 있습니다.

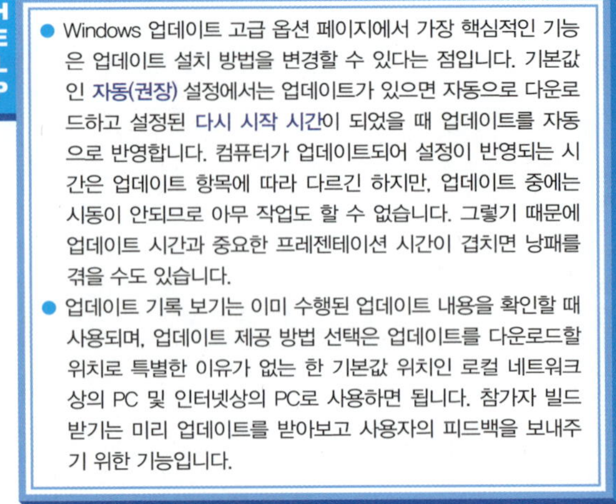

- Windows 업데이트 고급 옵션 페이지에서 가장 핵심적인 기능은 업데이트 설치 방법을 변경할 수 있다는 점입니다. 기본값인 **자동(권장)** 설정에서는 업데이트가 있으면 자동으로 다운로드하고 설정된 **다시 시작 시간**이 되었을 때 업데이트를 자동으로 반영합니다. 컴퓨터가 업데이트되어 설정이 반영되는 시간은 업데이트 항목에 따라 다르긴 하지만, 업데이트 중에는 시동이 안되므로 아무 작업도 할 수 없습니다. 그렇기 때문에 업데이트 시간과 중요한 프레젠테이션 시간이 겹치면 낭패를 겪을 수도 있습니다.
- 업데이트 기록 보기는 이미 수행된 업데이트 내용을 확인할 때 사용되며, 업데이트 제공 방법 선택은 업데이트를 다운로드할 위치로 특별한 이유가 없는 한 기본값 위치인 로컬 네트워크 상의 PC 및 인터넷상의 PC로 사용하면 됩니다. 참가자 빌드 받기는 미리 업데이트를 받아보고 사용자의 피드백을 보내주기 위한 기능입니다.

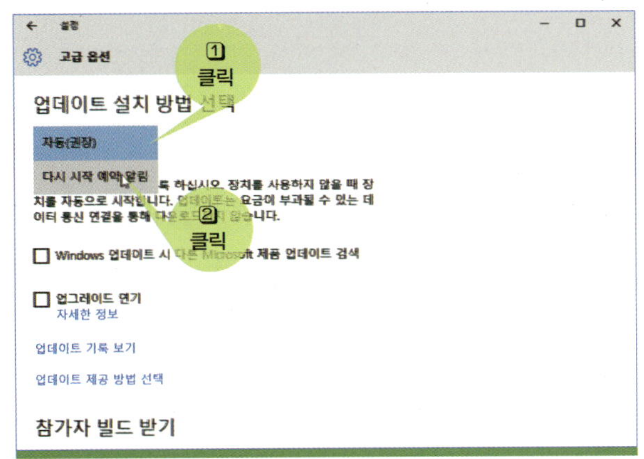

6 업데이트 설치 방법의 목록을 클릭하여 **다시 시작 예약 알림**을 선택합니다.

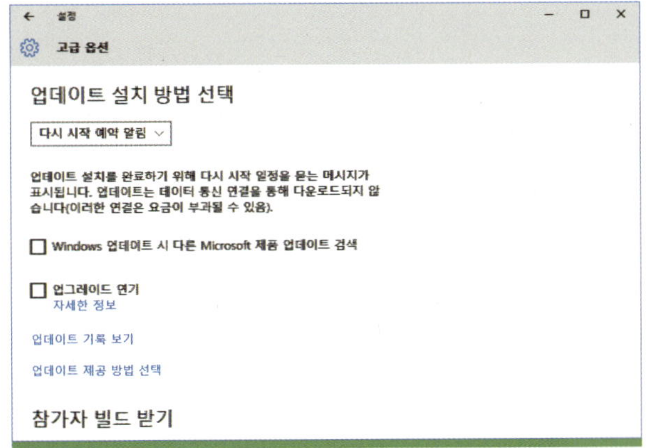

7 업데이트 설치 방법이 **다시 시작 예약 알림**으로 변경되었습니다. 이제부터는 먼저 업데이트 알림 메시지를 받고 원하는 시간에 업데이트를 할 수 있습니다.

Check Point | 컴퓨터 종료 시 업데이트 기능 사용하기

윈도우 8부터는 자동 다운로드된 업데이트가 있는 경우, 컴퓨터를 종료할 때 업데이트 및 종료 메뉴와 업데이트 및 다시 시작 메뉴가 추가로 제공됩니다.

따라서 굳이 다시 시작 예약 알림 시간까지 기다리지 않더라도 **업데이트 및 다시 시작** 메뉴를 사용하여 업데이트할 수 있습니다. **시스템 종료**를 사용하면 다시 컴퓨터를 켤 때 업데이트가 진행되지 않으므로 업데이트의 방해를 받지 않고 업무를 처리할 수 있습니다.

 PC 건강을 지켜주는 백신 소프트웨어

막연히 백신 소프트웨어만 설치한다고 해서 PC 안전이 저절로 실현되는 것은 아닙니다. 적을 알고 나를 알면 백전 백승이라는 말이 있듯이, PC를 악성 소프트웨어의 공격으로부터 안전하게 지키려면 악성 소프트웨어의 특징을 잘 이해하고 대처해야 합니다.

악성 소프트웨어의 종류

악성 소프트웨어는 컴퓨터에 피해를 입히는 소프트웨어로 바이러스, 스파이웨어 및 사용자 동의 없이 설치된 소프트웨어를 말합니다. 컴퓨터 바이러스는 세균 바이러스가 숙주에 기생하여 증식하거나 전염시키는 것처럼 활동하므로 바이러스라고 합니다. 복제·감염 기능이 없는 비바이러스형 악성 소프트웨어도 많이 있습니다.

악성 소프트웨어 종류	특징
바이러스(Virus)	사용자가 바이러스 감염 파일 실행 시에 작동하며, 계속해서 PC 내부의 다른 파일들까지 감염시킵니다. 주로 운영체제와 프로그램 실행에 관련된 파일들을 감염시켜 컴퓨터 사용을 방해하거나 고장 나게 만들며 특정 문서 파일을 삭제하는 종류도 있습니다. 전염성은 높지 않기 때문에 네트워크상에서는 상대방 컴퓨터의 사용자가 바이러스 감염 파일을 직접 실행하지 않는 한 스스로 전파되지는 않습니다.
웜(Worm)	컴퓨터의 취약점을 찾아 네트워크를 통해 스스로 자기 복제하여 저장 공간과 메모리 등의 시스템 자원을 소모시켜 시스템 리소스 부족을 야기합니다. 데이터에 직접적인 피해를 입히지는 않으나 아웃룩이나 아웃룩 익스프레스 같은 메일 프로그램에 등록된 이메일 주소나 네트워크를 통해서도 다른 컴퓨터에 빠르게 전파됩니다. 전염성이 아주 강하므로 바이러스보다 더 큰 피해를 입힐 수 있습니다. 변종인 웜 바이러스(Worm Viruis)는 웜과 바이러스의 특징을 모두 갖춘 더 위험한 바이러스입니다.
스파이웨어(Spyware)	사용자의 동의 없이 컴퓨터의 정보를 빼내 가고, 사용자가 작업하는 문서나 웹브라우저와 이메일에서 입력하는 정보까지 훔쳐가는 악성 소프트웨어입니다. 주로 웹사이트에 심어놓은 악성 스크립트나 ActiveX 등을 통해 침입합니다.
애드웨어(Adware)	인터넷 시작 페이지를 바꾸거나 사용자 의사와 관계없이 팝업 광고를 띄우는 소프트웨어입니다. 프리웨어나 세어웨어 중에는 무료 사용 조건으로 사용자의 동의를 받아 합법적인 알림 메시지를 제공하기도 합니다.
하이재커(Hijacker)	사용자의 동의 없이 특정 사이트로 방문하게 만들거나 팝업 창을 띄우는 악성 소프트웨어입니다.
트로이 목마(Trojan)	트로이 목마는 자기 복제와 증식은 하지 않지만 컴퓨터에 계속해서 침입할 수 있는 뒷문, 즉 백도어(Backdoor)를 만들고 원격 제어하여 컴퓨터 정보를 해킹하고, 데이터의 도용/변조/삭제 등의 불법을 저지르는 악성 소프트웨어입니다. 좀비 PC란 바로 트로이 목마류의 바이러스가 컴퓨터의 제어권을 쥐고 웹사이트 DDOS 공격에 이용하는 것입니다. 유용한 프로그램을 가장하여 사용자의 실행을 유도하므로 유의해야 합니다.
랜섬웨어	사용자의 컴퓨터 파일을 암호화시키고 복구하려면 상당액의 비용을 요구하는 신종 악성 소프트웨어입니다.
가짜 백신	가짜 백신은 백신으로 가장하기 위해 백신 기능을 일부 포함하기도 하지만, 정상 PC를 느리게 만들고 심각한 바이러스에 감염되었다는 허위 정보를 띄워 공포심을 자극하여 치료하려면 결제하라는 형태로 사기를 칩니다. 사용자가 응하지 않으면 실제 바이러스를 퍼뜨리거나 시스템를 느리게 하거나 고장 나게까지 합니다. 가짜 백신 프로그램은 사용자가 제거하려고해도 제거되지 않고 집요하게 입금을 유도하므로 유의해야 합니다.

바이러스 유입 경로를 원천 봉쇄하는 바이러스 예방법

바이러스와 관련하여 스트레스를 받지 않고 안전하게 PC를 사용하려면 바이러스 유입을 원천 봉쇄할 수 있는 기능을 제공하는 백신을 사용하면 됩니다.

마이크로소프트 사는 **사용자의 동의를 받지 않은 악성 소프트웨어를 검사하고 치료하는 윈도우 디펜더(Windows Defender)를 제공**합니다. 윈도우 디펜더가 다양한 종류의 악성 소프트웨어 방어에 유용한 도구이긴 하지만, 바이러스로부터 시스템을 보호하기 위해서는 바이러스 전용 백신 사용을 권합니다. **마이크로소프트도 전용 백신 프로그램인 Security Essentials를 공급**하고 있는데, 국내에서는 V3와 알약이 널리 사용되는 편입니다.

백신 프로그램은 기본적으로 실시간 감시 기능을 지원합니다. 백신 프로그램의 실시간 감시 기능을 켜 놓은 상태에서는 바이러스 의심 파일에 대해 사전에 경고하고 제거할 수 있으며, 이전에 다운로드된 바이러스나 악성 코드를 모르고 실행하려는 경우에도 경고하고 차단 또는 제거할 수 있으므로 바이러스 감염을 효과적으로 예방할 수 있습니다.

백신 프로그램은 오프라인 바이러스 유입을 막기 위해 USB 메모리나 외장 하드디스크 등을 연결 시 자동으로 바이러스와 악성 코드에 대한 자동 검사 기능을 제공하므로 바이러스 걱정 없이 안전한 PC 생활을 할 수 있습니다. 물론 백신 프로그램이 바이러스 스캐닝을 하는 시간만큼 기다리는 불편은 감수해야 합니다.

악성 소프트웨어의 유입 차단

악성 소프트웨어가 유입되는 경로는 온라인과 오프라인으로 구분해서 살펴볼 수 있습니다. **대부분의 악성 소프트웨어 감염은 온라인을 통한 감염이 대부분**이며, 이동식 저장 장치, 특히 USB 메모리나 외장 하드디스크를 통한 오프라인 감염도 적잖게 발생합니다.

악성 소프트웨어가 사용자의 컴퓨터로 침투하기 위해 **정상 프로그램을 가장한 소프트웨어나 악성 코드를 이메일의 첨부 파일, P2P나 웹사이트를 통한 다운로드 링크, 악성 코드를 포함시킨 웹페이지를 통해 사용자 모르게 악성 소프트웨어를 침투**시키는 등 다양한 방법들이 사용됩니다.

악성 소프트웨어가 기능하기 위해서는 사용자가 실행해야 하므로 **악성 소프트웨어는 교묘한 방법으로 사용자를 기만하거나 유혹하여 실행을 유도**합니다. 사용자가 주의를 기울여 의심 가는 파일을 실행하지 않으면 악성 소프트웨어의 침투는 대부분 예방할 수 있습니다.

악성 코드를 포함시킨 웹사이트는 스크립트를 통해 침투할 수도 있으므로, 모르는 웹사이트 방문 시 특히 유의해야 합니다. 웹브라우저 기본값은 스크립트 실행 시 사용자의 동의를 받도록 설정되므로 스크립트를 실행하지 않으면 차단할 수 있지만 사용자가 취소 단추를 눌러도 악성 코드가 실행되도록 하는 등 사용자를 유혹하거나 속여서 실행하는 교묘한 방법을 사용하므로 유의해야 합니다.

바이러스 DB 업데이트와 백신의 자체 보호 기능 사용

바이러스도 일종의 프로그램이기 때문에 끊임없이 자신을 효과적으로 은닉하고, 백신 프로그램으로부터 자신을 방어하고 역으로 백신마저 감염시켜 무력화하는 기능과 해킹 능력을 보강하는 등 점차 진화하고 있습니다.

백신 프로그램이 신종 바이러스를 발견해내고 치료할 수 있으려면 바이러스 데이터베이스도 주기적으로 업데이트해주어야 합니다. 물론 요즘 나오는 백신 프로그램은 예외 없이 바이러스 데이터베이스 업데이트 기능을 제공합니다.

백신 프로그램이 감염되면 바이러스 검사와 치료 기능은 무장해제되므로 항상 바이러스 백신을 설치한 그 순간부터는 반드시 **자체 보호 기능을 사용**하여 백신 프로그램이 바이러스에 감염되지 않도록 해야 합니다. 요즘 나오는 백신 프로그램은 대부분 자체 보호 기능을 제공하며, 기본값으로 설정됩니다.

운영체제에 맞는 백신의 설치와 실시간 감시 기능 사용

백신 프로그램도 사용하는 운영체제에 맞춰 설치해야 합니다. 백신 프로그램 중에는 아직 64비트 운영체제를 지원하지 못하고 32비트 운영체제만 지원하는 종류도 있습니다. 보통 안전한 PC 생활을 위해 백신 프로그램을 두 가지 이상 사용하는 경우도 있는데, **백신 프로그램의 실시간 감시 기능은 반드시 하나만 사용**합니다.

실시간 감시 기능은 메모리에 상주한 채 모든 프로세스를 감시하므로 적지 않은 시스템 자원을 사용합니다. 백신의 실시간 감시 기능을 둘 이상 동시에 사용하면 PC 속도가 현저히 저하되므로 유의해야 합니다.

백신 프로그램에 포함된 최적화 프로그램

국내에서 가장 많이 사용되고 있는 안철수연구소의 **V3나 이스트소프트 사의 알약 같은 백신 프로그램에는 최적화 기능도 포함**되어 있습니다. 요즘에는 원클릭으로 바이러스 검사와 최적화까지 한 번에 처리할 수 있는 기능을 제공합니다. 기본적인 시스템 최적화 작업은 백신 프로그램에 포함된 최적화 기능을 사용해도 충분합니다.

바이러스 치료는 안전 모드에서

사용자가 백신 프로그램의 경고를 무시하고 바이러스나 악성 코드로 진단되거나 의심 가는 파일을 실행하여 바이러스가 프로세스를 점유하여 이미 실행 중일 때는 바이러스를 치료하지 못할 수 있습니다.

이미 **바이러스에 감염된 PC의 바이러스를 제거하려면 안전 모드로 부팅하고 치료하는 것이 가장 확실한 방법**입니다. 안전 모드로 시동하면 운영체제 실행에 필요한 최소한의 드라이버와 운영체제 프로그램만 작동하기 때문에 바이러스와 악성 코드도 대부분 작동하지 못합니다. 즉, 바이러스가 저항할 수 없는 상태에서 백신 프로그램을 직접 실행하여 깨끗이 제거할 수 있는 것입니다.

Exercise 7 윈도우 디펜더 사용하기

윈도우 디펜더는 윈도우 운영체제 설치 시 함께 설치됩니다. 윈도우 디펜더는 바이러스를 포함한 악성 소프트웨어를 찾아 치료할 수 있는 기능을 제공하며 실시간 감시 기능도 제공합니다. 윈도우 디펜더의 실시간 보호 기능은 기본값으로 설정되는데, 바이러스 백신 프로그램의 실시간 감시 기능과 함께 사용해도 시스템 성능에 큰 영향을 미치지 않으므로 기본값인 실시간 감시 기능을 사용하길 권합니다.

이 실습에 필요한 내용	실습 키 포인트
마이크로소프트 윈도우 디펜더	윈도우 디펜더 활용 방법 익히기

윈도우 디펜더 업데이트 및 검사 기능 사용하기

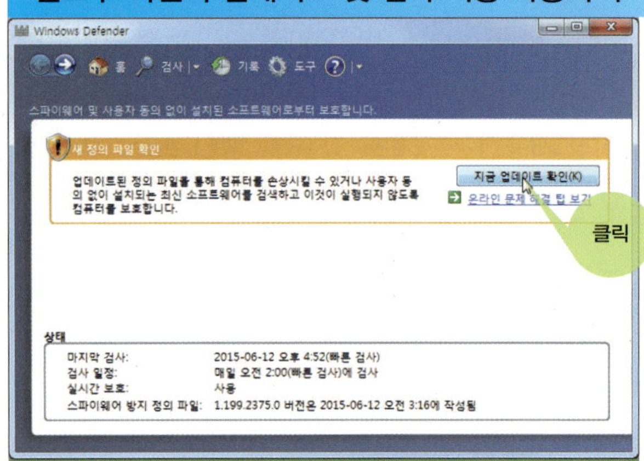

HELP

- 여기서는 윈도우 7에서 윈도우 디펜더를 사용하는 실습을 해 보겠습니다. 윈도우 디펜더는 윈도우 8/8.1/10에서도 기본 제공되며 사용법은 비슷합니다.
- 윈도우 디펜더 프로그램의 업데이트는 윈도우 업데이트와 함께 제공됩니다. 디펜더의 정의 파일은 악성 소프트웨어를 진단하고 치료하는 데 필요하므로 반드시 업데이트하기 바랍니다. 정의 파일의 업데이트는 윈도우 디펜더를 실행했을 때 업데이트가 있는 경우 알림 메시지가 표시됩니다. 윈도우 디펜더 정의 파일의 업데이트가 없거나 업데이트를 마친 후에는 바로 검사 기능을 사용할 수 있습니다.
- 윈도우 7 디펜더에서는 **도구** 단추를 누르면 나오는 도구 및 설정 창에서 운용 환경을 설정하며, 윈도우 8/8.1/10용 디펜더에서는 **설정** 단추를 누르면 프로그램 실행 방법 등 설정 옵션을 사용할 수 있습니다.
- 검사 옵션의 기본값인 **빠른 검사**는 실행 파일만 검사합니다. **전체 검사**를 선택하면 모든 파일에 대한 검사를 수행하며, **사용자 지정**을 선택하면 원하는 드라이브와 폴더를 검사할 수 있습니다.

1 윈도우 7 시작 단추를 누르면 나오는 시작 메뉴의 Windows 검색 상자에 Defender를 입력하면 나오는 Windows Defender를 클릭하여 실행합니다. 새 정의 파일 확인 알림이 나오면 **지금 업데이트 확인**을 클릭합니다.

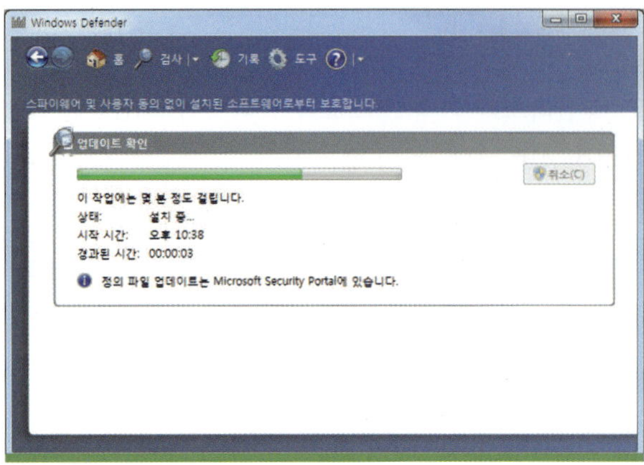

2 업데이트가 진행되면 끝날 때까지 기다립니다.

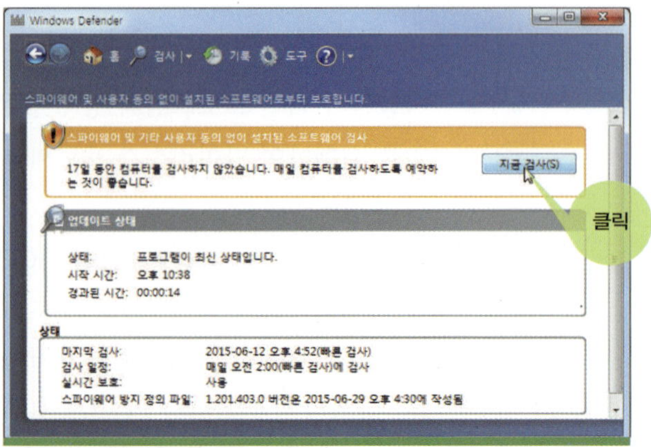

3 업데이트가 끝나면 **지금 검사** 단추를 클릭합니다.

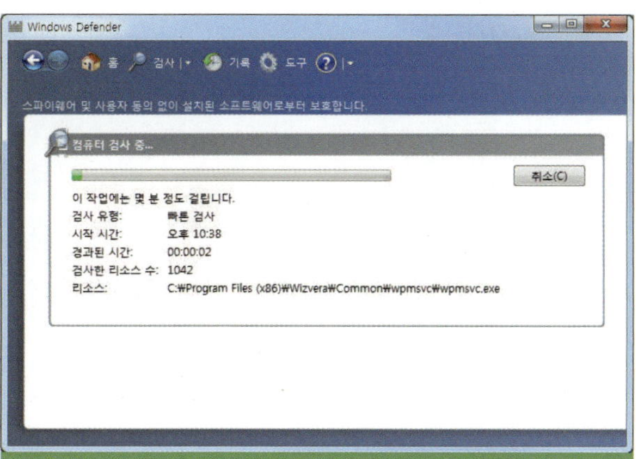

4 검사가 진행되면 끝날 때까지 기다립니다.

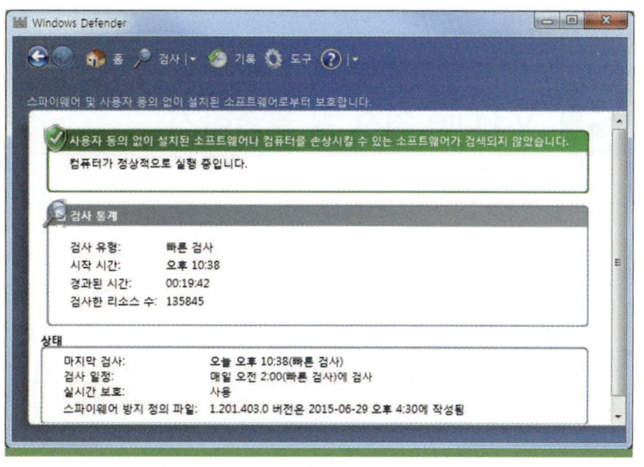

5 검사가 끝났습니다. 악성 소프트웨어가 발견되지 않으면 그 내용을 알려줍니다.

윈도우 디펜더에서 악성 소프트웨어 제거하기

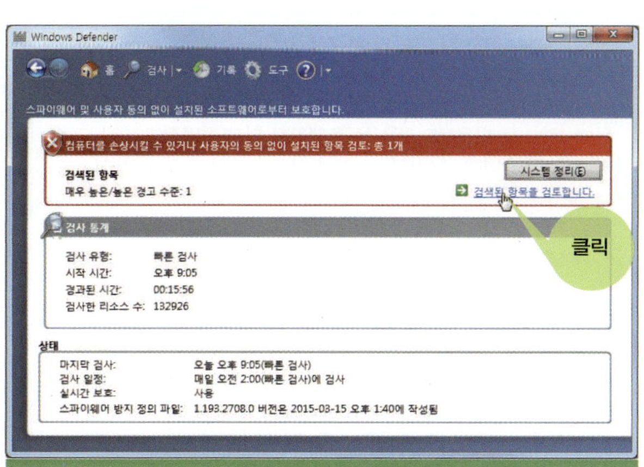

1 악성 소프트웨어가 발견되어 빨간색 줄에 메시지가 나오면 **검색된 항목을 검토합니다**를 클릭합니다.

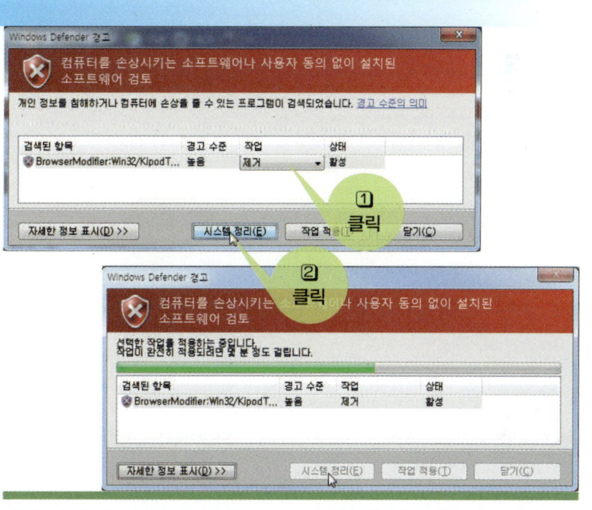

2 검색된 항목이 의심스러운 파일이 맞으면 **제거** 선택 상태에서 **시스템 정리** 단추를 클릭하여 제거합니다.

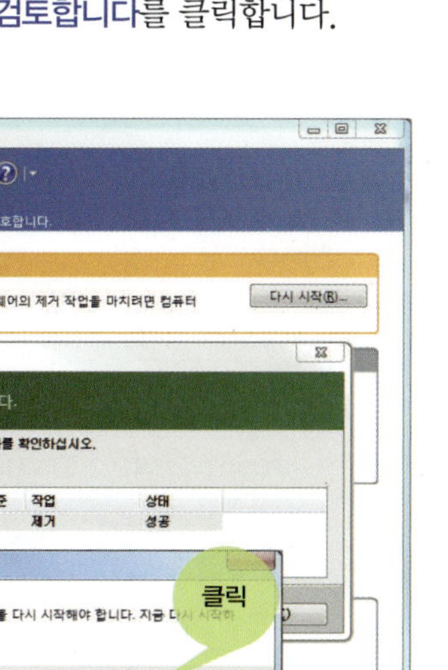

3 제거 작업을 완료하기 위해 시스템 재시작이 필요하다는 대화상자가 나오면 **예** 단추를 클릭합니다.

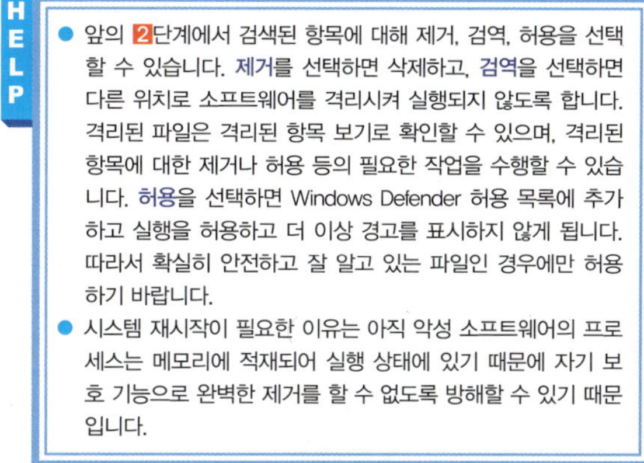

HELP

- 앞의 **2**단계에서 검색된 항목에 대해 제거, 검역, 허용을 선택할 수 있습니다. **제거**를 선택하면 삭제하고, **검역**을 선택하면 다른 위치로 소프트웨어를 격리시켜 실행되지 않도록 합니다. 격리된 파일은 격리된 항목 보기로 확인할 수 있으며, 격리된 항목에 대한 제거나 허용 등의 필요한 작업을 수행할 수 있습니다. **허용**을 선택하면 Windows Defender 허용 목록에 추가하고 실행을 허용하고 더 이상 경고를 표시하지 않게 됩니다. 따라서 확실히 안전하고 잘 알고 있는 파일인 경우에만 허용하기 바랍니다.
- 시스템 재시작이 필요한 이유는 아직 악성 소프트웨어의 프로세스는 메모리에 적재되어 실행 상태에 있기 때문에 자기 보호 기능으로 완벽한 제거를 할 수 없도록 방해할 수 있기 때문입니다.

Exercise 8

V3 Lite 설치 및 활용하기

여기서는 안철수연구소에서 개발한 V3 Lite 버전을 설치하고 기본적인 바이러스 예방법까지 실습해보겠습니다. V3 Lite는 개인 사용자는 무료로 사용할 수 있으며, 메모리에 상주하는 실시간 감시 프로그램은 작고 빠르기 때문에 시스템의 성능에도 별로 지장을 주지 않으며, 메모리 최적화를 비롯한 강력한 최적화 기능까지 제공하므로 일석이조의 활용 효과를 제공합니다.

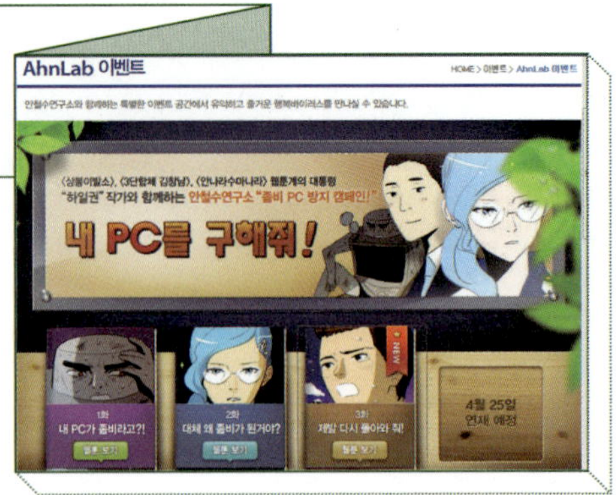

이 실습에 필요한 내용	실습 키 포인트
V3 Lite 백신 인터넷 다운로드	V3 Lite 설치 및 활용 방법 익히기

V3 Lite 다운로드

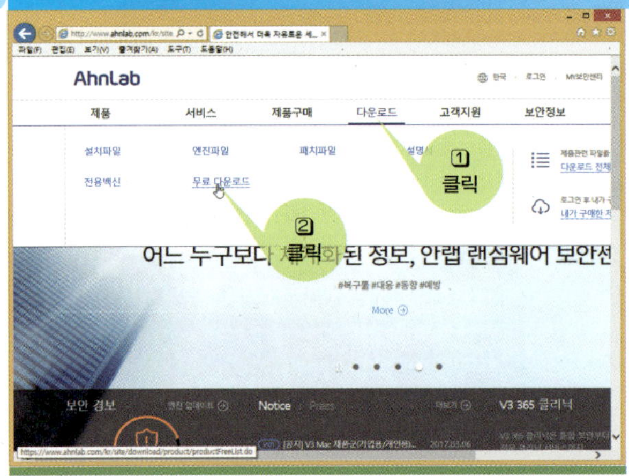

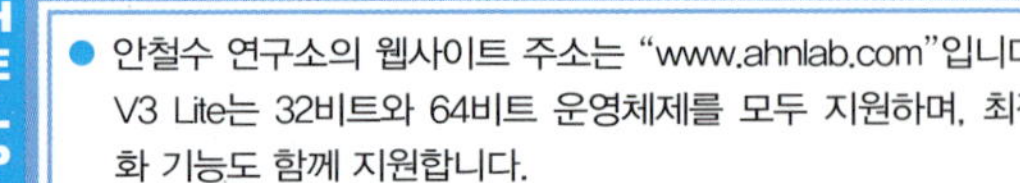

HELP

- 안철수 연구소의 웹사이트 주소는 "www.ahnlab.com"입니다. V3 Lite는 32비트와 64비트 운영체제를 모두 지원하며, 최적화 기능도 함께 지원합니다.
- V3 Lite 다운로드 방식은 홈페이지 디자인 버전에 따라 다를 수 있습니다. 스마트워크 카페에서도 다운로드할 수 있습니다.
- V3 Lite 프로그램 구성 요소와 설치 과정은 프로그램 버전에 따라 다를 수 있습니다.
- V3 Lite는 개인 사용자에 한해 무료로 사용할 수 있는 버전입니다. 기업에서 사용할 때는 기업용 유료 버전을 사용해야 합니다. 다른 백신 프로그램도 대부분 이러한 방식으로 제공됩니다.
- V3 Lite의 실시간 감시 기능은 메모리를 적게 차지하고 속도가 빠른 장점을 바탕으로 널리 사용되고 있습니다. 특히 최적화 기능에는 메모리 최적화 기능이 포함되어 있기 때문에 메모리 부족 시 유용하게 활용할 수 있습니다.

1 웹브라우저로 안철수연구소 사이트에 방문한 후, **다운로드** 메뉴에서 **무료 다운로드**를 클릭합니다.

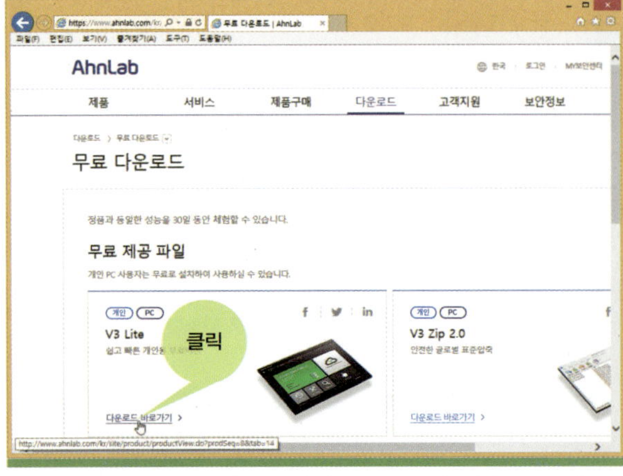

2 무료 다운로드 페이지에서 V3 Lite의 **다운로드 바로 가기**를 클릭합니다.

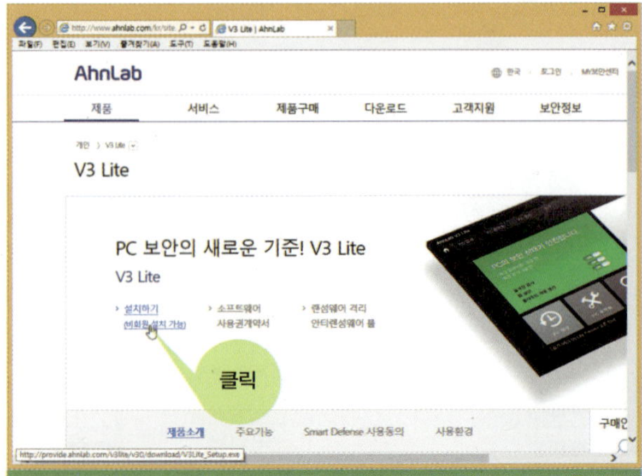

3 계속해서 V3 Lite의 **설치하기(비회원 설치 가능)**를 클릭합니다.

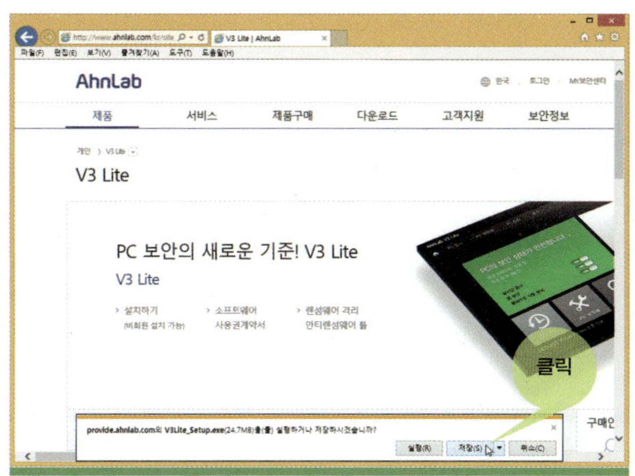

4 알림 표시줄이 표시되면 **저장**을 클릭합니다.

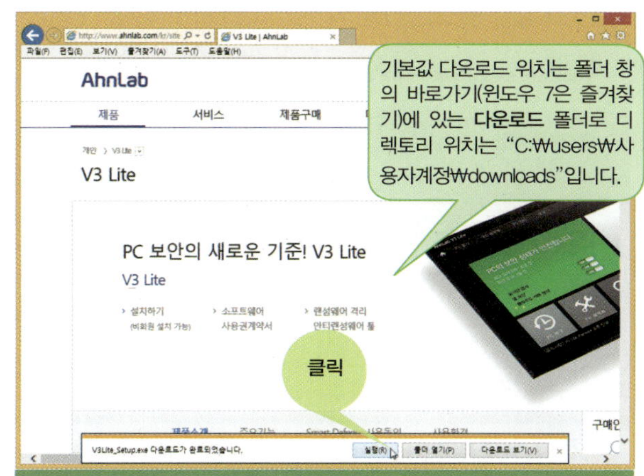

5 다운로드가 완료되면 **실행**을 클릭합니다.

V3 Lite 설치하기

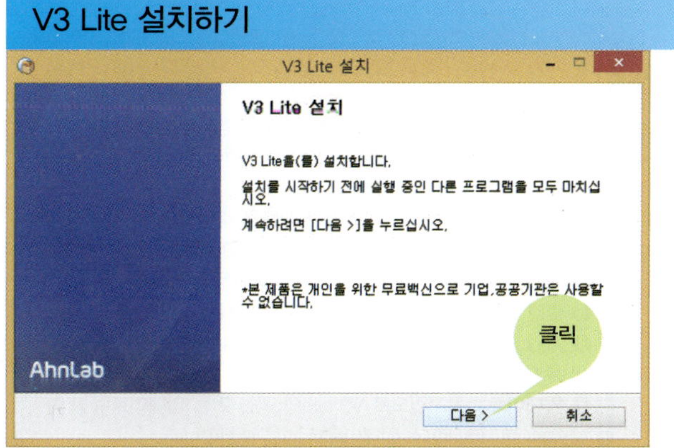

1 V3 Lite 설치 창이 나오면 **다음** 단추를 클릭합니다.

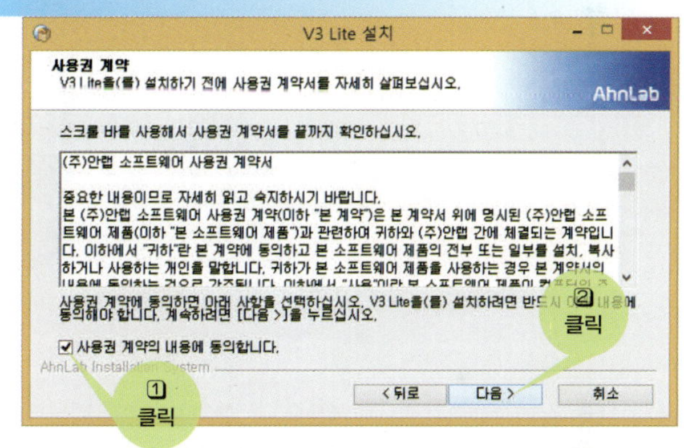

2 사용권 계약 창이 나오면 **사용권 계약의 내용에 동의합니다**를 체크한 후 **다음** 단추를 클릭합니다.

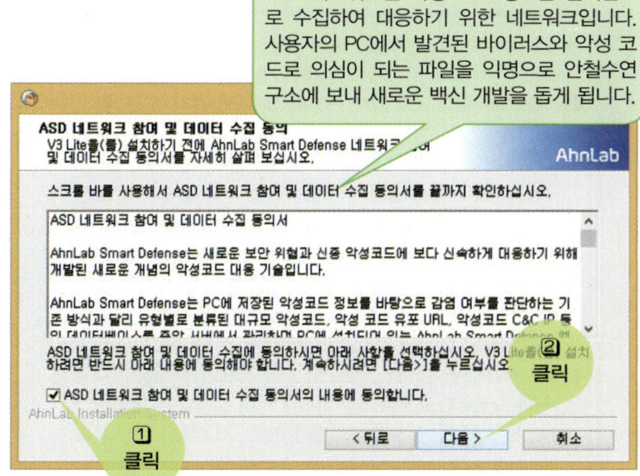

3 계속해서 **ASD 네트워크 참여 및 데이터 수집 동의서의 내용에 동의합니다**를 체크한 후 **다음** 단추를 클릭합니다.

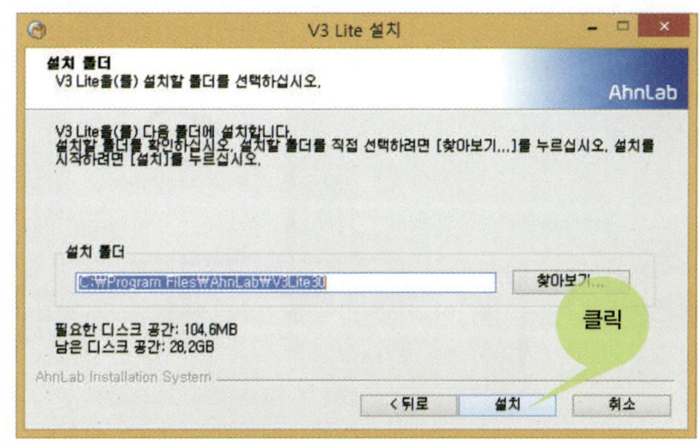

4 설치 폴더 선택 화면이 나오면 설치할 대상 폴더를 확인하고 **설치** 단추를 클릭합니다.

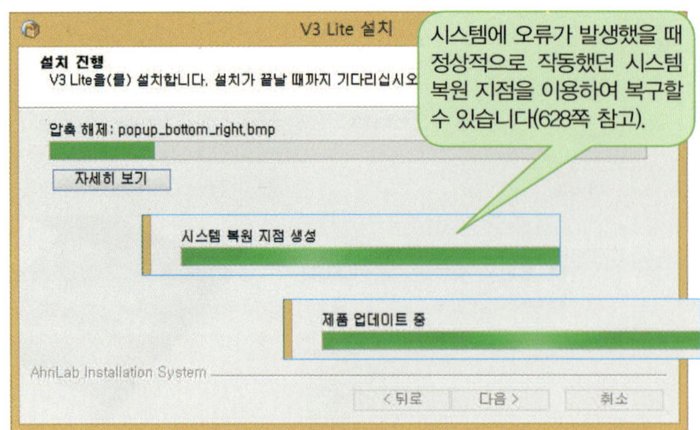

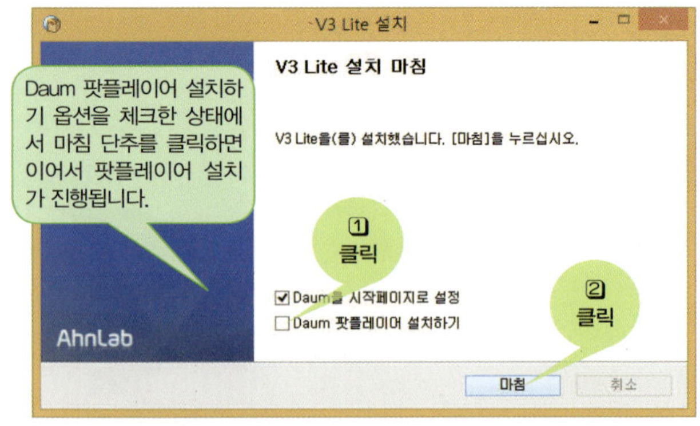

5 설치가 진행됩니다. 설치 과정 중에 시스템 복원 지점과 업데이트까지 진행되는 것을 볼 수 있습니다.

6 설치가 완료된 후 V3 Lite 설치 마침 대화상자가 나오면 Daum 팟플레이어 설치하기 옵션을 해제하고 **마침** 단추를 클릭합니다.

V3 Lite로 바이러스 검사하고 최적화하기

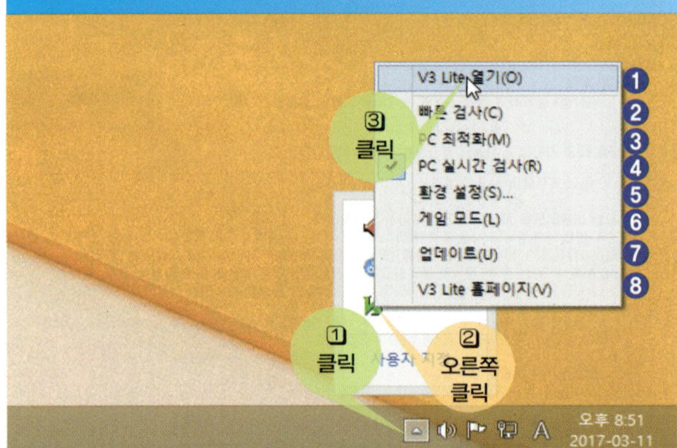

1 이제 바탕화면 오른쪽 아래 알림 영역에서 **숨겨진 아이콘 표시** 단추를 클릭한 후 새로 등록된 V3 Lite 아이콘을 오른쪽 클릭하고 팝업 메뉴에서 **V3 Lite 열기**를 선택합니다.

HELP

● 작업 표시줄의 알림 영역에서 V3 Lite의 대부분의 기능을 바로 사용할 수 있습니다.
① **V3 Lite 열기** : V3 Lite를 실행하여 메인 창을 나타냅니다.
② **빠른 검사**
③ **PC 최적화**
④ **PC 실시간 검사** : 실시간 검사 기능을 수행합니다. 둘 이상의 백신 소프트웨어를 사용하더라도 실시간 감시 기능은 반드시 하나만 사용해야 시스템 성능 저하를 막을 수 있습니다.
⑤ **환경 설정** : V3 Lite의 환경 설정 대화상자를 호출합니다.
⑥ **게임 모드** : 게임 진행을 방해하지 않도록 알림 메시지 등을 띄우지 않도록 설정됩니다.
⑦ **업데이트** : 온라인으로 V3 Lite의 최신 기능 업데이트나 바이러스 데이터베이스 업데이트 작업을 수행합니다.
⑧ **V3 Lite 홈페이지** : 안철수 연구소 홈페이지(www.ahnlab.com)를 엽니다.

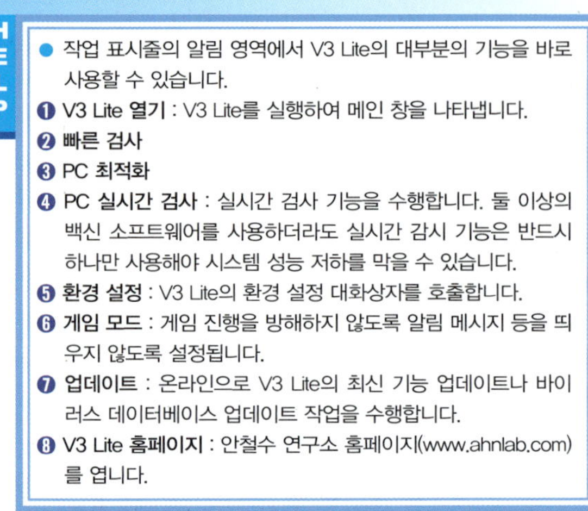

2 PC 상태를 한눈에 확인하고 필요한 작업을 바로 수행할 수 있는 V3 Lite 메인 창이 나옵니다. 바이러스 검사와 PC 최적화를 한꺼번에 수행할 수 있는 **One Click** 단추를 클릭합니다.

HELP

● V3 Lite 메인 화면에서는 자주 사용하는 기능과 정보를 타일에 접근할 수 있으며, 메뉴에서 세부 기능을 사용할 수 있습니다.
① **메뉴 표시줄** : 정밀 검사, PC 최적화, PC 관리, 도구, 환경 설정 기능을 사용할 수 있습니다.
② PC의 보안 상태를 나타내고, 실시간 검사, 웹 보안, 클라우드 자동 분석 기능을 활성화, 비활성화할 수 있습니다. 웹 보안 기능은 사이트가드 유틸리티를 통합한 기능입니다. 인터넷 서핑 중 웹페이지를 통해 사용자의 시스템에 침투하거나 공격하려는 악성 스크립트가 있으면 경고와 필요한 조치를 취할 수 있게 해주며, 웹에서 다운로드 하는 파일에 대해 사전 검사 기능을 수행하므로 안전한 파일만 다운로드할 수 있도록 도와줍니다.
③ ASD(AhnLab Smart Defence) 사용 상태와 클라우드 자동 분석과 Active Defence 사용 여부를 바로 설정할 수 있습니다.
④ **PC 복구** : V3 PC 복구 지점을 만들고, 시스템의 고장 시 복구할 수 있는 기능입니다. 복구는 유료입니다.
⑤ **PC 최적화** : PC 최적화 기능을 사용합니다.
⑥ **빠른 검사** : 빠른 검사 기능을 사용합니다.
⑦ **One Click** : 최적화와 빠른 검사 기능을 한꺼번에 사용합니다.
⑧ **업데이트**

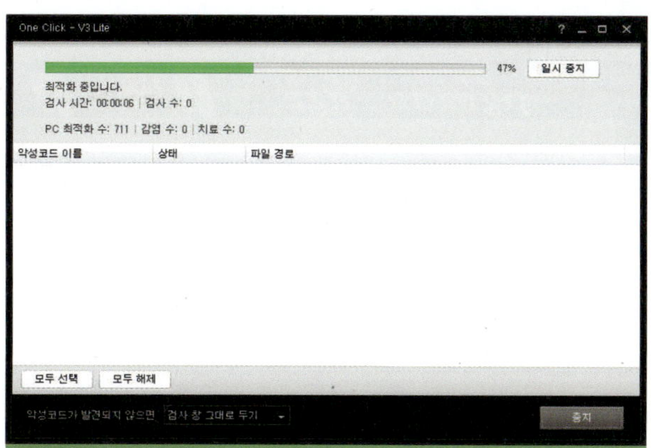

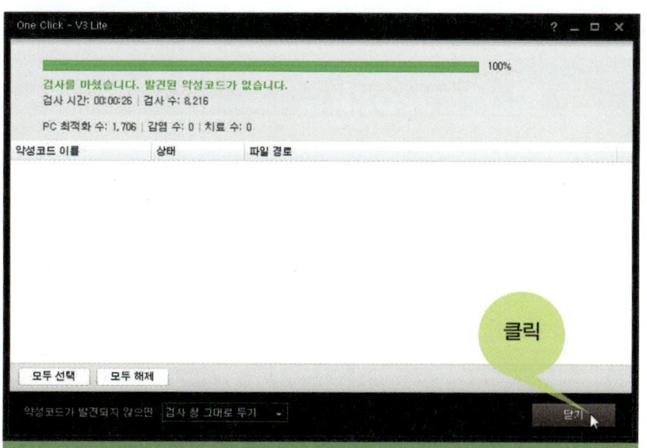

3 자동으로 최적화 작업이 진행됩니다. 사실 바이러스 백신 프로그램이 제공하는 최적화 기능만 주기적으로 수행해도 PC를 쾌적하게 사용할 수 있습니다.

4 PC 최적화를 마치면 자동으로 바이러스 검사를 수행합니다. 바이러스가 발견되면 치료하면 됩니다. 끝나면 **닫기** 단추를 클릭합니다.

Check Point 컴퓨터와 모바일 기기를 이용한 범죄 행위와 예방법

직접 컴퓨터 해킹을 통해 개인 정보를 훔치는 것은 뛰어난 해커라해도 쉽지 않은 일입니다. 해킹 범죄에 시스템을 다루는 내부자가 연루되는 경우가 많은 것도 그만큼 사람을 통하는게 훨씬 더 쉽고 빠르기 때문입니다. 반면에 트로이안 바이러스나 악성코드를 정상 파일로 위장하여 사용자의 설치를 유도하는 방식에 속는 경우는 비일비재합니다. 주기적인 바이러스 검사와 잘모르는 이메일과 웹사이트의 파일은 아예 클릭하지 않는 습관만 길러도 바이러스 걱정없이 안심하고 컴퓨터를 사용할 수 있습니다.

컴퓨터 바이러스의 위험성은 잘알려져 있고, 대응하는 백신 소프트웨어도 대부분 사용하고 있기 때문에 오늘날에는 컴퓨터보다는 모바일 기기를 이용한 스미싱과 보이스 피싱, 파밍 같은 범죄가 많이 발생하고 있습니다. 스미싱은 문자 메시지를 이용한 사기 수법이고, 보이스 피싱은 음성 전화를 이용한 사기 수법이며, 파밍은 정상적인 금융기관 같은 사이트를 가장하여 금융정보를 입력케하여 이를 통해 계좌에서 무단 이체로 돈을 빼가는 사기 수법입니다.

스미싱은 악성코드나 링크가 포함된 문자 메시지를 사용자의 클릭을 유도하는 교묘한 메시지를 보냅니다. 모바일 청첩장이나 경품 이벤트 당첨 등으로 위장한 스미싱 메시지를 클릭하면 악성코드를 교묘히 설치하여 개인 정보를 빼낸 다음 소액 결제 방식으로 돈을 빼가는 수법을 사용합니다. 스미싱 사기에 의해 결제되는 금액은 소액이기 때문에 모르고 지나쳤다가 휴대전화 요금 결제 때 비로소 돈이 빠져나간 사실을 인지하는 경우도 적지 않습니다. 스미싱 피해를 예방하려면 모르는 문자 메시지는 절대 터치하지 말고 스팸처리와 신고를 합니다. 스미싱 사기 피해를 당한 경우에는 즉시 가입한 이동통신사에 연락하여 해당 문자 메시지에 대한 출처 확인 및 결제 금액 회수 조치를 요청해야 합니다.

보이스 피싱은 조직적인 사기 행위로 수사기관이나 금융기관을 사칭한 전화를 걸어 문제를 해결하려면 돈을 송금하도록 유도하는 형태의 사기 수법입니다. 보이스 피싱은 사전에 해킹 등을 통해 개인 정보를 알아내고 전화를 걸기 때문에 속기 쉬우며, 큰 금액을 노리는 범죄 행위입니다. 보이스 피싱으로 의심되는 전화 통화중에 개인번호나 인증번호를 요구할 때 알려주면 바로 돈을 빼갈 수 있으므로 절대 알려줘서는 안됩니다. 가능하면 보이스 피싱 전화는 녹음을 하여 신고하기 바랍니다.

파밍 사기는 주로 무료 와이파이 서비스를 수행하는 공유기와 연결된 PC나 모바일 기기로 침투하여 악성코드를 실행하게 하여 감염시킨 후 금융기관의 위장 사이트로 접속을 유도하여 금융정보를 탈취하는 수법을 사용합니다. 공유기 제품들의 기본값 암호는 노출되어 있으므로 공유기는 반드시 새로 암호를 설정해야 안전합니다. 유무선 공유기에서 무선 와이파이 공유를 이용하는 경우에도 반드시 암호를 사용하길 권장합니다.

V3 Lite 환경설정으로 작업 효율 높이기

백신 프로그램의 임무는 바이러스로부터 사용자의 컴퓨터를 보호하는 데 있기 때문에 환경 설정 기능들도 대부분 이와 관련된 설정 옵션들이 제공되는데, 환경 설정을 통해 사용자의 작업 스타일에 맞춰 작동시킬 수 있습니다.

앞의 실습을 참고하여 V3 Lite를 연 다음 오른쪽 상단의 환경설정 단추 ⚙를 클릭하거나 작업표시줄의 알림 영역에서 V3 Lite 알림 아이콘을 오른쪽 클릭하여 팝업 메뉴에서 **환경 설정**을 클릭합니다. V3 Lite의 환경 설정은 크게 PC 보안, 네트워크 보안, Active Defence, 기타 설정으로 구분됩니다.

PC 보안 설정

PC 보안 설정 섹션의 설정 옵션들은 PC 검사 설정, 고급 설정, 검사 예외 설정으로 분류되어 제공됩니다.

PC 검사 설정

PC 검사 설정의 설정 옵션은 PC 검사와 관련된 설정 옵션들이 집약되어 제공됩니다. 설정 옵션이 많기 때문에 PC 실시간 검사, 정밀 검사, 예약 검사 탭에 설정 페이지가 제공됩니다.

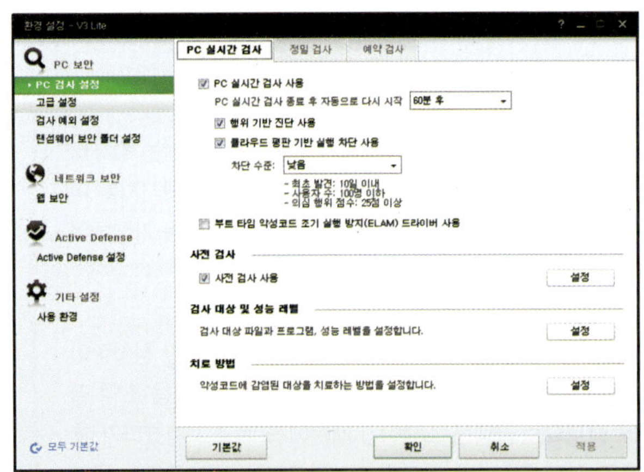

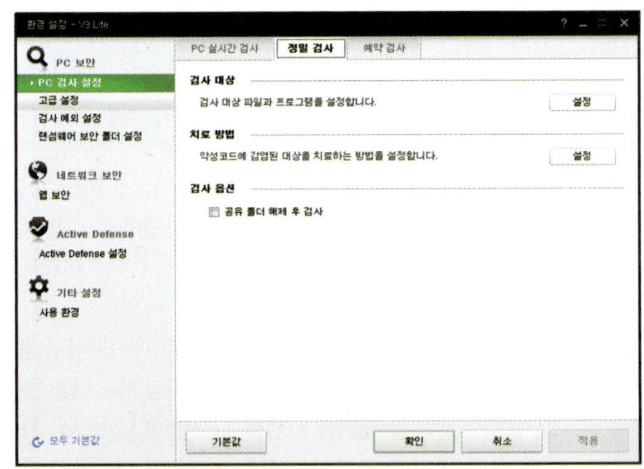

고급 설정

고급 설정의 설정 옵션은 고급 검사와 클라우드 탭으로 구분되어 설정 옵션이 제공됩니다.

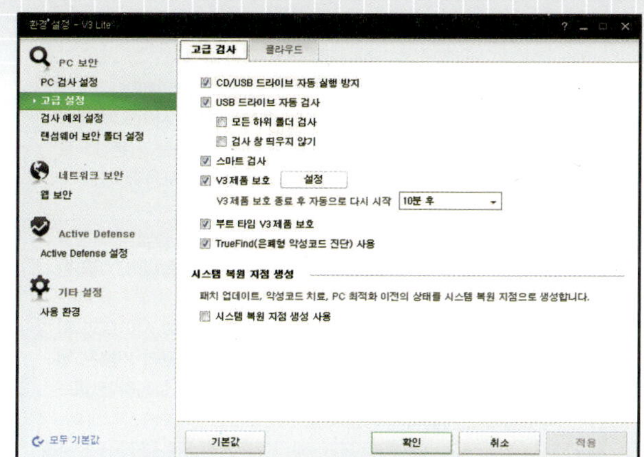

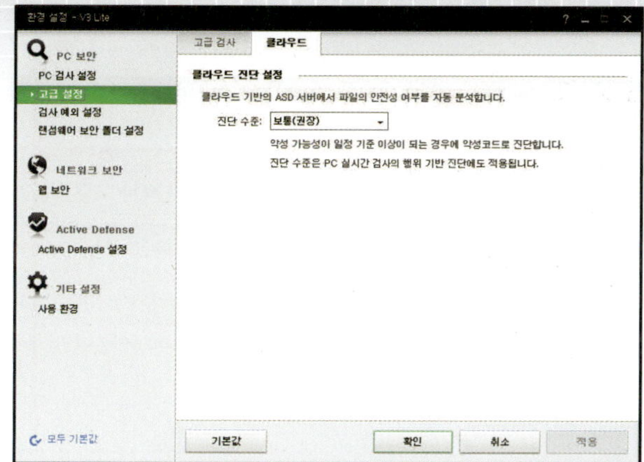

● **고급 검사**

❶ **CD/USB 드라이브 자동 실행 방지** : CD/USB 드라이브 자동 실행 방지 여부를 설정합니다. 자동 실행 기능을 이용하는 바이러스나 악성 코드로부터 의 감염을 예방하려면 자동 실행 방지 기능의 사용을 권장합니다.

❷ **USB 드라이브 자동 검사** : USB 드라이브 자동 검사 여부를 설정하며, 모든 하위 폴더 검사와 검사 창 띄우지 않기도 설정할 수 있습니다. USB 드라이브는 오프라인 감염의 주요 통로이므로 사용을 권장합니다.

❸ **스마트 검사** : 스마트 검사 사용 여부를 설정합니다. 스마트 검사를 사용하면 이전 검사에서 이상없는 파일은 검사를 생략하여 검사 속도를 높입니다.

❹ **V3 제품 보호** : V3 제품 보호 사용 여부를 설정합니다. 보호 대상을 프로세스, 레지스트리, 파일, 볼륨별로 각각 설정할 수 있습니다. V3 제품 보호 종료 후에 다시 시작할 시간 간격도 설정할 수 있습니다.

❺ **부트 타임 V3 제품 보호** : PC 시작 시점부터 V3 제품 보호를 시작할 지의 여부를 설정합니다.

❻ **TrueFind(은폐형 악성 코드 진단) 사용** : 은폐형 악성 코드를 진단하는 TrueFind 탐지 기능의 사용 여부를 설정합니다.

❼ **시스템 복원 지점 생성 사용** : 패치 업데이트나 악성 코드 치료, PC 최적화 실행 전에 시스템 복원 지점을 생성 여부를 설정합니다. 시스템 복원 지점을 이용한 복구 방법은 628쪽에서 다룹니다.

● **클라우드** : 안철수연구소의 클라우드 기반의 ASD(AhnLab Smart Defence) 서버의 악성 코드 데이터베이스를 이용한 분석 기능을 사용할 수 있는 진단 수준 옵션이 제공됩니다. 진단 수준은 낮음, 보통(권장), 높음 중에서 설정할 수 있습니다. 높을수록 악성 코드로 의심가는 모든 경우를 차단하므로 오진 가능성도 높아지며, 낮을수록 악성 코드 가능성이 매우 큰 경우만 차단합니다.

검사 예외 설정

검사 예외 사용 상태에서는 안전한 폴더나 파일, 파일 확장자를 검사 예외 대상으로 등록하여 바이러스 검사 시간을 단축할 수 있습니다.

검사 예외 악성 코드 설정은 악성 코드로 알려진 파일이지만 검사에서 제외합니다. 악성 코드를 검사하지 않도록 설정하는 기능이므로 꼭 필요한 경우가 아니면 사용하지 말기 바랍니다.

네트워크 보안 설정

네트워크 보안 설정 섹션에서는 웹 보안 설정을 할 수 있습니다. 웹 보안 설정 페이지에는 비교적 간단한 설정 옵션이 제공됩니다.

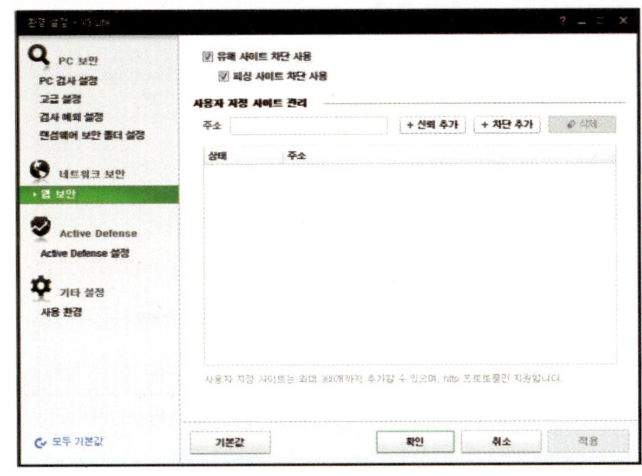

HELP

❶ **유해 사이트 차단** : 사이트 자료로 확보된 유해 사이트에 대한 차단 여부를 설정합니다. 유해 사이트 차단 기능은 기본값으로 설정되며, 해제하면 피싱 사이트 차단 기능과 사용자 지정 사이트 관리 기능은 사용할 수 없습니다.

❷ **피싱 사이트 차단** : 피싱 사이트란 개인 정보의 불법적 해킹을 노리고 금융 기관 등으로 위장한 사이트를 말합니다. 이러한 사이트에 대한 차단 여부를 설정합니다.

❸ **사용자 지정 사이트 관리** : 최대 300개까지 신뢰 사이트와 차단 사이트 주소를 등록할 수 있습니다. 사이트 관리 기능은 웹 브라우저에서도 지원하는 기능인데, V3 Lite로 설정하면 웹브라우저에 관계없이 적용됩니다.

Active Defense 설정

Active Defense는 구체적인 사용자의 시스템에서 아직까지 공식적으로 알려지지 않은 위협에 대응하기 위해 위협 요인을 지정하고 클라우드 ASD 서버와 연계하여 프로그램이 의심 행위를 하는지를 판단하며 능동적으로 방어할 수 있습니다. Active Defense는 PC 실시간 검사 사용 시에만 작동하는 점을 유의하기 바랍니다.

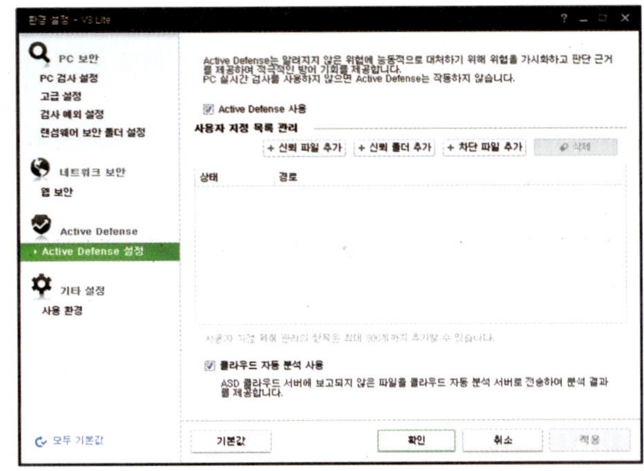

HELP

❶ **Active Defense 사용** : Active Defense 사용 여부를 설정합니다. 설정을 해제하면 사용자 지정 파일 관리 기능을 사용할 수 없습니다.

❷ **사용자 지정 파일 관리** : 최대 300개까지 안전한 파일은 신뢰 파일로 추가하고, 사용을 원하지 않는 파일이거나 악성 코드로 의심되는 파일에 대해서는 차단 파일로 추가하여 관리할 수 있습니다.

❸ **클라우드 자동 분석 사용** : ASD 클라우드 서버에 의심 파일을 전송하여 자동 분석하고 그 결과를 확인할 수 있는 클라우드 자동 분석 사용 여부를 설정합니다.

기타 설정

기타 설정에서는 다양한 사용 환경과 관련된 설정 옵션이 사용자 설정, 알림 설정, 업데이트 설정, 서버 설정 탭으로 구분되어 제공됩니다.

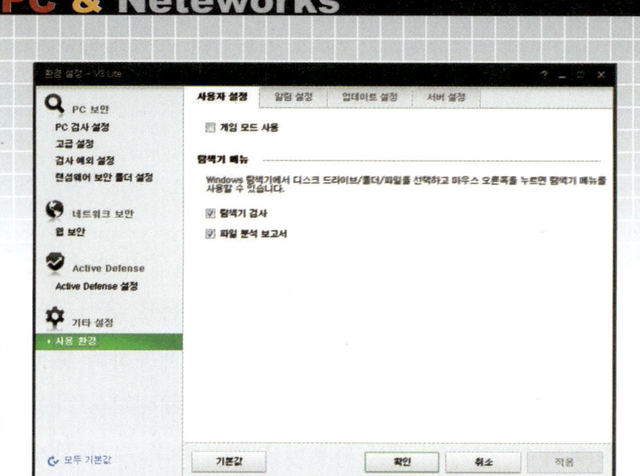

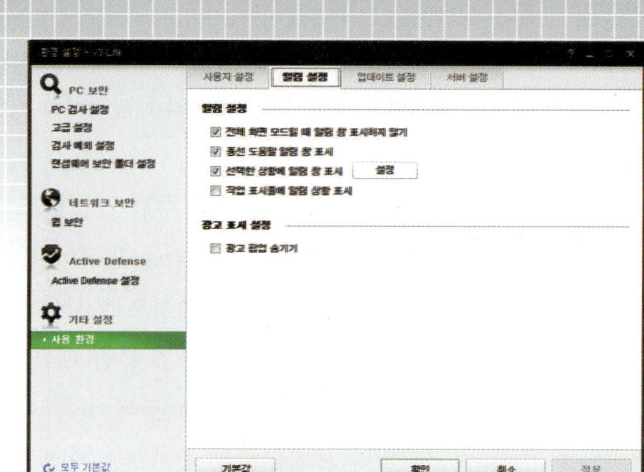

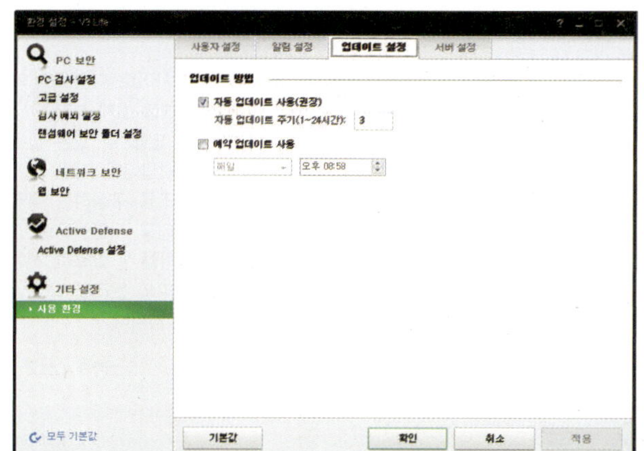

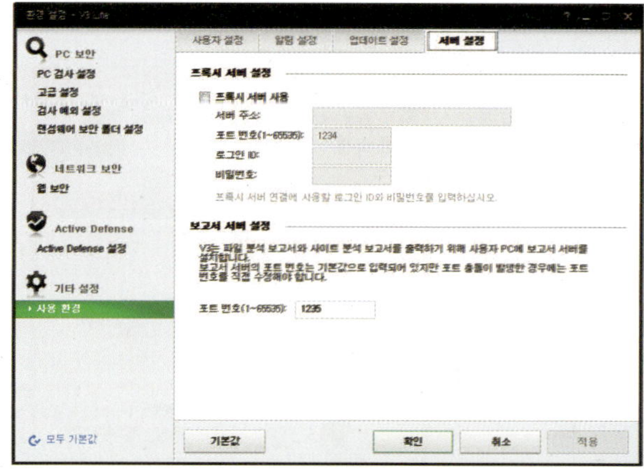

HELP

● **사용자 설정**

❶ **게임 모드 사용** : 전체 화면 모드로 게임 진행 중일 때 알림 창, 예약 검사, 자동 업데이트, 예약 업데이트 작업 실행이나 화면 표시를 하지 않습니다

❷ **탐색기 검사** : 폴더 창의 드라이브/폴더/파일에 오른쪽 마우스 버튼을 클릭해 팝업 메뉴에서 바로 탐색기 검사를 사용하여 진단, 치료할 수 있습니다.

❸ **파일 분석 보고서** : 선택 파일의 버전 등 파일 정보와 클라우드 평판, 안전도 평가 정보 등을 확인할 수 있습니다.

● **알림 설정** : V3 Lite의 알림 표시를 사용자가 직접 설정하고 악성 코드 진단/치료, 업데이트 같은 이벤트가 발생할 때의 알림 여부를 선택할 수 있습니다.

❶ **전체 화면 모드일 때 알림 창 표시하지 않기** : 전체 화면 모드로 작업 중일 때는 알림 창을 나타내지 않습니다. 이때 악성 코드를 발견하면 자동으로 치료합니다.

❷ **풍선 도움말 알림 창 표시** : 일회성 정보를 알려주는 풍선 도움말 표시 여부를 설정합니다.

❸ **선택한 상황에 알림 창 표시** : PC 보안, 네트워크 보안, 업데이트 관련 이벤트 상황에 대해 알림 창 표시 여부를 설정합니다. 설정 단추로 각각의 상황에 대한 알림창 표시 여부를 설정할 수 있습니다. 알림 창에는 감염된 악성 코드나 차단 내용 등을 확인할 수 있습니다.

❹ **알림 상황 작업 표시줄 표시** : 알림 상황을 작업 표시줄에 나타낼지를 설정합니다.

❺ **광고 팝업 숨기기** : 개인 사용자에게는 무료 버전인 V3 Lite의 광고 팝업 표시가 나오지 않게 설정합니다.

● **업데이트 설정** : 최신 보안 위협에 대응하기 위해서는 악성 코드 및 클라우드, 네트워크 보안 관련 정보 파일을 최신 버전으로 갱신해야 합니다. 업데이트 설정에서는 자동 업데이트와 예약 업데이트를 설정할 수 있습니다.

❶ **자동 업데이트 사용** : 자동 업데이트 사용 여부를 설정합니다. 자동 업데이트 사용 시 업데이트 간격을 1~24시간 범위에서 설정할 수 있습니다.

❷ **예약 업데이트 사용** : 예약 업데이트 사용 여부를 설정합니다. 예약 업데이트 사용 시 매일, 매주, 매월 일정한 간격으로 업데이트할 수 있으며, 한 번만을 선택하면 날짜와 시간을 지정하여 한 번만 예약 업데이트를 사용하도록 할 수 있습니다.

● **서버 설정**

❶ **프록시 서버 사용** : 인터넷 업데이트를 위해 프록시 서버 연결을 해야 하는 경우, 프록시 서버 사용을 체크하고 네트워크 관리자에게 문의하여 서버 주소와 포트 번호, 로그인 ID와 비밀번호를 입력합니다.

❷ **보고서 서버 설정** : V3 Lite가 기본값으로 사용하는 1235 포트에 충돌이 발생하여 보고서를 표시하지 못할 경우, 다른 포트 번호를 설정합니다.

5 PC 활용에 꼭 필요한 필수 유틸리티의 설치

필수 유틸리티는 운영체제가 지원하는 기능을 보완하여, 컴퓨터를 보다 쾌적하고 편리하게 활용할 수 있게 해주며, 동영상이나 음악 파일, 사진 파일을 관리하거나 작업의 생산성 향상에 도움을 주는 유틸리티들로, 디지털 세계에는 일일이 열거할 수 없이 많은 종류의 유틸리티가 있습니다.

필수 유틸리티의 대표 주자 – 알툴즈

컴퓨터 관리 및 각종 기능 활용에 필요한 유틸리티는 사용자의 작업 환경에 따라 달라질 수 있습니다. 국내에서 보편적으로 사용되는 필수 유틸리티로는 이스트소프트 사의 알툴즈 유틸리티 세트가 있습니다. 알툴즈 통합 팩은 마치 종합 선물 세트처럼 다양한 유틸리티를 제공하며 도움말도 잘 갖춰져 있기 때문에 처음 사용자도 어렵지 않게 활용할 수 있습니다. 이 책에서는 다양한 필수 유틸리티를 망라하고 있는 알툴즈 통합 팩 설치와 기본 활용법을 다룹니다. 보다 상세한 활용법은 다음의 그림 설명을 참고하여 온라인 도움말을 이용하기 바랍니다.

알툴즈 온라인 도움말 이용 방법

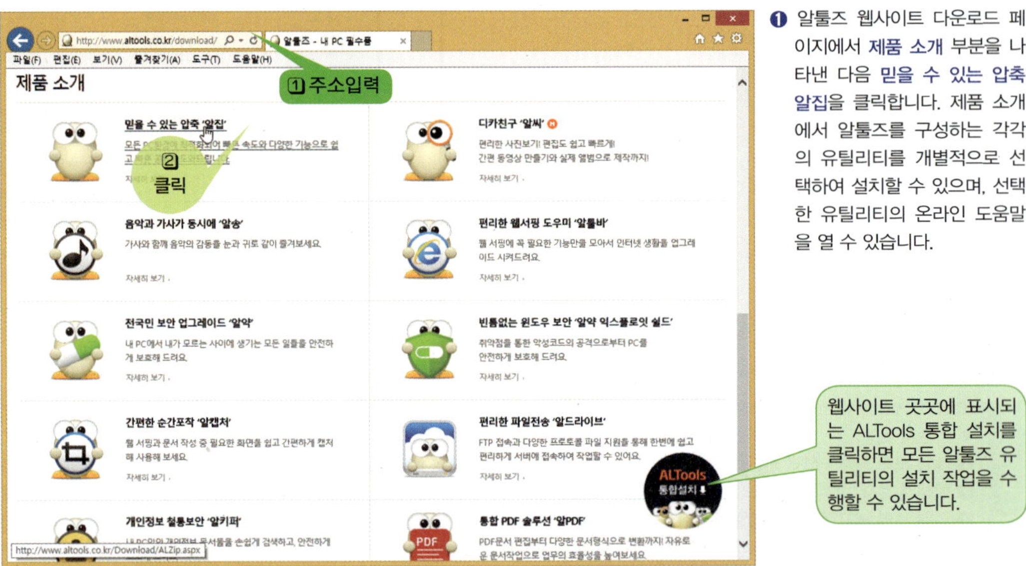

❶ 알툴즈 웹사이트 다운로드 페이지에서 **제품 소개** 부분을 나타낸 다음 **믿을 수 있는 압축 알집**을 클릭합니다. 제품 소개에서 알툴즈를 구성하는 각각의 유틸리티를 개별적으로 선택하여 설치할 수 있으며, 선택한 유틸리티의 온라인 도움말을 열 수 있습니다.

웹사이트 곳곳에 표시되는 ALTools 통합 설치를 클릭하면 모든 알툴즈 유틸리티의 설치 작업을 수행할 수 있습니다.

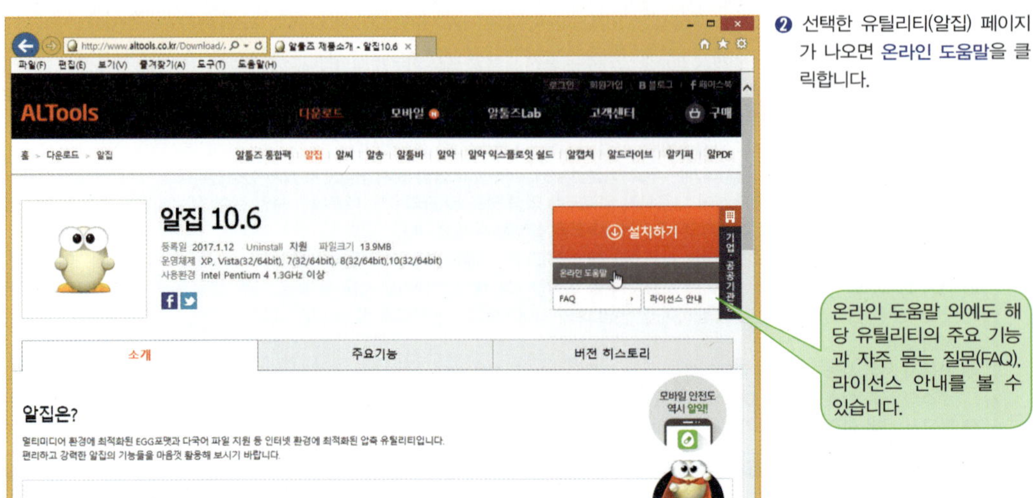

❷ 선택한 유틸리티(알집) 페이지가 나오면 **온라인 도움말**을 클릭합니다.

온라인 도움말 외에도 해당 유틸리티의 주요 기능과 자주 묻는 질문(FAQ), 라이선스 안내를 볼 수 있습니다.

Exercise 9

알툴즈 통합 팩 설치와 기본 활용

알툴즈 통합 팩에는 현재 10가지의 유틸리티가 세트로 제공됩니다.
오히려 사용하지 않는 유틸리티를 선정해야 할 정도로 다양한 종류가
포함되어 있습니다. 여기서는 알툴즈 통합 팩으로 제공되는 유틸리티
를 모두 설치해보겠습니다.

이 실습에 필요한 내용	실습 키 포인트
알툴즈 통합 팩 인터넷 다운로드	알툴즈 통합 팩 설치와 알약의 실시간 감시 기능 끄기

알툴즈 통합 팩 설치하기

1 웹브라우저에서 알툴즈 사이트(www.altools.co.kr)
를 열고, **통합 설치하기**를 클릭하고 알림 표시줄이
나오면 **실행**을 클릭합니다.

HELP

- 이스트소프트 사가 개발 판매하고 있는 알툴즈는 개인 사용자
  용은 무료 버전을 제공합니다. 알툴즈 다운로드 방식은 홈페이
  지 디자인 버전에 따라 다를 수 있습니다. 스마트워크 카페에
  서도 다운로드할 수 있습니다.
- 알툴즈는 회사, 교육 기관, 공공 기관, PC방에서는 유료 버전
  을 사용해야 합니다. 개인 사용자용도 유료 버전과 기능은 동
  일하지만 사용시 스폰서링크나 광고 팝업이 표시됩니다. 이러
  한 종류의 소프트웨어를 애드웨어라고 부릅니다.
- 이 실습에서는 윈도우 8.1에서 알툴즈 통합 팩을 설치합니다. 다
  른 윈도우 운영체제에서도 설치 방법은 동일합니다. 알툴즈 통
  합 팩은 10개의 유틸리티를 통합하여 설치할 수 있습니다. 각각
  의 유틸리티에 대한 설치 여부를 선택할 수 있으므로 불필요한
  유틸리티는 설치에서 제외하면 됩니다. 통합 팩으로 한꺼번에
  설치하더라도 각각의 유틸리티는 각각 독립적으로 실행됩니다.
- 알툴즈 통합 팩 설치 시 사용자 계정 컨트롤 대화상자가 나오
  면 예를 클릭하고 진행하면 됩니다.

2 설치 파일 다운로드 후에 자동으로 실행되어 **설치
– 알툴즈** 대화상자가 나옵니다. **다음** 단추를 클릭
합니다.

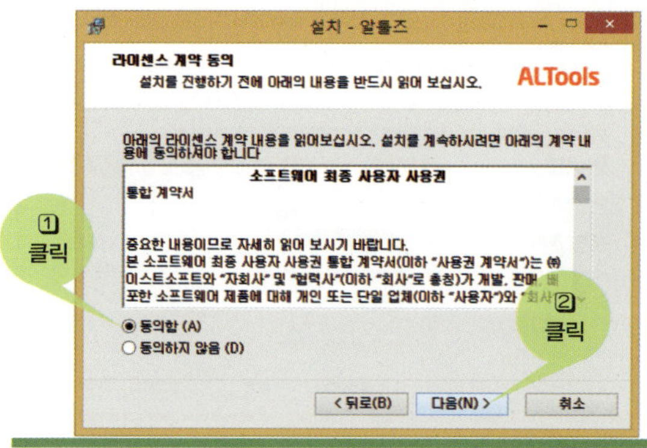

3 라이선스 계약 동의 화면이 나오면 **동의함**을 선택한
후, **다음** 단추를 클릭합니다.

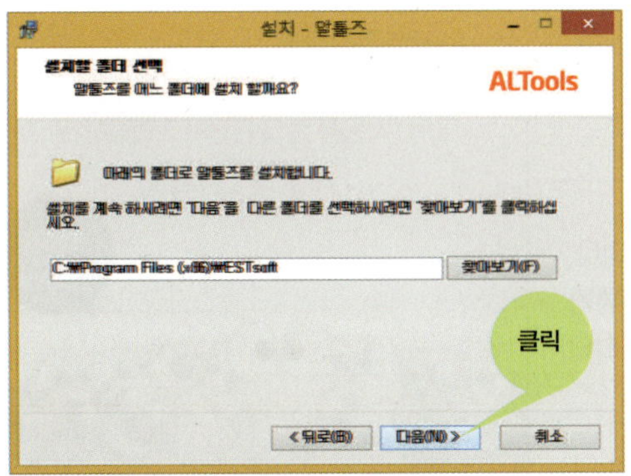

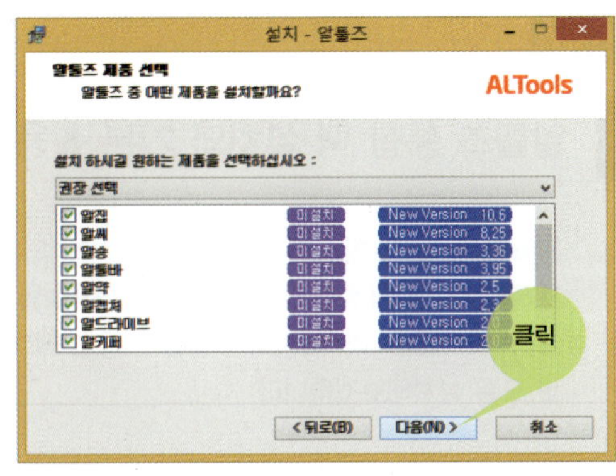

4 설치할 폴더 선택 화면이 나오면 설치할 대상 폴더를 확인하고 **다음** 단추를 클릭합니다.

5 알툴즈 제품 선택 화면이 나오면 설치할 구성 요소 중 불필요한 것은 체크를 해제하고 **다음** 단추를 클릭합니다. 이 책에서는 기본값인 모두 체크한 상태에서 진행합니다.

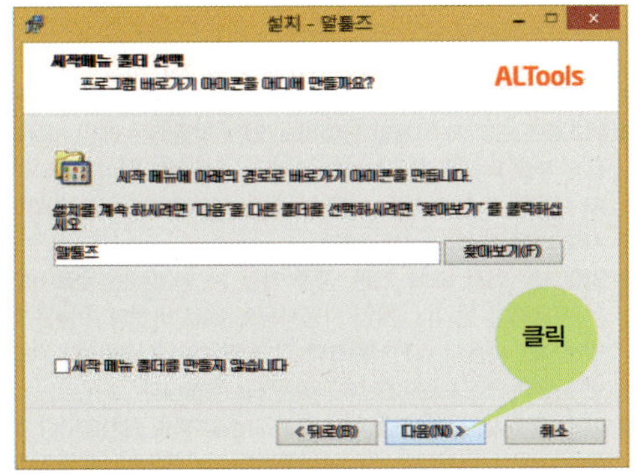

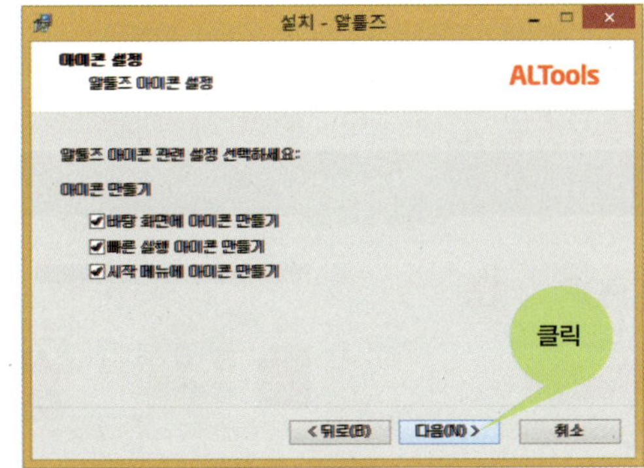

6 시작 메뉴 폴더 선택 화면이 나오면 **다음** 단추를 클릭합니다. "시작 메뉴 폴더를 만들지 않습니다"를 체크하면 윈도우의 시작 메뉴에 알툴즈 메뉴를 만들어 빠르게 실행할 수 있습니다.

7 아이콘 설정 화면이 나오면 알툴즈 아이콘을 만들기 원하는 인터페이스 요소를 설정하고 **다음** 단추를 클릭합니다. 이 실습에서는 모두 선택된 기본값 상태로 설치를 진행합니다.

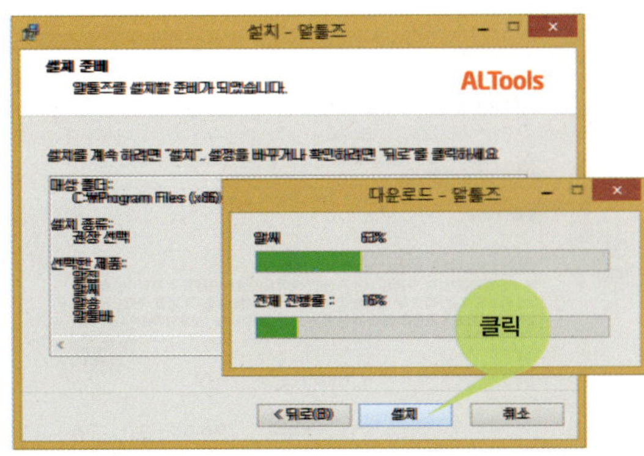

8 설치 준비 화면이 나오면 **설치** 단추를 클릭합니다. 그러면 각각의 유틸리티별로 설치 파일의 다운로드가 진행됩니다.

9 다운로드가 완료되면 설치에 들어갑니다. 각각의 유틸리티별로 설치가 진행되고, 끝나면 자동으로 완료한 다음 유틸리티에 대한 설치가 진행됩니다.

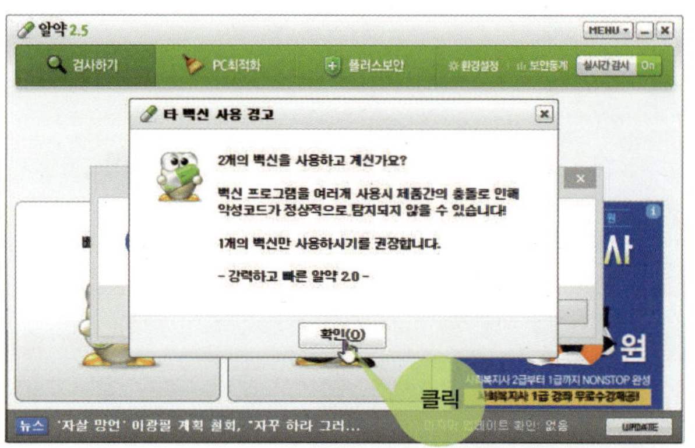

10 알약의 경우 V3Lite가 이미 실시간 감시를 사용 중이면 타 백신 사용 경고 화면이 나옵니다. **확인** 단추를 클릭합니다.

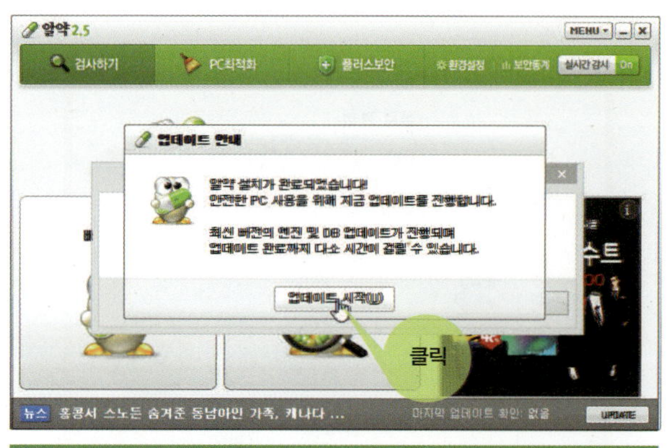

11 이어서 업데이트 안내 대화상자가 나오면 **업데이트 시작** 단추를 클릭합니다.

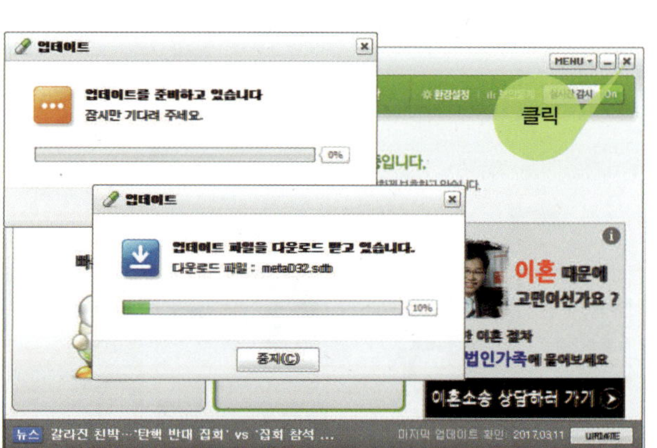

12 자동으로 업데이트가 진행됩니다. 업데이트가 끝나면 **닫기** 단추를 클릭하여 알약 창을 닫습니다.

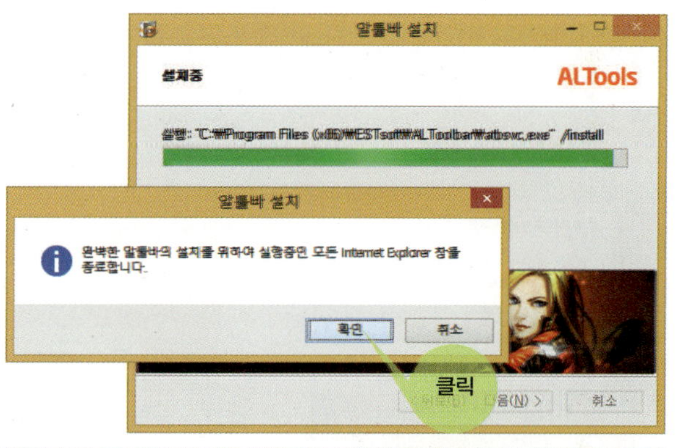

13 이어서 "완벽한 설치를 ⋯ Internet Explorer 창을 종료합니다."라는 알툴바 설치 대화상자가 나오면 **확인**을 클릭하여 알툴바 설치를 진행합니다.

14 알툴바 설치가 완료된 후에 자동으로 인터넷 익스플로러 창이 실행되고 "알툴바 추가 기능 사용 준비가 되었다"는 알림 표시줄이 나옵니다. **사용** 단추를 클릭합니다.

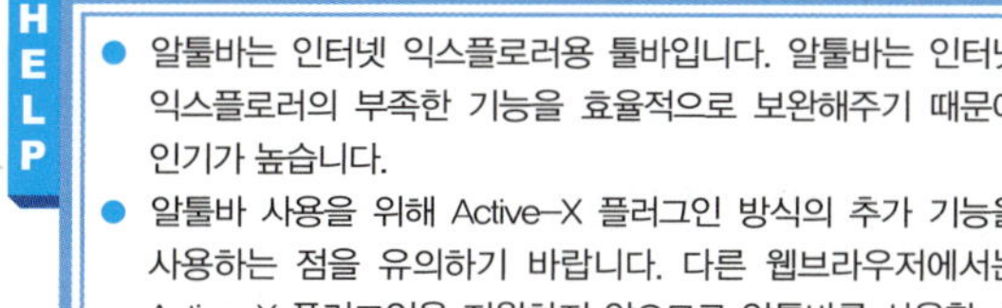

- 알툴바는 인터넷 익스플로러용 툴바입니다. 알툴바는 인터넷 익스플로러의 부족한 기능을 효율적으로 보완해주기 때문에 인기가 높습니다.
- 알툴바 사용을 위해 Active-X 플러그인 방식의 추가 기능을 사용하는 점을 유의하기 바랍니다. 다른 웹브라우저에서는 Active-X 플러그인을 지원하지 않으므로 알툴바를 사용할 수 없습니다.
- 윈도우 10에 탑재된 마이크로소프트 엣지 브라우저도 더 이상 비표준 방식의 Active-X 플러그인을 지원하지 않으므로 알툴바를 사용할 수 없습니다. 윈도우 10에서는 기존 브라우저 호환성을 위해 인터넷 익스플로러 11도 사용할 수 있으므로 알툴바를 사용하려면 익스플로러 11을 사용하기 바랍니다.

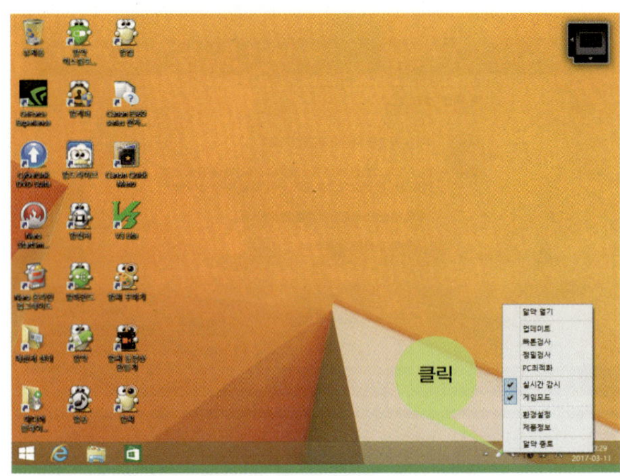

13 계속해서 알송, 알씨 등 다른 유틸리티의 설치가 진행된 후 설치 완료 화면이 나오면 **마침** 단추를 클릭하여 설치를 마칩니다.

14 알툴즈 유틸리티의 바로가기 아이콘들이 바탕화면에 추가되었고, 알림 영역에 추가된 알약 아이콘을 클릭하면 V3 Lite와 비슷한 팝업 메뉴가 나옵니다.

알약으로 바이러스 검사 및 PC 최적화하기

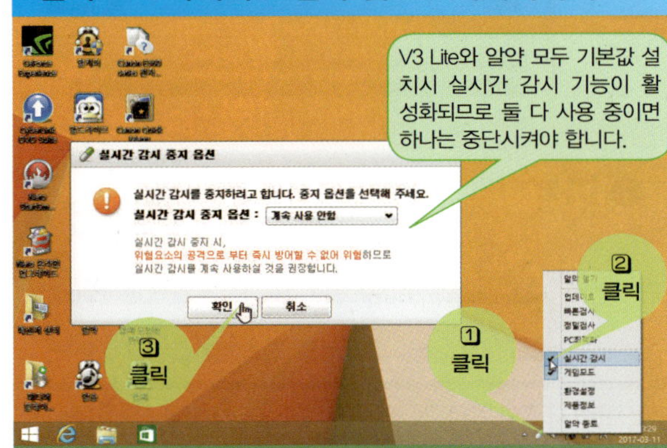

1 작업 표시줄의 트레이에서 **알약 아이콘**을 클릭하고 팝업 메뉴에서 **실시간 감시**를 선택합니다. 실시간 감시 중지 옵션 대화상자가 나오면 "계속 사용 안함" 옵션 상태에서 **확인** 단추를 클릭합니다.

2 이제 작업 표시줄의 트레이에서 실시간 감시가 중단되어 빨간색으로 표시되는 **알약 아이콘**을 클릭하여 팝업 메뉴를 열고 **알약 열기**를 선택합니다. 알약이 실행되면 **빠른 검사**를 클릭합니다.

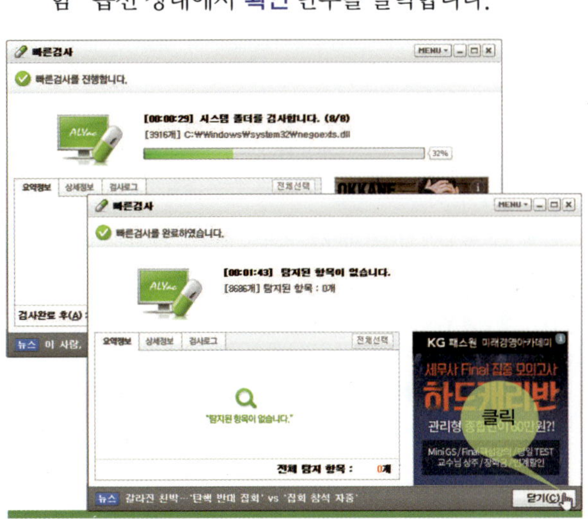

3 바로 바이러스 검사가 진행됩니다. 발견된 바이러스가 없으면 **닫기** 단추를 클릭합니다.

4 이번에는 상단의 **PC 최적화** 탭 메뉴를 선택한 다음 **PC 최적화** 단추를 클릭합니다.

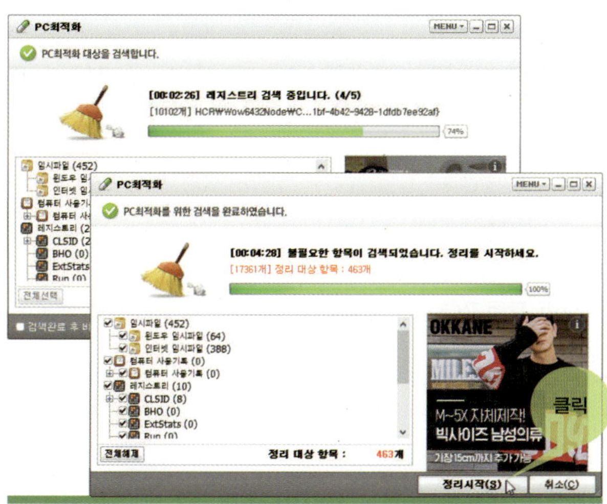

5 PC 최적화 대상 검색이 진행됩니다. 불필요한 항목이 검색되면 **정리 시작** 단추를 클릭합니다.

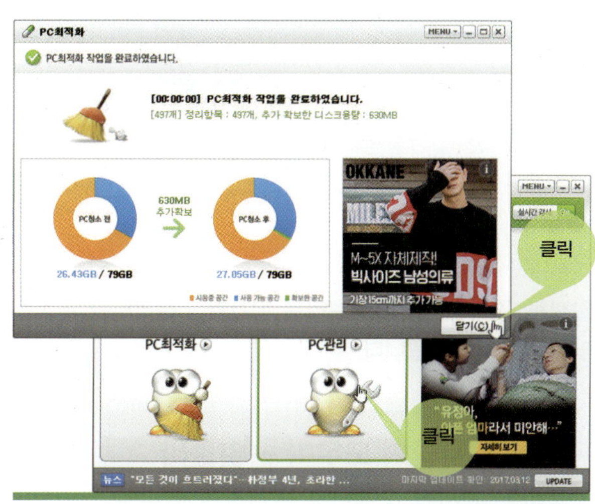

6 작업 결과가 표시됩니다. 내용을 살펴본 후 **닫기** 단추를 클릭하여 PC 최적화 창으로 복귀하면 **PC 관리** 단추를 클릭합니다.

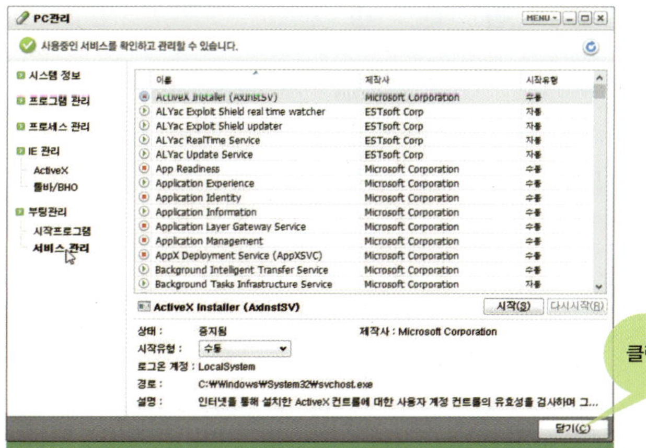

7 PC 관리 창이 나오면 왼쪽의 메뉴 항목별로 내용을 확인하고 **닫기** 단추를 클릭합니다.

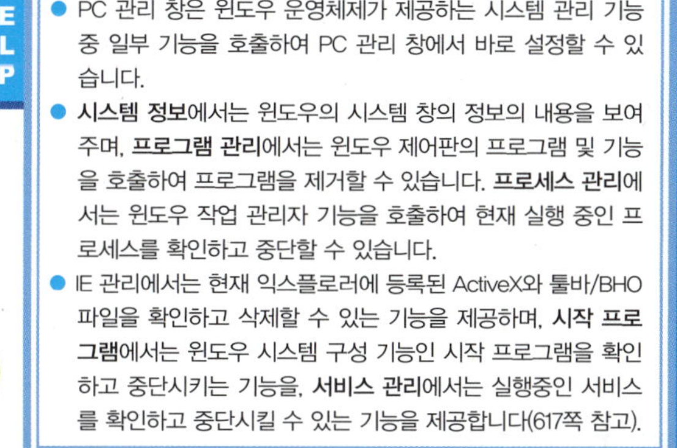

- PC 관리 창은 윈도우 운영체제가 제공하는 시스템 관리 기능 중 일부 기능을 호출하여 PC 관리 창에서 바로 설정할 수 있습니다.
- **시스템 정보**에서는 윈도우의 시스템 창의 정보의 내용을 보여주며, **프로그램 관리**에서는 윈도우 제어판의 프로그램 및 기능을 호출하여 프로그램을 제거할 수 있습니다. **프로세스 관리**에서는 윈도우 작업 관리자 기능을 호출하여 현재 실행 중인 프로세스를 확인하고 중단할 수 있습니다.
- IE 관리에서는 현재 익스플로러에 등록된 ActiveX와 툴바/BHO 파일을 확인하고 삭제할 수 있는 기능을 제공하며, **시작 프로그램**에서는 윈도우 시스템 구성 기능인 시작 프로그램을 확인하고 중단시키는 기능을, **서비스 관리**에서는 실행중인 서비스를 확인하고 중단시킬 수 있는 기능을 제공합니다(617쪽 참고).

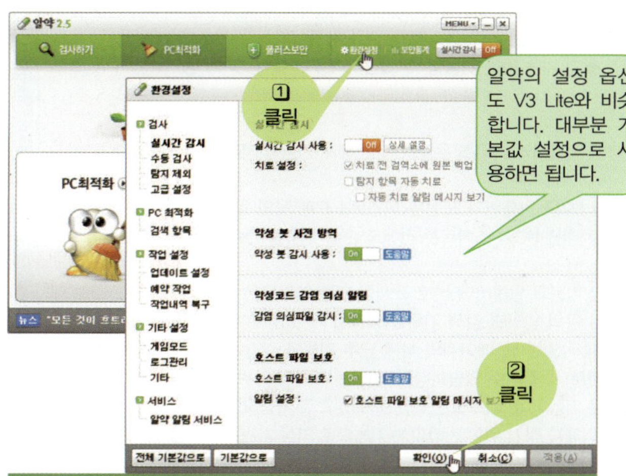

8 이번에는 **환경설정** 단추를 클릭하여 환경설정 대화 상자를 열고 항목별로 옵션들을 살펴보고 **확인** 단추를 클릭하여 닫고 알약 메인 창도 닫습니다.

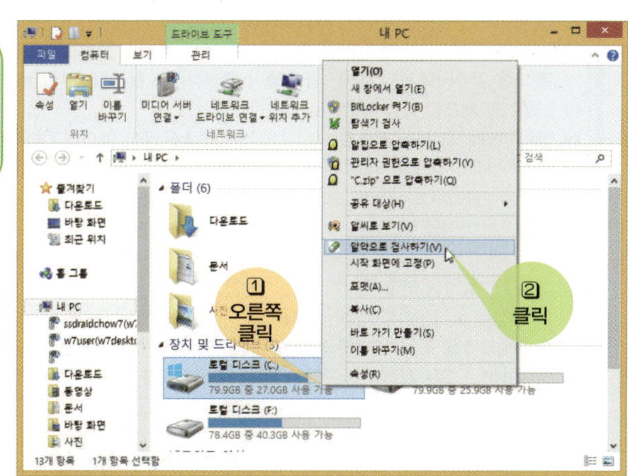

9 내 컴퓨터 창을 열고 C: 드라이브를 선택한 후 오른쪽 클릭하여 **알약으로 검사하기**를 클릭합니다. 인터넷이나 외부에서 복사한 폴더나 파일은 이 방식으로 검사하면 됩니다.

알툴즈 유틸리티의 주요 기능

대한민국의 대표적인 필수 유틸리티로 자리 잡은 알툴즈에는 알집, 알씨, 알약, 알약 익스플로잇 실드, 알툴바, 알송, 알 PDF, 알캡처, 알키퍼, 알드라이브라는 10가지 유틸리티가 제공됩니다. 각각의 프로그램은 독립적으로 사용할 수 있으므로 용도에 맞춰 사용하기 바랍니다.

편리한 웹서핑의 도우미 – 알툴바

알툴바는 웹서핑 도우미로 설치하면 인터넷 익스플로러의 툴바로 사용되는 애드온(Add-On) 방식의 유틸리티입니다. 알툴바는 굳이 복잡하게 여러 툴바를 사용하지 않고, 줌이라는 자체 검색 엔진뿐만 아니라 네이버/다음/네이트/구글 등의 검색 엔진을 바로 사용할 수 있으며, 다양한 기능의 단추를 제공합니다.

❶ 아이콘을 클릭하면 로그인과 환경 설정 등 알툴바 메뉴가 나옵니다. 알툴바의 모든 기능을 원할히 사용하려면 회원 가입을 권장합니다.

❷ ZUM : 이스트소프트 사가 운영하는 ZUM 홈페이지가 열립니다.

❸ 검색 창 : 검색어를 입력하여 바로 검색할 수 있습니다. 마우스 휠로 검색 엔진을 변경할 수 있으며 검색어를 입력하지 않고 검색 단추(Q)를 클릭하면 해당 포털 사이트로 이동합니다.

❹ 알패스 : 온라인 자동 로그인 기능인 알패스 단추입니다. 알패스는 알툴즈 회원 가입 후에 이용할 수 있습니다. 알패스로 로그인한 후 로그인이 필요한 사이트에 방문하여 아이디와 패스워드를 입력하면 알패스로 등록하여 다음 번부터는 바로 접속할 수 있게 해줍니다.

❺ 즐겨찾기 : 로그인하면 간편한 즐겨찾기 등록, 자주가는 즐겨찾기, 즐겨찾기 찾기 기능 등을 사용할 수 있습니다. PC 즐겨찾기와 동기화할 수 있으므로 다른 컴퓨터에서도 자신만의 알툴바 즐겨찾기를 활용할 수 있습니다.

❻ 알툴즈와 제휴된 쇼핑 사이트로 접속합니다.

❼ 캡처 : 웹페이지를 다양한 방식으로 캡처하거나 동영상/이미지 콘텐츠에 대한 퍼가기와 마우스 우클릭 제한 해제 기능을 사용할 수 있습니다.

❽ 번역 : 번역 기능으로 영어, 한국어, 일본어, 중국어 번역을 지원합니다.

❾ 퀵전송 : 클라우드 서버를 매개로 한 파일 전송 기능으로 알툴바를 사용하는 PC나 알툴바가 포함된 이스트소프트 사의 스윙 브라우저를 사용하는 기기에서 파일을 주고받을 수 있습니다. 안드로이드폰에 스윙 브라우저를 설치하면 PC와 스마트폰 간에도 손쉽게 파일 전송을 할 수 있습니다.

❿ 찜 : 사용자가 방문한 쇼핑 사이트를 찜해서 바로 갈 수 있게 해줍니다.

⓫ 더 보기 : 툴바에 바로 보이지 않는 기능을 펼쳐 보여줍니다. 더보기로 표시할 기능과 알툴바에 바로 표시할 기능 아이콘은 환경 설정에서 원하는 대로 설정할 수 있습니다. **인터넷 최적화**는 인터넷 임시 파일과 히스토리, 쿠키 등의 인터넷 검색 기록을 삭제할 수 있습니다. 이 기능은 인터넷 익스플로러에서 **도구 → 인터넷 옵션**을 실행하면 나오는 인터넷 옵션 대화상자에서 일반 탭 페이지의 삭제 단추 기능과 같습니다. **사전**은 다음과 제휴하여 서비스되는 사전으로 한국어, 영어, 중국어, 일본어, 한자 사전 기능을 바로 사용할 수 있습니다. 트위터는 자신의 트위터를 연동하여 직접 트윗 글과 사진을 올릴 수 있는 유용한 기능입니다. **메모**는 포스트잇 같은 메모장 기능이며, 디스크는 알툴즈 회원으로 가입하면 웹하드 같은 100MB의 무료 온라인 디스크를 사용할 수 있습니다. **안티피싱**은 보이스 피싱 사이트 피해를 막기 위한 안티피싱 기능으로 의심 가는 사이트를 신고할 수 있습니다. **퍼가기** 기능은 현재 웹페이지의 콘텐츠 중 이미지/동영상/텍스트 등의 나머지 콘텐츠를 선택적으로 퍼갈 수 있는 기능으로 콘텐츠 저작권은 유의하기 바랍니다. **찾기** 기능은 웹페이지의 콘텐츠에서 원하는 검색어를 찾는 기능입니다. **창 관리**에는 익스플로러 창과 열린 페이지를 관리할 수 있는 기능이 제공되며, **플래시 제한**은 플래시 광고를 제한하는 기능입니다. **환경 설정**은 환경 설정 대화상자를 여는 기능이며, **초기화**는 버튼 설정을 초기화하는 기능입니다.

음악과 가사의 동시 재생 – 알송

알송은 MP3 등 다양한 형식의 음악 파일 재생을 지원하며 실시간 가사 표시 기능을 제공하므로 팝음악으로 음악도 감상하고, 영어도 함께 공부할 수 있습니다. 다양한 실시간 인터넷 음악 방송 청취, 자신만의 앨범 제작, 휴대전화 벨소리, 컬러링 서비스 등의 부가 기능들도 제공됩니다.

알송의 주요 기능

알송의 실행 모듈들은 각각 독립적인 부동 창 방식이므로 통합 모드 대신 분리 모드를 사용하여 자유롭게 배치하거나 크기를 조절할 수 있으며, 스킨도 취향에 따라 바꿀 수 있습니다.

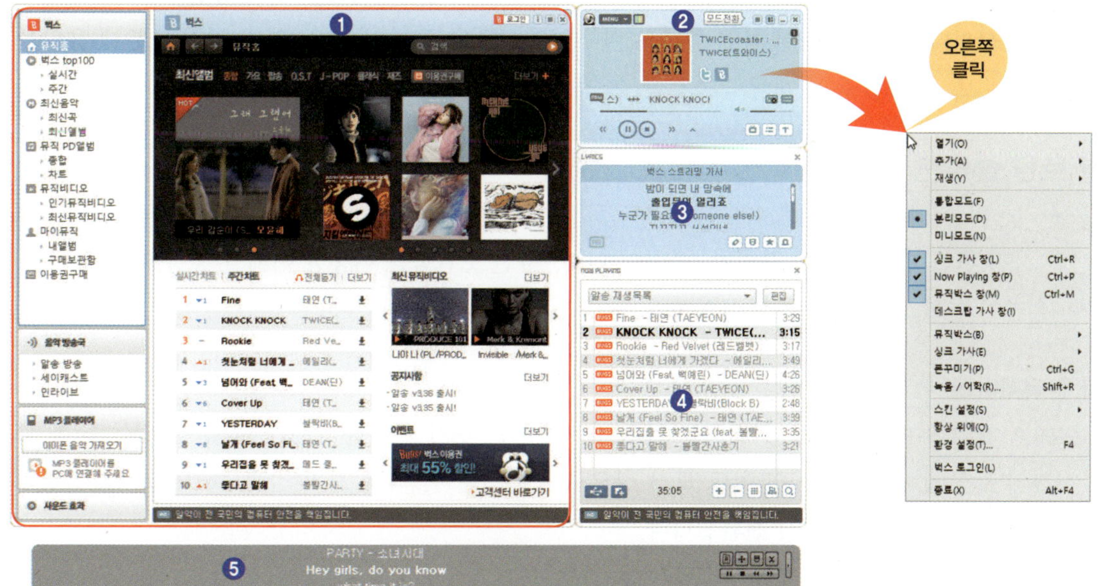

❶ **뮤직박스 창** : 가장 넓은 영역을 차지하는 뮤직박스 창은 왼쪽에서 선택된 메뉴에 따라 관련 콘텐츠를 표시합니다. **벅스** 메뉴 선택 상태에서는 벅스 앨범과 실시간 차트 최신 뮤직 비디오 정보, 이벤트 등을 볼 수 있습니다. 벅스 가입과 이용권 구매가 안 된 상태에서는 음악이 1분간만 재생됩니다. **음악 방송국**에서는 실시간 음악 방송과 라디오 방송을 청취할 수 있으며, **MP3 플레이어**에서 이동식 디스크 방식의 전송을 지원하는 MP3 플레이어로 음악 파일을 바로 전송할 수 있으며, 아이폰 음악 가져오기도 사용할 수 있습니다. 왼쪽 맨 아래의 **사운드 효과**에서는 다양한 사운드 조절 기능을 사용할 수 있습니다.

❷ **메인 창** : 음악 재생에 관련된 기능과 통합 모드 분리 모드 간 모드 전환을 제어할 수 있으며, 재생 목록 창, 싱크가사 창, 뮤직 박스 창, 데스크톱 가사창을 제어하여 열고 닫을 수 있습니다. 메인 창에서는 알송에서 듣고 있는 음악의 제목, 아티스트명, 앨범 아트 등의 음악 정보를 나타내주며, 한 곡, 전곡, 폴더 반복 설정과 순차, 무작위 재생과 같은 재생 방식을 조절할 수 있습니다. 왼쪽 상단에 있는 메뉴 단추를 사용하면 알송에서 제공하는 전체 메뉴를 사용할 수 있으며, 메인 창 안에서 오른쪽 마우스 버튼을 클릭하

면 자주 사용하는 기능이 팝업 메뉴로 제공되므로 통합 모드/분리 모드/미니 모드 전환, 간편한 녹음 기능, 스킨 설정 기능, 알송 기능 수행 방식을 설정할 수 있는 환경 설정 기능을 사용할 수 있습니다.

❸ **싱크가사 창** : 온라인 가사 데이터베이스를 통해 현재 재생하는 곡의 가사가 있는 경우, 실시간으로 가사를 제공합니다. 창의 크기에 맞춰 가사가 자동 스크롤되어 표시되며, 음악 진행에 맞춰 가사를 강조해주므로 쉽게 노래를 따라 배울 수 있고, 팝송으로 영어를 공부하는 경우에도 유용합니다. 누구든지 가사를 올리고 수정할 수도 있으므로 사용자들에 의해 온라인 싱크가사 데이터베이스가 풍부해집니다.

❹ **재생 목록 창** : 사용자가 선택한 음악 목록을 보여주는 창입니다. 하단에 있는 곡 선택 제외 기능을 이용하여 손쉽게 사용자의 컴퓨터에 있는 음악 파일을 선택할 수 있으며, 재생 목록 창의 목록 중 원하는 곡들을 선택한 후 재생 그룹으로 만들 수 있으며, MP3 플레이어 연결 상태에서는 바로 전송할 수 있습니다.

❺ **데스크톱 가사 창** : 다른 소프트웨어 작업 중에도 반투명의 데스크톱 가상 창을 볼 수 있기 때문에 음악을 들으면서 가사를 보고, 직접 음악 재생도 조절할 수 있습니다.

사진을 위한 토털 솔루션 – 알씨

알씨는 알툴즈 시리즈의 핵심 유틸리티로, 디지털카메라로 촬영한 사진과 각종 이미지 파일 보기와 슬라이드 쇼는 물론 간단한 사진 편집 기능과 사진 꾸미기, 온라인 인화, 사진 보관함을 이용한 이메일 용량 제한 없이 사진 메일 보내기, 온라인 인화, 사진으로 즉석 동영상 만들기도 지원합니다.

알씨의 사용자 인터페이스

알씨 작업 창은 여러 개의 이미지 파일을 관리하고 알씨가 지원하는 부가 기능을 모두 사용할 수 있는 목록 보기 창과 주로 사진의 감상에 사용되는 슬라이드 보기 창으로 구분됩니다. 목록 보기 창과 슬라이드 보기 창의 전환은 이미지 파일을 더블 클릭하면 즉시 전환됩니다.

▲ 목록 보기 창

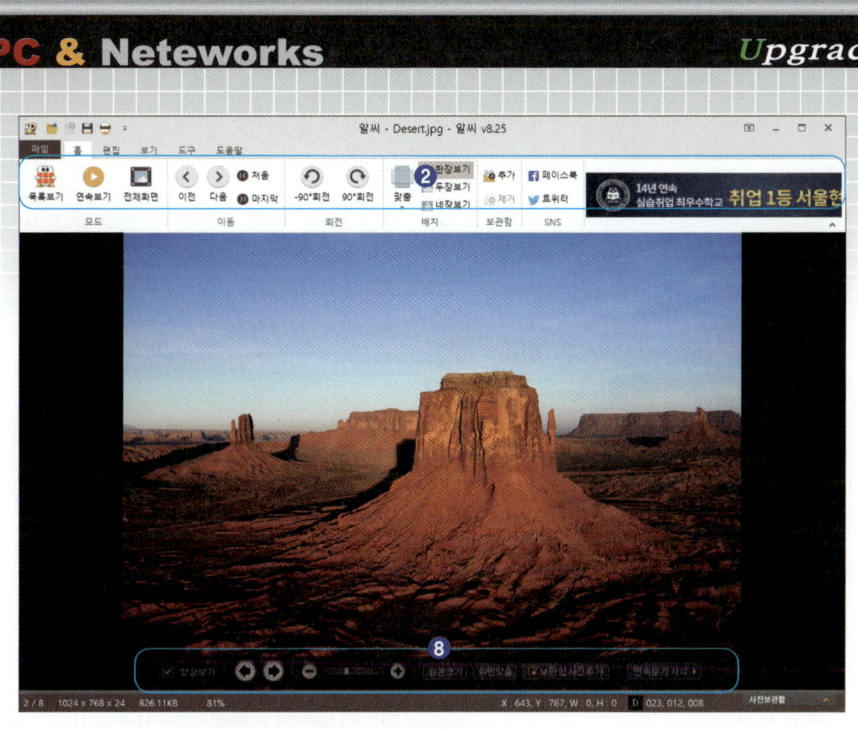

◀ 크게 보기 창

① 메뉴 표시줄 : 일반적인 윈도우용 응용 프로그램의 메뉴 표시줄과 마찬가지로, 메뉴 표시줄에서 알씨의 모든 기능을 사용할 수 있습니다.

② 툴바 : 자주 사용하는 기능을 단추로 제공합니다. 무료 버전의 경우에는 오른쪽 끝에 광고 배너가 표시됩니다. 목록 보기 창 툴바에는 목록 보기 창과 크게 보기 창을 전환하는 토글(크게 보기/목록 보기) 단추와 이미지를 전체 화면으로 보는 전체 화면 단추(창 모드로 복귀할 때는 Esc 키 사용), 사진을 시계 방향 및 반대 방향으로 90°씩 회전시키는 −90° 회전, +90° 회전 단추, 이미지 파일 목록 보기 방식을 설정할 수 있는 보기 단추가 있습니다. 목록 보기 창에서 썸네일 이미지를 보려면 보기 방식을 미리 보기 방식으로 설정해야 합니다. 이외에도 알씨의 부가 기능인 별도의 작업을 위한 사진 보관함으로의 사진 추가 기능, 페이스북과 트위터에 사진을 바로 업로드할 수 있는 기능이 제공됩니다.

크게보기 창의 툴바에는 사진 보기 방식을 한 장/두 장/네 장 보기로 선택해서 볼 수 있는 여럿 보기 단추와 목록 보기 창 하단의 일괄 작업 모음에 있는 사진 인화, 사진 보내기 단추가 추가로 제공됩니다.

③ 경로 입력창 : ◀ · ▶ 로 이전 폴더와 나중에 본 폴더로 바로 이동할 수 있으며, ▣ 를 클릭하여 바로 상위 폴더로 이동합니다. 주소 입력 창에는 현재 선택된 경로가 표시되며, 원한다면 직접 경로를 입력하거나 붙여 넣기하여 이동할 수 있습니다. ▣· 로 파일 정렬 방식을 이름/종류/크기/날짜별로 설정할 수 있으며, ⊖ ——|—— ⊕ 로 썸네일의 크기를 시각적으로 조절할 수 있습니다.

④ 폴더목록 : 윈도우 탐색기의 폴더 목록 창과 동일한 방식으로 폴더를 계층적 방식으로 탐색하고 선택할 수 있습니다.

⑤ 미리 보기/디카 정보 : 미리 보기 탭 선택 상태에서는 썸네일 목록 보기 창에서 선택한 이미지를 썸네일 보다 큰 크기로 확인할 수 있으며, 디카 정보 탭을 클릭하면 디지털카메라로 촬영한 사진의 촬영 정보를 볼 수 있습니다.

❻ **썸네일 파일 목록** : 현재 폴더에 있는 이미지 파일을 보기 설정에 따라 표시합니다. 기본값은 썸네일로 미리 보기 이미지를 표시합니다.

❼ **일괄 작업 모음** : 목록 보기 창 하단에 있는 일괄 작업 모음은 알씨가 제공하는 부가 기능인 사진 보내기, 사진 인화, 동영상, 꾸미기, 파일 이동, 일괄 편집 단추를 사용할 수 있습니다.

■ **꾸미기** : 알씨 사진 꾸미기 유틸리티를 호출하여 사진의 크기 변경, 자르기, 사진 보정, 다양한 필터의 적용, 사진 효과의 적용, 사진에 말풍선 텍스트 입력하기, 스티커 이미지 붙이기, 액자 효과 같은 사진 꾸미기 작업을 수행할 수 있습니다. 시각적으로 보면서 작업할 수 있기 때문에 초보자도 손쉽게 사진 꾸미기 작업을 할 수 있습니다.

■ **동영상** : 알씨 동영상 만들기 기능을 호출하여 사진 파일을 이용하여 초보자도 손쉽게 동영상 파일을 만들 수 있는 기능입니다. 사진을 선택하고, 필요한 자막을 넣고, 음악을 선택하는 간단한 작업으로 가족이나 동료들과 공유할 수 있는 멋진 동영상 앨범을 만들 수 있습니다.

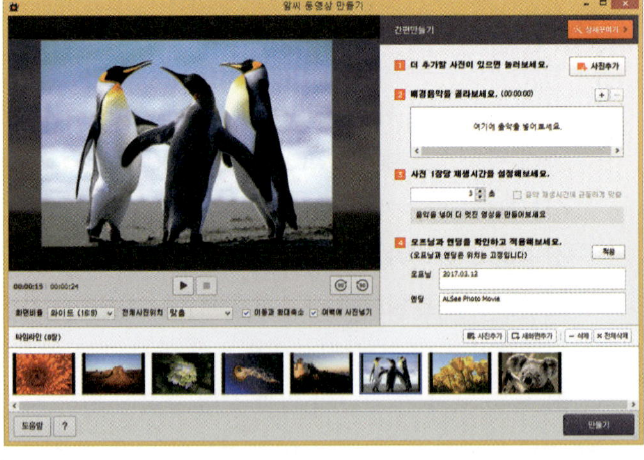

■ **파일 이동** : 사진 보관함에 담아 놓은 이미지를 한꺼번에 원하는 폴더를 선택하여 이동할 수 있는 기능입니다.

■ **일괄 편집** : 여러 장의 이미지의 크기나 회전, 포맷 변환 등의 작업을 일괄적으로 변환할 수 있습니다.

❽ **투명 툴바** : 크게 보기 창에서 사진을 볼 때 하단에 표시되는 투명 툴바는 사진을 효과적으로 볼 수 있는 기능을 제공합니다. 사진을 슬라이드를 넘기듯이 한 장씩 보거나 연속으로 볼 수 있으며, 현재 보고 있는 사진을 사진 보관함에 추가할 수도 있습니다.

알툴스 유틸리티의 주요 기능

믿을 수 있는 압축 솔루션 – 알집

알집은 알툴즈의 원조 유틸리티로, 40여 개에 달하는 다양한 압축 파일 형식을 지원하므로 알집만 있으면 어떠한 압축 파일도 풀 수 있습니다. CD/DVD 이미지 포맷인 ISO, BIN, LCD, IMG, NRG 형식도 바로 읽고 풀 수 있으며 4GB 이상의 대용량 파일의 압축과 해제, 이미 압축된 파일의 분할 압축이나 병합도 자유롭게 수행할 수 있습니다.

알집의 핵심 기능 활용하기

알집은 알집 창을 열어 압축하거나 해제 작업을 수행할 수 있습니다. 간단히 압축할 폴더나 파일 선택 상태에서 오른쪽 클릭하여 팝업 메뉴에서 바로 압축할 수 있으며, 압축 파일 선택 상태에서는 팝업 메뉴에서 현재 폴더나 해당 압축 파일 이름의 폴더로 압축을 풀 수 있습니다. 사실상 알집 프로그램의 압축 및 압축 해제 작업은 간단히 팝업 메뉴에 등록된 알집 메뉴로 대부분 처리합니다.

알집은 압축 파일에 드래그 앤 드롭 방식으로 압축할 파일을 추가하거나 해제할 수 있으며, 실행 파일인 EXE 형식의 자동 압축 풀림 파일도 만들 수 있습니다. 이 밖에도 압축시에 암호를 설정할 수 있고, 알약과 연동하여 압축을 해제할 때 자동으로 바이러스 검사를 할 수도 있습니다.

알집의 고유 압축 파일 형식은 ALZ 파일과 EGG 형식이 있습니다. EGG 형식은 원하는 갯수의 파일로 분할 압축을 지원하고, 뛰어난 압축 효율을 제공합니다. 물론 ZIP 파일 형식의 압축 파일이 워낙 광범위하게 사용되고 있기 때문에 팝업 메뉴에서 직접 압축할 수 있는 형식은 ZIP 파일 형식입니다. EGG 형식으로 압축하려면 팝업 메뉴에서 **알집으로 압축**을 선택하여 알집 창을 연 후 EGG 포맷으로 압축하면 됩니다. 다음은 압축 파일 선택 상태의 팝업 메뉴와 일반 폴더 선택 상태의 팝업 메뉴입니다.

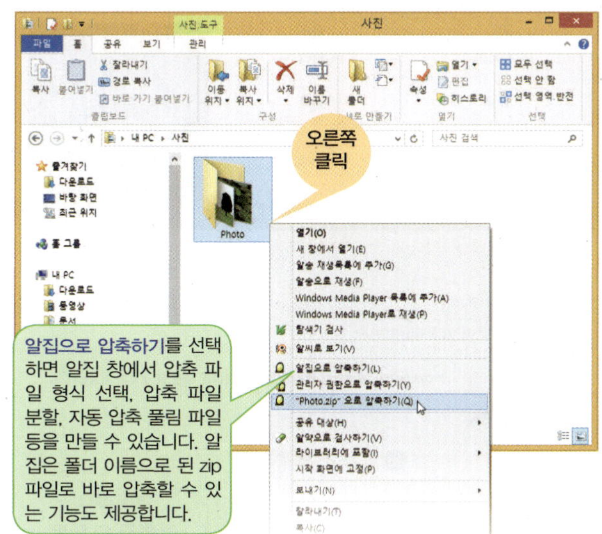

▲ 알집 설치 후부터는 팝업 메뉴에 알집 메뉴가 추가됩니다. 압축할 파일 선택 상태에서 오른쪽 클릭하여 팝업 메뉴를 나타내면 알집으로 압축하기, 선택 폴더나 파일명의 ZIP 파일로 압축하기를 사용할 수 있습니다.

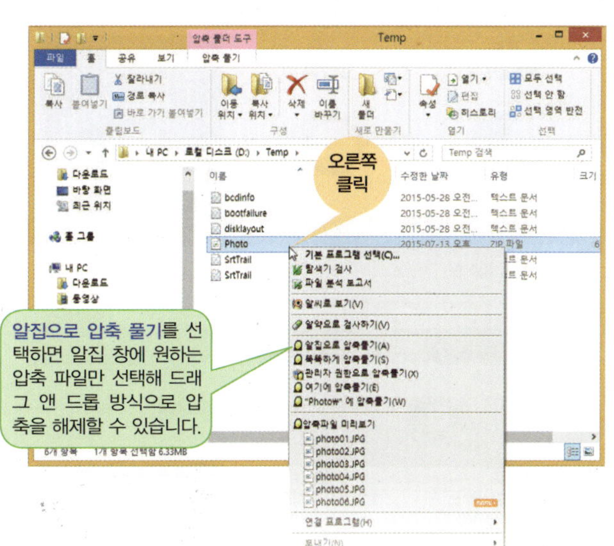

▲ 압축 파일 선택 상태에서 오른쪽 클릭하여 팝업 메뉴를 나타내면 알집으로 압축 풀기, 현재 폴더에 압축을 해제하는 여기에 압축 풀기, 압축 파일 이름의 폴더에 압축을 풀 수 있으며, 팝업메뉴상에서 압축 파일의 미리 보기로 목록을 볼 수 있습니다.

전국민 보안 업그레이드 – 알약

알약은 통합 백신 프로그램으로 V3 Lite와 비슷한 방식으로 사용할 수 있습니다. 과거에는 32비트 운영체제만 지원했으나 자체 검사 엔진으로 업그레이드된 알약 2.0은 64비트 운영체제도 이상 없이 지원합니다.

알약의 주요 특징

알약은 이스트소프트 사의 자체 엔진인 테라(Tera), 비트디펜더(BitDefender), 소포스(Sophos)의 트리플 백신 엔진으로 광범위한 바이러스 탐지 능력을 제공합니다. 알약의 주요 특징은 다음과 같습니다.

❶ **적은 리소스 점유율** : 시스템에서 차지하는 메모리와 CPU 점유율이 최소화되었습니다.

❷ **스마트스캔** : 알약 검사 후 안전한 것으로 검증된 파일은 White List로 분류하여 검사 시간을 단축

❸ **오탐지 최소화** : 다양한 검사 기준을 적용하여 오진율을 최소화

❹ **스마트 업데이트** : 항상 최신 바이러스 DB와 프로그램 상태를 유지하는 지능적인 분산 업데이트

알약의 사용자 인터페이스

알약은 V3 Lite와 제공하는 기능과 사용법, 환경 설정 방식도 매우 유사합니다. 알약 프로그램 창에서 바이러스 검사와 치료, PC 최적화 작업, 플러스 보안, 알약 안심 케어 기능을 수행할 수 있으며, 알림 영역의 알약 아이콘을 클릭하여 팝업 메뉴에서도 대부분의 작업을 수행할 수 있습니다.

▲ 알약 프로그램 창

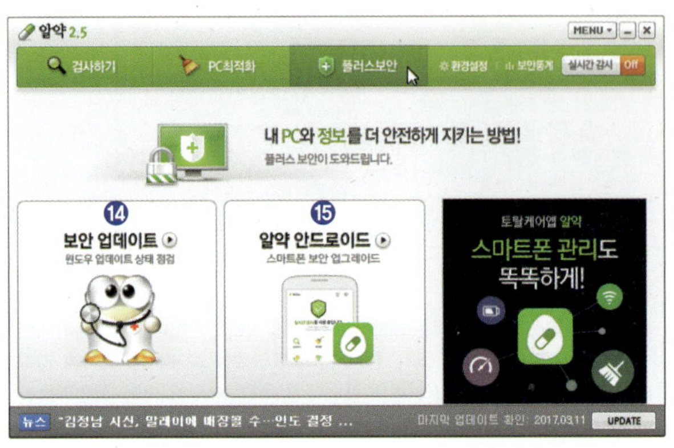
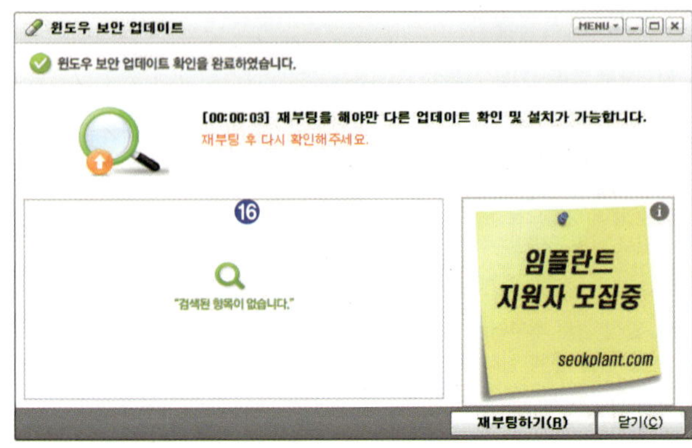

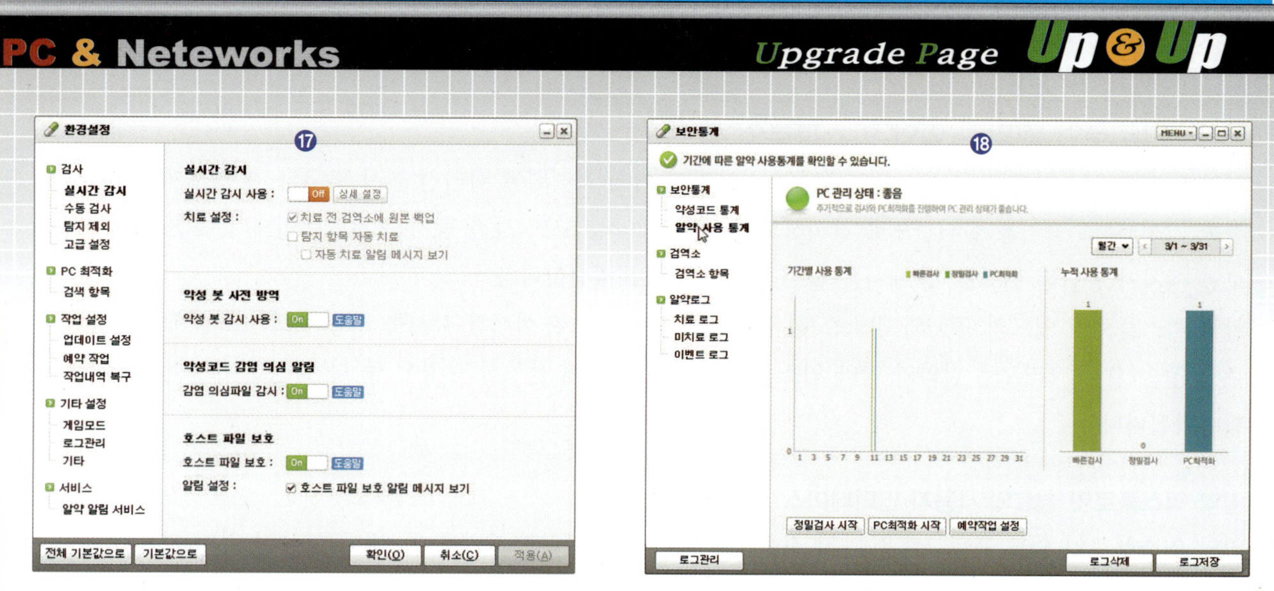

HELP

❶ MENU : 알약 신고 기능과 보안 통계, 도움말, 제품 정보, 알툴즈 홈페이지, 알약 홈페이지 이동 메뉴가 제공됩니다.
❷ 검사하기 : 악성 코드 검사 창을 나타냅니다. 악성 코드 검사 창에서는 시스템의 주요 영역의 악성 코드 감염 여부를 검사하는 빠른 검사(❾)와 디스크 전체에 걸쳐 정밀하게 검사하는 정밀 검사(❿)를 사용할 수 있습니다.
❸ PC 최적화 : PC 최적화와 PC 관리를 할 수 있는 창을 엽니다. PC 최적화(⓫)는 시스템 레지스트리와 윈도우와 인터넷 임시 파일, PC 사용 기록과 인터넷 방문 기록 등을 정리하는 기능입니다. PC 관리(⓬)에는 시스템 정보 보기, 설치된 프로그램 관리(제거 기능 포함), 실행 프로세스 관리(프로세스 강제 종료 기능 포함, 인터넷 익스플로러와 Active X와 툴바/BHO(Browser Helper Object) 관리, 시작 프로그램과 서비스 관리 기능 등이 제공됩니다. 이들 기능은 윈도우 운영체제에서도 제공하는 기능들이지만, PC 관리에 필요한 기능들을 집약해서 제공하는 특징이 있습니다.
❹ 플러스 보안 : 윈도우의 업데이트 상태를 점검할 수 있는 보안 업데이트(⓮)와 모바일용 알약 안드로이드 소개 단추(⓯)가 제공됩니다. 과거에는 PC 복구 기능을 제공하는 알백 단추가 제공되었으나 지금은 제공되지 않습니다.
❺ 환경설정 : 알약의 작동을 조절하는 환경 설정 대화상자(⓱)를 엽니다. V3 Lite와 설정 방식과 설정 옵션들이 비슷합니다. 검사는 실시간 감시, 수동 검사, 탐지 제외, 고급 설정과 관련된 설정을 할 수 있습니다. PC 최적화에서는 윈도우 임시 파일과 컴퓨터 사용 기록, PC 관리 항목 등에 대해 최적화 여부를 설정합니다. 작업 설정에서는 업데이트 설정, 예약 작업, 작업 내역 복구와 관련된 설정을 할 수 있습니다. 기타 설정에서는 게임 모드, 검사 로그와 검역소 파일 보관 기간 설정 및 알약 운용과 관련한 설정을 할 수 있습니다. 서비스에서는 알약 알림 서비스 사용 여부를 설정합니다.
❻ 보안 통계 : 보안 통계를 확인할 수 있는 보안 통계 창(⓲)을 엽니다. 보안 통계에서 악성 코드와 기능 사용 통계를, 검역소에서 감염된 파일들을 격리한 로그를, 알약 로그에서 알약 치료/미치료/이벤트 로그를 확인할 수 있습니다.
❼ 실시간 감시 : 실시간 감시 상태를 나타내며, 실시간 감시 여부를 바로 설정할 수 있습니다.
❽ 메시지 : 사용자가 선택한 메뉴에 따라 현재 상태나 알림 메시지 등을 나타냅니다.

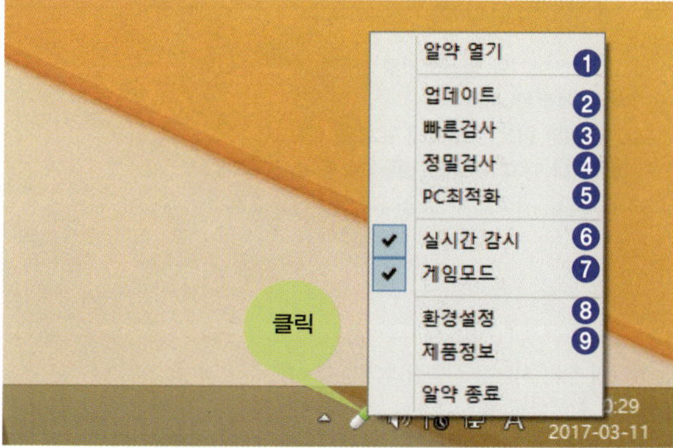

▲ 알림 영역의 알약 팝업 메뉴

HELP

● 작업 표시줄의 알림 영역에서 알약의 대부분의 기능을 바로 사용할 수 있습니다.
❶ 알약 열기 : 알약을 실행하여 프로그램 창을 나타냅니다.
❷ 업데이트 : 온라인으로 V3 Lite의 최신 기능 업데이트나 바이러스 데이터베이스 업데이트 작업을 수행합니다.
❸ 빠른 검사 : 빠른 검사 기능을 바로 실행합니다.
❹ 정밀 검사 : 정밀 검사 기능을 바로 실행합니다.
❺ PC최적화 : PC 최적화 기능을 바로 실행합니다.
❻ 실시간 검사 : 실시간 검사 기능을 수행합니다. 기본값으로 활성화되므로 둘 이상의 백신 소프트웨어의 실시간 감시 기능 사용 시에는 둘 중 하나만 사용하기 바랍니다.
❼ 게임 모드 : 게임 진행을 방해하지 않도록 알림 메시지 등을 띄우지 않도록 설정됩니다.
❽ 환경 설정 : 환경 설정 대화상자를 호출합니다.
❾ 제품 정보 : 프로그램, DB, 업데이트 정보를 확인할 수 있습니다.

빈틈 없는 보안 패치 – 알약 익스플로잇 쉴드

알약 익스플로잇 쉴드는 윈도우 운영체제의 취약점 방어에 최적화된 실시간 감시 도구로, 운영체제의 취약점을 통한 악성 코드 공격을 실시간으로 감시하고 차단하는 악성 코드 사전 탐지 프로그램입니다. 2014년 4월부터 보안 패치가 중단된 윈도우 XP에서는 필수적으로 사용을 권장합니다.

알약 익스플로잇 쉴드의 CPU와 리소스 점유율은 작은 편이므로 실시간 감시를 사용해도 시스템에 크게 부담을 주진 않습니다. 그러므로 알약과 알약 익스플로잇 쉴드를 함께 설치하는 경우 둘 다 실시간 기능이 기본값으로 활성화됩니다.

알약 익스플로잇 쉴드의 사용자 인터페이스

알약 익스플로잇 쉴드 프로그램은 마치 소형화된 알약처럼 알약과 유사한데, 별다른 설정 없이 기본값 상태로 사용하면 됩니다. 알약과 마찬가지로 프로그램 창과 알림 영역의 알약 익스플로잇 쉴드 아이콘을 클릭하여 팝업 메뉴에서도 작업할 수 있습니다.

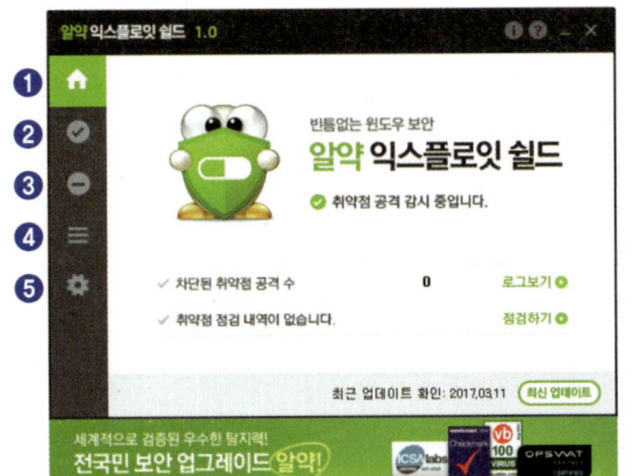

▲ 알약 익스플로잇 쉴드 프로그램 창

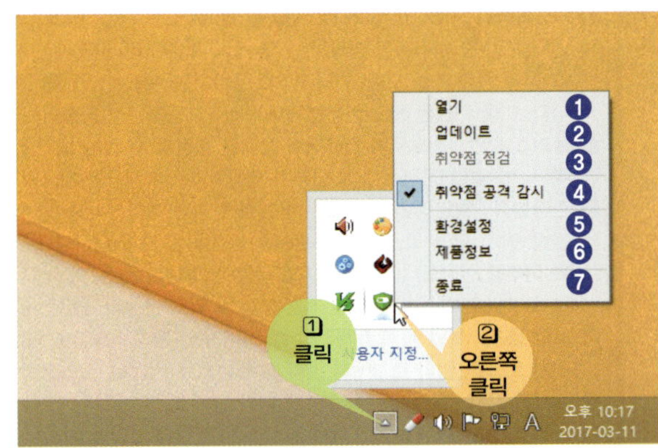

▲ 알림 영역의 알약 익스플로잇 쉴드 팝업 메뉴

H E L P

● **알약 익스플로잇 쉴드 프로그램 창**

❶ **메인** : 메인 화면에서는 차단된 취약점 공격 수와 마지막 취약점 점검일을 확인하고, 로그보기와 점검하기를 사용할 수 있습니다.

❷ **취약점 검사** : 윈도우 운영체제와 주요 소프트웨어의 취약점 패치 상태를 점검 여부를 설정합니다.

❸ **탐지 제외** : 취약점 공격 감시 파일이나 탐지명을 제외할 수 있습니다. 탐지 제외로 설정된 항목은 목록에 표시됩니다.

❹ **로그** : 알약 익스플로잇 쉴드의 로그와 차단 내역을 확인할 수 있으며, 로그를 삭제하거나 탐지 제외 기능을 호출할 수 있습니다.

❺ **환경 설정** : 취약점 공격 감시, 자동 업데이트, PC 시작 시 자동 실행, 알림 창 보기 여부를 서정할 수 있습니다.

● **알림 영역의 알약 익스플로잇 쉴드 팝업 메뉴**

❶ **열기** : 알약 익스플로잇 쉴드 프로그램 창을 나타냅니다.

❷ **업데이트** : 온라인으로 익스플로잇 쉴드의 최신 업데이트 작업을 수행합니다.

❸ **취약점 점검** : 취약점 공격 감시 기능이 꺼져 있을 때만 활성화되며, 수동으로 취약점 점검 기능을 실행합니다.

❹ **취약점 공격 감시** : 취약점 공격에 대한 실시간 감시 기능을 수행합니다. 기본값으로 활성화됩니다.

❺ **환경 설정** : 환경 설정 대화상자를 호출합니다.

❻ **제품 정보** : 제품 버전과 문의 정보를 확인할 수 있습니다.

❼ **종료** : 알약 익스플로잇 쉴드를 완전히 종료합니다.

강력한 PDF 편집과 변환 – 알PDF

알PDF는 문서의 변환과 편집 작업을 지원하는 강력한 도구입니다. 고가의 어도비 아크로뱃 소프트웨어에서나 가능한 PDF 문서 편집 기능을 지원합니다. 뿐만 아니라 특히 PDF 문서의 파워포인트 변환 기능을 제공하는 소프트웨어들은 대부분 유료 소프트웨어인데, 알PDF는 무료이며일 뿐만 아니라 다른 한컴오피스나 MS오피스 파일 형식으로 자유롭게 변환할 수 있습니다. 한마디로 최강의 문서 편집과 변환 기능을 제공하는 소프트웨어입니다.

알PDF의 주요 기능

알PDF를 실행하면 작업 창에 PDF 생성, PDF 문구 편집, PDF 병합, PDF 변환 작업으로 분류되어 나오므로 원하는 작업을 선택하고 작업을 진행하면 됩니다. 사용법은 어렵지 않지만 기능이 다양하므로 자세한 사용법은 온라인 도움말을 참고하기 바랍니다. 알PDF의 주요 기능은 다음과 같습니다.

❶ **다양한 포맷으로 변환 기능** : 다양한 포맷으로 변환 다양한 포맷으로 변환 문서를 MS오피스, 한글, 이미지 등 원하는 형식으로 변화하여 저장할 수 있습니다.

❷ **자유로운 편집 기능** : PDF 문서를 자유롭게 편집할 수 있습니다. OCR 기능이 지원되어 이미지로 된 텍스트도 편집할 수 있습니다.

❸ **간편한 문서 검토** : 텍스트, 마크 도구 등을 이용하여 원본 문서는 유지하면서 교정을 볼 수 있습니다.

❹ **철저한 문서 보안** : 문서 열람 권한과 편집 권한을 각각 설정할 수 있습니다.

❺ **PDF 양식 편집 지원** : PDF 문서에서 직접 동작하는 라디오 단추, 콤보 상자, 디지털 서명 등의 PDF 폼 요소를 추가하고 편집할 수 있습니다.

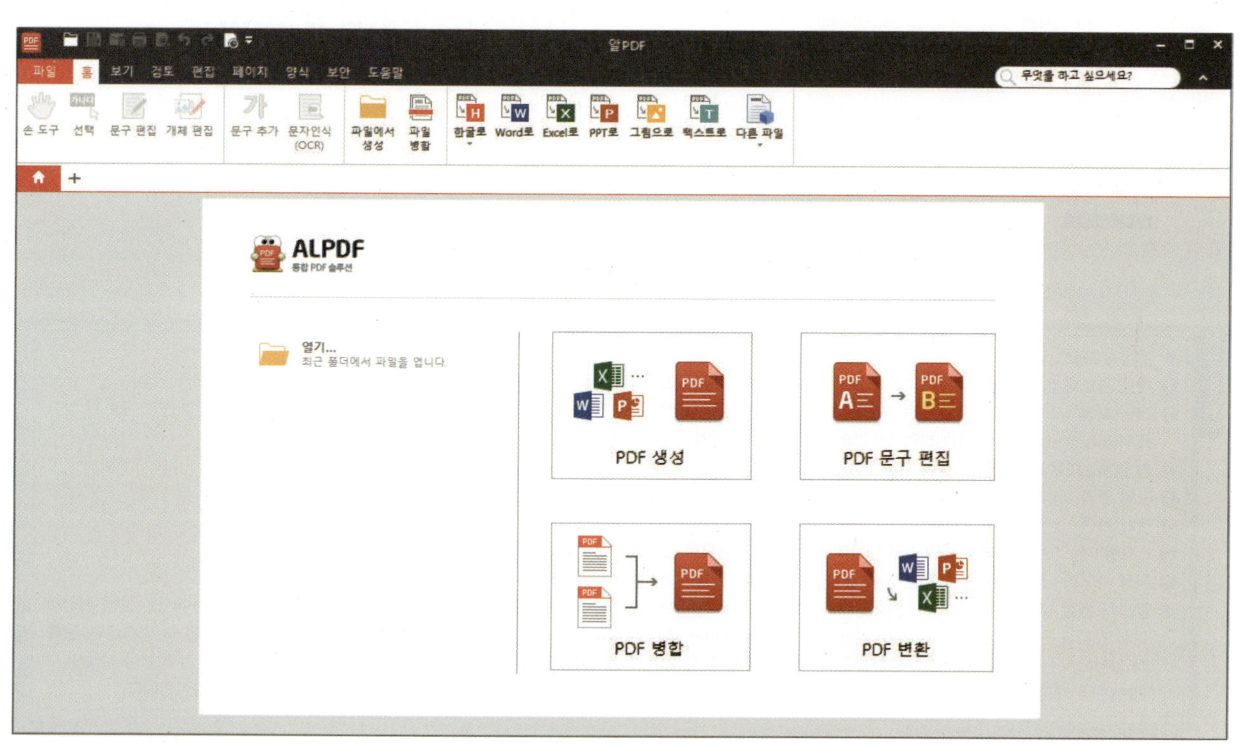

간편한 화면 캡처 – 알캡처

알캡처는 모니터 화면의 어떤 내용이든 다양한 방식으로 캡처하여 이미지로 저장과 편집, SNS 공유 및 전송 기능을 지원하는 유틸리티입니다.

알캡처의 주요 특징

알캡처는 직접 화면의 영역을 지정하는 직접 지정 캡처, 창 캡처, 전체 화면 캡처, 지정 사이즈 캡처 기능과 간단한 이미지 편집 기능을 제공하며, 이미지 편집 툴을 지정하여 보다 많은 편집 기능을 적용할 수도 있습니다. 특히 다른 캡처 프로그램과 달리 SNS 공유와 PC와 모바일 간 다양한 전송 기능을 지원합니다.

알캡처의 사용자 인터페이스

알캡처는 캡처 용도의 프로그램이기 때문에 프로그램 창도 캡처할 영역을 최대한 확보하기 위해 작은 크기로 되어 있습니다. 다음은 알캡처가 제공하는 주요 기능입니다.

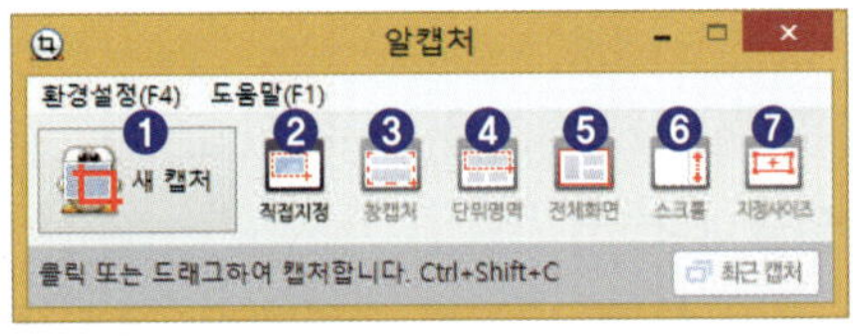

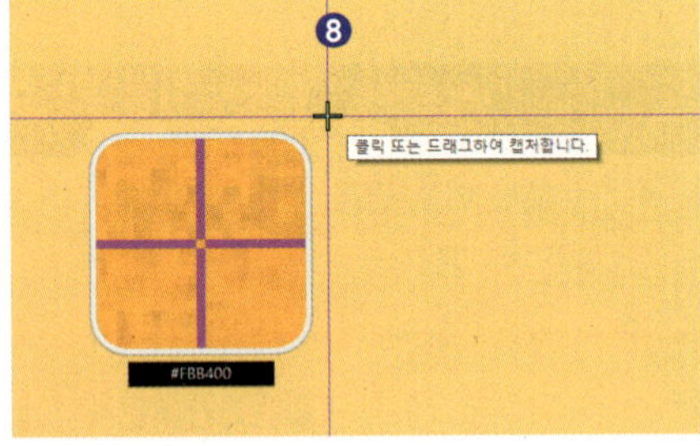

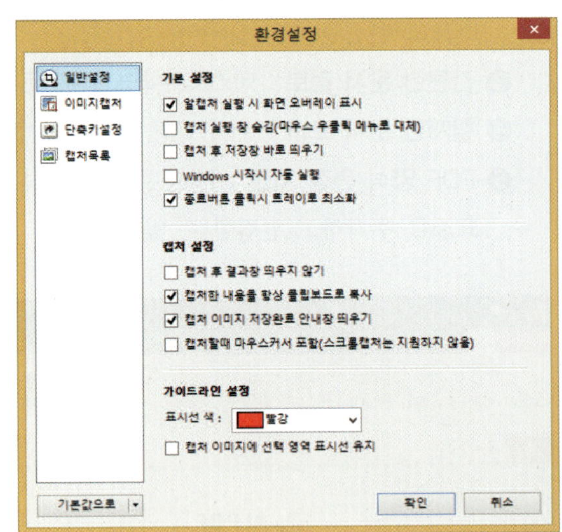

편리한 파일 전송 – 알드라이브

과거에는 알FTP라는 유틸리티로 만들어져 FTP 파일 전송만 지원했으나 알드라이브로 변신하면서 FTP over SSL/TLS, SFTP, WebDAV 등 다양한 프로토콜을 지원합니다. 대중적인 클라우드 서버인 Box.net, Amazon S3, KT Ucloud Biz, SKT Tcloud Biz 접속도 지원합니다.

알드라이브의 특징과 기능

알드라이브 파일 전송을 이용하려면 먼저 서버 접속에 필요한 사용자 계정(아이디와 비밀번호)을 받아야 합니다. 알드라이브를 실행하면 사이트맵 대화상자가 나오는데, 이곳에 접속할 곳을 등록해 놓으면 바로 접속할 수 있습니다. 다음은 사이트맵 대화상자에 FTP 사이트를 등록하여 바로 접속한 화면입니다.

접속에 성공하면 원격 접속한 서버의 폴더와 파일이 알드라이브 창에 나옵니다. 알드라이브 창은 내 컴퓨터의 탐색기 창과 비슷한 방식으로 다룰 수 있습니다. 물론 드래그 앤 드롭 방식의 파일 전송도 지원합니다. 자세한 사용법은 온라인 도움말을 참고하기 바랍니다.

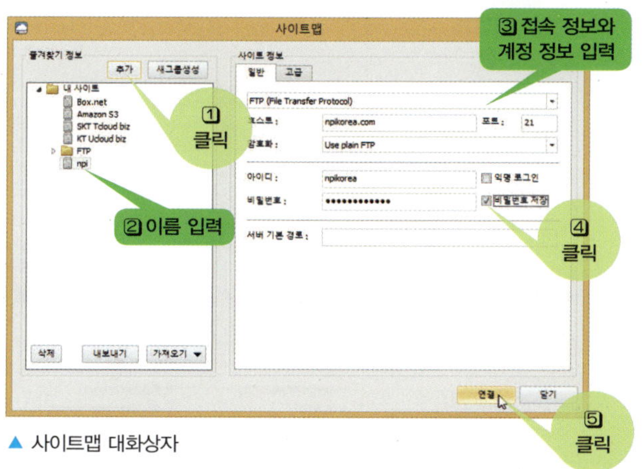

▲ 사이트맵 대화상자

> **HELP**
> ● **사이트맵 대화상자**
> ❶ 새로 즐겨찾기를 만들려면 **추가** 단추를 누릅니다.
> ❷ 원하는 **이름**을 입력합니다.
> ❸ 사이트 정보에 접속에 필요한 **서버 프로토콜**을 선택하고, **호스트 주소와 포트 번호, 접속 계정 정보(아이디/비밀번호)**를 입력합니다.
> ❹ 다음 번에 비밀번호를 자동으로 입력시키려면 **비밀번호 저장**을 체크합니다.
> ❺ 연결 단추를 클릭하면 해당 서버로 접속이 이루어집니다.

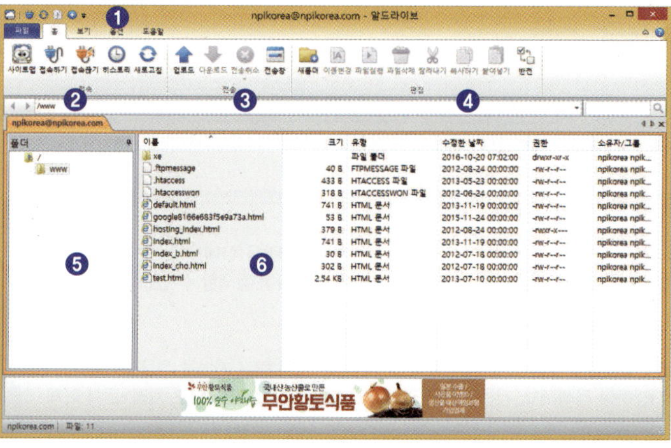

▲ 알드라이브 프로그램 창

> **HELP**
> ● **알드라이브 창** : 알드라이브 창은 탐색기 창처럼 서버 자원을 폴더 창(❺)과 파일 창(❻)으로 표시합니다. 서버 자원을 다루므로 접속이나 전송과 관련된 추가 기능이 제공됩니다.
> ❶ 상단의 빠른 실행 도구 모음은 차례로 접속하기, 새로 고침, 실행하기, 즐겨찾기 추가 아이콘이 표시되며, 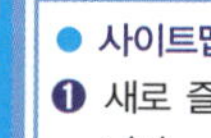를 클릭하여 빠른 실행 도구 모음에 표시할 아이콘을 변경할 수 있습니다.
> ❷ 접속과 관련된 **사이트맵, 접속하기, 접속 끊기, 히스토리, 새로 고침** 단추가 제공됩니다.
> ❸ 전송과 관련된 **업로드, 다운로드, 전송취소, 전송 창** 단추가 제공됩니다.
> ❹ 편집과 관련된 **새 폴더, 이름 변경, 파일 실행, 파일 삭제, 잘라내기, 복사하기, 붙여넣기, 반전** 단추가 제공됩니다.

개인정보 철통 보안 – 알키퍼

PC 안에 개인정보가 포함된 문서가 있는지 검색하여, 해당 문서에 대한 암호 처리, 삭제, 예외 처리를 적용하여 효과적으로 개인정보 유출을 방지할 수 있게 해주는 유틸리티입니다.

알키퍼의 사용자 인터페이스

알키퍼는 개인정보가 포함된 문서를 검색하고 개인정보가 포함된 문서에 대한 암호 처리, 삭제, 예외 처리를 적용하는 비교적 간단한 기능의 유틸리티입니다. 다음은 알키퍼가 제공하는 주요 기능입니다.

◀ 알키퍼 프로그램 창

6 윈도우 작업 환경의 효율화

운영체제를 설치하면 가장 보편적인 작업 환경만 구성됩니다. 윈도우의 작업 구성 요소를 적절히 활용하여 작업 환경을 효율화하면 보다 친숙하게 컴퓨터를 사용할 수 있고, 업무 생산성도 향상시킬 수 있습니다.

윈도우 운영체제의 단축키 활용하기

윈도우 운영체제의 단축키는 버전이 바뀌어도 대부분 기능이 유지되므로 윈도우 XP에서 사용되던 단축키를 윈도우 7/8.1/10에서도 비슷하게 활용할 수 있습니다. 윈도우 7부터는 키와 조합되는 여러 단축키가 지원되므로 좀 더 신속하게 원하는 기능을 사용할 수 있습니다.

윈도우 운영체제의 작업 효율을 높여주는 단축키

단축키	XP	7	8/10	기 능
⊞	○	○	○	윈도우 XP/7/10에서 시작 메뉴 열기 기능을 사용할 수 있습니다. 윈도우 8/8.1은 메트로 UI와 데스크톱 전환키로 사용
⊞+F1	○	○	○	도움말 및 지원 센터 열기
⊞+숫자	×	○	○	작업 표시줄의 프로그램 열기 왼쪽부터 1번, 그 다음 2번
⊞+방향키	×	○	○	⊞+↑는 활성 창의 최대화, ⊞+↓는 창의 복원 또는 창 최소화, ⊞+←와 ⊞+→는 창의 화면 왼쪽/오른쪽 맞추기
⊞+ + / −	×	○	○	⊞+ + 는 화면의 확대 / ⊞+ − 는 화면의 축소
⊞+Space Bar	×	○	×	창을 투명화하여 바탕화면 엿보기(Aero Peek 기능)
⊞+C	×	×	△	윈도우 8/8.1의 참 메뉴 열기
⊞+D	×	○	○	현재 실행 중인 모든 창을 복원하거나 최소화
⊞+E	○	○	○	윈도우 XP는 내 컴퓨터 창, 윈도우 7은 컴퓨터 창, 윈도우 8/8.1/10은 내 PC 창 열기
⊞+F	○	○	○	검색 창 열기, 윈도우 8 이상은 ⊞+Q 또는 ⊞+S 도 동일
⊞+H	×	×	○	바탕화면 스크린 샷의 원노트나 메일 공유
⊞+I	×	×	○	윈도우 8/8.1/10의 설정 창 열기
⊞+L	○	○	○	윈도우 잠그기
⊞+P	×	○	○	멀티모니터 사용 시 화면 표시 방식 선택(PC 화면만/복제/확장/두 번째 화면만)
⊞+R	○	○	○	명령을 입력하여 기능을 실행할 수 있는 실행 창 열기
⊞+T	×	○	○	한 번 누르면 작업 표시줄의 첫 번째 항목(인터넷 익스플로러)의 미리 보기, 한번 더 누르면 그 다음 항목으로 이동
⊞+U	○	○	○	제어판 기능인 접근성 센터 열기
⊞+X	×	×	○	윈도우 8/8.1/10은 시작 단추 위치에서 오른쪽 클릭으로 호출하는 시작 메뉴 열기
⊞+Pause	○	○	○	윈도우 XP는 시스템 등록 정보 대화상자 / 윈도우 7 이상은 시스템 창 열기
Alt + F4	○	○	○	창 선택 상태에서는 창 종료, 선택 창 없을 때는 시스템 종료
Alt + Tab	○	○	○	작업 창 전환
Alt + Print Screen	○	○	○	활성 창 화면 클립보드로 복사
Print Screen	○	○	○	전체 화면 클립보드로 복사

윈도우의 실행 창에서 명령어 사용하기

윈도우 운영체제에서 공통적으로 ⊞+R 키를 누르면 나오는 실행 창은 신속한 작업 수행에 유용한 명령어를 사용할 수 있습니다. 이들 명령어들 대부분은 윈도우 XP 이상의 윈도우 운영체제에서 공통적으로 사용할 수 있습니다. 실행 창에서 사용할 수 있는 명령어는 다음과 같이 세 가지로 구분됩니다.

❶ **.msc 명령어** : 명령어 뒤에 '.msc'가 붙는 명령어는 주로 컴퓨터 운영에 필요한 관리 기능을 제공하는 명령어입니다.

❶ **.cpl 명령어** : 명령어 뒤에 '.cpl'이 붙는 명령어는 주로 장치의 속성(등록정보)을 편집하는 명령입니다.

❶ **응용 프로그램 명령어** : 아무 확장자 없이 쓸 수 있는 일반 명령어는 윈도우 응용 프로그램 실행 명령어나 명령어 프롬프트 창에서도 사용할 수 있는 명령들 입니다.

명령어	실행 프로그램	내용
charmap	문자표	문자표를 실행하여 글꼴별로 지원하는 문자를 확인하고, 필요한 문자를 복사하여 작업 중인 문서에 입력합니다.
cleanmgr	디스크 정리	디스크 정리 창을 열어 선택한 드라이브의 임시 파일 등 불필요한 파일을 정리합니다
cmd	도스 프롬프트	도스 명령어를 사용할 수 있는 명령어 프롬프트 창을 엽니다.
compmgmt.msc	컴퓨터 관리	다양한 컴퓨터 관리 도구가 있는 컴퓨터 관리 창을 엽니다.
control	제어판	다양한 컴퓨터 운영 환경을 제어할 수 있는 제어판을 엽니다.
devmgmt.msc	장치 관리자	장치 드라이버를 확인하고 관리합니다.
dfrg.msc	디스크 조각 모음	디스크 조각 모음을 통해 하드디스크를 최적화합니다. SSD에는 권장되지 않습니다.
diskmgmt.msc	디스크 관리	디스크 관리 창을 열어 파티션 구성 및 포맷 작업 등을 수행합니다.
dxdiag	DirectX 진단 도구	DirectX 진단 도구를 열어 DirectX 디스플레이와 사운드 작동을 진단합니다.
fsmgmt.msc	공유 폴더	현재 컴퓨터의 공유 폴더를 전체적으로 확인하고 관리합니다.
gpedit	로컬 그룹 정책 편집기	로컬 그룹 정책 편집기 창을 열어 다양한 컴퓨터 구성 및 사용자 구성 정책을 편집할 수 있습니다.
iexplore	인터넷 익스플로러	인터넷 익스플로러를 실행합니다.
msconfig	시스템 구성	시스템 구성 창을 열어 시작 모드, 부팅, 서비스, 시작 프로그램 등을 관리합니다.
msinfo32	시스템 정보	다양한 시스템 정보를 전체적으로 확인할 수 있습니다.
mstsc	원격 데스크톱 연결	원격 데스크톱 연결 창을 열어 원격 컴퓨터에 접속합니다.
ncpa.cpl	네트워크 연결	네트워크 연결 창을 엽니다.
regedit	레지스트리 편집기	레지스트리를 편집합니다.
services.msc	서비스	컴퓨터에서 수행되는 서비스의 상태를 확인하고 시작 유형을 편집합니다.
winver	Windows 정보	윈도우 운영체제 패키지의 버전 정보 등을 확인합니다.
wscui.cpl	관리센터	관리센터 창을 열어 보안, 유지 관리, 문제 해결, 컴퓨터 복구, 백업 및 복원, 윈도우 업데이트, 사용자 계정 컨트롤 설정 변경 등의 작업을 수행합니다.

윈도우의 작업 구성 요소 효율적으로 사용하기

사용자의 취향이 다양하기 때문에 운영체제 설치 시에는 가장 기본적인 작업 환경이 제공됩니다. 그러므로 자신의 작업 스타일에 맞춰 윈도우의 작업 요소들을 수정할 필요가 있습니다. 윈도우 운영체제는 사용자의 작업 취향에 따라 사용자 인터페이스 요소들을 원하는 대로 설정할 수 있는 기능을 제공합니다.

윈도우 운영체제에서 공통적인 사용자 인터페이스 요소는 시작 메뉴와 작업 표시줄, 바탕화면과 폴더 창으로 구성됩니다. 이러한 사용자 인터페이스를 자신의 작업 스타일에 맞춰 효율화하면 좀 더 빨리 원하는 작업을 수행할 수 있습니다.

시작 메뉴와 작업 표시줄의 효율화

시작 메뉴와 작업 표시줄의 속성을 조절하면 자신의 취향에 맞춰 좀 더 효율적으로 사용할 수 있습니다. 윈도우 7에서 시작 메뉴와 작업 표시줄을 효율화하려면 다음의 그림 설명을 참고하여 수행하기 바랍니다.

윈도우 7에서 시작 메뉴와 작업 표시줄 효율화하기

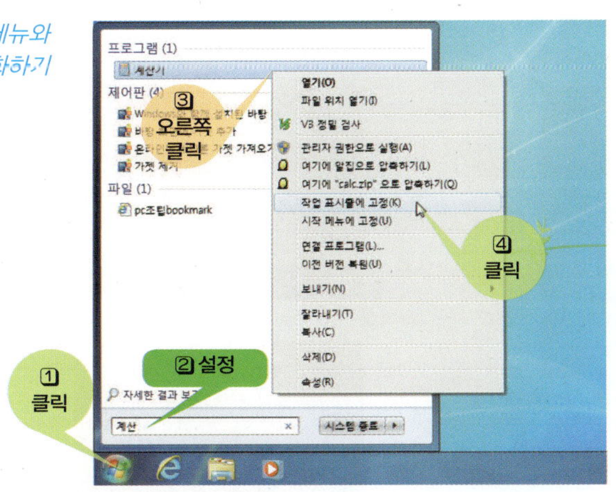

❶ 시작 단추를 클릭한 후 Windows 검색 상자에 '계산'을 입력하여 계산기가 검색되면 오른쪽 클릭한 후 팝업 메뉴에서 **작업 표시줄에 고정**을 선택합니다.

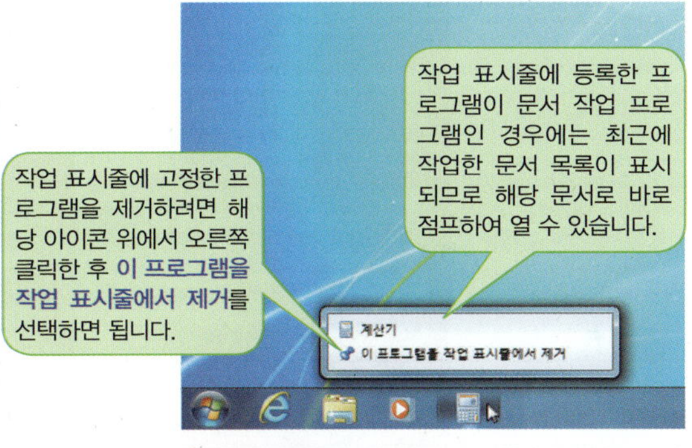

❷ 작업 표시줄에 계산기 프로그램이 등록되므로 바로 사용할 수 있습니다.

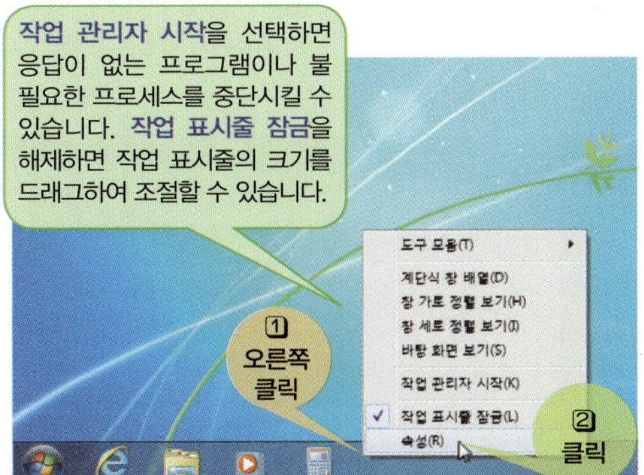

❸ 이제 작업 표시줄에서 오른쪽 클릭한 후 팝업 메뉴에서 **속성**을 선택합니다. 팝업 메뉴에서 도구 모음 표시 여부, 창의 배열 방식, 바탕화면 보기를 바로 선택할 수 있습니다.

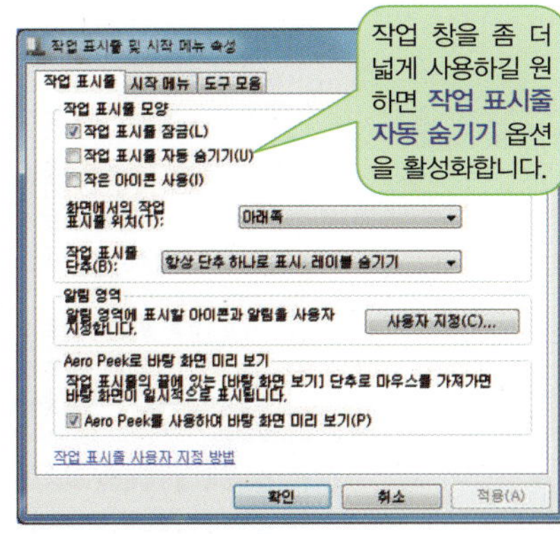

❹ 작업 표시줄 및 시작 메뉴 속성 대화상자가 나옵니다. 작업 표시줄 탭 옵션에는 작업 표시줄 위치, 알림 영역에 표시할 아이콘과 알림 설정, 작업 표시줄 단추 표시 방법, 창을 투명화하여 바탕화면을 볼 수 있는 Aero Peek 기능을 바탕화면 보기 단추(◐)에서 사용할지를 설정할 수 있습니다.

- 윈도우 비스타부터 작업 표시줄에 자주 사용하는 프로그램의 바로가기 아이콘을 드래그하여 간단히 고정할 수 있습니다.
- 현재 실행 중인 작업 창의 아이콘은 작업 표시줄에 강조 표시되므로 직관적으로 구분할 수 있습니다.

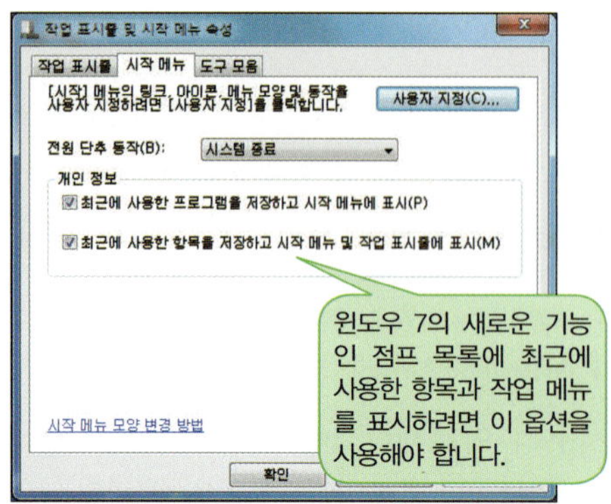

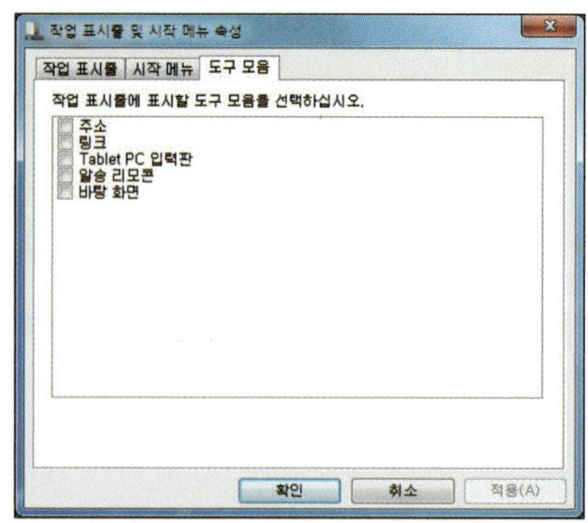

❺ 시작 메뉴 탭의 설정 옵션에는 전원 단추 동작 옵 션과 최근에 사용한 프로그램을 시작 메뉴에 표시 할지와 최근 사용 항목을 시작 메뉴 및 작업 표시 줄에 표시할지 설정할 수 있습니다.

❻ 도구 모음 탭을 선택합니다. 도구 모음 탭의 옵션 은 작업 표시줄에 표시할 도구 모음을 선택할 수 있습니다. 알송을 설치한 경우에는 알송 리모콘도 작업 표시줄에 선택할 수 있습니다.

원도우 8/8.1은 시작 메뉴에 대한 별도 설정은 제공되지 않습니다. 작업 표시줄을 효율화하려 면 다음의 그림 설명을 참고하여 수행하기 바랍니다.

원도우 8.1에서 작업 표시줄 효율화하기

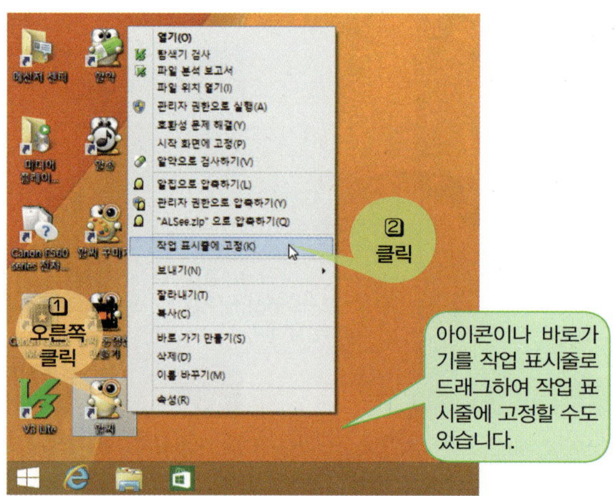

❶ 바탕화면의 바로가기 아이콘에서 오른쪽 클릭하여 팝 업 메뉴에서 작업 표시줄에 고정을 선택합니다.

❷ 작업 표시줄에 알씨 프로그램이 등록됩니다. 고정된 아 이콘을 오른쪽 클릭하면 팝업 메뉴가 나옵니다. 이번 에는 작업 표시줄의 빈 공간에서 오른쪽 클릭하여 팝 업 메뉴에서 속성을 선택합니다.

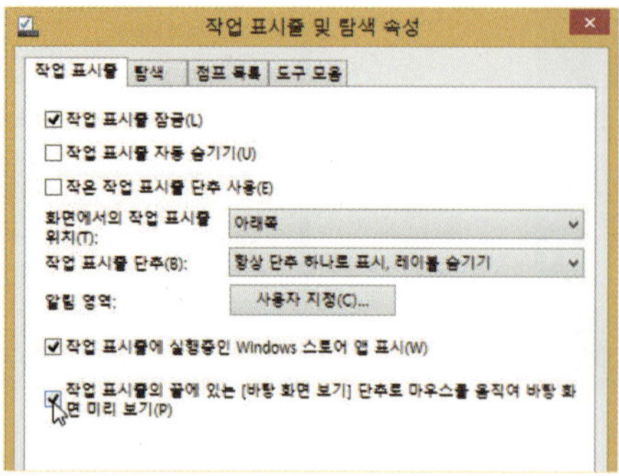

❸ 작업 표시줄 및 탐색 속성 대화상자가 나옵니다. 작업 표시줄 탭 옵션은 윈도우 7의 작업 표시줄 탭과 비슷한 데, 작업 표시줄에 실행 중인 Windows 스토어 앱 표시 옵션만 추가로 제공되는 것을 볼 수 있습니다.

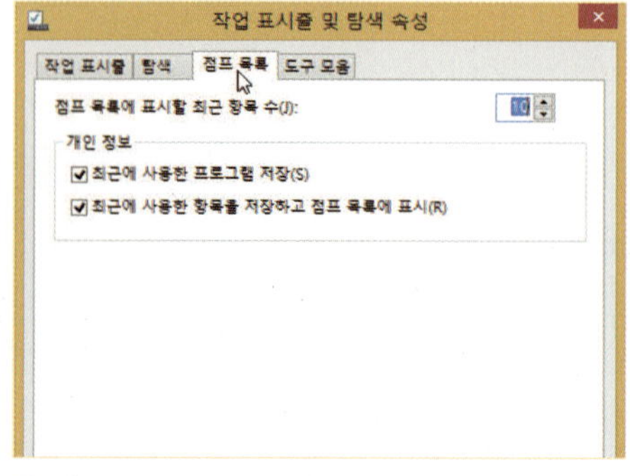

❹ 점프 목록 탭에는 최근에 사용한 프로그램 저장 여부와 최근에 사용한 항목(작업 문서)를 저장하고 점프 목록에 표시할지 여부를 설정할 수 있습니다. 기본값은 최근 사 용 프로그램과 문서를 점프 목록으로 표시합니다.

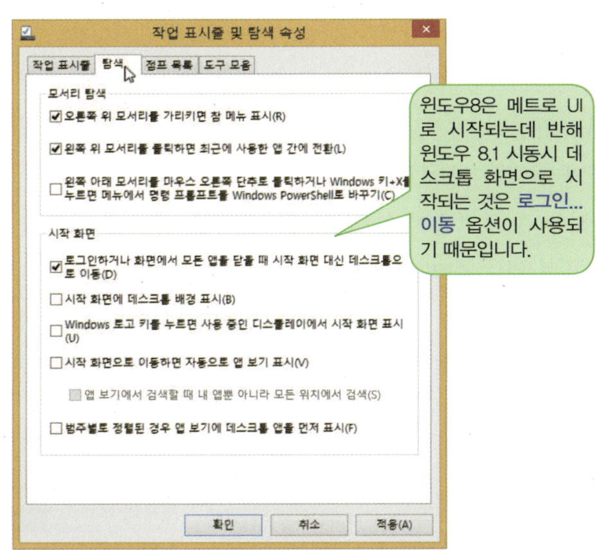

❺ 탐색 탭에서는 화면의 모서리에 마우스 커서가 이동했을 때의 참 메뉴 표시 방식, 최근 앱 전환 기능 등의 사용 방식과 시작 화면 표시 방식을 설정할 수 있습니다.

❻ 도구 모음 탭에서 주소를 클릭하고 체크합니다. 그러면 작업 표시줄에 주소 표시줄이 나옵니다. 이곳에서 웹사이트 주소를 입력하고 키를 누르면 웹브라우저에 해당 사이트가 열립니다.

윈도우 10부터는 작업 표시줄 효율화 옵션을 설정 창에서 수행하는 방식으로 바뀌었습니다. 다음의 그림 설명을 참고하여 작업 표시줄을 효율화하기 바랍니다.

윈도우 10에서 작업 표시줄 효율화하기

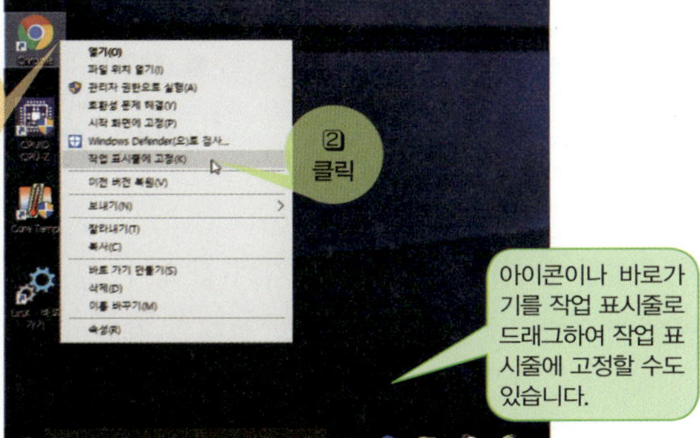

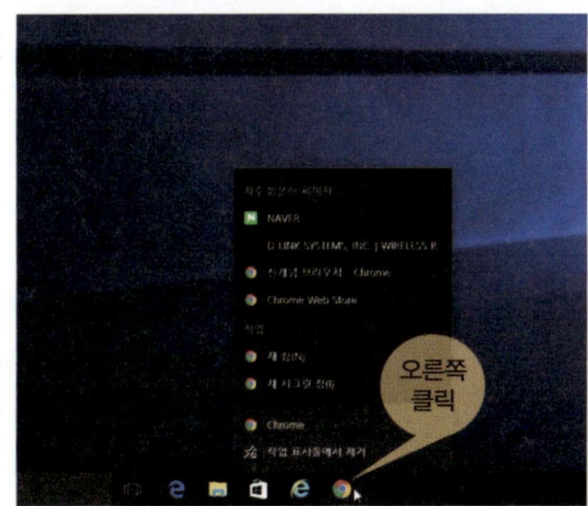

❶ 바탕화면의 크롬 프로그램의 바로가기 아이콘에서 오른쪽 클릭한 팝업 메뉴에서 작업 표시줄에 고정을 선택합니다.

❷ 작업 표시줄에 크롬 프로그램이 등록됩니다. 고정된 아이콘을 오른쪽 클릭하면 윈도우 7/8.1과 비슷한 팝업 메뉴가 나옵니다.

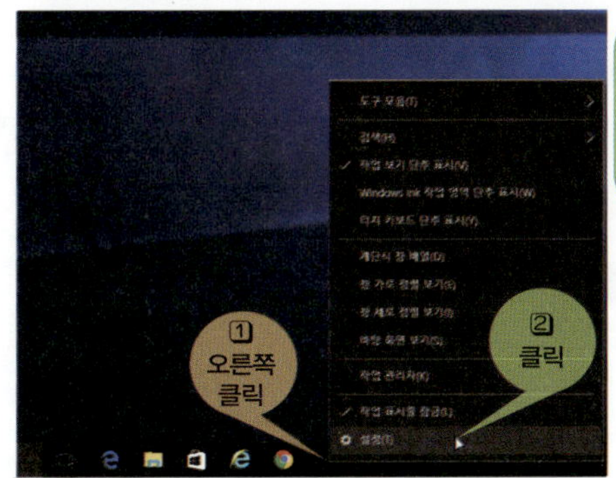

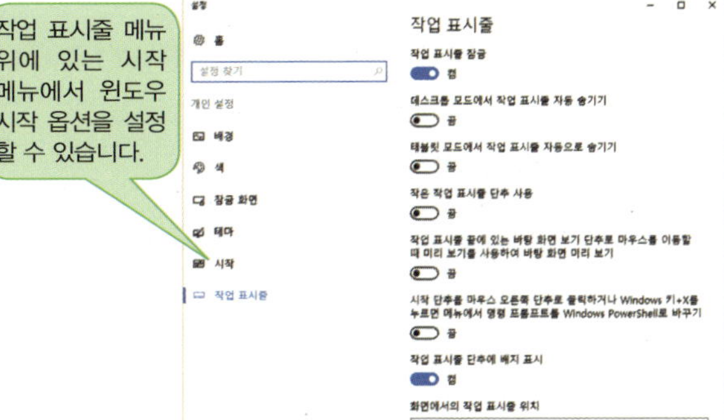

❸ 이번에는 작업 표시줄의 빈 공간에서 오른쪽 클릭하여 팝업 메뉴에서 설정을 선택합니다. 윈도우 10부터는 속성 대신 설정 창을 호출하는 방식으로 바뀐 점을 유의하기 바랍니다.

❹ 설정 창의 작업 표시줄 메뉴 페이지에 작업 표시줄 설정 옵션이 나옵니다. 설정 옵션의 기능들은 윈도우 7/8.1과 비슷하지만 모바일 기기에서도 사용할 수 있도록 원터치로 설정 방식으로 바뀐 것을 알 수 있습니다.

개인 설정으로 나만의 작업 공간 만들기

윈도우의 바탕화면은 작업하는 책상처럼 각종 창을 띄워 놓고 작업하는 공간입니다. 바탕화면 테마 기능을 사용하면 바탕화면의 배경, 창, 색, 소리 등에 이르기까지 한꺼번에 사용자가 원하는 스타일로 꾸며 나만의 친숙한 작업 공간을 만들 수 있습니다.

바탕화면에서 자주 사용하는 프로그램이나 웹사이트의 바로 가기를 사용할 수 있는데, 많은 바로 가기를 사용하면 그만큼 윈도우 리소스를 소비하므로 유의하기 바랍니다.

윈도우 7의 바탕화면 테마는 슬라이드 같은 세련된 바탕화면과 화면보호기를 사용할 수 있으며, 온라인으로도 다양한 테마를 사용할 수 있습니다. 윈도우 7에서 바탕화면을 효율화하려면, 다음의 그림 설명을 참고하기 바랍니다.

윈도우 7에서 바탕화면 효율화하기

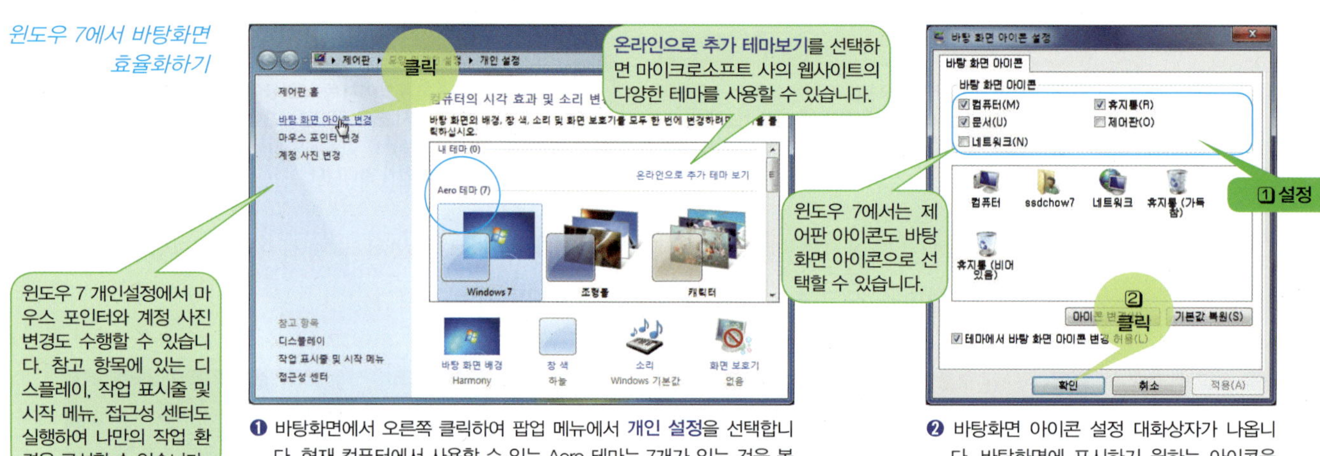

❶ 바탕화면에서 오른쪽 클릭하여 팝업 메뉴에서 **개인 설정**을 선택합니다. 현재 컴퓨터에서 사용할 수 있는 Aero 테마는 7개가 있는 것을 볼 수 있습니다. 왼쪽 메뉴에서 **바탕화면 아이콘 변경**을 선택합니다.

❷ 바탕화면 아이콘 설정 대화상자가 나옵니다. 바탕화면에 표시하기 원하는 아이콘을 체크하고 **확인** 단추를 클릭합니다.

윈도우 8.1의 경우도 제공되는 설정 옵션이 윈도우 7과 거의 같으며, 같은 방식으로 설정합니다. 윈도우 8.1에서 바탕화면을 효율화하려면 다음의 그림 설명을 참고하기 바랍니다.

윈도우 8.1에서 바탕화면 효율화하기

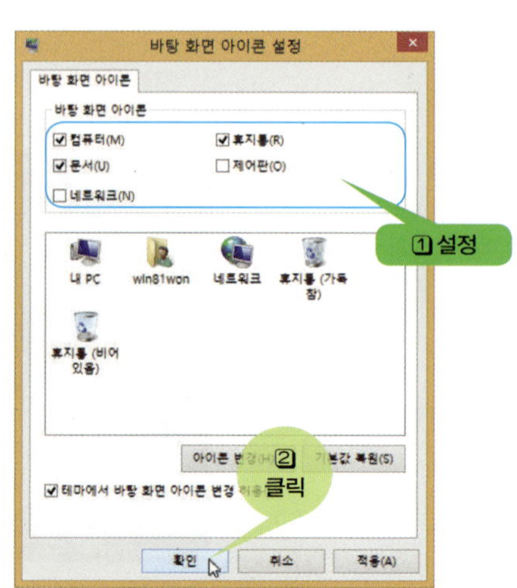

❶ 바탕화면에서 오른쪽 클릭하여 팝업 메뉴에서 **개인 설정**을 선택합니다. 현재 컴퓨터에서 사용할 수 있는 기본값 테마와 고대비 테마는 7개입니다. 왼쪽 메뉴에서 **바탕화면 아이콘 변경**을 선택합니다.

❷ 바탕화면 아이콘 설정 대화상자가 나옵니다. 바탕화면에 표시하기 원하는 아이콘을 체크하고 **확인** 단추를 클릭합니다.

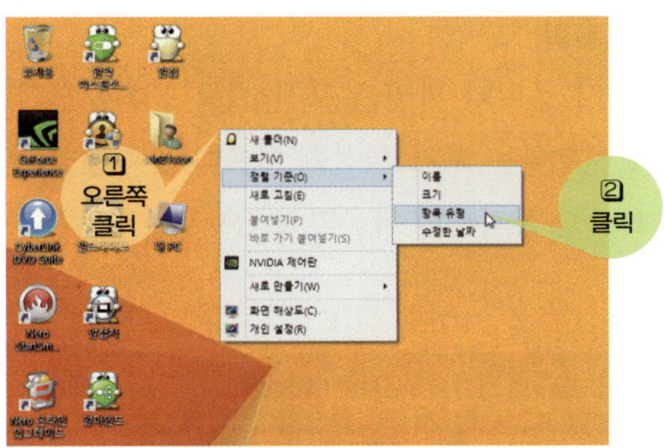

❸ 기본값으로 표시되는 휴지통과 내 문서(사용자 계정 이름
으로 표시됨), 내 PC 아이콘이 바탕화면에 생성됩니다. 이
번에는 바탕화면에서 오른쪽 클릭하여 팝업 메뉴에서 정
렬 기준→항목 유형을 선택합니다.

❹ 항목 유형으로 정렬하면 바로 가기보다 아이콘이 우선 표
시되므로 왼쪽 모서리에 내 PC, 휴지통, 내 문서 아이콘이
정렬되어 표시됩니다. 내 PC에서 오른쪽 클릭하여 팝업
메뉴를 확인합니다.

윈도우 10부터는 다양한 개인 설정 옵션들도 설정 창에서 종합적으로 수행하는 방식으로 바뀌
었습니다. 윈도우 10에서의 개인 설정은 다음의 그림 설명을 참고하기 바랍니다.

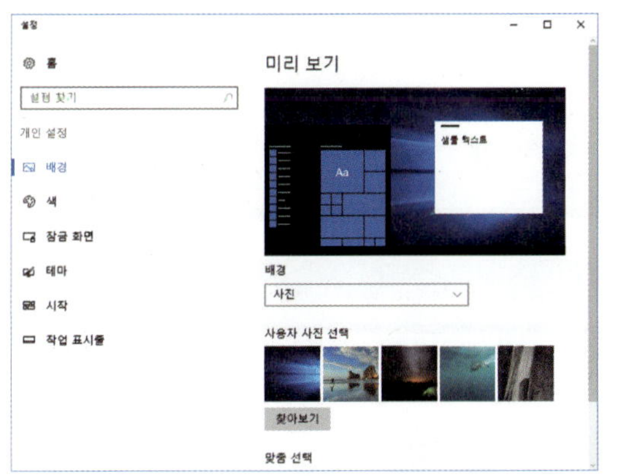

❶ 바탕화면에서 오른쪽 클릭하여 팝업 메뉴에서 개인 설정을 선
택합니다. 배경 메뉴 페이지가 열립니다. 배경 목록에서 배경
사진이나 색상, 슬라이드 쇼 등을 선택할 수 있습니다. 맞춤 선
택 옵션으로 배경 사진을 모니터 화면에 배열하는 방식을 설정
합니다.

❷ 설정 창에서 잠금 화면을 선택하면 잠금 화면의 배경이나 슬
라이드쇼를 선택할 수 있으며, 바로가기를 표시할 앱 선택에서
앱을 선택하면 로그인 화면에서 메일이나 일정 등의 앱을 바로
이용할 수 있습니다. 이 기능은 윈도우 8에서 설정 창을 열어
잠금 화면을 설정할 수 있습니다.

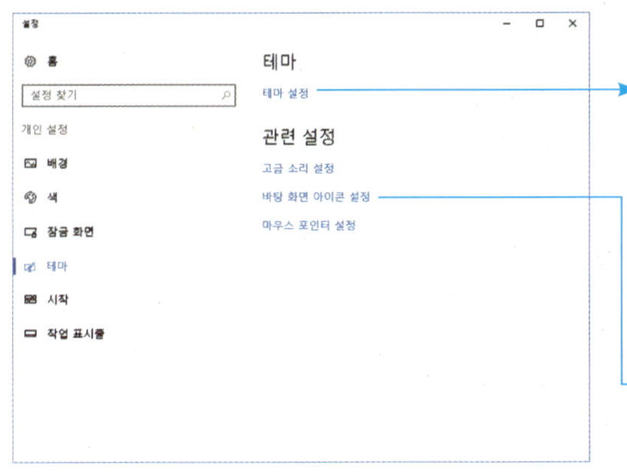

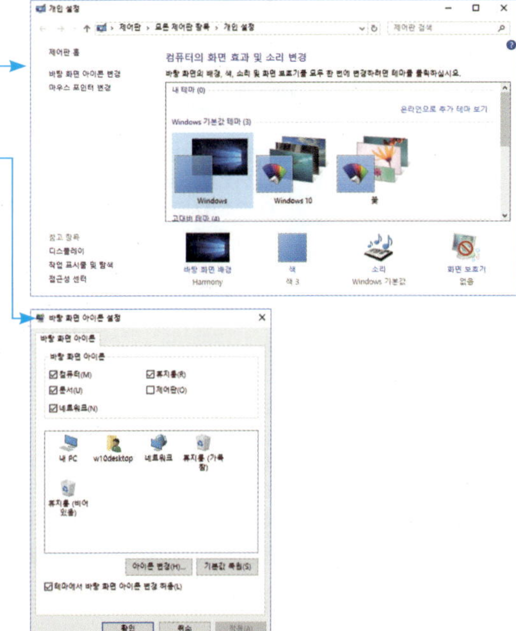

❸ 설정 창에서 테마를 선택하면 테마 설정과 관련 설정으로 고급
소리 설정, 바탕화면 아이콘 설정, 마우스 포인터 설정 기능을
실행할 수 있습니다. 윈도우 7/8.1과는 접근 방식이 조금 달라
졌지만 비슷한 방식으로 테마나 바탕화면 아이콘 설정이 가능
한 것을 알 수 있습니다.

Chapter 07 운영체제 설치 후 필수 작업

● 컴퓨터의 자원은 주로 폴더 창을 통해 접근하므로 컴퓨터를 사용하면서 가장 많이 열게 되는 창은 폴더 창입니다.

빠른 작업을 위한 파일 탐색기의 효율화

윈도우 운영체제의 파일 탐색기에서 폴더와 파일을 표시하는 다양한 보기 방식을 지원하며, 폴더 옵션 설정을 통해 사용자가 선호하는 보기 설정을 사용하면 작업을 효율화할 수 있습니다. 윈도우 7의 폴더 창의 구성 요소를 살펴보면 다음과 같습니다.

윈도우 7 폴더 창의 구성 요소

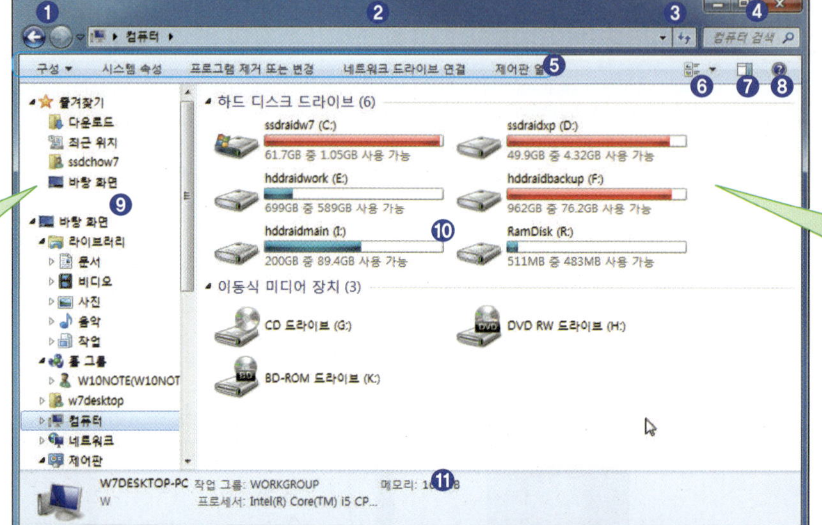

탐색 창의 즐겨찾기나 라이브러리는 논리적 이름이며, 컴퓨터의 물리적인 드라이브와 폴더 위치로 연결되어 있습니다.

현재 컴퓨터 창을 열었기 때문에 컴퓨터에 설치된 드라이브 목록과 이동식 미디어 장치, 네트워크 위치 등이 표시됩니다. 드라이브의 빨간색 표시는 여유 공간이 10% 이하라는 것을 나타냅니다.

윈도우 7부터 새로이 등장한 홈그룹은 네트워크에서 홈그룹 암호를 통해 쉽고 안전하게 자원을 공유합니다(701쪽 참고).

윈도우 8/8.1/10의 파일 탐색기의 구성 요소도 윈도우 7과 거의 비슷하지만, 이름으로 표시되던 도구 모음 대신 직관적인 아이콘으로 표시되는 리본 방식으로 바뀌었고, 폴더 옵션 대화상자를 열어 설정했던 기능들 중 자주 사용되던 기능이 리본 메뉴에서 바로 접근이 가능하도록 개선되었습니다. 윈도우 10 폴더 창의 변화된 요소들을 살펴보면 다음과 같습니다.

윈도우 10 폴더 창의 구성 요소

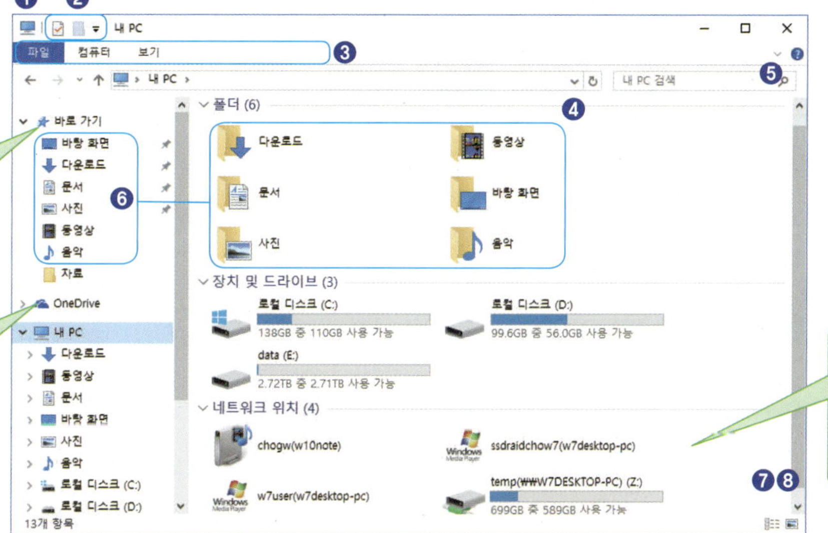

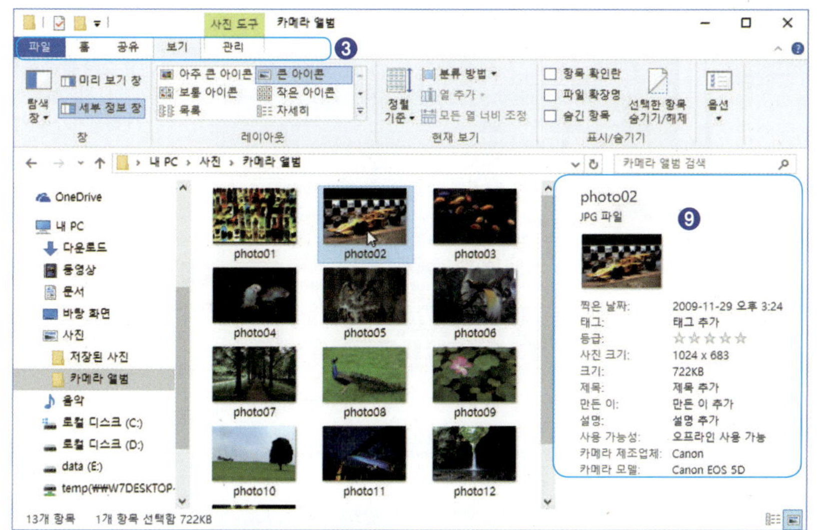

<table>
<tr><td>H
E
L
P</td><td>

❶ 창 조절 아이콘 : 창 조절 메뉴를 표시합니다. 선택된 위치에 따라 아이콘 모양은 달라지지만 기능은 동일합니다.

❷ 빠른 실행 도구 모음 : 선택된 위치에서 사용할 수 있는 빠른 실행 도구 모음을 나타냅니다. ▽를 클릭하여 빠른 실행 도구 모음에 표시할 아이콘을 변경할 수 있습니다.

❸ 메뉴 : 선택한 자원에 따라 사용할 수 있는 메뉴가 지능적으로 제공됩니다. 메뉴를 선택하면 리본에 사용할 수 있는 기능들이 나타납니다.

❹ 리본 : 현재 선택된 메뉴에서 사용 가능한 기능들을 제공합니다.

❺ 리본 최소화/확장 단추 : 리본을 최소화하면 확장 단추(∨)가 표시되고, 확장하면 최소화 단추(∧)로 표시됩니다.

❻ 바로가기 : 윈도우 8부터 컴퓨터는 내 PC로 표시되고, 즐겨찾기는 바로가기로 이름이 바뀌었으며, 라이브러리에 대한 바로가기도 추가되었습니다. 내 PC를 선택하면 라이브러리와 장치 및 드라이브, 네트워크 위치가 표시됩니다

❼ 자세히 단추 : 목록 창을 각 항목에 대한 정보를 표시하는 자세히 보기 모드로 표시합니다.

❽ 큰 아이콘 단추 : 목록 창의 항목을 큰 아이콘 보기로 표시합니다. 이미지 파일은 큰 아이콘 크기의 미리 보기로 표시합니다.

❾ 세부 정보 창 : 윈도우 8부터는 세부 정보 창이 하단에 표시되지 않고 미리 보기 창 영역에 표시됩니다.

</td></tr>
</table>

Check Point 나만의 폴더 옵션 최적화하기

폴더의 보기 설정과 옵션 설정 후에 모든 폴더에 적용 기능을 사용하면 모든 폴더에 대해 동일한 보기 설정과 폴더 옵션이 적용됩니다. 다음의 그림 설명은 윈도우 7을 예로 설명하였는데, 윈도우 8/8.1/10에서도 비슷한 방식으로 설정합니다.

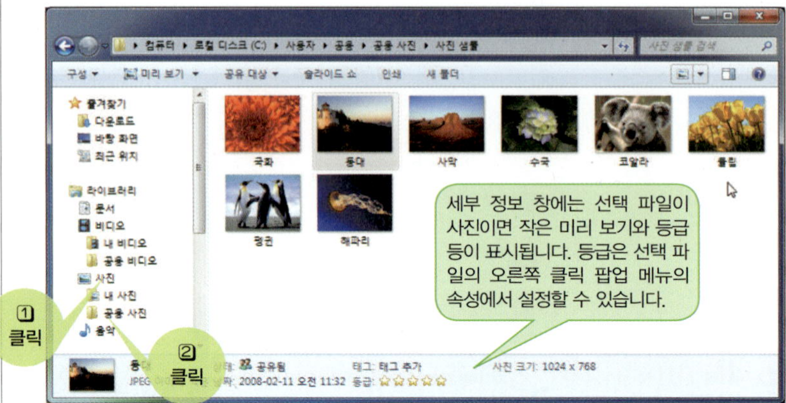

❶ 탐색 창에서 라이브러리의 사진 공용 사진을 선택하고 사진 샘플 폴더를 엽니다. 현재 기본값 보기 모드는 큰 아이콘으로 보기 상태입니다.

※ 마이크로소프트는 윈도우 8부터 폴더를 파일 탐색기로도 부르므로 유의하기 바랍니다.

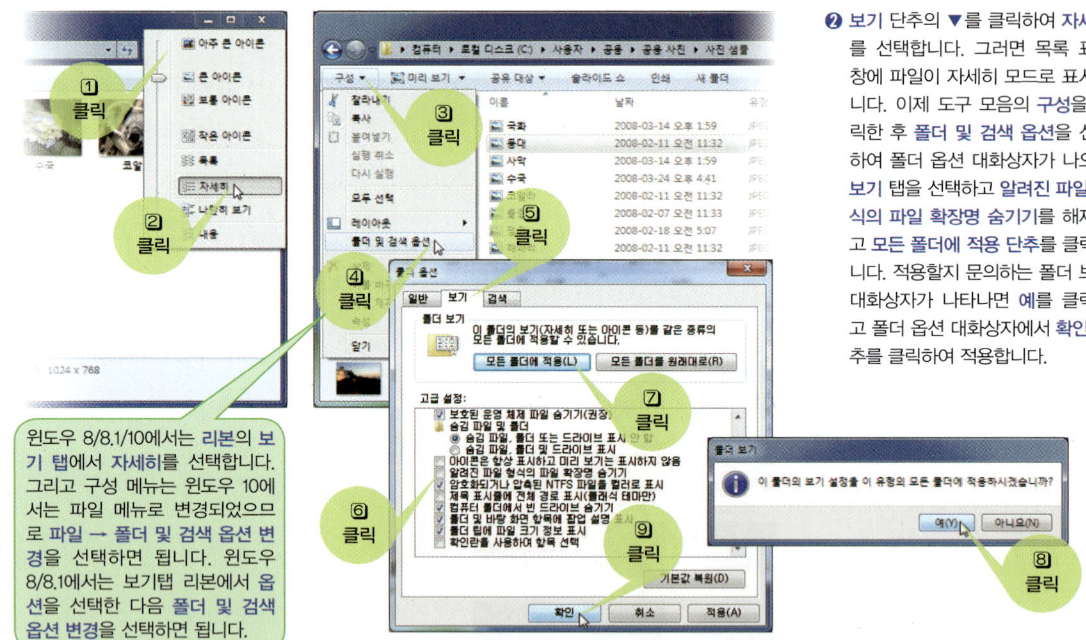

❷ 보기 단추의 ▼를 클릭하여 자세히를 선택합니다. 그러면 목록 표시 창에 파일이 자세히 모드로 표시됩니다. 이제 도구 모음의 구성을 클릭한 후 폴더 및 검색 옵션을 선택하여 폴더 옵션 대화상자가 나오면 보기 탭을 선택하고 알려진 파일 형식의 파일 확장명 숨기기를 해제하고 모든 폴더에 적용 단추를 클릭합니다. 적용할지 문의하는 폴더 보기 대화상자가 나타나면 예를 클릭하고 폴더 옵션 대화상자에서 확인 단추를 클릭하여 적용합니다.

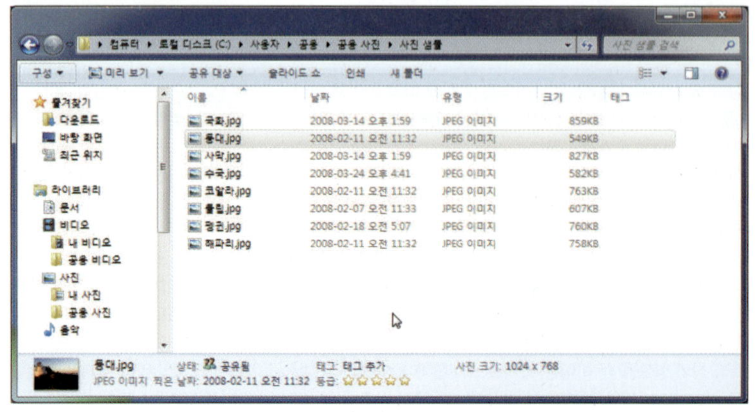

❸ 파일 목록은 자세히 모드로 표시되고, 파일 이름 옆에 파일의 확장자가 표시되는 것을 볼 수 있습니다. 다음부터는 모든 폴더에서 이와 같은 방식으로 표시되므로 많은 파일을 확인하며 작업할 때 유용합니다.

윈도우 데스크톱의 편리한 작업 기능 활용하기

윈도우 운영체제는 사용자가 직관적으로 쉽게 컴퓨터를 사용할 수 있도록 도와주는 편리한 기능들을 제공합니다. 여기서는 데스크톱 윈도우에서 공통적으로 사용되는 몇가지 편리한 작업 기능들을 살펴 보겠습니다.

관련 작업 폴더를 통합하여 관리할 수 있는 라이브러리

윈도우 7부터 라이브러리 개념이 새로이 도입되었으며 기본적으로 제공되는 라이브러리에는 문서/비디오/사진/음악 라이브러리가 있습니다. 폴더 안에는 실제 하위 폴더나 파일과 같은 콘텐츠가 존재하지만, 라이브러리는 폴더나 파일을 저장하는 게 아니라 관련 폴더나 파일로 연결되는 참조 정보를 사용합니다. 예를 들어 사진 라이브러리에 사진들이 있는 여러 폴더가 하위 폴더로 표시되지만 라이브러리에는 하위 폴더가 없고 실제 파일은 개별 폴더에 저장됩니다.

라이브러리에는 실제 폴더나 파일을 저장할 수 없기 때문에 사용자가 문서 파일을 라이브러리로 저장하면 실제 파일은 라이브러리가 참조하는 저장 위치로 저장됩니다. 저장 위치를 변경하려면 라이브러리 이름을 오른쪽 클릭한 후 팝업 메뉴에서 속성을 선택하여 문서 속성 대화상자에서 작업합니다.

처음에는 라이브러리 개념이 낯설게 느껴지지만, 라이브러리를 만들면 여러 드라이브와 폴더에 분산되어 있는 자원을 작업 내용에 맞춰 논리적으로 묶어 관리할 수 있으므로 편리합니다. 새로운 라이브러리를 만들어 사용하려면, 다음의 그림 설명을 참고하여 수행하기 바랍니다.

윈도우 7에서 새 라이브러리 만들기

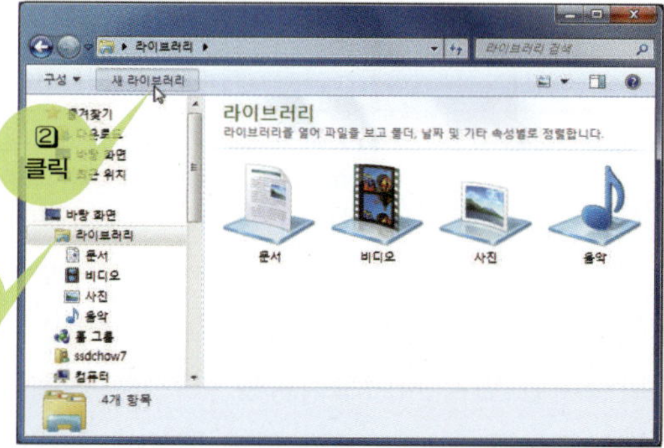

❶ 시작 → 컴퓨터를 선택하여 컴퓨터 창을 열고 탐색 창에서 라이브러리를 선택하여 라이브러리 창을 나타낸 다음 도구 모음에서 새 라이브러리를 클릭합니다.

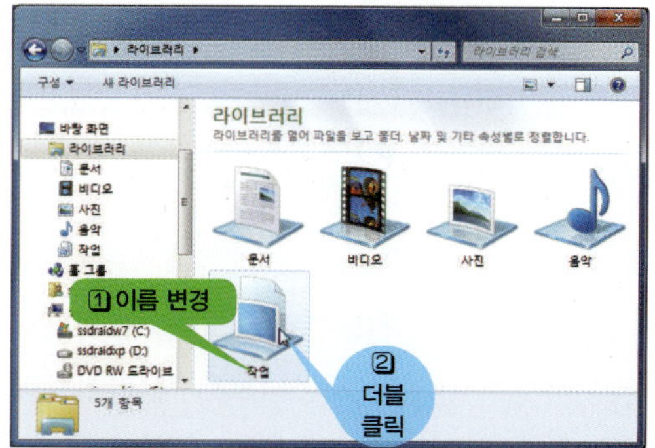

❷ 새 라이브러리가 만들어지면 원하는 이름을 입력한 다음 새 라이브러리에 실제 폴더를 포함하기 위해 더블 클릭합니다.

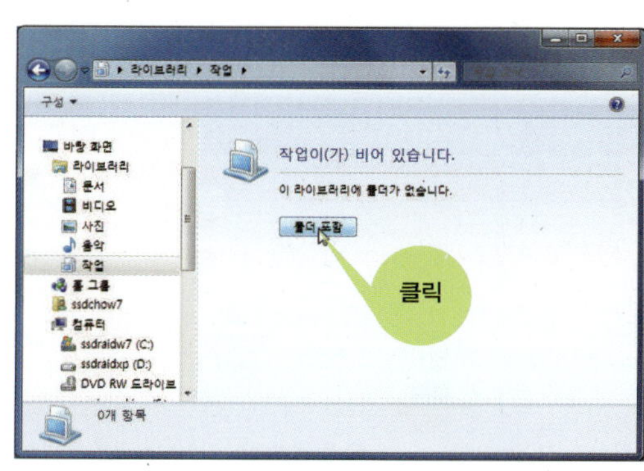

❸ "작업이(가) 비어 있습니다" 창이 나오면 폴더 포함 단추를 클릭합니다.

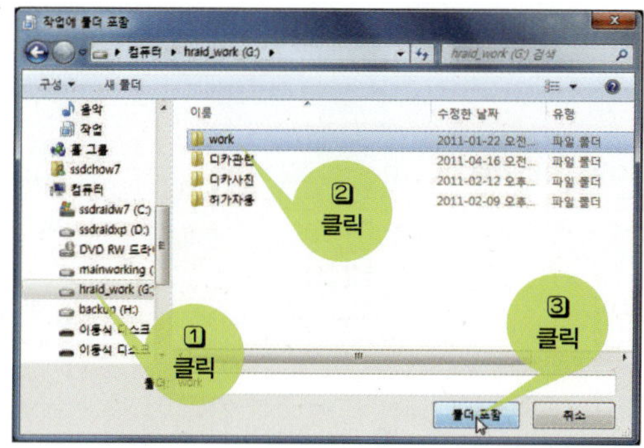

❹ 작업에 폴더 포함 창이 새로 열리면, 새 라이브러리에 포함할 폴더를 선택한 다음 폴더 포함 단추를 클릭합니다.

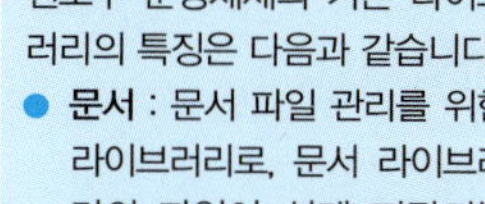

윈도우 운영체제의 기본 라이브러리의 특징은 다음과 같습니다.

- **문서** : 문서 파일 관리를 위한 라이브러리로, 문서 라이브러리의 파일이 실제 저장되는 폴더는 내 문서 폴더입니다.
- **사진** : 사진 파일 관리를 위한 라이브러리로, 사진 라이브러리의 파일이 실제 저장되는 폴더는 내 사진 폴더입니다.
- **음악** : 음악 파일 관리를 위한 라이브러리로, 음악 라이브러리의 파일이 실제 저장되는 폴더는 내 음악 폴더입니다.
- **비디오** : 비디오 파일 관리를 위한 라이브러리로, 비디오 라이브러리의 파일이 실제 저장되는 폴더는 내 비디오 폴더입니다.

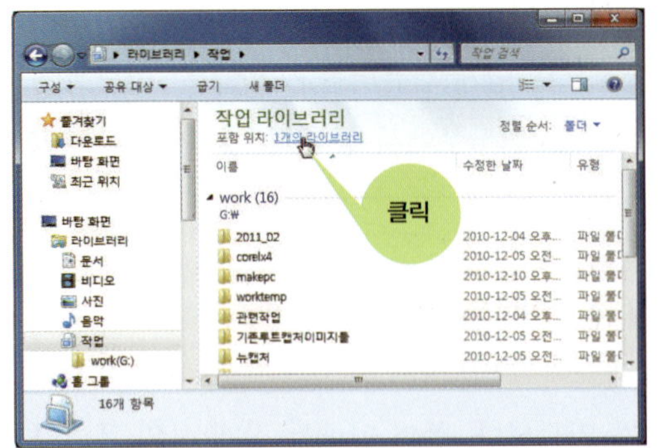

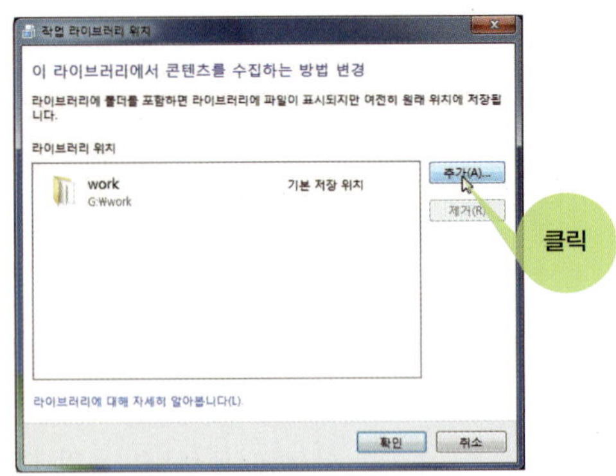

❺ 새 라이브러리에 폴더가 포함되고 하위 폴더까지 표시됩니다. 이제 포함 위치 항목에서 1개의 라이브러리를 클릭합니다.

❻ 작업 라이브러리 위치 창이 새로 열립니다. 이곳에서 **추가** 단추를 클릭하고 ❹단계와 같은 방식으로 포함시키면 됩니다.

윈도우 8/8.1의 경우에도 라이브러리 사용 방식은 동일하며, 새 라이브러리를 작성 방식도 탐색 창에서 라이브러리 창을 여는 방식과 리본의 새 라이브러리 작성 기능을 이용하는 점만 유의하면 됩니다. 라이브러리를 만들려면 다음의 그림 설명을 참고하기 바랍니다.

윈도우 8.1에서
새 라이브러리 만들기

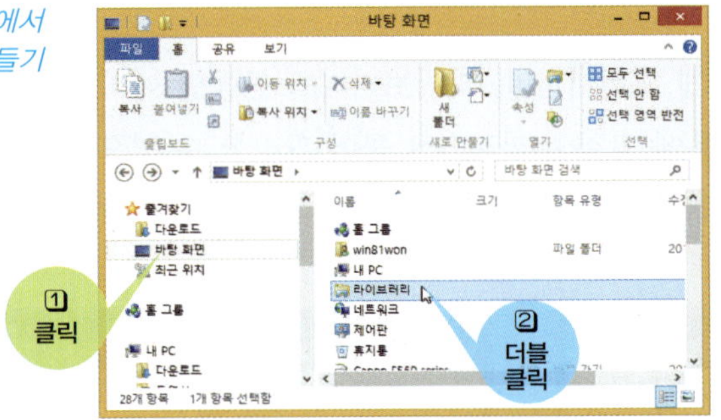

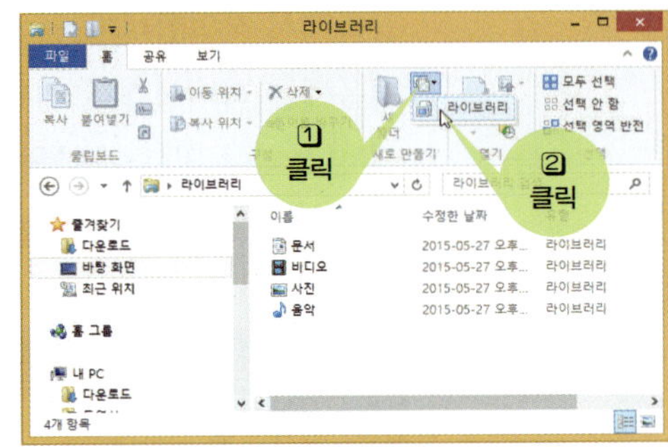

❶ 탐색 창에서 바탕화면을 선택한 다음 라이브러리 항목을 더블 클릭합니다.

❷ 라이브러리 창의 리본에서 **새 항목** 단추를 클릭한 다음 **라이브러리**를 선택합니다. 이후 과정은 앞서 실습한 윈도우 7의 새 라이브러리 만들기와 같습니다.

윈도우 10의 파일 탐색기 기본값은 라이브러리가 표시되지 않고 바로가기에 라이브러리 연결만 제공되므로 새 라이브러리를 만들려면 먼저 라이브러리를 나타낸 다음 작업합니다. 그 다음에 리본의 새 항목 단추에서 라이브러리를 선택하거나 팝업 메뉴에서 **새로 만들기 → 라이브러리**를 선택하면 됩니다. 라이브러리를 만들려면 다음의 그림 설명을 참고하기 바랍니다.

윈도우 10에서
새 라이브러리 만들기

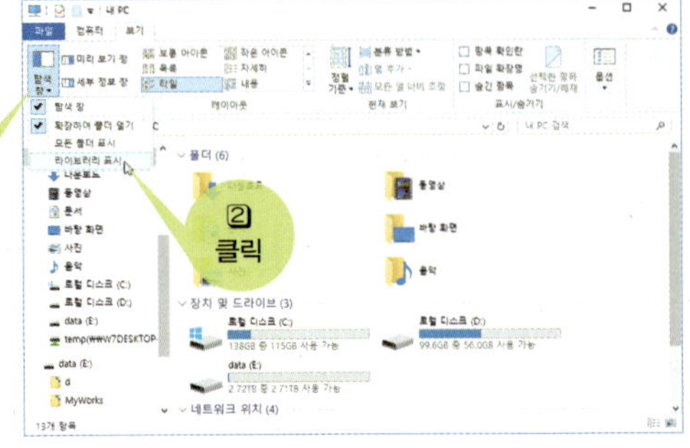

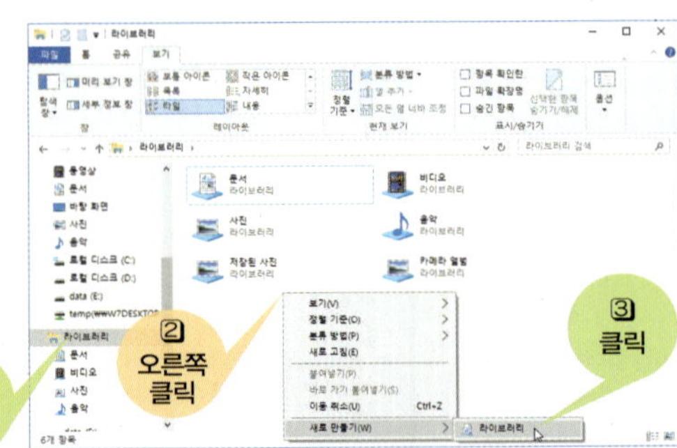

❶ 파일 탐색기의 리본 메뉴에서 탐색 창을 클릭하고 라이브러리 표시를 선택합니다.

❷ 탐색창에서 라이브러리를 클릭하여 연 다음에 빈 영역에서 오른쪽 클릭하여 팝업 메뉴를 열고 새로 만들기 라이브러리를 선택합니다. 이후 작업 과정은 윈도우 7과 같습니다.

최근에 작업한 문서를 신속하게 열 수 있는 점프 목록

작업 표시줄의 프로그램 아이콘이나 활성 창의 아이콘 위에서 오른쪽 클릭하면 해당 프로그램에서 작업했던 최근 문서 목록이 나오므로 작업한 문서를 바로 열 수 있습니다. 윈도우 8/8.1/10의 경우도 동일합니다.

워드패드 프로그램의 점프 목록 기능의 사용 예

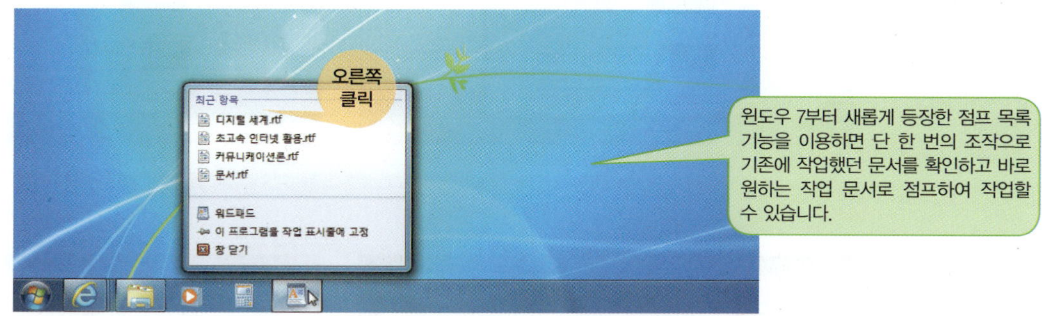

윈도우 7부터 새롭게 등장한 점프 목록 기능을 이용하면 단 한 번의 조작으로 기존에 작업했던 문서를 확인하고 바로 원하는 작업 문서로 점프하여 작업할 수 있습니다.

실행 중인 창의 문서를 즉시 알 수 있는 축소판 미리 보기

작업 표시줄에서 현재 열려 있는 창이 아이콘 위로 마우스 커서를 올려 놓으면 해당 창의 축소판 미리 보기를 나타내주는 기능입니다. 윈도우 8/8.1/10의 경우도 동일합니다.

작업 표시줄에 실행 중인 창의 축소판 미리 보기

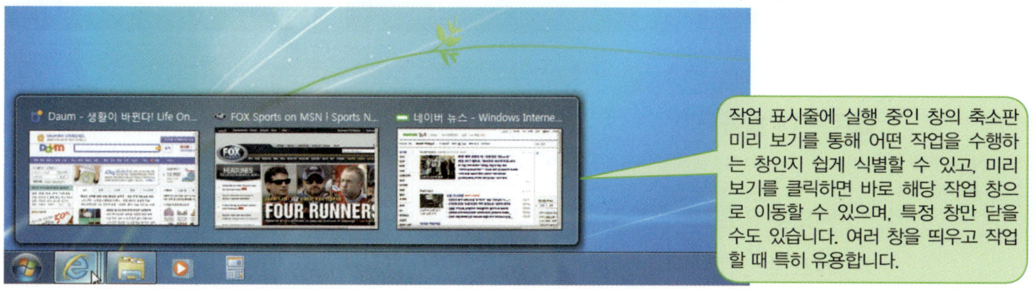

작업 표시줄에 실행 중인 창의 축소판 미리 보기를 통해 어떤 작업을 수행하는 창인지 쉽게 식별할 수 있고, 미리 보기를 클릭하면 바로 해당 작업 창으로 이동할 수 있으며, 특정 창만 닫을 수도 있습니다. 여러 창을 띄우고 작업할 때 특히 유용합니다.

바탕화면 작업을 도와주는 Aero 인터페이스

Aero Peek, Aero Shake, Aero Snap 기능으로 바탕화면 작업이 더욱 간편해졌습니다. 윈도우 8/8.1/10의 경우도 동일합니다.

바탕화면 보기

작업 표시줄 오른쪽 끝의 바탕화면 보기 기능을 사용하면 현재 열려 있는 창을 모두 투명화하여 바탕화면 내용을 볼 수 있으며 한 번 더 클릭하면 원래대로 표시됩니다.

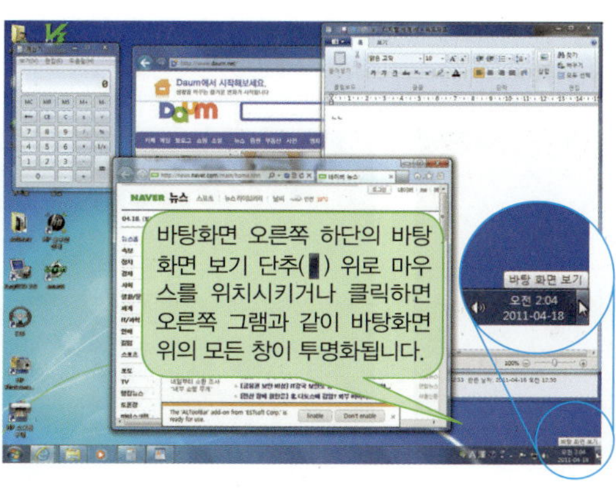

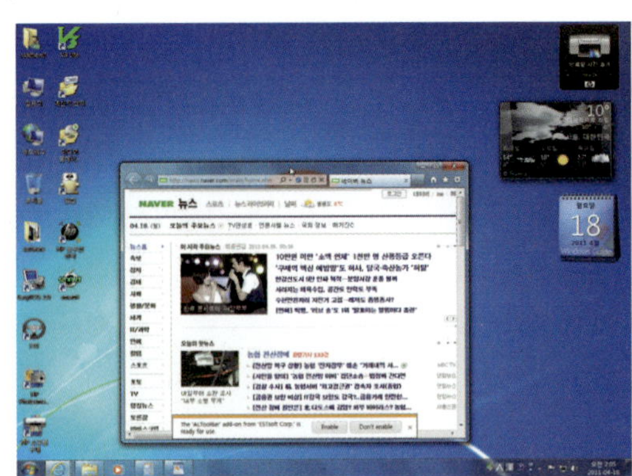

● Aero Shake 기능을 사용하면 흔든 창만 남기고 나머지 창은 모두 최소화됩니다.

● 창의 제목 표시줄을 위쪽 가장자리로 드래그하면 창은 전체 화면 크기로 최대화되고, 아래쪽으로 드래그하면 최소화됩니다. Aero Snap 기능의 단축키는 ⊞+방향키입니다.

메트로 UI 활용하기

윈도우 8/8.1의 메트로 UI 특징

메트로 UI는 터치와 제스처 기반의 모바일용 인터페이스를 지원하는 사용자 인터페이스입니다. 윈도우 8은 PC 기반 운영체제에서 메트로 UI를 지원하기 위해 기존의 데스크톱 인터페이스와 별개의 메트로 UI를 도입하여 시작 화면 자체를 메트로 UI로 시작되게 하였고, 데스크톱 인터페이스도 데스크톱 타일을 클릭하여 전환해야 했고, 작업 표시줄에는 시작 단추가 사라져 사용자의 혼란을 초래했습니다.

윈도우 8.1은 시작 화면을 사용자가 선택할 수 있도록 했고, 기본 시작 화면도 데스크톱 화면으로 되돌아왔고 시작 단추도 부활시켰습니다. 하지만 앱이 실행되는 메트로 UI와 PC 기반 프로그램이 실행되는 데스크톱 인터페이스는 여전히 이질적인 한계가 있습니다.

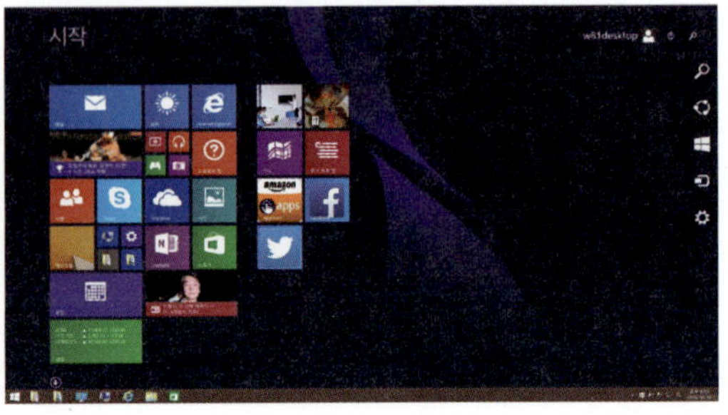

메트로 UI가 융합된 윈도우 10

마이크로소프트는 윈도우 10에서 컨티뉴 기술로 메트로 UI를 유연하게 통합하였습니다. 모바일 기기에서는 바로 메트로 UI로 시작하고, PC에서는 시작 메뉴에 메트로 UI를 통합시켰습니다. PC에서 메트로 UI 사용을 원할 때에는 알림센터에서 태블릿 모드를 선택하면 되며 다시 데스크톱 모드로 전환하려면 알림센터에서 태블릿 모드를 다시 클릭하면 됩니다.

윈도우 10의 태블릿 모드

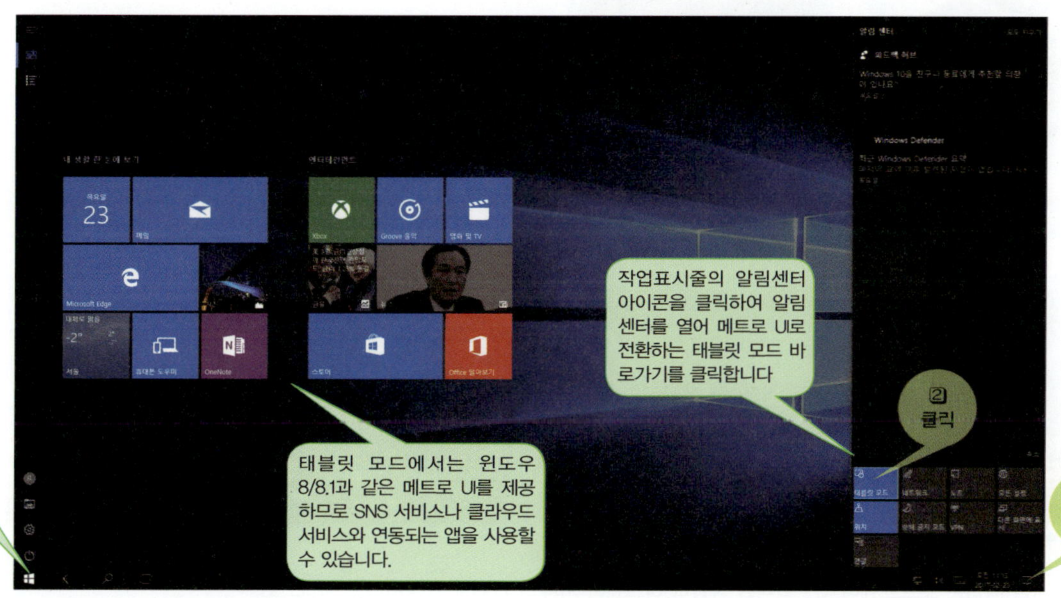

메트로 UI는 터치스크린 인터페이스에 특화되어 있으므로 탭(Tap), 스와이프(Swipe), 누르기(Press and Hold), 손가락 제스처를 지원합니다. 물론 PC에서 메트로 UI를 사용할 때는 다음과 같은 마우스 조작 방식을 사용할 수 있습니다.

❶ **앱 실행하기** : 마우스 클릭으로 앱을 실행합니다. 앱은 윈도우에서 실행되는 모든 소프트웨어를 의미합니다. 메트로 UI에서 앱을 실행하면 전체 화면이나 분할된 창을 꽉 채워서 실행됩니다. 데스크톱 모드에서 시작 메뉴에 타일로 제공되는 메트로 UI 기반 앱을 실행하면 PC용 소프트웨어처럼 창 모드로 실행됩니다.

❷ **앱 종료하기** : 메트로 UI에서 앱을 종료하려면 마우스를 클릭한 채 화면 상단으로 이동했다가 화면 아래로 드래그합니다. 키보드로는 Alt + F4 키를 누르면 됩니다.

❸ **앱 타일 배치** : 마우스로 드래그하여 타일의 배치를 변경할 수 있습니다.

❹ **앱 타일 팝업 메뉴** : 앱 타일 위에서 마우스 오른쪽 단추를 클릭하면 팝업 메뉴가 호출되어 **시작 화면에서 제거, 크기 조정, 자세히(라이브 타일 끄기/작업 표시줄에 고정, 관리자 권한으로 실행, 리뷰 남기기, 공유), 제거** 기능을 사용할 수 있습니다. 터치스크린에서는 누르기 조작이 이에 해당합니다.

❺ **앱 실행 창의 분할 및 배치** : 둘 이상의 앱 실행 상태에서 창을 화면 왼쪽이나 오른쪽으로 드래그하면 화면을 분할하고 배치할 수 있습니다. 윈도우 8/8.1에서는 화면 분할 바로 5:5나 3:7로 창 분할 비율을 설정할 수 있지만 윈도우 10에서는 자유롭게 설정할 수 있으며 데스크톱 모드에서는 앱 실행 창도 여러 개 띄울 수 있고 높이도 자유롭게 설정할 수 있습니다.

넷째 마당
컴퓨터 성능 극대화하기

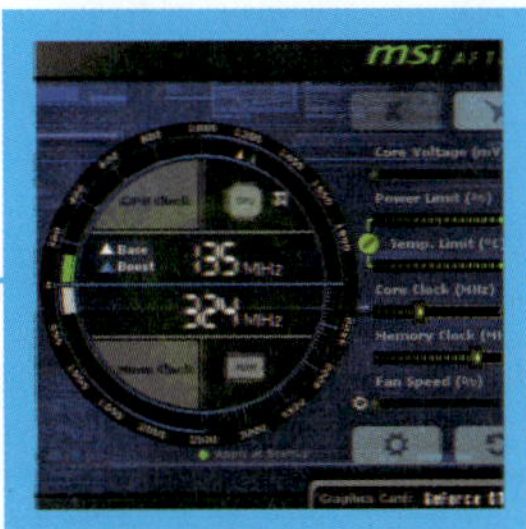

PC 성능 개선 작업은 소프트웨어적인 최적화 방법과 하드웨어 자체의 파워를 향상시키는 방법으로 구분할 수 있습니다. 소프트웨어적 최적화 방법은 하드웨어가 제공하는 물리적 성능의 한계 내에서 최대한의 하드웨어 성능을 발휘하게 하는 방법입니다. 반면, 하드웨어 자체의 파워를 향상시키는 방법은 PC의 물리적 성능 자체를 끌어올려 성능을 극대화하는 방법으로, 주로 오버클러킹 방법과 더 나은 성능을 제공하는 하드웨어로 업그레이드하는 방법이 사용됩니다.

하드웨어 파워를 극대화하려면 현재 자신의 하드웨어 상태를 정확히 파악하고, 성능상의 병목을 야기하는 부분도 짚어낼 수 있어야 합니다. 그리고 부품 자체를 업그레이드할 때는 부품의 호환성과 효율성도 충분히 따져보아야 합니다.

넷째 마당에서는 컴퓨터 튜닝 및 오버클러킹, 레이드 구축, 멀티 VGA 구성, 컴퓨터 세대 교체와 수동 오버클러킹에 이르기까지 컴퓨터 성능을 극대화하는 여러 방법을 알아봅니다.

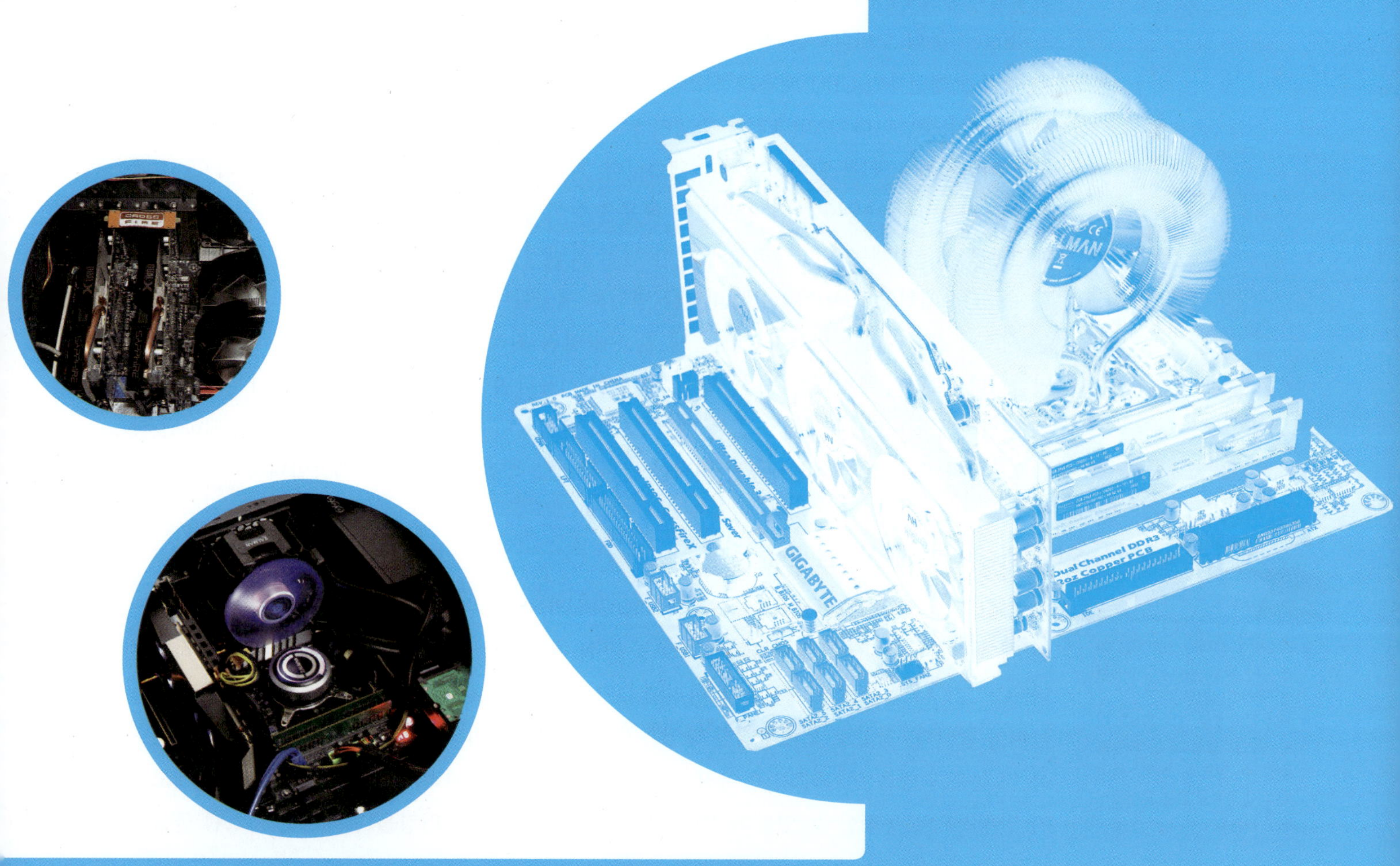

Chapter 08 컴퓨터 튜닝 & 오버클러킹

컴퓨터 튜닝이란, 사용자의 취향에 따라 컴퓨터의 디자인이나 부품을 변경하는 것을 말합니다. 이 장에서는 오버클러킹에도 대응할 수 있는 컴퓨터 튜닝 방법을 알아봅니다. 오버클러킹을 무턱대고 수행하다가는 CPU와 메인보드 및 다른 부품들에 치명적인 고장을 유발할 수도 있습니다. 아무 컴퓨터나 오버클러킹이 되는 것은 아니고, 이를 감당할 수 있는 시스템으로 튜닝해야 안정된 오버클러킹이 가능합니다.

1 내 PC는 오버클러킹이 가능할까?

주변에서 컴퓨터를 잘 쓰는 사람들은 적지 않게 오버클러킹을 하여 컴퓨터를 좀 더 빠르게 쓰는 걸 볼 수 있습니다. 요즘은 CPU 제조사에서 배수락을 해제한 CPU를 공식적으로 판매하고, 메인보드 제조업체도 마케팅의 일환으로 오버클러킹 성능을 홍보하는 상황입니다. 이는 CPU나 메인보드, 메모리 같은 부품을 구입할 때 오버클러킹 성능도 제품 구매의 한 요소가 될 정도로 오버클러킹에 대한 소비자 마인드가 형성되었다는 것을 의미합니다.

오버클러킹이 가능한 이유

오버클러킹이 가능한 이유는 CPU 제조 공정에서 내구성 테스트를 할 때 기준 클럭보다 2~30% 수준의 오버클럭을 견뎌낸 제품을 정식 제품으로 판매하기 때문입니다. 파워 유저들은 이미 오래전부터 CPU 배율과 시스템 버스 속도를 높이는 오버클러킹을 통해 보다 높은 성능으로 사용했습니다. 오버클러킹 방법이 널리 알려지면서 일부 CPU 판매상들이 오버클럭 수치로 리마킹한 CPU를 판매하기까지 했습니다. 이 때문에 인텔은 펜티엄 II CPU부터 CPU 배수락을 적용하여 사용자가 임의로 CPU 배율을 높이지 못하도록 차단하기도 하였습니다.

메인보드 제조업체는 오버클러킹에 대한 관심을 반영하여 일반 사용자도 손쉽게 오버클러킹할 수 있는 메인보드 시스템 유틸리티를 번들로 제공합니다. 단, 메인보드 제조업체가 제공하는 시스템 유틸리티는 사용자의 시스템 환경에 맞춰 최적의 오버클러킹 작업을 대신해주지는 않습니다. 오히려 무턱대고 높은 오버클럭 값을 적용하면 오버는커녕 시스템만 다운되는 상황에 직면하게 됩니다. 다행히 요즘은 메인보드의 안정성이 강화되어 오버클러킹에 실패하면 자동으로 바이오스 초기값이나 공장 최적화 기본값으로 복귀하는 기능을 제공합니다.

오버클러킹에 필요한 시스템 환경

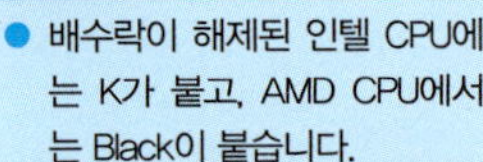

- 배수락이 해제된 인텔 CPU에는 K가 붙고, AMD CPU에서는 Black이 붙습니다.
- 배수락이 있는 CPU라도 터보 부스트 클럭까지는 배수를 높일 수 있으며, 베이스클럭(BCLK) 조절을 통한 오버클러킹은 가능합니다.

오버클러킹은 시스템의 성능을 높이기 위해 CPU가 더 높은 클럭으로 작동할 수 있도록 만드는 게 핵심입니다. CPU 오버클럭에 보조를 맞춰 메모리도 오버클러킹해주면 보다 효과적입니다. CPU가 더 높은 클럭에서 작동하려면 CPU 클럭 배수를 높이거나 베이스 클럭(BCLK)을 높여야 합니다. 참고로 오버클러킹 작업은 CPU와 메모리가 더 높은 클럭에서 작동할 수 있도록 더 높은 전압을 인가하고, 높아진 전압에 따른 발열을 효과적으로 냉각시켜 CPU와 메모리가 안정적으로 동작할 수 있도록 해야 합니다. 따라서 오버클러킹을 위해서는 시스템 쿨링과 안정된 전원을 공급할 수 있는 파워서플라이 등 여러 요소들까지 신중히 점검하고 준비해야 합니다. 이 때문에 추가로 사제 쿨러와 파워서플라이를 새로 구입하다 보면 배보다 배꼽이 더 큰 경우도 있습니다.

CPU를 제외한 다른 부품들의 오버클러킹과 관련하여 점검해야 할 요건들은 다음과 같습니다.

❶ **메모리** : 오버클러킹을 지원하는 XMP 메모리 제품은 복잡한 메모리 전압과 램 타이밍 설정 없이 간단히 바이오스 셋업 프로그램에서 XMP 메모리의 프로파일을 사용하도록 해주면 됩니다. 일반 메모리의 경우도 CPU와 마찬가지로 제조 공정에서 기준 클럭보다 높은 클럭에서 부하 테스트를 거치는 만큼 어느 정도 오버클럭이 가능합니다.

❷ **메인보드** : 오버클럭을 위해 추가된 전압을 안정적으로 유지할 수 있는 전원부 부품들과 전원부의 발열을 효과적으로 냉각시켜주는 방열판을 갖췄는지, 오버클러킹을 지원하는 부가 기능을 제공하는지 확인합니다.

❸ **쿨러** : 정품 쿨러의 경우는 냉각 효율도 낮고, 소음도 큰 편입니다. 이 때문에 오버클럭을 목표로 하지 않더라도 사제 쿨러를 사용하여 튜닝하는 경우는 많습니다. 쿨러의 종류에는 공냉식 쿨러와 수냉식 쿨러가 있습니다. 수냉식 쿨러가 공냉식 쿨러에 비해 효율이 좋은 편이나 가격은 좀 더 비쌉니다.

❹ **파워서플라이** : 국제 인증 규격인 80Plus 이상 인증 여부와 오버클러킹 전압을 안정적으로 공급할 수 있는 충분한 정격 출력 제공 여부를 확인합니다. 나중에 레이드나 멀티 VGA 연결까지 계획하고 있다면, 이를 고려한 높은 정격 출력의 파워서플라이를 고릅니다.

오버클러킹의 백미는 수동 오버클러킹

컴퓨터 고수들은 수동 오버클러킹을 통해 보다 높은 오버클러킹 실험을 하고 그 결과를 파코즈 하드웨어나 쿨앤조이, K벤치 같은 벤치마크 사이트에 올리기도 합니다. 이들 사이트의 오버클러킹 정보는 매우 유용하지만 같은 CPU라도 메인보드, 파워서플라이, 쿨링 시스템 등 시스템 환경이 다른 만큼 오버클럭 설정은 신중해야 합니다.

수동 오버클러킹에 도전하기 전에 메인보드 제조사에서 제공하는 유틸리티를 활용한 오버클러킹을 통해 자신의 시스템은 어느 정도까지 오버클럭이 가능한지 점검하기 바랍니다. 메인보드 제조사의 유틸리티는 시스템의 쿨링 여건을 고려하지 않고 CPU가 원하는 전압을 그대로 할당하므로 많은 전압이 들어가고 그만큼 발열도 높아지게 됩니다. 바로 이 점 때문에 수동 오버클러킹이 필요하며 전압 다이어트를 하면 발열도 낮출 수 있어 효율성과 안정성을 제고하고 오버클러킹 능력도 극대화할 수 있습니다.

바이오스 프로파일을 이용한 오버클럭 활용

바이오스의 설정값을 프로파일로 저장해두면 필요한 때 불러내서 사용할 수 있습니다(316쪽 참고). 오버클럭에 성공한 바이오스 설정값을 프로파일로 저장해두면 인터넷 서핑이나 오피스 작업 정도는 노오버 설정에서 사용하고, 비디오 편집 작업이나 고해상도 그래픽 작업, 3D 게임과 같은 고성능이 필요한 작업 상황에 따라 프로파일로 저장해둔 오버클럭 설정값을 불러와서 활용할 수 있습니다.

파코즈 하드웨어(parkoz.com)나 쿨앤조이(coolenjoy.net) 같은 사이트에는 오버클러킹 수율이 좋은 메모리 정보와 메모리 오버클러킹 설정 정보도 곧잘 올라오는 편이므로 메모리 수동 오버클러킹 시에 참고하기 바랍니다.

② 그린 오버클러킹 전략과 부품 선택

적절한 오버클러킹 전략을 실천하면 비용은 줄이고, 성능은 높일 수 있습니다. 단, 쾌적한 오버클러킹을 위해서는 미리 안정된 전압을 제공하는 파워서플라이와 충분한 쿨링 조건을 갖춰야합니다.

속도는 높이고 전력 소비는 줄이는 그린 오버클러킹

PC CPU 시장의 아성을 굳건히 한 인텔은 CPU 전략을 고성능 위주에서 전성비, 즉 전력 소비는 최소화하면서 성능 효율을 높이는 전략을 추진하고 있습니다. 이제는 오버클러킹도 성능은 높이고 전력 소모는 최소화하는 방법을 함께 고려하는 방향으로 가고 있습니다.

사실 4장에서 조립한 PC의 성능도 앞으로 4~5년 정도는 대부분의 작업에서 쾌적하게 사용할 수 있을 만큼 뛰어난 편입니다. 하지만 동시에 PC를 두 대 쓸 수 없는 이상, 자신의 PC를 최강의 성능으로 구현하여 일분일초라도 더 절약하고, 최상의 컴퓨팅 환경을 추구하기도 합니다.

흔히 오버클러킹을 CPU와 메모리의 속도만 높이면 되는 것으로 오해하는 분들이 많은데, 오버클러킹을 하더라도 전력 소비는 최대한 줄이고 성능은 높이는 그린 오버클러킹 전략이 필요합니다. CPU나 메모리가 전력을 많이 사용할수록 열이 많이 나므로, 전력 소비를 줄이면 그만큼 발열을 최소화하여 냉각팬 소음도 줄일 수 있습니다. 뉴패러다임의 그린 오버클러킹 전략으로 전력 소비를 줄이기 위해 다음 세 가지 방향에서 접근합니다.

❶ **CPU 절전 기능의 활용** : 요즘 나오는 CPU는 다양한 전력 절감 기능을 지원하고 있는데, 오버클러킹을 위해서는 이러한 기능들을 모두 꺼야 하는 것으로 오해하는 분들이 많습니다. 일부 절전 기능은 오버클러킹 효율을 반감시키기 때문에 비활성화해야 할 필요가 있지만, 오버클럭 안정화 테스트를 마친 다음에는 C1E는 활성화하기 바랍니다. CPU의 대기모드 절전 기능인 C1E는 전원 절감 효과가 가장 크며, 작업 성능에 별다른 영향을 미치지 않습니다.

❷ **전압 다이어트** : 메인보드 제조업체에서 제공하는 자동 오버클럭 유틸리티를 사용하면 사용자가 선택한 오버클럭으로 CPU를 동작시키는 데 초점을 맞추고 전압 설정은 대부분 Auto로 두기 때문에 CPU가 원하는 대로 전력을 소비합니다.

CPU는 전기를 먹고 일하기 때문에 충분한 전압이 제공되어야 하지만 오히려 높은 전압으로 전기를 많이 먹으면 그만큼 발열은 높아지고, CPU 수명에도 좋지 않은 영향을 미칩니다. 그러므로 CPU가 동작하는 데 필요한 최소한의 전압으로 다이어트하여 발열도 줄이고, 발열이 높을수록 커지는 냉각팬 소음도 줄이는 일석이조의 효과를 얻을 수 있습니다.

❸ **운영체제의 절전 기능과 절전 유틸리티 활용** : 운영체제가 제공하는 절전 기능은 크게 절전 모드와 최대 절전 모드로 구분됩니다. 절전 모드를 사용할 때 CPU 뿐만 아니라 하드디스크와 디스플레이, PCI Express, 무선 어댑터 등의 정교하게 절전 기능을 설정할 수 있습니다. 최대 절전 모드에서는 작업한 내용을 보조 기억 장치에 저장하고, 복귀에 필요한 최소 전원만 남기고 모든 장치의 전원을 차단하므로 사실상 컴퓨터를 끈 것과 별차이 없습니다(297쪽 참고). 메인보드번들 CD에 절전 유틸리티가 제공되는지도 확인하고 활용하기 바랍니다.

오버클러킹을 위한 부품 선택

오버클러킹을 위한 핵심 요소는 바로 파워서플라이에 대한 안정된 전원 공급과 오버클럭으로 인한 발열을 효과적으로 줄여주는 쿨링 시스템의 구성입니다.

최강 PC 업그레이드를 위한 파워서플라이 선택

파워서플라이를 선택할 때는 정격 출력 용량과 과전압, 과전류 등에 대한 안정성을 체크해야 합니다. 일반적인 PC의 경우는 정격 출력 500W 제품이면 충분하지만, 오버클럭 시에는 추가 전압을 필요로 하며, 하드디스크 같은 보조기억 장치를 추가하거나 멀티 VGA 연결은 추가하는 부품들만큼 전력을 필요로 하므로 파워서플라이가 충분한 정격 출력을 제공하는지 점검하기 바랍니다.

이 책에서는 하드웨어 성능을 극대화하기 위해 오버클러킹과 레이드 구축, 멀티 VGA까지 고려하여 파워서플라이는 정격 출력 750W 마이크로닉스 Strike X 시리즈 85Plus 모듈러 제품을 선택하였습니다.

마이크로닉스 Strike X 시리즈 85Plus 모듈러 제품

마이크로닉스 Strike X 시리즈 85Plus 모듈러 제품의 사양과 특징은 다음과 같습니다.

항 목	내 용	비 고
제품명	마이크로닉스 Strike X LED Series 750W 85plus Modular	
제품 분류	ATX V2.3 규격 파워	
정격 출력	750W	멀티 VGA를 지원하는 출력
입력 특성	프리볼트(AC 100~240V)	EMI 필터 장착
출력 특성	정격 750W의 지속적 출력 / +12V 싱글 채널 최대 675W	
PFC 회로	Active PFC	최대 효율 85% 이상

항 목	내 용				비 고
쿨링팬 크기	135mm 극저소음 쿨링팬				자동 팬 컨트롤 지원 제품
부가 기능	케이블 세미 모듈러 방식 +12V 다중 출력 [O]				SATA 전원 단자와 VGA 전원 단자만 모듈러 방식 지원
전원 커넥터 수	커넥터 종류	기본 케이블	모듈 케이블		CPU 전원 커넥터는 4+4=8핀으로 구형 메인보드 지원
	메인보드 전원 커넥터	1			
	+12V 8핀 CPU 전원 커넥터	1			PCle 6+2핀 VGA 전원 커넥터 1개는 기본 케이블로, 1개는 모듈러 케이블로 지원
	4핀 IDE 전원 커넥터		4		
	SATA 전원 커넥터		6		
	PCle 6+2핀 VGA 전원 커넥터	1	1		SATA와 4핀 전원 커넥터는 모듈 케이블로 제공
	FDD 전원 커넥터	[×]	1		
	보조 8(4+4)핀 커넥터		1		
인증 사항	KC 자율 안전 확인 인증 CE 인증(유럽공동체마크), CB 인증(국제 전기 기기 인증)				KC는 대한민국 통합 인증, 2013년 7월 1일부터 시행
그 밖의 확인 사항	과전압(OVP), 저전압(UVP), 단락쇼트보호(SCP), 과전력(OPP) 보호 회로 설계 하스웰 CPU 저전력 대기모드 지원(0.4W 이하) RoHS 인증 친환경 부품 사용, 유럽 친환경 인증 EuP 400V/330UF 일제 105℃ 콘덴서 장착, 고효율 출력과 안정성 무상 보증 기간 3년				

CPU 쿨러 선택

정품 CPU 쿨러는 소음 문제도 있고 냉각 효율도 낮기 때문에 오버클러킹 시 가장 중요한 부품은 CPU 쿨러라고 해도 과언이 아닐만큼 중요합니다. 이 책의 실습에서는 공냉식 쿨러 제품군에서 냉각 성능이 검증된 잘만의 듀얼팬 방식 CNPS 9900 쿨러 제품을 선정하였습니다.

열전도성이 우수한 은색의 흑진주 니켈도금으로 된 듀얼 히트싱크와 방열판을 사용하며, 조용하고 효율이 뛰어난 120mm 팬을 통해 히트싱크로 전달된 열을 효과적으로 배출합니다. 냉각팬에는 청색 LED가 적용되어 세련된 튜닝 효과도 제공합니다.

잘만 CNPS9900 MAX DF 제품의 사양과 특징은 다음과 같습니다.

항 목	내 용	비 고
제품명	잘만 CNPS9900 MAX DF	제조사는 잘만
쿨러 종류	공냉식	
냉각팬	140mm, 120m 듀얼팬	
재질	구리 & 흑진주 니켈 도금	흑진주 니켈 도금으로 부식 방지
지원 소켓	인텔 : LGA2011, LGA1366, LGA115x, LGA775 AMD : FM1 / AM3+ / AM2+ / AM2	AMD AM1 소켓은 지원되지 않습니다.
최대 소음	19~27dBA ±10%	
팬속도	120mm 팬 : 1000rpm ±10% (3핀) 140mm 팬 : 800~1400rpm ±10% (4핀)	
외형 / 무게	140(L) x 100(W) x 154(H)mm / 850g	컴퓨터 케이스에 맞는지 사전 확인 필요
그 밖의 확인 사항	고성능 서멀구리스 ZM-STG2 제공	서멀구리스는 냉각 효율에도 적지 않은 영향을 미칩니다.

오버클럭용 메모리 선택

CPU 오버클러킹 성능 다음으로 중요한 게 메모리 오버클러킹입니다. 메모리도 오버클러킹을 하려면 그만큼 추가 전압을 필요로 하기 때문에 열이 발생합니다. 이 때문에 메모리를 효과적으로 냉각시킬 수 있는 메모리 쿨러나 메모리 방열판 제품도 나와 있습니다.

메모리의 수동 오버클러킹 작업은 램 타이밍을 수동으로 설정해 가면서 테스트를 반복하며 전압과 속도를 만족하는 최적 램 타이밍을 설정하는 번거로운 작업입니다. 이러한 불편을 덜기 위해 오버클러킹된 메모리 제품을 구매하는 방법도 있습니다.

오버클러킹 메모리 제품은 대부분 방열판과 함께 메모리가 한 세트로 구성됩니다. 오버클러킹 메모리 제품은 XMP 프로파일에 오버클러킹 설정 정보를 포함합니다. 메모리를 설치하면 바이오스 셋업에서 해당 메모리의 XMP 프로파일을 등록하면 오버클러킹 성능을 발휘합니다. 이 책의 실습에서는 G.SKILL DDR3 16G PC3-19200 CL10 TRIDENT TX (8Gx2) 메모리를 선택하였습니다.

G.SKILL DDR3 16G PC3-19200
CL10 TRIDENT TX 메모리

제품 사양과 특징은 다음과 같습니다.

항 목	내 용	비 고
제품명	G.SKILL DDR3 16G PC3-19200 CL10 TRIDENT TX (8Gx2) 티뮤 정품	제조사는 G.SKILL이며, 국내 유통사는 이노베이션 티뮤입니다.
제품 분류	DDR3	
사용 장치	PC용	
패키지 형태	2ea	8G 메모리 2개로 구성됩니다.
메모리 용량	16GB	
동작 클럭	2400MHz	메모리 I/O 클럭은 표준 1333MHz보다 80% 이상 오버클럭된 2400MHz입니다.
ECC / REG		일반 PC용 메모리에서는 에러 정정 기능인 ECC나 REG 기능을 제공하지 않습니다.
그 밖의 확인 사항	메모리 방열판 포함 A/S 기간과 방식	

Exercise 1 파워서플라이와 쿨러, 메모리 업그레이드하기

파워서플라이 업그레이드는 케이블에 의한 부품 손상만 유의하면 어려울 게 없습니다. PC 케이스는 쿨러 교체를 감안하여 설계되지만 쿨러에 따라 메인보드까지 빼내야 하는 경우도 있으므로 사전에 크기와 조립 특징을 확인하기 바랍니다. 오버클럭용 XMP 메모리는 방열판이 장착된 점 외에는 일반 메모리와 설치와 같습니다.

이 실습에 필요한 내용	실습 키 포인트
4장에서 조립한 PC, 파워서플라이와 CPU 쿨러, 오버클럭 메모리 실습 제품 : 마이크로닉스 Strike X LED Series 750W 85plus Modular 파워서플라이, 잘만 CNPS 9900DF CPU 쿨러, G,SKILL DDR3 16G PC3-19200 CL10 TRIDENT TX (8Gx2) 메모리	모듈러 방식의 파워서플라이로 교체하고 CPU 쿨러 교체하기 방열판이 장착된 오버클럭된 XMP 메모리 설치하기

파워서플라이 빼내기

1 파워서플라이와 쿨러, 메모리카드 교체를 위한 케이스의 양측면 뚜껑을 모두 빼냅니다.

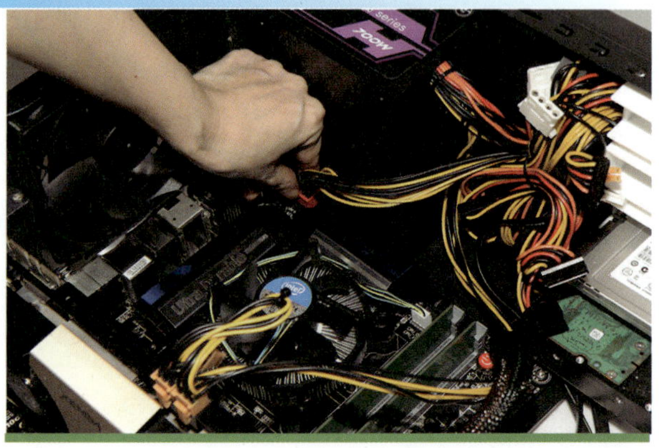

2 파워서플라이와 부품 간에 연결된 전원 커넥터를 빼냅니다. 먼저 12V CPU 전원 커넥터를 빼냅니다.

3 그래픽카드에 연결된 PCIe VGA 전원 커넥터를 빼냅니다.

4 메인보드의 24핀 주전원 커넥터를 빼냅니다.

5 보조기억 장치 HDD, SSD와 연결된 SATA 전원 커넥터를 빼냅니다.

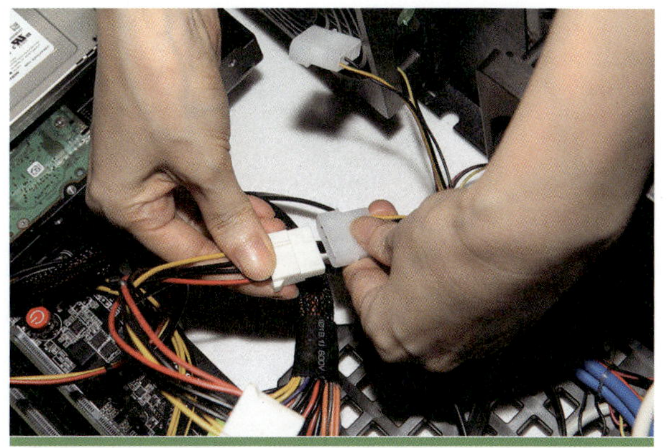

6 케이스 상단의 외부 SATA용 전원 커넥터와 냉각 팬과 연결된 두 개의 4핀 IDE 커넥터를 각각 빼냅니다.

7 파워서플라이와 부품 간에 연결된 모든 전원 커넥터를 빼냈습니다.

8 이제 파워서플라이를 고정하고 있는 나사를 모두 풉니다.

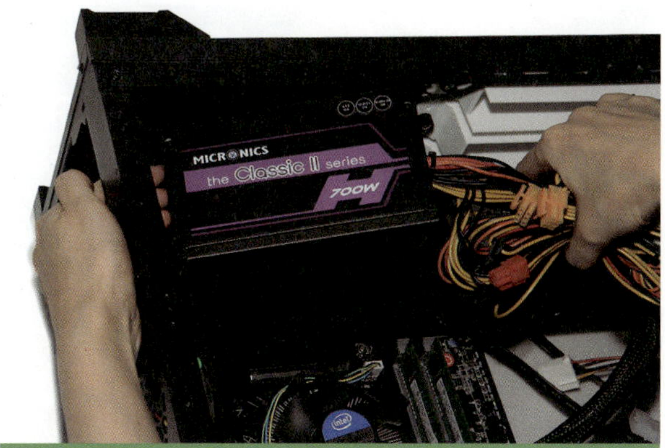

9 나사를 모두 풀었으면 파워서플라이를 케이스 안쪽으로 천천히 밀면서 들어올려 꺼냅니다. 와이어가 부품들을 손상하지 않도록 유의하여 꺼냅니다.

10 파워서플라이 분리 작업이 모두 완료되었습니다.

Chapter 08 컴퓨터 튜닝 & 오버클러킹

그래픽카드와 메인보드 빼내기

1 그래픽카드를 빼내기 위해 브래킷의 그래픽카드 고정 나사를 풉니다.

2 그래픽카드 전용 슬롯의 고정 레버를 누르고 그래픽카드를 위로 들어올려 빼냅니다.

3 메인보드를 빼내기 위해 메인보드의 고정 나사를 모두 풉니다.

4 메인보드를 뒤쪽에서 가볍게 들어올린 다음 몸쪽으로 당겨 꺼냅니다.

기존 쿨러 빼내고 작업 공간 확보하기

1 메모리 슬롯의 고정 레버를 젖힌 다음 메모리 가장자리를 잡고 가볍게 들어올려 빼냅니다.

2 이제 기존 CPU 쿨러를 교체하기 위해 CPU의 냉각팬 전원 커넥터를 빼냅니다.

3 CPU 쿨러 고정 누름핀을 반시계 방향으로 90도 정도 돌립니다. 그러면 누름핀의 끝이 오므려져 메인보드의 쿨러 고정 구멍에서 빼낼 수 있습니다.

4 고정 누름핀을 위로 잡아 당겨 메인보드의 쿨러 고정 구멍에서 빼냅니다. 같은 방식으로 나머지 쿨러 고정 누름핀들도 빼냅니다.

5 CPU 쿨러를 들어올립니다. 정품 쿨러를 해체할 때 서멀구리스가 강하게 붙은 경우에는 좌우로 가볍게 움직인 후 들어올립니다.

6 새로 설치할 쿨러에 포함된 서멀구리스를 사용하기 위해 CPU 위에 남아 있는 서멀구리스를 화장지를 이용하여 깨끗이 닦아냅니다.

쿨러 업그레이드 준비하기

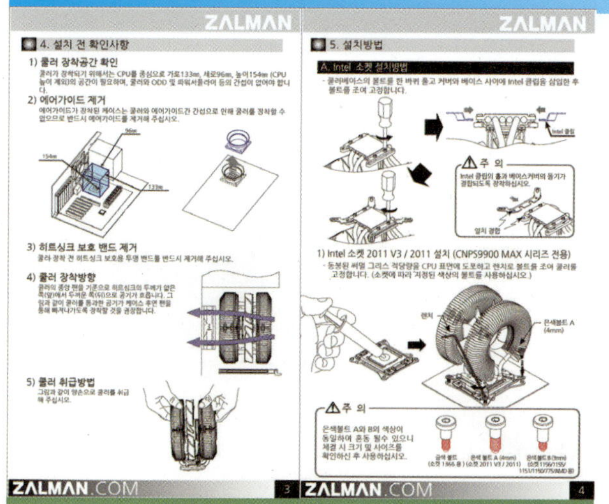

1 CPU 쿨러 취급 설명서를 정독하고 쿨러 부품을 확인합니다. 케이스에 따라 융통성을 발휘하여 조립을 계획합니다.

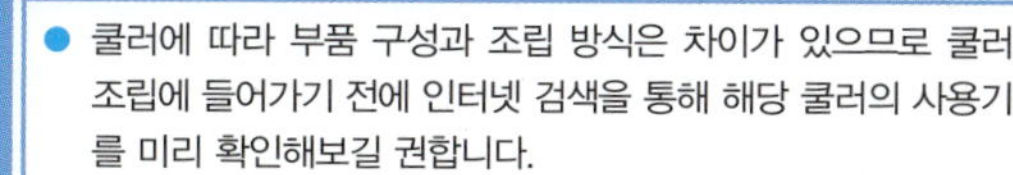

- 쿨러에 따라 부품 구성과 조립 방식은 차이가 있으므로 쿨러 조립에 들어가기 전에 인터넷 검색을 통해 해당 쿨러의 사용기를 미리 확인해보길 권합니다.
- 쿨러 부품은 꽤 많은데, 그 이유는 인텔과 AMD CPU 세대에 따라 다른 소켓을 사용하는 메인보드에서도 쿨러를 설치할 수 있도록 하기 위한 부품들이 제공되기 때문입니다. 따라서 모든 부품들이 사용되는 것은 아니므로 자신이 사용하는 CPU 소켓 규격(실습에서는 i7-4770K/1150소켓용)에 맞춰 조립할 부품을 준비합니다.
- 가급적이면 메인보드를 완전히 빼내서 쿨러를 설치하길 권장합니다. 요즘 나오는 공냉식 쿨러는 크기가 크기 때문에 충분히 길이가 긴 공구가 있으면 쉽게 작업할 수 있습니다. 다음은 쿨러 제품에 포함된 육각 렌치와 공구 상가에서 구입한 육각 렌치 비교 사진입니다.

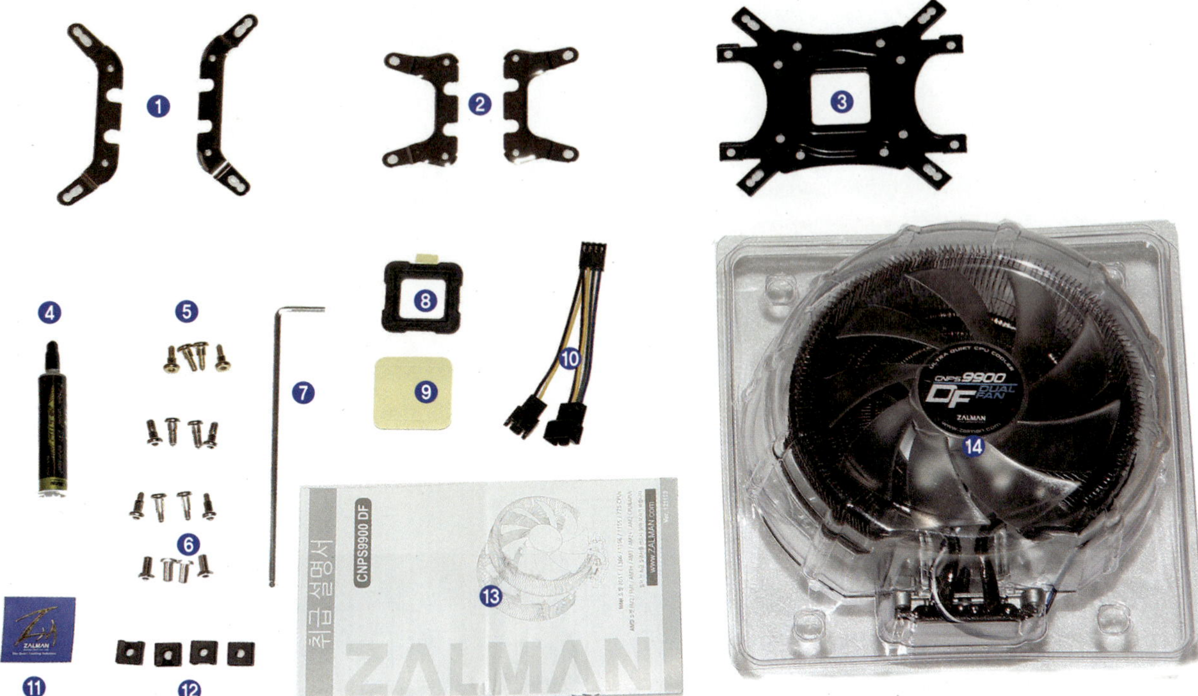

H E L P

❶ **인텔 클립** : 2011/1366/1156/1155/775 소켓용 코정 클립으로 쿨러 하단부에 고정하여 메인보드 위쪽에서 쿨러 고정 나사를 끼울 수 있게 해줍니다.
❷ **AMD 클립** : AMD 소켓용 고정 클립
❸ **백플레이트** : 메인보드 뒷면에서 CPU 쿨러 고정 나사를 조여 CPU 쿨러를 단단히 고정시킬 수 있게 해줍니다.
❹ **서멀구리스** : 쿨러와 CPU의 열전도율을 높입니다.
❺ **볼트** : 금색 볼트는 1366 소켓용, 은색 4mm 볼트는 2011 소켓용, 은색 3mm 볼트는 소켓 1156/1155/775/AMD 소켓용
❻ **너트** : 볼트와 짝을 이뤄 조일 수 있게 해줍니다.
❼ **2.5mm 육각 렌치** : 볼트를 조이거나 풀 때 사용합니다. 실습 제품의 볼트는 육각 렌치를 사용하여 조이고 푼다는 점에 유의하기 바랍니다.
❽ **로딩 블록** : 백플레이트를 고정하는 데 사용합니다.
❾ **양면 테이프** : 백플레이트를 고정하는 데 사용합니다.
❿ **Y-커넥터 케이블** : 메인보드의 냉각팬 전원 단자가 부족할 때 하나의 냉각팬 전원 단자로 사용할 수 있게 해줍니다.
⓫ **스티커** : 사용자의 취향에 따라 PC 케이스에 붙이면 됩니다.
⓬ **슬라이드 캡** : 백플레이트의 나사 구멍에 맞춰 하나의 볼트만 조일 수 있도록 가이드 기능을 합니다.
⓭ **취급 설명서** : 쿨러 제원과 조립 방법이 제공됩니다.
⓮ **쿨러 본체**

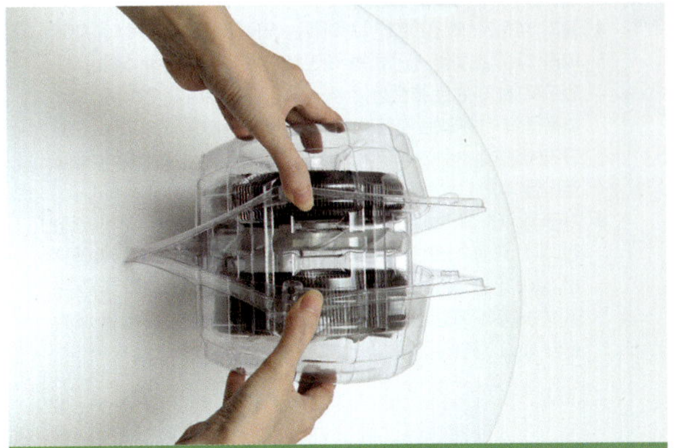

2 이제 쿨러의 투명 플라스틱 보호 포장을 조심스럽게 뜯습니다. 공냉식 쿨러는 CPU의 열을 열전도성이 좋은 금속을 통해 발산시키는 방식입니다.

3 열의 효과적인 발산을 위해 부채살처럼 펼쳐진 얇은 히트싱크 날개는 충격에 약하고 잘 휘어지므로 조심스럽게 다룹니다.

쿨러의 클립 지지대 고정하기

1 실습에 사용된 듀얼팬 방식의 쿨러는 1000RPM 고정 속도의 120mm 냉각팬 전원 단자(3핀)와 온도에 따른 PWM 제어가 가능한 140mm 냉각팬 전원 단자(4핀)가 제공됩니다.

2 쿨러 고정을 위한 클립을 끼우기 위해 쿨러 방열판의 나사를 조금씩 풀어줍니다. 자신이 사용하는 CPU 소켓에 맞는 클립을 준비하기 바랍니다.

3 나사를 풀어 간격이 생긴 쿨러 방열판 사이에 클립을 끝까지 밀어 넣어 끼웁니다.

4 이제 클립이 움직이지 않도록 쿨러 방열판의 나사를 단단히 조여 줍니다.

백플레이트 장착하기

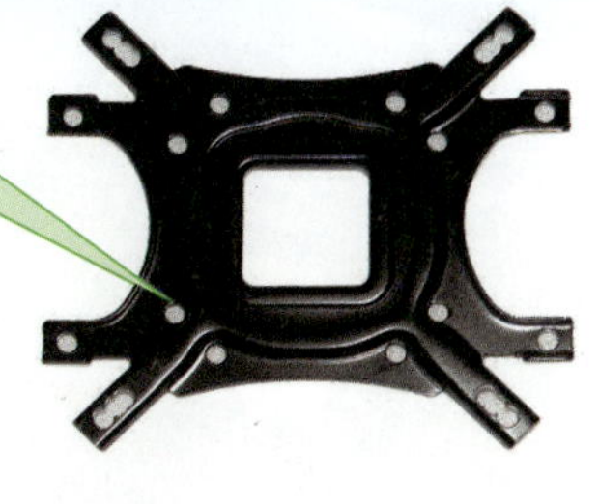

1 백플레이트와 소켓 규격에 맞는 나사와 너트, 슬라이드 캡, 양면 테이프를 준비합니다.

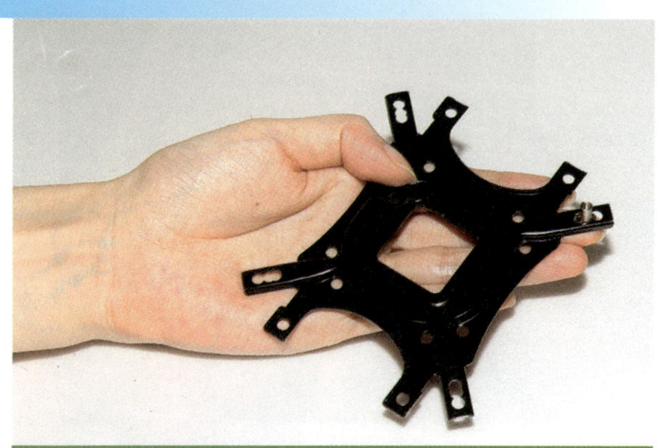

2 백플레이트의 소켓 규격에 맞는 구멍 위치에 너트를 끼웁니다.

3 백플레이트의 너트에 맞춰 슬라이드 캡을 끼웁니다. 나머지 세 곳도 너트를 끼운 다음 슬라이드 캡을 끼웁니다.

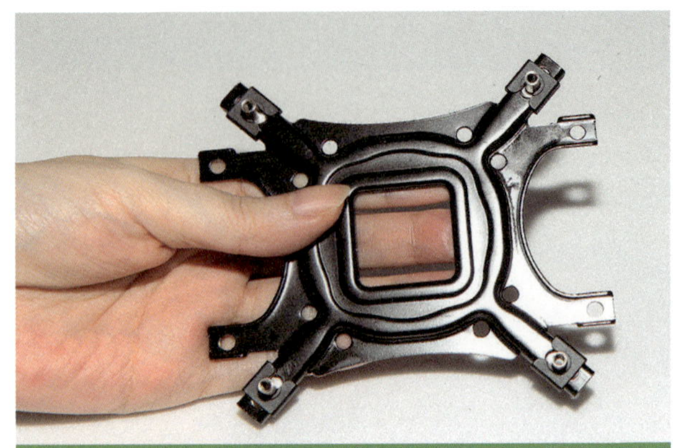

4 인텔 하스웰 CPU가 사용하는 1150 소켓 규격에 맞춰 백플레이트에 너트와 슬라이드 캡을 모두 장착하였습니다.

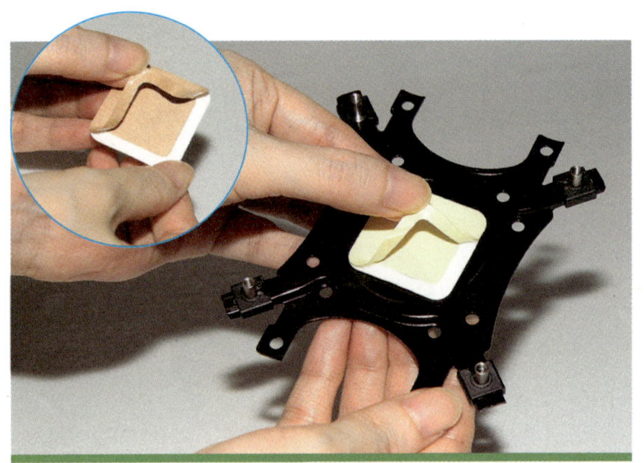

5 메인보드에 백플레이트를 부착하기 위한 양면 테이프의 한쪽 면을 벗겨내고, 백플레이트에 부착한 다음 나머지 양면 테이프를 벗겨냅니다.

6 백플레이트를 메인보드 소켓 주변의 쿨러 고정 구멍 위치에 맞춰 부착합니다.

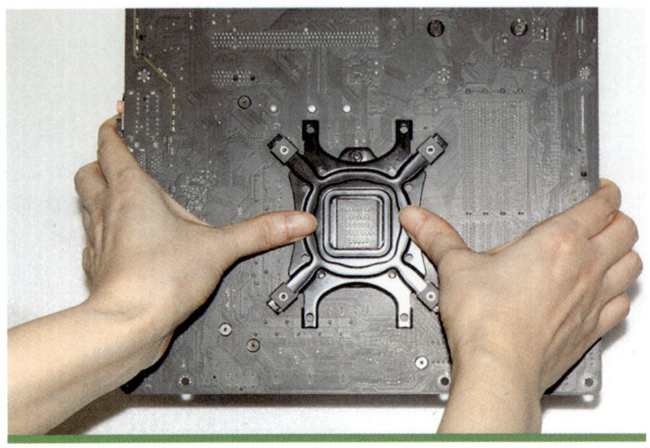

7 백플레이트에 붙인 양면 테이프가 단단히 고정될 수 있도록 힘주어 부착합니다.

8 메인보드 안쪽에서 네 개의 쿨러 고정 구멍에 백플레이트에 장착한 너트가 제대로 나와 있는지 확인합니다.

쿨러 설치하기

1 CPU 위에 쿨러 제품과 함께 제공된 서멀구리스를 도포한 다음 비누로 씻고 물기가 남지 않게 닦은 손으로 서멀구리스를 CPU 중앙을 중심으로 펴 발라 줍니다.

2 이제 메인보드의 CPU 소켓 나사 구멍과 쿨러의 나사 구멍을 일치시켜 가볍게 얹은 다음 아래의 설명을 참고하여 쿨러를 설치합니다.

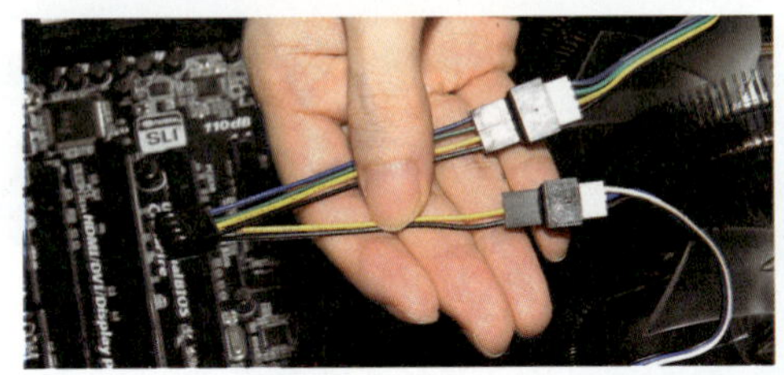

● 쿨러 부품 중에 Y-Connetor 케이블을 사용하여 두 개의 냉각
팬 전원 단자를 연결하여 하나의 단자에 연결할 수 있습니다.
메인보드의 냉각팬 전원 단자가 부족한 경우에는 이를 사용하
면 됩니다. 실습에서는 메인보드 냉각팬 전원 단자에 여유가
있고, 선 정리가 보다 간편하므로 Y-Connetor 케이블을 사용
하지는 않았습니다.

3 4핀 냉각팬 전원 커넥터를 CPU_OPT 단자에 연결
했습니다. CPU_OPT 단자는 수냉식 쿨러용 4핀 단
자인데 CPU 냉각팬 전원 단자와 차이는 없습니다.

4 쿨러의 냉각팬 전원 단자를 모두 꽂았으면 냉각팬
전원 단자의 케이블이 냉각팬에 걸리지 않도록 정리
합니다.

5 냉각팬이 두 개인 듀얼팬 방식이라 쿨러 부피가 커
서 메모리 슬롯 영역까지 쿨러의 냉각팬이 차지한
것을 볼 수 있습니다.

Check Point — CPU 쿨러 설치 후 바이오스 셋업에서 PWM 컨트롤 기능 활성화

쿨러의 제품 설명서에는 쿨러를 설치한 후에 반드시 PWM 컨트롤 기능을 활성화하길 권장하고 있습니다. PWM 컨트롤 기
능은 온도에 따라 자동으로 냉각팬의 속도를 컨트롤하는 기능으로, PWM 컨트롤 모드는 바이오스 셋업에서 설정합니다.
PWM 컨트롤 모드가 작동하려면 하드웨어적으로 냉각팬 전원 단자가 4핀을 지원해야 합니다. 두 개의 핀은 냉각팬 전원 공
급, 나머지 두 개의 핀은 온도 감지 및 팬 속도 감지와 제어에 사용됩니다. 따라서 앞에서 설치한 듀얼팬 방식의 잘만 CNPS
9900DF 쿨러의 경우, 4핀 CPU 냉각팬 전원 단자와 연결된 140mm 냉각팬은 PWM 컨트롤이 지원되지만, 3핀 커넥터로 연
결된 120mm팬은 속도 감지만 되고, 온도 감지에 의한 속도 제어는 되지 않습니다.
바이오스 셋업 프로그램에 따라 PWM 컨트롤 모드 설정 항목은 다른 용어로 표시될 수 있는데, PWM 컨트롤 기능은 별도
로 설정하지 않아도 대부분 기본값으로 지원하는 편입니다. 이 책에서 조립에 사용한 GIGABYTE Z87X-UD3H 메인보드는
바이오스 셋업 프로그램의 PC Health Status 메뉴에 있는 CPU/OPT Fan Speed Control 항목의 기본값인 Normal 상태에서
PWM 컨트롤 모드는 자동으로 활성화됩니다(493쪽 참고). Manual로 설정하면 0.75~2.5 PWM Value/℃ 값을 설정할 수 있
습니다. 0.75~2.5 수치값은 전압값입니다. 팬속도는 전압에 좌우되므로 더 높은 전압을 먹일수록 팬속도도 빨라집니다. 팬
속도 조절의 백미는 CPU 온도 구간별로 팬속도를 조절하는 기능으로, 이는 메인보드 유틸리티에서 지원하므로 활용하기 바
랍니다(499쪽 참고).

오버클럭 메모리 업그레이드하고 케이스에 메인보드 설치하기

1 업그레이드할 오버클럭 메모리를 준비합니다.

HELP
- 메모리는 CPU처럼 복잡한 계산을 처리하는 장치가 아니므로 공기 순환이 원활한 시스템이라면 메모리 방열판만으로도 충분한 냉각 효과와 메모리 보호 효과를 얻을 수 있습니다. 하드웨어적으로 오버클럭이 적용된 O.C 메모리 제품들은 대부분 방열판이 장착된 상태로 판매됩니다.
- 메모리 오버클러킹 효율은 1차적으로 메모리 자체의 성능에 의해 결정됩니다. 메모리 오버클러킹도 메모리 전압을 높여서 메모리 성능의 핵심 요소인 동작 속도를 높이는 방법을 사용합니다. 메모리 동작 속도를 높이면 그만큼 시간당 처리하는 명령어와 데이터량이 많아지기 때문입니다.
- 극오버 용도가 아니라면 소음 걱정이 없는 메모리 방열판으로도 충분합니다. 냉각팬을 사용한 메모리 쿨러가 효과는 확실하지만 냉각팬은 크기가 작을수록 회전 수가 빨라지므로 그만큼 소음이 더 크게 발생한다는 점에 유의하기 바랍니다. 따라서 메모리 쿨러 제품을 구입할 때는 미리 소음이 어느 정도인지 확인할 필요가 있습니다.

2 오버클럭 메모리를 수직 방향에서 메모리 슬롯의 홈에 맞춰 양쪽의 고정 레버가 딸각 소리가 나면서 채워지도록 힘주어 끼웁니다.

3 첫 번째 메모리를 설치한 메모리 슬롯과 같은 색상의 메모리 슬롯에 두 번째 메모리도 설치합니다.

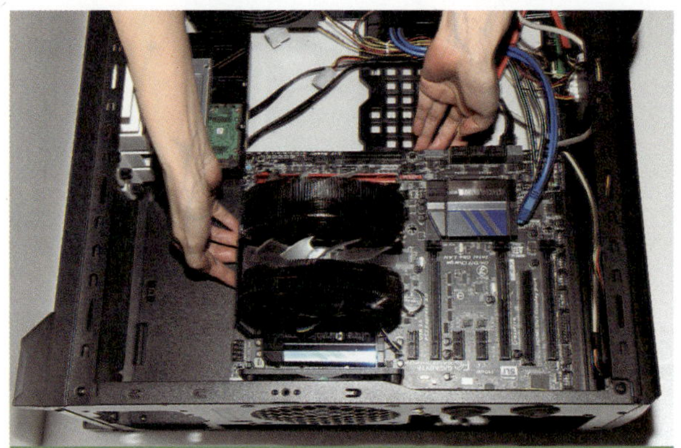

4 이제 메인보드에 새로 쿨러와 메모리를 설치한 메인보드를 백패널의 단자 위치와 맞춘 다음 서서히 밀어 넣어 설치합니다.

5 메인보드 고정 나사 구멍을 맞춘 다음 메인보드를 고정합니다.

파워서플라이 업그레이드하기

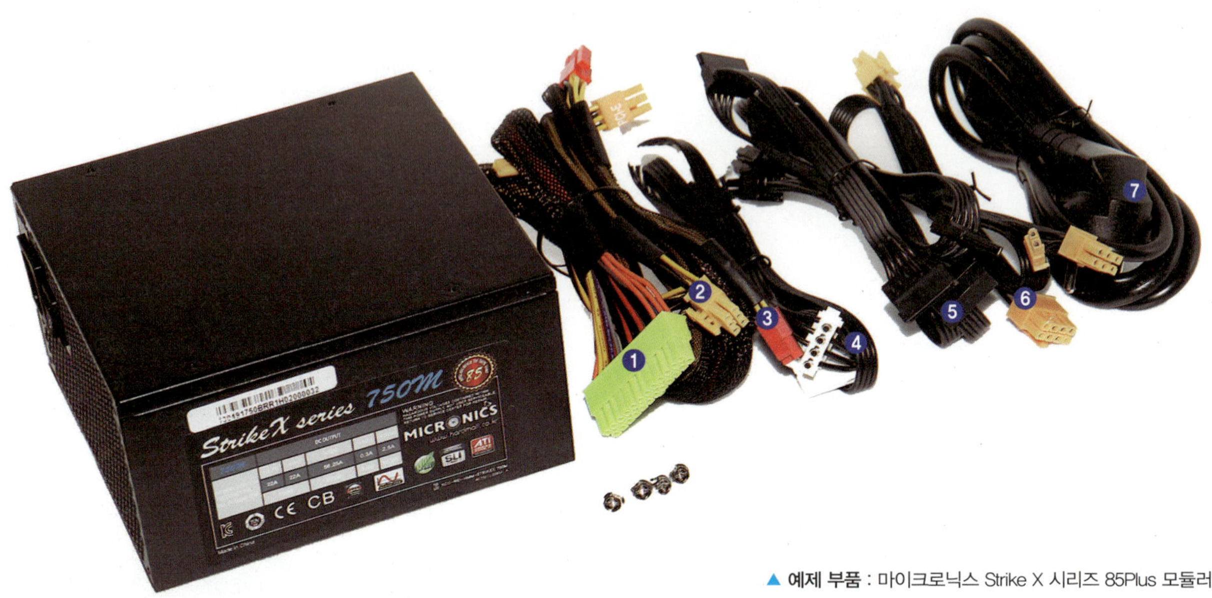

▲ **예제 부품** : 마이크로닉스 Strike X 시리즈 85Plus 모듈러

1 파워서플라이 부품을 확인합니다. 실습에 사용한 파워서플라이는 세미 모듈러 방식으로 메인보드 전원 커넥터와 +12V CPU 전원 커넥터, PCIe 6+2핀 VGA 전원 커넥터는 파워서플라이 본체와 함께 구성되며, 나머지는 모듈러 케이블로 필요할 때 사용할 수 있게 제공됩니다.

HELP

❶ 메인보드 주전원 커넥터
❷ PCIe 6핀 VGA 전원 커넥터
❸ +12V 8핀(4+4) CPU 전원 커넥터
❹ 4핀 IDE 전원 커넥터 – 4 커넥터 모듈러 케이블
❺ SATA 전원 커넥터 – 4 커넥터 모듈러 케이블 2조
❻ PCIe 6+2핀 VGA 전원 커넥터 – 2 커넥터 모듈러 케이블
❼ 전원 케이블

2 케이스의 아래쪽에 파워서플라이를 설치하므로 업그레이드할 파워서플라이의 냉각팬을 CPU의 반대 방향을 향하도록 하여 밀어 넣습니다. 다른 부품이 설치된 상태이므로 파워서플라이의 케이블 등이 부품을 손상시키지 않도록 유의합니다.

3 파워서플라이를 케이스 하단 뒷면으로 밀어서 네 개의 나사 구멍을 일치시킨 다음 파워서플라이를 안쪽에서 밀리지 않도록 지지하면서 육각 나사로 단단히 고정합니다.

그래픽카드 재설치 및 전원 케이블 연결하고 테스트하기

1 쿨러 설치를 위해 빼놓았던 그래픽카드를 다시 그래픽카드 전용 슬롯에 꽂습니다.

2 그래픽카드의 브래킷을 나사로 고정합니다.

3 그래픽카드의 보조 전원 단자에 파워서플라이의 PCIe VGA 전원 커넥터의 고정 레버가 걸릴 때까지 힘주어 꽂습니다.

4 메인보드의 주전원 단자에 파워서플라이의 주전원 커넥터의 고정 레버가 걸릴 때까지 수직으로 힘주어 꽂습니다.

5 12V CPU 전원 단자에 4×2=8핀으로 된 12V CPU 전원 커넥터의 고정 레버가 걸릴 때까지 수직으로 힘주어 꽂습니다.

6 이제 냉각팬과 전면 SATA, 내부 SATA 보조기억 장치의 전원을 연결하기 위해 4핀 IDE와 SATA 전원 모듈러 케이블을 준비합니다.

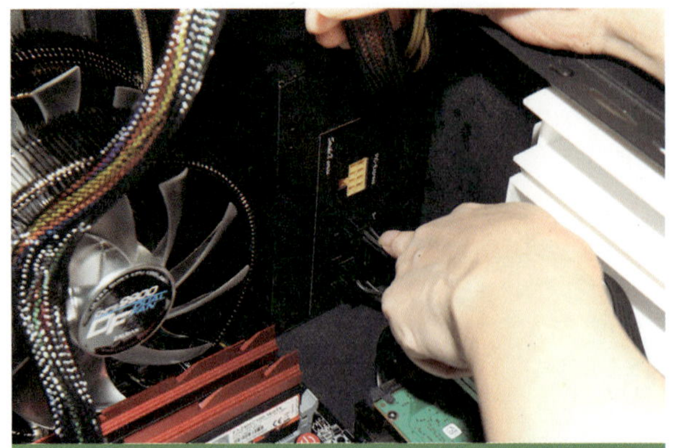

7 4핀 IDE와 SATA 모듈러 케이블의 전원 커넥터를 파워서플라이의 모듈러 전원 단자에 연결합니다.

8 HDD와 SSD의 SATA 커넥터와 SATA 전원 커넥터를 모두 연결하고 메인보드의 SATA 단자도 HDD와 SSD의 SATA 커넥터를 연결합니다.

9 냉각팬과 전면 SATA 단자용 4핀 IDE 전원 커넥터를 연결합니다. 이것으로 PC 부품에 대한 모든 전원 케이블의 연결이 완료되었습니다.

10 케이블이 간섭하지 않도록 선을 정리합니다. 그런 다음, PC에 전원 케이블을 연결하고 냉각팬이 정상적으로 작동하는지 확인합니다.

Check Point   튜닝 효과를 높이는 투명 케이스

요즘 CPU 쿨러나 그래픽카드의 쿨러에는 LED 조명이 적용된 제품이 많습니다. 그런데 불투명 케이스를 사용하면 쿨러의 멋진 LED 조명이 보이지 않게 됩니다. 이런 경우 케이스의 옵션 킷으로 제공되는 투명 케이스 제품을 사용하면 쿨러의 LED 조명을 효과적으로 살릴 수 있습니다.

투명 케이스 제품에 따라서는 자체 LED로 부가적인 조명 효과까지 줄 수 있는 제품도 있습니다.

다음은 실습에 사용된 S2 Innovation AXIOM LT 케이스의 옵션 제품인 AXIOM LED WINDOW KIT을 사용하여 튜닝 효과를 살려본 것으로, PC를 한층 고급스럽고 친숙하게 만들어줍니다.

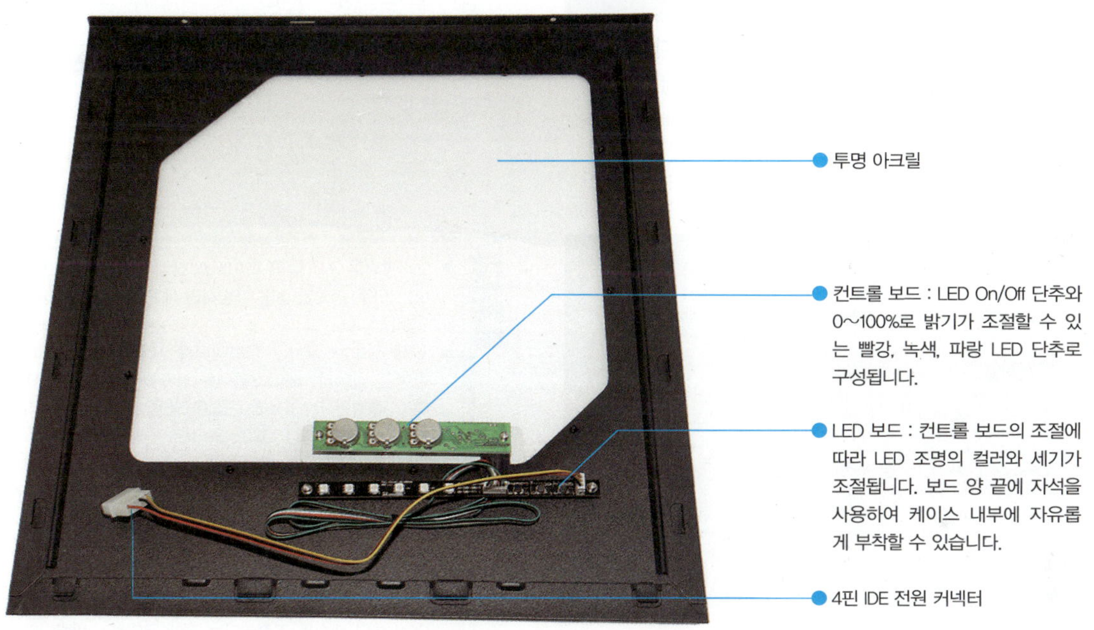

- 투명 아크릴
- 컨트롤 보드 : LED On/Off 단추와 0~100%로 밝기가 조절할 수 있는 빨강, 녹색, 파랑 LED 단추로 구성됩니다.
- LED 보드 : 컨트롤 보드의 조절에 따라 LED 조명의 컬러와 세기가 조절됩니다. 보드 양 끝에 자석을 사용하여 케이스 내부에 자유롭게 부착할 수 있습니다.
- 4핀 IDE 전원 커넥터

▲ 녹색 조명을 강하게 한 예

▲ 파랑색 조명을 강하게 한 예

바이오스 초기화 및 PWM 컨트롤 모드 확인하기

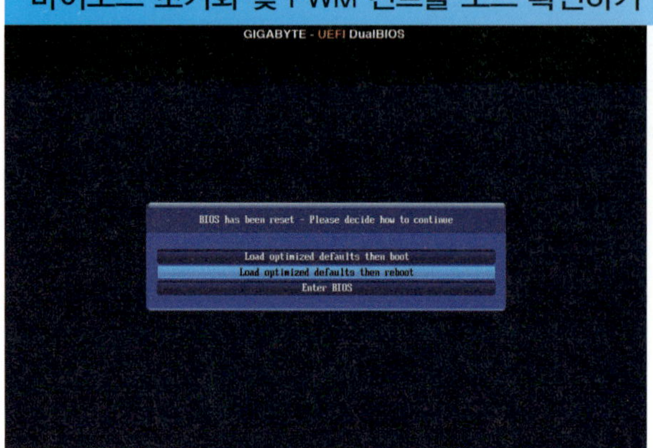

1 시스템 전원을 켜고 바이오스 셋업 리셋 대화상자가 나오면 Load optimized... then reboot를 선택한 다음, 다시 시동되면 Delete 키를 눌러 바이오스 셋업 프로그램을 호출합니다.

HELP
- 앞의 실습에서 메모리를 XMP 오버클럭 메모리로 교체하였기 때문에 기존 바이오스 셋업이 초기화됩니다. 대화상자의 메뉴 중 어느 것을 선택해도 문제될 것이 없지만, 기본값인 Load optimized defaults then reboot를 선택하여 공장 최적화값으로 시동하고 다시 바이오스 셋업 프로그램으로 진입합니다.
- 바이오스 초기화로 인해 부트 드라이브 우선순위도 초기화된다는 점을 유의하기 바랍니다. 물론 바이오스 초기화 시에도 사용자가 저장한 바이오스 셋업 프로파일은 유지되므로 317쪽을 참고하여 바이오스 셋업 프로그램에서 기존에 저장해둔 프로파일을 다시 불러들일 수 있습니다. 단, 오버클럭을 위해 새로 교체한 부품들의 최적 작동과 관련하여 CPU 쿨러의 냉각팬의 최적 작동에 필요한 PWM 컨트롤 모드의 활성화, 오버클럭 메모리의 XMP 프로파일 등록은 새로 설정해주어야 합니다.

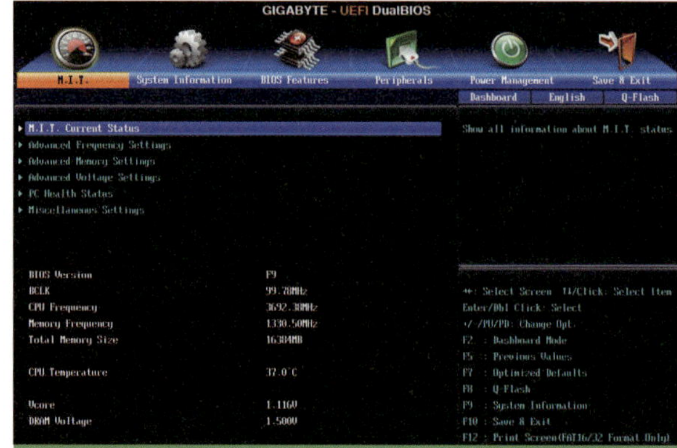

2 UEFI 바이오스 셋업 프로그램의 화면을 클래식 모드로 전환합니다(313쪽 참고). 여기서 화면에 표시되는 시스템 정보를 확인하기 바랍니다.

HELP
- 오버클럭을 준비할 때 바이오스 셋업 화면의 실시간 시스템 정보는 아주 중요합니다. 가능하면 메모장을 준비하여 기록해두기 바랍니다.
- 현재 정보는 실시간 정보이므로 사양표상의 클럭과 약간씩 차이가 납니다. 베이스클럭은 100MHz에 근접한 99.7MHz, CPU 클럭은 3.7GHz에 근접한 3692.38MHz, 메모리 클럭은 1330MHz에 근접한 1330.50MHz로 전체적으로 사양표상의 클럭과 비슷한 수치를 보여줍니다.
- 여기서 특히 유의해야 할 것은 CPU 온도 37.0℃, CPU 코어 전압(Vcore) 1.116V, 메모리 전압 1.5V입니다. 이 정보가 오버클럭의 출발 지점이며, 앞으로 CPU와 메모리 오버클럭 과정에서 온도와 전압을 긴밀하게 체크하며 진행합니다.
- CPU 오버클럭 시 베이스 클럭 100MHz는 변경하지 않고 주로 CPU 클럭 배수를 조절한다는 점에 유의하기 바랍니다. 베이스 클럭은 CPU뿐만 아니라 주변 장치에도 영향을 미치고, 오버클럭이 복잡해지고 주변 장치의 고장도 유발할 수 있기 때문에 베이스 클럭 오버 방식은 거의 사용하지 않습니다.

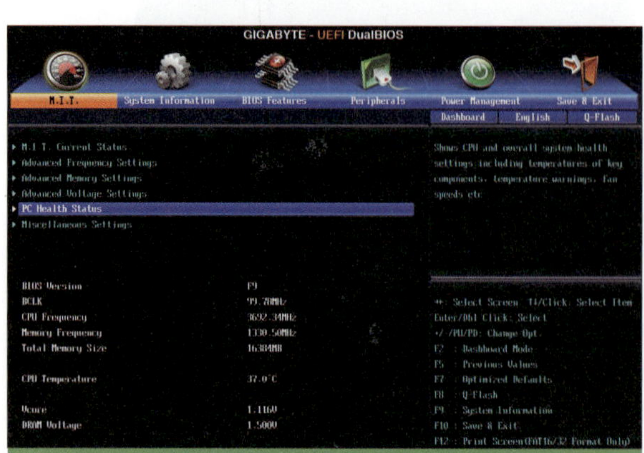

3 이제 M.I.T 주메뉴에 있는 PC Health Status 메뉴를 선택하고 Enter 키를 누릅니다.

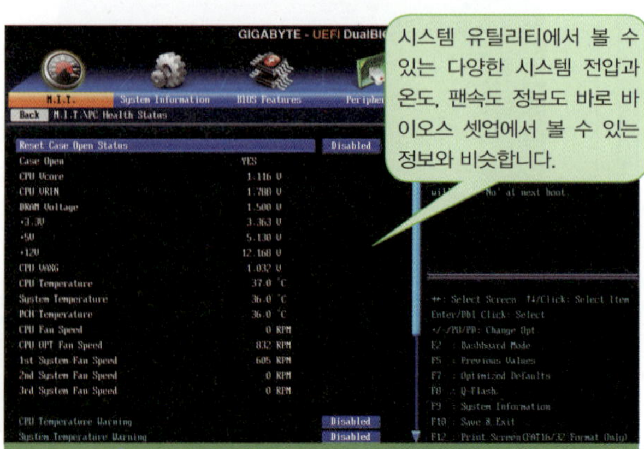

4 PC Health Status 페이지가 열립니다. 이곳에서 보다 상세한 전압과 온도, 냉각팬 속도를 확인할 수 있는 것을 알 수 있습니다.

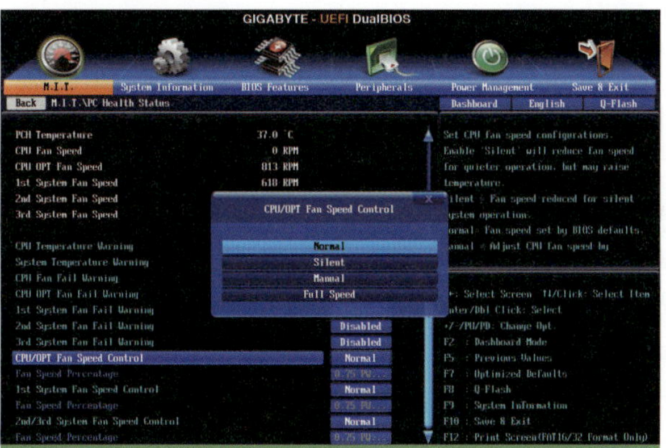

5 PC Health Status 페이지의 하단에서 **CPU/OPT Fan Speed Control** 항목을 선택하고 Enter 키를 눌러 설정 메뉴를 확인하고, 다시 Enter 키를 누릅니다.

부트 드라이브 우선순위 변경하기

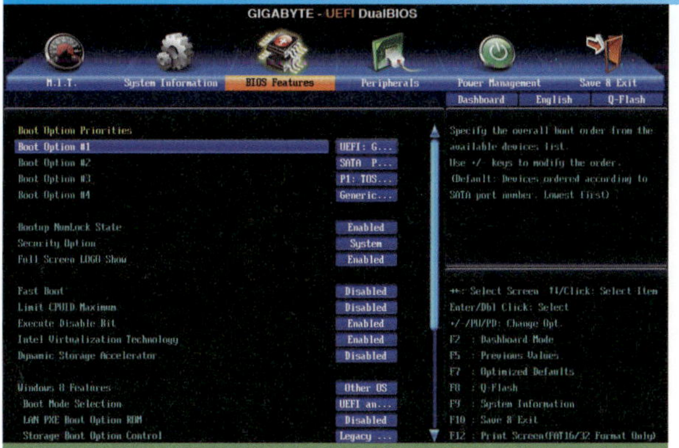

1 이제 부트 드라이브 우선순위를 변경하기 위해 Bios Features 주메뉴로 이동한 후 첫 번째 부트 드라이브 설정을 위해 **Boot Option #1**을 선택하고 Enter 키를 누릅니다.

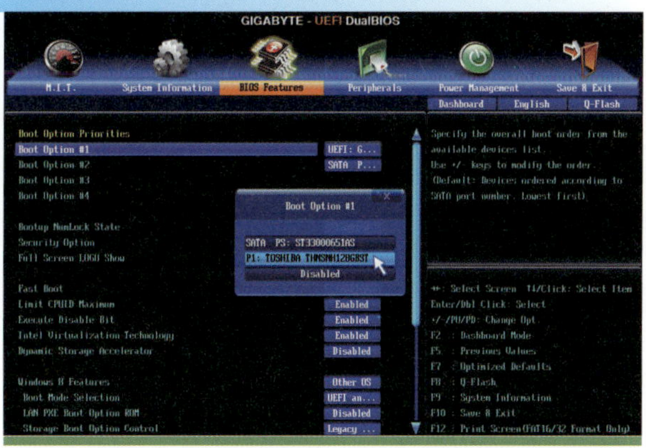

2 첫 번째 부트 드라이브를 운영체제를 설치한 SSD 드라이브인 **P1: TOSHIBA THNSNH128GBST**로 선택하고 Enter 키를 누릅니다.

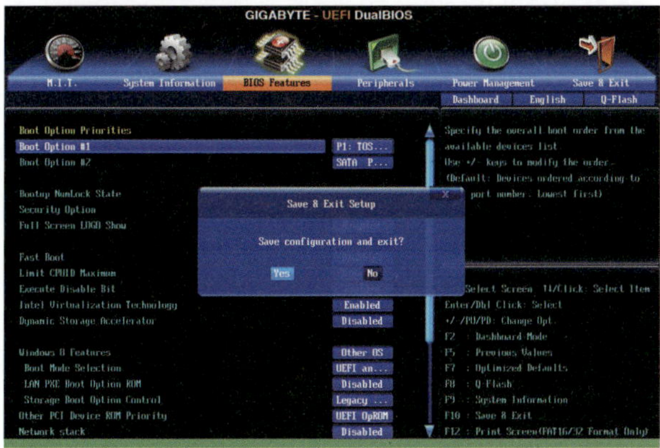

3 부트 드라이브 우선순위를 변경했으면 F10 키를 눌러 Save & Exit Seutp 대화상자를 호출하고 **Yes** 선택 상태에서 Enter 키를 눌러 시동합니다.

Exercise

2 오버클러킹 사전 준비 – 내 시스템 체크하기

자신의 시스템의 정보를 정확히 알아야 시행착오 없이 오버클러킹을 할 수 있습니다. CPU-Z를 활용하면 케이스를 열지 않고도 부품 정보와 동작 성능을 확인할 수 있기 때문에 오버클러킹뿐만 아니라 시스템 정보 확인 용도로도 많이 활용됩니다. 시스템을 체크할 때는 전압과 온도도 체크하면서 수행해야 하는데. Core Temp는 간결하게 전압과 온도 정보를 제공합니다.

이 실습에 필요한 내용	실습 키 포인트
CPU-Z Core Temp	CPU-Z로 시스템 정보와 시스템 성능 확인하기, Core Temp로 시스템 온도 모니터링 하기

CPU-Z로 시스템 성능 확인하기

HELP

- CPUID에서 만든 CPU-Z는 프리웨어로 제작사 홈페이지 (cpuid.com)나 스마트워크 카페를 방문하면 다운로드할 수 있습니다. CPUID 설치 프로그램은 자동으로 32/64비트 운영체제에 맞춰 설치됩니다.
- CPU-Z 프로그램의 정보는 상단의 CPU, Caches, Mainboard, Memory, SPD, Graphic, About 탭으로 분류되어 있습니다. 맨 처음 선택되는 CPU 탭의 페이지는 CPU와 관련된 세부 정보를 나타냅니다. 주요 기능은 다음과 같습니다.

❶ Processor : 프로세서와 관련된 정보를 나타냅니다. CPU의 이름과 코드 명칭, 패키지 소켓 타입, 제조 공정, 코어 전압, 규격 사양, 계열, 모델, 스테핑, 확장 계열, 확장 모델, 수정 버전 등의 정보가 나옵니다. 유의해야 할 부분은 코어 전압(Core Voltage)은 현재 0.782V로 나오는데, 이는 CPU가 작업이 없으면 자동으로 전압을 최소화하여 작동하기 때문입니다. 명령어(Instructions)에는 CPU 지원 명령어셋이 나오는데, 64비트 메모리 관리 EM64T, 가상화 지원(VT-x), 최신 AES, AVX1/2, FMA3가 지원되는 것을 알 수 있습니다

❷ Clocks(Core #0) : CPU 성능과 관련된 정보를 나타냅니다. 멀티 코어 CPU의 경우, 첫 번째 코어(Core #0)를 기준으로 표시합니다. 현재 하스웰 CPU를 오버클러킹하지 않은 기본 값 상태의 코어 속도는 798.10MHz인데, 이는 CPU 사용량이 많지 않을 때 자동으로 동작 속도를 낮추기 때문입니다. 배수(Multiplier)는 클럭 배수로 현재 가장 낮은 8배수로 작동 중이며, 버스 속도는 베이스 클럭과 동일한데 현재 99.76MHz로 작동중입니다. 버스 속도에 클럭 배수를 곱하면 현재 코어 속도가 됩니다. Rated FSB는 FSB 대역폭인 경우에 표시됩니다. FSB 방식이 아니므로 아무 값도 표시되지 않고 비활성 상태로 표시됩니다. 맨 아래의 Selection 목록에는 현재 선택된 프로세서와 코어 수, 스레드 수 등이 표시됩니다. i7 4770K CPU (하스웰)는 하이퍼스레드 기술로 코어당 두 개의 스레드를 지원합니다.

❸ Cache : 캐시와 관련된 정보를 표시합니다. 캐시에 대해서는 Caches 탭에 보다 상세한 내용이 표시됩니다.

- 아래쪽의 공통 기능인 Close 단추는 CPU-Z를 종료할 때 사용합니다. Tools와 Validate 기능은 다음 쪽에서 설명합니다.

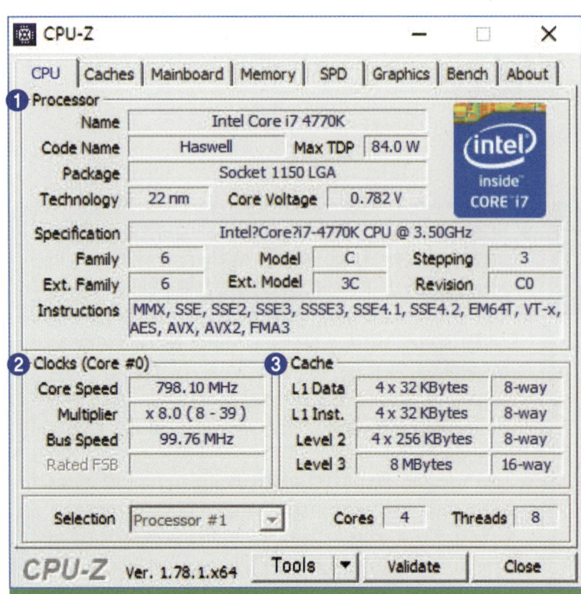

❶ CPU-Z를 다운로드하여 설치한 다음 바탕화면에서 CPUID CPU-Z를 더블 클릭합니다. 그러면 바로 CPU 탭 선택 상태로 CPU-Z가 실행됩니다.

2 CPU-Z 창에서 Caches 탭을 클릭합니다.

3 CPU-Z 창에서 Mainboard 탭을 클릭합니다.

4 CPU-Z 창에서 Memory 탭을 클릭합니다.

HELP

● Caches 탭은 CPU 내부 캐시와 관련있는 세부 정보를 나타냅니다.

❶ L1 D-Cache : 레벨1 데이터 캐시는 코어당 32KB 4조로 전체 128KB입니다.

❷ L1 I-Cache : 레벨1 명령어 캐시도 코어당 32KB 4조로 전체 128KB입니다.

❸ L2 Cache : 레벨 3 캐시의 메모리의 명령어와 데이터를 인출하는 레벨 2 캐시는 코어당 256KB 4조로 전체 1024KB입니다.

❹ L3 Cache : 메모리의 명령어와 데이터를 인출하는 공용 캐시인 레벨 3 캐시는 8MB 크기라는 것을 확인할 수 있습니다.

● 참고로 CPU-Z 창 아래부분의 공통 항목인 Tools 목록에는 최신 드라이버와 바이오스 업데이트 확인, 시스템 정보의 텍스트 파일이나 HTML 파일 저장, 새 버전 확인 기능, 안드로이드용 CPU-Z 다운로드 기능을 선택할 수 있습니다. Validate 단추는 현재 시스템의 사양 정보를 CPU-Z 제작사의 웹사이트로 보내 인증받는 기능을 제공합니다.

HELP

● Mainboard 탭은 메인보드와 관련된 세부 정보를 나타냅니다.

❶ Motherboard : 메인보드 제조업체와 모델, 칩셋, 사우스 브릿지, I/O 컨트롤러 정보를 나타냅니다. 칩셋 항목에 과거에는 노스브리지 칩셋 정보가 표시되었는데, PCH 칩셋부터 노스브리지(North Bridge) 칩셋 기능이 CPU 코어에 포함되므로 칩셋 이름에 코어 이름이 나옵니다. 그리고 사우스브릿지에 PCH 칩셋인 Z87 칩셋 이름이 나옵니다. LPCIO는 속도가 느린 키보드, 마우스, 직렬(Serial) 단자, 병렬(LPT) 단자의 입출력을 컨트롤하는 칩셋 정보가 표시됩니다.

❷ BIOS : 바이오스의 공급자와 바이오스 버전과 해당 바이오스 버전이 만들어진 날짜가 표시됩니다.

❸ Graphic Interface : 버전에 PCIexpress이고, 그래픽카드가 연결된 슬롯의 대역폭은 16배속이며, PCIexpress는 최대 16배속(레인)을 지원한다는 것을 알 수 있습니다.

HELP

● Memory 탭은 메모리와 관련된 세부 정보를 나타냅니다. 현재 XMP 오버클럭 메모리를 설치한 상태이지만, 바이오스 셋업에서 XMP 프로파일을 활성화지 않았기 때문에 표준 메모리 사양으로 작동 중입니다.

❶ General : 메모리 유형과 채널, 크기, NB 주파수 정보를 나타냅니다. NB는 CPU와 메모리, 캐시가 교신하는 통로인 노스브리지(North Bridge)의 약어로, 지금은 CPU 내부에 메모리 컨트롤러가 제공되므로 내부에서 신호 교환이 이뤄집니다.

❷ Timings : DRAM 주파수 665.1MHz는 실시간 메모리 I/O 클럭으로 듀얼 채널 메모리의 외부 I/O는 두 배로 동작하므로 665.1x2≒1330MHz로 작동하는 것을 알 수 있습니다. FSB:DRAM 비율은 메모리 배수를 의미합니다. 메모리 오버클러킹 시 메모리 배수와 램 타이밍과 관련된 CL, tRCD, tRP, tRAS, Command Rate 값은 바이오스 셋업 프로그램에서 변경할 수 있습니다(292쪽 참고). XMP 메모리의 경우는 이미 최적 램 타이밍 설정을 프로파일에 저장하고 있으므로 바이오스 셋업에서 XMP 프로파일을 등록만 해주면 됩니다(504쪽 참고).

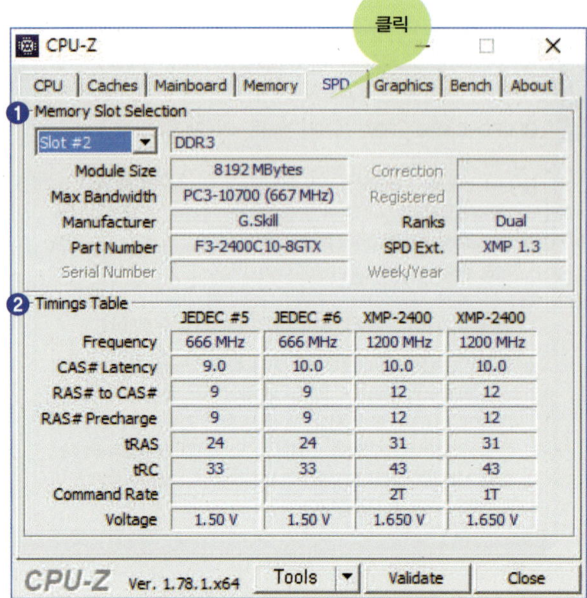

5 CPU-Z 창에서 SPD 탭을 클릭합니다.

- SPD는 RAM의 메모리 설정 정보를 저장하는 EEPROM으로, SPD 탭에서는 SPD를 읽어들여 메모리 세부 정보를 나타냅니다. 바이오스 셋업 프로그램으로 램 타이밍을 변경하면 그 설정값은 SPD에 저장됩니다.

❶ Memory Slot Selection : 메모리 슬롯별로 설치된 메모리 모듈 크기, 교정 기능(에러 정정 기능), 최대 대역폭, 레지스터드, 제조업체, 부품 번호, SPD 확장 일련 번호와 주/년도(주차 정보)를 확인할 수 있습니다. 조립할 때 Slot #2, #4에 두 개의 메모리를 설치한 상태이므로 메모리가 설치되지 않은 Slot #1, #3에는 아무 정보도 나오지 않습니다.

❷ Timings Table : JEDEC(세계반도체표준협회) 규격에 따른 해당 메모리의 동작 속도별 램 타이밍이 정의되는데 SPD 테이블이라고도 합니다. 메모리 주파수값이 올라갈수록 램 타이밍 간격도 좀 더 커집니다. 듀얼 채널을 지원하는 메모리의 속도는 현재 속도(Frequency)에 2를 곱하면 나옵니다. 일반 메모리로 오버 클럭을 할 때는 이 주파수와 램 타이밍 정보를 참고하여 기준 램 타이밍을 잡고 조금씩 낮춰 가며 램 타이밍을 조이면 메모리 속도를 좀 더 높일 수 있습니다. 맨 아래 Voltage는 메모리의 사용 전압을 나타냅니다. 메모리 오버클러킹 시에는 추가 전압을 필요로 하므로 메모리 전압도 조절하여야 합니다.

- 램 타이밍은 CAS Latency Time(tCL), tRCD, tRP, tRAS, Command Rate 값으로 설정합니다. 메모리 제품 라벨에 9-9-9-24 식으로 표기된 것은 tCL-tRCD-tRP-tRAS 타임에 대응됩니다. Row Refresh Cycle Time(tRFC)는 메모리 뱅크의 RAS 리프레시 시간이며, Command Rate는 다른 메모리 뱅크의 데이터 탐색 대기 간격으로 둘 다 낮을 수록 빠릅니다(292쪽 참고).

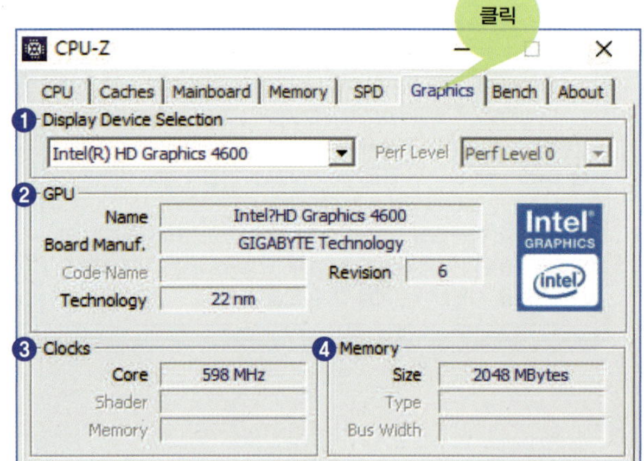

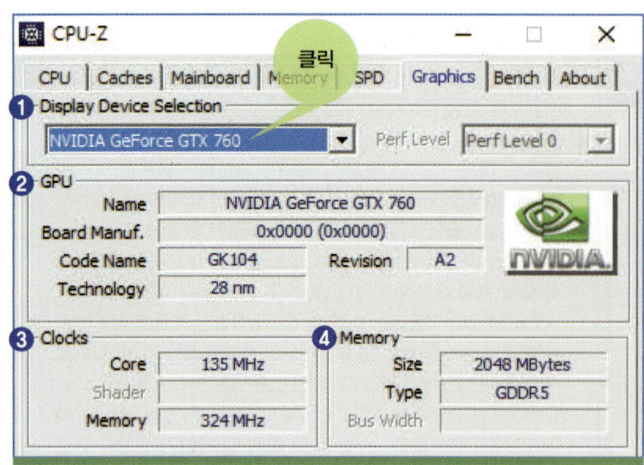

6 CPU-Z 창에서 Graphics 탭을 클릭합니다. 다른 GPU는 Display Device Selection에서 선택합니다.

- Graphics 탭은 그래픽카드와 관련된 정보를 나타냅니다. 그래픽카드와 관련하여 보다 상세한 정보를 제공하는 프로그램으로는 GPU-Z 프로그램이 있습니다(550쪽 참고).

❶ Display Divice Selection : 현재 선택된 GPU를 나타내며, 기본값으로 내장 GPU를 표시합니다. 둘 이상의 GPU 사용 시 필요한 GPU를 선택하여 볼 수 있습니다.

❷ GPU : 그래픽카드의 GPU(Graphic Processor Unit) 이름, 보드 제조사, 코드명, 수정 버전, 공정 기술 등의 정보를 나타냅니다. CPU 내장 GPU를 탑재한 보드가 메인보드이기 때문에 제조사 정보에 메인보드 제조사 정보가 표시됩니다. 반면, 외장 그래픽카드를 선택한 아래쪽 그림에서 한국의 그래픽카드 제조사(이엠텍) 정보가 제대로 보이지 않는 것도 알 수 있습니다.

❸ Clocks : 현재 작동 중인 GPU 클럭 정보를 나타냅니다. 내장 GPU인 HD4600이 598MHz로 동작하는 데 반해, 고성능 그래픽카드인 NVIDIA GeForce GTX 760의 코어 속도는 고작 135MHz, 그래픽 메모리 속도는 324MHz 수준으로 동작하는 것을 볼 수 있습니다. 이는 그래픽카드에서도 CPU와 마찬가지로 사용량이 많지 않을 때는 GPU 코어와 그래픽 메모리를 저속으로 동작시켜 전력 소모를 최소화하기 때문입니다. NVIDIA GeForec GTX 760의 기본 클럭은 1072MHz이고, 부스트 클럭은 1137MHz이며, 메모리 클럭은 1550MHz의 고성능을 지원하지만, 3D 게임처럼 그래픽카드에 부하를 주는 작업을 하지 않는 평상시에는 Power Play 기능에 의해 최소 전력만 사용하는 낮은 클럭으로 작동합니다.

❹ Memory : 그래픽카드의 .메모리 크기와 종류, 버스 속도 등의 정보를 나타냅니다.

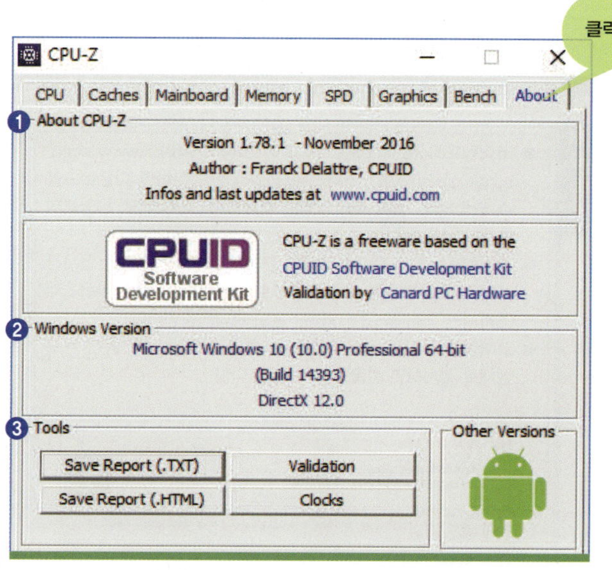

❼ CPU–Z 창에서 About 탭을 클릭합니다.

CPU–Z로 CPU 벤치마크와 안정성 테스트하기

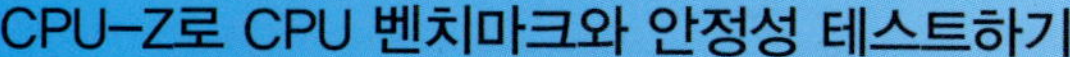

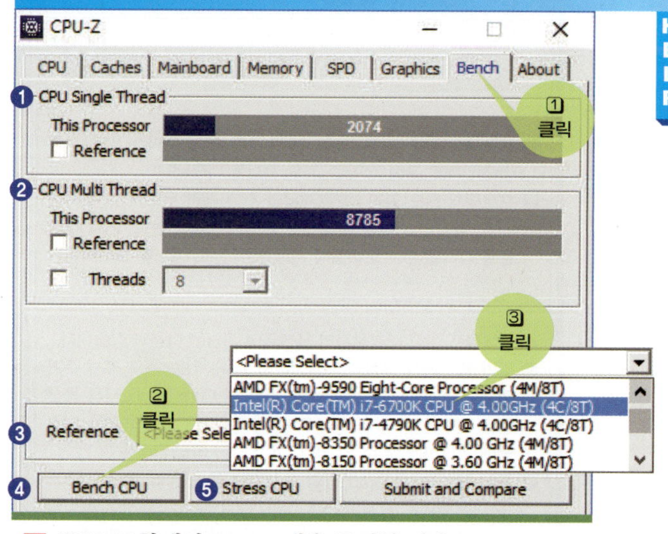

❶ CPU–Z 창에서 Bench 탭을 클릭한 다음 Bench CPU 단추를 클릭합니다. 테스트 후에 측정 값이 나오면 Reference 목록에서 비교할 CPU(Intel(R) Core(TM) i7–6700K CPU @ 4.00GHz(4C/8T)를 선택합니다.

❷ 벤치마크 점수 비교를 보면 인텔의 i7–6700K CPU 83% 정도의 성능이 나오는 것을 알 수 있습니다.

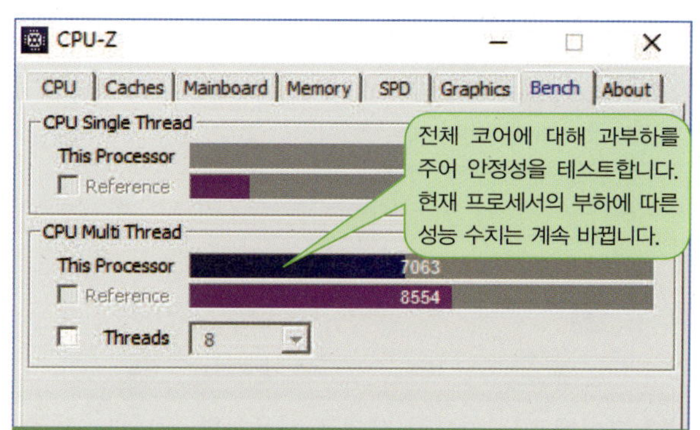

❸ 이번에는 Stress CPU 단추를 클릭합니다. 안정성 검증은 30분 이상 견디면 Stop 단추를 클릭합니다.

Core Temp로 전압과 온도 확인하기

1 코어템프 프로그램을 다운로드하여 설치한 다음 바탕화면에서 Core Temp를 실행합니다.

2 각 항목별 특징은 HELP를 참고하기 바랍니다.

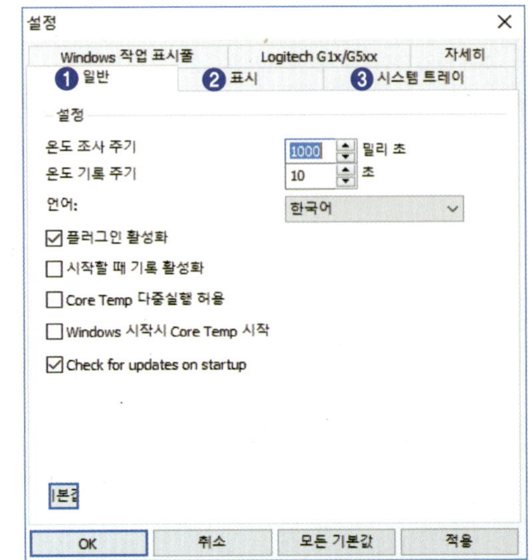

3 코어템프는 기본값 상태로 사용하면 됩니다. 설정을 변경하려면 메뉴에서 **옵션→설정**을 선택하여 설정 대화상자를 엽니다.

- 코어템프(CoreTemp)는 프리웨어로 공식 사이트(www.alcpu.com/CoreTemp)나 스마트워크 카페를 방문하면 다운로드할 수 있습니다. 설치 프로그램은 자동으로 32/64비트 운영체제에 맞춰 설치됩니다.
- 코어템프는 CPU의 각 코어별 현재/최소/최대 온도와 실시간 부하와 온도 변화를 보여주는 프로그램이며, 시스템 정보도 제공하지만 핵심 용도는 간편한 온도 모니터링입니다.
- 코어템프 설치시 설치 옵션으로, 추가 언어팩 설치 옵션 체크 상태로 설치하면 한글로 볼 수 있습니다.

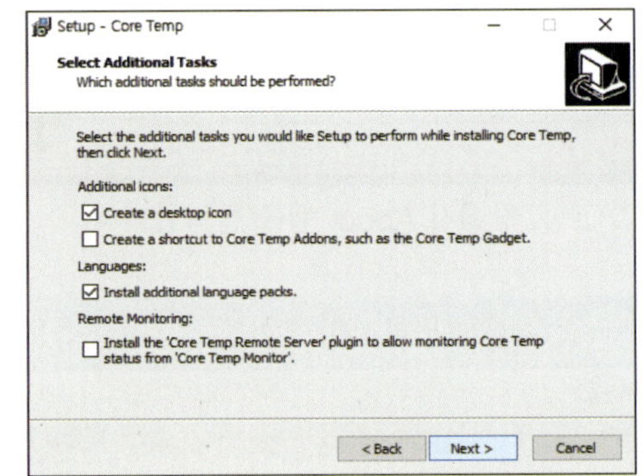

❶ **프로세서 정보** : CPU 모델, 소켓 규격, 현재 주파수, VID, 수정 (버전), 제조 공정, CPUID, TDP 정보를 나타냅니다.

❷ **프로세서 온도 읽기** : 프로세서의 최대 제한 온도와 현재 사용 전력, 각각의 코어별 현재 온도와 최소, 최대 온도, 현재 부하율을 나타냅니다. 오버클럭 시에는 이 온도 정보를 모니터링합니다.

- 코어템프 설정 대화상자의 옵션들의 기능은 다음과 같습니다.
❶ **일반 탭** : 가장 핵심적인 설정이라 할 수 있는 온도 조사 주기와 온도 기록 주기, Windows 시작 시 Core Temp 시작 옵션 등을 설정할 수 있습니다. Core Temp 다중 실행 옵션은 시스템에 과부하를 줄 수 있으므로 유의하기 바랍니다.
❷ **표시 탭** : Core Temp 창의 표시 방식을 변경할 수 있습니다. 온도를 화씨로 표시하거나 Core Temp를 최소화하여 시작할지, 시스템 트레이로 시작할지 등을 설정할 수 있으며 텍스트나 모니터링 결과가 고온일 때, 치명적인 상황일 때의 색상 등을 설정할 수 있습니다.
❸ **시스템 트레이 탭** : 시스템 트레이에 표시되는 온도 정보 등 추가로 표시하거나 제어할 정보를 이곳에서 설정합니다. 작업 표시줄에서 숨겨진 아이콘 표시 단추를 클릭하여 알림 영역을 열면 다음과 같이 각각의 코어별(왼쪽부터 차례로 코어 #0, #1, #2, #3) 온도 정보를 표시합니다.

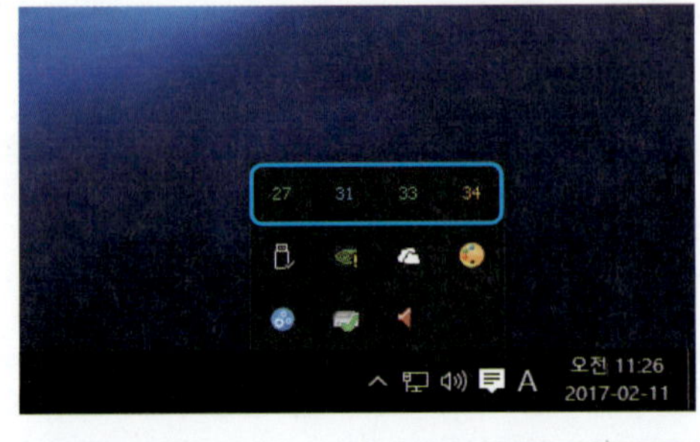

Exercise

3 메인보드 시스템 유틸리티로 시스템 관리하기

오버클럭을 지원하는 메인보드 시스템 유틸리티는 CPU–Z 같은 시스템 정보 확인 기능과 코어템프 같은 온도 모니터링은 물론, 시스템 작업 상황에 맞춰 냉각팬 속도까지 자유롭게 제어할 수 있는 기능을 제공합니다. 메인보드 제품의 유틸리티는 인터페이스가 다르지만 지원되는 기능은 비슷하므로 어떤 기능들이 지원되는지 익히기 바랍니다.

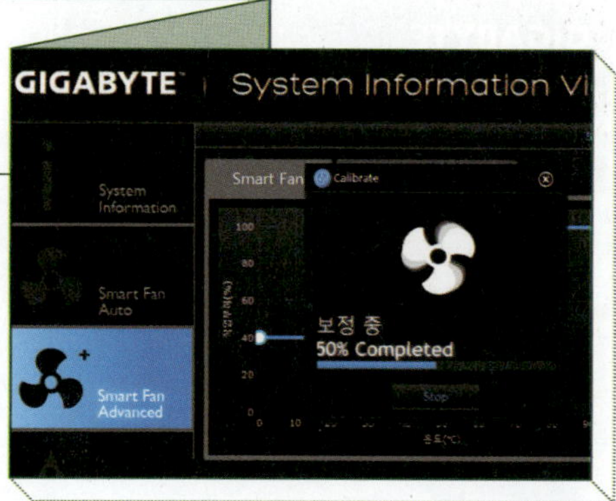

이 실습에 필요한 내용	실습 키 포인트
메인보드 시스템 모니터링 및 성능 조절 유틸리티	메인보드 시스템 유틸리티로 시스템 정보와 상태 확인 및 팬속도 제어하기

Chapter 08 컴퓨터 튜닝 & 오버클러킹

시스템 모니터링 / 냉각팬 제어 / 알람 설정하기

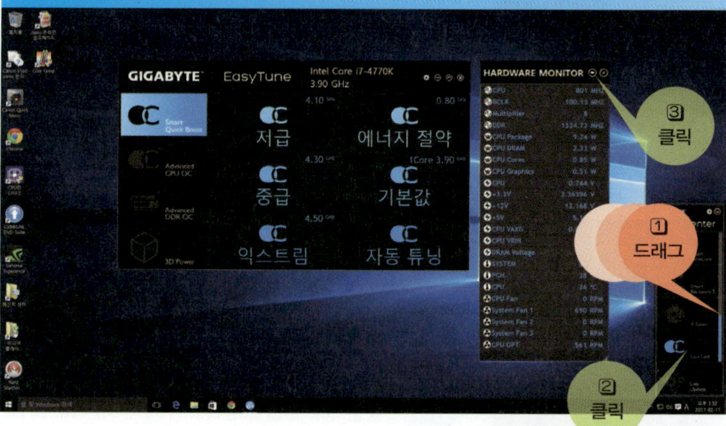

1 기가바이트 메인보드 통합 유틸리티인 APP Center에서 스크롤막대로 드래그하여 EasyTune을 클릭합니다. 그러면 EasyTune 창과 HARDWARE MONITOR 창이 함께 열립니다. HARDWARE MONITOR 창 상단에 있는 ◙단추를 클릭합니다.

> **HELP**
> ● 기가바이트의 EasyTune은 번들 CD 설치시 함께 설치되며 AppCenter에 자동 등록됩니다.
> ● EasyTune에는 모니터링과 성능 조절 유틸리티가 각각 제공되므로, 오버클러킹 중에도 시스템 상태를 모니터링할 수 있습니다.

HARDWARE MONITOR 창으로 복귀하려면 ◙단추를 클릭하면 됩니다.

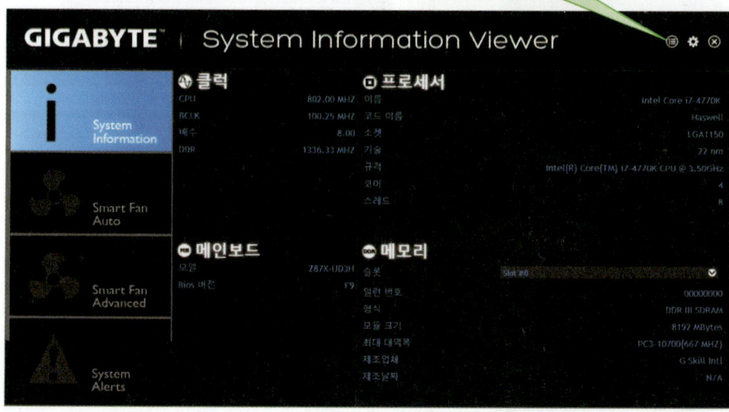

2 HARDWARE MONITOR 창이 System Information Viewer 창으로 바뀌고, 기본값으로 System Information 탭의 내용이 나옵니다.

> **HELP**
> ● System Information 탭에는 클럭, 프로세서, 메인보드, 메모리로 구분되어 제공됩니다.
> ● 클럭 : 실시간 CPU 클럭, 베이스 클럭(BCLK), 클럭 배수, DDR 메모리 클럭을 나타냅니다.
> ● 프로세서 : 프로세서 이름과 코드 이름, 소켓, 기술, 규격, 코어 수, 스레드 수 등을 나타냅니다.
> ● 메인보드 : 모델과 바이오스 버전을 나타냅니다.
> ● 메모리 : 메모리 형식, 모듈 크기, 대역폭, 제조업체 등의 정보를 나타냅니다.

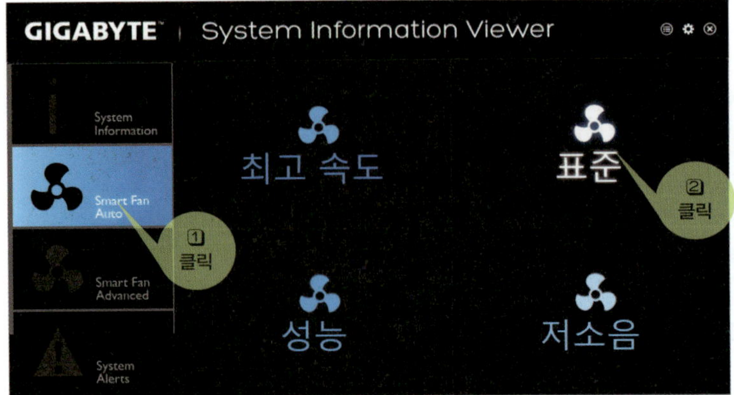

3 Smart Fan Auto 탭을 선택하여 연 다음에 **표준**을 클릭합니다.

> **HELP**
> - Smart Fan Auto 탭에는 냉각팬의 속도를 최고 속도, 표준, 성능, 저소음 모드로 조절할 수 있는 단추가 제공됩니다.
> - **저소음**은 팬소음이 거의 들리지 않도록 작동시킵니다. **표준**은 CPU 부하와 온도 구간에 따라 팬속도가 조절됩니다. **최고 속도**는 팬속도를 최대로 작동시켜 최대한 빨리 시스템을 냉각시키려 할 때 사용하고, **성능**은 최고 속도보다 낮지만 빠른 팬 속도로 시스템을 냉각시킵니다.

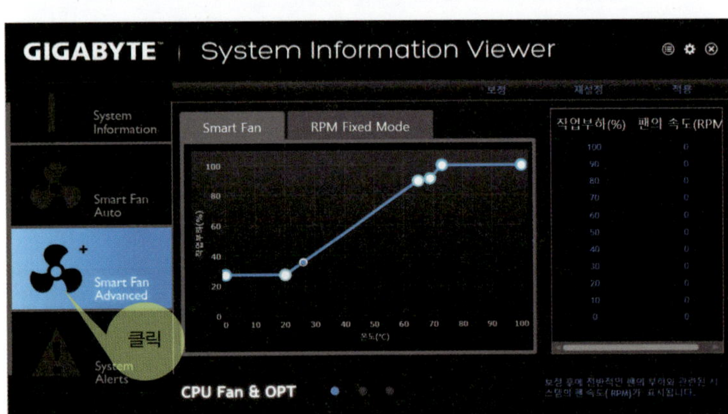

4 System Information Viewer 창에서 **Smart Fan Advanced**를 클릭합니다.

> **HELP**
> - Smart Fan Advanced 탭에는 작업 부하와 온도 구간별로 팬속도 설정 그래프가 제공되며 마우스로 팬속도를 설정합니다. 바이오스 셋업에서 PWM 컨트롤 모드를 사용해야 합니다.
> - 구간 표시 원점 사이의 작은 원점은 현재 온도를 나타내며, 그래프 밑에는 현재 설정 중인 냉각팬 전원 단자를 표시하며, 다른 단자를 선택할 수 있습니다.

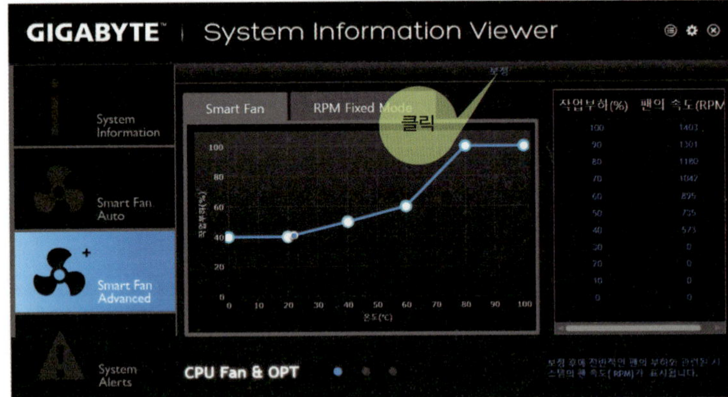

5 이제 **보정** 단추를 클릭하고 결과를 확인합니다.

> **HELP**
> - **보정** 단추를 클릭하면 부하와 온도별 최적 냉각팬 속도가 자동 설정되며, 표준 모드에 적용됩니다. 구간별 팬속도 추가 변경은 RPM Fixed Mode에서 설정할 수 있습니다.
>
> **팬의 속도(RPM)**

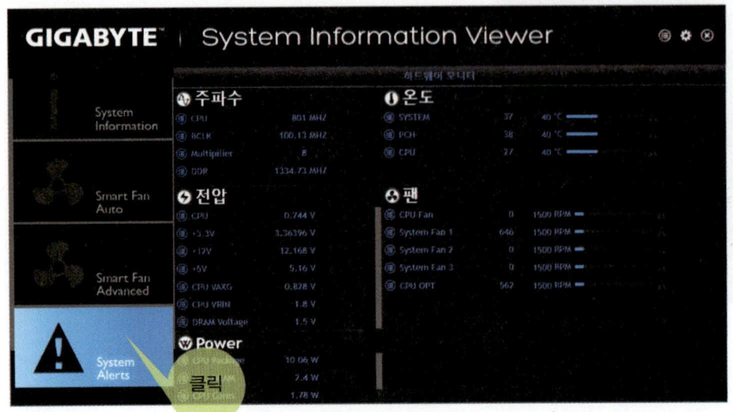

6 System Information Viewer 창에서 **System Alerts**를 클릭합니다.

> **HELP**
> - System Alert 탭에는 컴퓨터의 주파수와 전압, 파워, 온도, 팬속도 정보를 알려주며, 온도와 팬속도의 임계치를 설정하여, 임계치를 넘으면 경고하는 알람 기능을 설정할 수 있습니다.
> - 알람 기능 설정 방법은 알람 설정을 원하는 항목의 아이콘을 클릭하면 활성화됩니다. 이때 원하는 임계치의 온도나 팬속도를 설정하고 **적용** 단추를 클릭하면 됩니다.

Exercise

4 안정성 테스트 모니터링 및 성능 확인하기

시스템 안정성 테스트는 시스템에 부하를 걸어 작동에 이상이 없는지 점검하는 것입니다. 안정성 테스트 프로그램으로는 Frime95, Intel Burn, LinX 프로그램 등이 있는데, LinX는 비교적 짧은 시간에 강력한 부하를 주어 시스템 안정성을 테스트하고 실질적인 성능을 바로 확인할 수 있어 널리 사용됩니다. 이 실습에서는 Linx를 이용한 안정성 테스트를 통해 시스템 상태를 모니터링하고 성능을 확인하는 방법을 알아봅니다.

이 실습에 필요한 내용	실습 키 포인트
메인보드 시스템 모니터링 및 성능 조절 유틸리티 시스템 안정성 테스트 유틸리티 LinX 시스템 전압과 온도 확인 유틸리티 Core Temp	시스템 안정성 테스트 시스템 전압과 온도 변화 확인하기 GFlops로 시스템 성능 확인하기

안정성 테스트로 전압과 온도 변화 확인하기

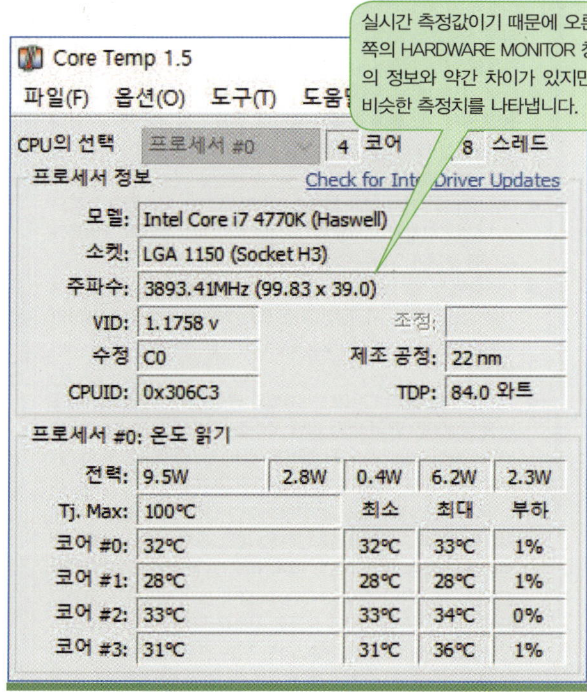

프로세서 #0: 온도 읽기				
전력: 9.5W	2.8W	0.4W	6.2W	2.3W
Tj. Max: 100℃		최소	최대	부하
코어 #0: 32℃		32℃	33℃	1%
코어 #1: 28℃		28℃	28℃	1%
코어 #2: 33℃		33℃	34℃	0%
코어 #3: 31℃		31℃	36℃	1%

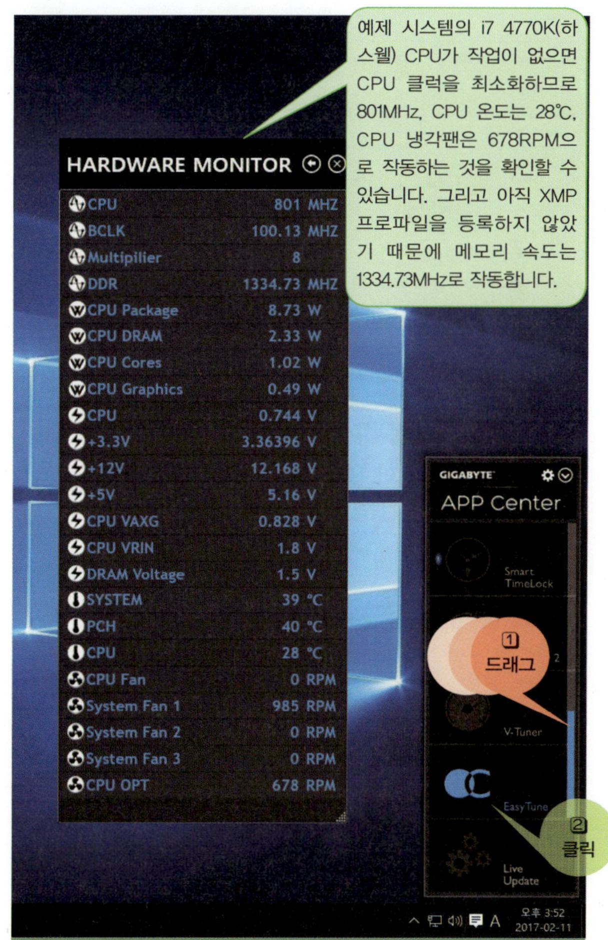

1 시스템 전압과 온도 확인 유틸리티인 코어템프 프로그램을 실행하고 전압과 온도를 확인합니다.

2 메인보드 유틸리티(기가바이트 EasyTune)를 실행하고 HARAWARE MONITOR 창의 정보를 확인합니다.

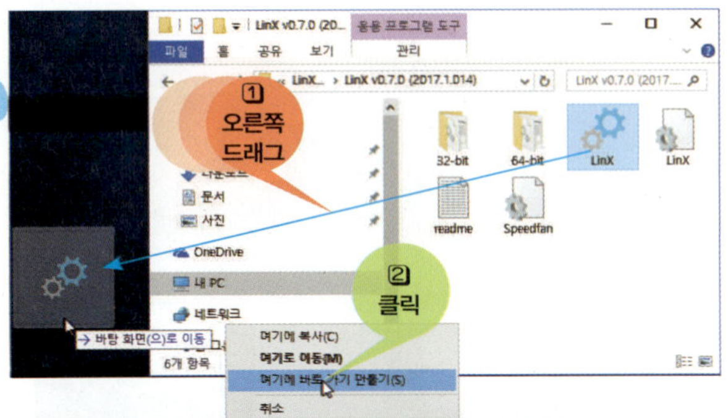

3 LinX 프로그램 아이콘을 바탕화면으로 오른쪽 드래그하여 바로가기를 만든 다음 더블 클릭하여 실행합니다. 아직은 오버클럭을 적용하지 않은 상태입니다

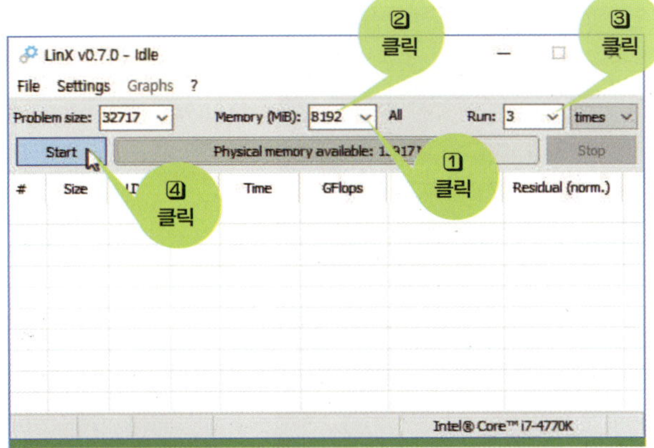

4 Linx 프로그램 창에서 메모리를 8192(MB), Run은 3회로 선택한 다음 Start 단추를 클릭하여 안정성 테스트를 시작합니다.

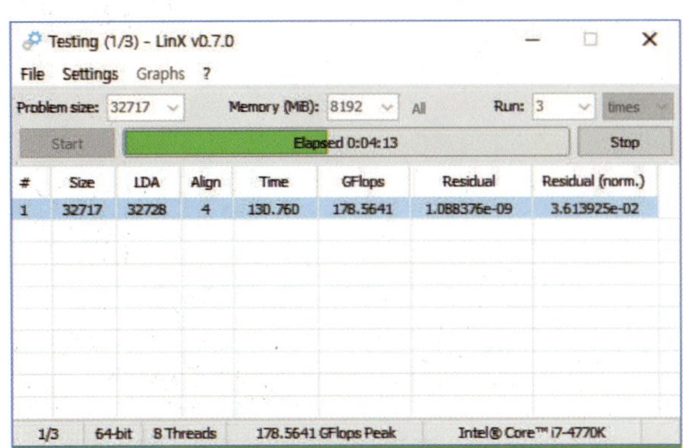

5 Linx 안정성 테스트가 진행됩니다.

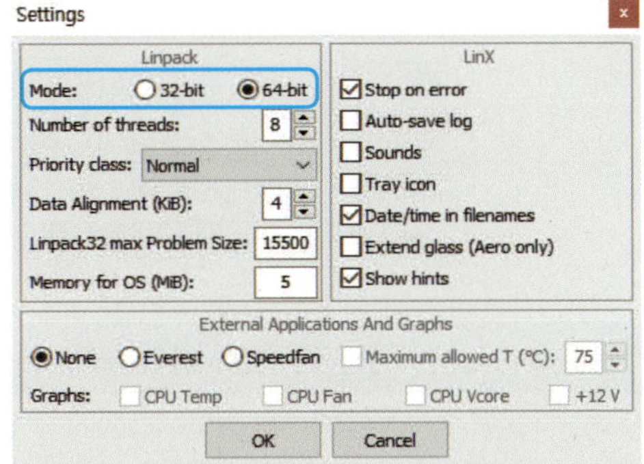

- LinX는 오버클러킹 시 안정성 테스트를 위해 사용하는 프로그램입니다. 무설치 버전이므로 공식 사이트나 스마트워크 카페를 방문하면 다운로드할 수 있습니다. 다운로드한 LinX를 실행하면 자동으로 32/64비트 운영체제에 맞춰 실행됩니다.

- AVX 명령어가 지원되는 샌디브릿지 코어부터는 AVX 라이브러리가 포함된 0.64_avx 버전 이상을 사용해야 합니다. 이 책에서는 최신 버전인 LinX 0.7.0 버전으로 테스트하였습니다.

- LinX 테스트 중에는 다른 프로그램 실행은 하지 말고, 시스템 모니터링 유틸리티 정도만 사용하길 권장합니다.

- 사용자의 시스템에서 LinX가 실행되지 않는다면 Settings를 클릭하여 대화상자를 연 후 Mode가 운영체제에 맞게 설정되어 있는지 확인하고 바로잡으면 됩니다. 다른 설정 옵션은 기본값대로 사용하면 됩니다.

- LinX 프로그램 창에서 All 단추를 클릭하면 메모리 전체 크기의 최대 부하값으로 설정되므로 유의하기 바랍니다. 최대 부하값 테스트를 통과하면 그만큼 안정적이지만 시간이 오래 걸립니다. 보통 오버클러킹 후에 실사용을 위한 안정성 테스트는 8GB 이하 메모리에서는 시스템 메모리의 80~100% 수준으로 설정하고, 16GB 이상에서는 50% 이상 설정합니다. Run 회수는 보통 20회 수준으로 설정합니다.

- 지금은 오버클러킹을 하지 않은 상태이므로 안정성 테스트가 어떻게 진행되는지 살펴보고, 그에 따른 온도 변화를 확인하기 위해 메모리는 16GB의 50% 수준인 8192MB, Run은 3회로 테스트를 진행하였습니다.

- LinX 프로그램은 시스템의 불안정성 여부를 검증하는 프로그램인 만큼 시스템에 강력한 부하를 주어 안정성을 테스트합니다. 안정성 테스트 시에 부하를 견디지 못하면 테스트는 자동으로 중단됩니다.

- 자동 중단이 되지 않고 블루스크린이 뜨거나 시스템이 먹통으로 되거나 갑자기 재시동되기도 합니다. 이는 현재의 오버클럭 설정에 문제가 있다는 것을 의미합니다.

- 오버클럭을 하지 않은 상태임에도 LinX 안정화 테스트 도중에 자동 중단되거나, 시스템의 다운 또는 재시동 상황이 발생하면 오버클러킹을 수행하기에는 부적합한 시스템이라는 것을 의미합니다.

- CPU의 연산 능력 단위로는 MIPS와 FLOPS가 있습니다. MIPS는 초당 100만 개의 명령 실행 횟수를 의미하며, Flops는 초당 부동소수점 연산 속도를 의미합니다. 기가플롭스(GFlops)는 초당 10억 개의 부동소수점 연산 단위입니다.

- 컴퓨터의 실질적인 성능은 부동소수점 연산 능력에 의해 좌우되므로 FLOPS 수치를 더 신뢰합니다. 오버클러킹 시에는 안정성 테스트를 통과했다고 해서 바로 성공이라고 말하지 않습니다. 실질적인 성능인 GFlops값이 높아져야하고 잔차값(Residual) 값도 일정해야 성공한 것으로 평가할 수 있습니다.

- 잔차값이 균일하지 않고 하나라도 튀는 경우에는 연산 오류가 발생한 것으로 시스템이 불안정하다는 것을 반증합니다. 이러한 경우에는 전압을 한스텝씩 올려가며 안정성 테스트를 다시 수행하여 해결합니다.

6 안정성 테스트가 진행되는 동안 코어템프와 HARAWARE MONITOR 창의 정보를 확인합니다.

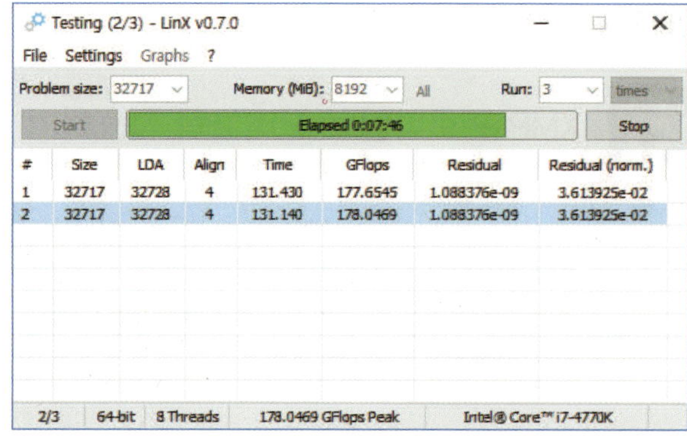

#	Size	LDA	Align	Time	GFlops	Residual	Residual (norm.)
1	32717	32728	4	131.430	177.6545	1.088376e-09	3.613925e-02
2	32717	32728	4	131.140	178.0469	1.088376e-09	3.613925e-02

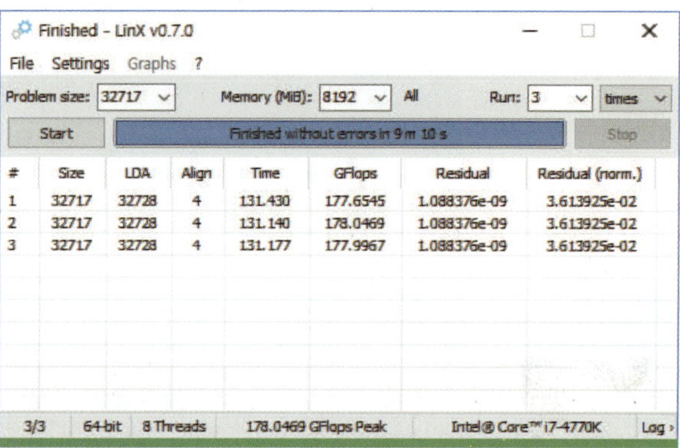

#	Size	LDA	Align	Time	GFlops	Residual	Residual (norm.)
1	32717	32728	4	131.430	177.6545	1.088376e-09	3.613925e-02
2	32717	32728	4	131.140	178.0469	1.088376e-09	3.613925e-02
3	32717	32728	4	131.177	177.9967	1.088376e-09	3.613925e-02

7 하드웨어 모니터의 전압과 냉각팬 속도, 온도 변화를 확인합니다. 안정성 테스트가 끝나면 시스템의 성능을 보여주는 GFlops값을 확인합니다.

- 메모리 크기 50% 수준의 부하를 주고 테스트하였지만 메모리가 8MB 크기의 부하이기 때문에 3회를 통과하는 데도 전체 시간이 9분 10초나 걸친 것을 볼 수 있습니다. 이제 LinX 안정성 테스트를 수행하기 전후의 코어템프와 HARDWARE MONITOR 창의 정보를 비교하여 살펴봅니다.

- CPU 주파수(클럭)는 800MHz대에서 3700MHz대로 높아졌고, 작업 부하도 100% 부하가 적용되었으며, 각 CPU 코어의 최대 온도는 77℃ 수준으로 높아졌습니다. 반면, 시스템 온도와 PCH 칩셋의 온도는 크게 변하지 않은 것을 볼 수 있습니다.

- VID(CPU 전압)도 0.7V 대에서 100% 부하에서는 1.2V 대로 높아진 것을 볼 수 있습니다. 실시간 VRIN(CPU 입력 전압)은 1.74V로 오히려 낮아진 것을 볼 수 있습니다.

- CPU_OPT 단자에 연결된 CPU 쿨러 냉각팬의 회전 수는 1298RPM으로 두 배나 빨라졌음에도 불구하고 CPU 코어의 온도가 급상승한 것은 그만큼 작업 부하가 높아졌고 하스웰 CPU 자체가 핫스웰 CPU로 불릴만큼 발열이 높기 때문입니다. 1.2V 수준의 양호한 CPU 전압에도 불구하고 최대 77℃에 코어의 온도차가 많이 나는 편이기 때문에 오버클럭이 쉽지 않은 CPU라는 것을 반증합니다.

- 안정성 테스트 결과 GFLOPS 평균값이 177.9 정도로 나온 것을 볼 수 있습니다. 하스웰 CPU의 기본 성능은 아주 훌륭한 것을 알 수 있습니다. 이처럼 하스웰 CPU는 뛰어난 전성비와 기존 CPU 대비 탁월한 성능을 제공하지만, 오버클러킹에는 약점이 있습니다.

- 요즘 CPU는 100℃ 이상의 온도도 충분히 견딜 만큼 내구성이 좋아졌지만 시스템의 성능뿐만 아니라 냉각팬 소음과 효율을 감안하여 적절한 오버클러킹 타협점을 찾는 게 좋습니다.

Exercise 5

XMP 프로파일로 오버클럭 적용하기

XMP 메모리를 설치한 경우에는 바이오스 셋업에서 간단히 XMP 프로파일을 적용하여 메모리 오버클러킹을 수행할 수 있습니다. XMP 프로파일을 적용하면 메모리 뿐만 아니라 CPU의 터보 부스트 클럭까지는 자동으로 오버클럭이 적용됩니다.

이 실습에 필요한 내용	실습 키 포인트
메인보드 시스템 모니터링 및 성능 조절 유틸리티 시스템 안정성 테스트 유틸리티 LinX 시스템 전압과 온도 확인 유틸리티 Core Temp	XMP 프로파일 적용하고 안정성 테스트하기 시스템 전압과 온도 체크하기 GFlops로 시스템 성능 확인하기

바이오스 셋업에서 XMP 프로파일 적용하기

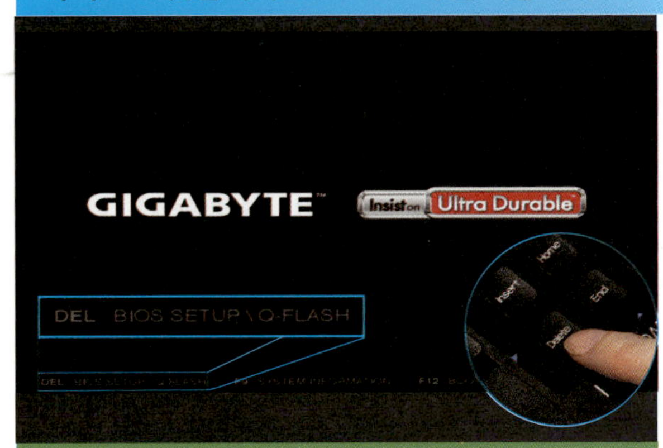

1 시스템을 재시동하고 메인보드 바이오스의 로고 화면이 나오면 바이오스 셋업 프로그램을 호출하는 Delete 키를 누릅니다.

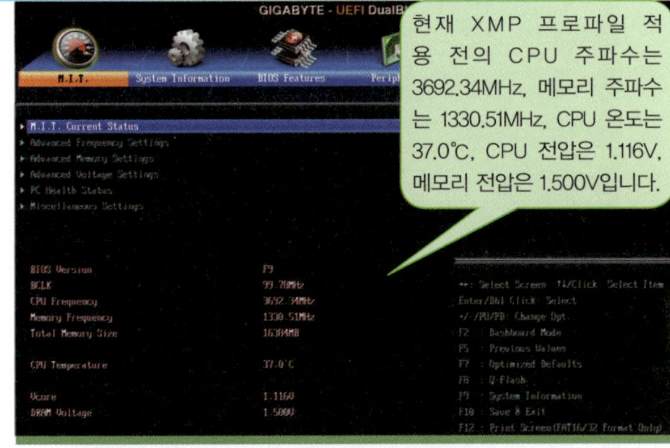

현재 XMP 프로파일 적용 전의 CPU 주파수는 3692.34MHz, 메모리 주파수는 1330.51MHz, CPU 온도는 37.0℃, CPU 전압은 1.116V, 메모리 전압은 1.500V입니다.

2 UEFI 바이오스 셋업 프로그램의 M.I.T 주메뉴에서 **Advanced Memory Settings** 메뉴를 선택하고 Enter 키를 누릅니다.

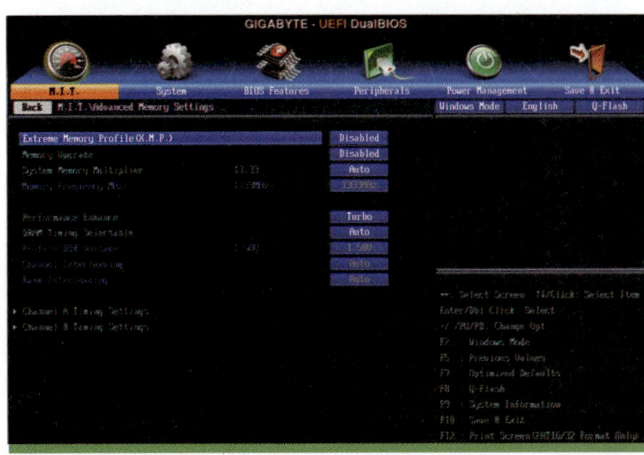

3 현재 Advanced Memory Settings 페이지의 **Extreme Memory Profile(X.M.P.)** 항목은 **Disabled**로 설정되어 있습니다.

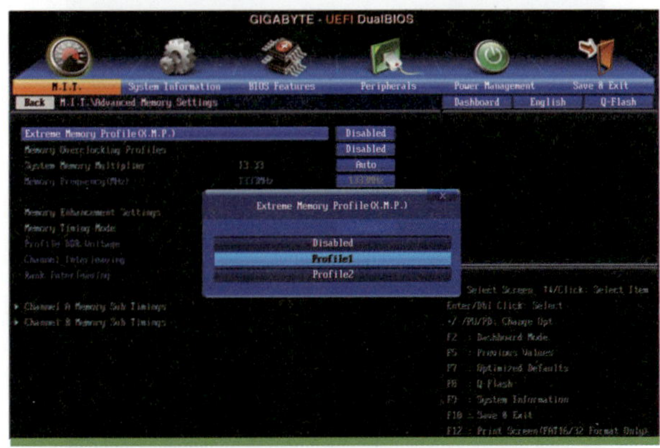

4 Extreme Memory Profile(X.M.P.) 항목 선택 상태에서 Enter 키를 누른 다음, Profile 1이나 2를 선택합니다. 여기서는 **Profile1**을 선택했습니다.

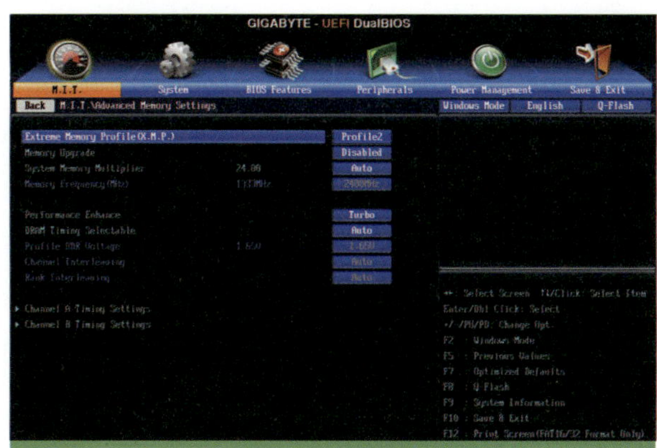

5 System Memory Multiplier(메모리 승수)가 24로, Memory Frequency(MHz)는 2400MHz, Profile DDR Voltage 값은 1.65V로 자동으로 바뀝니다.

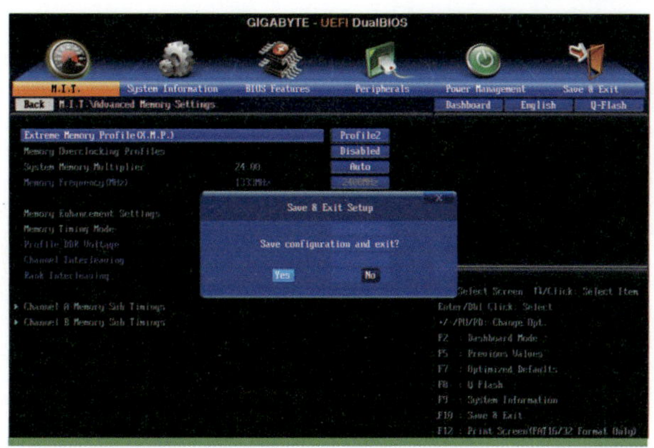

6 이제 F10 키를 눌러 Save & Exit Seutp 대화상자를 호출하고 Yes 선택 상태에서 Enter 키를 눌러 시동합니다.

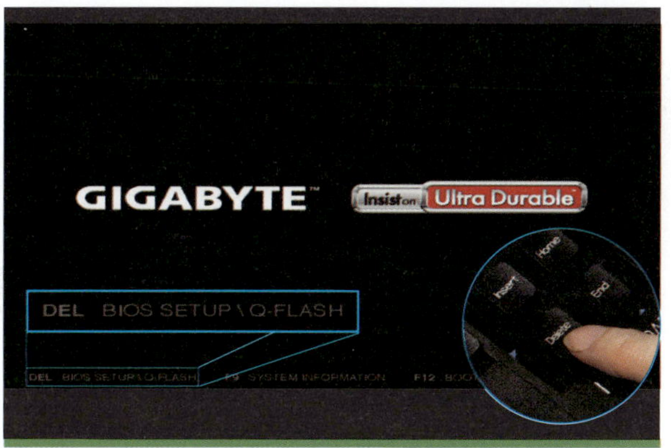

7 시스템을 재시동하고 메인보드 바이오스의 로고 화면이 나오면 바이오스 셋업 프로그램을 호출하는 Delete 키를 누릅니다.

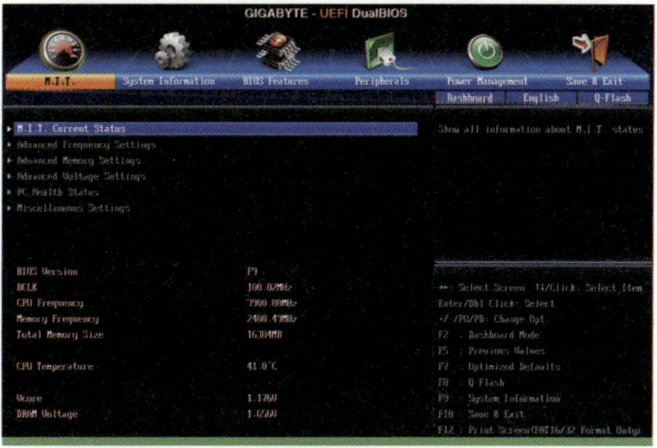

8 UEFI 바이오스 셋업 프로그램의 M.I.T 주메뉴에서 CPU와 메모리 주파수와 온도, 전압 등의 시스템 정보를 확인합니다.

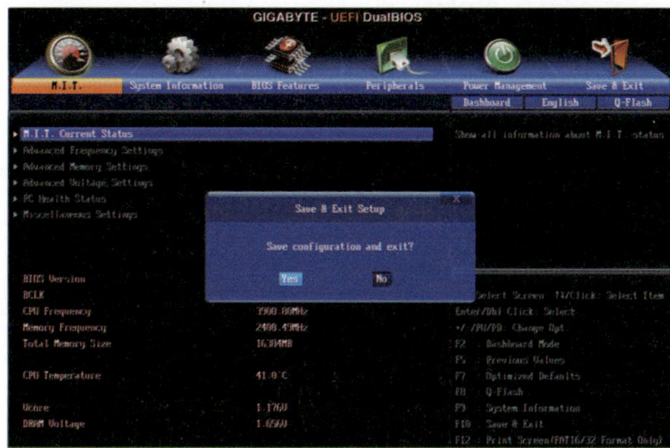

9 시스템 정보 확인이 끝났으면 F10 키를 눌러 Save & Exit Seutp 대화상자를 호출하고 Yes 선택 상태에서 Enter 키를 눌러 시동합니다.

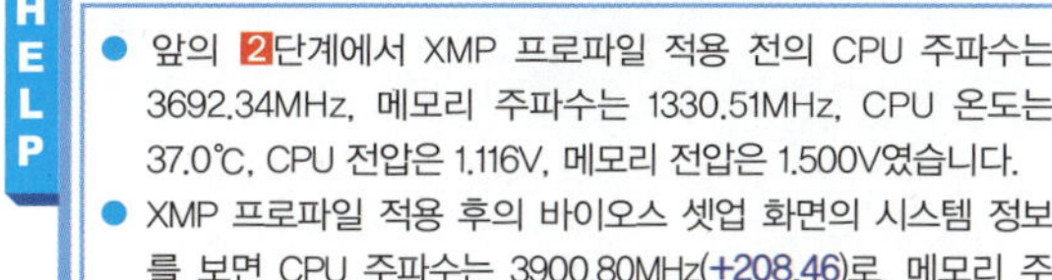

HELP

- 앞의 **2**단계에서 XMP 프로파일 적용 전의 CPU 주파수는 3692.34MHz, 메모리 주파수는 1330.51MHz, CPU 온도는 37.0℃, CPU 전압은 1.116V, 메모리 전압은 1.500V였습니다.
- XMP 프로파일 적용 후의 바이오스 셋업 화면의 시스템 정보를 보면 CPU 주파수는 3900.80MHz(+208.46)로, 메모리 주파수는 2400.49MHz(+1069.98)로 오버클럭된 것을 확인할 수 있습니다.
- CPU와 메모리의 오버클럭으로 인해 CPU 온도는 41.0℃ (+4℃), CPU 전압은 1.176V(+0.06V), 메모리 전압은 1.656V(+0.156V)로 높아진 것을 확인할 수 있습니다. 노부하 상태인데도 하스웰 CPU의 온도는 꽤 높은 편입니다.
- XMP 프로파일을 적용했을 때 메모리 전압 뿐만 아니라 CPU 전압도 0.06V가 상승하였고, CPU 클럭도 하스웰 CPU의 최대 터보 부스트 클럭인 3.9GHz로 높아졌으며, 프로파일 적용 전보다 CPU 온도도 4℃나 높아진 점을 유의하기 바랍니다. 이는 XMP 프로파일을 적용하면서 터보 부스트 클럭 범위의 CPU 오버클러킹도 이뤄졌다는 것을 의미합니다.

XMP 프로파일 적용하고 안정성 테스트하기

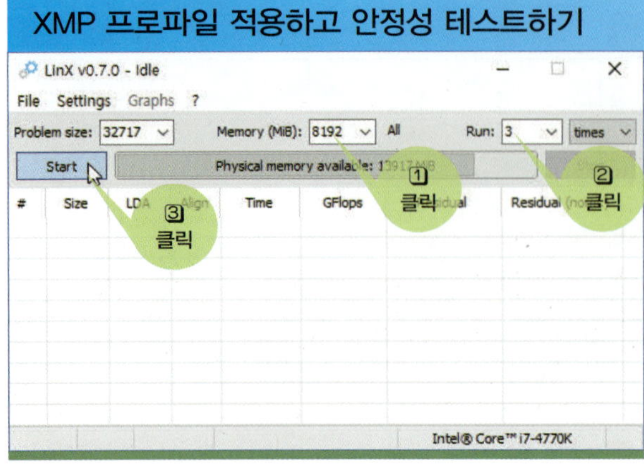

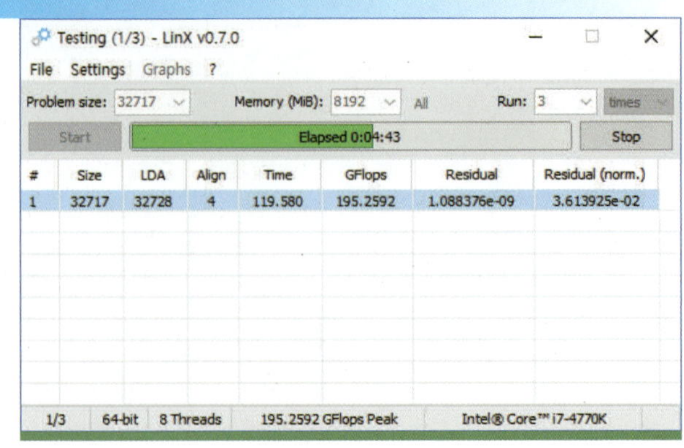

1 운영체제로 시동되면 Linx 프로그램 창에서 이전에 설정한 메모리 8192(MB), Run 3회 상태에서 Start 단추를 클릭합니다.

2 Linx 안정성 테스트가 진행됩니다.

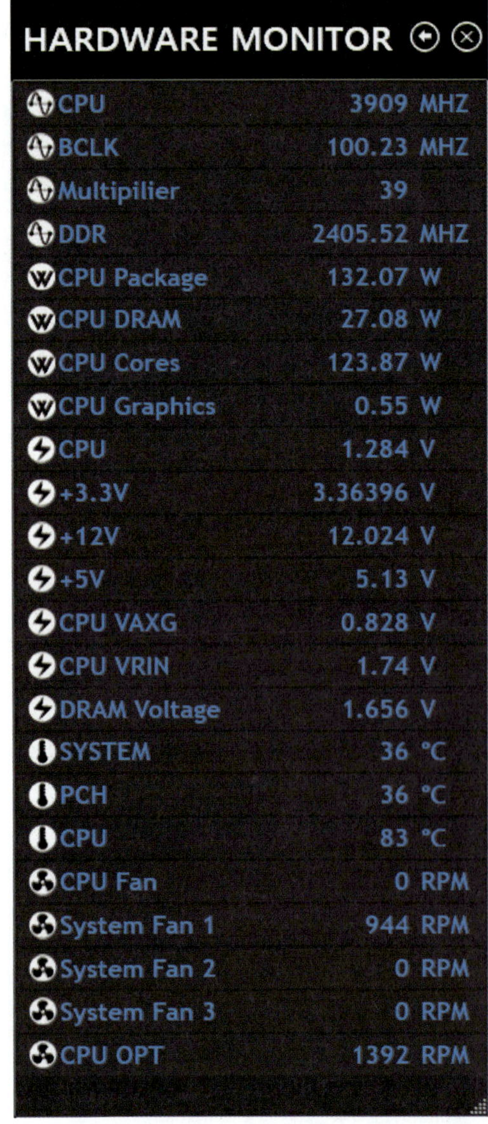

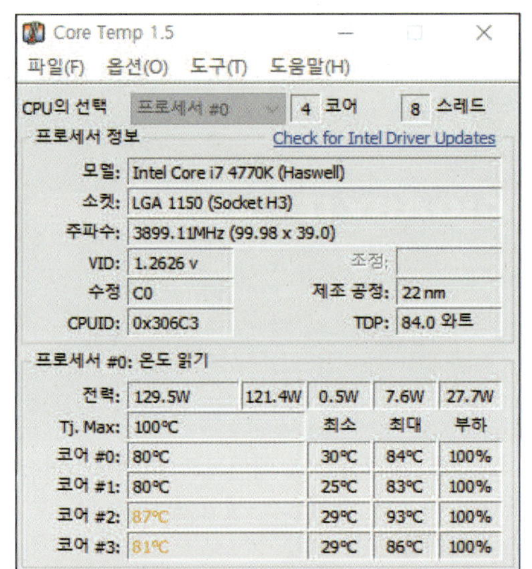

3 안정성 테스트가 진행되는 동안 코어템프와 HARAWARE MONITOR의 전압과 냉각팬 속도, 온도 변화를 확인합니다.

> **HELP**
> - 80℃가 넘어가면 경고 온도를 나타내는 진노랑색으로 표시됩니다. 최대 부하에서 세번째 코어 온도는 93℃로 사실상 오버클럭의 임계치에 육박했습니다. 코어간 온도차도 무려 10℃에 달해 수율이 좋지 않은 소위 뿔딱 CPU를 뽑은 셈입니다.
> - 최대 부하에서의 VID(CPU 전압)은 1.2V에서 1.272V대로 높아진 것을 확인할 수 있습니다. 시스템 온도와 PCH 칩셋의 온도는 크게 변화하지 않은 것을 볼 수 있으며, 실시간 VRIN(CPU 입력 전압)은 1.74V로 큰 변화는 없습니다. 메모리 전압은 1.656V로 0.156V 정도 상승하였습니다.
> - CPU_OPT 단자에 연결된 CPU 쿨러 냉각팬의 회전 수는 최대치에 육박하는 1392RPM, 1000RPM이 최고 속도인 듀얼 팬도 944RPM으로 동작함에도 불구하고 CPU 온도는 90℃에 육박할 정도로 이미 온도상으로는 오버클럭의 한계 상황에 도달한 것을 알 수 있습니다.

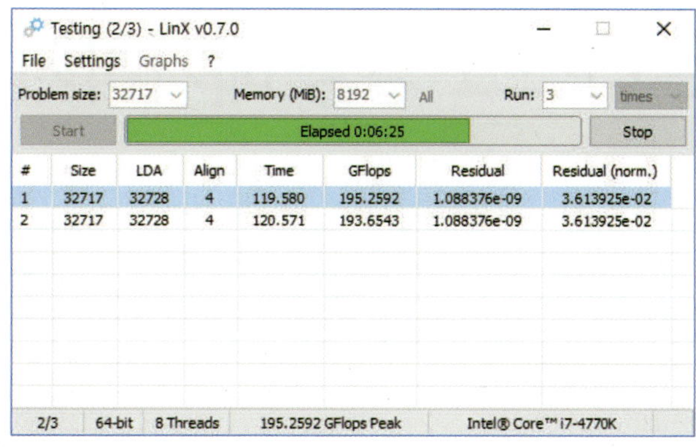

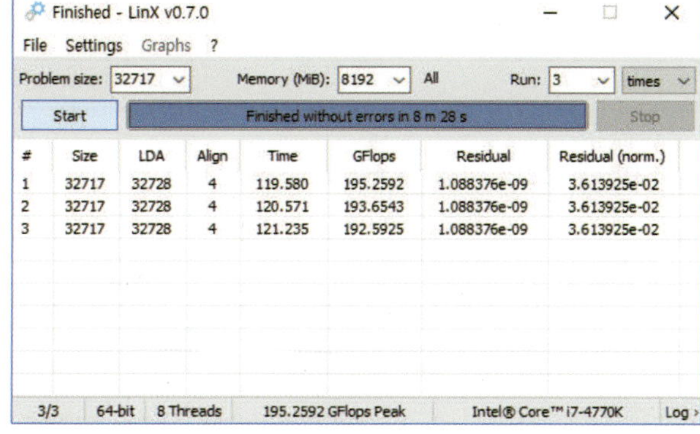

4 하드웨어 모니터의 전압과 냉각팬 속도, 온도 변화를 확인합니다. 안정성 테스트가 끝나면 시스템의 성능을 보여주는 GFlops값을 확인합니다.

HELP

- XMP 프로파일 적용 전과 동일한 8MB 메모리 크기의 부하에서 수행한 안정성 테스트인데, 전체 시간은 8분 28초로 1분 42초 정도 빨리 끝났습니다.

- 안정성 테스트 결과를 보면 193GFlops를 상회하는 높은 성능이 나온 것을 알 수 있습니다. XMP 메모리 프로파일 적용만으로도 15% 수준인 26GFlops 정도의 성능 향상이 이뤄진 것을 확인할 수 있습니다. 이 정도 성능은 동급의 i7 4770K (하스웰) CPU에서 일반 메모리로 오버클러킹하는 경우, 약 4.2GHz 수준의 오버클럭에 성공했을 때 나오는 값과 비슷합니다. 배수락이 해제된 i7-4770K CPU라는 점을 감안하면 만족스럽진 않지만 XMP 프로파일을 적용한 현 수준의 오버클럭은 실사용기로 무난한 편입니다.

- 하스웰 CPU의 기본 성능 자체가 우수하고, 통합 전압 레귤레이터(FIVR)에 의한 전력 관리 기능으로 소비 전력 대비 성능은 대폭 향상되었습니다. 그러므로 오버클러킹 능력만으로 CPU를 평가하는 것은 올바르지 않습니다. 실습에서도 확인되듯이 하스웰 CPU의 내장 FIVR이 전성비는 뛰어나지만 높은 발열 문제 등 오버클럭에는 불리하게 작용하기 때문에 스카이레이크 CPU에서는 전압 레귤레이터를 원래대로 메인보드에서 관리하는 방식으로 바뀌었습니다.

- 현재의 LinX 안정화 테스트시의 발열 상태로 보아 더 이상의 오버 클럭 보다는 수동 오버클러킹을 통해 전압 다이어트를 수행해야 할 정도로 발열이 많은 상태입니다. 전압 다이어트를 수행하여 발열을 더 낮추는 수동 오버클러킹에 관해서는 11장에서 상세히 다룹니다.

Check Point 실사용을 위한 안정화 테스트

실사용을 위한 안정화 테스트는 LinX 경우 20회를 권장합니다. CPU는 과열되는 경우 쓰로틀(Throttle) 기능에 의해 자동으로 시스템 클럭을 떨어 뜨리고 저전력으로 작동시킵니다. 때문에 높은 오버클럭이라고 해서 높은 성능으로 바로 직결되는 것은 아닙니다. LinX 유틸리티는 시스템이 안정화 테스트를 감당하지 못하면 자동으로 테스트를 중단합니다.

만약에 안정화 테스트를 수행하여 검증하지 않고 오버클럭만 한 상태로 시스템을 사용하다 보면 시스템이 완전히 작동을 멈추는 치명적인 블루 스크린 오류가 발생할 수 있습니다.

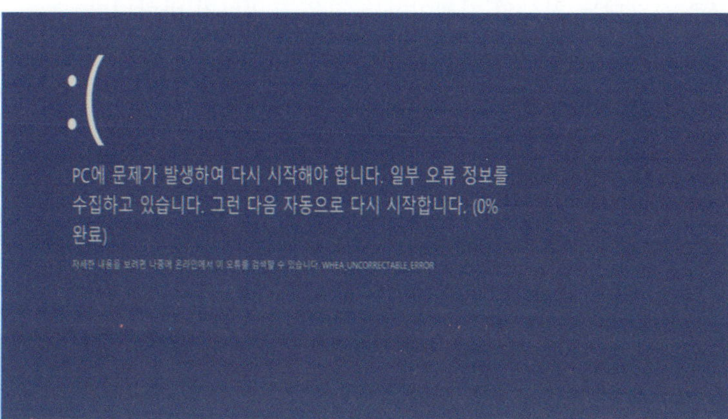

블루 스크린 오류가 뜨면 전원 단추나 리셋 단추를 누르는 것 외에 다른 방법이 없습니다. 중요한 작업 중에 블루 스크린 오류가 발생하면 작업하던 모든 내용을 복구할 수 없게 됩니다.

오버클러킹을 할 때는 반드시 안정화 테스트를 통해 시스템의 안정성을 충분히 검증한 다음에 실사용하기 바랍니다.

Chapter 09 — 레이드로 디스크 성능 배가하기

느린 보조기억 장치는 PC 작업 성능을 떨어뜨리는 가장 큰 원인이라 할 수 있습니다. 이 문제를 해결하고 초고속 디스크로 변신하는 기술이 바로 레이드 기술입니다. 동일한 종류의 동일한 용량의 둘 이상의 SSD나 하드디스크가 있다면 레이드로 묶어 디스크 성능을 배가할 수 있습니다. 이 장에서는 운영체제제용 SSD 레이드 구성과 데이터용 HDD 레이드를 구성 방법을 알아봅니다.

1 레이드의 이해

레이드 구축에 들어가기 전에 사전에 알아두어야 할 기본적인 레이드의 이해 및 레이드 하드디스크 인터페이스, 주요 레이드 구성 방식에 관해 알아보겠습니다.

레이드란?

레이드는 디스크 중복 배열 기술로, 원래는 기업용 데이터 관리 솔루션으로 활용되었습니다. 레이드는 금융기관 같은 막대한 양의 처리 정보의 고속 저장과 고속 백업을 필요로 하는 곳에서 이미 오래전부터 사용되어왔습니다. 금융기관에서 사용하는 레이드에는 주로 고가의 SCSI나 SAS 레이드와 광채널에 의한 원거리 고속 백업 기능이 사용됩니다.

레이드의 디스크 인터페이스

레이드 인터페이스는 SATA와 SAS로 구분됩니다. 인터페이스에 따라 단자와 연결 케이블도 다릅니다. 일반 PC에서 레이드를 구축할 때는 저렴한 SATA 인터페이스의 레이드 구성이 사용되며, 기업용 레이드에는 SAS가 많이 사용됩니다.

레이드를 사용하려면 레이드 지원 메인보드 칩셋을 사용해야 합니다. MCH/ICH 칩셋이 사용되던 때는 레이드를 지원하는 ICH 칩셋에 'R' 문자가 붙으며, 메인보드 칩셋이 단일 PCH 칩셋으로 바뀌면서부터는 인텔 칩셋의 이름 표기 방식이 달라졌습니다. PCH 칩셋에서 레이드를 지원하는 칩셋은 X나 Z로 시작되는 최상위 칩셋이라는 점을 유의하기 바랍니다.

레이드를 지원하는 메인보드를 사용할 경우에는 다른 부품은 필요 없으며, 동종동량의 2개 이상 디스크와 연결 케이블 정도만 준비하면 레이드를 손쉽게 구성할 수 있습니다.

PC 성능과 안정성을 향상시키는 레이드 구성

요즘에는 PC에서도 레이드 사용이 급격히 대중화되고 있는데, 그 이유는 레이드를 구성했을 때의 체감 성능이 오버클러킹 못지 않게 높기 때문입니다.

PC 성능의 발목을 잡는 병목 지점은 바로 느린 HDD라 할 수 있습니다. 느린 HDD를 보완하기 위해 등장한 SSD의 경우는 액세스 타임이 50배 이상 빠르고, 읽기/쓰기 속도도 훨씬 빠르지만 용량이 문제입니다.

- RAID : Redundant Array of Independent Disks
- SATA, PATA(IDE), SCSI, SAS 의 특징에 관해서는 137쪽의 내용을 참고하기 바랍니다.
- 인텔 칩셋의 세대별 특징에 관해서는 103쪽을 참고하기 바랍니다.

HDD나 SSD는 단독으로 사용하는 것보다 둘 이상을 묶어 직렬 방식의 스트라이프 레이드로 구성하면 동시에 읽기/쓰기 작업이 가능하므로 두 배 가까운 성능 향상 효과를 얻을 수 있으며, 실시간 백업이 가능한 미러 레이드를 구성하면 안정성을 향상시킬 수 있습니다. 미러 레이드의 경우는 다른 하드가 실시간 백업용 하드로 사용되게 됩니다.

레이드 구성 방식

레이드는 디스크를 어떤 방식으로 배열하느냐에 따라 구성 방식이 달라집니다. 레이드 구성 방식은 레이드 레벨로 표시되며, SATA 레이드 컨트롤러에 따라 지원하는 레이드 구성 방식과 사용 가능한 용량과 속도도 달라집니다.

레이드를 구성하는 방식에 따라 레이드 레벨은 0부터 6까지의 레벨과 0+1, 1+0, 5+1, 1+5, 5+0, 0+5와 같은 복합 구성 레이드 레벨로 구분됩니다. PC에 주로 사용되는 레이드 레벨에는 0, 1, 5, 10이 주로 활용되며, 그 특징은 다음과 같습니다.

레이드 레벨 0 스트라이프

최소 둘 이상의 디스크를 직렬로 묶어 단일 드라이브로 사용할 수 있습니다. 같은 디스크 드라이브상에서 복사 작업을 수행하면 단일 액세스암과 헤드로 읽기/쓰기 작업을 각각 수행해야 하므로 읽을 때는 쓰지 못하고, 쓸 때는 읽기 작업을 할 수 없으므로 그만큼 지연 시간이 발생할 수밖에 없습니다.

둘 이상의 하드디스크를 레이드 레벨 0 스트라이프로 묶어 사용하면, 디스크 직렬 연결 효과로 읽기/쓰기 작업을 각 하드디스크에 분담하여 동시에 읽기/쓰기가 가능해집니다. 레이드 레벨 0 스트라이프 구성은 빈번한 하드디스크 입출력이 발생하는 동영상이나 3D 애니메이션의 렌더링 작업, 고성능 게임 시스템에 유용합니다.

단, 레벨 0 스트라이프로 구성했을 때 한 개의 디스크라도 고장이 나면 레벨 0 스트라이프로 묶여 있는 드라이브 전체 데이터 손실을 야기하므로 유의해야 합니다. 물론 레이드가 저절로 풀리는 경우는 거의 없지만, 레이드로 구성한 디스크 중 하나라도 취급 부주의로 인한 물리적 손상이 발생하면 전체 스트라이프 레이드의 데이터 손실을 야기하므로 유의하기 바랍니다.

레이드 0 스트라이프 구성

▲ 두 개의 디스크를 레벨 0 스트라이프로 구성하면 속도는 두 배 가까이 향상됩니다.

▲ 네 개의 디스크를 레벨 0 스트라이프로 구성하면 속도는 네 배 가까이 향상됩니다.

레이드 레벨 1 미러

둘 이상의 디스크를 묶어 절반은 데이터 기록용으로 사용하고, 절반은 실시간 미러링을 통한 데이터 백업용으로 사용합니다. 실시간 미러링으로 데이터의 안정성이 대폭 향상되어 디스크 고장이 발생하더라도 실시간 복구를 지원합니다. 단, 실시간 미러링에 따른 디스크 속도 저하와 데이터 기록 공간이 절반으로 줄어드는 단점이 있습니다. 따라서 레이드 레벨 1 미러 구성은 자료의 안정성과 보안 등이 요구되는 소규모 서버의 레이드 구성에 유용하지만, PC용 레이드 구성에서 레이드 레벨 1 미러 방식을 사용하는 경우는 많지 않습니다.

레이드 레벨 1 미러 구성

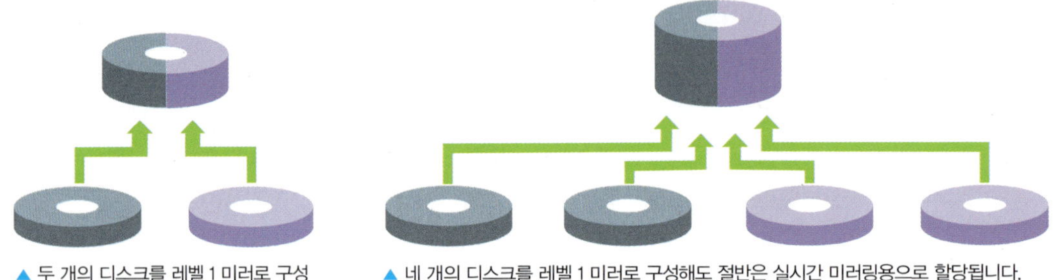

▲ 두 개의 디스크를 레벨 1 미러로 구성   ▲ 네 개의 디스크를 레벨 1 미러로 구성해도 절반은 실시간 미러링용으로 할당됩니다.

레이드 레벨 0+1 또는 1+0 미러

네 개 이상 짝수의 하드디스크를 레벨 0 스트라이프와 레벨 1 미러를 함께 쓰는 복합 레이드 구성입니다. 레이드 레벨 구성 순서에 따라 레이브 레벨 0+1과 레벨 1+0으로 구분됩니다. 실시간 미러링으로 데이터 기록 공간이 절반으로 줄어들지만, 스트라이프 덕분에 작업 속도는 보완됩니다.

❶ **레이드 레벨 0+1 구성** : ABCD 네 개의 하드디스크라면 각각 두 개씩(A–B|C–D) 레벨 0 스트라이프를 구성하고, 첫 번째 스트라이프(A–B)는 데이터 기록용, 두 번째 스트라이프 (C–D)는 실시간 백업용으로 사용됩니다.

❷ **레이드 레벨 1+0 구성** : ABCD 네 개의 디스크라면 먼저 (A|B)와 (C|D)를 레벨 1 미러로 구성하고, 그 다음에 스트라이프로 구성(A|B–C|D)하는 방식으로, 레벨 0+1과 효율은 차이가 없습니다. 레벨 1+0 구성은 간단히 **레벨 10**으로 부릅니다. 스트라이프 구성 후에 미러를 구성하는 **레벨 0+1**은 하나의 디스크만 고장 나도 전체 스트라이프의 복구가 필요한 반면, **레벨 1+0**은 문제가 생긴 디스크만 개별 미러 구성에서 교체하고 복구할 수 있습니다. PC용 메인보드의 최상위 칩셋은 레벨 10은 지원하지만, 레벨 0+1은 지원하지 않습니다.

레이드 레벨 0+1 구성(왼쪽)과
레이드 레벨 1+0 구성(오른쪽)

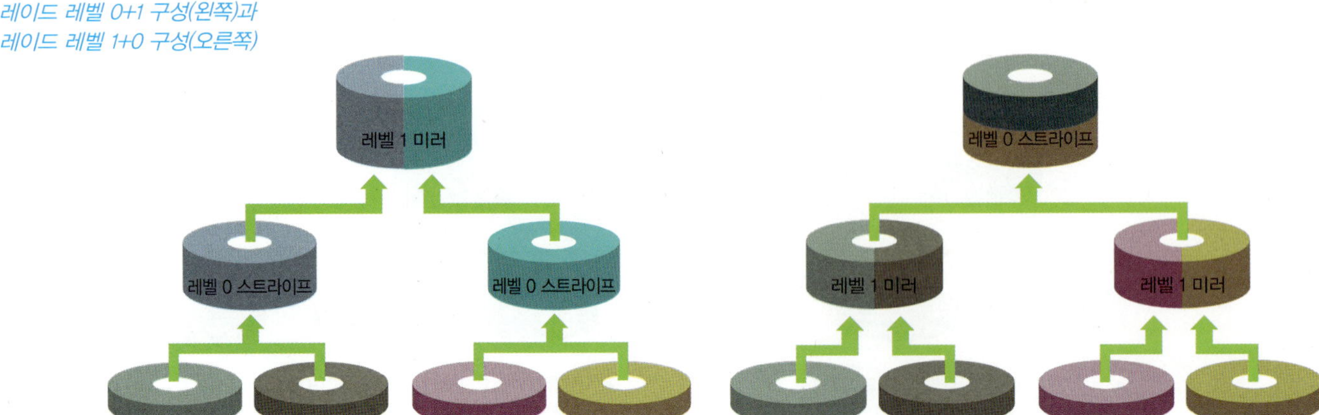

레이드 레벨 5

셋 이상의 디스크를 레이드로 묶을 때 하나의 하드디스크는 오류 복구 정보(ECC, Error Correcting Code)를 기록하는 용도로 사용하고, 나머지 드라이브는 고속으로 동작하는 스트라이프로 구성하여 데이터 기록에 사용합니다. 성능과 안정성, 가격대 효율을 모두 만족하는 구성으로 데이터에 문제가 생겼을 때 복구용 하드의 오류 복구 정보를 실시간으로 활용하므로 안정성도 뛰어납니다.

레이드 레벨 5 스트라이프 ECC 구성

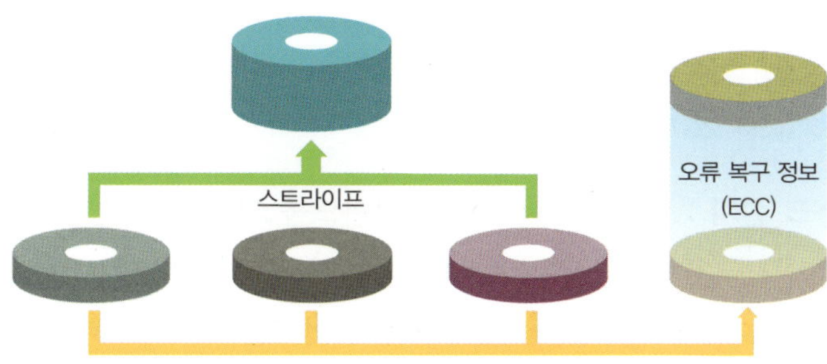

JBOD

JBOD(Just a Bunch of Disks)는 디스크를 묶어 사용하는 점에서는 레이드와 비슷하지만, 스트라이프나 미러 기능은 지원되지 않고 단순히 용량만 묶어 사용합니다.

그렇기 때문에 성능 향상 없이 용량과 크기가 다른 이종의 디스크를 묶어 하나의 드라이브 볼륨으로 사용할 수 있습니다.

레이드도 대중화되면서 5Gbps급 고속 대역폭에 간편한 연결성을 제공하는 USB 3.0 인터페이스를 활용하는 외장형 레이드나 JBOD 기능을 지원하는 외장형 하드케이스 제품도 있습니다. eSATA 방식의 레이드 지원 외장 케이스나 스토리지 제품도 있지만, 요즘은 기본 대역폭이 SATA 2(3Gbps)인 eSATA의 인기는 한풀 꺾인 양상입니다. 최근 10Gbps급 초고속 대역폭의 USB 3.1 인터페이스가 등장한 만큼 이를 활용하는 제품도 속속 나올 것으로 보입니다.

레이드 0, 1과 JBOD 지원 USB 3.0 외장형 하드 케이스

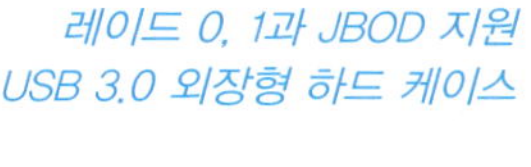

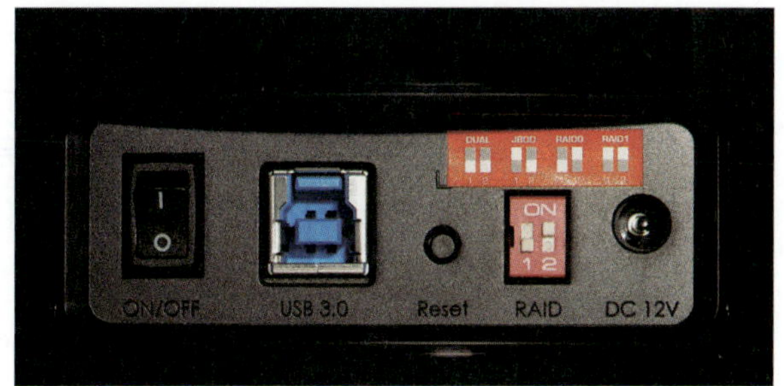

▲ 잘만 ZM-MH200 HUB는 3.5인치나 2.5인치 하드디스크를 연결하여 PC와 USB 3.0으로 연결하여 사용할 수 있게 해주는 일종의 하드디스크 도킹 스테이션으로, 후면에는 USB 3.0 연결 단자와 손쉽게 RAID 0, 1과 JBOD 설정을 할 수 있는 점퍼가 제공됩니다.

2 레이드의 사용 절차와 유의할 점

디스크를 단독으로 사용하는 경우에는 디스크를 연결한 후에 파티션을 구성하고, 포맷하면 바로 사용이 가능하지만 레이드의 구성과 운용을 위해서는 몇 가지 작업이 더 필요합니다.

레이드 사용 절차

레이드를 사용하려면 다음과 같은 레이드용 디스크 설치, 바이오스 셋업을 통한 레이드 구성, 운영체제 설치 시 레이드 드라이버 사용, 운영체제 설치 후 레이드 관리 유틸리티 설치 절차를 거쳐야 최적으로 사용할 수 있습니다.

❶ **레이드용 디스크 설치** : 메인보드 칩셋에서 레이드를 지원하는 경우는 SATA 레이드로 보면 됩니다. 레이드를 구성하기 위해 동종동량의 디스크를 필요한 수량만큼 준비하여 설치합니다. 원하는 레이드 레벨로 구성하기 위해 레이드를 사용할 SATA 컨트롤러가 관리하는 단자에 연결합니다. PCH 칩셋이 관리하는 SATA 단자에 레이드를 구성할 경우에는 레이드 0/1/5/10이 모두 지원됩니다. 반면 써드파티 컨트롤러가 지원하는 추가 SATA 단자는 2개 정도이며, 레이드 0/1만 가능합니다.

❷ **바이오스 레벨의 레이드 구성** : 사용자가 레이드용으로 디스크를 연결했다고 해서 바로 일반 디스크처럼 바로 사용할 수 있는 것은 아닙니다. 레이드의 경우에는 SATA 컨트롤 모드를 RAID 모드로 설정하고, 바이오스 레벨의 레이드 유틸리티를 사용하여 레이드를 구성해야 합니다. 바이오스 레벨의 레이드 구성 유틸리티는 시동 단계에서 독립적으로 실행하는 방식과 바이오스 셋업 프로그램에서 실행하는 방식이 있습니다. 바이오스 레벨의 레이드 구성 작업은 별로 어렵지 않습니다. 바이오스 레벨의 레이드 구성이 끝나면 비로소 레이드 볼륨이 인식됩니다.

❸ **운영체제 설치 시 레이드 드라이버 설치** : 운영체제를 설치할 때는 운영체제 설치 시에 레이드 드라이버를 로드하여 레이드를 인식할 수 있도록 한다는 점만 유의하면 됩니다. 과거 윈도우 XP 설치 시에는 레이드 드라이버를 설치할 수 있는 FDD가 필요했지만, 윈도우 비스타 이후부터는 USB 저장 장치에 레이드 드라이버를 저장하여 설치에 이용할 수 있습니다.
윈도우 7/8.1/10의 경우 PCH 칩셋이 컨트롤하는 SATA 레이드 컨트롤러용 레이드 드라이버는 기본으로 지원합니다. 레이드 드라이버가 구동된 다음부터는 레이드 드라이브에서의 파티션 구성과 포맷 작업은 개별 디스크 작업과 차이가 없습니다.

❹ **운영체제 설치 후 레이드 관리 유틸리티 설치** : 운영체제 설치 후에 메인보드 번들 CD로 드라이버와 유틸리티를 설치할 때 보통 레이드 관리 유틸리티도 함께 설치됩니다. 레이드 관리 유틸리티는 백그라운드에서 기능하기 때문에 직접 사용할 일은 별로 없습니다. 단, 인텔 메인보드 칩셋을 사용하는 경우에는 인텔의 레이드 관리 유틸리티의 다시 쓰기 캐시 옵션을 확인하고 활성화하면 레이드 성능을 최대한 발휘할 수 있다는 점을 유의하기 바랍니다. 써드파티 SATA 레이드 컨트롤러도 해당 컨트롤러에 연결된 레이드 드라이브를 관리할 수 있는 유틸리티를 제공합니다.

- 바이오스 레벨의 레이드 구성을 하면 레이드가 풀리는 일은 거의 없습니다.
- 레이드로 묶인 디스크에 대한 개별 디스크 교체 작업시에는 레이드 관리 유틸리티에서 데이터 손실 없이 교체하는 방법을 안내해주므로, 제시하는 절차에 따라 교체하기 바랍니다. 단, 직렬 연결 방식인 RAID 0으로 묶인 디스크는 손실 없는 교체가 어려우므로 백업 후에 교체하기 바랍니다.

❺ **데이터용 레이드의 드라이버 설치와 파티션 설정 및 포맷** : 작업을 위한 데이터용 레이드를 구성할 경우에는 바이오스 레벨의 레이드 구성을 마친 다음 운영체제 시동 후에 해당 레이드 드라이버를 설치하면 됩니다. 윈도우 비스타 이상의 운영체제에서는 대부분 레이드를 자동으로 인식하고 레이드 드라이버를 설치합니다. 레이드 드라이버 설치 후부터는 개별 디스크와 마찬가지로 디스크 관리 창에서 파티션을 구성하고 포맷하면 됩니다.

레이드 사용 시 유의할 점

레이드를 사용하려는 경우, 레이드용 디스크만 준비하고 연결하면 끝나는 문제는 아니므로 다음 몇 가지 사항을 꼭 점검하고 필요한 준비를 하기 바랍니다.

❶ **레이드용 디스크** : 레이드용 디스크는 같은 제조사의 디스크를 사용하길 권합니다. 다음 실습에서 사용할 SSD도 Toshiba Q Series Pro SSD (128GB) 제품 2개를 준비하였습니다. 만약, 크기가 다른 경우에는 가장 작은 크기를 기준으로 합산된 용량만 사용할 수 있게 되므로 유의하기 바랍니다.

제품 사진	제품 명	특징
	SSD Toshiba Q Series Pro SSD(128GB)	단일 사용 시에도 최대 읽기 속도 554MB/S, 최대 쓰기 속도 512MB/S라는 뛰어난 성능을 제공하는 SSD입니다. 레이드 설치 실습에서 인텔 Z87X 칩셋이 관리하는 SATA 단자에 연결하여 운영체제용 레이드를 구성할 예정입니다.

❷ **충분하고 안정된 전원 공급** : SSD와 달리 HDD는 컴퓨터 부품 중 전원을 많이 소모하는 부품에 속하므로, 레이드로 여러 개의 하드를 묶어 사용하는 경우에는 충분하고 안정된 전원 공급이 필수적으로 요구됩니다. 특히 하드디스크 고장의 주범인 베드 섹터는 전력 부족 시 발생 가능성이 높으므로 충분한 용량의 파워서플라이 사용을 권합니다.

❸ **시스템 냉각** : SSD 레이드와 달리 HDD 레이드가 작동할 때는 동시에 작동하므로 비교적 많은 열이 발생합니다. 따라서 여러 개의 HDD 레이드를 사용하는 경우에는 충분한 시스템 쿨링이 필요합니다. 스핀들 모터 방식의 하드디스크는 구조적으로 열이 많이 발생하므로 적절한 쿨링이나 통풍이 필요합니다. 요즘 케이스 제품들은 하드디스크 쿨링을 위한 설계가 기본적으로 적용되고 있습니다.

❹ **레이드의 용도** : 레이드를 구성한 이후부터는 단일 디스크처럼 사용할 수 있습니다. 그러므로 일반 HDD나 SSD 드라이브와 마찬가지로 운영체제를 설치할 수 있는 것입니다. 단, 레이드 구성 전에 운영체제용으로 사용할 것인지, 데이터 작업용으로 사용할 것인지 미리 계획하고 사용하길 권합니다. SSD 레이드와 HDD 레이드를 모두 사용할 경우에는 SSD 레이드를 운영체제용 드라이브로 설정하면 됩니다. 동영상이나 3D 렌더링 작업이 많을 때는 내장형 HDD 레이드를 함께 구성하면 더욱 좋습니다.

● 최근 나온 32Gbps 대역폭을 지원하는 M.2용 SSD를 사용하는 경우, 일반 SSD 레이드를 작업용 레이드로 활용하면 HDD 레이드보다 월등한 성능을 발휘할 수 있습니다.

Exercise

1 SSD 레이드로 구성하기

인텔 메인보드 칩셋이 컨트롤하는 SATA 단자에 2개의 SSD 레이드를 구성해보겠습니다. HDD 레이드도 같은 방식으로 구성할 수 있습니다. 레이드를 구성할 때 같은 종류, 같은 크기의 드라이브를 사용하며, 레이드 구성 유틸리티를 사용하여 레이드 구성 설정을 해주는 프로세스만 이해하면 레이드를 어렵지 않게 활용할 수 있습니다.

이 실습에 필요한 내용	실습 키 포인트
동종동량의 SSD 2개, SATA 케이블 실습 제품 : GIGABYTE Z87X–UD3H 메인보드 Toshiba Q Series Pro 128GB 2개	2개의 동종동량의 디스크를 사용한 레이드 0 설치

레이드 운용 방안 계획하기

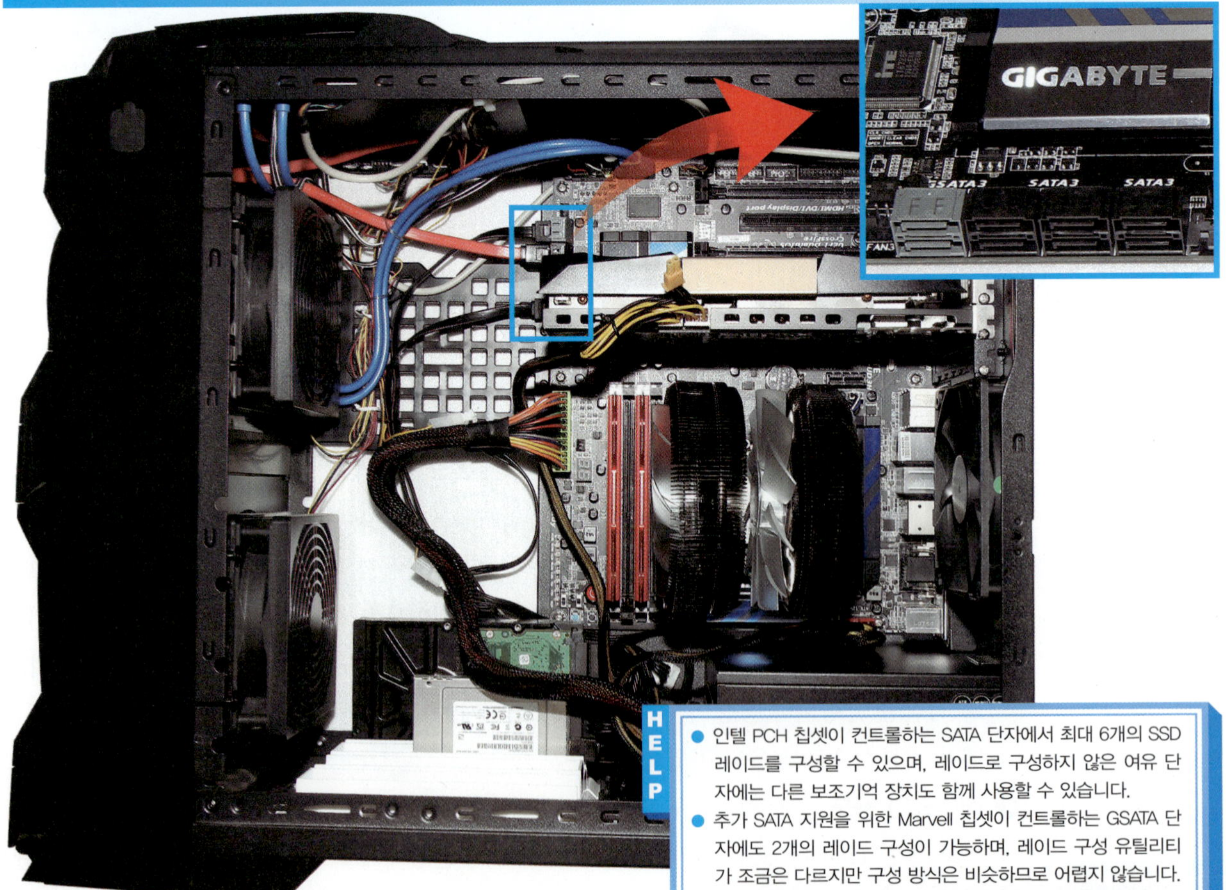

HELP

● 인텔 PCH 칩셋이 컨트롤하는 SATA 단자에서 최대 6개의 SSD 레이드를 구성할 수 있으며, 레이드로 구성하지 않은 여유 단자에는 다른 보조기억 장치도 함께 사용할 수 있습니다.

● 추가 SATA 지원을 위한 Marvell 칩셋이 컨트롤하는 GSATA 단자에도 2개의 레이드 구성이 가능하며, 레이드 구성 유틸리티가 조금은 다르지만 구성 방식은 비슷하므로 어렵지 않습니다.

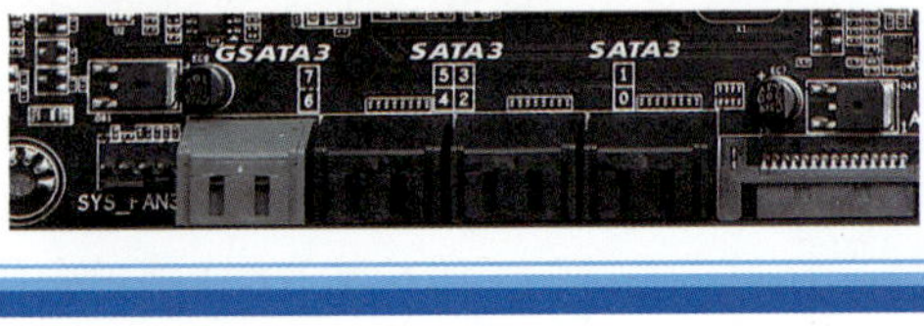

1 레이드 운용 계획을 세웁니다. 이 실습에서는 인텔 PCH 칩셋이 관리하는 6개의 SATA 단자 중 SATA 0, 1 두 단자에 기존 SSD는 제거하고, 동종동량의 두 개 SSD로 RAID를 구성할 예정입니다.

레이드용 SSD 설치하기

1 현재 연결되어 있는 보조기억 장치는 PCH 칩셋의 SATA 0 단자에 연결되어 있는 SSD와 마블 칩셋이 관리하는 GSATA 단자에 연결된 HDD가 있습니다.

2 기존 SSD를 제거하기 위해 SATA 전원 케이블과 SATA 커넥터를 모두 빼냅니다.

3 기존 SSD가 장착된 드라이브 트레이의 고정 나사를 풉니다.

4 기존 SSD가 장착된 드라이브 트레이를 안쪽으로 밀면서 들어올려 꺼냅니다. SSD는 다른 용도로 사용하기 위해 빼둡니다.

5 두 번째 드라이브 트레이의 고정 나사를 풉니다. 드라이브 트레이에 두 개의 2.5인치 드라이브를 설치할 수 있으므로, 이 위치에 SSD 레이드를 설치할 예정입니다.

6 현재 두 개의 드라이브 트레이를 뺀 상태입니다. 보조기억 장치 드라이브를 장착할 수 있는 베이나 트레이는 케이스에 따라 차이가 있으므로 그 특성에 맞춰 SSD나 HDD를 탈부착하기 바랍니다.

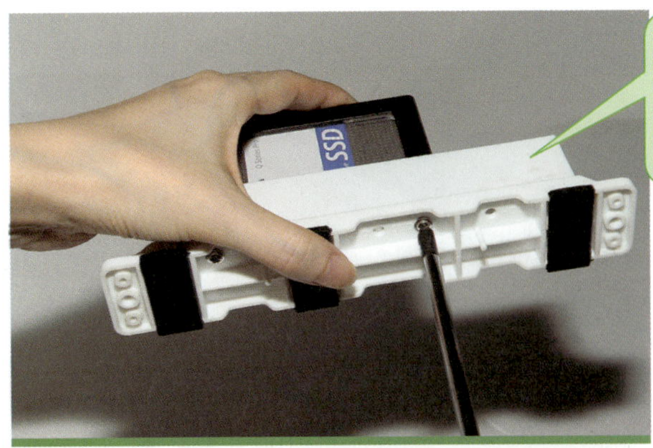

7 드라이브 트레이에 SSD를 장착합니다. 실습에 사용한 SSD는 7mm 두께로 제품에 포함된 검정색 플라스틱 스페이서를 사용하면 쉽게 구멍을 맞출 수 있습니다.

8 드라이브 트레이에 두 개의 SSD 장착이 완료되었습니다.

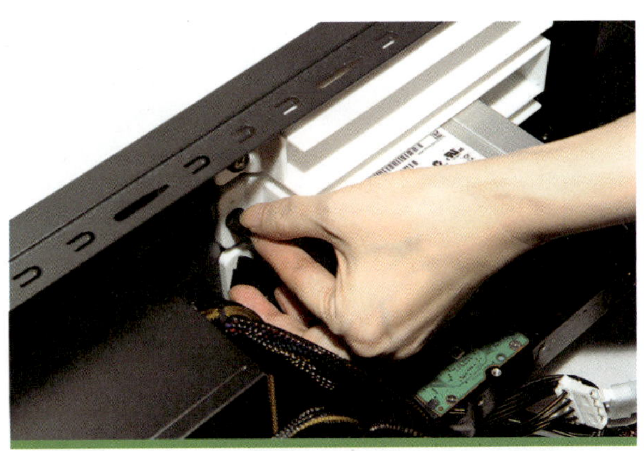

9 빈 드라이브 트레이를 먼저 장착한 후, SSD 두 개를 장착한 드라이브 트레이를 장착합니다.

10 드라이브 트레이 장착이 완료된 모습입니다. 안쪽에 SATA 단자가 있고, 바깥쪽에 SATA 전원 단자가 있습니다.

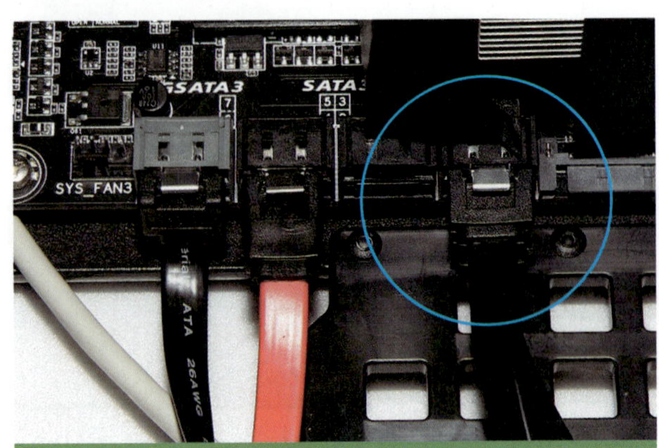

11 이제 새로 추가한 SSD를 메인보드의 PCH 칩셋이 관리하는 SATA 1 단자로 연결할 SATA 케이블을 준비합니다.

12 SATA 커넥터를 PCH 칩셋이 관리하는 SATA 1 단자로 연결하였습니다.

13 이제 SATA 케이블을 두 개의 SDD에 각각 연결합니다. 아래쪽 SSD는 SATA 0 단자에, 윗쪽 SSD는 SATA 1 단자와 연결하였습니다.

14 이제 파워서플라이의 SATA 전원 커넥터를 두 개의 SDD에 각각 연결합니다.

15 SSD 레이드 구성을 위한 연결이 완료되었습니다.

● 앞의 실습 13 단계에서 SATA 단자 번호와 매칭되는 디스크를 식별할 수 있도록 표시해서 나중에 메인보드 교체 같은 작업이 있을 때 레이드 디스크 연결 순서로 인한 혼란을 겪지 않도록 대비하기 바랍니다. 단, 직렬 RAID 0으로 구성한 경우에는 SATA 단자 위치가 바뀌어도 인식에 지장은 없으며, 운영체제용 디스크로 사용한 경우에도 부트 드라이브 우선 순위만 해당 레이드 드라이브로 설정되어 있다면 이상 없이 시동됩니다.

● SSD와 HDD 레이드 설치를 마친 다음에는 바이오스 셋업 프로그램에서 해당 SATA 레이드 컨트롤러를 활성화하고, 레이드 유틸리티로 레이드를 구성해야 합니다. 레이드 구성 전까지는 개별 드라이브로 인식하게 되는 점을 유의하기 바랍니다. 이에 대해서는 다음 실습에서 다룹니다.

Exercise

2 바이오스 셋업에서 레이드 설정하기

이제 앞에서 설치한 레이드 중 인텔 Z87X 칩셋이 컨트롤하는 SATA 단자에 연결한 두 개의 SSD를 레이드로 구성해보겠습니다. 인텔 Z87X 칩셋은 6개의 SATA 단자를 컨트롤할 수 있으며, 동일한 SSD나 하드디스크를 사용할 경우 손쉽게 레이드로 구성할 수 있으며, 여유 단자는 ODD나 다른 보조기억 장치와 함께 사용할 수 있습니다.

이 실습에 필요한 내용	실습 키 포인트
바이오스 셋업 프로그램 바이오스에서 지원하는 레이드 구성 유틸리티	인텔 메인보드 칩셋의 SATA 레이드 컨트롤러의 활성화 및 레이드 구성하기

바이오스 셋업에서 SATA 레이드 컨트롤러 활성화하기

HELP

- SSD 레이드를 구성해도 AHCI 바이오스는 기본 작동되므로 나머지 SATA 단자에 ODD나 케이스 전면 SATA 단자로 활용할 수 있으며, 나머지 여분의 단자도 다른 SATA 보조기억 장치 연결에 사용할 수 있습니다.
- 이 실습에서는 앞에서 설치한 SSD 레이드를 RAID 0 스트라이프로 구성해보겠습니다. 스트라이프 구성을 위해서는 반드시 둘 이상의 동종동량의 디스크를 사용해야 하며, 스트라이프로 구성하면 디스크 수에 비례하여 성능이 향상됩니다.
- 레이드 구성 방식은 먼저 바이오스 셋업에서 SATA 레이드 컨트롤러를 활성화한 다음에 메인보드 바이오스에서 제공하는 레이드 구성 유틸리티를 호출하여 원하는 레이드 레벨로 구성하는 절차로 진행됩니다.

1 레이드로 구성할 SSD를 확인합니다. 여기서는 인텔의 Z87X 칩셋이 관리하는 SATA 단자에 연결한 두 개의 SSD를 레이드로 구성할 예정입니다.

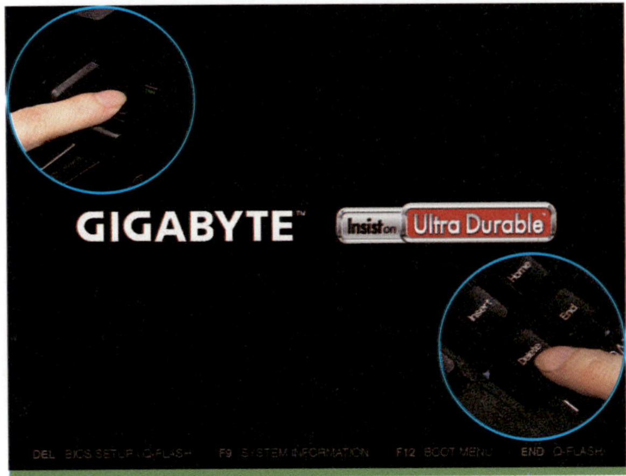

2 레이드 구성을 위해 PC 전원을 켠 다음 Delete 키를 눌러 바이오스 셋업 프로그램을 호출합니다.

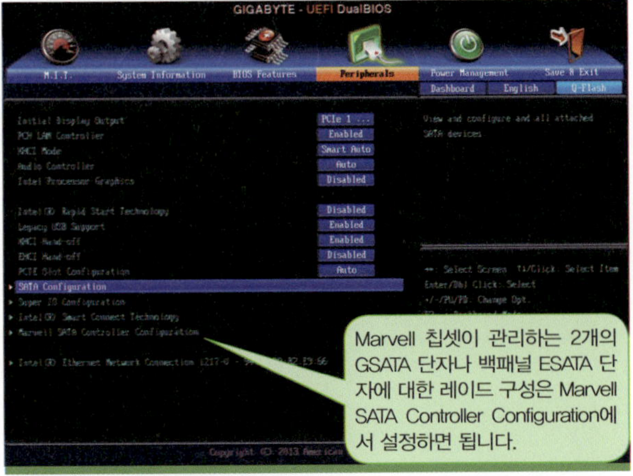

3 바이오스 셋업 프로그램에서 Peripherals 메뉴를 선택한 다음 SATA Configuration을 선택하고 Enter 키를 누릅니다.

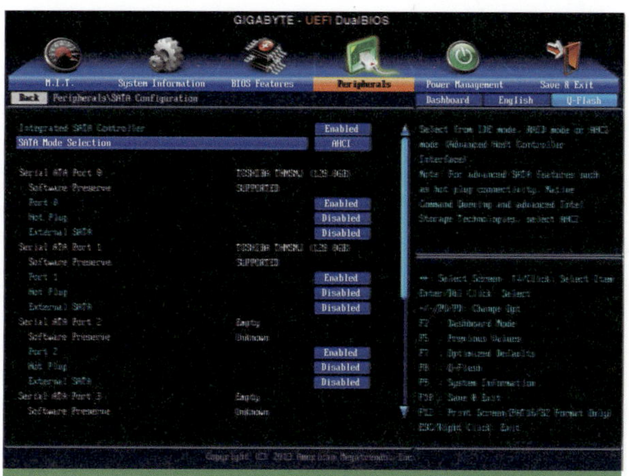

4 SATA Configuration 페이지가 열리면 SATA Mode Selection을 선택합니다. 현재의 SATA 모드는 기본값인 AHCI입니다.

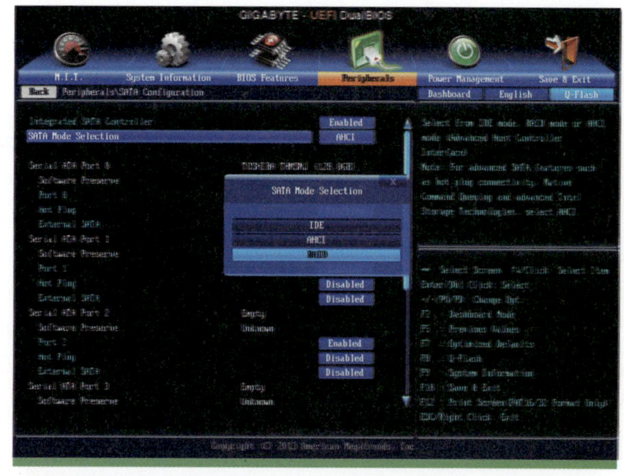

5 SATA Mode Selection 선택 상태에서 Enter 키를 눌러 대화상자를 나타낸 다음 RAID를 선택하고 다시 Enter 키를 눌러 적용합니다.

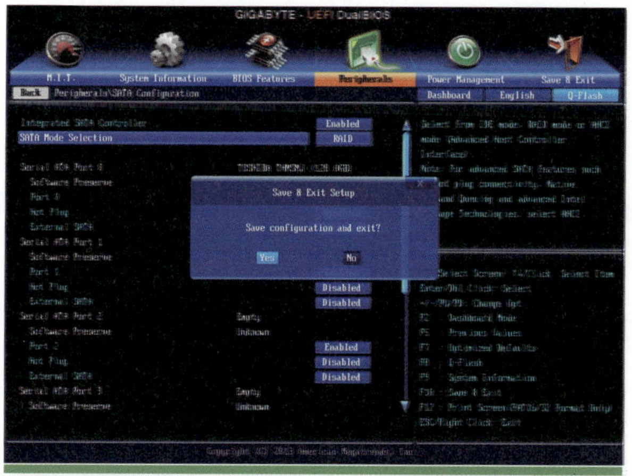

6 SATA 레이드 컨트롤러가 활성화되었으면 F10 키를 누르고 Save & EXIT Setup 대화상자가 나오면 'Yes' 상태에서 Enter 키를 누릅니다.

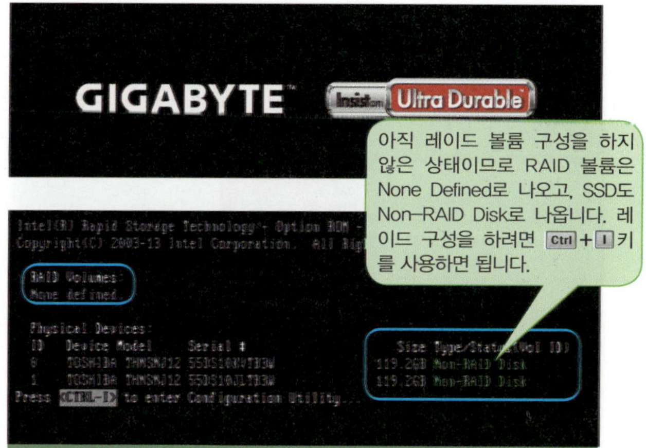

7 변경된 바이오스 셋업 설정을 반영하여 시스템이 시동되면 화면의 안내대로 레이드 구성 유틸리티로 진입하는 단축키 Ctrl + I 키를 누릅니다.

바이오스의 레이드 구성 유틸리티로 레이드 구성하기

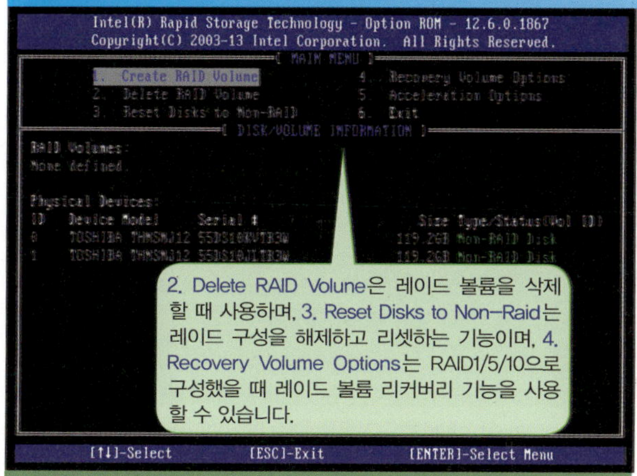

1 메뉴 화면이 나오면 새 레이드 구성을 위해 1. Create RAID Volume 선택 상태에서 Enter 키를 누릅니다.

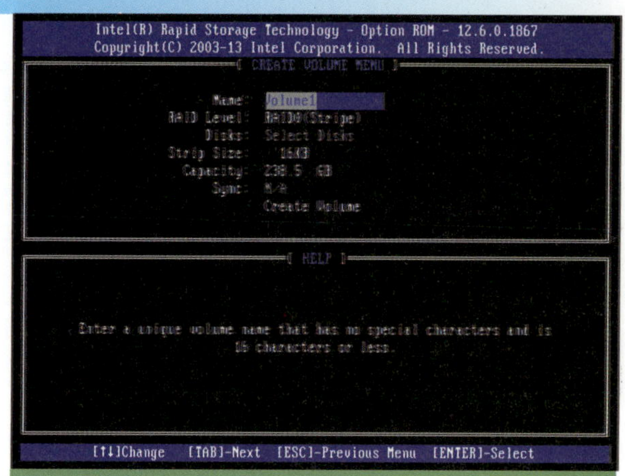

2 레이드 볼륨의 이름을 설정할 수 있는 Create RAID Volume Menu 화면이 나옵니다.

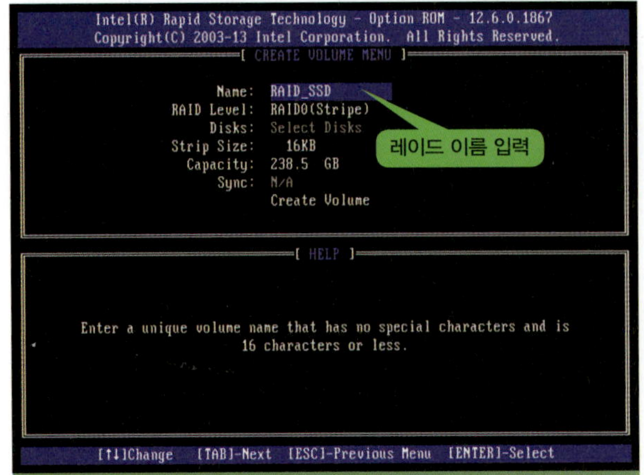

3 Name 항목에 원하는 레이드의 이름을 설정한 후 Enter 키를 누릅니다. 여기서는 RAID_SSD라는 이름으로 설정하였습니다.

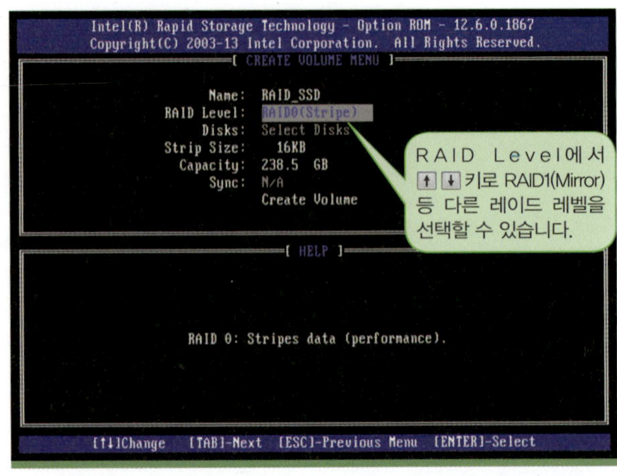

4 다음 단계의 RAID Level 항목이 활성화되면 스트라이프 구성을 사용할 예정이므로 RAID0(Stripe) 선택 상태에서 Enter 키를 누릅니다.

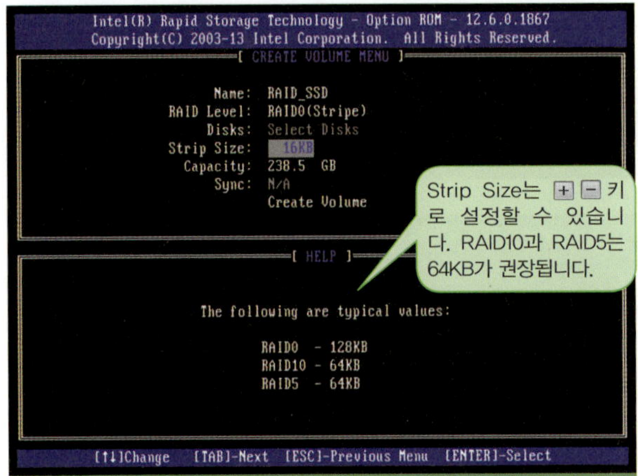

5 이제 Strip Size 항목이 활성화되고 밑에 RAID0의 전형적인 크기는 128KB라는 메시지가 나옵니다.

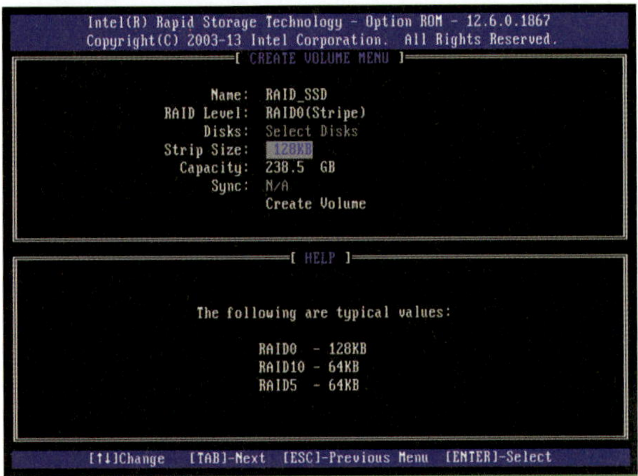

6 이 실습에서는 RAID0으로 구성할 예정이므로 128KB로 설정하고 Enter 키를 누릅니다.

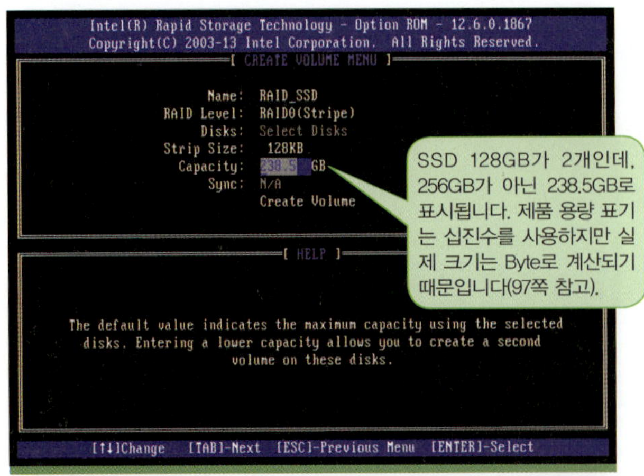

7 이어서 용량을 설정할 수 있는 Capacity 항목이 활성화됩니다. 현재 연결된 SSD 레이드의 전체 크기가 자동으로 설정되므로 전체 용량을 레이드로 사용하기 위해 그대로 Enter 키를 누릅니다.

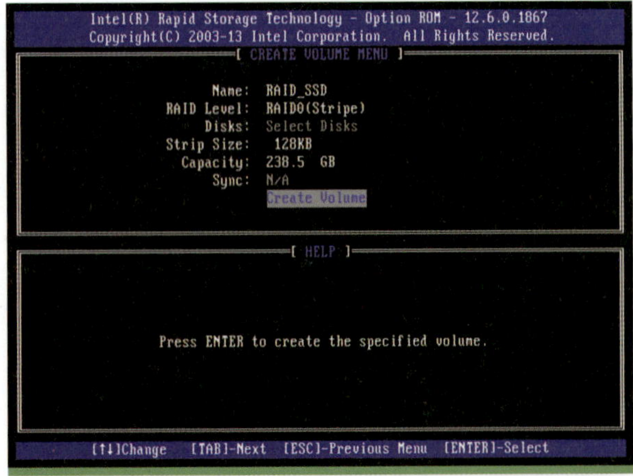

8 이제 앞의 레이드 구성 설정대로 레이드 볼륨을 만들 수 있는 Create Volume 항목이 선택된 상태에서 Enter 키를 누릅니다.

9 레이드 볼륨을 만들면 디스크의 데이터는 지워진
다는 경고와 함께 볼륨 생성 여부를 묻는 대화상자
가 나오면 Y 키를 누릅니다.

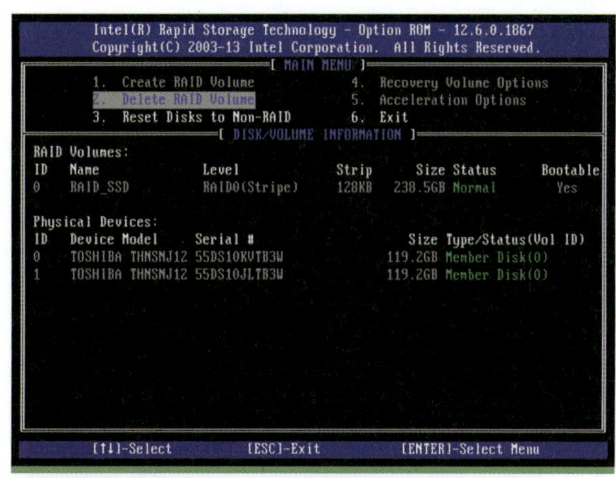

10 곧바로 레이드 볼륨이 구성되고 RAID Volume 아
래로 앞에서 설정한 대로 구성된 것을 볼 수 있습
니다.

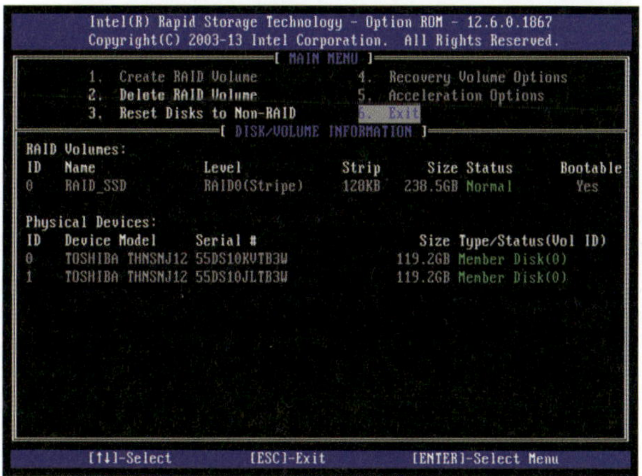

11 모든 설정이 이상 없으면 6. Exit를 선택한 후
Enter 키를 누릅니다.

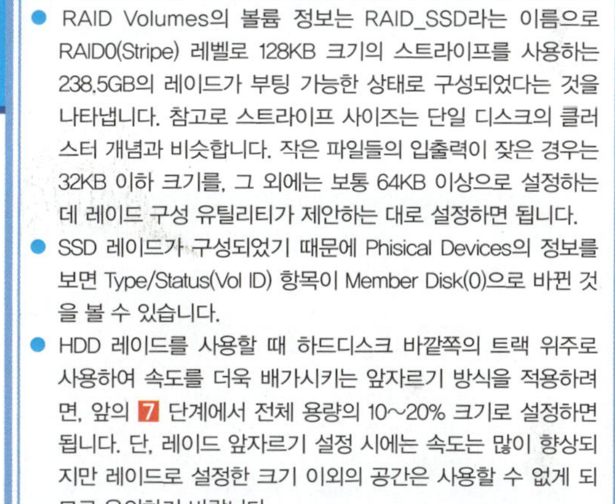

HELP

● RAID Volumes의 볼륨 정보는 RAID_SSD라는 이름으로
RAID0(Stripe) 레벨로 128KB 크기의 스트라이프를 사용하는
238.5GB의 레이드가 부팅 가능한 상태로 구성되었다는 것을
나타냅니다. 참고로 스트라이프 사이즈는 단일 디스크의 클러
스터 개념과 비슷합니다. 작은 파일들의 입출력이 잦은 경우는
32KB 이하 크기를, 그 외에는 보통 64KB 이상으로 설정하는
데 레이드 구성 유틸리티가 제안하는 대로 설정하면 됩니다.

● SSD 레이드가 구성되었기 때문에 Phisical Devices의 정보를
보면 Type/Status(Vol ID) 항목이 Member Disk(0)으로 바뀐 것
을 볼 수 있습니다.

● HDD 레이드를 사용할 때 하드디스크 바깥쪽의 트랙 위주로
사용하여 속도를 더욱 배가시키는 앞자르기 방식을 적용하려
면, 앞의 7 단계에서 전체 용량의 10~20% 크기로 설정하면
됩니다. 단, 레이드 앞자르기 설정 시에는 속도는 많이 향상되
지만 레이드로 설정한 크기 이외의 공간은 사용할 수 없게 되
므로 유의하기 바랍니다.

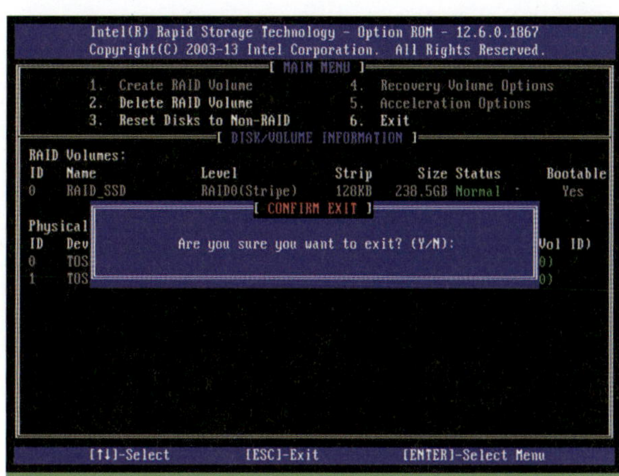

12 종료할 지 묻는 대화상자가 나오면 Y 키를 눌러
종료합니다. 그러면 나머지 PC의 시동 절차가 이
어서 진행됩니다. 이것으로 레이드 구성 작업은 모
두 완료되었습니다.

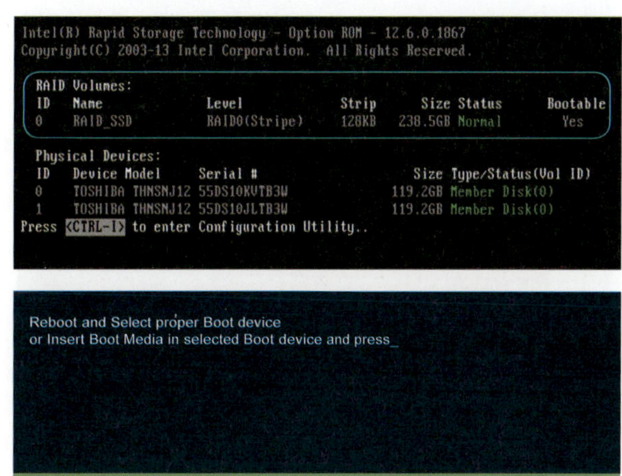

13 다시 시동된 후 레이드 구성 안내 화면이 나오는
데, 238.5GB의 RAID_SSD 볼륨이 만들어진 것을
볼 수 있습니다. 새 레이드에는 아직 운영체제 설
치전이므로 시동은 되지 않습니다.

Check Point 써드파티 SATA 레이드 컨트롤러의 레이드 구성

써드파티 SATA 컨트롤러도 바이오스 레벨의 레이드 구성 유틸리티 화면은 차이가 있지만, 레이드 구성 방식은 비슷하며, 메인보드 설명서에 해당 컨트롤러의 레이드 구성 방법도 설명되어 있으므로 어렵지 않게 구성할 수 있습니다. 여기서는 앞의 실습에서 사용한 GIGABYTE Z87X-UD3H 메인보드의 써드파티 SATA 컨트롤러인 Marvell 칩셋이 관리하는 GSATA 단자에 HDD 2개를 연결하여 레이드를 구성하는 방법을 핵심만 알아봅니다.

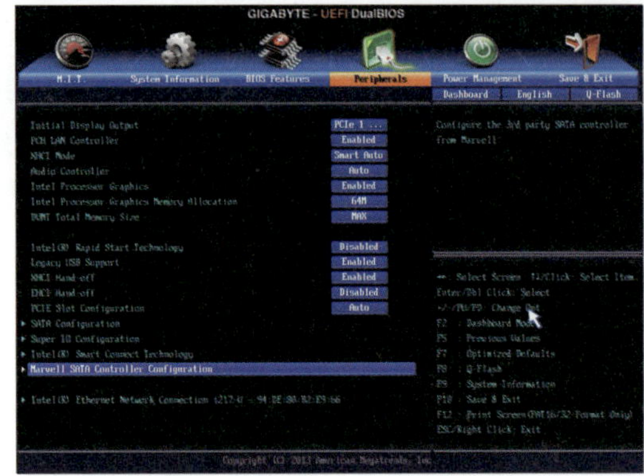

❶ Marvell 칩셋이 관리하는 2개의 GSATA에 HDD를 연결한 후 바이오스 셋업 프로그램에서 Marvell SATA Controller Configuration 을 선택하고 [Enter] 키를 누릅니다.

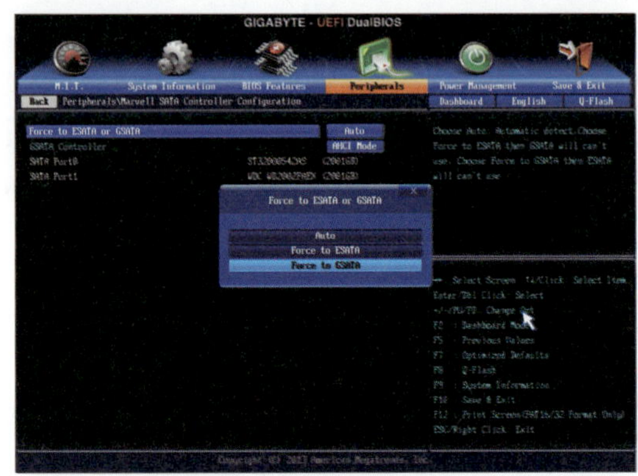

❷ 메인보드의 GSATA 단자에 HDD를 연결하였으면 Force to ESATA or GSATA를 선택하고 [Enter] 키를 누른 다음 Force to GSATA를 선택하고 [Enter] 키를 누릅니다.

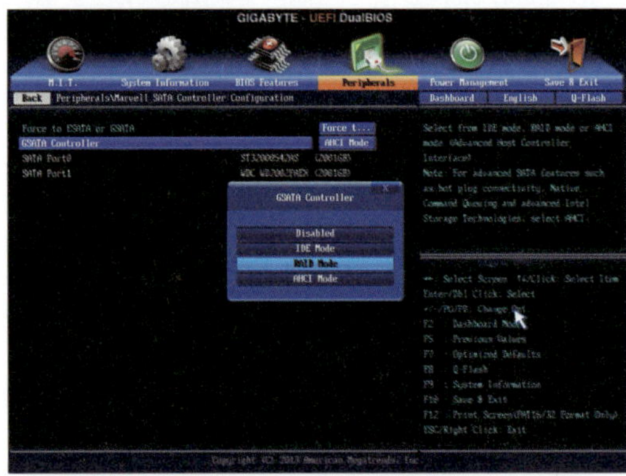

❸ 이제 GSATA Controler를 선택하고 [Enter] 키를 누른 다음 RAID Mode를 선택하고 [Enter] 키를 누릅니다.

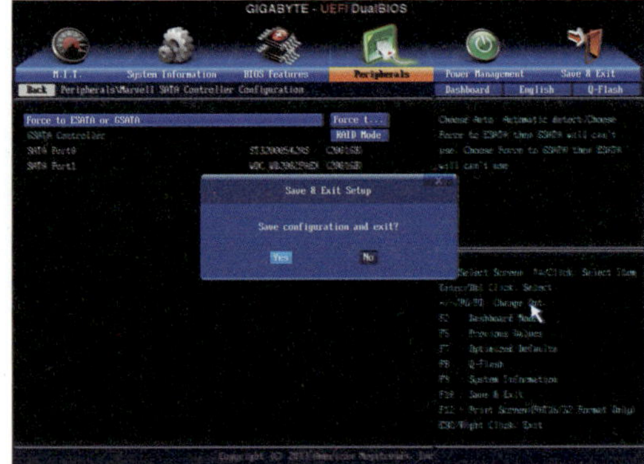

❹ SATA 레이드 컨트롤러가 활성화되었으면 [F10] 키를 누르고 Save & EXIT Setup 대화상자가 나오면 'Yes' 상태에서 [Enter] 키를 누릅니다.

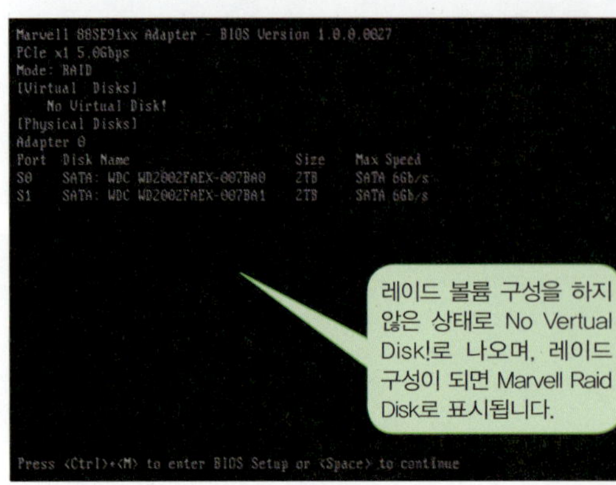

❺ 변경된 바이오스 셋업 설정을 반영하여 시스템이 시동되면 화면의 안내대로 레이드 구성 유틸리티로 진입하는 단축키 [Ctrl]+[M] 키를 누릅니다.

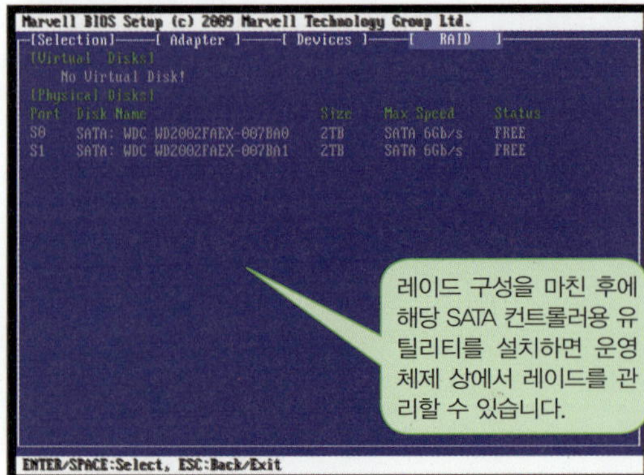

❻ Marvell BIOS Setup 화면으로 진입하였으면 메인보드 설명서를 참고하여 레이드 이름, 레이드 레벨, 스트라이프 크기 등을 차례대로 구성하면 됩니다.

3 레이드에 운영체제 설치하기

레이드 드라이버는 레이드를 인식하고 구동할 수 있게 해주는 드라이버입니다. 레이드에 운영체제를 설치할 때 SATA 레이드 컨트롤러에 맞춰 레이드 드라이버가 작동해야 운영체제가 레이드를 인식하고 설치 작업을 진행할 수 있습니다.

레이드 드라이버 유의 사항

다음 사항들에 유의하면 레이드에 운영체제를 설치할 때 시행 착오를 겪지 않고 손쉽게 설치할 수 있습니다.

❶ **SATA 레이드 컨트롤러와 레이드 드라이버** : SATA 레이드 컨트롤러에 따라 레이드 드라이버도 짝을 이루므로, 레이드 구성을 위해 연결한 SATA 단자가 어떤 SATA 레이드 컨트롤러가 관리하는 SATA 단자인지 확인하고 해당 SATA 레이드 컨트롤러용 드라이버가 운영체제 설치 시 구동되도록 해주면 됩니다. 써드파티 SATA 레이드 컨트롤러가 관리하는 SATA 단자에 연결한 경우에는 운영체제 설치 시 반드시 해당 SATA 레이드 컨트롤러용 레이드 드라이버를 준비해야 합니다.

❷ **레이드 드라이버의 준비** : 인텔의 PCH 칩셋이나 AMD 칩셋이 지원하는 SATA 레이드 컨트롤러의 드라이버는 윈도우 운영체제에서 기본으로 지원되는 편입니다. 단, 윈도우 7의 경우에는 서비스 팩 1이 포함된 운영체제 설치 버전부터 지원됩니다. 메인보드 번들 CD에는 인텔 PCH 칩셋(AMD는 SB 칩셋)과 써드파티 레이드 컨트롤러용 레이드 드라이버 설치 파일이 제공되므로 운영체제 설치 시 필요한 경우 미리 USB 메모리 등에 복사하여 준비해 두면 됩니다.

윈도우 비스타부터는 USB 저장 장치에 레이드 드라이버를 복사해둔 다음, 운영체제 설치 시에 USB 드라이브를 지정하여 설치할 수 있지만 윈도우 XP는 USB 저장 장치가 활성화되기 전에 나온 운영체제로, 레이드나 SCSI 디스크에 운영체제를 설치할 때는 플로피 디스크에 해당 RAID 드라이버나 SCSI 드라이버를 준비하여 설치 시 드라이버를 설치해야 합니다.

메인보드 CD의 AHCI/RAID 드라이버 준비 방법

❶ AHCI/RAID 드라이버 준비를 위해 다른 컴퓨터에서 메인보드 번들 CD를 넣습니다.

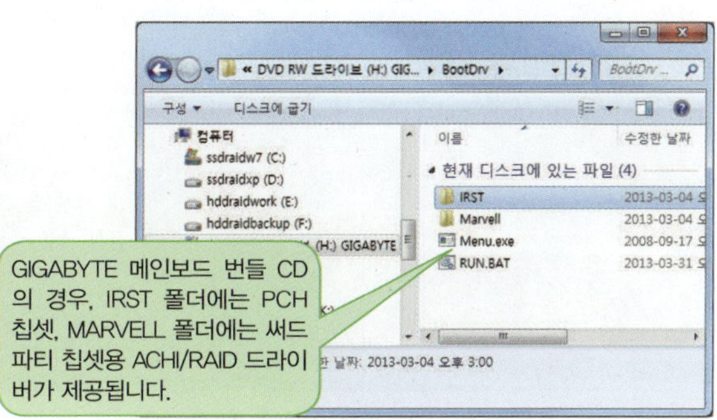

❷ 메인보드 설명서를 참고하여 AHCI/RAID 드라이버가 있는 폴더를 선택하고 Ctrl + C 키를 눌러 복사한 다음 USB 저장 장치에 Ctrl + V 키로 붙여 넣습니다.

Exercise

3 SSD 레이드에 윈도우 운영체제 설치하기

SSD 레이드에 윈도우 운영체제를 설치하는 방법도 단일 디스크에 설치하는 것과 다를 게 없습니다. 단, 운영체제 설치 시에 레이버 드라이버 구동 부분에만 유의하면 됩니다. 윈도우 7/8.1/10은 기본적으로 PCH 칩셋이 지원하는 SATA RAID 드라이버를 지원합니다. 앞에서 윈도우 7/8.1/10 설치를 실습해보았으므로 중복 부분은 제외하고 레이드에 윈도우 운영체제를 설치하는 방법을 알아보겠습니다.

이 실습에 필요한 내용	실습 키 포인트
윈도우 7/8.1 설치 DVD, 윈도우 10 설치 USB 메모리 SSD 레이드 드라이브	레이드에 윈도우 7/8.1/10 설치하기

SSD 레이드에 윈도우 7 설치하기

HELP

- SSD 레이드에 운영체제를 설치할 때는 레이드 드라이브를 제외하고 다른 HDD 같은 보조기억 장치가 있으면 일단 케이블을 빼서 작동하지 않도록 하고 운영체제 설치를 마친 다음에 연결하기 바랍니다.
- 앞의 실습에서와 같이 인텔의 PCH 칩셋이 관리하는 단자에 레이드를 구성한 경우에는 별도의 드라이버를 설치하지 않아도 레이드를 인식하므로, 단일 디스크 설치와 사실상 동일하다고 보면 됩니다.
- 운영체제 설치시 레이드가 인식되지 않는 경우에는 메인보드 설명서를 참고하여 레이드를 구성한 SATA 컨트롤러용 통합 드라이버인 AHCI/RAID 드라이버를 USB 저장 매체에 저장하고, 운영체제 설치 시에 드라이버 로드 기능으로 불러오면 인식됩니다.

1 운영체제 설치를 위해 다른 보조기억 장치 연결은 해제합니다.

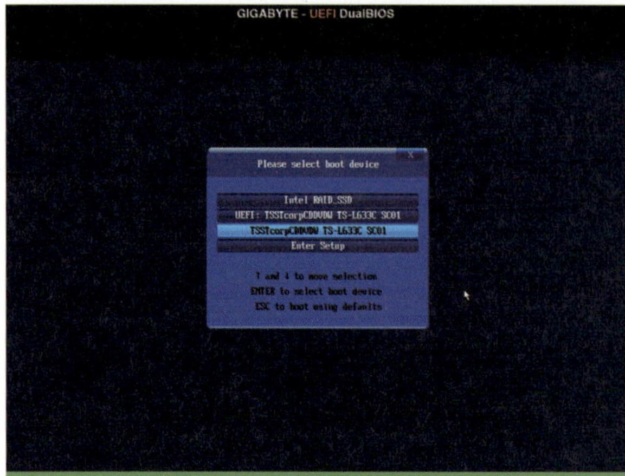

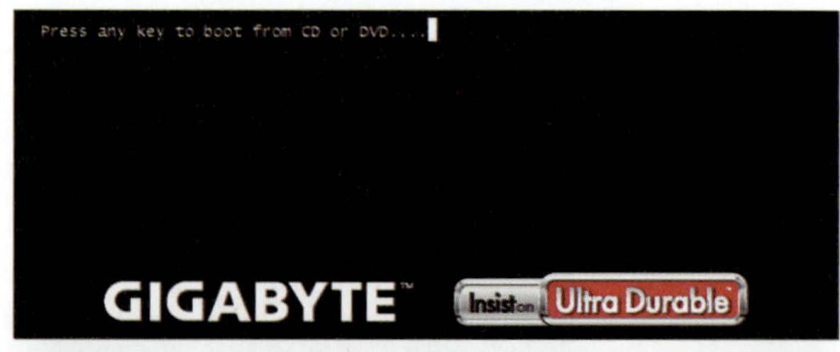

2 시스템 전원을 켠 후, F12 키를 누르고, 운영체제 설치 DVD가 있는 TSSTcorpCDDVDW...를 선택하고 Enter 키를 누릅니다.

3 Press any key to boot from CD or DVD... 메시지가 나올 때 Enter 키를 누르면 윈도우 설치 파일이 로딩됩니다.

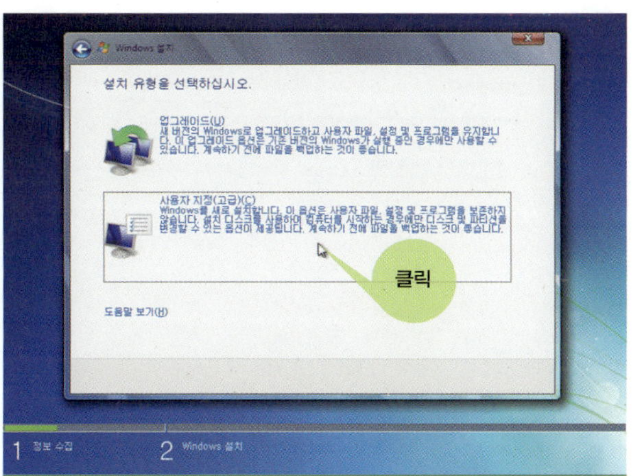

4 348쪽의 "윈도우 7 운영체제 설치 DVD로 시동하기" 실습 **4**~**8** 단계까지는 동일하므로 그대로 진행하여 **사용자 지정(고급)** 설치를 선택합니다.

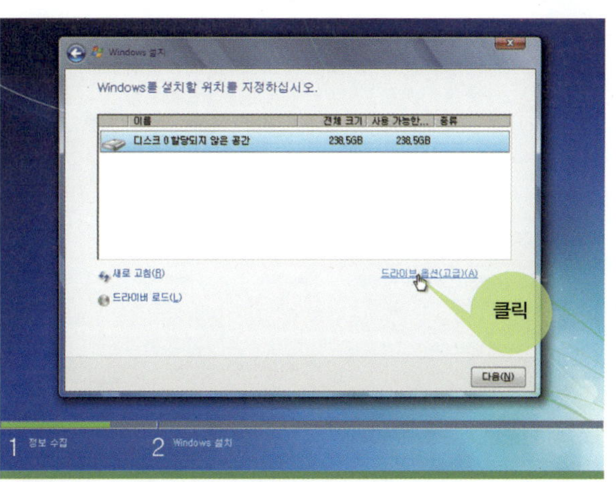

5 앞서 실습에서 구성한 238.5GB 크기의 레이드 드라이브가 디스크 0 할당되지 않은 공간으로 표시됩니다. 이제 **드라이브 옵션(고급)**을 클릭합니다.

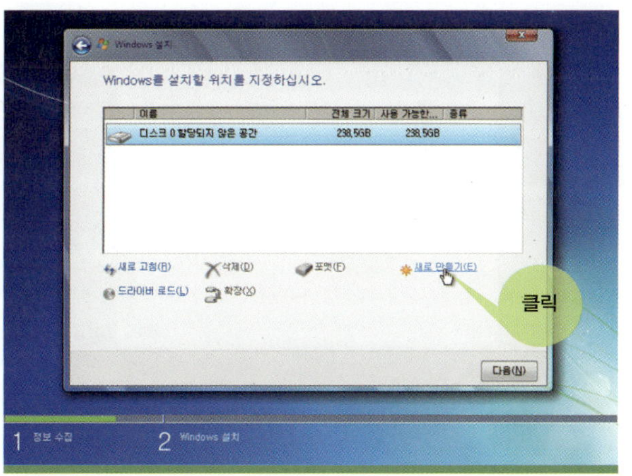

6 드라이브 옵션이 펼쳐지면 **새로 만들기**를 클릭합니다.

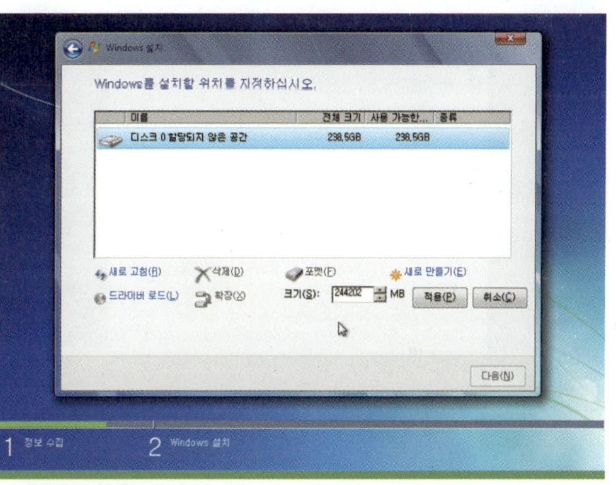

7 자동으로 크기는 디스크 0 할당되지 않은 공간의 전체 크기가 나옵니다.

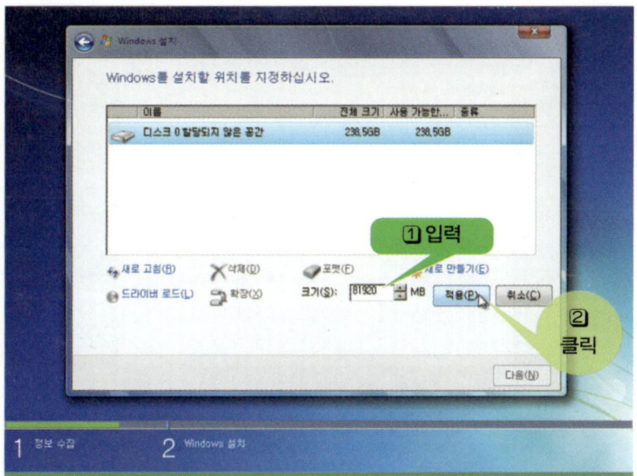

8 크기를 설정하고 **적용** 단추를 클릭합니다. 이 실습에서는 81920MB(=80GB)로 설정하였습니다.

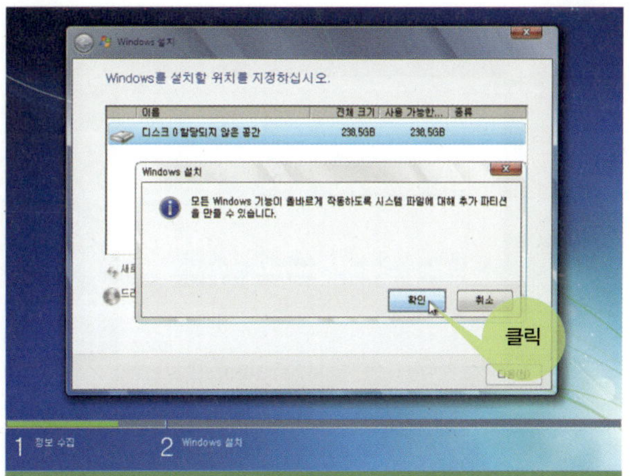

9 시스템 파일에 대해 추가 파티션을 만들 수 있다는 안내 메시지가 나오면 **확인** 단추를 클릭합니다.

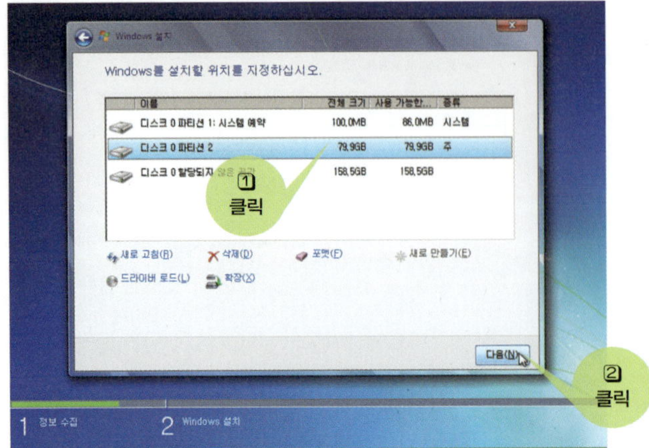

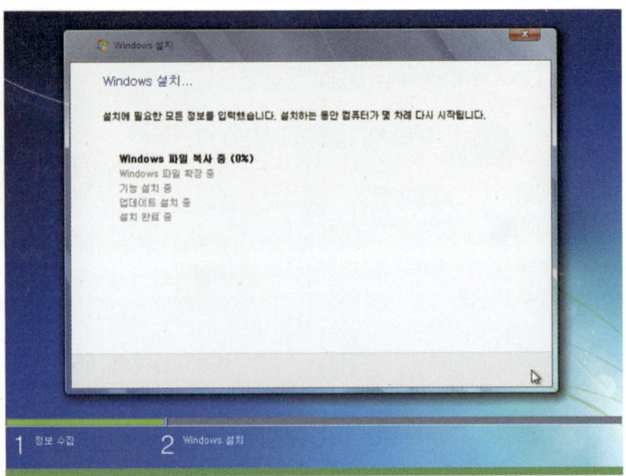

10 이제 윈도우 7 운영체제를 설치하기 위해 **디스크 0 파티션 2**를 선택하고, **다음** 단추를 클릭합니다.

11 본격적인 설치가 진행됩니다. 이후의 윈도우 7 설치 과정은 351쪽의 "윈도우 7 파일의 복사와 설치" 과정과 같으므로 이를 참고하기 바랍니다.

SSD 레이드에 윈도우 8.1 설치하기

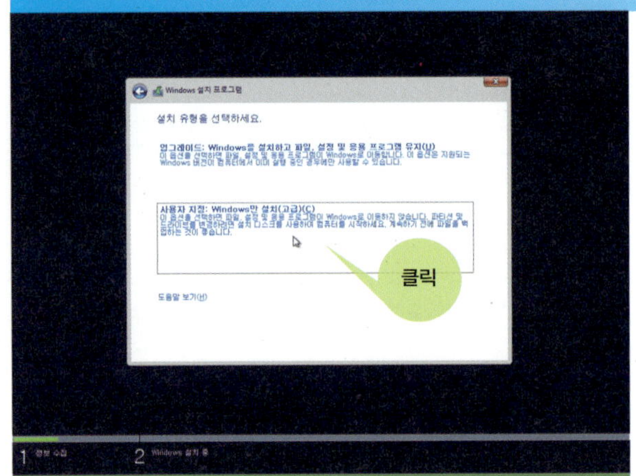

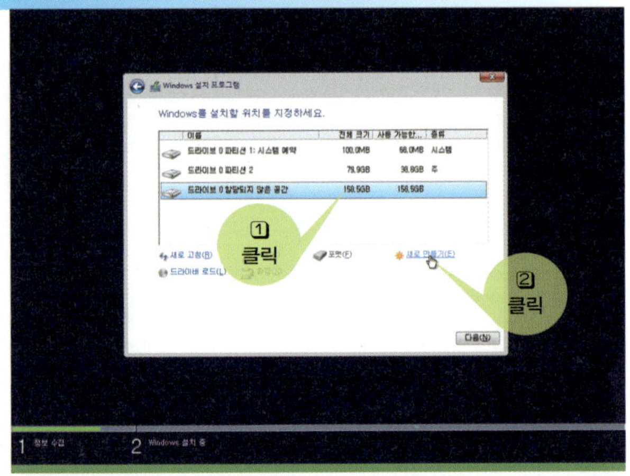

1 356쪽의 실습 "윈도우 8.1 운영체제 설치 DVD로 시동하기" 실습 **1**~**9** 단계까지 동일하므로 그대로 진행하여 **사용자 지정(고급)** 설치를 선택합니다.

2 앞의 실습에서 드라이브 0 파티션 2에 윈도우 7을 설치했으므로 **드라이브 0 할당되지 않은 공간**을 선택한 다음 **새로 만들기**를 클릭합니다.

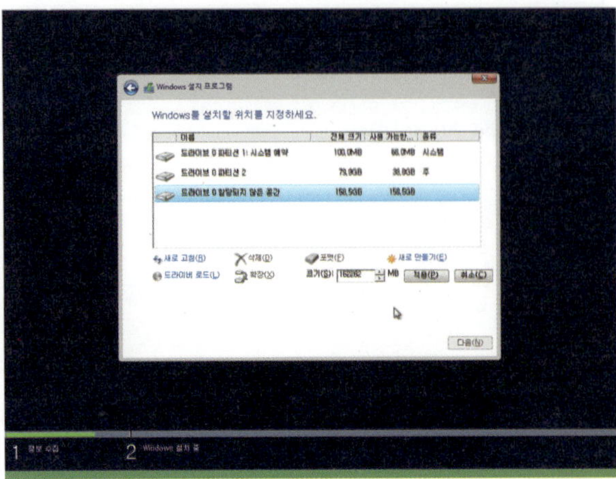

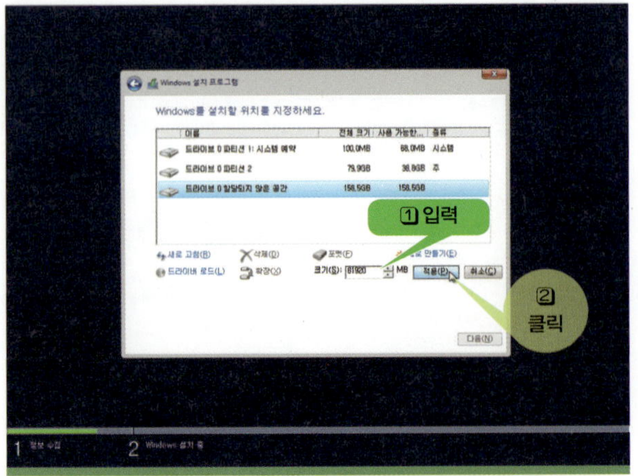

3 드라이브 0 할당되지 않은 공간의 전체 크기가 나옵니다.

4 크기를 설정하고 **적용** 단추를 클릭합니다. 이 실습에서는 81920MB(=80GB)로 설정하였습니다.

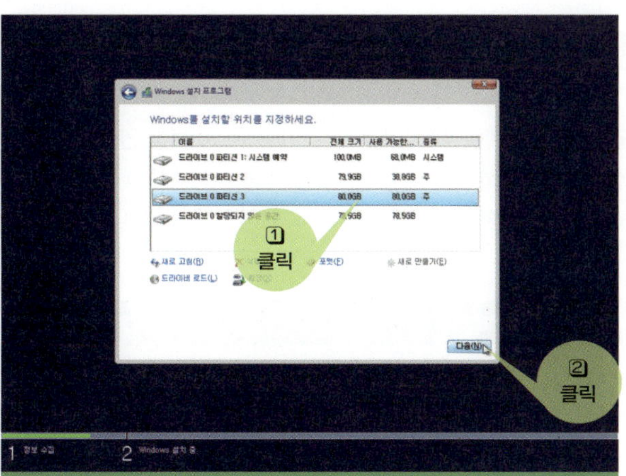

5 이제 윈도우 8.1 운영체제를 설치하기 위해 **디스크 0 파티션 3**을 선택하고, **다음** 단추를 클릭합니다.

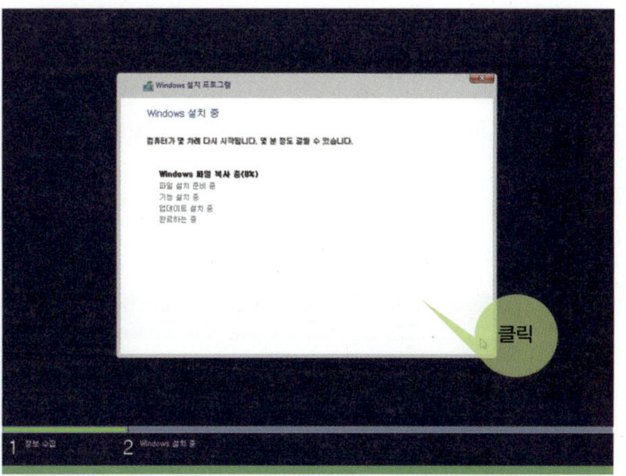

6 본격적인 설치가 진행됩니다. 이후의 윈도우 7 설치 과정은 358쪽의 "윈도우 8 파일의 복사와 설치" 과정과 같으므로 이를 참고하기 바랍니다.

SSD 레이드에 윈도우 10 설치하기

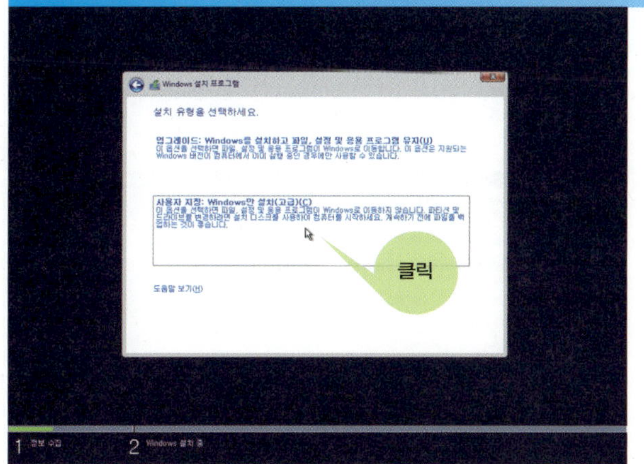

1 362쪽의 "윈도우 10 운영체제 USB 플래시 드라이브로 시동하기" 실습 **1**~**7** 단계까지 동일하므로 그대로 진행하여 **사용자 지정(고급)** 설치를 선택합니다.

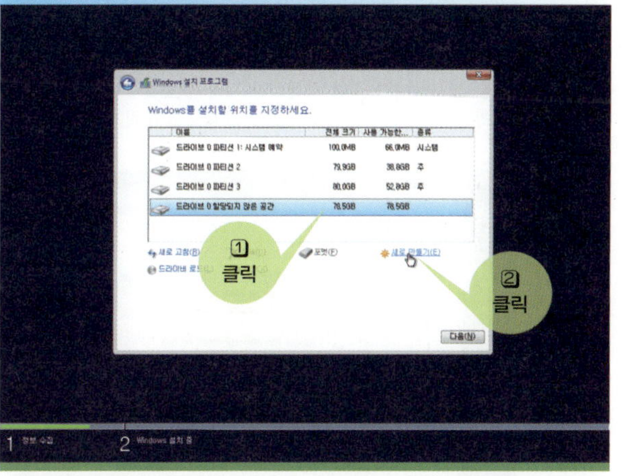

2 앞의 실습에서 드라이브 0 파티션 2와 3에 윈도우 7과 8.1을 설치했으므로 **드라이브 0 할당되지 않은 공간**을 선택한 다음 **새로 만들기**를 클릭합니다.

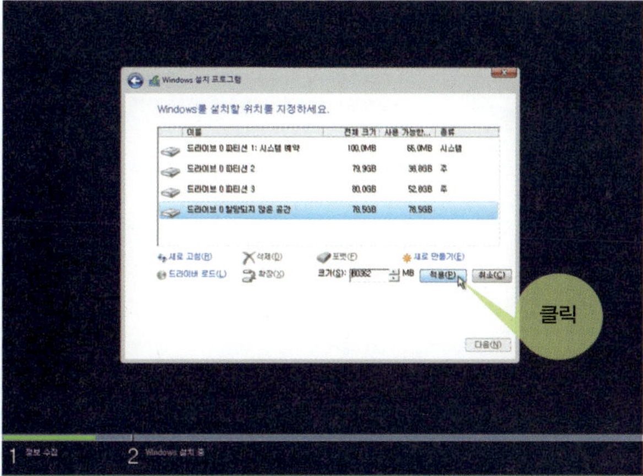

3 드라이브 0 할당되지 않은 공간의 전체 크기가 나오면 크기를 설정하고 **적용** 단추를 클릭합니다.

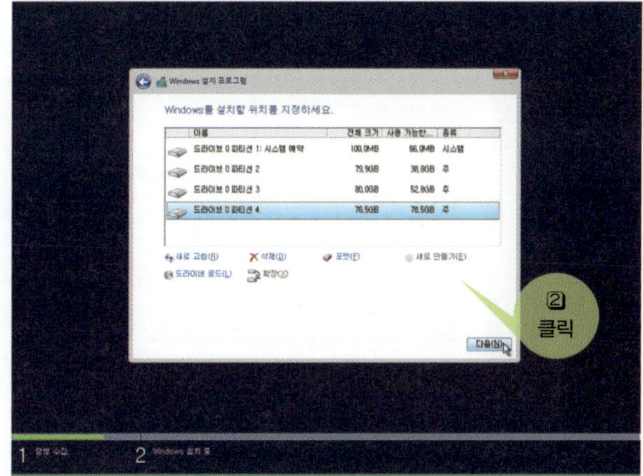

4 드라이브 0 파티션 4가 만들어졌으면 **다음** 단추를 클릭합니다. 그러면 본격적인 설치가 진행됩니다. 이후의 과정은 364쪽을 참고하기 바랍니다.

Check Point 운영체제 설치시 레이드 드라이버 로드하기

써드파티 SATA 컨트롤러가 지원하는 SATA 단자에 레이드를 구성한 경우에는 운영체제 설치시 레이드 드라이브를 인식하지 못하므로 운영체제 설치할 수 없습니다. 이 경우에는 메인보드 설명서를 참고하여 미리 해당 컨트롤러용 AHCI/RAID 드라이버를 USB 저장 장치에 복사해 두고 설치하면 됩니다. 레이드 드라이버 설치 방법은 윈도우 8/8.1/10에서도 동일합니다.

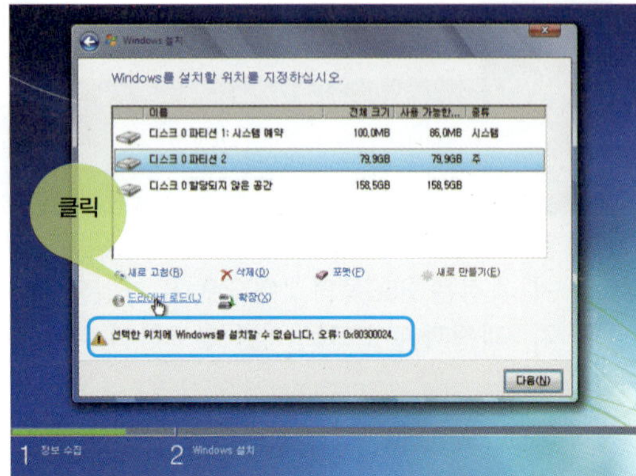

❶ 레이드 드라이브를 인식할 수 없는 경우, 선택한 위치에 Windows 를 설치할 수 없다는 오류 메시지가 나옵니다. 이 때는 레이드 드라이브를 설치하기 위해 **드라이버 로드**를 클릭합니다.

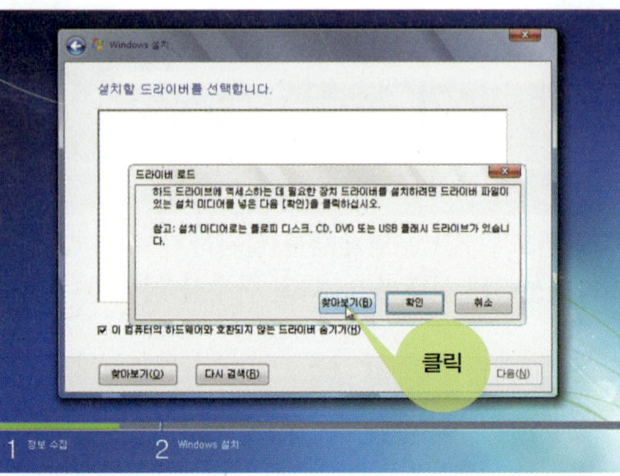

❷ 드라이버 로드 대화상자가 나오면 USB에 저장한 AHCI/RAID 드라이버 위치를 지정하기 위해 **찾아보기** 단추를 클릭합니다.

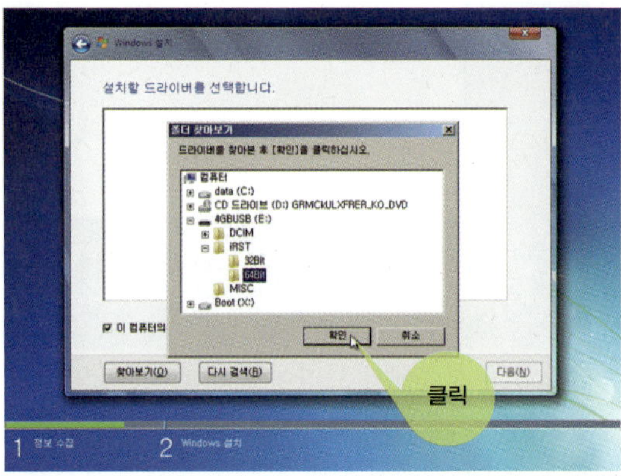

❸ 폴더 찾아보기 대화상자가 나오면 USB에 저장한 AHCI/RAID 드라이버가 있는 폴더를 선택하고, **확인** 단추를 클릭합니다.

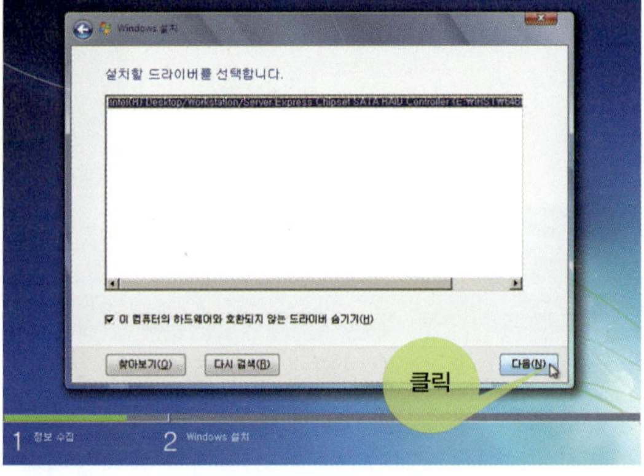

❹ 윈도우 7 설치 프로그램이 현재 컴퓨터 하드웨어와 호환되는 레이드 드라이버를 나타내면 선택 상태에서 **다음** 단추를 클릭합니다.

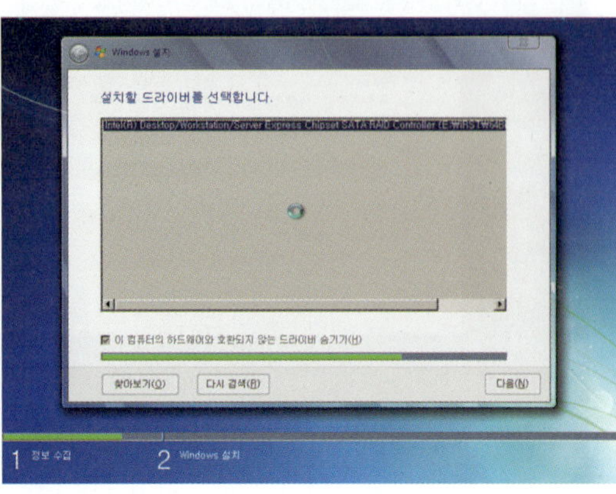

❺ 잠시 동안 레이드 드라이버 설치 과정이 진행됩니다.

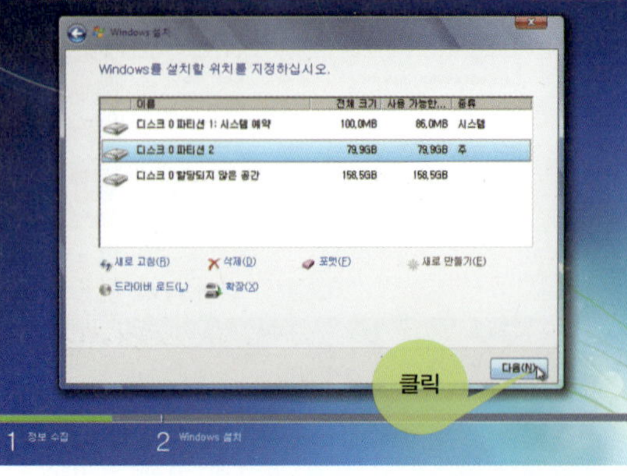

❻ 드라이버 설치가 완료되면 윈도우 7을 설치할 파티션을 선택하고, **다음** 단추를 클릭하여 설치 작업을 진행합니다.

Check Point — 인텔의 빠른 스토리지 기술 관리자에서 다시 쓰기 캐시 활성화하기

인텔 PCH 칩셋용 유틸리티에는 빠른 스토리지 기술(Intel® Rapid Strorage Technology) 유틸티리가 있습니다. 윈도우 XP 이상의 운영체제에서 인텔 메인보드 드라이버를 설치하면 인텔의 빠른 스토리지 기술 유틸리티가 자동으로 설치되고 작업 표시줄의 알림 영역에 등록됩니다. 인텔의 빠른 스토리지 유틸리티는 시스템 시작 시에 자동 실행되어 인텔 PCH 칩셋이 관리하는 SATA 단자와 연결된 디스크가 최적으로 작동할 수 있게 해줍니다.

레이드를 사용하는 경우, 빠른 스토리지 기술 유틸리티에 다시 쓰기 캐시 옵션이 제공되며, 이를 활성화하면 읽기/쓰기 데이터를 캐시에 대기시켜 속도를 향상시킬 수 있습니다. 단, 극히 짧은 순간이라 할 수 있지만 캐시 대기 상태에서 정전 등이 발생할 경우, 캐시에 저장된 데이터 부분은 손실될 수 있습니다. 이를 예방하기 위해 무정전 전원 장치(UPS) 장비를 함께 사용하기도 합니다. 레이드가 아닌 싱글 디스크를 사용 중인 경우에는 빠른 스토리지 기술 창에 다시 쓰기 캐시 옵션이 나타나지 않습니다. 메인보드 세대에 따라 기본값 설정이 비활성화된 경우도 있으므로 윈도우 운영체제에서 다시 쓰기 캐시를 활성화하려면 다음을 참고하기 바랍니다.

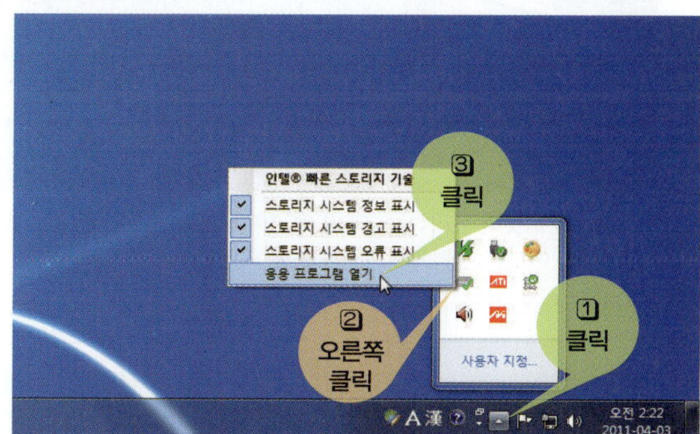

❶ 인텔 메인보드 칩셋 드라이버 설치 작업을 마친 다음에 작업 표시줄의 트레이에서 숨겨진 아이콘 표시(■) 단추를 클릭한 다음 인텔® 빠른 스토리지 기술 관리자 아이콘을 오른쪽 클릭하여 팝업 메뉴에서 **응용 프로그램 열기**를 실행합니다.

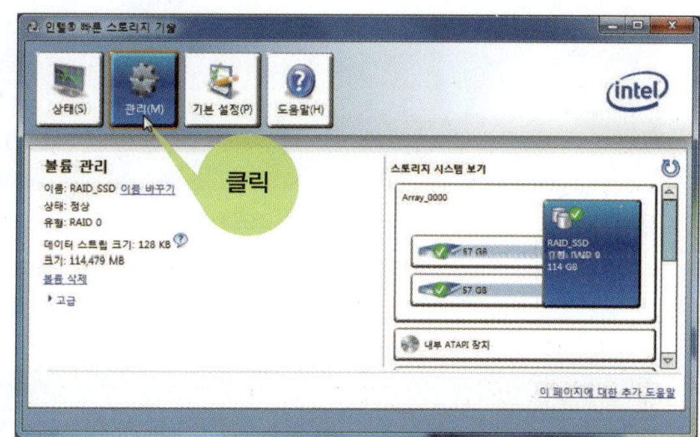

❷ 인텔® 빠른 스토리지 창이 열리면 **관리** 단추를 클릭합니다. 현재 두 개의 SSD 레이드가 RAID 0, 스트립(Stripe) 크기는 128KB, 전체 크기는 114.79MB로 나옵니다.

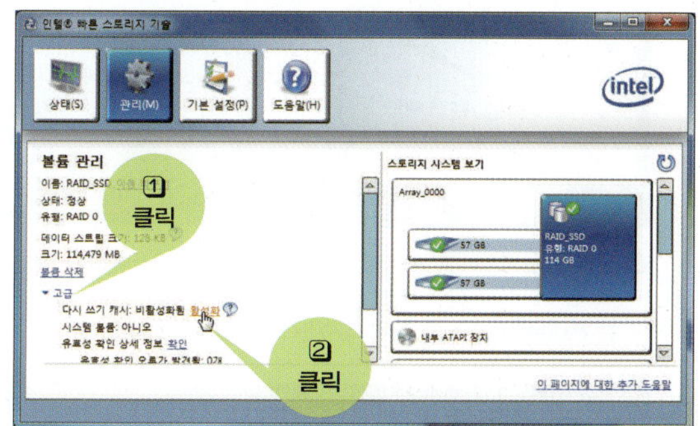

❸ 이제 **고급**을 클릭한 다음 다시 쓰기 캐시 옵션이 나오면 **활성화**를 클릭합니다. 메인보드 세대에 따라 다시 쓰기 캐시 옵션이 기본값으로 활성화된 경우도 있으므로 잘 확인하기 바랍니다. 최신 메인보드는 대부분 기본값으로 지원합니다.

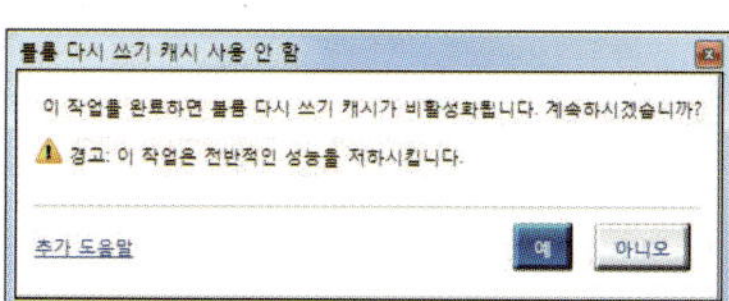

● 참고로 ❹ 단계와 같이 활성화된 상태에서 **비활성화**를 클릭하면 **비활성화하면 전반적인 성능이 저하된다**는 경고 대화상자가 나옵니다.

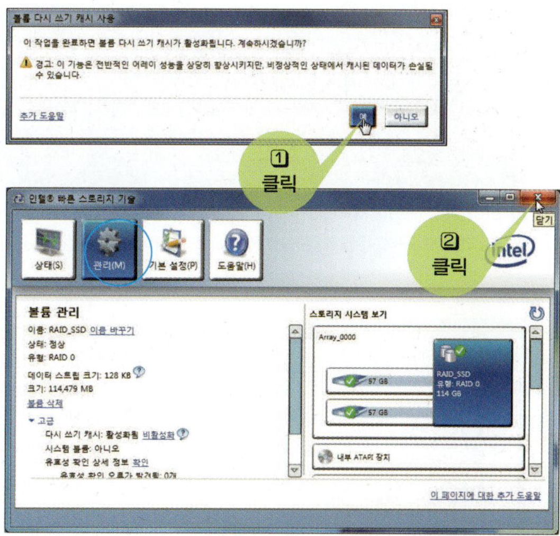

❹ 볼륨 다시 쓰기 캐시 사용 대화상자가 나오면 **예**를 클릭하여 적용합니다. 곧바로 다시 쓰기 캐시가 적용되어 활성 상태로 표시됩니다. 이것으로 간단히 다시 쓰기 캐시를 활성화하였으므로 단추를 클릭하고 인텔® 빠른 스토리지 창을 닫으면 됩니다.

Check Point · 데이터용 레이드 드라이버 확인 및 파티션 살펴보기

윈도우 비스타 이상부터는 데이터용 레이드 구성 후에 운영체제를 시동하면 자동으로 레이드 드라이버 설치가 지원되므로 곧바로 디스크 관리 창에서 파티션을 나누고 포맷 작업을 진행할 수 있습니다. SATA 레이드 컨트롤러에 따라서는 드라이버 자동 설치가 안 될 수도 있는데, 그 때는 메인보드 번들 CD에서 해당 레이드 드라이버를 설치해주면 됩니다. 여기서는 윈도우 7에서 데이터용 HDD 레이드의 드라이버 자동 설치 후 장치 관리자와 디스크 관리 창을 확인해 보겠습니다.

❶ 써드파티 컨트롤러(Marvell 칩셋)가 관리하는 SATA 단자에 HDD 레이드를 구성하기 위해 SATA 케이블을 연결합니다.

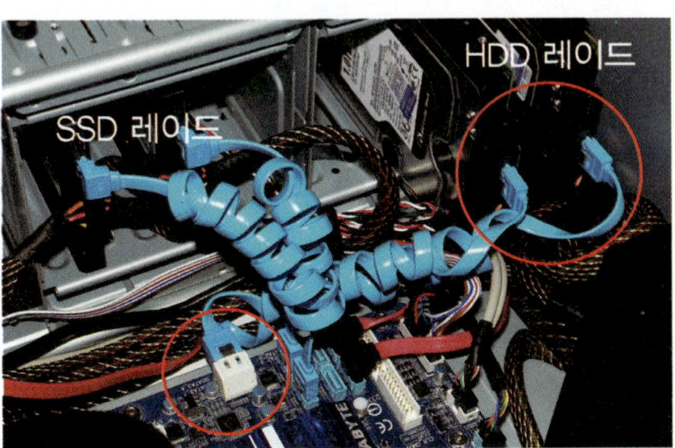

❷ Marvell 칩셋이 관리하는 2개의 GSATA에 HDD 2개를 연결합니다. SSD 레이드는 운영체제 드라이브로 사용하고 HDD 레이드는 작업용으로 사용하기 위한 구성입니다.

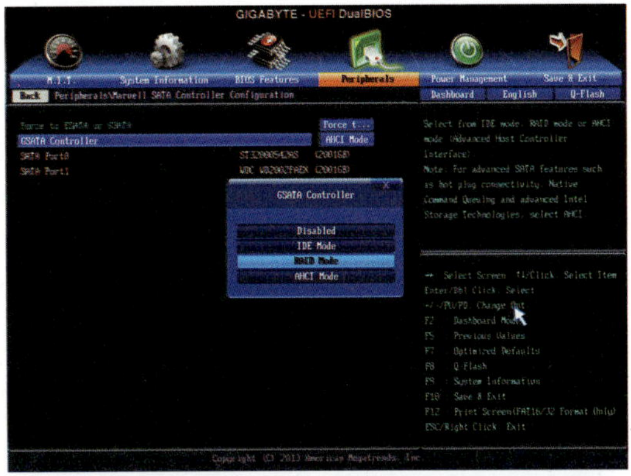

❸ 바이오스 셋업에서 해당 GSATA 컨트롤러 모드를 RAID로 설정한 후, 레이드 구성 유틸리티에서 RAID0 스트라이프로 구성합니다.

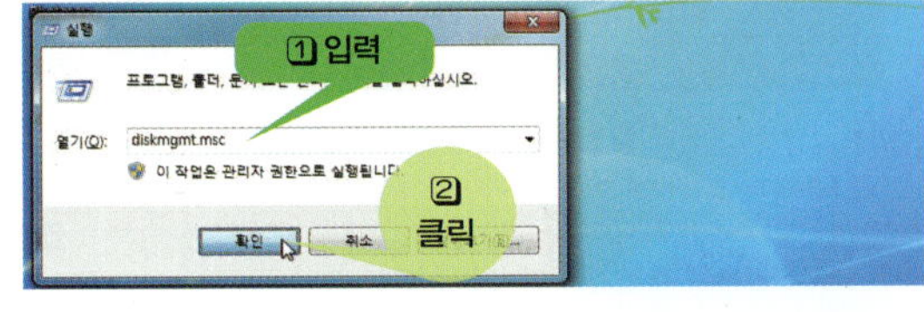

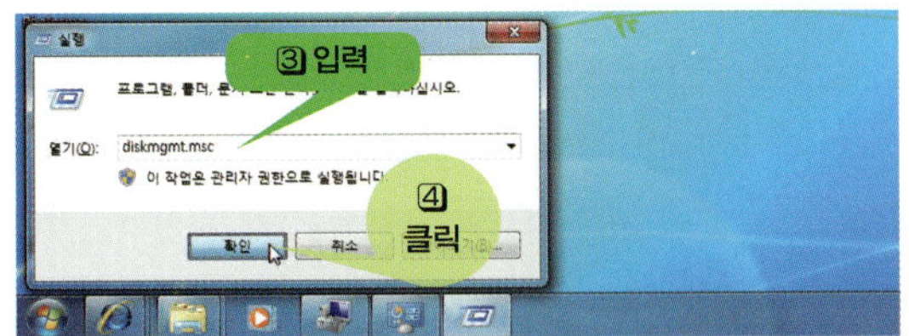

❹ 윈도우 운영체제를 시동한 다음 ⊞+R 키를 눌러 실행 창을 열고 장치관리자 창을 여는 devmgmt.msc와 디스크 관리 창을 여는 diskmgmt.msc를 각각 입력한 다음 실행합니다.

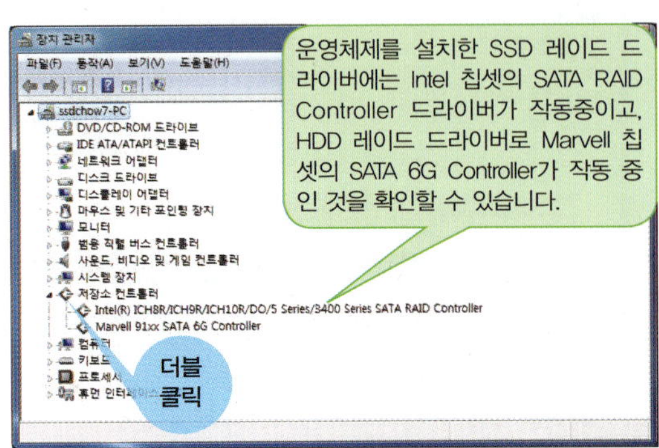

❺ 장치 관리자 창에서 저장소 컨트롤러를 더블 클릭하여 해당 드라이버를 나타낸 다음 새로 추가한 GSATA의 레이드 드라이버가 이상 없이 작동 중인지 확인합니다.

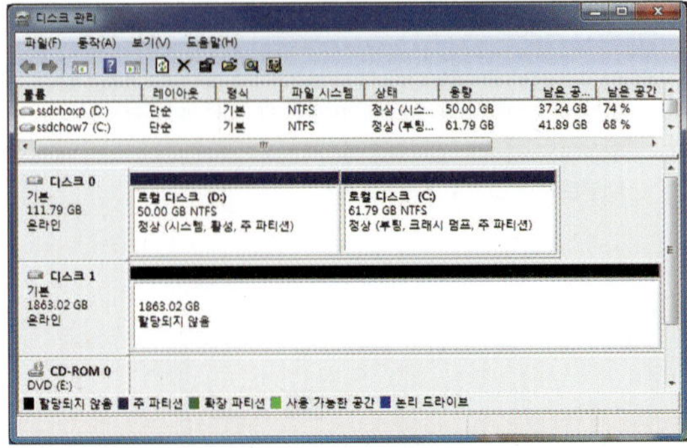

❻ SSD 레이드는 디스크 0으로 표시되고 C:와 D: 드라이브로 주 파티션이 구성되었으며, 새로 구성한 데이터용 HDD 레이드에는 파티션이 할당되지 않은 상태입니다. 이제 어느 운영체제 환경에서 파티션 구성과 포맷 작업을 해도 정상적으로 사용할 수 있습니다.

Exercise 4

디스크 벤치마크 유틸리티로 레이드 성능 확인하기

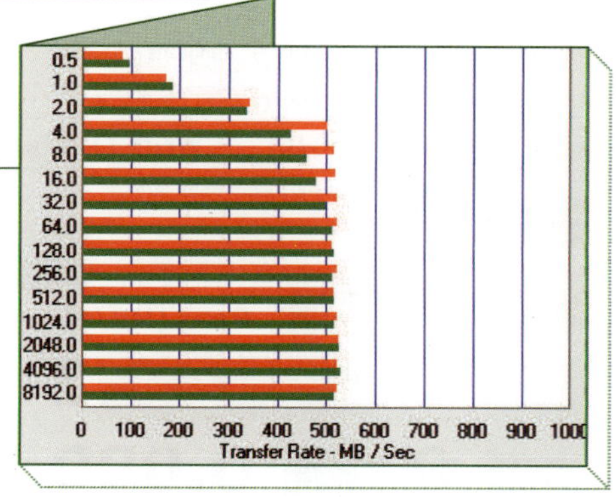

디스크 성능을 평가하는 벤치마크 유틸리티에는 여러가지 종류가 있습니다. 순수 벤치마크 기능을 제공하는 무설치 프리웨어인 크리스탈 디스크 마크와 ATTO 디스크마크가 주로 활용됩니다. 여기서는 4장에서 조립한 싱글 SSD와 이 장에서 직렬 방식의 RAID 0으로 구성한 SSD 레이드의 성능을 벤치마크 프로그램을 이용하여 비교해 보겠습니다.

이 실습에 필요한 내용	실습 키 포인트
ChrystalDiskMark ATTO Disk Benchmark	싱글 SSD와 SSD 레이드 벤치마킹

크리스탈 디스크마크로 평가하기

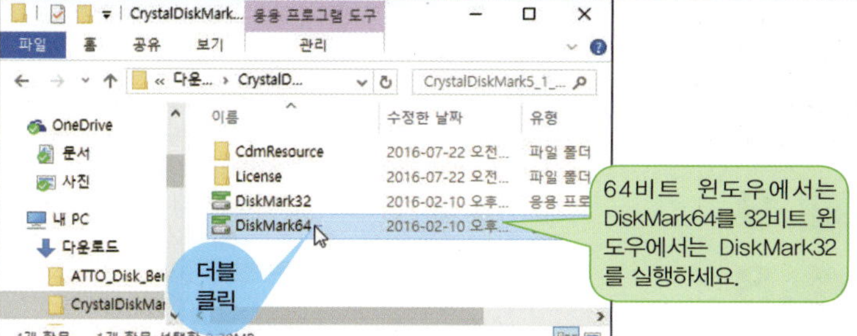

1 다운로드한 크리스탈 디스크마크 폴더에서 **DiskMark64**를 실행합니다.

HELP

● 크리스탈 디스크마크는 프리웨어로 제작사 홈페이지(http://crystalmark.info/?lang=en)나 스마트워크 카페에서 다운로드한 후 32비트/64비트 운영제체에 맞춰 실행하면 됩니다.

● 크리스탈 디스크마크는 벤치마크 결과를 알기 쉬운 수치값으로 알려주는 무설치 프리웨어 버전으로, 주요 기능은 다음과 같습니다.

❶ 테스트 회수/크기/드라이브를 설정합니다.

❷ All : 아래의 Seq Q32T1, 4K Q32T1, SEQ, 4K 벤치마크 테스트를 모두 실행합니다.

❸ Seq Q32T1 : NCQ 기능 사용 상태에서 32Queues 1Thread로 대용량 파일에 대한 연속적인 읽기/쓰기 테스트를 합니다. 용량이 큰 파일의 읽기/쓰기 성능 평가에 유용합니다. Queues는 NCQ 명령어 대기열을 말합니다.

❹ 4K Q32T1 : NCQ 기능 사용 상태에서 4KB 32Queues 1Thread로 읽기/쓰기 테스트를 합니다. NCQ를 지원하는 AHCI나 RAID 모드를 사용하는 디스크의 4KB 읽기/쓰기 성능은 이 테스트값으로 판단하면 됩니다.

❺ Seq : 일반적인 디스크 사용 환경의 읽기/쓰기 테스트로 위의 Seq Q32T1과 4K Q32T1 테스트를 함께 활용하여 테스트합니다.

❻ 4K : NCQ를 적용하지 않은 무작위(Random) 4KB 읽기/쓰기 테스트를 합니다. NCQ가 지원되지 않는 IDE 모드의 4K 성능입니다.

❼ Settings 메뉴의 Test Data에서 테스트 데이터를 기본값인 Random이나 0으로 채운 데이터를 사용할지를 선택합니다. 디스크 마크 점수는 0으로 채울 때 부하가 적게 걸리므로 점수가 좀 더 많이 나옵니다. 이 책에서는 기본값인 Default(Random)으로 테스트했습니다.

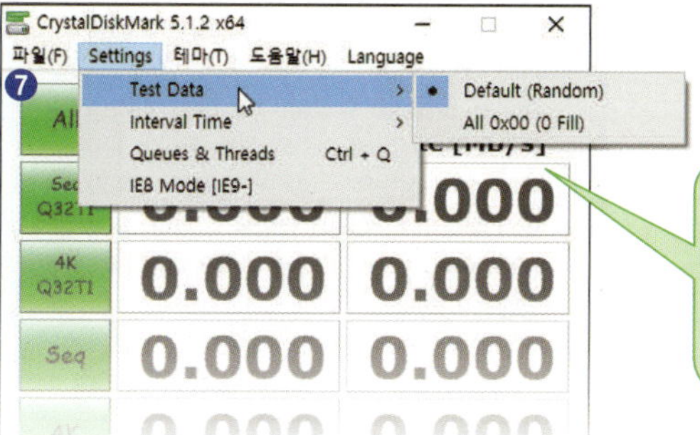

운영체제나 프로그램 실행에 사용되는 파일들은 4KB 이하의 파일들이 많으므로 4K Q32T1 테스트를 통한 4KB 읽기/쓰기 능력은 디스크 성능 평가의 핵심 항목입니다.

실제 작업 환경의 읽기/쓰기 성능 평가는 Defaul(Random)으로 선택하고 디스크의 전반적 성능은 All 0x00(0 Fill)을 선택합니다.

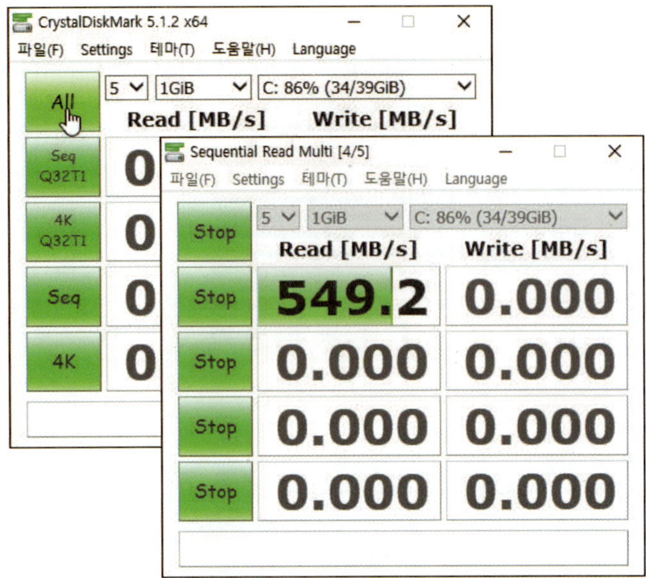

2 전체 테스트 수행을 위해 **All** 단추를 클릭합니다. 그러면 Seq Q32T1부터 차례대로 테스트를 시작합니다.

HELP

- All 단추를 누르면 먼저 읽기 테스트를 수행하고, 그 다음에 쓰기 테스트를 수행합니다. 현재 기본값인 테스트 5회 1GB 크기, 현재 싱글 SSD의 남은 공간 크기는 14%인 상태에서 로 테스트합니다.
- 테스트를 하는 동안에는 다른 프로그램을 실행하는 등의 작업은 하지 않아야 합니다.
- 같은 종류의 디스크라 하더라도 디스크의 남은 공간 크기, CPU와 메인보드 칩셋이 지원하는 SATA 대역폭 등의 변수에 따라 벤치마크 테스트값은 차이가 날 수 있습니다.

3 싱글 SSD의 벤치마크 테스트가 끝나면 결과를 확인합니다.

HELP

- 테스트에 사용한 Toshiba Q Series 128GB SSD는 세 개의 파티션으로 나눠 윈도우 7/8.1/10을 설치 중이며 윈도우 10에서 테스트하였습니다.
- 디스크의 남은 공간이 적어 원래의 성능보다는 낮은 점수가 나옵니다. Seq Q32 T1 점수는 초당 500MB 이상의 우수한 읽기/쓰기 성능을 보여주지만, 4K Q32T1의 쓰기 성능은 상대적으로 낮은 편입니다. 대용량과 4K 크기를 복합적으로 테스트한 Seq 점수는 비교적 양호한 상태로 나옵니다.
- NCQ를 적용하지 않은 4K 성능은 참고용 정도로 이해하면 됩니다.

4 SSD 레이드의 벤치마크 테스트를 수행하고 결과를 비교해 봅니다.

HELP

- 테스트에 사용한 Toshiba Q Series Pro 128GB 두 개를 묶은 SSD 레이드는 세 개의 파티션으로 나눠 윈도우 7/8.1/10을 설치 중이며 윈도우 10에서 테스트하였습니다.
- Seq Q32 T1 읽기/쓰기 점수는 거의 두 배에 달하며, 4K Q32T1의 쓰기 성능도 두 배 수준으로 향상된 것을 볼 수 있습니다. Seq 읽기/쓰기 점수도 거의 두 배 수준의 성능 향상을 보여줍니다. 읽기 성능은 운영체제의 빠른 시동과 프로그램의 빠른 로딩에 영향을 미치며, 쓰기 성능은 동영상 레코딩 같은 데이터 기록 속도에 영향을 미칩니다.
- NCQ를 적용하지 않은 4K 성능도 약간 올랐지만 어차피 성능에는 별로 영향을 미치지 않습니다.

ATTO 디스크마크로 평가하기

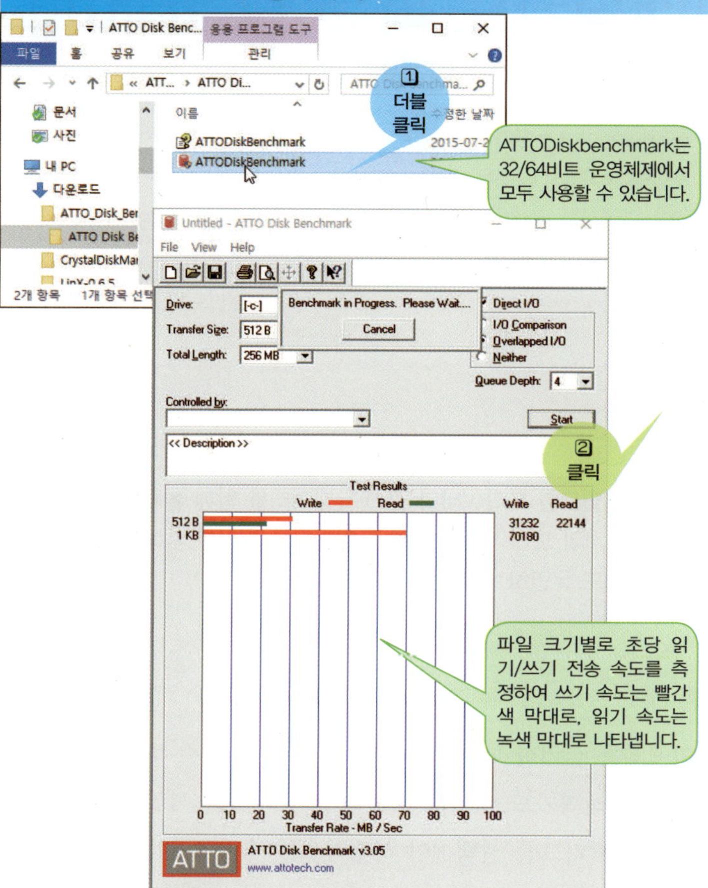

1 다운로드한 ATTO 디스크마크 폴더에서 ATTODiskbenchmark를 실행하고 기본값 상태에서 Start 단추를 클릭하여 벤치마크 테스트를 진행합니다. 싱글 SSD와 SSD 레이드에 대해 테스트를 진행합니다.

- ATTO 디스크마크는 무설치 프리웨어 버전이므로 제작사 홈페이지(https://www.attotech.com/disk-benchmark)나 스마트워크 카페에서 다운로드하여 실행하면 됩니다.
- ATTO 디스크 마크는 0으로 채우기 패턴 테스트로, Transfer Size 범위의 각 크기별로 전송 성능을 측정하여 막대 그래프와 숫자를 사용하여 벤치마크 결과로 나타내줍니다.
- X축은 초당 전송량을 나타내고, Y축의 각 항목은 초당 전송 단위를 나타냅니다. ATTO 디스크 마크는 초당 전송 단위별 성능과 전체적으로 안정된 성능을 지원하는지 그래프로 파악할 수 있는 점이 특징입니다.
- 막대 그래프 오른쪽의 Write Read 항목에는 IOPS(Input/Output Operations Per Second) 값이 표시됩니다. 디스크 성능 평가 시에는 바로 IOPS 성능을 중시합니다.
- 싱글 SSD와 SSD 레이드의 ATTO 디스크마크 테스트 결과를 보면 둘 다 그래프 모양은 안정적인 성능을 보여주지만, 각 크기별 IOPS 값은 파일 크기가 커질수록 두 배 가까운 성능의 차이가 나는 것을 확인할 수 있습니다.

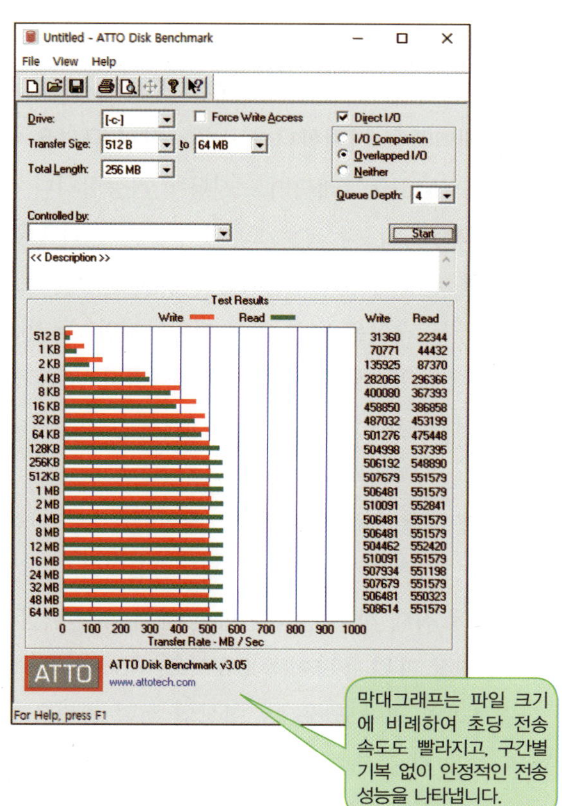

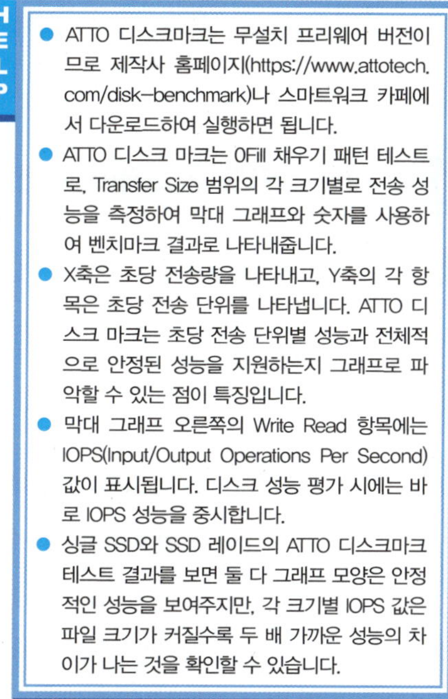

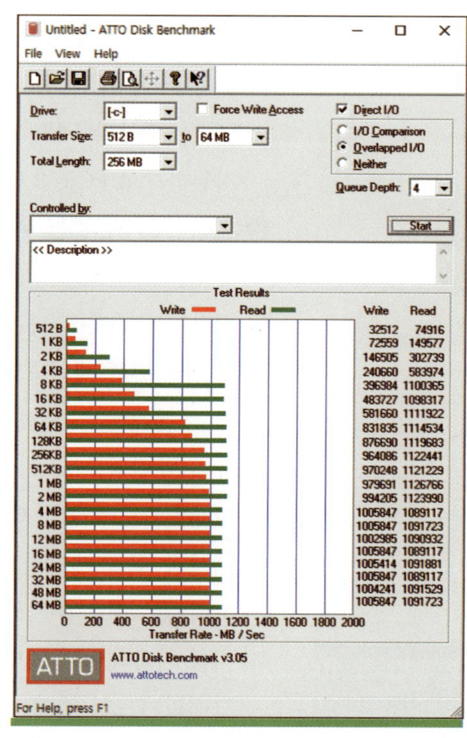

2 싱글 SSD(왼쪽)와 SSD 레이드(오른쪽)에 대한 ATTO 디스크마크 결과입니다.

Chapter 10 그래픽카드 파워 업그레이드

사무용 오피스 소프트웨어를 다루는 컴퓨터 작업에서는 CPU 내장 GPU나 저가형 그래픽카드로도 불편 없이 사용할 수 있습니다. 그러나 고해상도 3D 게임 시에는 화면이 끊기거나 동영상 렌더링 작업 시에는 많은 시간이 걸립니다. 쾌적한 작업 수행을 위해서는 그래픽카드의 업그레이드도 검토해볼만 합니다. 이 장에서는 멀티 VGA 설치 및 오버클러킹, 그래픽카드 벤치마크 테스트에 대해 알아봅니다.

1 그래픽카드 업그레이드 전 체크 사항

그래픽카드를 비롯한 대부분의 PC 부품들은 작동에 필요한 드라이버와 관련 유틸리티를 함께 설치해서 사용합니다. PC 부품을 업그레이드할 때는 먼저 사용했던 장치의 드라이버와 관련 유틸리티를 제거한 후에 업그레이드해야 충돌을 미연에 방지할 수 있으며, 부품의 오작동에도 유연하게 대처할 수 있습니다.

그래픽카드 업그레이드 시 유의 사항

앞에서 컴퓨터를 조립한 후 운영체제를 설치할 때 그래픽카드를 포함한 각종 주변 기기 드라이버도 함께 설치하였을 것입니다. 그래픽카드 업그레이드 작업이 특별히 어렵지는 않지만, 다음 몇 가지 사항을 점검한 후에 그래픽카드를 선택해야 시행착오를 예방할 수 있습니다.

❶ **그래픽카드 전용 슬롯의 표준 규격** : 그래픽카드 전용 슬롯은 PCI Express x16을 사용합니다. 물리적인 슬롯 모양은 동일하지만, 지원하는 규격은 가장 느린 PCIe 1.0부터 PCIe 2.0, 최신 PCIe 3.0까지 나와 있습니다. 지원하는 대역폭은 각각 두 배씩 차이가 나므로 PCIe 1.0보다 PCIe 3.0은 4배의 대역폭을 지원합니다. PCIe 상위 규격은 하위 호환성을 지원하므로 PCIe 3.0 지원 슬롯에 PCIe 1.0 그래픽카드 사용이 가능합니다.

❷ **멀티 VGA 연결을 위한 슬롯과 대역폭** : SLI나 크로스파이어 같은 멀티 VGA로의 업그레이드는 메인보드의 그래픽카드 전용 슬롯이 둘 이상 지원되어야 합니다. 보통 첫 번째 그래픽카드 전용 슬롯은 PCI Express 16 레인을 이상 없이 지원하지만, 두 번째 그래픽카드 전용 슬롯은 메인보드 칩셋에 따라 4/8/16 레인을 지원합니다. 멀티 VGA 성능은 동일 규격 조건에서 두 번째 슬롯도 PCI Express 8 레인 이상의 대역폭은 지원되어야 온전한 성능이 발휘되므로, 이를 만족하는지 먼저 확인하기 바랍니다.

❸ **그래픽카드의 권장 파워 용량과 최대 사용 전력** : 고성능 그래픽카드는 그만큼 고성능 프로세서와 고속 메모리가 동작하므로 그만큼 전력 소모도 많은 편입니다. 멀티 VGA 연결을 고려하는 경우에는 권장 파워 용량에 최대 사용 전력을 합한 파워 용량 이상의 파워서플라이를 사용해야 합니다. 예를 들어 권장 파워 용량이 500W이고, 최대 사용 전력이 180W인 그래픽카드의 멀티 VGA를 연결하려면 적어도 680W 이상의 정력 출력을 지원하는 파워서플라이를 사용해야 멀티 VGA 사용 시 충분한 전력을 공급할 수 있습니다.

● 동영상이나 3D 게임을 보다 실감나게 활용하려면 입체적 사운드를 재생할 수 있는 5.1 채널 이상의 스피커를 구성하는 게 좋습니다

❹ **그래픽카드 쿨러 냉각팬 소음** : 고성능 그래픽카드의 그래픽 프로세서는 웬만한 CPU보다 훨씬 빠른 속도로 동작하기 때문에 전력 소모와 발열이 큰 편입니다. 발열이 커지면 냉각 팬의 회전 수도 높아져 그만큼 소음도 커지므로, 사전에 다른 사용자의 제품 평가를 확인 하기 바랍니다. GPU 분야의 양대 제조사인 AMD와 NVIDIA 사는 한동안 속도 경쟁에 치 중했으나, 지금은 고성능 저전력 GPU 개발 경쟁을 벌이고 있습니다. 이 때문에 예전보다 고성능을 지원하면서도 전력 소비량은 낮아지는 추세입니다.

PC 내부 부품 중 그래픽카드의 크기가 가장 큰 편이므로, 멀티 VGA를 고려하는 경우에는 케이스 규격과 쿨링 효율성도 미리 확인하기 바랍니다. 같은 미들타워급 케이스라도 내부 공간 설계와 크기는 차이가 많습니다. 협소한 공간에 멀티 VGA를 설치하면 두 개의 그래 픽카드가 시스템의 공기 순환을 방해하여 쿨링 효율을 저하시킬 수 있습니다.

그래픽카드 업그레이드 절차

자신의 PC 사양에 맞춰 업그레이드할 그래픽카드를 구입했다면 다음 절차에 따라 업그레이드 하면 됩니다.

❶ **그래픽카드 드라이버와 관련 유틸리티 제거** : 장치 드라이버를 장치 관리지에서 제거하면 순수하게 드라이버만 제거할 수 있습니다. 대부분의 장치는 드라이버와 함께 해당 드라이 버를 운용하는 데 필요한 유틸리티를 함께 제공합니다. 요즘에는 제어판의 프로그램 및 기 능에서 직접 드라이버와 관련 유틸리티를 제거할 수 있습니다. 따라서 제어판의 프로그램 및 기능을 실행하여 제거하는 게 보다 확실합니다. 그래픽카드 드라이버를 제거한 후에는 시스템에서 그래픽카드를 제거해야 하므로 시스템은 재시동이나 대기 모드 종료 기능을 사용하지 말고 종료해야 합니다.

❷ **기존 그래픽카드 제거** : 파워서플라이의 전원 스위치까지 완전히 끈 다음에 PC 케이스를 열고 기존 그래픽카드를 제거합니다.

❸ **새 그래픽카드 설치** : 새 그래픽카드를 연결합니다. 고성능 그래픽카드는 대부분 6핀 또 는 8핀 보조 전원 단자를 사용하므로, 반드시 파워서플라이의 PCIe VGA 전원 커넥터로 연결해야 합니다. 최신 메인보드에는 멀티 VGA 사용 시 안정적인 보조 전원 공급을 위해 ATX-4P 전원 단자를 제공하므로,파워서플라이의 SATA 전원 케이블로 연결해야 합니다.

❹ **새 그래픽카드 드라이버 설치** : 새 그래픽카드 설치를 마친 후에 시스템을 시동하면 운영 체제는 새 장치를 확인하고, 새 하드웨어 설치 마법사를 나타냅니다. 운영체제에 내장된 그래픽카드 드라이버는 없거나 구버전일 수 있으므로, 새 하드웨어 설치 마법사는 닫고 그 래픽카드와 함께 제공된 CD나 그래픽카드 제조사 웹사이트에서 최신 드라이버를 다운로 드하여 드라이버를 설치합니다.

요즘 나오는 그래픽카드는 대부분 오디오 코덱을 내장하고 있으므로 그래픽카드에 포함 된 오디오 코덱 드라이버까지 이상 없이 설치되는지 확인하기 바랍니다. 오디오 코덱 드 라이버는 그래픽카드의 HDMI 단자나 Display Port로 연결한 장치에 오디오를 함께 출 력시켜줍니다. 예를 들어 스피커 내장 모니터를 사용하면 별도의 오디오 케이블 연결 없 이도 오디오가 정상 출력됩니다.

2 그래픽카드 오버클러킹

그래픽카드도 그래픽 코어와 내장 메모리를 갖추고 작동하는 만큼 오버클러킹을 통해 그래픽 코어의 클럭 속도와 메모리 속도를 높여 좀 더 고속으로 동작시킬 수 있습니다. 물론 오버클러킹은 장치에 과부하를 주어 오작동을 유발할 수 있기 때문에 신중히 사용하기 바랍니다.

그래픽카드 오버클럭 현황

그래픽카드도 CPU처럼 오버클러킹해서 사용하는 분들이 많으며, 그래픽카드 상품 의견이나 사용기에도 자주 언급됩니다. 그래픽카드 카드 제조사들도 이 점을 감안하여 아예 하드웨어적으로 GPU 속도와 메모리, 셰이더 클럭 속도를 높이고, 쿨링 성능을 높여 기본이 되는 레퍼런스 모델보다 오버클러킹된 제품을 판매하는 추세입니다. 이렇게 하드웨어적으로 레퍼런스 모델보다 오버클러킹된 그래픽카드 제품명에는 오버클럭된 제품을 의미하는 OC가 붙기도 합니다.

이 때문에 같은 동급 GPU를 사용한 그래픽카드 제품이더라도 GPU 속도와 비디오 메모리 속도에는 차이가 있습니다. 그뿐만 아니라 그래픽카드 제조사들도 자체적으로 오버클러킹을 지원하는 소프트웨어나 드라이버를 제공하여 좀 더 높은 오버클러킹을 지원하기도 합니다.

그래픽카드 오버클러킹 유틸리티

AMD의 경우에는 디스플레이 통합 관리 프로그램인 Catalyst™ Control Center에 AMD Overdrive™를 포함하여 제공합니다. NVIDIA의 경우, GeForce 500 시리즈 이전 버전에 NVIDIA System Tools 유틸리티를 설치하면 NVIDIA 제어판에 오버클러킹 설정을 할 수 있는 Performance 탭이 제공됩니다. GeForce 600 시리즈 이후 버전에서는 타사에서 만든 NVIDIA GPU 오버클럭 유틸리티를 사용하면 됩니다. 그래픽카드 오버클러킹은 GPU의 코어 속도와 메모리 속도, 셰이더 클럭 속도를 조절하여 수행합니다.

- Catalyst™ Control Center는 AMD 그래픽카드의 드라이버 설치할 때 함께 설치됩니다.
- NVIDIA GeForce 600 시리즈 이후 버전에서 사용 가능한 오버클럭 유틸리티에는 Asus GPU Tweak, EVGA Precision, MSI Afterburner, Zotac FireStorm 등이 있습니다. 다운로드 정보는 스마트워크 카페를 참고하기 바랍니다.

ATI Overdrive와 MSI Afterburner

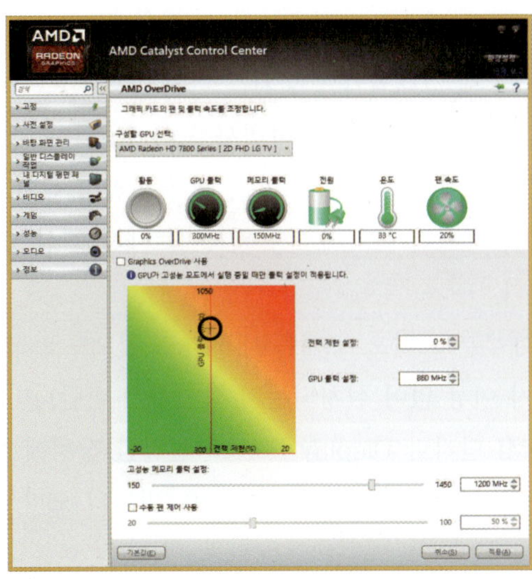

그래픽카드도 오버클러킹 시 그만큼 많은 추가 전압을 사용하며, 발열도 그만큼 높아지기 때문에 그래픽카드의 냉각팬 속도 조절 기능이 함께 제공됩니다. 그래픽카드 오버클러킹을 하면 주로 3D 처리 속도가 향상됩니다.

3D 그래픽 렌더링이나 3D 게임 시 풀로드가 걸리면 오버클러킹 수준만큼 처리 속도가 빨라지는 장점을 얻게 되므로 그에 비례하여 전력 소모도 늘어납니다. 그래픽카드도 3D 사용중에는 고속으로 작동하지만 작업을 하지 않을 때는 최소 클럭이 적용되는 파워 플레이(AMD는 Power Tune) 기능이 지원됩니다.

그래픽카드의 성능을 높이는 가장 확실하고 안전한 방법은 하드웨어 업그레이드지만, 시스템의 쿨링 여건과 안정된 파워서플라이를 갖춘 시스템이라면, 그래픽카드 오버클러킹을 통해 5~10% 수준까지는 성능을 높일 수 있습니다.

단, 오버클러킹에 의한 제품 고장은 무료 AS가 되지 않으므로 오버클러킹은 신중히 결정해야 하며, 오버클러킹을 하면 그만큼 전력도 더 소비하고 발열도 높아지므로 파워서플라이 용량은 충분한지, 그래픽카드의 쿨러 성능이 높아진 발열에 대응할 수 있는지 체크하길 권합니다. 거듭 강조하지만 그래픽카드 오버클러킹은 권장하지 않으며, 오버클럭을 사용하더라도 10% 내외 수준에서 사용하길 권장합니다.

● 수동 오버클러킹 설정은 파코즈하드웨어(www.parkoz.com) 웹 사이트에서 동일 그래픽카드를 사용하는 다른 사용자들의 설정 클럭을 참고하거나, 자신의 시스템의 파워서플라이와 쿨링 여건 등을 감안하여 설정하기 바랍니다.

그래픽카드의 안정성 검사와 벤치마크

그래픽카드 오버클러킹은 결국 부품의 기본 성능보다 높은 성능을 끌어내는 작업인 만큼 안정성 테스트를 통해 사용에 지장이 없는지 점검할 필요가 있습니다.

프리웨어인 GPU-Z 유틸리티는 그래픽카드 정보 확인 및 안정성 테스트 모니터링에도 많이 활용됩니다. CPU 안정성 테스트에 LinX가 많이 활용되듯이 그래픽카드 안정성 테스트에는 FurMark를 많이 사용합니다. FurMark는 GPU와 메모리, 셰이더 클럭에 극심한 부하를 주어 테스트합니다.

FurMark 프로그램은 OPEN GL 성능까지 모두 측정하므로 그래픽카드 판매사는 대부분 제품을 판매하기 전에 자체적으로 FurMark로 검증하며, 그래픽카드 A/S 시 테스트를 할 때에도 이 프로그램을 주로 활용합니다. 보통 최대 과부하 모드에서 20분 이상 견디면 안정성이 검증된 것으로 판단합니다.

그래픽카드의 성능은 그래픽카드 벤치마크 프로그램을 사용하여 비교해보면 됩니다. 그래픽카드 벤치마크 프로그램으로는 셰어웨어인 3D MARK 프로그램이 전 세계적으로 활용되고 있습니다. 온라인을 통해 3D MARK 점수 데이터베이스가 운영되므로 성능을 확인할 수 있습니다. 3D MARK의 경우는 유료 버전을 구입하거나 테스트 시 이메일 인증 코드를 실시간으로 받아 테스트를 수행할 수 있습니다.

프리웨어 3D 벤치마크 프로그램인 UniGine Heaven은 뛰어난 3D 그래픽 화면과 모델링, DirectX 11의 핵심인 테셀레이션 등 3D 렌더링 효과를 보면서 테스트를 진행할 수 있습니다. 3D 게임에서 중요시하는 렌더링 품질에 따른 프레임 레이트를 확인할 수 있으며, 부수적으로 3D 컨트롤을 직접 체험할 수 있기 때문에 많이 활용됩니다.

Exercise

1 기존 그래픽카드 드라이버와 유틸리티 제거하기

컴퓨터의 확장 슬롯을 사용하는 주변 장치를 제거할 때는 먼저 운영체제에서 해당 장치의 드라이버를 제거한 후에 장치를 제거해야 공간 낭비도 줄이고, 기존 드라이버 간의 충돌 발생 가능성도 미연에 차단할 수 있습니다. 여기서는 NVIDIA와 AMD용 그래픽카드 관련 프로그램과 드라이버 제거 방법을 알아보겠습니다.

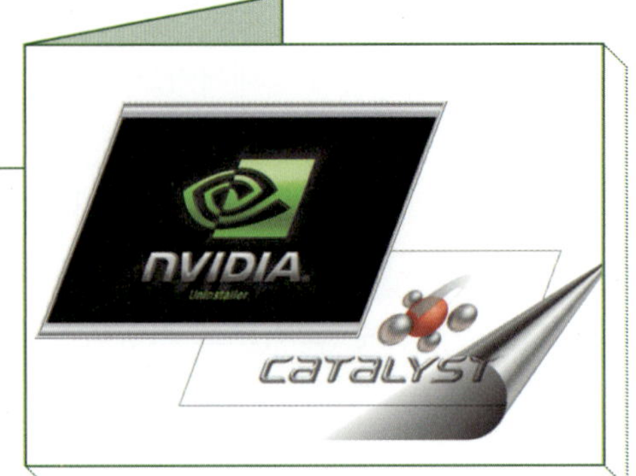

이 실습에 필요한 내용	실습 키 포인트
그래픽카드를 업그레이드할 PC	업그레이드를 위해 그래픽카드 관련 프로그램과 드라이버 제거하기

NVIDIA 그래픽카드 드라이버와 유틸리티 제거하기

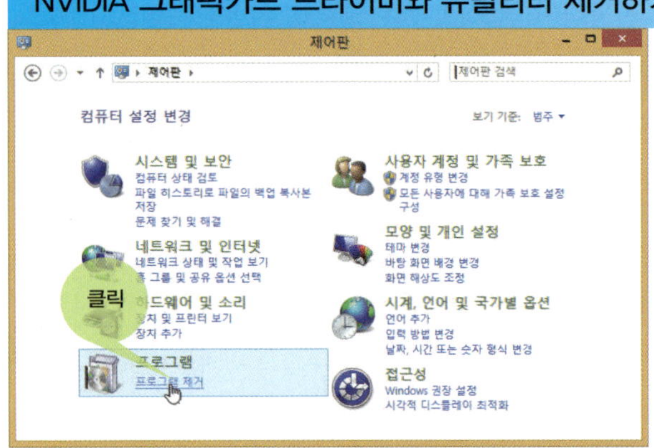

HELP

- 이번 실습 예제 화면은 윈도우 8.1을 예로 설명하지만 다른 윈도우 운영체제에서도 동일합니다.
- 윈도우 7/10에서는 시작 단추를 클릭하면 나타나는 시작 메뉴에서 제어판을 선택합니다. 윈도우 8/8.1에서는 시작 단추에서 오른쪽 마우스 버튼을 클릭하면 나타나는 시작 메뉴에서 제어판을 선택하면 됩니다. ⊞ + C 키로 메뉴를 호출하여 **설정 → 제어판**을 차례로 선택해도 됩니다.
- NVIDIA용 그래픽카드의 경우, 드라이버 외에 NVIDIA 제어판과 물리 엔진 PhysX, 3D View 유틸리티 등이 설치되므로 각각 제거하면 되는데, 그래픽 드라이버가 삭제되면 그때부터 표준 VGA 해상도로 바뀌므로 그래픽 드라이버가 포함된 NVIDIA 제어판은 맨 나중에 제거하기 바랍니다.

1 윈도우에서 **시작→제어판**을 실행하여 제어판 창을 연 다음 **프로그램 제거**를 클릭합니다.

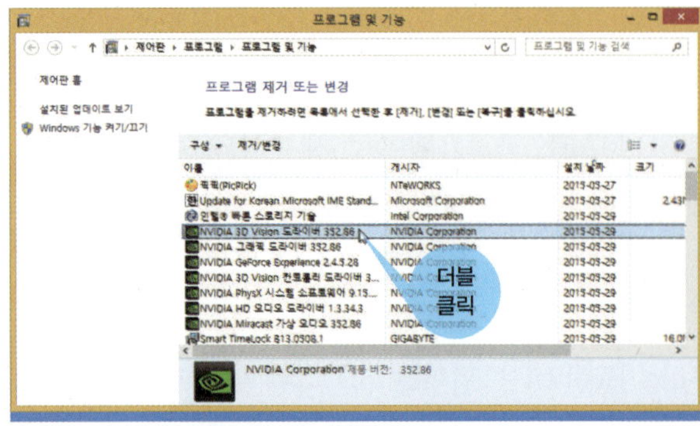

2 프로그램 및 기능 창이 나오면 NVIDIA 설치 항목들로 스크롤한 다음 **NVIDIA 3D Vision 드라이버…** 를 더블 클릭합니다.

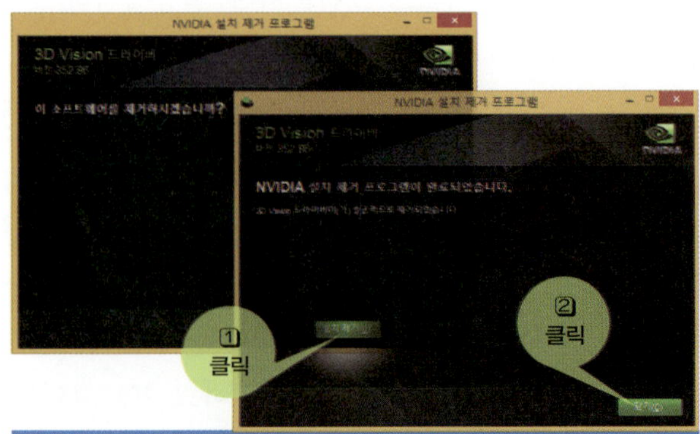

3 이 소프트웨어를 제거할지 묻는 대화상자가 나오면 **설치 제거**를 클릭하여 제거하고 완료되면 **닫기** 단추를 클릭합니다.

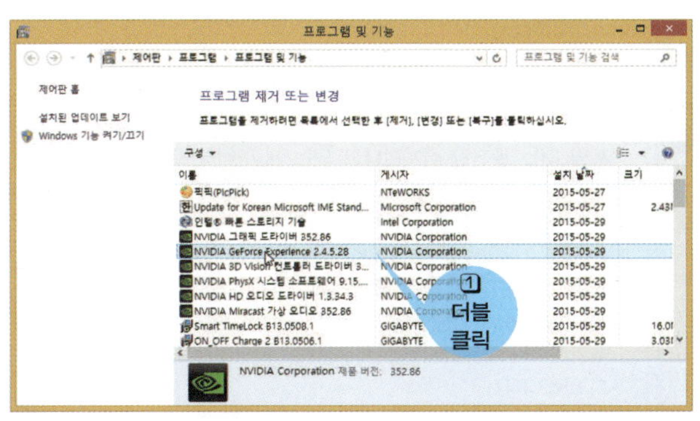

4 이번에는 프로그램 제거 또는 변경 창에서 NVIDIA GeForce Experience…를 더블 클릭한 후 앞의 3 단계와 같은 방식으로 제거합니다.

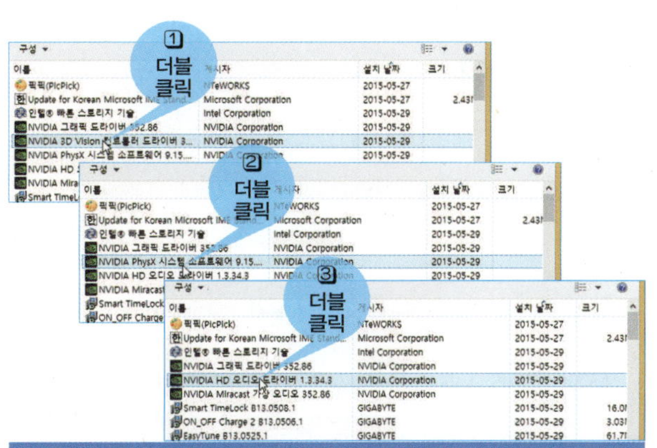

5 계속해서 NVIDIA 3D Vision… , NVIDIA PhysX… 를 더블 클릭한 후 앞의 3단계와 같은 방식으로 제거합니다. 그런 다음 NVIDIA HD 오디오 드라이버…를 제거하기 위해 더블 클릭합니다.

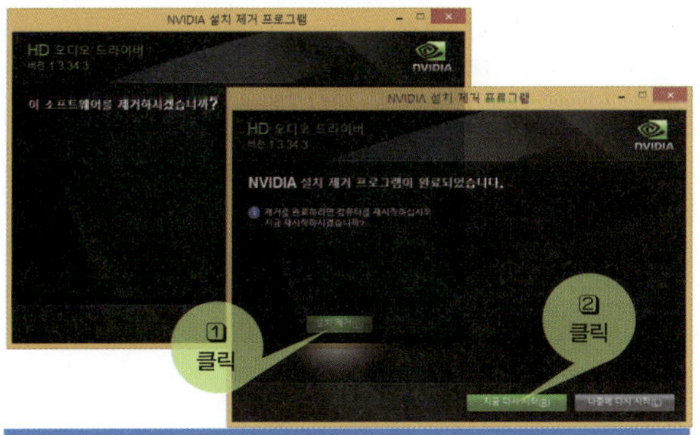

6 이 소프트웨어를 제거할지 묻는 대화상자가 나오면 **설치 제거**를 클릭합니다. 제거를 완료하기 위해 재시작할지 물어오면 **지금 다시 시작** 단추를 클릭합니다.

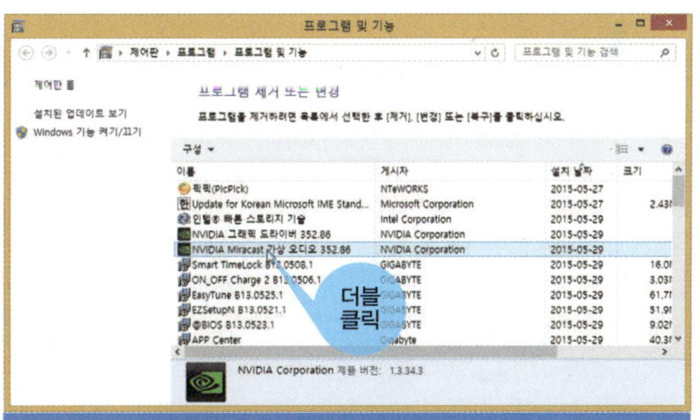

7 시스템을 재시작한 후 다시 프로그램 및 기능 창을 열고 NVIDIA Miracast 가상 오디오…를 더블 클릭한 후 앞의 3 단계와 같은 방식으로 제거합니다.

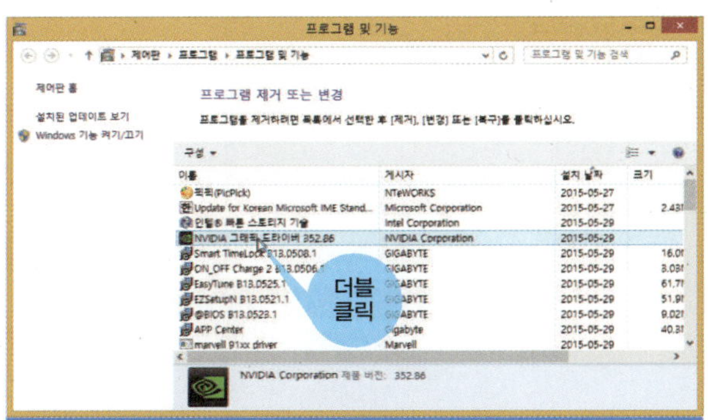

8 이제 마지막으로 NVIDIA 그래픽 드라이버…를 제거하기 위해 더블 클릭합니다.

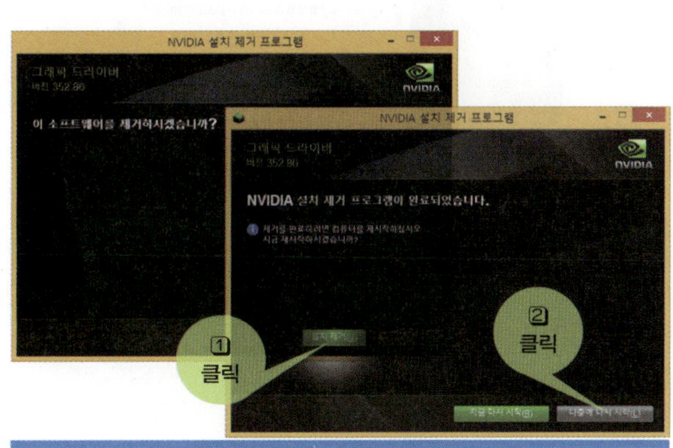

9 이 소프트웨어를 제거할지 묻는 대화상자가 나오면 **설치 제거**를 클릭합니다. 제거를 완료하기 위해 재시작할 지 물어오면 **나중에 다시 시작** 단추를 클릭합니다.

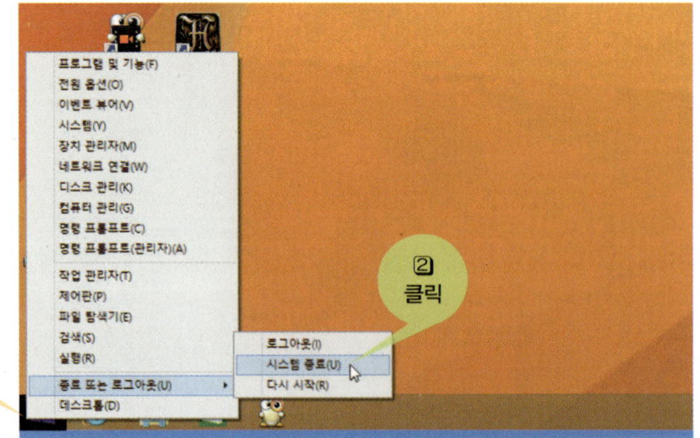

10 이제 **시작** 메뉴에서 **시스템 종료**를 클릭합니다. 이것으로 기존 그래픽카드 드라이버와 유틸리티 제거 작업이 완료되었습니다.

AMD GPU 사용 그래픽카드 드라이버와 유틸리티 제거하기

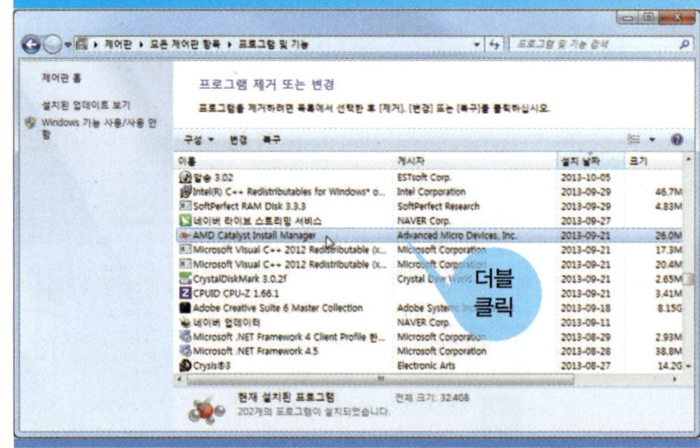

1 제어판 창에서 **프로그램 제거**를 클릭하여 프로그램 제거 또는 변경 창을 열고 ATI Catalyst Install Manager를 더블 클릭합니다.

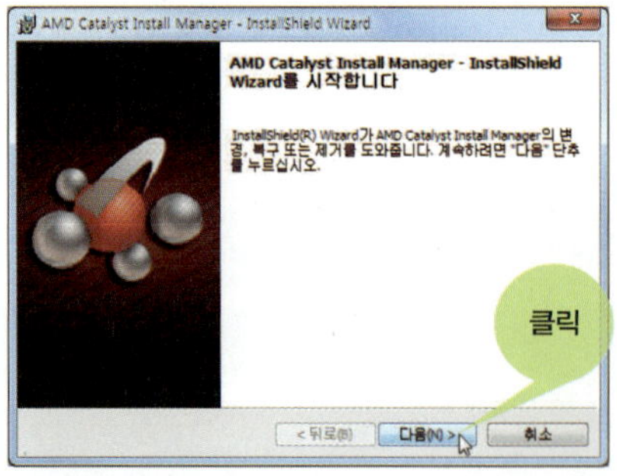

2 AMD Catalyst Install Manger가 시작되면 **다음** 단추를 클릭합니다.

3 이제 모든 그래픽카드 관련 프로그램과 드라이버를 제거하기 위해 **모든 AMD 소프트웨어 고속 삭제**를 클릭한 후 **다음** 단추를 클릭하고, 안내 대화상자가 나오면 **확인** 단추를 클릭합니다.

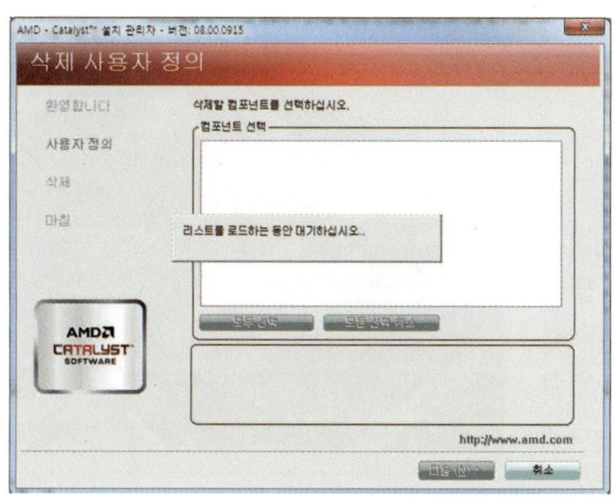

4 리스트를 로드하는 동안 대기하면 화면이 나타납니다. 이 과정은 삭제할 컴포넌트를 확인하는 과정입니다.

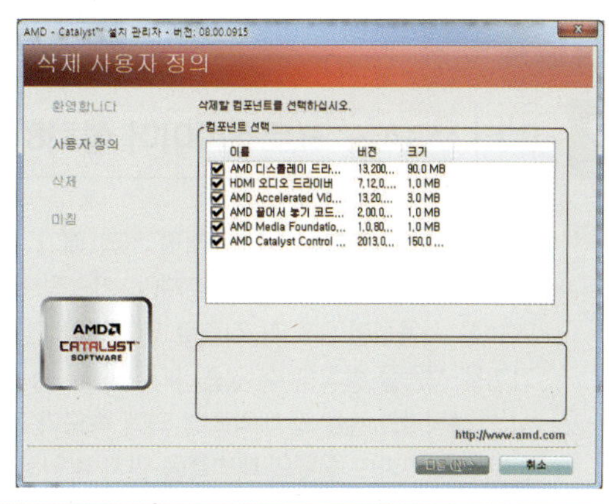

5 삭제할 컴포넌트 목록들이 표시된 후에 자동으로 다음 단계로 진행합니다.

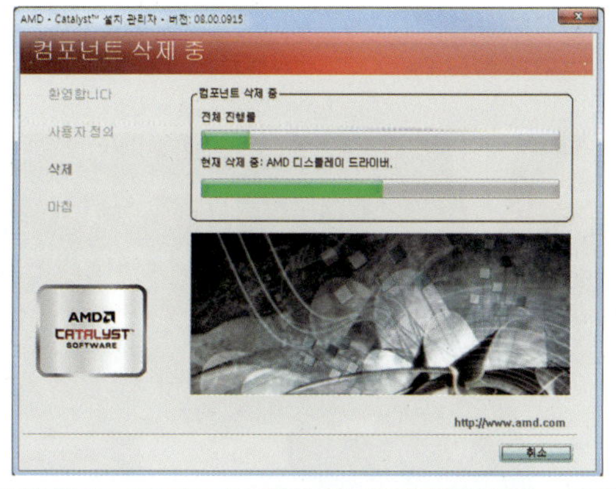

6 모든 컴포넌트의 삭제가 자동으로 진행됩니다.

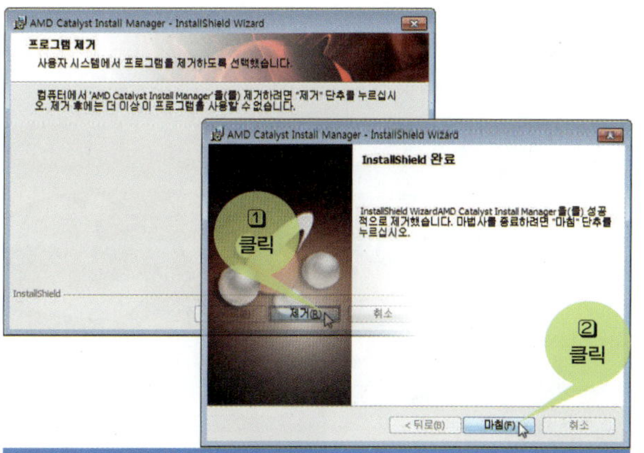

7 프로그램 제거 대화상자가 나오면 제거 단추를 누르고 완료되면 **마침** 단추를 클릭합니다.

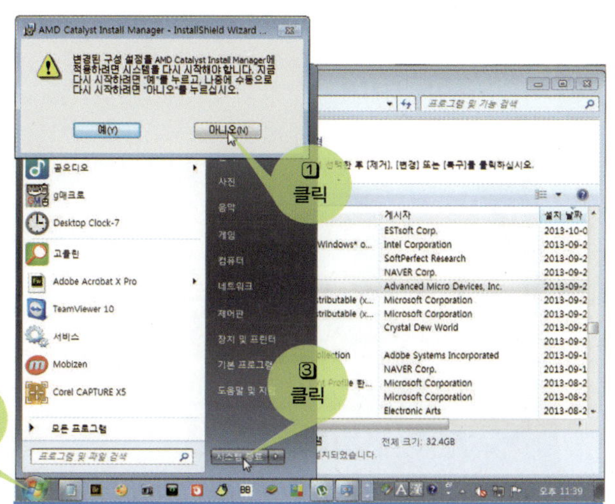

8 다시 시작할지 문의하는 대화상자가 나오면 **아니오** 단추를 클릭한 후에 **시작** 메뉴에서 **시스템 종료**를 클릭하여 종료합니다. 그 다음부터는 그래픽카드를 제거하고 업그레이드를 진행하면 됩니다.

● 순수하게 장치 드라이버만 제거할 때는 장치 관리자에서 제거할 장치를 선택하고 오른쪽 마우스 버튼을 클릭하여 팝업 메뉴에서 제거를 선택하면 됩니다. 이 방법은 오작동하는 장치 드라이버를 제거할 때 주로 활용되는 방법입니다.

● 장치 관리자에서는 드라이버의 업데이트 작업도 수행할 수 있습니다.

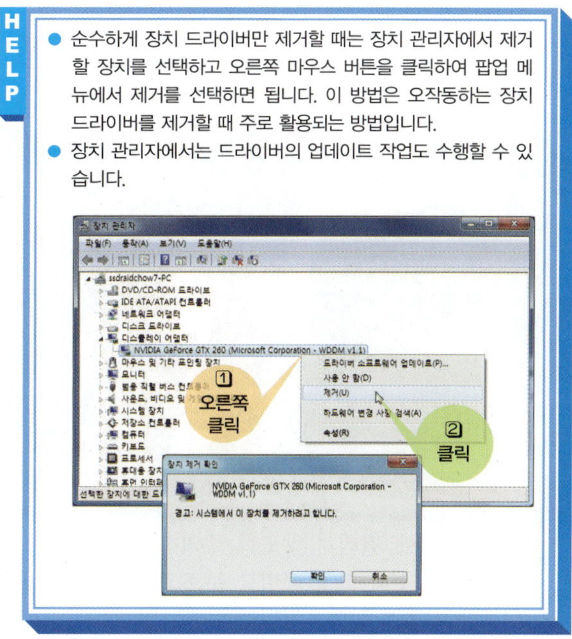

Exercise

2 멀티 VGA – 크로스파이어 설치하기

AMD는 멀티 VGA를 통한 그래픽 처리 배가 기술을 크로스파이어라 부르고, NVIDIA는 SLI라고 부르지만, 기술적으로는 비슷합니다. 멀티 VGA를 사용하면 GPU가 직렬로 연결되어 단일 그래픽카드의 두 배 가까운 성능을 발휘할 수 있습니다. 단, 세 개 이상의 멀티 VGA 연결 시 그래픽카드 슬롯의 대역폭에 의해 속도가 제한될 수 있으므로, 세 번째 그래픽카드 슬롯의 대역폭을 먼저 확인하기 바랍니다.

이 실습에 필요한 내용	실습 키 포인트
두 개의 그래픽카드와 크로스파이어 케이블 실습 제품 : SAPPHIRE 라데온 HD 7850 D5 1GB Dual-X 2개	두 개의 그래픽카드 크로스파이어로 연결하기

두 개의 그래픽카드 설치하기

1 그래픽카드에서 파워서플라이의 PCIe VGA 전원 커넥터 두 개를 빼냅니다.

2 드라이버로 그래픽카드 브래킷의 고정 나사를 풉니다.

3 CPU 쿨러에 걸리지 않도록 주의하면서 그래픽카드 전용 슬롯의 고정 레버를 누르고 그래픽카드의 뒤쪽을 가볍게 들어올립니다.

4 그래픽카드가 다른 부품들과 부딪히지 않도록 조심스럽게 꺼냅니다.

- 이 책에서는 (주)이엠텍에서 지원한 Sapphire HD 7850 D5 1GB Dual-X 레퍼런스 모델을 준비하였습니다. 레퍼런스 모델은 AMD나 NVIDIA GPU 제조사의 기준 규격을 말합니다. 실제 시장에 판매되는 모델은 레퍼런스 모델을 개선하여 판매합니다. 보통 OC(오버클럭) 제품들이 이에 해당하는데, 시장에 공식 유통되는 제품은 SAPPHIRE HD7850 OC D5 1GB Dual-X 입니다.
- 둘 이상의 그래픽카드를 크로스파이어나 SLI로 연결할 때 무엇보다 유의해야 할 사항은 필요한 파워서플라이 정격 출력 용량입니다. 그래픽카드를 하나 더 추가할 때는 권장 파워 용량에 그래픽카드의 최대 사용 전력 만큼의 정격 출력이 보장되는 파워서플라이를 사용해야 합니다.
- 예제 그래픽카드의 경우 정격 파워는 500W 이상을 권장하고, 최대 사용 전력은 130W이므로 최소한 630W 이상의 파워서플라이를 갖춰야 합니다. 이 책에서 사용한 파워서플라이인 마이크로닉스 Strike X 시리즈 85Plus 모듈러 제품의 용량은 750W 이므로 충분합니다.

5 이제 크로스파이어로 연결할 그래픽카드를 준비합니다.

6 두 번째 그래픽카드를 설치할 위치의 슬롯 칸막이 나사를 풉니다. 미리 두 번째 그래픽카드 위치를 확인하고 제거해야 할 슬롯 칸막이를 확인합니다.

7 나사를 풀었으면 슬롯 칸막이를 안쪽으로 천천히 젖히면서 꺼냅니다.

8 슬롯 칸막이 나사를 하나 더 풉니다. 고성능 그래픽카드들은 대부분 쿨링 때문에 두 개의 슬롯 공간을 차지합니다.

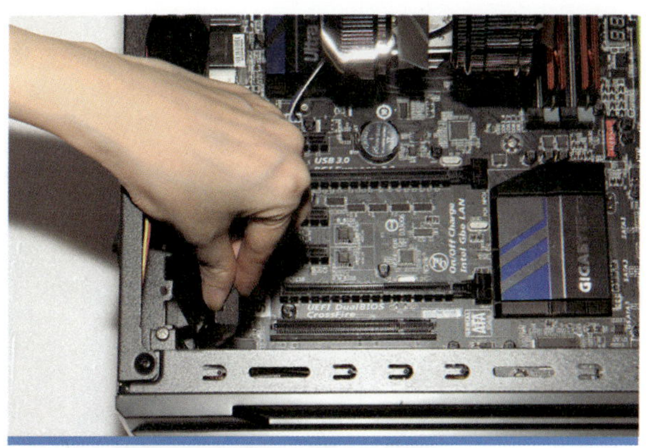

9 나사를 풀었으면 앞과 같은 방식으로 슬롯 칸막이를 안쪽으로 천천히 젖히면서 꺼냅니다.

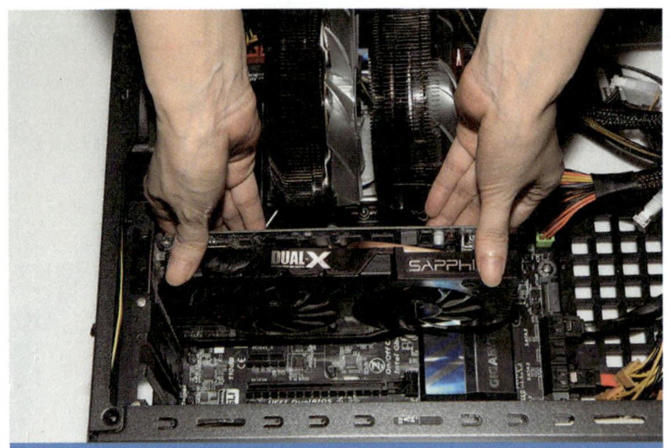

10 이제 첫 번째 위치의 그래픽카드 전용 슬롯에 그래픽카드의 고정 레버가 그래픽카드의 홈에 딸각하고 결합될 때까지 수직으로 눌러 끼웁니다.

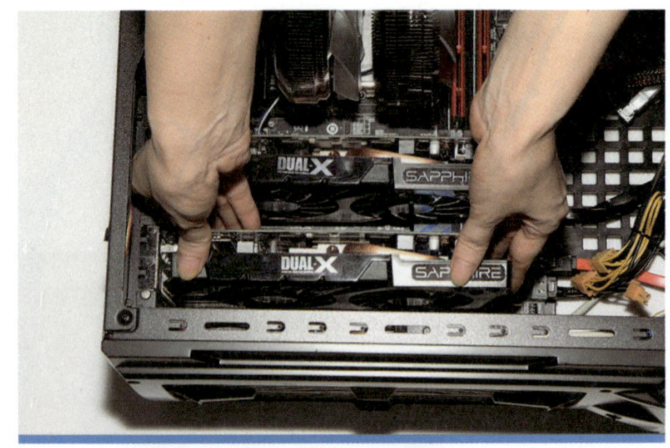

11 두 번째 그래픽카드 전용 슬롯에 그래픽카드의 고정 레버가 그래픽카드의 홈에 딸각하고 결합될 때까지 수직으로 눌러 끼웁니다.

크로스파이어 연결하기

1 두 개의 그래픽카드를 연결하기 위해 ATI 크로스파이어 케이블을 준비합니다. 참고로 NVIDIA 그래픽카드에서는 SLI 케이블이라 부릅니다.

2 크로스파이어 케이블을 연결할 그래픽카드의 크로스파이어 연결 단자를 확인합니다.

3 먼저 한쪽 그래픽카드의 크로스파이어 연결 단자에 크로스파이어 케이블을 연결합니다.

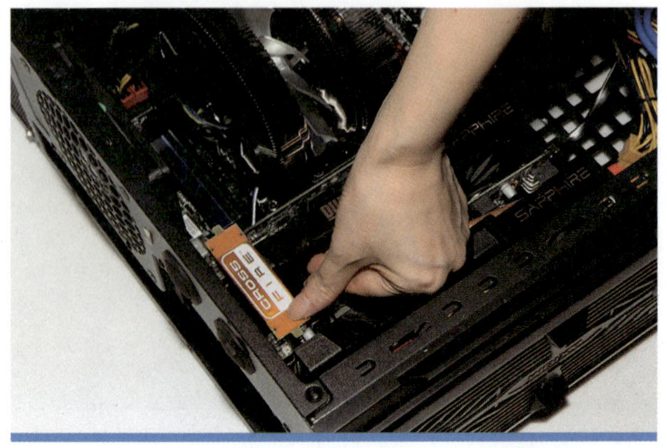

4 나머지 한쪽의 그래픽카드의 크로스파이어 연결 단자에도 크로스파이어 케이블을 연결합니다.

5 크로스파이어의 연결이 완료되면 그래픽카드의 브래킷을 나사로 고정합니다.

6 두 개의 그래픽카드가 크로스파이어로 연결되었습니다.

7 크로스파이어로 연결한 그래픽카드의 보조 전원 단자에 파워서플라이의 PCIe VGA 전원 커넥터의 고정 레버가 걸릴 때까지 힘주어 꽂습니다.

8 크로스파이어로 연결한 다른 그래픽카드의 전원 단자에도 파워서플라이의 PCIe VGA 전원 커넥터를 연결합니다.

9 마지막으로 SATA 전원 케이블을 메인보드의 ATX4P 단자에 연결합니다.

> **HELP**
> - ATX4P 단자에 파워서플라이의 SATA 전원 케이블을 연결하지 않는다고해서 멀티 VGA가 작동하지 않는 것은 아닙니다. 시스템 안정성을 높이기 위해 메인보드 제조업체에서 권장하는 것입니다.
> - 파워서플라이의 SATA 전원 케이블로 ATX4P 단자를 연결하면 PCIe x16 슬롯에 보조 전원을 공급하게 됩니다. 만약에 그래픽카드로 공급되는 전원이 부족한 경우 그래픽카드는 PCIe x16 슬롯을 통해 부족한 전원을 공급받게 되므로 안정성이 높아집니다.

10 두 개의 그래픽카드에 대한 크로스파이어 설치 작업이 모두 완료되었습니다. 이제 파워서플라이 전원을 연결하고 모니터 케이블을 연결한 다음 전원 단추를 눌러 시동합니다.

- 전원을 켠 후 그래픽카드의 쿨러가 정상 작동하는지 확인합니다. CPU 쿨러는 작동하는데, 그래픽카드 쿨러가 작동하지 않는 경우에는 즉시 전원을 끈 다음 그래픽카드가 슬롯에 제대로 연결되었는지, 그래픽카드의 PCIe 전원 커넥터 연결은 이상없는지 확인합니다.
- 크로스파이어를 연결한 후 모니터 케이블을 그래픽카드의 단자에 연결할 때는 CPU와 가까운 쪽에 있는 첫 번째 PCIe x16 슬롯에 연결된 기본 그래픽카드의 단자에 연결해야 최상의 GPU 가속 성능을 발휘한다는 점을 유의하기 바랍니다. 크로스파이어 연결 시 두 번째 그래픽카드부터는 GPU 가속을 위한 보조 GPU 역할을 합니다.

- 이상 없이 설치된 경우에는 현재 사용 중인 운영체제로 시동됩니다. 단, 화면 크기는 그래픽카드 드라이버 설치 전 단계이므로 저해상도로 표시됩니다.
- 멀티 VGA 설치에 문제가 있는 경우에는 화면이 표시되지 않으므로 일단 시스템을 전원을 끈 후 크로스파이어 케이블을 해제하고 다시 시동해봅니다. 단일 그래픽카드에서는 파워서플라이에 멀티 VGA가 필요로 하는 충분한 전력 공급이 이뤄지지 않아 화면이 표시되지 않을 수 있습니다. 이 경우에는 충분한 정격 출력을 가진 파워서플라이로 교체하기 바랍니다. 멀티 VGA에 필요한 파워서플라이 정격 출력 용량은 543쪽을 참고하기 바랍니다.

11 화면이 이상 없이 나오는지 확인합니다. 화면이 표시된다면 이상 없이 설치된 것입니다.

멀티 VGA 드라이버 설치하고 크로스파이어 활성화하기

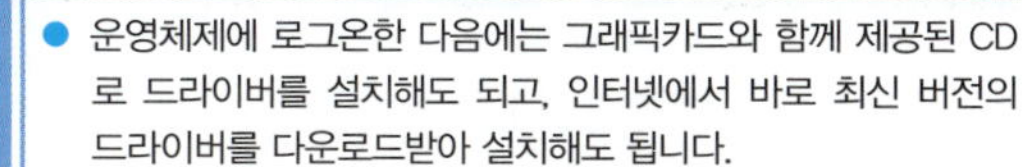

HELP
- 운영체제에 로그온한 다음에는 그래픽카드와 함께 제공된 CD로 드라이버를 설치해도 되고, 인터넷에서 바로 최신 버전의 드라이버를 다운로드받아 설치해도 됩니다.
- AMD의 경우는 CPU와 GPU를 모두 제조하는 회사입니다. amd.co.kr로 접속한 다음에 **드라이버 및 지원**에서 **최신 AMD RADEON 드라이버**를 선택합니다. 그러면 왼쪽 예제와 같은 화면이 나오는데, 이 화면에서 볼 수 있듯이 드라이버 자동 감지 후 설치와 수동으로 드라이버 선택을 하여 설치할 수 있습니다.
- AMD GPU를 사용하는 게 확실한 경우 드라이버 자동감지는 정확하게 필요한 드라이버를 찾아내므로 이 책에서는 자동감지로 다운로드하여 드라이버 설치를 진행하였습니다.

1 시동 후에 AMD 사이트에서 GPU 드라이버 다운로드 페이지의 드라이버 자동 감지 후 **설치**에 있는 **지금 다운로드**를 클릭한 후, 알림줄에서 **실행**을 클릭합니다.

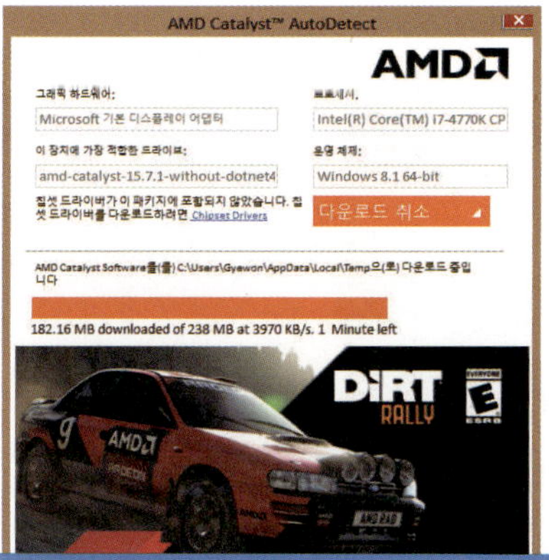

2 파일 다운로드가 진행됩니다. 자동으로 진행되므로 완료될 때까지 기다립니다.

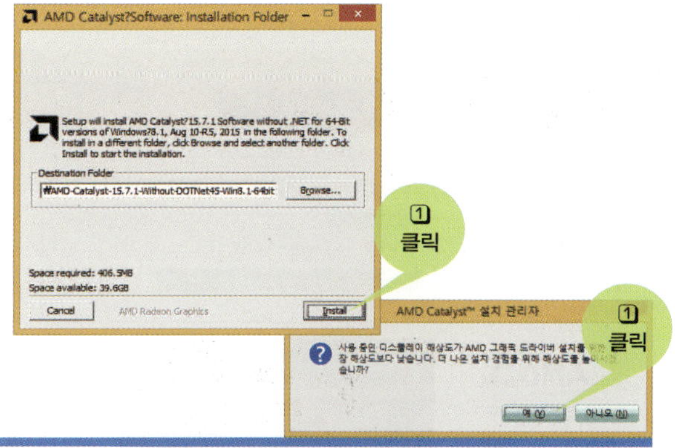

3 다운로드가 완료되면 Install 단추를 클릭합니다. 잠시 동안 설치 파일의 압축을 해제한 후, 설치를 위해 해상도를 높일지 물으면 **예**를 클릭합니다.

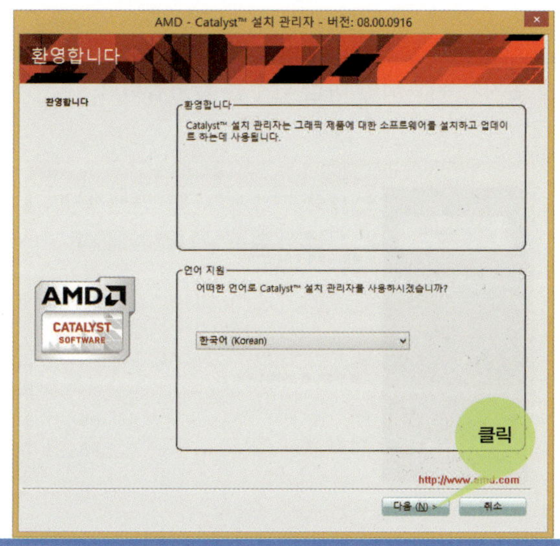

4 이제 비로소 AMD Catalist 설치 관리자가 나옵니다. 설치 진행을 위해 **다음** 단추를 클릭합니다.

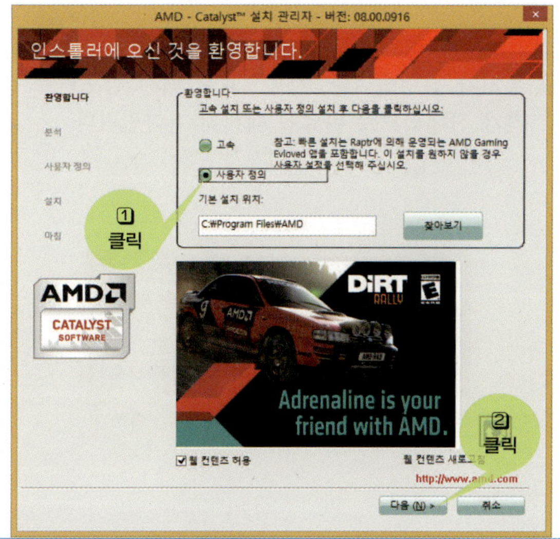

5 설치 옵션으로 **사용자 정의**를 선택한 후에 **다음** 단추를 클릭합니다.

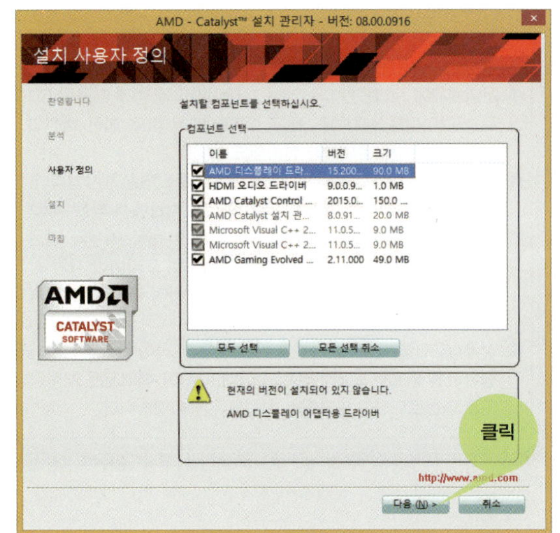

6 설치할 컴포넌트 선택화면이 나오면 어떤 종류가 설치되는지 살펴본 후, **다음** 단추를 클릭합니다.

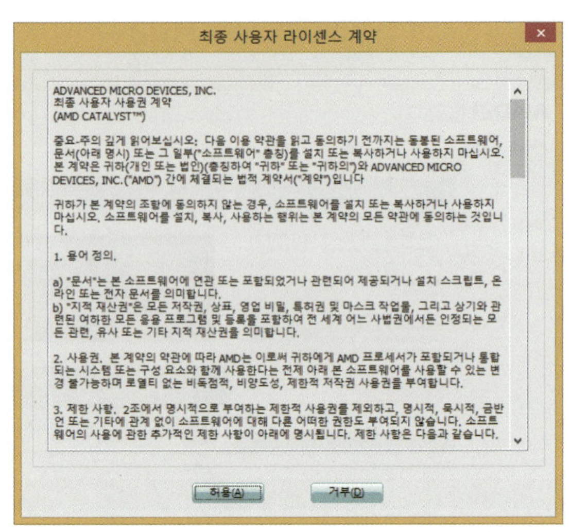

7 최종 사용자 라이선스 계약 대화상자 나오면 **허용** 단추를 클릭합니다.

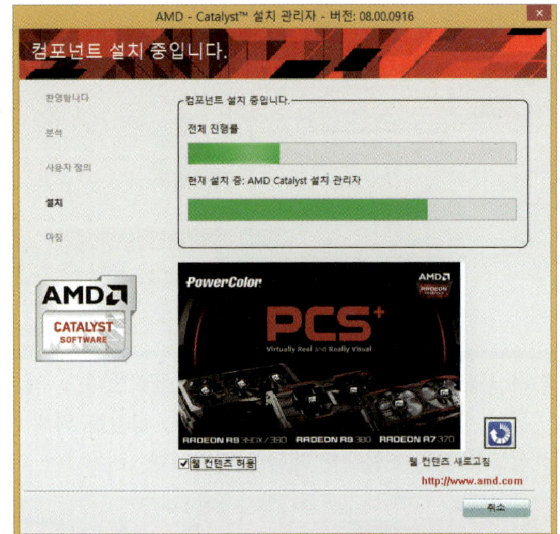

8 설치가 진행됩니다. 자동으로 선택된 컴포넌트 설치가 진행되므로 완료될 때까지 기다립니다.

9 설치가 완료되면 **마침** 단추를 클릭합니다.

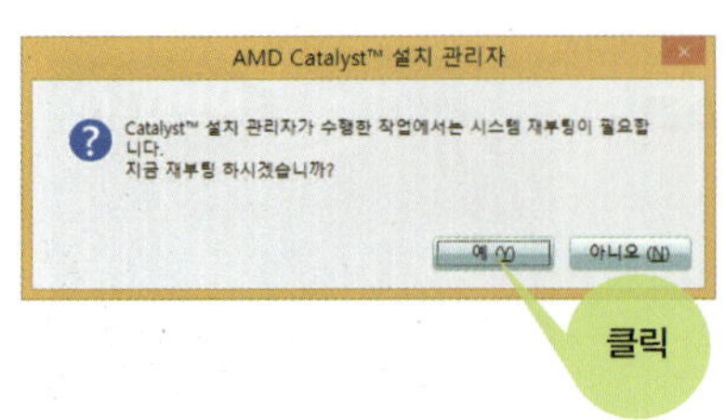

10 지금 재부팅할지 문의하는 대화상자가 나오면 **예**를 클릭합니다.

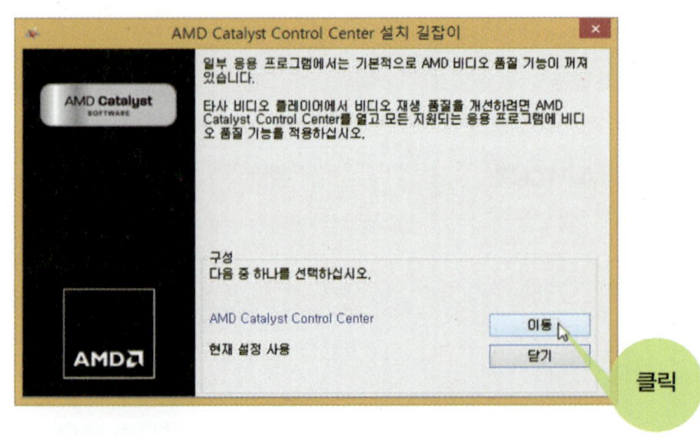

11 재부팅 후에 AMD Catalyst Control Center 설치 길잡이 대화상자가 나오면 **이동**을 클릭합니다.

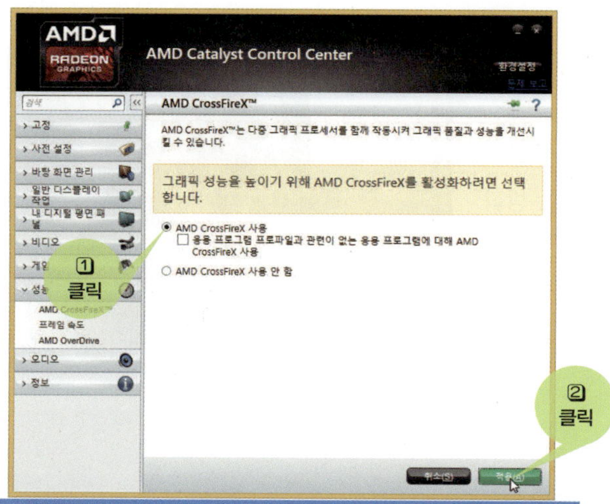

12 AMD Catalyst Control Center가 나오면 성능 메뉴에서 AMD CrossFireX를 선택한 다음 AMD CrossFireX 사용을 체크한 후 적용 단추를 클릭합니다.

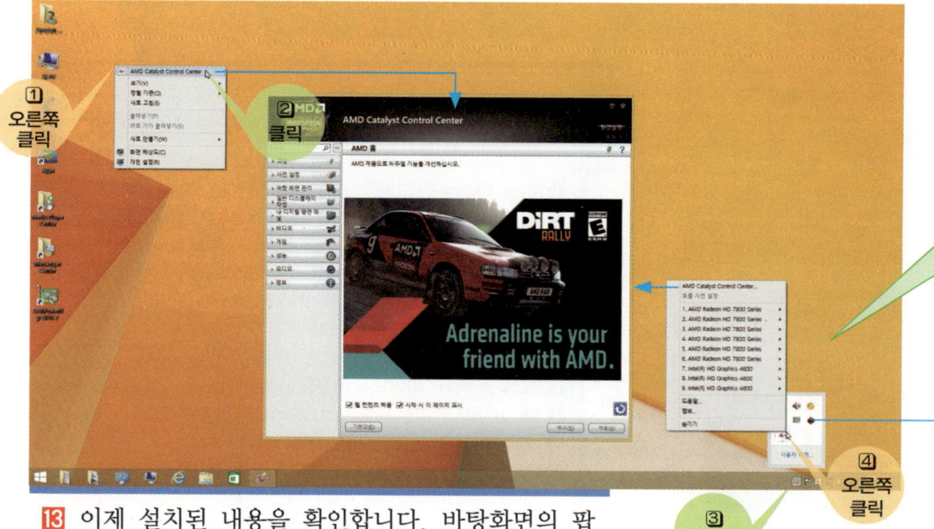

13 이제 설치된 내용을 확인합니다. 바탕화면의 팝업 메뉴에 AMD Catalyst Control Center 메뉴가 추가되었고, 작업 표시줄의 알림 영역에서 AMD Gaming Evolved 아이콘과 AMD Catalyst Control Center 아이콘이 추가된 것을 볼 수 있습니다.

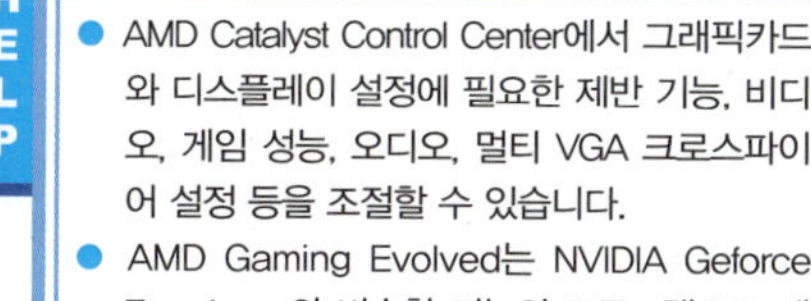

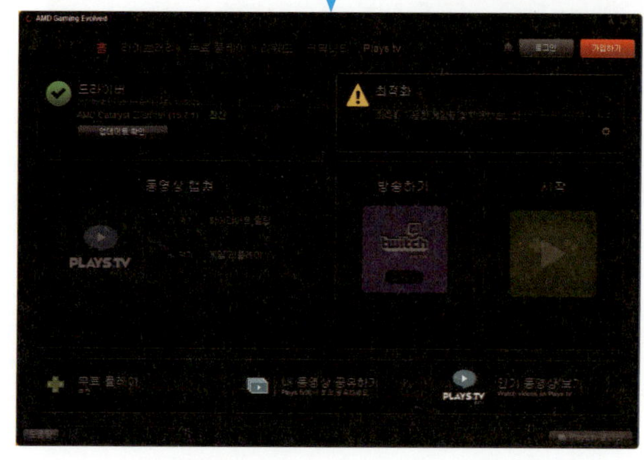

Exercise

3 AMD 그래픽카드 성능 확인 및 오버클러킹

그래픽카드는 GPU 코어 속도와 그래픽 메모리 속도를 설정하는 방식으로 간단히 설정할 수 있지만, 무턱대고 설정하면 오히려 고장을 유발할 수 있으므로 유의하기 바랍니다. 그래픽카드도 오버클럭 후에는 반드시 안정성 테스트를 통해 실사용 가능한지 점검하기 바랍니다.

이 실습에 필요한 내용	실습 키 포인트
그래픽카드 오버클러킹 유틸리티 – AMD Overdrive™, NVIDIA System Tools GPU-Z, FurMark, UniGine Heaven 벤치마크	안전한 그래픽카드 오버클러킹 및 안정성 테스트하기

GPU-Z로 그래픽카드 성능 확인하기

http://cafe.naver.com/smartworkcafe

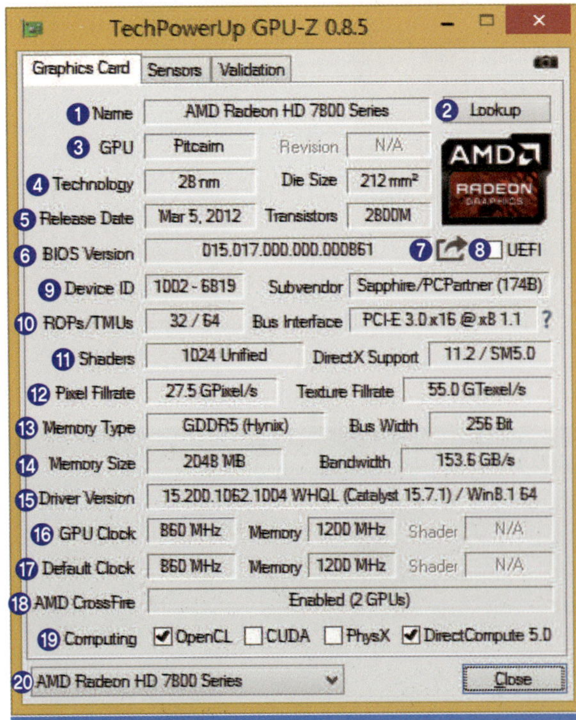

1 GPU-Z를 다운로드하여 설치한 다음 바탕화면에서 *TechPower GPU-Z*를 더블 클릭합니다. 그러면 Graphics Card 탭 선택 상태로 실행됩니다.

HELP

● TechPowerUp에서 만든 GPU-Z는 프리웨어로 제작사 홈페이지(cpuid.com)나 스마트워크 카페를 방문하여 GPU-Z를 다운로드하여 설치하기 바랍니다.

❶ Name : Name은 그래픽카드 제품명입니다.

❷ Lookup : 기본 웹브라우저에 TechPowerUP 데이터베이스의 그래픽카드 정보를 조회하여 보여줍니다.

❸ GPU / Revision : GPU 개발 코드와 개정(Revision) 여부 표시

❹ Technology / Die Size : 제조 기술은 28nm(나노미터) 공정이며, 212mm 다이 크기의 GPU입니다.

❺ Release Date / Transistors : 발표일과 트랜지스터 수

❻ BIOS Version : 바이오스 버전을 표시합니다.

❼ : 바이오스 저장 또는 TechPowerUP DB로의 업로드 단추

❽ UEFI : 바이오스 UEFI 사용 여부를 나타냅니다.

❾ Device ID / Subvendor : 디바이스 아이디와 AMD GPU로 그래픽카드를 제작한 제조사를 나타냅니다.

❿ ROPs / Bus Interface : ROPs(Raster Operations Pipelines)는 2차원 화면 출력용의 래스터 연산을 수행하는 파이프라인 수이며, 버스 인터페이스는 그래픽 버스 인터페이스입니다.

⓫ Shaders / DirectX Support : Shaders는 스트림 프로세서 수를 나타내며, DirectX 지원 버전이 나옵니다. SM5.0은 DirectX 기반의 렌더링과 셰이딩 API 지원 버전을 의미합니다.

⓬ Pixel Fillrate / Texture Fillrate : 픽셀과 텍스처의 채우기 속도(Fillrate)로, 높을수록 좋은 성능을 발휘합니다.

⓭ Memory Type / Bus Width : 메모리 종류와 버스 대역폭

⓮ Memory Size / Bandwidth : 메모리 크기와 대역폭 속도

⓯ Driver Version : 디스플레이 드라이버 버전을 나타냅니다.

⓰ GPU Clock / Memory : 그래픽카드의 오버클릭이 이뤄질 경우 이곳에 오버클럭된 GPU와 Memory 클럭이 표시됩니다.

⓱ Default Clock / Memory : 기본값 GPU, Memory 클럭입니다.

⓲ AMD CrossFire : 멀티 VGA 활성 여부를 나타냅니다. NVIDIA 그래픽카드의 경우에는 NVIDIA SLI로 표시됩니다.

⓳ Computing : GPU가 지원하는 그래픽 처리 기술로, OpenCL은 애플이 정의한 그래픽 처리 기술이고, DirectCompute 5.0은 윈도우의 DirectX 기술이며, CUDA와 PhysX는 NVIDIA 계열 GPU가 지원하는 기술입니다(134쪽 참고).

⓴ AMD Radeon HD 7800 Series : GPU 계열 정보입니다.

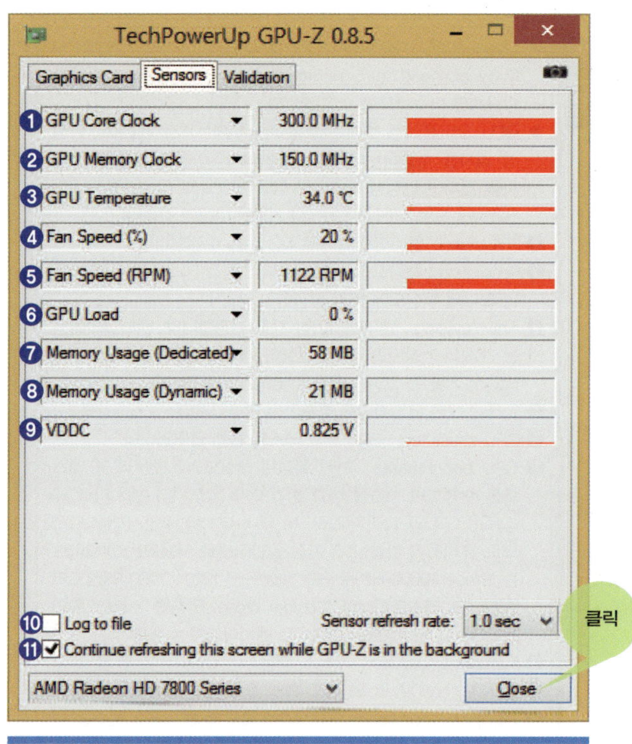

2 이번에는 Sensors 탭을 클릭하고 내용을 살펴보고 Close 단추를 클릭합니다.

HELP

● Sensors 탭은 현재 작동 중인 그래픽카드의 실시간 상태 정보를 나타냅니다. 그래픽카드에 따라 표시 항목은 달라질 수 있습니다. 각 항목의 ▼를 클릭하면 실시간 검출 방식을 변경할 수 있습니다. 현재 표시된 항목들의 내용은 다음과 같습니다.

❶ GPU Core Clock : GPU 코어의 실시간 동작 속도를 나타냅니다. AMD Power Tune 기술로 GPU가 부하에 따라 클럭 속도를 최적화하므로 3D 응용 프로그램을 사용하지 않을 때는 기본 클럭보다 낮은 300MHz로 동작하는 것을 볼 수 있습니다.

❷ GPU Memory Clock : 그래픽 메모리 클럭 속도로 AMD Power Tune 기술에 의해 150MHz로 작동 중입니다.

❸ GPU Temperature : GPU 코어의 현재 온도를 나타냅니다.

❹ Fan Speed : 그래픽카드 쿨러의 냉각팬이 최대 성능의 20% 비율로 작동 중임을 알 수 있습니다.

❺ Fan Speed : 그래픽카드 쿨러의 냉각팬 속도를 분당 회전 수 (RPM) 단위로 나타냅니다.

❻ GPU Load : GPU의 부하 상태를 실시간으로 나타냅니다.

❼ Memory Usage (Dedicated) : 그래픽카드의 VRAM(비디오 메모리) 사용량을 나타냅니다.

❽ Memory Usage (Dynamic) : 메인보드의 DRAM 사용량을 나타냅니다.

❾ VDDC : GPU 코어의 실시간 전압 값을 나타냅니다.

❿ Log to file : 그래픽카드의 실시간 정보를 파일로 기록합니다.

⓫ Continue refreshing this screen while GPU-Z is in the background : 백그라운드에서 GPU-Z가 작동할 때 계속 실시간 갱신이 수행되도록 설정합니다.

Chapter 10 그래픽 카드 파워 업그레이드

FurMark로 안정성 테스트하기

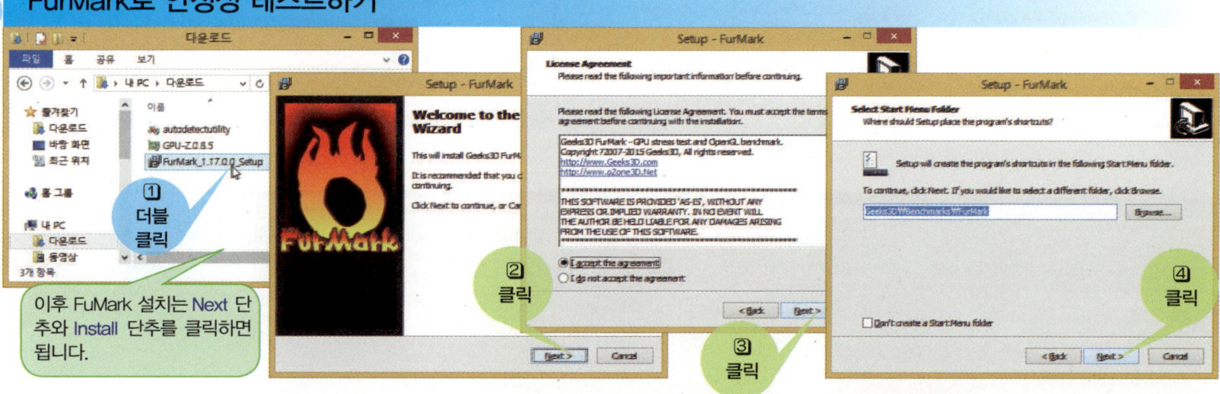

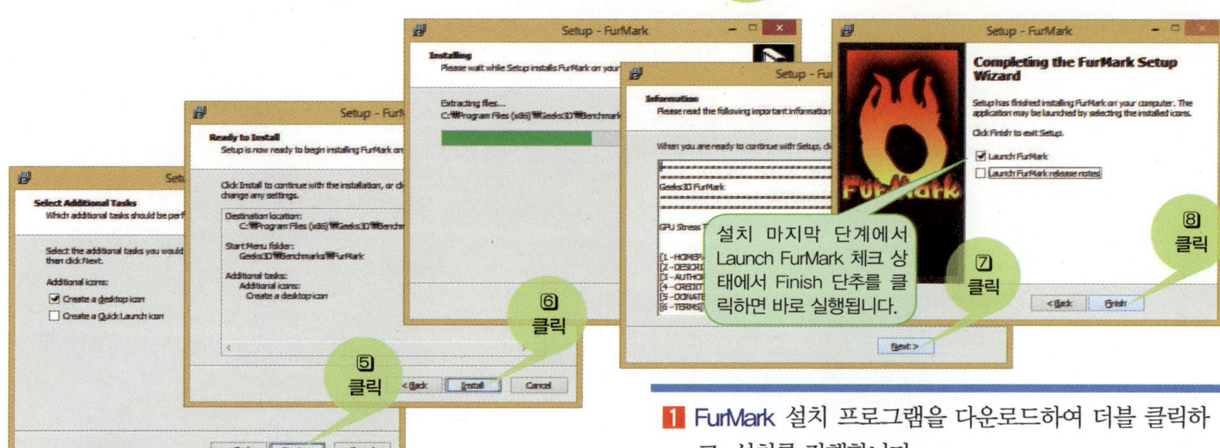

1 FurMark 설치 프로그램을 다운로드하여 더블 클릭하고, 설치를 진행합니다.

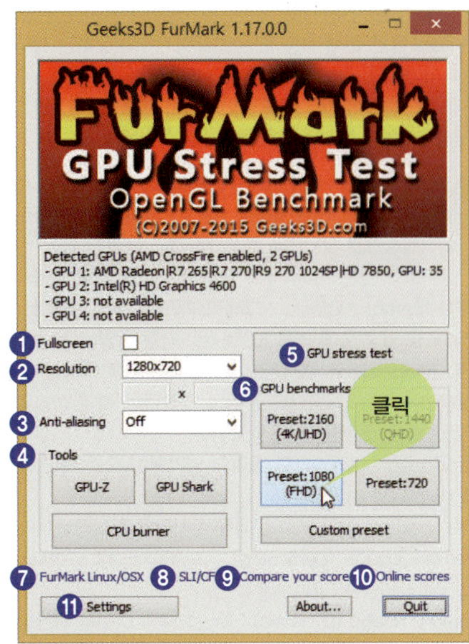

2 FurMark 프로그램이 실행되면, 그래픽카드의 성능을 알아보기 위해 Preset:1080 단추를 클릭합니다.

3 CAUTION 대화상자가 나오면 Go! 단추를 클릭합니다. 그러면 벤치마크 테스트가 1분 동안 수행됩니다.

- Ozone3D에서 만든 GPU-Z는 프리웨어로, 제작사 홈페이지(www.ozone3d.net/benchmarks/fur/)나 스마트워크 카페를 방문하면 다운로드할 수 있습니다.
- GPU 오버클러킹 후에는 보통 FurMARK 프로그램으로 안정성 검사를 수행하는데, 최대 부하에서 20분 이상 안정성 검사를 견디면 안정성 테스트를 통과한 것으로 볼 수 있습니다. Furmark 프로그램의 각 옵션의 기능은 다음과 같습니다.
- ❶ Fullscreen : 풀스크린 모드로 테스트를 수행합니다.
- ❷ Resolution : 해상도를 설정합니다. 안정성 테스트를 수행할 때는 모니터 해상도에 맞춰 설정하기 바랍니다.
- ❸ Anti-alliasing : 앤티앨리어싱 값을 설정합니다. 앤티앨리어싱은 개체의 가장자리에 계단현상이 생기지 않도록 부드럽게 처리하는 기술로, 값이 높을수록 부하가 가중됩니다.
- ❹ Tools : 다른 유틸리티를 호출하는 단추입니다.
- ❺ GPU stress test : GPU 부하 테스트 실행 단추입니다.
- ❻ GPU benchmarks : 사전 설정된 해상도별로 벤치마크 테스트를 수행하여 성능을 비교 평가할 수 있습니다. 벤치마크 테스트는 GPU와 그래픽메모리에 최대 부하를 주면서 테스트하므로 유의하기 바랍니다. 가장 일반적으로 사용되는 벤치마크는 Preset:1080(FHD)로 HD 해상도인 1920×1080 해상도의 벤치마크 테스트입니다. Custom preset 단추를 누르면 위의 Fullscreen, Resolution 설정으로 벤치마크를 수행합니다.
- ❼ Furmark Linux/OSX : 리눅스, 맥용 다운로드 사이트를 엽니다.
- ❽ SLI/CF : NVIDIA SLI와 AMD CrossFire 관련 페이지를 엽니다.
- ❾ Compare your score : 각 프리셋 모드별 벤치마크 점수를 비교해서 살펴볼 수 있는 사이트를 엽니다.
- ❿ Online Score : 다른 사용자들이 업로드한 벤치마크 점수 순위표를 확인할 수 있습니다.
- ⓫ Settings : FurMark Settings 대화상자를 열어 안정성 테스트 옵션 등을 설정합니다.
- FurmCAUTION 대화상자에는 "테스트 중에 시스템이 불안정해지고 다운될 수 있으므로 유의하고, 위험은 스스로 감수하고 수행하라. 과도한 오버클럭, 불충분한 파워, VGA 쿨러 문제가 불안정성을 유발할 수 있다."는 것을 경고하는 문장이 나옵니다. 그만큼 주의하라는 얘기입니다.

벤치마크가 진행되는 동안 현재 프레임 수와 진행 시간, 초당 프레임 속도(최저 26/최대 56/평균 41)와 GPU 정보 및 코어 클럭(860MHz), 메모리 클럭(1200MHz), 현재 온도(75℃), GPU 부하 정도(99%), 팬속도(53%) 등의 정보를 나타냅니다.

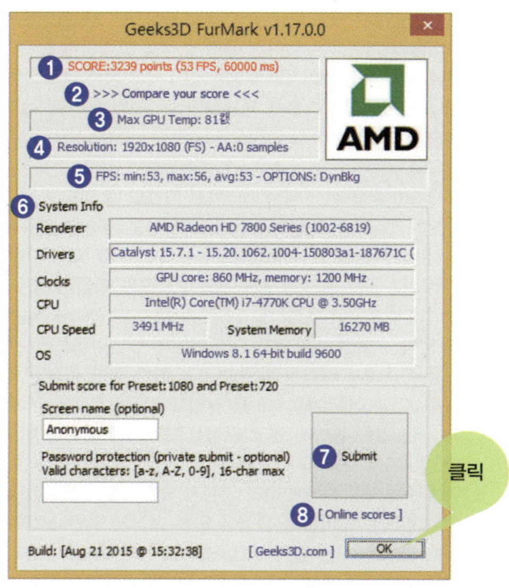

4 벤치마크 테스트가 끝나면 결과를 확인하고 OK 단추를 클릭합니다.

AMD Overdrive로 오버클러킹하기

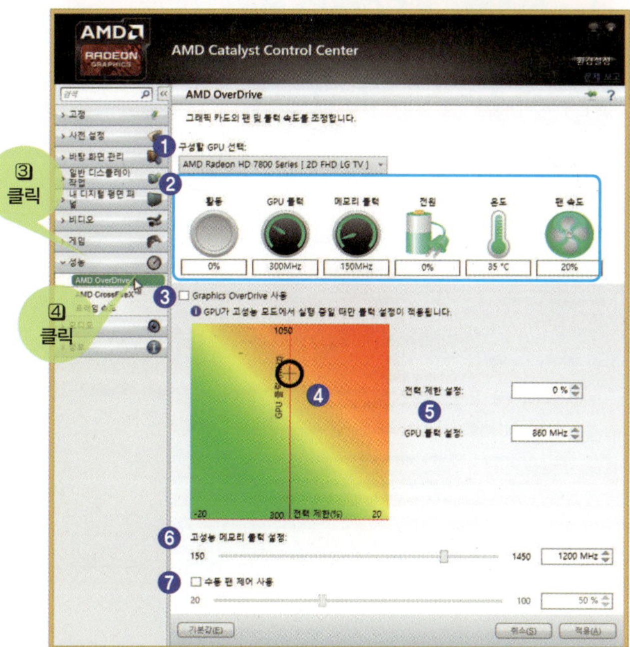

1 바탕화면에서 마우스 오른쪽 단추를 클릭하면 나오는 팝업 메뉴에서 AMD Catalyst Control Center를 클릭하여 AMD Catalyst Control Center 창을 열고 성능 메뉴를 클릭하고, AMD Overdrive™를 클릭합니다.

● Furmark 프로그램의 벤치마크 결과는 다음과 같습니다.

❶ Score : 자체 계산된 벤치마크 점수와 초당 프레임 수를 나타냅니다. 현재 3,239점의 점수와 초당 53프레임을 기록한 것을 볼 수 있습니다.

❷ Compare your score : 벤치마크 점수 비교 사이트를 엽니다.

❸ Max GPU Temp : 벤치마크 시 최대 온도를 나타냅니다.

❹ Resolution : 벤치마크 해상도 정보를 나타냅니다.

❺ FPS : 초당 프레임 수를 최저/최대/평균치로 나타냅니다.

❻ System Info : 시스템 정보를 나타냅니다. Renderer는 그래픽카드 정보이며, 드라이버와 GPU 코어 클럭, CPU 정보, 시스템 메모리 정보, 운영체제 정보를 나타냅니다.

❼ Submit : 현재의 벤치마크 점수를 Greeks3D.com 데이터베이스로 업로드합니다. 업로드할 때 Screen name에서 원하는 이름을 사용할 수 있고, 암호를 걸어 자신만 볼 수 있게 할 수도 있습니다.

❽ Online Scores : 다른 사용자들이 업로드한 벤치마크 점수 순위표를 확인할 수 있습니다.

● 고성능 그래픽카드도 3D 응용 프로그램을 사용할 때를 제외하고는 GPU 클럭과 메모리 클럭을 낮춰 전력 소모를 최소화합니다. 이는 오버클러킹을 한 경우에도 유지됩니다. 즉, 그래픽카드 오버클러킹은 3D 응용 프로그램에서 최대 성능을 발휘하기 위한 것입니다. AMD OverDrive 사용법은 다음과 같습니다.

❶ 구성할 CPU 선택 : 오버클럭할 GPU를 선택합니다.

❷ 구성할 GPU의 현재 상태를 나타냅니다. 현재는 유휴 상태이므로 활동은 0%, GPU 클럭, 메모리 클럭은 최소 클럭으로 동작 중이고, 온도는 35℃, 팬속도는 20%를 보이고 있습니다.

❸ Graphics OverDrive 사용 : 오버클러킹 설정 옵션이 적용되도록 하려면 체크합니다. AMD 그래픽카드 오버클러킹은 직접 GPU와 메모리 속도, 전력 제한 설정을 통해 수행합니다.

❹ 히트맵 : GPU 설정 필드라고도 하며, GPU 클럭 속도와 전력 제한에 따른 GPU의 온도를 시각적으로 나타냅니다. 빨간색이 강해질수록 GPU 클럭 속도는 높고, 전력 제한 폭도 커지는 것을 알 수 있습니다. 히트맵에서 직접 클릭하여 전력 제한과 GPU 클럭을 설정할 수도 있습니다.

❺ 전력 제한 설정, CPU 클럭 설정 : 전력 제한 폭을 비율로 설정합니다. 또한 GPU 클럭을 높일수록 그만큼 추가 전력을 필요로하므로 + 값으로 올려주어야 합니다. 무턱대고 올리면 GPU 온도가 급상승하므로 가능한 한 작동 가능한 낮은 전력 제한 설정이 요구됩니다.

❻ 고성능 메모리 설정 : 비디오 메모리 속도를 설정합니다. 가급적 기본값과 GPU와 메모리 속도에 비례하여 설정하길 권합니다.

❼ 수동 팬 제어 사용 : 수동으로 팬 속도를 제어하려면 체크하고 슬라이더를 드래그하거나 직접 비율값을 입력합니다. 수동 팬 제어는 권장하지 않습니다.

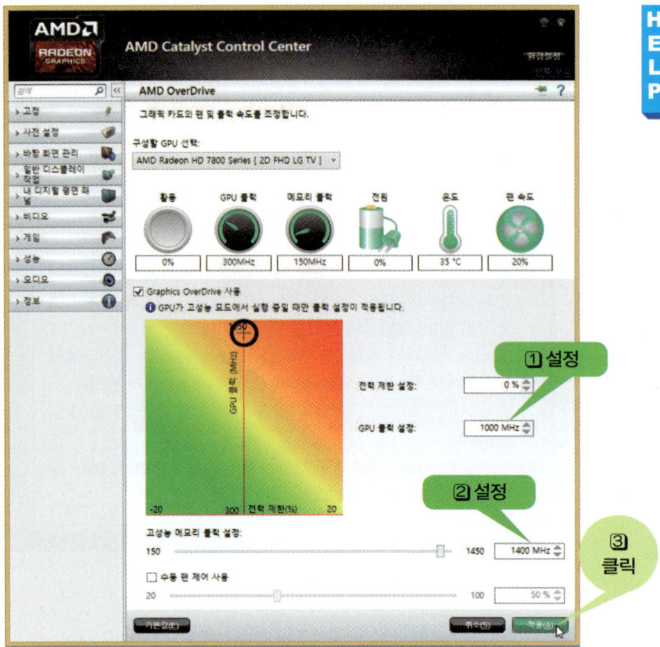

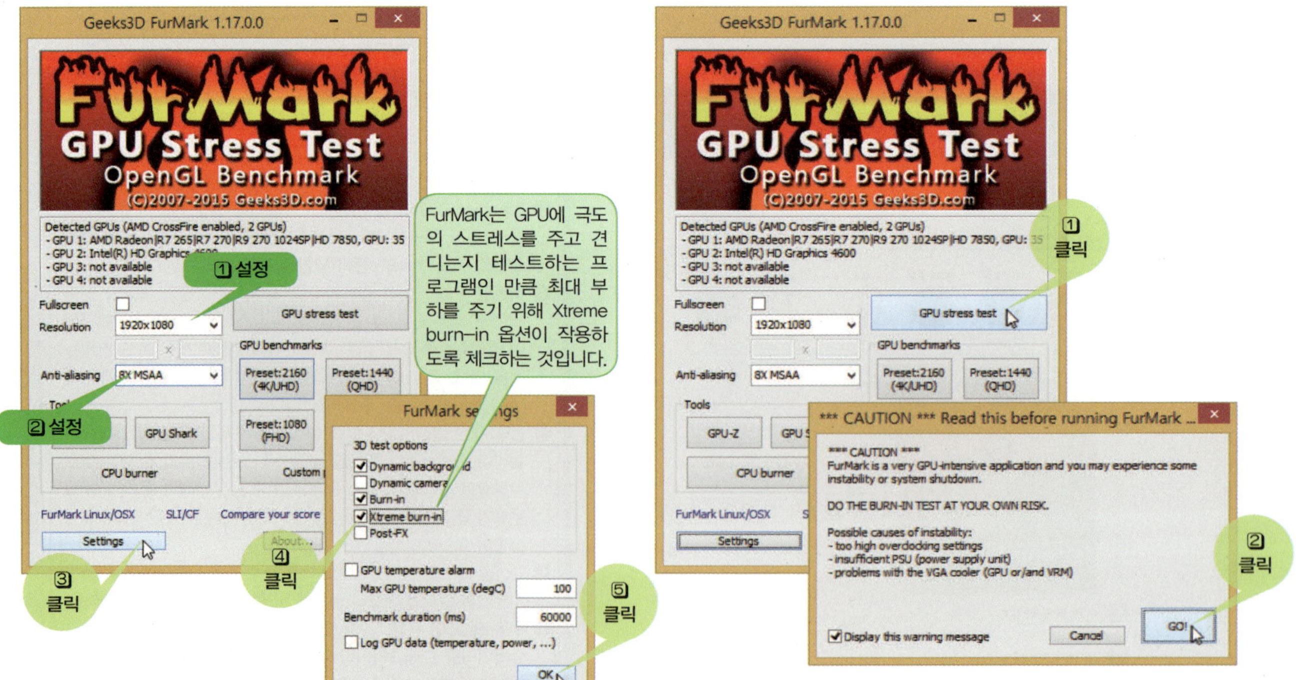

HELP

- 오버클럭 기준값은 케이스 쿨링 상태를 고려하여 5~10% 수준에서 설정하고, 설정한 후에는 반드시 안정성 테스트를 진행합니다. 안정성 테스트를 통과하면 1~2%씩 올리고, 실패하면 1~2%씩 내리고 다시 안정성 테스트를 거치는 방식으로 설정합니다.
- GPU 오버클럭 시 안정성 테스트를 진행할 때 온도와 팬소음을 유심히 관찰하며 진행하기 바랍니다. 보통 GPU의 경우 100℃까지는 안정적으로 작동된다고 하지만, 최대 90℃ 이내에서 관리하길 권합니다. 그래픽 메모리 클럭은 가급적 GPU 오버클럭에 비례하여 설정하길 권장합니다. 오버클럭 시에는 그만큼 냉각팬 회전 수가 높아지며 고장의 원인이 되므로 적당한 소음 수준에서 타협하길 권합니다. 전력 제한 설정의 경우는 허용치가 높아질수록 그만큼 발열도 커지므로 가급적이면 전력 제한 값을 높이지 않고 안정성 테스트를 검토하여 부득이한 경우에만 사용하기 바랍니다.
- 위에서 설명한 원칙에 따라 안정성 테스트를 진행하며 최종적으로 검증된 오버클럭 설정이 왼쪽 그림에 보인 설정입니다. GPU 클럭은 기본 클럭 860MHz에서 1000MHz로, 메모리 클럭은 1000MHz에서 1400MHz로 오버클럭하였습니다. 비교적 높은 수준의 오버클럭 설정인데, 시스템 환경은 천차만별이므로 한꺼번에 대폭 높이지 말고 위에서 제시한 원칙에 입각하여 한 단계씩 오버클럭 설정을 진행하기 바랍니다.

2 Graphics OverDrive **사용** 체크 상태에서, **GPU 클럭**과 **고성능 메모리 클럭**을 설정하고 **적용** 단추를 클릭합니다.

3 FurMark 프로그램을 실행한 후 Resolution은 자신의 모니터 해상도에 맞춰 설정하고, Anti-aliasing은 최대치인 8X MSAA로 설정하고 Settings 단추를 누른 후 안정성 테스트 시 최대 부하를 주기 위해 Xtreme burn-in을 체크한 다음 OK 단추를 클릭합니다.

4 설정을 완료했으면 GPU stress test 단추를 클릭합니다. 계속 CAUTION 대화상자가 나오면 GO! 단추를 클릭합니다.

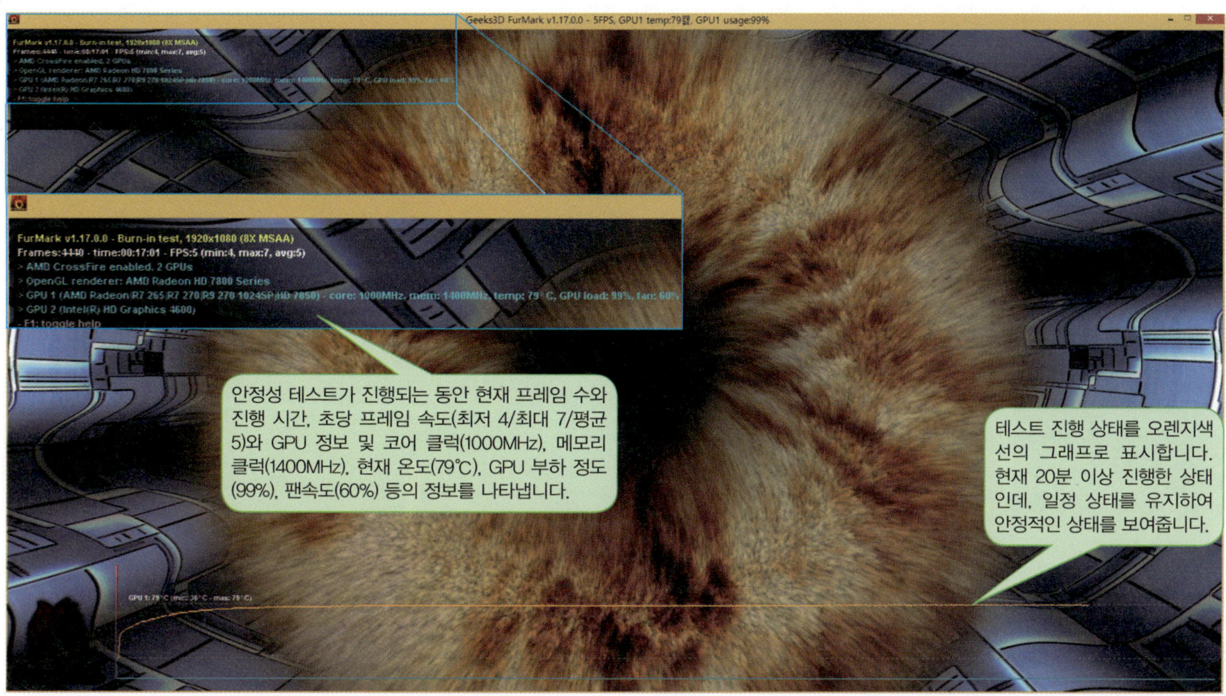

5 안정성 테스트가 진행됩니다. 실사용을 위한 안정성 테스트는 20분 이상 진행해야 합니다. 20분 이상 안정성 테스트를 통과하면 `Esc` 키를 누르고 안정성 테스트를 종료합니다.

HELP
● 단계별 오버클러킹 설정을 하는 동안 좀 더 빠른 안정성 테스트를 원하면 벤치마크로 검증하는 방법을 사용해도 됩니다. 벤치마크 테스트는 순간 최대 부하에서는 안정성 테스트보다도 많은 최대 부하를 가중시키므로 벤치마크를 통과하면 해당 오버클러킹에서 어느 정도 안정성은 확보된 것으로 보면 됩니다. 단, 실사용기로 사용하려면 안정성 테스트를 20분 이상 안정적으로 통과하는지 테스트하길 권합니다.

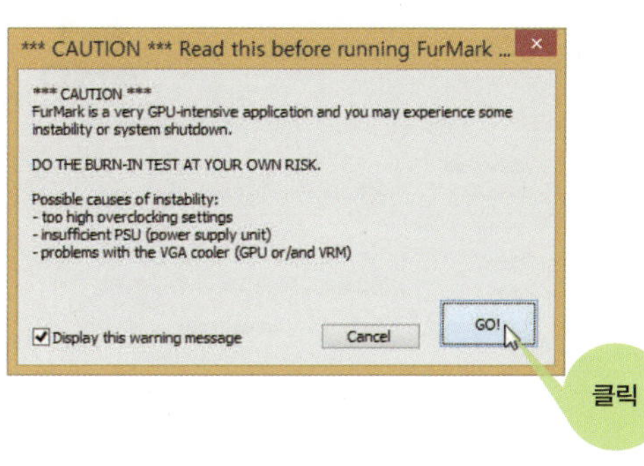

6 최종 안정성 테스트가 끝나면 오버클러킹 성능을 알아보기 위해 Preset:1080 단추를 클릭합니다. 모니터 해상도가 지원하는 다른 GPU 벤치마크 프리셋을 선택해도 됩니다.

7 계속 CAUTION 대화상자가 나오면 Go! 단추를 클릭합니다.

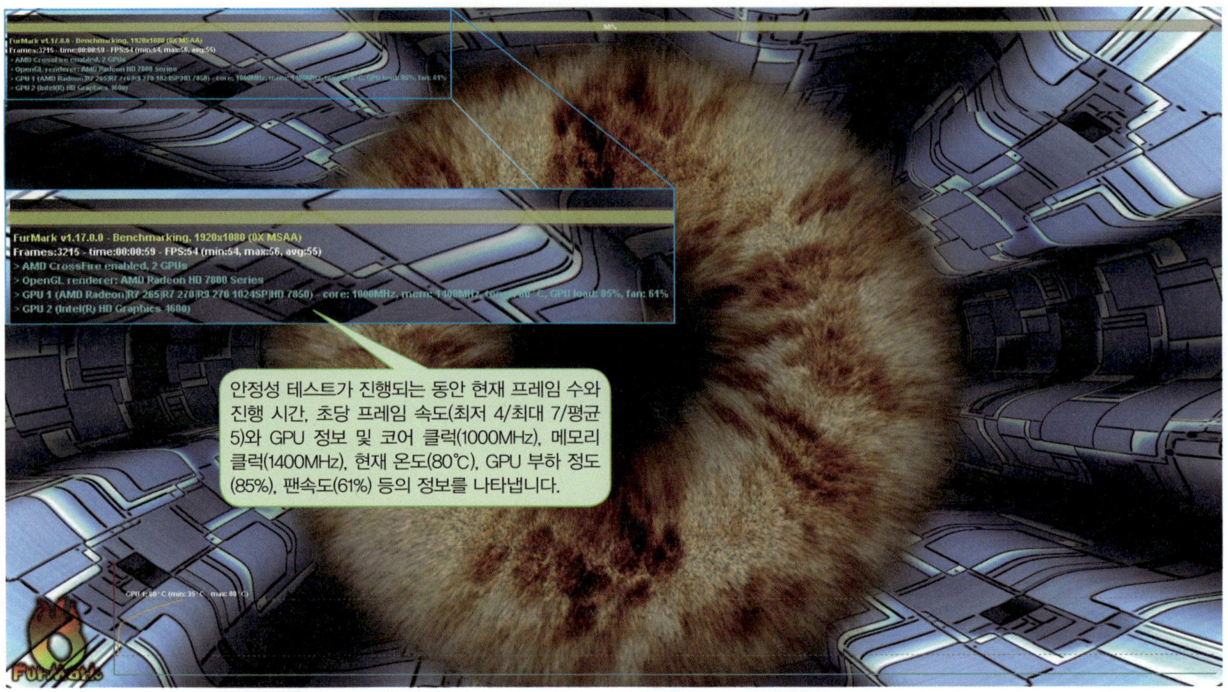

8 오버클러킹 설정으로 벤치마크가 진행됩니다. GPU 온도와 팬속도의 변화를 특히 유의해서 관찰합니다.

HELP
- 벤치마크 테스트 시 순간적인 최대 부하는 안정성 테스트보다 높은 편입니다. 왼쪽 상단의 모니터링되는 온도와 팬속도 등의 정보를 관찰하여 최대 온도가 90℃ 이하로 관리되는 수준에서 최종 오버클러킹 설정을 하기 바랍니다.

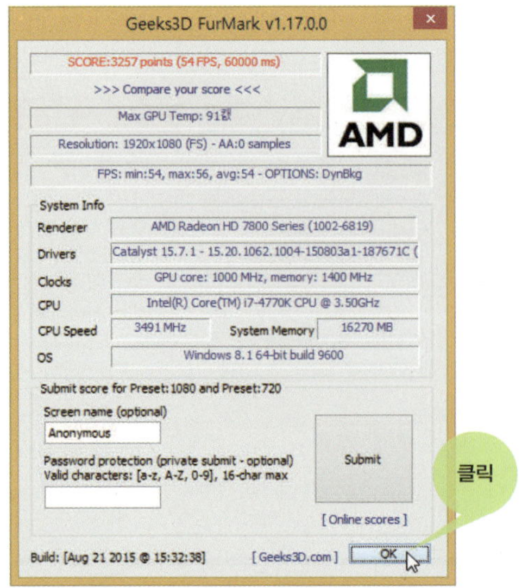

HELP
- 오버클럭하기 전에 비해 벤치마크 점수는 3257점으로 올랐고, 초당 프레임 수는 초당 54프레임을 기록한 것을 볼 수 있습니다. 기본값에 비해 상당한 수준의 오버클러킹이 이루어졌음에도 불구하고 1분 동안의 짧은 Furmark 벤치마크 평가로는 차이를 느끼기 어렵습니다. 실제 3D 프레임 비교를 통해 체감할 수 있는 벤치마킹은 이어지는 UniGen Heaven 벤치마크를 참고하기 바랍니다.
- 최대 GPU 온도는 91℃까지 올라갔기 때문에 거의 오버클러킹 값으로는 최대치로 설정된 상태라는 것을 알 수 있습니다. 이 상태에서 더 이상의 오버클러킹은 무리입니다.
- 그래픽카드 오버클럭은 2D 그래픽 속도에는 거의 영향을 미치지 않습니다. 주로 3D 그래픽 처리 성능 향상을 위해 수행되며 일반적인 2D 작업 환경에서는 오버클럭 설정을 사용해도 전력 소비가 늘어나지는 않습니다.

9 벤치마크 테스트가 끝나면 결과를 확인하고 OK 단추를 눌러 닫습니다.

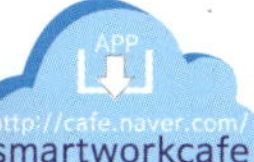

UniGine Heaven 벤치마킹

1 Unigine Heaven을 다운로드한 다음 더블 클릭하여 설치를 진행합니다. 설치 과정은 다음 그림에서 볼 수 있듯이 Next 단추를 계속 클릭하고 Install 단추를 클릭하면 간단히 설치할 수 있습니다.

> **HELP**
> - UniGine에서 만든 UniGine Heaven 벤치마크는 프리웨어로, 제작사 홈페이지(unigine.com)나 스마트워크 카페를 방문하면 UniGine Heaven 벤치마크 설치 프로그램을 다운로드할 수 있습니다.
> - UniGine Heaven 벤치마크는 실제 3D 게임 환경과 거의 비슷한 환경과 작업 부하(Work Load)를 주어 테스트하므로 유용합니다.

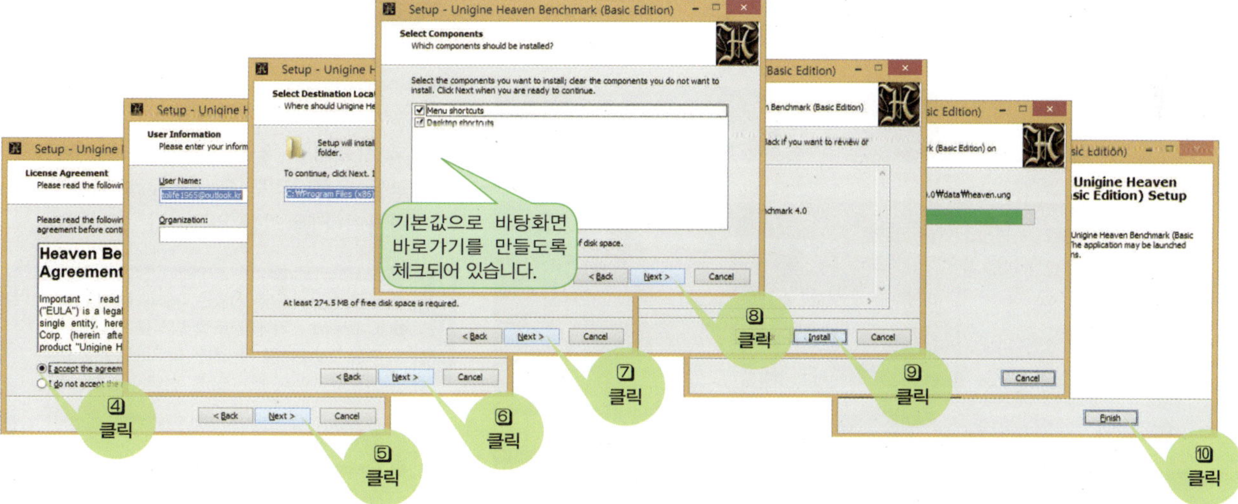

2 설치가 끝나면 바탕화면의 Heaven Benchmark를 더블 클릭하여 실행한 다음에 RUN 단추를 클릭합니다.

> **HELP**
> - 실행 환경은 우측 옵션 패널 선택을 반영합니다.
> **1** Language : 언어(영어/러시아어/중국어) 선택
> **2** Preset : 사전 설정 모드를 Basic, Custom, Extreme 중에서 선택합니다.
> **3** API : DirectX 9/11, OpenGL이 제공됩니다.
> **4** Qulity : 렌더링 품질을 Low, Medium, High, Ultra 중에서 선택합니다.
> **5** Tessellation : DirectX 11 핵심 기능인 테셀레이션 옵션의 강도를 설정합니다.
> **6** Stereo 3D : 3D 옵션을 선택합니다. 사용 시에는 3D 안경을 착용해야 합니다.
> **7** Multi-monitor : 다중 모니터 사용 시 설정합니다.
> **8** Anti-alliasing : 앤티앨리어싱 강도를 설정합니다.
> **9** Full Screen : 풀스크린 사용 여부를 설정합니다.
> **10** Resolution : 해상도를 설정합니다.

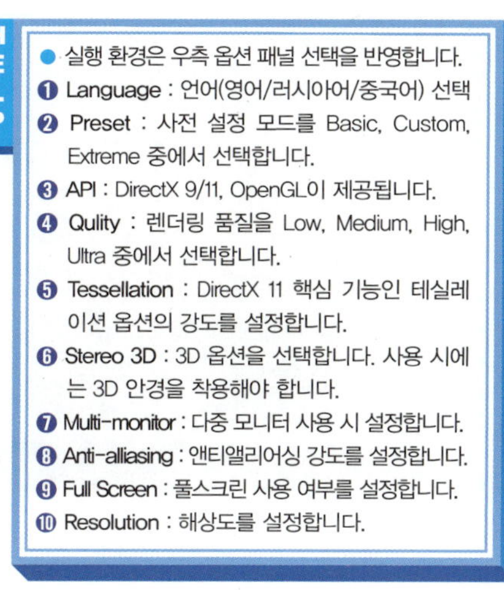

3 로딩 화면이 나옵니다. 로딩 화면에 보이는 비룡이 와이어프레임 상태에서 점차 완전한 질감과 색상으로 렌더링되면서 프로그램이 시작됩니다.

● 로딩 화면에 키 조작에 대한 설명이 제공되는 것을 볼 수 있습니다.
❶ Esc : Settings 표시/감추기 토글키입니다.
❷ F2 : 와이어 프레임 영상과 렌더링 영상을 토글해서 볼 수 있습니다.
❸ F3 : 테실레이션 적용 영상과 비적용 영상을 토글해서 볼 수 있습니다.
❹ F4 : 카메라 모드를 변경합니다.
❺ F9 : 벤치마크 테스트를 실행합니다.
❻ F12 : 현재 보이는 화면을 캡처합니다.
❼ Enter : 다음 카메라 경로로 장면을 이동합니다.
❽ Space Bar : 화면 진행을 멈춥니다. 다시 클릭하면 이어서 진행합니다.

4 프로그램이 시작되면 화면은 처음부터 바로 역동적인 영상이 진행됩니다. 벤치마크를 실행하려면 Benchmark 단추를 클릭하거나 F9 키를 누릅니다.

● 화면 상단의 단추 기능은 다음과 같습니다.
❶ Camera : 카메라 조절 방식을 선택합니다. Free Camera를 선택하면 마우스로 조절할 수 있으며, Wark-through를 선택하면 게임처럼 화살표 키로 방향을, W S A D 키로 전후 좌우로 이동할 수 있습니다.
❷ Environment : 하루 24시간의 환경에 맞춰 볼 수 있는 조절 막대를 사용할 수 있습니다.
❸ Tessellation : 테실레이션 적용 여부를 설정합니다. 적용하면 테실레이션 적용 영상으로 표시되며 벤치마크 시에도 반영됩니다.
❹ Settings : Settings 대화상자를 엽니다.
❺ Sound : 배경 음악을 켜거나 끕니다.

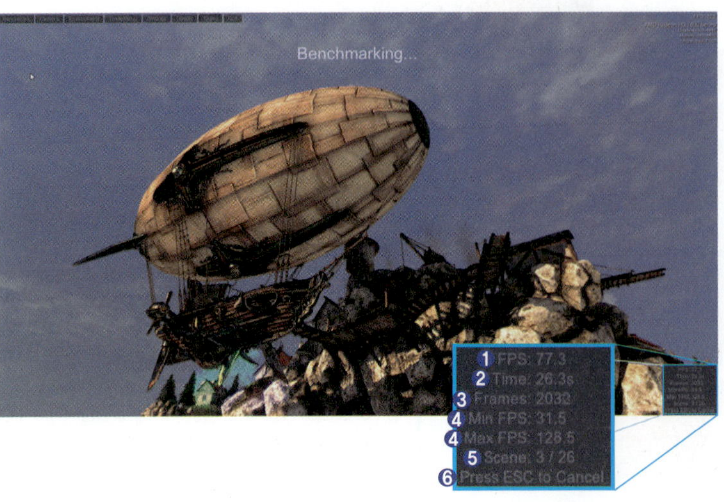

5 곧바로 벤치마킹이 시작됩니다. 화면 오른쪽 하단의 작은 상자에는 실시간 정보가 표시됩니다.

● FPS : 현재의 초당 프레임 수를 나타냅니다.
❷ Time : 벤치마크 진행 시간(초)을 나타냅니다.
❸ Frames : 진행중인 프레임 수를 나타냅니다.
❹ Min FPS / Max FPS : 최소/최대 초당 프레임 수를 나타냅니다.
❺ Scene : 총 26단계의 벤치마킹 단계 중 몇 단계를 진행하고 있는지 나타냅니다.
❻ Press ESC to Cancel : 벤치마크를 중단하려면 Esc 키를 사용합니다.

6 약 4분 30초 가량 Heaven 벤치마크 테스트가 진행됩니다. 벤치마크가 진행되는 동안 멋진 3D 영상을 감상할 수 있습니다.

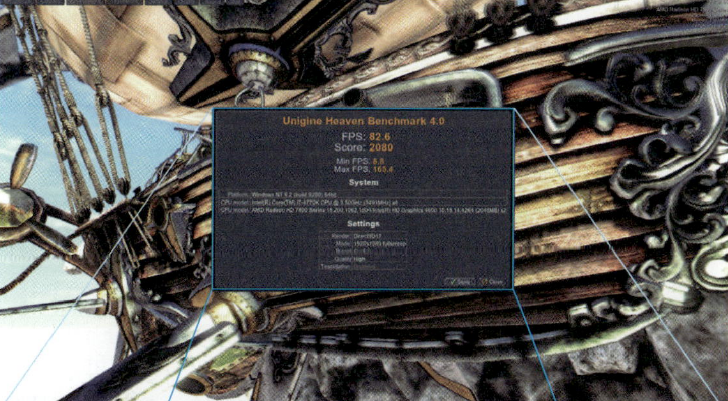

7 벤치마크 테스트를 마치면 결과 대화상자가 바로 표시됩니다.

HELP
- 위쪽의 대화상자는 그래픽카드 오버클럭 상태의 벤치마크 결과이며, 아래쪽의 대화상자는 오버클럭 전의 벤치마크 결과입니다.
- 벤치마크 점수를 보면 초당 프레임 레이트가 오버클럭 전에는 초당 57.5 프레임에서 82.6 프레임으로 향상된 것을 볼 수 있습니다.
- 예제로 사용한 하드웨어적 오버클럭이 적용되지 않은 레퍼런스 GPU의 경우는 AMD OverDrive를 이용한 소프트웨어적인 오버클러킹만으로도 상당한 수준의 오버클러킹이 가능한 것을 확인할 수 있습니다.
- 하드웨어적 오버클럭이 적용된 그래픽카드의 경우는 제조 공정에서 가장 안정적인 작동이 검증된 오버클럭을 사용합니다. 이미 오버클럭이 적용되어 판매되기 때문에 그래픽카드 오버클럭 유틸리티를 사용한 소프트웨어적인 오버클럭은 한계가 있습니다.
- 참고로 UniGine Heaven 벤치마크가 인기를 얻자, 지금은 UniGine Valley, Tropics, Sanctuary 벤치마크도 나왔습니다.

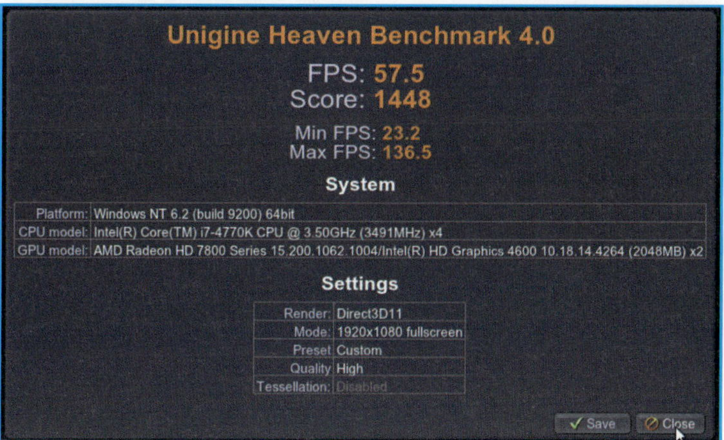

Exercise

4 NVIDIA 그래픽카드 오버클러킹하기

그래픽카드는 GPU 코어 속도와 그래픽 메모리 속도를 설정하는 방식으로 간단히 설정할 수 있지만, 무턱대고 설정하면 오히려 고장을 유발할 수 있으므로 유의하기 바랍니다. 그래픽카드도 오버클럭 후에는 반드시 안정성 테스트를 통해 사용이 가능한지 점검하기 바랍니다.

이 실습에 필요한 내용	실습 키 포인트
그래픽카드 오버클러킹 유틸리티 – MSI Afterburner, GPU–Z, FurMark, UniGine Heaven 벤치마크	오버클럭 유틸리티를 이용한 그래픽카드 오버클러킹 및 안정성 테스트하기

MSI Afterburner 설치 및 주요 기능 살펴보기

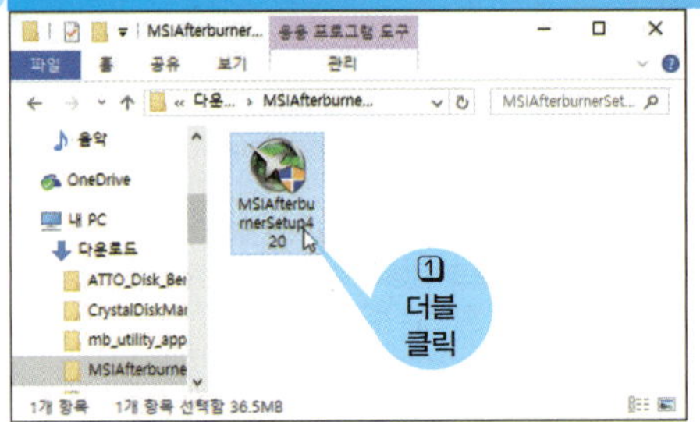

1 다운로드한 MSIAfterburner 폴더에서 MSIAfterburnerSetup을 실행한 후 언어를 한국어로 선택하고 OK 단추를 클릭합니다. 이후 설치 과정은 다음 그림에서 볼 수 있듯이 클릭 조작만으로 간단히 설치할 수 있습니다.

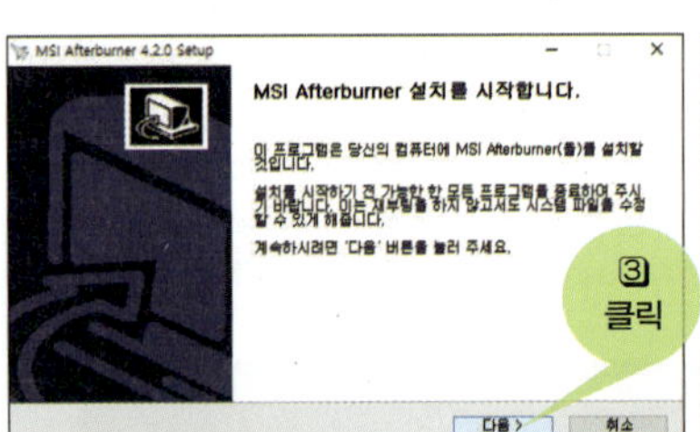

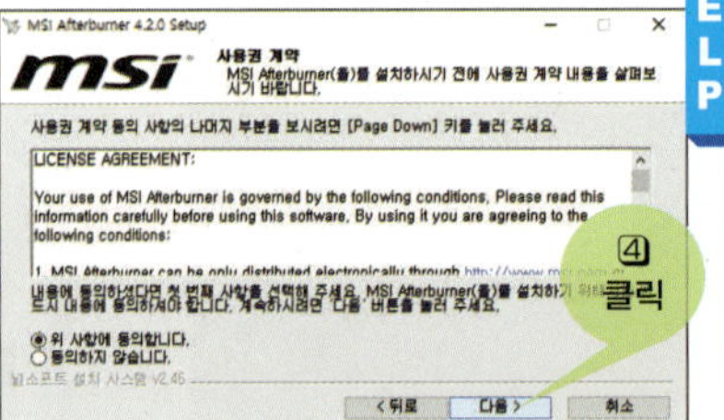

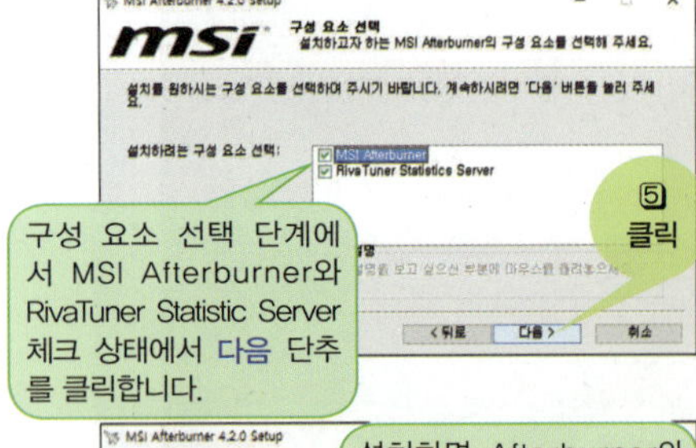
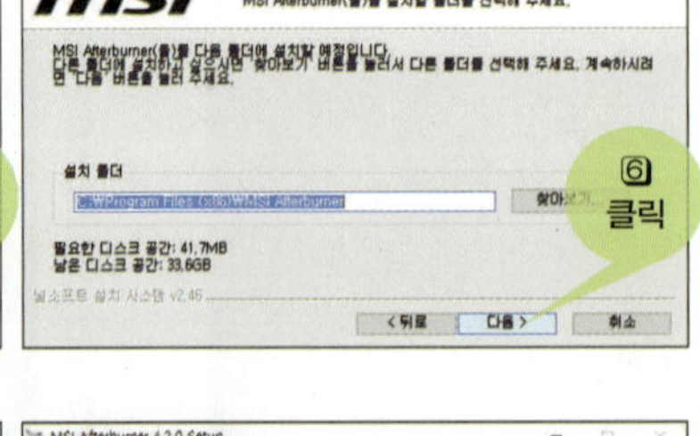
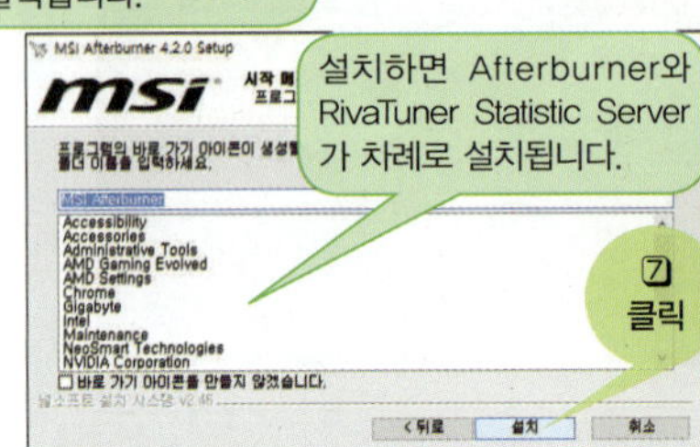
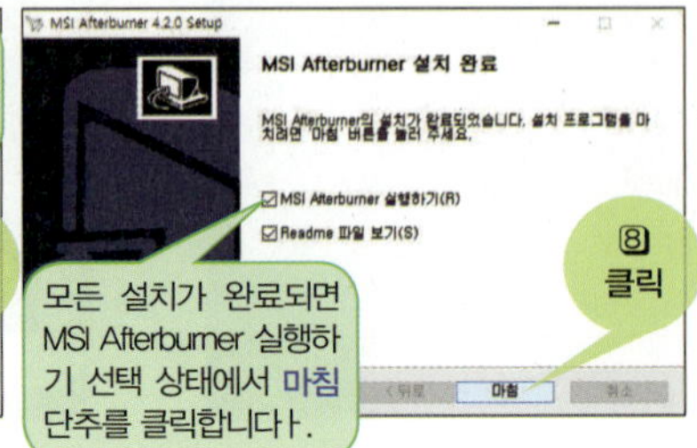

HELP

- MSI Afterburner는 프리웨어 버전이므로 제작사 홈페이지(https://gaming.msi.com/features/afterburner)나 스마트워크 카페에서 다운로드하여 설치하면 됩니다.
- MSI Afterburner는 그래픽카드 오버클럭 유틸리티 중에 가장 널리 사용됩니다. 앞에서 실습한 AMD Overdrive와 비교할 때 인터페이스 화면도 전혀 다르지만, 제공되는 옵션들의 기능과 용도는 크게 차이가 나지 않으므로 MSIAfterburner로도 쉽게 오버클러킹을 할 수 있습니다.
- MSI Afterburner는 오버클럭을 지원하는 만큼 자유자재로 팬속도를 조절할 수 있는 기능을 제공하기 때문에 그래픽카드 냉각팬 소음도 원하는 대로 조절할 수 있습니다.
- 함께 제공되는 RivaTuner Statistic Server는 Afterburner에서 화면에 바로 표시하는 OSD 기능을 사용할 수 있게 해줍니다. 이를 통해 3D 게임이나 작업 중에도 GPU 사용량과 전압, 온도, 팬속도, 현재 화면의 프레임 레이트 등을 실시간으로 모니터링할 수 있습니다.
- RivaTuner Statistic Server는 또한 Afterburner에서 스크린 캡처와 비디오 캡처 기능을 사용할 수 있게 해줍니다.
- 이번 실습 예제 화면은 윈도우 10에서 캡처하였습니다. 물론 다른 윈도우 운영체제에서도 동일합니다.

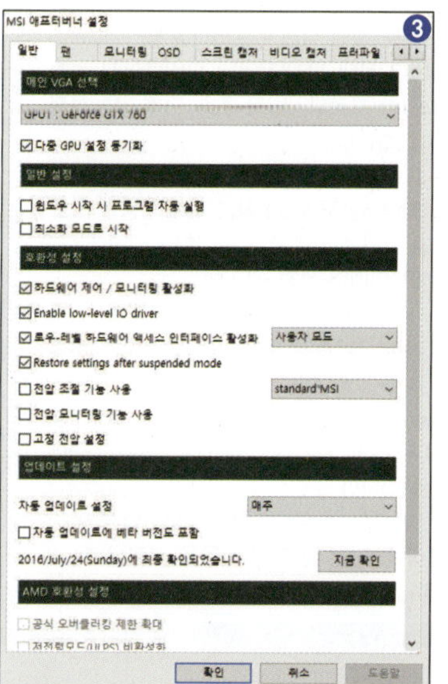

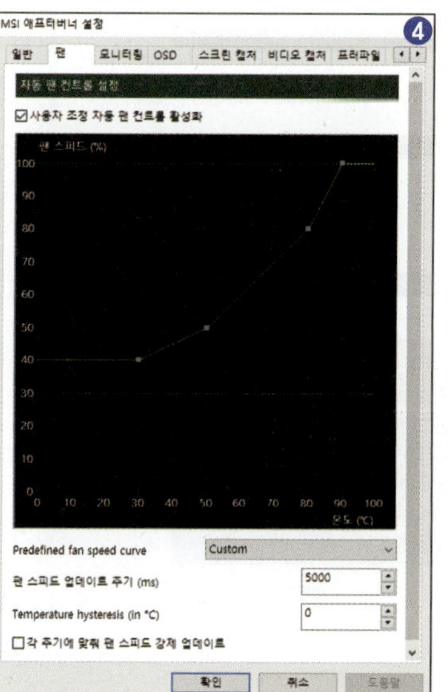

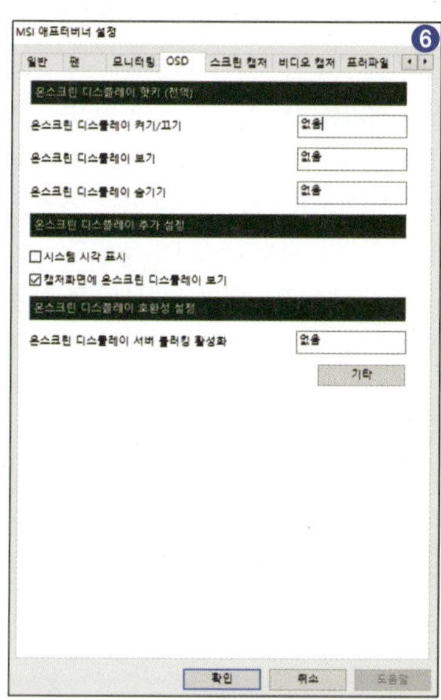

2 이제 MSI Afterburner의 주요 기능을 알아봅니다.

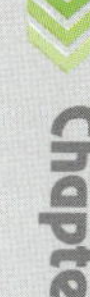

HELP

❶ 메인화면 : 그래픽카드 오버클러킹 설정 및 프로파일 저장, 환경 설정을 할 수 있습니다.
- 자동 오버클러킹 설정 기능은 지원되지 않으므로 슬라이더 막대의 드래그나 클릭 또는 직접 입력을 통해 설정하면 됩니다. 설정 적용은 Apply 재설정은 Reset 단추를 누릅니다.
- 오버클럭 설정을 완료한 다음 Profile 번호를 누르고 Save 단추를 누르면 현재 설정을 프로파일로 저장하여 다시 불러올 수 있습니다.
- Settings 단추로 MSI Afterburner 설정 대화상자를 열어 필요한 설정을 할 수 있습니다.

❷ MSI Afterburner Hardware Monitor
- GPU의 코어, FB, VID, BUS 사용률, 온도, 팬속도 등을 실시간 그래프와 값으로 표시합니다. 표시 항목은 MSI Afterburner 설정 대화상자의 모니터링 탭에서 설정하며, 창을 분리하려면 DETACH 단추를 누르면 됩니다.

❸ MSI 애프터배너 설정 – 일반 탭
- **메인 VGA** : CPU 내장 GPU와 그래픽카드 중에서 메인 VGA를 선택합니다.
- **일반 설정** : 윈도우 시작 시 프로그램 자동 실행 및 최소화 모드 시작 여부를 설정합니다.
- **호환성 설정** : GPU에 따라 호환성에 영향을 미칠 수 있습니다. Enabel low-level IO driver는 빠른 하드웨어 스캐닝, CPU 온도 모니터링, 그래픽 하드웨어에 대한 로레벨 액세스를 활성화합니다. 로레벨 하드웨어 액세스 인터페이스 활성화도 비슷한 종류의 옵션입니다.
- **업데이트 설정** : 업데이트 관련 옵션을 설정할 수 있습니다.
- **AMD 호환성 설정** : Afterburner는 AMD 그래픽카드 오버클러킹도 지원하는데, NVIDIA 그래픽카드 사용 중에는 비활성화됩니다.

❹ MSI 애프터배너 설정 – 팬 탭
- 사용자 조정 자동 팬 컨트롤 활성화 옵션을 체크하면 마우스 드래그와 클릭 조작으로 손쉽게 온도구간별 팬속도를 설정할 수 있는 그래프가 나옵니다.
- 팬 스피드 업데이트 주기에서 5000ms는 5초를 의미합니다. Temperature hysteresis로 온도를 설정하면 실제 온도가 더 낮아져도 해당 설정 온도의 팬속도가 유지됩니다. 각 주기에 맞춰 팬 스피드 강제 업데이트 옵션은 팬 컨트롤 그래프의 노드가 없는 구간의 팬속도를 각 주기에 비례하여 작동시킵니다.

❺ MSI 애프터배너 설정 – 모니터링 탭
- MSI Afterburner Hardware Monitor 창에 표시할 항목과 GPU별 화면 표시 방법을 설정합니다.
- 온스크린 디스플레이에 표시를 체크하면 실시간 OSD를 표시할 수 있습니다.

❻ MSI 애프터배너 설정 – OSD 탭
- MSI 애프터배너 설정 창의 OSD, 스크린 캡처, 비디오 캡처 탭은 RivaTuner Statistic Server를 설치했을 때 활성화됩니다.
- 온스크린 디스플레이 핫키 설정 및 추가 설정 등을 할 수 있습니다. 기타 단추를 클릭하면 RivaTuner Statistic Server를 호출합니다.

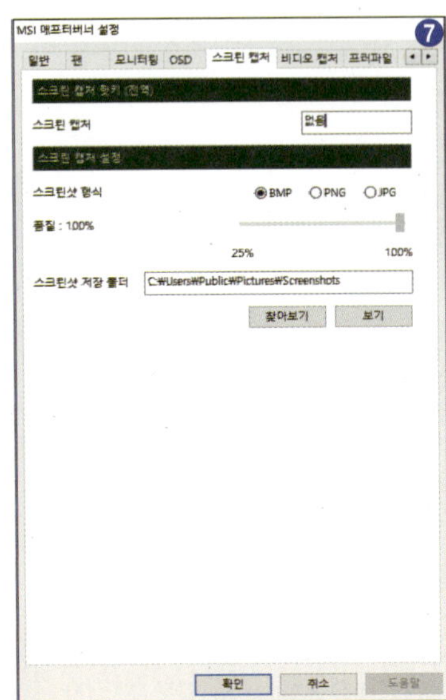

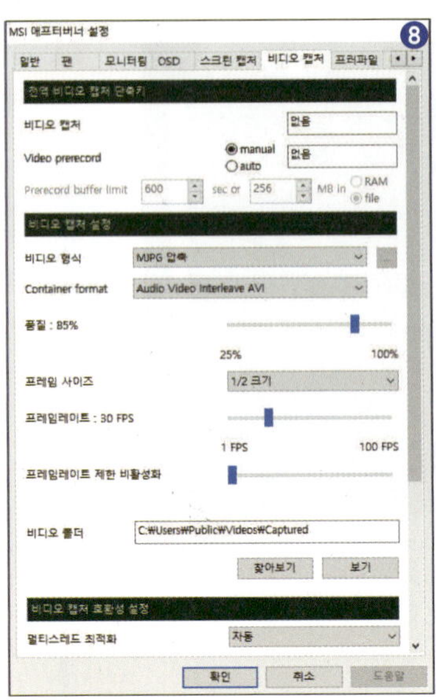

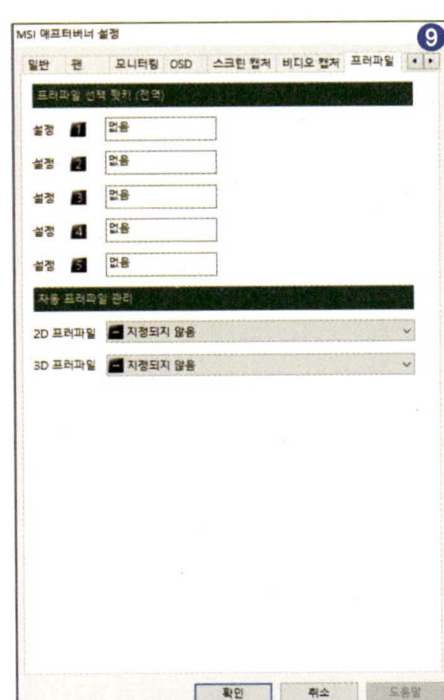

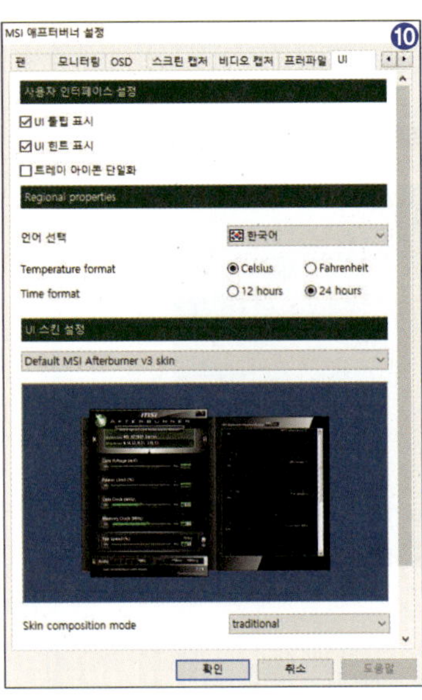

❼ MSI 애프터배너 설정 – 스크린 캡처 탭
- 스크린 캡처 핫키 설정 및 스크릿 샷 이미지 파일 형식, 이미지 품질, 저장 폴더 등을 설정할 수 있습니다.

❽ MSI 애프터배너 설정 – 비디오 캡처 탭
- **비디오 캡처 단축키** : 단축키 설정 및 비디오 사전 레코드딩 방식과 사전 레코딩 버퍼 크기, 초당 저장 용량, 메모리로 저장할지, 디스크 파일로 저장할지를 설정할 수 있습니다.
- **비디오 캡처 설정** : 비디오 압축 형식과 포맷, 비디오 품질, 비디오 프레임 크기, 프레임 레이트, 프레임 레이트 제한 비활성화, 비디오 저장 폴더를 설정할 수 있습니다.
- **비디오 캡처 호환성 설정** : 시스템과 그래픽카드에 따라 호환성에 영향을 미칠 수 있는 옵션을 설정합니다. 멀티스레드 최적화 옵션은는 멀티 코어 CPU 성능을 최대한 활용합니다.
- **오디오 캡처 설정** : 아래로 스크롤하면 나오는 오디오 캡처 설정에서는 오디오 장치 선택 및 오디오 캡처 단축키를 설정할 수 있습니다. 다 채널 오디오를 스테레오로 다운믹스 옵션도 제공됩니다.

❾ MSI 애프터배너 설정 – 프러파일 탭
- **프러파일 선택 핫키(전역)** : 오버클러킹 설정을 저장한 프로파일별로 호출 단축키를 설정할 수 있습니다.
- **자동 프로파일 관리** : 자동으로 사용될 프로파일을 2D 작업 시와 3D 작업 시에 사용할 프로파일을 각각 설정할 수 있습니다.

❿ MSI 애프터배너 설정 – UI 탭
- **사용자 인터페이스 설정** : UI 툴팁과 UI 힌트 표시 여부 및 트레이 아이콘 단일화 여부를 설정할 수 있습니다.
- **Regional properties** : 언어, 온도의 화씨, 섭씨 표시 여부, 시간 형식을 12시, 24시간 중에서 선택합니다.
- **UI 스킨설정** : UI 스킨 선택 및 스킨 합성 모드, 스킨 투명도, 스킨 크기 비율을 설정할 수 있습니다.

Check Point · MSI Afterburner의 단짝 – RivaTuner Statistic Server

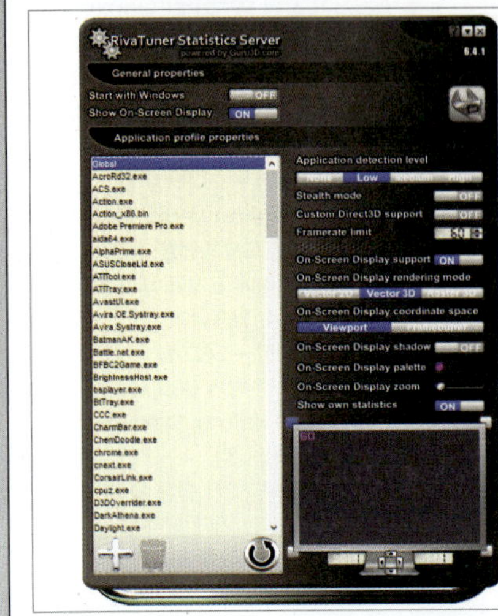

과거에 리바튜너는 NVIDIA 그래픽카드 오버클럭 유틸리티로 널리 사용했습니다. 지금은 오버클럭 유틸리티인 MSI Afterburner와 짝을 이뤄 실시간 모니터링 정보를 화면에 표시하는 OSD 기능, 스크린 캡처, 비디오 캡처 기능을 사용할 수 있게 해줍니다. RivaTuner Statistic Server 창에서도 모든 설정 항목과 설정 옵션 위에 마우스 포인터를 위치시키면 해당 항목의 풍선 도움말을 나오므로 각 설정 옵션의 기능은 이를 참고하기 바랍니다.

윈도우 작업 표시줄의 알림 영역에 등록된 **60** 을 클릭하면 RivaTuner Statistic Server 창을 열어 필요한 기능을 설정할 수 있습니다.

하단의 온스크린 미리보기에서 ▲▼◀▶를 사용하여 원하는 OSD 표시 위치를 설정할 수 있으며, 모니터 성능을 고려하여 프레임 레이트를 제한하는 기능도 제공합니다. 특정 게임에서 화면이 불안정한 문제가 발생할 때 일반적으로 사용되는 수평주파수 60Hz 모니터라면 프레임 레이트를 60으로 제한하면 됩니다.

MSI Afterburner로 NVIDIA 그래픽카드 오버클러킹하기

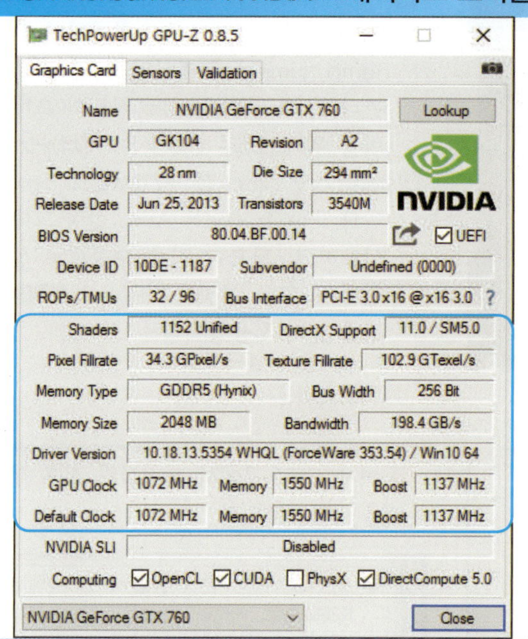

1 오버클럭 전에 GPU-Z를 실행하고 정확한 그래픽카드 성능을 확인합니다.

- NVIDIA 760X GPU의 레퍼런스 코어 클럭 980MHz/부스트 클럭 1033MHz입니다. 실습에 사용한 이엠텍 XENON 지포스 GTX760 JETSTREAM D5 2GB 그래픽카드는 코어 클럭은 1072MHz/부스트 클럭 1137MHz로, 이미 하드웨어적으로 10% 정도 오버클럭된 제품입니다.
- NVIDIA 650TI GPU부터 AMD는 R시리즈 GPU에서 CPU의 터보부스트 기능처럼 기본 클럭 이상의 성능이 요구될 때 부스트 클럭으로 지원합니다.
- 하드웨어적으로 오버클럭된 그래픽카드의 오버클럭은 권장되지 않지만, 오버클럭을 하더라도 3~5% 수준에서 시작하여 1% 정도씩 조절하는 방식으로 오버클러킹합니다. 오버클러킹 시에는 GPU-Z로 온도와 전압을 모니터링하며 진행하길 권합니다.
- 여기서는 하드웨어적으로 10% 정도 오버클럭된 제품이므로 5% 오버클럭을 목표로 하겠습니다. 현재의 GPU-Z 창의 정보를 기준으로 5% 오버클러킹을 하려면 GPU 클럭은 54MHz, 메모리 클럭은 77MHz를 높여주어야 합니다. 이 값만큼 MSI Afterburner에서 오버클럭하여 오버클러킹할 예정입니다.
- MSI Afterburner 설정 창에서 선택한 스킨에 따라서는 셰이더 클럭을 설정할 수 있는 종류도 있습니다. 단, 그래픽카드에 따라 셰이더 클럭 설정이 지원되는 것도 있고, 그렇지 않은 종류도 있습니다. 셰이더 클럭 설정이 가능하더라도 개별 설정보다는 GPU 코어 클럭과 함께 비례적으로 조절합니다.

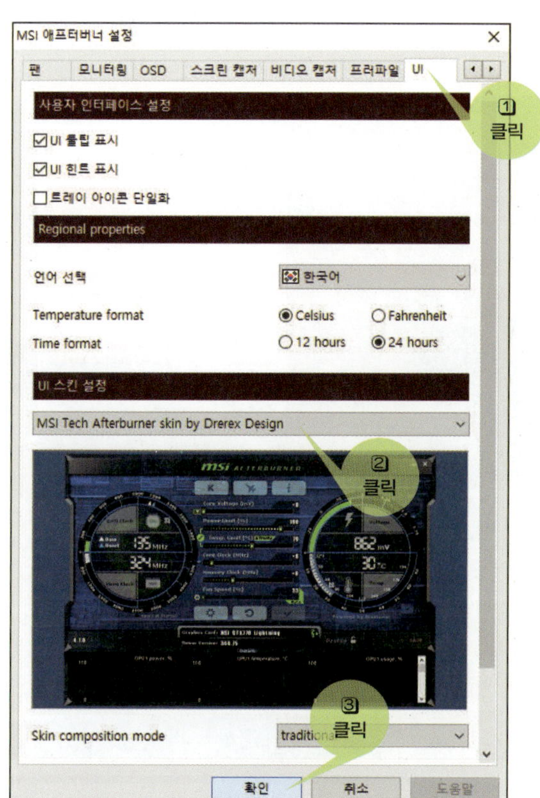

2 MSI Afterburner 설정 창을 열어 UI 탭을 선택하고 UI 스킨 설정 목록에서 MSI Tech Afterburner skin by Drerex Design을 선택하고 확인 단추를 클릭합니다.

Drerex Design 스킨은 몇 개가 제공되는데, 이전 버전은 Drerex Design 스킨이 적용됐습니다. Drerex Design 스킨은 원형 게이지 디자인을 사용하며 오버클럭 게이지와 전압/온도 게이지를 보여주며, 오버클러킹에 필요한 설정 항목이 모두 표시되므로, 좀 더 편리한 오버클럭 설정이 가능합니다. 모니터링 창은 하단에 배치되며, 원한다면 Detach를 클릭하여 분리할 수 있습니다.

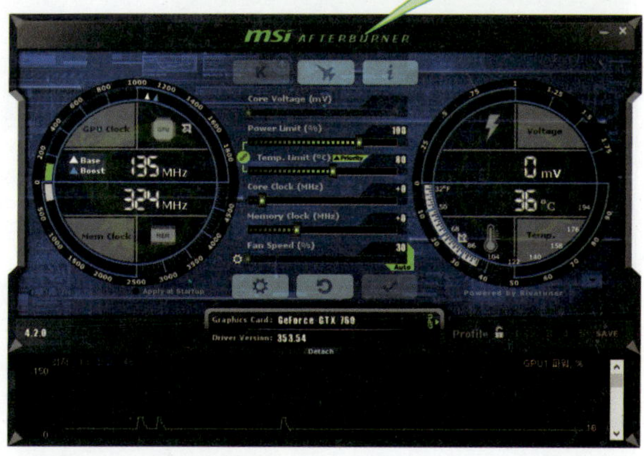

3 MSI Tech Afterburner skin by Drerex Design 스킨으로 MSI Afterburner 창이 바뀝니다.

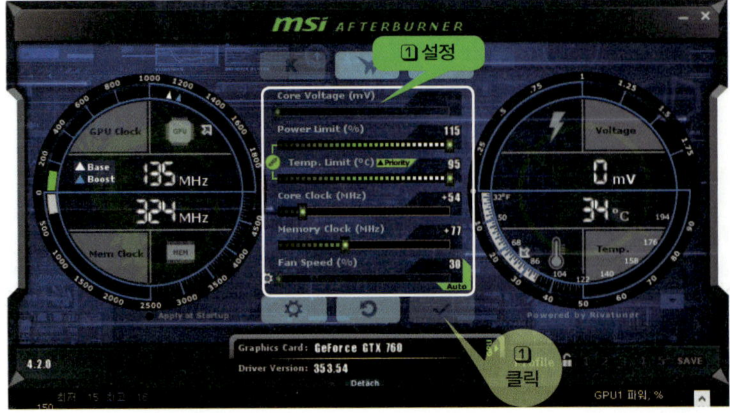

4 이제 Core Voltage는 그대로 두고 Power Limit는 100% 최대치인 **115**, Temp. Limit는 최대치인 **95℃**로 설정합니다. 그런 다음 10% 정도의 오버클럭을 위해 Core Clock은 **+54MHz**로, Memory Clock은 **+77MHz**로 설정합니다. Fan Speed는 Auto 설정 그대로 사용하고, 필요한 경우 수동으로 설정합니다. 모든 설정을 마쳤으면 ✔ 단추를 눌러 적용합니다.

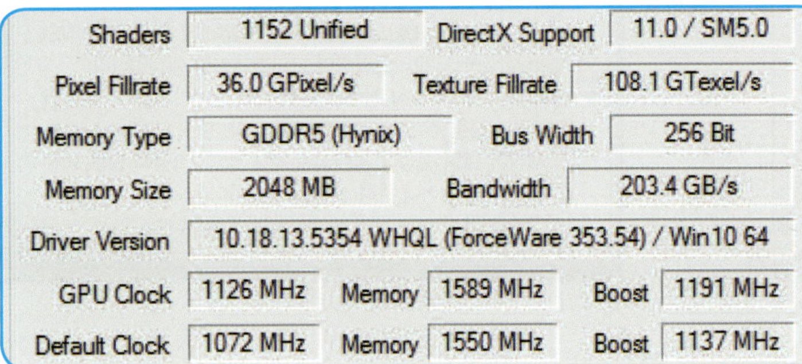

Shaders	1152 Unified	DirectX Support	11.0 / SM5.0
Pixel Fillrate	36.0 GPixel/s	Texture Fillrate	108.1 GTexel/s
Memory Type	GDDR5 (Hynix)	Bus Width	256 Bit
Memory Size	2048 MB	Bandwidth	203.4 GB/s
Driver Version	10.18.13.5354 WHQL (ForceWare 353.54) / Win10 64		
GPU Clock	1126 MHz	Memory 1589 MHz	Boost 1191 MHz
Default Clock	1072 MHz	Memory 1550 MHz	Boost 1137 MHz

5 이제 GPU-Z에서 오버클럭 전후 성능을 비교해봅니다.

HELP
- GPU 코어 클럭은 기본값 1072MHz에서 1126MHz로, 메모리 클럭은 1550MHz에서 1589MHz로 빨라졌습니다. 그래픽 메모리의 대역폭(Bandwidth)도 198.4GB/s에서 203.4GB/s로 5% 정도 향상된 것을 볼 수 있습니다.
- Pixel Fillrate는 34.3GPixel/s에서 36GPixel/s로, Texture Fillrate는 102.9GTexel/s에서 108.1GTexel/s로 높아진 것을 볼 수 있습니다.

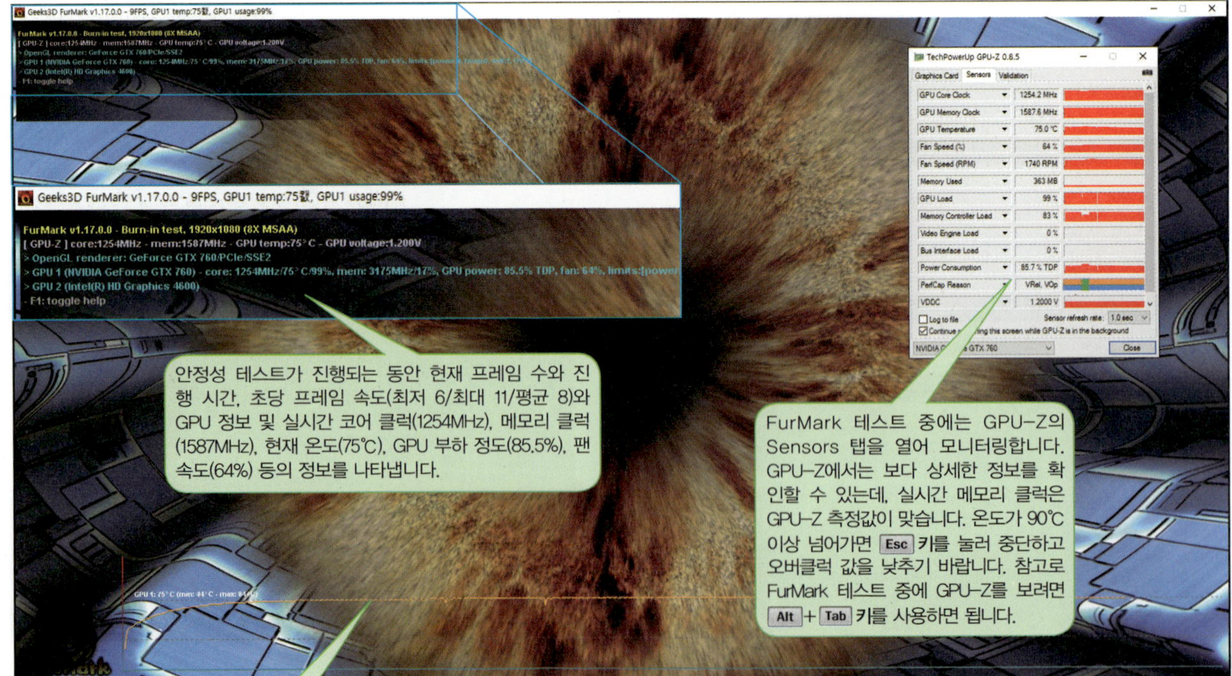

안정성 테스트가 진행되는 동안 현재 프레임 수와 진행 시간, 초당 프레임 속도(최저 6/최대 11/평균 8)와 GPU 정보 및 실시간 코어 클럭(1254MHz), 메모리 클럭(1587MHz), 현재 온도(75℃), GPU 부하 정도(85.5%), 팬 속도(64%) 등의 정보를 나타냅니다.

FurMark 테스트 중에는 GPU-Z의 Sensors 탭을 열어 모니터링합니다. GPU-Z에서는 보다 상세한 정보를 확인할 수 있는데, 실시간 메모리 클럭은 GPU-Z 측정값이 맞습니다. 온도가 90℃ 이상 넘어가면 **Esc** 키를 눌러 중단하고 오버클럭 값을 낮추기 바랍니다. 참고로 FurMark 테스트 중에 GPU-Z를 보려면 **Alt** + **Tab** 키를 사용하면 됩니다.

테스트 진행 상태를 오렌지색 선의 그래프로 표시합니다. 현재 10분 이상 진행한 상태인데, 일정 상태를 유지하여 안정적인 상태를 보여줍니다.

6 FurMark를 실행하고 553쪽의 AMD Overdrive로 오버클러킹하기 실습 **3**~**5** 단계와 같은 방식으로 FurMark 안정성 테스트를 진행합니다.

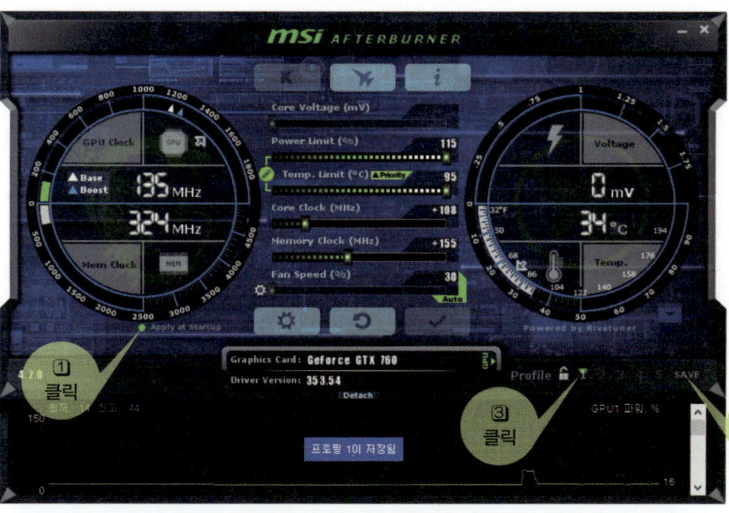

7 Furmark 안정성 테스트를 통과하였으면 Apply at Startup 옵션을 체크하여 다음 번 시스템 시작부터는 자동으로 현재의 오버클럭 설정으로 시작합니다. 그런 다음 현재의 오버클럭 설정값을 저장해 두기 위해 Save 단추를 클릭하고 비어 있는 프로파일 상자를 클릭합니다. 그러면 곧바로 프로파일 상자의 번호로 저장됩니다. 이렇게 하면 다른 오버클럭 설정을 테스트하더라도 언제든지 프로파일 번호를 클릭하여 해당 설정값을 바로 로드할 수 있습니다.

UniGine Heaven 벤치마크로 크로스파이어 성능 확인하기

1 이제 UniGine Heaven 벤치마크 테스트를 진행합니다. 벤치마크 테스트를 마치면 오비클리 진후의 결과값을 비교해봅니다.

> **HELP**
> ● 오버클럭 전후의 UniGine Heaven 벤치마크 결과를 나타낸 화면입니다. 아래의 왼쪽 결과가 5% 오버클럭 적용 상태의 벤치마크 결과이며, 오른쪽은 오버클럭 적용 전의 벤치마크 결과입니다.
> ● 벤치마크 점수를 보면 초당 프레임 레이트는 63.9FPS 대 66.5FPS로 향상되었고, 점수도 1610에서 1673으로 향상된 것을 볼 수 있습니다. 이미 레퍼런스 모델에 비해 하드웨어적인 오버클럭이 적용된 OC형 그래픽카드이기 때문에 오버클럭 유틸리티를 이용한 오버클럭값을 비교적 낮은 값으로 적용하였습니다.

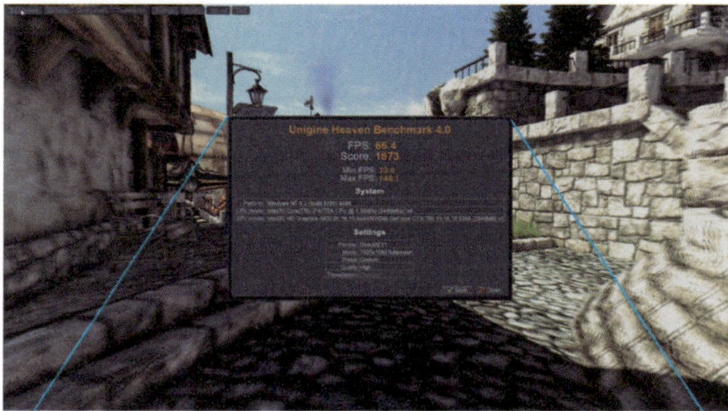

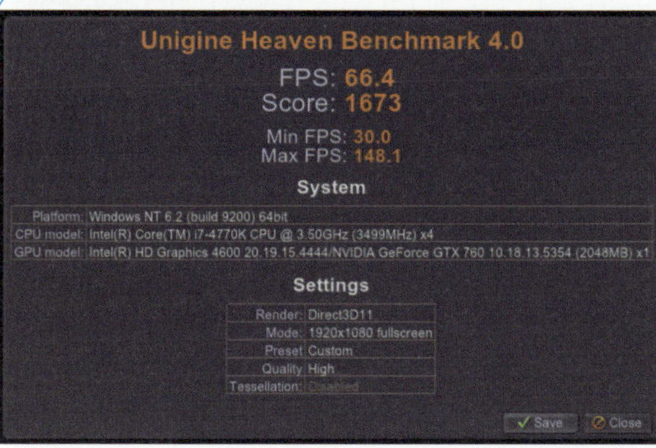

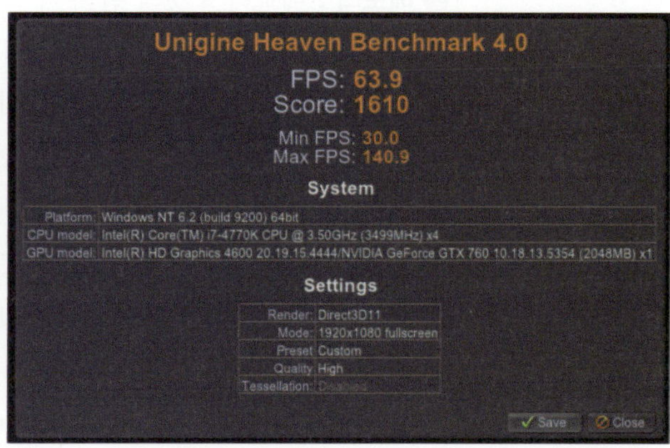

Chapter 11 컴퓨터 세대교체 & 수동 오버클러킹

컴퓨터 세대교체는 CPU 아키텍처의 변화나 제조 공정의 발전과 궤를 같이하며 메인보드와 메모리, 그래픽카드 등 주변 장치 인터페이스의 변화를 수반하기도 합니다. 그러므로 컴퓨터 세대교체에 대응하여 기존 시스템을 업그레이드할 때는 1차적으로 어떤 부품을 교체하고 어떤 부품은 유지할지를 잘 판단해야 합니다. 이 장에서는 컴퓨터의 세대교체로 최강의 PC를 조립하고, 성능을 극대화하는 수동 오버클러킹 방법까지 알아봅니다.

1 컴퓨터의 세대교체 대응 전략

지금까지의 CPU 발전 과정을 보면 세대교체 주기는 1~2년 간격입니다. 세대교체 주기마다 컴퓨터를 통째로 교체할 필요는 없지만 컴퓨터의 업그레이드는 고려할 필요가 있습니다. 세대교체 주기에 컴퓨터를 업그레이드할 때는 업그레이드 우선순위를 정하여 반드시 교체할 부분은 교체하고, 성능이나 사용에 지장이 없는 부분은 그대로 사용하는 전략이 필요합니다.

업그레이드 우선순위

업그레이드 우선순위는 보통 성능을 기준으로 하며, 체감 성능도 고려해야 합니다. 컴퓨터 부품의 성능 면에서는 CPU → 메모리 → 그래픽 카드 → 보조 기억 장치 순이라 할 수 있지만, 체감 성능 면에서는 게임용 컴퓨터의 경우, 그래픽 카드가 메모리보다 우수하고, 동영상 편집용 컴퓨터의 경우 고속 SSD가 체감 성능과 작업 효율에 더 큰 영향을 미칩니다.

CPU 세대교체와 새로운 성능의 부품이 제성능을 발휘할 수 있게 해주는 인터페이스를 제공하는 메인보드도 개별 부품 못지 않게 성능에서 중요한 요소입니다.

각 부품에서 업그레이드와 관련하여 유의해야 할 점은 다음과 같습니다.

❶ **CPU** : 세대교체를 위한 업그레이드의 출발점은 바로 CPU입니다. CPU의 업그레이드 호환성은 1차적으로 메인보드의 소켓 규격이며, 같은 소켓 규격을 지원하더라도 최신 CPU 지원 여부를 확인해야 합니다. 물론 최적 성능의 발휘와 최신 규격의 인터페이스를 사용하려면 새로운 CPU에 맞춰 제조된 메인보드가 유리합니다.

❷ **메모리** : 메모리 소켓의 핀 수나 모양도 세대가 바뀔 때마다 변경되고 있습니다. CPU와 짝을 이루는 메모리 규격이 달라지면 기존 규격의 메모리는 사용할 수 없기 때문에 반드시 교체해야 합니다. 참고로 인텔 6세대 스카이레이크나 7세대 카비레이크 CPU와 궁합을 이루는 메모리 규격은 DDR4 SDRAM입니다.

❸ **메인보드** : 메인보드에서 지원하는 CPU 소켓 규격을 확인합니다. CPU 발전 주기에 따라 아키텍처가 바뀌는 경우와 제조 공정이 바뀌는 경우가 있는데, 제조 공정을 미세화하여 성능을 향상시킨 경우에는 CPU 소켓 규격이 유지되는 편입니다. 예를 들어 인텔 6세대 스카이레이크와 제조 공정을 개선한 7세대 카비레이크 CPU는 둘 다 1150 소켓 규격을 사용합니다. 그러므로 7세대 카비레이크 CPU 발표 전에 나온 메인보드에서도 카비레이크 CPU가

지원되기도 합니다. 이러한 경우에는 CPU 교체만으로도 컴퓨터 세대교체를 끝낼 수 있습니다. 메인보드 제품에 따라서는 바이오스 업데이트를 통해 지원하는 경우도 있습니다.

❹ **그래픽카드** : 그래픽카드가 사용하는 PCI Express 규격은 2002년에 PCIe 1.0(레인당 250MB/s) 규격이 등장한 이후 2007년에 PCIe 2.0(레인당 500MB/s), 2010년에 PCIe 3.0(레인당 1GB/s) 규격이 등장하여 현재까지 사용되고 있습니다. 다른 인터페이스의 부품에 비해 제품 규격에 따른 라이프 싸이클은 긴 편이므로 컴퓨터 세대교체 시 기존 부품을 사용해도 문제될 게 없습니다. 다만 3D 게임 성능의 향상을 꾀한다면 그래픽카드를 교체하는 편이 다른 부품을 교체하는 것보다 큰 영향을 미칩니다.

❺ **보조 기억 장치** : 컴퓨터 부품 중에 가장 뜨거운 감자로 부상하고 있는 게 바로 고속 SSD 입니다. 소음이 없고 속도도 빠릅니다. 고속 SSD를 사용하면 빠른 시동 및 프로그램 로딩으로 체감 성능을 높여주며, 동영상 렌더링 등에 사용하면 다른 부품에 비해 작업 효율을 높일 수 있습니다. 고속 SSD의 인기에 따라 최신 메인보드에는 PCIe 레인의 대역폭을 사용하는 고속 SSD 전용 M.2 슬롯을 제공합니다. M.2 슬롯이 제공되는 메인보드라면 이를 지원하는 SSD 사용을 권장합니다.

❻ **쿨러** : 6세대 스카이레이크 아키텍처부터 고성능 라인업의 CPU 제품에는 쿨러가 포함되어 있지 않습니다. 따라서 별도의 쿨러를 준비해야 합니다. 정품 쿨러가 포함된 CPU라도 쿨러의 냉각 효율이 낮고 소음도 크므로 사제 쿨러로 교체하는 게 좋습니다. 오버클러킹에는 공랭식보다 수냉식 쿨러가 냉각 효율이 좋지만, 가격은 좀 더 비싼 편입니다.

② 컴퓨터 세대교체를 위한 부품 선택

보통 컴퓨터 세대교체를 위한 부품 선택은 세대교체 시점에 따라 업그레이드의 우선순위를 고려하여 교체할 부품을 선택해야 합니다.

컴퓨터 세대교체와 수동 오버클러킹을 위한 부품 선택

세대교체 대상이 되는 4세대 하스웰 CPU 기반의 시스템은 4장에서 기본 조립을 하였고, 6장에서 오버클러킹을 수행한 시스템입니다.

이 책에서는 4세대 하스웰 CPU 기반의 시스템을 6세대 스카이레이크 CPU 기반의 시스템으로 세대교체를 진행합니다.

컴퓨터 세대교체를 진행하는 만큼 기존 시스템보다 뛰어난 성능을 구현할 수 있는 부품들을 선택하였습니다.

왼쪽 그림은 PC 세대교체를 위해 준비한 부품들로, 인텔 코어 i7-6700K CPU와 메인보드, DDR4 메모리 외에도 M.2 슬롯용 고속 SSD와 오버클러킹 성능을 높이기 위해 수냉식 쿨러를 준비하였습니다.

세대교체용 CPU 선택

하스웰 CPU는 기본 성능과 우수한 전성비를 제공하지만, 핫스웰이라는 오명이 붙을 정도로 발열이 심하기 때문에 높은 수준의 오버클러킹에는 한계가 있었습니다. 6세대 스카이레이크 CPU는 하스웰의 발열 문제를 해결하여 고도의 오버클러킹 능력을 제공합니다.

세대교체용 CPU로 선택한 CPU는 처음부터 비슷한 라인업인 **i7-6700 CPU에 비해 600MHz나 높은 클럭으로 패키징된 인텔 i7-6700K CPU입니다.** i7-6700K CPU는 하이퍼스레딩을 지원하여 8코어로 동작하며 배수락이 해제된 데스크톱 CPU 라인업의 6세대 스카이레이크 라인업 중 최고 성능을 지니고 있습니다.

기본 설계 측면에서도 스카이레이크 i7-6700K CPU는 14nm 극미세 리소그래피 트랜지스터 공정으로 제작되었으며 내장 GPU로는 최신 DirectX 12를 지원하는 HD Graphics 530이 탑재되어 웬만한 게임은 별도의 그래픽카드 없이도 구동할 수 있습니다. 보다 자세한 제품 사양은 63쪽을 참고하기 바랍니다.

세대교체용 메모리 선택

스카이레이크 CPU는 DDR3L SDRAM과 DDR4 SDRAM을 지원하지만 데스크톱용 DDR3L SDRAM은 판매되지 않으며 속도도 DDR4 SDRAM에 비해 느립니다. 세대교체용 메모리로는 삼성전자의 DDR4 16G PC4-17000 메모리를 선택하였습니다. 일반 메모리이지만 오버클럭이 잘되는 메모리로 인정받고 있습니다.

자세한 특징은 115쪽을 참고하기 바랍니다. 최근에 좀 더 빠른 속도의 DDR4 16G PC4-19200이 발표되었는데, 가격은 좀 더 비쌉니다. 이 책에서는 DDR4 16G PC4-17000 메모리를 약 1.65배 수준인 28000급으로 오버클럭할 예정입니다.

세대교체용 메인보드 선택

하스웰과 스카이레이크 CPU의 소켓 규격이 다르므로 메인보드는 반드시 교체해야 합니다. 6세대 스카이레이크 CPU와 짝을 이루며 최신 고속 SSD용 M.2 슬롯과 차세대 인터페이스로 부상하고 있는 썬더볼트와 USB-C 단자, 듀얼 랜을 지원하는 GIGABYTE Z170X-UD5 메인보드를 선택하였습니다.

GIGABYTE Z170X-UD5 메인보드는 안정된 전원부와 방열판 구성으로 오버클럭에 강점이 있습니다. 자세한 제품 사양은 101쪽을 참고하기 바랍니다.

세대교체용 보조 기억 장치 선택

세대교체를 위해 보조 기억 장치까지 교체하는 경우는 드물지만 고속 SSD용으로 설계된 M.2 슬롯을 활용하기 위해 기존 SSD 보다 두 배 이상 빠른 M.2용 삼성전자 950Pro SSD를 선택하였습니다.

새로 나온 고속 SSD 설계 규격인 M.2용 슬롯에 운영체제를 시행착오 없이 설치하려면 운영체제를 설치하기 전에 하드디스크나 다른 SATA 3용 SSD의 연결을 해제하고 M.2용 SSD만 연결한 상태에서 설치하길 권장합니다.

삼성전자 950Pro SSD의 사양과 특징은 다음과 같습니다.

삼성전자 950Pro SSD
제품 사양

항목	내용	비고
제품명	삼성전자 950 PRO M.2 2280 (256GB)	
인터페이스	M.2 슬롯 / NVMe 1.1	NVM Express 디스크 컨트롤러 사용
디스크 용량	256GB	
컨트롤러	삼성 UBX 컨트롤러	
메모리 타입	V–NAND	
읽기 속도	2200MB/s	SATA 3용 SSD에 비해 읽기 속도는 4배 수준
쓰기 속도	900MB/s	SATA 3용 SSD에 비해 쓰기 속도는 2배 수준
그 밖의 특징	S.M.A.R.T 지원 GC 기능 지원, DEVSLP 지원 보증 기간 5년	S.M.A.R.T 기능은 자가 진단을 통해 미리 고장에 대비할 수 있게 해주는 기술입니다. 삼성전자서비스센터 ☎ 1588–3366

쿨러 선택

세대교체용 CPU로 선택한 인텔 i7-6700K 제품에는 쿨러가 포함되어 있지 않기 때문에 쿨러도 반드시 교체해야 합니다. 최근 들어 CPU 오버클러킹에 대한 관심이 높아지면서 쿨링 효율을 한층 더 높인 수냉식 쿨러도 대중화되고 있습니다.

수냉식 쿨러는 CPU에 직접 부착되는 워터블록과 액체 용매를 냉각시키는 라디에이터로 구성됩니다. 라디에이터를 부착할 케이스의 크기와 통풍구 및 파워서플라이 위치 등을 정확히 확인한 후에 구입하기 바랍니다. 이 책에서는 기존에 조립한 S2 Innovation AXIOM LT 케이스의 크기와 특징을 고려하여 잘만의 Reserator 3 MAX 수냉식 쿨러를 사용하였습니다.

수냉식 쿨러의 용매는 액체이므로, 누수되면 CPU뿐만 아니라 메인보드 등이 손상되므로 제품 설명서를 꼼꼼히 읽고 용매 튜브를 억지로 꺾거나 꼬지 말고 자연스럽게 연결되도록 설치해야 합니다. 잘만 Reserator 3 MAX 제품의 사양과 특징은 다음과 같습니다.

잘만의 Reserator 3 MAX
수냉식 쿨러 제품 사양

항목	내용	비고
제품 명	잘만 RESERATOR 3 MAX	
쿨러 종류	수랭식	냉각 성능 향상을 위해 세계 최초 나노유체 적용
냉각팬	120mm	옵션으로 120mm 듀얼팬 가능
재질	구리 & 흑진주 니켈 도금	흑진주 니켈 도금으로 부식 방지
지원 소켓	인텔 : LGA2011, LGA1366, LGA115x, LGA775 AMD : FM1 / AM3+ / AM2+ / AM2	AMD AM1 소켓은 지원되지 않습니다.
최대 소음	19~27dBA ±10%	
팬 속도	1000 ~ 2200rpm	PWM(Pulse Width Modulation) 지원
크기 / 무게	냉각팬 120(L) x 145(W) x 79(H)mm 워터블록 70(L) x 85(W) x 37(H)mm 전체 무게 870g	냉각팬 4핀 전원 커넥터 (PWM 지원) 워트블록 펌프 3핀 전원 커넥터 컴퓨터 케이스에 맞는지 사전 확인 필요
그 밖의 확인 사항	1열식 듀얼 라디에이터 사용 빠른 열 전달을 위한 마이크로 핀 구리베이스 냉각팬 재질 구리 + 흑니켈 도금 Blue LED로 작동 상태와 튜닝 효과 무상 AS 기간 1년	라디에이터의 배열에 따라 1열식과 2열식이 있습니다. 2열식은 냉각팬이 나란히 2열로 배열되어 길이가 두 배이며 그만큼 냉각 성능은 뛰어납니다. 2열식은 보통 케이스 상단의 통풍구 방향으로 설치합니다.

▲ 1열식 라디에이터

▲ 2열식 라디에이터

Exercise 1

세대교체를 위한 준비 작업

컴퓨터 세대교체를 위해 기존 부품을 빼내고 새로 준비한 부품을 장착해야 합니다. 세대교체를 위한 준비 작업도 업그레이드 작업과 큰 차이는 없지만 메인보드를 교체하는 세대교체의 경우에는 사실상 컴퓨터를 해체하고 새로 조립하는 수준의 작업이 요구됩니다.

이 실습에 필요한 내용	실습 키 포인트
준비물 : 8장에서 업그레이드한 PC 세대교체를 위해 기존 PC에서 교체할 부품들을 해체하기	세대교체를 위해 교체할 부품 꺼내기

파워서플라이 빼내기

1 세대교체할 PC의 측면 케이스 덮개를 빼냅니다.

2 파워서플라이와 부품 간에 연결된 전원 커넥터를 모두 빼냅니다.

3 그래픽카드 전용 슬롯의 고정 레버를 누르고 그래픽카드를 위로 들어 올려 빼냅니다.

4 메인보드와 부품들 간에 연결된 커넥터도 모두 빼냅니다.

5 메인보드를 빼내기 위해 케이스에 고정된 메인보드의 나사를 모두 빼냅니다.

6 메인보드의 양쪽 가장자리를 잡고 가볍게 들어올린 다음 천천히 빼냅니다.

7 기존 메인보드와 CPU, 쿨러, 메모리는 조립된 상태이므로 다른 케이스에서 바로 조립해도 됩니다.

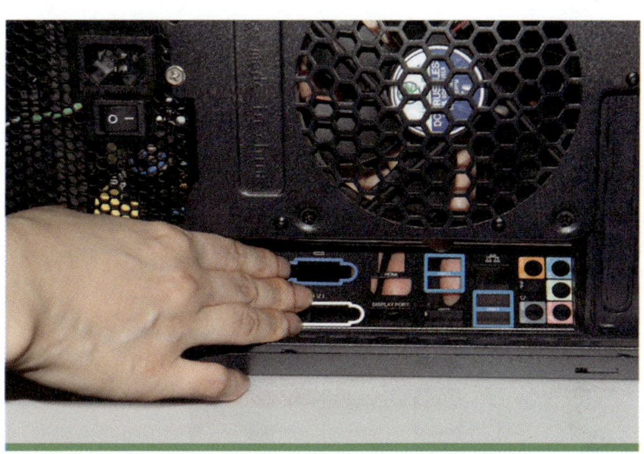

8 기존 메인보드의 백패널 베젤을 바깥쪽에서 안쪽으로 밀어서 빼냅니다.

9 보조 기억 장치 SATA3용 SSD 레이드는 제거하고, HDD는 재사용하기 위해 그대로 둡니다. 이것으로 기존 부품 해체 작업이 완료되었습니다.

- 앞에서 충분히 PC를 조립하고 해체하는 실습을 해보았기 때문에 여기서는 간단히 주요 작업 과정만 나타냈습니다.
- 세대교체를 할 때 보조 기억 장치는 M.2용 고속 SSD를 설치할 예정이므로 SATA3용 SSD 레이드도 제거하였습니다. SATA3 SSD 레이드도 빠르지만 M.2 슬롯에 삼성전자의 950PRO를 단일로 설치해도 속도는 더 빠릅니다.
- 준비 작업이 완료된 기존 PC를 보면 PC 케이스, 하드디스크, 파워서플라이만 남기고 기존 부품은 모두 제거한 상태라는 것을 알 수 있습니다.

메인보드 체크와 조립 준비하기

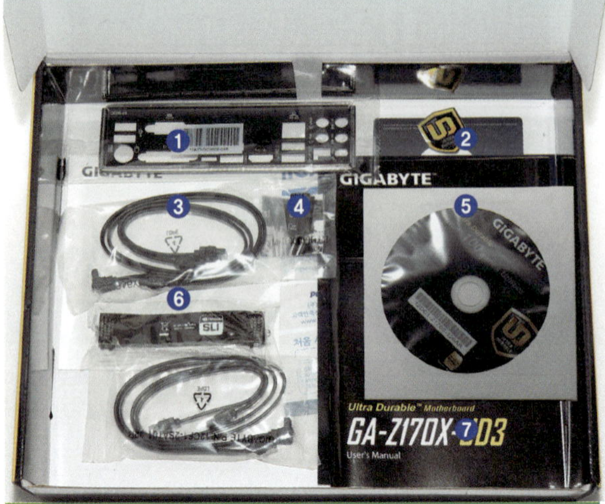

● GIGABYTE Z170X-UD5 메인보드 제품의 구성품은 다음과 같습니다.

❶ **백패널 베젤** : 컴퓨터의 백패널 단자를 보호하는 베젤입니다.

❷ **스티커** : 본체 장식용으로 붙이면 됩니다.

❸ **SATA 케이블** : ㄱ자형 SATA 케이블 2개와 일반형 SATA 케이블 2개가 제공됩니다.

❹ **G-커넥터** : 케이스 신호선을 먼저 G-커넥터에 연결한 다음 한 번에 메인보드의 케이스 신호선 단자에 연결할 수 있게 해줍니다.

❺ **번들 CD** : 메인보드 부품의 드라이버와 유틸리티 소프트웨어가 포함된 DVD입니다.

❻ **SLI 케이블** : 2개의 NVIDIA 그래픽카드를 직렬로 연결하여 두 배의 성능을 발휘할 수 있게 해주는 케이블입니다.

❼ **사용 설명서** : 메인보드 부품의 기능과 조립방법, 각종 설정 방법 등이 제공됩니다.

1 메인보드 박스를 열고 구성품을 확인합니다.

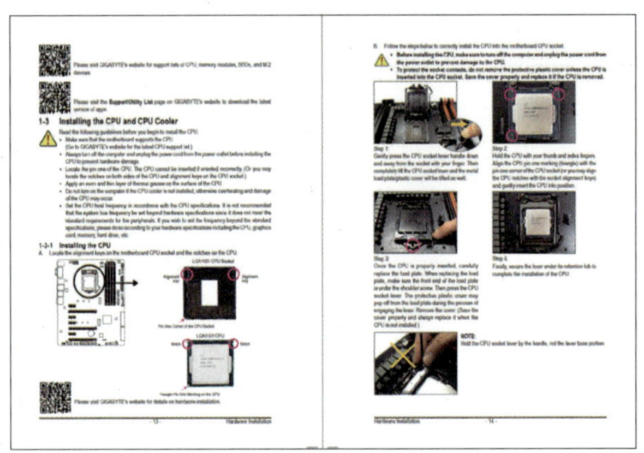

2 메인보드 설명서를 정독하여 해당 메인보드에서의 조립 방법을 미리 확인합니다.

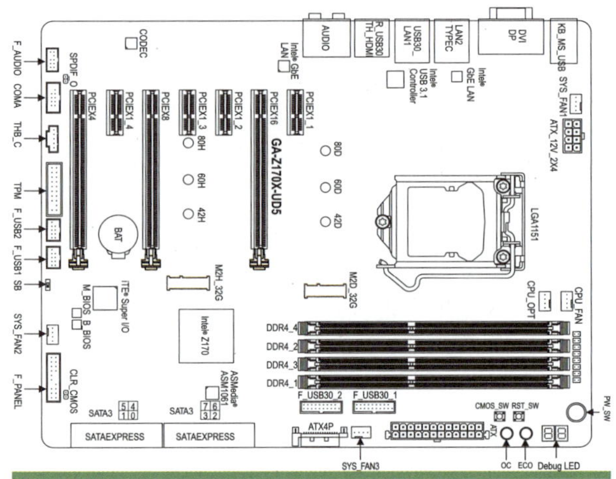

3 설명서의 메인보드 다이어그램을 참고하여 부품들의 위치와 특징도 미리 확인합니다.

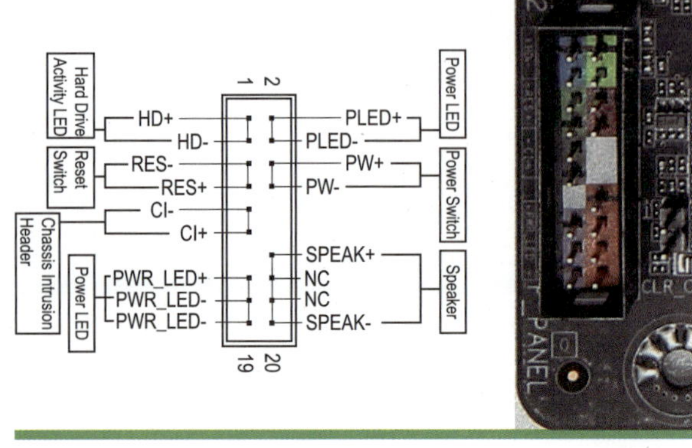

4 케이스 신호선 단자를 미리 확인합니다. Z170X-UD5 메인보드는 별도의 파워 단추가 제공됩니다.

5 메인보드 부품에 대한 확인이 끝나면 조립을 위해 메인보드 박스 위에 메인보드를 올려놓습니다.

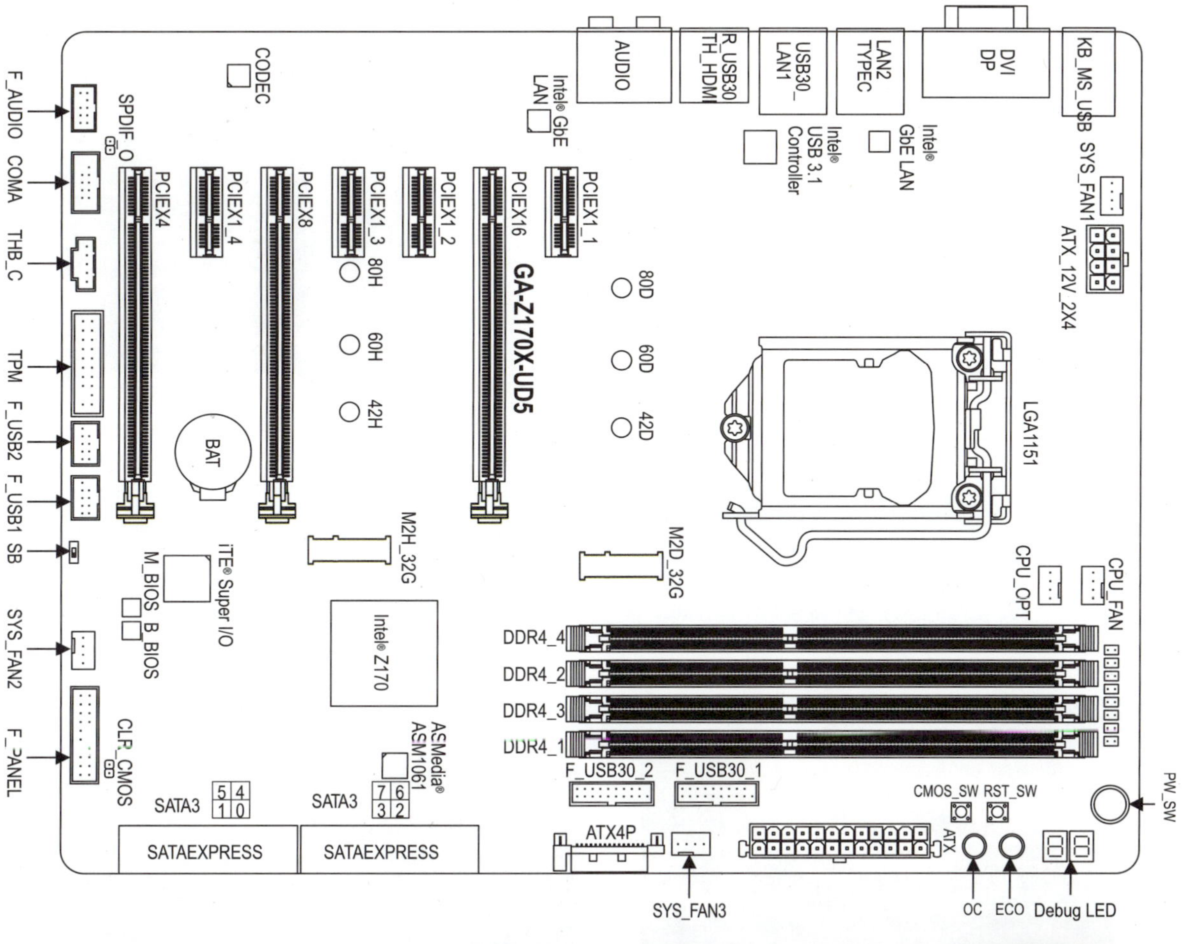

F_AUDIO
COMA
THB_C
TPM
F_USB2
F_USB1
SB
SYS_FAN2
F_PANEL
SPDIF_O
CODEC
PCIEX4
PCIEX1_4
PCIEX8
PCIEX1_3
PCIEX1_2
PCIEX16
PCIEX1_1
BAT
iTE® Super I/O
M_BIOS
B_BIOS
CLR_CMOS
SATA3
SATA3
ASMedia®
ASM1061
Intel® Z170
M2H_32G
SATAEXPRESS
SATAEXPRESS
GA-Z170X-UD5
80H
60H
42H
80D
60D
42D
Intel® GbE LAN
Intel® GbE LAN
Intel® USB 3.1 Controller
AUDIO
R_USB30 TH_HDMI
USB30 LAN1
LAN2 TYPEC
USB30 LAN1
DVI DP
KB_MS_USB SYS_FAN1
ATX_12V_2X4
LGA1151
CPU_OPT
CPU FAN
M2D_32G
DDR4_4
DDR4_2
DDR4_3
DDR4_1
F_USB30_2
F_USB30_1
CMOS_SW RST_SW
ATX4P
ATX
PW_SW
SYS_FAN3
OC ECO Debug LED

GIGABYTE
ULTRA DURABLE
intel inside
SLI

Exercise

2 최강 PC로 세대교체하기

세대교체 범위가 큰 경우는 사실상 PC를 새로 조립하는 수준의 조립 작업이 요구됩니다. 세대교체를 위한 PC 조립도 케이스의 특성을 고려하여 조립을 진행합니다. 특히 수냉식 쿨러 조립은 냉매가 순환되는 튜브와 접속 부위에 무리한 압력을 가하지 않도록 해야 하며 라디에이터 부품도 조심스럽게 다뤄야 하므로 최적의 조립 흐름을 생각하며 조립하기 바랍니다.

이 실습에 필요한 내용	실습 키 포인트
실습 제품 : 8장에서 업그레이드한 PC, 6세대 i7–6700K CPU, 삼성전자의 DDR4 16G PC4–17000 메모리, GIGABYTE Z170X–UD5 메인보드, 삼성전자 950Pro SSD, 잘만 RESERATOR 3 MAX 수냉식 쿨러	케이스의 특성을 고려한 수냉식 쿨러 설치 신형 M.2 슬롯용 SSD 설치

CPU와 메모리, M.2 SSD 설치하기

1 메인보드의 CPU 소켓 레버를 누른 후 오른쪽으로 젖혀 걸쇠에서 빼내고 레버를 들어올리면서 덮개도 함께 들어올려 완전히 젖혀줍니다.

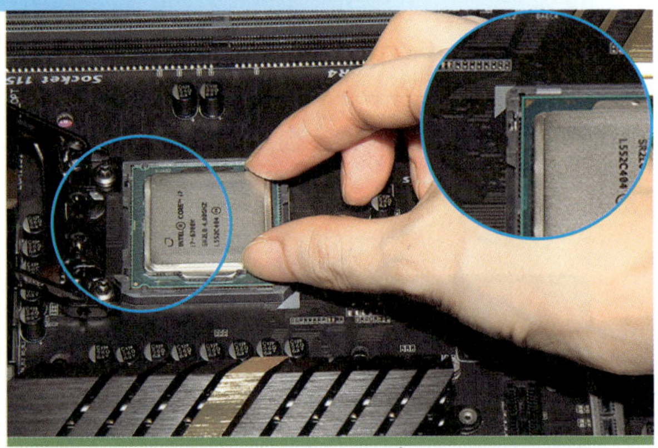

2 메인보드 소켓의 노치와 삼각 표식에 CPU의 노치와 삼각 표식이 일치하는 방향으로 CPU를 메인보드 소켓에 가볍게 올려놓습니다.

3 덮개(로드플레이트)를 천천히 내려놓은 후 CPU 소켓 레버의 끝을 누르면서 안쪽으로 끝까지 밀어서 고정시킵니다.

4 메모리 소켓의 채널 번호를 확인합니다. DDR4 메모리 소켓은 DDR4_1~DDR4_4 형식으로 표시됩니다. 회색으로 된 1, 2번 채널 슬롯의 고정 레버를 젖힙니다.

5 메모리의 홈과 메모리 슬롯의 노치를 일치시키고, 수직 방향에서 힘주어 눌러 메모리 슬롯의 고정 레버가 딸각하고 메모리 측면의 홈에 물리도록 합니다. 같은 방법으로 2개의 메모리를 설치합니다.

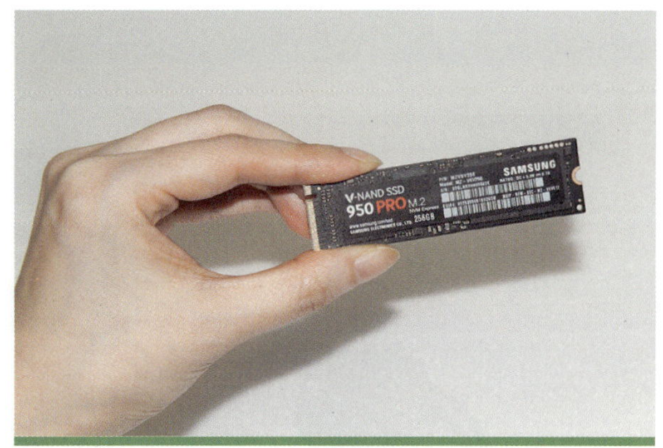

6 메인보드의 고속 SSD용 M.2 슬롯에 설치할 M.2 PCIe SSD를 준비합니다. 2개의 M.2 슬롯이 지원되는 메인보드는 동일 SSD로 레이드 구성이 가능합니다.

7 2개의 M.2 슬롯 중 하나는 PCIe 4배속 슬롯과 대역폭을 공유합니다. 하나의 SSD를 설치하는 경우는 대역폭이 겹치지 않는 M.2 슬롯의 SSD 고정 나사를 빼냅니다.

8 M.2 PCIe SSD를 M.2 슬롯에 비스듬한 각도로 반대편을 지지한 상태에서 끝까지 밀어넣습니다.

9 M.2 PCIe SSD가 M.2 슬롯에 완전히 결합되면 SSD 고정 나사를 이용하여 고정합니다.

10 이것으로 M.2 슬롯용 SSD 설치 작업까지 모두 완료되었습니다. 메인보드에는 CPU, 메모리, SSD가 설치된 것을 볼 수 있습니다.

수냉식 쿨러의 백플레이트 장착하기

HELP

❶ **사용 설명서** : 쿨러 제원과 조립 방법이 제공됩니다.
❷ **백플레이트** : 메인보드 뒷면에 CPU 쿨러를 고정해줍니다.
❸ **AMD 클립** : AMD CPU용 메인보드에서 CPU를 고정하는 클립
❹ **인텔 클립** : 인텔 CPU용 2011/1366/115x/775 소켓용 고정 클립
❺ **서멀구리스** : 워터블록과 CPU의 열전도율을 높입니다.
❻ **흑색 볼트 B** : 후면 냉각팬이 있는 경우 라지에이터 고정 볼트
❼ **은색 볼트 B** : 인텔 소켓 1156/1155/775와 AMD 소켓용
❽ **은색 볼트 A (4mm)** : 인텔 2011 소켓용
❾ **너트** : 슬라이드 캡(⑮)과 세트를 이뤄 클립 고정용으로 사용
❿ **양면 테이프** : 백플레이트를 고정하는 데 사용합니다.
⑪ **스티커** : 사용자의 취향에 따라 PC 케이스에 붙이면 됩니다.
⑫ **금색 볼트** : 인텔 1366 소켓용
⑬ **흑색 볼트 A** : 후면 라지에이터 고정 볼트
⑭ **은색 볼트 (3mm)** : 워터블록에 인텔 클립을 고정합니다.
⑮ **슬라이드 캡** : 백플레이트 나사 구멍용 볼트 고정 가이드
⑯ **로딩 블록** : 백플레이트를 고정하는 데 사용합니다.
⑰ **라디에이터** : 냉매 냉각 및 시스템 쿨링 기능을 제공합니다.
⑱ **워터블록** : 워터펌프로 냉매를 순환시켜 CPU를 냉각시킵니다.

1 CPU 쿨러 취급 설명서를 정독하고 수냉식 쿨러 부품을 확인합니다. 케이스에 따라 융통성을 발휘하여 조립을 계획합니다.

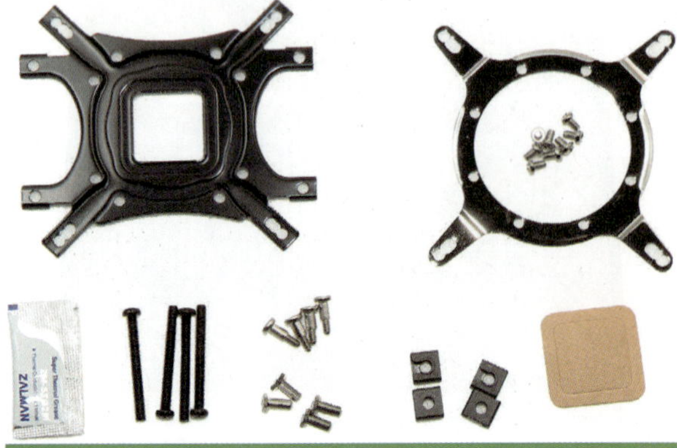

2 수냉식 쿨러를 조립할 메인보드의 소켓 규격에 맞춰 사용할 부품을 따로 정리해둡니다.

3 백플레이트 스카이레이크 CPU의 LGA1151 소켓 규격에 맞는 구멍 위치에 너트를 끼웁니다.

4 백플레이트의 너트에 맞춰 슬라이드 캡을 끼웁니다. 나머지 세 곳에도 너트를 끼운 다음 슬라이드 캡을 끼웁니다.

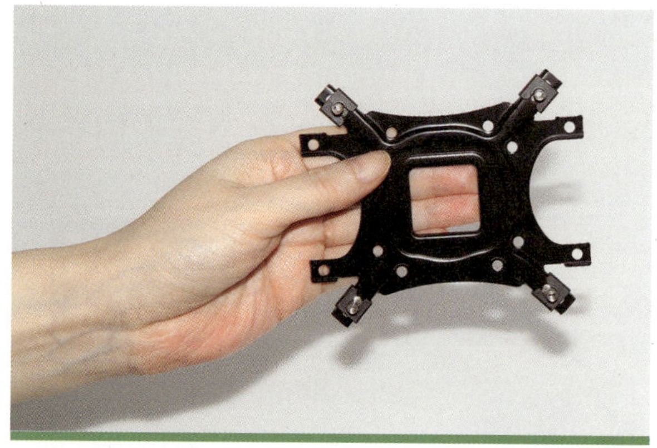

5 스카이레이크 CPU의 LGA1151 소켓 규격에 맞춰 백플레이트에 대한 슬라이드 캡과 너트 장착이 완료되었습니다.

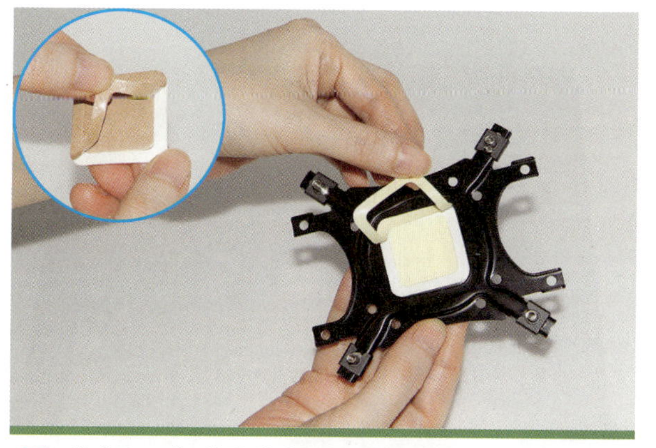

6 메인보드에 백플레이트를 부착하기 위한 양면 테이프의 한쪽 면을 벗겨내고 백플레이트에 부착한 후 나머지 양면 테이프를 벗겨냅니다.

7 백플레이트를 메인보드 소켓 주변의 쿨러 고정 구멍 위치에 맞춰 부착합니다.

8 백플레이트에 붙인 양면 테이프가 단단히 고정될 수 있도록 힘주어 부착합니다.

9 메인보드 안쪽에서 메인보드 소켓 주변의 쿨러 고정 구멍 위치에 백플레이트에 장착한 너트가 제대로 나와 있는지 확인합니다.

케이스 안에 메인보드 설치하기

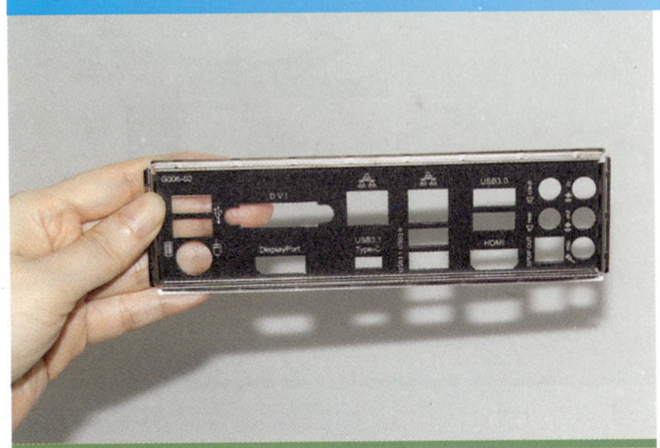

1 메인보드와 함께 제공되는 백패널용 베젤(I/O 실드)을 준비합니다.

2 메인보드 백패널용 베젤을 케이스 안쪽에서 바깥쪽으로 네 모서리를 맞춘 다음 힘주어 밀어 백패널 베젤이 정확하게 딸각하며 끼워지도록 합니다.

3 케이스의 베젤 공간에 메인보드의 백패널 베젤 장착이 완료되었습니다.

4 이제 CPU와 메모리, M.2 SSD를 장착한 메인보드의 백패널과 백패널 베젤 구멍을 일치시킨 후 천천히 밀어 메인보드 고정나사 구멍이 케이스의 너트와 일치되도록 합니다.

5 메인보드를 나사로 고정합니다. 나사로 고정하는 부품들은 진동이 생기지 않도록 단단히 조여야 소음도 줄이고, 부품 수명도 오래 갑니다.

6 케이스 안에 메인보드를 설치하는 작업이 모두 완료되었습니다.

수냉식 쿨러 설치하기

1 수냉식 쿨러의 라지에이터에 의해 가려져 나중에 연결하기 곤란한 12V CPU 전원 커넥터는 먼저 연결해둡니다.

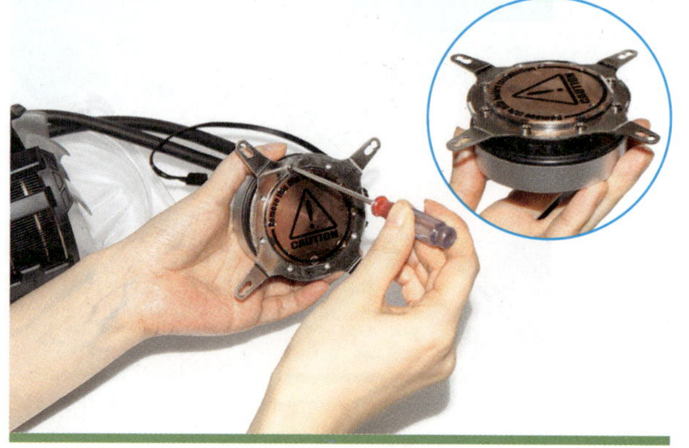

2 워터블록 고정용 인텔 클립을 볼트로 고정하는 방향에 유의하여 장착합니다.

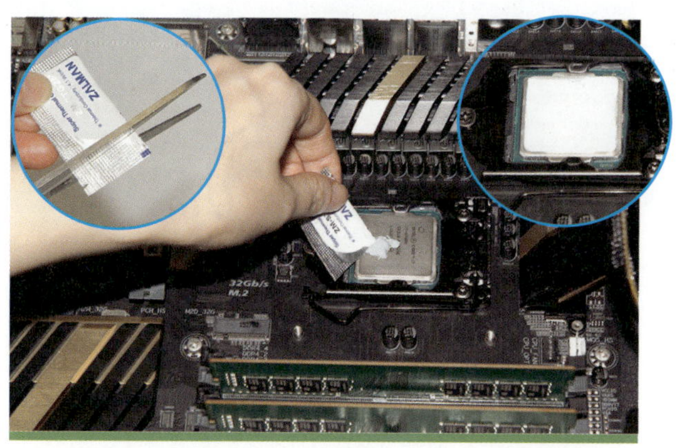

3 CPU 위에 쿨러 제품과 함께 제공된 1회용 써멀 그리스를 도포한 다음 깨끗하게 씻은 손으로 골고루 발라줍니다.

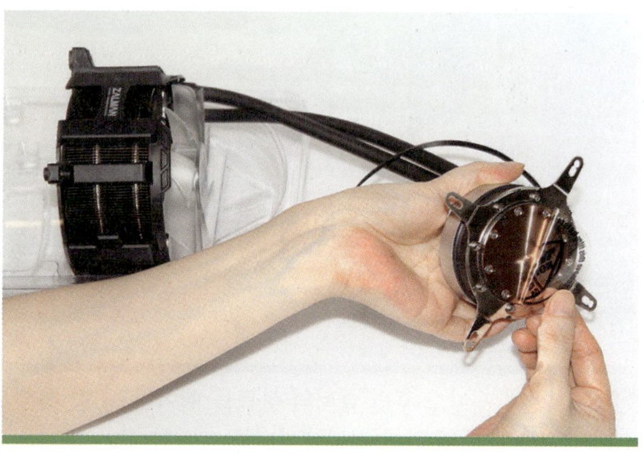

4 워터블록을 CPU 위에 장착하기 위해 CPU와 접촉되는 구리 베이스의 보호 비닐을 떼어냅니다.

5 워터블록의 클립을 메인보드 소켓 주위의 쿨러 고정 구멍에 맞춰 은색볼트 B 나사로 고정합니다. 클립에 탄성이 있으므로 적당히 고정한 다음 대각선 방향에서 균형을 맞춰 고정합니다.

6 워터블록의 장착이 완료되었습니다. 라디에이터와 튜브로 연결된 상태에서 작업해야 하므로 다른 부품들과 부딪히지 않도록 유의하여 작업하기 바랍니다.

Chapter 11 컴퓨터 세대교체 & 수동 오버클러킹

7 이제 라디에이터를 케이스 후면의 쿨러에 덧대어 장착하기 위해 케이스 후면 쿨러의 볼트를 풉니다.

8 케이스 후면 쿨러의 볼트를 빼낸 위치에 긴 흑색 볼트 B를 이용하여 라디에이터를 고정합니다.

9 두 번째 케이스 후면 쿨러의 볼트를 떼어내고, 긴 흑색 볼트 B를 이용하여 라디에이터를 고정합니다. 계속해서 네 군데를 모두 고정합니다.

10 라디에이터를 케이스 후면의 쿨러에 덧대어 장착하는 작업이 모두 완료되었습니다. 이렇게 설치하면 라디에이터는 냉매의 냉각과 동시에 시스템을 쿨링합니다.

11 라디에이터의 4핀 냉각팬 전원 커넥터는 메인보드의 CPU_FAN 단자에, 워터블록의 3핀 전원 커넥터는 수냉식 쿨러를 위한 CPU_OPT 단자에 연결합니다.

12 수냉식 쿨러 설치 작업이 모두 완료되었습니다. 라디에이터 냉각팬의 온도에 비례한 자동 팬 속도 제어를 위해 바이오스 셋업에서 PWM 기능을 활성화하는 점을 유의하기 바랍니다(584쪽 참고).

그래픽카드 재설치하기

1 이제 빼놓았던 그래픽카드를 다시 전용 슬롯에 꽂습니다.

2 그래픽카드의 브래킷을 나사로 고정합니다.

각종 전원 및 인터페이스 케이블 연결하고 테스트하기

1 그래픽카드의 보조 전원 단자에 파워서플라이 PCIe VGA 전원 커넥터의 고정 레버가 걸릴 때까지 힘주어 꽂습니다.

2 메인보드의 주 전원 단자에 파워서플라이 주 전원 커넥터의 고정 레버가 걸릴 때까지 수직으로 힘주어 꽂습니다.

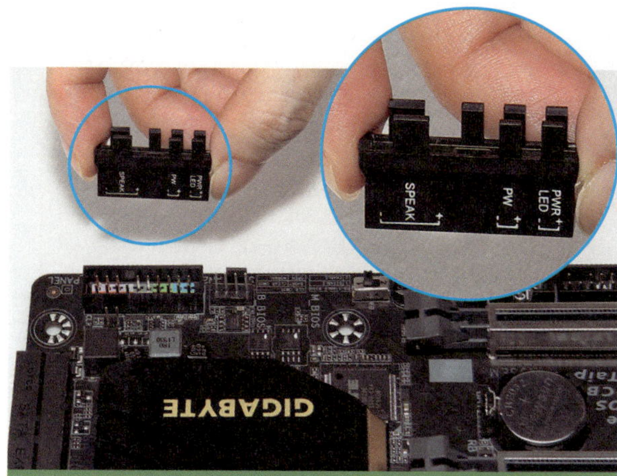

3 실습에 사용한 GIGABYTE Z170X-UD5 메인보드에는 케이스 신호선 연결을 쉽게 해주는 G-커넥터가 제공되므로 이를 활용합니다.

4 G-커넥터에는 케이스 신호선 이름이 표시되어 있으므로 이를 참고하여 케이스 신호선을 G-커넥터에 연결합니다.

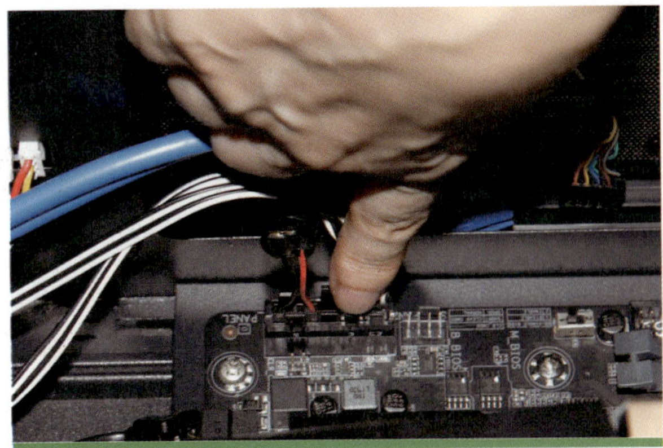

5 케이스 신호선을 연결한 G-커넥터를 메인보드의 케이스 신호선 단자에 수직으로 힘주어 눌러 꽂습니다.

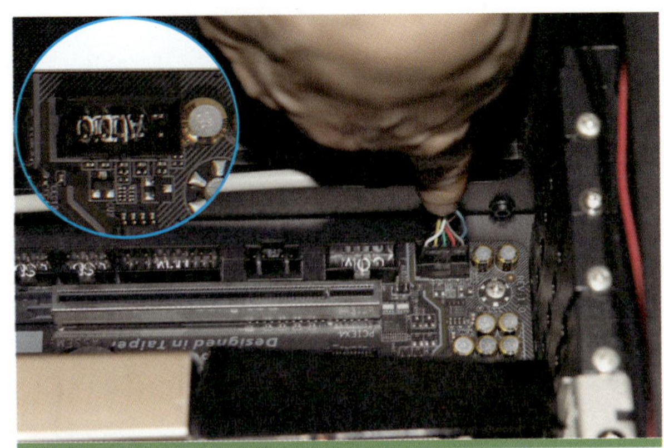

6 케이스 상단의 오디오 단자와 연결된 HD AUDIO 커넥터를 메인보드의 F_AUDIO 단자에 꽂아 연결합니다.

7 케이스 상단의 USB 2.0 단자와 연결된 USB 2.0 커넥터를 메인보드의 USB 2.0 단자에 꽂아 연결합니다.

8 케이스 상단의 USB 3.0 단자와 연결된 USB 3.0 커넥터를 메인보드의 USB 3.0 헤더 위에서 수직으로 꽂아 연결합니다.

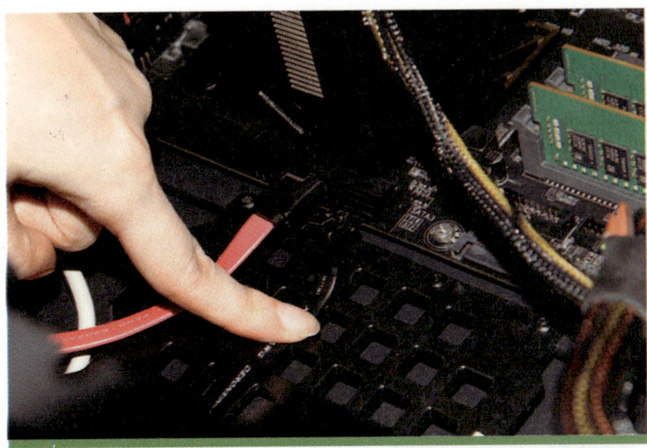

9 케이스와 연결된 빨간색 SATA 케이블은 메인보드의 SATA 3 7번 단자에 연결합니다. 하드디스크와 연결할 SATA 케이블은 아직 연결하지 말고 6번 단자 위치에 연결 준비만 해둡니다.

HELP

- GIGABYTE Z170X-UD5 메인보드는 2개의 M.2 SSD용 슬롯과 8개의 SATA 3 단자와 각각 2개의 SATA3 단자와 PCIe 레인 컨트롤 단자를 조합(청색 테두리 부분)하여 3개까지 사용할 수 있는 SATA Express 단자를 제공합니다.
- SATA 3 단자의 순서는 번호와 같습니다. SATA 3 0~5번까지의 6개의 단자는 인텔 Z170 칩셋이 직접 지원하는 단자로, 레이드 0/1/5/10이 지원됩니다. SATA 6~7번 단자는 ASMedia사의 ASM1061 칩셋으로 지원되는 SATA 단자로, SATA Express 단자로 조합되지 않으며 레이드 0/1을 지원합니다.
- SATA 하드디스크를 아직 연결하지 않은 이유는 M.2용 SSD에 운영체제를 시행착오 없이 설치하기 위해서 입니다. 운영체제 설치를 마친 후에 연결하여 사용하면 됩니다.

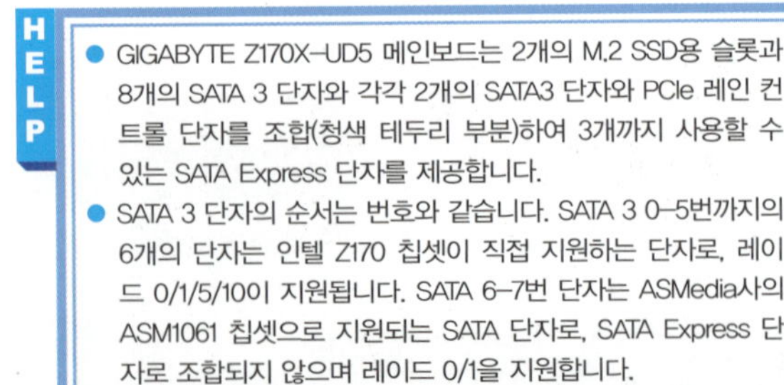
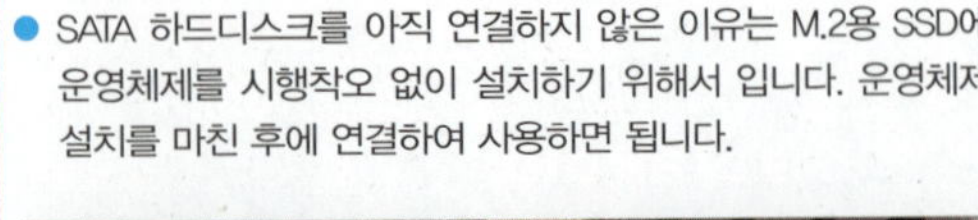

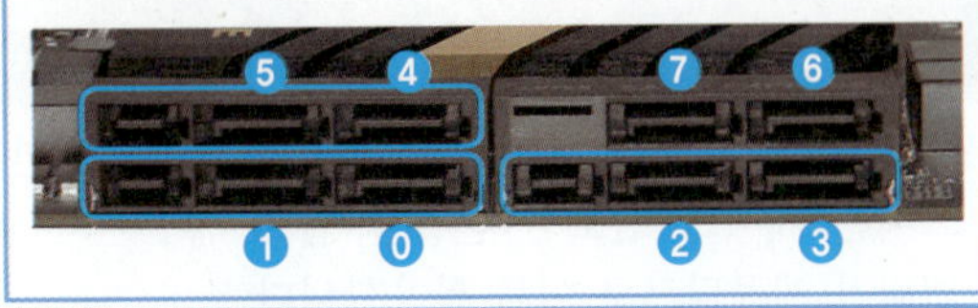

10 이제 모든 설치가 완료되었습니다. PC에 전원 케이블과 모니터 케이블, 마우스와 키보드를 연결하고 정상적으로 작동하는지 확인합니다.

CPU와 그래픽카드의 쿨러와 냉각팬들이 정상 작동하는 것을 볼 수 있습니다. 잘만 RESERATOR 3 MAX 수냉식 쿨러에는 LED 조명이 적용되어 튜닝 효과도 제공하는 것을 볼 수 있습니다.

Chapter 11 컴퓨터 세대교체 & 수동 오버클러킹

바이오스 셋업에서 PWM 기능 활성화 및 운영체제 설치 준비하기

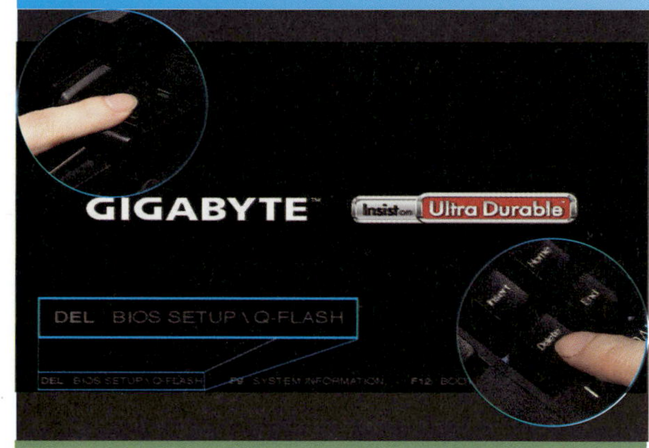

1 PC의 전원 단추를 눌러 시스템을 시동하고 기가바이트 메인보드 바이오스의 로고 화면이 나오면 바이오스 셋업 프로그램을 호출하는 Delete 키를 누릅니다.

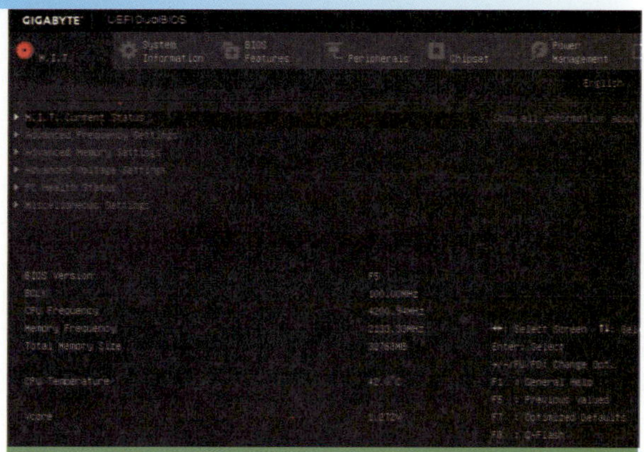

2 공장 최적화 기본값으로 시작되는 바이오스 셋업 초기 화면에 시스템의 기본 정보가 나타납니다. 현재 베이스 클럭은 100MHz, CPU는 4.2GHz, 메모리는 2133MHz로 작동하고 메모리 용량은 32GB, CPU 온도는 42.0℃, CPU 전압은 1.272V입니다.

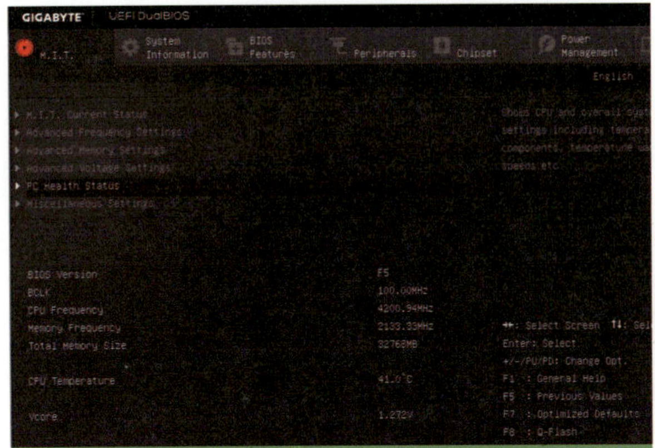

3 PWM 기능 설정을 확인하기 위해 M.I.T 메뉴 페이지에 있는 **PC Health Status**를 선택한 다음 Enter 키를 누릅니다.

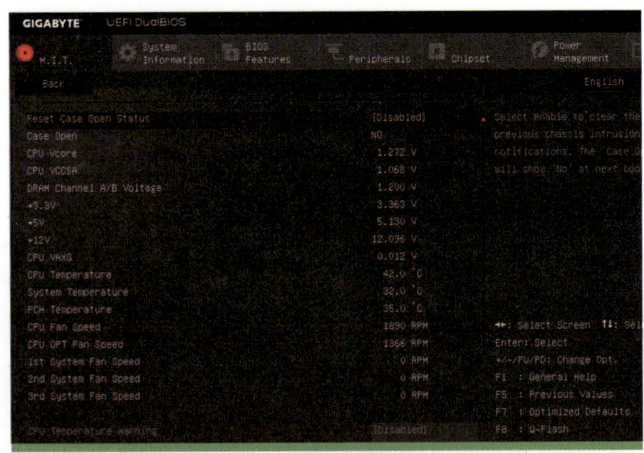

4 PC Health Status에는 전압과 온도, 팬 속도와 관련된 여러 설정 항목이 제공되는 것을 볼 수 있습니다. PWM 기능 설정 항목은 밑에 있어 보이지 않으므로 화살표 키를 사용하여 아래로 스크롤합니다.

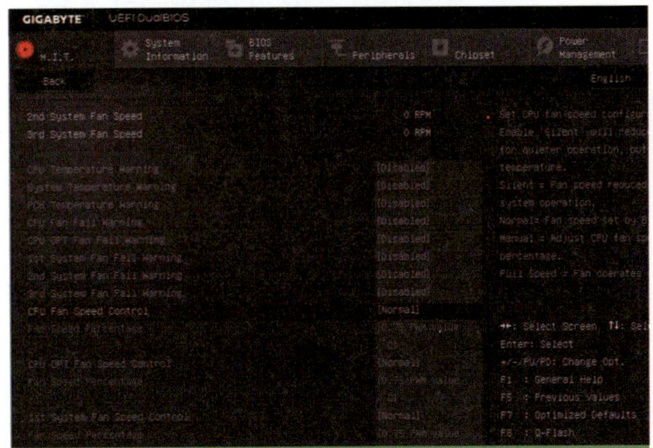

5 GIGABYTE Z170X-UD5 메인보드 바이오스의 CPU 냉각팬 PWM 설정 항목의 이름은 **CPU Fan Speed Control**인데, 자동으로 적용되는 **Normal**로 설정되어 있어 수정이 필요없습니다.

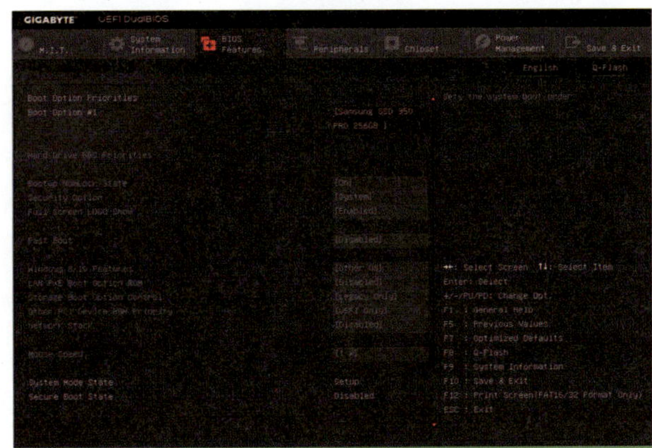

6 이번에는 **BIOS Features** 메뉴를 선택하고 **Boot Option Priorities**를 확인합니다. 현재 M.2용 SSD만 설치된 상태이기 때문에 Boot Option #1에 **Samsung SSD 950 PRO 256GB**만 표시됩니다.

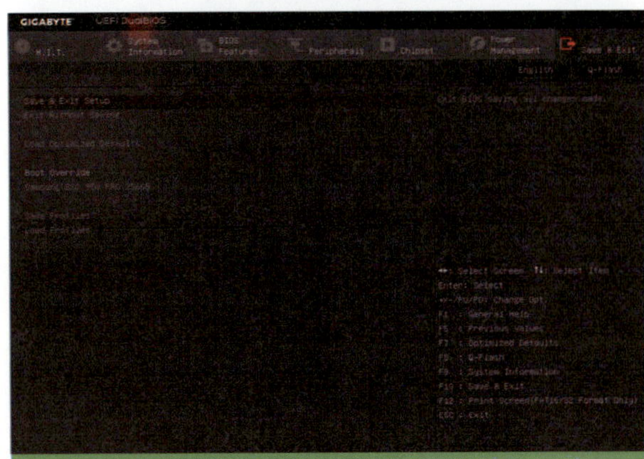

7 **Save & Exit** 메뉴 페이지를 선택한 후 Boot Override를 확인합니다. 현재 M.2용 SSD만 설치된 상태이기 때문에 **Samsung SSD 950 PRO 256GB**만 표시되는 것을 볼 수 있습니다.

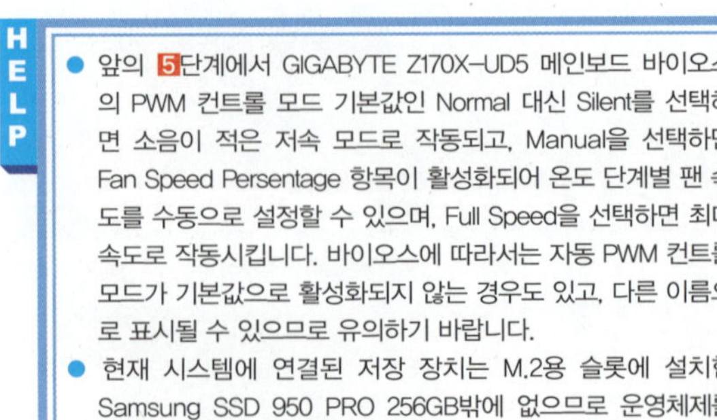

HELP

- 앞의 **5**단계에서 GIGABYTE Z170X-UD5 메인보드 바이오스의 PWM 컨트롤 모드 기본값인 Normal 대신 Silent를 선택하면 소음이 적은 저속 모드로 작동되고, Manual을 선택하면 Fan Speed Persentage 항목이 활성화되어 온도 단계별 팬 속도를 수동으로 설정할 수 있으며, Full Speed을 선택하면 최대 속도로 작동시킵니다. 바이오스에 따라서는 자동 PWM 컨트롤 모드가 기본값으로 활성화되지 않는 경우도 있고, 다른 이름으로 표시될 수 있으므로 유의하기 바랍니다.

- 현재 시스템에 연결된 저장 장치는 M.2용 슬롯에 설치한 Samsung SSD 950 PRO 256GB밖에 없으므로 운영체제를 설치할 드라이브를 일일이 확인하고 선택하지 않아도 M.2용 SSD에 운영체제를 설치할 수 있습니다.

- 여러 개의 저장 장치가 연결된 상태에서 운영체제를 설치하는 경우에는 바이오스 셋업에서 운영체제를 설치할 드라이브를 부트 우선순위(Boot Option Priorities)에서 1순위로 설정해야 시행착오 없이 설치할 수 있습니다.

NVMe 컨트롤러를 사용하는 M.2 SSD에 윈도우 8.1 설치하기

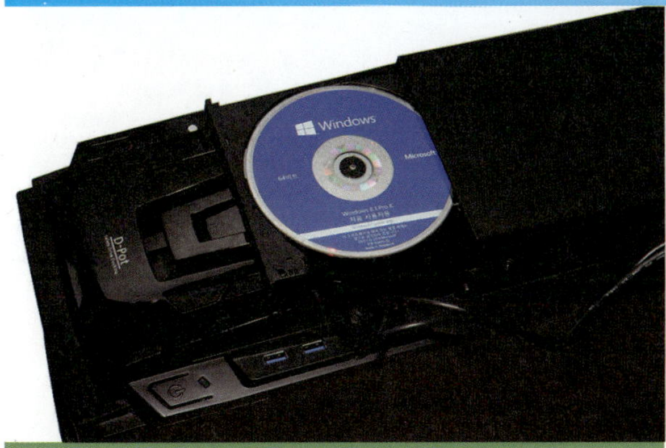

1 USB 지원 ODD를 시스템에 연결한 후 64비트 윈도우 8.1 Pro K 64비트 설치 DVD를 트레이에 넣습니다.

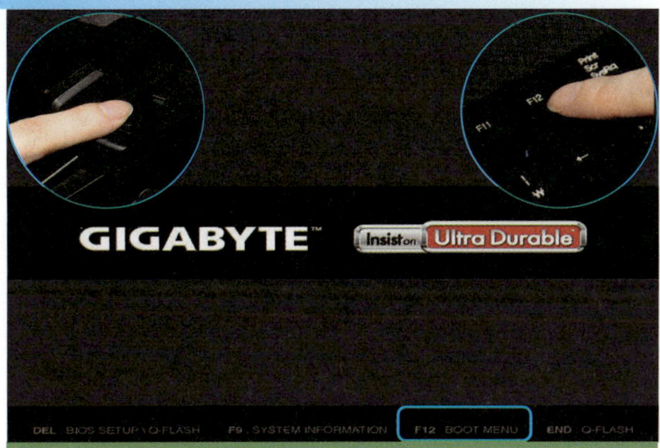

2 PC의 전원 단추를 눌러 시스템을 시동하고 기가바이트 메인보드 바이오스의 로고 화면이 나오면 부트 메뉴를 호출하는 F12 키를 누릅니다.

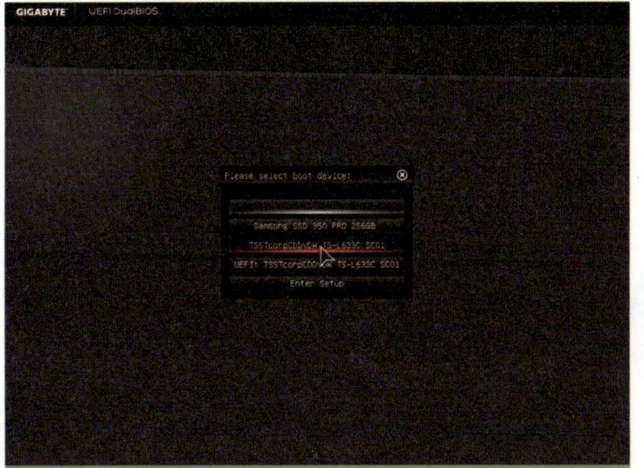

3 부트 드라이브로 ODD(TSSTcorpCDDVDW TS-L633C SC01)를 선택하고 Enter 키를 누릅니다.

HELP
- 윈도우 8 이상의 운영체제는 NVMe 컨트롤러에 대한 드라이버도 내장 지원합니다. 메인보드가 바뀌었기 때문에 부트 메뉴 모양만 다를 뿐 356쪽에서 실습한 윈도우 8.1 운영체제 설치 과정은 동일합니다.
- 윈도우 7 이하의 운영체제는 NVMe 컨트롤러에 대한 드라이버를 지원하지 않으므로 NVMe 컨트롤러를 사용하는 SSD에 운영체제를 설치하려면 해당 드라이브 인식을 위해 NVMe 드라이버를 로드해야 합니다. 윈도우 7용 NVMe 드라이버는 해당 SSD 제조사의 웹사이트에서 다운로드하면 됩니다. 윈도우 7 설치 중에 드라이버를 로드하는 방법에 관해서는 355쪽을 참고하기 바랍니다.

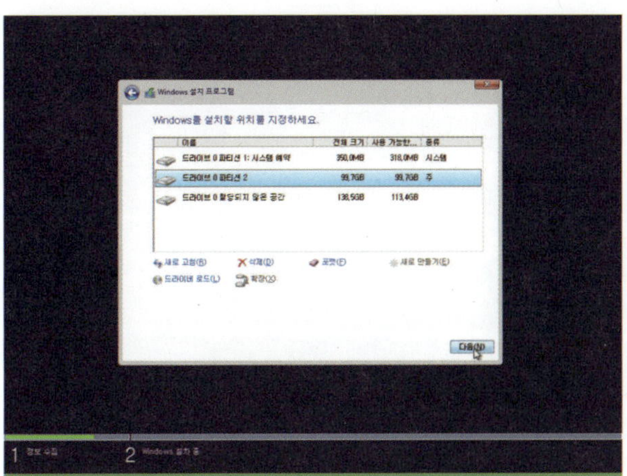

4 참고로 윈도우 8.1 설치용 파티션 선택 및 설정하기 단계에서 윈도우 8.1용 파티션을 100GB로 설정하여 만들고 **다음** 단추를 눌러 설치를 진행하였습니다.

HELP
- 윈도우 8.1용 파티션을 100GB로 설정하였으나 99.7GB로 표시되는 이유는 자동으로 만들어지는 시스템 예약 파티션의 공간으로 할당되었기 때문입니다.
- 윈도우 운영체제 패키지의 처음 사용자용 버전은 새로운 시스템에 설치해도 전화 인증 방법으로 제한 없이 정품 인증을 받을 수 있지만, DSP 버전은 시스템이 바뀌면 재인증을 받을 수 없으므로 유의하기 바랍니다. 기존에 정품을 인증을 받았던 컴퓨터를 그대로 두고 새로 정품 인증을 받게 되면, 기존 컴퓨터의 정품 인증은 자동으로 해제됩니다.

NVMe 컨트롤러를 사용하는 M.2 SSD에 윈도우 10 설치하기

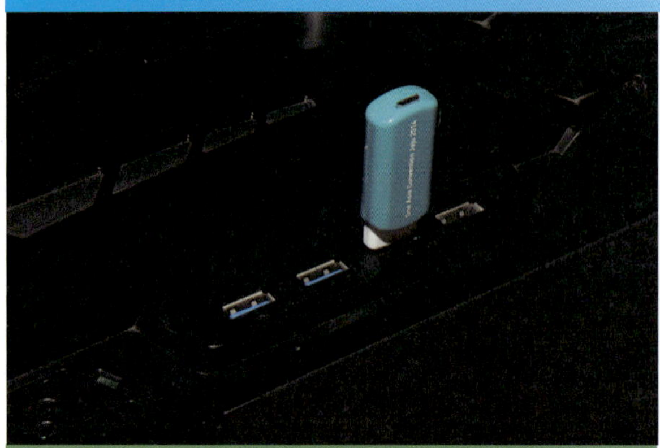

1 윈도우 10 설치 프로그램이 있는 USB 플래시 메모리를 시스템에 연결합니다.

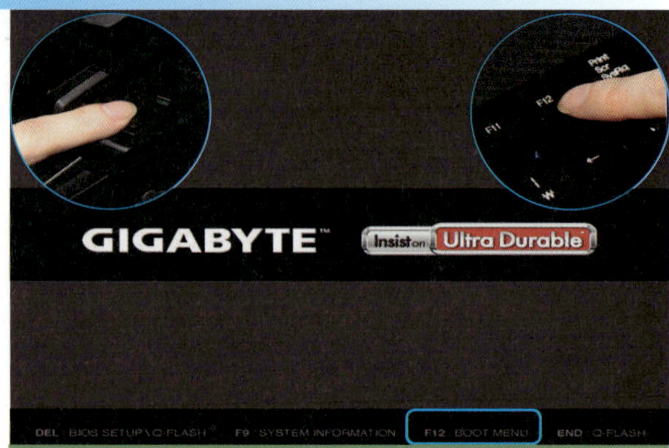

2 PC의 전원 단추를 눌러 시스템을 시동하고 기가바이트 메인보드 바이오스의 로고 화면이 나타나면 부트 메뉴를 호출하는 F12 키를 누릅니다.

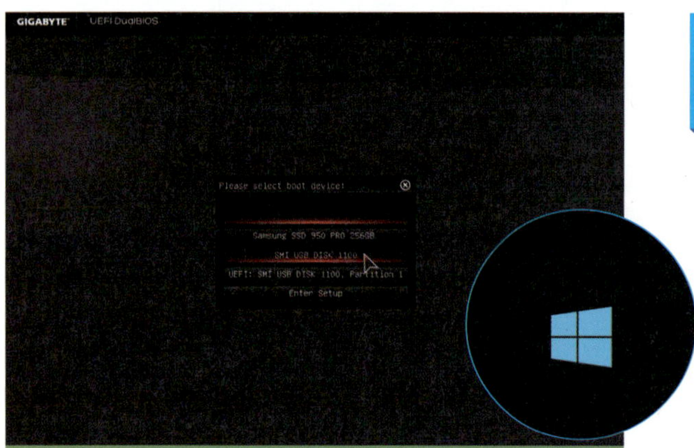

3 부트 드라이브로 USB 플래시 드라이브인 **SMI USB DISK 1100**을 선택한 후 Enter 키를 누릅니다. 윈도우 10 설치 프로그램이 윈도우 로고와 함께 시동됩니다.

> **HELP**
> - 최신 운영체제인 윈도우 10은 NVMe 컨트롤러에 대한 드라이버를 내장 지원합니다. 메인보드가 바뀌었기 때문에 부트 메뉴의 모양만 다를 뿐, 이후 설치 과정은 362쪽에서 실습한 윈도우 10 설치 방법과 동일합니다.
> - 윈도우 8.1을 설치한 상태에서 윈도우 10을 설치하고 재시동하면 아래의 **5**단계와 같이 자동으로 멀티 부팅이 구성되어 윈도우 8.1과 윈도우 10 운영체제 선택 화면이 나타납니다. 기본값으로 나중에 설치한 운영체제(윈도우 10)가 선택되며 30초간 아무 선택이 없으면 기본값 운영체제로 재시동됩니다.
> - 설치를 모두 마친 다음에는 M.2 SSD에 운영체제를 설치하기 위해 연결하지 않았던 SATA 장치를 연결합니다. 시동한 운영체제의 드라이브 문자는 C: 드라이브로 표시되지만 다른 드라이브는 윈도우가 장치를 인식한 순서에 따라 자동으로 할당되므로 필요한 경우 드라이브 문자를 직접 변경하기 바랍니다.

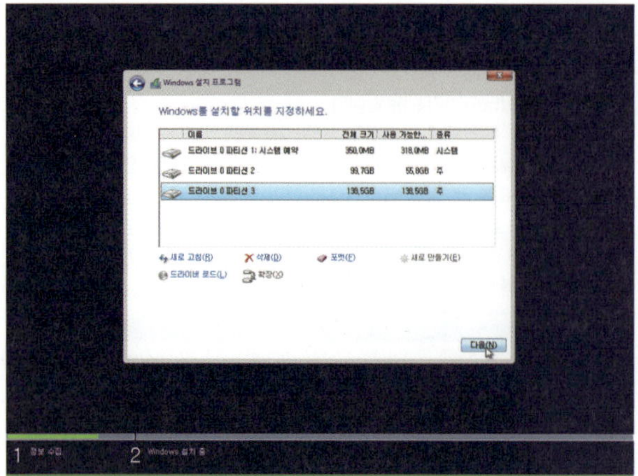

4 참고로 윈도우 10 설치용 파티션 선택 및 설정하기 단계에서 남은 파티션의 전체 크기로 만들고 **다음** 단추를 눌러 설치를 진행하였습니다.

5 윈도우 10 설치를 마친 후에 컴퓨터를 시동하면 운영체제 선택 화면이 나타나 시동할 운영체제를 선택할 수 있습니다.

3 수동 오버클러킹 도전하기

자동 오버클러킹은 CPU와 메모리 부품이 원하는 만큼 전원을 공급하기 때문에 전압 다이어트가 되지 않는 편이며, 전력 소비도 그만큼 많아지고 CPU의 온도도 더 많이 상승합니다. 수동 오버클러킹의 핵심은 바로 전압 다이어트를 통해 CPU의 발열을 낮추는 것입니다.

수동 오버클러킹 프로세스

세대교체 PC 조립 후에 운영체제를 설치하고 수동 오버클러킹을 하려면 다음 순서대로 준비하여 도전하기 바랍니다.

❶ **메인보드 드라이버와 유틸리티 설치와 바이오스 업데이트** : 운영체제 설치 후에 가장 먼저 수행하는 작업인 메인보드 드라이버와 유틸리티를 설치 작업을 기본으로 수행하고 바이오스도 최신 버전으로 업데이트합니다. 다른 부품들의 드라이버도 모두 설치하여 시스템이 최적으로 작동할 수 있는 상태를 만듭니다.

❷ **내 시스템의 기본 성능 확인 및 안정성 테스트** : 오버클러킹 과정은 시스템 모니터링을 하면서 수행해야 하므로 8장을 참고하여 성능을 모니터링할 수 있는 CPU-Z와 전압과 온도를 모니터링할 수 있는 Core Temp, 메인보드 유틸리티, 현재의 오버클럭 설정 값에서 안정적으로 작동하는지를 주어 테스트하는 LinX 유틸리티를 활용합니다.

❸ **오버클러킹 계획** : 수동 오버클러킹을 위한 기준점은 메인보드 번들 CD로 제공되는 시스템 유틸리티의 오버클럭 프로파일이나 자동 오버클러킹 값을 기준으로 선택하면 됩니다. 메인보드 시스템 유틸리티가 제공하는 오버클럭 설정은 사용자가 선택만 하면 간단히 오버클럭이 적용되지만 CPU나 메모리 등의 전압은 자동(Auto) 설정을 사용합니다. 자동(Auto) 설정 상태에서는 CPU나 메모리가 원하는 대로 전압을 제공합니다. 많은 전압을 사용하면 그만큼 온도가 높아져 부품 수명에도 좋지 않은 영향을 미칩니다.

메인보드 시스템 유틸리티가 제공하는 자동 오버클러킹 기능도 자동(Auto) 설정 전압에서 작동 가능한 CPU와 메모리 클럭을 찾기 때문에 실사용 클럭으로 사용하기는 어렵습니다. 파코즈하드웨어나 쿨앤조이 같은 사이트에서 자신의 CPU와 동일한 시스템의 오버클럭 정보를 참고하는 것도 좋은 방법입니다. 단, 시스템의 메인보드나 메모리, 쿨링 조건 등은 차이가 있으므로 이를 고려하여 오버클러킹 계획을 세워야 합니다.

❹ **수동 오버클러킹** : 수동 오버클러킹 설정 작업은 바이오스 셋업 프로그램에서 메인보드 시스템 유틸리티로 기준점을 삼은 클럭에 인가된 전압을 점진적으로 값을 낮춰가며 작동 가능한 최소 전압을 찾아내는 형태로 수행합니다. 일반 메모리를 사용하는 경우에는 CPU 오버클럭에 대한 전압 다이어트를 먼저 수행한 후에 메모리 오버클럭에 대한 전압 다이어트를 수행합니다.

XMP 메모리는 검증된 오버클럭 설정을 사용하므로 바이오스에서 XMP 프로파일을 적용한 후에 안정성 테스트를 거쳐 사용하면 됩니다. 물론 메인보드가 안정적이고 CPU 쿨러나 시스템의 쿨링 상태도 우수하다면 XMP 메모리도 더 높은 오버클러킹을 시도해도 됩니다.

Chapter 11 컴퓨터 세대교체 & 수동 오버클러킹

Exercise

3 메인보드 드라이버와 유틸리티 설치 및 바이오스 업데이트

메인보드 드라이버와 유틸리티 설치 프로그램은 번들 CD로 제공됩니다. 여기서는 윈도우 10에서 세대교체 PC 조립에 사용한 GIGABYTE Z170X–UD5 메인보드 드라이버와 유틸리티 설치를 예로 들어 설명하겠습니다.

이 실습에 필요한 내용	실습 키 포인트
윈도우 7/8/8.1/10 운영체제 설치 시스템 메인보드 번들 CD	메인보드 드라이버와 유틸리티 설치 바이오스 업데이트

메인보드 드라이버와 유틸리티 설치하기

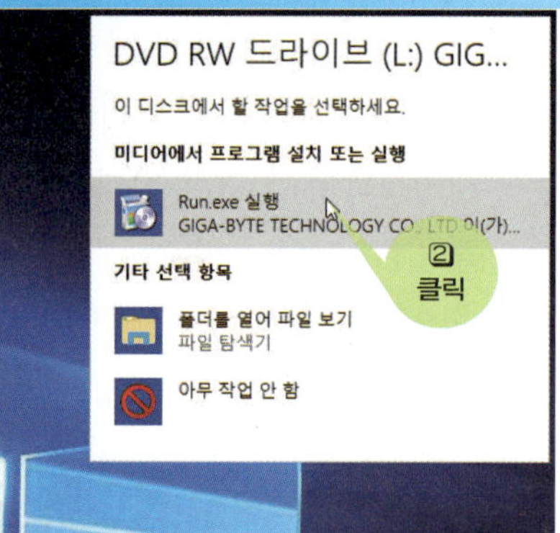

1 메인보드와 함께 제공된 번들 CD를 넣은 후, 바탕화면에 "이 디스크에서 할 작업을 선택하세요"라는 알림 메시지가 나타나면 Run.exe 실행을 선택합니다. 물론 직접 파일 탐색기 창에서 실행해도 됩니다.

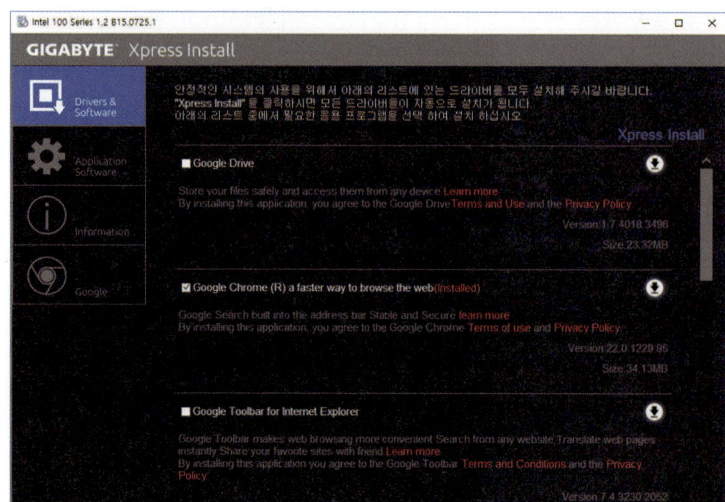

2 드라이버와 유틸리티 설치 화면이 나타나면 먼저 Drivers & Software를 화면에서 설치할 드라이버와 소프트웨어를 선택합니다. Xpress Install을 클릭하면 소프트웨어의 경우, 선택 해제한 것은 설치하지 않지만 모든 드라이버는 한꺼번에 설치할 수 있습니다.

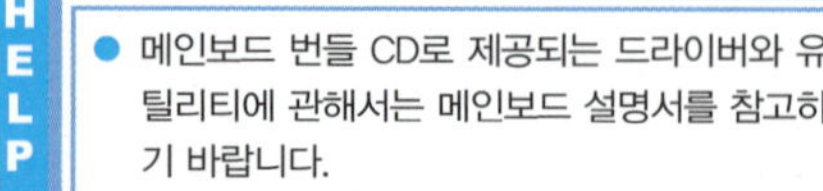

HELP
● 메인보드 번들 CD로 제공되는 드라이버와 유틸리티에 관해서는 메인보드 설명서를 참고하기 바랍니다.

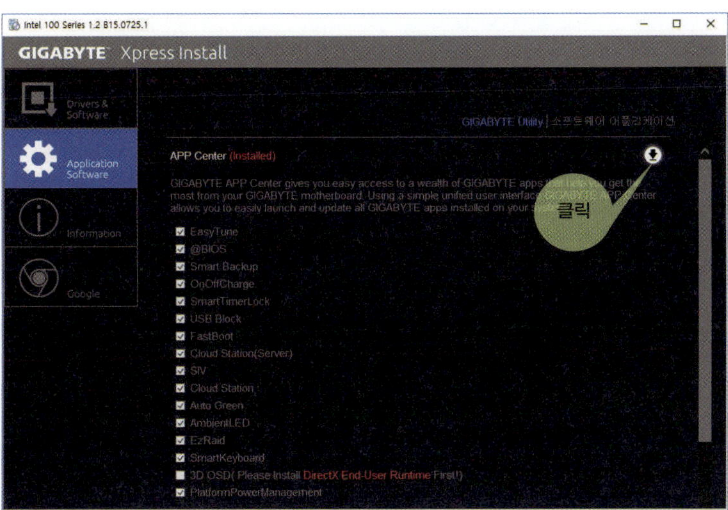

3 Drivers & Software 페이지의 설치를 마친 다음에는 Application Software 를 선택한 후 설치할 유틸리티를 선택한 다음 설치 단추(⬇)를 클릭하여 설치합니다.

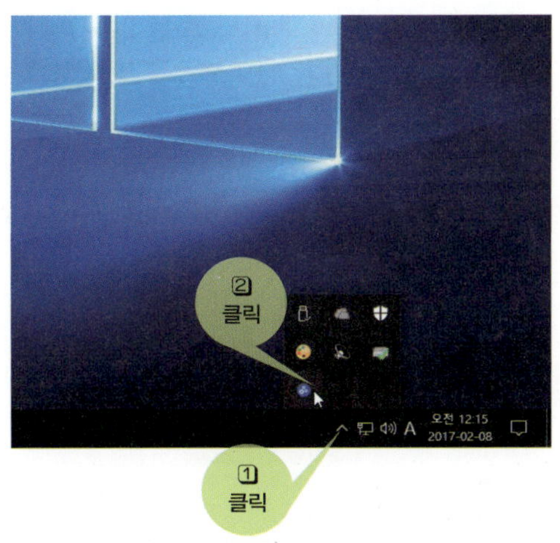

4 모든 설치를 마치고 재시동한 다음, 작업 표시줄에서 숨겨진 아이콘 표시 단추를 클릭하고 APP Center 아이콘을 클릭합니다. 바탕화면의 오른쪽에 메인보드에 설치된 유틸리티를 실행할 수 있는 APP CENTER 패널이 나타납니다. 이제 업데이트된 유틸리티를 설치하기 위해 APP CENTER 패널에서 Live Update 단추를 클릭합니다.

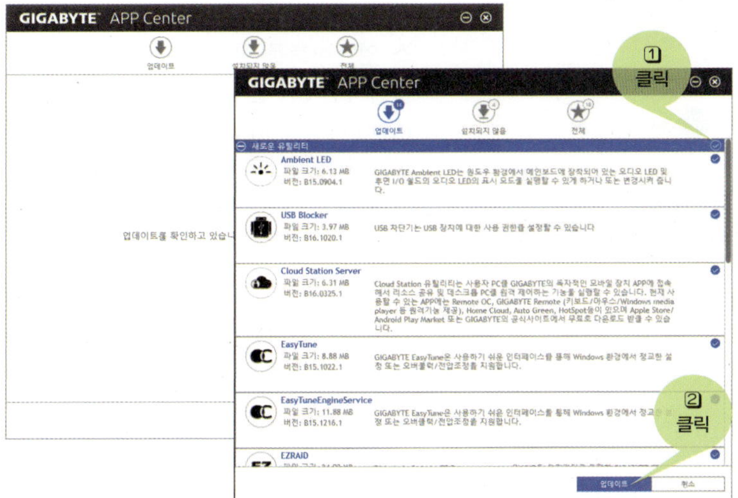

5 이제 업데이트된 유틸리티가 나타나면 모두 선택하고 **업데이트** 단추를 클릭합니다.

메인보드 바이오스 온라인 업데이트하기

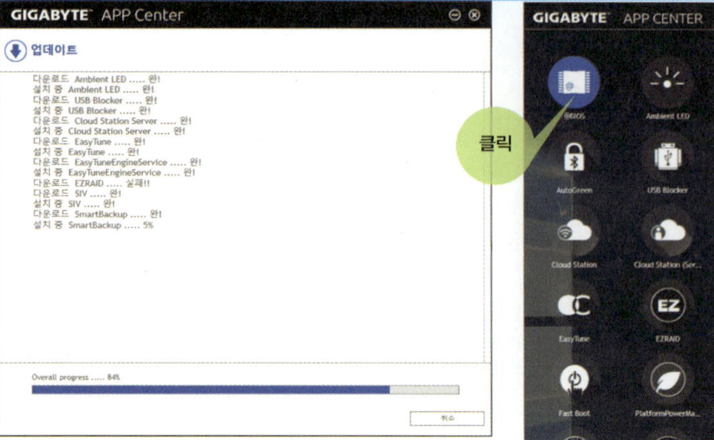

1 선택 유틸리티에 대한 업데이트가 차례대로 진행됩니다. 설치가 완료되면 재시동합니다. 재시동한 후에 다시 APP CENTER 패널을 열고 @바이오스 단추를 클릭합니다.

2 @바이오스 창이 열립니다. 현재 BIOS 버전은 F5인 것을 알 수 있습니다. 이제 바이오스 업데이트를 위해 Update from Server를 선택하고, 서버 위치를 선택한 후에 다음 단추를 클릭합니다. 업데이트할 파일 선택 화면이 나타나면 최신 버전의 바이오스를 선택하고 다음 단추를 클릭합니다.

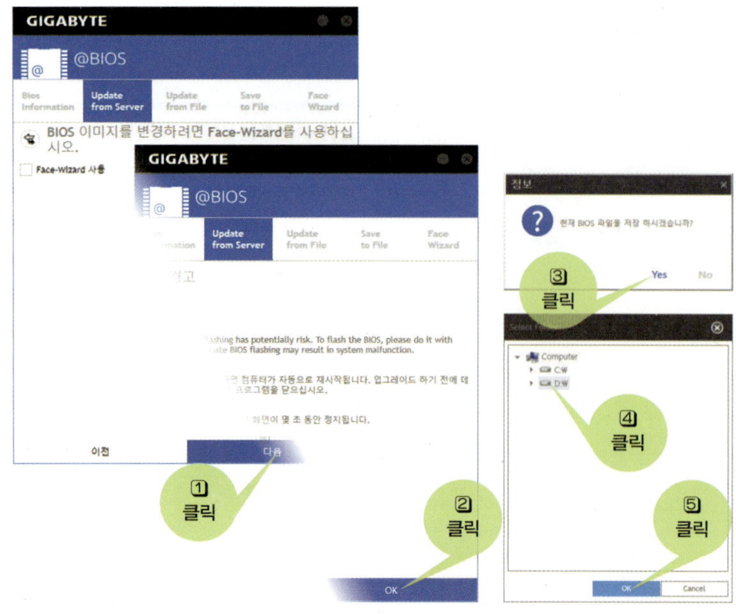

3 시동 시 로고 이미지를 선택할 수 있는 Face Wizard 사용 옵션이 해제된 상태에서 다음 단추를 클릭하고, 바이오스 업데이트를 할 것인지 묻는 화면이 나타나면 OK 단추를 클릭합니다. 현재 BIOS 파일을 저장할 것인지 묻는 대화상자가 나타나면 Yes를 선택하고 저장할 위치를 지정하고 OK 단추를 클릭합니다.

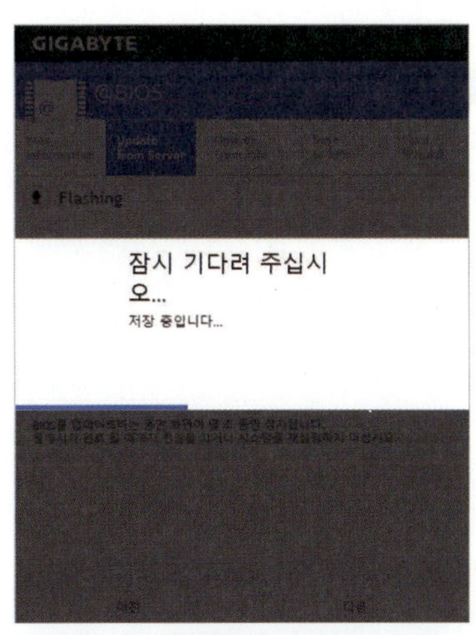

4 잠시 BIOS 파일을 저장한 다음에 기존 바이오스를 지우고 새 바이오스를 쓰는 작업이 반복됩니다. 바이오스 업데이트 작업이 완료되면 자동으로 재시작합니다.

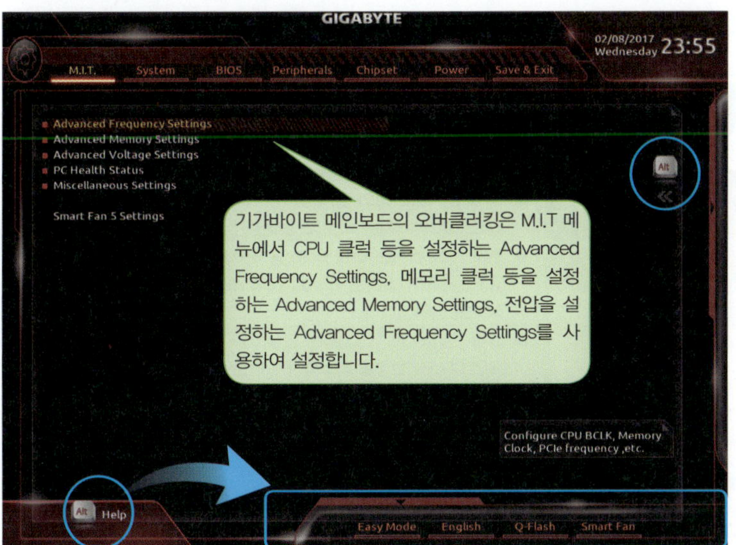

5 업데이트 작업 완료 후에 바이오스 셋업 화면을 확인합니다. 바이오스 셋업 화면 모습까지 새롭게 바뀐 것을 확인할 수 있습니다. 키보드의 **왼쪽** Alt 키를 누르면 하단에 추가 메뉴와 t 선택 항목을 설명하는 Help가 나타납니다.

> **HELP**
> - 수동 오버클러킹 작업은 주로 바이오스 셋업 화면에서 클럭과 전압 등을 컨트롤하며 수행하므로 최신 바이오스로 업데이트한 후 사용 방법을 미리 알아두기 바랍니다.
> - 바이오스 셋업에서 수동 오버클러킹 설정은 GIGABYTE는 M.I.T(MB Intelligent Tweaker), ASUS는 AI Tweaker, AS ROCK은 OC Tweaker 메뉴 페이지에서 설정합니다.

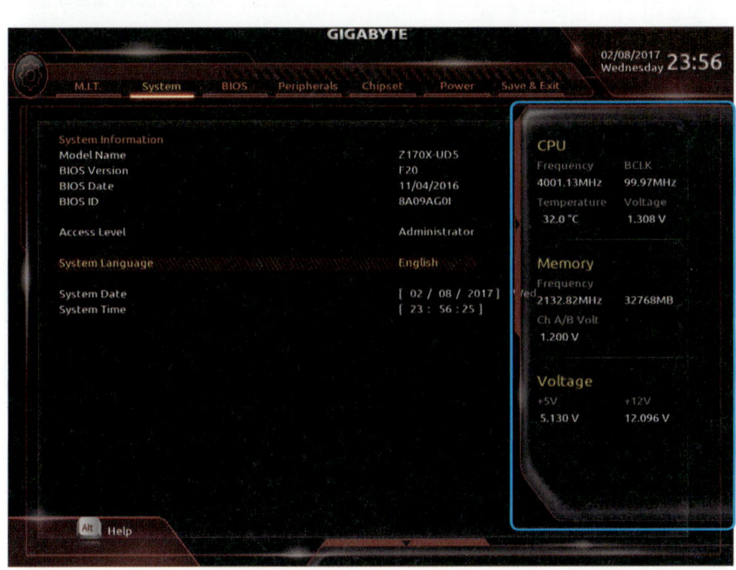

6 System 메뉴를 선택하고 바이오스 버전을 보면 업그레이드한 F20버전이 나타나는 것을 볼 수 있습니다. 키보드의 **오른쪽** Alt 키를 누르거나 마우스 포인터를 오른쪽 가장자리로 이동하면 CPU와 메모리, 전압 정보를 어느 화면에서든 확인할 수 있습니다.

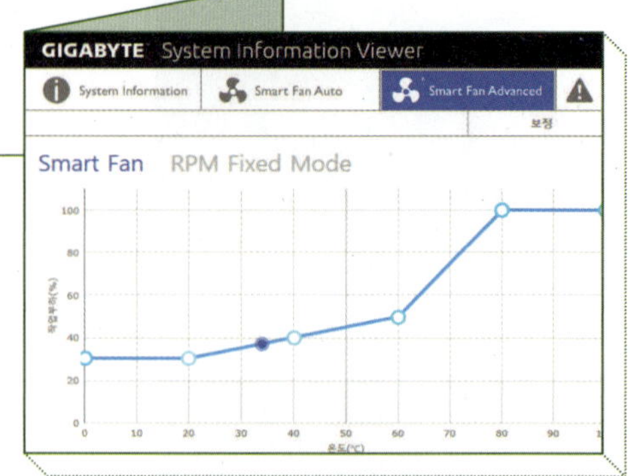

Exercise

4 내 시스템의 기본 성능 확인 및 안정성 테스트하기

CPU-Z와 Core Temp, 메인보드의 시스템 유틸리티를 사용하여 내 시스템의 성능을 확인합니다. CPU-Z는 현재 성능과 간단한 벤치마크 기능을 제공하며, Core Temp는 전압과 온도 정보를 제공합니다. 메인보드와 함께 제공되는 시스템 유틸리티는 현재 성능 정보 및 자동 오버클러킹 기능을 제공합니다.

이 실습에 필요한 내용	실습 키 포인트
CPU-Z : 시스템 성능 정보, Core Temp : 시스템 전압과 온도 모니터링 LinX : 시스템 안정성 테스트 메인보드 시스템 유틸리티 : 기가바이트는 APP Center	CPU-Z로 시스템 성능 확인하기, LinX로 안정성 테스트를 수행하고 Core Temp와 APP Center로 모니터링하기

CPU-Z로 시스템 성능 확인하고 벤치마크 살펴보기

- CPU-Z 프로그램의 설치 및 사용법에 관해서는 494쪽에서 다뤘으므로 여기서는 핵심적인 부분만 살펴봅니다.
- 현재 프로세서는 Intel Core i7 6700K Skylake 코어로, 최대 TDP는 95W, 소켓은 1151LGA, 14nm로 시스템 사양과 동일한 정보를 나타냅니다.
- 코어 전압(Core Voltage)은 현재 0.216V로 나오는데, 작업이 없으면 CPU가 전압을 최소화하기 때문입니다.
- 현재 코어 속도(Core Speed)는 4.2GHz, 클럭 배수(Multiplier)는 42배수, Bust Speed(=베이스 클럭)는 100MHz로 작동 중입니다. 버스 속도에 클럭 배수를 곱한 값이 현재 코어 속도입니다.

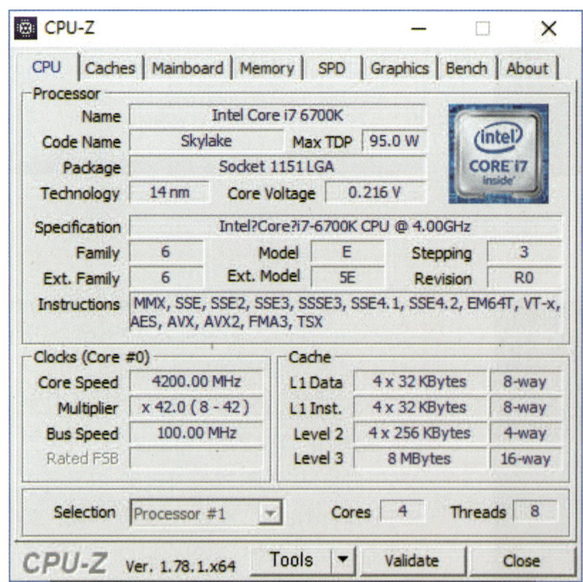

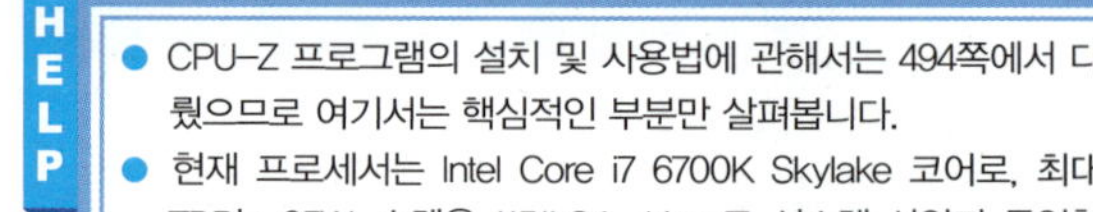

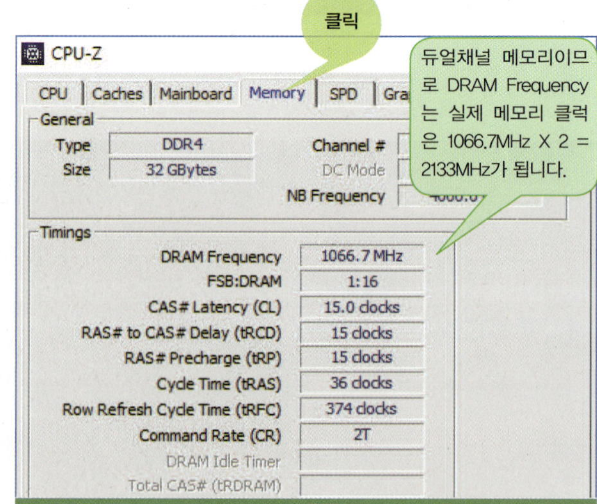

1 CPU-Z를 다운로드하여 설치한 다음 바탕화면에서 CPUID CPU-Z를 더블 클릭합니다. 그러면 바로 CPU 탭 선택 상태로 CPU-Z가 실행됩니다. i7-6700K CPU의 정규 클럭은 4GHz이지만 2개 코어 수준의 터보 부스트 클럭으로 작동할 때는 4.2GHz까지 작동합니다(61쪽 참고).

2 CPU-Z 창에서 Memory 탭을 클릭합니다. 현재 DDR 4 듀얼 채널 32GB 메모리로 CPU와 메모리는 4000MHz 대역폭으로 작동 중입니다. Timings에는 현재의 램 타이밍 정보가 나옵니다.

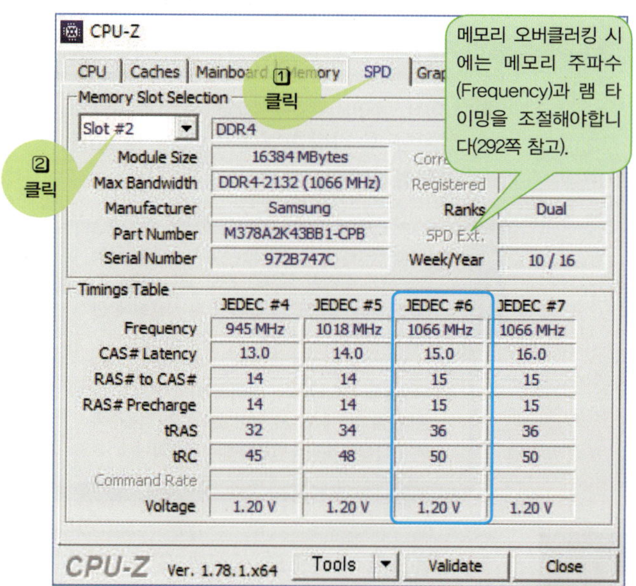

3 CPU-Z 창에서 SPD 탭을 클릭하고, 메모리 설치 슬롯을 선택하면 메모리가 지원하는 모든 램 타이밍 테이블 정보와 사용 전압을 알 수 있습니다.

4 비교 성능을 알아보기 위해 CPU-Z 창에서 Bench 탭을 클릭하고, Reference 목록에서 i7-6700K를 선택합니다.

5 이제 Reference 목록에서 선택한 CPU와의 비교 성능을 알아보기 위해 Bench CPU 단추를 클릭하고 결과를 확인합니다. 현재 버전의 CPU-Z가 제공하는 Reference 목록에서 가장 빠른 i7-6700K를 비교할 CPU로 선택했는데, 동일한 CPU이지만 좀 더 나은 점수를 나타냅니다.

● Stress CPU 단추를 클릭하면 부하를 주어 안정성을 테스트합니다. CPU-Z의 테스트는 최대 부하 테스트는 아니므로 오버클럭 후의 안정화 테스트용으로는 권장되지 않습니다. 안정화 테스트용으로는 LinX나 Prime95, IntelBurn 프로그램이 주로 사용됩니다. 이 책에서는 LinX로 안정화 테스트를 진행합니다.

6 비율 값으로 알아보기 위해 Reference 확인 상자를 체크합니다. 프로세서 성능은 101%, 멀티 쓰레드 풀 가동 시 444%의 성능을 나타냅니다.

Core Temp와 시스템 유틸리티로 실시간 전압 · 온도 · 팬 속도 확인하기

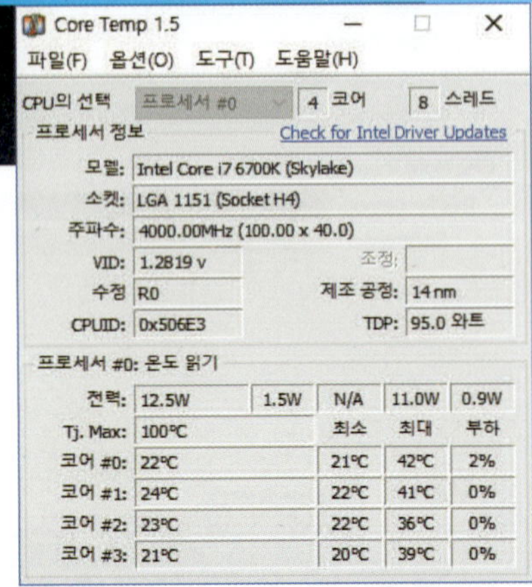

1 Core Temp 프로그램을 다운로드하여 설치한 후 바탕화면에서 Core Temp를 실행합니다.

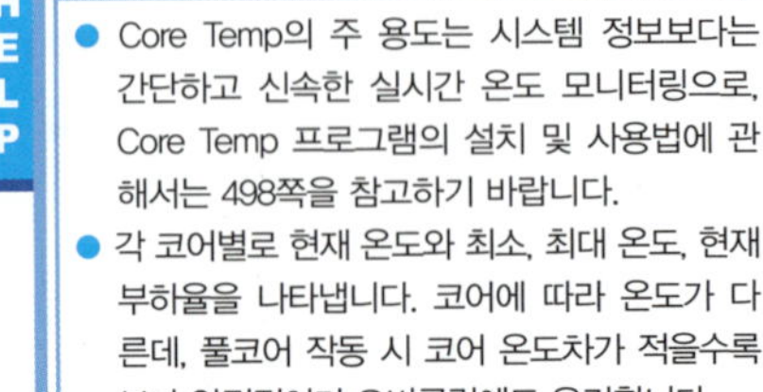

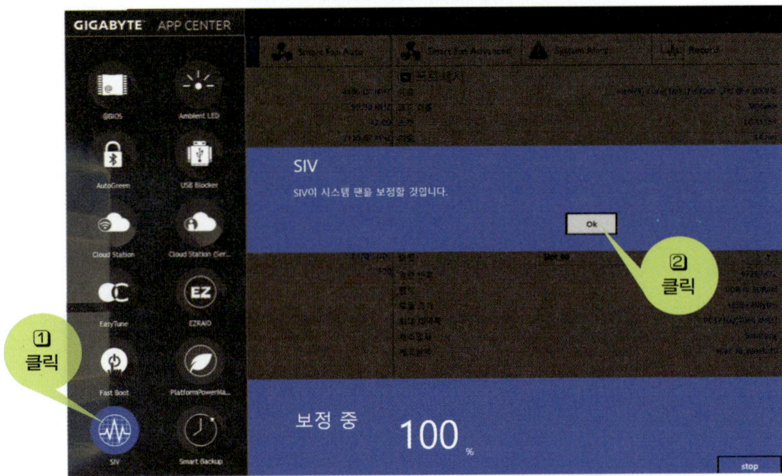

2 다음으로 메인보드 시스템 유틸리티를 실행할 수 있는 APP CENTER 패널을 열고 전압과 온도, 팬 속도를 조절할 수 있는 System Information Viewer 프로그램을 실행하는 SIV 단추를 클릭합니다. 처음 실행하면 현재 시스템에 설치된 팬 속도를 측정하여 온도별 팬 속도를 자동으로 보정합니다. 이 때에는 보정이 완료될 때까지 기다립니다.

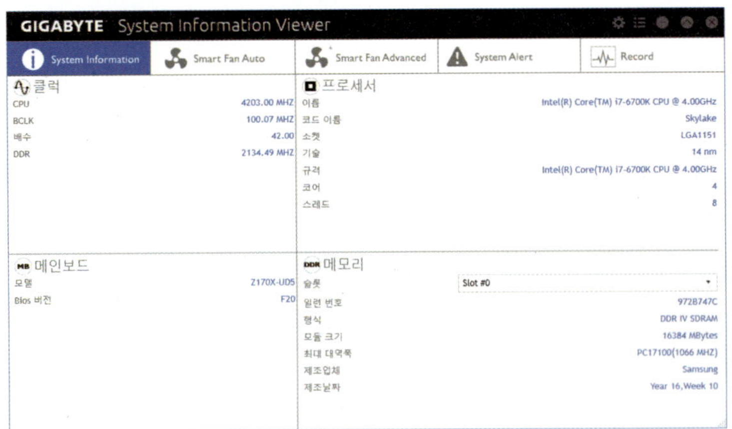

3 보정이 완료되면 System Information 탭 메뉴 페이지가 나타납니다. 여기에서는 시스템의 클럭, 프로세서, 메인보드, 메모리 정보를 한눈에 볼 수 있습니다.

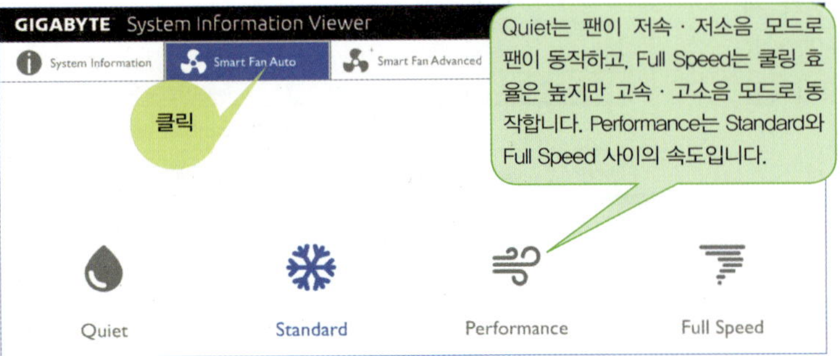

4 이제 Smart Fan Auto 탭 메뉴를 선택합니다. 기본값으로 Standard 선택 상태인 것을 볼 수 있습니다.

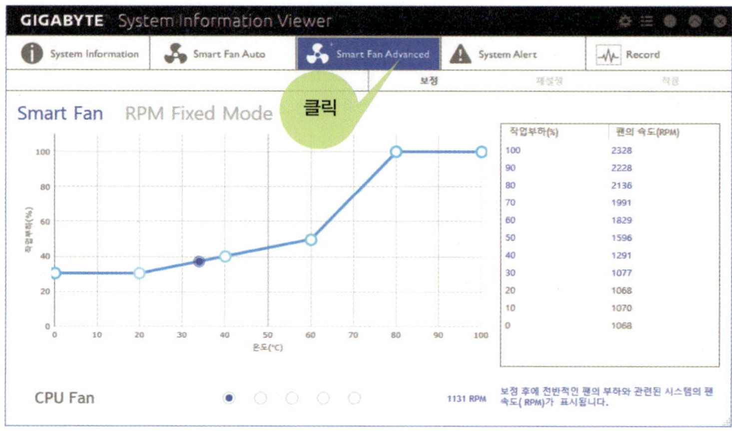

5 이제 Smart Fan Advance 탭 메뉴를 선택합니다. 현재 단계에서 자동 보정된 상태를 보여주는데, 원한다면 시스템의 4핀 냉각팬 전원 단자에 연결된 쿨러별로 온도에 따른 팬 속도를 설정할 수 있습니다.

HELP ● 하단의 원(○)을 클릭하면 냉각팬을 선택할 수 있습니다. 자세한 설정 방법에 대해서는 499쪽을 참고하기 바랍니다. 표시되는 화면은 다소 다르지만 설정 방식은 동일합니다.

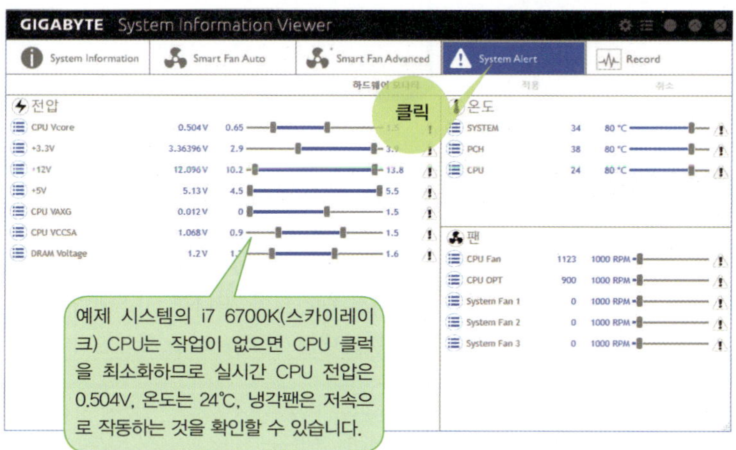

6 이제 System Alert 탭 메뉴를 선택합니다. 현재 전압과 온도, 팬 속도와 함께 기본값 상태의 설정 임계치를 나타냅니다. 이 임계치를 넘어서면 경고음이 울립니다. 원한다면 슬라이더를 드래그하여 조절합니다.

HELP ● 메인보드 시스템 유틸리티인 APP CENTER의 System Information Viewer는 Core Temp에 비해 전압과 온도, 팬 속도까지 확인할 수 있어 오버클러킹 작업에 유용합니다.

LinX로 안정성 테스트하기

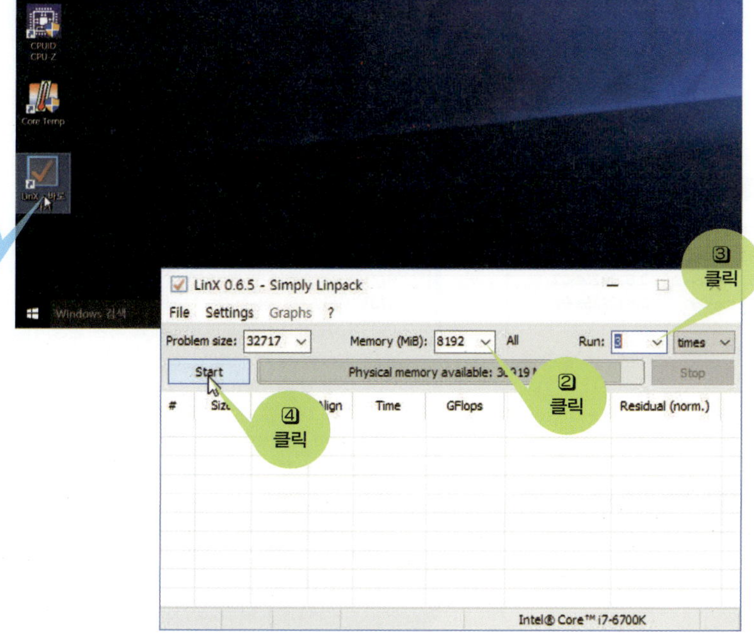

1 Core Temp와 System Information Viewer를 실행한 상태에서 안정성 테스트 프로그램인 LinX 프로그램을 실행하여 메모리는 8192(MB), Run은 3회로 선택한 다음 Start 단추를 클릭하여 안정성 테스트를 시작합니다.

HELP ● LinX는 부하를 주어 안정성을 테스트하는 프로그램으로, LinX 프로그램의 설치 및 사용법에 관해서는 501쪽을 참고하기 바랍니다.
● AVX가 지원되는 샌디브릿지 CPU부터는 0.64_avx나 0.65 이상 버전을 사용해야 정확한 성능 확인과 안정성 테스트를 할 수 있습니다. 현재 0.7.0 버전까지 나와 있는데, 최신 버전은 인텔 CPU의 최신 기능을 모두 활용하여 테스트하므로 부하 테스트 강도는 더 높으며, 안정화 테스트 통과 시 부동 소수점 연산 값인 GFlops 값도 좀 더 높게 나옵니다.

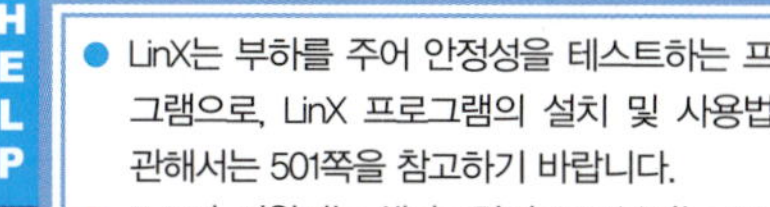

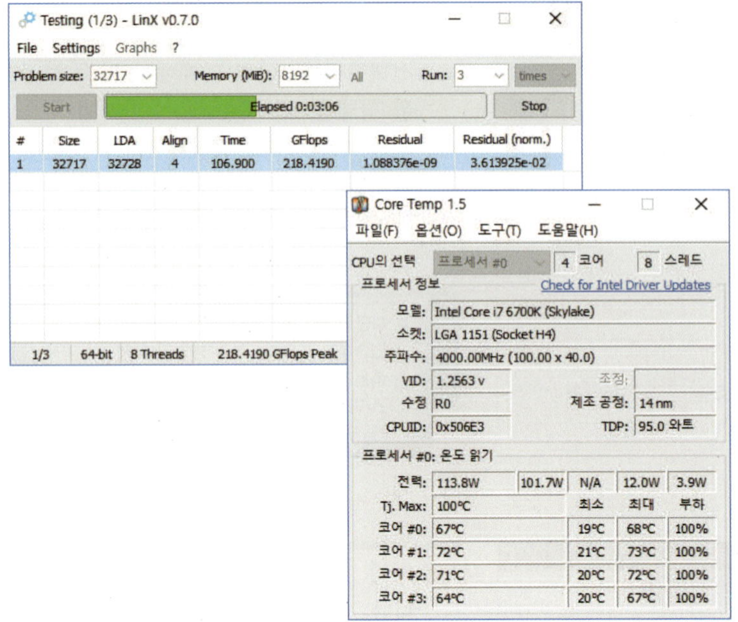

2 Linx 안정성 테스트가 진행되는 동안 Core Temp의 전압과 온도, 냉각팬의 속도 변화를 확인합니다.

HELP

● LinX 안정화 테스트는 모든 코어에 부하를 주므로 터보 부스트 클럭은 작동하지 않고, 풀코어로 작동합니다. 100% 부하에서 CPU 코어별 최대 온도는 67~70℃까지 나옵니다. CPU 안정성 테스트시 평균 온도가 아닌 최대 온도가 기준이 되므로 코어별 온도차가 많이 날수록 오버에 불리한 수율의 CPU라 할 수 있습니다.

● 실사용기를 위한 안정성 테스트는 8GB 이하는 80~100%의 메모리 부하, 16GB 이상은 50% 이상의 메모리 부하로 20회를 기준으로 테스트합니다. 이렇게 하면 1~2시간 이 소요되므로 기본적인 안정성 테스트는 시간 절약을 위해 횟수는 3회 정도로 설정하고, 메모리 부하도 낮춰 수행한 후 최종 테스트는 위의 조건에 맞춰서 테스트하기 바랍니다.

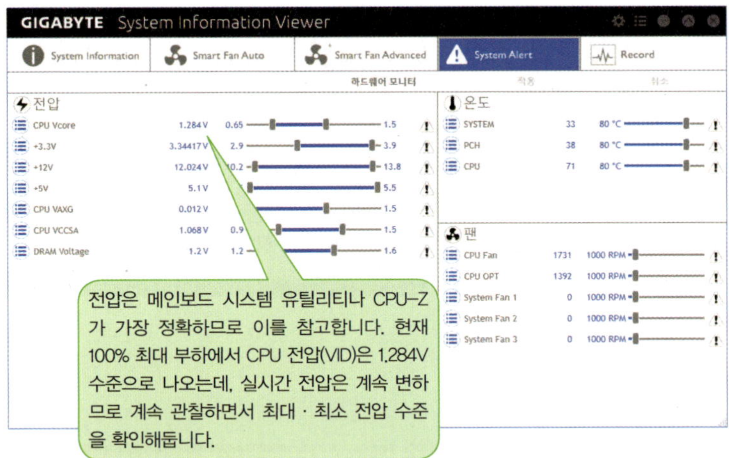

3 Linx 안정성 테스트가 진행되는 동안 System Information Viewer의 전압과 온도, 냉각팬 속도 변화를 확인합니다. 안정성 테스트가 끝나면 시스템의 성능을 나타내는 GFlops 값을 확인합니다.

HELP

● System Information Viewer는 다양한 실시간 전압을 보여주는데, +3.3V/+12V/+5V의 실시간 전압은 해당 전압과 편차가 적을수록 안정적이라고 할 수 있습니다. 오버클럭 시 핵심적으로 설정하는 전압은 CPU 전압(CPU Vcore)과 메모리 전압(DRAM Voltage)입니다.

● 온도는 100% 부하 시 71℃로 Core Temp와 비슷한 온도를 보여주며, 추가로 케이스 내부 온도(SYSTEM)와 PCH 칩셋 온도도 알려줍니다.

● LinX 테스트 전과 비교하면 100% 부하 시 CPU 팬은 1123RPM에서 1731RPM으로, 워터펌프가 연결된 CPU OPT 팬은 900RPM에서 1392RPM으로 빨라졌습니다(595쪽 **6**단계 참고).

● 8MB 메모리 크기의 부하에서 3회를 통과하는 데 7분 43초가 걸렸고, 부동 소수점 연산 속도인 GFLOPS 평균값도 218.4 정도가 나온 것을 볼 수 있습니다. 같은 부하 조건에서 i7-4770K(하스웰) CPU의 경우는 9분 10초가 걸렸고, GFLOPS 평균값은 177.9가 나왔습니다(503쪽 참고). 이 결과만 비교해도 기본 성능 측면에서 약 22.7% 정도의 성능 향상이 이루어진 것을 알 수 있습니다.

● 전압 다이어트를 전혀 하지 않은 상태에서 100% 부하 시 코어 온도는 70℃ 수준이므로 오버클럭 여력은 있지만, 코어별로 온도 편차가 최대 6℃까지 차이가 나는 점은 오버클로킹에 불리한 요소로 작용합니다. 오버클럭은 발열이 가장 높은 코어의 온도를 기준으로 삼기 때문입니다.

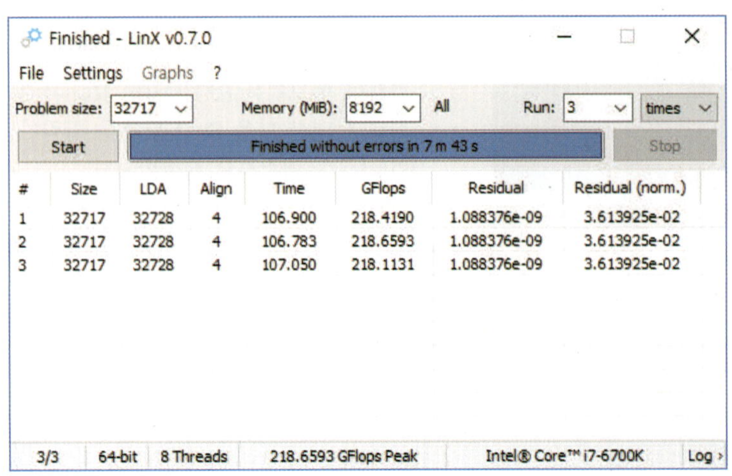

Exercise 5 — 메인보드 시스템 유틸리티의 오버클럭 기능 살펴보기

메인보드 시스템 유틸리티에서 제공하는 오버클럭과 자동 오버클러킹을 통해 수동 오버클러킹의 기준점을 찾은 다음 수동 오버클러킹을 수행합니다. 오버클러킹이 클럭을 높이는 의미를 담고 있지만 실제 수동 오버클러킹의 핵심은 높인 클럭에 대해 전압 다이어트를 통해 발열을 낮춰 안정적으로 작동할 수 있게 하는 데 있습니다.

이 실습에 필요한 내용	실습 키 포인트
메인보드에 포함된 시스템 관리 유틸리티 – GIGABYTE EasyTune LinX 0.7.0 유틸리티, Core Temp	메인보드 번들 시스템 유틸리티의 오버클럭 및 자동 오버클럭 사용하기

메인보드 시스템 유틸리티의 오버클럭 사용하기

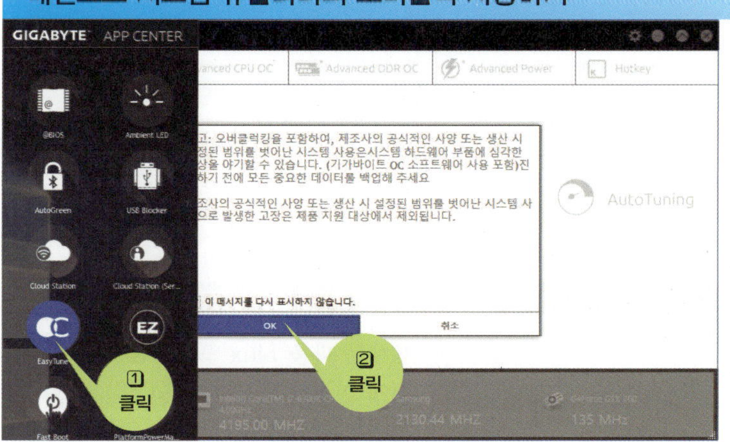

1 기가바이트 APPCENTER 패널을 열고 EasyTune을 클릭합니다. 오버클러킹 유의 사항과 제조사 면책 사항에 대한 안내 문구가 나타나면 **이 메시지를 다시 표시하지 않습니다**를 체크하고 OK 단추를 클릭합니다.

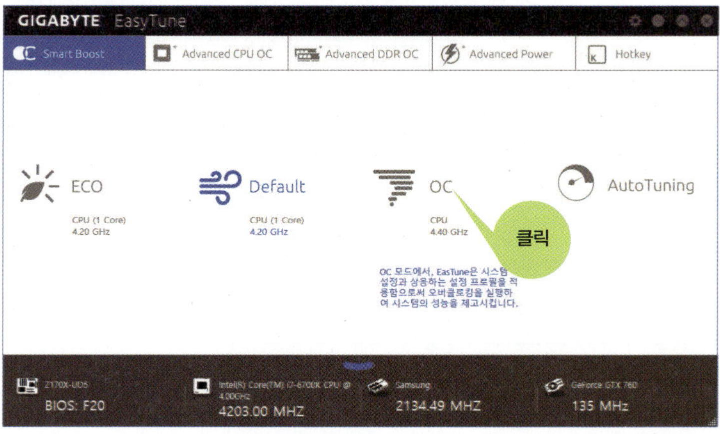

2 기가바이트의 시스템 유틸리티인 EasyTune 창에 Smart Boot 탭 메뉴 페이지가 나타납니다. 기본값은 CPU의 터보부스트 클럭과 일치하는 4.2GHz Default 설정 상태입니다. 이제 EasyTune이 제공하는 오버클럭을 적용하기 위해 4.4GHz로 설정되어 있는 OC를 클릭합니다.

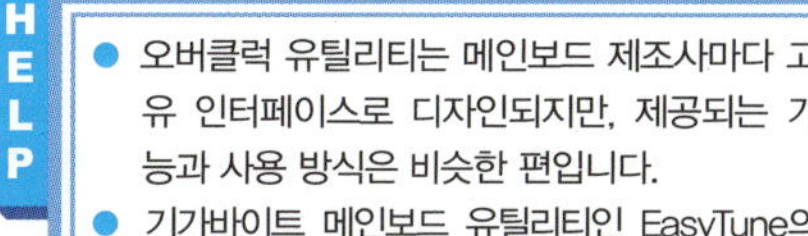

HELP
- 오버클럭 유틸리티는 메인보드 제조사마다 고유 인터페이스로 디자인되지만, 제공되는 기능과 사용 방식은 비슷한 편입니다.
- 기가바이트 메인보드 유틸리티인 EasyTune의 Smart Boost 탭에서 사전 설정된 오버클럭 단추를 선택하면 바로 오버클럭을 할 수 있습니다.

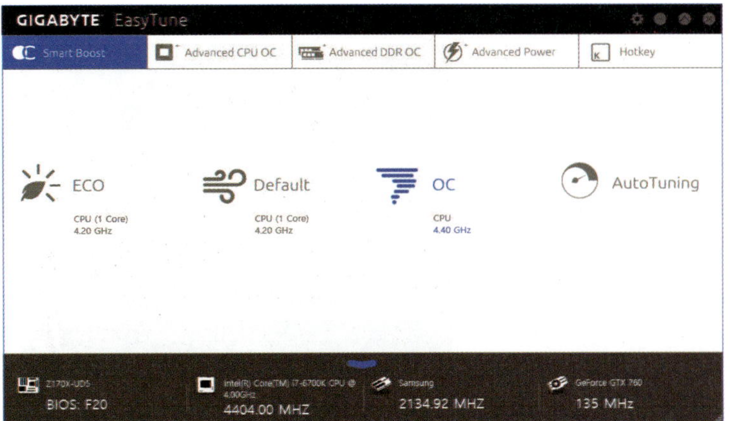

3 즉시 4.4GHz 오버클럭이 적용되어 아래쪽의 CPU 클럭에 표시됩니다. 메모리 클럭은 오버클럭이 적용되지 않은 것을 볼 수 있습니다.

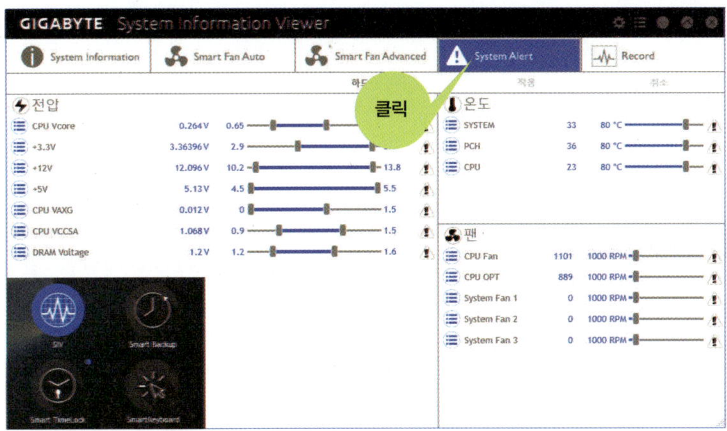

4 기가바이트 APPCENTER 패널에서 SIV를 클릭하여 System Information Viewer 창을 연 다음 System Alert 탭 메뉴를 클릭합니다.

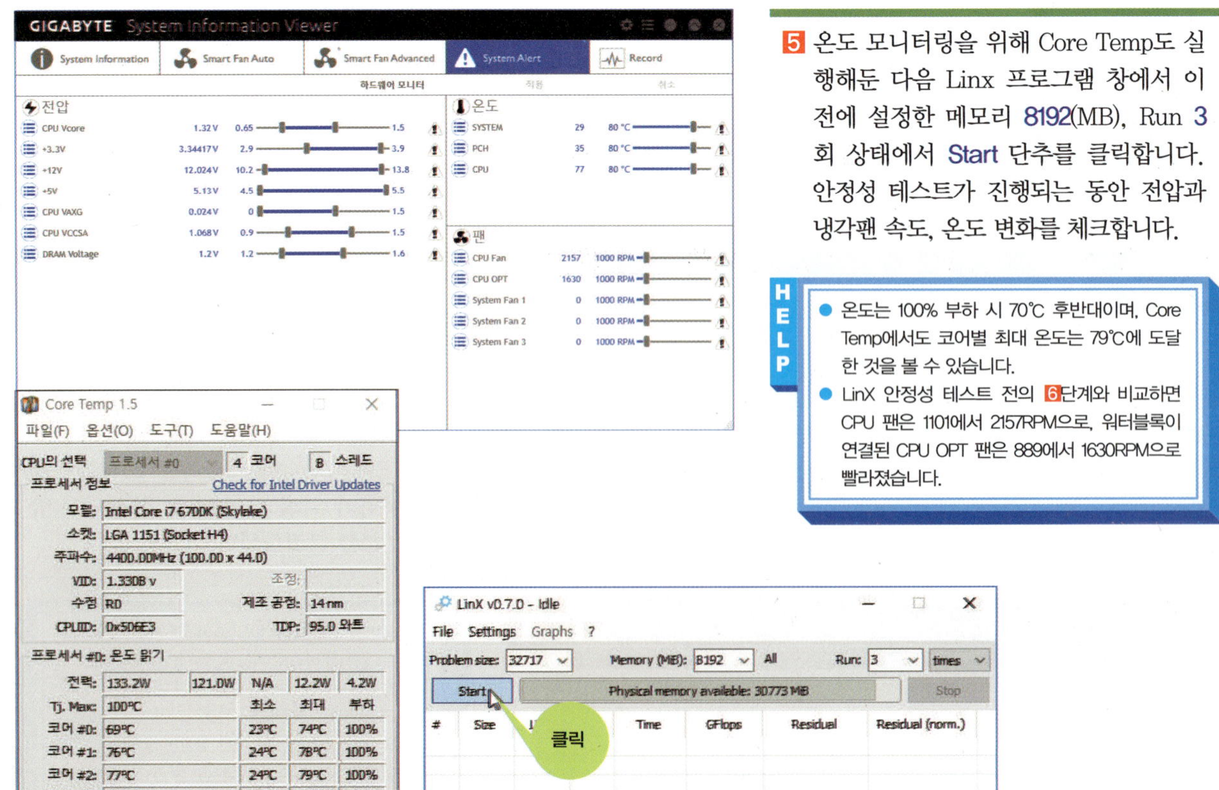

5 온도 모니터링을 위해 Core Temp도 실행해둔 다음 Linx 프로그램 창에서 이전에 설정한 메모리 8192(MB), Run 3회 상태에서 Start 단추를 클릭합니다. 안정성 테스트가 진행되는 동안 전압과 냉각팬 속도, 온도 변화를 체크합니다.

HELP

- 온도는 100% 부하 시 70℃ 후반대이며, Core Temp에서도 코어별 최대 온도는 79℃에 도달한 것을 볼 수 있습니다.
- LinX 안정성 테스트 전의 **6** 단계와 비교하면 CPU 팬은 1101에서 2157RPM으로, 워터블록이 연결된 CPU OPT 팬은 889에서 1630RPM으로 빨라졌습니다.

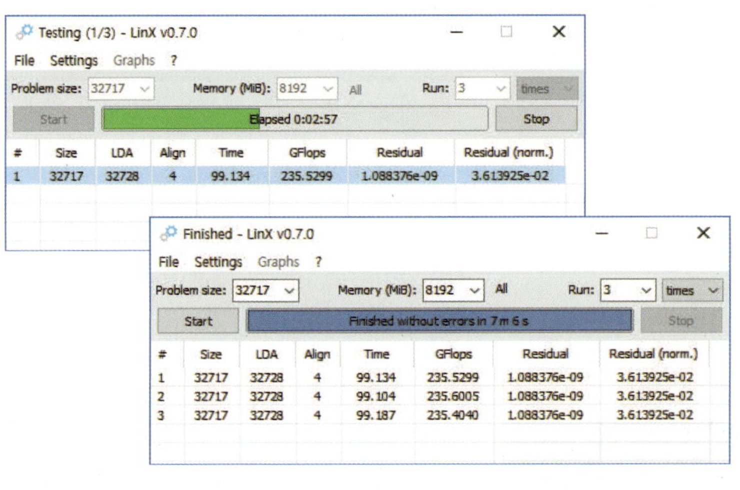

6 안정성 테스트가 끝나면 결과를 확인합니다.

- 8MB 메모리 크기의 부하에서 3회를 통과하는 데 7분 6초가 걸렸고, GFLOPS 평균값도 235.4 정도로 10% 오버클럭시 GFlops 기준으로 7.7% 정도의 성능이 향상되었습니다.
- 현재 CPU 전압은 전압 다이어트를 전혀 하지 않은 상태이므로 전압 다이어트를 하면 온도도 더 낮출 수 있을 것으로 보입니다.

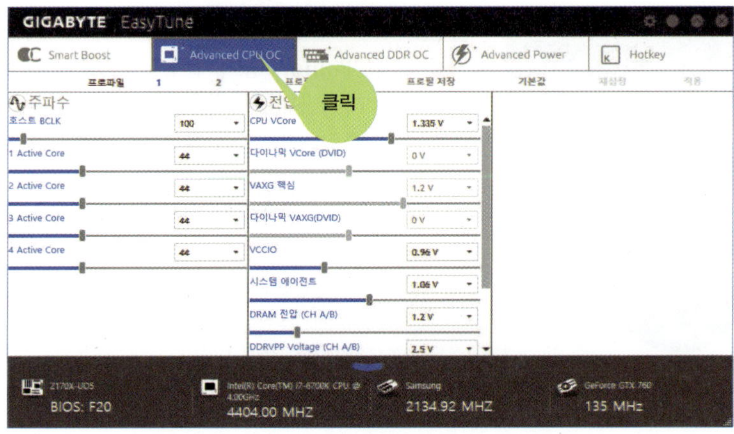

7 이제 EasyTune 창에서 Advanced CPU OC 탭 메뉴를 클릭하고, 내용을 살펴봅니다.

- 베이스 클럭(BCLK)은 100을 유지한 상태에서 코어 배수가 44로 높아져 오버클럭되었으며 하단에 현재의 오버클럭 값이 표시됩니다.
- CPU 전압(VCore)는 1.335V로 설정된 것을 볼 수 있는데, CPU가 원하는 대로 공급하던 과거의 Auto 설정 방식 보다는 개선된 것입니다.
- Advanced CPU OC 페이지의 설정 항목의 값은 슬라이드를 드래그하여 조절할 수 있으며, 바이오스 셋업에서도 설정할 수 있습니다.

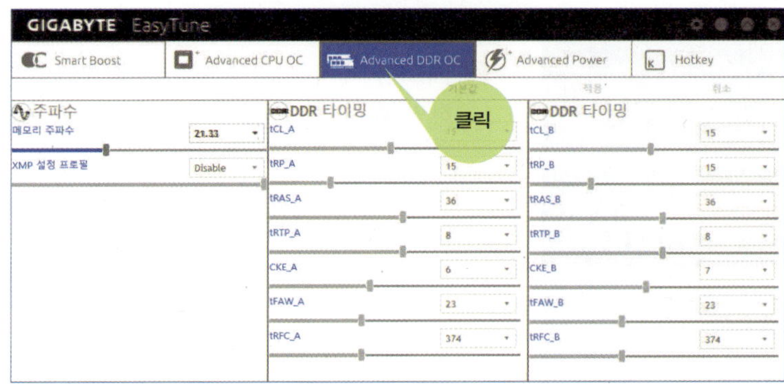

8 이제 EasyTune 창에서 Advanced DDR OC 탭 메뉴를 클릭하고 내용을 살펴봅니다.

- 메인보드 시스템 유틸리티는 메모리 오버클럭에 관여하지 않으므로 메모리 주파수는 그대로 유지됩니다.
- Advanced DDR OC 페이지에서는 메모리 주파수만 설정 가능하며 램 타이밍은 바이오스 셋업에서 직접 설정해야 합니다.

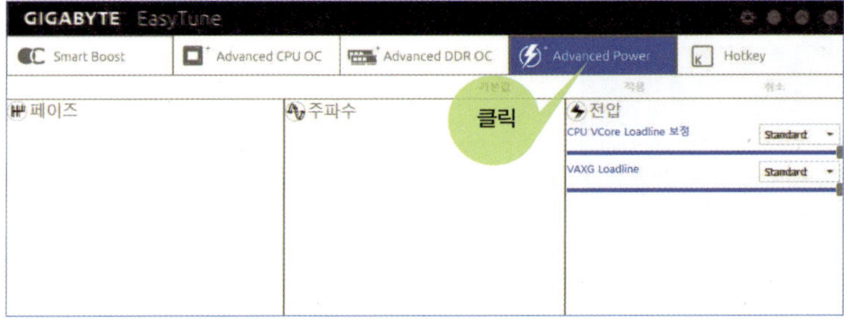

9 이번에는 Advanced Power 탭 메뉴를 클릭하여 내용을 살펴봅니다.

- CPU VCore Loadline 보정은 CPU 전압 강하에 대한 보정 기능이며, VAXG Loadline은 내장 GPU의 VAXG 전압 강하에 대한 보정 기능으로 바이오스 셋업에서도 설정할 수 있습니다.

메인보드 시스템 유틸리티의 자동 오버클러킹 사용하기

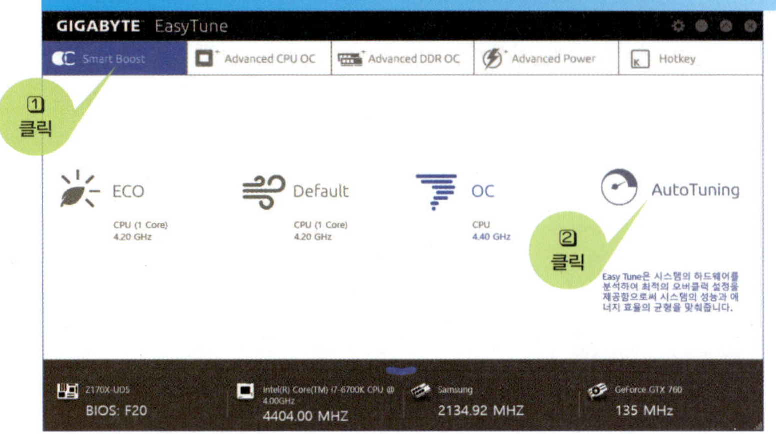

1 자동 오버클러킹 기능을 사용하기 위해 EasyTune 창에서 Smart Boot 탭을 선택한 다음 AutoTuning을 클릭합니다.

> **HELP**
> - 자동 튜닝 기능을 활용하면 튜닝 프로세스가 자동으로 진행되어 시스템 성능을 측정하고, 안정성 테스트를 수행하면서 현재 시스템에 적합한 오버클러킹 값을 찾아줍니다.
> - 자동 튜닝 기능에 의한 오버클러킹으로 찾아내는 오버클럭은 실사용에 한계가 있으므로 수동 오버클러킹을 위한 기준점 정도로 활용하기 바랍니다.

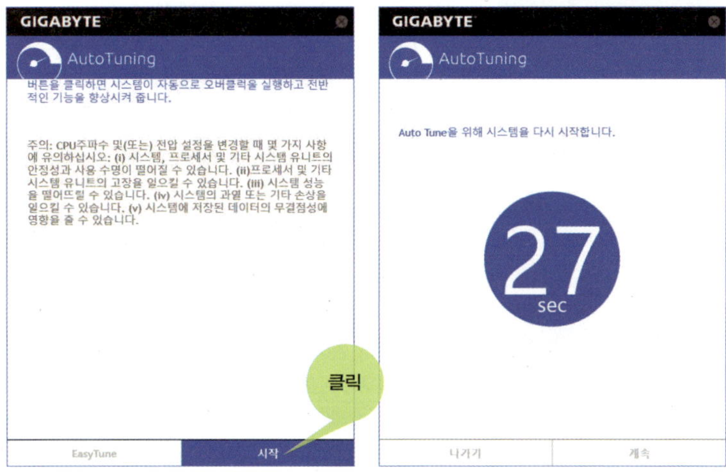

2 Auto Tuning 창이 실행되고 오토 튜닝에 대한 설명이 나타납니다. **시작** 단추를 클릭하면 오토 튜닝을 위해 시스템 재시작을 위한 30초 카운트다운에 들어갑니다. **계속** 단추를 누르면 바로 시동하고 그대로 두어도 시간이 경과하면 자동으로 재시동됩니다.

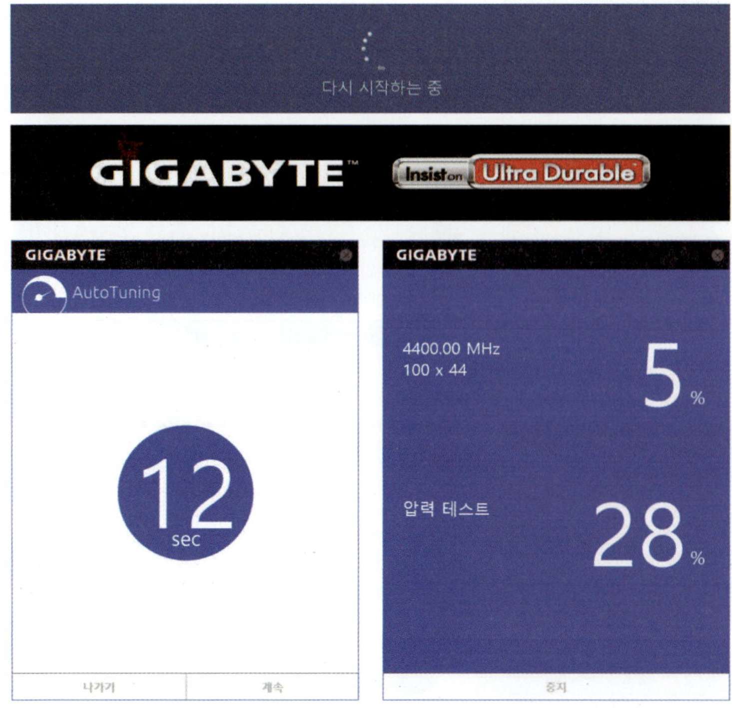

3 시스템 재시동 후에 윈도우에 로그인하면 다시 30초 동안 오토 튜닝 준비를 한 다음에 오토 튜닝이 진행됩니다. 오토 튜닝 프로세스는 현재 클럭부터 안정성 테스트를 수행하고, 통과하면 100MHz 단위로 클럭을 높여 가며 다시 안정성 테스트를 반복하는 방식으로 진행됩니다.

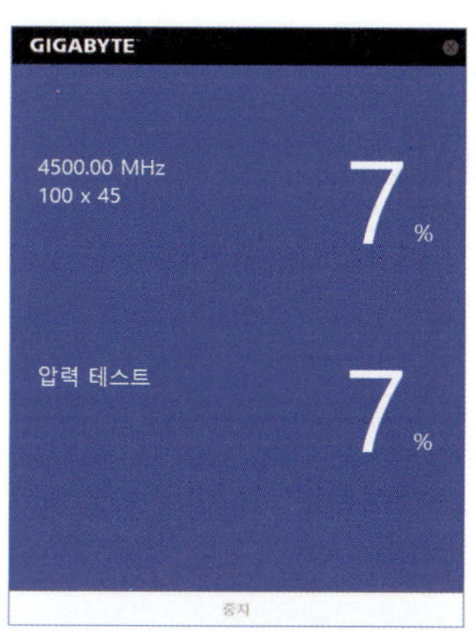

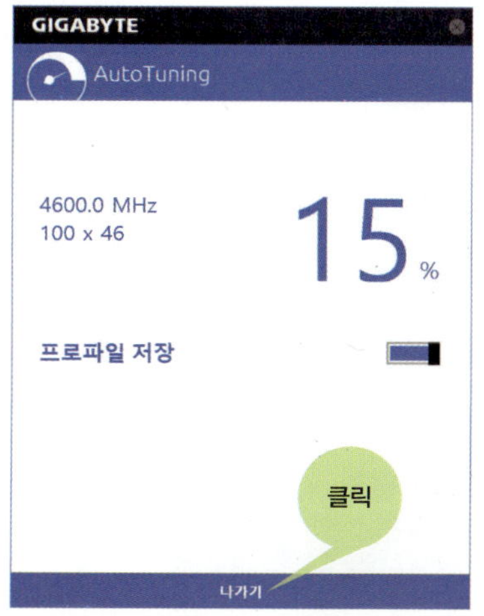

4 최종적으로 4.6GHz에 도달한 후에 자동 튜닝을 마치고 프로파일 저장 선택 상태의 AutoTuning 창이 나타납니다. **나가기** 단추를 클릭하면 현재의 설정이 프로파일로 저장되고 적용됩니다.

> **HELP**
> - 이 책에서는 학습 목적으로 프로파일을 저장하고 LinX 테스트까지 진행하지만 오토 튜닝 시의 압력 테스트는 가벼운 부하 테스트에 불과합니다. 오토 튜닝으로 찾은 오버클럭을 실사용하면 오류 발생은 필연적이므로 수동 오버클러킹의 참조용 데이터로만 활용하기 바랍니다.

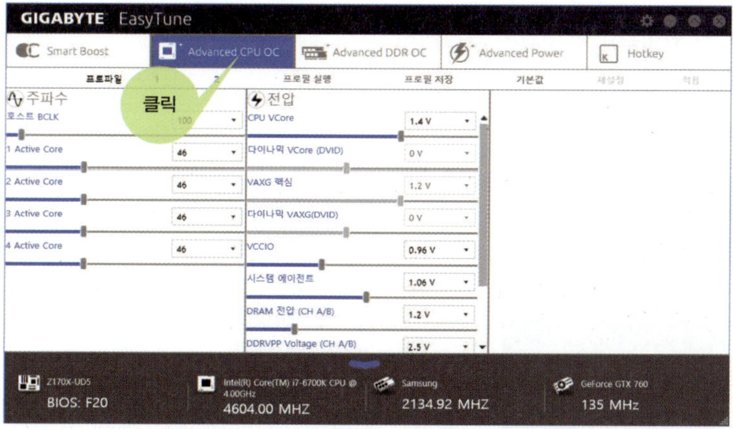

5 이제 EasyTune 창에서 **Advanced CPU OC** 탭 메뉴를 클릭하고, 내용을 살펴봅니다.

> **HELP**
> - 베이스 클럭(BCLK)은 100을 유지한 상태에서 코어 배수가 46으로 높아져 오버클럭되었으며 하단에 현재의 오버클럭 값이 표시됩니다.
> - CPU 전압(VCore)은 1.4V나 되는 것을 볼 수 있는데, 오토 튜닝 시 CPU가 원하는 대로 전압을 제공하기 때문입니다. 이는 발열을 그만큼 높이는 원인으로 작용합니다. 이 상태에서 LinX 안정성 테스트는 성공하기 힘듭니다.

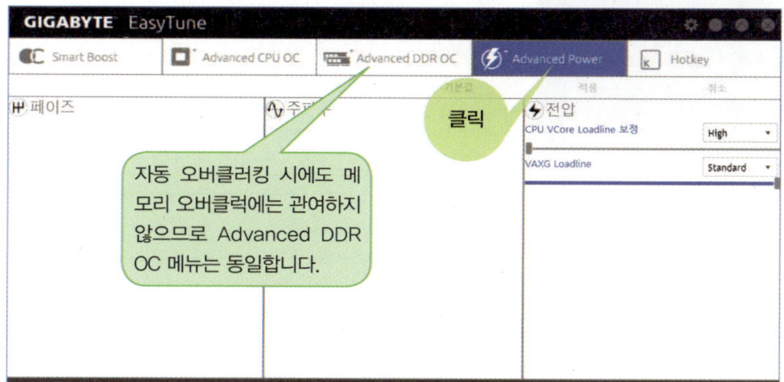

6 이번에는 **Advanced Power** 탭 메뉴를 클릭하고, 내용을 살펴봅니다.

> **HELP**
> - 높은 오버클럭에서 고전압을 요구하는 CPU의 전압 강하를 보정하기 위해 CPU VCore Loadline 보정 기능은 보통 LLC로 약칭하여 부르는데, High로 변경된 것을 볼 수 있습니다. 오버클럭 시에는 전압 강하를 막기 위해 LLC는 High로 설정합니다. LLC 값이 숫자로 나오는 경우에는 높은 수치로 설정해주면 됩니다.

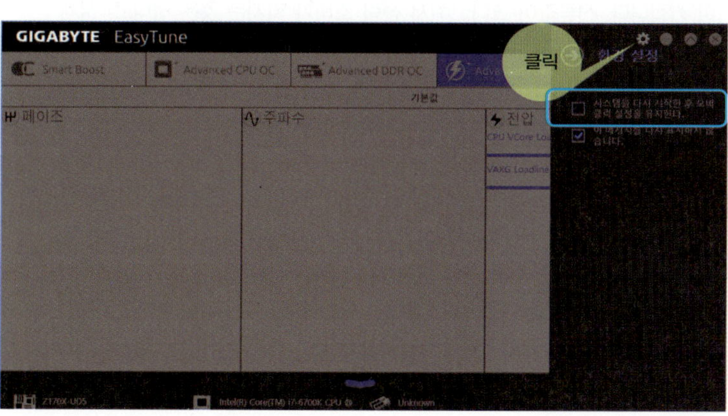

7 EasyTune에서 현재의 오버클럭 설정을 마친 후에 계속 사용하려면 상단에 있는 Preference 단추(⚙)를 클릭하여 **시스템을 다시 시작한 후 오버클럭 설정을 유지한다** 옵션을 체크하면 됩니다.

> **HELP**
> - 오토 튜닝으로 찾은 오버클럭 상태에서는 시스템이 불안정해지므로 사용하면 안 됩니다.
> - 다음 쪽에서 다루는 수동 오버클러킹으로 설정한 경우에도 이 옵션을 사용하면 안 됩니다.

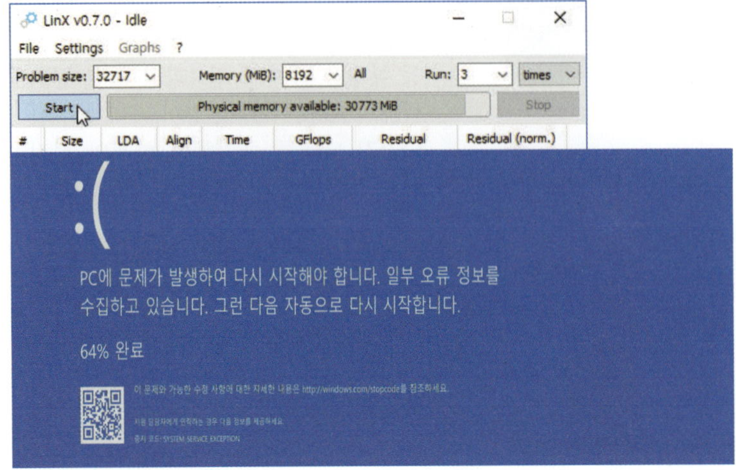

8 참고로 오토 튜닝으로 찾은 오버클럭 설정 상태에서 LinX 안정화 테스트를 수행하면 얼마 못가 블루 스크린이 뜹니다.

HELP
- 1.4V 수준의 높은 전압이 만들어내는 발열은 수냉식 쿨러로도 억제하기 힘듭니다. 오토튜닝으로 찾은 4.6GHz는 수동 오버클러킹을 위한 출발점 정도로 생각하기 바랍니다.
- 블루스크린 오류가 발생하면 일단 자동으로 다시 시작할 때까지 기다려보고 재시동되지 않으면 리셋 단추를 눌러 재시동합니다.

Check Point | **바이오스 셋업에서 직접 지원하는 오버클럭 프로파일**

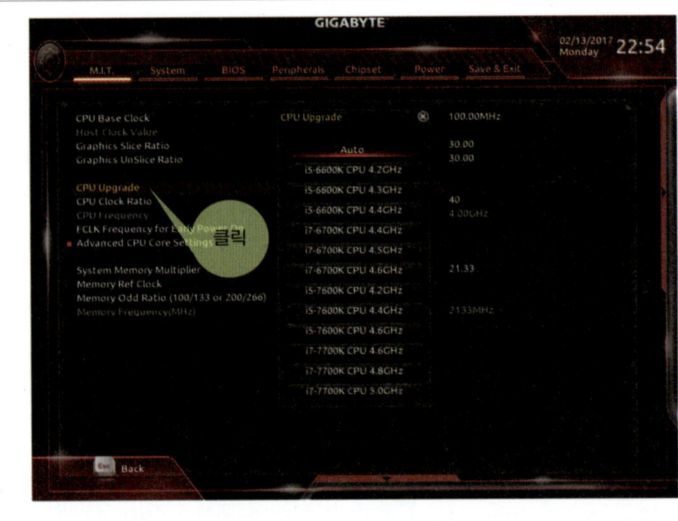

바이오스 셋업에서도 직접 지원하는 오버클럭 프로파일을 선택할 수 있는데, 바이오스 셋업에서 CPU Upgrade 항목을 선택하면 사전에 설정된 오버클록 프로파일 메뉴가 제공되므로 이를 선택하면 자동으로 적용됩니다. 최신 바이오스로 업데이트했기 때문에 프로파일 목록에 캬비레이크 CPU의 오버클럭 설정까지 나타나는 것을 볼 수 있습니다.

캬비레이크 CPU는 스카이레이크 CPU와 같은 소켓 규격을 사용하므로 캬비레이크용 200시리즈 PCH 칩셋이 아닌 Z170 칩셋과 같은 100시리즈 칩셋에서도 바이오스 업데이트를 하면 사용이 가능합니다.

Check Point | **CPU와 메모리의 전압 다이어트가 필수적인 이유**

전류(W)와 전압(V)의 관계는 우물물의 원리와 비슷합니다. 우물이 클수록 퍼낼 수 있는 물의 양이 많아지는 것처럼 전류값이 크면 안정적으로 전류를 공급할 수 있는 여력이 커집니다. 전류값이 크다고해서 전력 소비가 커지는 것은 아니고, 실제 전기를 끌어 쓰는 힘은 바로 전압에 의해서 만들어 집니다.

펌프의 힘이 셀수록 같은 시간에 물을 많이 퍼낼 수 있듯이, 전압이 높을수록 많은 전력을 끌어 쓸 수 있습니다. 컴퓨터 파워서플라이의 용량(W)이 크다고해서 전력을 많이 소비하는게 아니라 컴퓨터가 요구하는 전압을 안정적으로 제공할 수 있는 여력이 그만큼 더있다는 것을 의미합니다. 실제 전원을 소비하는 것은 CPU와 그래픽카드, 메모리, 메인보드, 보조기억장치 같은 부품들이며, 이들 부품들이 사용하는 전압에 따라서 전력 소모량은 달라집니다. 오버클러킹시 파워 용량이 부족하면 각 부품이 요구하는 전압을 감당하지 못해 불안정하게 됩니다. 오버클러킹을 하고, CPU나 메모리의 전압 다이어트가 필수적인 이유는 그냥 자동(Auto)으로 두면 자기 먹고 싶은 대로 전기를 먹어 치울 뿐만 아니라 관련 부품들의 전압도 동반 상승시키기 때문입니다. 그리고 전기 소모량에 비례하여 발열도 심해집니다. 때문에 전압 다이어트를 통해 일할 수 있는 양만큼만 먹도록 해야 전력 소모도 줄이고 발열도 줄일 수 있습니다.

Exercise

6 수동 오버클럭 설정하기

이제 i7-6700K CPU와 DDR4 16G PC4-17000 메모리를 사용한 세대교체 PC에 대해 직접 바이오스 셋업 설정을 통해 수동 오버클러킹 작업을 수행해보겠습니다. CPU는 스카이레이크 국민 오버클럭인 4.5GHz를 목표로 오버클럭을 수행한 다음 메모리 오버클럭을 수행하고 실사용을 위한 안정화 테스트를 진행해보겠습니다.

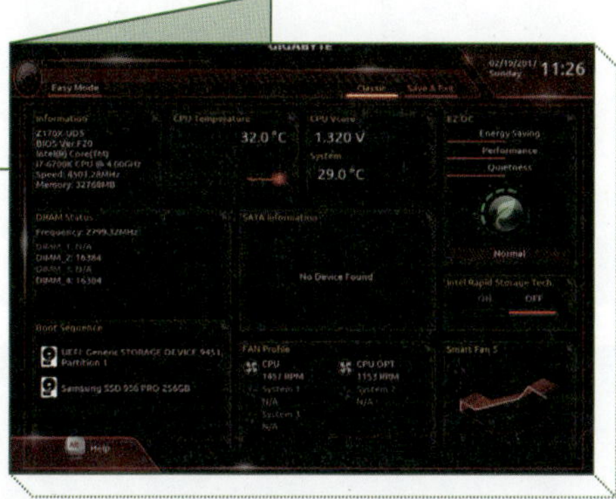

이 실습에 필요한 내용	실습 키 포인트
바이오스 셋업 프로그램의 오버클러킹 설정 LinX 유틸리티, CPU-Z, Core Temp, 메인보드 시스템 유틸리티(EasyTune)	바이오스 셋업 설정을 통한 CPU와 메모리 오버클러킹 방법 익히기

바이오스 셋업에서 CPU 오버클럭 설정하기

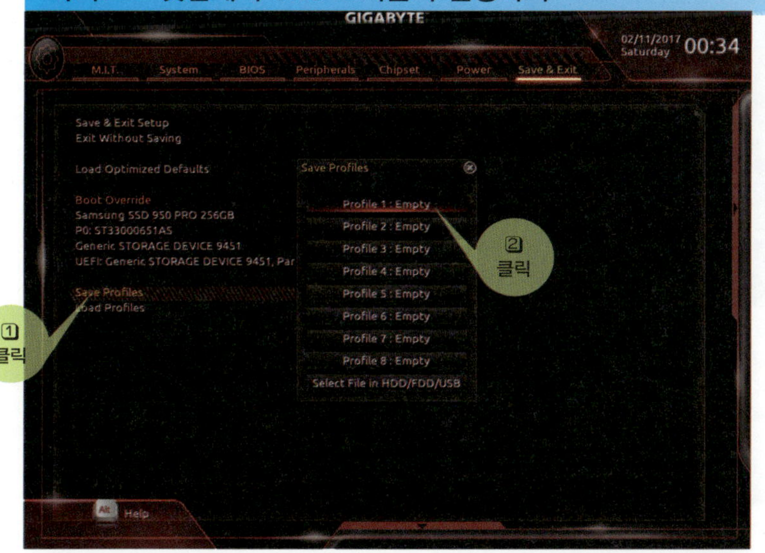

1 시스템을 켜고 바이오스 셋업을 실행하여 Save & Exit 메뉴에서 Save Profile을 선택하고 Profile 1 : Empty를 선택합니다.

HELP
- UEFI 바이오스 셋업에서는 마우스를 사용할 수 있습니다.
- 국민오버 클럭은 샌디브릿지 이후 배수락이 풀린 K버전 CPU 사용자들이 가장 많이 선호하는 클럭을 지칭하는데, 대략 4.2~4.5GHz 수준입니다.
- i7 6700K CPU는 Non-K 버전인 i7 6700에 비해 600MHz나 높은 클럭으로 출시된 CPU이기 때문에 4.5GHz로 오버클럭하는 것도 일반 공랭식 쿨러로는 쉽지 않다는 점에 유의하기 바랍니다.

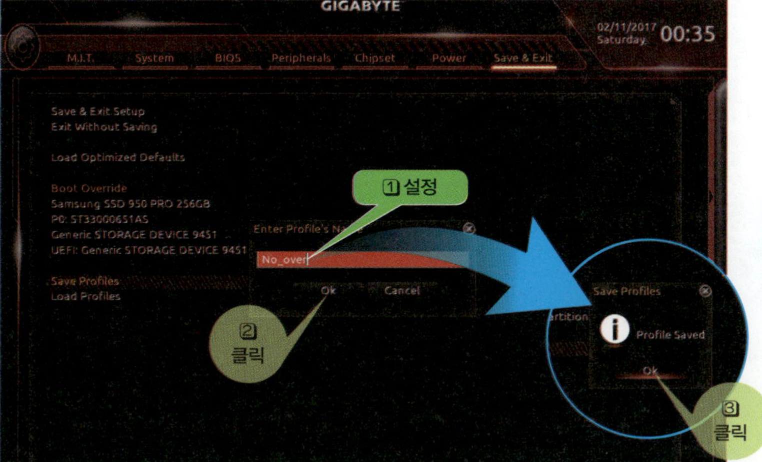

2 오버하지 않은 설정을 알 수 있는 이름(No_over)을 입력하고 OK 단추를 클릭합니다. Save Profiles 대화상자가 나오면 OK 단추를 클릭하여 저장합니다.

HELP
- 저장한 프로파일의 설정은 Load Profile로 언제든지 불러올 수 있습니다. 오버클럭 후에 안정화 테스트까지 이상 없이 통과하면 프로파일로 저장하기 바랍니다.
- 오버클럭 PC는 아무래도 전원 소비가 많으므로 평상시에는 노오버 상태로 사용하고 고성능이 필요한 작업 시에 오버클럭을 적용한 프로파일을 불러오면 됩니다.

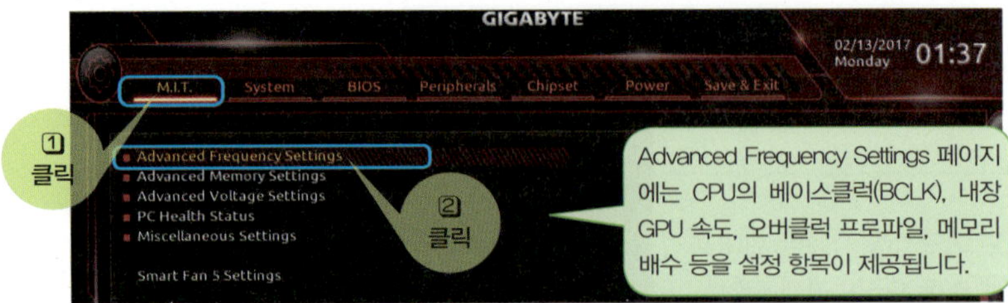

3 주 메뉴 화면에서 시스템 성능 및 오버클럭 관련 설정 기능이 집약된 M.I.T 페이지에서 Advanced Frequency Settings를 선택합니다.

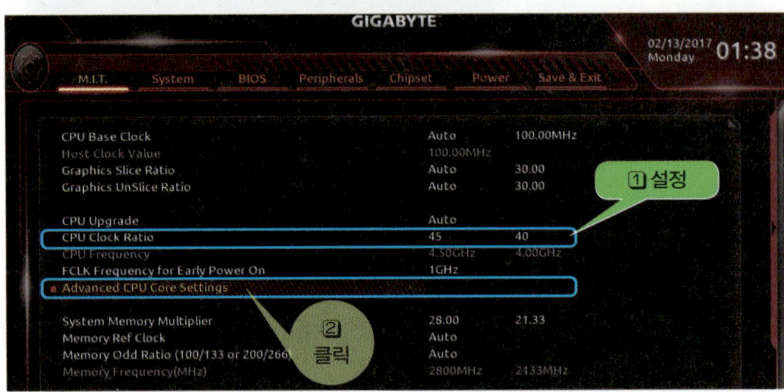

4 CPU Clock Ration 값을 ＋ －키를 사용하여 45배수로 설정합니다. 그런 다음 Advanced CPU Core Settings를 선택합니다.

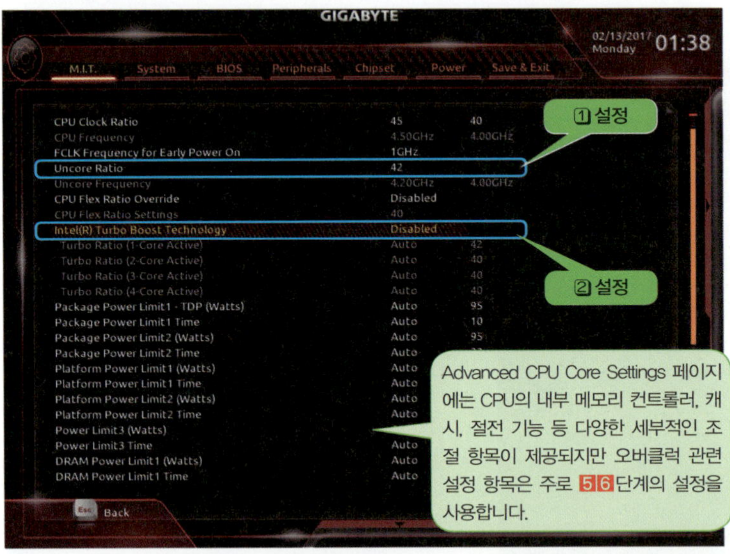

5 Advanced CPU Core Settings 페이지에서 내부 캐시 배수인 Uncore Ratio를 42배수로 설정합니다. 그러면 밑에 있는 Uncore Frequency도 4.2GHz로 바뀝니다. 그런 다음에 Intel(R) Turbo Boost Technology를 선택하고 Disabled로 설정합니다.

> **HELP**
> - 수동 오버클러킹은 고정 배수의 오버 클럭을 사용하므로 터보부스트 클럭은 더 이상 필요 없습니다

6 아래쪽으로 내려와서 CPU의 절전 기능 항목을 모두 비활성화합니다.

> **HELP**
> - 비활성화하는 CPU의 절전 기능은 CPU Enhanced Halt(C1E), C3/C6/C7/C8 State, CPU EIST Function을 비활성화합니다. 이 기능들은 메인보드 시스템 유틸리티를 사용하는 경우, 모두 Auto 상태로 사용하지만 수동 오버클러킹 시에는 비활성화해야 한다는 점에 유의하기 바랍니다.
> - 안정성 테스트까지 모두 마친 다음에는 컴퓨터의 대기 모드 절전 기능인 C1E를 Auto로 활성화하여 전기 소비를 줄이는 게 좋습니다.

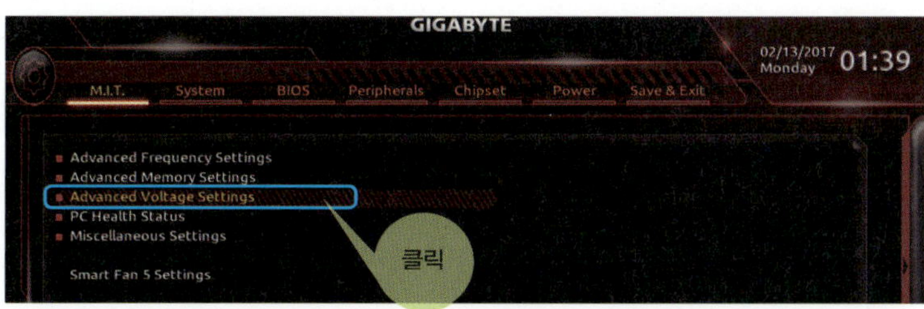

7 이제 Advanced Frequency Settings 페이지로 이동하여 Advanced Voltage Settings를 선택한 다음 Advanced Power Settings를 선택합니다.

HELP
- Advanced Voltage Settings 페이지에는 CPU 와 메모리, 칩셋 등의 전압 등을 설정할 수 있는 항목들이 제공됩니다.
- 수동 오버클러킹 안정화 작업을 수행할 때 다른 옵션 설정은 한 번 설정으로 끝나지만 최적 전압은 CPU 수율, 메인보드, 쿨러 등 시스템마다 조건이 다르므로 전압을 단계적으로 높이거나 낮추는 방식으로 설정하여 안정화된 전압을 찾아야 합니다.

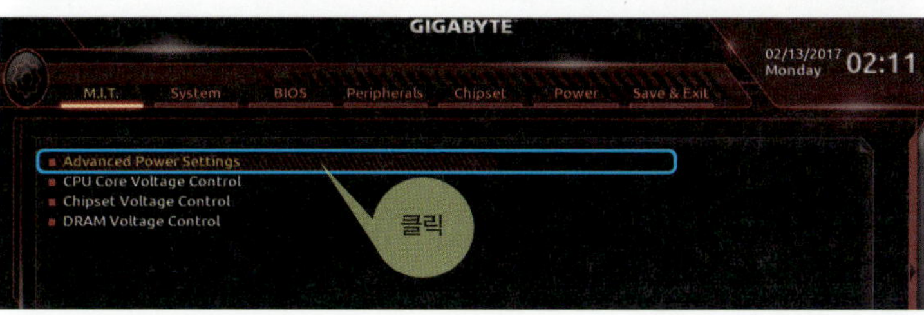

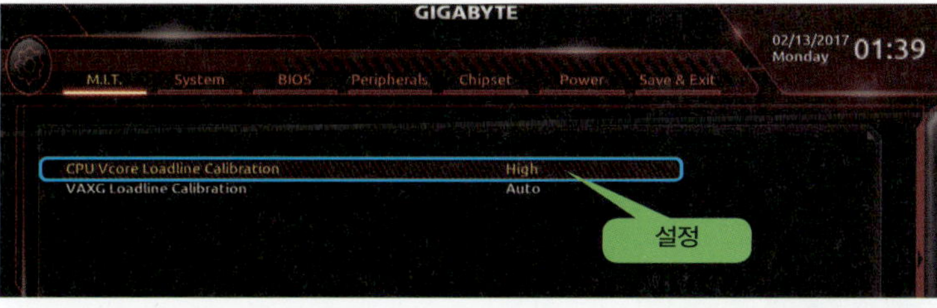

8 CPU Vcore Loadline Calibration 항목을 High로 설정합니다. 그런 다음 다시 Advanced Voltage Settings 페이지로 이동하여 CPU Core Voltage Control을 선택합니다.

HELP
- Loadline Calibration은 간단히 LLC로 지칭하는데 바이오스에 따라서는 1~10단계의 수치로 설정하기도 합니다.
- Loadline Calibration 기능은 전압 강하를 보정하는 기능으로 오버클럭 시 CPU에 공급되는 전압이 강하되는 것을 막고 안정적으로 전원을 공급할 수 있도록 하는 옵션이므로 오버클럭 시에는 높은 값으로 설정하는 것이 좋습니다.

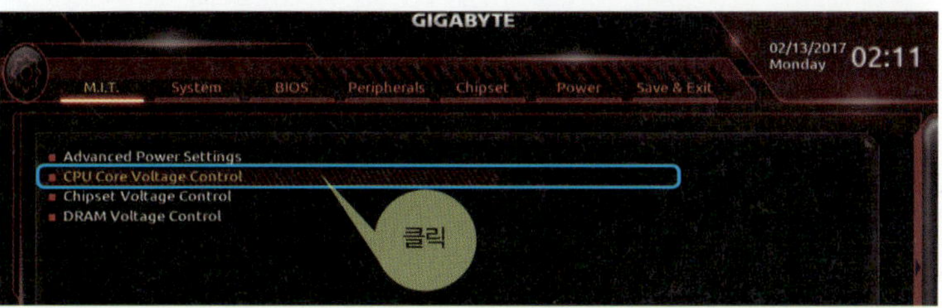

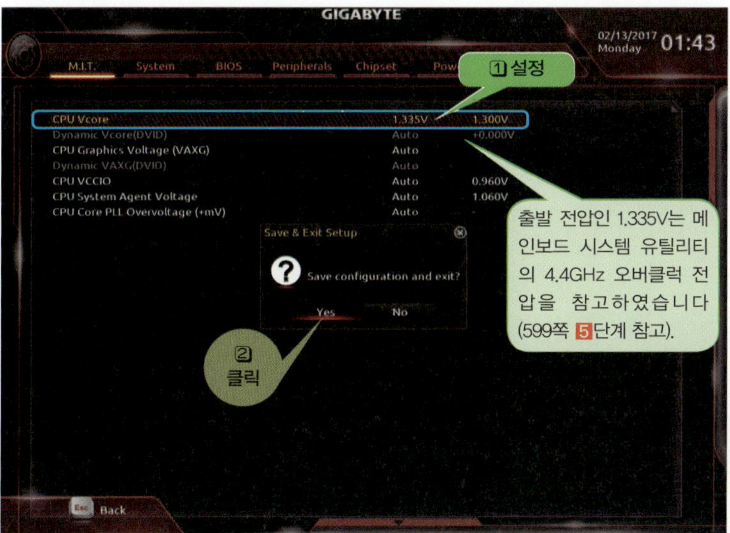

9 CPU Vcore 항목의 값을 Auto에서 + − 키를 사용하여 수치로 설정합니다. 이것으로 CPU 오버클럭에 필요한 설정은 모두 끝났습니다. F10 키를 눌러 Save & Exit Setup 대화상자가 나타나면 Yes를 선택합니다.

HELP
- CPU VCCIO Voltage와 CPU System Agent Voltage는 주로 메모리 오버클러킹에 관련된 전압으로 CPU 특성을 고려합니다. 스카이레이크 CPU에서는 기본값인 Auto로 설정하면 됩니다. CPU Core PLL Overvoltage도 아주 높은 오버클럭 설정이 아니라면 Auto로 설정하면 됩니다.

LinX 안정화 테스트로 최적 CPU 전압 찾기

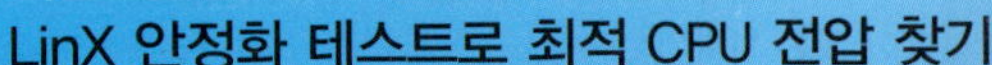

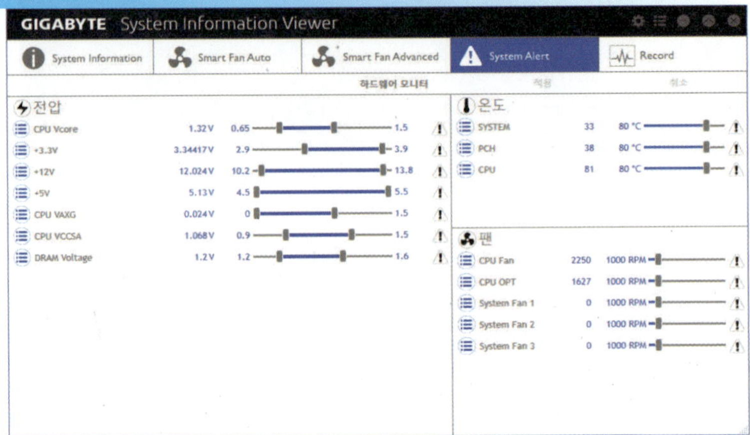

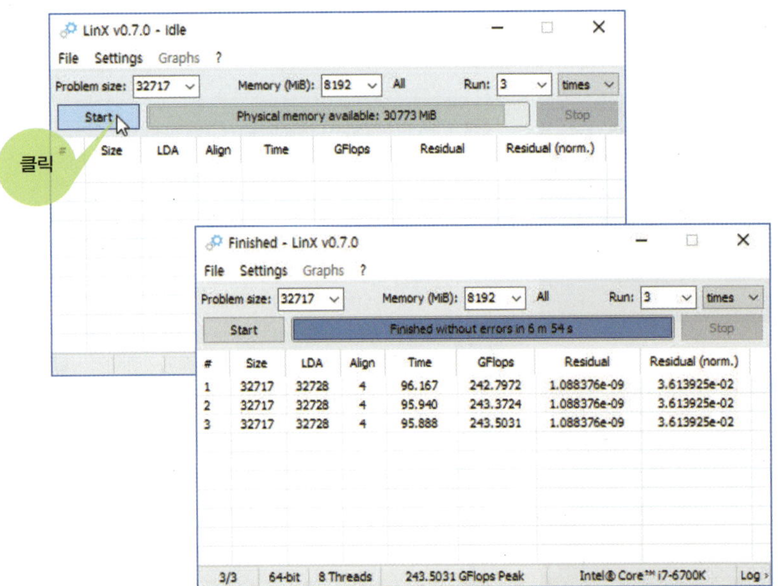

1 Core Temp와 System Information Viewer를 열고, Linx 프로그램 창에서 이전에 설정한 메모리 **8192**(MB), Run **3**회 상태에서 테스트합니다.

- 온도는 같은 전압을 사용한 시스템 유틸리티의 4.4GHz 오버클럭과 비슷한 결과값을 보여줍니다(599쪽 참고).
- LinX 테스트의 GFlops 값은 시스템 유틸리티의 4.4GHz 오버클럭 시의 평균 235.4에서 243.2로 7.8GFlops 정도 향상되었습니다.
- LinX 테스트를 무난히 통과했으므로 이제부터는 전압을 한 스텝씩 낮춰 가며 LinX 안정화 테스트를 진행합니다. 최종 전압은 50% 이상의 메모리 부하에서 LinX 테스트 20회를 통과해야 합니다.
- 안정성 테스트를 하는 동안 다른 프로그램 실행은 물론 마우스 클릭, 더블 클릭도 하지 말아야 정확한 GFlops 값을 얻을 수 있습니다.

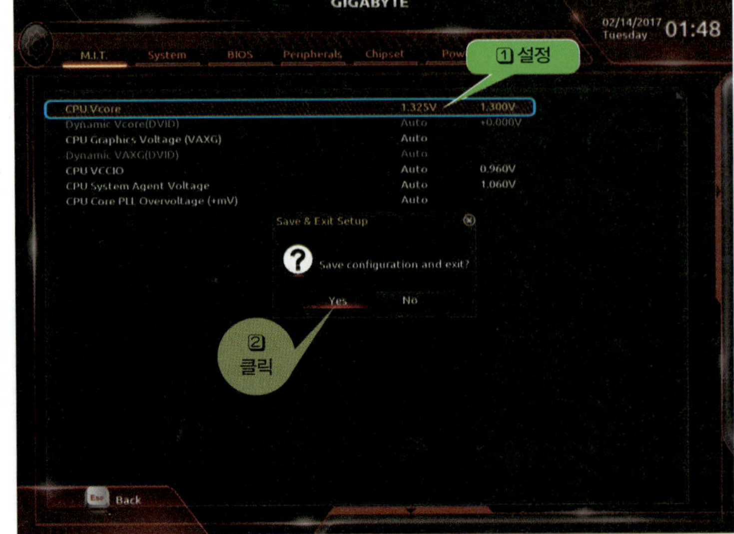

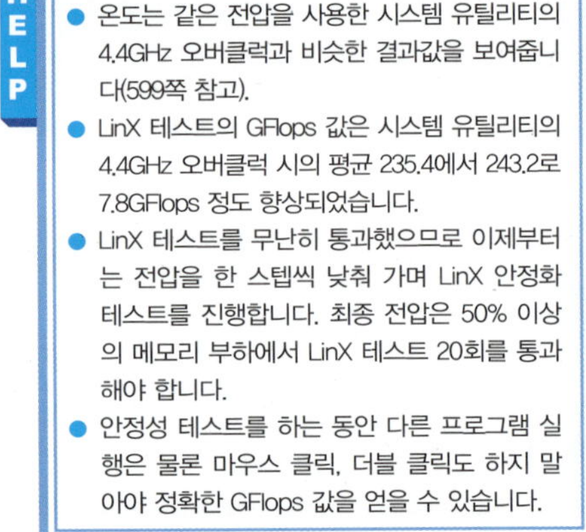

2 시스템을 다시 시동하고 바이오스 셋업으로 진입한 다음, CPU Vcore 값을 1.325V로 설정합니다. 그런 다음 F10 키를 누르고 Save CMOS to and EXIT (Y/N)? 대화상자가 나타나면 Yes를 선택합니다.

- 예제 메인보드 바이오스 셋업에서 CPU 전압은 한 스텝에 0.005V씩 바뀝니다. 1.330V는 안정화 테스트를 통과하여 1.325V로 낮췄습니다. 참고로 메모리 전압은 한 스텝에 0.02V씩 바뀝니다. 스텝별 전압 조절량은 바이오스에 따라 차이가 있습니다.

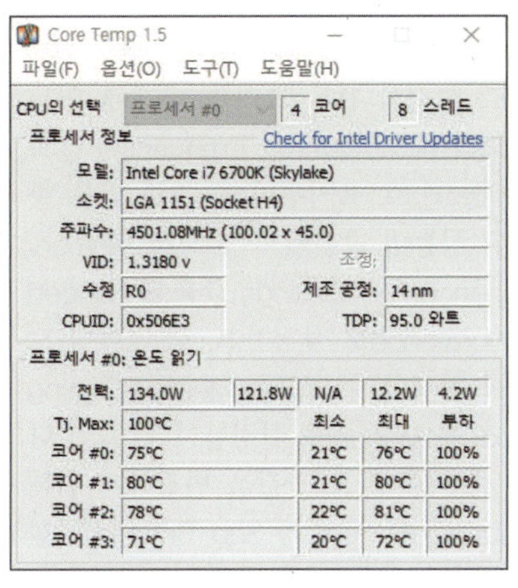

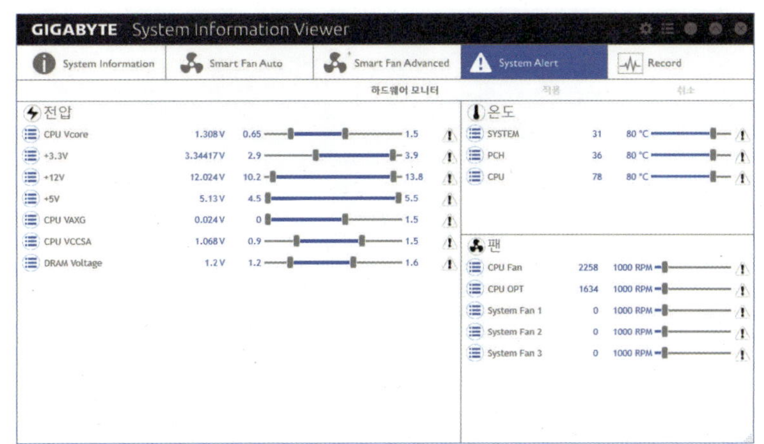

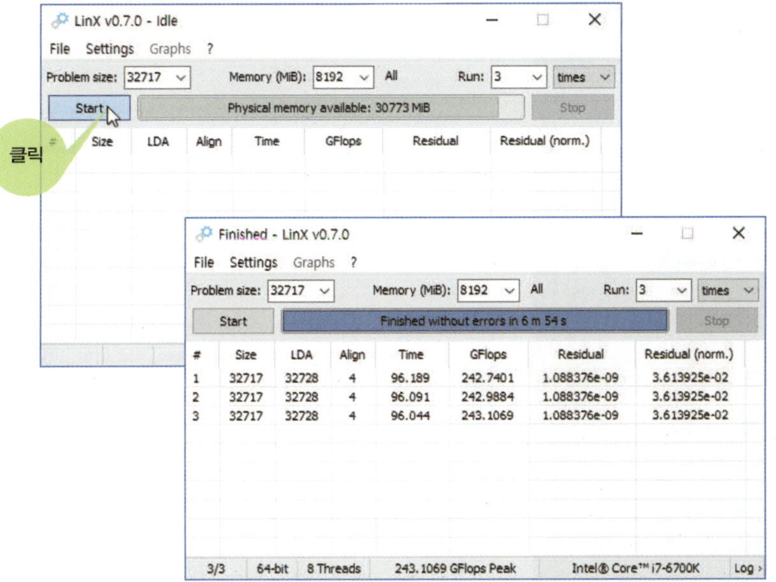

3 다시 Core Temp와 System Information Viewer를 열고, LinX에서 전과 같은 부하로 테스트합니다.

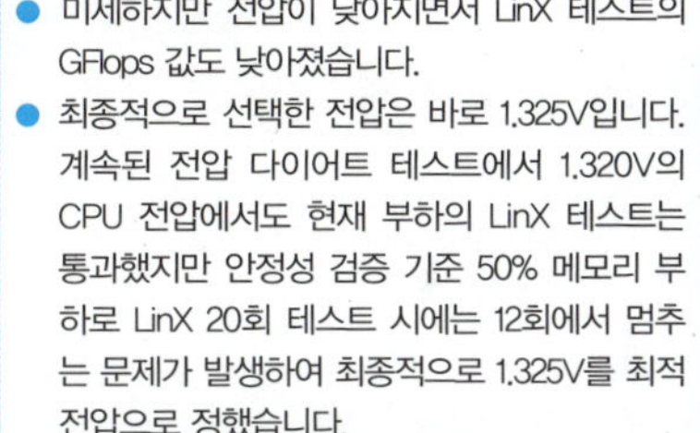

HELP
- 0.01V의 전압이 줄어들면서 온도도 약간 내려간 것을 볼 수 있으며, 최대 온도도 81℃ 수준으로 낮아졌습니다.
- 미세하지만 전압이 낮아지면서 LinX 테스트의 GFlops 값도 낮아졌습니다.
- 최종적으로 선택한 전압은 바로 1.325V입니다. 계속된 전압 다이어트 테스트에서 1.320V의 CPU 전압에서도 현재 부하의 LinX 테스트는 통과했지만 안정성 검증 기준 50% 메모리 부하로 LinX 20회 테스트 시에는 12회에서 멈추는 문제가 발생하여 최종적으로 1.325V를 최적 전압으로 정했습니다.

바이오스 셋업에서 메모리 오버클럭 설정하기

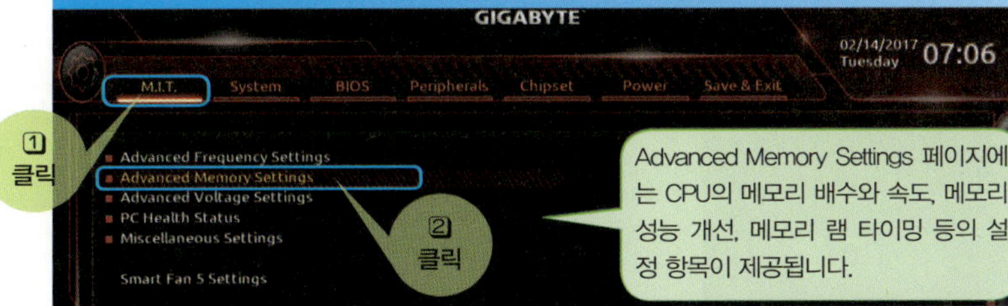

1 주 메뉴 화면에서 시스템 성능 및 오버클러킹 관련 설정 기능이 집약된 M.I.T 메뉴 페이지에서 Advanced Memory Settings를 선택합니다.

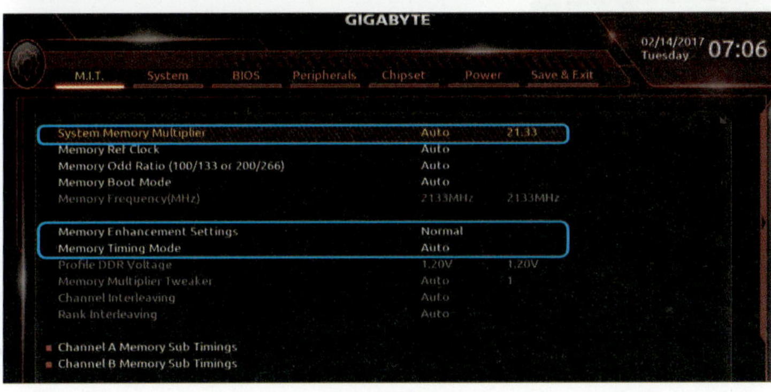

2 Advanced Memory Settings 페이지가 나타납니다. 현재 메모리 배수(System Memory Multiplier)는 21.33, Memory Enhancement Settings 값은 Normal, Memory Timing Mode 값은 Auto로 설정된 것을 볼 수 있습니다.

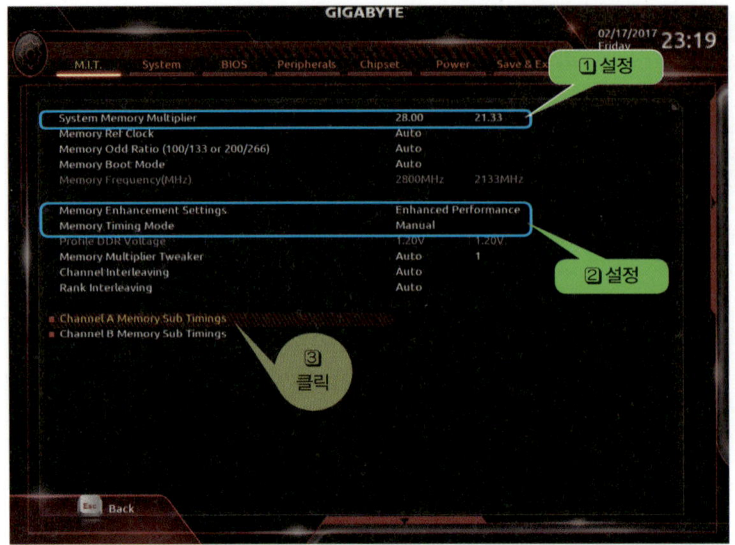

3 System Memory Multiplier 값을 28.00 으로 설정합니다. 그러면 아래에 있는 메모리 속도(Memory Frequency) 값도 2800MHz로 표시됩니다. 그런 다음 향상된 성능이 발휘될 수 있도록 Memory Enhancement Settings 값을 Enhanced Performance로 설정하고, 램 타이밍 모드를 변경할 수 있도록 Memory Timing Mode를 Manual로 설정합니다. 그런 다음 램 타이밍 모드 값을 변경하기 위해 Channel A Memory Sub Timings를 선택합니다.

4 Manual 모드이므로 메모리 램 타이밍을 수동으로 설정할 수 있는 페이지가 나타납니다.

> **HELP**
> - Memory Timing Mode에는 Manual 모드 대신 Advanced Manual 모드도 제공됩니다. Manual 모드에서 메모리의 Channel A Memory Sub Timings 채널을 변경하면 B 채널도 동일하게 설정됩니다. 반면, Advanced Manual 모드를 선택한 경우에는 A, B 채널의 램 타이밍을 각각 설정할 수 있습니다.
> - 램 타이밍 설정 항목이 많지만, 실제로 조절하는 항목은 CAS Latency Time(tCL), tRCD, tRP, tRAS, Command Rate(tCMD) 값으로 조절합니다.

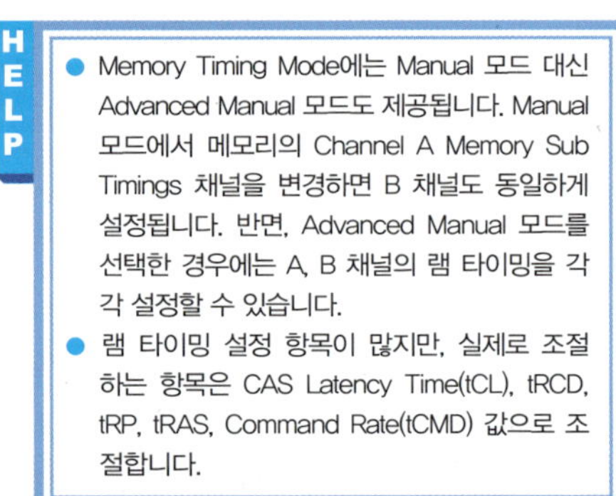

5 CAS Latency, tRCD, tRP, tRAS, Command Rate(tCMD) 값을 Auto에서 ⊞ ⊟ 키로 옆에 있는 기본값 수치와 동일하게 설정합니다.

> **HELP**
> - CAS Latency, tRCD, tRP, tRAS, Command Rate(tCMD) 값을 옆에 있는 기본값과 동일한 수치로 설정한다는 점에 유의하기 바랍니다.
> - 메모리 속도를 기본값인 2133MHz에서 2800MHz로 대폭 올렸기 때문에 위의 램 타이밍 항목들의 값이 Auto로 설정된 상태에서는 다음 쪽의 **8**단계 Help에서 확인할 수 있듯이 램 타이밍 값이 자동으로 느슨하게 풀립니다. 따라서 이를 방지하기 위해 직접 램 타이밍 값을 설정한 것입니다.

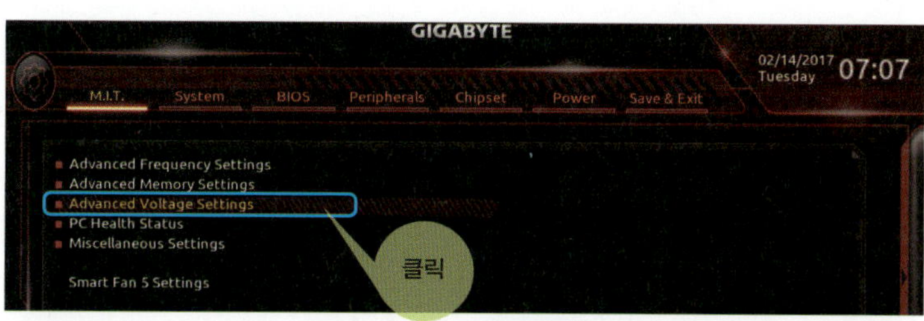

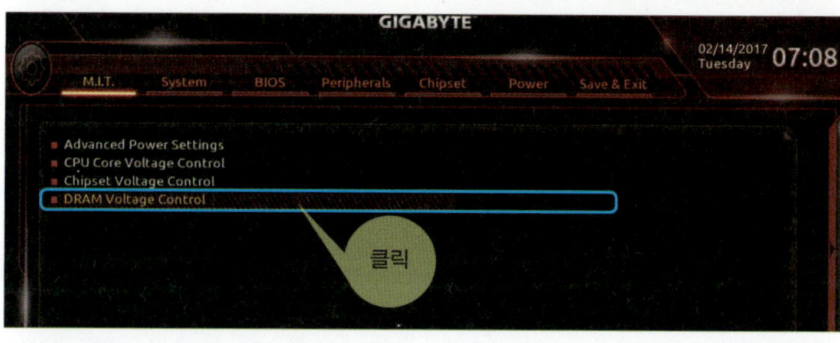

6 이제 M.I.T 메뉴 페이지로 이동하여 Advanced Voltage Settings를 선택한 다음, Advanced Power Settings를 선택합니다.

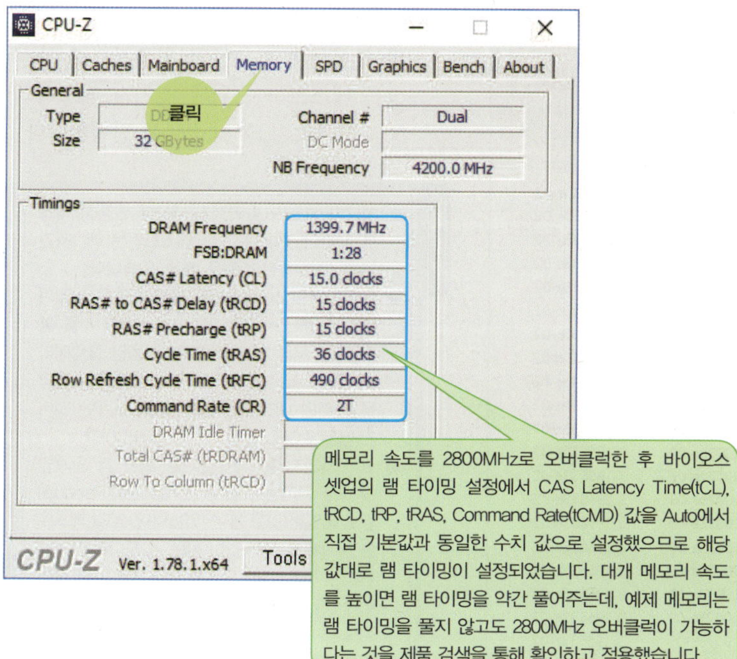

7 CPU Dram Voltage (CH A/B) 항목의 값을 + - 키를 사용하여 Auto에서 1.260V로 설정합니다. 이것으로 메모리 오버클럭에 필요한 설정은 모두 끝났습니다. F10 키를 눌러 Save & Exit Setup 대화상자가 나타나면 Yes를 선택합니다.

8 컴퓨터가 시동되면 CPU-Z를 실행한 다음, Memory 탭을 선택하고 현재 메모리 설정을 확인합니다.

HELP

● 다음은 바이오스 셋업에서 2800MHz 오버클럭 후 Auto 상태의 램 타이밍 항목들의 값으로 램 타이밍이 느슨하게 풀린 것을 볼 수 있습니다.

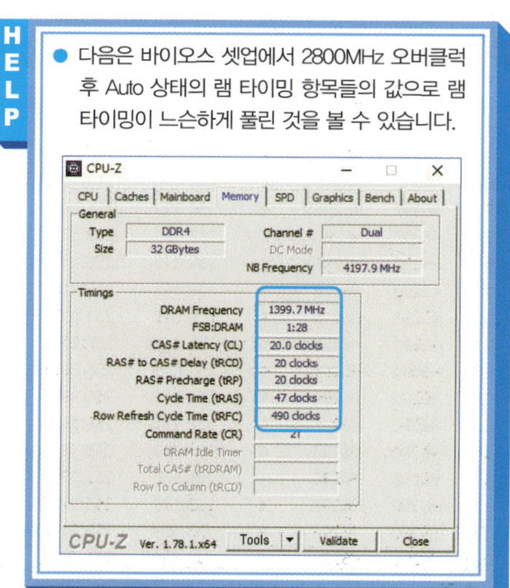

메모리 속도를 2800MHz로 오버클럭한 후 바이오스 셋업의 램 타이밍 설정에서 CAS Latency Time(tCL), tRCD, tRP, tRAS, Command Rate(tCMD) 값을 Auto에서 직접 기본값과 동일한 수치 값으로 설정했으므로 해당 값대로 램 타이밍이 설정되었습니다. 대개 메모리 속도를 높이면 램 타이밍을 약간 풀어주는데, 예제 메모리는 램 타이밍을 풀지 않고도 2800MHz 오버클럭이 가능하다는 것을 제품 검색을 통해 확인하고 적용했습니다.

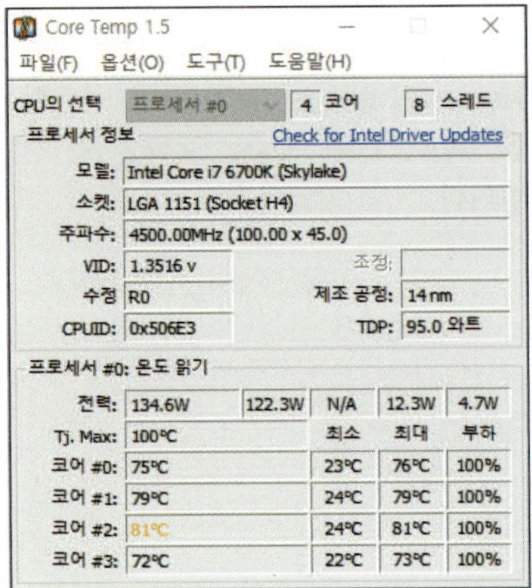

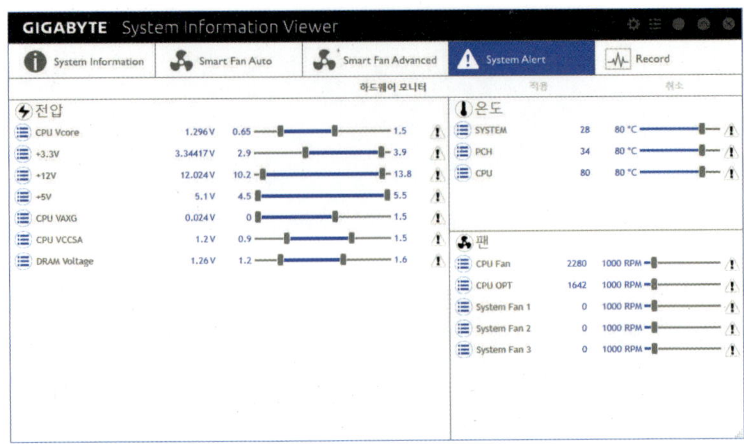

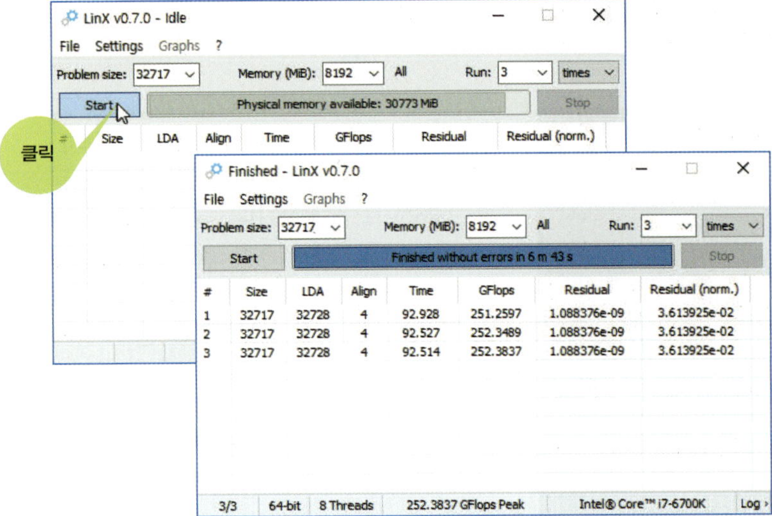

9 Core Temp와 System Information Viewer를 연 후, LinX에서 전과 같은 부하로 테스트합니다.

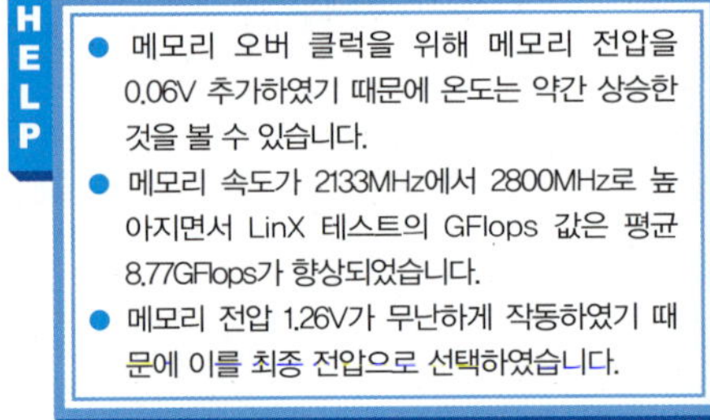

HELP

- 메모리 오버 클럭을 위해 메모리 전압을 0.06V 추가하였기 때문에 온도는 약간 상승한 것을 볼 수 있습니다.
- 메모리 속도가 2133MHz에서 2800MHz로 높아지면서 LinX 테스트의 GFlops 값은 평균 8.77GFlops가 향상되었습니다.
- 메모리 전압 1.26V가 무난하게 작동하였기 때문에 이를 최종 전압으로 선택하였습니다.

10 지금까지의 CPU와 메모리 오버클럭 설정이 실사용 가능한지 최종적으로 안정성을 테스트하기 위해 32기가 메모리의 50% 부하로 20회 테스트를 진행합니다.

HELP

- 메모리 부하가 높아졌기 때문에 안정성 테스트 시간이 길어져 20회 테스트하는 데 1시간 53분 44초가 걸린 것을 볼 수 있습니다.
- 동일 클럭이라도 메모리 부하 조건을 높였기 때문에 GFlops 값은 약간 더 높아진 것을 볼 수 있습니다. 이와 마찬가지로 동일 클럭이라도 전압을 낮추면 GFlops 값도 낮아지고 전압을 더 주면 그만큼 CPU에게 값을 더 주는 것이기 때문에 GFlops 값이 약간 올라갑니다.
- 20회차까지 통과된 결과를 보면 각 단계별 GFlops 차이는 1~3 수준이고 잔차(Residual) 값도 동일한 것을 볼 수 있습니다. 20회 테스트를 통과해도 잔차 값이 튀는 게 하나라도 발생한다는 것은 연산 오류가 있어 시스템이 불안정한 것을 의미합니다. 이 경우 전압을 한 스텝 정도 더 주면 해결됩니다.

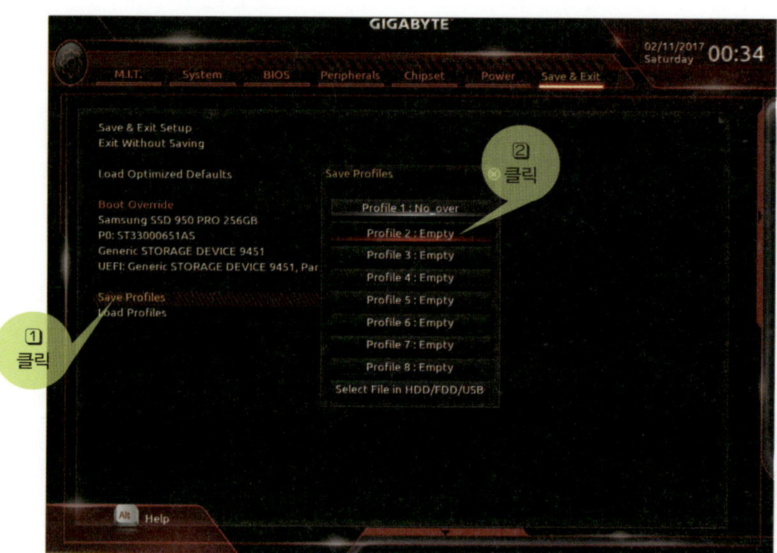

11 오버클럭에 성공한 현재 설정을 저장하기 위해 시스템을 재시동하고 바이오스 셋업을 실행하여 Save & Exit 메뉴에서 Save Profile을 선택한 다음, Profile 2 : Empty를 선택합니다.

> **HELP**
> ● 오버클럭 설정을 프로파일로 저장해두면 고성능이 필요할 때 저장해둔 오버클럭 설정의 프로파일을 불러오면 됩니다.
> ● 수동 오버클럭을 할 때 CPU의 절전 기능을 모두 비활성화(Disabled)했더라도 운영체제의 절전 기능은 사용할 수 있습니다. 그리고 가장 핵심적인 대기 모드 전력 절감 기능인 C1E 절전 기능을 활성화하여 전기 소비를 줄이기 바랍니다.

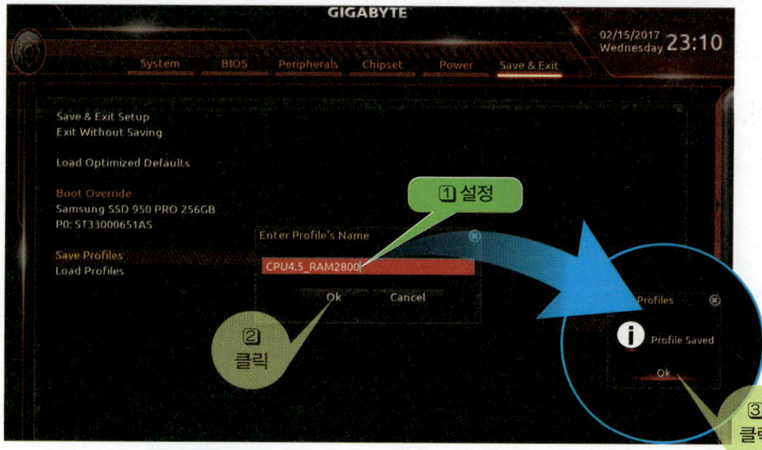

12 오버 설정을 구별하기 쉬운 이름(CPU4.5_RAM2800)을 입력한 후 OK 단추를 클릭하고, Save Profiles 대화상자가 나타나면 OK 단추를 클릭하여 저장합니다.

바이오스 셋업에서 메모리 추가 오버클럭 후 램타이밍 조절하기

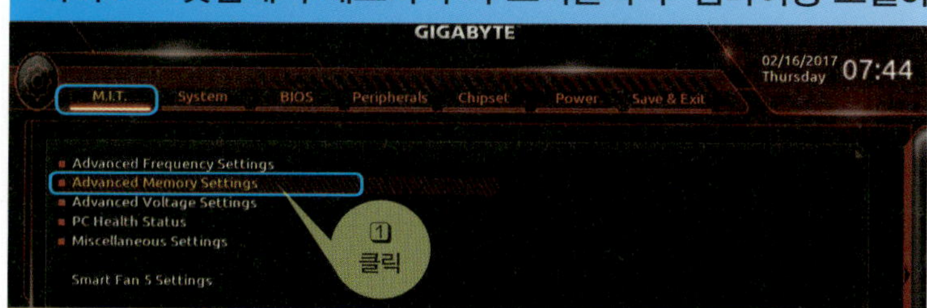

1 프로파일을 저장한 후에 주 메뉴 화면에서 시스템 성능 및 오버클러킹 관련 설정 기능이 집약된 M.I.T 메뉴 페이지로 이동하여 Advanced Memory Settings를 선택합니다.

2 System Memory Multiplier 값을 30.00으로 설정합니다. 그러면 아래에 있는 메모리 속도(Memory Frequency) 값이 3000MHz로 표시됩니다. 이제 Memory Timing Mode 값이 Manual로 설정된 상태에서 Channel A Memory Sub Timings를 선택합니다.

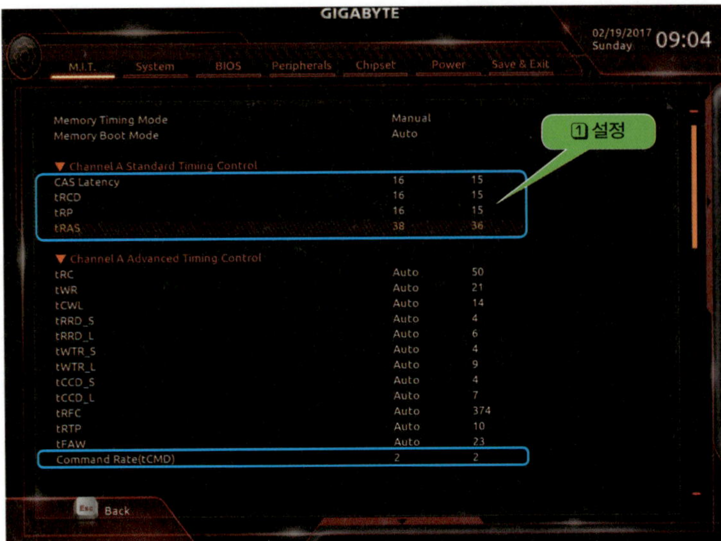

3 램 타이밍을 약간 풀어주기 위해 ➕ ➖키로 CAS Latency, tRCD, tRP 항목의 값은 **16**으로 1씩 높이고, tRAS는 **38**로 설정하며, Command Rate(tCMD)는 **2**로 유지합니다. 그런 다음 바이오스 셋업의 설정을 저장하고 종료하기 위해 F10 키를 눌러 Save & Exit Setup 대화상자가 나타나면 **Yes**를 선택합니다.

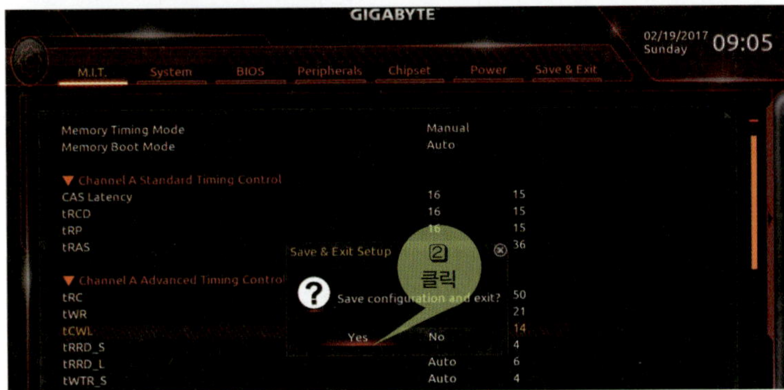

- 메모리가 오버클럭되면 그만큼 메모리의 순환 주기도 빨라집니다. 빨라진 램 타이밍 템포를 감당하지 못하면 오류가 나므로 램 타이밍을 약간 풀어 정상 작동할 수 있게 하는 것입니다. 하지만 램 타이밍을 느리게 할수록 그만큼 오버클럭 효과는 반감되므로 유의하기 바랍니다.
- tRAS 항목의 값은 다른 항목들과 달리 2가 증가한 38로 설정한 것은 비례를 맞추기 위해서입니다. 이 값을 변경하지 않거나 1만 증가 시킨 상태에서 최종적인 안정화 테스트를 수행하면 실패할 수 있습니다.

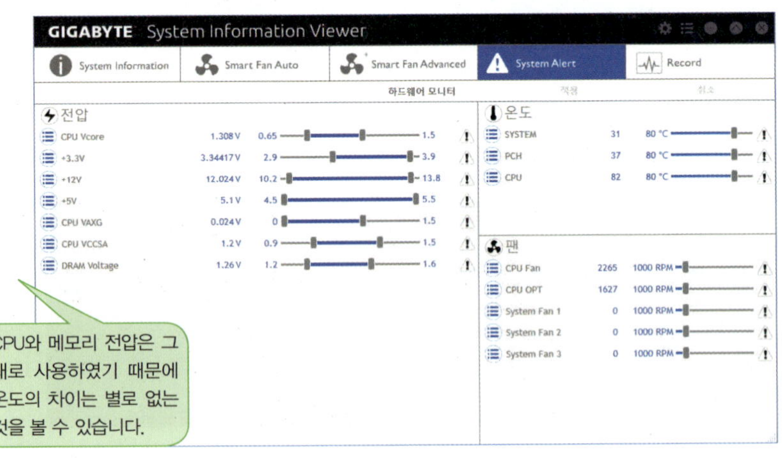

CPU와 메모리 전압은 그대로 사용하였기 때문에 온도의 차이는 별로 없는 것을 볼 수 있습니다.

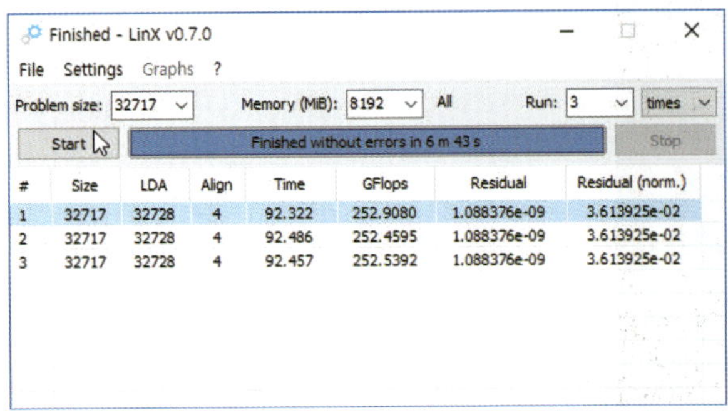

4 Core Temp와 System Information Viewer를 열고, LinX에서 전과 같은 부하로 테스트합니다.

- 안정화 테스트 결과 메모리 속도가 2800MHz에서 3000MHz로 높아졌지만, 램 타이밍을 풀었기 때문에 테스트 시간도 6분 43초로 같고 GFlops 값도 별 차이가 없습니다.

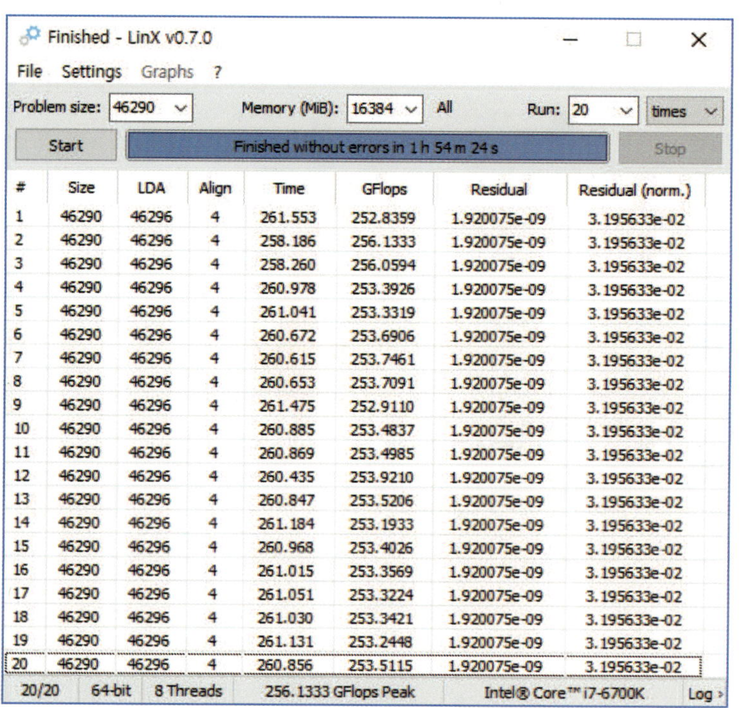

Finished - LinX v0.7.0						
File Settings Graphs ?						
Problem size: 46290		Memory (MiB): 16384 All		Run: 20 times		
Start		Finished without errors in 1 h 54 m 24 s				Stop
#	Size	LDA	Align	Time	GFlops	Residual	Residual (norm.)
1	46290	46296	4	261.553	252.8359	1.920075e-09	3.195633e-02
2	46290	46296	4	258.186	256.1333	1.920075e-09	3.195633e-02
3	46290	46296	4	258.260	256.0594	1.920075e-09	3.195633e-02
4	46290	46296	4	260.978	253.3926	1.920075e-09	3.195633e-02
5	46290	46296	4	261.041	253.3319	1.920075e-09	3.195633e-02
6	46290	46296	4	260.672	253.6906	1.920075e-09	3.195633e-02
7	46290	46296	4	260.615	253.7461	1.920075e-09	3.195633e-02
8	46290	46296	4	260.653	253.7091	1.920075e-09	3.195633e-02
9	46290	46296	4	261.475	252.9110	1.920075e-09	3.195633e-02
10	46290	46296	4	260.885	253.4837	1.920075e-09	3.195633e-02
11	46290	46296	4	260.869	253.4985	1.920075e-09	3.195633e-02
12	46290	46296	4	260.435	253.9210	1.920075e-09	3.195633e-02
13	46290	46296	4	260.847	253.5206	1.920075e-09	3.195633e-02
14	46290	46296	4	261.184	253.1933	1.920075e-09	3.195633e-02
15	46290	46296	4	260.968	253.4026	1.920075e-09	3.195633e-02
16	46290	46296	4	261.015	253.3569	1.920075e-09	3.195633e-02
17	46290	46296	4	261.051	253.3224	1.920075e-09	3.195633e-02
18	46290	46296	4	261.030	253.3421	1.920075e-09	3.195633e-02
19	46290	46296	4	261.131	253.2448	1.920075e-09	3.195633e-02
20	46290	46296	4	260.856	253.5115	1.920075e-09	3.195633e-02
20/20 64-bit 8 Threads			256.1333 GFlops Peak		Intel® Core™ i7-6700K	Log ›

5 다시 지금까지의 CPU와 메모리 오버클럭 설정이 실사용 가능한지 최종적으로 안정성을 테스트하기 위해 32기가 메모리의 50% 부하로 20회 테스트를 진행합니다.

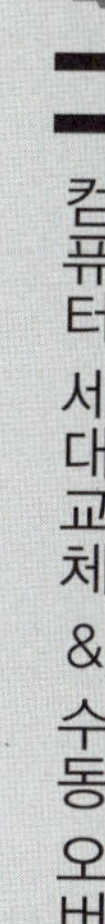

Chapter 11 컴퓨터 세대교체 & 수동 오버클러킹

Check Point   MaxxMem2로 메모리 오버클럭 성능 평가하기

메모리 오버클럭 성능을 좀 더 정확하게 평가하려면 메모리 전용 벤치마크 프로그램을 사용해야 합니다. 스마트워크 카페에서 무설치 프리웨어인 MaxxMEM2_preview.exe 프로그램을 다운로드한 후에 더블 클릭하여 실행하고 Start benchmark 단추를 클릭하면 즉시 메모리 벤치마크가 진행됩니다.

아래의 맨 왼쪽 그림은 메모리 오버클럭 전 2133MHz 클럭의 메모리 벤치마크 결과이며, 중앙은 앞의 램 타이밍 조절을 거쳐 2800MHz로 오버클럭한 후의 벤치마크 결과로 메모리의 복사, 읽기, 쓰기 속도가 대폭 향상된 것을 확인할 수 있습니다. 맨 오른쪽 그림은 3000MHz로 오버클럭한 후의 벤치마크 결과로 2800MHz 오버클럭보다 200MHz나 높지만, 램 타이밍을 풀었기 때문에 비슷한 성능을 발휘하는 것을 확인할 수 있습니다.

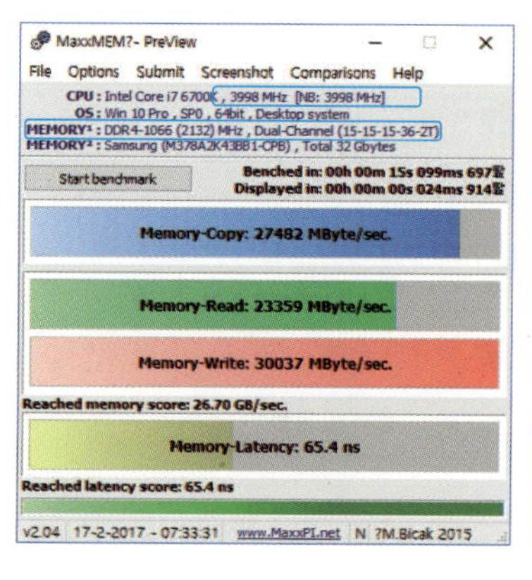

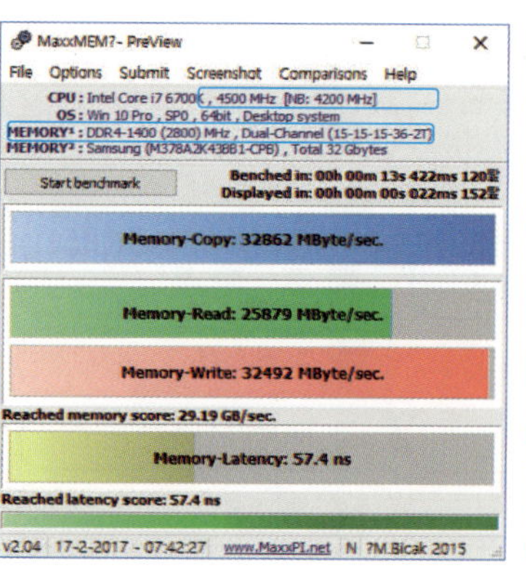

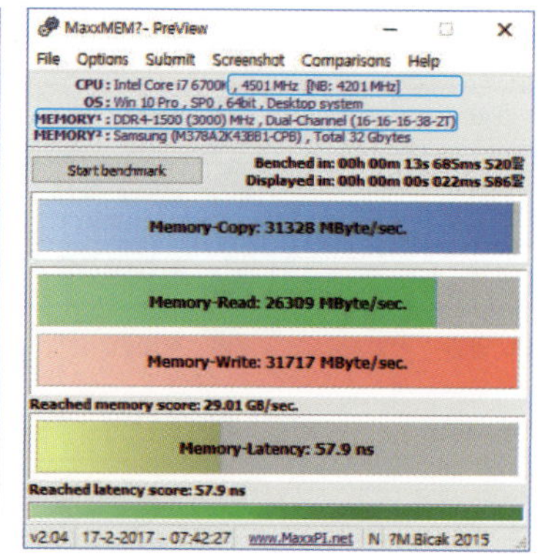

특집 3에서는 PC를 쾌적하고 안전하게 사용할 수 있는 최적화 방법과 다양한 고장 상황에 신속히 대응할 수 있는 시스템 복원 및 시스템 백업과 복구 방법을 종합적으로 알아봅니다.

특집 3의 예제 화면은 윈도우 10을 위주로 설명합니다. 윈도우 7/8/8.1에서도 거의 동일하게 활용됩니다. 차이가 있는 부분은 그때 그때 설명하므로 이 내용을 익히면 다른 윈도우 계열 운영체제의 시스템 관리도 어렵지 않게 수행할 수 있습니다.

윈도우 제어판의 시스템 관리 기능

윈도우 운영체제는 공통적으로 제어판을 제공하는데, 윈도우의 제반 운영 환경과 시스템 관리에 필요한 대부분의 기능은 제어판을 통해 접근할 수 있습니다. 윈도우 8부터 제공되는 **설정 창은 일부 제어판 기능을 모바일 기기의 원터치 인터페이스로도 설정**할 수 있게 만든 것입니다.

윈도우 제어판은 작업의 범주(종류) 별로 나타낼 수도 있고, 개별 프로그램 아이콘을 크게 또는 작게 볼 수도 있습니다. 오른쪽의 범주 보기의 윈도우 10 제어판을 보면 작업의 범주별로 제어판 프로그램의 기능들이 분류되어 제공되는 것을 알 수 있습니다.

시스템 관리에 필요한 기능이 집약되어 있는 시스템 및 보안 범주를 보면 방패 표시가 붙은 아이콘들이 있는데, 이는 시스템과 보안에 영향을 미치는 프로그램을 의미합니다.

다음은 큰 아이콘 보기의 윈도우 10 제어판으로 제어판에서 제공하는 모든 프로그램 아이콘을 볼 수 있습니다.

▲ 윈도우 7 제어판과 비교할 때 파일 히스토리, 저장소 공간과 클라우드 폴더 관리 기능이 윈도우 8부터 추가되었습니다.

윈도우 10 제어판에서 빨간색으로 표시한 항목은 시스템 및 보안 작업 범주의 기능 아이콘이며, 하늘색은 설정에 따라 체감 성능과 작업 생산성에 영향을 미치는 기능들이며, 나머지 기능들도 컴퓨터 운용에 필요한 기능들로 사용 방법은 간단한 편입니다.
제어판 프로그램들의 기능과 용도를 간략히 살펴보면 다음과 같습니다.

- **BitLocker 드라이브 암호화** : 윈도우 라인업의 Pro 이상 버전에서 지원되는 드라이브 암호화 기능입니다.
- **Flash Player** : 플래시 플레이어의 정보 저장, 카메라 및 마이크 사용, 네트워킹, 동작 등과 관련한 설정을 할 수 있습니다.
- **NVIDIA 제어판** : NVIDIA 그래픽카드의 디스플레이 설정을 조절할 수 있는 제어판으로 윈도우 작업표시줄에서 숨겨진 아이콘 표시를 하면 보이는 NVIDIA 설정 프로그램이 바로 이 프로그램입니다. AMD 그래픽카드도 같은 방식으로 운용합니다.
- **Realtek HD 오디오 관리자** : Realtek 오디오코덱을 사용한 메인보드에서 드라이버를 설치한 경우에 나옵니다. 디지털 오디오 입출력, 음향 효과, 이퀄라이저, 오디오 포맷, 오디오 연결, SPDIF 출력을 조절합니다.
- **RemoteApp 및 데스크톱 연결** : 회사의 데스크톱 및 프로그램 연결을 관리하는 기능으로 원격 데스크톱 연결 기능과는 관계 없습니다.
- **Window Defender** : 마이크로소프트의 악성 소프트웨어 방지 도구인 윈도우 디펜더 제어판으로 PC 보호 상태를 확인합니다.
- **Windows To Go** : 윈도우 8부터 지원되는 기능으로 외부 USB 저장장치로 윈도우를 이식하여 윈도우를 시동하고 사용할 수 있도록 만드는 기능을 제공합니다. 마이크로소프트사는 Windows To Go 인증 32GB 이상의 USB 3.0 지원 저장장치를 권장합니다.
- **Windows 방화벽** : 해커나 악성 소프트웨어에 의한 침입을 방지하는 윈도우 방화벽의 상태를 확인합니다.
- **개인 설정** : 컴퓨터의 화면 효과와 소리 등을 개인의 취향에 맞춰 설정할 수 있습니다. 바탕화면 아이콘 변경, 마우스 포인터 변경 기능도 액세스할 수 있습니다.
- **관리 도구** : 제어판의 가장 핵심적인 기능 중 하나로 컴퓨터 관리에 필요한 다양한 도구들을 종합적으로 제공합니다.

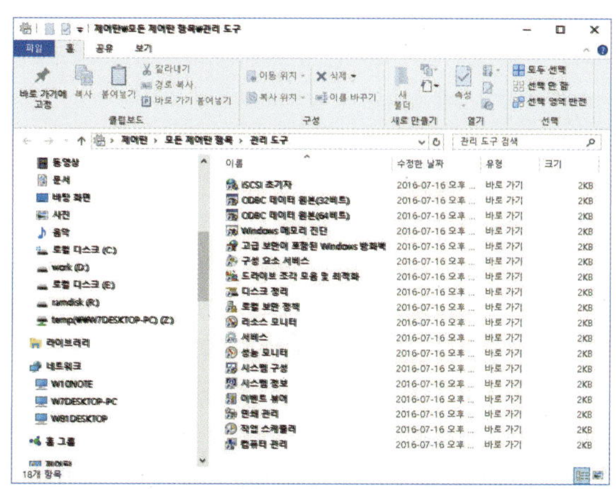

- **국가 또는 지역** : 윈도우 표시 언어, 날짜 및 시간 형식, 위치, 관리자 옵션을 설정합니다.
- **글꼴** : 컴퓨터에 설치된 글꼴의 미리보기나 삭제, 표시 여부를 설정합니다. 글꼴을 많이 사용할 수록 시스템 성능은 느려지게 되며 응용 프로그램에서 글꼴을 선택할 때도 그만큼 더 시간이 걸립니다. 따라서 필요한 글꼴만 설치해서 사용하고, 사용하지 않는 글꼴은 삭제하는게 좋습니다.
- **기본 프로그램** : 특정 파일 형식 및 프로토콜을 열 때 사용할 기본 프로그램 설정 및 연결을 관리하고, 자동 재생 설정, 브라우저와 전자 메일, 미디어 플레이어 등에서 사용할 컴퓨터의 기본 프로그램을 설정합니다.
- **날짜 및 시간** : 컴퓨터의 날짜 및 시간, 표준 시간대, 추가 시계 사용 여부, 인터넷 시간 동기 여부 등을 설정합니다.
- **네트워크 및 공유 센터** : 네트워크 상태 보기 및 네트워크 설정을 변경합니다.
- **동기화 센터** : 다른 컴퓨터, 네트워크 위치 및 장치의 동기화 상태 보기 및 동기화, 오프라인 파일 사용 여부를 설정합니다.
- **디스플레이** : 화면에 표시되는 항목의 크기 변경, 텍스트 크기만 변경 등을 설정할 수 있으며, 디스플레이 설정, 밝기, 색 보정, ClearType 텍스트 조정 기능도 액세스할 수 있습니다.
- **마우스** : 마우스 포인터 속도와 더블 클릭 속도 설정은 간단하지만 자신의 감각에 맞춰 설정해야 생산성도 높아집니다.
- **문제 해결** : 프로그램, 하드웨어 및 소리, 네트워크 및 인터넷, 시스템 및 보안 관련 문제에 대한 해결 방법을 제시하고 관련 기능을 실행할 수 있습니다.
- **백업 및 복원(Windows 7)** : 파일 백업 또는 복원 기능을 사용합니다. 윈도우 7에서 윈도우 10으로 업그레이드한 지 한 달 이내라면 윈도우 7로의 복원도 가능합니다.
- **보안 및 유지 관리** : 컴퓨터 보안 관련 상태 보기 설정, 유지 관리 기능을 사용할 수 있으며, 제어판의 복구 기능을 이곳에서 바로 액세스 할 수 있습니다.
- **복구** : PC가 시동조차 안되는 경우 사용할 수 있는 복구 드라이브를 만들고, 시스템 복원 지점을 만들어, 원하는 복구 지점으로 복구할 수 있습니다.
- **사용자 계정** : 사용자 계정을 관리하고 사용자 계정 컨트롤 설정을 변경할 수 있습니다.
- **색 관리** : 컴퓨터에서 사용하는 색 공간 프로필을 관리합니다.
- **색인 옵션** : 윈도우 비스타부터 지원하는 색인 기능으로 윈도우의 빠른 검색을 위해 색인을 만들고 미리 메모리에 캐싱하여 검색 속도를 향상시키는 기능입니다. HDD에서 운영체제를 사용하는 경우는 유용하지만 SSD의 액세스 타임은 HDD의 50배 이상이므로 색인을 만들지 않아도 빠른 검색이 가능하며, 빈번한 캐싱은 SSD에 좋을게 없습니다(621쪽 참고).
- **소리** : 소리 재생 장치와 녹음 장치 등을 설정합니다. 윈도우 작업표시줄의 스피커 아이콘에서 오른쪽 클릭하여 팝업 메뉴에서 소리를 선택했을 때 열리는 프로그램이 바로 이 프로그램입니다. 소리가 재생되지 않을 때는 소리 프로그램을 호출하여 재생 장치가 제대로 설정되었는지 확인합니다.

- **시스템** : 현재 컴퓨터의 기본 정보와 컴퓨터 이름, 작업 그룹 등을 설정할 수 있는 시스템 창을 엽니다. 시스템 창에서 장치 관리자, 원격 설정, 시스템 보호, 고급 시스템 설정, 보안 및 유지 관리 기능에 바로 액세스할 수 있습니다.
- **언어** : 컴퓨터에서 입력에 사용할 언어를 설정합니다. 다른 나라 언어도 얼마든지 추가하여 입력할 수 있습니다.
- **음성 인식** : 윈도우 10에 추가된 음성 비서 코타나의 음성 인식 환경을 구성하는 기능입니다. 한국어는 지원되지 않습니다.
- **인터넷 옵션** : 인터넷 익스플로러의 도구 메뉴에서 옵션을 선택하면 나오는 인터넷 속성 대화상자와 같습니다. 웹페이지를 캐싱하여 사용하는 임시 폴더의 크기와 위치와 관련된 설정은 반드시 수행할 필요가 있습니다. 윈도우 10에 탑재된 엣지의 인터넷 옵션 설정과는 무관합니다.
- **인텔®빠른 스토리지 기술** : 인텔 칩셋 메인보드의 드라이버와 유틸리티를 설치하면 등록됩니다. 인텔 빠른 스토리지 기술 프로그램을 실행하여 디스크 관리를 할 수 있습니다(529쪽 참고).
- **자격 증명 관리자** : 윈도우와 웹 자격 증명을 관리합니다.
- **자동 실행** : 이동식 드라이브나 카메라의 메모리 카드, DVD 미디어를 연결했을 때 자동 실행 등 작업 방식을 설정합니다.
- **작업 표시줄 및 탐색** : 윈도우 7에서는 작업 표시줄 및 시작 메뉴 기능이 제공됩니다. 윈도우 8부터는 설정 창을 열어 작업 표시줄 옵션을 설정합니다. 자신의 취향에 맞춰 효율화하면 작업 생산성에 유리합니다.
- **장치 관리자** : 컴퓨터에서 사용하는 모든 장치의 드라이버와 작동 상태를 확인하고 업데이트할 수 있습니다.
- **장치 및 프린터** : 멀티미디어 장치와 입출력 장치를 확인하고 추가 및 제거할 수 있습니다.
- **저장소 공간** : 둘 이상의 저장 장치를 저장소 공간으로 묶어서 관리합니다. 저장소 공간에는 두 개의 데이터 복사분이 저장되므로 어느 한 저장장치가 고장나도 다른 복사본을 사용할 수 있습니다.
- **적외선** : 적외선 통신을 지원하는 장치를 관리합니다.
- **전원 옵션** : 컴퓨터의 전원 관리 방법을 설정합니다. 절전 기능이나 고성능, 균형 조정 등 일괄 설정과 다양한 세부 전원 설정을 할 수 있습니다.
- **전화 및 모뎀** : 전화나 모뎀 사용시 필요한 현재 위치 정보와 전화 방식을 설정합니다.
- **접근성 센터** : 장애인도 컴퓨터를 활용할 수 있는 도구들이 제공되며, 몸이 불편한 조건에서도 최적으로 컴퓨터를 사용할 수 있도록 설정합니다.
- **클라우드 폴더** : 마이크로소프트 계정과 함께 제공되는 무료 클라우드 저장소인 OneDrive 같은 클라우드 저장소의 파일을 오프라인 사용 여부를 관리합니다. 오프라인 사용시 변경된 파일은 온라인이 되면 동기화할 수 있습니다.
- **키보드** : 자신의 타이핑 속도에 맞춰 키보드 반복 입력 시간과 반복 속도를 설정하면 작업 생산성에 유리합니다.
- **파일 탐색기 옵션** : 윈도우 7 제어판의 폴더 옵션이 파일 탐색기 옵션으로 바뀌었습니다. 파일 탐색기 옵션도 자신의 업무 스타

일에 맞춰 최적화하면 작업 생산성에 유리합니다(462쪽 참고).
- **파일 히스토리** : 라이브러리, 바탕화면, 연락처 및 즐겨찾기를 파일 히스토리로 지정한 드라이브에 설정한 시간 간격으로 주기적으로 백업해두고 없어지거나 수정되었을 때 바로 복원할 수 있게 해줍니다.
- **프로그램 및 기능** : 윈도우에 현재 설치된 프로그램을 확인하고 프로그램을 제거할 수 있습니다. 윈도우 기능의 켜기와 끄기를 선택하여 Windows 기능 창을 실행하면 윈도우와 함께 제공되는 다양한 프로그램의 사용 여부를 설정할 수 있습니다. 예를 들어 Windows 기능 창에서 인터넷 익스플로러 11의 체크를 해제하면 제거되므로 유의하기 바랍니다. 물론 윈도우와 함께 제공되므로 다시 체크하면 사용할 수 있습니다.

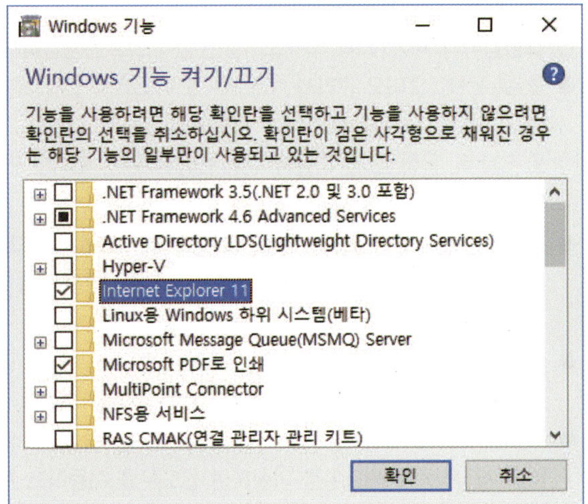

- **홈 그룹** : 홈 그룹 창을 열어 홈 그룹 설정을 변경할 수 있습니다. 홈 그룹을 이용한 자원 공유 방법은 701쪽을 참고하시기 바랍니다.

레지스트리 편집기

윈도우 운영체제는 시스템에 직접적 영향을 미치는 기능은 제어판에 노출하지 않고, 직접 실행하여 사용하도록 하고 있습니다. 이는 초보자가 쉽게 접근하여 설정할 수 있도록 하면 오히려 역효과가 발생하여 문제를 야기할 수도 있기 때문입니다.

이러한 기능들은 많이 있지만 주로 사용되는 프로그램으로는 레지스트리 편집기와 시스템 구성 프로그램이 있습니다.

레지스트리 편집기

윈도우 운영체제의 레지스트리에 시스템 하드웨어와 소프트웨어, 사용자가 설정한 각종 설정 정보들이 등록된 데이터베이스 파일로 제어판의 모든 설정 정보는 물론 프로그램의 각종 설정 정보까지 레지스트리에 저장됩니다. 윈도우 운영체제의 커널은 레지스트리 정보에 기초하여 시스템의 운영 환경을 구성합니다.

따라서 레지스트리 값이 바이러스나 악성 코드 등에 의해 변경되면 시스템이 불안정해지거나 심지어는 시동조차 안될 수 있습니

다. 그리고 프로그램을 설치하거나 지우는 등의 작업이 반복될 때 불필요한 정보들이 제거되지 않고 레지스트리에 축적되면 그만큼 시스템 성능에 좋지 않은 영향을 미치기 때문에 최적화 프로그램들은 예외 없이 레지스트리 최적화 기능을 포함하고 있습니다.

레지스트리 정보는 키와 값, 데이터의 세가지 요소를 사용하는데, 사용법이 어렵지는 않지만 불가피한 경우가 아니라면 레지스트리 항목을 직접 수정하고 편집하는 것은 권장되지 않습니다.

평상시에 정상 작동할 때 레지스트리를 백업해 두면 드라이버 등의 시스템 설정 변경이나, 새로운 프로그램의 설치 등으로 인해 시스템이 불안정해졌을 때 활용할 수 있습니다. 윈도우의 시스템 복원 기능을 사용하여 복원 지점을 만들면 해당 시점의 레지스트리 구성 정보도 함께 저장됩니다.
윈도우 운영체제에서 직접 레지스트리 편집기를 열려면 ⊞ + R 키를 누르면 나오는 실행 창에서 regedit를 입력한 다음 Enter 키를 누르면 됩니다.

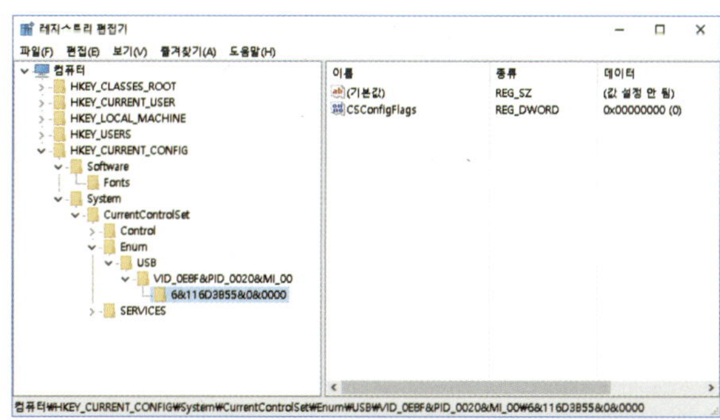

레지스트리 편집기는 5개로 구분된 트리 계층 구조로 이루어져 있으며, 항목을 더블 클릭하거나 항목 이름 앞의 ▷를 클릭하면 하위 항목들을 펼칠 수 있습니다.
컴퓨터를 사용하다 이상이 생겼을 때 레지스트리의 키값이나 데이터를 변경해야하는 경우도 간혹 발생하는데 이 경우에는 먼저 레지스트리를 백업한 다음에 작업하기 바랍니다.

● **레지스트리 백업** : **파일 → 내보내기**를 선택하여 레지스트리 파일 내보내기 대화상자가 나오면 내보내기 범위로 **모두** 옵션이 선택된 상태에서 **저장** 단추를 사용하여 저장하면 됩니다. 레지스트리 파일은 REG 형식의 파일로 저장됩니다.
● **레지스트리 복구** : **파일 → 가져오기**를 선택하여 레지스트리 파일 가져오기 대화상자를 열어 백업한 레지스트리 파일을 선택하고 **열기** 단추를 클릭한 다음 레지스트리에 추가할 지 묻는 대화상자가 나왔을 때 **예(Y)**를 클릭하면 됩니다.
● **레지스트리 파일 편집** : 수정할 레지스트리를 찾을 때는 Ctrl + F 키를 누르고 찾을 키 이름이나 일부 키 이름을 입력하여 찾으면 됩니다. 반복해서 찾을 때는 F3 키를 사용하면 됩니다. 값을 입력할 때는 특히 16진수 값과 10진수 값을 유의하여 입력해야 합니다.

시스템 구성 프로그램

시스템 구성 프로그램은 주로 운영체제의 시동과 관련된 설정 기능을 제공하여 컴퓨터가 시동은 되지만 정상적인 운영 환경으로 시동되지 않을 때 문제를 식별하고 해결하는 것을 도와줍니다.
시스템 구성 프로그램을 열려면 ⊞ + R 키를 누르면 나오는 실행 창에서 msconfig를 입력한 다음 Enter 키를 누르면 됩니다. 다음은 시스템 구성 프로그램 창으로 일반, 부팅, 서비스, 시작 프로그램, 도구의 5개의 탭 메뉴가 제공됩니다.

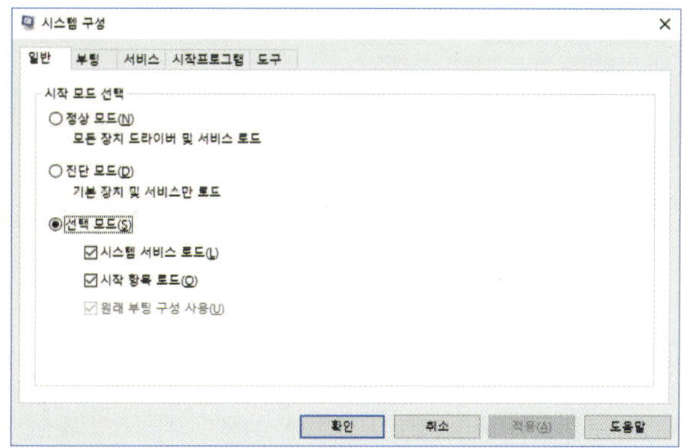

▲ 시스템 구성 창의 일반 탭 옵션

시스템 구성 창의 일반 탭에서는 시작 모드로 모든 장치 드라이버 및 서비스를 로드하는 정상 모드와 기본 장치와 서비스만 로드하는 진단 모드, 정상 모드에서 일부 시작 항목이나 서비스를 제외한 선택 모드를 적용하여 시동할 수 있습니다.

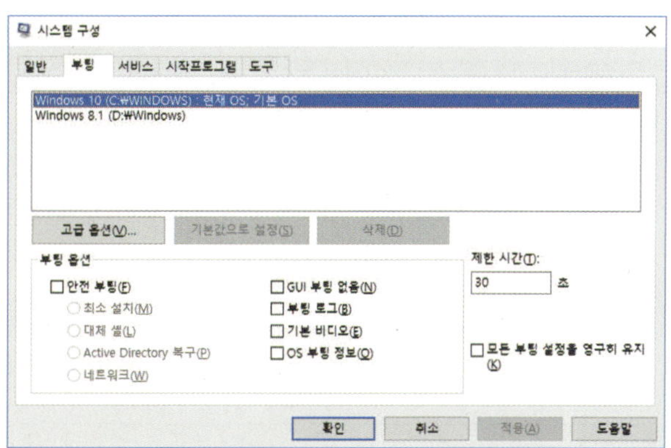

▲ 시스템 구성 창의 부팅 탭 옵션

시스템 구성 창의 부팅 탭에서는 시동에 사용되는 운영체제의 제한 시간을 설정할 수 있으며, 부팅 옵션으로 안전 부팅 옵션 등을 선택할 수 있습니다. 심각한 시스템 오류로 시동에 문제가 있는 경우에는 **안전 부팅** 옵션을 체크하고 **확인** 단추를 누릅니다. 그 다음에 시스템 구성 대화상자에서 **다시 시작** 단추를 누르면 안전 모드로 시동됩니다. 안전 모드에서는 바이러스가 활동하지 못하기 때문에 바이러스 백신 프로그램을 사용하여 확실하게 제거할 수 있으며, 장치관리자에서 오류를 야기하는 드라이버 등을 제거할 수 있습니다.

- 시스템 복원 지점을 만들어 둔 경우에는 **부팅** 탭에서 **안전 부 팅** 옵션을 체크하고 **확인** 단추를 클릭하여 재시동한 다음 제어 판의 복구 기능을 사용하여 이전에 정상 작동하던 시점으로 복 원하여 해결할 수 있습니다(628쪽 참고). 단 바이러스의 경우 에는 시스템 복원을 해도 치유되지 않으므로 먼저 안전 모드에 서 바이러스 검사와 치료부터 수행하기 바랍니다.

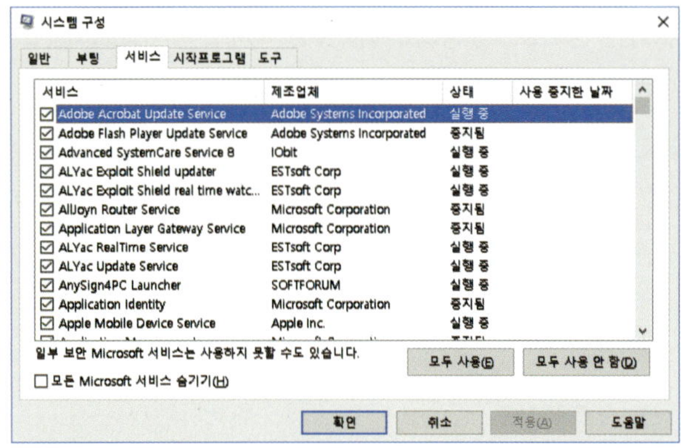

▲ 시스템 구성 창의 부팅 탭 옵션

시스템 구성 창의 서비스 탭에서는 현재 실행중인 서비스의 제조업 체와 상태를 확인하고 사용 여부를 설정할 수 있습니다. 서비스에 의한 운영체제 작동 오류도 적지 않은데, 처음 이 기능을 접하는 경 우에는 시작 서비스나 시작 프로그램에 익숙하지 않기 때문에 어떤 기능을 중단시켜야 될지 혼란스러운데 다음 방법을 사용하면 효과 적으로 활용할 수 있습니다.

- 정상적으로 작동할 때 **시작 프로그램** 탭의 목록을 메모해 두고, **서비스** 탭에서 **모든 Microsoft 서비스 숨기기** 옵션을 체크한 후 다른 서비스 목록을 메모해두면 나중에 새로 추가된 시작 프로 그램과 서비스를 쉽게 확인하여 조치할 수 있습니다.
- 서비스나 시작 프로그램 중 문제가 있는 경우 하나하나 서비 스와 프로그램을 체크하며 재시동을 반복하며 직접 문제되는 서비스나 시작 프로그램을 찾을 수 있습니다. 하지만, 요즘은 인터넷이 발달해 있기 때문에 의심스러운 서비스 이름이나 시 작 프로그램을 검색해 보면 문제를 야기하는 서비스나 시작 프 로그램을 보다 빨리 확인할 수 있습니다.

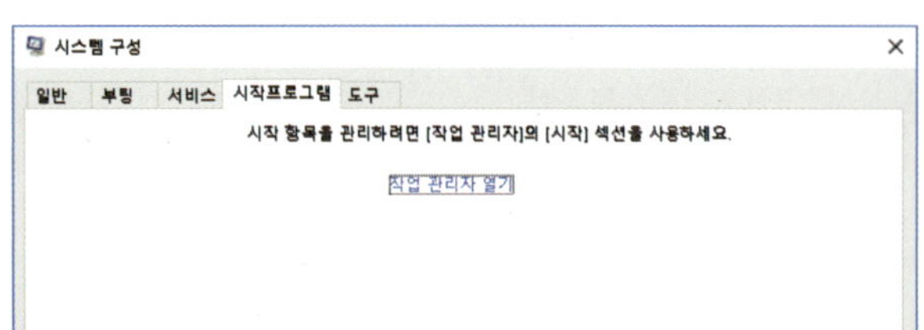

▲ 시스템 구성 창의 시작 프로그램 탭 옵션

윈도우 8/8.1/10의 시스템 구성 창의 시작 프로그램 탭에는 작업 관 리자 열기 옵션만 나옵니다. 윈도우 7의 시스템 구성 창에서는 시작 프로그램 목록이 바로 나옵니다.

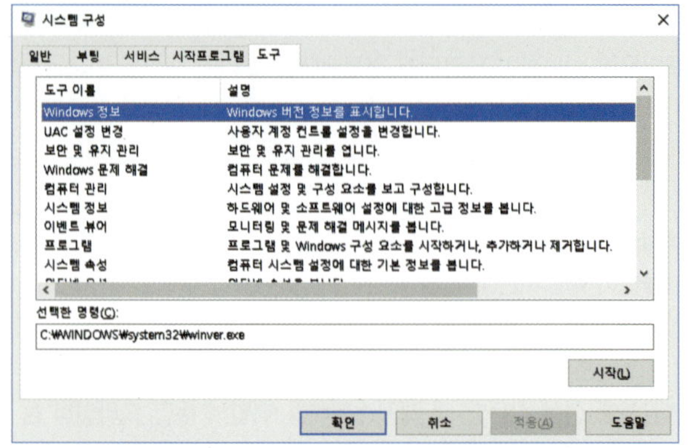

▲ 시스템 구성 창의 도구 탭 옵션

시스템 구성 창의 도구 탭에서는 도구 설명을 참고하여 특정 문제를 해결할 수 있는 도구를 선택한 다음에 **시작** 단추를 클릭하면 바로 해당 도구를 실행할 수 있습니다.

컴퓨터의 현장 지휘관 Windows 작업 관리자

컴퓨터를 사용하는 중에 프로그램을 강제 종료하거나 프로세스나 서비스를 중단시키려면 Windows 작업 관리자를 활용합니다. Windows 작업 관리자는 작업 표시줄에서 오른쪽 클릭하면 나 오는 팝업 메뉴에서 **작업 관리자**를 선택하거나 `Ctrl` + `Alt` + `Delete` 키를 누르고 작업 관리자를 선택하면 열립니다. 작업 관리자는 대화상자처럼 보이는 소형 프로그램이지만 강력한 작업 관리 기능을 제공합니다. 응답이 없는 응용 프로그램을 강제 로 종료시켜 메모리를 회수할 수 있고, 의심스러운 프로세스를 강 제로 종료시킬 수 있으며, 서비스의 실행이나 중단 기능도 직접 실행할 수 있습니다. 다음은 Windows 작업 관리자 창으로 프로세 스, 성능, 앱 기록, 시작 프로그램, 사용자, 세부정보, 서비스로 구분 된 탭 메뉴가 제공됩니다.

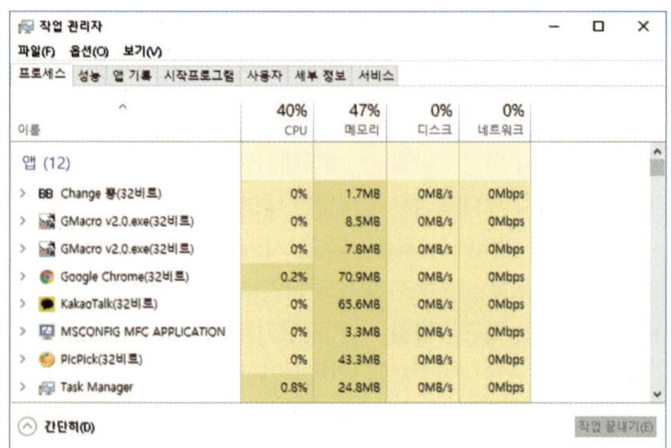

▲ 작업 관리자 창의 프로세스 탭 옵션

작업 관리자 창의 프로세스 탭에서는 실행 중인 프로세스의 CPU, 메모리, 디스크, 네트워크 사용 현황을 나타냅니다. 앱 기록 탭을 선 택하면 앱 별로 CPU 시간, 네트워크, 데이터 통신 연결 네트워크, 타 일 업데이트 현황을 나타냅니다.

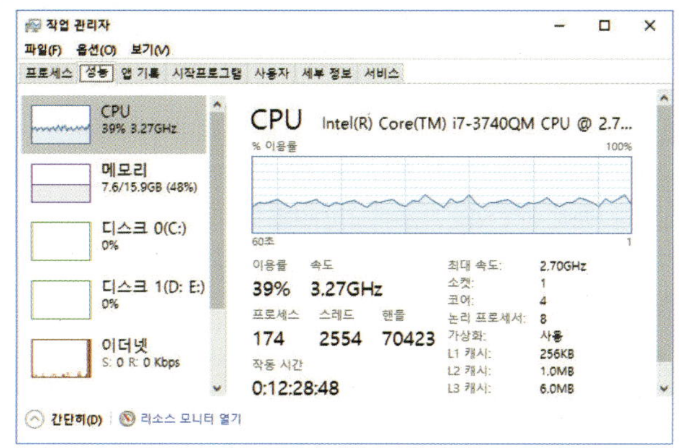

▲ 작업 관리자 창의 성능 탭 옵션

작업 관리자 창의 성능 탭에서는 CPU, 메모리, 디스크, 이더넷, WiFi, 블루투스 장치의 성능을 나타냅니다. 리소스 모니터를 클릭하면 실시간 사용 현황을 볼 수 있습니다.

▲ 작업 관리자 창의 서비스 탭 옵션

작업 관리자 창의 서비스 탭에서는 현재 실행중인 서비스를 나타내며, 서비스를 중단할 수 있습니다.

신속한 시스템 관리에 요긴한 시스템 창

윈도우에서 ⊞ + Pause 키를 누르면 시스템 창이 열려 컴퓨터의 기본 정보를 보여주며 제어판을 거치지 않고 다른 시스템 관리 기능을 바로 사용할 수 있어 자주 활용됩니다.

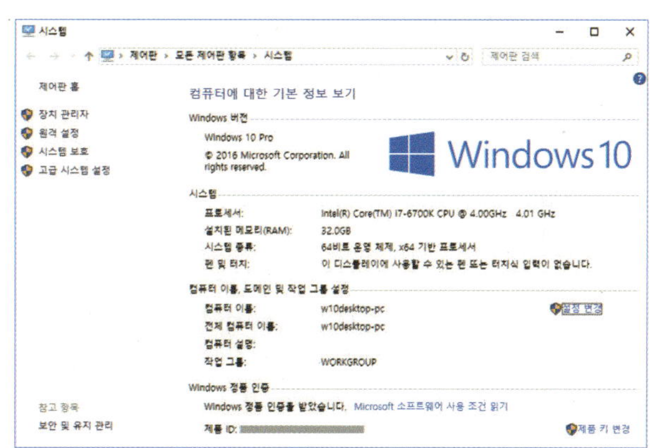

▲ 작업 관리자 창의 시작 프로그램 탭 옵션

작업 관리자 창의 시작 프로그램 탭에서는 시작 프로그램의 사용 여부를 설정할 수 있습니다.

▲ 작업 관리자 창의 세부 정보 탭 옵션

작업 관리자 창의 세부 정보 탭에서는 실행중인 프로그램 목록을 나타내며 직접 특정 프로그램을 선택하여 끝낼 수 있습니다.

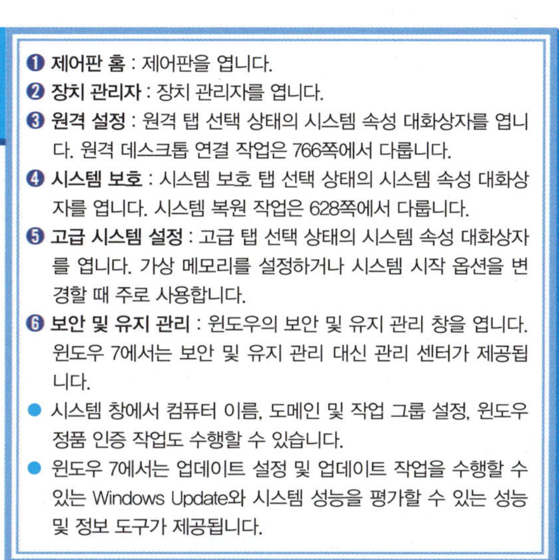

HELP

❶ **제어판 홈** : 제어판을 엽니다.

❷ **장치 관리자** : 장치 관리자를 엽니다.

❸ **원격 설정** : 원격 탭 선택 상태의 시스템 속성 대화상자를 엽니다. 원격 데스크톱 연결 작업은 766쪽에서 다룹니다.

❹ **시스템 보호** : 시스템 보호 탭 선택 상태의 시스템 속성 대화상자를 엽니다. 시스템 복원 작업은 628쪽에서 다룹니다.

❺ **고급 시스템 설정** : 고급 탭 선택 상태의 시스템 속성 대화상자를 엽니다. 가상 메모리를 설정하거나 시스템 시작 옵션을 변경할 때 주로 사용합니다.

❻ **보안 및 유지 관리** : 윈도우의 보안 및 유지 관리 창을 엽니다. 윈도우 7에서는 보안 및 유지 관리 대신 관리 센터가 제공됩니다.

● 시스템 창에서 컴퓨터 이름, 도메인 및 작업 그룹 설정, 윈도우 정품 인증 작업도 수행할 수 있습니다.

● 윈도우 7에서는 업데이트 설정 및 업데이트 작업을 수행할 수 있는 Windows Update와 시스템 성능을 평가할 수 있는 성능 및 정보 도구가 제공됩니다.

내 컴퓨터의 체감 성능 개선하기

컴퓨터의 물리적 성능은 오버클러킹이나 하드웨어 업그레이드를 통해 향상시킬 수 있지만 시스템 관리와 최적화를 통해 하드웨어 성능을 백분 발휘할 수도 있고, 느린 하드웨어라해도 적절한 시스템 설정을 통해 체감 작업 속도를 좀 더 개선할 수 있습니다.

최신 하드웨어의 경우도 제성능을 온전히 발휘하려면 그에 걸맞는 시스템 관리와 최적화는 필요합니다.

화면 처리 속도 개선하기

윈도우 7부터는 그래픽카드 성능이 뛰어난 경우에는 DirectX 기반의 Aero 인터페이스를 활용하여 세련된 화면 처리 효과를 제공합니다. 하지만 그래픽카드 성능이 뒷받침되지 않는 경우에는 화면 처리 효과들은 오히려 체감 성능을 떨어뜨리는 요인이 됩니다. 화면 처리 속도를 개선하려면 시스템 속성 대화상자의 고급 탭에서 설정하면 됩니다. 기본값 설정은 자동으로 내 컴퓨터에 가장 좋은 설정을 자동으로 선택 옵션이 활성화되는데, 체감 성능을 높이려면 최적 성능으로 조정을 선택하거나 사용자 지정 옵션으로 설정하면 됩니다.

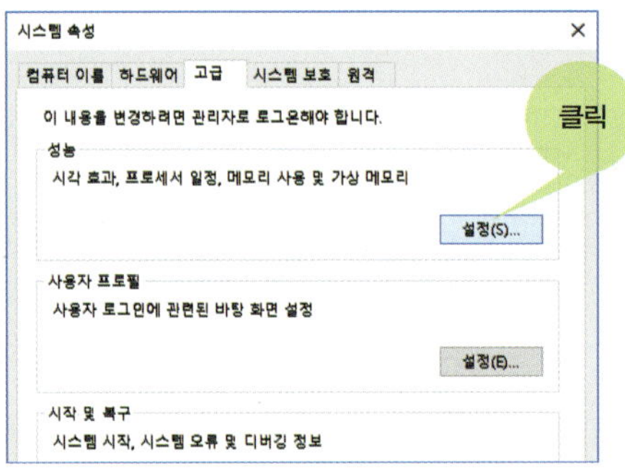

❶ 윈도우 10에서 ⊞ + Pause 키로 시스템 창을 나타낸 다음 고급 시스템 설정을 클릭한 다음 성능 항목의 설정 단추를 클릭합니다.

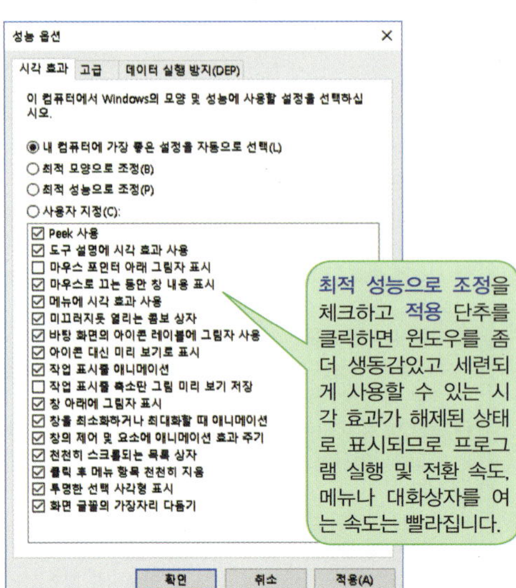

> 최적 성능으로 조정을 체크하고 적용 단추를 클릭하면 윈도우를 좀 더 생동감있고 세련되게 사용할 수 있는 시각 효과가 해제된 상태로 표시되므로 프로그램 실행 및 전환 속도, 메뉴나 대화상자를 여는 속도는 빨라집니다.

❷ 시각 효과 탭 선택 상태의 성능 옵션 대화상자가 나옵니다. 그래픽카드 사양이 낮은 경우에는 최적 성능으로 조정 옵션을 설정하고, 화면 처리 효과별로 직접 설정하면 사용자 지정 옵션이 자동으로 선택됩니다.

가상 메모리 조정하기

윈도우 운영체제는 하드디스크를 가상 메모리로 대용하여 쓸 수 있는 기능을 제공합니다. 가상 메모리 기능은 메모리 가격이 고가이므로 비싼 메모리 대신 하드디스크를 활용하기 위해 나온 기술입니다. 물리 메모리와 가상 메모리 간의 데이터 교환이 이뤄지는 것을 메모리 스와핑이라고하는데, 메모리 스와핑이 자주 발생하면 시스템의 체감 속도는 현저하게 떨어집니다.

● 운영체제를 설치하면 윈도우 운영체제가 가상 메모리를 자동으로 관리합니다. 대개는 기본값인 "모든 드라이브에 대한 페이징 파일 크기 자동 관리"를 사용하면 시스템이 관리하는 크기로 사용됩니다. 메모리가 충분하다면 가상 메모리 크기를 오히려 줄이는게 속도에도 유리하고 디스크 공간도 절약할 수 있습니다. 가상 메모리 파일은 루트 폴더에 PAGEFILE.SYS라는 숨겨진 파일로 만들어집니다.

● 멀티 태스킹 작업 때문에 메모리 부족 오류가 발생하면, 메모리를 증설하는게 가장 좋지만 우선은 시스템이 관리하는 크기에 표시되는 권장 크기보다 많은 크기를 할당하면 됩니다.

● 하드디스크가 여러 개라면 필요한 가상 메모리를 나눠 각 디스크 드라이브로 분산시킵니다. 그러면 디스크의 동시 읽기/쓰기가 가능하므로 메모리 스와핑 속도를 개선할 수 있습니다.

● SSD와 HDD를 함께 사용할 때는 빈번한 읽기/쓰기가 제품 성능을 저해하는 SSD의 특성상 HDD에만 가상 메모리를 설정하는게 좋습니다.

● 운영체제 설치 드라이브에는 가급적 가상 메모리를 사용하지 말고, 멀티 운영체제 사용시 이 원칙에 따라 가상 메모리 파일 드라이브가 겹치지 않도록 운용합니다.

● 처음 크기와 최대 크기가 같은 고정 크기 설정은 유의해서 설정합니다. 지나치게 크게 설정하면 하드디스크 공간 낭비와 속도 저하를 낳고, 적으면 가상 메모리 부족으로 프로그램 실행 오류가 야기될 수 있습니다.

● 페이징 파일 없음을 선택하면 운영체제에서 더 이상 가상 메모리를 사용하지 않으므로 가장 빠른 속도로 사용할 수 있습니다. 메모리 용량이 대용량이고, 동시에 사용하는 프로그램이 차지하는 메모리가 이를 초과하지 않을 경우에만 사용합니다.

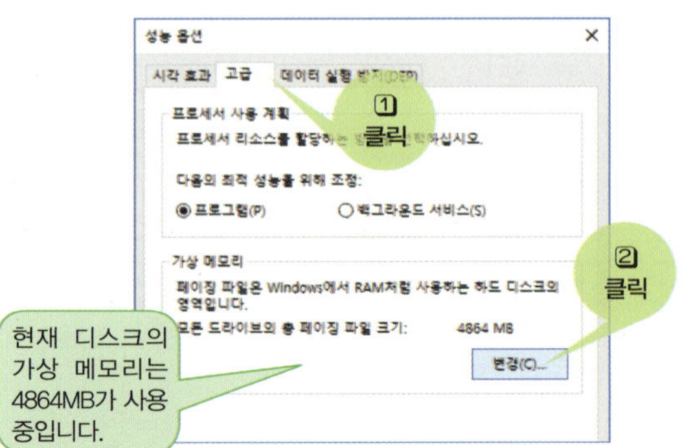

> 현재 디스크의 가상 메모리는 4864MB가 사용 중입니다.

❶ 앞에서 열었던 성능 옵션 대화상자를 열고 고급 탭을 선택한 다음 변경 단추를 클릭합니다.

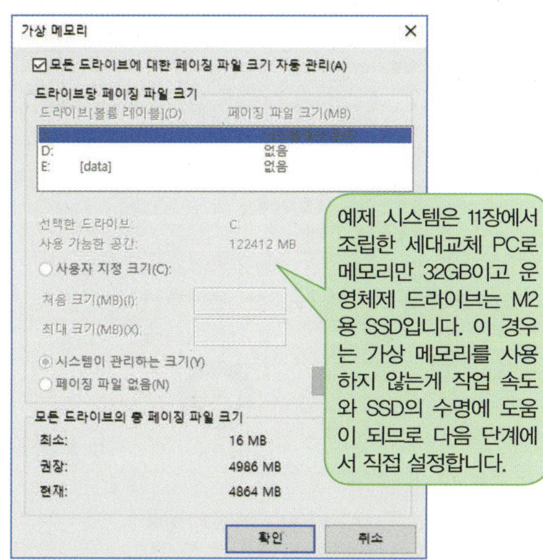

❷ 기본값으로 모든 드라이브에 대한 페이징 파일 크기 자동 관리 옵션이 적용된 상태의 가상 메모리 대화상자가 나옵니다. 현재 최소 16MB, 최대 4864MB의 페이징 파일이 설정된 것을 볼 수 있습니다.

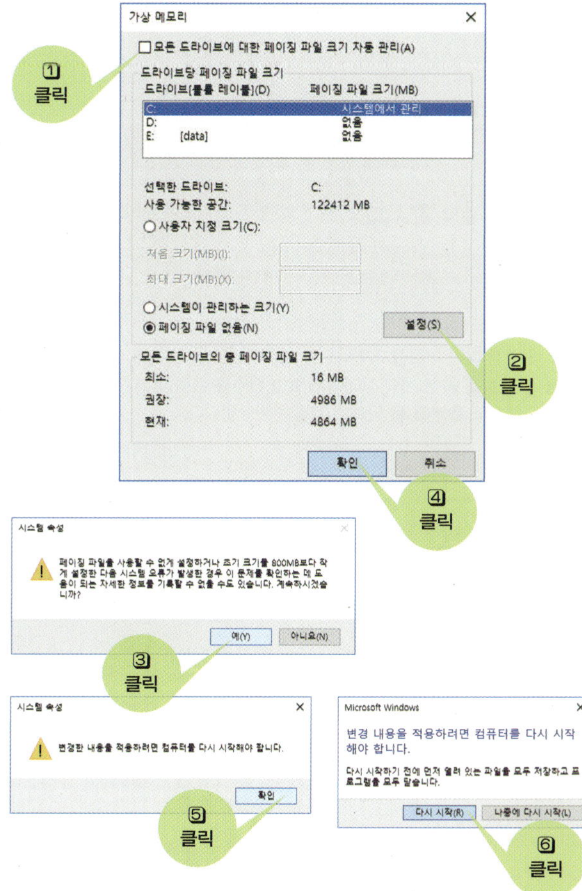

❸ 이제 모든 드라이브에 대한 페이징 파일 크기 자동 관리 옵션을 해제하고 페이징 파일 옵션을 선택한 다음 설정 단추를 클릭합니다. 그러면 시스템 속성 대화상자에 경고 메시지가 나오면 예를 클릭합니다. 다시 가상 메모리 대화상자에서 확인 단추를 클릭하면 "변경 내용 적용하려면 재시작해야 한다"는 메시지 대화상자가 나옵니다. 확인 단추를 클릭한 다음 가상 메모리 대화상자와 성능 옵션 대화상자를 차례로 닫습니다. 다시 "변경 내용을 저장하려면 컴퓨터를 다시 시작해야 합니다"라는 메시지 대화상자가 나오면 다시 시작 단추를 클릭하여 재시동합니다.

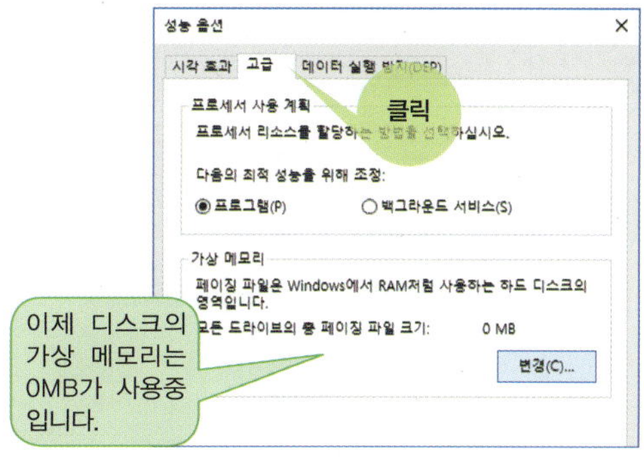

❹ 다시 앞에서 열었던 성능 옵션 대화상자를 열고 고급 탭을 선택한 다음 가상 메모리 크기를 확인합니다.

색인 기능 조절하기

윈도우 비스타부터 빠른 검색을 지원하기 위해 색인 기능을 제공합니다. 색인되는 정보에는 파일 위치, 이메일, 인터넷 히스토리 등입니다. 이 색인 파일은 기본값으로 운영체제 설치 드라이브의 ProgramData\Microsoft\Search\Data\Applications\Windows 폴더에 Windows.edb라는 이름으로 저장됩니다. 운영체제 파일이기 때문에 Windows.edb 파일을 보려면 폴더 및 검색 옵션을 변경하여 운영체제 파일과 숨김 파일을 볼 수 있도록 설정해야 합니다.

색인 정보는 계속 수집되기 때문에 윈도우를 사용하면 사용할수록 색인 파일도 커지며 메모리를 많이 차지하게 됩니다. 윈도우는 쓰면 쓸수록 느려지고 작업 공간도 줄어드는데, 그 원인 중 하나가 바로 색인 파일입니다. 윈도우 최적화 작업을 해도 대용량의 단일 색인 파일은 최적화되지 않으며 큰 것은 수십 기가바이트에 달하기도 합니다. 색인 파일을 지우려면 색인 기능을 끈 다음에 삭제하면 됩니다. 색인 파일을 삭제한 후에 다시 색인 기능을 활성화하면 현재 상태에서 최적화된 색인을 만들 수 있습니다.

시스템 메모리가 충분하고 하드디스크 공간도 여유가 있다면 색인 기능 사용을 권장합니다. 단, SSD는 색인 기능을 사용하지 않아도 충분히 검색 속도가 빠르며, 색인 갱신이 오히려 SSD 성능이나 수명에 방해가 되므로 사용하지 않는게 더 낫습니다. 색인 기능을 끄려면 다음과 같이 수행합니다.

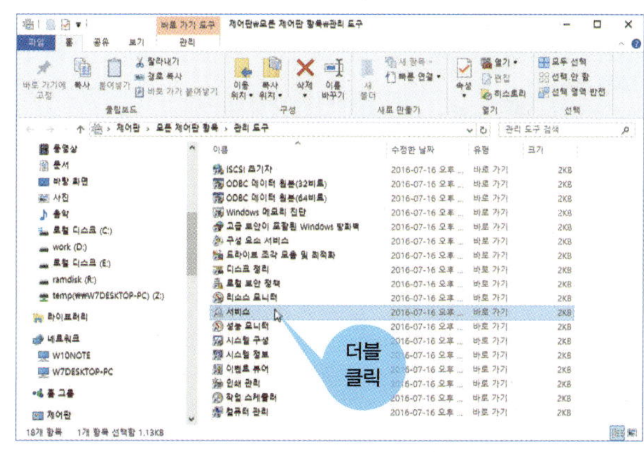

❶ 제어판에서 관리 도구를 선택하여 관리 도구 창을 연 다음 서비스를 더블 클릭합니다.

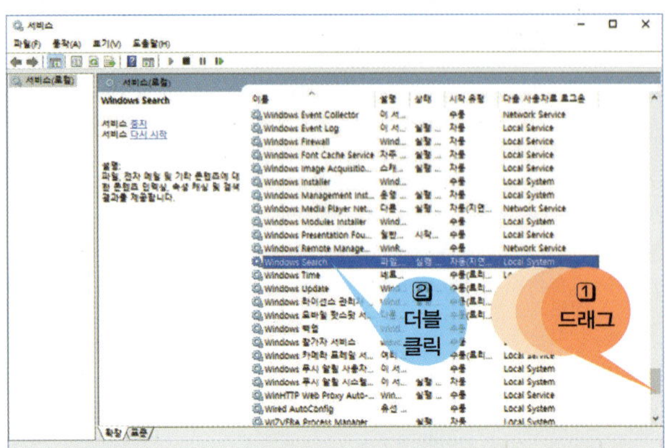

❷ 서비스 창이 열리면 아래쪽으로 이동하여 Windows Search 서비스를 찾은 다음 더블 클릭합니다.

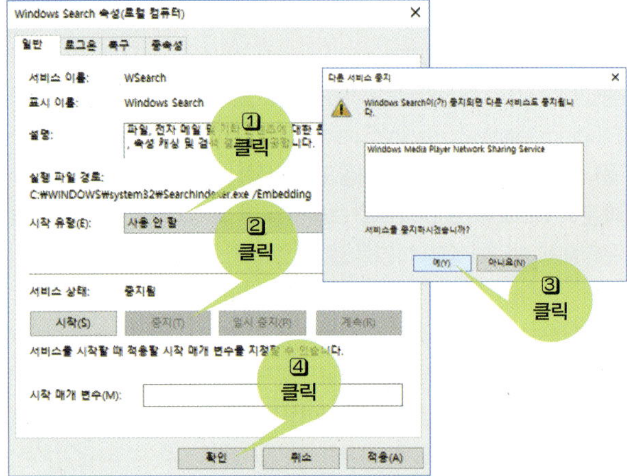

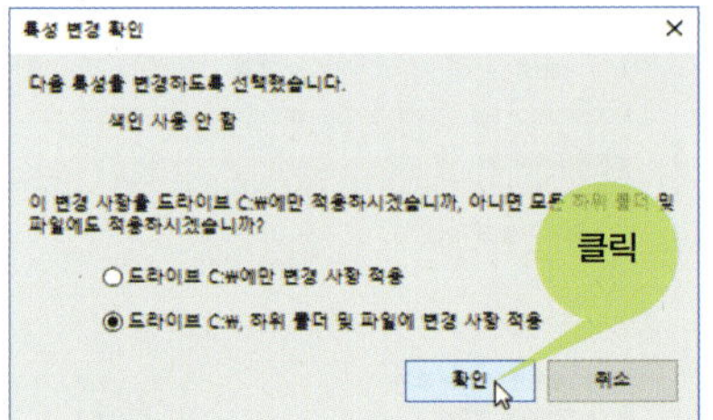

❷ 로컬 디스크(C:) 속성 창이 열리면 이 드라이브의 파일 속성 및 내용 색인 허용 옵션을 해제한 다음 확인 단추를 클릭합니다.

❸ Windows Search 속성(로컬 컴퓨터) 대화상자가 나오면 시작 유형을 사용 안함으로 설정하고, 서비스 상태에서 중지 단추를 클릭합니다. 다른 서비스 중지 대화상자가 나오면 예를 클릭한 다음에 확인 단추를 클릭하면 됩니다. 참고로 색인 기능을 다시 사용하려면 시작 유형을 자동(지연된 쓰기)로 선택한 후 적용 단추를 클릭하면 서비스 상태 항목의 시작 단추를 사용할 수 있습니다.

❸ 특성 변경 확인 대화상자가 나오면 드라이브 C:₩ 하위 폴더 및 파일에 변경 사항 적용 옵션 선택 상태에서 확인 단추를 클릭합니다. 다른 드라이브에 대해서도 ❶부터 ❸ 단계의 작업을 반복합니다.

Windows Search 서비스를 중단시켰으면 다음으로 드라이브에 대한 색인 작업을 하지 않도록 설정합니다. 그 다음에 디스크 공간을 차지하는 색인 파일을 삭제하면 됩니다.

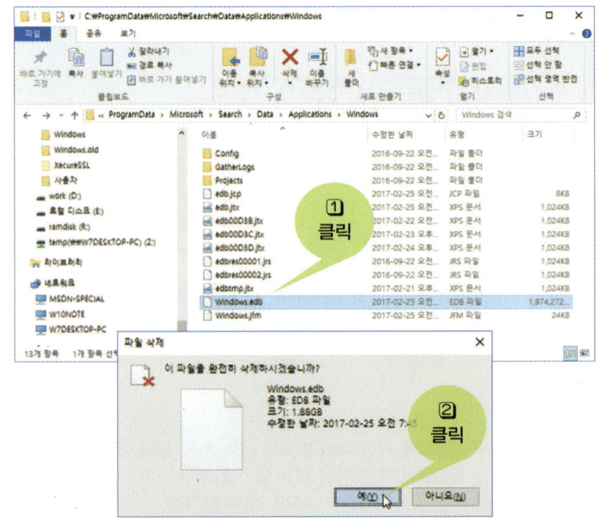

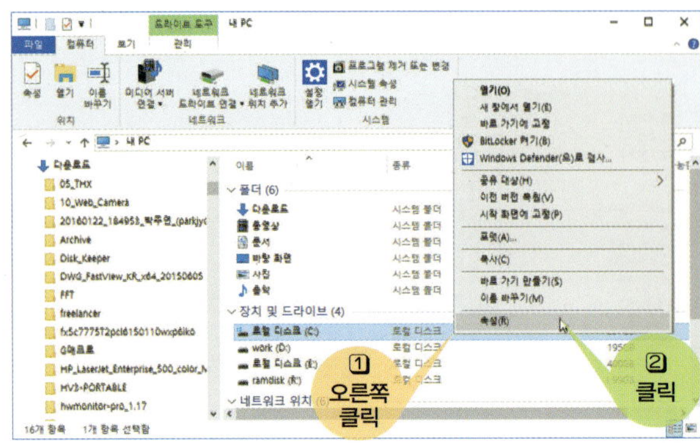

❶ 운영체제 설치 드라이브를 선택한 후 오른쪽 클릭하여 팝업 메뉴를 열고 속성을 선택합니다.

❹ 운영체제 설치 드라이브의 ProgramData₩Microsoft₩Search₩Data₩Applications₩Windows 폴더에서 Windows.edb 파일을 선택하고 Shift + Delete 키를 누릅니다. 파일 삭제 대화상자 나오면 예를 클릭합니다. Windows.edb 파일을 보려면 폴더 및 검색 옵션을 변경하여 운영체제 파일과 숨김 파일을 볼 수 있도록 설정해야 합니다(464쪽 참고).

디스크 조각 모음으로 하드디스크 속도 개선하기

트랙과 섹터에 데이터를 저장하는 하드디스크 사용시 프로그램에서 작업한 파일을 저장할 때는 디스크의 트랙과 섹터를 구분하지 않고 비어있는 클러스터에 저장합니다.

하드디스크에서 파일의 읽기/쓰기 작업이 많아지면 자연히 클러스터도 뒤죽 박죽으로 저장되므로 아래의 왼쪽 그림처럼 그만큼 읽기/쓰기 효율이 저하됩니다.

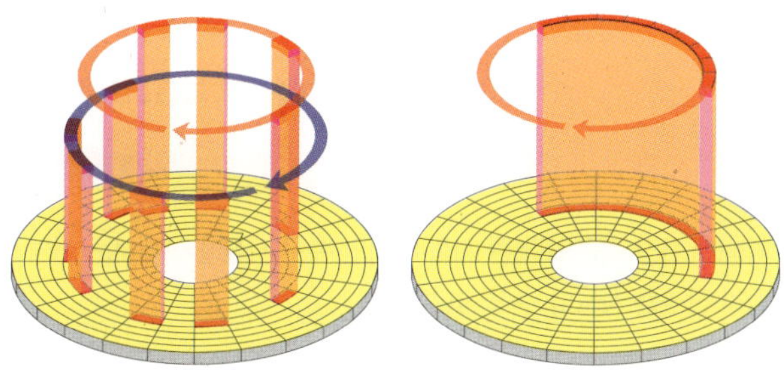

▲ 디스크 단편화 – 클러스터 분산   ▲ 디스크 최적화 – 클러스터 재배열

클러스터가 분산되어 있으면 섹터가 분산되므로 디스크 헤드가 파일을 읽거나 프로그램을 실행하기 위해서 그만큼 더 많은 회전 주기를 필요로 하므로 시간이 더 걸립니다. 디스크 최적화 작업을 수행하면 위의 디스크 최적화 – 클러스터 재배열 그림과 같이 클러스터가 재배열되어 단편화가 제거되므로 하드디스크 공간도 효율적으로 이용하며, 프로그램 실행 속도와 파일 읽기 시간도 단축됩니다.

디스크 조각 모음 기능은 다음을 참고하여 사용하면 됩니다.

● 디스크 조각 모음은 제어판에서 실행할 수 있지만 보다 간단한 방법으로 파일 탐색기에서 드라이브의 속성 창을 열고 도구 탭에서 지금 조각 모음 단추를 클릭하면 됩니다.

● 디스크 조각 모음 프로그램을 사용할 때는 먼저 디스크 상태를 확인하고 조각 모음이 필요한 경우에만 진행하기 바랍니다. 윈도우 비스타부터는 디스크 조각 모음 창에 일정 구성 단추가 제공되며 기본값으로 매주 단위로 조각 모음 예약 기능이 설정됩니다.

반면 SSD에서는 HDD 같은 트랙과 섹터 구조의 읽기/쓰기 방식이 아니므로 디스크 최적화 작업을 수행하면 안됩니다.

● SSD에서는 낸드플래시의 데이터 저장 최소 단위인 셀에 데이터를 기록하는데, 한 번 기록되면 Delete 명령으로 삭제된 파일이라도 여전히 사용중인 셀로 유지되므로 삭제 파일이 점유했던 셀은 삭제해도 다른 파일 저장에 사용되지 않고 낭비됩니다.

● SSD의 셀은 Trim 기능 등을 사용하여 셀을 비우는 작업을 통해 최적화해야 합니다. 이외에 다양한 SSD 최적화 방법은 143쪽을 참고하기 바랍니다.

디스크 조각 모음 기능은 다음을 참고하여 수행하기 바랍니다.

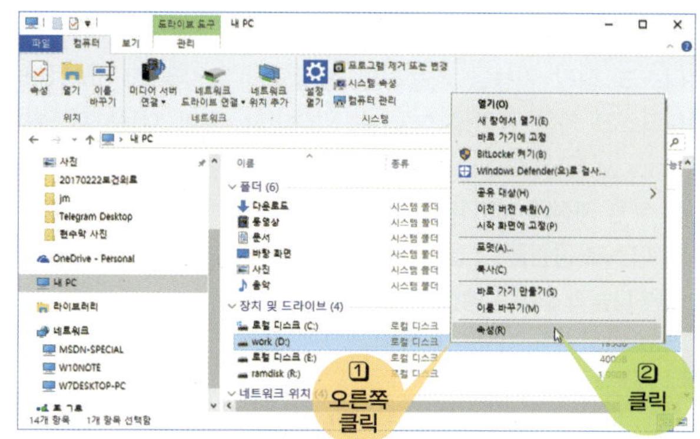

❶ 파일 탐색기를 열고 내 PC를 열고 드라이브를 선택하고 오른쪽 클릭하여 팝업 메뉴를 연 다음 속성을 선택합니다.

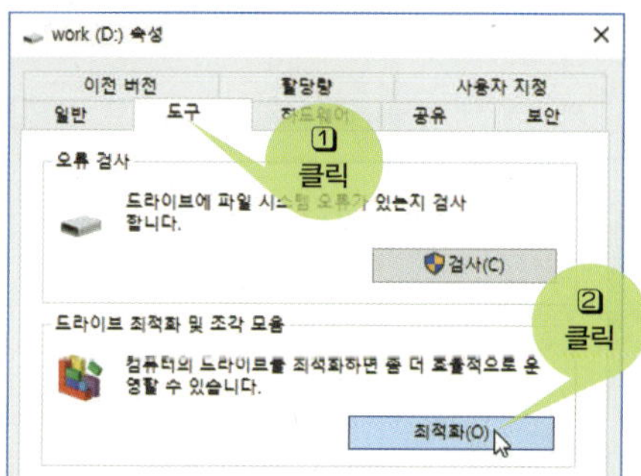

❷ 로컬 디스크(D:) 속성 창이 열리면 도구 탭을 선택한 다음 최적화 단추를 클릭합니다.

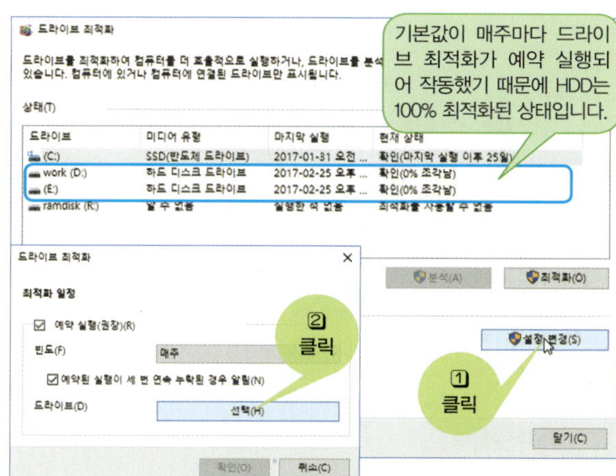

❸ 드라이브 최적화 대화상자가 나옵니다. 현재 HDD인 D: E:는 0% 조각남으로 표시되어 최적화가 필요 없는 상태입니다. 이제 설정 변경 단추를 클릭하여 드라이브 최적화 대화상자를 열고 드라이브에 있는 선택 단추를 클릭합니다.

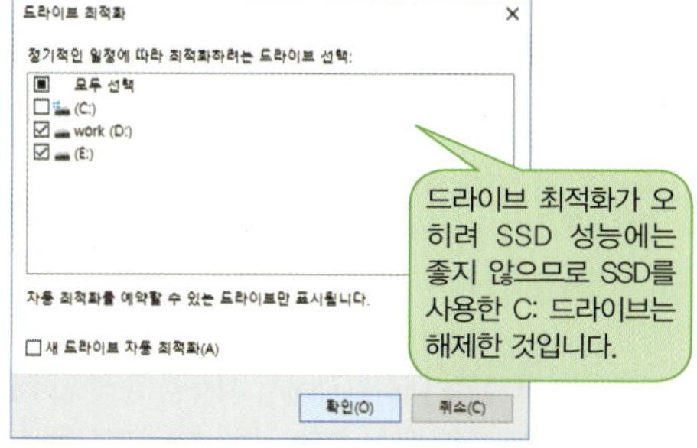

❹ SSD인 C: 드라이브는 해제하고 새 드라이브 자동 최적화도 해제하고 확인 단추를 클릭합니다.

디스크 정리

디스크 정리 기능을 사용하면 불필요한 파일을 제거하여 하드디스크 가용 공간을 늘릴 수 있습니다. 또한 사용하지 않는 Windows 구성 요소나 프로그램을 정리할 수 있으며 마지막 시스템 복원 지점만 남기고 그 전에 만든 시스템 복원 지점을 제거하여 디스크 공간을 더 넓게 확보할 수 있습니다. 디스크 기능을 끄려면 다음과 같이 수행합니다.

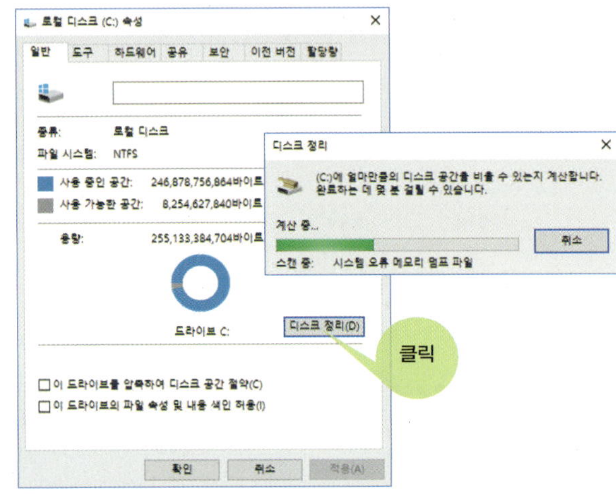

❶ 앞에서 실습한 바와 같이 파일 탐색기에서 드라이브의 속성 창을 열고 기본값으로 열리는 일반 탭에서 **디스크 정리** 단추를 클릭합니다. 그러면 잠시동안 얼마만큼의 디스크 공간을 비울 수 있는지 계산합니다.

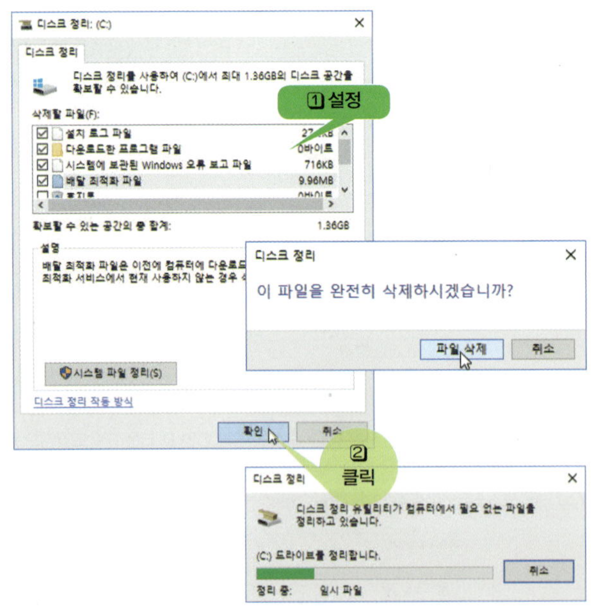

❷ 디스크 정리 대화상자에서 제거할 항목을 체크하고 **확인** 단추를 클릭하면 영구적으로 삭제할 지 묻는 대화상자가 나옵니다. 이 때 **파일 삭제** 단추를 클릭하면 됩니다. 그러면 곧바로 디스크 정리 작업이 진행됩니다.

참고로 디스크 정리 대화상자에서 시스템 정리 단추를 클릭하면 디스크 정리 탭과 기타 옵션 탭이 나옵니다. 기타 옵션 탭을 선택하면 사용하지 않는 프로그램을 제거하여 디스크 공간을 확보할 수 있는

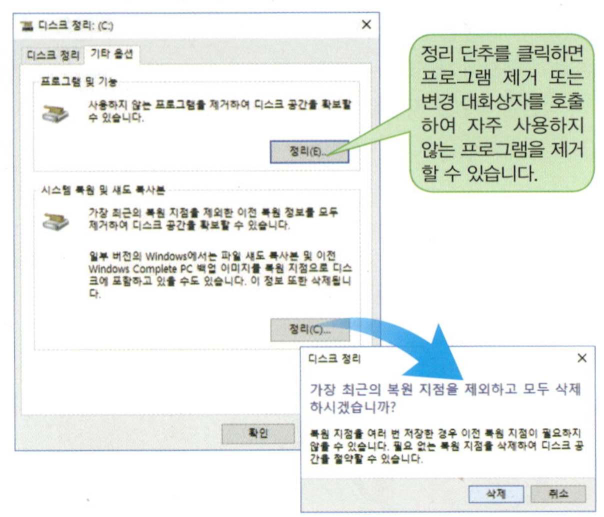

기능과 가장 최근의 복원 지점 이외의 복원 지점을 삭제하는 기능의 정리 단추를 사용할 수 있습니다.

수퍼패치 관리하기

운영체제 시동시에 메모리에 로드되는 자원은 모두 시동 속도에 영향을 미칩니다. 즉 시작 프로그램과 각종 서비스와 드라이버, 글꼴 캐시, 색인 정보, 리소스를 메모리에 많이 로드할수록 시동 속도는 영향을 받는데, 윈도우 시동 속도에 영향을 미치는 중요한 요소로는 프리패치/수퍼 패치 기능이 있습니다.

윈도우 XP의 프리패치

윈도우 XP의 프리패치 기능은 색인 기능과 비슷한데, 프로그램을 보다 빨리 실행하기 위해 실행을 위한 PF 확장자의 프리패치 파일을 Windows 폴더 아래에 Prefetch 폴더에 만들어 시동시에 이를 읽어들여 운영 환경을 준비합니다. 응용 프로그램을 설치하면 프리패치 파일이 자동으로 만들어지는데, 더 이상 사용하지 않는 프로그램들의 프리패치 파일들이 쌓이면 점차 시동 속도가 느려지게 됩니다. 따라서 Windows₩Prefech 폴더에서 NTOSBOOT–B00DFAAD.pf 파일만 제외하고 나머지 파일을 모두 삭제하면 시동 시간이 많이 단축됩니다.

프리패치 파일을 지워도 새로 프로그램을 시작하면 작성되므로 사용하는 프로그램들의 프리패치만 새로 만들어지므로 쾌적하게 사용할 수 있습니다.

윈도우 10에서 수퍼패치 끄기

윈도우 비스타부터 윈도우 XP의 프리패치를 보다 발전시킨 수퍼 패치 기능을 지원합니다.

프리패치와 원리는 같지만 사용자의 작업을 모니터링하여 자주 사용하는 파일과 프로그램의 수퍼패치 파일을 관리하므로 보다 빠른 프로그램 실행을 지원합니다.

하지만 그만큼 디스크 액세스가 빈번해 지므로 SSD에서는 수퍼 패치 기능을 사용하지 않는게 더 낫습니다. 윈도우 10에서 수퍼 패치 기능을 끄려면 다음과 같이 수행합니다. 물론 윈도우 7/8/8.1 에서도 비슷한 방식으로 수퍼 패치 기능을 끌 수 있습니다.

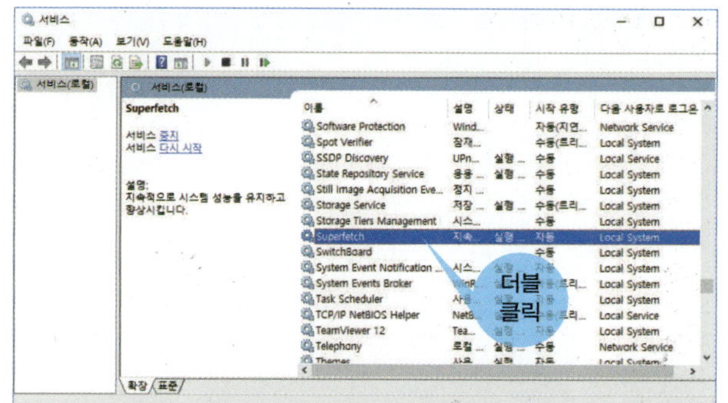

❶ 제어판에서 **시스템 및 보안 → 관리 도구**를 선택하여 관리 도구 창을 연 다음 **서비스**를 더블 클릭합니다. 서비스 창이 열리면 Superfetch 서비스를 찾은 다음 더블 클릭합니다.

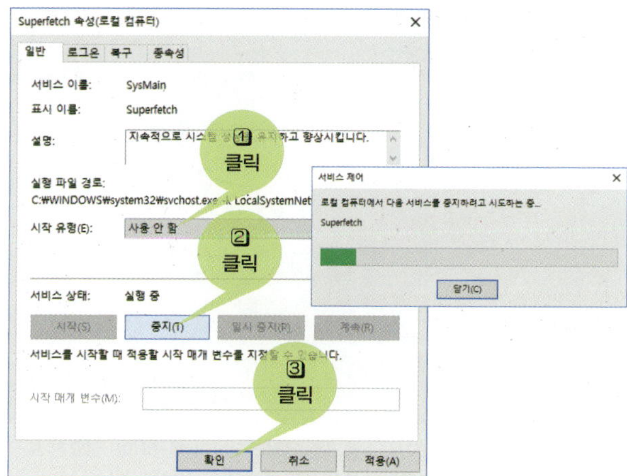

❷ Superfetch 속성(로컬 컴퓨터) 대화상자가 나오면 시작 유형을 **사용 안함**으로 설정하고, **중지** 단추를 클릭합니다. 그러면 잠시 동안 서비스 제어 대화상자에 서비스 중지 화면이 나옵니다. 서비스 중지가 완료되면 **확인** 단추를 클릭합니다.

시스템 관리와 최적화 유틸리티

앞에서 윈도우 운영체제가 기본으로 제공하는 시스템 관리와 최적화 방식들을 살펴보았는데 시스템 관리와 최적화 유틸리티는 윈도우 운영체제의 시스템 관리 기능을 베이스로 좀 더 쉽고 편리하게 시스템을 관리하고 최적화할 수 있는 기능을 제공합니다.
7장에서 다룬 바 있는 알약과 V3에서 제공하는 시스템 관리와 최적화 기능도 윈도우 운영체제의 시스템 관리 기능을 기본 베이스로 한다는 것을 알 수 있을 것입니다. 이제 널리 사용되고 있는 몇 가지 시스템 관리와 최적화 유틸리티를 소개하는 시간을 갖도록 하겠습니다.

손쉽고 다양한 기능의 시스템 관리도구 – 고클린

고클린은 오랫동안 많은 사랑을 받고 있는 국산 애드웨어형 무료 유틸리티로 웹사이트(gobest.co.kr)나 스마트워크 카페(cafe. naver.com/smartwork)에서 다운로드 받아 설치하면 바로 실행됩니다. 고클린의 주요 기능과 사용 방법은 다음과 같습니다.

❶ **서비스 관리** : 윈도우 시작 시 실행되는 서비스를 관리하는 기능입니다. 프로그램 설명이 제공되므로 보다 쉽게 필요한 프로그램인지 구별할 수 있습니다.

❷ **하드디스크 최적화** : 불필요한 파일을 검색하여 하드디스크 최적화 창에 목록으로 나타내어 쉽게 제거할 수 있게 해줍니다.

❸ **작업 스케줄러 관리** : 예약된 시간에 자동으로 실행되는 작업 스케줄러 프로그램을 관리합니다. 작업 스케줄러는 악성 코드에 의해 악용되는 경우가 많으므로 목록에 표시된 작업 스케줄러들은 대부분 삭제해도 됩니다.

❹ **익스플로러 최적화** : 인터넷 익스플로러에서 현재 사용 중인 BHO(Browser Helper Object)와 확장 기능을 목록으로 나타내므로 불필요한 BHO와 확장 기능을 삭제할 수 있습니다.

❺ **시작 프로그램 관리 복원** : 시작 프로그램 관리를 쉽게 수행할 수 있도록 꼭 필요한 시작 프로그램은 오렌지색으로 구분해 주므로 그 밖의 것은 삭제하는게 좋습니다.

❻ **프로그램 삭제** : 윈도우에 설치된 프로그램을 설치 시기별, 날짜순, 이름순, 크기순, 툴바, 백신 프로그램, 금융 보안프로그램별로 확인하고 불필요한 것을 삭제할 수 있습니다.

❼ **동영상 파일 찾기** : 동영상, 음악, 엑셀, 파워포인트, MS 워드, 한글, PDF, PSD(포토샵), Zip 파일 종류별로 쉽게 찾습니다.

❽ **개인 정보 삭제** : 컴퓨터와 인터넷을 사용하면 각종 기록들이 생성되는데, 보안과 사생활 보호를 위해 기록을 지울 수 있습니다.

❾ **파일 강제 삭제** : 인터넷에서 다운 받은 파일 중에 삭제 기능으로 지워지지 않는 파일을 강제로 삭제할 때 사용합니다.

❿ **종료 타이머** : 사용자가 지정한 시간에 컴퓨터를 끄거나 메모를 나타낼 수 있습니다.

⓫ **액티브(Active)X 삭제** : 인터넷 익스플로러에 설치된 ActiveX를 나타내고 불필요한 ActiveX를 선택하여 삭제할 수 있습니다.

⓬ **인터넷이 느려질 때** : 기본 프로세스와 백신, 메신저를 제외한 모든 프로세스를 종료시켜 PC의 문제를 검사할 수 있습니다.

⓭ **하드디스크 상태 점검** : 디스크의 건강 상태를 알려주는 기능입니다.

⓮ **하드디스크 온도/시간, CPU/그래픽카드 온도, 시스템 정보, 컴퓨터 사용 시간 체크** : 해당 정보를 알려주는 기능입니다.

⓯ **윈도우 팁 1, 2, 3** : 윈도우 레지스트리 값을 수정하여 속도 향상과 편리성을 높이는 윈도우 팁 기능을 선택하여 실행할 수 있습니다.

⓰ **업데이트** : 업데이트 버전이 있으면 깜박임으로 알려줍니다.

강력한 최적화 프로그램 – Advanced SystemCare

Advanced SystemCare은 셰어웨어로 세계적으로 2억5천만 이상이 사용하는 강력한 최적화 프로그램으로 제작사 웹사이트(www.iobit.com)나 스마트워크 카페(cafe.naver.com/smartwork)에서 다운로드 받아 설치하면 됩니다. Advanced SystemCare는 상단에 다섯가지 작업 테마 메뉴를 제공합니다. 주요 기능과 사용 방법은 다음과 같습니다.

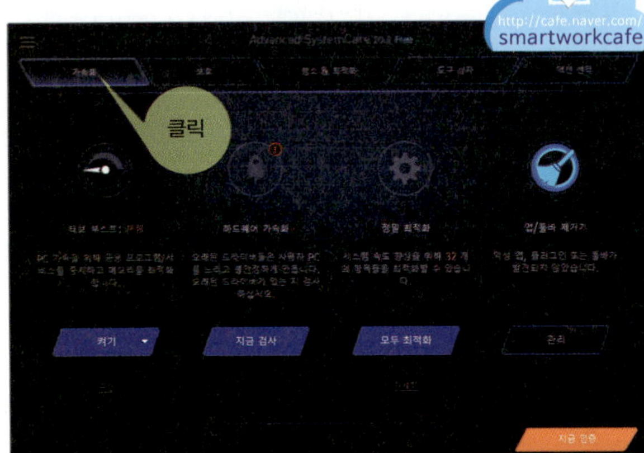

❶ **가속화** 메뉴에서는 터보부스트, 하드웨어 가속화, 정밀 최적화, 앱툴바 제거기를 사용할 수 있습니다.

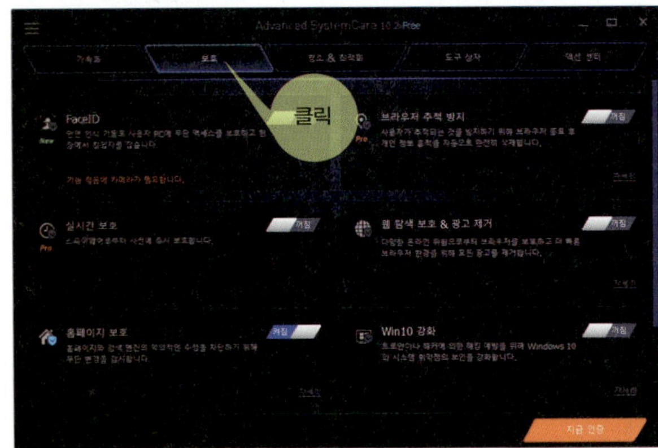

❷ **보호** 메뉴에서는 FaceID, 실시간 보호, 홈페이지 보호, 브라우저 추적 방지, 웹 탐색 보호 & 광고 제거, Win10 강화 기능을 각각 설정할 수 있습니다.

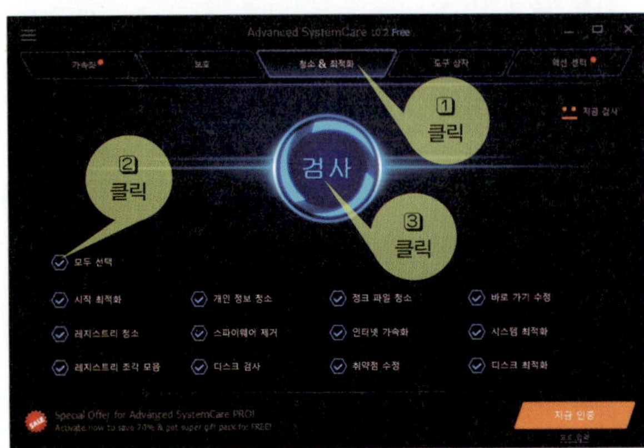

❸ **청소 & 최적화**는 시작 최적화, 개인 정보 청소, 정크 파일 청소, 바로가기 수정, 레지스트리 청소, 스파이웨어 제거, 인터넷 가속화, 시스템 최적화, 레지스트리 조각 모음, 디스크 검사, 취약점 수정, 디스크 최적화 작업 중에서 필요한 작업을 선택하거나 모두 선택하여 최적화할 수 있습니다.

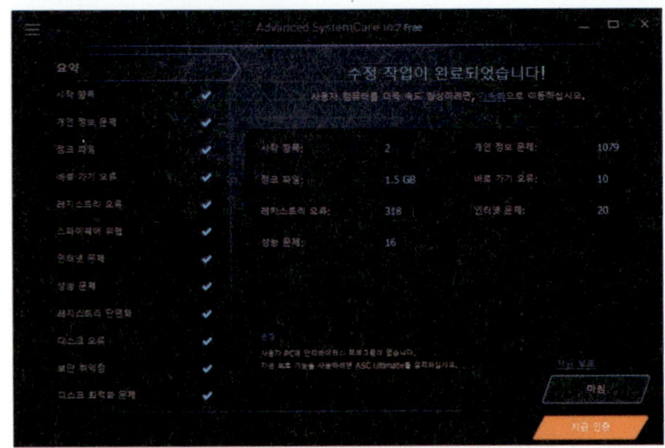

❹ **청소 & 최적화**에서 모두 선택하고 최적화한 작업 결과입니다. 검사는 자동으로 이뤄지며 수정 단추만 누르면 자동으로 최적화 작업이 완료됩니다.

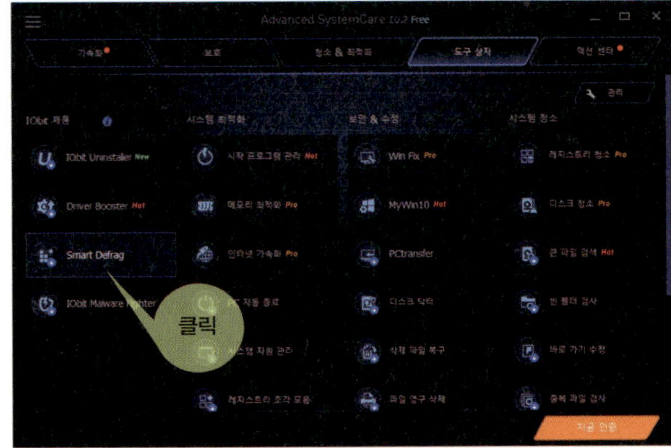

❺ **도구 상자**에는 개별적으로 수행되는 유틸리티들이 제공되며, 필요한 도구를 선택하면 바로 실행되거나 다운로드 후에 바로 실행됩니다.

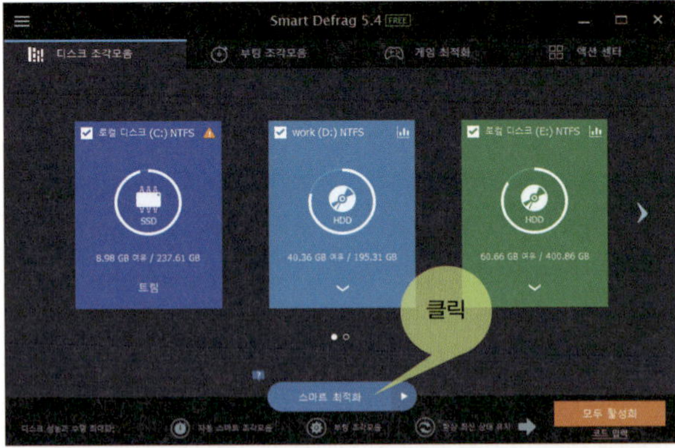

❻ **도구 상자**에서 Smart Defrag를 실행한 화면으로 스마트 최적화 기능은 SSD를 식별하므로 스마트 최적화 단추를 누르면 트림(Trim) 작업을 수행합니다.

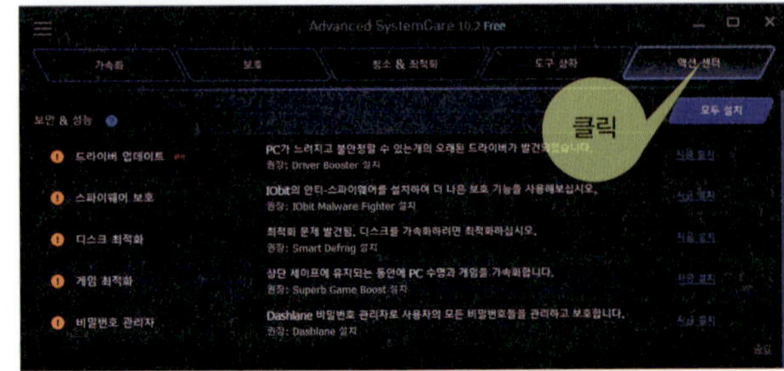

❼ **액션 센터** 메뉴에서는 몇 가지 전용 유틸리티를 설치할 수 있습니다.

레지스트리 최적화로 유명한 유틸리티 – CCleaner

CCleaner는 레지스트리 최적화로 유명하며 다른 최적화 기능도 빠르고 강력한 유틸리티로 제작사 웹사이트(piriform.com)나 스마트워크 카페(cafe.naver.com/smartwork)에서 다운로드 받아 설치하면 됩니다. 유료인 Professional Plus 버전은 복구 불가능한 완벽한 삭제 기능, 실시간 정크(Junk) 모니터링, 자동 History Cleaning 기능, 자동 업데이트, 단편화 제거, 파일 복구, 하드웨어 분석 기능도 포함됩니다. 주요 기능과 사용 방법은 다음과 같습니다.

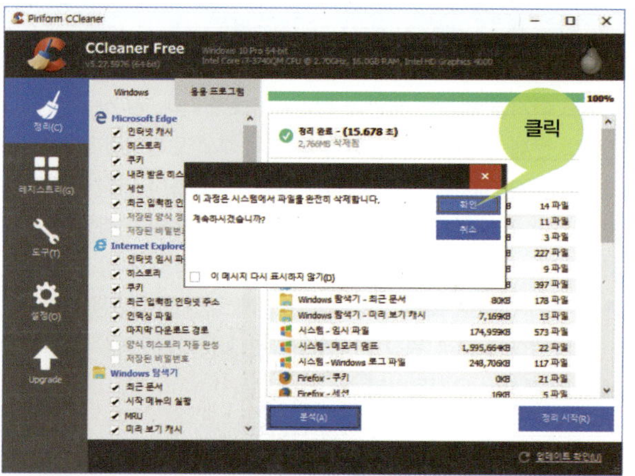

❹ "시스템에서 … 삭제한다"는 메시지 대화상자가 나오면 **확인** 단추를 클릭합니다. 그러면 곧바로 정리 작업이 수행되고 작업 시간이 나옵니다.

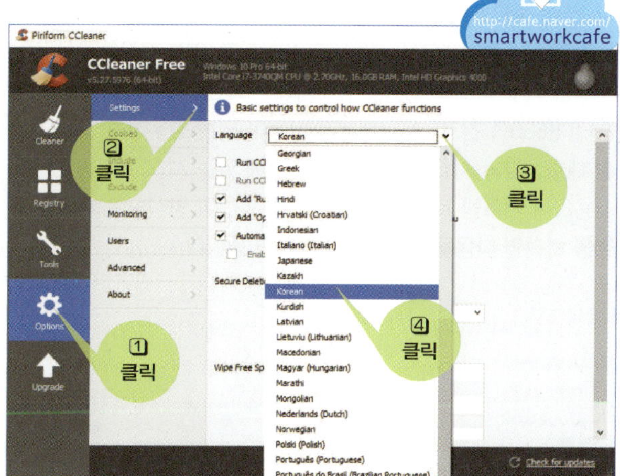

❶ CCleaner 설치 후에 실행하면 영어로 나옵니다. 한글로 보려면 Option → Settings를 선택한 다음 Language 목록에서 Korean을 선택합니다.

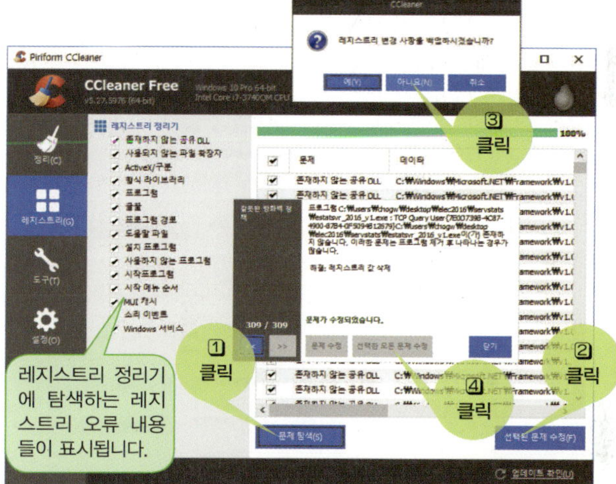

❺ 이번에는 **레지스트리** 메뉴를 클릭한 다음 **문제탐색** 단추를 클릭합니다. 문제 탐색이 완료되면 **선택된 문제 수정** 단추를 누릅니다. 레지스트리 백업 문의 대화상자가 나옵니다. 필요하면 백업하고 아니면 **아니요**를 클릭한 후 **선택한 모든 문제 수정** 단추를 클릭하면 레지스트리 문제가 수정됩니다.

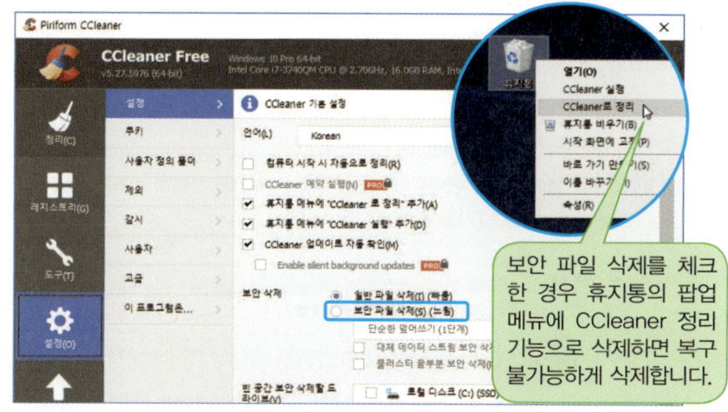

❷ 이제 언어 표시가 이해하기 쉬운 한글로 변경되었습니다.

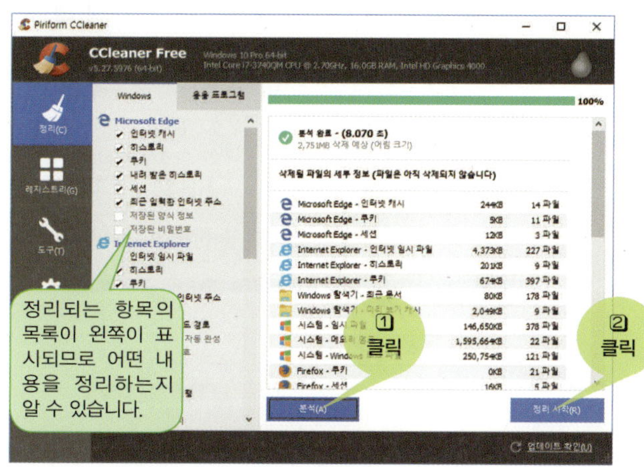

❸ 이제 **정리** 메뉴를 클릭한 다음 **분석** 단추를 클릭합니다. 분석이 완료되면 **정리 시작** 단추를 누릅니다.

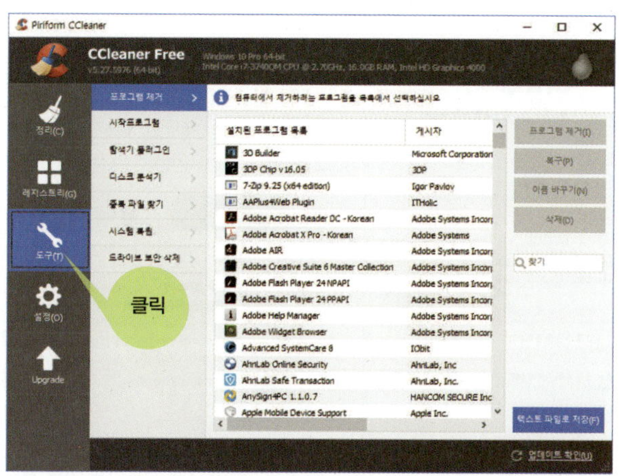

❻ 이번에는 **도구** 메뉴를 클릭합니다. 프로그램 제거와 시작 프로그램 호출 기능, 웹 브라우저의 플러그인을 관리하는 탐색기 플러그인 기능, 디스크 분석기, 중복 파일 찾기, 시스템 복원 기능 호출, 드라이브 보안 삭제 기능을 사용할 수 있는 것을 볼 수 있습니다.

시스템 복원 지점 만들기 및 복원 방법

적어도 디지털 세계는 원인과 결과가 명료합니다. 잘 작동하던 시스템의 문제 발생은 하드웨어 부품 교체 후의 드라이버 설치나 드라이버 변경, 새로운 소프트웨어 설치, 바이러스나 악성 소프트웨어에 의한 공격 등으로 시스템에 대한 변경이 있었기 때문입니다. 시스템의 복원 지점을 만들어두면 드라이버나 시스템의 설정을 변경 전의 상태로 복원하여 문제를 쉽게 해결할 수 있습니다. 이전의 복원 시점으로 원상 복구하더라도 사용자가 복원 시점 이후에 만든 문서는 유지됩니다.

시스템 복원 지점 만들기

시스템 복원 기능을 사용하려면 복원 지점을 만들 수 있도록 구성해야 합니다. 시스템 복원 기능의 설정 및 복원 지점을 만들려면 다음을 참고하여 수행하면 됩니다.

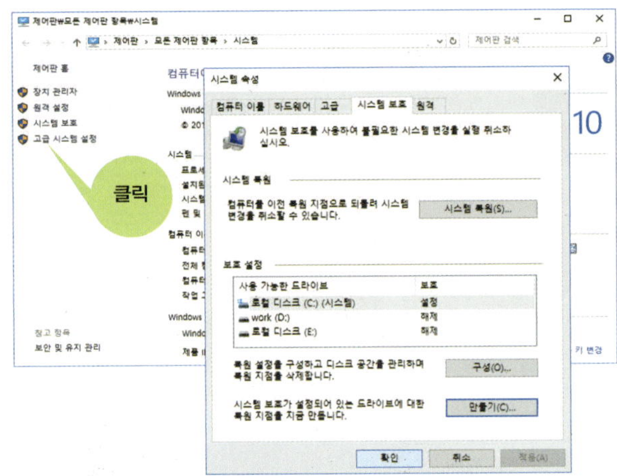

❶ ⊞ + Pause 키로 시스템 창을 열고 시스템 보호를 클릭합니다. 시스템 보호 탭 선택 상태의 시스템 속성 대화상자가 열리면 운영체제 드라이브에 설정이 되어 있는지 확인합니다. 복원 지점은 시스템에 영향을 미치는 소프트웨어 설치나 제거시 자동으로 만들어지는데, 원한다면 만들기 단추를 사용하여 수동으로 복원 지점을 만들 수 있습니다.

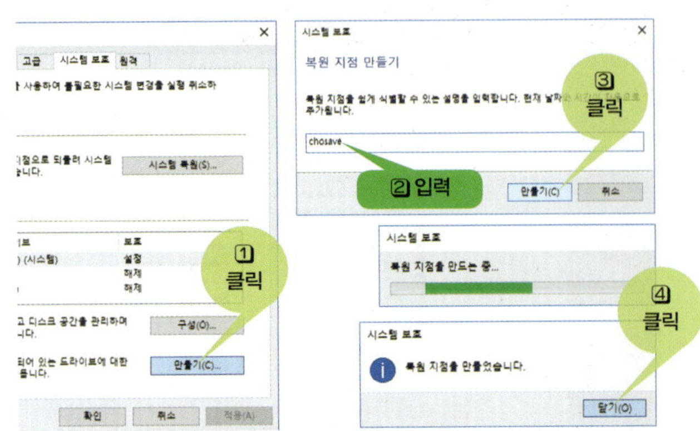

❷ 시스템 복원 지점을 만들려면 만들기 단추를 클릭합니다. 복원 지점 만들기 창이 나오면 원하는 이름을 입력한 후 만들기 단추를 클릭합니다. 그러면 잠시 복원 지점을 만든 후에 복원 지점을 만들었다는 대화상자가 나오면 닫기 단추를 클릭하고 시스템 속성 대화상자도 확인 단추를 클릭하여 닫습니다. 이것으로 복원 지점 만들기 작업이 완료되었습니다.

- 바이러스에 감염되어 시스템이 오작동하는 경우에는 우선 안전모드로 시동한 다음 바이러스 검사를 먼저 수행합니다.
- 시스템 복원 기능은 시스템에 영향을 미치는 운영체제 파일, 장치 드라이버 프로그램, 레지스트리등 운영환경의 복원 기능이므로 데이터 백업과 복원 용도로는 사용할 수 없습니다.

시스템 복원하기

시스템 복원 작업은 드라이버 변경이나 프로그램 설치, 시스템 설정 변경 등으로 인해 시스템이 불안정한 경우 수행하게 됩니다. 운영체제가 정상적으로 시동되지 않는 경우에는 629쪽에서 만든 시스템 복구 디스크로 시동한 다음에 시스템 복원을 시도할 수 있습니다(630쪽 참고). 운영체제가 시동이 되는 경우에는 시스템 속성 대화상자의 시스템 보호 탭 페이지에 있는 시스템 복원 단추를 사용하여 시스템 복원을 시도하면 됩니다. 이 방식으로 시스템 복원을 하려면 다음을 참고하여 수행하면 됩니다.

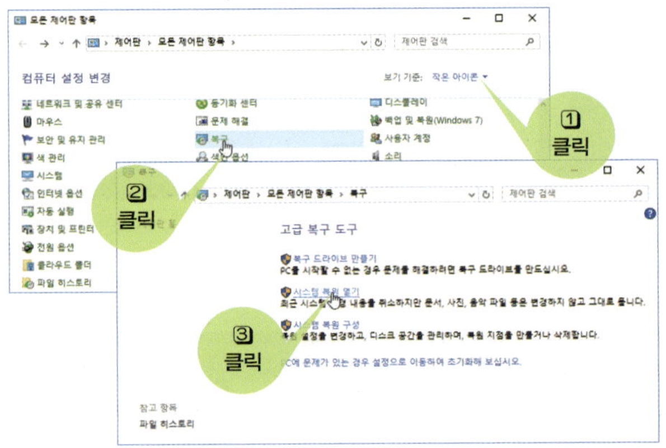

❶ 제어판을 열어 작은 아이콘 보기 모드에서 복구를 선택하여 복구 창을 연 다음 시스템 복원 열기를 클릭합니다.

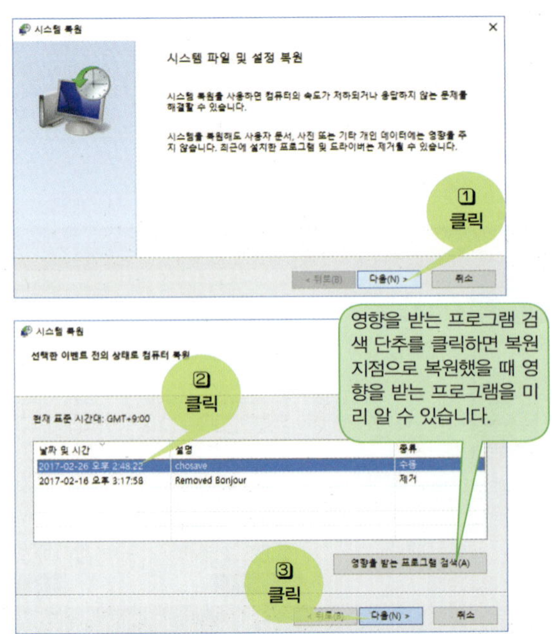

❷ 시스템 복원 마법사가 시작되면 다음 단추를 클릭하고, 복원 지점 선택 화면이 나오면 원하는 원하는 복원 지점을 선택하고 다음 단추를 클릭합니다.

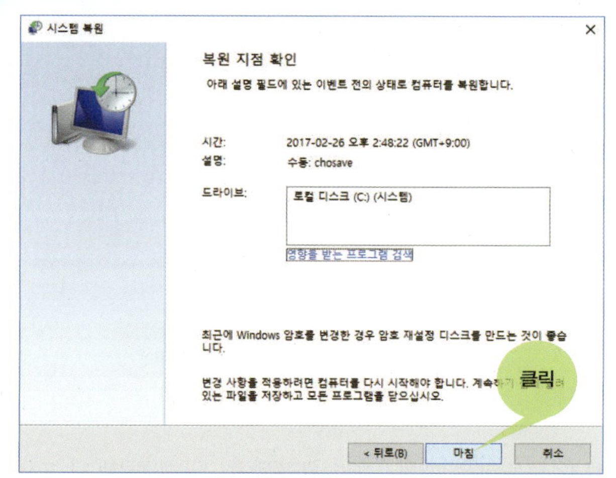

③ 복원 지점 확인 화면이 나오면 이상없는지 확인하고 **마침** 단추를 클릭합니다.

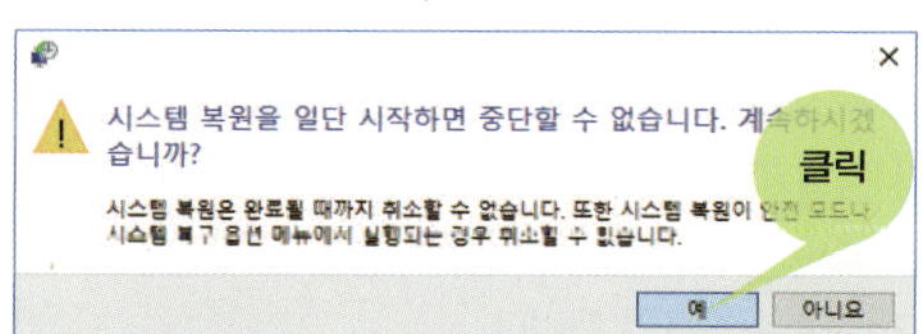

④ 시스템 복원을 계속할 지 묻는 대화상자가 나오면 예를 클릭합니다.

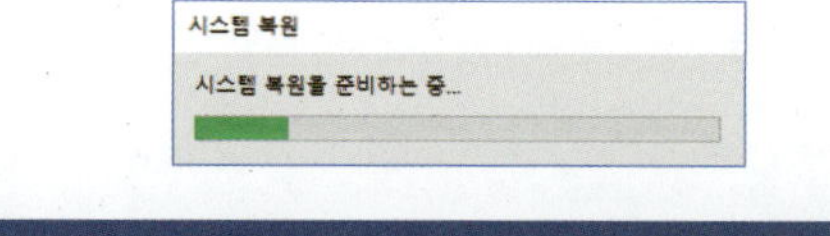

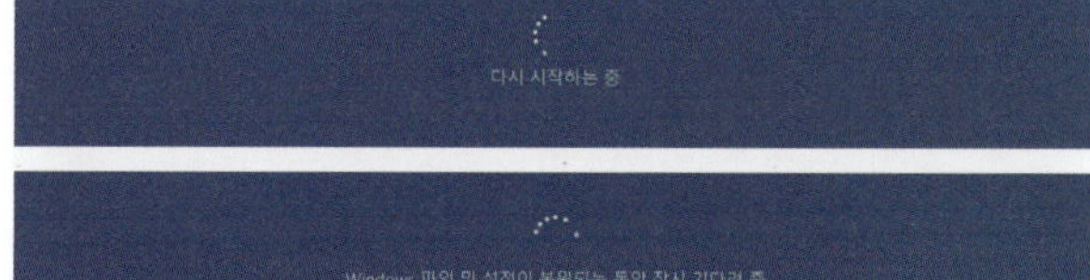

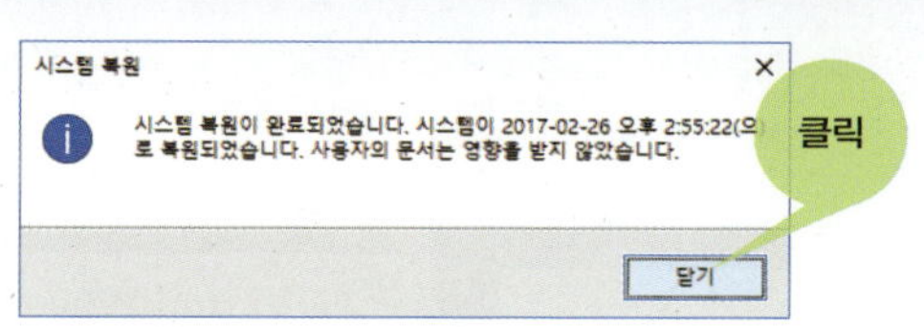

⑤ 그러면 시스템 복원을 준비하는 중이라는 대화상자가 나온 후에 자동으로 윈도우는 종료되고 시스템 복원을 초기화하고 파일 및 설정의 복원 및 레지스트리 복원 작업이 진행됩니다. 시스템 복원 작업이 완료 후에 로그인하면 시스템 복원 완료 대화상자가 나옵니다. **닫기** 단추를 클릭합니다.

최악의 상황을 대비한 시스템 백업 및 복구

윈도우 7부터는 시스템 이미지 백업 기능이 제공되며, DVD에 시스템 복구 디스크를 만들 수 있습니다. 윈도우 운영체제는 뛰어난 백업 및 복구 기능을 제공하지만 잘모르고 사용하면 귀중한 데이터를 날릴 수 있으므로 다음 사항을 유의하기 바랍니다.

● 윈도우 운영체제 사용시 백업 작업은 크게 시스템 백업과 사용자의 데이터 및 설정 백업으로 구분됩니다. 시스템 백업은 운영체제 설치 드라이브의 복사본 이미지를 만드는 백업입니다. 반면 사용자의 데이터 및 설정 백업에는 라이브러리와 즐겨찾기, 바탕화면 설정과 데이터를 포함합니다. 윈도우 7부터 백업 파일은 VHD 형식의 가상 하드디스크 파일을 사용하므로 백업 파일에서 직접 데이터를 사용할 수 없습니다. 이러한 불편 때문에 일반 사용자들은 데이터 백업은 외부 저장장치에 직접 복사하여 백업하는 분들이 더 많습니다.

● 시스템 이미지 백업과 복구는 시스템이 시동되지 않거나 시스템 복원 기능을 사용해도 여전히 불안정한 상태일 때 최후 수단으로 활용합니다. 따라서 드라이버와 소프트웨어 설치, 최적화 작업을 마친 후에 시스템 백업을 해두면 문제가 생기더라도 불과 일이십 분이면 백업 시점과 동일하게 복구할 수 있습니다.

● 시스템 백업을 하면 드라이브의 복사본인 시스템 이미지를 만들어 통째로 복구하기 때문에 드라이브 전체가 백업 시점으로 복구됩니다. 때문에 같은 드라이브에 있는 모든 내용도 없어지므로 유의하기 바랍니다.

● 완제품 PC나 노트북 컴퓨터에 제공되는 복원 CD나 하드디스크에 포함된 복구용 이미지도 같은 원리이므로 그냥 복구하면 해당 드라이브에서 작업한 모든 데이터도 사라지므로 반드시 데이터를 외장 하드디스크 등에 따로 백업한 이후에 복구 작업을 수행해야 합니다.

시스템 이미지 및 시스템 복구 디스크 만들기

윈도우 비스타부터 시스템 이미지 만들기와 시스템 복구 디스크 만들기 기능이 별도로 제공됩니다. 윈도우 10에서 시스템 이미지와 시스템 복구 디스크를 만드는 방법은 다음과 같습니다.

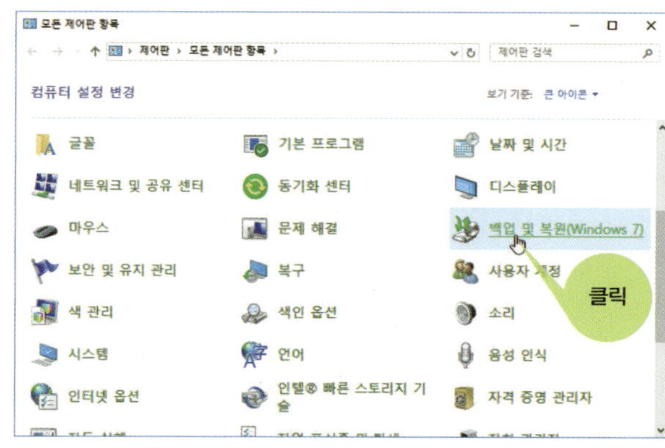

① 시스템 이미지를 만들기 전에 백업할 이동식 미디어를 미리 PC에 준비한 다음 제어판을 열어 **백업 및 복원**을 클릭하여 실행합니다.

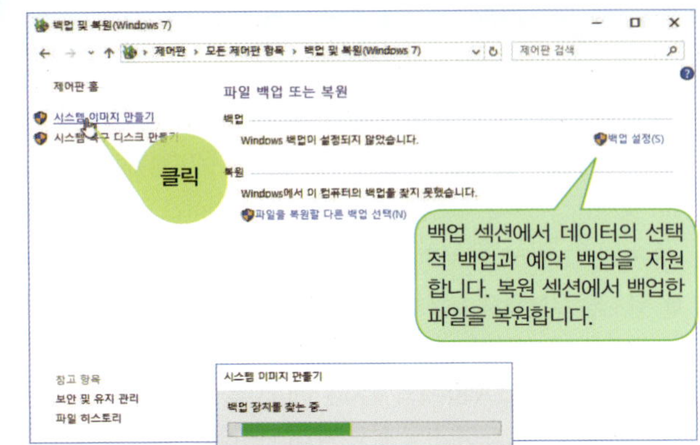

❷ 백업 및 복원 창이 열리면 **시스템 이미지 만들기**를 클릭합니다. 그러면 잠시 백업 장치를 찾습니다.

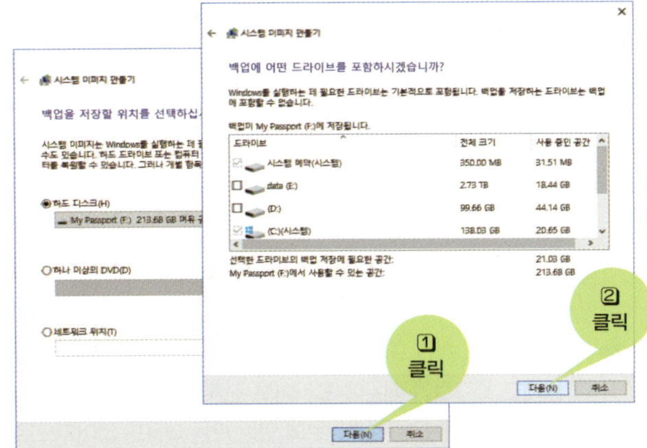

❸ 백업을 저장할 위치 선택 화면이 나오면 백업 장치 선택 상태에서 **다음** 단추를 클릭합니다. 백업에 어떤 드라이브를 포함할 지 문의하는 화면이 나오면 백업할 항목을 선택하고 **다음** 단추를 클릭합니다.

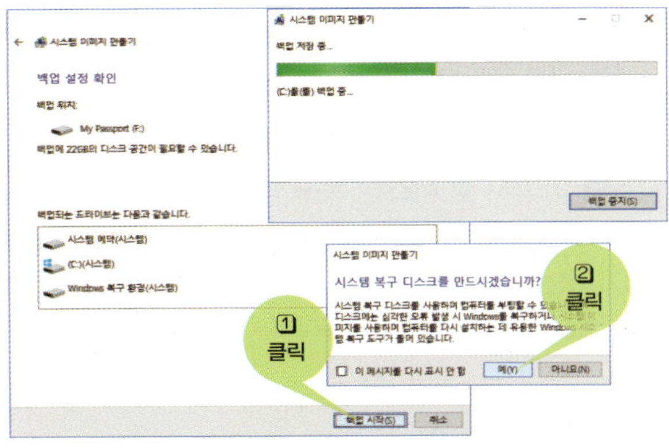

❹ 백업 설정 확인 화면이 나오면 제대로 선택되었는지 확인하고 **백업 시작** 단추를 클릭합니다. 그러면 곧바로 백업이 진행되고, 백업 완료 후에 시스템 복구 디스크를 만들지 묻는 대화상자가 나오면 **예(Y)**를 클릭합니다.

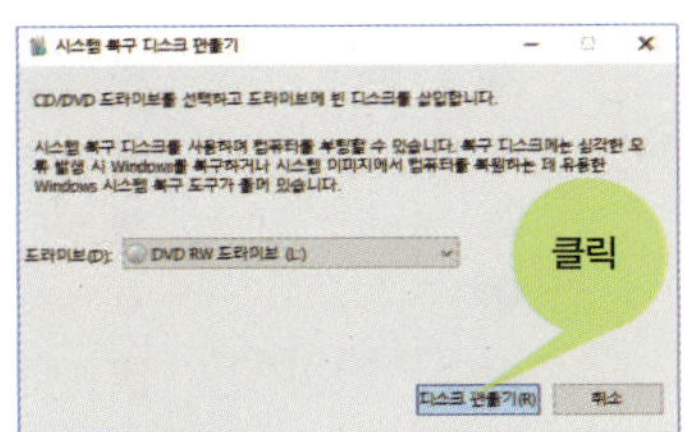

❺ 시스템 복구 디스크 만들기 대화상자가 나오면 ODD에 CD나 DVD를 넣고 **디스크 만들기** 단추를 클릭합니다.

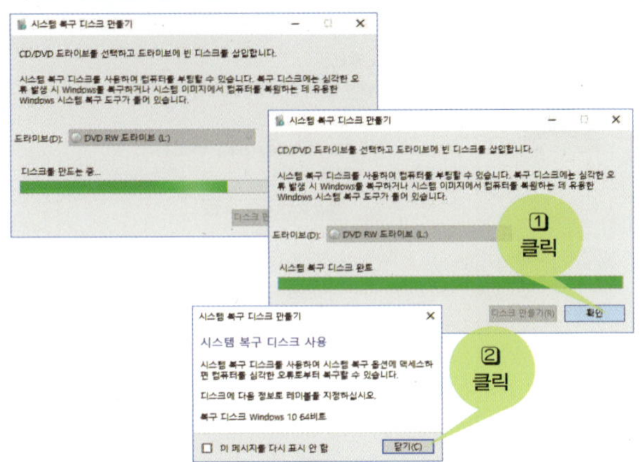

❻ 시스템 복구 디스크 만들기 작업이 완료되면 확인 단추를 클릭합니다. 그 다음에 시스템 복구 디스크 사용 안내 대화상자가 나오면 **닫기** 단추를 클릭하고 열었던 모든 창을 닫습니다.

시스템 복구 디스크로 시동하여 시스템 이미지 복구하기

시스템이 오작동할 때 시스템 이미지를 사용하여 복구하려면 컴퓨터를 시동할 때 부트 메뉴를 호출하여 시동 디스크로 시동한 다음에 시스템 이미지를 선택하여 복구하면 됩니다. 복구 방법은 다음을 참고하여 수행하면 됩니다.

❶ 윈도우 10 시스템 복구 디스크를 DVD 드라이브에 넣고 F12 키를 눌러 부트 메뉴를 호출하여 DVD 드라이브로 시동합니다. 부트 메뉴 호출 기능키는 바이오스에 따라 다를 수 있습니다.

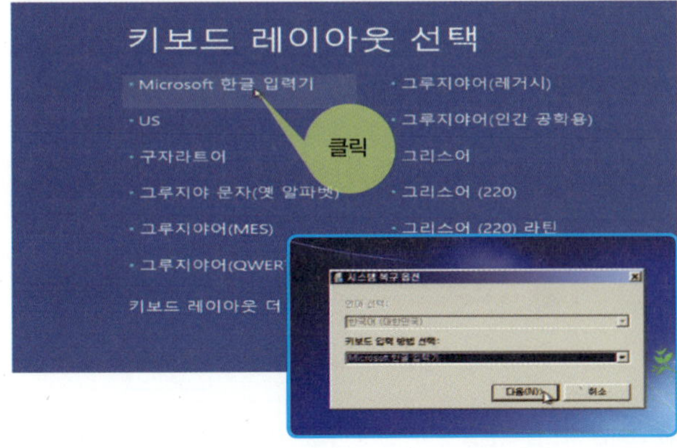

❷ 키보드 레이아웃 선택 화면이 나오면 **Microsoft 한글 입력기**를 선택합니다. 윈도우 7에서는 전체 화면 대신 오른쪽 아래의 그림과 같이 시스템 복구 옵션 대화상자에 키보드 입력 방법 선택 화면이 나옵니다.

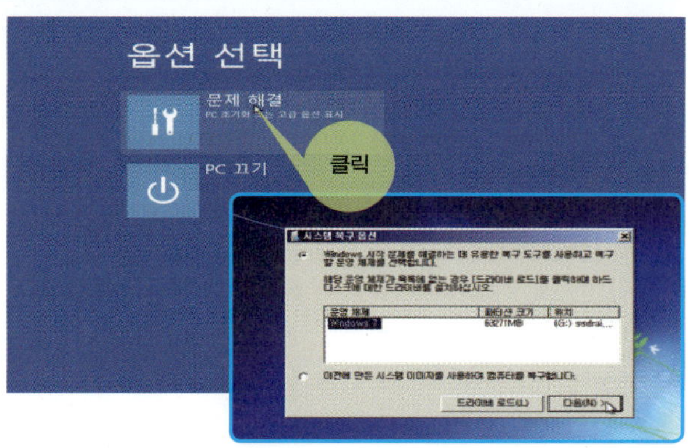

❸ 옵션 선택 화면이 나오면 **문제 해결**을 선택합니다. 윈도우 7 시동 복구 디스크의 경우에는 오른쪽 아래의 그림과 같이 Windows 설치 검색후에 검색한 운영체제 목록에 Window 70l 나오면 **다음** 단추를 클릭하면 됩니다.

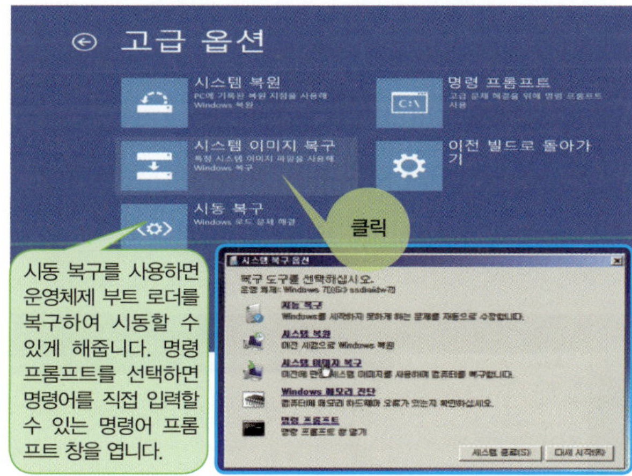

시동 복구를 사용하면 운영체제 부트 로더를 복구하여 시동할 수 있게 해줍니다. 명령 프롬프트를 선택하면 명령어를 직접 입력할 수 있는 명령어 프롬프트 창을 엽니다.

❹ 고급 옵션 화면이 나오면 **시스템 이미지 복구**를 선택합니다. 윈도우 7 시동 복구 디스크에서도 모양만 다를 뿐 시스템 이미지 복구를 선택하면 됩니다.

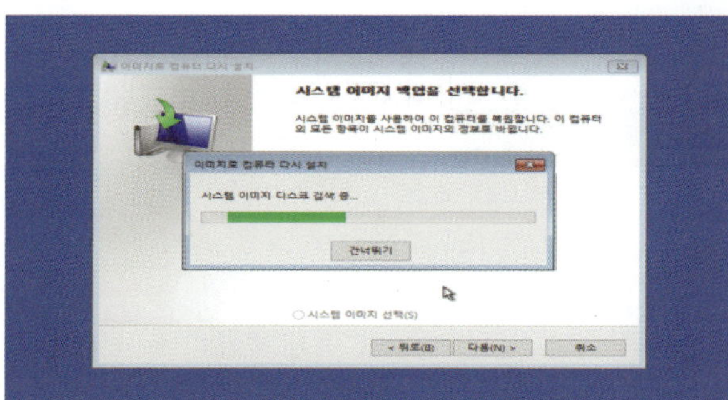

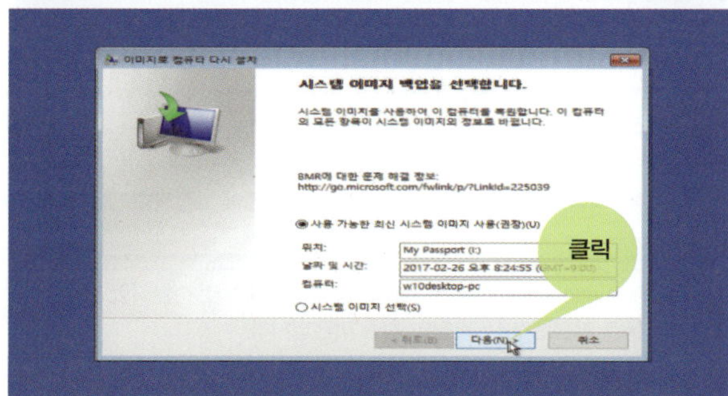

❺ 이미지로 컴퓨터 다시 설치 마법사가 시작되고, 자동으로 백업이 있는 이동형 드라이브에서 시스템 이미지를 검색하여 위치, 날짜 및 시간, 컴퓨터 정보를 나타냅니다. 이상없으면 **다음** 단추를 클릭합니다.

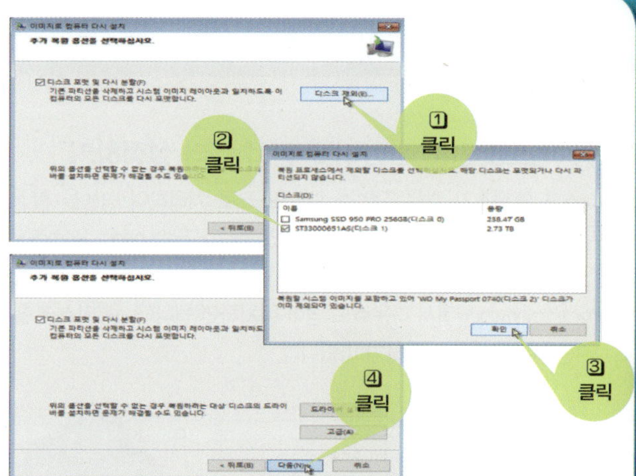

❻ 추가 복원 옵션 선택 화면에서 **디스크 포맷 및 다시 분할**을 체크한 후 **디스크 제외** 단추를 클릭하여 복원 프로세스에서 제외할 드라이브 선택 화면에서 제외할 디스크를 체크한 후에 **확인** 단추를 클릭하여 닫은 다음 추가 복원 옵션 선택 화면의 **다음** 단추를 클릭합니다.

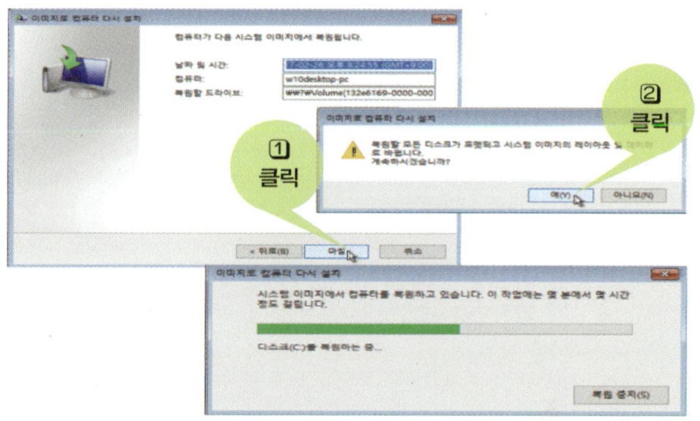

❼ 모든 복원 설정이 완료되면 **마침** 단추를 클릭하고, 경고 대화상자가 나오면 **예(Y)**를 클릭하여 복원 작업을 시작합니다.

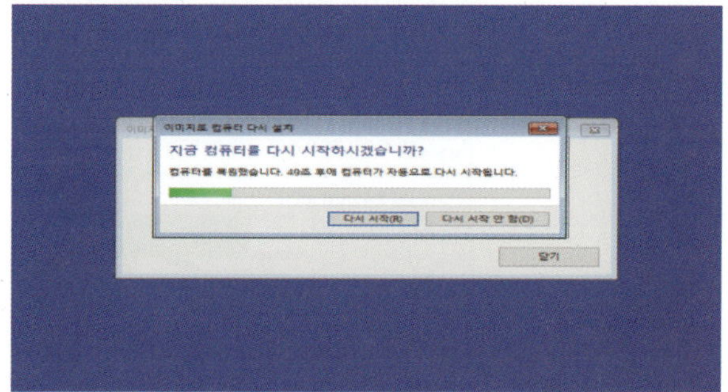

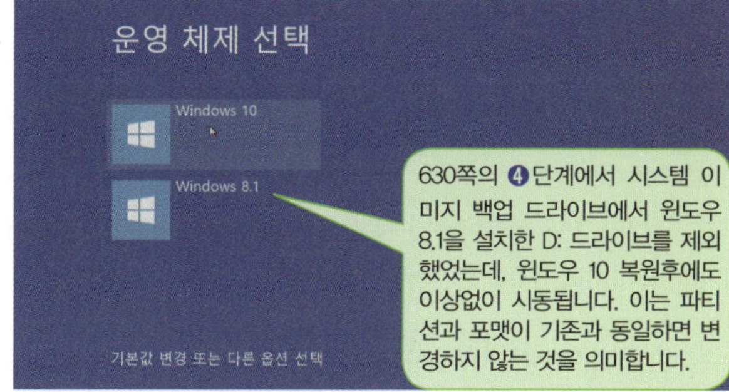

630쪽의 ❹단계에서 시스템 이미지 백업 드라이브에서 윈도우 8.1을 설치한 D: 드라이브를 제외했었는데, 윈도우 10 복원후에도 이상없이 시동됩니다. 이는 파티션과 포맷이 기존과 동일하면 변경하지 않는 것을 의미합니다.

❽ 복원이 완료되면 60초 후에 자동으로 다시 시작됩니다. 재시동 후에는 완전히 동일한 상태로 복원됩니다.

램 디스크 활용 및 파일 삭제 복구

램 디스크 만들고 인터넷 임시 폴더 설정하기

디스크 액세스가 많은 작업을 램 디스크로 처리하여 성능을 향상시키고 SSD도 최적으로 활용할 수 있습니다. Softperfect Ramdisk는 제작사 웹사이트(softperfect.com)나 스마트워크 카페(cafe.naver.com/smartwork)에서 다운로드 받아 설치하면 됩니다. 램 디스크 활용 방법은 다음을 참고하기 바랍니다.

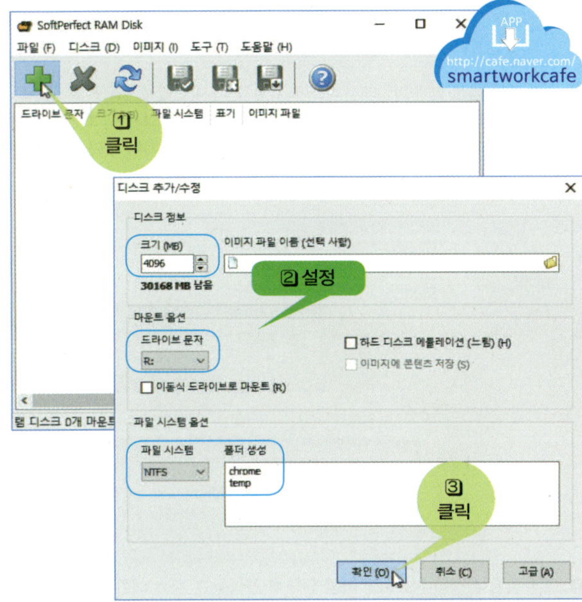

❶ Softperfect Ramdisk를 실행한 후 램 디스크를 추가하기 위해 ➕를 클릭합니다. 디스크 추가/수정 대화상자가 열리면 크기는 4096MB, 드라이브 문자는 R:, 파일 시스템은 NTFS, 폴더 생성은 chrome과 temp로 설정한 다음 확인 단추를 클릭합니다.

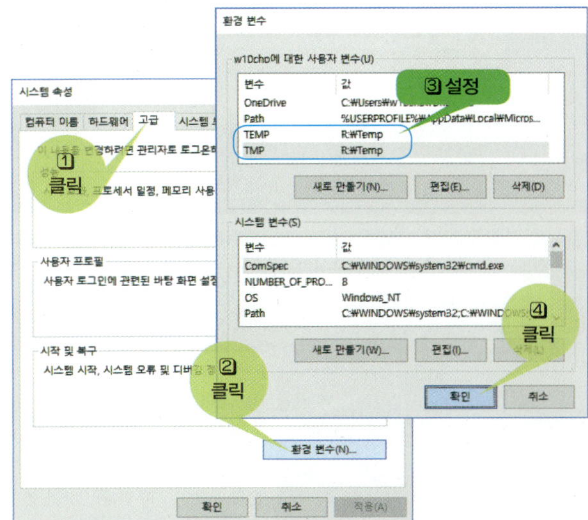

❷ 운영체제의 임시 폴더를 램 디스크로 변경하기 위해 ⊞ + Pause 키로 시스템 등록 정보 대화상자를 열고, 고급 탭에서 환경 변수 단추를 클릭하여 환경 변수 대화상자에서 TEMP와 TMP 폴더를 램 디스크 드라이브의 TEMP 폴더로 수정한 다음 확인 단추를 클릭합니다.

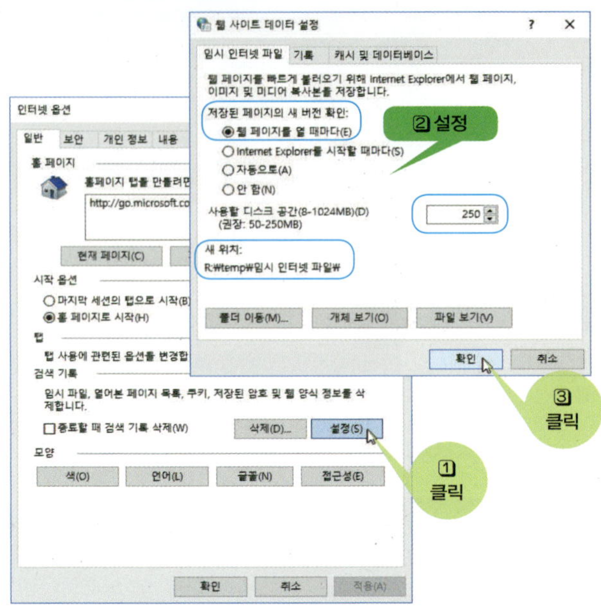

❸ 이번에는 인터넷 익스플로러의 임시 폴더 변경을 위해 제어판에서 인터넷 옵션을 클릭하여 인터넷 등록 정보 대화상자를 열고 설정 단추를 클릭합니다. 대화상자가 나오면 폴더 이동 단추를 클릭하여 램 디스크의 temp 폴더를 설정하고, 웹 페이지를 열 때마다 옵션을 선택하고 사용할 디스크 공간은 250MB로 설정한 다음 확인 단추를 클릭합니다.

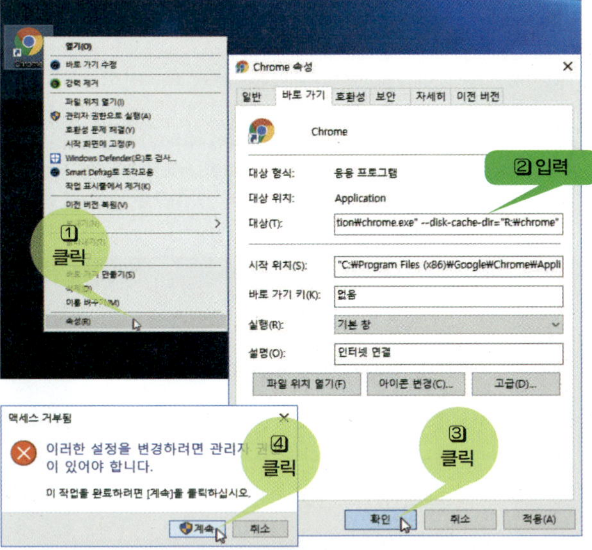

❹ 이번에는 크롬의 임시 폴더 변경을 위해 바탕화면의 크롬 아이콘을 오른쪽 클릭하여 팝업 메뉴에서 속성을 클릭합니다. Chrome 속성 대화상자가 열리면 대상 경로에 이어서 스페이스바로 한 칸 띄고 --disk-cache-dir="R:\chrome"를 입력한 다음 확인 단추를 클릭합니다. 액세스 거부됨 대화상자가 나오면 계속 단추를 클릭합니다. 이제부터 웹 서핑 시 램 디스크의 Chrome 폴더 안에 Default 폴더가 생성되며 그 안에 Cache 폴더가 생성되어 캐시 파일이 저장됩니다. 물론 바탕화면의 크롬 바로가기를 작업 표시줄에 고정해도 적용됩니다.

- Softperfect Ramdisk는 4.1버전부터 셰어웨어로 전환되었으며, 무료 버전은 3.4.7 버전이 최종 버전입니다.
- 램 디스크 드라이브도 데이터 작업에 사용할 수 있습니다. 특히 동영상 렌더링 같은 고속 작업이 요구되는 파일을 램 디스크에서 작업하면 효과적입니다. 단, 램을 사용하기 때문에 정전이나 시스템 다운시 데이터는 유실되므로 유의하기 바랍니다.

삭제 파일 복구 및 복구 불가능하게 파일 삭제하기

`Delete` 키와 휴지통을 이용하여 지운 파일은 해당 파일 헤더만 지움 속성으로 바뀔 뿐 원래의 데이터는 유지되므로 파티션을 새로 만들고 포맷을 해도 해당 파일을 덮어쓰지 않는 한 복구할 수 있습니다. 보안을 위해서는 복구 불가능하게 지우는 작업도 능숙하게 처리할 수 있어야 합니다. CCleaner 제작사에서 만든 Recuba는 이를 가능하게 해주는 유틸리티로 웹사이트(piriform.com)나 스마트워크 카페 (cafe.naver.com/smartwork)에서 다운로드 받아 설치하면 됩니다. Recuba의 사용 방법은 다음을 참고하기 바랍니다.

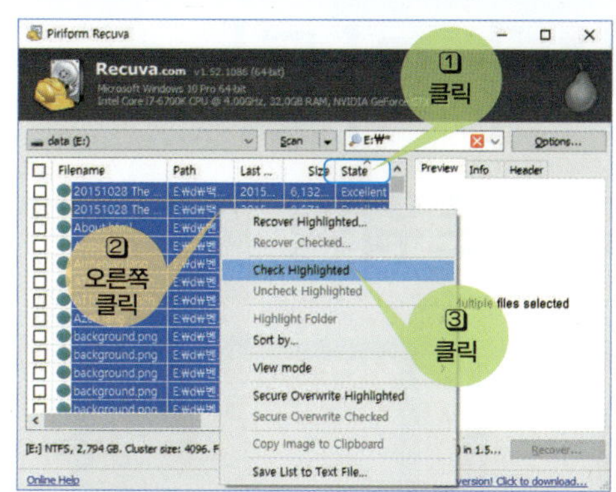

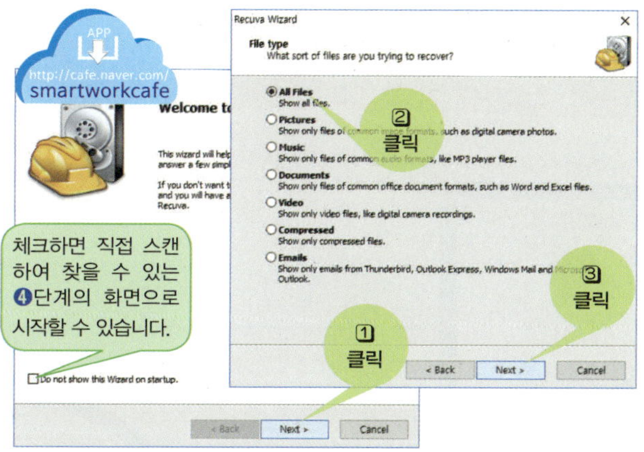

❶ Recuba를 실행하고 Welcome 화면에서 Next 단추를 클릭합니다. File type 화면이 나오면 찾을 파일 종류를 선택)하고 Next 단추를 클릭합니다.

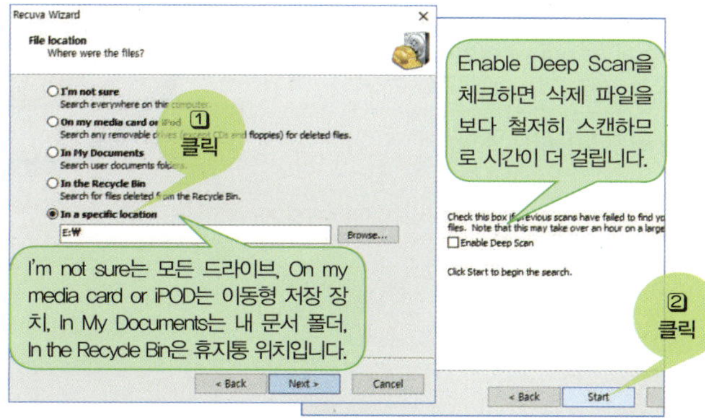

❷ File location 화면에서 드라이브나 폴더를 직접 지정하려면 In a specific location을 선택하고 Browse 단추로 복구할 위치를 선택한 후 Next 단추를 클릭합니다. 그 다음 준비 완료 화면이 나오면 Start 단추를 클릭합니다.

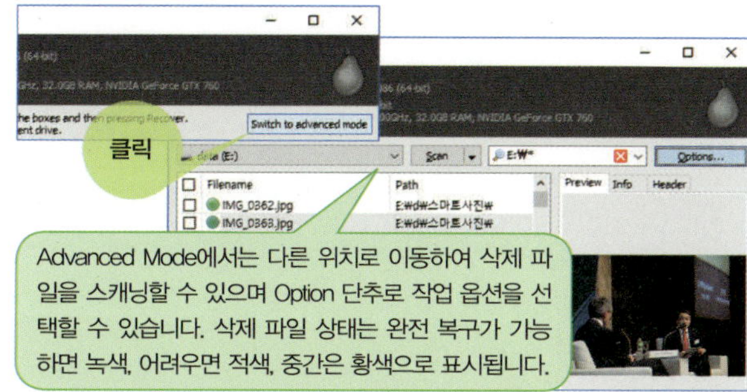

❸ 잠시 삭제된 파일 스캐닝 후에 Piriform Recuba 창에 삭제 파일의 열 머리글에 이름/경로/최종 수정일/크기/상태(복구 가능 수준)/설명이 나옵니다. Swich to Advanced mode 단추를 클릭하면 오른쪽에 세부 정보 창이 나옵니다.

❹ 열 머리글에 상태가 나오도록 한 다음 클릭하여 녹색 상태를 정렬한 다음 클릭 + `Shift` 클릭을 사용하여 모두 선택한 다음 오른쪽 클릭하여 팝업 메뉴에서 Check highlighted를 선택합니다.

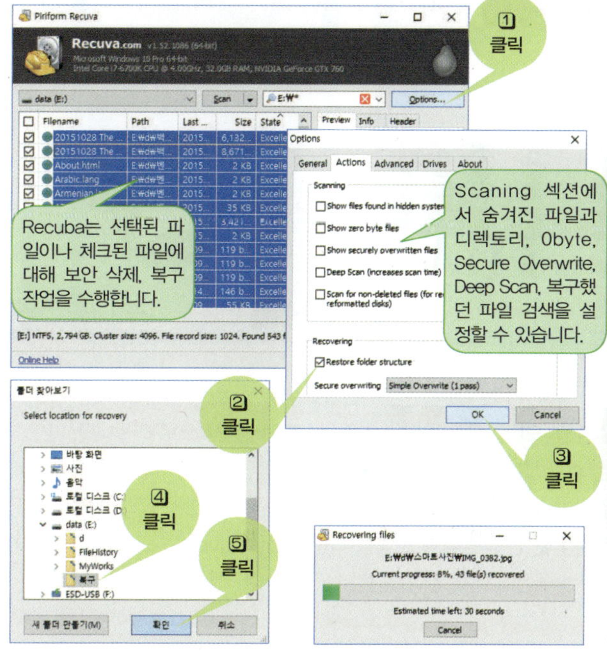

❺ 선택 파일이 체크됩니다. Option 단추를 클릭하여 Option 대화상자를 열고 Action 탭에서 Restore folder structure를 체크하고 OK 단추를 클릭합니다. 계속해서 폴더 찾아보기 대화상자가 나오면 복구할 폴더를 선택하고 확인 단추를 클릭합니다. 그러면 곧바로 복구가 진행됩니다.

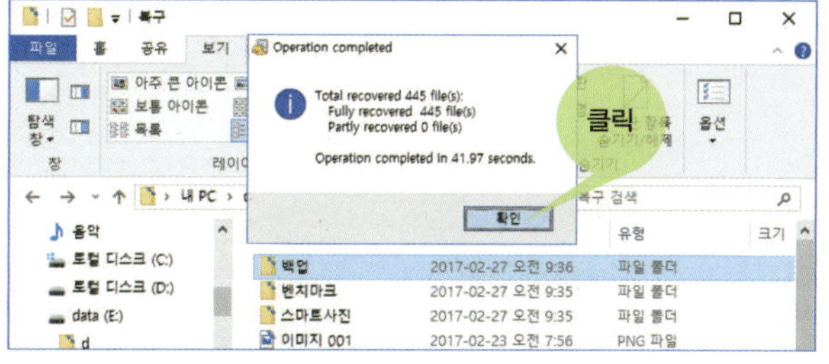

❻ 복구가 완료되면 Operation Completed 대화상자에 복구 내용과 소요 시간을 표시합니다. 기존 폴더와 함께 100% 복구된 것을 볼 수 있습니다.

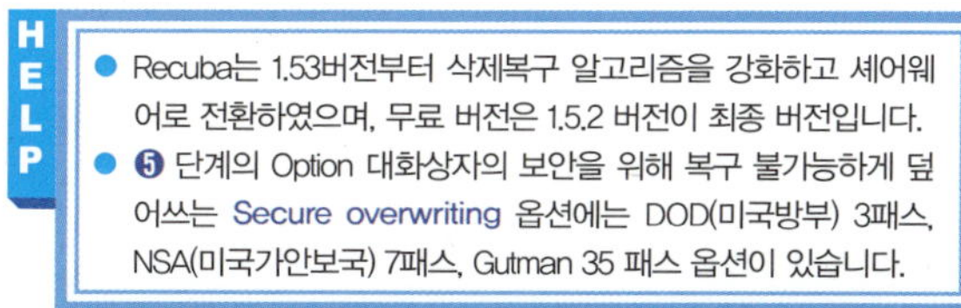

- Recuba는 1.53버전부터 삭제복구 알고리즘을 강화하고 셰어웨어로 전환하였으며, 무료 버전은 1.5.2 버전이 최종 버전입니다.
- ❺ 단계의 Option 대화상자의 보안을 위해 복구 불가능하게 덮어쓰는 Secure overwriting 옵션에는 DOD(미국방부) 3패스, NSA(미국가안보국) 7패스, Gutman 35 패스 옵션이 있습니다.

다섯째 마당
스마트 네트워킹

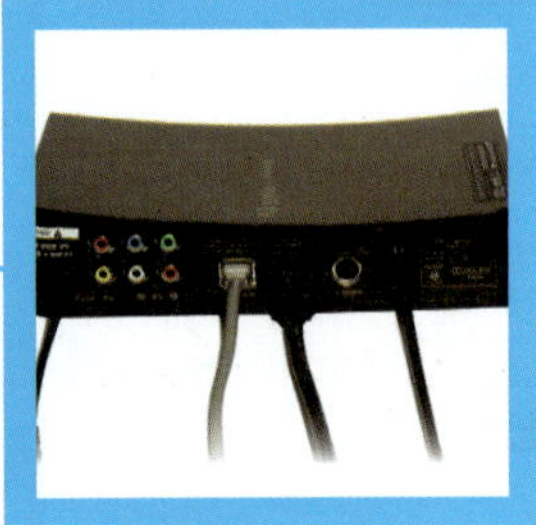

다섯째 마당에서는 LAN 구성과 인터넷 연결 공유, 네트워크 자원의 공유와 활용, 보안 네트워킹 및 원격 컴퓨팅, 모바일과 연동한 스마트워킹까지 종합적으로 다룹니다.

우선 네트워크를 운용하는 데 필요한 기본적인 지식을 익히고, 다양한 네트워크 연결 및 인터넷 연결 공유 방법, 실무 네트워크 환경에서의 자원 공유와 활용 방법, 사용자 계정과 그룹을 활용한 고급 보안 네트워킹 및 원격 컴퓨팅 방법을 다룹니다. 특집에서는 모바일 기기와 컴퓨터를 함께 활용하는 스마트워킹 솔루션에 대해 알아봅니다.

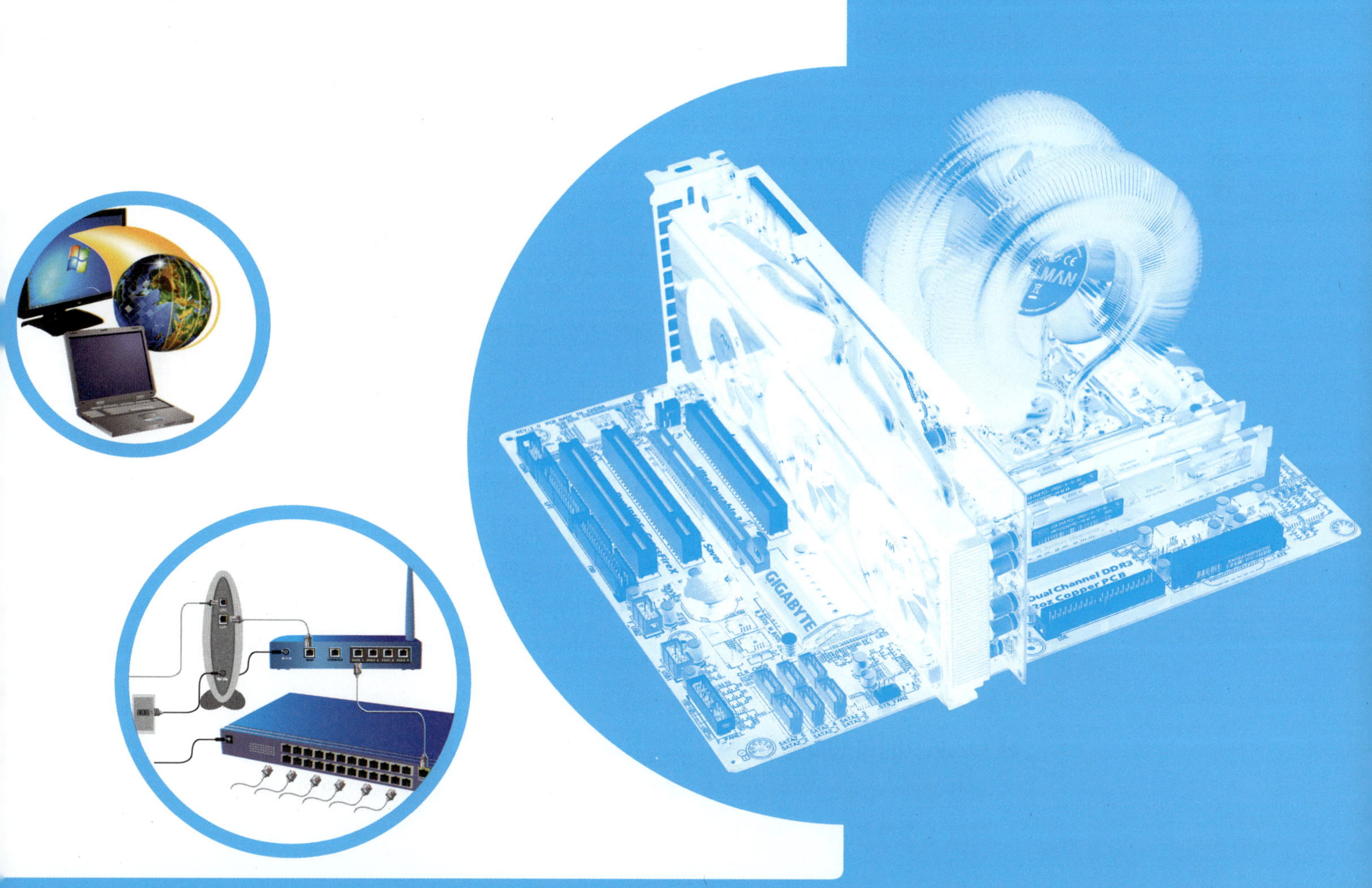

Chapter 12 LAN 구성과 인터넷 연결 공유

이 장에서는 네트워크와 인터넷을 다루는 데 필요한 기본적인 지식과 TCP/IP 프로토콜의 특징, 네트워크와 인터넷 연결에 사용되는 부품들의 기능과 네트워크 연결 및 인터넷 연결 공유 방법을 알아봅니다.

1 네트워크 기본 지식

네트워크를 구축하면 컴퓨터를 연결하여 자원을 공유할 수 있습니다. 네트워크는 연결 영역에 따라 LAN과 WAN으로 구분됩니다. 서로 떨어진 컴퓨터가 자원을 공유할 수 있으려면 유무선을 통한 연결과 똑같은 프로토콜을 사용해야 합니다. 오늘날에는 TCP/IP 프로토콜이 광범위하게 사용되고 있습니다.

LAN(Local Area Network)

LAN은 근거리망 또는 지역망이란 뜻으로, 가까운 거리에 있는 컴퓨터에 접속하여 자원을 공유하는 네트워크를 의미합니다. 보통 건물 내의 컴퓨터를 연결하여 사용하면 LAN이라고 할 수 있습니다.

LAN을 사용함으로써 얻을 수 있는 장점은 한마디로 자원을 공유하는 데 있습니다. 만약, LAN이 구성되어 있지 않다면 데이터를 USB 메모리 등에 저장한 후 프린터와 연결된 컴퓨터가 있는 곳까지 가서 프린트해야 합니다. 설사 프린터를 각 컴퓨터에 설치하여 사용한다 해도 자료 공유와 전달의 문제는 여전히 해결되지 않은 과제로 남을 수밖에 없습니다.

LAN을 도입하면 자료의 공유와 프린터 공유는 물론 여러 사람이 동일 문서를 수정하면서 협동 작업도 할 수 있으므로 작업 효율과 생산성을 높일 수 있습니다.

WAN(Wide Area Network)

WAN은 광역망이라는 뜻으로, 멀리 떨어져 있는 LAN이나 컴퓨터를 연결하여 자원을 공유하는 네트워크를 말합니다. 대표적인 WAN으로는 인터넷을 들 수 있습니다.

인터넷의 발전과 함께 언제 어디서나 접속하여 필요한 작업을 할 수 있는 유비쿼터스 컴퓨팅이 가능해졌습니다. 불과 몇 년 전만 해도 인터넷에 접속하는 주요 장치는 컴퓨터였으나 지금은 컴퓨터보다 훨씬 많은 모바일 기기들이 인터넷에 접속하고 있습니다. 인터넷 서비스의 발전 단계를 살펴보면 다음과 같습니다.

❶ **텍스트 기반의 인터넷 서비스** : 초창기의 인터넷은 텍스트 기반의 Telnet이나 파일 교환을 위한 FTP 서비스, 온라인 토론 공간 UseNet 서비스 등이 제공되었으며, 컴퓨터와 네트워크에 능통한 컴퓨터 전문가들이 주로 활용했습니다.

❷ **하이퍼 텍스트 기반의 웹서비스** : 인터넷의 아버지로 불리는 팀 버너즈-리(Tim Burners Lee)가 고안한 하이퍼텍스트 기반의 HTML 문서는 텍스트뿐만 아니라 이미지, 동영상, 음악파일, 플래시와 같은 멀티미디어 콘텐츠를 볼 수 있기 때문에 컴퓨터를 잘 모르는 일반인들도 인터넷을 친숙하게 이용하는 시대가 되었습니다.

❸ **웹 2.0 시대를 연 소셜 네트워크 서비스** : 웹서비스 제공자에 의한 일방향 콘텐츠 시대가 웹 1.0 시대였다면, 개인 블로그나 페이스북, 트위터, 인스타그램, 위키피디아 같은 SNS(Social Network Service)를 통해 개인이 콘텐츠 생산의 주역이 되어 활동하는 웹 2.0 시대가 열렸습니다. 개방, 참여, 공유는 웹 2.0을 상징하는 키워드라 할 수 있습니다. 웹은 HTML 문서뿐만 아니라 다양한 앱(APP, Application)이 실행되는 플랫폼으로 진화하였습니다.

❹ **개인화 지능화된 웹 3.0 시대** : 웹 3.0은 스마트로 대별되는 새로운 시대로 연관된 정보를 분석하는 시멘텍(Symantec) 기술, 인공지능과 빅데이터 분석 등을 통해 지능화된 개인 맞춤형 웹 서비스를 제공하는 시대로 진화하고 있습니다.

유무선 네트워크 규격

유무선 네트워크 규격은 유무선망을 통한 데이터 통신 목적으로 고안된 규격으로, 국제전기전자기술자협회인 IEEE에서 정의하고 있습니다. 각 규격별 특징은 다음과 같습니다.

유무선 네트워크 규격

유선 네트워크 규격		무선 네트워크 규격	
이름	특징	이름	특징
IEEE802.3	10Mbps	IEEE 802.11a	ATM 장비 간 통신
		IEEE 802.11b	2.4GHz 무선 채널 대역 11Mbps
IEEE802.3u	100Mbps	IEEE 802.11g	2.4GHz 무선 채널 대역 54Mbps
		802.11n	2.4GHz 무선 채널 대역 300Mbps
IEEE802.3ab	1000Mbps = 1Gbps	802.11ac	5GHz 무선 채널 대역 867Mbps

유선 네트워크 규격

유선 랜의 규격은 IEEE의 802.3의 규약을 따르고 있습니다. IEEE 802.3은 10Mbps, IEEE 802.3u는 100Mbps, IEEE 802.3ab는 1Gbps 속도의 규격입니다. 1Gbps를 바이트 단위로 환산하면 1000÷8=125MByte로, 이는 초당 125메가바이트의 데이터 전송 속도를 의미합니다. 요즘 나오는 PC 메인보드는 대부분 1Gbps 랜을 지원합니다.

네트워크에서 이러한 속도를 활용하려면, 1Gbps급 랜 단자를 지원하는 인터넷 공유기나 스위칭 허브를 사용하여 네트워크를 구성하면 됩니다. 요즘 KT, SKB, LG U+ 등은 기가 인터넷망을 지원하는 추세입니다. 단, 트래픽 문제로 인해 인터넷과 같은 WAN 영역에서 구현되는 실제 속도는 1Gbps 대역폭의 80~90%에 이르는 수준입니다.

● IEEE(Institute of Electrical and Electronics Engineers) : 국제전기전자기술자협회로, 각종 전자 통신 장비의 표준 규격을 정의합니다.

- Wi-Fi : 신뢰성 있는 무선 연결을 의미하는 Wireless Fidelity 의 약어 표현으로, IEEE 802.11 기반의 무선 랜 연결과 장치 간 연결 기술로 와이파이 얼라이언스(Wi-Fi Alliance)의 상표명으로 사용됩니다.

▲ 802.11n Draft 로고

무선 네트워크 규격

무선 랜의 규격은 IEEE의 802.11의 규약을 따르고 있습니다. 이 IEEE 802.11 기반의 무선 랜 연결과 장치 간 연결 기술을 흔히 와이파이(Wi-Fi)라고 부릅니다.

IEEE에서 정의한 802.11 무선 규격에는 IEEE 802.11a, IEEE 802.11b, IEEE 802.11g, 802.11n, 802.11ac가 있습니다. 802.11a는 5~6GHz대의 무선 채널 대역을 사용하고, 주로 ATM 장비 간 통신에 사용되며, 802.11b부터는 2.4GHz 무선 채널 대역을 사용합니다.

802.11b는 11Mbps, 802.11g는 54Mbps, IEEE 802.11n은 300Mbps 속도의 규격이고, 가장 최근에 나온 802.11ac는 5GHz의 무선 채널 대역에서 867Mbps를 지원하여 사실상 유선 랜에 버금가는 속도를 지원하며, 2.4GHz대에서는 IEEE 802.11n과도 호환되는 대역폭을 지원합니다.

와이파이(Wi-Fi)는 무선 연결 장치인 AP(Access Point)를 통해 제한된 범위에서만 무선 네트워크 연결을 지원하는 단점이 있지만, 유선 네트워크 못지 않은 빠른 속도를 지원합니다. 현재 국내 3대 통신 사업자인 KT, SKB, LG U+가 경쟁적으로 와이파이 존을 확대하고 있기 때문에 이제 웬만한 공공시설 지역에서는 무료 와이파이를 활용할 수 있는 시대가 되었습니다. 물론 와이파이존에서 지원하는 속도는 무선 네트워크 규격에 따라 차이가 있습니다.

유무선 인터넷 공유기를 활용하면, 스마트폰이나 태블릿에서도 와이파이를 사용할 수 있습니다. 물론 유무선 공유기의 와이파이 연결을 사용하면 데이터 통신 비용이 전혀 들지 않습니다. 단, 유무선 인터넷 공유기가 지원하는 최대 통신 반경은 안테나 성능과 개수에 따라 다르지만 대개 20~30미터 정도로 제한되며, 고주파 무선 채널 대역을 사용하므로 벽에 가로막힌 경우에는 접속에 장애가 있습니다. 와이파이 지원 반경을 늘리려면 무선 AP(Access Point)를 사용해야 하는데, 유무선 공유기는 무선 AP로 활용할 수도 있습니다.

이동 통신 규격

휴대전화는 데이터 통신보다는 이동 환경에서의 음성 통화가 목적이기 때문에 IEEE와 달리 ITU에서 통신 규격을 정의하였습니다. ITU는 소위 1세대(1 Generation)로 불리는 1G 규격에서 아날로그 방식의 음성 통화를 정의하였으며, 그 뒤에 나온 2세대 규격인 2G에서는 음성 메시지뿐만 아니라 문자 메시지 전송 기능을 포함합니다. 스마트폰 시대를 개막한 아이폰의 등장 시점에 정의된 3G부터 21Mbps급의 데이터 전송 속도가 지원되기 시작했으며, 이때부터 3G를 이용한 영상통화와 인터넷 이용이 가능해졌습니다. 아이폰을 필두로한 모바일 혁명은 3G 전송이 뒷받침되었기 때문이라고 해도 과언이 아닙니다.

- ITU(International Tele-communication Union) : 국제전기통신연합의 약자로 무선 주파수 할당 및 표준 제정 등의 활동을 하는 국제 기구
- GSM(Global System for Mobile communications) : 유럽의 이동 통신 접속 방식으로, 3G에서는 WCDMA로 발전하여 HSPA, HSPA+로 발전하다 4G에서 LTE로 진화
- CDMA(Code Division Multiple Access) : 미국과 한국의 이동 통신 접속 방식으로, 3G에서는 CDMA2000으로 발전하여 CDMA2000 EV-DO, Rev. A/B 방식으로 발전

3G에 이어 등장한 4G급의 LTE(Long Term Evolution), LTE A, 광대역 LTE로 발전하면서 150Mbps 이상의 전송 속도를 지원하게 되어 대용량의 멀티미디어 데이터의 실시간 전송도 가능해졌습니다. 예를 들어 스마트폰으로 인터넷을 통해 제공되는 프로야구 방송을 와이파이가 아닌 LTE로도 시청 가능할 만큼 빨라졌습니다. 단, LTE는 전국 어디에서나 접속이 가능한 장점은 있지만, 데이터 전송량에 따른 통신 요금이 발생합니다. 3G나 LTE와 같은 이동 통신 서비스를 위해서는 해당 기지국과 중계기를 전국에 설비해야 합니다. 이동통신사는 3G나 LTE 인프라에 투자된 비용을 3G나 LTE 통신 요금에 반영합니다.

이동 통신 규격

규격	특징
1G	아날로그 음성 통화 / 데이터 통신 불가능
2G	디지털 음성 통화 / 문자 메시지 송수신 기능 지원 GSM / CDMA 접속 데이터 전송 속도 14.4~64Kbps
3G	디지털 음성 / 문자 / 동영상 GSM → WCDMA / CDMA → CDMA 2000 / Wibro 데이터 전송 속도 144Kbps~2Mbps
4G	디지털 음성 / 문자 / 동영상 GSM → WCDMA → LTE / Wibro Evolution 10MHz 대역폭 데이터 전송 속도 100Mbps~1Gbps LTE는 20MHz 대역폭 확보 기술을 적용하여 두 배 빠른 LTE-A와 광대역 LTE 30MHz 대역폭 확보 기술을 적용하여 세 배 빠른 광대역 LTE-A 40MHz 대역폭 확보 기술을 적용하여 네 배 빠른 3밴드 LTE-A까지 나왔으며, 국내 이동통신 3사는 모두 3밴드 LTE-A 서비스를 제공합니다.
5G	현재 개발 중인 차세대 기술로 28GHz의 초고대역 주파수를 사용한 초고속 전송 실현 예상

지금은 스카이프나 행아웃과 같은 무료 음성 및 화상 통화가 가능한 앱들도 많이 사용되고 있기 때문에 음성 통화 기반의 요금제와 수익 모델은 한계에 봉착할 수밖에 없습니다. 이 때문에 이동 통신 사업자들은 음성 통화 요금제와 함께 데이터 요금제의 비율을 높이고 있는 것입니다.

사무실과 아파트의 네트워크 구성

오늘날의 업무 환경은 인터넷을 떠나서는 생각할 수 없을 정도로 인터넷을 통한 정보 처리 업무가 늘어나고 있습니다. 다행히 대한민국의 인터넷 환경은 세계 최고 수준의 인터넷 인프라를 갖추고 있으며, 저렴한 비용으로 초고속 인터넷을 사용할 수 있습니다.

오늘날 새로 신축되는 오피스 빌딩이나 아파트에는 기본으로 유선 네트워크가 구성되며, 인터넷을 활용한 원격 모니터링 및 제어 솔루션까지 제공하기도 합니다.

사무실 네트워크 구성

규모가 있는 오피스 건물의 각 층에는 EPS와 TPS가 구성됩니다. EPS실에는 기본적으로 건물 내의 전력 케이블 배관과 계량기가 있고, TPS실에는 통신 케이블 배관이 있으며, 필요에 따라 통신 네트워크 장비가 함께 설비되기도 합니다. 건물 내의 TPS로 분배되는 통신 네트워크는 보통 건물 지하에 있는 MDF실에서 종합적으로 관리합니다.

규모가 큰 오피스 건물에는 TPS실에 통신 네트워크 장비를 설비하여 해당 층의 통신 네트워크 사용을 지원합니다. 작은 오피스 건물의 경우에는 사무실의 통신 단자함에서 전화와 인터넷을 직접 연결합니다. 통신 단자함에는 멀티박스와 연결되는 일반 전화 케이블과 네트워크 케이블 배선이 있습니다. 인터넷 전화기의 번호 인증은 고유 하드웨어 식별 코드 인증 방식을 사용하므로 국내외 어디에서든지 인터넷이 연결되어 있으면 등록한 전화번호로 사용할 수 있습니다. 그리고 일반 전화 케이블에 연결된 단자도 얼마든지 디지털 네트워크에 연결하여 사용할 수 있습니다. 단, 잭은 규격이 다르므로 맞춰줘야 합니다.

- EPS(Electrical Piping Shaft) : 다양한 전원 공급용 케이블이 집약된 관
- TPS(Telecommunication Pipe Shaft) : 전화와 네트워크 등 통신 케이블이 집약된 관
- MDF(Main Distribution Frame) : 전화나 인터넷선을 건물 내로 분배하는 주배전반

*사무실 네트워크와
인터넷의 연결*

- **ISP(Internet Service Provider)** : 인터넷 서비스 제공자, 즉 KT, SK 브로드밴드, LG U+ 같은 통신 사업자
- **멀티박스** : 사무실 바닥에 전원 콘센트, 전화, 인터넷을 연결할 수 있게 마련된 박스
- **MDF(Main Distribution Frame)** : 아파트나 빌딩에 구성된 통신실로, 내부 네트워크 연결을 위해 공중 통신망, 사설 통신망을 MDF실로 집중시켜 복합 건물의 통신망을 종합적으로 관리합니다. 요즘에는 대부분 MDF실까지 광케이블이 구축됩니다.

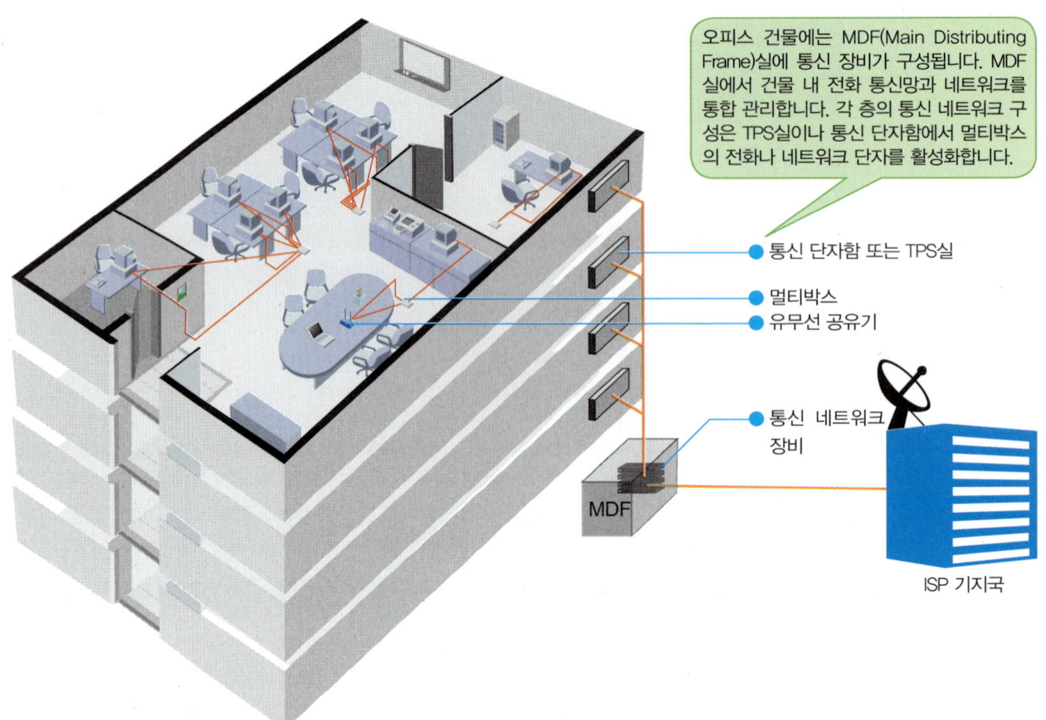

위의 그림은 소규모 **사무실 네트워크의 MDF → 통신 단자함 구성** 예로, 사무실 내의 네트워크는 통신 단자함에 인터넷 공유기와 허브를 구성하여 멀티박스의 LAN 단자를 활성화한 다음, 멀티박스에 랜케이블을 연결하여 컴퓨터에 연결하면 됩니다. 사무실 바닥에 배열되는 원형이나 사각형으로 된 멀티박스에는 전원 콘센트, 일반 전화 단자, LAN 단자가 구성되어 있습니다. 멀티박스 안의 LAN 단자가 하나라도 멀티박스 안에 들어가는 허브를 사용하면 여러 개의 LAN 단자를 사용할 수 있습니다.

오피스 건물의 멀티박스

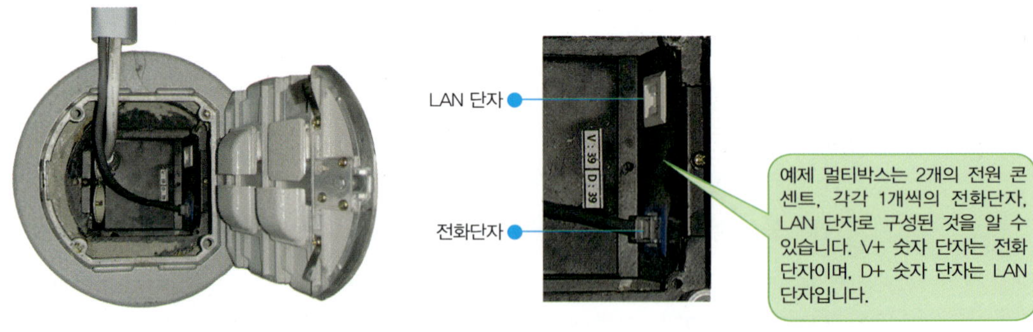

유무선 공유기를 사용하면 사무실 내에서 와이파이를 사용할 수 있으며, 노트북 컴퓨터나 스마트폰에서 와이파이를 사용할 수 있습니다. 인터넷 서비스는 사용자가 가입한 ISP의 기지국과 MDF실의 라우터가 연결됩니다. 라우터는 서로 다른 네트워크를 중계해주는 통신 장비로, LAN을 WAN으로 연결할 때 사용하는 필수 장비입니다. 인터넷 공유기도 라우터 기능을 포함하고 있습니다. 사무실의 인터넷 공유기에 연결된 컴퓨터에서 인터넷 정보를 검색할 수 있는 이유는 바로 라우터간에 교신하며 최적 경로를 WAN(인터넷)에서 찾아내기 때문입니다.

소규모 오피스 건물의 EPS/TPS는 룸으로 구성되지 않고 배관 통로로 구성되기 때문에 통신 단자함에서 전화와 네트워크 단자의 활성화 작업을 진행하는 반면, 규모가 있는 **오피스 건물은 MDF → TPS 구성**으로 TPS실에 통신 네트워크 장비를 설비하여 수십~수백 개의 전화와 네트워크 연결을 관리합니다.

다음은 TPS실 내부의 멀티박스와 연결되는 통신 네트워크 장비로, 위쪽에는 일반 전화 연결 장비, 아래쪽에는 네트워크 연결 장비가 있는 것을 볼 수 있습니다.

TPS실의 통신네트워크 장비

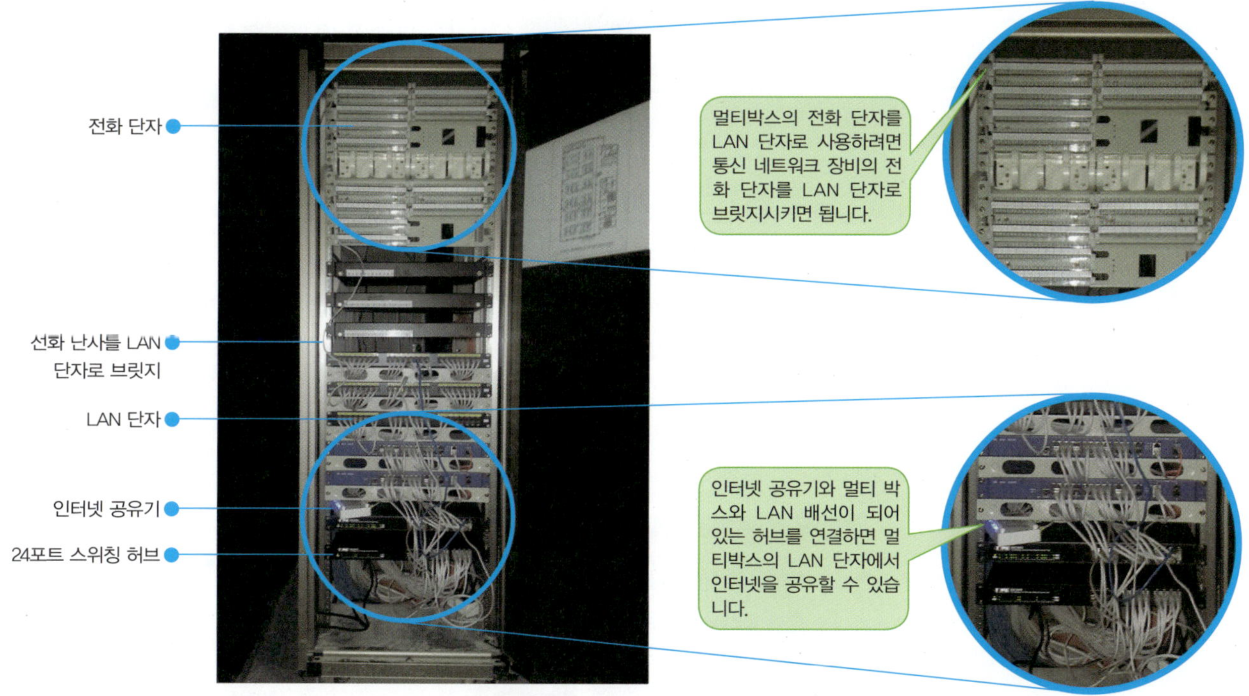

인터넷 공유기와 허브를 사용하면 사무실 멀티박스의 LAN 단자를 활성화하여 인터넷을 사용할 수 있습니다. 일반 전화 단자도 LAN 단자와 브릿지시켜주면 연결하는 잭의 규격만 다를 뿐, 일반 LAN 단자처럼 사용할 수 있습니다.

멀티박스의 전화 단자는 해당 규격의 커넥터로 연결하고, 컴퓨터의 LAN 단자에는 RJ-45 커넥터를 사용하면 됩니다. 단, 일반 전화 케이블은 1Gbps급의 네트워크 속도는 지원하지 못한다는 점에 유의하기 바랍니다. LAN 케이블도 모두 1Gbps를 지원하는 게 아니라 CAT5e 규격 이상의 케이블부터 1Gbps를 지원합니다.

아파트 네트워크 구성

아파트 네트워크도 소규모 사무실 네트워크와 거의 비슷한 MDF → 세대별 통신 단자함으로 구성되어 있습니다. 아파트 내에서는 바닥에 멀티박스가 있는 것이 아니라 벽면에 전화 단자와 LAN 단자, TV 안테나 단자, 전원 콘센트가 배열되어 있습니다.

아파트는 사무실 네트워크처럼 많은 네트워크 연결이 필요하지 않으므로, EPS/TPS실에 별도의 통신 네트워크 장비는 구성되어 있지 않으며, 세대 계량기 정도만 구성되어 있습니다.

각 세대의 전화와 인터넷, TV 사용은 MDF실과 직접 연결되는 아파트 세대 내의 통신 단자함에서 활성화합니다. **사무실의 경우에는 멀티박스에서 네트워크 연결을 수행하지만, 아파트는 벽면에 전화와 인터넷, TV 단자, 전원 콘센트가 배열**되어 있으므로 연결하면 됩니다.

아파트 벽면에 있는 전원 콘센트, LAN, TV 안테나 단자

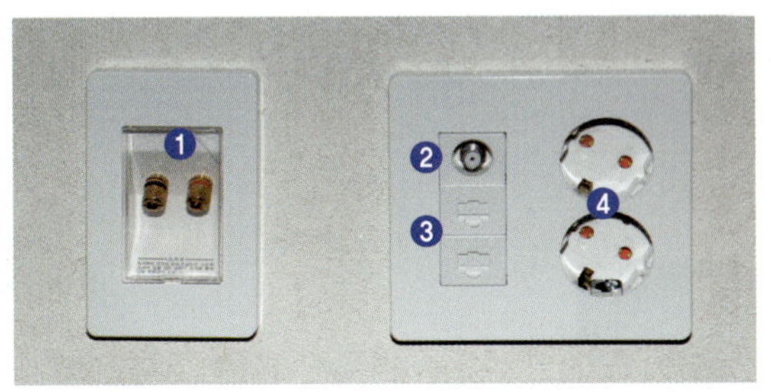

기존 아파트의 네트워크 설비는 보통 100Mbps에 맞춰 설계되어 있습니다. 1Gbps 인터넷을 활용할 수 있기 위한 물리적인 조건으로는 MDF와 각 세대의 통신 단자함이 1Gbps 이상의 대역폭을 지원할 수 있는 CAT5e 이상의 LAN 케이블로 연결되어 있어야 하며, 통신 단자함의 네트워크 허브도 1Gbps 이상을 지원하는 기가비트 허브를 사용해야 합니다.

아파트의 세대별 통신 단자함

요즘은 아파트까지 대부분 광랜으로 연결되기 때문에 사용자가 ISP에 기가 인터넷 서비스를 신청하면 MDF실과 세대 간에 CAT5e 이상의 케이블로 연결되어 있는지를 우선 확인합니다. CAT5e 이상의 케이블로 연결되어 있다면, 가입한 인터넷 서비스 제공자측에서 기가비트 허브와 인터넷 공유기를 설치해줍니다. 추가로 IP TV를 신청한 경우에는 인터넷 TV 셋톱 박스를, 인터넷 전화를 신청한 경우에는 인터넷 전화까지 개통시켜줍니다.

다음 그림은 아파트에서 KT 기가 인터넷 서비스와 인터넷 전화, IP TV를 신청한 경우에 제공되는 장비들의 기능을 나타낸 것입니다. TV 셋톱 박스의 경우 UHD 지원 셋톱 박스로 교체 가능합니다.

 ## 인터넷 프로토콜 TCP/IP

네트워크가 작동하려면 랜 카드와 UTP 케이블이 연결된 상태에서 네트워크의 다른 컴퓨터나 장비가 교신할 수 있는 공통의 프로토콜을 사용해야 합니다. 지금은 인터넷 프로토콜로 인기가 높은 TCP/IP 프로토콜이 광범위하게 사용되고 있습니다.

서로 다른 컴퓨터를 소통시켜주는 프로토콜

네트워크의 다른 컴퓨터 또는 장비와 데이터를 주고받고, 자원을 공유하려면 공통의 프로토콜을 사용해야 합니다. **프로토콜은 한마디로 네트워크 세계의 언어**라고 할 수 있습니다.

프로토콜만 일치하면 기종에 관계없이 컴퓨터 간에 대화를 할 수 있습니다. 즉, 윈도우 운영체제를 사용하는 PC나 UNIX, 매킨토시 컴퓨터 간에도 같은 프로토콜을 사용하면 서로 데이터를 공유하거나 다양한 통신 서비스를 활용할 수 있습니다. 다음 그림에서 볼 수 있듯이 프로토콜 A와 B를 모두 사용하는 컴퓨터에서는 다른 컴퓨터와 모두 네트워킹이 가능하지만, 프로토콜 A나 B만 사용하는 컴퓨터 간에는 네트워킹이 불가능합니다.

프로토콜의 기능

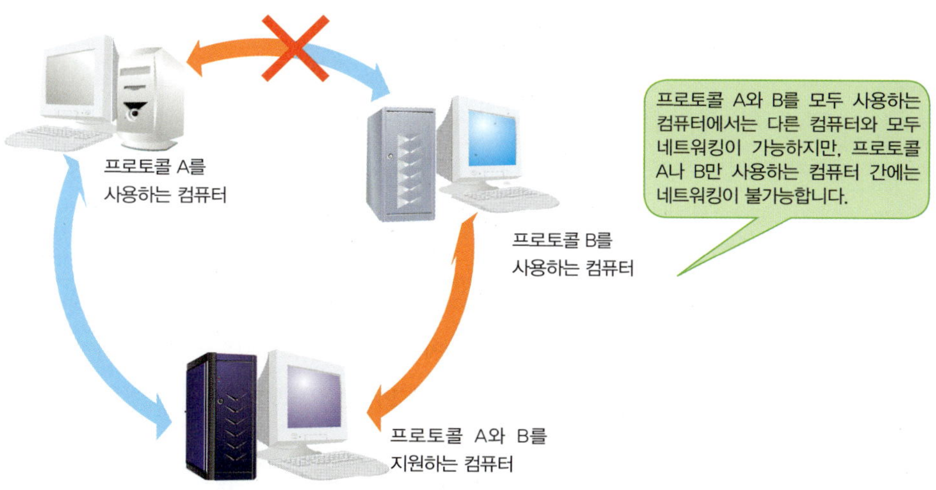

프로토콜은 폐쇄형의 전용 프로토콜과 개방형 프로토콜로 구분할 수 있습니다. 전용 프로토콜은 특정 하드웨어나 운영체제 환경에서만 사용 가능한 프로토콜을 말합니다. 예를 들어 Microsoft 네트워크용 파일 및 프린터 공유 프로토콜은 같은 윈도우 계열의 운영체제를 사용하는 컴퓨터 간에만 연결이 가능합니다.

개방형 프로토콜은 컴퓨터의 종류에 관계없이 사용할 수 있는 프로토콜로, 인터넷의 기본 프로토콜로 널리 사용되고 있는 TCP/IP 프로토콜이 대표적입니다. 웹(Web)이나 FTP 서비스는 TCP/IP 프로토콜 기반의 응용 프로토콜입니다. **프로토콜만 일치하면 기종에 관계없이 컴퓨터 통신이 가능**하므로, 윈도우 PC나 매킨토시 컴퓨터, UNIX 컴퓨터는 모바일 기기에서도 TCP/IP 프로토콜 기반의 웹서비스나 FTP 서비스를 이용할 수 있습니다.

TCP/IP 프로토콜의 특징

TCP/IP 프로토콜은 크게 TCP 프로토콜과 IP 프로토콜이 조합된 프로토콜입니다. **TCP 프로토콜은 신뢰성 있는 전송을 제어하는 프로토콜이며, IP 프로토콜은 장치를 정확히 식별**하는 데 사용되는 프로토콜입니다.

IP 주소의 형식은 206.203.171.85와 같이 각 단계마다 1바이트의 숫자를 사용하며, 마침표로 구분하여 표현합니다. 컴퓨터가 이해하는 정보는 십진수가 아니라 이진수로 된 비트 정보이므로 각 단계마다 8개의 이진수를 사용하여 주소를 기록하고 IP 주소는 32비트로 된 주소를 사용합니다. 이 주소 체계를 IPv4 주소 체계라고 하며 약 42억 개의 주소를 사용할 수 있습니다.

공인 IP 주소의 구성

클래스	A	B	C	
IP 주소	206	203	171	85
	ǁ	ǁ	ǁ	ǁ
실제 주소	11001110	11001011	10101011	01010101

최근 인터넷의 팽창에 따라 IPv4 주소가 포화 상태에 달하여 IP 주소 부족 문제를 해결하기 위해 128비트 주소를 사용하는 IPv6 주소 체계가 등장하였습니다. IPv6 주소는 사실상 무한대에 가까운 3.4×10^{38}개의 주소를 사용할 수 있습니다.

IPv6 주소의 보급에 따라 컴퓨터 장치뿐만 아니라 가전제품과 보일러, 계량기 등을 IP 주소를 통해 제어할 수 있는 사물 인터넷(IoT) 시대가 본격적으로 도래할 전망입니다.

공인 IP 주소와 사설 IP 주소

인터넷에 연결된 컴퓨터는 IP 주소가 중복되면 컴퓨터를 제대로 찾을 수 없으므로 통신 사업자로부터 공인 IP 주소를 할당받아야 합니다. TCP/IP 프로토콜이 널리 사용되다 보니 내부 네트워크용으로도 많이 이용되는데, TCP/IP 프로토콜로 내부 네트워크만 운영하면 공인 IP를 사용하지 않고, 사설 IP 주소를 사용합니다.

사설 IP 주소도 아무렇게나 사용할 수 있는 것은 아니라 RFC라고 불리는 인터넷 규약 문건에서 정한 범위에서 사용해야 합니다.

가장 많이 활용되는 사설 IP 주소는 C 클래스의 192.168.0.0~192.168.255.255 범위의 주소로, 최대 65,536대까지의 네트워크를 구축할 수 있습니다. 255대 이하의 컴퓨터 네트워크를 사용하는 기업에서 TCP/IP 사설 네트워크를 구성하는 경우에는 C 클래스의 192.168.0.1~192.168.0.255 범위의 255개의 주소로도 충분합니다. B 클래스는 $16 \times 256 \times 256 = 1048576$개의 사설 IP 주소를 사용하여 각 컴퓨터의 주소를 할당할 수 있습니다.

클래스별 사설 IP 주소

클래스	A	B	C
IP 주소 범위	10.0.0.0~10.255.255.255	172.16.0.0~172.31.255.255	192.168.0.0~192.168.255.255

Check Point 사물 인터넷 시대! 사무실과 아파트 관리가 달라진다

사물 인터넷이란, 사물에 인터넷 연결이 가능한 센서를 부착하고 고유의 인터넷 주소를 할당하여 원격으로 사물에 접속하여 사물을 제어하는 기술이나 환경을 통칭합니다. 사물 인터넷은 IPv6로 불리는 128비트 인터넷 주소를 사용할 수 있게 되면서 급성장하고 있습니다. 사물 인터넷을 이용하면 보일러나 가스레인지, 가정의 조명, CCTV, 전기 · 가스 · 수도 검침 등을 원격으로 제어할 수 있기 때문에 한층 편리한 생활이 가능해졌습니다. 다음은 아파트에서 사용되는 스마트 월패드로, 가정에서 난방, 가스 밸브 제어, 에너지 사용량 등의 실시간 조회 기능 등을 사용할 수 있습니다.

다음은 스마트폰에서 아파트 관리 앱을 실행하여 원격으로 아파트를 관리하는 예입니다. 예제 앱은 삼성 스마트홈 앱으로, 삼성 SMART 홈 기기로 사용하는 기능의 대부분을 스마트 폰에서 활용할 수 있게 해줍니다. 앞으로 사물 인터넷이 본격화되면 냉장고, 세탁기, 공기청정기 등 다양한 스마트홈 연동 가전제품에 대한 원격 관리가 가능해질 것입니다.

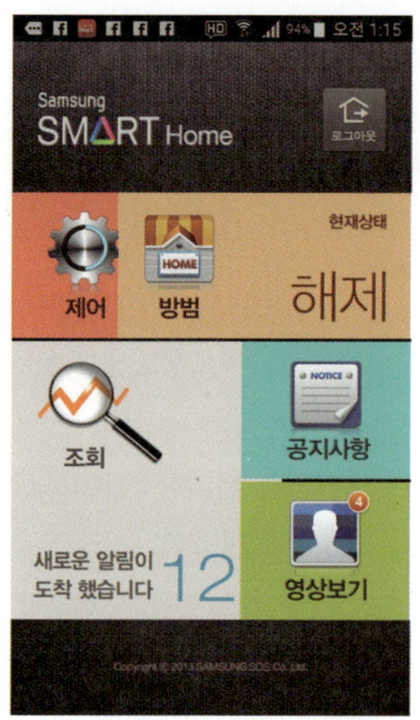

❶ 삼성 스마트홈 메인 화면으로, 제어와 방범, 에너지 사용량 등의 조회 및 CCTV 조회도 가능합니다.

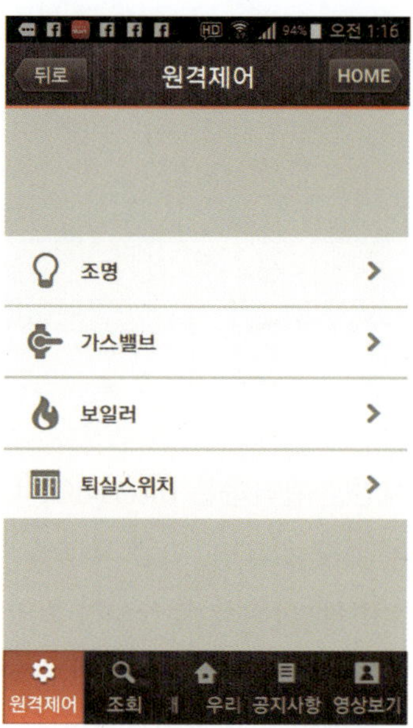

❷ 삼성 스마트홈에서 제어를 선택한 화면으로, 조명과 가스밸브, 보일러, 퇴실 스위치 등을 제어할 수 있습니다.

❸ 삼성 스마트홈에서 조회를 선택한 화면으로, 에너지 사용량, 관리비 내역, 공지사항 등을 볼 수 있습니다.

도메인 주소

공인 IP 주소는 컴퓨터가 이해하기는 쉽지만, 사람이 일일이 기억하여 컴퓨터를 찾기에는 불편이 따릅니다. 이 때문에 인터넷 서비스는 복잡한 공인 IP 주소 대신 도메인 이름을 사용합니다. 연관된 이름을 사용하여 기억하기 쉽게 한 것을 도메인 주소라고 합니다.

예를 들어 네이버의 IP 주소는 125.209.222.142, 도메인 주소는 'www.naver.com'로 표기합니다. 원래 **인터넷 도메인 주소는 국가 → 조직의 성격 → 조직의 이름 → 컴퓨터 이름과 같이 계층적인 구조**를 띠는데, 인터넷 도메인 주소는 반대 순서로 표기합니다. 즉, www는 웹서버 호스트, 즉 웹서버 컴퓨터를 의미합니다. naver는 도메인 이름을, com은 조직 유형이 영리 기업인 국제 도메인을 나타냅니다. 국제 도메인은 조직 유형 코드까지 입력하면 되지만, 국가 도메인에서는 국가를 식별할 수 있는 도메인 코드까지 표기해야 합니다. 다음 도메인 분류 코드와 표기 규칙표를 참고하기 바랍니다.

도메인 분류 코드와 표기 규칙

클래스	조직 유형	도메인 코드	주소 표기 방식	인터넷 주소 표기 예
국제 도메인	영리 기관	com	도메인.com	www.microsoft.com
	정부 기관	gov	도메인.gov	www.nasa.gov
	교육 기관	edu	도메인.edu	www.harvard.edu
	네트워크 운영 기관	net	도메인.net	www.elim.net
	비영리 기관	org	도메인.org	www.makehope.org
	군사 기관	mil	도메인.mil	www.dod.mil
	국제 기관	int	도메인.int	www.un.int
	기타	biz : Business 영리 회사 name : 개인용 cat : 카탈로니아 언어 문화 jobs : 직업 구직 관련 기관 museum : 미술관과 박물관 tel : 전화와 네트워크 관련	info : Information 정보 관련 aero : 항공 물류 기관 coop : 비영리 조합 기관 mobi : 모바일 기기 관련 pro : 전문직 종사자 travel : 여행 관련 기관	
국가 도메인	최상위 국가 도메인	kr(대한민국) / us(미국) / uk(영국) / cn(중국) / jp(일본) 등 248개국 도메인		
	기업(상업)	co	도메인.co.kr	www.cyber.co.kr
	정부 기관	go	도메인.go.kr	www.mic.go.kr
	교육 기관	ac	도메인.ac.kr	www.skku.ac.kr
	군사 기관	mil	도메인.mil.kr	www.army.mil.kr
	개인	pe	도메인.pe.kr	www.chogw.pe.kr

도메인 이름은 국제 도메인을 관리하는 InterNIC이나 국내 도메인을 관리하는 KRNIC에 일정한 요금을 납부하여 취득할 수 있으며, 한글 도메인 이름도 자유롭게 사용할 수 있습니다.

과거에는 도메인을 취득할 때 사업자 등록증이 있어야 하는 등 절차가 까다로웠는데, 지금은 비용이 문제일 뿐, 개인도 신청할 수 있습니다. 국제 도메인 등록은 네트워크솔루션(www.netsol.com)에서, 국가 도메인은 한국인터넷정보센터(www.nic.or.kr)에 직접 신청해도 되며, 도메인 등록 신청을 대행해주는 후이즈(www.whois.co.kr)나 가비아(www.gabia.com), 카페24(cafe24.com) 등에 신청해도 됩니다.

도메인 네임 서버

도메인 이름으로 IP 주소를 찾아내고 실제 운용을 가능하게 하는 것은 서버 운영체제에 설치되는 도메인 네임 서버(DNS, Domain Name Server)를 통해 구현됩니다. DNS 서버는 도메인 주소와 IP 주소를 연결하는 기능을 제공하는 서버라고 이해하면 됩니다. 보통 도메인 네임 서버는 웹호스팅 업체에서 운영합니다. 홈페이지는 대개 전문 웹호스팅 서비스 업체를 이용하는데, 방문객이 특정 홈페이지 주소를 입력하면 해당 홈페이지를 서비스하고 있는 웹호스팅 업체의 네임 서버를 통해서 사용자가 입력한 홈페이지의 도메인을 찾아내 홈페이지에 연결합니다.

기업에서 자체 서버로 직접 홈페이지를 운영하려면 통신사업자로부터 고정 IP를 할당받아야 하고, DNS 서버도 설치해야 합니다.

유동 IP와 고정 IP 주소

인터넷 사업자 개별 사용자의 컴퓨터에 IP 주소를 할당할 때 고정 IP나 유동 IP 주소를 할당할 수 있습니다. 좀 더 가격이 비싼 고정 IP 주소를 신청한 경우에는 인터넷 도메인 주소를 취득하여 웹서버나 FTP 같은 서버 등을 기업 내에서 직접 운용할 수 있습니다.

유동 IP를 할당 받으면 인터넷 사업자 서버의 DHCP 서버에 의해 다른 이용자들이 사용하지 않는 공인 IP 주소가 자동 할당됩니다. 이 때문에 컴퓨터를 켜서 인터넷에 접속할 때 기존에 사용했던 공인 IP 주소를 다른 곳에서 점유하고 있는 경우에는 자동으로 변경됩니다. **DHCP 서버는 인증된 사용자(Host)가 네트워크상에서 연결되면 비어 있는 IP 주소를 자동으로 할당**하는 기능을 제공합니다.

일반 가정과 소규모 회사는 대부분 인터넷 서비스 제공자의 DHCP 서버로부터 비어 있는 IP 주소를 동적으로 할당 받아 사용하는 유동 IP 주소를 사용합니다. 유동 IP 주소를 사용하는 이유는 인터넷 가입자가 인터넷을 사용하지 않을 때 IP 주소가 낭비되는 것을 막고, 다른 가입자에게 할당할 수 있기 때문입니다.

유동 IP라도 고정 IP처럼 사용할 수 있는 서비스는 DDNS 서비스로 이를 이용하면 웹서버나 FTP 서버를 운영할 수 있습니다. 무료 DDNS는 보통 무료 회원으로 가입할 때 등록한 호스트 이름으로 시작되는 도메인 주소를 사용할 수 있습니다. 예를 들어, 무료 DDNS 서비스를 제공하는 iptime.org에 sample이라는 호스트 이름으로 이용할 경우, 인터넷 접속 주소는 'sample.iptime.org'가 됩니다

개인 PC에서 DDNS를 사용하여 웹서비스를 하는 경우, 해당 인터넷 공유기의 위치가 쉽게 노출되는 점에 유의하기 바랍니다. IP 주소나 DDNS 주소를 알면 인터넷상에서 인터넷 공유기에 접근하여 해킹을 시도할 수 있습니다. 특히, 인터넷 공유기에 암호를 걸지 않고 사용하는 경우에는 해커가 손쉽게 공유기를 장악하여 자신도 모르는 사이에 우회 해킹 도구로 활용될 수 있습니다.

그뿐만 아니라 공유기와 연결된 PC에 대한 추가 해킹도 가능하므로, 사생활 유출이나 금융 거래 해킹 등 큰 피해를 야기할 수 있습니다. 그렇기 때문에 웹호스팅 대신 PC에서 DDNS를 활용하여 웹서버로 사용하는 경우에는 보안에 특히 유의해야 합니다.

- DHCP 서버 : Dynamic Host Configuration Protocol Server, 같은 네트워크의 컴퓨터에 동적으로 IP 주소를 할당해 주는 서버
- DDNS 서버 : Dynamic Domain Name System Server, 유동IP 주소에서도 고정 IP주소처럼 도메인 이름을 사용할 수 있게 해주는 서버.

다양한 인터넷 서비스와 포트 번호

TCP/IP 프로토콜은 물리적인 데이터 전송과 주소 식별을 위한 기본 프로토콜이며, 실제 인터넷상에서 수행되는 다양한 인터넷 서비스는 TCP/IP 응용 프로토콜로 구현됩니다. 즉, TCP/IP 응용 프로토콜은 인터넷 응용 프로그램으로 이해하면 됩니다. 컴퓨터에서는 특정 작업을 위한 용도의 단일 응용 프로그램을 사용하는데 반해, 인터넷 응용 프로그램은 특정 서비스를 제공하기 위한 서버측 프로그램과 클라이언트측 프로그램이 짝을 이룹니다.

웹서비스용 클라이언트 프로그램에는 인터넷 익스플로러나 구글 크롬, 마이크로소프트 엣지 같은 웹브라우저가 사용되며, 웹서버로는 유닉스 계열 운영체제에서 동작하는 아파치(Apache)와 윈도우 운영체제에서 동작하는 인터넷 정보 서버(IIS) 등이 사용됩니다.
웹브라우저에서 도메인 주소를 입력할 때는 "http ://www.naver.com/" 형식으로 입력하는데, 여기서 "http ://"는 웹서비스를 수행하는 응용 프로토콜을 의미합니다.

인터넷 서비스를 제공하는 서버는 특정 포트를 통해 서비스를 제공합니다. **인터넷에서 IP 주소가 컴퓨터를 찾는 번호라면, 포트(Port) 번호는 인터넷 서비스를 식별하는 번호**라고 할 수 있습니다. 널리 사용 중인 인터넷 서비스는 ICANN에서 정의한 포트 번호를 사용하기 때문에 포트 번호를 직접 입력하지 않아도 이용하는 데 지장이 없습니다. 예를 들어, 웹서비스에 사용되는 기본값 포트 번호는 80번 포트로, 웹 주소를 입력할 때 포트 번호를 입력하지 않으면 기본값인 80번 포트를 사용하기 때문입니다.

클라이언트/서버 웹서비스

만약, 연결하려는 **웹서버가 다른 포트에서 웹서비스를 한다면** "http ://도메인 주소 :포트 번호"를 입력해야 웹서버에 제대로 접속할 수 있습니다.
이와 마찬가지로 FTP 서비스에 예약된 기본값 포트는 20번이나 21번 포트입니다. FTP 주소를 입력할 때 포트 번호를 입력하지 않으면 기본값 포트를 사용하기 때문입니다. 다른 포트 번호로 FTP 서비스를 하는 경우는 "ftp ://도메인 주소(또는 IP 주소) :포트 번호"를 입력해야 FTP 접속이 가능합니다.

윈도우 운영체제가 지원하는 원격 데스크톱 연결 서비스의 기본값 포트는 3389번을 사용합니다. 원격 데스크톱 연결 시에도 서버 주소를 입력할 때는 "도메인 주소(또는 IP 주소) :포트 번호"를 입력하여 접속합니다. 원격 데스크톱 연결 주소를 입력할 때 포트 번호를 입력하지 않으면 기본값 포트를 사용하기 때문입니다.

인터넷 주소로 표기하지는 않지만 이메일 서비스의 경우 보내는 메일 서버(SMTP)는 25번 포트, 받는 메일 서버(POP3)는 995번 포트를 사용합니다. 웹 데이터베이스로 많이 활용되는 MySQL은 3306번 포트를 사용합니다. 이처럼 특정 인터넷 서비스로 상호 통신하는 데는 특정 포트를 사용합니다.

ICANN에서 정의하고 있는 포트 번호의 구간별 특징은 다음과 같습니다.

ICANN이 정의하고 있는 포트 구간별 특징

포트 구간	구간 정의	비고
0~1023	Well known Port	ICANN이 직접 통제하는 포트 번호 구간
1024~49151	Registerd Port	ICANN에 중복 방지를 위해 등록된 포트이지만, 직접 통제하지 않는 포트 번호 구간
49152~65535	Dynamic Port	동적 포트 혹은 임시 포트로 통제 빋지 않는 포트 번호 구간

인터넷 서비스를 위한 컴퓨터의 출입문이라 할 수 있는 포트 번호는 65,536개까지 사용할 수 있습니다. 만약, 모든 포트가 개방되어 있다면 악성 코드나 해킹 프로그램은 자유자재로 컴퓨터를 드나들 수 있게 됩니다. 그렇기 때문에 운영체제의 방화벽 프로그램이나 인터넷 공유기는 특정 컴퓨터의 포트를 차단하는 기능을 제공합니다.

포트 포워딩

인터넷 공유기는 네트워크에 연결되어 있는 컴퓨터 포트의 차단 여부만 설정하는 데 머무르지 않고 인터넷 서비스에 필요한 포트를 할당할 수 있는 기능을 제공합니다. 인터넷 공유기의 설정 프로그램에서 제공되는 **포트포워딩 기능을 사용하여 인터넷 서비스에 필요한 포트를 할당**하거나 변경하는 작업을 수행할 수 있습니다.

인터넷 공유기를 활용하여 다양한 인터넷 서비스를 활용할 때는 포트포워딩 기능을 자유자재로 다룰 수 있어야 합니다. 웹서비스, FTP 서비스, NAS 서비스, IP 카메라, WOL 서비스, 원격 데스크톱 연결 서비스 등 인터넷 상에서 서비스를 제공할 수 있기 위해서는 해당 서비스를 제공하는 컴퓨터에서 포트를 열어야 비로소 인터넷상으로 내보낼 수 있습니다.

인터넷 공유기는 한 포트에서 둘 이상의 서비스를 수행할 수 없습니다. 포트 충돌이 발생하면 해당 포트를 매개로 하는 모든 서비스는 중단됩니다. 이 경우에는 포트가 겹치지 않도록 포트를 변경해야 합니다. 때로는 내부적인 보안용 서비스를 위해 잘알려진 포트를 다른 포트로 변경하기도 합니다. 예를 들어 다음 쪽의 그림에서 볼 수 있듯이 인터넷 공유기를 활용하여 내부 인트라넷용 웹서버를 운용하는 경우, 웹서버로 사용하는 컴퓨터에 대해 예약된 80번 포트 대신 8000번 포트를 할당할 수도 있습니다.

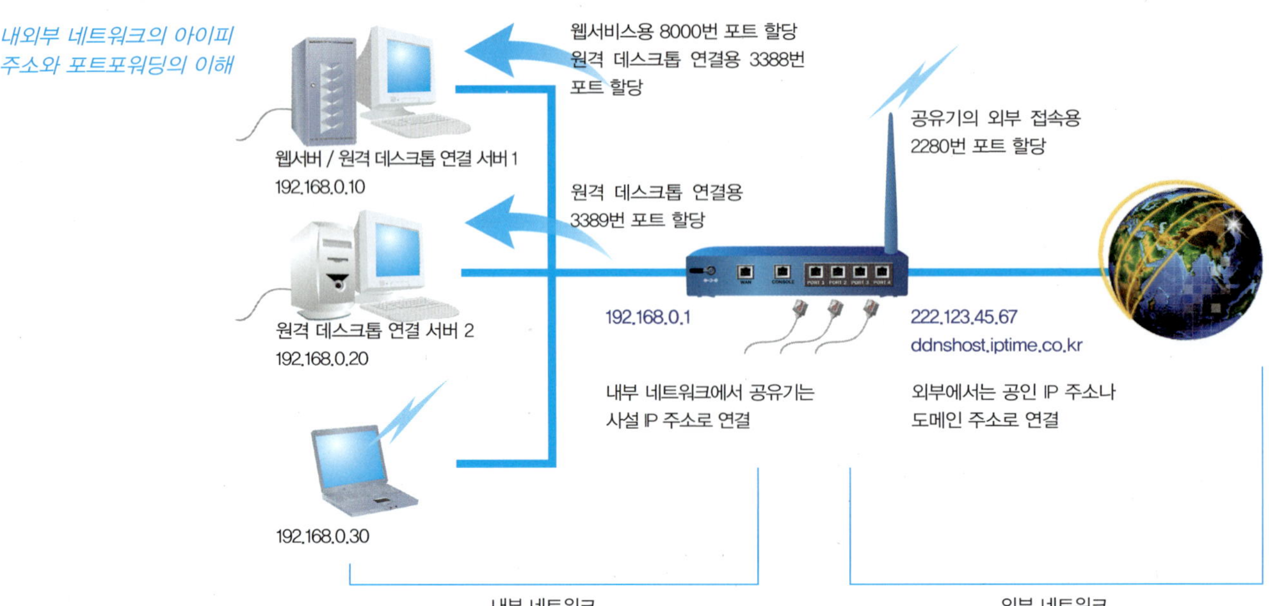

위의 그림은 인터넷 공유기에서 내부 네트워크의 컴퓨터에 대해 포트포워딩 설정을 통해 포트를 할당한 예를 나타낸 것입니다. 외부 네트워크에서는 한 개의 공인 IP 주소나 DDNS 주소로 접근하기 때문에 내부 네트워크의 개별 컴퓨터에서 제공하는 인터넷 서비스를 이용하려면 포트 번호로 구별해야 합니다.

인터넷을 통해 인터넷 공유기와 연결된 내부 인트라넷용 웹서비스에 접속하려면 "http://222.123.45.67:8000"과 같이 포트 번호를 입력해야 하며, DDNS 주소를 사용 중이라면 "http ://ddnshost.iptime.co.kr:8000"과 같이 입력해야 합니다. 이와 마찬가지로 윈도우의 원격 데스크톱 연결 서비스를 위해 예약된 포트는 3389입니다. 그렇기 때문에 3389 포트를 할당한 서버는 원격 데스크톱 연결 주소만 입력해도 되지만, 둘 이상의 원격 데스크톱 서버 사용을 위해 다른 포트를 할당한 경우에는 해당 포트 번호를 입력해야 합니다. 따라서 3388번 포트의 원격 데스크톱 연결 서버 1에 접속하려면 "222.123.45.67 :3388"이나 "ddnshost.iptime.co.kr :3388"과 같이 포트 번호를 입력해야 합니다.

인터넷 공유기의 NAT – 운영체제 방화벽 – 백신으로 이뤄진 3단계 보안 시스템

오늘날은 인터넷에 연결하는 그 순간부터 보안을 걱정해야 하는 시대가 되었습니다. 보통 가정이나 소규모 회사의 인터넷 연결 지점은 인터넷 공유기가 담당하고, 규모가 큰 전용선 방식의 네트워크에서는 라우터가 담당합니다. 따라서 **일반적인 컴퓨터 보안 시스템은 인터넷 공유기의 NAT – 운영체제의 방화벽 – 백신 프로그램으로 이뤄지는 3단계 방어 체제**를 사용합니다.

인터넷 공유기는 보통 NAT 방식을 사용하여 내부 네트워크에서 인터넷을 사용할 때 공인 IP 주소를 사용할 수 있게 해줍니다. 각 컴퓨터는 공인 IP 주소를 공유하여 인터넷을 사용하고, 내부 네트워크에서 컴퓨터가 사용하는 사설 IP 주소를 은폐하는 일종의 방화벽 기능을 제공합니다. 해커가 컴퓨터를 공격하려면 공격 목표를 특정해야 하는데, **공유기에 의해 내부 사설 IP 주소는 차단되고 공인 IP 주소 하나만 사용**되기 때문에 공격하기 어렵게 되는 것입니다.

● NAT(Network Address Translation) : 사설 IP 주소를 공인 IP 주소로 변환하는 것으로, 소프트웨어 방식에 비해 하드웨어 NAT 칩 방식이 처리 속도가 빠릅니다.

NAT와 방화벽 시스템

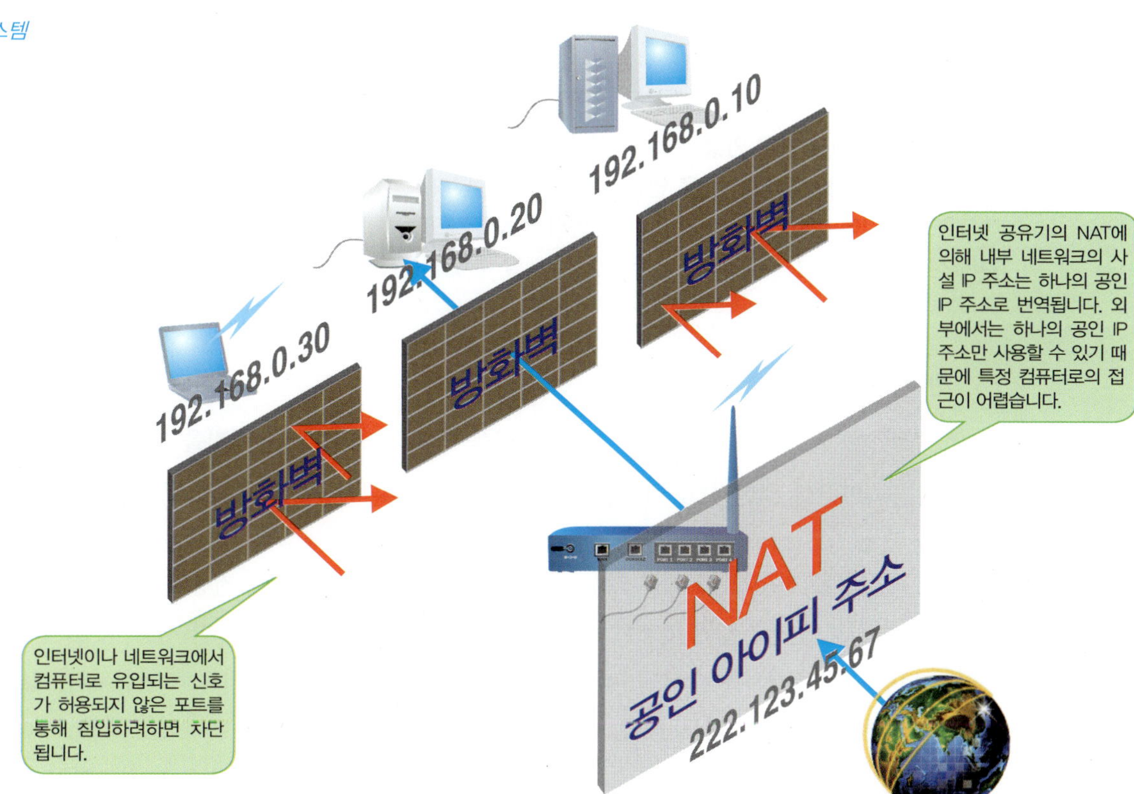

위의 그림은 NAT와 방화벽이 작동하는 방식을 나타낸 것입니다. 외부에서 내부 네트워크의 개별 컴퓨터로의 접근은 NAT에 의해 1차적으로 차단되며, NAT를 통과하더라도 개별 PC의 방화벽을 통과해야 개별 컴퓨터에 접근할 수 있습니다. 건물의 방화벽이 불길이 번지는 것을 막는 것처럼 컴퓨터 운영체제의 방화벽은 **허가되지 않은 불법적인 침입과 프로그램의 실행을 차단**함으로써 해킹이나 악성코드나 바이러스가 유입되지 않도록 합니다. 컴퓨터의 방화벽은 소프트웨어나 하드웨어로 구성할 수 있는데, 운영체제의 방화벽은 소프트웨어적으로 구현됩니다.

공유기와 연결된 내부 네트워크의 PC는 운영체제가 지원하는 방화벽 기능을 사용하여 2차적인 방어 시스템을 구축하게 됩니다. **해커가 시스템에 침입하여 제어권을 쥐게 되면 백신 프로그램도 무용지물**이 됩니다.

해커들은 끊임없이 운영체제의 보안 허점을 찾아 새로운 침입 통로를 만들려고 하기 때문에 운영체제는 수시로 업데이트를 통해 보안 패치 작업을 수행하는 것입니다. 운영체제의 보안 패치와 달리 백신 프로그램은 웹사이트나 이메일, USB 등으로 침투하는 각종 바이러스와 악성코드, 스파이웨어 등을 막는 기능을 수행합니다. 컴퓨터의 주기적인 업데이트와 백신 프로그램의 실시간 감시 기능 사용은 쾌적하고 안전한 PC 생활의 기본입니다.

바이러스나 악성코드는 저절로 실행되지 않습니다. 바이러스나 악성코드 감염은 사용자의 부주의한 실행이 이뤄졌기 때문입니다. 제아무리 뛰어난 백신 프로그램도 사용자가 백신 프로그램의 경고를 무시하고 안정성이 검증되지 않은 링크를 클릭하거나 출처가 불분명한 파일을 다운로드하여 실행하거나, 출처가 불분명한 메일을 열어 링크나 첨부 파일을 클릭하지 말아야 합니다. 이 점만 유의해도 보안 걱정 없이 안전한 컴퓨터 생활을 할 수 있습니다.

3 네트워크 구성 장비

LAN 구성과 인터넷 공유 연결 작업은 전문가나 할 수 있는 것이라는 선입견을 갖고 있는 사람이 많지만, 사실 알고보면 LAN 구성과 인터넷 공유 연결 방법은 간단합니다. LAN을 구성하려면 당연히 LAN으로 연결할 컴퓨터와 네트워크 연결에 필요한 랜 카드, 케이블, 인터넷 공유기(또는 허브)만 있으면 됩니다. LAN 구성 작업은 UTP 케이블 배선 및 연결 방법만 이해하면 아주 쉽게 수행할 수 있습니다.

랜 카드

- **MTU(Maximum Transmission Unit)** : 최대 전송 단위, 이더넷 표준 MTU는 1500바이트이며, 헤더 포함 시 1518바이트입니다.
- **점보 프레임** : MTU 크기를 확장시키는 기술로, 공유기와 LAN 카드 모두 점보 프레임을 지원해야 합니다.

랜 카드는 프로토콜에 따라 패킷을 만들어 보내고, 수신된 패킷을 조합하는 기능을 수행합니다. 여기서 패킷이란, 데이터를 한꺼번에 전송할 때 네트워크의 부하가 커지고 문제가 발생하여 끊기면 처음부터 다시 보내야 하는 불편을 덜기 위해 고안된 방법입니다.

데이터를 전송할 때 데이터를 작은 크기로 나누어 각 패킷에 전송 상대방의 배달에 필요한 주소 정보와 재조합에 필요한 패킷 순서, 에러 검출, 보안에 필요한 정보 등을 첨부하여 전송하며, 수신측에서는 수신된 패킷의 순서를 참고하여 원래 데이터로 복원합니다. 전송 중에 패킷 오류가 발생하더라도 해당 패킷만 다시 보내면 되기 때문에 데이터를 효율적으로 전송할 수 있습니다. 한 번에 전송하는 패킷의 용량이 클수록 보다 빠른 전송이 가능하기 때문에 하이엔드 공유기는 점보 프레임 같은 기술을 지원하기도 합니다.

패킷 전송의 원리

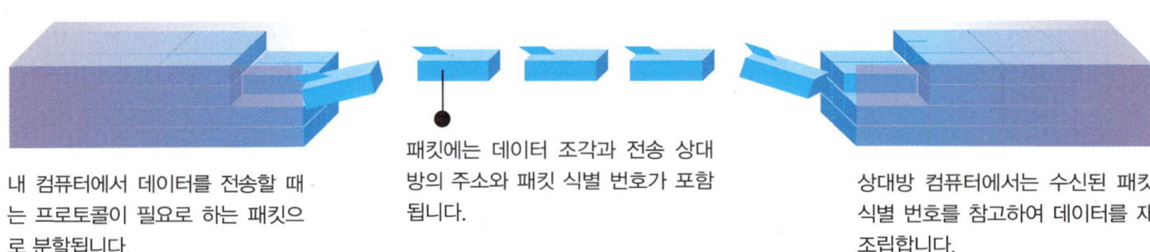

내 컴퓨터에서 데이터를 전송할 때는 프로토콜이 필요로 하는 패킷으로 분할됩니다.

패킷에는 데이터 조각과 전송 상대방의 주소와 패킷 식별 번호가 포함됩니다.

상대방 컴퓨터에서는 수신된 패킷 식별 번호를 참고하여 데이터를 재조립합니다.

과거에는 별도의 LAN 카드로 PC의 슬롯에 장착하여 사용했지만, 지금은 메인보드에 내장되고, 백패널에 LAN 단자가 제공되므로 이를 이용하면 됩니다. 하이엔드 메인보드는 2개의 LAN 단자를 제공되며, 노트북 컴퓨터는 유선 랜과 무선 랜을 모두 지원합니다.

메인보드 내장 랜과 확장 카드 방식 랜카드

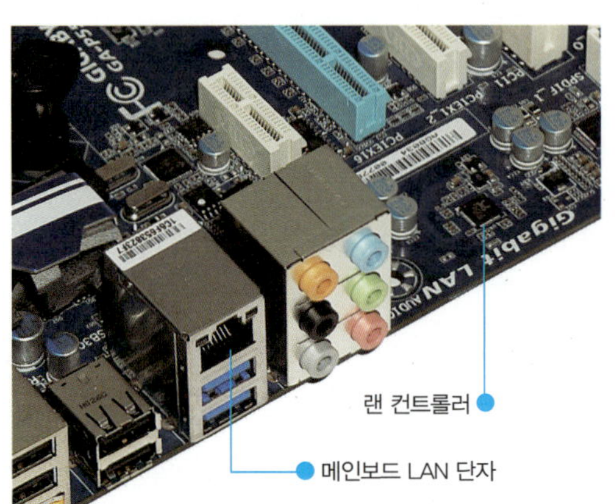

랜 케이블

랜 카드를 연결하는 케이블에도 여러 종류가 있지만, 지금은 UTP 케이블이 일반적으로 사용됩니다. UTP 케이블은 8회선으로 된 케이블을 사용하는데, 실제 전송에는 4회선이 사용되므로 4회선씩 두 개의 케이블로 분기하여 사용하기도 합니다.

RJ45 잭과 랜 케이블

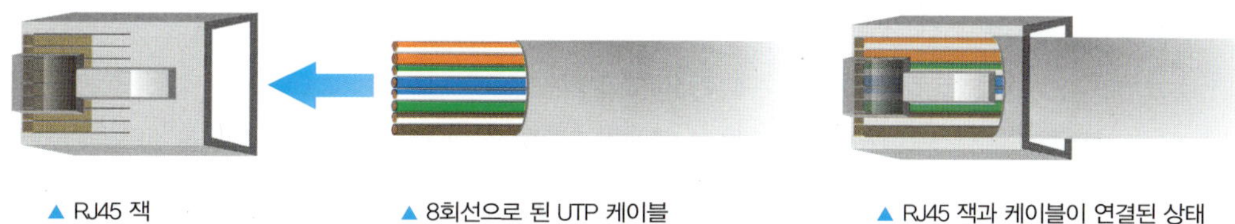

▲ RJ45 잭   ▲ 8회선으로 된 UTP 케이블   ▲ RJ45 잭과 케이블이 연결된 상태

랜 케이블 규격

랜 케이블에도 CAT5, CAT5e, CAT6, CAT7과 같은 여러 규격의 케이블이 있는데, 규격이 케이블 표면에 인쇄되어 있으므로 쉽게 알 수 있습니다. 랜 케이블 규격에 따라 지원하는 속도가 다른 점에 유의하기 바랍니다.

CAT5는 최대 100Mbps 속도를 지원하며, CAT5e 이상은 되어야 1Gbps 속도를 이상 없이 지원합니다. 현재 일반적으로 판매되는 랜 케이블은 CAT5e 규격입니다.

랜 케이블의 규격 표시

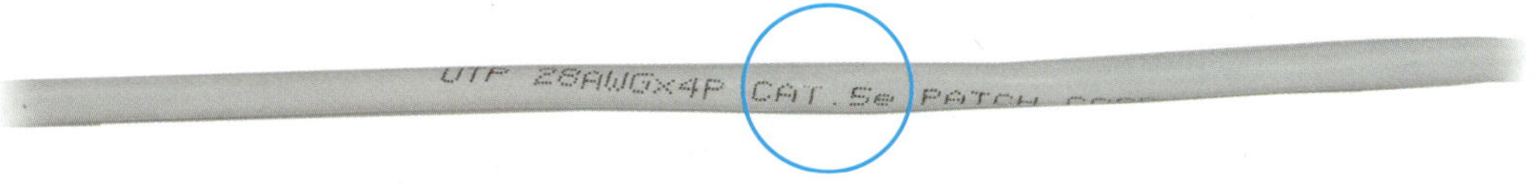

스트레이트 케이블과 크로스 케이블

RJ45 잭과 연결하는 케이블 회선 배열 방식에는 일정한 규칙이 있습니다. 케이블 회선 배열 방식에 따라 스트레이트 케이블과 크로스 케이블로 구분됩니다. 네트워크 부품 취급점에 가면 자신이 원하는 길이의 스트레이트 케이블이나 크로스 케이블을 구입할 수 있습니다.

스트레이트 케이블은 양쪽 커넥터의 회선 배열이 모두 일치된 방식으로, 컴퓨터와 허브를 연결할 때는 스트레이트 케이블을 사용합니다.

스트레이트 케이블 회선 배열 방식은 맨 왼쪽부터 갈색-흰갈색-녹색-흰청색-청색-흰녹색-주황색-흰주황색으로 배열하여 RJ45 잭에 결합합니다. 케이블의 양쪽 모두 이와 같이 배열하여 RJ45 잭으로 결합합니다.

스트레이트 케이블 배선

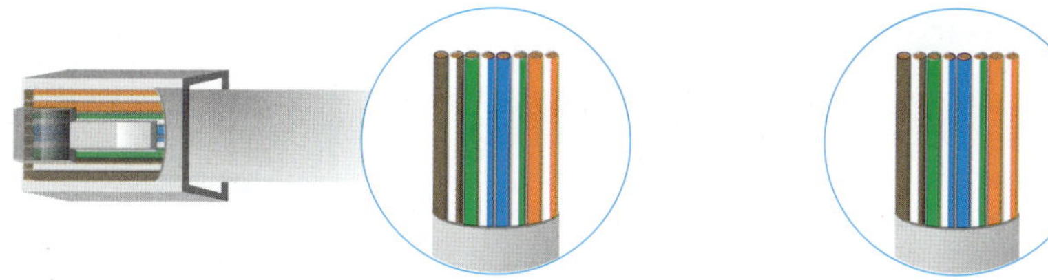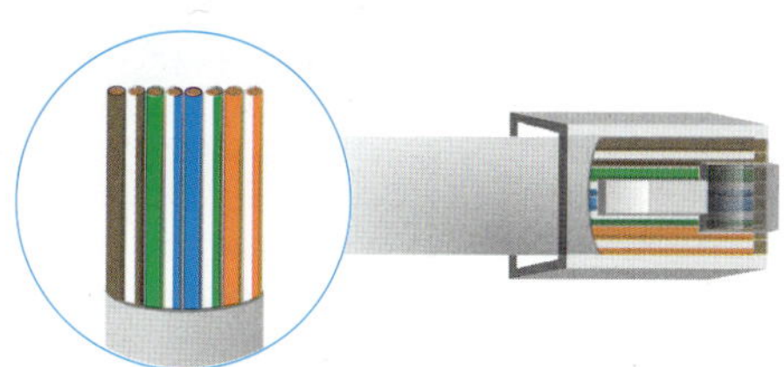

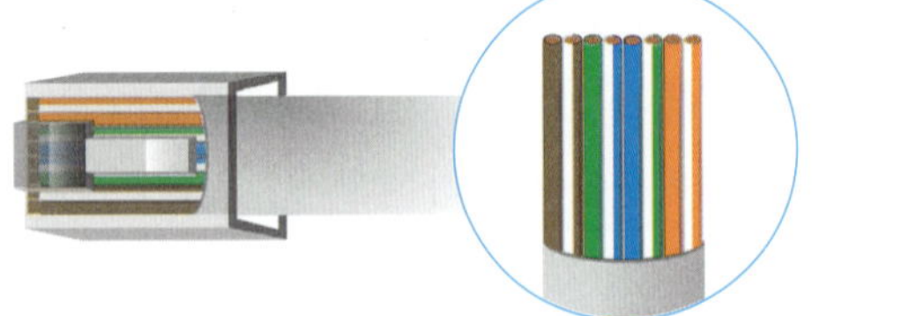
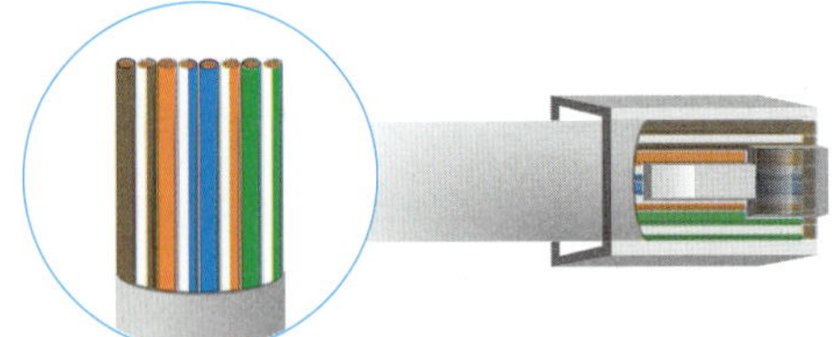

크로스 케이블은 공유기나 허브 없이 두 대의 컴퓨터를 직접 연결하거나, 다른 층의 네트워크를 연결하거나, 허브 대 허브 업링크(Hub to Hub Up Link)를 연결할 때 사용합니다.

크로스 케이블 회선 배열 방식은 한쪽은 스트레이트 케이블과 마찬가지로 갈색–흰갈색–녹색–흰청색–청색–흰녹색–주황색–흰주황색으로, 반대쪽은 갈색–흰갈색–주황색–흰청색–청색–흰주황색–녹색–흰녹색으로 배열하여 RJ45 잭으로 결합합니다.

과거에는 허브 대 허브 업링크 연결 시 반드시 크로스 케이블을 사용했지만, 요즘 나오는 허브들은 자동 업링크(Auto Up Link)를 지원하므로 스트레이트 케이블로 연결하면 됩니다.

랜 케이블 직접 만들기

10대 이상의 컴퓨터 네트워크를 구축하는 경우, 일일이 각 컴퓨터 간의 길이를 측정하기도 곤란하고 작업 상황에 따라 변동이 발생할 수 있으므로 RJ45잭과 케이블을 구매하여 직접 만들어도 됩니다. 스트레이트 케이블이든, 크로스 케이블이든 배선 규칙대로 선을 정리한 후, RJ45 잭의 8개의 라인을 따라 선을 끼우고 클램퍼로 찍으면 쉽게 만들 수 있습니다.

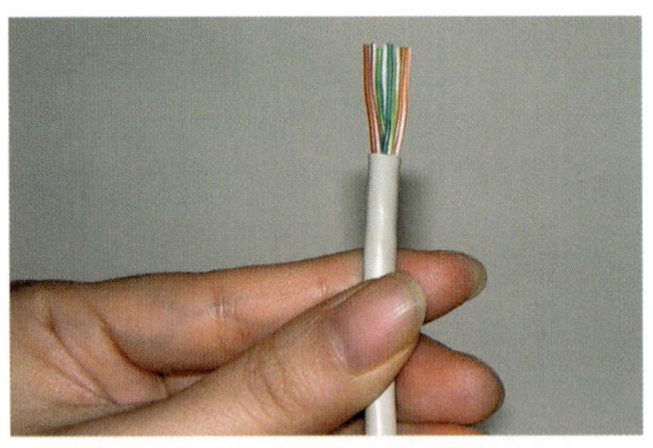

❶ 케이블 회선을 규칙에 맞게 배열하여 가지런히 정돈한 후 끝을 클램퍼로 균일하게 잘라냅니다.

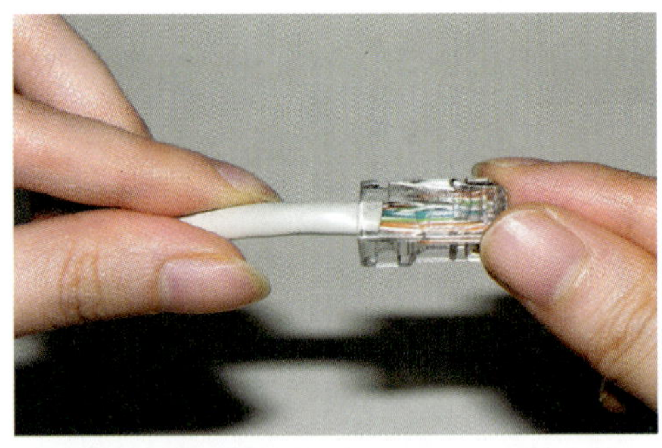

❷ RJ45 잭 안으로 8개의 금속 단자가 있는 가이드 라인을 따라 8개의 배선이 각각 들어가도록 끼웁니다.

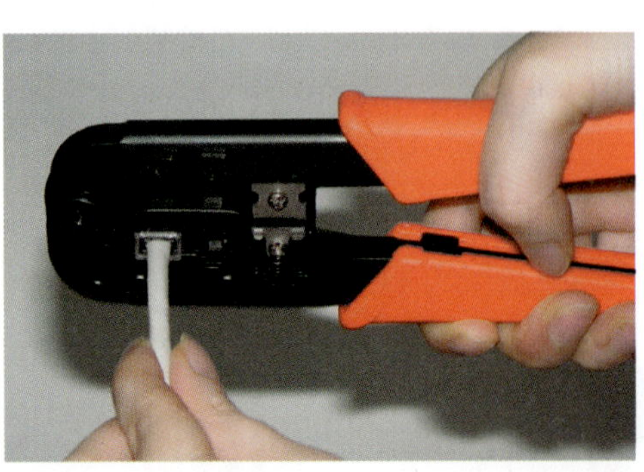

❸ 클램퍼의 RJ45 잭용 홈에 RJ45 잭을 끼운 후, 손잡이를 힘껏 눌러 찍습니다. 그러면 RJ45 잭 안의 금속 단자와 UTP 케이블의 각 회선이 접속됩니다.

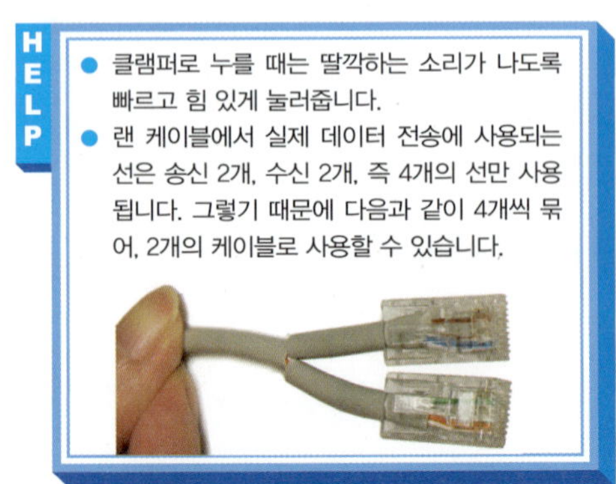

● 클램퍼로 누를 때는 딸깍하는 소리가 나도록 빠르고 힘 있게 눌러줍니다.
● 랜 케이블에서 실제 데이터 전송에 사용되는 선은 송신 2개, 수신 2개, 즉 4개의 선만 사용됩니다. 그렇기 때문에 다음과 같이 4개씩 묶어, 2개의 케이블로 사용할 수 있습니다.

허브

세 대 이상의 컴퓨터 네트워크를 구성할 때 필요한 장비로, 각 컴퓨터의 케이블을 허브로 연결하여 허브에 연결된 모든 컴퓨터 간에 네트워킹이 가능하게 하는 장비입니다.

사무실이 분리되어 있는 경우에는 허브에서 허브로 업링크시켜 다른 사무실에서도 같은 LAN을 사용할 수 있습니다. 허브에 있는 Uplink 단자가 허브에서 다른 허브와 연결할 때 사용하는 단자입니다. 허브는 크게 더미 허브와 스위칭 허브로 구분됩니다.

더미 허브

더미 허브는 컴퓨터와 컴퓨터 간의 네트워크를 중계하는 역할만 수행하는 허브로, 연결되는 컴퓨터 노드가 전체 대역폭을 분할하여 쓰므로 연결하는 컴퓨터가 추가될수록 전체 네트워크 속도가 감쇄됩니다. 예를 들어 100Mbps 대역폭의 네트워크에서 더미 허브에 5개의 컴퓨터를 연결하면 각 컴퓨터당 20Mbps의 대역만을 사용할 수 있습니다. 이제는 스위칭 허브 가격이 많이 저렴해졌기 때문에 지금은 거의 사용되지 않습니다.

스위칭 허브

스위칭 기능을 통해 네트워크 대역폭을 각 노드에 걸쳐 보장하는 허브입니다. 예를 들어 100Mbps 대역폭의 네트워크에서 스위칭 허브에 10개의 컴퓨터를 연결했을 때, 대역폭을 감지하여 연결된 각 컴퓨터가 100Mbps 대역폭을 최대한 활용할 수 있게 해줍니다. 스위칭 허브는 전체 대역폭 중 사용하지 않는 대역폭을 각 노드에 스위칭하여 제공하는 기술이기 때문에 스위칭 허브를 사용하더라도 네트워크 풀로드 시 네트워크 대역폭 감쇄는 불가피합니다.

▲ 8포트 스위칭 허브   ▲ 24포트 스위칭 허브

보통 허브에는 8, 16, 24, 48포트 허브가 있습니다. 규모가 큰 조직에서는 전용선을 사용하며, 각 사무실의 네트워크와 인터넷을 지원하기 위해, 각 사무실별로 허브를 배치하고 인터넷에 연결된 라우터와 업링크 연결을 통해 인터넷 연결 및 다른 사무실과의 네트워킹을 할 수 있습니다.

왼쪽 그림의 구형 스위칭 허브에는 업링크 단자가 별도로 제공되는데 반해, 최신 허브는 자동 업링크(Auto Up Link) 기능을 지원하므로 어느 단자에 허브 투 허브 업링크 연결해도 됩니다. 단, 자동 업링크 기능을 제공하는 스위칭 허브의 LAN 단자 중 하나는 업링크용으로 제외되는 점을 감안하여 필요한 포트 수를 제공하는 허브를 선택해야 합니다.

▲ 허브의 업링크 단자

인터넷 공유기

인터넷 공유기는 소규모 네트워크를 지원하는 허브 기능을 제공하는 동시에 인터넷을 공유할 수 있게 해줍니다. 인터넷 공유 기능에 특화되어 있기 때문에 보통 제공되는 LAN 단자는 6개 미만이므로 더 많은 연결이 필요한 경우에는 허브를 구입하여 업링크로 연결하여 사용하면 됩니다.

인터넷 공유기는 유선 방식의 네트워크에서만 인터넷을 공유할 수 있는 유선 인터넷 공유기와 무선 접속 장치(AP, Access Point) 기능을 포함하여 와이파이(Wi-Fi) 무선 인터넷 연결 공유 기능을 지원하는 유무선 인터넷 공유기가 있습니다. 요즘에는 유무선 인터넷 공유기의 가격도 저렴해졌고, 노트북이나 스마트폰 사용이 대폭 증가하여 유무선 인터넷 공유기 사용이 늘고 있습니다. 유무선 인터넷 공유기를 사용하면 와이파이(Wi-Fi)는 기본적으로 지원되므로, 스마트폰이나 넷북, 태블릿 PC 등에서 3G나 LTE 통신망보다 빠른 와이파이 무선 연결을 무료로 사용할 수 있습니다.

유무선 공유기는 대부분 IEEE 802.11 b/g/n을 모두 지원하며, 최신 유무선 공유기는 867Mbps급의 IEEE 802.11 ac까지 지원합니다. 한편 유무선 공유기의 와이파이 무선 안테나는 외장 안테나 방식과 내장 안테나 방식이 있습니다. 무선 안테나의 성능에 따라 와이파이 연결이 가능한 거리는 차이가 있습니다. 외장 안테나 방식의 경우는 안테나 수가 많을수록 보다 넓은 범위에서 와이파이 연결을 지원합니다.

다음 그림에서 볼 수 있듯이 인터넷 공유기의 구성 요소는 별로 복잡할 것이 없습니다. 인터넷 회선을 WAN 단자에 연결하고, 인터넷을 공유하는 PC나 IP TV 셋톱 박스 등을 LAN 단자에 연결하여 사용하면 됩니다. 최신 유무선 공유기 중에는 USB 단자가 포함된 종류도 있는데, 이러한 유무선 공유기는 USB 저장 장치를 연결하여 클라우드 저장 장치로 사용할 수 있게 해주는 웹하드 기능을 제공합니다.

● 유무선 공유기에서 802.11 b/g/n/ac까지 모두 지원해도 연결되는 모바일 기기가 지원하는 속도에 따라 실제 연결 속도는 달라집니다.

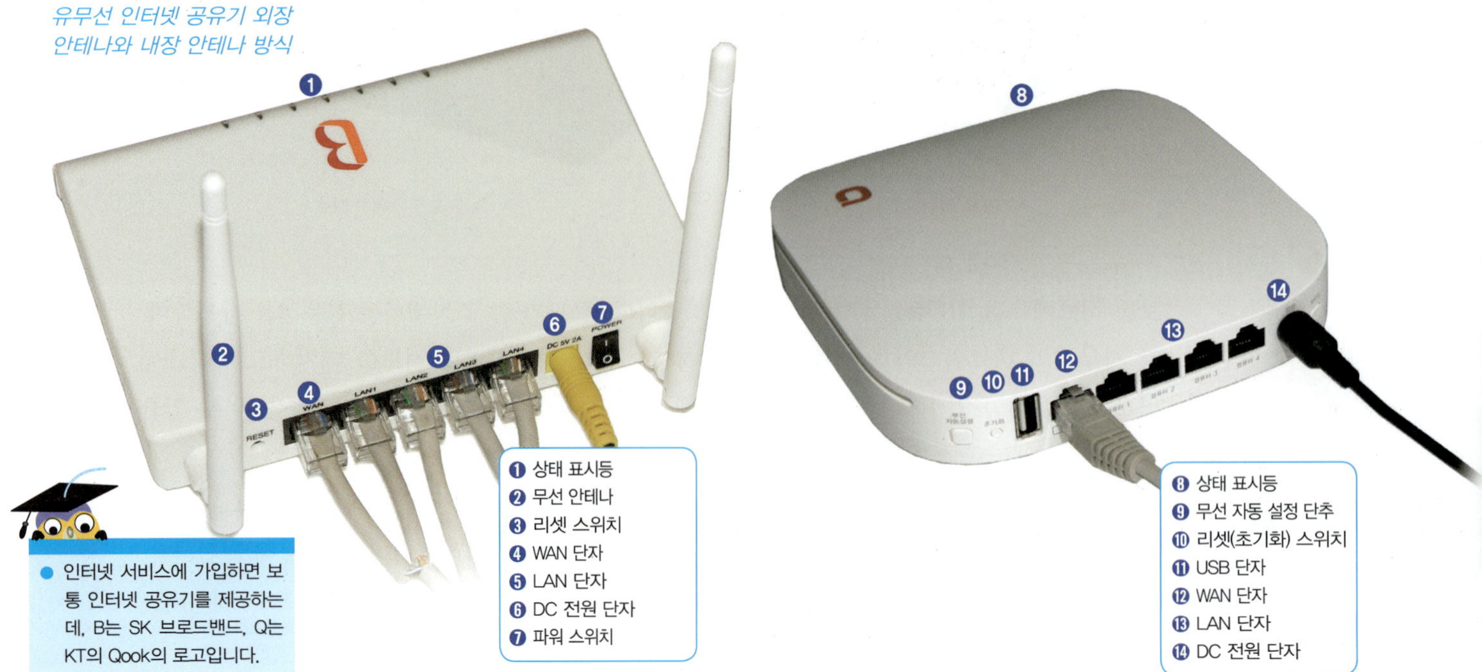

● 인터넷 서비스에 가입하면 보통 인터넷 공유기를 제공하는데, B는 SK 브로드밴드, Q는 KT의 Qook의 로고입니다.

인터넷 모뎀

인터넷 모뎀이란, 인터넷 서비스 제공자측에서 인터넷 가입자에게 인터넷 연결 서비를 제공하기 위해 지원하는 모뎀을 말합니다.

아파트나 대형 오피스 건물은 인터넷에 연결할 수 있는 망이 구축되어 있지만, 일반 사무실이나 연립/단독 주택에서 인터넷을 사용하려면 인터넷 모뎀을 사용하여 인터넷 회선을 끌어와야 합니다.

인터넷 모뎀에는 ADSL, VDSL, 케이블 모뎀, FTTH 광 모뎀 등이 있습니다.

❶ **ADSL** : ADSL(Asymmetric Digital Subscriber Line)은 업로드 다운로드 속도가 비대칭인 디지털 가입자 회선으로, 초고속 인터넷의 서막을 열었던 인터넷 모뎀입니다. 지금은 느린 속도로 인해 거의 사용되지 않습니다.

❷ **VDSL** : VDSL(Very high-data rate Digital Subscriber Line)으로 ADSL에 이어 등장한 고속 디지털 가입자 회선으로, 지금은 FTTH나 광랜으로 대체되는 추세입니다.

❸ **케이블 모뎀** : 케이블 TV 업체에서 제공하는 초고속 인터넷 연결 서비스로, 케이블 TV 회선을 사용하여 고속 인터넷을 사용할 수 있게 해주는 모뎀입니다. 비교적 저렴한 인터넷 요금 때문에 지금도 많이 이용되고 있습니다.

❹ **FTTH 광모뎀** : FTTH(Fiber To The Home)는 말 그대로 광회선을 가정까지 제공하는 개념의 초고속 통신 서비스로, 일반 주택과 사무실에서도 광회선으로 연결하여 초고속 인터넷 서비스를 제공합니다.

다음은 인터넷 모뎀인 VDSL 모뎀과 인터넷 공유기를 함께 사용하는 예로, VDSL의 LINE 단자를 통해 외부 인터넷 연결이 이루어지며, VDSL 모뎀의 LAN 단자와 인터넷 공유기의 WAN 단자를 연결하면 VDSL 모뎀으로 연결된 인터넷을 공유할 수 있습니다.

케이블 모뎀이나 광 모뎀 같은 인터넷 모뎀을 사용하는 경우에도 인터넷 모뎀의 LAN 단자와 인터넷 공유기의 WAN 단자를 연결하면 인터넷을 공유할 수 있습니다.

Chapter 12 LAN 구성과 인터넷 연결 공유

VDSL 모뎀과 인터넷 공유기 연결 예

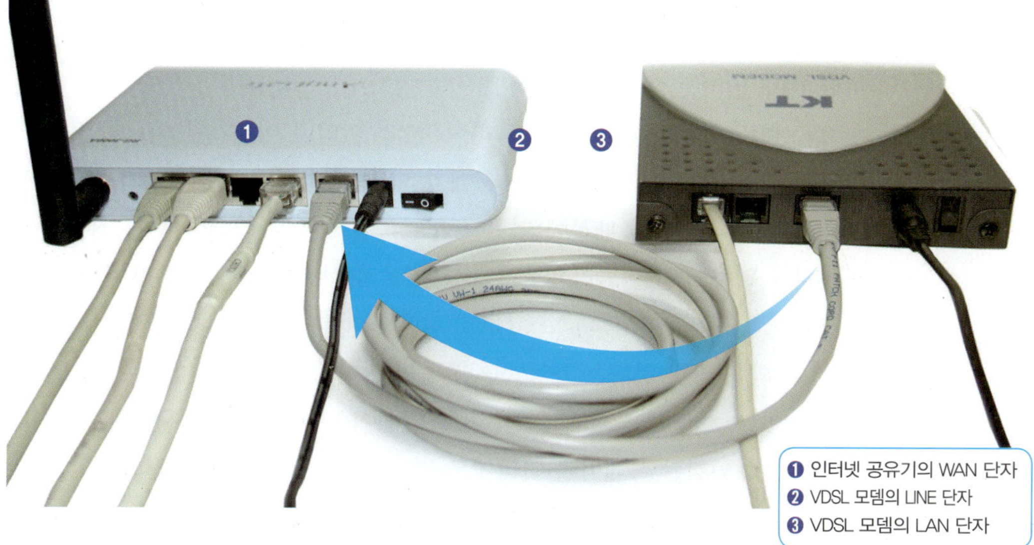

❶ 인터넷 공유기의 WAN 단자
❷ VDSL 모뎀의 LINE 단자
❸ VDSL 모뎀의 LAN 단자

인터넷 모뎀이 필요 없는 광랜

보통 빌딩이나 아파트 같은 복합 건물의 경우에는 MDF실까지 광케이블이 구축됩니다. 2000
년 이후에 지어진 아파트와 오피스 빌딩에는 MDF와 연결된 통신 단자함이 갖춰져 있으며,
LAN 배선도 되어 있습니다.

인터넷 가입자 신청 시 MDF실과 연결된 통신 단자함에서 LAN 배선과 전화 배선을 바로 연결
하는 작업을 통해 인터넷을 사용할 수 있습니다. 각 방의 LAN 단자를 통해 인터넷을 공유하
려면 MDF실과 연결된 인터넷 라인을 인터넷 공유기나 스위칭 허브에 연결하면 되므로 별도
의 인터넷 모뎀은 필요 없습니다.

아파트 통신 단자함

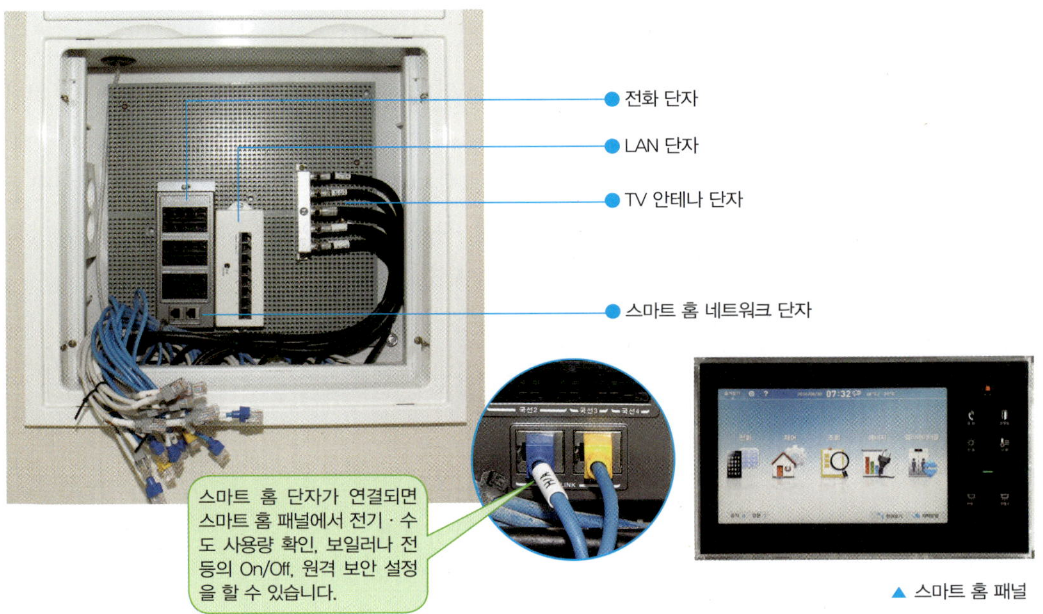

▲ 스마트 홈 패널

위 그림에서 볼 수 있듯이, 최신 아파트의 통신 단자함에는 전화 단자와 LAN 단자, TV 안테
나 단자가 기본으로 구성되어 있으며, 사물 인터넷을 가능하게 해주는 스마트 홈 네트워크 단
자는 아파트 건설 회사의 설계에 따라 추가되기도 합니다.

IP TV와 인터넷 전화 이용 방식

요즘에는 인터넷 공유기를 이용하여 PC의 인터넷 이용뿐만 아니라 IP TV와 인터넷 전화기,
클라우드 솔루션까지 이용하는 시대가 되었습니다. 인터넷 사업자는 IP TV나 인터넷 전화 사
업자를 겸하고 있기 때문에 가입 신청만하면 모두 세팅해줍니다. 최신 인터넷 공유기에서 제
공하는 웹하드 같은 클라우드 기능도 비교적 어렵지 않게 활용할 수 있지만, 클라우드 기능을
폭넓게 활용하려면 IP 디스크(NAS) 같은 장비를 공유기에 연결하여 사용하면 됩니다.

IP TV와 인터넷 전화는 가입 신청만하면 알아서 설치해주기 때문에 사용자가 직접 연결할 일
은 없지만, 어떻게 구성되어 있는지는 알아야 다른 장비를 원활하게 사용할 수 있습니다.

인터넷에 연결된 상태이면 인터넷 사업자의 IP TV와 인터넷 전화기의 하드웨어 주소 인증 방
식인 MAC 주소 인증을 거친 후에 개통이 이루어집니다.

인터넷 전화기는 한 번 개통하면 전세계 어느 곳에서든지 가입한 전화번호로 사용할 수 있습니다. 다음 그림에서 볼 수 있듯이 IP TV나 인터넷 전화기라고 해서 특별한 것은 없으며, 인터넷 공유기를 사용하여 인터넷 전화 셋톱 박스를 인터넷에 연결하고, 전화 단자를 인터넷 전화기에 연결하면 됩니다.

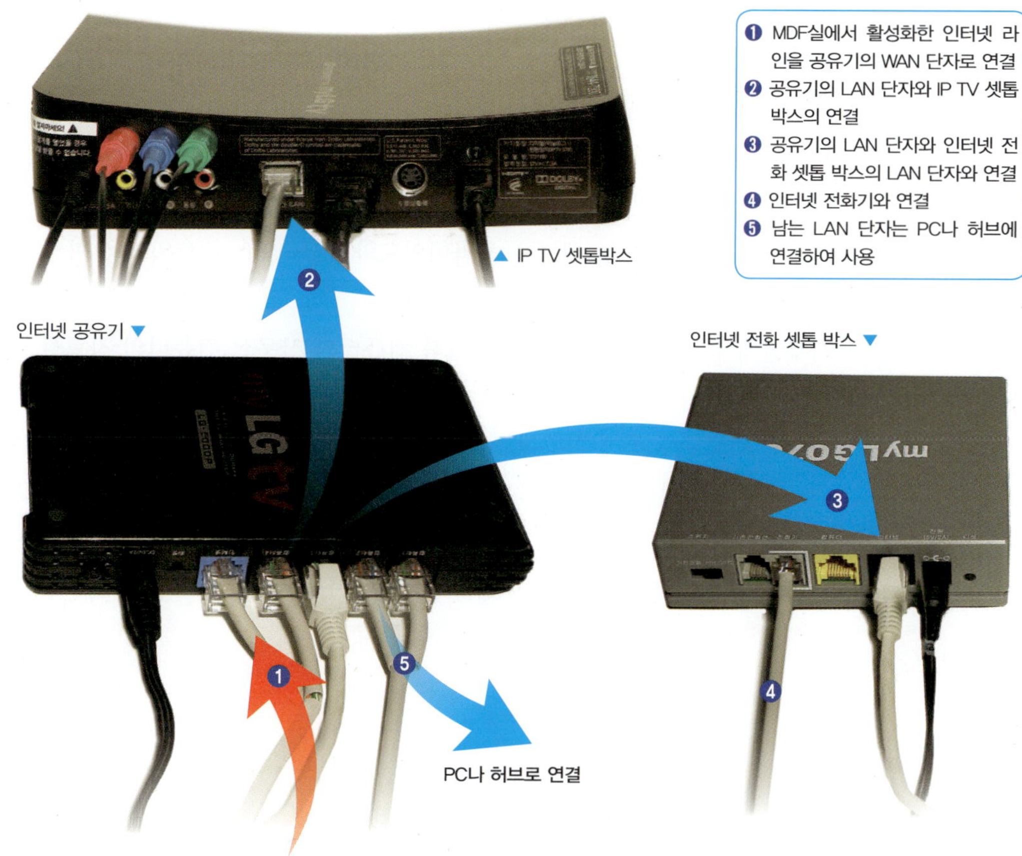

인터넷 공유기를 통한 IP TV와 인터넷 전화 이용 예

❶ MDF실에서 활성화한 인터넷 라인을 공유기의 WAN 단자로 연결
❷ 공유기의 LAN 단자와 IP TV 셋톱 박스의 연결
❸ 공유기의 LAN 단자와 인터넷 전화 셋톱 박스의 LAN 단자와 연결
❹ 인터넷 전화기와 연결
❺ 남는 LAN 단자는 PC나 허브에 연결하여 사용

최신 IP TV 셋톱 박스의 경우에는 카드 키 인증 방식을 사용하기도 합니다. 요즘에는 인터넷 전화 셋톱 박스와 인터넷 전화가 일체형으로 구성된 제품이 많이 사용되며, 가정에서는 유선보다는 무선 인터넷 전화기가 많이 활용되고 있습니다.

KT 무선 인터넷 전화기 홈폰과 IP TV 셋톱 박스(카드 키)

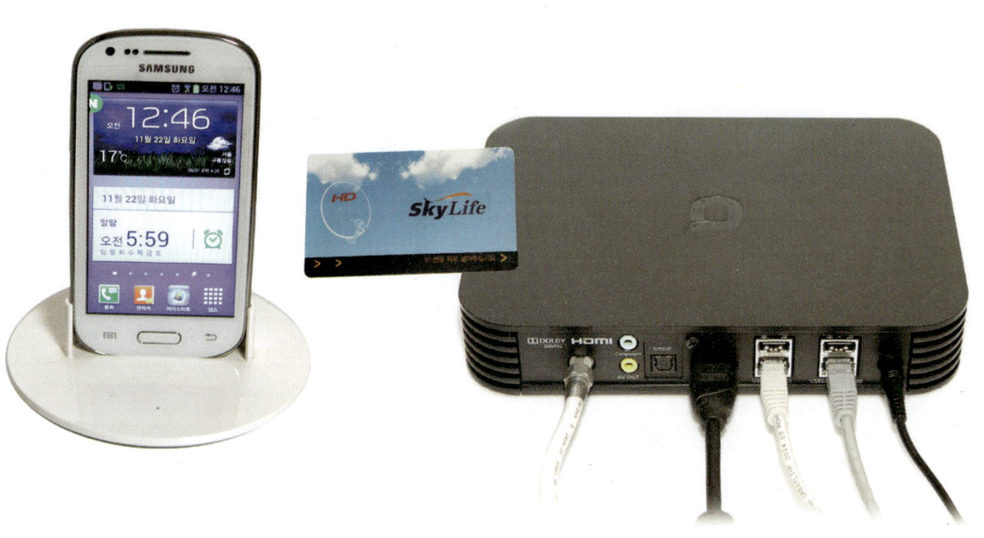

● KT의 무선 인터넷 전화기인 홈 폰은 안드로이드 운영체제를 사용하므로 안드로이드 스마트폰용 앱도 설치하여 사용할 수 있습니다.

4 네트워크 연결 및 인터넷 연결 공유 방법

네트워크 연결 방식은 네트워크에 연결하는 컴퓨터 수에 따라 차이가 있습니다. 여기서는 가장 간단한 네트워크인 두 대의 컴퓨터를 연결하여 인터넷 연결을 공유하는 방법부터 세 대 이상의 연결 및 인터넷 연결의 공유 방법까지 살펴봅니다. 이와 같은 네트워크 연결 방식만 잘 알아도 시행 착오를 겪지 않고 원하는 네트워크를 구성할 수 있고, 윈도우 네트워크 설정을 통해 자원을 자유롭게 공유하고 인터넷을 공유할 수 있습니다.

두 대의 컴퓨터 연결 방법

두 대의 컴퓨터를 네트워크로 구축할 때는 간단히 크로스 케이블만 준비하여 연결하면 됩니다. 두 대의 컴퓨터로 연결한 네트워크를 활용하여 자원을 공유할 때는 동일한 작업 그룹을 사용하여 Microsoft 네트워크용 클라이언트와 Microsoft 네트워크용 파일 및 프린터 공유 기능을 사용할 수 있습니다.

사무실에 랜의 여유가 없을 때 노트북 컴퓨터와 사무실 컴퓨터의 자료를 이용하려는 경우, 크로스 케이블만 준비하면 간단히 해결할 수 있습니다. 크로스케이블로 두 대의 컴퓨터를 연결했다면 윈도우 운영체제의 네트워크 설정을 통해 자원을 공유할 수 있습니다.

윈도우 XP의 경우, 네트워크 설정 마법사를 사용하면 쉽게 자원을 공유할 수 있으며, 윈도우 7부터는 네트워크상에 정상적으로 연결된 PC는 자동으로 감지하기 때문에 손쉽게 크로스 케이블로 연결한 컴퓨터와 파일 및 프린터 자원을 공유할 수 있습니다.

두 대의 컴퓨터 연결 예

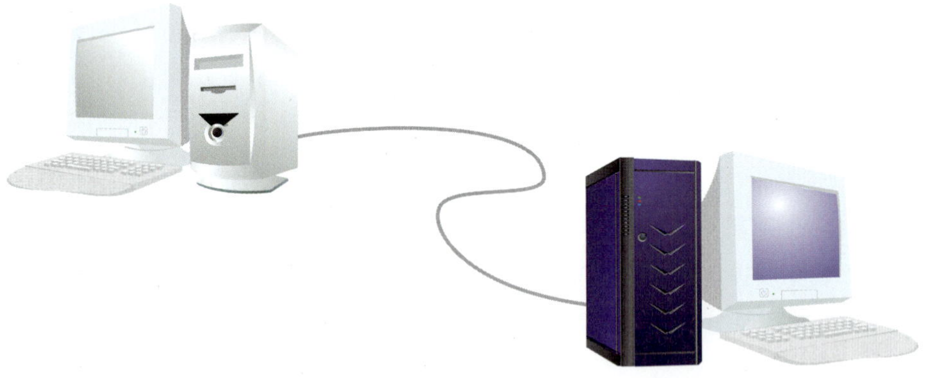

두 대의 컴퓨터 연결 방법

세 대 이상의 컴퓨터 + 허브 연결 방법

세 대 이상의 컴퓨터를 연결하려면 허브를 별도로 사용해야 하며, 랜 카드와 UTP 케이블도 컴퓨터 대수에 맞춰 준비해야 합니다. 이와 같이 네트워크를 연결한 후에는 윈도우 운영체제의 네트워크 설정을 통해 자원을 공유할 수 있습니다.

전용선을 사용하는 규모가 큰 네트워크를 운용하는 경우, 각 사무실에는 다음과 같이 허브를 사용하여 내부 네트워크를 구성하여 PC를 연결하고, 라우터와 연결된 허브에 업링크로 연결하면 인터넷도 사용 가능하며, 다른 네트워크와도 네트워킹이 가능합니다.

세 대 이상의 컴퓨터 – 허브 연결 예

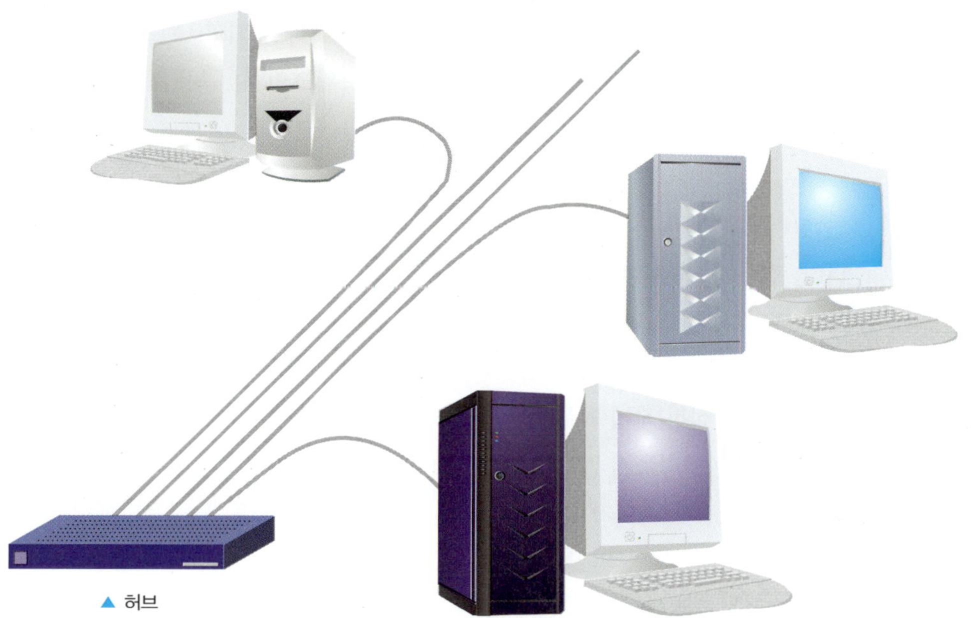

▲ 허브

세 대 이상의 컴퓨터 – 허브 연결 방법

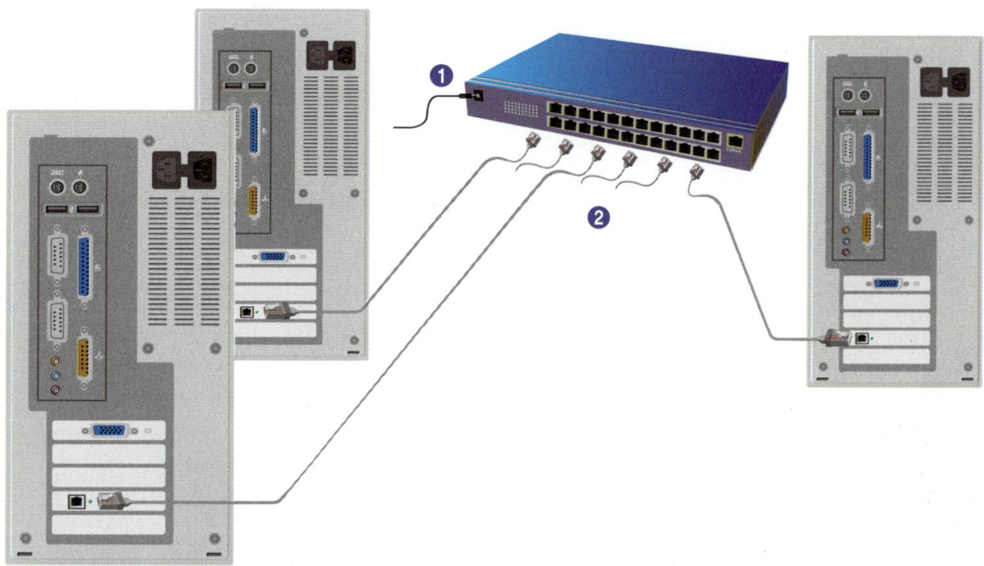

❶ 허브의 전원을 연결합니다.
❷ 허브와 PC를 스트레이트 케이블로 연결합니다.

세 대 이상의 컴퓨터 연결 + 인터넷 연결 공유 방법

세 대 이상의 PC에서 인터넷까지 공유하는 방법은 크게 인터넷 모뎀(또는 광랜)과 인터넷 공유기를 이용한 공유 방식과 전용선과 라우터를 이용한 공유 방식이 있습니다.

인터넷 모뎀(광랜)과 공유기를 이용한 인터넷 연결 공유

인터넷 모뎀이나 광랜으로 제공된 인터넷 라인을 인터넷 공유기에 연결하면, IP 공유 처리를 인터넷 공유기에서 하드웨어적으로 처리하므로 보다 안정된 속도로 인터넷을 공유할 수 있습니다. 이 연결 방식이 현재 가정과 소규모 회사에서 가장 많이 사용하는 연결 방식입니다.

인터넷 공유기로 연결된 PC의 인터넷 공유 설정은 어렵지 않습니다. 윈도우 XP에서는 네트워크 설정 마법사에서 네트워크 환경에 맞춰 선택하면 되고, 윈도우 7 이상의 운영체제에서는 자동으로 감지하여 홈네트워크인지, 회사 네트워크인지, 공용 네트워크인지만 선택하면 간단히 인터넷을 공유할 수 있습니다.

인터넷 공유기는 4~5개 정도의 LAN 단자가 제공되어 네트워크 허브 기능도 사용할 수 있습니다. 컴퓨터 대수가 적은 가정에서 공유기의 LAN 단자를 활용하면 추가 허브를 사용하지 않아도 됩니다. 반면, 컴퓨터 수가 많은 사무실의 경우에는 허브를 추가로 연결하여 사용하면 됩니다.

무선 인터넷 설정 작업도 무선 트래픽의 무단 사용을 차단하기 위한 공유기의 설정 작업이 필요한 점 외에는 어려울게 없으며, 무선 LAN으로 연결한 경우에도 파일, 폴더, 프린터 공유는 유선 네트워크 연결과 차이가 없습니다. 무선으로 연결된 노트북 컴퓨터에서 프린터를 공유한 경우에도 유선 네트워크상의 PC에서 무선 공유 프린터를 이상 없이 사용할 수 있습니다. 더구나 스마트폰이나 넷북, 태블릿 PC까지 무료로 빠른 와이파이(Wi-Fi) 무선 연결을 활용할 수 있으므로 지금은 유무선 인터넷 공유기가 널리 사용되고 있습니다.

인터넷 모뎀(광랜)과 공유기를
이용한 인터넷 연결 공유 예

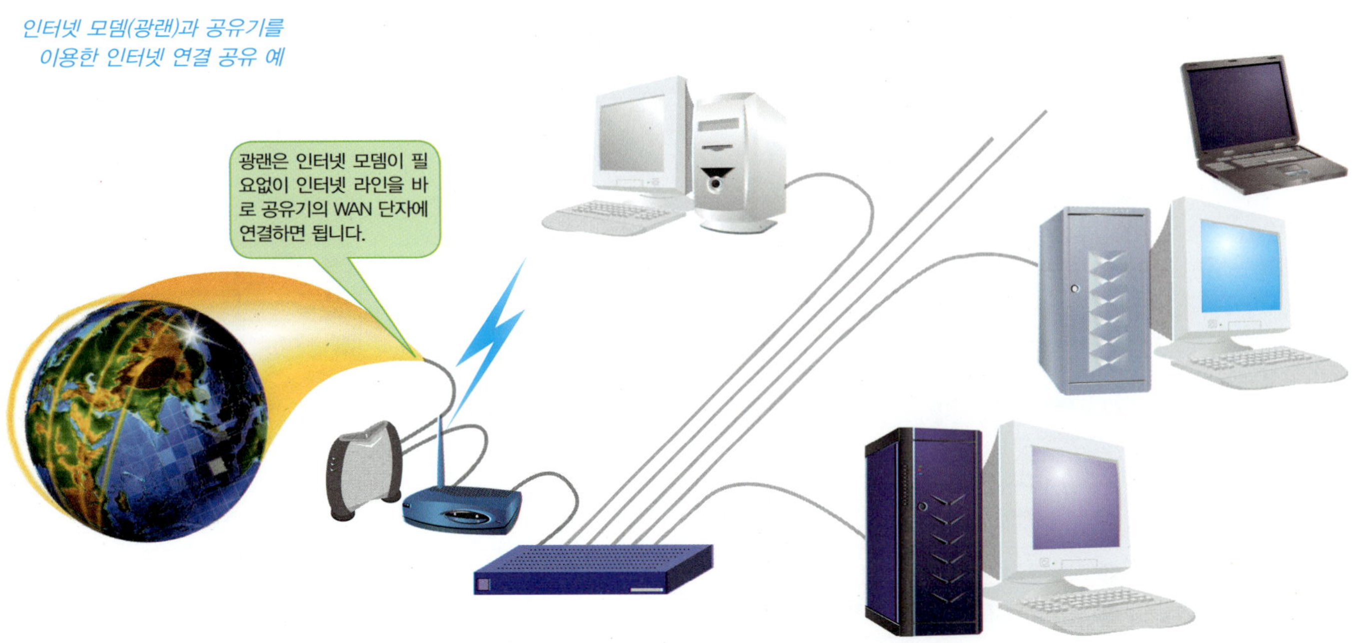

인터넷 모뎀(광랜)과 공유기를
이용한 인터넷 연결 공유 방법

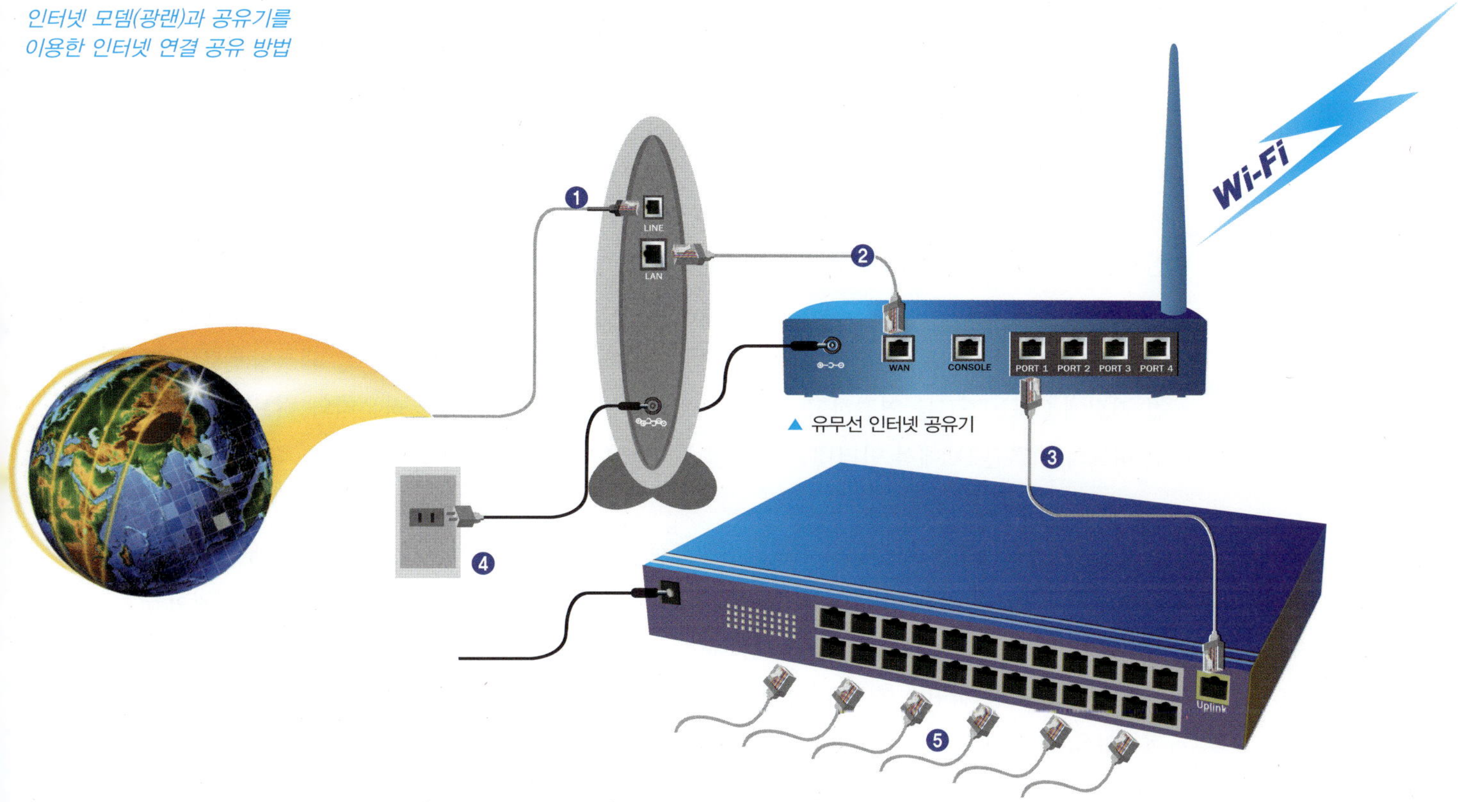

▲ 유무선 인터넷 공유기

① 인터넷 회선을 인터넷 모뎀의 LINE 단자(또는 WAN 단자)에 연결합니다.

② 인터넷 모뎀의 LAN 단자와 인터넷 공유기의 WAN 단자를 스트레이트 케이블로 연결합니다. 광랜을 사용하는 경우에는 직접 광랜 회선을 인터넷 공유기의 WAN 단자에 연결합니다.

③ 인터넷 공유기의 LAN 단자와 허브의 Uplink 단자를 연결합니다(스트레이트 케이블이 지원되지 않으면 크로스 케이블로 연결).

④ 인터넷 모뎀이 사용하는 전원과 허브 전원, 인터넷 공유기의 전원을 연결합니다.

⑤ 컴퓨터 수가 적으면 공유기의 LAN 단자에 직접 PC를 연결하여 사용하고, PC 대수가 많은 경우에는 허브의 단자에 연결합니다.

Check Point 유선 인터넷이 되는 곳이면 유무선 공유기를 이용한 Wi-Fi 가능

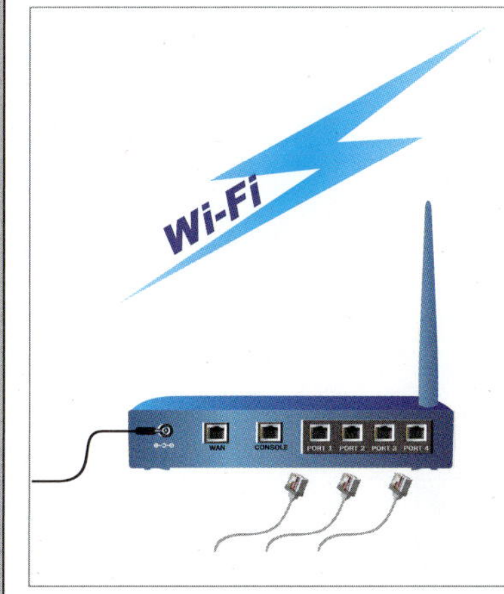

인터넷 모뎀(광랜)과 공유기를 이용한 인터넷 연결 공유 방법에서와 같이 인터넷 라인에 직접 연결된 유무선 공유기에서만 Wi-Fi 무선 연결이 지원되는 것은 아닙니다.

유무선 공유기를 통해 인터넷 사용이 가능한 공유기의 LAN 단자나 허브의 LAN 단자에 다시 유무선 인터넷 공유기를 연결하고 별도의 암호를 사용하여 공유하면 특정 조직이나 팀만 운용할 수 있는 Wi-Fi 연결망을 구성할 수 있습니다.

Wi-Fi 연결 대역은 직진성이 강한 기가헤르츠(GHz)급의 고주파 채널을 사용하기 때문에 초고속 데이터 전송에는 유리하지만, 벽과 같은 장애물이 있는 경우에는 연결이 불안정한 단점이 있습니다. 이와 같은 경우에는 각 사무실별로 인터넷이 되는 LAN 단자에 유무선 공유기나 무선 액세스 포인트(Access Point) 장비를 연결하여 Wi-Fi 연결을 공유하는 방법을 많이 사용합니다.

전용선과 라우터를 이용한 인터넷 연결 공유

전용선과 라우터를 이용한 공유 방식은 앞에서 설명한 인터넷 공유 방식에 비해 훨씬 많은 비용이 요구됩니다. 공유기를 이용하는 방식은 소규모 사용자 환경에는 적합하지만 대규모 조직에서는 트래픽의 제약으로 인터넷을 공유하면서 쓰기에는 한계가 있습니다. 그렇기 때문에 전용선 방식은 조직의 규모가 큰 공공기관이나 기업들이 이용합니다.

전용선을 사용할 때는 라우터와 CSU/DSU라는 장치를 ISP로부터 임대하거나 직접 구매하여 사용합니다. 전용선 이용 요금은 사용 가능한 IP 주소 블록, 전용선이 제공하는 속도에 따라 차이가 있습니다. 전용선과 라우터를 이용한 연결에서는 전용선이 들어오는 외부망으로의 연결 지점에 CSU/DSU를 연결하고, CSU/DSU와 라우터를 연결하고, 라우터와 허브를 연결하면 허브와 연결된 PC에서 인터넷을 사용할 수 있습니다.

라우터는 LAN 외부의 네트워크, 즉 인터넷으로 정보를 보낼 때 원하는 목적지로 패킷을 중계하며, CSU/DSU는 인터넷 모뎀처럼 패킷을 광역 통신망에 보낼 수 있도록 신호를 변환하는 장비입니다. 라우터는 LAN상에 흐르는 데이터 패킷들 중에서 중계가 필요한 패킷들을 식별하여 지능적으로 중계하며, 최적 배달 경로를 찾아 전달합니다. 그리고 특정 네트워크 경로가 단절되었을 때는 자동으로 우회 경로를 찾아 무사히 패킷을 전달하는 기능을 수행합니다.

전용선 서비스에 가입하면 CSU/DSU, 라우터의 설치 및 인터넷 개통 작업을 전용선 사업자 측에서 수행해주지만, 실제 운용에 필요한 서버 설정 및 각 컴퓨터의 설정은 조직 내에서 처리해야 하므로 네트워크 전문 지식을 갖춘 전산 관리자가 필요합니다. 전용선과 연결된 LAN에서는 계약된 IP 주소 블록의 IP 주소를 유동 IP 방식이든, 고정 IP 방식이든 자유롭게 사용할 수 있습니다. 고정 IP 주소가 있으면 도메인 주소가 없어도 각 컴퓨터에서 웹서비스나 FTP, 메일링 서비스 같은 인터넷 서비스를 제공할 수 있습니다. 하지만 대개는 보안상의 이유로 개별 컴퓨터에서 인터넷 서버 기능을 수행할 수 없도록 포트를 차단합니다.

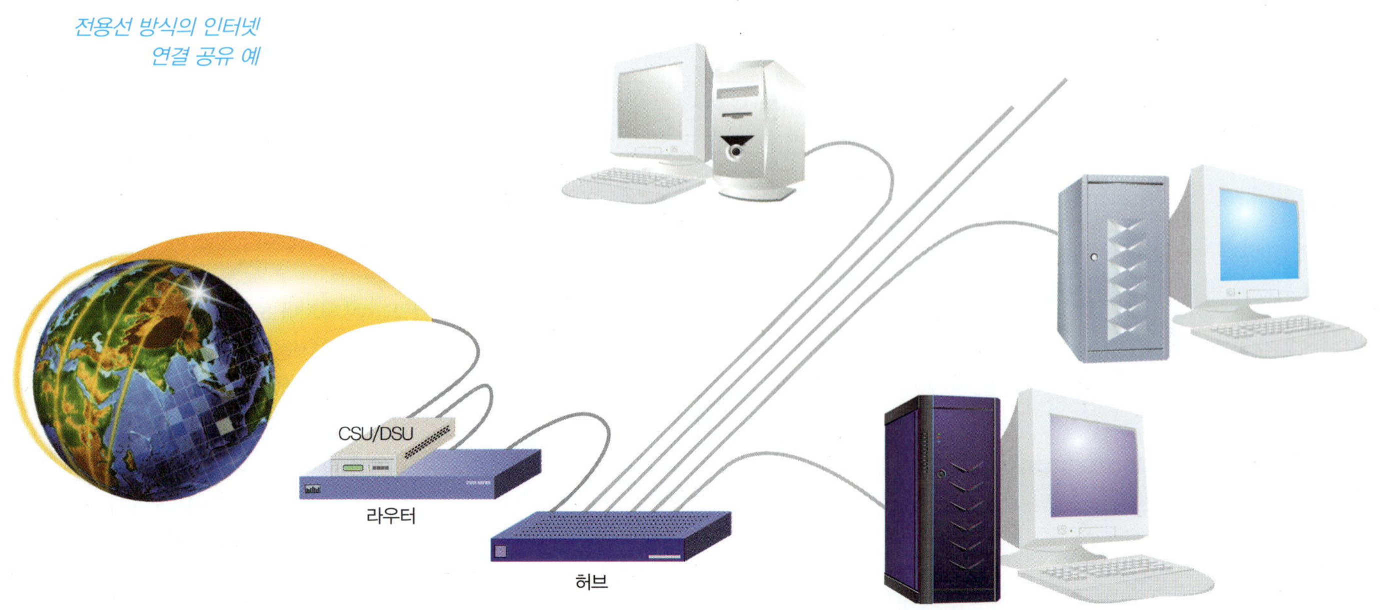

전용선 방식의 인터넷 연결 공유 예

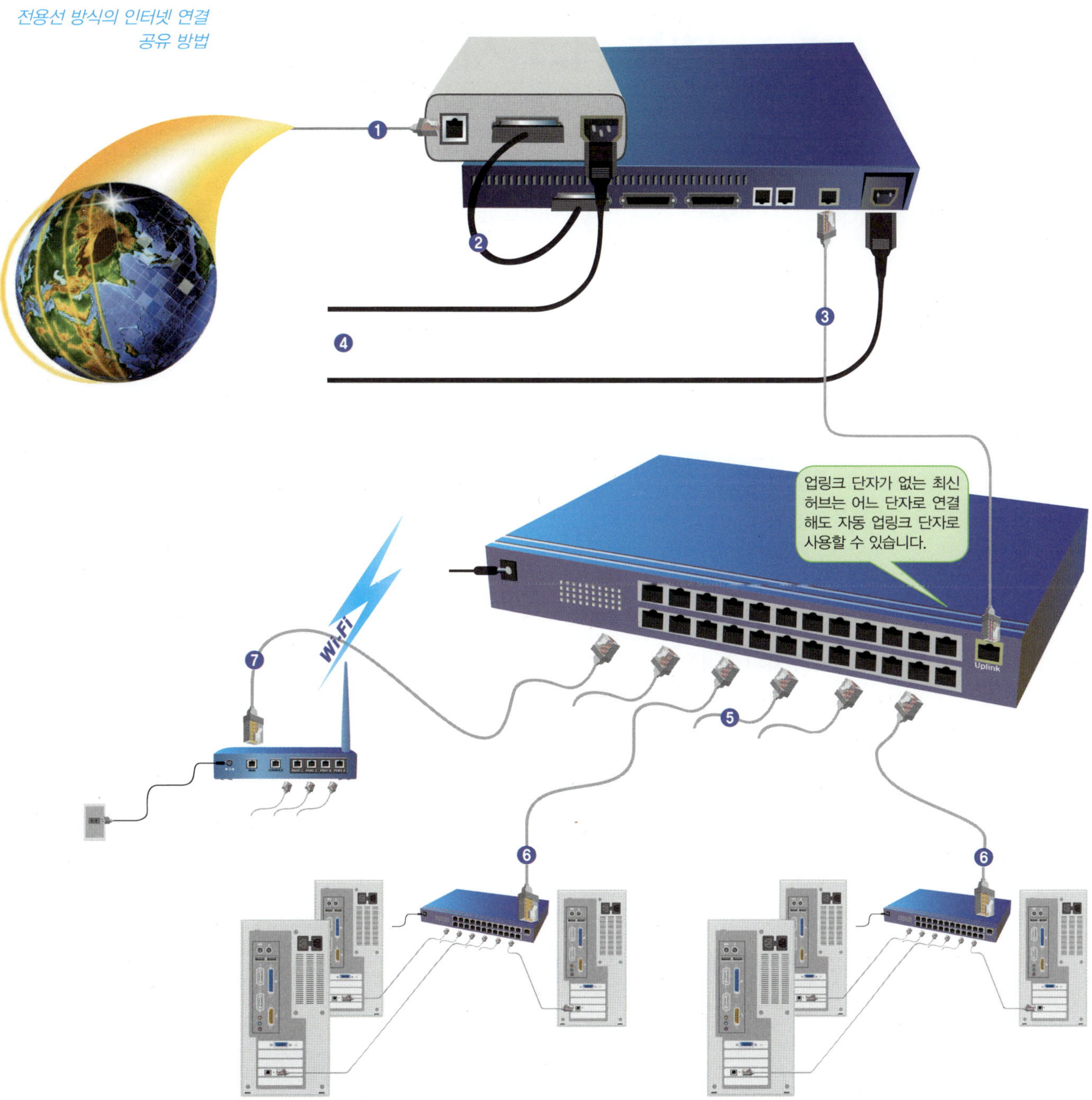

❶ 인터넷으로 연결되는 전용선을 CSU/DSU의 LINE 단자에 연결합니다.

❷ CSU/DSU와 라우터를 전용 케이블(V.35)로 연결합니다.

❸ 라우터의 LAN 단자와 허브의 업링크 단자를 크로스 케이블로 연결(라우터에 따라 스트레이트 케이블로
그냥 연결해도 됩니다.)

❹ CSU, 라우터, 허브의 전원을 연결합니다.

❺ 허브와 PC를 스트레이트 케이블로 연결합니다.

❻ 각 사무실에 허브를 배치하고 업링크로 연결하면 인터넷 연결 및 다른 사무실과 네트워킹을 할 수 있습니다.

❼ 허브에 다시 유무선 인터넷 공유기의 WAN 단자를 연결하면 스마트폰, 넷북, 태블릿 PC, 노트북 컴퓨터 등에
서도 와이파이(Wi-Fi) 무선 연결을 사용할 수 있습니다. 같은 원리로 허브에 무선 액세스 장치(AP)를 연결해도
사설 와이파이(Wi-Fi) 망을 구성할 수 있습니다.

Chapter 13 네트워크 자원의 공유와 활용

윈도우 XP부터 윈도우 10에 이르기까지 윈도우 계열 운영 체제 간에는 작업 그룹만 동일하면 자원을 쉽게 공유할 수 있습니다. 이 장에서는 윈도우 운영체제의 네트워크 자원의 공유와 활용 방법을 실습 방식으로 알아봅니다. 실습은 가장 널리 사용되고 있는 윈도우 7과 윈도우 10을 중심으로 컴퓨터의 자원과 인터넷을 어떻게 공유할 수 있는지 알아봅니다.

1 윈도우 네트워크의 자원 공유

TCP/IP 프로토콜이 인터넷 서비스는 물론 인트라넷용 네트워크 서비스로도 인기가 높지만, 조직 내부의 네트워크 환경에서는 Microsoft 네트워크용 클라이언트와 Microsoft 네트워크용 파일 및 프린터 공유 기능을 활용하면 보다 쉽게 자원을 공유할 수 있습니다.

윈도우 7과 윈도우 10의 네트워크 구성 요소

네트워크에서의 자원 공유는 윈도우 운영체제를 설치할 때 기본으로 설치되는 네트워크 구성 요소만 활용해도 폴더와 프린터의 공유는 물론 인터넷 연결 공유까지 손쉽게 수행할 수 있습니다. 사용자는 단지 네트워크상에서 **컴퓨터를 식별하기 위한 컴퓨터 이름과 자원을 공유할 작업 그룹 이름**만 설정하면 됩니다. 다음 그림은 윈도우 7과 윈도우 10의 네트워크 어댑터(=랜카드)의 속성 대화상자로 현재 네트워킹에 사용 중인 구성 요소들을 확인할 수 있습니다.

네트워크 어댑터의 로컬 영역 연결 속성 대화상자

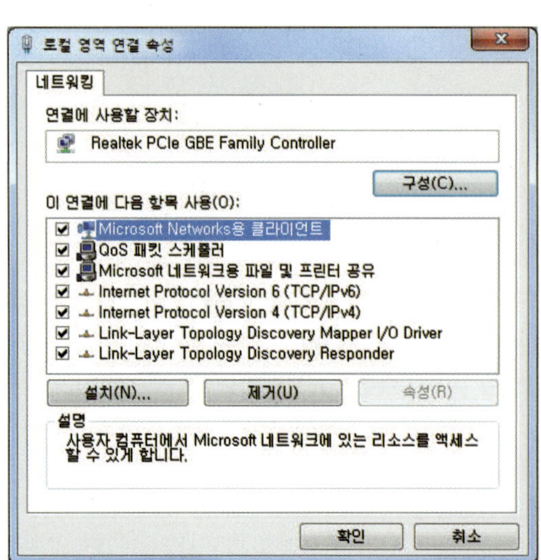

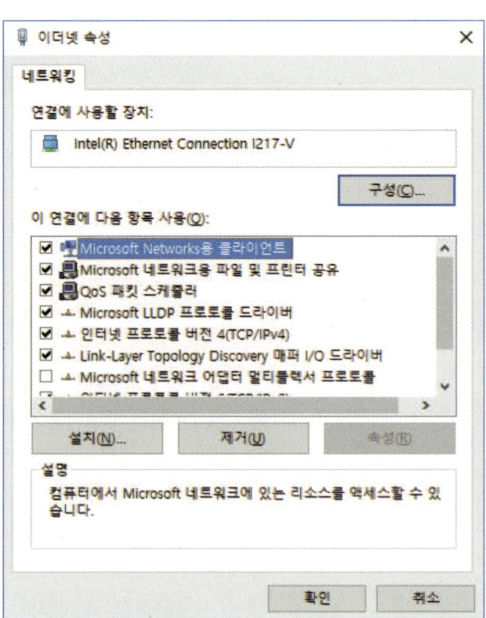

요즘 메인보드에는 랜카드가 내장되므로 윈도우 7이나 윈도우 10을 설치한 후에 메인보드 드라이버를 설치하면 자동으로 해당 랜 카드 드라이버가 설치됩니다.

▲ 윈도우 7에서는 **시작 → 제어판 → 네트워크 및 인터넷 → 네트워크 상태 및 작업 보기 → 로컬 영역 연결**을 차례로 실행하여 로컬 영역 연결 속성 대화상자를 연 후 **속성** 단추를 클릭하면 됩니다.

▲ 윈도우 8/8.1/10에서는 **시작** 단추 위치에서 오른쪽 단추를 클릭하면 나타나는 바로 가기 메뉴에서 **네트워크 연결**을 선택하여 네트워크 연결 대화상자를 연 후, 가용 네트워크 아이콘을 더블 클릭하여 대화상자를 연 다음 **속성** 단추를 클릭하면 됩니다.

윈도우 운영체제에서 공통으로 제공하는 네트워크 구성 요소의 기능은 다음과 같습니다.

❶ **Microsoft 네트워크용 클라이언트** : 네트워크상의 다른 컴퓨터를 식별하여 윈도우 계열 컴퓨터로 구성된 마이크로소프트 네트워크상의 공유 자원에 접근할 수 있게 하는 클라이언트 기능을 수행합니다.

❷ **Microsoft 네트워크용 파일 및 프린터 공유** : 폴더와 프린터 자원에 대한 공유 서비스를 수행할 수 있게 해줍니다.

❸ **인터넷 프로토콜(TCP/IP) = Internet Protocol Version 4 (TCP/IPv4)** : 인터넷을 사용할 수 있게 해주는 32비트 IP 주소 기반의 TCP/IP 프로토콜입니다. 인터넷에 연결되어 있는 모든 자원은 IP 주소를 갖고 있으며, TCP/IP 프로토콜은 이를 식별하여 사용할 수 있게 해줍니다.

❹ **Internet Protocol Version 6 (TCP/IPv6)** : 윈도우 7부터는 128비트 IP 주소 기반의 TCP/IP 프로토콜인 Internet Protocol Version 6(TCP/IPv6)을 지원하므로, 128비트 IP 주소 기반 인터넷 서비스를 사용할 수 있습니다. 인터넷의 광범위한 활용과 주소 수요에 대응하기 위해 만들어진 TCP/IPv6에서는 사실상 무한대에 가까운 2^{128}개의 주소를 사용할 수 있으므로 사물 인터넷(IoT) 서비스에 필요한 주소도 지원 가능합니다.

일부 랜 카드는 Internet Protocol Version 6(TCP/IPv6)와 잘 맞지 않아 느려지는 경우가 있는데, 이 경우에는 아직 128비트 IP 주소를 사용하는 웹 사이트가 드물기 때문에 비활성화하여 사용해도 인터넷 연결에 지장이 없습니다.

❺ **QoS 패킷 스케줄러** : 네트워크 패킷의 흐름 속도와 우선순위 조절을 통해 네트워크 소통을 제어하는 모듈입니다.

❻ **Link−Layer Topology Discovery Mapper I/O Driver와 Link−Layer Topology Discovery Mapper Responder** : 윈도우 비스타 때부터 네트워크 구성 요소로 추가된 기능으로, 머릿글자를 따서 LLPD 프로토콜이라 부릅니다. LLPD 프로토콜은 네트워크에 연결된 장치들을 보여주는 네트워크 맵 기능을 제공하는 구성 요소입니다. 한글 윈도우 10의 이더넷 속성 대화상자에서는 **Link−Layer Topology Discovery 매퍼 I/O 드라이버**, **Link−Layer Topology Discovery 응답기**와 같이 한글로 표시되는 점만 다를 뿐, 구성 요소는 동일합니다.

윈도우 계열 운영체제를 사용하는 컴퓨터 간에 폴더와 프린터 자원을 공유할 때는 Microsoft Networks용 클라이언트, Microsoft 네트워크용 파일 및 프린터 공유 모듈이 사용됩니다. 그리고 인터넷이나 TCP/IP 기반 인트라넷을 사용할 때에는 인터넷 프로토콜(TCP/IP)이 활용되며, LLPD 프로토콜은 일종의 네트워크 편의 기능이므로 파일 및 프린터 공유 작업과 직접적인 관련이 없습니다.

소규모 사업장이나 컴퓨터를 많이 사용하는 가정에서 윈도우 운영체제가 지원하는 네트워크 모듈을 이용하면, 내부 네트워크에서 윈도우 설치 시 설정한 컴퓨터 이름과 작업 그룹 이름을 사용하여 같은 작업 그룹의 컴퓨터를 식별하고 자원을 공유할 수 있습니다. 외부 네트워크라 할 수 있는 인터넷에서는 웹프린트 기능처럼 TCP/IP 프로토콜 기반의 IP 주소와 도메인으로 컴퓨터를 식별하고 자원을 공유하는 방법을 사용할 수 있습니다.

- 윈도우 XP에서 LLPD 프로토콜을 사용하려면 마이크로소프트 다운로드 센터(www.microsoft.com/downloads/)에서 LLPD로 검색하여 다운로드한 후, 설치하면 됩니다.
- 윈도우 8부터 Microsoft 네트워크 어댑터 멀티플렉서가 지원되는데, 기본으로 사용되는 구성 요소가 아닌 2개 이상의 물리적인 랜 사용 시 이를 묶어서 하나의 포트로 사용하는 가상의 네트워크 인터페이스를 사용할 수 있게 해줍니다.

2 인터넷 공유기의 기능과 설정 방법

인터넷 공유기는 인터넷 공유 기계로 출발했지만, 지금은 인터넷 활용에 필요한 다양한 부가 기능을 제공하는 추세입니다. 인터넷 공유기의 다양한 부가 기능을 활용하려면 인터넷 공유기의 설정을 변경할 줄 알아야 합니다.

인터넷 공유기의 주요 구성 요소

유선 인터넷 공유기에 비해 유무선 인터넷 공유기는 무선 설정 기능이 추가적으로 제공됩니다. 유무선 인터넷 공유기는 안테나 외장/내장 방식이 있는데, 다음은 안테나 내장 방식의 D-Link의 850L 공유기의 구성 요소를 살펴본 그림입니다.

유무선 인터넷 공유기의 구성 요소

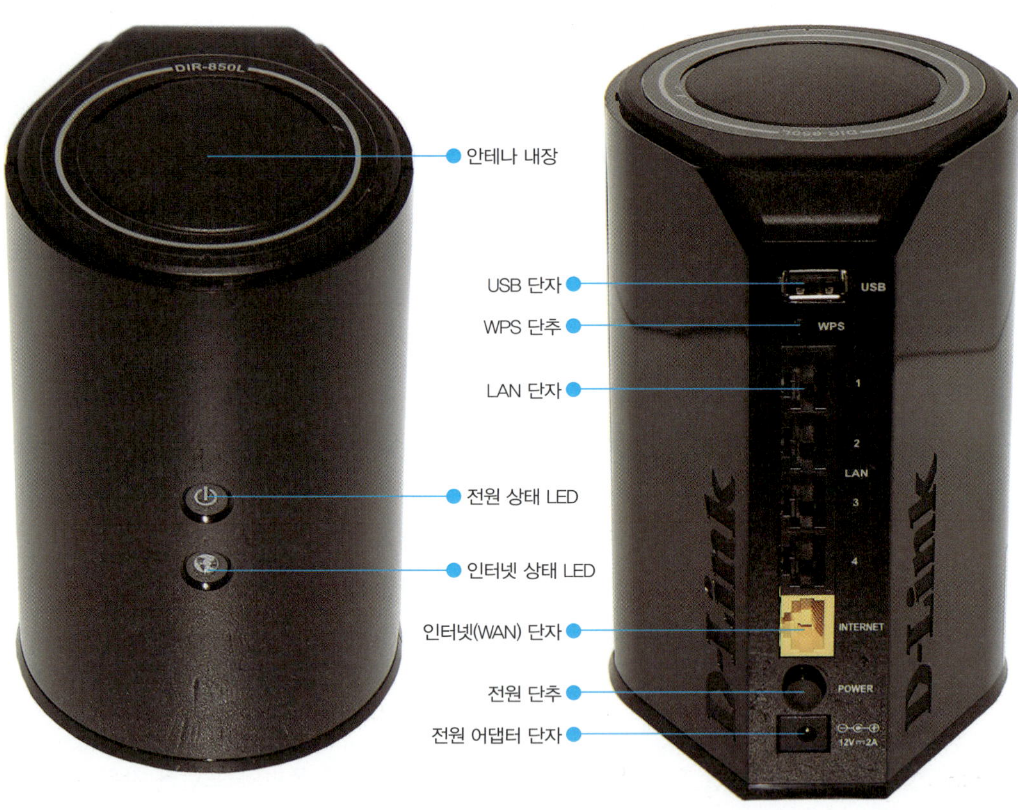

USB 단자가 포함된 하이엔드 유무선 공유기의 USB 단자에 USB 저장 장치를 연결하면 네트워크 서버로 사용할 수 있는 등 PC나 모바일 기기와 연동되는 퍼스널 클라우드 기능을 지원합니다. 한편 최신 유무선 공유기에는 WPS 단추가 제공되는데, WPS 기능을 지원하는 장치를 켠 상태에서 연결하려는 장치의 WPS 단추를 누르고 공유기의 WPS 단추를 누르면 연결됩니다(678쪽 참고). 인터넷(WAN) 단자에는 인터넷 라인을 연결하고, LAN 단자에는 유선으로 인터넷을 공유할 컴퓨터나 허브를 연결하면 됩니다. 리셋 단추는 공장 설정값으로 초기화하는 것으로, 볼펜 등으로 누른 상태에서 전원을 켜고 5초 정도 후에 떼면 초기화됩니다. 예를 들어 공유기의 로그인 아이디와 암호를 분실한 경우, 초기화한 후 기본값 아이디와 암호로 로그인하면 됩니다.

인터넷 공유기 선택 가이드

다음 인터넷 공유기 제품 사양표를 보고 자신에게 적합한 인터넷 공유기인지 판별해보기 바랍니다.

항 목	내 용	비 고
제품명	D-Link DIR-850L 유무선 공유기	
기본 사양	CPU 종류 : 리얼텍 RTL8197D CPU 코어 수 : 싱글 코어 CPU 클럭 : 660MHz RAM : DDR2 128MB	기본 사양에 따라 인터넷 공유기의 전송 속도, 특히 무선 전송(WiFi) 속도에 차이가 있습니다. 현 시점의 D-Link 공유기 라인업 중 최상위 제품인 DIR-885L 제품의 경우에는 브로드컴 4Tx 4Rx 듀얼 코어 1.4GHz CPU에 DDR3 256MB RAM을 탑재하여 AC2167 + N1000의 전송 속도를 지원합니다.
전송 속도	유선 : 1Gbps 무선 : 듀얼밴드 AC867 + N300 듀얼 밴드(5GHz/2.4GHz 주파수 대역 지원) 5GHz 대역에서 802.11ac 지원 867Mbps 2.4GHz 대역에서 802.11n 지원 300Mbps	단일 기기 전송은 최대 867Mbps 다중 기기 전송 시 867+300=1167Mbps 지원 5GHz 고주파 대역은 전송 속도는 빠르지만 직진성이 강해 장애물이 있으면 연결이 불안정합니다. 2.4GHz 대역은 5GHz 고주파 대역보다 넓은 범위의 연결 지원
연결 단자	인터넷(WAN) 단자 : 1개 LAN 단자 : 4개 USB 2.0 단자 : 1개	USB 단자에 외장 저장 장치를 연결하면 미디어 서버 기능을 사용할 수 있고, 프린터를 연결하면 프린터 서버로 사용할 수 있으며, 스마트 기기 충전도 지원합니다. USB 3.0 단자를 지원하는 하이앤드 공유기도 있습니다.
안테나	4개의 내장 안테나	360도 무선 커버리지를 지원하고, 외부로 돌출되지 않는 내장 안테나 방식
부가 기능	WPS : 원터치 무선 연결 전원 단추 NAT 하드웨어 방식 점보 프레임 : 9KB IP TV 전용 단자(기본값 4번 LAN 단자)	WPS 지원 프린터 사용 시 케이블을 연결하지 않고도 무선으로 프린트 가능 별도의 전원 단추가 제공되면 전원 어댑터 플러그를 빼내지 않고도 전원 ON/OFF 가능 하드웨어 칩셋을 통한 NAT 처리로 효율 향상 MTU를 최대 9KB까지 확장하여 보다 빠른 데이터 전송 실현 IP TV 전용 단자로 셋톱 박스를 연결하여 공유기 환경에서 실시간 방송 시청과 다시 보기 지원
지원 기능	IPv6(O) IPTV(O) DDNS(O) DLNA(O) WOL(O) VPN(O) Auto QoS(O) MU-MIMO(O) 멀티 SSID(O) 모바일 앱 지원(O) 리피터 모드(O) 빔포밍(X)	DLNA(Digital Living Network Alliance)의 네트워크를 통한 미디어 공유 규격 지원 WOL(Wake On Lan)은 원격 시동 기능(778쪽 참고) VPN은 가상 사설망 기능 Auto QOS와 MU-MINO 기능은 인터넷 접속과 전송을 효율화하는 고급 공유기 기능 WiFi 무선 공유 접속 아이디의 다중 생성을 통해 내부용, 외부 손님용 아이디 등으로 구분 사용 가능 모바일 앱(MyD-LINK 앱)을 통한 공유기 원격 관리와 미디어 서버 등 클라우드 기능 활용 기존 공유기의 와이파이 신호 확장 용도로 사용 가능 빔포밍은 안테나의 지향성 송출 기술로 무선 커버리지와 효율을 향상하기 위해 공유기에 연결된 단말들의 이동 시에도 신호를 추적하여 직접 송신하는 기술
크기와 무게	가로 : 93mm 세로 : 116mm 높이 : 145mm 무게 : 330g	
그 밖의 확인 사항	소비 전력 : 24W AS 기간 : 무상 2년 RoHS(유해 물질 안전 인증) KC 인증	KC(Korea Certification) 인증은 제품의 재질이 인체에 무해한지, 제품 내구성과 안전에 이상이 없는지를 검사하여 인증

- QOS(Quality of Service) : 네트워크에서 여러 기기에서 요구받는 전송 대역폭과 우선 순위 조절 기능
- MU-MIMO(Multi-User Multiful Input & Multiple Output) : 무선 안테나 자원을 분배하여 동시에 다중 사용자 다중 입력과 출력을 실현하는 기술로 5GHz 대에서만 동작하므로 듀얼 밴드 이상의 공유기에서 지원

인터넷 공유기 설정 절차

인터넷 공유기 설정 작업은 컴퓨터에 직접 연결되는 부품의 드라이버나 유틸리티와 달리 인터넷 공유기가 사용하는 사설 IP 주소로 접속하여 설정합니다. 인터넷 공유기 설정 절차와 방식은 다음과 같습니다.

❶ **인터넷 공유기와 컴퓨터 LAN 케이블로 연결하기** : 인터넷 공유기의 인터넷(WAN) 단자에는 광랜이나 인터넷 모뎀의 인터넷 라인을 연결한 후, 공유기의 LAN 단자와 컴퓨터의 LAN 단자를 LAN 케이블로 연결하고 인터넷 공유기와 컴퓨터의 전원을 켭니다.

❷ **웹브라우저에서 인터넷 공유기의 설정 주소로 접속하기** : 웹브라우저를 실행하고, 공유기의 설정 주소를 입력하고 접속합니다. 인터넷 공유기마다 설정을 위해 사용하는 사설 IP 주소는 차이가 있는데, 보통은 192.168.0.X로 네번째 자리의 숫자만 달리하는 경우가 많습니다. X가 1일 경우, 웹브라우저에서 **http ://192.168.0.1**을 입력하면 됩니다.

인터넷 공유기 설정에 익숙해지면 인터넷을 통해 원격으로 접속할 수도 있습니다. 원격으로 접속할 때는 원격 관리 포트를 설정하면 됩니다. 공유기에 원격으로 접속하려면 웹브라우저에서 외부 IP 주소(공인 IP 주소)와 원격 관리 포트를 입력하면 됩니다. 예를 들어 외부 IP 주소가 123.456.789.012이고, 원격 관리 포트 번호가 5678이라면 **http ://123.456.789.012 :5678**로 접속하면 됩니다.

외부 IP 주소는 기억하기도 쉽지 않을 뿐만 아니라 공유기의 DHCP 서버에 의해 주소가 바뀔 수 있습니다. 외부 IP 주소 대신 DDNS 주소를 사용하면 보다 간편하게 연결할 수 있습니다. 요즘은 공유기 제조사에서 무료 DDNS를 지원하므로 원하는 호스트 이름을 등록하여 활용하면 됩니다.

예를 들어 ipTIME 공유기를 사용한다면 무료 DDNS 서버는 iptime.org입니다. ipTIME DDNS 호스트 이름을 won으로 사용하고 원격 관리 포트 번호가 8910이라면 **http ://won. iptime.org :8910**으로 접속하면 됩니다(671쪽 참고).

❸ **인터넷 공유기에 로그인하고 필요한 기능 설정하기** : 인터넷 공유기 설정 주소로 접속하면 로그인 화면이 나옵니다. 처음 접속하는 경우는 사용 설명서를 참고하여 기본값 로그인 아이디와 암호를 사용하면 됩니다. 로그인 후부터는 필요한 기능을 설정하면 됩니다. 인터넷 공유기를 사용하는 시점부터는 기본값 로그인 아이디와 암호는 반드시 바꾸기 바랍니다.

인터넷 공유기의 설정 화면

인터넷 공유기 제품에 따라 제공되는 설정 기능과 화면은 차이가 있습니다. 공유기 제조회사가 다르면 공유기 기능 설정 화면의 인터페이스도 차이가 있습니다.

하지만 비슷한 레벨의 공유기라면 설정할 수 있는 기능들은 대동소이하므로 한 공유기의 기능 설정을 해본 경우라면 다른 공유기 설정도 어렵지 않게 수행할 수 있습니다. 요즘에는 공유기 설정 방법을 동영상으로도 제공하기 때문에 손쉽게 사용할 수 있습니다.

다음 쪽의 그림은 회사에 있는 ipTIME N604S 공유기에 원격 접속한 설정 화면과 가정에 있는 D-Link DIR-850L 공유기에 접속한 설정 화면을 각각 나타낸 것입니다.

ipTIME의 N604S 공유기
설정화면

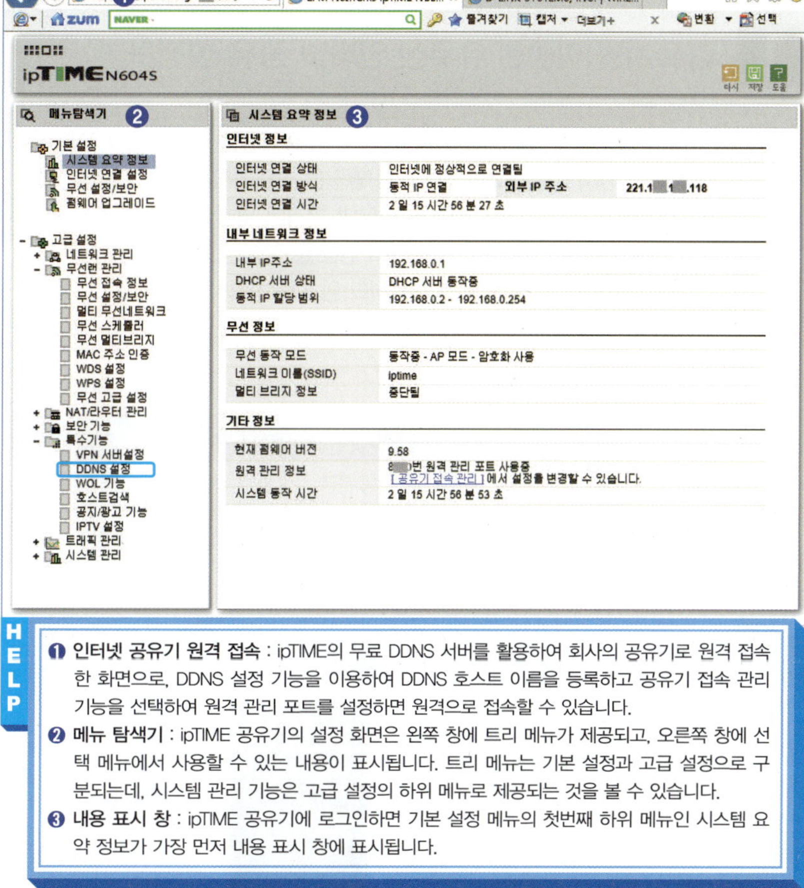

> **H E L P**
>
> ❶ **인터넷 공유기 원격 접속** : ipTIME의 무료 DDNS 서버를 활용하여 회사의 공유기로 원격 접속한 화면으로, DDNS 설정 기능을 이용하여 DDNS 호스트 이름을 등록하고 공유기 접속 관리 기능을 선택하여 원격 관리 포트를 설정하면 원격으로 접속할 수 있습니다.
>
> ❷ **메뉴 탐색기** : ipTIME 공유기의 설정 화면은 왼쪽 창에 트리 메뉴가 제공되고, 오른쪽 창에 선택 메뉴에서 사용할 수 있는 내용이 표시됩니다. 트리 메뉴는 기본 설정과 고급 설정으로 구분되는데, 시스템 관리 기능은 고급 설정의 하위 메뉴로 제공되는 것을 볼 수 있습니다.
>
> ❸ **내용 표시 창** : ipTIME 공유기에 로그인하면 기본 설정 메뉴의 첫번째 하위 메뉴인 시스템 요약 정보가 가장 먼저 내용 표시 창에 표시됩니다.

D-Link DIR-850L
공유기 설정 화면

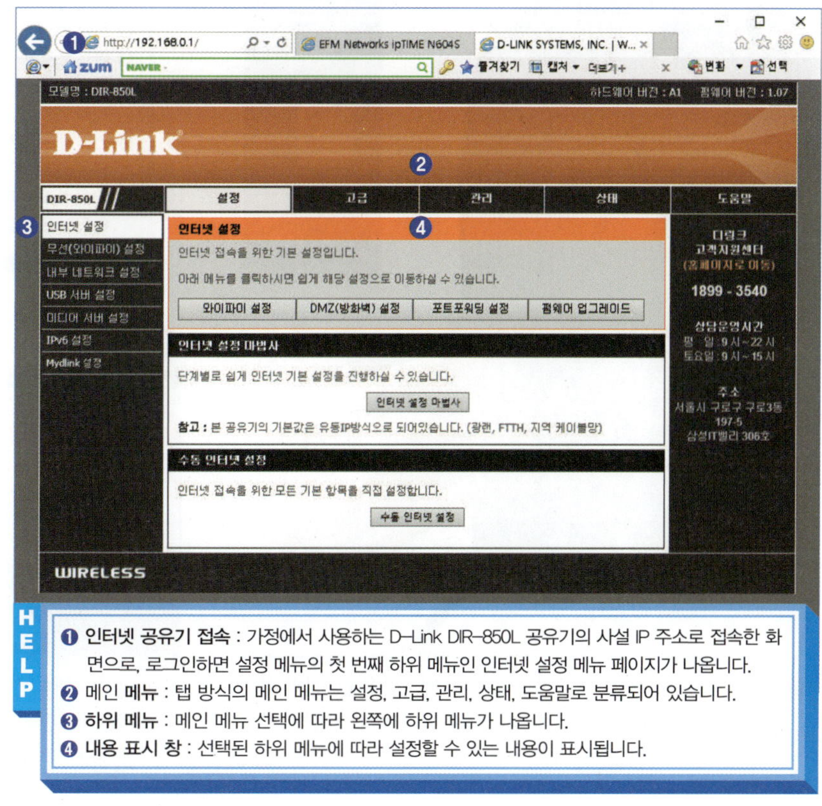

> **H E L P**
>
> ❶ **인터넷 공유기 접속** : 가정에서 사용하는 D-Link DIR-850L 공유기의 사설 IP 주소로 접속한 화면으로, 로그인하면 설정 메뉴의 첫 번째 하위 메뉴인 인터넷 설정 메뉴 페이지가 나옵니다.
>
> ❷ **메인 메뉴** : 탭 방식의 메인 메뉴는 설정, 고급, 관리, 상태, 도움말로 분류되어 있습니다.
>
> ❸ **하위 메뉴** : 메인 메뉴 선택에 따라 왼쪽에 하위 메뉴가 나옵니다.
>
> ❹ **내용 표시 창** : 선택된 하위 메뉴에 따라 설정할 수 있는 내용이 표시됩니다.

Exercise

1 공유기를 이용한 유무선 인터넷 공유 설정하기

인터넷 공유기의 인터넷(WAN) 단자에 인터넷 라인을 연결하고, LAN 단자에는 인터넷을 공유할 컴퓨터를 연결한 상태에서 공유기 터미널의 IP 주소로 로그인하여 자신의 인터넷 환경에 맞춰 설정하면 됩니다. WiFi 공유는 접속 아이디(SSID)와 암호를 설정한 후 무선 공유를 사용할 기기에서 해당 SSID를 선택하고 암호를 입력하면 됩니다.

이 실습에 필요한 내용	실습 키 포인트
인터넷 모뎀이나 광랜을 통한 유무선 인터넷 공유기와의 인터넷 연결 공유기의 LAN 단자에 인터넷을 공유할 컴퓨터를 LAN 케이블로 연결 공유기 설정 주소로 접속하여 자신이 가입한 인터넷 환경에 맞춰 설정	인터넷 공유기 케이블 연결하기 공유기 설정 주소로 접속하여 가입한 인터넷 환경에 맞춰 설정하기

D-Link 공유기의 인터넷 공유 설정하기

HELP

● D-Link 라인업의 인터넷 공유기는 설정 화면의 기본 구성이 동일합니다. 여기서는 D-Link DIR-850L 공유기 설정을 예를 들어 설명합니다. 인터넷 공유 설정 절차는 다음과 같습니다.

❶ **인터넷 라인 연결** : 인터넷 모뎀이나 광랜의 인터넷 라인이든, 이미 인터넷을 공유 중인 인터넷 공유기의 LAN 단자에 연결하여 인터넷 공유를 확장하려 하든 인터넷이 되는 회선을 인터넷 공유기의 인터넷(WAN) 단자로 연결합니다.

❷ **LAN 단자 연결** : 인터넷 공유기를 통해 인터넷을 공유할 컴퓨터나 허브는 LAN 단자로 연결합니다.

❸ **전원 연결** : 전원 어댑터를 연결하고 인터넷 공유기를 켭니다.

❹ **공유기 접속** : 공유기 설정 주소로 접속하여 로그인합니다. 처음 접속하는 경우에는 설명서를 참고하여 기본값 로그인 아이디와 암호를 사용하여 접속합니다.

❺ **인터넷 공유기 연결 설정** : 자신이 가입한 인터넷 환경에 맞춰 공유 설정하기

❻ **공유기 아이디와 비밀번호 변경하기** : 보안을 위해 공유기의 아이디와 비밀번호를 변경합니다.

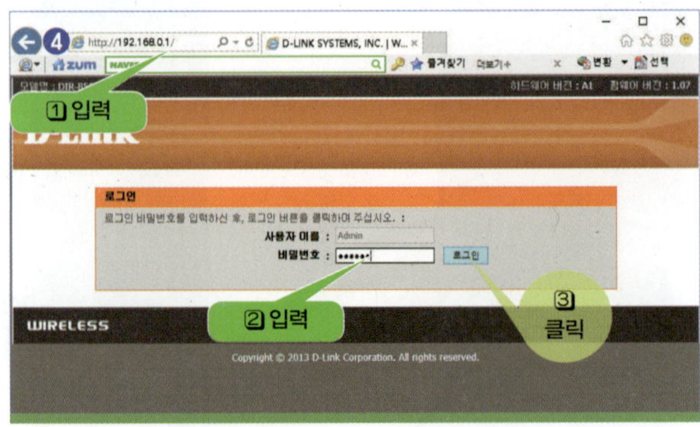

1 인터넷 라인은 INTERNET 단자에, 공유할 컴퓨터나 허브는 LAN 단자에 연결한 후, 전원 어댑터를 연결하고 전원을 켭니다.

2 공유기와 연결된 PC의 브라우저에서 공유기 설정 주소로 접속합니다. 처음 공유기에 로그인하는 경우 설명서에 있는 기본값 비밀번호를 입력합니다.

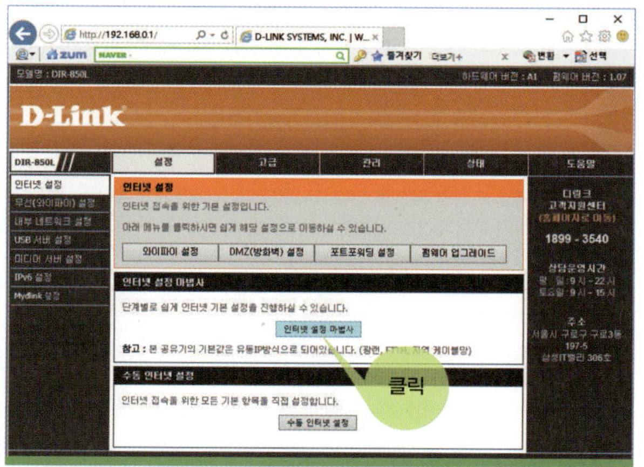

3 D-Link 공유기는 인터넷 설정 마법사와 수동 인터넷 설정을 모두 사용할 수 있는데, 여기서는 인터넷 설정 마법사를 클릭합니다.

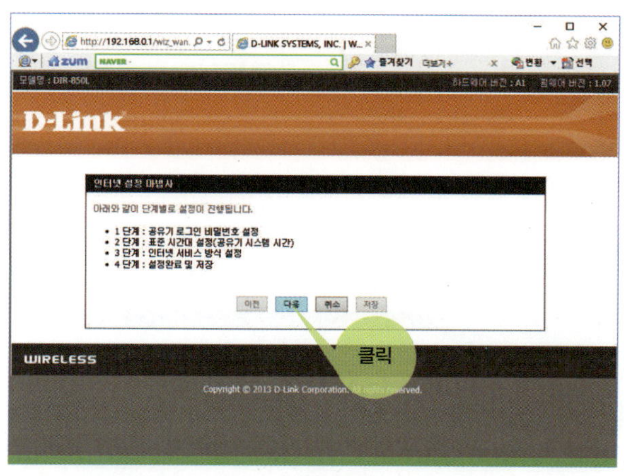

4 인터넷 설정 마법사의 단계별 진행 사항을 안내하는 화면이 나옵니다. **다음** 단추를 클릭합니다.

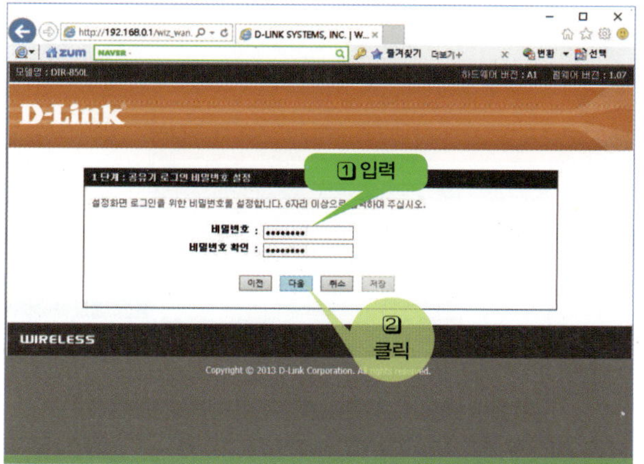

5 1단계 : 공유기 로그인 비밀번호 설정 대화상자가 나오면 원하는 비밀번호를 입력한 후 **다음** 단추를 클릭합니다.

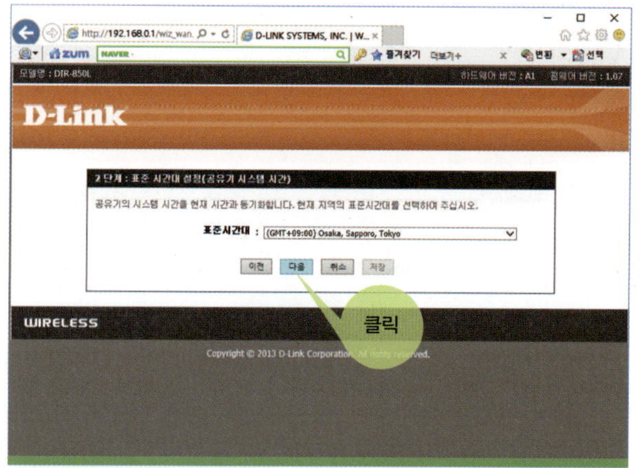

6 2단계 : 표준 시간대 설정 화면이 나오면 거주하는 지역의 표준 시간대를 선택한 후 **다음** 단추를 클릭합니다.

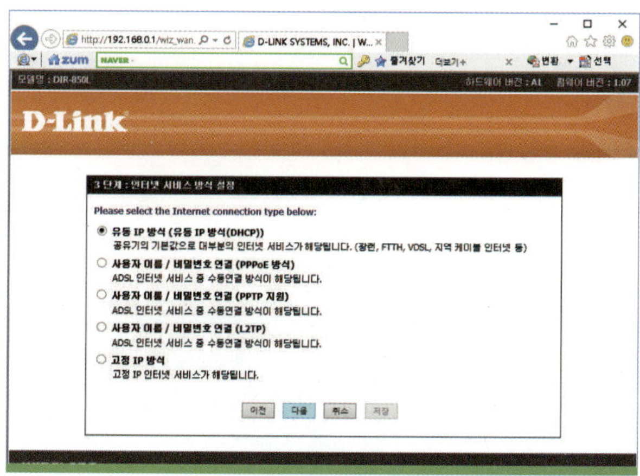

7 3단계 : 인터넷 서비스 방식 설정 화면이 나오면 자신이 가입한 인터넷 서비스에 맞춰 선택한 후 **다음** 단추를 클릭합니다.

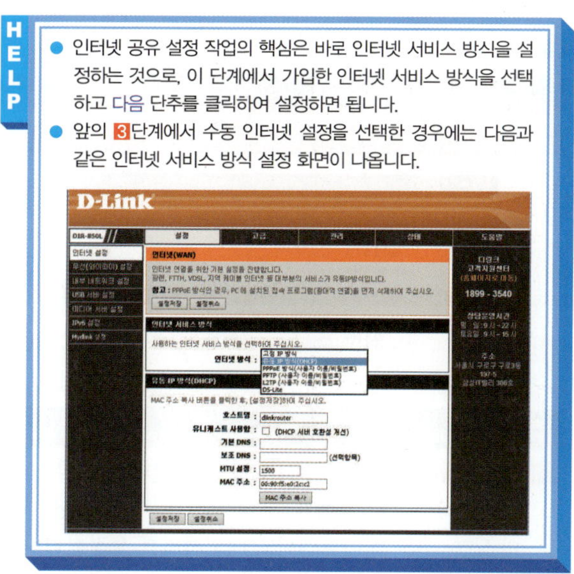

HELP

- 인터넷 공유 설정 작업의 핵심은 바로 인터넷 서비스 방식을 설정하는 것으로, 이 단계에서 가입한 인터넷 서비스 방식을 선택하고 **다음** 단추를 클릭하여 설정하면 됩니다.
- 앞의 **3**단계에서 수동 인터넷 설정을 선택한 경우에는 다음과 같은 인터넷 서비스 방식 설정 화면이 나옵니다.

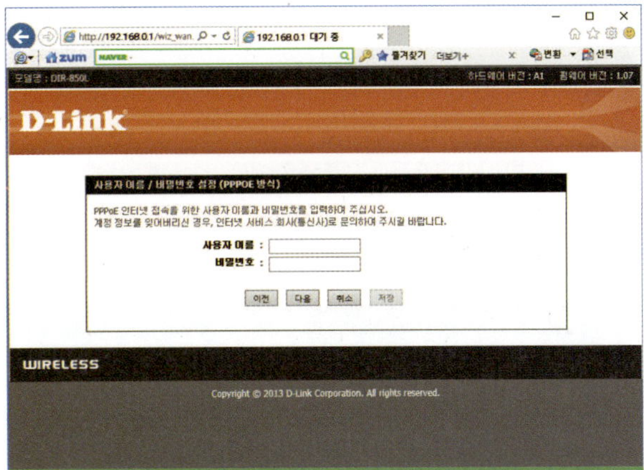

8 앞의 **7**단계에서 유동 IP 방식을 선택한 경우입니다. DNS 주소를 설정하지 않으면 자동으로 DNS 주소를 사용합니다. 보통 기본값으로 설정해도 인터넷 공유가 됩니다.

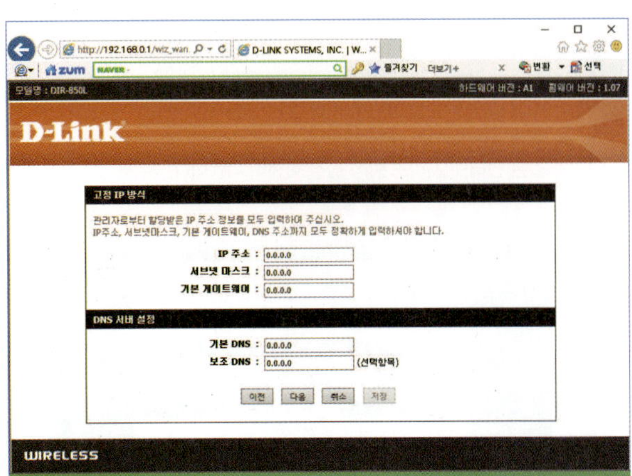

9 앞의 **7**단계에서 PPPoE 방식을 선택한 경우입니다. 가입한 인터넷 서비스의 사용자 이름과 비밀번호를 입력하면 인터넷 공유를 할 수 있습니다.

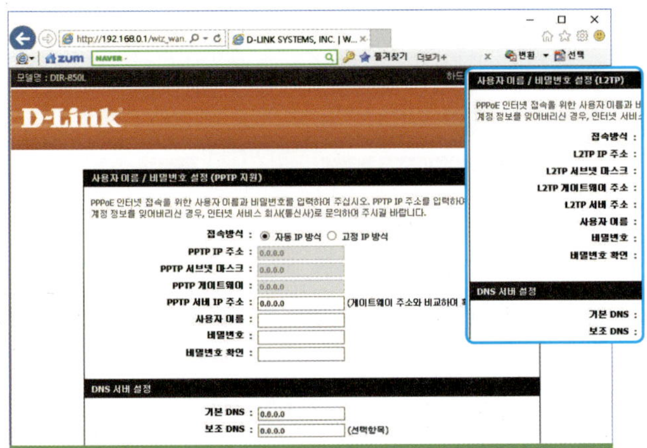

10 앞의 **7**단계에서 PPTP나 L2TP를 선택한 경우에는 사용자 이름과 비밀번호 외에도 가입한 인터넷 서비스 회사에 문의하여 접속 방식과 DNS 서버 설정 정보를 설정해야 합니다.

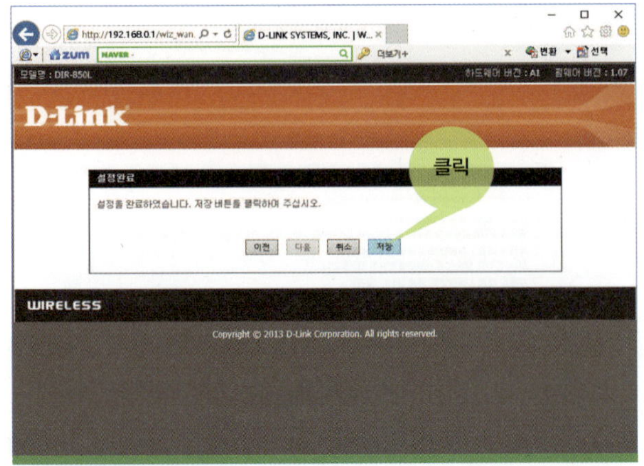

11 앞의 **7**단계에서 고정 IP 방식을 선택한 경우입니다. 인터넷 관리자에게 문의하여 IP 주소와 서브넷 마스크, 기본 게이트웨이, DNS 서버를 설정합니다.

12 3단계 : 인터넷 서비스 방식 설정을 마치면 설정 완료 대화상자가 나타납니다. 설정을 적용하려면 저장 단추를 클릭합니다.

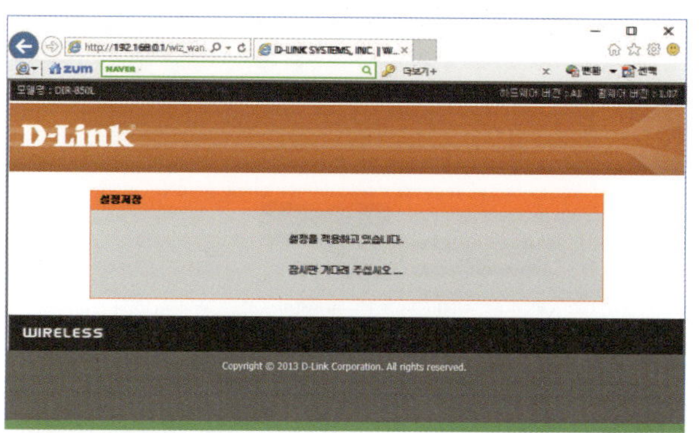

13 잠시 동안 설정이 적용됩니다. 설정 사항은 공유기의 펌웨어에 기록됩니다.

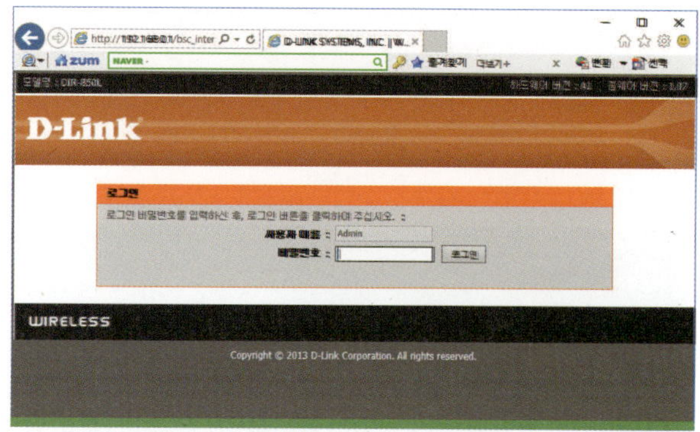

14 설정 적용을 마치면 로그인 비밀번호를 변경했기 때문에 자동으로 로그인 대화상자가 표시되며, 이제부터는 인터넷 공유도 이뤄집니다.

D-Link 공유기의 무선(와이파이) 공유 설정하기

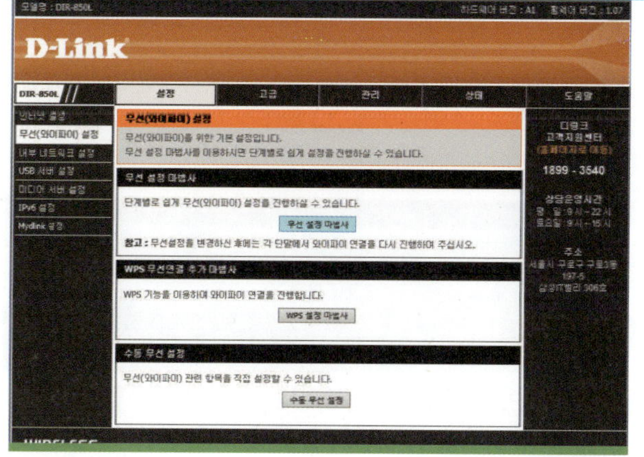

1 D-Link 공유기 설정 메뉴에서 무선(와이파이) 설정을 선택한 후 **무선 설정 마법사**를 클릭합니다.

HELP
- 인터넷 공유 설정을 수행하여 유선 인터넷 공유가 가능해야 무선(와이파이) 공유도 가능합니다. 무선(와이파이) 공유 설정 작업은 유선과 별도로 설정해야 합니다.
- 무선(와이파이) 공유 실징 시에는 와이파이 이름(SSID)과 보안키를 설정합니다. SSID는 무선(와이파이) 공유를 사용하려는 장치의 디스플레이에 표시되는 네트워크 이름입니다. 보안키를 설정할 때는 먼저 암호화 알고리즘을 선택한 후에 설정한다는 점도 기억하기 바랍니다.
- 듀얼 밴드를 지원하는 유무선 공유기의 경우는 2.4GHz 채널 대역과 5GHz 채널 대역에 대해 각각 다른 와이파이 이름(SSID)과 보안키를 설정할 수 있습니다.
- 요즘 나오는 공유기는 무선(와이파이) 공유 설정 작업도 마법사 방식으로 손쉽게 설정할 수 있게 해주며, 수동 무선 설정도 당연히 지원됩니다.

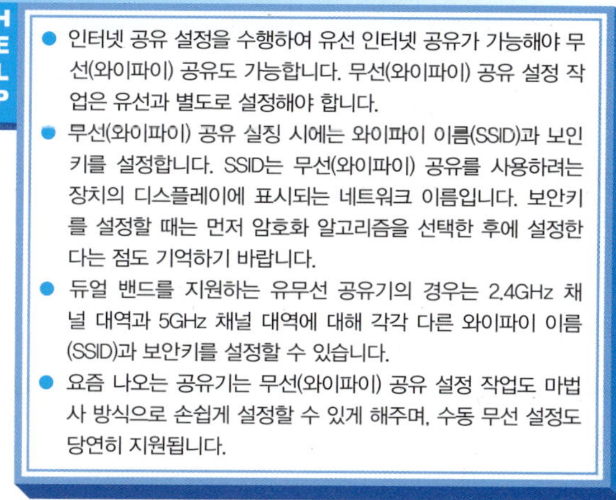

2 1단계 : 무선 이름(와이파이 이름) 및 무선 보안 설정 화면이 나옵니다. 무선 보안키 자동 설정과 수동 설정을 지원하는 것을 알 수 있습니다.

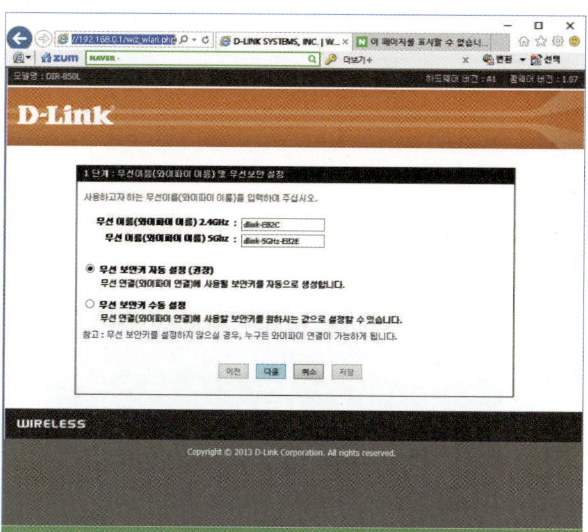

3 앞의 **2** 단계에서 무선 보안키 자동 설정(권장)을 선택한 경우, 즉시 무선(와이파이) 공유 설정이 완료됩니다. 설정을 적용하려면 **저장** 단추를 클릭합니다.

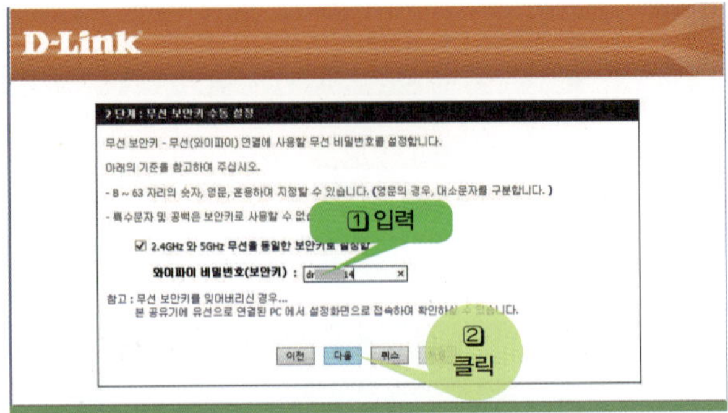

4 설정이 적용됩니다. 무선(와이파이) 공유할 모바일 기기 등에서 시행착오 없이 연결할 수 있도록 각 대역별 와이파이 이름과 비밀번호는 메모해두기 바랍니다.

5 앞의 **2**단계에서 무선 보안키 수동 설정을 선택한 경우입니다. 2.4GHz와 5GHz 무선을 동일한 보안키로 설정함이 체크된 상태에서 와이파이 비밀번호를 입력한 후 다음 단추를 클릭합니다.

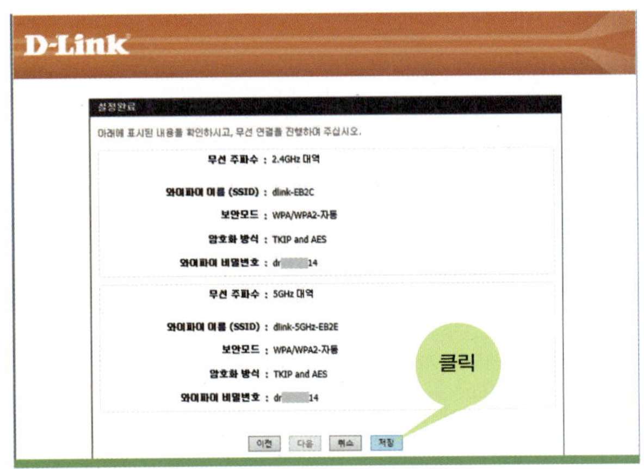

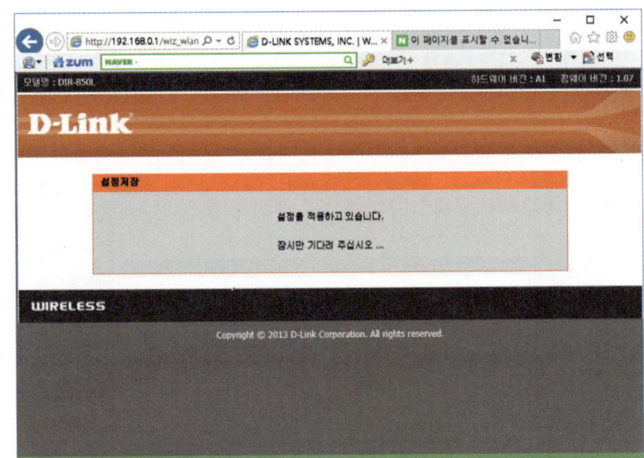

6 2.4GHz와 5GHz 모두 같은 보안 모드와 암호화 방식, 와이파이 비밀번호로 무선 공유 설정이 됩니다. 설정을 적용하려면 저장 단추를 클릭합니다.

7 설정이 적용됩니다. 무선(와이파이) 공유할 모바일 기기 등에서 시행착오 없이 연결할 수 있도록 와이파이 이름과 비밀번호는 메모해두기 바랍니다.

D-Link 공유기의 WPS 무선(와이파이) 공유 설정하기

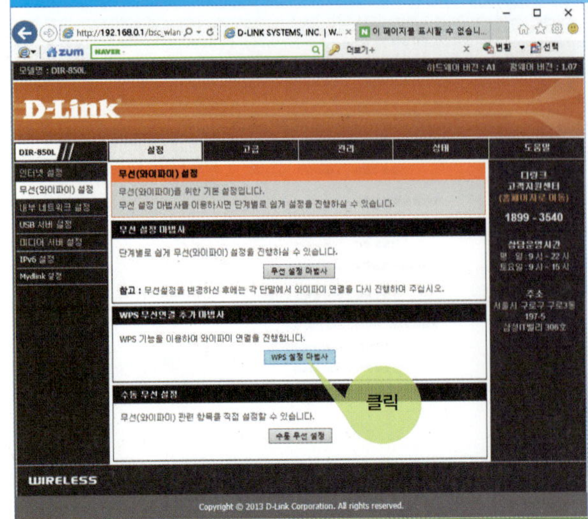

1 D-Link 공유기 설정 메뉴에서 무선(와이파이) 설정을 선택한 후 WPS 설정 마법사를 클릭합니다.

HELP

- WPS(Wi-Fi Protected Setup)가 지원되는 공유기와 장치 간에는 WPS 단추를 사용하여 와이파이 이름과 와이파이 비밀번호를 일일이 설정하지 않고도 간단히 원터치 방식으로 무선 공유를 할 수 있습니다.
- WPS 무선(와이파이) 공유는 공유기의 WPS 단추를 사용해도 되고, 공유기 설정 프로그램의 WPS 설정 마법사를 이용하여 설정해도 됩니다.

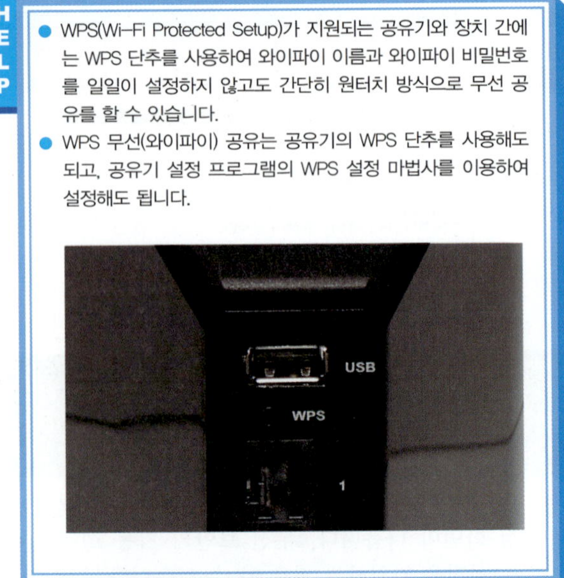

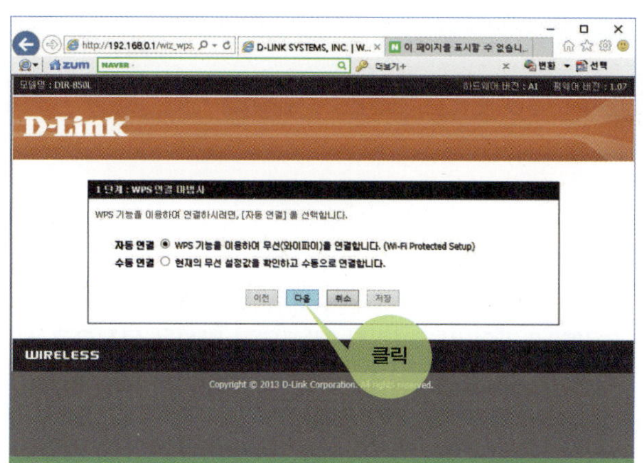

2 1단계 : WPS 연결 마법사 화면이 나옵니다. 자동 연결 선택 상태에서 **다음** 단추를 클릭합니다.

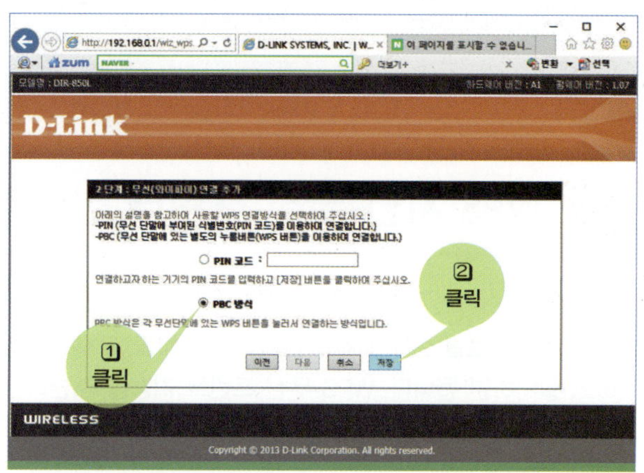

3 2단계 : 무선(와이파이) 연결 추가 화면이 나옵니다. PIN 코드를 입력하여 연결할 수 있고, WPS 단추를 눌러 연결할 수도 있습니다. 여기서는 PBC 방식을 선택하고 **저장** 단추를 클릭합니다.

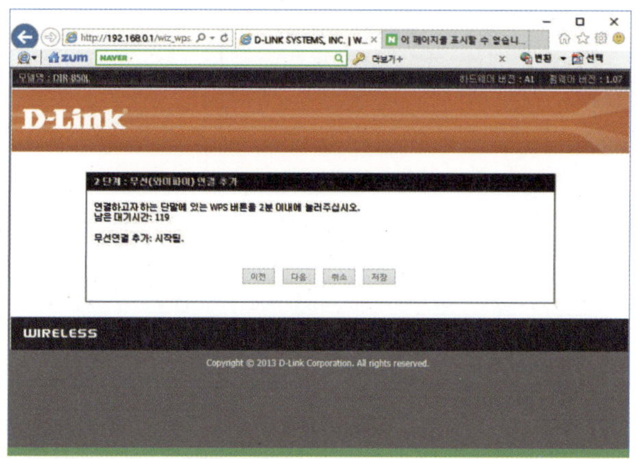

4 연결할 장치의 WPS 단추를 2분 이내에 누르라는 메시지 대화상자가 나옵니다.

5 WPS 지원 장치(프린터)의 전원이 켜진 상태에서 WPS 단추를 누릅니다. 그러면 공유기의 무선(와이파이) 공유 장치의 신호를 찾게 됩니다.

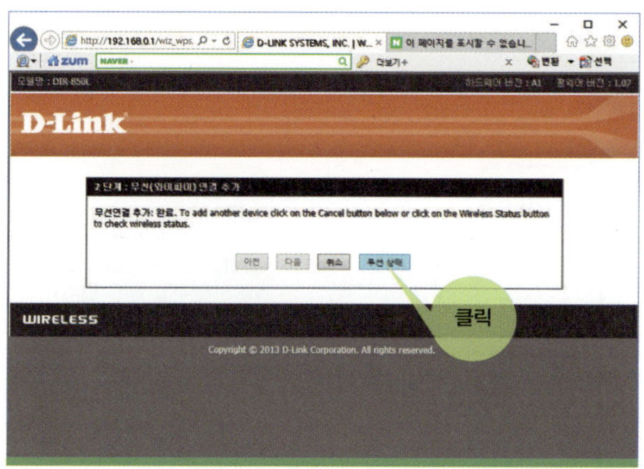

6 무선 연결이 완료되었다는 메시지가 나옵니다. 연결 상태를 확인하기 위해 **무선 상태** 단추를 클릭합니다.

7 무선 클라이언트 확인 창에 현재 무선(와이파이)로 연결된 장치가 표시됩니다. 실습에 사용한 프린터는 IEEE 802.11n 규격을 지원하므로 2.4GHz 대역에서 연결된 것을 볼 수 있습니다.

WPS 지원 무선 프린터 활용하기

WPS 지원 프린터는 케이블 연결 없이 무선으로 프린트할 수 있어 편리합니다. 무선 프린터로 사용하려면 공유기와 프린터 간에 WPS 무선 연결 상태에서 프린터 드라이버를 설치하면 됩니다. 프린터 드라이버를 설치할 때는 연결 방식을 무선으로 선택하고 설치하면 됩니다. WPS 무선 프린트 기능을 지원하는 캐논 PIXMA E560 복합기의 유선 프린터 드라이버 설치 방법은 406쪽에서 자세히 다뤘으므로 여기서는 무선 프린터 드라이버 설치와 관련된 부분을 중심으로 알아봅니다.

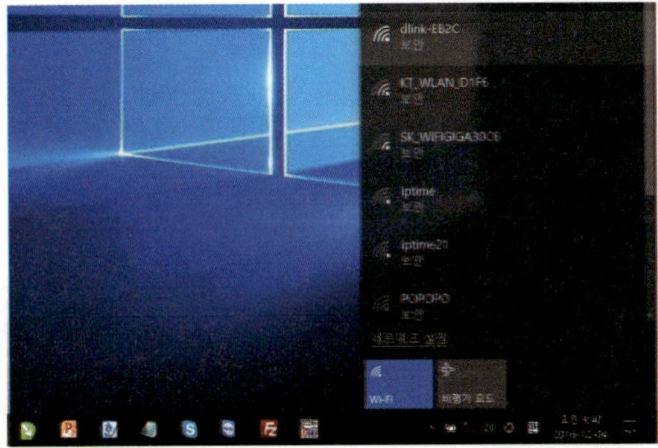

❶ 무선 프린터 드라이버를 설치할 노트북 컴퓨터에서 프린터와 WPS 무선 연결한 공유기에 무선(와이파이)으로 연결합니다.

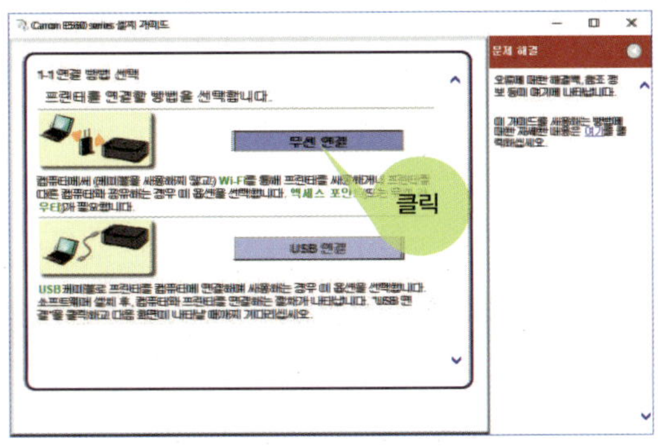

❷ 프린터 드라이버 설치 프로그램을 실행하고 1-1 연결 방법 선택 화면이 나오면 **무선 연결** 단추를 클릭합니다.

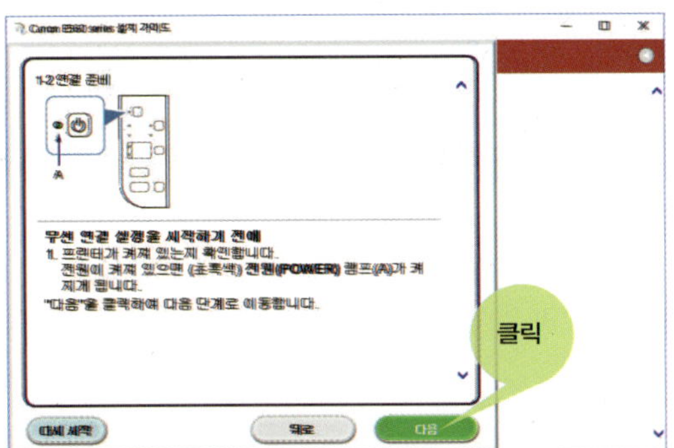

❸ 1-2 연결 준비 화면이 나오면 프린터 전원이 켜져 있는지 확인한 후 **다음** 단추를 클릭합니다.

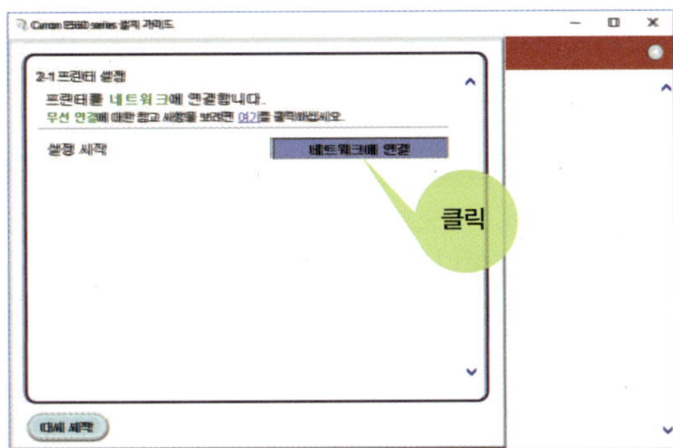

❹ 2-1 프린터 설정 화면이 나오면 **네트워크 연결** 단추를 클릭합니다.

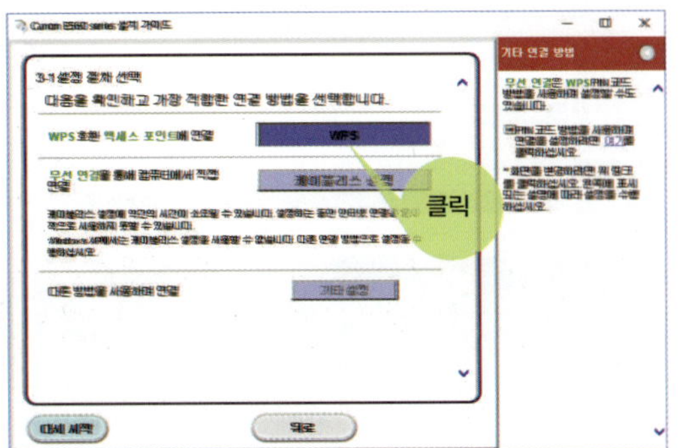

❺ 3-1 설정 절차 선택 화면이 나오면 적합한 연결 방법으로 **WPS** 단추를 클릭합니다.

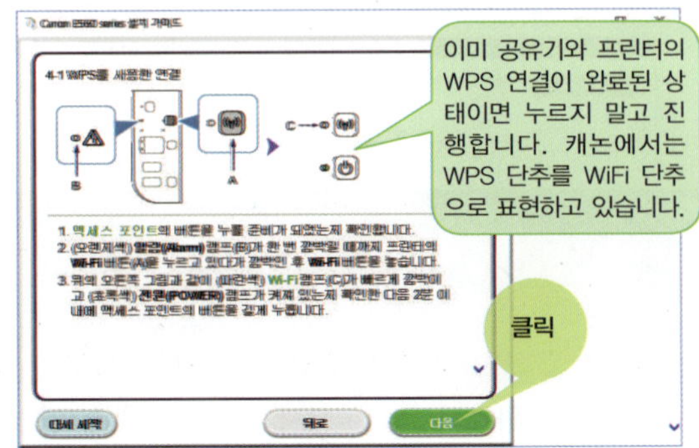

❻ 4-1 WPS를 사용한 연결 화면이 나옵니다. 공유기와 프린터의 WPS 단추(WiFi 단추)를 누르고 **다음** 단추를 클릭합니다.

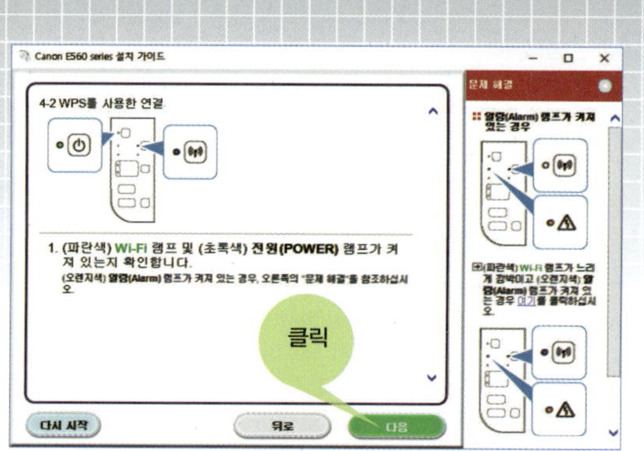

❼ 4-2 WPS를 사용한 연결 화면이 나옵니다. 공유기와의 WPS 연결이 정상이면 프린터의 WiFi 램프는 초록색으로 표시되고, 연결에 문제가 있으면 오렌지색으로 표시됩니다. 이상 없으면 **다음** 단추를 클릭합니다.

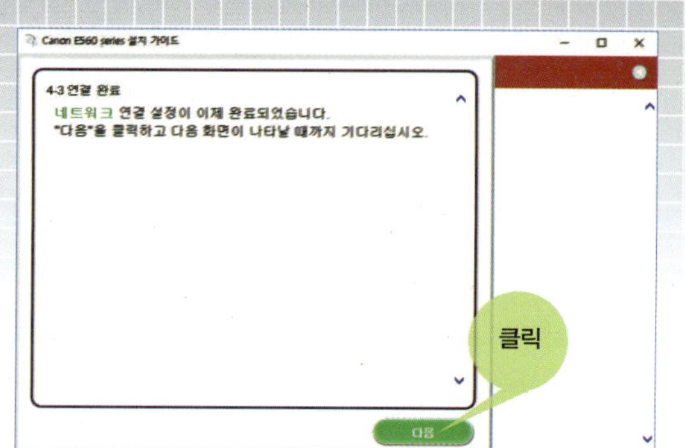

❽ 4-3 연결 완료 화면이 나옵니다. 네트워크 연결 설정이 완료되었으므로 **다음** 단추를 클릭합니다.

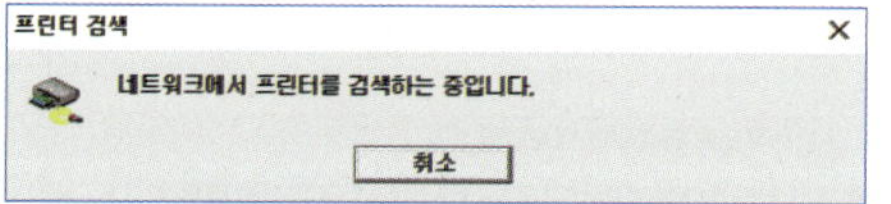

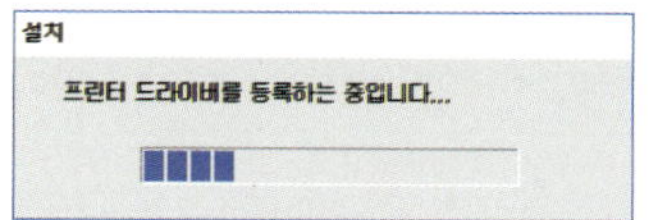

❾ 이제 네트워크에서 프린터를 검색하고 드라이버를 등록하는 절차가 진행됩니다.

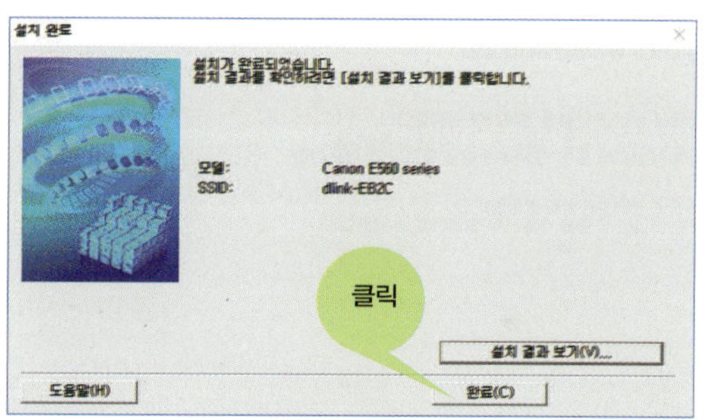

❿ 무선 프린터 드라이버 설치가 완료되면 설치 완료 대화상자가 표시됩니다. **완료** 단추를 클릭합니다. 이후의 부수적인 절차는 406쪽을 참고하기 바랍니다.

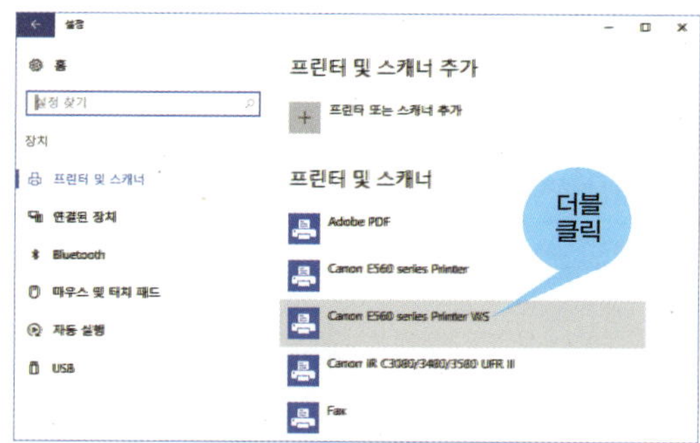

⓫ 이제 윈도우 10의 설정 창(윈도우 7은 장치 및 프린터 창)에서 장치를 선택하고 프린터 및 스캐너를 확인합니다. USB 케이블로 연결하고 설치한 프린터 드라이버와 별도로 Canon E560 series Printer WS 프린터가 설치된 것을 볼 수 있습니다. 확인하기 위해 Canon E560 series Printer WS를 더블 클릭합니다.

⓬ Canon E560 series Printer WS 화면이 나오면 무선으로 정상 출력되는지 확인하기 위해 테스트 페이지 인쇄를 클릭합니다. 참고로 USB 케이블로 연결하고 설치한 프린터인 Canon E560 series Printer의 경우에는 무선 상태에서는 출력이 안 되고, 프린터를 직접 USB 케이블로 연결해야만 출력됩니다.

WPS 지원 무선 프린터 활용하기

ipTIME 공유기의 유무선 인터넷 공유 설정하기

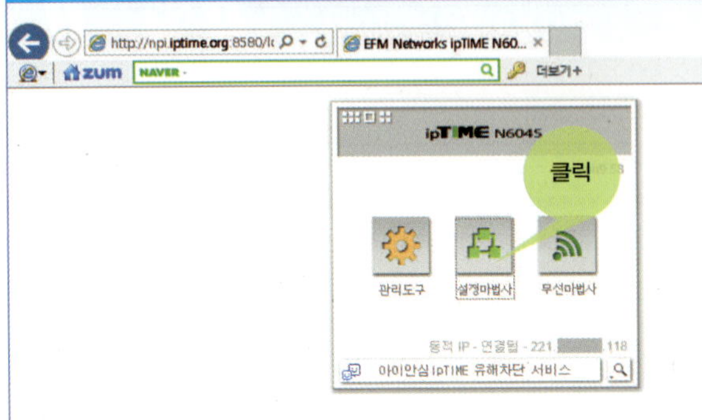

HELP

- ipTIME 라인업의 인터넷 공유기 설정 화면의 기본 구성은 동일합니다. 여기서는 ipTIME N604S의 공유기 설정을 예를 들어 설명합니다.
- 앞에서 살펴본 D-Link 공유기 설정 화면과 ipTIME 공유기의 설정 화면은 전혀 다르지만, 설정 기능과 방식은 비슷하므로 주요 특징 위주로 간략히 살펴보겠습니다.
- ipTIME 공유기 설정 주소로 처음 공유기에 로그인하는 경우, 설명서에 있는 기본값 비밀번호를 입력합니다. 로그인하면 간단히 관리 도구와 설정 마법사 무선 마법사가 제공됩니다. 관리 도구를 사용하면 공유기 설정 창을 열어 모든 기능을 설정하고 관리할 수 있으며, 설정 마법사는 인터넷 공유 설정을 마법사 방식으로 수행할 수 있게 해주며, 무선 마법사는 무선(와이파이) 공유를 마법사 방식으로 수행할 수 있게 해줍니다. 이 실습에서는 인터넷 연결 마법사와 무선 마법사를 이용한 설정 및 수동 설정 방법을 알아봅니다.

1 ipTIME 공유기의 WAN 단자에는 인터넷 라인 LAN 단자에는 컴퓨터나 허브를 연결한 후 공유기와 연결된 PC의 브라우저에서 공유기 설정 주소로 접속하고 **설정 마법사**를 클릭합니다.

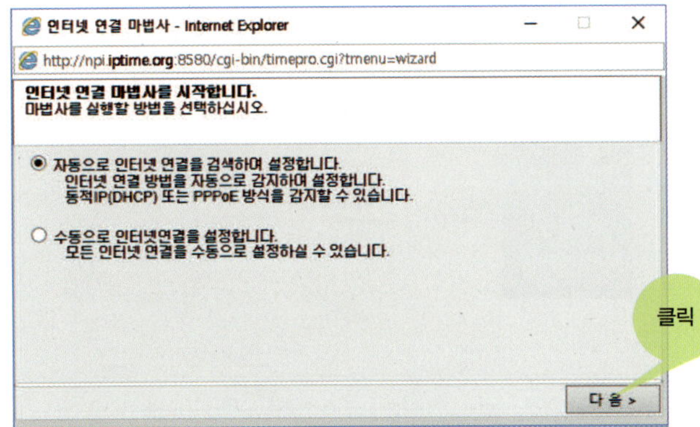

2 인터넷 연결 마법사가 시작되면 자동과 수동 인터넷 연결 중에서 선택합니다. 아파트나 오피스 건물이라면 기본값인 **자동으로 인터넷 연결...** 선택 상태에서 **다음** 단추를 클릭합니다.

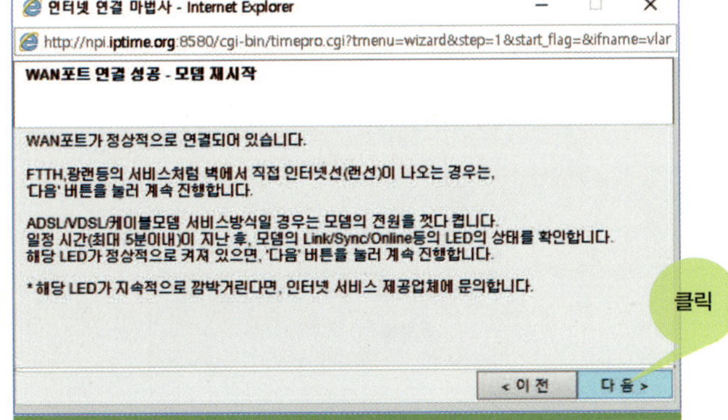

3 마법사가 WAN 포트의 인터넷 라인을 점검하여 정상이면 **다음** 단추를 클릭합니다. FTTH나 광랜이 아닌 인터넷 모뎀의 경우에는 수동으로 모뎀을 껐다 켠 후에 진행합니다.

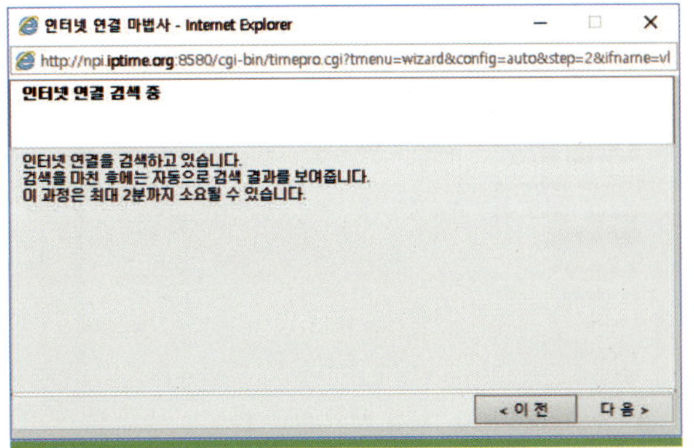

4 자동으로 인터넷 연결 마법사가 인터넷 연결을 검색합니다. 이 단계에서는 완료될 때까지 기다리면 됩니다.

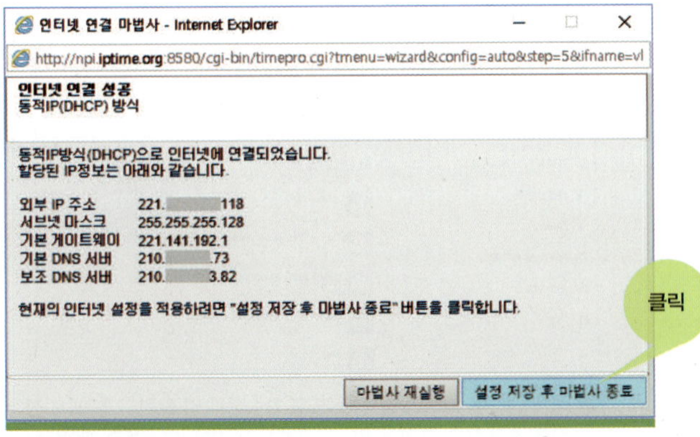

5 인터넷 연결 성공 화면이 나옵니다. 동적(DHCP) 방식으로 외부 IP 주소, 서브넷 마스크, 기본 게이트웨이, DNS 서버가 설정된 것을 볼 수 있습니다. **설정 저장 후 마법사 종료** 단추를 클릭합니다.

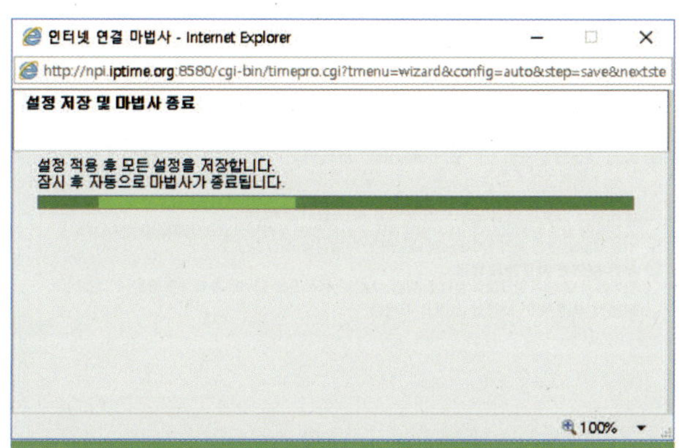

6 설정 적용 후 모든 설정이 저장됩니다. 이제부터는 유선 인터넷 공유를 사용할 수 있습니다.

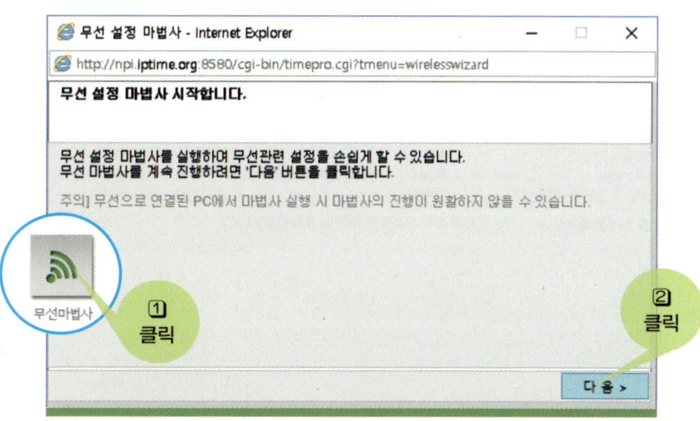

7 이제 무선(와이파이) 공유 설정을 위해 앞의 **1**단계 에서 **무선 마법사**를 클릭합니다. 무선 설정 마법사 가 시작되면 **다음** 단추를 클릭합니다.

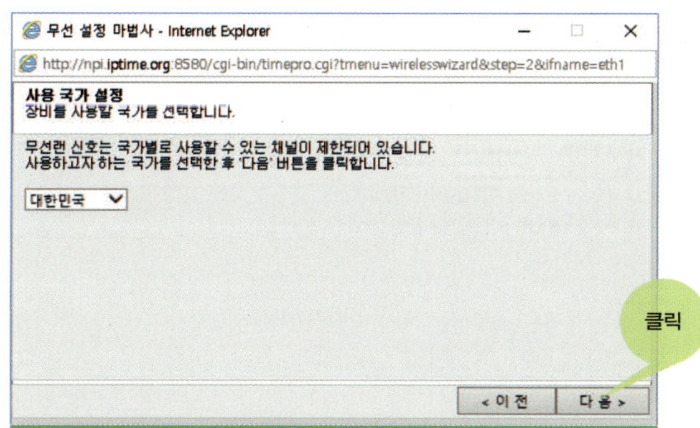

8 사용 국가 설정 화면이 나오면 현재 거주하고 있는 국가를 선택한 후 **다음** 단추를 클릭합니다.

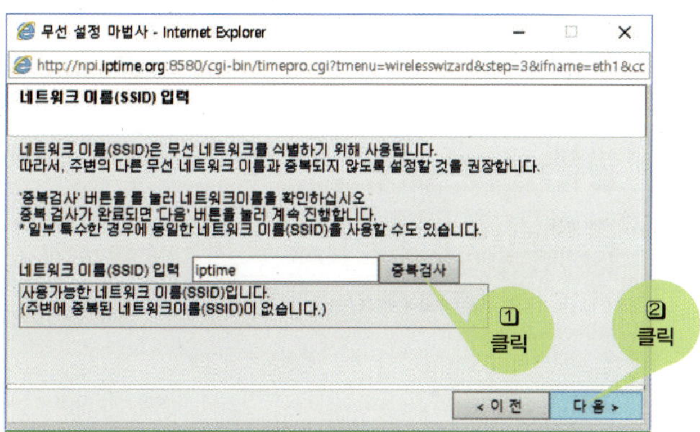

9 네트워크 이름(SSID) 입력 화면이 나오면 네트워크 이름을 입력한 후 중복 검사 단추를 클릭합니다. 사 용 가능한 네트워크라고 나오면 **다음** 단추를 클릭합 니다.

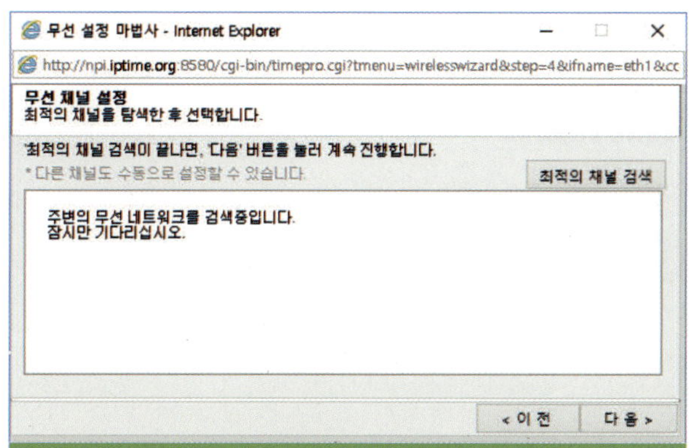

10 무선 채널 설정 화면이 나옵니다. 주변의 네트워크 검색을 통해 무선 신호 간섭이 없는 최적의 채널을 탐색합니다. 탐색을 완료할 때까지 기다립니다.

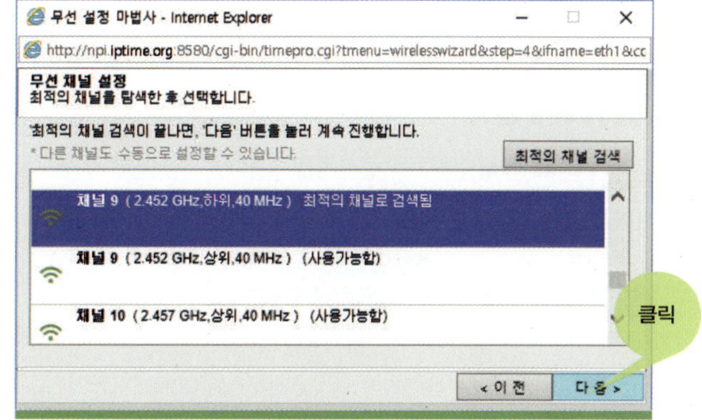

11 최적 채널 탐색이 완료되면 해당 채널이 선택 상태 로 표시되면 **다음** 단추를 클릭합니다.

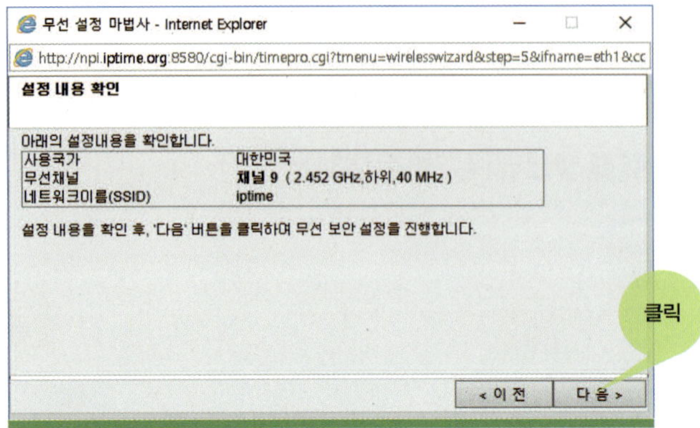

12 설정 내용 확인 창이 나오면 설정 내용을 확인하고 **다음** 단추를 클릭합니다.

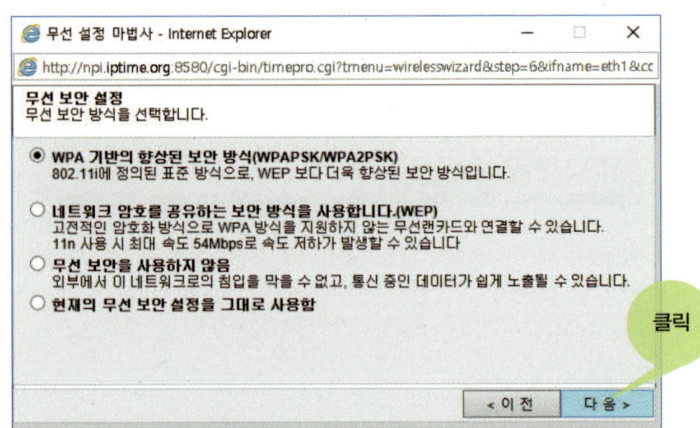

13 무선 보안 설정 화면이 나옵니다. 가장 많이 사용되는 기본값인 **WPA 기반의 향상된 보안 방식 (WPAPSK/WPA2PSK)**을 선택 상태에서 **다음** 단추를 클릭합니다.

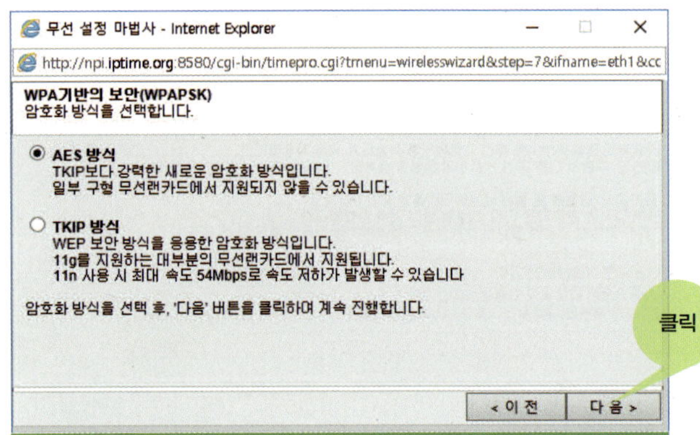

14 암호화 방식 선택 화면이 나옵니다. 기본값인 AES 방식이 TKIP 방식보다 강력하고, 속도 저하 문제도 없으므로 AES 방식 선택 상태에서 **다음** 단추를 클릭합니다.

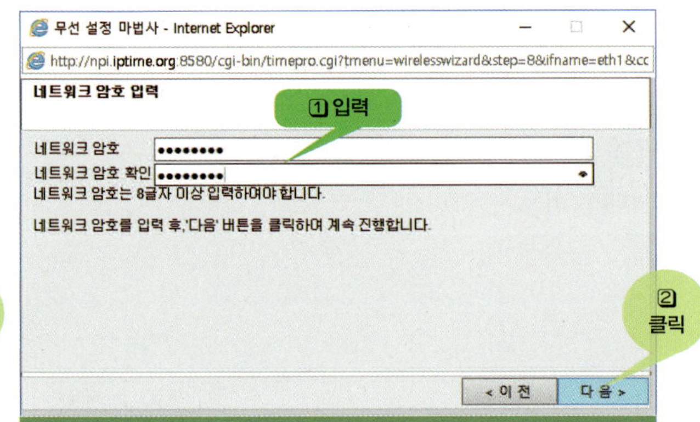

15 네트워크 암호 입력 화면이 나오면 원하는 네트워크 암호를 입력하고 **다음** 단추를 클릭합니다. 암호 설정을 하지 않으면 다른 사람이 무단으로 무선 공유를 사용할 수 있으며, 내부 네트워크도 해킹당할 수 있으므로 반드시 암호를 설정하기 바랍니다.

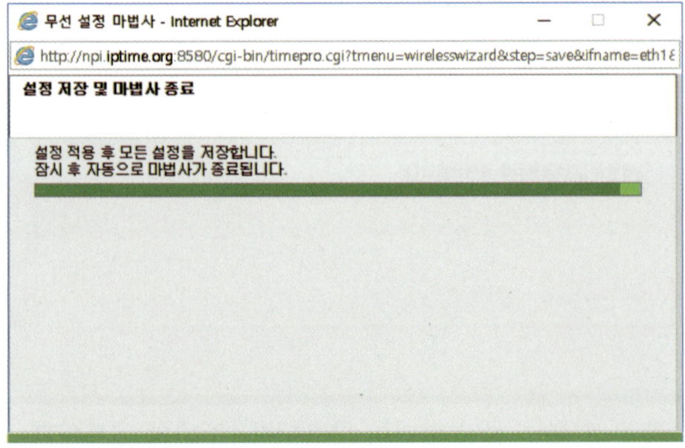

16 설정 내용 확인 및 적용 화면이 나옵니다. 설정에 이상이 없으면 **설정 적용 후 마법사 마침** 단추를 클릭합니다.

17 설정 적용 후 모든 설정이 저장됩니다. 이제부터는 무선(와이파이) 공유를 사용할 수 있습니다.

ipTIME 공유기의 유무선 공유 설정 확인 및 공유기 암호 설정하기

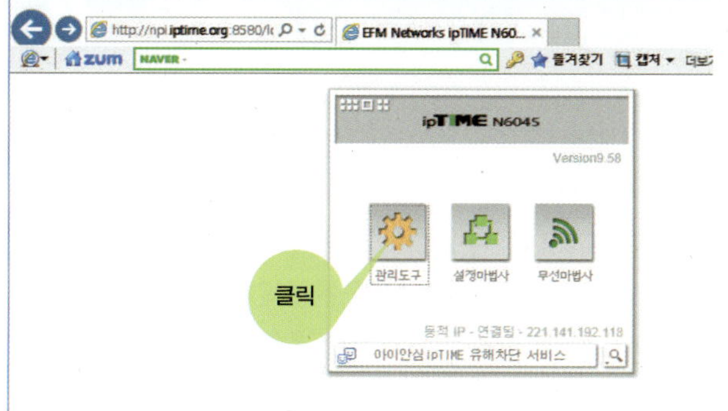

1 공유기와 연결된 PC의 브라우저에서 공유기 설정 주소로 접속한 후 **관리 도구**를 클릭합니다.

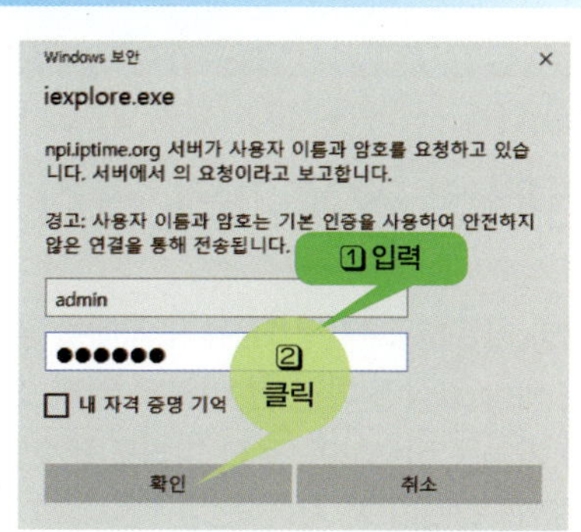

2 아직까지 공유기의 관리자 아이디와 비밀번호를 변경하지 않았다면 기본값 아이디와 비밀번호로 로그인합니다.

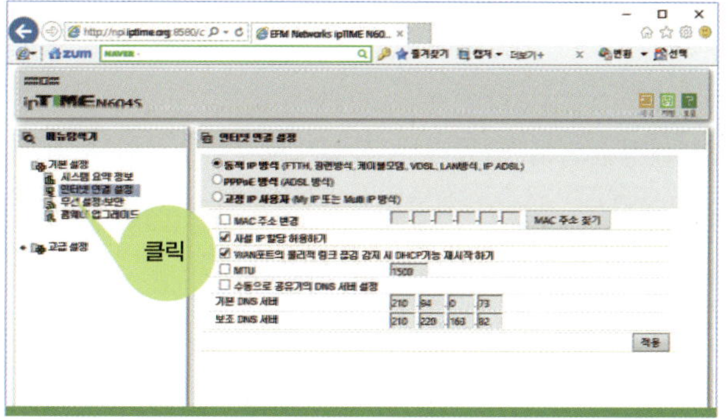

3 공유기 설정 프로그램이 나오면 기본 설정 메뉴에서 **인터넷 연결 설정**을 클릭합니다. 그러면 인터넷 연결 마법사로 설정한 내용이 나옵니다. 마법사 대신 이곳에서 직접 인터넷 연결을 설정해도 됩니다.

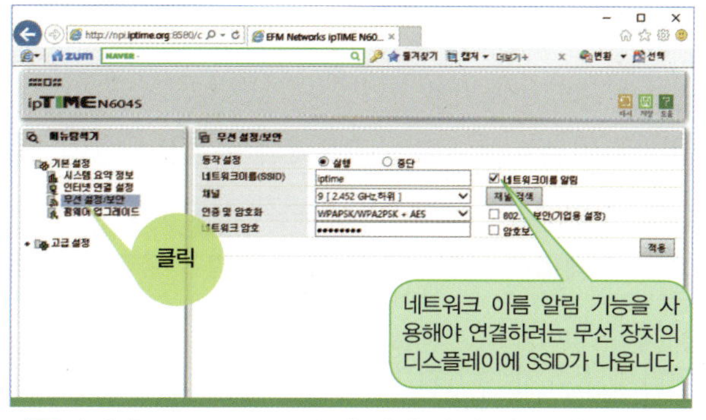

4 이번에는 ipTIME 공유기 설정 창의 기본 설정 메뉴에서 **무선 설정/보안**을 클릭합니다. 그러면 무선 설정 마법사로 설정한 내용이 나옵니다. 마법사 대신 이곳에서 직접 무선 인터넷 연결을 설정해도 됩니다.

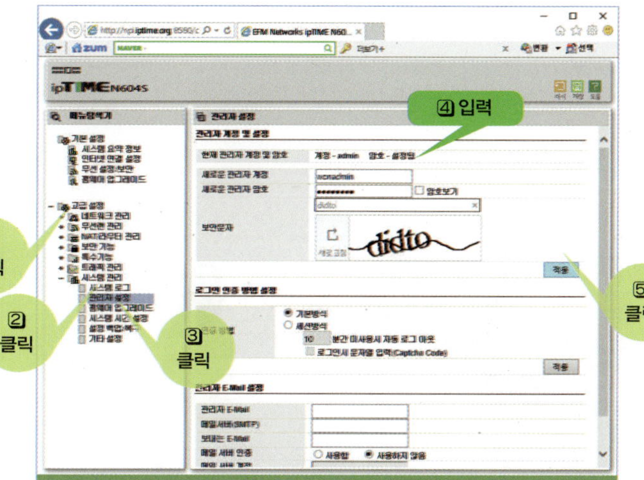

5 마지막으로 공유기 암호를 설정하기 위해 **고급 설정 → 시스템 관리 → 관리자 설정**을 차례로 선택한 후 새로운 관리자 계정과 암호를 입력한 다음 **적용** 단추를 클릭합니다.

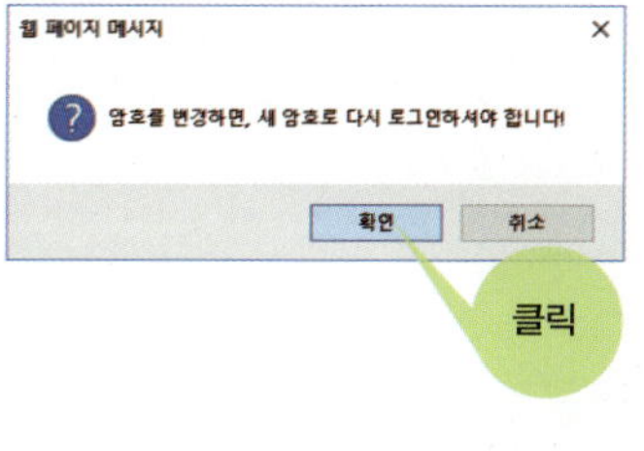

6 암호를 변경하면, 새 암호로 다시 로그인해야 한다는 메시지 대화상자가 나옵니다. **확인** 단추를 클릭하면 새 관리자 계정과 암호가 적용됩니다. 다음부터는 새 관리자 계정과 암호로 로그인하면 됩니다.

인터넷 공유기의 관리 기능 다루기

지금은 인터넷 공유기도 1가구 1공유기 시대를 넘어서고 있을 정도로 널리 활용되고 있습니다. 인터넷 공유기 고장은 하드웨어적 손상에 의한 고장이 아닌 한 어렵지 않게 조치할 수 있습니다. 인터넷 공유기들의 관리 기능은 화면 메뉴만 다를 뿐, 제공되는 관리 기능은 비슷하며, 조작 방법도 비슷합니다. D-LINK와 ipTIME 인터넷 공유기 설정 화면을 예를 들어 관리 방법을 알아보면 다음과 같습니다.

인터넷 공유기의 관리 기능

인터넷 공유기 관리에 필요한 기능은 여러 가지가 있지만, 대표적인 인터넷 공유기 관리 기능으로는 공유기 초기화(Reset), 펌웨어 업그레이드, 원격 관리, DDNS 설정 정도로 요약됩니다.

인터넷 공유기 초기화

인터넷 공유기 초기화는 공유기의 설정값을 공장 출하 시의 설정값으로 되돌리는 작업으로, 공유기의 오작동 시에 사용합니다. 공유기의 관리자 기능에는 현재 설정값을 백업하는 기능이 제공되므로 공유기가 최적으로 작동할 때 백업해 두면 초기화 후에 백업을 불러오는 방법으로 간단히 문제를 해결할 수 있습니다.

인터넷 공유기 초기화 방법에는 리셋 단추를 이용한 하드웨어적인 방법과 공유기 설정 프로그램에서 초기화하는 소프트웨어적인 방법이 있습니다. 공유기 관리자 로그인 아이디와 암호를 잊어버렸을 때는 리셋 단추를 이용한 하드웨어적인 초기화 방법밖에 없습니다. 공유기에 따라 리셋 단추의 모양이나 위치는 차이가 있지만 초기화 방식은 동일합니다. 초기화할 때는 공유기의 전원을 끈 상태에서 리셋 단추를 누른 상태를 유지했다가 공유기의 전원을 켠 후 4~5초 뒤에 리셋 단추에서 손을 떼면 됩니다.

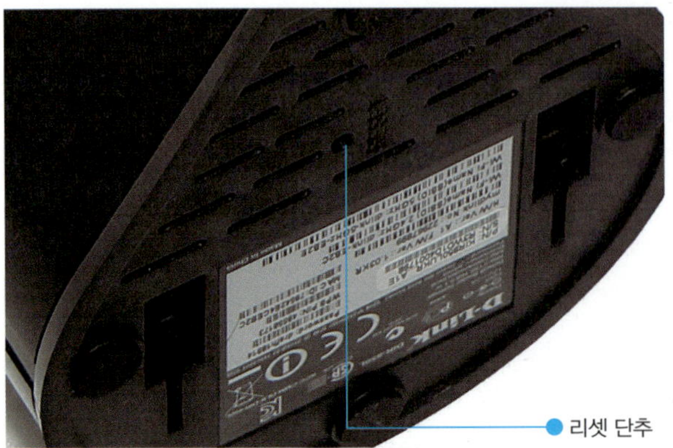

▲ D-Link DIR-850L 공유기의 리셋 단추는 공유기 밑면에 있습니다. 전원을 끈 상태에서 볼펜 등을 이용하여 리셋 단추를 누르고, 전원을 켠 후 4~5초가 지난 다음 손을 떼면 초기화됩니다. D-Link DIR-850L 공유기는 WiFi 자동 연결을 위한 WPS 단추 기능을 별도의 WPS 단추로 지원합니다.

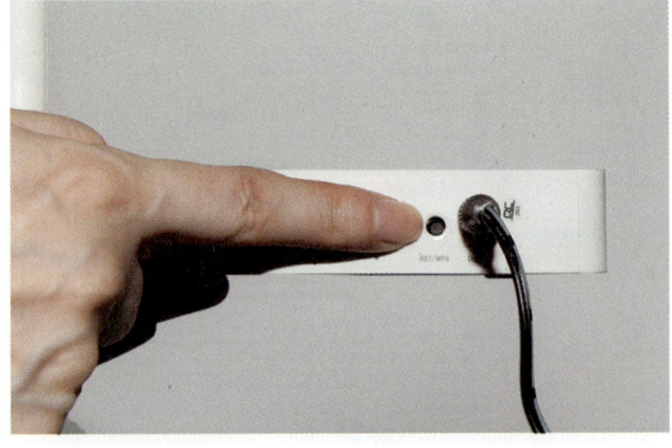

▲ ipTIME 공유기의 리셋 단추 이름에 RST/WPS라고 쓰여 있는데, 이는 리셋 단추와 WPS 단추 겸용으로 사용됩니다. 전원을 끈 상태에서 리셋 단추를 누르고, 전원을 켠 후 4~5초가 지난 다음 손을 떼면 초기화 됩니다. WiFi 자동 연결을 위한 WPS 단추 기능은 전원을 켠 상태에서 사용해야 합니다.

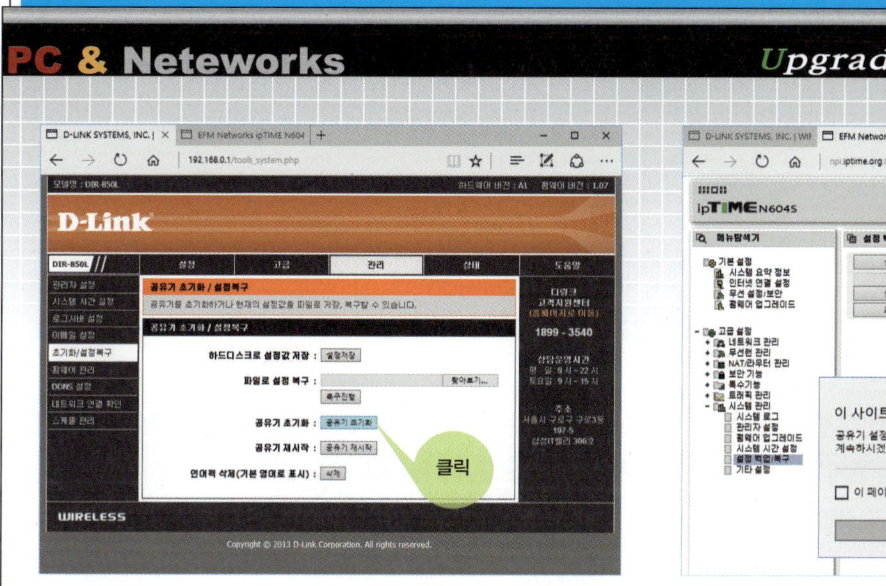

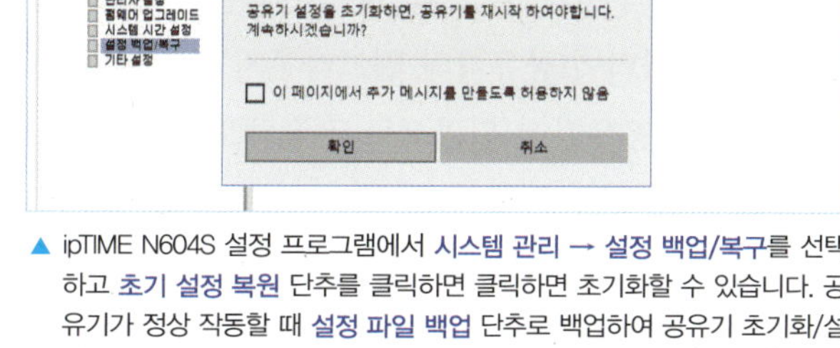

▲ D-LINK의 DIR-850L 공유기 설정 프로그램에서는 관리 → 초기화 설정 복구를 선택하고 공유기 초기화 단추를 클릭하면 초기화할 수 있습니다. 공유기가 정상 작동할 때 설정 저장 단추로 백업해 놓으면 공유기 초기화/설정 복구에 있는 찾아보기 단추를 클릭하여 백업 파일을 선택하여 실징을 복구할 수 있습니다.

▲ ipTIME N604S 설정 프로그램에서 시스템 관리 → 설정 백업/복구를 선택하고 초기 설정 복원 단추를 클릭하면 클릭하면 초기화할 수 있습니다. 공유기가 정상 작동할 때 설정 파일 백업 단추로 백업하여 공유기 초기화/설징 복구에 있는 찾아보기 단추를 클릭하여 백업 파일을 선택해 놓으면 설정을 복구할 수 있습니다.

소프트웨어적인 초기화 방법은 공유기 설정 프로그램의 초기화 기능을 이용하면 됩니다. 공유기가 최적으로 작동하고 있을 때 백업해 놓으면 나중에 공유기를 초기화한 후에 백업을 이용할 때 설정 시간도 단축하고 공유기의 오류도 신속하게 해결할 수 있습니다.

인터넷 공유기 펌웨어 업그레이드

인터넷 공유기의 다양한 기능을 수행하는 프로그램은 펌웨어에 저장됩니다. 공유기의 펌웨어는 플래시 메모리에 기록되기 때문에 업그레이드가 가능합니다. 요즘에는 공유기의 기능이나 보안 개선 및 버그 패치를 펌웨어 업그레이드를 통해 수행하는 경우가 많으므로 주기적으로 체크하여 최신 펌웨어를 사용하길 권장합니다.

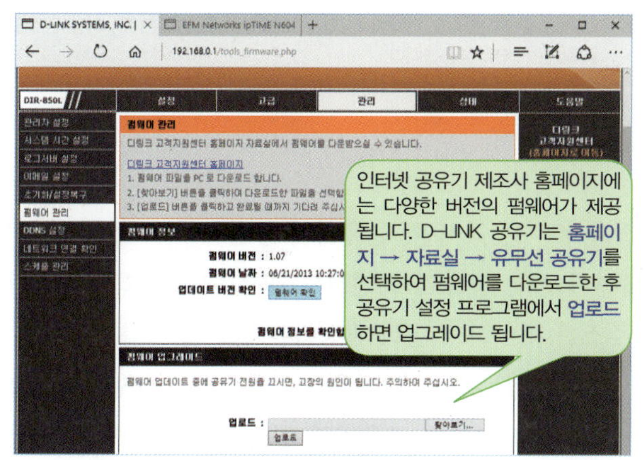

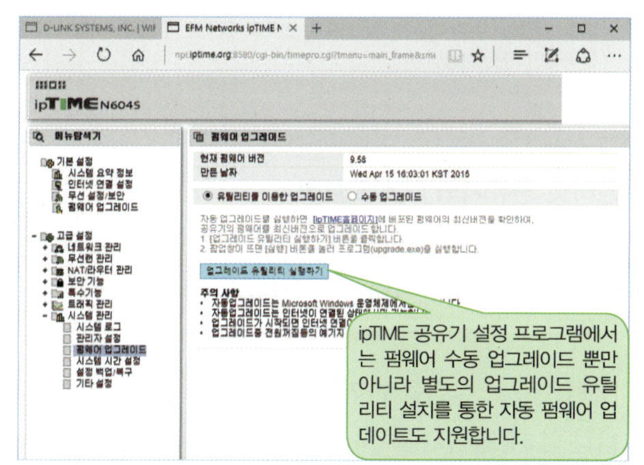

▲ D-LINK의 DIR-850L 공유기 설정 프로그램에서는 관리 → 펌웨어 관리를 선택하여 최신 펌웨어를 확인하고 업데이트할 수 있습니다.

▲ ipTIME N604S 설정 프로그램에서는 시스템 관리 → 펌웨어 업그레이드를 선택하여 최신 펌웨어를 확인하고 업데이트할 수 있습니다.

인터넷 공유기 원격 관리 설정

인터넷 공유기의 원격 관리 기능을 활성화하면 공유기와 직접 연결된 컴퓨터가 아니더라도 인터넷을 통해 공유기를 원격으로 관리할 수 있습니다.

공유기의 원격 관리를 활성화하면 언제 어디서든 공유기 설정 프로그램에 접속하여 특정 컴퓨터를 켜는 WOL(Wake On Lan) 기능 사용할 수 있고, 원격 데스크톱 연결 기능을 활용한 원격 작업 등 인터넷 공유기가 제공하는 인터넷 서비스를 활용할 수 있습니다.

공유기의 원격 관리 설정 작업은 원격 관리용 포트 번호 설정만 해주면 간단하게 완료됩니다. 공유기에 원격 접속할 때는 인터넷 공유기의 웹브라우저 주소 입력 창에 **공인 IP 주소 :원격 관리용 포트 번호**를 입력하여 접속하면 됩니다. 공유기에 원격으로 접속해도 내부 네트워크에서 공유기 설정 프로그램을 실행하는 것과 동일하게 사용할 수 있습니다.

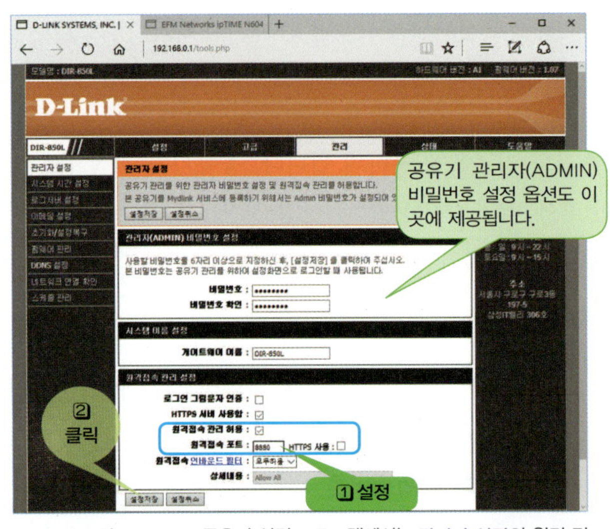

▲ D-LINK의 DIR-850L 공유기 설정 프로그램에서는 관리자 설정의 원격 접속 관리 설정에 있는 원격 접속 관리 허용 옵션을 체크하고, 원격 접속 포트를 본인이 잘 기억할 수 있는 포트 번호로 입력한 후 설정 저장 단추를 클릭하면 바로 설정됩니다.

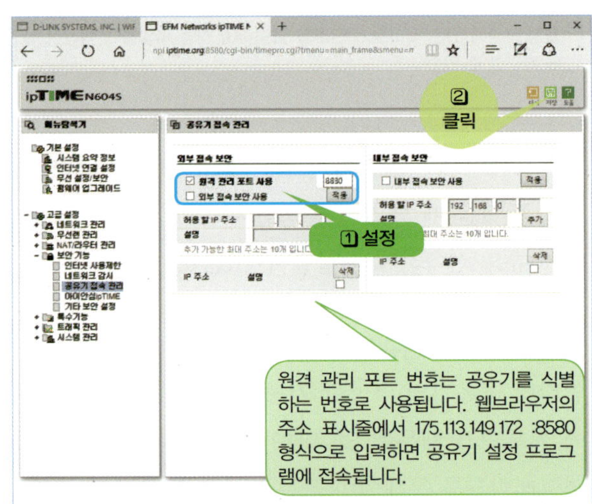

▲ ipTIME N604S 공유기 설정 프로그램에서 고급 설정 → 보안 기능 → 공유기 접속 관리를 선택한 후 원격 관리 포트 사용 옵션을 체크하고, 원격 접속 포트를 본인이 잘 기억할 수 있는 포트 번호로 입력한 후, 저장 단추를 클릭하면 바로 설정됩니다.

인터넷 공유기의 DDNS 설정

인터넷 공유기 원격 관리를 사용하여 원격으로 공유기에 접속할 수는 있지만, 공유기의 공인 IP 주소는 유동 IP 주소이기 때문에 기억하기 어렵고, 자주 바뀌기 때문에 불편합니다. 공유기와 연결된 내부 네트워크 컴퓨터의 원격 데스크톱 연결 서비스를 이용하는 경우에도 매번 IP 주소를 확인하고 입력해야 하는 불편이 따릅니다.

DDNS 주소 설정을 하면 유동 IP 주소 대신 영구적으로 사용할 수 있는 도메인 이름을 사용하여 접속할 수 있습니다. DDNS 주소를 사용하면 인터넷 공유기 원격 접속뿐만 아니라 인터넷 공유기와 연결된 내부 네트워크 컴퓨터의 인터넷 서비스에도 **DDNS 주소 :인터넷 서비스 포트 번호**로 접속하여 서비스를 이용할 수 있습니다.

따라서 인터넷 공유기를 사용하는 경우 DDNS 설정은 필수라고 할 수 있습니다. 인터넷 공유기 제조사는 자체적으로 공유기당 한 개 정도의 DDNS 주소를 무료로 사용할 수 있게 해줍니다. DDNS 주소는 공유기 제조사의 DDNS 서버 주소를 사용하며, 호스트 이름은 사용자가 원하는 이름으로 설정할 수 있습니다. 물론 이미 다른 사용자에 의해 사용되고 있는 호스트 이름은 사용할 수 없습니다.

DDNS 설정은 공유기 설정 프로그램 내부에서 바로 설정 가능한 것도 있고, 별도의 DDNS 가입을 거치는 것도 있으므로 본인의 공유기 사용 설명서를 참고하여 설정하기 바랍니다. 이 책에서 예제로 사용한 D-LINK 공유기는 별도의 D-LINK DDNS 서비스에 가입한 후에 공유기 설정 프로그램에서 가입한 DDNS 호스트 이름과 아이디/암호를 등록하는 방식을 사용합니다. 반면, ipTIME 공유기는 공유기 설정 프로그램 안에서 직접 DDNS 호스트를 설정할 수 있습니다.

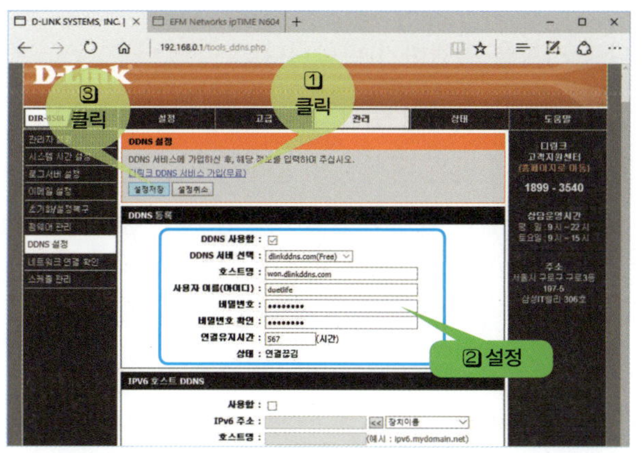

▲ D-LINK의 DIR-850L 공유기 설정 프로그램에서는 관리 → DDNS 설정을 선택하여 DDNS 설정 페이지를 연 후 D-LINK DDNS 서비스 가입(무료)를 클릭하여 D-LINK DDNS 서비스에 먼저 가입하고 호스트 명을 등록합니다. 그런 다음 DDNS 등록에서 DDNS 사용함을 체크하고 호스트 이름과 가입할 때 사용한 사용자 이름(아이디), 비밀번호를 설정하고 설정 저장 단추를 클릭하면 바로 설정됩니다.

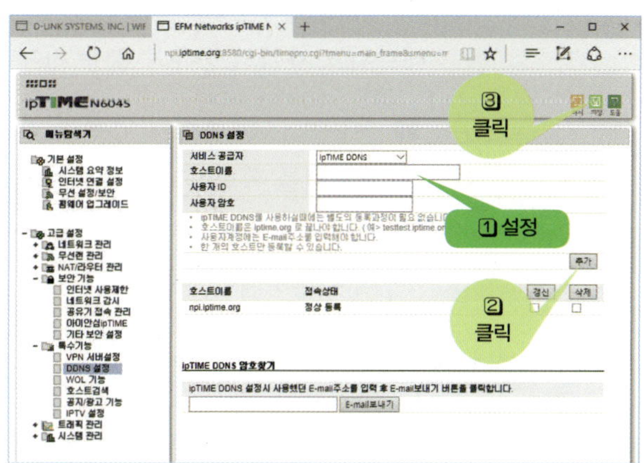

▲ ipTIME N604S 설정 프로그램에서 고급 설정 → 특수 기능 → DDNS 설정을 선택하여 DDNS 설정 페이지를 엽니다. DDNS 설정에서 원하는 호스트 이름을 설정하고 사용자 아이디에는 자신의 이메일 주소를 입력한 후 암호를 설정하고, 추가 단추를 클릭합니다. 중복된 호스트 이름이 없으면 잠시 "등록 시도중"이라는 메시지가 나온 후에 호스트 이름이 정상 등록됩니다. 호스트 이름은 언제든지 삭제하거나 새로 등록할 수 있습니다.

DDNS 설정이 완료되면 외부에 있더라도 웹브라우저에서 DDNS 주소를 사용하여 간편하게 원격으로 공유기 설정 프로그램을 사용할 수 있습니다.

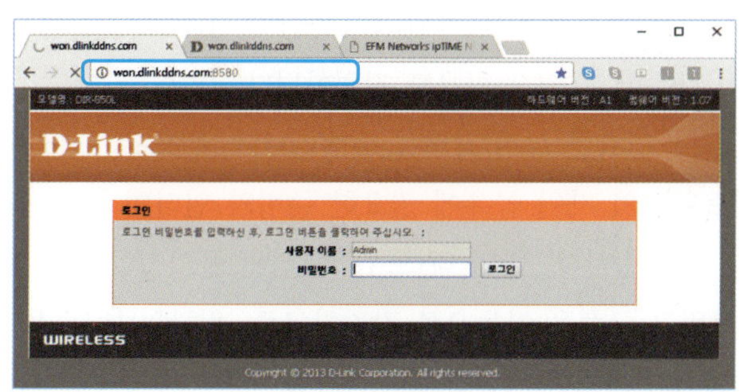

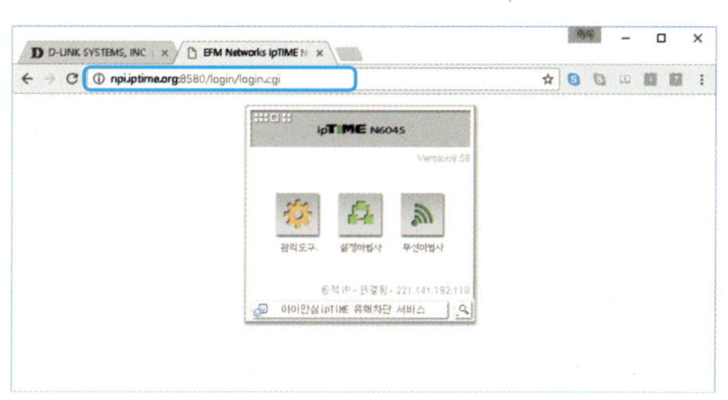

인터넷 공유기의 관리 기능 다루기

3 네트워크 작업 환경의 사전 분석

물리적인 네트워크 연결 및 구성 방식은 네트워크의 규모에 따라 차이가 있지만, 윈도우 계열 운영체제를 사용하면 네트워크 자원 공유와 활용 방식은 버전이 다르더라도 거의 동일합니다. 네트워크 운용 전에 미리 네트워크 분석을 통해 계획을 세우면 시행착오를 줄일 수 있습니다.

시행착오를 줄이는 네트워크 분석

윈도우 XP부터 윈도우 10에 이르기까지 윈도우 계열 운영 체제에서는 손쉽게 공유 폴더나 공유 프린터를 설정하고 사용할 수 있는 편의성을 제공하지만, 회사에서 사용할 때는 그만큼 보안 문제를 수반할 수 있으므로 네트워크 관리에 각별히 신경을 써야 합니다.

회사에서 윈도우를 사용할 때는 공유 폴더의 사용에 특히 유의해야 합니다. 네트워크에서 동일한 작업 그룹을 사용하는 컴퓨터상에 공유 폴더가 노출되므로 중요한 업무 자료가 쉽게 외부로 유출될 수 있습니다.

네트워크 자원의 공유와 활용 전에 미리 다음 사항을 점검하기 바랍니다.

❶ 자신이 속한 조직의 인터넷 연결 방식, 내부 네트워크에 연결되는 PC 대수와 사용하는 운영체제를 확인하고 자신이 속한 네트워크 환경에 맞는 네트워크 관리 계획을 세웁니다. 가정에서 사용하는 경우에는 이 장에서 다루는 동일한 작업 그룹을 사용한 자원 공유 방법으로 충분하지만, 회사에서 사용할 때는 보안에 각별히 유의할 필요가 있습니다. 회사 네트워크의 경우에는 14장에서 다루는 사용자 계정과 사용자 그룹을 활용한 보안 네트워킹을 사용하면, 보안도 강화하고 네트워크 공유 자원도 체계적으로 관리할 수 있습니다.

❷ 네트워크의 물리적인 연결이 이상 없는지 다시 한번 점검하고, 네트워크를 설정할 모든 컴퓨터를 시동합니다. 그리고 공유할 프린터가 있다면 해당 장치의 드라이버와 소프트웨어를 설치하여 제대로 작동할 수 있게 합니다.

❸ 네트워크와 인터넷 연결 설정을 수행할 주 컴퓨터에서 네트워크 설정 작업을 수행합니다. 인터넷 공유기를 사용하는 경우에는 주 컴퓨터에서 공유기의 웹서버로 접근하여 내부 네트워크 운용, 무선 보안 네트워크 설정, 원격 작업 등에 필요한 설정 작업을 수행합니다. 전용선 네트워크라면 서버 컴퓨터에서 내부 네트워크 관리에 필요한 설정 작업을 합니다.

❹ 각 컴퓨터의 운영체제를 확인한 후 공유에 사용할 작업 그룹 이름과 각각의 컴퓨터 이름을 미리 결정합니다. 윈도우 운영체제에서는 작업 그룹 이름과 컴퓨터 이름만 알면 네트워크 자원을 공유할 수 있습니다. 윈도우 7부터는 기존 방식의 자원 공유뿐만 아니라 보다 간편하고 멀티미디어 파일의 스트리밍 재생이 가능한 홈 그룹 공유도 지원합니다(701쪽 참고).

❺ 각 컴퓨터별로 자원 공유와 인터넷 공유에 필요한 설정 작업을 수행합니다. 윈도우 XP에서 네트워크 설정 마법사를 사용하면 네트워크의 자원 공유에 필요한 준비와 인터넷 연결 공유, 해킹을 막아주는 방화벽을 구성할 수 있습니다. 반면, 윈도우 7부터는 물리적인 네트워크 연결 상태가 이상 없다면 바로 네트워크 구성을 자동으로 감지하므로, 원하는 네트워크 위치만 선택하면 됩니다. 물론 운영체제의 방화벽은 기본값으로 작동합니다.

- 14장에서 다루는 사용자 계정과 그룹을 이용한 고급 보안 네트워크 관리를 위해서는 사용자 계정의 이름도 사전에 목록화해두어야 공유 자원에 대한 접근 권한을 체계적으로 관리할 수 있습니다.
- 이 장에서 직접 실습하지는 않지만, 전용선 방식의 네트워크에서는 별도의 IP 주소와 DNS 서버 주소를 수동으로 설정하는 작업이 필요하다는 점을 기억해두기 바랍니다.

❻ 공유 자원에 대한 접근 권한을 설정합니다. 동일한 작업 그룹에서 컴퓨터 이름만을 사용하는 기본적인 네트워크 자원 공유 방식에서는 읽기/쓰기 권한이나 읽기 권한만 설정이 가능하지만, 사용자 계정과 그룹을 이용한 고급 보안 네트워킹은 작업 그룹에 상관없이 사용자 계정이나 사용자 그룹별로 접근 권한을 설정하여 효과적으로 관리할 수 있습니다.

여러 윈도우 운영체제가 공존하는 PC 네트워크 환경

네트워크 연결이 정상이라면 운영체제의 네트워크 설정 기능을 이용하여 네트워크 자원 공유와 인터넷 연결을 공유할 수 있습니다. 현재 가정과 소규모 회사에서 가장 많이 이용되는 네트워크 환경은 인터넷 모뎀(또는 광랜)을 통한 인터넷 연결 환경과 공유기(PC 대수가 많은 경우에는 허브 추가)를 이용한 인터넷 연결 공유 환경입니다.

인터넷 공유기를 사용하는 환경에서는 각 컴퓨터의 TCP/IP 설정에서 기본값인 자동으로 IP 주소 받기와 자동으로 DNS 서버 주소 받기로 설정하면 인터넷을 바로 공유할 수 있습니다. 전용선을 사용하는 조직의 네트워크 환경의 경우에는 각 컴퓨터의 TCP/IP 설정에서 IP 주소/DNS 서버 주소를 수동으로 설정한 후에 바로 사용할 수 있습니다.

이 장에서는 윈도우 XP와 윈도우 7, 윈도우 10 PC가 공존하는 네트워크 환경에서 자원을 효과적으로 공유하고 활용하는 방법을 알아봅니다. 윈도우 8/8.1의 경우에는 윈도우 10과 거의 차이가 없습니다. 다음 각 컴퓨터의 이름과 운영체제를 염두에 두고 이 장의 내용을 학습하면 이해하기 쉬울 것입니다.

실습 네트워크 환경

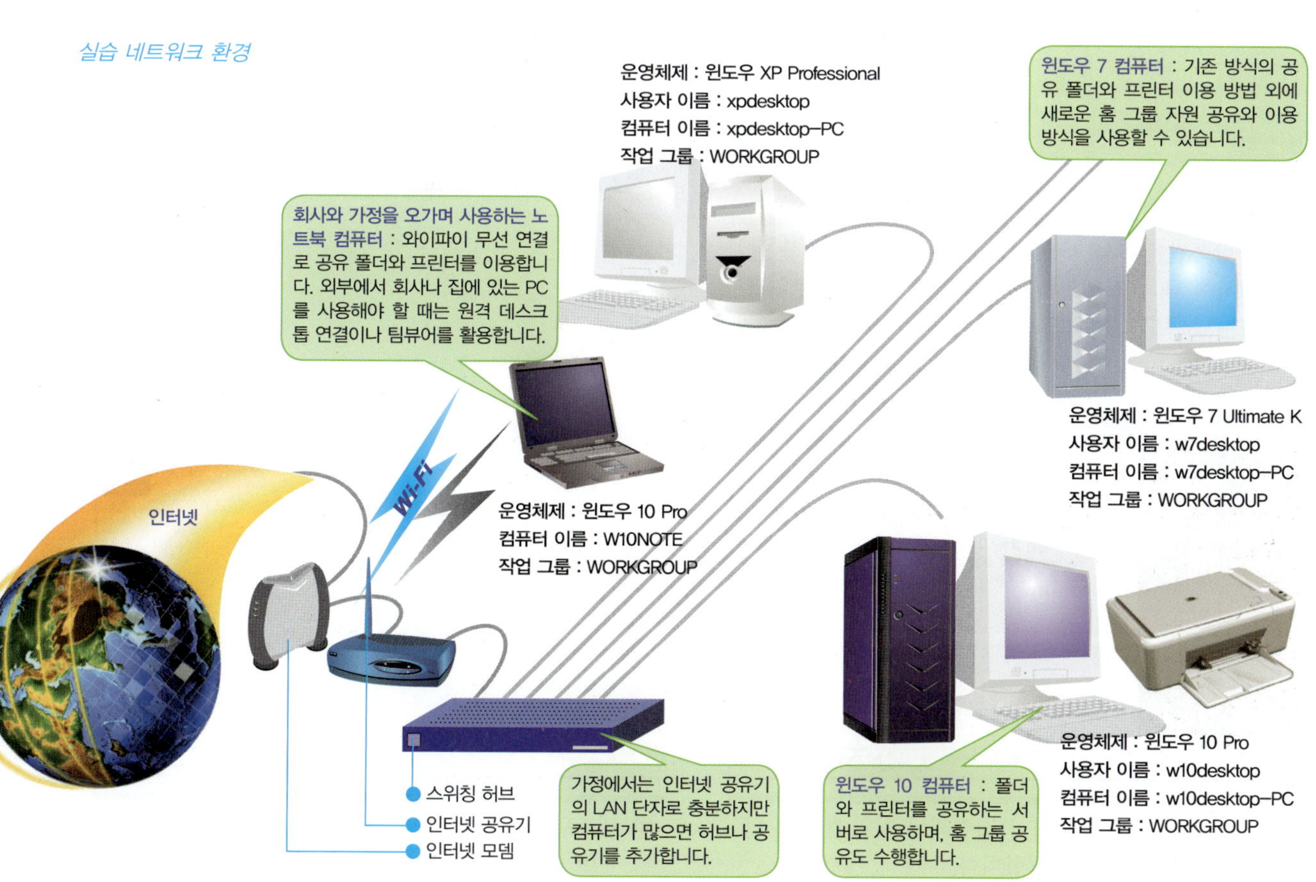

Exercise 2 — 윈도우 운영체제에서 네트워크 설정하기

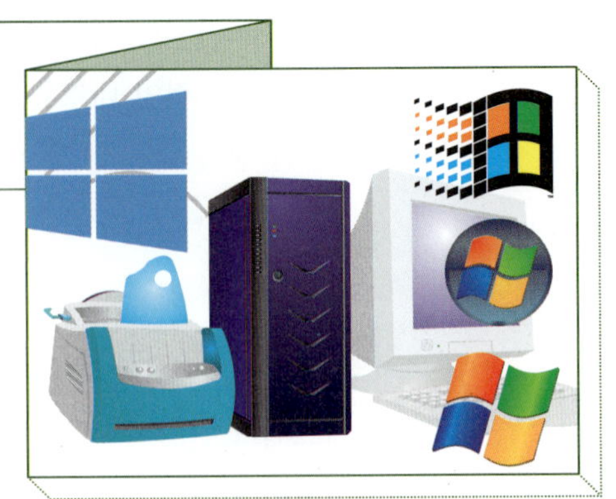

윈도우 운영체제의 네트워크 설정 방법은 윈도우 7을 기점으로 구분됩니다. 윈도우 XP는 네트워크 설정 마법사를 통해 네트워크를 구성하여 자원을 공유할 수 있습니다. 반면, 윈도우 7부터는 컴퓨터가 네트워크에 연결되어 있으면 운영체제 설치시부터 자동으로 감지하며, 윈도우 설치 후에 네트워크를 연결하면 그 순간부터 자동으로 감지하여 네트워크 위치를 설정할수 있게 해줍니다.

이 실습에 필요한 내용	실습 키 포인트
윈도우 XP/7/10 설치 PC 인터넷 모뎀이나 광랜을 통한 인터넷 연결 인터넷 공유기나 허브를 사용한 로컬 네트워크	윈도우 운영체제의 네트워크 설정 및 인터넷 연결 공유, 방화벽 구성

윈도우 XP에서 네트워크 설정 마법사로 설정하기

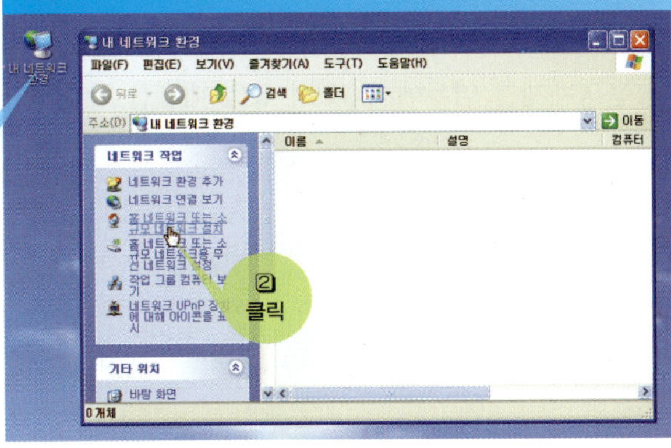

HELP

- 내 네트워크 환경 아이콘을 바탕화면에 나타내려면 바탕화면에서 마우스 오른쪽 단추를 클릭한 후 팝업 메뉴에서 **속성**을 선택하여 디스플레이 등록 정보 대화상자를 열고 **바탕화면** 탭을 선택한 다음 **바탕화면 사용자 지정** 단추를 클릭합니다. 바탕화면 항목 대화상자가 나오면 바탕화면 아이콘 항목에서 **내 네트워크 환경**을 체크하고 **확인** 단추를 클릭합니다.
- 네트워크 설정 마법사를 시작 메뉴에서 직접 선택하려면 시작 → 모든 프로그램 → 보조 프로그램 → 통신 → 네트워크 마법사를 차례대로 선택하면 됩니다. 시작 메뉴의 통신 메뉴에 있는 기능들이 바로 내 네트워크 환경 창의 왼쪽 작업 메뉴에 표시됩니다.

1 바탕화면에서 **내 네트워크 환경** 아이콘을 더블 클릭하여 내 네트워크 환경 창을 연 후 **홈 네트워크 또는 소규모 네트워크 설치**를 클릭합니다.

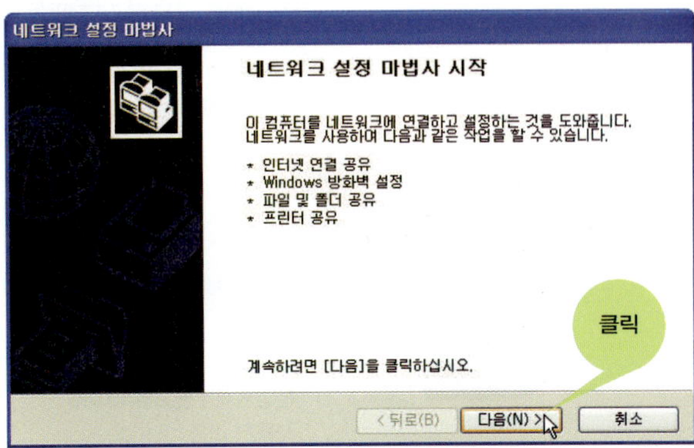

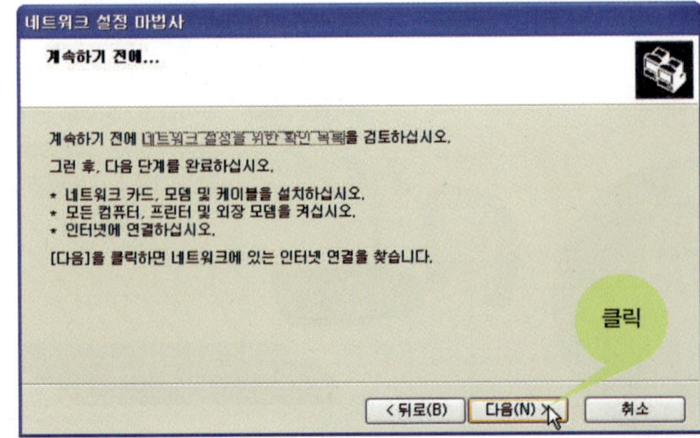

2 네트워크 설정 마법사가 실행되어 시작 화면이 나오면 **다음** 단추를 클릭합니다.

3 네트워크 설정을 위한 확인 목록을 점검하라는 내용이 나타납니다. **다음** 단추를 클릭합니다.

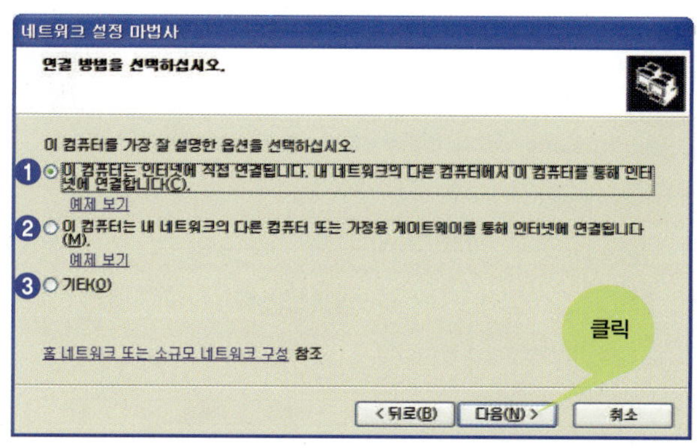

4 연결 방법을 선택하는 화면이 나오면 네트워크 연결 방식에 맞춰 옵션을 선택합니다. 다른 옵션을 찾아 보려면 기타를 선택하고 **다음** 단추를 클릭합니다.

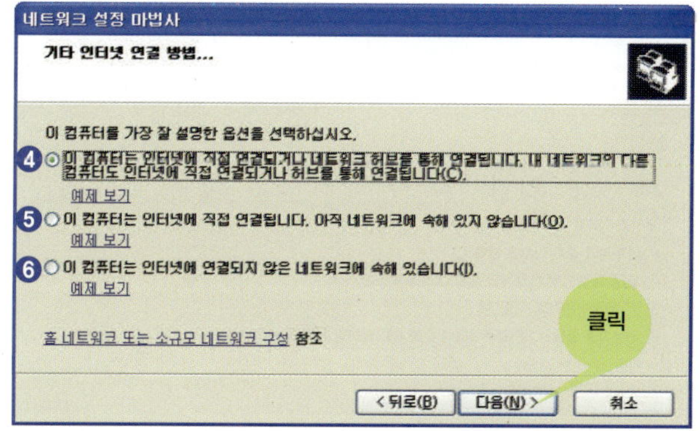

5 자신의 네트워크 연결에 맞는 옵션을 **4**~**5**단계에 서 선택한 후에 **다음** 단추를 클릭합니다. 설정에 따라 윈도우 XP 설치 CD에서 필요한 구성 요소를 찾을 수 있으니 윈도우 XP 설치 CD를 준비하고 진행하기 바랍니다.

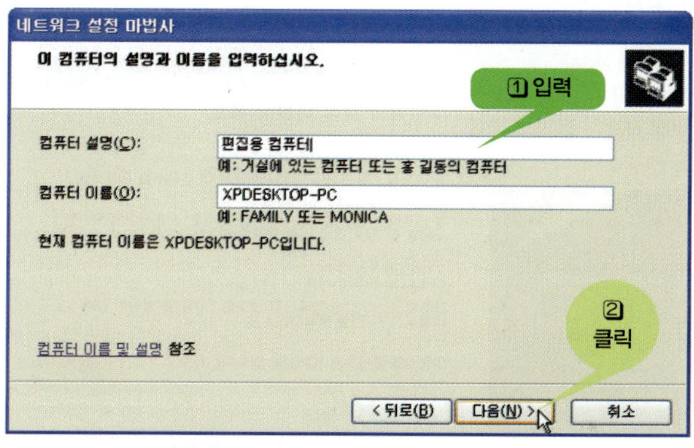

6 컴퓨터 설명과 이름을 설정하는 화면이 나옵니다. 컴퓨터 설명은 컴퓨터의 작업 용도에 맞춰 적절히 입력하면 됩니다. 컴퓨터 이름은 같은 작업 그룹에 있는 다른 컴퓨터를 식별하는 수단이 됩니다. 설정을 마치면 **다음** 단추를 클릭합니다.

- 네트워크 설정 마법사의 가장 중요한 설정 단계가 바로 연결 방법 선택 단계입니다. 12장에서 설명한 물리적인 네트워크 연결 작업을 모두 마친 다음에는 바로 이 단계에서 네트워크 연결 방식과 네트워크 설정 마법사를 실행하는 컴퓨터에 맞춰 정확히 선택해야 합니다.
- 인터넷에는 연결하지 않고 세 대 이상의 컴퓨터 – 허브 연결 방식(661쪽)을 사용한 경우에는 ❸을 선택하고 다음 단추를 눌러 ❺단계 화면을 나타낸 다음 ❻을 선택합니다.
- 내 컴퓨터를 통해 다른 컴퓨터가 인터넷을 공유하는 경우에는 ❶을 선택하고, 반대로 다른 컴퓨터를 통해 인터넷을 공유하는 클라이언트로 사용하는 컴퓨터는 ❷를 선택합니다.
- 인터넷 모뎀(광랜)과 공유기를 이용한 유무선 인터넷 연결 공유 방식(662쪽)이나 전용선 방식의 네트워크와 인터넷 연결 공유 방식(663쪽)을 사용한 경우 ❷를 선택합니다.
- 두 개의 랜 카드로 인터넷 연결 공유에 사용한 호스트 컴퓨터의 경우 ❹단계에서 ❶을 선택하고 다음 단추를 클릭하면 인터넷과 직접 연결되는 랜 카드 선택 화면이 추가로 나옵니다. 이때는 다음 그림과 같이 윈도우 XP가 인터넷 신호를 받는 랜 카드를 감지하므로 이상이 없는지 확인한 후에 **다음** 단추를 클릭하면 됩니다.

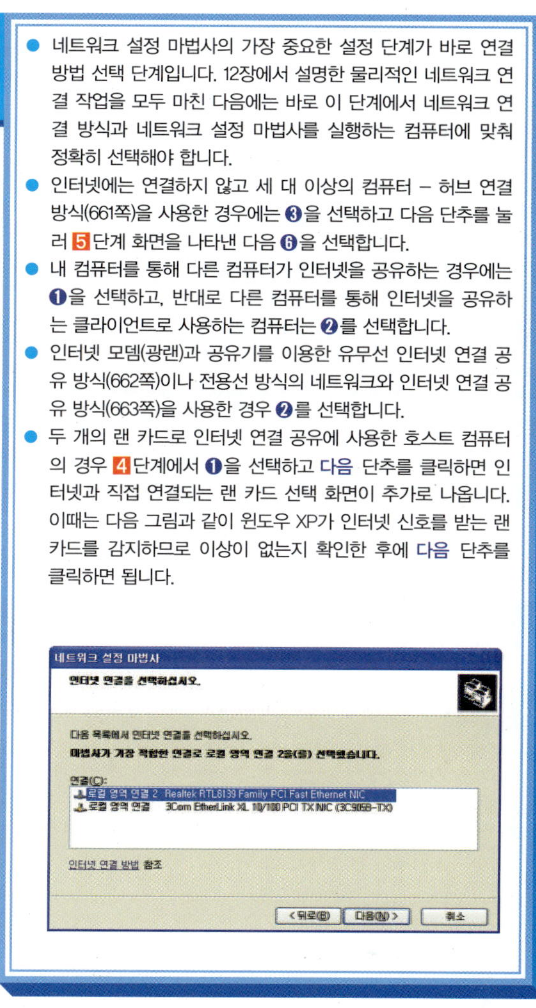

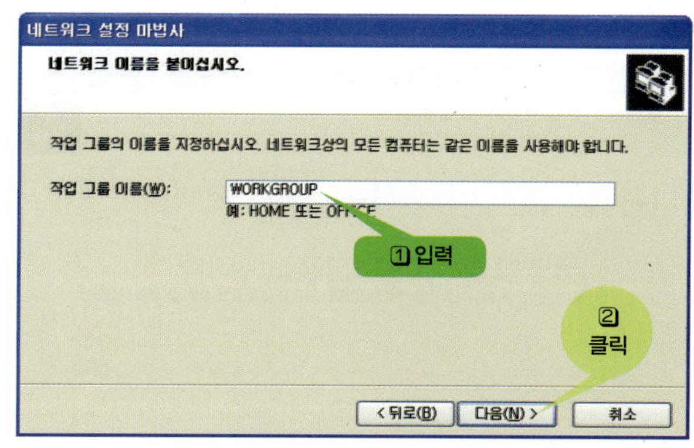

7 작업 그룹 이름을 설정하는 화면이 나옵니다. 기본 값 이름은 MSHOME입니다. 원하는 작업 그룹 이름을 입력한 후에 **다음** 단추를 클릭합니다. 이 실습에서는 WORKGROUP으로 설정했습니다.

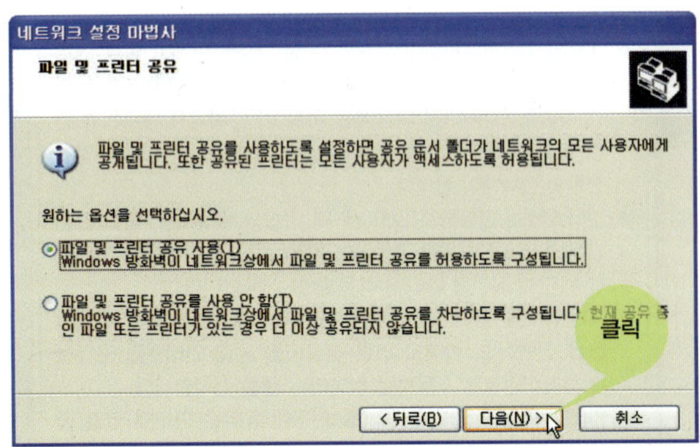

8 파일 및 프린터 공유를 사용할지 선택하는 화면이 나옵니다. **파일 및 프린터 공유 사용** 옵션이 선택된 상태에서 **다음** 단추를 클릭합니다.

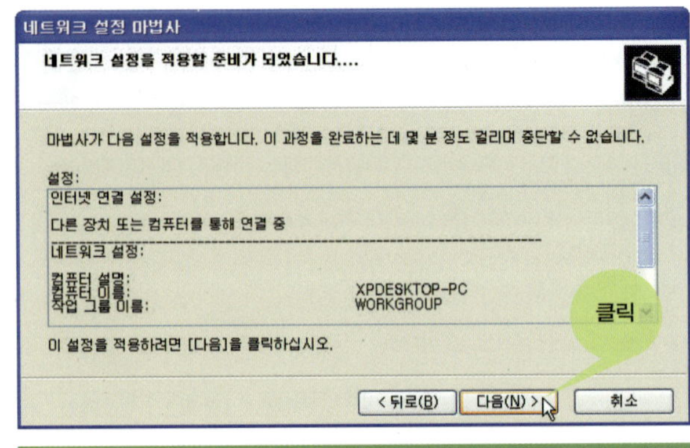

9 네트워크 설정을 적용할 준비가 되었다는 화면이 나옵니다. 설정 내용을 다시 한 번 확인하고 이상 없으면 **다음** 단추를 클릭합니다.

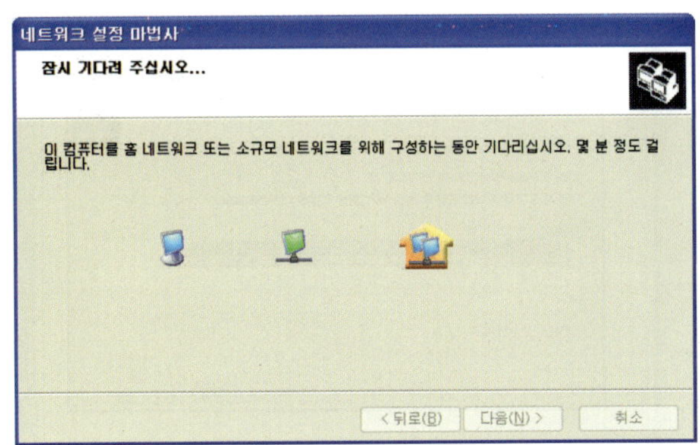

10 네트워크 설정 마법사가 사용자의 설정에 맞춰 네트워크를 구성하는 화면이 나옵니다. 잠시 기다리면 자동으로 네트워크 구성을 마치고 다음 단계로 진행합니다.

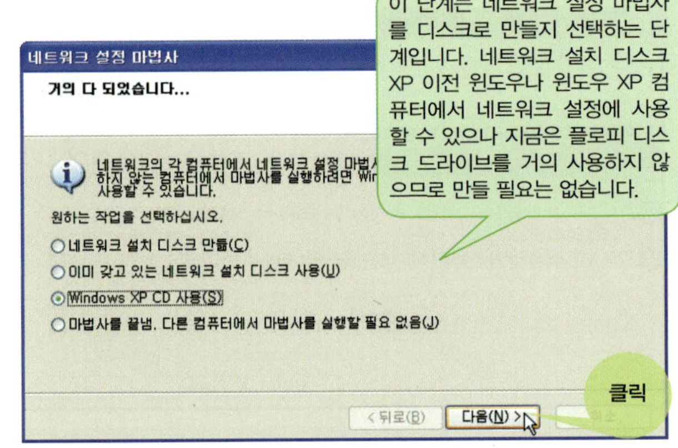

이 단계는 네트워크 설정 마법사를 디스크로 만들지 선택하는 단계입니다. 네트워크 설치 디스크 XP 이전 윈도우나 윈도우 XP 컴퓨터에서 네트워크 설정에 사용할 수 있으나 지금은 플로피 디스크 드라이브를 거의 사용하지 않으므로 만들 필요는 없습니다.

11 다른 컴퓨터에서 네트워크 설정 마법사를 실행할 수 있도록 하기 위해 어떤 작업을 할지 선택하는 화면이 나오면 Windows XP CD 사용을 선택하고 **다음** 단추를 클릭합니다.

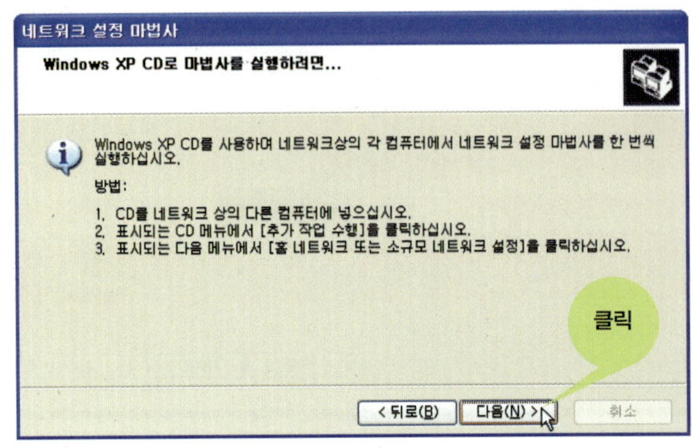

12 윈도우 XP CD로 네트워크 설정 마법사를 실행하는 방법에 대한 설명이 나옵니다. 설명을 읽어본 후에 **다음** 단추를 클릭합니다.

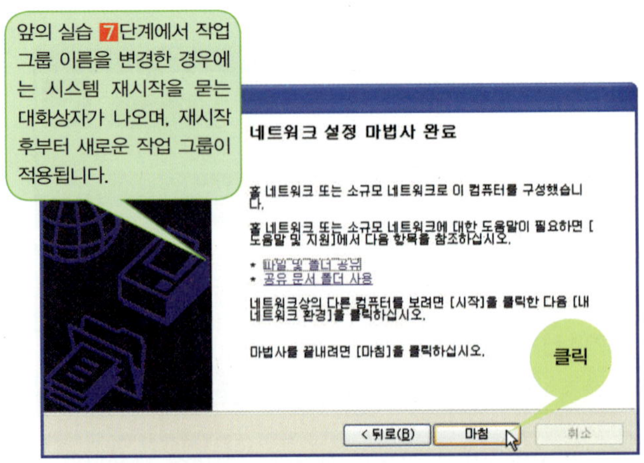

앞의 실습 **7** 단계에서 작업 그룹 이름을 변경한 경우에는 시스템 재시작을 묻는 대화상자가 나오며, 재시작 후부터 새로운 작업 그룹이 적용됩니다.

13 이제 모든 네트워크 설정이 끝나고 네트워크 설정 마법사 완료 화면이 나오면 **마침** 단추를 클릭합니다. 이것으로 윈도우 XP의 네트워크 구성 및 인터넷 연결 공유 설정 작업은 모두 끝났습니다.

윈도우 XP의 네트워크 설정 상태 확인하기

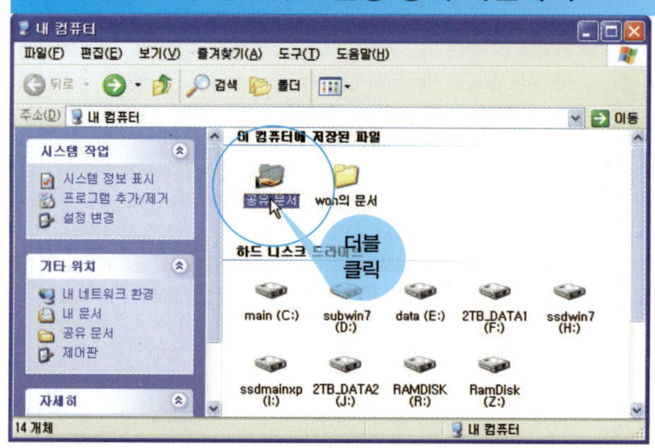

1 시작 메뉴에서 내 컴퓨터를 선택하여 내 컴퓨터 창을 열어보면 공유된 폴더를 나타내는 손바닥 아이콘이 붙은 공유 문서 폴더를 볼 수 있습니다. 내용을 확인하기 위해 **공유 문서**를 더블 클릭합니다.

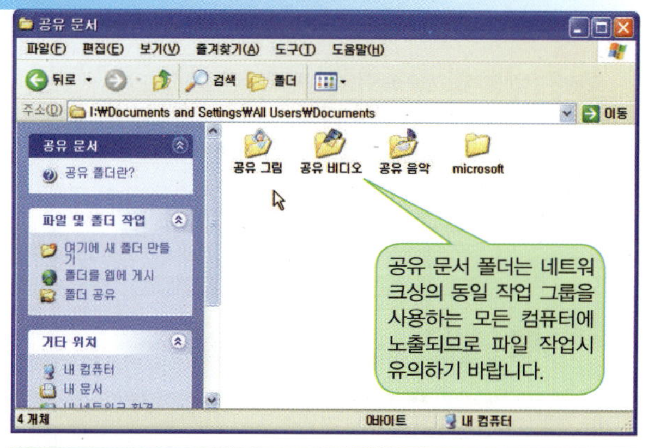

2 주로 가족 간에 사진과 비디오, 음악을 공유할 수 있는 용도의 폴더가 자동으로 만들어져 있으며, 해당 폴더 안에는 샘플 파일들이 들어 있는 것을 볼 수 있습니다.

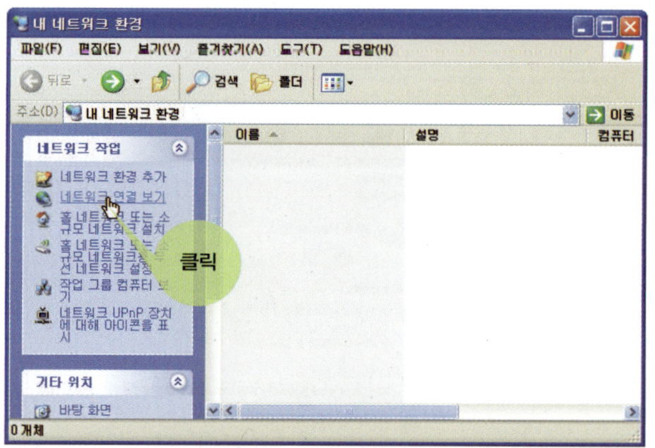

3 이번에는 내 네트워크 환경 창을 연 후 **네트워크 연결 보기**를 클릭합니다.

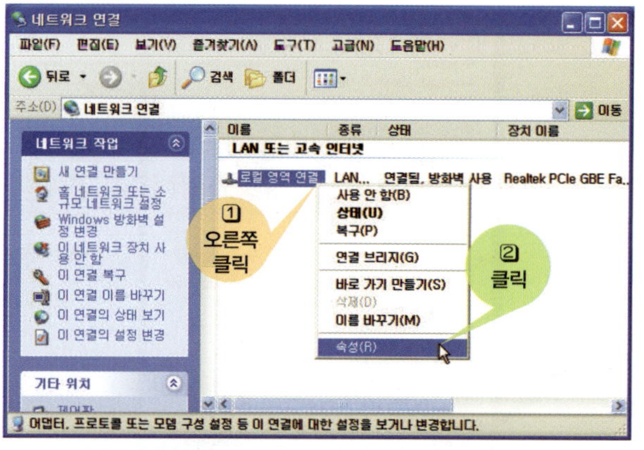

4 네트워크 연결에 사용된 랜(LAN)을 오른쪽 단추를 클릭하여 팝업 메뉴를 나타낸 후 **속성**을 선택합니다.

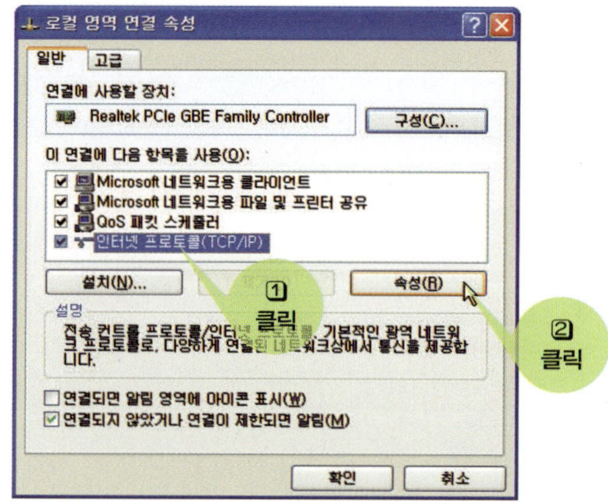

5 로컬 영역 속성 대화상자가 열리면 **인터넷 프로토콜(TCP/IP)**을 선택한 후 **속성** 단추를 클릭합니다.

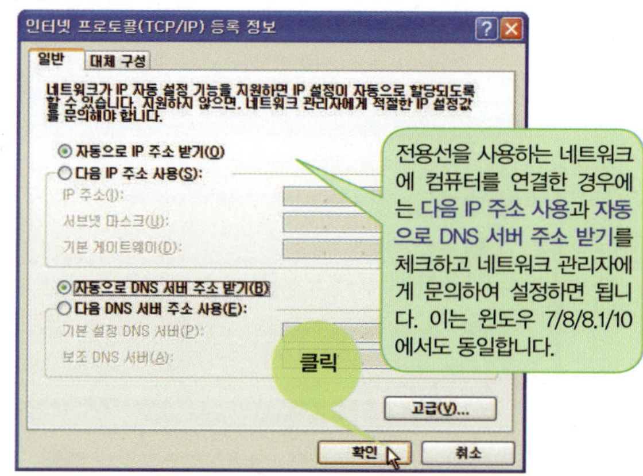

6 인터넷 프로토콜(TCP/IP) 등록 정보 대화상자가 나옵니다. IP 주소와 DNS 서버 주소가 모두 자동으로 받도록 설정된 것을 볼 수 있습니다. 설정을 확인했으면 **확인** 단추를 클릭합니다.

윈도우 7에서 네트워크 위치 설정하기

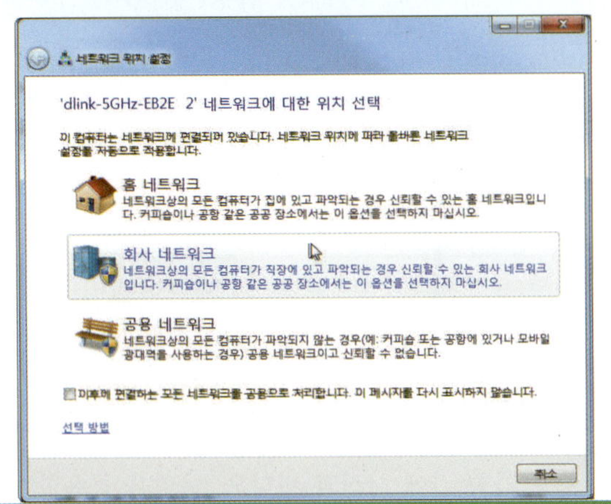

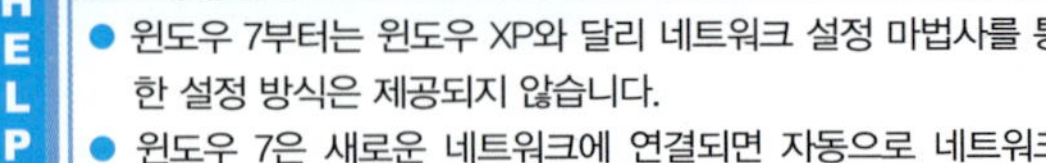

- 윈도우 7부터는 윈도우 XP와 달리 네트워크 설정 마법사를 통한 설정 방식은 제공되지 않습니다.
- 윈도우 7은 새로운 네트워크에 연결되면 자동으로 네트워크 위치 설정 창을 띄워서 네트워크 위치를 설정할 수 있게 해줍니다. 네트워크 위치를 설정하면 해당 네트워크 위치를 기억하게 됩니다. 예를 들어 노트북 컴퓨터의 네트워크 위치를 회사에서는 회사 네트워크로, 집에서는 홈 네트워크로 설정하면 네트워크 연결에 따라 자동으로 네트워크 위치가 설정됩니다.
- 네트워크 위치 설정 변경은 관리자로 로그인했을 때만 가능합니다. 네트워크 위치 설정에 따라 네트워크 기능 사용 방식도 차이가 있습니다. 홈 네트워크에서는 홈 그룹 공유 기능을 사용할 수 있으며, 회사 네트워크에서는 홈 그룹 공유는 안되고 일반적인 네트워크 검색과 자원 공유는 가능합니다. 공공 장소 비치용 컴퓨터에 주로 사용하는 공용 네트워크 위치로 설정하면 인터넷은 사용할 수 있으나 내부 네트워크 검색이나 접근은 차단됩니다.

1 네트워크 연결 상태에서 윈도우 7을 설치하면 네트워크 연결을 자동으로 감지하여 네트워크 위치 설정 창이 열리므로 네트워크 위치를 설정할 수 있습니다.

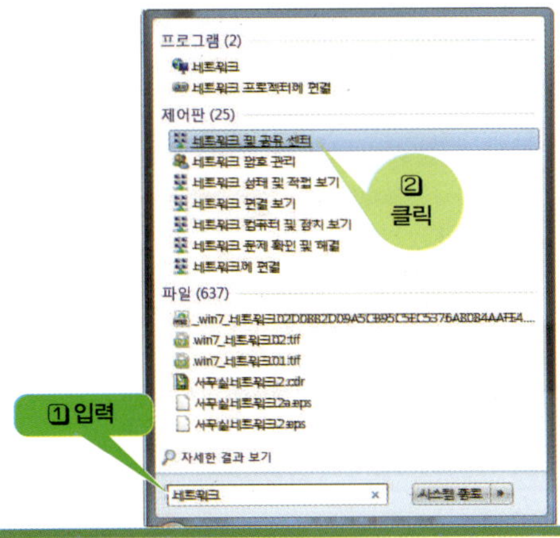

2 네트워크 위치를 설정하려면 윈도우 7의 시작 단추를 클릭한 후 시작 메뉴의 검색창에서 네트워크를 입력한 후 네트워크 및 공유 센터를 클릭합니다.

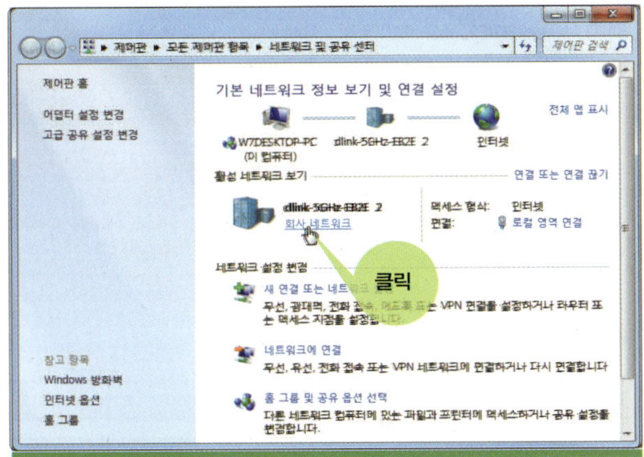

3 네트워크 및 공유센터 창이 열리면 활성 네트워크 보기에 있는 현재의 네트워크 위치(회사 네트워크)를 클릭합니다.

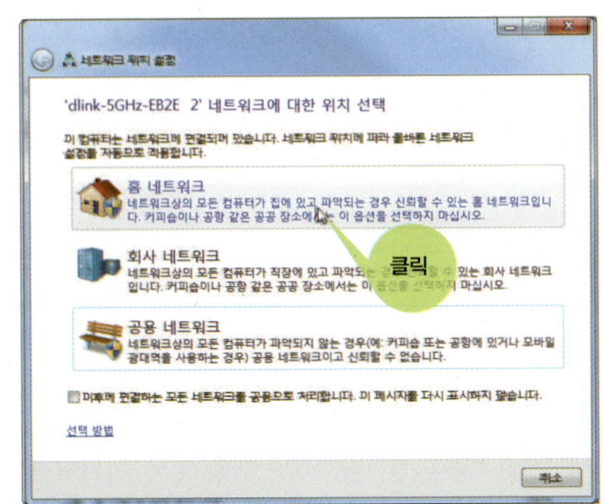

4 네트워크 위치 설정 창이 나오면 네트워크 위치를 홈 네트워크를 클릭합니다.

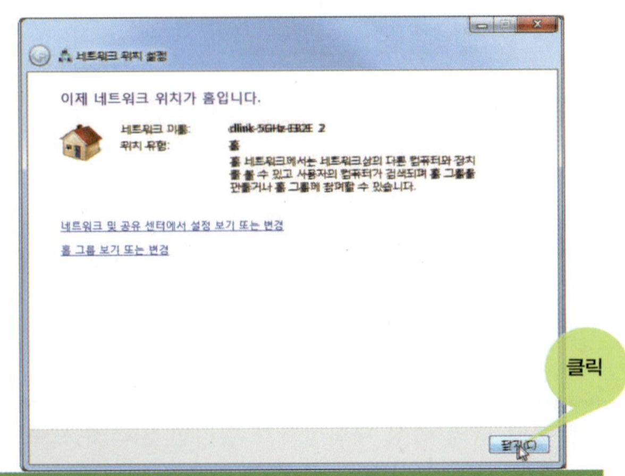

5 네트워크 위치가 홈으로 바뀝니다. 이제 **닫기** 단추를 클릭합니다.

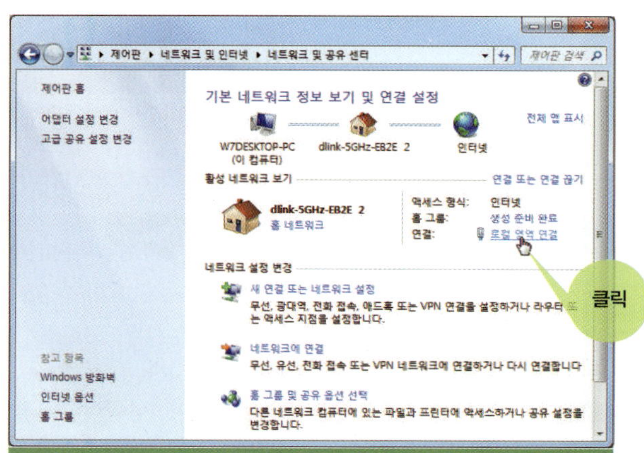

6 네트워크 및 공유센터 창의 활성 네트워크 보기의 현재의 네트워크 위치가 홈네트워크로 변경된 것을 볼 수 있습니다. 이제 네트워크 연결 상태를 확인하기 위해 **로컬 영역 연결**을 클릭합니다.

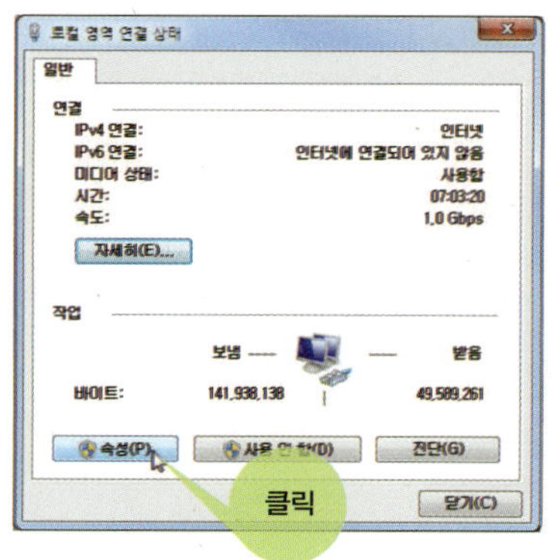

7 로컬 영역 연결 상태 대화상자가 나오면 **속성** 단추를 클릭합니다.

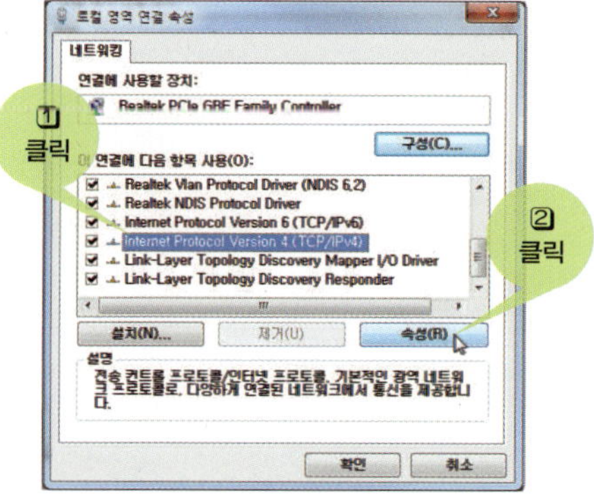

8 로컬 영역 연결 속성 대화상자가 나오면 Internet Protocol Version 4(TCP/IP)를 선택하고 **속성** 단추를 클릭합니다.

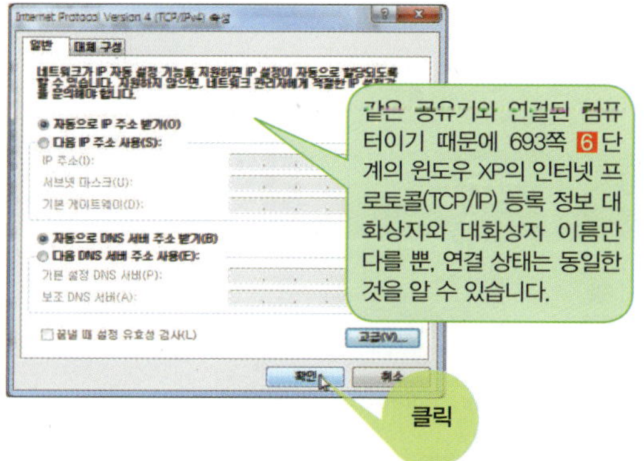

9 Internet Protocol Version 4 (TCP/IP) 속성 대화상자가 나옵니다. IP 주소와 DNS 서버 주소가 모두 자동으로 받도록 설정된 것을 볼 수 있습니다.

윈도우 10에서 네트워크 위치 설정하기

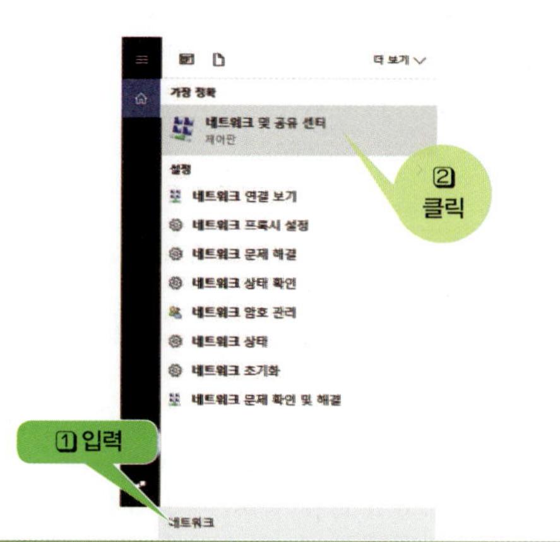

1 Windows 검색 상자에 **네트워크**를 입력한 후 목록이 나오면 **네트워크 및 공유 센터**를 선택합니다.

HELP

- 윈도우 8 이후부터 네트워크 위치는 개인 네트워크와 공용 네트워크로 구분됩니다. 윈도우 8/8.1/10을 설치하고 네트워크를 연결하면 기본값으로 개인 네트워크가 설정됩니다.
- 개인 네트워크에서 윈도우 7/8/8.1/10 컴퓨터와의 홈 그룹 공유도 가능하고 홈 그룹 해제도 가능합니다. 홈 그룹 공유 컴퓨터 상호간에는 암호키 공유 방식을 사용하며, 홈 그룹 설정은 개별적으로 관리됩니다. 회사에서 홈 그룹을 사용하고, 집에서도 다른 컴퓨터와 홈 그룹을 사용하더라도 각각 운용됩니다.
- 윈도우 8/8.1/10에서도 네트워크 위치 설정 변경은 관리자로 로그인했을 때만 가능합니다. 앞서 살펴본 바와 같이 윈도우 7에서는 네트워크 및 공유센터 창에서 네트워크 위치를 클릭하면 네트워크 위치 설정 창이 나오므로 원하는 네트워크 위치를 선택하여 간단히 설정할 수 있습니다. 하지만 윈도우 7/8/8.1/10에서는 공용 네트워크로 변경하려면 직접 네트워크 정책을 변경하는 방식으로 수행합니다.

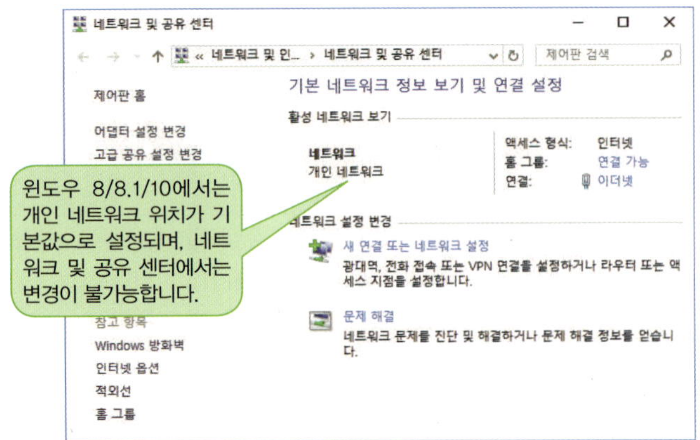

2 네트워크 및 공유센터 창이 열리면 활성 네트워크 보기에 있는 현재의 네트워크 위치를 확인합니다. 현재 기본값인 **개인 네트워크**로 설정된 것을 볼 수 있습니다.

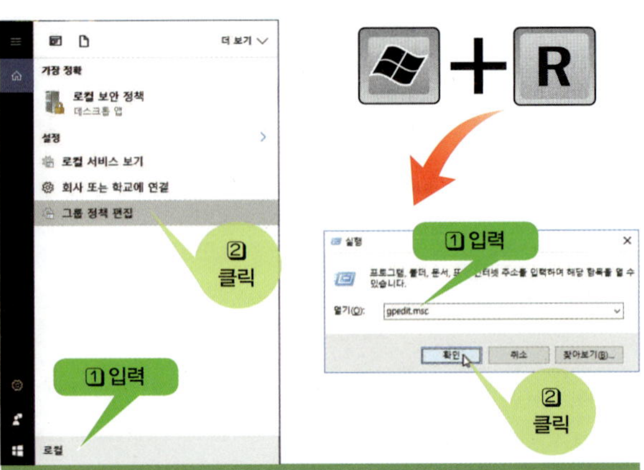

3 Windows 검색 상자에 로컬을 입력한 후 목록이 나오면 **그룹 정책 편집**을 선택합니다. 또는 ⊞+R 키를 눌러 실행 창을 열고 gpedit.msc를 입력한 후 **확인** 단추를 클릭합니다.

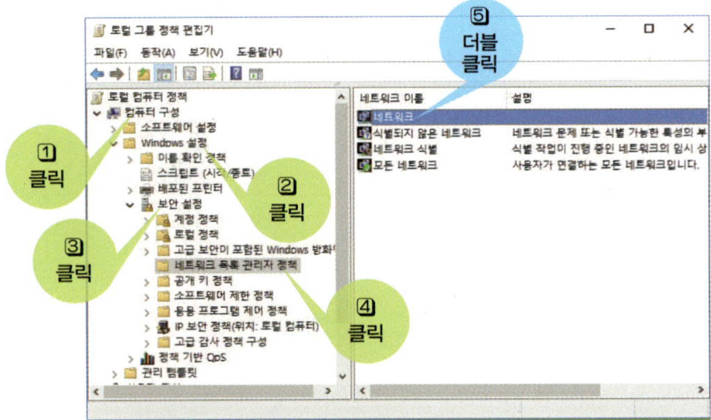

4 로컬 그룹 정책 편집기 창이 열리면 왼쪽 계층 메뉴에서 **컴퓨터 구성 → Windows 설정 → 보안 설정 → 네트워크 목록 관리자 정책**을 차례로 선택한 후 오른쪽 창에서 **네트워크**를 더블 클릭합니다.

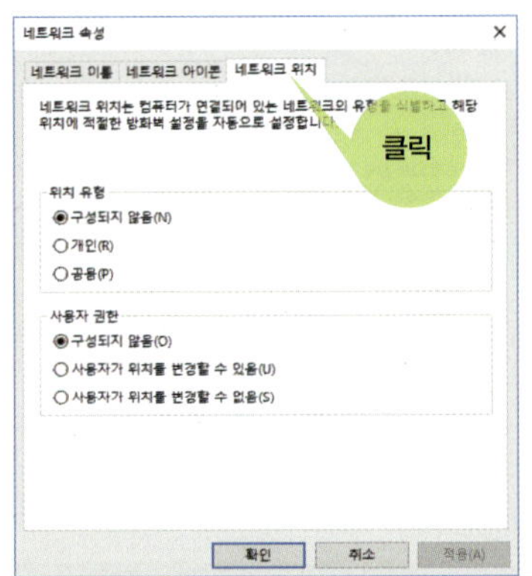

5 네트워크 속성 대화상자가 나오면 **네트워크 위치** 탭을 클릭합니다.

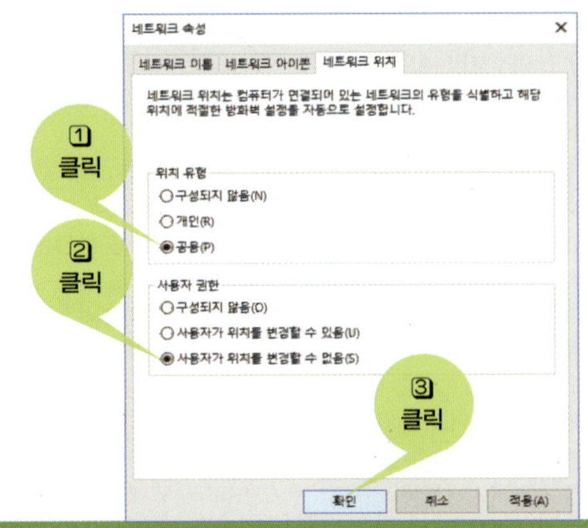

6 위치 유형은 **공용**, 사용자 권한은 **사용자가 위치를 변경할 수 없음**으로 설정하고 **확인** 단추를 클릭합니다.

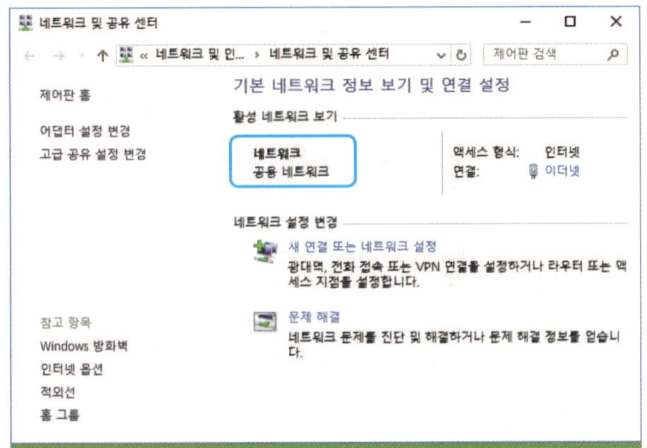

7 네트워크 및 공유센터 창을 보면 공용 네트워크로 변경된 것을 확인할 수 있습니다. 다시 개인 네트워크로 변경하려면 위치 유형과 사용자 권한을 **5**단계처럼 **구성되지 않음**으로 설정하면 됩니다.

Exercise

3 인터넷 공유기의 무선(와이파이) 공유 이용하기

유선 네트워크의 전송 속도는 10Mbps, 100Mbps, 1Gbps로 구분됩니다. 무선 규격에 따라 지원 대역폭과 전송 속도도 차이가 있습니다. 여기서는 2.4GHz와 5GHz 듀얼 대역폭을 지원하는 D-LINK Dir-850L 유무선 인터넷 공유기에 대해 2.4GHz 대역폭을 사용하는 IEEE 802.11n 연결 방법과 5GHz 대역폭을 사용하는 IEEE 802.11ac 연결 방법과 스마트 폰을 이용한 연결 방법을 알아봅니다.

이 실습에 필요한 내용	실습 키 포인트
무선 인터넷을 지원하는 노트북, 스마트폰 듀얼 대역폭을 지원하는 무선 랜카드 : D-LINK DWA-182 무선 랜카드 실습 제품 : D-LINK DIR-850L 인터넷 공유기	노트북 컴퓨터와 스마트폰에서 인터넷 공유기의 무선(와이파이) 공유를 활용하기

IEEE 802.11n 무선(와이파이) 공유하기

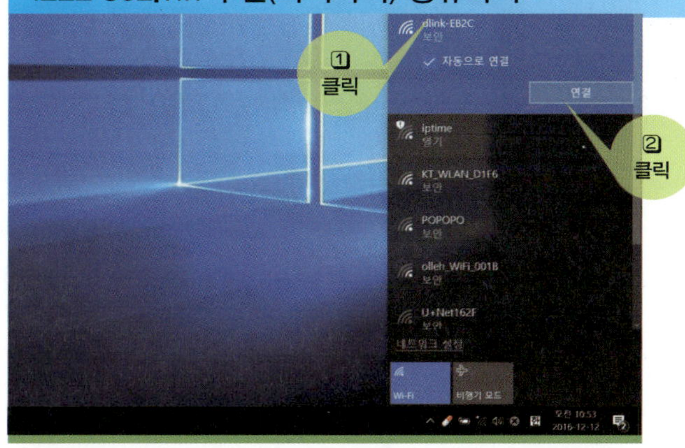

HELP

- IEEE 802.11n까지 지원하는 윈도우 10 노트북 컴퓨터에서 공유기의 무선(와이파이) 연결은 무선 공유 이름과 공유 암호만 알면 간단히 연결할 수 있습니다. 공유기의 무선(와이파이) 공유 설정은 675쪽을 참고하기 바랍니다.
- 윈도우 운영체제의 작업 표시줄의 알림 영역에 있는 무선 연결 아이콘을 클릭하면 현재 연결할 수 있는 무선 공유 이름들이 표시됩니다. 이 중에서 연결할 무선 공유 이름을 클릭하여 암호를 입력하고 연결하면 됩니다.
- 윈도우 8/8.1/10에서는 무선 연결 알림판 하단에 있는 네트워크 설정을 클릭하면 설정 창을 열어 네트워크와 관련된 다양한 설정을 할 수 있습니다. Wi-Fi 단추는 와이파이 연결을 활성/비활성화하는 것이며, 비행기 모드 단추를 클릭하여 활성화하면 와이파이와 블루투스 연결이 모두 차단됩니다.

1 윈도우 10 노트북 컴퓨터를 켜고 작업 표시줄의 알림 영역에서 무선 연결 아이콘을 클릭한 후 연결할 무선 이름을 선택하고 **연결** 단추를 클릭합니다.

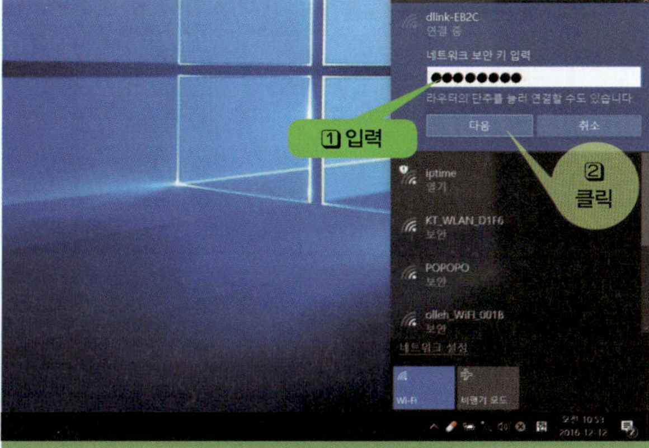

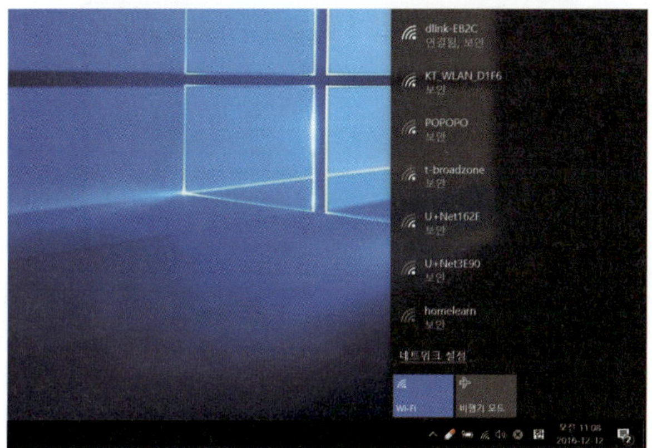

2 암호(네트워크 보안 키)를 입력하고 **다음** 단추를 클릭합니다.

3 암호가 이상 없으면 바로 연결됩니다. 이제부터 무선(와이파이)으로 인터넷을 사용할 수 있습니다.

IEEE 802.11ac 무선(와이파이) 공유하기

- 무선(와이파이) 공유 연결은 대역폭에 따라 전송 속도에 차이가 있습니다. 최신 규격인 IEEE 802.11ac 규격은 무선으로도 1Gbps에 근접하는 867Mbps의 전송 속도를 지원합니다. 이 속도를 구현하려면 듀얼 밴드 지원 유무선 공유기와 듀얼 밴드 지원 무선 랜카드가 모두 구성되었을 때 가능합니다.
- 이 실습에서는 듀얼 밴드를 지원하는 D-LINK DIR-850L 유무선 공유기 환경에서 듀얼 밴드 USB 무선 랜카드인 D-LINK DWA-182 무선 랜카드를 사용하여 5GHz 대역폭에서 IEEE 802.11ac 규격으로 연결하는 실습을 수행합니다.
- 듀얼 밴드 무선 랜카드는 복잡한 유선 네트워크 연결을 하지 않고도 1Gbps에 버금가는 속도로 인터넷을 사용할 수 있기 때문에 데스크톱 컴퓨터에서도 많이 활용되고 있습니다. 최신 노트북 컴퓨터나 스마트폰의 경우는 IEEE 802.11ac 규격을 지원하므로 별도의 듀얼 밴드 무선 랜카드를 사용하지 않아도 됩니다.

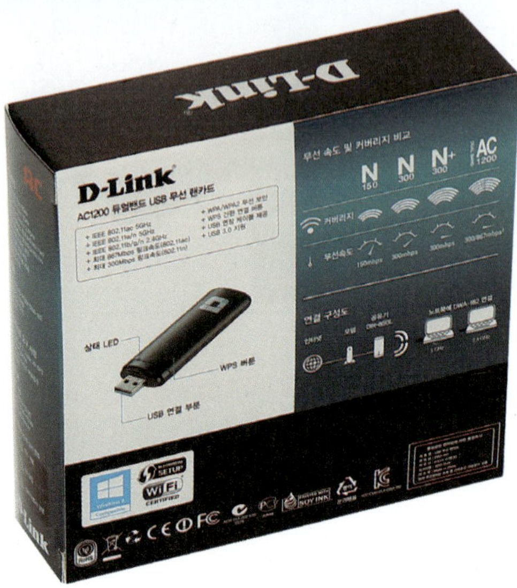

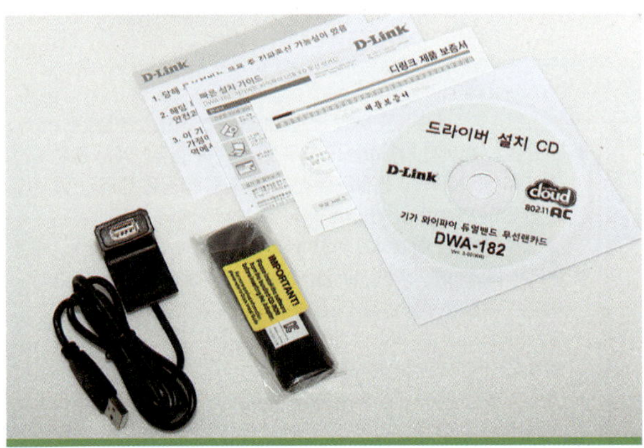

1 듀얼 밴드 지원 무선 랜카드를 준비합니다. 이 실습에서는 D-Link DWA-182 무선 랜카드와 번들 CD를 이용하여 드라이버를 설치합니다.

2 윈도우 7 노트북 컴퓨터를 켜고 D-Link DWA-182 무선 랜카드를 USB 3.0 단자에 연결합니다.

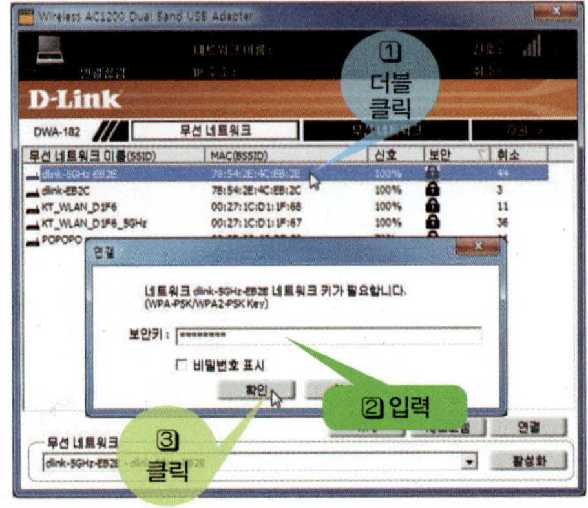

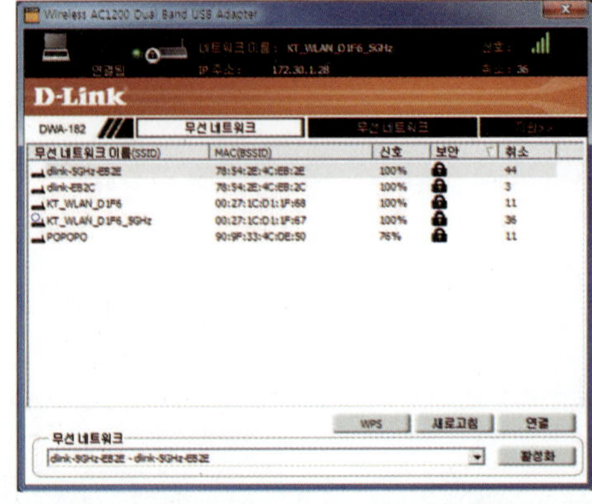

3 자동으로 Wiress AC1200 Dual Band USB Adapter 창이 나오면 연결할 무선(와이파이) 이름을 더블 클릭합니다. 연결 대화상자가 나오면 보안 키를 입력하고 **확인** 단추를 클릭합니다.

4 Wiress AC1200 Dual Band USB Adapter 창에 연결됨 표시가 나옵니다. 이제부터 무선(와이파이)으로 인터넷을 사용할 수 있습니다.

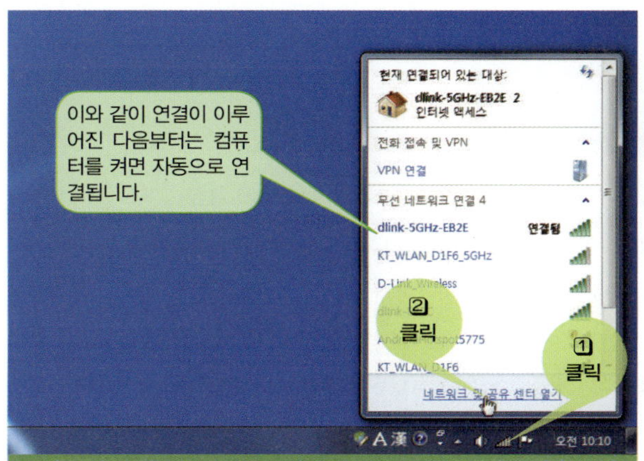

5 작업 표시줄의 알림 영역에서 무선 연결 아이콘을 클릭합니다. dlink-5GHz-EB2E로 연결된 상태가 나옵니다. 이제 **네트워크 및 공유 센터 열기**를 클릭합니다.

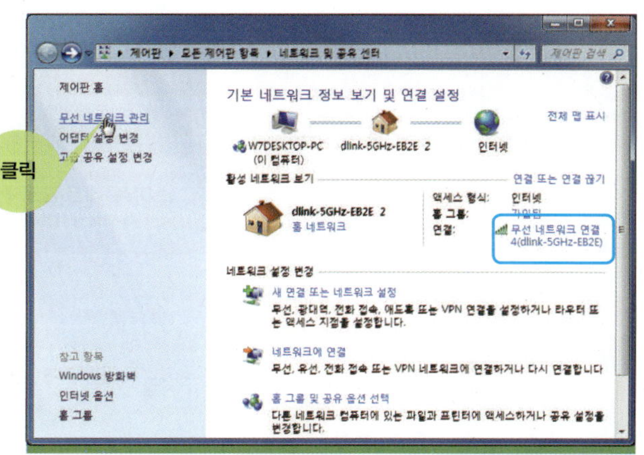

6 네트워크 및 공유 센터 창이 열립니다. 연결을 보면 무선 네트워크 연결로 나오는 것을 볼 수 있습니다. 이제 **무선 네트워크 관리**를 클릭합니다.

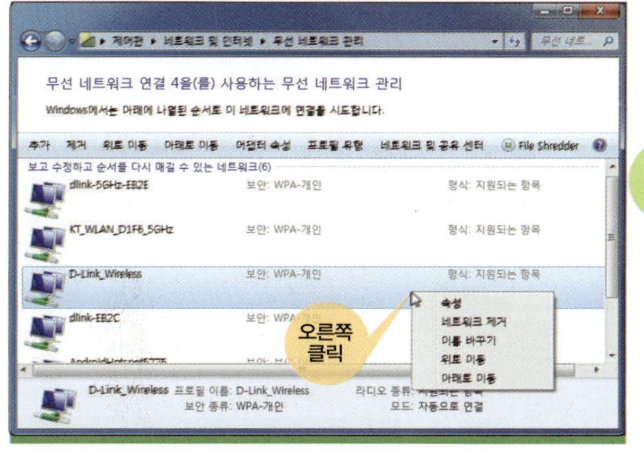

7 무선 신호를 인식할 수 있는 범위 안의 무선 네트워크가 나옵니다. 무선 네트워크 이름을 삭제하거나 표시 순서를 변경하려면 변경할 이름 위에서 마우스 오른쪽 단추를 클릭하여 선택하면 됩니다.

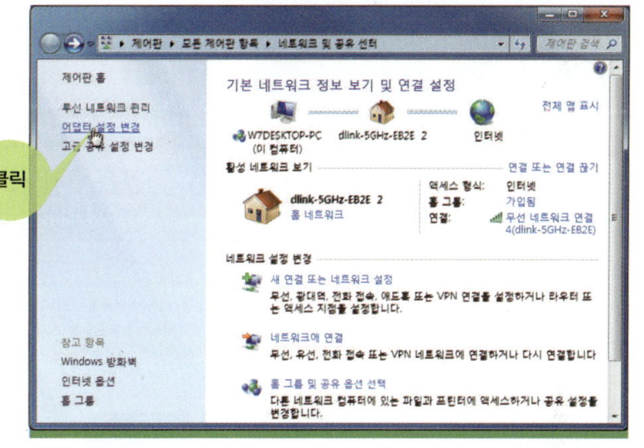

8 이번에는 네트워크 및 공유 센터 창에서 **어댑터 설정 변경**을 클릭합니다.

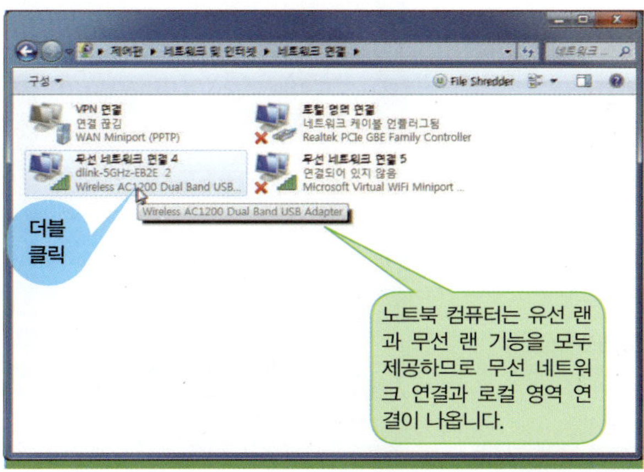

9 현재 컴퓨터의 네트워크 연결이 모두 표시됩니다. 이제 dlink-5GHz-EB2E로 연결한 무선 네트워크 연결을 더블 클릭합니다.

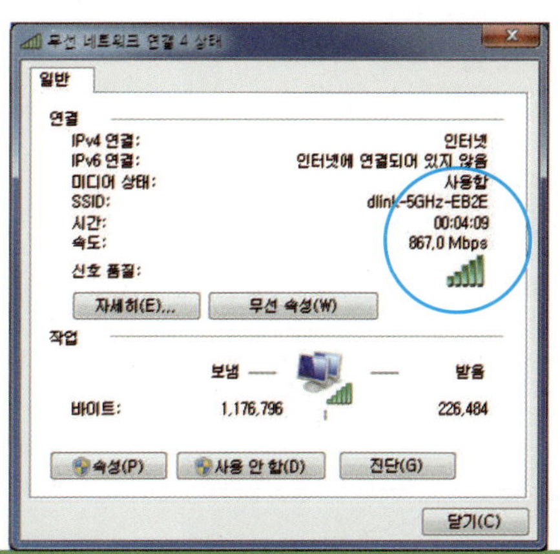

10 무선 네트워크 연결 상태 대화상자가 표시됩니다. 속도를 보면 867MBbps로 연결된 것을 확인할 수 있습니다.

스마트폰으로 Wi-Fi 무선 보안 네트워크에 접속하기

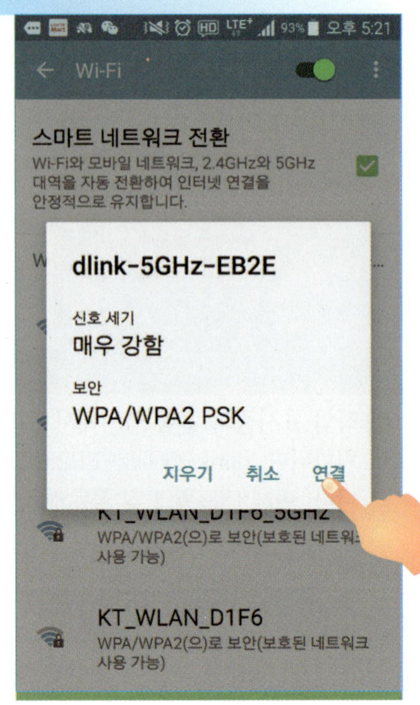

1 스마트폰에서 **설정**을 눌러 실행합니다. 설정 화면이 나오면 **Wi-Fi**를 선택합니다.

2 가장 빠른 무선(와이파이) 연결을 위해 dlink-5GHz-EB2E를 선택합니다.

3 신호 세기와 보안 정보가 나오면 연결을 선택합니다.

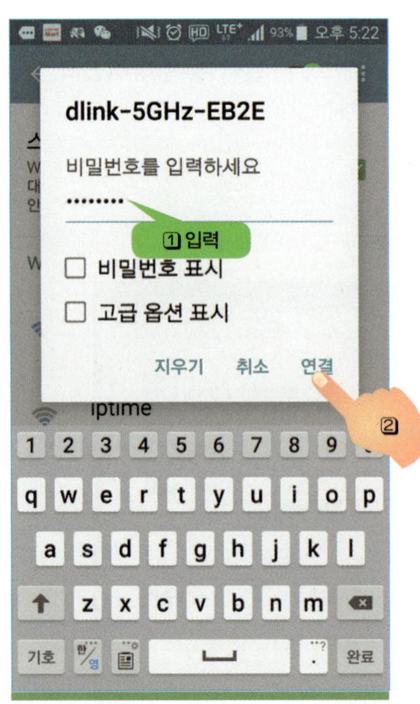

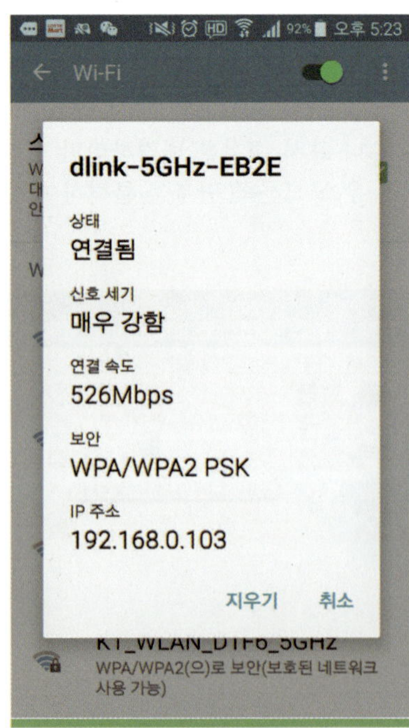

4 비밀번호 입력 창이 나오면 **비밀번호**를 입력한 후 **연결**을 선택합니다.

5 dlink-5GHz-EB2E에 연결되었습니다. 연결 상태를 확인하기 위해 다시 선택합니다.

6 연결 정보가 표시됩니다. 현재 연결 속도는 526MBps인 것을 알 수 있습니다.

Exercise

4 홈 그룹을 이용한 자원 공유하기

윈도우 7부터 선을 보인 홈 그룹 기능은 새로운 네트워크 공유 방법으로, 윈도우 7 이상의 운영체제에서 사용할 수 있습니다. 홈 그룹에 참여한 윈도우 7 이상의 컴퓨터가 같은 네트워크상에 있다면 암호 인증 방식으로 컴퓨터의 자원을 간편하게 공유할 수 있으며, 보안성도 우수합니다.

이 실습에 필요한 내용	실습 키 포인트
윈도우 7/10 설치 PC 홈 그룹에 대한 이해와 공유 설정	홈 그룹을 허용하는 방법과 홈 그룹에 참여하기

홈 그룹 자원 공유 설정하기

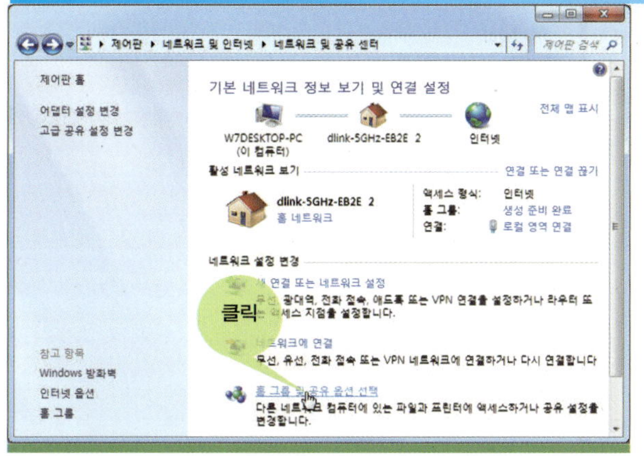

HELP

- 홈 그룹 공유는 네트워크 위치가 홈 네트워크(윈도우 8부터는 개인 네트워크)인 경우에만 사용할 수 있습니다.
- 홈 그룹을 활용하면 별다른 네트워크 지식이 없어도 암호로 인증된 컴퓨터 간에 문서와 사진, 음악, 비디오, 자신의 PC에 연결된 프린터를 쉽게 공유할 수 있으며, 음악이나 비디오 파일 같은 멀티미디어 파일은 다운로드하지 않고도 바로 스트리밍 재생으로 시청할 수 있습니다.
- 윈도우 7부터는 사용자 계정별로 개별 라이브러리를 사용하는데, 홈 그룹에서 허용할 때는 라이브러리에서 공유할 항목을 설정하면 됩니다. 일반 폴더의 경우도 공유할 폴더 선택 상태에서 마우스 오른쪽 단추를 클릭을 하면 나오는 팝업 메뉴에서 홈 그룹 공유를 선택하면 간단히 공유할 수 있습니다.

1 윈도우 7의 시작 메뉴에서 **제어판 → 네트워크 및 인터넷 → 네트워크 공유 센터**를 차례대로 선택하여 네트워크 및 공유 센터 창을 열고 **홈 그룹 및 공유 옵션 선택**을 클릭합니다.

2 홈 그룹 창이 나오면 **홈 그룹 만들기** 단추를 클릭합니다.

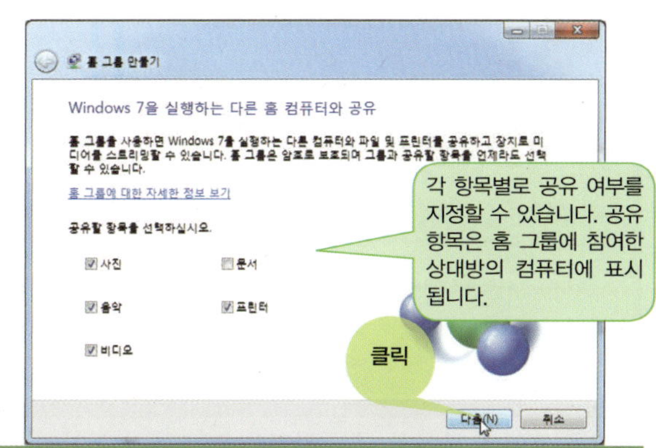

3 홈 그룹 만들기 창이 나오면 공유되는 항목을 확인하고 **다음** 단추를 클릭합니다.

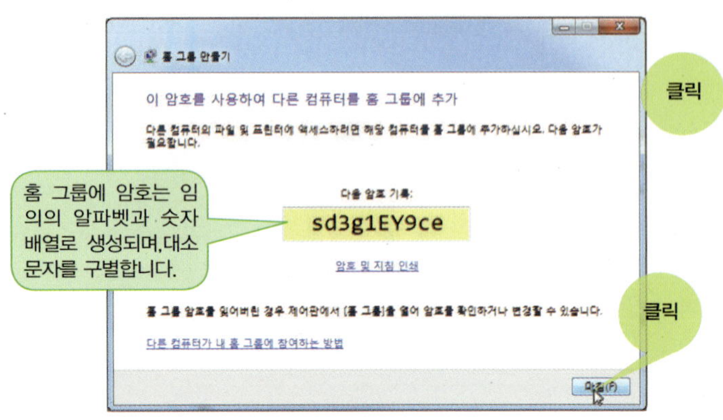

4 홈 그룹에 접근할 수 있는 암호가 자동으로 생성됩니다. 암호를 메모해두고 **마침** 단추를 클릭합니다.

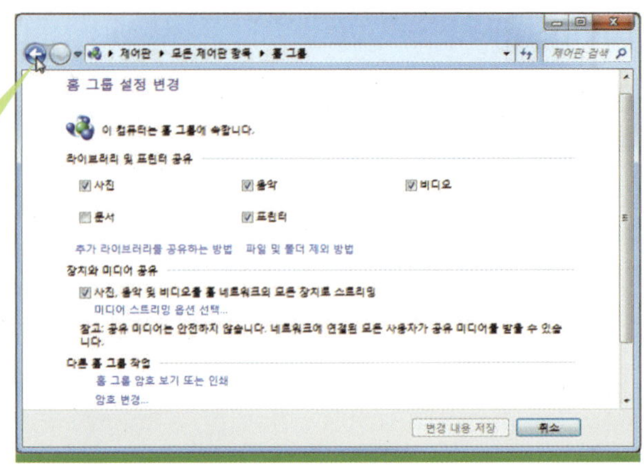

5 홈 그룹을 만들면 공유 항목 설정 내용이 홈 그룹 창에 표시됩니다. 이제 홈 그룹 창 상단의 단추를 눌러 네트워크 및 공유 센터로 되돌아갑니다.

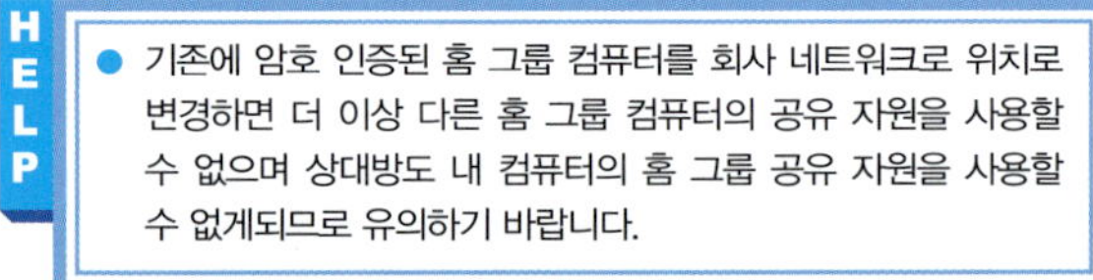

● 기존에 암호 인증된 홈 그룹 컴퓨터를 회사 네트워크로 위치로 변경하면 더 이상 다른 홈 그룹 컴퓨터의 공유 자원을 사용할 수 없으며 상대방도 내 컴퓨터의 홈 그룹 공유 자원을 사용할 수 없게되므로 유의하기 바랍니다.

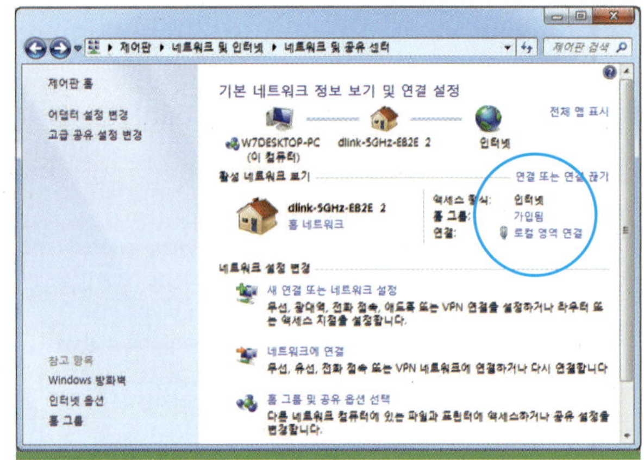

6 네트워크 및 공유 센터 창의 홈 그룹 부분이 가입 됨으로 표시됩니다.

홈 그룹에 참여하기 – 윈도우 7

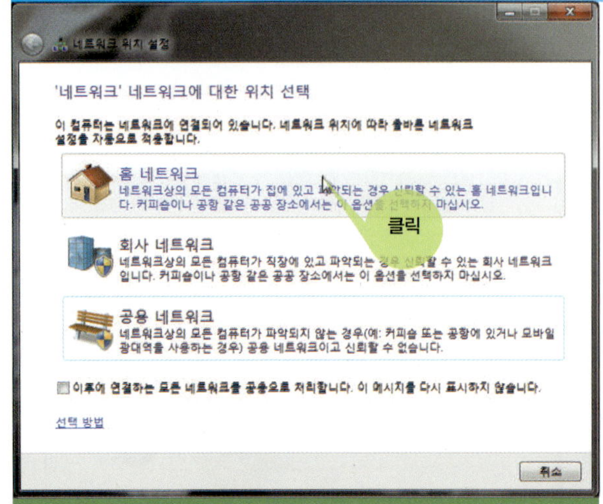

1 홈 그룹에 참여할 다른 윈도우 7 PC에서도 앞의 네트워크 위치 설정하기 실습을 참고하여 **홈 네트워크**로 설정합니다.

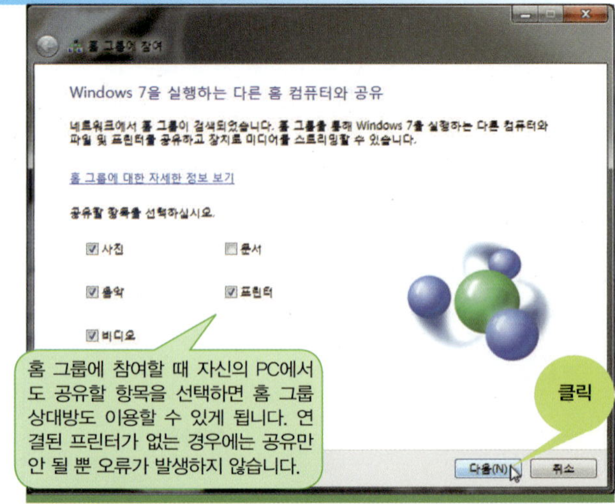

2 홈 그룹 상대방의 윈도우 7 PC가 켜져 있으면 자동으로 홈 그룹을 검색합니다. 공유할 항목을 선택한 후에 **다음** 단추를 클릭합니다.

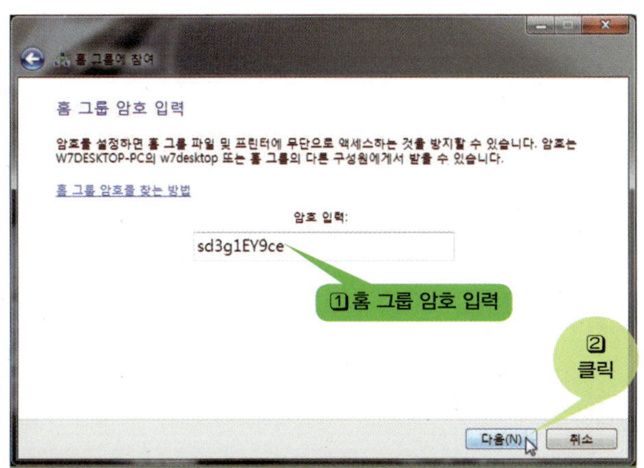

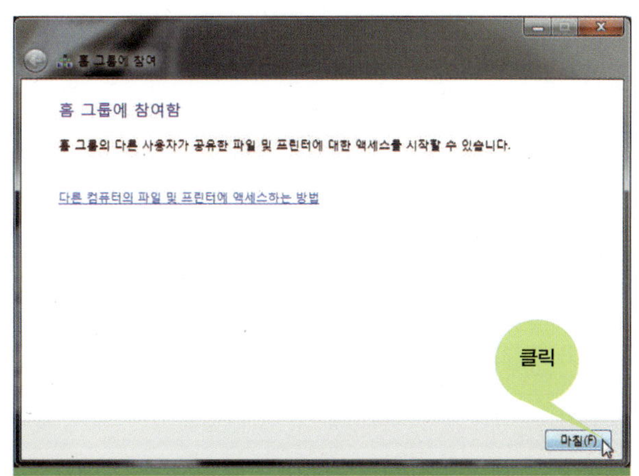

3 홈 그룹을 제공하는 윈도우 7 컴퓨터에서 제공한 암호를 대소문자를 정확히 구별하여 입력한 후에 **다음** 단추를 클릭합니다.

4 잠시 동안 암호 인증 작업이 수행된 후 홈 그룹에 참여할 수 있는 준비가 완료되어 홈 그룹에 참여함 화면이 나오면 **마침** 단추를 클릭합니다.

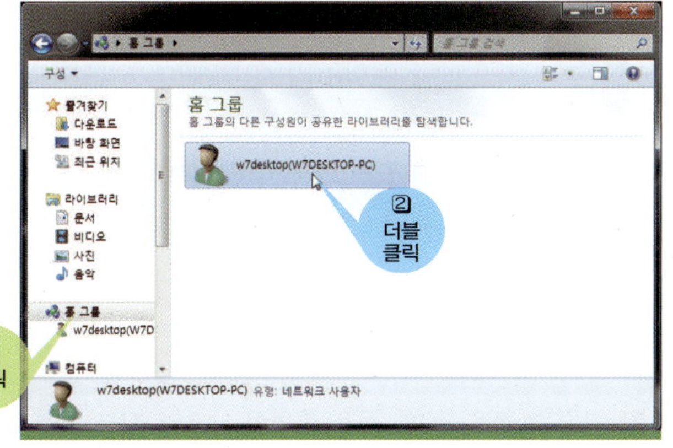

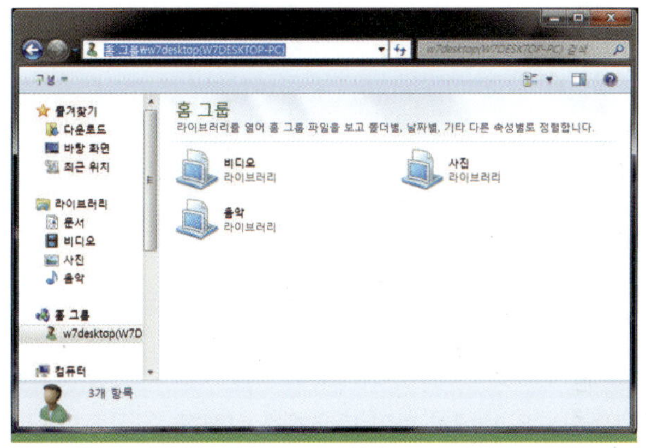

5 이제 컴퓨터의 탐색 창에서 **홈 그룹**을 선택한 후 홈 그룹의 상대방 컴퓨터를 더블 클릭합니다.

6 홈 그룹 상대방이 공유한 항목들이 표시됩니다. 이제 부터는 공유된 자원들을 이용할 수 있습니다.

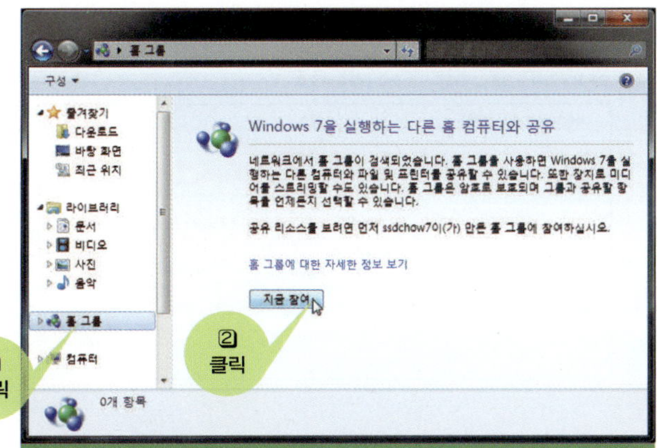

7 이미 홈 네트워크 위치가 설정된 상태라면 폴더 창의 왼쪽 탐색 창에서 **홈 그룹**을 선택한 후 **지금 참여** 단추를 클릭하고 설정해도 됩니다.

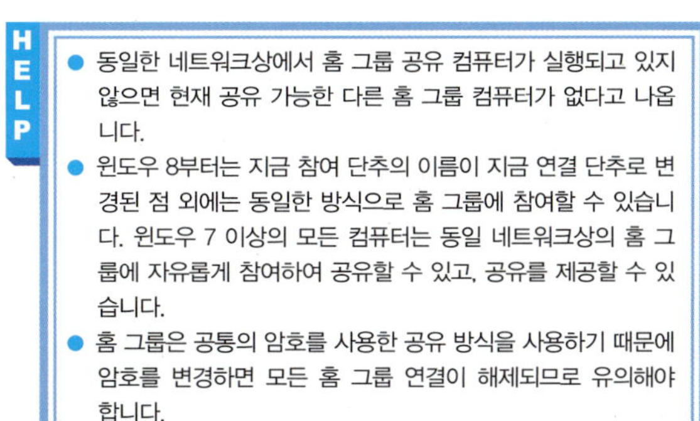

HELP

- 동일한 네트워크상에서 홈 그룹 공유 컴퓨터가 실행되고 있지 않으면 현재 공유 가능한 다른 홈 그룹 컴퓨터가 없다고 나옵니다.
- 윈도우 8부터는 지금 참여 단추의 이름이 지금 연결 단추로 변경된 점 외에는 동일한 방식으로 홈 그룹에 참여할 수 있습니다. 윈도우 7 이상의 모든 컴퓨터는 동일 네트워크상의 홈 그룹에 자유롭게 참여하여 공유할 수 있고, 공유를 제공할 수 있습니다.
- 홈 그룹은 공통의 암호를 사용한 공유 방식을 사용하기 때문에 암호를 변경하면 모든 홈 그룹 연결이 해제되므로 유의해야 합니다.

홈 그룹에 참여하고 공유 자원 이용하기 – 윈도우 10

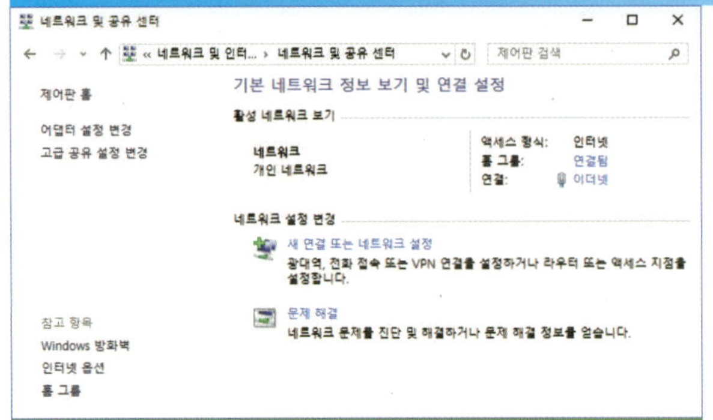

● 윈도우 10의 네트워크 위치 설정도 네트워크 및 공유 센터에서 수행합니다.
윈도우 8/8.1/10에서 네트워크 및 공유 센터를 열려면 시작 단추 위치에서 오른쪽 단추를 클릭하여 바로 가기 메뉴에서 제어판을 선택한 후 네트워크 및 인터넷 → 네트워크 공유센터를 차례로 선택합니다.

● 윈도우 8/8.1/10에서 네트워크 설정을 변경하려면 네트워크 및 공유 센터에서 새 연결 또는 네트워크 설정을 사용합니다.
회사 네트워크나 공용 네트워크에서 개인 네트워크로 변경할 때, 같은 네트워크상에 다른 홈 그룹 공유 컴퓨터가 있다면 곧바로 홈 그룹 공유 설정 작업까지 진행할 수 있습니다.

1 윈도우 10의 네트워크 및 공유 센터를 열고 네트워크 위치가 개인 네트워크로 설정되어 있는지 확인합니다.

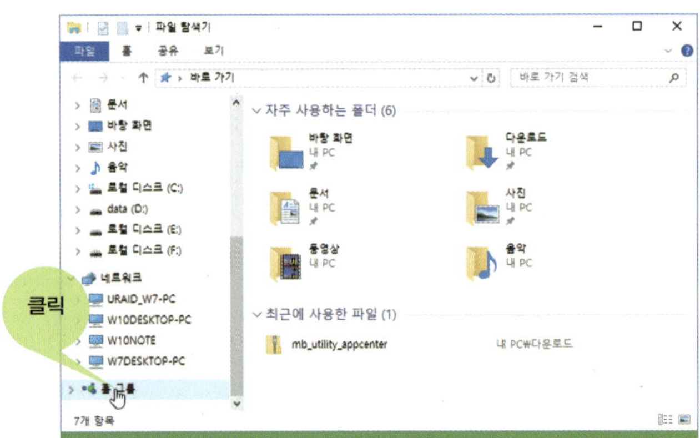

2 윈도우 10에서 파일 탐색기를 실행한 후 왼쪽의 탐색 창에서 홈 그룹을 선택합니다.

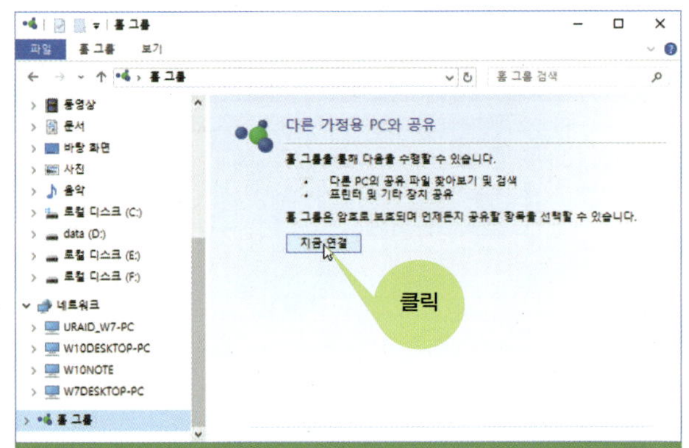

3 다른 가정용 PC와 공유 화면이 나오면 지금 연결 단추를 클릭합니다.

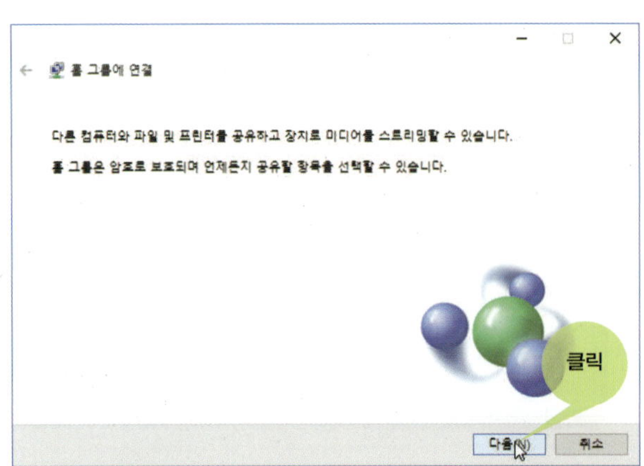

4 홈 그룹에 대한 설명 화면이 나옵니다. 다음 단추를 클릭합니다.

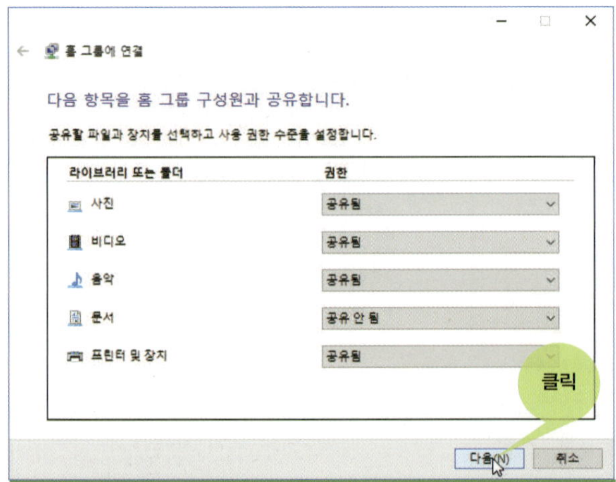

5 공유 항목 설정 화면이 나옵니다. 필요한 항목을 공유하고 다음 단추를 클릭합니다. 여기서는 기본값 상태에서 진행했습니다.

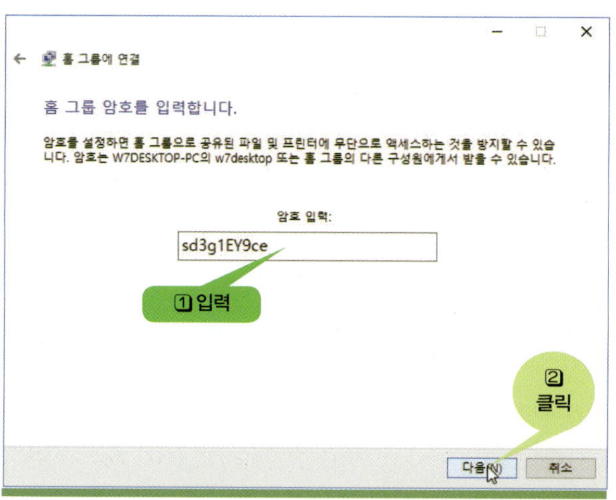

6 홈 그룹을 제공하는 윈도우 7 컴퓨터에서 제공한 암호를 대소문자를 정확히 구별하여 입력한 후 **다음** 단추를 클릭합니다.

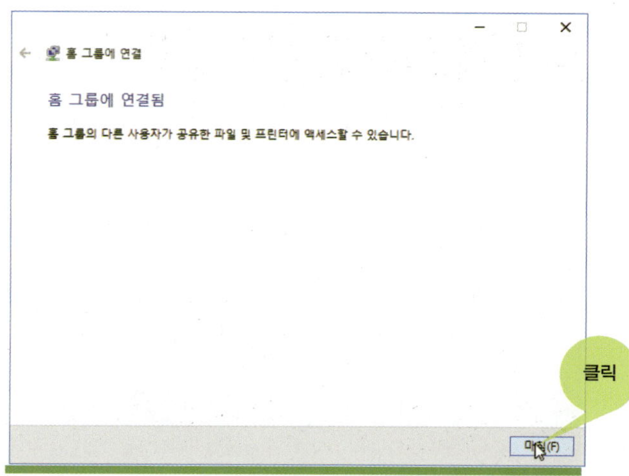

7 잠시 동안 암호 인증 작업이 수행된 후 홈 그룹에 참여할 수 있는 준비가 완료되어 홈 그룹에 연결됨 화면이 나오면 **마침** 단추를 클릭합니다.

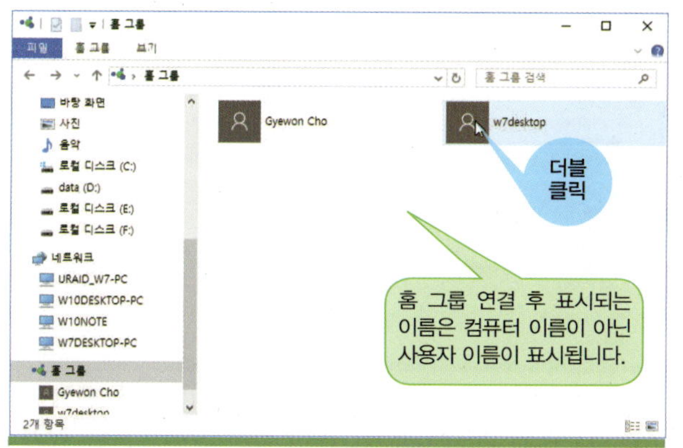

8 홈 그룹 연결이 완료되면 탐색 창에 홈 그룹 컴퓨터가 표시됩니다. 이제 홈 그룹 공유를 시작한 윈도우 7 컴퓨터(w7desktop)을 더블 클릭합니다.

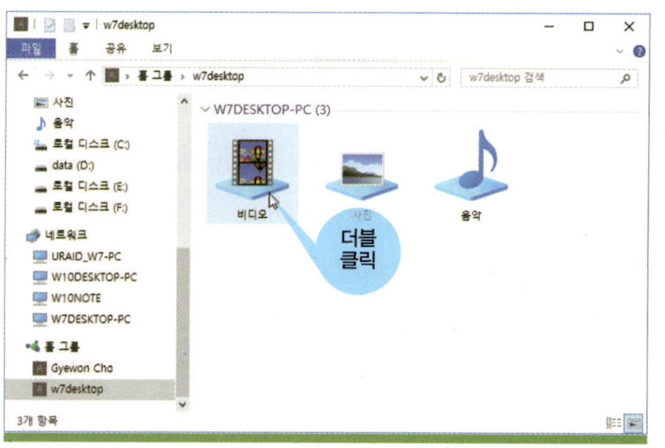

9 홈 그룹 상대방이 공유한 항목들이 표시됩니다. 이제 공유된 **비디오** 라이브러리를 더블 클릭합니다.

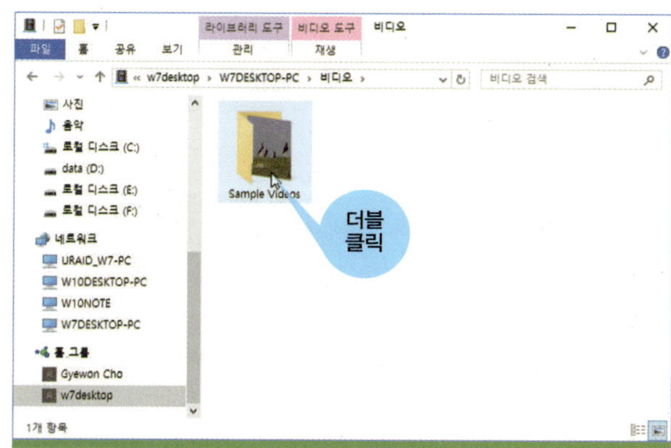

10 이어서 Sample Videos 폴더가 나오면 더블 클릭합니다.

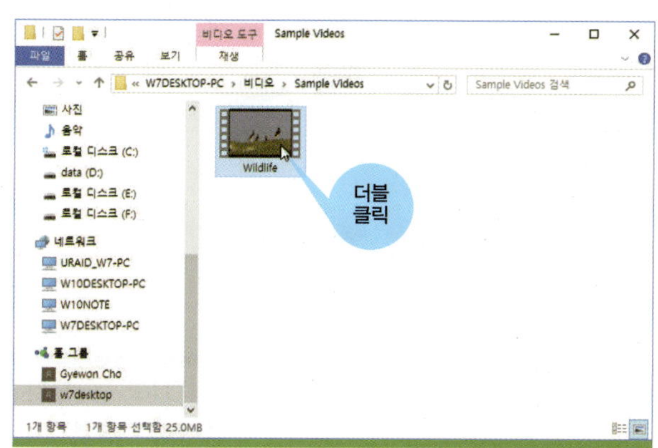

11 비디오 샘플 폴더 안에는 Wildlife(야생)이라는 샘플 동영상 파일이 있습니다. 이제 스트리밍 재생을 확인하기 위해 **Wildlife**를 더블 클릭합니다.

12 동영상이 스트리밍 방식으로 재생됩니다.

홈 그룹 공유 자원 이용하기 – 윈도우 7

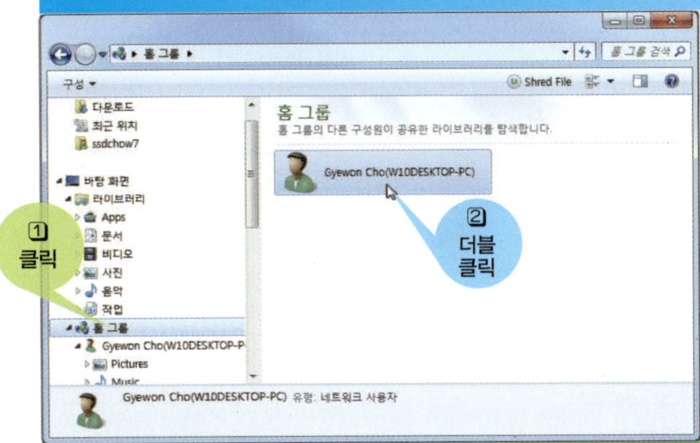

1 이번에는 홈 그룹 암호를 제공한 윈도우 7 PC(W7DESKTOP-PC)에서 **시작 → 컴퓨터**를 실행하여 컴퓨터 창을 열고, 홈 그룹을 선택한 후 새로 홈 그룹에 참여한 **윈도우 10 PC(W10DESKTOP-PC)**를 더블 클릭합니다.

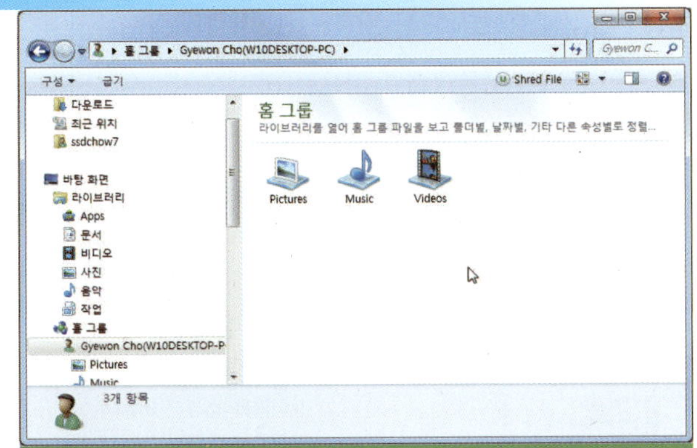

2 홈 그룹에 참여한 윈도우 10 PC(W10DESKTOP-PC)에서 공유한 라이브러리 항목들이 표시됩니다. 이처럼 윈도우 7 이상의 운영체제를 사용하는 컴퓨터 간에는 서로 홈 그룹 자원 공유를 손쉽게 수행할 수 있습니다.

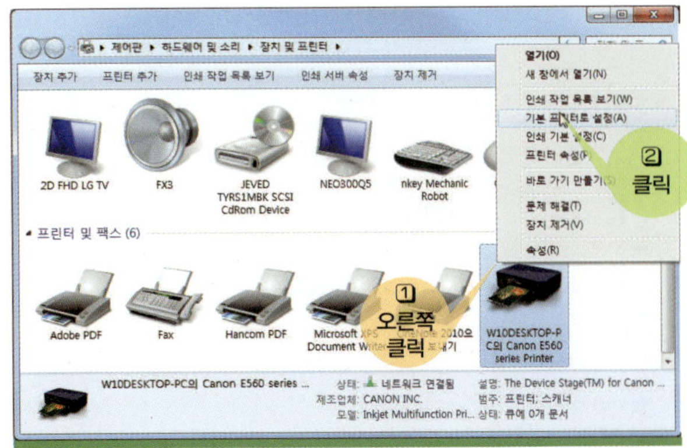

3 이번에는 윈도우 7의 시작 메뉴에서 **시작 → 장치 및 프린터**를 실행하면 홈 그룹에 참여한 윈도우 10 PC에 연결된 프린터가 공유된 것을 확인할 수 있습니다. 이 프린터를 마우스 오른쪽 단추를 클릭해 팝업 메뉴에서 **기본 프린터로 설정**을 선택합니다.

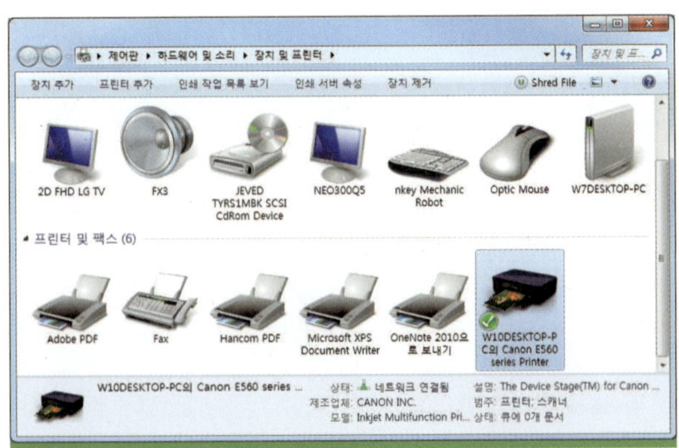

4 홈 그룹에 참여한 윈도우 10 PC에 연결된 공유 프린터가 기본 프린터로 설정되었습니다.

HELP

- 윈도우 7에서 비디오 파일을 재생하면 미디어 플레이어에서 재생됩니다. 윈도우 8/8.1/10에서는 비디오 파일을 재생할 때 기본값으로 영화 및 TV 앱에서 재생됩니다. 물론 기본값 비디오 재생 프로그램을 곰플레이어와 같은 다른 프로그램으로 변경한 경우에는 해당 플레이어에서 재생됩니다.
- 스트리밍 방식의 재생이란, 내 컴퓨터로 다운로드하지 않고 실시간으로 재생하는 것을 말합니다. 스트리밍 재생이 되는 동안 비디오 파일이 있는 상대방 컴퓨터는 스트리밍 전송을 처리하기 때문에 그만큼의 부하가 발생합니다.

홈 그룹으로 일반 폴더 공유하기

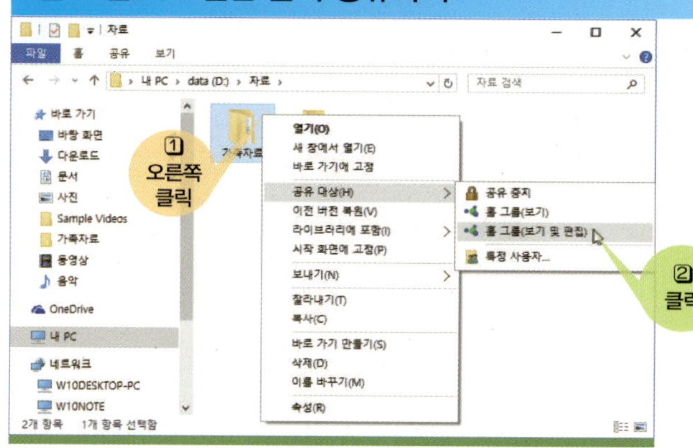

HELP

- 홈 그룹은 암호로 인증만하면 서로 자원을 공유할 수 있기 때문에 홈 그룹 간에는 작업 그룹 이름이 달라도 팝업 메뉴에서 홈 그룹 공유 기능을 사용하여 손쉽게 공유할 수 있습니다.
- 홈 그룹 공유의 경우는 공유 설정을 위해 대화상자를 여는 등의 복잡한 절차를 거치지 않고도 공유할 폴더 선택 상태에서 마우스 오른쪽 단추를 클릭한 후 팝업 메뉴를 호출하여 보기 권한이나 보기 및 편집 권한, 특정 사용자에 대한 공유 설정 작업을 간편하게 수행할 수 있습니다.
  윈도우 7에서는 보기 및 편집이 읽기/쓰기로 표현되는 점 외에는 기능적인 차이가 없습니다.

1 홈 그룹에 참여한 윈도우 10 컴퓨터(W10DESKTOP-PC)에서 공유할 폴더를 마우스 오른쪽 단추를 클릭하여 팝업 메뉴를 띄운 후 **공유 대상 → 홈 그룹(보기 및 편집)**을 선택합니다.

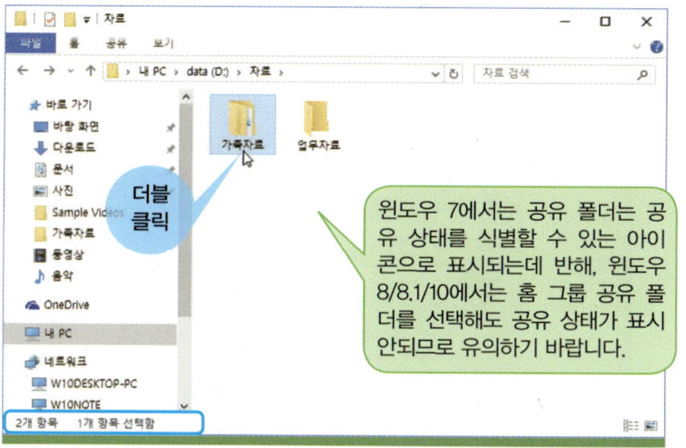

2 이제 홈 그룹 공유 폴더를 더블 클릭합니다.

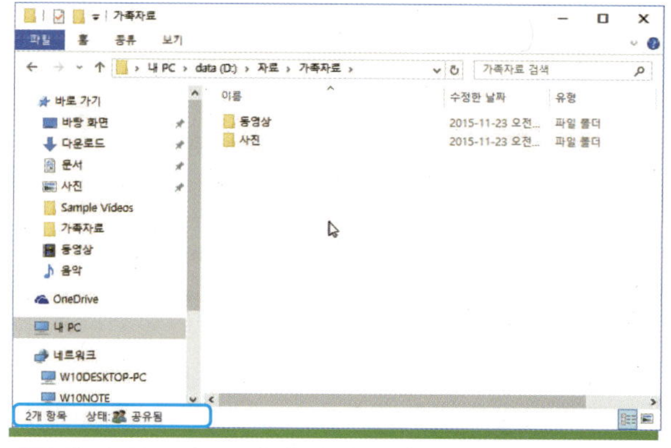

3 홈 그룹 공유 폴더의 하위 폴더에서 상태 표시줄에 공유 상태가 표시되는 것을 알 수 있습니다.

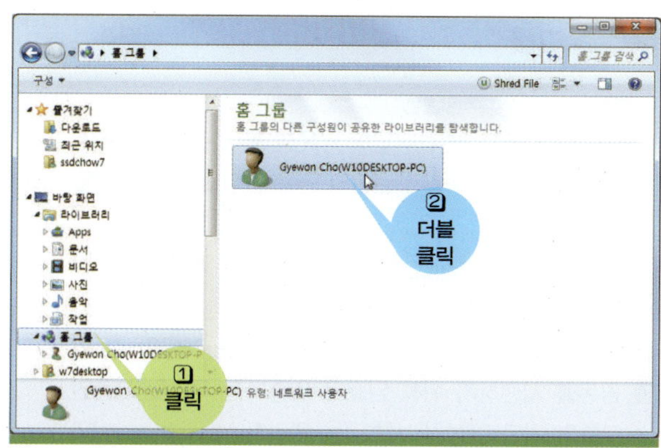

4 이제 홈 그룹을 공유하고 있는 윈도우 7 PC(W7DESKTOP-PC)에서 컴퓨터 창을 열고 홈 그룹을 클릭한 후 W10DESKTOP-PC를 더블 클릭합니다.

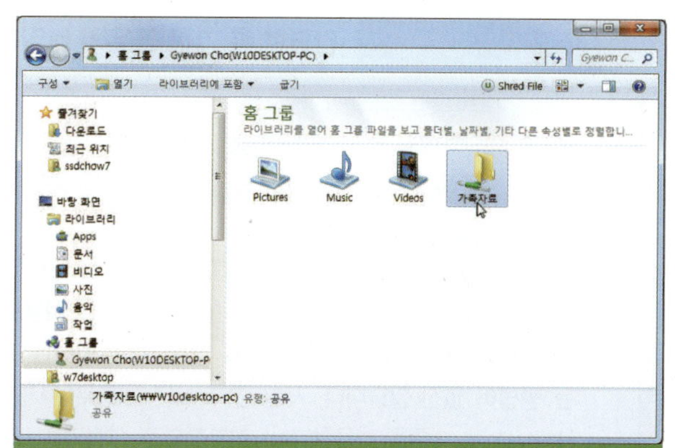

5 홈 그룹에 참여한 W10DESKTOP-PC에서 새로 공유한 가족자료 폴더가 나오면 이를 선택합니다. 상태 표시줄을 보면 가족자료 폴더의 유형이 공유 폴더로 표시되는 것을 볼 수 있습니다.

홈 그룹에 속하지 않은 컴퓨터 접속 차단

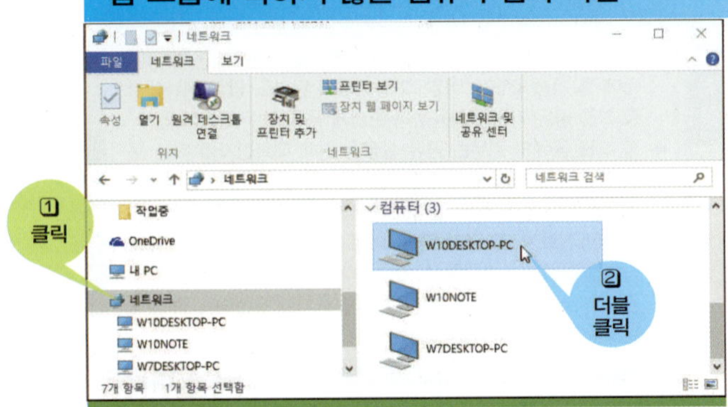

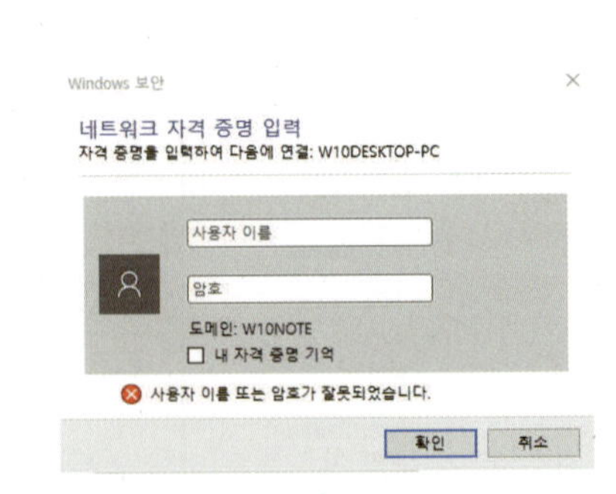

6 이번에는 홈 그룹에 속하지 않은 윈도우 10 컴퓨터에서 파일 탐색기 창을 열고 네트워크를 선택한 후 W10DESKTOP-PC를 더블 클릭하여 접속을 시도합니다.

7 W10DESKTOP-PC로 접근하기 위해서는 네트워크 자격 증명 입력 대화상자가 나오므로 접근 자체가 불가능합니다.

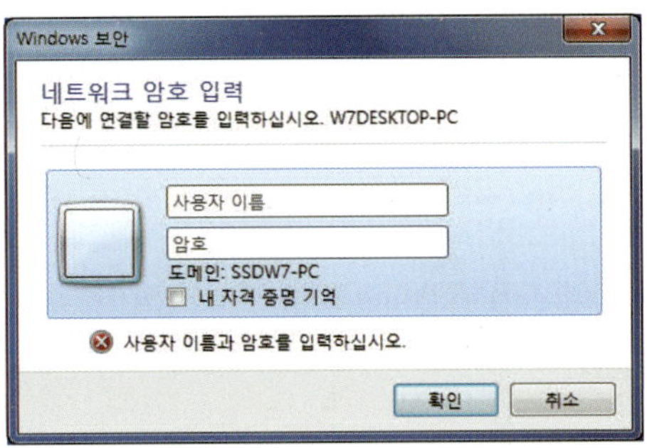

8 홈 그룹에 속하지 않은 윈도우 7 컴퓨터에서 W10DESKTOP-PC로 접속을 시도하는 경우, 네트워크 암호 입력 대화상자가 나오므로 접근 자체가 불가능합니다.

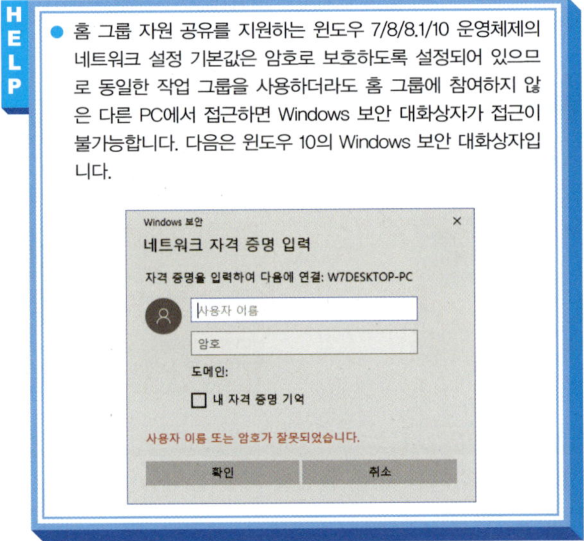

HELP ● 홈 그룹 자원 공유를 지원하는 윈도우 7/8/8.1/10 운영체제의 네트워크 설정 기본값은 암호로 보호하도록 설정되어 있으므로 동일한 작업 그룹을 사용하더라도 홈 그룹에 참여하지 않은 다른 PC에서 접근하면 Windows 보안 대화상자가 접근이 불가능합니다. 다음은 윈도우 10의 Windows 보안 대화상자입니다.

Check Point · 간편한 홈 그룹 공유의 비밀은 HomeUser 그룹

707쪽 **1**단계에서 알 수 있듯이 홈 그룹 암호로 인증한 컴퓨터 간에는 다른 폴더 공유 작업도 공유할 폴더 선택 상태에서 마우스 오른쪽 단추를 클릭하여 팝업 메뉴에 있는 공유 대상 메뉴에서 읽기나 읽기/쓰기 권한의 공유 폴더를 쉽게 설정할 수 있습니다.

그런데 문제는 이처럼 편리한 홈 그룹 공유 기능은 윈도우 7 이상의 운영체제를 사용하는 컴퓨터 사이에서만 적용되므로 윈도우 XP 컴퓨터에서는 간편한 홈 그룹 공유 기능을 사용할 수 없다는 것입니다.

하지만 암호로 인증하는 방식의 홈 그룹 공유 방식은 아니더라도 홈 그룹 공유 자원을 윈도우 XP에서도 사용할 수 있는 방법이 없진 않습니다. 사실 알고 보면 윈도우에서는 홈 그룹 공유를 지원하기 위해 암호로 인증하는 시크릿 그룹인 HomeUser 그룹을 사용합니다. 기본값으로 설정되는 HomeUser 그룹의 기본 구성원(사용자)은 관리자(Administrators)와 HomeGroupUsers$인데, HomeGroupUsers$가 바로 홈 그룹 암호 인증 시에 할당되는 상대방 계정입니다. 윈도우 XP 사용자는 암호 인증을 통해 홈 그룹 인증을 할 수 없기 때문에 공유할 수 없지만, 직접 윈도우 XP의 사용자 계정을 HomeUser 그룹에 등록하면 홈 그룹으로 공유한 자원은 활용할 수 있습니다.

Exercise 5

기존 방식의 비보안 폴더 공유하기

홈 그룹 공유 개념이 없는 윈도우 XP는 공유할 폴더 선택 상태에서 마우스 오른쪽 단추를 클릭하여 팝업 메뉴에서 폴더 공유를 선택하는 간단한 방법으로 공유할 수 있습니다. 반면 윈도우 7부터는 보안이 강화되었기 때문에 윈도우 XP처럼 기존 방식의 비보안 폴더 공유를 수행하려면 기본값 설정 옵션들을 변경해야 합니다. 공유된 폴더를 이용하는 방법은 모든 윈도우 계열의 운영체제가 동일합니다.

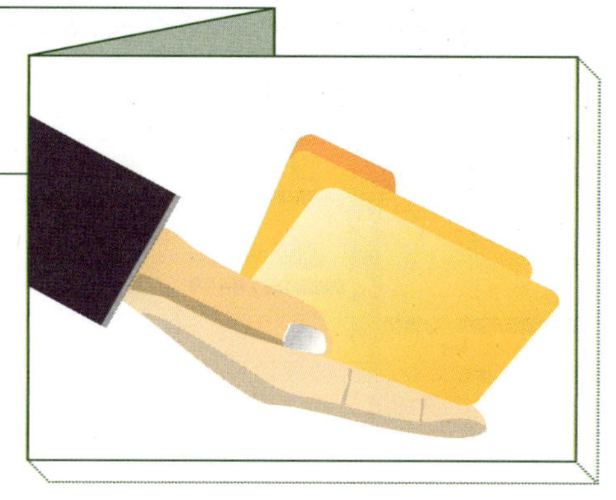

이 실습에 필요한 내용	실습 키 포인트
네트워크에 연결된 윈도우 XP와 윈도우 7, 윈도우 10 컴퓨터	폴더를 공유하고 이용하는 방법

윈도우 XP에서 폴더 공유하기

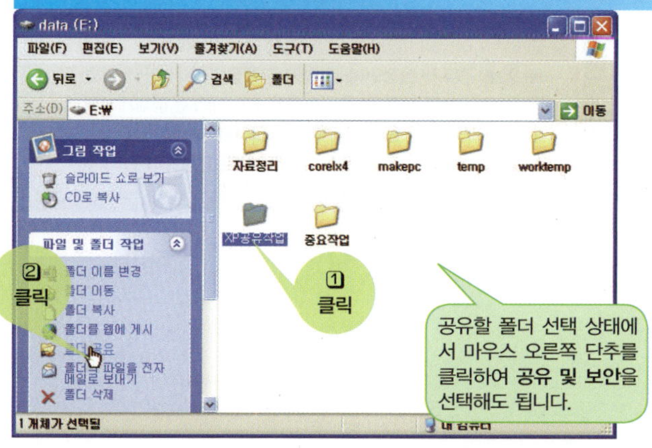

HELP

- 윈도우 XP에서 공유된 폴더는 네트워크에서 동일한 작업 그룹이면 암호 없이 바로 접근 가능합니다. 그렇기 때문에 방화벽이 뚫리면 공유 폴더는 무방비로 노출됩니다. 해커들이 특정 사이트 마비를 위해 대규모 트래픽을 유발하는 DDoS 공격을 할 때 좀비 PC들이 공격에 동원됩니다. 해커들이 좀비 PC를 만들 때는 이메일 바이러스, 웹 사이트 악성코드 외에도 다양한 방법이 동원되는데, 그중 컴퓨터의 공유 폴더 파일을 바이러스 프로그램으로 바꿔치기하는 방법도 많이 사용되므로 네트워크에서 자원을 공유할 때는 항상 보안에 유의해야 합니다.
- 윈도우 XP에서는 단 몇 번의 클릭으로 폴더를 공유할 수 있고, 공유된 폴더는 작업 그룹만 동일하면 누구라도 자유롭게 접근할 수 있습니다.
- 인터넷 공유기의 암호를 변경하지 않고 사용하면 기본값 비밀번호는 알려져 있기 때문에 해커의 손쉬운 공략 대상이 되며 네트워크의 공유 자원은 해커의 먹잇감이 된다는 점에 유의하기 바랍니다.

1 폴더 창에서 공유할 폴더를 선택하고 왼쪽 파일 및 폴더 작업 메뉴에서 **폴더 공유**를 클릭합니다.

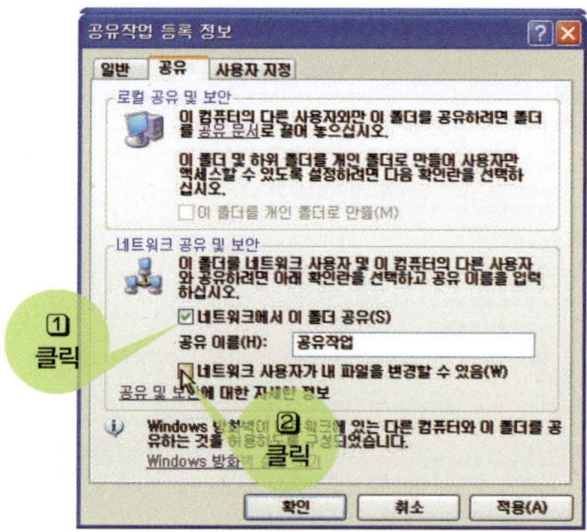

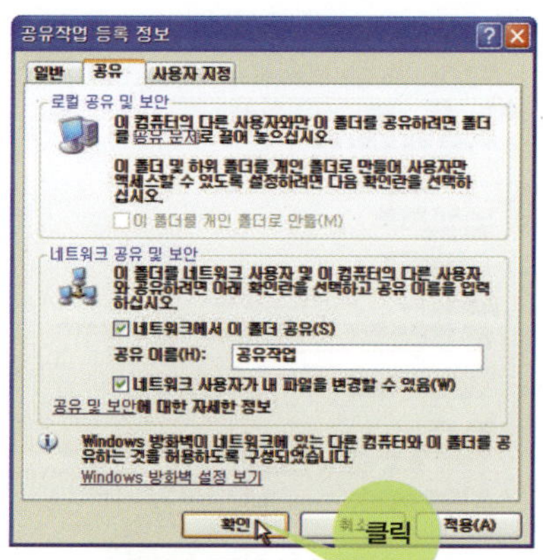

2 폴더 이름의 등록 정보 대화상자가 나오면 **네트워크에서 이 폴더 공유** 옵션의 확인 상자를 클릭하고 공유 이름을 입력한 다음 **네트워크 사용자가 내 파일을 변경할 수 있음**의 확인 상자를 클릭합니다.

3 이것으로 윈도우 XP에서의 폴더 공유 설정 작업은 끝입니다. 이제 폴더 공유 설정 작업을 완료하기 위해 **확인** 단추를 클릭합니다.

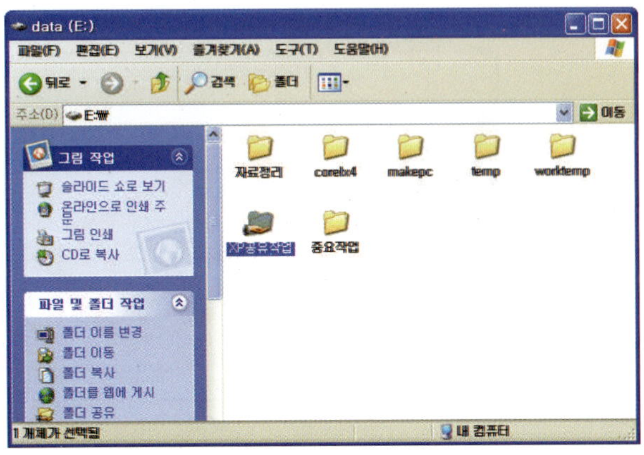

4 공유 작업 폴더에 손바닥 모양이 표시되어 공유된 폴더임을 나타냅니다. 윈도우 XP에서 폴더 공유 설정은 이처럼 간단합니다.

윈도우 7 이상의 운영체제에서 비보안 폴더 공유하기

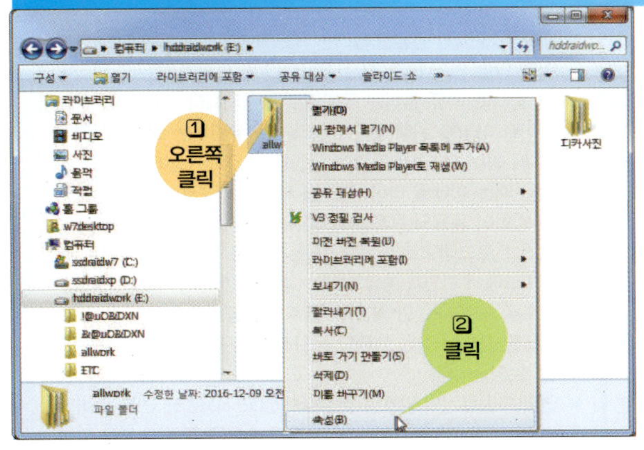

1 공유할 폴더를 선택한 상태에서 마우스 오른쪽 단추를 클릭하여 **속성**을 선택합니다.

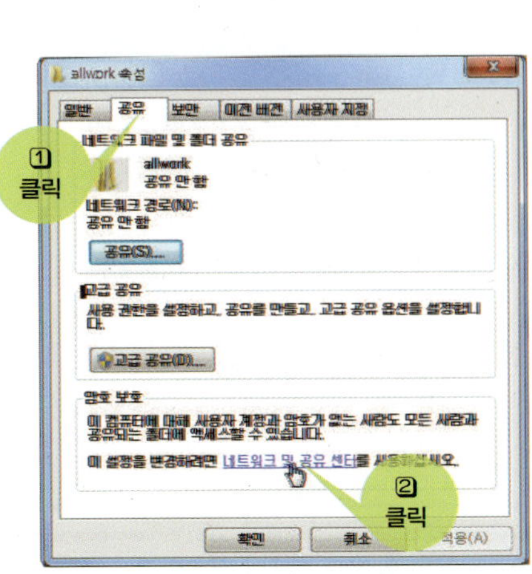

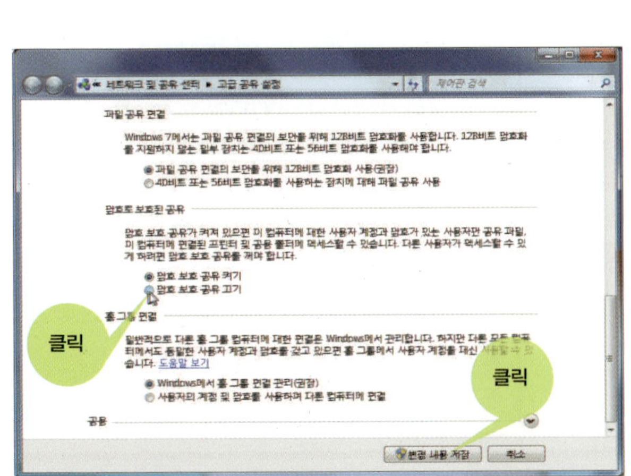

2 폴더 이름으로 된 속성 대화상자가 나오면 **공유** 탭을 선택하고 암호 보호 섹션에 있는 **네트워크 공유 센터**를 클릭합니다.

3 고급 공유 설정 창이 나오면 아래 쪽에 있는 **암호 보호 공유 끄기** 옵션을 체크한 후 **변경 내용 저장** 단추를 클릭하여 저장하고 닫습니다.

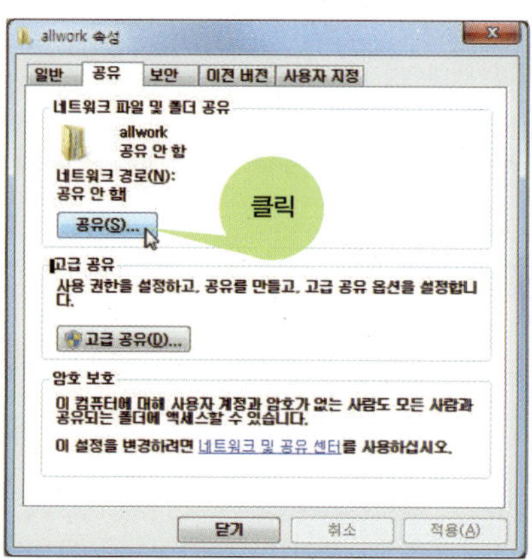

4 이제 폴더 이름의 속성 대화상자에서 **공유** 단추를 클릭합니다.

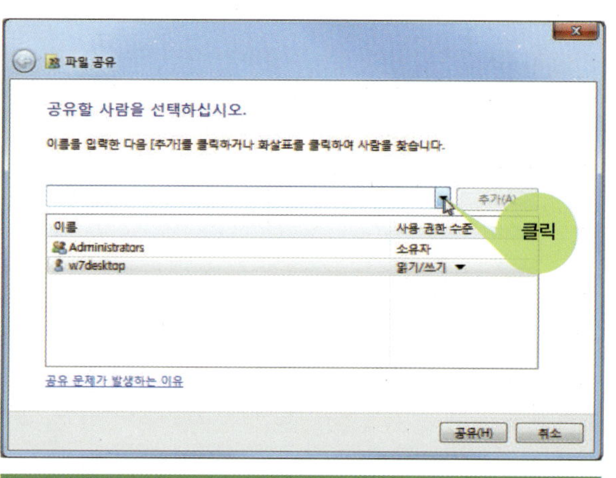

5 파일 공유 대화상자가 열리면 공유할 사람을 추가하기 위해 목록 상자의 ▼를 클릭합니다.

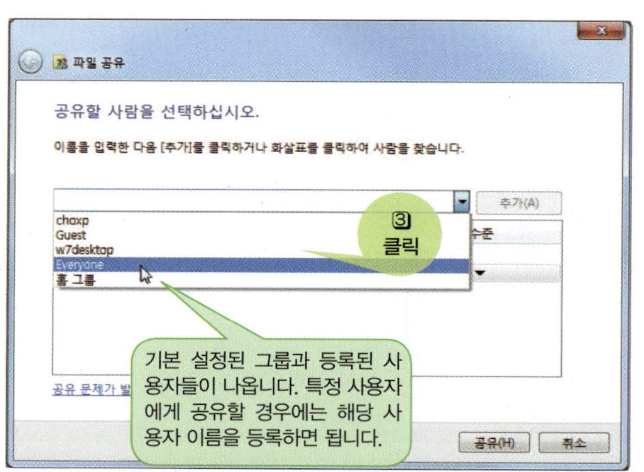

6 목록이 펼쳐지면 Everyone을 선택합니다. Everyone을 선택하면 네트워크의 구성원 모두에게 공유하게 됩니다.

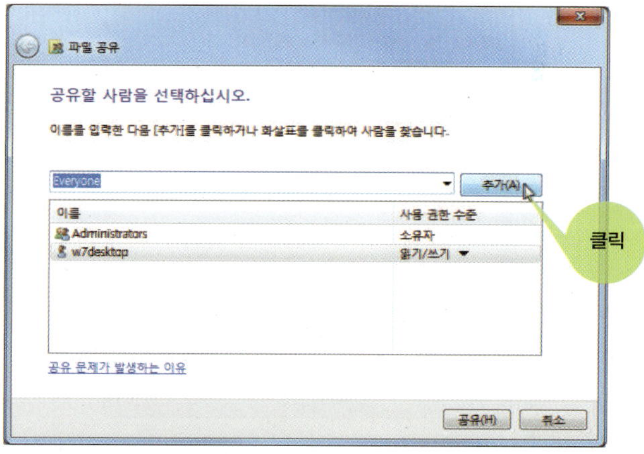

7 목록 입력 창에 Everyone이 나오면 **추가** 단추를 클릭합니다.

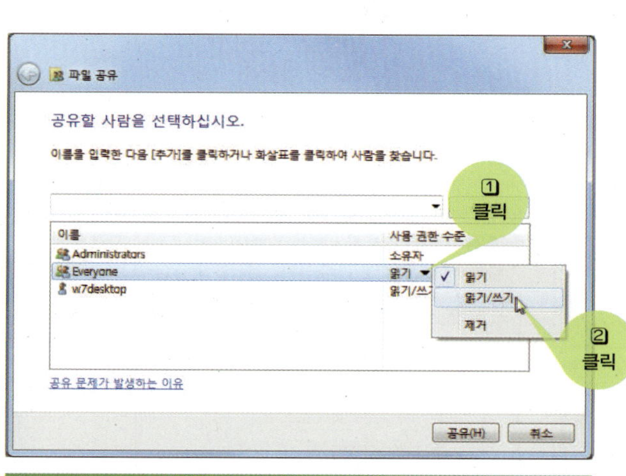

8 기본값 접근 권한은 읽기로 설정됩니다. 이를 변경하기 위해 Everyone의 **읽기** ▼를 클릭한 다음 **읽기/쓰기**를 클릭합니다.

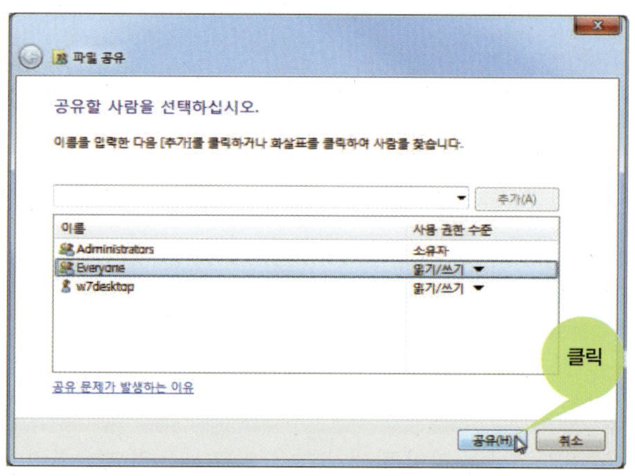

9 하단의 공유 사용자 목록에 Everyone이 추가되었습니다. 이제 **공유** 단추를 클릭합니다.

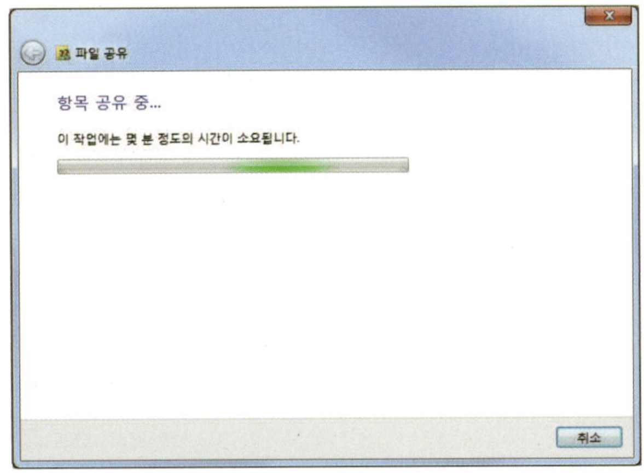

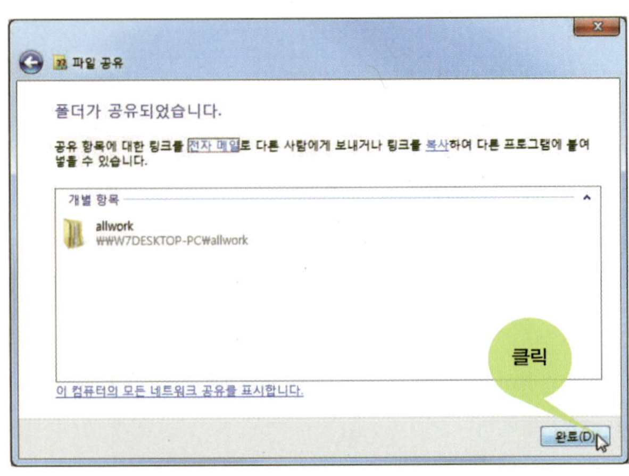

10 그러면 "항목 공유 중..."이라는 메시지가 표시되고 공유 작업이 잠시 진행됩니다.

11 폴더가 공유되었습니다. **완료** 단추를 클릭합니다.

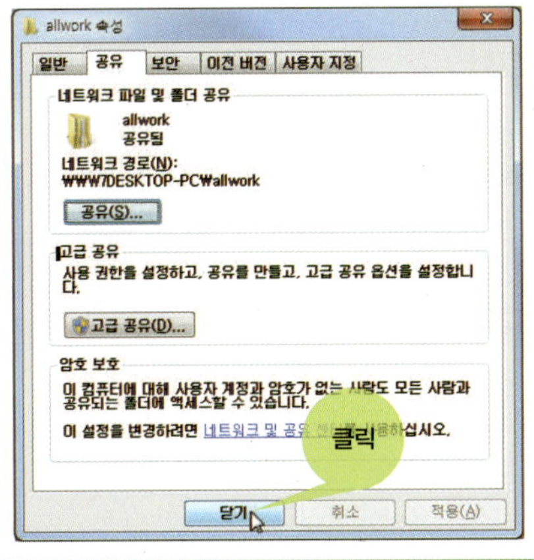

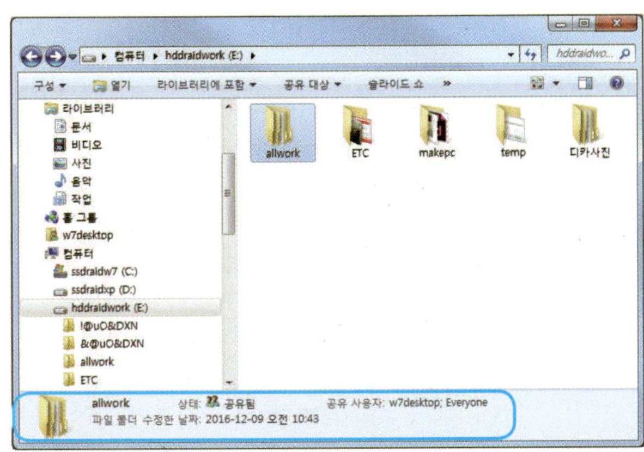

12 폴더 이름의 속성 대화상자로 돌아오면 **닫기** 단추를 클릭하여 닫습니다.

13 공유한 폴더는 공유됨으로 표시되고, 공유 사용자에 Everyone이 추가된 것을 볼 수 있습니다.

윈도우 7의 비보안 공유 폴더 이용하기

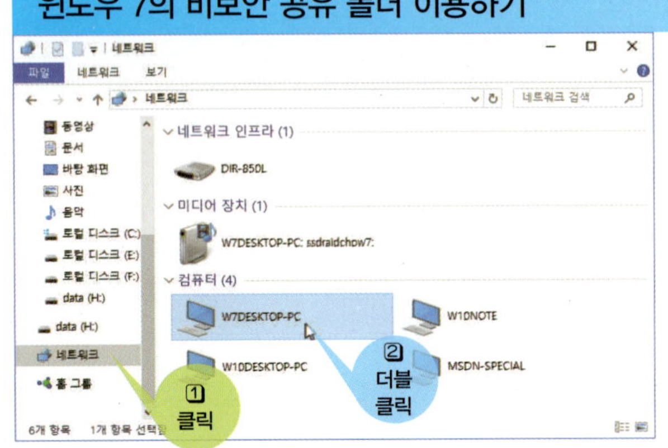

1 윈도우에서 파일 탐색기 창을 열고 네트워크를 클릭한 다음 폴더를 공유한 컴퓨터 이름(W7DESKTOP-PC)을 더블 클릭합니다.

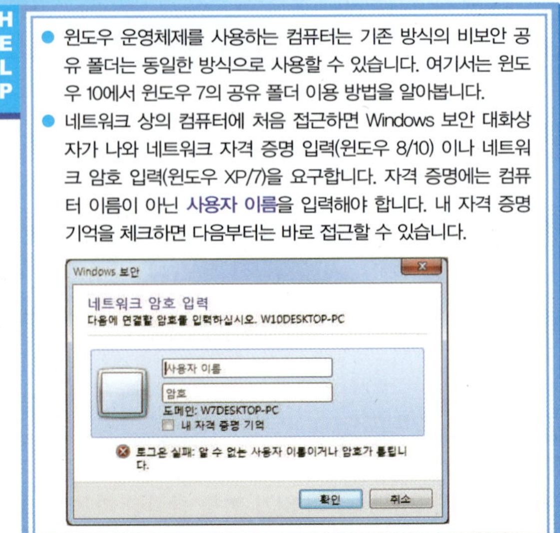

HELP

● 윈도우 운영체제를 사용하는 컴퓨터는 기존 방식의 비보안 공유 폴더는 동일한 방식으로 사용할 수 있습니다. 여기서는 윈도우 10에서 윈도우 7의 공유 폴더 이용 방법을 알아봅니다.

● 네트워크 상의 컴퓨터에 처음 접근하면 Windows 보안 대화상자가 나와 네트워크 자격 증명 입력(윈도우 8/10) 이나 네트워크 암호 입력(윈도우 XP/7)을 요구합니다. 자격 증명에는 컴퓨터 이름이 아닌 **사용자 이름**을 입력해야 합니다. 내 자격 증명 기억을 체크하면 다음부터는 바로 접근할 수 있습니다.

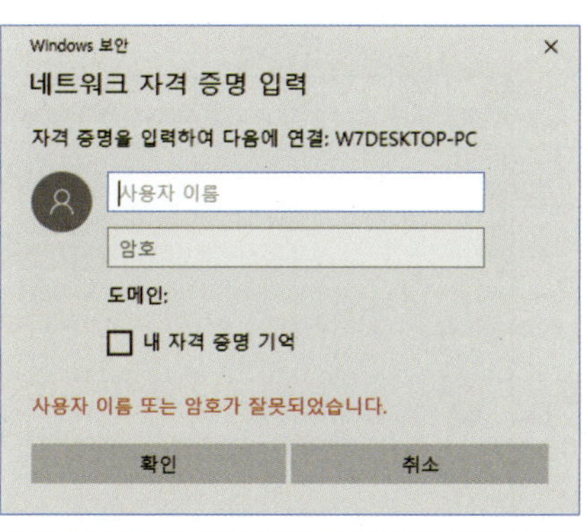

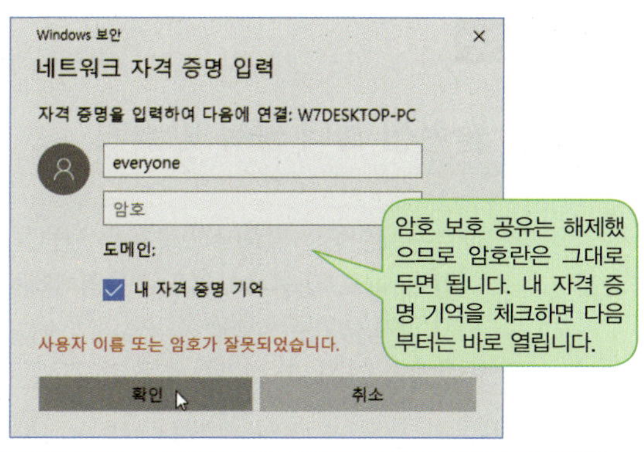

2 네트워크 자격 증명 입력 대화상자가 나옵니다. 네트워크 자격 증명은 컴퓨터 이름이 아닌 사용자 이름을 입력한다는 점에 유의하기 바랍니다.

3 사용자 이름에 everyone을 입력한 후, **내 자격 증명 기억**을 체크하고 **확인** 단추를 클릭합니다.

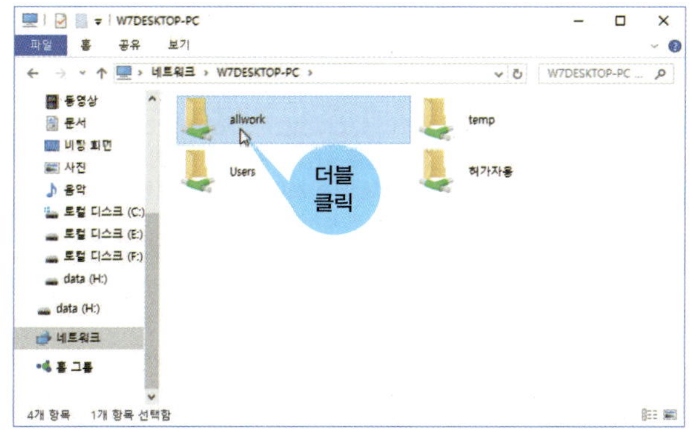

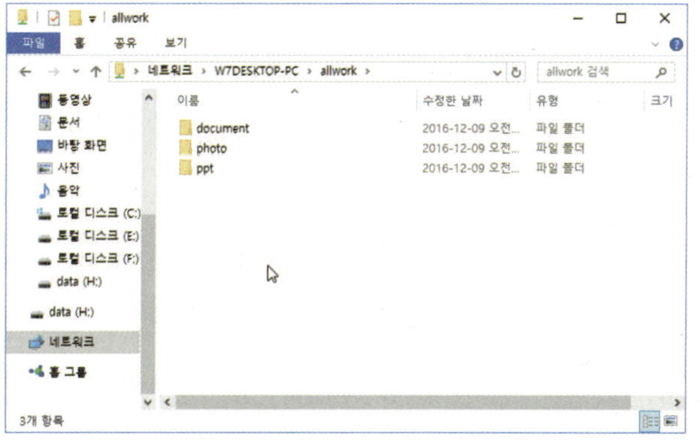

4 네트워크의 상대방 컴퓨터에서 공유 중인 폴더가 표시됩니다. 이제 everyone 공유를 한 폴더(allwork)를 더블 클릭합니다.

5 공유 폴더의 내용이 표시됩니다. 이제 공유 폴더 안의 파일과 폴더를 자유롭게 읽거나 변경할 수 있습니다.

Check Point 내부 네트워크 검색을 차단하는 공용 네트워크 설정

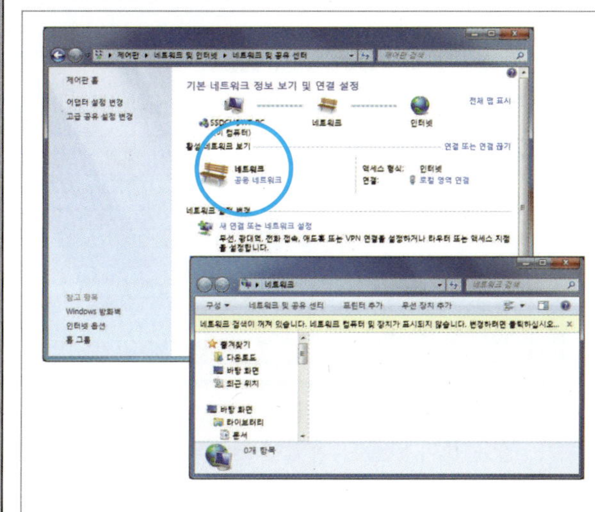

공항이나 대합실, 병원의 대기실 등에 PC를 비치할 때 인터넷은 사용할 수 있지만 내부 네트워크에 접근하는 것을 차단하려면 공용 네트워크로 설정하면 됩니다.

공용 네트워크로 설정하면 인터넷 공유는 되지만 네트워크의 다른 컴퓨터 검색은 차단되므로 설사 작업 그룹 이름을 알아낸다해도 접근할 수 없습니다.

공용 네트워크로 설정한 PC의 윈도우 로그인 계정은 암호없이 로그인할 수 있는 Guest 계정을 사용합니다. Guest 계정에서 네트워크 설정 변경은 불가능하며, 관리자 계정으로 로그인해야 네트워크 설정 변경이 가능합니다. 따라서 관리자 계정의 암호만 잘관리하면 안심하고 공용 PC를 비치할 수 있습니다.

Exercise 6 숨겨진 폴더 공유 만들기

때로는 보안상의 필요에 의해 공유 자원을 남의 눈에 띄지 않게 만들어야 할 때도 있습니다. 윈도우 운영체제는 공유 폴더가 화면에 표시되지 않게 숨기는 방법을 제공합니다. 비보안 공유 폴더에 이 방법을 사용하면 다소나마 보안 능력을 향상시킬 수 있습니다.

이 실습에 필요한 내용	실습 키 포인트
네트워크에 연결된 윈도우 XP / 7 / 10 컴퓨터	숨겨진 폴더를 만들고 이용하는 방법

윈도우 XP에서 숨겨진 공유 폴더 만들기

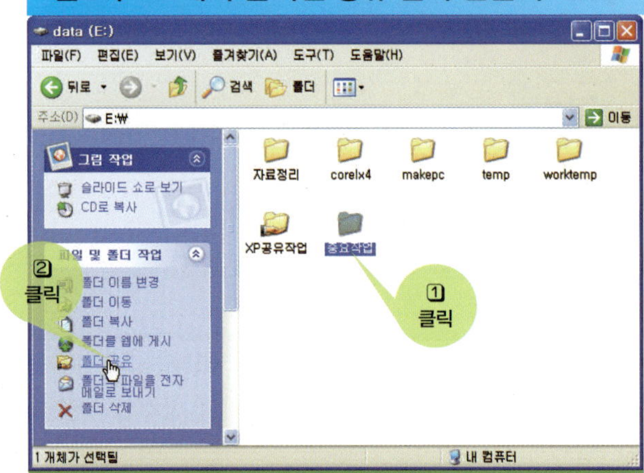

HELP

- 윈도우 운영체제는 공유 이름 뒤에 $ 문자를 추가하는 방법으로 공유 폴더가 네트워크 상에서 보이지 않도록 설정할 수 있습니다.
- 숨겨진 공유 폴더를 제공하는 컴퓨터에서는 숨겨진 공유 폴더도 일반 공유 폴더와 마찬가지로 표시되지만, 네트워크상의 다른 컴퓨터에서는 숨겨진 공유 폴더를 볼 수 없습니다.
- 숨겨진 공유 자원은 네트워크상에서는 아예 볼 수 없으므로 숨겨진 폴더를 연결하려면 공유 폴더 이름을 알아둔 상태에서 네트워크 드라이브 연결 경로를 직접 입력하고, 공유 이름 뒤에 ' $ ' 문자를 붙여주면 됩니다.

1 폴더 창에서 공유할 폴더를 선택하고, 왼쪽 파일 및 폴더 작업 메뉴에서 **폴더 공유**를 클릭합니다.

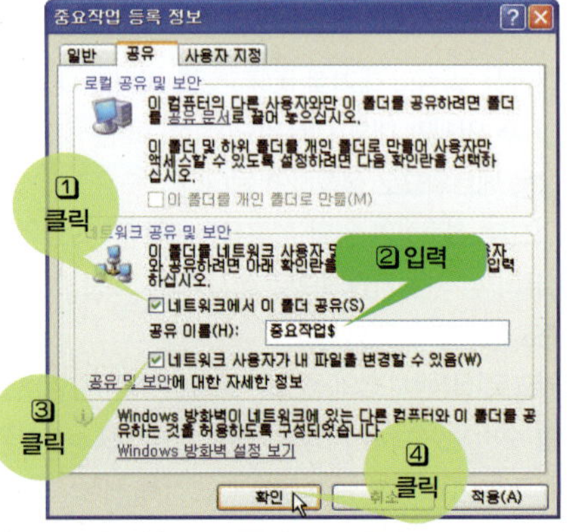

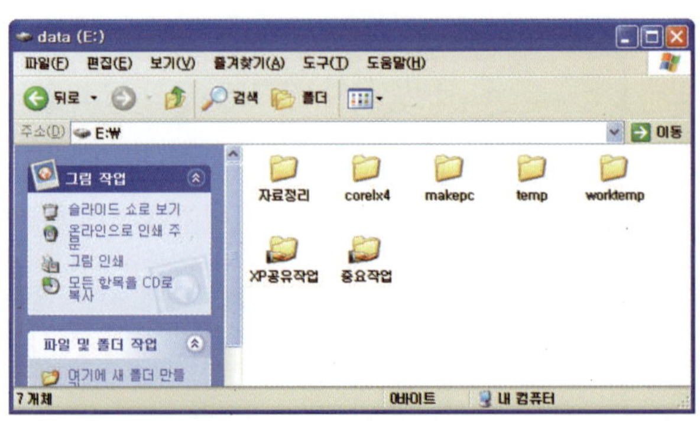

2 폴더 이름의 등록 정보 대화상자가 나오면 **네트워크에서 이 폴더 공유**에 체크하고 공유 이름 뒤에 $ 문자를 입력합니다. **네트워크 사용자가 내 파일을 변경할 수 있음**을 체크하고 **확인** 단추를 클릭합니다.

3 폴더가 공유되었습니다. 이것으로 간단히 숨겨진 공유 폴더 만들기 작업이 완료되었습니다.

윈도우 7에서 숨겨진 공유 폴더 만들기

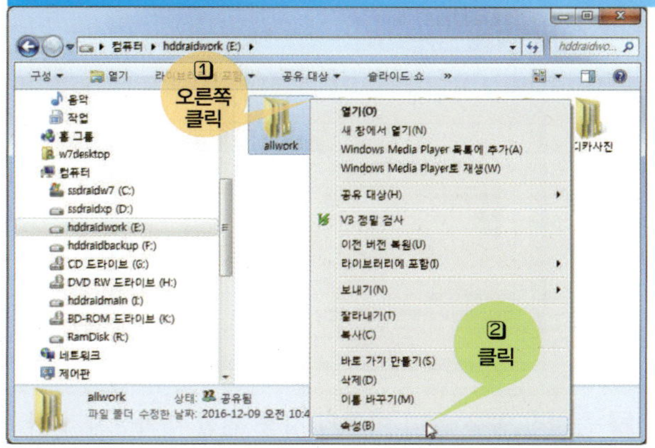

HELP
- 윈도우 7 이상의 경우도 $ 문자를 사용하여 숨겨진 폴더 공유 방법을 사용할 수는 있지만, 설정 절차가 더 복잡하므로 유의하기 바랍니다.
- 윈도우 7 이상의 경우도 숨겨진 폴더로 공유할 때는 원하는 공유 이름을 입력하고 $ 문자를 붙여 주면 됩니다. 단, 숨겨진 폴더로 공유를 설정할 때는 기본값으로 읽기 권한이 적용되기 때문에 기존에 읽기/쓰기 권한으로 공유했더라도 다시 권한을 설정한다는 점을 유의하기 바랍니다.

1 공유 폴더를 선택한 상태에서 마우스 오른쪽 단추를 클릭하여 **속성**을 선택합니다.

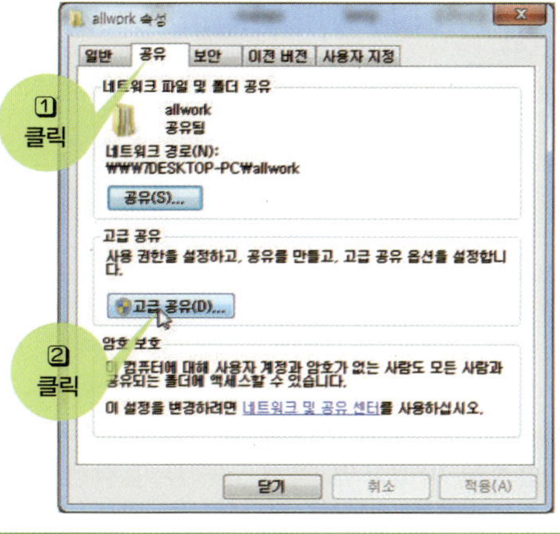

2 공유 폴더 이름의 속성 대화상자가 열리면 공유 탭을 선택하고, **고급 공유** 단추를 클릭합니다.

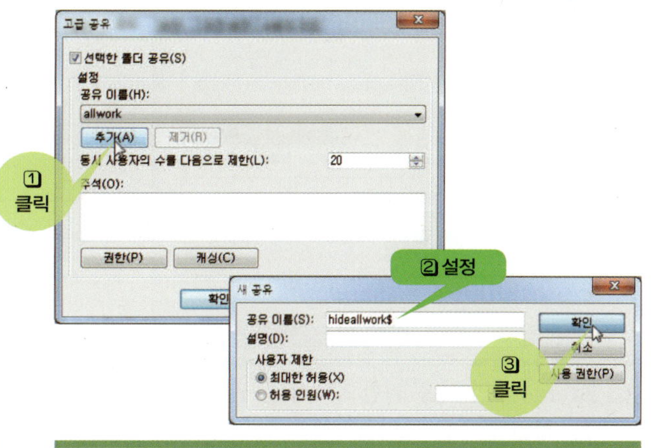

3 고급 공유 대화상자가 나오면 **추가** 단추를 클릭하여 새 공유 대화상자를 열고 **숨겨진 공유 이름 뒤에 '$'를 입력**하고, **확인** 단추를 클릭합니다.

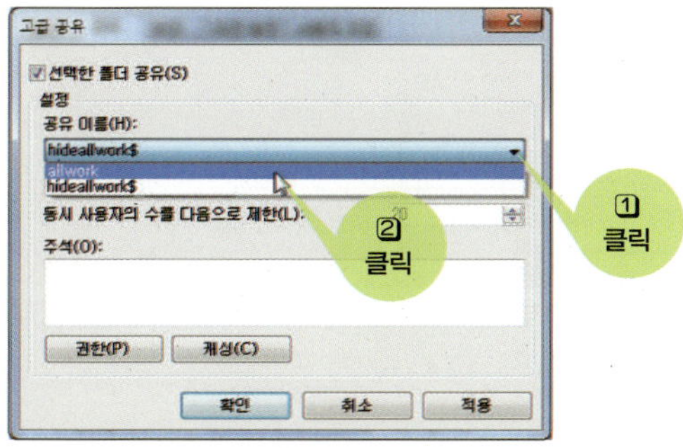

4 이제 고급 공유 대화상자의 공유 이름 목록에서 ▼를 클릭한 다음, 기존의 공유 이름(allwork)을 선택합니다.

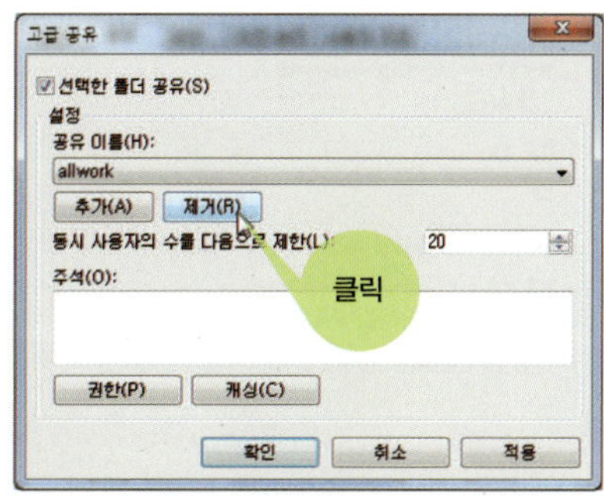

5 기존 공유 이름(allwork)을 선택하였으면 **제거** 단추를 클릭하여 삭제합니다.

Chapter 13 네트워크 자원의 공유와 활용

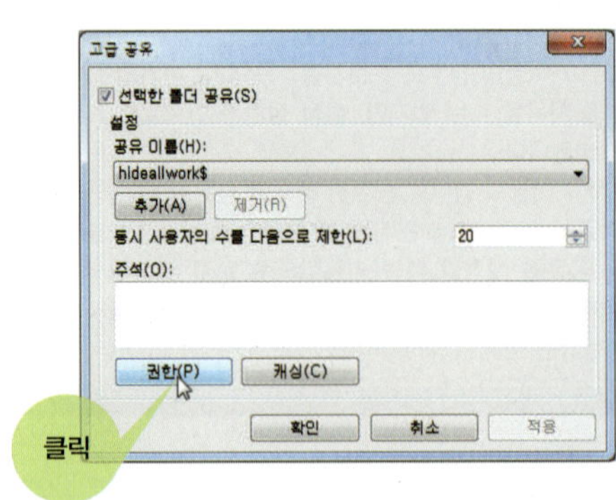

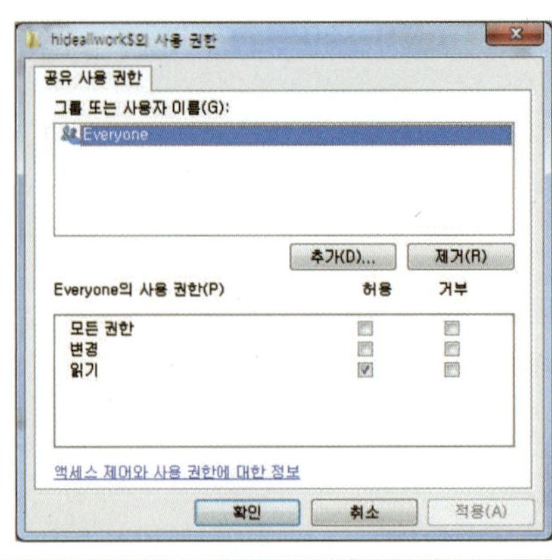

6 이번에는 고급 공유 대화상자에서 **권한** 단추를 클릭합니다.

7 숨겨진 공유 폴더 이름의 사용 권한 대화상자가 나옵니다. Everyone의 사용 권한이 읽기 권한만 설정된 것을 볼 수 있습니다.

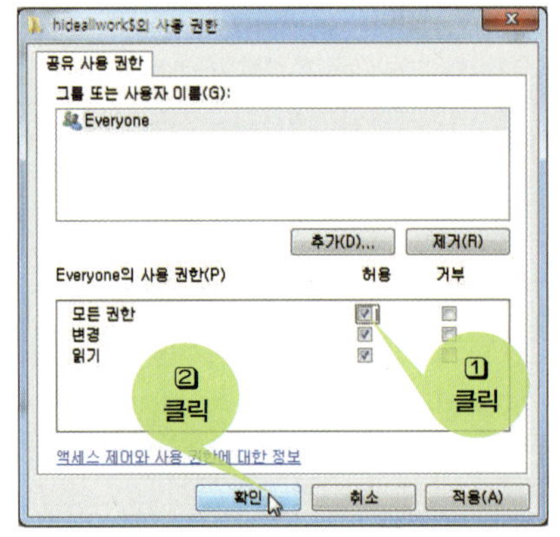

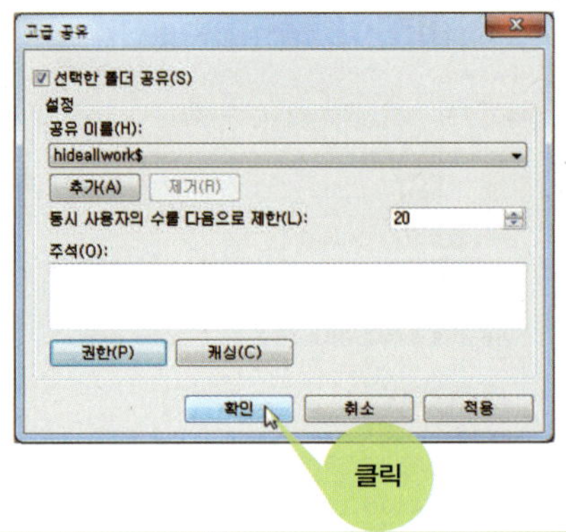

8 Everyone의 사용 권한으로 모든 권한을 체크한 다음, **확인** 단추를 클릭합니다.

9 권한 설정을 마쳤으면 **확인** 단추를 클릭하여 고급 공유 대화상자를 닫습니다.

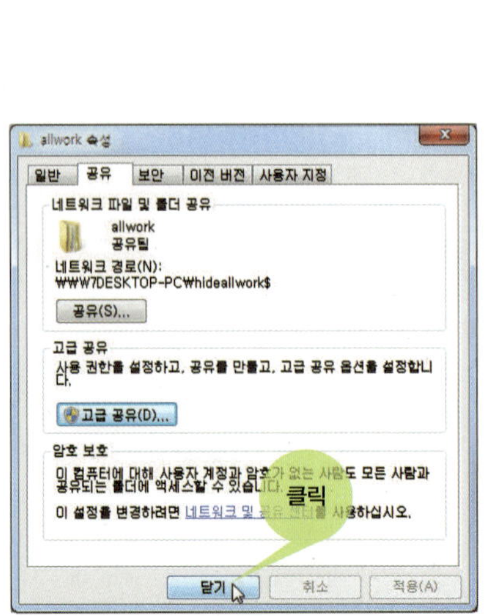

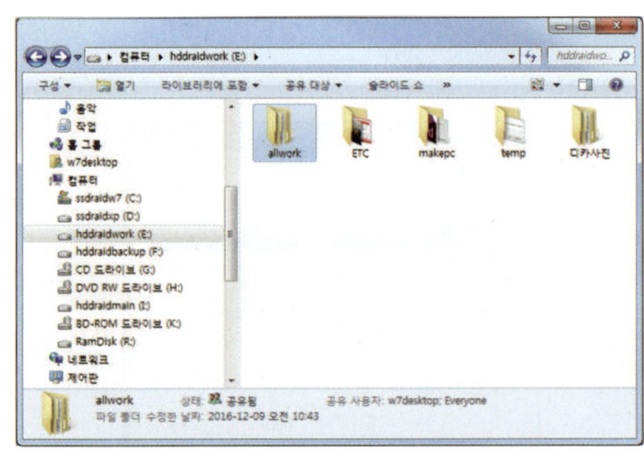

10 공유 폴더 이름의 속성 대화상자도 **닫기** 단추를 클릭하여 닫습니다.

11 숨겨진 공유 폴더로 다시 설정했지만, 로컬 컴퓨터 상의 공유 폴더 표시는 달라진 게 없다는 것을 알 수 있습니다.

윈도우 10에서 숨겨진 공유 폴더 이용하기

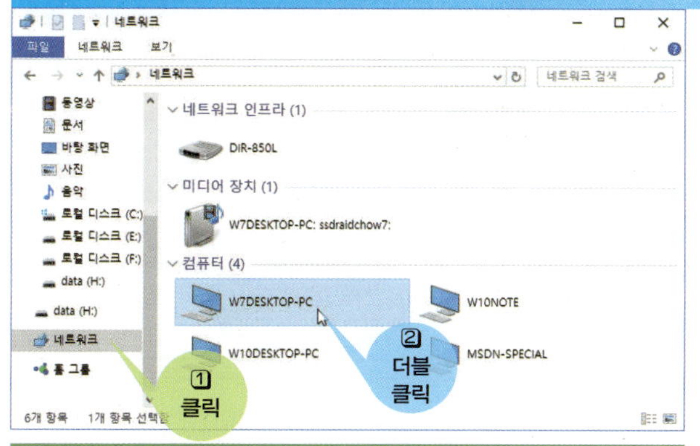

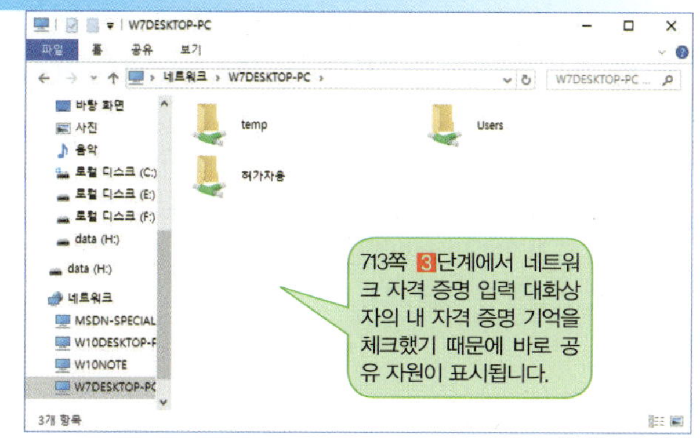

❶ 윈도우에서 파일 탐색기 창을 열고 네트워크를 클릭한 다음 폴더를 공유한 컴퓨터 이름(W7DESKTOP-PC)을 더블 클릭합니다.

❷ 네트워크의 상대방 컴퓨터에서 공유 중인 폴더가 표시됩니다. 숨겨진 공유 폴더 이름(hideallwork)은 보이지 않는 것을 알 수 있습니다.

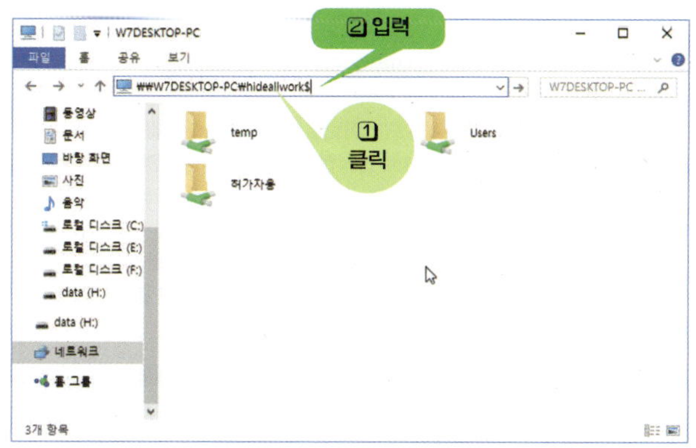

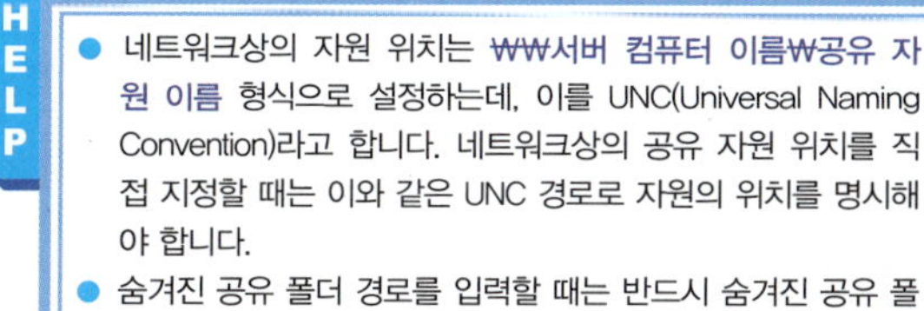

- 네트워크상의 자원 위치는 ₩₩서버 컴퓨터 이름₩공유 자원 이름 형식으로 설정하는데, 이를 UNC(Universal Naming Convention)라고 합니다. 네트워크상의 공유 자원 위치를 직접 지정할 때는 이와 같은 UNC 경로로 자원의 위치를 명시해야 합니다.
- 숨겨진 공유 폴더 경로를 입력할 때는 반드시 숨겨진 공유 폴더 이름 뒤에 $ 문자를 붙여 입력해야 합니다. 그렇지 않으면 연결되지 않으므로 유의하기 바랍니다. 따라서 숨겨진 공유 폴더의 위치는 "₩₩W7DESKTOP-PC₩₩hideallwork$"가 됩니다.

❸ 파일 탐색기의 위치 상자를 클릭한 다음, 기존 위치인 ₩₩W7DESKTOP-PC 뒤에 ₩hideallwork$를 입력한 후 Enter 키를 누릅니다.

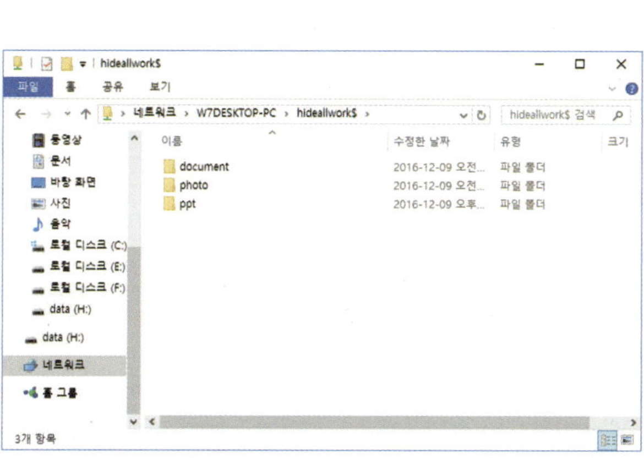

❹ 숨겨진 공유 폴더의 내용이 표시됩니다. 이제 공유 폴더 안의 파일과 폴더를 자유롭게 읽고 변경할 수 있습니다.

Chapter 13 네트워크 자원의 공유와 활용

Exercise 7 네트워크 드라이브 연결 및 해제하기

네트워크 드라이브 연결 기능을 사용하면 컴퓨터와 직접 연결된 로컬 드라이브처럼 네트워크의 공유 폴더를 사용할 수 있습니다. 네트워크 드라이브 연결 방법은 윈도우 계열 운영체제에서는 동일한 방식으로 연결할 수 있습니다.

이 실습에 필요한 내용	실습 키 포인트
네트워크에 연결된 윈도우7과 윈도우 10 컴퓨터	공유 폴더를 네트워크 드라이브로 연결하는 방법

윈도우 10에서 네트워크 드라이브 연결하기

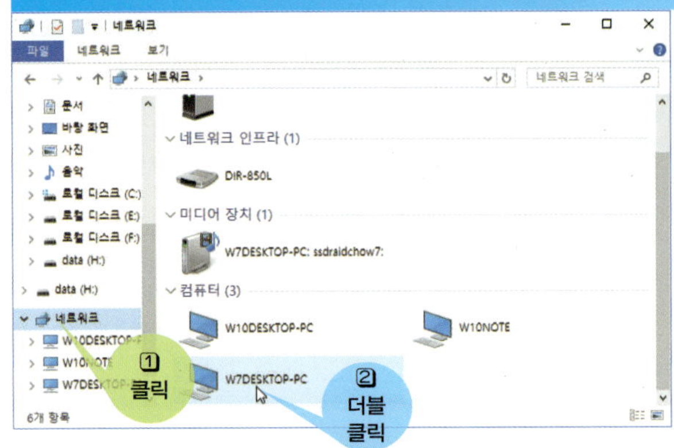

HELP
- 네트워크 드라이브 연결 작업은 윈도우 운영체제에서는 공통적으로 사용할 수 있으며, 간단한 방식으로 손쉽게 연결하고 해제할 수 있습니다.
- 공유 폴더를 네트워크 드라이브로 연결할 때 기본값 드라이브 문자는 알파벳 끝 문자로 설정됩니다. 물론 원한다면 네트워크 드라이브 연결 대화상자의 드라이브 목록에서 드라이브 문자를 변경할 수 있습니다.
- 컴퓨터를 사용할 때 계속해서 네트워크 드라이브를 사용하려면 네트워크 드라이브 연결 대화상자에서 로그온할 때 다시 연결 옵션을 사용하면 됩니다.

1 윈도우에서 파일 탐색기 창을 연 후 네트워크를 클릭한 다음, 폴더를 공유한 컴퓨터 이름(W7DESKTOP-PC)을 더블 클릭합니다.

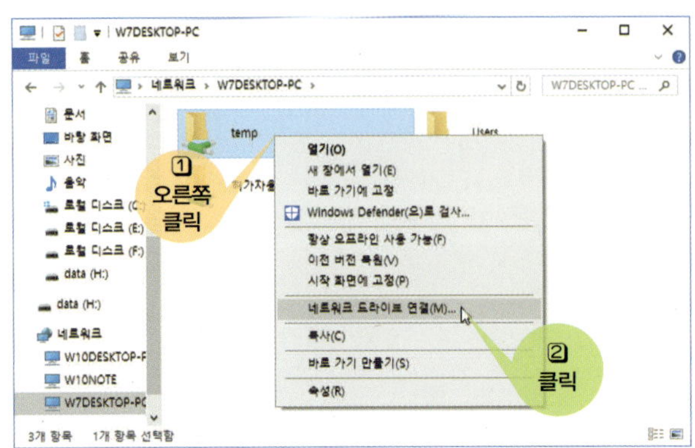

2 공유 자원이 나오면 네트워크 드라이브로 연결할 공유 폴더를 선택한 상태에서 마우스 오른쪽 단추를 클릭하여 팝업 메뉴에서 **네트워크 드라이브 연결**을 선택합니다.

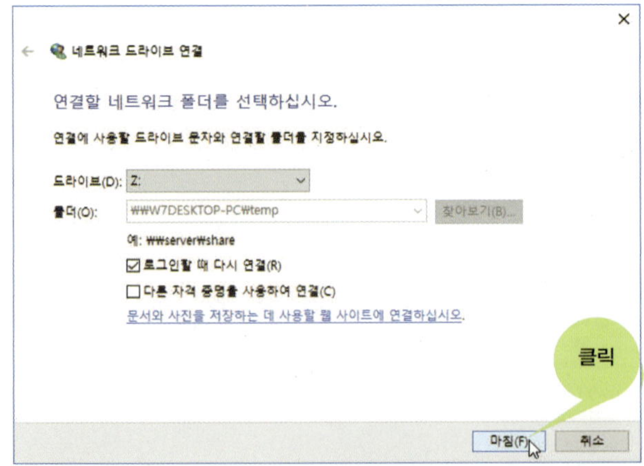

3 네트워크 드라이브 연결 대화상자가 나오면 원하는 드라이브 문자를 설정하고 **마침** 단추를 클릭합니다.

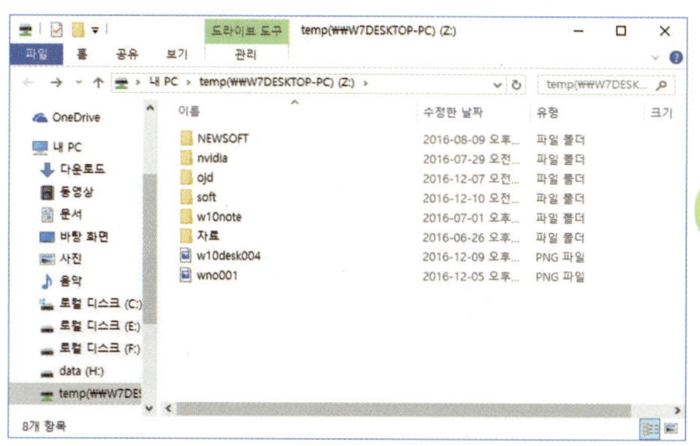

4 네트워크 드라이브가 연결되고 네트워크의 공유 자원이 Z : 드라이브 창으로 열립니다.

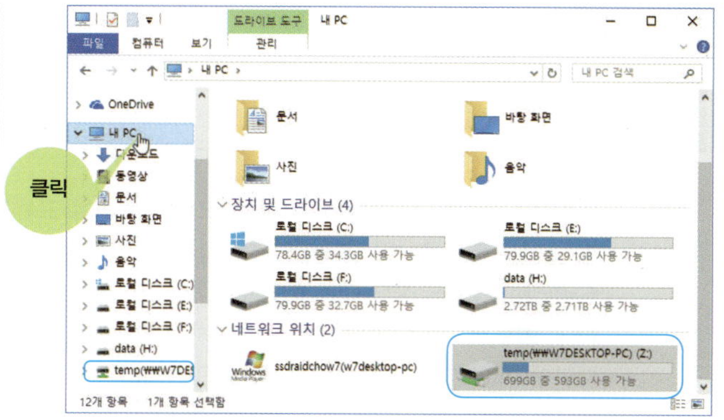

5 이제 파일 탐색기 창에서 내 PC를 클릭하여 드라이브를 확인합니다. 네트워크 드라이브로 연결한 Z : 드라이브도 일반 드라이브처럼 사용할 수 있는 것을 알 수 있습니다.

네트워크 드라이브 연결 해제하기

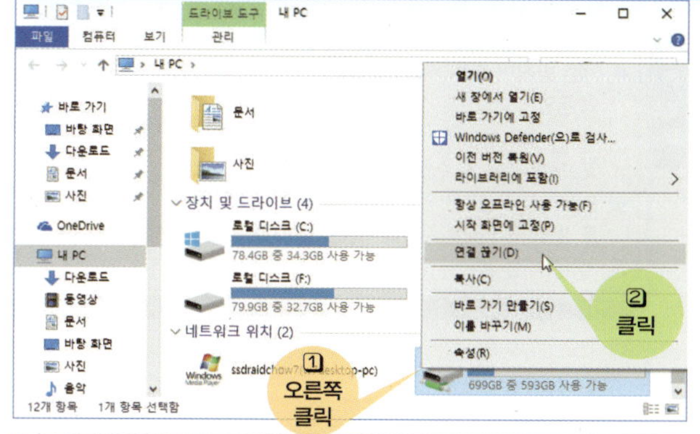

1 파일 탐색기 창에서 네트워크 드라이브로 연결한 Z : 드라이브에서 마우스 오른쪽 단추를 클릭한 후 팝업 메뉴에서 **연결 끊기**를 선택합니다.

HELP
- 네트워크 드라이브 연결 해제 작업은 팝업 메뉴에서 연결 끊기를 선택하는 간단한 방법으로 해제할 수 있습니다.
- 폴더 공유는 상대방 컴퓨터에서 수행하는 것이고, 네트워크 드라이브 연결은 내 컴퓨터에서 수행하는 것이기 때문에 네트워크 드라이브 연결을 해제하더라도 공유 폴더는 유지됩니다.

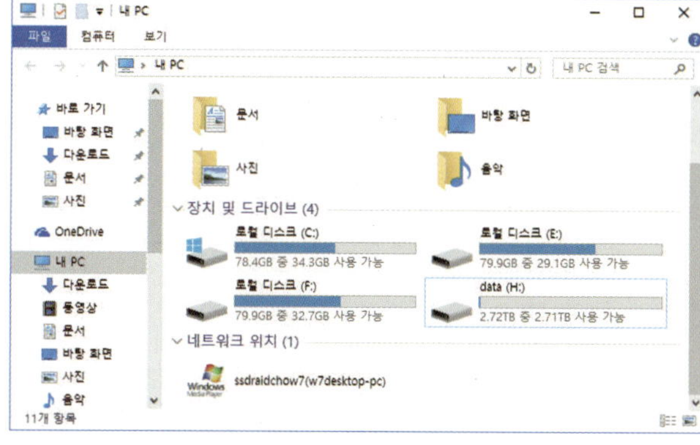

2 파일 탐색기 창에서 네트워크 드라이브로 연결한 Z: 드라이브가 없어집니다.

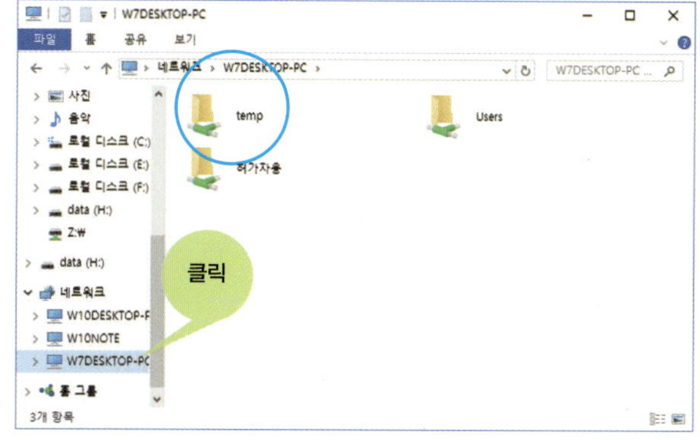

3 이제 파일 탐색기 창에서 네트워크를 클릭한 다음 폴더를 공유한 컴퓨터 이름(W7DESKTOP-PC)을 클릭합니다. 네트워크 드라이브를 해제해도 공유 폴더는 그대로 유지되는 것을 확인할 수 있습니다.

Exercise

8 프린터 공유와 이용하기

여기서는 프린터를 공유하고 네트워크상에서 공유 프린터를 이용하는 방법을 알아봅니다. 프린터 공유 설정은 아주 간단합니다. 공유된 프린터를 처음 연결할 때는 해당 프린터 드라이버 설치 과정이 필요한데, 별도로 프린터 드라이버를 준비하지 않더라도 공유된 프린터의 드라이버를 매개로 간단히 설치할 수 있습니다.

이 실습에 필요한 내용	실습 키 포인트
네트워크에 연결된 윈도우 XP와 윈도우 7 컴퓨터 / 프린터	프린터를 공유하고 이용하는 방법

윈도우 10에서 프린터 공유하기

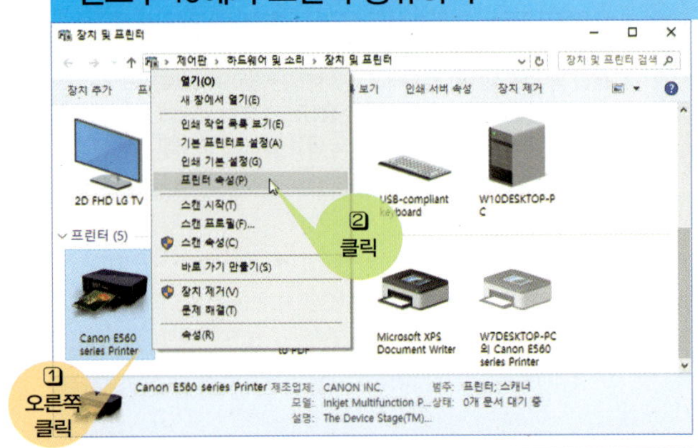

HELP
- 기존 방식의 프린터 공유 및 이용 방법은 윈도우 운영체제에서는 거의 동일한 방식으로 설정할 수 있습니다. 윈도우 7에서는 제어판을 거치지 않고 윈도우 시작 메뉴에서 장치 및 프린터를 선택하여 장치 및 프린터 창을 열 수 있습니다.
- 프린터 공유 설정은 팝업 메뉴의 하단의 속성이 아니라 프린터 속성을 선택하면 나오는 프린터 속성 대화상자에서 설정한 다는 점을 유의하기 바랍니다.

1 윈도우 제어판에서 장치 및 프린터 창을 연 후 공유할 프린터에서 마우스 오른쪽 단추를 클릭하여 팝업 메뉴에서 프린터 속성을 선택합니다.

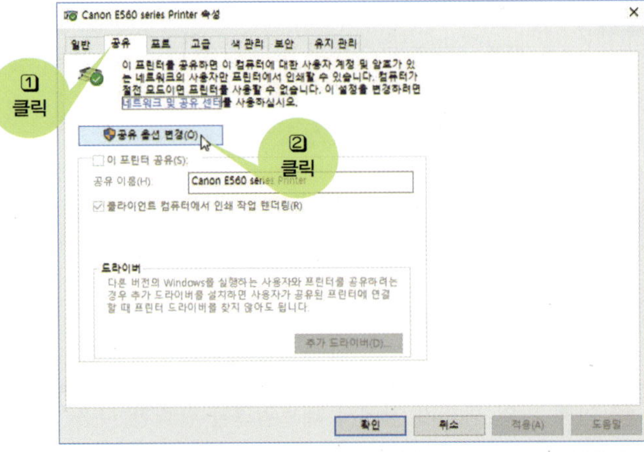

HELP
- 윈도우 7까지는 바로 프린터 공유 옵션을 설정할 수 있지만, 윈도우 8부터는 공유 옵션 변경 단추를 클릭해야 프린터 공유 옵션을 설정할 수 있습니다.
- 프린터 공유 옵션 중 공유 이름은 다른 컴퓨터에서 보이는 프린터 이름을 설정하는 옵션입니다. 클라이언트 컴퓨터에서 인쇄 작업 렌더링 옵션은 윈도우 7부터 추가된 옵션으로 인쇄용 데이터 렌더링 작업을 공유 프린터를 사용하는 클라이언트 컴퓨터에서 처리하게 하여 컴퓨터의 부하를 줄여주는 옵션입니다.
- 윈도우 8부터 제공되는 추가 드라이버 옵션은 다른 윈도우 버전의 클라이언트 컴퓨터에서 프린터 공유를 설정할 때 프린터 드라이버를 제공하기 위한 옵션입니다. 64비트와 32비트 추가 드라이버를 모두 설정하면 클라이언트 컴퓨터는 프린터 드라이버 설치 CD가 없어도 자동으로 설치할 수 있습니다.
- 윈도우 운영체제는 같은 유무선 공유기나 같은 서브넷상의 무선 액세스 장치(AP)를 통해 무선으로 연결한 노트북 컴퓨터에서 프린터를 공유하는 경우에도 공유 프린터를 사용할 수 있습니다.

2 프린터 이름의 속성 대화상자가 나오면 공유 탭을 선택한 다음 공유 옵션 변경 단추를 클릭합니다.

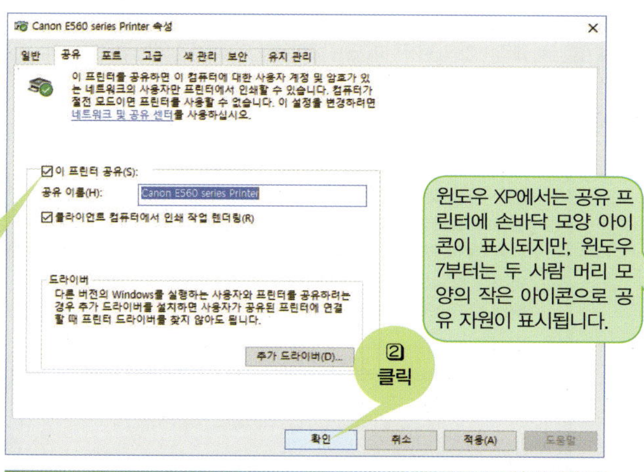

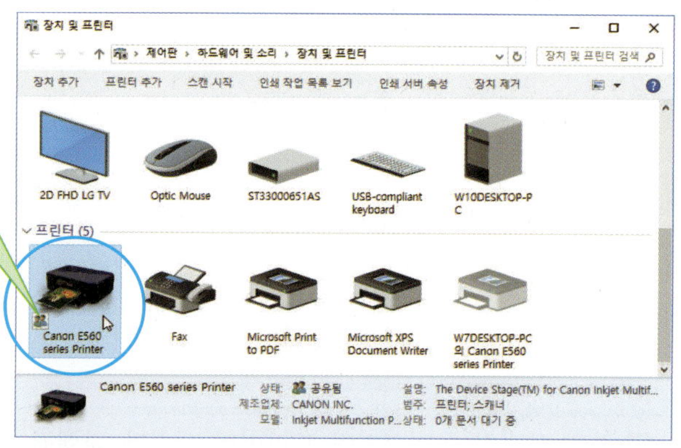

3 이 **프린터 공유** 옵션을 체크한 후 **확인** 단추를 클릭합니다.

4 프린터가 공유되어 장치 및 프린터 창 하단에 공유 정보와 상태가 표시됩니다.

윈도우 7에서 공유 프린터 이용하기

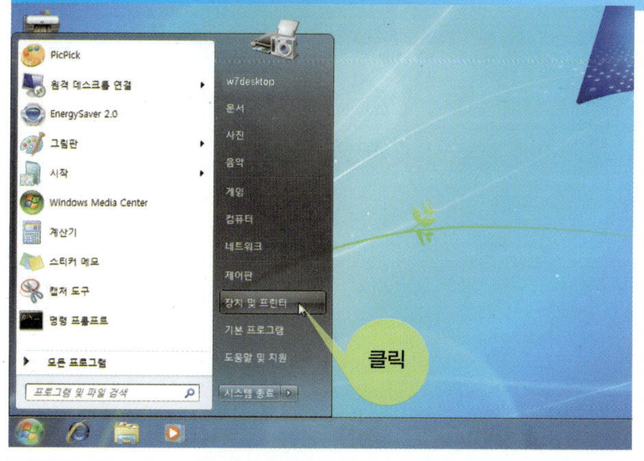

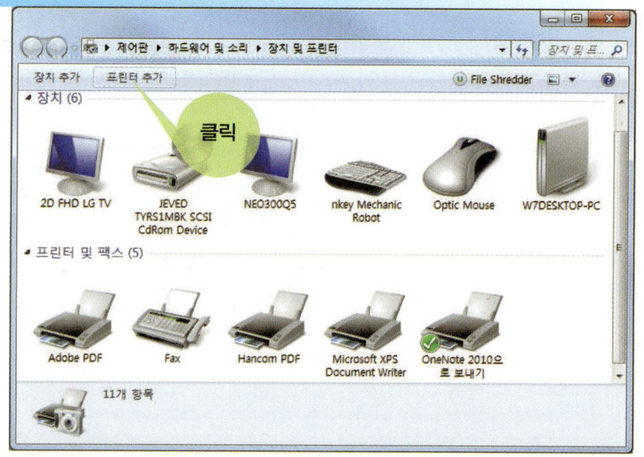

1 윈도우 7 PC(Ssdchow7-pc)의 시작 메뉴에서 **장치 및 프린터**를 선택합니다.

2 장치 및 프린터 창이 나오면 **프린터 추가** 단추를 클릭합니다.

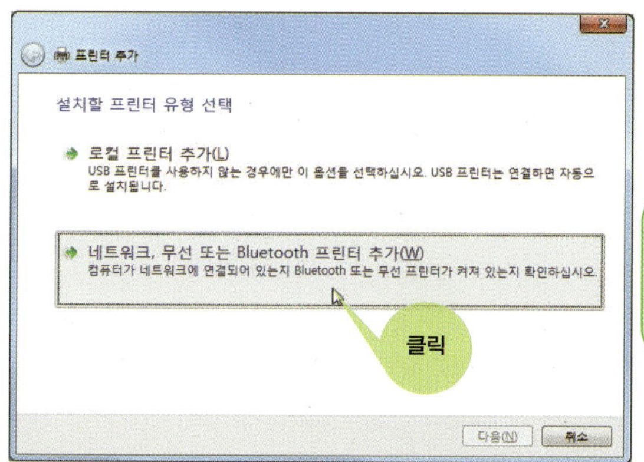

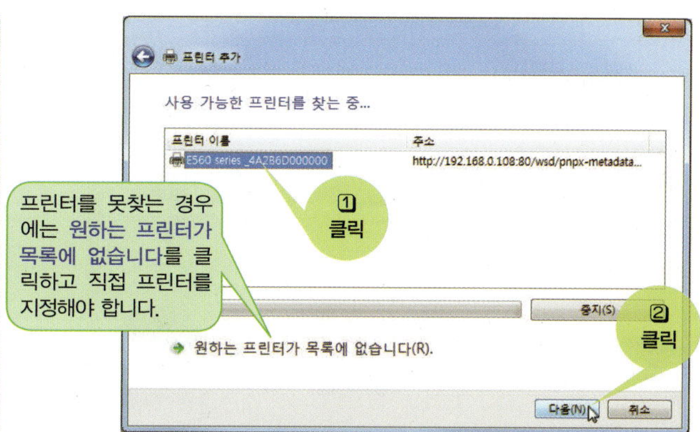

3 설치할 프린터 유형 선택 화면이 나오면 **네트워크, 무선 또는 Bluetooth 프린터 추가**를 클릭합니다.

4 네트워크에서 사용 가능한 프린터를 찾습니다. 윈도우 10에서 공유한 프린터를 찾아 선택하고 **다음** 단추를 클릭합니다.

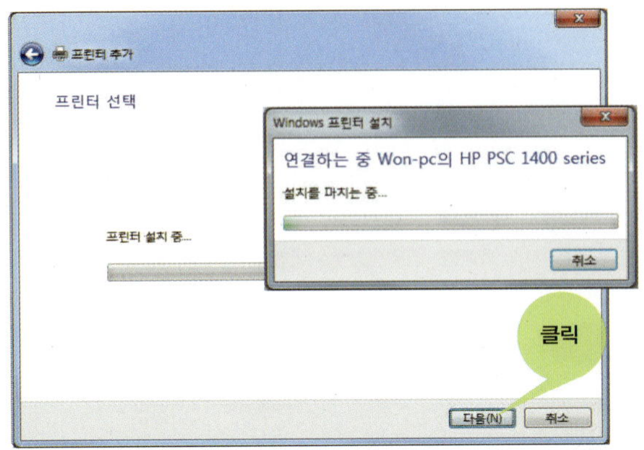

5 공유 프린터에 연결하여 드라이버 설치가 진행됩니다. 프린터를 추가했다는 화면이 나오면 **다음** 단추를 클릭합니다.

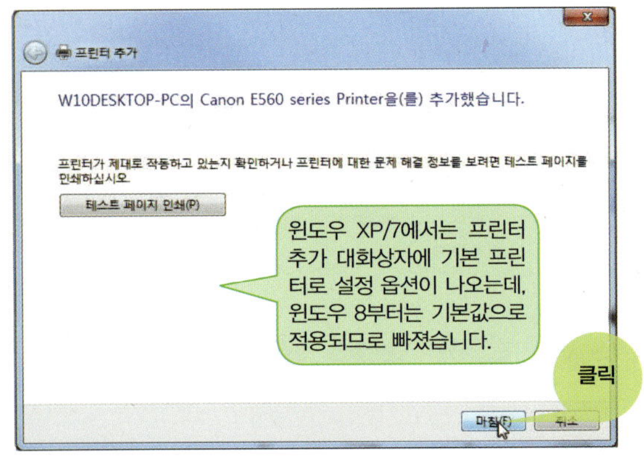

6 프린터를 추가했다는 화면이 나오면 **마침** 단추를 클릭합니다. 테스트 페이지 인쇄를 사용하면 이상 없이 인쇄되는지 확인할 수 있습니다.

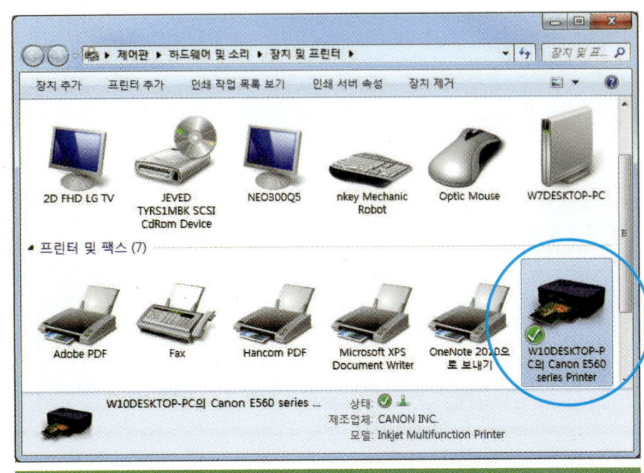

7 장치 및 프린터 창에 공유 프린터가 기본 프린터로 추가되었습니다.

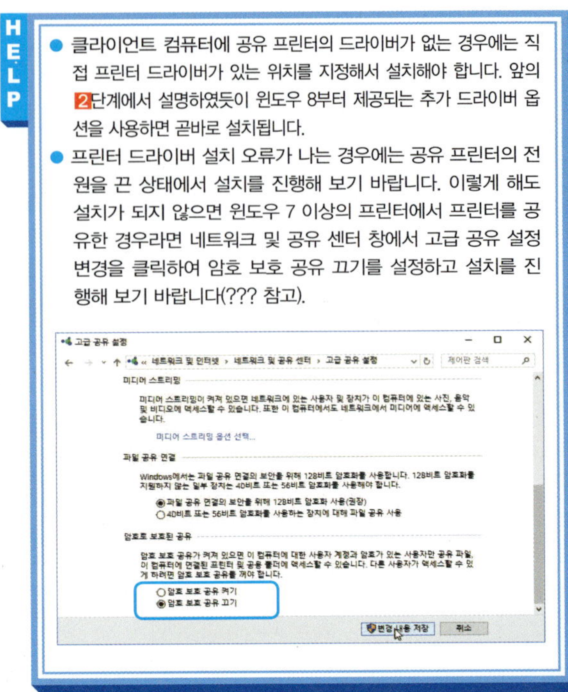

- 클라이언트 컴퓨터에 공유 프린터의 드라이버가 없는 경우에는 직접 프린터 드라이버가 있는 위치를 지정해서 설치해야 합니다. 앞의 **2**단계에서 설명하였듯이 윈도우 8부터 제공되는 추가 드라이버 옵션을 사용하면 곧바로 설치됩니다.
- 프린터 드라이버 설치 오류가 나는 경우에는 공유 프린터의 전원을 끈 상태에서 설치를 진행해 보기 바랍니다. 이렇게 해도 설치가 되지 않으면 윈도우 7 이상의 프린터에서 프린터를 공유한 경우라면 네트워크 및 공유 센터 창에서 고급 공유 설정 변경을 클릭하여 암호 보호 공유 끄기를 설정하고 설치를 진행해 보기 바랍니다(??? 참고).

Check Point · 사무용 네트워크 프린터 설치하기

사무용 네트워크 프린터는 대부분 TCP/IP 주소 기반의 네트워크 프린트를 지원합니다. 네트워크 프린터를 자동으로 검색하여 설치하면 웹 가상 포트인 WSD(Web Services for Devices) 포트로 프린터 드라이버를 설치하는데, WSD 포트는 불안정하므로 프린터가 위치한 TCP/IP 주소로 프린터 위치를 지정하여 설치하는 게 좋습니다. 여기서는 직접 네트워크 프린터의 IP 주소를 찾아 설치하는 방법을 알아봅니다.

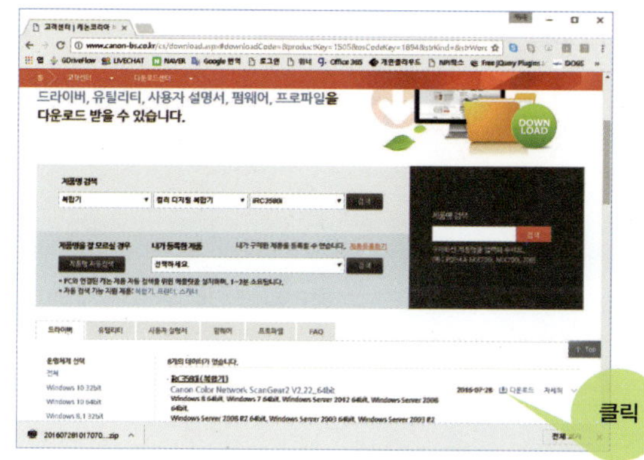

❶ 먼저 프린터 제품의 다운로드 사이트를 방문하여 내 컴퓨터의 운영체제 버전에 맞춰 드라이버를 다운로드합니다.

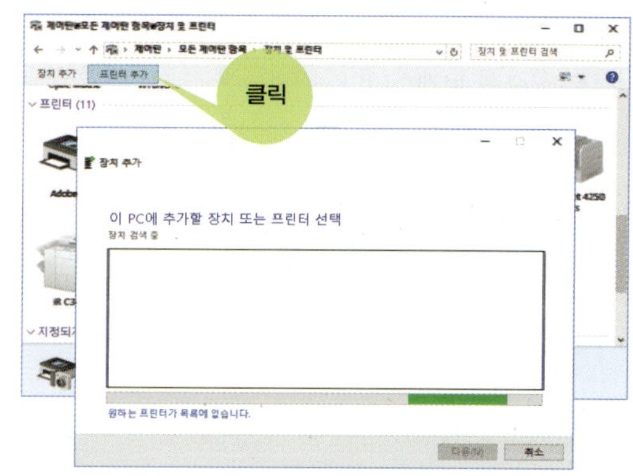

❷ 네트워크 프린터를 추가할 컴퓨터에서 장치 및 프린터 창을 열고 프린터 추가 단추를 클릭합니다. 그리면 장치 추가 창이 열리면서 자동으로 프린터를 검색합니다.

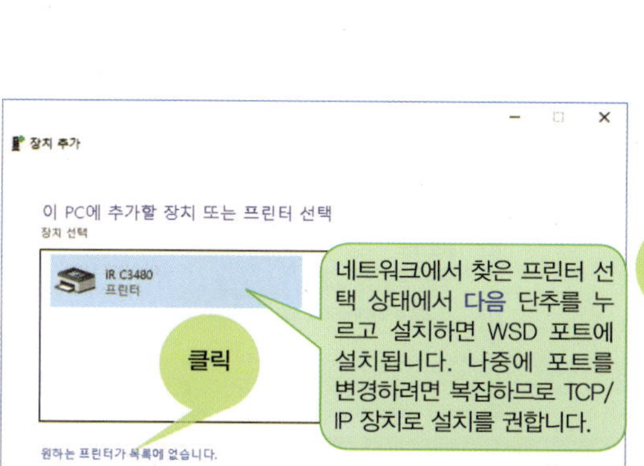

❸ 잠시 기다리면 장치 추가 창에 네트워크에서 찾은 프린터가 나오는데, WSD 포트 대신 TCP/IP 장치로 설치하려면, 원하는 프린터가 목록에 없습니다를 클릭합니다.

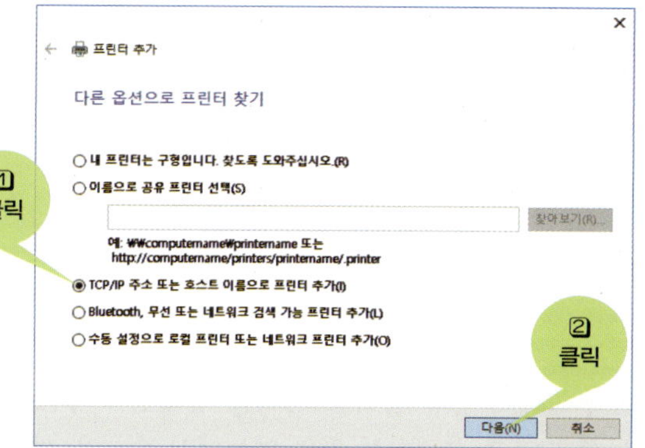

❹ 프린터 추가 창에 다른 옵션으로 프린터 찾기가 나오면 TCP/IP 주소 또는 호스트 이름으로 프린터 추가를 선택하고 다음 단추를 클릭합니다.

❺ 프린터 추가 창에 프린터 호스트 이름 또는 IP 주소 입력화면이 나오면 네트워크 프린터가 연결된 IP 주소를 입력합니다. 포트 이름은 자동으로 생성됩니다. 다음 단추를 클릭합니다.

❻ TCP/IP 포트를 검색한 후 네트워크 프린터가 인식되면 드라이버 설치 단계로 진입합니다. 이때부터는 다운로드한 드라이버의 위치를 지정하여 설치를 진행하면 됩니다.

Exercise 9 폴더와 프린터 공유 해제하기

폴더와 프린터 공유를 해제하는 방법은 매우 간단합니다. 공유된 폴더의 속성 대화상자를 열어 공유 옵션만 해제하면 간단히 공유를 해제할 수 있습니다. 윈도우 운영체제의 공유 폴더와 공유 프린터의 해제 방법은 동일합니다. 여기서는 윈도우 7과 윈도우 10을 예로 실습해 보겠습니다.

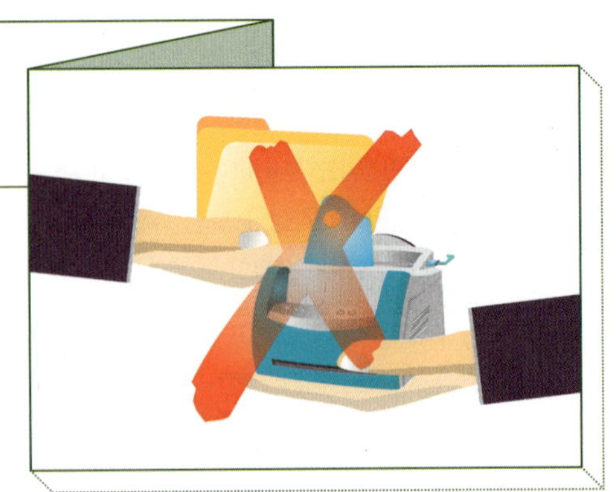

이 실습에 필요한 내용	실습 키 포인트
네트워크에 연결된 윈도우 7/8.1/10 컴퓨터	폴더와 프린터 공유 해제 방법

공유 폴더 해제하기

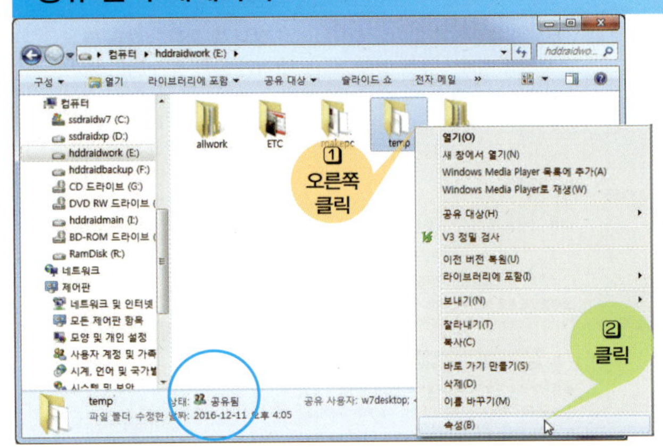

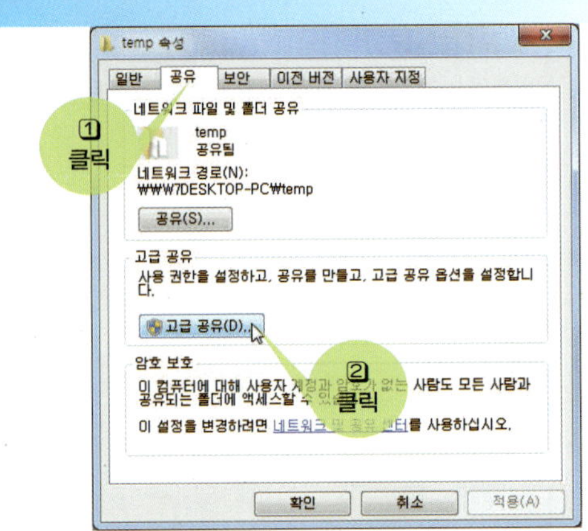

1 윈도우 7에서 공유 폴더를 선택한 상태로 마우스 오른쪽 단추를 클릭하여 팝업 메뉴에서 **속성**을 선택합니다.

2 폴더 이름(homework)으로 된 속성 대화상자가 나오면 **공유** 탭을 선택하고 **고급 공유** 단추를 클릭합니다.

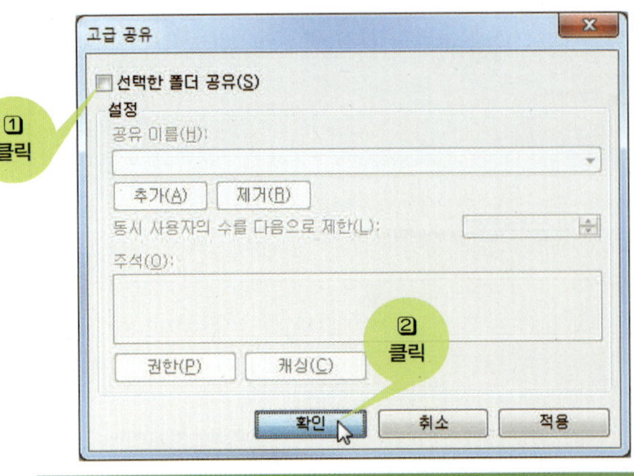

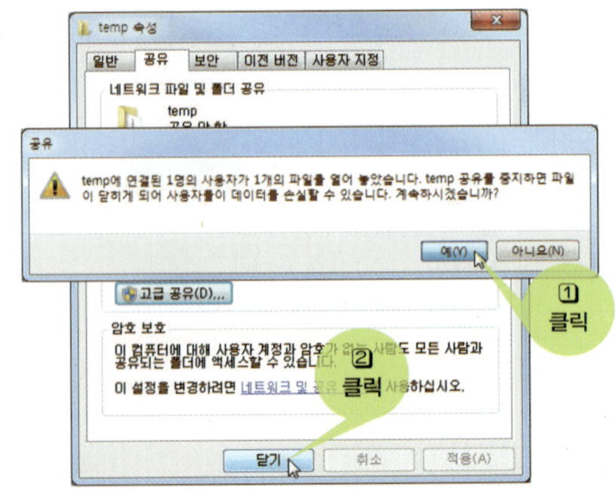

3 고급 공유 대화상자가 열리면 **선택한 폴더 공유 옵션**을 클릭하여 해제한 후 **확인** 단추를 클릭합니다.

4 연결된 사용자가 있으면 데이터를 손실할 수 있다며 계속할 지 문의합니다. 공유를 해제하려면 **예(Y)**를 클릭하고, 폴더 이름의 속성 대화상자도 닫습니다.

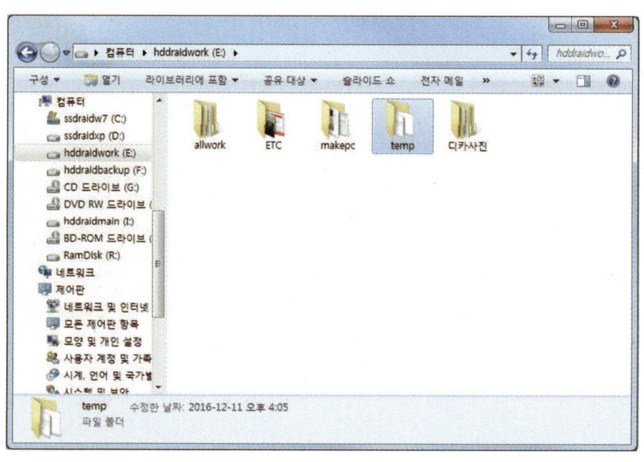

5 공유가 해제되어 일반 폴더로 바뀌었습니다.

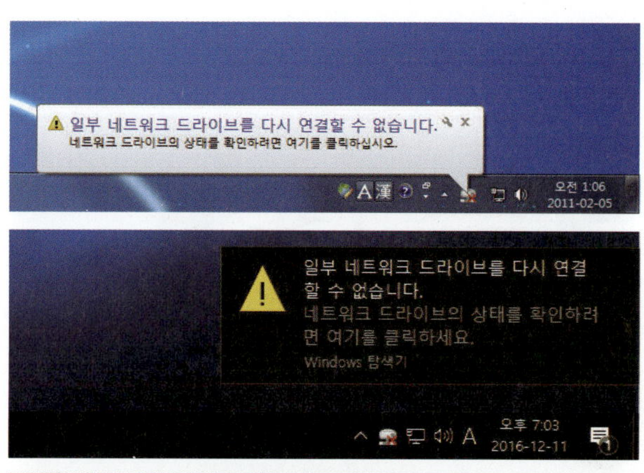

6 네트워크 드라이브를 연결했던 윈도우 7(위), 윈도우 10(아래) 컴퓨터를 켜면 "일부 네트워크 … 연결할 수 없습니다"라는 알림 메시지가 표시됩니다.

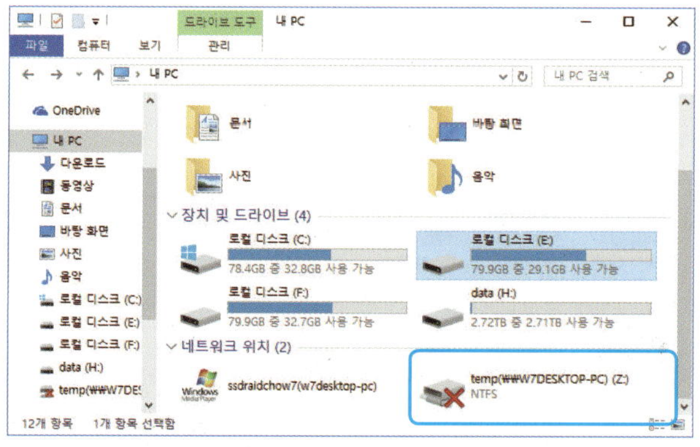

7 네트워크 드라이브를 연결했던 윈도우 10 컴퓨터의 파일 탐색기 창에 공유가 해제된 폴더를 연결한 네트워크 드라이브에 X 표시가 나옵니다.

HELP

- 다른 컴퓨터에 사용자가 연결되어 있더라도 공유를 해제하면 곧바로 상대방 컴퓨터는 바로 연결이 종료됩니다.
- 위의 **6**단계에서 볼 수 있듯이 다른 컴퓨터에서 네트워크 드라이브로 연결한 공유 폴더인 경우 컴퓨터를 켜면 작업 표시줄 트레이 알림 영역에 "네트워크 드라이브에서 다시 연결할 수 없다"는 알림 메시지가 나오는 것을 볼 수 있습니다. 이 알림 메시지를 클릭하면 연결할 수 없는 네트워크 드라이브를 바로 확인할 수 있습니다.
- 공유 폴더를 제공한 윈도우 7 컴퓨터에서 연결을 해제하지 않았더라도 컴퓨터가 꺼져 있는 경우에도 "네트워크 드라이브에서 연결할 수 없다"는 알림 메시지가 표시되는 점을 유의하기 바랍니다. 이 경우에는 나중에 공유 폴더를 제공한 컴퓨터가 시동되면 네트워크 드라이브 연결이 자동으로 복원됩니다. 지금까지의 실습을 통해 윈도우 운영체제는 버전이 달라도 거의 비슷한 방식으로 작업할 수 있는 것을 알 수 있습니다.

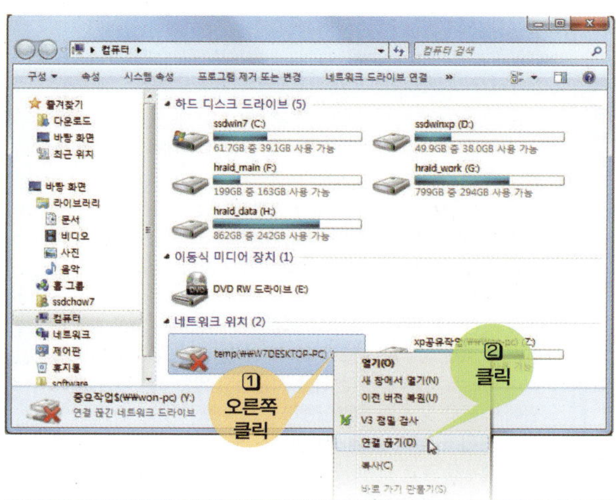

8 윈도우 7 컴퓨터도 공유가 해제된 폴더를 연결한 네트워크 드라이브에 X 표시가 나옵니다. 이 네트워크 드라이브를 없애려면 오른쪽 단추를 클릭하여 팝업 메뉴를 연 다음 **연결 끊기**를 선택합니다.

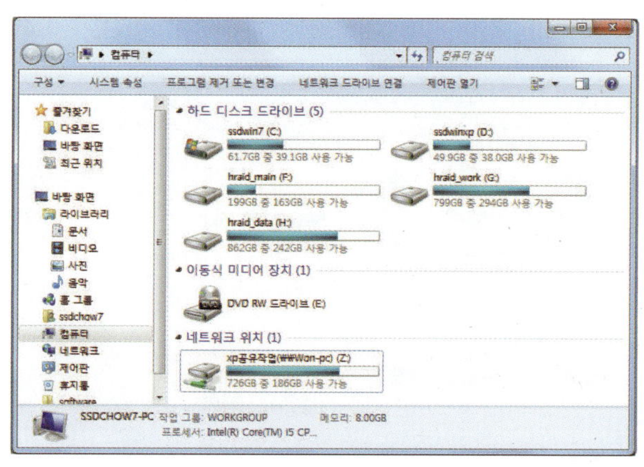

9 네트워크 드라이브 연결이 끊기고, 드라이브가 사라집니다. 참고로 공유가 해제된 경우가 아니더라도 네트워크 드라이브 연결은 **8**단계와 같은 방식으로 언제든지 해제할 수 있습니다.

공유 프린터 해제하기

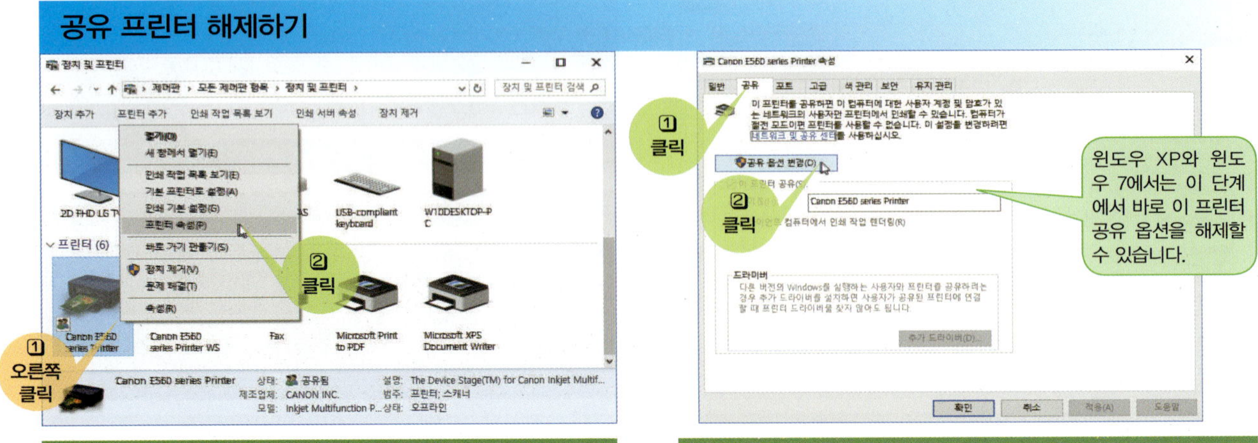

1 프린터 공유를 제공한 윈도우 10 PC에서 장치 및 프린터 창을 열고 공유한 프린터를 선택한 후 마우스 오른쪽 단추를 클릭하여 팝업 메뉴에서 **공유**를 선택합니다.

2 프린터 이름의 속성 대화상자가 열리면 **공유** 탭을 선택하고 **공유 옵션 변경** 단추를 클릭합니다.

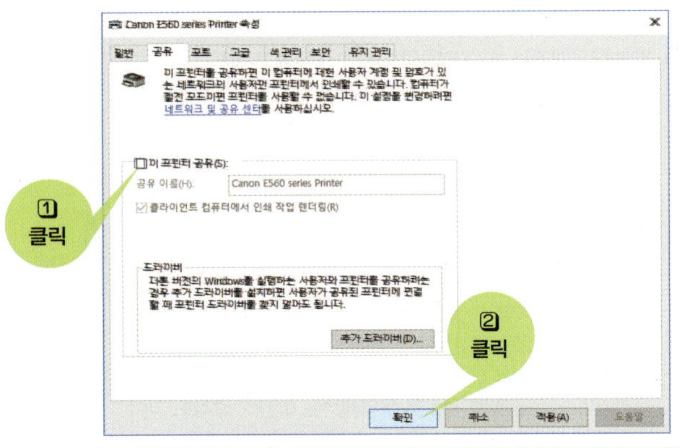

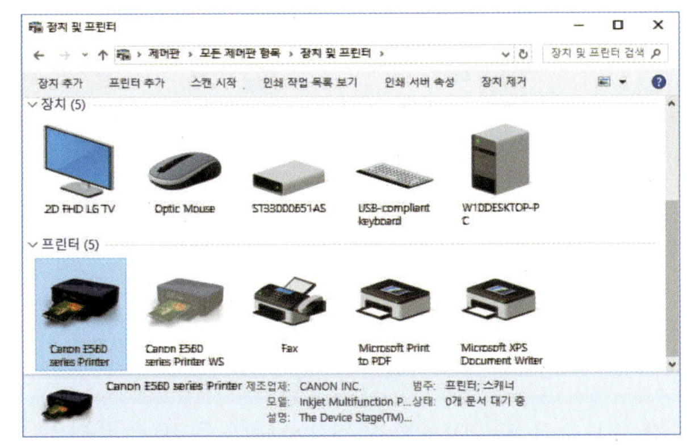

3 이제 **이 프린터 공유** 옵션의 확인 상자를 클릭하여 해제한 다음, **확인** 단추를 클릭합니다.

4 프린터 공유가 해제되었습니다.

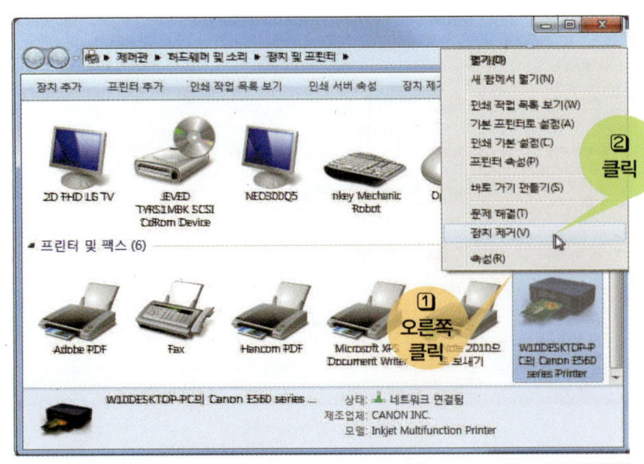

5 프린터를 공유했던 윈도우 7 PC의 장치 및 프린터 창을 보면 공유했던 프린터가 비활성 상태로 표시됩니다. 프린터를 완전히 제거하려면 마우스 오른쪽 단추를 클릭하여 **장치 제거**를 선택합니다.

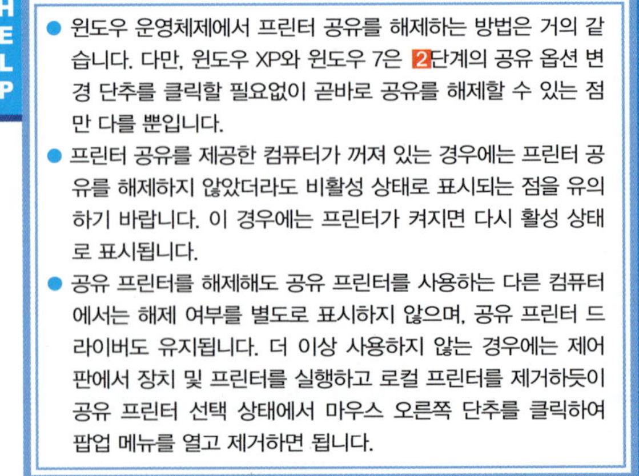

HELP

● 윈도우 운영체제에서 프린터 공유를 해제하는 방법은 거의 같습니다. 다만, 윈도우 XP와 윈도우 7은 **2**단계의 공유 옵션 변경 단추를 클릭할 필요없이 곧바로 공유를 해제할 수 있는 점만 다를 뿐입니다.

● 프린터 공유를 제공한 컴퓨터가 꺼져 있는 경우에는 프린터 공유를 해제하지 않았더라도 비활성 상태로 표시되는 점을 유의하기 바랍니다. 이 경우에는 프린터가 켜지면 다시 활성 상태로 표시됩니다.

● 공유 프린터를 해제해도 공유 프린터를 사용하는 다른 컴퓨터에서는 해제 여부를 별도로 표시하지 않으며, 공유 프린터 드라이버도 유지됩니다. 더 이상 사용하지 않는 경우에는 제어판에서 장치 및 프린터를 실행하고 로컬 프린터를 제거하듯이 공유 프린터 선택 상태에서 마우스 오른쪽 단추를 클릭하여 팝업 메뉴를 열고 제거하면 됩니다.

Chapter 14 보안 네트워킹 및 원격 컴퓨팅

윈도우 운영체제의 비즈니스 라인업인 프로(Professional) 이상 버전에서는 사용자 계정과 그룹을 이용한 고급 보안 관리 기능을 제공합니다. 이를 통해 공유 자원에 접근할 수 있는 사용자를 제한할 수 있고, 접근 권한도 사용자별로 달리 줄 수 있습니다. 그리고 원격 시동과 원격 데스크톱 연결을 활용한 원격 컴퓨팅을 통해 인터넷이 되는 곳이면 언제 어디서든지 업무를 보다 효율적으로 수행할 수 있습니다.

1 사용자 계정과 그룹을 이용한 보안 네트워크 활용

13장에서 살펴본 기존 방식의 비보안 폴더 공유 방법은 간편하게 사용할 수 있지만, 보안은 지극히 허술한 공유 방법이며 사용자가 많은 네트워크에서는 관리가 혼란스러워집니다. 홈그룹 공유 방법도 인원이 작은 경우에는 유용하지만 대규모 조직에서는 사용이 어렵습니다. 사용자 계정과 그룹으로 보안 네트워크를 구성하면 보다 안전한 보안 관리를 수행할 수 있으며, 사용자가 많은 네트워크도 효율적으로 관리할 수 있습니다.

사용자 계정과 사용자 그룹

인터넷 공유기의 방화벽이 뚫리면 암호를 사용하지 않은 작업 그룹과 컴퓨터 이름을 사용한 네트워크의 공유 자원은 외부에 쉽게 노출됩니다. 공유 프린터는 특별히 문제될 게 없지만, 업무 상 공유하고 있는 폴더가 해킹당하는 경우 심각한 보안상의 문제를 야기할 수 있습니다. 그렇기 때문에 회사에서 폴더를 공유할 때는 사용자 계정과 그룹을 이용하여 공유 자원의 보안 관리를 보다 철저하게 수행할 필요가 있습니다. 사용자 계정과 그룹을 이용하여 사용자가 많은 규모가 있는 네트워크도 효과적으로 관리할 수 있습니다.

사용자 계정의 이해

윈도우 라인업의 컴퓨터를 사용하기 위해 컴퓨터를 켜면 사용자 계정으로 로그인하는 절차를 거치게 됩니다. 사용자 계정은 여러 개를 만들 수 있는데, 관리자(Administrator) 권한을 가진 사용자만이 사용자 계정을 추가하거나 변경하거나 삭제할 수 있습니다.

윈도우를 설치할 때 등록한 계정이 바로 관리자 계정이 됩니다. 관리자 계정은 사용자 계정의 추가와 수정, 컴퓨터의 관리와 수정을 자유롭게 수행할 수 있는 계정입니다. 관리자 계정으로 로그인하면 시스템에 영향을 미치는 작업도 자유롭게 수행할 수 있지만, 그만큼 실수로 시스템에 오류를 야기할 수도 있습니다. 그렇기 때문에 마이크로소프트 사는 관리자 계정 대신 별도의 사용자 계정을 등록하여 작업하기를 권장합니다.

관리자 계정 로그인은 프로그램을 새로 설치하거나 바이러스, 드라이버 오류 등으로 인해 시스템에 오류가 발생하였을 때 문제를 해결하려는 경우 등으로 한정하고, 일반적인 컴퓨터 작업은 일반 사용자 계정으로 로그인하여 작업하면 사용자의 실수가 있더라도 시스템에서 치명적인 고장이 발생할 확률은 그만큼 줄어듭니다.

일반 사용자 계정으로 로그인한 경우에는 운영체제 파일을 덮어쓰는 것과 같은 시스템에 오류를 야기할 수 있는 작업 자체가 불가능합니다. 심지어 바이러스 프로그램을 모르고 실행하더라도 시스템 파일의 수정 권한이 없으므로 바이러스로 인한 시스템 손상은 피할 수 있습니다.

사용자 계정 로그인과 빠른 사용자 전환

윈도우 운영체제가 설치된 컴퓨터를 여러 사람이 이용할 때 제어판의 사용자 계정 기능을 이용하여 사용자를 등록하면 각각의 사용자 계정으로 로그인하여 작업할 수 있습니다. 윈도우 운영체제의 다중 사용자 지원 기능으로 각 사용자 계정별로 고유한 작업 환경을 구성할 수 있고, 개인화된 폴더를 만들 수 있으며, 필요하면 데이터 보호를 위해 내용을 암호화하여 자신의 작업 폴더와 파일들을 보호할 수 있습니다.

특히 빠른 사용자 전환 기능을 사용하면 컴퓨터를 끄거나 사용 중인 프로그램을 종료하지 않고도 다른 사용자가 자신의 사용자 계정으로 로그인하여 작업할 수 있습니다. 물론 이전에 작업 중이던 사용자 계정으로 다시 복귀할 수 있으며, 작업 상태를 그대로 유지하므로 여러 사용자가 한 컴퓨터를 이용하더라도 다른 사람의 작업에 불편을 주지 않고, 개인 컴퓨터를 사용하는 것처럼 불편없이 사용할 수 있습니다.

사용자 그룹의 이해

사용자 그룹은 개별 사용자 계정으로 일일이 권한을 통제하는 불편을 덜고 컴퓨터 관리를 효율화하기 위해 도입된 기능입니다. 특히, 네트워크를 관리할 때 사용자 그룹을 사용하면 컴퓨터 대수가 많은 큰 규모의 네트워크도 효율적으로 관리할 수 있습니다.

제어판의 사용자 계정으로 등록한 사용자는 자동으로 Users 사용자 그룹에 등록됩니다. Users 그룹의 사용자 계정은 시동할 때 윈도우 로그인 계정으로 표시됩니다. 제어판에 있는 사용자 계정 기능으로는 사용자를 추가하거나 삭제하는 단순한 기능만을 사용할 수 있지만, 컴퓨터 관리 창에서는 Users 그룹뿐만 아니라 원하는 그룹을 만들수도 있고, 특정 그룹에 사용자 계정을 자유롭게 등록할 수도 있습니다.

윈도우를 설치하면 윈도우 운영체제는 Users 그룹 외에도 특정 용도로 사용할 수 있는 사용자 그룹들을 자동으로 생성합니다. 관리자 계정으로 로그인하면 사용자 계정을 자유롭게 추가하여 원하는 사용자 그룹에 소속시킬 수 있으며, 새로운 사용자 그룹도 자유롭게 만들 수 있습니다. 사용자 계정과 사용자 그룹을 활용하면 조직의 규모가 큰 네트워크라하더라도 얼마든지 체계적으로 관리할 수 있습니다.

컴퓨터 관리 창의 주요 사용자 그룹

윈도우 운영체제는 제어판 기능으로 컴퓨터 관리 프로그램을 제공합니다. 다음 쪽의 그림은 윈도우 7과 윈도우 10의 컴퓨터 관리 창의 로컬 사용자 및 그룹 항목에 있는 그룹을 나타낸 화면으로 운영체제 설치 시 자동으로 생성된 다양한 그룹들을 볼 수 있습니다. 이들 그룹들은 관리자가 컴퓨터를 효율적으로 관리하는 데 필요한 다양한 용도의 그룹들로 사용자 계정을 특정 그룹에 등록하면, 해당 그룹에 부여된 특정 권한의 작업을 할 수 있습니다.

● 사용자 계정과 사용자 그룹을 활용한 공유 자원 관리 방법을 사용할 때는 작업 그룹이 달라도 자원을 공유하는 데 문제가 없으며, 컴퓨터 이름을 변경해도 공유에 문제가 없습니다.

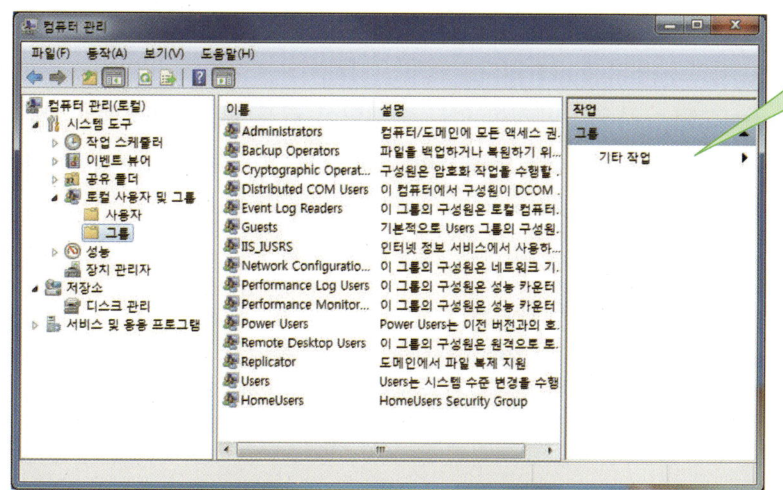

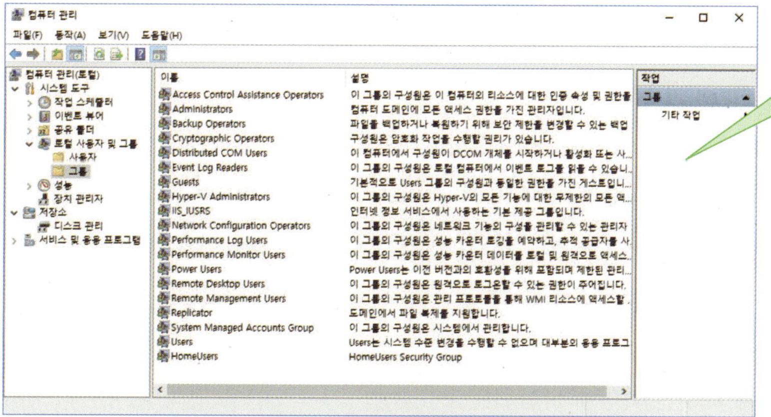

모든 사용자 그룹을 이해하고 다룰 필요까지는 없지만, 원활한 컴퓨터와 네트워크 관리를 위해 다음의 여섯 가지 그룹은 정확히 이해하기 바랍니다.

❶ **Administrators 그룹** : 컴퓨터의 모든 사용 권한을 갖는 그룹 계정으로, 관리자(Administrators)의 사용자 계정은 운영체제 설치 시 입력한 사용자 이름으로 Administrators 그룹에 자동으로 추가됩니다. 관리자 계정으로 로그인하면 프로그램과 드라이버의 설치, 시스템 파일 변경이 가능하며, 사용자 계정 및 그룹의 작성과 수정, 삭제를 할 수 있습니다. 관리자 권한으로 로그인한 상태에서는 보안과 바이러스에 각별히 유의해야 합니다. 왜냐하면 바이러스나 악성코드도 현재 로그인된 권한 범위 내에서 시스템을 수정하기 때문입니다.

❷ **Users 그룹** : 컴퓨터에 설치되어 있는 프로그램 사용 및 일반적인 폴더와 파일 작성과 삭제 등 일상적인 컴퓨터 작업은 할 수 있지만, 중요한 운영 체제의 시스템 파일 변경이나, 프로그램이나 드라이버 설치가 제한되어 시스템을 보호하면서도 작업엔 지장이 없는 특징을 갖습니다. 보통 제어판의 사용자 계정을 이용하여 사용자를 추가하면 Users 그룹에 자동으로 등록되며, PC의 로그인 화면에도 나오므로 사용자별로 각각 로그인하여 PC를 함께 사용할 수 있습니다.

❸ **Power Users 그룹** : 윈도우 XP의 Power Users 그룹 사용자 권한의 호환성을 위해 지원될 뿐, 거의 사용되지 않습니다.

❹ **Guests 그룹** : 사용자 계정이 없는 외부인이 컴퓨터를 사용할 수 있게 하기 위한 용도의 그룹입니다. Guest 계정을 사용하면 윈도우 로그인 화면에 Guest 계정이 표시되며, 이를 클릭하면 암호 없이 바로 로그인됩니다. Guest 계정도 Users 그룹과 마찬가지로 프로그램을 사용하는 데는 지장이 없고 파일 복사와 쓰기, 프린트 작업도 가능하지만, 시스템에 영향을 미치는 작업은 제한됩니다.

❺ **Remote Desktop Users 그룹** : 원격 데스크톱 연결을 위해 생성된 그룹입니다. 때문에 컴퓨터 관리 창에서 등록할 수 있지만, 시스템 속성 대화상자의 원격 탭에서 원격 데스크톱 연결을 허용할 사용자를 추가하면 Remote Desktop Users 그룹 계정에 자동 등록됩니다.

❻ **Backup Operators 그룹** : 파일을 백업하거나 복원하기 위해 보안 제한을 변경할 수 있는 백업 관리자 그룹입니다. 원래 백업 기능은 관리자 권한이지만, 권한이 제한된 Users 그룹에 속한 사용자 계정도 Backup Operators 그룹에 등록하여 권한을 부여하면 백업 기능을 사용할 수 있습니다.

❼ **Home Users 그룹** : 윈도우 7부터 네트워크에서 암호로 인증하는 보안 그룹입니다. 이 그룹의 기본 구성원은 관리자(Administrators)와 HomeGroupUsers$인데, HomeGrou-pUsers$가 바로 홈 그룹 암호 인증 시 자동으로 할당되는 계정입니다.

정리하면 윈도우 로그인 화면에 나오는 사용자 계정은 Administrators, Users 그룹 계정에 속한 사용자 계정이어야 하며, Guest 계정도 "Guest 계정을 사용함"으로 설정하면 윈도우를 시작할 때 로그인 화면에 나옵니다.

한편 Remote Desktop Users 그룹에 속한 사용자 계정은 윈도우 로그인 화면에 나오지 않지만, 원격 로그인 시에 로그인 내용이 표시되며, 고유 사용자 환경을 사용할 수 있습니다. 사용자 계정은 복수 그룹 등록이 가능하므로 특정 사용자를 Remote Desktop Users 그룹에 등록하거나 Backup Operators 그룹으로 등록하여 추가 권한을 부여할 수 있습니다. 물론 로컬 사용자 계정 없이 원격 컴퓨터 사용 권한만 갖는 Remote Desktop Users 그룹 사용자만 따로 구성할 수도 있으며, 별도의 새로운 그룹을 만들어 사용할 수도 있습니다.

고급 보안 네트워킹 작업 과정

이미 앞에서 기본적인 네트워크 자원의 공유와 활용 방법은 충분히 익혔기 때문에 고급 보안 네트워킹 작업 과정을 익히는 것은 별로 어렵지 않습니다. 앞으로 실습할 사용자 계정과 사용자 그룹을 이용한 고급 네트워킹 작업 과정은 다음과 같습니다.

❶ **사용자 계정의 추가와 빠른 사용자 전환** : 윈도우가 제공하는 다중 사용자 지원 기능을 활용하기 위해 사용자 계정을 추가하고 빠른 사용자 전환을 수행하는 방법을 알아봅니다.

❷ **사용자 계정과 그룹을 이용한 고급 공유와 활용** : 컴퓨터 이름을 사용하는 네트워킹 방식은 보안 취약성을 안고 있습니다. 컴퓨터 이름 대신 사용자 계정과 그룹으로 공유 자원 접근을 제어하여 보다 강력하게 네트워크 보안을 유지하는 방법을 알아봅니다.

Exercise

1 사용자 계정 추가 및 빠른 사용자 전환하기

윈도우 운영체제는 다중 사용자 환경을 지원하므로 한 대의 컴퓨터도 각각의 사용자 계정을 만들면 고유 환경에서 사용할 수 있습니다. 빠른 사용자 전환 기능을 활용하면 작업 도중 다른 사용자가 PC를 쓰는 경우에도 프로그램을 종료할 필요 없이 즉시 다른 사용자가 작업하게 할 수 있으며, 작업이 끝나면 자신의 계정으로 로그인하여 원래 작업하던 환경에서 계속 작업할 수 있습니다.

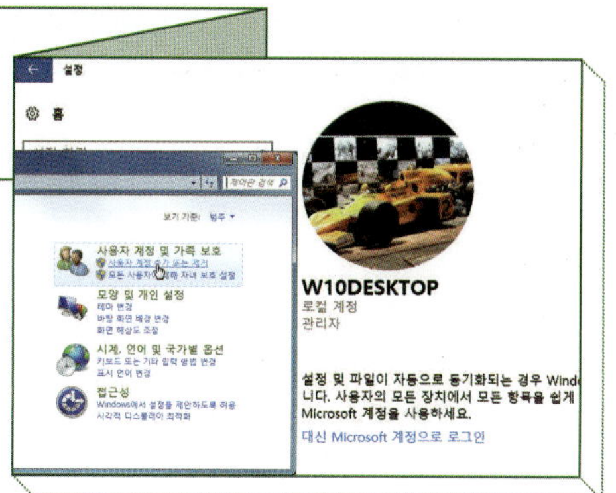

이 실습에 필요한 내용	실습 키 포인트
네트워크에 연결된 윈도우 7/8/ 10 컴퓨터	사용자 계정 추가와 빠른 사용자 전환 방법, 새 사용자 계정의 소속 그룹 확인하기

윈도우 7에서 새 사용자 계정 만들기

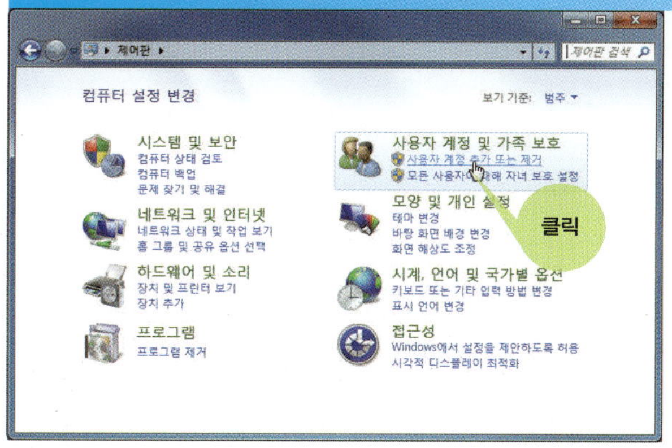

1 윈도우 7에서 제어판을 연 다음 **사용자 계정 추가 또는 제거**를 클릭합니다.

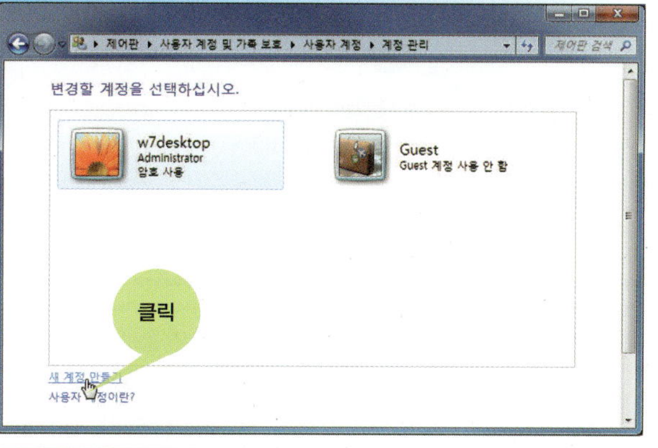

2 계정 관리 창이 나오면 **새 계정 만들기**를 클릭합니다.

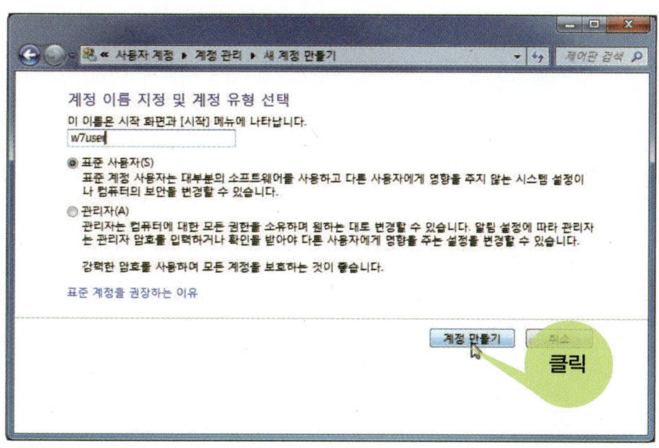

3 새 계정 만들기 창이 나오면 사용자 계정 이름을 입력하고, 표준 사용자 체크 상태에서 **계정 만들기** 단추를 클릭합니다.

4 새로운 사용자 계정이 추가되었습니다. 이번에는 추가된 사용자 계정의 정보를 변경하기 위해 새로 추가한 **w7user** 계정을 클릭합니다.

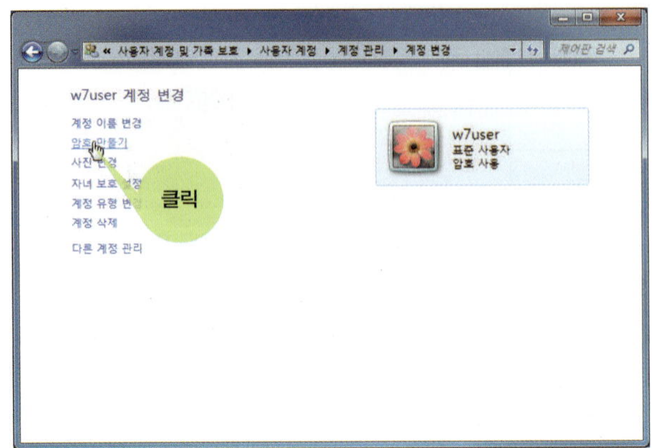

5 계정 변경 창이 나오면 로그인 암호를 설정하기 위해 **암호 만들기**를 클릭합니다.

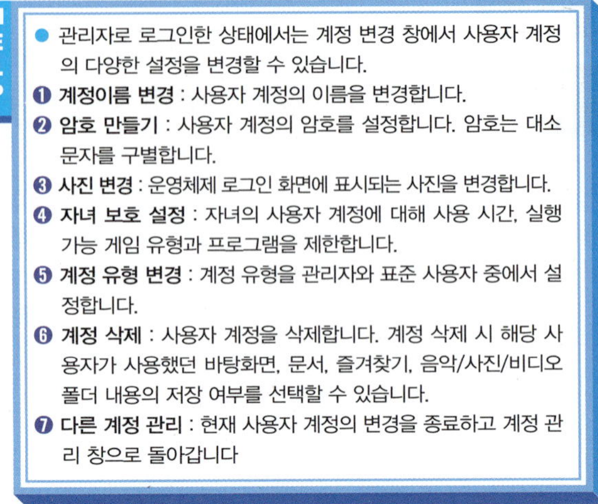

● 관리자로 로그인한 상태에서는 계정 변경 창에서 사용자 계정의 다양한 설정을 변경할 수 있습니다.
❶ **계정이름 변경** : 사용자 계정의 이름을 변경합니다.
❷ **암호 만들기** : 사용자 계정의 암호를 설정합니다. 암호는 대소문자를 구별합니다.
❸ **사진 변경** : 운영체제 로그인 화면에 표시되는 사진을 변경합니다.
❹ **자녀 보호 설정** : 자녀의 사용자 계정에 대해 사용 시간, 실행 가능 게임 유형과 프로그램을 제한합니다.
❺ **계정 유형 변경** : 계정 유형을 관리자와 표준 사용자 중에서 설정합니다.
❻ **계정 삭제** : 사용자 계정을 삭제합니다. 계정 삭제 시 해당 사용자가 사용했던 바탕화면, 문서, 즐겨찾기, 음악/사진/비디오 폴더 내용의 저장 여부를 선택할 수 있습니다.
❼ **다른 계정 관리** : 현재 사용자 계정의 변경을 종료하고 계정 관리 창으로 돌아갑니다

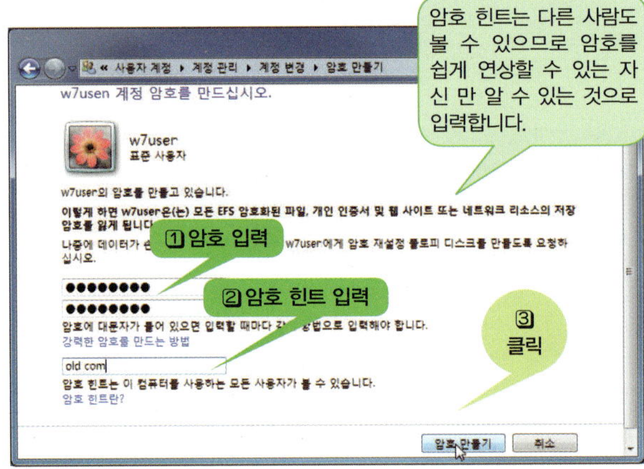

6 암호 입력란에 암호를 입력하고, 확인을 위해 다시 한 번 더 암호를 입력하고, 본인만 알 수 있는 암호 힌트를 입력한 후, **암호 만들기**를 클릭합니다.

7 새로 추가한 remote_won 계정에 암호 사용이 표시됩니다. 이제 사용자 계정 추가가 완료되었으므로 ⊠ 단추를 클릭하여 닫습니다.

윈도우 7에서 빠른 사용자 전환 기능 사용하기

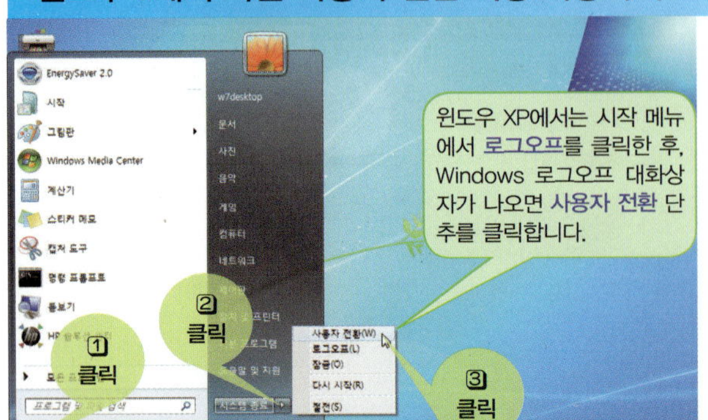

1 이제 빠른 사용자 전환 기능을 테스트하기 위해 윈도우의 시작 메뉴에서 **시스템 종료 → 사용자 전환**을 선택합니다.

2 기존의 w7desktop은 로그온 상태가 유지되며, 새로 만든 w7user 사용자 계정은 로그온이 가능한 상태입니다. **w7user** 사용자 계정을 클릭합니다.

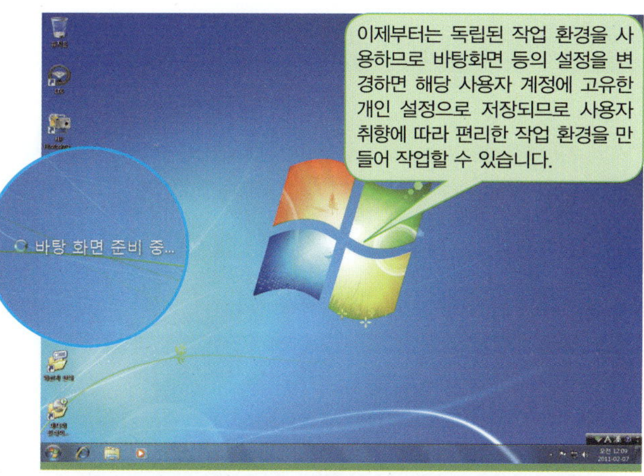

3 암호 입력 창이 나오면 암호를 입력한 다음, `Enter` 키를 누르거나 ⊙ 단추를 클릭합니다.

4 새 사용자 계정으로 처음 로그인할 때는 잠시 "바탕 화면 준비 중…" 화면이 나온 후에 시작됩니다.

윈도우 7에서 추가한 사용자 계정의 소속 그룹 확인하기

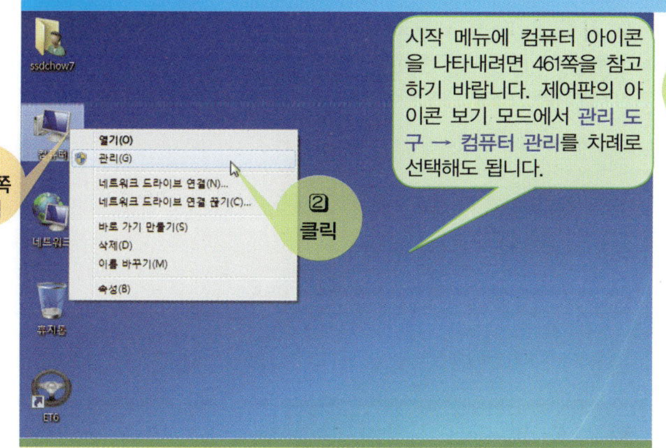

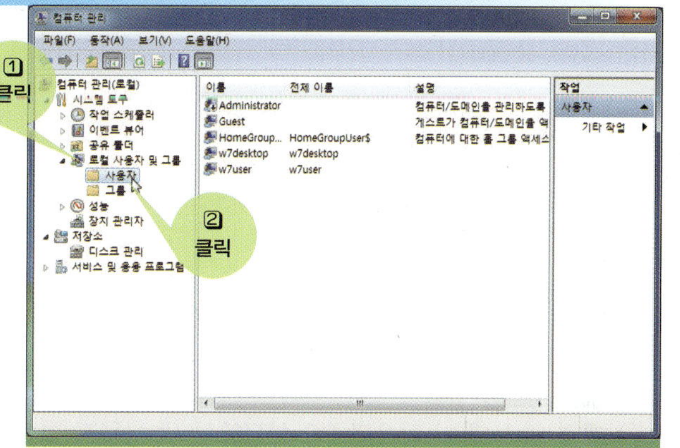

1 관리자로 사용자 전환한 뒤 바탕화면에서 마우스 오른쪽 단추를 클릭하여 **관리**를 선택합니다. 또는 ⊞+R 키를 눌러 실행 창을 열고 compmgmt.msc 를 입력한 다음, `Enter` 키를 눌러도 됩니다.

2 컴퓨터 관리 창이 나오면 탐색 창에서 **로컬 사용자 및 그룹 → 사용자**를 차례대로 선택하여 사용자 목록 창이 나오도록 합니다.

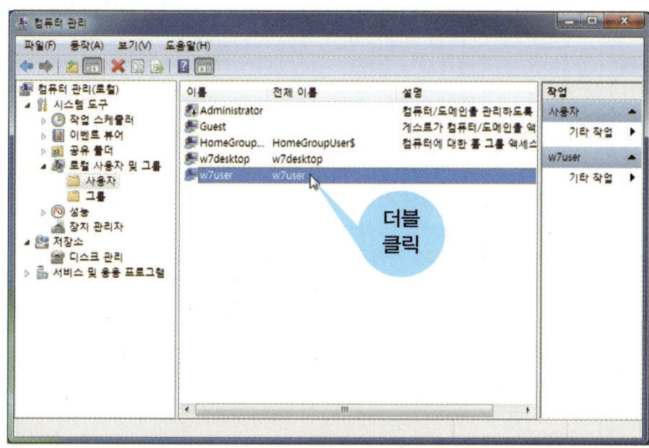

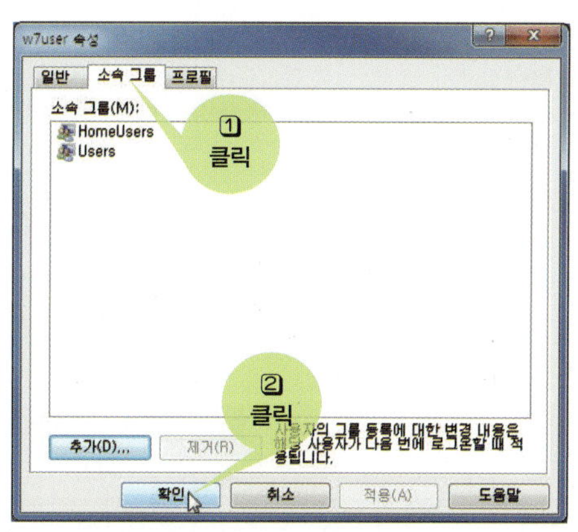

3 이제 사용자 목록 창에서 새로 만든 사용자 계정 인 remote_won을 더블 클릭합니다.

4 새 사용자 계정의 속성 대화상자에서 **소속 그룹** 탭을 보면 HomeUser와 Users 그룹에 소속된 것을 볼 수 있습니다. 이제 **확인** 단추를 클릭하여 닫습니다.

윈도우 10에서 가족 구성원 추가하기

1 윈도우 10에서 제어판을 연 다음, 범주 보기 상태에서 사용자 계정의 **계정 유형 변경**을 클릭합니다.

- 윈도우 7까지는 사용자 계정 추가는 제어판에서 수행하였으나 윈도우 8부터는 PC 설정 창에서 수행하는 방식으로 바뀌었습니다.
- 설정 창에서 사용자 추가는 마이크로소프트에 등록된 계정이 있는 사용자만 추가가 가능합니다.
- 사용자 추가 방식도 가족 구성원과 다른 사용자로 구분하여 사용자 계정을 추가하는 방식으로 바뀌었습니다. 가족 구성원 추가는 마이크로소프트 계정으로 로그인한 경우에만 가능하며, 로컬 계정의 사용자 아이디로 로그인한 경우에는 다른 사용자 추가만 가능합니다.

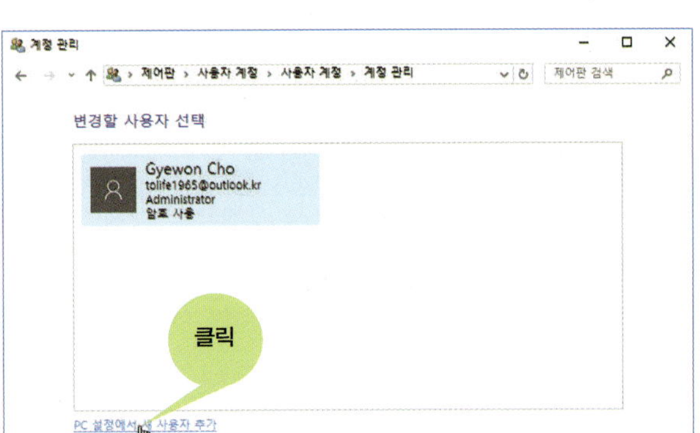

2 계정 관리 창이 나오면 **PC 설정에서 새 사용자 추가**를 클릭합니다.

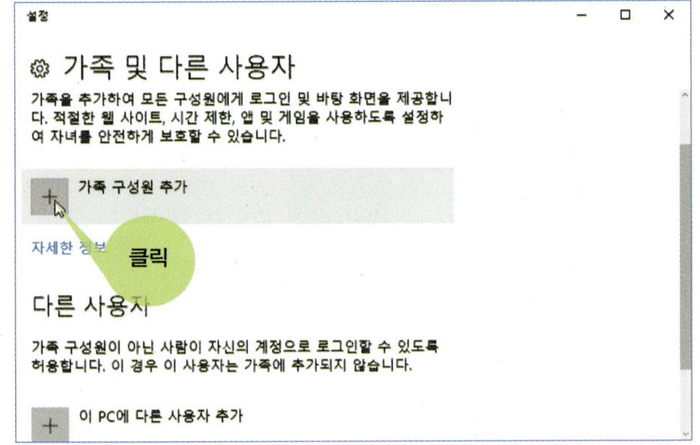

3 가족 및 다른 사용자 설정 항목에서 **가족 구성원 추가**를 클릭합니다.

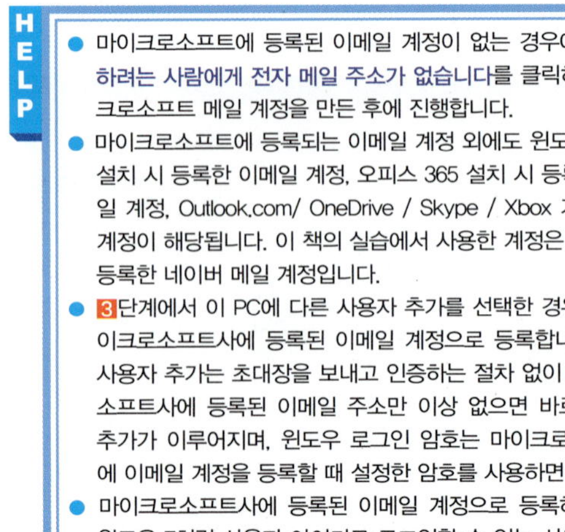

4 "자녀 또는 성인으로 추가하시겠습니까?" 화면이 나오면 **자녀 추가**를 선택하고 마이크로소프트사에 등록된 자녀의 이메일 주소를 입력한 후에 **다음** 단추를 클릭합니다.

- 마이크로소프트에 등록된 이메일 계정이 없는 경우에는 **추가하려는 사람에게 전자 메일 주소가 없습니다**를 클릭하고 마이크로소프트 메일 계정을 만든 후에 진행합니다.
- 마이크로소프트에 등록되는 이메일 계정 외에도 윈도우 8이상 설치 시 등록한 이메일 계정, 오피스 365 설치 시 등록한 이메일 계정, Outlook.com/ OneDrive / Skype / Xbox 가입 메일 계정이 해당됩니다. 이 책의 실습에서 사용한 계정은 Skype에 등록한 네이버 메일 계정입니다.
- **3**단계에서 이 PC에 다른 사용자 추가를 선택한 경우에도 마이크로소프트사에 등록된 이메일 계정으로 등록합니다. 다른 사용자 추가는 초대장을 보내고 인증하는 절차 없이 마이크로소프트사에 등록된 이메일 주소만 이상 없으면 바로 사용자 추가가 이루어지며, 윈도우 로그인 암호는 마이크로소프트사에 이메일 계정을 등록할 때 설정한 암호를 사용하면 됩니다.
- 마이크로소프트사에 등록된 이메일 계정으로 등록하는 대신 윈도우 7처럼 사용자 아이디로 로그인할 수 있는 사용자를 추가하려면 제어판에서 보기 기준을 아이콘으로 설정하고 **관리 도구 → 컴퓨터 관리 → 로컬 사용자 및 그룹**을 선택하여 사용자를 추가하면 됩니다(738쪽 참고).

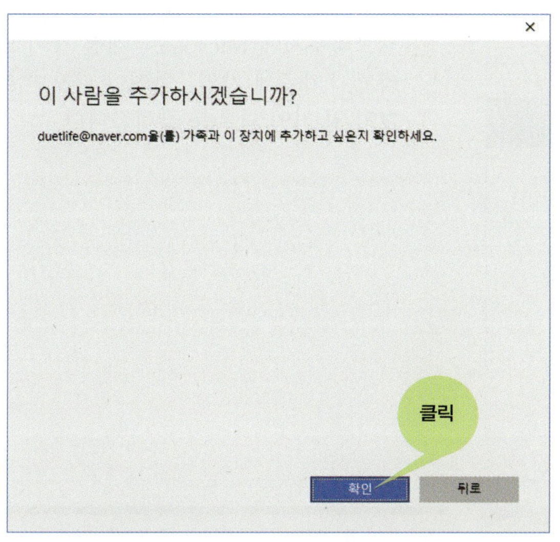

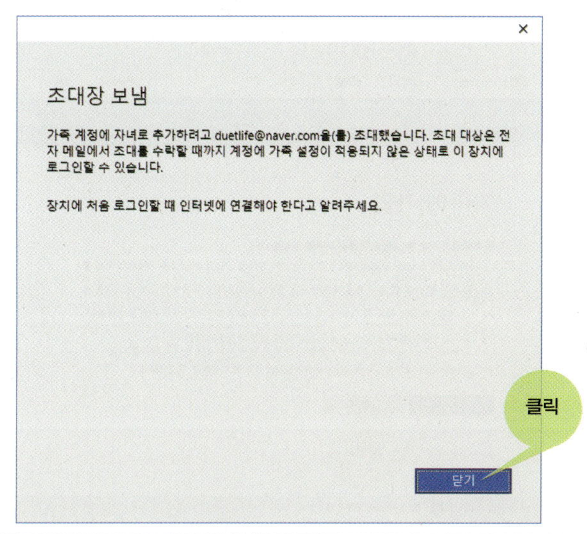

5 "이 사람을 추가하시겠습니까?" 화면이 나오면 **확인** 단추를 클릭합니다.

6 "초대장 보냄" 화면이 나오면 **닫기** 단추를 클릭합니다.

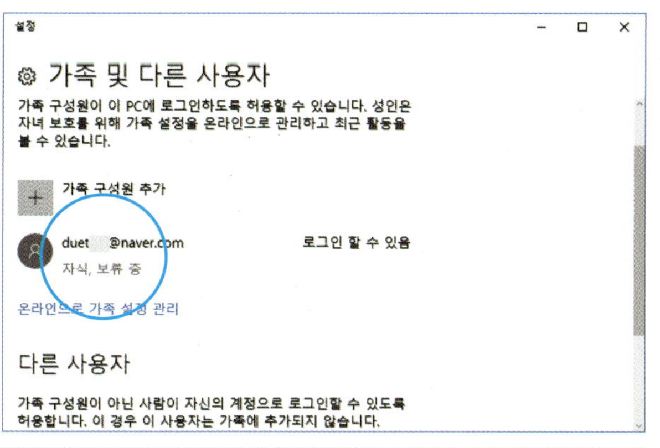

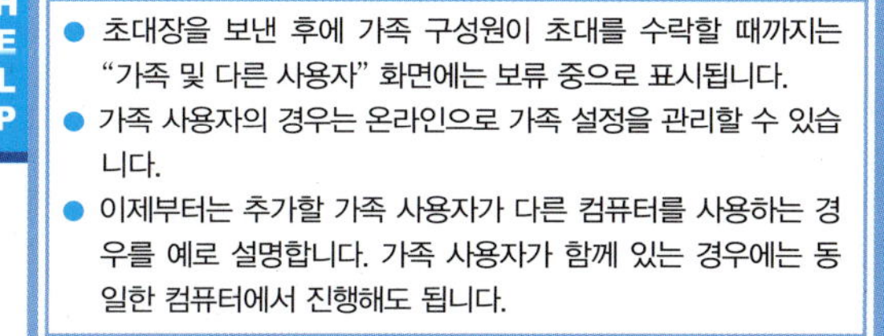

7 가족 구성원이 추가되었습니다.

추가된 가족 사용자 계정으로 로그인하기

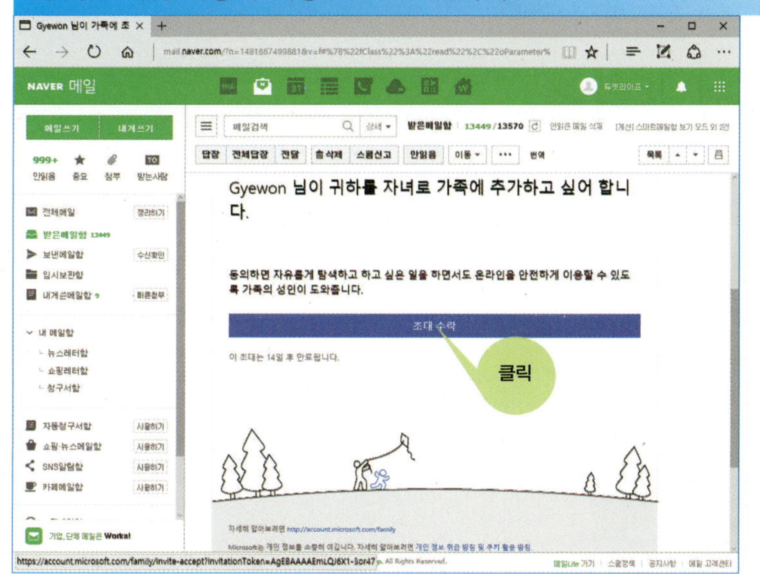

1 추가된 가족 사용자의 이메일로 발송된 초대장을 열어 **초대 수락**을 클릭합니다.

2 웹브라우저에 Microsoft 계정 창이 열리고, "가족에 가입" 화면이 나오면 **로그인 및 가입** 단추를 클릭합니다.

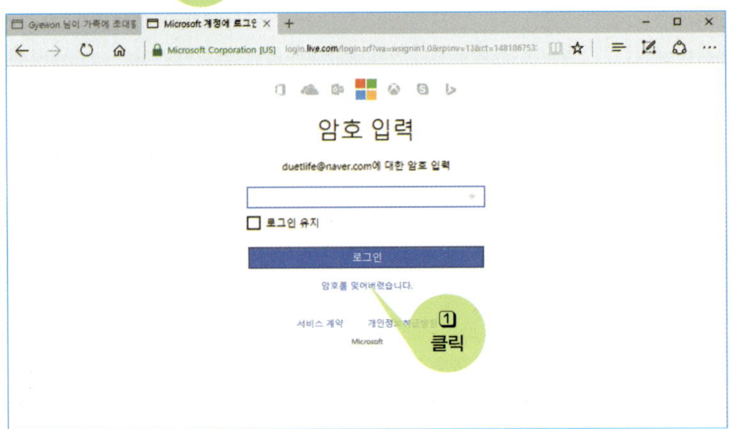

3 "암호 입력" 화면이 나오면 윈도우 로그인 암호를 새로 설정하기 위해 **암호를 잊어버렸습니다**를 클릭합니다. "로그인할 수 없는 이유는 무엇인가요?" 화면이 나오면 **암호를 잊어 버렸습니다**를 선택하고 **다음** 단추를 클릭합니다. "계정 복구" 화면이 나오면 그림에 보이는 문자를 입력한 후 **다음** 단추를 클릭합니다. 그러면 추가된 가족 사용자의 이메일 계정으로 암호 재설정 코드가 발송됩니다.

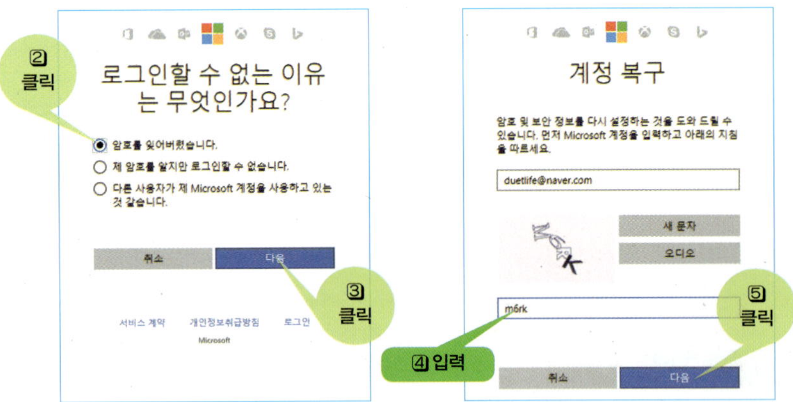

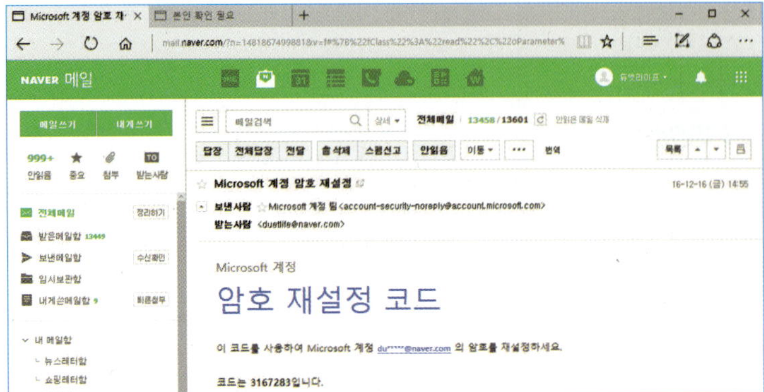

4 추가된 가족 사용자의 이메일로 발송된 암호 재설정 코드를 확인합니다.

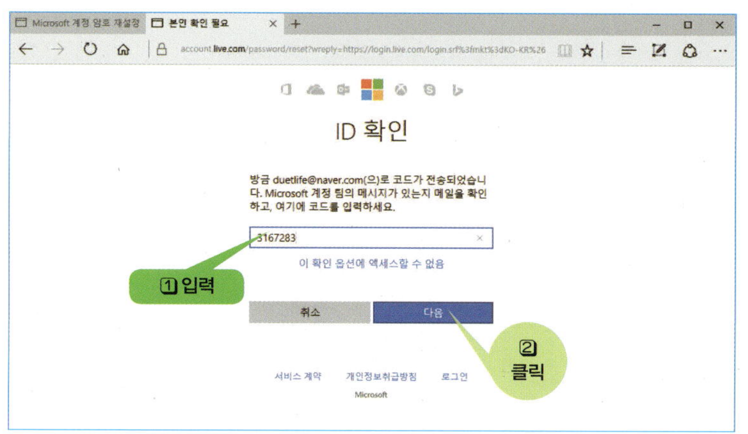

5 "ID 확인" 화면에서 암호 재설정 코드를 입력하고 다음 단추를 클릭합니다. "암호 재설정" 화면이 나오면 윈도우 로그인에 사용할 암호를 입력하고 다음 단추를 클릭합니다. "계정 복구됨" 화면이 나오면 다음 단추를 클릭한 후 "암호 입력" 화면이 나오면 새로 설정한 암호를 입력하고 로그인 단추를 클릭합니다. "서비스 계약을 업데이트하는 중입니다" 화면이 나오면 다음 단추를 클릭합니다.

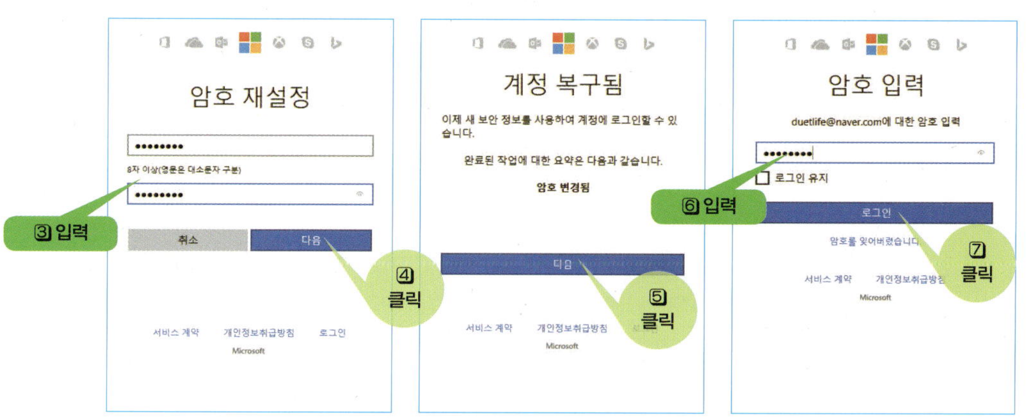

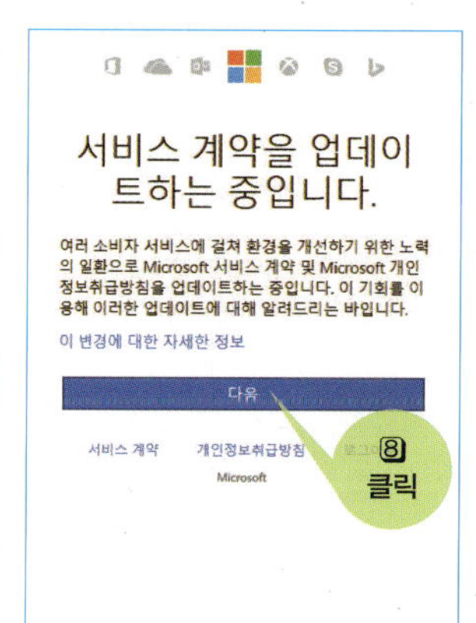

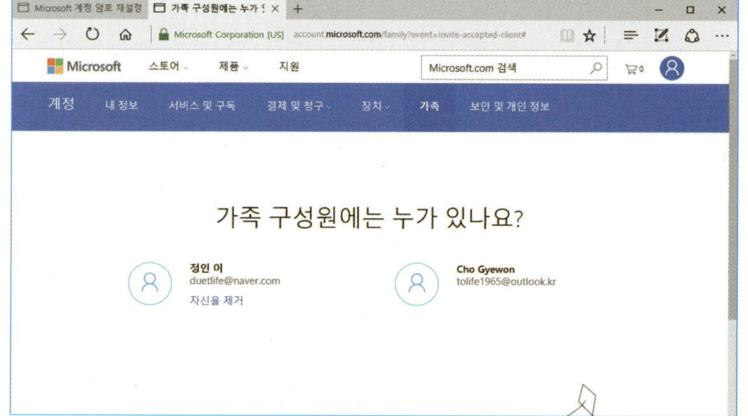

6 가족 구성원 추가 등록이 완료되었습니다. 이것으로 가족 구성원 추가에 필요한 작업은 모두 완료되었습니다.

7 윈도우 10 컴퓨터에서 추가된 가족 사용자를 선택하고 새로 등록한 암호로 로그인합니다. 처음 로그인한 경우에는 잠시 동안 자동으로 사용자의 바탕 화면과 기본 앱을 준비한 다음 시작됩니다.

윈도우 10에서 추가한 가족 사용자 계정의 소속 그룹 확인하기

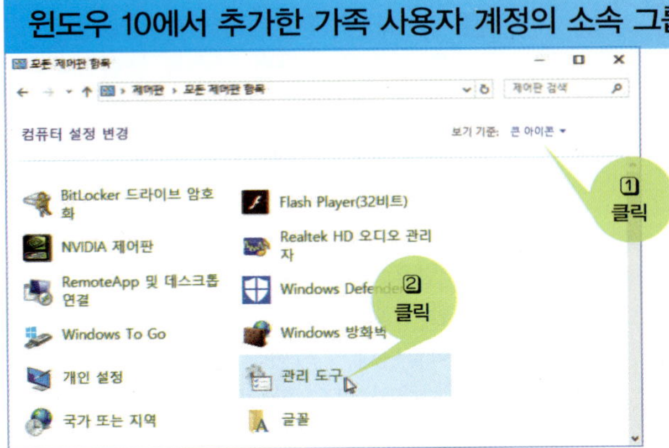

1 윈도우 제어판을 열고 보기 기준 목록에서 **큰 아이콘**을 선택한 다음, **관리 도구**를 클릭합니다.

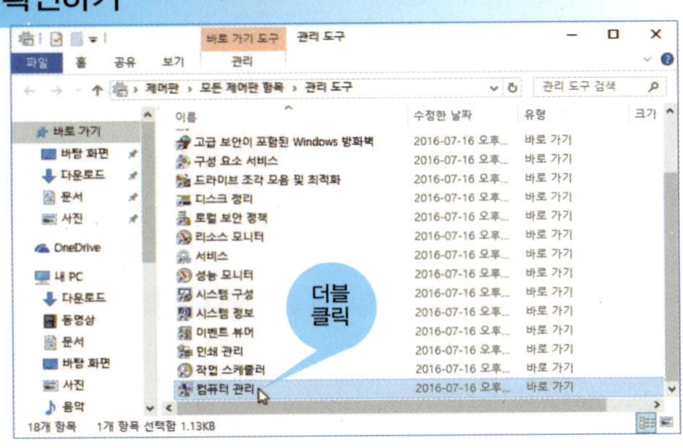

2 관리 도구 창이 열리면 **컴퓨터 관리**를 더블 클릭합니다.

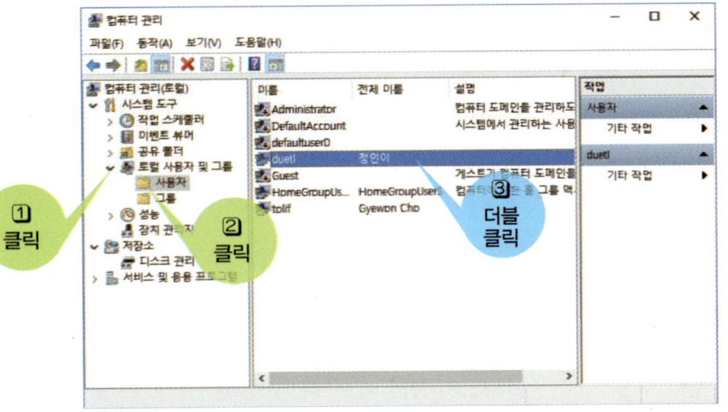

3 컴퓨터 관리 창이 열리면 **로컬 사용자 및 그룹 → 사용자**를 차례대로 클릭하여 사용자 목록을 나타낸 후 새로 만든 사용자 계정(duetl)을 더블 클릭합니다.

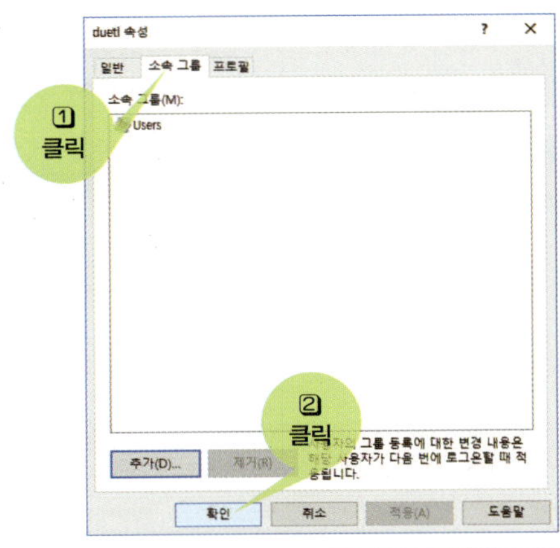

4 사용자 계정의 속성 대화상자가 열렸을 때 **소속 그룹** 탭을 선택하면 Users 그룹에 소속된 것을 볼 수 있습니다. 이제 **확인** 단추를 클릭하여 닫습니다.

윈도우 10에서 로컬 사용자 계정 추가하기

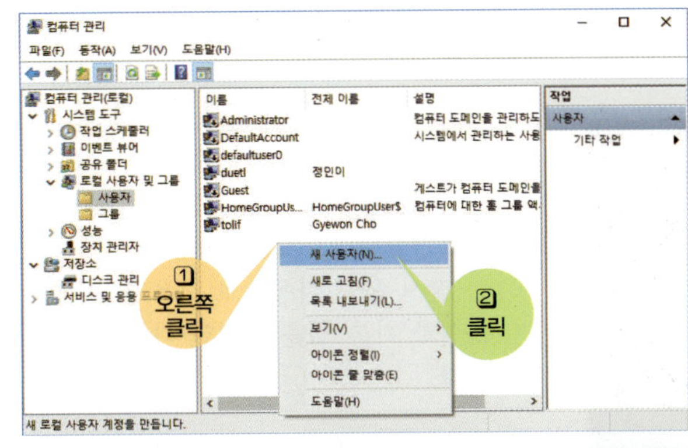

1 컴퓨터 관리 창에서 마우스 오른쪽 단추를 클릭하여 팝업 메뉴에서 **새 사용자**를 선택합니다.

> **HELP**
> - 윈도우 7까지는 마이크로소프트사에 등록된 이메일 계정을 이용한 사용자 등록 기능이 없기 때문에 제어판의 사용자 계정에서 추가해도 로컬 사용자 계정으로 추가됩니다.
> - 컴퓨터 관리 창에서 로컬 사용자 계정을 추가하는 방법은 모든 윈도우 운영체제에서 동일합니다. 윈도우 8부터 로컬 사용자 계정 추가는 컴퓨터 관리 창을 이용해야 합니다.

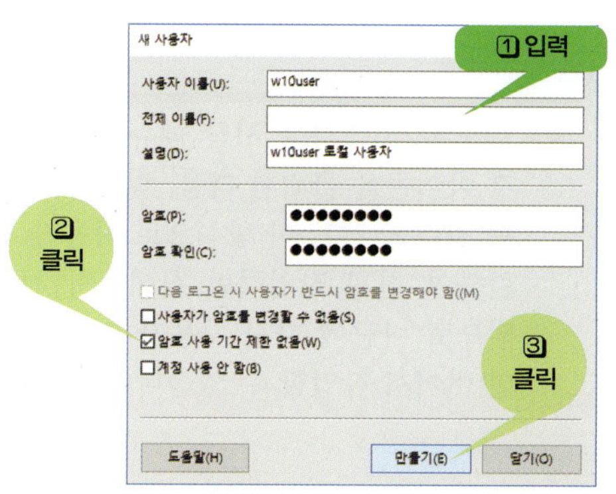

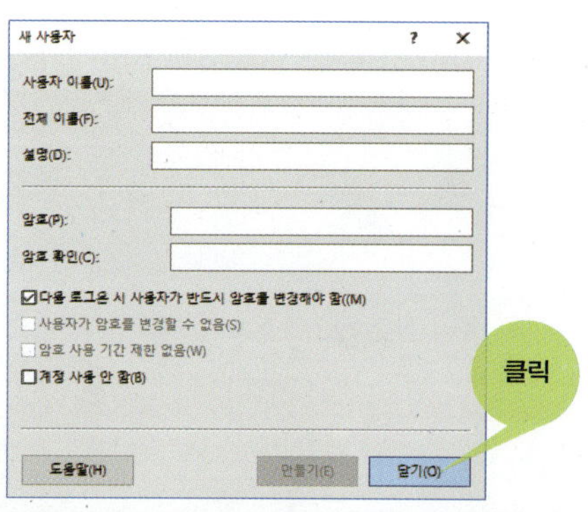

2 새 사용자 대화상자가 나오면 사용자 이름(w10user) 과 설명, 암호를 입력한 후, **암호 사용기간 제한 없음** 옵션을 체크하고 **만들기** 단추를 클릭합니다.

3 새 사용자가 추가되면 다시 등록할 수 있는 상태가 됩니다. 이제 **닫기** 단추를 클릭하여 대화상자를 닫 습니다.

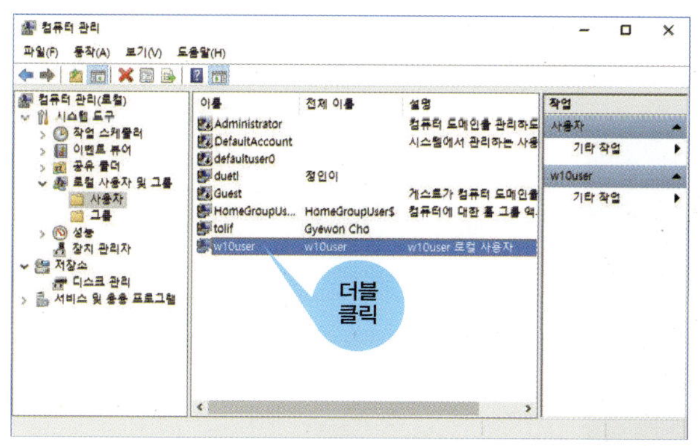

4 컴퓨터 관리 창에 새 사용자 목록이 나오면 새로 만 든 사용자 계정(w10user)을 더블 클릭합니다.

HELP

● 로컬 사용자 계정으로 등록한 w10user의 경우는 새 사용자 창 에서 등록한 내용대로 표시되는 것을 볼 수 있습니다.

● 사용자 목록창에 lulif 사용자는 마이크로소프트 이메일 계정으 로 로그인한 관리자의 이름입니다. 사용자 이름으로 이메일 계 정 전체를 나타내지 않고 이메일 아이디의 앞 부분 5글자로된 이름으로 표시하며, 전체 이름에는 이메일 계정의 이름이 표시 되는 것을 볼 수 있습니다. 마이크로소프트에 등록된 이메일 계정으로 컴퓨터를 사용하는 경우에는 윈도우 시작 화면의 로 그인 창에도 이 이름이 표시됩니다.

● 가족 구성원으로 추가한 이메일 계정의 경우도 사용자 이름은 이메일 아이디의 앞 부분 5글자로 표시되고, 전체 이름에는 이 메일 계정의 이름이 표시되는 것을 확인할 수 있습니다.

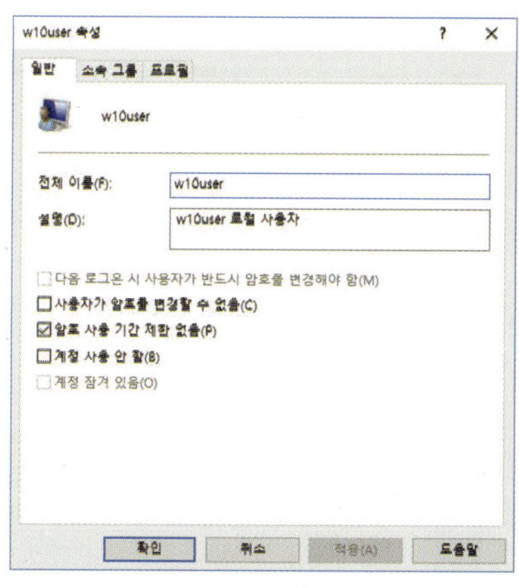

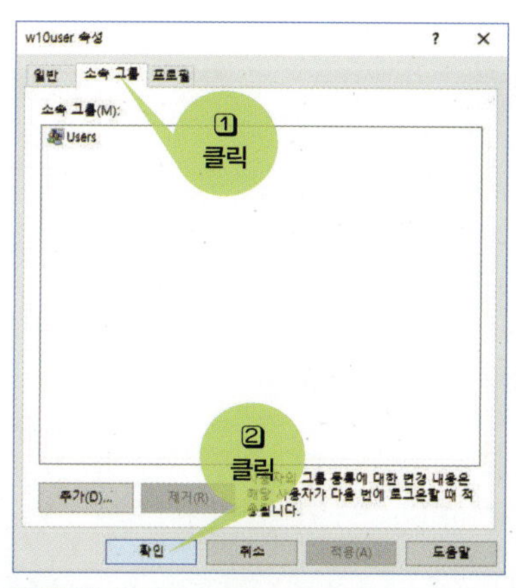

5 사용자 계정의 속성 대화상자가 열리고 일반 탭의 내용이 표시됩니다. 이 대화상자에서 사용자의 설 정을 변경할 수 있습니다.

6 이제 **소속 그룹** 탭을 선택합니다. 새로 만든 사용 자 계정이 자동으로 Users 그룹에 소속된 것을 볼 수 있습니다. 이제 **확인** 단추를 클릭하여 대화상자 를 닫습니다.

윈도우 10에서 빠른 사용자 전환 기능 사용하기

1 윈도우 10에서는 시작 메뉴에서 사용자 아이콘을 클릭한 다음, 다른 사용자를 선택합니다. 이 방식으로 사용자 전환하면 현재 작업하던 상태에서 전환되므로 나중에 다시 사용자 전환을 하면 이어서 작업할 수 있습니다.

2 선택한 사용자의 로그인 창이 나오면 암호를 입력하고 Enter 키를 누르거나 → 단추를 클릭합니다.

3 로그인 후에 시작 메뉴에서 사용자 아이콘을 클릭해보면 다른 사용자도 로그인됨으로 표시되는 것을 볼 수 있습니다. 이를 클릭하면 빠른 사용자 전환을 하여 기존에 수행하던 작업을 이어서 수행할 수 있습니다.

HELP
- 둘 이상의 사용자가 빠른 사용자 전환 기능을 이용하여 작업 중일 때 관리자 계정 로그인 상태에서 시스템 종료를 선택하면 다른 사용자의 작업 데이터 손실을 경고하는 알림 메시지가 나오지만 종료가 가능합니다.
- 표준 사용자 계정으로 로그인한 상태에서 관리자가 로그인 중이라면 강제 종료는 불가능합니다.

암호 재설정 디스크 만들고 사용하기

다중 사용자 환경을 지원하는 윈도우 운영체제는 일종의 암호키라고 할 수 있는 암호 재설정 디스크 만들기 기능을 제공합니다. 로그인 암호를 잊어버렸거나 시스템 변경으로 암호가 바뀐 경우, 암호 재설정 디스크로 새로운 암호를 설정하고 로그인할 수 있습니다. 윈도우 7부터는 USB 메모리에 암호 재설정 디스크를 만들 수 있지만, 윈도우 XP는 플로피 디스크로만 가능합니다. 다음의 암호 재설정 디스크를 만들고 활용하는 방법은 윈도우 7을 예를 들어 설명하지만, 윈도우 운영체제는 동일합니다.

암호 재설정 디스크 만들기

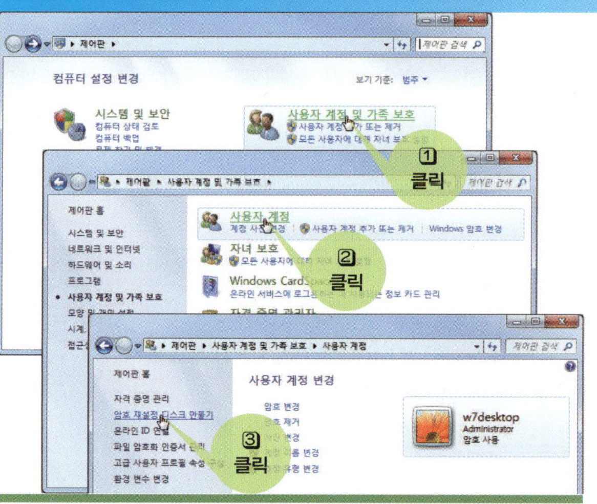

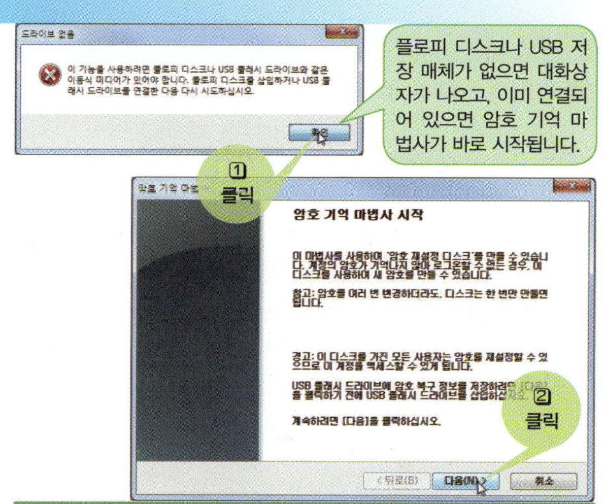

1 제어판에서 사용자 계정 및 가족 보호를 실행한 다음 사용자 계정을 선택하여 사용자 계정 창을 열고 암호 재설정 디스크 만들기(윈도우 XP는 암호 기억)를 클릭합니다.

2 드라이브 없음 대화상자가 나오면 USB 저장 매체를 연결한 다음, 확인 단추를 클릭합니다. 암호 기억 마법사가 시작되면 다음 단추를 클릭합니다.

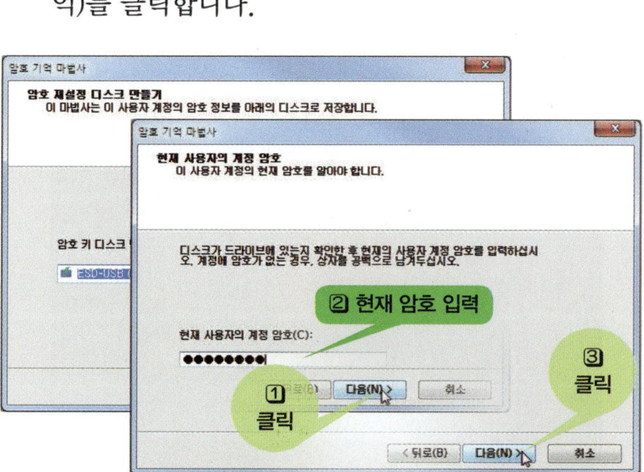

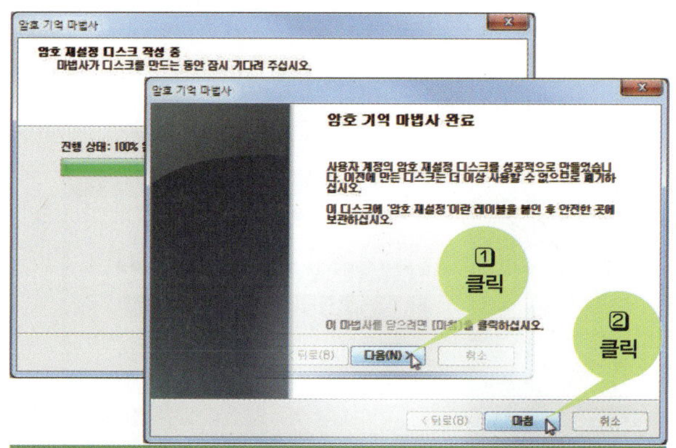

3 암호 재설정 디스크 만들기 화면이 나오면 암호키 디스크 드라이브를 확인하고 다음 단추를 클릭합니다. 현재 사용자의 계정 암호 화면이 나오면 현재 사용자의 계정 암호를 입력하고 다음 단추를 클릭합니다.

4 암호 재설정 디스크 작성 중 화면이 나온 후에 암호 재설정 디스크 작성이 완료되면 다음 단추를 클릭하고 암호 기억 마법사 완료 화면이 나오면 마침 단추를 클릭합니다.

암호 재설정 디스크로 로그인하기

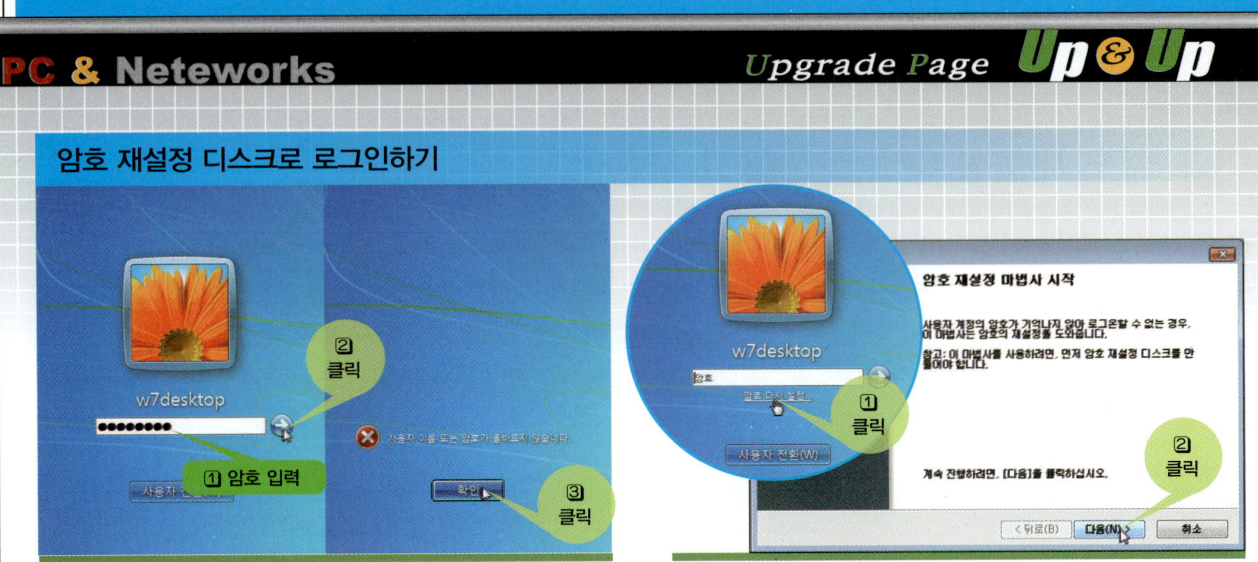

1 윈도우 로그인 **암호를 입력**했는데, 암호가 틀려 사용자 이름 또는 암호가 올바르지 않다는 메시지가 표시되면 **확인** 단추를 클릭합니다.

2 암호 입력 상자 아래에 새로 나타나는 **암호 다시 설정**을 클릭합니다. 암호 재설정 마법사가 시작되면 **다음** 단추를 클릭합니다.

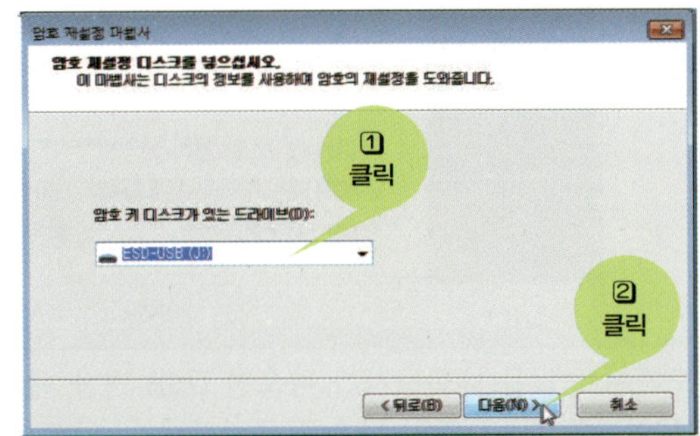

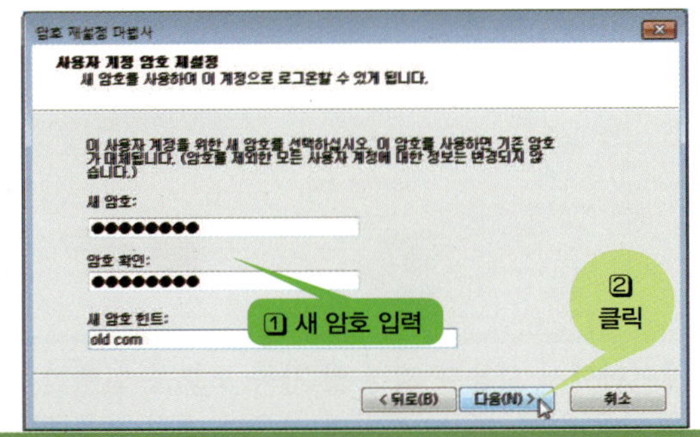

3 암호 재설정 디스크를 넣으십시오 화면이 나오면 암호키가 있는 USB 저장 매체를 연결하고 암호키 디스크가 있는 드라이브로 지정한 후에 **다음** 단추를 클릭합니다.

4 사용자 계정 암호 재설정 화면이 나오면 새 암호와 암호 확인, 새 암호 힌트를 입력한 후에 **다음** 단추를 클릭합니다.

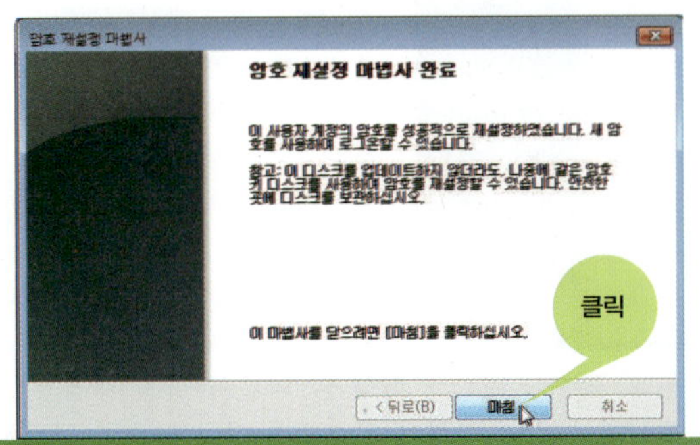

5 암호 재설정 마법사 완료 화면이 나오면 **마침** 단추를 클릭합니다.

6 새 암호를 입력하고 로그인하면 됩니다.

Exercise

2 사용자 계정과 그룹으로 고급 보안 공유하기

사용자 계정과 그룹을 사용하면 공유 자원 접근 권한을 사용자 계정과 그룹별로 설정할 수 있으며, 규모가 큰 네트워크도 효율적으로 관리할 수 있습니다. 컴퓨터 관리 창에서 사용자 계정과 그룹을 손쉽게 만들 수 있으며, 사용자 계정을 원하는 사용자 그룹으로 쉽게 등록할 수도 있습니다. 여기서는 보안 공유 설정 작업을 윈도우 7을 예를 들어 설명하지만 윈도우 운영체제는 동일합니다.

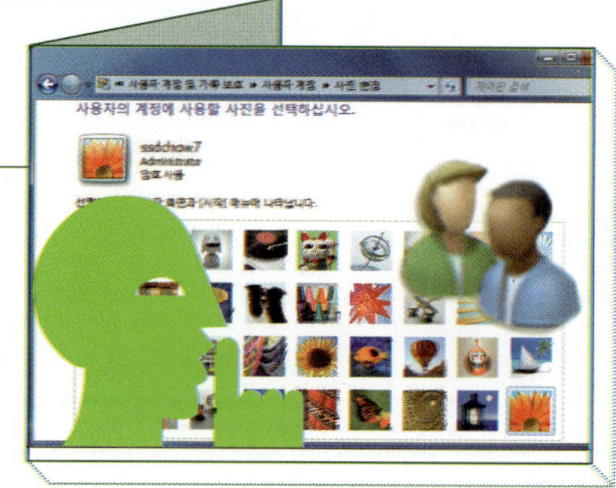

이 실습에 필요한 내용	실습 키 포인트
네트워크에 연결된 윈도우 윈도우 XP/7/10 컴퓨터	사용자 계정과 그룹 설정/보안 공유

암호 보호 공유 켜기

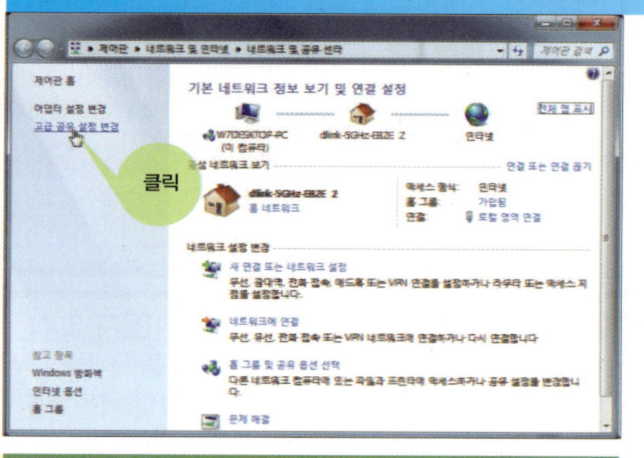

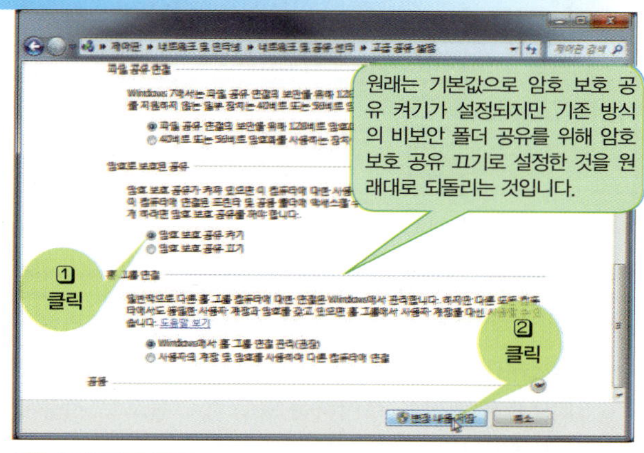

1 윈도우 7에서 네트워크 및 공유 센터 창을 연 다음, **고급 공유 설정 변경**을 선택합니다.

2 고급 공유 설정 창이 나오면 **암호 보호 공유 켜기**를 클릭한 후 **변경 내용 저장** 단추를 클릭합니다.

컴퓨터 관리 창에서 새 그룹과 사용자 계정 만들기

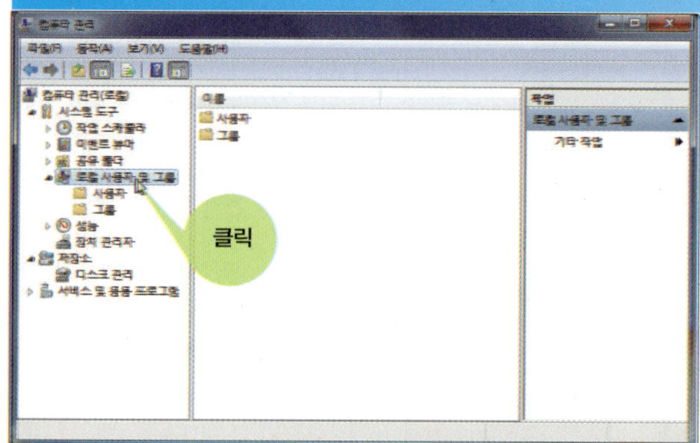

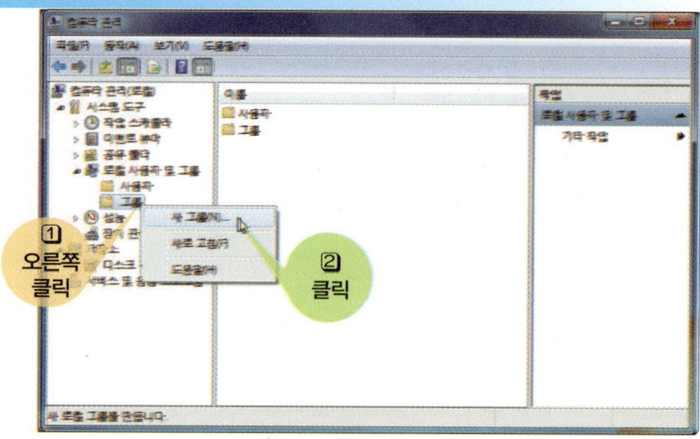

1 ⊞+R 키를 눌러 실행 창을 연 후 compmgmt.msc를 입력하고 Enter 키를 눌러 컴퓨터 관리 창을 연 다음 **로컬 사용자 및 그룹**을 선택합니다.

2 그룹 항목 위에서 마우스 오른쪽 단추를 클릭하여 팝업 메뉴에서 **새 그룹**을 선택합니다.

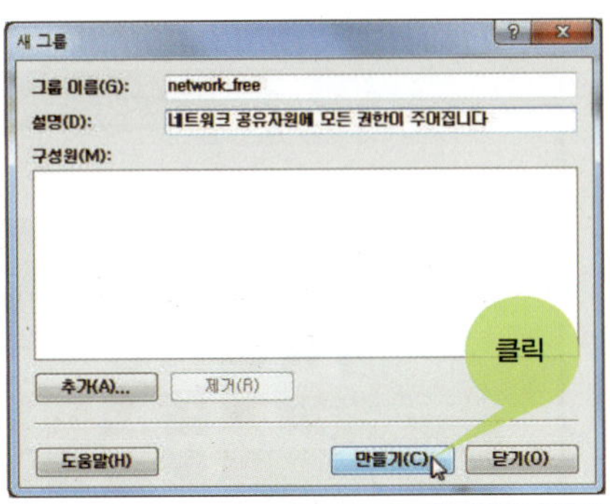

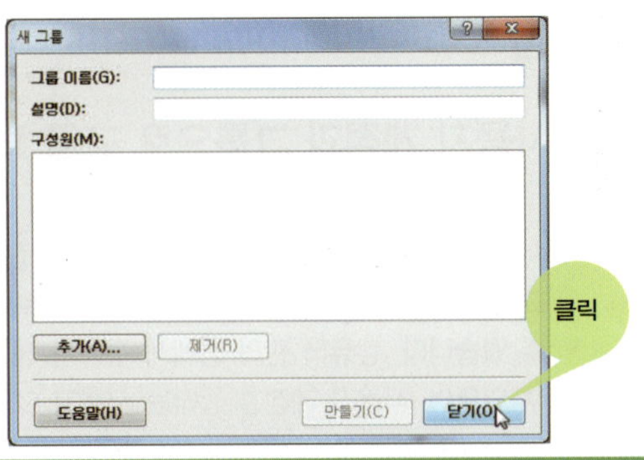

3 새 그룹 대화상자가 나오면 그룹 이름(network_free)과 설명을 입력한 다음, **만들기** 단추를 클릭합니다.

4 다시 새 그룹을 만들 수 있는 대화상자가 나오면 **닫기** 단추를 클릭하여 닫습니다.

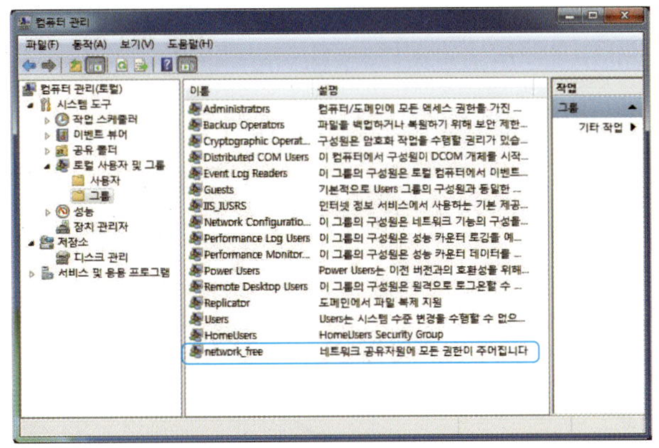

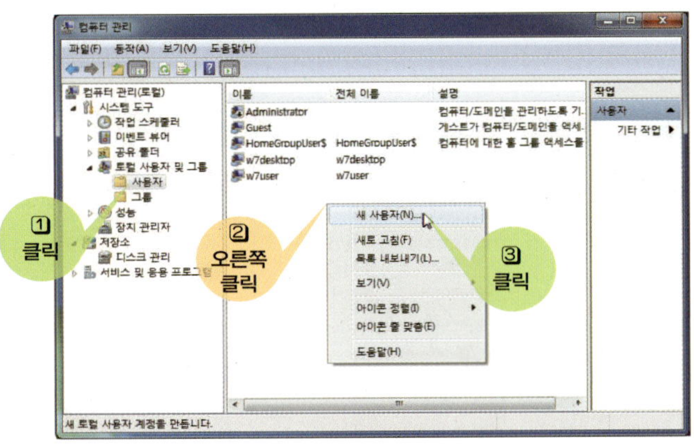

5 컴퓨터 관리 창의 그룹 목록 창에 새 그룹이 추가되었습니다. 이 그룹은 새로 공유하는 폴더에 대해 읽기/쓰기 권한을 부여하는 용도의 그룹으로 사용할 예정입니다.

6 컴퓨터 관리 창의 탐색 창에서 **로컬 사용자 및 그룹 → 사용자**를 선택하여 사용자 목록을 나타낸 다음, 마우스 오른쪽 단추를 클릭하여 팝업 메뉴에서 **새 사용자**를 선택합니다.

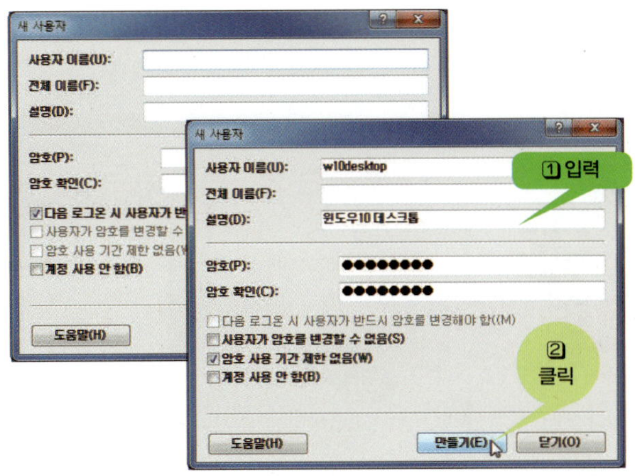

7 새 사용자를 등록할 수 있는 새 사용자 대화상자가 나오면, 윈도우 10 PC의 사용자 이름(**w10desktop**)/설명/암호를 입력하고, **암호 사용기간 제한 없음** 옵션을 체크하고 **만들기** 단추를 클릭합니다.

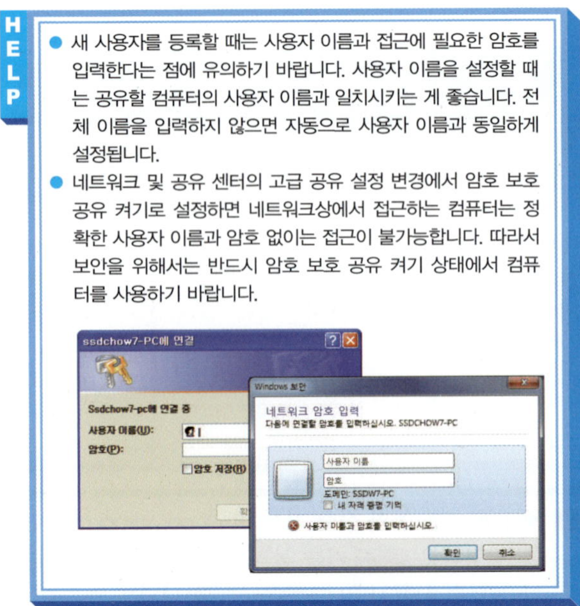

● 새 사용자를 등록할 때는 사용자 이름과 접근에 필요한 암호를 입력한다는 점에 유의하기 바랍니다. 사용자 이름을 설정할 때는 공유할 컴퓨터의 사용자 이름과 일치시키는 게 좋습니다. 전체 이름을 입력하지 않으면 자동으로 사용자 이름과 동일하게 설정됩니다.

● 네트워크 및 공유 센터의 고급 공유 설정 변경에서 암호 보호 공유 켜기로 설정하면 네트워크상에서 접근하는 컴퓨터는 정확한 사용자 이름과 암호 없이는 접근이 불가능합니다. 따라서 보안을 위해서는 반드시 암호 보호 공유 켜기 상태에서 컴퓨터를 사용하기 바랍니다.

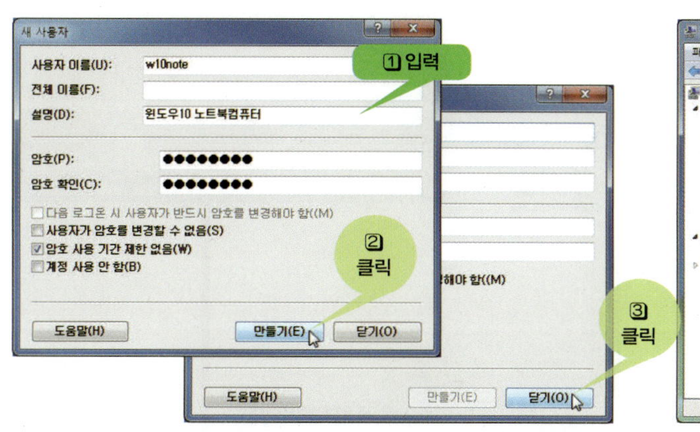

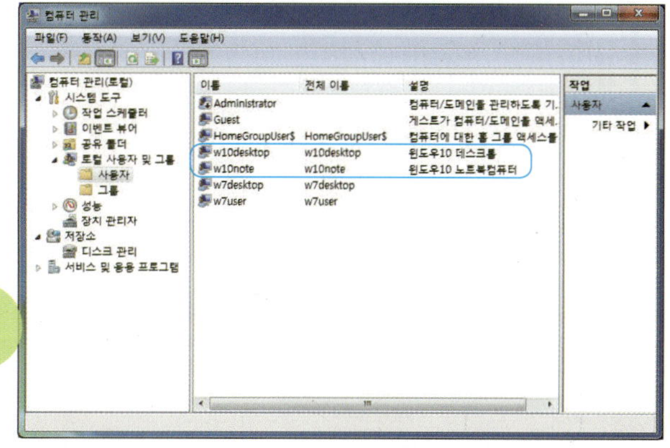

8 다시 새 사용자 대화상자가 나오면 노트북 컴퓨터의 사용자 이름(w10note)/설명/암호를 입력하고, **암호 사용 기간 제한 없음** 옵션에 체크한 후에 **만들기** 단추를 클릭하고, 새 사용자 대화상자가 나오면 닫습니다.

9 컴퓨터 관리 창의 사용자 목록 창에 새 사용자인 w10desktop와 w10note가 추가되었습니다.

새 사용자 계정의 소속 그룹 설정하기

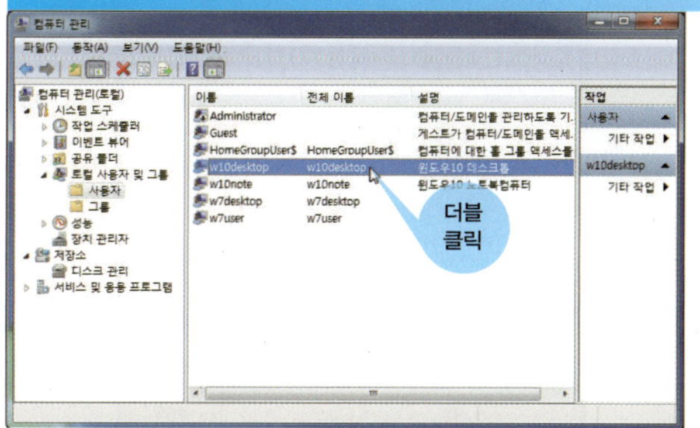

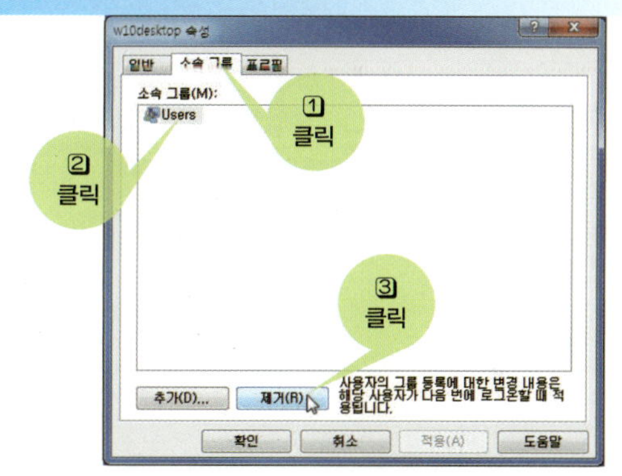

1 컴퓨터 관리 창의 사용자 목록 창에서 새로운 사용자로 추가한 윈도우 10 데스크톱 컴퓨터의 사용자 계정인 w10desktop을 더블 클릭합니다.

2 w10desktop 속성 대화상자가 나오면 **소속 그룹** 탭을 선택한 다음, 자동으로 소속된 Users 그룹을 선택하고 **제거** 단추를 클릭합니다.

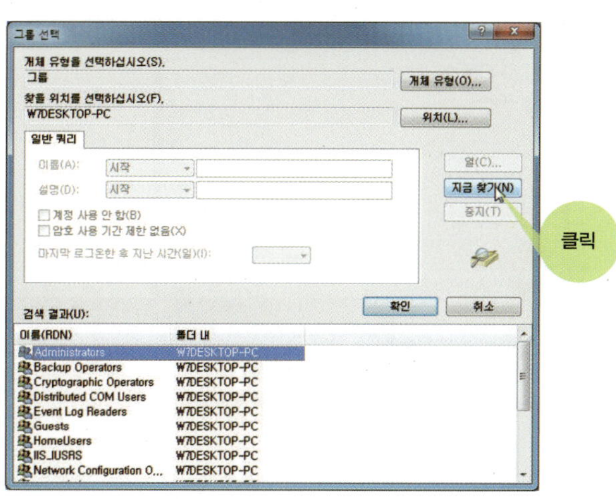

3 Users 그룹이 제거되었으면, 이제 소속 그룹을 추가하기 위해 **추가** 단추를 클릭하고 그룹 선택 대화상자가 나오면 **고급** 단추를 클릭합니다.

4 확장된 그룹 선택 대화상자가 나오면 **지금 찾기** 단추를 클릭합니다. 그러면 검색 결과 창에 현재 컴퓨터에 존재하는 모든 사용자 계정과 그룹이 나옵니다.

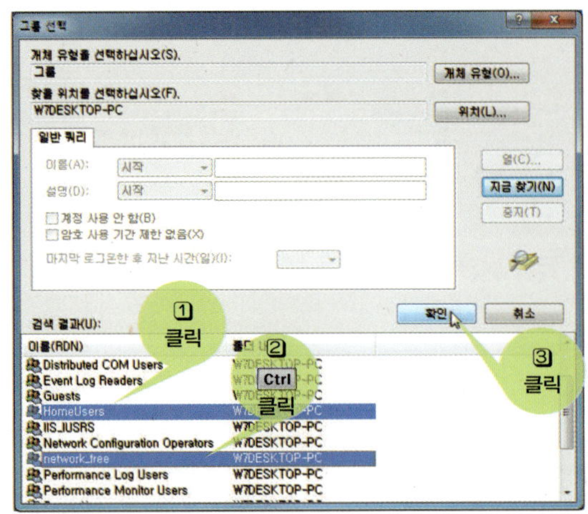

5 검색 결과 목록에서 HomeUsers, network_free, 그 룹을 **클릭**, `Ctrl`+**클릭**으로 선택한 후 **확인** 단추를 클릭합니다.

6 그룹 선택 대화상자에 HomeUsers, network_ free 그룹 개체가 나오면 **확인** 단추를 클릭합니다. w10desktop 속성 대화상자에 두 그룹이 추가되었 으면 **확인** 단추를 클릭합니다.

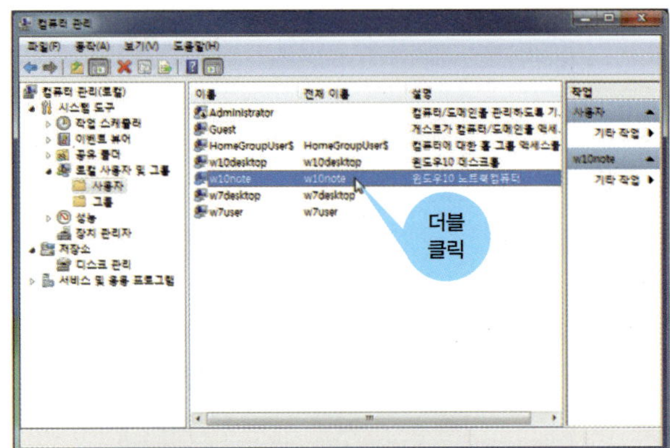

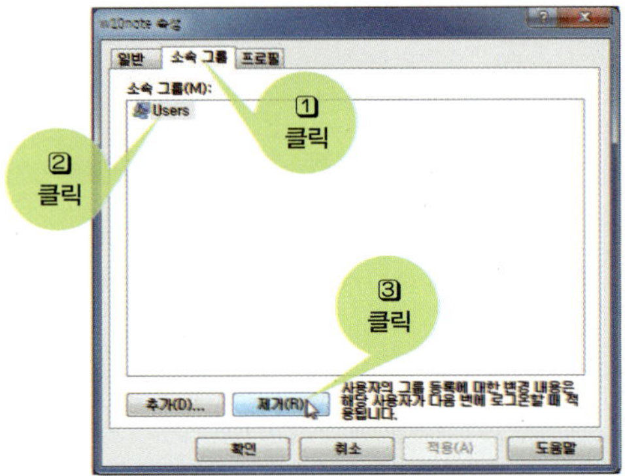

7 이번에는 컴퓨터 관리 창의 사용자 목록 창에서 새 로운 사용자로 추가한 윈도우 10 노트북 컴퓨터의 사용자 계정인 w10note를 더블 클릭합니다.

8 w10note 속성 대화상자가 나오면 **소속 그룹** 탭을 선택한 후 자동으로 소속된 Users 그룹을 선택한 다음, **제거** 단추를 클릭합니다.

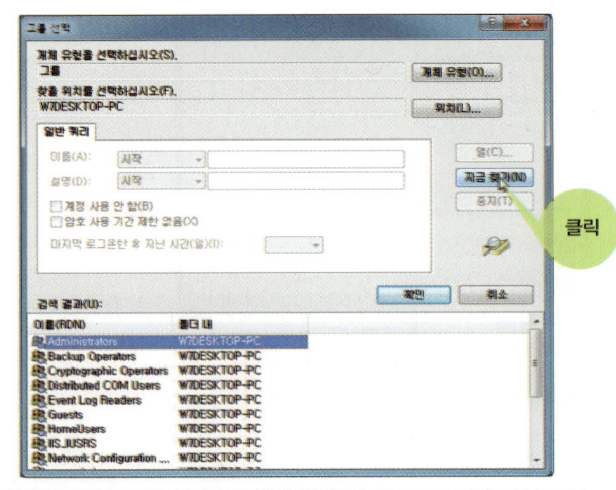

9 Users 그룹이 제거되었으면 전과 마찬가지로 소속 그룹을 추가하기 위해 **추가** 단추를 클릭하고, 그룹 선택 대화상자가 나오면 **고급** 단추를 클릭합니다.

10 확장된 그룹 선택 대화상자가 나오면 **지금 찾기** 단추 를 클릭합니다. 그러면 검색 결과 창에 현재 컴퓨터 에 존재하는 모든 사용자 계정과 그룹이 나옵니다.

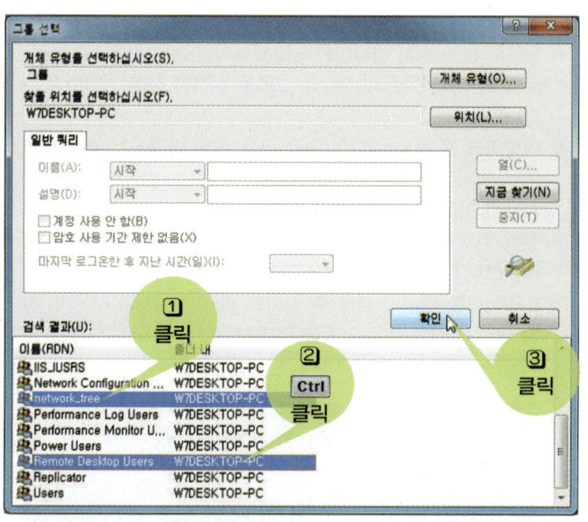

11 검색 결과 목록에서 network_free, Remote Desk-top Users 그룹을 클릭, Ctrl+클릭으로 선택한 후 확인 단추를 클릭합니다.

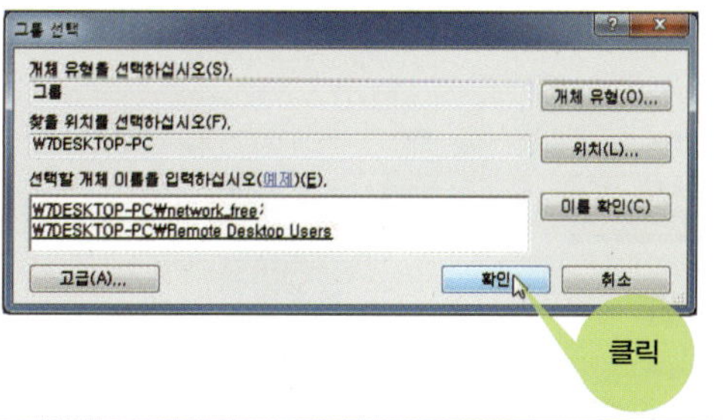

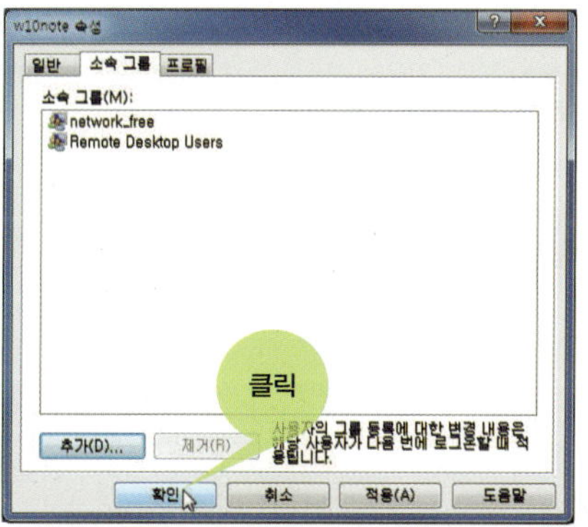

12 그룹 선택 대화상자에 network_free, Remote Desktop Users 그룹 개체가 나오면 확인 단추를 클릭합니다.

13 w10note 속성 대화상자에 network_free, Re-mote Desktop Users 그룹이 소속 그룹으로 추가되었습니다. 이것으로 새 사용자 계정의 소속 그룹 설정 작업은 완료되었습니다. 확인 단추를 클릭하여 w10note 속성 대화상자를 닫습니다.

공유 폴더 사용자 그룹으로 관리하기

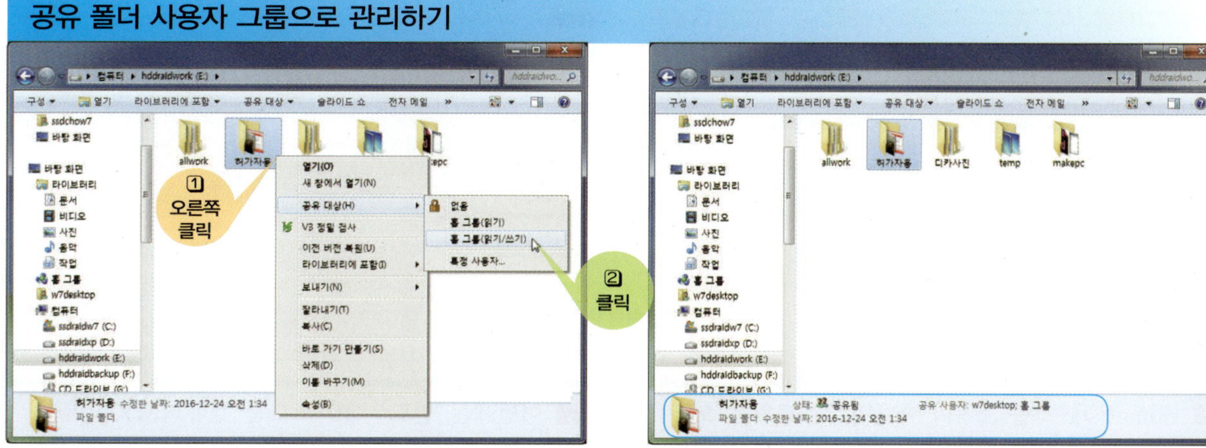

1 사용자 계정과 그룹을 이용하여 공유할 폴더를 선택한 후 마우스 오른쪽 단추를 클릭하여 공유 대상 → 홈 그룹(읽기/쓰기)를 선택합니다.

2 폴더가 공유되었습니다. 하단의 세부 정보 창을 보면 공유 사용자에 홈 그룹이 포함된 것을 알 수 있습니다.

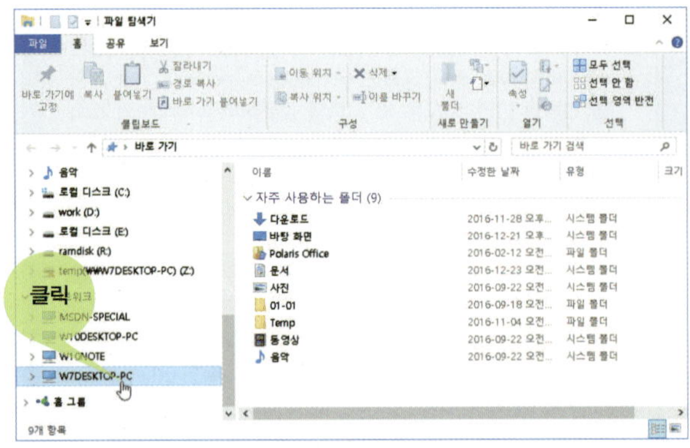

3 무선 인터넷으로 연결한 노트북 컴퓨터(**w10note**)에서 파일 탐색기 창을 열어 폴더를 공유한 윈도우 7 PC인 **W7DESKTOP-PC**를 선택합니다.

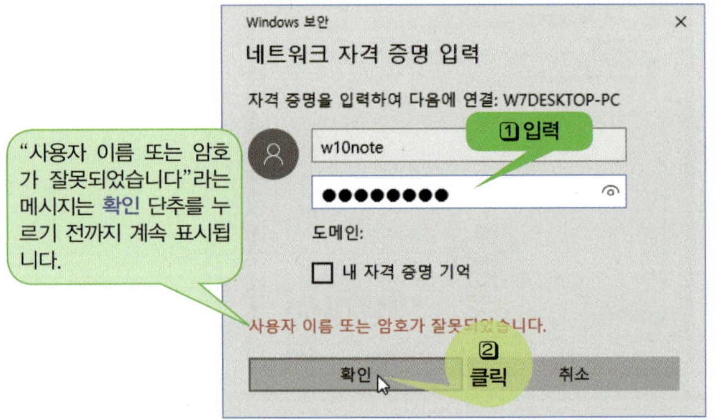

4 Windows 보안 대화상자가 나오면 사용자 이름과 암호를 입력한 다음, **확인** 단추를 클릭합니다. 다음부터 Windows 보안 대화상자를 거치지 않고 바로 접속하려면 내 자격 증명 기억을 체크합니다.

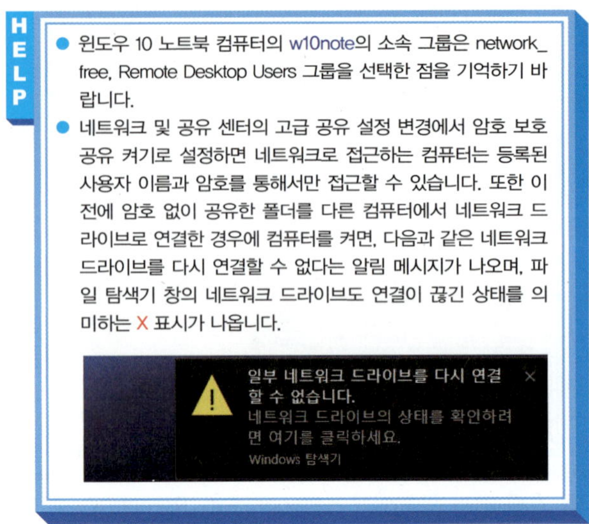

5 사용자 이름과 암호가 이상 없으면 윈도우 7 PC(**w7desktop**)에서 공유한 자원이 표시됩니다. 이제 앞의 **1** 단계에서 홈 그룹 공유를 수행한 **허가자용** 폴더를 열기 위해 더블 클릭합니다.

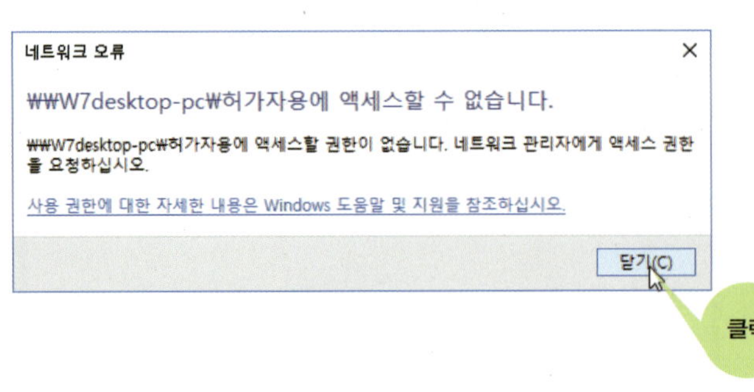

6 HomeUser 그룹 소속이 아니므로 네트워크 오류 대화상자가 나와 액세스할 권한이 없으니 네트워크 관리자에게 액세스 권한을 요청하라는 안내 메시지가 나옵니다. 내용을 확인했으면 **닫기** 단추를 클릭하여 닫습니다.

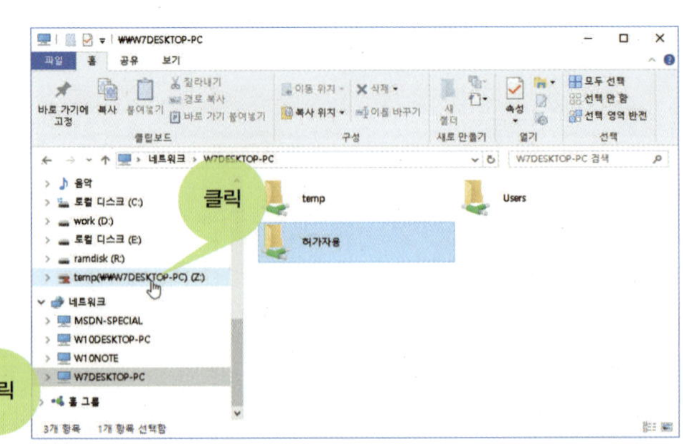

7 이번에는 윈도우 10 노트북 컴퓨터(**w10note**)의 파일 탐색기 창에서 윈도우 7 PC(**w7desktop**)에서 암호 보호 공유 해제 상태에서 공유했던 폴더(temp)를 연결한 네트워크 드라이브(718쪽 참고)를 클릭합니다.

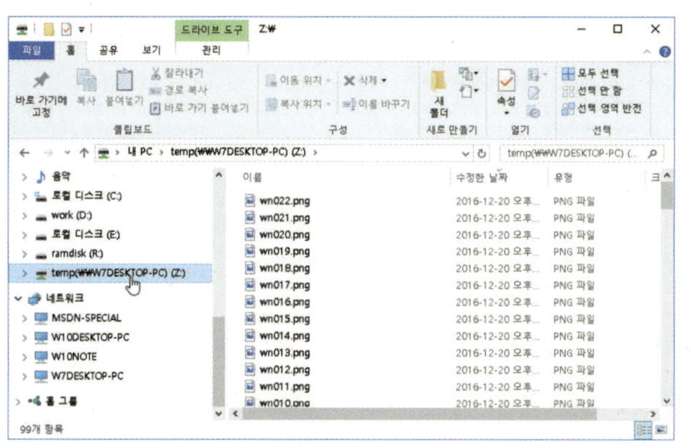

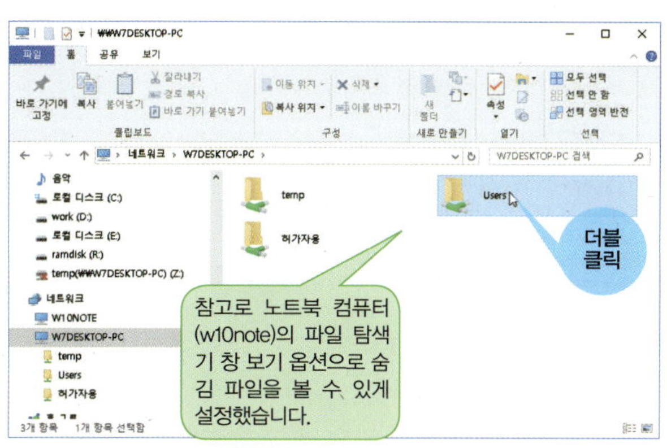

8 앞의 **4**단계에서 정상 등록된 사용자 이름과 암호로 로그인했기 때문에 네트워크 연결 드라이브의 내용이 바로 표시되고, 연결이 끊긴 상태를 의미하는 X 표시도 자동으로 없어집니다.

9 이번에는 윈도우 10 노트북 컴퓨터(w10note)의 파일 탐색기 창에서 윈도우 7 PC(w7desktop)에서 자동으로 공유된 users 폴더를 더블 클릭합니다.

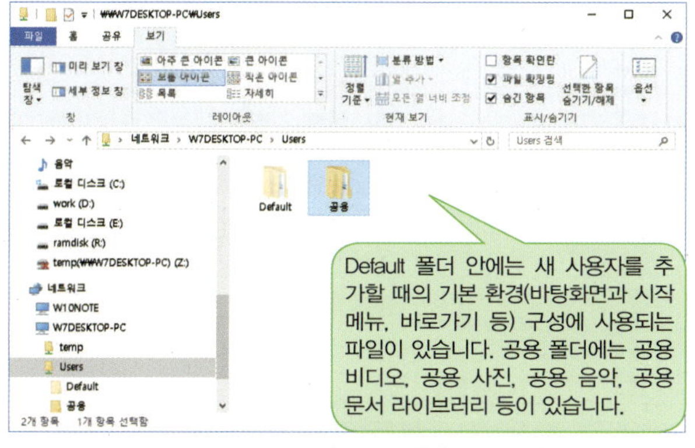

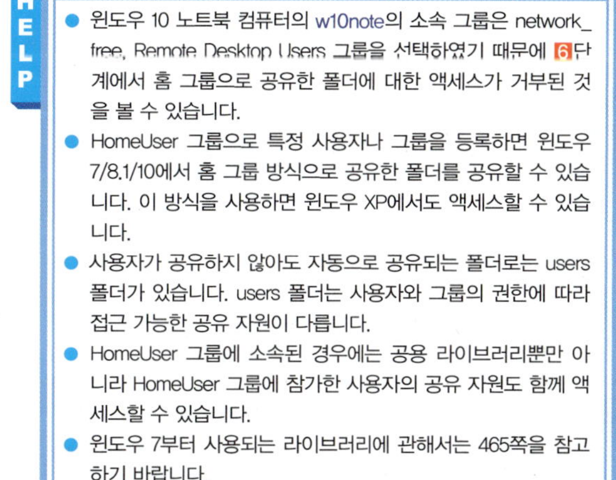

● 윈도우 10 노트북 컴퓨터의 w10note의 소속 그룹은 network_free, Remote Desktop Users 그룹을 선택하였기 때문에 **6**단계에서 홈 그룹으로 공유한 폴더에 대한 액세스가 거부된 것을 볼 수 있습니다.

● HomeUser 그룹으로 특정 사용자나 그룹을 등록하면 윈도우 7/8.1/10에서 홈 그룹 방식으로 공유한 폴더를 공유할 수 있습니다. 이 방식을 사용하면 윈도우 XP에서도 액세스할 수 있습니다.

● 사용자가 공유하지 않아도 자동으로 공유되는 폴더로는 users 폴더가 있습니다. users 폴더는 사용자와 그룹의 권한에 따라 접근 가능한 공유 자원이 다릅니다.

● HomeUser 그룹에 소속된 경우에는 공용 라이브러리뿐만 아니라 HomeUser 그룹에 참가한 사용자의 공유 자원도 함께 액세스할 수 있습니다.

● 윈도우 7부터 사용되는 라이브러리에 관해서는 465쪽을 참고하기 바랍니다.

10 숨김 파일 속성의 Default 폴더와 공용 라이브러리 파일이 있는 **공용** 폴더가 나오는 것을 확인할 수 있습니다.

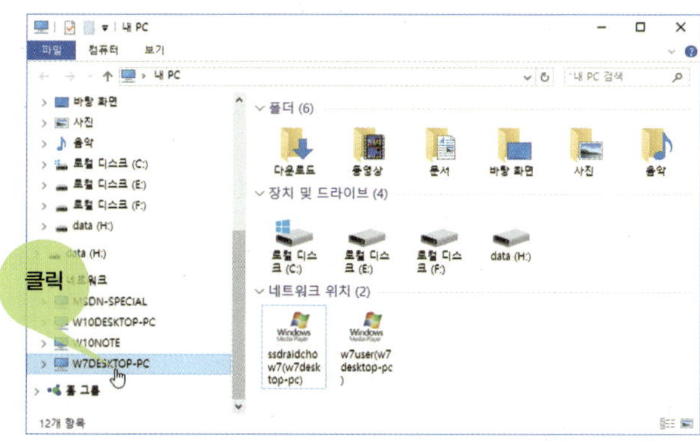

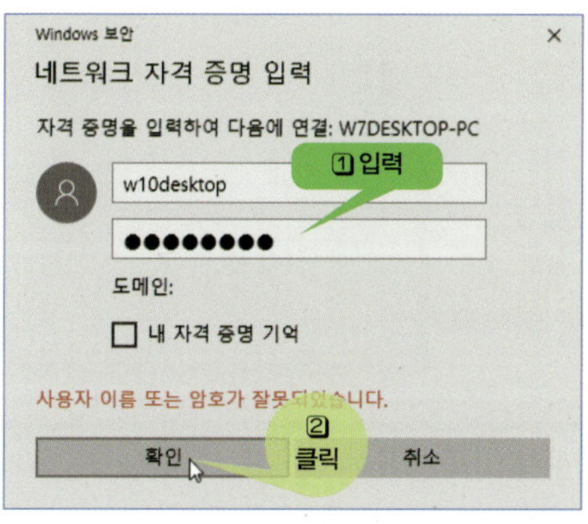

11 이번에는 유선 인터넷으로 연결한 데스크톱 컴퓨터(w10desktop)에서 파일 탐색기 창을 열어 윈도우 7 PC(W7DESKTOP-PC)를 더블 클릭합니다.

12 Windows 보안 대화상자가 나오면 사용자 이름과 암호를 입력한 다음 **확인** 단추를 클릭합니다.

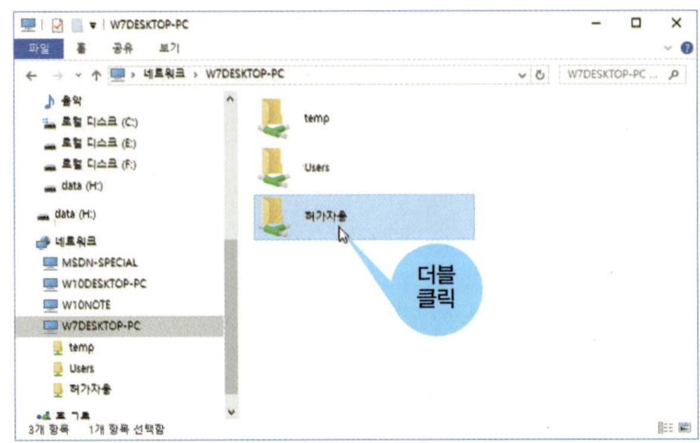

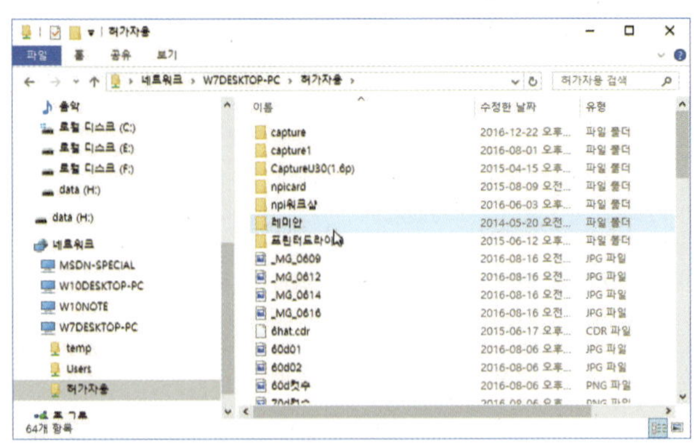

13 사용자 이름과 암호가 이상 없으면 윈도우 7 PC(**w7desktop**)에서 공유한 자원이 표시됩니다. 이제 앞의 **1** 단계에서 홈 그룹 공유를 수행한 허가자용 폴더를 열기 위해 더블 클릭합니다.

14 윈도우 10 PC((**w10desktop**)는 HomeUser 그룹에 등록했기 때문에 홈 그룹 공유를 수행한 허가자용 폴더 내용이 바로 표시됩니다.

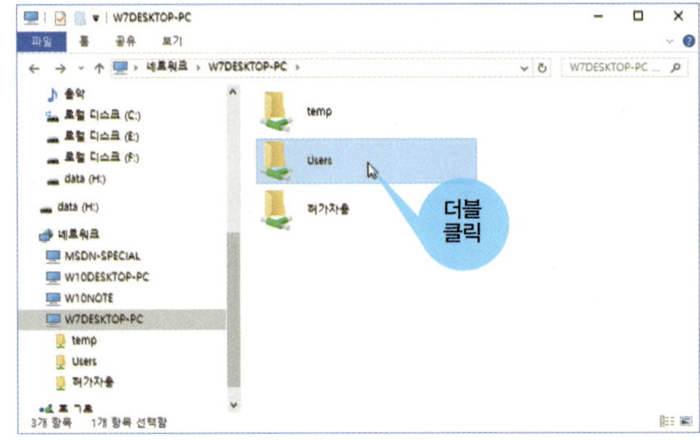

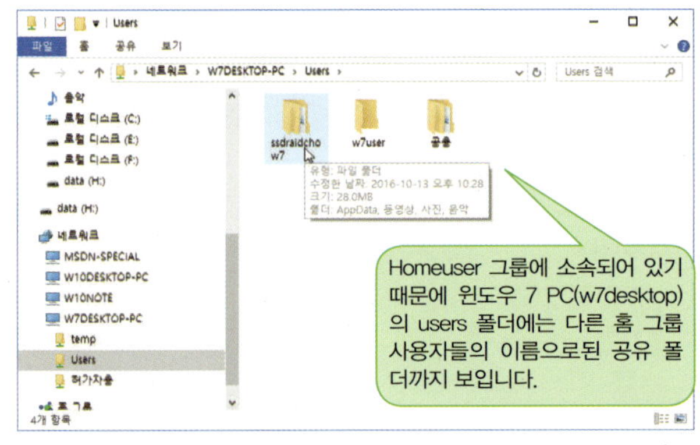

15 이번에는 윈도우 10 PC((**w10desktop**)의 파일 탐색기 창에서 윈도우 7 PC(**w7desktop**)에서 자동으로 공유된 users 폴더를 더블 클릭합니다.

16 users 폴더의 내용이 나오면 윈도우 7 PC의 관리자 폴더(**ssdraidcho**)를 클릭합니다. 폴더 이름이 현재 관리자 이름인 **w7desktop**이 아닌 점에 유의합니다.

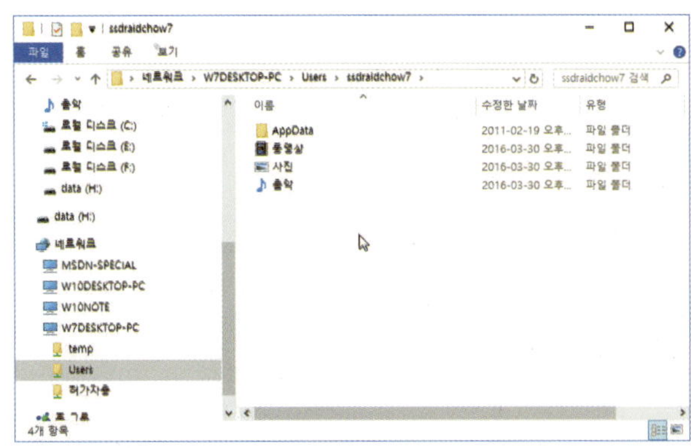

17 관리자의 폴더에서 공유된 라이브러리 등이 표시됩니다.

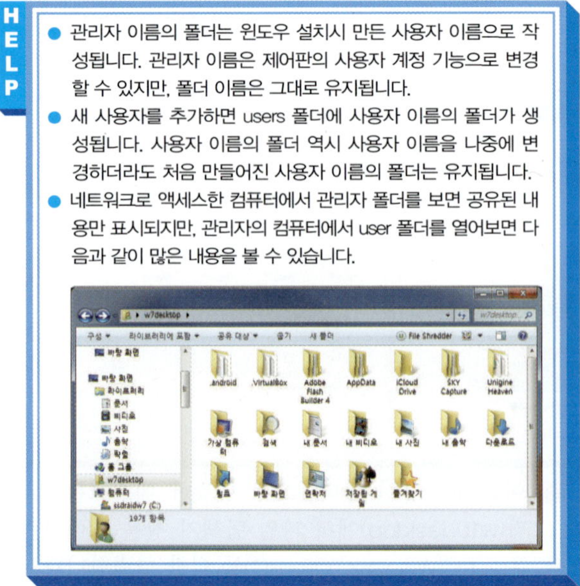

홈 그룹 공유 폴더에 사용자와 그룹 추가하기

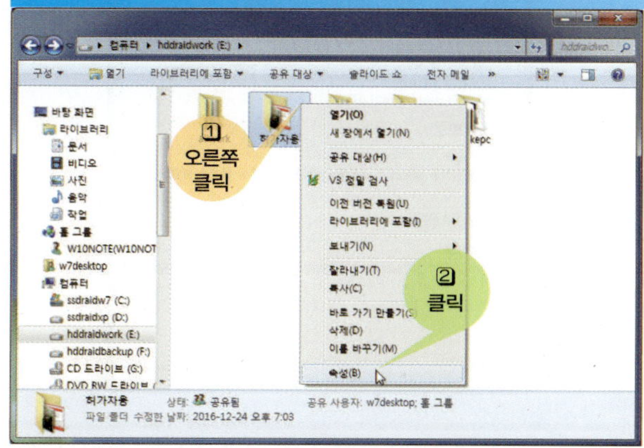

1 윈도우 7 PC(**w7desktop**)에서 홈 그룹(읽기/쓰기)로 공유한 허가자용 폴더를 마우스 오른쪽 단추를 클릭하여 팝업 메뉴에서 **속성**을 선택합니다.

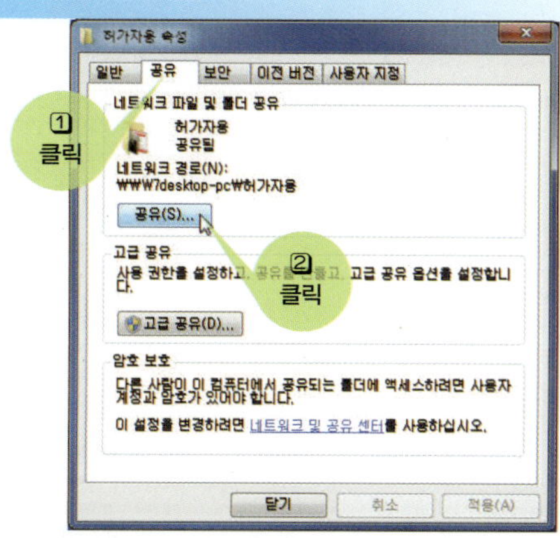

2 허가자용 속성 대화상자가 나오면 **공유** 탭을 클릭하여 공유 탭 페이지를 열고, **공유** 단추를 클릭합니다.

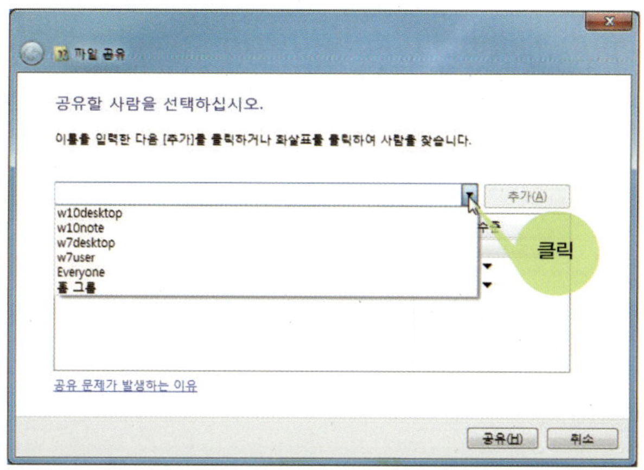

3 파일 공유 대화상자가 나오면 사용자 목록의 ▼ 단추를 클릭하여 사용자 목록을 확인합니다.

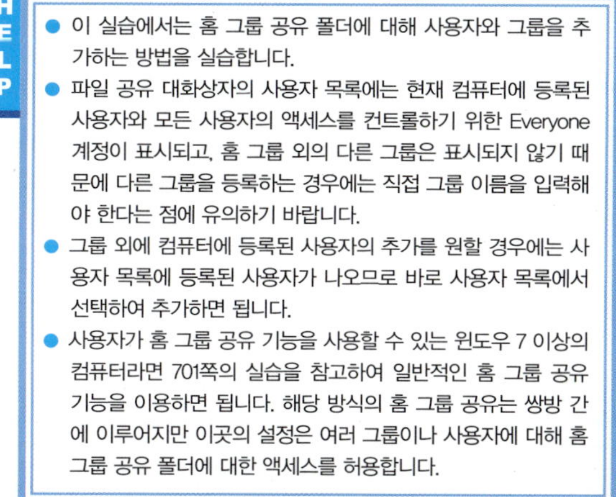

HELP

- 이 실습에서는 홈 그룹 공유 폴더에 대해 사용자와 그룹을 추가하는 방법을 실습합니다.
- 파일 공유 대화상자의 사용자 목록에는 현재 컴퓨터에 등록된 사용자와 모든 사용자의 액세스를 컨트롤하기 위한 Everyone 계정이 표시되고, 홈 그룹 외의 다른 그룹은 표시되지 않기 때문에 다른 그룹을 등록하는 경우에는 직접 그룹 이름을 입력해야 한다는 점에 유의하기 바랍니다.
- 그룹 외에 컴퓨터에 등록된 사용자의 추가를 원할 경우에는 사용자 목록에 등록된 사용자가 나오므로 바로 사용자 목록에서 선택하여 추가하면 됩니다.
- 사용자가 홈 그룹 공유 기능을 사용할 수 있는 윈도우 7 이상의 컴퓨터라면 701쪽의 실습을 참고하여 일반적인 홈 그룹 공유 기능을 이용하면 됩니다. 해당 방식의 홈 그룹 공유는 쌍방 간에 이루어지만 이곳의 설정은 여러 그룹이나 사용자에 대해 홈 그룹 공유 폴더에 대한 액세스를 허용합니다.

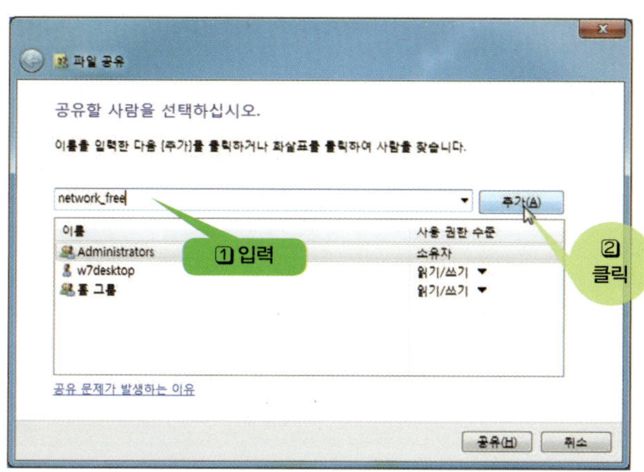

4 파일 공유 대화상자에서 추가할 그룹 이름(network_free)을 입력한 후 **추가** 단추를 클릭합니다.

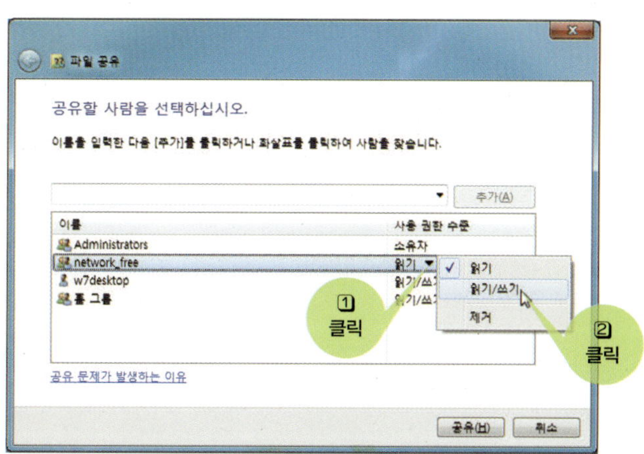
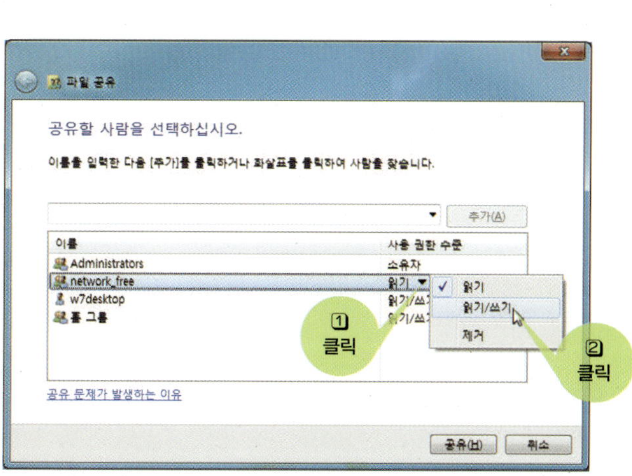

5 추가된 network_free 그룹의 **읽기▼**를 클릭한 후 사용 권한을 **읽기/쓰기**로 선택합니다.

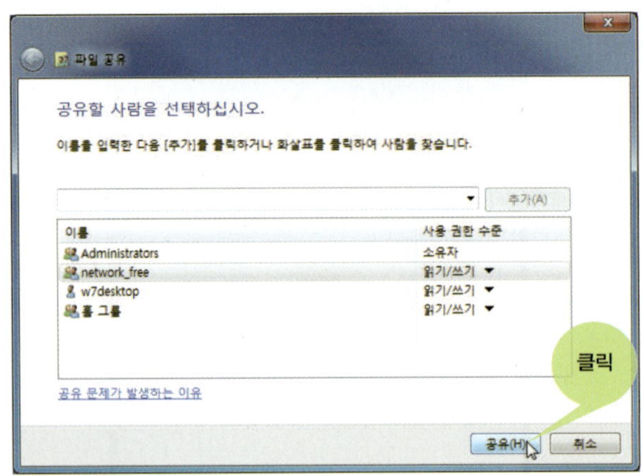

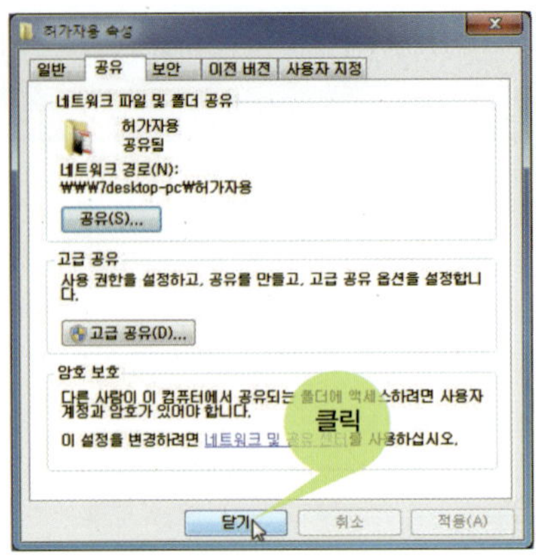

6 network_free 그룹에 대해 읽기/쓰기 권한이 설정되었습니다. 이제 공유 단추를 클릭합니다.

7 허가자용 속성 대화상자로 되돌아오면 설정이 완료되었으므로 닫기 단추를 클릭합니다.

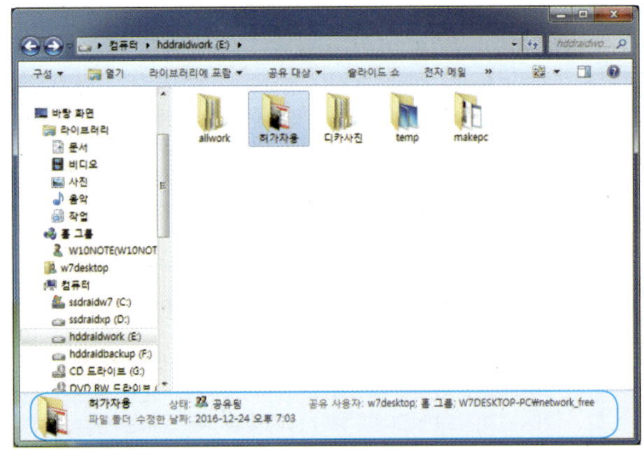

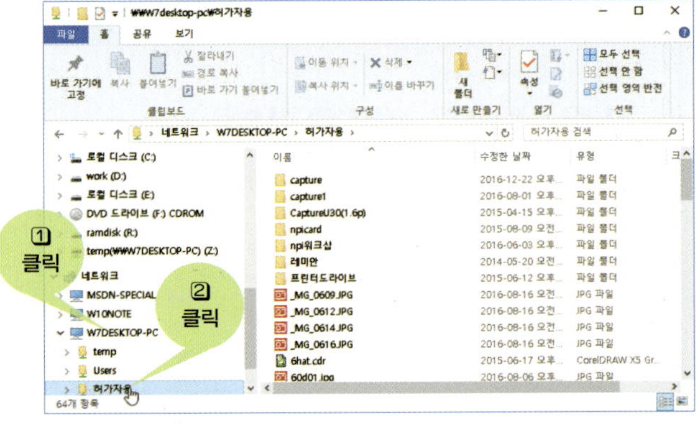

8 허가자용 공유 폴더에 그룹 추가가 완료되었습니다. 하단의 세부 정보 창을 보면 공유 사용자에 network_free 그룹이 포함된 것을 볼 수 있습니다.

9 이제 network_free 그룹에 등록했던 노트북 컴퓨터(w10note)에서 윈도우 7 PC(W7DESKTOP–PC)의 허가자용 폴더를 클릭하면 공유 자원이 표시됩니다.

사용자 계정 컨트롤 및 사용자 계정과 그룹의 프로그램 사용 권한

윈도우 비스타부터 등장한 사용자 계정 컨트롤 기능은 바이러스나 악성코드 같은 악성 프로그램에 의한 시스템 손상과 해킹을 차단하기 위해 추가되었습니다. 사용자 계정 컨트롤은 아무런 제약 없이 프로그램을 설치하고 실행하던 사용자에게는 불편한 기능으로 오해받기도 하지만, 잘못된 소프트웨어 실행을 막는 일등공신이기도 합니다. 윈도우 운영체제의 사용자 계정과 그룹 관리 기능은 단지 공유 자원 관리에 국한되지 않으며, 다른 사용자 계정이나 그룹의 프로그램 실행 권한도 관리할 수 있습니다.

사용자 계정 컨트롤 기능

윈도우 XP 때까지는 관리자 권한의 사용자는 무소불위의 권한을 갖고 시스템에 영향을 미치는 프로그램도 아무 제약 없이 설치하고 실행할 수 있었습니다. 개인 사용자의 경우 대부분 별도의 표준 사용자 계정을 만들지 않고 관리자 계정으로 바로 컴퓨터를 사용합니다.

컴퓨터에 익숙하지 않은 사용자를 교묘히 속이는 웹사이트의 링크나 이메일의 첨부 파일 등으로 자동으로 설치되는 악성 프로그램에 의해 시스템은 손쉽게 공격당하고 손상을 입는 일이 많이 발생되자, 마이크로소프트사는 윈도우 비스타 운영체제부터 사용자 계정 컨트롤 기능을 도입하고, 시스템에 영향을 미치는 프로그램 여부를 체크하여 실행 여부를 사용자가 한 번 더 생각하고 조치할 수 있도록 하였습니다.

사용자 계정 컨트롤 기능의 핵심 원리는 **관리자 계정으로 로그인한 사용자도 표준 사용자 계정처럼 프로그램을 사용**하되, 시스템에 영향을 미치는 프로그램의 설치나 실행은 일단 차단하고, 허용 여부를 선택할 수 있게 알린다는 점입니다. 윈도우 제어판에서 사용자 계정을 열면 사용자 계정 컨트롤 설정 변경 기능을 실행할 수 있습니다. 사용자 계정 컨트롤 설정의 기본값은 프로그램에서 사용자 모르게 컴퓨터를 변경하려는 경우에 알리고 바탕화면을 어둡고 흐리게 하여 악성 프로그램이 사용자를 속이고 다른 작업을 수행하는 것을 차단하는 보안 데스크톱 화면 모드로 전환합니다.

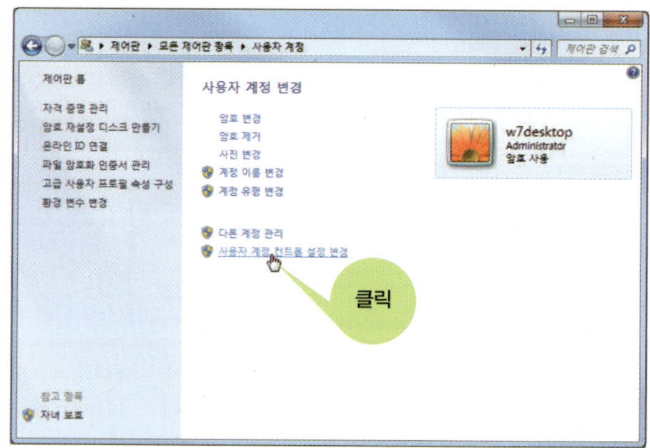

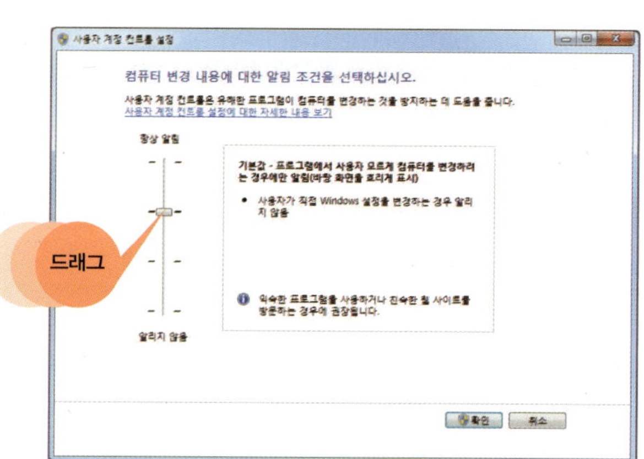

❶ 윈도우 제어판을 연 다음, **사용자 계정**을 더블 클릭하여 역고 **사용자 계정 컨트롤 설정 변경**을 클릭합니다.

❷ 사용자 계정 컨트롤 슬라이더를 높이면 보안이 강화되고, 낮추면 약화되며, 맨 아래의 알리지 않음을 설정하면 더 이상 컴퓨터 변경을 유발하는 프로그램 설치와 실행 시에도 알리지 않게 설정됩니다.

사용자 계정과 프로그램 사용 권한

관리자 계정으로 로그인한 경우에는 프로그램 실행 파일의 속성 대화상자에서 다른 사용자 계정의 프로그램 사용 권한을 추가할 수 있습니다. 표준 사용자 계정으로 로그인한 경우, 대부분의 프로그램 사용은 가능하지만 시스템에 영향을 미치는 프로그램 사용이나 프로그램 설치는 제한됩니다. 표준 계정의 사용자도 관리자 권한으로 실행을 선택하여 관리자 권한을 부여받으면 실행할 수 있습니다. 이 경우에는 관리자 권한을 부여 받아 프로그램을 실행하는 동안만 프로그램 실행 권한이 유지됩니다.

표준 사용자 계정에서는 시스템에 영향을 미치는 프로그램 실행은 가능해도 변경 작업은 할 수 없는 경우도 많습니다. 예를 들어 다음과 같이 시스템에 영향을 미치는 윈도우 업데이트 설정 작업의 경우, 현재 설정 항목을 볼 수는 있지만 관리자가 아니기 때문에 실제로 변경할 수는 없습니다.

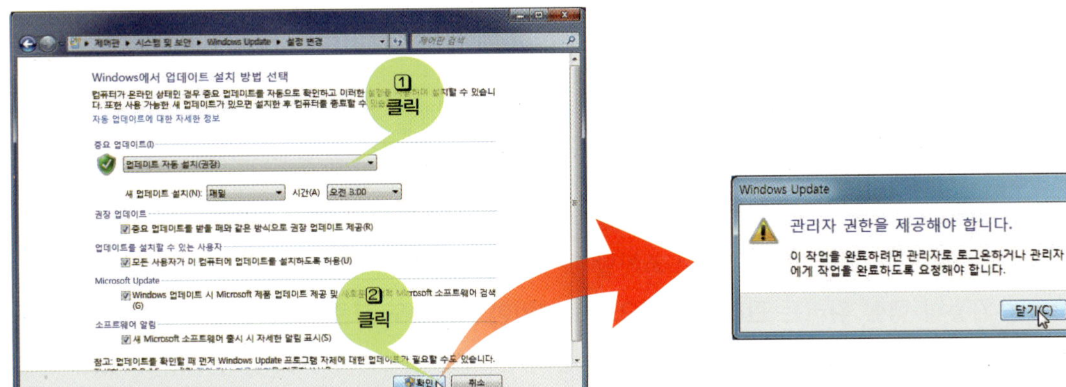

❶ 표준 사용자로 로그인한 상태에서 윈도우 업데이트 설정을 변경하면 방패 모양의 ✅이 표시되고 확인 단추에도 🛡이 표시됩니다.

❷ 윈도우 업데이트 설정 변경을 위해 **확인** 단추를 클릭해도 관리자 권한을 제공해야 한다는 경고 메시지가 나오고 설정은 변경되지 않습니다.

다음 내용도 표준 사용자 계정의 시스템에 영향을 미치는 작업 예로 액세스 권한이 없어 아예 접근이 안 되거나 설정을 볼 수 있어도 변경은 할 수 없는 등 권한이 제한되는 것을 알 수 있습니다.

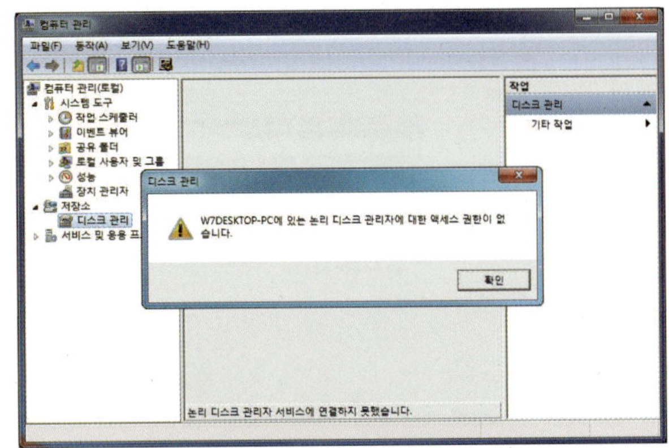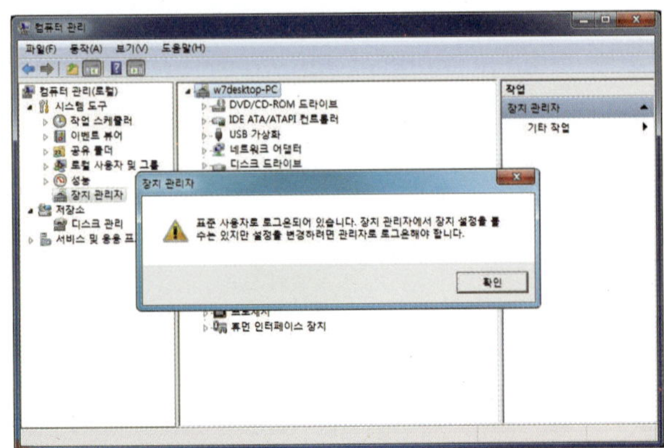

❶ 표준 사용자로 로그인한 상태에서 컴퓨터 관리를 실행하고 디스크 관리자에 액세스하려면 액세스 권한이 없다는 경고 메시지가 나오고 접근 자체가 불가능합니다.

❷ 표준 사용자로 로그인한 상태에서 컴퓨터 관리를 실행하고 장치 관리자에 액세스하면 "장치 설정은 볼 수 있지만 변경하려면 관리자로 로그온해야 한다"는 경고 메시지가 나옵니다.

Check Point 윈도우 XP의 사용자 계정과 그룹 공유 시 유의 사항

윈도우 XP의 사용자 계정과 그룹 작성 및 그룹 설정 방식은 윈도우 7과 거의 비슷하지만, HomeUser 그룹 기능은 없으므로 윈도우 7 이상부터 지원되는 홈 그룹 공유 방식은 사용할 수 없습니다. 따라서 일반적인 방식대로 공유하는 폴더에서 사용자 계정과 그룹에 대한 권한 설정을 통해 공유 자원에 대한 액세스를 통제하면 됩니다. 윈도우 XP에서 사용자 계정과 그룹으로 액세스를 통제하려면, 폴더 옵션을 변경해야 한다는 점에도 유의하기 바랍니다. 윈도우 XP에서 네트워크 설정 마법사를 실행하면 같은 네트워크의 컴퓨터에 자동 공유되는 공유 문서 폴더 수정을 예를 들어 살펴보면 다음과 같습니다.

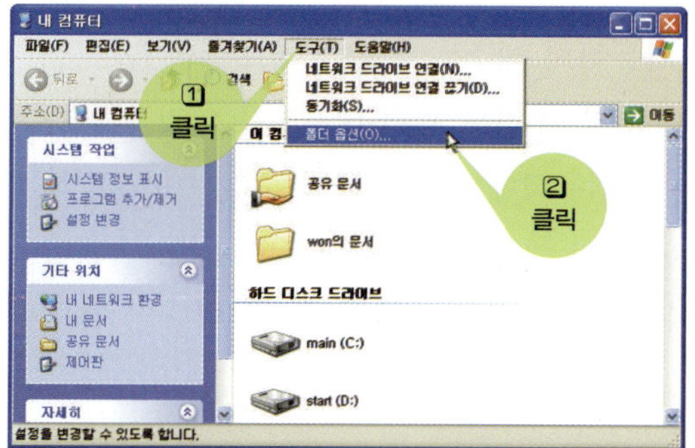

❶ 사용자 계정과 그룹으로 액세스를 통제하려면 먼저 폴더 옵션을 변경해야 하므로 폴더 창의 도구 메뉴에서 폴더 옵션을 선택합니다.

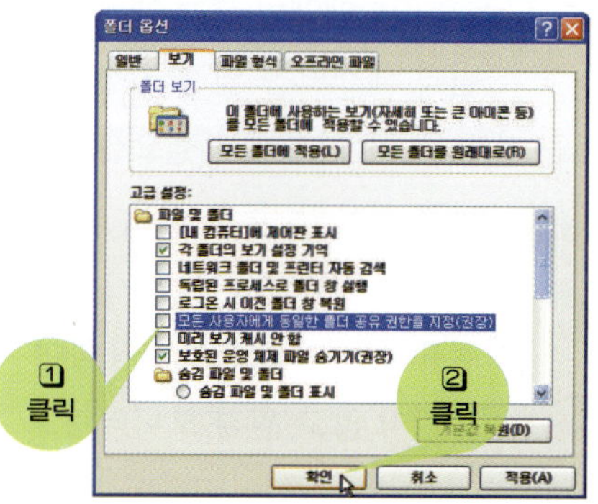

❷ 폴더 옵션 대화상자가 나오면 보기 탭에서 모든 사용자에게 동일한 폴더 공유 권한을 지정(권장)의 체크를 해제하고 확인 단추를 클릭합니다.

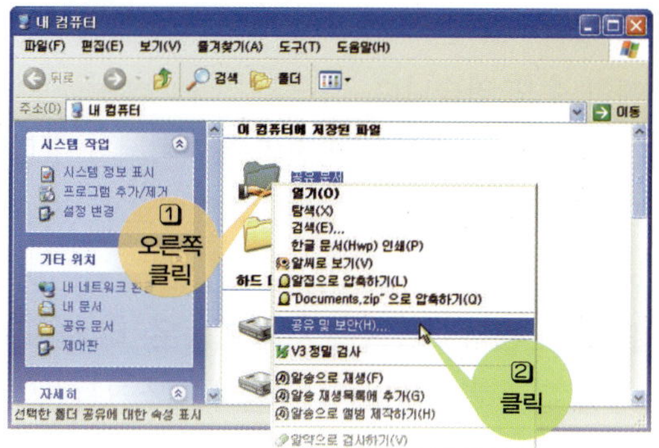

❸ 이제 공유 문서 폴더 선택 상태에서 마우스 오른쪽 단추를 클릭하여 팝업 메뉴에서 공유 및 보안을 선택합니다.

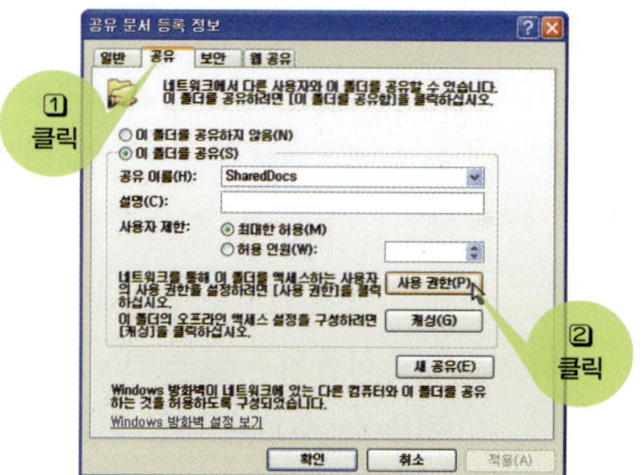

❹ 기존과 달리 사용 권한을 설정할 수 있는 공유 문서 등록 정보 대화상자가 나옵니다. 이제 사용 권한 단추를 클릭합니다.

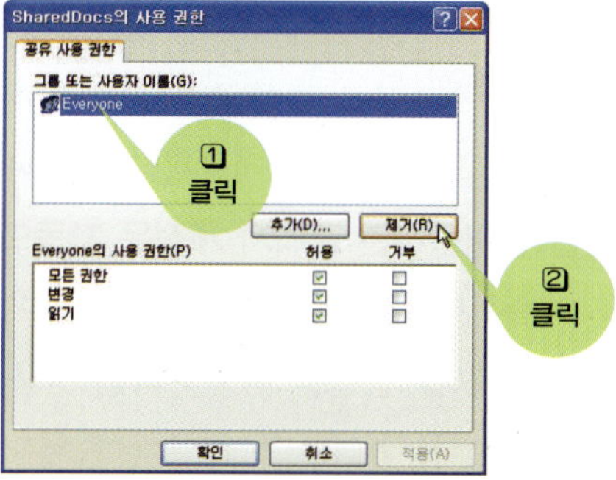

❺ SharedDocs의 사용 권한 대화상자가 나옵니다. 그룹 또는 사용자 이름에 모든 사용자의 접근을 허락하는 Everyone 그룹을 선택한 다음, 제거 단추를 클릭합니다

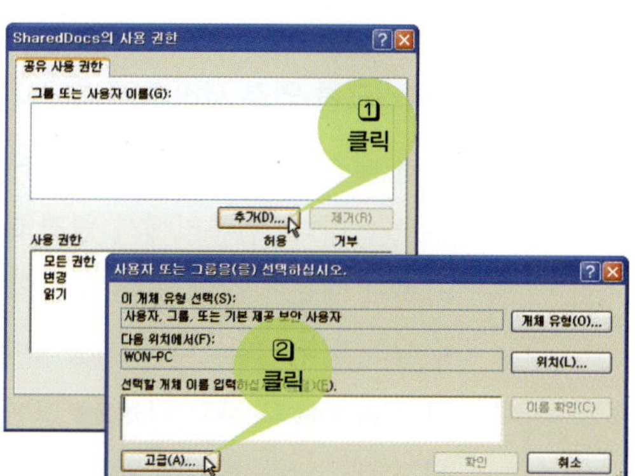

❻ 이제 새로운 사용 권한을 갖는 사용자 계정이나 그룹을 추가하기 위해 추가 단추를 클릭한 후, 사용자 또는 그룹 선택 대화상자에서 고급 단추를 클릭하고 윈도우 7과 동일한 방식으로 추가하면 됩니다.

 원격 데스크톱 연결 및 원격 시동

윈도우 운영체제 라인업 중 Professional 이상의 버전에서는 원격 데스크톱 서버 기능을 제공하며, 모든 윈도우 운영체제에서 원격 데스크톱 연결 기능을 제공합니다. 인터넷 공유기를 활용한 원격 시동 기능을 함께 활용하면 언제 어디서든 원격으로 컴퓨터를 사용할 수 있습니다.

윈도우 운영체제의 원격 데스크톱 연결 기능

원격 데스크톱 연결 기능은 재택 근무를 가능하게 해주는 유용한 네트워크 솔루션입니다. 예를 들어 회사에서 필요한 파일을 집에 두고 온 경우라도 원격 데스크톱 연결 기능을 사용하면 바로 사용할 수 있으며, 출장 중에 본사의 내 컴퓨터에 있는 자료를 수정하여 전송하거나 출장지의 프린터로 인쇄할 수도 있습니다. 물론 해외 출장을 나가서도 집에 있는 컴퓨터나 회사의 컴퓨터를 마음대로 사용하여 업무를 처리할 수 있습니다. 웹캠을 사용한다면 별도의 비용을 들이지 않고 원격 모니터링도 가능합니다.

원격 컴퓨팅은 직접 컴퓨터를 사용하는 것보다 많이 느릴 것 같지만, 컴퓨터 작업 시 발생하는 마우스나 키보드 이벤트는 사실상 실시간 처리되므로 직접 사용하는 것과 큰 차이가 없습니다. 오히려 원격 컴퓨터의 성능이 좋고 인터넷이 빠르면 느린 로컬 컴퓨터에서 작업하는 것보다 인터넷을 통한 원격 컴퓨터 작업이 더 빠를 수도 있습니다.

원격 데스크톱으로 연결할 컴퓨터의 운영체제는 굳이 동일한 버전의 운영체제가 아니라도 관계없습니다. 즉, 윈도우 10에서 윈도우 7 PC를 원격 제어할 수 있고 그 반대로도 가능하며, 다른 버전의 윈도우 상호간에도 얼마든지 가능합니다.

현재 사용되고 있는 윈도우 운영체제 라인업에서 **원격 데스크톱 서버 기능은 비즈니스용의 프로(Professional) 버전 이상에서 지원**되는 점을 유의하기 바랍니다. 원격 데스크톱 클라이언트 기능, 즉 원격 데스크톱 서버 컴퓨터에 대한 원격 데스크톱 연결 기능은 모든 윈도우 운영체제에서 지원됩니다.

원격 데스크톱 연결 서버 컴퓨터에서 원격 사용자 등록

원격 데스크톱 연결 서버 컴퓨터에서는 원격 데스크톱 연결을 허용할 사용자나 그룹을 등록할 수 있습니다. 컴퓨터에서 **원격 데스크톱 연결을 허용하면 관리자 계정은 자동으로 등록**됩니다. 그렇기 때문에 집에 있는 자신의 컴퓨터를 외부에서 원격으로 사용하려는 경우에는 이 작업만 수행하면 됩니다. 다른 사용자에게도 원격 데스크톱 연결을 허용하려면 사용자 계정을 만들고, **Remote Desktop Users** 그룹에 등록하면 됩니다.

원격 데스크톱 연결을 사용하려면, 해당 서비스를 위해 예약된 3389번 포트를 사용해야 합니다. 내부 네트워크에서 둘 이상의 컴퓨터가 원격 데스크톱 연결 서비스를 제공하는 경우에는 인터넷 공유기의 포트포워딩 기능으로 다른 포트 번호를 할당해야 합니다.

윈도우의 방화벽 기능은 기본적으로 허가되지 않는 포트를 모두 차단하며, 특정 프로그램이 특정 포트를 사용하려고 할 때는 이를 알리고 허용 여부를 사용자가 설정할 수 있게 해줍니다. 원격 데스크톱 연결은 윈도우 운영체제가 제공하는 검증된 프로그램이기 때문에 사용자가 원격 데스크톱 연결을 허용하면 자동으로 방화벽에서 기본값 원격 데스크톱 연결 포트인 3389번 포트의 방화벽을 해제하므로 별도의 방화벽 설정까지 요구하진 않습니다. 반면 새로운 포트를 추가로 원격 데스크톱 연결 포트로 사용하려면 해당 포트의 방화벽을 해제해야 합니다.

원격 데스크톱 연결 서버 컴퓨터 식별 방법

인터넷을 통해 원격 데스크톱 연결을 위해서는 접속하고자 하는 원격 컴퓨터의 주소를 알아야 합니다. 인터넷에서 접속할 수 있는 주소는 공인 IP 주소나 도메인 주소만 가능합니다. 가정이나 사무실에서 공유기를 사용하는 경우, 내부 네트워크에서는 여러 컴퓨터가 사설 IP를 이용하여 인터넷을 공유하더라도 외부 인터넷에서 식별하는 공인 IP 주소는 하나입니다.

이 때문에 공인 IP 주소를 공유하는 내부 네트워크상의 특정 컴퓨터 서비스를 식별하기 위해 **특정 컴퓨터의 사설 IP 주소에 대한 인터넷 서비스 포트 번호를 할당**합니다. 사설 IP 주소가 아파트의 동호수라면 포트 번호는 출입문인 셈입니다. 포트 번호 할당은 인터넷 공유기의 포트 포워딩 기능이나 가상 서버 포트 할당 기능을 통해 수행합니다(764쪽 참고).

원격 데스크톱 연결에 사용되는 기본값 포트번호는 3389인데, 동일 네트워크에서 두 대 이상의 컴퓨터를 원격 데스크톱으로 연결하려면 인터넷 공유기에서 원격 데스크톱 연결 포트 번호를 중복되지 않게 설정해야 하며, 해당 컴퓨터의 윈도우 레지스트리에서 포트 번호를 추가 등록하고, 운영체제의 방화벽 설정에서도 해당 포트 번호를 사용할 수 있도록 해야 하는 복잡한 과정이 필요합니다.

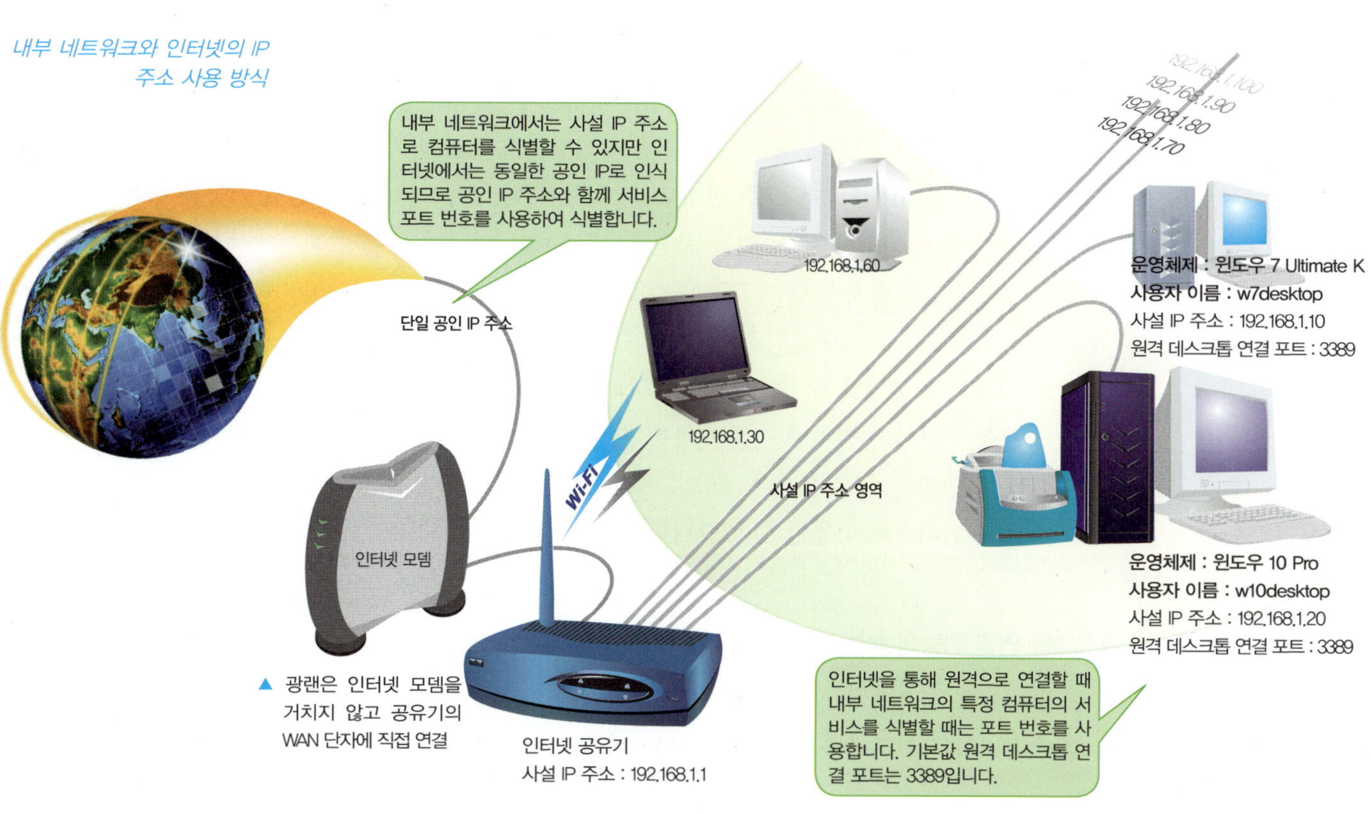

❶ **사설 IP 주소 고정 및 원격 데스크톱 연결 포트 설정** : LAN 카드의 TCP/IP 속성의 기본값인 자동으로 주소 받기 상태에서는 인터넷 공유기의 DHCP 기능에 의해 **비어 있는 사설 IP 주소가 자동으로 할당**되므로 IP 주소가 변경될 수 있습니다. 따라서 원격 데스크톱 연결 기능을 사용할 때는 정확한 컴퓨터 식별을 위해 사설 IP 주소를 고정하는게 좋습니다. **내부 네트워크의 사설 IP 주소는 사설 IP 주소 범위 내에서 원하는 고정 주소로 자유롭게 설정**할 수 있습니다.

내부 네트워크에서 원격 데스크톱 연결을 사용할 때는 사설 IP 주소로도 컴퓨터가 구별됩니다. 사설 IP 주소로 컴퓨터를 구별할 수 있으면 원격 데스크톱 연결을 할 때 포트 번호를 따로 등록하고, 방화벽을 해제하는 복잡한 절차를 거치지 않고도 **인터넷 공유기에서 사설 IP 주소만 변경하는 간단한 방법으로 다른 컴퓨터와의 원격 데스크톱 연결을 사용**할 수 있습니다.

❷ **원격 데스크톱 클라이언트 컴퓨터의 연결 방법** : 클라이언트 컴퓨터에서 원격 데스크톱 연결을 할 때는 윈도우에서 원격 데스크톱 연결을 실행하고, **공인 IP 주소 + 원격 데스크톱 연결 포트 번호** 형식으로 주소를 입력하여 연결합니다. 인터넷 공유기에서 기본값 원격 데스크톱 연결 포트인 3389를 할당하면, 포트 번호를 생략해도 원격 데스크톱 연결 기능을 사용할 수 있습니다. 원격 데스크톱 연결 시 공인 IP 주소는 공유기를 찾는 주소가 되고, 원격 데스크톱 연결 포트는 내부 네트워크의 컴퓨터를 찾는 식별 번호로 사용됩니다.

예를 들어 공인 IP 주소가 **222.123.45.67**이고, 원격 데스크톱 연결 포트 번호가 **3389**라면 **222.123.45.67 :3389** 형식으로 입력해도 되고, 포트 번호를 생략하고 **222.123.45.67**만 입력해도 됩니다. 내부 네트워크에서는 원격 데스크톱 연결 서버 컴퓨터의 **사설 IP 주소 :원격 데스크톱 연결 포트 번호**로 연결해도 됩니다.

❸ **인터넷 공유기의 DDNS 설정** : 인터넷 공유기의 DDNS 설정이 중요한 이유는 전용선 외에는 대부분 유동 IP 방식인데, 인터넷 가입자가 연결된 망에서 비어 있는 공인 IP 주소를 할당 받으므로 공인 IP 주소는 자주 변경되기 때문입니다. 원격 데스크톱 연결 기능을 사용할 때는 외우기 어렵고 자주 바뀌는 공인 IP 주소보다 인터넷 공유기 회사에서 제공하는 무료 DDNS 호스트 등록을 통해 DDNS 주소로 연결하는 것이 좋습니다(686쪽 참고).

인터넷 공유기에서 DDNS 설정을 하면 웹 주소를 사용하기 때문에 공인 IP 주소가 변경되더라도 이상없이 연결할 수 있습니다. DDNS 주소를 설정하고, 인터넷 공유기에서 원격 관리 포트를 할당하여 원격 관리를 사용하면 언제어디서든지 인터넷으로 공유기에 접속하여 원격으로 관리할 수 있습니다. DDNS 주소를 사용하면 IP 디스크(NAS)와 같은 클라우드 서비스도 편리하게 이용할 수 있습니다.

원격 데스크톱 연결 기능의 동반자 – 원격 시동

원격 시동 기능을 사용하지 않고 원격 데스크톱 연결 기능을 사용하려면 아예 PC를 켜둔 상태로 두거나 전화로 컴퓨터를 켜달라고 부탁해야 하는 불편이 따릅니다. 그렇기 때문에 원격 데스크톱 연결 기능을 언제든지 원할 때 사용하려면 원격 시동 기능을 함께 사용하는 것이 좋습니다. 원격 시동 기능은 WOL(Wake On Lan) 기능이라 부릅니다. 요즘 나오는 인터넷 공유기는 대부분 WOL 기능을 지원하는데, 메인보드의 바이오스와 LAN 카드에서도 원격 시동 기능을 지원해야 사용이 가능합니다.

원격 시동 후 원격 데스크톱 연결 작업 과정

원격 시동과 원격 데스크톱 연결의 전체적인 작업 과정은 다음과 같습니다.

● MAC(Media Access Control) 주소 : LAN 카드나 스마트폰 같은 통신 장비 식별을 위해 사용되는 48비트 주소. 요즘 LAN 카드는 MAC 주소를 ROM 대신 플래시 메모리에 저장하므로 MAC 주소도 변경할 수 있습니다.

❶ **공유기에서 PC 원격 시동 기능(WOL) 설정** : WOL(Wake On Lan) 기능은 네트워크나 인터넷을 통해 PC를 켤 수 있는 기능입니다. 인터넷 공유기의 WOL 설정을 통해 원격 시동할 컴퓨터의 MAC 주소를 등록하면 컴퓨터를 식별하고 전원을 켤 수 있습니다.

특정 컴퓨터의 인터넷 서비스는 해당 컴퓨터의 사설 IP 주소에 대한 포트 할당을 통해 이루어집니다. WOL 기능도 전원을 켜려고 하는 컴퓨터의 사설 IP 주소에 대한 포트 할당을 수행하는 것은 다를 바 없지만 실제로 원격으로 전원을 켤 때는 해당 컴퓨터의 사설 IP 주소가 아닌 MAC 주소를 사용한다는 점에 유의하기 바랍니다.

❷ **바이오스 셋업을 통한 원격 시동 기능 설정** : 원격 시동할 컴퓨터의 바이오스 셋업도 원격 시동이 가능하도록 설정이 되어야 합니다. 요즘 메인보드에 탑재되는 LAN 컨트롤러는 원격 시동 기능을 지원하며, 대부분 기본값 상태에서 사용할 수 있습니다. 바이오스 셋업 프로그램의 WOL 관련 기본값은 자동(Auto)으로 설정되므로 바로 사용할 수 있습니다(764쪽 참고). WOL 기능이 작동하지 않는 경우에는 바이오스 셋업을 체크하고, 그래도 안되면 LAN 카드 드라이버의 설정 옵션을 확인하고 변경하는 순서로 대응하면 됩니다.

❸ **원격 시동 앱 활용** : 이상의 설정 작업을 완료하였으면 직접 인터넷 공유기로 접속하여 원격 데스크톱 연결 서버 컴퓨터를 켤 수 있습니다. 공유기 제조업체에서 제공하는 모바일 앱이나 모바일용 WOL 앱을 사용하여 원격 시동을 할 수도 있습니다.

❹ **원격 데스크톱 연결하여 사용하기** : 윈도우 운영체제에서 원격 데스크톱 연결 프로그램을 실행하고 원격 데스크톱 연결 포트 번호를 입력하여 연결합니다. 그런 다음 원격 데스크톱 연결 서버 컴퓨터에 등록된 사용자 이름과 암호를 입력하면 접속됩니다. 원격 데스크톱 연결이 이루어지면 원격 컴퓨터를 자신의 컴퓨터처럼 사용할 수 있습니다. 요즘에는 원격 데스크톱 연결을 지원하는 모바일 앱도 많이 나와 있으므로 이를 활용하여 원격 데스크톱 연결 서버 컴퓨터에 연결해도 됩니다.

❺ **원격으로 PC 전원 끄기** : 원격 데스크톱 연결 상태에서는 윈도우의 시작 메뉴에서 시스템 종료 기능은 사용할 수 없고, 로그오프만 가능합니다. 이 경우 전원까지 끄려면 Shutdown 명령이나 고클린과 같은 유틸리티의 예약 종료 기능을 활용하면 됩니다. 원격으로 PC를 켜고 끌 수 있게 되면 혼자서도 언제든지 원격으로 업무를 처리할 수 있습니다.

Exercise

3 원격 데스크톱 연결 준비하기

내부 네트워크에서는 사설 IP 주소로 간단히 원격 데스크톱 연결을 사용할 수 있지만, 인터넷을 통해 원격 데스크 톱 연결 기능을 사용하려면 인터넷 공유기에서 원격 데스크톱 연결에 필요한 설정 작업을 수행해야 합니다. 비교적 설정해야 할 게 많은 편이지만, 어렵지 않게 설정할 수 있습니다.

이 실습에 필요한 내용	실습 키 포인트
네트워크에 연결된 윈도우 7, 윈도우 10 컴퓨터 실습 제품 : D-LINK DIR-850L, ipTIME 604S 유무선 인터넷 공유기	사설 IP 주소와 공인 IP 주소의 구별 인터넷 공유기의 DDNS 설정 원격 데스크톱 연결 포트의 이해와 설정 공유기 원격 접속과 관리

윈도우 7에서 내부 IP 주소 확인하고 고정하기

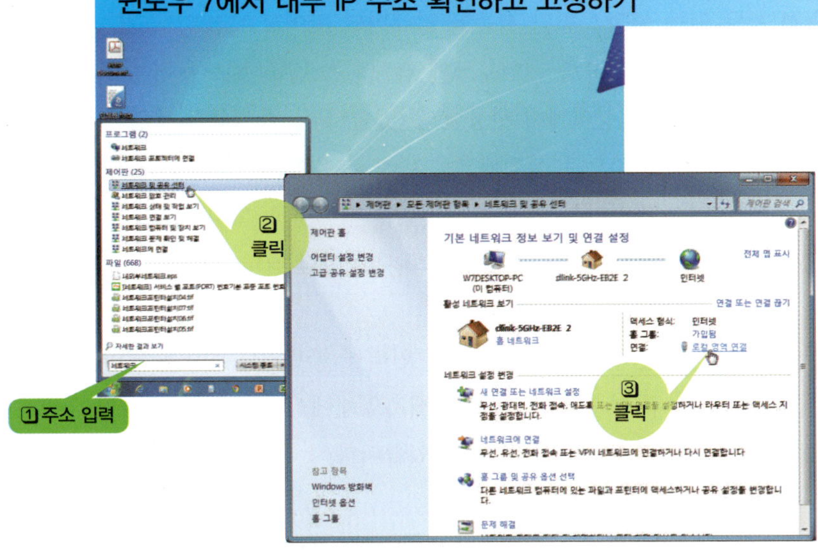

1 윈도우 7 시작 메뉴 하단의 Windows 검색 상자에서 네트워크를 입력한 후 **네트워크 및 공유 센터**를 클릭하여 네트워크 및 공유 센터 창을 연 다음, **로컬 영역 연결**을 클릭합니다.

> **HELP**
> - 내부 IP 주소 고정이 필요한 이유는 내부 네트워크에서의 식별뿐만 아니라 인터넷을 통해 공유기 설정을 관리하는 경우에도 내부 IP 주소를 알면 컴퓨터 식별이 가능하므로 효율적으로 관리할 수 있습니다.
> - 윈도우 운영체제의 버전에 따라 표시 이름이나 제공 정보가 약간씩 다를 뿐, IP 주소를 확인하고 고정하는 방식은 기본적으로 동일합니다.

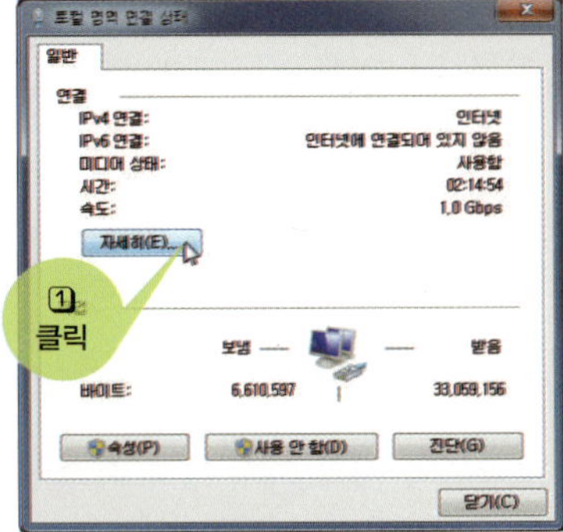

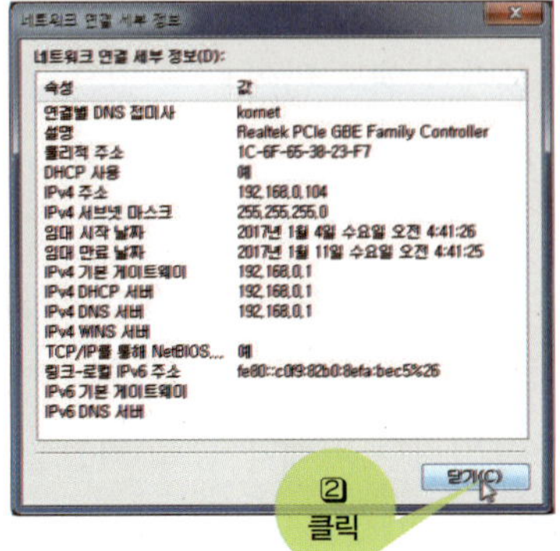

2 로컬 영역 연결 상태 대화상자가 나오면 **자세히** 단추를 클릭합니다. 그러면 네트워크 연결 세부 정보 창에 연결 정보가 표시됩니다. 현재 IP 주소와 기본 게이트웨이 주소, DNS 주소를 메모한 후 **닫기** 단추를 클릭합니다.

> **HELP**
> - 현재 IP 주소는 192.168.0.104이고, 기본 게이트웨이와 DHCP 서버 주소는 192.168.0.1입니다. DHCP 서버는 자동으로 서브넷의 IP 주소 할당 기능을 수행합니다. DNS 서버가 두 개 나올 때는 위가 기본, 아래는 보조 DNS 주소입니다. 이 주소들은 IP 주소를 고정할 때 필요합니다.

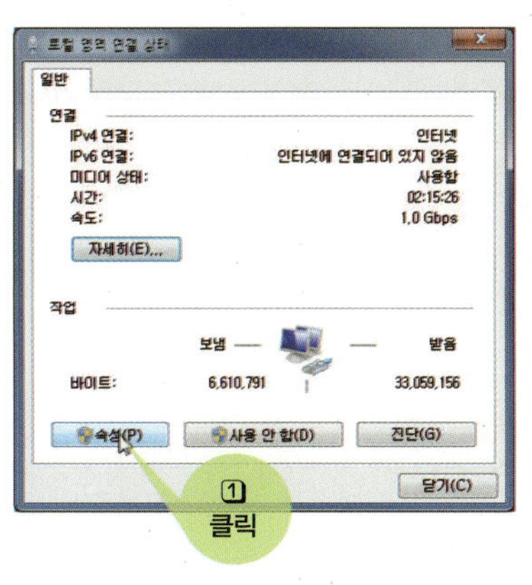
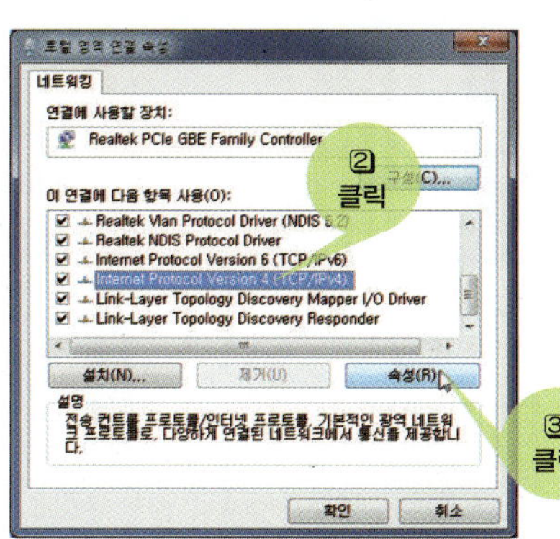

3 이제 로컬 영역 연결 상태 대화상자에서 **속성** 단추를 클릭하여 로컬 영역 연결 속성 대화상자를 연 다음, Internet Protocol Version 4(TCP/IPv4)를 선택하고 **속성** 단추를 클릭합니다.

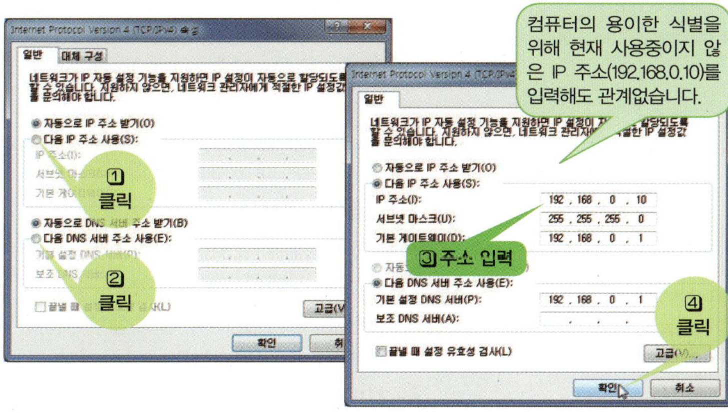

4 인터넷 프로토콜(TCP/IP) 등록 정보 대화상자에 자동으로 IP 주소 받기와 자동으로 DNS 서버 주소 받기가 설정된 것을 볼 수 있습니다. 이제 사설 IP 주소 고정을 위해 **다음 IP 주소 사용**과 **다음 DNS 서버 주소 사용**을 클릭하여 체크하고 **2**단계의 네트워크 연결 세부 정보 창을 참고하여 해당 **정보를 입력**한 다음 **확인** 단추를 클릭합니다.

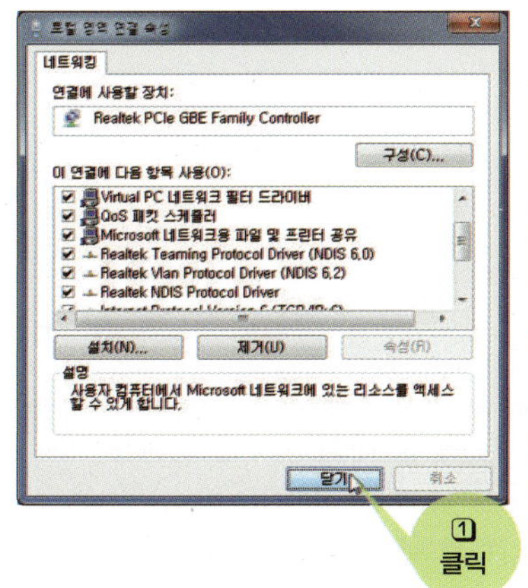

5 로컬 영역 연결 속성 대화 상자의 **닫기** 단추를 클릭하여 닫습니다. 연결에 이상이 없으면 잠시 후에 자동으로 IPv4 인터넷 연결이 이뤄집니다. 인터넷이 연결되면 **자세히** 단추를 클릭합니다.

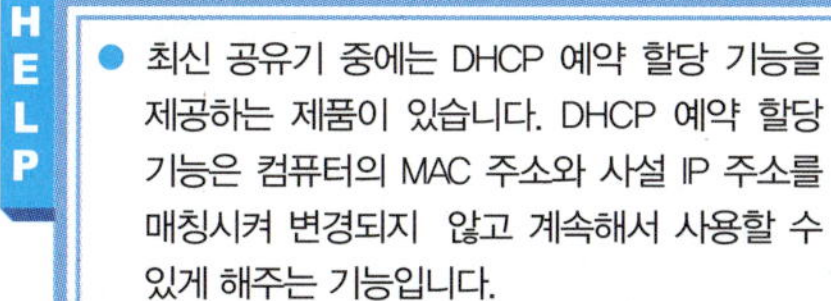

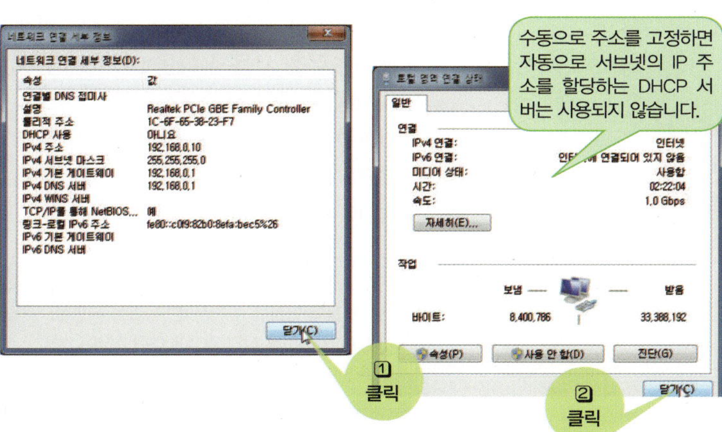

6 네트워크 연결 세부 정보 창이 열리면 변경한 설정이 반영되었는지 확인합니다. IPv4 주소가 이상 없이 변경되었고, DHCP는 사용하지 않는 것으로 나오는 것을 볼 수 있습니다. 확인이 끝나면 **닫기** 단추를 클릭하고, 로컬 영역 연결 상태 대화상자로 돌아오면 **닫기** 단추를 클릭합니다.

윈도우 10에서 내부 IP 주소 확인하고 고정하기

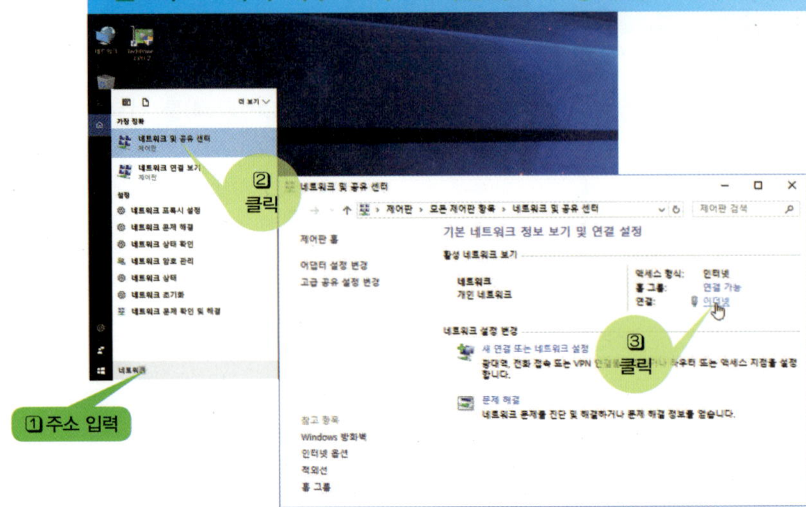

1 윈도우 10의 Windows 검색 상자에서 네트워크를 입력한 후 **네트워크 및 공유 센터**를 클릭하여 네트워크 및 공유 센터 창을 연 다음 **인터넷**을 클릭합니다.

> **HELP**
> ● 윈도우 10의 네트워크 및 공유 센터 창의 연결 이름이 인터넷으로 표시되는 점만 다를 뿐, IP 주소를 확인하고 고정하는 방식은 윈도우 7과 동일합니다.

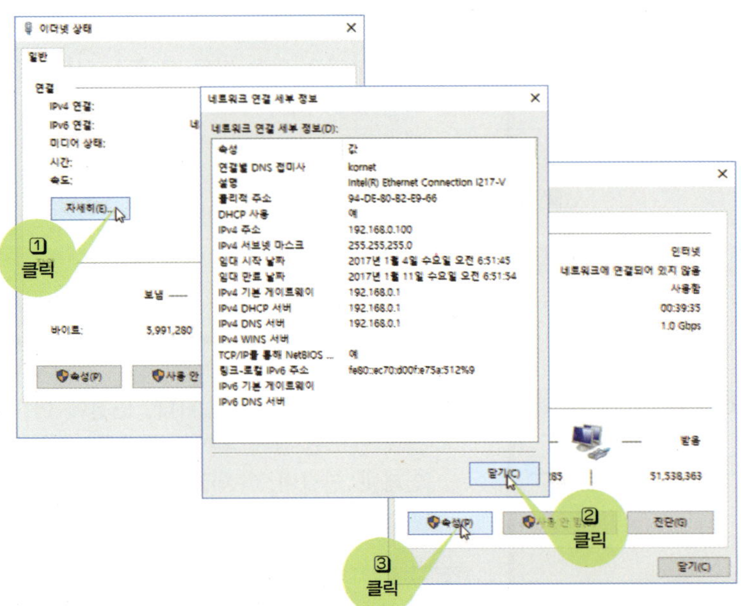

2 이더넷 상태 대화상자가 나오면 **자세히** 단추를 클릭합니다. 네트워크 연결 세부 정보 창이 열리면 현재 IP 주소와 기본 게이트웨이 주소, DNS 주소를 메모한 후 **닫기** 단추를 클릭합니다. 다시 로컬 영역 연결 상태 대화상자로 돌아오면 **속성** 단추를 클릭합니다.

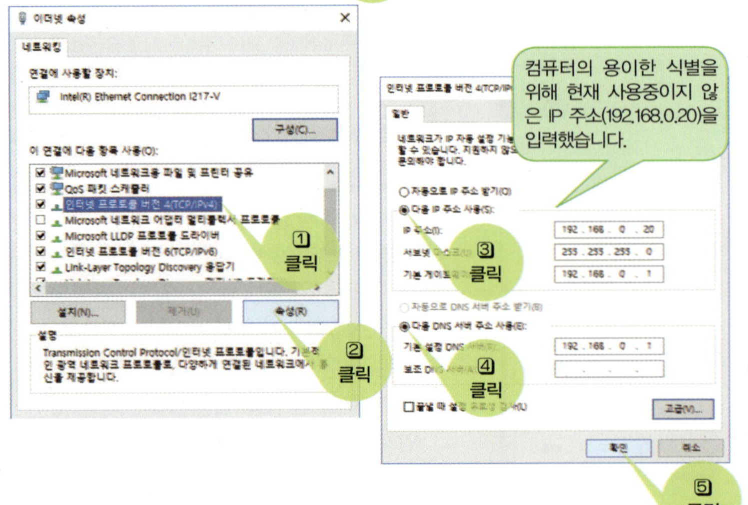

3 이더넷 속성 대화상자에서 **Internet Protocol Version 4(TCP/IPv4)**를 선택한 후 **속성** 단추를 클릭합니다. 인터넷 프로토콜 버전4(TCP/IP) 속성 대화상자가 열리면 사설 IP 주소 고정을 위해 **다음 IP 주소 사용**과 **다음 DNS 서버 주소 사용**을 체크하고 **2**단계의 네트워크 연결 세부 정보 창을 참고하여 해당 **정보를 입력**한 다음 **확인** 단추를 클릭합니다.

> **HELP**
> ● 이후 작업 과정도 760쪽의 "윈도우 7에서 내부 IP 주소 확인하고 고정하기" 실습과 동일합니다. 따라서 이후 작업 과정에 대한 설명은 생략합니다.

내 컴퓨터와 상대방의 공인 IP 주소 확인하기

1 이제 같은 인터넷 공유기에 연결된 윈도우 7 PC와 윈도우 10 PC에서 각각 웹브라우저로 www.findip.kr 사이트에 접속하여 내 컴퓨터의 공인 IP 주소를 확인합니다.

> **HELP**
> ● 같은 공유기를 사용하는 컴퓨터는 다른 컴퓨터라도 인터넷을 이용할 때 사용되는 공인 IP 주소는 동일합니다.
> ● 외부에서 인터넷 공유기와 연결된 내부 네트워크의 특정 컴퓨터의 서비스를 처리하려면, 인터넷 공유기의 포트포워딩 설정을 통해 서비스 포트 번호를 할당해야 합니다. 보통 포트 번호를 특정 컴퓨터에 할당할 때는 내부 네트워크 컴퓨터의 사설 IP 주소와 연결합니다.
> ● 인터넷 공유기를 활용한 원격 시동 기능(WOL)을 사용할 때는 사설 IP 주소 대신 컴퓨터의 하드웨어 ID라 할 수 있는 MAC 주소와 연동한다는 점에 유의하기 바랍니다. 또한 WOL 기능을 사용할 수 있기 위해서는 컴퓨터의 바이오스 셋입에서도 LAN을 통해 시동할 수 있도록 설정되어 있어야 합니다.

2 윈도우 7 시작 메뉴의 Windows 검색 상자에 CMD를 입력하고 CMD를 선택하여 명령어 프롬프트 창을 연다음 nslookup naver.com을 입력하고 Enter 키를 누릅니다. 그러면 네이버의 공인 IP 주소를 확인할 수 있습니다. 그런 다음 ping naver.com을 입력하고 Enter 키를 누릅니다.

> **HELP**
> ● 웹서버의 공인 IP 주소를 확인할 때는 주로 nslookup 명령을 사용합니다.
> ● 네트워크 정상 작동 여부를 점검하기 위해 일정한 크기의 패킷을 보내 응답을 체크하는 ping 명령도 공인 IP 주소 확인 용도로 사용할 수 있습니다.
> ● 지금은 ping 명령이 사용하는 ICMP 프로토콜을 사용하여 대용량 패킷을 특정 웹서버에 집중 공격하여 서버에 과부하를 줌으로써 사이트를 마비시키는 디도스(DDoS, Distributed Denial of Service attack : 분산 서비스 공격)에 악용되는 바람에 네이버처럼 ICMP 프로토콜을 아예 차단하는 서버가 많아졌습니다. ping 명령을 사용할 때 정상적으로 서비스 중인데도 "요청 시간이 만료되었습니다."라는 메시지가 나오는 것은 서버의 오류가 아니라 디도스 공격 차단 기능이 설정된 것으로 이해하면 됩니다.

인터넷 공유기의 원격 데스크톱 연결 포트 설정하기

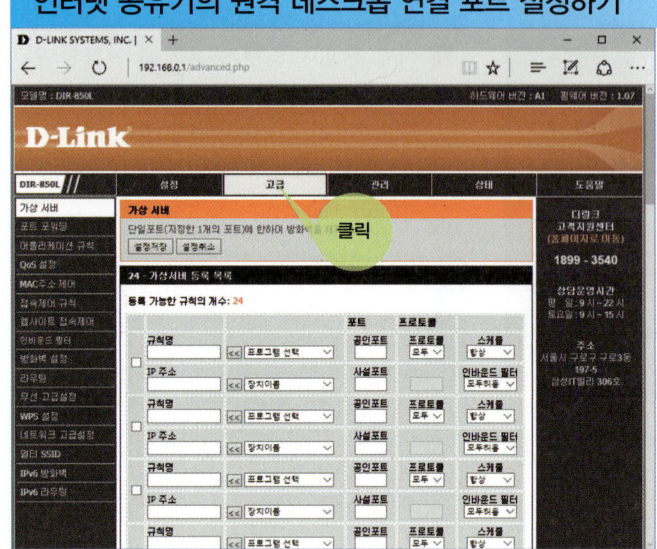

1 D-LINK 인터넷 공유기 설정 프로그램에 접속하여 **고급** 메뉴를 선택하여 포트 할당 기능을 제공하는 가상서버 설정 페이지를 엽니다.

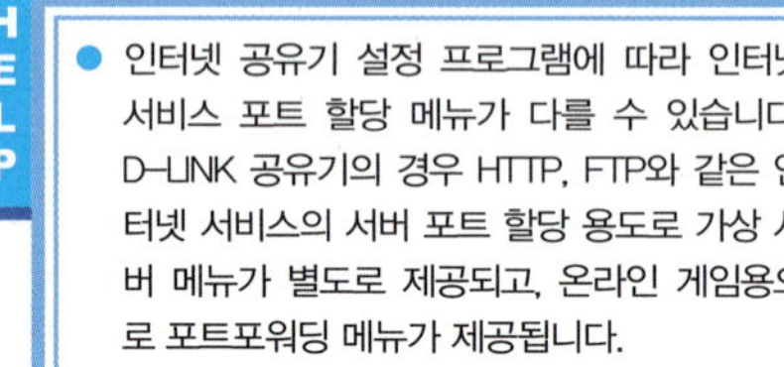

HELP
- 인터넷 공유기 설정 프로그램에 따라 인터넷 서비스 포트 할당 메뉴가 다를 수 있습니다. D-LINK 공유기의 경우 HTTP, FTP와 같은 인터넷 서비스의 서버 포트 할당 용도로 가상 서버 메뉴가 별도로 제공되고, 온라인 게임용으로 포트포워딩 메뉴가 제공됩니다.
- ipTIME 공유기 설정 프로그램에서는 포트포워드 설정 메뉴에서 포트 설정을 통합적으로 운용합니다.

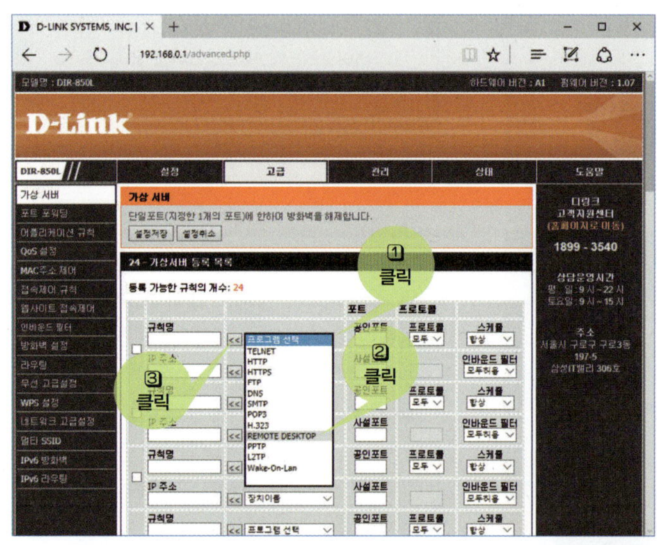

2 프로그램 선택 목록의 ∨를 클릭하고 **REMOTE DESKTOP**을 선택한 다음, << 를 클릭합니다. 그러면 자동으로 원격 데스크톱 연결 규칙 이름이 추가되며, 공인 포트는 기본값인 3389번으로 설정됩니다.

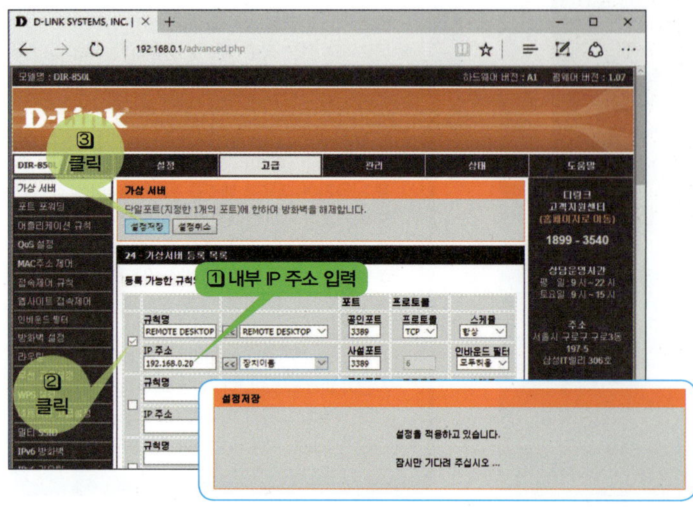

3 IP 주소 입력란에 원격 데스크톱 연결 서버로 사용할 PC의 **내부 IP 주소**를 입력한 다음, 적용을 위해 **해당 규칙의 확인 상자를 체크**한 후 **설정 저장** 단추를 클릭합니다. 그러면 잠시 동안 설정이 적용됩니다. 포트 할당은 바로 적용되므로 공유기를 재시작할 필요는 없습니다.

Check Point | ipTIME 공유기의 원격 데스크톱 연결 포트 설정하기

ipTIME 공유기 설정 프로그램의 원격 데스크톱 연결 포트 설정은 포트 포워드 설정에서 수행합니다. 메뉴 구성과 화면에 차이가 있을 뿐, D-LINK 공유기 설정 프로그램의 작업 방식과 비슷합니다. ipTIME 공유기의 원격 데스크톱 연결 포트 설정 방법은 다음과 같습니다.

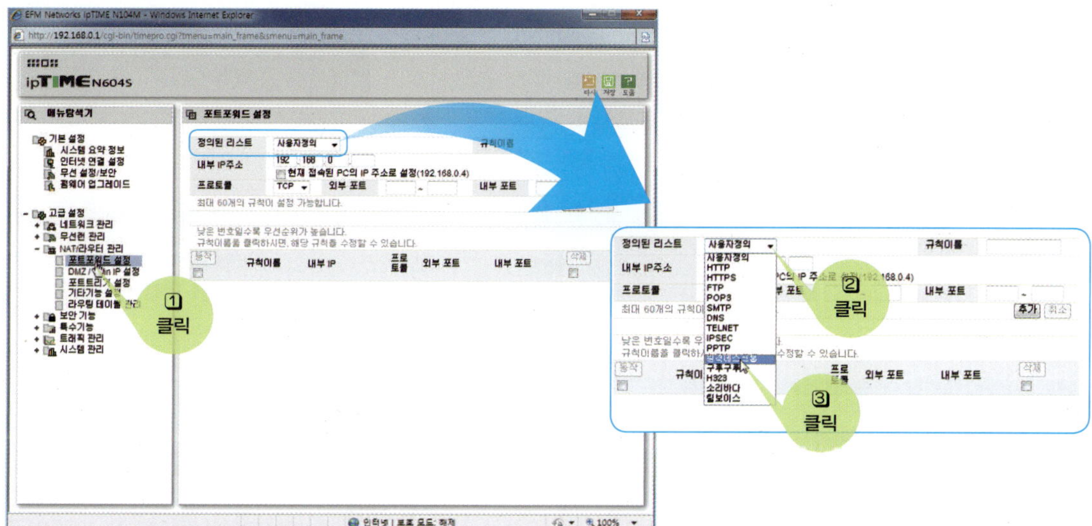

❶ IPTIME 공유기 설정 프로그램의 좌측 메뉴에서 고급 설정→NAT/라우터 관리→포트 포워드 설정을 차례로 선택하여 포트 포워드 설정 페이지를 연 다음, 정의된 리스트 목록에서 원격 데스크톱을 선택합니다.

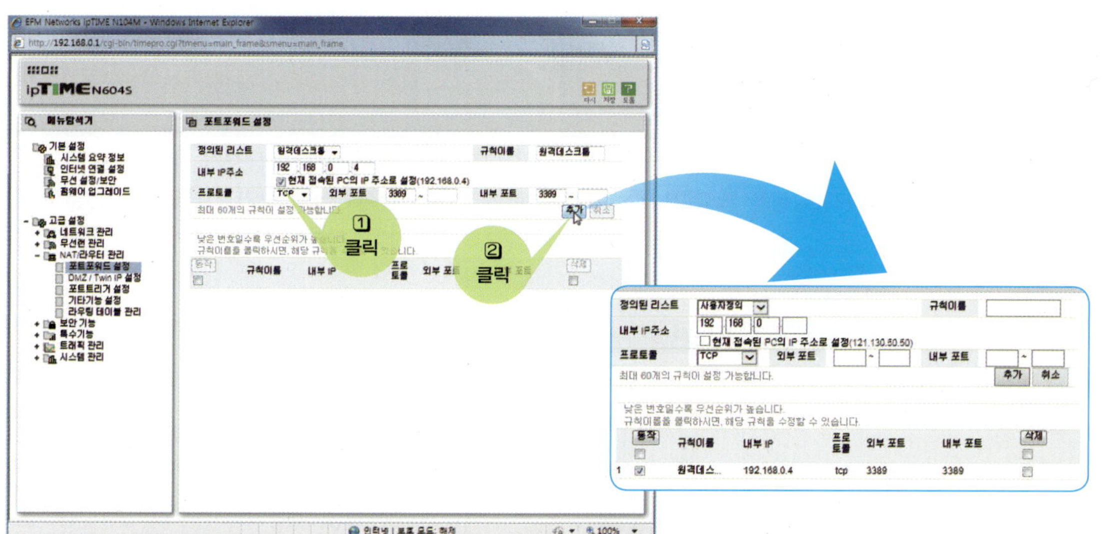

❷ 규칙 이름이 자동으로 원격 데스크톱으로 설정됩니다. 현재 설정 중인 PC를 원격 데스크톱 연결 서버로 사용할 때는 현재 접속된 PC의 IP 주소로 설정을 클릭하면 IP 주소가 자동으로 입력됩니다. 다른 PC라면 내부 IP 주소를 입력합니다. IP 주소 설정이 끝나면 추가 단추를 클릭합니다. 그러면 원격 데스크톱 항목이 추가됩니다. 이것으로 공유기의 원격 데스크톱 연결 포트 할당 작업이 완료되었습니다.

Exercise 4 원격 데스크톱 연결 기능 사용하기

윈도우 운영체제 라인업 중 프로(Professional) 이상 버전은 원격 데스크톱 연결을 허용하는 서버 기능을 제공하며, 하위 라인업에서는 서버 기능은 사용할 수 없고 원격 데스크톱 연결 서버에 접속하여 원격 작업을 수행할 수 있습니다. 여기서는 윈도우 7과 윈도우 10의 원격 데스크톱 연결 기능을 종합적으로 실습해 보겠습니다.

이 실습에 필요한 내용	실습 키 포인트
네트워크에 연결된 윈도우 7과 윈도우 10 컴퓨터	인터넷과 내부 네트워크를 통한 원격 데스크톱 연결 및 활용 방법

윈도우 7에서 원격 데스크톱 연결 허용하기

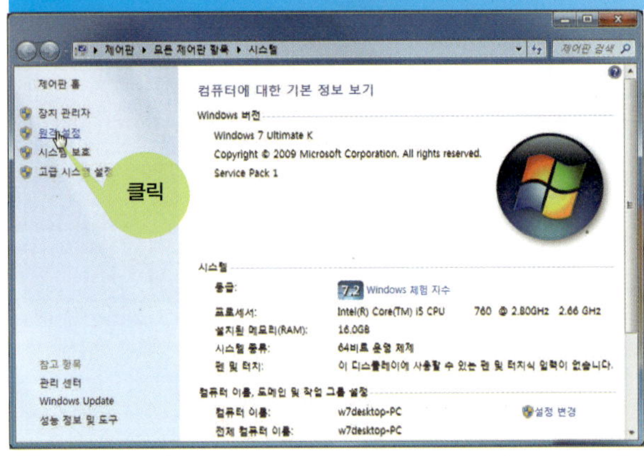

1 윈도우 7 PC(**w7desktop**)에서 ⊞+Pause 키를 눌러 시스템 창을 열고, **원격 설정**을 클릭합니다.

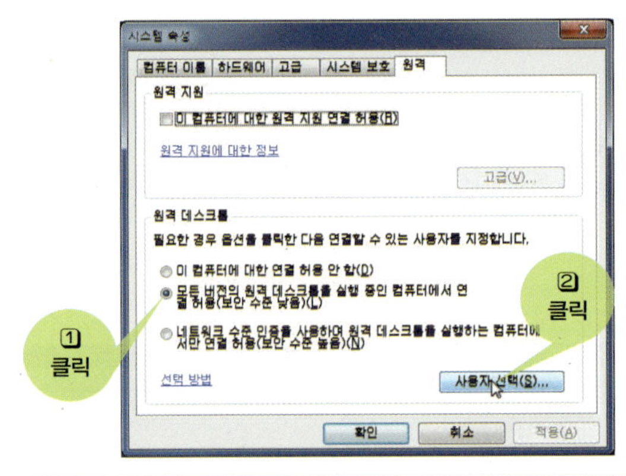

2 시스템 속성 대화상자가 나오면 **모든 버전의 원격 데스크톱을 실행 중인 컴퓨터에서 연결 허용** 옵션을 체크하고, **사용자 선택** 단추를 클릭합니다.

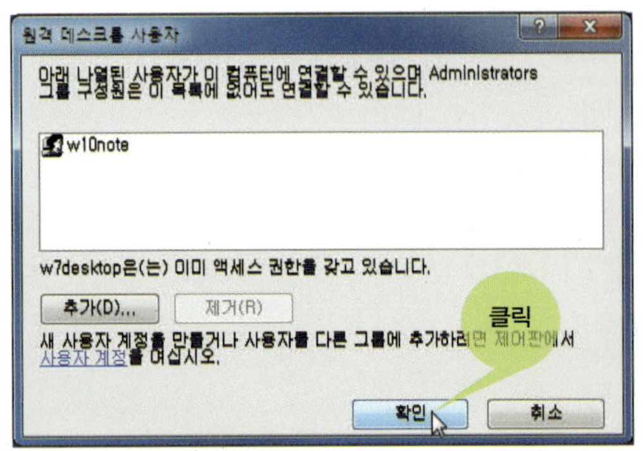

3 원격 데스크톱 사용자 대화상자가 나오면 액세스 권한을 갖는 사용자를 확인한 후 **확인** 단추를 클릭합니다.

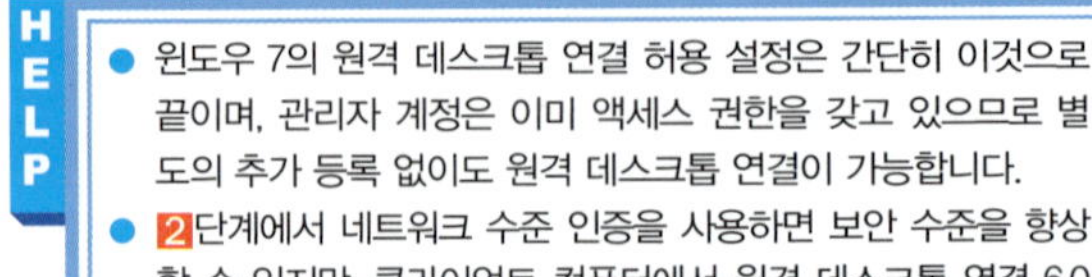

HELP

● 윈도우 7의 원격 데스크톱 연결 허용 설정은 간단히 이것으로 끝이며, 관리자 계정은 이미 액세스 권한을 갖고 있으므로 별도의 추가 등록 없이도 원격 데스크톱 연결이 가능합니다.

● **2**단계에서 네트워크 수준 인증을 사용하면 보안 수준을 향상할 수 있지만, 클라이언트 컴퓨터에서 원격 데스크톱 연결 6.0 이상을 사용해야 하고, CredSSP(Credential Security Support Provider) 프로토콜을 지원하는 윈도우 운영체제를 사용해야 합니다. 따라서 보다 간편하게 연결하려면 **모든 버전의 원격 데스크톱을 실행 중인 컴퓨터에서 연결 허용** 옵션을 사용합니다.

● 원격 데스크톱 연결 서버 컴퓨터의 Remote Desktop Users 그룹에 소속된 사용자(w10note)는 추가 단추로 별도로 등록하지 않아도 원격 데스크톱 액세스 권한이 주어집니다.

윈도우 10에서 원격 데스크톱 연결 허용하기

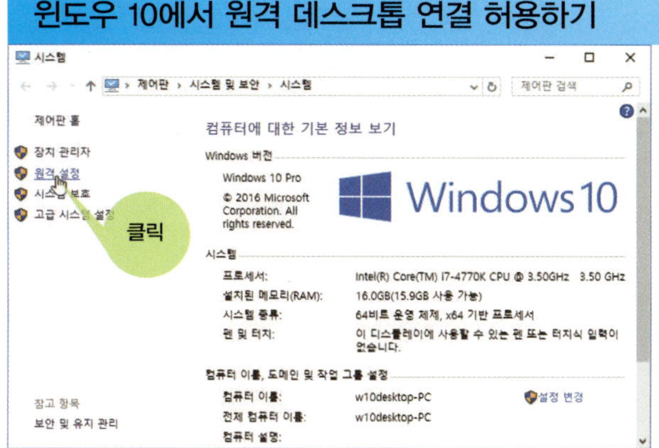

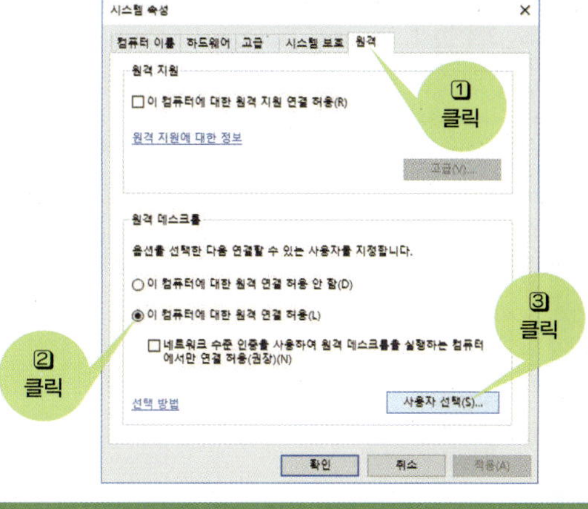

1 윈도우 10 PC(**w10desktop**)에서도 [⊞] + [Pause] 키를 눌러 시스템 창을 열고 **원격 설정**을 클릭합니다.

2 시스템 속성 대화상자가 나오면 **원격** 탭을 선택한 다음 **이 컴퓨터에 대한 연결 허용** 옵션을 체크하고, **사용자 선택** 단추를 클릭합니다.

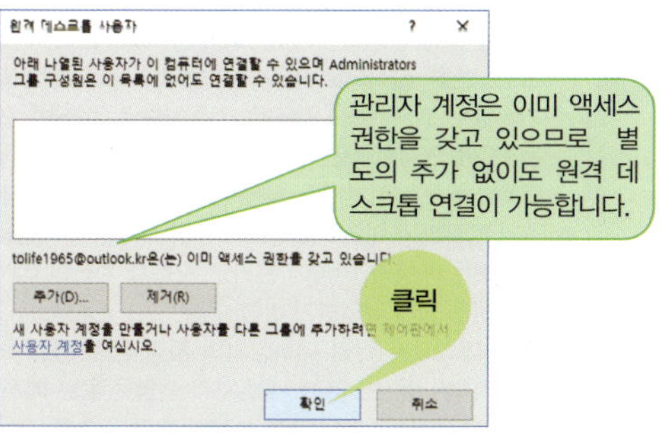

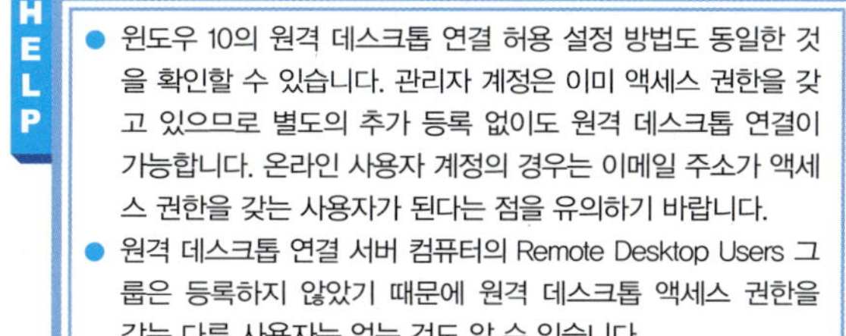

HELP
- 윈도우 10의 원격 데스크톱 연결 허용 설정 방법도 동일한 것을 확인할 수 있습니다. 관리자 계정은 이미 액세스 권한을 갖고 있으므로 별도의 추가 등록 없이도 원격 데스크톱 연결이 가능합니다. 온라인 사용자 계정의 경우는 이메일 주소가 액세스 권한을 갖는 사용자가 된다는 점을 유의하기 바랍니다.
- 원격 데스크톱 연결 서버 컴퓨터의 Remote Desktop Users 그룹은 등록하지 않았기 때문에 원격 데스크톱 액세스 권한을 갖는 다른 사용자는 없는 것도 알 수 있습니다.

3 원격 데스크톱 사용자 대화상자가 나오면 액세스 권한을 갖는 사용자를 확인한 후 **확인** 단추를 클릭합니다.

Check Point · **원격 데스크톱 연결 허용 옵션이 제공되지 않는 운영체제**

윈도우 운영체제 라인업 중 프로(Professional) 이상 버전에서만 원격 데스크톱 연결 허용 옵션이 제공되는 점을 유의하기 바랍니다.

이보다 하위 라인업의 운영체제에서는 시스템 속성 대화상자에 원격 지원 옵션만 나오고 원격 데스크톱 연결 허용 옵션은 아예 나타나지 않으므로 유의하기 바랍니다.

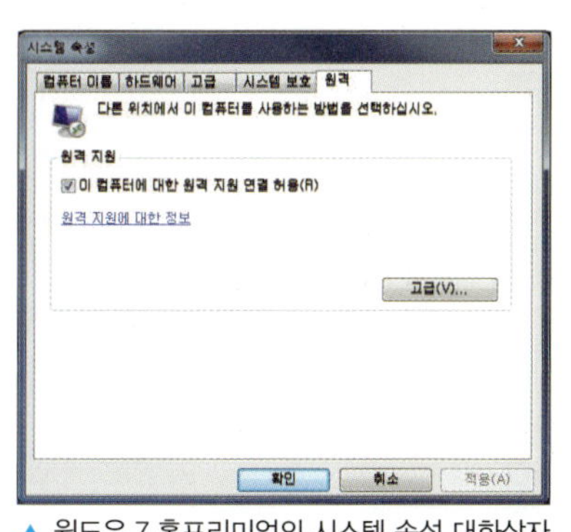
▲ 윈도우 7 홈프리미엄의 시스템 속성 대화상자의 원격 탭 제공 옵션

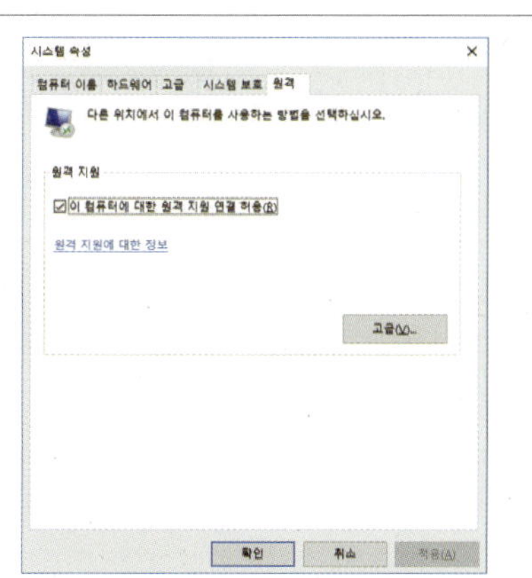
▲ 윈도우 10 홈에디션의 시스템 속성 대화상자의 원격 탭 제공 옵션

윈도우 10 컴퓨터 원격 데스크톱 연결하기

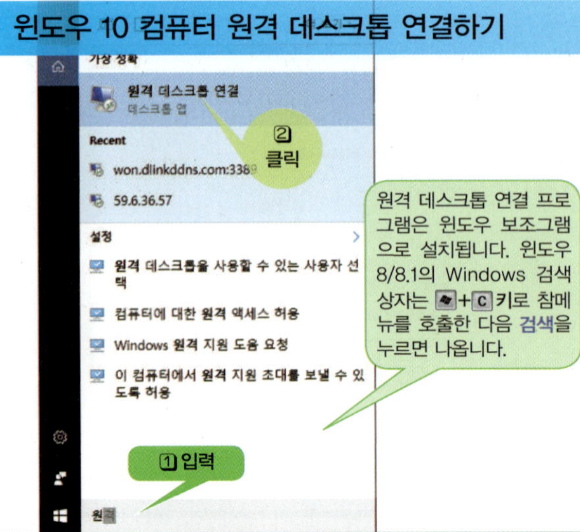

1 Windows 검색 상자에 '원격'을 입력한 후 **원격 데스크톱 연결**을 선택하여 실행합니다.

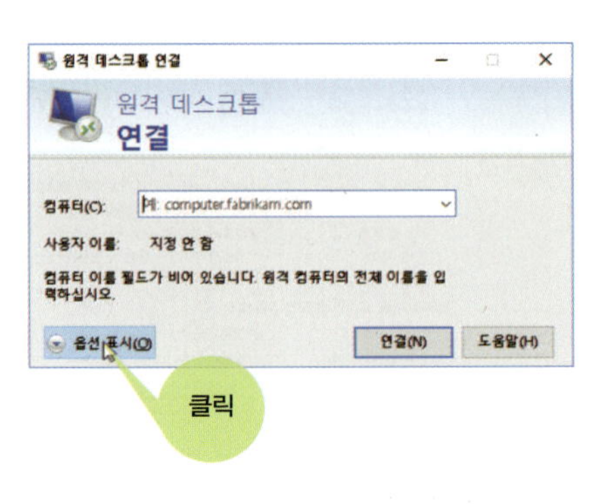

2 원격 데스크톱 연결 대화상자가 나오면 **옵션 표시** 단추를 클릭합니다.

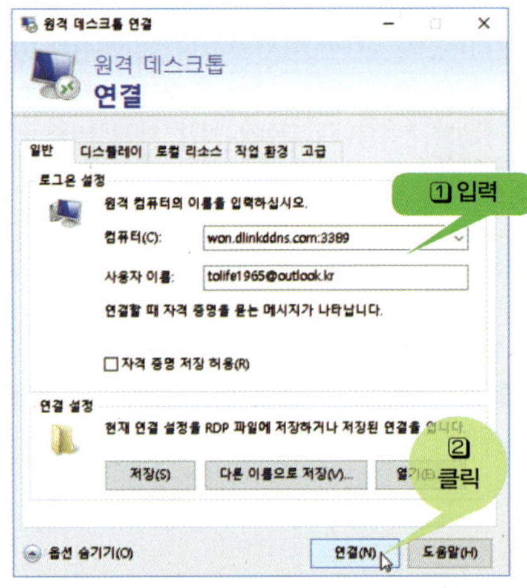

3 원격 컴퓨터(w10desktop)의 **주소**와 관리자 계정의 사용자 이름을 입력한 후 **연결** 단추를 클릭합니다.

- 원격 데스크톱으로 연결하는 컴퓨터의 주소는 콜론(:)과 함께 포트 번호를 사용하여 '공인 IP 주소 :포트 번호'나 'DDNS 주소 :포트 번호' 형식으로 입력하면 됩니다. 포트 번호를 생략하면 기본값 포트 번호인 3389로 간주하므로 3389번 포트로 설정된 PC에 연결할 때는 콜론(:)과 포트 번호를 생략해도 됩니다. DDNS 주소 설정 방법은 686쪽을 참고하기 바랍니다.
- 원격 컴퓨터가 마이크로소프트 온라인 사용자 계정을 사용하는 경우에는 사용자 이름에 온라인 사용자 계정의 이메일 주소를 입력하는 점에 유의하기 바랍니다.
- 원격 데스크톱 연결 대화상자의 자격 증명 저장 허용 옵션을 체크하면 다음 번 연결 시에 자격 증명을 묻는 메시지가 더 이상 나오지 않습니다. 연결 설정의 저장 단추를 사용하면 원격 연결 설정을 저장하는 RDP 형식의 파일로 저장하여 원격 컴퓨터 접속 시 사용할 수 있습니다.

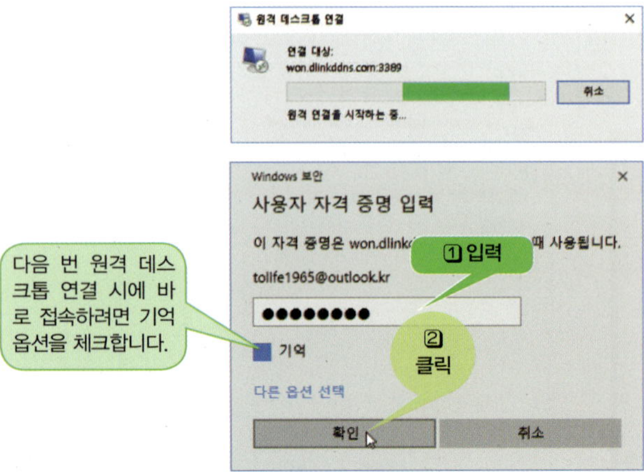

4 원격 연결이 시작된 후에 Windows 보안 대화상자가 나오면 암호를 입력하고 **확인** 단추를 클릭합니다.

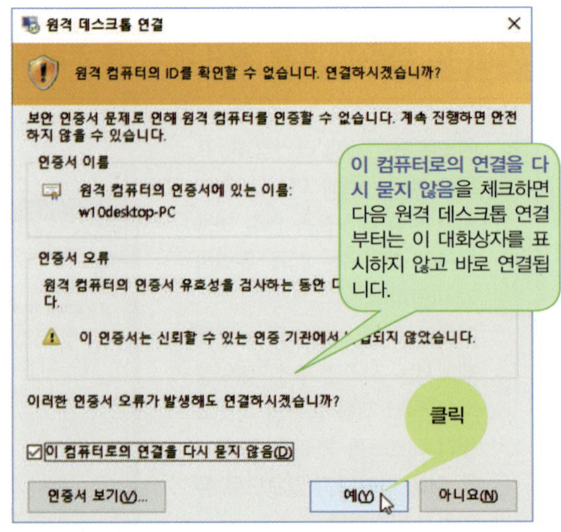

5 "원격 컴퓨터의 ID를 확인할 수 없습니다. 연결하시겠습니까?"라고 물으면 **예**를 클릭합니다.

6 윈도우 10 원격 컴퓨터(**w10desktop**)에 연결되었습니다. 이제부터는 원격 컴퓨터도 자유롭게 사용할 수 있습니다.

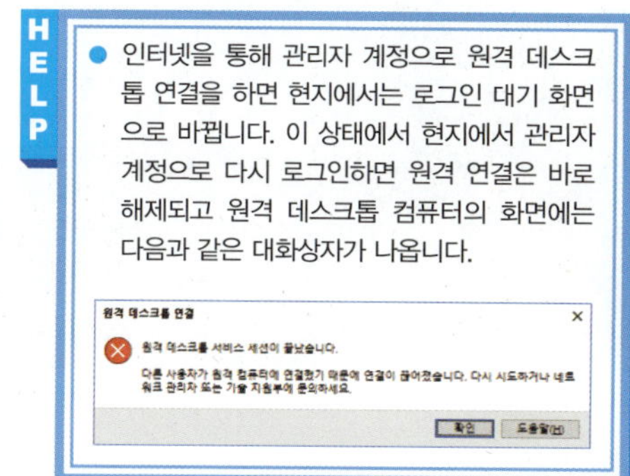

● 인터넷을 통해 관리자 계정으로 원격 데스크톱 연결을 하면 현지에서는 로그인 대기 화면으로 바뀝니다. 이 상태에서 현지에서 관리자 계정으로 다시 로그인하면 원격 연결은 바로 해제되고 원격 데스크톱 컴퓨터의 화면에는 다음과 같은 대화상자가 나옵니다.

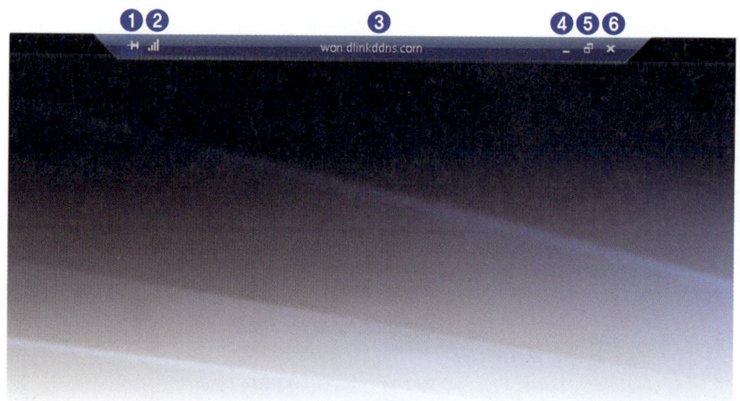

7 이제 원격 컴퓨터 창 상단의 연결 표시줄의 기능을 확인합니다.

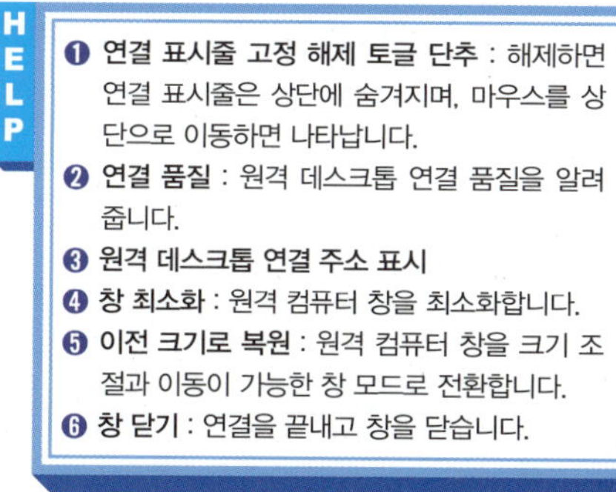

❶ **연결 표시줄 고정 해제 토글 단추** : 해제하면 연결 표시줄은 상단에 숨겨지며, 마우스를 상단으로 이동하면 나타납니다.
❷ **연결 품질** : 원격 데스크톱 연결 품질을 알려 줍니다.
❸ **원격 데스크톱 연결 주소 표시**
❹ **창 최소화** : 원격 컴퓨터 창을 최소화합니다.
❺ **이전 크기로 복원** : 원격 컴퓨터 창을 크기 조절과 이동이 가능한 창 모드로 전환합니다.
❻ **창 닫기** : 연결을 끝내고 창을 닫습니다.

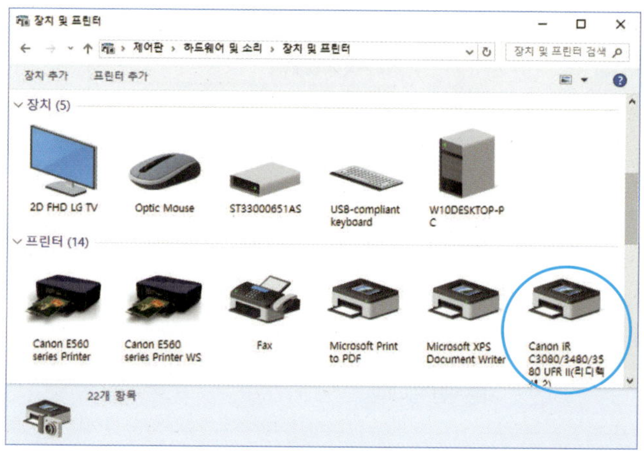

8 원격 컴퓨터(**w10desktop**)의 제어판에서 **장치 및 프린터**를 선택하여 장치 및 프린터 창을 확인합니다. 원격 컴퓨터의 장치 및 프린터 창에 현재 컴퓨터와 연결된 프린터도 리디렉션(방향 전환)된 것을 볼 수 있습니다. 즉, 원격 컴퓨터의 문서를 현재 컴퓨터와 연결된 리디렉션 프린터를 선택하여 바로 인쇄할 수 있습니다.

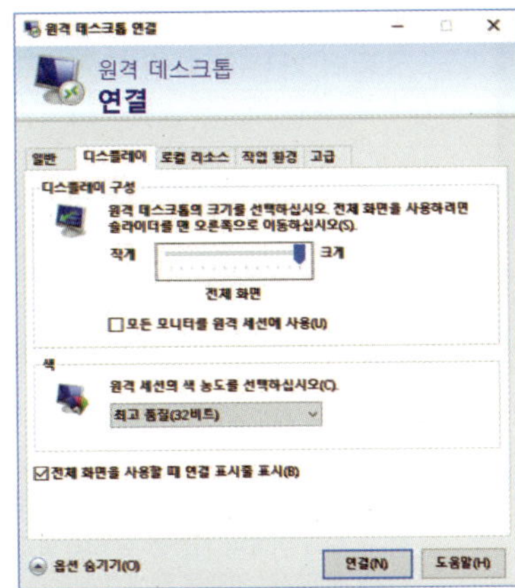

9 원격 컴퓨터 작업을 마치고 연결을 끝내려면 시작 메뉴에서 **연결 끊기**를 클릭합니다. 그러면 바로 연결이 종료되고, 원격 데스크톱 창은 닫힙니다.

HELP
- **연결 끊기**를 클릭하여 닫아도 원격 컴퓨터는 작동하며, 직접 닫지 않는 한 실행 프로그램들도 유지됩니다.
- 연결을 끊으려면 연결 표시줄의 닫기 단추(✕)를 클릭해도 됩니다.

Check Point 원격 데스크톱 연결 대화상자의 옵션 활용법

원격 데스크톱 연결 대화상자는 원격 컴퓨터 이용에 필요한 다양한 옵션들이 제공됩니다. 원격 데스크톱 연결 대화상자의 옵션들은 상단의 탭 메뉴로 구분되어 제공됩니다. 일반 탭은 이미 살펴보았으므로, 나머지 탭의 옵션에 대해 알아봅니다.

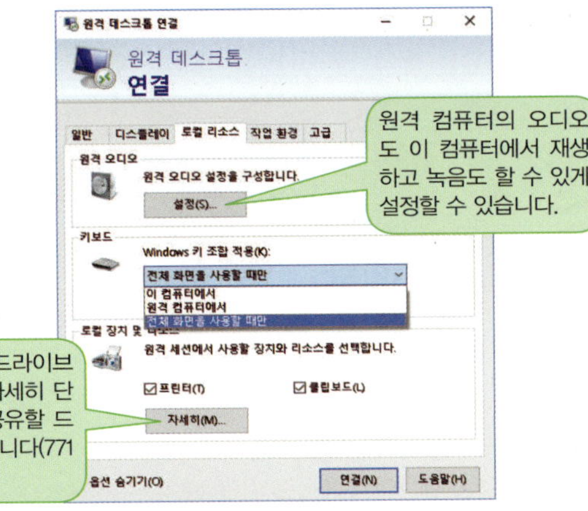

❶ 디스플레이 탭에서는 원격 컴퓨터의 해상도를 슬라이더로 설정하고, 색 농도 목록에서는 디스플레이 품질을 설정합니다. 인터넷 속도가 느리면 해상도와 품질을 낮춰 대응합니다.

❷ 로컬 리소스 탭에서는 원격 컴퓨터의 오디오 재생, 윈도우 키 조합 적용, 로컬 장치 및 리소스 사용 방식을 설정합니다. 원격 컴퓨터의 프린터와 클립보드, 드라이브를 공유할 수 있습니다.

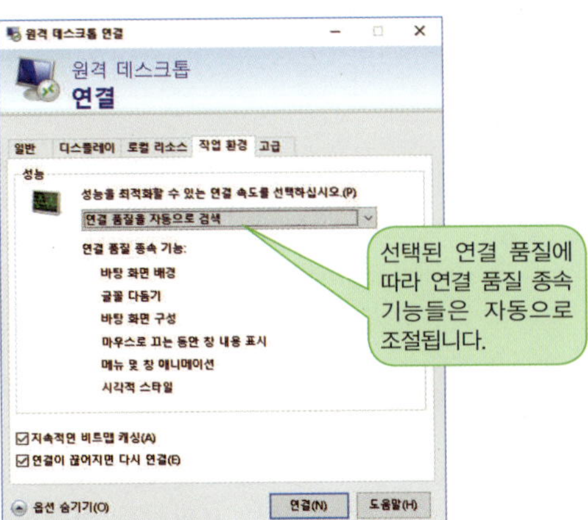

❸ 작업 환경 탭에서는 성능을 최적화할 수 있는 연결 속도를 목록에서 선택할 수 있습니다. 연결 속도에 따라 최적 품질이 선택되므로, 작업 환경 옵션은 기본값으로 사용하면 됩니다.

❹ 고급 탭에서는 서버 인증 실패 시 조치 방법과 원격 데스크톱 게이트웨이 연결 설정 옵션이 제공되는데, 기본값 설정 그대로 사용하면 됩니다.

윈도우 7 컴퓨터 원격 데스크톱 연결하기

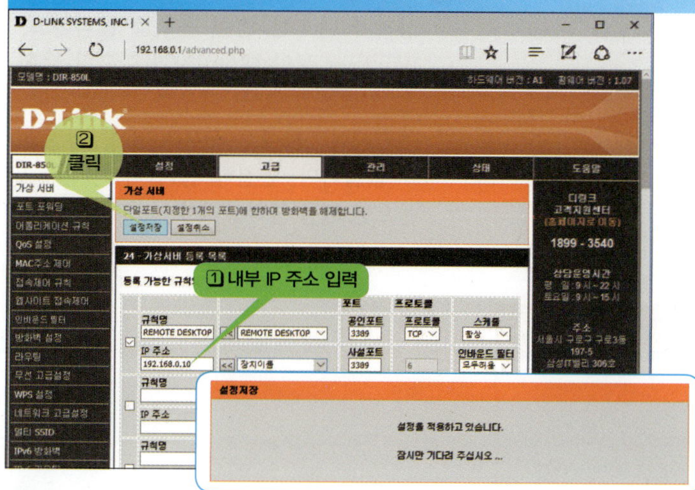

1 인터넷 공유기 설정 프로그램에 접속하여 기존의 원격 데스크톱 연결 설정은 그대로 두고 원격으로 연결할 윈도우 7 컴퓨터의 **내부 IP 주소**로 변경한 다음, **설정 저장** 단추를 클릭합니다.

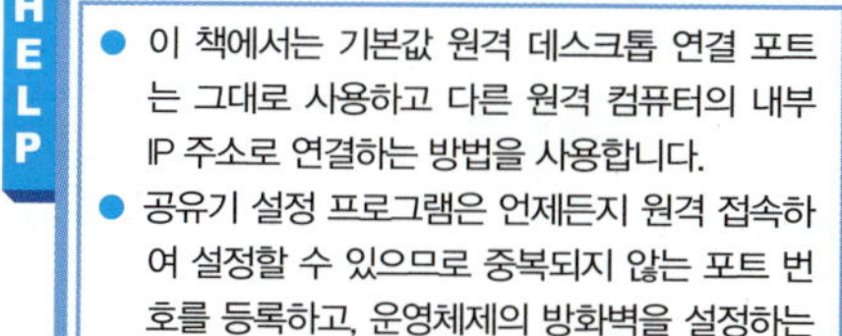

HELP
- 이 책에서는 기본값 원격 데스크톱 연결 포트는 그대로 사용하고 다른 원격 컴퓨터의 내부 IP 주소로 연결하는 방법을 사용합니다.
- 공유기 설정 프로그램은 언제든지 원격 접속하여 설정할 수 있으므로 중복되지 않는 포트 번호를 등록하고, 운영체제의 방화벽을 설정하는 방식보다 간편하지만 동시 사용은 안 됩니다.
- 윈도우 7 컴퓨터의 내부 IP 주소는 192.168.0.10으로 설정했습니다.

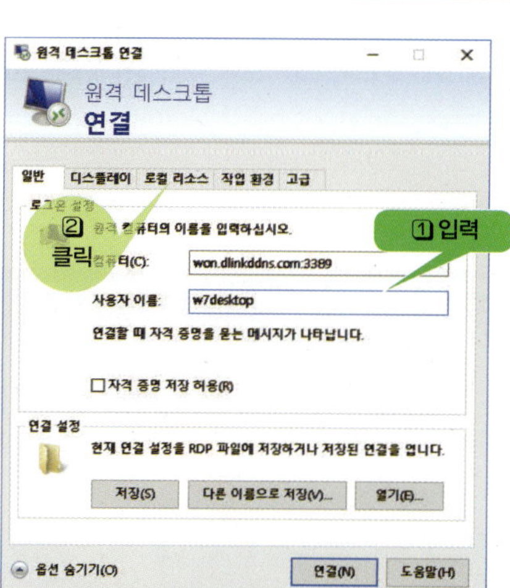

2 Windows 검색 상자에 '원격'을 입력한 후, **원격 데스크톱 연결**을 실행하고, 원격 데스크톱 연결 대화 상자가 나오면 **옵션 표시** 단추를 클릭합니다.

3 새로 연결할 원격 컴퓨터의 **주소**와 관리자 이름 (w7desktop)을 **사용자 이름**에 입력한 다음, 추가 설정을 위해 **로컬 리소스** 탭을 클릭합니다.

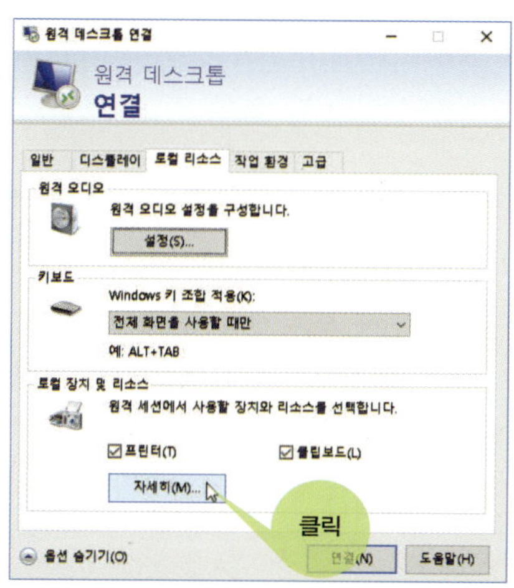

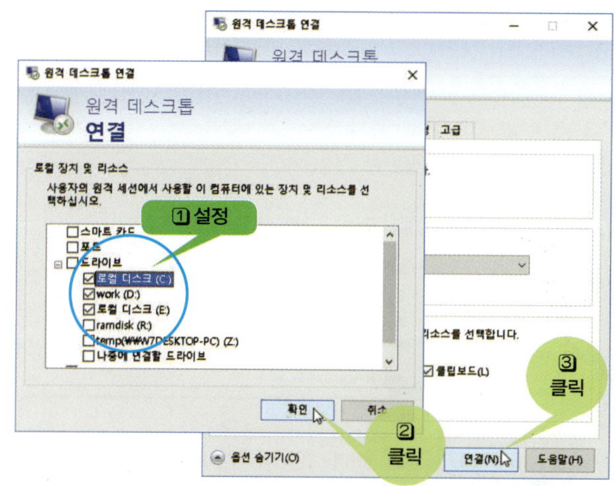

4 로컬 장치 및 리소스 섹션에 있는 **자세히** 단추를 클릭합니다.

5 로컬 장치 및 리소스로 공유할 드라이브를 설정하고 **확인** 단추를 클릭한 후 **연결** 단추를 클릭합니다.

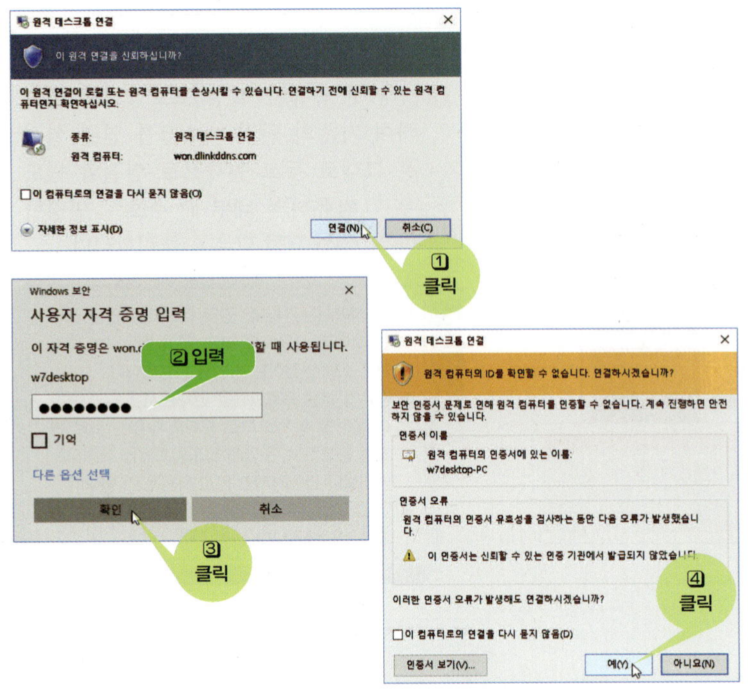

6 "이 원격 연결을 신뢰하십니까?" 대화
상자가 나오면 **연결** 단추를 클릭하고,
Windows 보안 대화상자가 나오면 암호
를 입력하고 **확인** 단추를 클릭합니다.
계속해서 "원격 컴퓨터의 ID를 확인할
수 없습니다. 연결하시겠습니까?" 라고
물으면 **예**를 클릭합니다.

7 윈도우 7 원격 컴퓨터(w7desktop)에
연결되었습니다. 이제부터는 원격 컴퓨
터도 자유롭게 사용할 수 있습니다.

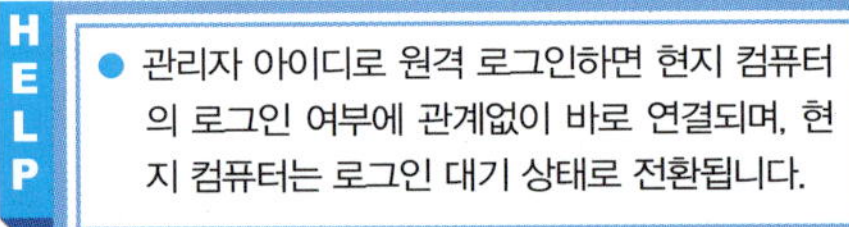

HELP
● 관리자 아이디로 원격 로그인하면 현지 컴퓨터
의 로그인 여부에 관계없이 바로 연결되며, 현
지 컴퓨터는 로그인 대기 상태로 전환됩니다.

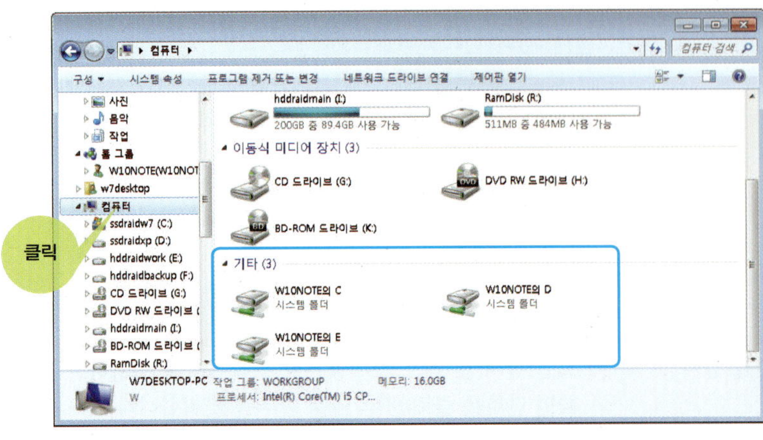

8 원격 컴퓨터의 파일 탐색기 창을 열고
컴퓨터를 클릭합니다. 그러면 기타 섹
션에 **5**단계에서 이 컴퓨터에서 공유
한 드라이브가 나옵니다. 이제는 원격
컴퓨터와 이 컴퓨터의 공유 드라이브
에 있는 파일을 자유롭게 공유할 수 있
습니다.

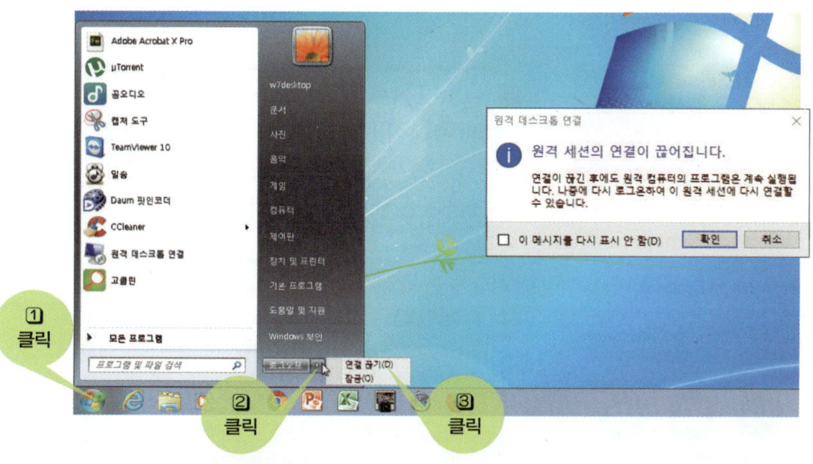

9 원격 컴퓨터 작업을 마치고 연결을 끝내려면 시작 메뉴에서 **연결 끊기**를 클릭합니다. 그러면 바로 연결이 종료되고, 원격 데스크톱 창은 닫힙니다.

> **HELP**
> ● 원격 데스크톱 연결시에는 윈도우 시작 메뉴에 연결 끊기만 제공되므로 전원을 끄려면 예약 종료 기능이나 고클린과 같은 유틸리티의 종료 타이머 기능을 사용하면 됩니다(777쪽 참고).

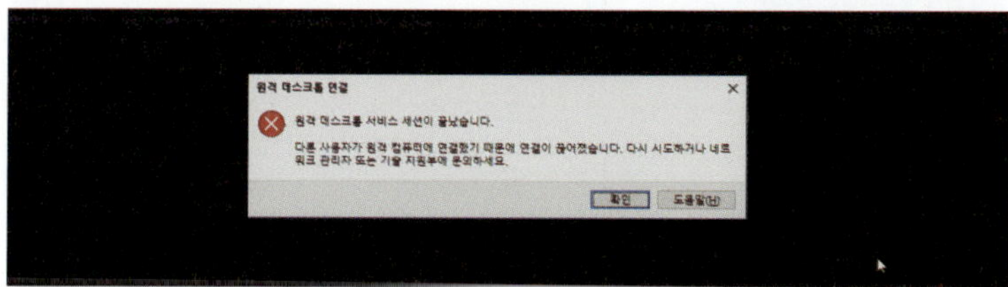

10 원격 컴퓨터 작업중에 현지 컴퓨터에서 로그인하면 "원격 데스크톱 서비스 세션이 끝났습니다"라는 메시지가 나오고 원격 컴퓨터는 더 이상 사용할 수 없게 됩니다.

Check Point 관리자 계정이 아닌 원격 사용자의 원격 데스크톱 연결 작업 특징

원격 데스크톱 연결을 허용하면 관리자는 기본값으로 원격 사용자로 로그인할 수 있습니다. 관리자가 원격으로 로그인할 때는 원격 컴퓨터의 로그인 여부에 상관없이 바로 로그인되며, 원격 컴퓨터의 디스플레이는 즉시 로그인 대기 화면으로 전환되므로 작업 상황이 외부에 노출되지 않습니다. 물론 관리자로 로그인한 경우에는 로컬 컴퓨터 사용과 마찬가지로 모든 관리자 권한의 기능을 사용할 수 있습니다. 반면, 원격 컴퓨터의 사용 권한은 표준 사용자 계정처럼 프로그램의 추가/삭제나 시스템에 영향을 미치는 작업 등은 제한됩니다.

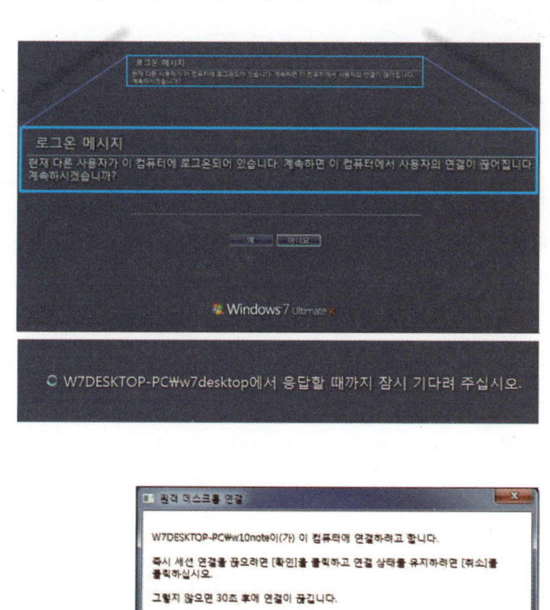

Remote Desktop Users 그룹에 등록한 원격 사용자로 로그인할 때 원격 컴퓨터를 사용 중이면 이를 알리고 연결을 계속할지 문의합니다.

예를 들어 743쪽의 실습에서 **Remote Desktop Users 그룹에 등록한 사용자인 w10note로 연결**하는 경우에는 원격 데스크톱 연결을 하는 컴퓨터에는 왼쪽 그림과 같이 "현재 다른 사용자가 이 컴퓨터에 로그온 … 계속하시겠습니까"라는 메시지가 나옵니다.

예 단추를 누르면 원격 컴퓨터에서 응답할 때까지 30초 동안 대기 화면으로 바뀝니다. 30초 동안 응답이 없으면 원격 데스크톱 연결은 자동 종료됩니다.

현지 컴퓨터에는 왼쪽 그림과 같은 원격 데스크톱 연결 대화상자가 표시됩니다.

이 상태에서 현지 컴퓨터에 있는 사용자가 30초 내에 확인 단추를 클릭했을 때 비로소 원격 컴퓨터 사용이 가능합니다.

모바일 기기에서 원격 데스크톱 연결하기

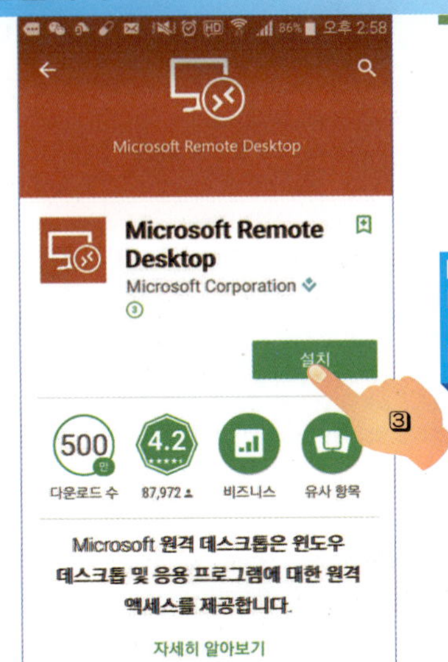

1 안드로이드 운영체제의 모바일 기기는 플레이 스토어에서 '원격데스크톱'으로 검색한 다음, Microsoft Remote Desktop을 선택하여 설치합니다.

- IOS 모바일 운영체제를 사용하는 모바일 기기에서는 앱스토어에서 Microsoft Remote Desktop을 다운로드하기 바랍니다.
- 스마트폰이나 태블릿에서 사용할 수 있는 모바일용 원격 데스크톱 앱은 많은 종류가 나와 있지만 이 책에서는 원격 데스크톱 연결 기능을 제공하는 마이크로소프트사의 앱을 사용하여 실습합니다.

2 Microsoft Remote Desktop 설치가 완료되었으면 앱 아이콘을 탭하여 실행합니다. 처음 실행 시 라이선스 동의 여부를 묻는 화면이 나오면 Accept 단추를 탭합니다.

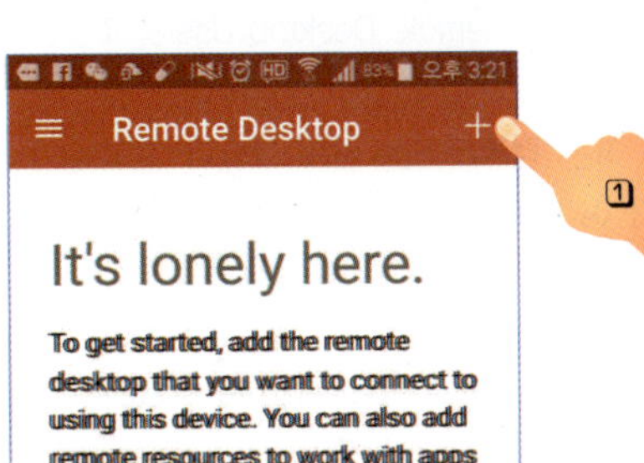

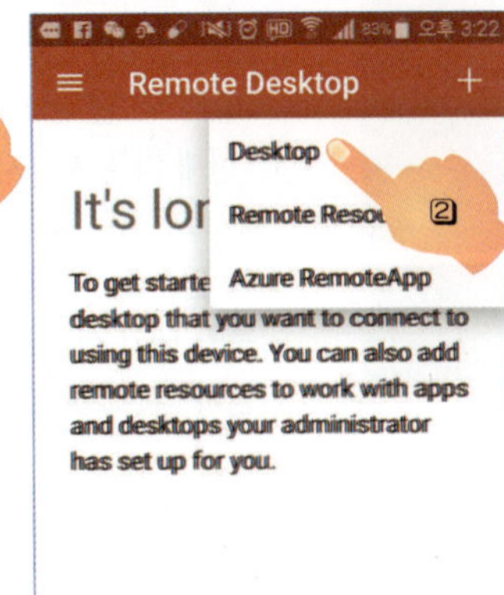

3 원격 데스크톱 추가 방법을 안내하는 메시지가 나옵니다. 원격 데스크톱 연결을 추가하기 위해 상단의 + 단추를 탭하여 메뉴를 펼친 다음, Desktop을 탭합니다.

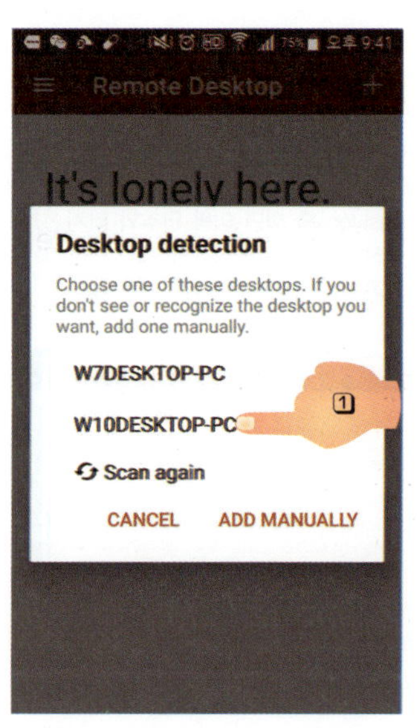

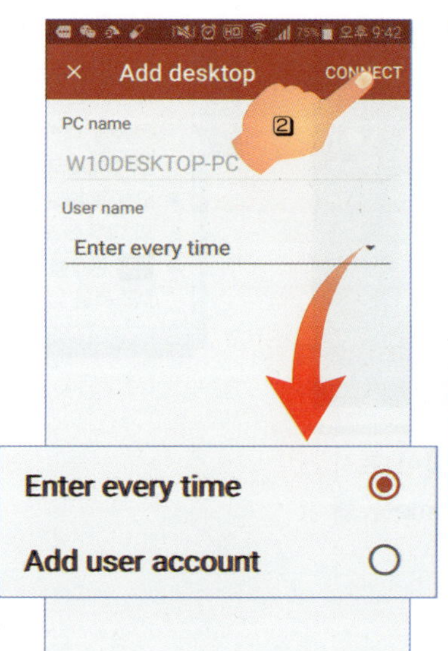

4 Desktop detection 화면에 동일 네트워크의 컴퓨터 중 원격 데스크톱 연결이 허용된 컴퓨터 목록이 나옵니다. 이제 윈도우 10 컴퓨터(W10DESKTOP-PC)를 탭하여 선택한 후, Add desktop 화면이 나오면 오른쪽 상단의 CONNECT를 탭합니다.

<table>
<tr><td>H E L P</td><td>
● 동일 네트워크에 있는 원격 데스크톱 연결 허용 컴퓨터가 있으면 목록이 표시됩니다. Scan again을 탭하면 네트워크의 원격 데스크톱 연결 허용 컴퓨터를 재검색합니다.
● User name 목록의 기본값인 Enter every time 선택 상태에서는 연결할 때마다 사용자 이름과 암호를 입력합니다. Add user account는 사용자 계정을 등록할 때 사용합니다.
</td></tr>
</table>

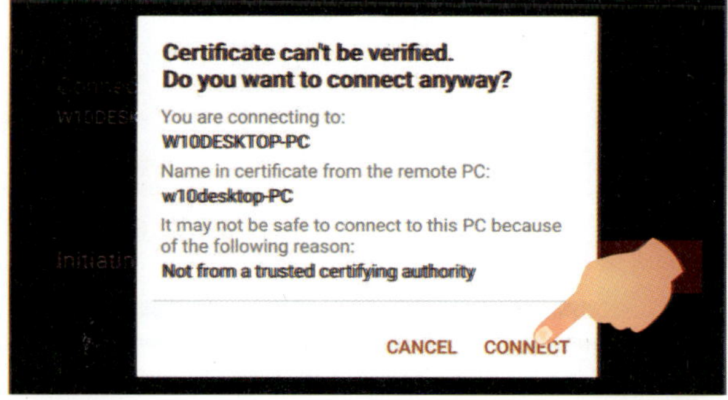

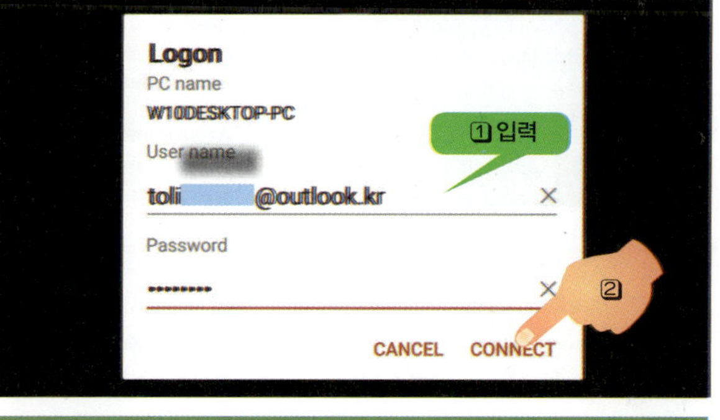

5 "검증되지 않았는데 연결하겠습니까?"라는 화면이 나오면 CONNECT를 탭합니다.

6 Logon 화면이 나오면 User name에 원격 컴퓨터의 관리자 이름을, Password에 관리자 암호를 입력하고 CONNECT를 탭합니다.

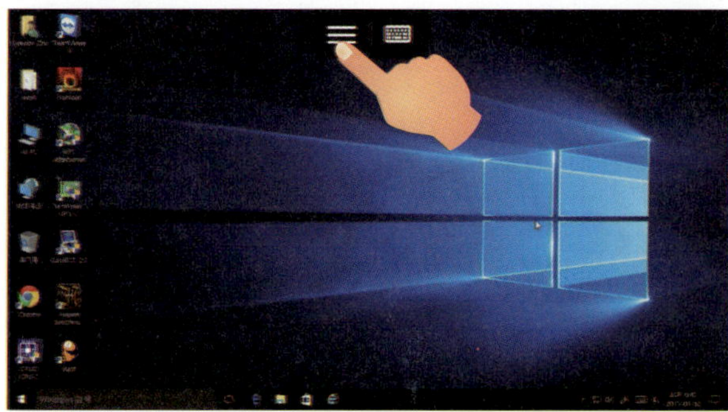

<table>
<tr><td>H E L P</td><td>
● Remote Desktop 앱을 이용한 동일 네트워크에서 자동으로 검색된 원격 컴퓨터에 대한 접속은 해당 컴퓨터의 시스템 속성 대화상자의 원격 데스크톱 연결 허용에 의해 이뤄집니다. 해당 컴퓨터에 대한 인터넷 공유기 설정 프로그램의 원격 데스크톱 연결 포트 할당 여부와는 관계없습니다.
● 앞의 **4** 단계에서 ADD MANUALLY를 사용하여 원격 데스크톱 연결 주소로 접속하는 경우에는 인터넷 공유기 설정 프로그램의 원격 데스크톱 연결 포트 할당이 되어 있어야 연결할 수 있습니다.
</td></tr>
</table>

7 관리자로 로그인하였으므로 곧바로 원격 데스크톱 연결이 이루어집니다. 원격 데스크톱 연결 화면 상단에는 메뉴 단추(), 자판 입력(⌨) 단추가 표시됩니다. 메뉴 단추(☰)를 탭합니다.

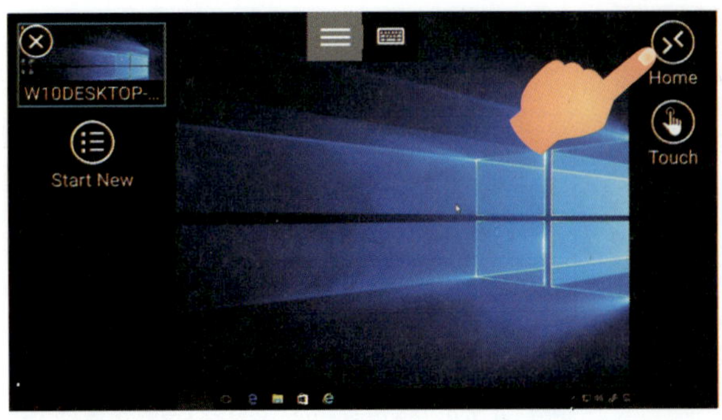

8 원격 데스크톱 연결 화면 좌우로 메뉴 패널이 표시됩니다. 이제 오른쪽 패널 상단에 있는 Home을 탭합니다.

> **HELP**
> ● 원격 데스크톱 화면 상단의 ▤ 단추를 누르면 양쪽으로 메뉴 패널이 나옵니다. 왼쪽 패널에는 다른 원격 데스크톱 연결 항목들에 대한 바로가기 메뉴가 나오므로 여기서 바로 원하는 원격 데스크톱 연결을 선택할 수 있습니다.
> ● 오른쪽 패널에는 Remote Desktop 홈 화면 이동 단추와 터치와 마우스 포인터 모드 토글 선택 단추 등이 제공됩니다.
> ● ▦ 단추를 탭하면 입력 자판을 호출하여 문자와 기호 등의 텍스트를 입력할 수 있습니다.

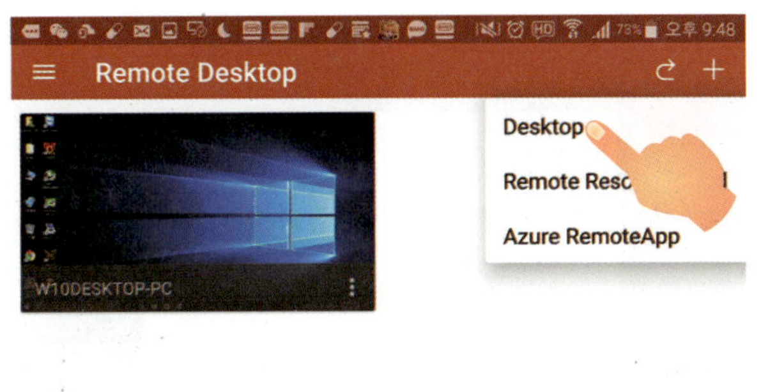

9 Remot Desktop 앱의 Home 화면이 나옵니다. 이제 윈도우 7 컴퓨터로의 원격 데스크톱 연결을 테스트하기 위해 상단의 + 단추를 탭하여 메뉴를 펼친 다음 Desktop을 탭합니다.

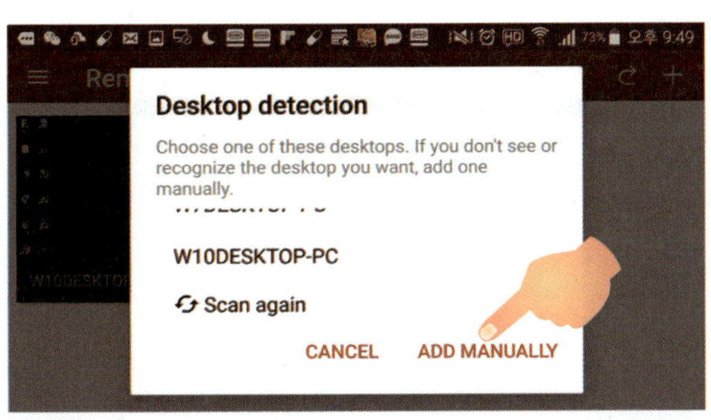

10 Desktop detection 화면이 나오면 ADD MANUALLY를 탭합니다.

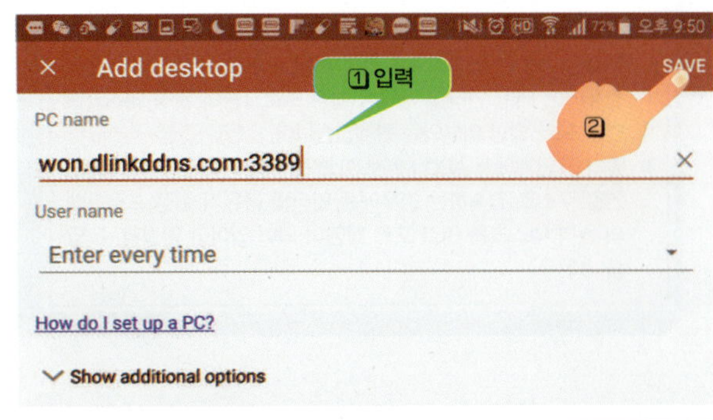

11 PC name에 원격 데스크톱 연결 주소를 입력한 다음, 오른쪽 상단의 SAVE를 탭합니다.

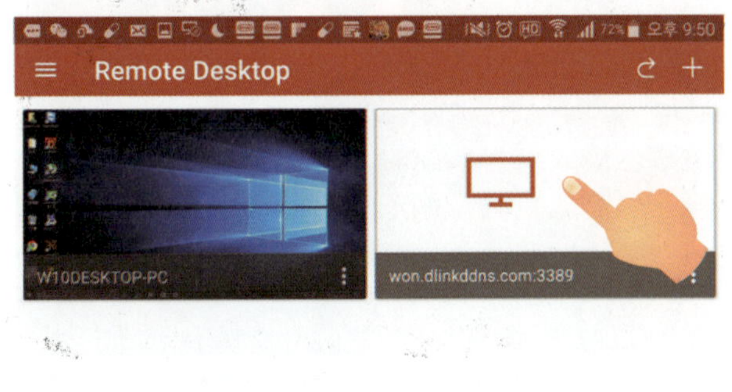

12 Remot Desktop 앱의 시작 화면에 새로 추가한 원격 데스크톱 연결 항목이 나옵니다. 이제 새로 추가한 원격 데스크톱 연결을 탭합니다.

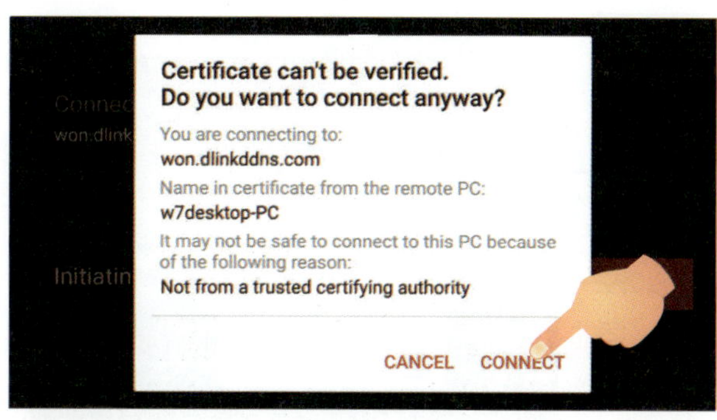

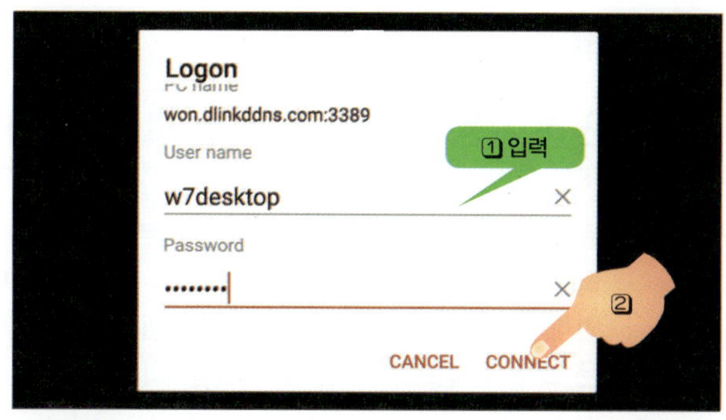

⓭ "검증되지 않았는데 연결하겠습니까?"라는 화면이 나오면 CONNECT를 탭합니다.

⓮ Logon 화면이 나오면 User name에 원격 컴퓨터의 관리자 이름을, Password에 관리자 암호를 입력하고 CONNECT를 탭합니다.

⓯ 관리자로 로그인하였으므로 곧바로 원격 데스크톱 연결이 이루어집니다. 이제 원격 데스크톱 연결 화면 상단에의 메뉴 단추(≡)를 탭합니다.

⓰ 원격 데스크톱 연결 화면 좌우로 메뉴 패널이 표시됩니다. 왼쪽 패널에 새로 추가한 원격 데스크톱 연결의 바로가기가 나오는 것을 볼 수 있습니다. 이제 오른쪽 패널 상단에 있는 Home을 탭합니다.

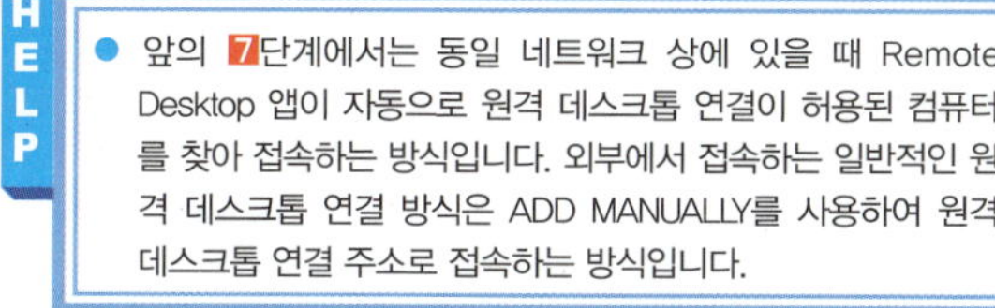

● 앞의 ❼단계에서는 동일 네트워크 상에 있을 때 Remote Desktop 앱이 자동으로 원격 데스크톱 연결이 허용된 컴퓨터를 찾아 접속하는 방식입니다. 외부에서 접속하는 일반적인 원격 데스크톱 연결 방식은 ADD MANUALLY를 사용하여 원격 데스크톱 연결 주소로 접속하는 방식입니다.

⓱ Remot Desktop 앱의 시작 화면에 두 번째로 추가한 원격 데스크톱 연결 항목에 대한 연결이 이루어진 다음부터는 해당 원격 데스크톱 화면 모양의 바로가기로 표시되는 것을 확인할 수 있습니다.

Exercise 5 원격 시동으로 원격 PC를 로컬 PC처럼 활용하기

원격 데스크톱의 연결 기능의 백미는 바로 원격 시동 기능과 함께 사용하는 것이라 할 수 있습니다. 원격 시동을 사용하면 남이 켜주지 않아도 언제든지 필요한 때 원격 컴퓨터를 사용할 수 있습니다. 원격 시동 기능은 스마트폰 앱으로도 사용할 수 있습니다.

이 실습에 필요한 내용	실습 키 포인트
네트워크에 연결된 윈도우 7과 윈도우 10 컴퓨터	원격 시동에 필요한 설정과 원격 시동

ipTIME 공유기에서 PC 원격 시동 기능 사용하기

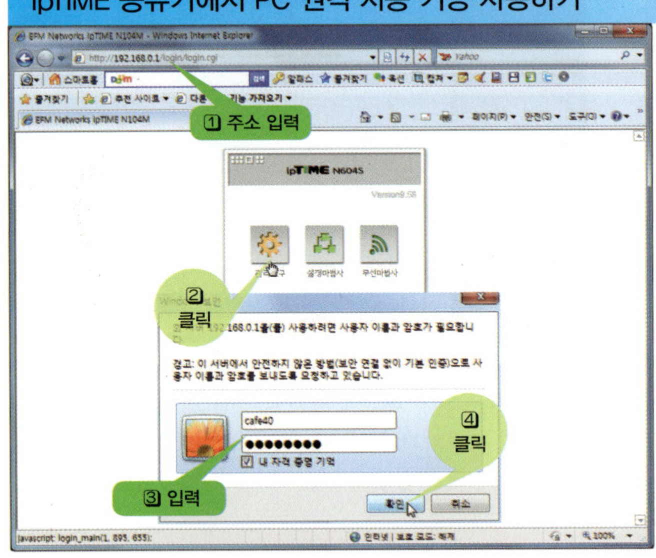

1 ipTIME 인터넷 공유기의 주소로 접속하여 공유기 설정 프로그램에 접속합니다.

> **HELP**
> ● 원격 시동 기능과 원격 데스크톱 연결 기능을 함께 사용하면 대한민국뿐만 아니라 지구상 어느 곳이든 인터넷 연결이 가능한 컴퓨터가 있다면 언제든지 원격으로 PC를 켜서 원격 데스크톱 연결을 수행하여 보안 걱정 없이 작업할 수 있습니다.

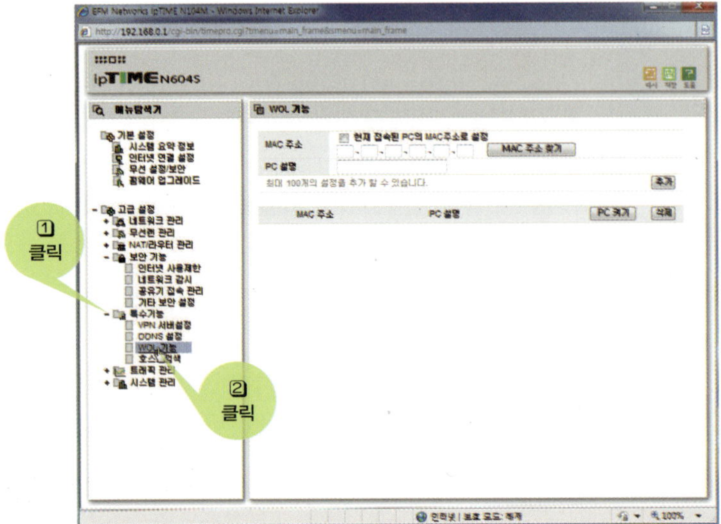

2 왼쪽 메뉴에서 **특수 기능** 항목에 있는 **WOL 기능**을 클릭합니다.

> **HELP**
> ● WOL(Wake On Lan) 기능은 PC LAN 카드의 MAC 주소를 PC 켜기 기능과 연동시키는 작업입니다.
> ● 공유기에 원격 접속한 후 WOL 기능으로 MAC 주소가 연동된 PC의 켜기를 선택하면 매직패킷으로 전원을 켜달라는 신호가 LAN 카드에 전송되며, LAN 카드는 바이오스에 PME(Power Management Event) 신호를 보내고, 바이오스 셋업에서 활성화되어 있으면 파워서플라이 전원 단추와 같은 **Power Good** 신호를 보내 전원을 켜는 것입니다.

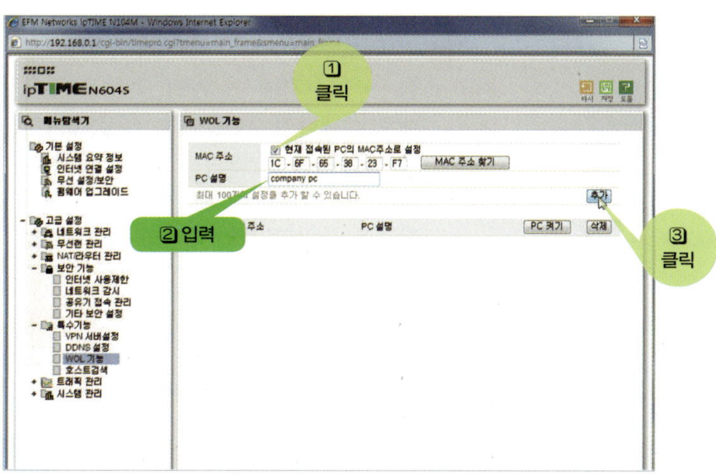

3 이제 WOL 기능 설정을 위해 **현재 접속된 PC의 MAC 주소로 설정**을 클릭합니다. 그러면 자동으로 현재 사용 중인 PC의 MAC 주소가 입력됩니다. 그런 다음 구별하기 쉬운 PC 설명을 입력하고 **추가** 단추를 클릭합니다.

> **HELP**
> ● 현재 접속된 PC가 아니라면 MAC 주소 찾기를 선택하여 MAC 주소를 선택합니다. PC의 MAC 주소를 확인하는 방법은 782쪽의 "컴퓨터의 MAC 주소 확인 방법"을 참고하기 바랍니다.

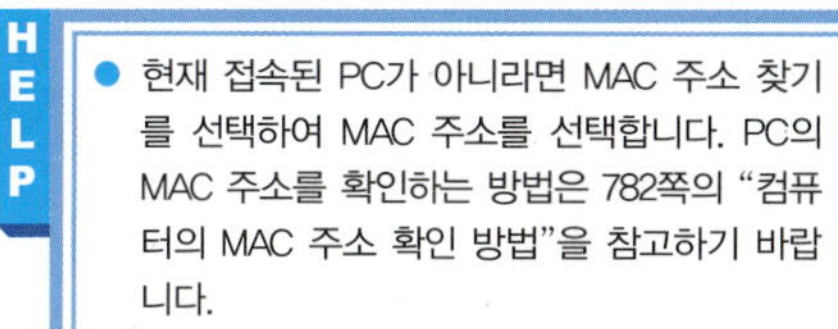

4 사용 중인 윈도우 7 PC(Ssdchow7-PC)가 등록되면, **저장** 단추를 클릭합니다.

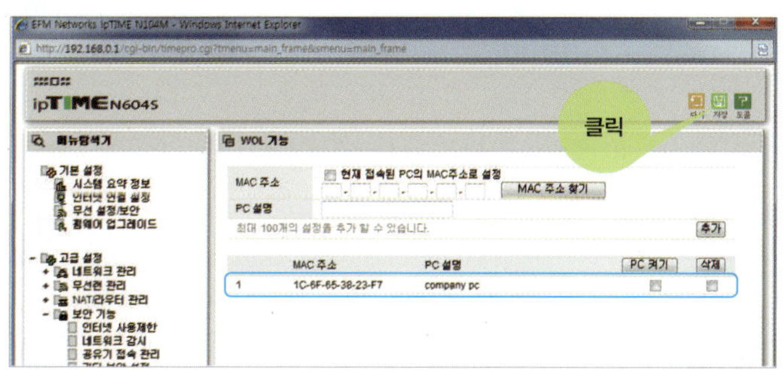

5 설정을 저장할 지 묻는 대화상자가 나오면 **확인** 단추를 클릭하고 저장합니다. 이것으로 ipTIME 인터넷 공유기의 WOL 설정이 모두 완료되었습니다.

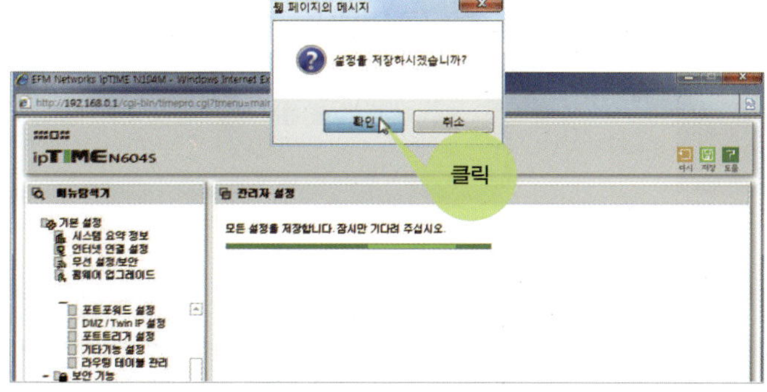

6 이제 원격 시동할 윈도우 10 노트북 컴퓨터(w10note)에서 인터넷 공유기의 DDNS 주소와 원격 포트 관리 번호를 입력하여 인터넷 공유기에 접속한 후 **관리 도구**를 클릭하여 연결 대화상자가 나오면 사용자 이름과 암호를 입력하고 **확인** 단추를 클릭하여 관리 도구에 접속합니다.

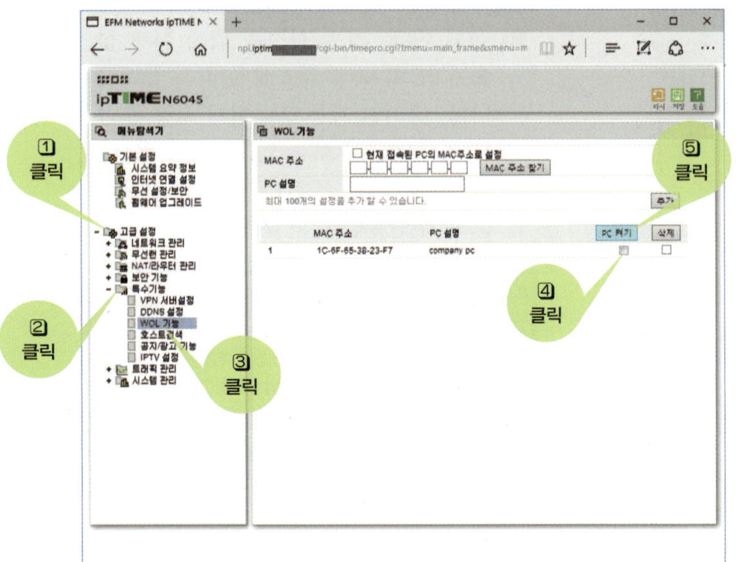

7 관리 도구의 메뉴 탐색기에서 **고급 설정 → 특수기능 → WOL 기능**을 차례대로 선택하여 WOL 기능 설정 페이지로 들어간 후, **윈도우 7 PC의 확인 상자(□)**를 클릭하여 체크하고 **PC 켜기** 단추를 클릭합니다. 그러면 해당 PC의 전원이 켜지고 시동이 이루어집니다.

> **HELP**
> ● 원격 시동하는 컴퓨터에서는 시동 과정을 볼 수 없습니다. 원격 데스크톱 연결은 원격 컴퓨터의 운영체제가 시동된 상태여야 연결할 수 있으므로 시동에 걸리는 시간 동안 기다린 다음에 연결을 시도하면 됩니다.

D-LINK 공유기에서 PC 원격 시동 기능 사용하기

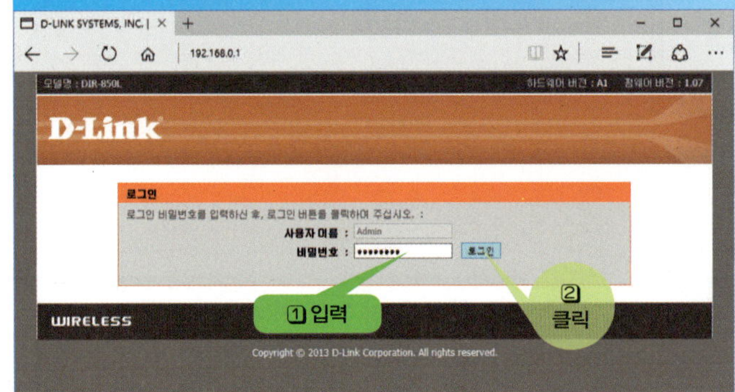

1 D-LINK 인터넷 공유기의 주소로 접속하여 공유기 설정 프로그램에 접속합니다.

> **HELP**
> ● 예제로 사용한 D-LINK DIR-850L 공유기 설정 프로그램의 경우 표준적인 WOL 기능 설정은 지원하지만, PC 전원 켜기 기능은 별도의 WOL 프로그램을 통해 사용하는 방식을 지원합니다.

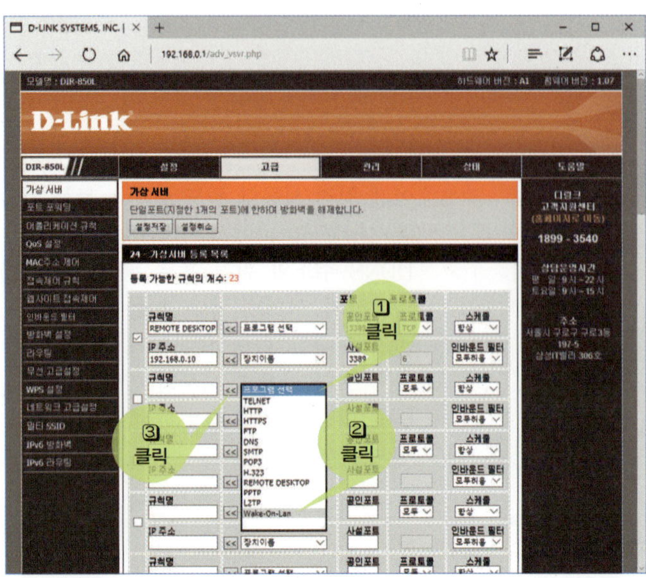

2 프로그램 선택 목록의 ∨를 클릭하고 **Wake-On Lan**을 선택한 후, **<<**를 클릭합니다. 그러면 자동으로 원격 데스크톱 연결 규칙 이름이 추가되며 공인 포트는 기본값인 9번으로 설정됩니다.

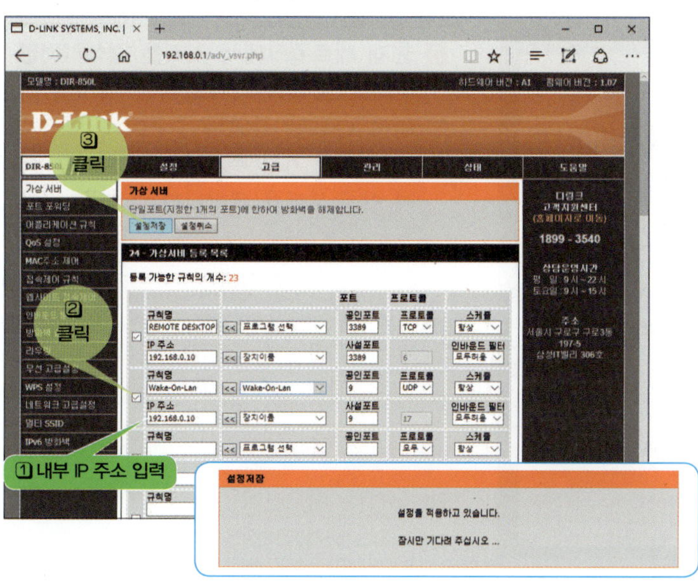

3 IP 주소 입력란에 원격 데스크톱 연결 서버로 사용할 PC의 **내부 IP 주소**를 입력한 후, 적용을 위해 **해당 규칙의 확인 상자(□)를 체크**하고 **설정 저장** 단추를 클릭합니다. 그러면 잠시 동안 설정이 적용됩니다. 포트 할당은 바로 적용되므로 공유기를 재시작할 필요는 없습니다.

> **HELP**
> ● D–LINK 공유기 설정 프로그램은 직접 원격으로 컴퓨터 전원을 켜는 기능은 포함하지 않고 있습니다. 이어지는 실습을 참고하여 스마트 폰용 WOL 앱을 사용하면 손쉽게 컴퓨터 전원을 켤 수 있습니다.

스마트 폰에서 WOL 앱으로 PC 전원 켜기

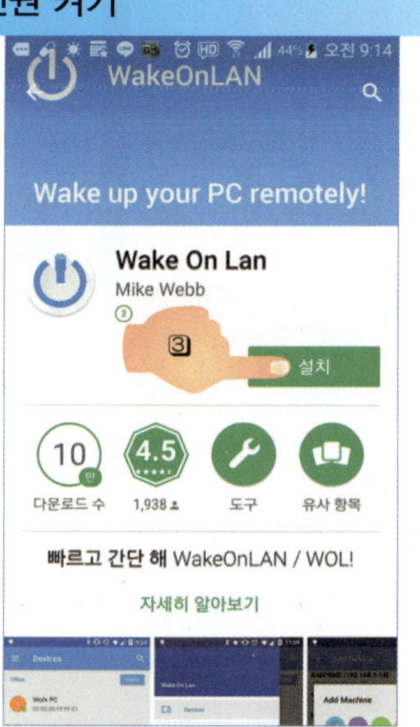

1 안드로이드 운영체제의 모바일 기기는 플레이 스토어에서 'WOL'로 검색한 다음 Wake On Lan을 선택하여 설치합니다.

> **HELP**
> ● IOS 모바일 운영체제를 사용하는 모바일 기기에서는 앱스토어에서 Wake On Lan을 다운로드하기 바랍니다.
> ● 스마트폰이나 태블릿에서 사용할 수 있는 모바일용 원격 데스크톱 앱은 많은 종류가 나와 있지만, 이 책에서는 Mike Webb에서 만든 Wake On Lan 앱을 사용하여 실습합니다.
> ● Wake On Lan에 필요한 설정은 인터넷 공유기 IP 주소나 DDNS 주소, 공유기에 연결된 원격 컴퓨터의 MAC 주소와 사설 IP 주소입니다.

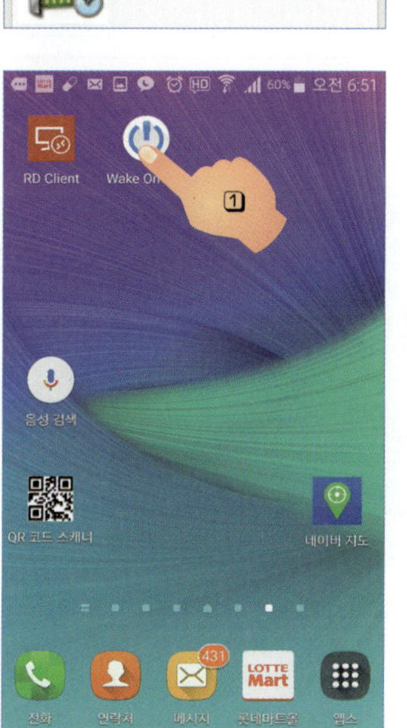

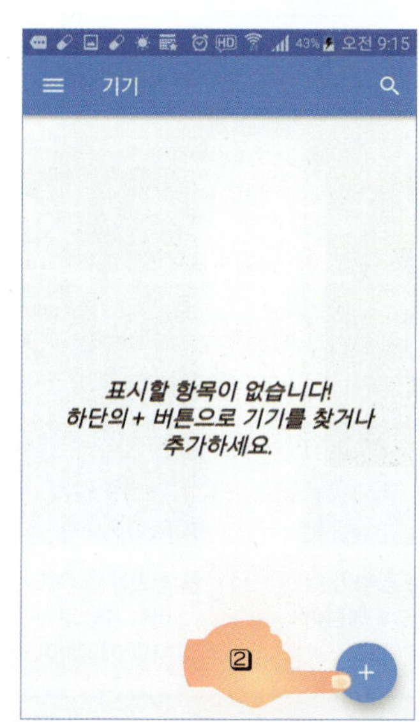

2 Wake On Lan 앱 설치가 완료되면 앱 아이콘을 탭하여 실행합니다. 처음 실행하면 표시할 항목이 없다고 나옵니다. 원격으로 시동할 컴퓨터를 추가하기 위해 오른쪽 하단의 **+** 단추를 탭합니다.

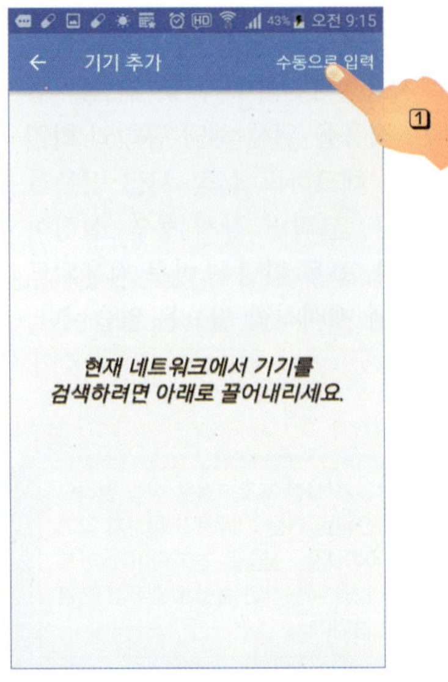

3 현재 네트워크에서 기기를 검색하려면 아래로 끌어 내리세요.라는 메시지 화면이 나오면 상단의 수동으로 입력을 탭합니다. 기기 추가 화면이 나오면 기기 이름 부분을 탭합니다.

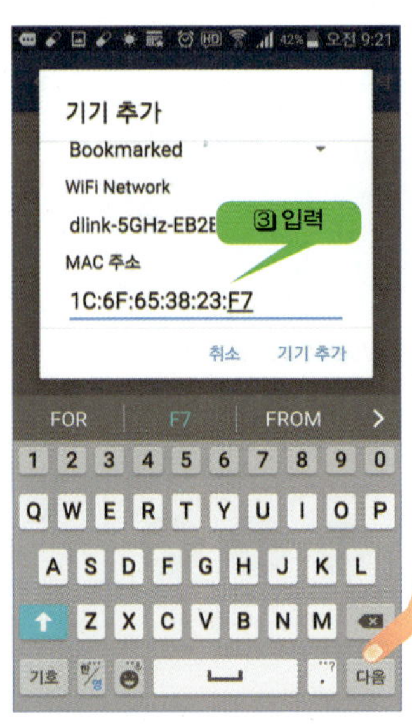

4 별칭에 기기 이름을 입력한 후, 입력 자판의 다음 단추를 탭합니다. 이어서 MAC 주소 입력 화면이 나오면 MAC 주소를 입력한 후, 입력 자판의 다음 단추를 탭합니다.

> **HELP**
>
> ● **기기 추가**는 모든 설정을 완료한 다음에 탭합니다. 원격 연결 설정에 필요한 MAC 주소, 공유기 주소 설정 등이 제대로 되어 있지 않으면 기기 추가는 안 됩니다.

Check Point — 컴퓨터의 MAC 주소 확인 방법

컴퓨터의 MAC 주소를 확인하려면 윈도우의 명령어 프롬프트 창에서 ipconfig /all 명령어를 사용하면 됩니다.

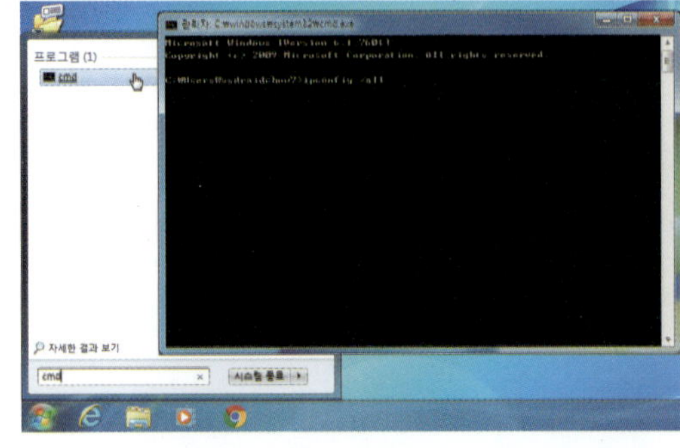

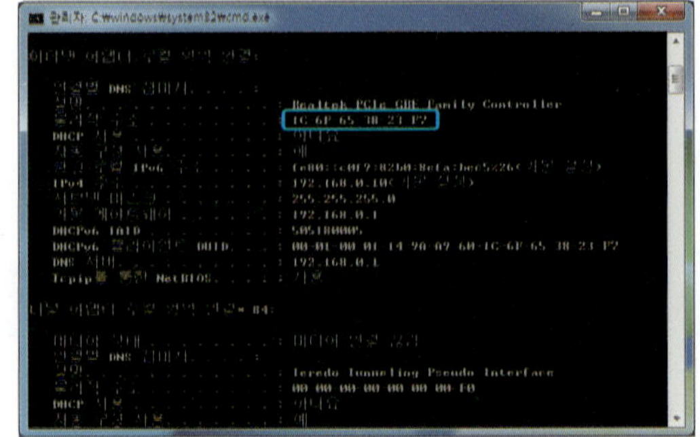

❶ 윈도우 검색 상자에 cmd를 입력하여 cmd 프로그램 항목이 나오면 실행하여 명령어 프롬프트 창을 열고 ipconfig /all 명령어를 입력하고 Enter 키를 누릅니다.

❷ 화면을 스크롤하여 이더넷 어댑터 로컬 영역 연결 항목에서 물리적 주소로 표시되는 MAC 주소를 확인합니다. MAC 주소를 따로 메모하여 WOL 앱에 컴퓨터를 등록할 때 사용합니다.

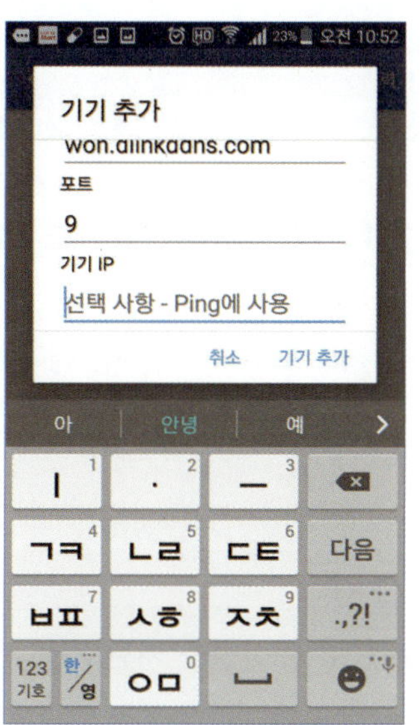

5 공유기 주소 입력란이 나오면 공유기의 DDNS 주소나 공인 IP 주소를 입력한 후, 입력 자판의 다음 단추를 탭합니다. 이어서 포트 번호는 기본값인 9번 포트를 그대로 사용하면 되므로 한 번 더 입력 자판의 다음 단추를 탭하여 기기 IP 입력란으로 이동합니다.

6 기기 IP에는 원격 컴퓨터의 사설 IP 주소를 입력합니다. 이것으로 Wake On Lan에 필요한 설정이 모두 완료되었으므로 **기기 추가**를 탭합니다. 그러면 새로운 Wake On Lan 기기가 추가됩니다. 전원을 켜려면 새로 추가된 기기(W7DESKTP)를 탭합니다.

> **HELP**
> ● ipTIME 공유기에서 WOL 기능을 사용할 때는 ipTIME 전용 WOL 앱을 설치하여 사용하면 됩니다. 물론 Wake On Lan 앱을 사용해도 ipTIME 공유기에 연결된 PC의 원격 시동도 가능합니다.

7 Wake On Lan 앱의 화면상에는 새로 추가된 기기(W7DESKTP)가 켜졌다는 메시지가 나옵니다. 다음으로 새로 추가한 기기의 설정을 편집하거나 제거하려면 해당 기기 항목을 길게 탭한 다음 오른쪽 상단에 있는 연필 모양의 편집 아이콘이나 휴지통 모양의 삭제 아이콘을 탭합니다.

> **HELP**
> ● Wake On Lab 앱 화면상에서도 시동 과정을 볼 수 없으므로 원격 컴퓨터가 시동이 완료될 정도의 시간 동안 기다린 다음, 원격 데스크톱 연결을 시도하면 됩니다.

PC & Neteworks — *Upgrade Page* Up & Up

바이오스 셋업과 LAN 카드의 원격 시동 기능 설정

원격 시동 기능을 사용하려면 PC의 메인보드와 LAN 카드 모두 WOL을 지원해야 합니다. 보통 원격 시동 기능이 지원되는 메인보드의 바이오스 셋업이나 LAN 카드는 별도의 설정 없이도 기본값으로 지원됩니다. 하지만 변경된 경우도 있으므로 어떤 기능 설정을 확인해야 하는지 알아두기 바랍니다.

메인보드 바이오스의 WOL 관련 기능 설정

WOL 기능은 원격으로 LAN 카드에 매직패킷을 보내 전원을 켜는 기능이므로 주로 바이오스 셋업의 전원 관리 기능 메뉴에 제공됩니다. 바이오스 제조사에 따라 WOL 설정 기능의 이름은 다를 수 있으므로 구체적인 설정은 메인보드 설명서를 참고하기 바랍니다.

구형 바이오스 셋업에서 PC 원격 시동 기능 설정하기

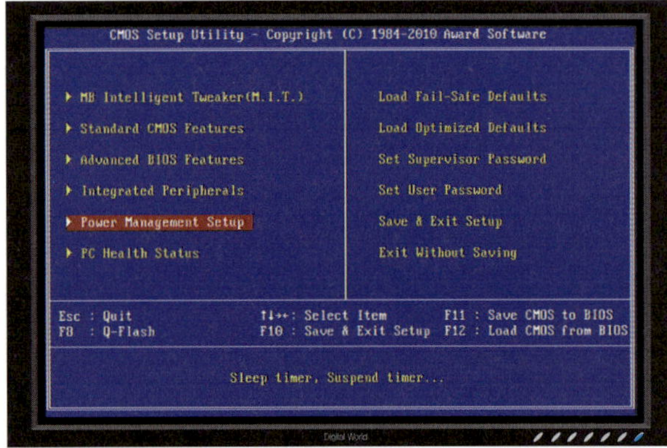

❶ WOL 기능을 사용할 PC를 켠 후 Delete 를 눌러 바이오스 셋업 프로그램을 열고 주 메뉴 화면에서 Power Management Setup을 선택하고 Enter 키를 누릅니다.

HELP
- 원격 시동을 하려면 메인보드에 기본적인 대기 전력 공급이 필요합니다. 또한 메인보드에 따라 바이오스 셋업에 대기 모드 전력을 최소화하는 ErP 기능 등이 제공되기도 하는데, WOL 기능을 사용하려면 대기 모드 전력 최소화 설정은 비활성화해야 합니다.
- WOL 기능은 윈도우 운영체제의 시스템 종료 기능을 사용하여 시스템을 종료한 다음부터 사용 가능합니다. 파워 서플라이의 스위치를 끄게되면 메인보드에 전원이 공급되지 않기 때문에 WOL 기능 설정이 제대로 되어 있어도 원격 시동은 되지 않습니다.

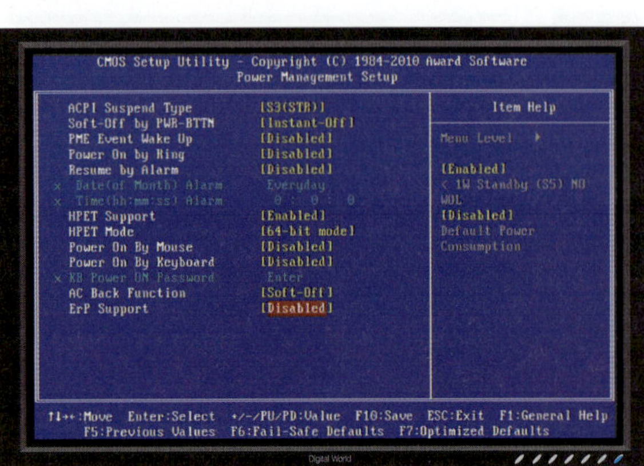

❷ Power Management Setup 화면이 나오면 PC 대기 전력을 1W 미만으로 최소화하는 ErP Support 항목을 Disabled로 설정합니다. 그러면 WOL 기능을 설정하는 PME Event Wake Up 항목이 설정 가능한 상태로 나옵니다.

❸ 이제 PME Event Wake Up을 선택하고 Enter 키를 누릅니다. 대화상자가 나오면 Enabled를 선택한 후, 다시 Enter 키를 눌러 적용합니다.

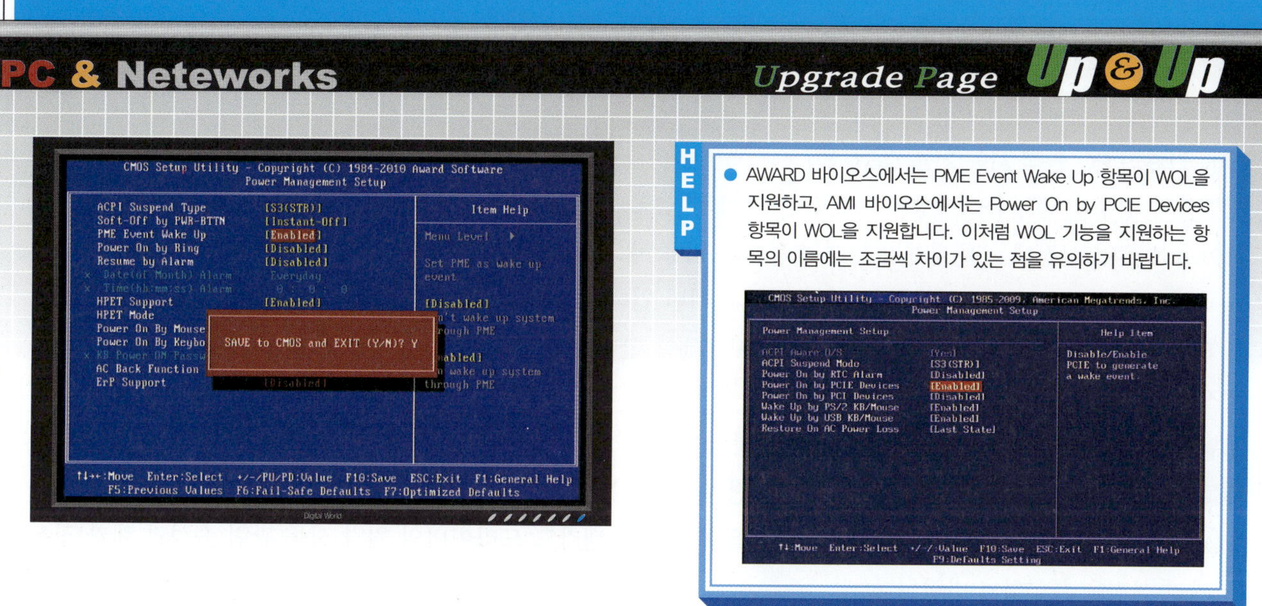

UEFI 바이오스 셋업에서 PC 원격 시동 기능 설정하기

신형 UEFI 바이오스 셋업이라고 해서 WOL 관련 기능 설정 방식이 달라지는 것은 없습니다. 앞서 살펴본 Award Software사의 구형 바이오스 셋업과 UEFI 바이오스 셋업 화면에 표시되는 설정 기능의 이름들만 조금씩 차이가 있을 뿐, 기능은 동일합니다. UEFI 바이오스 셋업에서도 WOL 기능은 기본값 상태에서 지원됩니다. 다음은 AMI사의 UEFI 바이오스 셋업의 기본값 화면으로, Power Management 메뉴 페이지에 Wake on LAN과 ErP 기능 설정 항목이 제공됩니다.

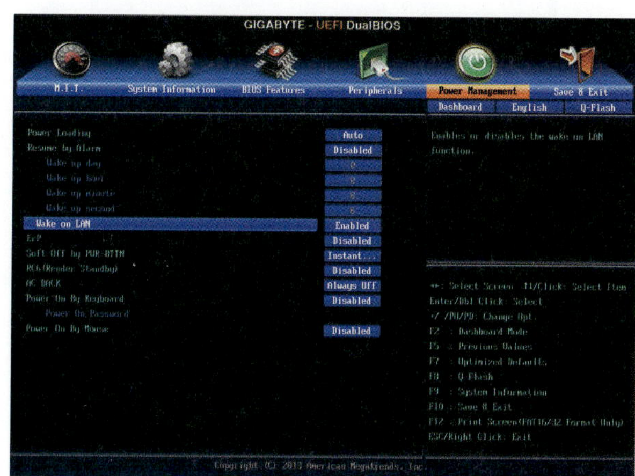

❶ Power Management 메뉴 페이지에 있는 Wake on LAN 설정이 활성화 (Enabled)되었으면 LAN을 통해 원격으로 전원을 켜는 WOL 기능을 사용할 수 있습니다.

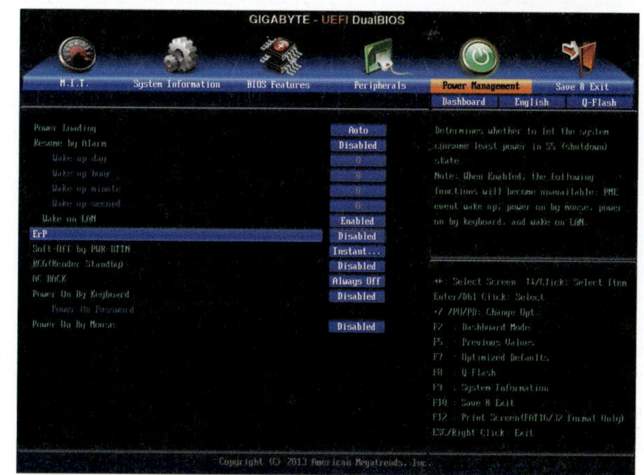

❷ Power Management 메뉴 페이지에 있는 Erp 설정 항목은 PC 대기 전력을 최소화합니다. 기본값은 비활성화(Disabled)로 설정됩니다. 오른쪽의 도움말에도 ErP 기능을 활성화하면 PME Event Wake Up 기능은 사용할 수 없다는 설명을 볼 수 있습니다.

LAN 카드의 PC 원격 시동 기능 설정하기

대부분의 경우 LAN 카드 속성의 기본값은 WOL 기능을 지원하도록 설정됩니다. WOL 기능 설정이 공유기나 바이오스 셋업 설정에는 문제가 없는데 작동하지 않을 때 최종 단계로 LAN 카드 드라이버의 속성을 확인해 보기 바랍니다. LAN 카드를 이용한 원격 시동을 하려면 인터넷 공유기를 통해 전원을 켜달라는 매직 패킷을 보내야 하므로 공유기의 원격 관리 기능을 반드시 사용해야 합니다.

매직 패킷은 MAC 주소와 조합된 패킷입니다. 원격 시동 과정은 스마트폰 앱이나 원격으로 공유기에 접속하여 전원을 켜달라는 매직패킷에 있는 MAC 주소를 식별하여 특정 컴퓨터로 보냅니다. 원격 컴퓨터의 랜카드를 통해 매직패킷 요청이 CPU로 전달되면 CPU는 전원을 켜라는 명령을 보내서 컴퓨터의 전원을 켜게 됩니다.

WOL 기능이 제대로 작동하지 않을 때는 다음을 참고하여 랜카드 드라이버의 원격 시동 관련 속성과 랜카드 전원 관리 설정을 확인하기 바랍니다.

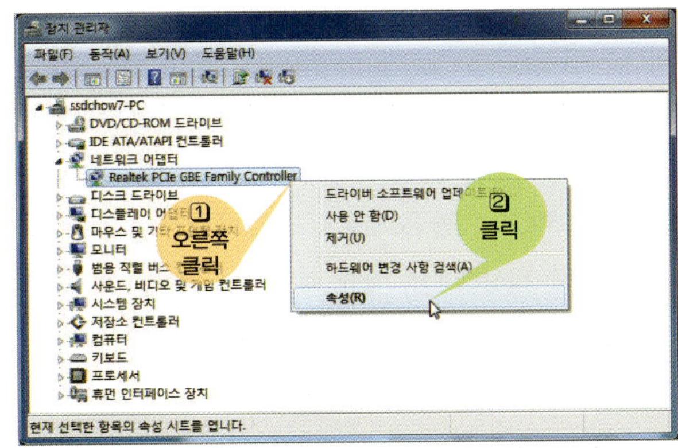

❶ 장치 관리자를 열어 LAN 카드 드라이버를 선택한 후, 마우스 오른쪽 단추를 클릭하여 팝업 메뉴에서 **속성**을 클릭합니다.

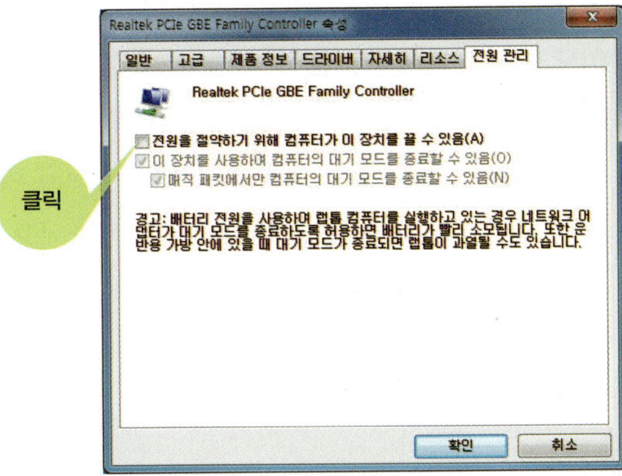

❷ LAN 카드의 속성 대화상자가 나오면 **전원 관리** 탭을 선택합니다. **전원을 절약하기 위해 컴퓨터가 이 장치를 끌 수 있음**을 해제하면 네트워크 속도도 유지되고 일정 시간 경과 후에 네트워크 공유가 해제되는 문제도 해결됩니다.

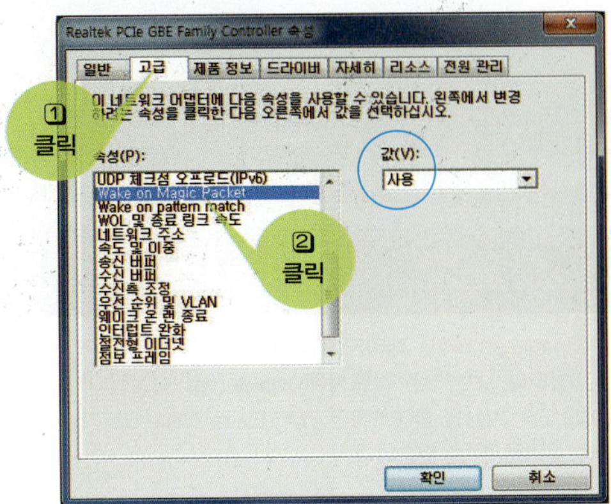

❸ 다음으로 **고급** 탭을 선택한 후, WOL 관련 속성들의 값을 체크합니다. WOL 관련 속성들과 값 설정 방법은 HELP를 참고하기 바랍니다.

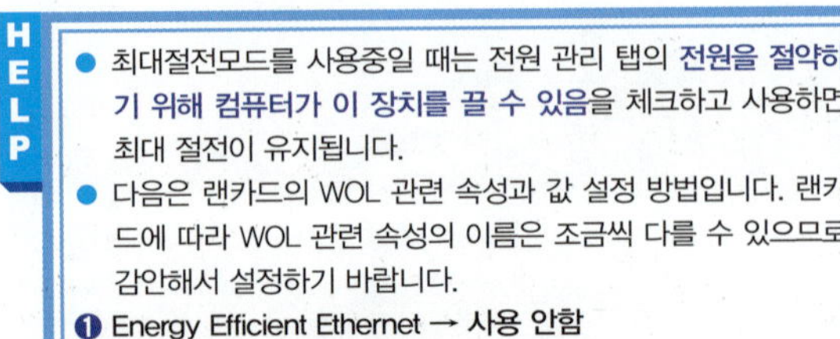

HELP

- 최대절전모드를 사용중일 때는 전원 관리 탭의 **전원을 절약하기 위해 컴퓨터가 이 장치를 끌 수 있음**을 체크하고 사용하면 최대 절전이 유지됩니다.
- 다음은 랜카드의 WOL 관련 속성과 값 설정 방법입니다. 랜카드에 따라 WOL 관련 속성의 이름은 조금씩 다를 수 있으므로 감안해서 설정하기 바랍니다.
  ❶ Energy Efficient Ethernet → 사용 안함
  ❷ Gigabit 자동 비활성화(절전) → 사용 안함
  ❸ Wake on Magic Packet → 사용
  ❹ Wake on pattern match → 사용 : 모든 신호 패턴에 반응하여 컴퓨터를 켜는 속성입니다. 컴퓨터를 정상 종료했는데 갑자기 재시동되거나 WOL 기능으로 켜지 않았는데 갑자기 컴퓨터가 켜지는 문제가 발생하면 사용 안함으로 설정하기 바랍니다.
  ❺ 웨이크온 랜 종료 → 사용
  ❻ 절전형 이더넷 → 사용 안함

원격 컴퓨터 예약 종료하기

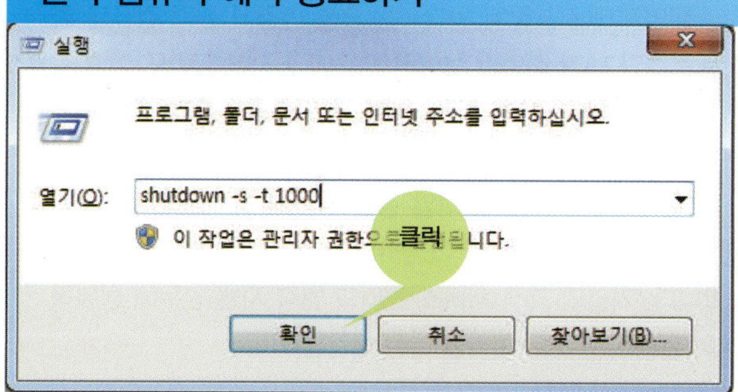

HELP

- 원격으로 컴퓨터를 켜서 원격 데스크톱 연결 기능을 사용한 다음에는 컴퓨터 전원을 꺼야 불필요한 전기 낭비를 막을 수 있습니다. 원격 데스크톱 연결 기능을 사용하는 경우에 시작 메뉴에서 시스템 종료 기능을 사용할 수 없으므로 Shutdown 명령을 사용하거나 고클린과 같은 유틸리티의 종료 타이머 기능을 활용하면 됩니다.
- Shutdown 명령어 다음에 '-s'는 전원을 끄는 옵션이며, '-t'는 대기 시간으로 뒤에 초단위의 숫자로 설정합니다. shutdown -s -t 1000 명령어는 1000초 뒤에 시스템을 종료하라는 명령입니다. 예약 종료를 취소하고 다시 설정하려면 shutdown -a 명령으로 취소한 후에 다시 설정하면 됩니다. shutdown은 명령어이므로 명령어 프롬프트 창에서 사용해도 됩니다.
- 원격 데스크톱 화면이 전체 화면일 때는 ⊞+R 키로 원격 컴퓨터의 실행 창을 열 수 있지만, 창 모드이면 로컬 컴퓨터의 실행 창이 열리므로 유의하기 바랍니다.

1 원격 컴퓨터에서 ⊞+R 키를 눌러 실행 창을 열고, shutdown -s -t 1000 명령어를 입력한 다음 Enter 키를 누릅니다.

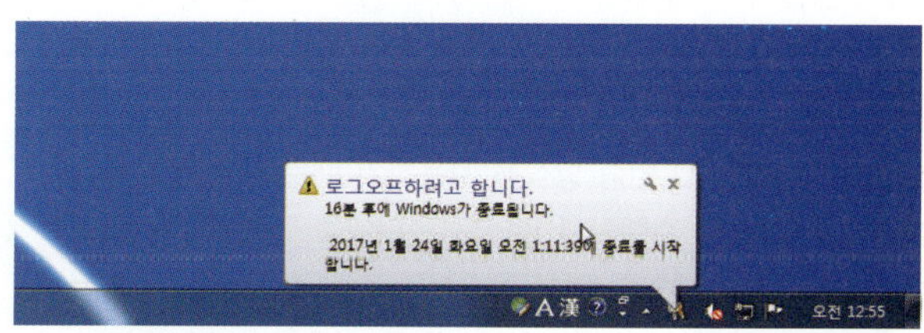

2 바탕화면의 알림 영역에 16분 후에 Windows가 종료된다는 알림 메시지가 나옵니다.

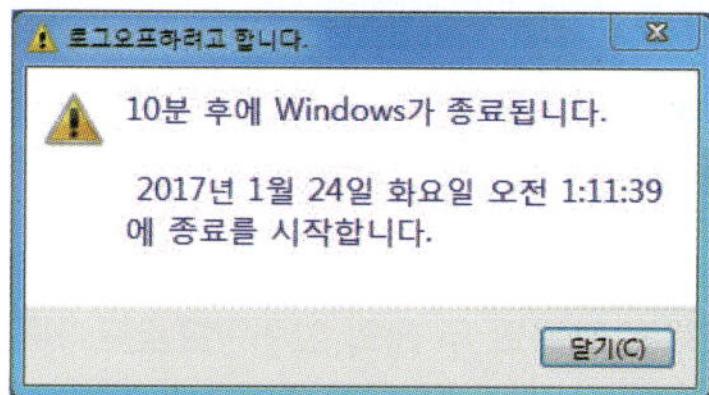

3 종료 10분 전에 다시 한번 더 알림 메시지가 나옵니다.

Check Point **고클린으로 원격 컴퓨터의 전원 끄기**

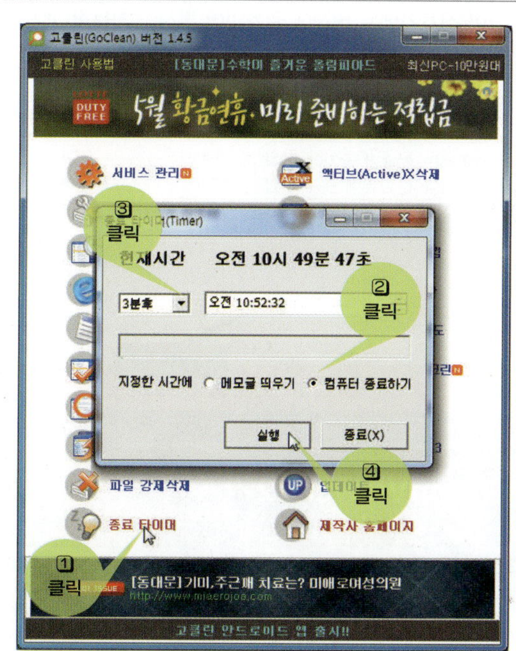

고클린의 종료 타이머 기능은 원하는 시간이 지난 후에 자동으로 컴퓨터 전원을 끄는 기능으로 원격 데스크톱 연결 시에도 잘 작동합니다. 고클린의 다른 기능에 관해서는 625쪽을 참고하기 바랍니다.

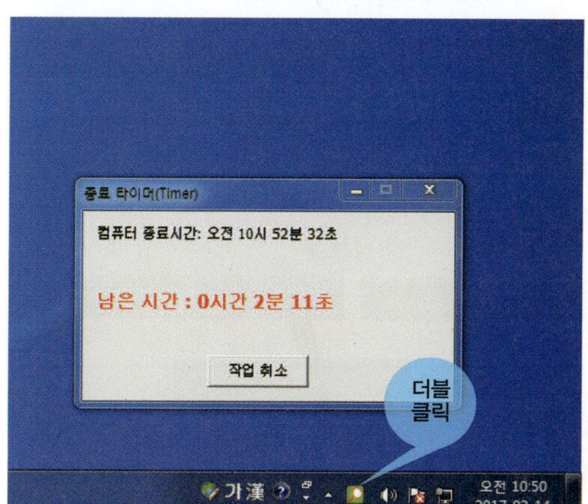

❶ 고클린 프로그램을 실행한 다음, **종료 타이머**를 클릭합니다. 종료 타이머 창이 나오면 **컴퓨터 종료하기** 옵션을 체크한 후 대기 시간을 설정한 다음, **실행** 단추를 클릭합니다.

❷ 작업 표시줄 트레이의 고클린 아이콘을 더블 클릭하면 컴퓨터 종료 때까지 남은 시간을 알려줍니다. **작업 취소** 단추를 클릭하면 예약 종료는 취소됩니다.

팀뷰어의 원격 제어 및 화상회의

팀뷰어(Team Viewer)는 원격 제어와 온라인 화상회의를 지원하는 스마트워킹을 위한 필수 소프트웨어로, 개인 사용자는 무료로 사용할 수 있습니다. 오늘날 온라인 원격 지원을 제공하는 회사는 대부분 팀뷰어 라이선스를 받아 원격 지원 서비스를 제공할 정도로 세계적으로 널리 사용되고 있으며, 효과적인 협업을 지원하는 화상회의 솔루션까지 제공합니다.

팀뷰어 알아보기

2005년에 설립된 TeamViewer는 온라인 지원과 실시간 협업을 위한 클라우드 기반 기술을 개발하는 회사입니다. 이 회사에서 개발한 팀뷰어 소프트웨어는 포춘지 선정 500대 기업의 90%가 이용할 정도로 널리 활용되고 있습니다. 팀뷰어의 핵심 기능은 원격 지원, 원격 제어, 화상 회의 기능입니다.

팀뷰어의 사용법

팀뷰어는 모바일용 앱을 지원하므로 컴퓨터와 모바일 기기에 관계없이 효과적인 협업을 지원합니다. 팀뷰어는 도움말 메뉴의 사용 방법으로 제공되는 다음의 두 개의 그림만으로도 이해할 수 있을 정도로 간단합니다. 다음은 팀뷰어에서 제공하는 원격 제어와 회의 모드의 사용 방법입니다.

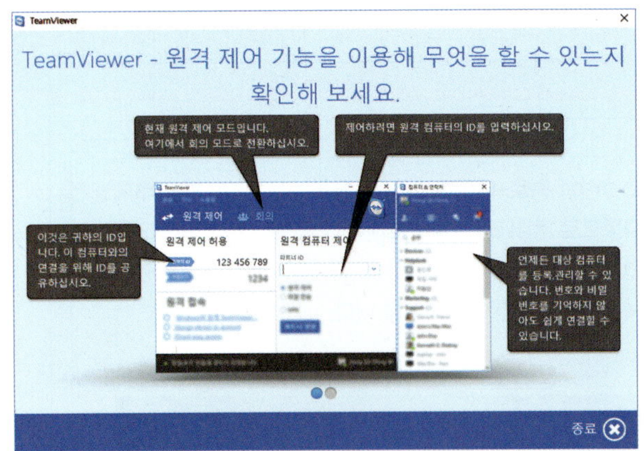

▲ 원격 제어 모드

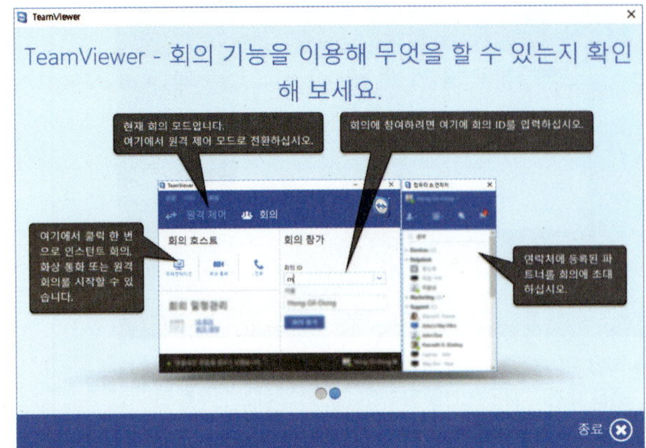

▲ 회의 모드

원격 데스크톱 연결과 팀뷰어의 원격 제어의 차이

윈도우 운영체제에 포함된 **원격 데스크톱 연결**시 **원격 컴퓨터 화면에는 로그인 대기 화면만 보이기** 때문에 현지에 있어도 어떤 작업을 하는지 알 수 없기 때문에 남에게 노출되지 않고 자신만의 작업을 수행할 수 있습니다.

반면 팀뷰어의 경우는 **원격 작업 상황이 현지 디스플레이에 보이며, 현지에서도 동시 작업이 가능하므로 서로 대화하면서 협업이 가능**합니다. 기업의 고객 서비스 센터의 원격 지원 업무에 팀뷰어가 많이 활용되는 것도 이러한 특징 때문입니다.

원격 데스크톱 연결에서는 협업 기능이 제한적이고 프로 버전 이상의 비즈니스 라인업에서만 서버 기능을 제공합니다. 반면 팀뷰어를 활용하면 화상 회의는 물론 유용한 온라인 협업 도구를 지원하며, 모든 윈도우 운영체제에서 원격 제어와 온라인 회의 호스트 기능을 사용할 수 있습니다.

팀뷰어 활용하기

팀뷰어는 자체적인 ID 인증 방식을 사용하기 때문에 인터넷 공유기에서 포트 할당을 수행하지 않아도 인터넷에 연결된 컴퓨터에 팀뷰어가 설치된 상태라면 언제 어디서든 즉시 접속하여 원격 컴퓨터를 사용할 수 있으며, 화상 회의 기능도 사용할 수 있습니다.

팀뷰어 설치하기

팀뷰어는 개인 사용자의 경우는 무료로 사용할 수 있습니다. 설치 파일은 팀뷰어 웹사이트(teamviewer.com)나 나 스마트워크 카페를 방문하면 다운로드할 수 있습니다. 원격 서버 컴퓨터로 사용하든 원격 클라이언트 컴퓨터로 사용하든 팀뷰어를 설치하면 됩니다. 팀뷰어 상호간에는 버전에 관계없이 통신이 가능합니다. 팀뷰어 설치는 다음을 참고하여 팀뷰어를 사용할 모든 컴퓨터에 설치합니다.

❶ 웹브라우저에서 www.teamviewer.com 사이트로 접속하여 팀뷰어 설치 파일을 다운로드한 다음 실행합니다.

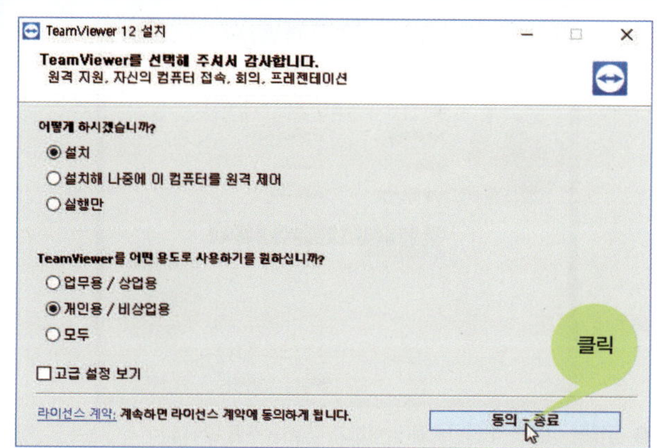

❷ TeamViewer 12 설치 대화상자가 나옵니다. 기본값 설치 옵션 개인용 / 비상업용 설정 상태에서 **동의-종료** 단추를 클릭하여 설치를 진행합니다.

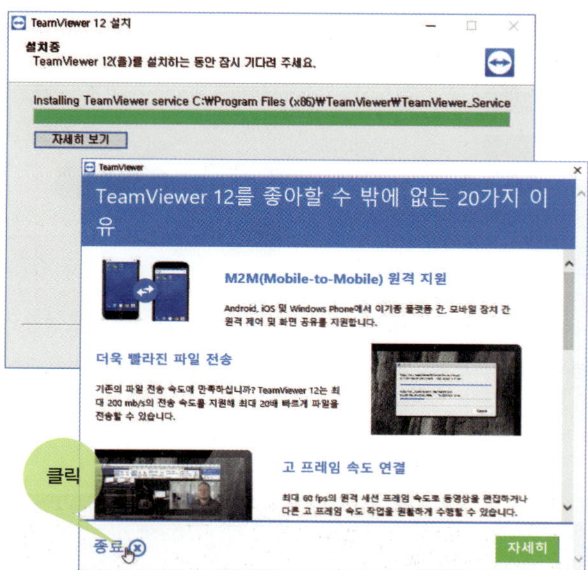

❸ 잠시 동안 설치가 진행됩니다. 설치가 완료되고 나서 TeamViewer 12의 특징을 안내하는 화면이 나오면 읽어보고 **종료** 단추를 클릭합니다.

❹ 원격 제어 모드의 팀뷰어 창이 나옵니다. 팀뷰어의 오른쪽에 나오는 창은 일반 사용시 닫아도 됩니다. 회원 가입을 하지 않아도 팀뷰어 사용에 문제는 없습니다.

팀뷰어의 원격 제어 기능 사용하기

팀뷰어를 실행하면 컴퓨터에 고유한 ID와 비밀번호를 생성합니다. 비밀번호는 팀뷰어 실행 시마다 바뀌기 때문에 매번 접속할 때마다 비밀번호를 물어봐야 하는 불편이 따릅니다.

원격으로 자신의 컴퓨터에 접속하는 경우에는 원격 접속 셋업을 통해 원하는 암호를 등록하여 사용하면 다른 사람에게 비밀번호를 물어보는 불편없이 접속할 수 있습니다. 다음은 자신의 컴퓨터에 대한 원격 접속 설정 후 원격 제어를 수행하는 방법입니다.

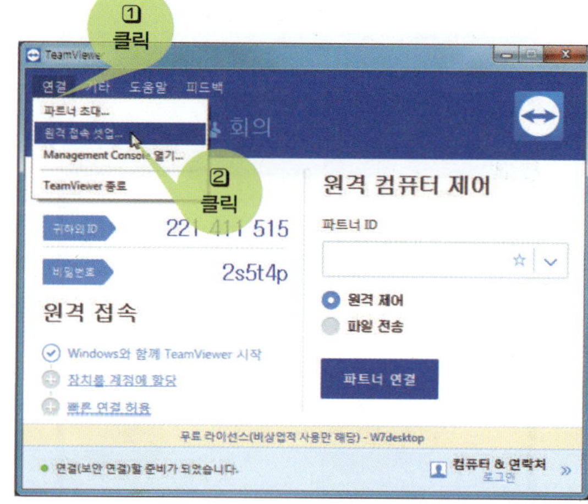

❶ 팀뷰어를 실행하고 **연결** 메뉴를 클릭한 후 **원격 접속 셋업**을 선택합니다.

> **HELP**
>
> ● 팀뷰어의 기본적인 활용 방식은 다음과 같습니다.
> ❶ 팀뷰어 창의 원격 제어 모드에 자동으로 생성된 나의 ID(귀하의 ID)와 비밀번호를 전화나 문자로 상대방(관리자)에게 알려줍니다.
> ❷ 상대방이 파트너 아이디 입력란에 해당 **ID 입력** 후에 **파트너 연결** 단추를 클릭하면 비밀번호 확인 창이 나옵니다. 상대방이 비밀번호를 입력하고 **확인** 단추를 클릭하면 곧바로 내 컴퓨터에 접속됩니다.
> ❸ 상대방이 접속하면 그 때부터 상대방도 내 컴퓨터를 사용할 수 있습니다. 상대방이 컴퓨터를 조작하는 모습은 화면을 통해 보이므로 어떤 작업을 하는지 알 수 있습니다. 화면 하단의 **팀뷰어 패널**에서 영상회의, 채팅, 파일전송, 화이트보드 기능을 사용하여 효과적으로 협업을 할 수 있습니다.

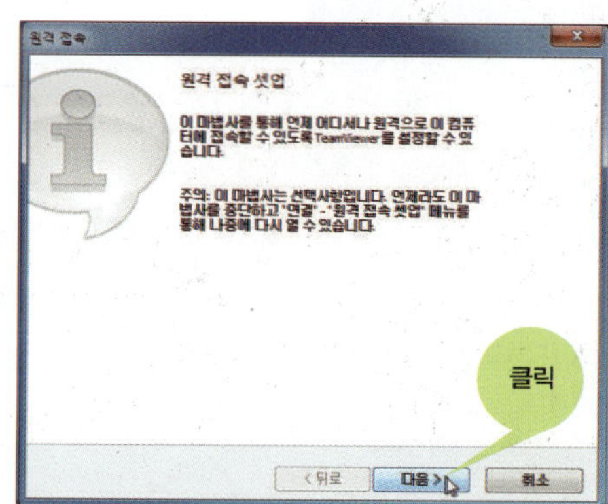

❷ 원격 접속 대화상자가 나오면 **다음** 단추를 클릭합니다.

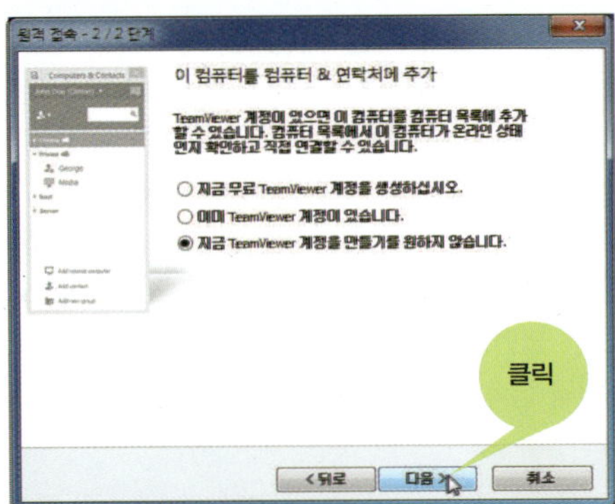

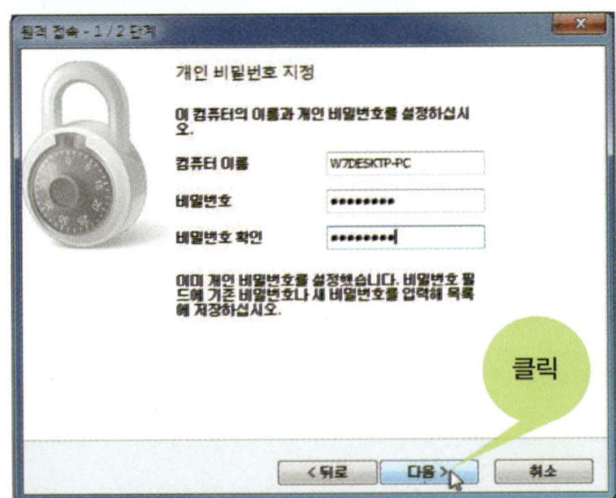

❸ 이 컴퓨터를 컴퓨터 & 연락처에 추가 화면이 나오면 "지금 … 원하지 않습니다" 옵션을 선택하고 **다음** 단추를 클릭합니다.

❹ 컴퓨터 이름과 비밀번호를 입력하고 다음 단추를 클릭합니다.

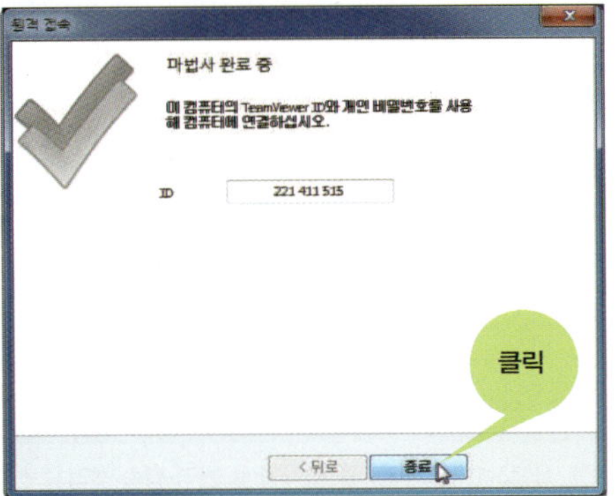

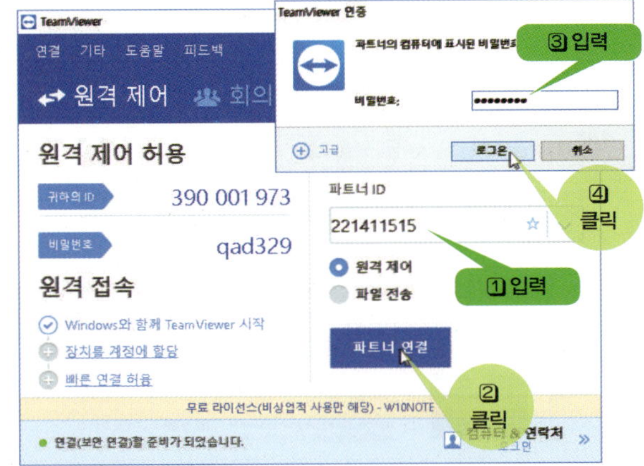

❺ "마법사 완료 중"이 나옵니다. **종료** 단추를 클릭합니다. 이것으로 모든 설정은 완료되었습니다. ID는 따로 메모해 두기 바랍니다.

❻ 이제 외부에서 원격 접속하려면 팀뷰어를 실행한 다음 ID **입력** 후에 **파트너 연결** 단추를 클릭합니다. TeamViewer 인증 대화상자가 나오면 비밀 번호를 입력하고 **로그온** 단추를 클릭합니다.

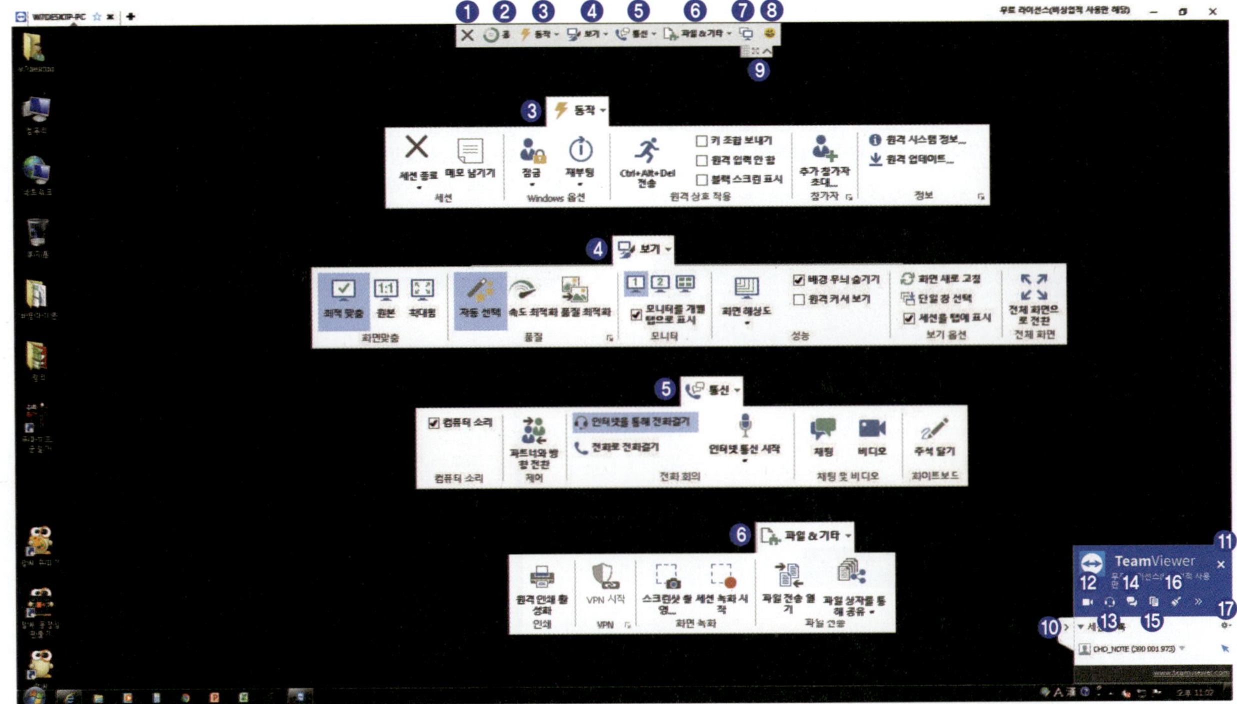

❼ 원격 컴퓨터에 로그온되었습니다. 이제 원격 컴퓨터에서 작업을 수행하면 됩니다. 원격 작업 요소의 기능은 다음 쪽의 설명을 참고하기 바랍니다.

Check Point 팀뷰어의 도구 모음과 패널 기능

팀뷰어로 원격 접속을 하면 화면 전송 속도 향상을 위해 기본값으로 바탕화면 제거 옵션이 적용되므로 원격 컴퓨터 화면이 검정색 바탕화면으로 바뀝니다.

원격 컴퓨터 화면의 상단에는 도구 모음이 오른쪽 하단에는 협업을 지원하는 패널이 표시됩니다. 현지 컴퓨터에는 도구 모음은 표시되지 않고 패널만 표시됩니다.

팀뷰어의 도구 모음은 팀뷰어로 접속하여 원격으로 제어하는 컴퓨터에만 표시되는데 그 기능은 다음과 같습니다.

❶ 종료 : 원격으로 제어하는 컴퓨터에서 연결을 끊습니다.

❷ 홈 : 프로세스와 성능, 보안, 시스템 환경 등의 일반 정보, 장치 관리, 팀뷰어로 피드백 내용을 작성하는 창을 엽니다.

❸ 동작 : 동작을 선택하면 리본 메뉴에서 세션 종료, 메모 남기기, 잠금 및 재부팅, Ctrl + Alt + Delete 키 전송 및 키조합/원격 입력/블랙 스크린 표시 여부, 추가 참가자 초대 기능 등을 사용할 수 있습니다.

❹ 보기 : 보기를 선택하면 리본 메뉴에서 원격 컴퓨터의 화면 표시 방식, 화면 품질, 다중 모니터 선택, 화면 해상도 설정, 배경 무늬와 원격 커서 표시 여부, 화면 새로 고침, 전체 화면으로 전환 등의 화면 보기와 관련된 기능을 사용할 수 있습니다.

❺ 통신 : 통신을 선택하면 리본 메뉴에서 컴퓨터의 소리 활성화 여부, 원격 컴퓨터에서 내 컴퓨터를 제어하는 파트너와 방향 전환 제어, 인터넷을 통해 전화 걸기와 전화로 전화 걸기(윈도우 등록 전화에서 사용 가능), 채팅 및 비디오, 화이트 보드 기능을 사용할 수 있습니다. 인터넷을 통해 대화하려면 인터넷을 통해 전화걸기를 사용하고, 영상을 보내려면 비디오를 클릭하면 됩니다. 비디오를 사용하면 패널에 비디오 영상이 표시됩니다. 오른쪽 하단에 표시되는 패널에서도 바로 이 통신 기능들을 사용할 수 있습니다.

❻ 파일 & 기타 : 파일 & 기타를 선택하면 리본 메뉴에서 원격 인쇄 활성화, 원격 화면을 캡처하는 스크린샷 촬영, 원격 화면을 동영상으로 캡처하는 세션 녹화 시작과 같은 화면 녹화 기능, 파일 전송 기능 등을 사용할 수 있습니다.

❼ 다음 모니터 : 원격 컴퓨터에 두 개 이상의 모니터가 연결되어 있을 경우, 클릭하면 다음 모니터 창의 화면을 나타냅니다.

❽ 피드백 : 팀뷰어에 대한 피드백 작성 창을 엽니다.

❾ 창 조절 막대(▦✕∧) : 토글 식의 전체 화면/전체 화면 취소/창 최소화 모드 단추와 도구 모음 최소화(∧)/최대화(∨) 단추가 제공됩니다. ∧단추를 사용하면 창 조절 막대(▦✕∨⬚)만 남고 도구 모음은 표시되지 않습니다. ∨ 단추를 클릭하면 원래대로 도구 모음이 표시됩니다.

팀뷰어 접속 화면의 하단에 표시되는 패널에는 온라인 협업을 지원하는 기능들이 제공됩니다. 패널은 원격 제어 모드와 회의 모드에서 모두 사용할 수 있습니다. 오른쪽 그림은 모든 기능 패널을 나타낸 상태입니다.

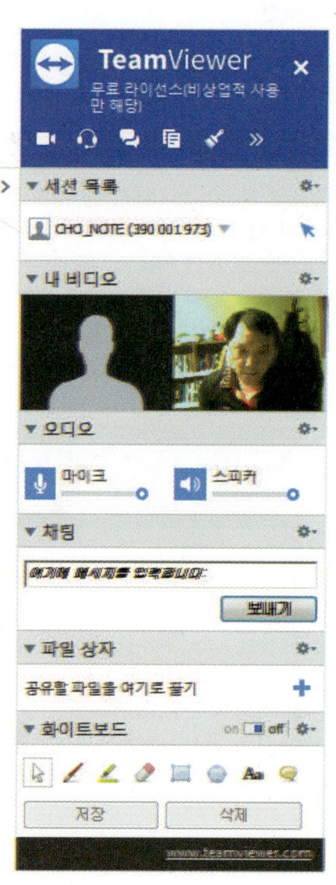

❿ 패널 최소화 단추 : 패널 최소화 단추(>)를 클릭하면 패널 보기 단추(<)로 바뀌고 패널은 표시하지 않습니다.

⓫ 모든 연결 종료 : 모든 연결을 종료합니다.

⓬ 비디오 : 컴퓨터에 웹캠이 설치되어 있으면 이를 작동시켜 비디오 패널에 영상을 표시합니다.

⓭ 오디오 : 패널에 마이크와 스피커를 조절할 수 있는 오디오 패널을 표시합니다.

⓮ 채팅 : 상대방과 채팅할 수 있는 채팅 패널을 표시합니다.

⓯ 파일 상자 : 파일을 공유할 수 있는 파일 상자 패널을 표시합니다. 파일 공유는 드래그 조작으로 수행할 수 있습니다. 파일 상자 패널의 + 단추로 구글 드라이브나 마이크로소프트 원드라이브, 드롭박스 등의 클라우드 스토리지도 추가하여 공유할 수 있습니다.

⓰ 화이트 보드 : 응용 프로그램 제어, 펜, 하이라이트, 지우개, 그리기 도구, 말풍선 등의 화이트 보드 패널을 표시합니다.

⓱ 옵션 : 해당 패널 항목의 옵션을 설정할 수 있습니다.

팀뷰어의 온라인 회의 기능 사용하기

팀뷰어의 원격 제어 모드에서도 쌍방 간의 협업 기능은 사용할 수 있지만, 여러 사람이 동시에 진행하는 온라인 회의를 진행하려면 팀뷰어에서 회의 모드를 사용하면 됩니다.
다음은 팀뷰어에서 온라인 회의를 진행하는 방법입니다.

❶ 팀뷰어를 실행하고, 회의 모드를 선택하고 프레젠테이션을 클릭합니다. 화상 통화를 선택하면 영상 회의 모드로 시작합니다(다음쪽의 HELP 참고). 프레젠테이션이나 화상 통화 시 컴퓨터의 마이크와 스피터를 이용하여 대화할 수 있습니다. 온라인 회의가 많으면 내 회의 일정과 회의 예약 기능이 유용합니다. 전화는 윈도우 등록 폰이 있는 경우에 사용할 수 있습니다.

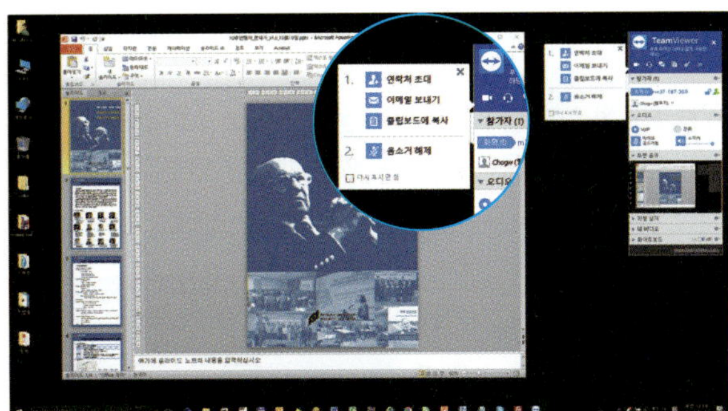

❷ 내 컴퓨터 화면이 회의에서 공유되므로 전송 속도를 최적화하기 위해 바탕화면이 제거된 검정색 배경 화면이 표시됩니다. 팀뷰어 패널에 회의를 함께할 게스트 초대 메뉴가 나오는 것을 볼 수 있습니다. 이메일 보내기를 클릭하면 회의 ID와 바로 회의에 접속할 수 있는 링크를 상대방에게 보낼 수 있습니다. 패널에 표시된 회의 ID를 직접 전화로 알려줘도 됩니다. 회의 시 회의 참가자와 대화하려면 음소거 해제를 선택합니다.

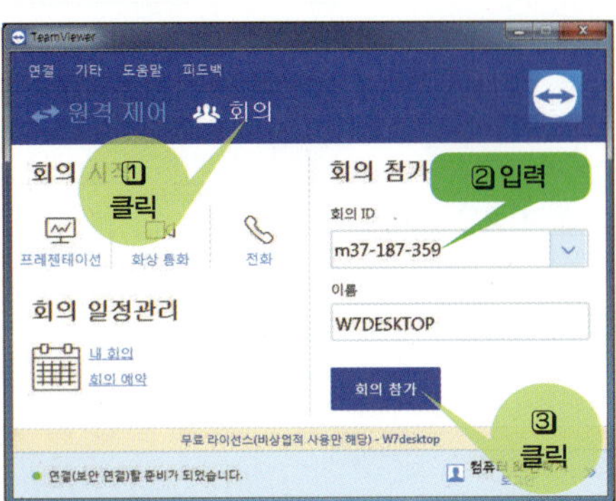

❸ 회의 참가자도 팀뷰어를 실행하고 회의 모드를 선택합니다. 회의 참가 섹션에서 회의 ID를 입력한 다음 회의 참가 단추를 클릭합니다.

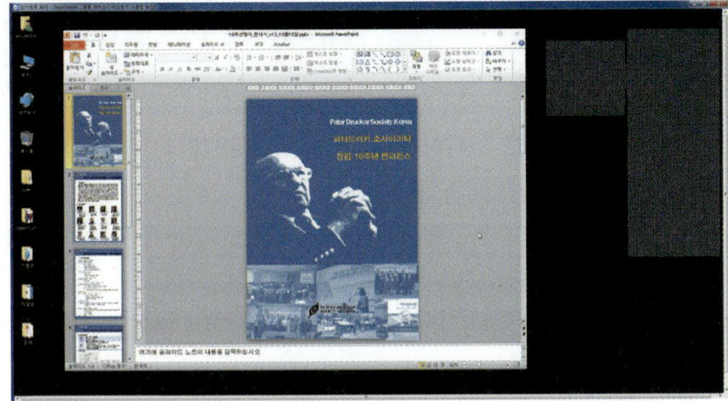

❹ 회의에 참가하면 바로 회의에서 공유되는 상대방의 컴퓨터 화면이 나옵니다. 상대방 컴퓨터 화면도 전송 속도 최적화를 위해 바탕화면이 제거된 검정색 배경 화면으로 표시됩니다. 호스트 측에서는 팀뷰어 패널을 사용할 수 있지만 게스트 측에서는 팀뷰어 패널이 있는 자리가 회색 영역으로 표시되어 사용할 수 없고, 화면만 가리는 것을 볼 수 있습니다.

<table>
<tr><td>H
E
L
P</td><td>● 회의 모드에서는 회의를 개설한 호스트만 패널을 조절할 수 있으며, 회의에 참여한 게스트에게는 패널은 보이지 않으면서 패널 영역이 화면을 가리게 되므로 회의 호스트는 이 점을 고려하여 화면 세팅이 되면 패널을 최소화시켜 보이지 않게 하는 것이 좋습니다.</td></tr>
</table>

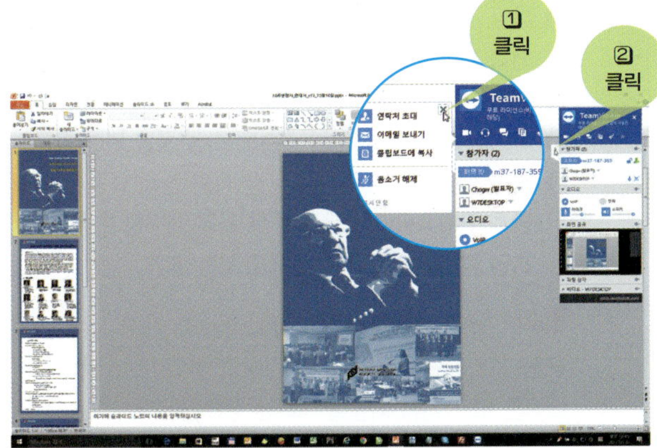

❺ 회의에 참가하면 회의 호스트 측 팀뷰어 패널에 참가자의 이름이 표시됩니다. 이름 오른쪽에 있는 마이크 아이콘으로 특정 참가자에게만 음성을 전달하거나 끌 수 있습니다. 패널 설정을 마치고 본격적인 프레젠테이션 회의를 하려면 초대 메뉴를 닫고, 패널 최소화 단추(>)를 클릭합니다

❻ 회의 참가자 측 화면에는 회색으로 화면을 가리던 팀뷰어 패널 영역이 최소화되어 표시되지 않으므로, 온라인 프리젠테이션 회의에 집중할 수 있게 됩니다.

- 앞의 ❶단계에서 화상 통화를 선택한 경우 다음과 같이 화상 통화 모드로 시작합니다. 회의 참가자 초대는 참가자 초대(+)를 클릭하고 이메일 보내기나 클립보드에 복사를 활용합니다.
- 화상 통화 모드로 연결된 상태에서 프리젠테이션 모드로 전환하려면 상단에 나오는 화면 공유를 클릭하면 됩니다.

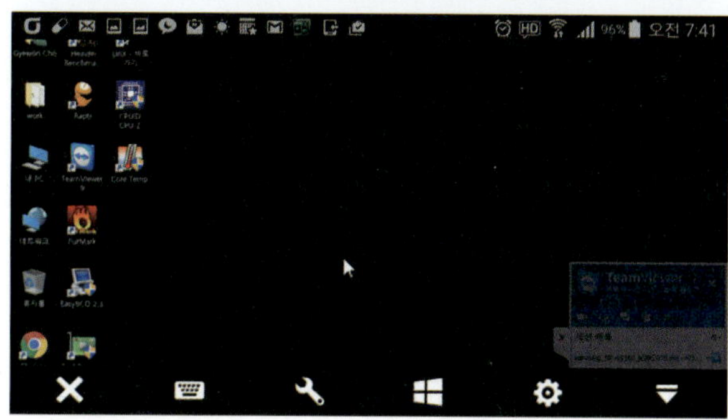

❸ 원격 접속이 이루어지면 수평 화면 모드로 표시되게 합니다. 하단 도구 모음의 ✖는 원격 접속 종료, 는 화상 키보드, 는 원격 컴퓨터의 재시동이나 입력 차단 등의 동작 설정, 는 윈도우 단축키, 는 세션 설정, 는 도구모음 숨김 기능입니다. 이제부터는 원격 컴퓨터에서 필요한 작업을 수행하면됩니다.

팀뷰어 앱 사용하기

팀뷰어의 원격 제어 기능은 모바일 기기에서도 사용할 수 있습니다. 다음은 모바일 기기에서 팀뷰어 앱을 사용하는 방법입니다.

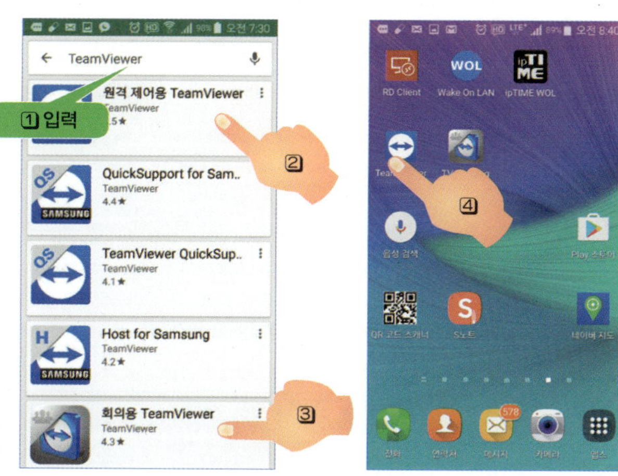

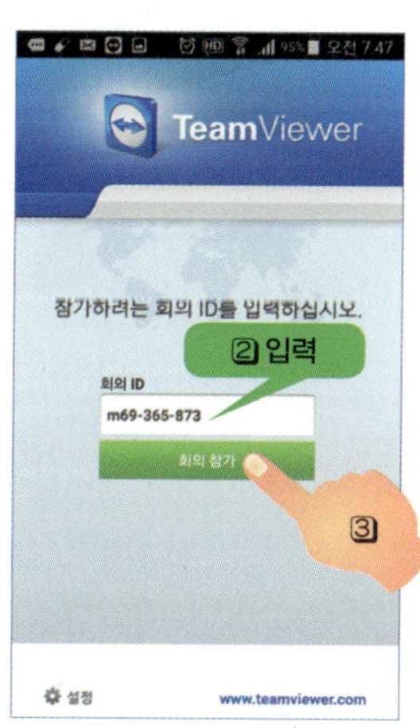

❶ 안드로이드 운영체제의 모바일 기기는 플레이 스토어에서 'Teamviewer'로 검색하여 원격 제어용 TeamViewer와 회의용 TeamViewer를 설치한 다음 먼저 원격제어용 TeamView를 실행합니다.

❹ 이번에는 회의용 TeamViewer를 실행합니다. 회의를 개최한 호스트로부터 받은 회의 ID를 입력하고 회의 참가 단추를 탭합니다.

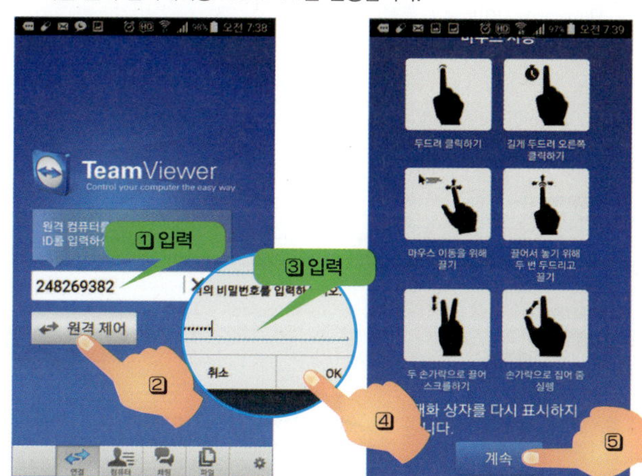

❷ 파트너의 ID를 입력하고 원격 제어 단추를 탭한 다음 파트너의 비밀번호를 입력하고 OK 단추를 탭합니다. 그러면 온라인 접속이 진행되고 마우스 사용 방법 안내 화면이 나옵니다. 계속 단추를 탭합니다.

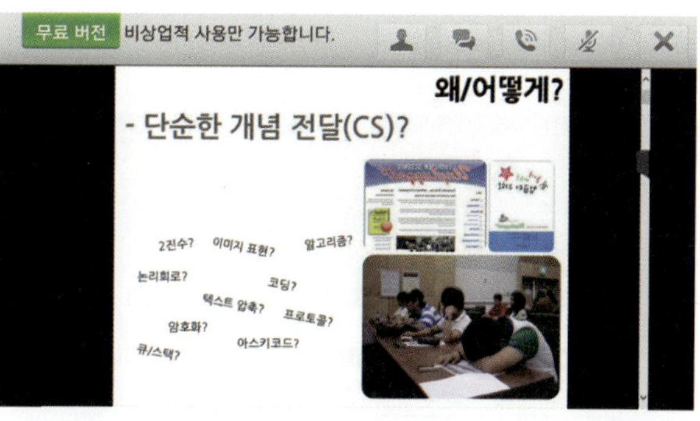

❺ 호스트로부터 받은 회의 ID만 이상없으면 비밀번호 입력 절차 없이 곧바로 온라인 회의에 접속되어 상대방의 화면이 공유됩니다. 상단의 도구 모음에는 참가자 확인, 채팅, 윈도우 등록폰 통화, 마이크 사용 설정, ✖ 회의에서 나가기를 사용할 수 있습니다.

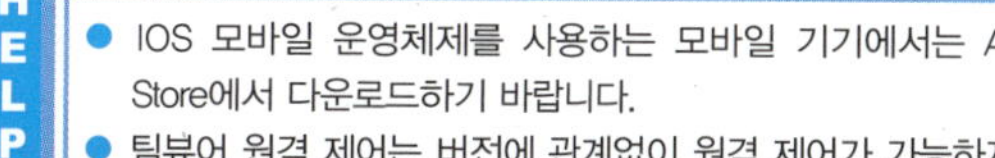

- IOS 모바일 운영체제를 사용하는 모바일 기기에서는 App Store에서 다운로드하기 바랍니다.
- 팀뷰어 원격 제어는 버전에 관계없이 원격 제어가 가능하지만 회의용 Teamviewer 앱은 버전에 따라 프리젠테이션이 지원 안되는 경우가 있으므로 최신 버전을 확인하기 바랍니다.

IP 카메라 사용하기

IP 카메라는 네트워크 카메라로도 부르며, 인터넷이 되는 곳이면 언제 어디서든지 IP 카메라에 접속하여 현장을 살펴볼 수 있습니다. IP 공유기 제조업체는 IP 카메라나 IP 디스크 등의 제품도 함께 제조합니다. 자사 공유기용 IP 카메라 설치는 공유기 설정 프로그램을 통한 세부 설정 없이도 바로 활용할 수 있는 제로 컨피규레이션을 지원합니다. 여기서는 D-LINK의 DIR-850L 공유기에 DCS-930L IP 카메라를 연결하여 사용하는 방법을 알아봅니다.

IP 카메라 연결하기

IP 카메라의 LAN 단자와 공유기의 LAN 단자를 연결하고 전원을 연결하면 물리적인 연결 구성은 완료됩니다.

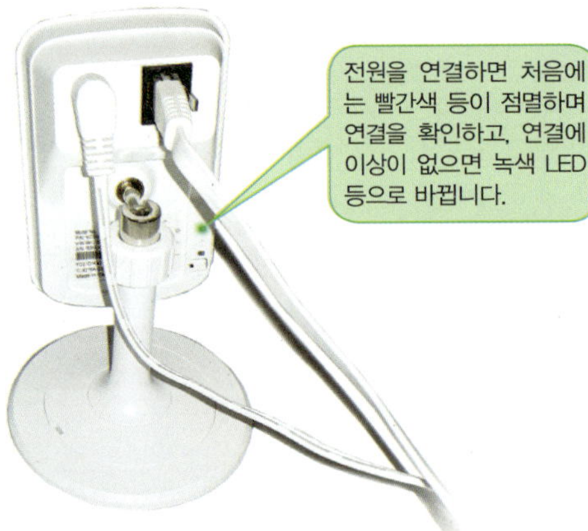

PC에서 IP 카메라 사용하기

제로 컨피규레이션을 이용하려면 공유기와 연결된 컴퓨터로 공유기 설정 프로그램에 접속한 다음 Mydlink 서비스에 먼저 가입해야 합니다. IP 카메라의 제로 컨피규레이션 설정 방법은 다음과 같습니다.

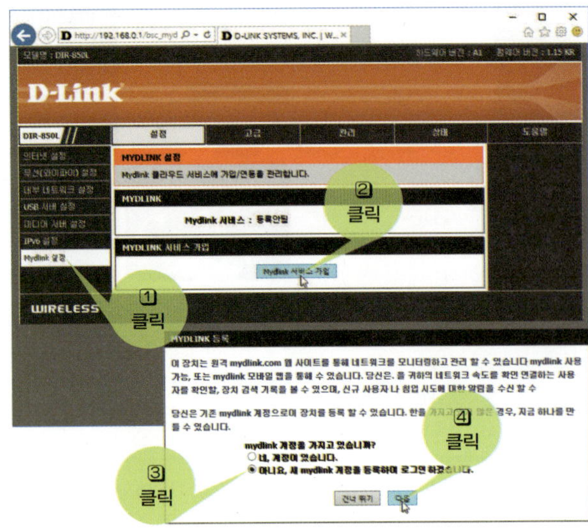

❶ 브라우저를 열고 D-LINK 공유기 설정 프로그램에 접속하여 **설정 →
Mydlink 설정**을 선택한 후 **Mydlink 서비스 가입** 단추를 클릭합니다.
Mydlink 설정 대화상자가 나오면 **아니요, 새 mydlink 계정을 등록하여 로그
인 하겠습니다**를 선택하고, **다음** 단추를 클릭합니다.

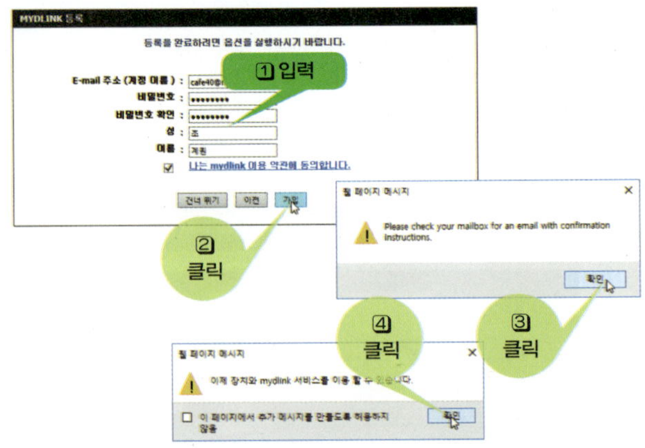

❷ E-mail 주소와 비밀번호, 비밀번호 확인, 성과 이름을 입력하고 이용 약관
에 동의를 체크한 후, **가입** 단추를 클릭합니다. 이메일을 체크하라는 메시
지 대화상자가 나오면 **확인** 단추를 클릭합니다. 이제 장치와 mydlink 서비
스를 이용할 수 있다는 대화상자가 나오면 **확인** 단추를 클릭합니다.

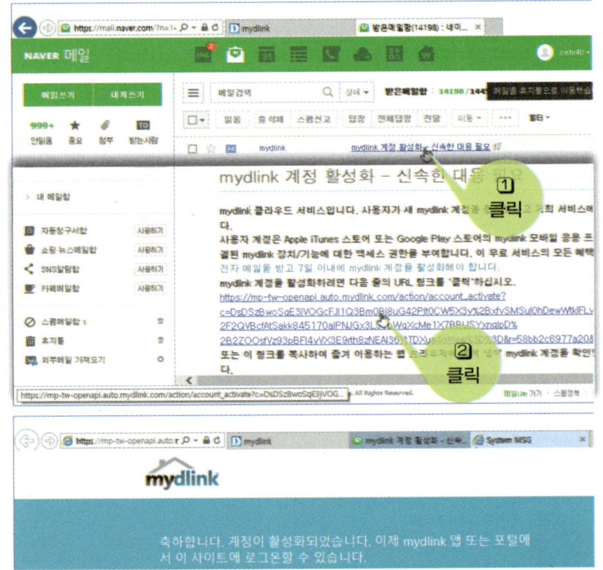

❸ 브라우저에서 새 창을 열고 등록했던 이메일의 받은 편지함에서 mydlink
메일을 엽니다. mydlink 계정활성화를 위해 **URL 링크**를 클릭합니다. 그러
면 **축하합니다. 계정이 활성화되었습니다.**라는 화면이 나옵니다. 이제 다
시 mydlink 사이트로 이동합니다.

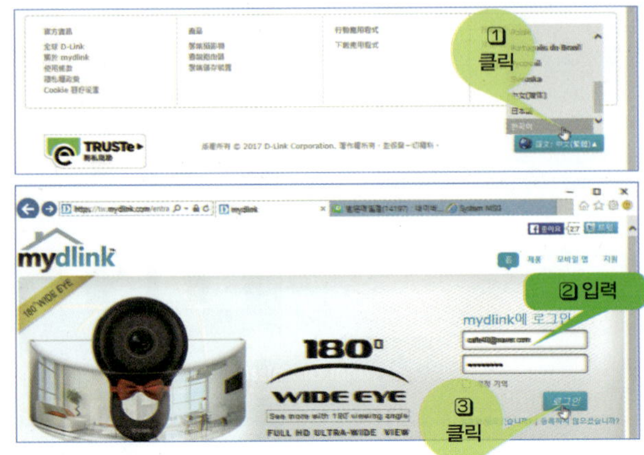

❹ mydlink 사이트에서 언어를 한글로 변경한 후, 앞의 ❷단계에서 등록한
mydlink 아이디와 비밀번호를 입력하고 **로그인** 단추를 클릭합니다.

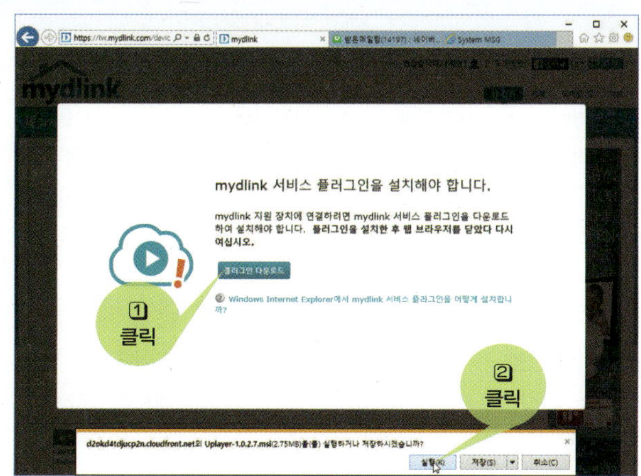

⑤ "mydlink 지원 장치에 … 설치해야 합니다."라는 창이 나오면 플러그인 다운로드를 클릭한 후, 실행 단추를 클릭합니다.

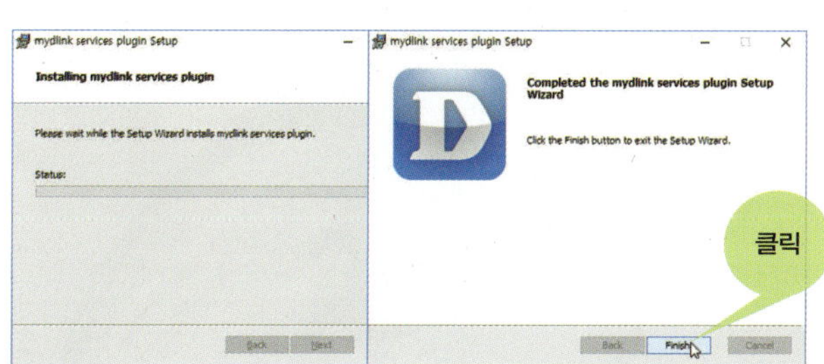

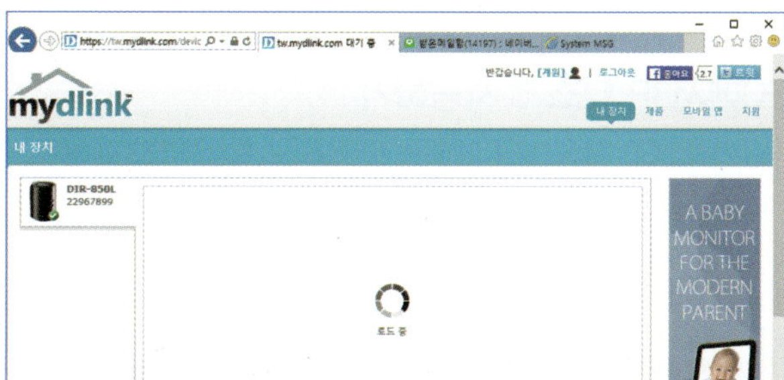

⑥ 간단한 플러그인 설치 과정이 진행됩니다. 플러그인 설치가 끝나면 Finish 단추를 클릭합니다. [F5] 키를 눌러 새로 고침을 실행하면 플러그인이 작동합니다.

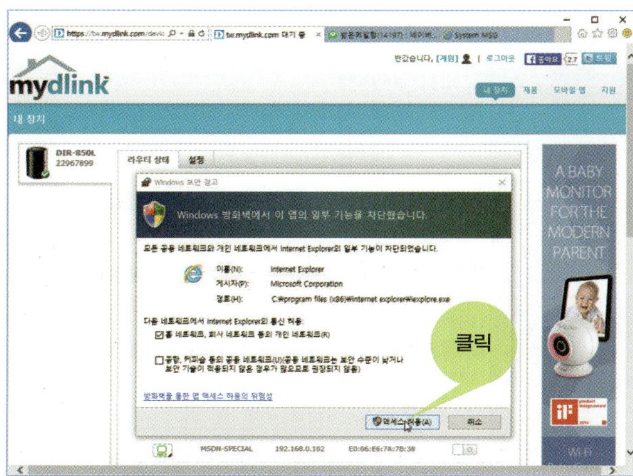

⑦ Windows 방화벽에서 이 앱의 일부 기능을 차단했습니다. 화면이 나오면 **액세스 허용** 단추를 클릭합니다.

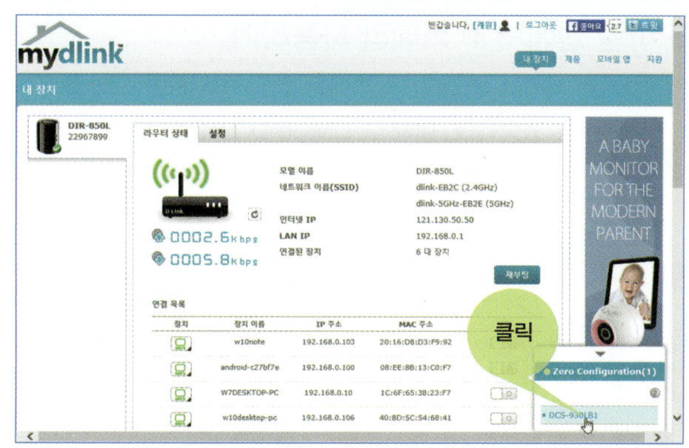

⑧ 인터넷 공유기 장치에 액세스되면 자동으로 장치를 찾기 시작하여 Zero Configuration(1)에 공유기에 연결된 DCS-930L IP 카메라를 찾아 표시합니다. IP 카메라를 등록하기 위해 **DCS-930LB1**을 클릭합니다.

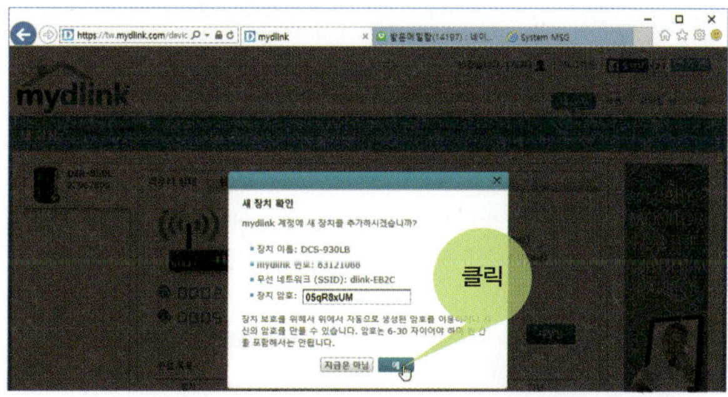

⑨ 새 장치 확인 대화상자가 나오면 **예**를 클릭하여 저장합니다.

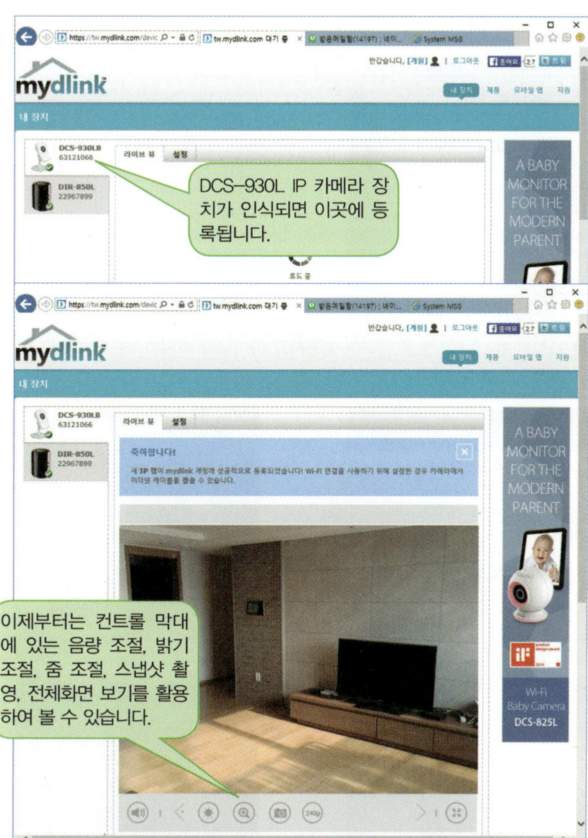

⑩ 잠시 새 장치를 찾아 로딩하는 과정을 거친 후에 **축하합니다!**라는 메시지와 함께 DCS-930L IP 카메라 화면이 표시됩니다.

모바일 앱에서 IP 카메라 사용하기

PC에서 IP 카메라 연결이 된 후에는 앱만 설치하면 모바일에서 손쉽게 볼 수 있습니다. 이제 D–LINK의 DCS–930L을 예로 모바일에서 IP 카메라를 사용하는 방법을 살펴 보겠습니다.

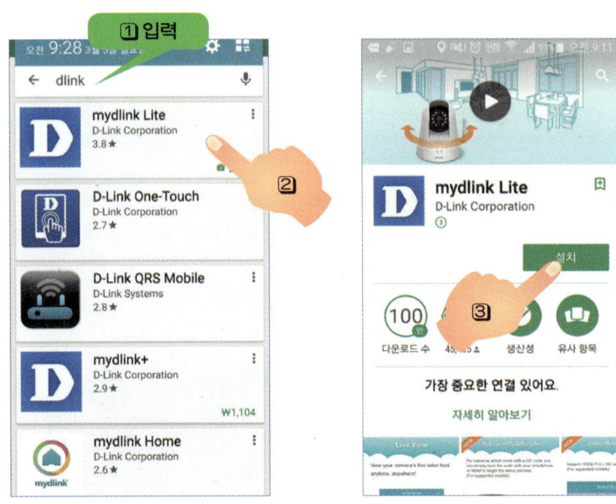

❶ 안드로이드 운영체제의 모바일 기기는 Play 스토어에서 'mydlink'로 검색하여 mydlink Lite를 설치합니다. iOS 운영체제의 모바일 기기는 App Store에서 'mydlink'로 검색합니다.

❷ 설치한 mydlink Lite를 탭하여 실행하고 아이디와 비밀번호를 입력하고 로그인 단추를 탭합니다.

❷ 원격 장치로 공유기와 IP 카메라가 표시되면 DCS–930LB를 탭합니다. 그러면 곧바로 라이브 뷰 창에 IP 카메라 화면이 나옵니다.

IP 디스크 사용하기

고급 인터넷 공유기는 USB 단자를 제공하므로 USB 저장장치를 PC나 모바일로 접속할 수 있는 간이 IP 디스크로 사용할 수 있습니다. 여기서는 D–LINK사의 DIR–850L 공유기를 예로 USB 단자에 외장형 하드디스크를 연결하여 활용하는 방법을 살펴보겠습니다.

공유기의 USB에 외장형 하드디스크 연결하기

공유기의 USB 단자에 외장형 하드디스크의 USB 커넥터를 연결합니다. 이것으로 PC나 모바일 기기를 이용하여 네트워크를 통해 원격으로 사용할 수 있는 물리적인 연결 구성은 완료됩니다.

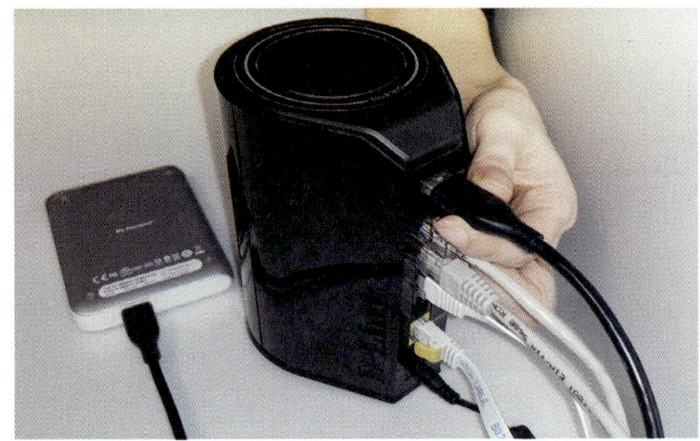

PC에서 IP 디스크 사용하기

공유기의 USB 서버 설정 기능은 기본값으로 활성화되므로 공유기의 USB에 외장형 하드디스크를 연결하면 바로 이용할 수 있습니다. IP 디스크 사용 방법은 다음과 같습니다.

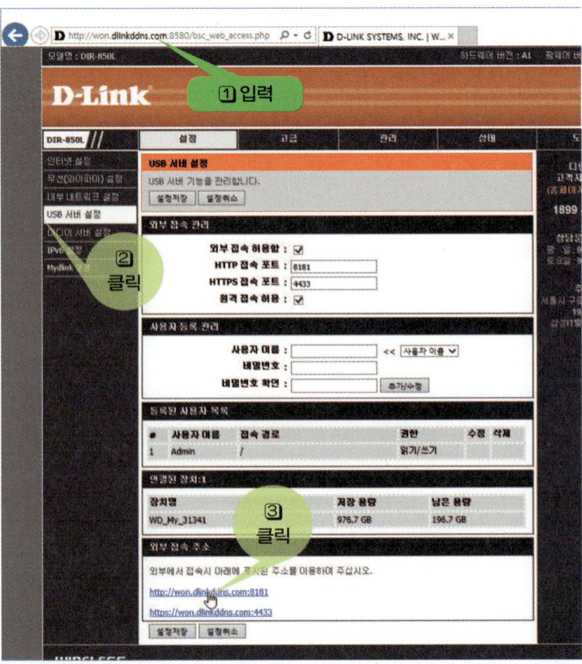

❶ 브라우저를 열고 D–LINK 공유기 설정 프로그램에 접속하여 설정 → USB 서버 설정을 선택한 후, 외부 서버 접속 주소의 링크를 클릭합니다.

- USB 서버 설정 창에는 외부 접속 관리, 사용자 등록 관리, 등록된 사용자 목록, 연결된 장치, 외부 접속 주소로 분류된 설정 옵션들을 제공합니다.
- ❶ **외부 접속 관리** : 공유기에 대한 외부 접속 허용 여부를 설정하고, 사용 포트를 HTTP 접속 포트와 HTTPS 접속 포트를 각각 설정할 수 있습니다.
- ❷ **사용자 등록 관리** : 외부 접속이 가능한 사용자를 사용자 이름과 비밀번호를 입력하여 추가하거나 수정할 수 있습니다.
- ❸ **등록된 사용자 목록** : 등록된 사용자 목록을 나타냅니다. 관리자는 자동으로 읽기/쓰기 권한을 갖는 사용자로 등록됩니다.
- ❹ **연결된 장치** : USB 단자에 연결된 외부 저장 장치 정보를 표시합니다.
- ❺ **외부 접속 주소** : 외부에서 접속할 때 이용할 수 있는 주소를 나타냅니다. PC에서 접속할 때는 이 주소로 접속하면 USB 단자에 연결된 저장 장치를 사용할 수 있습니다.

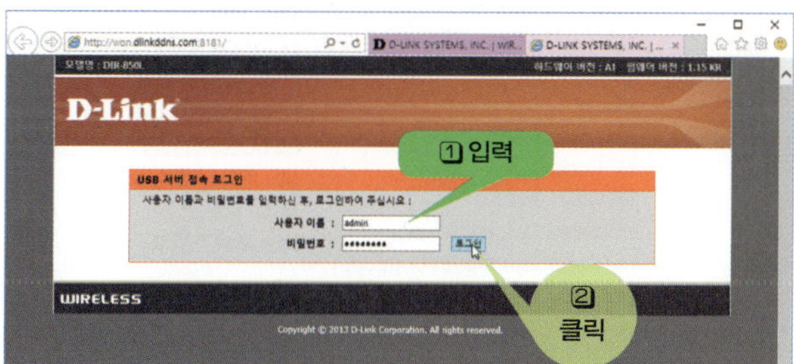

❷ USB 서버 접속 로그인 창이 나오면 관리자 이름과 비밀번호를 입력하고, 로그인 단추를 클릭합니다.

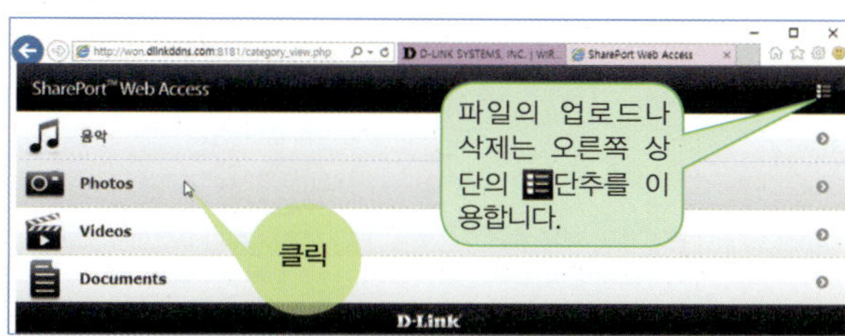

❸ SharePort™ Web Access 창이 나옵니다. 이제 음악, 사진, 비디오, 문서 파일을 온라인으로 재생할 수 있습니다. 재생할 파일 종류를 선택합니다.

❹ 잠시 외부 저장 장치의 모든 파일을 검색하여 사진 파일들을 나타냅니다. 클릭하면 사진 파일을 볼 수 있습니다.

- SharePort™ Web Access 창을 보면 알 수 있듯이 공유기의 USB 단자에 연결된 외부 저장장치의 파일 형식을 자동으로 감지하여 사진, 음악, 영상 파일을 재생할 수 있는 미디어 서버 기능을 제공하며, 개별 파일의 업로드와 다운로드도 지원합니다.
- 본격적인 클라우드 스토리지 활용 및 FTP, WebDAV, 웹서버, iTunes 등 퍼스널 클라우드 기능을 활용하려면 IP 디스크 제품을 별도로 구매해서 공유기와 연결하여 사용하면 됩니다.

모바일 앱으로 IP 디스크 사용하기

D-LINK DCS-850L 공유기에 연결된 USB 디스크를 모바일로 사용할 수 있습니다. 이제 D-LINK사의 D-Link SharePoint Mobile 앱을 사용하여 IP 디스크를 사용하는 방법을 살펴 보겠습니다.

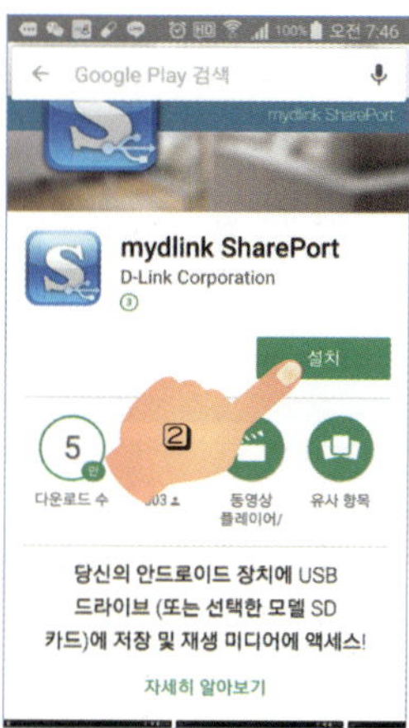

❶ 안드로이드 운영체제의 모바일 기기는 Play 스토어에서 'mydlink'로 검색하여 mydlink SharePort Mobile을 선택하여 설치를 시작합니다. iOS 운영체제의 모바일 기기는 App Store에서 'mydlink'로 검색합니다.

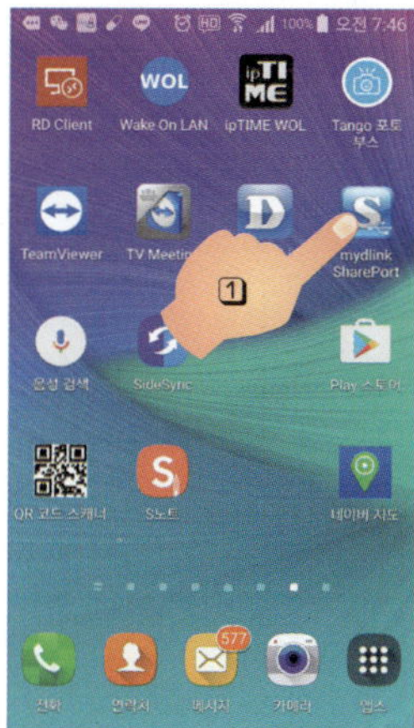

❷ 설치한 mydlink SharePort를 탭하여 실행하고, 공유기의 관리자 암호와 mydlink에 등록한 이메일과 암호를 입력하고 적용 단추를 탭합니다.

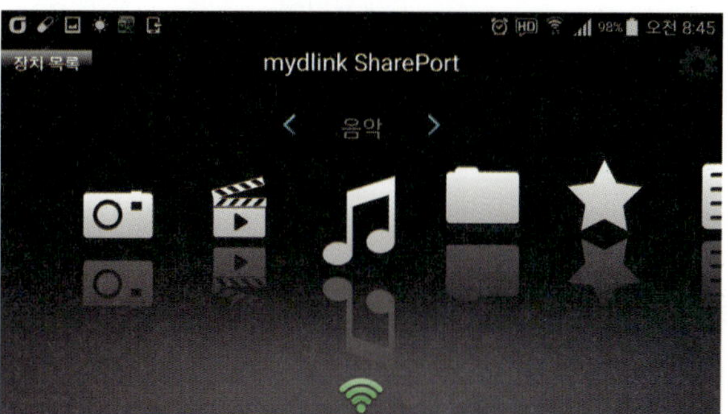

❸ mydlink SharePort 화면이 나옵니다. 이제부터는 음악, 사진, 비디오, 문서 파일을 온라인으로 재생할 수 있습니다.